TGCR

长江三峡工程
文物保护项目 报告

乙种第十一号

秭归卜庄河 上

国务院三峡工程建设委员会办公室 国家文物局 编著

科学出版社

内 容 简 介

本书按发掘区域全面系统地介绍了三峡库区卜庄河遗址不同历史时期的文化遗存。全书分为十章，内容丰富，图文并茂，是一部综合性的考古发掘报告。

书中分别就卜庄河遗址的大溪文化、石家河文化、二里头文化、商代、周代、汉代、六朝、宋代、明代、清代等遗存进行了研究，内容涉及考古学、历史学、人类学、生物学等学科，重点总结了三峡地区古代文化的发展历程和各阶段的文化特点。

本书可供考古学、历史学、人类学、生物学等学科的科研人员及文物爱好者阅读、参考。

图书在版编目(CIP)数据

秭归卜庄河 / 国务院三峡工程建设委员会办公室，国家文物局编著. —北京：科学出版社，2008

（长江三峡工程文物保护项目报告. 乙种；11）

ISBN 978-7-03-022002-8

Ⅰ. 秭…　Ⅱ. ①国…②国…　Ⅲ. 文化遗址 – 发掘报告 – 秭归县　Ⅳ. K878.05

中国版本图书馆 CIP 数据核字（2008）第 070877 号

责任编辑：闫向东　王光明 / 责任校对：包志虹
责任印制：赵德静 / 封面设计：黄华斌

科学出版社 出版
北京东黄城根北街16号
邮政编码：100717
http://www.sciencep.com
中国科学院印刷厂 印刷

科学出版社发行　各地新华书店经销

*

2008 年 6 月第 一 版　　开本：A4（880×1230）
2008 年 6 月第一次印刷　　印张：58 3/4　插页：156
印数：1—1 500　　　　　字数：1 692 000

定价：800.00 元

（如有印装质量问题，我社负责调换〈科印〉）

Reports on the Cultural Relics Conservation
in the Three Gorges Dam Project
B(site report) Vol.11

TGCR

The Buzhuanghe Site
in Zigui, Hubei

I

State Council Three Gorges Project Construction Committee Executive Office
&
State Administration of Cultural Heritage People's Republic of China

Science Press

长江三峡工程文物保护项目报告

湖北库区编委会

长江三峡工程文物保护项目报告

乙种第十一号

《秭归卜庄河》

主　编

卢德佩　　王志琦

项目承担单位

宜昌博物馆

目　　录

插 图 目 录

插 表 目 录

彩 版 目 录

图 版 目 录

壹　绪　论

一　遗址位置与地理环境

（一）遗址位置

卜庄河遗址是长江三峡地区发现的一处范围广、面积大、年代跨度长、文化特征鲜明的古文化遗址。它位于湖北省宜昌市秭归县郭家坝镇卜庄河居委会一至五组的长江南岸边。遗址中心地理坐标为东经110°45′00″，北纬30°57′30″。海拔为90~200米。遗址北临长江并与秭归县香溪镇和香溪河口隔江相望，东至长江西陵峡口，南接茅（坪）巴（东）公路，西跨童庄河与东门头村古宋城遗址相连（图一；彩版一，1；图版一，1）。

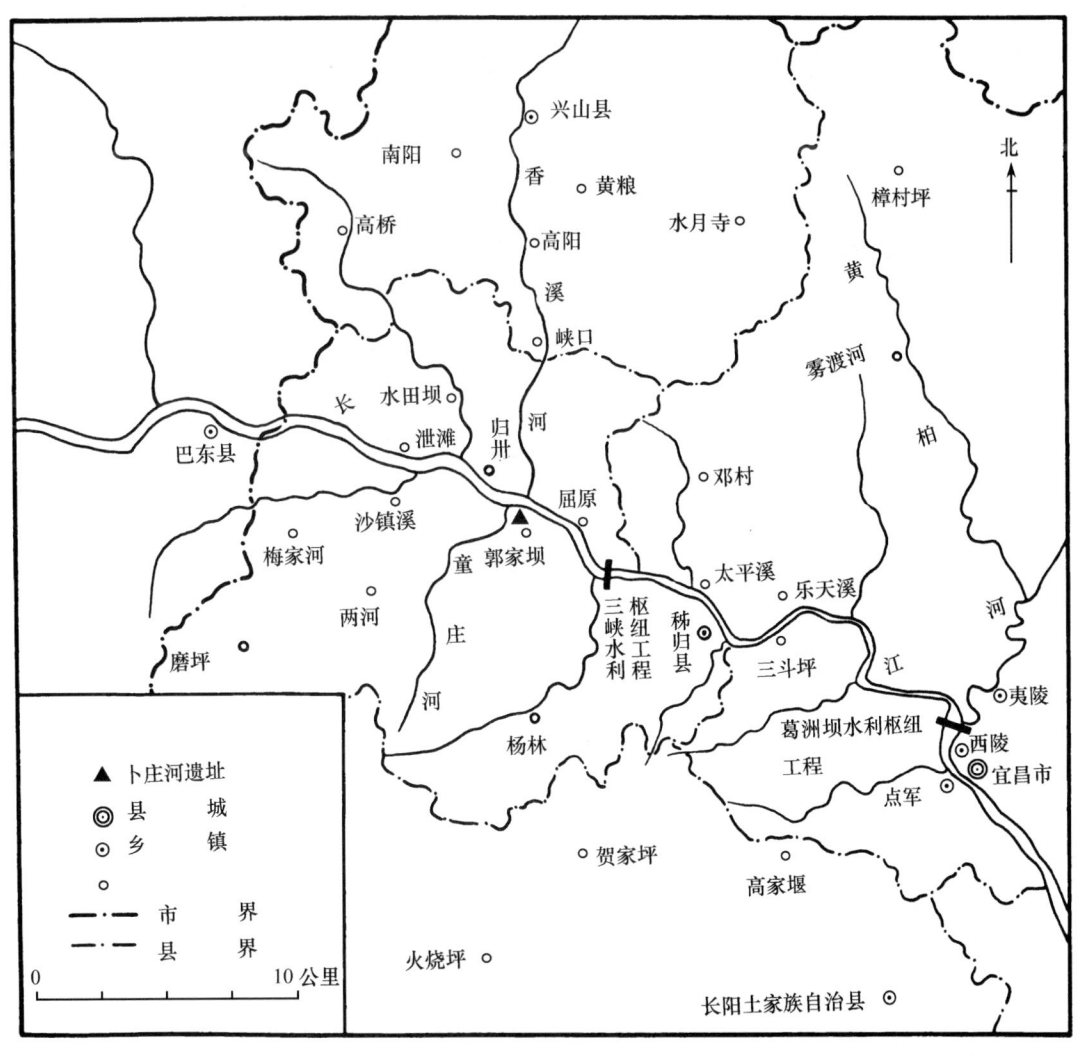

图一　卜庄河遗址位置图

图二　卜庄河遗址地形图

（二）地理环境

秭归地处大巴山、巫山余脉和八面山坳会合地带。长江自西向东横贯全境，境内地形起伏，层峦叠嶂，四面高，中间低，呈盆形地。由于褶皱、断层、地震等内营力作用，加上长江流经全境和境内溪河密布、雨水山洪冲刷、山体滑坡等外营力作用，构成了独特的三峡山地地貌（图二）。

这里地处中纬度，属亚热带大陆性季风气候。气候垂直变化明显，春温多变，初夏多雨，伏秋多旱，冬暖少雨雪。总之，气候温暖湿润，雨量丰沛，年降雨量为947.6毫米，无霜期长，光照充足，四季分明。尤其是江边多河谷台地，背山临水，土地肥沃，适宜多种植被生长，加上水利资源丰富，交通便利，是人们栖息生活的理想之地。

卜庄河属于香溪宽谷地带南侧的山前缓坡阶地，系长江南岸的二级阶地，南高北低，东南面有向王山，海拔1780米，西南面有云台荒山峰，海拔2077米，北面跨过长江有五指山，海拔1787米。发源于神农架的香溪河在西陵峡口注入长江，长江由西北流向东南，至此以80°拐弯向东流进西陵峡。由此，卜庄河形成了三面有山脉、一面有江河的重要口岸（图版一，2）。卜庄河先民们正是在这优越的地理位置、便利的交通、适宜的环境中生活繁衍，不断发展，并创造出了丰富灿烂的古文化。

卜庄河属于褶皱地带，虽然有些小小的台地，但地表有很多山脊，呈南高北低垄起，每个山脊东面为陡坎或悬崖，西面为斜坡，斜坡上有1~10米厚的黄褐色黏土层，适宜种植柏树、柳树、刺槐、柑橘、花椒、枫杨树、丛竹等经济林木及红苕、小麦、玉米、马铃薯等农作物。卜庄河遗址残留的古文化遗存就零散地分布在这些小台地和斜坡之上。

二 历 史 沿 革

秭归历史悠久，山川壮丽，人文荟萃，以屈原诞生地和长江西陵峡风光而闻名于世。其政治中心虽经几迁几移，但都不过50里，卜庄河遗址一直处在历代政治中心区域之内。

早在殷商时代，秭归为归国所在地。据部分文献记载，西周前期为楚子熊绎之始国。西周后期至春秋前期为夔子国。春秋中期属楚。战国后期称归乡。秦属南郡。汉代置秭归县。北周建德六年置秭归郡，改秭归县为长宁县。隋开皇三年又改长宁县为秭归县。唐武德二年置归州。天宝元年改置巴东郡，治秭归。乾元元年复置归州。元代至元十四年升为归州路，十六年降为州，明代洪武九年废归州置秭归县，隶夷陵州，十年再改秭归县为长宁县，十三年裁长宁县复置归州。清雍正七年置归州为直隶州，隶湖北省，十三年夷陵州升为宜昌府，归州降为县级州，属宜昌府。民国元年改为秭归县。中华人民共和国成立后至今，仍名秭归县，今隶宜昌市。

卜庄河在中华人民共和国成立之后，先后隶秭归县郭家坝区、童庄乡、香溪区、郭家坝乡、香溪镇，今隶秭归县郭家坝镇。

三 工 作 概 况

（一）调查与发掘经过

1. 调查与发现

1958年11月，中国科学院考古研究所长江队组织长江西陵峡考古调查时，在卜庄河发现石斧、石锛及部分陶片，定名为卜庄河遗址①。1960 年 6 月，长江流域规划办公室考古队三峡组对遗址进行过调查。1979 年 4 月，宜昌地区文物工作队配合葛洲坝水利枢纽工程建设又进行了详细调查。尔后，在湖北省文化厅文物处和湖北省文物事业管理局的组织下，先后有湖北省博物馆、湖北省文物考古研究所、宜昌市博物馆、秭归县屈原纪念馆等单位配合三峡水利枢纽工程建设，多次对遗址进行复查，确定并申报为三峡库区重点文物考古发掘项目。

2. 考古发掘

卜庄河遗址地形复杂，有七个呈南北向垄起的山冈，面积约 2500000 平方米，文化遗存分布范围广，东西长达 5.5 公里。考虑到文化遗存时代有早晚差异，文化性质有明显区别，文化内涵不同，故分为七个区域进行发掘（图三），其中 D 区又分为两个发掘小区，即 D1 区和 D2 区；E 区也分为两个发掘小区，即 E1 区和 E2 区。从 1991 年 6 月到 2006 年 6 月，前后跨 16 个年头，历经 11 年，共发掘 15 次。发现有新石器时代大溪文化、石家河文化、二里头文化时期、商代、周代、汉代、六朝、宋代、明代、清代等时期的文化堆积层，发现灰坑 54 个、灰沟 3 条、陶窑 4 座、灶坑 2 个、瓦场 1 处、取土场 1 处、房址 6 间、墓葬 158 座。发掘总面积 36216 平方米，出土文物达 4000 余件。发掘项目由宜昌博物馆承担（其中第一次发掘由宜昌博物馆前身原宜昌地区博物馆承担）。发掘领队卢德佩。具体发掘情况如下：

（1）1991 年 6 月 12 日至 16 日，宜昌地区博物馆、秭归屈原纪念馆，配合秭归郭家坝页岩砖厂取土工程发掘了 5 座墓葬，发掘面积 216 平方米。参加发掘的工作人员有卢德佩、唐洪川、梅云来、余波等，并由卢德佩、唐洪川、余波整理发表了简报②。

（2）1997 年 9 月 13 日至 10 月 23 日，随着三峡大坝工程建设的上马，三峡库区大规模的文物保护工作也随之展开，根据湖北省文化厅和湖北省三峡文物保护工作站的安排，由卢德佩、李孝配、周昊在 C 区勘探 2000 平方米，发掘长 5～15、宽 1 米探沟 11 条，试掘 5 米×5 米探方 2 个。发掘面积 802 平方米，发现墓葬 6 座。此次发掘是配合三峡工程建设的第一次正式发掘。

（3）1999 年 4 月 3 日至 6 月 16 日，C 区发掘探沟 9 条，长 10～30、宽 1 米。发现土坑墓、土圹石室墓、土圹砖室墓 16 座，陶窑 3 座。面积 2114 平方米。发现了“文中兵”夫妻墓和在陶窑中营建墓葬的新的造墓形式。参加发掘的工作人员有赵德祥、杨华、卢德佩。

（4）1999 年 11 月 17 日至 2000 年 1 月 23 日，为配合三峡大坝第一期蓄水工程，增派发掘力量到 D1 区、E1 区、E2 区进行抢救性发掘。其中 D1 区发掘 5 米×5 米探方 75 个、探沟 3 条，长 10～30、宽 1 米，发现墓葬 9 座；E1 区发掘 5 米×5 米探方 63 个、探沟 4 条，长 8～18、宽 1 米，发现墓葬 2 座；E2 区发掘 5 米×5 米探方 45 个、探沟 8 条，长 20～50、宽 1 米，发现墓葬 1 座、明代房址 6 间。发掘总面积为 5022 平方米。参加发掘的工作人员有赵德祥、卢德佩、杨华、周昊。

（5）2001 年 2 月 11 日至 5 月 10 日，重点发掘 D1 区，布 5 米×5 米探方 120 个，面积为 3000 平方米。发现 31 座墓葬。参加发掘的工作人员有卢德佩、赵德祥、杨华、高成林、望青松、周昊。首次发现汉代大型家族墓葬（M39），有 4 个墓室、3 个墓道，埋葬有 16 具人骨个体。

（6）2001 年 8 月 22 日至 12 月 31 日，E1 区发掘 5 米×5 米探方 88 个，发现灰坑 2 个，土坑墓、土圹石室墓和土圹砖室墓 13 座；E2 区发掘 1 座石室墓；G 区发掘 2 座砖室墓。发掘总面积为 2335 平方米。参加发掘的工作人员有卢德佩、赵德祥、望青松、周昊。

---

① 中国科学院考古研究所长江队三峡组：《长江西陵峡考古调查与试掘》，《考古》1961 年 5 期。

② 宜昌地区博物馆、秭归屈原纪念馆：《秭归卜庄河古墓发掘》，《三峡考古之发现》，湖北科学技术出版社，1998 年。

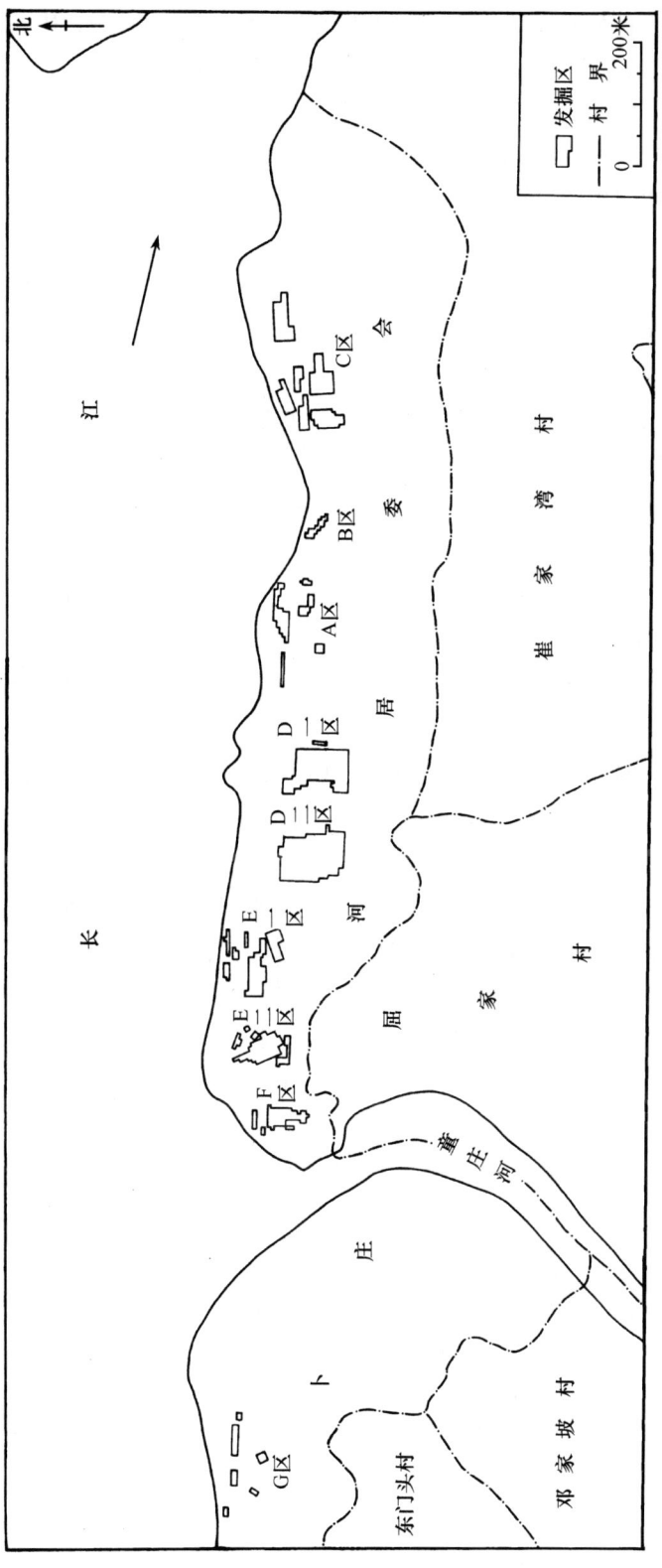

图三 卜庄河遗址发掘区位置图

（7）2002 年 3 月 27 日至 7 月 10 日，A 区发掘 5 米 × 5 米探方 61 个；B 区发掘 5 米 × 5 米探方 15 个；C 区发掘 5 米 × 5 米探方 23 个。发掘总面积为 2550 平方米。发现 2 个灰坑、1 座陶窑、14 座墓葬。参加发掘的工作人员有向光华、余秀翠、周昊、望青松、卢德佩。

（8）2002 年 8 月 13 日至 2003 年 1 月 10 日，根据湖北省三峡文物保护工作站安排，这次发掘重点是海拔 135 米水位线以下的考古发掘，也是配合三峡大坝工程第二期截流而进行的大规模的抢救性考古发掘。由于卜庄河老集镇全部移民搬迁，致使不少地方遭到毁坏和深层次叠压、覆盖，发掘工作难度较大，只能找一些空地方或清除废墟后再发掘。A 区发掘 5 米 × 5 米探方 34 个；C 区分三处地方发掘，共布 5 米 × 5 米探方 152 个；D1 区发掘 5 米 × 5 米探方 15 个；E2 区发掘 5 米 × 5 米探方 40 个；F 区发掘 5 米 × 5 米探方 3 个；D2 区发掘 5 米 × 5 米探方 40 个，发掘面积为 7100 平方米。发现墓葬 12 座、灰坑 21 个、灰沟 1 条。参加发掘的工作人员有卢德佩、向光华、余秀翠、望青松、周昊。由于时间紧、任务重，宜昌博物馆根据湖北省文物局统一安排及要求，于 2002 年 12 月下旬增派赵德祥、谭宗菊、杨德新、赵冬菊、闵萍、付义、宋凯参与突击发掘。

（9）2003 年 2 月 23 日至 4 月 25 日，A 区发掘 5 米 × 5 米探方 21 个；E2 区发掘 5 米 × 5 米探方 19 个；F 区发掘 5 米 × 5 米探方 7 个。发掘面积为 1175 平方米。共发现墓葬 16 座、灰坑 24 个、灰沟 1 条、灶坑 2 个。参加发掘的工作人员有杨德新、赵德祥、余秀翠、谭宗菊、卢德佩、望青松、周昊、向光华。

（10）2003 年 9 月 23 日至 12 月 11 日，E2 区发掘 5 米 × 5 米探方 26 个；F 区发掘 10 米 × 10 米探方 3 个。发掘面积 925 平方米，发现墓葬 11 座、灰坑 4 个。参加发掘的工作人员有卢德佩、望青松、谭宗菊、杨德新、王超、向光华、赵德祥。

（11）2004 年 3 月 12 日至 7 月 21 日，在 A 区发掘 4 座墓葬，面积 125 平方米；D1 区发掘探方 101 个，面积 2725 平方米。共计发掘面积为 2850 平方米。工作人员有望青松、卢德佩、王超、余秀翠、向光华、谭宗菊。

（12）2004 年 8 月 26 日至 12 月 30 日，D1 区发掘 5 米 × 5 米探方 10 个，发现灰坑 2 个；E2 区发掘 5 米 × 5 米探方 55 个，发现灰坑 3 个、墓葬 7 座；F 区发掘 10 米 × 10 米探方 5 个、5 米 × 5 米探方 12 个，发现灰坑 15 个；G 区发掘 5 米 × 5 米探方 9 个，发现墓葬 10 座。发掘面积为 2380 平方米。参加发掘的工作人员有卢德佩、杨德新、余秀翠、向光华。

（13）2005 年 4 月 4 日至 6 月 30 日，E2 区发掘土坑墓和土圹砖室墓共 13 座；F 区发掘 5 米 × 5 米探方 3 个，发现土坑墓 2 座。因该区南边周代地层保存较好，部分遗迹叠压在隔梁内，发掘的同时还打掉 5 条东隔梁和 3 条北隔梁。D2 区发掘 5 米 × 5 米探方 60 个，发掘面积 2717 平方米。参加发掘的工作人员有杨德新、卢德佩、余秀翠等。

（14）2005 年 6 月 9 日至 10 月 17 日，D1 区发掘 5 米 × 5 米探方 53 个；D2 区发掘探沟 16 条，长 15～30、宽 1 米。共计发掘面积 1730 平方米，发现灰坑 1 个、墓葬 3 座。参加发掘的工作人员有卢德佩、周昊。

（15）2006 年 3 月 24 日至 7 月上旬，为确保 9 月份三峡库区第三期蓄水顺利完成，提前做好海拔 156 米水位线以下的文物清理工作，主要做了两项工作，一是对卜庄河遗址淹没范围内（即以往发掘过的地方）进行全面检查，通过仔细查看，没有发现新的文化遗存；二是在 E2 区发掘 5 米 × 5 米探方 54 个，出土有少量的周代陶片。发掘面积为 1300 平方米。参加发掘的工作人员有卢德佩、杨德新、余秀翠等。至此，卜庄河遗址及墓葬田野考古发掘工作全部结束。

（二）资料整理与报告编写

卜庄河遗址历经 15 次发掘，每次发掘完后，都及时对资料进行了初步整理。考虑到发掘时间长，出土遗迹、遗物多，整理工作量很重，难度大，在田野发掘工作尚未结束的情况下，于 2006 年 2 月下旬，将全部发掘遗存资料搬运到三峡坝区杨家湾老屋，并组织人员着手陶器修复（在此之前也做过一些修复工作）。7 月上旬，随着田野发掘工作结束，陶器修复工作也随之完成。

2006 年 7 月中旬，正式转入室内资料整理工作，由卢德佩全面负责。其间包括器物修复、绘制器物图、器物纹饰拓片、陶系统计、器物逻辑排序、分型分式、文化分期和人骨标本、动物骨骼、石器岩性鉴定及土样、陶片化验分析等工作。

整理的具体工作为：陶器修复主要由黎琴完成；钱币除锈处理和整理由卢德珩完成；人骨标本性别、年龄由吉林大学边疆考古研究中心魏东、张敬雷鉴定；动物骨骼、石器岩性由湖北省文物考古研究所武仙竹鉴定；陶片和土样标本半定量分析由国土资源部中南矿产资源监督检测中心实验室完成；器物图和部分线图由卢德佩绘制；描图及动物骨骼图由李新民完成；器物纹饰及钱币拓片由卢德珩完成；田野发掘照片由赵德祥、卢德佩拍摄；器物黑白照片由王志琦、赵德祥、谭宗菊、何怀红、刘伟、高宏树、卢德佩等同志拍摄；器物彩色照片由卢德佩、卢德珩、高长桥拍摄；线图和图版编排由卢德佩完成；文化分期、器物逻辑排序等工作均由卢德佩完成。另外，谭宗菊、卢德珩参与了部分器物的拼对工作；杨德新参与了部分照片的粘贴和核对；黎琴、高长桥、谭宗菊、卢德珩参与了部分器物核对和清理工作；余波、望青松、梅云来、傅君、向发立、卢创等同志协助部分器物拍摄工作；报告初稿由张小妮打印。

在全面整理工作的基础上，卢德佩主持报告的编写，并负责修订定稿。2007 年 9 月上旬，报告初稿完成，10 月中旬定稿。

本报告是集体劳动成果。第一章，第二章的第一节、第二节，第四章的第一节、第二节由王志琦执笔；第二章的第九节、第十节由余波执笔；第三章，第四章的第三节、第五节由望青松执笔；第四章的第六节、第七节由夏倪刚执笔；第五章的第六节、第七节由王成武执笔；第六章的第七节、第八节由付先荣执笔；第二章的第三节至第八节、第十一节，第四章的第二节、第四节、第八节、第九节，第五章的第一节至第五节、第八节、第九节，第六章的第一节至第六节、第九节，第七章至第十章及后记和附表均由卢德佩执笔。

（三）报告情况说明

鉴于卜庄河遗址人为毁坏（如街道建筑、修公路、砖厂取土等）和自然破坏极为严重，所发掘出的地层资料大多不全，十分零乱，尤其是土圹砖室墓和土圹石室墓普遍早期被盗，所剩文物无几，所以本报告尽可能全面系统地介绍遗存，客观地反映遗址的堆积与文化面貌，所有发掘资料都全部发表，同时进行适当的分析和总结。

1991 年第一次发掘的 5 座墓葬资料，已发表简报①，其资料一并收入本报告。2002 年 A 区和 B 区部分发掘资料曾发表过简报②，如有引用此资料请以本报告材料为准。卜庄河遗址前后发掘 11

---

① 宜昌地区博物馆、秭归屈原纪念馆：《秭归卜庄河古墓发掘》，《江汉考古》1991 年 4 期。
② 宜昌博物馆：《2002 年秭归卜庄河遗址 A、B 区发掘简报》，《湖北库区考古报告集》（三），科学出版社，2006 年。

年，为叙述简便，器物号前未加发掘年号。少数灰坑堆积分为几个层次，由于各层遗物差别甚小，为便于介绍，器物号前未加层位号。为了使读者查阅和研究方便，每个单位的材料尽量单独成图刊出。为了从多层面反映遗址文化全貌，便于深入研究，凡是墓葬填土中出土的文化遗物亦收录本报告，并略加叙述。

遗址分七个大的发掘区域，因各区遗存时代有早晚之别，文化性质有较大差异，所出文化内涵有许多不同之处，为全面反映遗址的文化面貌和各区的文化特点，故将各区所出遗存单独介绍，独立成章。每个区分别用英文字母 A、B、C、D、E、F、G 表示，其中 D 区和 E 区各分为两个小区，即 D1 区、D2 区，E1 区、E2 区。所出土的器物编号和遗迹编号前加发掘区号，如罐 AT5⑧:5，鬲 E1H1:2。墓葬号是全遗址统一编的顺序号，为了简便，凡是墓葬和随葬器物编号前不加发掘区号，如 M140。探方、探沟、试掘探方、墓葬、灰坑、灰沟、房基、灶坑、柱洞、取土场、瓦场、人头骨、棺材，分别用 T、TG、SHT、M、H、G、F、Z、D、Q、W、R、GC 字母表示。墓葬填土中出土器物号前加一个"0"表示，采集器物号前加"ZB"和两个"0"以示区别。陶片器类、数量统计以口沿个体数量为主要标准，适当参考圈足、器底、足等残件。器物描述时，遗址中出土的件数包括陶片统计的器物数量。

贰 A 区

一 位置与地貌

A区位于卜庄河遗址的东北部，即原卜庄河轮船客运码头处。北面临长江，南面接原卜庄河集镇卜葛街，东面至通往船码头的人行小路，西面到原卜庄河供销社。东西长200、南北宽约80米。海拔70~100米。A区实际上是原卜庄河集镇区域，全是居民住房、街道、船码头、道路、台阶、猪栏、厕所等建筑物，并种植有部分蔬菜。三峡大坝库区一期蓄水时，随着居民移民搬迁，这里即开垦并种上大片蔬菜、红苕等农作物，又加上江水淹没冲刷等各种原因，致使该区遭到严重破坏，地面全是高坎、沟、石碴坎、房基、街道、水泥地面，特别是集镇移民搬迁后，这里形成一大片废墟。

二 工作情况

1991年6月中旬，配合砖厂取土工程，在A区发掘一座战国墓（编号为M4）。2002年3月至2003年4月，配合三峡大坝工程建设，继续在A区发掘。由于A区地貌情况极其复杂，地面覆盖层特别厚，为便于发掘，首先用挖掘机将大片现代覆盖层挖掉，用钢钎凿掉水泥层，拆掉石碴坎，清走垃圾，然后进行勘探调查。在此基础上，我们在高低不平、十分有限的范围内，选择了三片地段布方发掘（图四）。为布方方便，采用按顺序直接编制探方号。A区前后分为1991年6月、2002年3月至6月、2002年8月至2003年1月、2003年3月至4月共四次发掘，布5米×5米探方124个。实际发掘面积为3106平方米。

三 文化堆积与分期

（一）文化堆积

据调查和发掘情况观察，A区原始地貌呈南高北低倾斜走势，加上长期江水侵蚀、雨水冲刷、开垦、农田基本建设等各种原因，地貌发生较大变化，所剩文化堆积层不多，仅存三小块残破不全的零星堆积。其时代为新石器时代石家河文化时期、二里头文化时期、商代、周代、六朝时期和宋代。受地势影响，文化层呈南高北低倾斜堆积。

石家河文化时期的文化堆积，主要分布在AT5~AT8、AT33、AT47探方。二里头文化时期的文化堆积，主要分布在AT6、AT7、AT19、AT21、AT27~AT29、AT32、AT33、AT43探方。商代文化堆积主要分布在AT19、AT20、AT27、AT28、AT30、AT34~AT44、AT51探方。周代文化堆积主要分布在AT28、AT30、AT33、AT61探方。六朝时期文化堆积范围小，仅在AT50、AT51探方内有少量发现。宋代文化堆积主要分布在AT6、AT27、AT28、AT30、AT32探方，但遗物特别少。

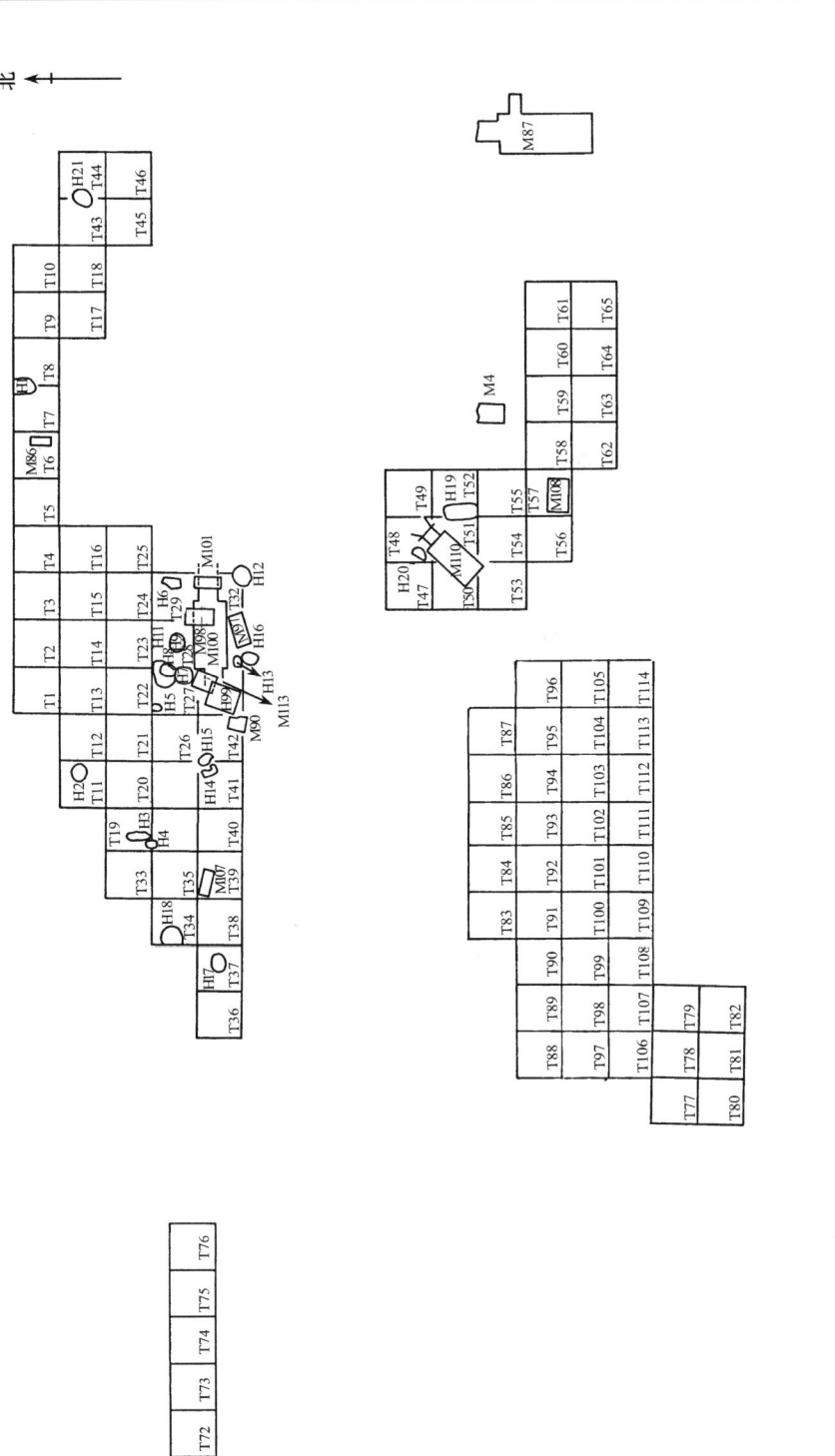

图四 A区探方、墓葬及遗迹分布图

A 区地层堆积破坏严重,完整的地层没有。共分为五层,多数探方①层下为生土,中间缺层现象较多(图版二;彩版二,1)。虽然历经几年并多次发掘,但对地层都进行了统一编层。下面选择典型探方地层剖面为例,介绍 A 区文化堆积情况。

1. AT6 四壁剖面

AT6 探方共分为五层,编号为①、②、⑥、⑦、⑧层,中间缺③、④、⑤层,南壁只有①层(图五)。

第①层:夹细砂黑褐色土,土质疏松。厚 0.2 ~ 0.35 米。分布于全探方。包含有砖头、石块、水泥块、近现代瓷片、瓦片和树根等杂物。属近现代堆积层。M86 开口在此层下。

第②层:灰褐色土,土质较板结。距地表深 0.2 ~ 0.35、厚 0.05 ~ 0.3 米,分布于探方的西北部。包含物主要有瓷片、烧土块、石头等。瓷片多饰豆青色釉。应为宋代堆积。

第⑥层:黄褐色黏土,夹少量粗细不等的灰白色沙,土质较松软。距地表深 0.35 ~ 0.5、厚 0.05 ~ 0.6 米。除探方的东南部没有此层外,其余部位均有分布。包含物有大量的夹砂褐色陶片和泥质灰陶片,主要器形有花边口沿罐、粗圈足盘、深腹罐、大口罐等。另出土有中华鲟、草鱼、獐等动物骨骼。属二里头文化时期堆积。

第⑦层:黑褐色黏土,夹少量粗沙。距地表深 0.6 ~ 0.95、厚 0.02 ~ 0.55 米。主要分布于探方的南部。包含有夹砂灰褐陶片和泥质灰陶片,陶片纹饰有篮纹、绳纹、镂孔纹等,器形有花边大口罐、石锛等。另出土有家猪、青鱼等动物骨骼。属新石器时代石家河文化时期堆积。

第⑧层:夹细砂深灰色黏土。距地表深 0.6 ~ 1.28、厚 0.05 ~ 0.45 米。分布于探方的南部,其分布范围稍大于第⑦层。包含物基本上同于第⑦层,只是陶片数量少而破碎严重。另出土有青鱼、家猪等动物骨骼。属新石器时代石家河文化时期堆积。此层下为生土层。

2. AT28 南壁、西壁剖面

AT28 探方共分为五层,编号为①、②、④、⑤、⑥层,中间缺③层(图六)。

第①层:黑褐色土,夹少量细沙,土质较松软。厚 0.05 ~ 0.88 米。分布于全探方。包含物有现代瓦片、瓷片、红色砖块以及树根等。属近现代堆积层。

第②层:灰褐色土,土质较硬。距地表深 0.05 ~ 0.9、厚 0.1 ~ 0.6 米。分布于探方的西南部。包含物有碎小的瓷片、烧土等。为宋代堆积层。AH8、M98 开口于此层下。

第④层:黑褐色黏土,土质较板结。距地表深 0.9 ~ 1.05、厚 0.02 ~ 0.15 米。分布范围较小,主要位于探方的西部,并延伸至邻方。包含物有极少量的绳纹陶片、鬲足和鸡、家猪等动物骨骼。属周代堆积层。AH7、AH9 开口于此层下。

第⑤层:灰褐色黏土,土质比较松软。距地表深 0.8 ~ 1.6、厚 0.15 ~ 0.55 米。南部被 M100 打破,从探方四壁剖面和邻方观察,该层应分布于全探方。包含物主要有绳纹、方格纹、"S"形纹、压印纹陶片,器形以罐类器为主。另出土有鱼椎骨等动物骨骼。属商代堆积。

第⑥层:黄褐色黏土,并夹杂有较多的粗细不等的沙粒。距地表深 1.2 ~ 1.7、厚 0.1 ~ 0.34 米。主要分布于探方的西北部。包含物有弦纹、交错绳纹、三角形戳印纹陶片,陶片多夹有沙粒。器形多为罐类器,如大口花边罐、深腹罐等。属二里头文化时期堆积。此层下为生土。

3. AT19 四壁剖面

AT19 探方共分为三层,编号为①、⑤、⑥层,中间缺②、③、④层,北壁只有①层和⑤层(图七)。

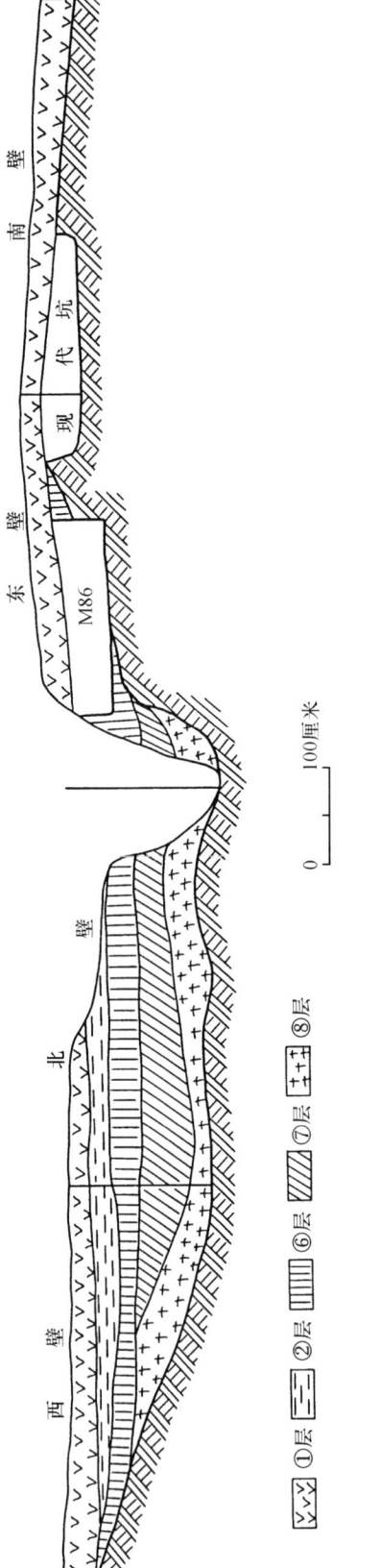

图五　A区 T6 四壁剖面图

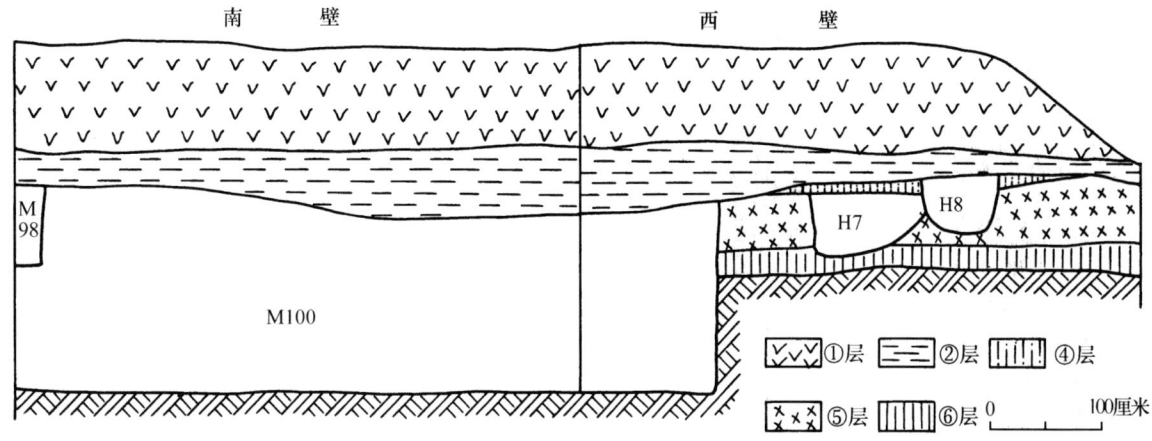

图六 A 区 T28 南壁、西壁剖面图

第①层：黑褐色，夹有少量细沙，土质疏松。厚 0.06～0.3 米。分布于全探方。包含物有现代瓦片、瓷片、红色砖块、树根等杂物。属近现代堆积层。H3 开口于此层下，H4 开口于 H3 下，但大部分叠压在该层之下。

第⑤层：灰褐色黏土，土质较松软。距地表深 0.06～0.35、厚 0.25～1.1 米。包含物有较多的夹砂陶片，陶片纹饰有绳纹、叶脉纹等，主要器形为大口罐、卷沿罐。属商代堆积层。

第⑥层：黄褐色黏土，夹有较多的沙粒，距地表深 0.6～1、厚 0.05～0.25 米。主要分布在探方的南部。此层出土陶片较多，纹饰多为交错绳纹、线纹、方格纹，器形以罐、盘居多，其中陶罐多为花边口沿罐。另出土有家猪、中华鲟、青鱼等动物骨骼。属于二里头文化时期。此层下为生土。

（二）分期

根据各文化层的土质、土色、包含物的特点及层位关系，可列出 A 区各探方文化层的时代对应关系（表一）。然后根据各遗迹单位出土的遗物特征，结合周边地区以往发掘资料和研究成果，可将 A 区所出遗存的年代分为八期（表二）。

表一 A 区探方、文化层时代关系表

文化层\时代 探方	宋代	六朝	周代	商代	二里头文化	石家河文化	文化层\时代 探方	宋代	六朝	周代	商代	二里头文化	石家河文化
AT5						⑦	AT30	②		④	⑤		
AT6	②				⑥	⑦⑧	AT32	②			⑥		
AT7	②	③			⑥	⑦⑧	AT33			④		⑥	⑦
AT8						⑦	AT34				⑤		
AT19				⑤	⑥		AT43				⑤	⑥	
AT20				⑤			AT44				⑤		
AT21	②				⑥		AT47						⑧
AT27	②			⑤	⑥		AT50		③				
AT28	②		④	⑤	⑥		AT51		③		⑤		
AT29	②				⑥		AT61			④			

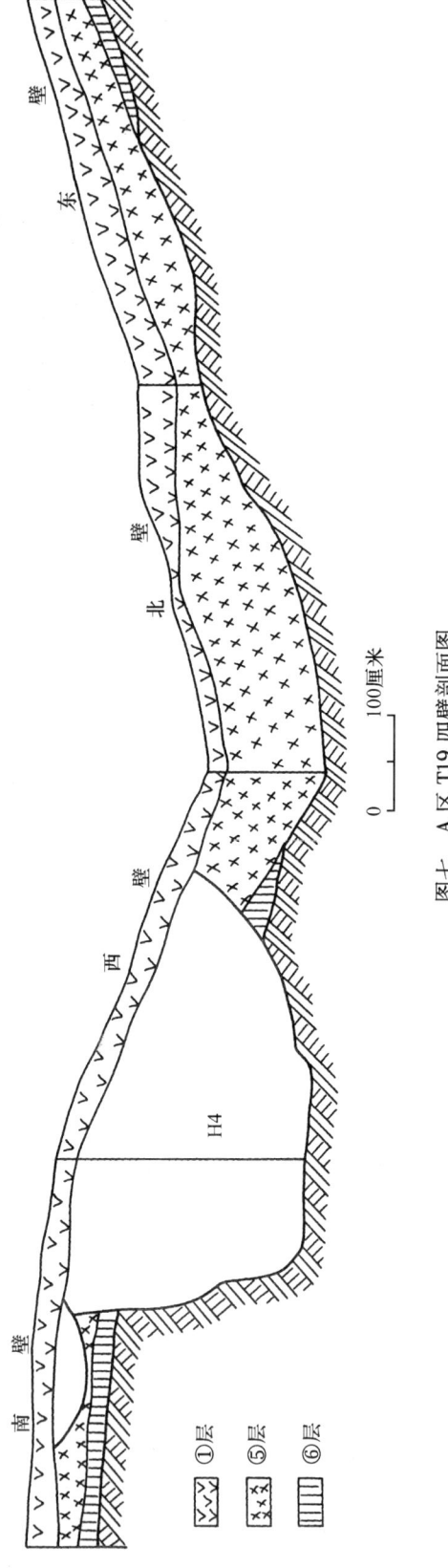

图七 A区 T19 四壁剖面图

表二　A区地层、探方、遗迹、墓葬分期对应表

分　期	文化时代	地　层	探方、遗迹、墓葬
一期	石家河文化	⑦⑧	探方6个（AT5～AT8、AT33、AT47）
二期	二里头文化	⑥	探方10个（AT6、AT7、AT19、AT21、AT27～AT29、AT32、AT33、AT43） 灰坑2个（AH1、AH2）
三期	商代	⑤	探方9个（AT19、AT20、AT27、AT28、AT30、AT34、AT43、AT44、AT51） 灰坑13个（AH4～AH7、AH9～AH11、AH13～AH15、AH17、AH18、AH21）
四期	周代	④	探方4个（AT28、AT30、AT33、AT61） 灰坑1个（AH3） 墓葬2座（M4、M97）
五期	汉代		墓葬8座（M90、M99～M101、M107、M108、M110、M113）
六期	六朝	③	探方3个（AT7、AT50、AT51） 灰坑2个（AH19、AH20） 墓葬2座（M87、M98）
七期	宋代	②	探方8个（AT6、AT7、AT21、AT27～AT30、AT32） 灰坑3个（AH8、AH12、AH16）
八期	清代		墓葬1座（M86）

一期：新石器时代石家河文化时期。探方的第⑦层、第⑧层为该期地层，包括6个探方（AT5～AT8、AT33、AT47）。出土有石斧、石凿、陶片，陶器器类以泥质灰陶矮圈足盘、夹砂绳纹罐为代表性器物。

二期：二里头文化时期。是A区重要文化遗存之一。探方地层为⑥层。包括探方10个（T6、T7、T19、T21、T27～T29、T32、T33、T43）、灰坑2个（H1、H2）。代表性器物有大口深腹绳纹罐、粗圈足盘等。

三期：商代。也是A区主要文化遗存之一。探方地层为⑤层。包括探方9个（AT19、AT20、AT27、AT28、AT30、AT34、AT43、AT44、AT51）、灰坑13个（AH4～AH6、AH7、AH9～AH11、AH13～AH15、AH17、AH18、AH21）。陶器多夹砂，以卷沿罐、豆形器、云雷纹、"S"形纹、方格纹为主要特征和纹饰。

四期：周代。探方地层为④层，包括探方4个（AT28、AT30、AT33、AT61）、灰坑1个（AH3）、墓葬2座（M4、M97）。以陶鬲、高领陶罐、陶鼎为代表性器物。

五期：汉代。没有发现文化堆积层，仅发现8座土坑墓和土圹石室墓（M90、M99～M101、M107、M108、M110、M113）。以陶灶、矮足陶鼎、陶盒、陶壶、铁臿为代表性器物。

六期：六朝时期。探方地层为③层。包括探方3个（AT7、AT50、AT51）、灰坑2个（AH19、AH20）、墓葬2座（M87、M98）。代表性器物有筒瓦、板瓦、青瓷钵、玻璃耳坠等。

七期：宋代。探方地层为②层。包括探方8个（AT6、AT7、AT21、AT27～AT30、AT32）、灰坑3个（AH8、AH12、AH16）。以淡青釉瓷盘、瓷碟为代表性器物。

八期：清代。仅发现1座墓葬（M86）。该墓没有发现随葬器物，主要依据地层叠压关系和墓葬形制结构归为该期遗存。

四　石家河文化遗存

（一）概述

卜庄河遗址A区新石器时代石家河文化时期遗存主要分布在AT5～AT8、AT33、AT47探方内，

地层包括⑦层和⑧层。文化堆积层薄，不见遗迹。从分布范围观察，AT5～AT8 探方保存稍好，其余为零星地层，破坏严重。

出土遗物有石器、陶器和骨器，共81件。其中，石器7件、陶器73件、骨器1件，分别占总数的 9.00、90.00、1.00。

石器共7件。其中，打制3件，占石器总数的42.90%；磨制2件，占石器总数的28.50%；琢制1件，占石器总数的14.30%；自然条石直接使用者1件，占石器总数的14.30%。打制石器均选用砾石打制，一面保留有自然磨光面。器类有斧4件，占石器总数的57.10%；凿、网坠、石杵各1件，各占石器总数的14.30%（表三）。

表三　A 区石家河文化石器统计表

制　法		打　制	磨　制	琢　制	自然石	合　计	比例（%）
器 名	斧	3	1			4	57.10
	凿		1			1	14.30
	网坠			1		1	14.30
	石杵				1	1	14.30
数　量		3	2	1	1	7	
比例（%）		42.90	28.50	14.30	14.30		100

陶器均破碎，仅复原2件。多泥质陶，少数陶夹细砂，夹粗砂者极少。以T6⑧层为例，细泥陶占陶系总数的67.2%，粗泥陶占陶系总数的21.4%，夹细砂陶占陶系总数的8.6%，夹粗砂陶占陶系总数的2.8%。泥质陶多细腻，夹砂陶颗粒较均匀。灰褐色陶普遍使用，占陶片总数的57%，次为黑陶、红陶和褐陶，少量灰陶和橙红色陶。陶器纹饰种类较多，有篮纹、交错绳纹、方格纹、凹弦纹、镂孔纹、戳印纹、附加堆纹等（表四），多饰于泥质陶。其中方格纹、篮纹最多。篮纹有横向、竖向和斜向几种，多为拍印而成。交错绳纹多为斜向，少数竖向，有粗细之分，多为压印，少数拍印。交错绳纹多为斜向，以拍印为主。凹弦纹有深浅之别，多数在篮纹和方格纹上饰凹弦纹。戳印纹多为圆形和"＞"形（图八～图一〇；图版三，3～6）。

表四　A 区石家河文化陶片纹饰统计表

名　称	戳印纹	凹弦纹	方格纹	篮　纹	镂孔纹	绳　纹	附加堆纹	合　计
数　量	10	36	31	8	4	38	1	128
比例（%）	7.81	28.13	24.22	6.25	3.13	29.68	0.78	100

陶器造型较规整，尤其是细泥陶，如圈足盘等。普遍使用轮制技术，多在口沿部位修理，少数手制。器物口沿和器体多分别制作，然后黏结而成。

陶器器类有罐、圈足盘、钵、盖、杯等，共59件。其中，罐31件，占器物总数的52.53%；钵8件，占器物总数的13.55%（表五）。罐多为粗泥和夹细砂，圈足盘均为泥质。

表五　A 区石家河文化陶器器形统计表

器　名	杯	圈足盘	器底	罐	钵	瓮	盖	碗	圈足	合　计
数　量	1	5	10	31	8	1	1	1	1	59
比例（%）	1.70	8.47	16.95	52.53	13.55	1.70	1.70	1.70	1.70	100

骨器仅1件骨锥，磨制而成。

另外发现10余件鱼骨和动物骨骼。鱼类有青鱼、草鱼、中华鲟，家养动物有家猪。

0 _____ 2 厘米

图八 A 区⑧层陶片纹饰拓片

1、5. 戳印纹（AT6⑧:61、AT6⑧:70） 2、4、6. 篮纹（AT7⑧:58、AT6⑧:72、AT7⑧:59） 3、7. 方格纹
（AT6⑧:7、AT7⑧:60） 8、9. 凹弦纹（AT7⑧:63、AT6⑧:68） 10. 绳纹（AT7⑧:61）

（二）文化层介绍

文化层分布在 AT6、AT7 探方的第⑧层和第⑦层，AT47 探方的第⑧层，AT5、AT8、AT33 探方的第⑦层。

① AT6⑧层

出土陶片共 70 片。其中泥质陶 62 片，夹砂陶 8 片，分别占陶片总数的 88.57%、11.43%。陶色较多，有灰褐陶、褐陶、红陶、灰陶、黑陶、橙红陶，分别占陶片总数的 28.57%、22.86%、10%、20%、17.14%、1.43%。陶器纹饰有戳印纹、凹弦纹、方格纹、篮纹，分别占陶片总数的 4.29%、27.14%、1.43%、4.29%。陶器器类有罐、杯、圈足盘、钵、瓮等共 13 件。石器有石斧。

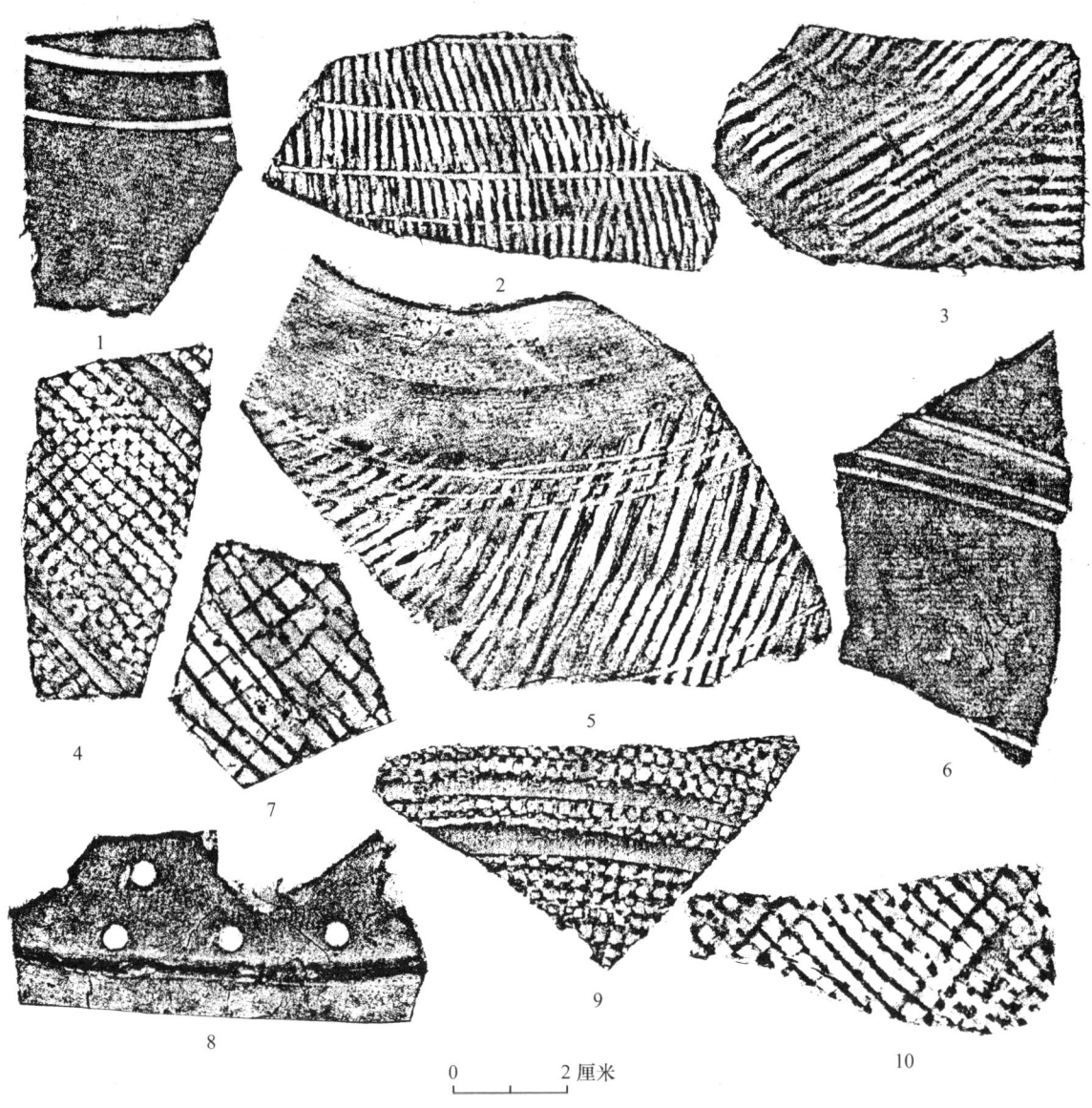

图九　A区⑦层陶片纹饰拓片

1、6. 凹弦纹（AT7⑦：42、AT7⑦：41）　2、3、5. 篮纹（AT8⑦：6、AT6⑦：105、AT6⑦：10）　4、7、9、10. 方格纹
（AT6⑦：4、AT7⑦：44、AT6⑦：9、AT6⑦：101）　8. 镂孔纹（AT6⑦：55）

出土动物骨骼种类有青鱼、家猪。

　　陶罐　6件。标本 AT6⑧：65，细泥灰陶。高领，沿外折，圆唇。颈部饰三道凹弦纹，肩部饰一道凹弦纹。口径15.9、残高8.4厘米（图一一，1）。标本 AT6⑧：61，粗泥褐陶。大口，圆唇。沿外饰一周三角形戳印纹。口径22.8、残高5.7厘米（图八，1；图一一，2）。标本 AT6⑧：64，粗泥灰褐陶。敛口，尖唇，沿外撇。口径21.6、残高8.1厘米（图一一，4）。标本 AT6⑧：62，粗泥灰褐陶。敛口，圆唇，沿外撇。口径13、残高5厘米（图一一，10）。标本 AT6⑧：26，粗泥灰褐陶。敛口，圆唇，沿外略鼓，沿内略凹，器胎较薄。口径18、残高4.6厘米（图一一，12）。

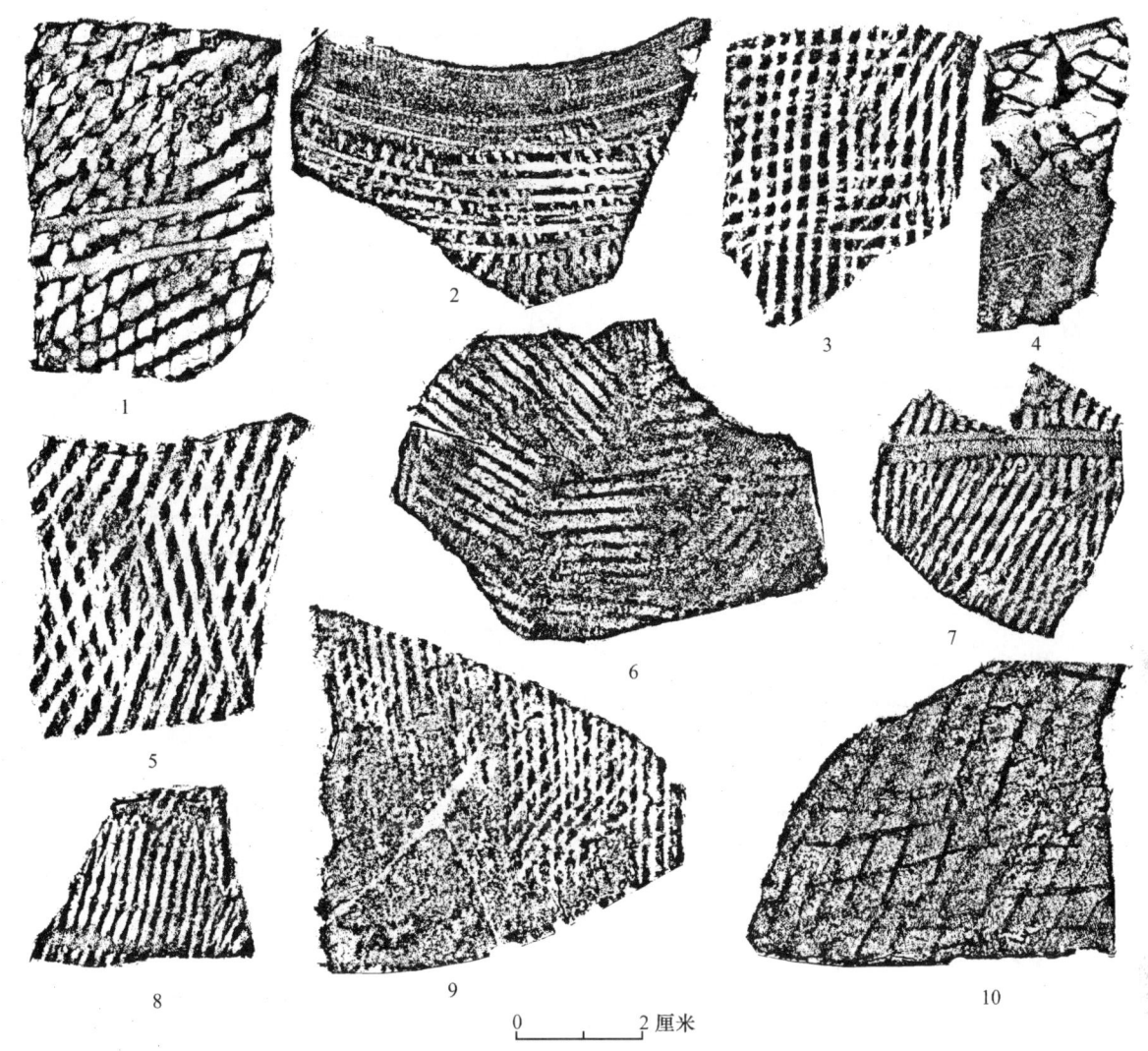

图一〇　A区⑦层陶片纹饰拓片

1、3、5、7~9. 绳纹（AT8⑦:9、AT6⑦:59、AT6⑦:103、AT8⑦:5、AT7⑦:40、AT5⑦:6）　2. 压印纹（AT7⑦:47）

4. 附加堆纹（AT7⑦:46）　6. 拍印篮纹（AT6⑦:58）　10. 菱形纹（AT6⑦:102）

陶钵　2件。标本 AT6⑧:66，细泥黑陶。口微敛，内斜沿，圆唇。口径18.2、残高4.7厘米（图一一，3）。标本 AT6⑧:67，泥质深灰色陶。敛口，圆唇。口径18.6、残高6厘米（图一一，5）。

陶瓮　1件（AT6⑧:63）。细泥黑陶。敛口，宽沿，圆唇。口径18、残高3.2厘米（图一一，6）。

陶杯　1件（AT6⑧:30）。粗泥红褐陶。直壁，平底，尖圆唇，底胎较厚。制作工艺较粗糙。口径12.5、高13.2厘米（图一一，8）。

陶圈足盘　1件（AT6⑧:29）。细泥灰陶。浅盘，圆唇，粗圈足，足根外凸。圈足上饰三道凹弦纹。口径33、圈足径24.2、高12.4厘米（图一一，11）。

陶盘圈足　1件（AT6⑧:31）。泥质橙红色陶。圈足，足根外凸。圈足径13.5、残高3.2厘米（图一一，9）。

陶器底　1件（AT6⑧:60）。粗泥红陶。平底，底胎较薄。底径14.5、残高4.7厘米（图一一，7）。

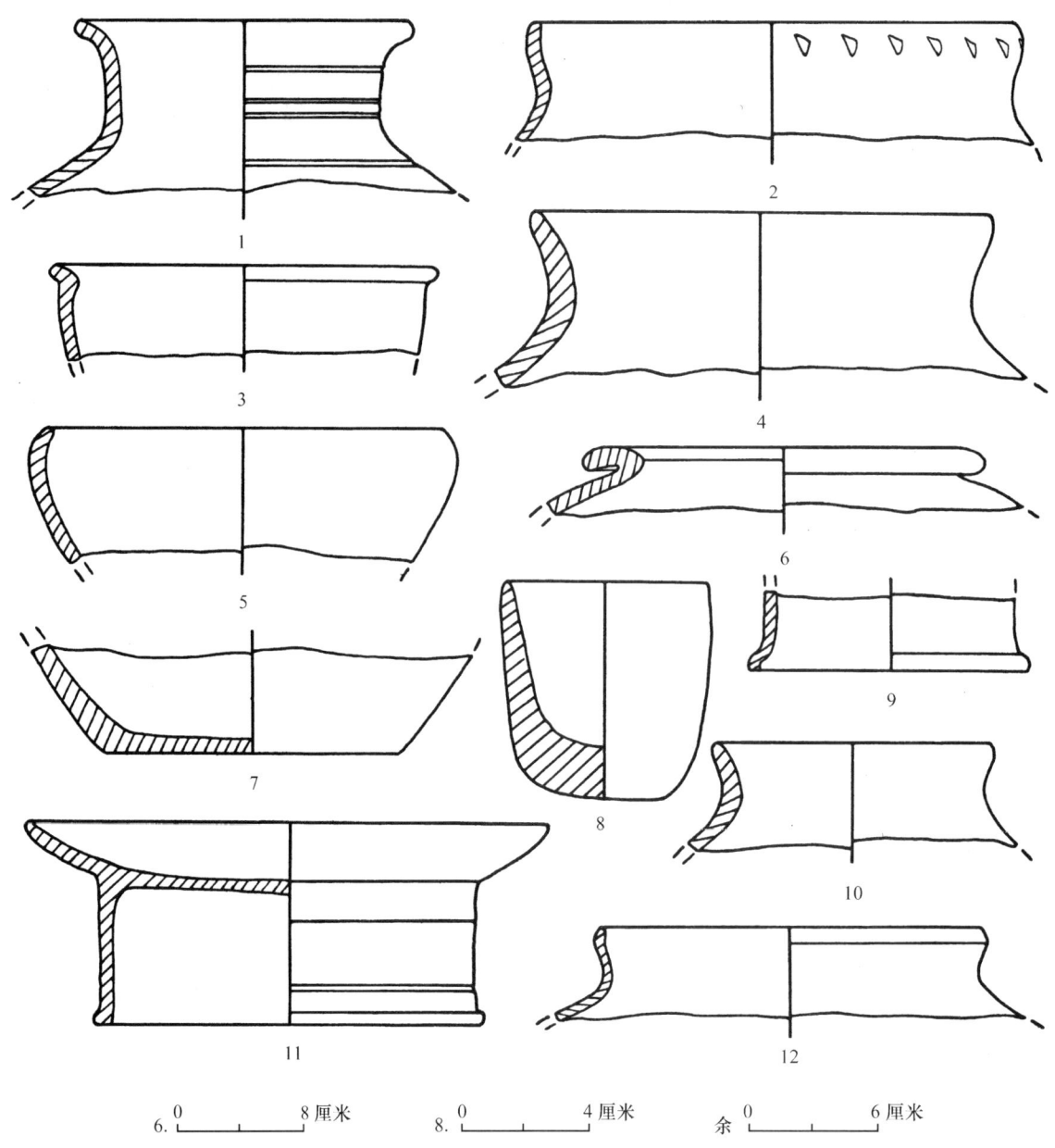

图一一　A 区 T6⑧层出土陶器

1、2、4、10、12. 罐（AT6⑧：65、AT6⑧：61、AT6⑧：64、AT6⑧：62、AT6⑧：26）　3、5. 钵（AT6⑧：66、AT6⑧：67）
6. 瓮（AT6⑧：63）　7. 器底（AT6⑧：60）　8. 杯（AT6⑧：30）　9. 盘圈足（AT6⑧：31）　11. 圈足盘（AT6⑧：29）

　　石斧　2 件。标本 AT6⑧：1，燧石。黑色。硬度 7°。打制。两侧稍磨，刃部有使用缺痕。刃宽
8、长 12.2 厘米（图一二，4；彩版三，4；图版四，6）。标本 AT6⑧：33，流纹斑岩，棕黄色。硬
度 5°～6°。打制。刃部有使用缺痕。刃宽 12、残长 12.2 厘米（图一二，3；图版四，5）。
　　动物骨骼　动物种类有家猪、青鱼等。标本 AT6⑧：38，家猪左下颌骨。标本 AT6⑧：40，青鱼
右鳃盖骨（图一三，3；图版五，2）。标本 AT6⑧：39，青鱼椎骨（图版五，6）。
　　② AT7⑧层
　　出土陶片共 76 片。其中泥质陶 74 片，夹砂陶 2 片，分别占陶片总数的 97.37%、2.63%。陶
器颜色种类较杂，有红褐陶、褐陶、红陶、黑陶、黑灰陶、橙红陶等，分别占陶片总数的 34.21%、

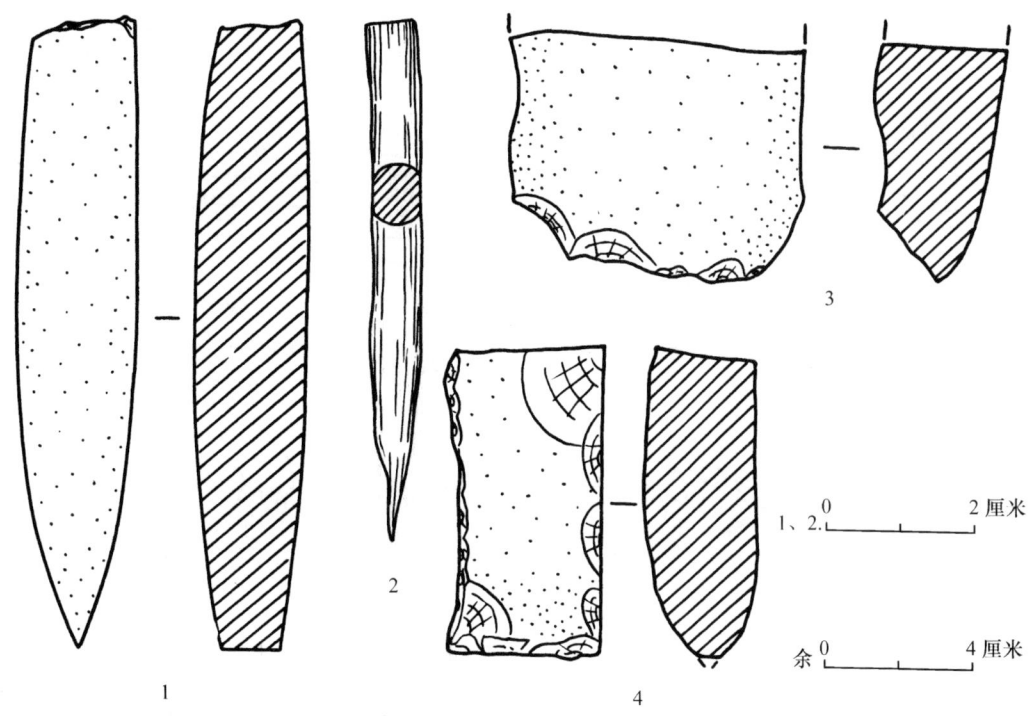

图一二　A区⑧层出土石器及骨器
1. 石凿（AT47⑧:1）　2. 骨锥（AT7⑧:62）　3、4. 石斧（AT6⑧:33、AT6⑧:1）

34.21%、7.89%、5.26%、3.95%、13.16%、1.32%。陶器纹饰种类也较多，有镂孔纹、凹弦纹、方格纹、戳印纹、交错绳纹、篮纹，分别占陶片总数的 1.32%、5.26%、3.95%、6.58%、2.63%、3.95%。陶器器类有罐、钵、圈足盘、盖等。骨器有骨锥。

陶罐　6件。标本 AT7⑧:51，粗泥褐陶。高颈，口微敛，圆唇，唇外有一道凸棱，唇面饰压印花边纹。口径 17、残高 6 厘米（图一四，1）。标本 AT7⑧:49，粗泥红褐色陶。高领，口稍外侈，圆唇，唇外有一道凸棱，唇面饰压印花边纹。口径 17.4、残高 6.3 厘米（图一四，2）。标本 AT7⑧:53，粗泥红褐陶。高领，大口，口略呈盘口状，尖圆唇，唇外有一道凸棱，唇面饰压印花边纹。口径 18、残高 9 厘米（图一四，3；图版三，2）。标本 AT7⑧:50，粗泥红褐陶。矮领，斜沿宽唇，唇面饰压印花边纹。口径 17、残高 5.2 厘米（图一四，4）。标本 AT7⑧:54，粗泥褐陶。小口，细颈，尖唇外凸。口径 12、残高 8.4 厘米（图一四，6）。

陶钵　2件。标本 AT7⑧:55，细泥褐陶。敛口，圆唇，斜壁。口径 18、残高 6.3 厘米（图一四，8）。

陶圈足盘　1件（AT7⑧:48）。圈足残。泥质灰陶。浅盘，尖圆唇。口径 25.4、残高 3 厘米（图一四，9）。

陶盖　1件（AT7⑧:56）。细泥红褐陶。斜壁，厚唇。口径 30、残高 4 厘米（图一四，5）。

陶器底　1件（AT7⑧:57）。粗泥红褐陶。斜壁，平底。底径 12、残高 3.6 厘米（图一四，7）。

骨锥　1件（AT7⑧:62）。系动物肢骨磨制而成。横剖面呈圆形。长 14 厘米（图一二，2）。

③ AT47⑧层

仅出土石凿 1件（AT47⑧:1）。粉砂岩。浅黄色。硬度 5°~6°。器形较规整，横剖面呈方形，刃锋利。磨制。长 8.4 厘米（图一二，1；彩版三，3；图版四，4）。

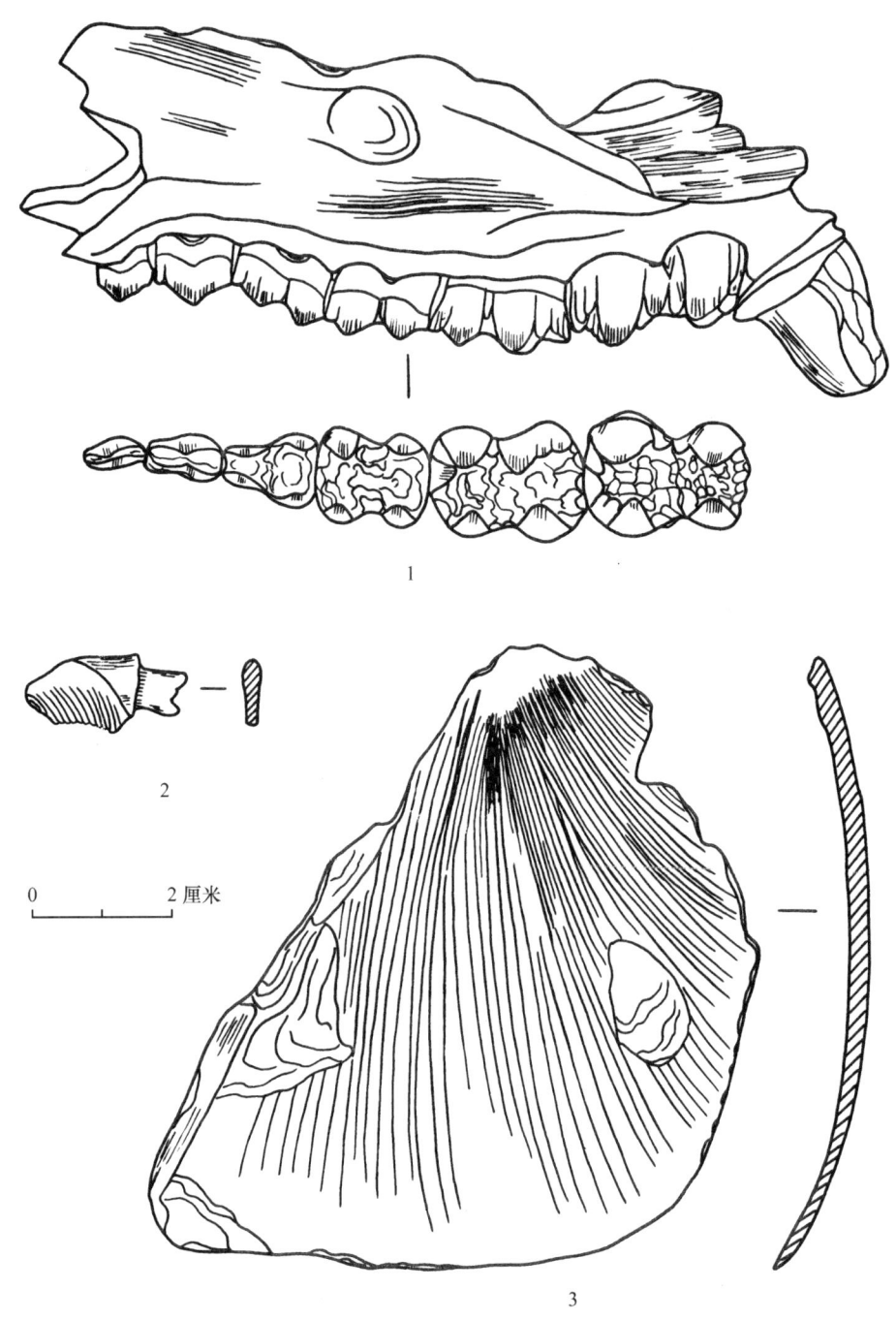

图一三　A区石家河文化动物骨骼

1. 家猪左上颌骨（AT6⑦:6）　2. 草鱼下咽齿（AT8⑦:2）　3. 青鱼右鳃盖骨（AT6⑧:40）

④ AT5⑦层

出土陶片共20片。均为泥质陶。陶片颜色有褐陶、黑褐陶、灰陶，各占陶片总数的20%，红陶、黑陶各占陶片总数的15%，红褐陶占陶片总数的10%。陶器纹饰有绳纹、方格纹，分别占陶片总数的25%、5%。陶器器类仅罐一种。另外出土部分动物骨骼。

陶罐　1件（AT5⑦:4）。细泥褐陶。大口略侈，圆唇，唇外有一道凸棱。肩部饰绳纹。口径

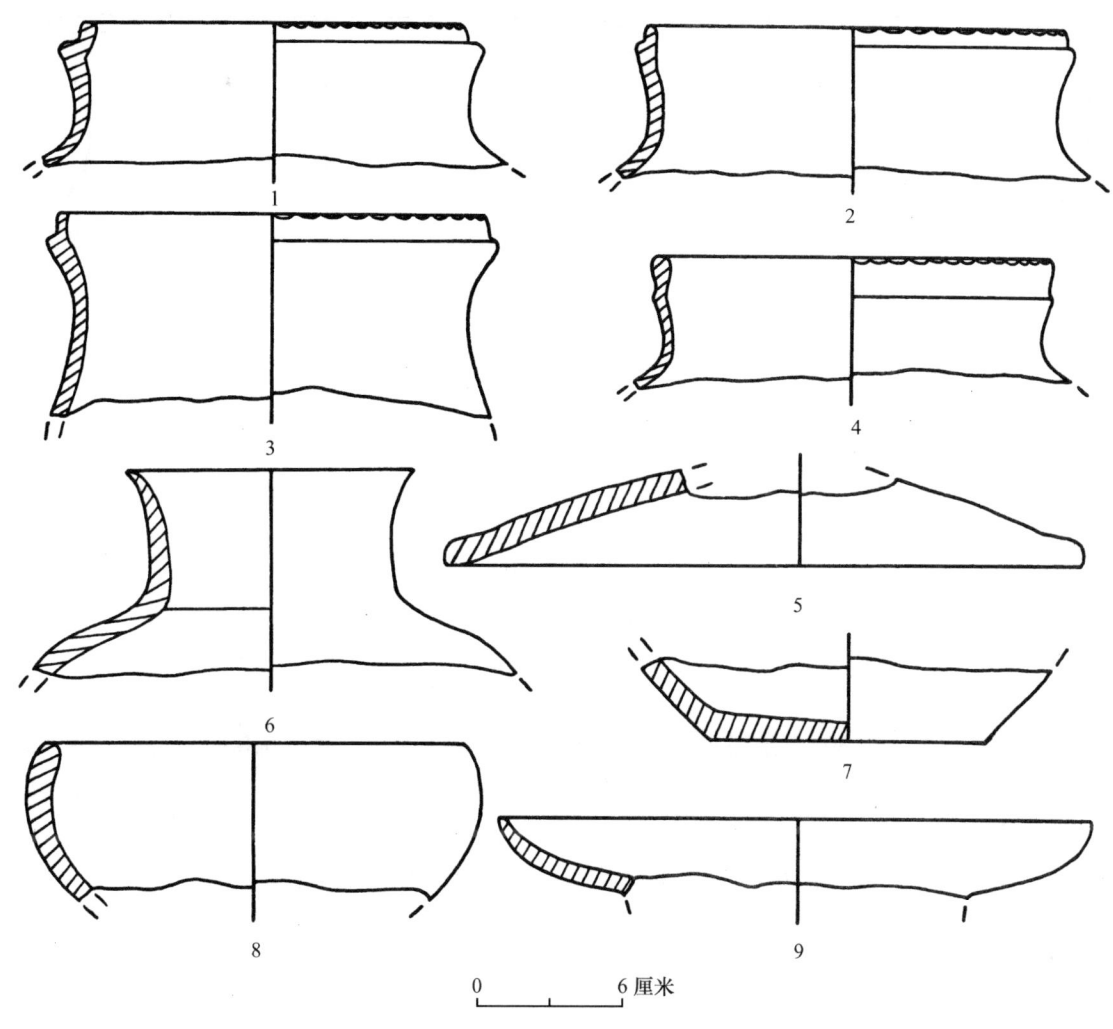

图一四 A区T7⑧层出土陶器

1～4、6. 罐（AT7⑧:51、AT7⑧:49、AT7⑧:53、AT7⑧:50、AT7⑧:54） 5. 盖（AT7⑧:56） 7. 器底（AT7⑧:57）

8. 钵（AT7⑧:55） 9. 圈足盘（AT7⑧:48）

24，残高11厘米（图一五，3）。

动物骨骼 动物种类有草鱼和中华鲟。标本AT5⑦:2，草鱼左下咽骨。标本AT5⑦:3，草鱼右鳃盖骨。标本AT5⑦:1，中华鲟鳞甲片（图版五，1）。

⑤ AT6⑦层

出土陶片共154片。均为泥质陶。陶片颜色有红陶、橙红陶、黑陶、黑灰陶、浅灰陶、红褐陶、褐陶，分别占陶片总数的12.33%、11.69%、35.07%、14.29%、0.65%、18.83%、7.14%。陶器纹饰种类也较繁杂，有弦纹、方格纹、绳纹、镂孔纹、篮纹，分别占陶片总数的3.25%、7.14%、11.69%、1.95%、1.30%。陶器器类有罐、圈足盘、碗、钵等。石器有石杵。动物种类有家猪和青鱼。

陶罐 8件。标本AT6⑦:48，粗泥红褐陶。侈口，方唇。口径19.2、残高6.6厘米（图一六，1）。标本AT6⑦:49，粗泥红陶。折沿，圆唇。肩部饰细绳纹。口径15、残高4.6厘米（图一六，5）。标本AT6⑦:9，粗泥深灰陶。高领，尖圆唇，唇外有一道凸棱，口略呈盘形。肩部饰斜绳纹。口径13.2、残高6.9厘米（图一六，6）。标本AT6⑦:45，粗泥黑褐陶。矮领，口略侈，圆唇，唇

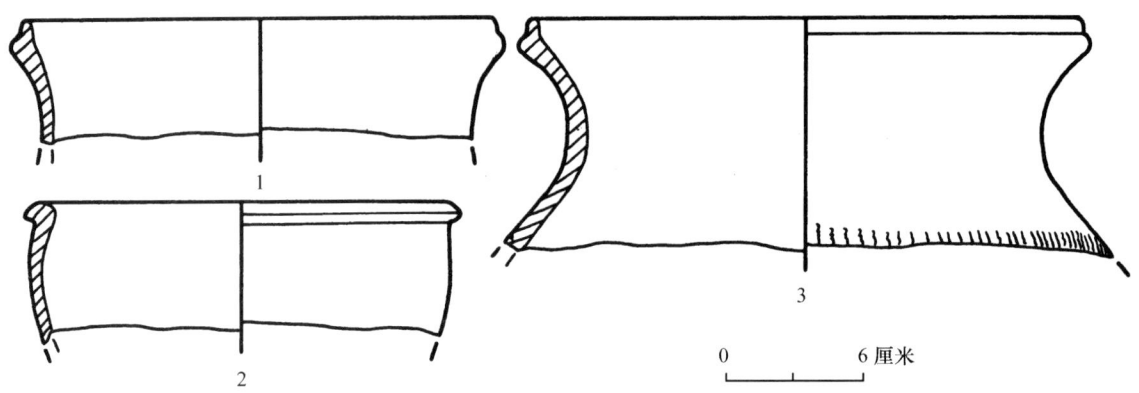

图一五　A区T5⑦层、T8⑦层出土陶器
1、3. 罐（AT8⑦：3、AT5⑦：4）　2. 钵（AT8⑦：4）

外有一道凸棱。口径13.8、残高6.9厘米（图一六，8）。标本AT6⑦：15，细泥黑陶。广肩，小口，略侈，尖唇。肩部饰篮纹，篮纹上饰一道旋抹弦纹。口径11.5、残高5.8厘米（图一六，9；图版三，1）。标本AT6⑦：19，细泥黑陶。广肩，小口，略侈，方唇。口径12、残高4.5厘米（图一六，11）。

陶钵　1件（AT6⑦：50）。细泥灰黑陶。弧壁，圆唇。口径18、残高5.8厘米（图一六，3）。

陶圈足盘　1件（AT6⑦：17）。细泥橙红陶。浅盘，粗圈足，尖圆唇，底较平。口径23.4、残高6厘米（图一六，10）。

陶盘圈足　4件。标本AT6⑦：51，细泥黑陶。胎较薄，圈足根外撇。足径17.6、高4.6厘米（图一六，2）。标本AT6⑦：18，细泥橙红陶。器形规整，胎厚薄较均匀，圈足根外撇。圈足径18、高4.6厘米（图一六，4）。标本AT6⑦：28，细泥黑灰陶。圈足根外撇。圈足径15、高4.6厘米（图一六，13）。

陶器底　4件。标本AT6⑦：52，粗泥红陶。斜壁，平底，底胎厚重。底径12、残高5.6厘米（图一六，7）。标本AT6⑦：53，夹细砂褐陶。平底。外表饰菱形方格纹。底径9、残高4厘米（图一六，12）。

石杵　1件（AT6⑦：5）。流纹斑岩。浅黄色。硬度5°~6°。系自然石直接使用。长条形，横剖面略呈方形，顶端较厚重。长12、粗径2.3厘米（图一七，3）。

动物骨骼　动物种类有家猪和青鱼。标本AT6⑦：6，家猪左上颌骨（图一三，1；彩版五二，3；图版五，4）。标本AT6⑦：7，青鱼左鳃盖骨（图版五，5）。

⑥ AT7⑦层

出土陶片共126片。均为泥质陶，分粗泥和细泥两种。陶片颜色较多，有橙红陶、黑陶、灰陶、红褐陶、褐陶和黑褐陶，分别占陶片总数的4.76%、22.22%、14.29%、23.81%、9.52%、25.40%。陶片纹饰有凹弦纹、方格纹、戳印纹、附加堆纹、绳纹，分别占陶片总数的6.40%、7.10%、0.79%、0.79%、3.96%。陶器器类有罐、圈足盘、钵等。石器有网坠和斧。

陶罐　9件。标本AT7⑦：32，粗泥褐陶。大口，圆唇，唇外有一道凸棱。口径27、残高6厘米（图一八，1）。标本AT7⑦：34，粗泥褐陶。侈口，圆唇外凸。口径15.2、残高3.8厘米（图一八，2）。标本AT7⑦：25，大口外侈，圆唇。口径27、残高6厘米（图一八，4）。标本AT7⑦：29，细泥褐陶。大口外侈，圆唇外凸。口径24、残高5.4厘米（图一八，6）。标本AT7⑦：31，细泥黑陶。

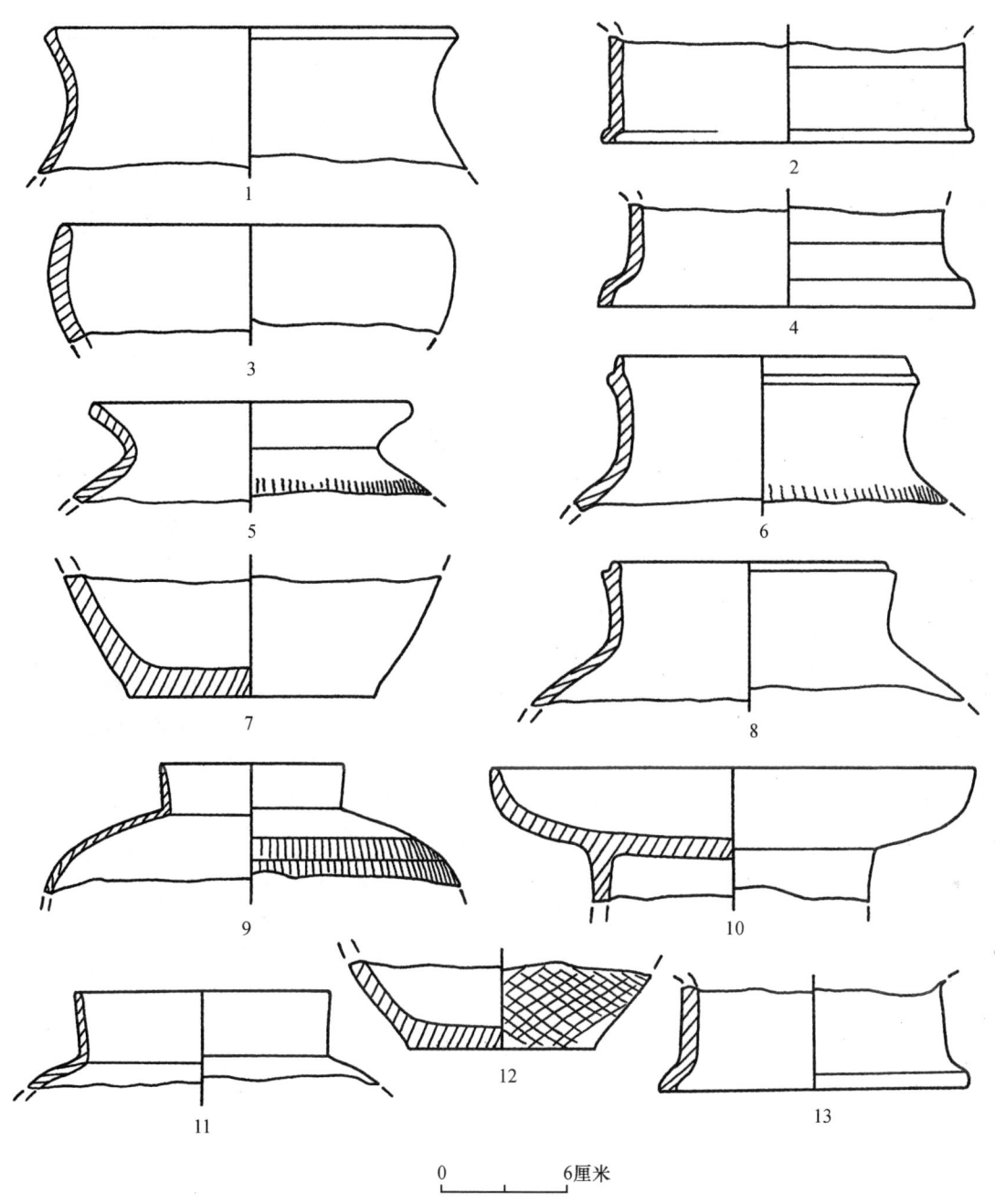

图一六　A 区 T6⑦层出土陶器

1、5、6、8、9、11. 罐（AT6⑦：48、AT6⑦：49、AT6⑦：9、AT6⑦：45、AT6⑦：15、AT6⑦：19）　　2、4、13. 盘圈足（AT6⑦：51、

AT6⑦：18、AT6⑦：28）　3. 钵（AT6⑦：50）　7、12. 器底（AT6⑦：52、AT6⑦：53）　10. 圈足盘（AT6⑦：17）

广肩，直口，尖唇口较小，肩与口转折处夹角略呈 90°。口径 12、残高 5 厘米（图一八，8）。标本 AT7⑦：30，粗泥褐陶。敛口折沿，双唇。口径 18、残高 4.8 厘米（图一八，9）。标本 AT7⑦：33，粗泥褐陶。大口外侈，尖唇，唇外有一道凸棱，唇面饰压印花边纹。口径 17.5、残高 6.3 厘米（图一八，10）。标本 AT7⑦：28，粗泥灰陶。敛口，圆唇，弧腹。口径 15、残高 5.6 厘米（图一八，13）。

陶圈足盘　2 件。标本 AT7⑦：36，细泥黑陶。圈足残。浅盘，口微敛，圆唇。口径 27、残高

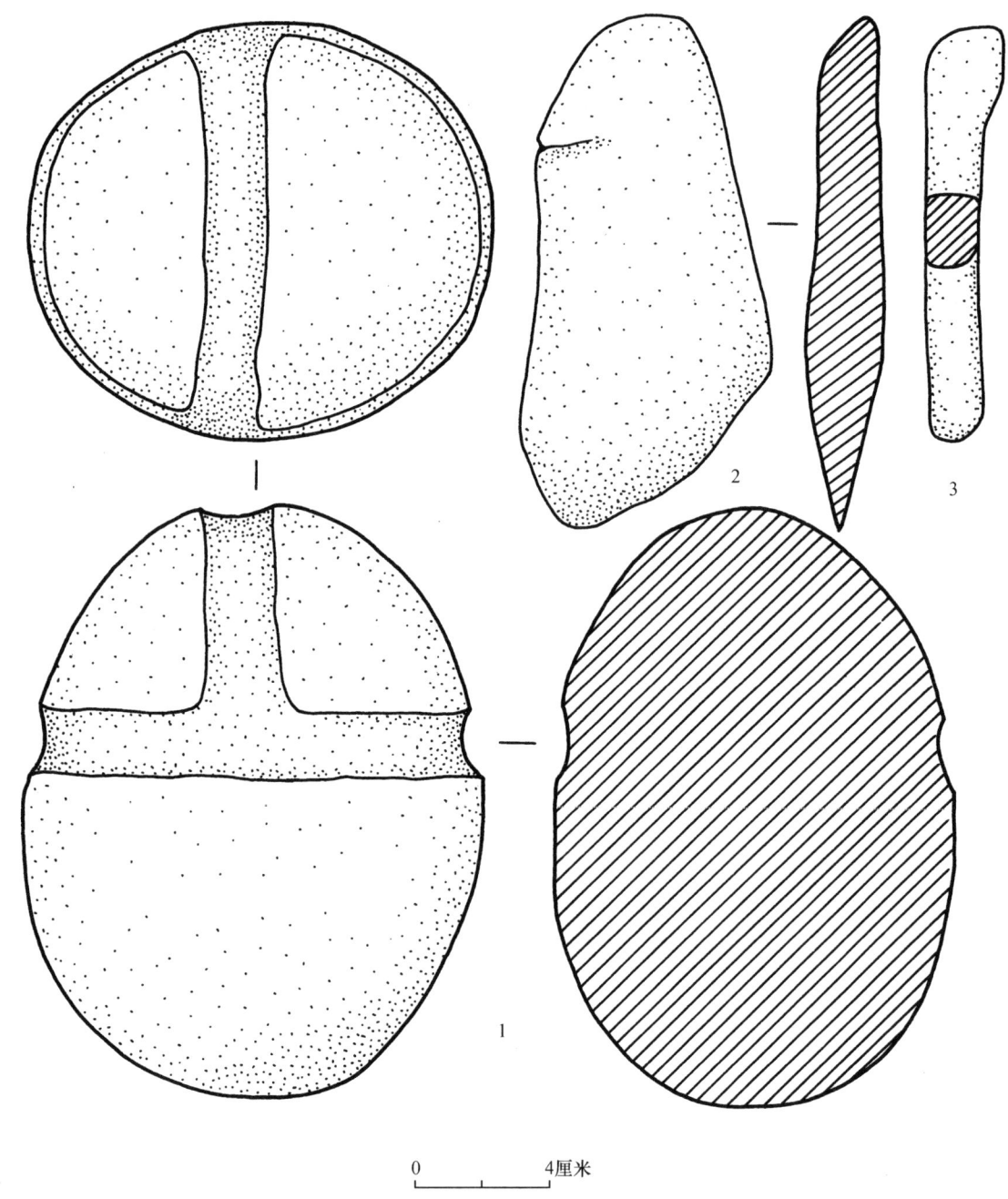

0 |———|———| 4厘米

图一七　A区T6⑦层、T7⑦层出土石器
1. 网坠（AT7⑦:23）　2. 斧（AT7⑦:24）　3. 杵（AT6⑦:5）

4.5 厘米（图一八，12）。标本 AT7⑦:35，细泥灰陶。圈足残。浅盘，圆唇。口径 27、残高 4.5 厘米（图一八，14）。

　　陶钵　2 件。标本 AT7⑦:38，细泥灰陶。弧壁，敛口，尖圆唇。口径 16.2、残高 4.4 厘米（图一八，5）。标本 AT7⑦:39，细泥黑褐陶。口微敛，圆唇外凸。口径 18、残高 4.5 厘米（图一八，15）。

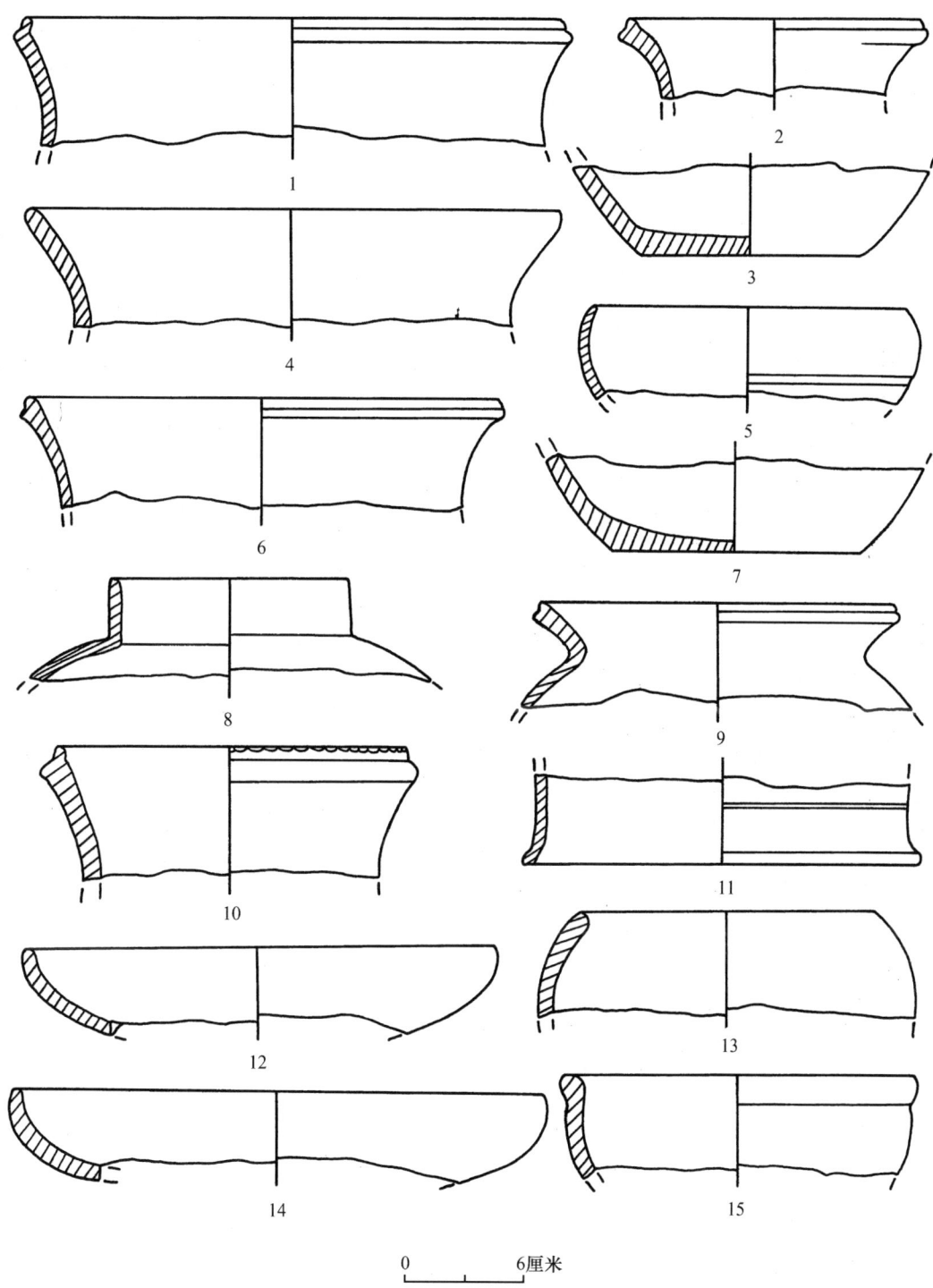

图一八　A 区 T7⑦层出土陶器

1、2、4、6、8～10、13. 罐（AT7⑦：32、AT7⑦：34、AT7⑦：25、AT7⑦：29、AT7⑦：31、AT7⑦：30、AT7⑦：33、
AT7⑦：28）　3、7. 器底（AT7⑦：26、AT7⑦：27）　5、15. 钵（AT7⑦：38、AT7⑦：39）　11. 盘圈足（AT7⑦：37）
12、14. 圈足盘（AT7⑦：36、AT7⑦：35）

陶盘圈足　1件（AT7⑦：37）。细泥灰陶。胎较薄，圈足根外鼓。足径 19.5、残高 4.4 厘米（图一八，11）。

器底　4件。标本 AT7⑦：26，粗泥黑褐陶。平底，斜壁。底径 11.8、残高 4.6 厘米（图一八，3）。标本 AT7⑦：27，粗泥褐陶。斜壁，平底，底较薄。底径 13.2、残高 4.7 厘米（图一八，7）。

石网坠　1件（AT7⑦：23）。石英砂岩。青绿色。硬度 5°～6°。椭圆形。通体琢制。中部琢有一道凹槽，顶部亦琢有一道凹槽，并与中部凹槽相连。凹槽应为系绳之用。长径 17.4、短径 14 厘米，重约 2.5 公斤（图一七，1；彩版三，2；图版四，3）。

石斧　1件（AT7⑦：24）。斜长岩，灰黄色。硬度 5°～6°。打制。斜刃，顶端较窄，一面保留有自然石皮面。长 15.2、最宽处为 8.2 厘米（图一七，2；图版四，2）。

⑦ AT8⑦层

出土陶片共 40 片。均为泥质陶。陶片颜色有红陶、橙黄陶、红褐陶、褐陶、黑灰陶和黑陶，分别占陶片总数的 2.50%、12.50%、17.50%、30.00%、20.00%、17.50%。陶片纹饰有绳纹、方格纹、戳印纹等，分别占陶片总数的 20.00%、15.00%、2.50%。陶器器类有罐、钵等。鱼类骨骼种类有青鱼、草鱼。

陶罐　1件（AT8⑦：3）。粗泥褐陶。大口略侈，尖圆唇外凸。口径 21、残高 5 厘米（图一五，1）。

陶钵　1件（AT8⑦：4）。细泥黑陶。弧壁，宽沿，圆唇。口径 18.6、残高 5.8 厘米（图一五，2）。

动物骨骼　动物种类有青鱼和草鱼。标本 AT8⑦：1，青鱼右下咽骨。标本 AT8⑦：2，草鱼下咽齿（图一三，2；图版五，3）。

⑧ AT33⑦层

仅石斧 1 件（AT33⑦：1）。石英斑岩。黄绿色。硬度 5°～6°。磨制。器形大，较规整，长条形，顶端有安柄用的段和琢点，刃部甚锋利。长 24.5、刃宽 9.5、顶宽 6.5、中部厚 3.8 厘米（图一九；彩版三，1；图版四，1）。

（三）小结

1. 遗存特征与年代

卜庄河遗址 A 区石家河文化遗存虽然有⑦层和⑧层两层堆积，但出土遗物并不是很多，加上地层遭到严重破坏，除 AT6、AT7 两个探方有⑧层外，其余探方均为⑦层堆积。这两层文化面貌很接近，时代上没有多大区别，不宜分期。但其特征非常明显，花边口沿罐、小口广肩罐、粗圈足盘最具代表性，篮纹、方格纹、">"形戳印纹最具特色，细泥灰陶、黑陶和粗泥褐陶为主要陶系。这些特点与石家河文化中晚期的同类器相似，但粗泥褐陶所占比重较大，并有一定数量的菱形方格纹和灰白陶，这些特征又接近于三峡地区白庙类型文化。由此推测，A 区石家河文化遗存的年代约相当于石家河文化中晚期，绝对年代大约在距今 4100 年左右。

2. 经济生活

A 区石家河文化时期遗存中发现石质生产工具 6 件，其中石斧 4 件、网坠 1 件、石凿 1 件。石

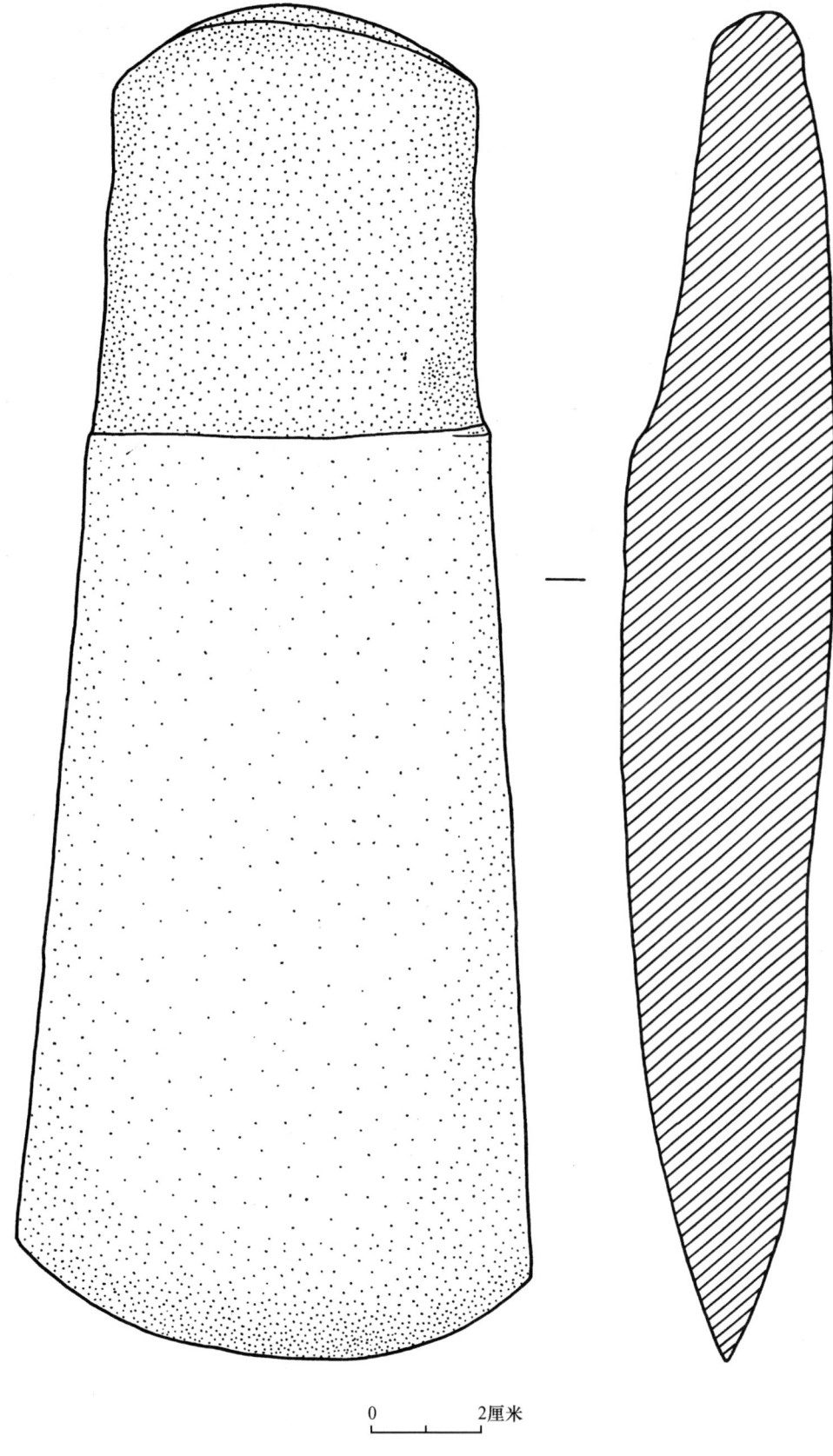

0   2厘米

图一九 A区T33⑦层石斧（AT33⑦:1）

凿器形较小，只能作为加工工具使用。石斧可以作为农业生产工具，但也可以有其他用途。AT33⑦:1 石斧，形制十分规整，通体磨光，刃部无缺痕，并且顶端有安柄用的段。这件极为精致的石斧是不可能直接作为农业生产工具使用的，其余3件均为打制，可以视为农业生产工具，但器形较小，生产效率不是很高。网坠虽然只发现一件，但器形较大而重，形态规整，其上有几道系绳用的凹槽，这种器物无疑是长期使用的。最引人注目的是，在十分有限的范围内发现20余件动物骨骼。通过鉴定，这些骨骼除两件为家猪骨骼外，余为鱼类骨骼，有青鱼、草鱼和中华鲟，这说明当时渔业在经济生活中占有很重要的地位。当然这与当时长江中生存有丰富的鱼类资源也是分不开的。由此表明，卜庄河遗址在石家河文化时期，农业经济占一定比重，但不是很发达。渔业经济是当时人们生活的主要经济来源之一，其次是畜牧业经济。狩猎和采集经济也应该在当时经济生活中占据重要地位。

五　二里头文化遗存

（一）概述

二里头文化时期遗存主要分布在 AT6、AT7、AT19、AT21、AT27～AT29、AT32、AT33、AT43 等探方内。发现灰坑2个，编号为 AH1、AH2。

灰坑为圆形和椭圆形，均为斜壁。

出土遗物有石器和陶器两类，共126件。其中，陶器117件，占总数的92.86%；石器9件，占陶器总数的7.14%。

石器器类有斧和锛两种。其中，斧4件，占石器总数的44.44%；锛5件，占石器总数的55.56%。磨制石器占石器总数的77.78%，打制石器和琢制石器各占石器总数的11.11%（表六）。器形普遍较规整，多数为直刃，少数弧刃。

表六　A区二里头文化石器统计表

制　法		打　制	磨　制	琢　制	合　计	比例（%）
器名	斧		3	1	4	44.44
	锛	1	4		5	55.56
数　量		1	7	1	9	
比例（%）		11.11	77.78	11.11		100

陶器共117件。大多破碎，完整器仅2件，复原2件。泥质陶112件，占陶片总数的95.73%，夹砂陶5件，占陶片总数的4.27%。红褐陶、黑陶和黑褐陶占多数。

陶器纹饰种类繁多，有绳纹、凹弦纹、方格纹、菱形纹、镂孔纹、戳印纹、压印纹、"S"形纹、附加堆纹、云雷纹、泡泡纹、凸弦纹等（图二〇、图二一；图版七，5、6），其中，绳纹占陶片纹饰总数的55.43%，凹弦纹占陶片纹饰总数的22.49%，方格纹占陶片纹饰总数的9.64%（表七）。绳纹和凹弦纹多饰于器物腹部，镂孔纹和戳印纹多饰于圈足上，方格纹多饰于器物腹部，云雷纹多饰于器物颈部，压印纹多饰于器物口沿上。绳纹和方格纹多采用压印法制作。

陶器器类有罐、钵、圈足盘、釜、杯、纺轮、拍、缸、盖等。其中，罐83件，占陶器总数的74.78%；钵5件，占陶器总数的4.50%；圈足盘7件，占陶器总数6.31%（表八）。罐类器物制作较粗糙，部分罐（尤其是内壁）有明显的手制痕迹，圈足与器身多为分件制作然后黏结到一起，器物口沿多为二次黏结。

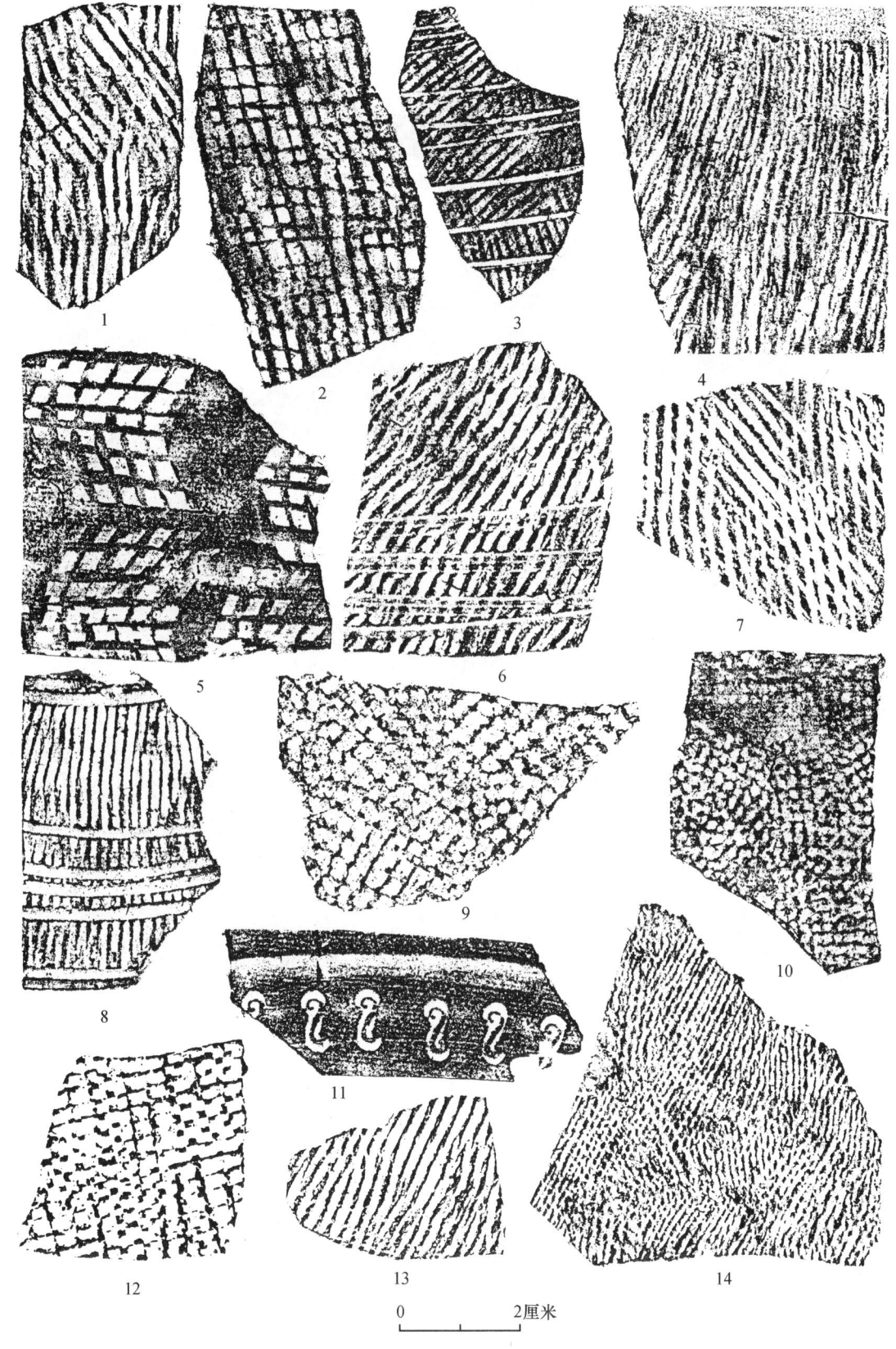

图二〇　A区⑥层陶片纹饰拓片

1、3、6、8、13. 篮纹（AT7⑥：76、AT7⑥：82、AT7⑥：75、AT7⑥：74、AT6⑥：97）　　2、5、9、10、12. 方格纹（AT7⑥：78、AT43⑥：30、AT32⑥：10、AT6⑥：94、AT7⑥：77）　　4、7. 绳纹（AT33⑥：8、AT7⑥：80）　　11. 盘圈足（AT43⑥：29）　　14. 线纹（AT27⑥：48）

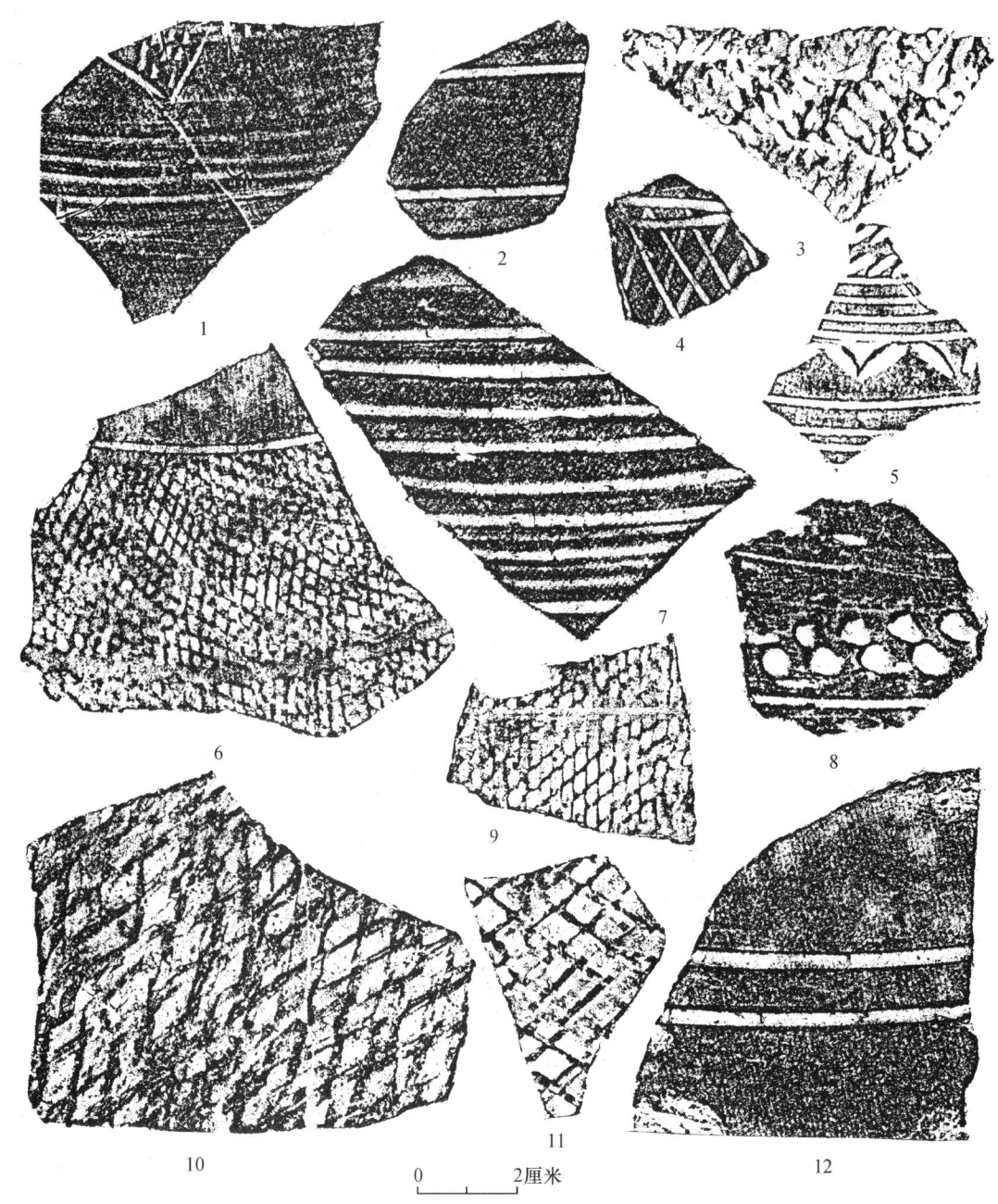

图二一　A区⑥层陶片纹饰拓片

1、3、5、8. 戳印纹（AT32⑥:16、AT33⑥:5、AT32⑥:14、AT32⑥:13）　2、7、12. 凹弦纹（AT6⑥:98、AT27⑥:47、
AT43⑥:32）　4、6、9～11. 菱形纹（AT6⑥:90、AT19⑥:28、AT6⑥:92、AT7⑥:9、AT6⑥:93）

表七　A区二里头文化陶片纹饰统计表

名　称	凹弦纹	绳纹	泡泡纹	方格纹	菱形纹	镂孔纹	戳印纹	压印纹	"S"形纹	附加堆纹	云雷纹	合计
数　量	56	138	1	24	10	2	6	6	4	1	1	249
比例（%）	22.49	55.43	0.40	9.64	4.02	0.80	2.41	2.41	1.60	0.40	0.40	100

表八　A区二里头文化陶器器形统计表

器　名	罐	豆柄	钵	盖	圈足盘	纺轮	釜	杯	圈足	器底	拍	缸	合计
数　量	83	1	5	1	7	2	1	1	1	7	1	1	111
比例（%）	74.78	0.90	4.50	0.90	6.31	1.80	0.90	0.90	0.90	6.30	0.90	0.90	100

（二）遗存介绍

1. 灰坑

① AH1

AH1 位于 AT7 探方东北角，开口于③层下，打破生土。平面呈圆形，斜壁，圜底。残口径 0.4、深 0.6 米（图二二）。坑内堆积为灰褐色黏土，包含物有陶罐、陶豆柄、石锛等。陶器均为泥质陶。

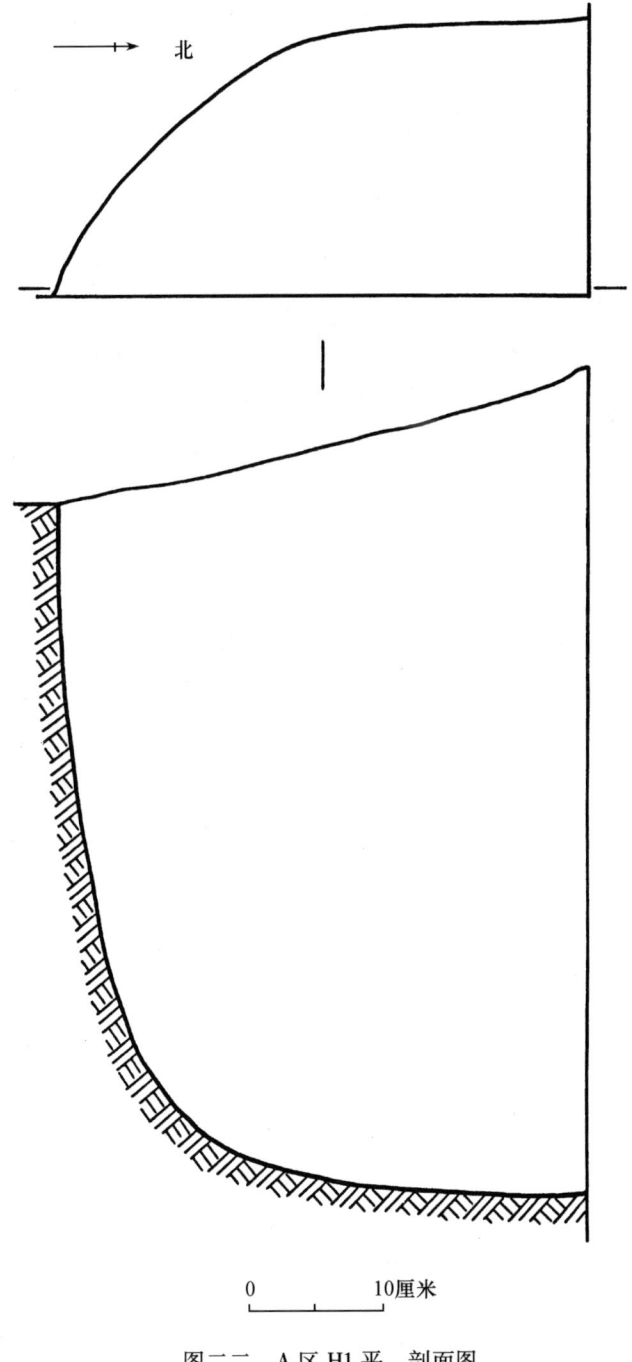

图二二　A 区 H1 平、剖面图

陶色有黑陶、褐色陶和灰陶，分别占陶片总数的 55.00% 、20.00% 、25.00% 。纹饰有绳纹、凹弦纹，分别占陶片总数的 25.00% 、20.00% （图二三）。

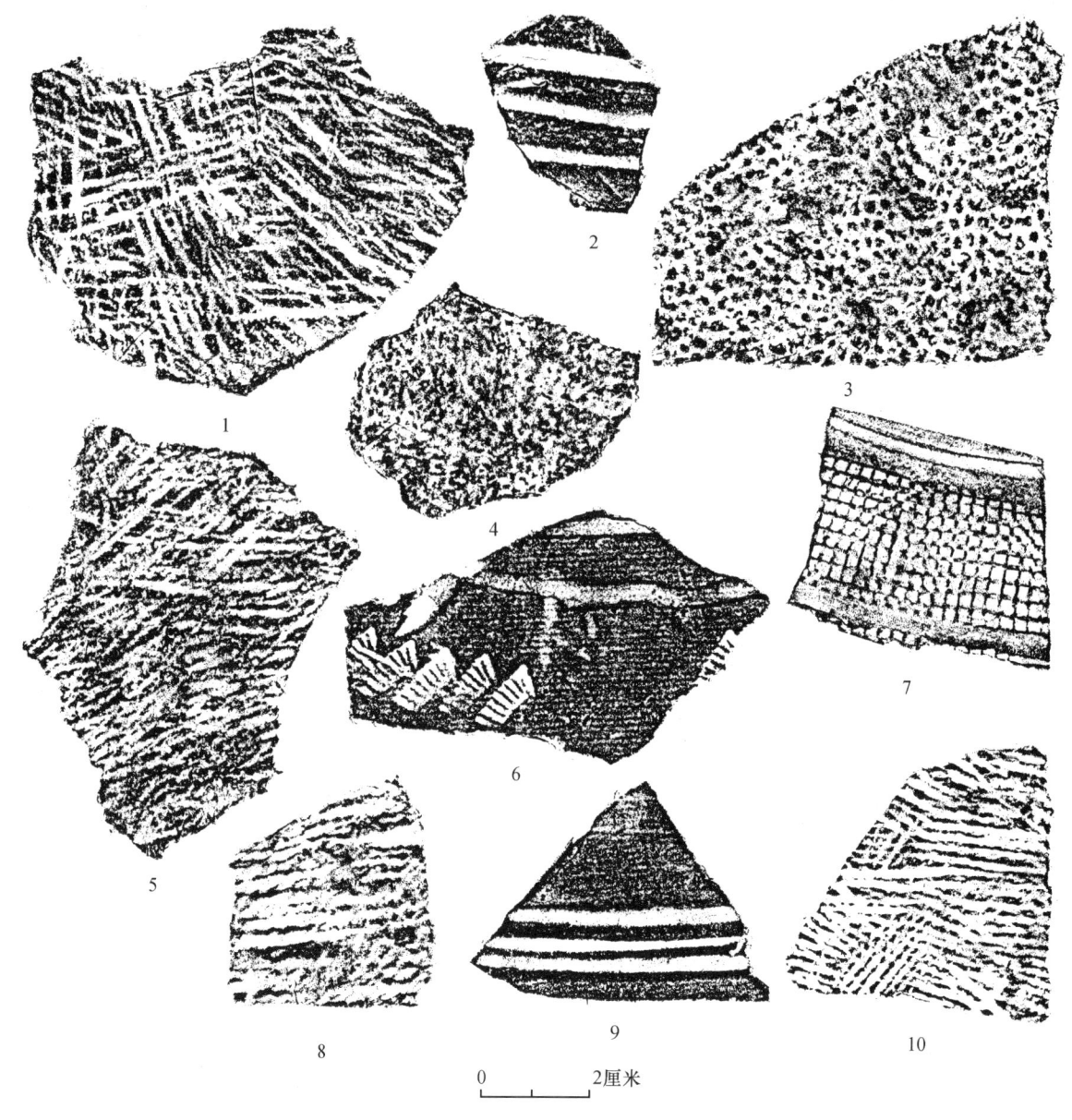

0 ⊢——⊢——⊣ 2厘米

图二三　A 区 H1、H2 陶片纹饰拓片

1、5. 篮纹（AH1:9、AH1:8）　2、9. 弦纹（AH1:11、AH1:10）　3. 泡泡纹（AH2:19）　4. 线纹（AH1:6）

6. 压印纹（AH2:22）　7. 方格纹（AH2:18）　8、10. 绳纹（AH2:20、AH2:21）

陶罐　4件。标本 AH1:4，粗泥褐陶。口略侈，尖圆唇。口径 18、残高 5.2 厘米（图二四，1）。标本 AH1:2，粗泥黑陶。束颈，敛口，折沿，圆唇。口径 15.9、残高 4.5 厘米（图二四，2）。标本 AH1:3，粗泥黑陶。敛口，卷沿，尖唇。肩部饰绳纹。口径 12、残高 4.2 厘米（图二四，5）。

陶豆柄　1件（AH1:5）。细泥黑陶。竹节形，外表光滑，饰三道凹弦纹。胎厚 0.5、粗径 3、残高 3.4 厘米（图二四，4）。

石锛　1件（AH1:12）。辉橄岩。青绿色。硬度 5° ~ 6°。打制。斜刃，顶端较窄。刃部有使用痕迹。长 7.5、中段宽 4.2 厘米（图二四，3）。

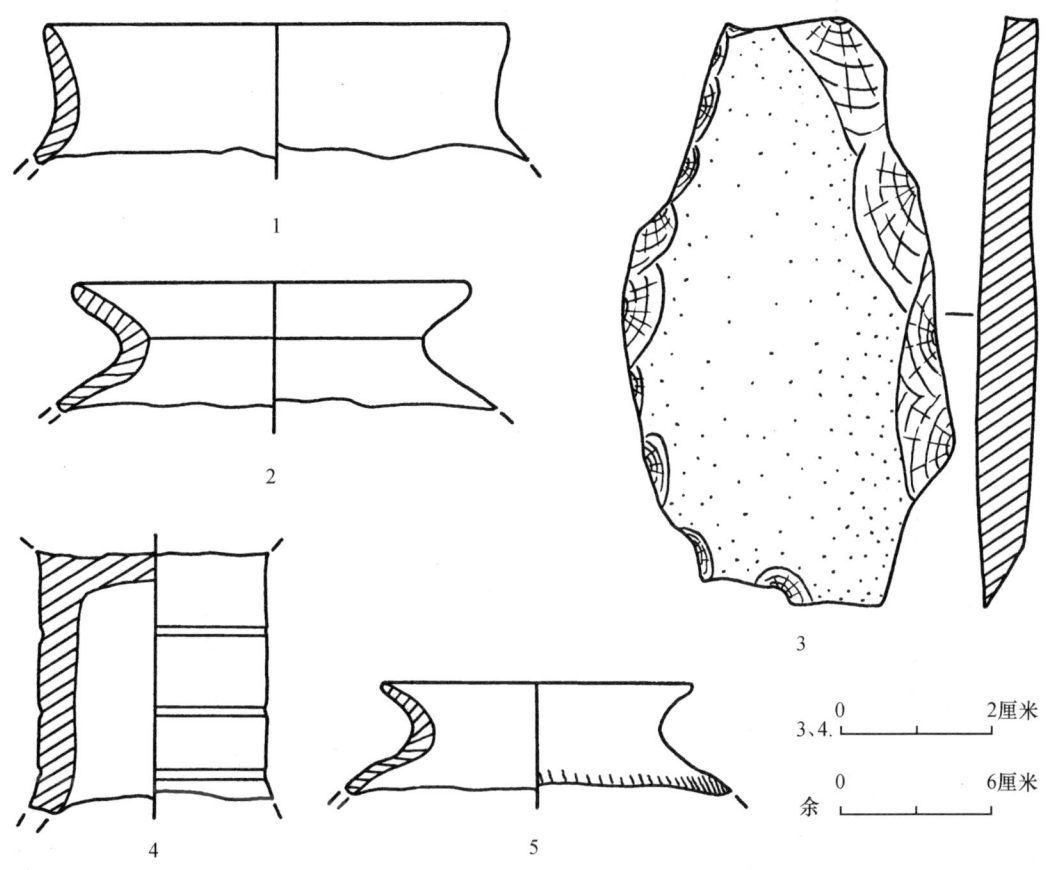

图二四　A 区 H1 出土器物

1、2、5. 陶罐（AH1：4、AH1：2、AH1：3）　3. 石锛（AH1：12）　4. 陶豆柄（AH1：5）

② AH2

AH2 位于 AT11 探方东部。开口于①层下。打破生土。形制规整，坑壁较光滑，北壁被打破。平面呈椭圆形，坑壁稍内收，平底，底中间有一条宽 0.12～0.25、深 0.1～0.15 米、呈南北向的凹槽。长径 2.8、短径 2.2、深 1.55 米（图二五；图版六，1）。坑内堆积为灰褐色黏土，包含物有陶罐、陶钵等。陶器均为泥质陶。陶片颜色较多，有红陶、橙红陶、红褐陶、黑褐陶、黑陶和灰陶，分别占陶片总数的 13.95%、4.65%、6.98%、20.93%、32.56%、20.93%。纹饰有绳纹、方格纹、泡泡纹、凹弦纹，分别占陶片总数的 20.93%、6.98%、2.33%、9.30%（图二三）。另出土有家山羊、狗、青鱼、草鱼、须鲫等动物骨骼。

陶罐　8 件。标本 AH2：24，细泥灰陶。侈口，圆唇。饰三道凹弦纹。器表光滑。口径 20、残高 8.7 厘米（图二六，1）。标本 AH2：10，粗泥红褐陶。口略侈，尖唇外凸。口径 18、残高 5.6 厘米（图二六，4）。标本 AH2：11，粗泥红褐陶。束颈，敛口，折沿，方唇。口径 19.2、残高 7 厘米（图二六，2）。标本 AH2：12，粗泥红褐陶。侈口，方唇。肩部饰绳纹，颈部绳纹抹光。口径 16.8、残高 6.5 厘米（图二六，3）。标本 AH2：15，粗泥红褐陶。侈口，圆唇。口径 16、残高 6.6 厘米（图二六，6）。标本 AH2：16，粗泥黑褐陶。敛口，卷沿，尖圆唇。口径 12、残高 4.4 厘米（图二六，7）。

陶钵　1 件（AH2：17）。细泥黑褐陶。宽沿外折，尖唇。腹部有两道凸弦纹。口径 19.4、残高 4 厘米（图二六，5）。

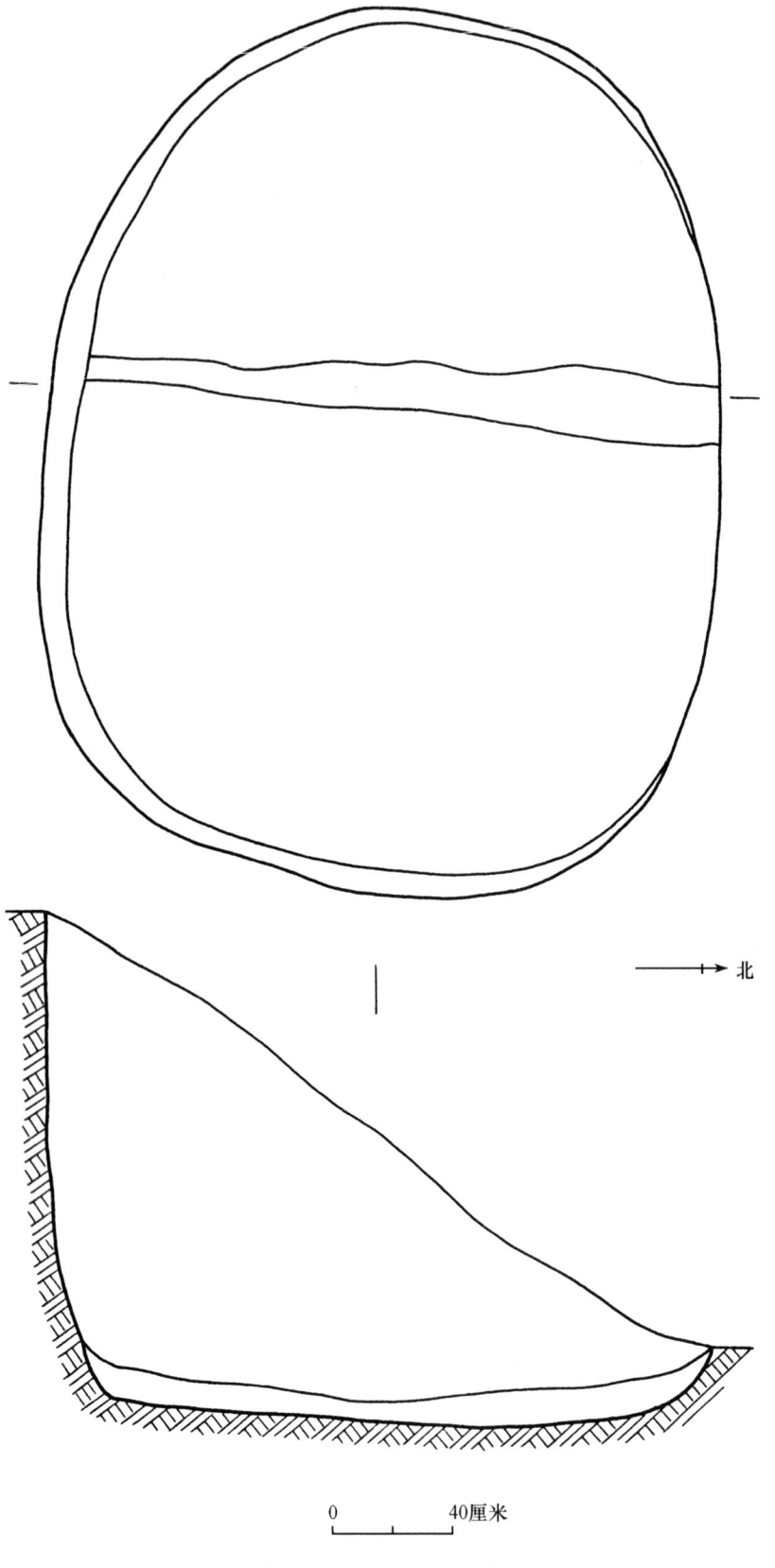

0 ————— 40厘米

图二五　A 区 H2 平、剖面图

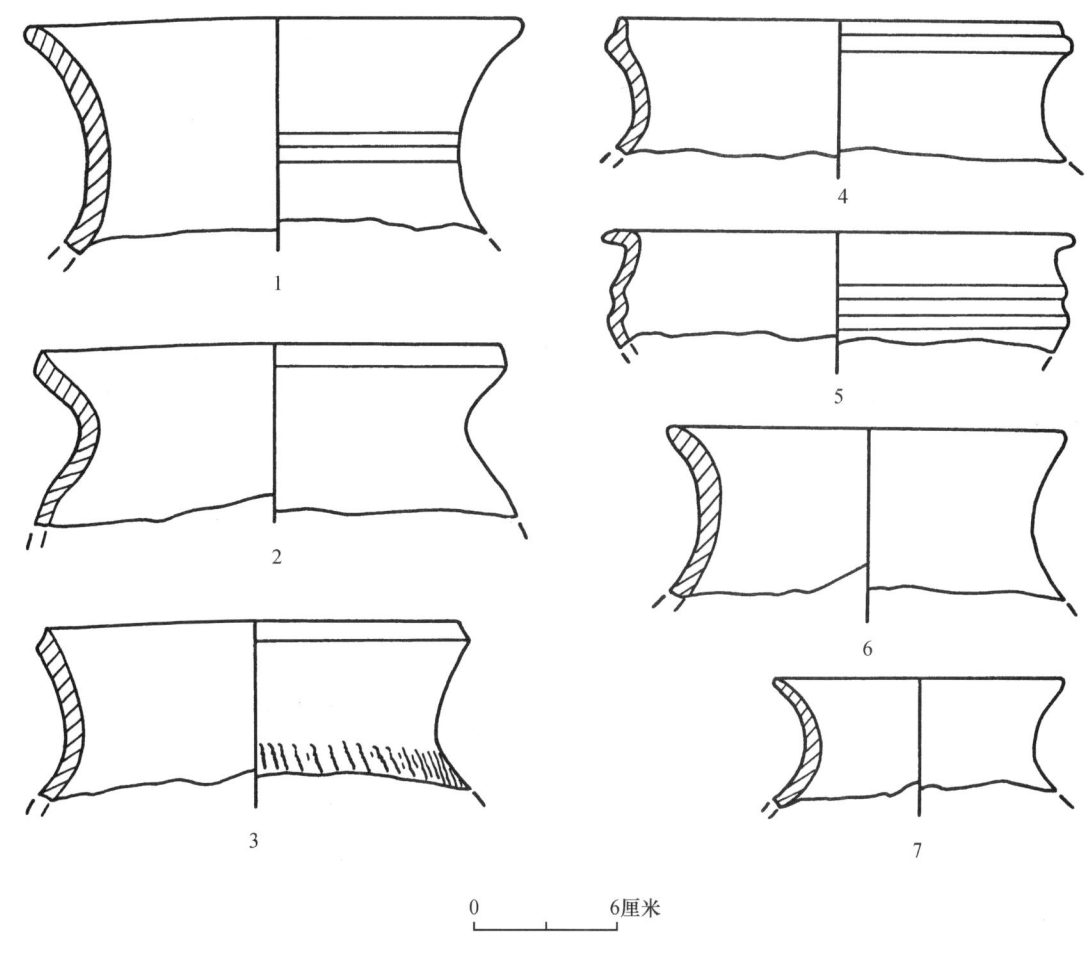

图二六　A 区 H2 出土陶器

1～4、6、7. 罐（AH2:24、AH2:11、AH2:12、AH2:10、AH2:15、AH2:16）　　5. 钵（AH2:17）

动物骨骼　动物种类有家山羊、须鲫、青鱼、草鱼和狗。标本 AH2:8，家山羊左 M2 齿（图二七，3；图版九，3）。标本 AH2:4，须鲫左下咽骨。标本 AH2:7，青鱼下咽骨。标本 AH2:6，草鱼寰椎骨。标本 AH2:5，狗右 M1 齿（图二七，2；图版九，6）。

2. 文化层

A 区二里头时期文化层主要分布在 AT6、AT7、AT19、AT21、AT27～AT29、AT32、AT33、AT43 探方内。这些探方大多分布在发掘区的北边，地层堆积较薄，但出土遗物比较丰富。

① AT6⑥层

出土陶片共 160 片。均为泥质陶。陶片颜色种类繁多，有灰陶、褐陶、红陶、黑陶、橙红陶、红褐陶、黑褐陶。分别占陶片总数的 15.00%、18.75%、5.00%、13.75%、7.50%、14.38%、25.62%。陶片纹饰种类也较多，有方格纹、菱形纹、凹弦纹、镂孔纹、绳纹、戳印纹，分别占陶片总数的 6.88%、0.63%、2.50%、1.25%、16.26%、2.50%。陶器器类有罐、钵、釜、盖、纺轮。石器有锛。除陶纺轮和石锛为完整器外，其余均为残件。动物骨骼种类有草鱼、中华鲟和獐等。

陶罐　12 件。标本 AT6⑥:73，粗泥褐陶。大口，口微敛，尖唇外凸。凸棱上有一周 "O" 形压印纹。口径 18、残高 6 厘米（图二八，1）。标本 AT6⑥:75，粗泥黑褐陶。口外侈，方唇。口径

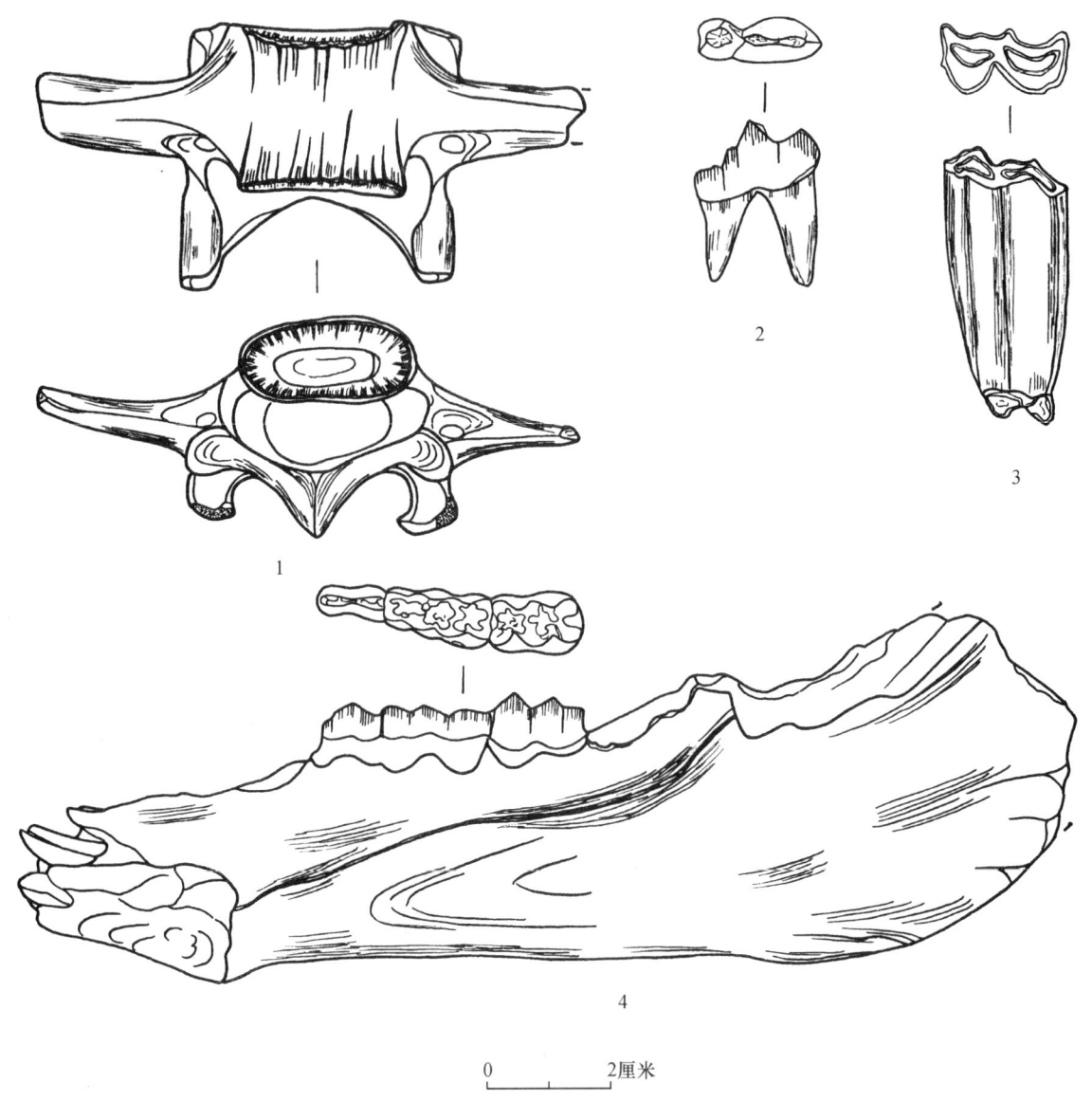

图二七　二里头文化动物骨骼
1. 家猪胸椎（AT19⑥:9）　2. 狗右 M1 齿（AH2:5）　3. 家山羊左 M2 齿（AH2:8）　4. 家猪右下颌骨（AT19⑥:7）

16.5、残高6.6厘米（图二八，2）。标本 AT6⑥:74，粗泥褐陶。口呈盘口形。束颈，直口，圆唇外凸。肩部饰绳纹。口径16.8、残高5.8厘米（图二八，3）。标本 AT6⑥:76，粗泥褐陶。口略侈，尖唇外凸，凸棱上有一周斜道压印纹。唇面饰半圆形按窝纹，俗称花边罐。口径15、残高8.1厘米（图二八，5）。

陶釜　1件（AT6⑥:81）。粗泥褐陶。鼓肩，束颈，折沿，敛口，方唇。口径21、残高6.1厘米（图二八，7）。

陶圈足盘　5件。标本 AT6⑥:86。细泥灰陶。圈足残。浅盘，敞口，尖圆唇。口径24、残高3.6厘米（图二八，10）。

陶纺轮　1件（AT6⑥:2），粗泥褐陶。算珠形。直径3.7、厚2厘米（图二八，6）。

陶盖　1件（AT6⑥:84）。粗泥黑陶。斜壁，圆唇外凸。口径24.6、残高4厘米（图二八，9）。

器底　4件。标本 AT6⑥:99，粗泥褐陶。斜壁平底，底中部胎较薄。底径9、残高8.7厘米

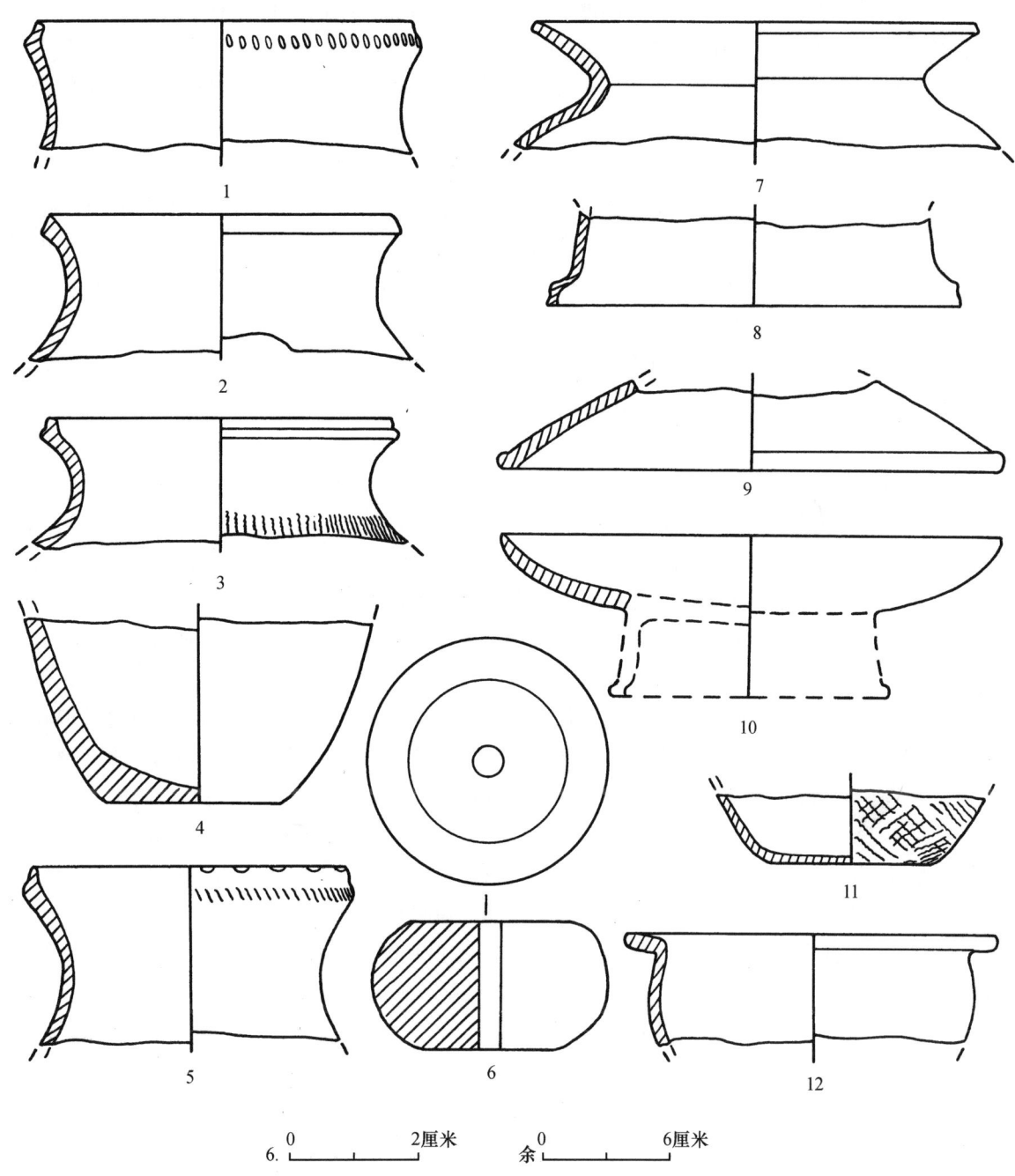

图二八　A区 T6⑥层出土陶器

1~3、5. 罐（AT6⑥：73、AT6⑥：75、AT6⑥：74、AT6⑥：76）　4、11. 器底（AT6⑥：99、AT6⑥：100）　6. 纺轮（AT6⑥：2）
7. 釜（AT6⑥：81）　8. 盘圈足（AT6⑥：88）　9. 盖（AT6⑥：84）　10. 圈足盘（AT6⑥：86）　12. 钵（AT6⑥：83）

（图二八，4）。标本 AT6⑥：100，细泥褐陶。胎较薄，平底。底径7.8、残高3.6厘米（图二八，11）。

陶盘圈足　4件。标本 AT6⑥：88，粗泥灰陶。胎较薄，壁外斜，圈足根外鼓。圈足径19.5、残高4厘米（图二八，8）。

石锛　2件。标本 AT6⑥：4，辉绿岩。青绿色。硬度5°~6°。器形较规整，平面略呈梯形，正面微鼓。磨制。平刃，刃部甚锋利。长5.8、刃宽3.8、顶宽2.8、厚0.6~0.9厘米（图二九，4）。

标本 AT6⑥：101，石英砂岩。灰绿色。硬度5°~6°。器形规整，平面呈长方形。通体磨光。刃部有使用缺痕。长4.5、宽3、厚0.7厘米（图二九，8）。

动物骨骼　动物种类有草鱼、中华鲟、獐等。标本 AT6⑥：36，草鱼左下咽骨。标本 AT6⑥：35，中华鲟鳞甲片（图版九，5）。标本 AT6⑥：37，獐髋骨（图版九，2）。

②　AT7⑥层

出土陶片共179片。均为泥质陶。陶片颜色较多，有灰陶、橙黄陶、黑陶、黑褐陶、红陶、红褐陶、橙红陶和褐陶，分别占陶片总数的17.32%、6.70%、20.12%、26.82%、3.35%、18.99%、3.91%、2.79%。陶器纹饰有凹弦纹、方格纹、菱形纹、绳纹、压印纹等，分别占陶片总数的2.79%、2.24%、1.68%、10.05%、2.79%。陶器器类有罐、钵、杯、圈足盘、纺轮，其中复原2件。石器有锛。鱼骨种类有青鱼。

陶罐　12件。标本 AT7⑥：12，粗泥黑褐陶。侈口上折，略呈盘口状，尖唇。沿面饰一道压印纹。口径21、残高7.6厘米（图三〇，1）。标本 AT7⑥：14，粗泥黑褐陶。颈较矮，侈口上折，尖唇。口径18.6、残高7.5厘米（图三〇，2）。标本 AT7⑥：15，粗泥红褐陶。侈口上折，尖唇外凸。沿面饰一道压印纹。口径17.4、残高6.9厘米（图三〇，3）。标本 AT7⑥：64，细泥黑褐陶。束颈，宽折沿，尖唇。腹部饰交错绳纹。口径12、残高5.2厘米（图三〇，6）。标本 AT7⑥：66，粗泥黑褐陶。口略侈，尖唇。沿面饰压印纹。口径18、残高6.4厘米（图三〇，8）。标本 AT7⑥：3，粗泥黑褐陶。大口外侈，尖圆唇。肩部饰交错拍印绳纹，沿面饰压印纹。口径18、残高8厘米（图三〇，11；图版七，2）。标本 AT7⑥：65，夹细砂黑陶。广肩，束颈，敛口，折沿，圆唇，沿面内凹。肩部饰篮纹。口径18.9、残高4.5厘米（图三〇，12）。标本 AT7⑥：5，夹细砂黑褐陶。大口外侈，圆唇外凸，凸棱上饰斜道压印纹。口径18.9、残高5.8厘米（图三〇，13）。标本 AT7⑥：19，粗泥褐色陶。大口外侈，尖唇。口径15、残高6.9厘米（图三〇，16）。

陶圈足盘　1件（AT7⑥：83）。细泥灰陶。复原完整。器形较规整，浅盘，圆唇，粗圈足，足根外鼓。口径27.6、盘深3、圈足径18、圈足高5.8、通高9.6厘米（图三〇，4）。

陶钵　2件。标本 AT7⑥：16，细泥灰陶。弧壁，敛口，圆唇。腹部饰两道凹弦纹。口径16.5、残高8.2厘米（图三〇，5）。标本 AT7⑥：20，细泥灰陶。弧壁，敛口，圆唇。腹部饰两道凹弦纹。口径18、残高7.5厘米（图三〇，15）。

陶杯　1件（AT7⑥：17）。粗泥褐陶。口部残，器壁较直，平底，胎较厚。制作粗糙，内壁有手捏痕迹。底径5.2、残高5厘米（图三〇，9）。

陶纺轮　1件（AT7⑥：2）。细泥红陶。圆饼形，边缘略外鼓。直径4、厚0.7、孔径0.4厘米（图三〇，17）。

陶器底　3件。标本 AT7⑥：71，夹细砂褐陶。斜壁，平底，胎较厚重。外表饰交错绳纹。底径15.4、残高5.6厘米（图三〇，7）。标本 AT7⑥：72，夹细砂黑褐陶。斜壁，平底，底与壁转折处胎特别厚重。底径7.1、残高5.8厘米（图三〇，10）。

陶圈足　1件（AT7⑥：70）。粗泥灰陶。圈足外撇，胎厚薄不均匀。圈足径8、残高4.5厘米（图三〇，14）。

石锛　1件（AT7⑥：4）。长石斑岩，青灰色。硬度5°~6°。平面呈长方形，直刃，顶端稍斜。磨制。刃部有明显使用缺痕。长5.2、宽3.4厘米（图二九，6）。

动物骨骼　发现有2件青鱼骨骼。标本 AT7⑥：22，青鱼左鳃盖骨。

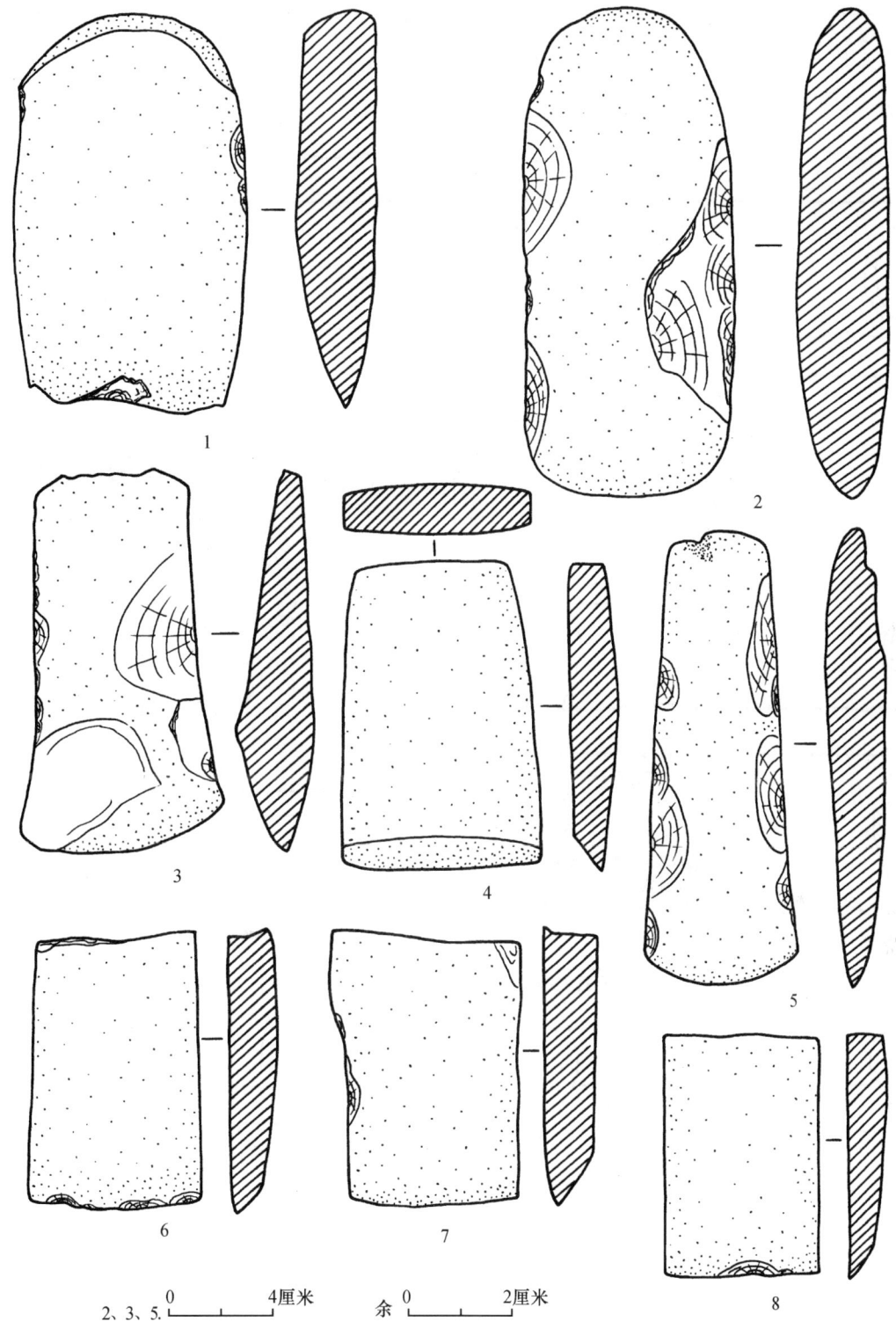

2、3、5. ┣━━━━━┫ 0 4厘米   余 ┣━━━━━┫ 0 2厘米

图二九　A区⑥层出土石器

1~3、5. 斧（AT32⑥: 2、AT43⑥: 4、AT19⑥: 1、AT29⑥: 1）　4、6~8. 石锛（AT6⑥: 4、AT7⑥: 4、

AT33⑥: 5、AT6⑥: 101）

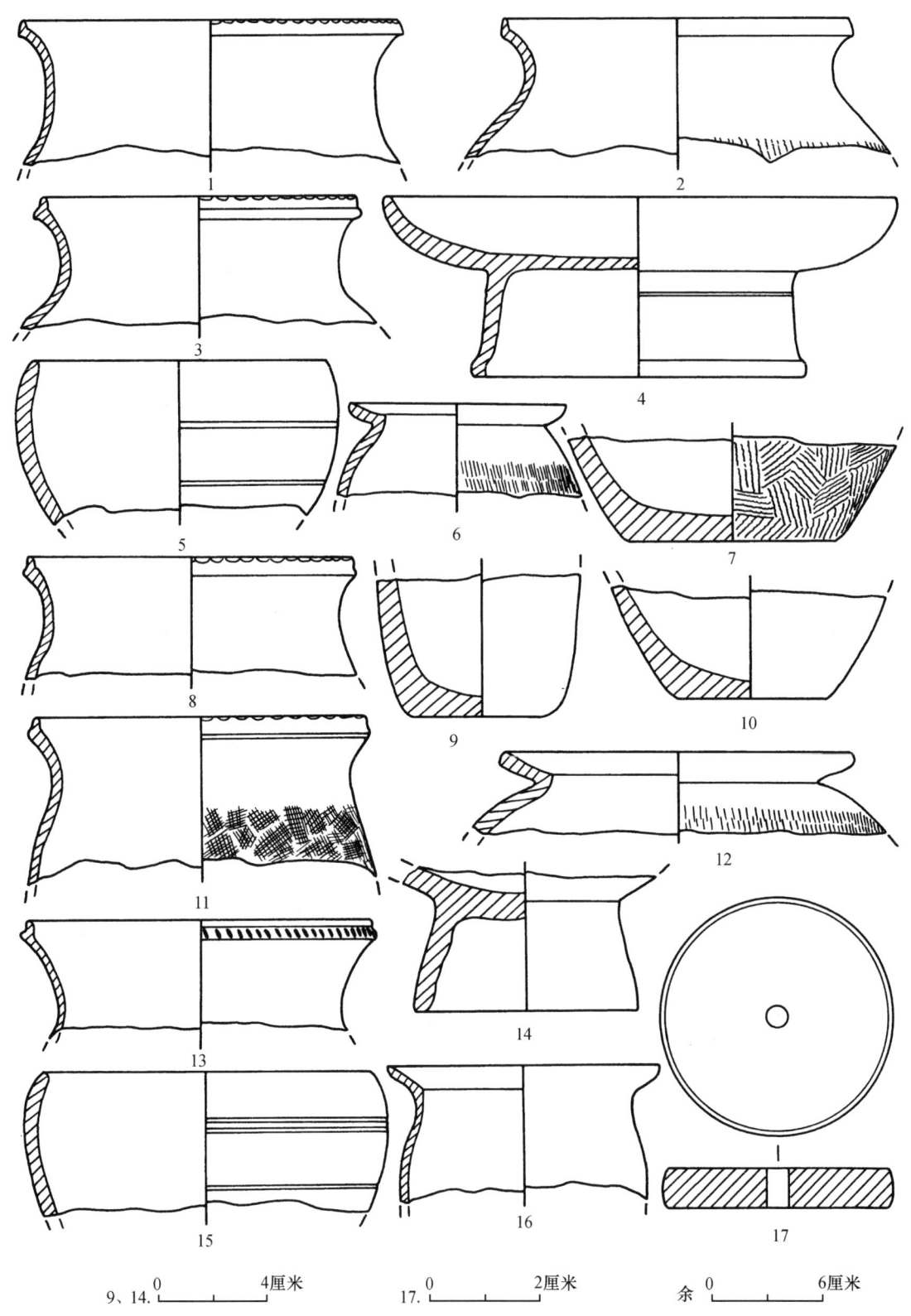

9、14. 0 ____ 4厘米   17. 0 ____ 2厘米   余 0 ____ 6厘米

图三〇 A区T7⑥层出土陶器

1～3、6、8、11～13、16. 罐（AT7⑥：12、AT7⑥：14、AT7⑥：15、AT7⑥：64、AT7⑥：66、AT7⑥：3、AT7⑥：65、AT7⑥：5、AT7⑥：19） 4. 圈足盘（AT7⑥：83） 5、15. 钵（AT7⑥：16、AT7⑥：20） 7、10. 器底（AT7⑥：71、AT7⑥：72） 9. 杯（AT7⑥：17） 14. 圈足（AT7⑥：70） 17. 纺轮（AT7⑥：2）

③ AT19⑥层

出土陶片共 130 片。均为泥质陶。陶片颜色较多，有灰陶、橙红陶、红陶、红褐陶、黑陶、黑灰陶和黑褐陶，分别占陶片总数的 4.61%、4.62%、11.54%、9.23%、46.16%、11.54%、12.30%。陶片纹饰有绳纹、凹弦纹、方格纹、菱形纹，分别占陶片总数的 20.00%、11.54%、1.54%、0.77%。陶器器类有罐和圈足盘。石器有斧。动物骨骼有家猪、青鱼和中华鲟。

陶罐　15 件。标本 AT19⑥:25，粗泥黑褐陶。大口略外侈，斜唇。腹部饰交错绳纹。口径 18、残高 7.3 厘米（图三一，1）。标本 AT19⑥:16，粗泥红褐陶。大口，圆唇，腹略外鼓，口部胎较厚重。口径 17、残高 9 厘米（图三一，2）。标本 AT19⑥:19，细泥灰陶。直颈，宽沿外凸，圆唇。口径 17.6、残高 6.2 厘米（图三一，3）。标本 AT19⑥:20，夹细砂黑褐陶。广肩，折沿，敛口，圆唇。肩部饰绳纹。口径 16.2、残高 4.8 厘米（图三一，4）。标本 AT19⑥:21，粗泥灰褐陶。略外侈，斜唇，肩部饰绳纹。口径 18、残高 7.2 厘米（图三一，5）。标本 AT19⑥:24，粗泥灰褐陶。束颈，敛口，外卷沿，圆唇。肩部饰绳纹。口径 16.8、残高 4.9 厘米（图三一，6）。标本 AT19⑥:18，粗泥灰黑陶。广肩，敛口，直领，尖圆唇外撇。口径 12.2、残高 4.5 厘米（图三一，8）。标本 AT19⑥:26，矮颈，宽沿外侈，折肩。腹部饰两道凹弦纹。口径 13.5、残高 4.5 厘米（图三一，9）。

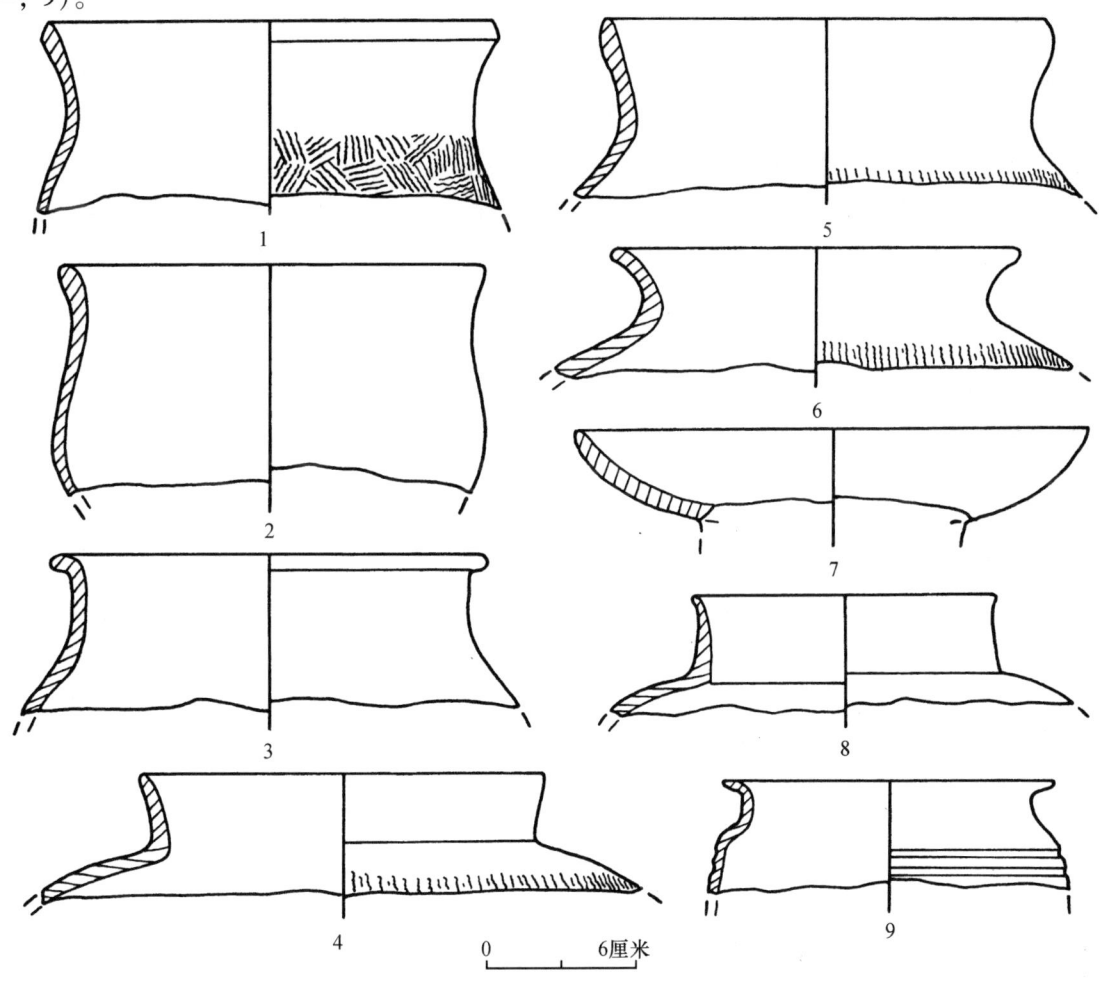

图三一　A 区 T19⑥层出土陶器

1~6、8、9. 罐（AT19⑥:25、AT19⑥:16、AT19⑥:19、AT19⑥:20、AT19⑥:21、AT19⑥:24、AT19⑥:18、AT19⑥:26）

7. 圈足盘（AT19⑥:27）

陶圈足盘 1件（AT19⑥：27）。细泥灰陶。圈足残。浅盘，斜壁，尖圆唇。口径21、残高3.6厘米（图三一，7）。

石斧 1件（AT19⑥：1）。辉绿岩。黄绿色。硬度5°~6°。器体较长，刃端较宽，顶端圆弧，背面微鼓。打、琢兼制。弧刃，并有明显的使用磨痕。长14.2、刃部宽7.8、顶宽4.8、中段厚2.9厘米（图二九，3；彩版四，2；图版八，2）。

动物骨骼 动物种类有家猪、中华鲟和青鱼。标本AT19⑥：7，家猪右下颌骨（图二七，4；图版九，8）。标本AT19⑥：8，家猪右门齿。标本AT19⑥：9，家猪胸椎（图二七，1；图版九，4）。标本AT19⑥：10，中华鲟鳞甲片（彩版五二，4；图版九，9）。标本AT19⑥：11，青鱼左下咽骨（图版九，1）。

④ AT21⑥层

仅发现陶壶1件（AT21⑥：1）。细泥黑褐陶。残。较规整，直领，口略外侈，圆唇。唇外饰一道凹弦纹。口径13.8、残高7.5厘米（图三二，5）。

⑤ AT27⑥层

出土陶片共55片。均为泥质陶。陶片颜色有红陶、橙红陶、黑陶、灰陶和褐陶，分别占陶片总数的3.64%、5.45%、20.00%、40.01%、30.91%。陶片纹饰有绳纹、凸弦纹和凹弦纹，分别占陶片总数的12.73%、12.73%、1.82%。陶器器类仅罐一种。

陶罐 6件。均残。标本AT27⑥：42。细泥橙黄陶。口外侈，圆唇，唇下有一道凸棱。肩部饰一道凹弦纹。口径18、残高6.6厘米（图三二，2）。标本AT27⑥：45，粗泥灰陶。折沿，口微侈，圆唇，沿外饰一道凸棱，沿内面略凹。口径16、残高6.6厘米（图三二，4）标本AT27⑥：43，粗泥褐陶。鼓肩，直口略侈，圆唇。口径9、残高4.5厘米（图三二，6）。标本AT27⑥：44，细泥灰陶。鼓肩，领较矮，沿外折，口略侈，尖圆唇。口径11.4、残高4.8厘米（图三二，8）。标本AT27⑥：41，细泥黑陶。广肩，高领，折沿，口略侈，圆唇。口径12.2、残高6.6厘米（图三二，9）。

⑥ AT28⑥层

出土陶片共54片。有泥质和夹砂两种，其中泥质陶占90.74%，夹砂陶占9.26%。陶片颜色有橙红陶、黑陶、灰陶、黑褐陶和褐陶，分别占陶片总数的1.85%、48.15%、9.26%、38.89%、1.85%。陶器纹饰有绳纹、凹弦纹、压印纹，分别占陶片总数的27.78%、5.56%、1.85%。陶器器类仅罐一种。

陶罐 5件。均残。标本AT28⑥：9，夹细砂黑褐陶。广肩，矮领，沿外折，口略侈，圆唇，领部胎较厚。肩部饰绳纹。口径18.6、残高6厘米（图三二，1）。标本AT28⑥：12，细泥灰陶。鼓肩，直口，圆唇。口径12、残高5.4厘米（图三二，3）。标本AT28⑥：10，夹细砂黑褐陶。直口，尖圆唇。口径12、残高4.2厘米（图三二，7）。标本AT28⑥：11，粗泥褐陶。广肩，折沿，敛口，圆唇，胎略显厚重。口径15、残高4.5厘米（图三二，10）。标本AT28⑥：8，细泥黑褐陶。广肩，折沿，敛口，尖圆唇。肩部饰绳纹。口径15、残高5.7厘米（图三二，11）。

⑦ AT29⑥层

仅发现1件石斧（AT29⑥：1）。石英砂岩。黄绿色。硬度5°~6°。器形甚规整，长条形，弧刃，刃部略宽，两侧较薄，中间厚，刃锋利。打制后稍磨即成，两侧有明显打击点。长17、刃部宽6、顶端宽4、中间厚2.2厘米（图二九，5；彩版四，1；图版八，4）。

⑧ AT32⑥层

出土陶片共38片。有泥质陶和夹砂陶两类。分别占陶片总数的97.37%、2.63%。陶片颜色有

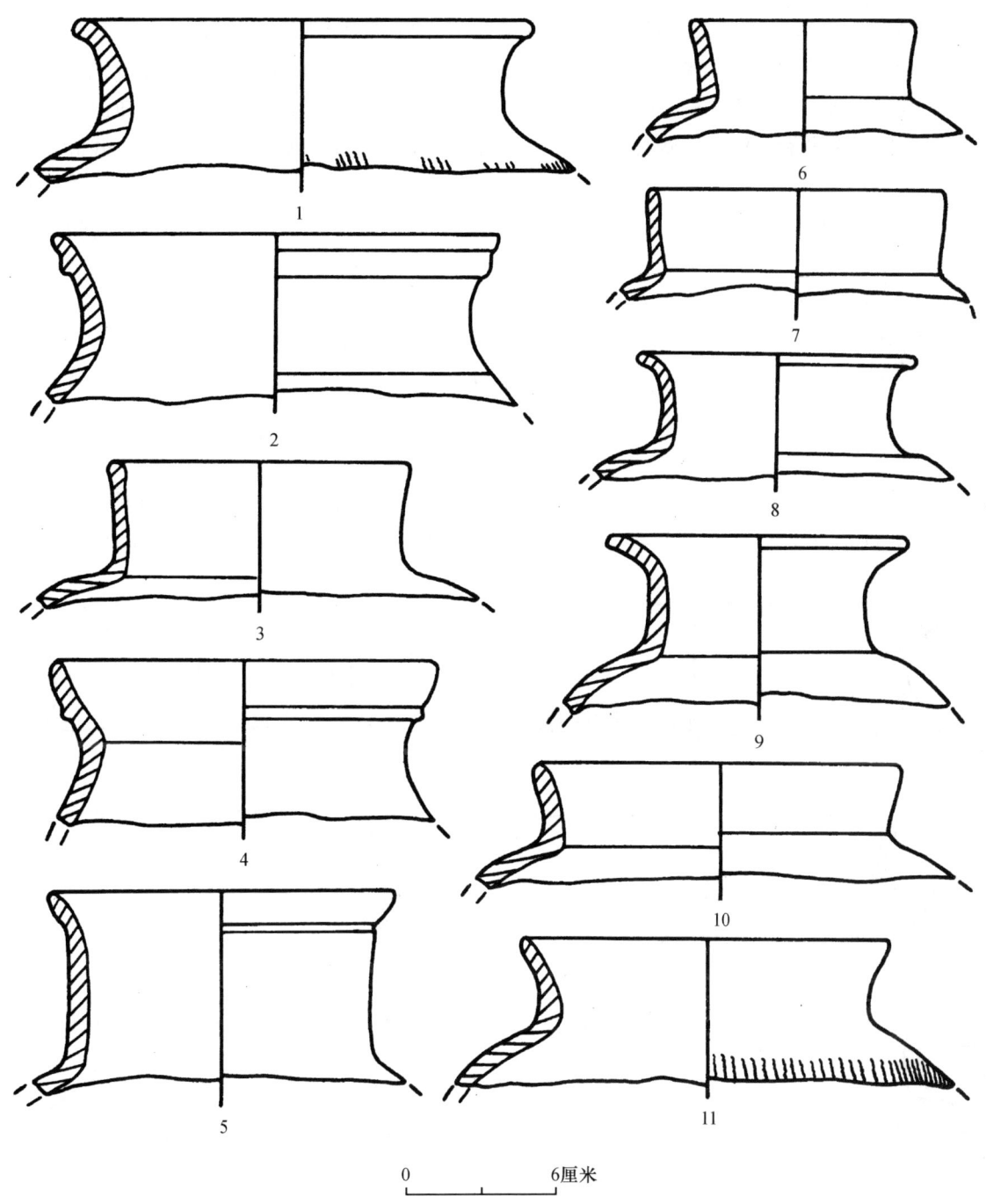

图三二　A区 T21⑥层、T27⑥层、T28⑥层出土陶器

1~4、6~11. 罐（AT28⑥:9、AT27⑥:42、AT28⑥:12、AT27⑥:45、AT27⑥:43、AT28⑥:10、AT27⑥:44、AT27⑥:41、
AT28⑥:11、AT28⑥:8）　5. 壶（AT21⑥:1）

红陶、橙红陶、黑陶、褐陶、灰陶和灰褐陶，分别占陶片总数的 5.26%、5.26%、44.74%、
28.95%、2.63%、13.16%。陶片纹饰有凹弦纹、方格纹、绳纹、"S"形纹、戳印纹等，分别占陶
片总数的 2.63%、5.26%、18.42%、2.63%、5.26%。陶器器类有罐、钵。石器有斧。鱼骨骼种
类有青鱼和白鲢。

陶罐　4件。标本 AT32⑥：5，粗泥灰褐陶。敛口，卷沿，尖唇，胎较厚。肩部饰绳纹。口径22.5、残高6厘米（图三三，1）。标本 AT32⑥：7，粗泥灰褐陶。广肩，折沿，口略侈，圆唇。口径18、残高5.9厘米（图三三，3）。标本 AT32⑥：8，夹细砂灰褐陶。广肩，高领，口略侈，宽斜沿，圆唇。口径16.5、残高4.1厘米（图三三，5）。标本 AT32⑥：6，细泥红陶。鼓肩，直口略侈，宽平沿，圆唇。颈部饰五道凹弦纹，肩部饰一道凹弦纹。口径15、残高5厘米（图三三，6）。

陶钵　1件（AT32⑥：9）。细泥灰陶。鼓腹，敛口，圆唇。口径15、残高5.8厘米（图三三，4）。

石斧　1件（AT32⑥：2）。长石砂岩。青绿色。硬度5°~6°。长条形，直刃，弧顶。磨制。刃部有使用缺痕。长7.5、宽4.4、厚1.5厘米（图二九，1；图版八，6）。

动物骨骼　动物种类有青鱼和白鲢。标本 AT32⑥：4，青鱼下咽骨。标本 AT32⑥：2，白鲢右下咽骨（图版九，7）。

⑨ AT33⑥层

出土陶片共36片。均为泥质陶。陶色有黑陶、灰黑陶、红陶、褐陶和灰陶，分别占陶片总数的52.78%、11.11%、8.33%、22.22%、5.56%。陶器纹饰有附加堆纹、绳纹、凹弦纹和方格纹，

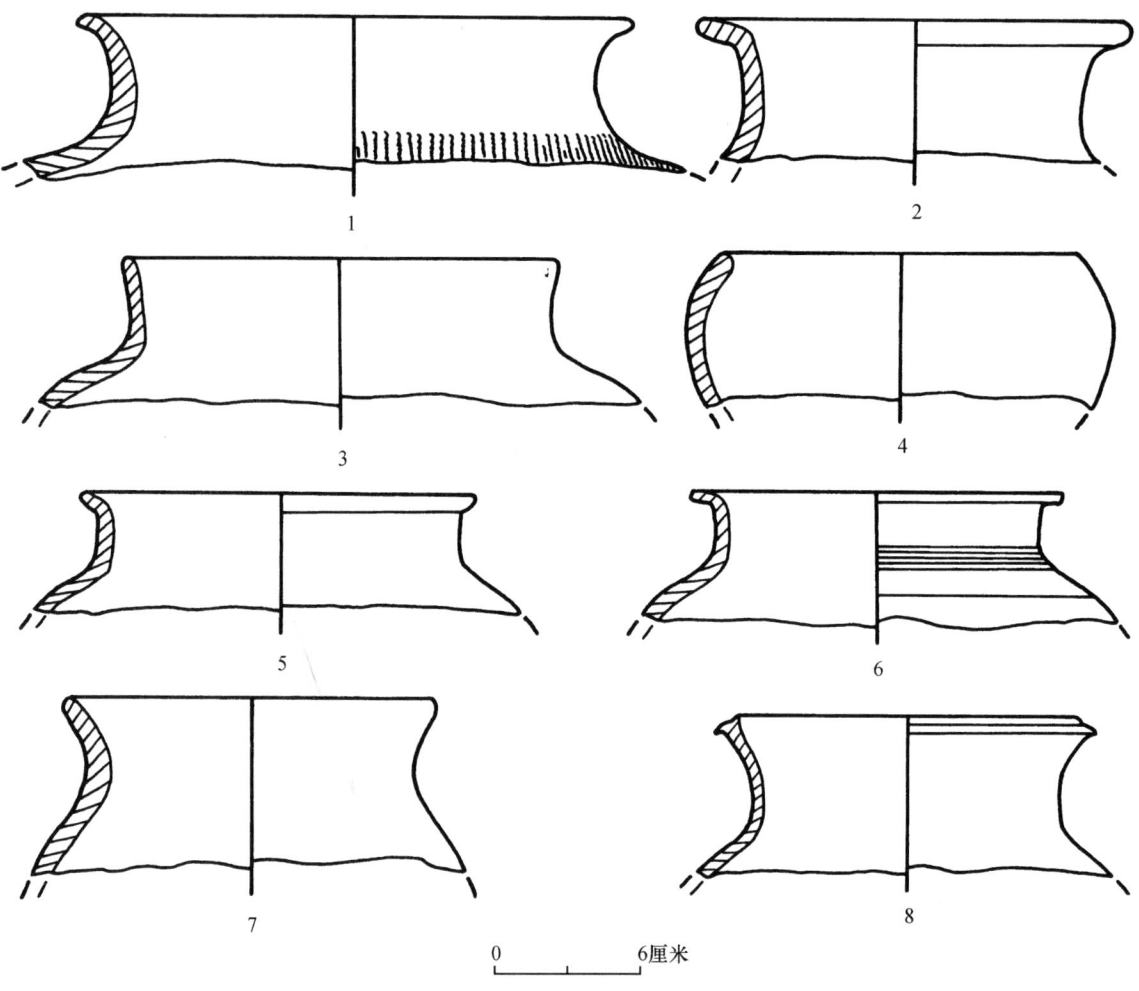

0　　　　6厘米

图三三　A区T32⑥层、T33⑥层出土陶器

1~3、5~8. 罐（AT32⑥：5、AT33⑥：4、AT32⑥：7、AT32⑥：8、AT32⑥：6、AT33⑥：3、AT33⑥：2）　4. 钵（AT32⑥：9）

分别占陶片总数的 2.78% 、27.78% 、2.78% 、2.78% 。陶器器类仅罐一种。石器有锛。

陶罐　3 件。标本 AT33⑥:4，粗泥褐陶。口微侈，宽斜沿，圆唇。口径 17.4、残高 5.7 厘米（图三三，2）。标本 AT33⑥:3，细泥黑陶。溜肩，侈口，圆唇，颈部胎较厚。口径 15、残高 6.9 厘米（图三三，7）。标本 AT33⑥:2，细泥灰黑陶。溜肩，矮领，侈口，尖唇，唇外有一道宽凸棱，器胎较薄。口径 13.8、残高 6.2 厘米（图三三，8）。

石锛　1 件（AT33⑥:5）。粉砂岩。灰绿色。硬度 5°~6°。平面近方形，刃端较窄，刃微弧。通体磨制。长 5.2、刃宽 3.2、顶宽 3.6、厚 0.9 厘米（图二九，7）。

⑩ AT43⑥层

出土陶片较多，共 147 片。可分为泥质陶和夹砂陶两类。分别占陶片总数的 93.88% 、6.12% 。陶片颜色较复杂，有黑褐陶、黑陶、红陶、橙红陶、灰陶和褐陶，分别占陶片总数的 16.33% 、43.54% 、7.48% 、0.68% 、27.21% 、4.76% 。陶器器类有罐、缸、盘、纺轮和陶拍。石器有斧。鱼骨骼种类有青鱼和草鱼两种。

陶罐　13 件。标本 AT43⑥:20，粗泥褐陶。大口外侈，圆唇。口径 21、残高 7.4 厘米（图三四，1）。标本 AT43⑥:22，夹细砂黑陶。鼓肩，敛口，折沿，圆唇。肩部饰菱形方格纹。口径 13.5、残高 6.2 厘米（图三四，2；图版七，3）。标本 AT43⑥:16，粗泥黑褐陶。大口，口外侈，方唇。口径 21、残高 7.4 厘米（图三四，3）。标本 AT43⑥:26，细泥红陶。鼓肩，敛口，卷沿，尖唇。肩部以下饰菱形方格纹。口径 13.5、残高 6.2 厘米（图三四，4）。标本 AT43⑥:19，矮领，直口略外侈，粗圆唇。口径 16.7、残高 7.5 厘米（图三四，5）。标本 AT43⑥:21，粗泥黑褐陶。鼓肩，敛口，折沿，尖唇。肩部饰绳纹。口径 10.2、残高 6.9 厘米（图三四，7）。标本 AT43⑥:24，粗泥黑褐陶。折沿，口外侈，圆唇。口径 15、残高 4.6 厘米（图三四，9）。

陶拍　1 件（AT43⑥:2）。粗泥褐陶。复原完整。外形似草帽形，柄略呈锥状，拍面有三道宽窄相间的凹弦纹。直径 9.4、高 5.4 厘米（图三四，10；彩版四，3；图版七，1）。

陶缸　1 件（AT43⑥:28）。夹砂红陶。直口，平沿，口沿胎较厚，沿面饰半圆形压印纹。口径 30.4、残高 5.2 厘米（图三四，11）。

陶盘圈足　1 件（AT43⑥:29）。细泥灰陶。圈足略外撇，足根外鼓，外表饰一周"ꙅ"形纹。圈足径 18.4、残高 4.2 厘米（图二〇，11；图三四，6）。

陶纺轮　1 件（AT43⑥:5）。泥质红陶。圆饼形孔，孔两面粗，中间细。直径 2.8、厚 0.4、孔径 0.2~0.4 厘米（图三四，8）。

石斧　1 件（AT43⑥:4）。辉绿岩。青绿色。硬度 5°~6°。长条形，弧顶，弧刃，横剖面略呈椭圆形。打制，两侧有明显的打击痕迹，一面保留有自然石皮面。长 18.4、宽 8、厚 3.8 厘米（图二九，2；图版八，3）。

动物骨骼　动物种类有青鱼和草鱼。标本 AT43⑥:8，青鱼下咽骨。标本 AT43⑥:14，青鱼椎骨。标本 AT43⑥:13，草鱼椎骨。

（三）小结

1. 遗存特征与年代

A 区二里头文化时期遗存，分布范围小，多出自一个层位（即⑥层）。虽然有两个灰坑（AH1、AH2），开口于⑥层下，但包含物甚少，AH1 陶器只有 4 件罐和 1 件豆柄，AH2 陶器只有 8 件罐和 1

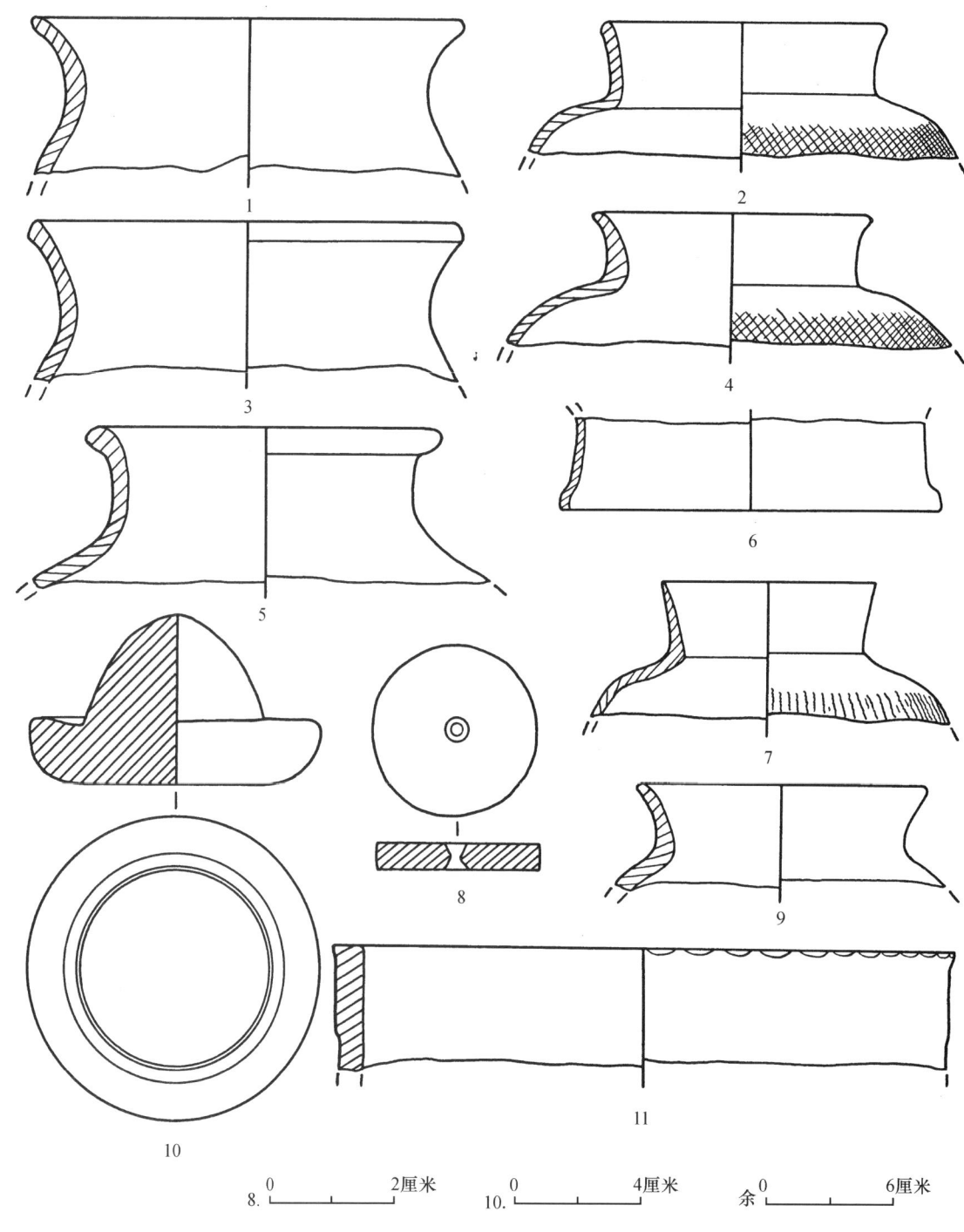

图三四　A区 T43⑥层出土陶器

1~5、7、9. 罐（AT43⑥:20、AT43⑥:22、AT43⑥:16、AT43⑥:26、AT43⑥:19、AT43⑥:21、AT43⑥:24）
6. 盘圈足（AT43⑥:29）　8. 纺轮（AT43⑥:5）　10. 拍（AT43⑥:2）　11. 缸（AT43⑥:28）

件钵，且都是残片，其特征与⑥层所出器物没有大的区别。也就是说，本身没有类比依据，也不具备分期条件，因此，不宜分期。但特征很明显，一是有一套与上下文化层迥然不同的自身独有的器物群，如侈口圆唇罐、大口花边口沿罐、中口方唇罐、小口鼓肩罐、粗圈足盘、敛口钵最具代表性（图三五）。二是罐口沿上普遍饰压印纹，腹部多饰绳纹。三是多数罐口沿外有一道凸棱，并在其上

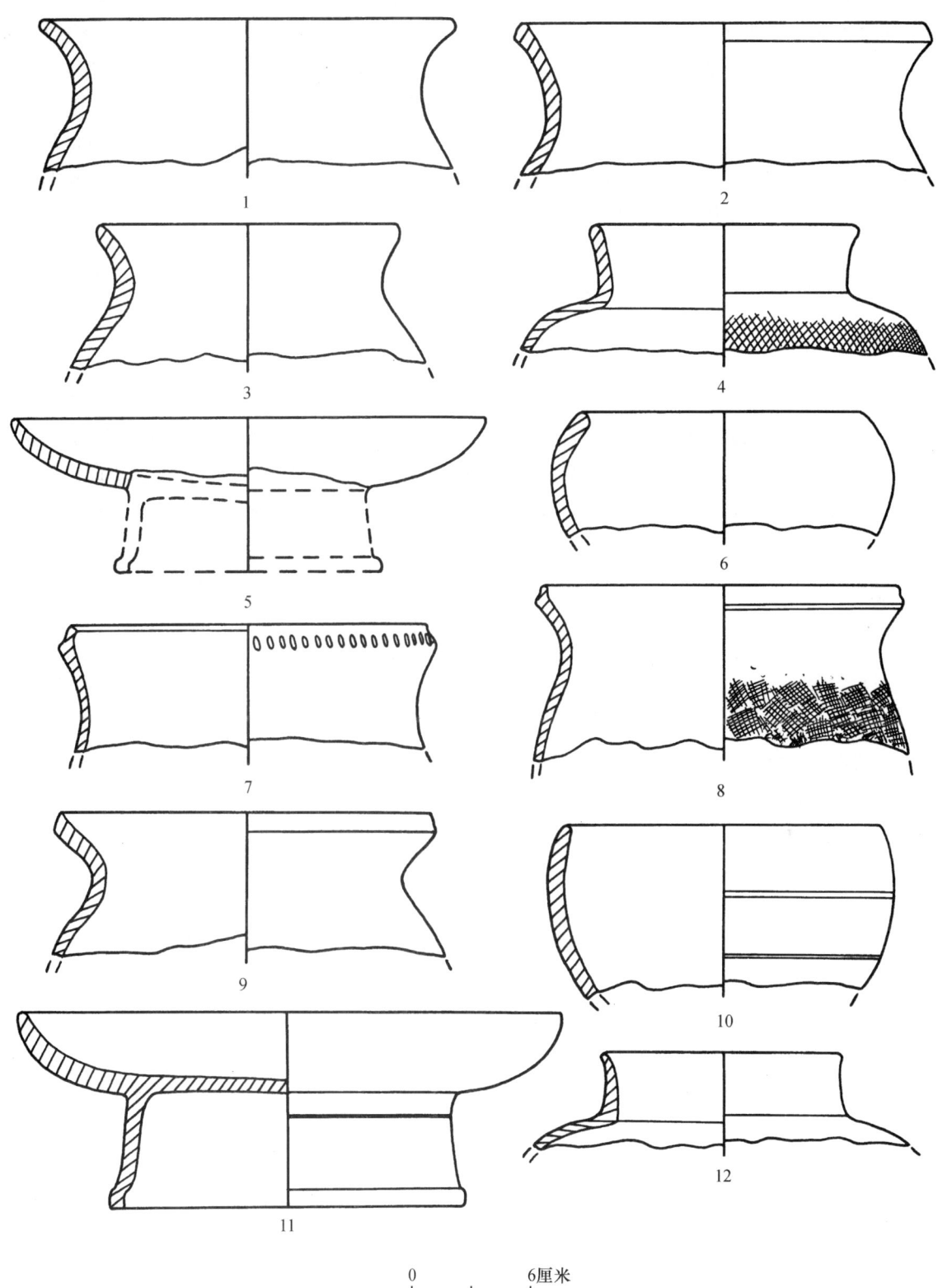

0 ———— 6厘米

图三五　A区二里头文化典型陶器

1、3. 侈口圆唇罐（AT43⑥：20、AT33⑥：3）　　2、9. 中口方唇罐（AT43⑥：16、AH2：11）　　4、12. 小口鼓肩罐
（AT43⑥：22、AT19⑥：18）　5、11. 粗圈足盘（AT6⑥：86、AT7⑥：83）　6、10. 敛口钵（AT32⑥：9、AT7⑥：16）
7、8. 大口花边口沿罐（AT6⑥：73、AT7⑥：3）

饰压印纹。四是篮纹、绳纹、菱形方格纹、"S"形纹普遍使用。五是泥质灰陶（或叫灰白陶）较流行，尤其是粗圈足盘多为灰陶。这些特征与三峡地区白庙遗址[①]、官庄坪遗址[②]、柳林溪遗址[③]所出同类器极为相似，如 AT7⑥:3 大口花边口沿罐与官庄坪二里头文化时期一期 Aa 型 Ⅱ 式罐 IT1134⑪:7 很相似；AT43⑥:20 侈口圆唇罐与官庄坪二里头文化时期一期 Ba 型 Ⅰ 式罐 IT1633⑪:1 很相似；AT7⑥:16 敛口钵与官庄坪二里头文化时期一期 Ⅰ 式钵相同；AT7⑥:83 粗圈足盘与官庄坪二里头文化时期一期 B 型 Ⅱ 式盘 IT1332⑪:2 接近；AT43⑥:16 中口方唇罐与官庄坪二里头文化时期二期 Ba 型 Ⅱ 式罐 M19:2 相仿。由此比较，可以认为，卜庄河 A 区二里头文化时期遗存与官庄坪二里头文化时期的遗存有着许多接近之处，并有共同的发展规律，应属同时期、同一文化类型的遗存，它们之间没有太大区别，其年代也应相当。

2. 经济生活

二里头文化时期遗存中出土大量的动物骨骼，种类有山羊、狗、獐、家猪、青鱼、草鱼、白鲢、中华鲟等，其中鱼类占 65%，家养动物如家猪、山羊约占 30%，野生动物仅占 5%。从出土的石器生产工具来看，仍然是数量少，器形不大，而以加工类工具为主，如石锛等。由此说明，当时生活在卜庄河的先民，仍然以渔猎经济为主，农业经济仍没有占主导地位。这种现象在三峡地区许多同时期遗址中都有存在，这也许是三峡地区特殊地理环境因素所致。

六　商代遗存

（一）概述

商代遗存较丰富，均出土于遗址中。遗址文化堆积层主要分布在 AT19、AT20、AT27、AT28、AT30、AT34、AT43、AT44、AT51 等探方内，厚 0.15~1.1 米。遗迹主要是灰坑，共 13 个，编号为 AH4~AH7、AH9~AH11、AH13~AH15、AH17、AH18、AH21。

灰坑形状有圆形、椭圆形、长方形和不规则形几种。坑壁有斜壁和直壁，坑底多为平底，斜底和圜底较少。个别灰坑内有两层堆积层。

共出土陶器、石器、骨器、玉器、铜器等不同质地器物 350 件，其中陶器最多，占器物总数的 93%。

石器共 17 件，其中，石斧 3 件，占石器总数的 17.65%；石锛 6 件，占石器总数的 35.29%；石镰、石拍、刮削器各 1 件，各占石器总数的 5.88%；石杵 2 件，占石器总数的 11.76%；石片石器 3 件，占石器总数的 17.65%。制法有打制、磨制和利用自然条石直接使用，分别占石器总数的 47.06%、41.18%、11.76%（表九）。器形普遍较规整，弧刃石器较多。

陶器共 309 件，大多破碎，完整器和复原器 9 件。粗泥陶约占 70% 以上，泥质陶较少，占陶器总数的 10% 左右。夹砂陶数量略多于泥质陶。陶色中黑陶和黑褐陶居多，次为灰褐陶和灰陶，红陶数量较少，极个别为灰白陶。陶片纹饰较多，占陶片总数的 70% 以上，其中绳纹最多，占陶片纹饰

① 宜昌地区博物馆、四川大学考古专业：《宜昌白庙遗址试掘简报》，《考古》1983 年 5 期；湖北省文物考古研究所：《1985~1986 年宜昌白庙遗址发掘简报》，《江汉考古》1996 年 3 期。

② 国务院三峡工程建设委员会、国家文物局：《秭归官庄坪》，科学出版社，2005 年。

③ 国务院三峡工程建设委员会、国家文物局：《秭归柳林溪》科学出版社，2003 年。

表九　A 区商代石器统计表

制　法		打　制	磨　制	自然条石	合　计	比例（%）
器 名	斧	2	1		3	17.65
	锛	1	5		6	35.29
	镰	1			1	5.88
	拍		1		1	5.88
	刮削器	1			1	5.88
	石片石器	3			3	17.65
	杵			2	2	11.76
数　量		8	7	2	17	
比例（%）		47.06	41.18	11.76		100

总数的 59.02%，次为凹弦纹，占陶片纹饰总数的 19.17%，方格纹占陶片纹饰总数的 8.70%，另有戳印纹、叶脉纹、菱形纹、"S"形纹、篮纹、压印纹、附加堆纹、圆圈纹、线纹等（表一〇；图三六～图四一）。绳纹又有竖绳纹、交错绳纹几种，主要饰于罐类器物，弦纹有凹弦纹和凸弦纹几种，使用范围较广，多见于罐类、钵类和豆类器物，方格纹多饰于罐类、缸类器物，叶脉纹饰于罐类器，"S"形纹多见于泥质陶器物，如豆柄、杯等。

表一〇　A 区商代陶片纹饰统计表

名　称	方格纹	绳纹	戳印纹	凹弦纹	叶脉纹	线纹	菱形纹	"S"形纹	压印纹	圆圈纹	凸弦纹	篮纹	附加堆纹	合　计
数　量	69	468	12	152	12	1	12	26	31	4	2	3	1	793
比例（%）	8.70	59.02	1.51	19.17	1.51	0.13	1.51	3.28	3.91	0.50	0.25	0.38	0.13	100

陶器制作普遍较粗糙，多为手制，如泥条盘筑，少数捏制。陶器颈部和器胎内壁多留有指压痕。口沿、豆柄、圈足和袋足等部件均分别制作后再与器身黏结。

陶器器类有罐、壶、杯、钵、豆、鬹、缸、豆、纺轮、勺等。其中，罐最多，共 248 件，杯 19件，钵 10 件，分别占陶器总数的 80.26%、6.15%、3.24%（表一一）。

表一一　A 区商代陶器器形统计表

器　名	罐	壶	杯	圈足	器底	钵	鬹	缸	纺轮	祖形器	勺	盖	豆	合计
数量	248	8	19	5	6	10	2	3	2	1	1	1	3	309
比例（%）	80.26	2.59	6.15	1.62	1.94	3.24	0.65	0.97	0.65	0.32	0.32	0.32	0.97	100

骨器 5 件，有骨发钗、骨锥。

另有铜条、玉饼各 1 件。

（二）遗存介绍

1. 灰坑

① AH4

AH4 位于 AT19 探方西南部。开口在 AH3 下，打破第⑤层。平面呈不规则形，斜壁，坑

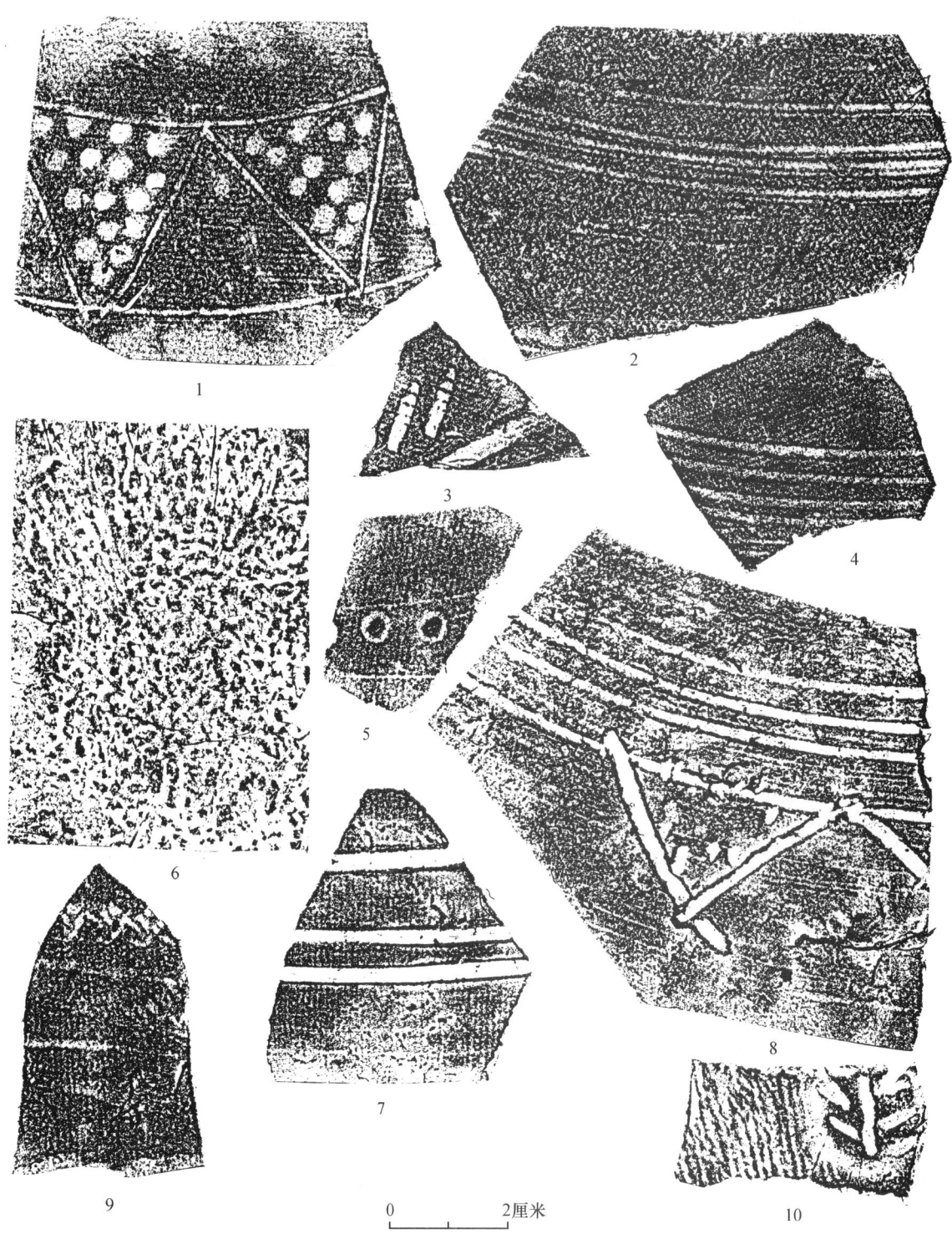

0　　　　2厘米

图三六　A区灰坑陶片纹饰拓片

1、8. 戳印纹（AH4：31、AH4：30）　　2、4、7. 凹弦纹（AH9：25、AH7：26、AH11：20）　　3、9. 压印纹（AH9：21、AH9：22）

5. 圆圈纹（AH9：23）　　6. 泡泡纹（AH17：15）　　10. 叶脉纹（AH7：29）

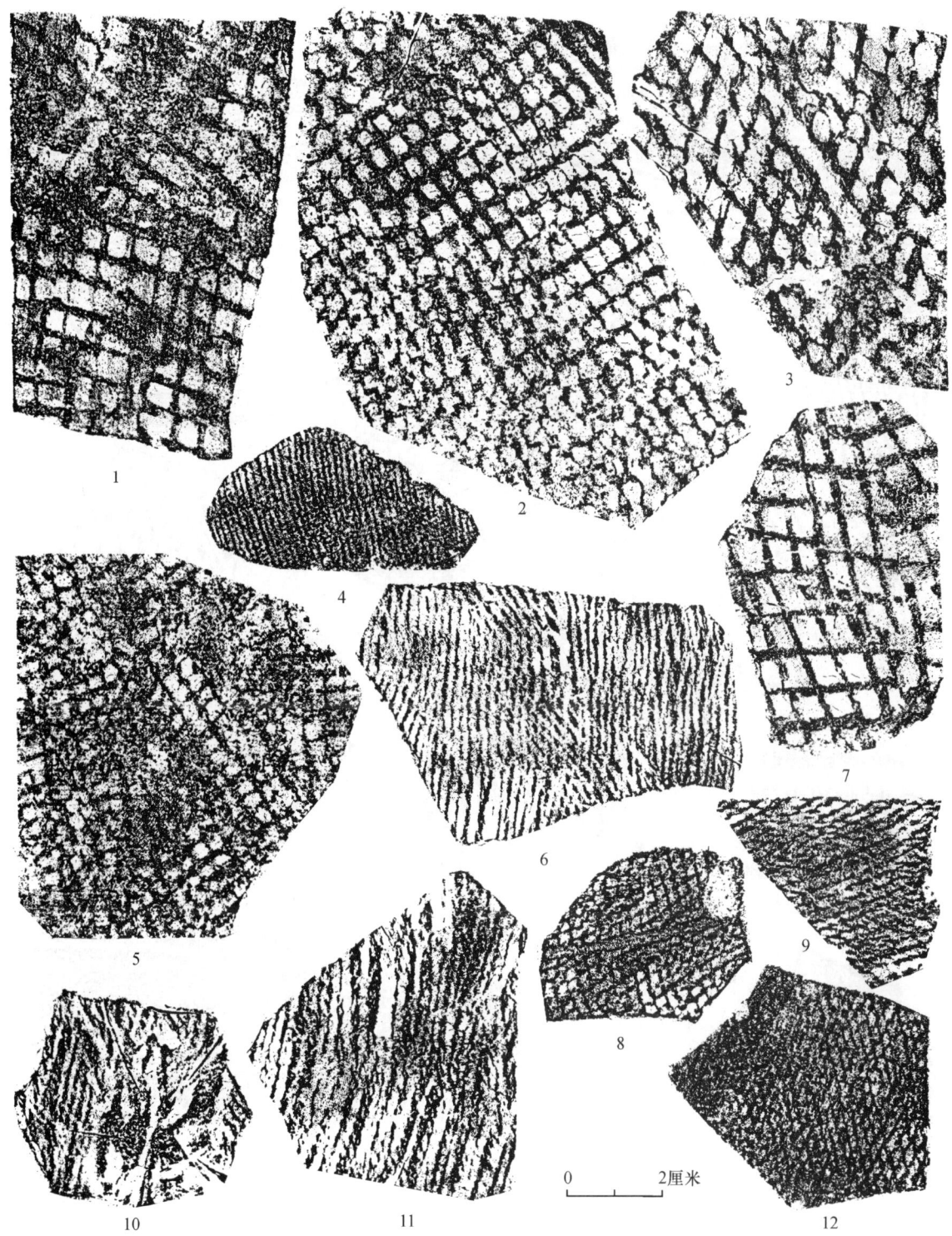

图三七　Ａ区灰坑陶片纹饰拓片

1、2、5. 方格纹（AH17：52、AH11：19、AH9：27）　　3、7、8、12. 菱形纹（AH4：33、AH5：32、AH7：27、AH9：28）

4. 线纹（AH7：25）　　6、9、11. 绳纹（AH9：29、AH11：21、AH7：24）　　10. 叶脉纹（AH4：35）

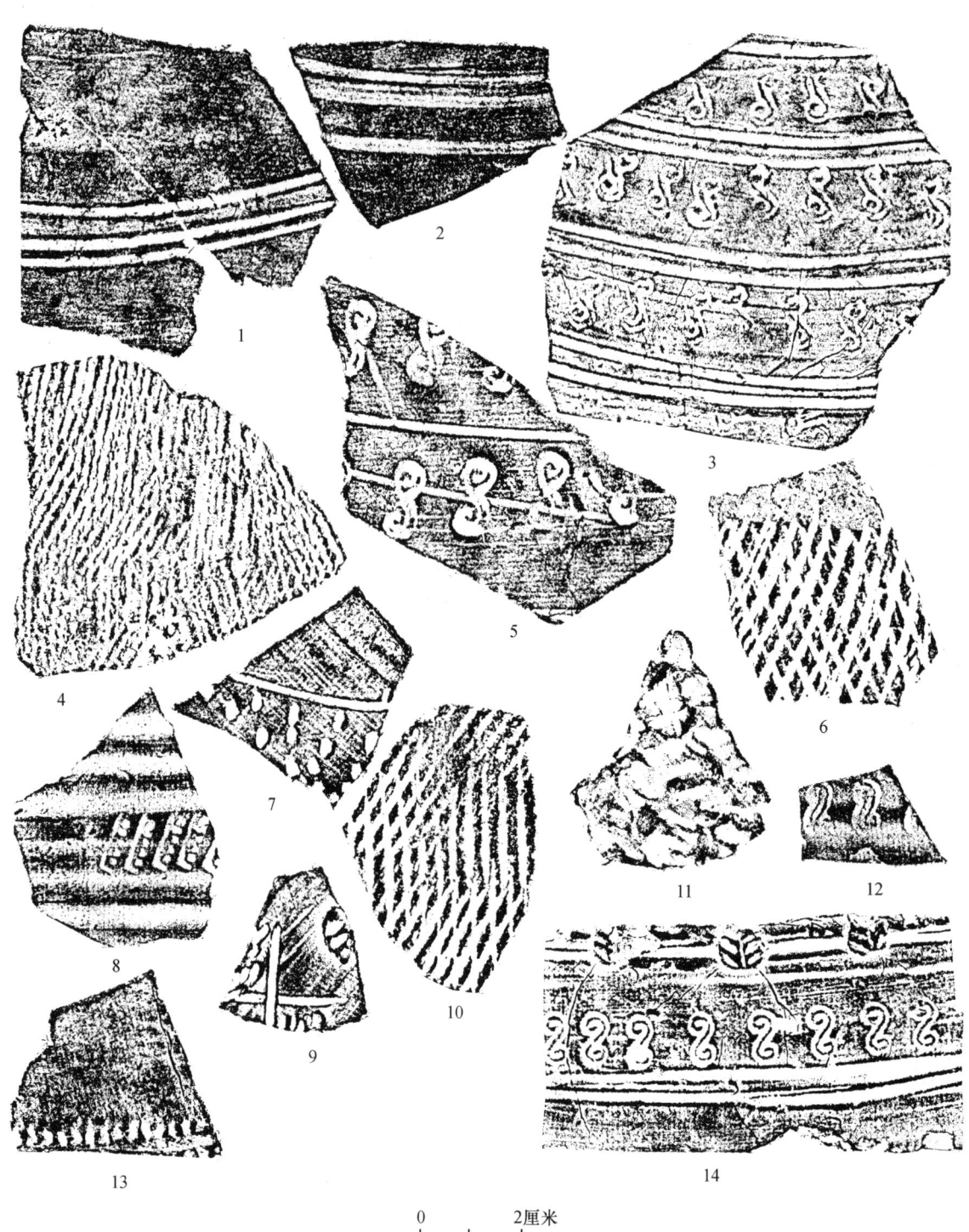

图三八　A 区灰坑陶片纹饰拓片

1、2. 凹弦纹（AH13：12、AH14：19）　　3、5、12、14. "S" 形纹（AH21：19、AH6：16、AH6：17、AH13：17）　　4、6、10、11. 绳
纹（AH6：14、AH21：23、AH13：15、AH6：11）　　7、8、13. 压印纹（AH6：20、AH6：18、AH18：10）　　9. 叶脉纹（AH6：19）

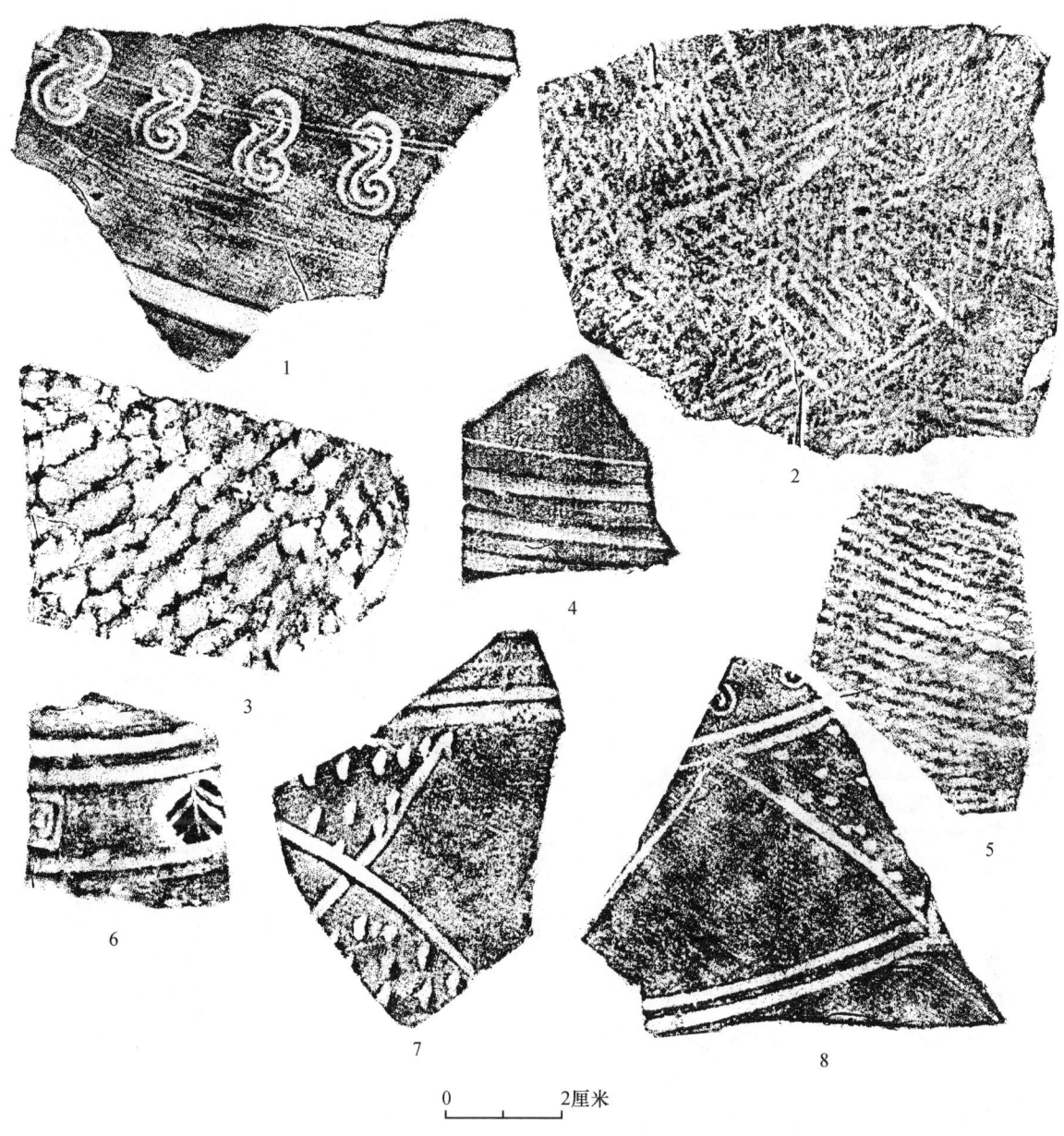

图三九　A 区 H15 陶片纹饰拓片

1. "S" 形纹（AH15：40）　　2、5. 绳纹（AH15：35、AH15：36）　　3. 方格纹（AH15：42）　　4. 凹弦纹（AH15：41）

6. 云雷、叶脉纹（AH15：37）　　7、8. 戳印纹（AH15：38、AH15：39）

底凹凸不平，北壁基本上被破坏掉。残长 3、残宽 1.5、深 2.2 米（图四二）。填土呈灰褐色，较疏松，与坑壁自然脱落。包含物有黑褐色和灰褐色陶片，少量灰陶片和红陶片及家猪骨骼。陶器以粗泥黑陶居多，占陶片总数的 36.81%，次为细泥灰褐陶，占陶片总数的 24.27%，黑褐陶占陶片总数的 13.39%。纹饰有方格纹、绳纹、戳印纹、凹弦纹、叶脉纹、线纹、菱形纹，"S" 形纹，其中绳纹占陶片总数的 25.52%，凹弦纹占陶片总数的 6.69%（图三六，1、8；图三七，7、10）。器类有罐、壶、杯、器耳等。

陶罐　26 件。标本 AH4：11，细泥黑褐陶。广肩，卷沿，敛口，圆唇。肩部饰菱形方格纹，颈部方格纹抹光。口径 18、残高 7.3 厘米（图四三，1）。标本 AH4：12，细泥红褐陶。鼓肩，折沿，敛口，尖圆唇。口径 16、残高 6 厘米（图四三，2）。标本 AH4：22，粗泥灰褐陶。溜肩，高颈，侈

0　　　　　2厘米

图四〇　A 区 T27⑤层陶片纹饰拓片

1. 戳印纹（AT27⑤:72）　2. 叶脉纹（AT27⑤:73）　3、5、8、10. 压印纹（AT27⑤:75、AT27⑤:74、AT27⑤:77、AT27⑤:78）

4. "S"形纹（AT27⑤:67）　6. 篮纹（AT27⑤:68）　7. 方格纹（AT27⑤:80）　9. 细绳纹（AT27⑤:71）

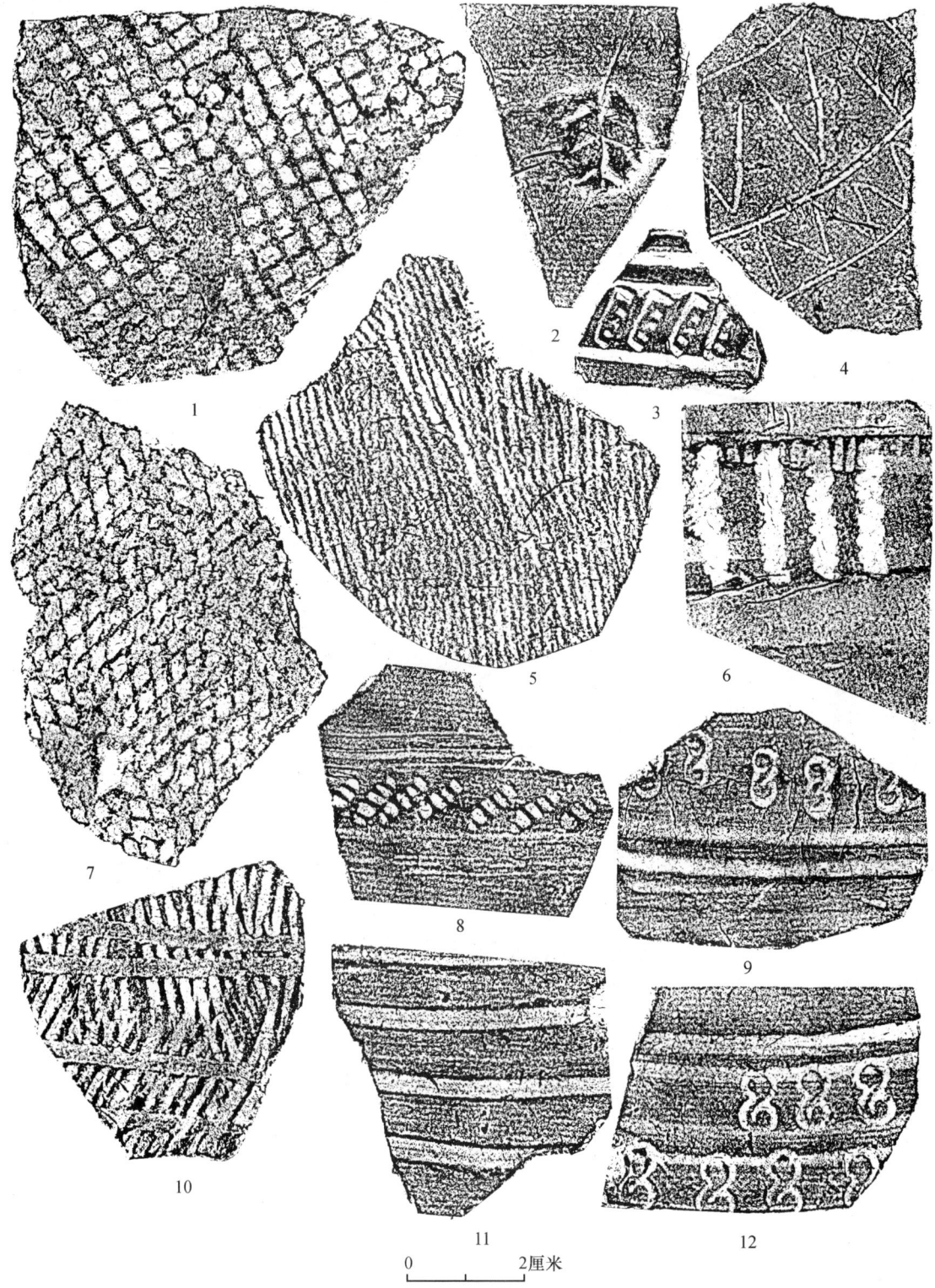

图四一　A 区⑤层陶片纹饰拓片

1、7. 方格纹（AT44⑤：22、AT44⑤：23）　2. 叶脉纹（AT43⑤：50）　3、8. 压印纹（AT28⑤：31、AT43⑤：57）　4. 三角划纹（AT44⑤：28）　5. 绳纹（AT43⑤：58）　6. 附加堆纹（AT43⑤：51）　9、12. "S" 形纹（AT44⑤：27、AT43⑤：59）　10. 篮纹（AT34⑤：8）　11. 凹弦纹（AT44⑤：26）

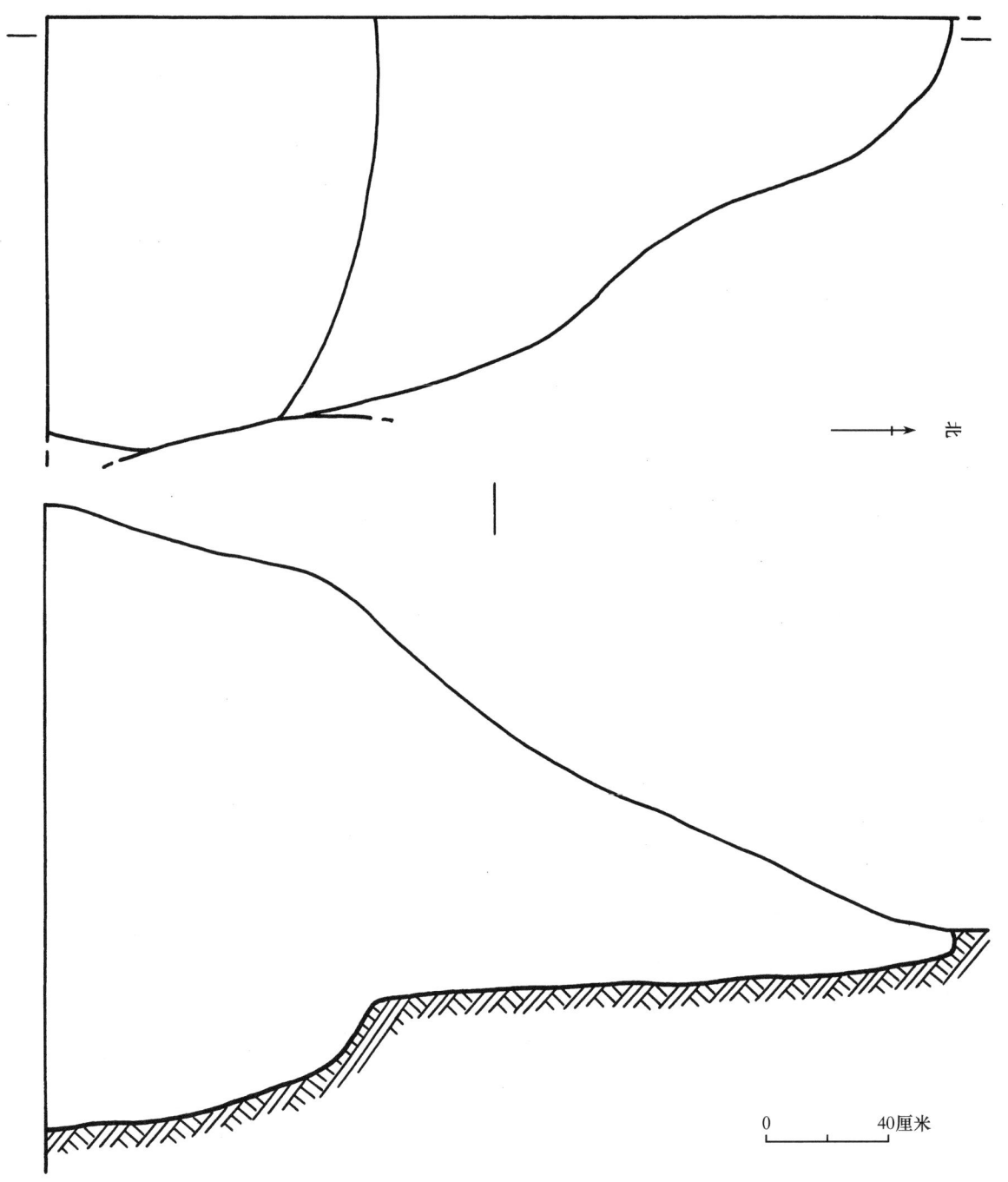

0　　　　　40厘米

图四二　A 区 H4 平、剖面图

口，圆唇，唇外有一道凸棱。颈部和肩部各饰三道凹弦纹。口径 18.2、残高 9.3 厘米（图四三，3）。标本 AH4:9，夹细砂灰褐陶。广肩，折沿，敛口，尖唇。肩部饰交错绳纹，颈部绳纹抹光。口径 15、残高 7.8 厘米（图四三，4）。标本 AH4:13，夹细砂褐陶。直领，口略侈，圆唇。肩部饰绳纹。口径 9.6、残高 7.5 厘米（图四三，5）。标本 AH4:10，粗泥灰陶。鼓肩，高领，口略侈，宽沿外折，圆唇。颈部饰三道凹弦纹，肩部饰三道凹弦纹和三角、圆点戳印纹。口径 16.8、残高 8.6 厘米（图四三，7；图版一〇，5）。标本 AH4:24，粗泥黑陶。溜肩，矮领，直口，尖圆唇。口径 10.2、残高 4.5 厘米（图四三，9）。标本 AH4:16，细泥红褐陶。鼓肩，高领，直口，窄沿外撇，

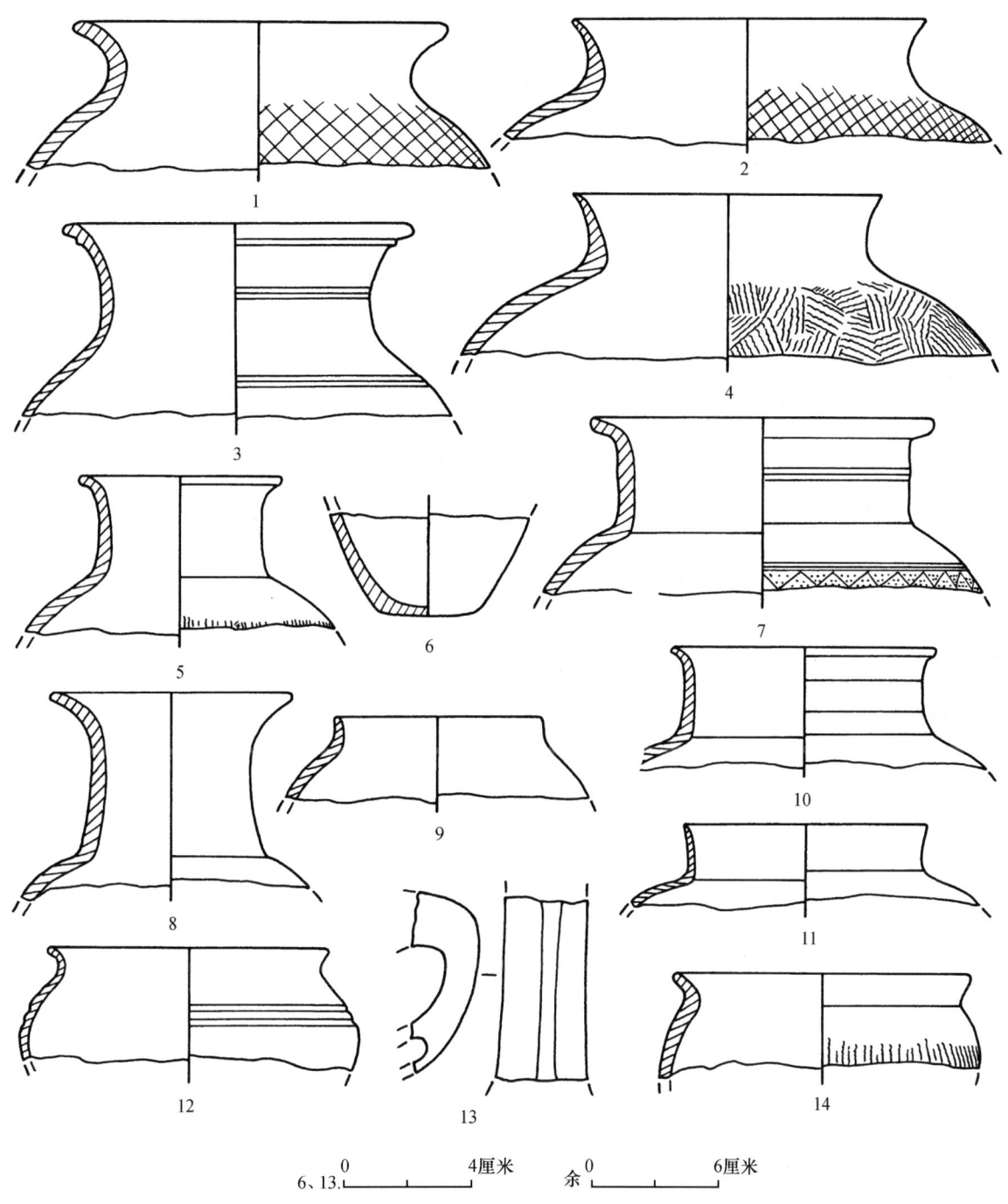

图四三 A 区 H4 出土陶器

1~5、7、9~12、14. 罐（AH4：11、AH4：12、AH4：22、AH4：9、AH4：13、AH4：10、AH4：24、AH4：16、AH4：21、
AH4：25、AH4：26） 6. 器底（AH4：29） 8. 壶（AH4：28） 13. 器耳（AH4：27）

尖唇。颈部饰两道凹弦纹。口径 12.9、残高 5.8 厘米（图四三，10）。标本 AH4：21，细泥黑陶。
鼓肩，直口略侈，尖唇。胎甚薄。口径 12、残高 3.9 厘米（图四三，11）。标本 AH4：25，细泥褐
陶。鼓腹，窄卷沿，敛口，尖圆唇。肩部饰两道凹弦纹。口径 13.8、残高 5.1 厘米（图四三，12）。
标本 AH4：26，粗泥黑褐陶。溜肩，敛口，折沿，圆唇。腹部饰绳纹。口径 14.5、残高 4.3 厘米

（图四三，14）。

陶壶　1件（AH4:28）。粗泥红褐陶。鼓肩，长颈，侈口，圆唇。口径12、残高9.6厘米（图四三，8）。

陶器底　1件（AH4:29）。细泥灰陶。斜壁，底微弧，胎较薄。底径4.8、残高4.7厘米（图四三，6）。

陶器耳　1件（AH4:27）。夹砂灰褐陶。耳下端有一小孔，正面有一道凹槽。残长8.2、宽4.2厘米（图四三，13）。

动物骨骼　6件。均为家猪骨骼。标本AH4:5，左下颌骨。长6厘米。标本AH4:8，右下颌骨。长5.5米。

② AH5

AH5位于AT27探方西北部。开口于④层下。打破⑤层。平面为不规则形，斜壁，圜底（图四四）。部分压在北隔梁下，残长1.5、宽1.32、深0.9米。坑内堆积分两层，上层黑褐色黏土，较

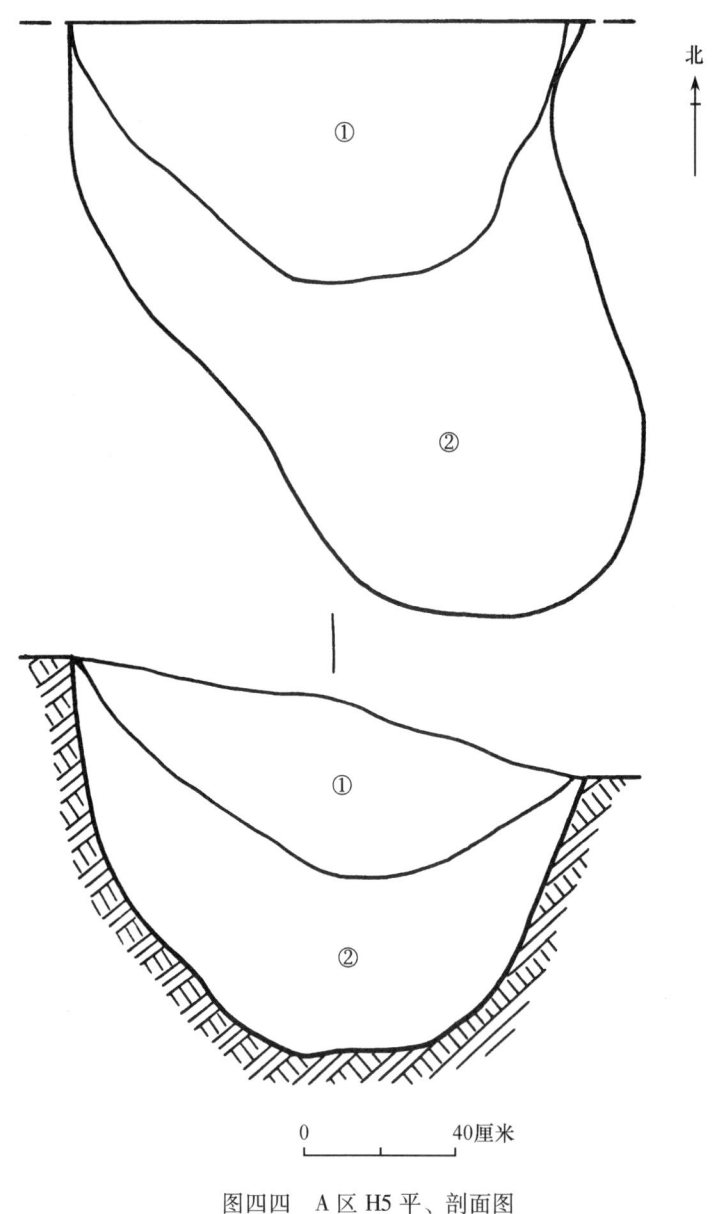

北

0　　　　　40厘米

图四四　A区H5平、剖面图

硬，厚 0.35 米，下层为黄褐色沙土，较松软，厚 0.55 米。包含物有陶片和骨器两类，以及部分动物骨骼。陶片共 88 片。以泥质陶为主，占陶片总数的 95%，夹砂陶仅占陶片总数的 5%。黑褐陶是主要陶色，占 62.21%，灰褐陶占 18.11%，红褐陶占 7.87%，灰陶占 6.30%，黑陶占 2.36%，褐陶占 3.15%。

陶器纹饰以绳纹和凹弦纹占主导地位，分别占陶片总数的 17.32%、11.81%，余为方格纹和压印纹，各占陶片总数的 0.79%（图三七，7）。

器类有陶罐 11 件，占陶器总数的 73.32%，另有陶杯、陶钵、陶圈足、陶器底各占陶器总数的 6.67%。

陶罐　11 件。标本 AH5:23，夹砂灰褐陶。大口外侈，尖唇。肩部饰交错绳纹，颈部绳纹抹光。口径 18、残高 6.5 厘米（图四五，1）。标本 AH5:24，粗泥红褐陶。广肩，高领，口略侈，窄沿，圆唇。口径 13.2、残高 6 厘米（图四五，2）。标本 AH5:22，夹砂褐陶。敛口，卷沿，圆唇。肩部饰绳纹，颈部绳纹抹光。口径 15.6、残高 5.6 厘米（图四五，3）。标本 AH5:28，粗泥黑褐陶。广肩，敛口，卷沿，圆唇。肩部饰绳纹。口径 15、残高 4.5 厘米（图四五，7）。标本 AH5:25，粗泥红褐陶。折沿，侈口，圆唇。口径 12、残高 3.9 厘米（图五，9）。

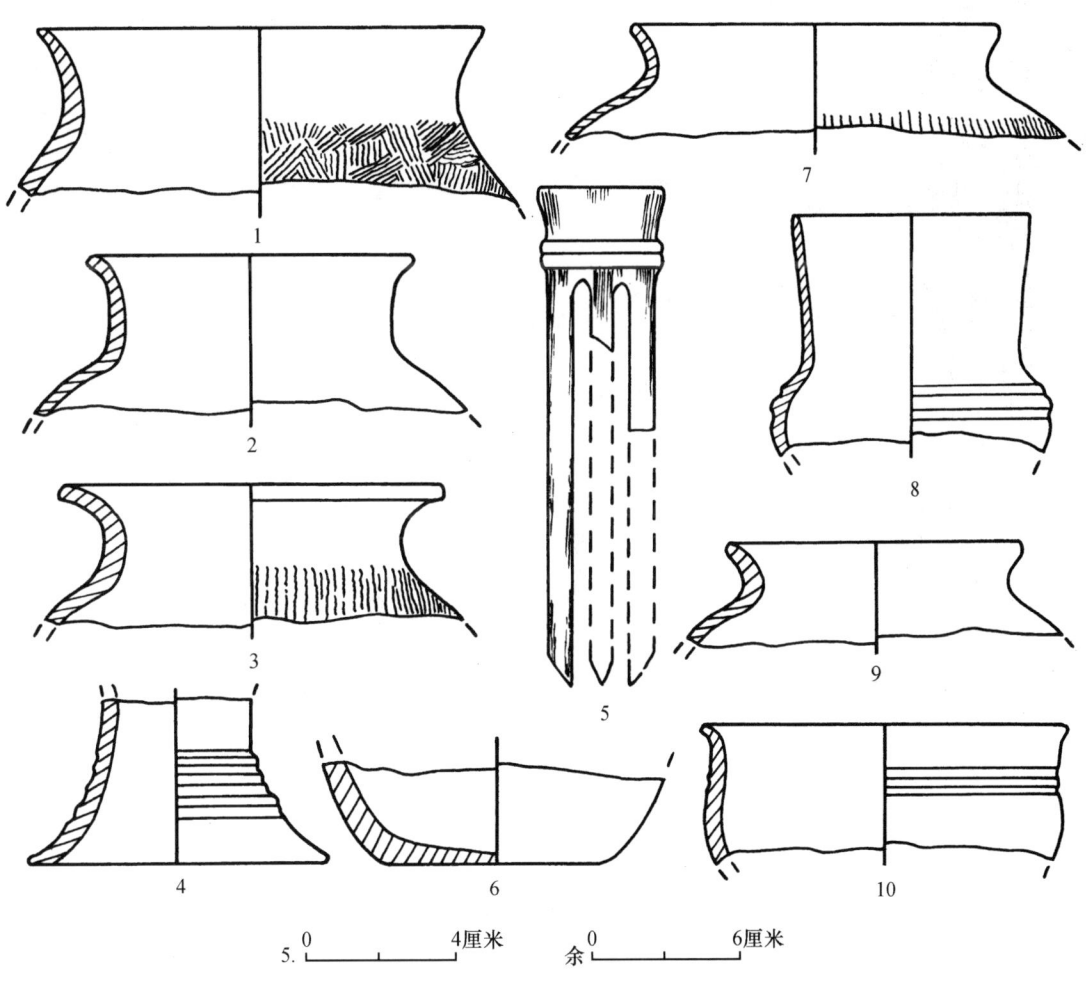

图四五　A 区 H5 出土器物

1~3、7、9. 陶罐（AH5:23、AH5:24、AH5:22、AH5:28、AH5:25）　4. 陶圈足（AH5:30）　5. 骨发钗（AH5:1）

6. 陶器底（AH5:31）　8. 陶杯（AH5:4）　10. 陶钵（AH5:27）

陶杯　1件（AH5:4）。细泥灰陶。鼓腹，直口略侈，方唇。腹部有两道凹弦纹。口径9.6、残高9厘米（图四五，8）。

陶钵　1件（AH5:27）。细泥灰褐陶。腹略外鼓，沿外卷，尖唇。上腹部有两道凹弦纹。口径15、残高4.2厘米（图四五，10）。

陶器底　1件（AH5:31）。粗泥灰褐陶。斜壁，平底。底胎较厚。底径9、残高4.2厘米（图四五，6）。

骨发钗　1件（AH5:1）。系动物肢骨磨制而成。黄褐色。平面呈长方形，有三齿，其中两齿已残。长13.6、宽3.4、齿长10.3厘米（图四五，5；图版一四，3）。

动物骨骼　动物种类有家猪、家山羊、水鹿、中华鲟、青鱼、草鱼等。标本AH5:3，家猪下颌骨，保存较好（图四六，1；图版一七，2）。标本AH5:6，家山羊右髋骨。标本AH5:8，家猪左下犬齿。标本AH5:5，水鹿左下颌骨（图四七，1；彩版五三，3；图版一六，3）。标本AH5:20、AH5:21，中华鲟侧鳞板。标本AH5:18，草鱼左下咽骨。标本AH5:10，青鱼下咽骨。

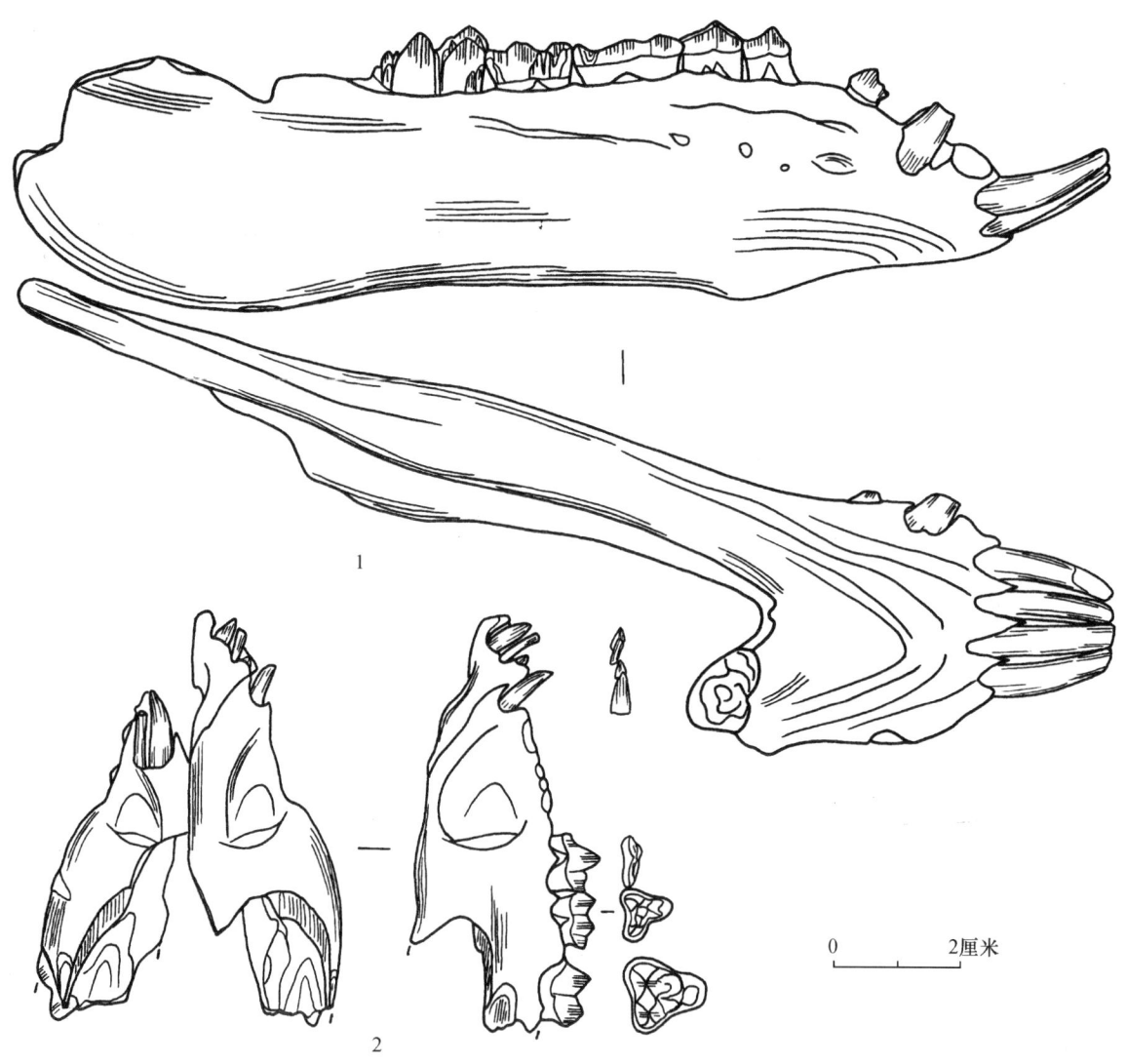

图四六　商代动物骨骼

1. 家猪下颌骨（AH5:3）　　2. 狗头骨（AH17:27-1）

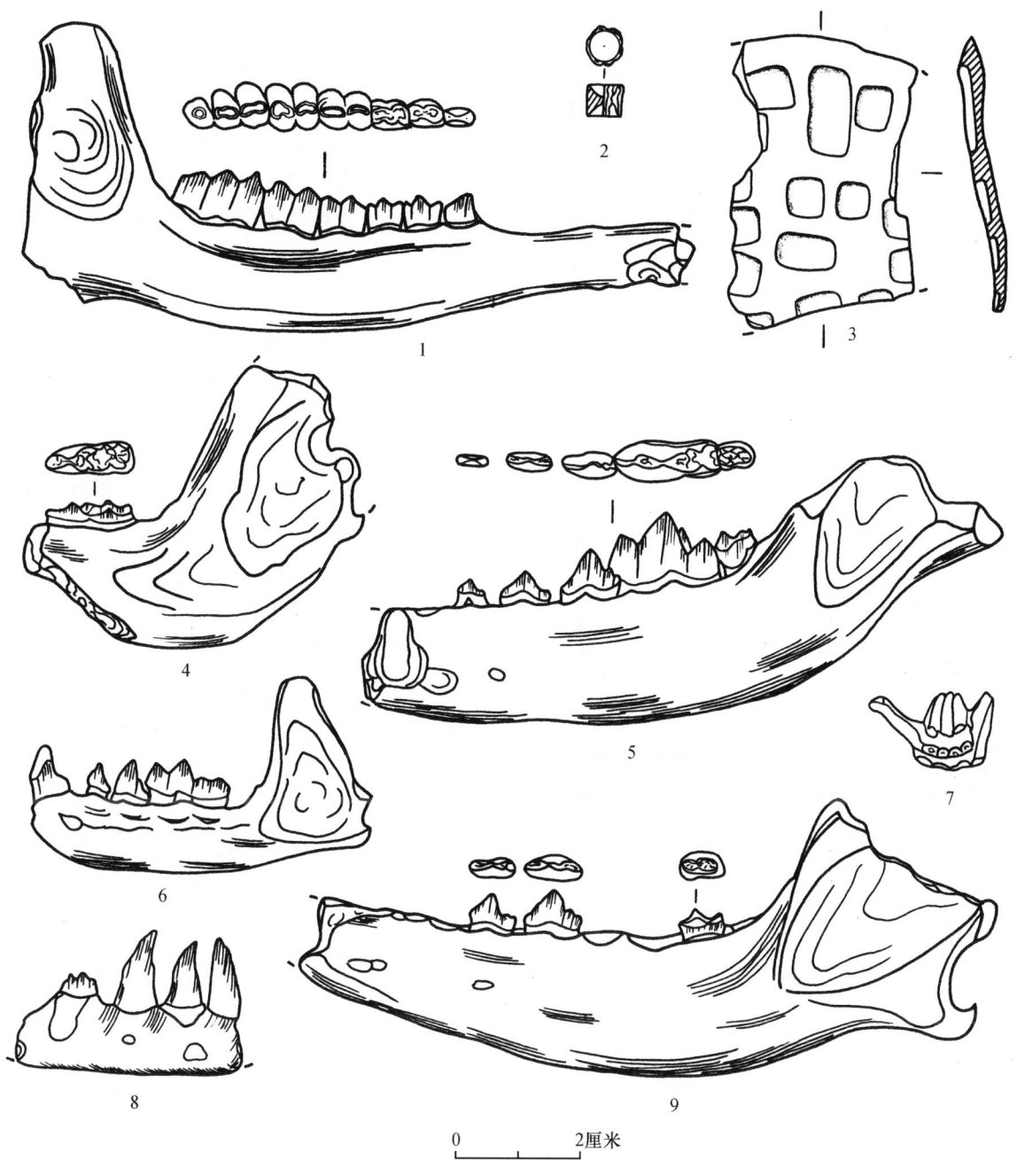

图四七　商代动物骨骼

1. 水鹿左下颌骨（AH5：5）　2. 中华倒刺鲃椎骨（AH17：17-2）　3. 黄喉水龟腹甲（AH17：26-2）　4. 猪獾左下颌骨（AH11：6）　5. 狗左下颌骨（AH11：4）　6. 密齿獾左下颌骨（AT27⑤：23）　7. 中华倒刺鲃右下咽骨（AH17：17-1）　8. 鳡鱼左下咽骨（AH13：3）　9. 狗左下颌骨（AT27⑤：24）

③ AH6

AH6 位于 AT29 探方东部。开口于①层下，打破⑥层。平面略呈长方形，西北部被近代树坑打破。直壁，平底（图四八）。长 1.6、宽 1.05、深 0.12 米。坑内堆积为红褐色沙土。包含物有陶罐等陶片和石锛以及家猪、青鱼等动物骨骼。

陶片共 79 片，除 12 片为夹砂陶外，余为泥质陶片。黑陶 39 片，占陶片总数的 46.86%；灰褐陶 22 片，占陶片总数的 19.82%；红褐陶 16 片，占陶片总数的 14.41%；褐陶 15 片，占陶片总数

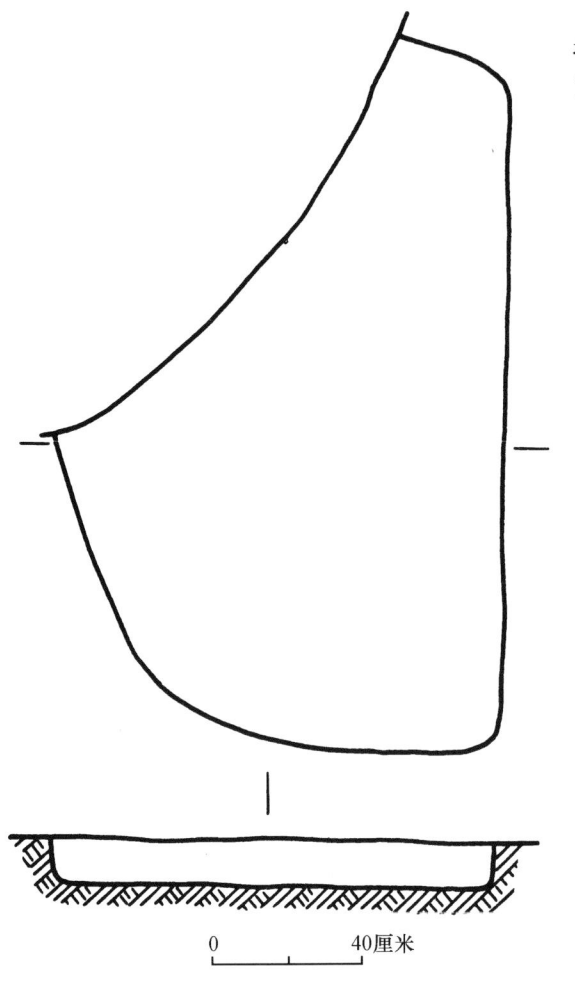

图四八　A区H6平、剖面图

的13.51%；灰陶5片，占陶片总数的4.50%；红陶仅1片，占0.90%。

陶器纹饰有绳纹、压印纹、"S"形纹、戳印纹、凹弦纹、叶脉纹、方格纹。其中绳纹占陶片总数的17.12%，凹弦纹占陶片总数的4.5%，压印纹占陶片总数的3.6%（图三八，4、5、7~9、12）。

陶器器类仅陶罐一种。

陶罐　4件。标本AH6:10，粗泥红褐陶。溜肩，大口，卷沿，圆唇。肩部饰粗绳纹，颈部绳纹抹光。口径18、残高4.8厘米（图四九，1）。标本AH6:11，粗泥黑陶。广肩，敛口，卷沿，圆唇。口径15.2、残高3.5厘米（图四九，2；图三八，11）。标本AH6:12，粗泥灰褐陶。矮领，口略侈，宽斜沿，圆唇。肩部饰绳纹。口径12.4、残高3.6厘米（图四九，3）。

石锛　1件（AH6:13）。燧石。黄褐色。硬度5°~6°。已残。平面略呈长方形，平刃。磨制。刃较锋利。长4.2、残宽0.5~2.2厘米（图四九，4）。

动物骨骼　有家猪、青鱼等骨骼，共4件。标本AH6:6，青鱼椎骨。标本AH6:8，家猪指骨。

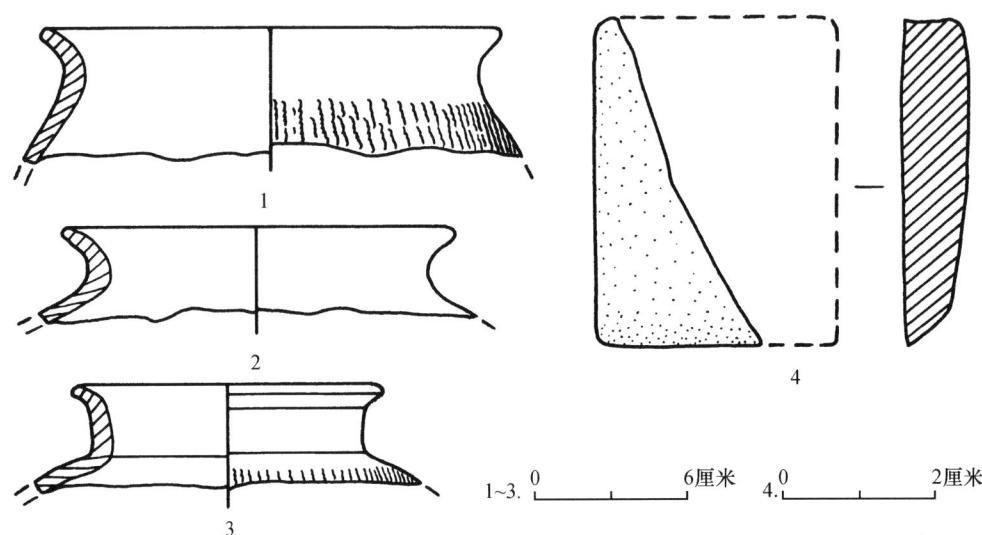

图四九　A区H6出土器物

1~3. 陶罐（AH6:10、AH6:11、AH6:12）　4. 石锛（AH6:13）

④ AH7

AH7 位于 AT27 探方东部。开口在②层下，打破 H11。部分压在南壁下，平面呈椭圆形，斜壁，平底。长 1.18、宽 1.04、深 0.51 米（图五〇）。坑内堆积黑褐色黏土。包含物有陶片、烧土块、木炭和石片石器及动物骨骼。

陶片主要是泥质陶，占陶片总数的 96.67%，分粗泥和细泥两种。夹砂陶特别少，仅占陶片总数的 3.33%。陶色有黑褐陶、红褐陶、黑陶、灰陶和红陶几种，其中，黑褐陶 48 片，占陶片总数的 53.33%；红褐陶 20 片，占陶片总数的 22.22%；黑陶 15 片，占陶片总数的 16.68%；灰陶 6 片，占陶片总数的 6.66%；红陶仅 1 片，占陶片总数的 1.11%。

陶片纹饰有绳纹、凹弦纹、方格纹和叶脉纹等。其中绳纹 22 片，有粗细之分，共占陶片总数的 24.45%；凹弦纹 6 片，占陶片总数的 6.67%；方格纹 2 片，占陶片总数的 2.22%；叶脉纹仅 1 片，占陶片总数的 1.11%（图三六，4、10；图三七，4、8、11）。这些纹饰主要饰于罐类器物。

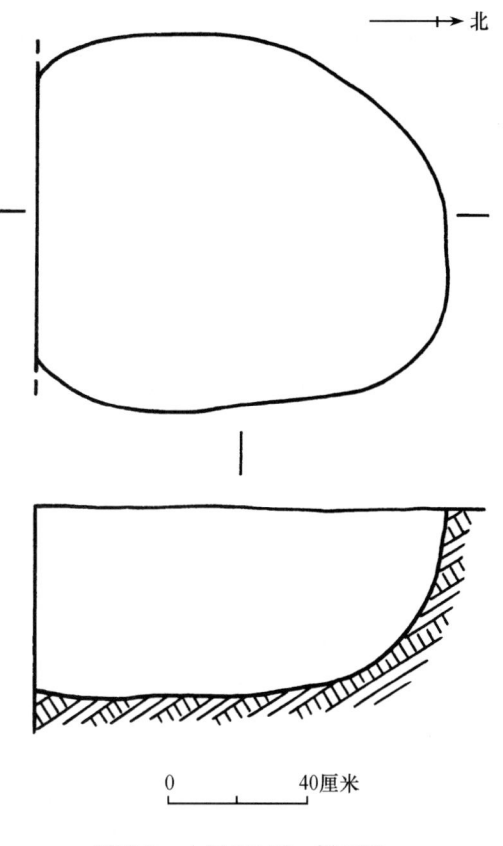

图五〇　A 区 H7 平、剖面图

陶器制法多手制，有不少陶片内壁有指纹等手制痕迹。部分器物口沿似经慢轮修整过。

陶器器类有罐、杯和器底。

陶罐　9 件。标本 AH7:17，夹砂黑褐陶。鼓肩，敛口，卷沿，圆唇。肩部饰绳纹，颈部绳纹抹光。口径 18.2、残高 6 厘米（图五一，1）。标本 AH7:20，粗泥灰陶。敛口，折沿，圆唇。外表饰绳纹。口径 17、残高 4.5 厘米（图五一，2）。标本 AH7:19，粗泥红褐陶。高颈，直口，宽斜沿，尖唇。口径 15、残高 5.2 厘米（图五二，4）。标本 AH7:21，粗泥黑褐陶。敛口，卷沿，尖唇。外表饰绳纹。口径 13.5、残高 4.6 厘米（图五一，7）。

陶杯　1 件（AH7:22）。细泥灰陶。口沿和底均残。斜壁，鼓腹，尖底。腹径 9、残高 9.2 厘米（图五一，5）。

陶器底　1 件（AH7:23）。粗泥红褐陶。弧壁，平底，胎较厚。外表饰斜绳纹。底径 12、残高 6 厘米（图五一，3）。

石片石器　1 件（AH7:16）。长石斑岩。棕褐色。硬度 5°～6°。系砾石打下的石片。平面略呈椭圆形。弧刃，刃部有使用痕迹。一面保留有自然磨光面。正面顶部有十分明显的打击点，放射线清晰可见。长 18.2、宽 11.2、厚 2 厘米（图五一，6）。

动物骨骼　发现有家山羊骨骼。标本 AT7:15，家山羊左尺骨。

⑤ AH9

AH9 位于 AT28 探方中部。开口在④层下，打破⑤层。形制规整，平面呈圆形，直壁平底。直径 1.55、深 0.18 米（图五二）。坑土堆积为黑褐色黏土，包含物有碎石块、红烧土块、木炭及陶片、石斧等。

陶片共 359 片，其中泥质陶占陶片总数的 96.38%，夹砂陶仅占陶片总数的 3.62%。黑陶最多，

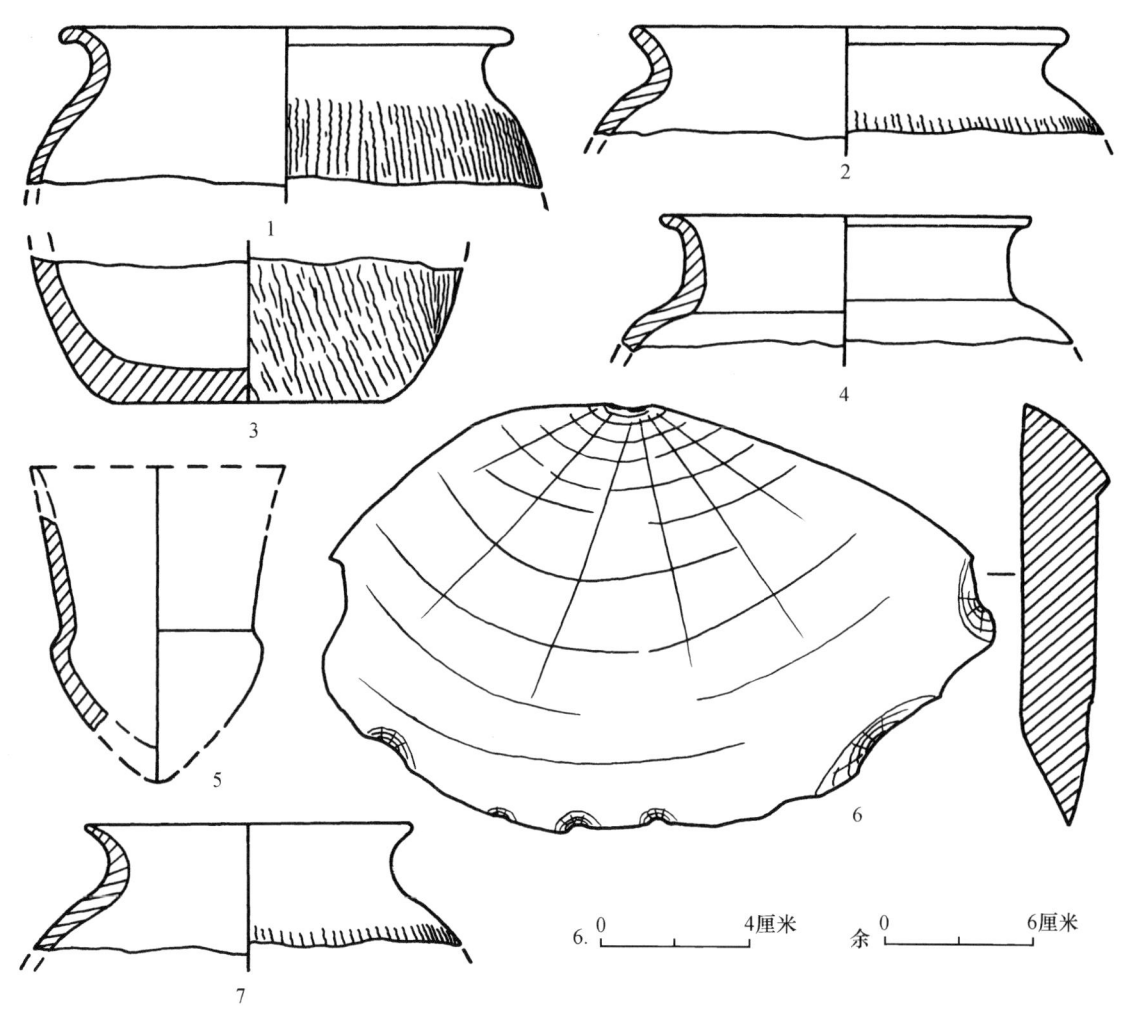

图五一　A 区 H7 出土器物

1、2、4、7. 陶罐（AH7：17、AH7：20、AH7：19、AH7：21）　3. 陶器底（AH7：23）　5. 陶杯（AH7：22）

6. 石片石器（AH7：16）

共 160 片，占陶片总数的 44.55%；灰褐陶 73 片，占陶片总数的 20.33%；黑褐陶 38 片，占陶片总数的 10.59%；褐陶 49 片，占陶片总数的 13.65%；红褐陶 24 片，占陶片总数的 6.69%。其余为灰陶、红陶，分别占陶片总数的 3.35%、0.84%。

素面陶片 283 片，占陶片总数的 78.83%。纹饰陶片占陶片总数的 21.17%，但陶片纹饰种类较多，其中绳纹 41 片、凹弦纹 21 片、方格纹 4 片、压印纹 6 片、戳印纹 2 片、圆圈纹 2 片（图三六，2、3、5、9；图三七，5、6、12），分别占陶片总数的 11.42%、5.85%、1.11%、1.67%、0.56%、0.56%。

陶器器类有罐、杯、钵、豆，分别占陶器总数的 75.55%、15.56%、2.22%、6.67%。

陶罐　34 件。标本 AH9：4，粗泥灰陶。敛口，卷沿，圆唇。肩部饰菱形方格纹。口径 18.6、残高 6 厘米（图五三，1）。标本 AH9：6，夹细砂黑褐陶。大口略侈，尖圆唇，器胎较厚。口径 18、残高 6.9 厘米（图五三，3）。标本 AH9：12，粗泥褐陶。大口略侈，圆唇。肩部饰绳纹，颈部绳纹抹光。口径 18.6、残高 7.5 厘米（图五三，2）。标本 AH9：8，夹细砂黑褐陶。敛口，大口，折沿

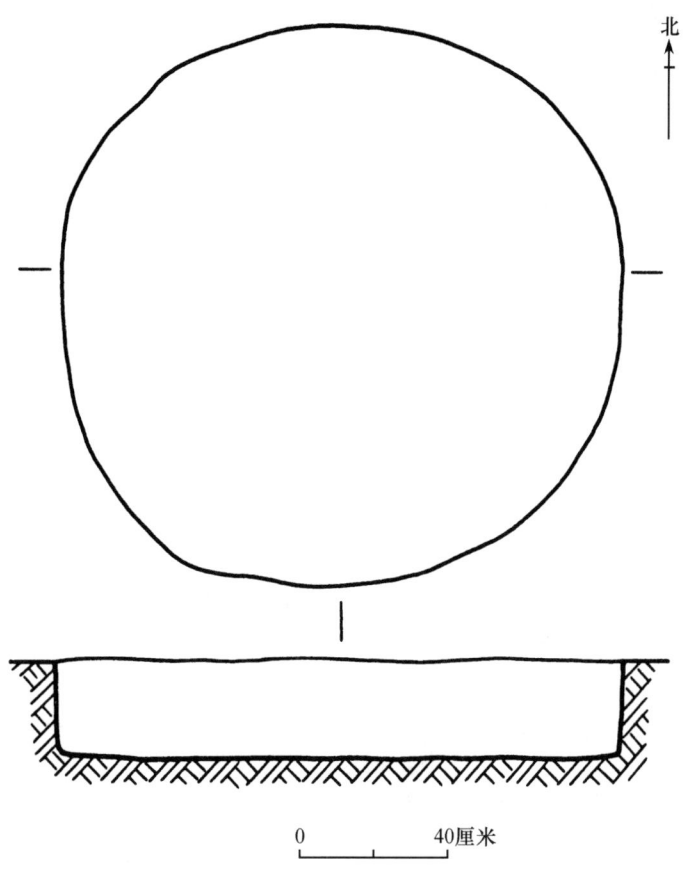

0   40厘米

图五二　A区H9平、剖面图

外侈，圆唇，沿面略凹。颈以下饰绳纹。口径18、残长6厘米（图五三，4）。标本AH9：15，细泥黑褐陶。鼓肩，直领，小口，尖唇。口径12、残高4.5厘米（图五三，7）。标本AH9：14，粗泥黑陶。敛口，卷沿，尖圆唇。肩部饰绳纹，颈部绳纹抹光。口径17.4、残高6.2厘米（图五三，10）。标本AH9：9，粗泥红褐陶。敛口，折沿外侈，圆唇，沿面略凹。口径15、残高6厘米（图五三，11）。标本AH9：11，粗泥黑褐陶。敛口，卷沿，尖唇。颈以下饰绳纹。口径15.3、残高4.5厘米（图五三，12）。

　　陶杯　3件。标本AH9：16，细泥灰陶。口残。尖底，鼓腹，折肩，侈口。肩部有两道凹弦纹，腹部以下胎较厚。残口径7.6、最大腹径8.2、残高8.6厘米（图五三，5）。

　　陶器底　4件。标本AH9：17，粗泥灰陶。斜壁，平底。底径2.8、残高2.9、残腹径5.8厘米（图五三，8）。

　　陶钵　1件（AH9：18）。粗泥灰陶。弧壁，敛口，圆唇。口径15、残高4.8厘米（图五三，9）。

　　陶豆柄　3件。标本AH9：19，粗泥灰褐陶。细柄，内空。粗径4、残高7.5厘米（图五三，6）。

　　石斧　1件（AH9：3）。石英砂岩。灰褐色。硬度5°~6°。打制。弧刃，刃端较宽，顶端较窄，两侧较薄，中间较厚。长13.2、刃端宽9.2、顶端宽5.1厘米（图五三，13）。

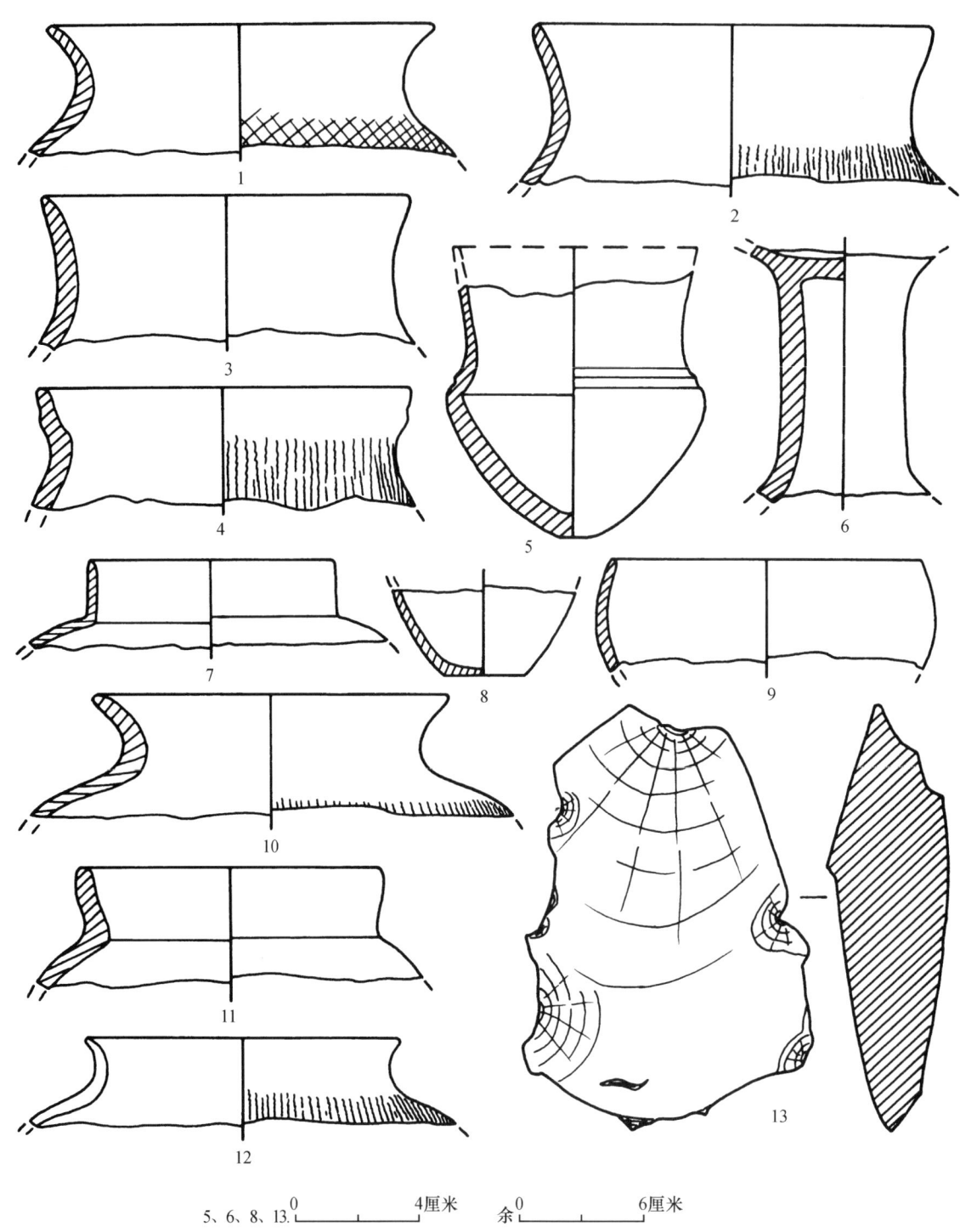

5、6、8、13. $\underset{0}{\overline{}}$ 4厘米   余 $\underset{0}{\overline{}}$ 6厘米

图五三 A 区 H9 出土器物

1~4、7、10~12. 陶罐（AH9：4、AH9：12、AH9：6、AH9：8、AH9：15、AH9：14、AH9：9、AH9：11） 5. 陶杯（AH9：16）
6. 陶豆柄（AH9：19） 8. 陶器底（AH9：17） 9. 陶钵（AH9：18） 13. 石斧（AH9：3）

⑥ AH10

AH10 位于 AT31 探方东部，开口在 M97 下，打破生土。坑口平面呈椭圆形，斜壁，平底，部分压在东隔梁内。短径 0.8、深 0.46 米（图五四）。坑内堆积为黑褐色黏土，土质较硬。包含物主

要是红色烧土块和零星木灰。没有发现文化遗物。

⑦ AH11

AH11 位于 AT27 探方东北角，开口在 AH7 下，打破⑤层。平面略呈长方形，斜壁，底近平。部分叠压在东隔梁和北隔梁内。残长 2.8、宽 2.7、深 0.47 米（图五五）。坑内堆积分为上、下两层，第一层灰褐色土，夹木炭；第二层为黄褐色沙土。包含物有泥质和夹砂陶片以及动物骨骼。

陶片共 62 片。其中，黑陶 32 片，占陶片总数的51.61%；黑褐陶 4 片，占陶片总数的 6.45%；灰褐陶 13 片，占陶片总数的 20.96%；红褐陶 8 片，占陶片总数的12.90%；灰陶 5 片，占陶片总数的 8.07%。泥质陶较多，共 50 片，占陶片总数的 80.65%；夹砂陶 12 片，占陶片总数的 19.35%。

陶片纹饰以绳纹为主，共 27 片，方格纹 3 片，凹弦纹3 片，分别占陶片总数的 43.55%、4.84%、4.84%（图三六，7；图三七，2、9）。

陶器器类主要是罐，占器物总数的 83.34%，次为鬲和杯，各分别占器物总数的 8.33%。

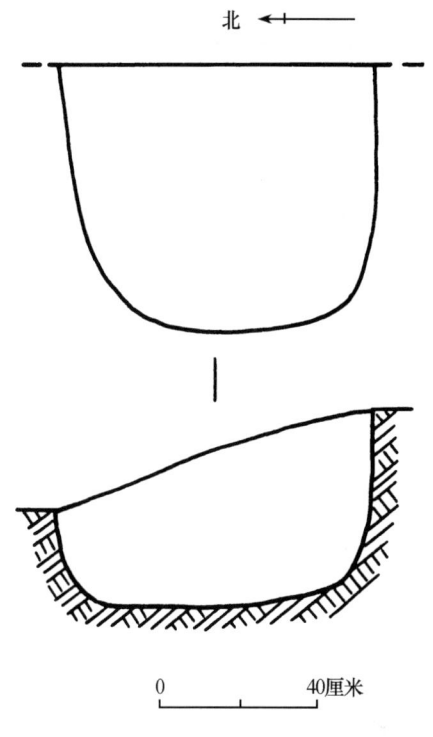

图五四 A区H10平、剖面图

陶罐 10 件。标本 AH11:13，夹砂灰褐陶。敛口，卷沿，圆唇，口沿胎较厚重。肩部饰菱形方格纹，颈部方格纹抹光。口径 19.8、残高 4.7 厘米（图五六，1）。标本 AH11:14，夹砂黑褐陶。大口，略侈，圆唇。口径21、残高 6.6 厘米（图五六，2）。标本 AH11:16，粗泥黑陶。敛口，卷沿，尖圆唇。口径 19.2、残高 3.9 厘米（图五六，3）。标本 AH11:11，夹砂灰褐陶。敛口，卷沿，圆唇。肩以下饰绳纹，颈部绳纹抹光。口径 18.6、残高 6 厘米（图五六，4）。标本 AH11:12，粗泥黑陶。大口，折沿，口略侈。口径 16.2、残高 4.5 厘米（图五六，5）。标本 AH11:15，粗泥红褐陶。直口，宽沿外斜，方唇。口径 16.7、残高 5.4 厘米（图五六，6）。

鬲足 1 件（AH11:18）。粗泥红褐陶。胎较薄，弧壁，尖足根，内空较深。残高 9、粗径 5 厘米（图五六，7）。

器底 1 件（AH11:17）。细泥灰陶。弧壁，小平底，胎较薄。底径 1.8、残高 4 厘米（图五六，8）。

动物骨骼 动物种类有鳠鱼、家山羊、猪獾。标本 AH11:10-12，鳠鱼肋骨。标本 AH11:4，狗左下颌骨（图四七，5；图版一七，10）。标本 AH11:5，家山羊右桡骨（图版一六，6）。标本AH11:6，猪獾左下颌骨（图四七，4；图版一七，8）。

⑧ AH13

AH13 位于 AT31 探方东南角，开口在①层下，打破生土。坑口平面呈不规则形，斜壁，斜底。部分叠压在西壁内。直径120、深 18 厘米（图五七）。坑内堆积为灰褐色黏土，包含物有陶片，烧土块和零星木炭以及动物骨骼。

陶片共 43 片。其中，泥质陶 34 片，占陶片总数的 79.07%；夹砂陶 9 片，占陶片总数的20.93%。黑陶 20 片，占陶片总数的 46.51%；褐陶 6 片，占陶片总数的 13.95%；灰陶 8 片，占陶片总数 18.61%；黑褐陶 7 片，占陶片总数的 16.29%；褐黄陶 2 片，占陶片总数的 4.66%。

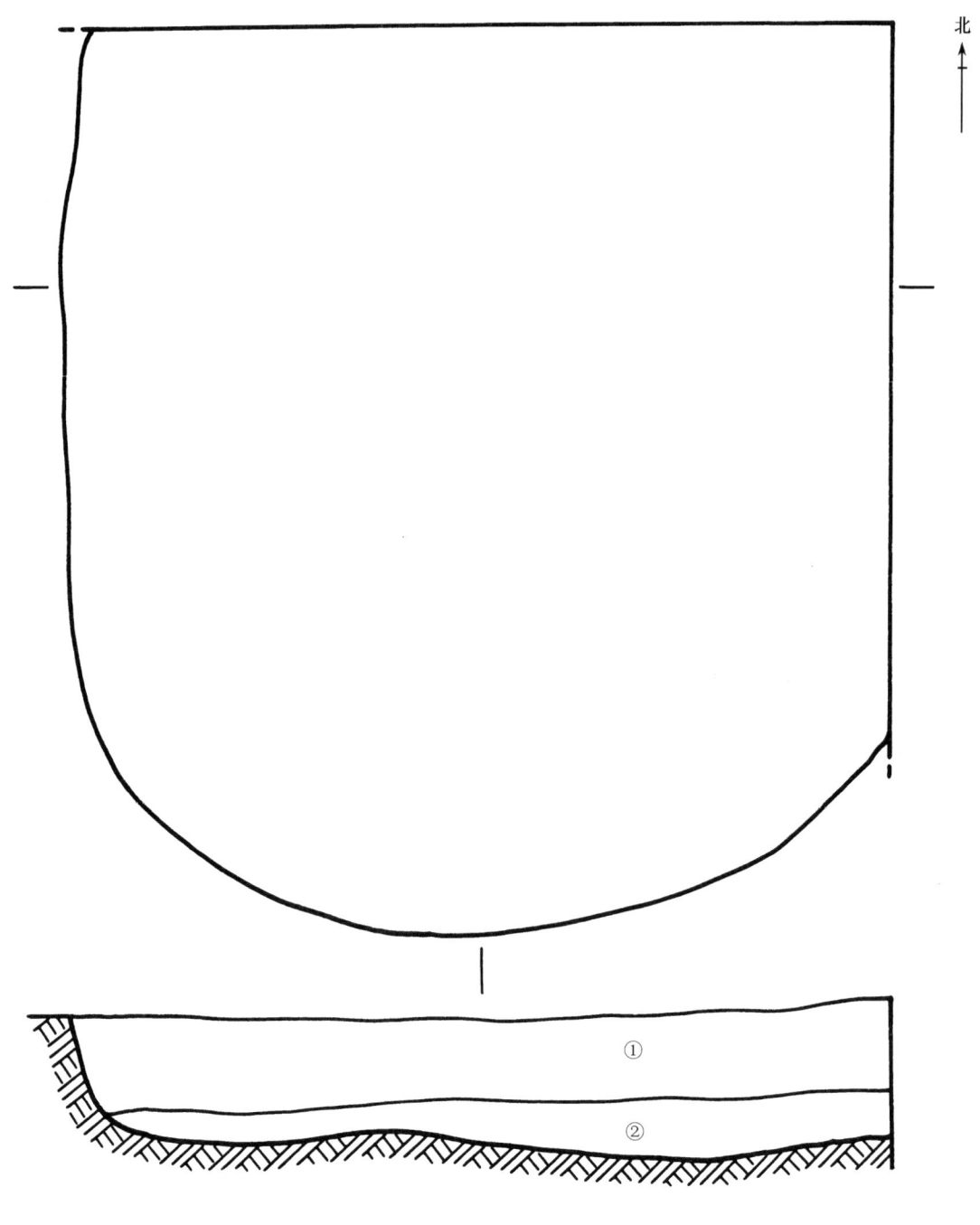

北

0 ⎯⎯⎯ 40厘米

图五五　A区 H11 平、剖面图

陶片纹饰主要有绳纹、凹弦纹、菱形纹（图三八，1、10），分别占陶片总数的 23.26%、9.30%、6.98%。

器类有陶罐及豆柄、器底等。

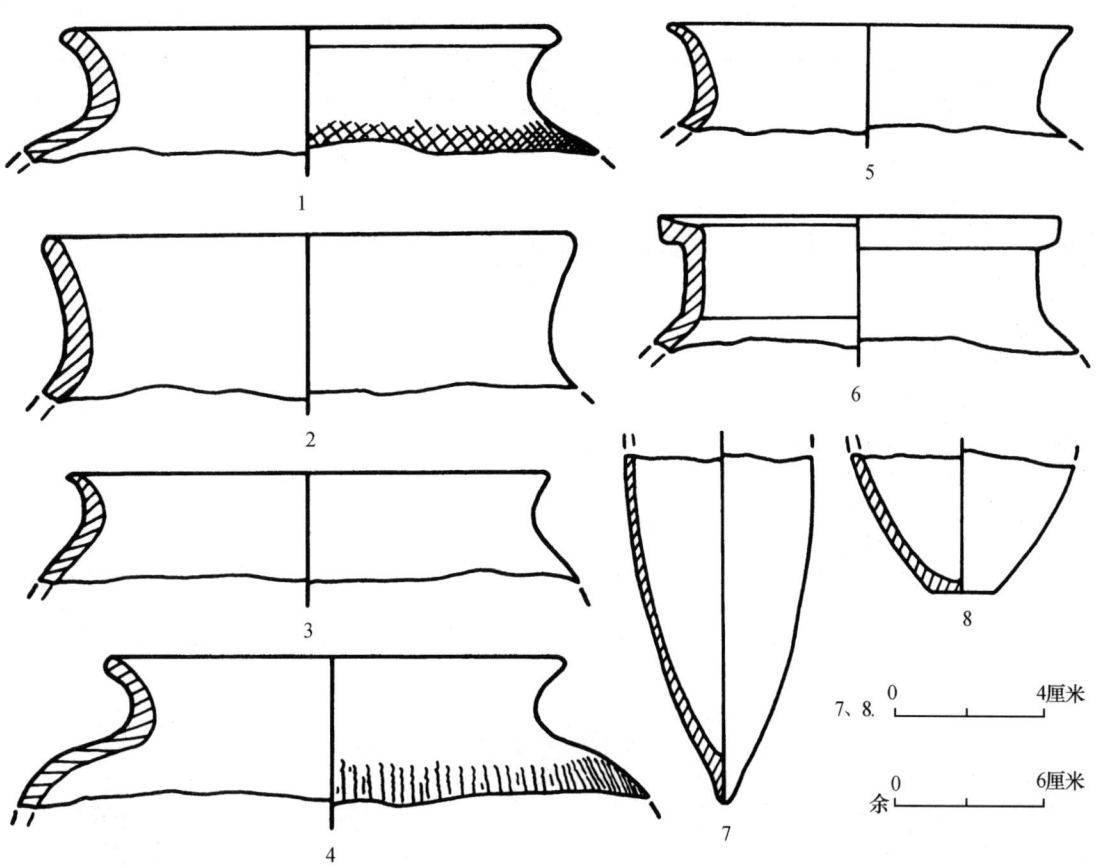

图五六　A 区 H11 出土陶器

1～6. 罐（AH11:13、AH11:14、AH11:16、AH11:11、AH11:12、AH11:15）　7. 鬲足（AH11:18）　8. 器底（AH11:17）

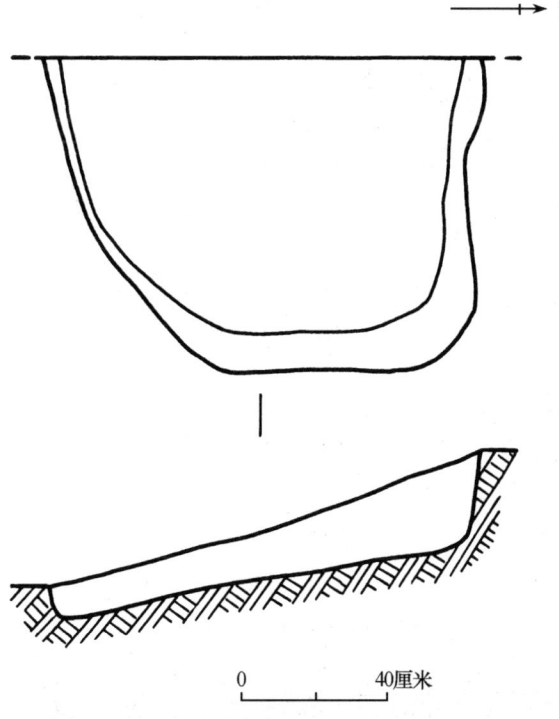

图五七　A 区 H13 平、剖面图

陶罐　6件。标本 AH13：6，粗泥黑陶。敛口，宽卷沿，圆唇，胎较薄。口径 17.8、残高 6 厘米（图五八，1）。标本 AH13：7，夹细砂黑褐陶。鼓肩，敛口，卷沿，尖圆唇，颈部胎特别厚重。口径 17.6、残高 6.4 厘米（图五八，2）。标本 AH13：1，粗泥黑陶。广肩，敛口，卷沿，尖圆唇，肩部饰绳纹，颈部绳纹抹光。口径 16.2、残高 7.5 厘米（图五八，6）。标本 AH13：9，粗泥褐陶。敛口，折沿，圆唇，唇外有一道凸棱，沿内略凹。口径 12、残高 5.4 厘米（图五八，8）。标本 AH13：8，夹细砂黑褐陶。大口微敛，卷沿，圆唇。口径 15、残高 5.1 厘米（图五八，9）。

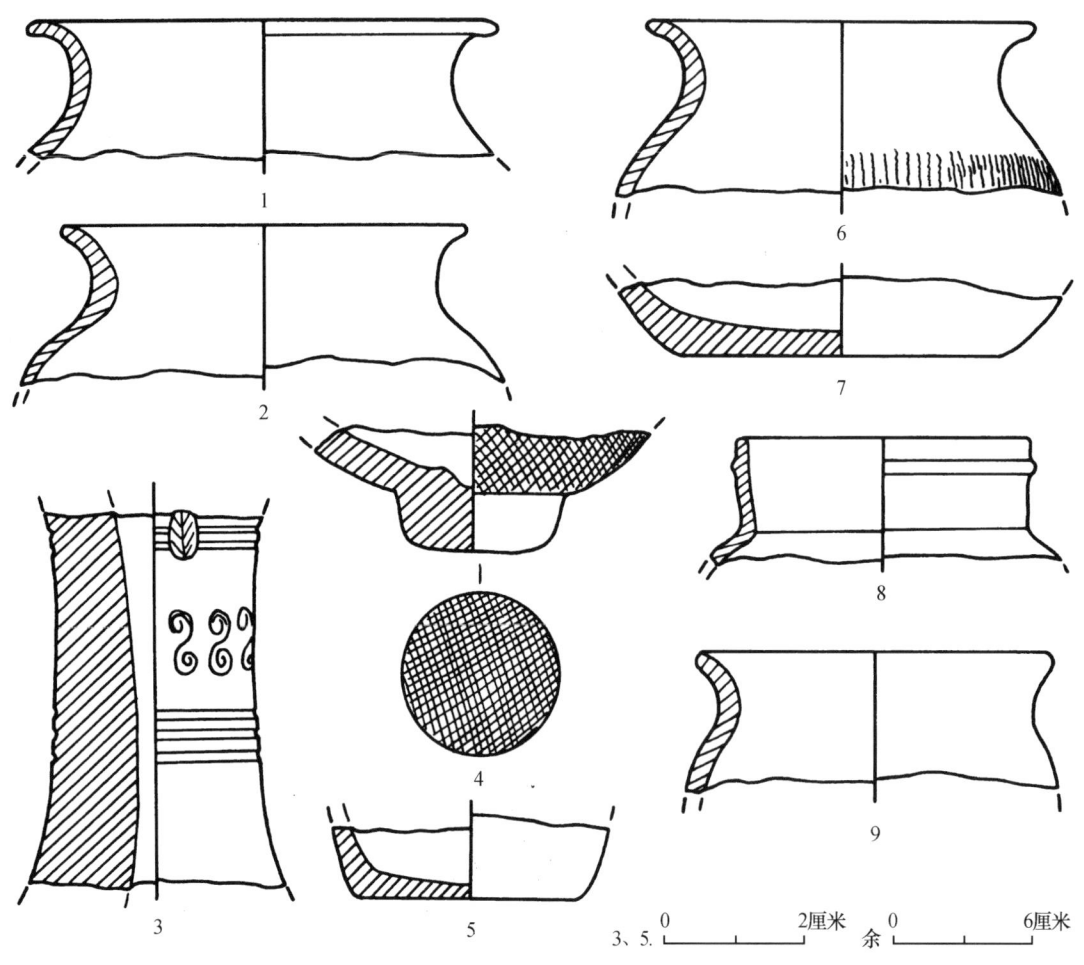

图五八　A 区 H13 出土陶器

1、2、6、8、9. 罐（AH13：6、AH13：7、AH13：1、AH13：9、AH13：8）　3. 豆柄（AH13：17）　4、5、7. 器底（AH13：16、
AH13：10、AH13：11）

陶器底　3件。标本 AH13：16，系缸底。夹粗砂黄褐陶。饼形尖底，胎厚重，外表饰菱形方格纹。底径 6.6、胎厚 1.2、底胎厚 2.9 厘米（图五八，4）。标本 AH13：10，杯底。斜壁，平底。底径 3.2、残高 1.2 厘米（图五八，5）。标本 AH13：11，夹细砂黑陶。斜壁，平底，胎较厚。底径 9.5、残高 3.3 厘米（图五八，7）。

动物骨骼　仅发现鳡鱼骨骼。标本 AH13：3，鳡鱼左下咽骨。保存较好（图四七，8；图版一七，9）。

陶豆柄　1件（AH13：17）。粗泥黑陶。中段略细，内空，器胎显得特别厚重。上端饰两道凹弦纹，弦纹上贴泥饼状叶脉纹，中段饰压印"S"形纹，下端饰三道凹弦纹。残高 5.5、粗径 2.8 ～

3.2厘米（图三八，14；图五八，3）。

⑨ AH14

AH14位于AT41探方东北角，开口在①层下，打破生土。平面呈不规则形，斜壁，斜底。北面被近代坑打破。残长1.6、深0.3米（图五九）。坑内堆积为夹细砂红褐色土，包含物有陶片、石锛和动物骨骼。

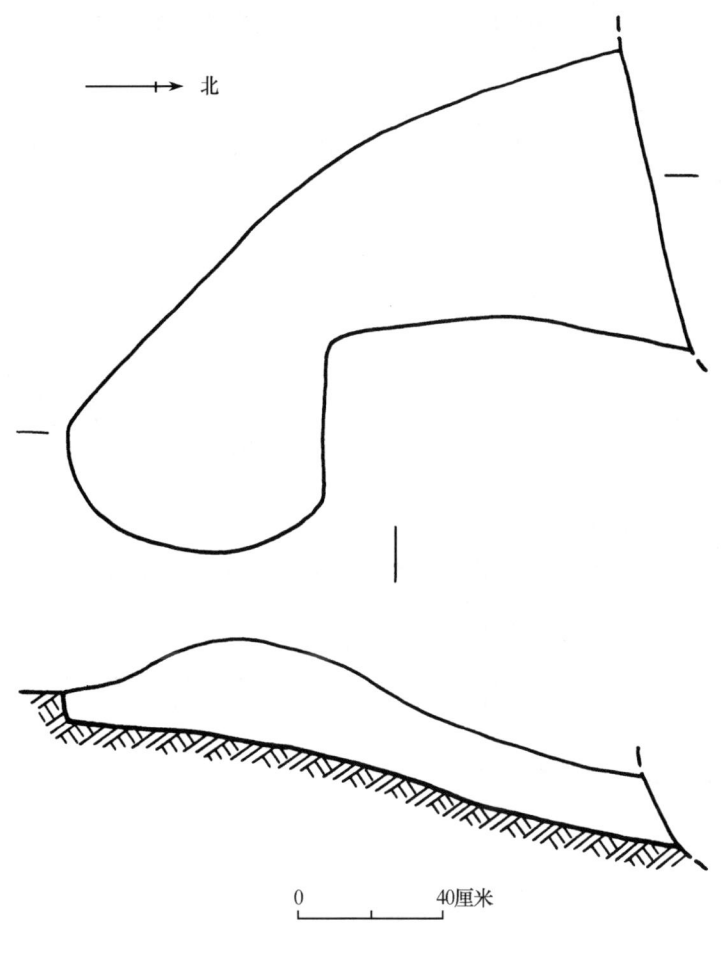

图五九　A区H14平、剖面图

陶片共32片。其中，泥质陶27片，占陶片总数的84.37%；夹砂陶5片，占陶片总数的15.63%。黑陶15片，红褐陶4片，灰褐陶4片，橙红陶3片，灰陶5片，红陶1片，分别占陶片总数的46.88%、12.50%、12.50%、9.38%、15.63%、3.13%。

陶片纹饰有绳纹、凹弦纹和压印纹三种，分别占陶片总数的28.13%、6.25%、6.25%（图三八，2）。

陶器器类有罐和器底，其中罐占80%，器底占20%。陶器复原1件。另发现石锛2件。

陶罐　4件。标本AH14：2，粗泥黑陶。复原完整。敛口，卷沿，圆唇，球形腹，圜底。颈以下饰交错绳纹，颈部绳纹抹光，但有隐约可见的绳纹痕迹。口径13.2、高18.3、最大腹径18.6厘米（图六〇，5；彩版五，1；图版一〇，3）。标本AH14：15，夹细砂灰褐陶。敛口，折沿，圆唇。肩部饰绳纹。口径13.2、残高5.1厘米（图六〇，4）。标本AH14：16，夹细砂红褐陶。口微侈，圆唇，唇外有一道凸棱。口径12.2、残高4.6厘米（图六〇，2）。

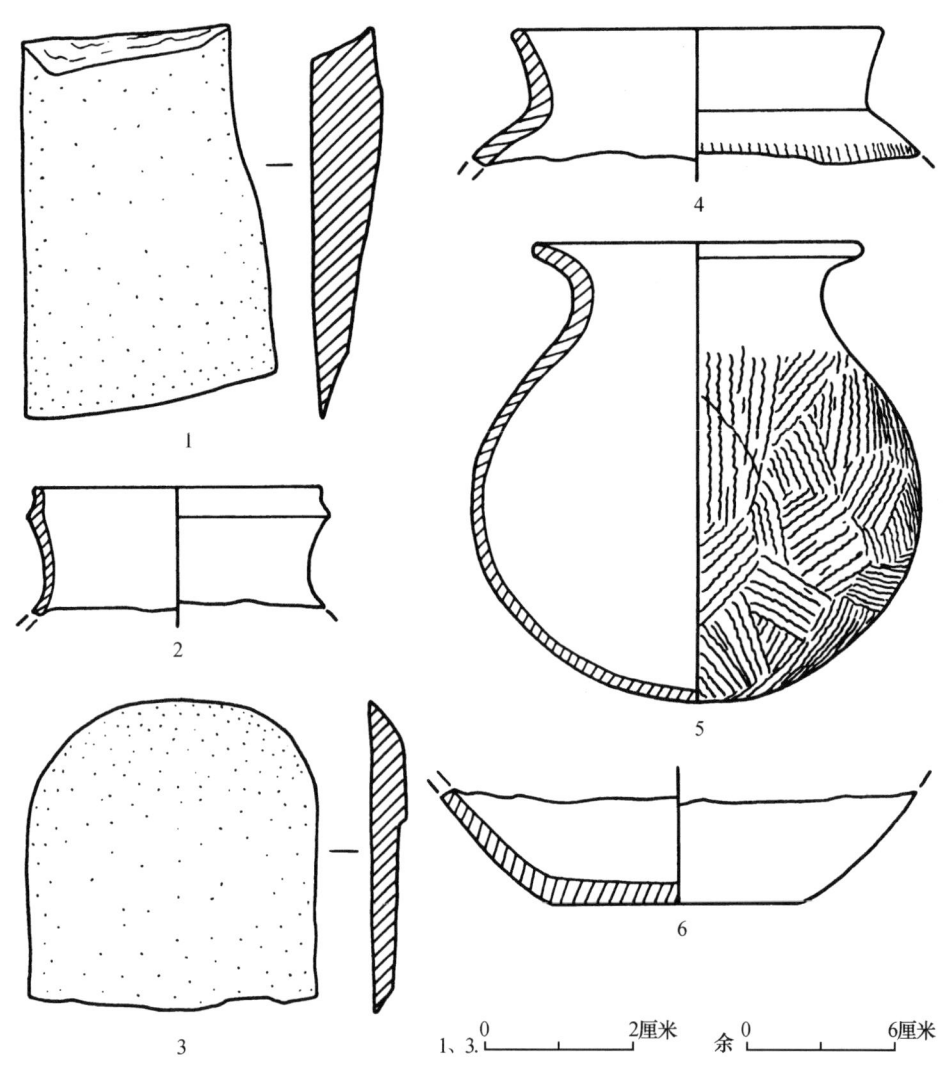

图六〇　A区H14出土器物

1、3. 石锛（AH14：1、AH14：14）　　2、4、5. 陶罐（AH14：16、AH14：15、AH14：2）　　6. 陶器底（AH14：17）

陶器底　1件（AH14：17）。粗泥灰陶。斜壁，平底。底径10.2、残高4.4厘米（图六〇，6）。

石锛　2件。标本AH14：1，长石斑岩。青灰色。硬度5°～6°。正面磨制，背面打制。平面略呈梯形，微弧刃，平顶。长5.2、刃部宽3.5、顶宽2.9、顶端厚0.8厘米（图六〇，1）。标本AH14：14，长石砂岩。棕褐色。磨制。正面较平，背面有段，直刃，弧顶。长4.2、宽4、厚0.4厘米（图六〇，3；图版一三，5）。

动物骨骼　动物骨骼种类有中华鲟、草鱼、家山羊。标本AH14：3，中华鲟背鳞片。标本AH14：4，中华鲟侧鳞片。标本AH14：8，草鱼左下咽骨。标本AH14：6，家山羊左肩胛骨。标本AH14：7，病变瘤状骨。

⑩ AH15

AH15位于AT41探方东北部和AT42探方西北部。开口在①层下，打破生土。平面呈不规则形，直壁，斜底。大部分叠压在东隔梁和北隔梁内。残长2.5、深0.48米（图六一）。坑内堆积为夹细砂红褐色黏土，较松软，包含物有烧土块及陶片，以及部分动物骨骼。

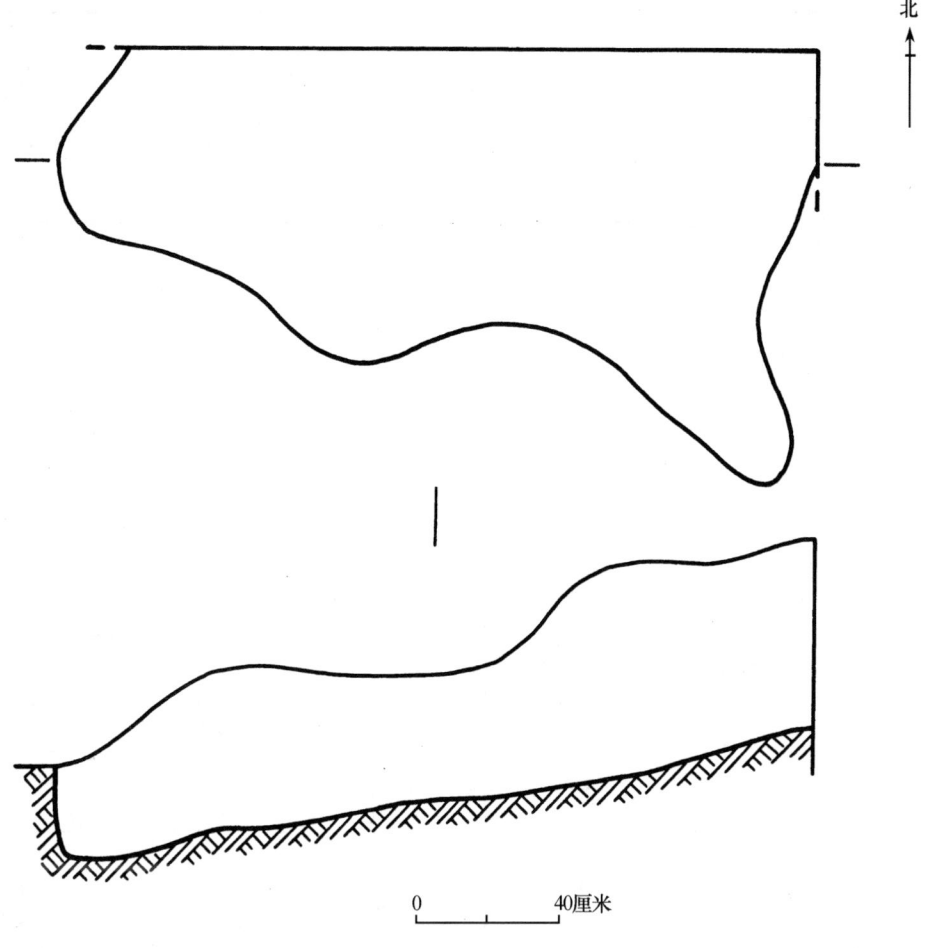

北

0   40厘米

图六一　A 区 H15 平、剖面图

陶片共 190 片。其中，泥质陶 168 片，占陶片总数的 88.41%；夹砂陶 22 片，占陶片总数的 11.59 %。黑陶 72 片，红褐陶 40 片，褐陶 20 片，灰褐陶 18 片，灰陶 9 片，深灰陶 29 片，红陶 2 片，分别占陶片总数的 37.91%、21.06%、10.52%、9.47%、4.73%、15.26%、1.05%。

陶片纹饰种类较多，有绳纹、弦纹、方格纹、叶脉纹、"S"形纹、菱形纹、戳印纹等（图三九），分别占陶片总数的 18.95%、9.48%、1.58%、1.58%、3.16%、4.21%、0.53%。

陶器器类较多，有罐、杯、钵、壶、纺轮，另有石斧及石片石器，共 30 件。

陶罐　17 件。标本 AH15:15，夹细砂褐陶。大口，略侈，圆唇。口径 21.4、残高 9 厘米（图六二，1）。标本 AH5:23，细泥灰陶。直口，圆唇外凸，鼓肩，壁内收，底部已残。肩部饰两道凹弦纹。口径 16.8、残高 8.6 厘米（图六二，2）。标本 AH15:19，粗泥黑陶。敛口，卷沿，圆唇。肩部饰绳纹，颈部绳纹抹光。口径 12.6、残高 4.3 厘米（图六二，5）。标本 AH15:28，粗泥褐陶。敛口，卷沿，尖唇。口径 12、残高 4.2 厘米（图六二，9）。标本 AH15:13，夹细砂灰褐陶。广肩，卷沿，圆唇。肩部饰绳纹，颈部绳纹抹光。口径 18.6、残高 6.4 厘米（图六二，10；图版一〇，6）。标本 AH15:20，粗泥红褐陶。鼓肩，直口略侈，圆唇。口径 11.4、残高 5.2 厘米（图六二，12）。标本 AH15:14，粗泥红褐陶。溜肩，敛口，卷沿，圆唇。口径 11、残高 5.4 厘米（图六二，13）。标本 AH15:29，细泥黑陶。广肩，敛口，折沿，尖圆唇，沿面略凹。口径 12、残高 7 厘米（图六二，14）。

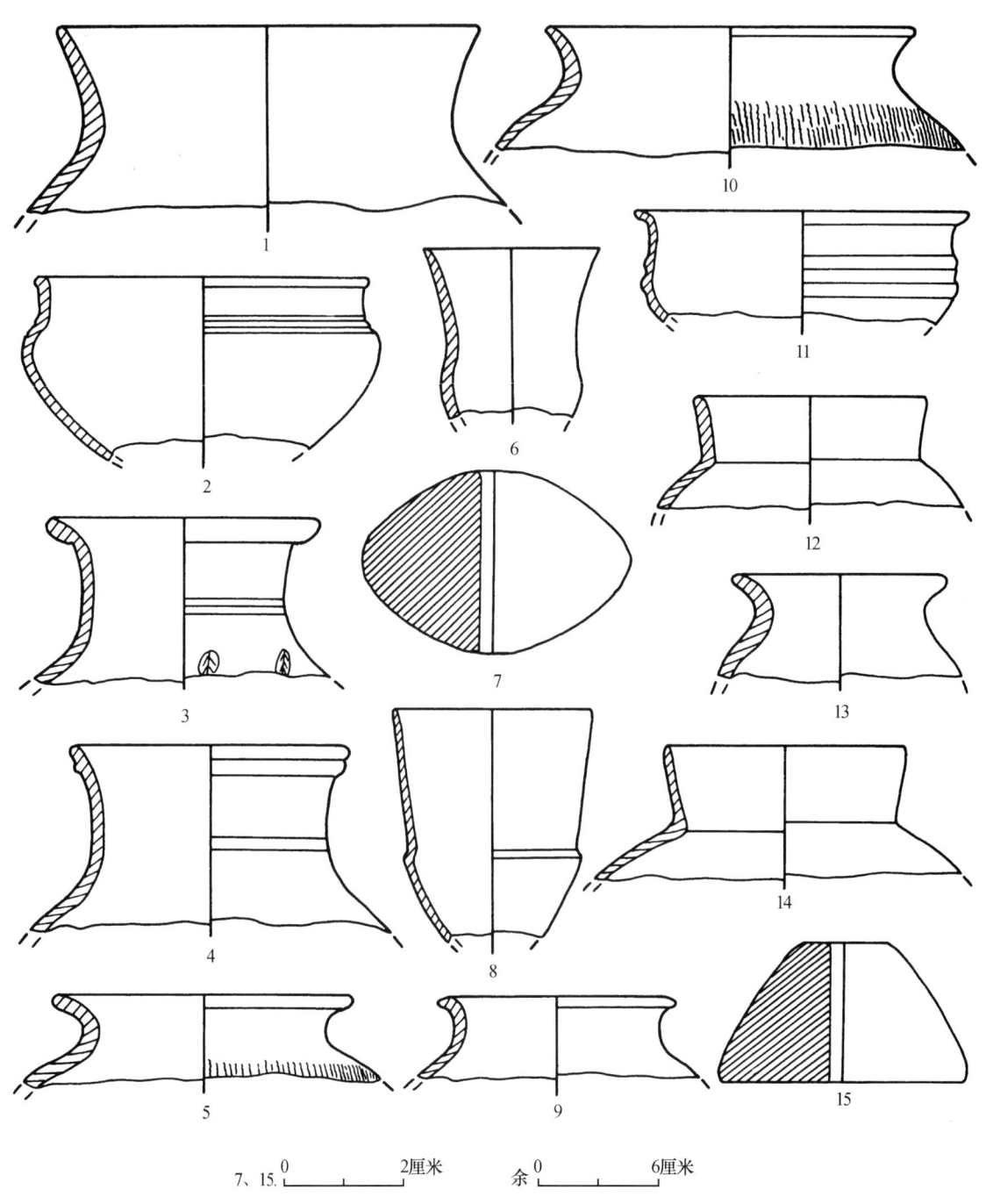

图六二　A 区 H15 出土陶器

1、2、5、9、10、12 ~ 14. 罐（AH15：15、AH15：23、AH15：19、AH15：28、AH15：13、AH15：20、AH15：14、AH15：29）　3、4. 壶
（AH15：33、AH15：34）　6、8. 杯（AH15：31、AH15：30）　7、15. 纺轮（AH15：1、AH15：2）　11. 钵（AH15：32）

　　陶壶　3 件。标本 AH15：33，粗泥灰陶。高领，口略侈，厚圆唇，唇外微鼓。颈部饰三道凹弦
纹，肩部饰一周叶脉纹。口径 12.9、残高 8.4 厘米（图六二，3）。标本 AH15：34，细泥深灰陶。
高领，口略侈，圆唇外凸。颈部饰两道凹弦纹。口径 13.7、残高 9 厘米（图六二，4）。

　　陶杯　3 件。标本 AH15：31，细泥深灰陶。底残。胎较薄，小鼓腹，大口外侈，尖唇。口径 9、
残高 7.9 厘米（图六二，6）。标本 AH15：30，细泥灰陶。底已残。斜壁，折腹，侈口，圆唇。口径
9.9、残高 11.3 厘米（图六二，8）。

陶钵 1件（AH15:32）。细泥深灰陶。胎较薄，弧腹，口微敛，宽折沿，尖唇。腹部饰两道凸弦纹。口径16.2、残高5.4厘米（图六二，11）。

陶纺轮 2件。标本AH15:1，粗泥灰陶。算珠形。直径4.5、厚3、孔径0.5厘米（图六二，7；图版一二，1）。标本AH15:2，细泥黑陶。上细下粗，剖面略呈梯形。底径4.2、顶径1.4、高2.3、孔径0.5厘米（图六二，15）。

石斧 1件（AH15:11）。斜长斑岩。青绿色。硬度5°~6°。已残。打制。弧刃。残长8.1、宽7.7、厚2厘米（图六三，2）。

石片石器 1件（AH15:12）。花岗岩。棕红色。硬度5°~6°。打制。平面略呈三角形。周边有明显的打击点、锥疤和放射线。刃部有使用磨痕和残破痕迹。长8.2、宽8.4厘米（图六三，1；图版一三，4）。

动物骨骼 动物种类有草鱼。标本AH15:7，草鱼左下咽骨。标本AH15:8，草鱼椎骨。

⑪ AH17

AH17位于AT37探方中部。开口在①层下，打破生土。较规整，平面圆形，斜壁，平底。口径1.3、深0.73米（图六四）。坑内堆积分为①、②两层：①层为黄褐色黏土，②层为黑褐色沙土。包含物有陶片、石器、骨器和玉器。

陶片共112片。其中，泥质陶107片，占陶片总数的95.54%；夹砂陶甚少，仅5片，占陶片总数的4.46%。红褐陶36片，黑陶28片，灰褐陶29片，灰陶14片，黑褐陶5片，分别占陶片总数的32.14%、25.00%、25.90%、12.50%、4.46%。

陶片纹饰有绳纹、凹弦纹、方格纹、泡泡纹、叶脉纹（图三六、图三七），分别占陶片总数的18.75%、14.29%、1.79%、0.89%、0.89%。泡泡纹是新发现的一种纹饰。

陶器器类有罐、钵、杯、勺、圈足、器底、纺轮、祖形器等共27件，有2件完整，3件复原完整。其中罐最多，占陶器总数的44.45%，杯占陶器总数的11.12%，圈足占陶器总数的7.4%，钵占陶器总数的18.53%，纺轮占陶器总数的7.4%，其余器类各占陶器总数的3.7%。

石器器类有石拍、石斧、石镰，骨器主要是骨锥，玉器为玉片。

陶罐 12件。标本AH17:41，夹细砂黑褐陶。矮领，侈口，圆唇。口径18、残高5.8厘米（图六五，1）。标本AH17:4，粗泥红褐陶。敛口，卷沿，尖唇。口径16.8、残高6厘米（图六五，2）。标本AH17:15，粗泥灰褐陶。复原完整。矮领，口略侈，卷沿，圆唇，溜肩，球形腹，圜底。肩部以下饰泡泡纹。口径12.6、高14.8、最大腹径15.8厘米（图三六，6；图六五，3；彩版五，2；图版一〇，1）。标本AH17:6，夹细砂黑褐陶。复原完整。敛口，卷沿，尖唇，溜肩，鼓腹，圜底。肩部以下饰绳纹，颈部绳纹抹光。口径9、高13.5、最大腹径15.5厘米（图六五，5；彩版五，3；图版一〇，2）。标本AH17:3，粗泥红褐陶。矮领，折沿，口略侈，圆唇。口径12.6、残高5.4厘米（图六五，8）。标本AH17:42，粗泥红褐陶。敛口，窄卷沿，尖唇。上腹部饰一道凹弦纹。口径13.2、残高3.6厘米（图六五，10）。标本AH17:43，粗泥黑陶。敛口，宽折沿，尖唇。口径15、残高3.6厘米（图六五，11）。标本AH17:39，粗泥灰褐陶。敛口，卷沿，圆唇，沿胎较厚。肩部以下饰绳纹，颈部绳纹抹光。口径15.6、残高3.8厘米（图六五，14）。

陶勺 1件（AH17:12）。细泥灰陶。勺面呈椭圆形，勺柄横剖面呈半圆形。长4.6、勺面宽1.8厘米（图六五，4）。

陶杯 3件。标本AH17:46，折肩，弧壁，尖底。肩上有两个对称的泥突。肩径7.2、残高7厘米（图六五，6）。标本AH17:11，粗泥灰陶。折肩，弧壁，尖底。肩部饰一道凹弦纹。肩径

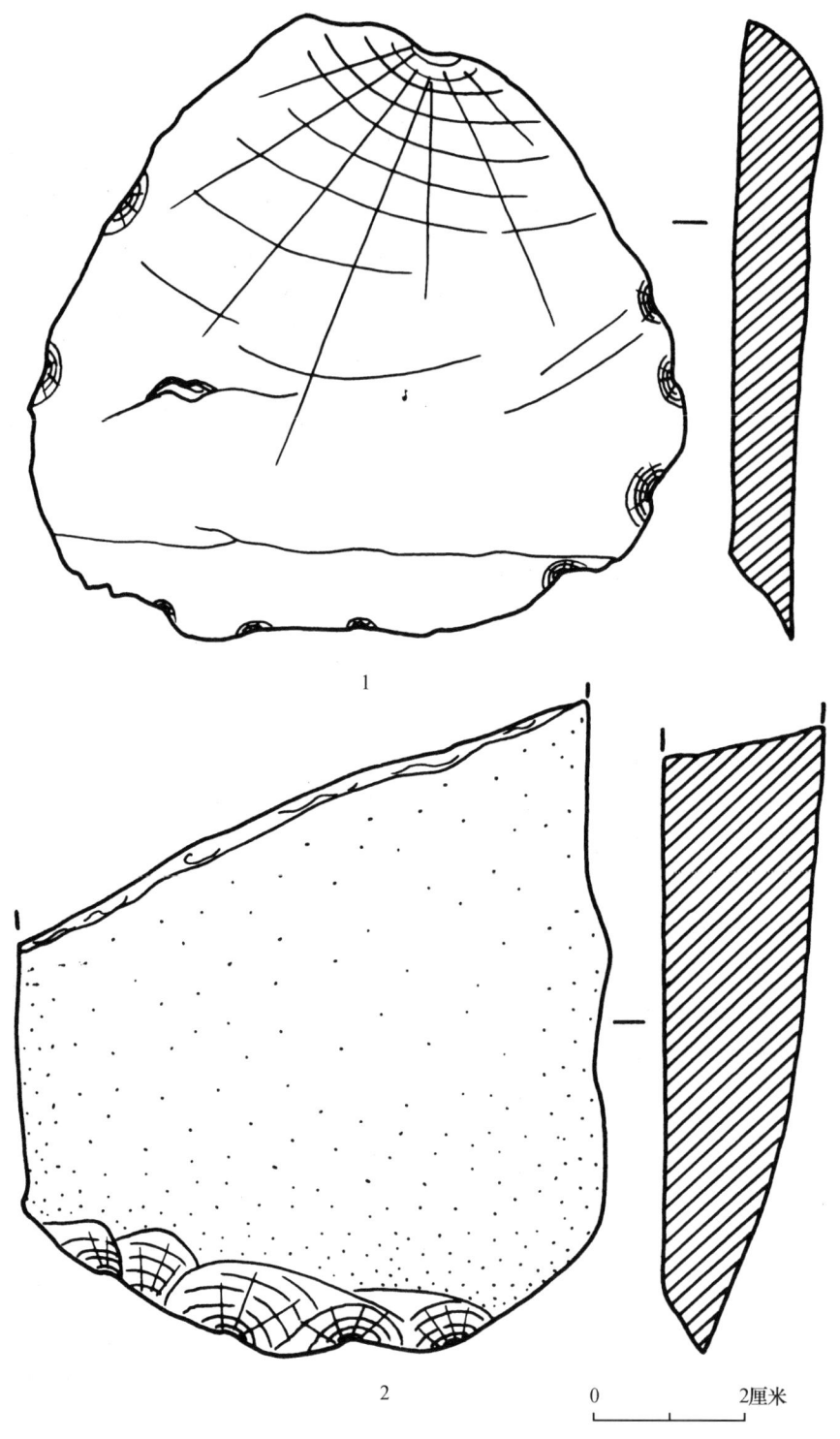

图六三　A 区 H15 出土石器
1. 石片（AH15∶12）　　2. 斧（AH15∶11）

9.9、残高 9 厘米（图六五，12）。

　　陶钵　5 件。标本 AH17∶16，细泥灰陶。复原完整。敛口，圆唇，弧壁，平底。口径 13.2、高
9 厘米（图六五，13）。标本 AH17∶45，粗泥灰陶。敛口，圆唇略外凸。口径 15、残高 9.9 厘米

（图六五，17）。标本 AH17:44，粗泥红褐陶。口微敛，折沿略侈，圆唇，弧壁。口径16.2、残高9厘米（图六五，18）。

陶器底　1件（AH17:47）。粗泥红褐陶。斜壁，平底，胎较厚。底径11.5、残高4.5厘米（图六五，9）。

陶圈足　2件。标本 AH17:13，粗泥红褐陶。呈喇叭状。圈足径12、残高7.8厘米（图六五，7；图版一一，2）。

陶纺轮　2件。标本 AH17:1，粗泥灰褐陶。上粗下细，平面略呈梯形。底面径3.8、顶面径2.8、厚2厘米（图六五，15；彩版五，4；图版一二，2）。标本 AH17:9，粗泥灰褐陶。圆饼形，边沿略鼓呈弧形。直径3.6、厚0.5厘米（图六五，19；图版一二，3）。

陶祖形器　1件（AH17:2）。细泥灰陶。呈龟头形，顶端圆形，下端较粗，中段有两道凹槽，中间穿孔，但顶端未穿透。顶端直径2、下端直径2.6、残长3.4厘米（图六五，16；图版一一，4）。

石拍　1件（AH17:14）。硅质灰岩。青灰色。硬度5°~6°。系自然石直接使用。侧面呈三角形，拍面呈椭圆形，且较光滑。长径3、高3.3厘米（图六六，1；图版一二，5）。

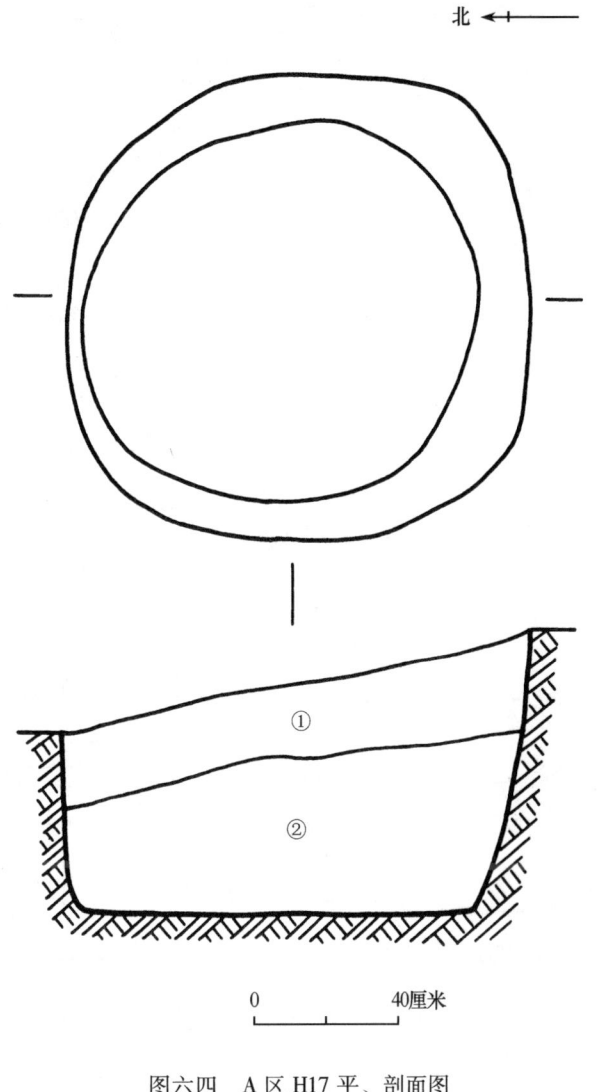

图六四　A 区 H17 平、剖面图

石斧　1件（AH17:37）。硅质泥岩。棕黄色。硬度6.5°。完整。平面呈鞋底形。中段稍窄，下段稍宽，弧刃，弧顶，磨制。长9、下段宽4.4厘米（图六六，2）。

石镰　1件（AH17:38）。辉绿岩。灰绿色。打制。完整。略呈半月形。刃部有使用缺痕。长12.4、宽5.8厘米（图六六，8；图版一二，4）。

玉饼　1件（AH17:10）。青玉。青灰色。硬度5°~7°。圆饼形，特别薄。直径2、厚0.2厘米（图六六，6）。

骨锥　4件。标本 AH17:48，系动物肢骨磨制而成。扁平状，一端稍残。横剖面呈长方形，两端呈锥状。残长12.4、中间宽2.4厘米（图六六，7；图版一四，1）。标本 AH17:49，系动物肢骨磨制而成。呈圆锥状。长8、粗径0.8厘米（图六六，3；图版一四，2）。标本 AH17:50，系动物肢骨磨制而成。已残。圆锥状。残长5厘米（图六六，4；图版一四，5）。标本 AH17:51，系动物肢骨磨制而成。已残。圆锥状。残长7.5厘米（图六六，5；图版一四，4）。

动物骨骼　动物种类有中华倒刺鲃、青鱼、草鱼、黄颡鱼、中华鲟、南方大口鲶、矛蚌、黄喉水龟、狗、家山羊等。标本 AH17:17-1，中华倒刺鲃右下咽骨（图四七，7；图版一七，1）。标本 AH17:17-2、AH17:17-3，中华倒刺鲃椎骨（图四七，2；图版一七，7）。标本 AH17:23-1，青鱼左

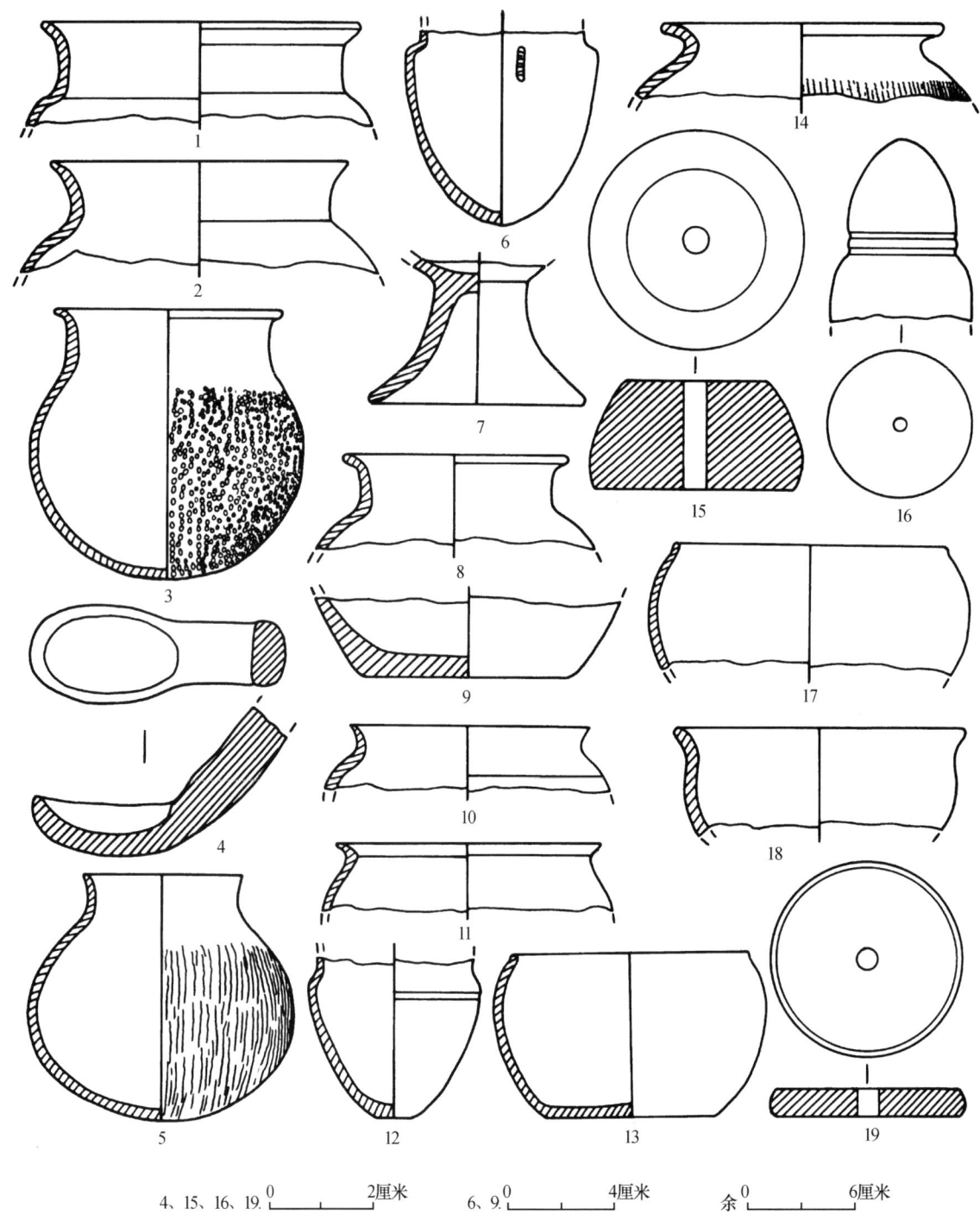

4、15、16、19. 0 —— 2厘米　　6、9. 0 —— 4厘米　　余 0 —— 6厘米

图六五　A区H17出土陶器

1～3、5、8、10、11、14. 罐（AH17：41、AH17：4、AH17：15、AH17：6、AH17：3、AH17：42、AH17：43、AH17：39）　4. 勺
（AH17：12）　6、12. 杯（AH17：46、AH17：11）　7. 圈足（AH17：13）　9. 器底（AH17：47）　13、17、18. 钵（AH17：16、
　　　AH17：45、AH17：44）　15、19. 纺轮（AH17：1、AH17：9）　16. 祖形器（AH17：2）

下咽骨（彩版五三，5；图版一五，6）。标本 AH17：23-12，青鱼左前鳃盖骨（图版一五，4）。标本
AH17：20-2，青鱼左胸鳍（彩版五三，1；图版一五，1）。标本 AH17：22-9，草鱼左鳃盖骨（彩版
五三，6；图版一五，5）。标本 AH17：22-1，草鱼椎骨（图版一六，7）。标本 AH17：18-1，黄颡鱼

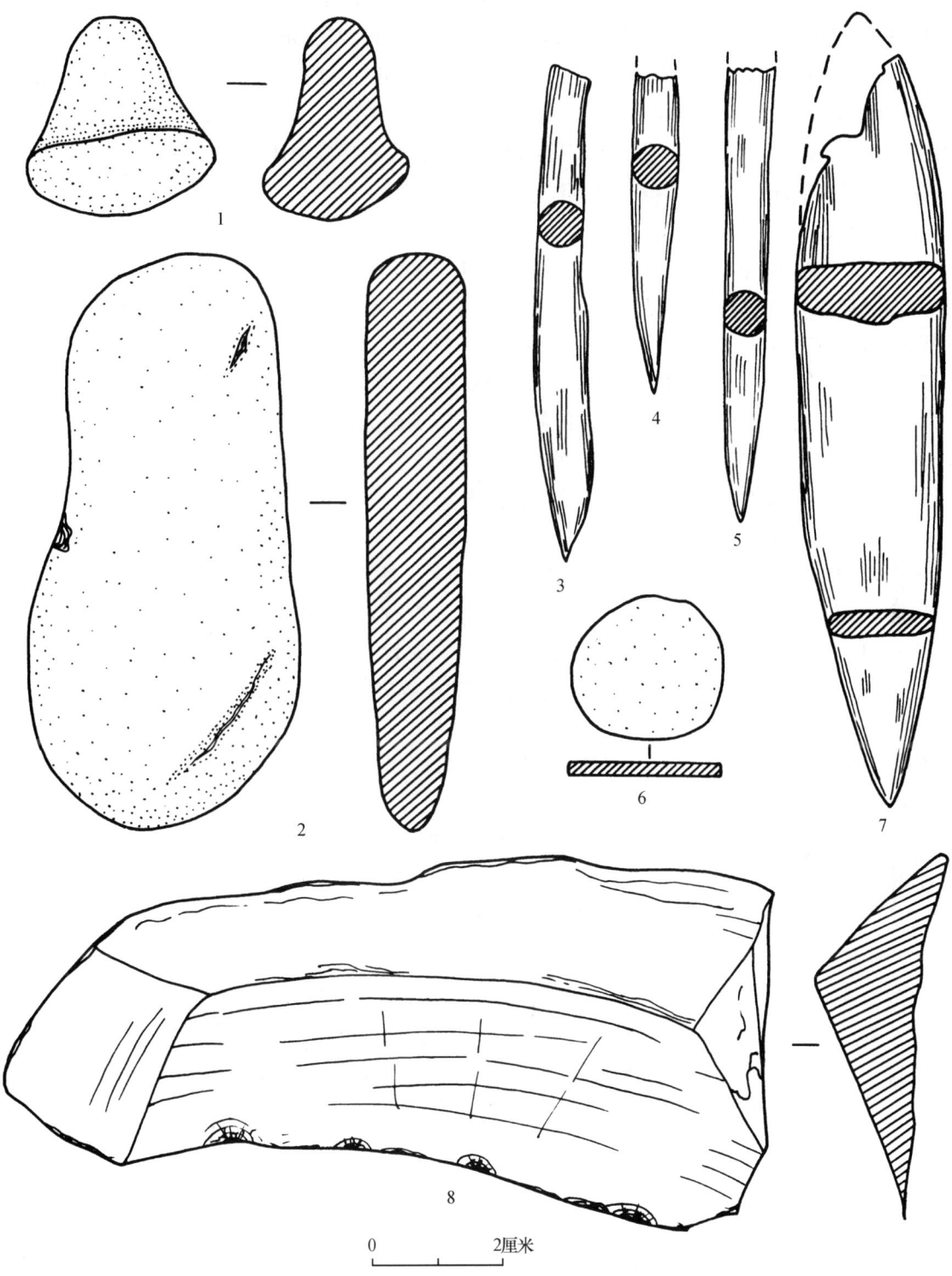

图六六　A 区 H17 出土石器、骨器、玉器

1. 石拍（AH17∶14）　　2. 石斧（AH17∶37）　　3～5、7. 骨锥（AH17∶49、AH17∶50、AH17∶51、AH17∶48）

6. 玉饼（AH17∶10）　　8. 石镰（AH17∶38）

胸鳍（图版一七，4）。标本 AH17：21-6，中华鲟背甲。标本 AH17：21-10，中华鲟侧鳞甲。标本 AH17：21-1，南方大口鲶下颌骨（图版一六，5）。标本 AH17：25，矛蚌左壳（图版一六，1）。标本 AH17：26-1，黄喉水龟腹甲，背面有 9 个占卜灼窝（彩版五三，2；图版一五，2）。标本 AH17：26-2，黄喉水龟腹甲，背面有 15 个占卜灼窝（图四七，3）。标本 AH17：27-1，狗头骨（图四六，2；彩版五三，4；图版一七，5）。标本 AH17：29，狗右胫骨。标本 AH17：30，家山羊左肱骨。标本 AH17：32，家山羊右胫骨。标本 AH17：33，家山羊左股骨。

⑫ AH18

AH18 位于 AT34 探方西部，开口在⑤层下，打破⑥层。坑口平面呈椭圆形，直壁，斜底。部分叠压在西隔梁内。口径 1.8、深 1.72 米（图六七）。坑内堆积为夹砂灰黑色土，较疏松，与坑壁自然脱落，包含物有陶片、石锛等。

陶片共 30 片，多为泥质陶，占陶片总数的 93.33%；夹砂陶特别少，占陶片总数的 6.67%。黑陶和灰褐陶居多，各 8 片，灰陶 7 片，红陶 4 片，橙黄陶 2 片，红褐陶 1 片，分别占陶片总数的 26.67%、26.67%、23.33%、13.33%、6.67%、3.33%。

陶片纹饰有绳纹、压印纹、凹弦纹（图三八，13），分别占陶片总数的 20.00%、10.00%、6.67%。

陶器器类有罐、壶、盖钮等。石器有石锛、刮削器。铜器有饰件 1 件。

陶罐　4 件。标本 AH18：5，粗泥灰褐陶。敛口，折沿外侈，尖圆唇。口径 16.2、残高 6 厘米（图六八，1）。标本 AH18：6，夹细砂灰褐陶。侈口，尖唇，唇外一道凸棱。口径 21、残高 5.6 厘米（图六八，3）。标本 AH18：8，粗泥橙黄陶。束颈，敛口，卷沿，圆唇。口径 15、残高 6.9 厘米（图六八，4）。

陶壶　1 件（AH18：7）。细泥红褐陶。高领，直口，宽沿外折，圆唇。领部两道细凹弦纹。口径 13.5、残高 9.6 厘米（图六八，6）。

陶盖钮　1 件（AH18：9）。已残。细泥灰陶。杯形状，内空较深，圆唇，弧壁。钮径 6、残高 7.2 厘米（图六八，5）。

石锛　1 件（AH18：3）。斜长斑岩。绿色。硬度 5°～6°。顶端已残。磨制。平面呈长方形，刃略斜。刃部有使用缺痕。残长 4.5、宽 3.3、厚 0.4 厘米（图六八，7）。

石片石器　1 件（AH18：2）。斜长斑岩。绿色。系砾石打下的石片。不规则状。一侧面呈圆弧状，其余部位均有利刃，可以刮削用。刃部并有使用磨蚀痕和缺痕。长 5.8 厘米（图六八，8）。

铜饰　1 件（AH18：1）。已严重锈蚀。长条形，一端有帽。长 4、粗径 0.2～0.4 厘米（图六八，2）。

⑬ AH21

AH21 位于 AT43 探方东部和 AT44 探方西部，开口在⑤层下，打破⑥层。因遭破坏，只存底部。坑口呈椭圆形，斜壁，弧底。坑口长径 2.3、短径 1.77、深 0.25 米（图六九）。坑内堆积为灰褐色土，出土陶片较多，并出土有少量动物骨骼。

陶片共 73 片。其中泥质陶 59 片，夹砂陶 14 片，分别占陶片总数的 80.82%、19.18%。黑褐陶 55 片，黑陶 9 片，灰褐陶 7 片，红褐陶 1 片，红陶 1 片，分别占陶片总数的 75.34%、12.33%、9.59%、1.37%、1.37%。

陶器纹饰有绳纹、方格纹、弦纹、"S"形纹（图三八，3、6），分别占陶片总数的 46.58%、4.11%、5.48%、2.74%。

陶器器类有罐、杯、缸和器物圈足等。其中陶罐最多，占陶器总数的 78.95%，次为陶杯，占

北

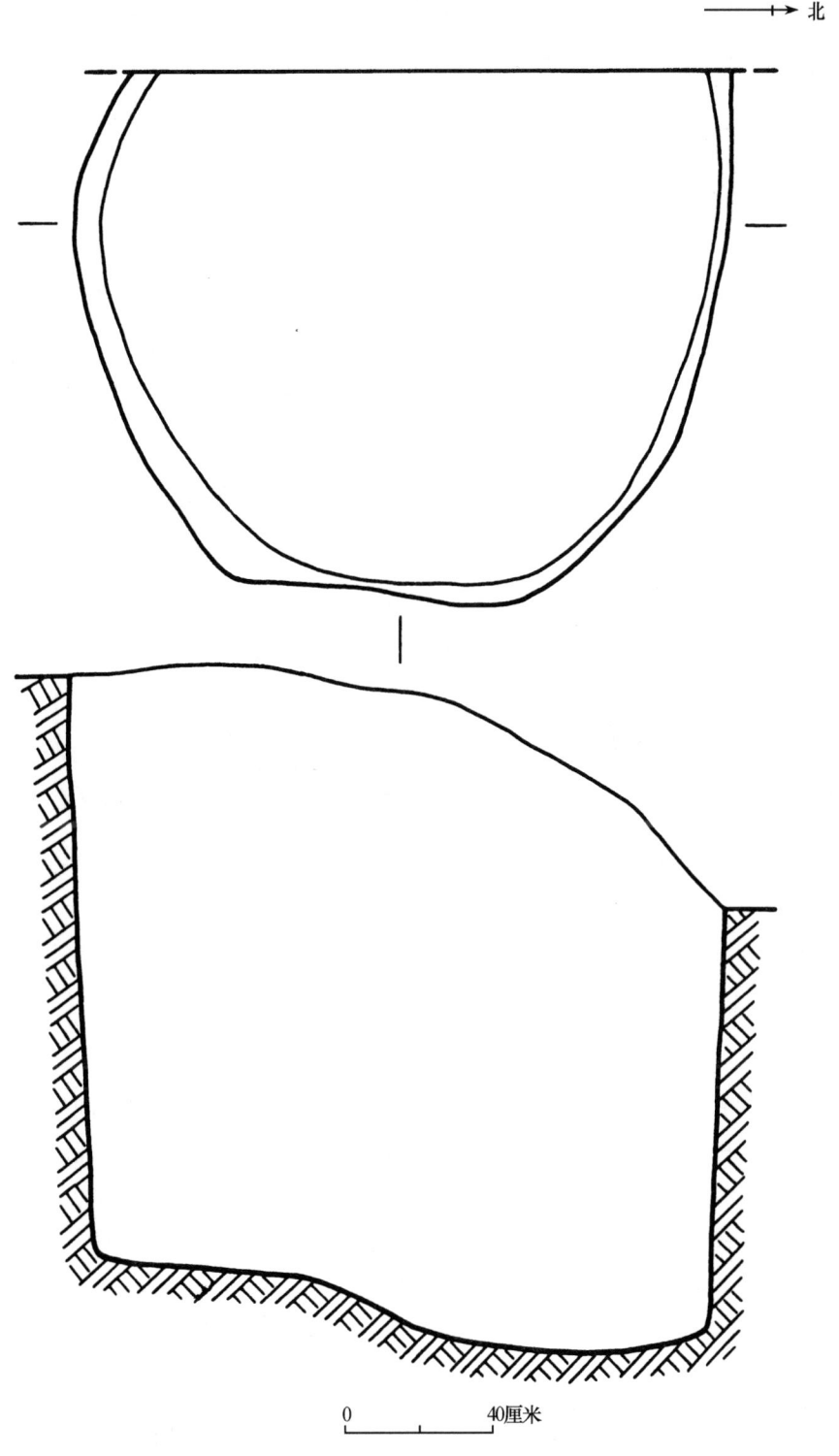

0　　　　40厘米

图六七　Ａ区 H18 平、剖面图

陶器总数的 10.53%。2 件复原完整。

陶罐　15 件。标本 AH21:12，粗泥黑褐陶。溜肩，大口，略侈，圆唇。肩部饰绳纹。口径 16.5、残高 6.2 厘米（图七〇，2）。标本 AH21:9，粗泥黑褐陶。溜肩，大口，折沿，尖圆唇。肩

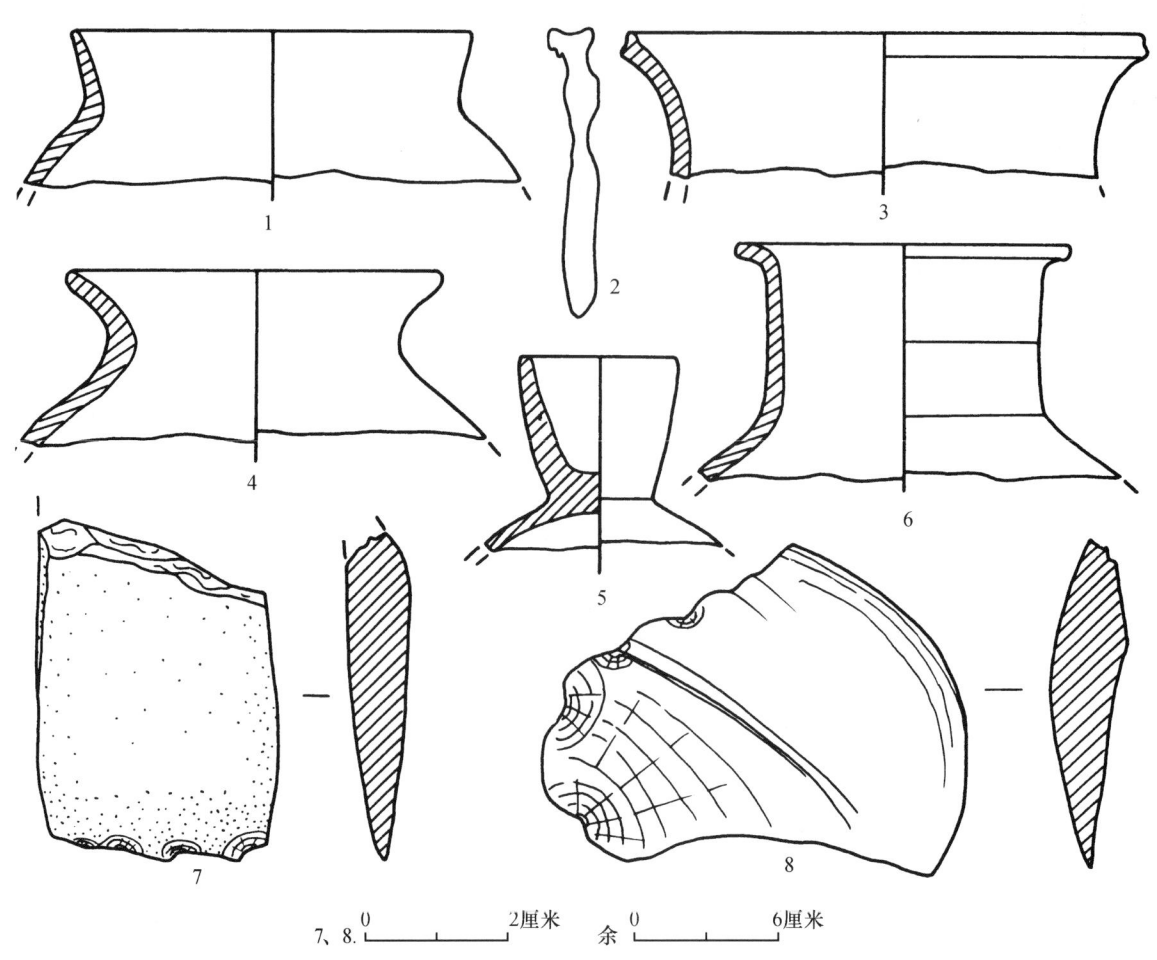

7、8. |—————0——————2厘米—| 余 |—————0——————6厘米—|

图六八 A 区 H18 出土器物

1、3、4. 陶罐（AH18：5、AH18：6、AH18：8） 2. 铜饰（AH18：1） 5. 陶盖钮（AH18：9） 6. 陶壶（AH18：7）

7. 石锛（AH18：3） 8. 石片石器（AH18：2）

部饰绳纹，颈部绳纹抹光。口径 18、残高 6.9 厘米（图七〇，3）。标本 AH21：8，夹细砂黑陶。复原完整。敛口，折沿，球形腹，圜底。器表饰交错绳纹。口径 9.6、高 13.5、最大腹径 14.6 厘米（图七〇，4；图版一〇，4）。标本 AH21：14，粗泥黑褐陶。高领，直口略侈，圆唇外凸。口径 14.6、残高 4.4 厘米（图七〇，6）。标本 AH21：17，细泥黑褐陶。敛口，折沿，圆唇。口径 12.4、残高 4.2 厘米（图七〇，8）。标本 AH21：2，夹细砂黑陶。敛口，卷沿，尖圆唇。肩部饰交错绳纹，颈部绳纹抹光。口径 12、残高 6.4 厘米（图七〇，10）。标本 21：16，粗泥黑褐陶。矮领，口略侈，折沿，圆唇。肩部饰绳纹。口径 15、残高 4.6 厘米（图七〇，12）。

陶杯 2 件。标本 AH21：19，粗泥黑褐陶。已残，仅存颈部和口部。高领，侈口，圆唇，胎较薄。外表饰四组细凹弦纹，每组弦纹由三道细凹弦纹组成，每组弦纹之间饰 "S" 形纹。口径 8、残高 6.6 厘米（图三八，3；图七〇，5）。标本 AH21：20，粗泥红褐陶。复原完整。手捏制。敞口，圆唇，小鼓腹，小平底，胎显得特别厚重。口径 8、高 7.4、腹径 6 厘米（图七〇，9）。

陶缸 1 件（AH21：18）。夹细砂红褐陶。大口略侈，折沿，圆唇，胎较厚。器表饰粗直绳纹。口径 27.5、残高 10.2、胎厚 0.9～1.2 厘米（图七〇，1）。

陶圈足 1 件（AH21：22）。细泥黑褐陶。矮足外撇，圈足根略外凸。圈足径 17.5、残高 5.4

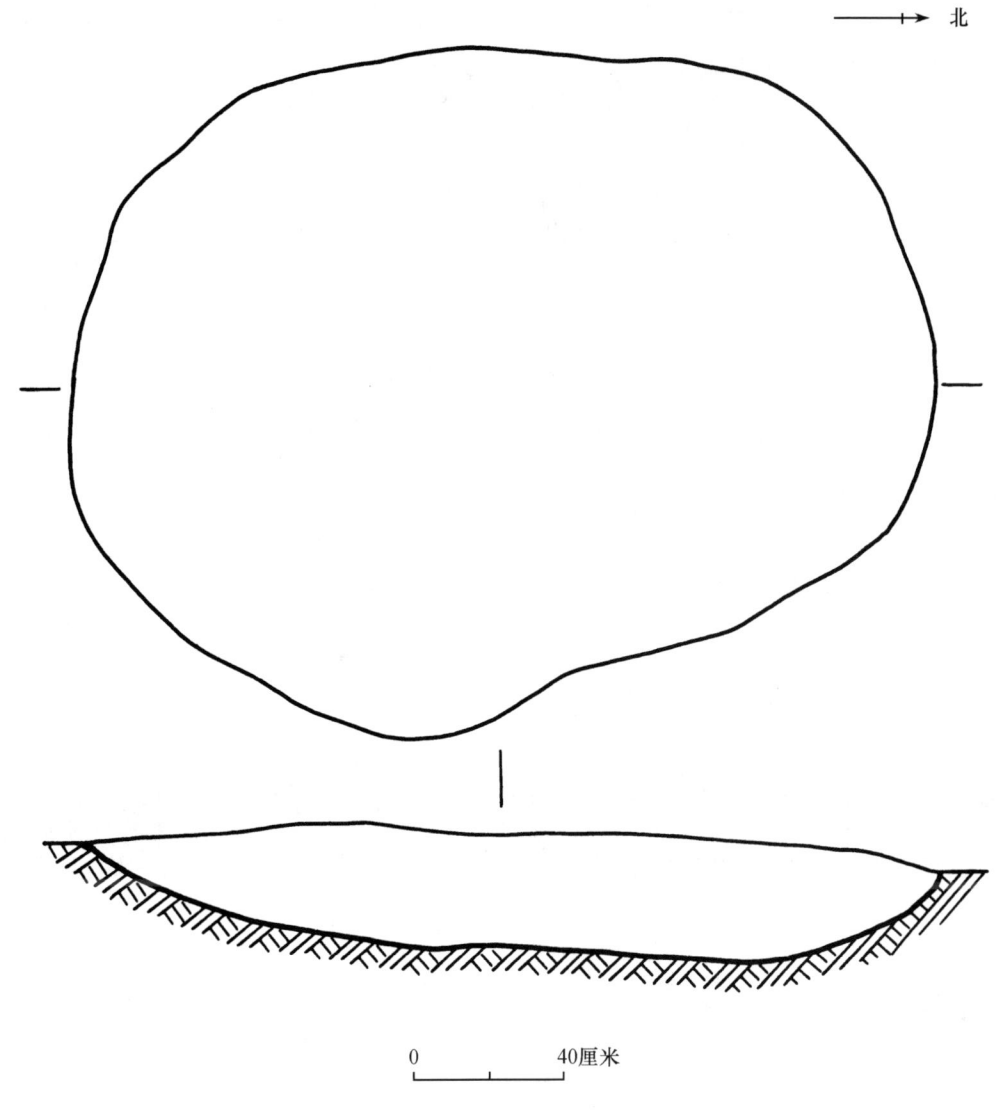

图六九　A 区 H21 平、剖面图

厘米（图七〇，11）。

　　动物骨骼　主要是草鱼骨骼。标本 AH21：7，草鱼左胸鳍。

2. 文化层

　　A 区商代文化层主要分布在 AT19、AT20、AT27、AT28、AT30、AT34、AT43、AT44、AT51 探方内。文化堆积层较薄，一般厚 15～40 厘米，大多依地势南高北低倾斜堆积。

　　① AT19⑤层

　　出土陶片共 13 片。其中泥质陶占陶片总数的 66.92%，夹砂陶占陶片总数的 23.08%。陶色有黑褐陶、红褐陶和灰陶，分别占陶片总数的 53.85%、7.69%、38.46%。陶片纹饰有绳纹和叶脉纹，分别占陶片总数的 46.15%、23.08%。陶器器类仅罐一种。

　　陶罐　4 件。标本 AT19⑤：33，夹细砂黑褐陶。溜肩，大口略侈，圆唇。肩部饰绳纹，颈部绳纹抹光。口径 19.8、残高 7.6 厘米（图七一，1）。标本 AT19⑤：3，夹细砂黑陶。敛口，宽沿外卷，圆唇，沿面呈弧形。肩部饰交错绳纹，颈部绳纹抹光。口径 19.5、残高 4.7 厘米（图七一，2）。标

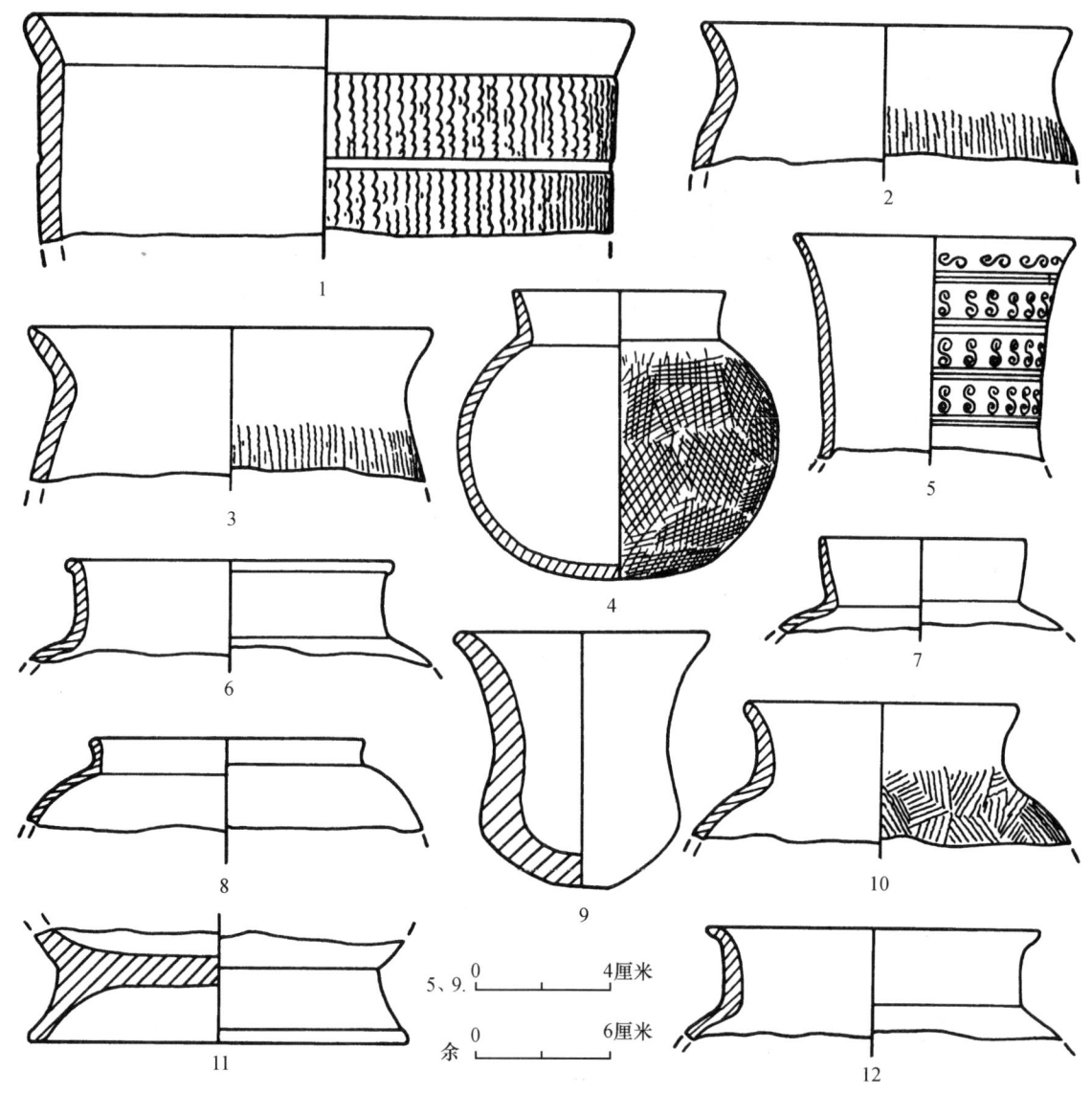

图七〇　A区H21出土陶器

1. 缸（AH21：18）　　2~4、6~8、10、12. 罐（AH21：12、AH21：9、AH21：8、AH21：14、AH21：15、AH21：17、

AH21：2、AH21：16）　　5、9. 杯（AH21：19、AH21：20）　　11. 圈足（AH21：22）

本AT19⑤：4，粗泥黑褐陶。敛口，卷沿，尖圆唇。颈部胎较厚。口径18、残高4.5厘米（图七一，3）。标本AT19⑤：34，粗泥红褐陶。腹微鼓，大口略侈，圆唇。胎较厚。口径15.2、残高10.5、腹径15.6厘米（图七一，5）。

②　AT20⑤层

出土陶片共21片。其中，泥质陶19片，占陶片总数的90.48%；夹砂陶2片，占陶片总数的9.52%。陶片颜色有灰陶、红褐陶、灰褐陶、黑陶，分别占陶片总数的4.76%、23.81%、33.33%、38.10%。陶片纹饰有"S"形纹、绳纹、凹弦纹，分别占陶片总数的4.76%、52.38%、9.52%。陶器器类仅罐一种。另有石片石器一件。

陶罐　7件。标本AT20⑤：4，粗泥灰褐陶。敛口，折沿略侈，圆唇。口径13.6、残高6厘米（图七一，4）。标本AT20⑤：3，粗泥红褐陶。广肩，敛口，折沿外侈，尖圆唇。口径16.8、残高

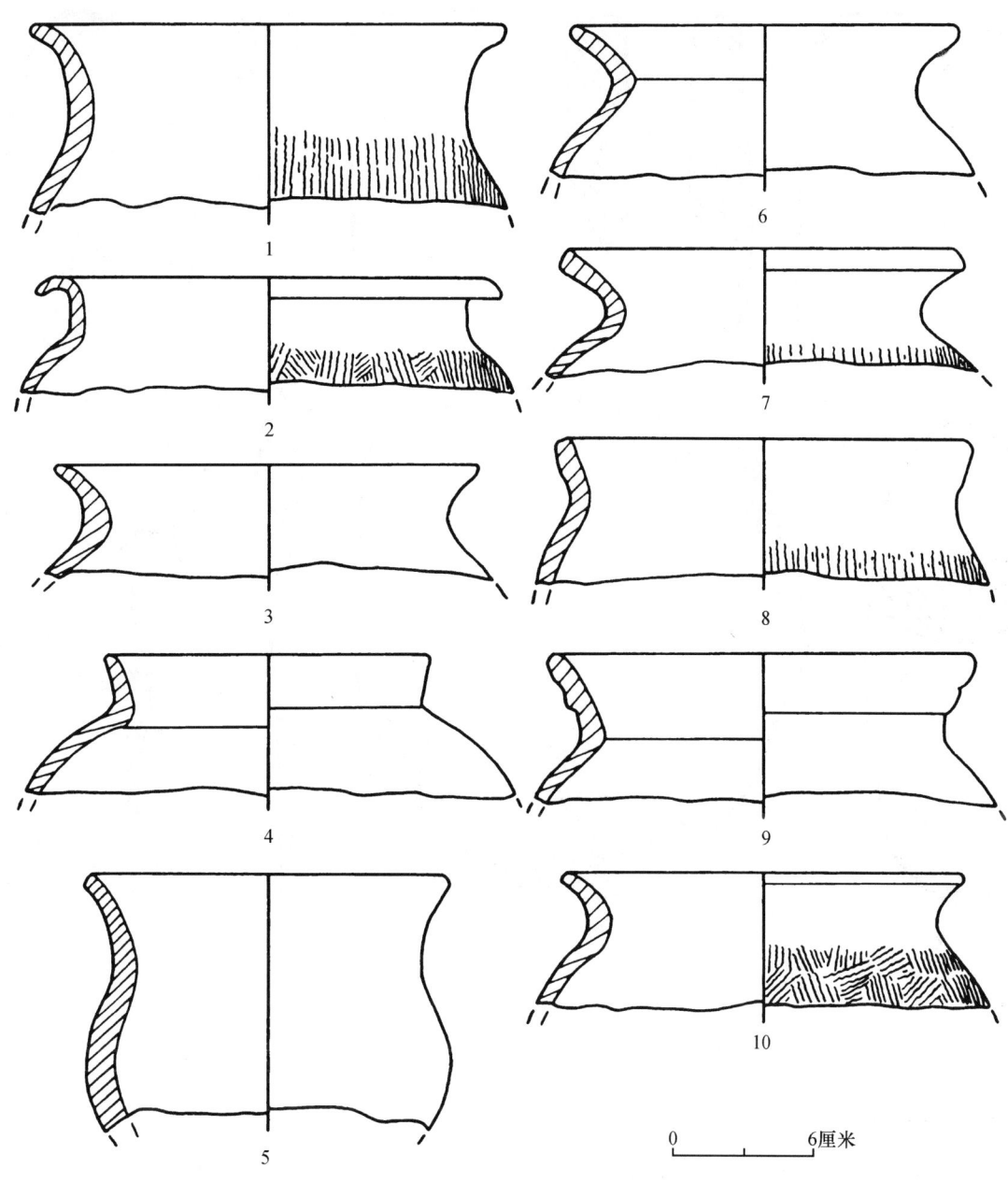

0   6厘米

图七一　A区T19⑤层、T20⑤层出土陶罐

1. AT19⑤:33　2. AT19⑤:3　3. AT19⑤:4　4. AT20⑤:4　5. AT19⑤:34　6. AT20⑤:3　7. AT20⑤:5　8. AT20⑤:2
9. AT20⑤:6　10. AT20⑤:1

6.8厘米（图七一，6）。标本AT20⑤:5，细泥红褐陶。广肩，敛口，宽折沿，方唇。肩部饰绳纹，颈部绳纹抹光。口径17.8、残高5.6厘米（图七一，7）。标本AT20⑤:2，夹细砂灰褐陶。大口略侈，圆唇。肩部饰绳纹。口径18、残高6厘米（图七一，8）。标本AT20⑤:6，细泥灰陶。敛口，折沿，圆唇，沿外一道凸棱。口径18、残高5.8厘米（图七一，9）。标本AT20⑤:1，粗泥红褐陶。敛口，卷沿，尖圆唇。肩部饰交错绳纹，颈部绳纹抹光。口径17.4、残高6厘米（图七一，10）。

石片石器　1件（AT20⑤:9）。燧石。黑色。硬度6.5°。平面略呈椭圆形，器体甚薄，周边有利刃。长径7.3、短径6.5厘米（图七二，4；图版一三，3）。

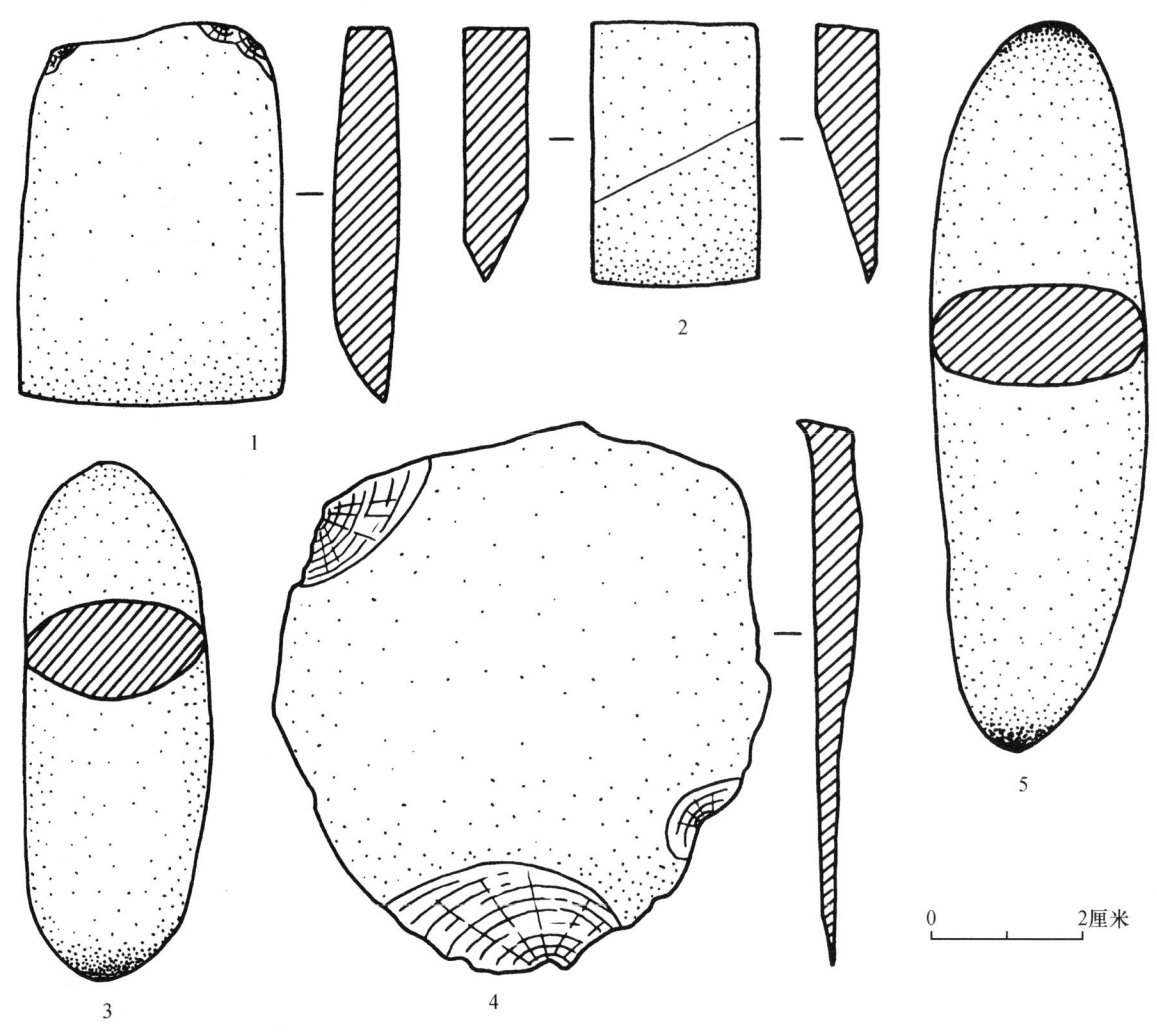

0   2厘米

图七二　A区⑤层出土石器

1、2. 锛（AT27⑤:1、AT43⑤:1）　　3、5. 杵（AT27⑤:40、AT44⑤:4）　　4. 石片石器（AT20⑤:9）

③ AT27⑤层

出土陶片较多，共 302 片。其中泥质陶 289 片，夹砂陶 13 片，分别占陶片总数的 95.69%、4.31%。陶色较复杂，有黑褐陶、灰陶、红陶、红褐陶、灰褐陶、黑陶、浅灰陶，分别占陶片总数的 20.52%、2.98%、2.32%、9.27%、14.58%、50.00%、0.33%。陶片纹饰种类也较多，有"S"形纹、压印纹、凹弦纹、方格纹、绳纹、戳印纹、篮纹、圆圈纹、叶脉纹（图四〇），分别占陶片总数的 1.33%、3.31%、6.29%、4.97%、19.21%、1.33%、0.33%、0.66%、0.66%。陶器器类有罐、钵、壶、鬶、杯、豆等。石器有锛、杵。另外出土部分动物骨骼。

陶罐　34 件。标本 AT27⑤:53，夹细砂黑褐陶。弧腹，直口，圆唇。腹部饰绳纹。口径 18.2、残高 6.6 厘米（图七三，1）。标本 AT27⑤:7，夹细砂黑褐陶。敛口，卷沿，尖唇。肩部饰绳纹。口径 18.4、残高 5.8 厘米（图七三，2）。标本 AT27⑤:50，夹细砂黑陶。敛口，窄卷沿，圆唇。肩部饰菱形方格纹，颈部方格纹抹光。口径 18.2、残高 5.9 厘米（图七三，3）。标本 AT27⑤:55，细泥黑陶。小鼓腹，大口，沿外侈，圆唇。肩部饰一周压印纹。口径 17.8、残高 6.4 厘米（图七三，4）。标本 AT27⑤:61，粗泥黑陶。鼓肩，斜腹，敛口，窄卷沿，圆唇。颈部饰一道凹弦纹。口径

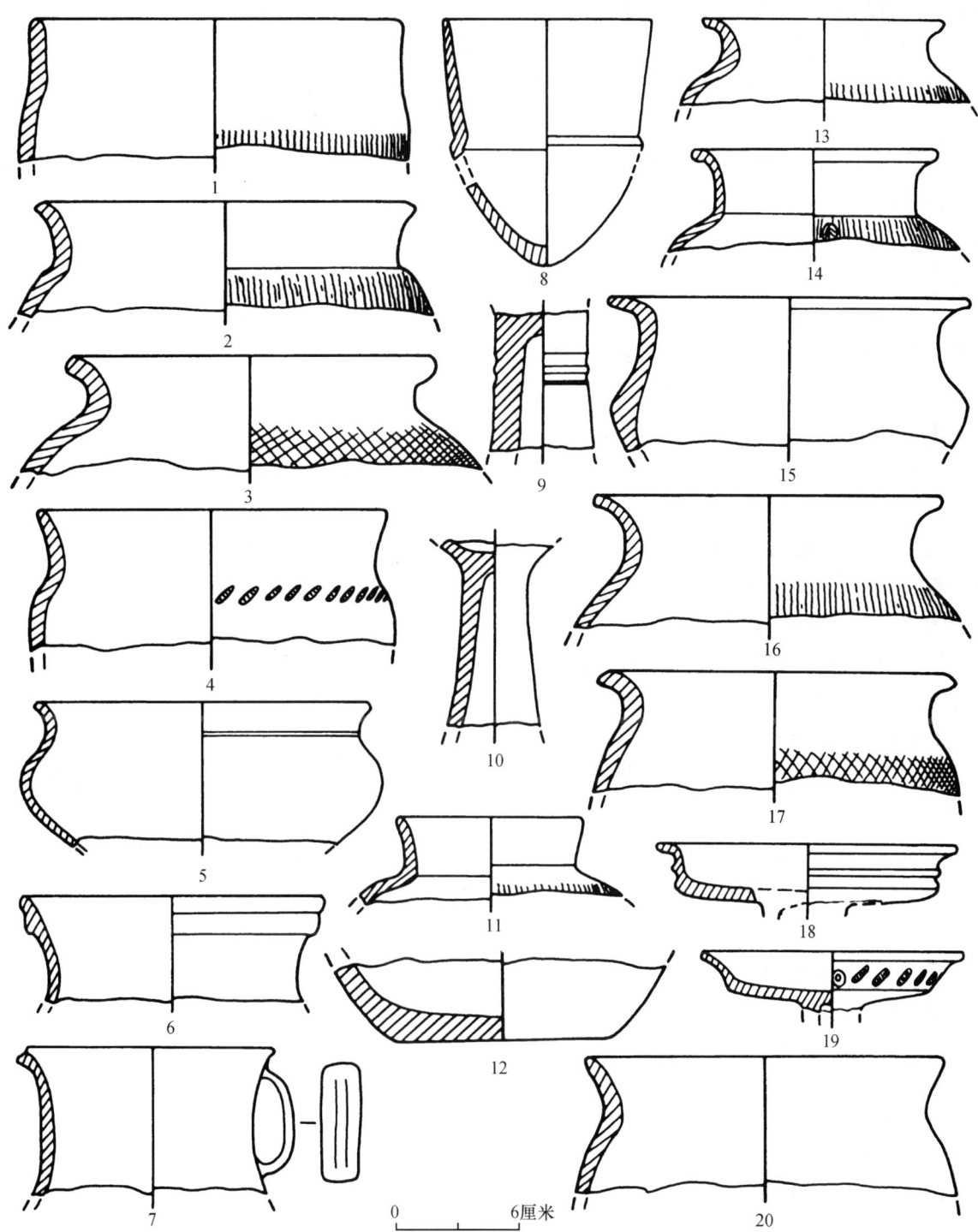

图七三　A 区 T27⑤层出土陶器

1 ~ 6、11、13 ~ 17、20. 罐（AT27⑤: 53、AT27⑤: 7、AT27⑤: 50、AT27⑤: 55、AT27⑤: 61、AT27⑤: 63、AT27⑤: 60、AT27
⑤: 57、AT27⑤: 12、AT27⑤: 15、AT27⑤: 21、AT27⑤: 6、AT27⑤: 52）　7. 鬶（AT27⑤: 5）　8. 杯（AT27⑤: 64）　9、
10. 豆柄（AT27⑤: 65、AT27⑤: 18）　12. 器底（AT27⑤: 66）　18、19. 豆（AT27⑤: 8、AT27⑤: 14）

17、残高6.9、最大腹径18.2厘米（图七三，5）。标本AT27⑤：63，细泥灰陶。大口略侈，圆唇，唇外有一道凸棱。口径15、残高4.8厘米（图七三，6）。标本AT27⑤：60，细泥灰陶。敛口，折沿略外侈，圆唇，肩部饰绳纹。口径9、残高4.3厘米（图七三，11）。标本AT27⑤：57，细泥红褐陶。敛口，卷沿，尖圆唇，颈部胎甚厚。肩部饰绳纹，颈部绳纹抹光。口径12、残高4.3厘米（图七三，13）。标本AT27⑤：12，高领，小口，宽沿外侈，圆唇。肩部饰绳纹，绳纹上又饰四个泥饼形叶脉纹。口径12、残高4.5厘米（图七三，14）。标本AT27⑤：15，粗泥灰褐陶。折腹，口微敛，宽卷沿，圆唇。口径18、残高7.5厘米（图七三，15）。标本AT27⑤：21，夹砂灰褐陶。广肩，敛口，卷沿，圆唇，肩部饰线纹，领部线纹抹光。口径17.4、残高6.5厘米（图七三，16）。标本AT27⑤：6，粗泥红褐陶。口微敛，卷沿，尖唇，口沿胎较厚。肩部饰菱形方格纹，颈部方格纹抹光。口径17.8、残高6厘米（图七三，17）。标本AT27⑤：52，粗泥黑褐陶。溜肩，大口外侈，尖圆唇。口径18、残高6.9厘米（图七三，20）。

陶鬶　1件（AT27⑤：5）。细泥红褐陶。胎较薄，大口，尖唇流，半圆形宽柄，柄上有两道竖道凹槽。口径12、残高6.9厘米（图七三，7；彩版五，5；图版一一，1）。

陶杯　1件（AT27⑤：64）。细泥灰陶。基本完整。尖底，折腹，直颈，大口略侈，尖圆唇。口径10.5、高12厘米（图七三，8）。

陶豆　2件。标本AT27⑤：8，细泥灰陶。宽沿，圆唇，斜壁，底较平。盘腹部有一道凸弦纹。豆盘口径15、残高2.8厘米（图七三，18）。标本AT27⑤：14，粗泥灰褐陶。折壁，圆唇，底近平。豆盘腹饰一周压印纹和圆圈纹。口径12.8、残高3厘米（图七三，19）。

陶豆柄　2件。标本AT27⑤：65，粗泥灰褐陶。竹节形，中部有两道凹弦纹。残长7、粗径4.5厘米（图七三，9）。标本AT27⑤：18，细泥黑褐陶。上细下粗，略呈喇叭状。残长9、上段粗径3.3、下段粗径4.8厘米（图七三，10）。

陶器底　1件（AT27⑤：66）。粗泥红褐陶。斜壁，平底。底径11、残高4.5厘米（图七三，12）。

石锛　1件（AT27⑤：1）。辉绿岩。青绿色。硬度5°～6°。磨制。器形规整，平面近方形，刃略弧，顶略斜。刃部有使用痕迹。长5、刃宽3.5、顶宽3.2、厚0.8厘米（图七二，1；图版一三，1）。

石杵　1件（AT27⑤：40）。角岩。灰褐色。硬度6.5°～7°。系自然砾石直接使用。圆柱形，两端呈尖圆形，横剖面呈椭圆形。一端有使用痕迹。长7、直径2.4厘米（图七二，3）。

动物骨骼　动物种类有中华鲟、草鱼、黄喉水龟、家猪、狗、家山羊、密齿獾等。标本AT27⑤：30，中华鲟背鳞板。标本AT27⑤：38，草鱼左下咽骨。标本AT27⑤：29，黄喉水龟腹甲。标本AT27⑤：27，家猪右肱骨（图版一六，4）。标本AT27⑤：24，狗左下颌骨（图四七，9；图版一七，3）。标本AT27⑤：25，家山羊左肩胛骨（图版一六，2）。标本AT27⑤：23，密齿獾左下颌骨（图四七，6；图版一七，6）。

④ AT28⑤层

出土陶片共78片。其中泥质陶74片，夹砂陶4片，分别占陶片总数的94.87%、5.13%。陶片颜色有灰陶、红陶、红褐陶、灰褐陶、黑褐陶、黑陶，分别占陶片总数的14.10%、6.41%、2.56%、61.55%、14.10%、1.28%。陶器纹饰有绳纹、凹弦纹、压印纹、方格纹，分别占陶片总数的19.23%、2.56%、3.85%、1.28%。陶器器类有罐、豆等。

陶罐　8件。标本AT28⑤：18，粗泥灰褐陶。溜肩，大口外侈，圆唇。肩部饰交错绳纹，颈部绳纹抹光。口径18、残高7.4厘米（图七四，1）。标本AT28⑤：17，粗泥灰褐陶。敛口，卷沿，圆唇。口径18、残高5.2厘米（图七四，2）。标本AT28⑤：20，夹细砂灰褐陶。矮领，口略侈，窄卷沿，尖唇。口径15、残高5.8厘米（图七四，3）。标本AT28⑤：21，粗泥黑陶。敛口，折沿，尖圆唇。口径13.2、残高4.5厘米（图七四，8）。标本AT28⑤：23，夹粗砂灰褐陶。折肩，口略敛，折沿，尖圆唇。口径16.2、残高7.2厘米（图七四，6）。标本AT28⑤：22，粗泥黑陶。广肩，敛口，卷沿，圆唇。肩部饰绳纹，颈部绳纹抹光。口径13.2、残高5.5厘米（图七四，5）。

陶豆柄　1件（AT28⑤：26）。竹节形，下端呈喇叭状。中间饰一道凸弦纹。残长8.7、粗径4.6厘米（图七四，4）。

陶圈足　1件（AT28⑤：33）。夹砂黑陶。上细下粗，呈喇叭状。圈足径11.5、残高4.5厘米（图七四，7）。

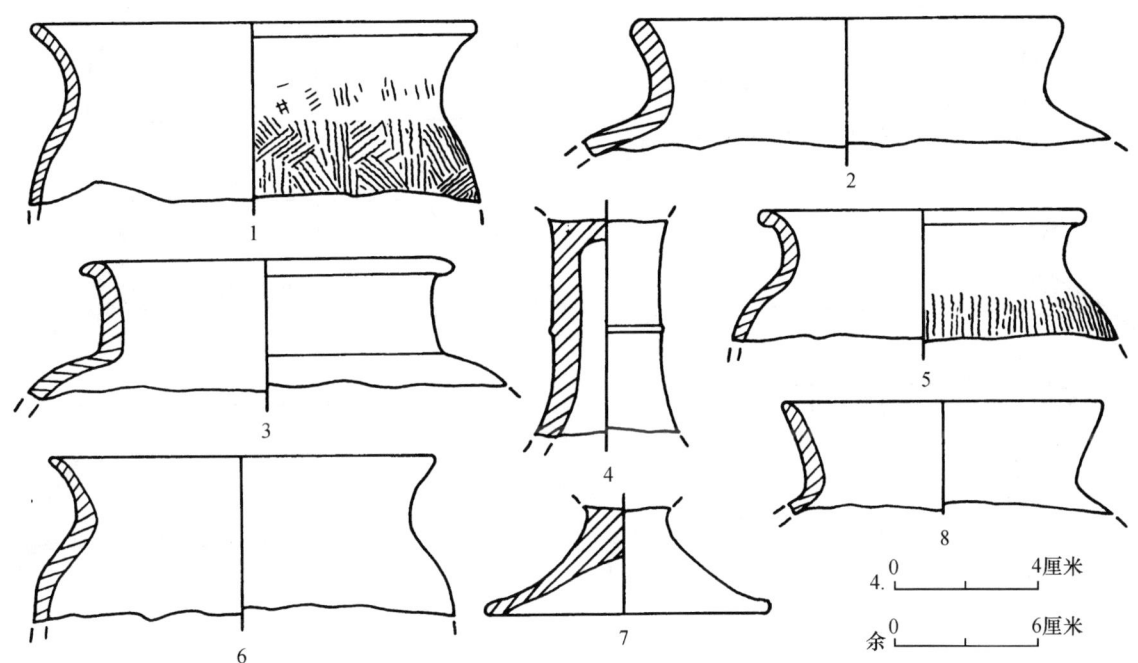

图七四　A区T28⑤层出土陶器

1~3、5、6、8. 罐（AT28⑤：18、AT28⑤：17、AT28⑤：20、AT28⑤：22、AT28⑤：23、AT28⑤：21）　4. 豆柄（AT28⑤：26）

7. 圈足（AT28⑤：33）

⑤ AT30⑤层

出土陶片共18片。其中泥质陶12片，夹砂陶6片，分别占陶片总数的66.67%、33.33%。陶片颜色有黑褐陶、红陶、黑陶、褐陶、灰陶和红褐陶，分别占陶片总数的16.67%、11.11%、22.22%、5.56%、22.22%、22.22%。陶片纹饰有绳纹和方格纹，分别占陶片总数的38.89%、5.56%。陶器器类主要是罐。

陶罐　4件。标本AT30⑤：4，夹砂灰陶。口略敛，宽沿外凸，沿较厚。口径18、残高5.5厘米（图七五，1）。标本AT30⑤：5，粗泥褐陶。敛口，卷沿，尖唇。肩部饰绳纹，颈部绳纹抹光。口径15、残高5.8厘米（图七五，2）。标本AT30⑤：6，粗泥黑褐陶。高领，小口略侈，圆唇。口径12、残高4.7厘米（图七五，3）。标本AT30⑤：7，粗泥黑陶。敛口，窄卷沿，圆唇。口径13.8、残高4.3厘米（图七五，4）。

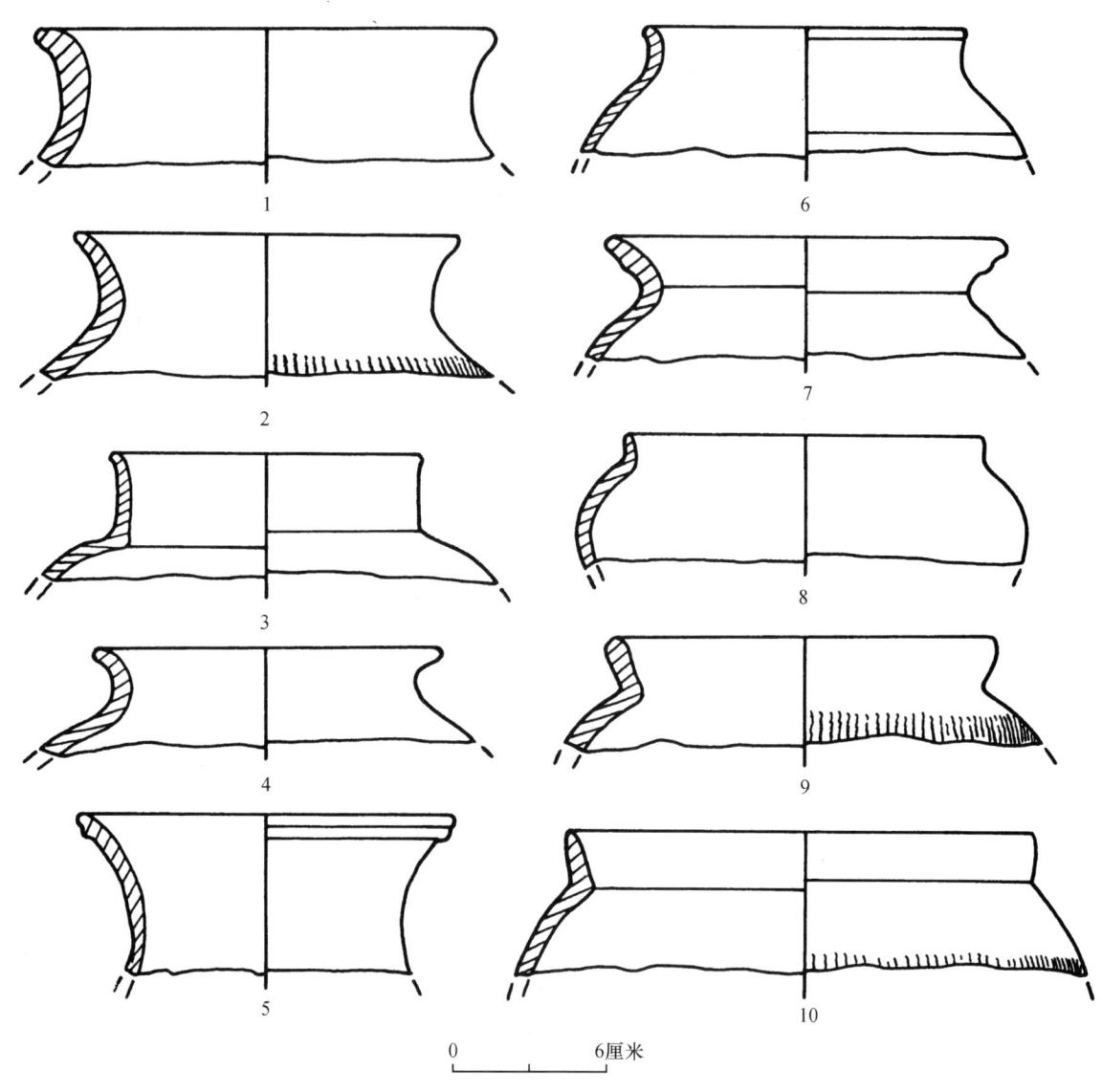

0 ————— 6厘米

图七五　A区 T30⑤层、T34⑤层出土陶器

1~4、6~10. 罐（AT30⑤:4、AT30⑤:5、AT30⑤:6、AT30⑤:7、AT34⑤:4、AT34⑤:5、AT34⑤:3、AT34⑤:2、AT34⑤:1）
5. 壶（AT34⑤:6）

⑥ AT34⑤层

出土陶片共36片。其中泥质陶32片，夹粗砂陶4片，分别占陶片总数的88.89%、11.11%。陶片颜色有红褐陶、黑褐陶、灰陶、红陶、灰褐陶，分别占陶片总数的5.56%、52.76%、8.34%、5.56%、27.78%。陶器纹饰有戳印纹、绳纹、凹弦纹、篮纹，分别占陶片总数的2.78%、36.11%、8.33%、2.78%。陶器器类主要是罐、壶。

陶壶　1件（AT34⑤:6）。细泥灰陶。长颈，侈口，尖唇，唇外有一道凸棱。口径15、残高6厘米（图七五，5）。

陶罐　6件。标本 AT34⑤:4，粗泥黑褐陶。广肩，敛口，卷沿，尖唇。肩部饰一道凹弦纹。口径12、残高5.7厘米（图七五，6）。标本 AT34⑤:5，细泥红褐陶。广肩，敛口，卷沿，尖唇，唇外有一道凸棱，显得特别厚实。口径15.6、残高4.6厘米（图七五，7）。标本AT34⑤:3，粗泥灰褐陶。鼓腹，广肩，敛口，折沿，尖圆唇。口径13、残高4.7厘米（图七五，8）。标本

AT34⑤:2,粗泥黑褐陶。鼓肩,敛口,折沿,外侈,圆唇。肩部饰绳纹,颈部绳纹抹光。口径15、残高4.3厘米(图七五,9)。标本 AT34⑤:1,夹粗砂灰褐陶。广肩,敛口,折沿外侈,尖唇。肩部饰绳纹,颈部绳纹抹光。口径18、残高7.1厘米(图七五,10)。

⑦ AT43⑤层

出土陶片共74片。其中泥质陶64片,夹细砂陶10片,分别占陶片总数的86.49%、13.51%。陶器颜色种类较多,有灰陶、灰褐陶、黑陶、黑褐陶、红褐陶、褐陶、深灰陶,分别占陶片总数的13.51%、10.80%、14.86%、43.24%、4.05%、9.45%、4.05%。陶器纹饰有凹弦纹、"S"形纹、压印纹、附加堆纹、绳纹、方格纹、叶脉纹,分别占陶片总数的9.46%、6.76%、1.35%、1.35%、37.84%、5.41%、1.35%。陶器器类有罐、缸、豆、杯等。石器有石锛。另外出土部分动物骨骼。

陶罐 18件。标本 AT43⑤:35,细泥红褐陶。鼓肩,高领,折沿,圆唇。肩部饰云雷纹,颈部饰"S"形纹。口径16.2、残高4.7厘米(图七六,2)。标本 AT43⑤:42,夹细砂灰褐陶。广肩,矮领,直口,平沿外凸。肩部饰绳纹。口径13.8、残高4.6厘米(图七六,3)。标本 AT43⑤:48,粗泥黑陶。广肩,直口略侈,圆唇。口径14、残高5厘米(图七六,4)。标本 AT43⑤:43,粗泥黑褐陶。广肩,敛口,卷沿,尖唇。肩部饰绳纹,颈部绳纹抹光。口径15.1、残高8.2厘米(图七六,5)。标本 AT43⑤:36,细泥灰陶。鼓肩,矮领,口略侈,宽平沿外凸,尖圆唇。肩部饰一道凹弦纹。口径15.2、残高4.3厘米(图七六,7)。标本 AT43⑤:46,粗泥红褐陶。广肩,敛口,卷沿,圆唇。肩部饰绳纹,颈部绳纹抹光。口径15.4、残高6.3厘米(图七六,8)。标本 AT43⑤:37,夹砂黑陶。广肩,折沿略外侈,圆唇。肩部饰绳纹。口径15、残高5厘米(图七六,11)。标本 AT43⑤:49,粗泥红褐陶。鼓肩,矮领,宽沿外卷,圆唇。口径15、残高4厘米(图七六,13)。标本 AT43⑤:45,粗泥黑褐陶。敛口,卷沿,圆唇。肩部饰绳纹,颈部绳纹抹光。口径15.4、残高6厘米(图七六,14)。标本 AT43⑤:40,夹砂灰褐陶。溜肩,大口略侈,圆唇。肩部饰绳纹。口径13.8、残高8.1厘米(图七六,15)。

陶缸 1件(AT43⑤:51)。夹粗砂褐陶。仅存腹部。斜壁。外饰一道附加堆纹,堆纹上又饰竖道压印纹。附加堆纹以上胎较薄,堆纹以下胎较厚。腹径45.5、残高10厘米(图四一,6;图七六,1)。

陶杯 3件。标本 AT43⑤:55,细泥灰陶。胎较薄。折腹,尖底,大口略侈,尖唇。口径8.6、残高7.6、腹径8.7厘米(图七六,9)。

陶豆柄 3件。标本 AT43⑤:52,粗泥灰陶。上粗下细,呈竹节状,中段有三道凹弦纹。残长8.5、上段粗径4、下段粗径2.8厘米(图七六,6)。标本 AT43⑤:54,细泥灰陶。上段略粗,下段略细,中段饰凹弦纹。残长6.4、上段粗径4、下段粗径3.5厘米(图七六,10)。标本 AT43⑤:53,细泥灰陶。下段略粗,呈竹节状。饰三道凸弦纹和两道凹弦纹。残长7、粗径2.8厘米(图七六,12)。

石锛 1件(AT43⑤:1)。斜长斑岩。绿色。硬度5°~6°。磨制。平面呈长方形。刃略弧。锋利。长3.4、宽2.2、厚0.8厘米(图七二,2;图版一三,2)。

动物骨骼 种类有草鱼。标本 AT43⑤:6,草鱼右下咽骨。

⑧ AT44⑤层

出土陶片共100片。其中泥质陶91片,夹细砂陶9片,分别占陶片总数的91.00%、9.00%。陶片颜色较多,有黑褐陶、灰陶、红褐陶、褐陶、黑陶、灰褐陶,分别占陶片总数的15.00%、18.00%、5.00%、11.00%、44.00%、7.00%。陶片纹饰有绳纹、方格纹、"S"形纹、压印纹、

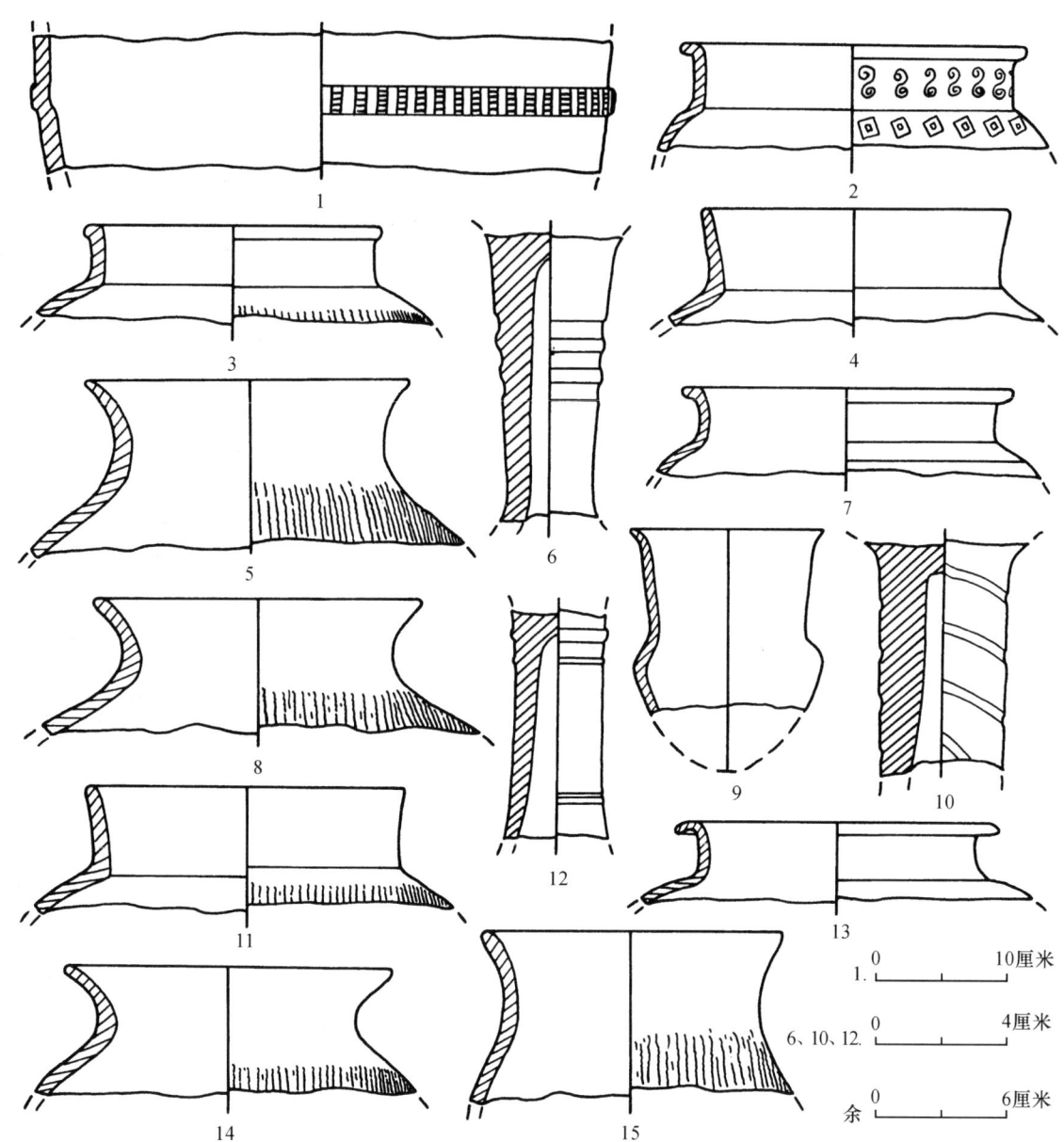

图七六　A区T43⑤层出土陶器

1. 缸（AT43⑤:51）　　2~5、7、8、11、13~15. 罐（AT43⑤:35、AT43⑤:42、AT43⑤:48、AT43⑤:43、AT43⑤:36、
AT43⑤:46、AT43⑤:37、AT43⑤:49、AT43⑤:45、AT43⑤:40）　　6、10、12. 豆柄（AT43⑤:52、AT43⑤:54、AT43
⑤:53）　　9. 杯（AT43⑤:55）

凹弦纹、篮纹，分别占陶片总数的21.00%、11.00%、4.00%、1.00%、9.00%、1.00%。陶器器类有罐、豆、壶、杯等。石器有石杵。

　　陶罐　14件。标本AT44⑤:8，夹砂灰褐陶。鼓肩，敛口，卷沿，圆唇。肩部饰绳纹，颈部绳纹抹光。口径17.2、残高4.5厘米（图七七，1）。标本AT44⑤:7，夹砂红褐陶。广肩，直领，小口略侈，尖圆唇。肩部饰拍印方格纹，颈部方格纹抹光。口径14.5、残高4.2厘米（图七七，2）。标本AT44⑤:11，粗泥黑陶。广肩，矮领，敛口，折沿外侈，尖唇。口径16.2、残高6.3厘米（图七七，7）。标本AT44⑤:9，粗泥黑陶。广肩，折沿外侈，尖圆唇。肩部饰绳纹，颈部绳纹抹光。

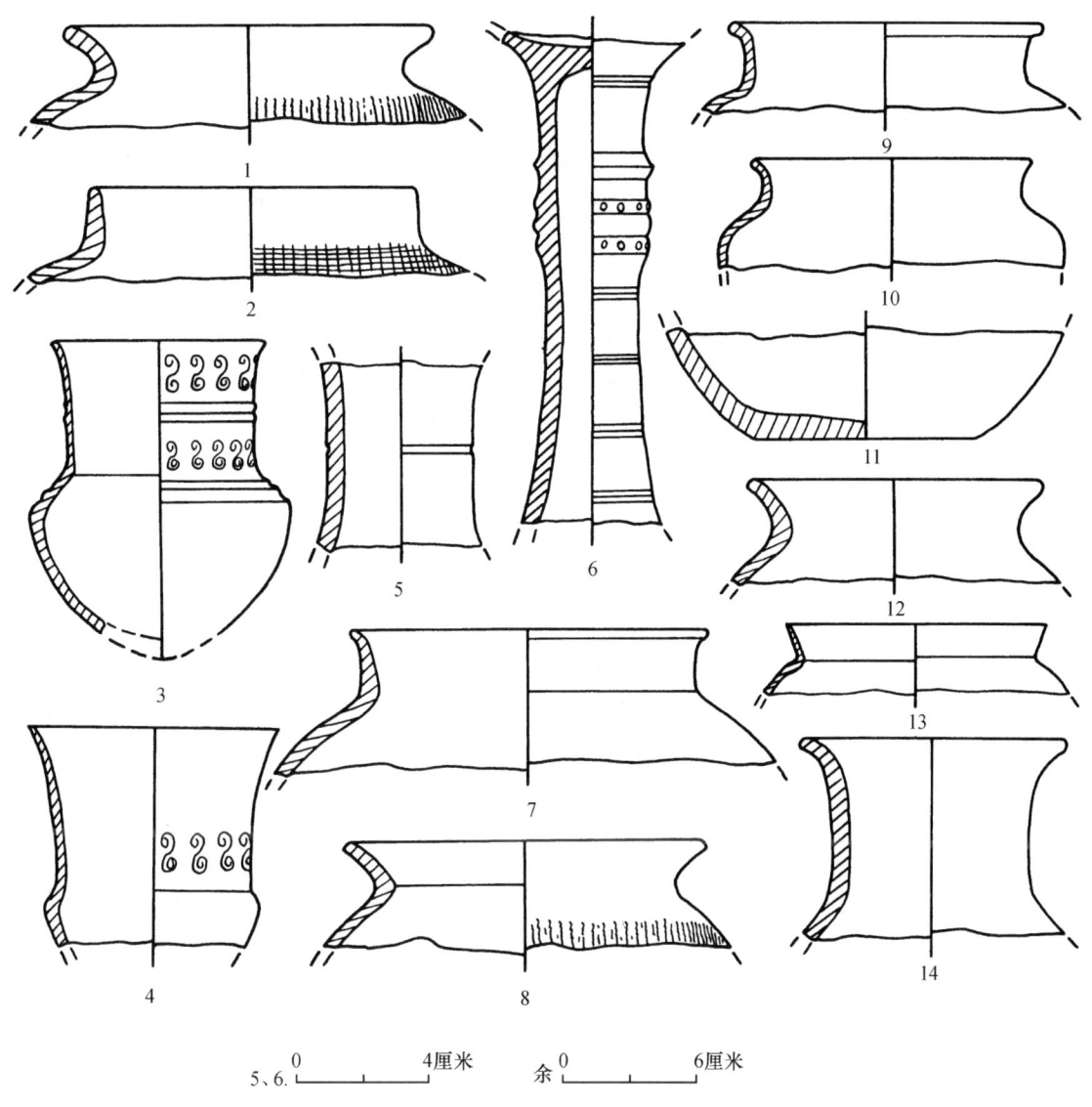

图七七　A 区 T44⑤层、T51⑤层出土陶器

1、2、7~10、12、13. 罐（AT44⑤：8、AT44⑤：7、AT44⑤：11、AT44⑤：9、AT44⑤：15、AT44⑤：13、AT44⑤：10、AT44⑤：14）

3、4. 杯（AT44⑤：19、AT44⑤：20）　　5、6. 豆柄（AT44⑤：16、AT51⑤：1）　　11. 器底（AT44⑤：21）　　14. 壶（AT44⑤：17）

口径 16.3、残高 4.7 厘米（图七七，8）。标本 AT44⑤：15，细泥黑褐陶。矮领，直口略侈，宽沿外折，圆唇。口径 14.4、残高 4.2 厘米（图七七，9）。标本 AT44⑤：13，细泥灰陶。鼓肩，敛口，卷沿，圆唇。口径 13.2、残高 4.7 厘米（图七七，10）。标本 AT44⑤：10，粗泥黑陶。广肩，敛口，卷沿，圆唇。口径 13.6、残高 4.5 厘米（图七七，12）。标本 AT44⑤：14，细泥黑陶。鼓肩，折沿外侈，尖唇。口径 12、残高 3.4 厘米（图七七，13）。

陶杯　2 件。标本 AT44⑤：19，细泥褐陶。基本完整。鼓腹，高领，直口略侈，尖唇，弧壁，尖底。颈部和肩部各饰两道凹弦纹，颈部弦纹上、下各饰一周"S"形纹。口径 12、高 14.4 厘米（图七七，3）。标本 AT44⑤：20，细泥灰陶。小鼓腹，大侈口，尖唇。颈部饰一周"S"形纹。口径 11.4、残高 9.8 厘米（图七七，4）。

陶壶　2件。标本 AT44⑤:17,细泥黑陶。长颈,侈口,圆唇。口径12、残高9.6厘米(图七七,14)。

陶豆柄　1件(AT44⑤:16)。细泥黑陶。两端略粗。中部饰一道凹弦纹。残长5.5、粗径4.4厘米(图七七,5)。

陶器底　1件(AT44⑤:21)。粗泥红褐陶。弧壁,平底。底径11、残高4.7厘米(图七七,11)。

石杵　1件(AT44⑤:4)。硅质泥岩。青绿色。硬度5°~6°。长扁圆形,横剖面近似椭圆形,两端有使用痕迹。长9.6、粗径2.7厘米(图七二,5;图版一二,6)。

⑨ AT51⑤层

器类仅1件豆柄(AT51⑤:1)。细泥黑陶。表面光滑。细而长,呈竹节状。中间有四道凸弦纹,凸弦纹上饰两周圆形镂孔纹,柄上部和下部饰五组凹弦纹,每组凹弦纹由三道细凹弦纹组成。残长14.4、粗径2.8~3.6厘米(图七七,6;彩版五,6;图版一一,5)。

(三)分期与年代

1. 分期

卜庄河遗址 A 区商代遗存中,陶器数量最多,器物型式比较复杂。首先依据考古类型学对陶器进行分析比较,逻辑排序。因完整和复原器物甚少,基本上都是残破的口沿,所以分型的主要依据是口沿、颈部、唇部和腹部所体现出的形态差异。

罐　分 A、B、C、D、E、F、G、H 八型。

A 型　卷沿。分 a、b 二亚型。

Aa 型　宽卷沿。分二式。

Ⅰ式:尖唇。AH13:6、AH21:2、AT19⑤:4、AT20⑤:1、AT27⑤:7、AT27⑤:57、AT27⑤:6、AT30⑤:5、AT34⑤:5、AT43⑤:43。

Ⅱ式:圆唇。AH4:11、AH5:22、AH5:28、AH6:11、AH7:17、AH7:21、AH9:4、AH9:14、AH9:11、AH11:13、AH11:16、AH11:11、AH13:7、AH13:1、AH14:2、AH15:19、AH15:28、AH15:13、AH17:39、AH17:4、AH18:8、AT27⑤:21、AT28⑤:17、AT28⑤:22、AT43⑤:46、AT43⑤:45、AT44⑤:8、AT44⑤:10。

Ab 型　窄卷沿。分二式。

Ⅰ式:圆唇。AT27⑤:50、AT27⑤:61。

Ⅱ式:尖唇。AH4:25、AH15:14、AH17:6、AH17:42、AT30⑤:7、AT34⑤:4、AT44⑤:13。

B 型　折沿。分 a、b 二亚型。

Ba 型　小口。分二式。

Ⅰ式:沿内略凹,沿外一道凸棱。AH13:9、AH14:16、AH15:29。

Ⅱ式:尖唇。AH4:12、AH4:9、AH5:25、AH7:20、AH9:9、AH14:15、AH21:8、AH21:17、AT20⑤:4、AT20⑤:3、AT20⑤:5、AT20⑤:6、AT27⑤:60、AT28⑤:21、AT44⑤:9、AT44⑤:14。

Bb 型　大口。分二式。

Ⅰ式:尖唇。AH18:5、AT28⑤:23。

Ⅱ式:圆唇。AH4:26、AH11:12、AT34⑤:3。

C 型　高领,侈口,圆唇。AH4:22、AH4:10、AH4:16、AH5:24、AH7:19、AH21:4、AT27⑤:12、AT30⑤:6。

D 型　直颈。分 a、b 二亚型。

Da 型　小口。AH4：13、AH9：15、AH15：20、AT43⑤：37、AT44⑤：7。

Db 型　宽折沿。分二式。

Ⅰ式：沿外有一道凸棱。AT30⑤：4。

Ⅱ式：方唇。AH11：15。

E 型　矮领、溜肩。分二式。

Ⅰ式：折沿。AH6：12、AH17：3、AH21：16、AT28⑤：20、AT43⑤：35、AT43⑤：42、AT43⑤：36、AT44⑤：15。

Ⅱ式：卷沿，圆唇或尖唇。AH4：24、AH4：21、AH17：15、AH17：41、AT44⑤：11。

F 型　大口。分 a、b、c、d 四亚型。

Fa 型　卷沿。AH5：23、AH6：10。

Fb 型　侈口。分二式。

Ⅰ式：圆唇。AH13：8、AH15：15、AH18：6、AH21：12、AT19⑤：33、AT19⑤：34、AT27⑤：55、AT27⑤：63、AT28⑤：18、AT43⑤：40。

Ⅱ式：尖唇。AH9：12、AH9：6、AH11：14、AT20⑤：2、AT27⑤：52。

Fc 型　折沿。分二式。

Ⅰ式：圆唇。AH21：9、AT34⑤：2。

Ⅱ式：尖唇。AH9：8、AH17：43、AT34⑤：1。

Fd 型　圆唇，鼓肩。AH15：23。

G 型　宽沿外卷。AT19⑤：3、AT43⑤：49。

H 型　直口。分 a、b 二亚型。

Ha 型　圆唇，肩微折。AT27⑤：53。

Hb 型　宽沿，折肩。AT27⑤：15。

钵　分 A、B、C 三型。

A 型　卷沿，尖唇。AH5：27。

B 型　弧壁，敛口，圆唇。AH9：18。

C 型　折沿。AH15：32。

杯　分 A、B、C 型。

A 型　直口，方唇。分二式。

Ⅰ式：小鼓肩。AH15：30。

Ⅱ式：大鼓肩。AH5：4、AH17：46、AH17：1。

B 型　侈口，尖唇。分二式。

Ⅰ式：小鼓肩。AH15：31、AH21：19、AT43⑤：55。

Ⅱ式：大鼓肩。AH7：22、AH9：16。

C 型　敞口，圆唇。AH21：20、AT27⑤：64、AT44⑤：19。

壶　分 A、B 二型。

A 型　侈口。分二式。

Ⅰ式：厚唇。AH15：33、AT34⑤：6。

Ⅱ式：薄唇。AH4：28、AH15：34。

B 型　直口，折沿。AH18：7、AT44⑤：17。

缸　分 A、B 二型。

A 型　饼形底。AH13：16。

B 型　大口，折沿，方唇。AH21：18、AT43⑤：51。

豆　分 A、B 二型。

A 型　斜壁，宽沿。AT27⑤：8。

B 型　折壁，圆唇。AT27⑤：14。

纺轮　分 A、B、C 三型。

A 型　算珠形。AH15：1。

B 型　梯形。AH15：2、AH17：1。

C 型　圆饼形。AH17：9。

另有鬶、勺、祖形器各 1 件，不分型式。

以上陶器型式组合关系经归纳后如表一二。

表一二　A 区商代典型单位陶器型式组合关系表

单位 ＼ 器类型式	罐															钵			杯			壶		缸		豆		纺轮		
	Aa	Ab	Ba	Bb	C	Da	Db	E	Fa	Fb	Fc	Fd	G	Ha	Hb	A	B	C	A	B	C	A	B	A	B	A	B	A	B	C
AH4	II	II	II	II	√	√		II																		II				
AH5	II		II		√				√							√				II						II I				
AH6	II							I	√																					
AH7	II		II		√															II										
AH9	II		II			√				II	II						√			II										
AH11	II			II			II		II																					
AH13	II I		I						I															√						
AH14	II		II I																											
AH15	II	II	I			√			I				√						√	I	I							√	√	
AH17	II	II					II				II									II									√	√
AH18	II			I					I													√								
AH21	I		II		√				I	I	I								I	√					√					
AT19⑤	I								I			√																		
AT20⑤	I		II						II																					
AT27⑤	I	I	II		√				II I				√	√								√				√	√			
AT28⑤	II		II	I				I	I																					
AT30⑤	I	II				√	I																							
AT34⑤	I	II		II						II I																I				
AT43⑤	II I					√			I	I			√	√								I			√					
AT44⑤	II	II	II			√			II I														√		√					

注：√表示存有此类器物。以下同。

根据考古层位学观察，上述单位中，共有五组直接叠压或打破关系。

AT19 组：AH4→AT19⑤。

AT27 组（1）：AH5→AT27⑤。

AT27 组（2）：AH7→AH11→AT27⑤。

AT28 组：AH9→AT28⑤。

AT34 组：AT34⑤→AH18。

以上叠压打破关系，结合表一二（陶器型式组合关系表），可以清楚看出⑤层和开口在⑤层下的 AH18 所出土的 Aa 型Ⅰ式罐、Ab 型Ⅰ式罐、Bb 型Ⅰ式罐、Db 型Ⅰ式罐、E 型Ⅰ式罐、Fb 型Ⅰ式罐、Fc 型Ⅰ式罐、B 型杯、A 型壶等器物，在打破⑤层的 AH4、AH5、AH7、AH9 灰坑中均不见，而 AH4 出土的 A 型Ⅱ式壶，AH5 出土的 A 型杯、A 型Ⅱ式壶，AH7 和 AH9 出土的 B 型Ⅱ式杯在⑤层和开口在⑤层下的 AH18 中又不见，这些现象表明它们之间在时代上有早晚之别，器物形态有演变关系。开口在⑤层下的 AH18 所出的 Aa 型Ⅱ式罐、Bb 型Ⅰ式罐、Fb 型Ⅰ式罐在⑤层中与同类器共存，表明它们之间年代距离比较接近。

由此分析比较，可把卜庄河遗址 A 区商代遗存分为一、二两期。

一期：包括打破⑤层的 AH4、AH5、AH9、AH11 和打破 AH11 的 AH7 以及 AH10、AH17。

二期：包括⑤层和开口在⑤层下的 AH6、AH13～AH15、AH18、AH21。

一期、二期陶器型式组合见表一三，陶器形态特征见图七八。

表一三　A 区商代主要陶器分期表

分期＼型式＼器类	罐															钵			杯			壶		缸	豆	纺轮		
	Aa	Ab	Ba	Bb	C	Da	Db	E	Fa	Fb	Fc	Fd	G	Ha	Hb	A	B	C	A	B	C	A	B	A	A	A	B	C
一	Ⅰ	Ⅰ	Ⅰ	Ⅰ	√	√	Ⅰ	Ⅰ		Ⅰ	Ⅰ	√	√	√	√		√		Ⅰ	Ⅰ		Ⅰ		√	√	√	√	√
二	Ⅱ	Ⅱ	Ⅱ	Ⅱ	√	√	Ⅱ	Ⅱ	√	Ⅱ	Ⅱ					√	√		Ⅱ	Ⅱ		Ⅱ					√	√

2. 年代

卜庄河遗址 A 区商代两期遗存，虽然没有测年数据。但二期的 Aa 型Ⅱ式罐、Ba 型Ⅱ式罐、Db 型Ⅱ式罐、A 型Ⅱ式杯、B 型Ⅱ式杯、A 型Ⅱ式壶、B 型Ⅱ式钵与三峡库区长府沱遗址同类器基本相同[①]，它们的年代应大体相当，大致相当于商代晚期。而一期与二期遗存具有明显的共性，如一期的 Aa、Ab 型Ⅱ式、Ba、Bb 型Ⅱ式、Fb 型Ⅱ式和 Fc 型Ⅱ式罐，到二期继续使用，一期的 B 型纺轮到二期数量略有增加。由此可推知，一期的年代相对早于二期，约接近于商代中期偏晚。

（四）小结

卜庄河遗址 A 区商代遗存堆积层简单，只有 9 个探方的⑤层及 13 个灰坑，但文化特征比较清楚。

陶器有泥质和夹砂两大类，其中夹砂陶占据半数以上。陶器颜色复杂，但黑褐陶数量最多。陶器纹饰普遍使用绳纹、弦纹，其他纹饰如圆圈纹、"S"形纹、叶脉纹、云雷纹虽然数量不多，但尤

---

① 宜昌博物馆：《三峡库区秭归长府沱商代遗址发掘》，《三峡考古之发现》（二），湖北科学技术出版社，2000 年。

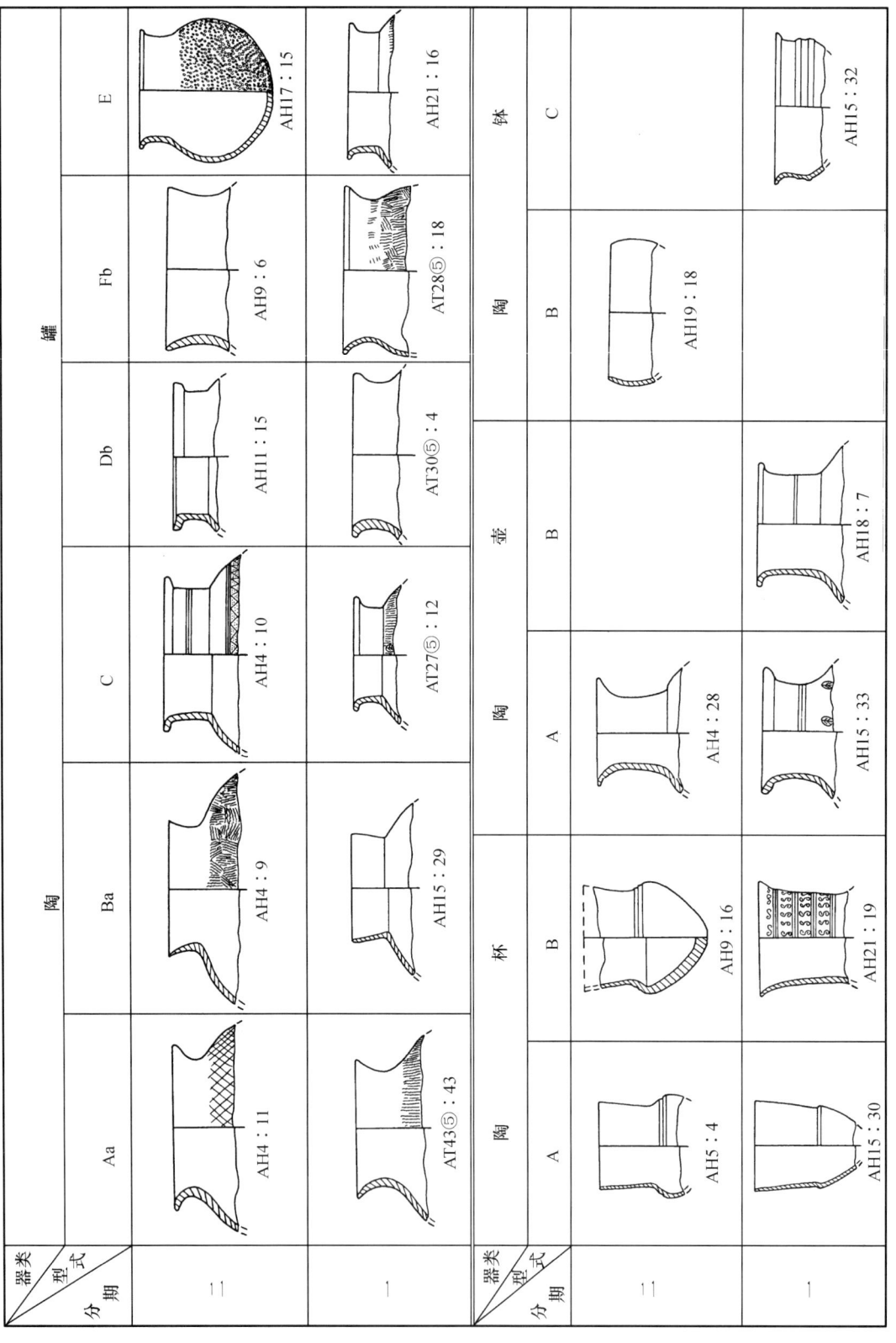

图七八　A区商代陶器分期图

具特色。这些不仅是卜庄河遗址 A 区商代遗存本身的典型纹饰，也是三峡地区同时期文化遗存的代表性纹饰。纹饰装饰也比较讲究，并有规律可循，分别按器类和部位饰不同的纹饰，如 90% 罐类器用绳纹装饰，附加堆纹均饰于缸口沿下部，泥质陶杯上多饰"S"形纹和凹弦纹。

陶器器类比较简单，有罐、钵、杯、壶、豆、鬶、缸、纺轮等，其中罐类器物特别发达，型式也比较多，应是当时人们生活中使用的主要器皿。

AH18 出土一种小型铜饰，长条形，虽然锈蚀严重，但说明卜庄河遗址 A 区商代遗存时期，人们已使用了青铜器具，标志当时已进入青铜时代。

AH17 出土了几片黄喉水龟腹甲片，其上有占卜灼痕，这是当时信奉巫术意识的反映。

该期遗存中发现不少动物骨骼，有家猪、狗、水鹿、猪獾、密齿獾、鳡鱼、中华倒刺鲃、黄喉水龟等动物，就数量统计与 A 区二里头文化时期遗存比较，明显反映出家畜饲养业有所发展，森林动物数量和种类有所增加，说明狩猎经济有所提高。鱼类中的中华倒刺鲃骨骼在三峡地区考古中尚属首次发现，为鱼类种属研究提供了新的资料。

卜庄河遗址 A 区商代遗存，既有本地土著文化因素，又有周边地区文化因素存在，如 C 型纺轮，继承了本地史前石家河文化同类器特点；Aa 型罐、高柄豆形器、B 型纺轮等同于中堡岛遗址上层①、香炉石遗址②等巴文化遗存的同类器物。红褐陶方格纹 A 型和 B 型陶缸，又具有中原地区商时期文化遗存的因素。这说明卜庄河遗址 A 区商代遗存时期，不仅与三峡地区同时期的文化遗存有着十分密切的联系和文化交往，而且还吸收了周边地区，尤其是中原地区商文化因素的影响。

七 周 代 遗 存

（一）概述

A 区周代遗存包括遗址和墓葬两个部分。

遗址文化层堆积主要分布在 AT28、AT30、AT33、AT61 四个探方内。文化层厚 0.1 ~ 0.45 米。残留遗迹有 1 个灰坑，编号为 H3。

出土遗物主要为陶器，共 43 件，均为残片。器类有罐、鬲、鼎、豆、盂、钵等，另有部分豆柄、器底、鼎足、鬲足等残件。其中罐、鬲、鼎分别占器物总数的 53.49%、27.91%、9.30%，器底、豆、盂、钵各占器物总数的 2.33%（表一四）。

表一四 A 区周代陶器器形统计表

器 名	罐	鬲	鼎	器 底	盘	盂	钵	合 计
数 量	23	12	4	1	1	1	1	43
比例（%）	53.49	27.91	9.30	2.33	2.33	2.33	2.33	100

陶器多为粗泥陶，占陶片总数的 84.09%，细泥陶和夹砂陶较少，仅占陶片总数的 15.91%。红褐陶和红陶较多，各占陶片总数的 36.36%，黑褐陶占陶片总数的 12.50%，褐陶占陶片总数的 11.36%，黑陶占陶片总数的 3.41%。

---

① 国家文物局三峡考古队：《朝天嘴与中堡岛》，文物出版社，2001 年。
② 湖北省清江隔河岩考古队、湖北省文物考古研究所：《清江考古》，科学出版社，2004 年。

陶器纹饰主要是绳纹，占陶片纹饰总数的 86.87%，方格纹占陶片纹饰总数的 8.08%，凹弦纹占陶片纹饰总数的 5.05%（表一五）。绳纹又分为粗绳纹、细绳纹和交错绳纹，其中粗绳纹最多，占纹饰总数的 12.50%（图七九）。绳纹多饰于器物通体，凹弦纹多饰于器物腹部和颈部。

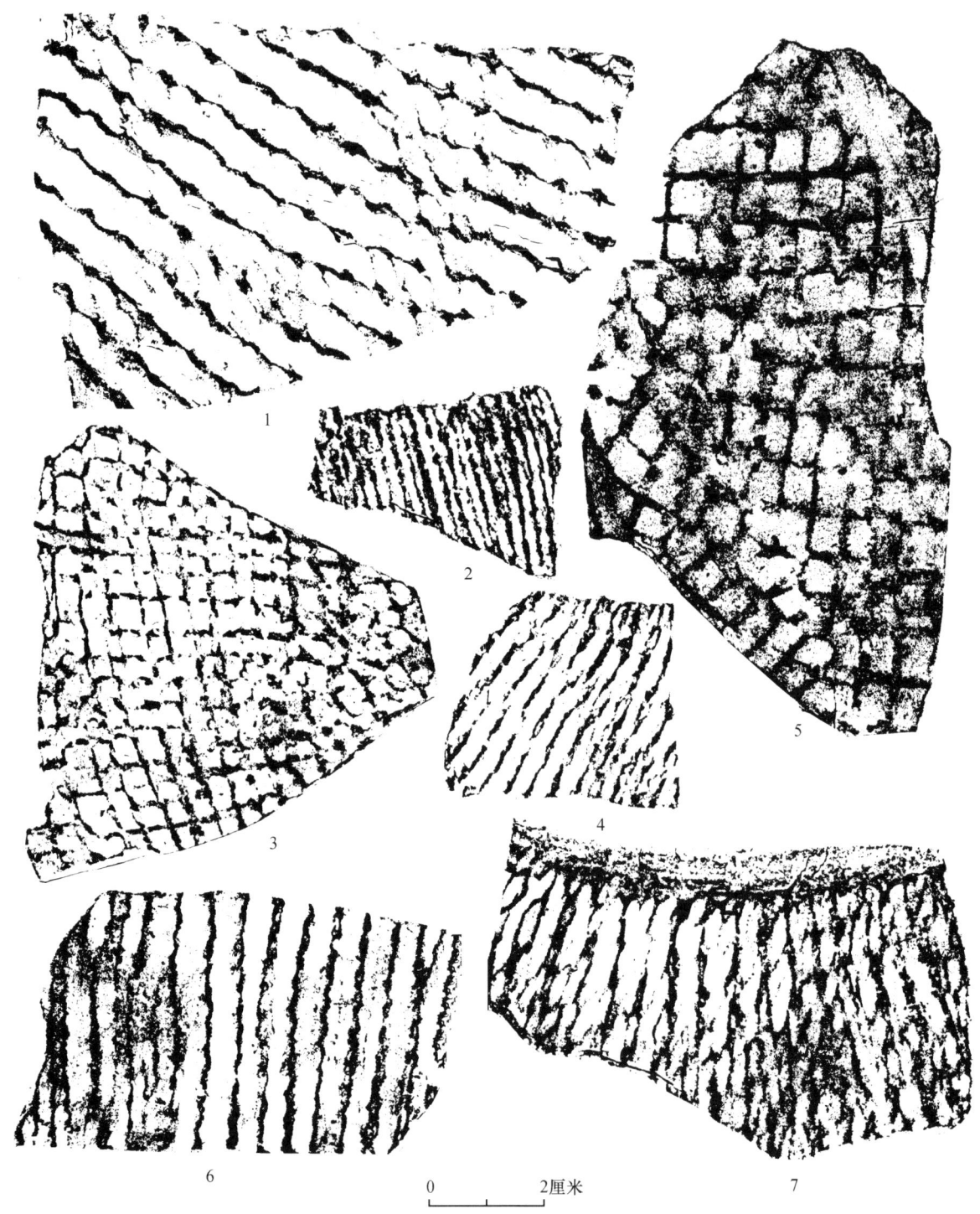

图七九　A 区④层陶片纹饰拓片
1、4、6、7. 绳纹（AT61④：12、AT33④：26、AT61④：14、AT61④：13）　2. 线纹（AT28④：42）
3、5. 方格纹（AT61④：11、AT61④：10）

表一五 A区周代陶片纹饰统计表

名　称	绳　纹	方格纹	凹弦纹	合　计
数　量	86	8	5	99
比例（%）	86.87	8.08	5.05	100

陶器制作较粗糙，鬲足、鼎足表面多有刮削和手捏痕迹。器物口沿多为二次黏结。

墓葬有2座，编号为M4、M97。有长方形土坑和长方形岩坑两类。随葬器物组合形式为陶鼎和陶敦、陶壶、陶豆两种。陶鼎内放置有动物骨骼。

（二）遗存介绍

1. 灰坑

AH3位于AT19探方中部，开口在①层下，打破H4。平面呈不规则形，斜壁，坑底凹凸不平。南北长3、东西宽1.95、坑深0.64米（图八〇）。坑内堆积为浅灰色土，较松软，夹杂有零星红色和灰色烧土块及木炭。包含物有绳纹红陶片和少量粗绳纹褐陶片以及青鱼、家猪等动物骨骼。

出土陶片共88片。其中，细泥陶10片，占陶片总数的11.36%；粗泥陶74片，占陶片总数的84.19%；夹细砂陶4片，占陶片总数的4.45%。粗泥红褐陶最多，占陶片总数的36.36%，粗泥红陶占陶片总数的20.45%，粗泥黑褐陶占陶片总数的12.50%，细泥红陶和粗泥褐陶各占陶片总数的11.36%，粗泥黑陶和夹细砂红陶分别占陶片总数的3.41%、4.55%。

陶器纹饰有粗绳纹、细绳纹、交错绳纹、方格纹、凹弦纹几种，分别占陶片总数的12.50%、5.68%、1.14%、3.41%、3.41%。

陶器器类有罐、鬲、鼎、豆等，共20件，均为残片。其中罐最多，占器物总数的50.00%。

陶罐　10件。标本AH3：21，粗泥红褐陶。广肩，敛口，窄卷沿，尖圆唇。口径16、残高4.4厘米（图八一，6）。标本AH3：20，粗泥黑褐陶。广肩，敛口，折沿，圆唇。口径16.2、残高6.1厘米（图八一，8）。标本AH3：19，粗泥红褐陶。鼓肩，矮领，口微敛，宽沿，方唇。口径15、残高4.2厘米（图八一，10）。

陶鬲　2件。标本AH3：23，粗泥黑褐陶。敛口，折沿，尖唇，沿外有一道凸棱，沿内略凹。肩部饰绳纹，颈部绳纹抹光。口径18、残高6.2厘米（图八一，1）。标本AH3：22，粗泥红褐陶。敛口，折沿，圆唇，沿外有一道凸棱，沿内略凹。肩部饰绳纹。口径18.6、残高6厘米（图八一，7）。

陶鼎　3件。标本AH3：25，粗泥红褐陶。广肩，敛口，卷沿，圆唇。胎较厚。口径18.6、残高7厘米（图八一，2）。

陶鬲足　1件（AH3：24）。夹细砂红褐陶。圆柱状，平足根，上端略粗，内空较浅。外表饰绳纹，下端绳纹抹光。长9.1、足根径2.5厘米（图八一，5）。

陶鼎足　1件（AH3：26）。夹细砂红陶。圆柱状，足根略外凸。长8.6、中段粗径3.2厘米（图八一，4）。

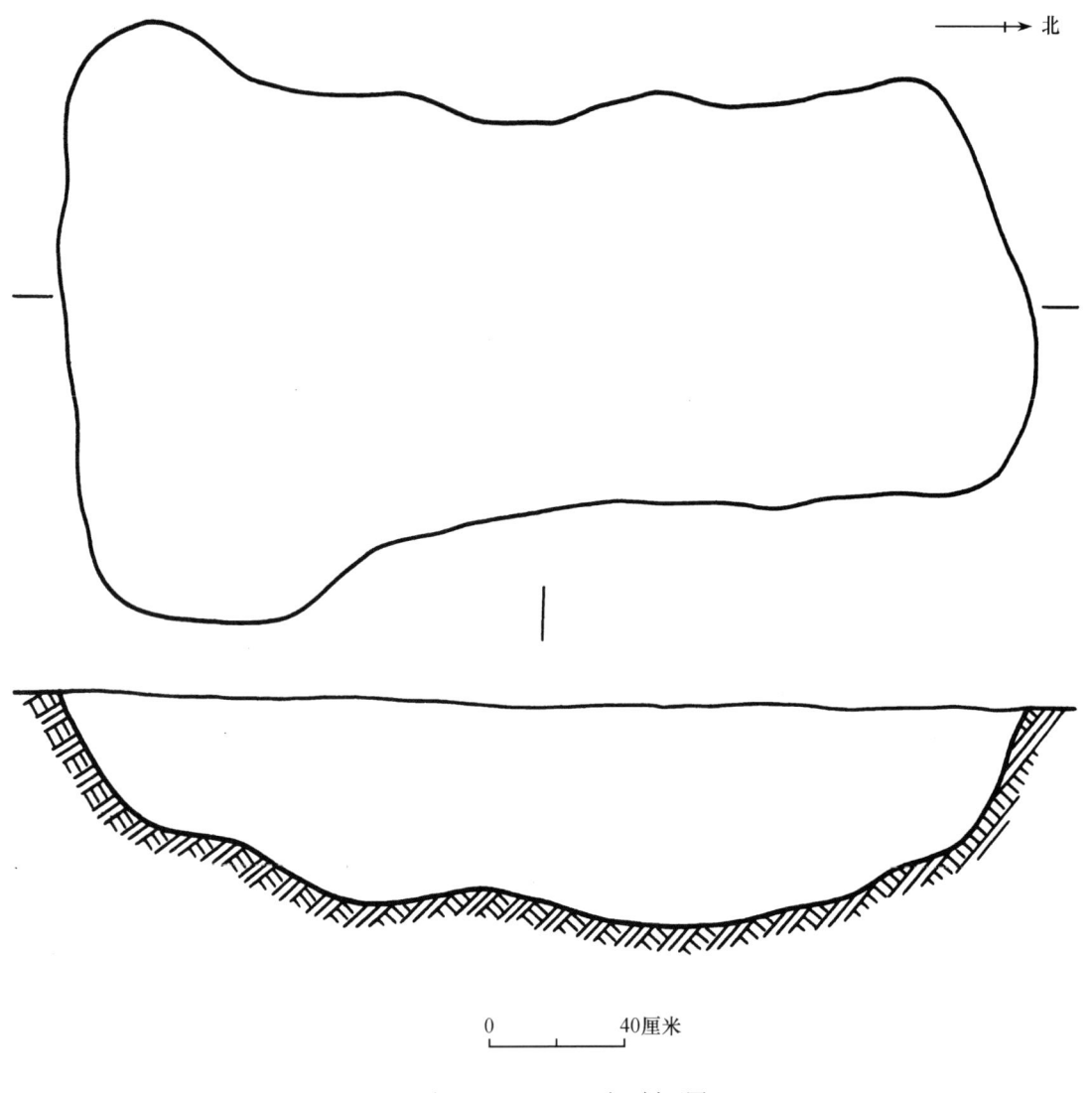

图八〇　A 区 H3 平、剖面图

　　陶豆柄　2 件。标本 AH3：27，粗泥褐陶。较粗壮，下端略呈喇叭状。长 10.2、中段粗径 4.6 厘米（图八一，3）。

　　陶器底　1 件（AH3：28）。粗泥褐陶。斜壁，平底。外表饰交错绳纹。底径 8.6、残高 4.8 厘米（图八一，9）。

　　动物骨骼　种类有家猪、青鱼。标本 AH3：9，家猪下颌骨。标本 AH3：7，家猪左尺骨。标本 AH3：8，家猪第一趾节骨。标本 AH3：12，家猪 M3 齿。标本 AH3：18，青鱼左前鳃盖骨。标本 AH3：16，青鱼右下咽齿。

2. 墓葬

　　墓葬共 2 座。有岩坑墓和土坑墓两类。

　　① 岩坑墓

　　M4 位于 A 区东南部。1991 年卜庄河居委会修建街道时挖出，开口在①层下，打破砂岩层，距

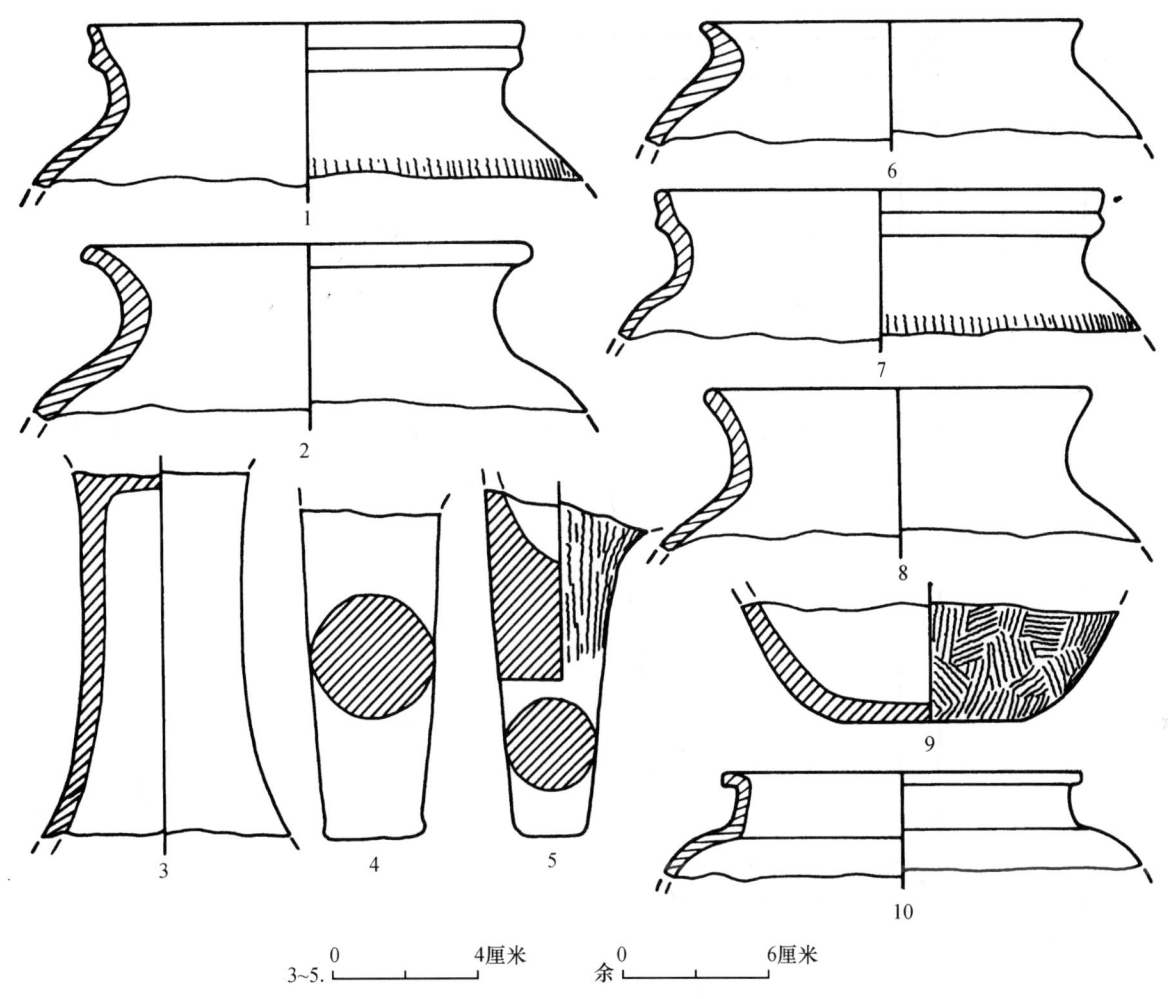

图八一　A 区 H3 出土陶器

1、7. 鬲（AH3：23、AH3：22）　2. 鼎（AH3：25）　3. 豆柄（AH3：27）　4. 鼎足（AH3：26）　5. 鬲足（AH3：24）

6、8、10. 罐（AH3：21、AH3：20、AH3：19）　9. 器底（AH3：28）

地表深 0.3 米，方向 2°。墓坑呈竖穴长方形，系在砂岩上挖掘而成。该墓北端大部分被破坏掉，残存墓口南北长 1、东西宽 2.3、深 0.8～1.7 米。墓内填土呈黄褐色，黏性较大（图八二）。随葬器物有陶敦、陶壶、陶豆，共 3 件。呈东西向排列。

陶敦　1 件（M4：1）。泥质灰褐陶。器身扁圆，子口微敛，器身和盖上各有 3 个鸟形钮。口径 17、腹径 19.8、通高 17.2 厘米（图八三，1）。

陶壶　1 件（M4：2）。泥质黑褐陶，胎心呈红褐色。口微敛，圆唇外凸，直颈，圆鼓肩，下腹内收，平底内凹。上腹部至肩部饰数道细线纹。口径 10、腹径 16.8、底径 5.6、高 15.2 厘米（图八三，2）。

陶豆　1 件（M4：3）。泥质灰褐陶。子口微敛，深盘，矮喇叭形圈足，带盖，盖钮呈矮圈足状。口径 14.8、圈足径 8.2、通高 11.6 厘米（图八三，3）。

② 土坑墓

M97 位于 AT31 探方南部。开口在④层下，打破 AH10。距地表深 0.5～0.6 米。方向 70°。为长

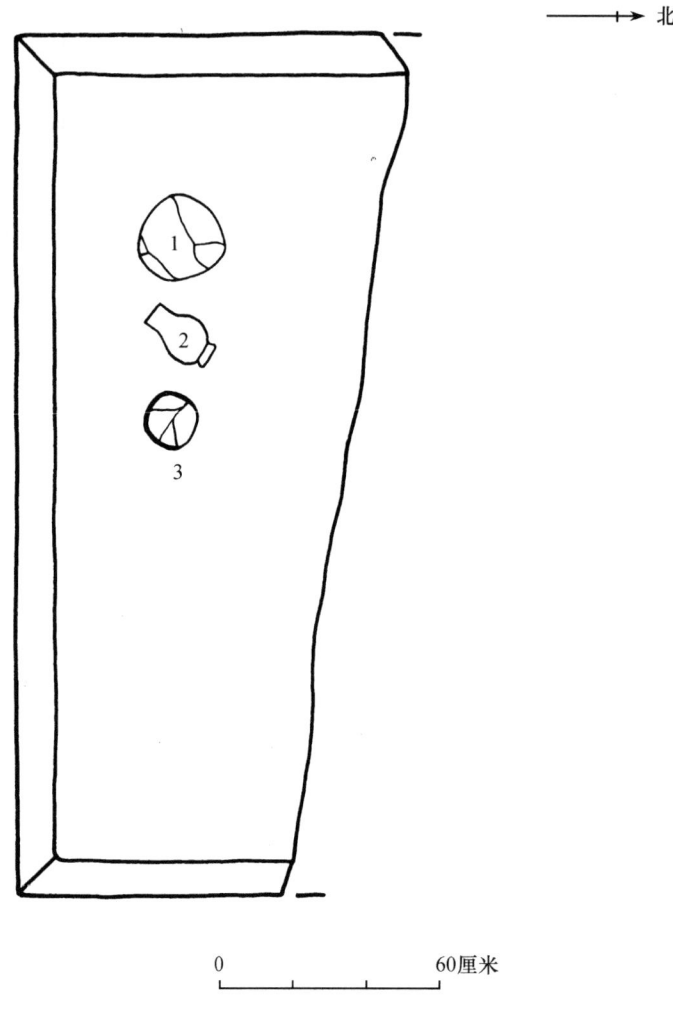

北

0   60厘米

图八二 A 区 M4 平面图
1. 陶敦 2. 陶壶 3. 陶豆

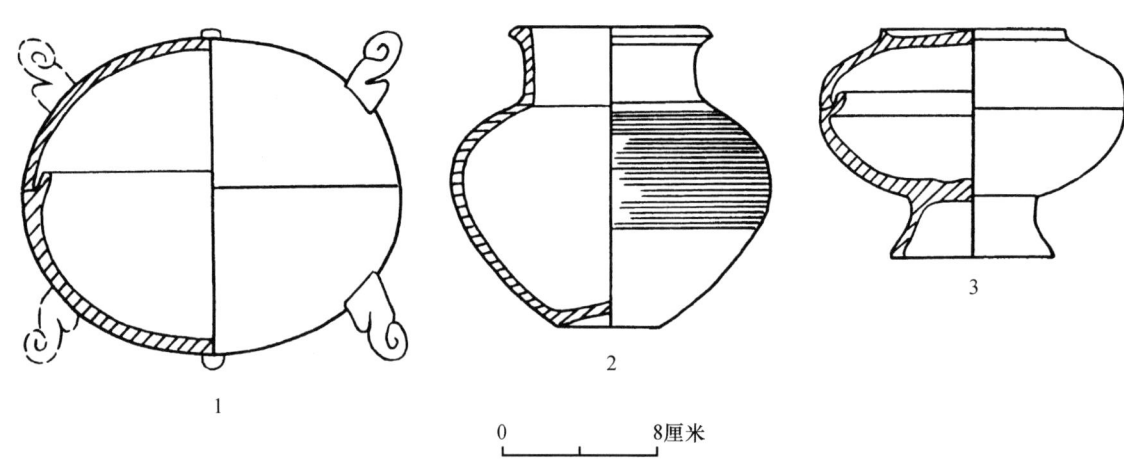

0   8厘米

图八三 A 区 M4 出土陶器
1. 敦（M4:1） 2. 壶（M4:2） 3. 豆（M4:3）

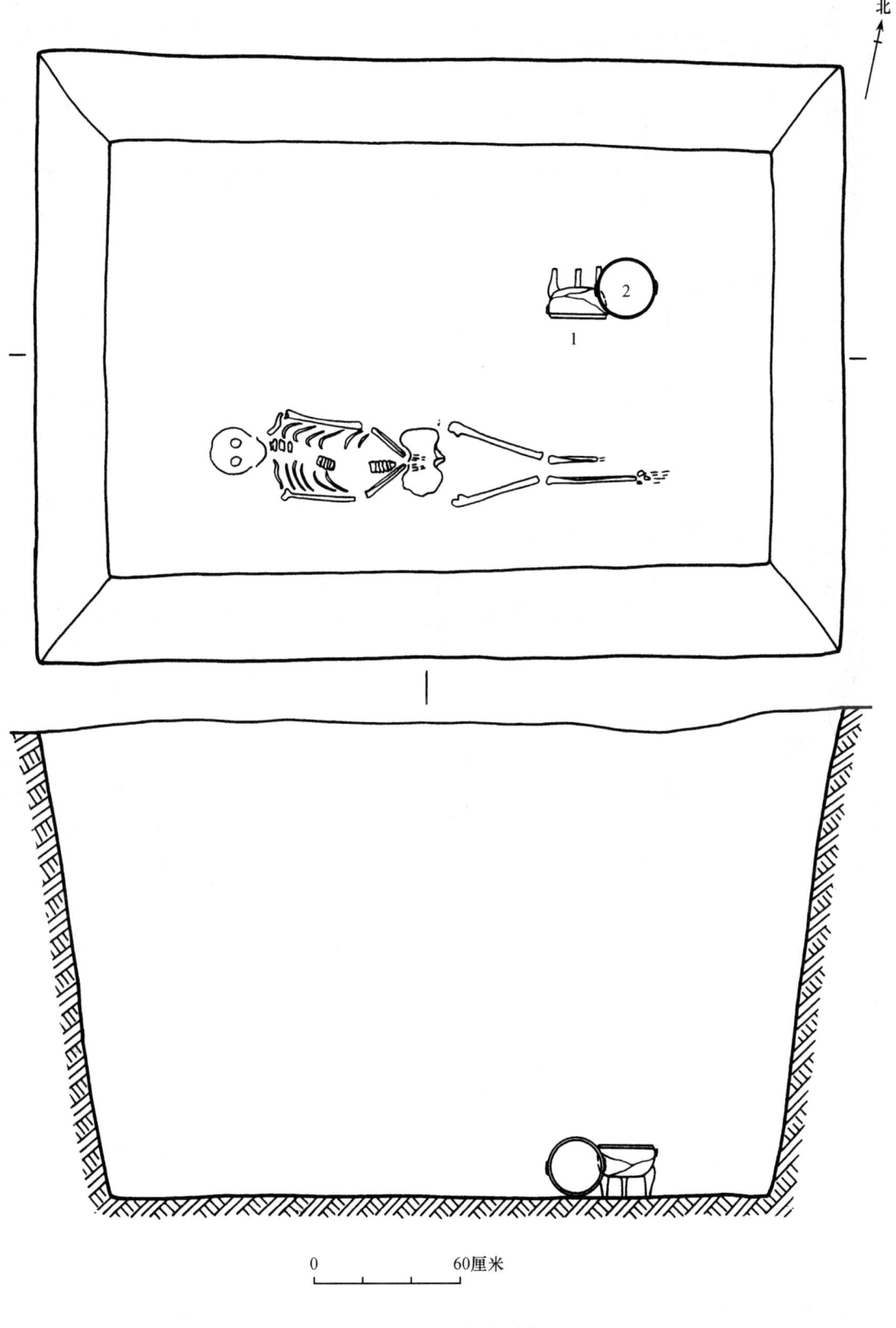

图八四 A 区 M97 平、剖面图

1、2. 陶鼎

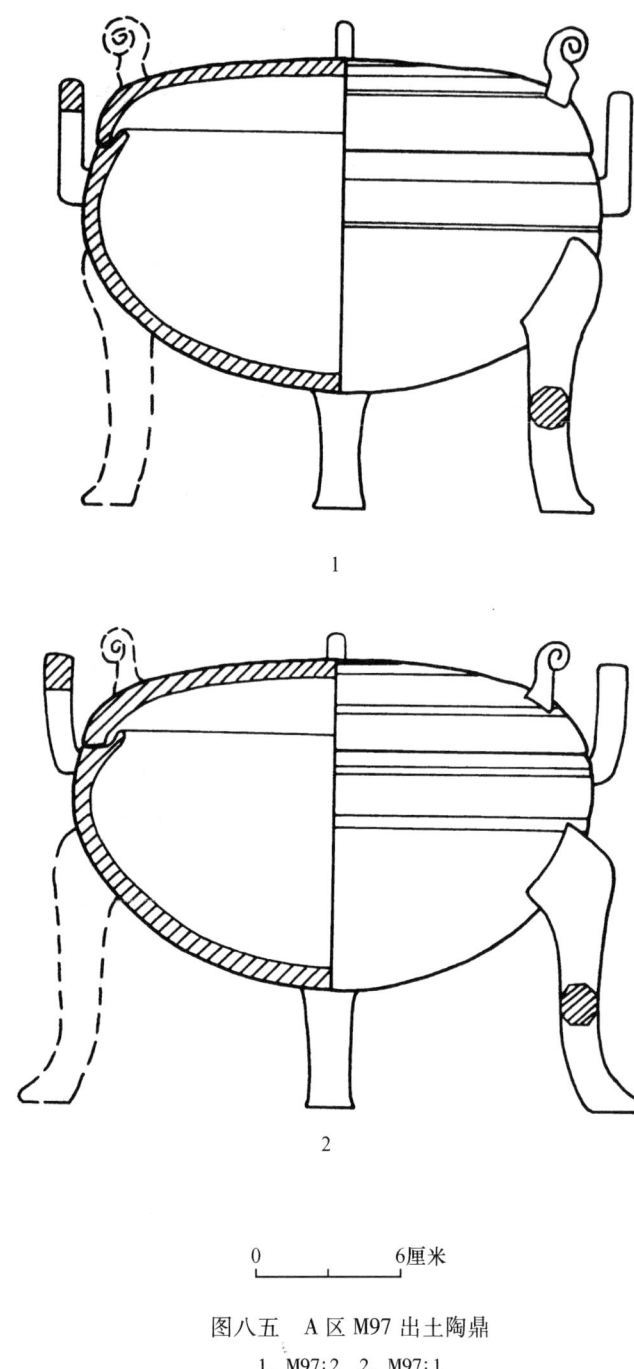

0　　　　6厘米

图八五　A区M97出土陶鼎
1. M97：2　2. M97：1

方形竖穴土坑墓。斜壁，平底。墓口长3.3、宽2.4、深2米，墓底长2.9、宽2米（图八四；图版一八，1）。

墓内填土为浅灰褐色黏土，土质疏松，包含有夹砂红陶绳纹陶片，器形有罐口沿、鼎足和鬲足等。人骨架保存较差，多腐烂成碎渣，葬式为仰身直肢，面向上，双手交叉于下腹部。牙床保存较完整，牙齿大部分附在牙床上，左腿骨残。经鉴定为男性，年龄不详。因严重腐烂，不见葬具痕迹，但根据墓坑形制推测，葬具为单棺和单椁。随葬器物有陶鼎2件，鼎内放置有动物骨骼。

陶鼎　2件。标本M97：1，泥质灰陶。子口内敛，圆唇，扁腹，附耳，瘦长足略外撇，足根呈兽蹄形，弧形盖，盖上三个鸟形钮。鼎上腹和盖面各饰四道凹弦纹。口径21.2、腹深10.4、足高11.5、耳宽4.2、通高19.2厘米（图八五，2；彩版六，2；图版一九，1）。鼎内随葬有动物。标本M97：2，泥质灰陶。子口略敛，扁腹略外鼓，附耳，瘦长足，足根略呈兽蹄形，盖面较平，立三个鸟形钮。上腹饰三道凹弦纹，盖面饰四道凹弦纹。口径21、腹深10.6、耳高5.1、足高11.1、通高19.5厘米（图八五，1；彩版六，1；图版一九，2）。鼎内随葬动物，因严重腐烂，仅取出部分标本鉴定。

动物骨骼9件。种类有猪、羊。标本M97：1-1～M97：1-4，家猪腰椎骨。基本完整。标本M97：2-1～M97：2-4，家猪椎骨。较完整。标本M97：2-5，羊左股骨。股骨头保存较好，股骨中段的断口比较平齐。残长11.8厘米。

3. 文化层

A区周代文化堆积层主要分布在AT28、AT30、AT33、AT61探方内。文化层位为④层。堆积层较薄，且零星分布。大多依地势南高北低倾斜堆积。

① AT28④层

出土陶片共25片。其中，粗泥陶17片，占陶片总数的68.00%；夹砂陶8片，占陶片总数的

32.00%。红陶是主要陶色，占陶片总数的72.00%，红褐陶占陶片总数的28.00%。纹饰全部是绳纹，占陶片总数的48.00%。器类有罐、鬲等，均为残件。另出土部分动物骨骼。

陶罐　1件（AT28④:39）。粗泥红陶。溜肩，斜领，口微敛，宽平沿，方唇。口径15、残高4.4厘米（图八六，1）。

陶鬲　3件。标本AT28④:37，粗泥红褐陶。广肩，敛口，折沿，尖唇，沿外有一道凸棱，沿面微鼓。肩部饰绳纹，颈部绳纹抹光。口径18.8、残高7.2厘米（图八六，2）。

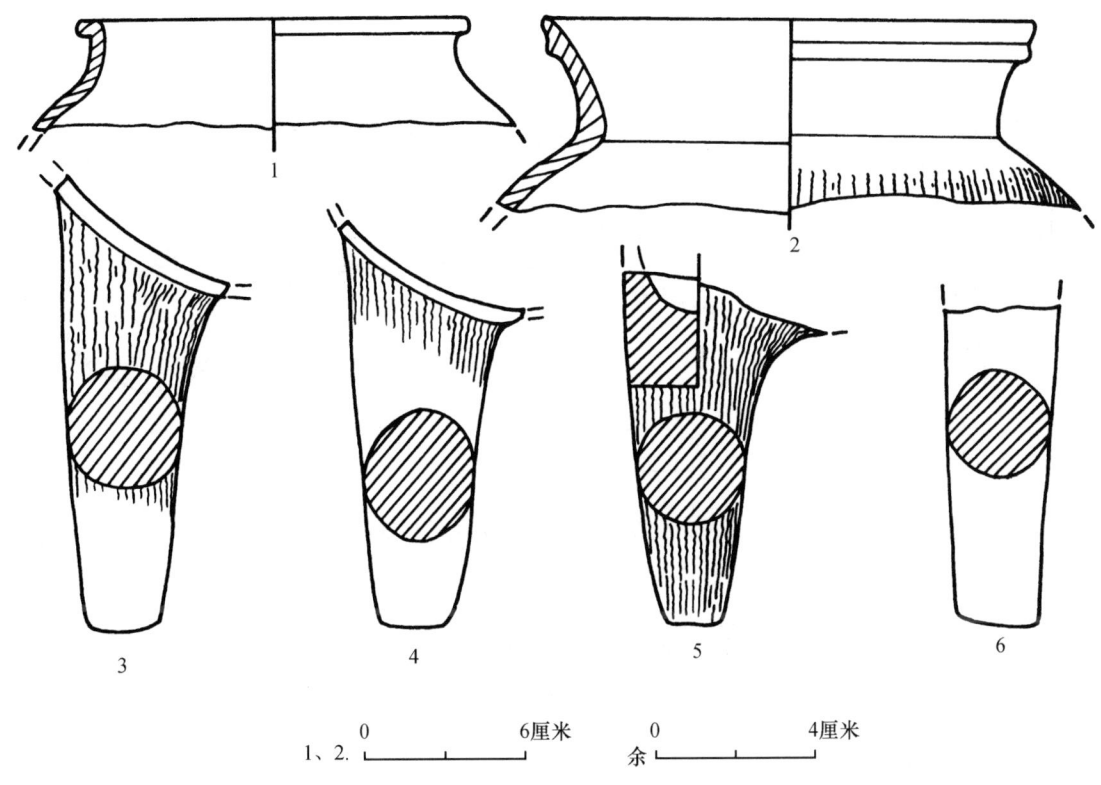

图八六　A区T28④层出土陶器

1. 罐（AT28④:39）　2. 鬲（AT28④:37）　3、4、6. 鼎足（AT28④:35、AT28④:34、AT28④:36）　5. 鬲足（AT28④:38）

陶鼎足　3件。标本AT28④:35，夹细砂红陶。略呈圆锥形，向内弯曲。上段饰绳纹，下段绳纹抹光。长11、中段粗径3厘米（图八六，3）。标本AT28④:34，夹粗砂红陶。上粗下细，横剖面呈椭圆形。上段饰绳纹。长10、中段粗径3.1厘米（图八六，4）。标本AT28④:36，夹粗砂红陶。圆柱形，下段略细。残长8、中段粗径2.8厘米（图八六，6）。

陶鬲足　1件（AT28④:38）。夹粗砂红陶。上段粗，下段细，略向内弧，足根较细，足内空较浅。通体饰绳纹。残长8.8、中段粗径2.6厘米（图八六，5）。

动物骨骼　动物种类有家猪和鸡。标本AT28④:4，家猪左肩胛骨。标本AT28④:2，家猪左肱骨（图八七；图版二〇八，10）。标本AT28④:5、AT28④:6，家猪胸椎。标本AT28④:3，家鸡右股骨。

②　AT30④层

出土陶片共30片。其中，泥质陶25片，占陶片总数的83.33%；夹砂陶5片，占陶片总数的16.67%。陶色以红陶为主，占陶片总数的46.67%，灰褐陶和红褐陶分别占陶片总数的26.67%、26.66%。纹饰仅绳纹一种，占陶片总数的70.00%。器类有陶罐、陶豆等，均为残件。

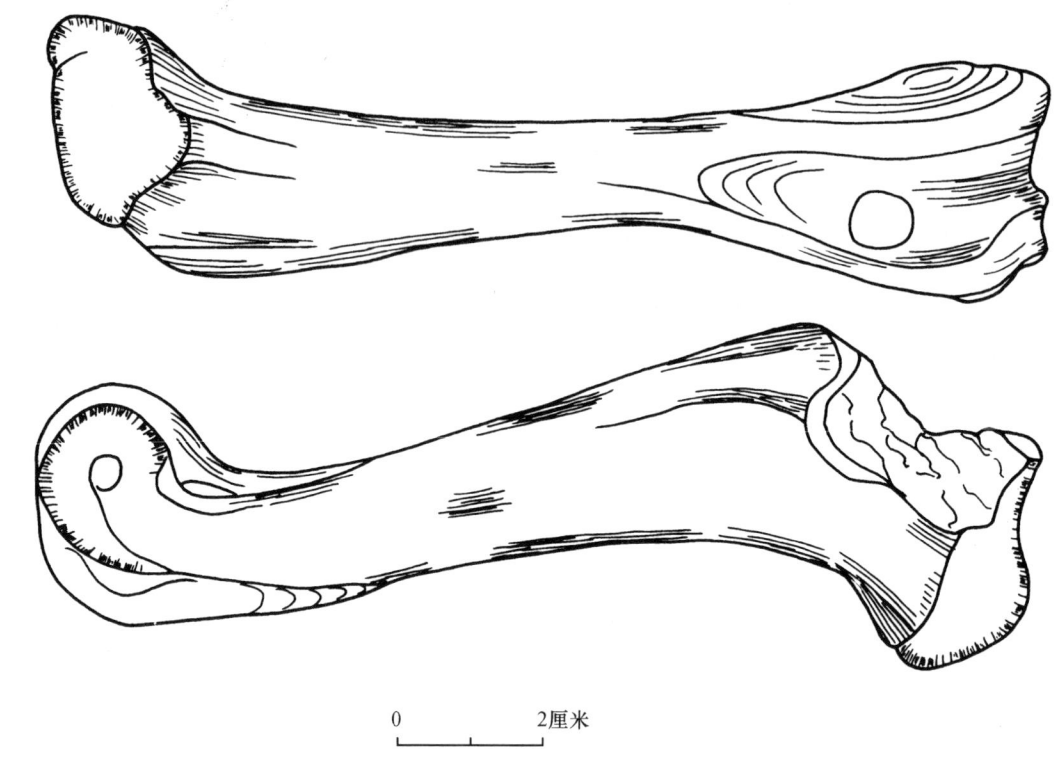

0　　　　　　2厘米

图八七　A区T28④层家猪左肱骨（AT28④：2）

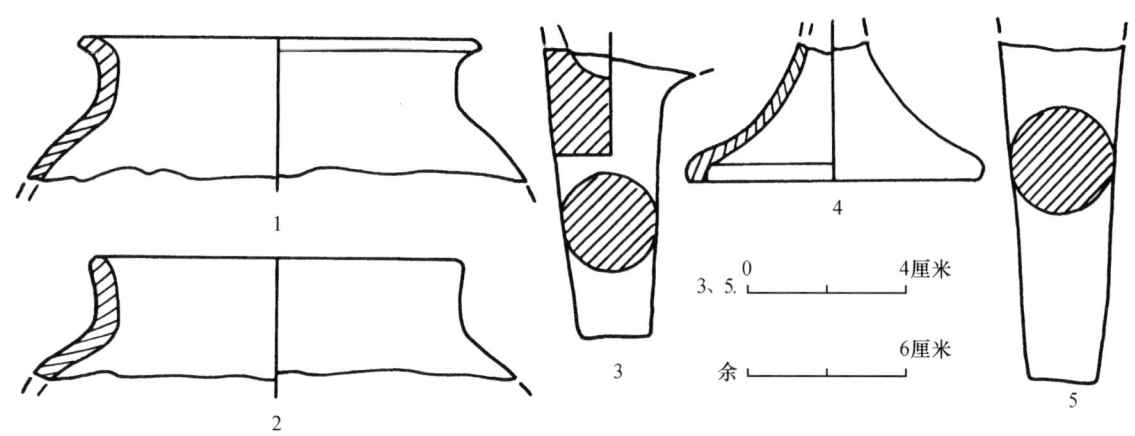

图八八　A区T30④层出土陶器

1、2. 罐（AT30④：8、AT30④：9）　3. 鬲足（AT30④：13）　4. 豆座（AT30④：11）　5. 鼎足（AT30④：12）

　　陶罐　2件。标本AT30④：8，粗泥灰褐陶。溜肩，矮领，口微敛，折沿，尖圆唇，沿面微鼓。口径15.2、残高5.5厘米（图八八，1）。标本AT30④：9，粗泥红褐陶。广肩，直口略外侈，圆唇。口径14.2、残高4.4厘米（图八八，2）。

　　陶鬲足　1件（AT30④：13）。夹细砂红陶。圆柱形，内空较浅，足根较平。残长7、中段粗径2.5厘米（图八八，3）。

　　陶鼎足　1件（AT30④：12）。夹细砂红陶。圆柱状，足根较平。残长8.3、足根径1.8厘米（图八八，5）。

陶豆座　1件（AT30④：11）。细泥灰褐陶。喇叭形，圈足根外凸。胎较薄。圈足径11.2、残高
5.1厘米（图八八，4）。

③ AT33④层

出土陶片共37片。以泥质陶为主，占陶片总数的94.59%，夹细砂陶仅占陶片总数的
5.4%。红陶和褐陶各占陶片总数的29.73%，黑陶占陶片总数的27.03%，灰褐陶占陶片总数的
13.51%。纹饰仅绳纹一种，占陶片总数的48.65%。陶器器类有罐、鬲、鼎、豆、盂、钵等，
均为残件。

陶罐　7件。标本AT33④：13，粗泥灰褐陶。高领，卷沿，侈口，尖唇。口径15.6、残高6.8
厘米（图八九，4）。标本AT33④：14，细泥黑陶。鼓肩，矮领，口略侈，宽折沿，圆唇。口径

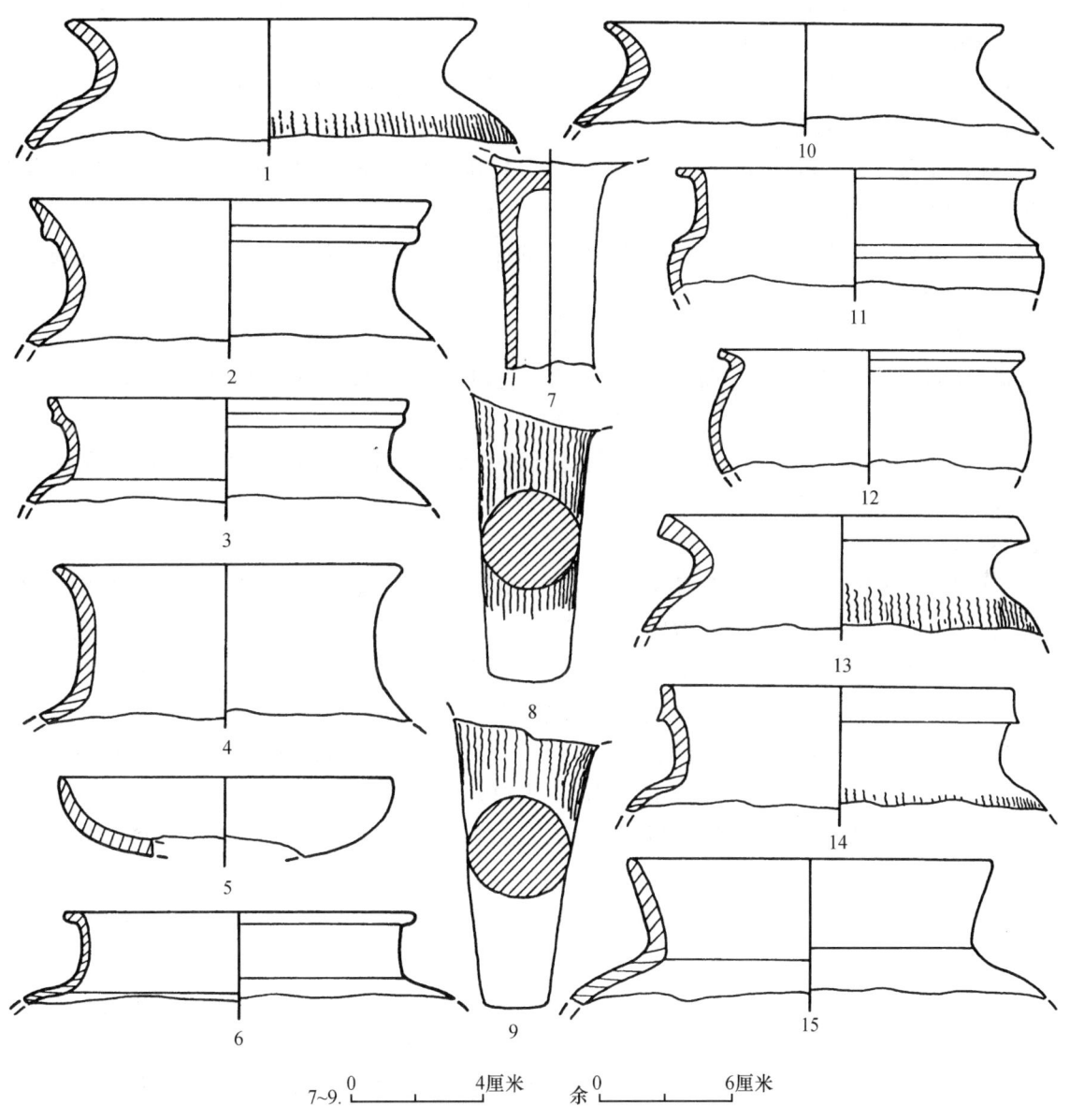

7~9.　0　　　　4厘米　　余　0　　　　6厘米

图八九　A区T33④层出土陶器

1. 鼎（AT33④：18）　　2、3、14. 鬲（AT33④：15、AT33④：17、AT33④：16）　　4、6、10、13、15. 罐（AT33④：13、AT33
④：14、AT33④：11、AT33④：10、AT33④：12）　　5. 豆盘（AT33④：22）　　7. 豆柄（AT33④：21）　　8、9. 鼎足（AT33④：19、
AT33④：20）　　11. 盂（AT33④：23）　　12. 钵（AT33④：24）

15.6、残高4.2厘米（图八九，6）。标本AT33④:11，粗泥红陶。广肩，卷沿，尖唇。口径18、残高4.5厘米（图八九，10）。标本AT33④:10，夹细砂红陶。广肩，敛口，折沿，方唇。肩部饰绳纹。口径16.5、残高4.8厘米（图八九，13）。标本AT33④:12，粗泥黑陶。鼓肩，敛口，折沿，尖圆唇，沿面微鼓。口径16.8、残高6.2厘米（图八九，15）。

陶鼎　1件（AT33④:18）。粗泥褐陶。鼓肩，敛口，宽卷沿，圆唇。肩部饰绳纹，颈部绳纹抹光。口径18.6、残高5.5厘米（图八九，1）。

陶鬲　3件。标本AT33④:15，粗泥红陶。敛口，折沿，尖唇，唇外有一道凸棱，沿面微弧。口径18.2、残高6.2厘米（图八九，2）。标本AT33④:17，粗泥红陶。广肩，矮领，斜沿，尖唇，唇外有一道凸棱，沿面略凹。口径16.2、残高4.5厘米（图八九，3）。标本AT33④:16，粗泥红陶。鼓肩，矮领，折沿，圆唇，沿外一道三角形凸棱，沿内略凹。肩部饰绳纹，颈部绳纹抹光。口径16.3、残高4.3厘米（图八九，14）。

陶豆盘　1件（AT33④:22），粗泥灰褐陶。豆柄残。豆盘弧壁，敞口，圆唇，底较平。盘口径15、残高3.3厘米（图八九，5）。

陶豆柄　1件（AT33④:21），细泥黑陶。上段较粗，胎较薄，内壁不甚光滑。残长6、粗径2.6厘米（图八九，7）。

陶鼎足　3件。标本AT33④:19，粗泥褐陶。圆柱状。外表饰绳纹，下段绳纹抹光。残长8.5、足根径2.3厘米（图八九，8）。标本AT33④:20，夹细砂褐陶。上段粗，下段细，略呈圆锥状。上段饰绳纹。残长8.5、足根径2厘米（图八九，9）。

陶盂　1件（AT33④:23）。粗泥褐陶。鼓肩，直口，宽平沿，圆唇。肩部一道凹弦纹。口径16、最大腹径16.8、残高5.2厘米（图八九，11）。

陶钵　1件（AT33④:24）。粗泥灰褐陶。弧腹，敛口，折沿，方唇。口径13.8、最大腹径14.6、残高5厘米（图八九，12）。

④ AT61④层

出土陶片共39片。有粗泥和夹细砂两种，其中粗泥陶占陶片总数的87.18%，夹细砂陶仅占陶片总数的12.82%。红褐陶占陶片总数的30.77%，红陶占陶片总数的23.08%，灰褐陶占陶片总数的41.02%，黑褐陶占陶片总数的5.13%。纹饰有绳纹、方格纹、弦纹，分别占陶片总数的46.16%、12.82%、5.13%。陶器器类有罐、鬲等，均为残件。

陶罐　3件。标本AT61④:8，夹细砂黑褐陶。广肩，敛口，卷沿，圆唇。口径15.2、残高3.7厘米（图九〇，1）。标本AT61④:9，粗泥红陶。大口外侈，方唇。口径17.5、残高4.4厘米（图九〇，2）。标本AT61④:7，粗泥红褐陶。广肩，敛口，折沿，圆唇，口径21.2、残高6.8厘米（图九〇，7）。

陶鬲　3件。标本AT61④:2，粗泥灰褐陶。敛口，折沿，尖圆唇，唇外一道三角形凸棱，沿内略凹。肩部饰绳纹。口径18.6、残高6.9厘米（图九〇，5）。标本AT61④:1，粗泥灰褐陶。敛口，折沿，圆唇，唇外一道凸棱。肩部饰绳纹，颈部绳纹抹光。口径18、残高6.2厘米（图九〇，6）。

陶鬲足　4件。标本AT61④:3，夹细砂红褐陶。略呈圆锥状，内空较浅。外表饰绳纹。残长9、足根径1.5厘米（图九〇，3）。标本AT61④:6，夹细砂黑褐陶。较粗，足根较平，内空较深。上段饰绳纹。残长7.8、足根径2.1厘米（图九〇，4）。

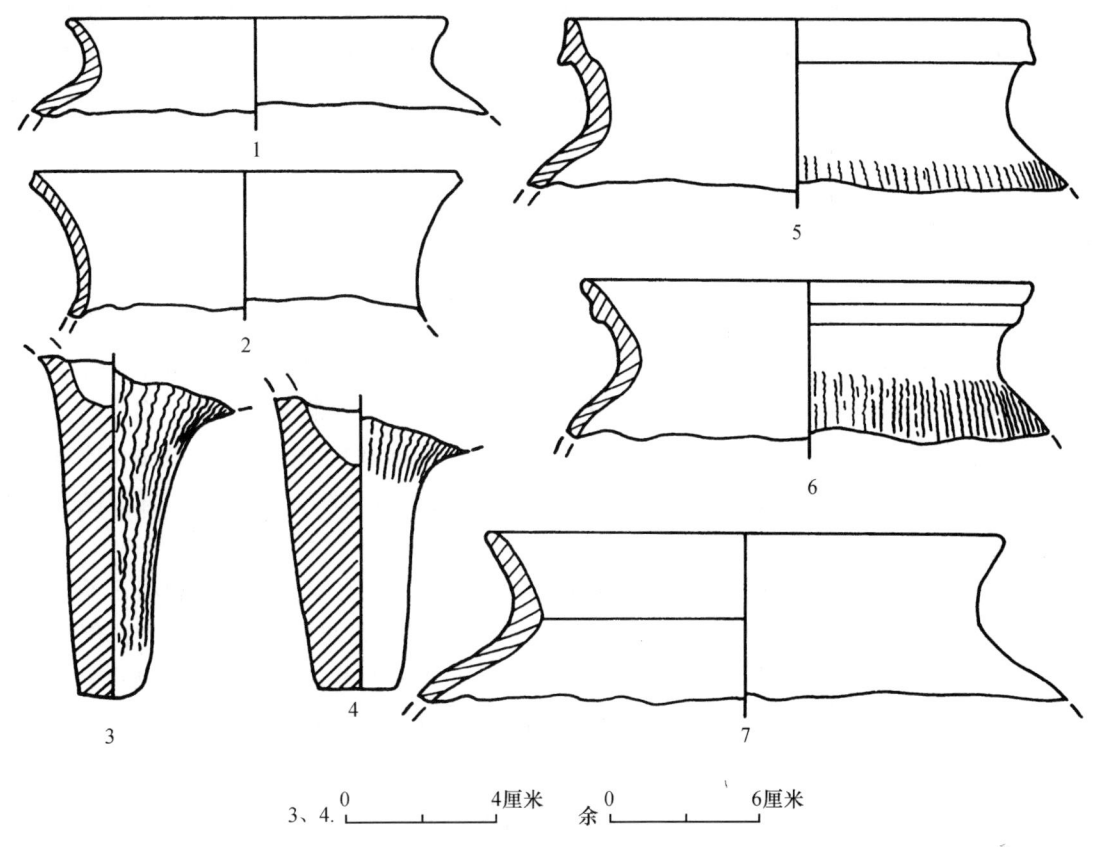

图九〇　A 区 T61④层出土陶器

1、2、7. 罐（AT61④:8、AT61④:9、AT61④:7）　　3、4. 鬲足（AT61④:3、AT61④:6）　　5、6. 鬲（AT61④:2、AT61④:1）

（三）分期与年代

A 区周代遗存几乎没有直接互相叠压打破的情况。AH3 所处位置没有地层关系，开口在①层下，虽然打破了 AH4，但 AH4 是商代灰坑。M4 没有地层叠压打破关系。M97 开口在汉代 M100 下，虽然打破了 AH10，但 AH10 也是商代灰坑。总之，这些遗迹和墓葬与 AT28、AT30、AT33、AT61④层周代堆积层均无直接叠压打破关系。从器物形态观察，AH3 所出器物与④层周代堆积层所出同类器基本上没有什么区别。例如 AH3:23 陶鬲，折沿，尖唇，沿外一道凸棱，与 AT24④:37 鬲，AT61④:1、AT61④:2 鬲，AT33④:15、AT33④:16 鬲的形制极为相似。所出鼎足、鬲足也基本相同。因此，可将 AH3 及 AT28④层、AT30④层、AT33④层、AT61④层等所出遗存视为同一时期遗存。

M4 出土三件器物为泥质灰陶和泥质黑褐陶，M97 出土两件陶鼎均为泥质灰陶，与上属单位出土以红陶为主的遗存相比，显然是两回事，而器物形态也各不相同。同时 M97 填土中也出土不少与遗址中相同的红陶绳纹陶片，器类有卷沿罐、鼎足、鬲足等。

综上分析，可将 A 区周代遗存分为两期。

一期：以遗址出土的遗存为代表。卷沿陶鼎、折沿陶鬲、卷沿罐与当阳磨盘山遗址晚期所出同类器相似[1]。年代约相当于春秋晚期至战国早期。

---

[1]　宜昌地区博物馆：《当阳磨盘山西周遗址试掘简报》，《江汉考古》1984 年 2 期。

二期：以墓葬遗存（M4、M97）为代表。M4器物组合为敦、壶、豆，按组合规律应有鼎（可能被破坏掉）；M97出土两件陶鼎，扁腹，瘦长足。这是长江中游地区战国中晚期墓葬中常见的器物组合，而鼎、敦、壶、豆的形制与当阳、江陵一带战国中晚期楚墓中所出同类器基本一致。年代约相当于战国中晚期。

（四）小结

卜庄河遗址A区周代遗存地层堆积简单，仅一层，但特点鲜明。陶器以红陶和红褐陶为主，普遍使用粗泥陶，夹砂和细泥陶较少。陶器纹饰基本上是以绳纹为主，少见弦纹和方格纹。器类简单，主要是陶罐、陶鬲和陶鼎，陶豆、陶钵、陶盂少见。器物形态是罐多卷沿，鬲多折沿，鼎多宽沿，鼎足多呈柱状，鬲足多呈锥状，豆多为粗柄。这些文化内涵和特征，都属于楚文化范畴，说明早在春秋晚期，楚文化西扩已介入到三峡地区，卜庄河遗址同官庄坪、庙坪遗址一样，已是楚人聚居生活的重要地方。

AH3和AT28④层中出土大量动物骨骼，但动物种类不多，只有家猪、青鱼和鸡三类，其中家猪骨骼占总数的85%以上，青鱼骨骼占总数的10%，鸡骨骨骼仅占总数的5%。这个比例与商代出土动物骨骼数量相比，有明显区别，家猪数量大大增加，鱼类骨骼相对减少了。这说明卜庄河遗址周代时期，家畜饲养业有了很大的发展，或许是当时经济生活的主要来源之一。

八　汉　代　遗　存

（一）概述

A区汉代遗存仅墓葬一种，共8座，编号为M90、M99～M101、M107、M108、M110、M113。8座墓葬均分布在A区东部。根据墓葬形制、结构可分为土坑墓和土圹石室墓两种。

土坑墓共7座，分小型墓（M90、M99、M101、M107、M108、M113）和大型墓（M100）两类。

小型墓均受到不同程度的破坏，尤其是M90平面只存四分之一，唯M108保存较完整，墓口长3.56、宽2.5、深2米。按墓口形制又可分为长方形竖穴土坑墓（M101、M107、M108、M113）和正方形竖穴土坑墓（M99）两种。其中3座墓（M99、M108、M113）有熟土二层台，1座墓（M107）有壁龛和生土二层台。1座墓（M101）为多人二次合葬。葬具多腐烂，其中有3座墓（M99、M108、M113）有榫痕，2座墓（M107、M108）有棺痕及铁棺扣。除M90随葬器物较多外，其余墓葬随葬器物甚少或没有。随葬品组合形式为：

陶罐组合：2座；

陶灶、陶盒、陶钵、陶甑、铜钱、铜奁组合：1座；

铜杖首、铜镈、玉璧组合：1座；

陶罐、陶灶、陶壶、陶鼎、陶甑、陶盖组合：1座。

大型中字形竖穴土坑墓1座（M100）。东西两边各一个斜坡墓道，全长12.25、宽4.5、深1.8米。埋葬有11具人骨个体。因早期被盗，残存器物不多，残存随葬品组合为陶罐、陶盖、铜削刀、铜片、铜钱。

土圹石室墓1座（M110）。墓室规模较大，全长10.76、宽3.23米。由墓道、甬道、墓室三部分组成。

（二）墓葬介绍

墓葬共8座，可分为土坑墓和土圹石室墓两类。

1. 土坑墓

① M90

M90位于AT42探方东南角，开口在①层下，打破生土。坑口距地表深0.3米。方向205°。该墓遭严重破坏，只存西南角一小部分。从西南角残存的墓壁观察，应为长方形竖穴土坑墓，墓壁较陡直，底较平。墓口残长1.8、残宽1、残深0.28米（图九一）。人骨架均腐烂无存，性别年龄不详。随葬器物放置在墓坑西南部位，有陶罐、陶盖、陶甑、陶壶、陶鼎、陶灶等12件器物（图版二〇，1）。

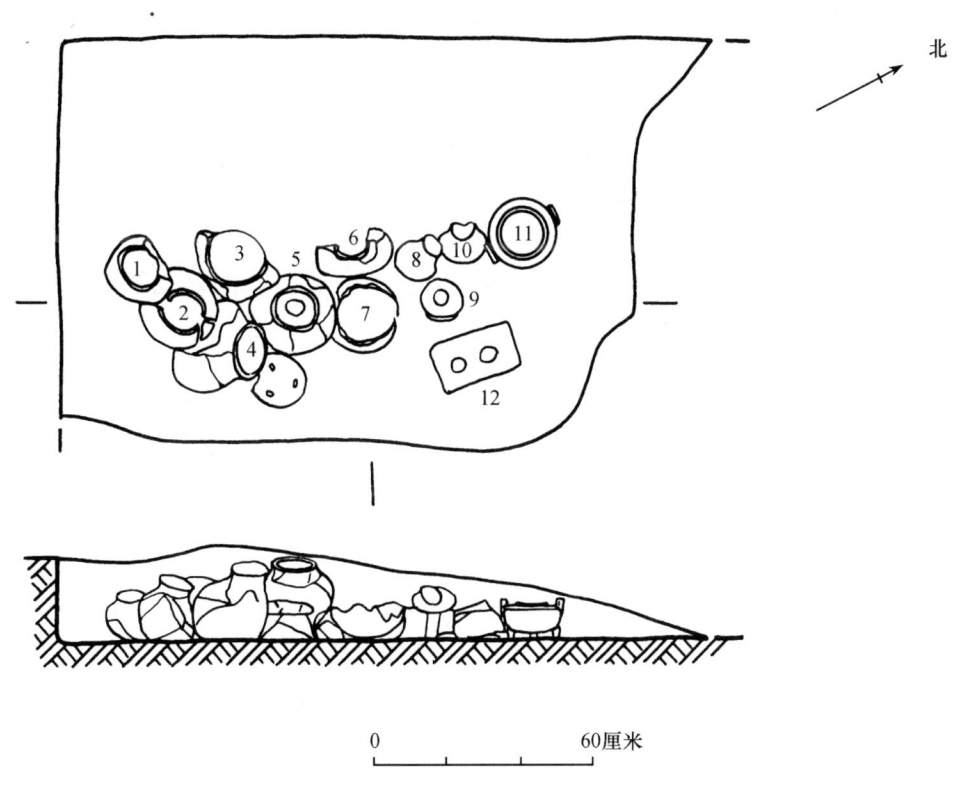

0　　　　　　　　　　60厘米

图九一　A区M90平、剖面图

1、2、4、5、9. 陶罐　3、7. 陶盖　6. 陶甑　8、10. 陶壶　11. 陶鼎　12. 陶灶

陶罐　5件。标本M90：5，泥质灰陶。鼓肩，高领，口略侈，斜沿外凸，尖唇，腹内收，小平底内凹。肩部饰三道凹弦纹，下腹饰交错绳纹。口径13.2、最大腹径19.5、领高6、通高17.6厘米（图九二，1；图九四，2；彩版七，2；图版二一，4）。标本M90：1，泥质灰褐陶。鼓腹，敛口，宽圆唇，小平底。素面。口径12、最大腹径15.9、高12厘米（图九二，3；图版二二，6）。标本M90：2，泥质灰陶。广肩，高领，直口，宽沿外凸，尖圆唇，弧腹，小平底内凹。下腹饰交错绳纹。

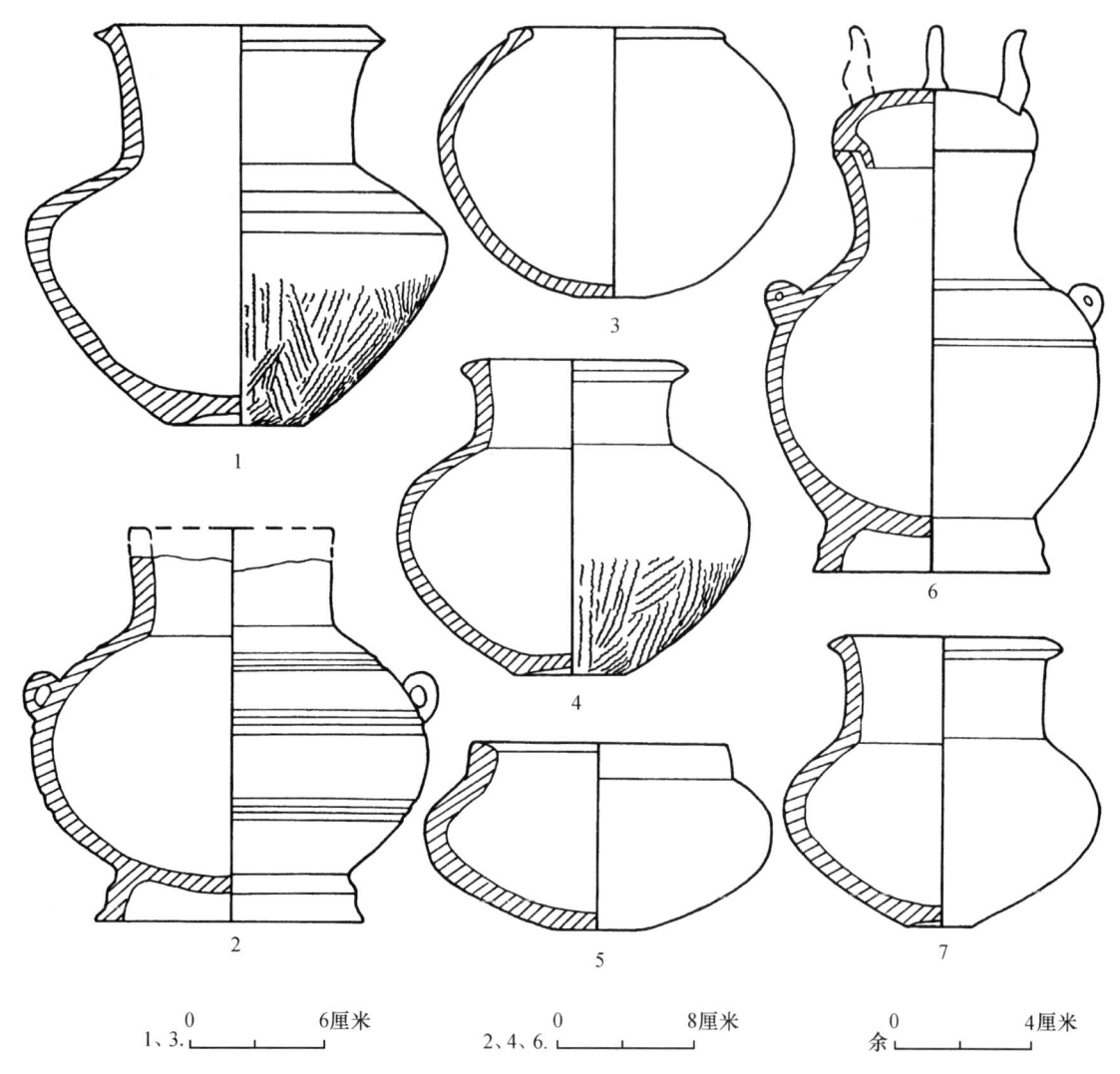

图九二　A 区 M90 出土陶罐、壶

1、3～5、7. 罐（M90：5、M90：1、M90：2、M90：9、M90：4）　2、6. 壶（M90：10、M90：8）

口径 13.2、最大腹径 20.8、领高 8.9、通高 18.2 厘米（图九二，4；图九四，3；彩版七，5；图版
二一，5）。标本 M90：9，泥质黑褐陶。扁腹，鼓肩，窄卷沿，斜唇，小平底，器胎较厚。素面。口
径 7.8、最大腹径 10.6、高 5.4 厘米（图九二，5；彩版八，2；图版二二，5）。标本 M90：4，泥质
灰褐陶。鼓肩，高领，口略外侈，斜沿，尖唇，腹内收，小平底内凹。素面。口径 7.2、最大腹径
9.5、领高 5.2、通高 8.5 厘米（图九二，7；彩版八，3；图版二一，2）。

　　陶壶　2 件。标本 M90：10，泥质灰陶。口残。扁腹，粗圈足，圈足根略外撇，长颈，肩部
有两个对称的环形立耳。肩部饰一组凹弦纹，腹部饰两组凹弦纹，每组弦纹由两道凹弦纹组成。
领部直径 12、最大腹径 24、圈足径 16、残高 21.6 厘米（图九二，2；图九四，4）。标本 M90：8，
泥质灰褐陶。球腹，长颈，口略侈，方唇，圆圈足，圈足略外撇，肩部有两个对称的半圆形附
耳，弧形盖，盖面有三个鸟形钮。肩部和腹部各饰两道凹弦纹，腹部和肩部有红色彩绘图案，但
已脱落不甚清楚。口径 12、最大腹径 19.5、圈足径 13.2、通高 32 厘米（图九二，6；图版
二四，1）。

陶灶　1件（M90:12）。泥质黑褐陶。平面呈长方形，有一圆形火眼，边缘有一椭圆形烟道，正面有一方形弧顶灶门。长20、宽14.8、高9.6、灶门高5.2、宽4.7厘米（图九三，1；图版二四，3）。

陶盖　2件。标本M90:7，泥质黑褐陶。弧壁，口略内敛，方唇，圈足形盖钮。腹部饰四道凹弦纹，外表饰红色彩绘图案，但已脱落不清晰。口径18、钮径9.6、高7.5厘米（图九三，2；图九四，1；图版二九，3）。标本M90:3，泥质灰褐陶。半圆形，口微敛，方唇，盖面有三个鸟形钮。钮外饰两道细凹弦纹。口径18、盖深6.6、通高7.9厘米（图九三，4）。

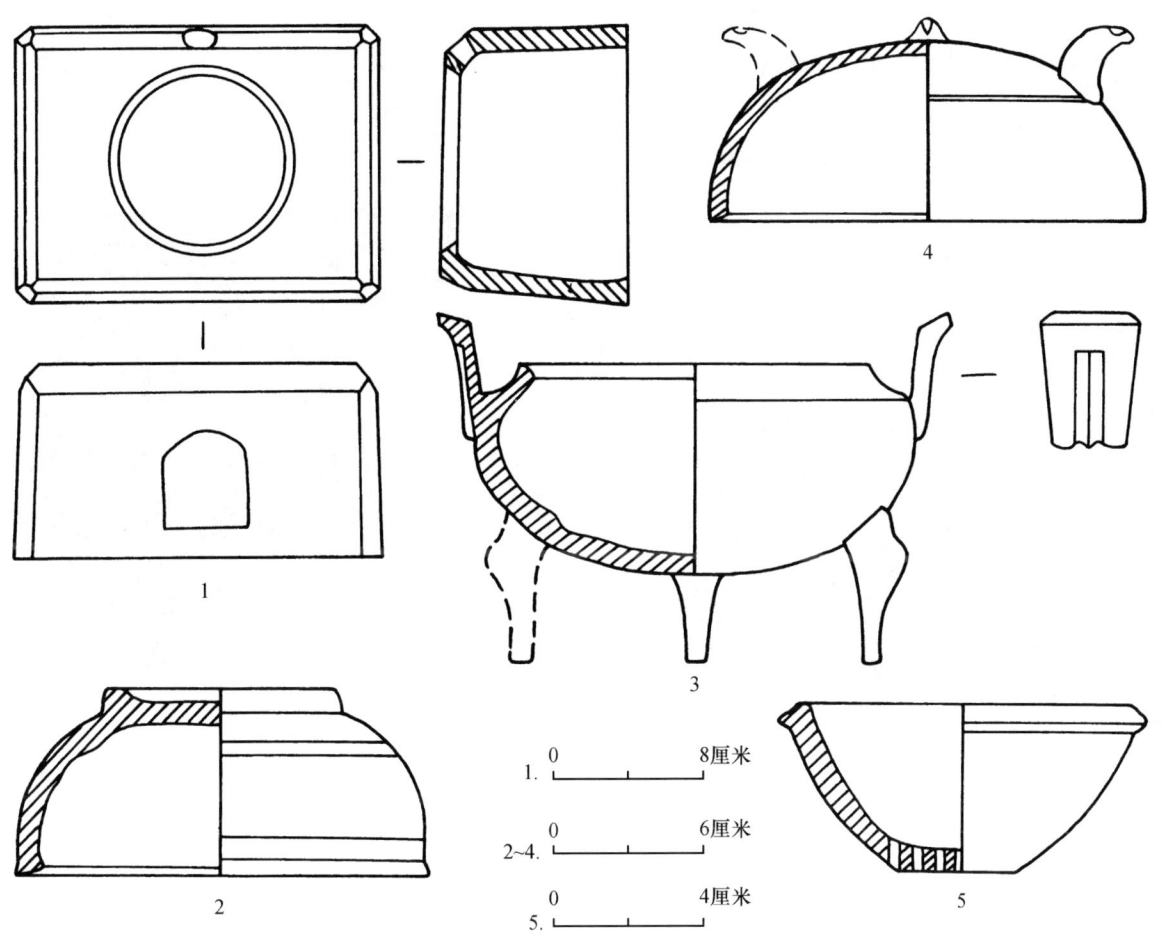

图九三　A 区 M90 出土陶器
1. 灶（M90:12）　2、4. 盖（M90:7、M90:3）　3. 鼎（M90:11）　5. 甑（M90:6）

陶鼎　1件（M90:11）。泥质黑陶。浅腹，子口内敛，尖唇，附方形耳外折，圆锥形足，足上端外凸。素面。口径14.4、最大腹径18.2、耳长5.1、足高6、腹深8.2、通高14.1厘米（图九三，3；彩版八，1；图版二四，2）。

陶甑　1件（M90:6）。泥质褐陶。敞口，斜唇外凸，平底，底部有八个箅孔。器胎较厚重。口径9、底径3.4、高4.8厘米（图九三，5）。

② M99

M99位于AT30探方中部，开口在②层下，打破M113。坑口距地表深0.8～1米。方向250°。形制特殊，平面略呈正方形，斜壁内收，平底。墓口长3、宽3.1、深1.5米，墓底长2.65、宽

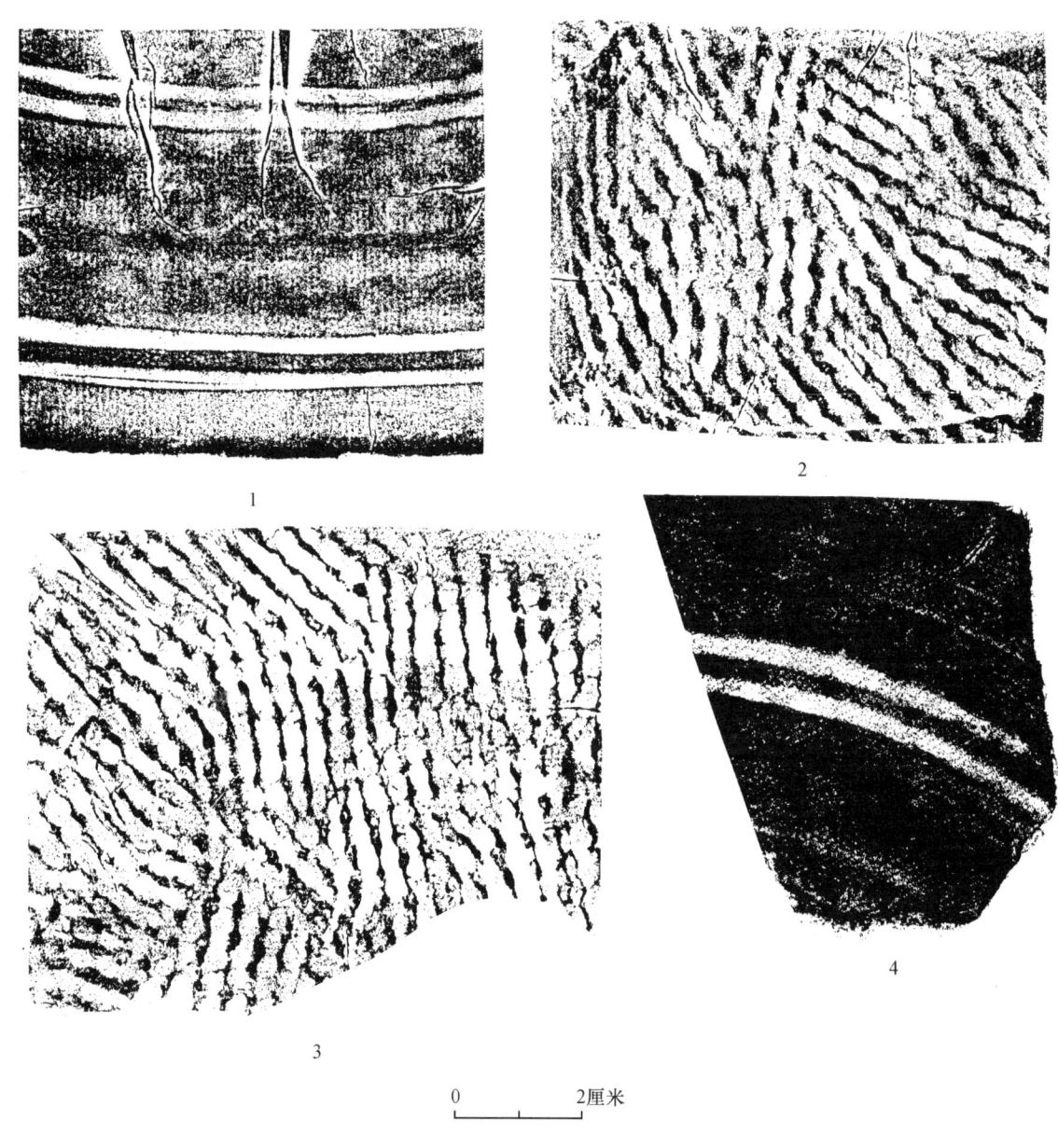

1

2

3

4

0 　　　 2厘米

图九四　A 区 M90 出土器物纹饰拓片

1、4. 凹弦纹（M90：7、M90：10）　　2、3. 绳纹（M90：5、M90：2）

2.76 米。四周有熟土二层台，宽 0.15～0.3、高 0.72 米（图九五；图版二三，1）。椁腐烂痕迹厚 0.08～0.15 米，呈方形，边长 2.45 米，墓底有两道枕木槽。椁内南边有一片呈东西向的黑褐色痕迹，长 2.28、宽 0.7 米，应为棺的腐烂痕迹。另有铁棺扣两件。葬具应为单棺单椁。人骨架均腐烂无存，其性别、年龄及葬式不详。随葬器物中陶器放置在椁内的北边（图版二三，2），钱币见于椁内南边，铜奁耳位于椁的西南角。据椁腐烂痕迹观察，有三个室，即北室放置陶器，头箱放置漆木器，南室则为棺室。随葬器物有陶灶、陶盖、陶盒、陶瓿、陶钵、铜奁耳等 8 件及钱币 41 枚，另有铁棺扣 4 件。

陶灶　1 件（M99：5）。泥质灰黑陶。平面呈长方形，有一大一小的两个火眼，正面有两个方形灶门，背面有一个略呈 "8" 字形刻划纹，其间刻划两棵树纹。长 28、宽 12.9、高 7.1 厘米，火眼

北

熟 土 二 层 台

4 S

14

10
11
9
8
7
6
5

榫痕 →

枕木槽

枕木槽

12
3
1
2
13

0　　　　　　60厘米

图九五　A区M99平、剖面图

1、2、12、13. 铜钱　3. 铜奁耳　4、14. 铁棺扣　5. 陶灶　6、11. 陶盖　7. 陶盒　8. 陶甑　9、10. 陶钵

直径分别为 7.2、8.4 厘米，灶门高 3.6、宽 4 厘米（图九六，1；图九七；图版二四，4）。

　　陶钵　2 件。标本 M99:9，泥质灰褐陶。口微侈，宽斜沿外凸，弧腹，小平底。素面。口径 11.6、底径 4、高 5.2 厘米（图九六，2；图版二九，2）。标本 M99:10，泥质黑褐陶。口微侈，宽斜沿外凸，折腹内收，小平底略内凹。素面。口径 10.8、底径 4、高 6 厘米（图九六，7；图版二九，1）。

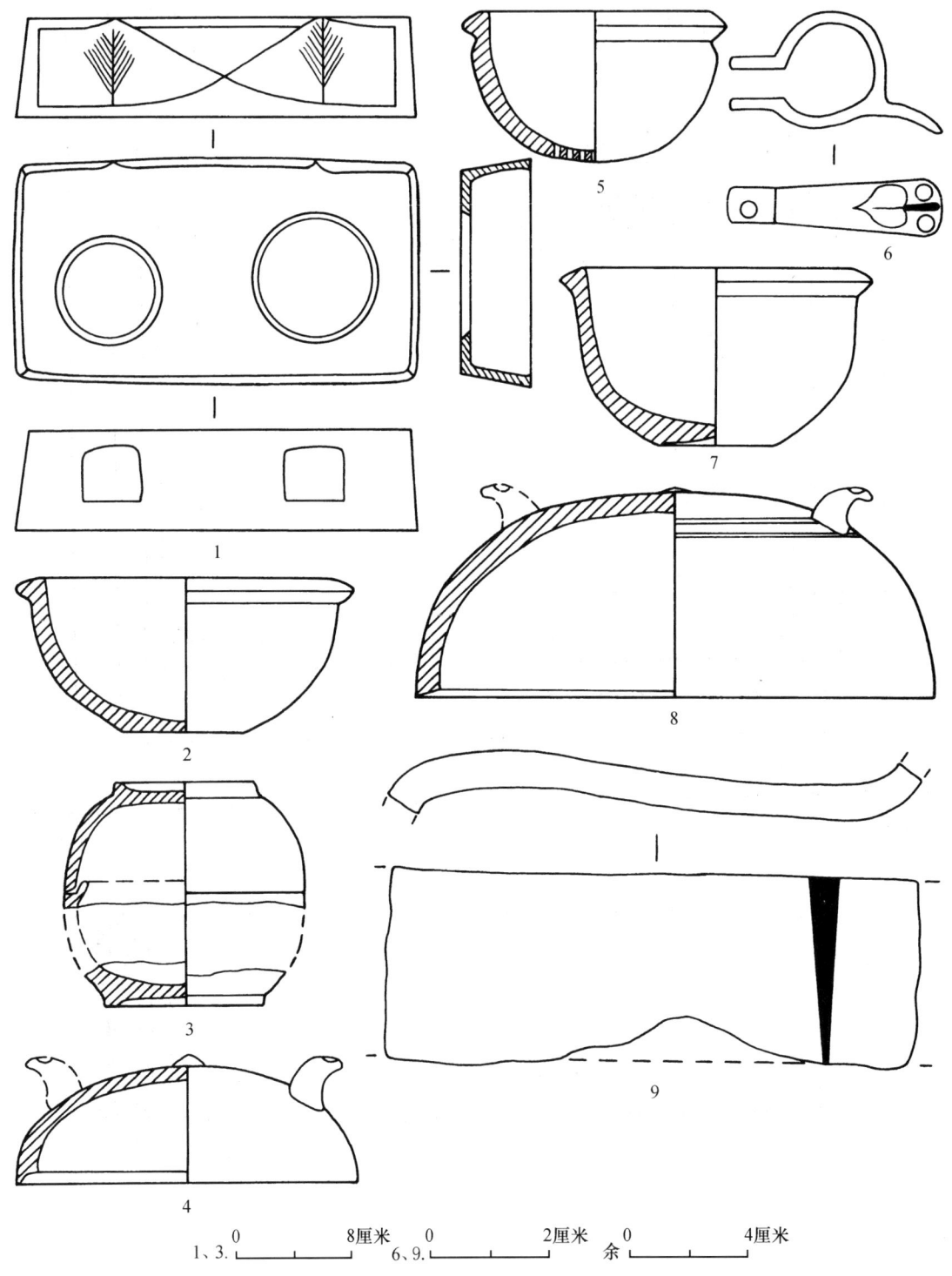

　　　　　　　　　图九六　A 区 M99 出土器物

1. 陶灶（M99:5）　2、7. 陶钵（M99:9、M99:10）　3. 陶盒（M99:7）　4、8. 陶盖（M99:6、M99:11）

5. 陶甗（M99:8）　6. 铜奁耳（M99:3）　9. 铁棺扣（M99:4）

0　　　2厘米

图九七　A 区 M99 陶灶纹饰拓片（M99：5）

陶盒　1件（M99:7）。泥质黑褐陶。腹部残。子口内敛，圆唇，弧壁，矮圆圈足。盖口方唇，圆圈足形钮。素面。口径16.6、圈足径9.6、钮径8.8、高15.2厘米（图九六，3；图版二九，4）。

陶盖　2件。标本M99:6，泥质灰黑陶。弧形盖面，母口微侈，盖面有三个鸟头形钮。素面。口径12、盖内深3.8、通高4.4厘米（图九六，4；图版二八，2）。标本M99:11，泥质黑褐陶。因火候低，鼎身破碎，无法拼对复原。弧形盖面，口微敛，斜方唇，盖面有三个鸟头形钮。器胎较厚重。外饰两道凹弦纹。口径18、深6.8、通高7.3厘米（图九六，8；图版二八，3）。

陶甑　1件（M99:8）。泥质灰褐陶。敞口，斜唇，唇下有一道凹槽，弧壁，圜底，底部有10个圆形小箅孔。胎较厚。素面。口径8.2、高5厘米（图九六，5；彩版八，6；图版二八，4）。

铜㿻耳　1件（M99:3）。略呈环形，有柄，柄上阴刻有兽面纹。直径1.95、柄长1、通长3.6厘米（图九六，6；图版三三，2）。

铁棺扣　4件。标本M99:4，锈蚀严重，已残。略呈"S"形。一面厚0.6、另一面厚0.1、宽3.3、残长9.2厘米（图九六，9；图版三六，5）。

钱币　共41枚。有铜半两和铁半两两种。

铜半两　共40枚。正面分有无外郭，面底分薄边和平边。皆为平背。穿有大小之异。面文有凸隐之异。有的残留有铸口或符号。直径2.1～2.6厘米（图九八、图九九；图版三五，5、6）。应为西汉半两钱币。

铁半两　1枚。有穿。因锈蚀严重其特征无法辨别。直径2.2厘米。

③ M100

M100位于AT30、AT31、AT32及AT28探方南部，开口在③层下，打破④层。东边被M98和M101打破，西边被一近代坑打破。距地表深0.45～0.55米。东西方向，方向90°。

该墓规模较大，为大型长方形竖穴土坑墓。平面略呈"中"字形。全长12.25米。由墓室和东、西墓道三部分组成（图一〇〇；图版二五）。墓室四壁较陡直，平底。墓室口长6.7、宽4.5、深1.8米。西边墓道西高东低呈斜坡状，高出墓室底面0.3米。墓道边与墓室交接处向外鼓出0.4米。墓道残长2.85、宽1.95米。坡度5°。东边墓道东高西低呈斜坡状，高出墓室底面0.25米，墓道北边与墓室交接处向外鼓出0.4米。墓道残长2.7、宽2.02米。坡度5°。墓内填土呈黄褐色，近底部多为灰褐色黏土，较硬，似经夯打过，越往下越松软。填土中含有丰富的绳纹陶片及红色烧土块和一些零星的木炭。

两个墓道的两边均有柱洞，柱洞为圆形和椭圆形（图版二七，1）。每个柱洞底部均有石头柱础，有的石柱础被压破。共有18个柱洞，编号为D1～D18。

D1：圆形。直径0.3、深0.1米。饼形石础（图版二六，1）。

D2：椭圆形。长径0.35、短径0.3、深0.55米。饼形石础（图版二六，2）。

D3：椭圆形。长径0.3、短径0.25、深0.62米。饼形石础。

D4：圆形。直径0.35、深1.05米。饼形石础。

D5：圆形。直径0.32、深1.55米。饼形石础。

D6：圆形。直径0.26、深1.35米。饼形石础。石础被压破。

D7：椭圆形。长径0.27、短径0.24、深1.36米。饼形石础。

D8：圆形。直径0.26、深1.25米。凸字形石础。

D9：圆形。直径0.25、深0.9米。饼形石础。

D10：椭圆形。长径0.35、短径0.26、深0.42米。饼形石础。

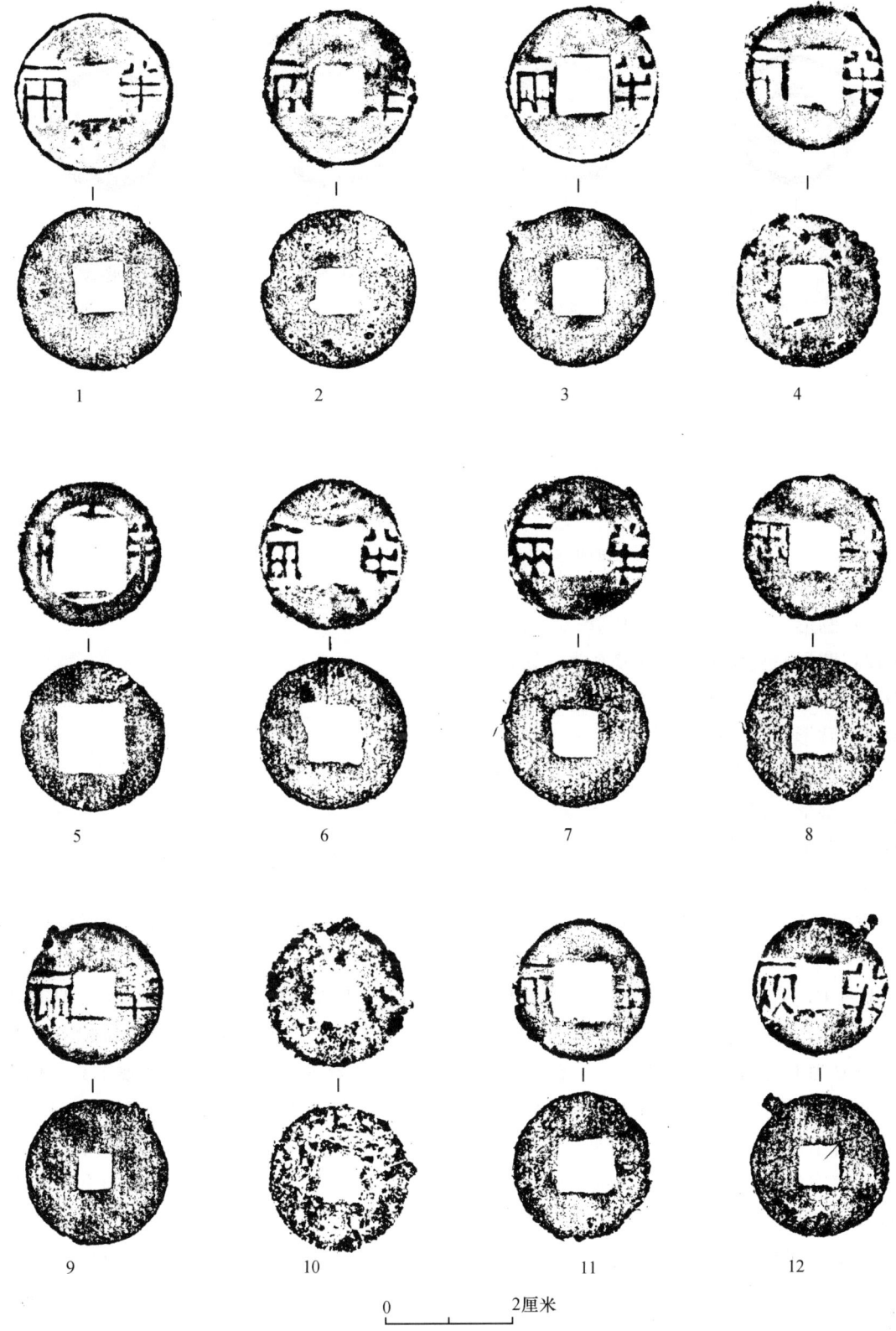

图九八　A 区 M99 半两钱币拓片

1. M99：1　2. M99：2　3. M99：11　4. M99：15　5. M99：13　6. M99：14　7. M99：16　8. M99：17　9. M99：18

10. M99：19　11. M99：20　12. M99：21

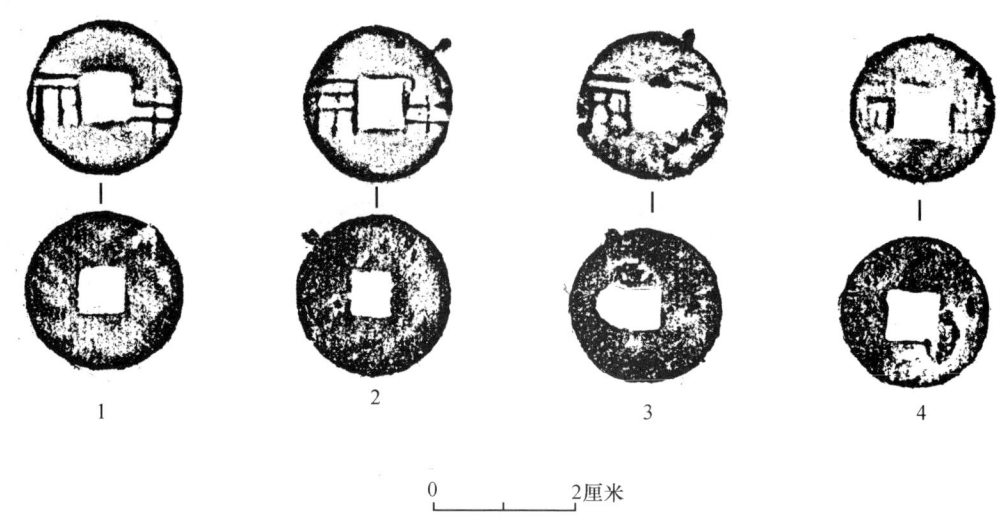

图九九　A区M99半两钱币拓片

1. M99:22　2. M99:23　3. M99:24　4. M99:25

　　D11：圆形。直径0.27、深0.76米。饼形石础。

　　D12：圆形。直径0.28、深0.9米。饼形石础。

　　D13：圆形。直径0.24、深1.35米。饼形石础。

　　D14：圆形。直径0.3、深1.35米。饼形石础。

　　D15：椭圆形。直径0.28、短径0.25、深1.26米。饼形石础。

　　D16：圆形。直径0.25、深1.02米。饼形石础。

　　D17：圆形。直径0.31、深0.81米。饼形石础。石础被压破。

　　D18：圆形。直径0.32、深0.55米。饼形石础。石础被压破。

　　墓室内有棺椁腐烂痕迹，据腐烂痕迹观察，有6个椁室，由东向西、由北向南分别编号为1～6号椁室（图版二〇，2）。1号椁室痕迹长2.1、宽1.05米。椁内有东西向棺痕1具，棺内有人骨架1具，编号R1。2号椁室痕迹长2.1、宽1.1米。椁内有东西向棺痕1具，棺内有人骨架1具，编号R2。3号椁室痕迹长2.1、宽2米。椁内有东西向棺痕3具，每具棺内有1具人骨架，人骨架由北向南编号为R3、R4、R5。4号椁室痕迹长2.8、宽1米。椁内东边有东西向棺痕1具，棺内有1具人骨架，编号为R6。椁内西边有人头骨及部分肢骨，编号为R7。5号椁室痕迹长2.1、宽0.8米。椁内有棺痕1具，棺内有人骨架1具，编号为R8。6号椁室痕迹长2.15、宽1.5米。椁内有棺痕2具，棺内各有人骨架1具，编号R9、R10。5号椁室的西边，即西墓道的东北角有1具人头骨和部分肢骨零乱堆在一起，周围有些黑色的腐烂痕迹（可能是葬具腐烂的痕迹）。

　　人骨架大部分严重腐烂，只存部分肢骨和部分牙齿，但排列有规律。R1～R6，也就是1～4号椁室内的人骨，头向均朝东面（R6除外）。R8～R10，即5、6号椁室内的人骨，头向均朝西面。分别介绍如下：

　　R1：头向东，仰身直肢。性别、年龄不详。

　　R2：头向东，仰身直肢。性别不详。属于儿童个体。

　　R3：残存腐烂痕迹不多，但仍然可以看出是头向东，仰身直肢。性别可能为男性。年龄30～35岁。

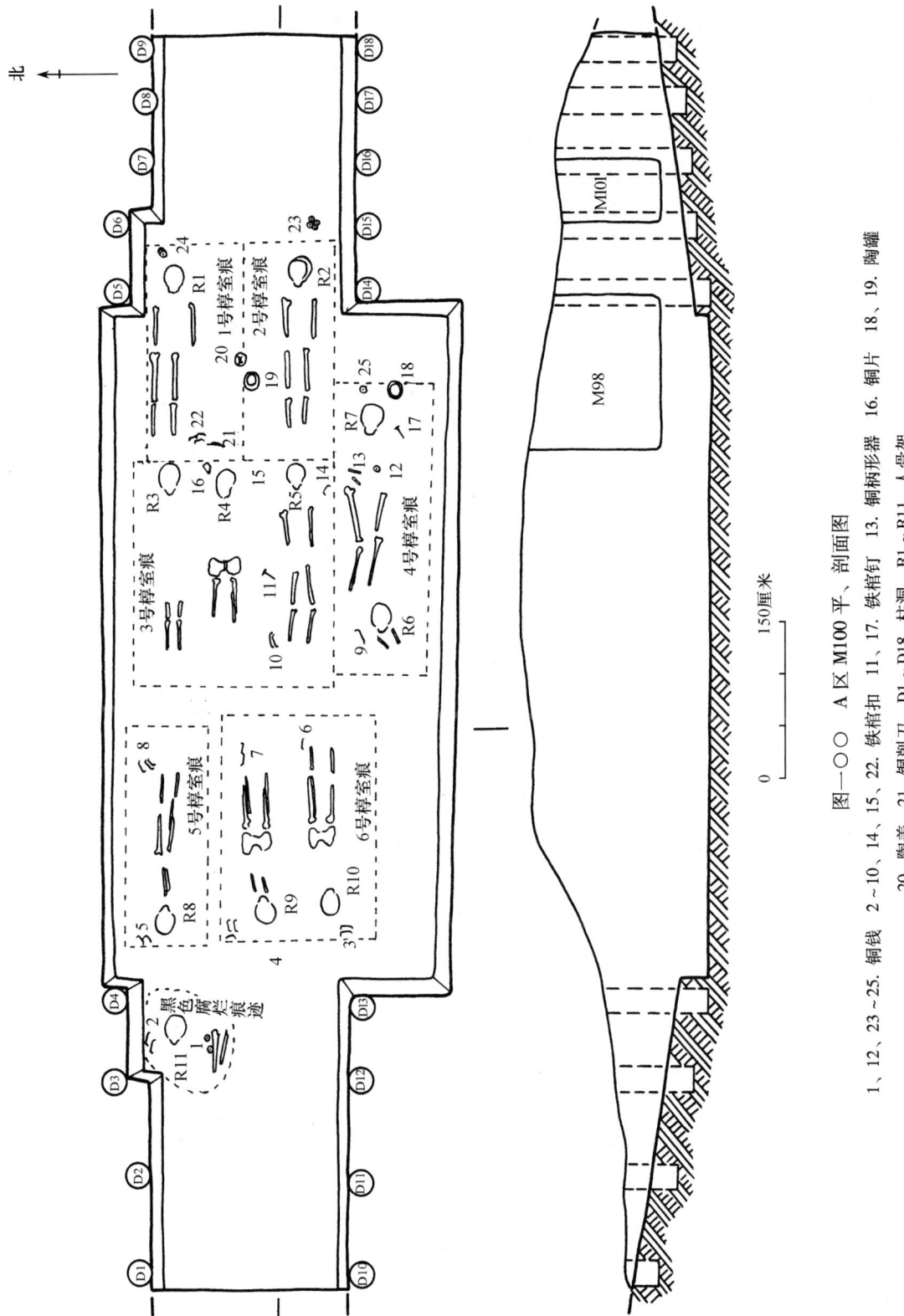

图一〇〇　A 区 M100 平、剖面图

1、12、23～25. 铜钱　2～10、14、15、22. 铜柄形器　16. 铜片　18、19. 陶罐
20. 陶盖　21. 铜削刀　D1～D18. 柱洞　R1～R11. 人骨架

R4：头向东，仰身直肢。性别不详。年龄45岁左右。

R5：头向东，仰身直肢，左腿骨略向外弯曲。性别为男性。年龄35岁左右。

R6：位于4号椁室的西边。只存头骨和两段肢骨，十分凌乱地堆在一起，可能为二次葬。性别不详。年龄10岁。

R7：头向东，仰身直肢，右腿向内弯曲。性别不详。年龄12岁。

R8：头向西，面向南，侧身直肢。性别不详。年龄40岁左右。

R9：头向西，仰身直肢，整个身体向南扭曲。性别不详。属成年人。

R10：头向西，仰身直肢。性别为男性。年龄25岁左右。牙齿有邻面龋，右侧股骨有两处愈合的穿孔伤。

R11：位于西边墓道的东北角，仅存头骨和部分肢骨堆在一起。头骨顶朝上，面向西。性别不详。年龄50~55岁。

该墓早期严重被盗，所剩随葬器物特别少，有陶罐、陶盖、铜削刀、铜柄形器、铜片、铜钱及铁棺扣和铁棺钉等。

陶罐　2件。标本M100：18，泥质灰褐陶。束颈，侈口，尖唇，扁腹，弧形底。腹部有两个对称的环形耳。器胎较厚。素面。口径4、高6厘米（图一〇一，7；图版二二，1）。标本M100：19，泥质灰褐陶。束颈，侈口，尖唇，扁腹，圜底，腹部有两个对称的环形耳。器胎厚重，内壁不光滑。素面。口径4.6、最大腹径7.6、高6.3厘米（图一〇一，8；彩版八，4；图版二二，3）。

陶盖　1件（M100：20）。泥质灰陶。弧壁，母口内敛，杯口形盖钮。盖面有三道凹弦纹和12个对称的三角形戳印纹。口径16.8、钮高1.8、通高6厘米（图一〇一，1；彩版八，5；图版二八，1）。

铜片　1件（M100：16）。呈不规则形。长2.7、宽1.6、厚0.2厘米（图一〇一，2）。

铜柄形器　1件（M100：13）。残。圆筒形，内空，一端有圆形小饼。残长3.7、粗径0.6厘米（图一〇一，3；图版三三，4）。

铜削刀　1件（M100：21）。已残。背略弧。刃部有三个缺痕。残长4.2、背部厚0.3、刃厚0.05厘米（图一〇一，6）。

铁棺扣　12件。标本M100：9，已残。弧形棺扣。残长7.5、宽3.3、背部厚0.7、刃部厚0.1厘米（图一〇一，4）。标本M100：6，已残。"S"形棺扣。残长9.8、宽3.5、背部厚0.8、刃部厚0.1厘米（图一〇一，5）。

铁棺钉　2件。标本M100：11，已残。扁形，顶端略外凸，形似小草帽。残长5.4、宽1.3、厚0.4厘米（图一〇一，9）。标本M100：17，基本完整。扁锥形。残长10、顶端宽0.9、中部宽1.2厘米（图一〇一，10）。

钱币　共22枚。均为铜质钱币。分五铢和半两两种。

五铢　共3枚。分二型[①]。

A型　1枚。面、背郭不宽，面文较隐，穿上短横。铸造工艺欠精。面文"五"字中间两笔较斜直，"朱"字头方折。直径2.6厘米（图一〇二，9）。为西汉早中期五铢钱币。

B型　2枚。面、背郭有宽窄之分，穿有大小之别，穿上有三角星或短横。面文"五"字像两炮弹相对，"铢"字金旁的头小，呈箭头状。直径2.5厘米（图一〇二，10、11）。为西汉晚期五铢钱币。

---

① 所有"五铢"钱币，统一分为A、B、C、D、E五型，以下同。

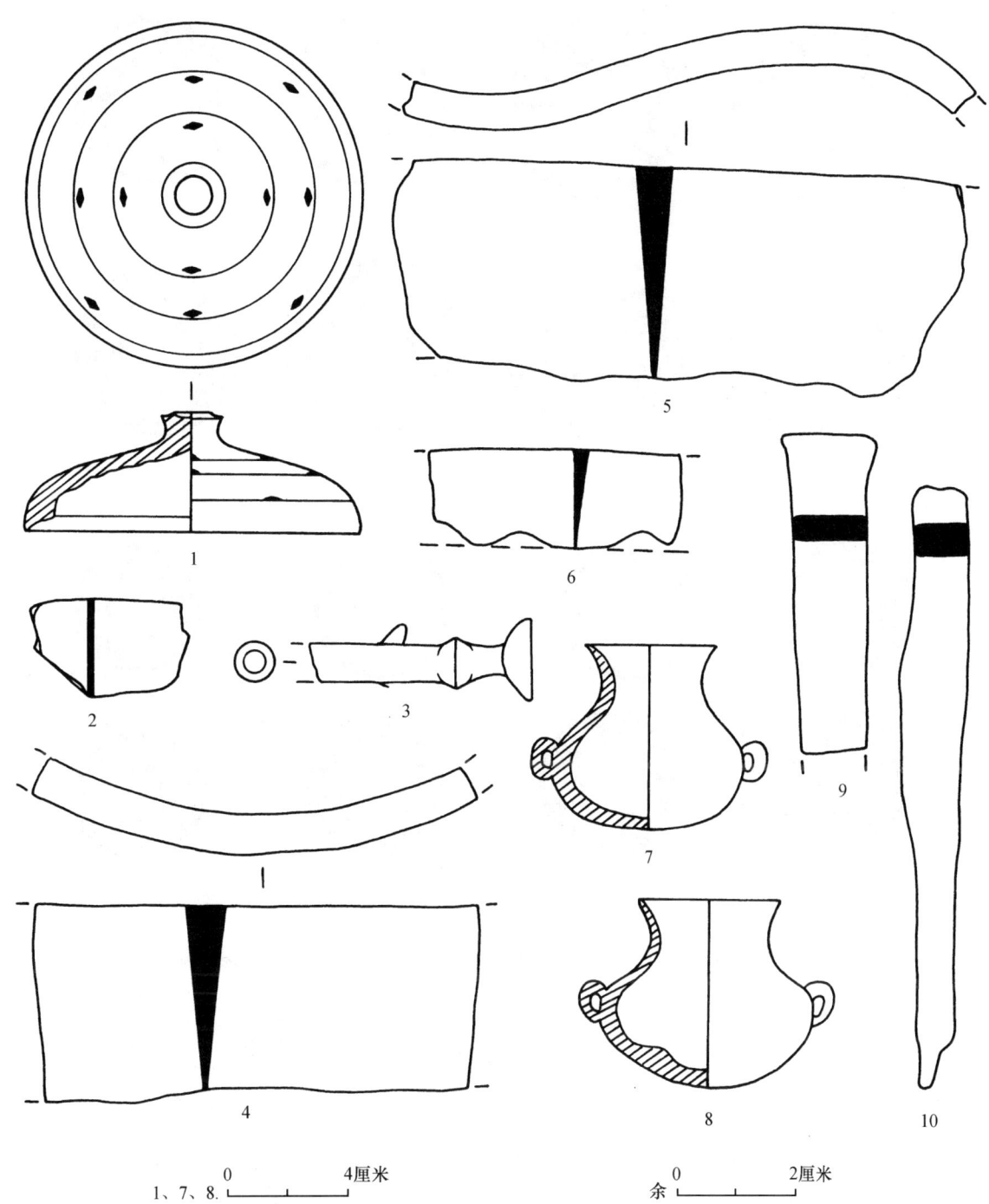

图一〇一　A 区 M100 出土器物

1. 陶盖（M100:20）　2. 铜片（M100:16）　3. 铜柄形器（M100:13）　4、5. 铁棺扣（M100:9、M100:6）

6. 铜削刀（M100:21）　7、8. 陶罐（M100:18、M100:19）　9、10. 铁棺钉（M100:11、M100:17）

半两　19 枚。面、背均无郭，平背，面底分薄边和平边，穿有大小之别，面文有高挺和隐约之异。直径 2.2～3.1 厘米（图一〇二，1～8；彩版五六，6；图版三五，4）。为秦半两和西汉半两钱币。

墓葬填土中出土陶片 200 余片，器类有陶罐、陶鬲、陶鼎、陶壶、陶豆及铜镞等器物。陶器纹饰有绳纹、方格纹、云雷纹，绳纹有粗细之分（图一〇三）。

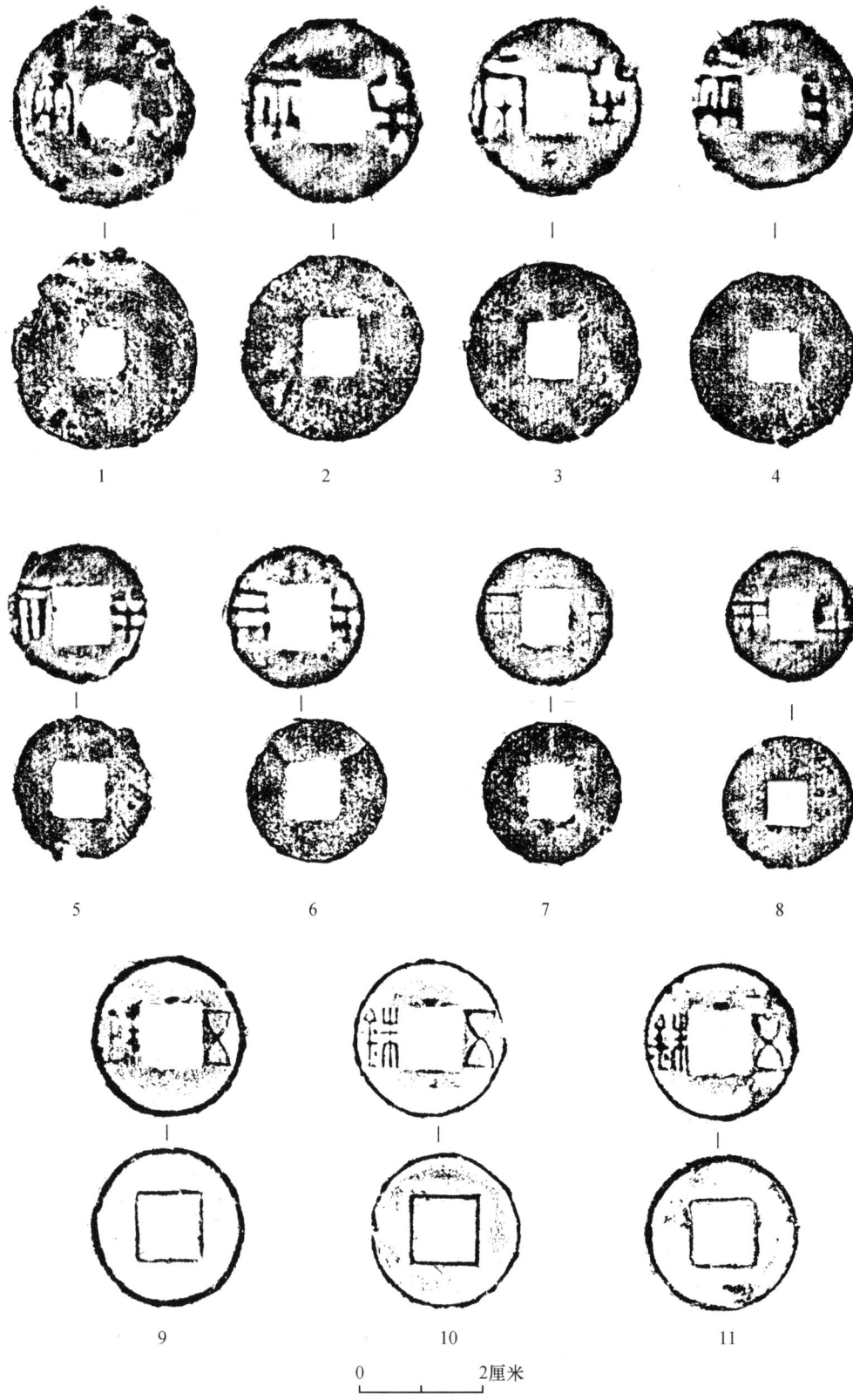

图一〇二　A 区 M100 钱币拓片

1~8. 半两（M100:24、M100:25、M100:48、M100:49、M100:50、M100:51、M100:52、M100:53）

9. A 型五铢（M100:1）　　10、11. B 型五铢（M100:2、M100:23）

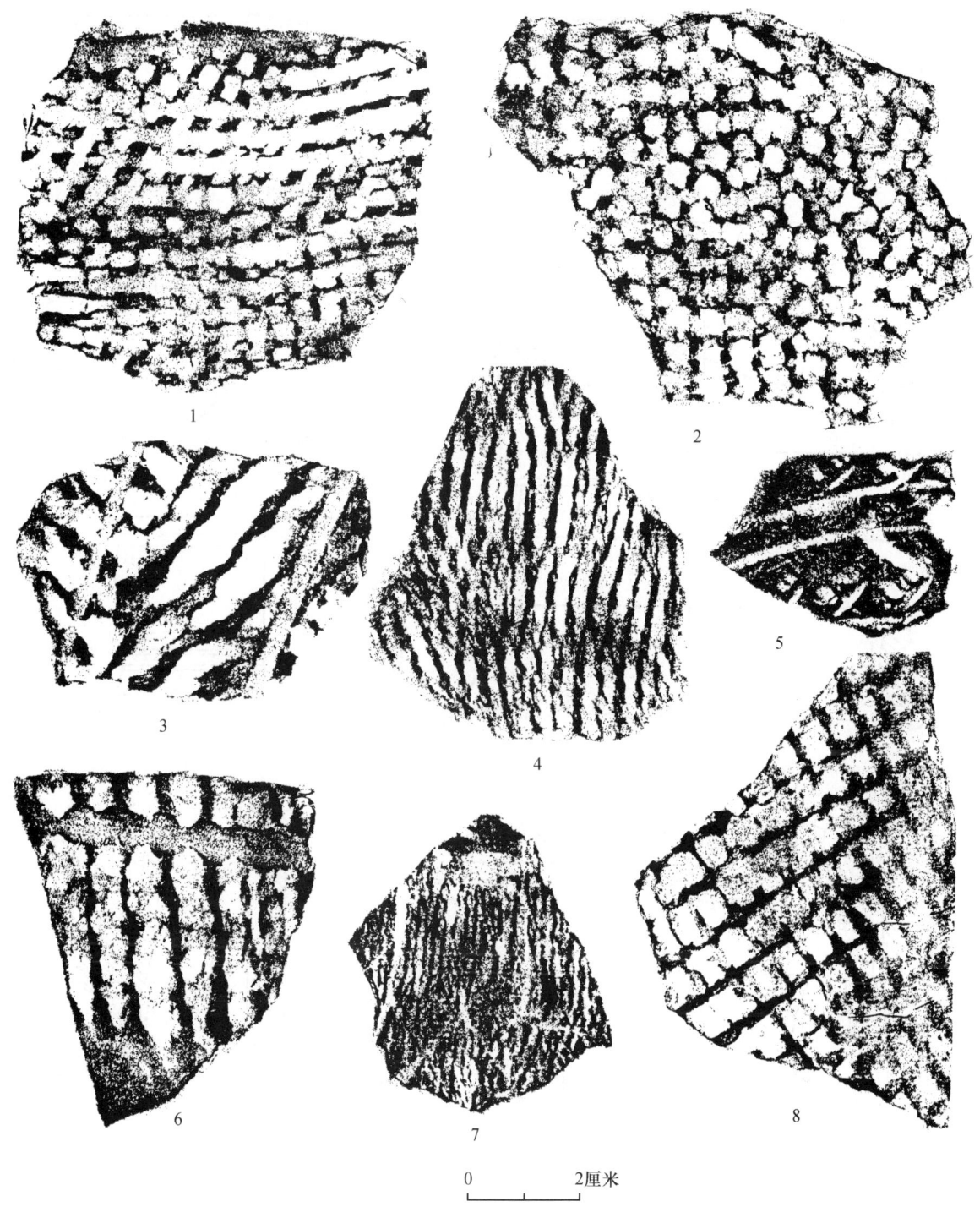

0   2厘米

图一○三　A 区 M100 填土出土陶片纹饰拓片

1、2、8. 方格纹（M100：046、M100：044、M100：045）　3、6. 粗绳纹（M100：039、M100：040）　4. 细绳纹（M100：041）
5. 云雷纹（M100：043）　7. 线纹（M100：042）

陶罐　12 件。标本 M100：036，夹砂红褐陶。矮领，口略敛，斜折沿，圆唇。口径 18.8、残高
5 厘米（图一○四，1）。标本 M100：038，夹砂黑褐陶。束颈，敛口，卷沿，尖唇，颈部胎厚。肩
部饰菱形方格纹。口径 13、残高 5.8 厘米（图一○四，2）。标本 M100：037，夹砂褐陶。直口略敛，
斜沿，尖唇。口径 18、残高 4.4 厘米（图一○四，7）。标本 M100：035，泥质黑陶。敛口，折沿，

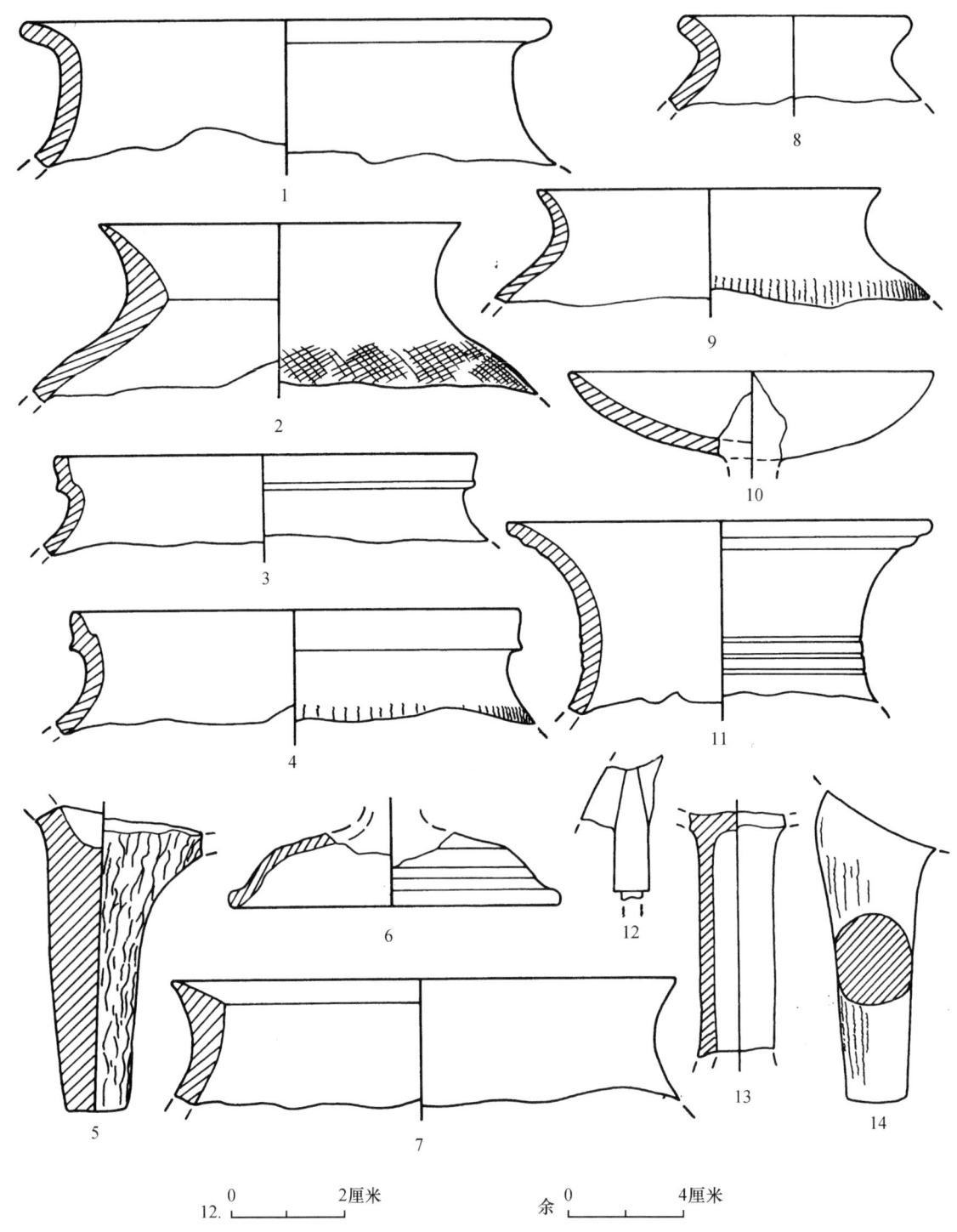

图一〇四　A区M100填土出土器物

1、2、7、8. 陶罐（M100:036、M100:038、M100:037、M100:035）　　3、4. 陶鬲（M100:029、M100:030）　　5. 陶鬲足（M100:031）　　6. 陶豆座（M100:028）　　9. 陶鼎（M100:032）　　10. 陶豆盘（M100:026）　　11. 陶壶（M100:034）　　12. 铜镞（M100:047）　　13. 陶豆柄（M100:027）　　14. 陶鼎足（M100:033）

圆唇。器胎特别厚重。口径8、残高3厘米（图一〇四，8）。

　　陶鬲　3件。标本M100:029，夹细砂红陶。敛口，折沿，圆唇，沿外有一道凸棱，沿面略凹。口径14.8、残高3.2厘米（图一〇四，3）。标本M100:030，夹细砂红陶。敛口，卷沿，尖唇，沿外有一道三角形凸棱，沿内略凹。肩部饰粗绳纹，颈部绳纹抹光。口径 16、残高 4 厘米（图一〇四，4）。

陶鬲足　2 件。标本 M100：031，夹砂红陶。略呈柱状，内空较浅。外表饰粗绳纹。残高 5.2、足根径 1.1 厘米（图一〇四，5）。

陶豆座　1 件（M100：028）。泥质黑陶。覆盘形豆座，座根圆而外凸。外饰两道细凹弦纹。座径 12、残高 2.5 厘米（图一〇四，6）。

陶鼎　3 件。标本 M100：032，夹砂红褐陶。广肩，敛口，卷沿，尖圆唇。肩部饰细绳纹。口径 12.5、残高 4 厘米（图一〇四，9）。

陶豆盘　2 件。标本 M100：026，泥质灰陶。浅盘，斜壁，尖圆唇。盘口径 6.6、盘深 2.5 厘米（图一〇四，10）。

陶壶　1 件（M100：034）。泥质灰陶。高领，侈口，圆唇，唇下有一道凸棱。颈部饰三道弦纹。口径 15、残高 6.4 厘米（图一〇四，11）。

陶豆柄　1 件（M100：027）。泥质灰陶。较细，中空，内壁不甚光滑。残长 8.8、粗径 2.6 厘米（图一〇四，13）。

陶鼎足　3 件。标本 M100：033，夹细砂红陶。略呈圆柱形，上段略外凸。外表饰绳纹，局部绳纹抹光。长 10.5、足根径 1.1 厘米（图一〇四，14）。

铜镞　1 件（M100：047）。已残。双翼形。圆铤残长 2.5 厘米（图一〇四，12）。

④ M101

M101 位于 AT32 探方东北角，开口在②层下，打破 M100。墓口距地表深 1 ~ 1.25 米。方向 360°。长方形竖穴土坑墓。坑壁较陡直，平底。墓口长 1.55、宽 0.62、深 0.3 米，墓底长 1.4、宽 0.5 米（图一〇五）。墓内填土呈淡褐色，较松软，夹杂有较多的黄褐色细沙。填土中包含有 20 多片夹细砂红色绳纹陶片，器类有鬲、罐等，系周代器物。

墓内有数具人体骨架，大多朽烂，且残缺不全，相互叠压。因腐烂程度较高，很难提取标本，故无法确定其准确个体数量。仅提取 R1 牙齿，经鉴定为女性个体，年龄 25 ~ 30 岁。

该墓为典型的二次埋葬（图版二七，2），不见任何随葬器物。

⑤ M107

M107 位于 AT39 探方西北角，开口在①层下，打破生土，西边被近代沟打破。距地表深 0.5 米。方向 260°。形制特殊，长方形土坑竖穴，南壁中部有一壁龛，是 A 区唯一的一座壁龛墓，墓底四周有生土二层台。墓口长 2.7、宽 1.4 ~ 1.67、深 1.95 米，墓底长 1.8、宽 0.8 米。生土二层台宽 0.18 ~ 0.21、深 0.55 米（图一〇六；图版三〇，1）。南壁二层台以上 0.55 米处有一壁龛，壁龛在墓壁上开口后，向里面延伸 0.1 米，然后向下掘深 0.2 米。壁龛口呈半圆形，进深 0.5 米，内壁呈弧形。壁龛高 0.75、底长 0.62、宽 0.4 米（图版三〇，2）。

墓内有棺腐烂痕迹，痕迹长 1.75、宽 0.63 米。葬具应为单棺。内有人骨架 1 具，保存较好，仰身直肢，双手交叉放置于下腹部。经鉴定为未成年女性。

墓内填土为灰褐色黏土并夹杂少量块状黄褐色黏土。其中灰褐色黏土较疏松，块状黄褐色黏土较板结。填土中包含有周代红褐色绳纹陶片，器类有鼎、鬲、罐、钵等。

随葬器物和动物均放置于壁龛内。随葬器物均为陶罐。

陶罐　3 件。标本 M107：2，泥质黑褐陶。完整，器形规整。扁腹，高领，口略侈，折沿，圆唇，弧壁内收，圜底，颈部有一个拱形耳。肩以下饰斜绳纹。口径 10.5、颈高 5.6、耳宽 0.5、最大腹径 13.2、高 13 厘米（图一〇七，1；图一〇八，4；彩版七，3；图版二二，4）。标本 M107：1，

→ 北

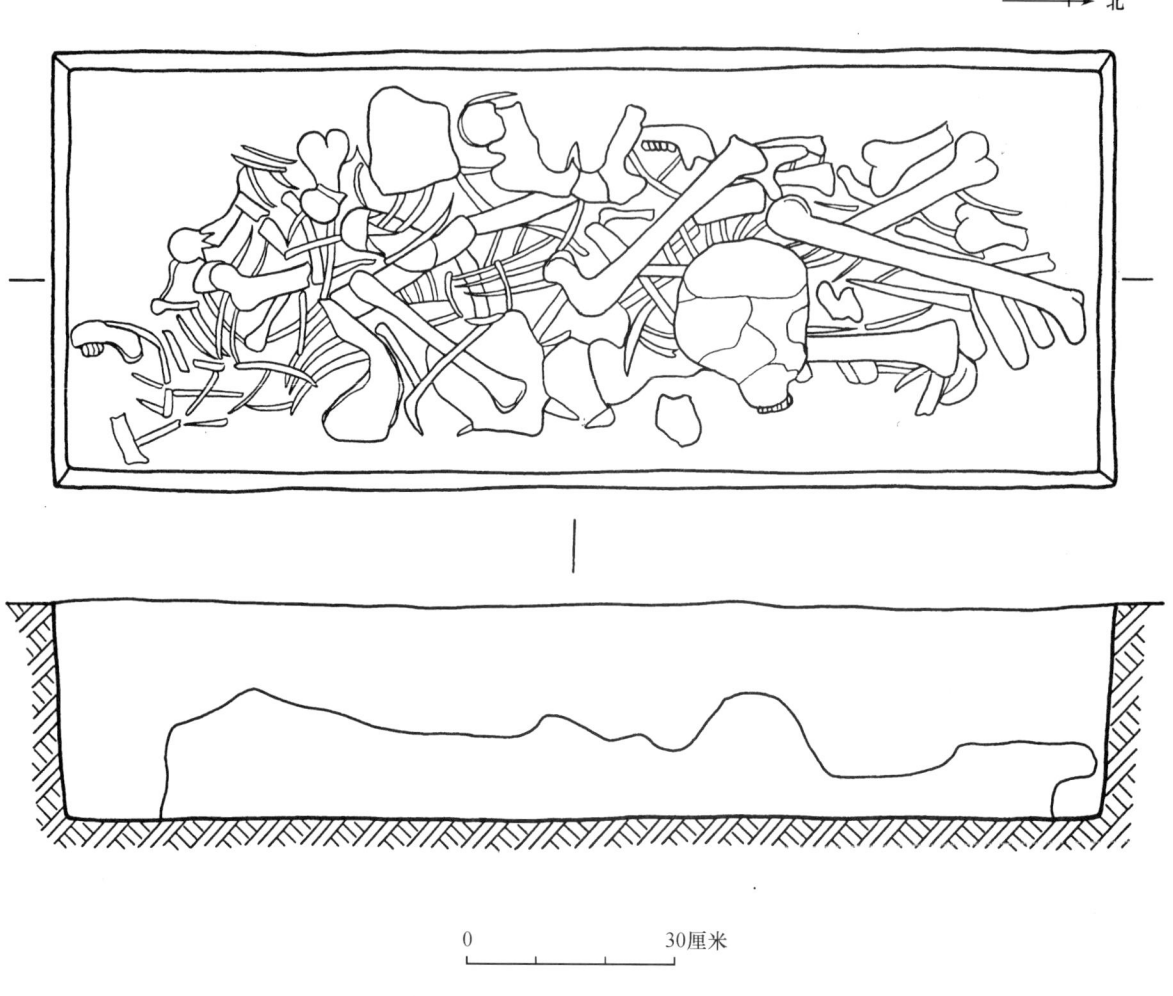

0 　　　　　　30厘米

图一〇五　　A区M101平、剖面图

泥质黑褐陶。完整，且器形较规整。球腹，敛口，卷沿，尖圆唇，圜底，肩部有一个半圆形耳。肩部以下饰斜绳纹。口径10、耳宽0.6、最大腹径13.2、高12.9厘米（图一〇七，2；图一〇八，1；彩版七，4；图版二二，2）。标本M107:3，泥质黑灰陶。完整。形制甚规整。鼓腹，广肩，矮领，口微侈，宽斜沿，尖圆唇，腹内收，小平底内凹。肩部和上腹部饰直绳纹，并饰五道旋抹弦纹，下腹饰拍印交错绳纹。口径13.8、领高3.6、最大腹径22.5、底径6、通高17.9厘米（图一〇七，3；图一〇八，2、3；彩版七，1；图版二一，3）。

　　动物骨骼　随葬动物种类有家猪、狗、家鸡、鸬鹚、白鲢鱼等。标本M107:9-1，家猪左肩胛骨（图一〇九，6；图版三七，7）。标本M107:9-3，家猪左肱骨（图版三七，4）。标本M107:10-1，狗左胫骨（图版三八，1）。标本M107:10-3，狗腰椎（彩版五二，6；图版三七，2）。标本M107:10-4，狗肋骨（图版三七，3）。标本M107:6-1，家鸡右股骨（图版三八，8）。标本M107:4-2，家鸡右胫骨（图一〇九，1；图版三八，10）。标本M107:7-1，鸬鹚右股骨（图一〇九，8；图版三八，7）。标本M107:7-2，鸬鹚右胫骨（图一〇九，9；图版三八，2）。

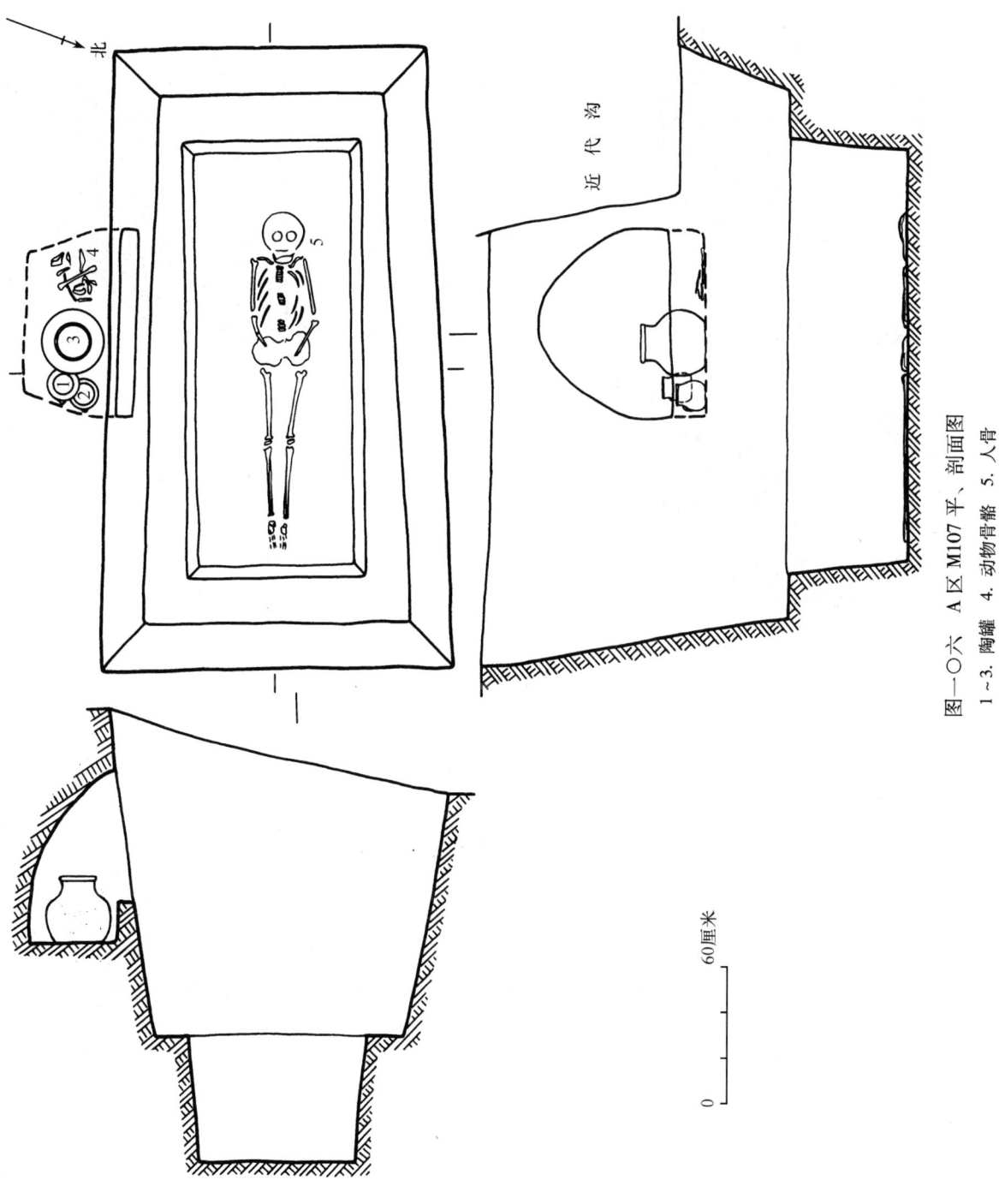

图一〇六　A 区 M107 平、剖面图
1～3. 陶罐　4. 动物骨骼　5. 人骨

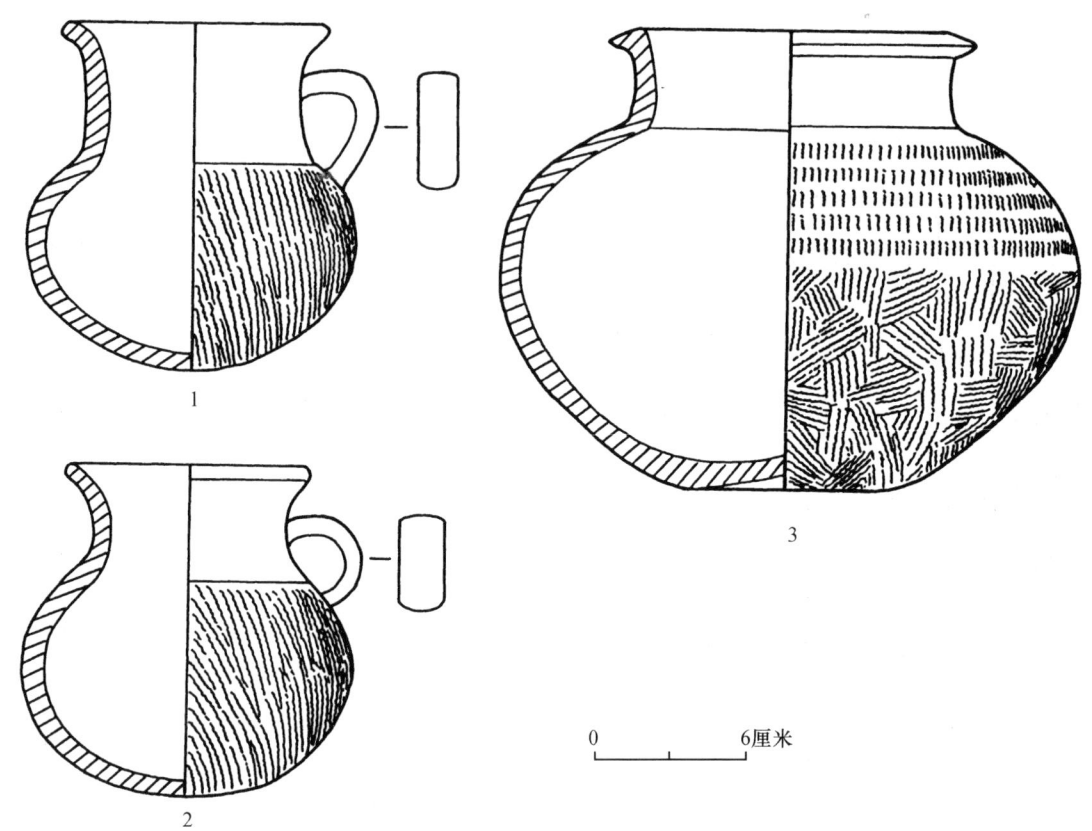

图一○七　A区 M107 出土陶罐
1、2. 单耳罐（M107:2、M107:1）　3. 罐（M107:3）

⑥ M108

M108 位于 AT57 探方南部，开口在①层下，打破生土。距地表深 0.4 米。方向 273°。为长方形竖穴土坑墓。墓壁较陡直，平底，墓口东边略高，西边略低。墓口长 3.56、宽 2.5、深 2 米，墓底长 2.9、宽 2.3 米（图一一○；图版三一，1）。墓底四周有熟土二层台，宽 0.36～0.6、高 0.44 米（图版三一，2）。

墓内填土为黄褐色黏土，夹杂部分块状黑褐黏土，较松软，包含有周代陶鬲、陶豆等残片。西部有深达 1 米多的白蚁洞穴 3 个。

葬具全部腐烂，但痕迹清晰可见，为一椁三室一棺。椁痕长 2.05、宽 1.25～1.38 米，分南、中、北三个椁室。其中南室最窄，宽仅 0.12～0.2 米，中室宽 0.4 米，北室宽 0.56 米。北室内置棺 1 具，长 1.87、宽 0.52 米。棺靠近椁室南壁，棺北壁与椁的北壁之间有 0.04 米的缝隙。

人骨架均腐烂，仅存腐烂痕迹。据痕迹观察为仰身直肢葬，头向西，面向上。性别、年龄不详。

该墓中部有一直径约 1 米的早期圆形盗洞，随葬器物严重被盗，所剩随葬品仅 4 件，椁中室置一件铜杖首，椁东壁处一件铜镈，铜杖首与铜镈相距 1.02 米，而铜杖首的圆孔与铜镈的圆孔略等，应为一件器物，即铜镈为铜杖下端着地用的饰件。椁北室西壁（即椁痕外）有一件玉璧和一件铜刀，玉璧已破碎。此二物可能是悬吊在棺头上的物品，因椁室先腐烂或倒塌后，被挤压到椁室外面的。

铜杖首　1 件（M108:1）。完整。整体形制呈虎头凤尾形，通体铸有细密花纹，花纹图案有虎、

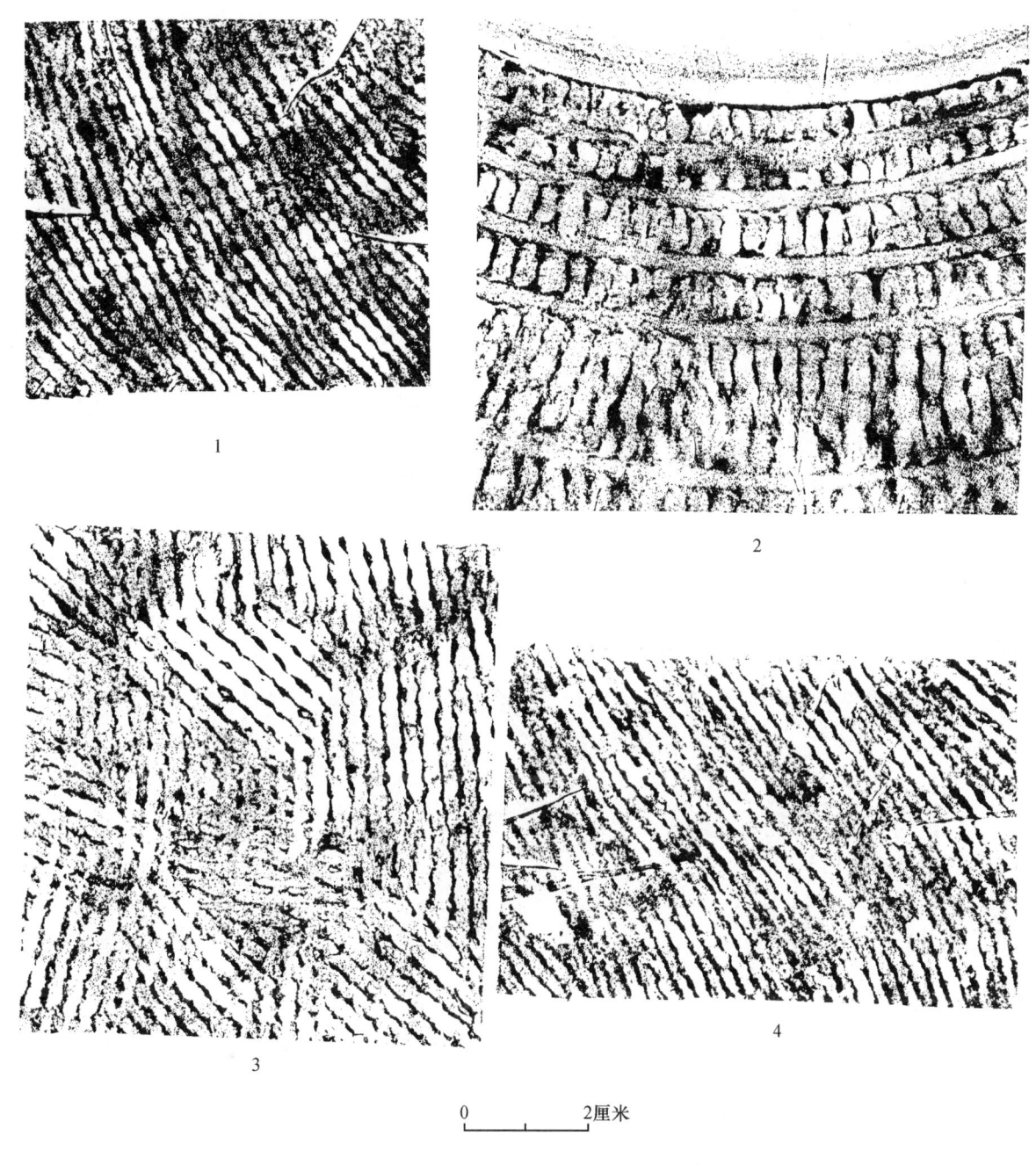

图一〇八　A 区 M107 出土器物纹饰拓片

1、4. 绳纹（M107:1、M107:2）　2. 旋抹弦纹（M107:3 肩部）　3. 交错绳纹（M107:3 腹部）

龙、凤、蛇、猴、狮等及卷云纹、圆圈纹、三角几何形纹等，它们首尾相连，相互缠绕，相互衬托，而且从正面、侧面、顶面、仰面等不同方位不同角度观视，能显现出不同的动物形象。立起来从侧面整体观察，似美女形象，束发，着宽袖，弯臂，系喇叭形长裙。铸造和雕刻工艺精湛，花纹繁复，形象栩栩如生。长 18.7、宽 1.8 ~ 3.6、厚 0.8、高 6.5 厘米（图一一一，1；图一一二，1；彩版九，1；图版三二）。经鉴定属国家一级文物。

　　铜镈　1 件（M108:2）。完整。形制规整。内空。横断面略呈扁圆形，阴刻有卷云纹、三角形纹、斜线纹等，其间镶嵌有金丝和银丝。长 7.5、横断面长径 2.7、短径 1.8 厘米（图一一一，4；

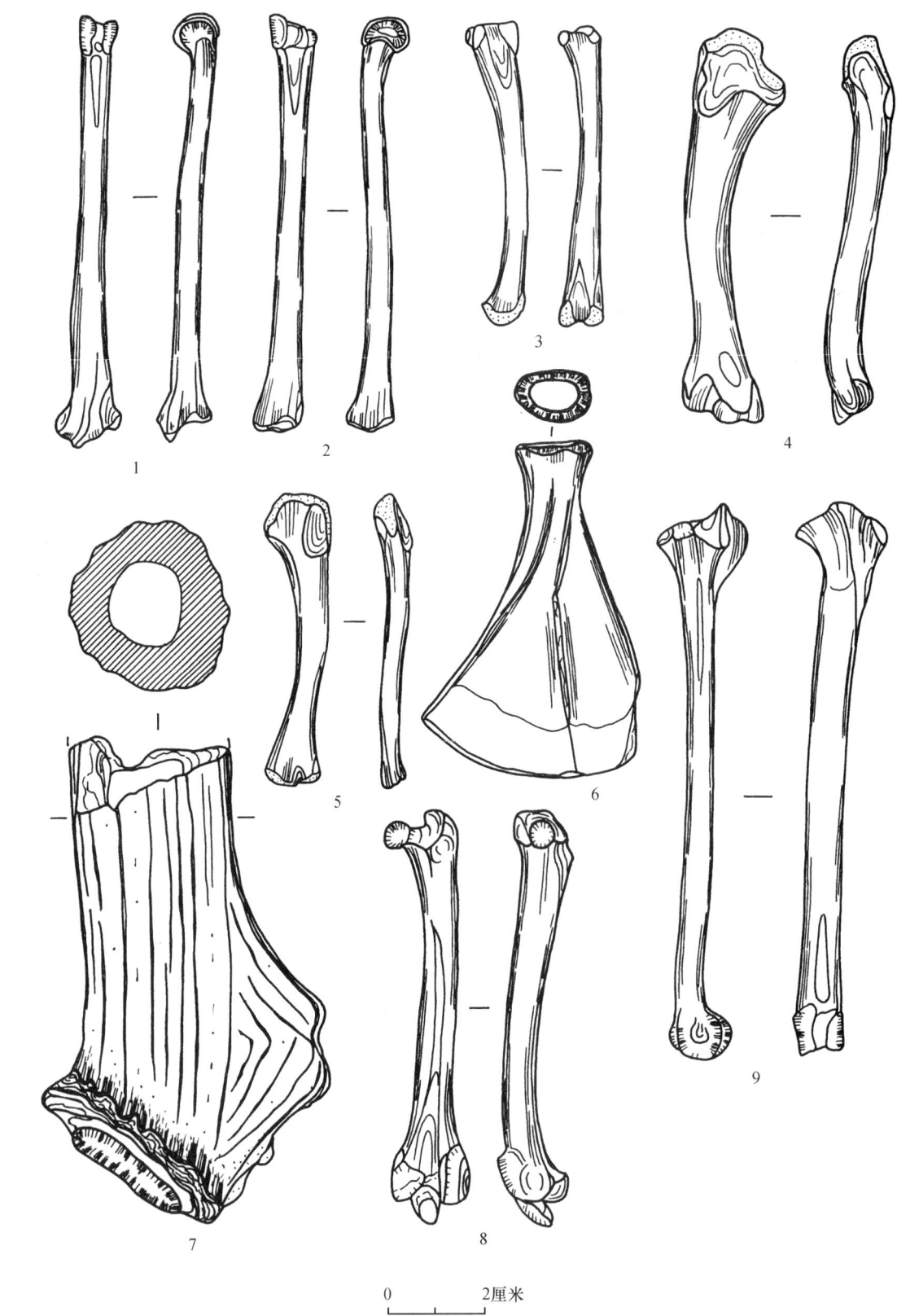

0　　　　　　2厘米

图一〇九　汉代墓葬动物骨骼

1. 家鸡右胫骨（M107∶4-2）　　2. 家鸡胫骨（M30∶4-8）　　3. 家鸡股骨（M30∶4-6）　　4. 家鸡右肱骨（M153∶2-3）

5. 家鸡肱骨（M30∶4-2）　　6. 家猪左肩胛骨（M107∶9-1）　　7. 水鹿右角（M140∶08）　　8. 鸬鹚右股骨（M107∶7-1）

9. 鸬鹚右胫骨（M107∶7-2）

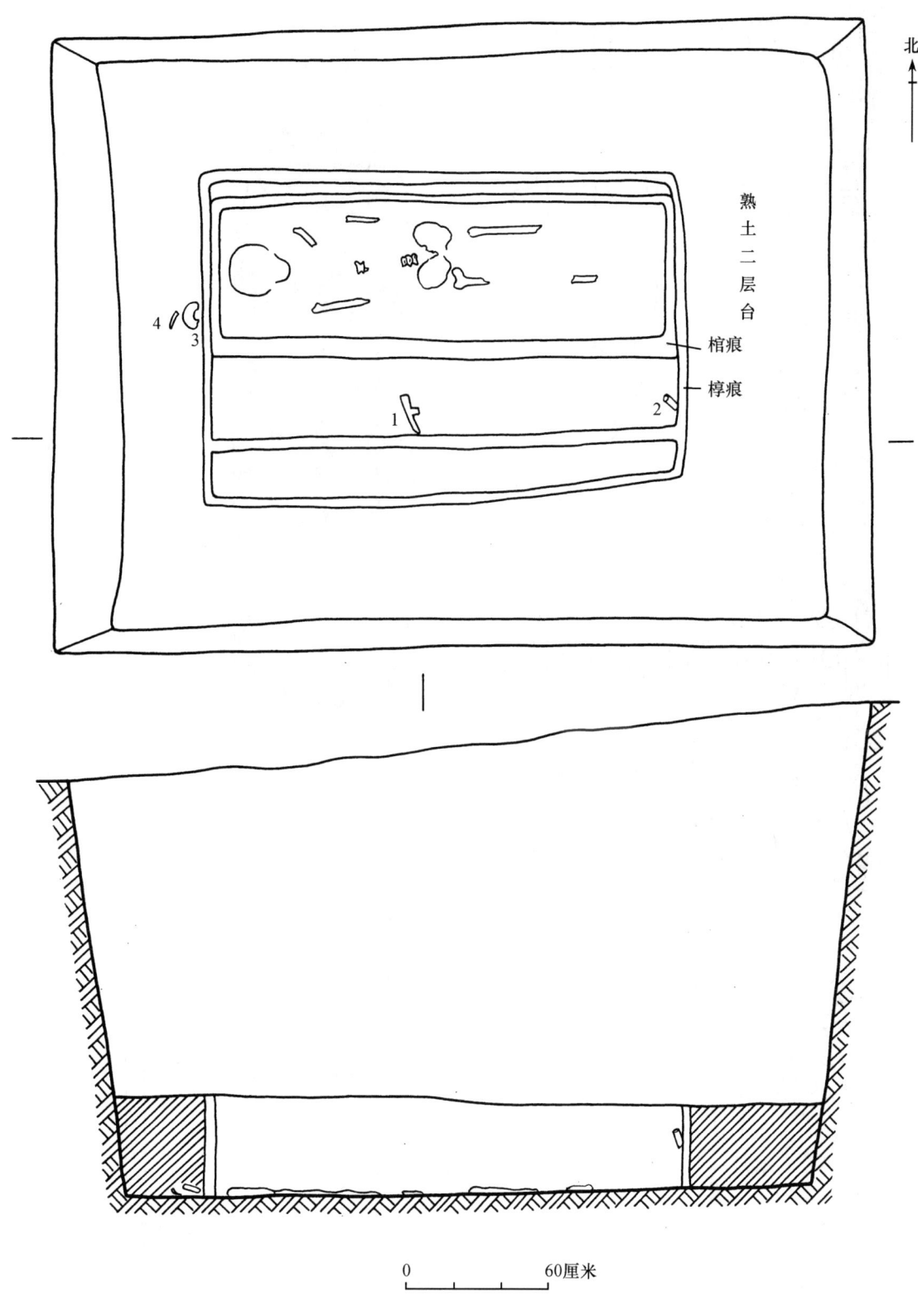

北

熟土二层台

棺痕

榫痕

0　　　　　60厘米

图一一〇　A区 M108 平、剖面图
1. 铜杖首　2. 铜镈　3. 玉璧　4. 铜刀

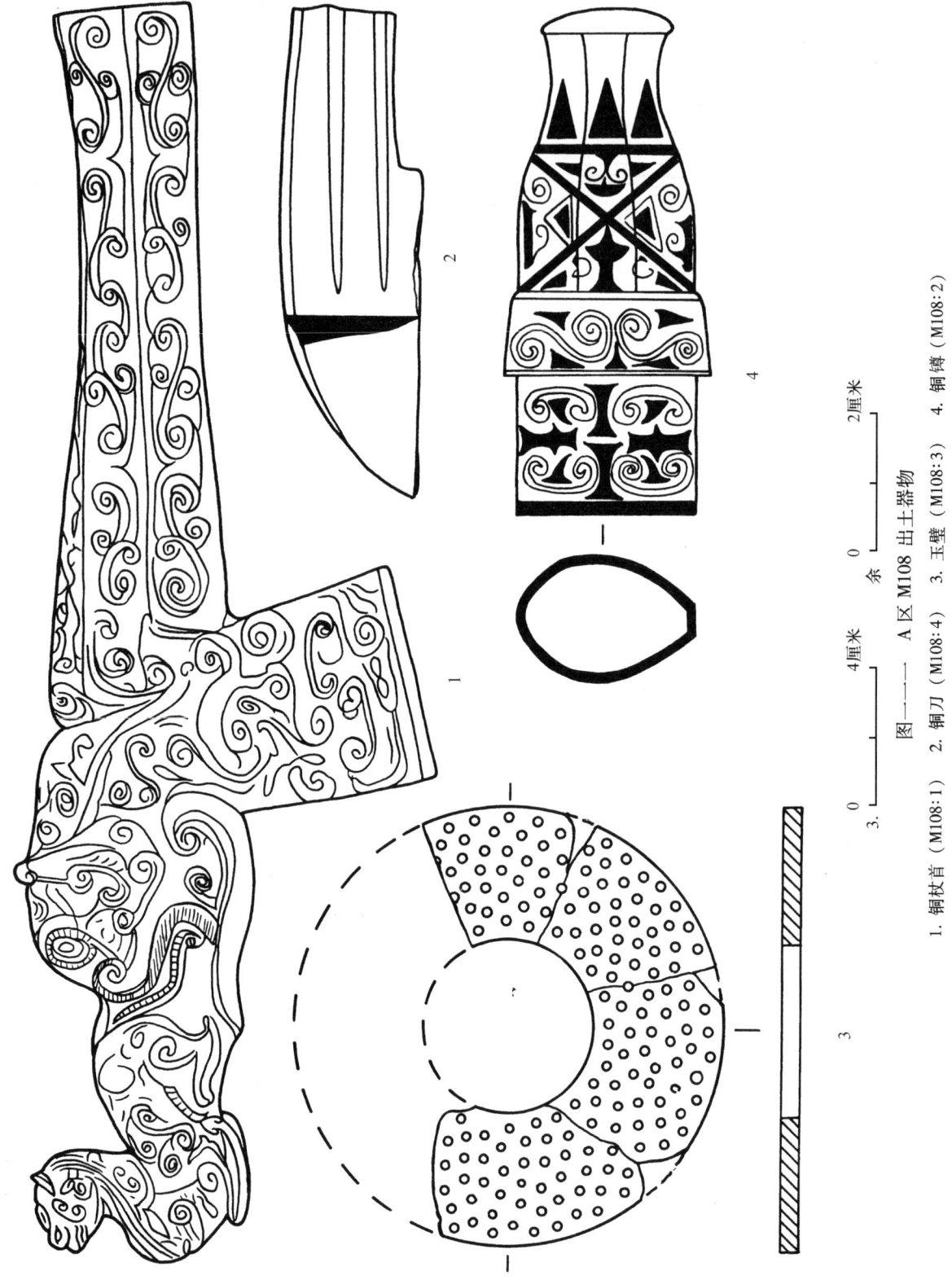

图一一一　A 区 M108 出土器物

1. 铜杖首（M108：1）　2. 铜刀（M108：4）　3. 玉璧（M108：3）　4. 铜镈（M108：2）

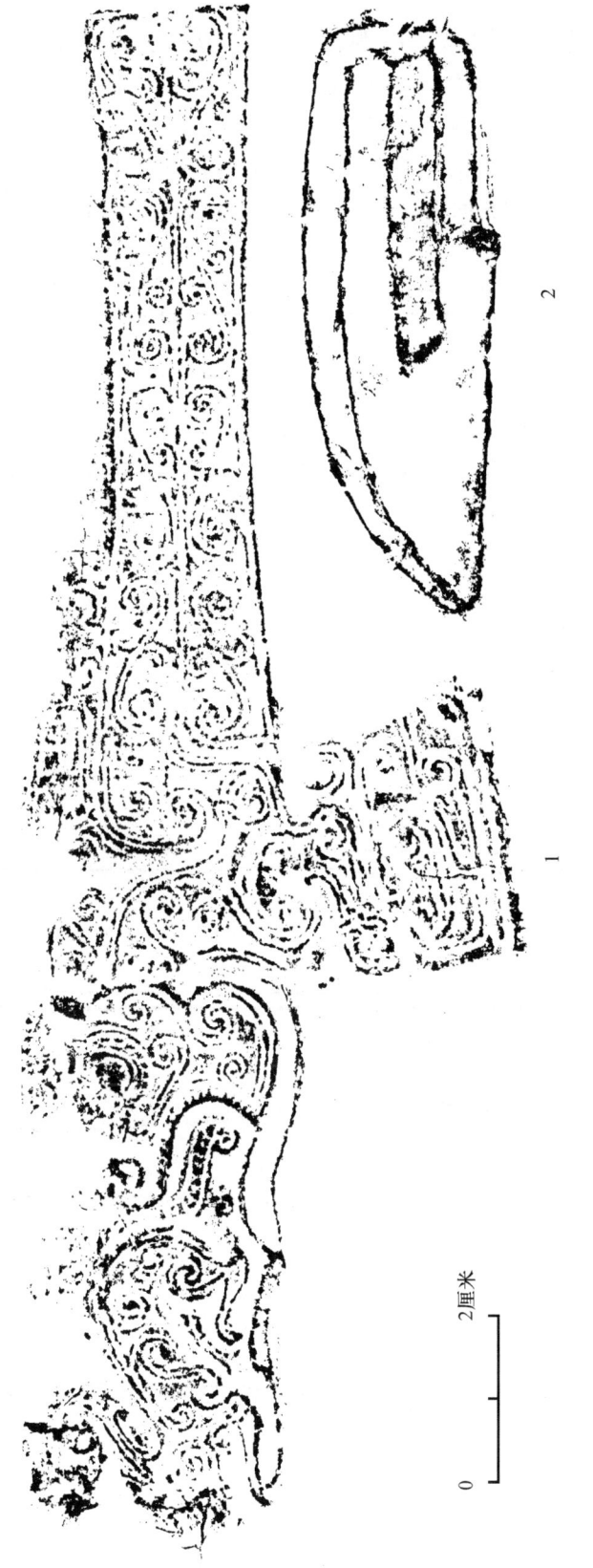

图一一三　Ａ区 M108 出土铜器纹饰拓片
1. 铜杖首（M108∶1）　2. 铜刀（M108∶4）

彩版九，4；图版三三，3）。

铜刀　1件（M108:4）。完整。形体较小。弧背，直刃，尖锋，扁形首，一面有两道凹槽，另一面平整无纹。整个器形略显厚重。长7.3、中段宽2.2、背厚0.4、柄长2.5、柄宽1.6厘米（图一一一，2；图一一二，2；彩版九，2；图版三三，1）。

玉璧　1件（M108:3）。已残。两面均刻有圆圈纹。系白云岩。乳白色。硬度3.5°～6.5°。风化程度较重。直径13、好径5、厚0.5厘米（图一一一，3；图版三六，1）。

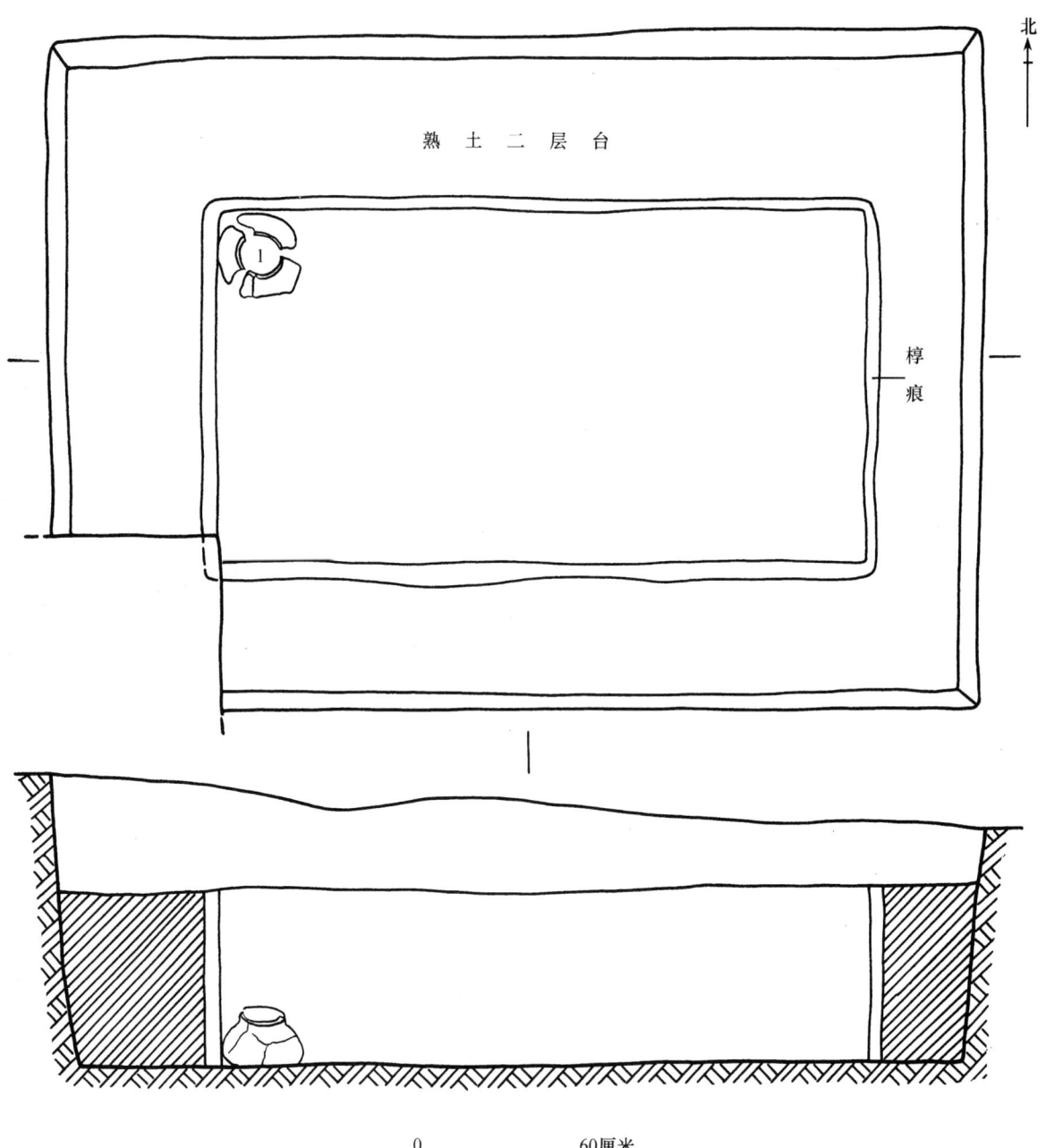

图一一三　A区M113平、剖面图
1. 陶罐

⑦ M113

M113 位于 AT30 探方东北角,部分延伸至 AT27 探方东南角,开口在③层下,打破④层,西南角被 M99 打破。距地表深 0.76 米。方向 260°。长方形竖穴土坑墓。东、南、北三面墓壁较直而光滑,西壁近墓底处略弧,平底。墓口长 3.3、宽 2.3、深 0.8～1 米,墓底长 3.05、宽 2.06 米。墓底四周有熟土二层台,宽 0.28～0.47、高 0.59 米(图一一三)。

墓内填土呈黄褐色,夹杂少量褐色细沙。包含有 8 片周代绳纹红陶片,器类有陶罐等。

葬具和人骨架均腐烂无存,仅存椁腐烂痕迹,长 2.4、宽 1.3、高 0.55、厚 0.06 米。葬式、性别和年龄均不详。

随葬器物仅一件陶罐(M113:1),放置于椁室的西北角。泥质灰黑陶。鼓肩,矮领,直口,宽平沿外折,方唇,扁腹内收,小平底内凹。肩部和上腹部饰直绳纹,其上有四道旋抹弦纹,下腹饰拍印交错绳纹,颈部绳纹抹光。口径 16、领高 3.6、最大腹径 24、底径 7.6、高 18.2 厘米(图一一四、图一一五;彩版七,6;图版二一,1)。

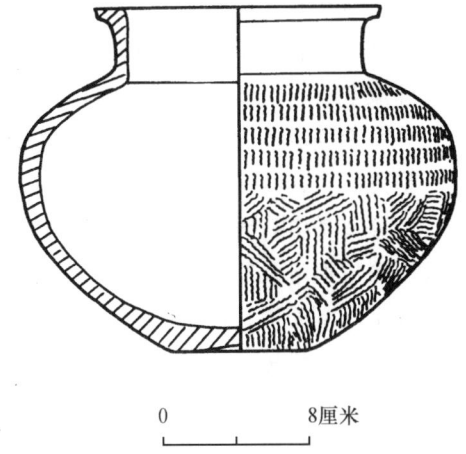

0 ⊢————⊣ 8厘米

图一一四 A 区 M113 陶罐(M113:1)

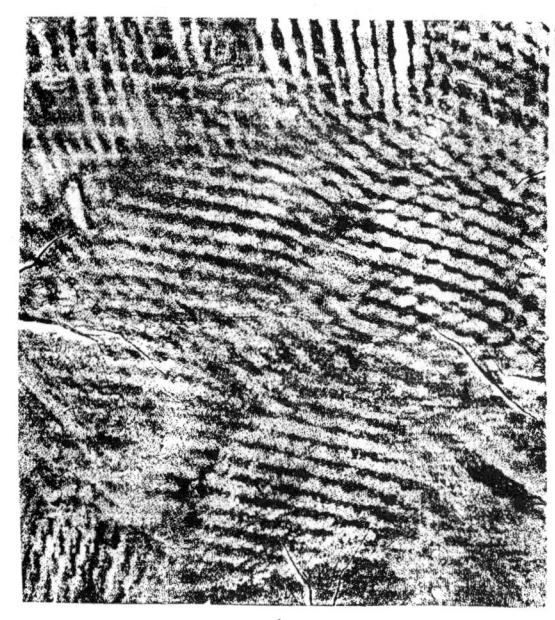

1

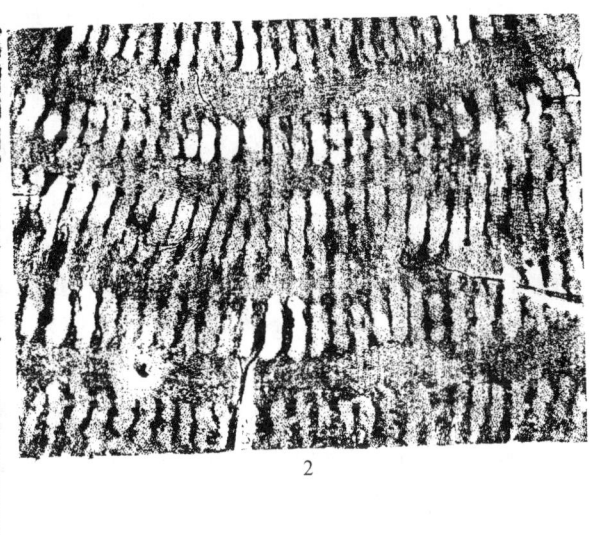

2

0 ⊢————⊣ 2厘米

图一一五 A 区 M113 陶罐纹饰拓片(M113:1)
1. 交错绳纹(M113:1 腹部)　2. 旋抹弦纹(M113:1 肩部)

2. 土圹石室墓

M110 位于 AT48、AT50、AT51 探方内,开口在③层下,打破⑤层。距地表深 0.45 米。方向 45°。平面略呈凸字形。由墓室、甬道、墓道三部分组成。墓壁均用特别整齐的条石垒砌,墓室和甬道均用条石券顶(图一一六)。墓土圹长 11.2、宽 4.1、深 3.5 米。墓室长 6.54、宽 3.23、深

3.04 米，后壁有深 2.2、宽 1.9 米的盗洞（图版三四，2）；甬道长 2.12、宽 2.23、高 2.2 米；墓道平面呈"八"字形，长 2.1、宽 2~3、深 1.1 米。甬道与墓道接头处有一道条石垒砌的石墙，石墙下部内收，长 4.46、厚 0.25、高 1.9 米。墓通长 10.76 米（图一一七；图版三四，1）。墓壁用条石垒砌，墓券顶用楔形条石筑成。条石一般长 0.8、宽 0.22、厚 0.22 米。楔形条石有大小之别，大者长约 0.6、宽 0.22、厚 0.16~0.2 米，小者长 0.2、宽 0.1、厚 0.1~0.15 米。墓底系岩石，直接凿平即成。

墓室上面填土为灰褐色黏土，夹杂有许多块状黄褐色黏土。墓内淤积有深 1.05~1.4 米的淤泥，呈黑褐色，特别细腻。

因墓室被盗窃破坏和当地为沙性土质，不利于棺椁的保存，所以棺椁全部腐烂，但从腐烂痕迹和残留漆皮痕迹及铁棺扣、铁棺钉观察，该墓仍有两具棺材痕迹，编号为 GC1 和 GC2。其中 GC1 置于墓室南部正中，长 2.32、宽 0.8~0.88 米；GC2 置于一号棺东边，长 2.2、宽 0.7~0.76 米。根据出土有大量黑色漆皮，并绘有红色卷云纹、鸟纹等图案分析，该棺可能为漆棺。

人骨架已经扰乱，且大部分已腐烂，仅存极少头骨片和零星肢骨，共发现 3 个人头骨个体。葬式、性别和年龄均不详。

因早期严重被盗，所剩随葬器物寥寥无几，仅存 79 枚钱币和铁剑、玻璃耳坠、铜饰件、陶盆、铁棺扣、铁棺钉等小件器物。在墓室东边发现有呈圆形的漆皮腐烂痕迹，应为漆器腐烂所致。

陶盆　1 件（M110:32）。泥质灰黑陶。底残。置于墓道外边与隔墙转角处。弧壁，敞口，宽斜沿外凸，窄方唇，沿下有一道宽凹槽。腹部饰直绳纹。口径 32.6、残高 15.5 厘米（图一一八，5）。发掘时盆内有不少黑色炭灰，非常细腻，不见任何杂物，黑色炭灰应为死者焚烧的钱纸灰。该盆即为死者烧钱纸用的盆，入葬时一便埋入墓内。

铜饰件　2 件。标本 M110:6，扁形，平面呈长方形，内空。长 3、宽 1.4、厚 0.4~0.5 米。应为铜削刀鞘上的构件（图一一八，2；图版三三，5）。标本 M110:14（2 件），平面呈半月形，内面呈凹槽状，胎较薄。长 6.8、宽 1.2、厚 0.75 厘米（图一一八，7；图版三三，6）。

铁剑　1 件（M110:7）。器形保存较好，但表面锈蚀严重。窄长柄，局部刃较锋利。剑身长 87、宽 3.8、剑柄长 31.2、宽 3、通长 118.2 厘米（图一一八，1；图版三六，3）。

玻璃耳坠　2 件。标本 M110:18，两端已残。已氧化成白色。圆筒形，中空。残长 0.9、粗径 0.4 厘米（图一一八，3）。标本 M110:11，完整。局部略有氧化现象。两端略呈小喇叭状，中空。长 2、上端直径 0.6、下端直径 0.9 厘米（图一一八，4；图版三六，2）。

铁棺扣　3 件。形制相同。标本 M110:28，完整。呈"S"字，一边有刃，背部较厚。长 7.3、宽 2.5、背部厚 0.5 厘米（图一一八，6；彩版九，3；图版三六，4）。

铁棺钉　3 件。形制基本相同。标本 M110:16，锈蚀严重。横断面呈圆形，顶端有饼形帽，尖段残。残长 6.3 厘米（图一一八，8）。

钱币　91 枚。均为铜质五铢钱币。分三型。

A 型　12 枚。面、背郭多数为中郭，穿有大小之分，有穿上横或背面有大圆星符号，面文"五"字中间两笔较斜直，"朱"字头方折。直径 2.5 厘米（图一一九，1、2；彩版五六，4；图版三五，3）。为西汉早中期五铢钱币。

B 型　47 枚。其中 1 枚有 5 个小圆孔，剪轮 12 枚。面、背多为中郭，穿有大小之异。面文"五"字像两炮弹相对，"铢"字金旁的头小，呈箭头状。直径 2.4~2.6 厘米（图一一九，3~5；彩版五六，3；图版三五，2）。为西汉晚期钱币。

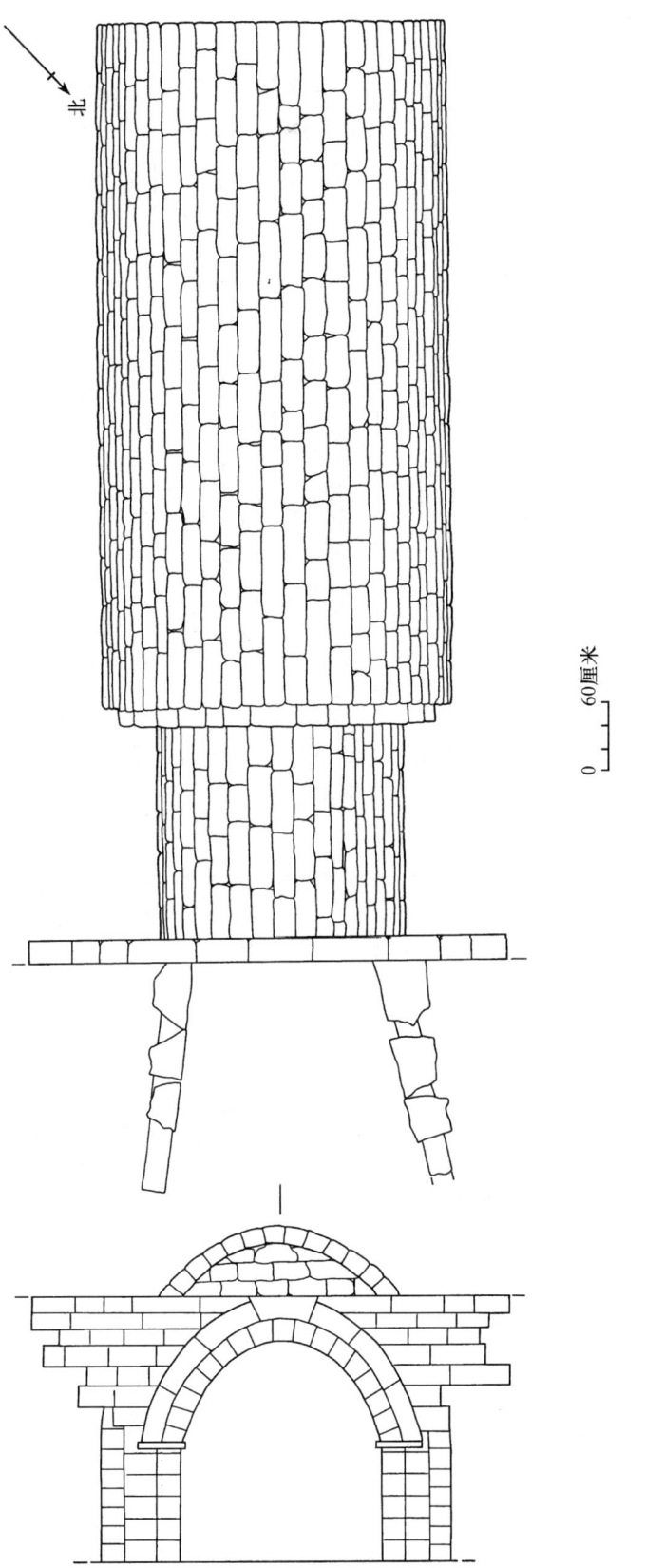

0　　60厘米

图一一六　A 区 M110 墓券顶及甬道门平、剖面图

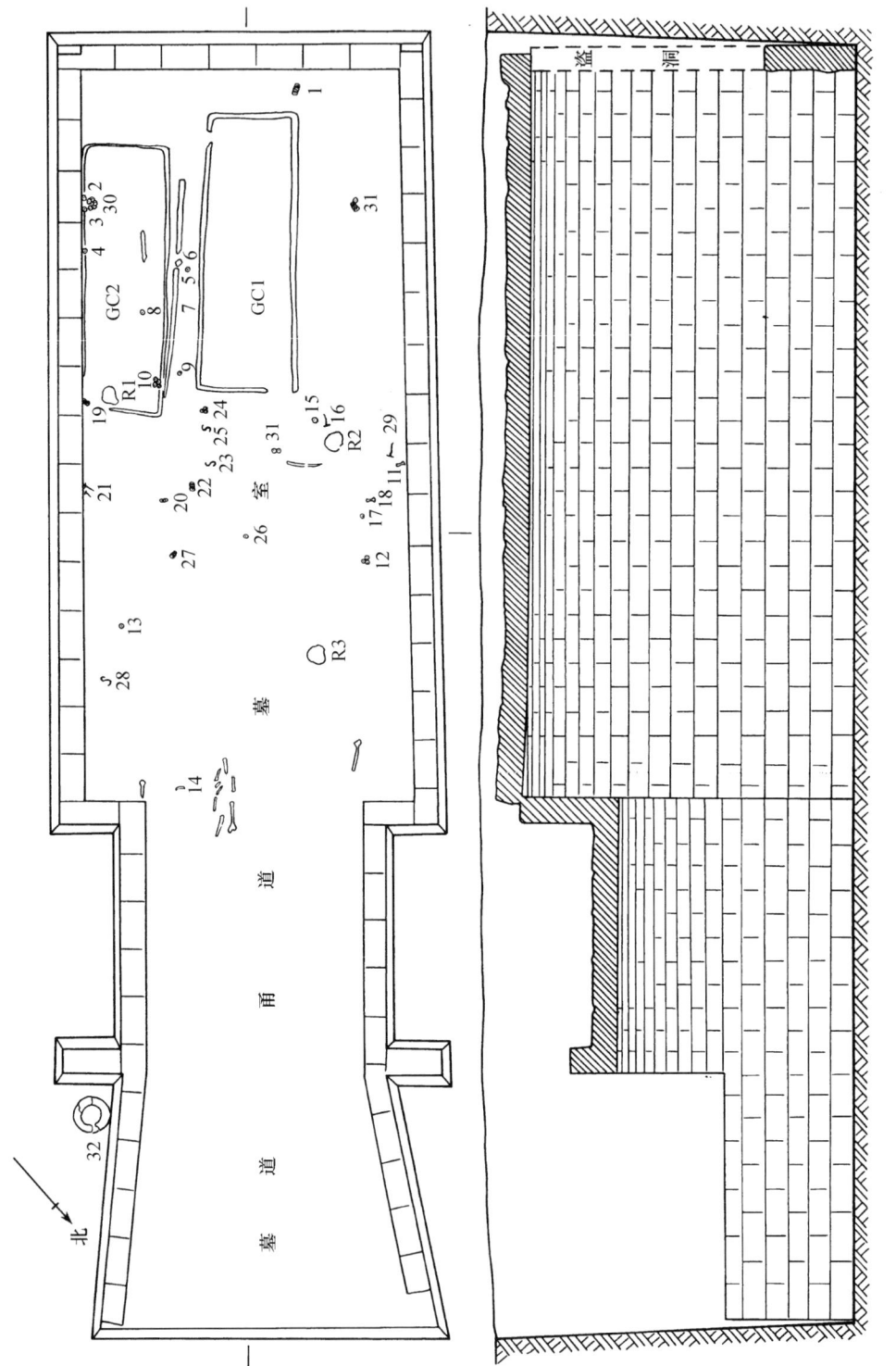

图一一七　A区M110平、剖面图

1～5、8～10、12、13、15、17、19、20、22、24、26、27、30、31. 铜饰件　6、14. 铜钱　7. 铁剑　11、18. 玻璃耳坠
16、21、29. 铁棺钉　23、25、28. 铁棺扣　32. 陶盆　R1～R3. 人骨

0　　　60厘米

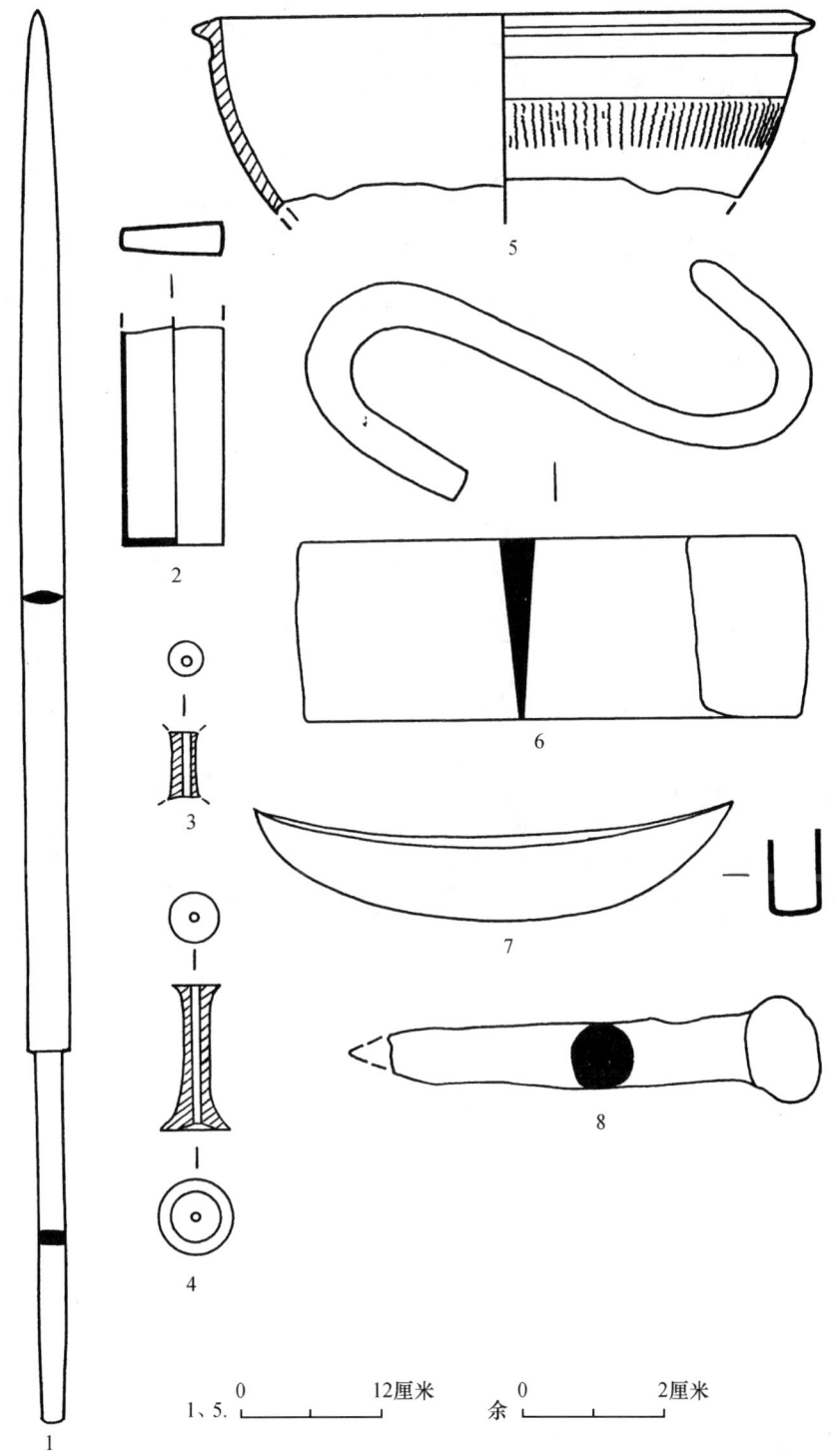

图一一八　A 区 M110 出土器物

1. 铁剑（M110:7）　　2、7. 铜饰件（M110:6、M110:14）　　3、4. 玻璃耳坠（M110:18、M110:11）
5. 陶盆（M110:32）　　6. 铁棺扣（M110:28）　　8. 铁棺钉（M110:16）

C 型　32 枚。其中剪轮 10 枚。面、背郭多数较宽，穿有大小之异，铸造工艺较精。面文"五"字较宽大，"铢"字金旁的头较大，呈三角形，"朱"旁上部转角处圆折。直径 2.4～2.6 厘米（图一一九，6～10；图版三五，1）。为东汉早中期五铢钱币。

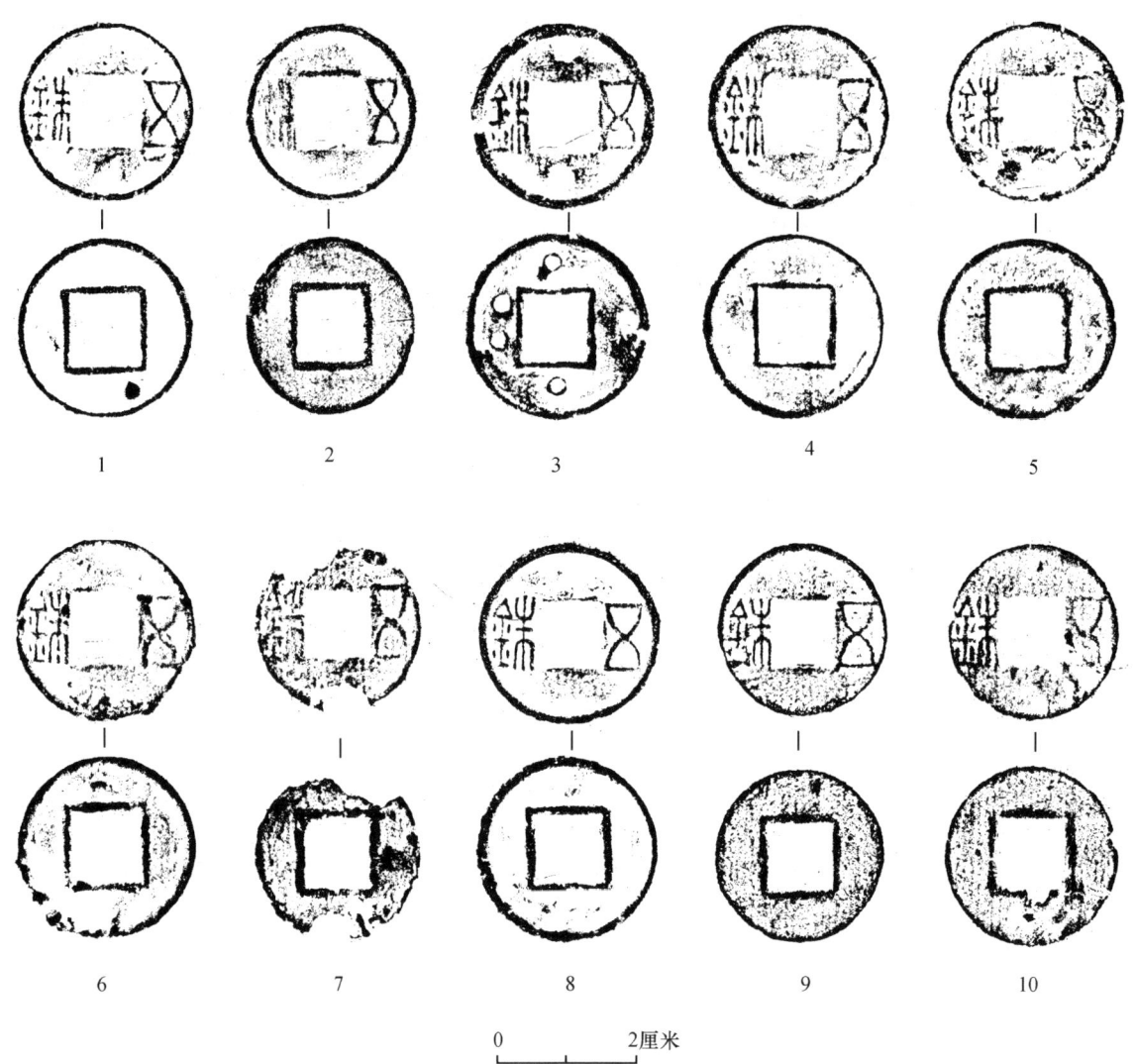

1　　　　　　　　2　　　　　　　　　　3　　　　　　　　　4　　　　　　　　　5

6　　　　　　　　7　　　　　　　　　8　　　　　　　　　9　　　　　　　　10

0 ──────── 2厘米

图一一九　A 区 M110 五铢钱币拓片

1、2. A 型五铢（M110：1、M110：2）　3～5. B 型五铢（M110：3、M110：4、M110：5）

6～10. C 型五铢（M110：8、M110：9、M110：10、M110：12、M110：13）

（三）分期与年代

1. 分期

A 区汉代遗存均为墓葬，除 M107 保存较好外，其余墓均有不同程度破坏和被盗，尤其是 M100、M110 被盗情况极为严重。因此残存器物不多，这给分期带来很大困难，现依据考古类型学对残存的代表性器物进行分析、逻辑排序。

陶罐　分 A、B、C、D、E、F 六型。

A 型　高领，鼓肩，斜沿，小平底。M90：5、M90：2、M90：4。

B 型　鼓腹，敛口，宽圆唇。M90：1。

C 型　扁腹，敛口，方唇。M90：9。

D 型　扁腹，圜底，卷沿，腹部有双耳。M100：18、M100：19。

E 型　单耳，圜底。M107:1、M107:2。

F 型　矮领，鼓腹，小平底。M107:3、M113:1。

陶壶　分 A、B 二型。

A 型　球形腹，高领，圆圈足，肩部附双耳。M90:8。

B 型　扁腹，腹上部附双耳。M90:10。

陶灶　分 A、B 二型。

A 型　长方形，单火眼，单灶门。M90:12。

B 型　长方形，双火眼，双灶门。M99:5。

陶盖　分 A、B 二型。

A 型　弧面，盖上三个鸟头形钮。M90:3、M99:6、M99:11。

B 型　覆盘形盖，杯口形钮。M100:20。

陶甑　分 A、B 二型。

A 型　斜沿，收腹，平底。M90:6、M99:9。

B 型　圜底，斜沿。M99:10。

铁棺扣　分 A、B 二型。

A 型　呈"S"形。M99:4、M100:6、M110:28。

B 型　弧形。M100:9。

另外，铜夵耳、铜杖首、铜镈、铜刀、铜饰、铁剑、玻璃耳坠、玉璧、陶盆、陶鼎、陶盒、陶钵不宜分型。

以上器物型式组合关系见表一六。

表一六　A区汉代典型墓葬随葬品型式组合关系表

器类＼器型＼单位	陶罐						陶壶		陶鼎	陶盆	陶灶		陶盖		陶甑		陶盒	陶钵	铜杖首	铜刀	铜镈	铜夵耳	铜饰	铁棺扣		铁剑	玉璧	耳坠	铁钉	铜五铢钱			铜半两钱	铁半两钱
	A	B	C	D	E	F	A	B			A	B	A	B	A	B								A	B					A	B	C		
M90	√	√	√				√	√	√		√		√		√		√																	
M99												√	√		√	√						√		√									√	√
M100			√											√										√	√				√	√	√		√	
M107					√	√																												
M108																			√	√	√						√							
M110											√													√	√	√	√	√	√	√				
M113						√																												

根据考古层位学分析上述各墓葬单位：M90 开口在①层（表土）下，直接打破生土。M99 开口在②层（宋代）下，打破 M113，M113 又打破④层（周代）。M100 开口在 M98（六朝）下，打破④层（周代）。M101 开口在②层（宋代）下，打破 M100。M107、M108 均开口在①层（表土）下，直接打破生土。M110 开口在③层（六朝）下，打破⑤层（商代）。由此看来，上述单位直接打破关系只有两组：

T30 组：M99→M113。

T32 组：M101→M100。

M100、M101、M107、M108、M110、M113，填土中均出土周代陶片，器形有绳纹鬲、鼎、罐等器物。说明这几座墓葬时代上限不会早于周代。M99 虽然打破 M113，显然时代上晚于 M113。但

M113 只出土一件 F 型陶罐，无法与 M99 比较。M101 打破 M100，但 M101 未出任何随葬品。虽然层位上晚于 M100，但没有可类比的随葬器物。值得注意的是 M113 与 M107 均出 F 型陶罐。M100D 型罐、B 型盖、B 型铁棺扣是其他墓中没有的。而 M100 和 M99 同出 A 型铁棺扣。M100 与 M110 同出 B 型五铢钱币。M110 出土 C 型五铢钱币和半月形钱币，铁剑、玻璃耳坠、陶盆又是其他墓葬中不见的。M90 出土的 A 型、B 型、C 型陶罐，A 型、B 型壶，鼎，A 型灶又是其他墓中没有的。M108 出土 4 件器物（铜杖首、玉璧等）也是其他墓葬中没有的，但墓坑形制和方向与 M113 墓又基本相同。

由上述分析比较，可将这 8 座墓葬分为一、二两期，其中一期又可分为早、晚两段。

一期：以 M90、M100 为代表，包括 M99、M107、M108、M103。代表性器物是 A、B、C、E、F 型陶罐，A 型陶壶，A 型陶灶，A 型铁棺扣，B 型五铢钱币。其中早段以 M90 为代表，代表性器物是 A、B 型陶罐。晚段以 M100 为代表，包括 M99。代表性器物有 D 型陶罐、B 型陶灶、B 型陶盖、铜奁耳、A 型铁棺扣、B 型五铢钱币。

二期：以 M110 墓葬为代表，包括 M101。代表性器物是陶盆、半月形铜饰、铁剑、玻璃耳坠、C 型五铢钱币。M101 为二次合葬墓，未出土任何随葬器物，但打破了 M100，而 M100 属于一期晚段，所以 M101 应晚于一期晚段，亦归为二期。

2. 年代

A 区汉代遗存无直接 ^{14}C 测年数据和文字纪年。但一期早段的 A 型陶罐、B 型陶壶、C 型陶罐和陶鼎，分别与宜昌前坪西汉 M97∶17、M33∶2、M13∶2、M37∶7 同类器相同[①]。一期晚段的陶盒与宜昌前坪西汉 M43∶5、M52∶3 同类器十分相近。二期的陶盆，弧壁宽斜沿，具有东汉至六朝时期的特点；玻璃耳坠与宜昌前坪东汉墓耳坠 M49∶5、M55∶3、M55∶2（原报告称玉瑱）相同。出土的最晚钱币是 C 型五铢。由此比较，一期的时代应为西汉时期，一期早段约相当于西汉早中期；晚段的年代则相当于西汉晚期。二期的时代显然晚于一期，早于六朝，大概相当于东汉中期偏晚。

（四）小结

A 区汉代遗存全部为墓葬，其中西汉墓均为土坑墓，东汉墓为土圹石室墓，似乎是三峡地区汉墓的共同特征之一。

从墓葬分布情况观察，这批墓葬较集中分布在 A 区中部，显然 A 区中部一带是当时的墓葬区，有可能是家族墓地。

M100 规模较大，由墓室和两个墓道组成，墓道两边均有成排的柱洞，而且不少石柱础被压破，说明当时柱础所承受的压力很大，同时也说明墓道是空的，可以进出通行。墓道通往墓室，故推测墓室当时也应该是空的，墓室边虽然没有发现柱洞和柱础，可能墓室上架有横梁或木板等设施。这么大规模的墓葬和特殊的形式结构，在三峡地区墓葬中是少见的。墓中椁室成排，埋葬人个体之多（共 11 具人体骨骼），且头向都有一定的规律可循。综合分析，应该是同一个家族墓葬，可能先修建坟墓，待人死后，随时送进去埋葬。这种埋葬习俗在三峡地区还是首次发现。同时为认识三峡地区汉墓形制结构的变化提供了新的考古学依据。

---

①　湖北省博物馆：《宜昌前坪战国两汉墓》；宜昌地区博物馆：《1978 年宜昌前坪汉墓发掘》；长江流域第二期文物考古工作人员培训班：《1973 年宜昌前坪古墓的清理》，《三峡考古之发现》，湖北科学技术出版社，1998 年。

M107 有生土二层台，南壁中部有一个形制规整的壁龛，也是 A 区唯一的一座壁龛墓，其墓葬形制结构特殊。随葬品也是与众不同，一是随葬有两件单耳罐，这种形制的陶罐是其他同类墓中不见的。二是用家猪、狗、家鸡、鸿鹕、白鲢鱼等动物随葬，这种随葬习俗在三峡地区是第一次发现。其文化因素不一定是卜庄河遗址（及其附近）本地的，墓葬主人可能另有来源。这对研究三峡地区汉代文化传播及文化交流提供了新的线索。

M108 为长方形竖穴土坑墓，葬具一椁三室一棺，因早期严重被盗，残存随葬器物不多，其组合关系不清楚，但出土一件特别精致的铜杖首，保存完好，通体铸有虎、龙、凤、蛇、猴、狮、卷云纹、圆圈纹等不同图案的细密花纹，相互缠绕、衬托。铜杖首下端的铜镈镶金错银，其铸造工艺技术极其精湛（经鉴定为国家一级文物）。该器物虽然可以实用，但我们认为，其主要作用不是实用，很可能作为礼器使用，是地位、身份的象征之物。结合该墓葬形制结构、规模和葬具特征综合研究，我们认为墓主人地位、身份非同一般，应属于高级贵族阶层。从而对研究峡江地区汉代埋葬习俗、等级制度和社会阶层分化无疑是很好的佐证资料。

九　六朝遗存

（一）概述

A 区六朝遗存包括遗址和墓葬两个部分。

遗址文化层堆积主要分布在 T7、T50、T51 三个探方内。文化堆积层较薄，厚 15 ~ 40 厘米。发现灰坑 2 个，编号为 H19、H20。

出土陶片均为泥质陶，分细泥和粗泥两种。其中细泥陶占陶片总数的 11.11%，粗泥陶占陶片总数的 88.89%。陶片颜色有灰陶、灰褐陶、红褐陶、黑陶和褐陶，分别占陶片总数的 40.48%、30.95%、6.35%、7.14%、15.08%。陶片纹饰有绳纹、凹弦纹、附加堆纹，分别占陶片纹饰总数的 95.24%、3.17%、1.59%（表一七）。

表一七　A 区六朝陶片纹饰统计表

名　称	绳　纹	凹弦纹	附加堆纹	合　计
数　量	60	2	1	63
比例（%）	95.24	3.17	1.59	100

陶器器类有罐、盆、甑、瓮、拍、筒瓦、板瓦、瓦当、器底等，共 60 件，分别占器物总数的 18.33%、33.33%、3.33%、16.67%、1.67%、8.33%、10.00%、6.67%、1.67%（表一八）。其中陶盆、陶罐、陶瓮最多，次为陶盆。陶罐、陶板瓦、陶盆、陶甑、陶瓮、陶拍等均为粗泥陶，其中陶罐 90% 为粗泥陶。

表一八　A 区六朝陶器器形统计表

器　名	板瓦	筒瓦	罐	盆	甑	瓮	器底	拍	瓦当	合　计
数　量	6	5	11	20	2	10	1	1	4	60
比例（%）	10.00	8.33	18.33	33.33	3.33	16.67	1.67	1.67	6.67	100

灰坑平面有长方形和不规则形两种，均为斜壁、平底。填土中都包含有筒瓦和板瓦。

墓葬共 2 座，编号为 M87、M98。均为土圹石室墓，全部早期被盗。

（二）遗存介绍

1. 灰坑

① AH19

AH19 位于 AT52 探方西南部，部分叠压在南壁和西壁内，开口在①层下，打破生土。距地表深0.4米。平面呈长方形，斜壁，平底。长2.92、宽1.28、深0.4米（图一二〇）。

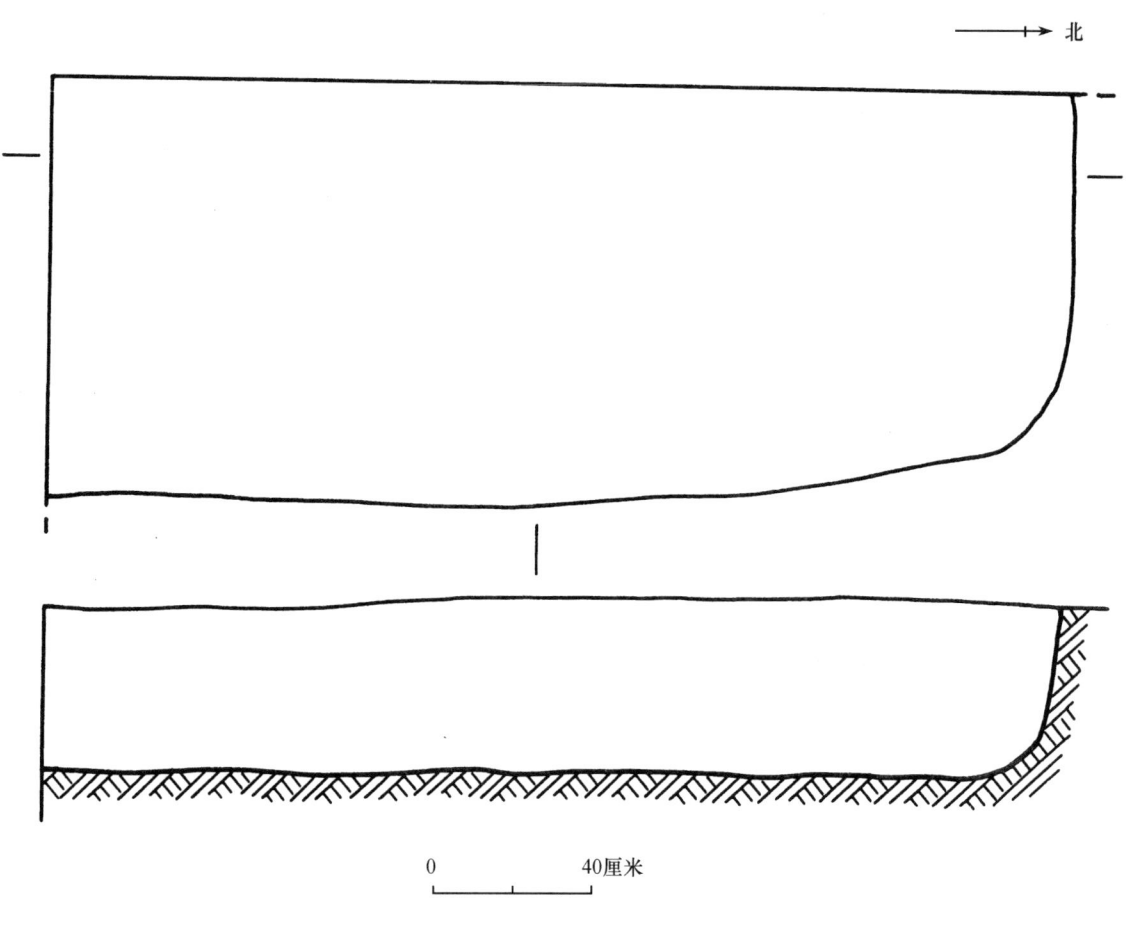

图一二〇　A 区 H19 平、剖面图

坑内堆积为黑褐色黏土，较松软，包含有粗绳纹陶片和少数素面陶片，共15片。均为粗泥陶，陶片颜色有灰陶和灰褐陶两种，其中灰陶占陶片总数的97%，灰褐陶占陶片总数的3%。陶片纹饰有绳纹和弦纹，分别占陶片总数的95%、5%。陶器器类有筒瓦、板瓦和陶钵。

陶钵　1件（AH19:5）。粗泥灰陶。鼓腹，敛口，方唇。腹部饰四道凹弦纹。火候较高。口径16.4、残高8.5厘米（图一二一，3）。

陶筒瓦　4件。标本 AH19:4，粗泥灰陶。瓦嘴较短，方唇。火候较高。外表饰直绳纹，内面饰布纹。残长13.8、宽16.8、瓦嘴长2.3、宽12.2、胎厚0.5厘米（图一二一，1）。标本 AH19:2，粗泥灰陶。瓦嘴较长。火候较高。外表饰细直绳纹，内面饰布纹。残长12.8、宽13.2、瓦嘴长4.5、宽9.6厘米（图一二一，2）。标本 AH19:3，粗泥灰陶。瓦嘴较短。圆唇。火候甚高。外表饰直绳纹，内面饰布纹。残长 14.5、宽 12.6、瓦嘴长 3.6、宽 9.2 厘米（图一二一，5）。

陶板瓦　3 件。标本 AH19：1，粗泥灰陶。火候较高。内弧较小。外表饰直绳纹，内面饰面纹。残长 13.5、残宽 12.2、胎厚 0.3 厘米（图一二一，4）。

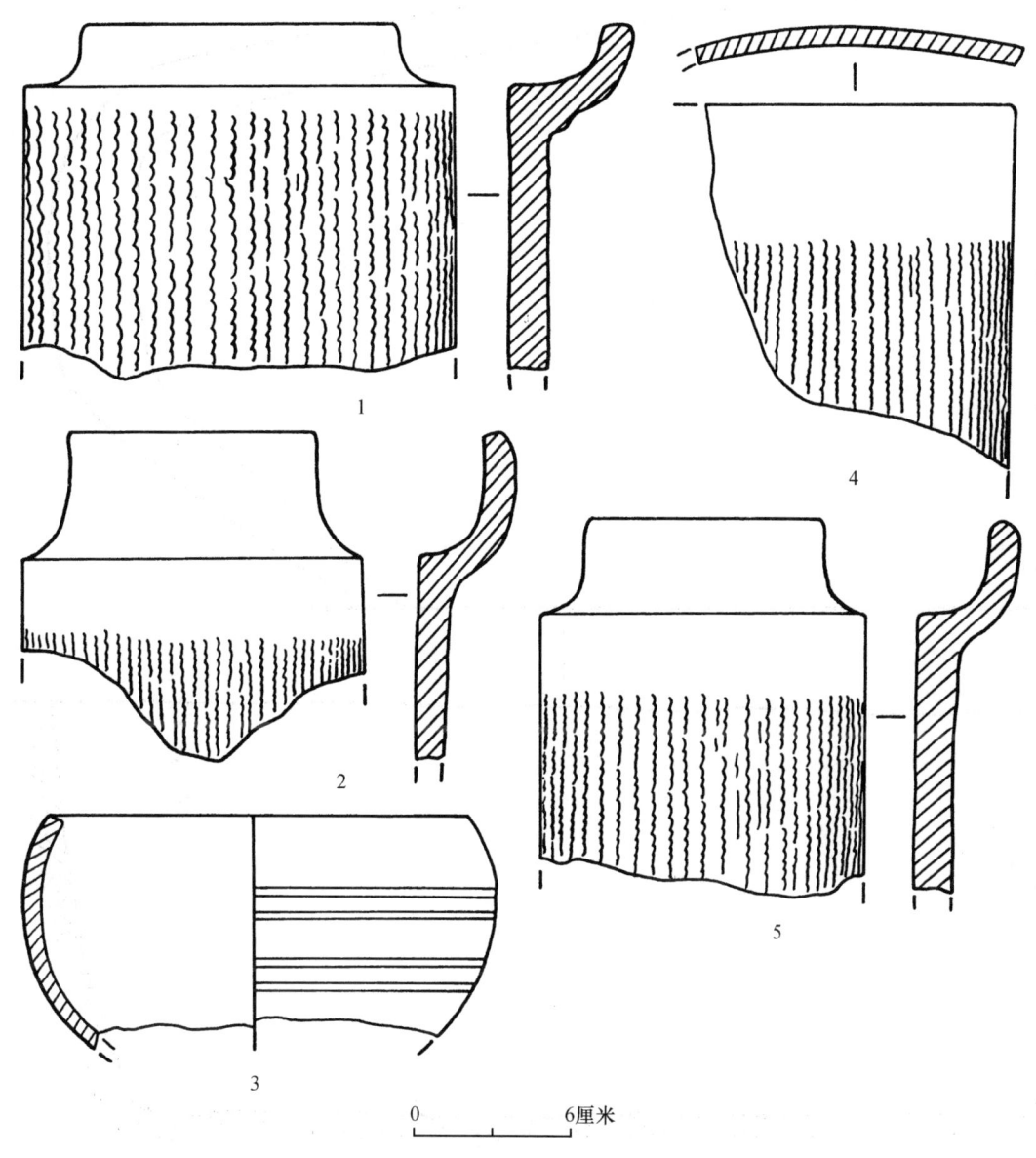

0　　　　　　　6厘米

图一二一　A 区 H19 出土陶瓦及陶钵

1、2、5. 筒瓦（AH19：4、AH19：2、AH19：3）　3. 钵（AH19：5）　4. 板瓦（AH19：1）

② AH20

AH20 位于 AT48 探方西南角，开口在①层下，打破生土。部分叠压在探方西壁和南壁之内。距地表深 0.35 米。坑口平面呈不规则形，斜壁，平底。坑口残长 3.08、残宽 1.9、深 1.2 米（图一二二）。

坑内堆积为灰黑色黏土，较疏松。包含有较多的绳纹陶片，共 54 片。均为泥质陶，但有细泥陶和粗泥陶之分，其中细泥陶占陶片总数的 3.70%，粗泥陶占陶片总数的 96.30%。陶片颜色有灰陶、灰褐陶和红褐陶三种，分别占陶片总数的 40.74%、44.44%、14.82%。陶器纹饰有绳纹和弦纹两种，绳纹又有细、粗之分，其中绳纹占陶片总数的 53.70%，弦纹占陶片总数的 3.70%。

陶器器类有罐、盆、瓮、甑、筒瓦、板瓦、拍、器底等，共 28 件。

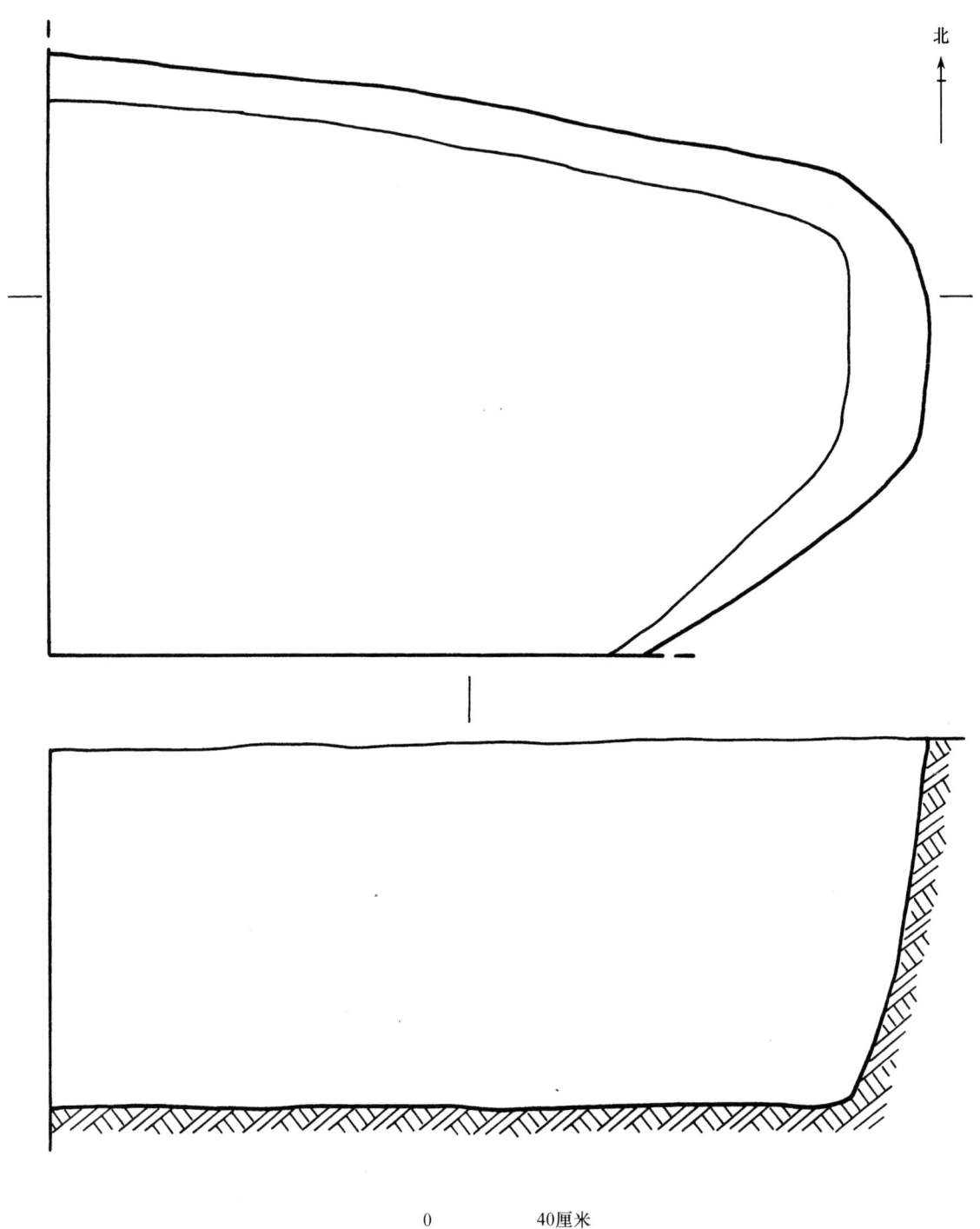

北

0   40厘米

图一二二　A区H20平、剖面图

陶盆　7件。标本AH20：8，粗泥灰褐陶。火候较高。弧腹，斜肩，直口，宽斜沿，尖圆唇。腹部饰三道凹弦纹。口径24、残高6.3厘米（图一二三，1）。标本AH20：9，粗泥灰陶。折肩，直口略侈，斜沿，尖唇，腹内收。腹部饰斜绳纹。口径22.5、残高5.5厘米（图一二三，2）。标本AH20：12，粗泥灰陶。肩微鼓，直口微侈，斜沿尖唇，腹内收。肩部饰一道凹弦纹，腹部饰斜绳纹。口径24、残高6.3厘米（图一二三，3）。标本AH20：13，粗泥灰陶。肩略折，直口略侈，三角形斜沿，尖唇。口径22、残高5.8厘米（图一二三，4）。

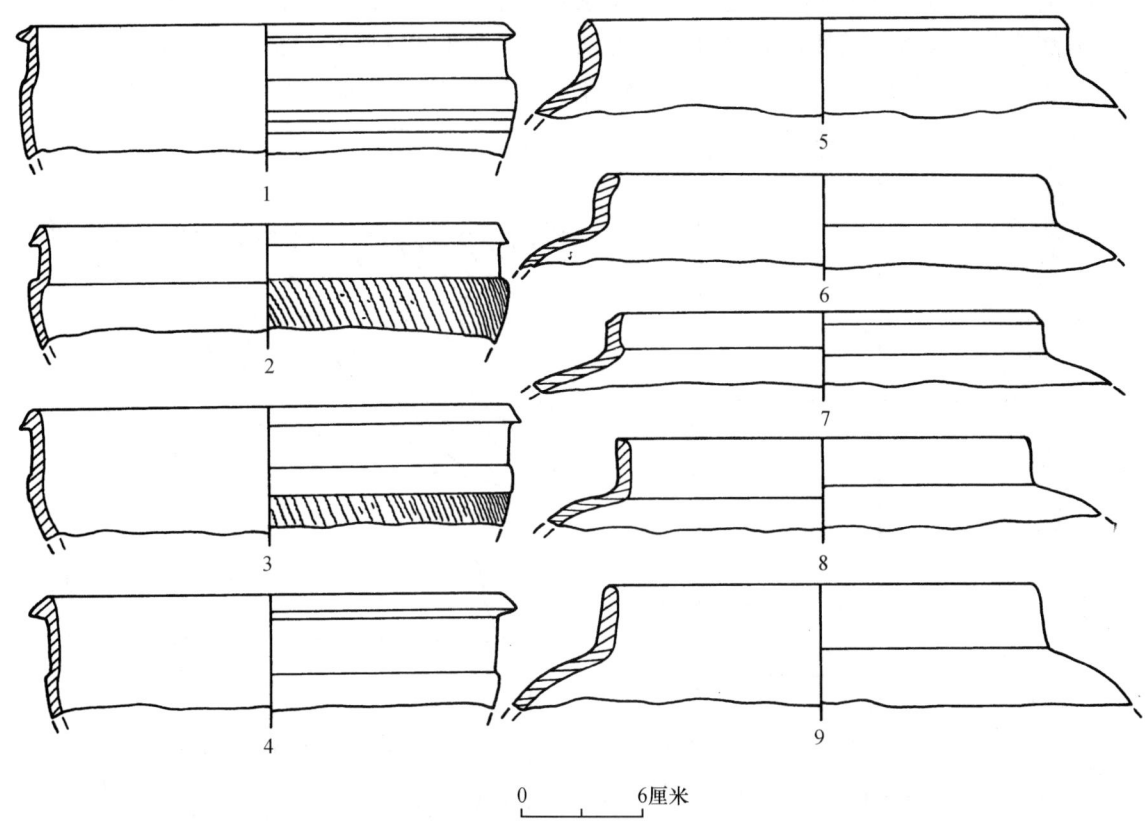

0 ____ 6厘米

图一二三　A区H20出土陶盆、瓮

1～4. 盆（AH20:8、AH20:9、AH20:12、AH20:13）　5～9. 瓮（AH20:15、AH20:17、AH20:18、AH20:19、AH20:16）

　　陶瓮　6件。标本AH20:15，粗泥灰褐陶。广肩，敛口，折沿，尖唇。口径24、残高4.7厘米（图一二三，5）。标本AH20:17，粗泥灰褐陶。鼓肩，敛口，折沿内凹，圆唇。口径21.5、残高4.7厘米（图一二三，6）。标本AH20:18，粗泥灰褐陶。广肩，敛口，折沿内凹，尖唇，折沿处十分明显。口径20、残高4.4厘米（图一二三，7）。标本AH20:19，广肩，直口，方唇。口径20.3、残高4.8厘米（图一二三，8）。标本AH20:16，粗泥灰褐陶。广肩，直口略敛，圆唇。口径21.2、残高6厘米（图一二三，9）。

　　陶罐　7件。标本AH20:6，粗泥灰褐陶。高领，直口略侈，宽沿，尖唇。口径16.2、领高6、残高7.5厘米（图一二四，1）。标本AH20:4，粗泥灰陶。火候较高。高领略弧，口略侈，斜沿，尖唇。口径15、领高6、残高7.8厘米（图一二四，2）。标本AH20:7，粗泥红褐陶。鼓肩，敛口，折沿内凹，方唇。口径12、残高4.6厘米（图一二四，3）。标本AH20:21，粗泥红褐陶。鼓肩，敛口，宽卷沿，圆唇。口径16.2、残高4.6厘米（图一二四，4）。

　　陶拍　1件（AH20:20）。粗泥灰陶。已残。平面略呈方形，一边厚，一边薄。正面饰直绳纹。残长7、残宽4.9厘米（图一二四，5）。

　　陶甑　1件（AH20:14）。粗泥灰陶。腹内收，平底略内凹，底部有6个箅孔。器胎较薄。底径12、残高5.4厘米（图一二四，6）。

　　筒瓦　3件。标本AH20:3，粗泥灰陶。瓦嘴较长，圆唇。外表饰斜绳纹。瓦嘴长4、宽11.5、瓦残长12.5、宽15厘米（图一二四，7）。标本AH20:2，粗泥灰褐陶。瓦嘴较短，尖圆唇。外表饰斜绳纹，其上又饰三道旋抹弦纹。瓦嘴长3、宽9、瓦残长13.2、宽13.2厘米（图一二四，8）。

陶板瓦　2件。标本 AH20∶1，粗泥灰陶。瓦面弧度较小，一端宽，另一端较窄，平面略呈梯形。外表饰直绳纹，其上又饰数道旋抹弦纹。残长9、宽17.2～18、胎厚0.9厘米（图一二四，9）。

陶器底　1件（AH20∶10）。粗泥灰陶。弧壁，平底。底径12、残高4.3厘米（图一二四，10）。

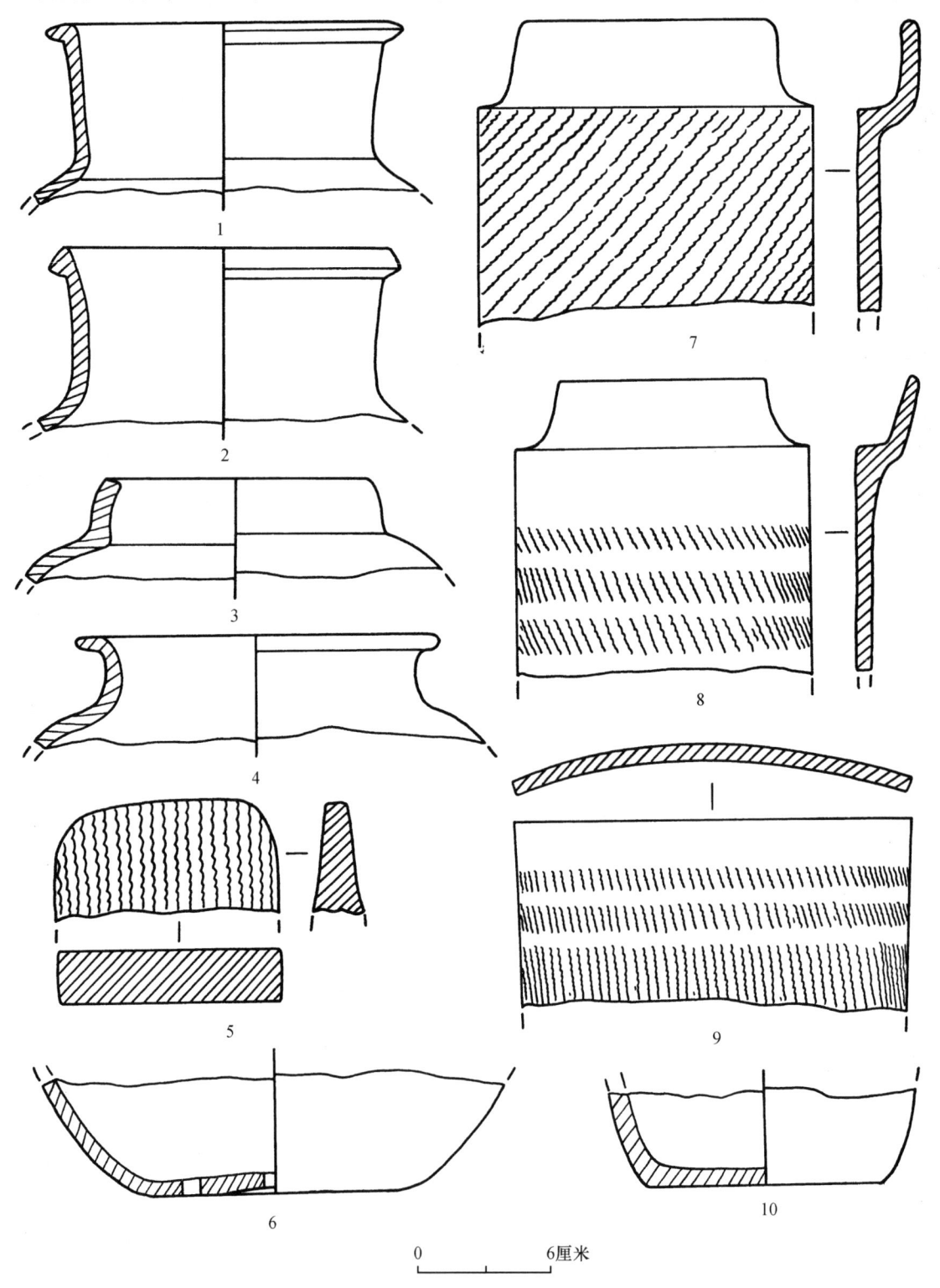

0　　　　　　6厘米

图一二四　A区 H20 出土陶器

1～4. 罐（AH20∶6、AH20∶4、AH20∶7、AH20∶21）　5. 拍（AH20∶20）　6. 甑（AH20∶14）　7、8. 筒瓦
（AH20∶3、AH20∶2）　9. 板瓦（AH20∶1）　10. 器底（AH20∶10）

2. 墓葬

① M87

M87 位于 A 区东南角，西距 AT61、AT65 探方 13 米。该墓叠压在现代房基下，房屋移民拆迁后随即发现。该墓打破生土。距地表深 0.1～1.5 米，为土圹石室墓。方向 330°。平面略呈丁字形。由墓室、耳室、甬道三部分组成。墓道残，甬道券顶和墓室券顶均倒塌，耳室券顶只存局部未塌。墓土圹长 8.1、宽 3.8 米，甬道土圹长 2.4、宽 2.9 米，耳室土圹长 3.1、宽 2 米。土圹通长 11 米。墓室长 7.5、宽 2.8、残深 1.5 米，甬道残长 2.1、宽 1.9、残深 1.35 米（图一二五；图版三九，1）。墓室东壁距甬道 1 米处有一耳室，耳室长 2.5、宽 1、残深 0.6～1.5 米（图版三九，2）。

墓壁均为人工雕凿的长方形条石垒砌，条石一般长 0.4、宽 0.25、厚 0.2 米左右。墓底为粉砂石基岩，未铺地面，直接利用基岩使用。

根据发掘情况观察，该墓多次早期被盗扰乱和腐烂情况极为严重，不见葬具痕迹和人骨架痕迹。葬具、葬式及墓主人性别、年龄均不详。随葬器物几乎被盗一空，仅存小件器物，有玻璃耳坠、铜泡钉、铜饰件及钱币。

玻璃耳坠　1 件（M87:2）。蓝晶石与长石混合物。已氧化，但氧化程度不高。两端外凸，中间有穿孔。长 1.7、下端直径 0.8、孔径 0.15 厘米（图一二六，6；图版四〇，4）。

铜饰件　3 件。标本 M87:6，平面呈半月形，横剖面呈曲尺形。长 7、宽 1.2、厚 0.7 厘米（图一二六，3）。标本 M87:5，平面呈半月形，横剖面呈曲尺形。长 7.2、宽 1.1、厚 0.8 厘米（图一二六，2；图版四〇，2）。标本 M87:4，胎较薄。平面呈半月形，横剖面呈凹槽形。长 6.7、宽 1.3、厚 0.9 厘米（图一二六，1；图版四〇，1）。

铜泡钉　2 件。标本 M87:1，草帽形。帽直径 2.4、钉长 1.9 厘米（图一二六，4；图版四〇，3）。标本 M87:3，帽头较小。帽直径 2.4、钉长 2.3 厘米（图一二六，5）。

钱币　89 枚。均为铜质钱币。有五铢、大泉五十、半两、货泉四种。

五铢　83 枚。分三型。

A 型　25 枚。面、背郭有宽窄之异。面文笔画欠规则。铸造工艺多较粗劣。面文"五"字中间两笔较斜直，"朱"字头方折。直径 2.2～2.4 厘米（图一二七，6～10）。为西汉早中期五铢钱币。

B 型　27 枚。面、背郭有宽窄之异，有穿上半星或"十"形符号。铸造工艺多较精湛。面文"五"字像两炮弹相对，"铢"字金旁的头小，呈箭头状。直径 2.2～2.6 厘米（图一二七，11～15）。为西汉晚期五铢钱币。

C 型　31 枚。面、背郭较宽，穿有大小之异。铸造工艺较精。面文"五"字较宽大，"铢"字金旁的头加大，呈三角形，"朱"旁上部转角处圆折。直径 2.2～2.6 厘米（图一二八）。为东汉早中期五铢钱币。

大泉五十　1 枚（M87:7）。面、背郭较窄，面文秀丽。直径 2.5 厘米（图一二七，5）。为王莽时铸造的钱币。

货泉　3 件。面、背郭有宽窄之分，内郭又分有面内郭和无面内郭，穿有大小之别。直径 2.1～2.2 厘米（图一二七，3、4）。为王莽时铸造的钱币。

半两　2 枚。均残。面、背无郭，面文高挺，面底边薄，背平。直径 2.3～2.7 厘米（图一二七，1、2）。为秦代半两钱币。

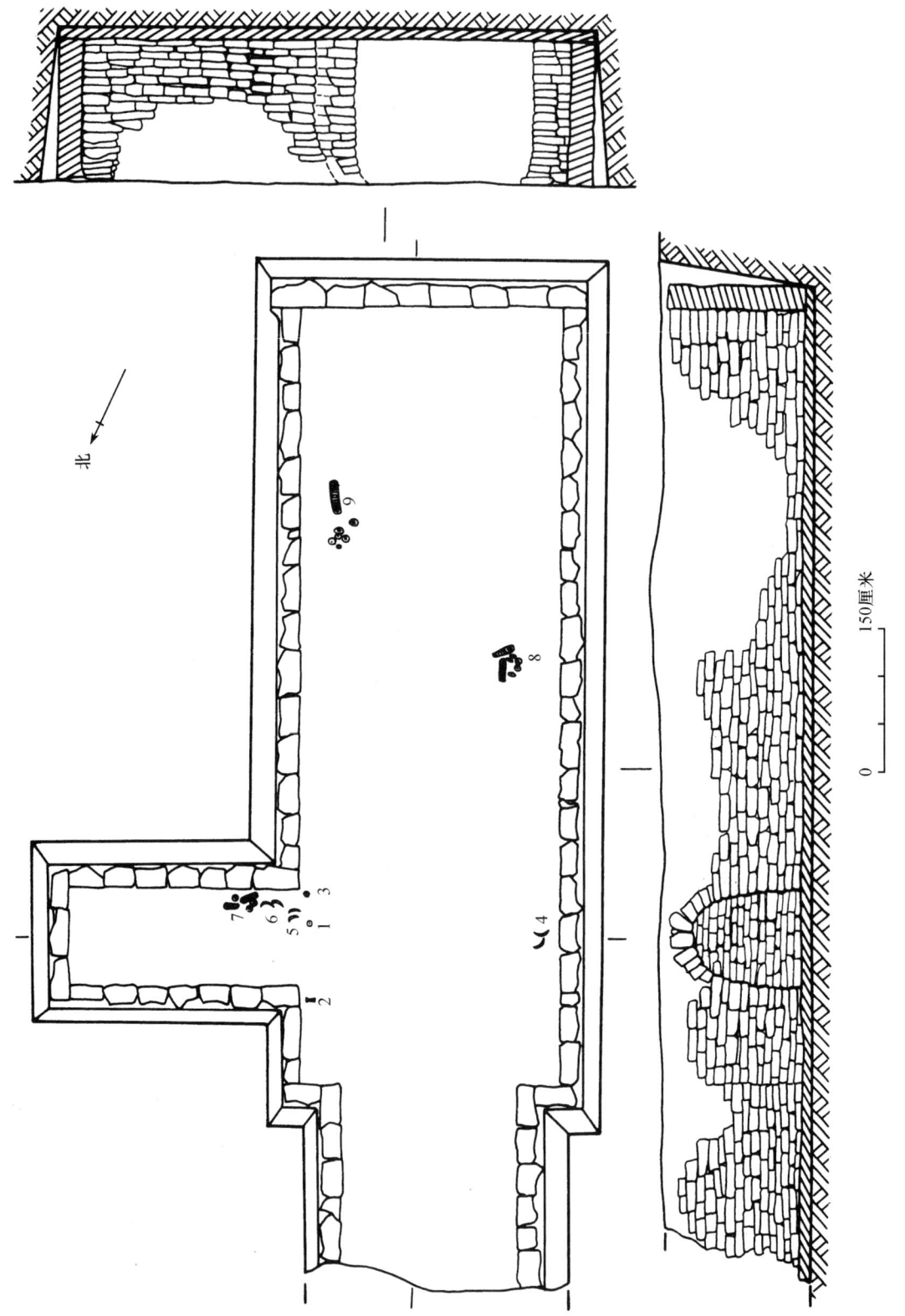

图一二五　A 区 M87 平、剖面图

1、3. 铜泡钉　2. 玻璃耳坠　4～6. 铜饰件　7～9. 铜钱

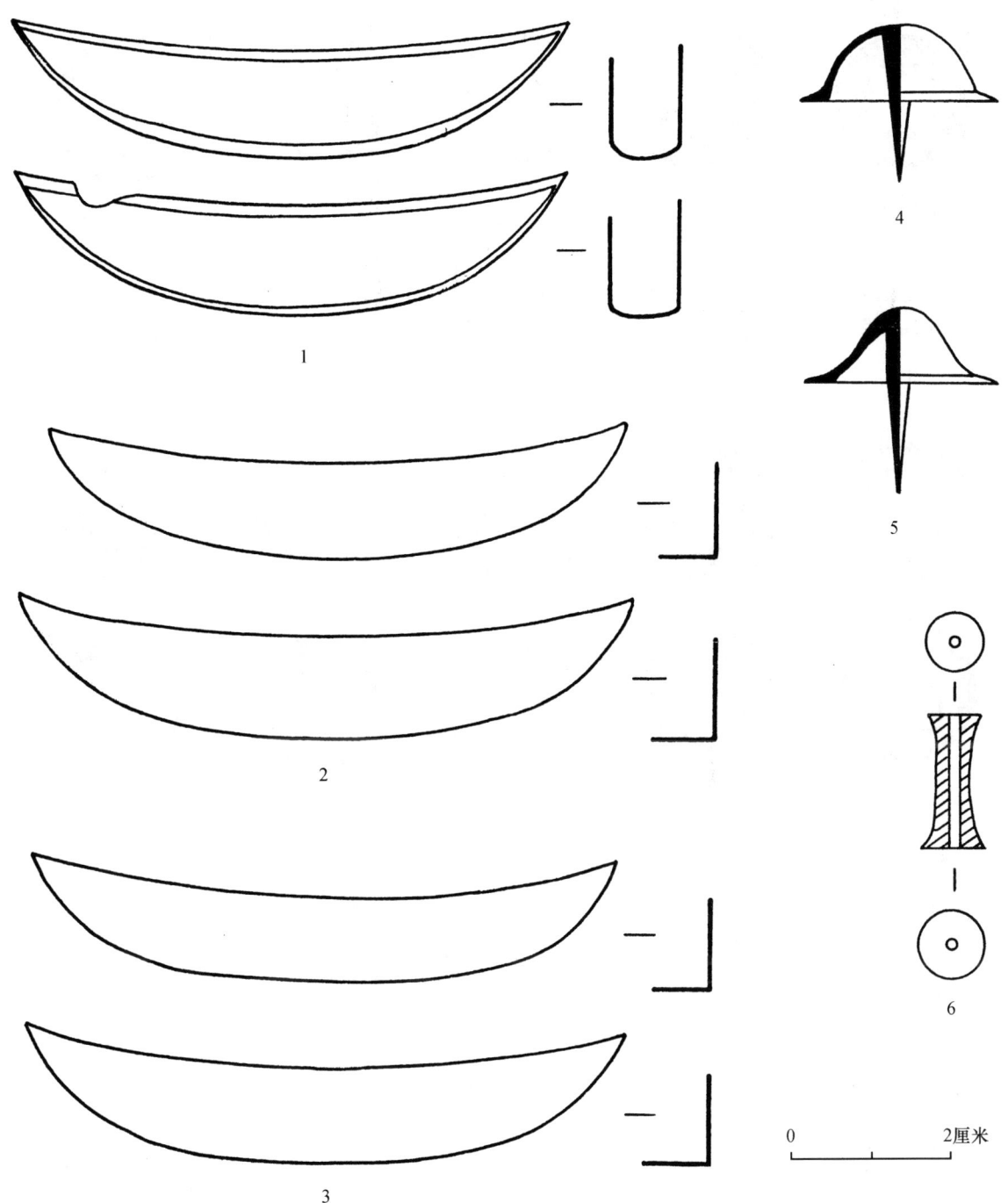

图一二六　A 区 M87 出土器物

1～3. 铜饰件（M87:4、M87:5、M87:6）　4、5. 铜泡钉（M87:1、M87:3）　6. 玻璃耳坠（M87:2）

② M98

M98 中心位置位于 AT31 探方关键柱，跨越 AT28、AT29、AT31、AT32 四个探方。开口在②层下，打破 M100。距地表深 0.5～0.6 米。为土圹石室墓。方向 360°。该墓北部被现代猪圈打破，东南角部分墓石条被老百姓挖出砌猪圈。墓室平面呈长方形。墓土圹残长 3、宽 2.55 米，底较平，但

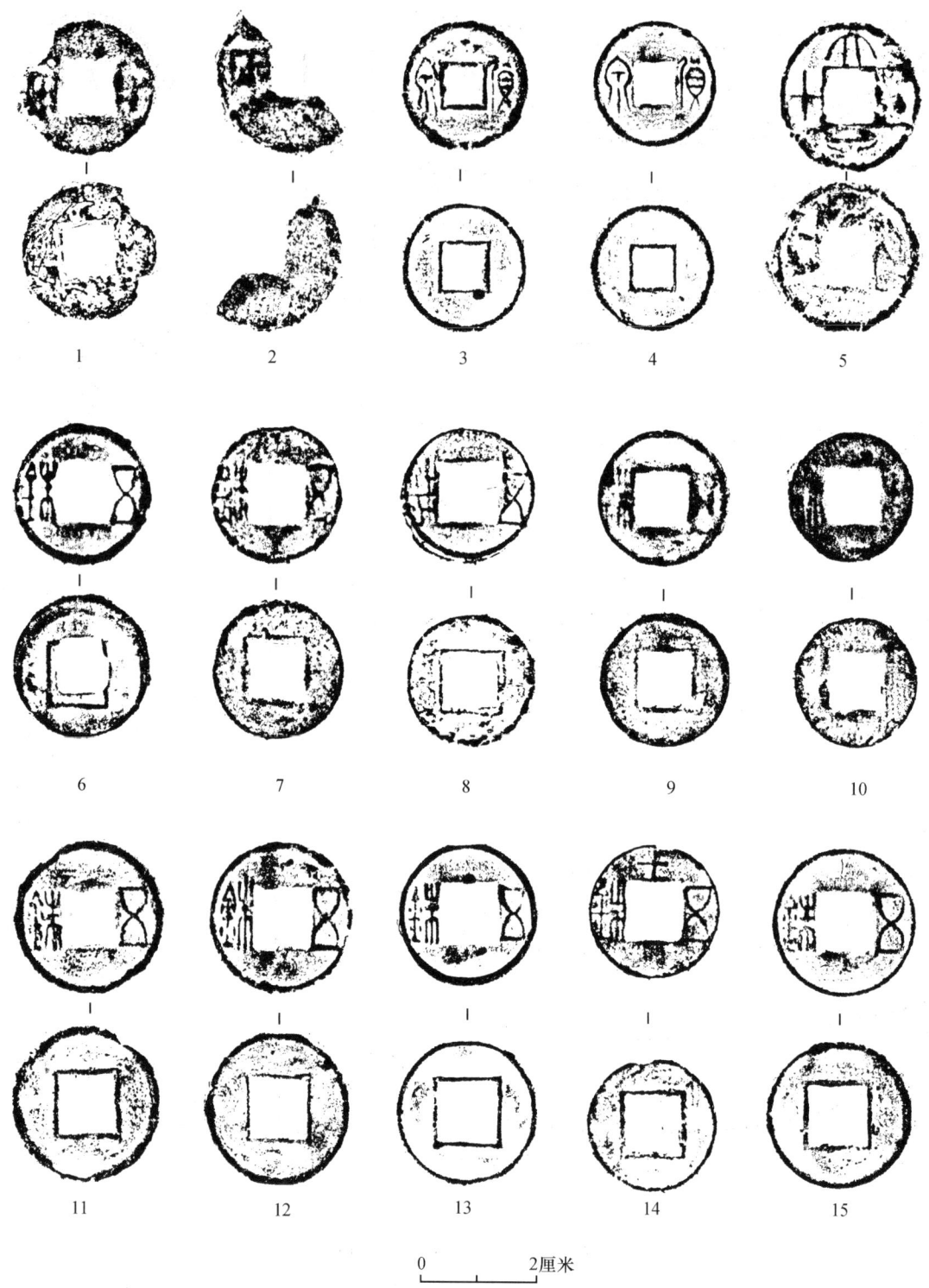

图一二七　A区M87钱币拓片

1、2. 半两（M87∶11、M87∶10）　3、4. 货泉（M87∶8、M87∶9）　5. 大泉五十（M87∶7）　6～10. A型五铢（M87∶16、
M87∶17、M87∶18、M87∶21、M87∶22）　11～15. B型五铢（M87∶12、M87∶13、M87∶15、M87∶19、M87∶27）

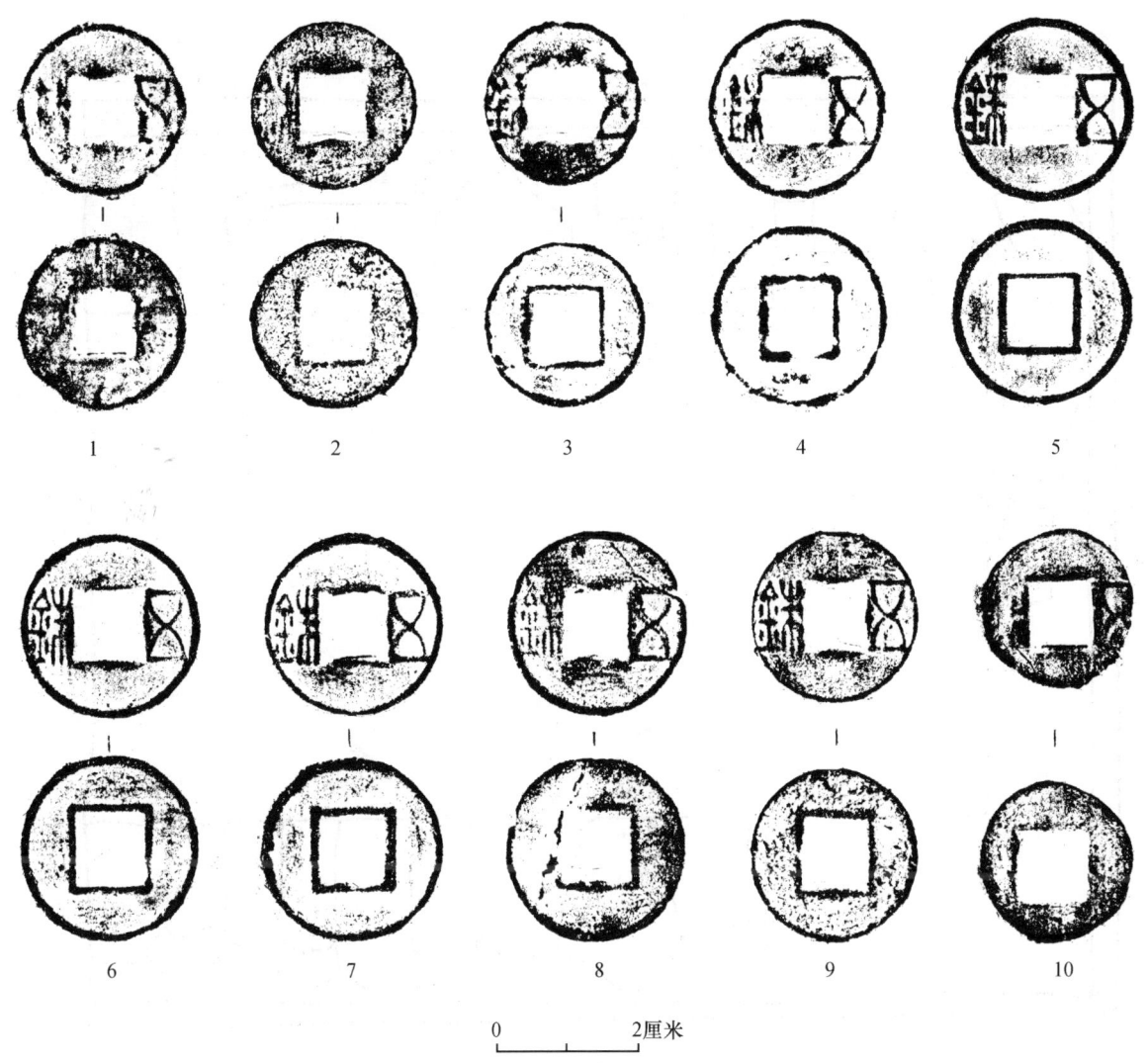

图一二八　A 区 M87 五铢钱币拓片

1～10. C 型（M87：28、M87：31、M87：30、M87：14、M87：23、M87：24、M87：25、M87：26、M87：29、M87：32）

近南壁处遇岩石，未往下挖掘，故形成一个台阶。墓室券顶已塌。残长 2.6、宽 1.4、残深 1 米（图一二九；图版一八，2）。墓壁用石片和条石相互垒砌而成。墓壁内面较整齐，外面凹凸不平。墓底未铺垫任何材料，直接为泥土地面。整个墓葬建筑显得有些粗糙、草率。

因遭严重破坏，不见葬具和人骨腐烂痕迹，故葬具、葬式和墓主人性别、年龄均不详。

墓内填土为灰褐色黏土，较细腻且松软，其中夹杂一些倒塌的墓石，包含物有少量绳纹陶片。

随葬器物仅 12 枚钱币，均为铜质“货泉”。面、背均有外郭，部分内郭又有无面及凸隐之分，无面内郭者有穿上半星。穿有大小之异。直径 2.1～2.4 厘米（图一三〇，1～5）。

3. 文化层

A 区六朝文化堆积层主要分布在 AT7、AT50、AT51 探方内，文化层位为③层。堆积层较薄，分布较零散，一般厚 0.1～0.25 米。出土器类相对单一。陶器纹饰主要为粗绳纹，及少量附加堆纹（图一三一）。

北

0　　　　　　　　　60厘米

图一二九　A 区 M98 平、剖面图

1. 铜钱

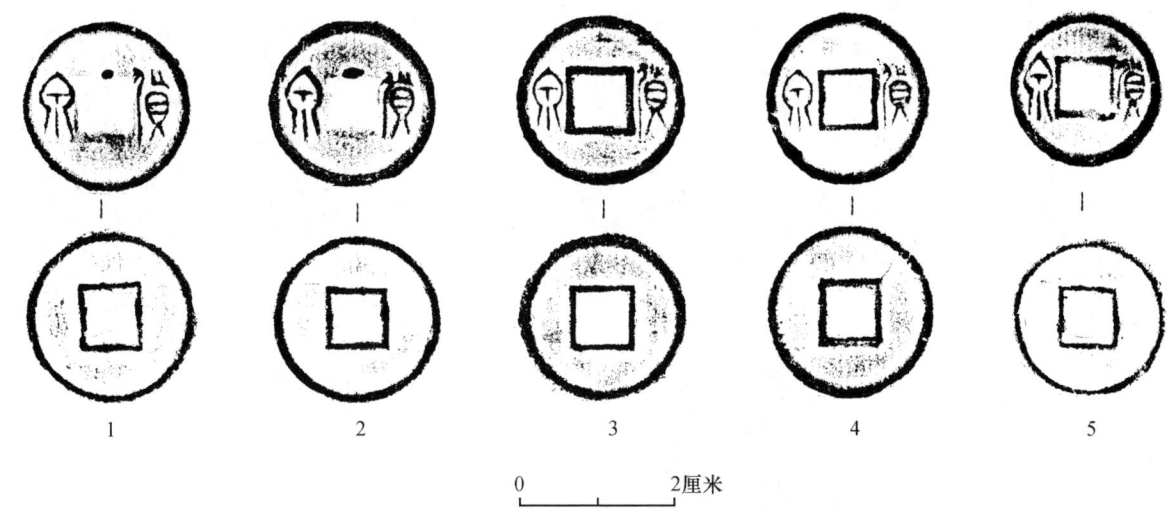

图一三〇　A 区 M98 货泉钱币拓片

1. M98：1　2. M98：2　3. M98：3　4. M98：4　5. M98：5

① AT7③层

该探方堆积层较薄，范围甚小，仅探方中部一小片，厚 0.1 米。出土陶片特别碎小，均为灰陶片，共 7 片。无法分辨其器形。

② AT50③层

出土陶片共 31 片，均为泥质陶。其中，粗泥陶 25 片，占陶片总数的 80.87%；细泥陶 6 片，占陶片总数的 19.13%。陶片颜色有黑陶、灰陶和灰褐陶，分别占陶片总数的 29.03%、48.37%、22.60%。陶片纹饰主要为绳纹，占陶片总数的 41.94%，次为附加堆纹，占陶片总数的 3.22%。

陶器共 12 件。器类有罐、盆、瓮、甑。

陶罐　1 件（AT50③：1）。细泥黑陶。鼓肩，直口，圆唇。素面。口径 15、残高 4.7 厘米（图一三二，2）。

陶盆　7 件。标本 AT50③：2，粗泥灰褐陶。折肩，束颈，口略侈，斜沿，方唇。口径 23.2、残高 4.3 厘米（图一三二，1）。标本 AT50③：4，粗泥灰陶。弧肩，口微侈，斜沿，尖唇。口径 21.2、残高 4.8 厘米（图一三二，3）。标本 AT50③：3，粗泥灰陶。弧壁，直口，斜沿，尖唇。口径 24、残高 4.9 厘米（图一三二，7）。

陶瓮　3 件。标本 AT50③：5，粗泥灰陶。鼓肩，直口略敛，方唇，口部胎较厚重。口径 15.6、残高 4.1 厘米（图一三二，4）。标本 AT50③：6，粗泥黑陶。广肩，敛口，斜折沿，沿较厚并外凸，圆唇。口径 16.8、残高 4.4 厘米（图一三二，5）。

陶甑　1 件（AT50③：7）。粗泥灰陶。弧腹，圜底内凹，底部有 10 个箅孔。残腹径 19.5、残高 6.2 厘米（图一三二，6）。

③ AT51③层

出土陶片共 41 片。均为泥质陶，但有细泥和粗泥之分。其中，细泥陶 6 片，占陶片总数的 14.66%；粗泥陶 35 片，占陶片总数的 85.34%。陶片颜色有灰陶、褐陶和灰褐陶，分别占陶片总数的 34.15%、46.36%、19.51%。陶片纹饰均为粗绳纹，占陶片总数的 43.90%。

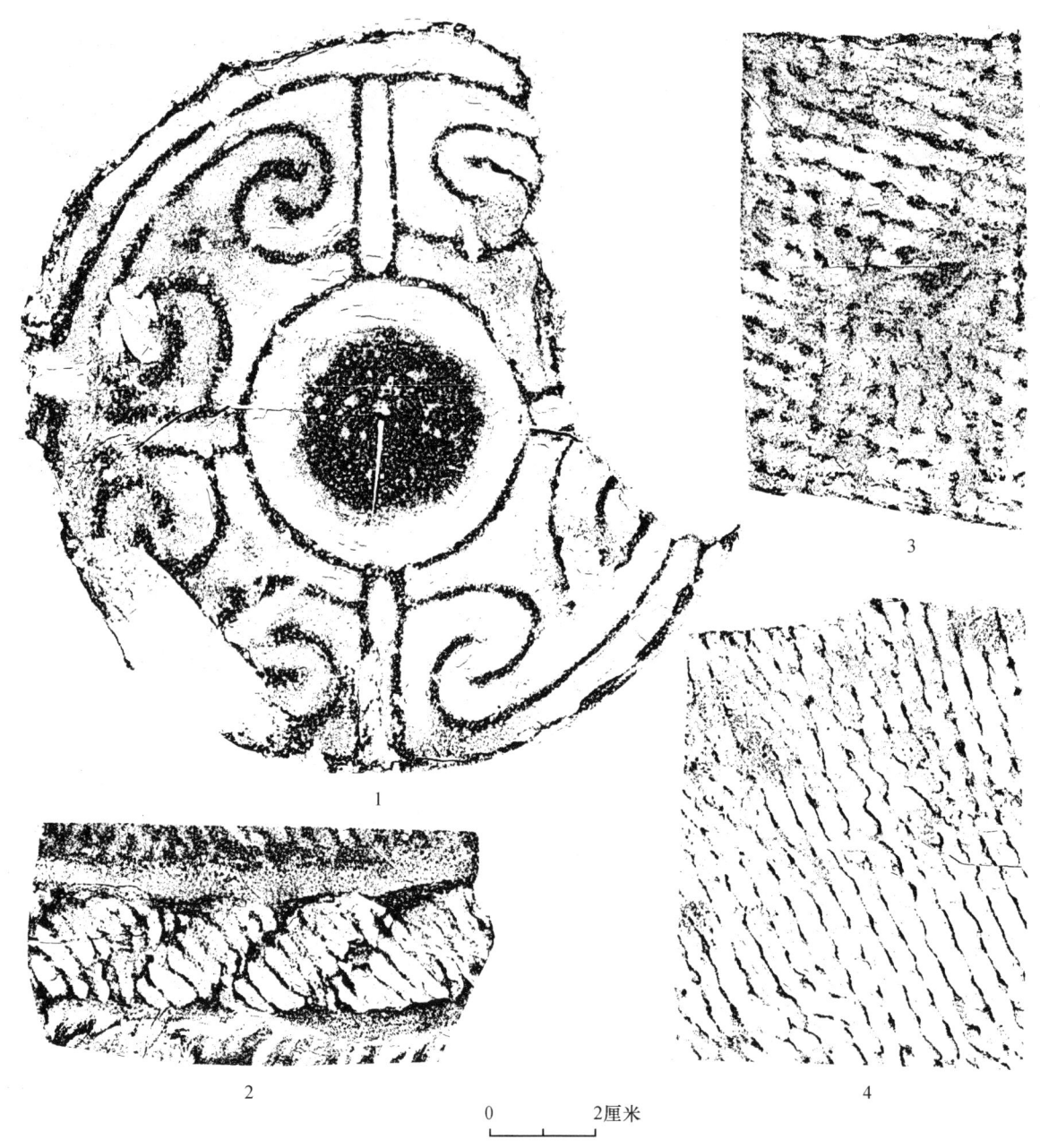

图一三一　A区③层陶片纹饰拓片

1. 云纹瓦当（AT51③：2）　　2. 附加堆纹（AT50③：8）　　3、4. 绳纹（AT50③：10、AT51③：13）

陶器共20件。器类有罐、盆、瓮、筒瓦、板瓦及瓦当。

陶罐　3件。标本 AT51③：8，细泥褐陶。广肩，折沿，直口，圆唇。口径13.2、残高4厘米（图一三三，6）。标本 AT51③：9，细泥灰陶。高领，直口微侈，斜沿，尖唇。口径15、残高7.9厘米（图一三三，7）。

陶盆　6件。标本 AT51③：11，粗泥褐陶。弧腹，折肩，矮领，口略侈，斜沿，尖唇。口径23.1、残高6.8厘米（图一三三，5）。标本 AT51③：10，粗泥灰褐陶。弧腹，折肩，矮领，口微侈，斜沿，尖圆唇。腹部饰拍印斜绳纹。口径19.2、残高6.9厘米（图一三三，8）。

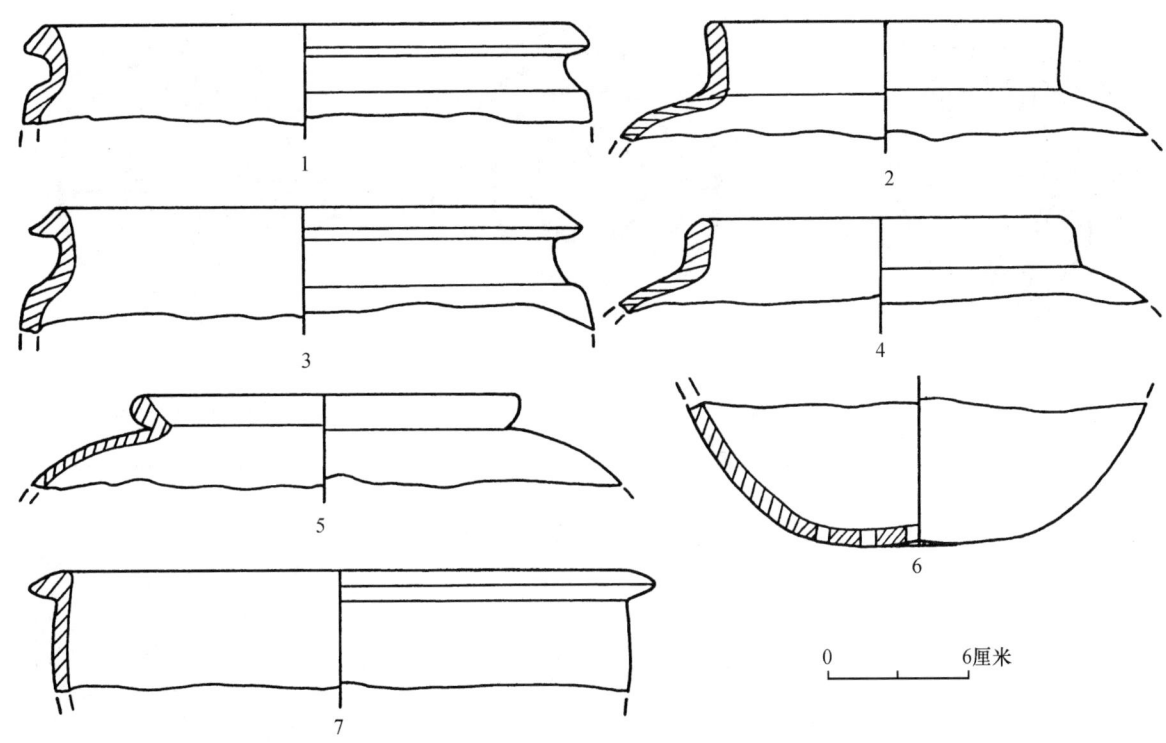

图一三二　A 区 T50③层出土陶器

1、3、7. 盆（AT50③:2、AT50③:4、AT50③:3）　2. 罐（AT50③:1）　4、5. 瓮（AT50③:5、AT50③:6）　6. 甑（AT50③:7）

　　陶瓮　1 件（AT51③:12）。粗泥灰褐陶。鼓肩，折沿，直口，方唇。口径 15.3、残高 4.5 厘米（图一三三，10）。

　　陶筒瓦　2 件。标本 AT51③:6，粗泥灰陶。瓦嘴较短。外面素面，内面饰布纹。残长 20.5、宽 14、瓦嘴长 2.7、宽 9 厘米（图一三三，4）。

　　陶板瓦　4 件。标本 AT51③:7，粗泥褐陶。瓦面略弧。外表饰斜绳纹，内面饰细布纹。残长 18、残宽 15、胎厚 1.5 厘米（图一三三，9）。

　　陶瓦当　4 件。标本 AT51③:2，粗泥灰陶。圆形。图案分成四等分，饰卷云纹。直径 16.8 厘米（图一三一，1；图一三三，1）。标本 AT51③:3，粗泥灰陶。圆形。图案中有两道圆圈纹，并分成四等分。直径 16.2 厘米（图一三三，2）。标本 AT51③:4，粗泥灰陶。图案分成四等分，饰双线条云纹。直径 16.4 厘米（图一三三，3）。

（三）分期与年代

　　A 区六朝遗存分布在 AT50、AH20、M87 等 6 个单位中，其中 AH19、AH20、M87 均开口在①层（表土层）下，打破生土，M98 开口在②层（宋代地层）下，打破 M100，而 M100 是西汉晚期墓葬。这些单位没有直接相互叠压打破关系。不能从层位上判别它们的年代，只能根据考古类型学进行分析研究。首先对器物进行分析、逻辑排序。

　　陶盆　分 A、B、C、D 四型。

图一三三　　A 区 T51③层出土陶器

1~3. 瓦当（AT51③：2、AT51③：3、AT51③：4）　4. 筒瓦（AT51③：6）　5、8. 盆（AT51③：11、AT51③：10）　6、7. 罐
（AT51③：8、AT51③：9）　9. 板瓦（AT51③：7）　10. 瓮（AT51③：12）

　　A 型　直口，宽斜沿。AH20：8、AH20：12、AH20：13。

　　B 型　折肩，直口。分二式。

　　Ⅰ式：口微侈，窄斜沿。AH20：9。

　　Ⅱ式：口略侈，宽斜沿。AT50③：4。

　　C 型　折肩，束颈，斜沿，方唇。AT50③：2、AT51③：11、AT51③：10。

　　D 型　直口略侈，斜沿，尖圆唇。AT50③：3。

　　陶瓮　分 A、B、C、D 四型。

　　A 型　外折沿，尖唇。AH20：15。

　　B 型　折沿内凹。AH20：17、AH20：18。

　　C 型　直口。分二式。

　　Ⅰ式：方唇。AH20：19、AH20：16。

　　Ⅱ式：口略敛，尖唇。AT50③：5、AT51③：12。

D 型　敛口，斜折沿，沿下外凸。AT50③:6。

陶罐　分 A、B、C、D 四型。

A 型　高领。分二式。

Ⅰ式：尖唇。AH20:6、AH20:4。

Ⅱ式：斜唇。AT51③:9。

B 型　敛口，折沿，沿面内凹，方唇。AH20:7。

C 型　鼓肩，敛口，宽卷沿。AH20:21。

D 型　直口，圆唇。AT50③:1、AT51③:8。

陶甑　分 A、B 二型。

A 型　大平底。AH20:14。

B 型　小平底内凹。AT50③:7。

陶瓦当　分 A、B、C 三型。

A 型　饰卷云纹。AT51③:2。

B 型　饰圆圈纹。AT51③:3。

C 型　饰双线条云纹。AT51③:4。

铜饰　平面呈半月形。分 A、B 二型。

A 型　横剖面呈凹槽状。M87:4。

B 型　横剖面呈曲尺形。M87:5、M87:6。

铜泡钉　草帽形。分 A、B 二型。

A 型　帽头较大。M87:1。

B 型　帽头较小。M87:3。

铜五铢　分 A、B、C 三型。

A 型　"五"字中间两笔较斜直，"朱"字头方折。M87 出土。

B 型　"五"字像两炮弹相对，"铢"字金旁的头小，呈箭头状。M87 出土。

C 型　"五"字较宽大，"铢"字金旁的头加大，呈三角形，"朱"字旁上部转角处圆折。M87 出土。

另外，还有陶板瓦、陶筒瓦、陶钵、陶拍、陶器底、玻璃耳坠和钱币大泉五十、半两、货泉不宜分期。

以上器物型式组合关系见表一九。

表一九　A 区六朝典型单位器物型式组合关系表

单位 ＼ 型式	陶 盆				陶 瓮				陶 罐				陶 甑		陶瓦当			铜 饰		铜泡钉		铜五铢钱		
器类	A	B	C	D	A	B	C	D	A	B	C	D	A	B	A	B	C	A	B	A	B	A	B	C
AH20	√	Ⅰ			√	√	Ⅰ		Ⅰ	√	√		√											
AT50③			√	√			Ⅱ	√						√	√									
AT51③		Ⅱ	√				Ⅱ					Ⅱ		√	√	√	√							
M87																		√	√	√	√	√	√	√

从表一九可以看出，AH20 的 A 型和 B 型Ⅰ式陶盆，A 型、B 型和 C 型Ⅰ式陶瓮，A 型Ⅰ式、B 型、C 型陶罐，A 型陶甑在其他单位中均不见。AT50 和 AT51 两个探方中 B 型Ⅱ式、C 型陶盆，C

型Ⅱ式、D 型陶瓮，A 型Ⅱ式和 D 型陶罐，B 型陶甑以及 A、B、C 型陶瓦当，在其他单位中不见。M87 所出的器物在其他单位中也不见。AH19 出土一件陶钵（AH19:5）没有参加排序，但出土的板瓦和筒瓦却与 AH20 出土的同类瓦完全相同，这表明 AH19 与 AH20 所处时代相近。M98 仅出土 12 枚钱币，均为货泉，其形制与 M87 出土的货泉钱币形制相同，年代大体相近。AT7③层出土灰色绳纹陶片与 AT50③层和 AT51③层陶片相同。

由此排序、分析比较，可将 A 区六朝遗存分为一、二两期（表二〇）。

表二〇　A 区六朝主要器物分期表

期段 \\ 器类 型式		陶盆				陶瓮				陶罐				陶甑		陶瓦当			铜饰		铜泡钉			铜五铢钱		
		A	B	C	D	A	B	C	D	A	B	C	D	A	B	A	B	C	A	B	A	B	C	A	B	C
一期	晚段		Ⅱ	√	√			Ⅱ	√	Ⅱ			√		√	√	√	√								
	早段	√	Ⅰ			√	√	Ⅰ		Ⅰ	√	√		√												
二期																			√	√	√	√	√	√	√	√

一期：包括 AH19、AH20、AT7③层、AT50③层、AT51③层；其中一期又可以分为早、晚两段，早段包括 AH19、AH20；晚段包括 AT7③层、AT50③层、AT51③层。

二期：包括 M87 和 M98 两座墓葬。

一期代表性器物是 A 型、B 型Ⅰ式、Ⅱ式陶盆，A 型、B 型、C 型Ⅰ式、Ⅱ式陶瓮，A 型Ⅰ式、Ⅱ式、B 型、C 型、D 型陶罐，A 型陶甑，A 型、B 型、C 型陶瓦当是鄂西地区六朝初期常见器物。二期墓葬被盗严重，出土器物不多，但出土 C 型东汉五铢钱币和货泉，货泉是王莽时期铸造的钱币，故 M87、M98 上限不会早于东汉中期。M87 墓附一耳室，这种形制结构多见于六朝中期。由此比较，A 区六朝时期遗存一期时代相当于六朝初期，早段和晚段年代不会相差很长；二期时代约相当于六朝中期。

（四）小结

卜庄河遗址 A 区六朝遗存较少，主要出自于地层和灰坑中，而且分布零散，堆积层极薄，亦未发现居住遗迹，可能遭到破坏。

M87 有墓室、耳室、甬道，通长 11 米，规模较大，结构复杂，这种形制结构的墓葬及营造特点，说明了三峡地区六朝时期社会等级差别大，贫富分化严重，同时也说明当时经济比较繁荣发达。

十　宋代遗存

（一）概述

A 区宋代遗存主要是遗址，包括 AT6、AT7、AT21、AT27～AT30、AT32 共 8 个探方的②层。文化堆积层特别薄，一般厚 0.2 米左右。残留遗迹有 3 个灰坑，编号为 AH8、AH12、AH16。

出土器物主要为陶器和瓷器，共 5 件。器类有陶擂钵、瓷盏、瓷碟、瓷盘等。瓷器多施青釉或淡青釉，陶器多施酱褐色釉。

（二）遗存介绍

1. 灰坑

① AH8

AH8 位于 AT27 探方东部。开口在②层下，打破 AH7，同时打破 AH7 下的 AH11。距地表深 0.45 米。坑口平面呈椭圆形，斜壁、平底，坑口南面略高于北面。坑口长径 1.2、短径 0.96、深 0.38 米（图一三四）。填土为灰黑色土。夹杂有灰色砖块及红色烧土块。出土一件瓷盘。

瓷盘 1 件（AH8:1）。复原完整。灰白色胎。弧壁，敞口，宽沿，圆唇，沿面略凹，底较平，矮圈足。胎较厚。圈足内无釉，外表及盘内施青釉。盘内底部釉下饰刻划暗纹，暗纹为两朵菊花附于枝条上，并有六片菊花叶衬托。盘口径 19.2、盘深 2.1、圈足径 6.8、高 3.9 厘米（图一三五；图版四一，1）。

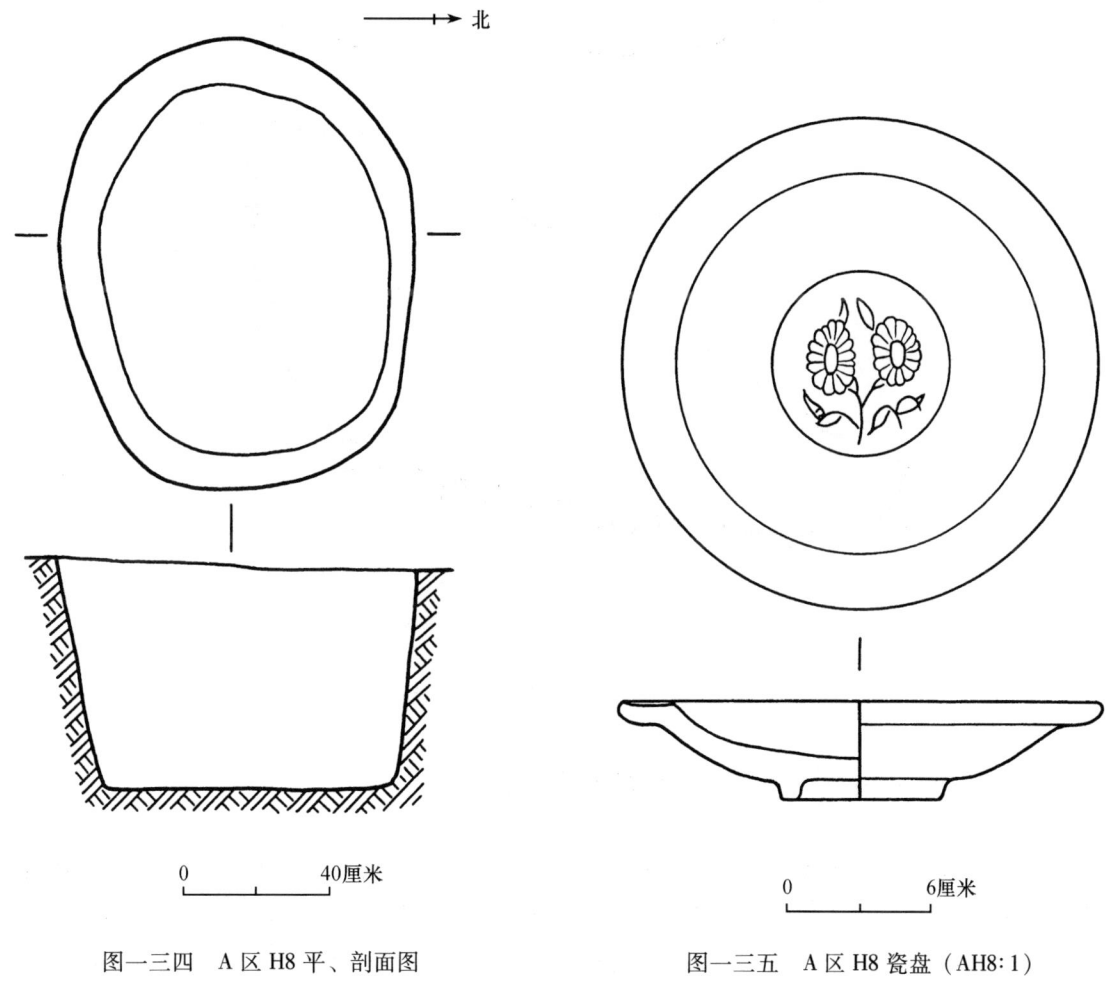

图一三四 A区H8平、剖面图 图一三五 A区H8瓷盘（AH8:1）

② AH12

AH12 位于 AT32 探方东南角，部分延伸至探方外。开口在②层下，打破⑥层。距地表深 0.35 米。因被破坏，坑口南高北低。平面略呈圆形，斜壁，圆角，平底。坑口东西直径 1.68、南北直径 1.75、南边深 0.88、北边深 0.2 米（图一三六）。坑内堆积为深褐色黏土，较松软。夹杂有部分红

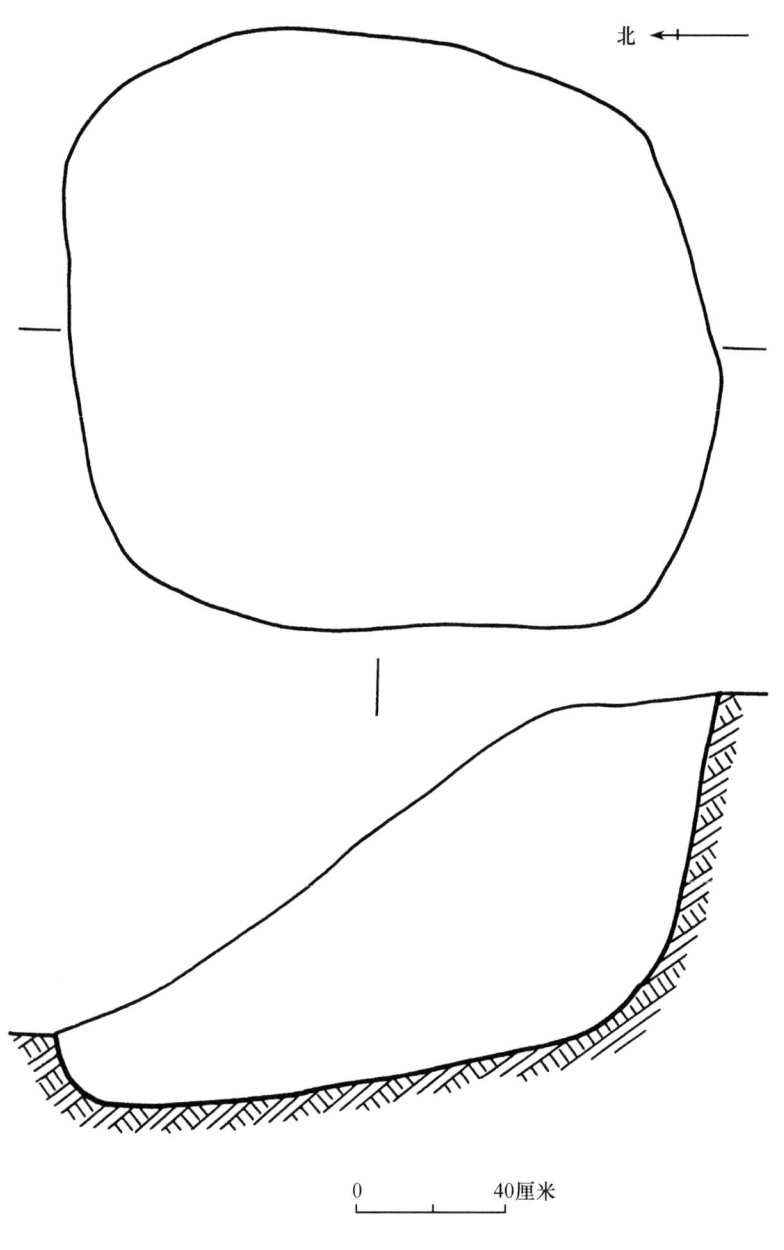

北 ←←

0　　　　40厘米

图一三六　A区H12平、剖面图

色和灰色烧土块、木炭块及小碎石片。没有发现文化遗物。

③ AH16

AH16位于AT31探方西南角，大部分延伸至探方南壁内。开口在①层下，打破生土，距地表深0.44米。坑口平面近圆形，直壁，平底，因遭破坏和受地势影响，坑口南高北低。坑口直径2.2、南壁深1.6、北壁深0.18米（图一三七）。坑内堆积呈浅灰色黏土，较板结。夹杂有部分灰色和红色烧土块及碎小的石片。没有发现文化遗物。

2. 文化层

文化层主要包括AT6②层、AT7②层、AT21②层、AT29②层。这四个探方的文化堆积层特别

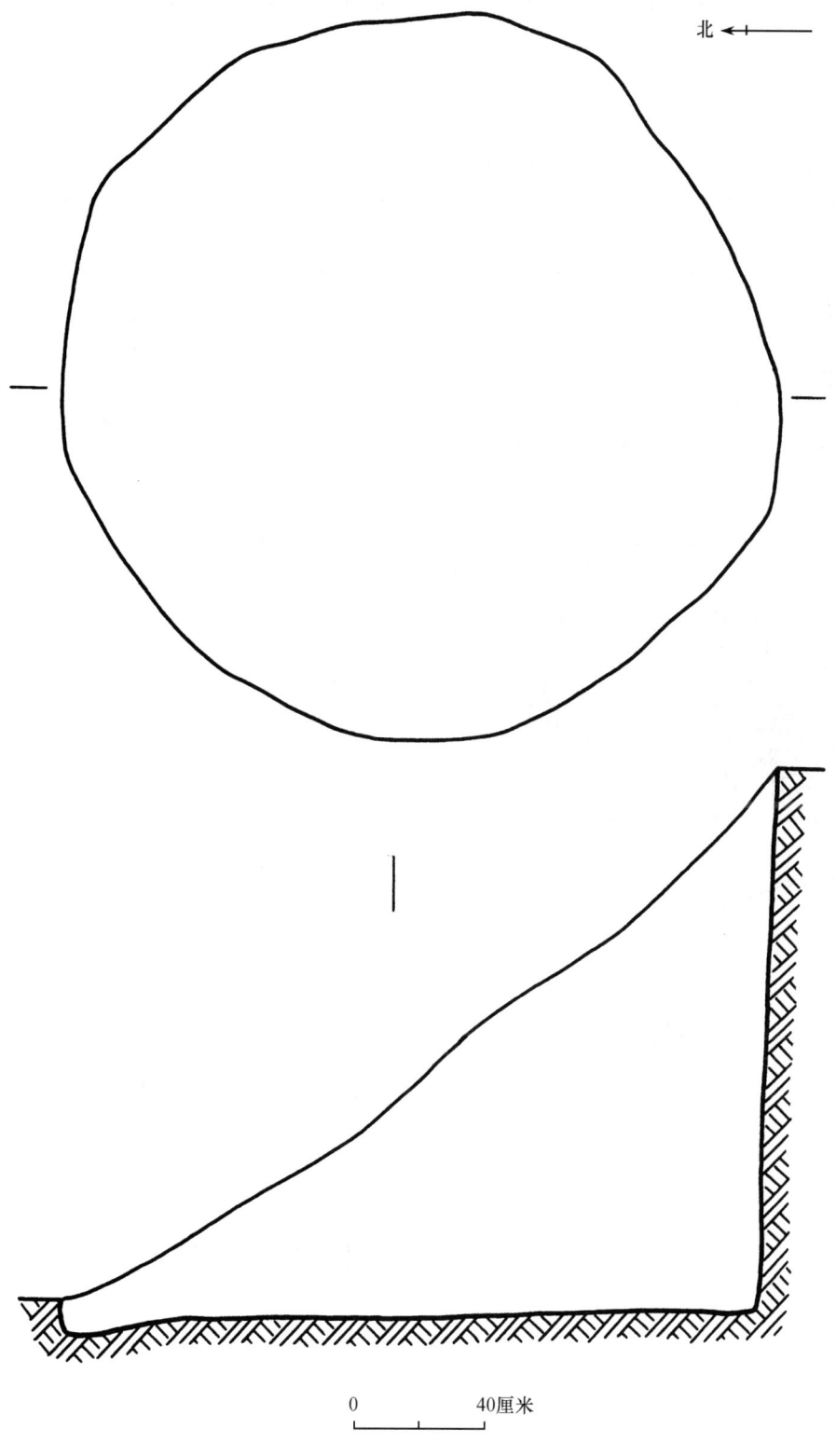

北 ←—

0　　　　　　40厘米

图一三七　A 区 H16 平、剖面图

薄，仅 0.05～0.1 米，除包含有极少量碎小的灰色和红色烧土块外，没有发现文化遗物。

① AT27②层

文化堆积层厚 0.05～0.15 米。夹杂有灰色烧土块、木炭末，包含有碎小的素面灰陶片 5 块，及一块条形灰砖。

条形砖　1 件（AT27②:1）。泥质灰陶。长条形，横剖面呈正方形。一头当面浮雕圆圈纹和圆点纹，另一当面浮雕"万"字纹。长 18.9、边宽 7.5 厘米（图一三八，1；图一三九）。

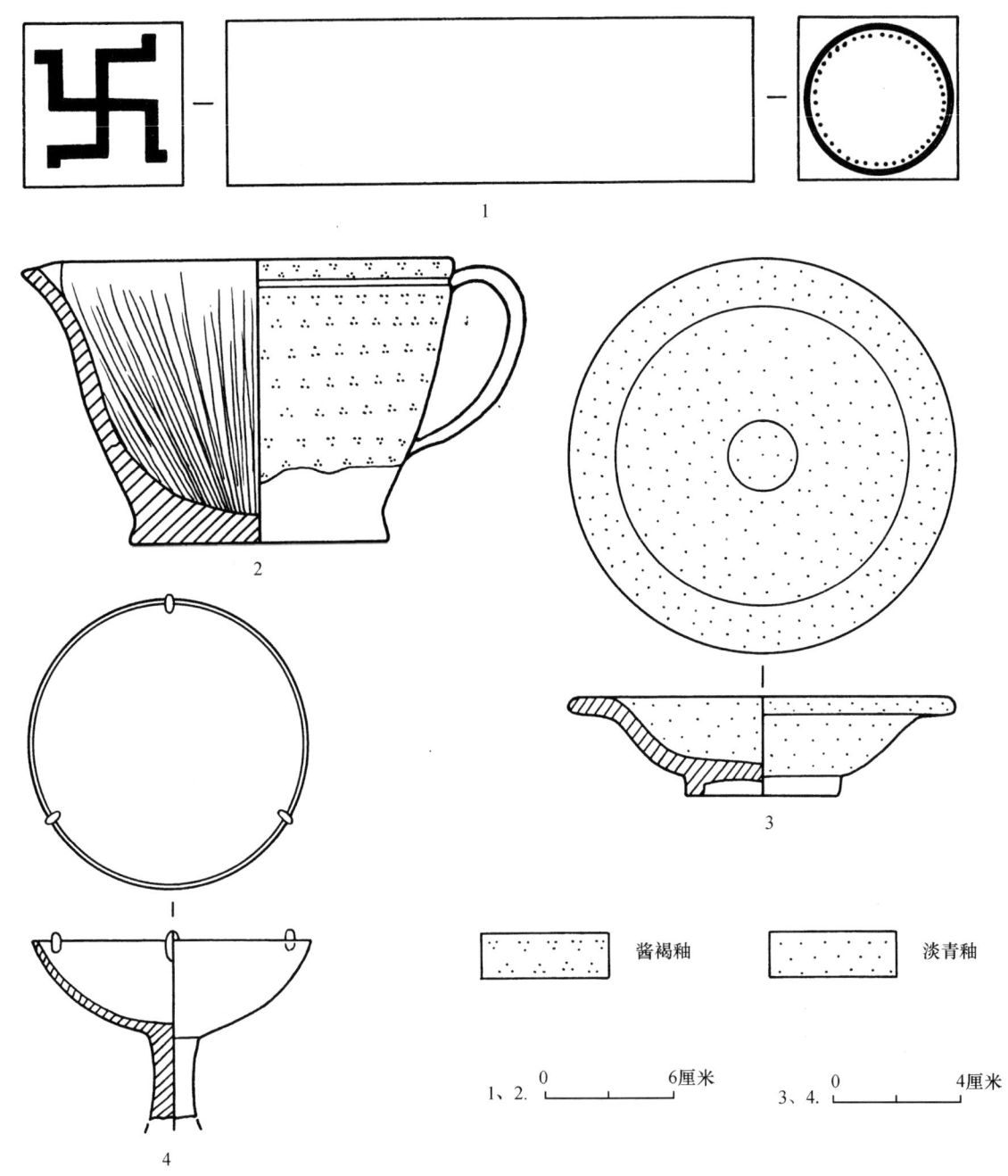

图一三八　A 区②层出土器物

1. 条形砖（AT27②:1）　2. 陶擂钵（AT32②:1）　3. 瓷碟（AT28②:1）　4. 瓷灯盏（AT30②:1）

图一三九　A 区 T27②层陶砖纹饰拓片（AT27②∶1）

1. 圆圈纹　2. "万"字纹

② AT28②层

文化堆积层甚薄，仅 0.09 米。夹杂有木炭末和烧土块。包含物仅一件瓷碟。

瓷碟　1 件（AT28②∶1）。复原完整。弧壁，平底，宽平沿，圆唇，矮圈足。胎较厚。圈足内无釉，碟内底部有一小圆圈，圆圈内无釉，其余部位和外表均施淡青色釉，釉层显得较厚重。口径 18、圈足径 4.8、碟深 2、高 3 厘米（图一三八，3；图版四一，2）。

③ AT30②层

文化堆积层仅探方中间一小片，厚 0.1 米。夹杂有草木灰和炭末。出土文化遗物有 2 件瓷灯盏。

瓷灯盏　2 件。形制相同，呈豆形。均残。标本 AT30②∶1，胎呈灰褐色。盏盘呈豆形，弧壁，圜底，敞口，方唇，口沿上附有三个小瓷饼，柄较细。内外均施淡绿色釉。口径 8.8、柄径 1.3、残高 5.4 厘米（图一三八，4；图版四一，3）。

④ AT32②层

仅探方西边有文化层。厚 0.03 ~ 0.15 米。夹杂有灰色烧土块和木炭末。包含物有极少量的素面灰陶片，器形不明。另出土一件陶擂钵。

陶擂钵　1 件（AT32②∶1）。流略残，已复原完整。胎呈深褐色。火候较高。斜壁，口微敛，圆唇，尖流，平底，底外表呈假圈足状，半圆形把。底外表无釉，腹部及口沿部位施酱褐色釉。器内有较深的数道竖凹槽形刻划纹。口径 18.5、底径 12、把长 8.8、高 13.2 厘米（图一三八，2；图版四一，4）。

（三）小结

A 区宋代遗存发现不多，代表性器物是瓷盘、瓷碟。AH8 出土瓷盘与文化层 AT28②层中出土的瓷碟的形态基本相同，只是碟稍小，盘略深，它们的共同特征是厚胎，矮圈足，弧壁，宽沿，圆唇，施淡青釉。这种形态和釉色多见于南宋时期。AH8：1 瓷盘内刻划菊花暗纹。菊花，是"花中君子"。历来以它象征坚贞不屈的意志。唐代诗人元稹曾在《菊花》诗中说："不是花中偏爱菊，此花开尽更无花。"从宋代起就有一年一度的菊花盛会。可见宋代人们特别欣赏菊花，把菊花刻到器皿上是很自然的事，那么菊花纹饰也自然成了宋朝时期的时代象征。AH8：1 瓷盘菊花暗纹的发现显然为 A 区宋代遗存断代提供了很好的依据。AT32②：1 陶擂钵，口微敛，斜弧壁，平底，外釉不到底，其形制和特征与重庆小湾瓷窑所出同类器十分相似①。由此表明，上述遗存的时代属宋代遗存，其年代上限可达北宋晚期，下限可到南宋中期为宜。

出土的瓷盘、瓷碟和陶擂钵，胎厚重，很显然是民窑产品。具有以下特征，一是坯胎装饰艺术方面，在坯胎上刻剔纹饰，如 AH8：1 瓷盘中刻有菊花纹；二是二次上釉，即第一次釉作底釉，第二次釉作面釉，AT32②：1 陶擂钵的近底处的釉色明显体现出是两次上釉。这类产品不是三峡地区本地生产的，而与三峡以西重庆涂山窑产品类似②。这应该是卜庄河遗址先民在宋代借助发达的长江水上交通工具，与外地商品贸易交往和文化交流的产物。

十一　清代遗存

A 区清代遗存仅墓葬 1 座，编号为 M86。

（一）墓葬介绍

M86 位于 AT6 探方东部。开口在①层下，打破⑥层。距地表深 0.4 ~ 0.5 米。为长方形土坑墓竖穴。斜壁，平底。方向 185°。墓口被破坏，南部高，北部低，呈斜坡状。残墓口长 1.9、残宽 0.6 ~ 0.85、深 0.15 ~ 0.58 米，墓底长 1.85、宽 0.55 ~ 0.8 米（图一四〇；图版四二，1）。墓内填土为灰褐色黏土，夹杂部分褐黄色细沙，较松软。

葬具腐烂无存，但根据墓土圹与人骨架之间的空隙观察，葬具为单棺。人骨架保存较完整，头骨向南。葬式较特殊，仰身，头侧向右边，上肢回曲，双手搭于肩部，掌心向上，下肢伸直略向右边扭曲，双脚向右上方弯曲（图版四二，2）。为 60 岁左右男性骨骼。不见任何随葬器物。

（二）小结

M86 开口在①层下，打破层位是二里头文化时期的⑥层，既没有相互叠压打破关系，又没有随葬器物佐证，单从层位学和器物类型学是无法弄清其年代关系的。但从墓坑形制比较可推测其大致年代。该墓较小，长不到 2、宽不到 1 米，墓葬很浅，虽然上部被破坏一些，但从地貌观察，上部破坏不是很多，也就是说该墓本身也不是很深，这种墓坑形制在三峡地区清代墓葬中是多见的，不注重地面以下墓圹规模，只在于墓葬地面以上建筑设施，如封土堆，平面略呈三角形的围石墓堆标志或竖上墓碑等墓葬地面建筑设施（M86 已处于悬崖高坎边，可能地面以上建筑设施被破坏掉）。总之 M86 墓坑形制接近清代墓葬的形制特点，其时代为清代。M86 人肋骨及小件骨骼已严重腐朽，

---

① 陈丽琼：《重庆涂山窑小湾瓷窑发掘报告》，《古代陶瓷研究》，重庆出版社，2001 年。

② 参见陈丽琼：《中国陶瓷研究》，重庆出版社，2001 年。

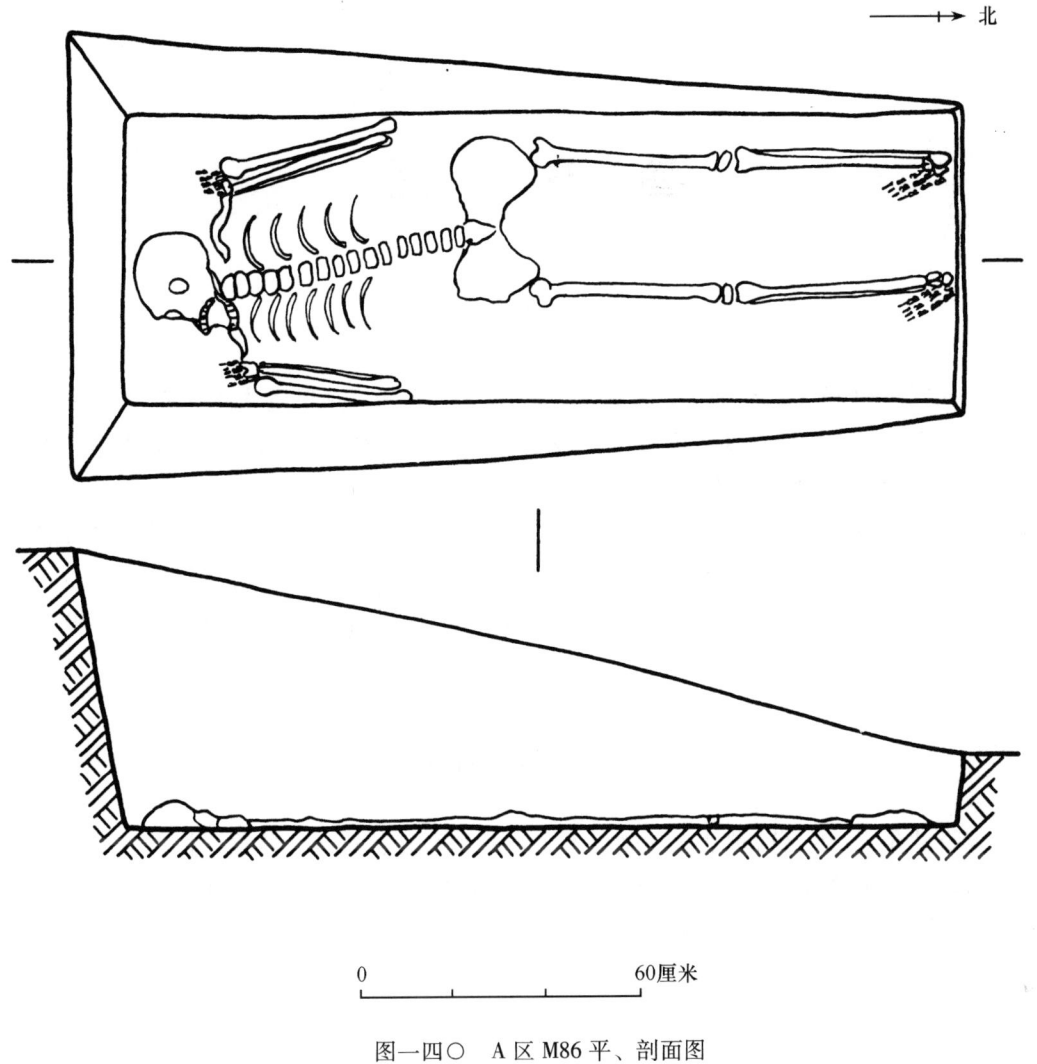

图一四〇　A 区 M86 平、剖面图

其头骨和部分肢骨较完整，但提取也较困难，这说明埋葬时间又有些长。由此推测 M86 相对年代约为清代前期。

叁 B 区

一 位置与地貌

B 区位于 A 区东约 30 米的台地上，台地长 40、宽 5～10 米。这里属洼地（亦叫冲沟），北临长江沙滩，往东约 5 米是砖厂堆积残砖废料的垃圾场，顺沟往上约 20 米为卜庄河老街道，西面为一小山岗脊梁（A、B 两区以此山冈脊梁为界线）。

B 区是葛洲坝水利工程截流前，卜庄河居民住宅区。之后，经多次拆迁、开垦和自然水土流失、江水冲刷，加上砖厂取土等各种原因，致使 B 区遭到严重破坏，所剩完整地面甚少。层层石坎，房基纵横交错，水沟、猪栏、厕所遍地皆是，柑橘树、石榴树、紫竹见缝种植。因此，发掘工作难度较大。

二 工作情况

据当地老百姓介绍，B 区曾被江水冲刷出不少铜鼎和石斧、石铸等器物，根据这一线索，我们决定在此进行发掘。2002 年 3～7 月，经现场勘探后，清理出一个台地（是 B 区唯一可以布方发掘的地方），布 5 米×5 米探方 15 个，面积 375 平方米（图一四一；彩版二，2；图版四三）。随即进行了发掘。

三 文化堆积与分期

（一）文化堆积

B 区因多种原因破坏极为严重，地层堆积较简单，东南部 BT10～BT15 探方为"再生"堆积层；西北部部分探方①层下即为生土，只有 BT1、BT3、BT5、BT7、BT9 五个探方有地层堆积，所出遗物甚少。下面以 BT9 南壁为例介绍地层堆积情况（图一四二）。

第①层：黑褐色土，土质较杂乱，且松软。厚 0.5～0.82 米，南高北低倾斜堆积。包含物有近现代瓦片、瓷片、烧土、铁丝、水泥块等杂物。属近现代堆积层。此层下叠压一些柑橘树窝和近代土坑。

第②层：灰褐色土，土质较板结。距地表深 0.5～0.8、厚 0.6～0.7 米。分布于全探方。包含物主要是一些瓦片，次为青花瓷片、铁钉等。从平面观察，有不少不规则形的小土坑和部分弯弯曲曲的土沟，应为耕种和建筑所致。属扰乱层。

第③层：夹细砂黑褐色土，土质较疏松。距地表深 1.5～1.7、厚 0.05～0.3 米。主要分布于探方的中间和南边。包含物极少，主要是一些特别碎小的泥质红陶片、红烧土块及木炭末。陶片多素面。另出土一件石斧。属新石器时代地层堆积。此层下为生土层。

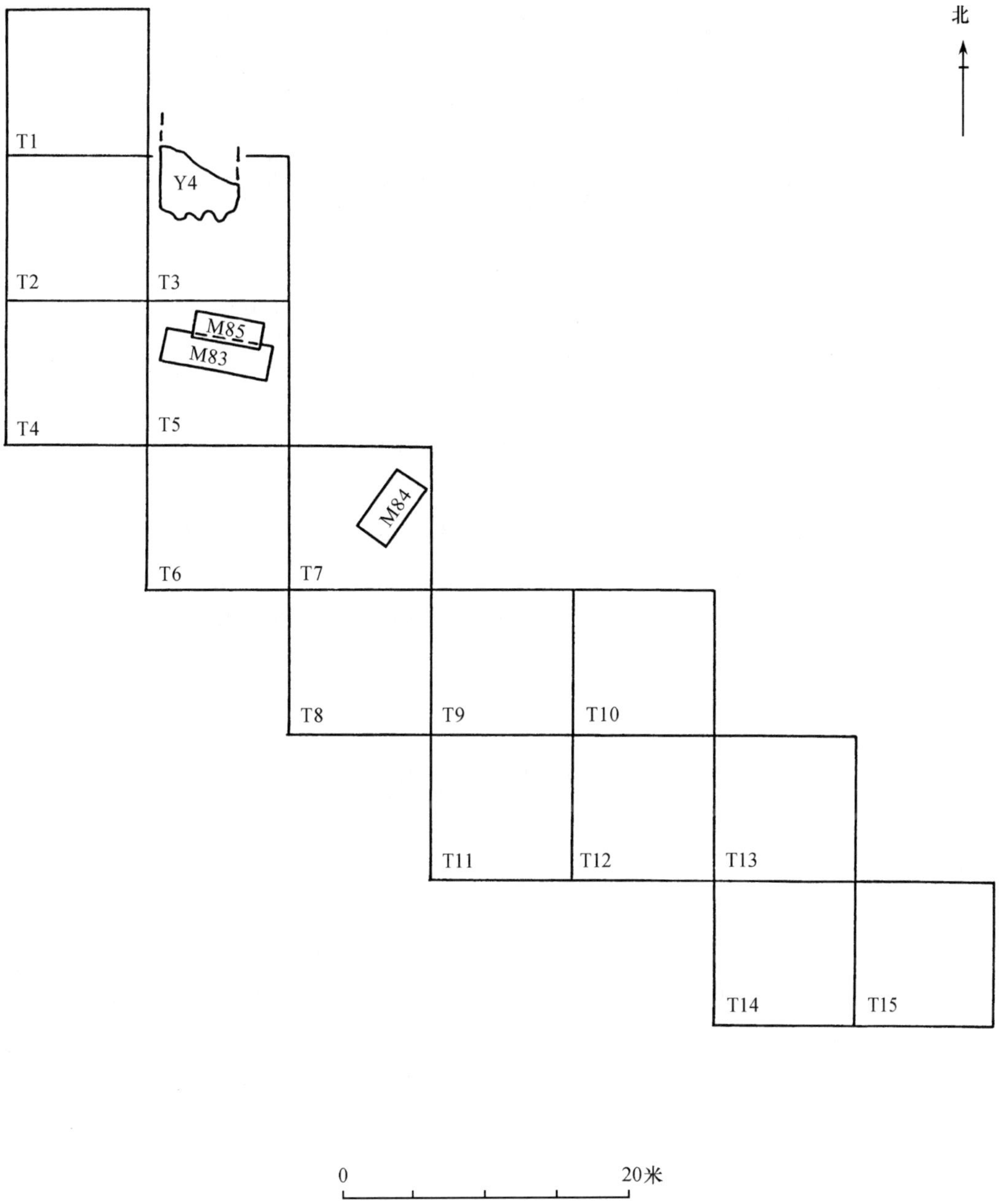

T1

Y4

T2　　T3

M85
M83

T4　　T5

M84

T6　　T7

北

T8　　T9　　T10

T11　　T12　　T13

T14　　T15

0　　　　　　　　20米

图一四一　B区探方、墓葬及遗迹分布图

（二）分　期

根据地层堆积情况和出土的遗迹、遗物综合分析，可将 B 区所出遗存分为四个文化时期（表二一）。

表二一　B区地层、探方、遗迹、墓葬分期对应表

分　期	文化时代	地　层	探方、遗迹、墓葬
一期	新石器时代	③	探方 1 个（BT9）
二期	汉代		墓葬 2 座（M83、M84）
三期	六朝		陶窑 1 座（BY4）
四期	清代		墓葬 1 座（M85）

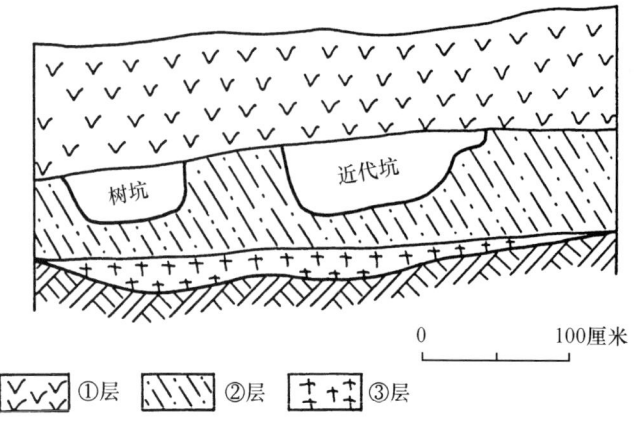

图一四二　B区T9南壁剖面图

一期：新石器时代大溪文化。仅一个探方（BT9）有此层堆积，出土有碎小的泥质红陶片和一件保存较完整的石斧。这是B区发现唯一的文化堆积层。

二期：汉代。发现两座土坑墓（M83、M84）。出土有铜钫壶、铜鍪、铜车軎、绳纹陶罐等。

三期：六朝时期。仅发现一座陶窑（BY4）。

四期：清代。仅一座土坑墓（M85）。

四　新石器时代文化遗存

（一）文化层介绍

B区新石器时代遗存仅BT9探方内有此堆积层。厚0.3~0.5米。分布于探方中部和南部。出土陶片甚少，且破碎，无法辨别器形。陶片均为泥质红陶片，外表饰有红色陶衣。石器有斧。

石斧　1件（BT9③：1）。辉橄岩。青绿色。硬度4°。原材料产于三峡太平溪。保存完整。长条形，大弧刃，弧顶，两侧较薄，顶端稍窄，横剖面呈扁圆形，刃锋利，器表有琢制痕迹，局部有自然磨光的石皮面。长19.6、刃部宽8.5、顶端宽6、中部厚3.9厘米（图一四三；图版四四）。

（二）小结

B区新石器时代遗存较少，仅出土少量泥质红陶片，而且还辨别不出器物形制，也不见其他任何陶系。石器也仅一件石斧。虽然出土遗物数量特别少，但陶片具有特点，均为泥质红陶，外表饰红色陶衣，这是长江中上游地区大溪文化的主要特征之一。因此，B区新石器时代遗存属于大溪文化遗存。

B区新石器时代大溪文化遗存虽然发现不多，但它却代表了一个时代，这是卜庄河遗址目前发现最早的文化遗存，说明卜庄河遗址早在6000多年前就有先民在这里居住、生活。

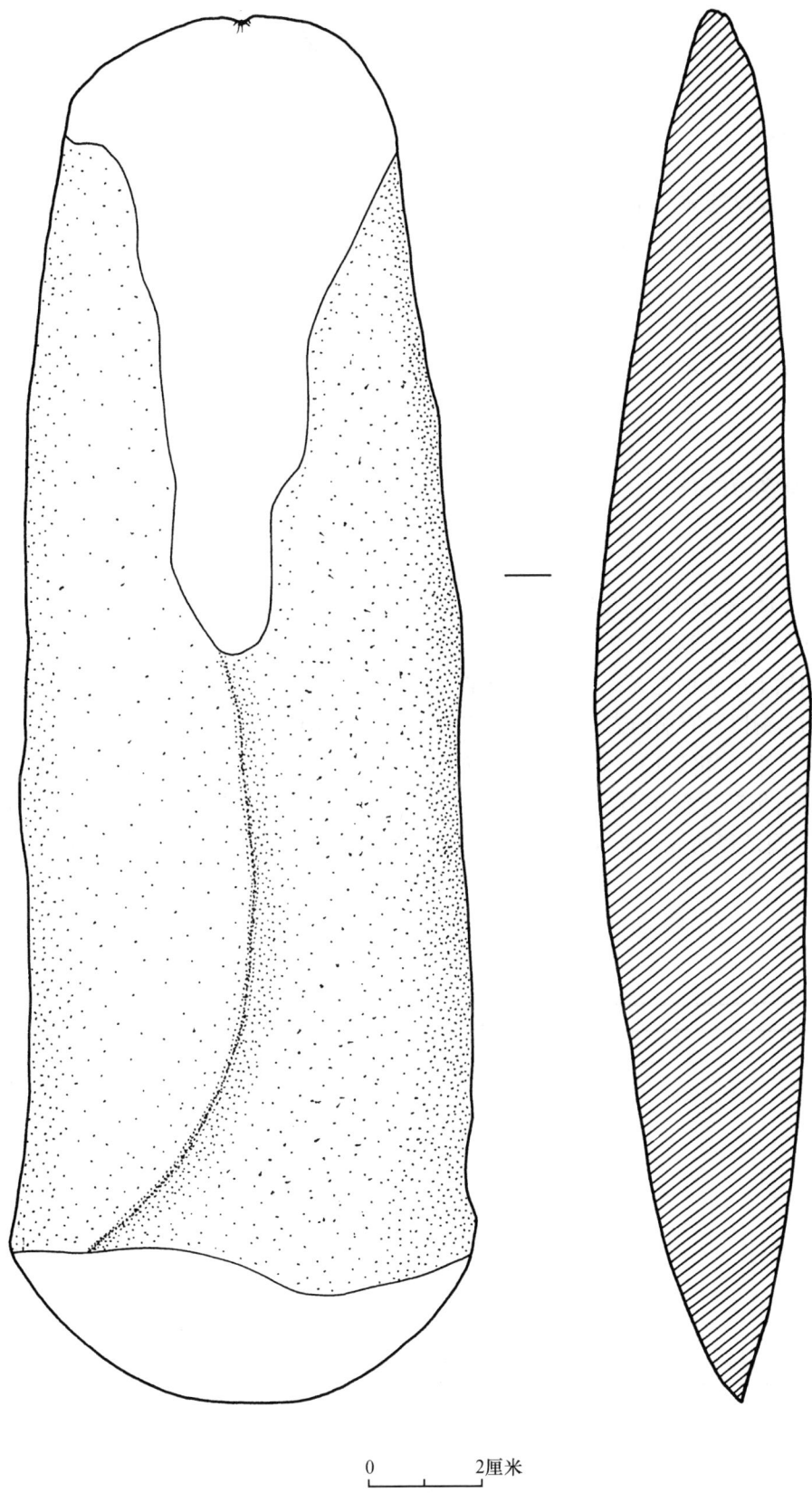

0   2厘米

图一四三　B 区 T9③层石斧（BT9③∶1）

五　汉代遗存

（一）概述

B 区汉代遗存仅墓葬一种，包括 M83、M84。均为长方形竖穴土坑墓。破坏严重。出土器物有陶罐、铜簪、铜鍪、铜钫壶、铜车軎。随葬器物组合关系为：

铜钫壶、铜鍪、铜车軎组合：1 座；

陶罐、铜簪组合：1 座。

墓坑都较小，尤其是 M83，宽度仅 1.15 米。葬具全部腐烂无存。人骨架保存不好，仅 M84 剩两段残肢骨。

（二）墓葬介绍

① M83

M83 位于 BT5 探方中部。开口在②层下，打破生土。长方形竖穴土坑墓。斜壁，平底。距地表深 0.4 米。方向 260°。墓口长 2.8、宽 1.15、深 0.5 米，墓底长 2.68、宽 1 米（图一四四；图版四五，1）。墓内填土呈灰褐色五花土，土质较板结。因腐烂，其葬具、葬式及性别、年龄均不详。出土随葬器物均为铜器，有铜钫壶、铜鍪、铜车軎共 3 件，均放置于墓坑西边。

铜钫壶　1 件（M83:1）。保存完整。表面略锈蚀。直口，方唇，方腹外鼓，方圈足，腹上两个对称的铺首衔环，覆斗形盖，盖上有四个对称的兽形钮。器胎较厚重。素面。口径 7.8、最大腹径 14.8、圈足径 7.8、器身高 23.4、通高 27.6 厘米（图一四五，2；彩版一一，1；图版

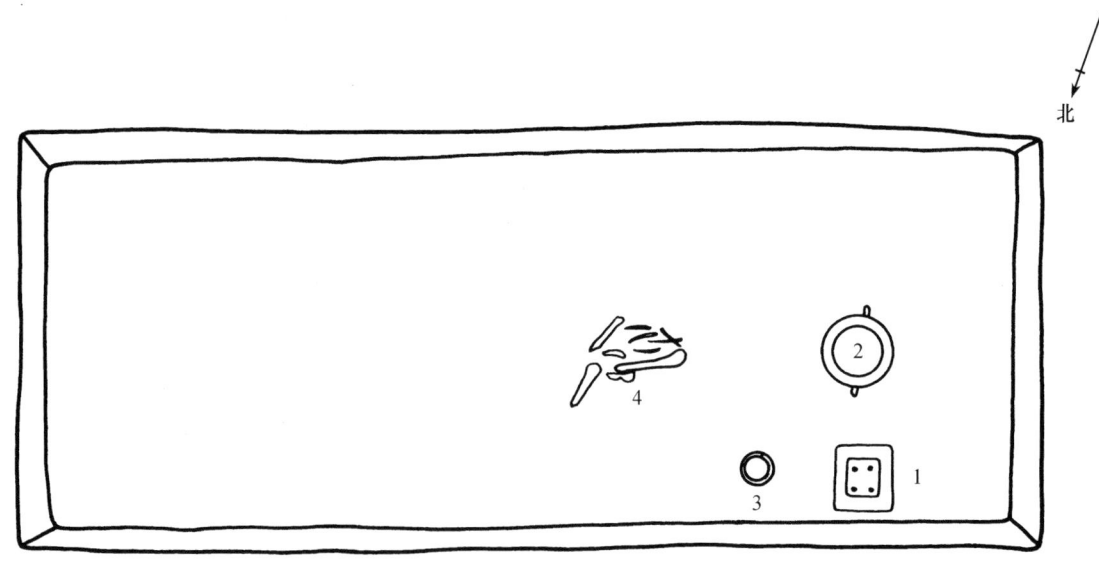

0　　　　　　　　　60厘米

图一四四　B 区 M83 平面图

1. 铜钫壶　2. 铜鍪　3. 铜车軎　4. 人骨

四七,1、2）。

　　铜鍪　1件（M83:2）。保存完整。表面略生绿锈。器胎较薄。腹外鼓略扁，圜底，束颈，侈口，肩部有一大一小的两个环形耳，并装饰一道凸弦纹。口径13.8、最大腹径18.6、小环耳直径2.4、大环耳直径4.5、耳宽0.5、高15.7厘米（图一四五，1；彩版一〇，1；图版四六，1）。鍪内盛有家鸡等动物骨骼（彩版一〇，2；图版四六，2）。因鸡骨骼在铜鍪内时间长，与铜锈板结在一起，很难取出，为便于进一步研究和今后对外陈列展出，暂未取出。

　　铜车軎　1件（M83:3）。保存较好。表面有光泽。平面呈圆形，底部有一方形孔。口径4.6、座径7.3、高3厘米（图一四五，3；图版四七，4）。

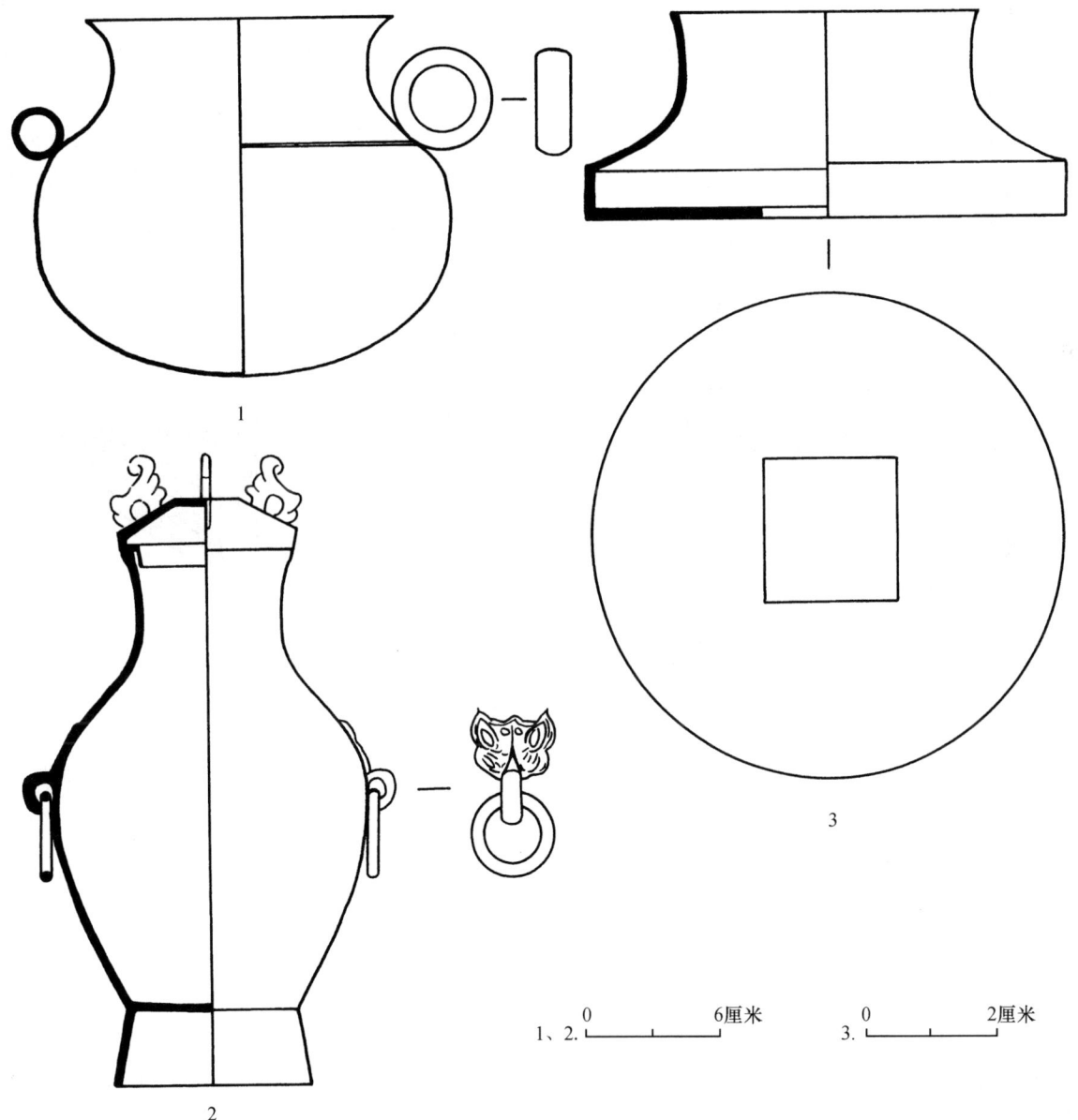

图一四五　B区 M83 出土铜器

1. 鍪（M83:2）　2. 钫壶（M83:1）　3. 车軎（M83:3）

② M84

M84 位于 BT7 探方东部。开口在②层下，打破生土。距地表深 0.35 米。为长形竖穴土坑墓。斜壁，平底，四周有熟土二层台。方向 140°。该墓在断崖边，约一半的面积被破坏掉。墓口长 2.2、残宽 1、深 0.4 米，墓底长 2.05、残宽 0.95 米，熟土二层台宽 0.22、高 0.2 米（图一四六；图版四五，2）。墓内填土为黑褐色五花土，较硬，似经人为夯打。葬具腐烂无存。人骨架仅存两段下肢骨，其葬式、性别、年龄均不详。

出土器物有陶罐和铜簪各 1 件。陶罐放置于墓坑东南角的二层台上，铜簪置于东边二层

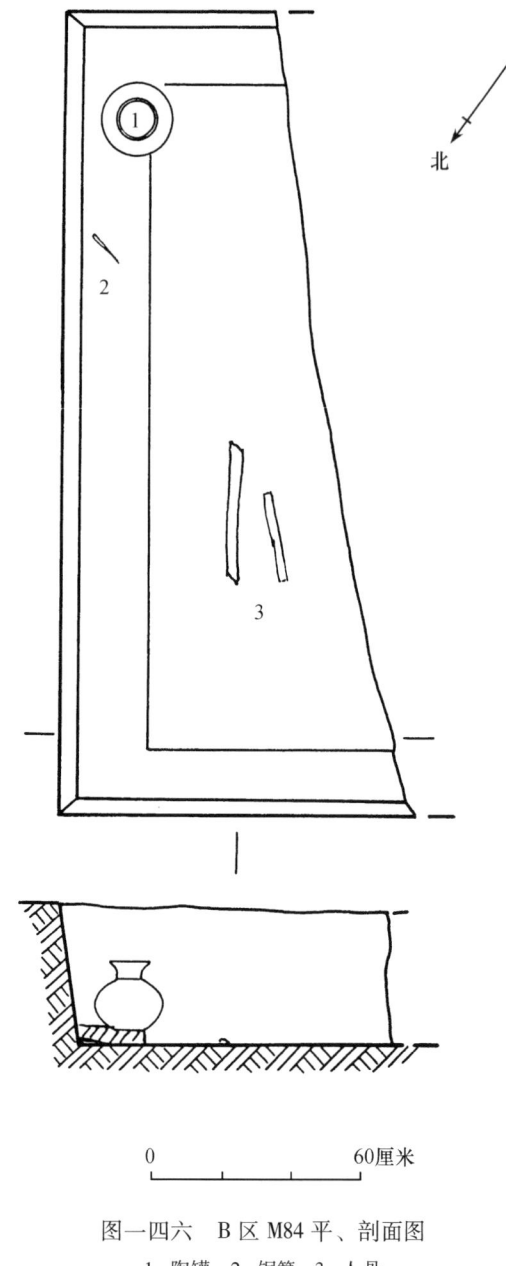

图一四六　B 区 M84 平、剖面图
1. 陶罐　2. 铜簪　3. 人骨

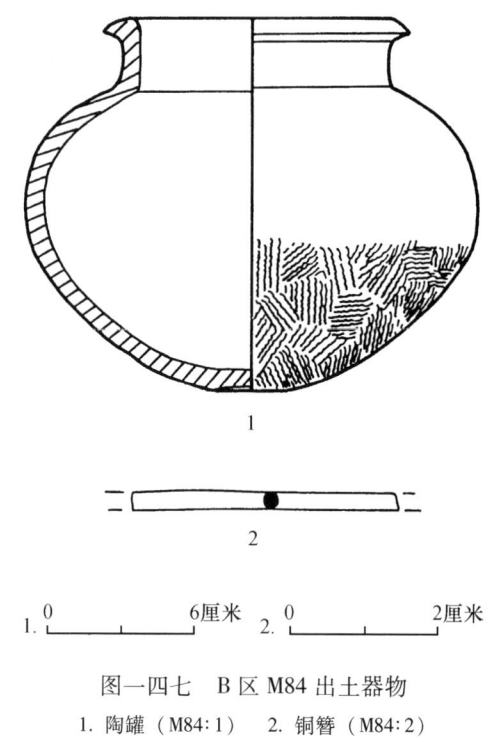

图一四七　B 区 M84 出土器物
1. 陶罐（M84:1）　2. 铜簪（M84:2）

台上。

陶罐　1 件（M84:1）。泥质灰黑陶。保存完整。广肩，矮领，直口微侈，斜沿，尖唇，鼓腹内收，小平底略内凹。下腹部饰交错绳纹。领高 3、口径 11.4、最大腹径 18.6、底径 3、高 15 厘米（图一四七，1；图一四八；彩版一一，2；图版四七，3）。

铜簪　1 件（M84:2）。残。横剖面呈圆形。残长 3.7、粗径 0.3 厘米（图一四七，2）。

（三）小结

B 区汉代遗存仅 2 座墓葬。M83 出土 3 件铜器很有时代特征，铜钫壶和铜鍪形制分别与宜昌前

坪同类器 M108：2、M44：2 相同①，车軎较短无辖，也应是西汉早期特征之一，故 M83 为西汉前期墓葬。M84 出土的矮领、鼓腹、直口、斜沿、小平底陶罐与宜昌前坪 M97：17 形制相同。其时代约相当于西汉中期偏晚。

因葬具腐烂无存，根据墓坑形制推测，M83 墓坑窄长，墓口长达 2.8、宽仅 1.15 米，随葬器物置于墓坑西边，也就是说按墓坑长与宽的尺寸比例和随葬器物位置推测应为单椁单棺墓，椁西部有一头箱放置青铜器等随葬器物。M84 墓坑较短而窄，随葬器物放置在熟土二层台上，故推测葬具为单棺。

M83 墓坑窄而长，这种墓坑形制在三峡地区少见，而且出土器物皆为铜器，不见陶器和其他质地的器物。随葬器物中有铜鍪。由此判断，该墓可能为秦人墓葬。

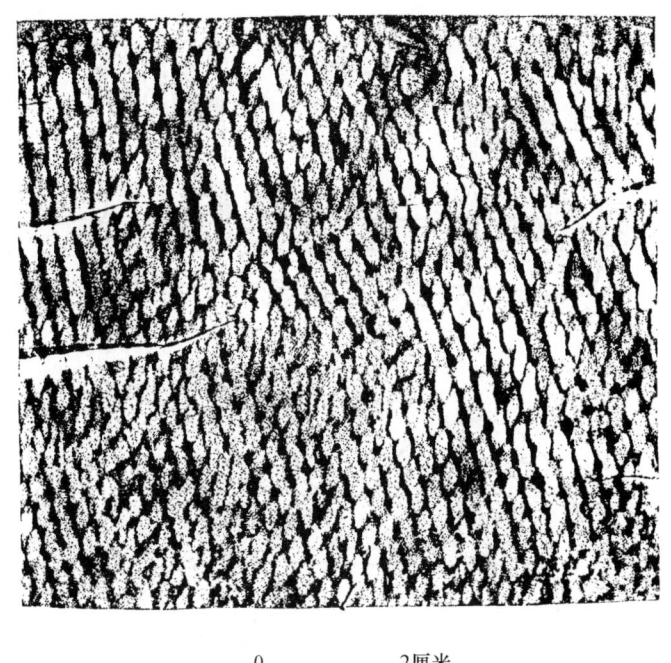

0   2厘米

图一四八　B 区 M84 陶罐绳纹拓片（M84：1）

这说明秦统一中国后，至少到西汉初期，秦人向西南迁移，已统治了三峡地区。从随葬器物质地和器类观察，该墓主人身份也较高，可能属于中层统治人物的墓葬。

六　六 朝 遗 存

B 区六朝遗存仅陶窑 1 座，编号为 BY4。

（一）陶窑介绍

BY4 位于 BT3 探方北边。开口在②层下，距地表深 0.5 米。打破生土。南北方向。窑门向北。已残。只存部分窑床和烟道，窑床北边及火膛、窑门均被破坏掉。窄窑床、直壁，平底。后壁上有平行三个烟道，两边烟道为方形，向中间倾斜，中间烟道为圆形，垂直向上。三个烟道上段均被破坏掉，两边方形烟道均向内倾斜至中间的圆形主烟道。窑床残长 0.58～2.4、宽 2.8、残高 0.5 米。烟道残高 0.3～0.6 米。其方形烟道直径 0.25 米，中间圆形烟道直径 0.42 米（图一四九；图版四九，1）。烟道外垒砌红褐色和灰色绳纹板瓦，板瓦下面有烟孔，火烟通过烟孔进入烟道（图版四九，2）。

窑床底部、窑床壁及烟道周围有厚 0.06～0.1 米的青灰色烧土，特别坚硬。其外有厚 0.15～0.3 米的红色烧土，红色烧土越向外，颜色越浅。窑壁上有许多宽 0.5、长 0.4～0.7 厘米的工具痕迹。窑床内填土为黑褐黏土，包含有绳纹灰陶瓦片和灰色、红色烧土块。窑床底部有许多排列无序的陶砖。陶砖呈青灰色，有的已烧透，有的砖中间尚未烧透。陶砖周围有大量的木炭及草木灰。

① 长江流域第二期文物考古工作人员培训班：《1973 年宜昌前坪古墓的清理》，《三峡考古之发现》，湖北科学技术出版社，1998 年。

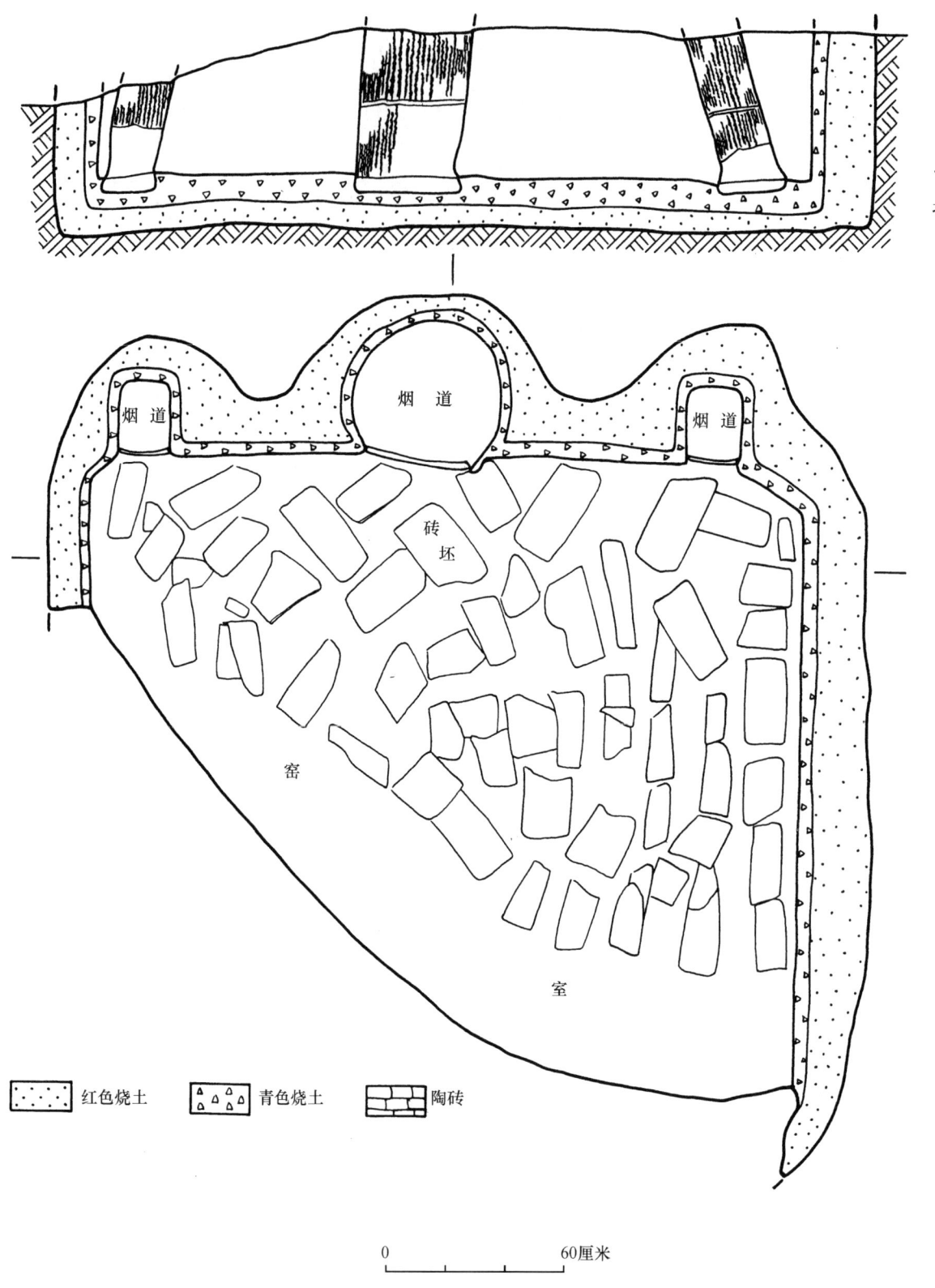

北

红色烧土　　青色烧土　　陶砖

0　　　　　　　　60厘米

图一四九　B区Y4平、剖面图

　　陶砖　65件。标本 BY4∶3，青灰色。已烧透。素面。长32、宽14、厚8厘米（图一五〇，1）。标本 BY4∶4，已残。青灰色。中间未烧透。素面。残长26、宽14、厚9厘米。

　　陶板瓦　7件。标本 BY4∶1，泥质灰陶。内外两面均饰绳纹。残长30、残宽18、胎厚0.25厘米（图一五〇，2；图一五一，2）。标本 BY4∶2，泥质红褐陶。外表饰绳纹，内面饰布纹。残长36、残宽23.8、胎厚0.3厘米（图一五〇，3；图一五一，1）。

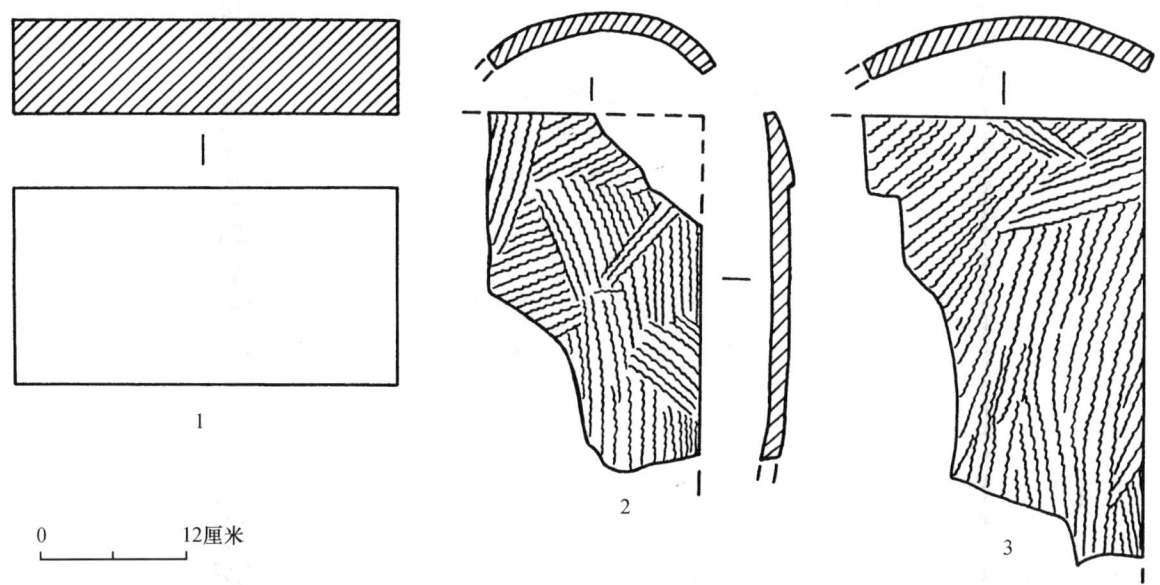

图一五〇　B 区 Y4 出土陶砖、陶瓦
1. 陶砖（BY4∶3）　　2、3. 陶板瓦（BY4∶1、BY4∶2）

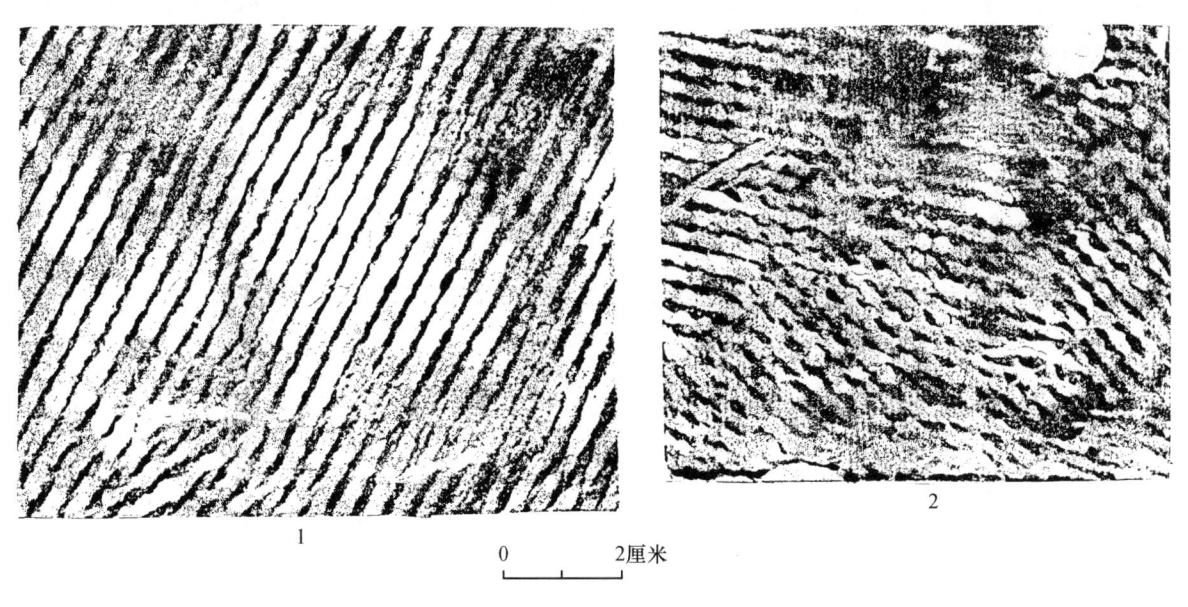

图一五一　B 区 Y4 陶板瓦纹饰拓片
1、2. 绳纹（BY4∶2、BY4∶1）

（二）小结

B 区 BY4 陶窑底部出土许多陶砖，有的砖已烧透，有的砖尚未烧透，砖周围有大量的木炭和草木灰。除此以外，不见其他遗存（窑室周围也未发现有任何参考价值的遗物）。据此，我们认为，该陶窑应是专门烧制陶砖的砖窑。

陶砖的宽度为 14 厘米，与长度（32 厘米）不成比例，其厚度为 8~9 厘米。这与卜庄河遗址及其周围所发现的六朝墓砖尺寸不一样，墓砖尺寸一般长 32、宽 16、厚 5~5.5 厘米。由此比较，说明该陶窑烧制的陶砖不是墓葬用砖，应为房屋或其他建筑用砖。

BY4 未发现有纪年资料，但根据陶瓦外面饰绳纹、内面饰布纹或绳纹的作风以及陶瓦的形制推测，该陶窑的时代应属六朝时期。

七　清　代　遗　存

B 区清代遗存仅墓葬一种，编号为 M85。

（一）墓葬介绍

M85 位于 BT5 探方东北部。开口在②层下，打破 M83。平面呈长方形竖穴土坑墓。方向 260°。距地表深 0.34 米。斜壁，平底。墓口长 2、宽 1、深 0.45 米，墓底长 1.9、宽 0.9 米（图一五二；图版四八，1）。

墓内填土为灰褐色五花土，夹杂少量沙石。包含有素面陶瓦片 3 块。人骨架保存较好，葬式为仰身直肢，头向西南方向，面向上，右上肢略向外弯曲，双手交叉于腹部，下肢伸直，双脚尖侧向左边（图版四八，2）。

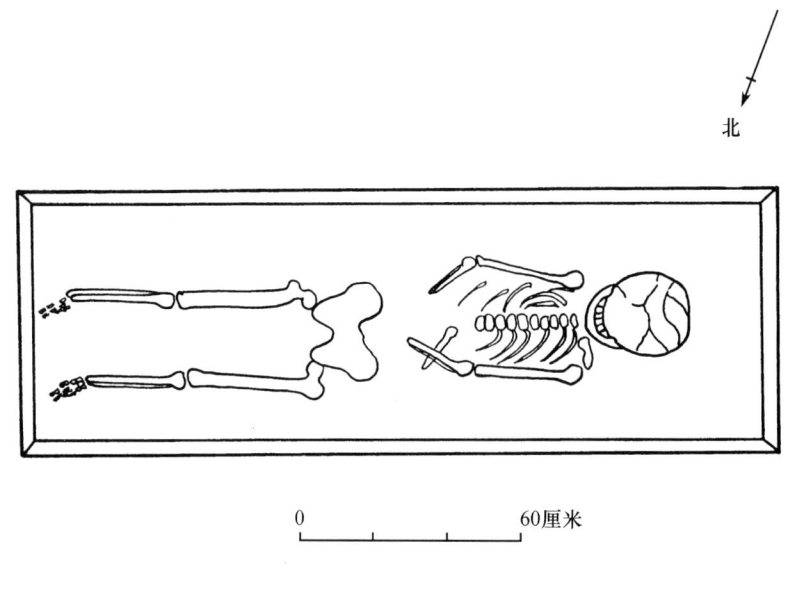

北

0 ——————— 60厘米

图一五二　B 区 M85 平面图

因腐烂，葬具不详。亦没有发现随葬器物。

（二）小结

　　B 区 M85 规模甚小，其形制结构与 A 区 M86 相同。三峡地区从明代晚期开始至今，葬具都是单棺，而且棺材上不使用铁钉（避讳"钉子孙"之意），都是用木栓和子母榫接缝。M85 墓内没有发现铁钉。据此推测，M85 为清代墓葬。

肆　C　区

一　位置与地貌

C区位于卜庄河遗址最东边，小地名叫葛家沱。东北面至长江西陵峡峡口，西北面临长江，西南面是小溪沟和原秭归县页岩砖厂，东南面顺山而上是海拔约1200米的鸡鸣寺大山（图版五〇，1）。

C区地形依山势呈斜坡状，东南面高，西北面低，坡度约15°~20°。因山洪和江水长期冲刷侵蚀，除中部有一片黄色黏土地层外，余为坚硬的石灰岩石，高低不平地裸露于地表。在石头缝穴和一些小台地上种植有柑橘树、石榴树、花椒树以及蔬菜等作物。

二　工作情况

C区的考古发掘工作随着三峡工程施工进程和蓄水要求，从1997年9月开始，经过6次发掘，至2005年6月发掘完毕。西北面（即靠近长江边），因岩石多，黏土地带少，多采用探沟发掘，东南边地势稍高，有黏土的地方相对多一些，便采用探方发掘。累计开5米×5米探方170个，长23~68、宽1米的探沟20条（图版五〇，2）。另在C区东南部通过调查发掘了一批墓葬。总共发掘面积为6020平方米（图一五三）。虽然是多次发掘，但是都对探方（探沟）采取连续编号，并及时在现场统一了地层。

三　文化堆积与分期

（一）文化堆积

C区文化堆积层较简单，共分为三层。大多数探方（沟）没有文化层，都是第①层下为生土，只有极少数探方（沟）有文化层，而且也是残破不全，包含物甚少。共分为三层堆积。以CT1探方东壁剖面为例介绍文化层堆积情况（图一五四）。

第①层：灰褐色黏土，特别松软。厚0.25~0.55米。分布于全探方。包含物主要是近代瓦片、瓷片、红烧土块和螺蛳壳、树根等杂物。属于近现代堆积层。此层下叠压有两个柑橘树窝子。

第②层：黑褐色土，较板结。距地表深0.25~0.56、厚0.5~0.65米。分布于全探方。出土有绳纹陶瓦片、铜簪等。为六朝时期堆积。

第③层：黄褐色土，土质比较松软。距地表深0.8~1.25、厚0.1~0.3米。分布于探方东部。出土有折沿罐、鬲口沿、鼎足和豆柄。陶器多为绳纹红陶，但特别破碎，火候偏低。属于周代堆积层。此层下为生土层。

（二）分期

C区虽然文化层堆积很少，地层简单，出土遗物不多，但发掘出来的墓葬较多，共36座。根

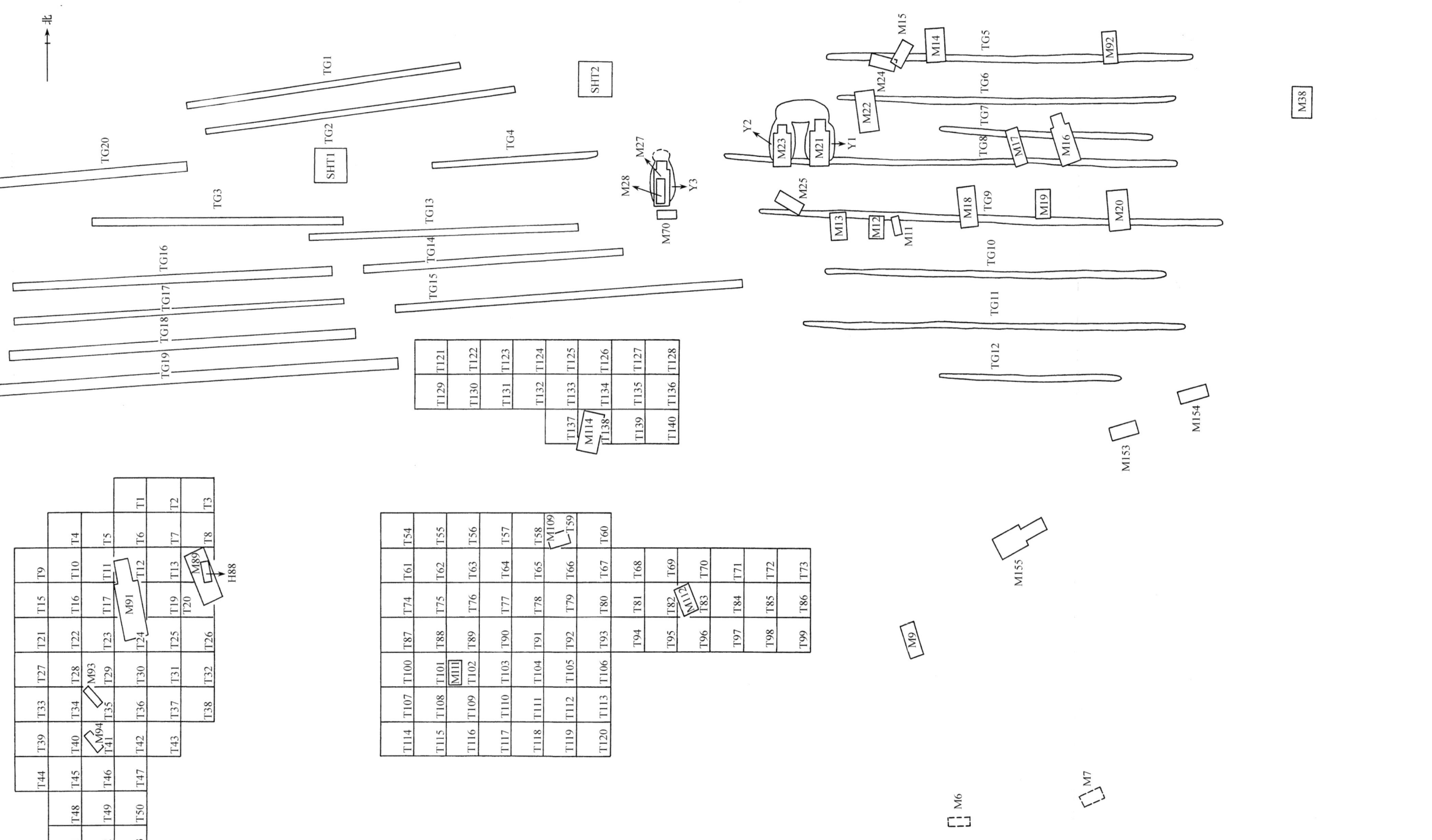

北

TG1

SHT2

TG20

SHT1 TG2

TG4

M27

M15

M14 TG5

M92

M24

M22 TG6

TG3

TG13

M28 Y3

Y2

M23 M21 Y1

TG7

M38

M70

TG16

TG14

M25

TG8 M17 M16

M10

TG15

M13 M12 M11

M18 TG9 M19 M20

TG17

TG10

TG18

TG11

TG19

T121 T122 T123 T124 T125 T126 T127 T128

TG12

T129 T130 T131 T132 T133 T134 T135 T136

M154

M114

T137 T138 T139 T140

M153

T1 T2 T3

T4 T5 T6 T7 T8

T54 T55 T56 T57 T58 M109 T60

T59

M155

T9 T10 T11 T12 T13 M89 H88

T61 T62 T63 T64 T65 T66 T67 T68 T69 T70 T71 T72 T73

T15 T16 M91 T17 T19 T20 T26

T21 T22 T23 T24

M9

T27 T28 M93 T29 T30 T31 T32

T74 T75 T76 T77 T78 T79 T80 T81 T82 M112 T83 T84 T85 T86

T33 T34 M35 T36 T37 T38

T87 T88 T89 T90 T91 T92 T93 T94 T95 T96 T97 T98 T99

M7

T39 M94 T42 T43

T41

T100 M111 T102 T103 T104 T105 T106

T101

T44 T45 T46 T47

T107 T108 T109 T110 T111 T112 T113

M6

T48 T49 T50

T114 T115 T116 T117 T118 T119 T120

T51 T52 T53

图一五三 C区探方（沟）、墓葬及遗迹分布图

0   20米

据地层叠压关系、出土遗物观察和墓葬形制结构以及出土的随葬器物比较，可将 C 区所出遗存按年代早晚先后分为六个大的文化时期（表二二）。

表二二　C 区地层、探方、遗迹、墓葬分期对应表

分期	文化时代	地层	探方、遗迹、墓葬
一期	周代	③	探方 3 个（CT1、CT2、CT5） 墓葬 1 座（M24）
二期	汉代		墓葬 25 座（M6、M7、M9、M11～M13、M16～M20、M22、M25、M38、M70、M89、M91、M92、M109、M111、M112、M114、M153～M155）
三期	六朝	②	探方 2 个（CT1、CT10） 墓葬 6 座（M10、M14、M15、M21、M23、M27） 陶窑 3 座（CY1～CY3）
四期	宋代		墓葬 1 座（M28）
五期	清代		墓葬 3 座（M88、M93、M94）
六期	近代	①	探方 1 个（CT68） 探沟 1 条（CTG6）

一期：周代。主要是探方的③层，包括 3 个探方（CT1、CT2、CT5）和 1 座墓葬（M24）。代表性器物是陶鬲、陶鼎、陶卷沿罐、陶豆，纹饰以绳纹为主，陶色 90% 以上为红陶，多夹砂。

二期：汉代。均为墓葬，共 25 座。具有时代特征的器物组合有鼎、壶、盒，鼎、灶、盒，鼎、罐、壶，仓、灶、壶四种。灰陶占大宗。铜蒜头壶、铜鍪、曲尺形陶灶等为代表性器物。

三期：六朝时期。地层为探方的②层，探方有 2 个（CT1、CT10），墓葬 6 座（M10、M14、M15、M21、M23、M27），陶窑 3 座（CY1～CY3）。文化层以陶筒瓦、陶板瓦为代表性器物。墓葬以青瓷盘口壶、青瓷碗等为代表性器物。

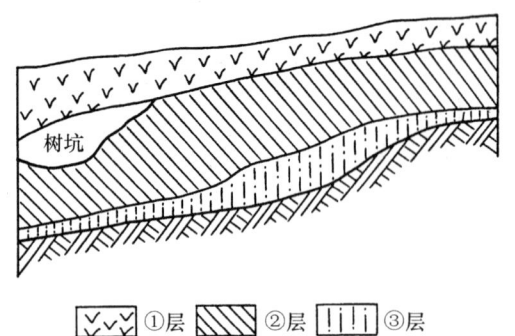

0　　　　100厘米

图一五四　C 区 T1 东壁剖面图

四期：宋代。仅 1 座墓葬（M28）。代表性器物有淡黄色半釉瓷壶、"皇宋通宝"钱币。

五期：清代。仅 3 座墓葬（M93、M94、M88）。

六期：近代。探方 1 个（CT68），探沟 1 条（CTG6）。代表性器物有青花瓷钵、青花瓷碗、"三民主义"铭文铜勺柄。

四　周代遗存

（一）概述

C 区周代遗存包括遗址和墓葬两部分。

遗址包括 CT1、CT2、CT5 探方。出土陶片共 73 片，有泥质和夹砂两类，其中泥质陶 69 片、夹

砂陶 4 片，分别占陶片总数的 94.52% 、5.48% 。陶片颜色有红陶、红褐陶、灰褐陶、黑陶、黑褐陶，分别占陶片总数的 17.80% 、38.36% 、26.03% 、12.32% 、5.49% 。陶片纹饰均为绳纹，但有粗细之分，其中粗绳纹 23 片、细绳纹 17 片，分别占陶片总数的 57.50% 、42.50% （图一五五）。绳纹多饰于器物外表（如罐、鬲的腹部和肩部及鬲足上）。

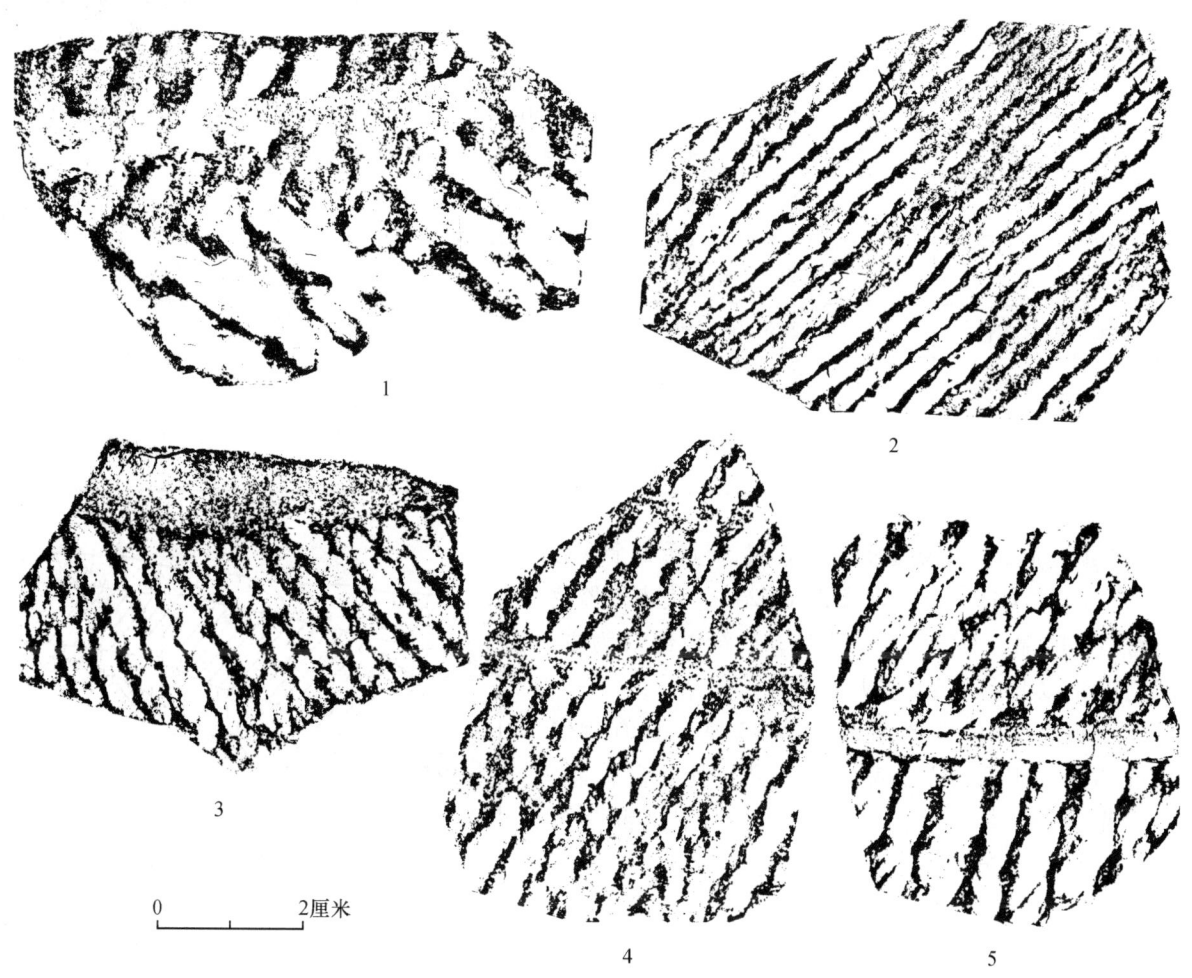

0　　　　2厘米

图一五五　C 区③层陶片纹饰拓片

1 ~ 5. 绳纹（CT5③: 6、CT1③: 14、CT5③: 8、CT1③: 13、CT1③: 15）

陶器器类较少，主要有罐、鬲、豆等，共 13 件（表二三）。罐、鬲多为粗泥陶和夹砂陶，豆多为粗泥陶。多数器物颈部绳纹抹光，但局部存有隐隐约约的痕迹。

表二三　C 区周代陶器器类统计表

器　类	鬲	罐	豆　柄	合　计
数　量	3	8	2	13
比例（%）	23.10	61.53	15.37	100

发掘出石斧 2 件，均为打制。

墓葬 1 座，编号为 M24。为长方形竖穴土坑墓，随葬器物组合关系为鼎、敦、壶。

（二）遗存介绍

1. 墓葬

M24 位于 CTG5 探沟西部。开口在①层下，打破生土。距地表深 0.3 米。方向 75°。为长方形竖穴土坑墓，斜壁，墓底凹凸不平。墓口长 3.65、宽 2.3、深 1.2 米，墓底长 3.32、宽 2 米（图一五六；图版五一，1）。墓内填土为灰褐色黏土，土质较硬，夹杂有红色烧土块和小石块。包含物有陶纺轮 1 件。

0　　　　　　60厘米

图一五六　C 区 M24 平、剖面图

1、2. 陶敦　3. 陶壶　4、5. 陶鼎　6. 人牙

人骨架保存较差，仅存头骨和部分肢骨，且肢骨的关节面均腐朽掉。左臂搭于下腹部，右上肢仅见肱骨。葬式为仰身直肢（图版五一，2）。性别和年龄不详。

葬具腐烂无存，但根据墓坑形制和随葬器物摆放位置观察，应为单棺单椁。

随葬器物置于人骨架左边，呈东西向排列。共5件器物，有鼎、敦、壶。除陶壶因火候低，破碎严重不能复原外，其余器物均复原完整。

陶鼎　2件。标本M24:4，泥质灰陶。扁腹，腹壁较直，底较平，子口内敛，盘形盖，盖钮残，附方形耳，瘦长形兽蹄足。陶胎较厚。盖面上饰两道凸弦纹，腹部饰两道凹弦纹。口径19.8、腹深7.5、耳长5.1、足高15、通高21厘米（图一五七，1；彩版一二，4；图版五二，1）。标本M24:5，泥质深灰陶。扁腹，腹壁较弧，平底，子口内敛，弧形盖，盖中间有一环形钮。附方形耳略外撇，瘦长蹄足，腹壁较厚。盖面饰两道凸弦纹，腹部饰两道细凹弦纹。口径18.6、腹深7.7、耳长5.8、足高15.3、通高22.8厘米（图一五七，2；彩版一二，1；图版五二，2）。

陶壶　1件（M24:3）。泥质灰陶。腹部以下残。溜肩，长颈，口略侈，方唇，覆盘形盖，盖上有三个鸟头形钮。肩部饰两道凹弦纹。口径10.2、残高19.5厘米（图一五七，4；图版五二，5）。

陶敦　2件。标本M24:1，泥质灰陶。子口略敛，由器身和盖扣合呈球形，器身有三个卷云形足，每个足又由高、中、低三个卷云纹钮组成。盖上有三个卷云纹钮，每个钮又由高低两个卷云纹钮组成。口沿外饰两道凹弦纹。口径17、通高28.8厘米（图一五七，6；彩版一二，3；图版五二，4）。标本M24:2，泥质灰陶。椭圆形，子口微敛，由上下对称两半扣合而成，深腹。足和钮与M24:1陶敦相同。口径18、通高28.6厘米（图一五七，5；彩版一二，2；图版五二，3）。

陶纺轮　1件（M24:07）。填土中出土。泥质红陶。上细下粗，呈梯形。顶面直径1.8、底面直径3、高1.8厘米（图一五七，3；图版五二，6）。

2. 文化层

① T1③层

出土陶片共35片。有泥质和夹砂两种，泥质陶又分粗泥和细泥。泥质陶共31片，夹砂陶4片，分别占陶片总数的88.57%、11.43%。陶片颜色有红陶、红褐陶、灰褐陶、黑陶和黑褐陶，分别占陶片总数的11.42%、48.58%、11.43%、17.14%、11.43%。陶片纹饰均为绳纹，分粗绳纹和细绳纹两种，分别占陶片总数的42.86%、14.28%。

陶器器类有陶罐、陶鬲、陶豆等，共计11件。

陶罐　3件。标本CT1③:9，粗泥红褐陶。广肩，高领，侈口，圆唇。口径17.4、残高4.9厘米（图一五八，1）。标本CT1③:10，细泥红褐陶。溜肩，敛口，卷沿，沿面微鼓，圆唇。口径16.7、残高5厘米（图一五八，2）。标本CT1③:11，细泥红陶。广肩，敛口，折沿外侈，圆唇。口径16.2、残高5.5厘米（图一五八，3）。

陶鬲　2件。标本CT1③:6，粗泥红褐陶。鼓肩，敛口，卷沿，尖唇，唇下外凸。口径16.8、残高5.7厘米（图一五八，4）。

陶鬲足　2件。标本CT1③:7，粗泥红褐陶。略呈锥状，内空略深，足根较平。足根径1.3、残高8厘米（图一五八，10）。标本CT1③:8，夹细砂黑褐陶。略呈锥状。平足根，内空较深。外表饰直绳纹。足根直径1.3、残高7厘米（图一五八，12）。

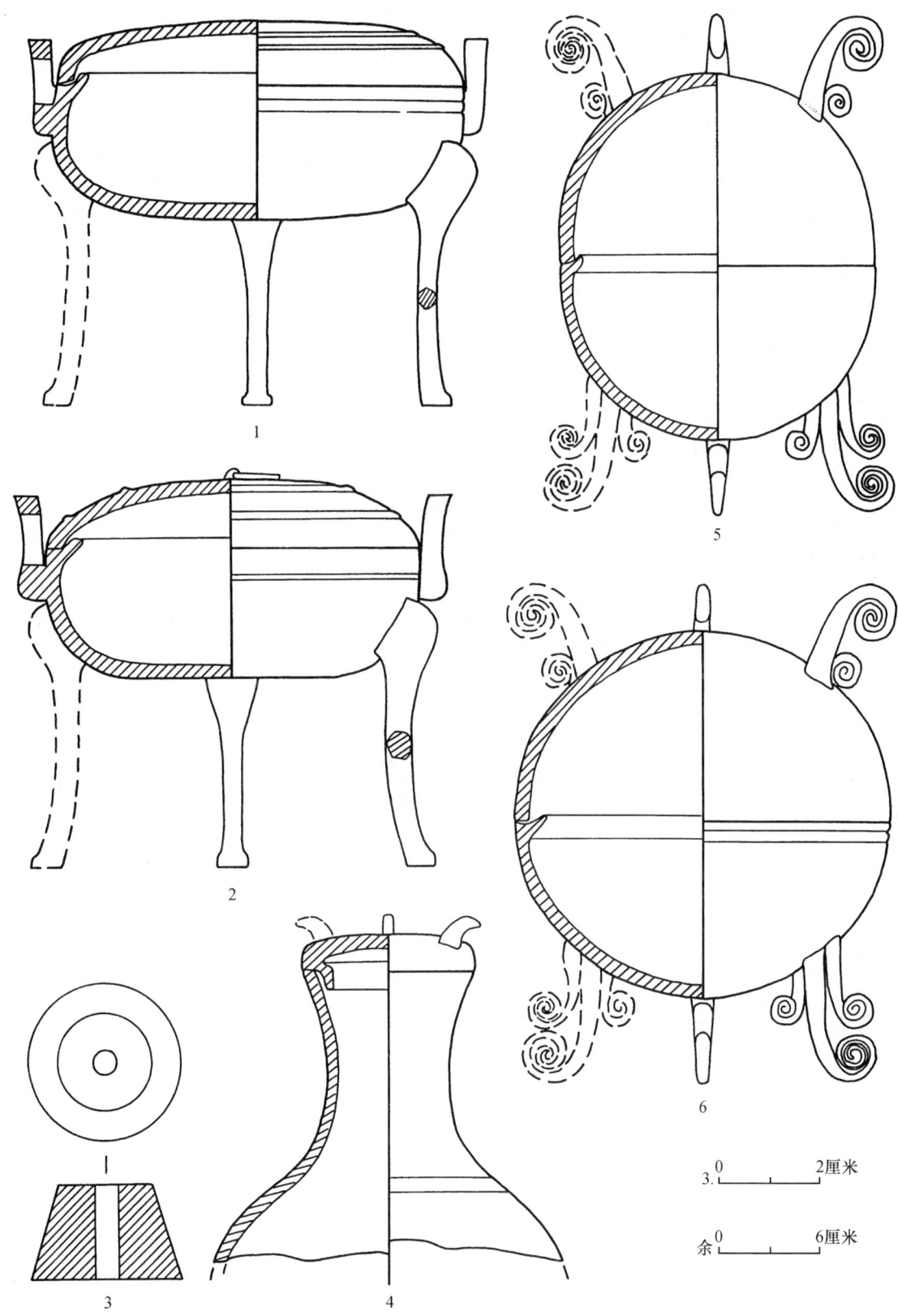

图一五七　C区 M24 出土陶器

1、2. 鼎（M24:4、M24:5）　3. 纺轮（M24:07）　4. 壶（M24:3）　5、6. 敦（M24:2、M24:1）

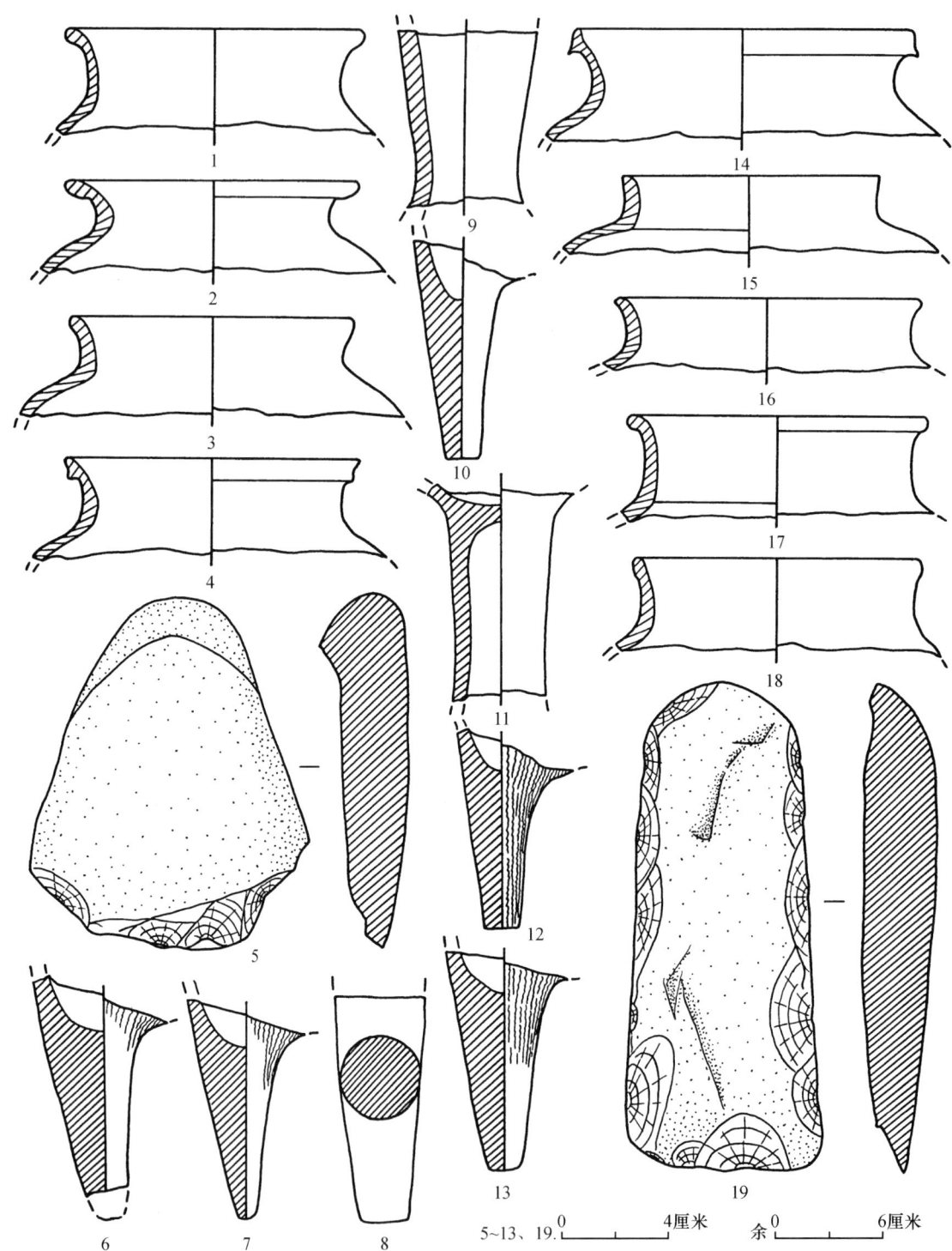

图一五八　C区③层出土器物

1~3、15~18. 陶罐（CT1③:9、CT1③:10、CT1③:11、CT5③:3、CT5③:2、CT5③:1、CT2③:5）　4、14. 陶鬲
（CT1③:6、CT5③:4）　5、19. 石斧（CT2③:1、CT2③:2）　6、7、10、12、13. 陶鬲足（CT2③:3、CT2③:6、
CT1③:7、CT1③:8、CT5③:5）　8. 陶鼎足（CT1③:5）　9、11. 陶豆柄（CT1③:12、CT2③:4）

陶鼎足　3件。标本 CT1③：5，略呈圆柱状。足根略弧。素面。足根直径1.6、残高8厘米（图一五八，13）。

陶豆柄　1件（CT1③：12）。粗泥黑陶。上段粗，下段细，中空。上段直径5.2、下段直径4、残长6.5厘米（图一五八，9）。

② CT2③层

出土陶片共17片。均为粗泥陶。陶片颜色有红陶、红褐陶和灰褐陶，分别占陶片总数的35.29%、17.65%、47.06%。陶片纹饰均为绳纹，其中粗绳纹占陶片总数的35.29%，细绳纹占陶片总数的5.88%。

陶器器类有陶罐及鬲足、豆柄，共5件。另出土2件石斧。

陶罐　1件（CT2③：5）。矮领，口略侈，圆唇。口径16.2、残高5.5厘米（图一五八，18）。

陶鬲足　3件。标本，CT2③：3，粗泥灰褐陶。略呈圆锥状，内空较深。足根略残。上部饰绳纹。残高8.5厘米（图一五八，6）。标本 CT2③：6，粗泥红褐陶。圆锥状，内空较深。上部饰绳纹。残高8厘米（图一五八，7）。

陶豆柄　1件（CT2③：4）。粗泥红陶。上段略粗，内空。外表不甚光滑。粗径3.5、残长7.4厘米（图一五八，11）。

石斧　2件。标本 CT2③：1，长石斑岩。棕色。硬度5°~6°。原材料产于三峡地区。打制。平面略呈三角形，大弧刃，顶端较窄。刃部有明显的使用缺痕。长13、刃部宽10、顶厚3.2厘米（图一五八，5）。标本 CT2③：2，斜长岩。浅黄色。硬度5°~6°。原材料产于三峡地区。打制。长条形，顶端略窄，两侧面有打击痕迹，一面保留有自然石皮面。刃部有使用缺痕。长18.1、刃宽7.2、顶宽5.6、中段厚2.8厘米（图一五八，19）。

③ CT5③层

出土陶片共21片。均为粗泥陶。陶片颜色有红陶、红褐陶、灰褐陶和黑陶，分别占陶片总数的14.29%、38.09%、33.33%、14.29%。陶片纹饰均为绳纹，其中粗绳纹占陶片总数的9.52%，细绳纹占陶片总数的52.38%。

陶器器类有罐、鬲及鬲足，共6件。

陶罐　4件。标本 CT5③：3，粗泥灰褐陶。鼓肩，折沿略侈，尖圆唇。口径13.2、残高4.6厘米（图一五八，15）。标本 CT5③：2，粗泥红陶。敛口，卷沿，尖唇。口径11.2、残高4.4厘米（图一五八，16）。标本 CT5③：1，粗泥红褐陶。广肩，矮领，口略外侈，圆唇。口径16.8、领高3.8、器体残高5.9厘米（图一五八，17）。

陶鬲　1件（CT5③：4）。粗泥红褐陶。敛口，卷沿，尖唇，沿内略凹，唇外有一道三角形凸棱。颈部绳纹抹光。口径18.6、残高6.2厘米（图一五八，14）。

陶鬲足　1件（CT5③：5）。粗泥灰褐陶。呈圆锥状。内空较深。上段饰绳纹。足根径1、残高8厘米（图一五八，13）。

（三）小结

C区周代 M24 随葬品均为陶礼器，不见日用器，随葬器物组合关系为鼎、敦、壶，均属灰陶系，其组合关系和器物形态与当阳赵家湖乙类墓七期十二段相同[①]，如陶鼎瘦长蹄形足，浅腹，与

———————————

① 宜昌地区博物馆、北京大学考古系：《当阳赵家湖》，文物出版社，1992年。

当阳 M237:9、M237:8E 型 V 式鼎相似,陶壶与当阳赵家湖 M190:3B 型 Ⅲ 式壶相似,陶敦大体形态与当阳赵家湖 M202:3 V 式敦相近,但足和钮略有区别,呈卷云状,这应是三峡地区的地方特点。从墓坑形制看,长与宽比例略为 5:2,接近于当阳赵家湖乙类型七期土坑墓的特征。其时代应与之相当。C 区周代文化层中出土的陶鬲、陶罐、陶豆,与当阳赵家湖丙类墓一期和二期所出同类器相同,特别是鬲,略呈圆锥状和圆柱状,内空较深,足上段饰绳纹,豆柄细长,陶器以红陶和红褐陶为主等特点与当阳赵家湖丙类墓一、二期相似。

综合上述,C 区周代遗存可分为有相对早晚关系的两期。

一期:以遗址为代表,包括 CT1③层、CT2③层、CT5③层。器类以鬲、罐、豆为典型器物,与当阳赵家湖丙类墓一、二期和当阳磨盘山遗址早期①相当,年代相当于西周晚期至春秋早期。

二期:以 M24 为代表。陶鼎、陶敦、陶壶为随葬器物组合形式和代表性器物,属于楚墓,与当阳赵家湖乙类墓的七期十二段器物相似,年代相当于战国晚期略偏早。

M24 因腐烂没有发现葬具。其墓底长 3.32、宽 2 米,墓内空间较大,尤其是宽度有足够空间放置木椁。人骨架位于右边,随葬器物置于左边,与人骨架相对,器物与人骨架之间距离有 0.4 米,据此推测,应有椁室存在。人骨架保存稍好,位于墓坑中部偏左边,这正是鄂西楚墓中摆放棺的位置。

由上述推测,M24 葬具应为单棺单椁,椁内最少有两个椁室,即棺箱和边箱。但人骨架和随葬器物以东尚有 0.85 米的空间,推测椁室内应有头箱存在。头箱内虽然没有发现遗物,可能随葬的是漆木器及竹器之类的易腐烂的器物。

五 汉 代 遗 存

(一) 概述

C 区汉代遗存仅墓葬一种,共 25 座。编号为 M6、M7、M9、M11～M13、M16～M20、M22、M25、M38、M70、M89、M91、M92、M109、M111、M112、M114、M153～M155。

墓葬有土坑墓、土圹石室墓、土圹砖室墓。其中土坑墓 7 座,占汉墓总数的 28.00%,土圹石室墓 16 座,占汉墓总数的 64.00%,土圹砖室墓 2 座,占汉墓总数的 8.00%。

土坑墓葬方向为 90°～335°。除 M6、M7 两座墓因遭破坏,其墓葬形制和方向不明外,其余墓葬形制可分为长方形和凸字形两种。长方形土坑墓墓口一般长 2.5～3、宽 1.6～2 米。深度因遭破坏,残深 0.3～0.8 米。凸字形墓 1 座(M155),长 8.4、宽 3.55、深 1.7 米。

土坑墓葬被盗情况不多,保存稍好,但葬具和随葬的漆、木、竹器全部腐烂无存,只遗留有少数器物漆皮。出土陶器、铜器、玉器、铁器共 20 件,其中陶器有陶仓、陶罐、陶鼎、陶壶、陶钫壶,铜器有铜鼎、铜鍪、铜蒜头壶,玉器有玉璧,铁器有铁斧等。随葬器物组合形式有 5 组。

鼎、鍪、壶组合:1 座;

鼎、壶、铁斧组合:1 座;

鼎、蒜头壶、玉璧组合:1 座;

---

① 宜昌地区博物馆:《当阳磨盘山西周遗址试掘简报》,《江汉考古》1984 年 2 期。

钫壶组合：1座；

仓、罐组合：1座。

另一座墓不见随葬品。

从上面随葬器物组合关系中可以看出，鼎、壶是主要随葬器物。

土圹石室墓葬全部早期被盗。由于被盗、水土流失和开垦种植等原因，墓葬残破不全，没有一座完整墓。方向多为300°以上。其中334°～360°9座，160°～175°4座，250°1座，10°以下2座，1座不明。按其形制结构可分为两种形式，即长方形单室墓和凸字形墓（带甬道）。其中长方形单室墓13座，凸字形墓3座。长方形单室墓一般残长3米以上，最长达7、宽2.5～3.6、残深0.1～3.4米。凸字形墓残长6.8～11.5、宽3.05～3.6、深0.3～3.8米。

因严重被盗，随葬器物所剩无几，主要有陶罐、铁刀、玻璃耳坠、铜环、铜带钩、铜印章、银环、铁削刀、铁臿、铜饰件、陶环、陶壶、瓷碗、瓷钵、瓷罐、铁棺钉、铁棺扣和钱币等，共49件。因被盗和腐烂，残存随葬器物不多，随葬器物组合关系不是很明了，但根据残存器物可以粗略列出残存随葬器物组合形式如下：

陶罐、铁刀、玻璃耳坠、钱币组合：1座；

铜带钩、印章、铁削刀、玻璃耳坠、钱币组合：1座；

铜带钩、铁削刀、铁刀、玻璃耳坠、钱币组合：1座；

铁臿、钱币组合：1座；

钱币组合：3座；

铁削刀、钱币组合：2座；

陶仓、玻璃耳坠、钱币组合：1座；

铁削刀、玻璃耳坠、钱币组合：1座；

陶壶、钱币组合：1座；

陶罐、钱币组合：1座；

陶罐、铁刀、玻璃耳坠、瓷碗、瓷钵、瓷罐、钱币组合：1座。

另一座墓无随葬品。

上述残存11组器物组合形式显示：一是每组都有钱币随葬；二是普遍用玻璃耳坠、铁削刀、陶罐随葬。

2座土圹砖室墓均早期被盗。方向分别为343°、352°，均为残墓。一座为单室墓，无随葬品；另一座为凸字形墓（带墓道），随葬品9件，其组合形式为陶罐、玻璃耳坠和钱币。

25座墓葬共出土各类随葬品58件。其中铜器11件，有铜环、铜带钩、铜印章、铜削刀、铜饰件、铜器柄、铜构件；铁器13件，有铁刀、铁削柄、铁臿、铁棺扣、铁抓钉；银器3件，均为银环；陶器11件，有陶罐、陶饼、陶环、陶仓盖、陶壶；瓷器8件，有瓷碗、瓷钵、瓷罐底；玻璃器10件，有玻璃耳坠、玻璃珠；角器2件，均为角簪。

（二）墓葬介绍

墓葬共25座。可分为土坑墓、土圹石室墓和土圹砖室墓三类。

1. 土坑墓

土坑墓7座。包括M6、M7、M25、M70、M109、M153、M155。

① M6

M6 位于 C 区东南角。2001 年修建轮船汽渡码头时发现，当时已全部挖掉，据工人们回忆，该墓为东西方向竖穴土坑墓。具体方位、墓室以及葬具、葬式均不详。出土随葬器物均为铜器，共 4 件，有铜鼎、铜鍪、铜蒜头壶。

铜鼎　1 件（M6:3）。完整。敛口，弧腹，底较平，方形附耳，矮蹄足，盖面呈弧形，有三个鸟首形钮。腹部饰一道凸弦纹。口径 10.2、腹深 7.5、耳长 3、足高 3.9、通高 12 厘米（图一五九，2；图版五九，2）。

铜鍪　1 件（M6:4）。底残。呈釜形，溜肩，腹略扁，斜颈，侈口，圜底，肩部有对称的大小环形耳各一个，大环耳呈多股绳索状。口径 9.3、最大腹径 13.2、残高 10.8、小环形耳直径 1.5、大环形耳直径 4.2 厘米（图一五九，1；彩版一五，3；图版五九，3）。

铜蒜头壶　2 件。标本 M6:1，完整。壶口呈蒜头状，口部胎厚，细长颈，扁圆腹，圆圈足。口径 3.2、颈高 17、颈粗 4.5、最大腹径 24.8、圈足径 13.2、圈足高 4、通高 36.8 厘米（图一五九，3；彩版一三，3；图版五三，3）。标本 M6:2，完整。壶口呈蒜头状，口部胎较薄，细颈，扁圆腹，

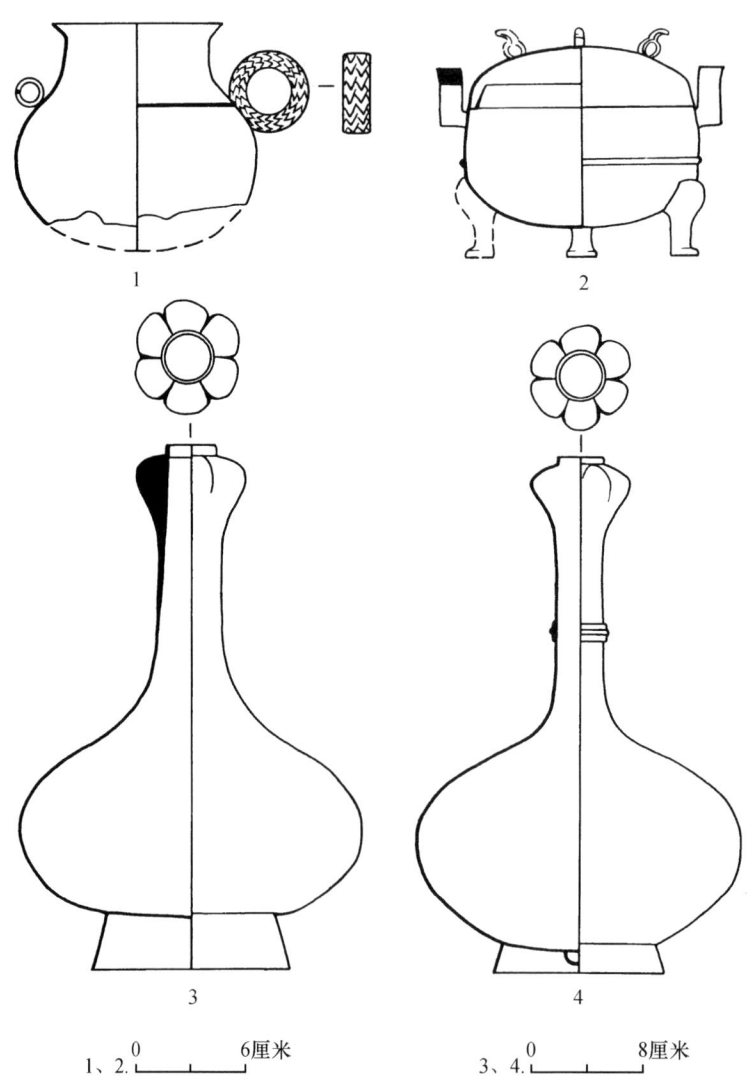

图一五九　C 区 M6 出土铜器

1. 鍪（M6:4）　2. 鼎（M6:3）　3、4. 蒜头壶（M6:1、M6:2）

圆圈足。底部正中有一半圆形小环。颈部饰三道凸弦纹。口径3.2、颈高20、最大腹径23.2、圈足径12、圈足高2、通高36厘米（图一五九，4；彩版一三，4；图版五三，4）。

②M7

M7位于C区东南部。2001年修建轮船汽渡码头时发现。当时推土机将墓葬全部推出。根据工人们介绍情况和现场勘察，系一长方形土坑墓，略呈东西方向。因已遭破坏，墓葬形制结构、具体方位以及葬式均不详。现场采集到陶器2件，有陶仓和陶罐，另有几块陶片，器类不明。

陶仓　1件（M7:1）。复原完整。泥质灰陶。仓体呈钵形，口略敛，方唇，壁微弧内收，平底外凸，底下有四个立柱，大弧形盖，盖中间有乳突形纹，四面饰叶脉纹，盖边缘饰"X"形纹，侧面有阶梯和方形小窗，仓体腹部饰一周附加堆纹。口径21.6、仓深13.8、底径20、立柱高5.6、盖径28、通高24厘米（图一六〇，1；图一六一，1、3；彩版一四，3；图版五六，3）。

陶罐　1件（M7:2）。完整。泥质灰陶。鼓腹，广肩，高领，直口略侈，尖唇，腹内收，小平底略凹。肩部饰两道细凹弦纹，其间饰竖道压印纹。腹中部以下饰交错绳纹。口径12.8、领高6、最大腹径19.2、底径7、高12.8厘米（图一六〇，2；图一六一，2、4；图版五七，4）。

③M25

M25位于TG9探沟西边。开口在①层下，打破生土。距地表深0.35米。方向260°。为长方形竖穴土坑墓。墓室东部被小路打破。残墓口长2.6、宽1.6、深1.3米，墓底残长2.5、宽1.55米（图一六二）。南壁较陡直，墓东壁因山体滑坡挤压，略向内倾斜，墓南壁有自然岩石延伸至墓底，

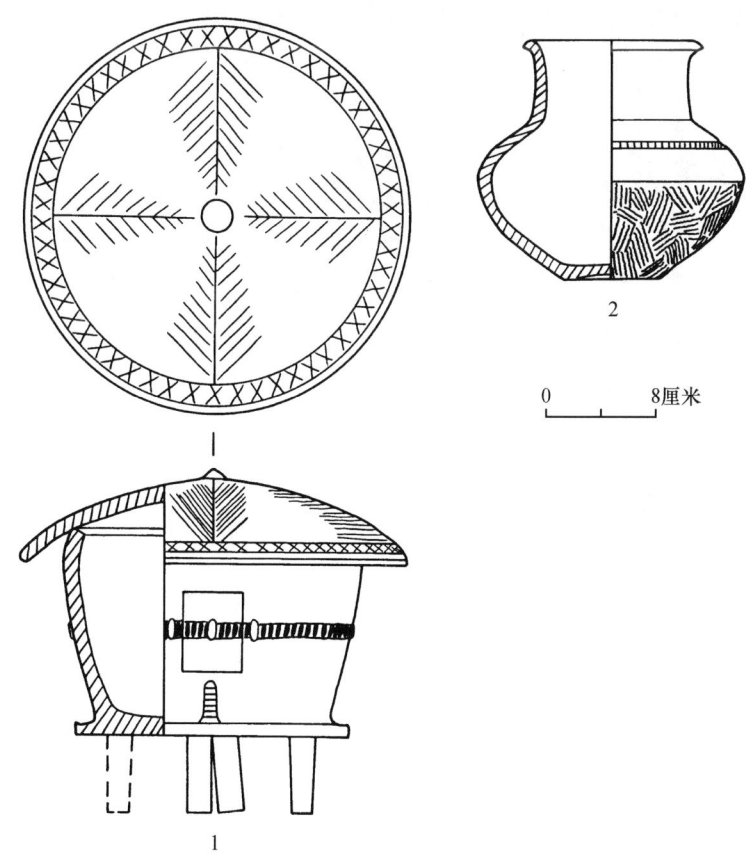

图一六〇　C区M7出土陶器

1. 仓（M7:1）　　2. 罐（M7:2）

图一六一　C 区 M7 陶器纹饰拓片

1. 刻划叶脉纹（M7:1）　　2. 交错绳纹（M7:2）　　3. 附加堆纹（M7:1）　　4. 压印纹（M7:2 壶肩部）

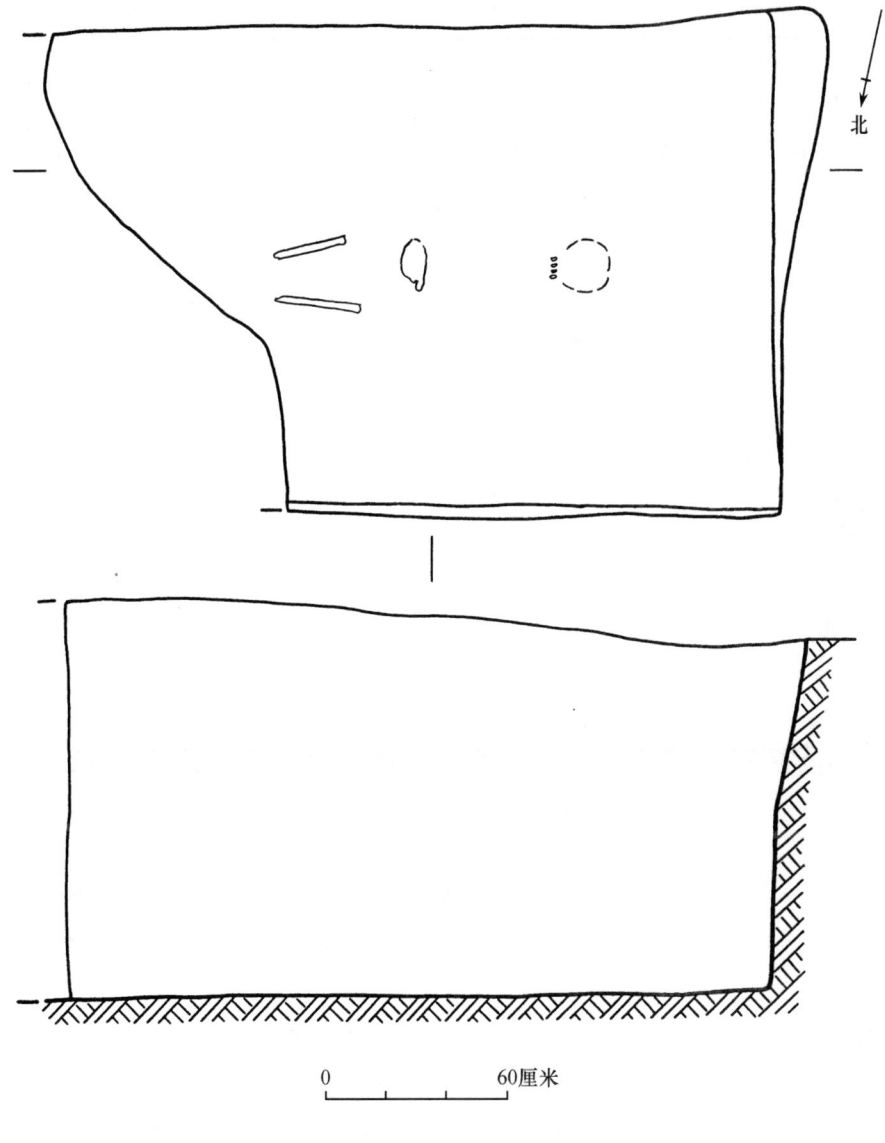

0   60厘米

图一六二　C区M25平、剖面图

墓底较平。填土呈灰褐色五花土。葬具因遭破坏和土质保存环境较差，全部腐烂，亦不见葬具痕迹。

墓底中部存两段下肢骨，东部有人头腐烂痕迹。据整体观察，葬式应为仰身直肢，头向东，面向上。性别、年龄均不详。

不见随葬器物。

④ M70

M70位于C区中北部。钻探发现并发掘。开口在①层下，打破生土。距地表深0.45米。该墓为长方形竖穴土坑墓。东西向，方向90°。斜壁，四壁较光滑，平底。墓口长2.6、残宽1～1.2、深0.6～1米。墓底长2.35、残宽0.9～1.1米（图一六三；图版五四，1）。填土为灰褐色五花土，较紧密，似经夯打。

因腐烂，葬具和人骨架均不存，墓主人性别、年龄皆不详。

随葬器物放置于墓坑的南边，呈东西向排列，器类有陶鼎、陶壶、铁斧，共5件。

图一六三　C区 M70 平、剖面图
1、2. 陶鼎　3、4. 陶壶　5. 铁斧

　　陶鼎　2件。标本 M70:2，完整。泥质灰陶。子口内敛，扁形腹，腹略鼓，立耳，弧形盖，盖面有三个鸟头形钮，矮足，足根和足上段外凸。素面。口径 14.8、腹深 9、耳长 3.6、足高 6、通高 14.7 厘米（图一六四，1；彩版一六，1；图版五六，2）。标本 M70:1，完整。泥质灰陶。子口内敛，弧腹，圜底，立耳，弧形盖，盖上有三个鸟头形钮，矮足，足上段外凸。素面。口径 13.2、腹深 9.5、耳长 3、足高 5.4、通高 15.3 厘米（图一六四，2；彩版一六，2；图版五六，1）。

　　陶壶　2件。标本 M70:4，完整。泥质灰陶。鼓腹，长颈，口略侈，方唇，下腹内收，圆圈足略外撇，弧形盖，盖上有三个鸟头形钮，肩部有两个对称的环形附耳。素面。口径 9.9、最大腹径 17.1、圈足径 11.1、圈足高 3.3、通高 24.6 厘米（图一六四，3；图版五五，2）。标本 M70:3，复原完整。泥质灰陶。最大腹径偏上，溜肩，长颈，口略侈，方唇，弧形盖，盖上有三个鸟头形钮，圆圈足略外撇，肩部有两个对称的环形附耳。口径 9.5、最大腹径 16.2、圈足径 11.4、圈足高 3、通高 24.5 厘米（图一六四，4；彩版一六，3；图版五五，1）。

　　铁斧　1件（M70:5）。保存完整。表面略有些红褐色铁锈。双肩，下端较宽而薄，刃略弧，上端较窄而厚，内空，纵剖面略呈长三角形。刃部宽 7.6、顶端宽 4、肩宽 1.6、通长 8 厘米（图一六四，5；图版六〇，2）。

　　⑤ M109

　　M109 位于 T59 探方南部。开口在①层下，打破生土。距地表深 0.36 米。长方形竖穴土坑墓。

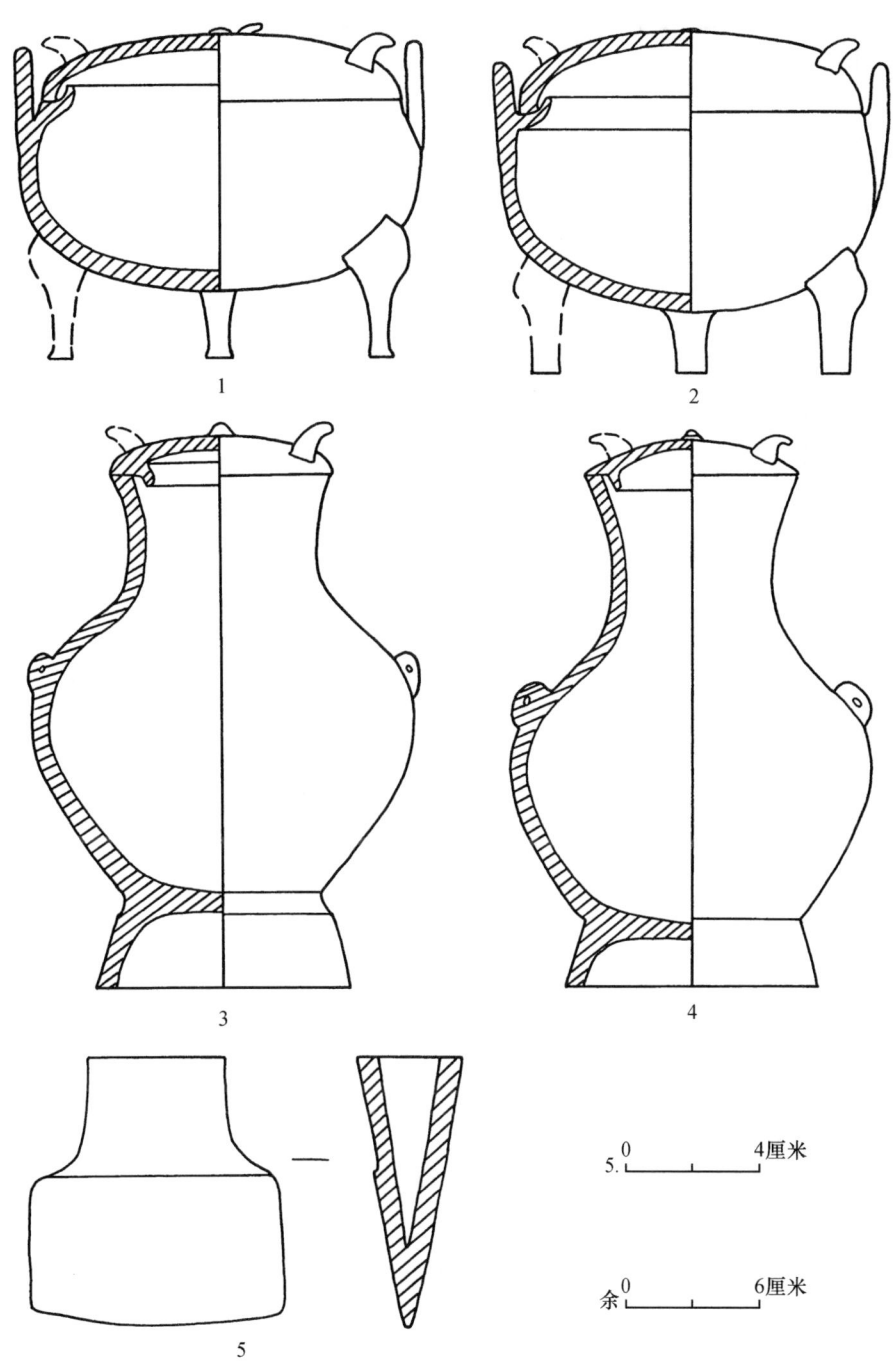

图一六四　C 区 M70 出土器物

1、2. 陶鼎（M70:2、M70:1）　　3、4. 陶壶（M70:4、M70:3）　　5. 铁斧（M70:5）

方向 230°。斜壁，墓葬四壁较光滑，平底。残墓口长 3、宽 2.2、深 0.6 米，墓底长 2.6、宽 1.8 米（图一六五;图版五四，2）。墓内填土为灰褐色五花土，土质密度小，较板结，包含物有少数粗绳纹陶片。

　　因遭破坏和当地土质酸性较重，葬具全部腐烂无存。根据墓坑形制推测，葬具应为单棺单椁。人骨架仅存头骨腐烂痕迹，位于墓坑西南部位。葬式、墓主人性别和年龄均不详。

　　随葬器物有 2 件陶罐，位于墓坑东南部位，并相互叠压在一起。

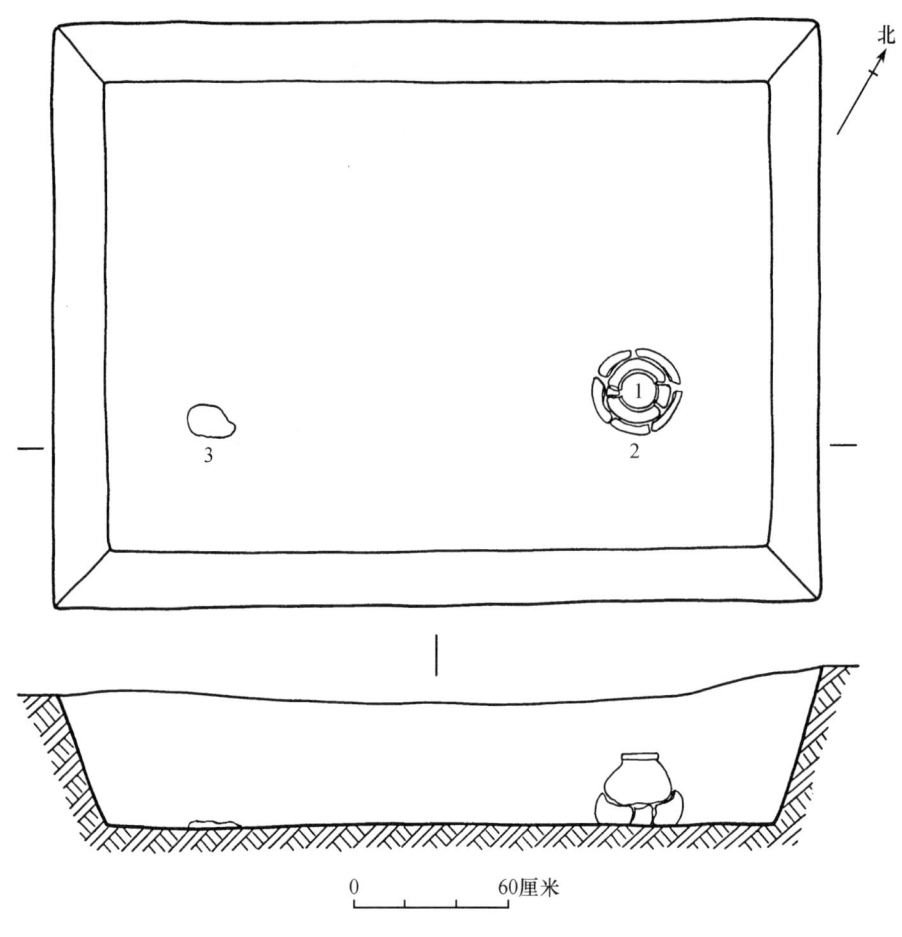

图一六五　C区M109平、剖面图
1、2. 陶罐　3. 人头骨腐烂痕迹

陶罐　2件。标本M109∶1，复原完整。泥质灰陶。球腹，最大腹径偏下，小平底内凹，溜肩，束颈，小口略外侈，宽沿外凸，尖唇，沿内有一凹槽。肩部饰一道细凹弦纹，上腹部饰直绳纹，并在其上旋抹五道弦纹，下腹部饰交错绳纹。口径11.5、最大腹径22.5、高24厘米（图一六六，1；图一六七，1；彩版一四，2；图版五七，1）。标本M109∶2，复原完整。泥质黑褐陶。鼓腹，广肩，高领，直口略外侈，窄沿，尖唇，腹内收，小平底内凹。下腹饰交错绳纹。口径13.8、领高5.2、最大腹径21.6、底径7.2、高19.5厘米（图一六六，2；图一六七，2；彩版一四，6；图版五七，3）。

⑥ M153

M153位于C区东南部。开口在①层下，打破生土。距地表深0.25米。方向250°。墓坑形制规整，为长方形竖穴土坑墓。该墓位于南高北低的斜坡上，故墓壁南高北低。四壁甚整齐而光滑，平底。墓口长2.7、宽2.04、深1.4～2.9，墓底长2.35、宽1.71米（图一六八；图版五八，1）。墓内填土为黄褐色五花土，土质较硬，似经有意夯打。该墓海拔136米，发掘期间，正值三峡库区二期蓄水至135米，墓内严重积水，边发掘边排水，发掘工作难度特别大。

葬具均腐烂无存，发现一些棺椁和漆木器腐烂漆皮，因积水太深，也无法弄清棺椁腐烂痕迹。没有发现人骨架痕迹，其葬式、性别和年龄均不详。

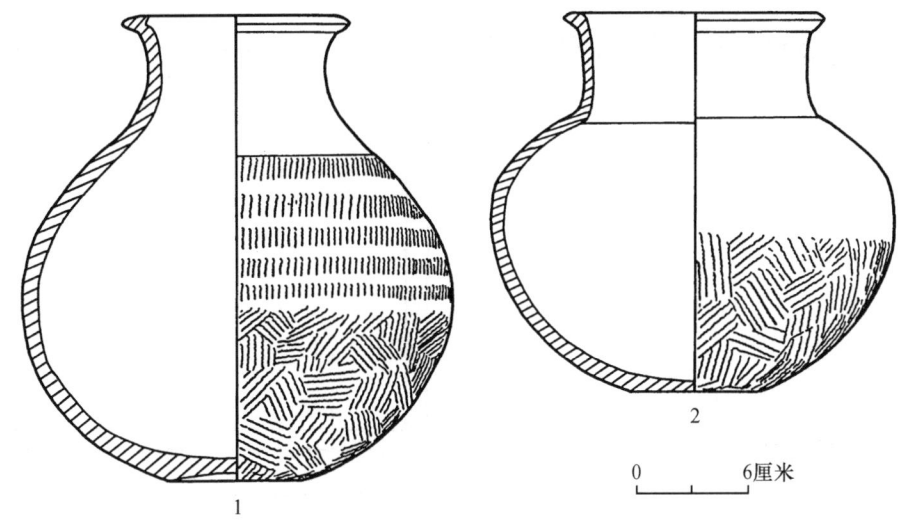

图一六六　C 区 M109 出土陶罐
1、2.（M109:1、M109:2）

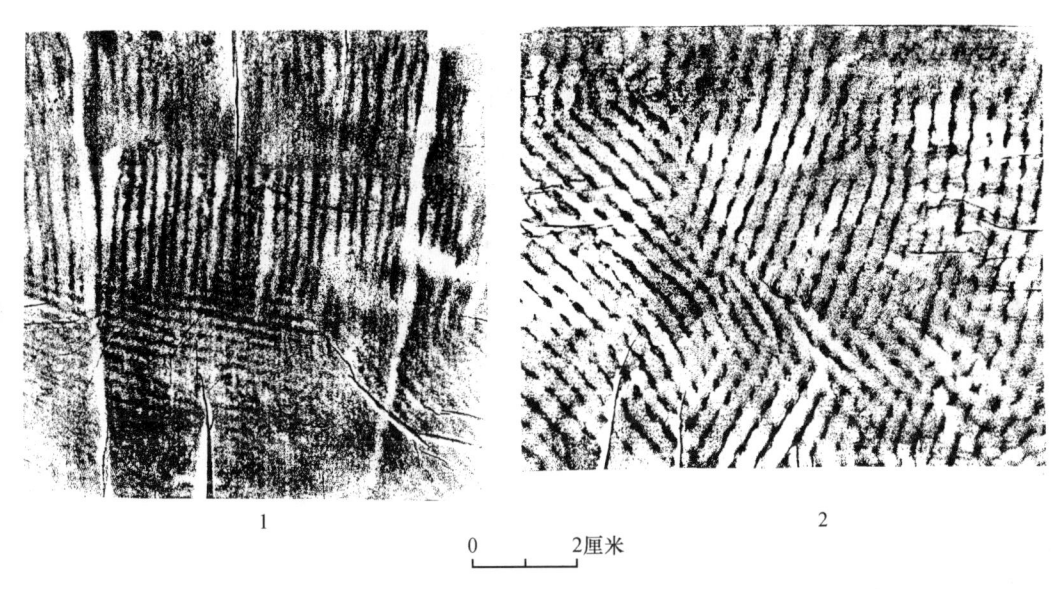

图一六七　C 区 M109 陶罐纹饰拓片
1. 细交错绳纹（M109:1）　2. 粗交错绳纹（M109:2）

　　出土随葬器物共 5 件，其中 4 件铜器，1 件玉器。铜器呈东西方向放置于墓坑西北部，玉璧放置于墓坑的西南角（图版五八，2）。器类有铜鼎、铜蒜头壶、玉璧。铜鼎内随葬有家猪、家鸡动物骨骼。

　　铜鼎　2 件。标本 M153:2，完整。子口内敛，弧腹，圜底，附长方形耳，矮兽蹄形足，足上段外鼓，弧形盖，盖上有三个鸟头形钮。腹部饰一道凸弦纹。口径 15.4、腹深 9.6、耳长 6.2、足高 7.5、通高 16.6 厘米（图一六九，1；彩版一五，2；图版五九，1）。鼎内随葬有猪骨和鸡骨（图版五九，4）。标本 M153:3，底残。器物形制与 M153:2 相同（图一六九，2）。鼎内亦随葬有猪骨和鸡骨。

　　铜蒜头壶　2 件。标本 M153:1，完整。壶口呈蒜头状，壶口部胎较厚，细长颈，溜肩，鼓腹，

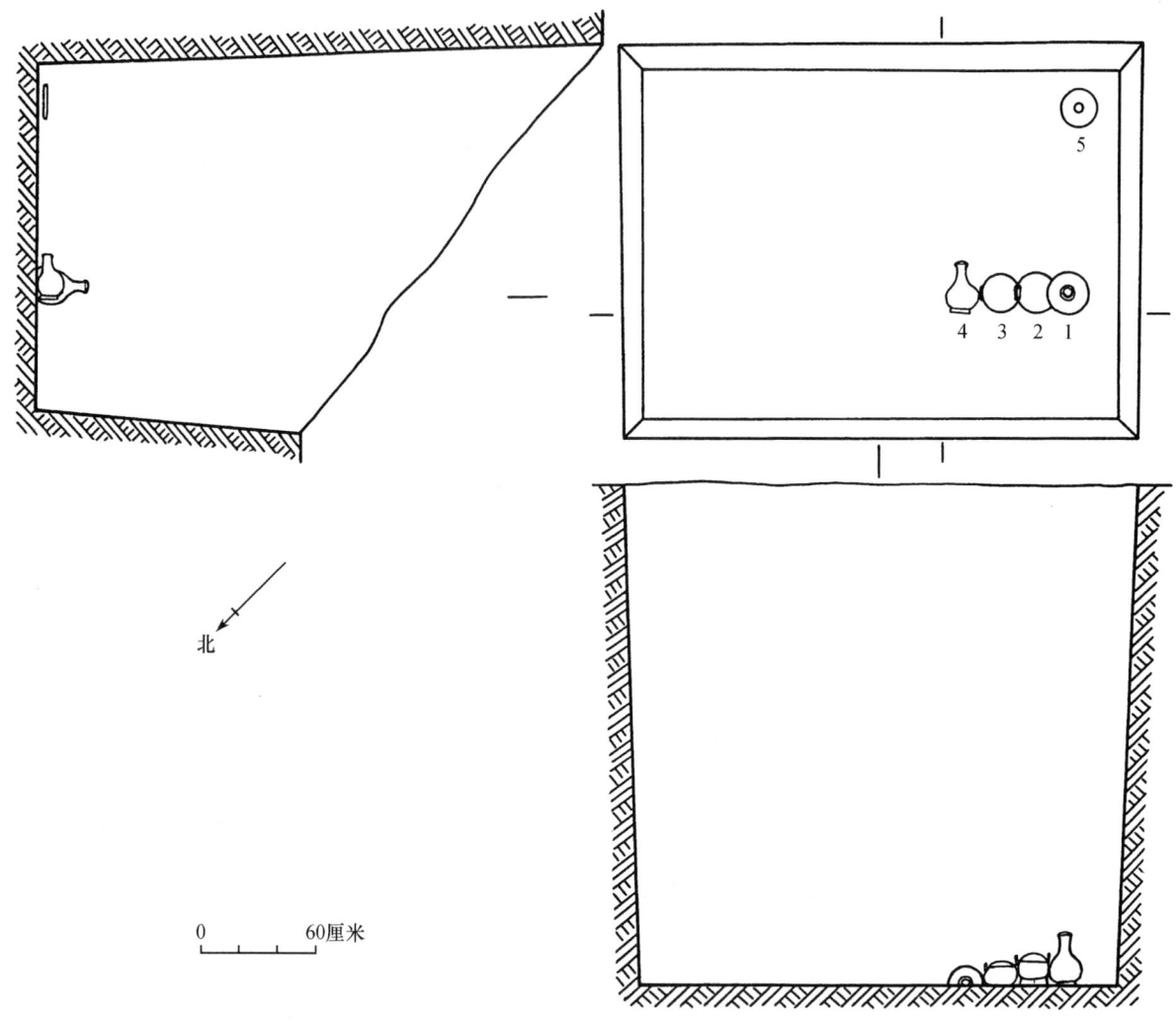

图一六八　C区M153平、剖面图

1、4. 铜蒜头壶　2、3. 铜鼎　5. 玉璧

圆圈足。颈部饰三道凸弦纹。口径2.4、颈部直径3、最大腹径18.7、圈足径10.2、圈足高3厘米（图一六九，4；彩版一三，2；图版五三，2）。标本M153：4，完整。壶口呈蒜头状，壶口部胎较薄，细长颈，溜肩，鼓腹，圆圈足。口径2.3、颈部直径3、最大腹径19.8、圈足径10.8、圈足高2.1厘米（图一六九，5；彩版一三，1；图版五三，1）。

玉璧　1件（M153：5）。边缘略残。白云岩，乳白色。硬度4°。原材料产于湖北竹山县。两面浅浮雕涡纹。好径5.2、肉径6.4、厚0.3厘米（图一六九，3；图一七〇；彩版一七；图版六〇，1）。

动物骨骼　动物种类有家猪和家鸡。标本M153：3-1，家猪右胫骨（图版三七，6）。标本M153：3-3，家猪左胫骨。标本M153：2-2，家鸡左肱骨。标本M153：2-3，家鸡右肱骨（图一〇九，4；图版三八，4）。标本M153：2-5，家鸡左尺骨。标本M153：2-6，家鸡右尺骨。标本M153：3-9，家鸡右股骨。标本M153：2-8，家鸡左胫骨。标本M153：2-9，家鸡左掌骨（图版三七，8）。标本M153：2-13，家鸡右桡骨。

⑦ M155

M155位于C区东南部。开口在①层下，打破生土。距地表深0.45米。方向320°。该墓为

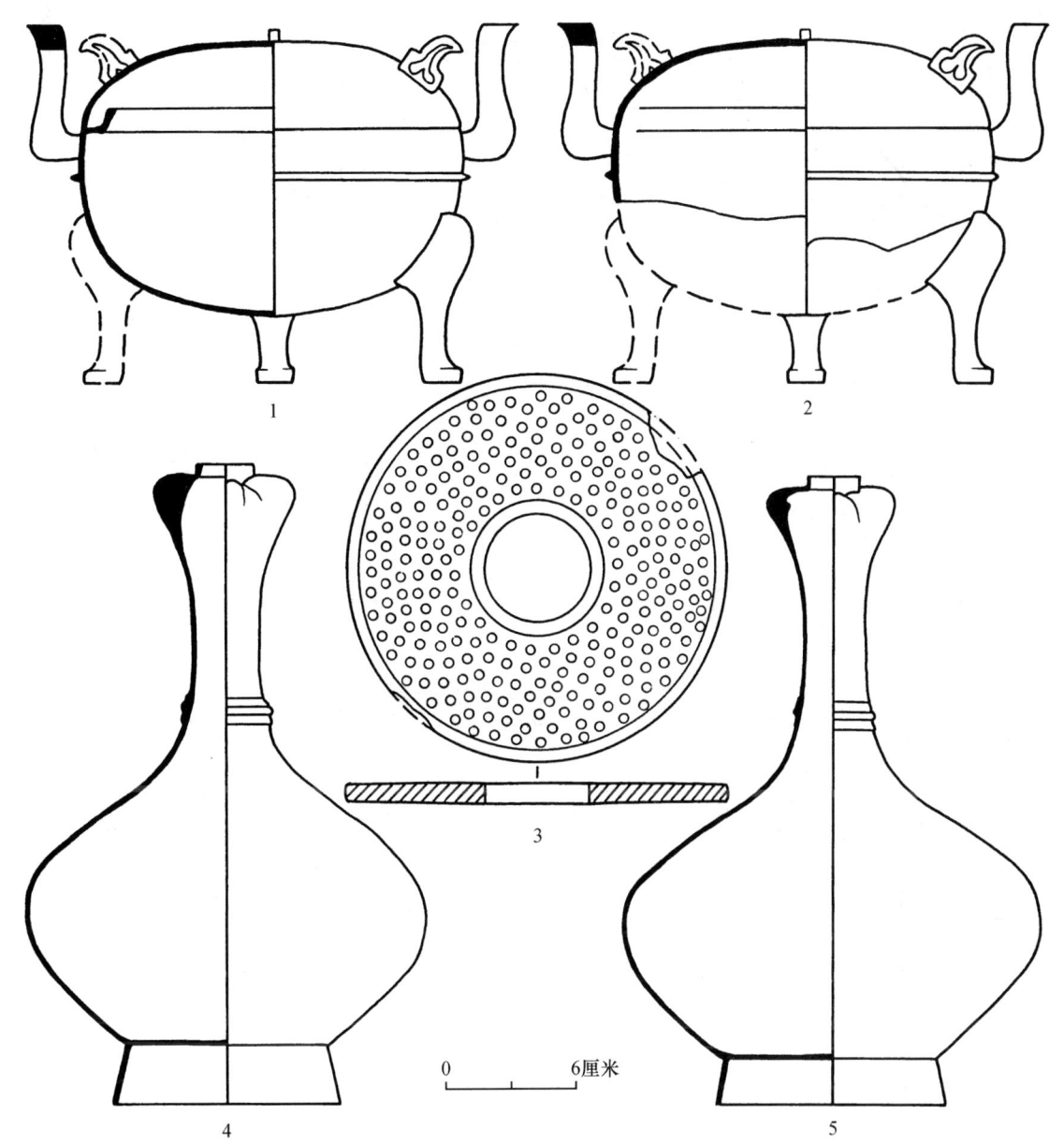

图一六九　C区 M153 出土器物

1、2. 陶鼎（M153∶2、M153∶3）　　3. 玉璧（M153∶5）　　4、5. 铜蒜头壶（M153∶1、M153∶4）

凸字形土坑墓，由墓室和墓道两部分组成。墓室近方形，斜壁，平底，墓道在墓室东北边，呈斜坡状直接斜向墓底。墓道壁亦为斜壁。墓室口长 4.45、宽 3.62、深 1.7 米，墓室底长 4、宽 3.15 米。墓道口长 4、宽 1.55、底宽 1.52 米（图一七一）。墓内填土为黑褐色五花土。土质较硬，经夯打过。

因腐烂葬具无存，人骨架仅存腐烂痕迹，头向南，其性别、年龄不详。

随葬器物因腐烂仅存 2 件陶钫壶，置于墓室南部。

陶钫壶　2 件。标本 M155∶2，复原完整。泥质灰褐陶。方腹外鼓，方口略外侈，方唇，覆斗形盖，方圈足外撇，上腹部附有两个对称的示意性铺首衔环。口径 11.6、最大腹径 20.5、圈足径 15、高 36 厘米（图一七二，1；图版五五，4）。标本 M155∶1，复原完整。泥质灰陶。方腹外鼓，最大

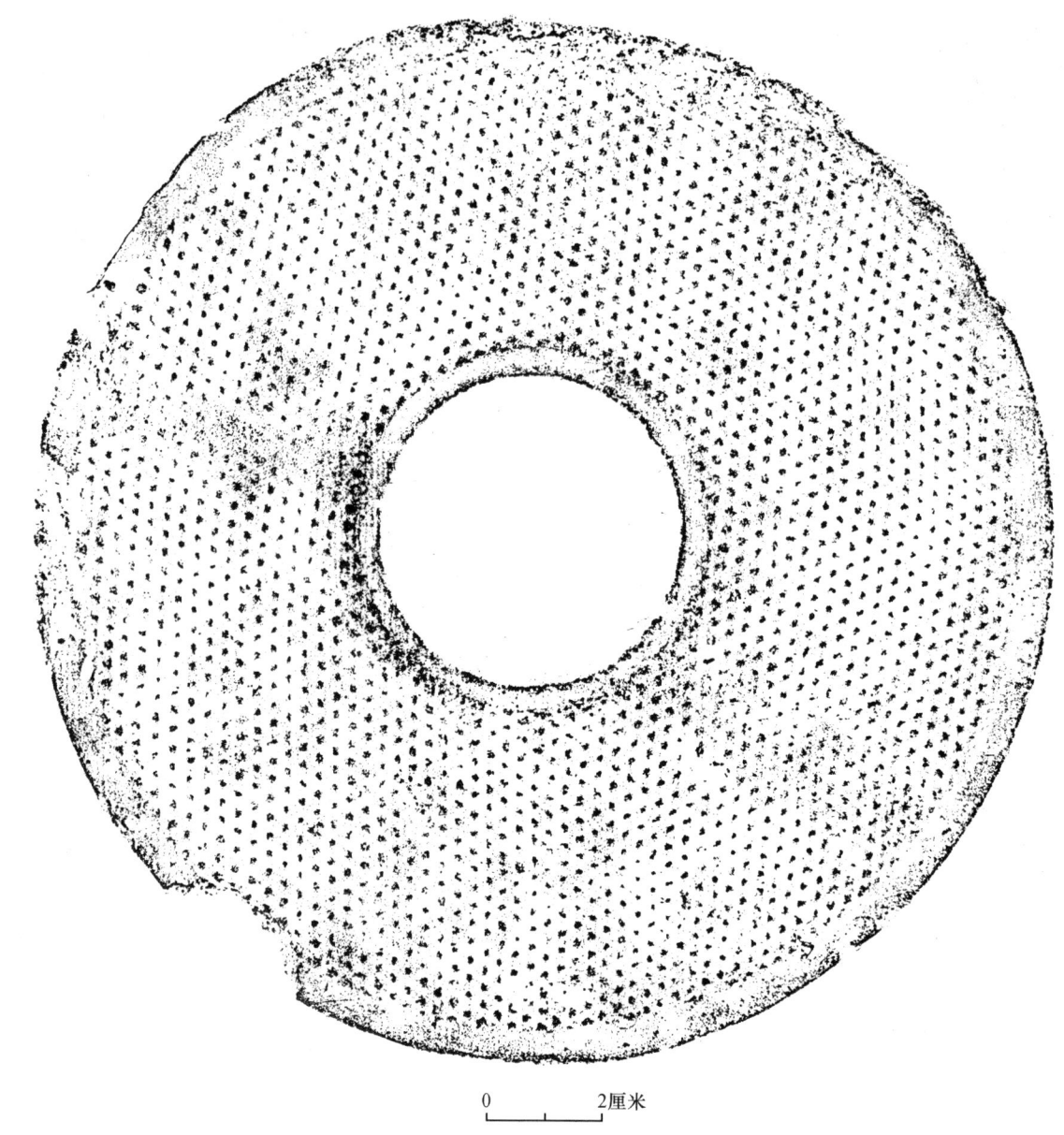

0 ⊢—⊢—⊢ 2厘米

图一七〇　C区 M153 玉璧纹饰拓片（M153:5）

腹径偏上，口略外侈，方唇，无盖，方圈足略外撇，肩部有两个对称的示意性铺首衔环。口径 12、最大腹径 20.4、圈足径 14.8、高 33 厘米（图一七二，2；彩版一六，4；图版五五，3）。

2. 土圹石室墓

土圹石室墓共 16 座，包括 M9、M12、M13、M17 ～ M20、M22、M38、M89、M91、M92、M111、M112、M114、M154。

① M9

M9 位于 C 区东南部。开口在①层下，打破黄褐色生土。距地表深 0.3 米。方向 345°。为长方形土圹石室墓。土圹壁稍内收，而较整齐光滑，平底。因地势南高北低呈斜坡状，故土圹北壁因自然水土流失和耕种而遭破坏。墓室亦呈长方形，由长 0.2 ～ 0.55、宽 0.18 ～ 0.3、厚 0.15 ～ 0.25 米

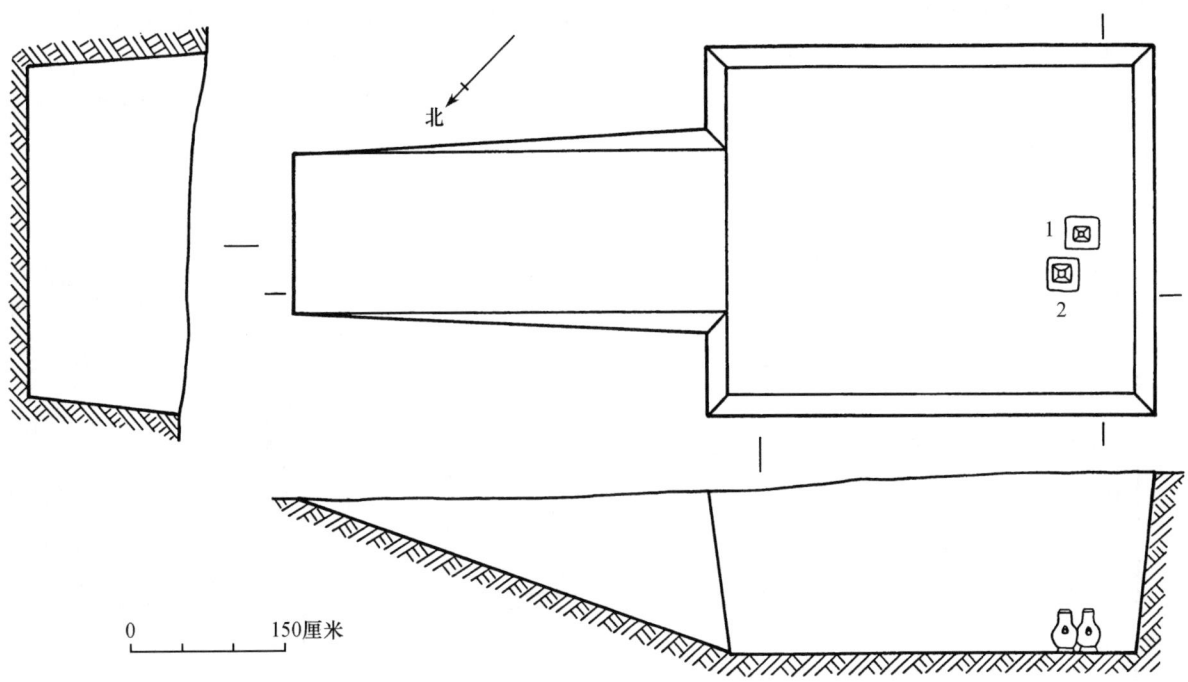

北

0 ——— 150厘米

图一七一 C区 M155 平、剖面图
1、2. 陶钫壶

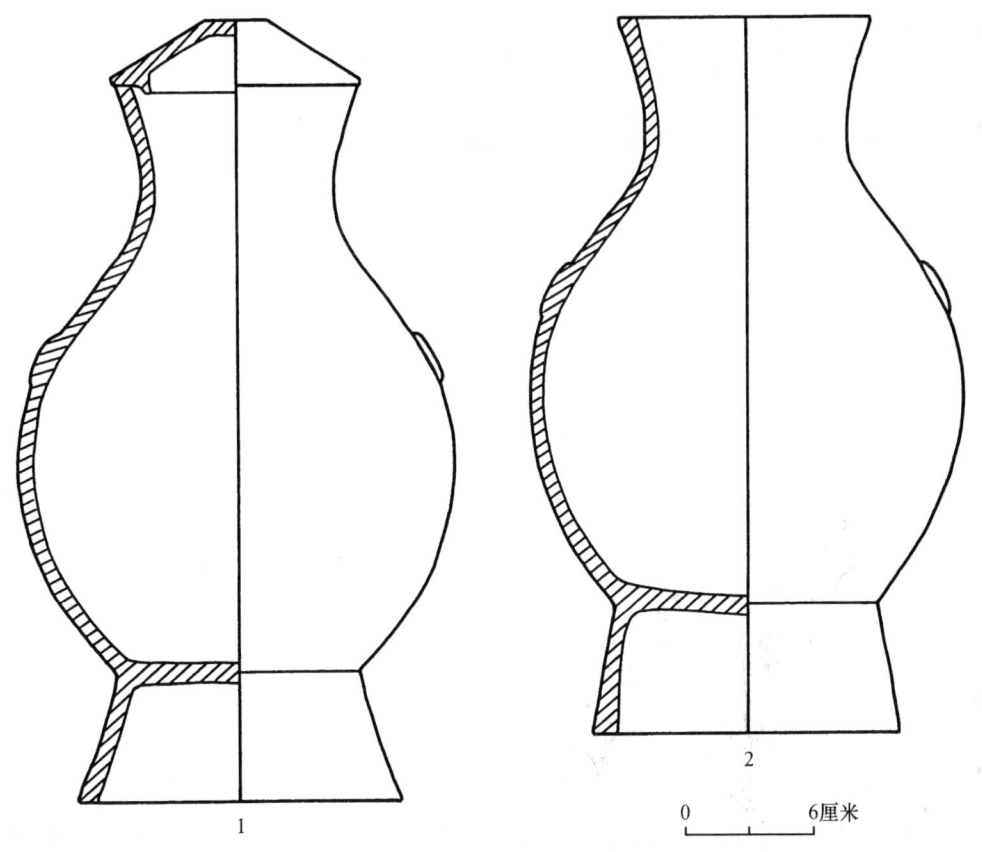

1

2

0 ——— 6厘米

图一七二 C区 M155 出土陶钫壶
1. M155:2 2. M155:1

大小不一的条石垒砌而成（图版六三，2）。墓室北壁已被破坏掉，券顶和南壁的大部分已塌落，墓底系厚0.1米左右的块状石板平铺而成。墓土圹残长5.4、宽2.9、深0.15～2.55米，墓室残长5.2、宽2.5、残高0.1～2.05米（图一七三；图版六三，1）。墓内填土为块状黄褐色和灰褐色五花土，土质较硬，经夯打过。

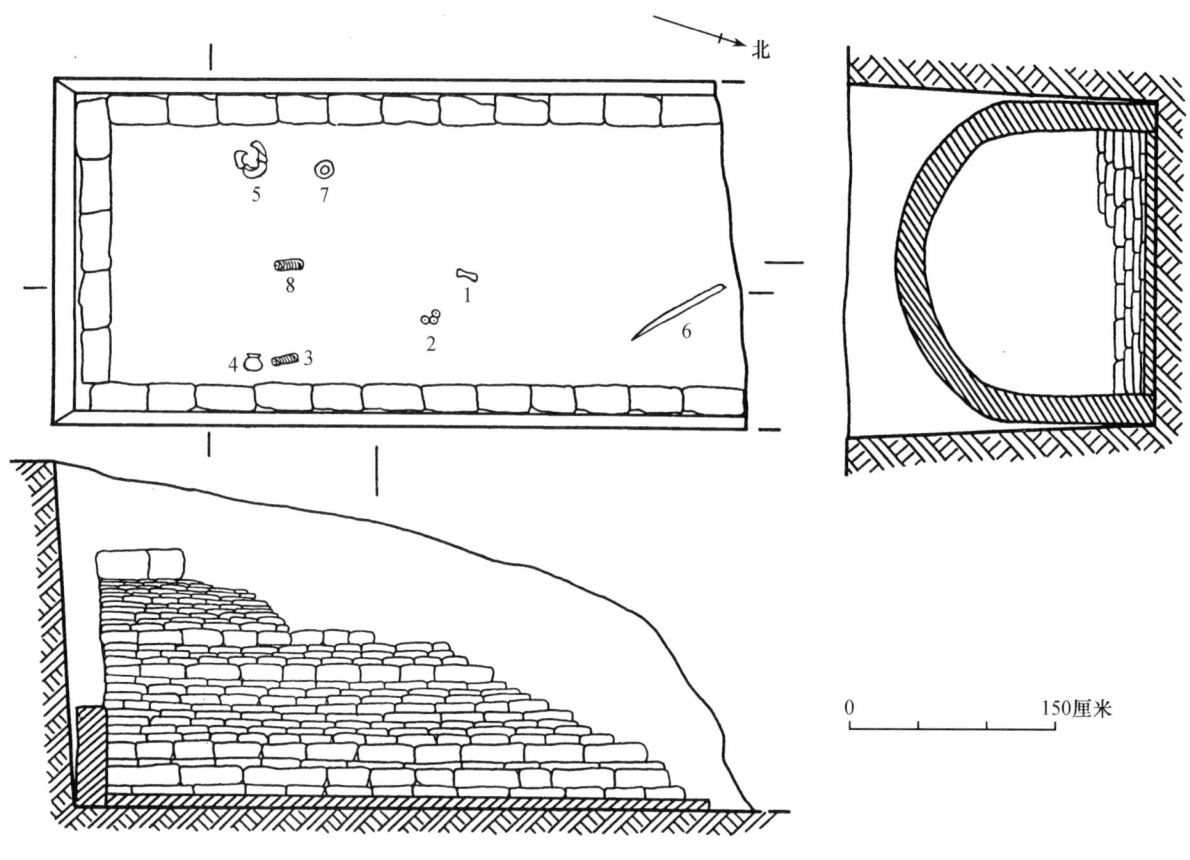

图一七三　C区M9平、剖面图
1. 玻璃耳坠　2、3、8. 铜钱　4、5、7. 陶罐　6. 铁刀

葬具和人骨架均腐烂无存。其葬式、墓主人性别及年龄均不详。

出土随葬器物共9件。其中陶罐3件，铁刀1件，玻璃耳坠2件，钱币3件（共92枚）。

陶罐　3件。标本M9:5，泥质灰陶。口沿和底部均残，仅存腹部。球形腹。上腹部饰瓦垄纹，下腹部饰交错绳纹。腹径20.8、残高14厘米（图一七四，2；图一七五）。标本M9:4，泥质灰陶。折肩，口微敛，方唇，弧腹内收，平底，肩部附对称环耳一对，耳外侈。口径13.6、肩径18.5、底径10.4、耳长4.5、器身高8、通高9.7厘米（图一七四，4；彩版一四，5；图版五六，4）。标本M9:7，泥质灰陶。斜肩，矮领，口略侈，斜沿外凸，尖唇，腹弧壁内收，圜底。下腹饰凌乱交错绳纹。口径12.3、领高2.8、肩径27.2、高19.8厘米（图一七四，5；彩版一四，4；图版五七，5）。

玻璃耳坠　2件。形制相同。标本M9:1，中段较细，顶面和底面较粗，中空，底面稍内凹。顶面径0.85、底面径1.5、高2.15厘米（图一七四，3；图版六六，5）。

铁刀　1件（M9:6）。刀锋和柄略残。表面有块状黑褐色斑锈。器身较长而窄，横剖面略呈三角形，刃较锋利。残长84、宽2.5、背部厚1.3厘米（图一七四，1；图版六八，3）。

钱币　共92枚。均为铜质钱币。有五铢、货泉两种。

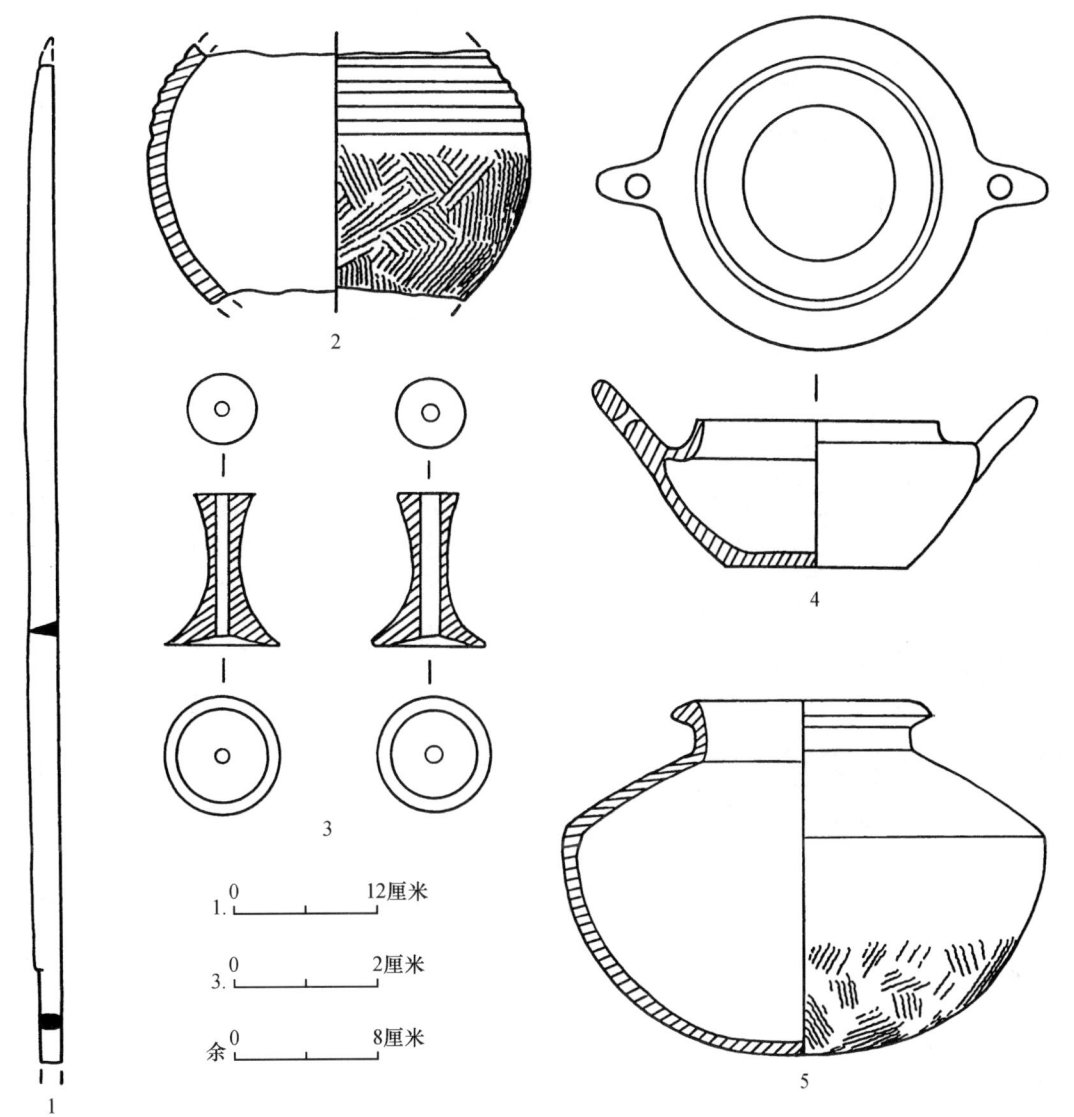

图一七四　C 区 M9 出土器物

1. 铁刀（M9:6）　2、4、5. 陶罐（M9:5、M9:4、M9:7）　3. 玻璃耳坠（M9:1）

五铢　91 枚。分二型。

B 型　61 枚。背、面郭多较宽，穿有大小之异。铸造工艺较精。直径 2.5 厘米。面文"五"字像两炮弹相对，"铢"字金旁的头小，呈箭头状（图一七六，1）。为西汉晚期钱币。

C 型　30 枚。面、背郭多较宽，穿有大小之异，铸造工艺较精。直径 2.6 厘米。面文"五"字较宽大，"铢"字金旁的头加大，呈三角形，"朱"旁上部转角处圆折（图一七六，2）。为东汉早中期钱币。

货泉　1 枚。面、背内外郭较浅而宽，穿较大，面文笔画较粗。直径 2.3 厘米（图一七六，3）。为王莽时期铸造的钱币。

② M12

M12 位于 CTG9 探沟西边。开口在①层下，打破生土。距地表深 0.3 米。方向 5°。该墓大部分被破坏掉，只存南部一小部分。墓土圹壁较直而光滑，平底，墓室壁由长 0.3～0.54、宽

0 ____ 2厘米

图一七五　C区M9陶罐纹饰拓片（M9:5）

0.2～0.28、厚0.15～0.22米的条石垒砌而成，墓底仅存一块石板。墓室券顶及南壁均塌落。土圹残长2.15、宽3.7、残深1.95米，墓室残长2.1、宽3.4、残高1.9米（图一七七）。

该墓因严重破坏，未见随葬器物和腐烂痕迹。葬具、葬式及墓主人性别、年龄均不详。

③ M13

M13位于CTG9探沟西部。开口在①层下，打破生土。距地表深0.35米。方向350°。该墓所处地势南高北低，故墓室北部大部分因水土流失和耕种等原因而遭破坏。墓土圹壁较陡直，平底，墓室由长0.3～0.6、宽0.25～0.33、厚0.18～0.3米的条石厚薄相间垒砌而成（图版六五，2）。墓壁1.3米处开始券顶，券顶及南壁已塌落，墓底为生土，没有铺垫设施。墓土圹残长3.25、宽4.02、残深0.1～3.5米，墓室残长3.05、宽3.6、残高0.1～3.3米（图一七八；图版六五，1）。墓内填土为块状黄褐色、灰褐色和黑色五花土，土质较紧密。

墓底部发现有大量朱红痕迹，在距西壁0.2米处，朱红痕迹呈带状分布，这应是棺椁腐烂痕迹。人骨架腐烂无存，葬式及墓主人性别、年龄均不详。

出土随葬器物共11件及1016枚钱币。器类有铜带钩、银环、铁削刀、铜环、铜印章、角簪、陶饼、玻璃饰件等。

铜带钩　1件（M13:7）。完整。平面呈虎形，作奔跑状，张嘴竖耳，尾回卷作钩头，圆饼形扣钮，虎头背面有铭文"四月十日□□"六字（图版六四，2）。长12.3、宽5.5厘米（图一七九，1；彩版一五，1；图版六四，1）。

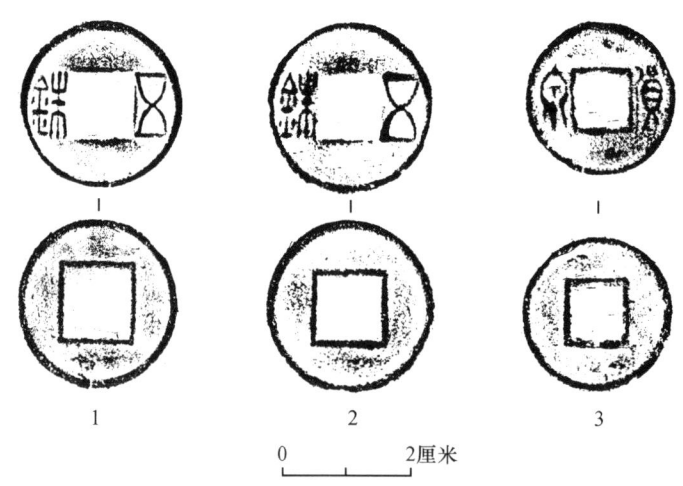

0 ____ 2厘米

图一七六　C区M9钱币拓片
1. B型五铢（M9:2）2. C型五铢（M9:3）

图一七七　Ｃ区M12平、剖面图

银环　2件。均完整。标本 M13：4，器形较大。横剖面呈长方形。直径 6.6 厘米（图一七九,2；图版七〇,4）。标本 M13：14，器形较小而规整。横剖面呈长方形。直径 2.3 厘米（图一七九,4）。

铁削刀　1件（M13：6）。仅存削刀柄。扁形柄，横剖面呈长方形，椭圆形环。残长 10.2、宽 1.7、厚 0.5、环长径 3.2、短径 2.6 厘米（图一七九,3；图版六八,7）。

铜环　1件（M13：1）。完整。器形规整。横剖面略呈椭圆形。直径 5.2 厘米（图一七九,8；图版七〇,2）。

铜印章　1件（M13：15）。含锡比重较大。平面呈长方形。环形钮已残，印面略残，印文为阴刻，不太清楚，印文为"王匡"二字。长 2.9、宽 1.2、厚 0.72 厘米（图一七九,9；图版七一,4）。

玻璃饰件　1件（M13：3）。完整。略呈圆柱形，一面较平，中间穿孔。淡青色，有透明感。长 1.7、宽 1.1、孔径 0.11 厘米（图一七九,10；图版六六,4）。

陶饼　1件（M13：12）。系陶片磨制而成。略呈圆形，一面微鼓，一面微凹。直径 2.5、厚 0.42 厘米（图一七九,5）。

角簪　2件。标本 M13：10，已残。磨制。长条形，横剖面呈方形。残长 5、宽 0.6 厘米（图一七九,6）。标本 M13：11，完整。磨制。长条形，横剖面略呈长方形。长 7.8、宽 0.6、厚 0.4 厘米（图一七九,7）。

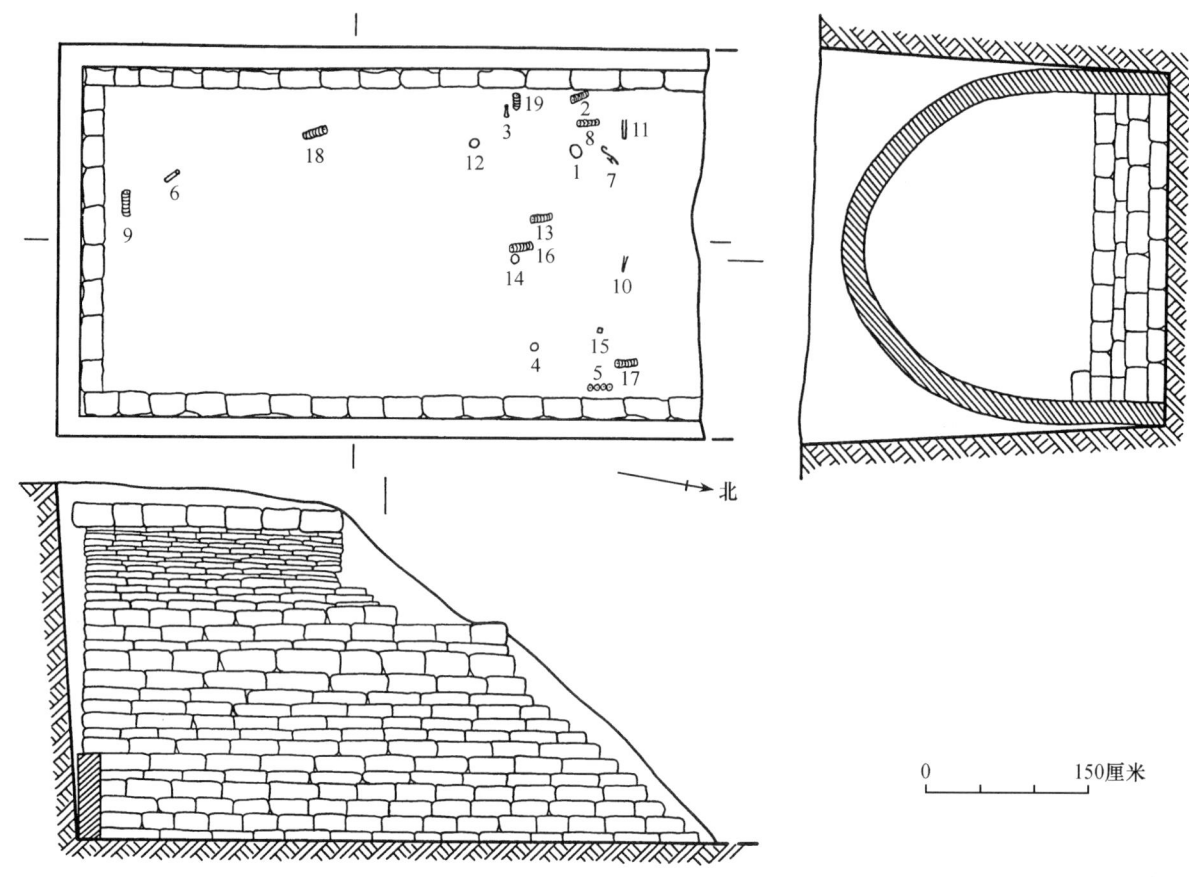

图一七八　C区M13平、剖面图
1. 铜环　2、5、8、9、13、16~19. 铜钱　3. 玻璃饰　4、14. 银环　6. 铁削刀　7. 铜带钩
10、11. 角簪　12. 陶饼　15. 铜印章

钱币　1016枚。有铜五铢、小泉直一、半两、大泉五十、货泉及铁币。

五铢　939枚。分三型。

B型　561枚。面、背郭有宽窄之异，穿有大小之别，铸造工艺有精劣之分。直径2.1~2.6厘米。面文"五"字像两炮弹相对，"铢"字金旁的头小，呈箭头状（图一八○，1~5）。属西汉晚期钱币。

C型　378枚。面、背郭较宽，穿有大小之分，有穿上星、穿下星、穿下横及背星。直径2.3~2.6厘米。面文"五"字较宽大，"铢"字金旁的头稍大，呈三角形，"朱"旁上部转角处圆折（图一八○，6~12；彩版五六，5；图版六二，3）。属东汉早中期钱币。

D型　1枚（M13:29）。铜质较好，几乎没有锈蚀，面、背郭规整，背面有四条决纹，正上方有一带钩形图案，下方及左、右有37颗天文星辰；正面上方有削刀图案，下方有10颗天文星辰，"五"字中有两颗星辰，直径2.58厘米（图一八一，1；彩版二○，1、2；图版六二，1、2）。该钱币为纪念钱币。根据特征观察，为东汉早中期钱币。

铁币　55枚。因严重锈蚀，其特征和面文无法辨别，据大小推测应为五铢钱币。

半两　3枚。面、背均无郭，面文高挺，面底边较薄，背平。直径2.3厘米（图一八一，5）。为西汉半两钱币。

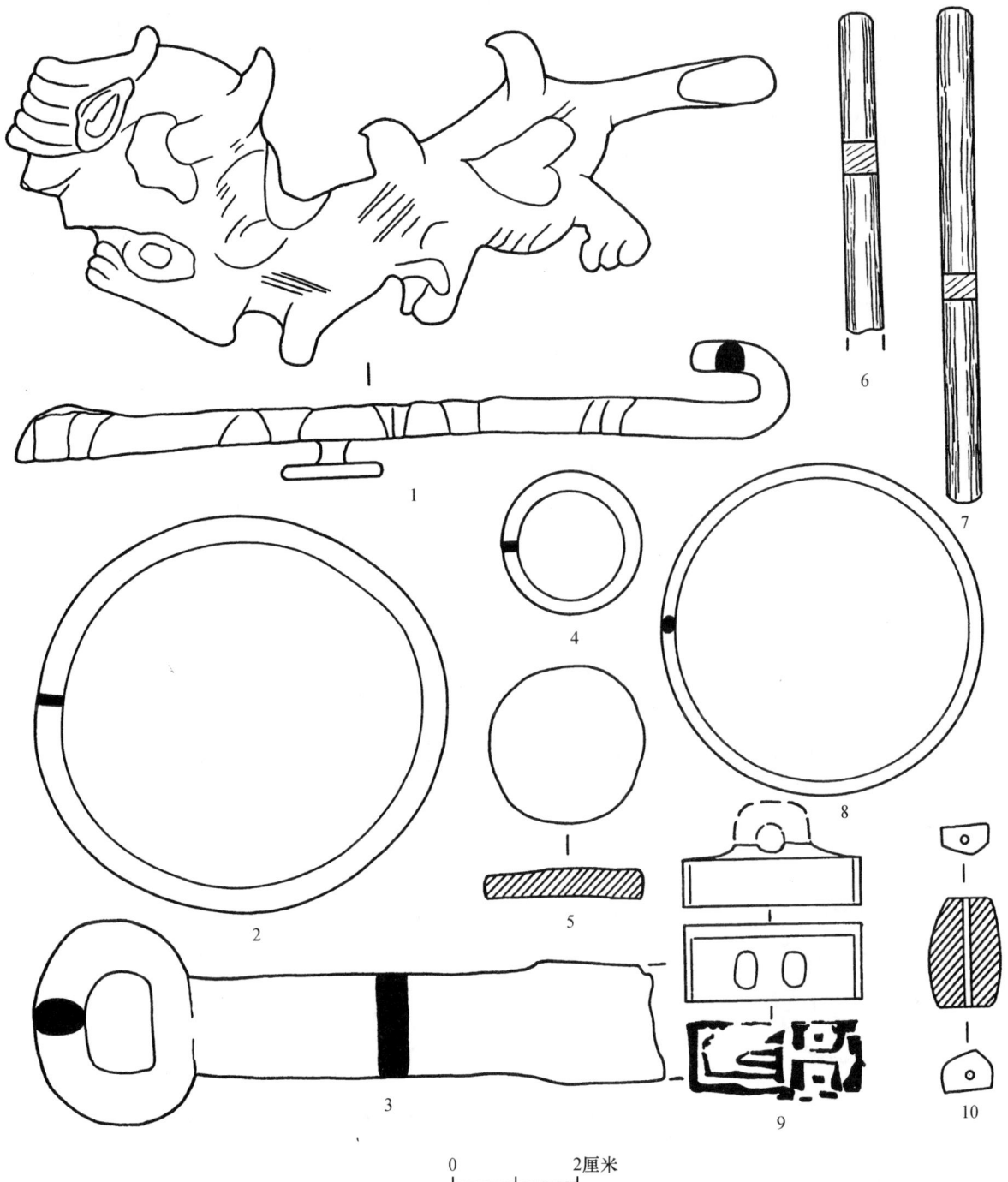

图一七九　C区M13出土器物

1. 铜带钩（M13：7）　2、4. 银环（M13：4、M13：14）　3. 铁削刀（M13：6）　5. 陶饼（M13：12）6、7. 角簪
（M13：10、M13：11）　8. 铜环（M13：1）　9. 铜印章（M13：15）　10. 玻璃耳饰（M13：3）

大泉五十　3枚。面、背均有内外郭，直径大者穿小，体厚，铸工粗劣；直径小者穿大，体薄，铸工精湛。直径2.4～2.8厘米（图一八一，2～4；彩版五七，1；图版六二，4）。为王莽时期铸造的钱币。

货泉　15枚。面、背郭有宽窄及有无面内郭之分，直径大的体厚穿小，直径小的体薄穿大。直径2.2～2.4厘米（图一八一，6、7）。为王莽时期铸造的钱币。

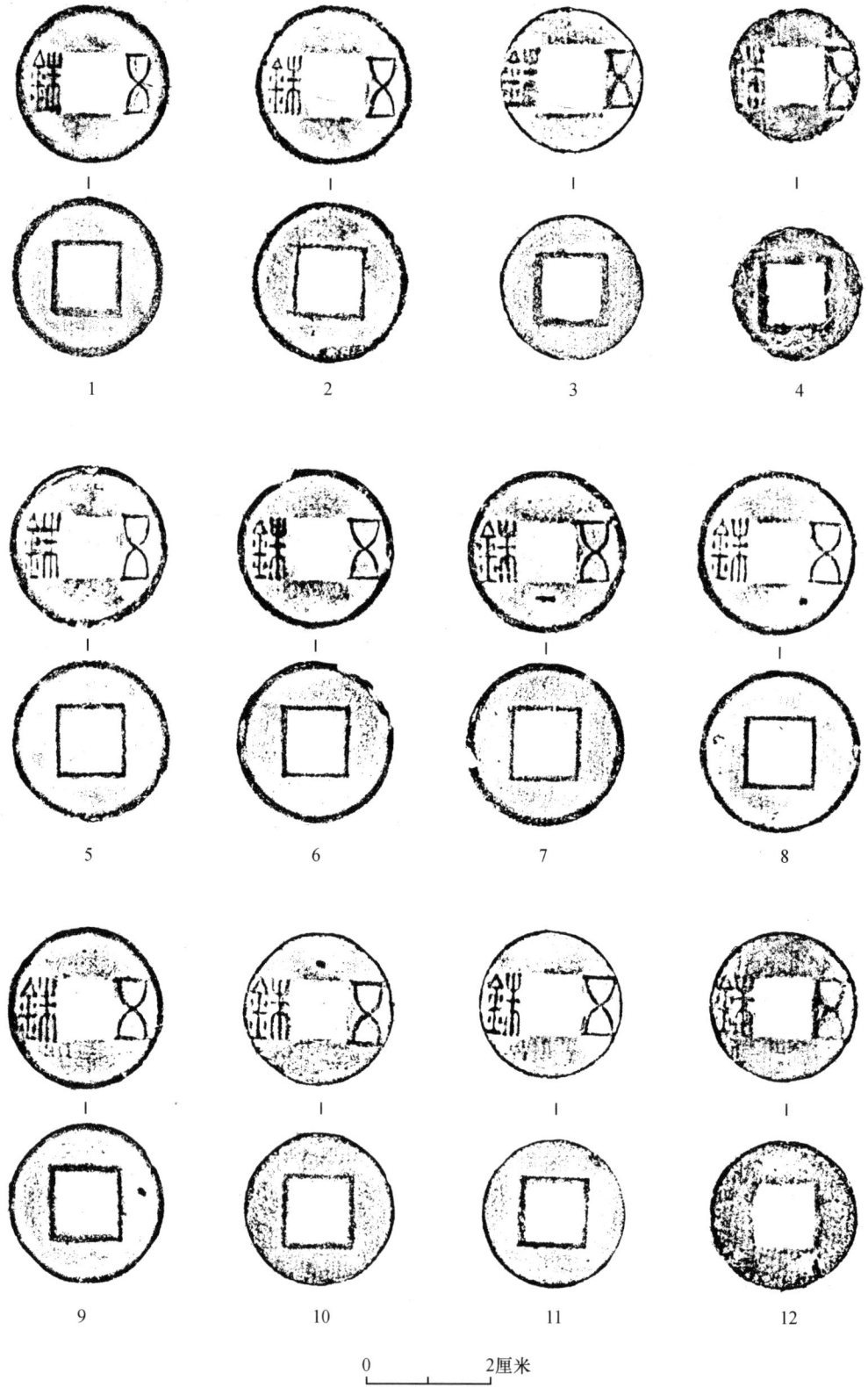

图一八〇　C区 M13 五铢钱币拓片

1～5. B 型（M13：17、M13：18、M13：19、M13：20、M13：21）　　6～12. C 型（M13：22、
M13：23、M13：24、M13：25、M13：26、M13：27、M13：28）

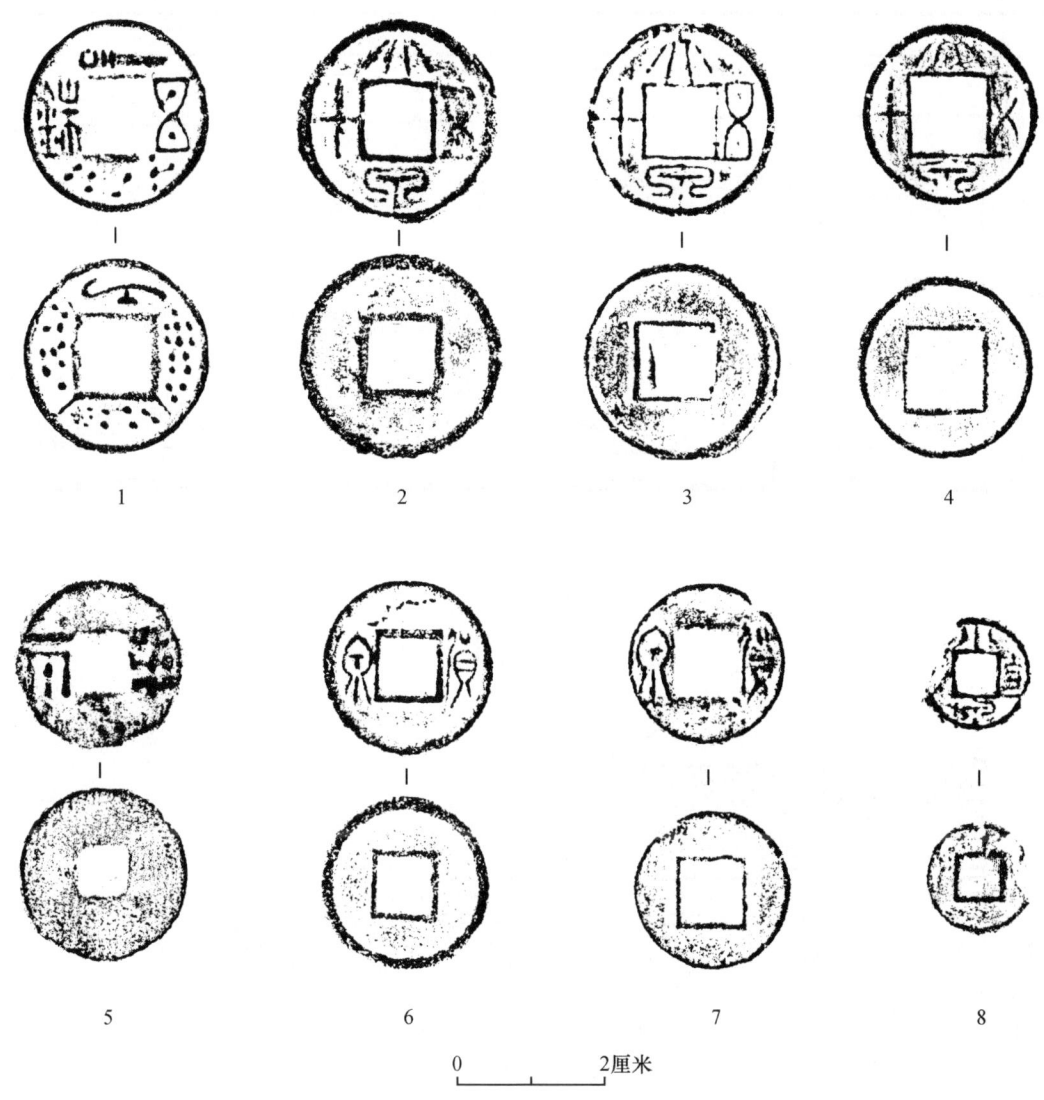

图一八一　C 区 M13 钱币拓片

1. 五铢（M13∶29）　　2～4. 大泉五十（M13∶5、M13∶8、M13∶9）　　5. 半两（M13∶2）
6、7. 货泉（M13∶13、M13∶16）　　8. 小泉直一（M13∶30）

　　小泉直一　1 枚（M13∶30）。残。面、背均有内外郭。铸造工艺精湛。直径 1.5 厘米（图一八一，8）。亦为西汉王莽时期铸造的钱币。

　　④ M17

　　M17 位于 CTG8 探沟东边。开口在①层下，打破生土。距地表深 0.28 米。方向 167°。墓室北壁因水土流失和耕种等原因被破坏掉。墓土圹壁较斜而光滑，底中部有一台阶至南壁。墓室壁及券顶均用青石（即较细腻的石灰石）砌筑而成。墓石未经二次加工，厚薄不一，大小不齐。东西两壁从 1.2 米处开始起券顶（图版六七，1）。墓顶除南部未塌外，其余部分及南、北两壁均倒塌。墓土圹残长 6.3、宽 2.98、残深 0.2～2.8 米，墓室长 6、宽 2.75、残高 0.15～2.4 米。墓室内有一台阶，长 2.9、宽2.75、台阶高出墓室底面 0.4 米。墓底较平，没有任何铺垫设施（图一八二；图版六七，2）。墓顶早期塌落，墓内全为积土，为块状褐色五花土，较松软。

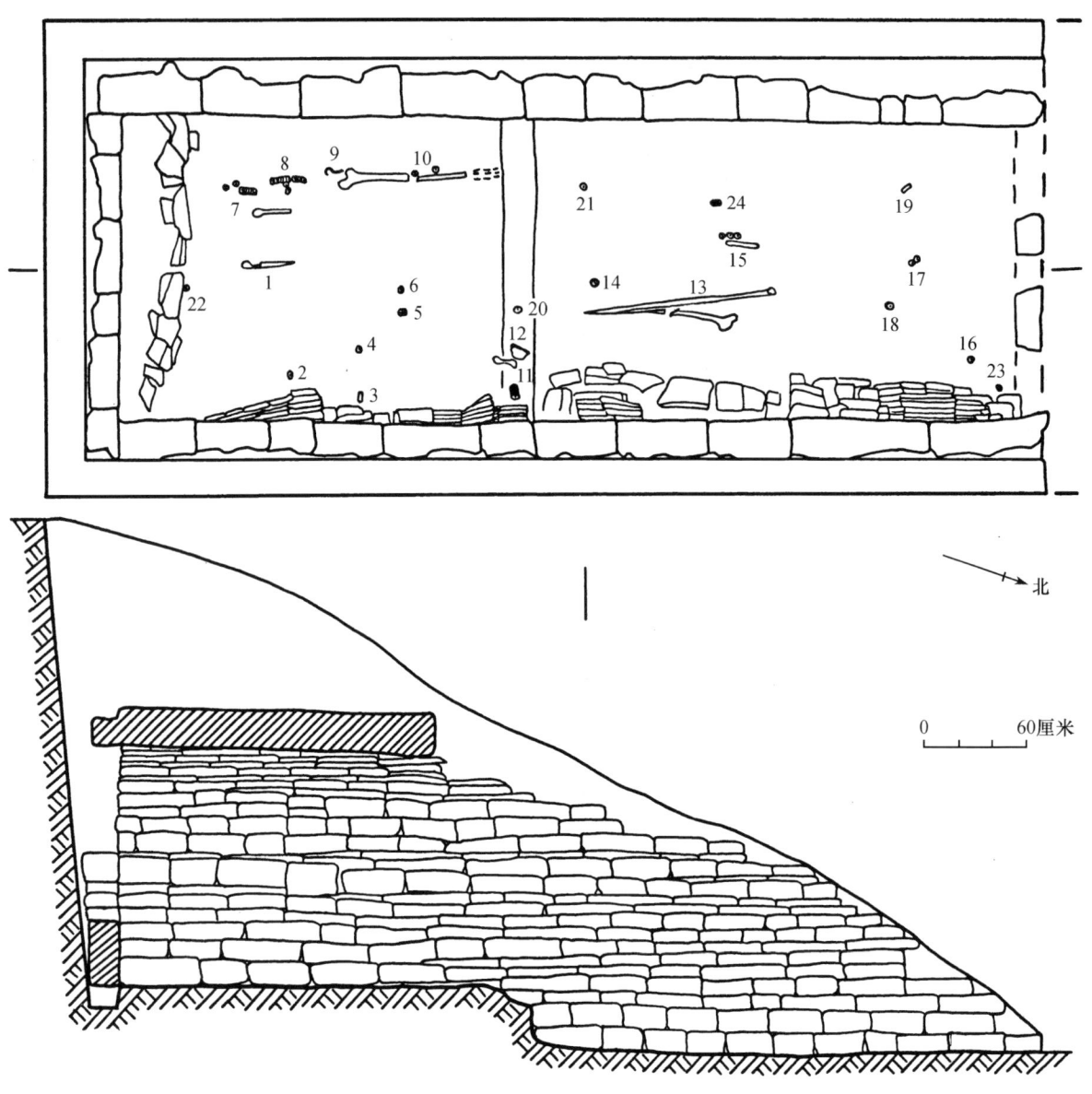

图一八二　C区 M17 平、剖面图

1. 铁削刀　2、4~8、10、11、14~18、20~24. 铜钱　3、19. 玻璃耳坠　9. 铜带钩　12. 人上颌骨　13. 铁刀

台阶中部有红、黑相间的漆皮腐痕，南北长1.9、宽0.3~0.5米，应为棺痕；墓室中有两道竹席腐烂痕迹，南北长2.3、宽0.35~0.4米。其葬具为单棺和竹席。

由于被破坏扰乱，墓室内有三处遗骨，即台阶上漆皮痕迹中有左下肢骨和右上肢骨，从排列情况看葬式为仰身直肢，墓室竹席痕迹中有右下肢骨和左上肢骨，台阶西北角有一头骨腐烂痕迹，采集10余枚人牙，经鉴定年龄为11岁左右，性别不详。

出土随葬器物共5件和95枚钱币。器类有铁刀、铁削刀、铜带钩、玻璃耳坠等。

铁刀　1件（M17:13）。保存较好，略锈蚀，刃锋利，器身较长，刀柄呈宽扁形，后有椭圆形环，柄部缠有数道丝线。刀身长97、宽3.2、柄长15.5、宽3、柄环长径6、通长112.5厘米（图一八三,1；图版六八，1）。

铁削刀　1件（M17:1）。背部略残，刀锋利，柄呈宽扁形，后有椭圆形环，器表面有红褐色锈

斑。器身长 23.2、最宽处 3、柄长 10.5、宽
2.2、环长径 3.9、短径 3.3、通长 33.7 厘米
（图一八三，3；图版六八，5）。

铜带钩　1 件（M17：9）。保存较好。造型
简单，呈长条状，横剖面略呈三角形，钩头作
蛇首状，圆饼形扣钮。长 9.8 厘米（图一八三，
2；图版六四，3）。

玻璃耳坠　2 件。形制基本相同。淡蓝色。
中段细，两端粗，底面内凹，中空，深蓝色，
并有透明感。标本 M17：19，长 2.5、顶面直径
0.8、底面直径 1.3、孔径 0.2 厘米（图一八三，
4）。标本 M17：3，长 2.2、顶面直径 0.8、底面
直径 1.6、孔径 0.2 厘米（图一八三，5；
图版六六，1）。

钱币　95 枚。均为铜质钱币。有五铢、货
泉、大泉五十。

五铢　67 枚。分二型。

B 型　35 枚。面、背均有郭，穿有大小之
异，有穿下星。直径 2.5～2.6 厘米。面文
"五"字像两炮弹相对，"铢"字金旁的头小，
呈箭头状（图一八四，3～5）。属西汉晚期
钱币。

C 型　32 枚。面、背郭有深有浅，面文字
体有窄长和宽短之别。直径 2.5～2.6 厘米。面
文"五"字较宽大，"铢"字金旁的头较大，呈
三角形，"朱"旁上部转角处圆折（图一八四，
6、7）。属东汉早中期铸造的钱币。

货泉　26 枚。面、背郭有宽窄和深浅之异，
直径大者穿大，直径小者穿小。直径 2.1～2.3
厘米（图一八四，1、2）。属王莽时期铸造的
钱币。

大泉五十　2 枚。面、背均有郭，面郭及面
文均较浅。直径 2.5 厘米（图一八四，8）。为西汉王莽时期铸造的钱币。

⑤ M18

M18 位于 CTG9 探沟中部。开口在①层下，打破生土。距地表深 0.32 米。方向 170°。早期被
盗，加上后来改田耕种和水土流失，该墓遭破坏特别严重，北部仅存墓底，墓壁及券顶早已倒塌。
从残存部分观察，应由前室和后室两部分组成。前、后室之间有用石条筑成的隔墙，前室残长 2.7、
宽 3.6、残高 0.4 米；后室高出前室 0.25、长 3.2、宽 3.6、残高 0.4～1.46 米；通长残 6.2 米
（图一八五；图版六九，2）。条石系人工精凿而成，长 0.3～1、宽 0.25～0.35、厚 0.4 米，均错缝
垒砌，墓壁甚整齐。墓内填土为黄褐色五花土，较板结。

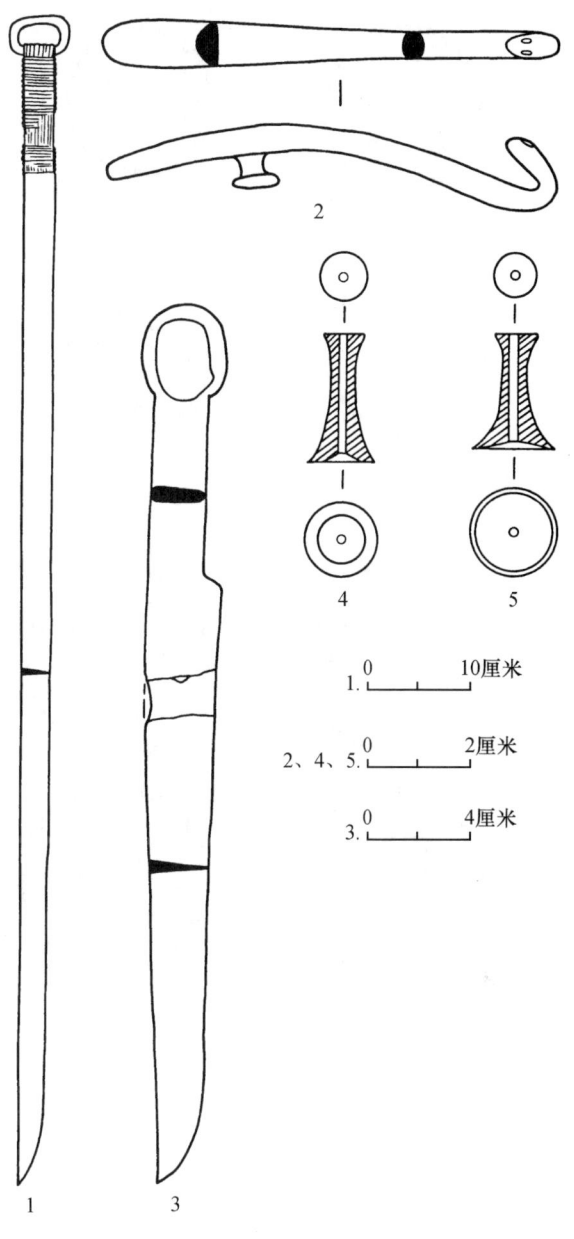

图一八三　C 区 M17 出土器物
1. 铁刀（M17：13）　2. 铜带钩（M17：9）3. 铁削
刀（M17：1）　4、5. 玻璃耳坠（M17：19、M17：3）

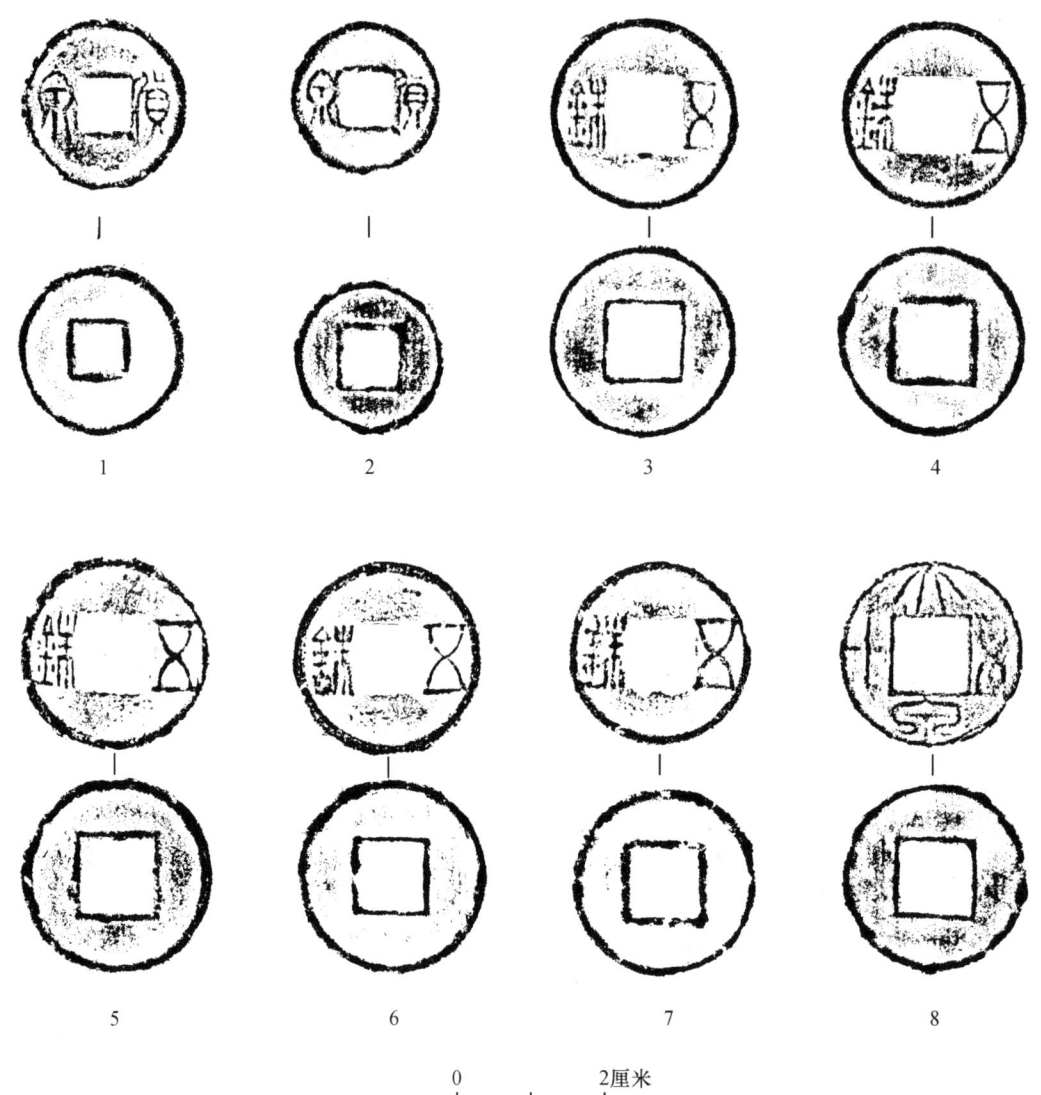

0   2厘米

图一八四 C区 M17 钱币拓片

1、2. 货泉（M17：8、M17：10）　3～5. B 型五铢（M17：2、M17：4、M17：5）

6、7. C 型五铢（M17：6、M17：7）　8. 大泉五十（M17：11）

因扰动破坏和腐烂，没有发现葬具和人骨痕迹，故葬具、葬式及死者性别、年龄均不详。

随葬器物仅剩 1 件铁锸和 212 枚钱币。

铁锸　1 件（M18：1）。已残，仅存一半。锈蚀极为严重，弧形刃，横剖面呈凹形。长 10、残宽 8、厚 1.4～2 厘米（图一八六）。

钱币　212 枚。均为铜质钱币。有五铢、货泉两种。

五铢　210 枚。分二型。

B 型　107 枚。其中剪郭 17 枚。面、背郭较宽，穿有大小之异，有穿上星。直径 2～2.6 厘米。面文"五"字像两炮弹相对，"铢"字金旁的头小，呈箭头状（图一八七，1～7）。为西汉晚期五铢钱币。

C 型　103 枚。其中剪郭 14 枚。面、背郭较宽，穿有大小之异。铸造工艺较精。直径 2～2.5 厘米。面文"五"字较宽大，"铢"字金旁的头较大，呈三角形，"朱"旁上部转角处圆折（图一八七，8～11）。为东汉早中期钱币。

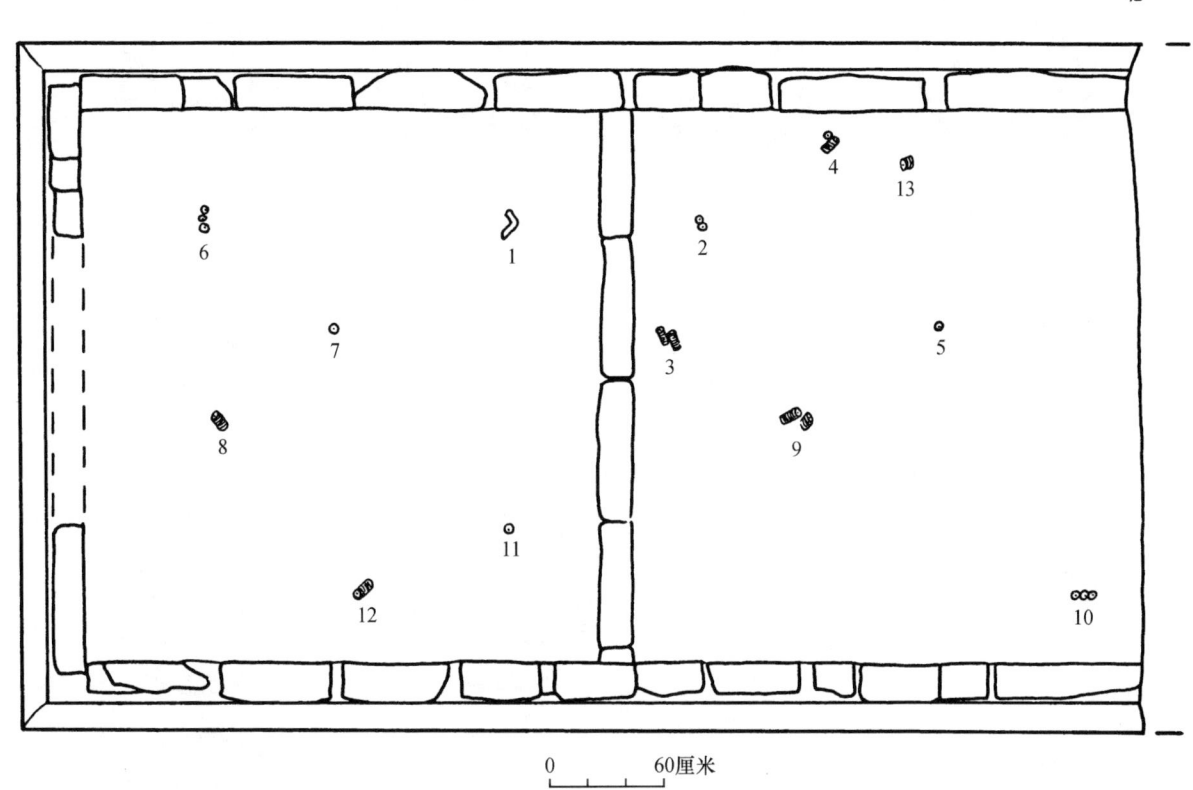

图一八五　C区M18平面图

1. 铁臿　2～13. 铜钱

货泉　2枚。面、背郭较宽。铸造工艺较精。直径
2.3厘米（图一八七，12）。为西汉王莽时期铸造的钱币。

⑥M19

M19位于CTG9探沟中部。开口在①层下，打破生土。
距地表深0.38米。方向175°。该墓早期被盗，破坏十分严
重，墓室北壁、券顶及墓壁大部分被破坏掉。墓土圹较规
整，壁光滑，平底。墓室系条石垒砌而成。条石均为人工
精凿的石条，长0.5～0.8、宽0.25、厚0.25米。墓底为砂
岩石，没有任何铺垫设施，墓土圹残长4.2、宽3.4、残深
0.5～2.8米。墓室残长4、宽2.9、残高0.25～0.5米
（图一八八）。墓内填土为黄褐色五花土。

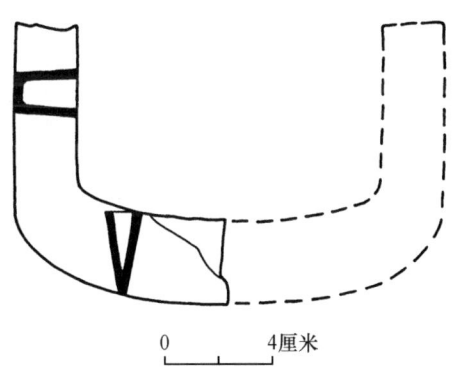

图一八六　C区M18铁臿（M18：1）

因被盗扰乱和耕种等原因，墓葬遭严重破坏，葬具
及人骨均腐烂无存，其葬具、葬式、墓主人性别、年龄均不详。随葬器物仅存钱币。

钱币　392枚。有铜五铢、大泉五十、货泉、半两及铁币。

五铢　382枚。分三型。

A型　82枚。其中剪郭6枚。面、背郭有宽窄之异，穿有大小之别，有穿上横和穿下星。直径
2.4～2.6厘米。面文"五"字中间两笔较斜直，"朱"字头方折（图一八九，1～4）。为西汉早中
期钱币。

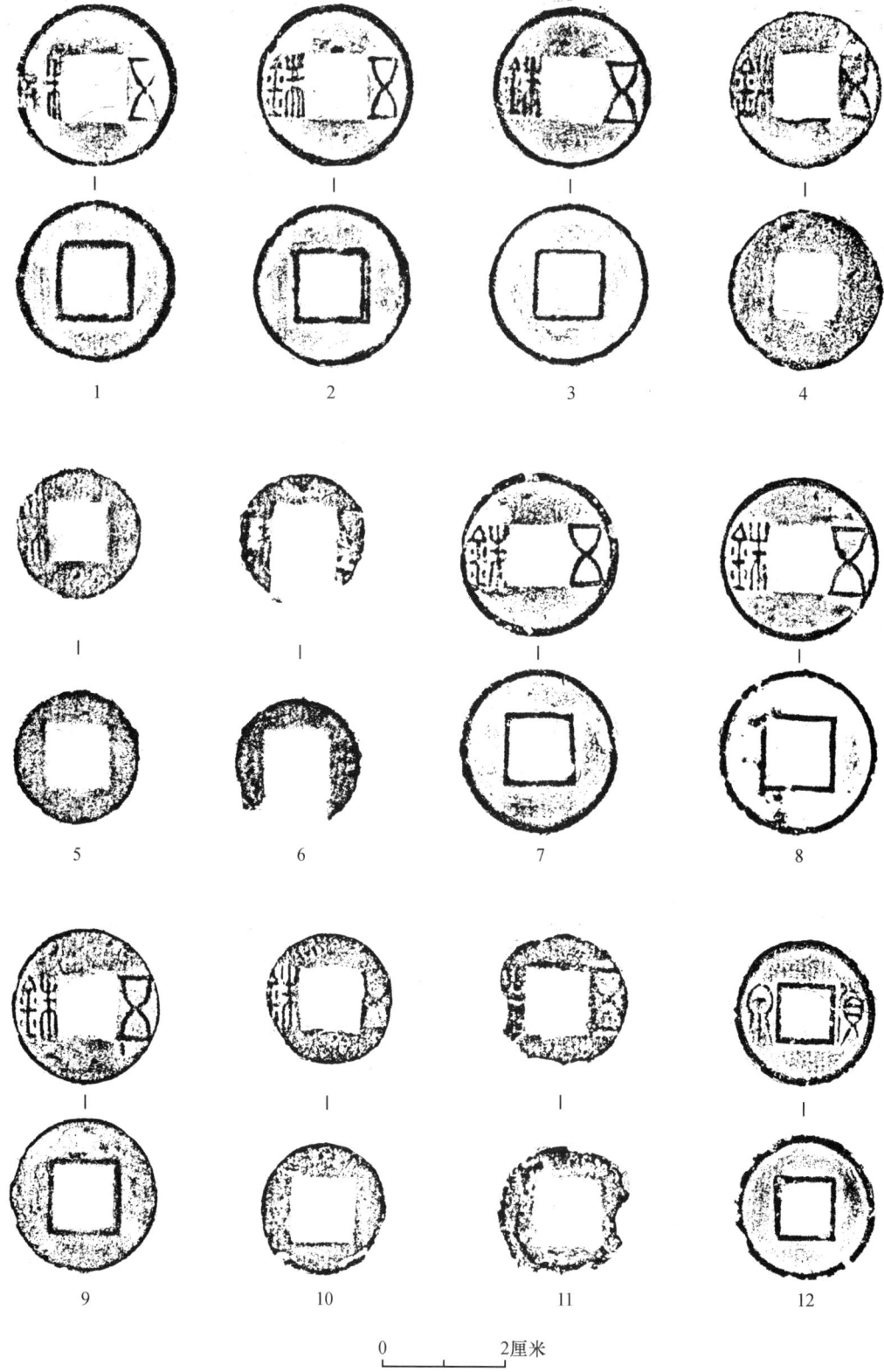

0   2厘米

图一八七　C区M18钱币拓片

1~7. B型五铢（M18：2、M18：3、M18：13、M18：4、M18：5、M18：6、M18：7） 8~11. C型五铢
（M18：8、M18：9、M18：10、M18：11）　 12. 货泉（M18：12）

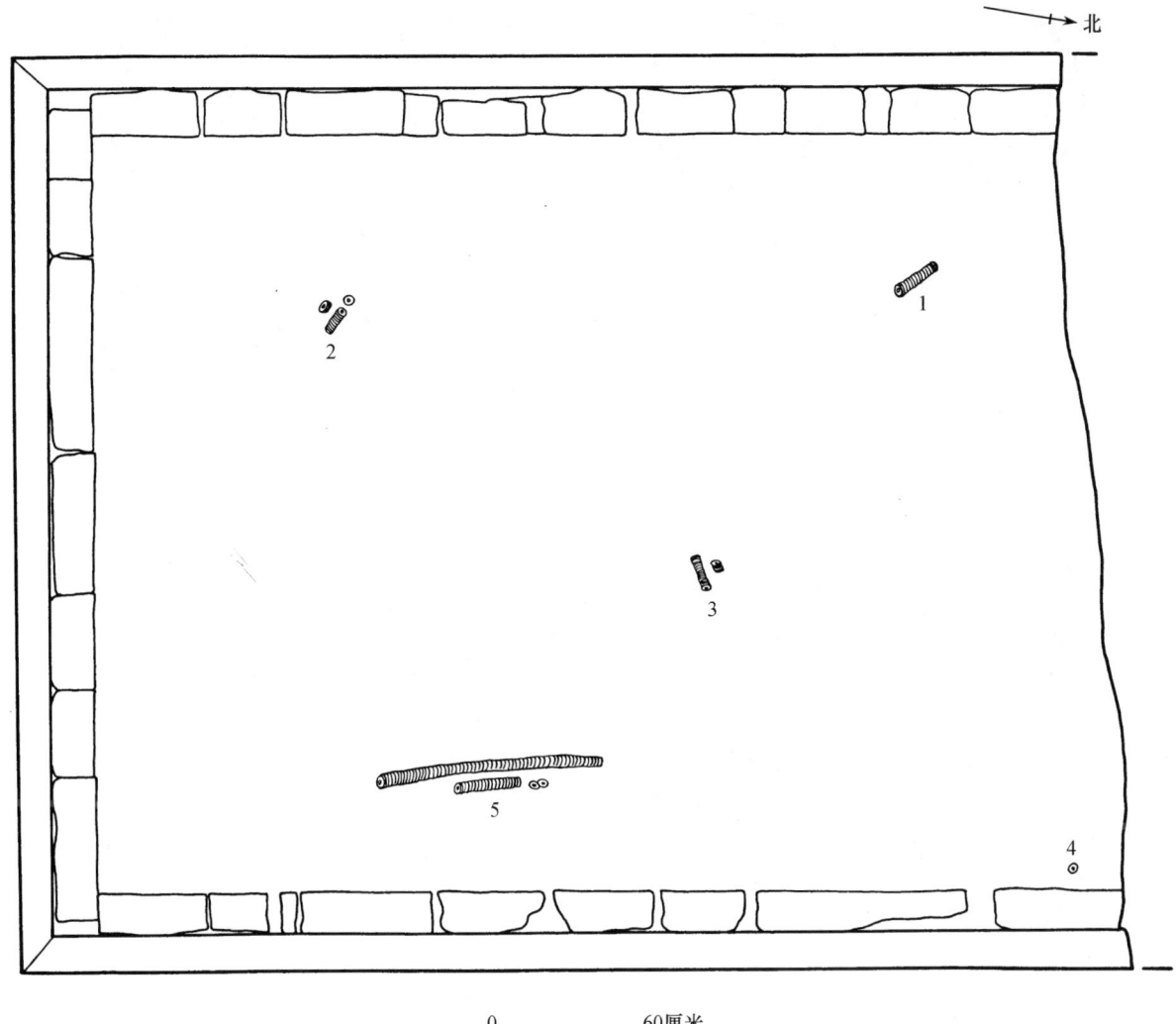

北

0   60厘米

图一八八　C区M19平面图
1～5. 钱币

　　B 型　146 枚。其中剪郭 9 枚。面、背郭多较宽，穿有大小之异，铸造工艺有精粗之别，有穿上星、穿下半星。直径2.4～2.6厘米。面文"五"字像两炮弹相对，"铢"字金旁的头小，呈剪头状（图一八九，5～12）。为西汉晚期钱币。

　　C 型　154 枚。其中剪郭 16 枚。面、背郭多较宽，穿有大小之异。铸造工艺较精。直径2.3～2.6厘米。面文"五"字较宽大，"铢"字金旁的头加大，呈三角形，"朱"旁上部转角处圆折（图一九○，1～3）。为东汉早中期钱币。

　　半两　1 枚。面、背均无郭，面文较高，面底边薄，背平。直径2.4厘米（图一九○，5）。为西汉早期半两钱币。

　　大泉五十　1 枚。宽郭，面浅背深，面文高凸，笔画清晰。直径2.7厘米（图一九○，4）。为西汉王莽时期铸造的钱币。

　　货泉　3 枚。面、背郭有宽窄及有无面内郭之异，穿有大小之别。直径2.1～2.3厘米（图一九○，6～8）。为西汉王莽时期铸造的钱币。

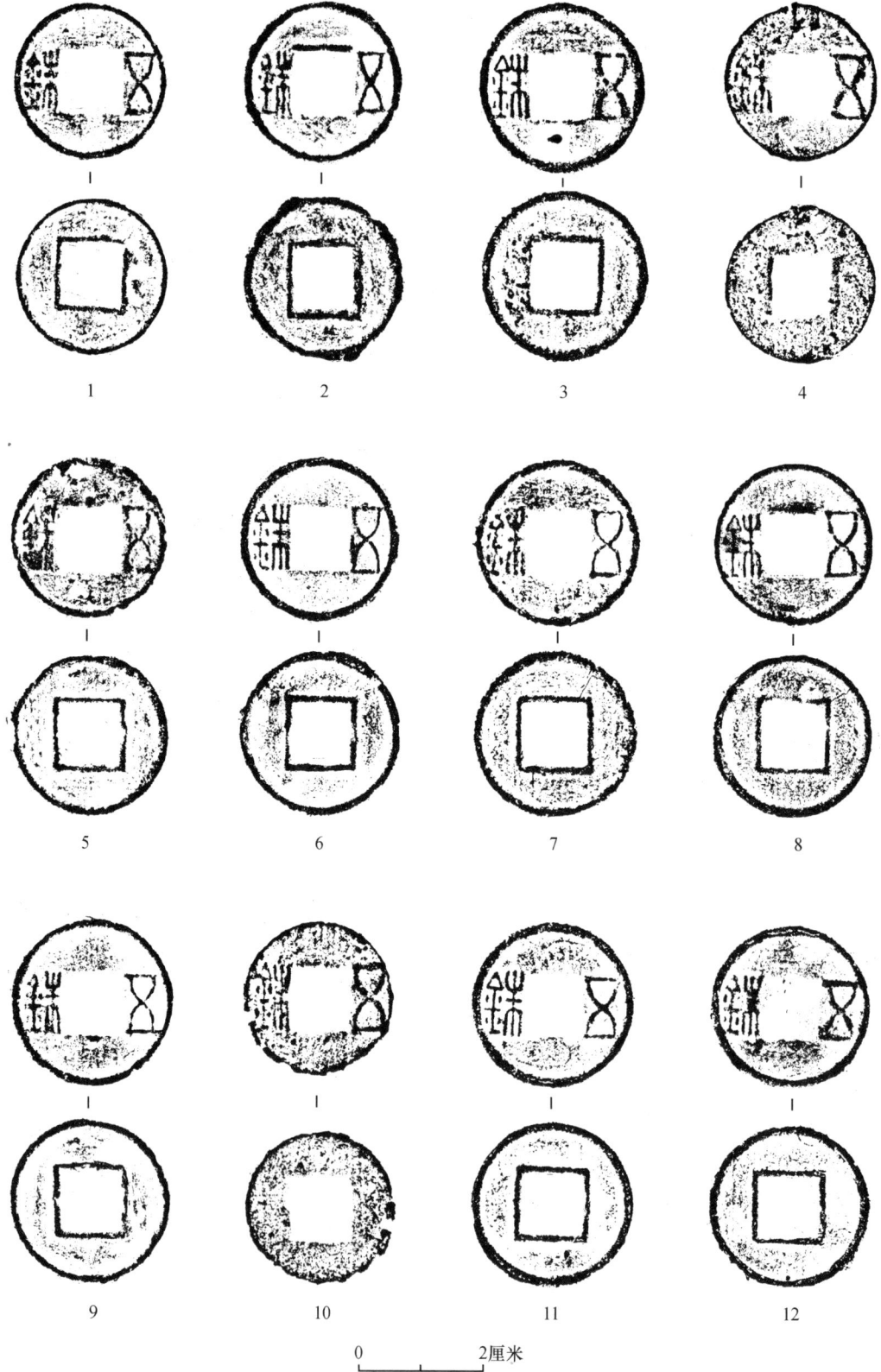

图一八九　C区M19五铢钱币拓片

1～4. A型（M19:3、M19:5、M19:6、M19:7）　　5～12. B型（M19:8、M19:9、M19:10、M19:11、

M19:12、M19:13、M19:14、M19:15）

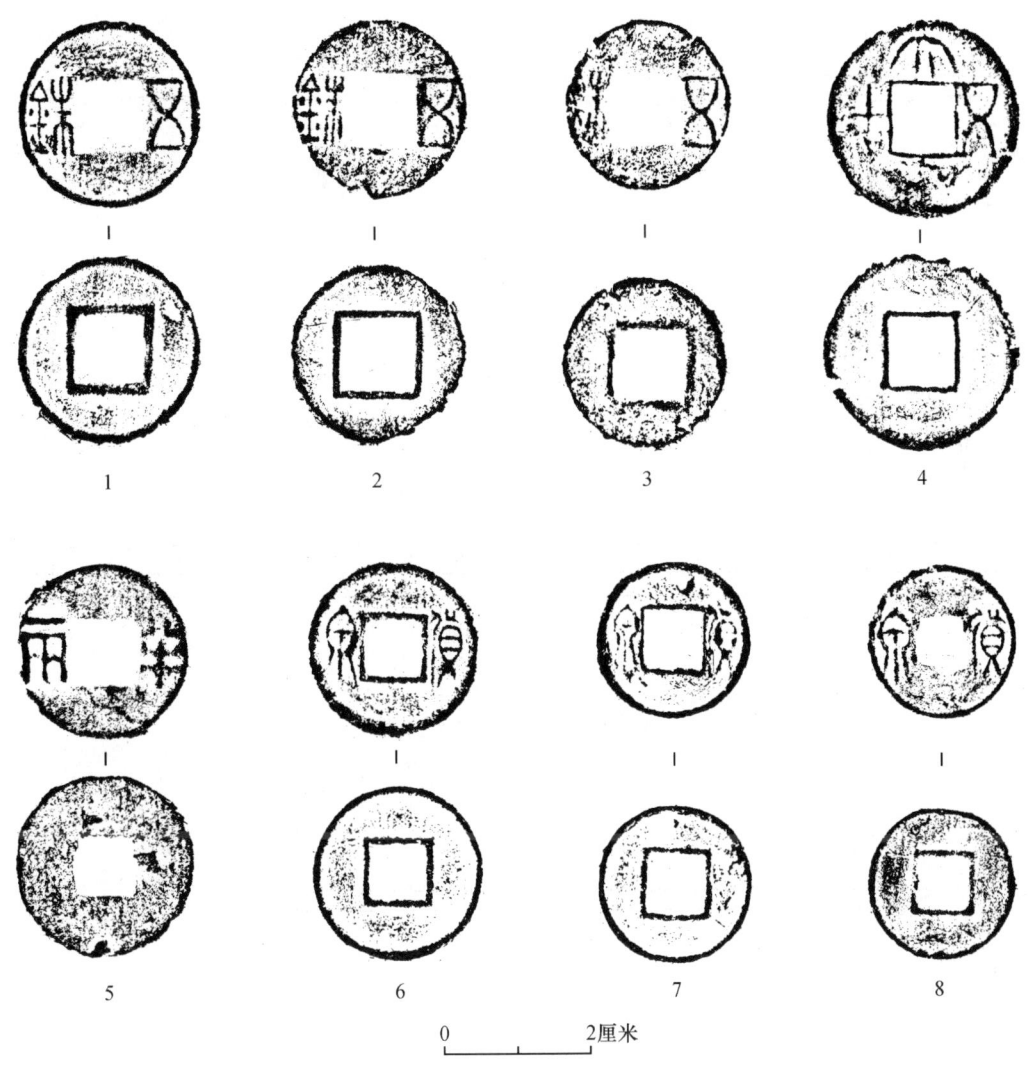

图一九〇　C区 M19 钱币拓片

1~3. C 型五铢（M19∶16、M19∶19、M19∶20）　4. 大泉五十（M19∶22）　5. 半两（M19∶21）

6~8. 货泉（M19∶23、M19∶24、M19∶25）

铁币　5 枚。有穿，因严重锈蚀，字迹和特点无法辨别。

⑦ M20

M20 位于 CTG9 探沟东部。开口在①层下，打破生土。距地表深 0.4 米。方向 160°。该墓北壁被破坏掉，东、西、南三面墓壁及券顶均倒塌。墓土圹较整齐，壁较光滑，平底。墓室壁系条石垒砌而成，墓底用薄石片平铺而成。墓土圹残长 6.9、宽 3.5、残深 0.5~3.4 米，墓室残长 6.7、宽 3.05、残高 0.25~2.5 米。墓壁条石系人工打制，长 0.28~0.5、宽 0.25~0.32、厚 0.25 米。墓底铺有石板，大小不等，厚一般 0.05 米左右（图一九一；图版七二，1）。墓内填土为块状黄褐色和黑褐色五花土，较紧密。

因腐烂和破坏不见葬具和人骨腐烂痕迹，故葬具、葬式、墓主人性别及年龄均不详。

随葬器物仅发现 1 件带鞘的铁削刀和钱币。

铁削刀　1 件（M20∶2）。柄已残，其余部分保存完好。器身较长而窄，刃锋利，外表略有红褐色锈斑。出土时置于 M20∶18 削鞘内。残长 24、宽 0.7、背厚 0.3 厘米（图一九二，1）。

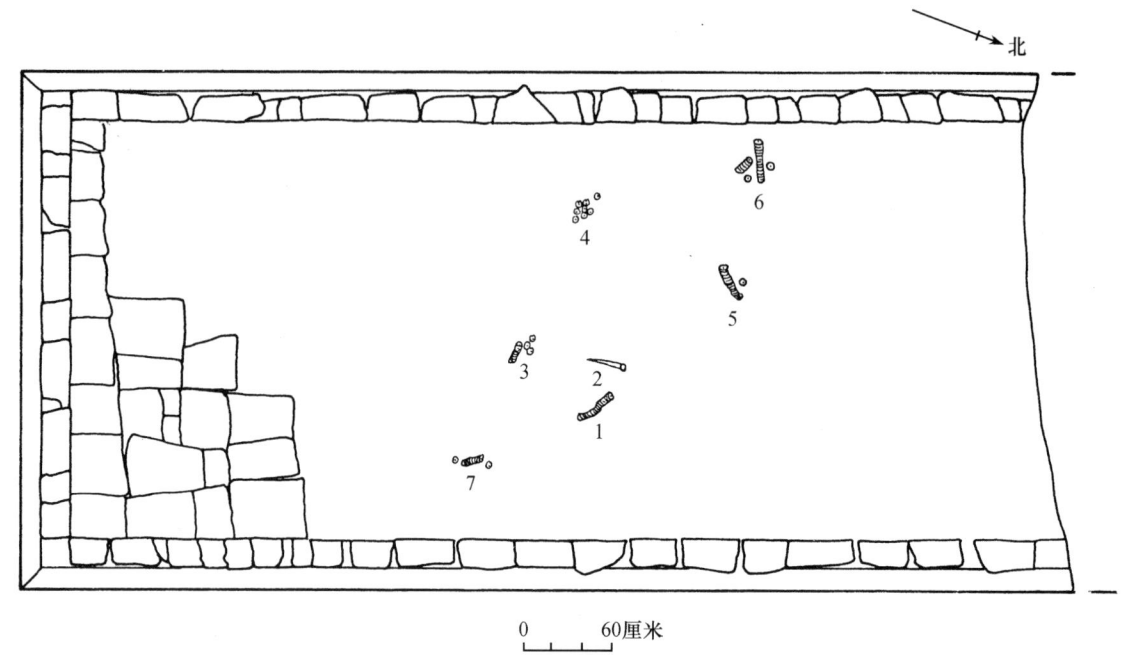

图一九一　C 区 M20 平面图
1、3 ~ 7. 铜钱　2. 铁削刀

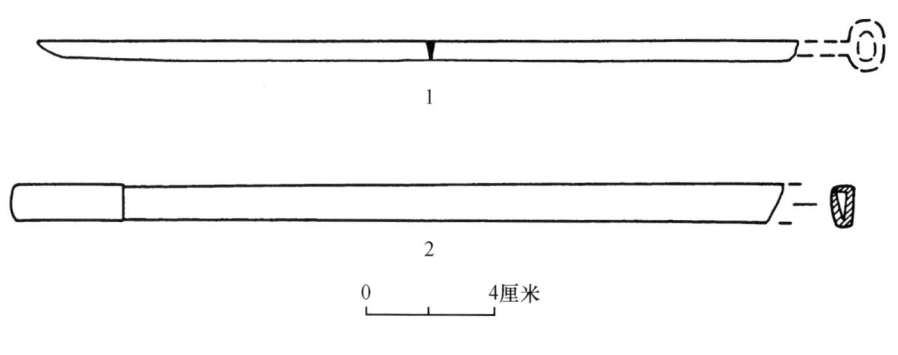

图一九二　C 区 M20 出土器物
1. 铁削刀（M20∶2）　2. 削鞘（M20∶18）

削鞘　1 件（M20∶18）。柄略残。保存较差，木质，末端有铜套，外表有较厚的黑色漆皮，一边厚一边薄，内空，横剖面呈三角形，出土时套在 M20∶2 铁削上。木质部分残长 20.6、宽 1.2、铜套长 3.4、宽 1.25 厘米（图一九二，2；图版六八，4）。

钱币　316 枚。有铜五铢、货泉、半两和铁币。

五铢　307 枚。分三型。

A 型　1 枚。面、背中郭，面郭深，背郭浅，穿上半横。直径 2.6 厘米。面文"五"字中间两笔较斜直，"朱"字头方折（图一九三，5）。为西汉早中期五铢钱币。

B 型　146 枚。其中剪郭 6 枚。面、背郭有宽窄之异，穿有大小之别。铸造工艺较精。直径 2.1 ~ 2.6 厘米。面文"五"字像两炮弹相对，"铢"字金旁的头小，呈箭头状（图一九三，9 ~ 11）。为西汉晚期钱币。

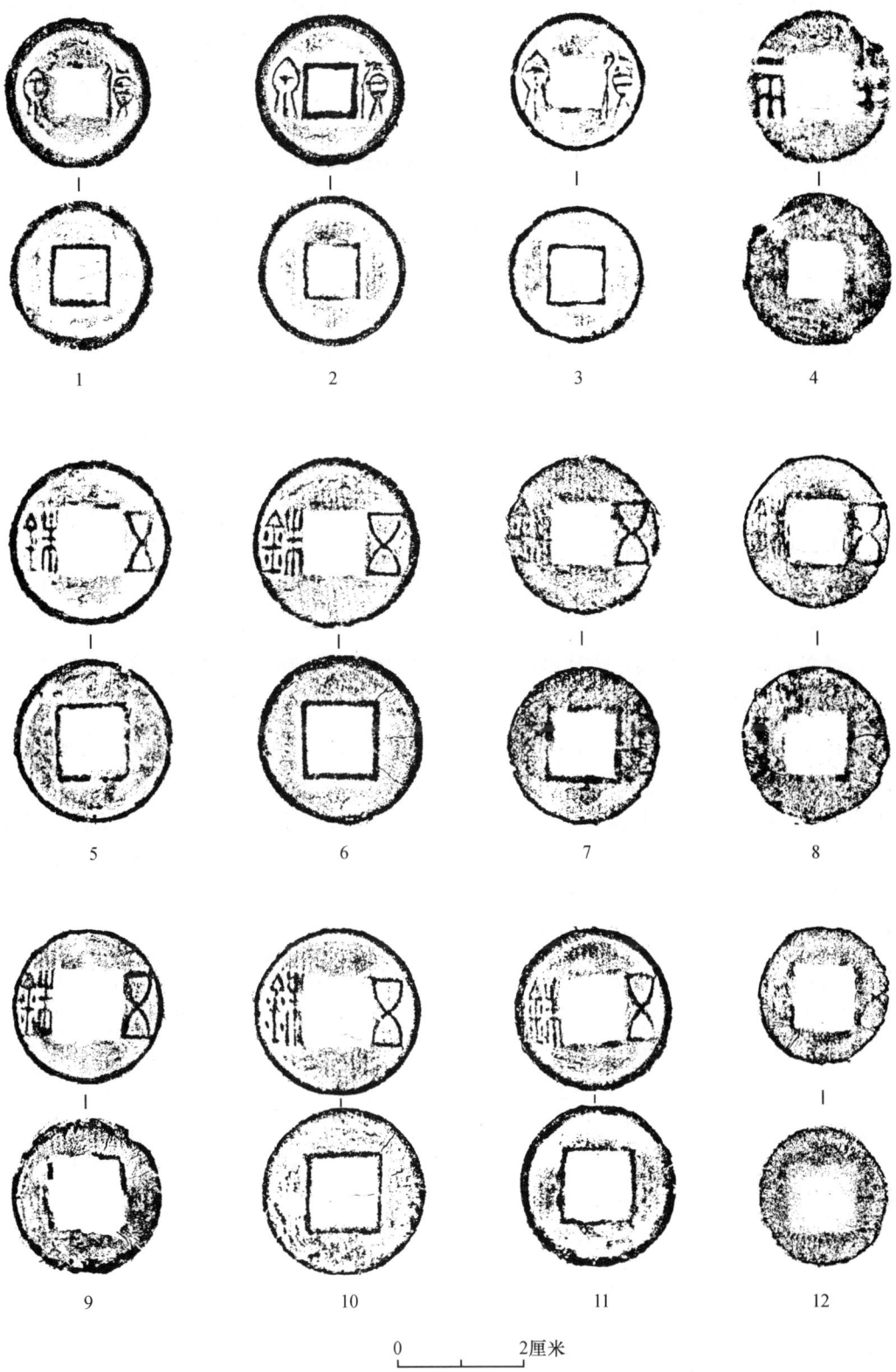

0   2厘米

图一九三　C区 M20 钱币拓片

1~3. 货泉（M20：13、M20：14、M20：15）　4. 半两（M20：16）　5. A 型五铢（M20：7）　6~8、12. C 型
五铢（M20：8、M20：11、M20：12、M20：6）　9~11. B 型五铢（M20：1、M20：3、M20：5）

C 型　160 枚。其中剪郭 10 枚。面、背郭多较宽，穿有大小之异。铸造工艺多较精。直径 2.3～2.6 厘米。面文"五"字较宽大，"铢"字金旁的头较大，呈三角形，"朱"旁上部转角处圆折（图一九三，6～8、12）。为东汉早中期钱币。

货泉　5 枚。面、背郭有宽窄之异，面内郭分有无之别，穿有大小不同，有穿上星。直径 2.1～2.3 厘米（图一九三，1～3）。为西汉王莽时期铸造的钱币。

半两　1 枚。面、背均无郭，面文高挺，面底边薄，背平。直径 2.3 厘米（图一九三，4）。为西汉早期半两钱币。

铁币　3 枚。有穿，因锈蚀，面文字迹及特征不清，据形状推测应为"五铢"铁币。

⑧ M22

M22 位于 CTG6 探沟西部。开口在①层下，打破生土。距地表深 0.37 米。方向 334°。该墓为凸字形墓，即由墓室和甬道两部分组成，形制规整。墓土圹壁较斜而光滑，平底。墓室和甬道用条石垒砌而成（图版七三，2）。因年代久远，加上被盗破坏，墓券顶及大部分墓壁倒塌。墓土圹长 6.8、宽 3.6、残深 1.1～1.9 米。墓室长 4.6、宽 2.6、高 1.34 米，甬道长 0.88、宽 1.6、高 0.5 米（图一九四；图版七三，1）。墓壁和券顶石条均为打制的页岩石条，大小不一致，大者长 0.5、小者长 0.1、厚度多为 0.08～0.16、最厚者可达 0.2 米。甬道外用石头封门，最上层为薄石片垒砌，其余为小石片垒砌。墓室在高 1.2 米处开始券顶，甬道在高 0.7 米处开始券顶。墓内填土均为回填的五花土，较松软。

因早期被盗和水土流失及数年耕种等原因，破坏极为严重，葬具及人骨均腐烂无存。葬式及墓主人性别、年龄均不详。

随葬器物所剩无几，仅 11 件。器类有陶环、铜环、瓷碗、陶钵、陶纺轮、玻璃耳坠等。

瓷碗　2 件。标本 M22:8，复原完整。弧壁内收，口略侈，尖圆唇，假圆圈足。灰白瓷胎，外饰较厚重的青釉。口径 14.2、腹深 6.2、圈足径 6、高 7.3 厘米（图一九五，1；图版七四,1）。标本 M22:7，复原完整。斜壁，圜底，侈口，尖圆唇，假圈足。灰白瓷胎，外饰青釉。口径 9.6、腹深 3.1、圈足径 4.4、高 3.6 厘米（图一九五，3；图版七四，2）。

铜环　1 件（M22:4）。完整。横剖面呈圆形。直径 6.2 厘米（图一九六，4；图版七〇，1）。

陶仓盖　1 件（M22:11）。泥质灰陶。盖顶部略残。呈弧形，方唇略外凸。口径 31.6、高 9.5 厘米（图一九六，2）。

陶环　1 件（M22:1）。完整。青灰色。含有大量长石成分。火候较高，经鉴定硬度为 5°～6.5°。圆饼形，边缘有数道圆形戳印纹。直径 3.8、厚 1、孔径 1.4 厘米（图一九六，1；图版七五,2）。

陶纺轮　1 件（M22:10）。完整。泥质灰陶。纺轮为圆饼形，中间穿孔，孔内安一锥形铁轴，铁轴顶端有一小弯钩。纺轮直径 4、厚 1.5、孔径 0.6、铁轴长 12.7 厘米（图一九五，4；图版七五,3）。

玻璃耳坠　2 件。形制相同。中段细，两端粗，中间穿孔，底面略内凹。标本 M22:2，蓝色琉璃，已氧化，呈灰白色。长 2、顶面径 0.6、底面径 1、孔径 0.15 厘米（图一九六，6）。标本 M22:3，深蓝色玻璃，含有大量气泡。长 2.2、顶面径 0.6、底面径 1.2、孔径 0.11 厘米（图一九六，5）。

铜饰件　2 件。形制相同。半月形，横剖面呈曲尺形。标本 M22:5，长 7.1、宽 1.2 厘米（图一九六，3；图版七一，3）。

钱币　60 枚。均为铜质钱币。有五铢、货泉两种。

五铢　59 枚。分二型。

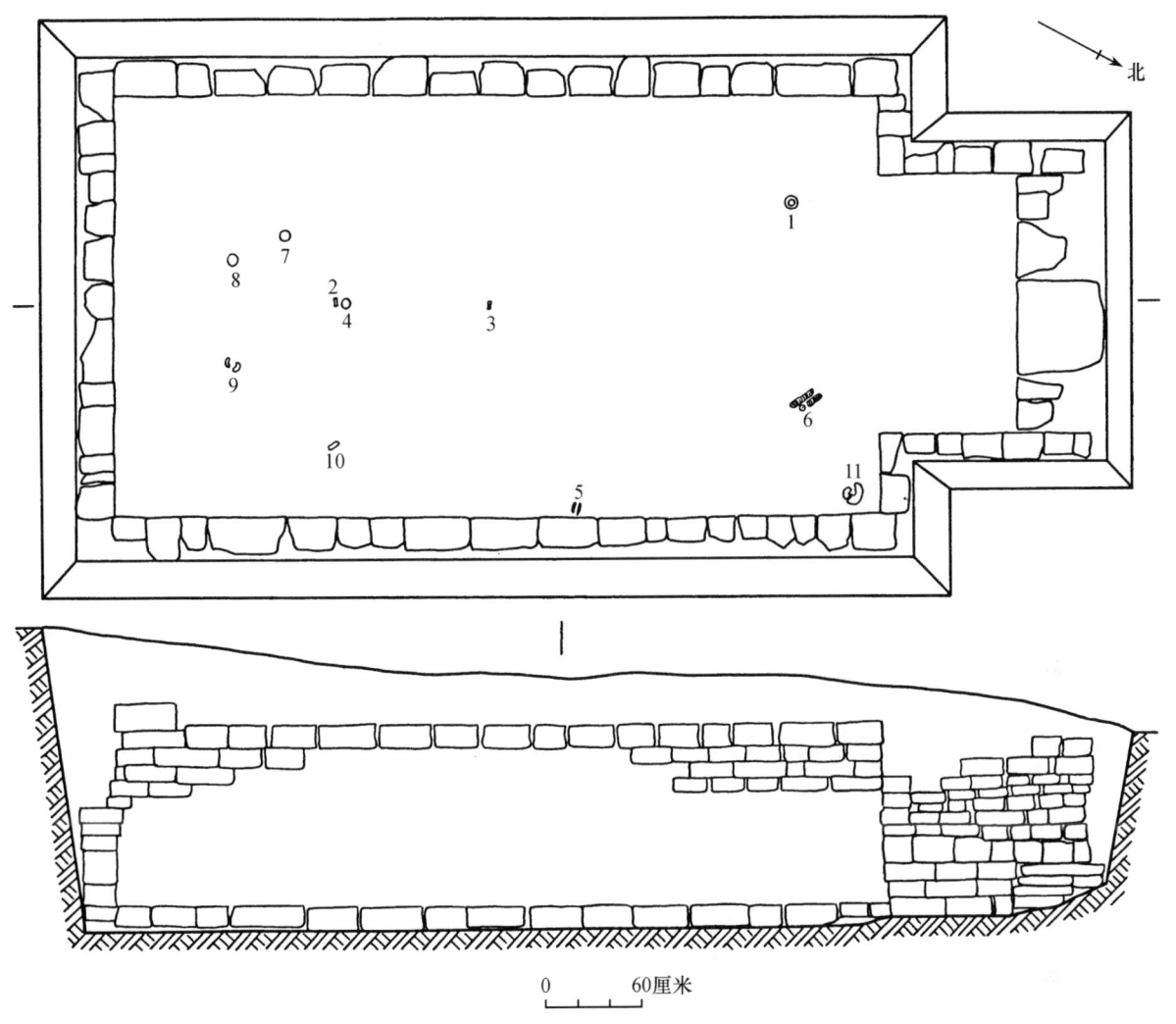

图一九四 C区M22平、剖面图

1. 陶杯 2、3. 玻璃耳坠 4. 铜环 5. 铜饰件 6. 铜钱 7、8. 青瓷碗 9. 陶钵 10. 纺轮 11. 仓盖

B型 25枚。其中剪郭5枚。面、背郭多较宽，穿有大小之异。铸造工艺较精。直径2.5～2.6厘米。面文"五"字像两炮弹相对，"铢"字金旁的头小，呈箭头状（图一九七，1～4）。属西汉晚期钱币。

C型 34枚。其中剪郭9枚。面、背郭多较宽，穿有大小之异。铸造工艺较精。直径2.4～2.5厘米。面文"五"字较宽大，"铢"字金旁的头较大，呈三角形（图一九七，5～7）。为东汉早中期钱币。

货泉 1枚。略残。面、背郭较宽，面无内郭，面文笔画较粗。直径2.3厘米（图一九七，8）。为王莽时期铸造的钱币。

⑨ M38

M38位于C区东北角。开口在①层下，打破生土。距地表深0.15米。方向360°。该墓悬露于断崖上，据调查，早在20世纪50年代砖厂在此取土，将该墓挖出，并形成一道高坎，致使该墓遭到严重破坏，仅存南部一小部分。该墓规模较大，墓土坑壁较直，平底。墓室壁系人工打制的较整齐的条石错缝垒砌而成。由下往上1.2米处开始券顶，墓底亦用整齐的条石平铺而成。墓土圹残长

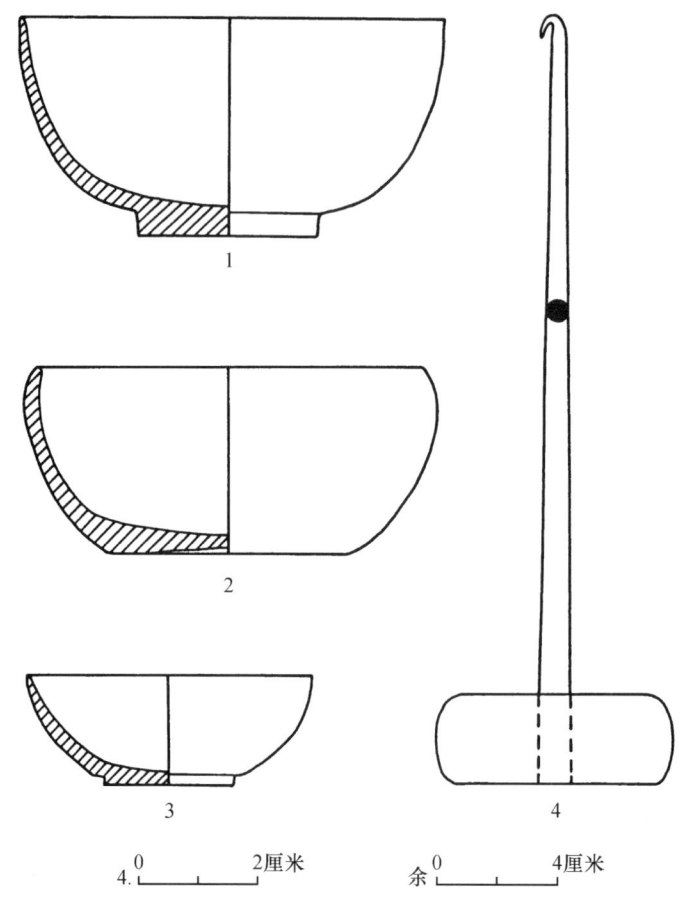

图一九五　C 区 M22 出土器物

1、3. 瓷碗（M22:8、M22:7）　　2. 陶钵（M22:9）　　4. 陶纺轮（M22:10）

4.4、宽 3.7、残深 0.5~2.2 米，墓室残长 4.2、宽 3.3、残高 0.2~1.6 米（图一九八）。墓壁条石长 0.4~0.5、宽 0.25、厚 0.15 米，条石内面均用铁钻凿平。墓底条石长 0.4~0.6、宽约 0.3、厚约 0.12 米。墓内填土多为黄褐色黏土，夹杂部分红褐色和黑褐色土块，以及墓券顶和墓壁倒塌的条石。

因严重破坏和腐烂，没有发现葬具及人骨腐烂痕迹，故葬具、葬式以及墓主人性别、年龄均不详，亦未发现任何随葬器物。

⑩ M89

M89 位于 CT14 探方中部及 CT20 探方东北角。开口在①层下，打破生土，但又被 M88 打破。距地表深 0.39 米。方向 339°。该墓位于斜坡上，南高北低，由于早期被盗和长期自然水土流失、耕种等原因，致使墓葬遭到严重破坏，北壁被毁掉，东、西、南三壁大部分及顶部均倒塌。墓土圹壁斜直，底面较平。墓室均系人工打制的条石垒砌而成，用黄褐色黏土错缝。墓室南边有台阶。墓底平铺大小不一的石板。墓土圹残长 7.6、宽 3.15~3.54、残深 1.2~2.2 米。台阶高出前室底面 0.4 米。墓室长 7.4、宽 2.6~3.14、残高 0.5~1.8 米（图一九九；图版七六，1）。墓壁条石大小不等，厚薄不均，一般长约 0.3、宽约 0.28、厚 0.15~0.2 米。墓内填土经夯打，土质紧密而较杂，夹杂有沙、鹅卵石，多为黄褐色黏土。

因腐烂，没有发现葬具，但在墓室中部有大量黑色和红色漆皮痕迹，呈长条状排列在一起，南北长约 2.5、宽 1.1 米（图版七六，2），应为棺材腐烂后剩下的漆皮。

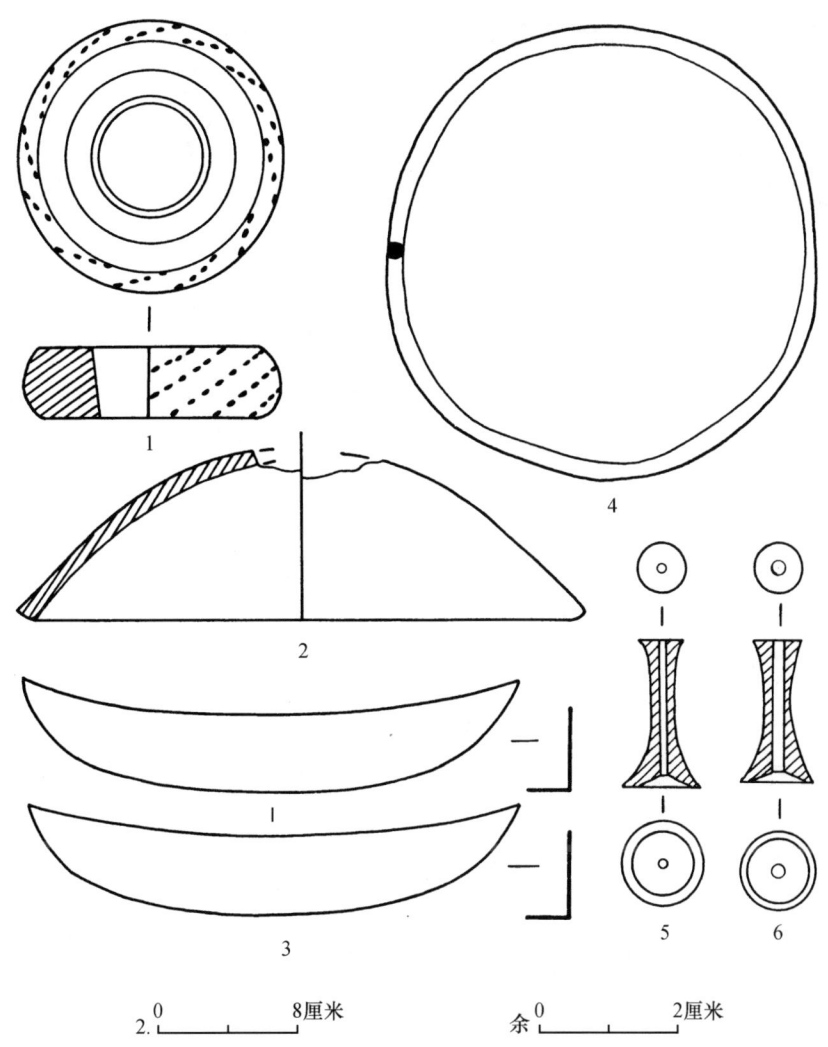

图一九六　C 区 M22 出土器物

1. 陶环（M22:1）　2. 陶仓盖（M22:11）　3. 铜饰件（M22:5）　4. 铜环（M22:4）

5、6. 玻璃耳坠（M22:3、M22:2）

　　由于遭到极为严重破坏和深度腐烂，人骨架保存情况较差，仅存部分腐烂痕迹，无法清理和提取标本。据现场观察，葬式为仰身直肢，其性别、年龄均不详。

　　因被盗和腐烂，随葬器物甚少，残存有铁削刀、玻璃耳坠和钱币。

　　铁削刀　2 件。均残。表面有红褐色铁锈。标本 M89:3，器体较宽，背略弧，宽扁形柄，柄上焊接有椭圆形环。残长 21、宽 1.9、柄长 10.2、柄宽 1.4 厘米（图二〇〇，2；图版六八，6）。标本 M89:4，器体较窄，背较直，宽扁形柄，柄横剖面近方形，柄上焊接有椭圆形环。残长 20、宽 0.8、柄长 6.7 厘米（图二〇〇，3）。

　　玻璃耳坠　1 件（M89:2）。完整。保存较好。深蓝色琉璃，硬度 6.5° ~ 6.8°。中段细，两端粗，略呈喇叭状，底面内凹，中间穿孔。长 2.5 厘米，顶面直径 0.8 厘米，底面直径 1.5 厘米，孔径 0.2 厘米（图二〇〇，1；图版六六，2）。

　　钱币　154 枚。均为铜质钱币。有五铢、货泉、大泉五十。

　　五铢　141 枚。分二型。

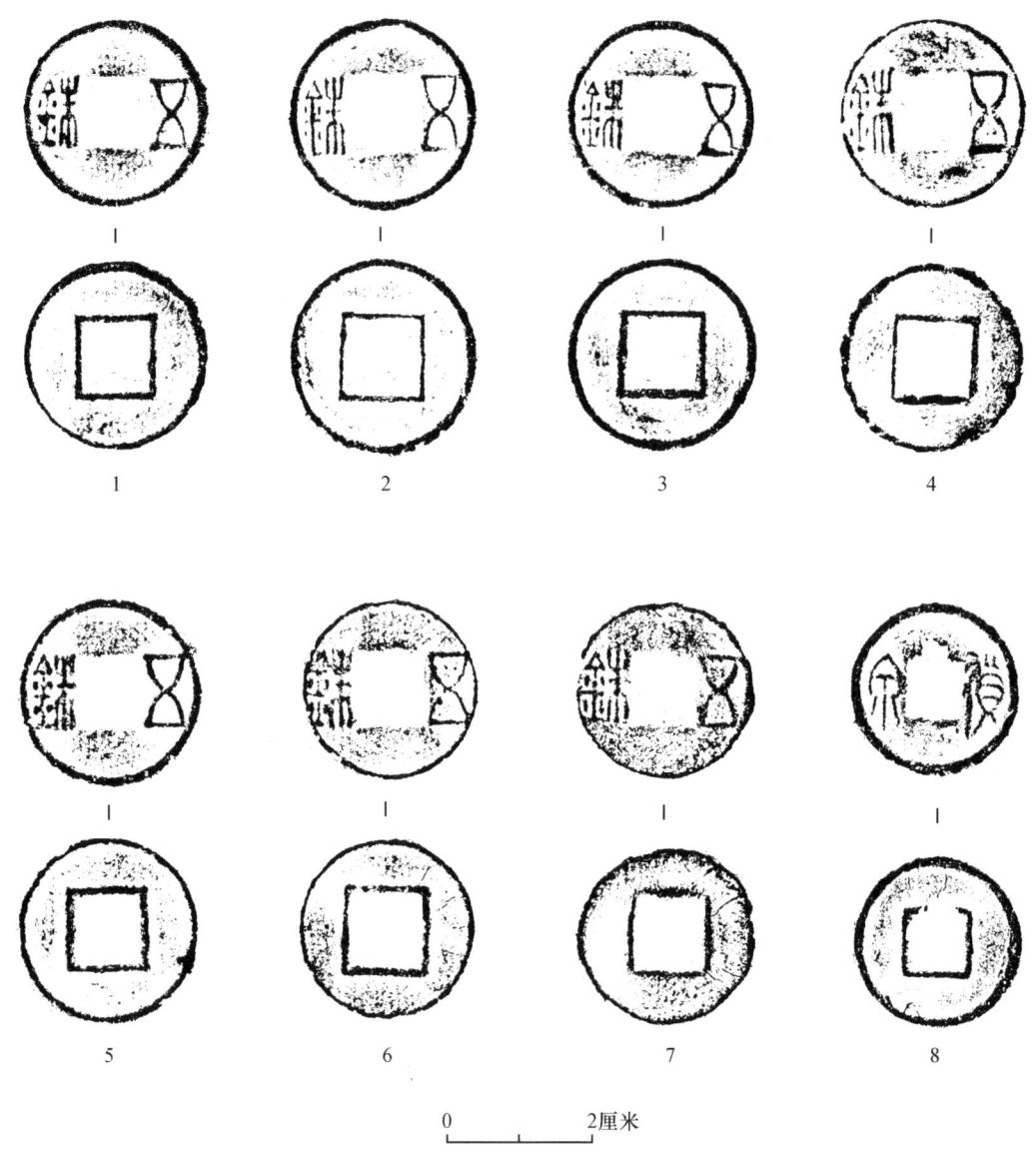

图一九七　C区 M22 钱币拓片

1~4. B 型五铢（M22∶6、M22∶12、M22∶13、M22∶15）　　5~7. C 型五铢（M22∶18、
M22∶20 、M22∶21）　　8. 货泉（M22∶22）

　　B 型　60 枚。其中剪郭 11 枚。面、背郭宽窄和深浅有异，穿有大小有之别，有穿上横。直径
2.3~2.6 厘米。面文"五"字像两炮弹相对，"铢"字金旁的头小，呈箭头状（图二○一，8~
12）。为西汉晚期钱币。

　　C 型　81 枚。其中剪郭 8 枚。面、背郭多较宽，穿有大小之异。直径 2.3~2.6 厘米。面
文"五"字较宽大，"铢"字金旁的头较大，呈三角形（图二○一，13~15）。为东汉早中期
钱币。

　　大泉五十　2 枚。均残。面、背内外郭有宽窄、深浅之异，穿有大小之别，面文笔画有纤粗之
分。直径 2.3~2.5 厘米（图二○一，6、7）。为西汉王莽时期钱币。

　　货泉　11 枚。面、背郭有宽窄、深浅及有无面内郭之异，穿有大小之别，铸造工艺有精劣之
分。直径 2.2~2.5 厘米（图二○一，1~5）。为西汉王莽时期钱币。

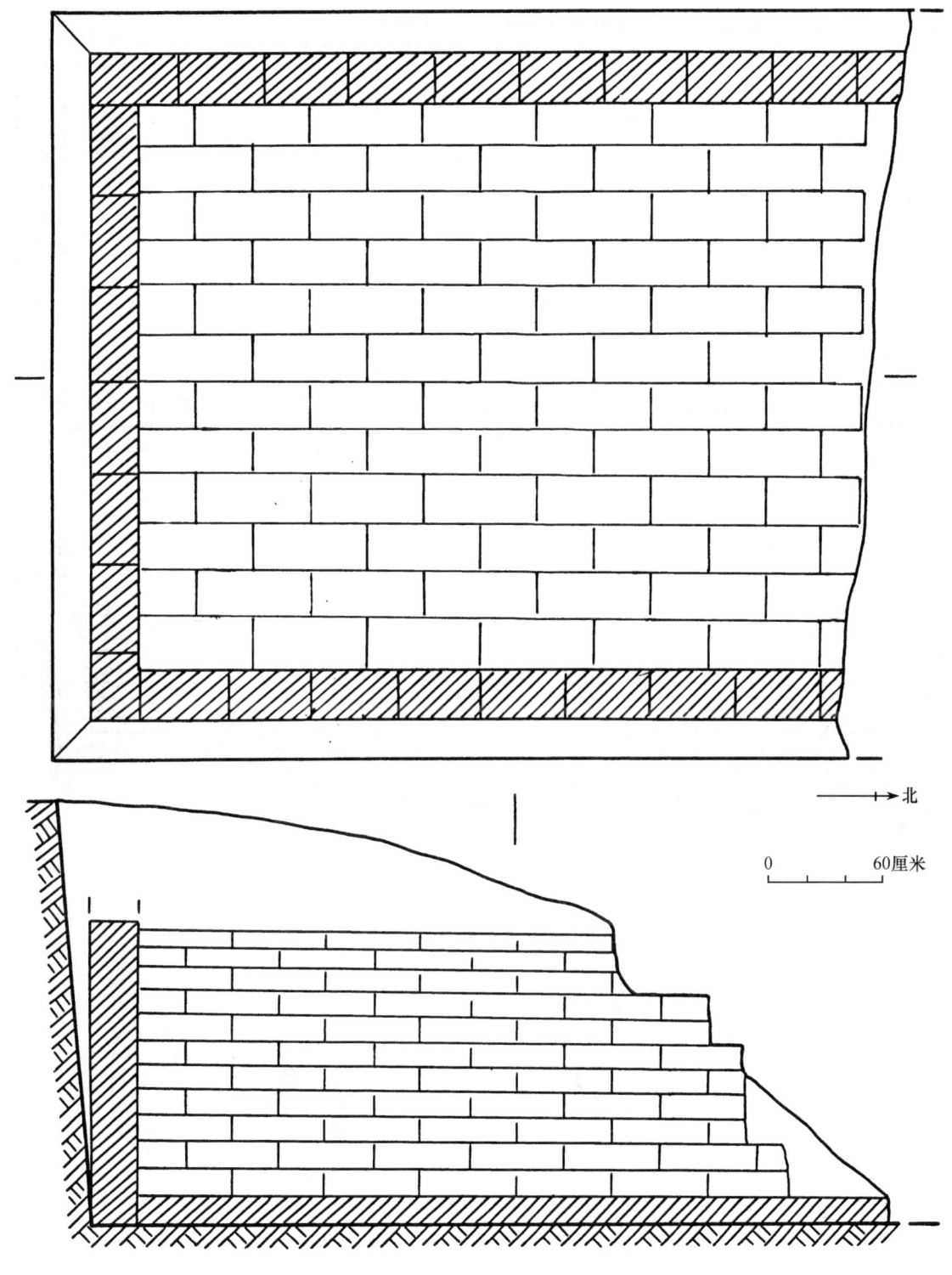

图一九八　C区 M38 平、剖面图

⑪ M91

M91 位于 CT12、CT18、CT24 探方内。开口在①层下，打破生土。距地表深 0.25～0.4 米。方向 350°。墓葬规模较大，平面呈凸字形。南壁保存较好，北壁已破坏掉，东、西两壁大部分和券顶的大部分均倒塌。墓土圹壁较陡直，平底，北部下凹。墓内由墓室和甬道两部分组成。墓壁均用较

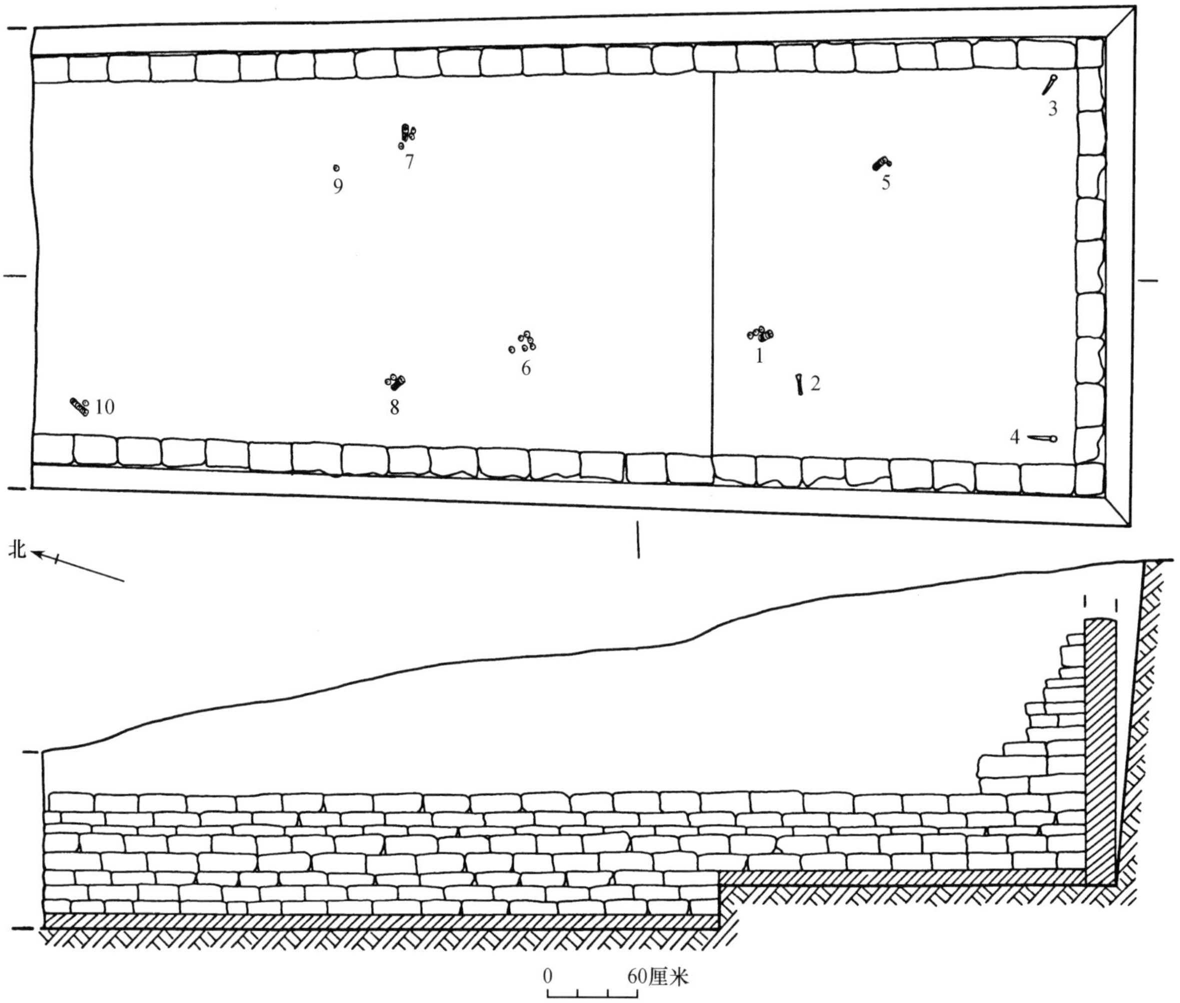

图一九九　C 区 M89 平、剖面图

1、5～10. 铜钱　2. 玻璃耳坠　3、4. 铁削刀

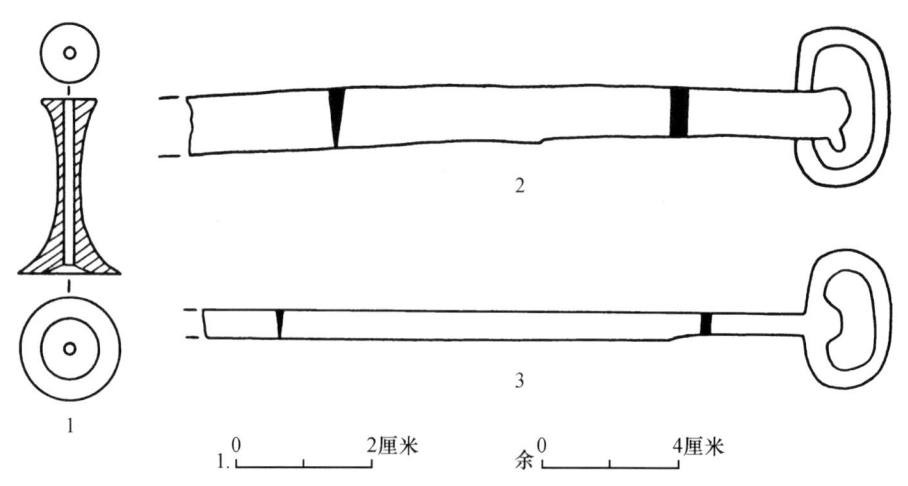

图二〇〇　C 区 M89 出土器物

1. 玻璃耳坠（M89:2）　　2、3. 铁削刀（M89:3、M89:4）

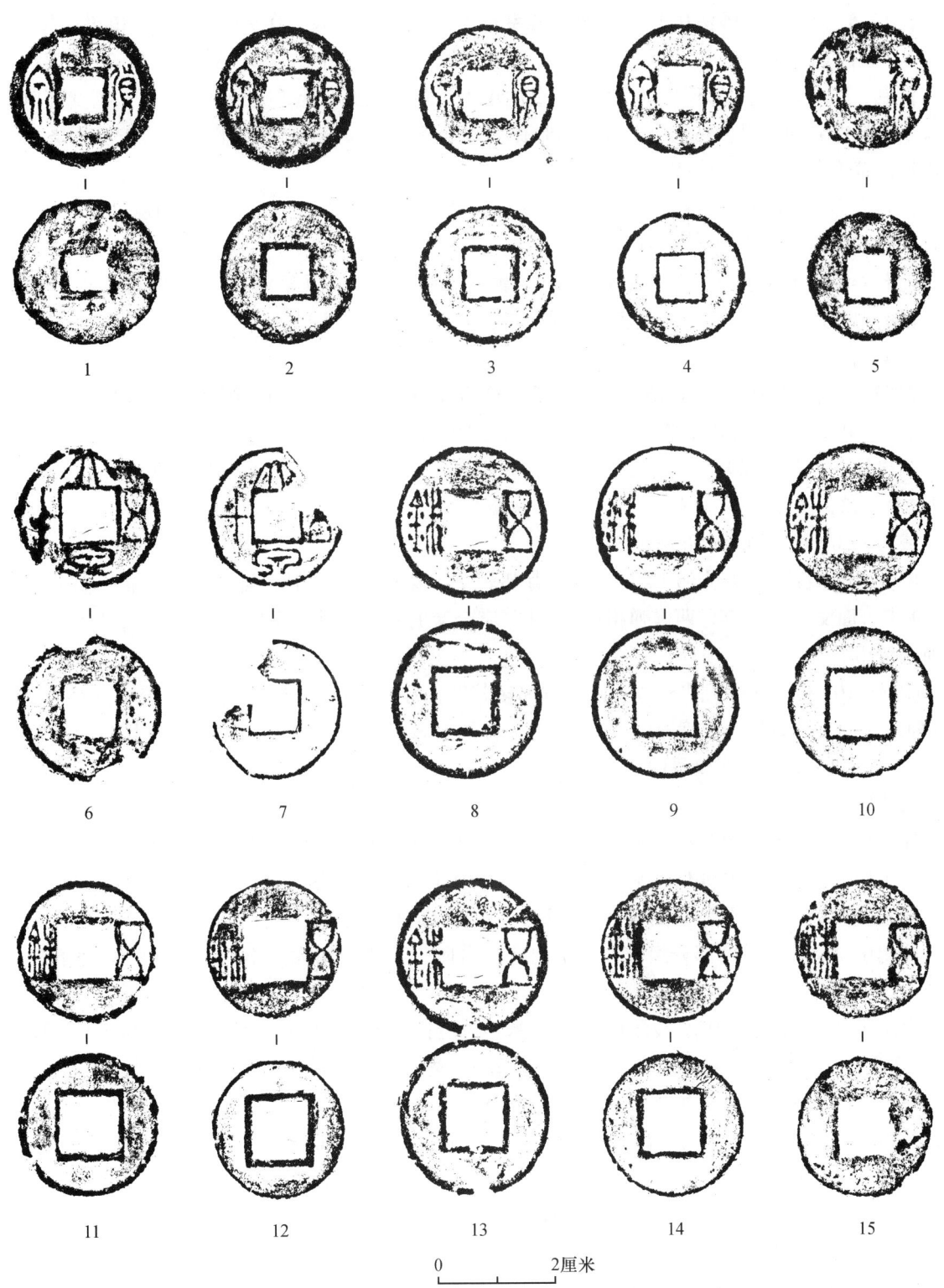

0　　　　　　2厘米

图二〇一　C区 M89 钱币拓片

1~5. 货泉（M89：6、M89：7、M89：8、M89：9、M89：10）　6、7. 大泉五十（M89：1、M89：5）　8~12. B 型
五铢（M89：11、M89：12、M89：13、M89：14、M89：15）　13~15. C 型五铢（M89：16、M89：19、M89：20）

规整的长方形条石错缝垒砌。甬道下有一方形沙坑，沙较纯净，便于排放积水。墓底为生土。墓土圹残长 11.5、宽 3.5、残深 0.3～3.8 米。墓室长 7.5、宽 3.1、残高 0.9～2.65 米。甬道残长 3.55、宽 2.5、残高 0.25～0.5 米。沙坑残长 3.4、宽 2、深 0.6 米（图二〇二；图版七二，2）。墓石均为人工打制，长 0.5、宽 0.25、厚 0.15 米。墓内填土为黄褐色五花土，夹杂有鹅卵石。墓壁外填有一层厚 0.1 米左右的红褐色黏土层，可起密封作用。墓底有一层厚约 10 厘米左右的烧土，烧土中夹有木炭、草木灰和少量绳纹陶片。

因多次人为扰乱和深度腐烂，葬具及人骨架均不存（在灰烬中发现有零星的烧过的骨骼）。故葬具、葬式、墓主人性别和年龄均不详。

随葬器物几乎被盗窃一空，仅存铜削刀、铜柄、铜构件和钱币等及一些漆皮痕迹。

铜削刀　1 件（M91：5）。已残破。器体较薄，直背，刃锋利，环首。残长 33.4、宽 2 厘米（图二〇三，1）。

铜柄　1 件（M91：6）。长条形，较厚重，柄后端有一圆形环，柄一侧面有变形龙纹。残长 9、宽 1.6、厚 0.7、环径 1.8 厘米（图二〇三，2；图版七一，1）。

铜构件　1 件（M91：7）。残。侧面略呈曲尺形，有一圆形孔。残长 7 厘米，宽 2.7 厘米（图二〇三，3；图版七一，2）。

钱币　209 枚。均为铜五铢。分二型。

B 型　104 枚。其中剪郭 14 枚。面、背郭较窄，穿有大小之异。铸造工艺较精。直径 2.5～2.6 厘米。面文"五"字像两炮弹相对，"铢"字金旁的头小，呈箭头状（图二〇四，1～3）。属西汉晚期钱币。

C 型　105 枚。其中剪郭 9 枚。面、背郭多较宽，穿有大小之异。铸造工艺较精。直径 2.5～2.6 厘米。面文"五"字较宽大，"铢"字金旁的头较大，呈三角形，"朱"旁上部转角处圆折（图二〇四，4～6）。为东汉早中期钱币。

⑫ M92

M92 位于 CTG5 探沟东部。开口在①层下，打破生土。距地表深 0.3～0.45 米。方向 350°。平面呈凸字形。因地势南高北低，水土流失严重，加上长期深度开垦，墓土圹被破坏，墓室券顶及四壁不同程度倒塌，尤其是北壁倒塌极为严重。墓土圹四壁较陡直，底较平，中部有一高 0.15 米台阶。墓内由墓室和甬道两部分组成，墓室内有一台阶，墓壁均用大小不一、厚薄不均的条石垒砌而成。

墓土圹长 7.5、宽 3.05、残深 0.3～2.7 米。甬道长 0.9、宽 1.65、残高 0.35～0.5 米。墓室长 6.4、宽 2.7、残高 0.52～1.8 米，其中台阶长 2.7、宽 2.7 米（图二〇五；图版七七，1）。墓壁条石系人工打制而成，未经仔细加工，因此大小不一，厚薄有异，一般长约 0.45，宽约 0.25，厚约 0.2 米。墓室内填土为回填的五花土，较结实，夹杂一些墓券顶和墓壁倒塌下来的石条。

因自然破坏和多次人为扰乱，葬具和人骨架均腐烂无存。台阶上发现大量漆皮痕迹，呈条状分布，可能为棺腐烂的漆皮。其葬式及死者性别、年龄均不详。

随葬品仅发现 1 件陶壶和大量钱币。

陶壶　1 件（M92：1）。泥质灰陶。广肩，球形腹，小平底，长颈，口略外侈，斜沿，尖唇。上腹部饰瓦垄纹，下腹部饰横绳纹。口径 12.5、颈高 11.5、最大腹径 20.8、底径 4、通高 28.2 厘米（图二〇六；图版七五，4）。

钱币　283 枚。均为铜质钱币。有五铢和货泉两种。

五铢　276 枚。分三型。

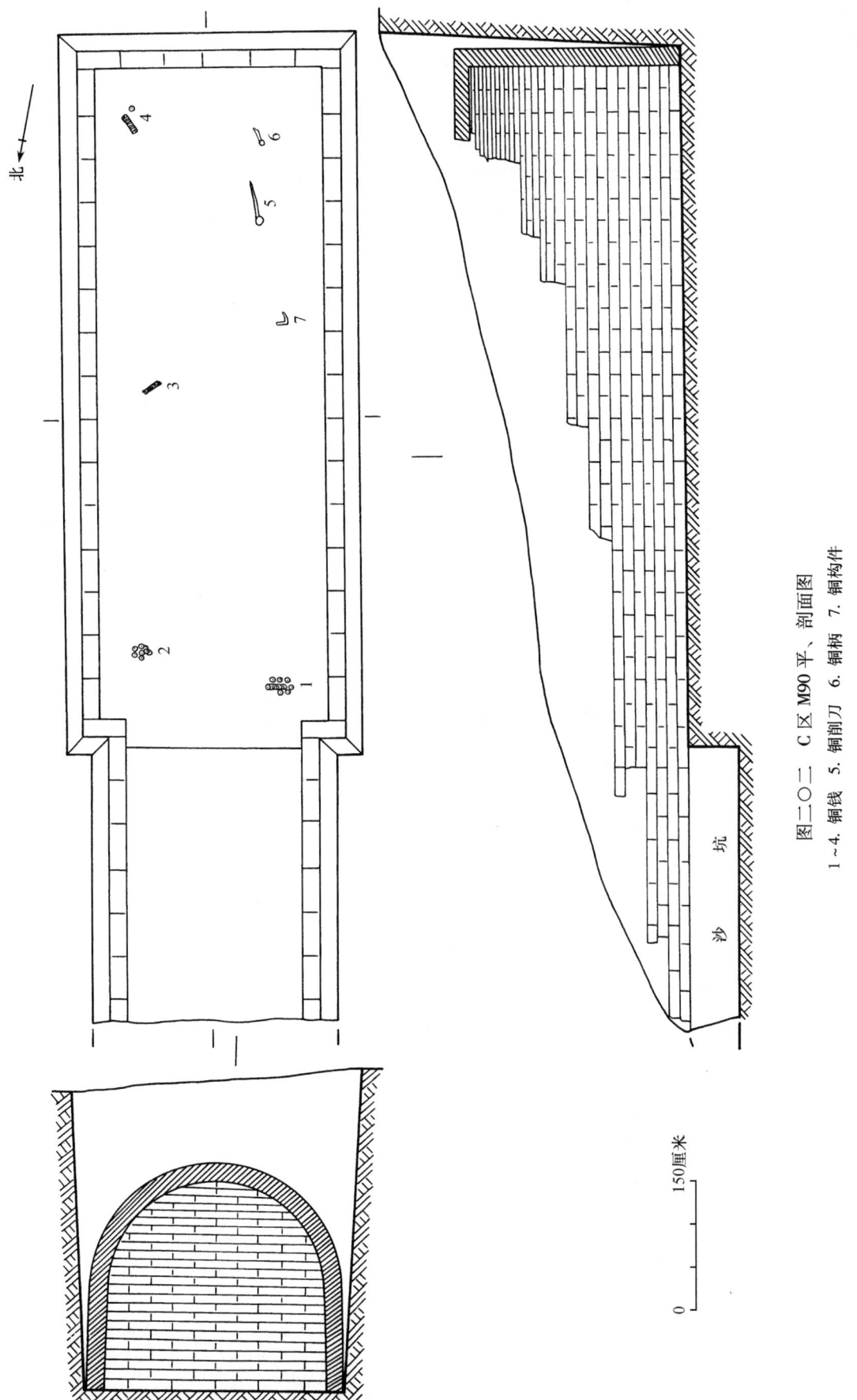

图二〇二　C 区 M90 平、剖面图

1~4. 铜钱　5. 铜削刀　6. 铜柄　7. 铜构件

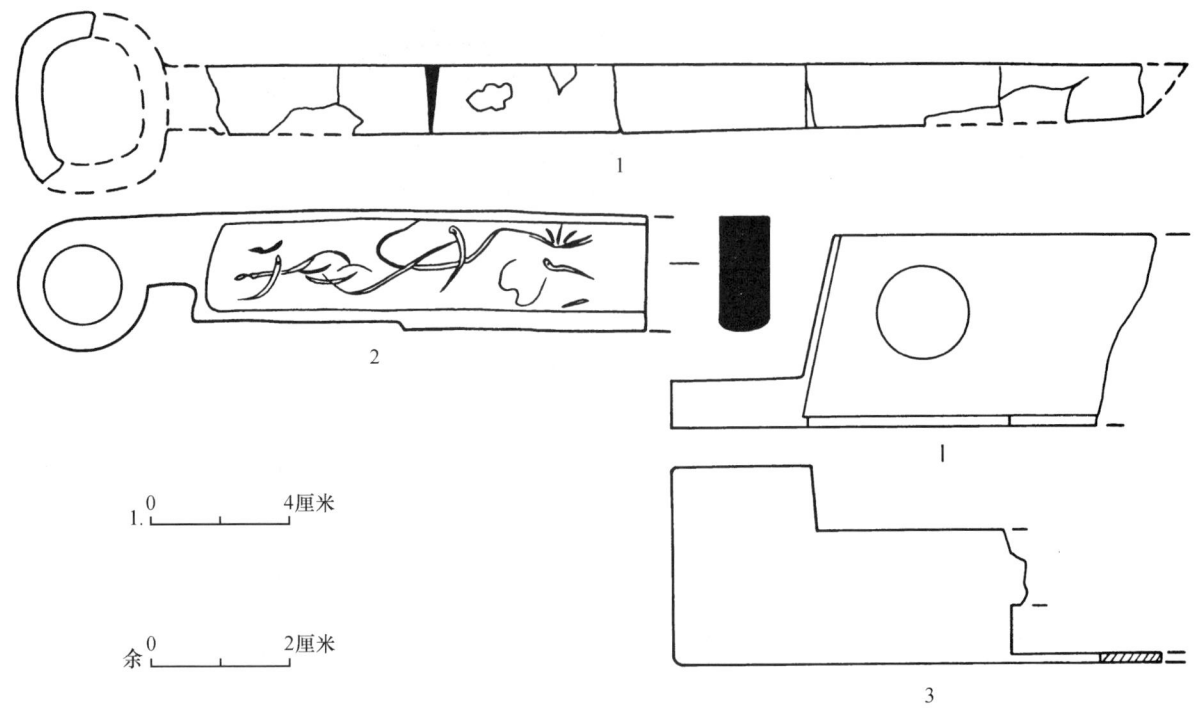

1.└────┴────┴────┴────┘
0　　　　　　4厘米

余└────┴────┴────┘
0　　　　　2厘米

图二〇三　C区 M91 出土铜器

1. 削刀（M91:5）　2. 柄（M91:6）　3. 构件（M91:7）

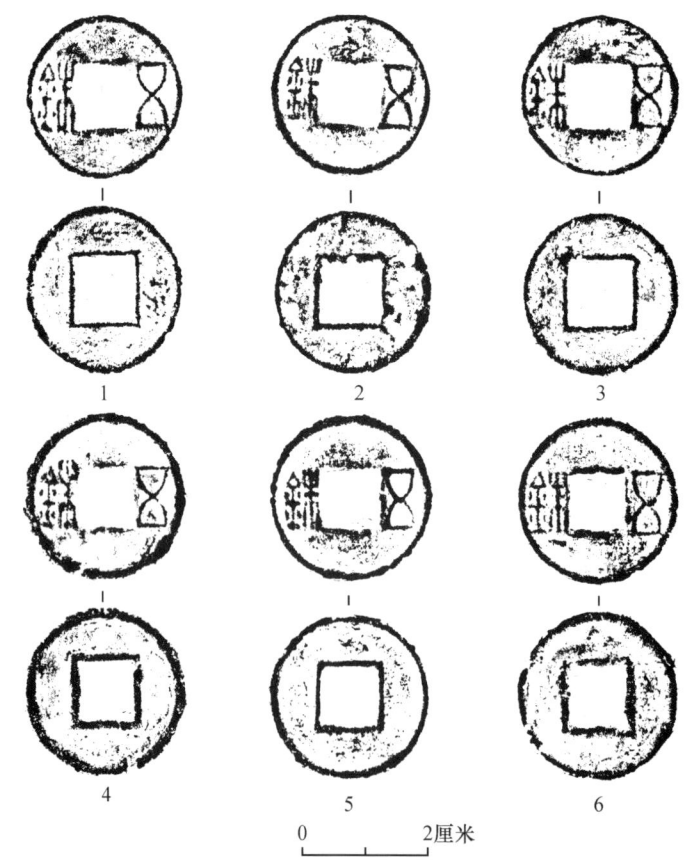

0　　　　　2厘米

图二〇四　C区 M91 铜五铢钱币拓片

1～3. B 型（M91:2、M91:3、M91:4）　4～6. C 型（M91:8、M91:9、M91:10）

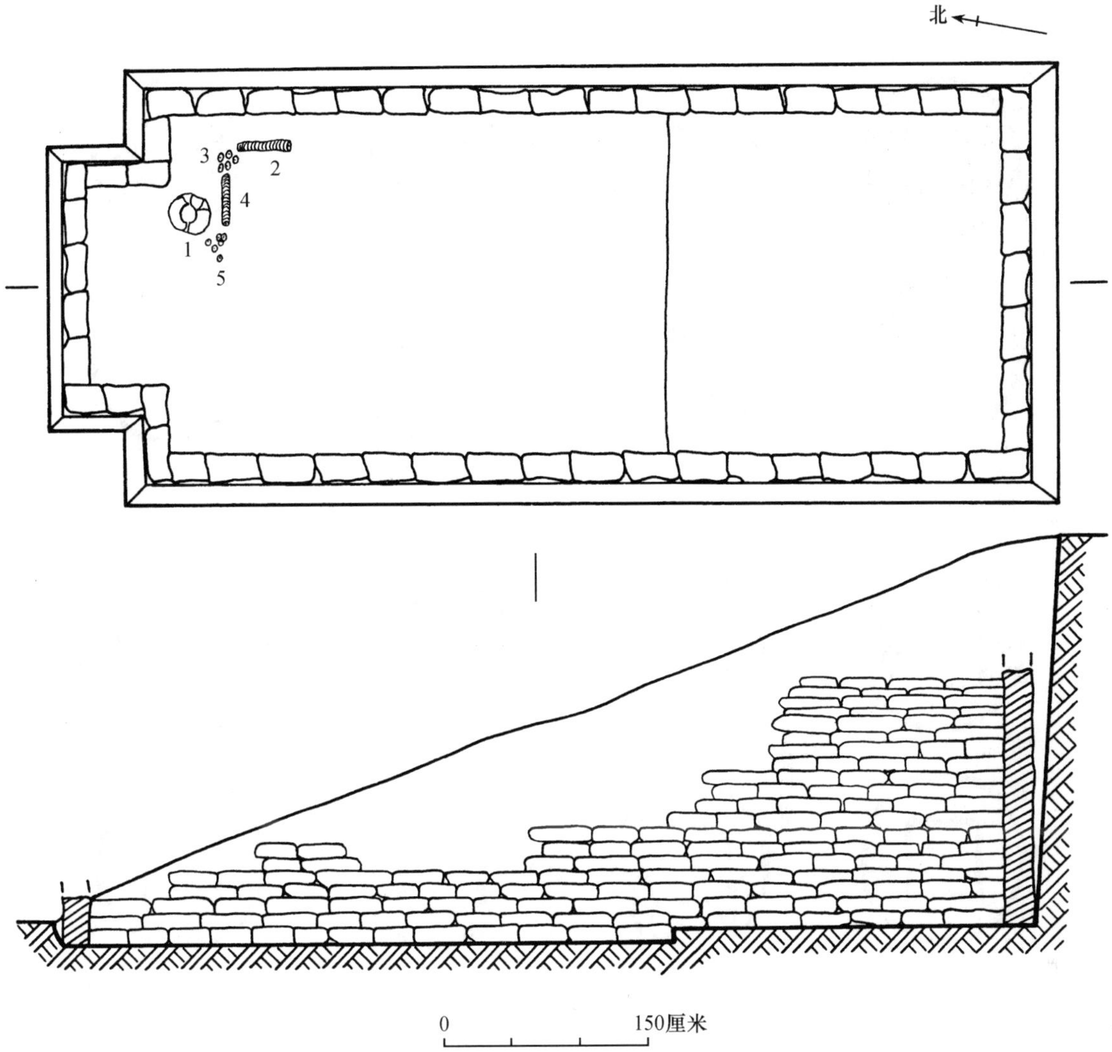

北

图二〇五 C 区 M92 平、剖面图
1. 陶壶 2~5. 铜钱

A 型 71 枚。其中剪郭 14 枚。面、背郭有宽窄之异，穿有大小之分。铸造工艺欠精。直径2.3~2.6厘米。面文"五"字中间两笔较斜直，"朱"字头方折（图二〇七，5~7）。为西汉早中期钱币。

B 型 105 枚。其中剪郭 17 枚。面、背郭较宽，穿有大小之异。铸造工艺较精。直径2.5~2.6厘米。面文"五"字像两炮弹相对，"铢"字金旁的头小，呈箭头状（图二〇七，8~12）。为西汉晚期钱币。

C 型 100 枚。其中剪郭 15 枚。面、背郭较宽，穿有大小之异。铸造工艺较精。直径2.5~2.6厘米。面文"五"字较宽大，"铢"字金旁的头较大，呈三角形，"朱"旁上部转角处圆折（图二〇八，1~4）。为东汉早中期钱币。

货泉 7 枚。面、背郭有宽窄、深浅及有无面内郭之异，穿有

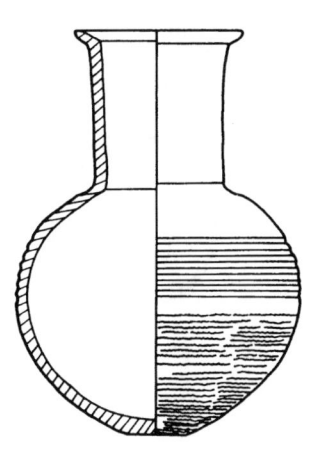

图二〇六 C 区 M92 陶壶
（M92:1）

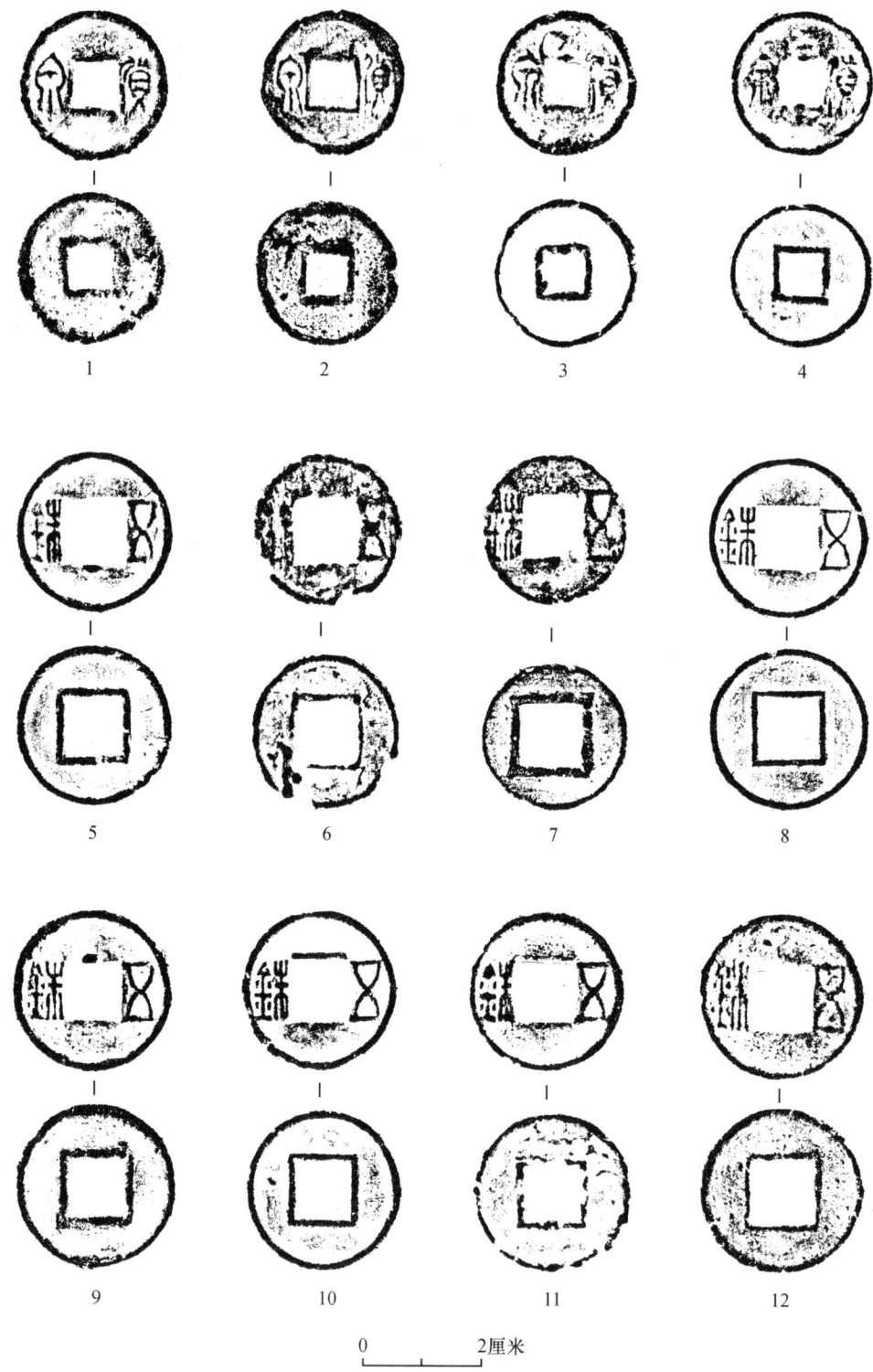

0   2厘米

图二○七　C区 M92 钱币拓片

1～4. 货泉（M92:2、M92:3、M92:4、M92:5）　　5～7. A 型五铢（M92:9、M92:13、
M92:14）　　8～12. B 型五铢（M92:6、M92:7、M92:10、M92:11、M92:12）

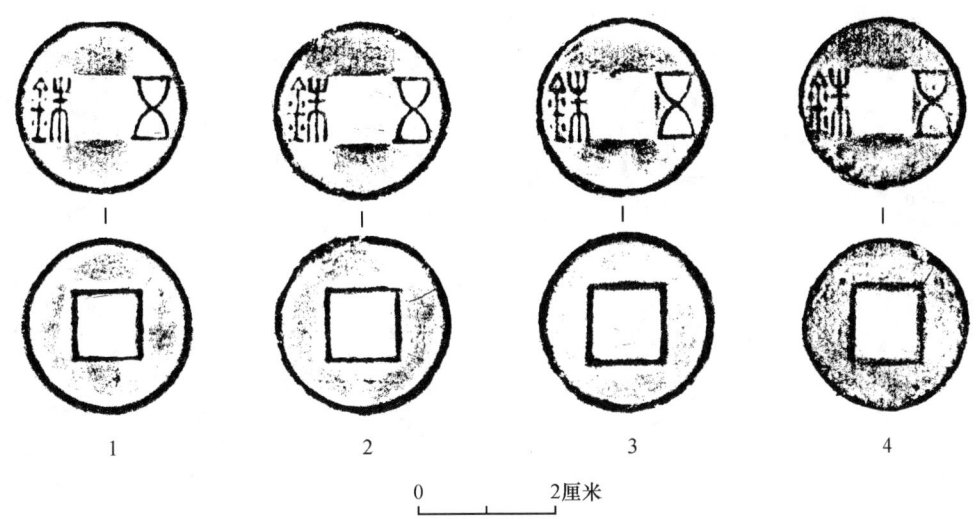

图二〇八　C区M92五铢钱币拓片
1~4. C型（M92:15、M92:16、M92:17、M92:18）

大小之分，有上半星。直径2.3~2.4厘米（图二〇七，1~4）。为西汉王莽时期铸造的钱币。

⑬ M111

M111位于T102探方西部。开口在①层下，打破生土。距地表深0.25米。该墓因三峡库区第三期蓄水淹没未挖完，故墓葬方向、形制结构、葬具、葬式等情况均不清楚。

在墓室甬道口处抢救性发掘出部分钱币，共359枚。有铜币和铁币两类。钱币种类有五铢、货泉、鸡目钱，铁币字迹不清楚。

铜五铢　353枚。分四型。

A型　16枚。其中剪郭4枚。面、背郭有宽窄之异，穿有大小之别。铸造工艺欠精。直径1.8~2.5厘米。面文"五"字中间两笔斜直，"朱"字头方折（图二〇九，2~4）。为西汉早中期钱币。

B型　192枚。其中剪郭65枚。面、背郭有宽窄之异，穿有大小之别，有穿上星。铸造工艺欠精。直径2.1~2.5厘米。面文"五"字像两炮弹相对，"铢"字金旁的头较小，呈箭头状（图二〇九，5~9）。为西汉晚期钱币。

C型　144枚。其中剪郭34枚。面、背郭有宽窄之异，穿有大小之分。铸造工艺较精。直径1.8~2.6厘米。面文"五"字较宽大，"铢"字金旁的头较大，呈三角形，"朱"旁上部转角处圆折（图二〇九，10~15；图二一〇，1）。为东汉早中期钱币。

E型　1枚。綖环面、背外郭较宽，左右分别留有"五"字半边及"铢"字"金"旁。直径2.6厘米（图二〇九，1）。为东汉中期钱币。

货泉　3枚。面、背郭有宽窄、深浅之异，面文笔画较粗。直径2.1~2.3厘米（图二一〇，2、3）。为西汉王莽时期铸造的钱币。

鸡目钱　1枚。有穿，因锈蚀严重，字迹不清。该钱特小，形如鸡目。直径1.6厘米（图二一〇，4）。为东汉中晚期钱币。

铁币　2枚。因严重锈蚀，不能辨别字迹及特征。

⑭ M112

M112位于CT83探方西部。开口在①层下，打破生土。距地表深0.3~0.5米。方向350°。该

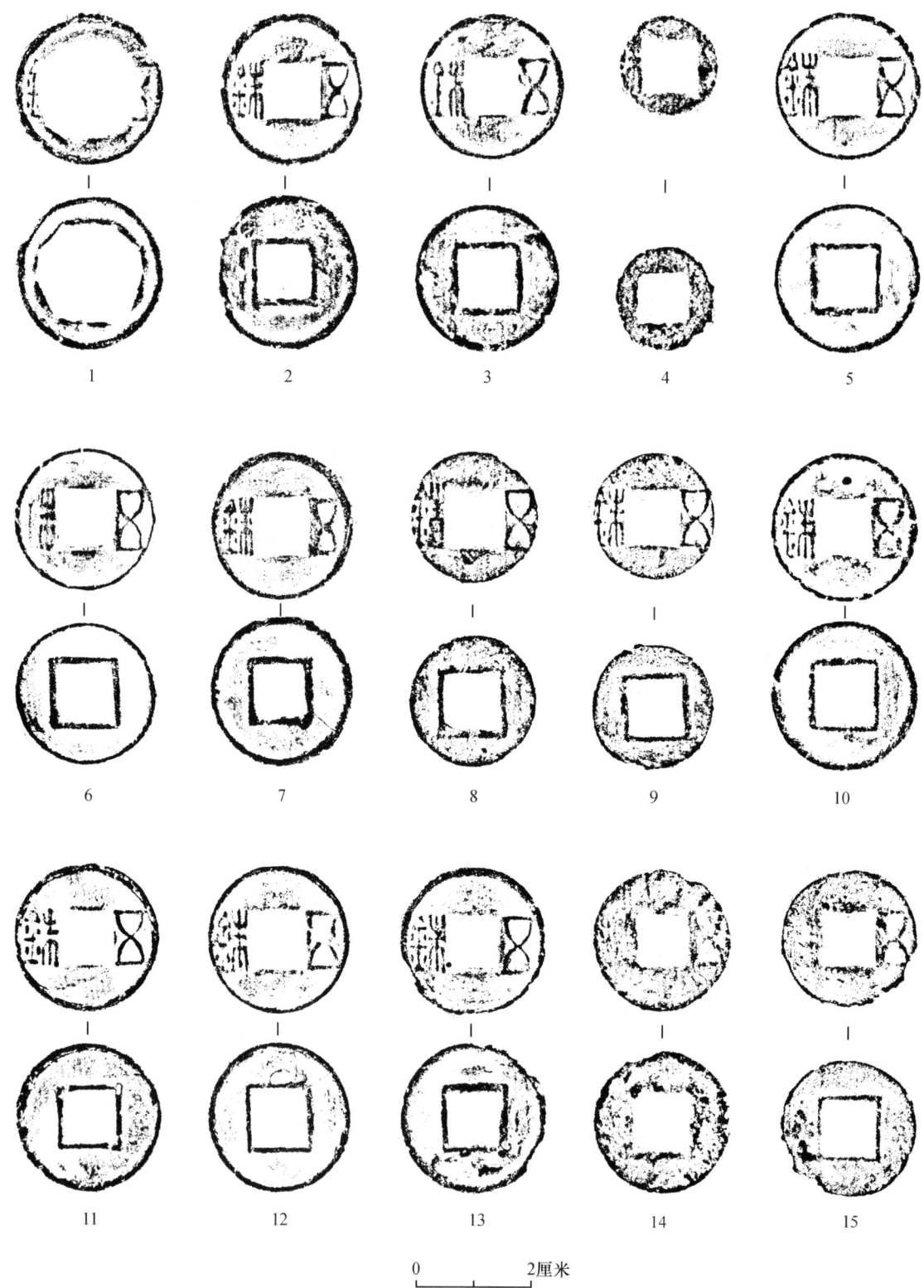

0 　　　　　2厘米

图二〇九　C区 M111 钱币拓片

1. E 型五铢（M111:5）　　2~4. A 型五铢（M111:6、M111:7、M111:8）　　5~9. B 型五铢（M111:9、M111:10、M111:11、
M111:12、M111:13）　　10~15. C 型五铢（M111:14、M111:15、M111:16、M111:17、M111:18、M111:19）

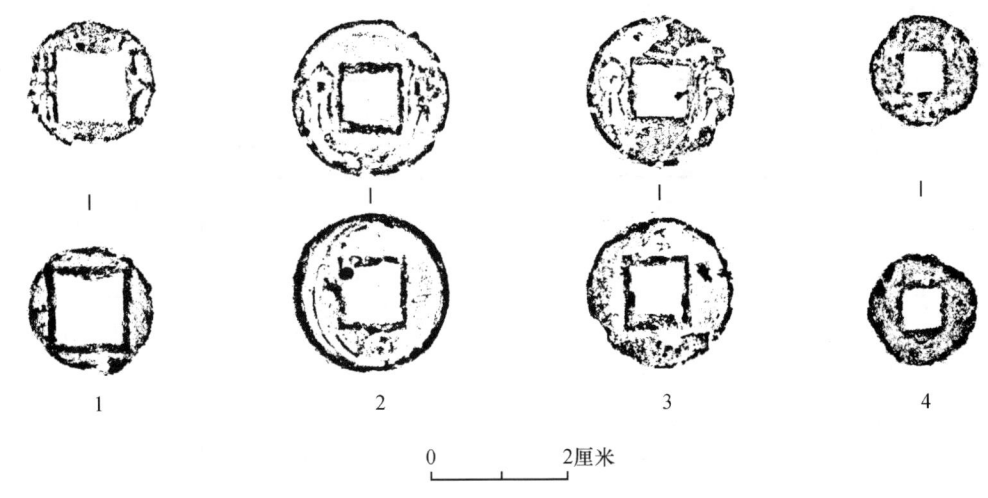

图二一〇　C 区 M111 钱币拓片

1. C 型五铢（M111：20）　　2、3. 货泉（M111：2、M111：3）　　4. 鸡目钱（M111：4）

墓北部因砖厂取土被破坏掉，券顶全部倒塌。墓土圹壁较斜直，底较平。墓室由长 0.4～0.6、宽约 0.25、厚约 0.2 米的条石错缝垒砌而成。条石为人工打制而成，未经精细加工。墓室底部为黄褐色生土和岩石，较平整，没有铺垫设施。墓土圹残长 4.8、宽 2.75、残深 2.5 米。墓室残长 4.4、宽 1.88、残高 1.72 米（图二一一）。墓内填土比较杂乱，为灰褐色和块状黄褐色五花土，较硬，包含有大量从山坡上滑下的岩石。

不见葬具腐烂痕迹。人骨架保存不好，仅见部分灰白色粉末状的骨骼腐烂痕迹，其葬式、性别、年龄均不详。

随葬品仅存钱币，共 63 枚。均为铜质钱币。有五铢和货泉两种。

五铢　60 枚。分二型。

B 型　41 枚。其中剪郭 3 枚。面、背郭有宽窄之异，穿有大小之分，有穿上横。铸造工艺较精。直径 2.4～2.6 厘米。面文"五"字像两炮弹相对，"铢"字金旁的头较小，呈箭头状（图二一二，3～5）。为西汉晚期钱币。

C 型　19 枚。面、背郭有宽窄之异，穿有大小之别。铸造工艺较精致。直径 2.5～2.6 厘米。面文"五"字较宽大，"铢"字金旁的头较大，呈三角形，"朱"旁上部转角处圆折（图二一二，6、7）。为东汉早中期钱币。

货泉　3 枚。面、背郭有宽窄深浅及有无面内郭之异，穿有大小之分。铸造工艺较劣。直径 2.1～2.2 厘米（图二一二，1、2）。为西汉王莽时期铸造的钱币。

⑮ M114

M114 位于 CT38 探方内，部分延伸至探方南壁外。开口在①层下，打破生土。距地表深 0.2～0.6 米。墓葬方向 10°。该墓所处位置地势较陡，水土流失极为严重，加上早期被盗，致使墓葬遭到严重破坏。墓葬北壁全部破坏掉，墓壁大部分及券顶均倒塌，南壁因长期受山体挤压已向内倾斜，并大部分倒塌。墓土圹壁较斜直且光滑，底较平。墓室由人工精心打制的条石错缝垒砌。墓室底面北部为黄褐色生土，南部为坚硬的岩石，并经人工凿平，墓底没有铺垫设施。墓土圹残长 7、宽 4、深 0.6～4.3 米。墓室残长 6.5、宽 3、高 0.6～1.95 米（图二一三；图版七七，2）。墓壁条石较规整，长 0.5、宽 0.2、厚度有 0.15 米和 0.2 米两种。均用黄色黏土错缝。墓内填土为回填五花土，比较坚硬，填土中夹杂有少许绳纹陶片。

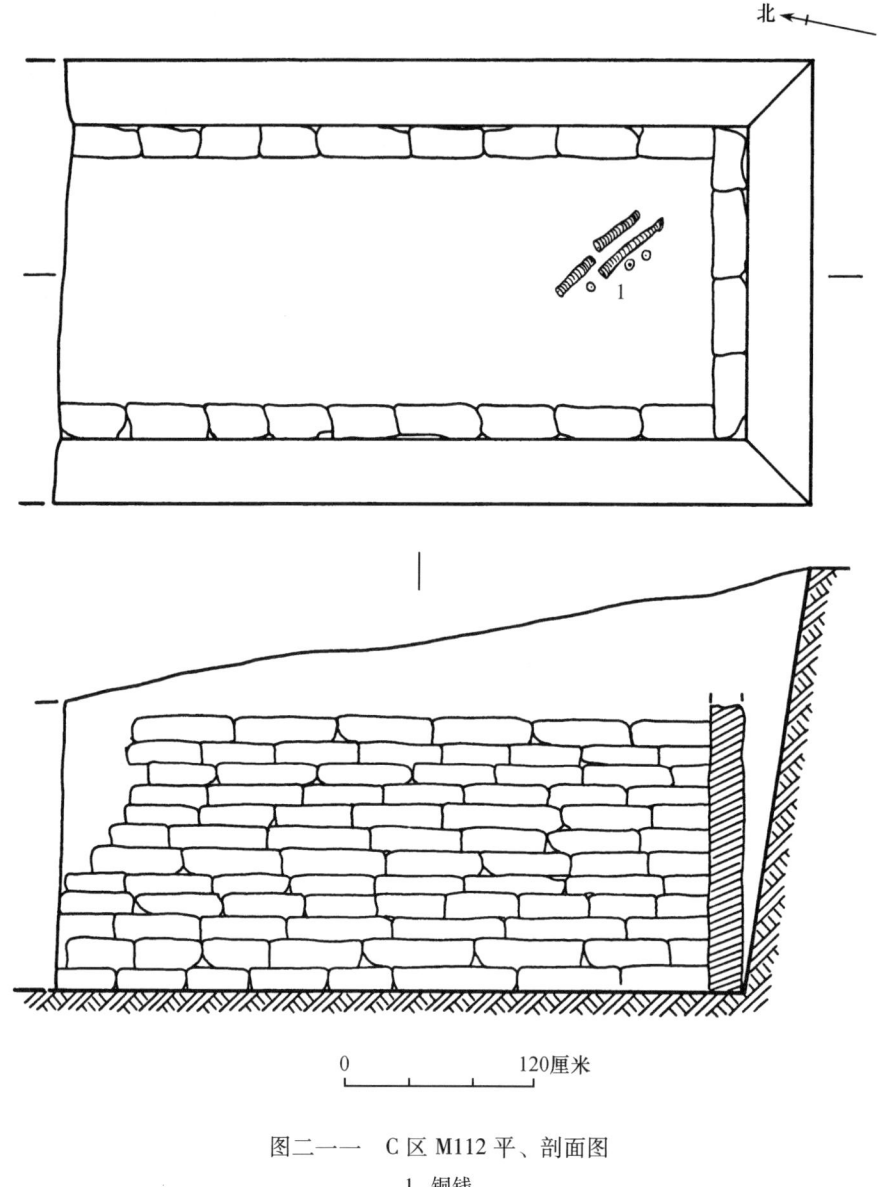

图二一一　C 区 M112 平、剖面图
1. 铜钱

　　墓室南部有两具棺痕，分别编号 GC1、GC2，呈东西向排列，平面呈长方形，棺痕为黑色，夹杂有零星漆皮，厚 0.05 米。GC1 棺长 2.1、宽 0.65 米；GC2 棺痕较大，长 2.26、宽 0.9 米。因棺痕内及墓室内没有发现人骨腐烂痕迹，这两具棺究竟是套棺，还是两具单独的棺，尚难以确定，但可以肯定葬具有棺材。

　　未发现人骨腐烂痕迹，葬式及死者性别、年龄均不详。

　　该墓被盗和自然破坏十分严重，出土随葬器物不多，而且破碎特别严重。器类主要有瓷碗、陶罐、瓷钵、瓷罐、铁刀、铁棺扣、料珠、钱币等，共 14 件。

　　瓷碗　3 件。均为青釉，灰白色瓷胎。标本 M114:1，复原完整。口微侈，尖圆唇，腹壁较直，圜底，假圈足，器胎较厚重。口外有一道凹弦纹。口径 8.6、腹深 3.2、圈足径 5.2、高 4 厘米（图二一四,1；图版七四, 4）。标本 M114:10，口略侈，尖唇，唇外有一道凹槽，腹略外鼓，假圈足略内凹。口径 8、腹径 8.4、腹深 3.2、圈足径 4、高 3.8 厘米（图二一四, 2；图版七四, 3）。标本 M114:9，器身较矮，直口，尖唇，折腹，假圈足，底部有一凹槽。口径 12.2、腹深 4、圈足

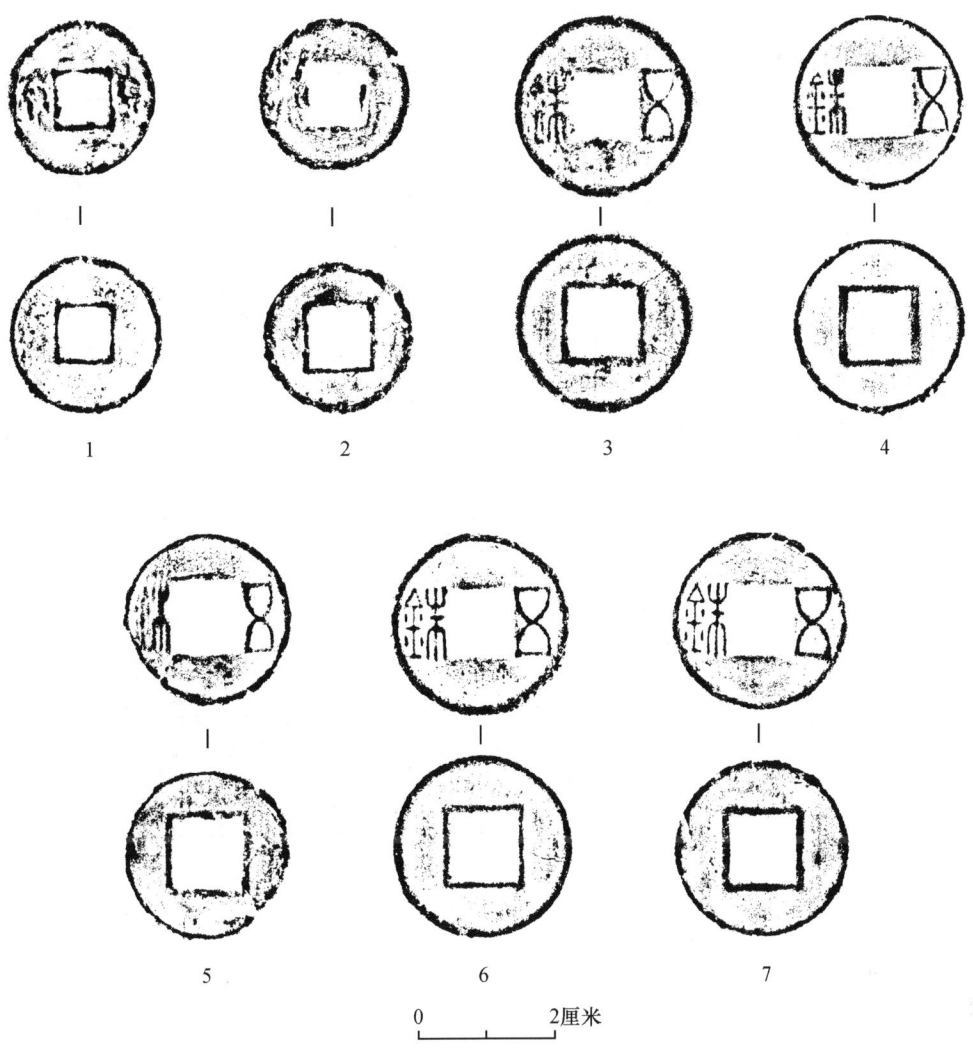

图二一二 C 区 M112 钱币拓片
1、2. 货泉（M112:1、M112:2） 3~5. B 型五铢（M112:3、M112:4、M112:5）
6、7. C 型五铢（M112:6、M112:7）

径 7.6、高 4.6 厘米（图二一四，12；图版七四，6）。

瓷钵 2 件。均为青釉，灰白色瓷胎。标本 M114:11，复原完整。腹较直，口略敛，尖圆唇，平底。口外饰两道细凹弦纹。口径 11.5、底径 6、高 5.6 厘米（图二一四，3；图版七四，5）。标本 M114:14，底残。口略侈，圆唇，唇外有一道凹槽，腹内收。口径 22、残高 9 厘米（图二一四，5）。

瓷罐 2 件。均为青釉，灰白色瓷胎。标本 M114:12，已残。鼓肩，直口，方唇。口径 21.2、残高 5.2 厘米（图二一四，7）。标本 M114:15，已残。广肩，直口，圆唇，唇外有一道凹槽。口径 12、残高 5 厘米（图二一四，8）。

瓷罐底 1 件（M114:13）。灰白色瓷胎。腹略鼓，平底。底径 14.4、残高 9.5 厘米（图二一四，9）。

陶罐 2 件。标本 M114:7，残。泥质灰陶。高领，宽斜沿外凸。口径 12.5、残高 6 厘米（图二一四，10）。标本 M114:8，残。泥质橙红陶。高领，口略侈，宽斜沿外凸。口径 20、残高 8.2 厘米（图二一四，11）。

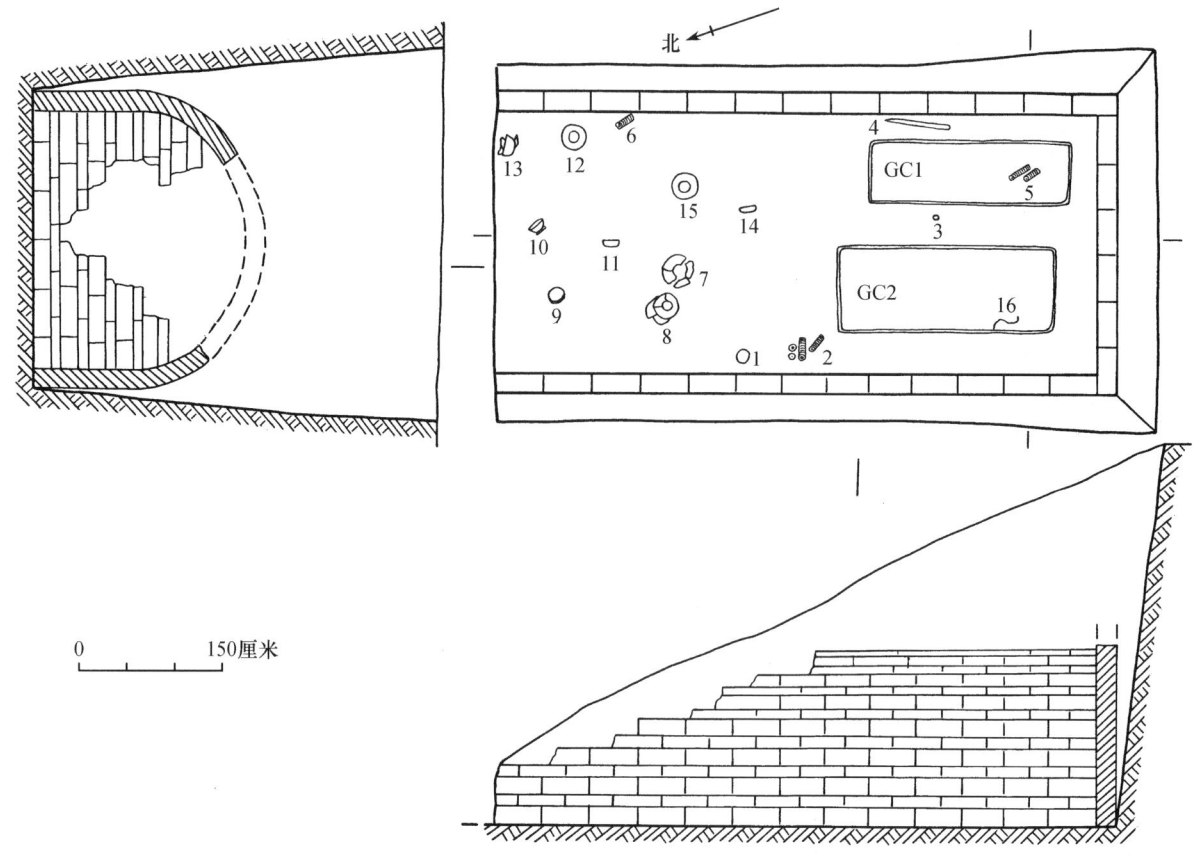

图二一三　C区M114平、剖面图

1、9、10. 瓷碗　2、5、6. 铜钱　3. 料珠　4. 铁刀　7、8. 陶罐　11、14. 瓷钵

12、15. 瓷罐　13. 瓷罐底　16. 铁棺扣

铁刀　1件（M114:4）。柄及刀锋残。锈蚀严重。背略弧。残长36、宽3.6厘米（图二一四，4；图版六八，2）。

铁棺扣　1件（M114:16）。残。略锈蚀。呈"S"形，刃较锋利，背部较厚。残长8、宽3、背部厚0.6厘米（图二一四，13）。

料珠　1件（M114:3）。浅蓝色琉璃。硬度6.5°。椭圆形，中间穿孔。有透明感。长径0.9、短径0.7、孔径0.15厘米（图二一四，6；图版六六，3）。

钱币　282枚。质地为铜、铁两类。种类有五铢、半两、大泉五十、货泉，铁币因锈蚀字迹及特点不清楚。

铜五铢　269枚。分三型。

A型　25枚。其中剪郭8枚。面、背郭有宽窄之异，穿有大小之别，有穿上横。直径2～2.5厘米。面文"五"字中间两笔较斜直，"朱"字头方折（图二一五，9、10）。为西汉早中期钱币。

B型　146枚。其中剪郭18枚。面、背郭有宽窄之异，穿有大小之分，有穿上星和穿上符号。铸造工艺有精劣之别，直径2～2.6厘米。面文"五"字像两炮弹相对，"铢"字金旁头较小，呈箭头状（图二一五，11～15）。为西汉晚期钱币。

C型　98枚。其中剪郭12枚。面、背郭有宽窄之异，穿有大小之分。铸造工艺较精。直径

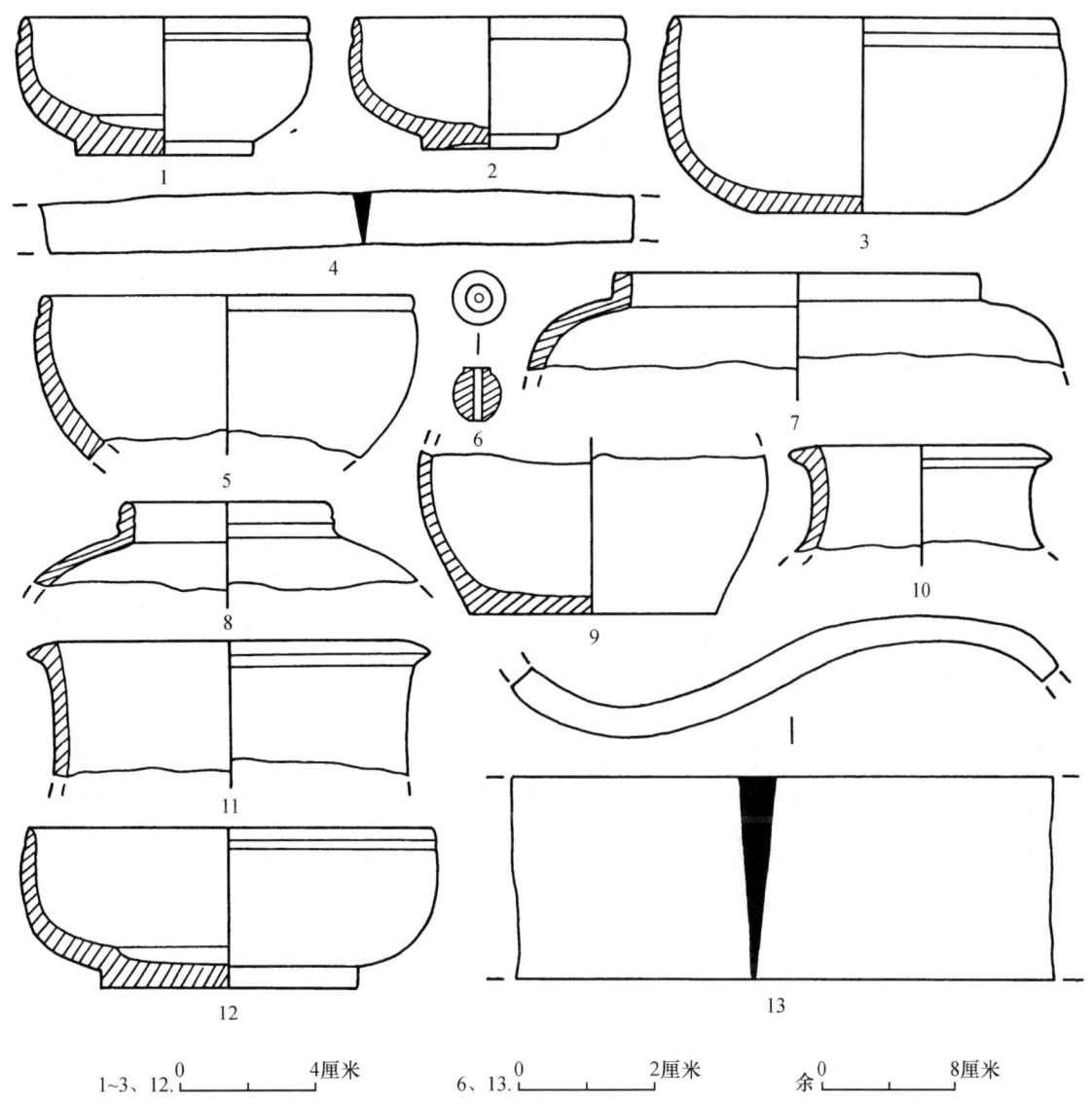

图二一四 C 区 M114 出土器物

1、2、12. 瓷碗（M114:1、M114:10、M114:9） 3、5. 瓷钵（M114:11、M114:14） 4. 铁刀（M114:4）

6. 料珠（M114:3） 7、8. 瓷罐（M114:12、M114:15） 9. 瓷罐底（M114:13） 10、11. 陶罐（M114:7、

M114:8） 13. 铁棺扣（M114:16）

2.4～2.5厘米。面文"五"字较宽大，"铢"字金旁的头加大，呈三角形，"朱"旁上部转角处圆折（图二一六，1～5）。为东汉早中期钱币。

铜半两 2枚。面、背无郭，面文高挺，背平。直径2.4厘米（图二一五，5）。属西汉早期半两钱币。

铜大泉五十 3枚。面、背郭有宽窄、深浅之异，穿有大小之别，面文有纤秀粗犷之分。直径2.4～2.6厘米（图二一五，6～8）。为西汉王莽时期铸造的钱币。

货泉 5枚。面、背郭有宽窄、深浅之异，均无面内郭，面文有纤秀粗犷、矮隐高挺之分。直径2.1～2.3厘米（图二一五，1～4）。属西汉王莽时期铸造的钱币。

铁币 3枚。圆形，有穿，因锈蚀字迹和其特征无法辨别。

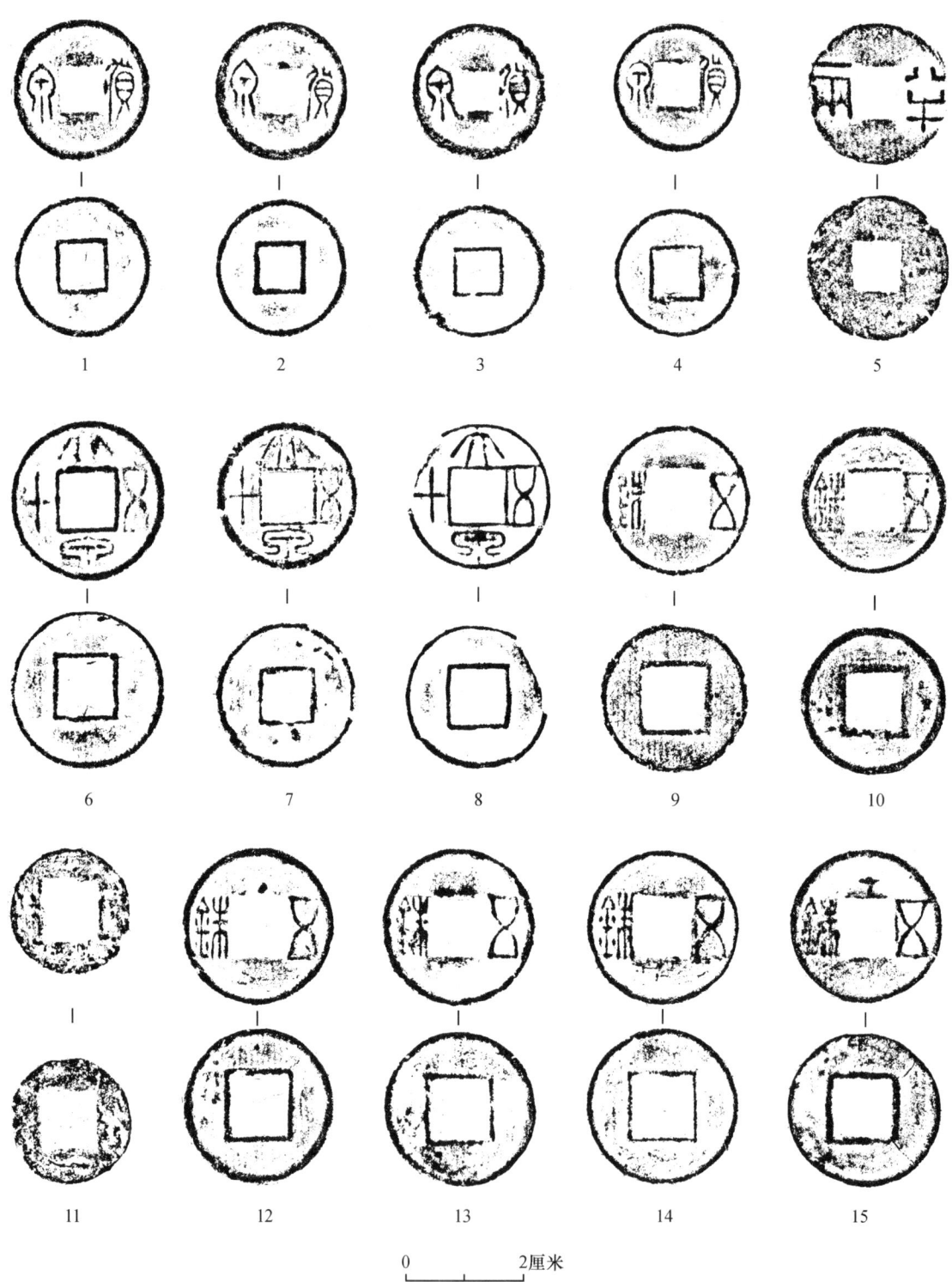

图二一五　C区M114钱币拓片

1~4. 货泉（M114:5、M114:6、M114:29、M114:30）　5. 半两（M114:34）　6~8. 大泉五十（M114:31、M114:32、M114:33）　9、10. A型五铢（M114:35、M114:36）　11~15. B型五铢（M114:37、M114:38、M114:39、M114:40、M114:41）

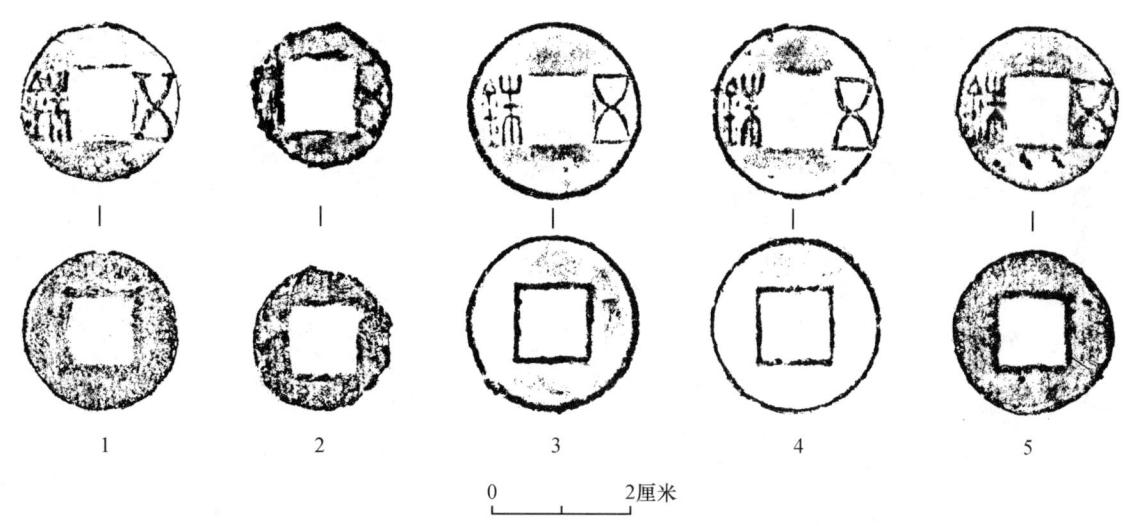

0   2厘米

图二一六　C区M114五铢钱币拓片

1～5. C型五铢（M114:42、M114:43、M114:44、M114:45、M114:46）

墓葬填土中出土陶片30余片，器类有瓮、罐、盖、筒瓦、板瓦等。陶片纹饰有绳纹、菱形纹、凹弦纹等（图二一七）。

陶罐　2件。标本M114:018，泥质灰陶。广肩，直口略敛，方唇。口径18、残高4.1厘米（图二一八，2）。标本M114:017，泥质灰陶。束颈，卷沿，侈口，圆唇。口径12、残高4.4厘米（图二一八，8）。

陶盖　1件（M114:019）。泥质黑褐陶。折盘，圈足形钮。盘外饰两道凹弦纹。钮径9.6、残高4.5厘米（图二一七，4；图二一八，3）。

陶瓮　2件。标本M114:021，泥质灰陶。弇口，宽沿。口径19、残高4厘米（图二一八，1）。标本M114:020，泥质灰陶。敛口，宽斜沿，尖圆唇，沿下略凹。口径15.2、残高4厘米（图二一八，6）。

陶罐底　2件。标本M114:024，泥质黑陶。火候较高。弧壁内收，平底，外表饰拍印交错绳纹。底径9.8，残高7.5厘米（图二一七，3；图二一八，7）。标本M114:023，泥质褐陶。斜壁，平底。底径9.2、残高5.8厘米（图二一八，9）。

陶筒瓦　1件（M114:026）。泥质灰陶。瓦嘴较长，方唇。外表饰直绳纹。瓦嘴宽12.9、长4.2、瓦残长18、胎厚1.5厘米（图二一八，4）。

陶板瓦　2件。标本M114:025，泥质灰陶。弧面较小。外表饰直绳纹。残长19.5、残宽10.5、胎厚1.2厘米（图二一八，10）。

瓷罐底　1件（M114:022）。灰白色瓷胎。无釉。腹部略鼓。平底。底径12、残高6.3厘米（图二一八，5）。

⑯ M154

M154位于C区东部。开口在①层下，打破生土。距地表深0.1～0.3米。方向250°。该墓所处位置甚陡，加上长期耕种破坏和水土流失等原因，墓葬大部分被破坏掉，残剩部分几乎直接暴露在地表。墓土圹较整齐，土圹壁斜度较大，底较平直。墓室系人工打制的条石错缝垒砌而成。墓室底为黄褐色生土，没有任何铺垫设施。墓土圹残长4.8、残宽0.1～1.6、残深0.6米。墓室残长4.2、残宽0.1～1.4、残高0.1～0.5米（图二一九）。墓条石打制后未经第二步加工，直接使用。一般长0.2～0.45、宽约0.2、厚0.08～0.1米。墓内填土为黄褐色五花土。

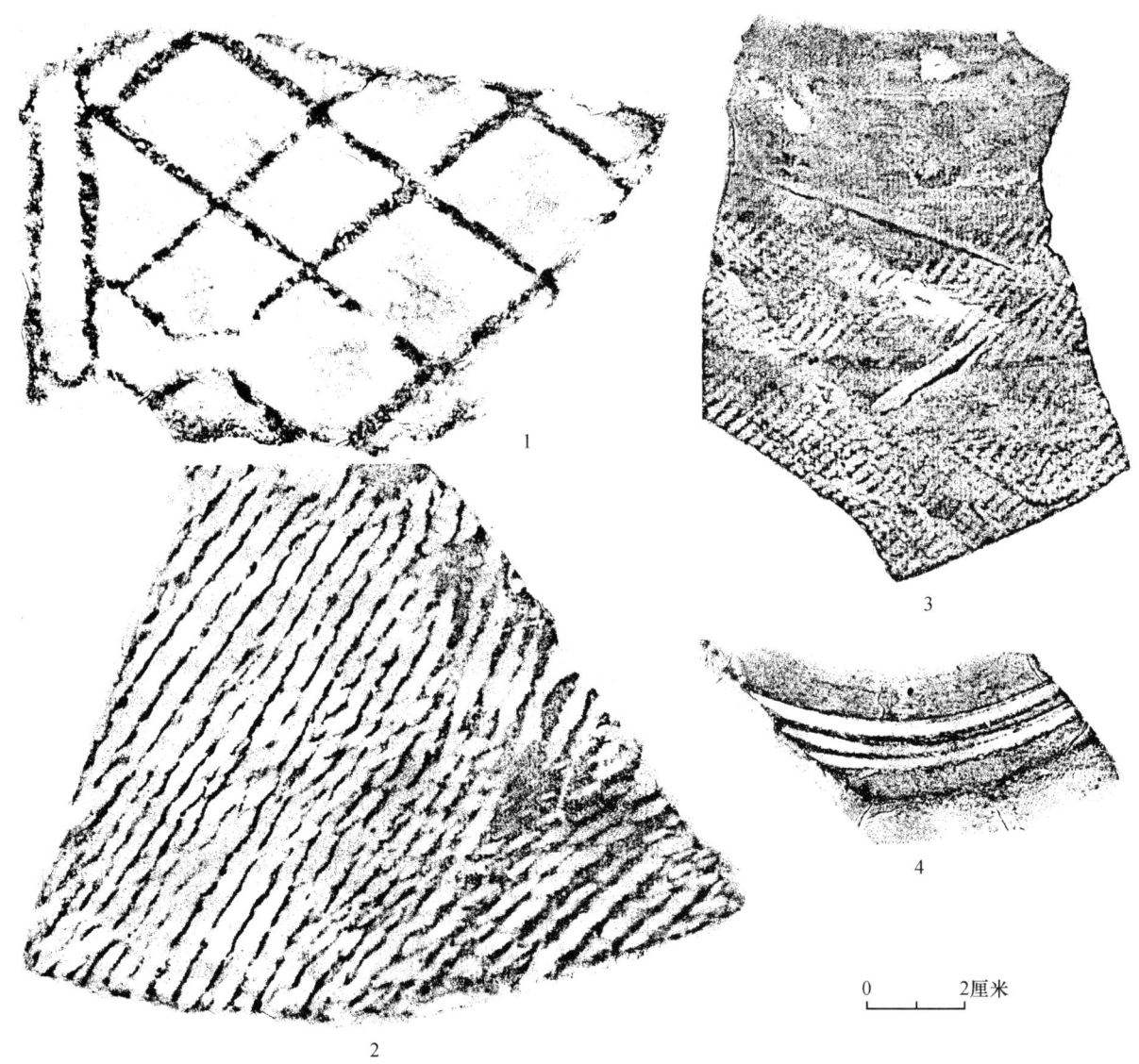

图二一七　C区M114填土陶片纹饰拓片

1. 菱形纹（M114:028）　2. 斜绳纹（M114:027）　3. 交错绳纹（M114:024）　4. 凹弦纹（M114:019）

因遭严重破坏和深度腐烂，葬具及人骨架均不存在，故葬具、葬式及墓主人性别、年龄均不详。

出土随葬器物仅1件陶罐和8枚钱币。

陶罐　1件（M154:1）。泥质灰褐陶。复原完整。折肩，敛口，宽圆唇，斜腹内收，大平底。口径10.8、肩径18、底径13.2、高15厘米（图二二〇；图版五七，6）。

钱币　8枚。均为铜质钱币。有五铢、货泉两种。

五铢　6枚。均为C型。面、背郭较宽，穿有大小之异。铸造工艺较粗糙。直径2.5～2.6厘米。面文"五"字较宽大，"铢"字金旁的头较大，呈三角形，"朱"旁上部转角处圆折（图二二一，1）。为东汉早中期钱币。

货泉　2枚。面、背郭较宽。铸造工艺较精。直径2.3厘米（图二二一，2）。为王莽时期铸造的钱币。

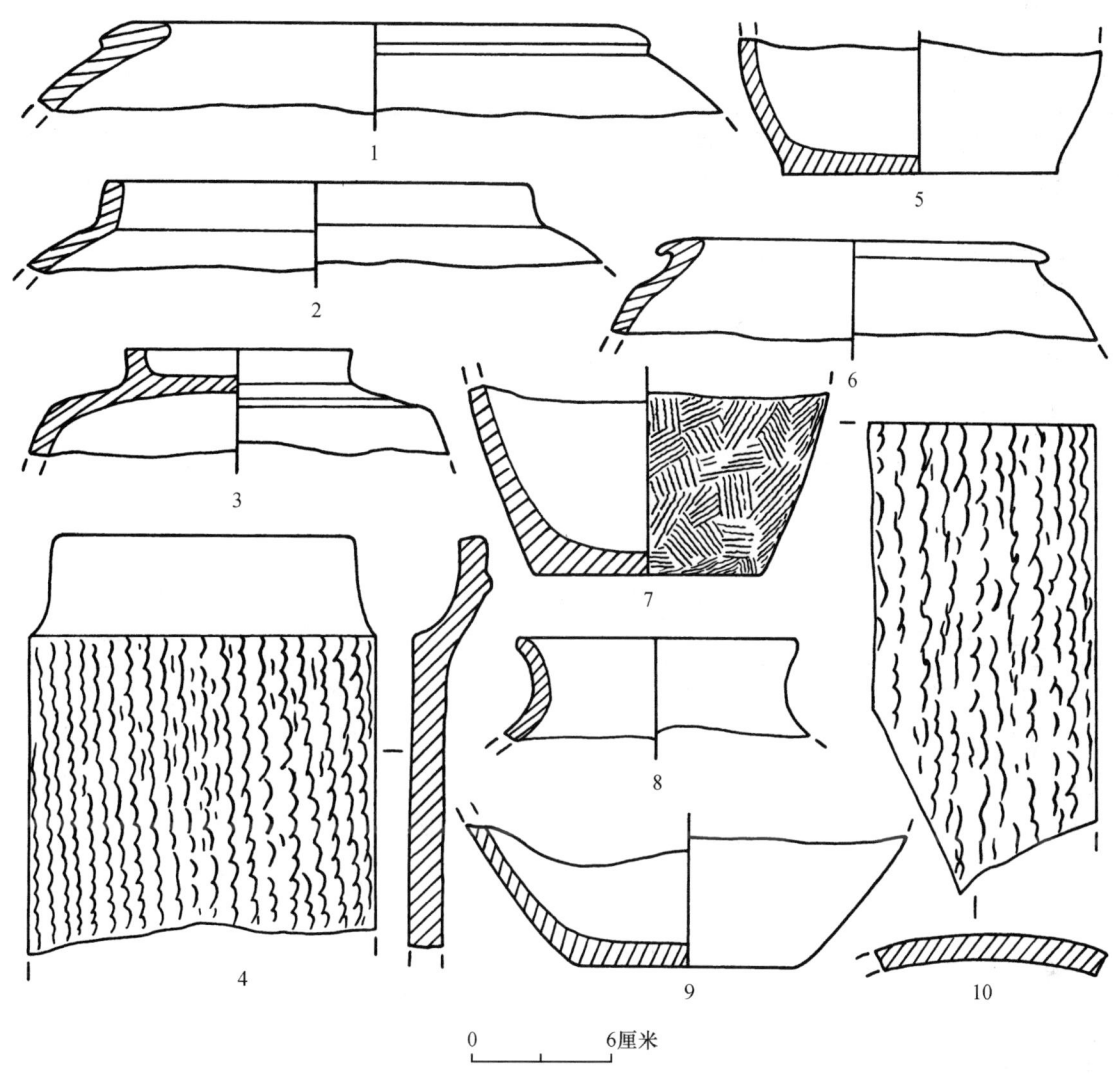

图二一八　C 区 M114 填土出土器物

1、6. 陶瓮（M114:021、M114:020）　2、8. 陶罐（M114:018、M114:017）　3. 陶盖（M114:
019）4. 陶筒瓦（M114:026）　5. 瓷罐底（M114:022）　7、9. 陶罐底（M114:024、M114:023）
10. 陶板瓦（M114:025）

3. 土圹砖室墓

土圹砖室墓共 2 座，包括 M11、M16。

① M11

M11 位于 CTG9 探沟中部。开口在①层下，打破生土。距地表深 0.3 米。方向 352°。该墓在一悬崖上，据调查，早在 20 世纪 60 年代，砖厂取土将墓挖出，并挖出陶器和钱币，现存墓室后壁一小部分。墓土圹壁较陡直，平底。墓室系长方形砖垒砌而成。墓底系砖交错平铺而成。墓土圹残长1.2、宽 2.5、残深 1.25 米。墓室残长 1、宽 2.35、残高 1.15 米（图二二二）。墓砖均为青灰色，火候较高，长 32、宽 16、厚 4 厘米。墓内填土为黄褐色五花土。

因遭严重破坏，墓内没有发现葬具和随葬器物。

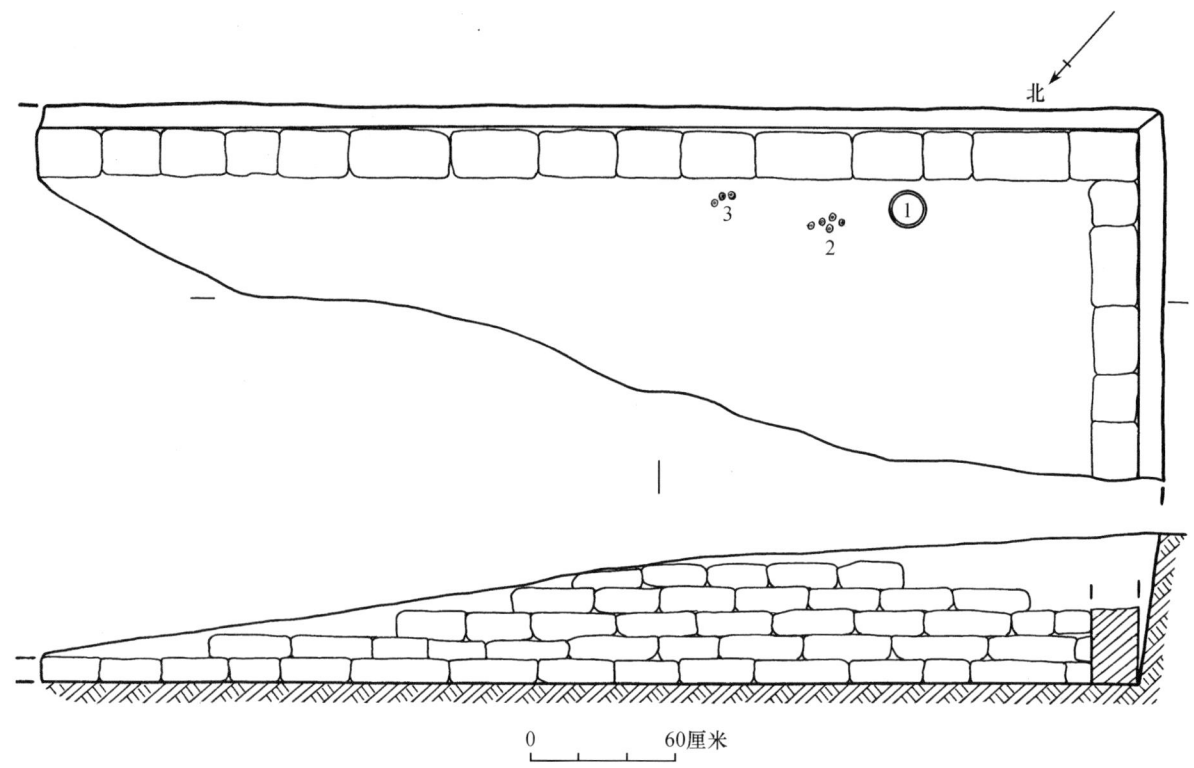

图二一九　C 区 M154 平、剖面图

1. 陶罐　2、3. 铜钱

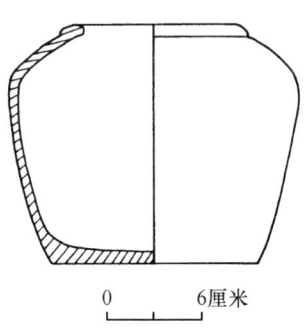

图二二〇　C 区 M154 陶罐
（M154:1）

② M16

M16 位于 CTG7 探沟东部，部分延伸到 CTG8 探沟内。开口在①层下，打破生土。距地表深0.2~0.8 米。方向 343°。平面呈凸字形。由墓室和甬道两部分组成。该墓所处位置较平，北边由于数年耕种和自然水土流失等原因，墓葬遭到严重破坏，除南部保存较好外，北壁和东、西两壁的部分以及墓室券顶大部分和甬道券顶均倒塌。东北角有一明显的盗洞，将砖打碎，而且将部分地面砖扰乱。墓土圹壁较陡直而光滑，底面较平，有台阶。墓室系长方形青灰色砖错缝垒砌而成，墓壁高 1 米处开始用楔形砖券顶。墓室南部有一台阶，高出墓室底面0.6 米，墓室底面铺一层砖，台阶底面为坚硬

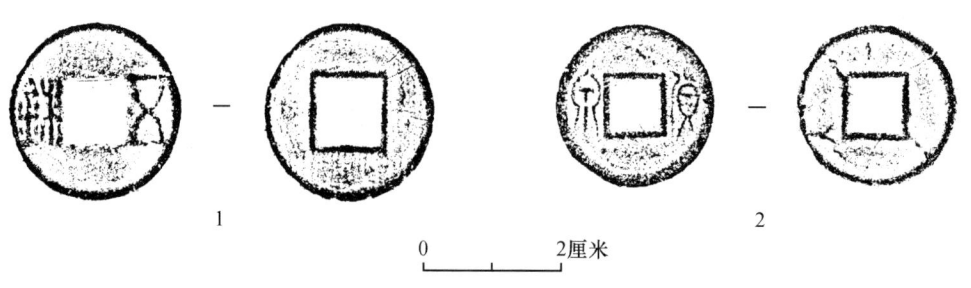

图二二一　C 区 M154 钱币拓片

1. 五铢（M154:2）　2. 货泉（M154:3）

岩土，均为人工凿平。墓土圹残长 9.6、宽 3.5、深 0.1 ~ 2.75 米。墓室长 7.93、宽 2.93、高 2.41 米，其中台阶长 3.5、宽 2.93 米。甬道残长 1.47、宽 2.5、残高 0.3 ~ 1.25 米（图二二三；图版六一，1）。

该墓墓砖除券顶用的楔形砖外，均为方形榫卯砖和长方形砖。墓壁用榫卯砖和长方形砖交错垒砌；铺地砖的凸榫一律朝南，凹卯一律朝北，砖与砖榫卯并行排列（图版六一，2）。长方形砖一侧有菱形花纹，一面饰斜绳纹。标本 M16：29，长 32、宽 16、厚 4.8 厘米（图二二四，1）。标本 M16：28，正面饰窗棂纹。长 26、宽 18.8、厚 5.6 厘米（图二二四，3；图二二六）。榫卯砖一侧有菱形花纹，一面饰斜绳纹。标本 M16：27，长 26.4、宽 30.6、厚 6、榫长 3、宽 6 厘米（图二二四，2；图二二五，1）。标本 M16：26，长 31.8、宽 24、厚 6 厘米（图二二四，4；图二二五，4、5）。

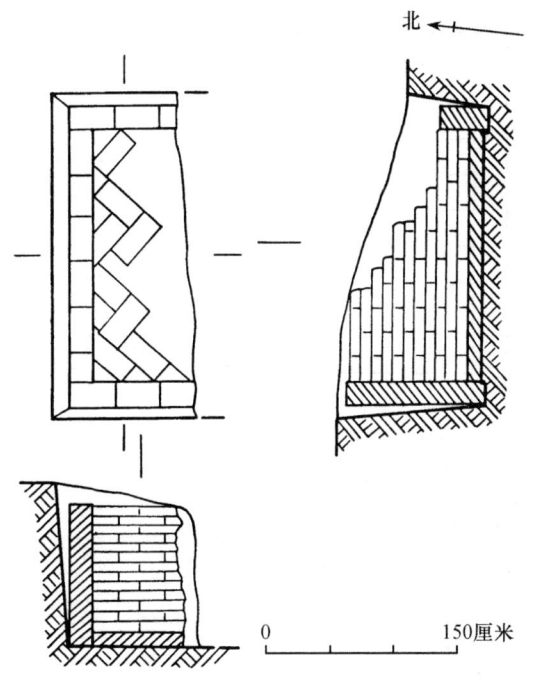

图二二二　C 区 M11 平、剖面图

因被盗和腐烂，没有发现葬具，但在墓室内发现有铁抓钉、铁棺扣和一些零星的漆皮痕迹，应是棺或椁的附件物及其腐烂痕迹。

墓主人头骨置于墓室中部近西壁处，一部分肢骨置于墓室中部，显然属人为扰乱所致。葬式不详。据头骨和部分牙齿鉴定，性别为女性，年龄 18 岁左右。

该墓因早期被盗和深度腐烂，所剩器物不多，共 10 件，主要有陶罐、银环、铜环、玻璃珠、铁棺扣、铁抓钉和钱币等。

陶罐　1 件（M16：1）。完整。泥质黑灰陶。广肩，鼓腹，矮领，直口略侈，宽沿外折，沿面下凹，略呈盘口状，小平底内凹。上腹部饰直绳纹，其上饰三道旋抹弦纹，下腹部饰交错线纹。口径 16、最大腹径 31、底径 8、高 26.2 厘米（图二二五，2、3；图二二七，5；彩版一四，1；图版五七，2）。

银环　3 件。形制相同。标本 M16：10，圆形，横剖面亦呈圆形。直径 2.3 厘米（图二二七，8；图版七〇，3）。

铜环　1 件（M16：11）。圆形，横剖面呈圆形。直径 7.2 厘米（图二二七，9）。

料珠　7 件。标本 M16：18，质地为玻璃。深蓝色。硬度 6.5° ~ 6.8°。略呈圆柱形，中间有小圆孔。直径 0.9、高 0.8、孔径 0.2 厘米（图二二七，3）。标本 M16：19，共 6 粒。深绿色。硬度 6.5° ~ 6.8°。有圆柱形、圆饼形、椭圆形几种。器形均较小，最大者直径 0.6、最小者直径 0.25 厘米。中间穿孔（图二二七，7；图版六六，6）。

铁抓钉　3 件。形制相同，两端有钩，宽 1.5 ~ 2、厚 0.3 厘米。标本 M16：15，长 12.9 厘米（图二二七，1）。标本 M16：14，长 6.7 厘米（图二二七，2）。标本 M16：16，长 12 厘米（图二二七，4）。

铁棺扣　1 件（M16：5）。弧形。残长 6、宽 1、厚 0.3 厘米（图二二七，6）。

钱币　204 枚。均为铜质钱币。有五铢、大泉五十、小泉直一。

五铢　133 枚。分二型。

A 型　75 枚。郭较窄，穿较大，有穿上横和穿下半星。直径 2.2 ~ 2.4 厘米。面文"五"字中间两笔较斜直，"朱"字头方折（图二二八，1 ~ 3）。为西汉早中期钱币。

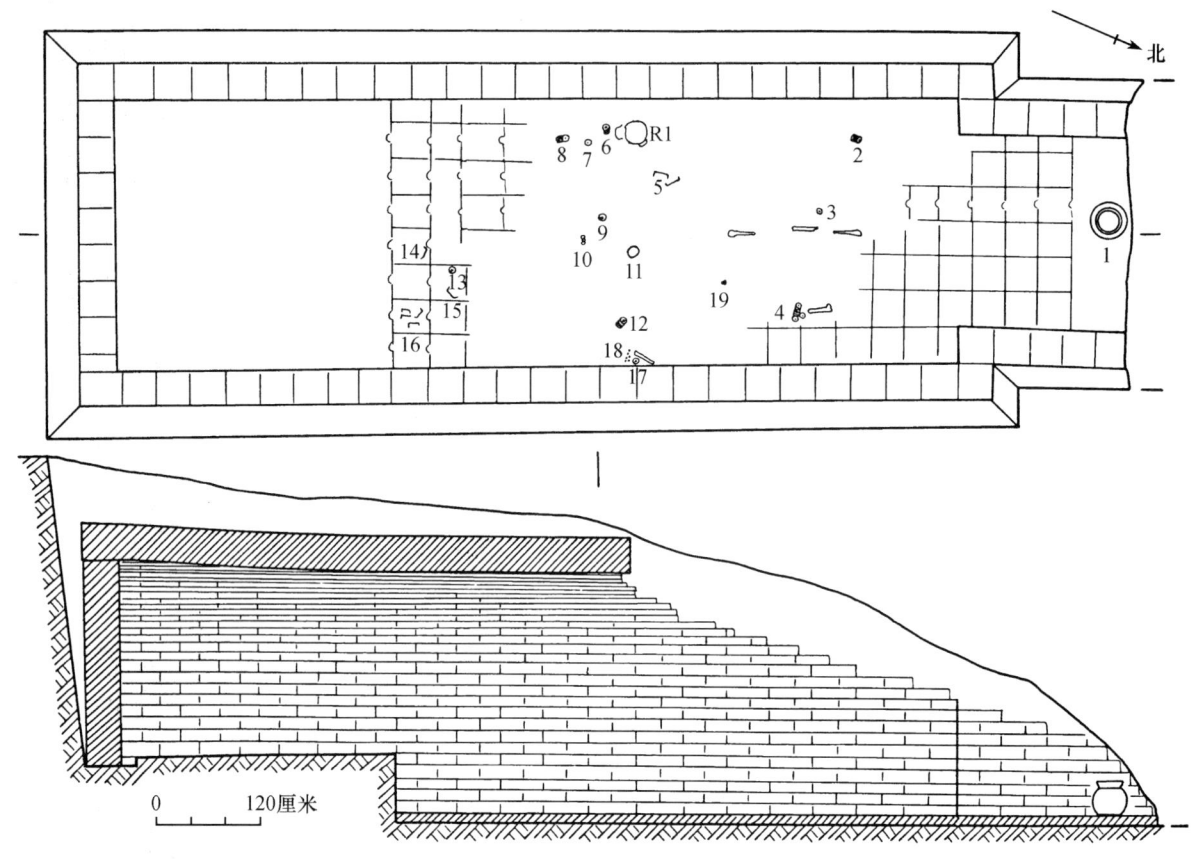

图二二三　C区 M16 平、剖面图

1. 陶罐　2~4、6~9、12、13、17. 铜钱　5. 铁棺扣　10. 银环　11. 铜环　14~16. 铁抓钉

18、19. 料珠　R1. 人头骨

B 型　58 枚。面、背郭有宽窄之异，有穿下半星。直径 2.4~2.6 厘米。面文"五"字像两炮弹相对，"铢"字金旁的头小，呈箭头状（图二二八，4~7）。为西汉晚期钱币。

大泉五十　69 枚。面、背均有郭，郭有宽窄、深浅之别，穿有大小之异。铸造工艺欠精。直径 2.6~2.8 厘米（图二二八，9~12；图版六二，5）。为西汉王莽时期铸造的钱币。

小泉直一　2 枚。面、背均有郭，面文清晰。铸造工艺精湛。直径 1.4 厘米（图二二八，8；图版六二，6）。为西汉王莽时期铸造的钱币。

（三）分期与年代

1. 分期

C 区汉代遗存均为墓葬，共 25 座，彼此没有相互叠压打破关系。因此从考古层位学上分期可能性不大。墓葬被盗情况相当严重，90% 以上墓葬被盗。尤其是土圹石室墓和土圹砖室墓被盗比例达 100%。残存随葬器物不多，25 座墓葬仅出 58 件器物，而且绝大部分是小件器物，如铜带钩、铜环、铁棺扣、铁削刀、银环、构件、耳坠等，破碎情况也比较严重。可以说这些墓葬（尤其是土圹石室墓和土圹砖室墓）都不存在完整的器物组合形式，也看不出具有时代早晚关系的完整特征。

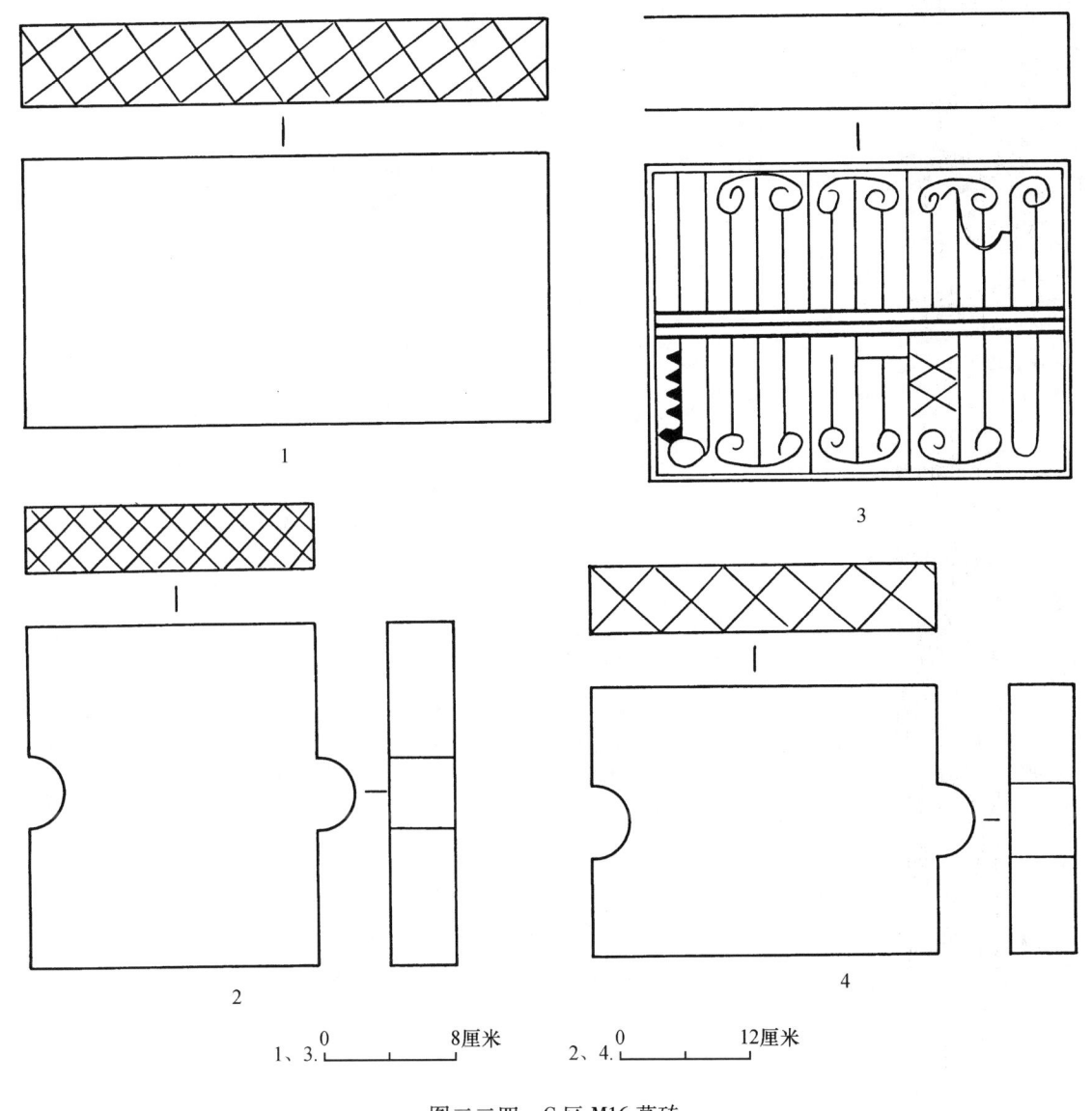

图二二四　C 区 M16 墓砖
1 ~ 4. M16：29、M16：27、M16：28、M16：26

所出器物是一些小件和附件物，加上大多破碎，所以从器物形制寻找其形态演变规律也是很困难的。

残存器物中，比较有代表性的器物有陶罐、陶鼎、陶壶、陶钫壶、铜鼎、铜带钩、铜鍪、铜壶、铁削刀、铁刀、玻璃耳坠等，可以参加器物组合逻辑排序。墓葬形制中，土坑墓均为长方形，石室墓和砖室墓为凸字形。但有相当一部分石室墓和砖室墓，因破坏而看不出有甬道，根据墓室尺寸比例、方向和营造特点分析，也应该有甬道，即为凸字形墓，为慎重起见，暂归入长方形墓类加以分析。出土钱币可以推测墓葬时代上限，对于墓葬断代、分期只能作为参考的依据。

根据上述情况，结合残存器物的大致组合情况，墓葬形制结构、用料以及所出钱币种类和形式作为主要分期依据，对 C 区汉代遗存进行粗略的分期。C 区汉代墓葬随葬器物组合与墓葬形制结构对应关系见表二四。

表二四显示，凡是土坑墓均不出钱币、玻璃耳坠、铁削刀、铁刀、铜带钩，而这些器物在土圹

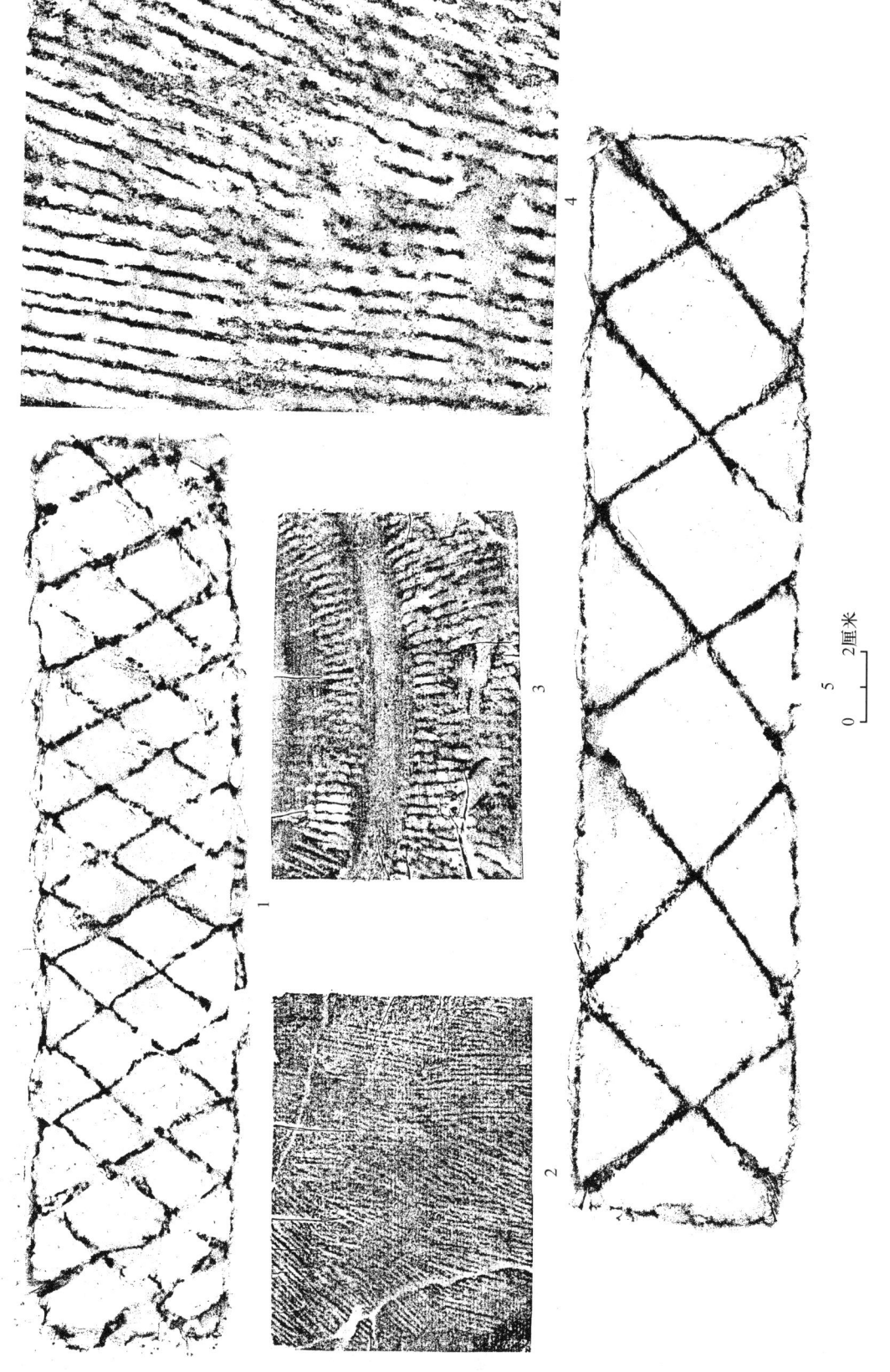

图二二五　C区 M16 墓砖和陶罐纹饰拓片

1、5. 菱形纹（M16:27、M16:26）　2. 线纹（M16:1）　3. 直绳纹（M16:1）　4. 斜绳纹（M16:26）

0   2厘米

图二二六　C区 M16 墓砖纹饰拓片（M16∶28）

石室墓和土圹砖室墓中又有较多发现；铜鼎（包括陶鼎）、铜鍪、铜壶（包括陶壶、陶钫壶）仅见于土坑墓，而在土圹石室墓和土圹砖室墓中均无踪迹；M11、M16 是唯一的两座土圹砖室墓，M11因遭破坏未见器物，M16 出土 A 型、B 型五铢钱币，不见 C 型五铢钱币；土圹石室墓均出土 B 型和C 型五铢钱币，不见 A 型五铢钱币；M111 出土 A 型、B 型、C 型五铢钱币，同时还出 E 型东汉晚期綖环五铢钱币。

　　据上述情况观察分析，C 区汉代墓葬类型演变发展关系似乎是由土坑墓发展到土圹石室墓，然后又由土圹石室墓发展到土圹砖室墓。随葬器物中铜器由大件铜器（如铜鼎、铜鍪、铜蒜头壶）到小件铜器（如铜环、铜带钩等）。早期不随葬铁器。晚期钱币是主要随葬品。

　　由此，可将 C 区汉代遗存分为一、二两期。

　　一期：均为土坑墓。以 M6 为代表，包括 M7、M70、M109、M153、M155。M25 没有发现随葬器物，但属于长方形土坑墓，一并归入一期。典型器物有铜鼎、铜鍪、铜蒜头壶、陶钫壶等。

　　二期：均为土圹石室墓和土圹砖室墓。以 M16、M114、M91 为代表，包括 M9、M13、M17～M20、M22、M89、M91、M92、M111、M112、FM114、M154。M11、M12、M38 三座墓虽然没有发现随葬器物，其形制结构同于 M16、M91、M114，故归入二期。代表性器物是 C 型五铢钱币、铁刀、玻璃耳坠等。

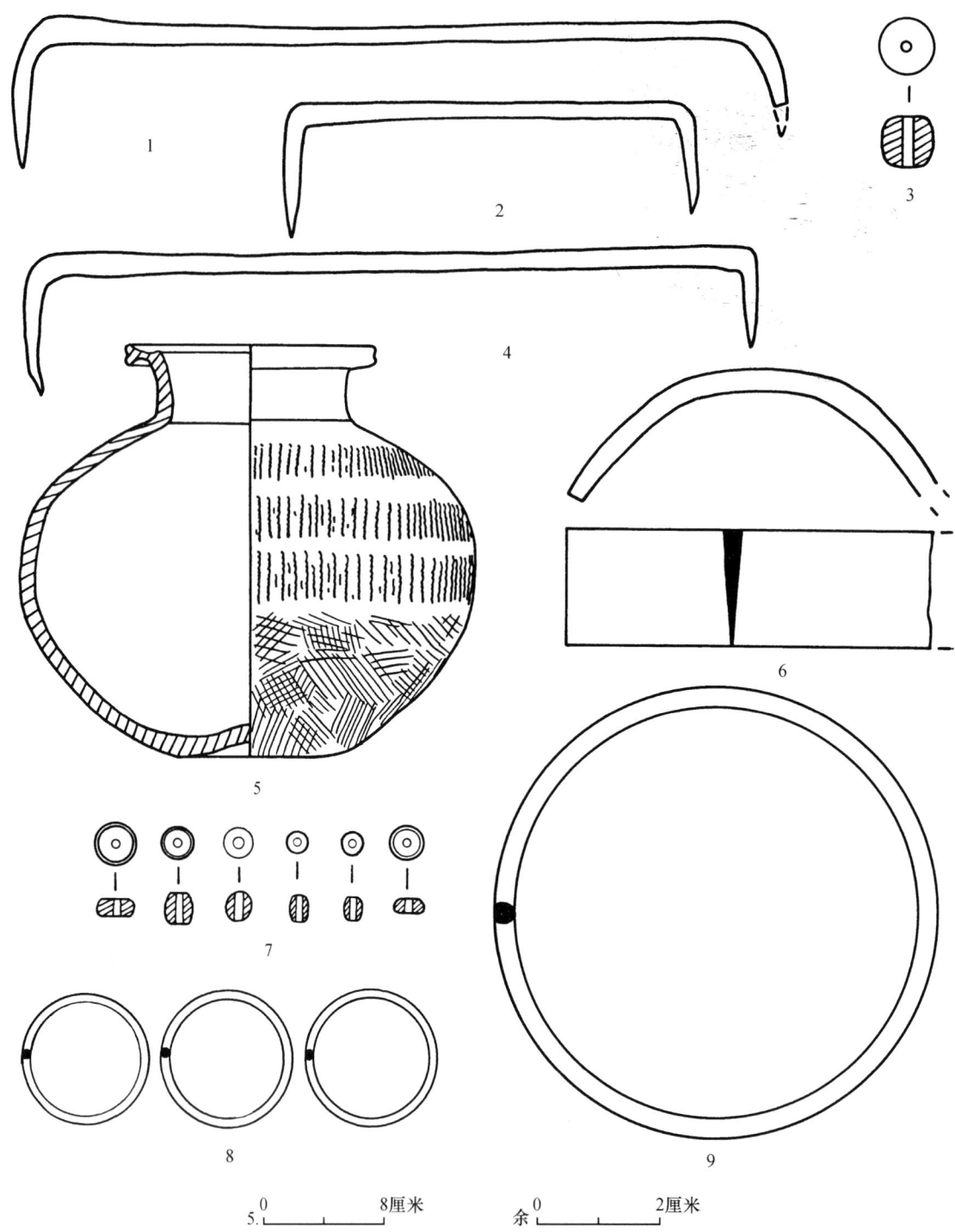

图二二七　C区M16出土器物

1、2、4. 铁抓钉（M16：15、M16：14、M16：16）　3、7. 料珠（M16：18、M16：19）　5. 陶罐（M16：1）

6. 铁棺扣（M16：5）　8. 银环（M16：10）　9. 铜环（M16：11）

表二四　C区汉代墓葬随葬器物组合与墓葬形制结构对应关系表

墓号	陶罐	铜鼎	铜带钩	铜鐎	铁削刀	铜壶	铁刀	陶仓	耳坠	五铢钱A型	五铢钱B型	五铢钱C型	五铢钱D型	五铢钱E型	半两钱	货泉钱	大泉五十钱	土坑	石室	砖室	长方形	凸字形
6		√		√	√													√			?	
7	√							√										√			?	
9	√						√	√			√	√				√			√		?	
11																				√	?	
12																			√		?	
13			√		√						√	√	√		√	√			√		?	
16	√										√	√				√			√			√
17			√		√	√									√				√		?	
18											√	√				√			√		?	
19											√	√			√				√		?	
20					√						√	√			√				√		?	
22							√				√	√							√			√
25																		√			√	
38																			√		?	
70		√				√												√			√	
89					√			√							√	√	√		√		?	
91					√														√			√
92						√					√				√				√			√
109	√																	√			√	
111											√	√	√		√				√		?	
112											√	√							√		?	
114	√																	√			√	
153		√				√												√			√	
154	√														√				√		?	
155					√													√				√

注：表中"？"号因墓室局部被破坏，推测为长方形墓。

2. 年代

一期的铜鼎、铜蒜头壶、铜鐎、陶钫壶，与湖北宜昌前坪 M105：6、M97：7、M104：3、M93：1 的同类器相似[①]，M7：2 陶罐、M7：1 陶仓、M153：5 玉璧，分别与宜昌前坪 M9：11、M20：3、M5：1 的同类器基本相同[②]，年代相当于西汉早期。

二期基本上都出土 A 型、B 型、C 型五铢钱币，其中 C 型五铢钱币外郭狭窄，面文"五"字中间交笔弯曲而宽大，"铢"字金旁头也较宽大，多呈三角形，朱字头圆折，中间直笔两端纤细，为

① 宜昌地区博物馆：《1978 年宜昌前坪汉墓发掘简报》，《考古》1985 年 5 期。
② 湖北省博物馆：《宜昌前坪战国两汉墓》，《考古学报》1976 年 2 期。

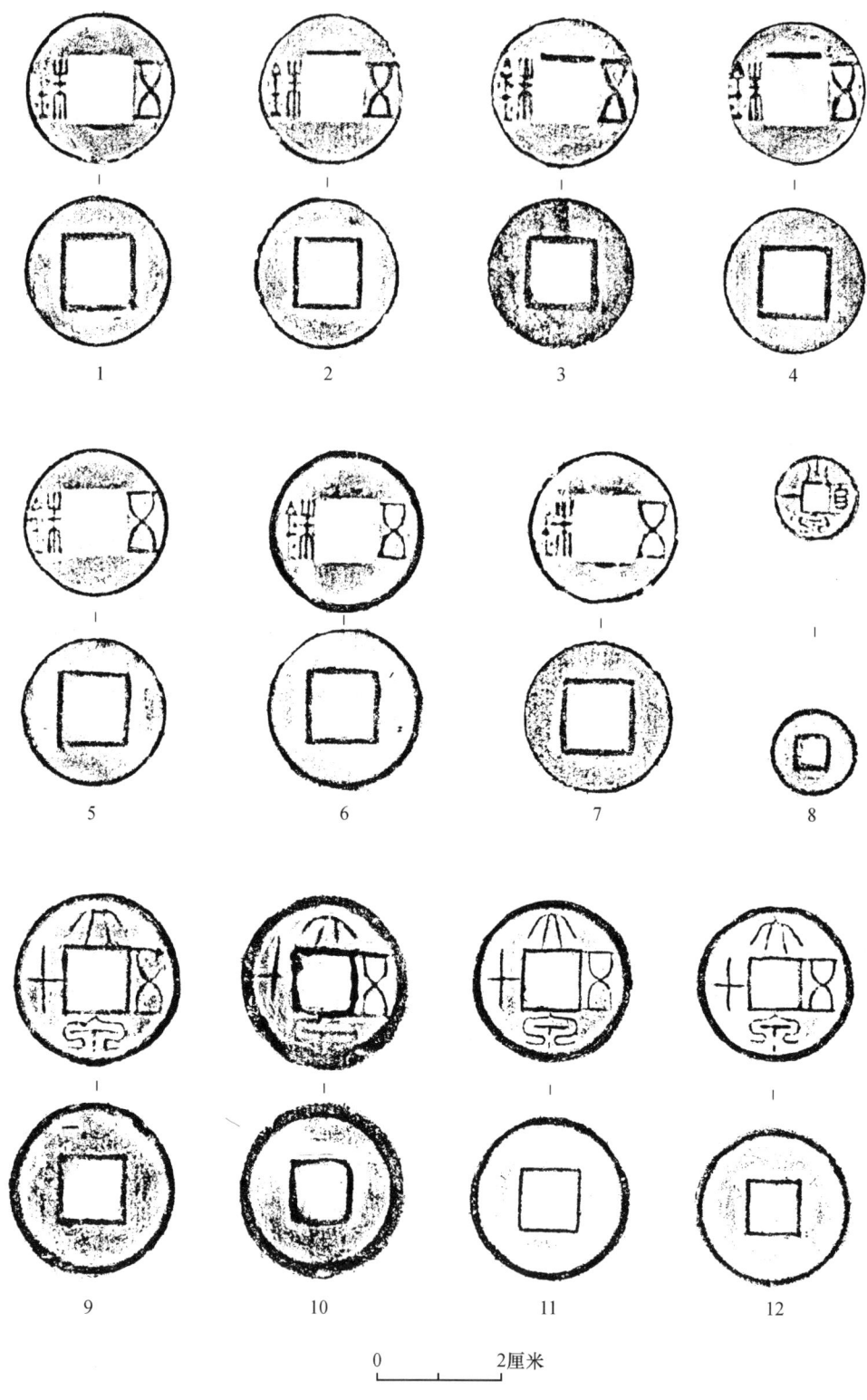

图二二八　C 区 M16 钱币拓片

1~3. A 型五铢（M16:4、M16:13、M16:17）　4~7. B 型五铢（M16:20、M16:3、M16:6、M16:12）

8. 小泉直一（M16:25）　9~12. 大泉五十（CM16:21、M16:22、M16:23、M16:24）

东汉早中期五铢钱币。玻璃耳坠始见于东汉，流行六朝时期。二期不少墓出土玻璃耳坠，可见二期时代上限只能到东汉。二期中还出土綎环五铢钱币，这是东汉中期以后较多出现的钱币。M13：7青铜虎形带钩，在三峡地区发现较多，均见于东汉时期。M9：7陶罐与宜昌前坪M109：1十分相似。由此，二期的年代相当于东汉时期。其中，M16和M11仅出A型、B型五铢和王莽时期的大泉五十钱币，不见C型五铢钱币，但墓葬形制结构呈凸字形，与东汉土圹石室墓形制相同，由此推测，以M16为代表的土圹砖室墓的时代稍早于土圹石室墓，大致年代约相当于东汉早期。

（四）小结

C区汉代墓葬早期被盗严重，尤其是土圹石室墓和土圹砖室墓被盗为甚，加上自然破坏和腐烂，所出器物不多，但仍可看出一些具有时代特征的规律，如西汉墓均为长方形土坑墓，以随葬陶器和铜器为主，组合关系为鼎、壶、罐或是鼎、壶、鎏。东汉墓均为土圹石室墓和土圹砖室墓，以带甬道的凸字形墓为主要墓葬结构特征。随葬有大量钱币和玻璃耳坠及铁器，如铁削刀、铁刀。葬具多使用铁棺扣、铁抓钉和方锥形铁钉。

西汉墓均分布在C区东部，多为东西方向，东汉墓主要分布在C区的东部和西南部，多为南北方向。东汉墓排列有序，特别是C区东北部有13座墓葬分成三排呈东西向排列。

石室墓的墓壁所用石料均为较细腻而坚硬的青灰色石灰岩，俗称青石。这种石料卜庄河本地没有，均出产于卜庄河西南约15～20公里的云台荒一带。如此众多的墓石，说明当时可能已有专门的墓石开采产业和运输业。

西汉墓中不见随葬钱币，到东汉时期不仅90%以上墓随葬钱币，而且随葬钱币数量也比较多，最多者达1000多枚。东汉晚期出现剪轮钱较多，并使用了綎环钱币。这些现象说明西汉早期，社会经济尚未恢复，财政困难，不轻易随葬钱币，西汉后期到东汉中期，社会稳定，经济发达、繁荣，人们生活水平大大提高，所以用大量钱币作为随葬品，象征财富，应是当时社会、经济、文化在葬俗上的反映。东汉中期以后，私铸钱币兴起，钱质下降，剪边钱、綎环钱大量出现，趁币制混乱之机混于市中。这正是当时社会政治动荡、经济萧条与货币流通状况恶化的直接反映。

六　六朝遗存

（一）概述

C区六朝遗存包括遗址、墓葬和陶窑三个部分。

遗址文化堆积主要分布在CT1、CT10两个探方内。分布范围较小。文化层厚0.15～0.3米。出土遗物甚少，主要为绳纹筒瓦、板瓦和铜簪。陶片共25片，均为残片。粗泥青灰色。制作较粗糙，多为模制及手工修整。

陶窑3座，编号为CY1～CY3。均被墓葬打破。残存有窑室、火膛、窑门及土坑。陶窑坐南朝北，方向360°。

墓葬6座，包括M10、M14、M15、M21、M23、M27。均早期被盗，皆为土圹砖室墓。其中3座墓为凸字形，1座墓呈刀把形，另2座墓因残，形制不清，但根据营造方法和墓葬方向推测，也应为凸字形墓。均有排水设施。墓室规整，营造讲究。随葬器类有陶罐、瓷壶、瓷罐、瓷砚、滑石猪、铁刀、铜带钩、石锛、石双刃器、玻璃珠、铜饰件、铜环及钱币等，共32件及391枚钱币。随葬器物组合因被盗和腐烂，不清楚，但残存器物有石砚台、滑石猪、青瓷罐、青瓷壶、钱币。有2座墓随葬有动物。葬具、葬式均不详。有4座墓残存有人牙，经鉴定年龄为20岁左右至35岁，性别不详。

这批墓葬均位于C区东北部。M14、M15呈东西向排列在一条直线上，两墓间隔2.5米。其余墓葬也呈东西向排列在一条直线上。海拔为125~131米。墓葬方向除M15为155°外，其余墓葬均在340°以上。

（二）遗存介绍

1. 陶窑

① CY1、CY2

CY1、CY2位于C区北面CTG8探沟西部，分别开口在M21、M23下，打破生土。方向360°。两座陶窑呈东西方向平行排列，间隔0.8米。形制结构相同。分别由窑室、火膛、窑门、土坑四部分组成（图二二九），土坑设在窑室外，即烧砖时投送柴草和观察火候的工作用坑。两窑土坑相通。土坑较深，平底，北边有一台阶形状的门道，中间置一桃形石头，供烧砖时休息垫坐用。窑室为椭圆形，口小底大，呈袋状形，底较平，略呈5°向北倾斜。火膛呈东西向椭圆形，斜壁，圜形底。CY1窑室残长2.1、宽2、残高1.6米，火膛长径1.66、短径0.93、深0.45米，火膛南壁台阶长1、宽0.2、高0.06米，窑门长0.5、宽0.72、高0.58米（图版七八，1）。CY2窑室残长1.6、宽2、残高1.2米，火膛长径1.8、短径0.8、深0.44米，窑门长0.46、宽0.66、高0.58米。土坑长5、宽2.8~3.1、深1.4~1.9米（图版七九）。

窑室壁较粗糙，有许多工具痕迹，痕迹一般长5~7，宽5.5厘米（图版七八，2）。

窑室及火膛内壁有非常坚硬的厚1~3厘米的青灰色烧土，其外为厚10~20厘米的棕红色烧土，棕红色烧土越向外颜色越浅。火膛南壁系长方形青灰色砖垒砌。砖长36、宽17.2、厚6厘米。一面饰有斜绳纹，侧面模印有"富贵宜官吉利"文字，当面模印有"文中兵神墓"字样。火膛底部残留有厚8~12厘米的灰烬，包含有大量木炭，木炭多为圆形树木烧成。

窑内出土有板瓦、瓦嘴和残砖块。

陶砖 25块。均残。标本CY1:3，残。粗泥青灰色，一面饰交错绳纹，侧面模印有"富贵宜官吉利"字样，当面为双线菱形纹。残长2.4、宽17.2、厚6厘米（图二三〇，1；图二三一）。

陶板瓦 3件。均残。标本CY1:4，残。泥质灰陶。横剖面微弧。正面饰斜绳纹。残长22，残宽22，厚2.2厘米（图二三〇，3）。

陶瓦嘴 2件。标本CY1:1，均残。泥质灰陶。圆唇。残长2.8、残宽7.2厘米（图二三〇，2）。

② CY3

CY3位于CTG8探沟以西8.5米处，开口在M27下，打破生土。方向355°。该窑被M27打破，仅存窑火膛。其形制同于CY1、CY2火膛。火膛略呈椭圆形，斜壁，圜底，系在地面上直接挖掘而成。火膛壁上留有工具痕迹。因火烧，表面为1~2厘米厚的青灰色烧土，其外为红色烧土，红色烧土越往外颜色越浅。火膛长径1.8、短径0.8、深0.52米（图二三二）。火膛内出土有厚15~22厘米的灰烬、木炭、红色烧土块和残砖块。

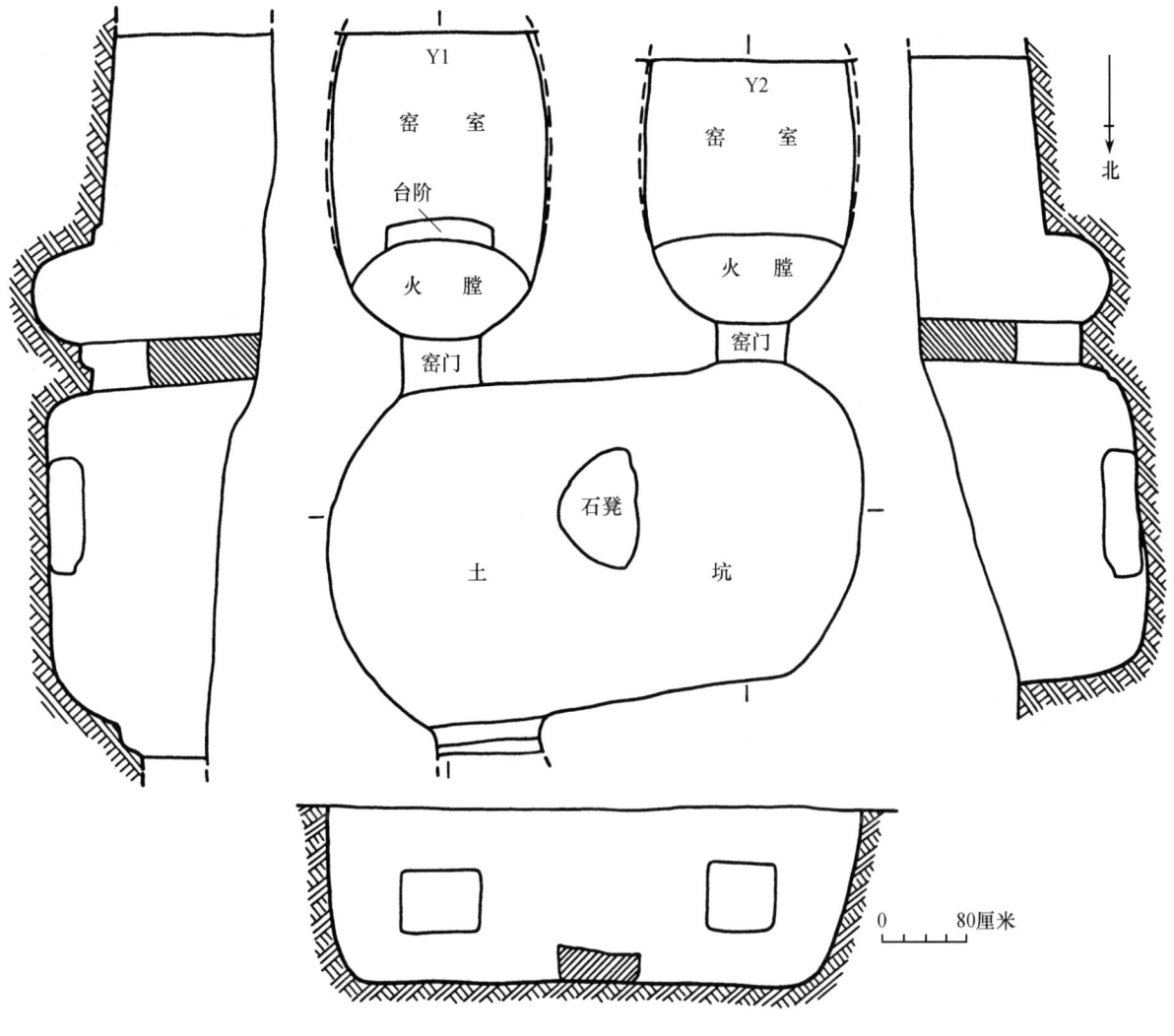

图二二九　C 区 Y1、Y2 平、剖面图

2. 墓葬

① M10

M10位于 C 区最东边，西北距 M38 墓22.5米。开口在①层下，打破生土和岩石。墓室北部直接暴露在外面，南部距地表深0.5米。方向340°。平面呈凸字形，由墓室和甬道两部分组成。墓室南部保存较好，其余部分及甬道全部倒塌，残破不全。墓土圹壁较陡直，光滑，底较平。墓室由青灰色砖垒砌，黄泥错缝，东西两壁砌至1.16米处开始起拱，顶中部用三排楔形砖券顶。甬道壁砌法与墓室相同，高0.8米处开始券顶。墓室南部有一台阶，高出墓室底面0.35米。台阶底面为岩石平面，墓室北部底面用砖横竖相间平铺至甬道口。甬道外有两个门臼石，两块石门板顺卧于甬道间。土圹残长8.1、宽3.5、残深1～3.5米。甬道残长1.8、宽1.85、残高0.8米。墓室长6.25、宽3.25、残深1.9～2.5米。墓室内台阶长2.55、宽3.25米（图二三三；图版八〇，1）。墓内淤土由南向北呈斜坡状堆积，厚0.5～1.2米，包含有券顶倒塌的砖头、石块。

墓砖均为青灰色，侧面和当面有菱形几何纹，正面饰斜绳纹，少量砖的当面饰人形图案和窗棂纹（图二三四，3；图二三五，1～3）。墓砖纹饰一律朝向墓室内（图版八〇，2）。砖有长方形和

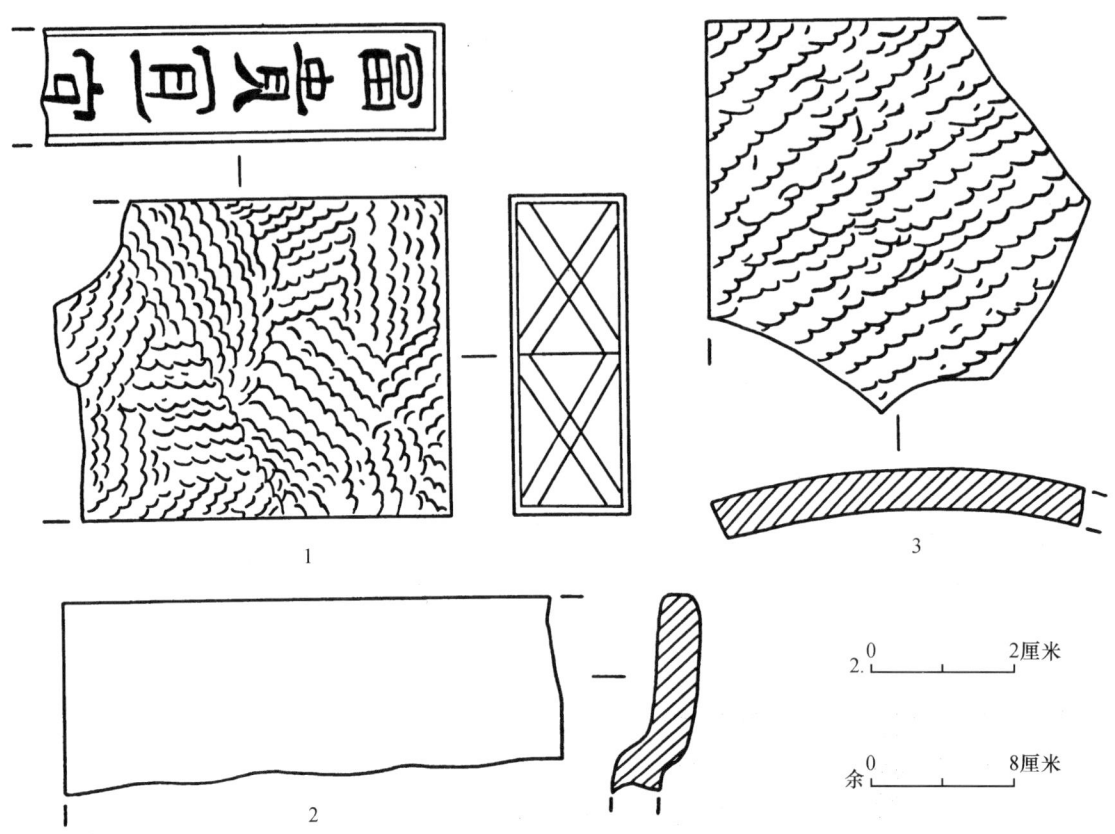

图二三〇　C区Y1出土器物

1. 陶砖（CY1:3）　2. 陶瓦嘴（CY1:1）　3. 陶板瓦（CY1:4）

长方楔形两种。长方形砖长34、宽17、厚5.2厘米（图二三四，1；图二三六，1、4），楔形砖长34、宽17、一侧厚6.4、另一侧厚4.8厘米（图二三四，2；图二三六，2、3、5）。门臼石长35、宽28、厚20厘米，臼窝呈圆形，直径6厘米。石门板长112、宽56、厚6厘米。

葬具腐烂无存。人骨架因深度腐烂和被盗扰乱，仅存部分腐烂痕迹和几颗牙齿，其葬式和性别不详，通过牙齿鉴定，墓主人年龄为20岁左右。

该墓因早期严重被盗，残存随葬器物均为小件器物，共20件及160枚钱币。器类有青瓷三足砚、青瓷四系盘口壶、陶罐、滑石猪、铁刀、铜带钩、铜环、铜构件等，钱币有五铢、货泉等，并随葬有动物。

青瓷四系盘口壶　1件（M10:7）。复原完整。白灰色瓷胎。细颈，盘形口，鼓肩，最大腹径偏上，腹内收，平底略内凹，肩部有四个桥形钮。下腹以上施青色釉。口径10.2、最大腹径17.8、底径10.2、高20.4厘米（图二三七，5；彩版一八，2；图版八三，1）。

青瓷三足砚　1件（M10:1）。复原完整。灰白色瓷胎。呈圆盘状，底面微上鼓，底下附三个兽蹄形足，足外撇。外表施青色釉，砚盘内无釉。口径18.2、盘深0.9～1.2、足高2.3、通高4.5厘米（图二三七，4；彩版一八，4；图版八三，2）。

瓷钮　1件（M10:19）。灰白色瓷胎。略呈锥体状，外表呈瓜棱形，施青色釉。底径2.2、顶面径0.7、高2.2厘米（图二三七，1；图版八三，5）。

陶罐　1件（M10:13）。口残。泥质灰陶。胎较薄。球形腹，平底。上腹部饰一道凹弦纹。最大腹径18.6、底径8.5、残高14.8厘米（图二三七，3）。

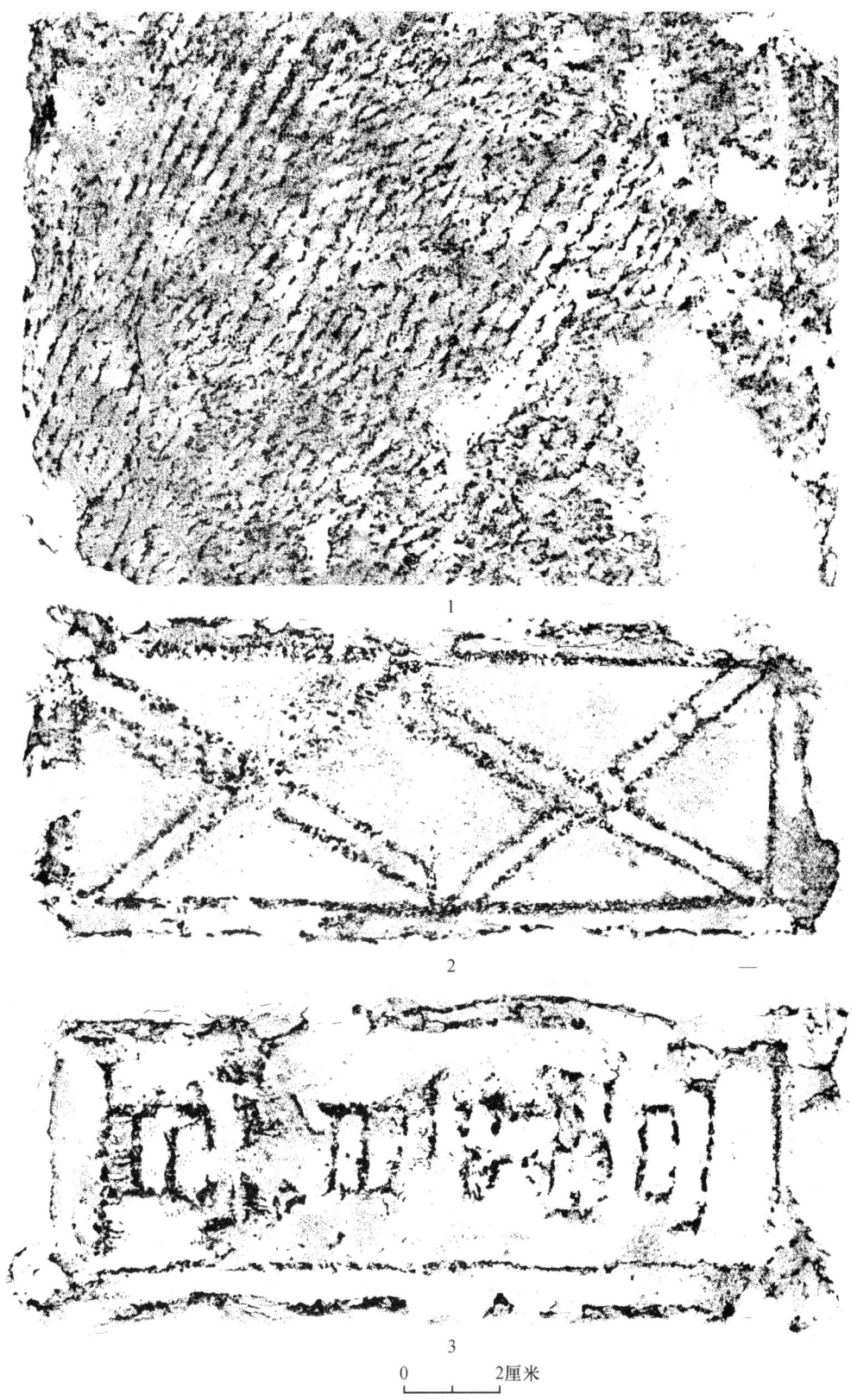

1

2

3

0　　　　2厘米

图二三一　C区Y1字砖文字及纹饰拓片

1. 斜绳纹（CY1:3）　　2. 菱形纹（CY1:3当面）　　3. 砖文（CY1:3侧面）

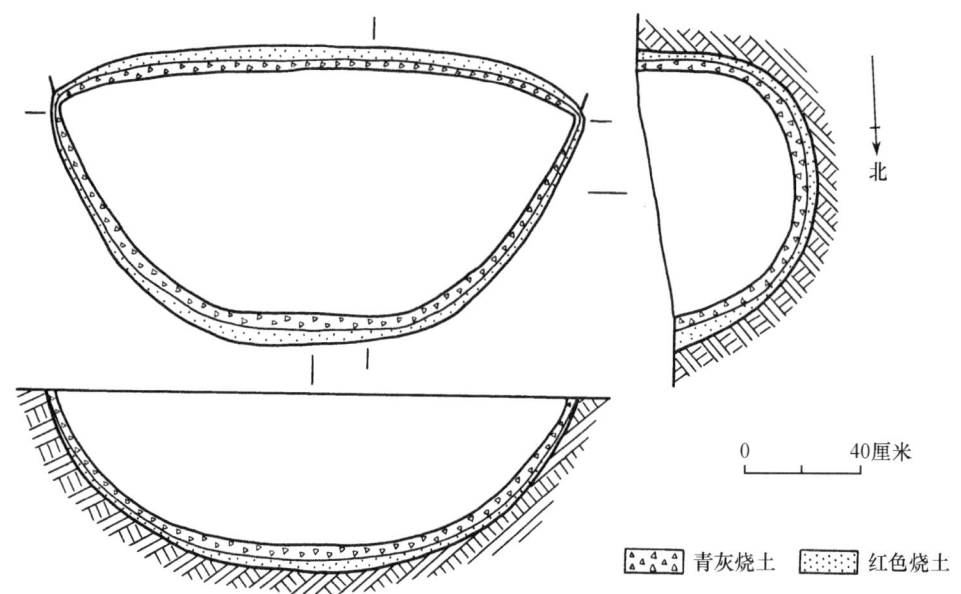

0   40厘米

▲△▲△ 青灰烧土　　　红色烧土

图二三二　C区Y3火膛平、剖面图

铜钮　1件（M10:25）。胎较厚。碗形。钮径4、残高1.5厘米（图二三七，2）。

滑石猪　2件。形制基本相同。均为灰黄色滑石，硬度1°。原材料产于三峡地区。呈长条形卧式。标本M10:26，长6.9、宽1.5、高2厘米（图二三八，1；彩版一八，5左；图版八五，1左）。标本M10:27，长6.5、宽1.5、高2.1厘米（图二三八，2；彩版一八，5右；图版八五，1右）。

铜带钩　2件。标本M10:18，完整。器形较小，钩端作鸭首回视状，方形钮，钮面有一徽记，阴刻，图案呈兽形。长4、钮径1.4厘米（图二三五，4；图二三九，1；图版八一，2）。标本M10:11，钩端已残。器形较大，弧形，横剖面呈圆形，圆饼形钮。残长11.5、粗径1~1.3、钮径2.4厘米（图二三九，9；图版八一，3）。

铜构件　15件。分三型。

A型　3件。平面半圆形。横剖面略呈工字形。标本M10:28，一侧较直，正面有长方形孔，内空。长3、宽2.1、厚0.6厘米（图二三九，2）。

B型　7件。平面呈方形。正面有长方形孔，内空，横剖面略呈工字形。标本M10:24，边长3、厚0.7厘米（图二三九，4；图版八一，5）。

C型　5件。平面呈半圆形。标本M10:17，一侧较直，内空。长3.4、宽2.9、厚0.6厘米（图二三九，8；图版八一，4）。

铜饰件　3件。标本M10:45，扁形，内空。应为削鞘上面的饰件。长2.6、宽1.2、厚0.2~0.6厘米（图二三九，3）。标本M10:44，平面呈弯月形，横剖面呈"U"字形。长6.7、中间宽1.3、厚0.85厘米（图二三九，5）。标本M10:14，平面呈弯月形，横剖面呈曲尺形。长7、宽1.2厘米（图二三九，6）。

铜羊形饰　1件（M10:31）。器物较小，透雕，呈羊站立状，立于圆形座之上，昂首，双角较长，向后与背相连。形象逼真，形态生动。羊身长1.7、高1.3、座直径1.5、座高1.7、通高3厘米（图二三九，7；彩版一八，1；图版八一，1）。

铜环　1件（M10:33）。圆形。横剖面亦呈圆形。直径2.25厘米（图二三九，13；图版九二，1）。

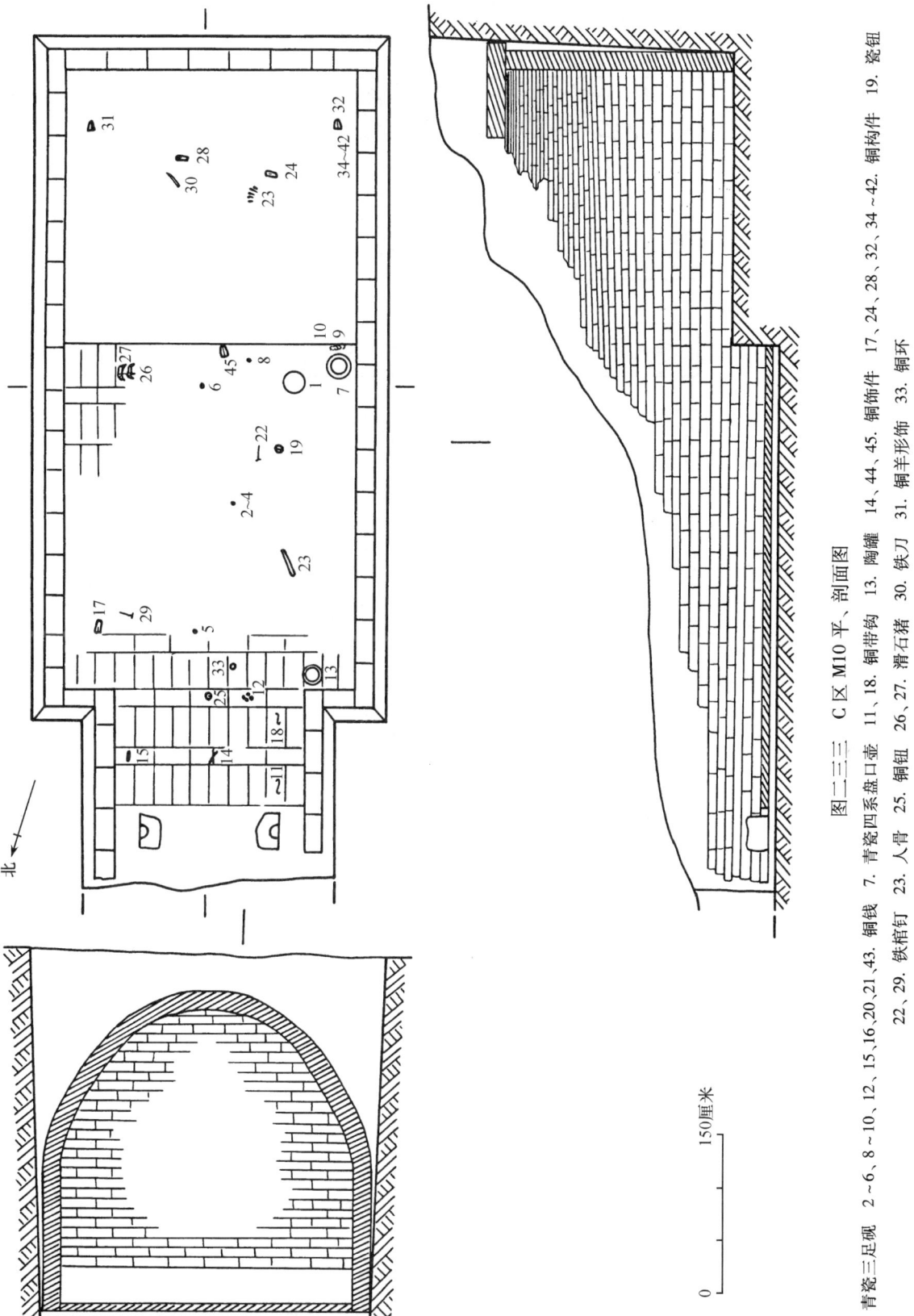

图二三三　C区M10平、剖面图

1. 青瓷三足砚　2～6、8～10、12、15、16、20、21、43. 铜钱　7. 青瓷四系盘口壶　11、18. 铜带钩　13. 陶罐　14、44、45. 铜饰件　17、24、28、32、34～42. 铜构件　19. 瓷钮　22、29. 铁棺钉　23. 人骨　25. 铜钮　26、27. 滑石猪　30. 铁刀　31. 铜羊形饰　33. 铜环

图二三四　C区M10墓砖
1. M10:46　2. M10:47　3. M10:48

铁刀　1件（M10:30）。残。直刃，弧背。残长7.3、最宽处3、背部厚0.3厘米（图二三九，10；图版八三，6）。

铁棺钉　2件。外表有黄褐色铁锈。标本M10:22，尖部已残。横剖面呈长方形。残长9.7、宽0.5~0.9、厚0.5厘米（图二三九，11）。标本M10:29，完整。略呈弧形，横剖面呈方形。长13.2厘米（图二三九，12）。

钱币　160枚。均为铜质钱币。有五铢、半两、大泉五十、货泉。

五铢　154枚。分二型。

B型　100枚。面、背郭有宽窄之异，穿有大小之分，有穿上横和穿下半星，多数铸造工艺较

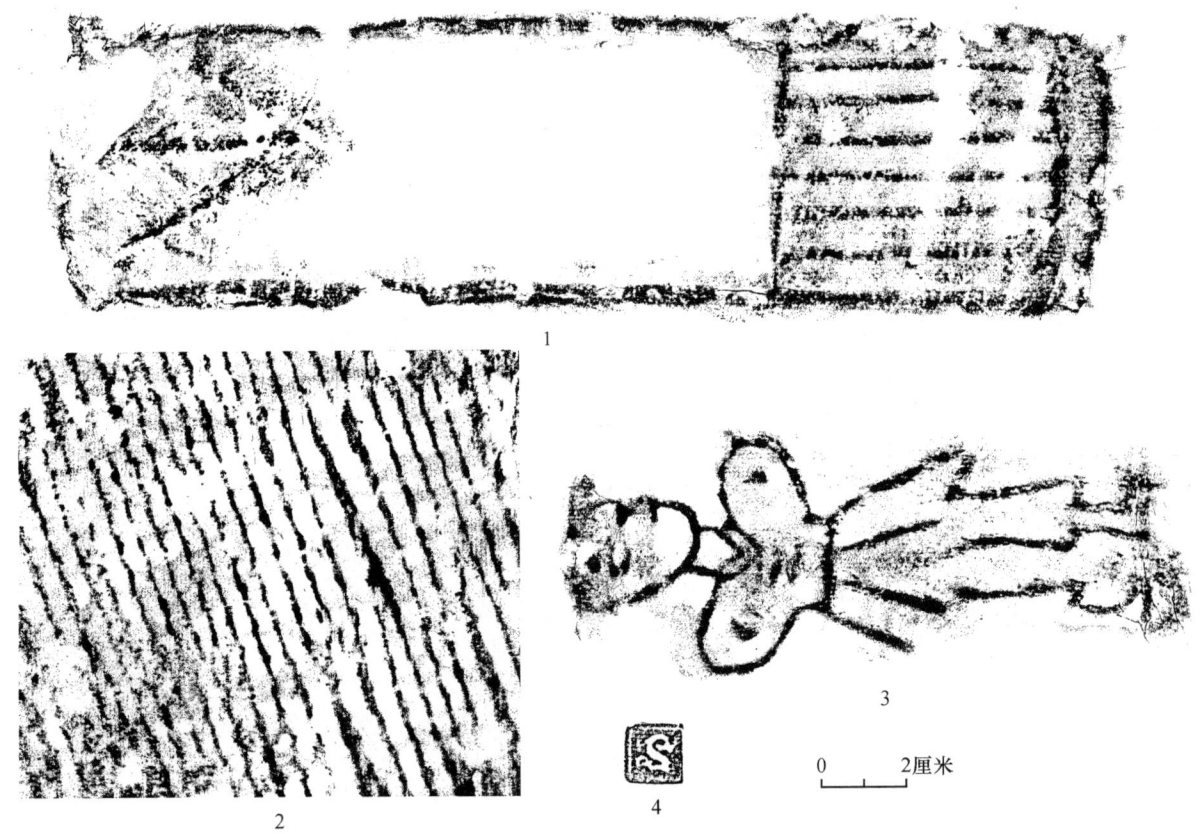

图二三五　C区M10墓砖及铜带钩纹饰拓片

1. 窗棂纹（M10∶48）　2. 斜绳纹（M10∶48正面）　3. 人形纹（M10∶48当面）　4. 铜带钩纹饰（M10∶18）

精。直径2.5～2.6厘米。面文"五"字像两炮弹相对，"铢"字金旁的头较小，呈箭头状（图二四〇,1～3）。为西汉晚期钱币。

C型　54枚。其中剪轮26枚。面、背郭多较宽，穿有大小之分。直径2.2～2.6厘米。面文"五"字较宽大，"铢"字的金旁较大，呈三角形。其中M10∶4剪轮，面文字体反写，位置颠倒（图二四〇，4～6）。为东汉早中期钱币。

货泉　4枚。面、背郭较宽，面无内郭，穿有大小之别，有穿上短横。直径2.2～2.3厘米（图二四〇，7、8）。为王莽时期铸造的钱币。

大泉五十　1枚。面、背均有内外郭，面文端庄工整，笔画较粗，体较薄。直径2.3厘米（图二三九,9）。为西汉王莽时期铸造的钱币。

半两　1枚。面、背均无郭，面文较高，面底边薄，背平。直径2.3厘米（图二四〇，10）。为西汉早期半两钱币。

动物骨骼　随葬动物种类有家水牛、水鹿、家猪。标本M10∶40，家水牛右M3齿（图二四一，8；彩版五四，6；图版八二，4）。标本M10∶36，水鹿右P4齿（彩版五五，8；图版八七，2）。标本M10∶37，水鹿左M3齿（图二四一，1；图版八六，1）。标本M10∶38，家猪右M2齿。

②　M14

M14位于CTG5探沟中部。开口在①层下，打破生土。距地表深0.4米。方向356°。平面呈长方形。修建房屋时将该墓打破。墓顶和墓壁大部分倒塌，墓室南壁保存稍好。墓土圹壁较陡直，底较平，南壁底部遇一坚硬岩石，未继续下挖，直接作为墓室基础使用。墓室为榫卯方形砖错缝垒砌而成。墓室南部有台阶，台阶底面为生土和岩石平面，台阶以下墓底用方砖平铺，砖与砖相互扣合

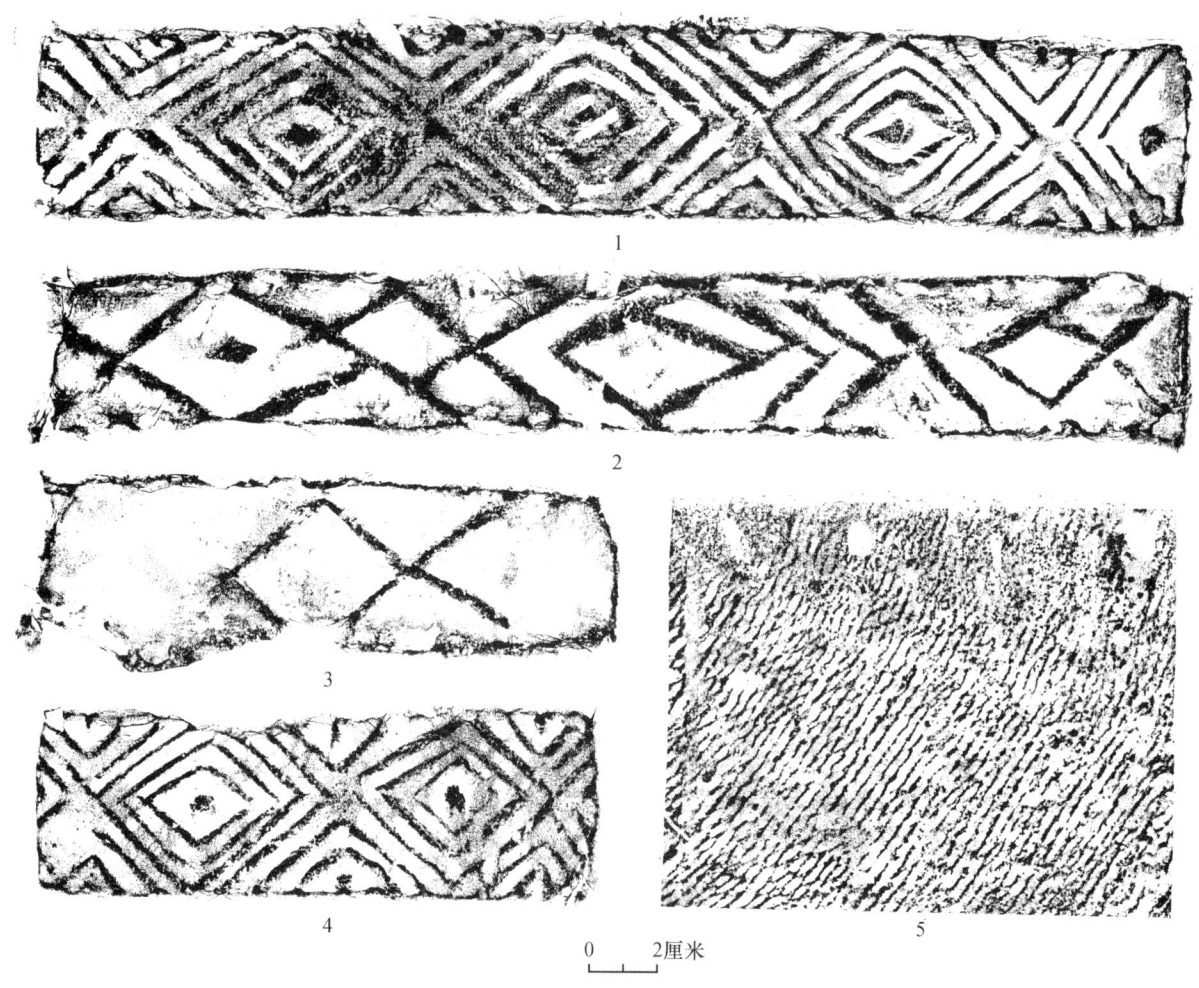

0　　2厘米

图二三六　C区M10墓砖纹饰拓片

1～4. 菱形纹（M10∶46、M10∶47、M10∶47当面、M10∶46当面）　　5. 斜绳纹（M10∶47正面）

在一起。墓土圹残长4.7、宽3.3、深0.2～2.3米。墓室残长4.4、宽2.9、残高0.05～2.2米，台阶长2.45、宽2.9米（图二四二；图版八四，1）。墓内填土为灰褐色五花土。

墓砖有正方形和长方形两种。均为粗泥青灰色。正面饰斜绳纹，侧面饰菱形几何纹。标本M14∶5，完整。一侧有半圆形凸榫。另一侧有半圆形凹卯，正面饰斜绳纹，一侧面饰双线菱形几何纹。长27.2、宽30、厚5.6、凸榫长3.2、宽6、凹卯深3.3、宽6.2厘米（图二四三，1）。标本M14∶6，完整。正面饰斜绳纹，一侧面饰菱形几何纹。长32、宽16、厚4.8厘米（图二四三，2）。

台阶中部有一块漆皮腐烂痕迹，残长2.1、宽约0.7米，应为棺腐烂痕迹。人骨架腐烂无存，仅存几枚牙齿。葬式和性别不详。牙齿经鉴定，墓主人年龄为30～35岁。

因腐烂和破坏，随葬器物仅存2枚五铢钱币。

五铢　2枚。均有郭，体薄，铸造工艺欠精。直径2.4～2.6厘米。面文"五"字较宽大，"铢"字金旁的头较大，呈三角形（图二四四）。属东汉早中期铸造的钱币。

③ M15

M15位于CTG5探沟西边。开口在①层下，打破M24。距地表深0.3～0.5米。方向155°。该墓平面呈长方形。北部被破坏掉，残存部分也不甚整齐。墓土圹壁较斜，底面较平，墓室为青灰色砖垒砌而成，砖多呈东西向排列，未见完整的墓壁。该墓建筑比较草率。墓砖大小不一致，而且采用

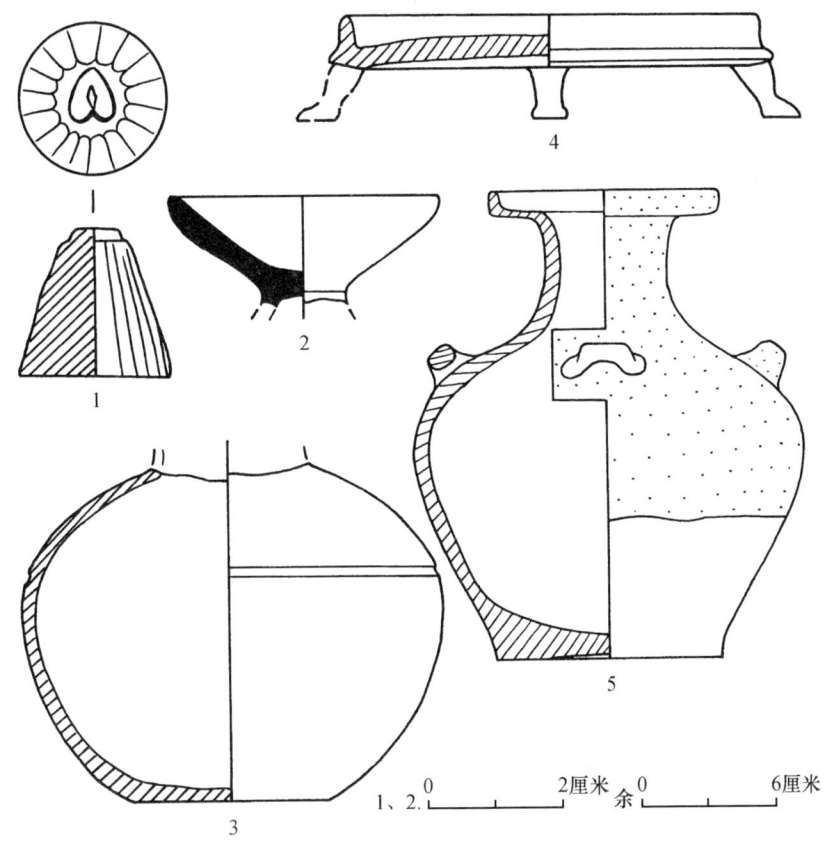

图二三七 C区 M10 出土器物

1. 瓷钮（M10∶19） 2. 铜钮（M10∶25） 3. 陶罐（M10∶13）

4. 青瓷三足砚（M10∶1） 5. 青瓷四系盘口壶（M10∶7）

许多半截砖砌墓壁。墓土圹残长 2.1、宽 1.2、深 0.38 米，墓室长 1.87、宽 0.88、高 0.2~0.4 米（图二四五；图版六九，1）。墓内填土较杂，有块状黄褐色黏土和黑褐色黏土，并夹杂有小鹅卵石。

墓砖有长方形和方形两种，方形砖有榫卯，一侧饰菱形几何纹，正面饰斜绳纹。标本 M15∶1，方形砖。长 27.2、宽 32、厚 6 厘米（图二四六，1）。标本 M15∶2，长方形砖。正面饰斜绳纹，一侧面饰双线菱形纹。长 27.2、宽 16、厚 5.2 厘米（图二四六，2）。

葬具和人骨架均腐烂无存，故葬具、葬式、墓主人性别、年龄均不详，亦不见随葬器物。

④ M21

M21 位于 CTG8 探沟西部。开口在①层下，打破 CY1。距地表深 0.2~0.8 米。方向 360°。平面呈凸字形。墓壁大部分及墓券顶倒塌。墓土圹壁较直，底较平。由墓室、甬道、排水道三部分组成。墓壁均为顺砖垒砌，高 1.28 米处开始用楔形砖券顶，墓底用长方形砖呈人字形平铺，排水沟用三块砖相扣而成，并向外延伸出去，横剖面呈三角形。砖与砖之间均用黄色细腻的黏土错缝。墓土圹长 7.05、宽 2.14、深 0.8~2.5 米。墓室长 4.02、宽 1.9、残高 0.94~1.64 米。甬道在墓室北边，正对墓室中间，长 1.2、宽 1.34、残高 0.9 米。甬道口两边各有一个方形耳室，耳室长 0.7、宽 0.55 米。排水沟长 1.6 米（图二四七；图版八八，1）。墓内填土为黄褐色五花土。

墓砖有长方形和楔形两种，均为青灰色，火候较高，叩之有当当响声。正面饰斜绳纹，一侧面饰菱形几何纹或模印有"富贵宜官吉利"和"大阳吉利"字样，当面饰菱形纹或模印有"文中兵神墓"字样。墓壁砖纹饰和文字均朝向墓室内（图版八八，2）。标本 M21∶4，长方形砖。正面饰交错

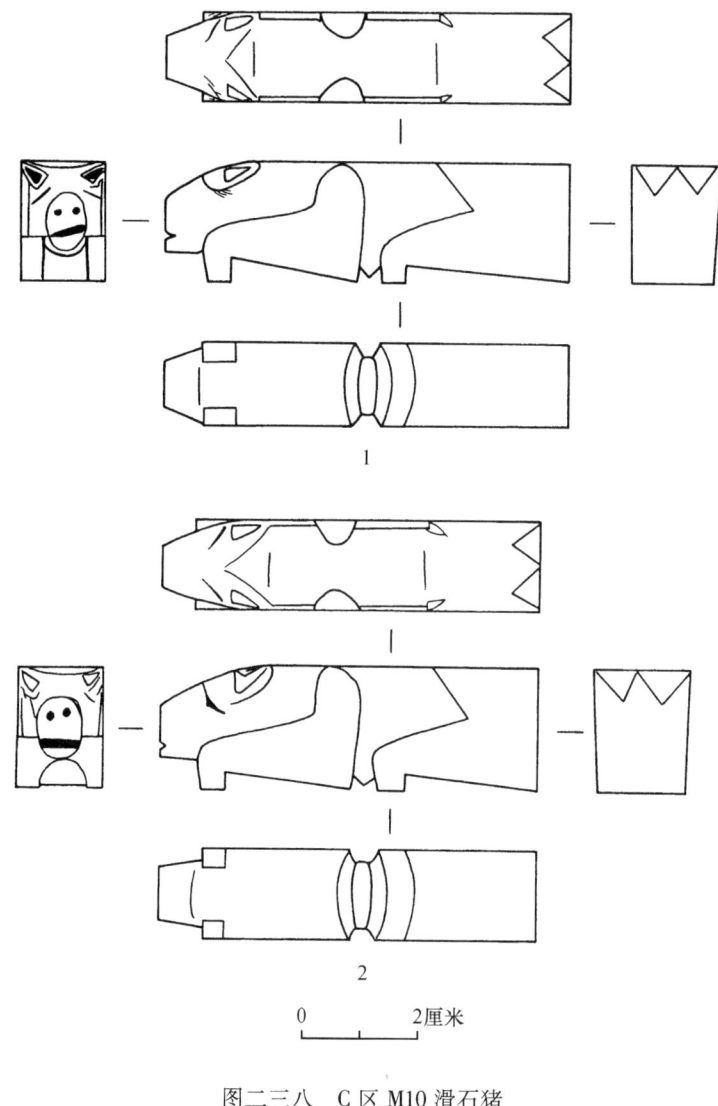

图二三八　C 区 M10 滑石猪
1. M10：26　2. M10：27

绳纹，侧面模印有"大阳吉利"四字，当面模印有"文中兵神墓"五字。长 36、宽 17.2、厚
6 厘米（图二四八，2；图二四九，2、3；图二五〇，4；图版八九，1、4）。标本 M21：3，楔形砖。
正面饰交错绳纹，一侧面和当面饰双线菱形几何纹。长 36、宽 16.8、一侧厚 6.9、另一侧厚 4.4 厘
米（图二四八，3；图二五〇，1、2；图版八九，6）。标本 M21：5，长方形砖。正面饰斜绳纹，一
侧面模印有"富贵宜官吉利"六字，当面饰双线菱形几何纹。长 36、宽 17.6、厚 6.4 厘米
（图二四八，4；图二四九，1；图二五〇，3；图版八九，2）。

　　因遭破坏和腐烂，葬具、葬式和墓主人性别均不详。发现 4 颗人牙，经鉴定墓主人年龄为 30
岁左右。从"文中兵神墓"砖文推测，M21 墓主人姓文，字中兵，叫文中兵。

　　残存随葬器物仅 1 件瓷罐（M21：1），残。灰白色瓷胎。鼓肩，腹内收，平底。下腹部饰两道
凹弦纹，上腹施淡青色釉。最大腹径 32.5、底径 16、残高 20 厘米（图二四八，1）。

　　值得注意的是，M21 墓砖无论是尺寸大小、纹饰、颜色，还是文字的内容、字体、格式等都与
CY1 火膛壁上的砖一模一样，完全是一个砖模制造出来的砖。这说明 M21 所用的砖就是在陶窑 CY1
中烧制的。M21 又打破 CY1。据此可知，墓砖烧完后，将窑的窑室、火膛、土坑填平，然后把 M21

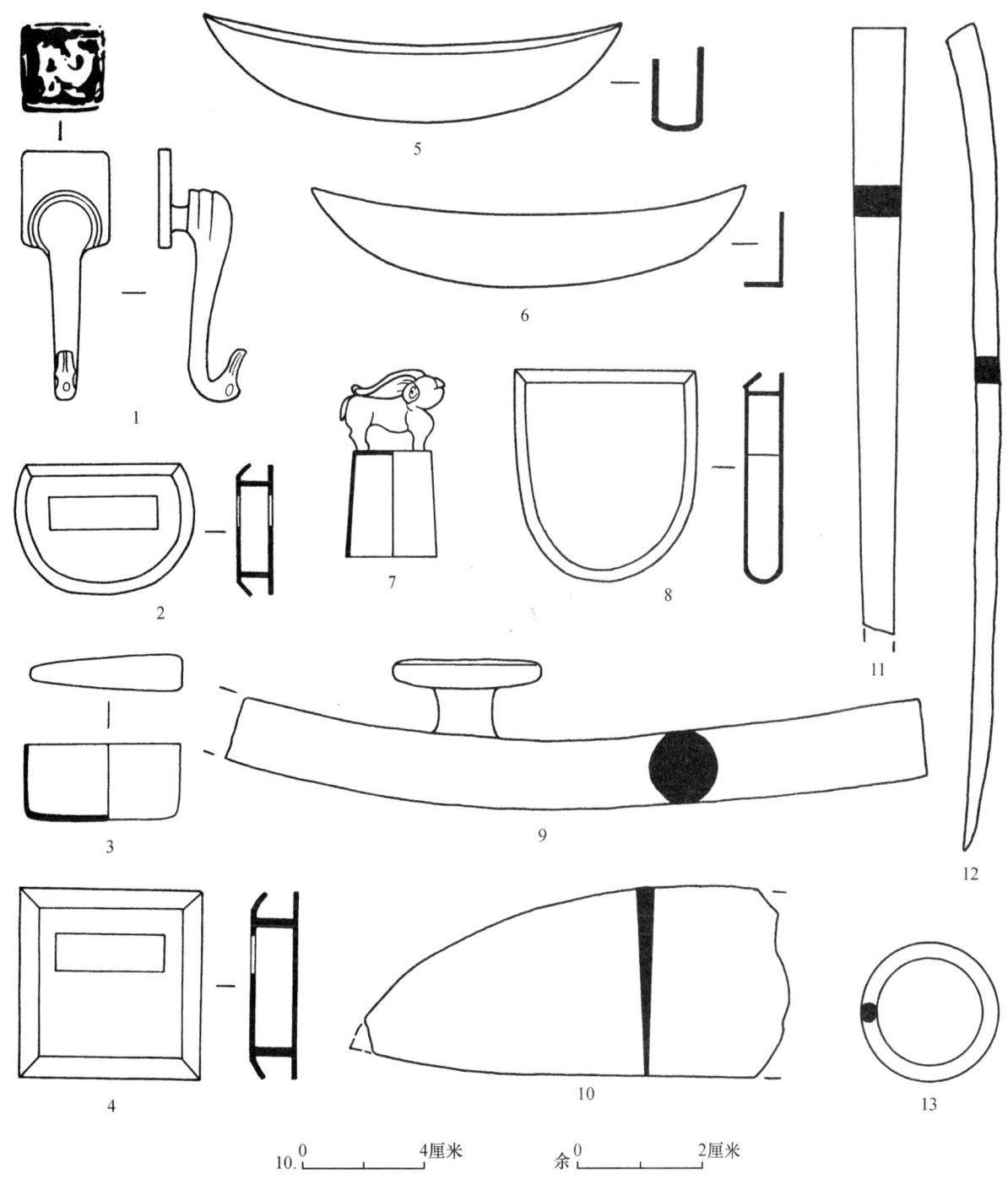

图二三九　C区M10出土器物

1、9. 铜带钩（M10:18、M10:11）　2. A型铜构件（M10:28）　3、5、6. 铜饰件（M10:45、M10:44、M10:14）
4. B型铜构件（M10:24）　7. 铜羊形饰（M10:31）　8. C型铜构件（M10:17）　10. 铁刀（M10:30）11、12. 铁
棺钉（M10:22、C10:29）　13. 铜环（M10:33）

直接建在窑内。由此，说明陶窑CY1是专门为M21烧制墓砖的陶窑。

⑤ M23

M23位于CTG8探沟西段，与东边M21相距1米。开口在①层下，打破CY2。方向360°。平面
略呈刀形。墓壁和券项大部分倒塌，南壁保存较好。墓土圹壁较陡直，底较平。墓室均为顺砖垒

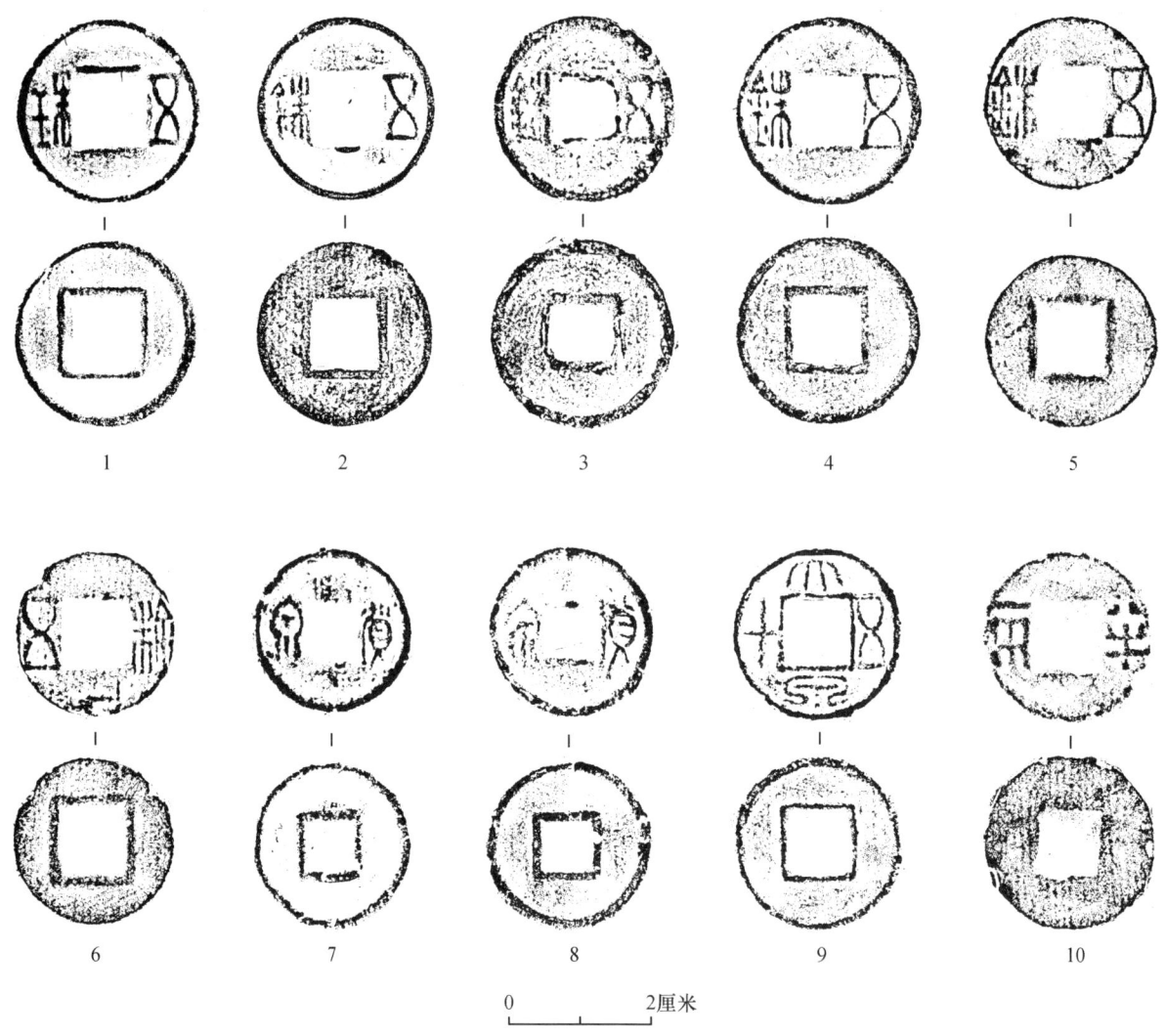

图二四〇　C 区 M10 钱币拓片

1～3. B 型五铢（M10：8、M10：9、M10：43）　　4～6. C 型五铢（M10：12、M10：5、M10：4）

7、8. 货泉（M10：15、M10：34）　　9. 大泉五十（M10：41）　　10. 半两（M10：42）

砌，黄褐色黏土错缝。由墓室、甬道、排水沟三部分组成，墓壁高 0.8 米处开始券顶，券顶较高。墓底用长方形砖呈人字形平铺，排水沟低于墓底面，用三块砖相扣而成，横剖面呈三角形。墓土圹通长 6.2、宽 0.5～2.1、残深 0.8～3.2 米。墓室长 3.9、宽 1.9、残高 1.1～2.1 米。甬道靠近墓室左边，长 1.56、宽 1.4、残高 0.68 米。排水沟长 0.94 米（图二五一；图版八四，2）。墓内填土为黄褐色五花土。

墓砖形制、尺寸、纹饰、颜色、文字等特征与 M21 墓砖完全相同。有长方形和楔形两种，均为青灰色，火候较高，正面饰绳纹，一侧面饰菱形几何形纹或模印有"大阳吉利"、"富贵宜官吉利"文字，当面饰菱形几何形纹或模印"文中兵神墓"文字。墓葬营造方法亦与 M21 相同。标本 M23：33，长方形，正面饰斜绳纹，一侧面模印有"富贵宜官吉利"六个字，当面饰双线菱形几何纹。长 36、宽 17.6、厚 6.4 厘米（图二五二，1；图二五三，1、2）。标本 M23：32，长方形，正面饰交错绳纹，一侧面模印有"大阳吉利"四字，当面模印有"文中兵神墓"五字。长 36、宽 17.2、厚 6 厘米（图二五二，3；图二五四）。标本 M23：34，楔形砖，正面饰交错绳纹，一侧面和当面饰双线菱形几何

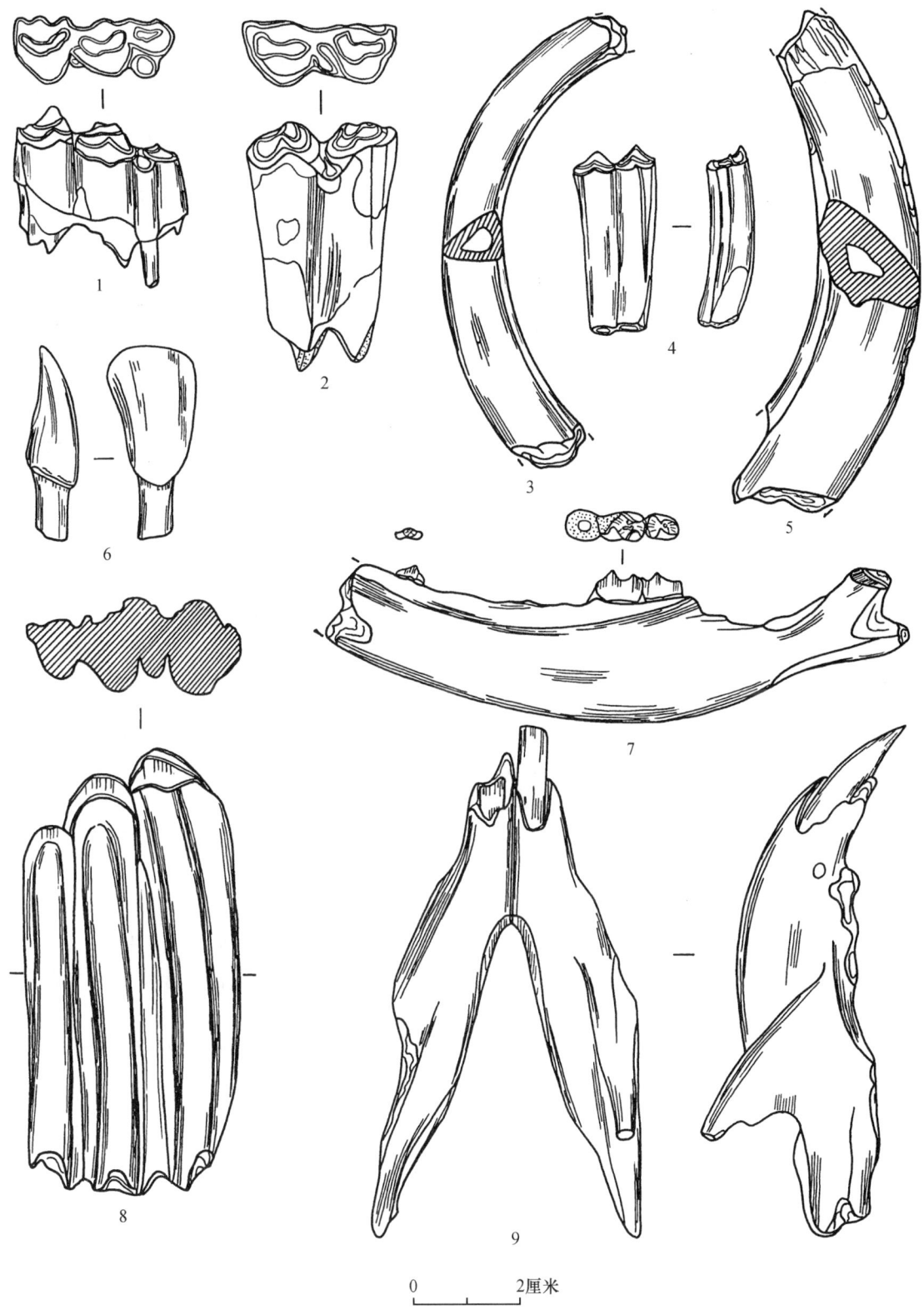

0　　　　2厘米

图二四一　汉代、六朝动物骨骼

1. 水鹿左 M3 齿（M10：37）　2. 家水牛左 M1 齿（M23：29）　3. 野猪右上犬齿（M117：03）　4. 家山羊左 P3 齿（M23：24）　5. 野猪左上犬齿（M117：02）　6. 家水牛左Ⅰ1 齿（M23：5－1）　7. 狗左下颌骨（M117：04）8. 家水牛右 M3 齿（M10：40）　9. 豪猪下颌骨（M119：05）

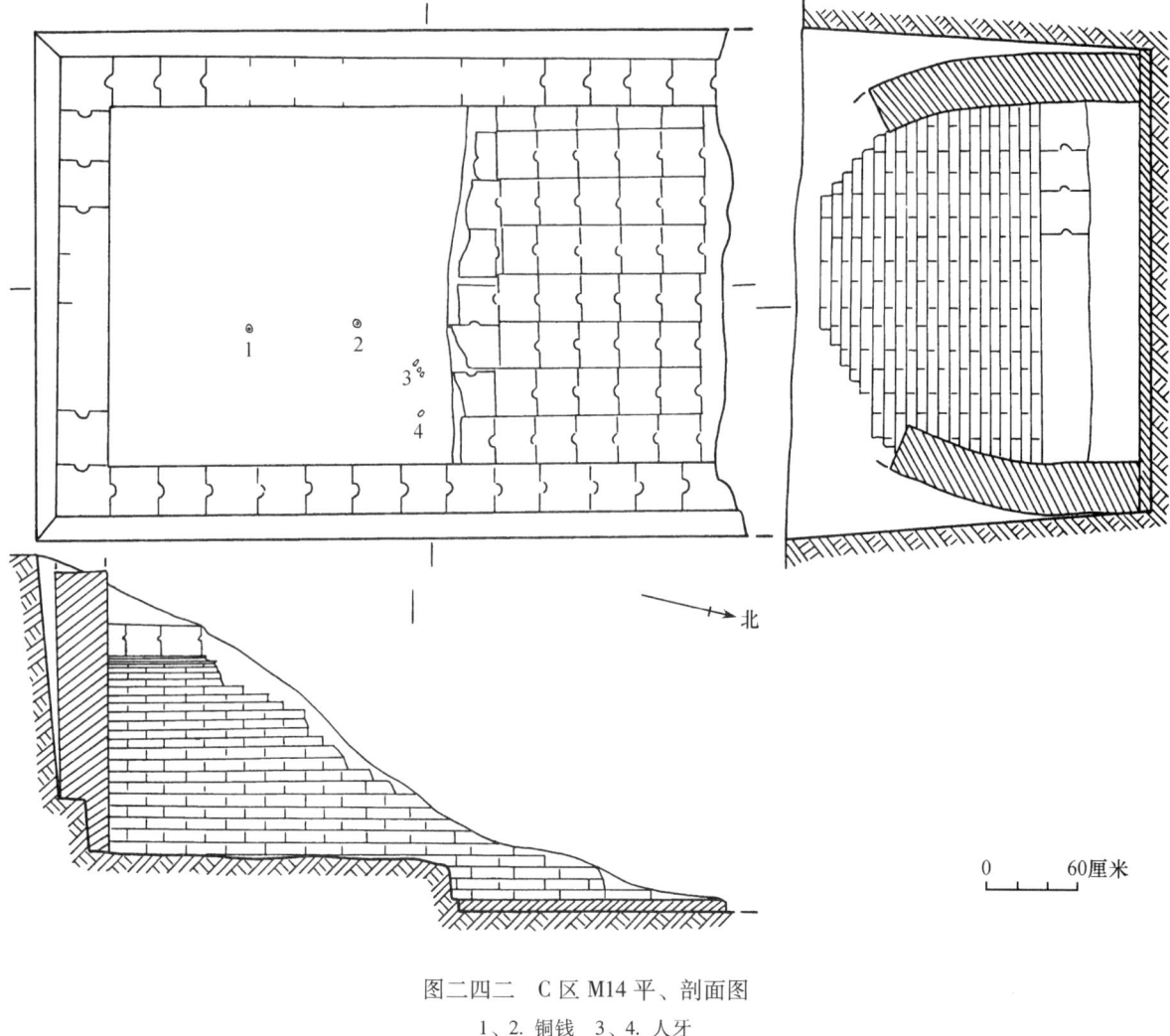

图二四二　C区M14平、剖面图
1、2. 铜钱　3、4. 人牙

纹。长36、宽16.8、一侧厚6.9、另一侧厚4.4厘米（图二五二，2；图二五三，3、4）。

因早期被盗和腐烂，葬具、葬式和墓主人性别均不详。出土数颗人牙齿，经鉴定墓主人年龄为20岁左右。

M23打破CY2，同时墓砖与CY2火膛壁砖完全一致。也是墓砖烧好后，直接在CY2中建墓。另外M23墓砖又与M21墓砖完全相同。M21与M23相距仅1米，CY1与CY2相距0.8米。M21与M23营造方式相同，方向一致，CY1与CY2形制结构完全相同。这说明M21和M23时代是同时期的，而且有可能是夫妻墓葬。

因严重被盗，所剩随葬器物无几，仅存滑石猪、石砚、铜饼形器等，另随葬有较多的动物骨骼。

滑石猪　1件（M23:9）。完整。器形较小。滑石。灰黄色。硬度1°。原材料产于三峡地区。长条形，造型简单。磨制，头部略雕。长7、宽1、高1.5厘米（图二五二，5；图版八五，2）。

石砚　1件（M23:3）。略残。辉绿岩。青绿色。硬度5°～6°。原材料产于三峡地区。磨制。正方形，体较薄，一边刻划一道凹槽，中部微凹。边长10.5、厚0.6厘米（图二五二，4；图版八五，3）。

铜饼形器　1件（M23:1）。完整。圆形，弧面，内部正中有小环形钮。直径8.6、厚0.7厘米（图二五二，6；图版九二，4）。

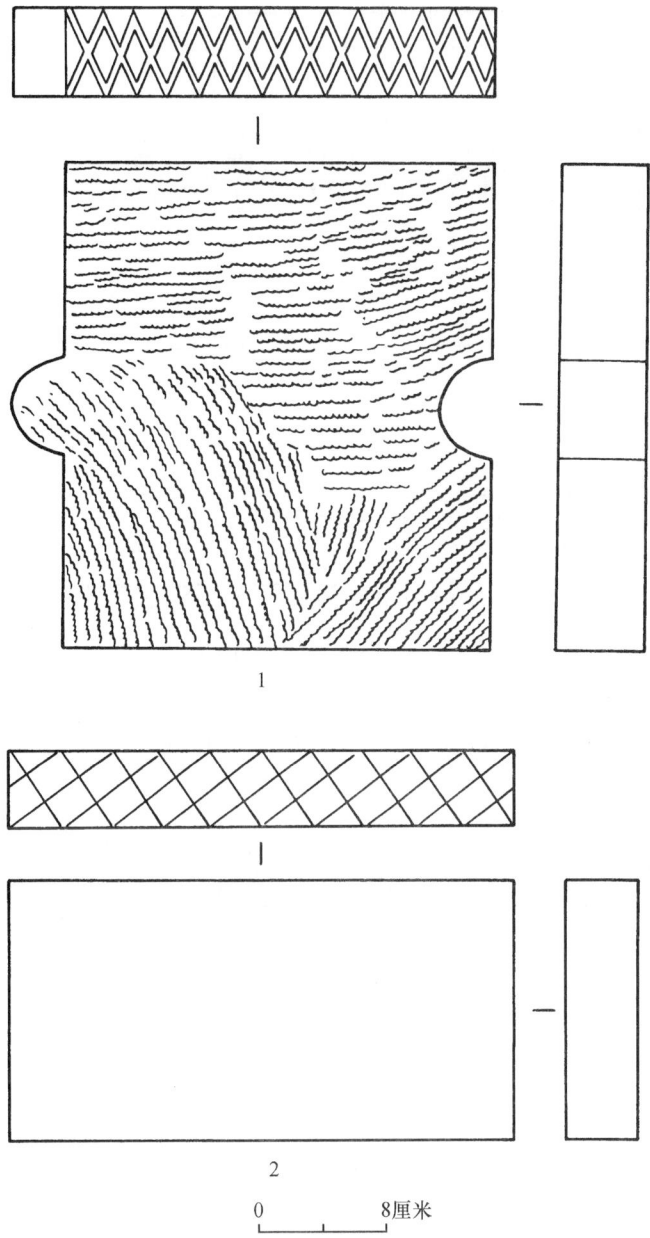

图二四三　C 区 M14 墓砖

1. M14：5　2. M14：6

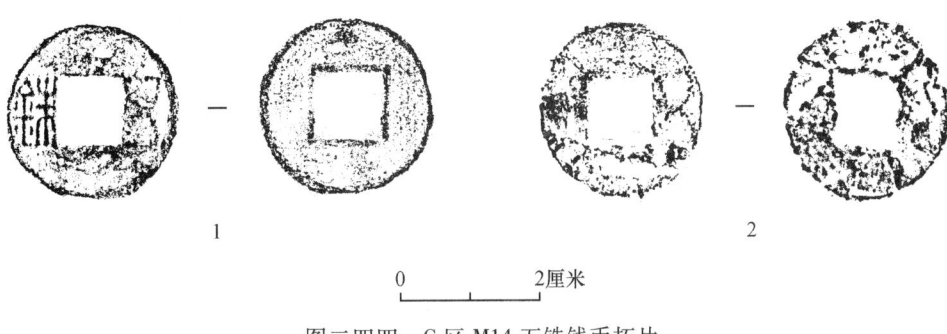

图二四四　C 区 M14 五铢钱币拓片

1. M14：1　2. M14：2

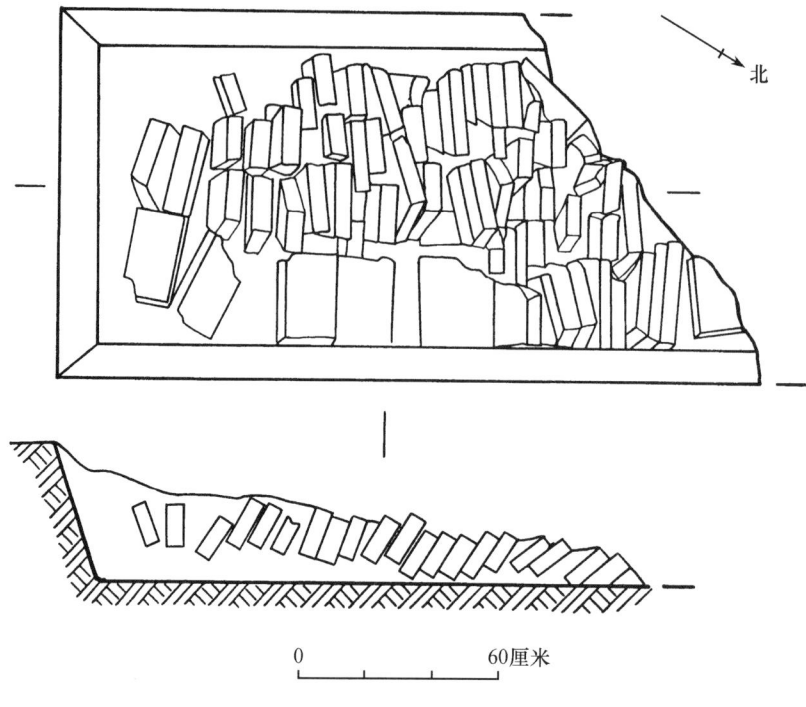

图二四五　C区 M15 平、剖面图

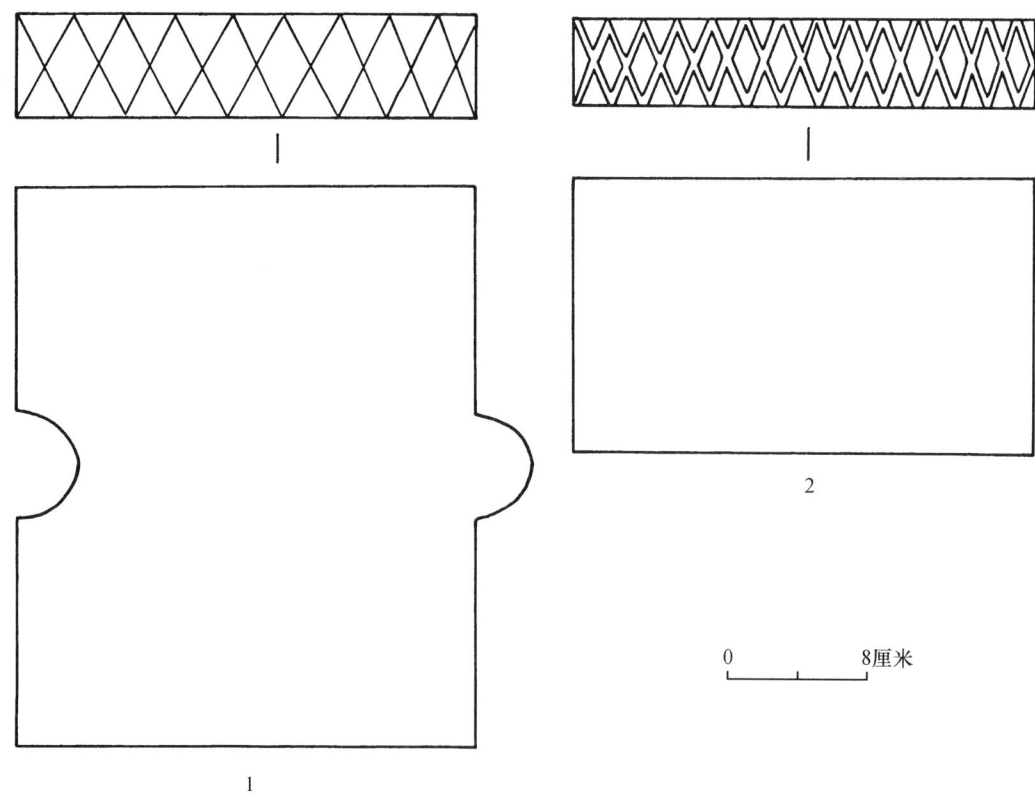

图二四六　C区 M15 墓砖

1. M15:1　2. M15:2

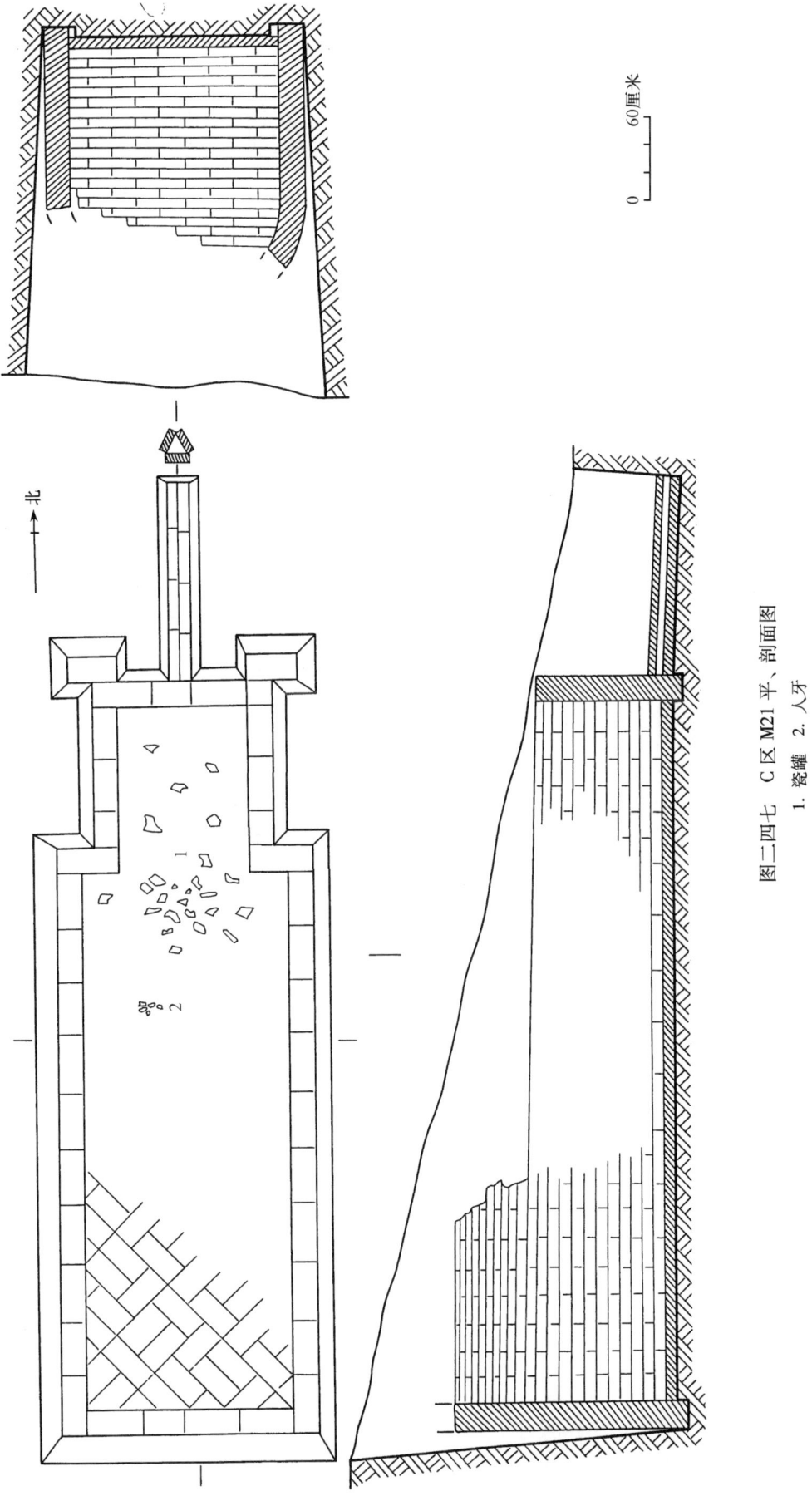

图二四七 C区 M21 平、剖面图
1. 瓷罐 2. 人牙

北

0 60厘米

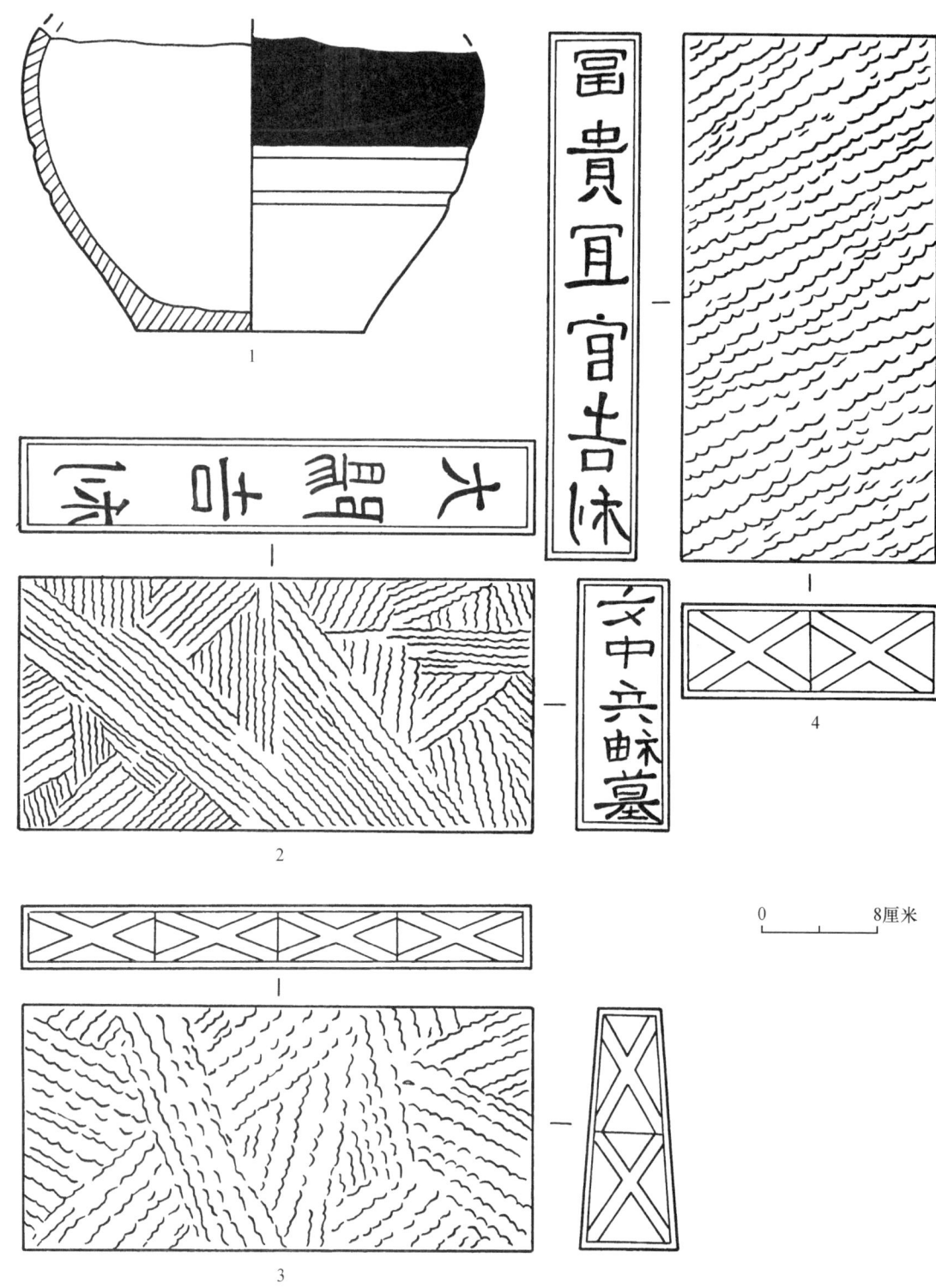

图二四八　C 区 M21 出土器物及墓砖
1. 瓷罐（M21:1）　2～4. 墓砖（M21:4、M21:3、M21:5）

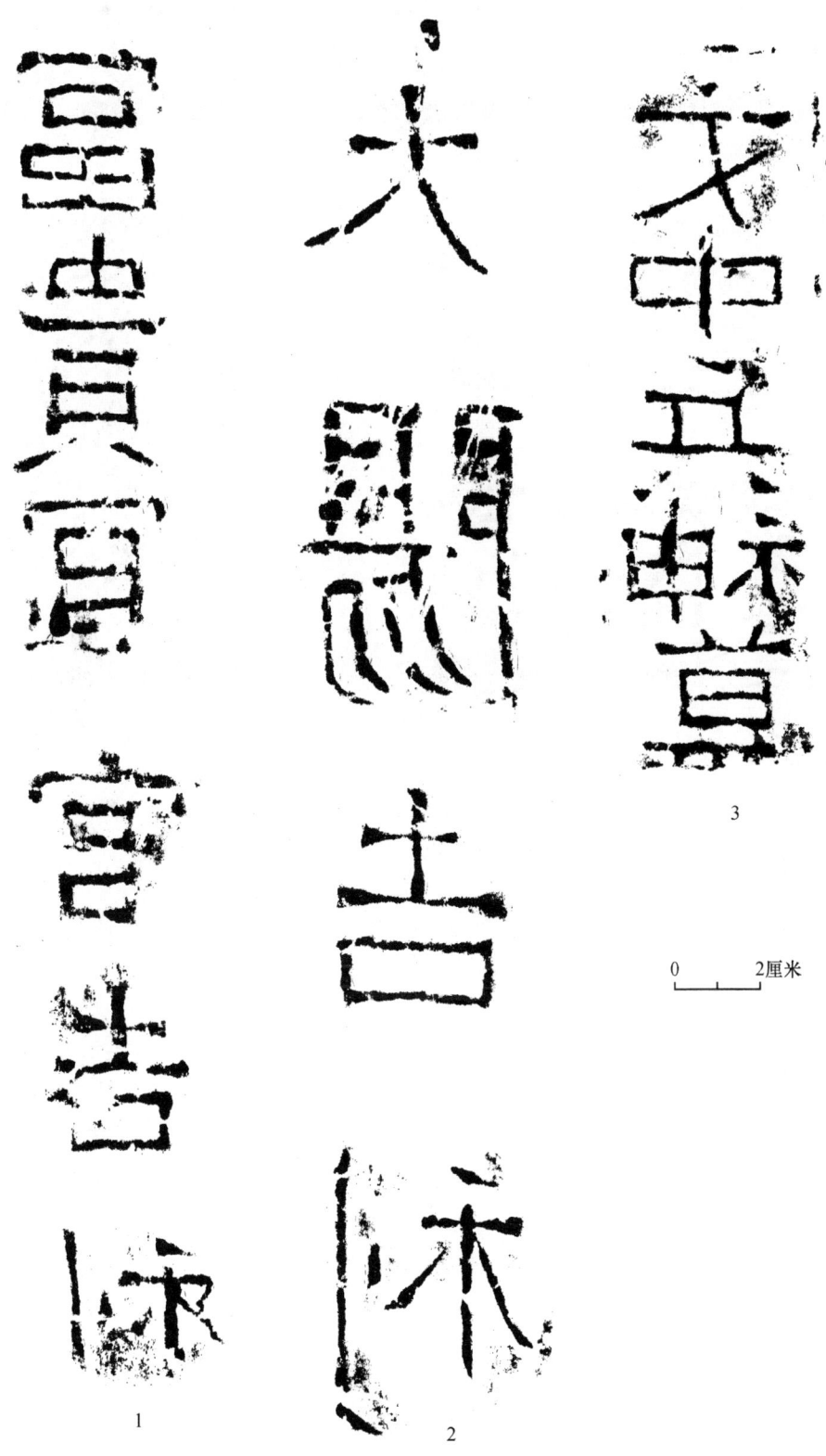

3

0　　　2厘米

1　　　　　　　　　　　　　　　　　2

图二四九　C 区 M21 墓砖文字拓片

1. "富贵宜官吉利"（M21∶5）　　2. "大阳吉利"（M21∶4）　　3. "文中兵神墓"（M21∶4 当面）

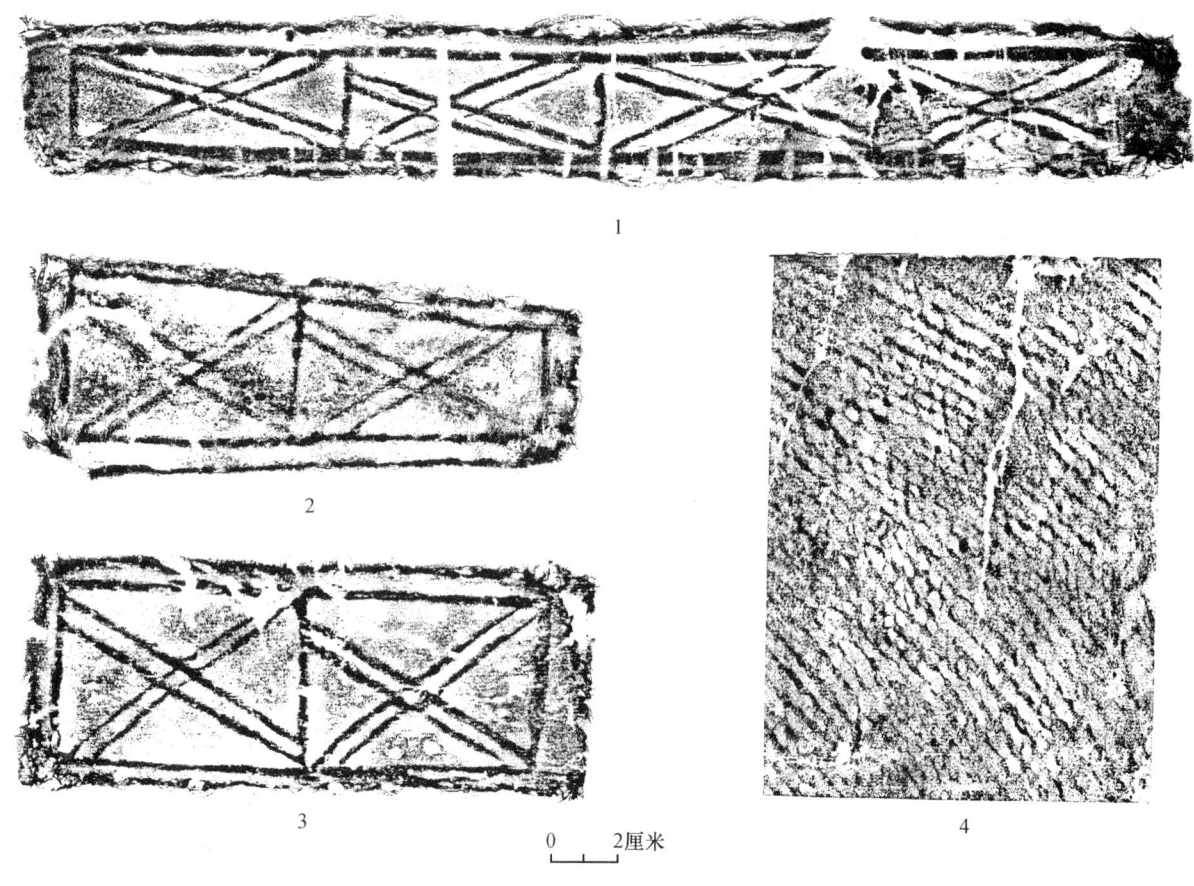

图二五〇　C区M21墓砖纹饰拓片

1~3. 菱形纹（M21:3、M21:3当面、M21:5）　4. 斜绳纹（M21:4）

铁棺钉　2件。已锈蚀。标本M23:8，顶端有圆饼形帽，尖段弯曲，尖部略残，横剖面呈方形。残长6.2厘米（图二五二,7）。标本M23:2，完整。方锥形，顶端有饼形帽。长12.5厘米（图二五二,8；图版八三,4）。

动物骨骼　随葬动物较多，种类有家猪、狗、家山羊、家猫、家水牛、赤鹿等。标本M23:20-3，家猪左上犬齿（彩版五五,3；图版八七,5）。标本M23:18，家猪右下颌骨（彩版五五,2；图版八六,3）。标本M23:21-1，家猪左下颌骨（左M1）。标本M23:19-1，家猪左下犬齿（图版八六,8）。标本M23:22-3，家猪右P4齿（图版八七,6）。标本M23:14，狗左P4齿（图版八七,3）。标本M23:15，狗右M1齿（图版八七,7）。标本M23:25-2，家山羊左上齿（彩版五五,5；图版八二,7）。标本M23:25-1，家山羊右上齿（彩版五五,4；图版八六,6）。标本M23:24，家山羊左P3齿（图二四一,4）。标本M23:5-1，家水牛左I1齿（图二四一,6；图版八六,4）。标本M23:29，家水牛左M1齿（图二四一,2；彩版五四,2；图版八二,3）。标本M23:13，赤鹿左C齿（图版八六,2）。标本M23:11，赤鹿左掌骨（图版八七,8）。

⑥ M27

M27位于CTG4探沟以东7米处，南距M70约1米。开口在①层下，打破生土，但又被M28打破。方向360°。平面呈凸字形。由墓室、甬道两部分组成。甬道北壁已残，墓壁、甬道券顶及墓室券顶大部分倒塌。墓土圹壁较陡直，底较平。墓室及甬道壁均为长方形砖和榫卯砖交错垒砌而成，墓顶用楔形砖券顶（图版九〇,2）墓砖纹饰均朝向墓室内，采用黄褐色黏土错缝。墓底为长方形

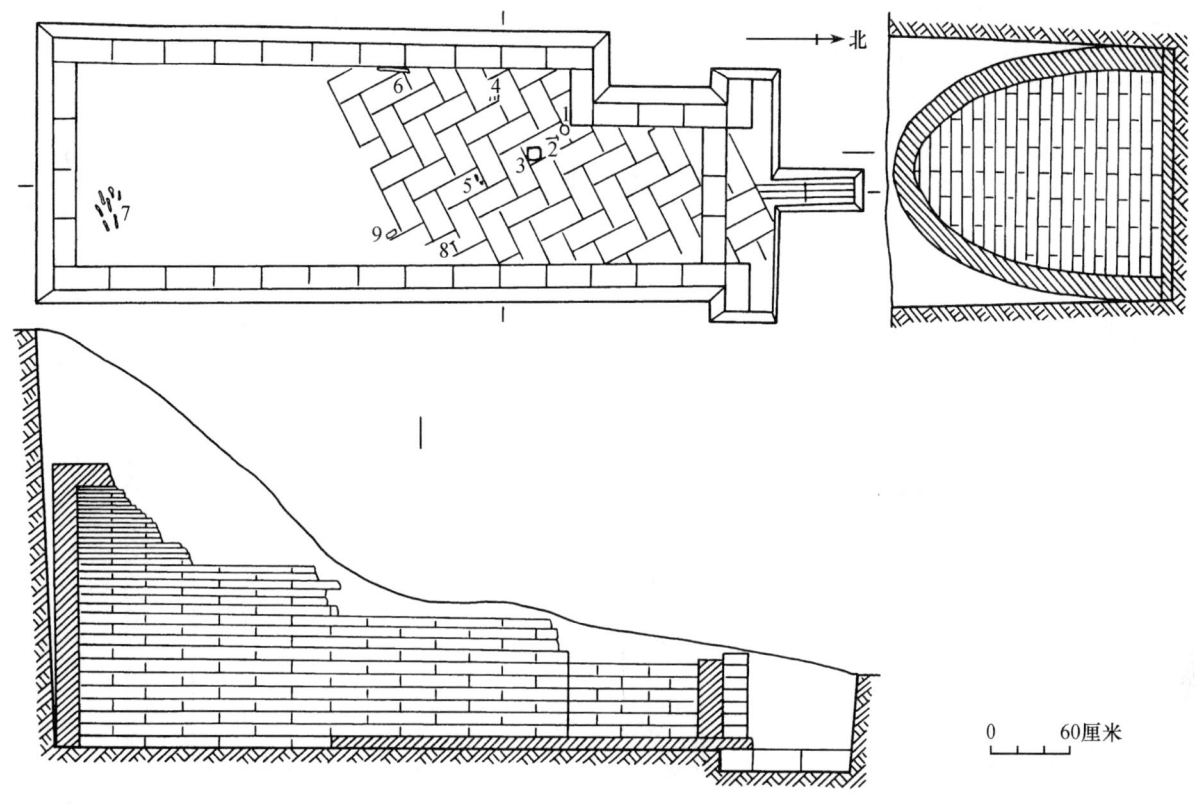

图二五一　C区M23平、剖面图

1. 铜饼形器　2、8. 铁棺钉　3. 石砚台　4. 人牙　5. 牛牙　6. 人肢骨　7. 动物骨骼　9. 滑石猪

砖和不规则形石板平铺而成。墓土圹残长7.6、宽3.2、残深3米。墓室长5.4、宽2.7、残高0.85～2.3米。甬道已残，两边不对称，右边甬道壁残长1米，左边甬道壁残长1.4、宽1.7、残高0.58～0.9米（图二五五；图版九○，1）。

墓砖有长方形砖、榫卯砖和楔形砖三种。均为青灰色。火候较高。正面饰斜形绳纹，一侧面饰半圆形或菱形几何纹。标本M27:22，楔形砖。侧面饰有半圆形几何纹。长34、宽19.2、一侧厚7.2、另一侧厚5.6厘米（图二五六，1；图二五七，3；图版八九，5）。标本M27:21，长方形砖。侧面饰有菱形几何纹。长34、宽19.2、厚6.8厘米（图二五六，2；图二五七，2；图版八九，3）。标本M27:20，榫卯砖。凸榫和凹卯均呈半圆形，侧面饰菱形几何纹。长32、宽21.6、厚6、凸榫长2.8、宽4.4、凹卯深3、宽4.7厘米（图二五六，3；图二五七，1）。

因早期被盗和深度腐烂，葬具和人骨架均不存，故葬具、葬式、墓主人性别及年龄均不详。

残存随葬器物甚少，有铜圈、铜铃饰、料珠、石斧、石锛、双刃石器等7件及229枚钱币。

铜圈　1件（M27:4）。完整。圆形，横剖面呈"U"形。应为漆奁口沿上的装饰件。直径20厘米（图二五八，5；图版九二，3）。

铜铃饰　1件（M27:9）。完整。椭圆形，内空，顶部有半圆形钮，底部有一长方形缺口。直径1.8、高2.8厘米（图二五八，4；图版九二，2）。

料珠　1件（M27:3）。完整。深蓝色琉璃。硬度6.5°～6.8°。圆柱形，中间穿孔。直径0.7、

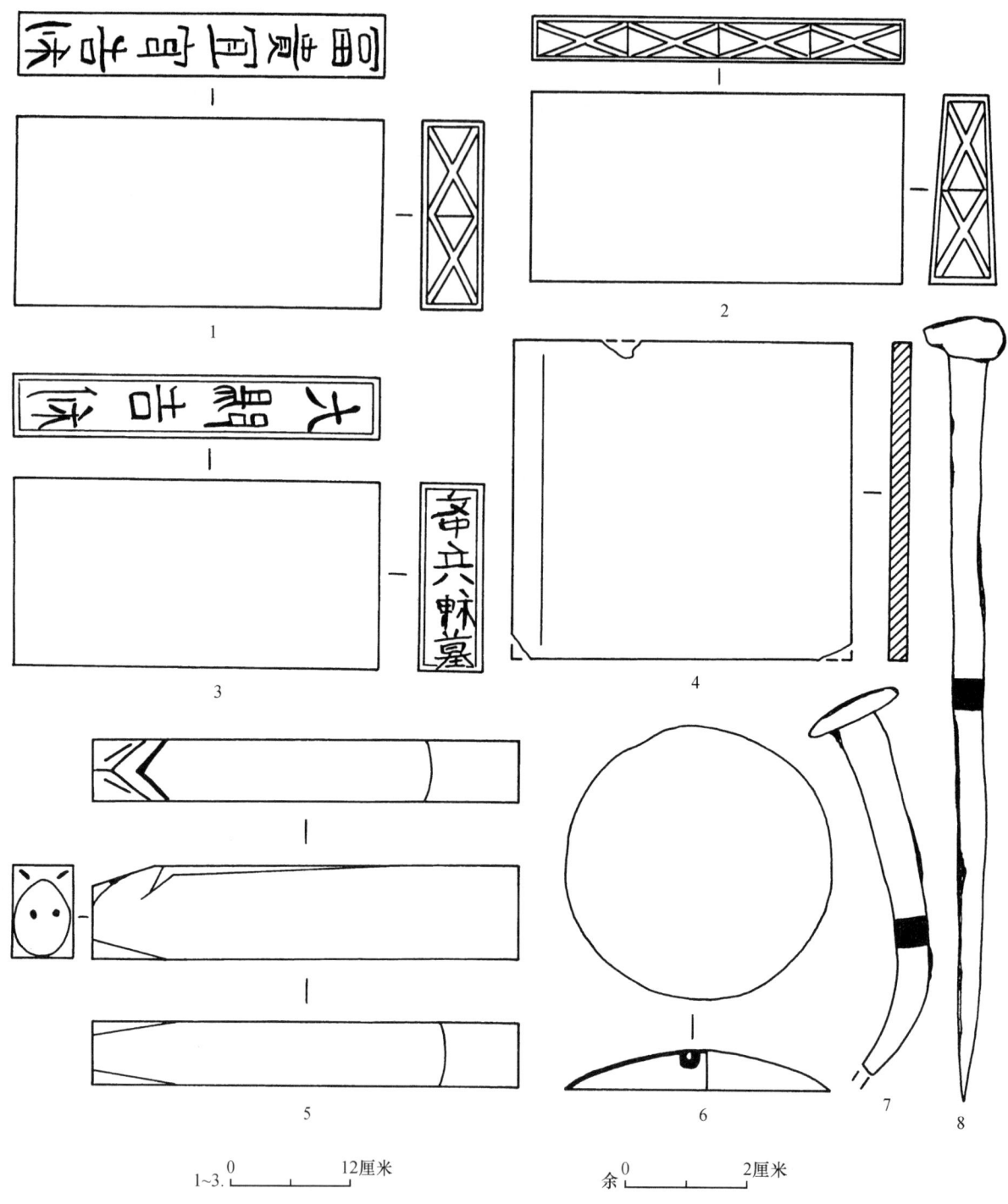

图二五二　C 区 M23 出土器物及墓砖

1～3. 墓砖（M23：33、M23：34、M23：32）　4. 石砚（M23：3）　5. 滑石猪（M23：9）

6. 铜饼形器（M23：1）　7、8. 铁棺钉（M23：8、M23：2）

高 0.75、孔径 0.2 厘米（图二五八，3；图版八三，3）。

石斧　1 件（M27：5）。完整。变质灰岩。灰色。硬度 3.5°～4°。原材料产于三峡地区。磨制。平面呈长方形。平刃，顶部较厚重，刃较锋利。长 17、刃宽 6、上部厚 6.5 厘米（图二五八，1；图版九一，2）。

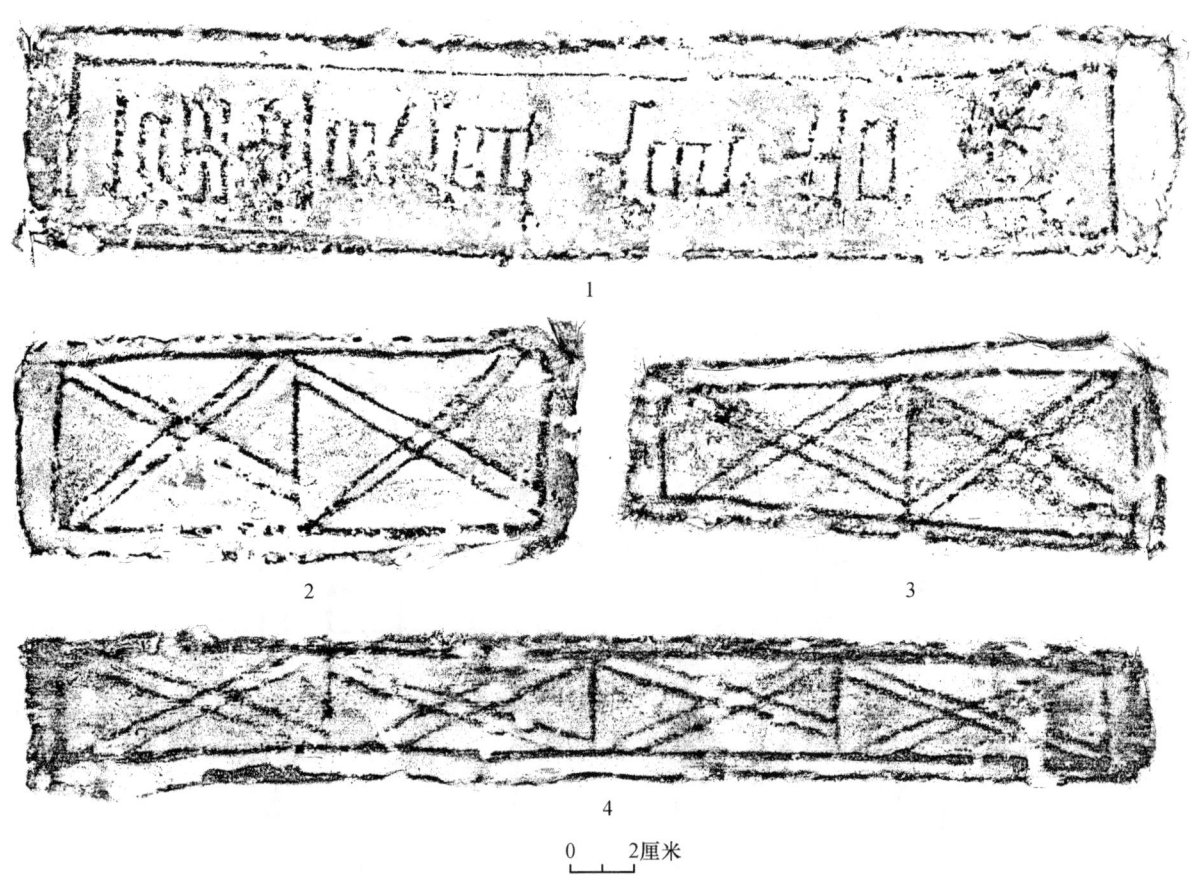

1

2

3

4

0　　　2厘米

图二五三　C区 M23 墓砖文字及纹饰拓片
1. 砖文（M23：33）　　2～4. 菱形纹（M23：33、M23：34 当面、M23：34）

石锛　2 件。标本 M27：10，完整。粉砂岩。灰绿色。硬度 5°～6°。原材料产于三峡地区。磨制。平刃，刃部较宽，顶端略窄，一侧较直，另一侧面微鼓。长 5.5、刃部宽 3.3、顶端宽 2.3、中部厚 1 厘米（图二五八，2；图版九一，3）。标本 M27：1，完整。形制较规整。磨制。硅质泥岩。浅黄色。硬度 5°～6°。原材料产于三峡地区。略呈方形，刃略斜，顶微弧。长 4.9、宽 3.5、中部厚 1.1 厘米（图二五八，7；图版九一，4）。

双刃石器　1 件（M27：2）。完整。变质灰岩。灰色。硬度 3.5°～4°。原材料产于三峡地区。磨制。平面略呈长条形，两端有尖刃。长 21、中部宽 4.6、厚 2.2 厘米（图二五八，6；图版九一，1）。

钱币　229 枚。均为铜质钱币。皆为五铢。分三型。

A 型　2 枚。面郭较宽而深，背内郭较宽近平，铸造工艺欠精。直径 2.5 厘米。面文"五"字中间两笔较斜直，"朱"字头方折（图二五九，1）。为西汉早中期钱币。

B 型　99 枚。其中剪郭 12 枚。面、背郭有宽窄之异，穿有大小之别，有穿上横、穿下半星。直径 2.4～2.6 厘米。面文"五"字像两炮弹相对，"铢"字金旁的头较小，呈箭头状（图二五九，2～5）。为西汉晚期钱币。

C 型　128 枚。其中剪郭 7 枚。面、背郭较宽，穿有大小之异，铸造工艺较精。直径 2.4～2.6 厘米。面文"五"字较宽大，"铢"字金旁的头较大，呈三角形（图二五九，6～8）。为东汉早中期钱币。

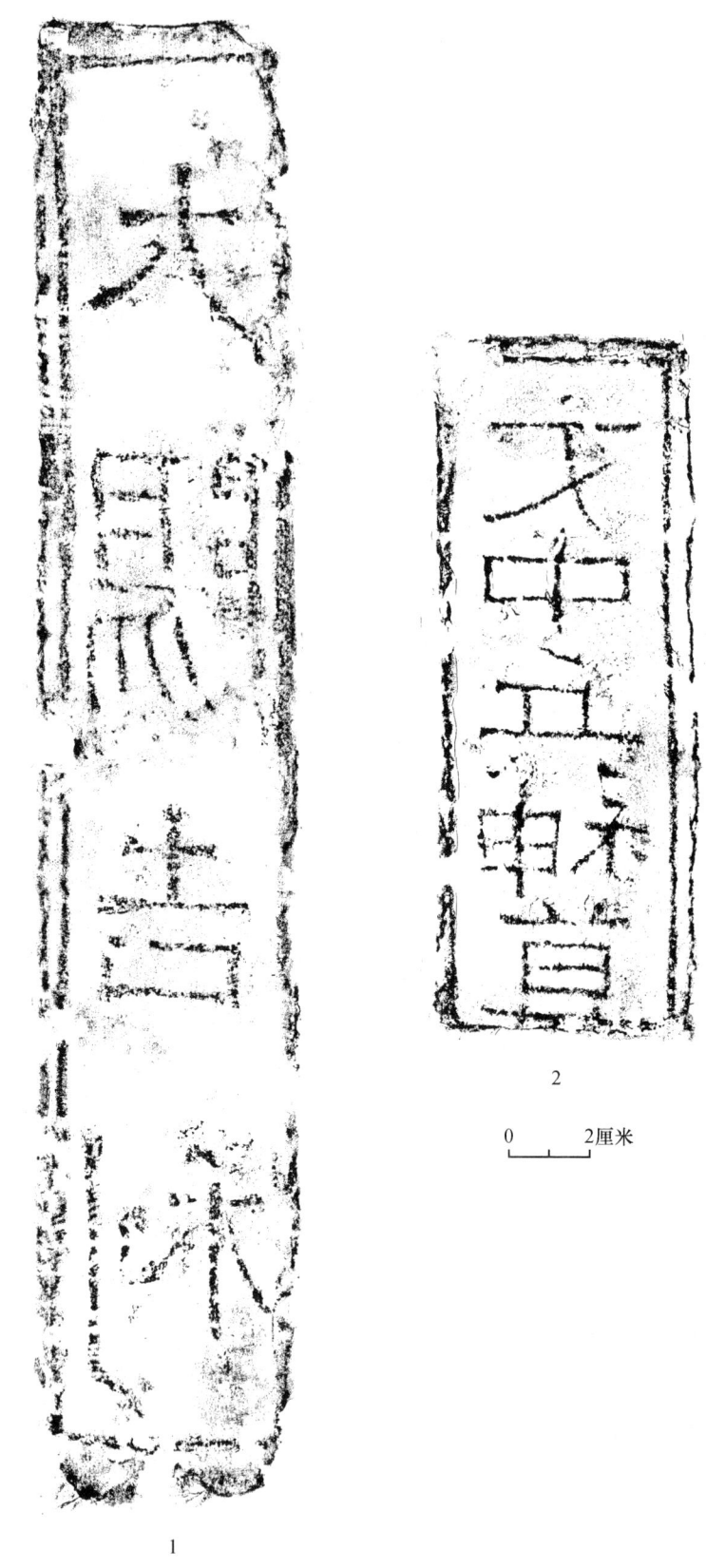

图二五四　C 区 M23 墓砖文字拓片
1. "大阳吉利"（M23∶32）　2. "文中兵神墓"（M23∶32 当面）

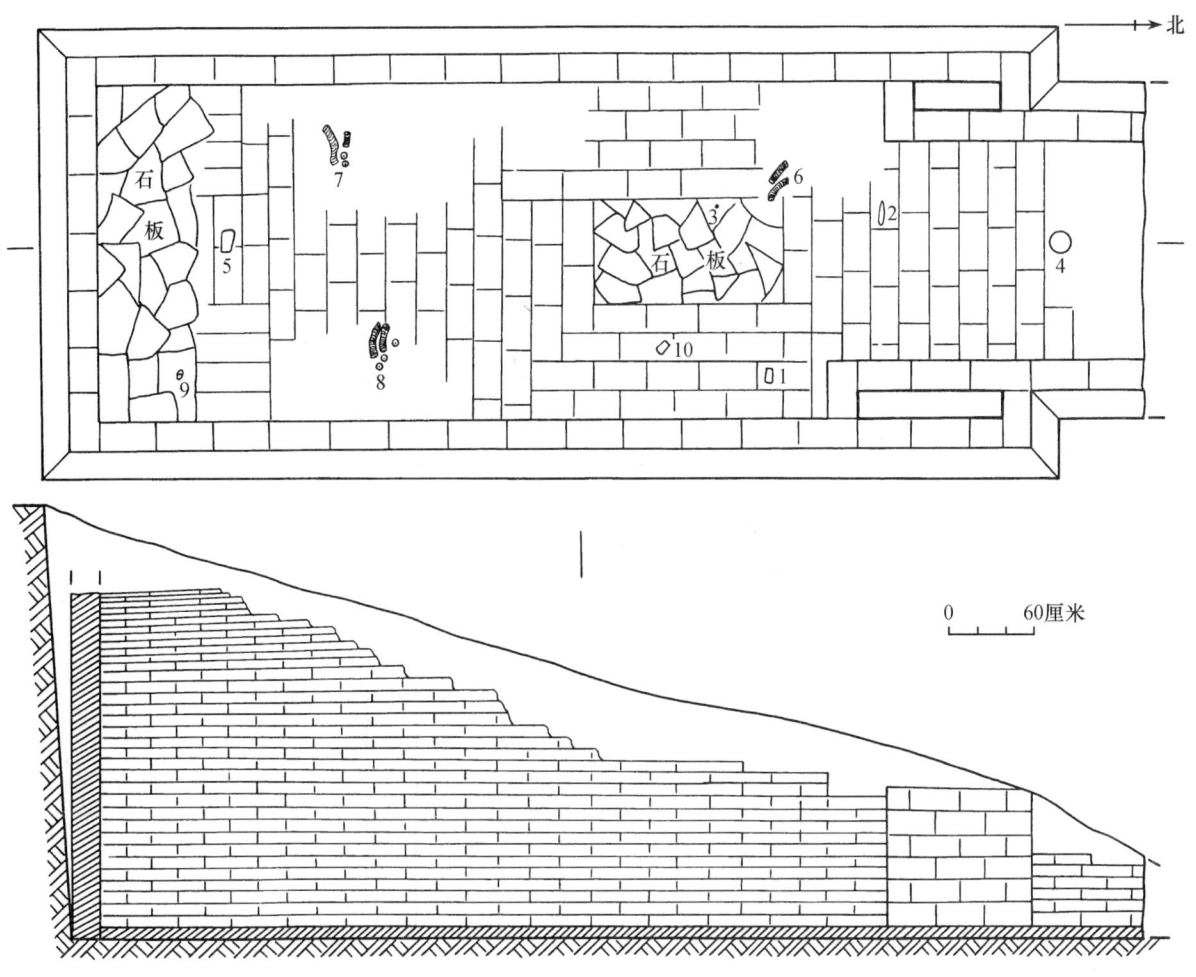

图二五五　C 区 M27 平、剖面图

1、5、10. 石锛　2. 双刃石器　3. 料珠　4. 铜圈　6~8. 铜钱　9. 铜铃饰

3. 文化层

C 区六朝时期文化层主要分布在 CT1、CT10 两个探方内。文化堆积层为②层，较薄，厚 0.1 ~ 0.25 米。依地势南高北低倾斜堆积。

① CT1②层

出土陶片共 11 片。均为粗泥青灰色陶片。火候较高。纹饰有粗绳纹、细绳纹、布纹、凹弦纹等（图二六〇）。可识器类有筒瓦、板瓦。

筒瓦　2 件。标本 CT1②:1，复原完整。瓦嘴较小而短。外表饰直绳纹，内面饰布纹。长 29.7、宽 13.5、瓦嘴长 3.3、宽 10.5 厘米（图二六〇，3；图二六一，1；图版九三，1）。标本 CT1②:2，残。瓦嘴略长。外表饰直绳纹，内面饰布纹。残长 15、宽 13.2、瓦嘴长 3.8、宽 11.1 厘米（图二六〇,1；图二六一，3）。

② CT10②层

出土陶片共 6 片。均为粗泥灰陶，外饰绳纹，绳纹上又饰旋抹弦纹。火候较高。陶片均为器物

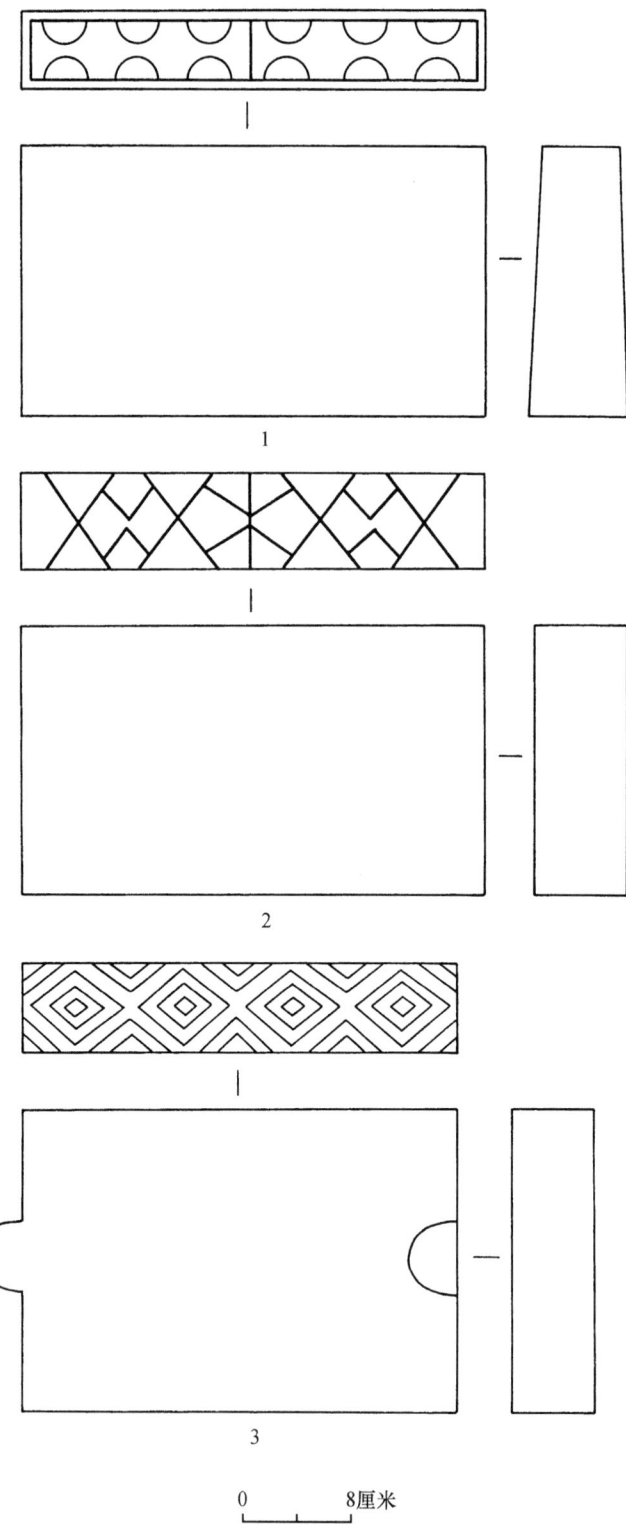

图二五六　C 区 M27 墓砖

1. M27：22　2. M27：21　3. M27：20

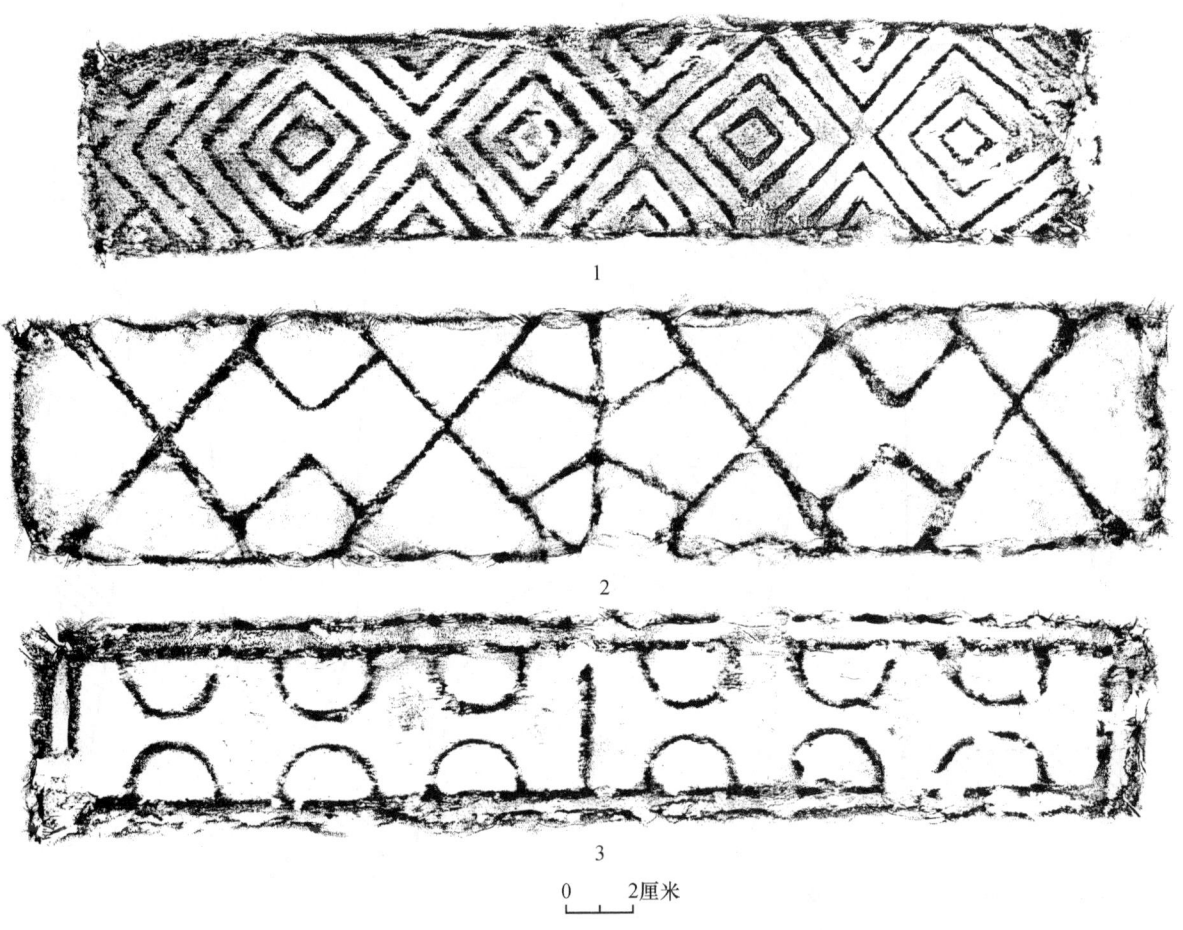

0 2厘米

图二五七　C 区 M27 墓砖纹饰拓片

1、2. 菱形几何纹（M27：20、M27：21）　3. 半圆形几何纹（M27：22）

腹片，且破碎严重，器类不明。另发现 1 件铜簪。

铜簪　1 件（CT10②：1）。完整。保存较好，几乎没有锈蚀。器身呈圆锥状，顶端有半圆形帽头，帽头上饰太极图案纹饰。长 7、帽头直径 1.7 厘米（图二六一，2；彩版一八，3；图版九三，2）。

（三）分期与年代

C 区六朝遗存很简单，包括陶窑、墓葬和文化层三部分。从考古层位学上观察，有三组叠压打破关系：

CTG8（1）组：M21→CY1；

CTG8（2）组：M23→CY2；

CTG4 组：M27→CY3。

这三组叠压打破关系的共同特点一是陶窑形制结构、方向均相同，而且排列在一条东西向的直线上，分布密集，尤其是 CY1、CY2 相距仅 0.8 米；二是 M21、M23、M27 三座墓都是砖室墓，特别是 M21、M23 所用砖为同一砖模制造，其尺寸、花纹、文字均一致；三是这三座砖室墓都建在陶窑内。从这些共同特点看，CY1、CY2、CY3 应为同一时期的陶窑，M21、M23、M27 的时代应大体

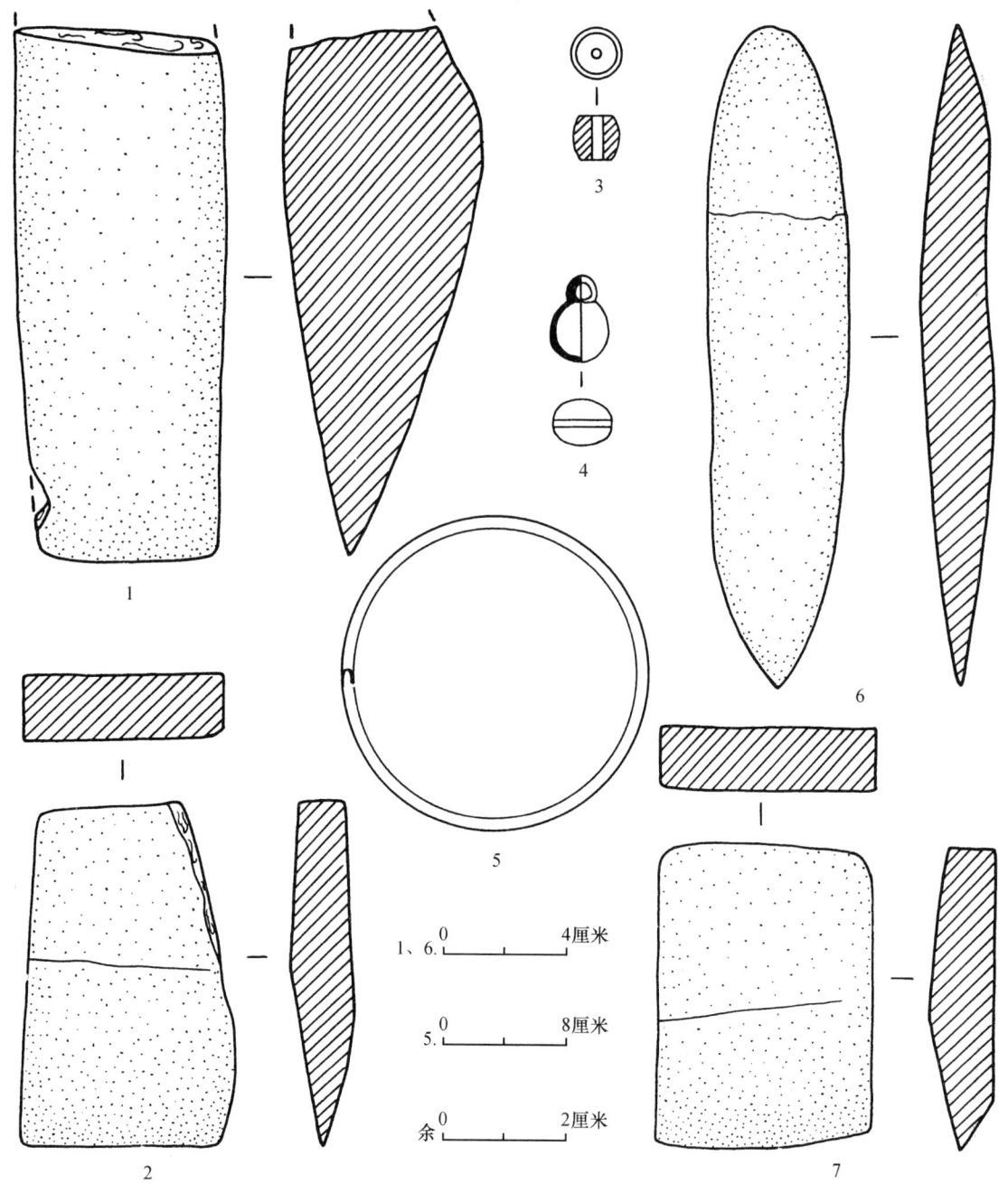

图二五八　C区 M27 出土器物

1. 石斧（M27∶5）　　2、7. 石镑（M27∶10、M27∶1）　　3. 料珠（M27∶3）　　4. 铜铃饰（M27∶9）

5. 铜圈（M27∶4）　　6. 双刃石器（M27∶2）

相当，但略晚于陶窑的时代。

　　从考古类型学上观察，虽然出土遗物不多，特别是墓葬被盗严重，所剩遗物极少，但仍可窥觅到一些有断代价值的线索。M21∶1 青瓷罐施半釉，M10 也出土半釉青瓷器。M10 与 M23 又同出滑石猪。文化层中出土的筒瓦与 CY1 火膛中出土的 CY1∶2 筒瓦形制相同。这说明 CY1、CY2、CY3 与文化层时代比较接近，M10、M21、M23、M27 的时代也相差不远，M14、M151 因被盗仅出土两枚五铢钱币，没有可类比的器物，但墓葬形制结构和营造方法与上述墓葬差不多，其时代也应与上述墓葬时代相同。

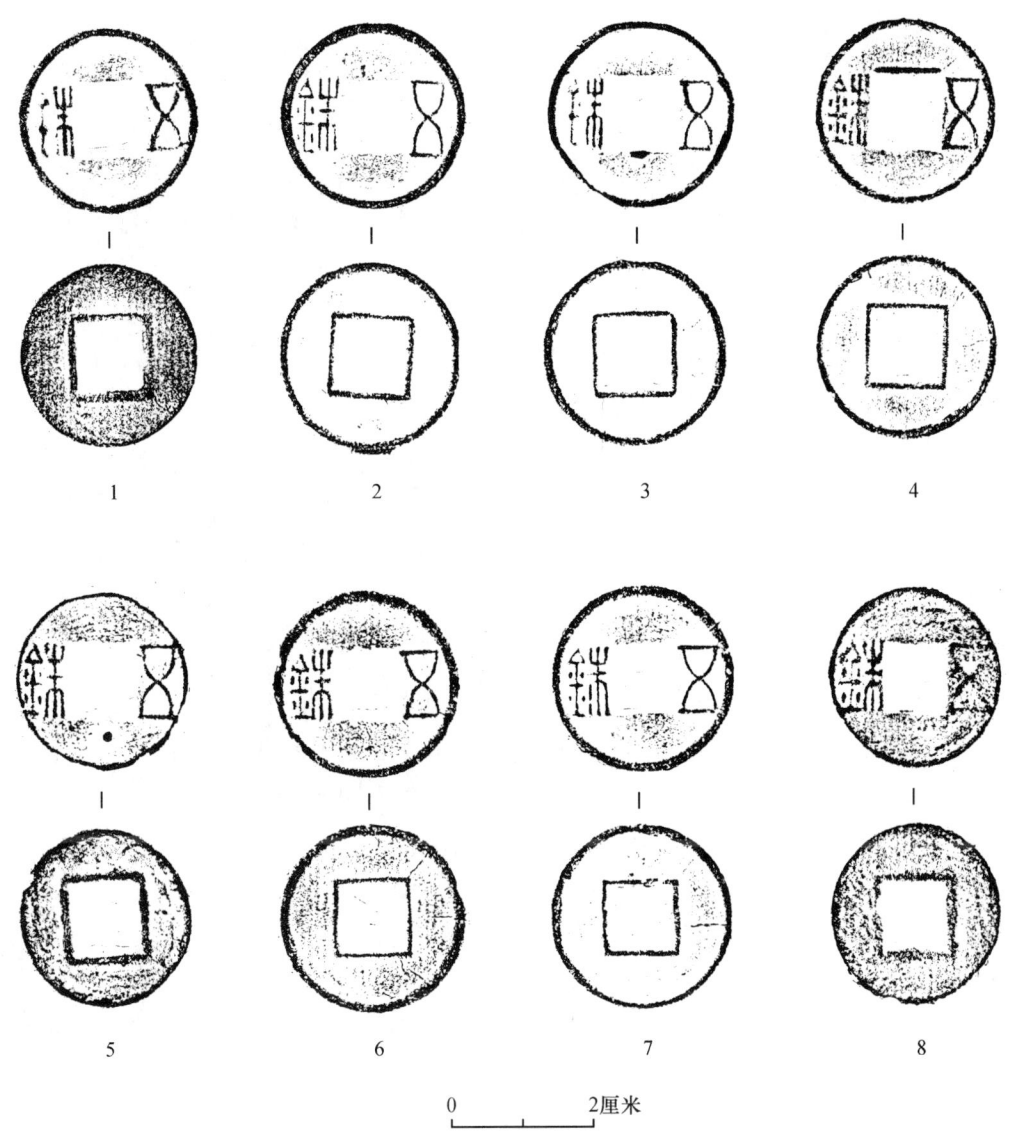

1　　　　　　　2　　　　　　　3　　　　　　　4

5　　　　　　　6　　　　　　　7　　　　　　　8

0 ____|____ 2厘米

图二五九　C区 M27 五铢钱币拓片

1. A 型（M27∶6）　　2～5. B 型（M27∶15、M27∶16、M27∶17、M27∶18）　　6～8. C 型（M27∶8、
M27∶12、M27∶14）

据上述分析，可将 C 区六朝遗存分为一、二两段。

一段：包括 CY1、CY2、CY3、CT1②层、CT10②层。

二段：包括 M10、M14、M15、M21、M23、M27。

墓葬打破陶窑，有三座墓葬直接建在陶窑内，而且墓砖与陶窑中出土的砖相同。这表明一、二两段时间相差甚近，实际上可归为一个大的文化时期。

M10∶7 青瓷盘口壶的盘口较深，颈部较细，器身较高，与秭归柳林溪 M10∶20、M10∶56 及枝江巫回台 M1 所出同类器相同[1]。所出土的长方形砖、楔形砖和榫卯砖，其尺寸比例和花纹特征具有湖北地区，特别是宜昌及三峡地区东晋墓砖特征。M21、M23 出土的陶砖文字"大阳吉利"的

　　① 国务院三峡建设委员会办公室、国家文化局：《秭归柳林溪》，科学出版社，2003 年；宜昌地区博物馆：《枝江巫回台东晋墓发掘》，《江汉考古》1983 年 1 期。

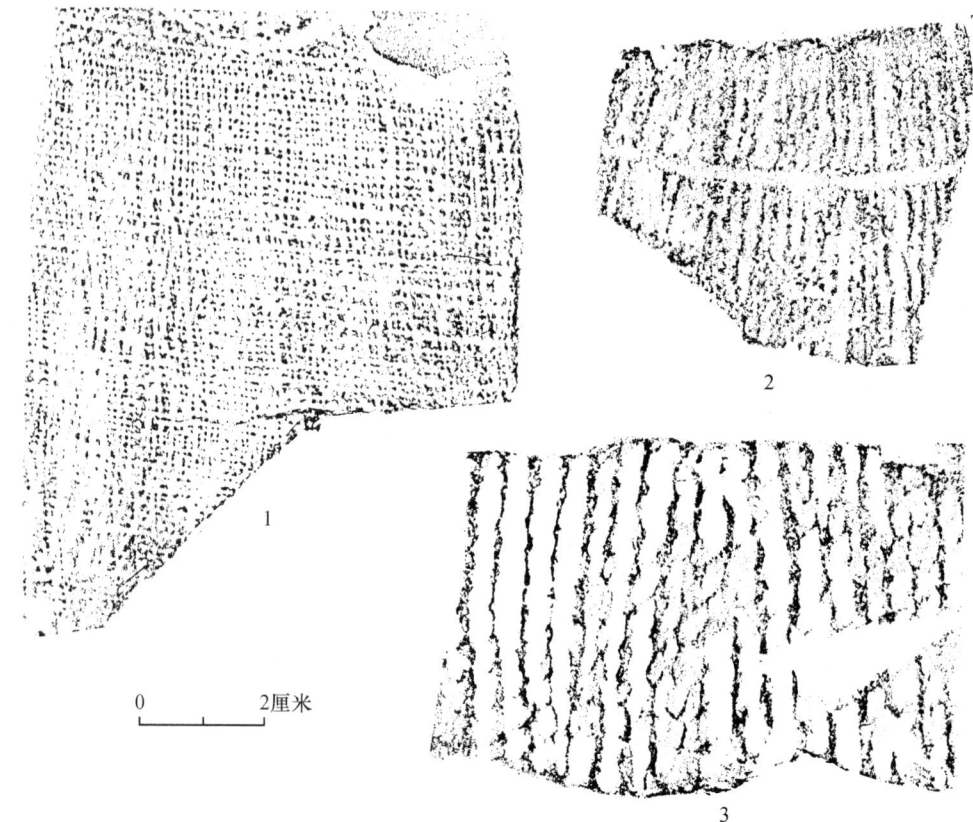

图二六〇　C区T1②层陶器纹饰拓片

1. 布纹（CT1②:2）　　2、3. 绳纹（CT1②:4、CT1②:1）

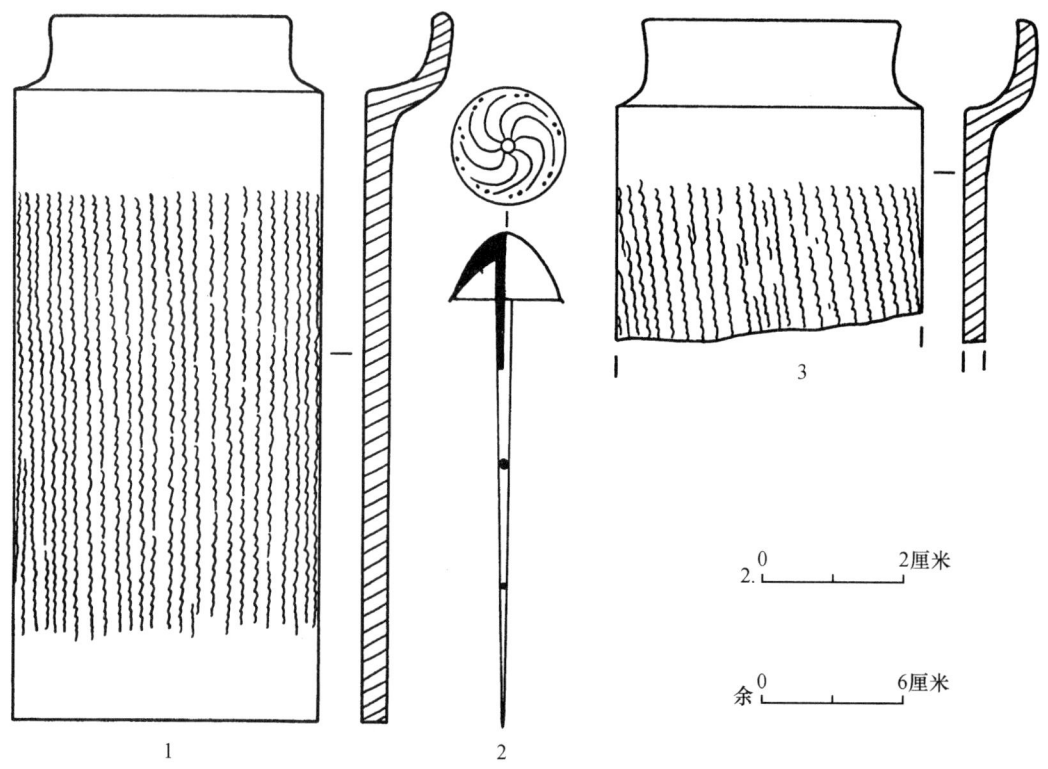

图二六一　C区②层出土器物

1、3. 筒瓦（CT1②:1、CT1②:2）　2. 铜簪（CT10②:1）

"大"字和"利"字，以及"富贵宜官吉利"的"利"字为楷书体，"阳"字具有隶书体特点，"富贵宜官吉"五个字和"文中兵神墓"的"兵、神、墓"三字又具有明显的魏体特征。这是六朝时期较为流行的几种字体。"富贵宜官吉利"的"富"字上面没有一点，也没有中间的一横，"宜"字上面也没有一点，应属于减笔字。减笔字流行于两汉时期，魏晋时仍沿袭汉风。M21、M23 砖文中的减笔字也应是东晋时期沿袭汉风的一种反映。"文中兵神墓"的墓字下面的"土"字旁因到砖的边缘，尚有一横未刻上，这是因草率了事所致，事先未经周密计算，刻到最后时没有位置了，即使全文没有刻完，也只得结束。像这些反字、掉笔、草率现象，在六朝时期是屡见不鲜的。

综合上述研究，我们认为 C 区六朝时期文化遗存的时代应属于东晋时期或稍晚。

（四）小结

C 区六朝遗存较少，主要是墓葬。墓葬分布排列有序，呈东西向排列，这说明墓地是经过认真选择的，或是家族墓地。

M21 与 M23 两墓相隔甚近，排列在一条直线上。墓葬形制相同，都由墓室、甬道、排水沟三部分组成。墓向一致。两墓墓砖尺寸大小、纹饰、文字完全相同。而且两墓均建在陶窑内，营造方法均相同，墓壁顺砖垒砌，楔形砖券顶，均用长方形砖呈人字形铺墓室底，排水沟均用三块砖相扣合而成。据此推测，M21、M23 应为文中兵夫妻墓葬，即左边 M21 为文中兵墓，右边 M23 为文中兵之妻墓[①]。

从墓砖的文字可以看出，该墓自名为"文中兵神墓"，文中兵何许人也，史书上无从可考，但三峡地区至今仍有不少姓"文"的，这可以说墓主人文中兵是三峡地区"文"姓的老祖宗，换句话说"文"姓人在这一带生活时间至少已有 1600 多年了。由此，"文中兵"人名的发现，对研究我国民族史、宗族姓氏都具有重要意义和参考价值。

C 区发现 CY1、CY2、CY3 共 3 座陶窑，均由窑室、火膛、窑门及土坑组成。窑内分别营建 M21、M23、M27。而陶窑火膛壁砖和火膛内发现的砖又分别与 M21、M23、M27 墓砖相同。这说明墓砖就是在该陶窑中烧制出来的，同时也说明陶窑是专门烧制墓砖的陶窑。另外墓葬直接建在陶窑内，既防潮又坚固，这种造墓方式在考古中是少见的。这一发现为研究我国古代（尤其是三峡地区）埋葬习俗提供了新的极有价值的资料。

七 宋 代 遗 存

C 区宋代遗存仅墓葬 1 座，编号为 M28。

（一）墓葬介绍

M28 位于 CTG4 探沟东 7.5 米处 M27 墓内，开口在①层下，打破 M27。距地表深 0.4 米。方向 360°。长方形竖穴土坑墓。墓坑上部因耕种和水土流失而被破坏。坑壁较斜而光滑，坑底较平。长 2.5、宽 1.04、残深 0.4 ~ 0.8 米，墓底长 2.2、宽 0.8 米（图二六二；图版九四，1）。墓内填土为灰褐色五花土，较松软。

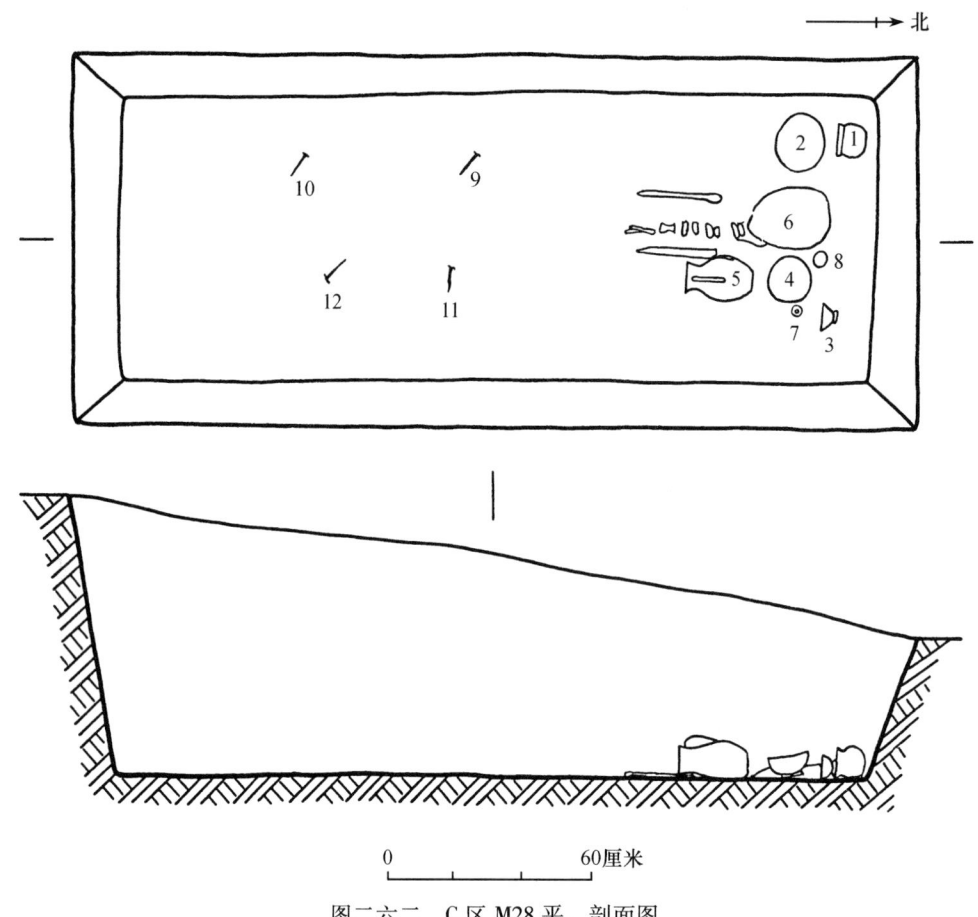

图二六二　C 区 M28 平、剖面图

1. 釉陶钵　2. 釉陶罐　3、4. 瓷碗　5. 釉陶壶　6. 人头骨　7. 铜钱　8. 银环　9～12. 铁棺钉

因葬具腐烂无存，仅存 4 件铁棺钉，根据墓坑形制和铁棺钉推测葬具为单棺。

人骨架仅存上肢腐烂痕迹和零星骨渣，葬式为仰身直肢。

随葬器物置于人骨架头部两侧（图版九四，2），共 7 件，有釉陶罐、釉陶钵、瓷碗、瓷壶、银环、铜钱等。

釉陶钵　1 件（M28:1）。完整。泥质红褐陶。直口略敛，宽沿外凸，沿面略凹，直腹内折，平底。外表施酱褐色釉。口径 11、腹深 6.8、底径 6、高 7.4 厘米（图二六三，1；彩版一九，1；图版九五,4）。

釉陶罐　1 件（M28:2）。完整。泥质灰褐陶。鼓肩，敛口，方唇，腹内收，假圈足。外表施黄褐色釉。口径 10.8、最大腹径 17.6、底径 9.6、高 9.3 厘米（图二六三，8；彩版一九，2；图版九五,2）。

釉陶壶　1 件（M28:5）。复原完整。泥质红褐陶。器胎较厚，广肩，细颈，杯形口，圆唇外斜，鼓腹，平底，略内凹，弧形长流，环形柄，肩部附对称的桥形耳一对。耳上下各饰一道凹弦纹。腹部以上施淡黄色釉。口径 6.4、最大腹径 12.8、底径 6.4、流长 6、器高 15 厘米（图二六三，6；图版九五，5）。

瓷碗　2 件。标本 M28:4，完整。褐色瓷胎。侈口，尖唇，唇下略凹，斜腹，假圈足。内外壁施黑褐色釉，圈足底无釉。口径 10、圈足径 3.6、高 6 厘米（图二六三，7；彩版一九，4；图版九五，1）。标本 M28:3，完整。白色瓷胎。敞口，尖唇，斜壁，圆圈足，施淡青釉，芒口。口径 9.8、圈足径 3.2、高 5 厘米（图二六三，5；彩版一九，3；图版九五，3）。

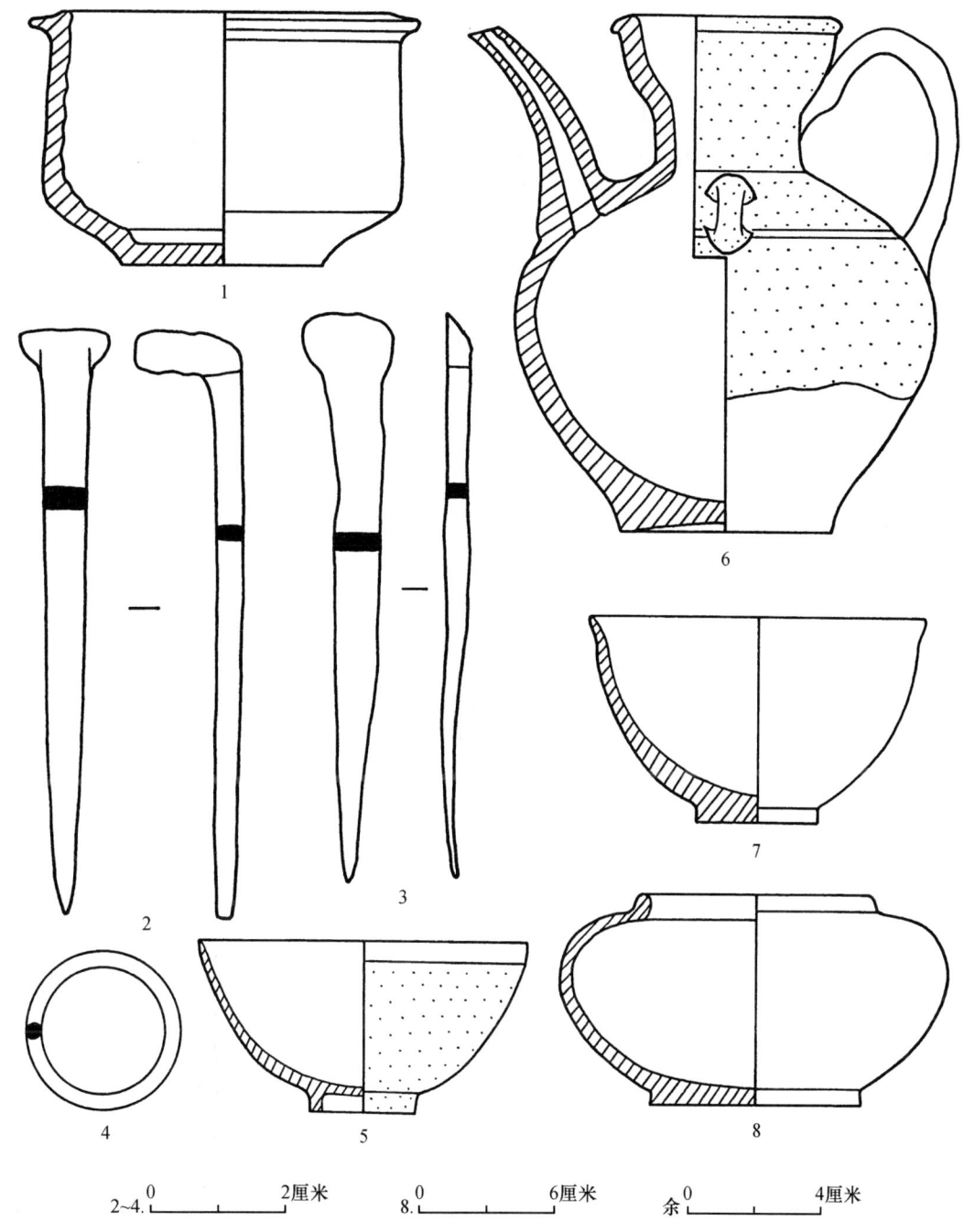

图二六三　C区M28出土器物

1. 釉陶钵（M28：1）　　2、3. 铁棺钉（M28：9、M28：10）　　4. 银环（M28：8）　　5、7. 瓷碗（M28：3、M28：4）

6. 釉陶壶（M28：5）　　8. 釉陶罐（M28：2）

　　银环　1件（M28：8）。完整。保存较好。横剖面呈圆形。直径2.4厘米（图二六三，4）。

　　铁棺钉　4件。均锈蚀严重。标本M28：9，扁锥形，顶端有弯形铁帽。长8.5、宽0.2～0.7、厚0.2～0.35厘米（图二六三，2）。标本M28：10，扁锥形，略弯曲，顶端有宽饼形帽。长8.4、宽0.2～0.7、厚0.2～0.3厘米（图二六三，3）。

　　钱币　1枚（M28：7）。完整。铜质。面、背均有内外郭，背郭较浅，近平，外郭较宽。直径2.5厘米。面文为"皇宋通宝"（图二六四）。1039年铸造。

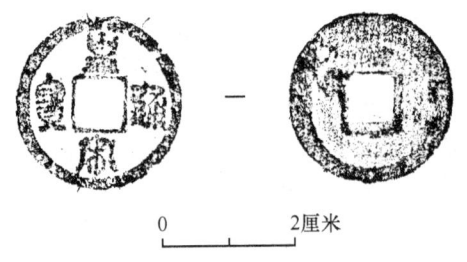

图二六四　C区M28皇宋通宝钱币拓片（M28:7）

（二）小结

M28出土随葬器物主要是瓷器、釉陶器和钱币。钱币"皇宋通宝"为1039年所铸。这说明M28时代上限不会早于1039年。出土的M28:4瓷碗、M28:1釉陶钵、M28:2釉陶罐与重庆涂山小湾瓷窑出土的同类器完全相同，窑口也完全一致①。由此认为，M28的时代当属于南宋时期。

M28出土重庆涂山窑陶瓷器，说明宋代时期，长江三峡地区与重庆豫中地区商贸交往、文化交流已很密切。

八　清代遗存

（一）概述

清代遗存仅墓葬一种，共3座，编号为M88、M93、M94。均为长方形竖穴土坑墓。墓坑较小而浅，根据腐烂痕迹观察，葬具均为单棺。葬式为仰身直肢。除M94出土两颗纽扣外，其余均不见任何随葬器物。墓内填土皆为墓坑回填土，特别松软。

（二）墓葬介绍

① M88

M88位于CT14探方中部M89内，开口在①层下，打破M89。距地表深0.3～0.4米。方向335°。平面呈长方形。墓壁较斜，底较平。墓口长1.2、宽0.6、残深0.18米，墓底长1.1、宽0.5米（图二六五）。墓内填土呈黑褐色五花土，较疏松。人骨架保存较好，葬式为仰身直肢。人骨架长0.75米，性别不详，年龄4岁。

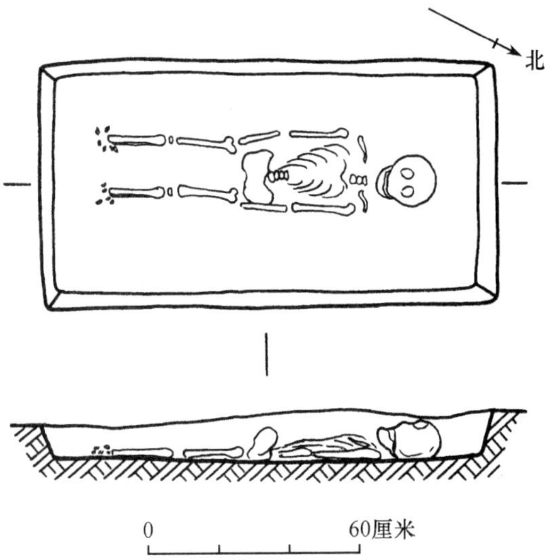

② M93

M93位于CT35探方西北部，开口在①层下，打破生土。距地表深0.45米。方向140°。平面呈长方形。北壁已残。墓壁较陡直，底较平。墓口残长2.1、宽0.8、残深0～0.6米，墓底残长2.05、宽0.7米（图二六六）。墓内填土为黑褐色五花土，较松软。人骨架保存较好，长1.65米。头向西，面向上，仰身，肩扭曲，左上肢较高，右上肢较低，四肢均伸直。

图二六五　C区M88平、剖面图

① 陈丽琼:《重庆市涂山宋代瓷窑试掘报告》,《古代陶瓷研究》,重庆出版社,2001年。

③ M94

M94 位于 CT41 探沟中部，开口在①层下，打破生土。距地表深 0.25~0.45 米。方向 140°。平面呈长方形。墓壁较斜而光滑，墓底较平。墓口长 2.4、宽 0.8、深 0.5 米，墓底长 2、宽 0.4 米（图二六七）。墓内填土为灰褐色五花土，较板结。人骨架保存较好，长 1.45 米。葬式为仰身直肢，头偏向西面，肩部略扭曲。

不见随葬器物，仅在死者胸部发现两颗纽扣（图二六八）。应为死者所穿衣服上的纽扣。

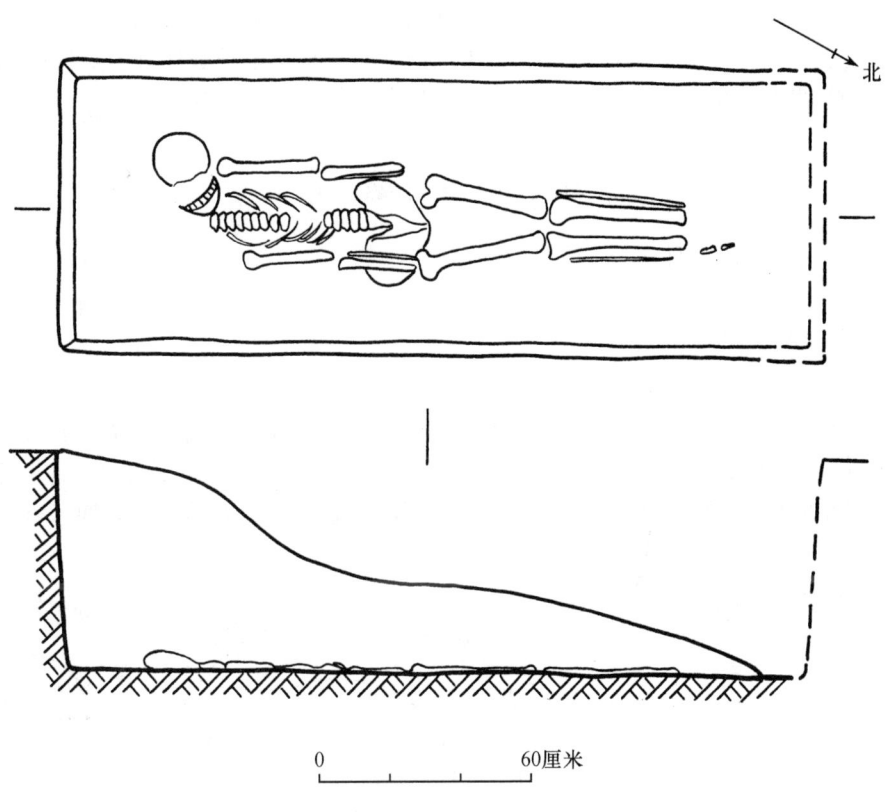

图二六六　C 区 M93 平、剖面图

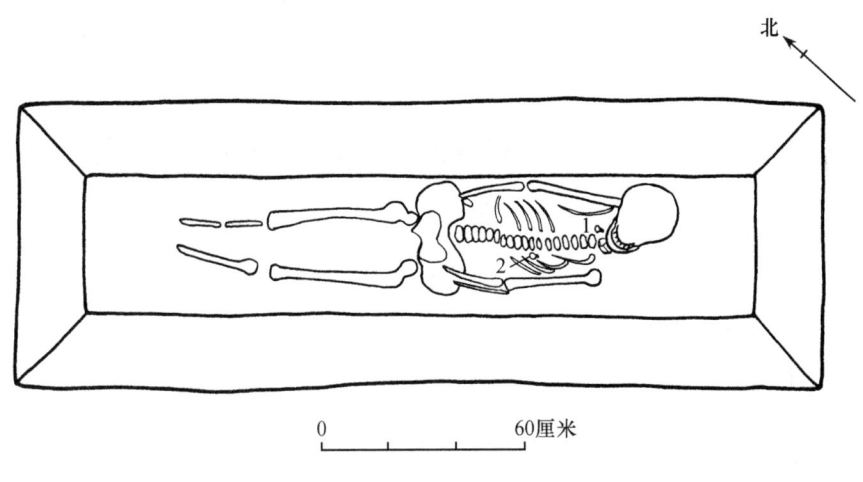

图二六七　C 区 M94 平面图

1、2. 纽扣

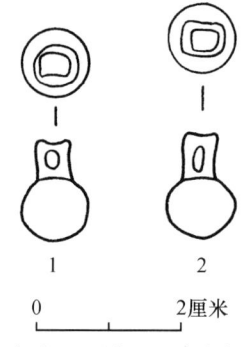

图二六八　C区 M94 出土纽扣

1. M94：1　2. M94：2

（三）小结

C区清代墓葬未发现随葬器物和纪年资料，但根据墓葬形制和葬具特点推测，三座墓葬均为长方形竖穴土坑，墓坑较小，浅而特别窄，其空间仅容一棺。既不随葬器物，也不使用棺钉。这些正是三峡地区清代中期以后的埋葬特点。可见，C区清代墓葬时代上限不会超过清代中期。清代墓葬地面均有标志性建筑物，如石墓碑、石堆、土堆等。而这些墓葬均不见地面建筑物，而且墓坑也被破坏许多。这说明墓葬时代距今又有些久远，其时代当在清代中期或稍晚。

九　近代遗存

C区近代遗存仅文化层一种。

（一）文化层介绍

文化层分布在 CT68 探方和 CTG6 探沟内。出土遗物甚少，主要有瓷钵、瓷碗、瓦片及铜勺柄等。

瓷钵　1件（CTG6①：1）。复原完整。白瓷胎。口微敛，宽沿外侈，圆唇，弧腹，假圆足。内外壁施淡白色釉，腹部饰青花龙形纹。口径21、腹深9、腹径18、圈足径9.6、高10.8厘米（图二六九，1；图版九六，1）。

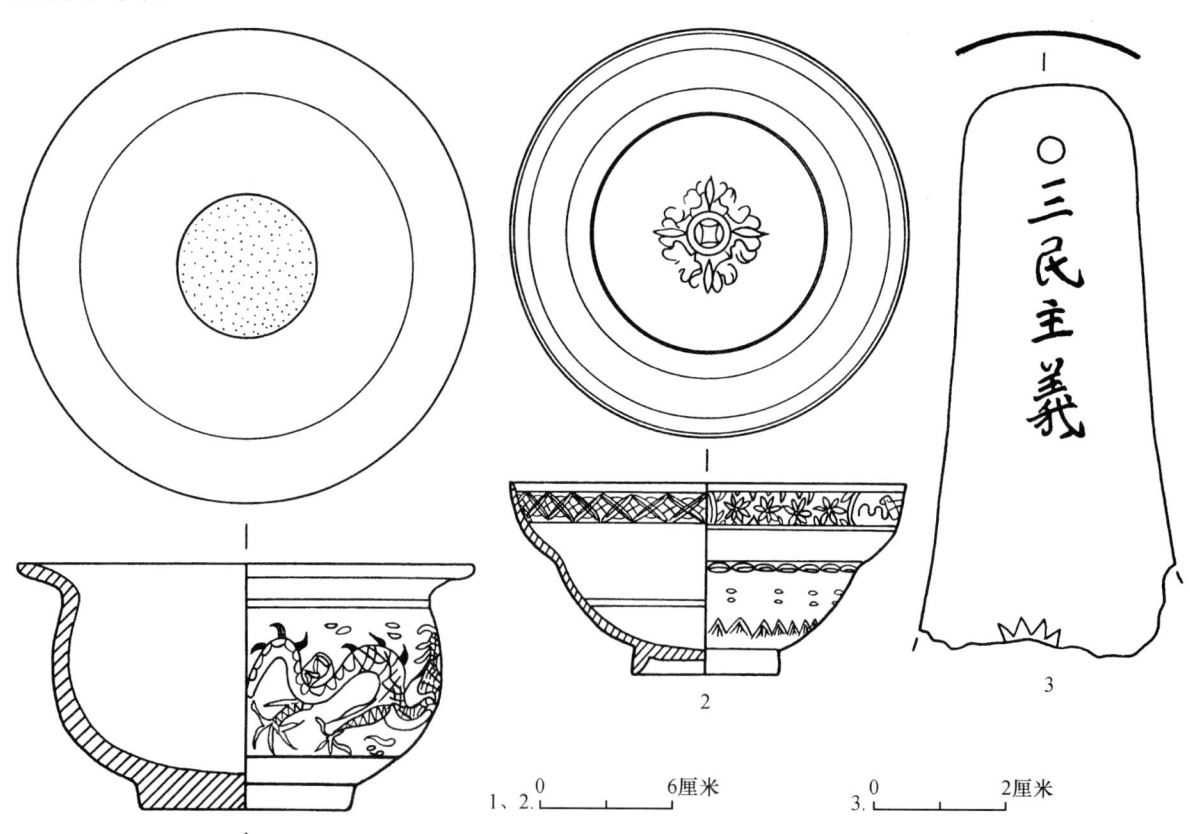

图二六九　C区①层出土器物

1. 瓷钵（CTG6①：1）　2. 瓷碗（CTG6①：2）　3. 铜勺柄（CT68①：1）

瓷碗　1 件（CTG6①: 2）。复原完整。白瓷胎。口略侈，尖圆唇，双腹内收，圆圈足。内外壁施淡白色釉，外表饰宽带状蓝色花瓣纹、重环纹、三角形纹等纹饰，口沿内壁饰宽带状蓝色菱形纹和弦纹。口径 18、深 7.2、圆圈足径 6.6、高 8.4 厘米（图二六九，2；图版九六，2）。

铜勺柄　1 件（CT68①: 1）。平面略呈长方形，横剖面呈弧形，柄上有一圆孔，内面有铭文"三民主义"四字，下端有阴刻锯齿形图案。残长 8.3、中部宽 3、胎厚 0.15 厘米（图二六九，3，图二七〇；图版九六,3）。

（二）小结

C 区近代遗存甚少，从发现的遗存观察，蓝花瓷器应是当时主要生活器皿，龙形图案和花瓣纹则是当时人们所喜爱的花纹。铭文"三民主义"正是孙中山先生所处的时代产物。

图二七〇　C 区 T68①: 1 铜勺
柄铭文及纹饰拓片

伍 D 区

一 位置与地貌

D 区位于卜庄河遗址中部，小地名叫苹果树田和枣树岭。海拔 130～180 米。北面为卜（庄河）崔（家湾）公路，东面为枣树岭，南边是大山岭，并与今郭家坝新集镇相连，西面为煤湾沟（图版九七）。

这里地形依山势南高北低呈斜坡状，坡度较大，约 15°～20°，局部地方达到 30°左右。中部有一南北向深沟将 D 区分为东西两部分，东面部分为黄褐色黏土地带，称为 D1 区，西面部分呈南北向岗地，坡度较 D1 区更大，多为砂岩地层，仅局部有些黄褐黏土层，称之为 D2 区。整个 D 区地貌破坏严重，除水土流失、滑坡等自然因素破坏外，人为破坏因素也占很大比重，包括历代垦荒种植、开渠筑路、营建民舍、挖坑埋葬等，尤其是 20 世纪 60～80 年代，秭归县砖厂在此取土，将 D1 区（即苹果树田）挖去一大半，约 200 万立方米，故 D1 区东面形成一道深 30～50 米的断崖。D2 区因秭归县煤炭矿务局于 20 世纪 60 年代凿井挖煤，也毁掉了不少地层。

D 区发掘之前，地面种植有柑橘树、花椒树、枣树及玉米、蔬菜等经济果树和农作物。

二 工 作 情 况

D 区考古发掘工作比较早，早在 1991 年 6 月，配合秭归县砖厂取土工程，发掘了 4 座墓葬（编号为 M1～M3、M5）。之后，是配合三峡大坝水利枢纽工程建设发掘，这次发掘于 1999 年 11 月、2000 年 2～5 月、2000 年 8～12 月、2002 年 8 月～2003 年 1 月、2004 年 3～12 月、2005 年 9～10 月，历经 7 个年头 6 次发掘。D1 区因岩石少，黏土层多而且厚，多采用探方发掘，边缘地带采用探沟发掘。共开 5 米×5 米探方 397 个，长 15～20、宽 1 米探沟 3 条，加上在探方周边勘探、调查、发掘的墓葬，共计发掘面积为 10158 平方米（彩版一，2；图版九八，1，2）。D2 区鉴于山势复杂，坡度大，岩石多，黏土地层少的特点，采用探沟与探方相结合的方法进行发掘。共开 5 米×5 米探方 246 个，长 25～40、宽 1 米的探沟 16 条，加上在探方外发掘的 M71，共计发掘面积为 6645 平方米。D1 区和 D2 区两区总共发掘面积为 16803 平方米（图二七一）。D 区虽然经多次发掘，但每次发掘都是按顺序接着编制探方（沟）号，对地层亦进行统一编号。

三 文化堆积与分期

（一）文化堆积

D 区文化堆积层不多，仅 D1 区 5 个探方（D1T2、D1T133、D1T136～D1T138）有文化堆积层，其余探方（沟）①层下为生土层。文化层共分为四层，但没有一个探方的地层堆积是全的，都是一

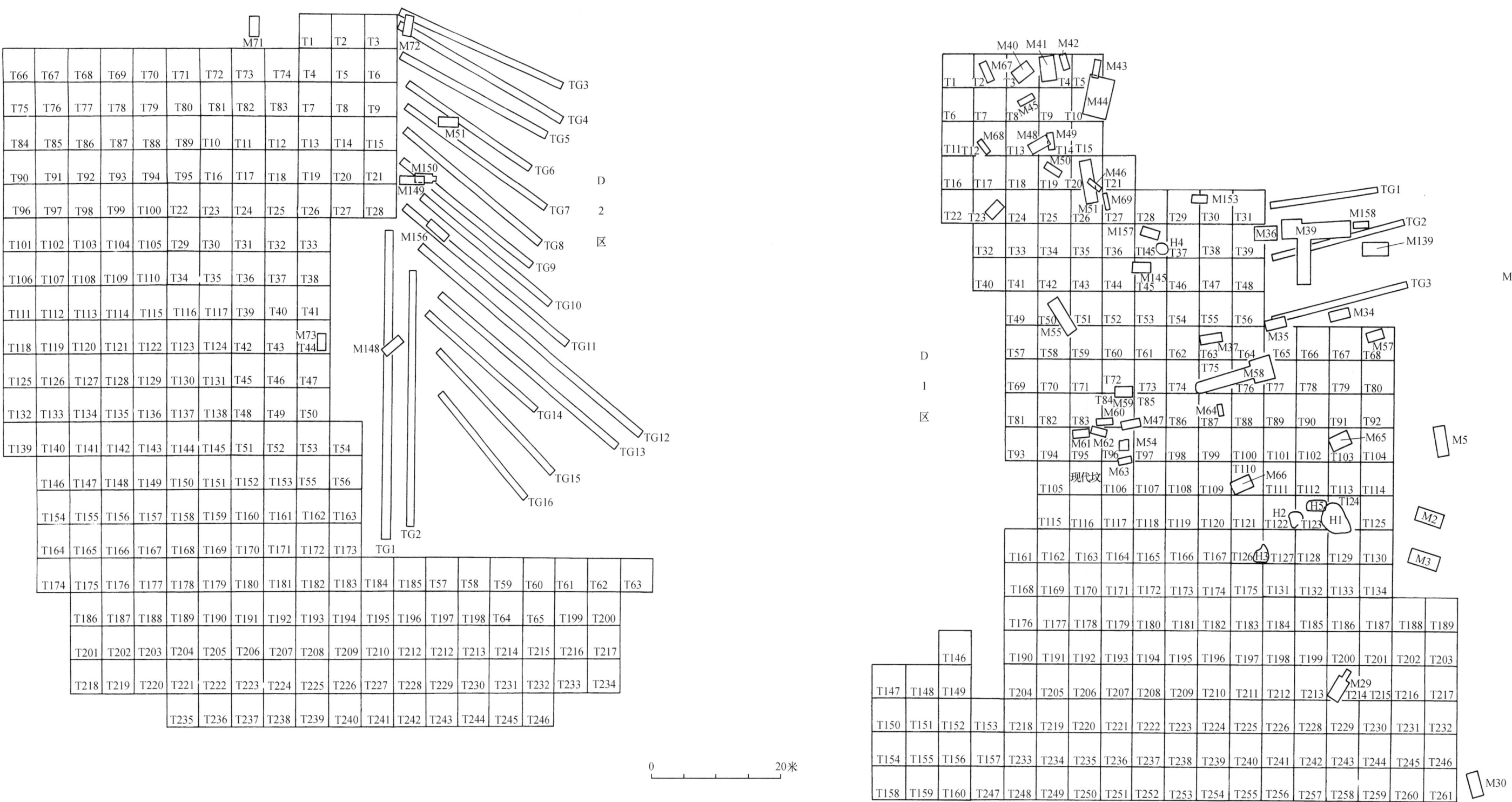

北

图二七一　D区探方(沟)、墓葬及遗迹分布图

0　　　　　　　20米

些零星堆积层，其原因有三：一是本来文化堆积层较薄；二是因为山陡坡度大，长期雨水山洪冲刷，自然流失严重；三是历代垦殖等原因，致使文化堆积（尤其是 D2 区）残破不全，只存零星地层堆积。现将 D1 区地层堆积介绍如下。

第①层：灰褐色土，土质松软。厚 0.3 ~ 0.6 米。各探方均有分布。包含物有近现代瓷片、瓦片、鹅卵石、水泥块，此层中有不少树窝坑，属近现代农耕扰乱层。

第②层：黑褐色土，较硬。距地表深 0.3 ~ 0.65、厚 0.1 ~ 0.55 米。分布在 D1T2、D1T133 两个探方内。包含物主要是灰陶绳纹陶罐及陶器腹片。属于汉代堆积层。此层下叠压 D1H1 ~ D1H5 五个灰坑。

第③层：黄褐色土，土质较板结，黏性较强，距地表深 0.4 ~ 1.12、厚 0.04 ~ 0.26 米。分布于 T136、T137、T142 三个探方。包含物有夹砂红陶罐、鬲、鼎等。为周代堆积层。

第④层：浅褐色土，土质较硬。深 0.45 ~ 0.95、厚 0.07 米左右。分布于 T137 探方内，出土有零星极碎小的红陶片，饰有绳纹，不辨器形。此层下为生土层。

（二）分期

D 区文化遗存主要是墓葬。参照仅有的地层堆积和叠压资料及出土遗物的特点，结合遗址周边以往发掘的墓葬资料，立足本区墓葬的自身特点及文化内涵，进行全面分析研究，可将 D 区所出遗存分为六个大的文化时期（表二五）。

表二五　D 区地层、探方、遗迹、墓葬分期对应表

分期	文化时代	地层	探方、遗迹、墓葬
一期	周代	③	探方 3 个（D1 区：D1T136、D1T137、D1T142） 灰坑 3 个（D1 区：D1H1、D1H2、D1H4） 墓葬 3 座（D1 区：M49、M53、M59）
二期	汉代	②	探方 2 个（D1 区：D1T2、D1T133） 灰坑 2 个（D1 区：D1H3、D1H5） 墓葬 37 座（D1 区：M1 ~ M3、M5、M29、M30、M34 ~ M37、M39 ~ M44、M45、M47、M51、M54 ~ M58、M60 ~ M63、M65、M66、M139、M157 D2 区：M71 ~ M73、M148 ~ M151）
三期	六朝		墓葬 1 座（D2 区：M156）
四期	宋代		墓葬 4 座（D1 区：M48、M52、M64、M158）
五期	明代		墓葬 2 座（D1 区：M42、M69）
六期	清代		墓葬 5 座（D1 区：M43、M46、M50、M67、M68）

一期：周代。包括探方 3 个（D1 区：D1T136、D1T137、D1T142）的③、④层，灰坑 3 个（D1 区：D1H1、D1H2、D1H4），墓葬 3 座（D1 区：M49、M53、M59）。文化层代表性器物是陶鼎、陶鬲。墓葬代表性器物是鼎、敦、壶；鼎、盒、壶为组合的陶器，陶器上多饰红色彩绘纹饰。

二期：汉代。是 D 区的主要文化遗存。包括探方 2 个（D1 区：D1T2、D1T133）的②层，灰坑 2 个（D1 区：D1H1、D1H5），墓葬 37 座（D1 区：M1 ~ M3、M5、M29、M30、M34 ~ M37、M39 ~ M41、M44、M45、M47、M51、M54 ~ M58、M60 ~ M63、M65、M66、M139、M157，D2 区：M71 ~ M73、M148 ~ M151）。文化层代表性器物是灰陶绳纹筒瓦、板瓦，夹砂红陶鼎、鬲。墓葬中随葬的典型器物是陶灶、陶仓、陶鼎、陶壶、陶盒和鼓腹绳纹陶罐。墓葬分为土坑墓、土圹石室墓、岩坑石室墓和土圹砖室墓四种。

三期：六朝时期。仅 1 座墓葬（D2 区：M156）。出土有铁剑、铜带钩、陶筒瓦、陶板瓦、铜钱币等。

四期：宋代。均为墓葬，共 4 座（D1 区：M48、M52、M64、M158）。代表性器物有酱褐色釉陶罐、酱褐色斜壁假圈足瓷碗、斗笠形白瓷碗、荷花暗纹瓷碟等。

五期：明代。均为墓葬，共2座（D1区：M42、M69）。出土器物以方形墓志砖及铁棺钉为代表。

六期：清代。均为墓葬，共5座（D1区：M43、M46、M50、M67、M68）。特点是墓坑较小，窄而深，多保存有人骨架，使用铁棺钉和铁抓钉。

四　周　代　遗　存

（一）概述

D区周代遗存包括遗址和墓葬两部分。

遗址文化层堆积主要分布在D1T136、D1T137、D1T142三个探方内。堆积层较薄，比较零散，一般厚0.05~0.2米，局部厚达0.45米。残留3个灰坑，编号为D1H1、D1H2、D1H4。

出土遗物有陶器和石器两类，陶片共83片。均为粗泥红陶和夹砂红褐陶。陶片纹饰有绳纹、方格纹、凹弦纹、附加堆纹，分别占陶片纹饰总数的92.78%、3.61%、2.41%、1.20%（图二七二；表二六）。陶器共14件，器类有罐、豆、鬲、钵、鼎、垫等，分别占陶器总数的42.85%、14.29%、14.29%、7.14%、14.29%、7.14%（表二七）。陶器制作工艺较粗糙而简单，陶胎厚薄不均。出土石器仅石刀一件。

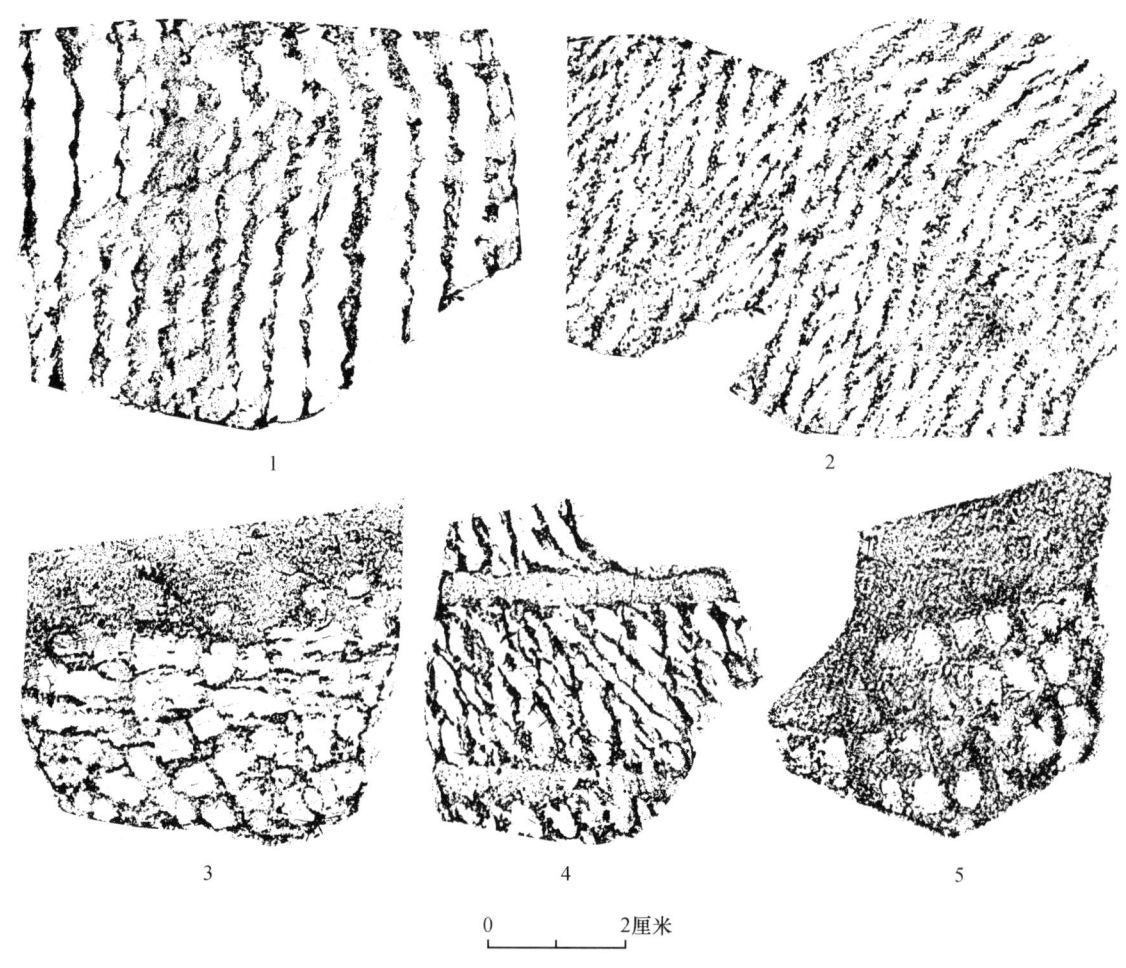

0　　　　　　2厘米

图二七二　D1区③层陶片纹饰拓片

1、2、4. 绳纹（D1T142③:5、D1T136③:7、D1T137③:5）　3、5. 方格纹（D1T136③:4、D1T136③:6）

表二六 D1 区周代陶片纹饰统计表

名　称	绳　纹	凹弦纹	附加堆纹	方格纹	合　计
数　量	77	2	1	3	83
比例（%）	92.78	2.41	1.20	3.61	100

表二七 D1 区周代陶器器形统计表

器　名	罐	豆	鬲	钵	垫	鼎	合　计
数　量	6	2	2	1	1	2	14
比例（%）	42.85	14.29	14.29	7.14	7.14	14.29	100

　　灰坑有椭圆形和不规则形两种，均为斜壁，底为圜底或平底。坑口直径均在 2 米以上，深 0.3～0.76 米。出土遗物有陶罐、陶豆、陶钵、陶鬲、陶鼎等及部分动物骨骼。

　　墓葬有 3 座，编号为 M49、M53、M59。均为长方形竖穴土坑墓，其中 M53 有熟土二层台。随葬器物有陶罐、陶鼎、陶盒、陶壶、陶敦等。随葬器物组合关系为：

　　陶鼎、陶敦、陶壶组合：1 座；

　　陶鼎、陶盒、陶壶组合：1 座；

　　陶罐组合：1 座。

（二）遗存介绍

1. 灰坑

① D1H1

　　D1H1 位于 D1 区 D1T123 探方东南部和 D1T124 探方西南角。开口在 D1H5 下，打破生土。距地表深 0.51 米。平面呈不规则形，斜壁，圜底。残长 3.6、宽 4.2、深 0.76 米（图二七三）。坑内堆积为深灰褐色黏土，较板结，夹杂有零星木炭和红色及灰色烧土块，包含物有陶片和动物骨骼。

　　出土陶片共 50 片。其中粗泥陶为主要陶系，共 49 片，占陶片总数的 98.00%，夹砂陶仅 1 片，占陶片总数的 2.00%。陶色有红陶、红褐陶、黑陶、黑褐陶，分别占陶片总数的 6.00%、70.00%、12.00%、12.00%。

　　陶器纹饰有绳纹、凹弦纹、附加堆纹三种（图二七四，1、4、5），分别占陶片总数的 78.00%、4.00%、2.00%。纹饰多饰于器物肩部和腹部。

　　陶器器类有陶罐、豆、鬲足，分别

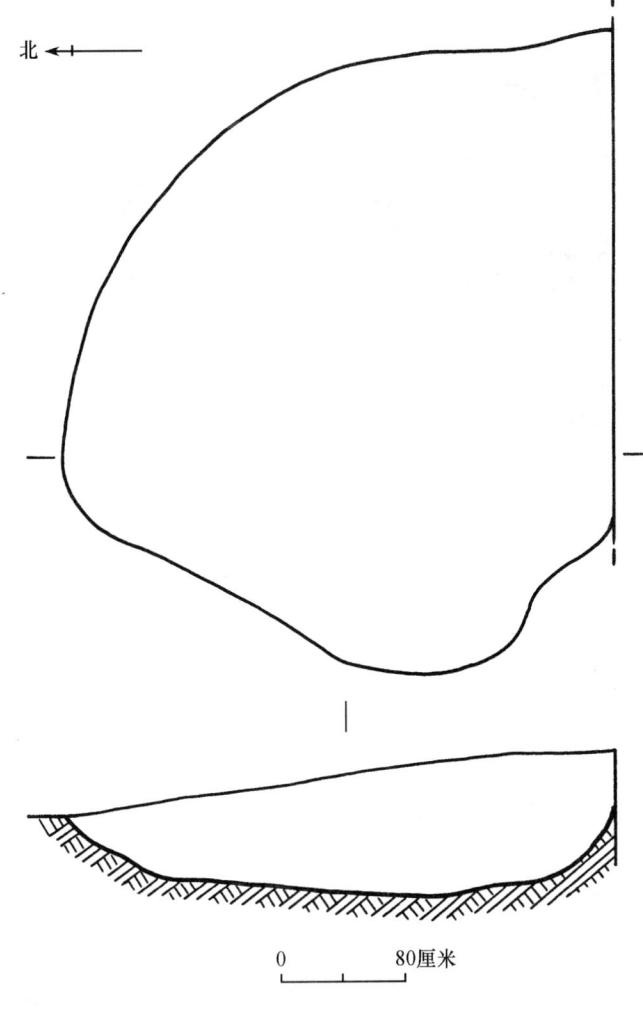

北 ←

图二七三 D1 区 H1 平、剖面图

0　　　80厘米

占陶器总数的33.33%。

陶罐　1件（D1H1:6）。粗泥红褐陶。溜肩，直口，圆唇外凸。口径12、残高4.7厘米（图二七五,2）。

陶豆　1件（D1H1:7）。仅存豆盘。粗泥黑陶。盘较浅，弧壁，圆唇。口径15.6、盘深3.9厘米（图二七五，3）。

陶鬲足　1件（D1H1:5）。夹砂红褐陶。略呈圆锥状，平足根，内空较深。足根径1.4、残高7.5厘米（图二七五，1）。

动物骨骼　主要是鱼类骨骼，有中华鲟和鳙。标本D1H1:3，鳙下咽齿。标本D1H1:4，中华鲟侧鳞板。

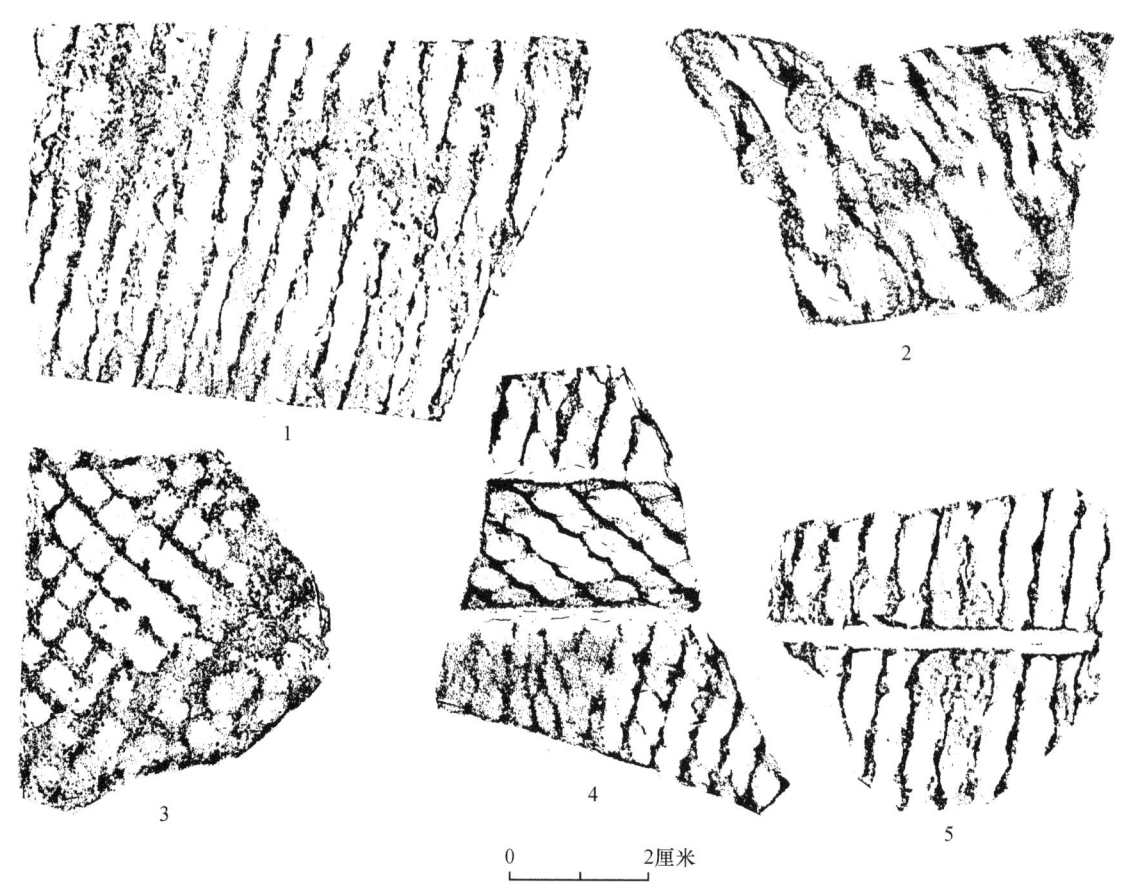

图二七四　D1区H1、H4陶片纹饰拓片

1、2、5. 绳纹（D1H1:9、D1H4:13、D1H1:10）　3. 方格纹（D1H4:12）　4. 附加堆纹（D1H1:8）

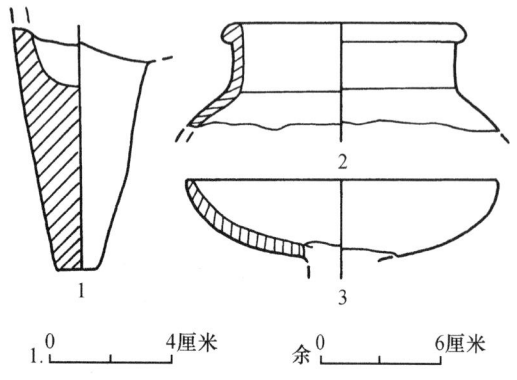

图二七五　D1区H1出土陶器

1. 鬲足（D1H1:5）　2. 罐（D1H1:6）　3. 豆（D1H1:7）

② D1H2

D1H2位于D1区D1T122探方东南部和D1T123探方西南部。开口在②层下，打破生土。距地表深0.45米。坑口平面呈椭圆形。斜壁，平底。长径2、短径1.68、深0.58米（图二七六）。坑内堆积呈灰褐色黏土，较松软，包含物有陶鬲足、陶鼎足和石刀。

出土陶片甚少，仅9片。均为粗泥红陶。除1件鬲足和1件鼎足外，其余均为器物腹片。腹片外表均饰绳纹。

陶鬲足　1件（D1H2:4）。粗泥红陶。较粗，平足根，内空较浅。内侧饰直绳纹。足根径2、残高7.5厘米（图二七七，2）。

陶鼎足　1件（D1H2:5）。粗泥红陶。圆柱状，足根微弧并略向外撇。素面。足根径3、残高7.7厘米（图二七七，3）。

石刀　1件（D1H2:3）。完整。斜长斑岩，黄褐色。硬度5°~6°。原材料产于三峡地区。打制。刃较直，背呈弧形。背部有一个明显的打击点，刃部有使用磨痕和残痕。长12.8、宽7.1厘米（图二七七，1）。

③ D1H4

D1H4位于D1区D1T145探方东部。开口在①层下，打破生土。距地表深0.3米。坑口平面呈椭圆形，斜壁，圜底。坑口长径1.2、短径1、深0.3米（图二七八）。坑内堆积呈灰褐色黏土，夹杂有碎小的红色烧土块，包含物有陶片及动物骨骼。

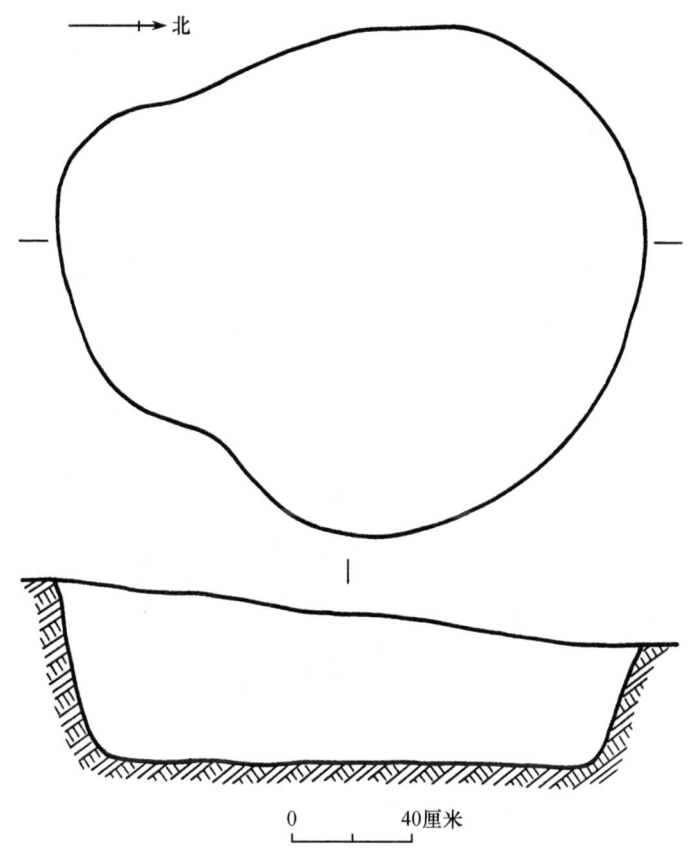

图二七六　D1区H2平、剖面图

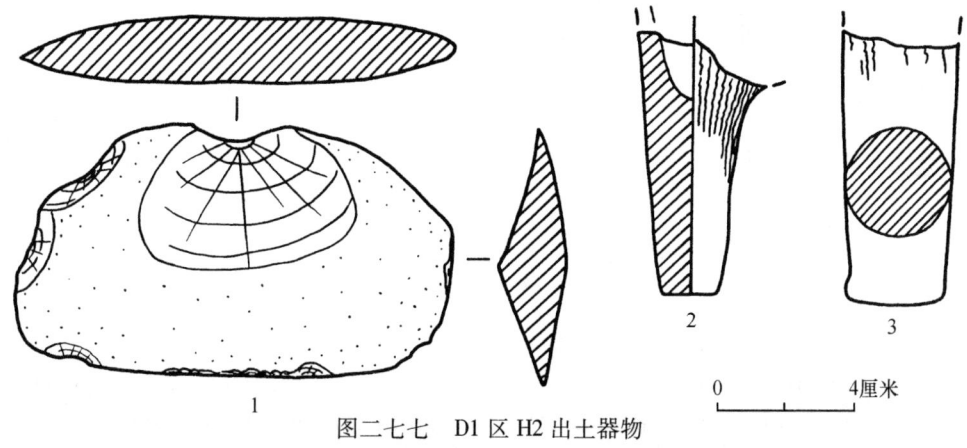

图二七七　D1区H2出土器物

1. 石刀（D1H2:3）　2. 陶鬲足（D1区H2:4）　3. 陶鼎足（D1H2:5）

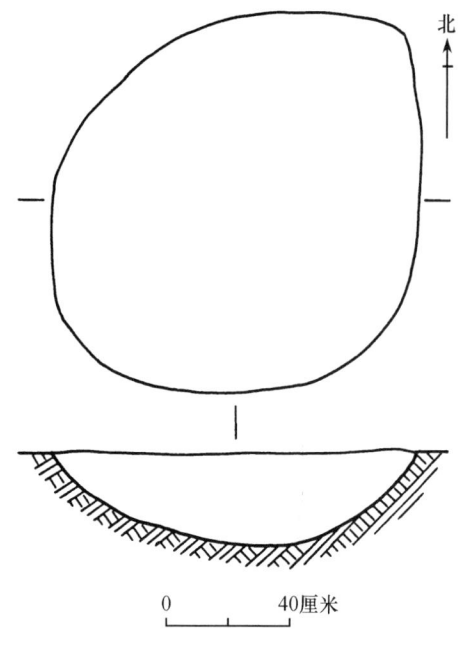

图二七八 D1 区 H4 平、剖面图

出土陶片共 149 片。均为粗泥陶。陶片颜色有红陶、红褐陶、褐陶、灰褐陶、浅灰陶、灰陶、黑陶，分别占陶片总数的 12.08%、24.16%、20.81%、29.53%、1.34%、1.34%、10.74%。陶片纹饰有绳纹和方格纹，其中绳纹又有粗细之分（图二七四，2、3）。细绳纹占陶片总数的 10.07%，粗绳纹占陶片总数的 6.04%，方格纹甚少，仅占陶片总数的 0.67%。

陶器器类有陶鬲、陶罐、陶钵、陶垫、陶豆和鬲足、鼎足等，其中陶鬲和鬲足各占陶片总数的 18.18%，陶罐占陶片总数的 27.28%，其余陶器各占陶器总数的 9.09%。

陶罐 3 件。标本 D1H4∶6，粗泥灰褐陶。鼓肩，敛口，折沿，圆唇。口径 17.6、残高 6.3 厘米（图二七九，1）。标本 D1H4∶7，粗泥褐陶。广肩，敛口，卷沿，圆唇。口径 16.1、残高 4.5 厘米（图二七九，6）。标本 D1H4∶15，粗泥黑陶。广肩，矮领，直口，方唇略外凸。口径 16.2、残高 3.2 厘米（图二七九，10）。

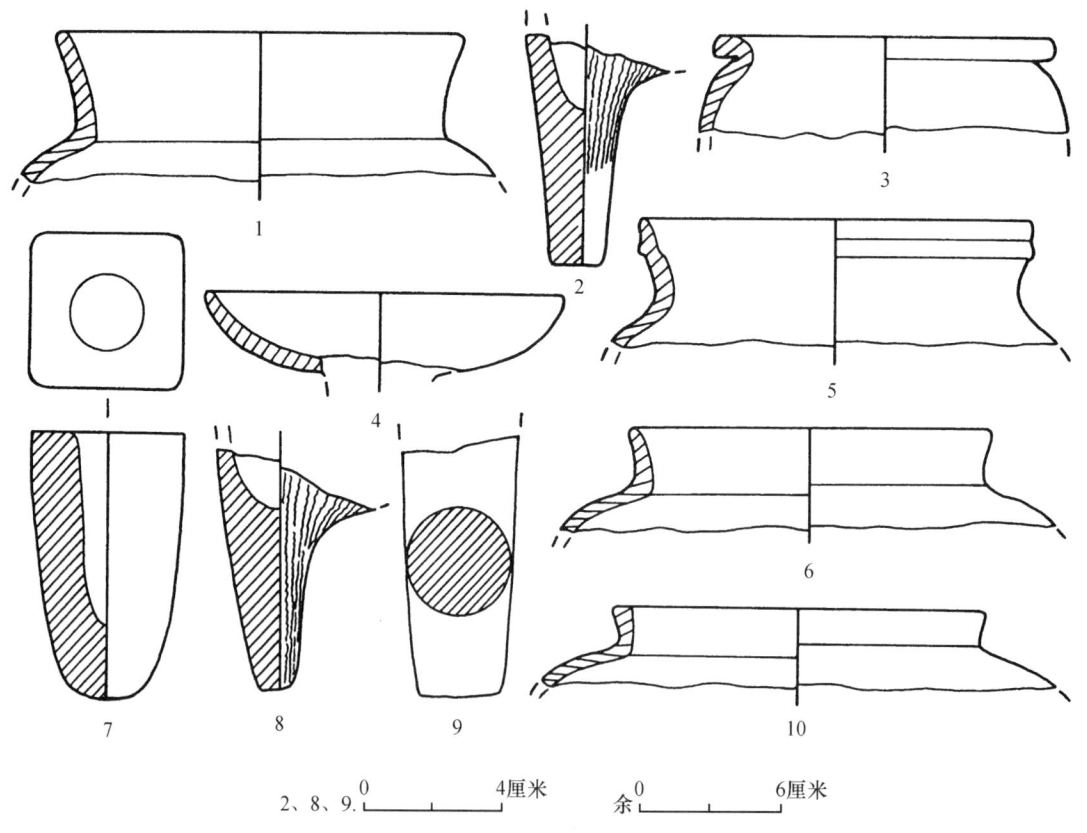

图二七九 D1 区 H4 出土陶器

1、6、10. 罐（D1H4∶6、D1H4∶7、D1H4∶15） 2、8. 鬲足（D1H4∶5、D1H4∶4） 3. 钵（D1H4∶8）
4. 豆（D1H4∶9） 5. 鬲（D1H4∶3） 7. 垫（D1H4∶11） 9. 鼎足（D1H4∶10）

陶豆　1件（D1H4：9）。仅存豆盘。粗泥灰陶。盘较浅，弧壁，尖圆唇。盘口径14.8、残深3.2厘米（图二七九，4）。

陶鬲　2件。标本D1H4：3，粗泥红褐陶。溜肩，敛口，折沿，尖圆唇，沿内略凹，沿外有一道凸棱。口径16.8、残高5.5厘米（图二七九，5）。

陶钵　1件（D1H4：8）。粗泥灰褐陶。弧壁，敛口，宽折沿，厚圆唇。口径14.6、残高4.3厘米（图二七九，3）。

陶垫　1件（D1H4：11）。粗泥红褐陶。顶段较粗，下段略呈尖圆状，内空较深。口径6.6、内空深7.4、高10.1、胎厚2.1厘米（图二七九，7）。

陶鬲足　2件。标本D1H4：5，粗泥褐陶。略呈圆柱状，足根较平，内空较浅。内侧饰直绳纹。足根径1.4、残高6.2厘米（图二七九，2）。标本D1H4：4，粗泥红褐色陶。略呈圆锥状，足根较尖圆，内空略深，外表饰满直绳纹。残高6.5厘米（图二七九，8）。

陶鼎足　1件（D1H4：10）。粗泥浅灰陶。圆柱状，平足根。足根径2.4、残高7.3厘米（图二七九，9）。

动物骨骼　动物种类有家鸡。标本D1H4：2，家鸡右肱骨（图版二〇八，4）。

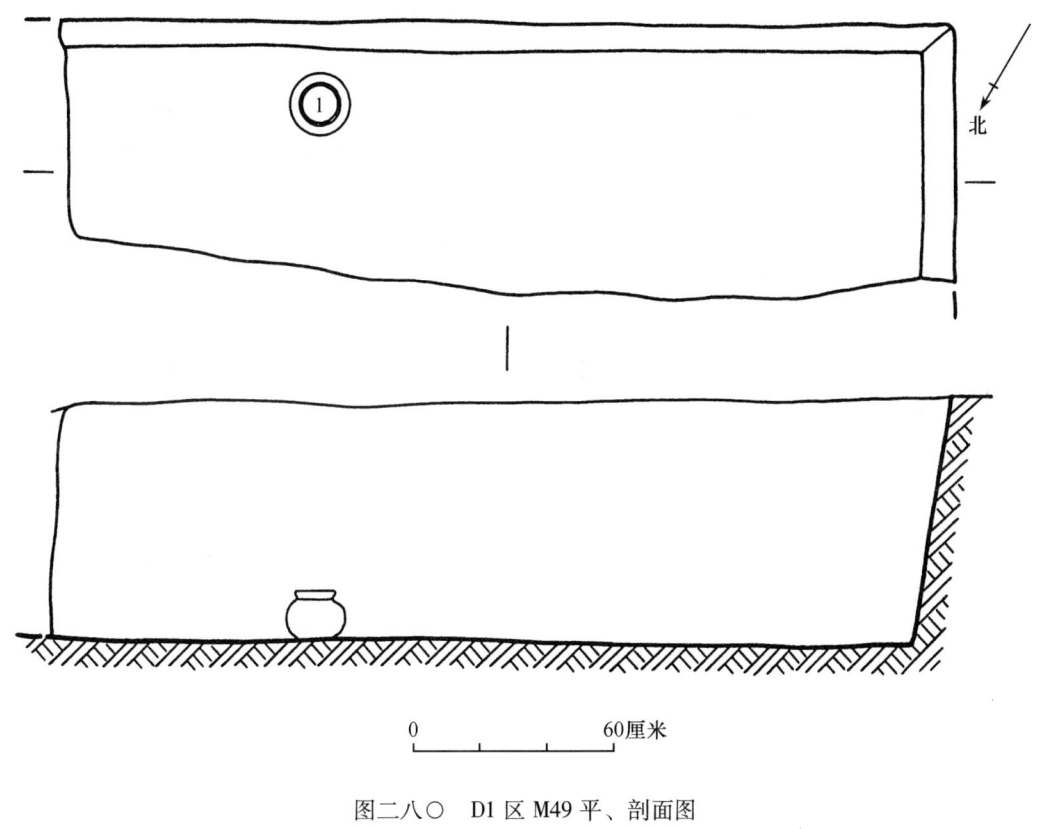

图二八〇　D1区M49平、剖面图
1. 陶罐

2. 墓葬

① M49

M49位于D1区D1T14探方中部。开口在①层下，打破生土。距地表深0.45米。方向325°。为长方形竖穴土坑墓，东壁因改造农田被破坏，北壁被M48打破。墓壁略斜，底较平。墓口残长2.7、宽0.88、残深0.7米，墓底残长2.5、宽0.78米（图二八〇）。墓内填土为黄褐色五花土。

因被严重破坏，不见葬具和人骨。故葬具、葬式、墓主人性别和年龄均不详。

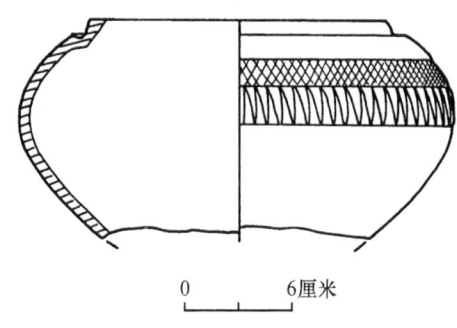

图二八一　D1 区 M49 陶罐（M49:1）

随葬器物仅存陶罐 1 件，编号为 M49:1，放置于墓坑南边中部。底残。泥质黑陶。火候较高，外表涂一层黑衣，较光亮，俗称黑皮。鼓肩，敛口，方唇，唇下有一道凹槽，斜腹内收。肩部饰三道凹弦纹，其间饰棱形和锯齿形宽带暗纹。口径 17.2、最大腹径 24.8、残高 12 厘米（图二八一；图版一〇〇，4）。

② M53

M53 位于 D1 区 D1T29 探方东边，部分伸进 D1T30 探方内。开口在①层下，打破生土。距地表深 0.3～0.5 米。方向 90°。为长方形竖穴土坑墓。北壁因砖厂取土打破。墓坑壁收分较大，底较平，四周有熟土二层台。墓口长 3.4、残宽 2.22、深 1.8 米。墓底长 3、残宽 2 米，熟土二层台宽 0.25～0.3、高 0.6 米（图二八二；图版九九，1）。墓内填土为黄褐色五花土，下部较松软，黏性大，上半部较板结。填土中包含有大量东周早期绳纹陶片，均为泥质陶，多呈红褐色，器类有陶罐等。

葬具腐烂无存，但残存有棺椁腐烂痕迹，长 2.53～2.59、宽 1.25～1.3、高 0.6 米。随葬器置于椁室南边，椁室北边空处较多，应为置棺的位置。葬具为单椁单棺。人骨架深度腐烂，墓主人葬式、性别及年龄均不详。

随葬器物放置在椁室南边，呈东西向直线排列，估计放置在椁的边箱内。均为陶器，共 6 件。器类有鼎、敦、壶各两件。组合关系为鼎、敦、壶两套。

陶鼎　2 件。均为泥质灰陶。标本 M53:1，复原完整。深腹，圜底，子口，圆唇，覆盘形盖，弧形附耳略外侈，瘦长足。盖面饰两道凸弦纹。口径 16、腹径 19.5、腹深 10.5、足高 12、耳高 6.5、通高 22 厘米（图二八三，1；图二八四，2；图版一〇〇，3）。标本 M53:2，复原完整。腹较浅略鼓，圜底，敛口，弧形附耳，瘦长足，弧形盖。盖面饰两道凸弦纹。口径 16.8、腹径 20、腹深 10、足高 12、耳高 6.3、通高 21.8 厘米（图二八三，2）。

陶敦　2 件。均为泥质灰陶。标本 M53:4，器身略呈球形，由上下两半扣合而成，口略侈，方唇，器身和盖上各有三个鸟形钮，并各饰两道凹弦纹。口径 20、器身高 20.2、通高 25.6 厘米（图二八三，3；图版一〇二，4）。标本 M53:3，器身略呈圆形，由上下两半扣合而成，直口，方唇，器身和盖上各有三个鸟形钮，并各饰两道凹弦纹。口径 19.2、器身高 24.8、通高 25.5 厘米（图二八三，4；图二八四，1；图版一〇二，3）。

陶壶　2 件。均为泥质灰黑陶。形制略同。标本 M53:5，复原完整。鼓腹，溜肩，细颈，口略侈，方唇，平底，圆形假圈足，弧形盖，盖为子口，盖面上有三个鸟嘴形钮，腹部有两个对称的铺首环耳。盖面上饰三道凹弦纹和一道凸弦纹，颈和肩部、腹部饰四组弦纹，每组弦纹由四道细凹弦纹组成，颈部弦纹间饰三角形圆圈纹。口径 9.6、最大腹径 20、圈足径 12、高 31.2 厘米（图二八三，5；图二八四，3；彩版二一，4；图版一〇一，3）。标本 M53:6，复原完整。溜肩，宽腹略扁，细颈，口略侈，方唇，平底，圆形假圈足，弧形盖，盖为子口，盖上有三个鸟嘴形钮。腹部有两个对称的略呈方形铺首环耳。盖面上有两道凹弦纹和一道凸弦纹。颈部、肩部和腹部饰四组弦纹，每组弦纹由四道细凹弦纹组成，颈部弦纹间又饰三角形圆圈纹。口径 9.6、腹径 20.8、圈足径 12.6、高 24.3 厘米（图二八三，6；图版一〇一，4）。

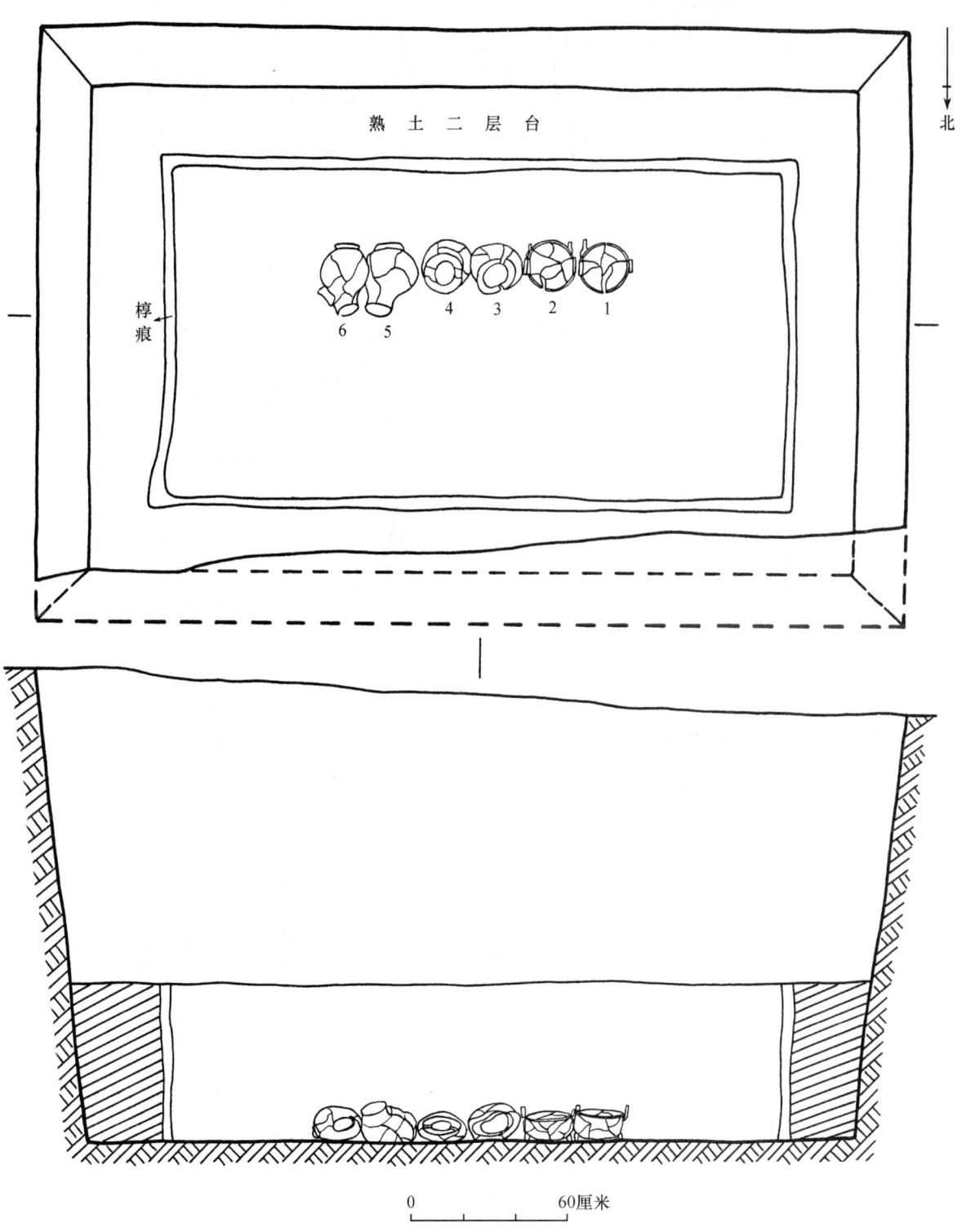

图二八二 D1 区 M53 平、剖面图
1、2. 陶鼎 3、4. 陶敦 5、6. 陶壶

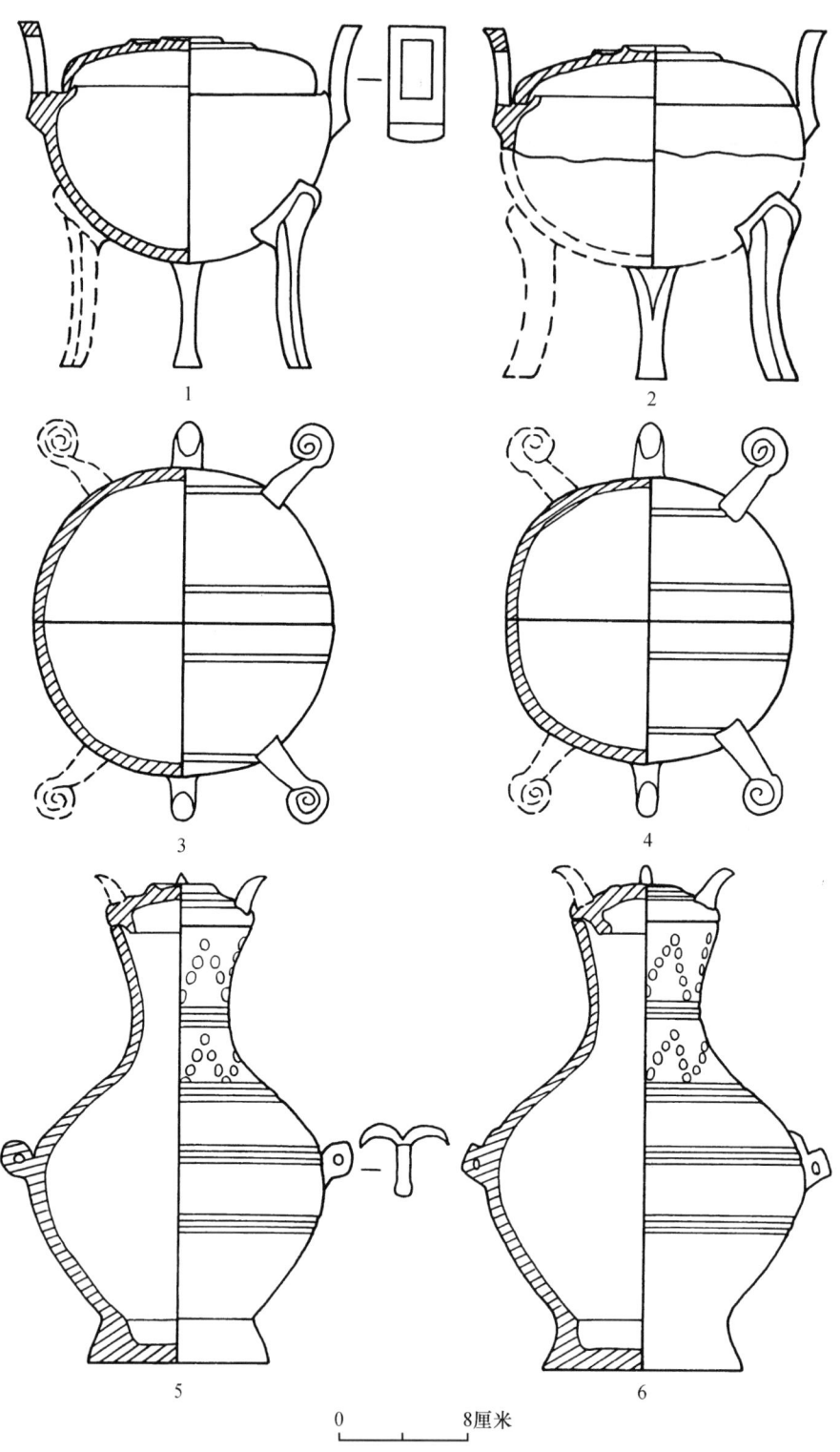

0   8厘米

图二八三　D1 区 M53 出土陶器

1、2. 鼎（M53:1、M53:2）　　3、4. 敦（M53:4、M53:3）

5、6. 壶（M53:5、M53:6）

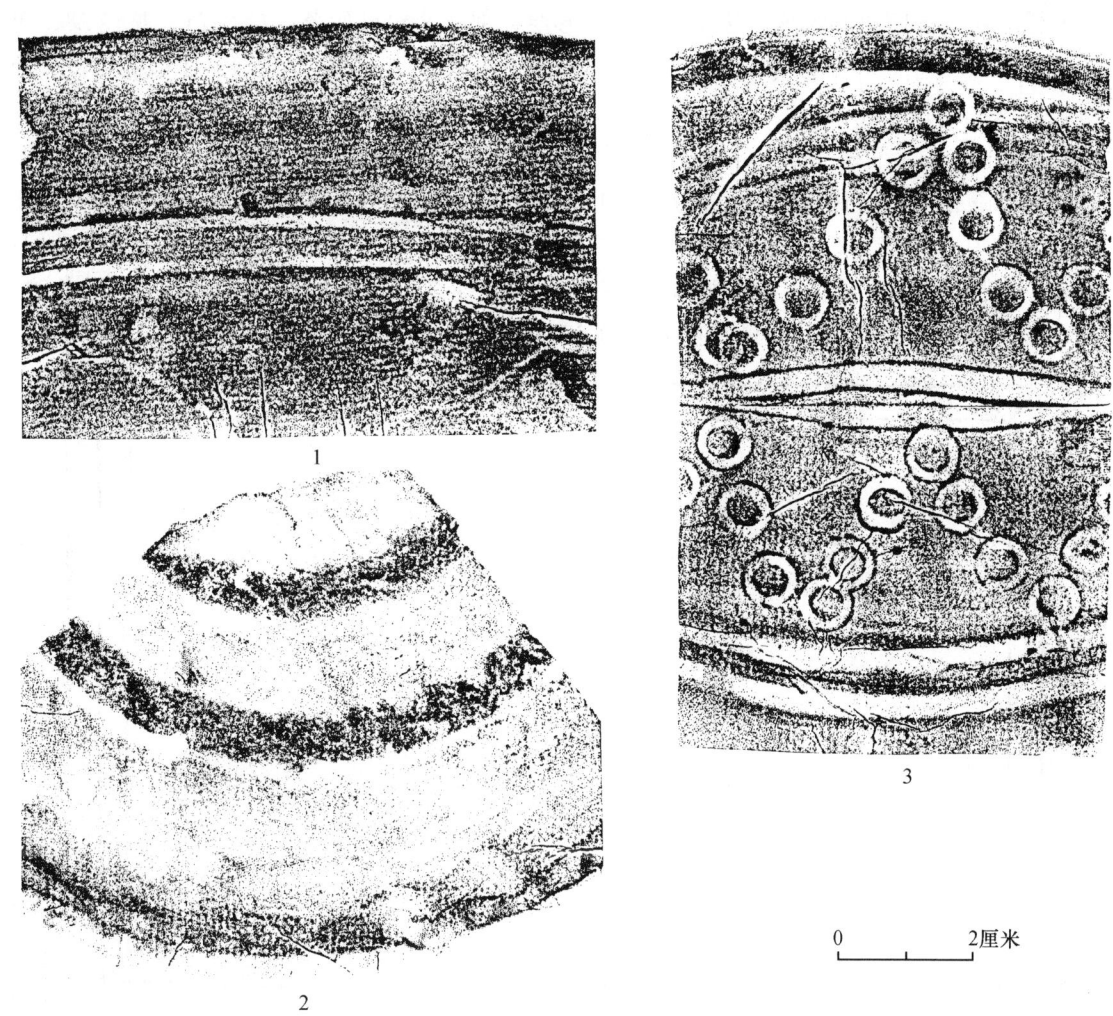

图二八四　D1 区 M53 陶器纹饰拓片

1. 凹弦纹（M53:3）　　2. 凸弦纹（M53:1）　　3. 圆圈及凹弦纹（M53:5）

③ M59

M59 位于 D1 区 D1T72 探方东南角和 D1T84 探方东北角。开口在①层下，打破生土。距地表深
0.35 米。方向 90°。保存较好。为长方形竖穴土坑墓。墓壁较陡直而光滑，底较平。墓口长 3.2、宽
2、深 1.15～1.6 米。墓底长 2.9、宽 1.75 米（图二八五；图版九九，2）。填土为灰褐色五花土，
较板结，似经夯打过，夹杂有部分东周早期绳纹陶片，器类有罐、鬲等。

葬具和人骨架均腐烂无存，故葬具、墓主人葬式、性别和年龄均不详。但根据随葬品摆放位置
观察，葬具应该有单棺单椁。

随葬器物均放置于墓坑北边，呈东西向直线排列，器类有陶鼎、陶盒、陶壶。随葬品组合关系
为鼎、盒、壶两套。陶鼎上均绘制有彩绘图案。

陶鼎　2 件。均为泥质灰陶。修复完整。饰有彩绘。标本 M59:1，子口，圆唇，弧壁，圜底，
弧形附耳，瘦长足，覆盘形盖，盖面正中有一个椭圆形环耳。盖面饰两道凸弦纹和三角形、"S" 形
彩绘，腹部饰四道凹弦纹，耳及足上有彩绘，但局部已脱落。口径 24、腹径 28.6、足高 16、耳长
10、通高 29.2 厘米（图二八六，1；图版一○○，2）。标本 M59:2，子口内敛，圆唇，腹略外鼓，
圜底，弧形附耳，瘦长足，覆盘形盖，盖面正中有一个圆形环耳。盖面饰两道凸弦纹和三角形、

"S"形彩绘。腹部饰四道凹弦纹，耳及足部施有彩绘，部分彩绘已脱落。口径 21、腹径 28、足高 16.5、耳长 11.2、通高 29.2 厘米（图二八六，2；图二八七，4；彩版二一，1；图版一○○，1）。

陶盒　2 件。均为泥质黑陶。修复完整。标本 M59：6，子口内敛，圆唇，弧腹，圈底，圆圈足外撇，覆盘形盖。盖上有圈足形钮和一道凸弦纹，上腹部饰两道细凹弦纹，圈足上饰两道粗凹弦纹。口径 15、腹径 18.6、腹深 10.8、圈足径 11.8、高 16.7 厘米（图二八七，3；图二八八，1；彩版二一，2；图版一○二，2）。标本 M59：5，器身较瘦高。子口内敛，弧壁，圈底，圆圈足外撇，覆碗形盖，盖上有圈足形钮。上腹饰两道细凹弦纹，圈足上饰两道粗凹弦纹，盖上饰一道凸弦纹。口径 12、腹径 16.2、腹深 11.6、圈足径 11、高 17.5 厘米（图二八八，2；图版一○二，1）。

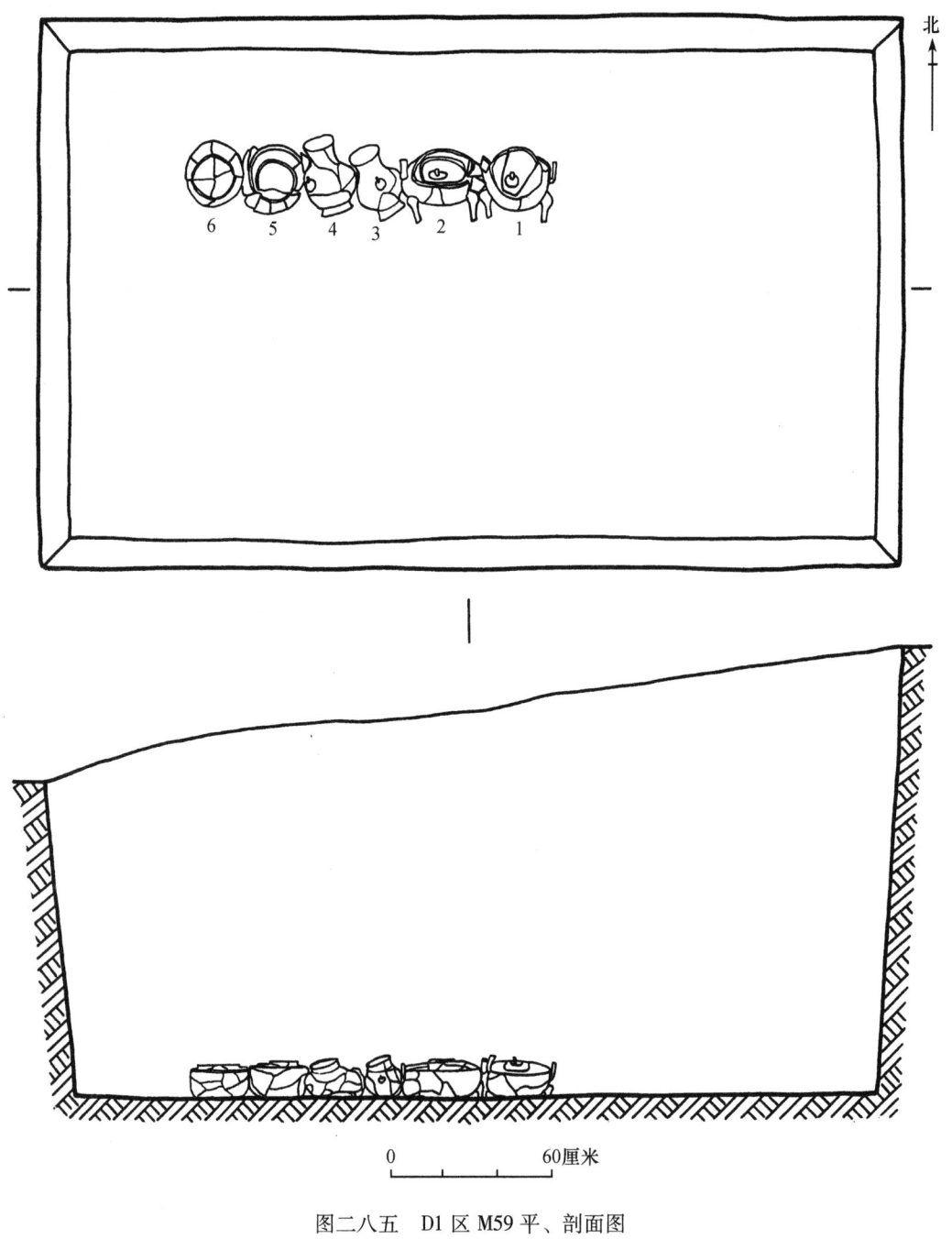

图二八五　D1 区 M59 平、剖面图
1、2. 陶鼎　3、4. 陶壶　5、6. 陶盒

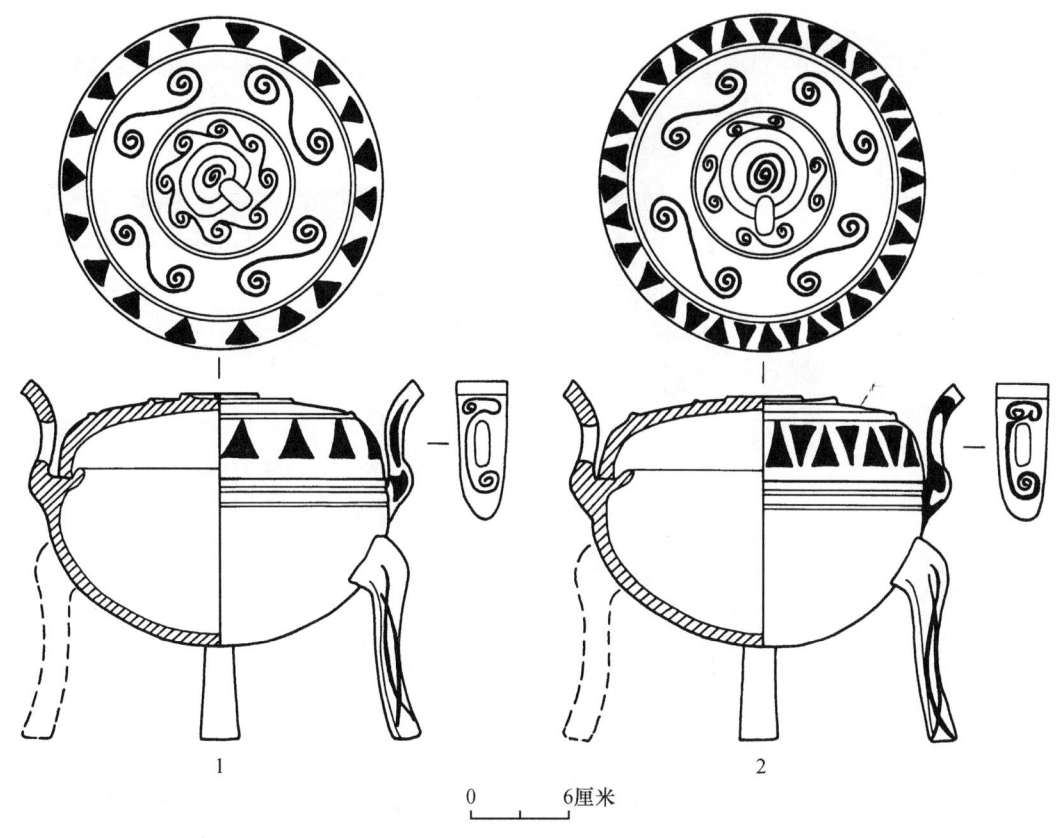

图二八六　D1 区 M59 出土陶鼎
1. M59:1　2. M59:2

　　陶壶　2 件。均为泥质陶，器身胎心为灰色，表面为黑色，盖为灰褐色。修复完整。标本 M59:3，腹略扁，长颈，口略侈，方唇，圜底，圆圈足略外撇。盖呈弧形，子口，圆唇，盖上有三个鸟首形钮，腹部有对称性铺首衔环一对。腹部和圈足上各饰两道凹弦纹。口径 10.8、腹径 19.2、圈足径 12.4、通高 28.2 厘米（图二八七，1；图二八八，3；彩版二一，3；图版一〇一，2）。标本 M59:4，形制基本同于 M59:3，只是盖上鸟形钮略矮，圈足上饰两道粗凹弦纹。口径 10.2、腹径 19.2、圈足径 13.2、通高 26.4 厘米（图二八八，4；图版一〇一，1）。

3. 文化层

　　D 区周代文化堆积层主要分布在 D1 区 D1T136、D1T137、D1T142 探方内。文化层位为③层。堆积层较薄，且零星而分散。依地势南高北低倾斜堆积。

　　① D1T136③层

　　陶片共 16 片。均为粗泥陶。陶片颜色有红陶、褐陶和灰褐陶，分别占陶片总数的 31.25%、37.50%、31.25%。陶片纹饰主要为方格纹和粗绳纹，分别占陶片总数的 12.50%、50.00%。陶器器类有罐、鼎等。

　　陶罐　1 件（D1T136③:5）。粗泥褐陶。广肩，敛口，折沿略外侈，方唇。口径 15、残高 5.5 厘米（图二八九，3）。

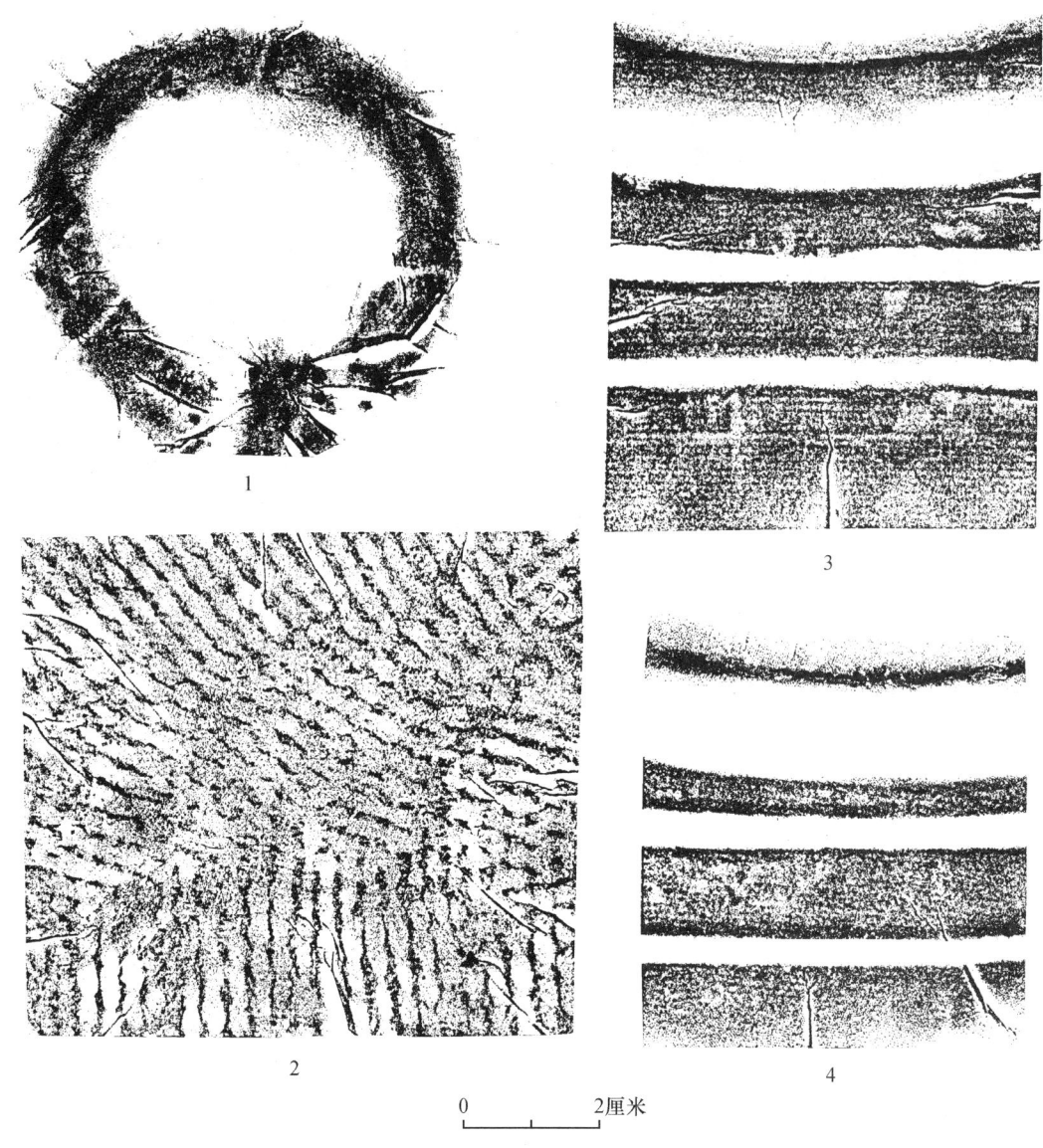

图二八七　D1区M35、M59陶器纹饰拓片

1. 陶壶衔环（M59:3）　　2. 交错绳纹（M35:1）　　3. 凹弦纹（M59:6）　　4. 凹弦纹（M59:2）

　　陶鼎　1件（D1T136③:4）。粗泥褐陶。溜肩，敛口，卷沿，圆唇。肩部饰菱形方格纹。口径19.2、残高6.9厘米（图二七二，3；图二八九，5）。

　　陶鬲足　2件。标本D1T136③:1，粗泥红陶。足根残，略呈圆柱状，内空较浅。外表饰直绳纹。残高5厘米（图二八九，8）。标本D1T136③:2，粗泥褐陶。体瘦长，足根略平，内空较浅。足根径1.2、残高7厘米（图二八九，9）。

　　陶鼎足　1件（D1T136③:3）。粗泥灰褐陶。上段较粗，下段较细，平足根外凸。上端粗4、足根径2.2、残高10.4厘米（图二八九，12）。

　　② D1T137③层

　　出土陶片共11片。均为泥质陶，有粗泥和细泥之分，但以粗泥陶为主，占陶片总数的

72.72%，细泥陶占陶片总数的27.28%。陶片颜色有黑陶、红褐陶、黑褐陶、红陶、灰褐陶，分别占陶片总数的18.19%、36.36%、9.09%、9.09%、27.27%。陶片纹饰均为绳纹，但有粗细之异，分别占陶片总数的18.18%、45.46%。陶器器类有罐、鼎等。

陶罐　1件（D1T137③：4）。细泥黑陶。鼓肩，敛口，窄卷沿，圆唇。肩部饰菱形方格纹。口径15.5、残高4.5厘米（图二八九，4）。

陶鼎　1件（D1T137③：1）。粗泥红褐陶。广肩，宽卷沿，圆唇，沿面微鼓且厚重。口径16.8、残高6.2厘米（图二八九，2）。

陶鼎足　1件（D1T137③：2）。粗泥灰褐陶。圆柱状，足根较平。外表绳纹被抹掉，但有绳纹痕迹可见。粗径3.8、足根径3、残高7.8厘米（图二八九，11）。

陶鬲足　1件（D1T137③：3）。粗泥黑褐陶。器身较矮胖，上段较粗，下段略细，平足根，内空较深。外表饰绳纹。足根径1.8、残高7.7厘米（图二八九，10）。

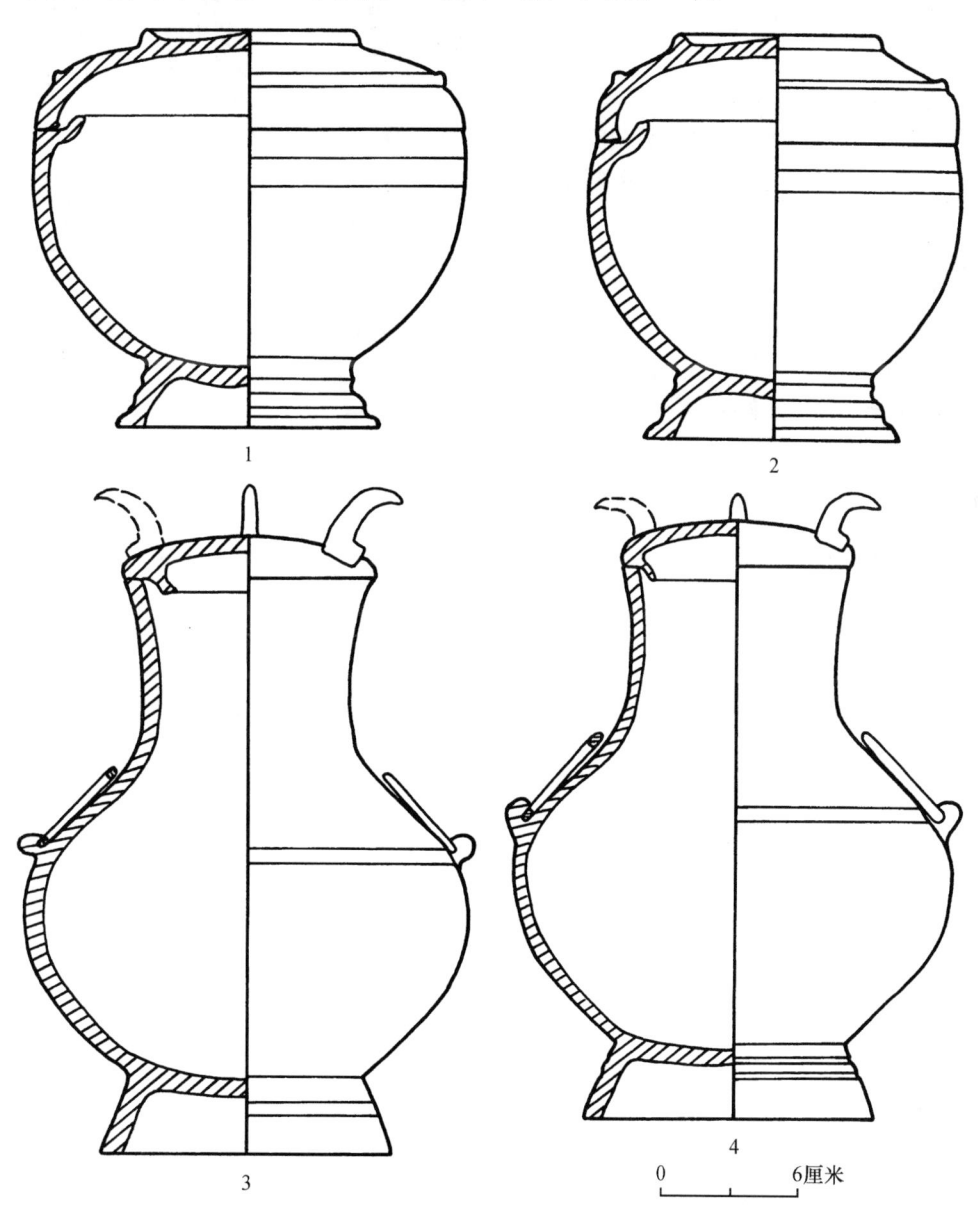

图二八八　D1区M59出土陶器

1、2. 盒（M59：6、M59：5）　3、4. 壶（M59：3、M59：4）

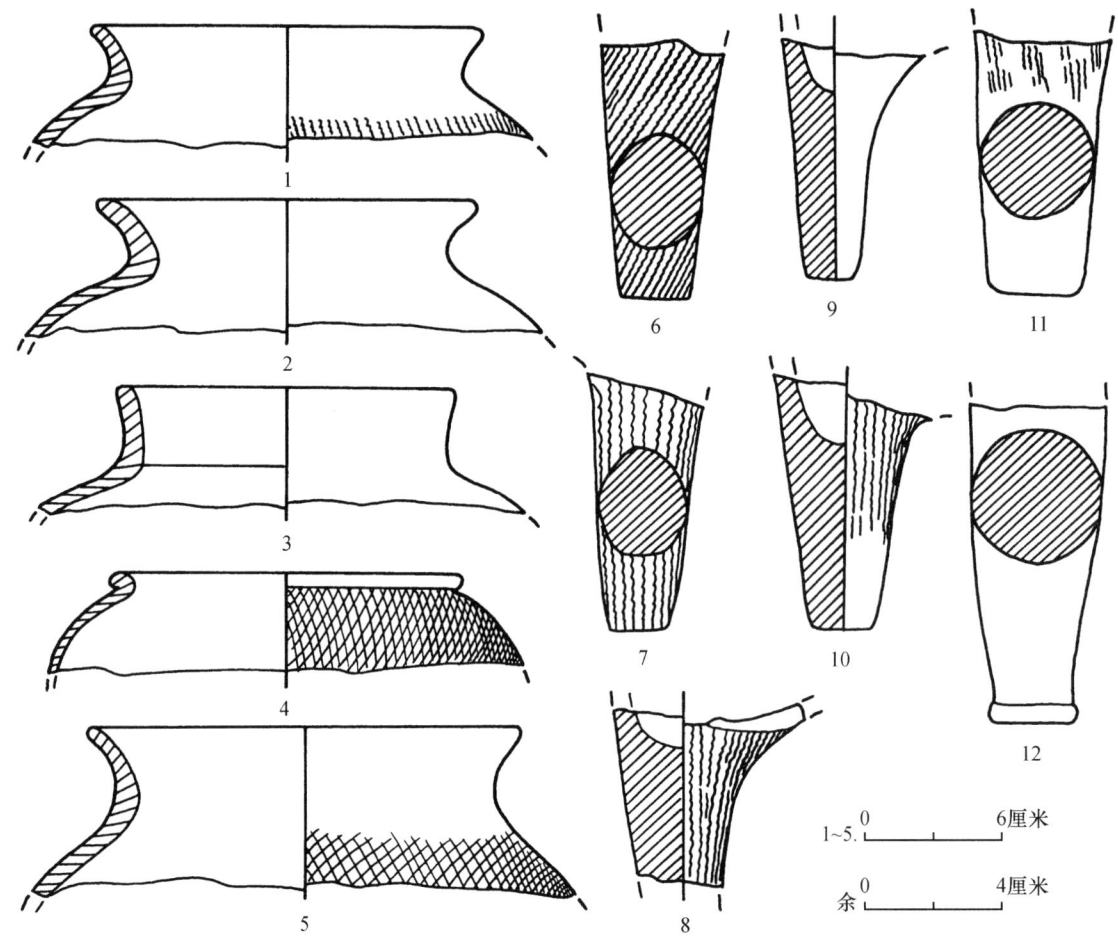

图二八九　D1 区③层出土陶器

1、3、4. 罐（D1T142③：4、D1T136③：5、D1T137③：4）　2、5. 鼎（D1T137③：1、D1T136③：4）　6、7、11、12. 鼎足
（D1T142③：3、D1T142③：2、D1T137③：2、D1T136③：3）　8～10. 鬲足（D1T136③：1、D1T136③：2、D1T137③：3）

③ D1T142③层

出土陶片甚少，仅5片。其中粗泥陶4片，夹砂陶1片。陶片颜色有灰褐色和红褐色两种。器形有陶罐和陶鼎足。

陶罐　1件（D1T142③：4）。粗泥灰褐陶。广肩，敛口，卷沿，尖圆唇，卷沿处胎较厚重。肩部饰斜绳纹。口径17.4、残高5.6厘米（图二八九，1）。

陶鼎足　2件。标本D1T142③：3，粗泥灰褐陶。扁柱状，平足根。外表饰斜绳纹。足根径2、残高7.5厘米（图二八九，6）。标本D1T142③：2，夹细砂红褐陶。身较长，扁柱状，足根较平。外表饰直绳纹。足根径1.9、残高8.1厘米（图二八九，7）。

（三）分期与年代

1. 分期

D区周代地层堆积和遗迹之间，没有直接的相互叠压打破关系，但有两组间接叠压关系，即M53、M59两座墓填土中均出土有东周早期绳纹陶片，器类有罐、鬲、足等。其形态与灰坑和地层中所出同类器相同。这只能作为分期参考。唯一的分期依据是根据考古类型学对陶器进行分析比较，逻辑排序。墓葬出土器物较完整，遗址中出土陶器较破碎，所以分型的主要依据是口沿、颈部、唇部、腹部和部分器物的足等所体现出的形态差异。

陶罐　分 A、B、C、D 四型。

A 型　直口。D1H1:6、D1H4:15、D1T136③:5。

B 型　敛口。分 a、b 二亚型。

Ba 型　折沿。D1H4:6。

Bb 型　卷沿。D1H4:7、D1T142③:4。

C 型　敛口，窄折沿，圆唇。D1T137③:4。

D 型　鼓肩，敛口，方唇。M49:1。

陶鼎　分 A、B 二型。

A 型　敛口，宽卷沿，圆唇。T137③:1、D1T136③:4。

B 型　子口内敛，深腹，圜底，瘦长足，弧形附耳。M53:1、M53:2、M59:1、M59:2。

陶壶　分 A、B 二型。

A 型　细长颈，假圈足。M53:5、M53:6。

B 型　粗长颈，圆圈足。M59:3、M59:4。

陶敦　形制相同。器体略呈圆形，方唇。M53:3、M53:4。

陶盒　形制相同。子口内敛，深腹，圆圈足。M59:5、M59:6。

陶豆　形制相同。浅盘，尖圆唇。D1H1:7、D1H4:9。

陶鬲　敛口，折沿。D1H4:3。

陶钵　敛口，宽折沿，厚圆唇。D1H4:8。

陶鼎足　分 A、B 二型。

A 型　柱状。分 a、b 二亚型。

Aa 型　圆柱状。D1H2:5、D1H4:10、D1H4:5、D1T137③:2。

Ab 型　扁柱状。D1T142③:3、D1T142③:2。

B 型　锥状。D1T136③:3。

陶鬲足　分 A、B 二型。

A 型　柱状。D1H2:4、D1T136③:1、D1T137③:3。

B 型　锥状。D1H1:5、D1H4:4、D1T136③:2。

以上典型单位陶器型式组合关系经归纳详见表二八。

表二八　D 区周代典型单位陶器型式组合关系表

单位 \ 器类分型	罐					鼎		壶		敦	盒	豆	鬲	钵	鼎足			鬲足	
	A	Ba	Bb	C	D	A	B	A	B						Aa	Ab	B	A	B
D1H1	√											√							√
D1H2															√			√	
D1H4	√	√	√									√	√	√	√				√
D1T136③	√					√											√	√	√
D1T137③				√		√									√			√	
D1T142③			√													√			

续表

单位＼分型	罐					鼎		壶		敦	盒	豆	鬲	钵	鼎足			鬲足	
	A	Ba	Bb	C	D	A	B	A	B						Aa	Ab	B	A	B
M49					√														
M53							√		√	√									
M59							√	√			√								

从上表中可以看出文化堆积层中所出遗物与墓葬中所出遗物有明显区别：文化堆积层以 A 形罐、Ba 型罐、A 型鼎、Aa 型鼎足，A、B 型鬲足以及豆为代表性器物。这些器物在墓葬中均不见。墓葬中出土的 B 型鼎，A、B 型壶，敦，盒及 D 型罐，在文化堆积层中又不见。从陶系方面观察，文化堆积层所出陶片以红陶和红褐陶为主，而墓葬器物均为灰陶和黑陶。

由此比较分析，可将 D 区周代遗存分为一、二两期（表二九）。

表二九　D 区周代主要陶器分期表

分期＼分型	罐					鼎		壶		敦	盒	豆	鬲	钵	鼎足			鬲足	
	A	Ba	Bb	C	D	A	B	A	B						Aa	Ab	B	A	B
一	√	√	√	√		√						√		√	√	√	√	√	√
二					√		√	√	√	√	√								

一期：包括 T136③层、T137③层、T142③层、H1、H2、H4。

二期：包括 M49、M53、M59。

2. 年代

卜庄河遗址 D 区周代两期遗存，虽然没有测年数据，但两期遗存区别较大，时代特点明显。其文化性质都属于楚文化范畴。三峡地区已发现的周代材料虽然较多，但很零碎，可比性不强。因此，着重同材料较完善、器物形态较完整的当阳赵家湖楚墓材料做些比较。一期的 A 型罐，直口，圆唇；豆为浅盘，尖圆唇；B 型鬲足，呈圆锥状等，分别与当阳赵家湖 ZM13：1C 型一式罐、ZM13：2B 型 I 式豆、ZM6：2C 型一式鬲相同。A 型鬲足呈圆柱状与当阳赵家湖 JM81：2C 型二式鬲相同。从陶系、纹饰观察也是以绳纹为主，多为红陶。由此推测一期的时代应与之相当，属于西周晚期至春秋早期。二期的瘦长足弧形附耳 B 型鼎，假圈足 A 型壶，以及陶敦，分别与当阳赵家湖乙类墓JM59：7五式鼎、JM49：8 四式壶、JM133：6 四式壶、JM202：3 五式陶敦相似。据此比较二期的时代应与当阳赵家湖六期十段至七期一二段相当，时代为战国中期早段至战国晚期早段。但卜庄河遗址 D1 区 M59 器物组合为鼎、盒、壶，这是鄂西至三峡地区战国晚期的主要随葬器物组合形式。由此我们认为，D 区周代二期的时代为战国中期至战国晚期为宜。

（四）小结

D 区周代遗存虽然发现不多，但延续时间长，从西周晚期至战国晚期，前后达 500 多年，这说明楚文化在三峡地区还是比较发达的。

D 区周代遗存延续时间长，可是文化堆积层不是很丰富，没有一个探方的堆积是完整的，有些灰坑因破坏只存一点点。按周代礼葬制度规定，死人埋葬都是比较深的，起码是 5 米以上。而发掘的 3 座墓葬最深仅 1.8 米，而且还不全面，有的仅存墓葬局部。这些都说明人为破坏，尤其是山洪、雨水冲刷、岩体崩塌、山体滑坡等自然因素破坏是相当严重的。这种破坏现象在三峡地区绝不是孤立的，其他遗址同样受到类似破坏。由此提示我们：与平原地区遗址相比，三峡地区的斜坡遗址堆积层薄，并非延续时间短，平原地区的遗址堆积层厚也并非比三峡地区斜坡遗址延续时间长。

　　3 座墓葬中，1 座墓葬（M49）因遭破坏仅存 1 件陶罐，其器物组合形式不清楚。另 2 座墓（M53、M59）的随葬器物组合为鼎、敦、壶和鼎、盒、壶，其组合形式不一样，其时代略有早晚差异。但值得注意的是，2 座墓的组合器物都是成双成对两套器物，即两套鼎、敦、壶和两套鼎、盒、壶，而不见其他（陶质）器物，这说明楚人进入三峡地区后，仍然严格遵守其国人礼葬制度，为楚文化进一步发展起了很大作用。

五　汉 代 遗 存

（一）概述

　　D 区汉代遗存包括遗址和墓葬两部分。

　　遗址文化堆积主要分布在 D1 区 D1T2 和 D1T133 探方内。堆积层特别零散而薄，厚仅 0.05 ~ 0.25 米。另外残留有 2 个灰坑，编号为 D1H3、D1H5。

　　出土遗物均为陶片，共 25 片。多为粗泥灰陶，占陶片总数的 87%，极少橙黄陶，占陶片总数的 13%。纹饰均为交错绳纹。器类有陶罐、陶钵、陶垫等。制作工艺较粗糙。

　　灰坑有不规则形和长方形两种，其中不规则形坑壁为斜壁，底凹凸不平；长方形坑较规整，斜壁、平底。出土遗物均为陶筒瓦和陶板瓦。

　　墓葬较多，是 D 区汉代主要遗存。共 37 座。可分为土坑墓、岩坑墓、土圹石室墓、岩圹石室墓。其中土坑墓 26 座，编号分别为 M2、M3、M5、M30、M34 ~ M37、M39、M40、M45、M47、M54、M56 ~ M58、M60 ~ M63、M65、M66、M73、M139、M151、M157；岩坑墓 2 座，编号分别为 M29、M150；土圹石室墓 8 座，编号分别为 M1、M41、M51、M55、M71、M72、M148、M149；岩圹石室墓 1 座，编号为 M44。

　　土坑墓中 M34、M54 平面呈方形，M39 平面为丁字形，M58 平面为"凸"字形，其余墓平面呈长方形。M30、M36、M139 有生土二层台，M37、M65、M66 有熟土二层台。M45 有壁龛。土坑墓多分布在 D1 区。岩坑墓平面均呈凸字形，其中 M29 有生土二层台。土圹石室墓均残破不全，多分布在 D2 区。岩圹石室墓平面呈长方形竖穴。墓葬填土均为五花土，较硬，尤其是土坑墓填土均夯打过。

　　葬具因腐烂只残存枕木和棺、椁灰痕以及铁棺钉、铁棺扣，据痕迹和铁棺钉、棺扣观察多数为单棺单椁。人骨情况保存一般，多残留朽痕，葬式多为仰身直肢。头骨以东南方向为主，西北方向其次，东北方向和西南方向较少。少数人骨可做性别和年龄鉴定。M39 埋葬有 16 具人骨个体，M58 埋葬有 3 具人骨个体。

　　除 M148 墓没有随葬器物外，其余墓均有随葬器物，共 202 件和 1950 枚钱币。可分为铜器、铁器、银器、钢器、陶器、玻璃器、玉器和骨器。铜器有铜鼎、铜洗、铜钫壶、铜蒜头壶、铜鋬、铜带钩、铜瓿、铜勺、铜车軎、铜刀、铜环、铜印章、铜戒指、铜圈、铜食耳、铜钱币等；铁器有铁锄、铁斧、铁臿、铁刀、铁矛、铁镰、铁钩、铁削刀、铁棺扣、铁棺钉、铁片、铁钱币等；银器均为银环；钢器为钢针；陶器有陶鼎、陶罐、陶灶、陶仓、陶盒、陶盆、陶杯、陶熏、陶碗、陶碟、陶甑、陶钵、陶壶、陶钫壶、陶瓮、陶盖、陶豆形器等；玻璃器均为耳坠；骨器为骨贝；玉器为玉饼。M30 铜鼎内随葬有家鸡等动物骨骼。其主要随葬器物组合形式如下。

（1）土坑墓

铜鼎、铜钫壶、铜洗、陶杯组合：2 座；

陶盒、陶罐组合：1 座；

铜钫壶、铜鼎、铜车軎和陶罐、盒两套组合：1 座；

陶罐组合：5 座；

陶鼎、陶钫壶、陶盒组合：2 座；

陶鼎、陶灶、陶壶、陶罐（或钵）组合：2 座；

陶甑、陶罐、陶钵组合：1 座；

陶仓、陶灶、陶壶组合：1 座；

陶鼎、陶盒、陶壶（或罐）组合：3 座；

陶鼎、陶罐组合：1 座；

陶罐、陶仓组合：1 座；

铜鍪、陶鼎、陶盒、陶壶组合：1 座；

铜鍪、陶罐组合：1 座；

陶鼎、陶盒组合：1 座；

M37、M157 因被盗，组合形式不清楚。

（2）岩坑墓

铜鼎、铜壶、铜勺、铜车軎和陶鼎、陶盒、陶壶两套组合：1 座。

M150 因被盗，组合形式不清楚。

（3）土圹石室墓

陶罐、陶仓、陶灶、耳坠、钱币组合：1 座；

陶仓、陶灶、耳坠、钱币组合：1 座；

铁刀、耳坠、钱币组合：1 座；

陶罐、陶壶、钱币组合：1 座。

M44、M51、M71、M72 因被盗，组合形式不清楚。

（4）岩圹石室墓

M44 因被盗，组合形式不清楚。

（二）灰坑

① D1H3

D1H3 位于 D1 区 D1T126 探方东南角。开口在①层下，打破③层。距地表深 0.3 米。坑口平面呈不规则形，斜壁，圜底。残长 2.9、残宽 2.05、深 0.8 米（图二九〇）。坑内堆积为黑褐色黏土，包含有 14 片粗泥灰陶片，纹饰均为粗绳纹，部分绳纹上又饰旋抹弦纹，内面饰布纹。器类有筒瓦和板瓦。

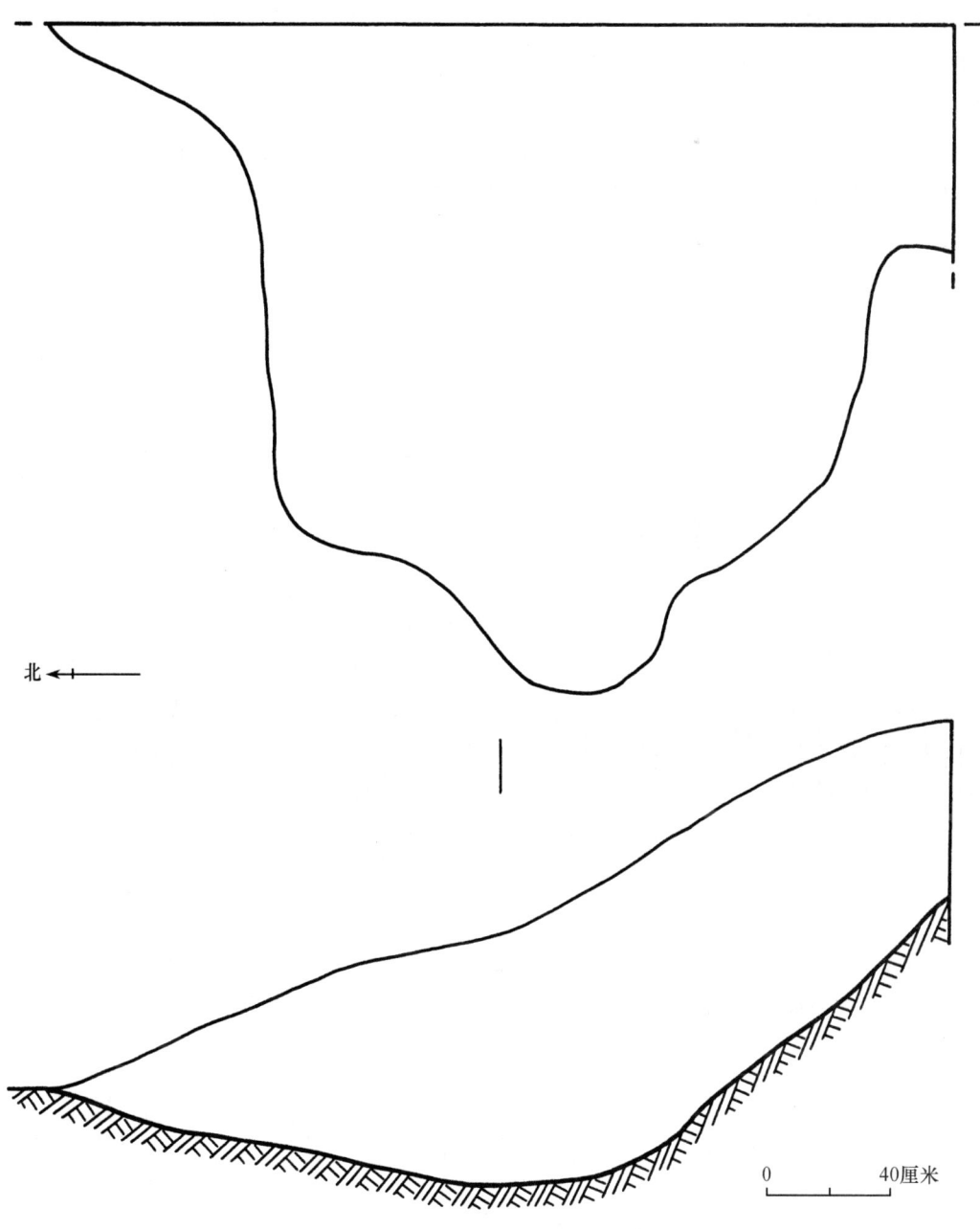

图二九〇 D1 区 H3 平、剖面图

　　陶筒瓦 3 件。均残。标本 D1H3∶3，器身较窄，瓦嘴较长。外表饰直绳纹，内壁饰粗麻布纹。瓦嘴长 3.6、宽 9、通体残长 17.4 厘米（图二九一，1）。标本 D1H3∶4，瓦嘴残。横剖面呈半圆形。外表饰直绳纹，其上又饰一道旋抹绳纹，内面饰布纹。残长 18.8、宽 12 厘米（图二九一，6）。

　　陶板瓦 2 件。标本 D1H3∶2，残。弧度较小。外表饰斜绳纹，内面饰布纹。残长 15、残宽 12 厘米（图二九一，3）。

　　② D1H5

　　D1H5 位于 D1 区 D1T123 探方北部。开口在②层下，打破 D1H1。距地表深 0.42 米。较规整。

坑口平面呈长方形，斜壁，平底。坑口长4.18、宽1.3、深0.8米，坑底长3.98、宽1.1米（图二九二）。坑内堆积为黄褐色黏土，包含有20片粗泥灰陶片，纹饰均为粗绳纹，内面饰布纹。器类有筒瓦和板瓦。

陶筒瓦　5件。均残。标本D1H5:1，瓦嘴较短。外表饰直绳纹，内面饰布纹。瓦嘴长2.4、宽10.5、通体残长18.8、宽13.9厘米（图二九一，2）。标本D1H5:2，瓦嘴较长，瓦嘴与瓦身接头处内面有一道凸棱。外表饰直绳纹，内面饰麻布纹。瓦嘴长4.3、宽9.5、通体残长18、宽12.3厘米（图二九一，5）。

陶板瓦　4件。均残。标本D1H5:3，瓦弧度较小，胎较厚。外表饰粗直绳纹，内面饰布纹。残长16、残宽16.2厘米（图二九一，4）。

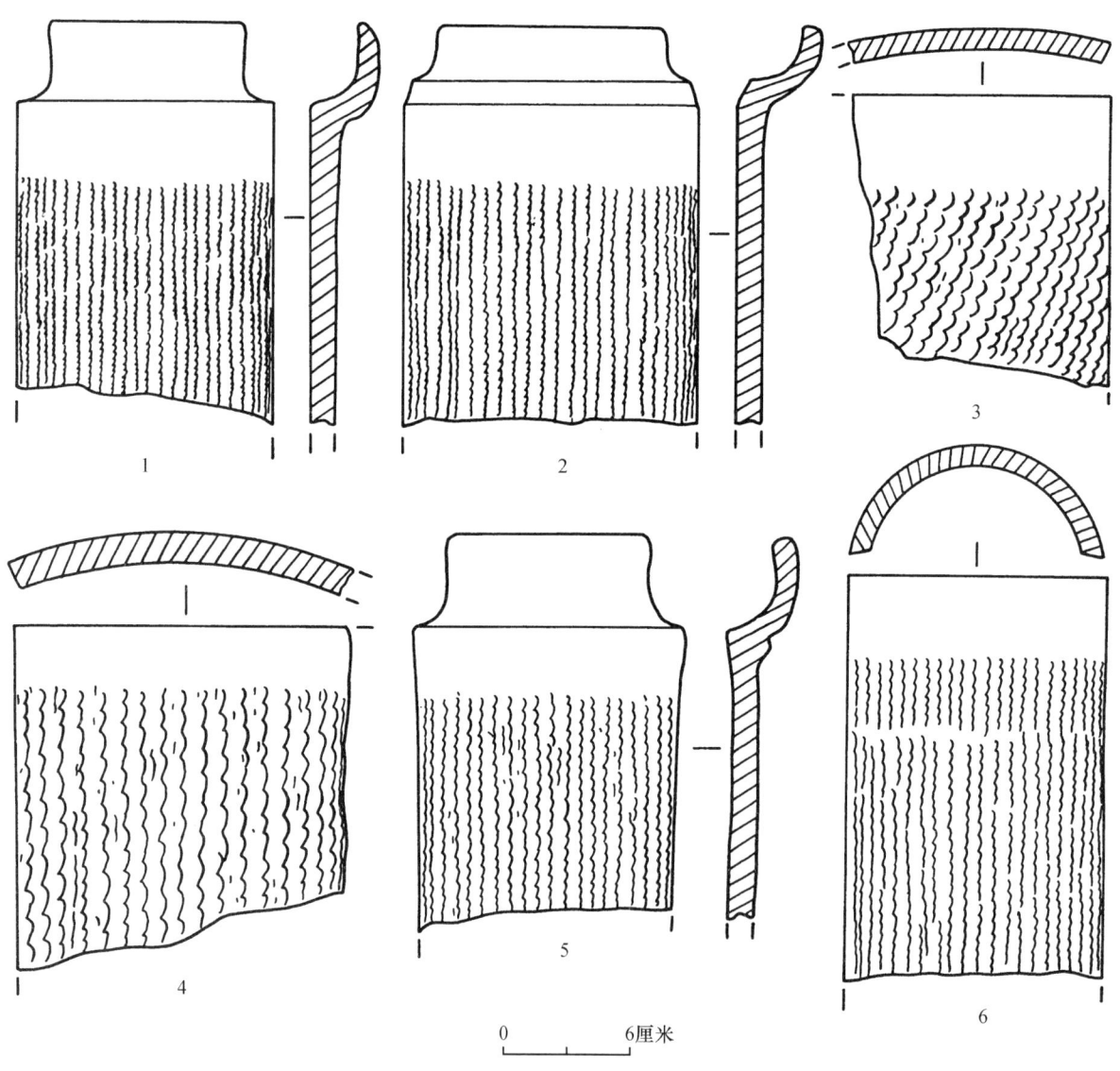

0　　　　　　6厘米

图二九一　D1区H3、H5出土陶瓦

1、2、5、6.筒瓦（D1H3:3、D1H5:1、D1H5:2、D1H3:4）　3、4.板瓦（D1H3:2、D1H5:3）

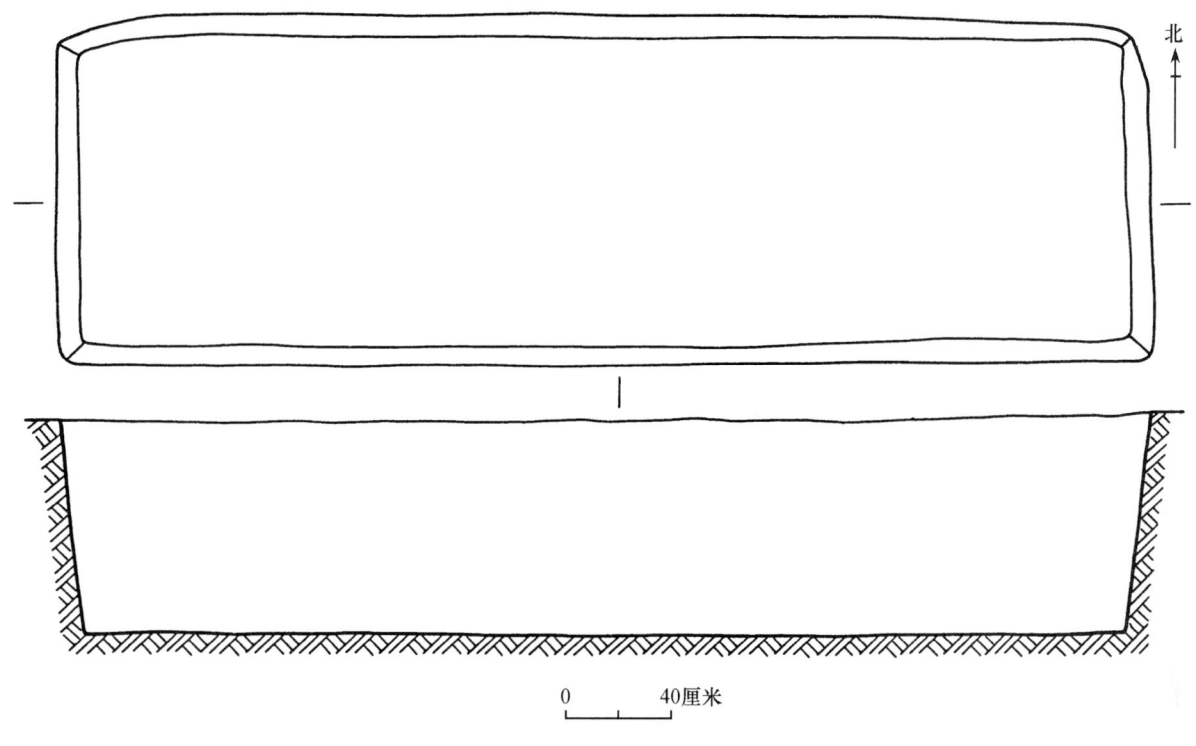

图二九二　D1 区 H5 平、剖面图

（三）墓葬

墓葬共 37 座。可分为土坑墓、岩坑墓、土圹石室墓、岩坑石室墓四类。

1. 土坑墓

① M2

M2 位于 D1 区东南部。开口在①层下，打破生土。距地表深 0.35 米。方向 110°。墓坑形制为长方形竖穴土坑墓。墓圹大部分被砖厂取土破坏掉，仅存东南角。由墓口向墓底内收，斜壁，平底，墓壁特别光滑。墓口残长 0.8 ~ 2.9、宽 2.5、深 0.4 ~ 1.95 米，墓底残长 0.6 ~ 2.7、宽 2.3 米（图二九三；图版一〇三，1）。墓内填土为五花土，呈黄褐色，黏性较大，夹杂有部分砂岩石块和东周时期绳纹鬲足。

葬具仅存部分棺椁腐烂痕迹和铁棺钉。葬具为单棺单椁。人骨架全部腐烂无存，其葬式、性别和年龄均不详。

随葬器物较集中分布在东南角（图版一〇三，2），共 10 件器物。器类有铜鼎、铜钫壶、铜洗、陶杯、铁锄、铁斧、铁棺钉。

铜鼎　2 件。标本 M2:6，底残。器身扁圆，子口略敛，盖呈半球状，盖上有三个鸟形钮，矮兽蹄足，曲形耳稍外撇。腹部一道凸弦纹。口径 16.3、腹径 20、足高 8、耳长 5.6、通高 17.2 厘米（图二九四，1）。标本 M2:3，底残。器身扁圆，子口略敛，半球形盖，盖上有三个鸟形钮，矮兽蹄形足，曲尺形耳。腹部饰一道凸弦纹。口径 13.2、腹径 16、足高 4.8、耳长 4.8、通高 13.2 厘米（图二九四，3）。

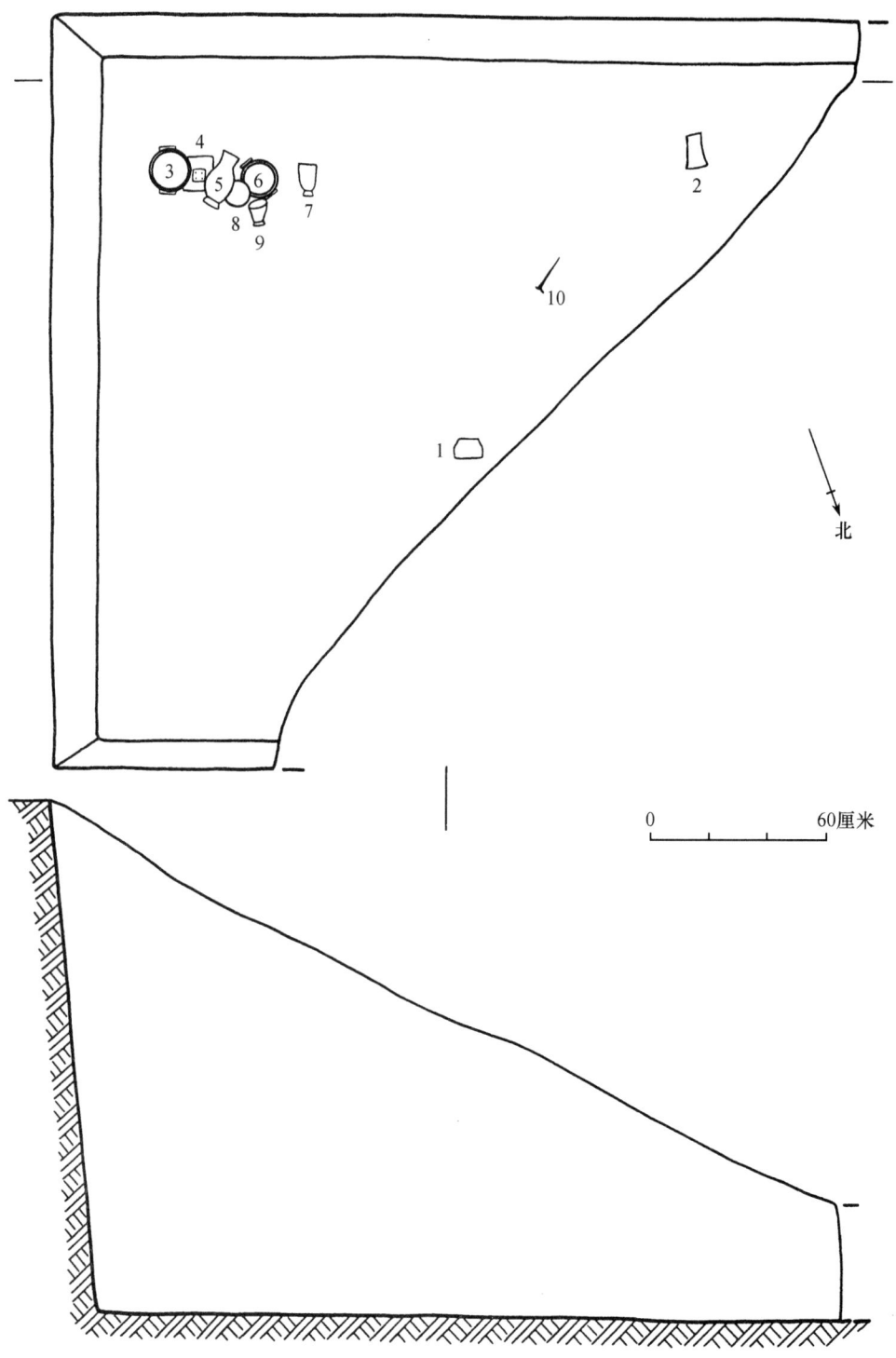

图二九三　D1 区 M2 平、剖面图

1. 铁锄　2. 铁斧　3、6. 铜鼎　4、5. 铜钫壶　7、9. 陶杯　8. 铜洗　10. 铁棺钉

　　铜钫壶　2 件。标本 M2：5，腹部残，无盖。方形口略侈，方唇，方腹外鼓，方圈足外撇，腹中部有两个对称的铺首衔环。口径 8、腹径 15.8、圈足径 9.6、高 26 厘米（图二九四，2；图版一〇四，2）。标本 M2：4，完整。方形口，方唇，方腹外鼓，方圈足外撇，覆斗形盖，盖上有对称的四个鸟形钮，上腹部有对称的两个铺首衔环。口径 11.2、腹径 23、圈足径 12.8、通高 40 厘米（图二九四，10）。

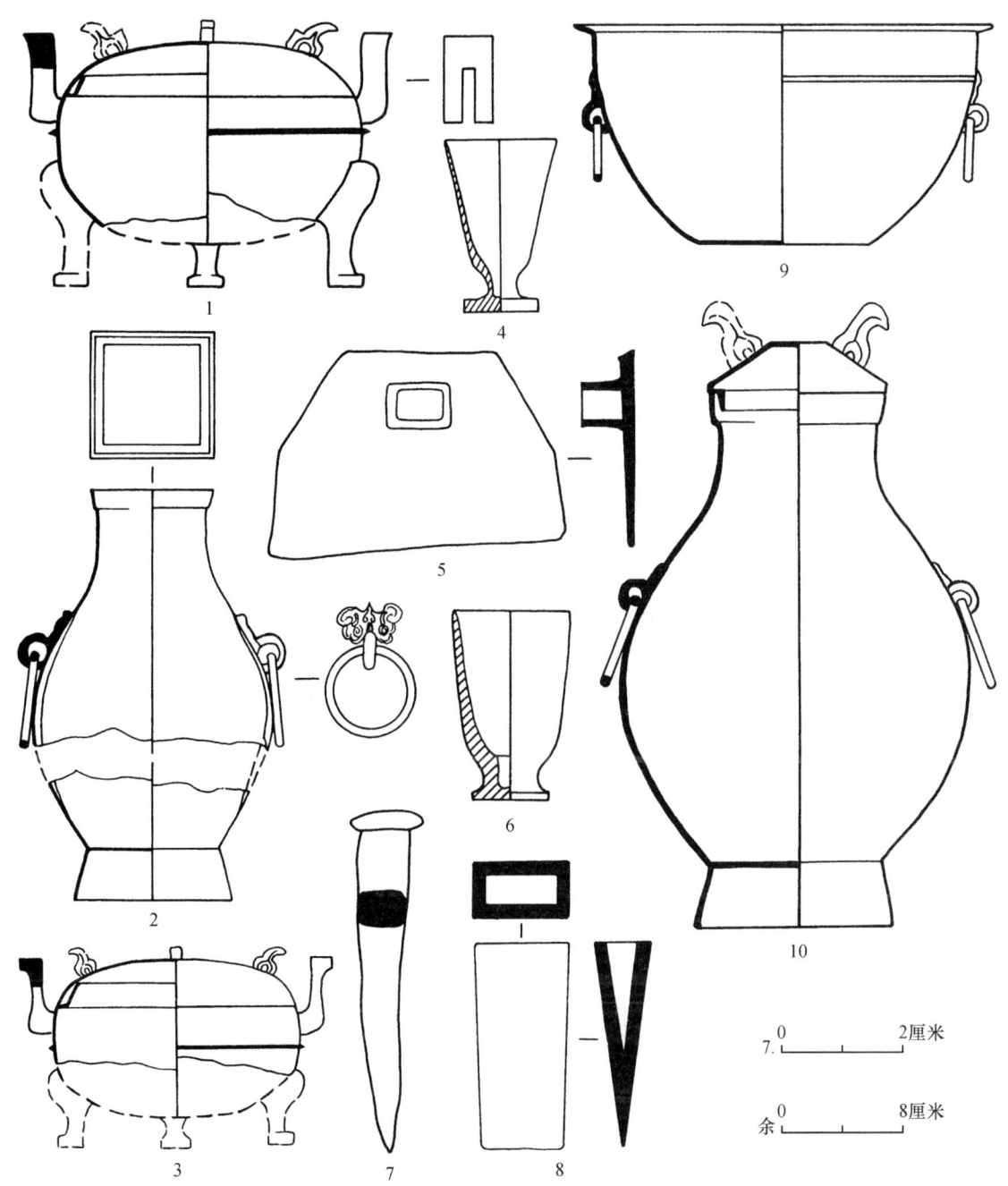

图二九四　D1 区 M2 出土器物

1、3. 铜鼎（M2:6、M2:3）　　2、10. 铜钫壶（M2:5、M2:4）　　4、6. 陶杯（M2:9、M2:7）　　5. 铁锄（M2:1）

7. 铁棺钉（M2:10）　　8. 铁斧（M2:2）　　9. 铜洗（M2:8）

铜洗　1 件（M2:8）。完整。口微侈，宽斜沿，尖唇，深腹，腹壁内收，平底。上腹部有一道凸弦纹和对称的两个铺首衔环。口径 27.2、底径 11.8、高 14 厘米（图二九四，9）。

陶杯　2 件。标本 M2:9，细泥灰陶。敞口，尖唇，深腹，平底外凸。杯口及下腹部饰有朱红彩，彩易脱落。口径 7.2、底径 4.8、高 11.5 厘米（图二九四，4）。标本 M2:7，细泥灰陶。口较直，圆唇，深腹，平底外凸。口部及腹部饰朱红彩，大部分已脱落。口径 7.8、底径 4.8、高 12 厘米（图二九四，6）。

铁斧　1件（M2:2）。完整。外表略锈蚀。平面呈长方形，半空状，中锋，平刃。长13.2、宽6.4、内空深7.6厘米（图二九四，8；彩版三五，1；图版一三五，3）。

铁锄　1件（M2:1）。完整。呈六边形，斜刃，中部有一个装柄的方形孔。顶宽10厘米，刃宽19.2厘米，孔长3.2厘米，宽2厘米（图二九四，5；彩版三五，3；图版一三五，2）。

铁棺钉　1件（M2:10）。完整。长5、宽1、厚0.6厘米（图二九四，7）。

② M3

M3位于D区东南部。开口在①层下，打破生土。距地表深0.38米。方向110°。保存较好，仅墓口局部被破坏，形制规整，四壁较光滑，由墓口向墓底内收，底较平。墓口残长4.8、宽3、深6米，墓底长3.6、宽2.3米（图二九五）。墓内填土呈黄褐色，黏性较大，甚板结，并经层层夯实。夹杂有页岩石片和少量鬲足等周代绳纹红陶片。

葬具均腐烂无存，仅墓底存两个椁室枕木槽，长2.3、宽0.28、深0.1米，葬具应为单棺单椁。人骨架全部腐烂，葬式和墓主人性别、年龄均不详。

随葬器物多置于墓室北边，排列有序。器类有铜鼎、铜钫壶、铜洗、铜甋、铜勺、铁削刀、陶熏、陶盆、陶杯等。

铜鼎　2件。标本M3:7，底残。器身扁圆，子口内敛，半球形盖，盖上有三个鸟形钮，矮兽蹄形足，曲形耳略外撇。腹部饰一道凸弦纹。口径11.7、腹径18、足高8.3、耳长5.2、通高16厘米（图二九六，6）。标本M3:8，完整。器身扁圆，子口内敛，曲形耳微外撇，矮兽蹄形足，半球形盖，盖上饰三个鸟首形钮。腹部饰一道凸弦纹。口径13、腹径18、耳长5.6、足高8.8、通高16厘米（图二九六，3；图版一三八，2）。

铜钫壶　2件。标本M3:3，完整。方口，方唇，口部胎较厚，方腹外鼓，方圈足外撇，腹部有对称的铺首衔环两个，覆斗形盖，盖上有四个鸟形钮。口径12、腹径23.2、圈足径13.6、圈足高4.8、通高40.8厘米（图二九六，2）。标本M3:2，完整。器形较瘦高，方口，方唇，溜肩，方腹外鼓，方圈足略外撇，覆斗形盖，盖上有四个鸟形钮，腹部有对称的铺首衔环两个。底部有铭文"唐是千金"四字。口径10.4、腹径21.6、圈足径12.8、圈足高41.8、通高41.6厘米（图二九六，7；图二九七，3；彩版二九；图版一〇四，1）。

铜洗　1件（M3:4）。完整。口微侈，宽斜沿，腹壁内收，平底，底胎较厚，腹部有一对对称的铺首衔环。上腹部饰凸弦纹一道，底部饰三角几何形纹。口径28.4、底径12、高14.2厘米（图二九六，5）。

铜甋　1件（M3:5）。置于洗内。由甋和釜套合而成。甋残，参考复原。腹较深，宽平沿，腹部有两个对称的铺首衔环。甋口径27.2、腹深16厘米。釜身扁圆，平底，直口，腹中部有一道宽凸棱，肩部有两个对称的铺首衔环。底部饰有几何形纹。釜口径12、腹深24、底径12、通高32.8厘米（图二九六，1；彩版三二，1；图版一三七，2）。

铜勺　1件（M3:9）。完整。勺首呈箕形，短柄内空，柄横剖面呈三角形。勺首长6、宽10、柄长6.7厘米（图二九六，4）。

陶熏　1件（M3:6）。泥质黑褐色陶。形似带盖豆，子口微敛，盘上腹较直，下腹内收，圈足呈喇叭状，盖面微鼓，并有一个圆形钮，钮呈空心。盖面上刻有平行条纹和三角形镂孔纹。口径12厘米，圈足径8厘米，通高11.2厘米（图二九七，1、2；图二九八，7；彩版三四，5；图版一〇五，1、2）。

陶盆　1件（M3:1）。夹细砂褐陶。口微敛，宽沿，沿面微鼓，方唇，深腹，腹壁较直，圜底。腹部饰宽凹弦纹，下腹及底部饰交错绳纹。口径24.7、高20厘米（图二九八，1）。

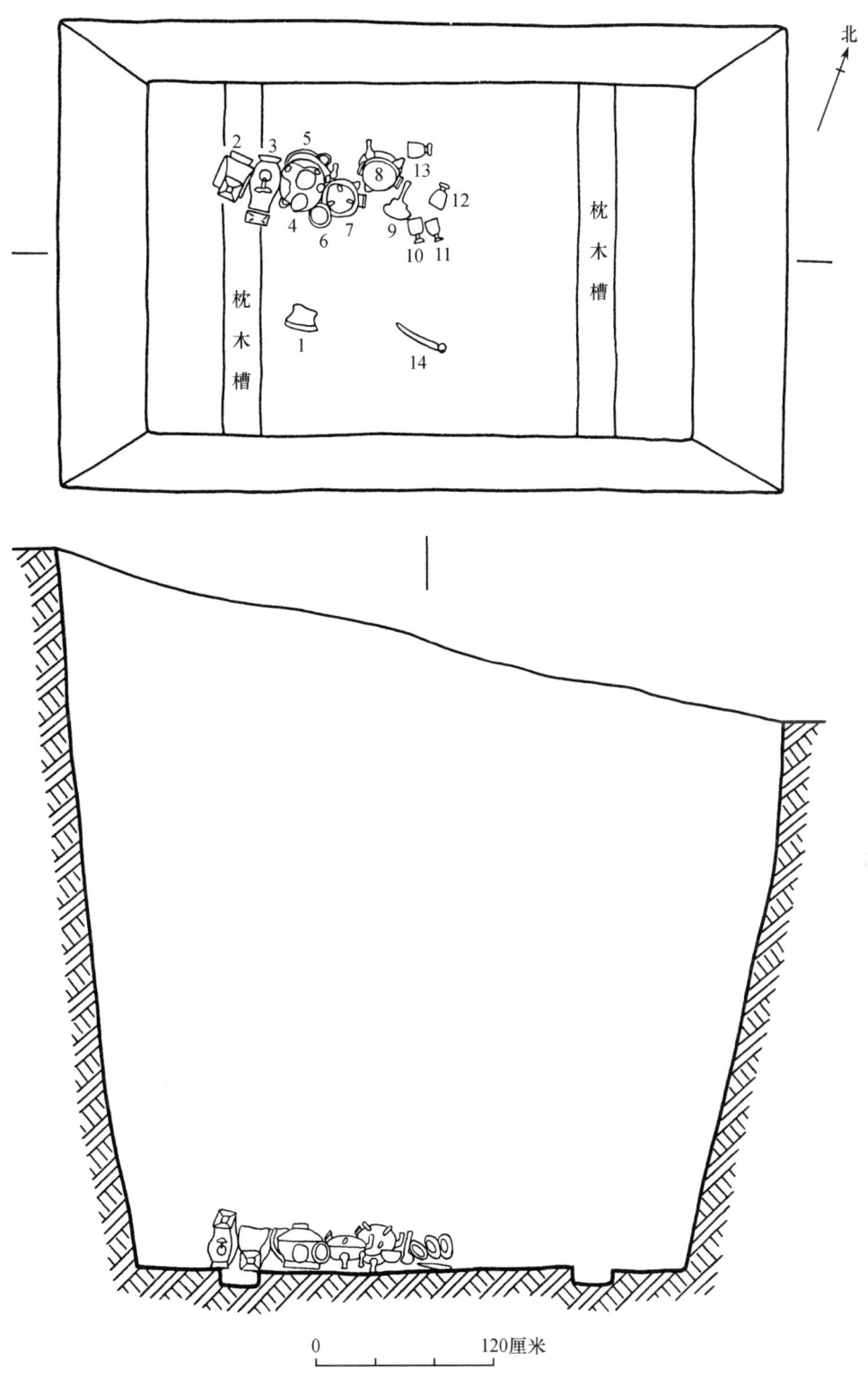

图二九五　D1 区 M3 平、剖面图

1. 陶盆　2、3. 铜钫壶　4. 铜洗　5. 铜甗　6. 陶熏　7、8. 铜鼎　9. 铜勺　10 ~ 13. 陶杯　14. 铁削刀

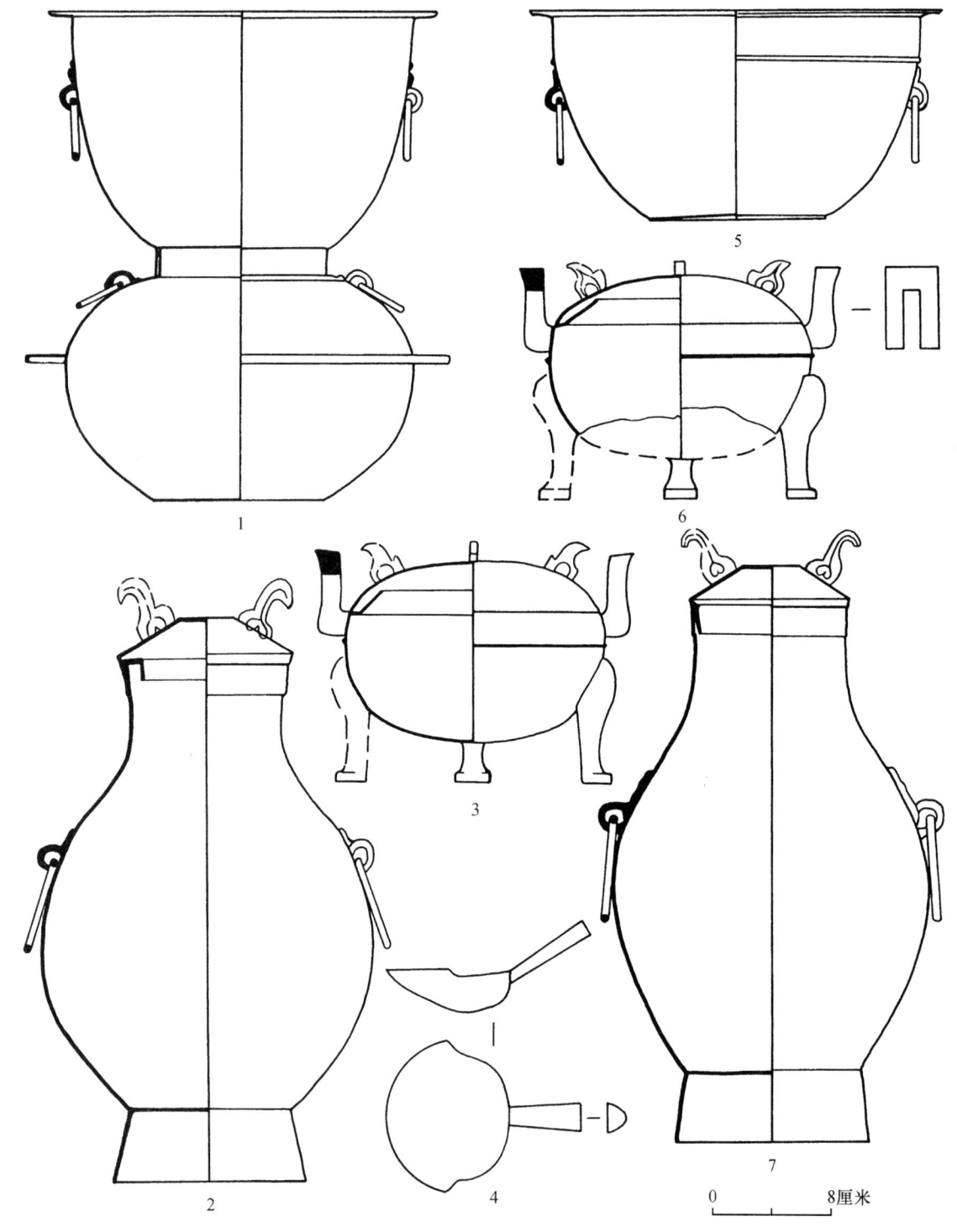

图二九六　D1 区 M3 出土铜器

1. 瓿（M3:5）　2、7. 钫壶（M3:3、M3:2）　3、6. 鼎（M3:8、M3:7）　4. 勺（M3:9）　5. 洗（M3:4）

陶杯　4件。均为泥质灰褐陶。皆完整。敞口，深腹，平底外凸，多饰朱红色彩。标本 M3:10，壁较直。内外壁均饰朱红色彩。口径7.2、底径5.6、高12厘米（图二九八，2）。标本 M3:11，壁较斜，底略小。内外壁均饰朱红色彩。口径8、底径4.8、高11.2厘米（图二九八，5）。标本 M3:12，腹微鼓。内外壁饰朱红色彩。口径7.8、底径4.8、高10.8厘米（图二九八，3）。标本

M3∶13，口较大，壁较斜。口沿和下腹饰朱红色彩。口径8.3、底径4.8、高11.2厘米（图二九八，4；彩版三四，1；图版一〇五，4）。

铁削刀 1件（M3∶14）。首残。环首，直刃。残长20、宽2、背部厚0.3厘米（图二九八，6）。

③ M5

M5位于D1区东南部。开口在①层下，打破生土。距地表深0.4米。方向350°。为长方形竖穴土坑墓。该墓因砖厂取土大部分被破坏掉，只存东北部一小部分。墓壁较直而光滑，墓底较平整。墓口残长0.3～2.6、残宽0.2～1.2、残深0～1.7米，墓底残长0.2～2.4、残宽0.1～1米（图二九九）。墓内填土为黄褐色黏土，夹杂一些页岩石块和周代绳纹红陶片。

因严重破坏，葬具和人骨架均无存，故葬具及墓主人葬式、性别、年龄均不详。

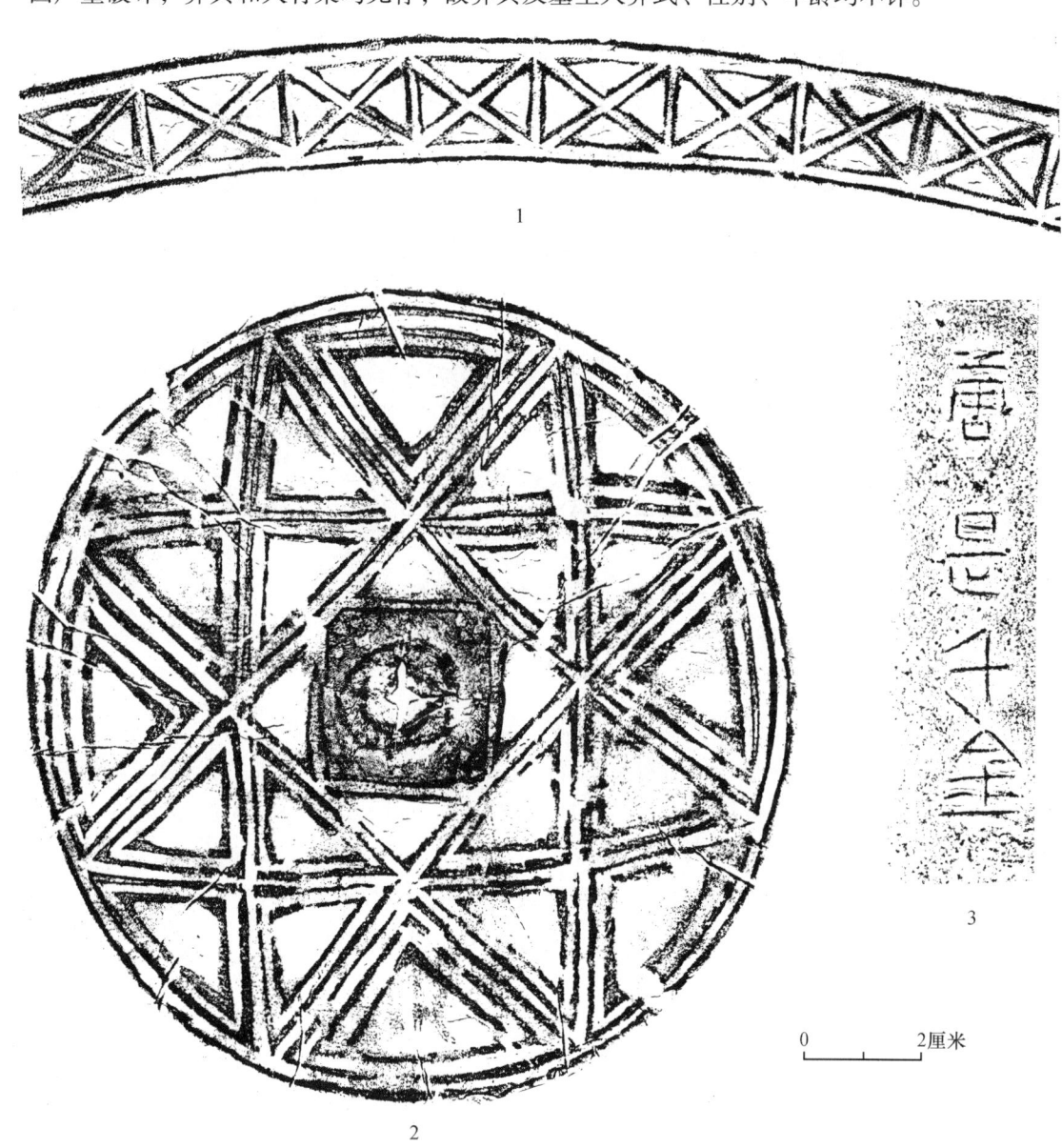

图二九七　D1区 M3 器物铭文及纹饰拓片

1. 刻划纹（M3∶6）　2. 镂孔纹（M3∶6 陶熏盖）　3. 铭文（M3∶2）

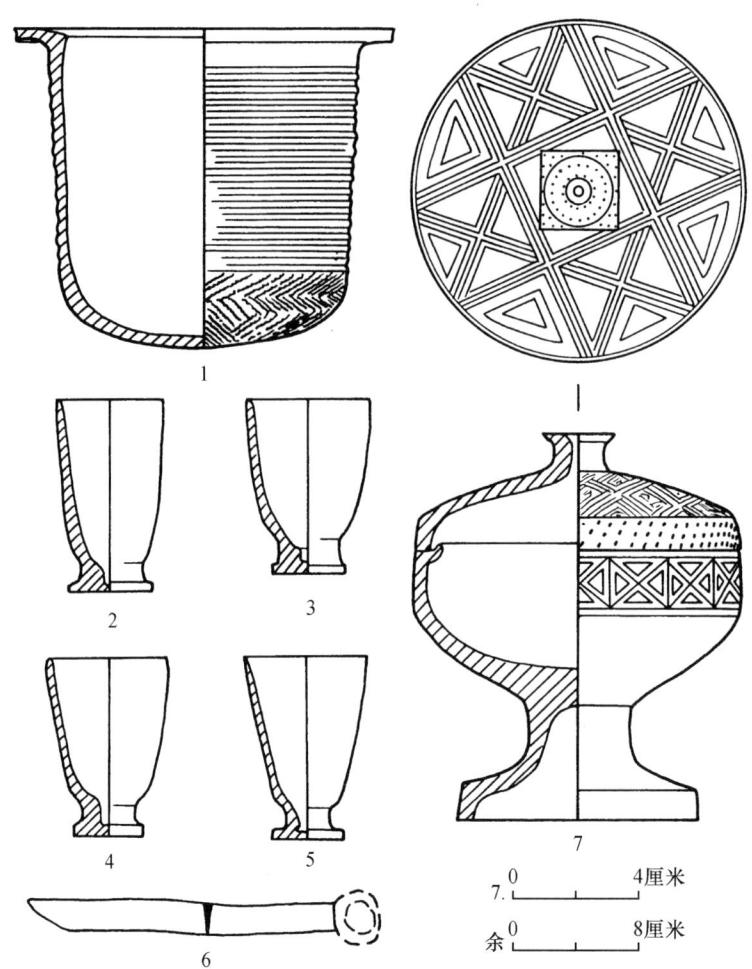

图二九八　D1 区 M3 出土器物

1. 陶盆（M3:1）　2~5. 陶杯（M3:10、M3:12、M3:13、M3:11）
6. 铁削刀（M3:14）　7. 陶熏（M3:6）

随葬器物仅存 2 件陶器，器类为陶盒、陶罐。

陶罐　1 件（M5:2）。夹细砂灰褐陶。鼓肩，高领，直口，斜沿外凸，尖圆唇，弧壁内收，小平底内凹。下腹及底部饰交错绳纹。口径 11、肩径 19、底径 6.4、高 18 厘米（图三〇〇，1；彩版三〇，1；图版一〇六，1）。

陶盒　1 件（M5:1）。泥质灰褐陶。由器身和盖扣合而成。器体矮胖，子口，折腹，底部附有假圈足，盖上有假圈足形钮。口径 14.5、圈足径 9.1、高 10.4 厘米（图三〇〇，2；图版一二四，6）。

④ M30

M30 位于 D1 区东南角。开口在①层下，打破生土，因砖厂取土破坏，墓口直接暴露在外面，东壁全被挖掉，可见墓底，南壁西高东低。方向 165°。为长方形竖穴土坑墓。墓壁较整齐而光滑，墓底较平整。四周有生土二层台，墓口长 3.9、残宽 2.2、深 0.5~2.4 米，墓底长 2.4、残宽 1.4 米。南北两边的二层台较宽，宽 0.45~0.57 米，东西两边二层台较窄，宽 0.28~0.32 米，高 0.48 米（图三〇一；图版一〇七，1）。墓内填土为黄褐色五花土，较硬，似经夯打过。夹杂部分页岩石块和周代鬲足等绳纹陶片。

葬具因腐烂，仅存榫腐烂痕迹，呈长方形，长 2.52、宽 1.44、厚 0.04~0.06 米。根据榫腐烂痕迹和随葬器物摆放位置推测，葬具为单棺单榫。

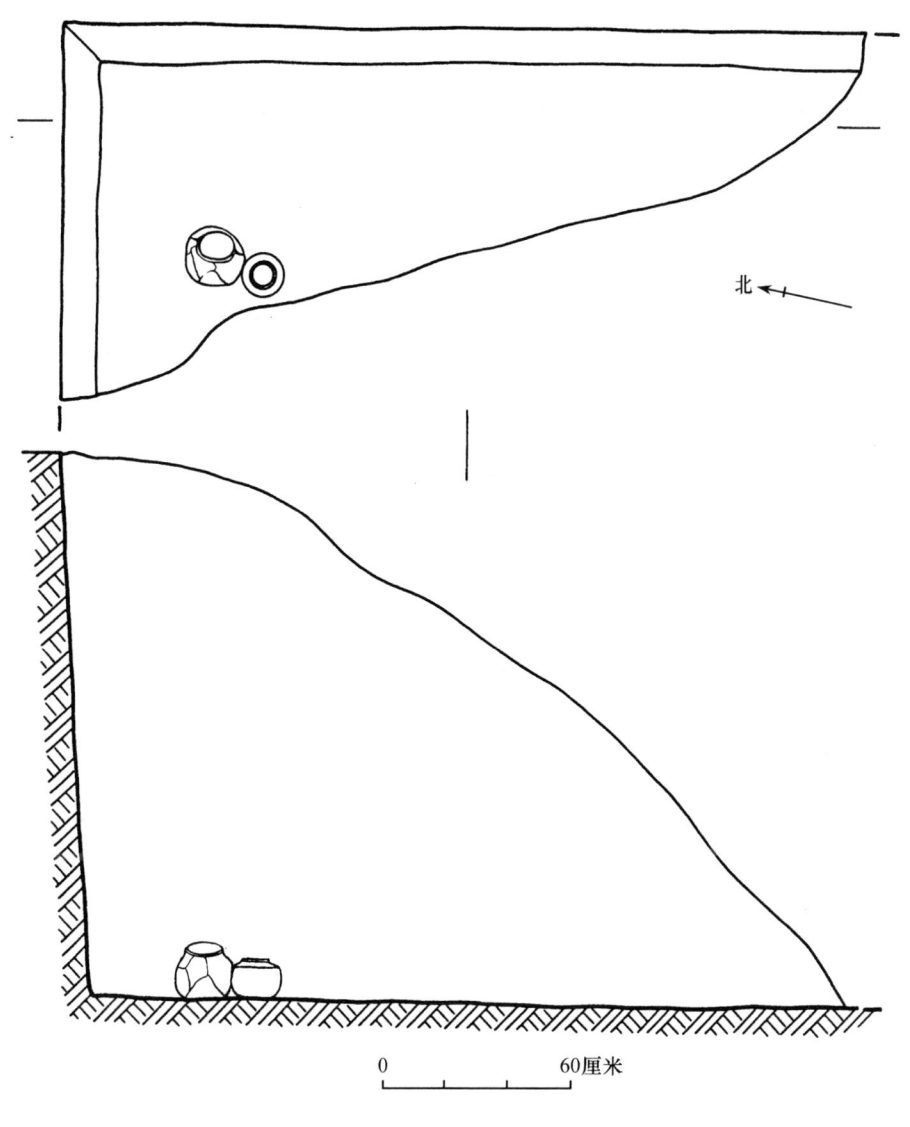

图二九九　D1 区 M5 平、剖面图

1. 陶盒　2. 陶罐

　　在椁室东边清理出部分人骨下肢腐烂痕迹，据观察，葬式为仰身直肢。性别、年龄均不详。

　　随葬器物在椁室西边，呈南北向直线排列（图版一○七，2），其位置应为椁室边箱。出土器物共 9 件，器类有铜鼎、铜钫壶、铜车軎、陶罐、陶盒等，鼎内置有家鸡骨骼。

　　铜鼎　2 件。标本 M30：4，盖和底部残破。器身扁圆，子口内敛，弧形盖，盖面有三个鸟形钮，曲形耳外撇，矮兽蹄足。腹部饰一道凸弦纹。口径 14.1、耳长 4.2、足高 6、通高 12 厘米（图三○二，1）。标本 M30：3，底残破。器身扁圆，子口内敛，弧形盖，较浅，盖上有三个鸟形钮，曲形耳略外侈，矮兽蹄形足。口径 13.8、腹径 16、耳长 3.6、足高 5.7、通高 11.6 厘米（图三○二，5）。

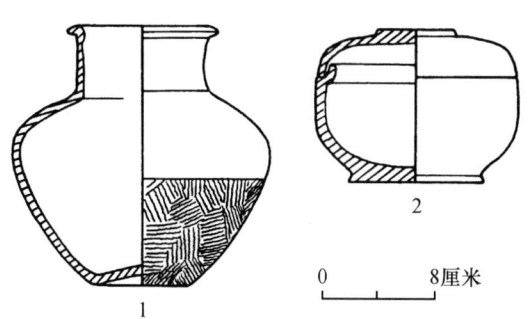

图三○○　D1 区 M5 出土陶器

1. 罐（M5：2）　2. 盒（M5：1）

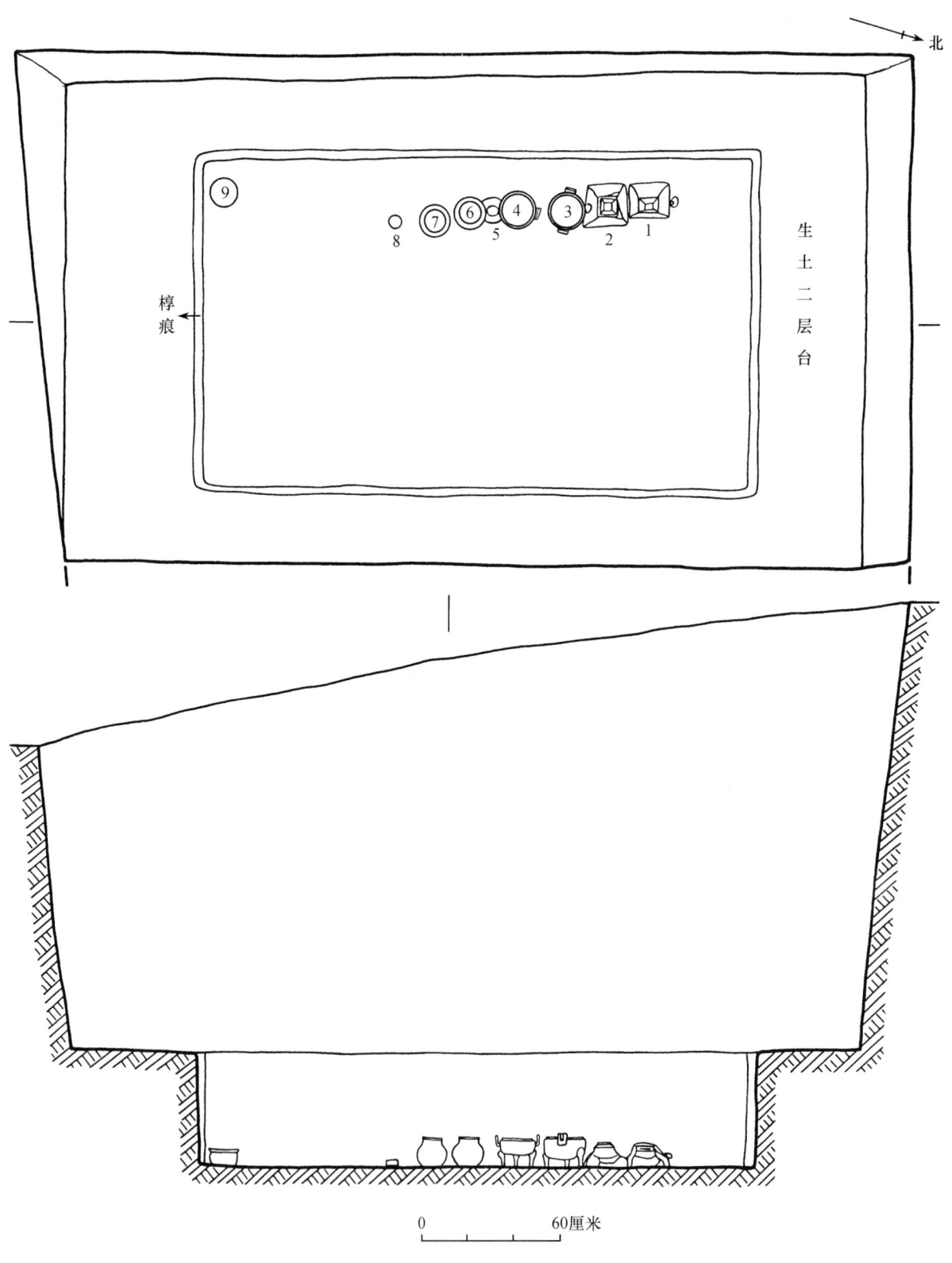

图三〇一　D1 区 M30 平、剖面图

1、2. 铜钫壶　3、4. 铜鼎　5~7. 陶罐　8. 铜车書　9. 陶盒

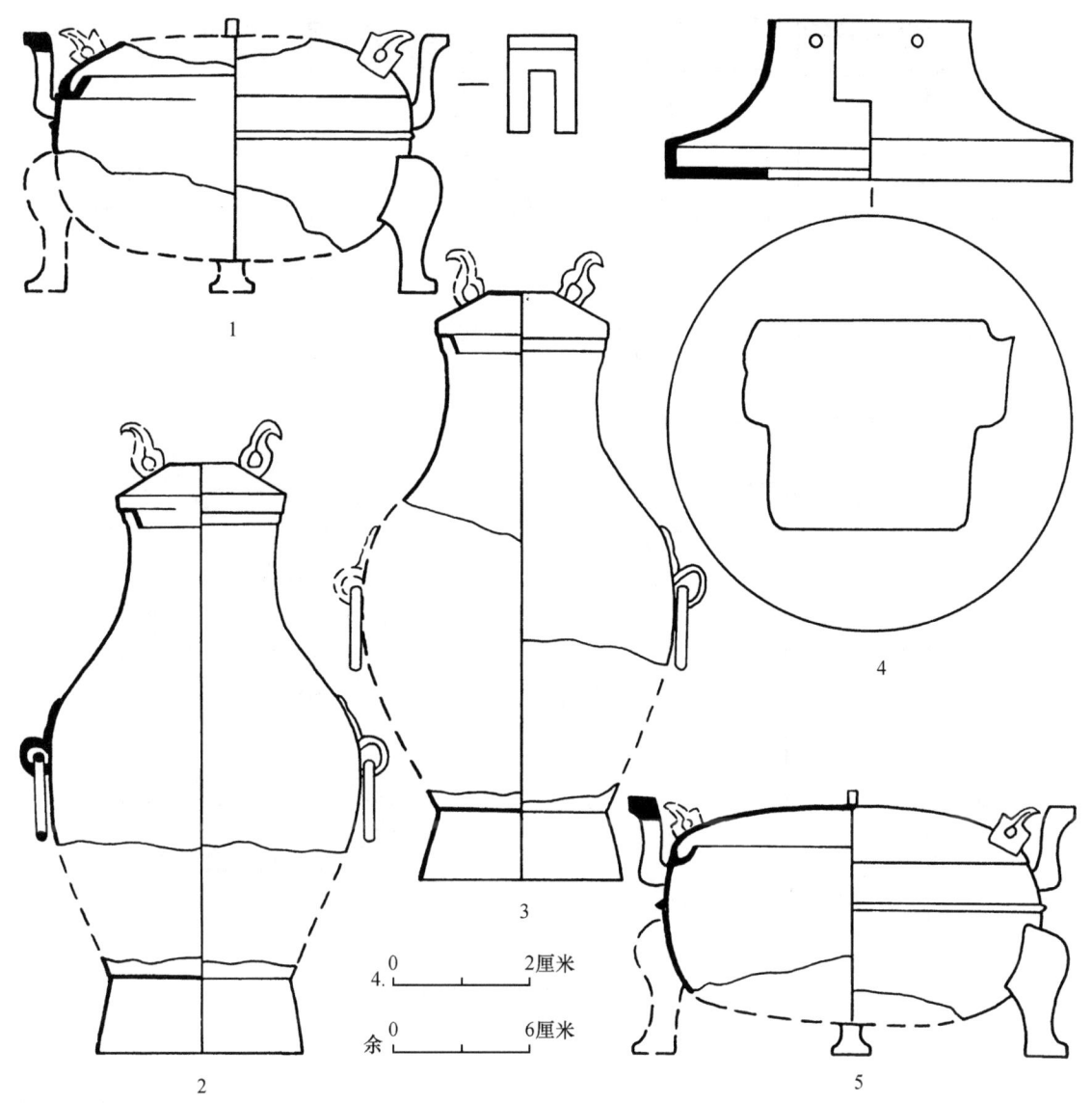

图三〇二 D1 区 M30 出土铜器

1、5. 鼎（M30:4、M30:3） 2、3. 钫壶（M30:2、M30:1） 4. 车書（M30:8）

铜钫壶 2件。标本 M30:2，下腹部残。方口，方唇，方腹外鼓，方圈足外撇，腹部有对称的铺首衔环两个，覆斗形盖，盖上有四个鸟形钮。口径 7.2、腹径 15、圈足径 9、圈足高 3.3、通高 27.3 厘米（图三〇二，2）。标本 M30:1，腹部严重残破。方口，方腹外鼓，方圈足外撇，覆斗形盖，盖上有四个鸟形钮，腹部有对称的铺首衔环两个。口径 9.5、圈足径 7.8、圈足高 3、通高 27.2 厘米（图三〇二，3）。

铜车書 1 件（M30:8）。完整。器胎较薄，器身较短，一段较粗，另一段较细，内空，略呈草帽形，圆形辖孔。直径 6、长 2.3 厘米（图三〇二，4；图版一四〇，3）。

陶罐 3件。形制略同，器形较小，皆完整。均为泥质灰陶。标本 M30:7，长颈，口略侈，圆唇，折肩，腹壁较直向内斜，平底，盖面较平而浅。口径 8.8、肩径 12、底径 7.2、高 12 厘米（图三〇三，1；彩版三一，1；图版一〇八，2）。标本 M30:5，颈较长，口略侈，方唇，折肩，弧腹内收，平底，弧形盖。口径 8.2、肩径 13.6、底径 7、高 12.6 厘米（图三〇三，3；彩版三一，5；图版一〇八，1）。标本 M30:6，短颈，口微敛，方唇，溜肩，扁圆形腹，平底，弧形盖。口径 10、腹径 20.4、底径 7.1、高 10.5 厘米（图三〇三，2；图版一〇八，3）。

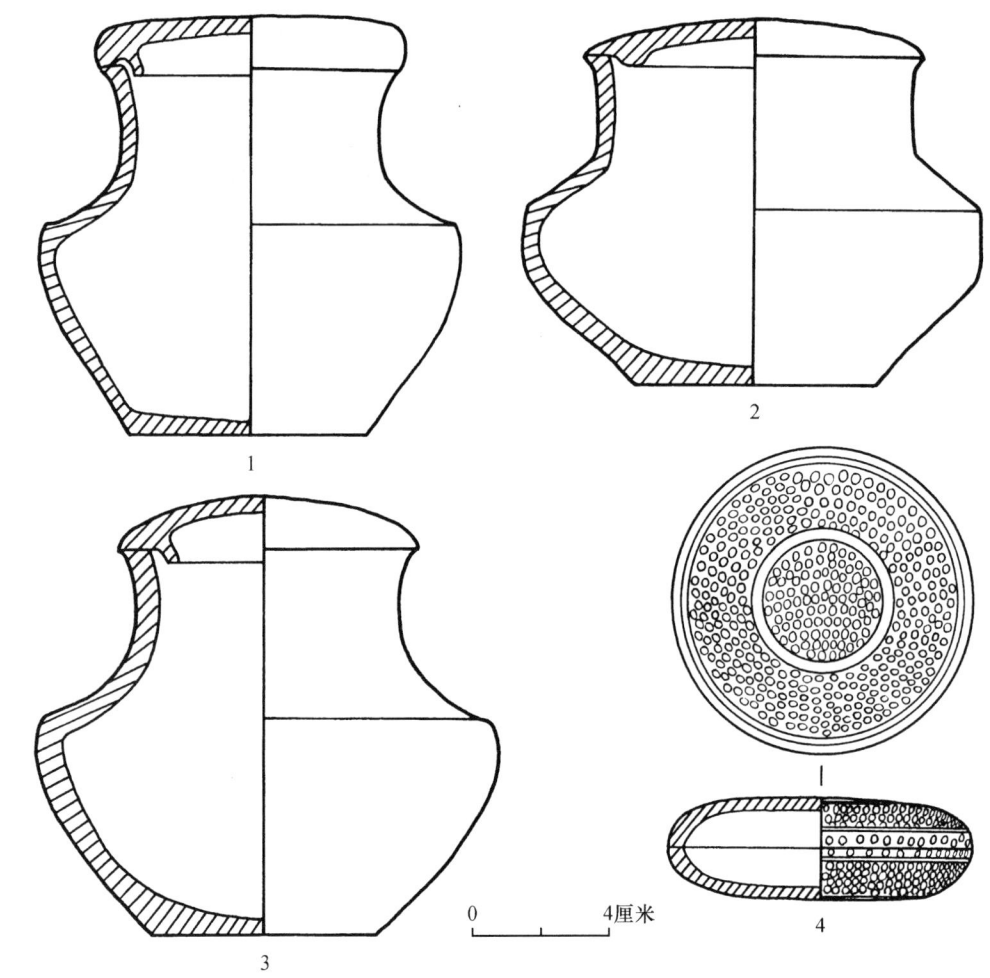

图三〇三　D1 区 M30 出土陶器

1～3. 罐（M30:7、M30:6、M30:5）　4. 盒（M30:9）

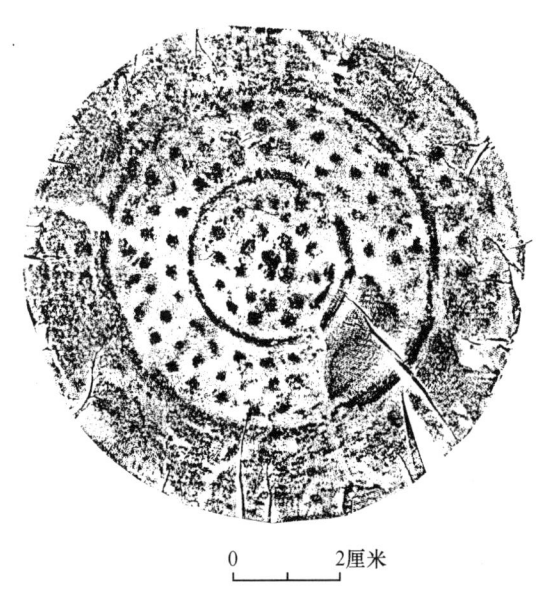

图三〇四　D1 区 M30 陶盒纹饰拓片（M30:9）

陶盒　1 件（M30:9）。泥质灰陶。完整。器形较小。扁圆形。由上下两半扣合而成。内空较浅。上下两半外表各饰两道凸弦纹和圆点纹。口径 9、高 3.2 厘米（图三〇三, 4；图三〇四；彩版三四, 4；图版一二四, 5）。

动物骨骼　均出土于 M30:4 铜鼎内。种类为家鸡。标本 M30:4-2，家鸡肱骨（图一〇九, 5；图版三八, 3）。标本 M30:4-3，家鸡尺骨。标本 M30:4-4，家鸡喙骨。标本 M30:4-8，家鸡胫骨（图一〇九, 2；图版三八, 6）。标本 M30:4-9，家鸡趾骨（图版三八, 5）。标本 M30:4-11，家鸡腓骨。标本 M30:4-12，家鸡腰、骶骨。标本 M30:4-13，家鸡桡骨。标本 M30:4-14，家鸡颈椎骨。标本 M30:4-6，家鸡股骨（图一〇九, 3；图版三八, 9）。

⑤ M34

M34 位于 D1 区 D1TG3 探沟南 0.5 米处。开口在①层下，打破生土。距地表深 0.39 米。方向 252°。平面略呈方形。墓壁收分较大，尤其是南壁，收分为甚，东西两壁收分较小，墓壁光滑，墓底较平。墓口长 3.2、宽 3.1、深 2.5～3.7 米，墓底长 2.8、宽 2.2 米（图三〇五）。墓内填土为红褐色五花土，土质较硬，包含有大量东周时期陶片、红烧土块、鹅卵石及动物骨骼。陶片颜色有红褐色、黑色和灰褐色。器类有鬲、罐等。纹饰以绳纹为主，有的鬲足上有刀削痕迹。因深度腐烂，葬具仅存椁室痕迹。椁痕呈长方形，长 2、宽 1.3 米。椁室痕迹中发现有大量漆皮，有的漆皮腐烂堆积厚度达 0.2、长 1.8 米，其痕迹形状与棺近似，故推测葬具为单棺单椁。

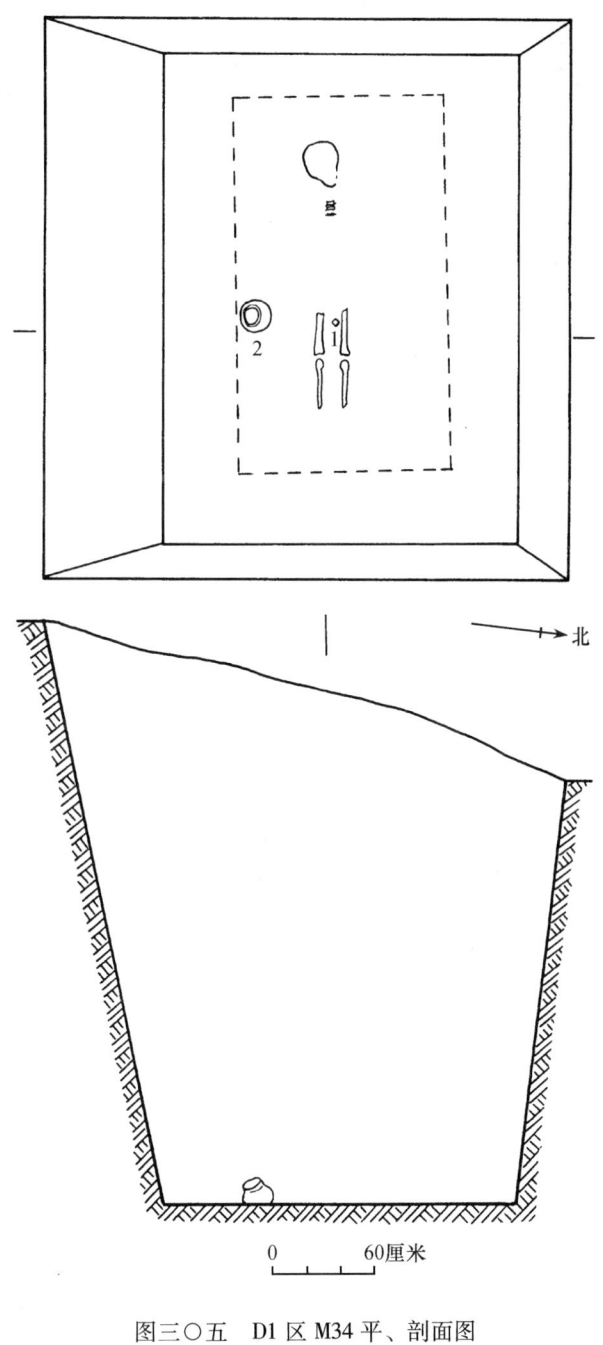

北

0 　　　 60厘米

图三〇五　D1 区 M34 平、剖面图

1. 铜印章　2. 陶罐

人骨架仅见腐烂痕迹，头向西，下肢并列，可辨认为仰身直肢葬。其性别、年龄不清楚。

随葬器物有陶罐和铜印章，其中陶罐置于椁痕南壁中部，铜印章置于两腿股骨之间。

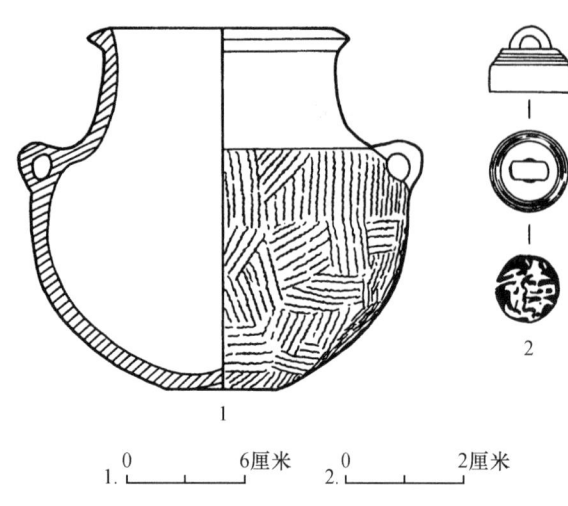

图三〇六　D1区M34出土器物
1. 陶罐（M34∶2）　2. 铜印章（M34∶1）

陶罐　1件（M34∶2）。完整。矮领，口略侈，斜沿外凸，尖唇，折肩，鼓腹，弧腹内收，小平底内凹，肩部有对称的半圆形环耳两个。肩以下饰交错绳纹。口径12、腹径19.8、底径5.6、高18厘米（图三〇六，1；彩版三一，2；图版一〇八，4）。

铜印章　1枚（M34∶1）。完整。平面呈圆形，横剖面略呈梯形，顶面有半圆形环钮。印纹为繁写的"听"字。直径1.5、厚0.7、钮高0.4、通高1.1厘米（图三〇六，2；图版一四四，3）。

⑥ M35

M35位于D1区D1TG3探沟西边，D1T65探方北边。开口在①层下，打破生土。距地表深0.25~0.45米。方向254°。长方形竖穴土坑墓。保存较好。墓壁特别陡直，但不太光滑，东壁和北壁略有些收分，西壁近垂直，南壁较高，墓口向内倾斜（可能是山体挤压所致），墓底特别平整，墓室东边较窄，西边略宽。墓口长2.9、宽1.7~1.95、深2米，墓底长2.82、宽1.65~1.95米（图三〇七）。墓内填土为红褐色五花土，土质较松软，局部有白蚁洞穴。

葬具腐烂无存，墓室中间有一腐烂痕迹，呈长方形，与墓圹同方向，长2.05、宽0.75米，应为棺腐烂痕迹。

人骨架已严重腐朽，腐朽痕迹长1.73米。从其腐朽痕迹观察，葬式应为仰身直肢，头向西，足向东。其性别、年龄不详。

随葬器物仅1件陶罐，置于南边，即人骨腐朽痕迹右侧，但仍在棺腐朽痕范围内。

陶罐　1件（M35∶1）。完整。泥质深灰色陶。火候特别高。鼓肩，矮领，口略外侈，宽斜沿，尖圆唇。腹略鼓呈弧壁内收，小平底略内凹。肩部以下饰交错绳纹。口径9.5、最大腹径16.2、底径4.8、高13厘米（图三〇八；彩版三〇，4；图版一二〇，1）。

⑦ M36

M36位于D1区D1T39探方东北部，部分墓口叠压在探方东壁内。开口在①层下，打破生土。距地表深0.4~0.5米。方向90°。保存较好。长方形竖穴土坑。墓坑较深，墓壁较陡直，且较粗糙，南、北两壁略内鼓，墓底较平，中间略窄，两头较宽，平面呈束腰形。墓底四周有生土二层台。墓口长3.45、宽1.8~2.2、深3.1米，墓底长2.25、宽1.3~1.45米，生土二层台宽0.16~0.3、高0.14米（图三〇九；图版一〇九，1）。墓内填土为黄褐色五花土，土质较硬，似经夯打过。填土中夹杂有许多周代绳纹陶片，均为红褐色，器类有鬲足、罐口沿等。

葬具腐烂无存，仅存椁室腐烂痕迹，呈长方形，东段较宽，西段较窄，长2.2、宽1.3~1.45、厚0.14米。东西两边各有一道椁枕木凹槽，长1.5、宽0.18~0.22、深0.15米。随葬器物放在北边，南边正好为一棺大小的空位。由此推测该墓葬具应为单棺单椁。

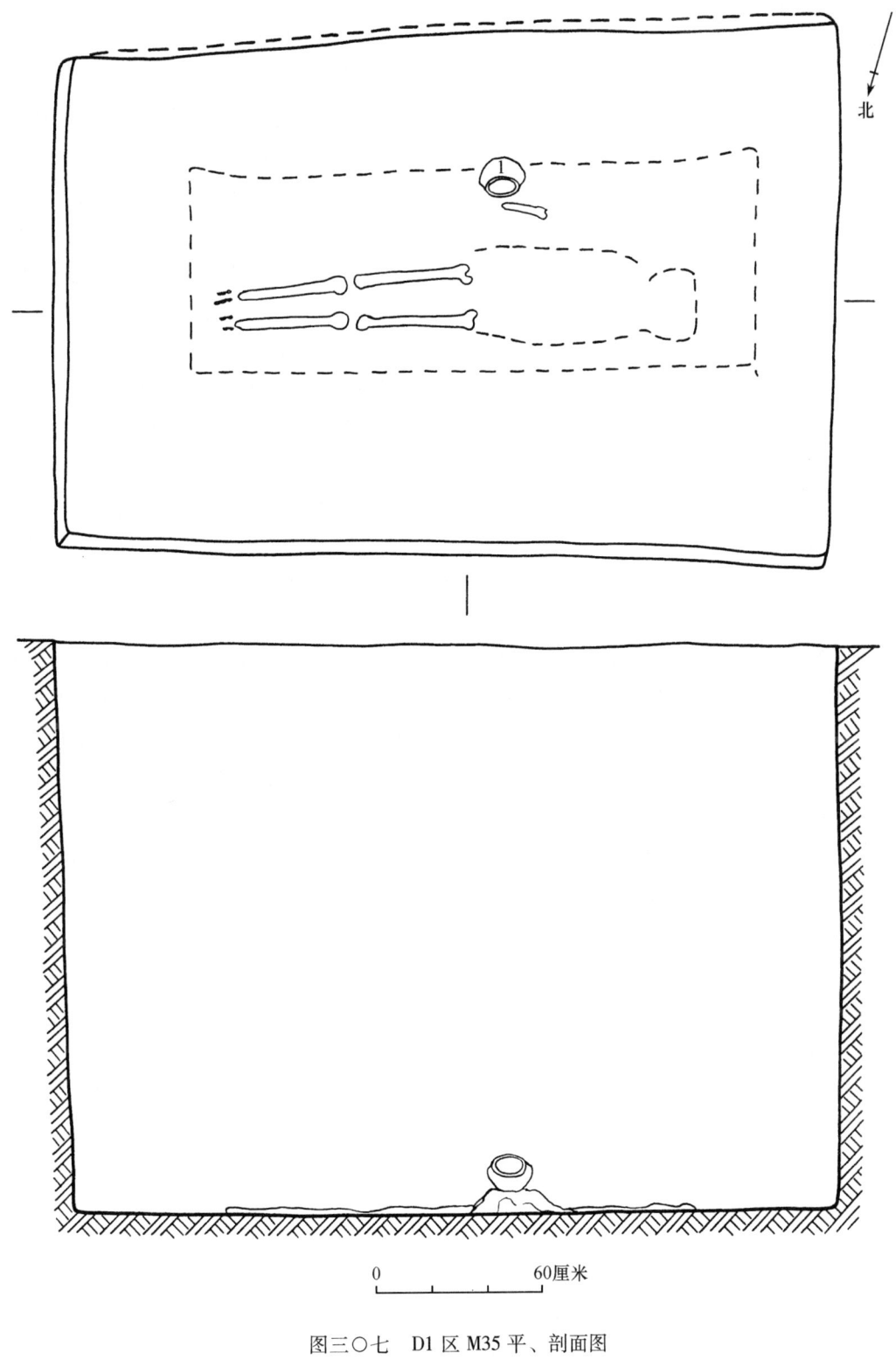

图三〇七　D1 区 M35 平、剖面图

1. 陶罐

　　人骨架严重腐烂，残存有腐朽痕迹，根据发掘现场观察，头向西，足朝东，葬式应为仰身直肢。其墓主人性别、年龄均不详。

　　随葬器物在椁室北边，呈东西方向直线排列，应放置在椁室边箱内。器类有陶鼎、陶钫壶、陶盒，即鼎、盒、壶两套组合形式，所有陶器都绘制有彩绘图案（图版一〇九，2）。另随葬有钢针 5 根。

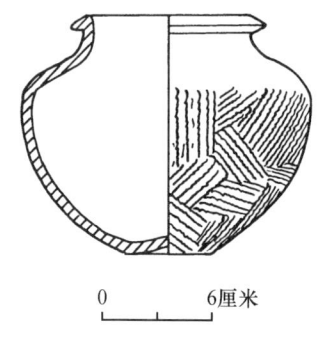

图三〇八　D1区 M35 陶罐（M35:1）

陶鼎　2件。均完整。泥质灰陶。标本 M36:2，器身扁圆，子口内敛，圆唇，弧形盖，曲形耳外撇，矮兽蹄形足。腹部一道凹弦纹，盖面绘制有朱红色彩绘，图案为宽带状圆圈纹和卷云纹。口径18、腹径19.8、足高6、通高14.8厘米（图三一〇，1；彩版二三，1；图版一一一，2）。标本 M36:3，器身扁圆，子口内敛，方唇，腹壁内收，弧形盖，曲形耳外撇，矮兽蹄形足。腹部饰一道凹弦纹，盖面绘制有朱红色彩绘，图案为宽带状圆圈纹和卷云纹。口径17、腹径19.8、足高6.3、通高14.1厘米（图三一〇，2；彩版二三，2；图版一一一，1）。

陶盒　2件。均完整。泥质灰陶。形制略同。标本 M36:5，器身扁圆，子口内敛，方唇，腹壁内收，平底略内凹，覆碗形盖，盖钮呈圆圈足状。口沿外绘制一道宽带状朱红色彩绘和饰两道凹弦纹，盖面饰三道宽带状朱红色彩绘和云纹彩绘。口径16.8、底径8、盖钮径9.5、高13.7厘米（图三一〇，3；彩版二八，4；图版一一二，1）。标本 M36:4，器身扁圆，子口内敛，圆唇，腹壁内收，平底，覆碗形盖，盖钮呈矮圈足状。口沿外绘制一道宽带状朱红彩纹和两道凹弦纹，盖面绘制三道宽带状朱红色彩纹和两道细凹弦纹，彩绘带之间又绘制朱红色卷云纹。口径16.6、底径9、盖钮径9.4、高13.8厘米（图三一〇，4；彩版二八，3；图版一一二，2）。

陶钫壶　2件。均完整。皆泥质灰陶。形制及花纹略同。标本 M36:6，方口，方唇，方腹外鼓，方圈足外撇，覆斗形子口盖。口外绘制三道朱红色宽带彩纹和朱红色三角形纹，腹部饰四道朱红色宽带彩纹，其间绘朱红色卷云纹，圈足上饰三道宽带状朱红色彩纹，盖面饰一道宽带状朱红色彩绘。口径12.8、腹径21.4、圈足高6、通高38厘米（图三一一，2；彩版二七，1；图版一一〇，1）。标本 M36:7，方口，方唇内突，方腹外鼓，方圈足外撇，覆斗形子口盖，上腹部有对称的示意性铺首两个。口外绘制有三道宽带状朱红色彩纹和三角形彩纹，上腹部绘制四道朱红色宽带彩纹，其间又绘制朱红色卷云纹，圈足上绘制五道宽带状朱红色彩纹，盖上绘制一道宽带状朱红色彩纹。口径12.8、腹径22.6、圈足径15、高38厘米（图三一一，3；彩版二七，4；图版一一〇，2）。

钢针　5根（M36:1）。形制相同。其中有两根完整。针形较长，一头为针尖，另一头有方形孔，横剖面略呈方形。长18.2、粗径0.15、孔径0.05厘米（图三一一，1；图版一三三，2）。

⑧ M37

M37位于 D1区 D1T63 探方中部。开口在①层下，打破生土。距地表深0.28~0.45米。方向260°。平面呈长方形。墓圹保存较好。墓壁光滑，从墓口内收至墓底，斜度较大，墓底较平。墓底四周有熟土二层台，墓室西边较宽，东边较窄。墓口长3.9、宽2.4、深2.4米，墓底长3.4、宽1.75~1.9米。熟土二层台宽0.35~0.51、高0.3米（图三一二）。墓内填土为红褐色五花土，土质结构较松散，包含有周代陶片。

葬具腐烂不存，但有棺、椁腐烂痕迹，均为长方形，其中椁痕长2.41、宽0.9~1.02、高0.3米；棺痕长2、宽0.51米。葬具应为单棺单椁。

人骨架因严重腐烂，仅存痕迹，长1.63米。葬式为仰身直肢，头向西，脚朝东，面向上，双手交叉于下腹部。性别、年龄不详。

随葬器物仅1件铜带钩，置于人骨痕迹左侧中部。

铜带钩　1件（M37:1）。完整。弧形，横剖面呈椭圆形，钩端呈鸭嘴状，圆饼形钮。长8.6、钮径1.3厘米（图三一三；图版一四六，4）。

图三〇九　D1 区 M36 平、剖面图
1. 钢针　2、3. 陶鼎　4、5. 陶盒　6、7. 陶钫壶

0　　　　6厘米

图三一〇　D1 区 M36 出土陶鼎、盒

1、2. 鼎（M36∶2、M36∶3）　　3、4. 盒（M36∶5、M36∶4）

图三一一　D1 区 M36 出土器物

1. 钢针（M36:1）　　2、3. 陶钫壶（M36:6、M36:7）

M37 填土中出土陶片 30 余片，器类有陶鬲、陶罐、陶豆、陶鬲足等。纹饰以绳纹为主，次为方格纹、附加堆纹（图三一四）。陶系有红褐陶、黑陶、灰褐陶、红陶等。

陶罐　4 件。标本 M37:08，泥质黑褐陶。广肩，直口，宽沿外凸，双唇。口径 18、残高 6.7 厘米（图三一五，1）。标本 M37:07，夹砂黑陶。斜肩。直口，圆唇外凸。口径 12、残高 5 厘米（图三一五，5）。标本 M37:09，夹砂黑陶。广肩，直口略侈，方唇。口径 12.2、残高 6.4 厘米（图三一五，6）。

陶鬲　5 件。标本 M37:04，粗泥红陶。广肩，敛口，折沿，圆唇，沿内略凹，沿外有一道凸棱。肩部饰绳纹，颈部绳纹抹光。口径 17.5、残高 6.2 厘米（图三一五，2）。标本 M37:03，粗泥红陶。广肩，敛口，卷沿，方唇，沿内微弧，沿外有一道凸棱。口径 17.5、残高 6.4 厘米（图三一五，3）。标本 M37:02，粗泥红陶。广肩，敛口，折沿，尖唇，沿外有一道凸棱。颈部绳纹抹光。口径 16.1、残高 6.4 厘米（图三一五，4）。

陶鼎足　2 件。标本 M37:05，夹细砂红陶。圆柱形，足根外凸。足根径 3.4、残长 9.2 厘米（图三一五，7）。

陶鬲足　1 件（M37:06）。夹细砂红褐陶。略呈柱状，足根较平，内空较深。外表饰直绳纹。足根径 2、残长 9.7 厘米（图三一五，8）。

陶豆柄　2 件。标本 M37:011，泥质红陶。火候较高。上粗下细，内空，中部一道细凹弦纹。上段粗径 4.6、下段粗径 4.1、残长 6 厘米（图三一五，9）。标本 M37:010，泥质灰褐陶。柄较短，内空。内壁有数道手制痕迹。粗径 5、残长 6.2 厘米（图三一五，10）。

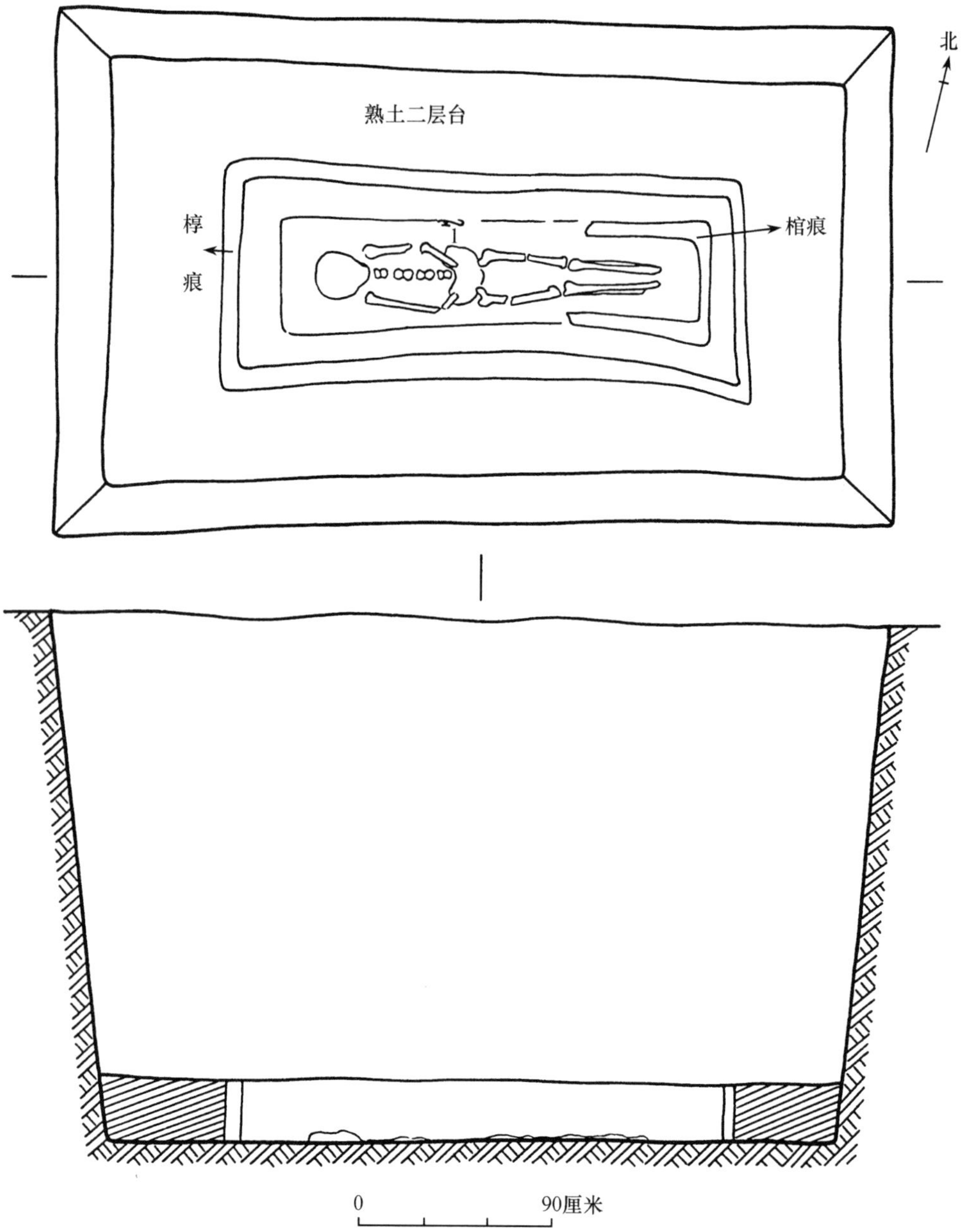

熟土二层台

椁痕

棺痕

北

0 ____ 90厘米

图三一二　D1 区 M37 平、剖面图

1. 铜带钩

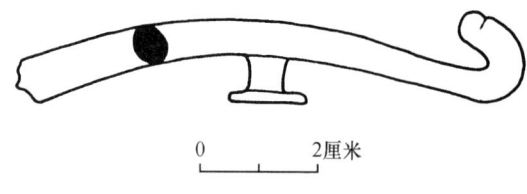

0 ____ 2厘米

图三一三　D1 区 M37 铜带钩（M37:1）

向 90°。M39 所处地势南高北低，呈斜坡状。

⑨ M39

M39 位于 D1 区东北角。西距 M36 号墓 0.8 米，东距 M158 号墓 0.5 米，东南距 M39 号墓 2.5 米，再往东 1.5 米是高 20 米的悬崖，北边 0.5 米为高 25 米的悬崖（砖厂取土形成的悬崖）。开口在①层下，打破生土。墓室东部距地表深 0.25 米，南部距地表深 0.65 米，西部距地表深 0.2～0.5 米。方

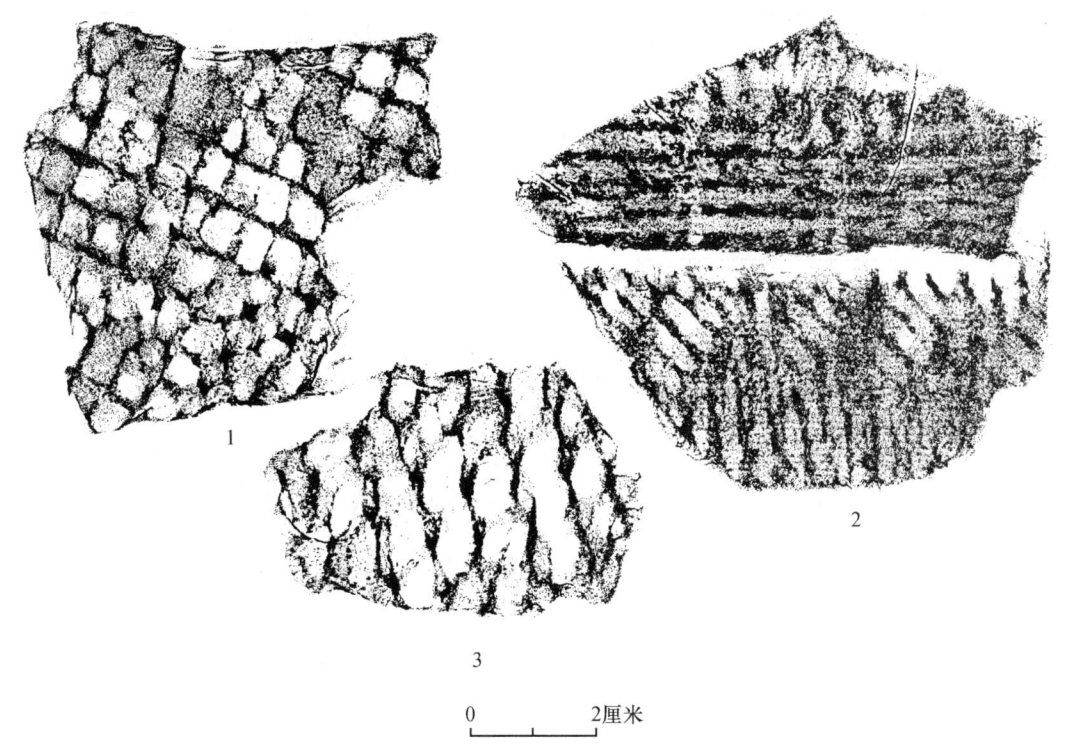

0   2厘米

图三一四　D1 区 M37 填土陶片纹饰拓片
1. 方格纹（M37：013）　2. 附加堆纹及绳纹（M37：012）　3. 绳纹（M37：014）

该墓规模大，是卜庄河遗址目前发现最大的土坑墓。平面呈丁字形。西边和南面分别有一残墓道，墓道向墓室内倾斜。东面因农耕而打破。北面中部有长 1 米的范围向内凹 0.2 米。墓室东西残长 11 米，加上西墓道，通长 11.4 米。墓室南北宽 2.4～6.4 米，加上南墓道通宽 8.2 米（图三一六；图版一一三，1、2）。墓内填土较杂，有不同颜色的块状土，但以黄褐色黏土为主，较硬。包含有不少周代绳纹陶片以及鹅卵石等。

墓壁较陡直，南部墓壁上半部分为黏土层，较光滑，下半部分为页岩层，壁较粗糙。墓室北壁甚矮，一般高 0.3 米，最浅处仅 0.15 米，南壁较高，一般 1.1～1.5 米，近南墓道处墓室壁高1.7 米，但不整齐，尤其是下面的岩石层墓壁，多凹凸不平。

墓圹内葬具均腐烂无存，仅存棺椁腐烂痕迹，根据腐烂痕迹观察，可分为东、中、西三个大的椁室。

东椁室东西长 6.2、南北宽 2 米。因耕种和砖厂取土破坏，椁室内人为扰动现象比较严重。埋葬有 R7～R15 等，共 8 具人骨个体。部分人骨边有棺痕。出土器物主要有陶灶、陶盖、铜戒指、钱币、铁棺扣等。中椁室南北长 4.6、东西宽 2 米。埋葬有 R3～R6、R12、R16 共 6 具人骨个体，除R4 和 R16 在一个棺内，其余骨架都有单棺葬具，人头向东。出土器物有陶灶、陶鼎、陶壶、陶盒、铁棺扣等。西椁室东西长 2.7、南北宽 2 米。埋葬 R1、R2 共 2 具人骨个体，每具人骨都有单棺葬具。人头向西。出土器物有骨贝、铁棺钉等。

人骨埋葬形式、葬具、葬式、性别、年龄等情况见表三〇。

随葬器物主要分布在中椁室，次为东椁室，西椁室较少，共 31 件。另有 26 件铁棺扣、铁棺钉和 176 枚钱币。其中铜器有铜带钩、铜印章、铜戒指、铜钱币，陶器有陶罐、陶灶、陶盖、陶豆形器、陶碗、陶碟、陶壶、陶鼎、陶盒，铁器主要是铁舀、铁棺钉和铁棺扣，骨器有骨贝。

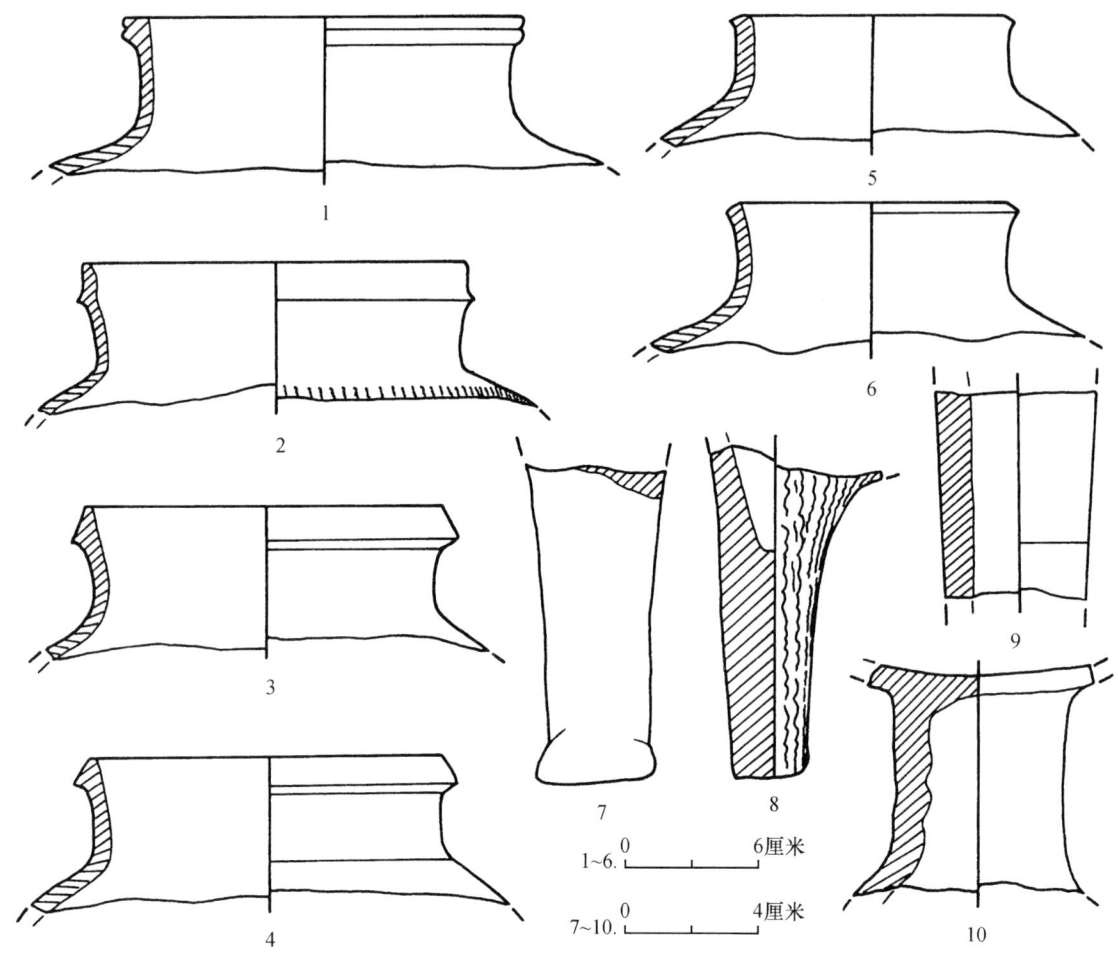

图三一五　D1 区 M37 填土出土陶器

1、5、6. 罐（M37∶08、M37∶07、M37∶09）　　2 ~ 4. 鬲（M37∶04、M37∶03、M37∶02）　　7. 鼎足（M37∶05）

8. 鬲足（M37∶06）　　9、10. 豆柄（M37∶011、M37∶010）

表三○　D1 区 M39 人骨及葬式、葬具登记表

人骨编号	出土位置	埋葬形式	葬　具	葬　式	性别	年龄	备　注
R1	西椁室	一次埋葬	单棺	仰身直肢	不详	不详	
R2	西椁室	一次埋葬	单棺	仰身直肢	不详	不详	
R3	中椁室	一次埋葬	单棺	仰身直肢	男？	30 ~ 35	
R4	中椁室	一次埋葬	单棺	仰身直肢	不详	45 ±	
R5	中椁室	一次埋葬	单棺	仰身直肢	男	35 ±	
R6	中椁室	一次埋葬	单棺	仰身直肢	不详	10	
R7	东椁室	一次埋葬	单棺	仰身直肢	不详	12	
R8	东椁室	不　详	不详	不　详	不详	40 ±	扰乱
R9	东椁室	一次埋葬	单棺	仰身直肢	不详	成年	
R10	东椁室	一次埋葬	单棺	仰身直肢	男	25 ±	
R11	东椁室	不　详	不详	不　详	不详	50 ~ 55	扰乱
R12	中椁室	一次埋葬	单棺	仰身直肢	不详	不详	
R13	东椁室	二次埋葬	不详	不　详	不详	不详	
R14	东椁室	二次埋葬	不详	不　详	不详	不详	
R15	东椁室	一次埋葬	单棺	侧身屈肢	不详	不详	
R16	中椁室	不　详	在 R4 棺内	不　详	不详	不详	

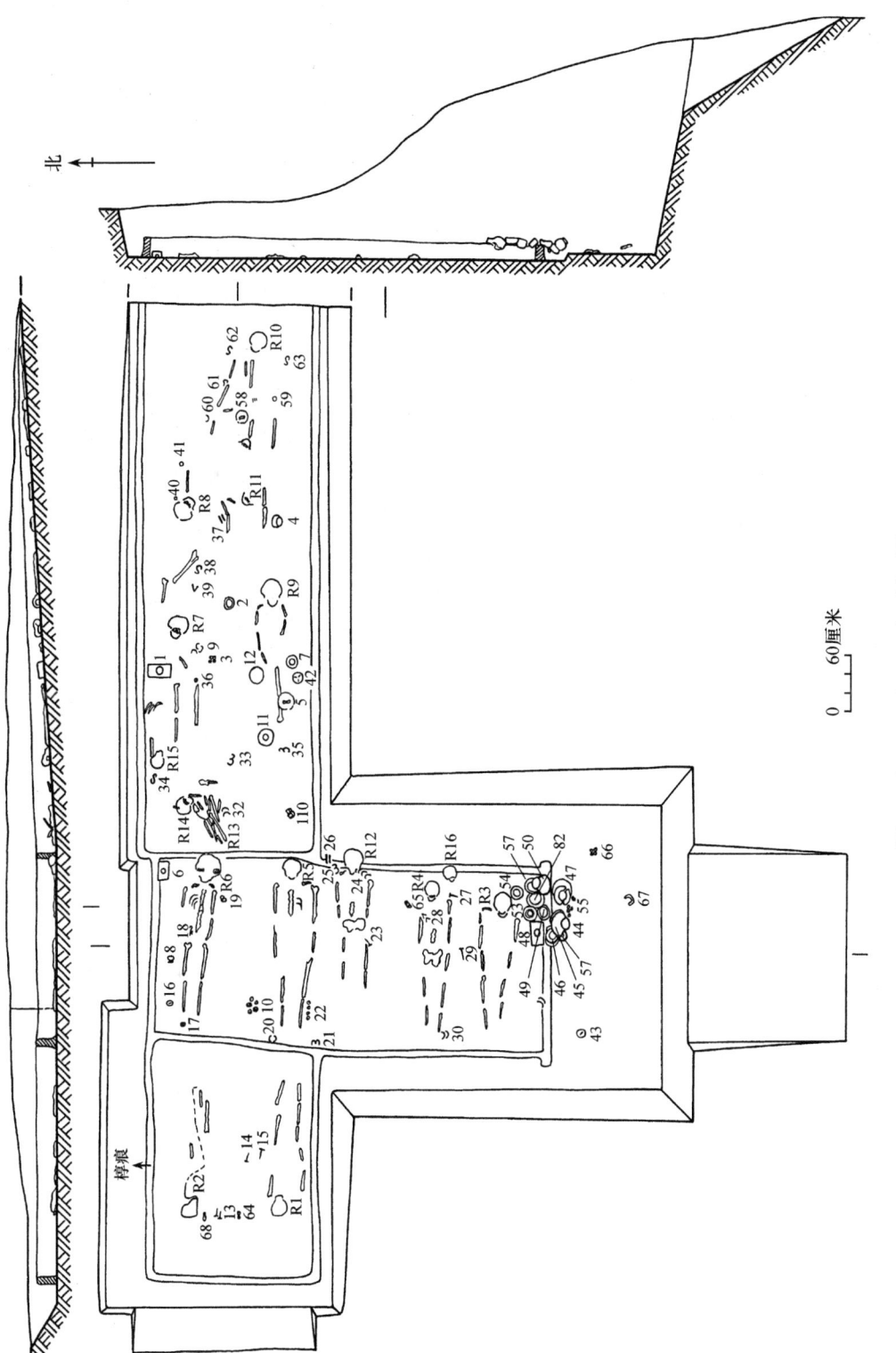

图三一六 D1 区 M39 平、剖面图

1、6、48. 陶灶　2、4、16、47、51. 陶罐　3、10、19、22、36、55、64～66. 陶盖　5、7、17、43、44、56、58. 陶豆形器　9、20、24、30～32、60. 弧形铁棺扣　12. 陶碟　21、25、33、35. "3"字形铁棺扣　26、37. "一"字形铁棺扣　28、29. 三角形铁棺扣　34、38、42、53、61～63. "S"形铁棺扣　13～15、23、27. 铁棺钉　11. 陶碗　12. 陶碟　18. 铜带钩　40. 铜印章　41、59. 铜戒指　45～50. 陶壶　46、57. 陶鼎　52、54. 陶盒　67. 铁斧　68. 贝币　110. 铜饰　R1～R16. 人骨

　　陶壶　2件。标本 M39:50，完整。泥质灰陶。器形规整。折肩，短颈，杯形直口，方唇，腹内收，平底，圆圈足略外撇，肩部有两个对称的变形铺首。口径 12、腹径 21.6、圈足径 11.4、高 20.1 厘米（图三一七，1；彩版二五，3；图版一一四，1）。标本 M39:45，完整。泥质灰褐陶。器形规整。鼓肩，颈较长而粗，杯形直口略侈，方唇，腹部扁圆，弧壁内收，平底，圆圈足外撇，腹部有两个对称的乳头形小耳。肩部及上腹部饰粗凹弦纹 6 道。口径 12.6、颈高 4.1、腹径 24、圈足径 13.9、高 21.7 厘米（图三一七，7；图三一八，3；图版一一四，2）。

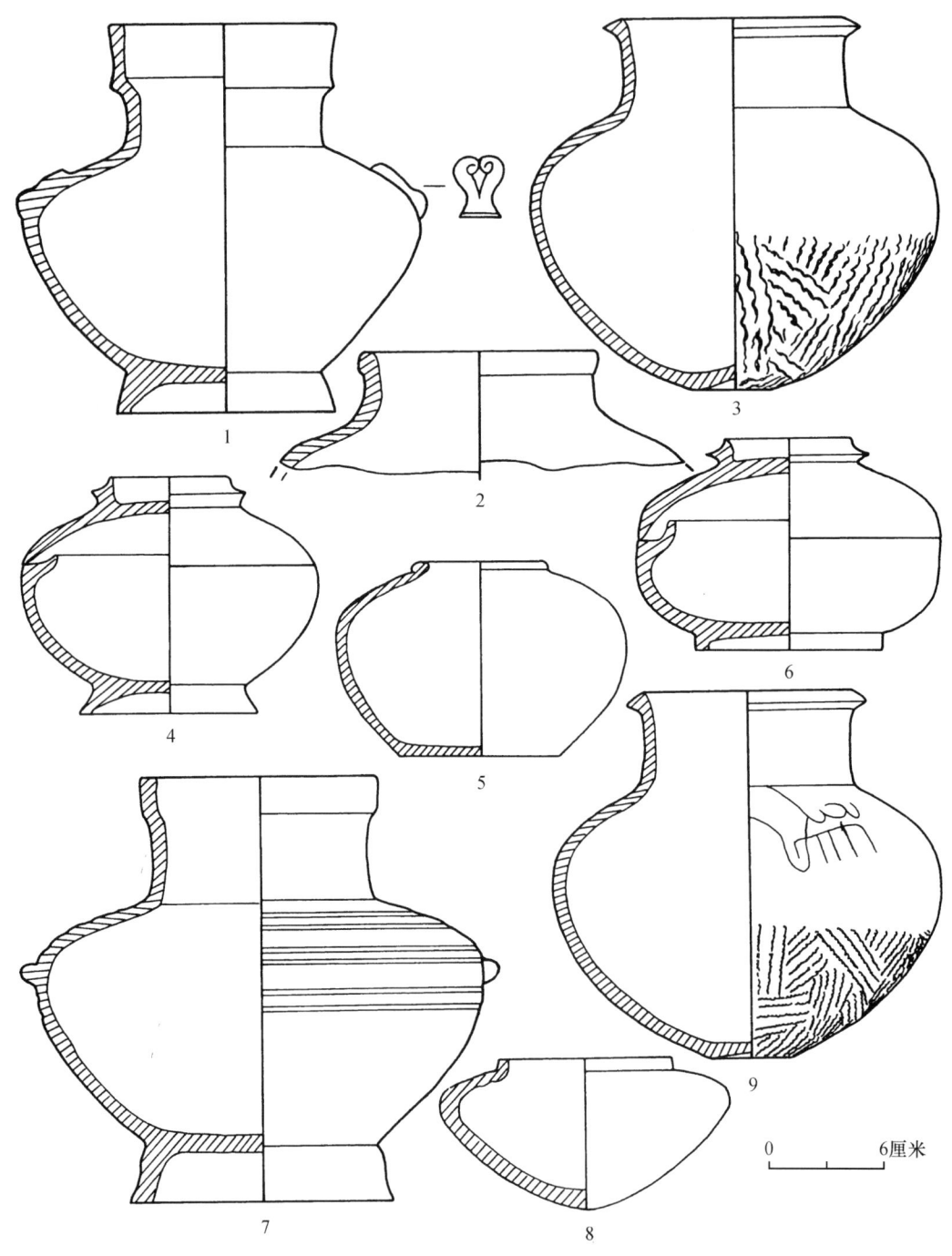

图三一七　D1 区 M39 出土陶器

1、7. 壶（M39:50、M39:45）　2、3、5、8、9. 罐（M39:51、M39:4、M39:2、M39:16、M39:47）

4、6. 盒（M39:54、M39:52）

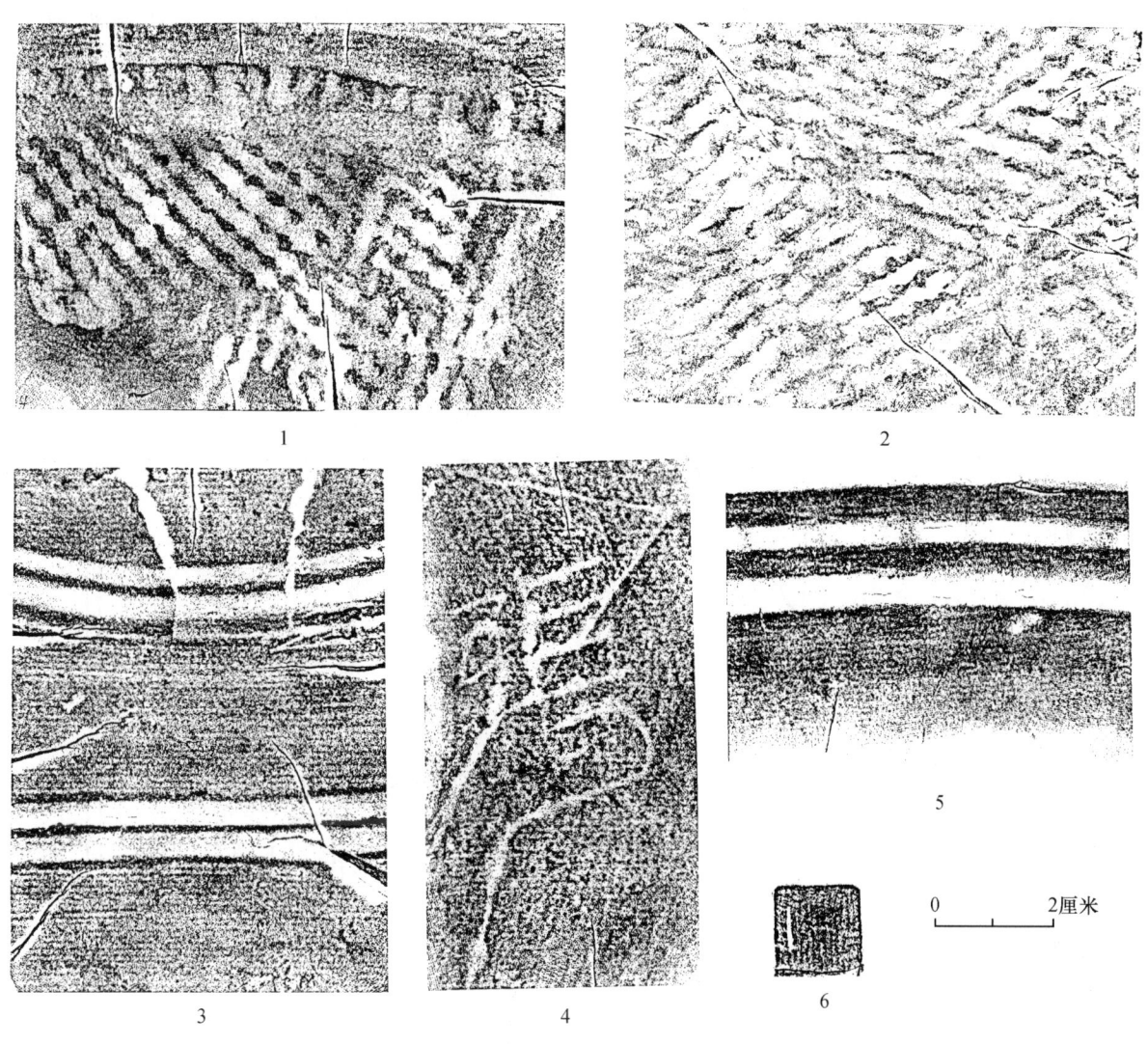

图三一八　D1 区 M39 器物纹饰及刻划符号拓片
1、2. 交错绳纹（M39:4、M39:47）　3. 凹弦纹（M39:45）　4. 刻划符号（M39:47）
5. 凹弦纹（M39:11）　　6、7. 铜印章（M39:40）

陶罐　5 件。标本 M39:51，残。泥质黑陶。广肩，敛口，折沿，圆唇略外凸。口径 12、残高 6.2 厘米（图三一七，2）。标本 M39:4，完整。泥质灰陶。广肩，高领，直口略侈，宽斜沿，尖唇，鼓腹，腹弧壁内收，小平底内凹。下腹部及底部饰交错绳纹。口径 12.6、腹径 21、底径 3、高 18.9 厘米（图三一七，3；图三一八，1；图版一一四，3）。标本 M39:2，完整。泥质灰陶。广肩，弇口，粗圆唇，鼓腹，弧壁内收，平底。口径 6.6、腹径 15、底径 8.8、高 10 厘米（图三一七，5；彩版三一，4；图版一二○，6）。标本 M39:16，完整，泥质黑陶。鼓肩，敛口，方唇，弧壁内收呈尖底。口径 9、肩径 15、高 7.6 厘米（图三一七，8；彩版三四，6；图版一○八，6）。标本 M39:47，完整。泥质灰陶。鼓肩，高领，直口略侈，宽斜沿，尖唇，鼓腹，弧壁内收，小平底内凹。下腹饰交错绳纹，肩部刻划一个篆体"张"字。口径 11.2、领高 3.9、腹径 20.5、底径 3、高 18.7 厘米（图三一七，9；图三一八，2、4；彩版三○，2；图版一○六，5、6）。

陶盒　2 件。均完整。标本 M39:54，泥质黑陶。器体扁圆，子口内敛，尖圆唇，腹略鼓，弧壁内收，底较平，矮圈足外撇，弧形盖，盖沿较薄，算珠形盖钮。口径 12、腹径 15.6、圈足径 15.4、高

12 厘米（图三一七，4；彩版二八，6；图版一二四，3）。标本 M39∶52，泥质灰陶。器体较矮，子口内敛，方唇，浅腹，弧壁内收，底较平，圆圈足，覆碗形盖，盖沿较薄，算珠形盖钮。口径 12.5、腹径 15.6、腹深 5.1、圈足径 19.6、高 10.8 厘米（图三一七，6；彩版二八，5；图版一二四，4）。

　　陶灶　3件。均复原完整。皆为泥质灰陶。标本 M39∶48，平面呈长方形，内空，灶面上有单火眼，侧面有灶门，后缘有挡墙。长 24、宽 12.3、灶体高 6.3、通高 9.6、火眼直径 5.4、灶门高 3.9、宽 3 厘米（图三一九，1；彩版三三，6；图版一一六，3）。标本 M39∶6，平面呈长方形，内空，灶面中间有一火眼，侧面有一灶门。长 21.6、宽 12.6、高 7.5、火眼直径 6.6、灶门高 4.2 厘米（图三一九，2；彩版三三，1；图版一一六，2）。标本 M39∶1，平面呈长方形，灶面上中间有一个火眼和一个圆形烟孔，后缘及两端的大部分有挡墙，侧面有一个灶门。长 24、宽 14.7、挡墙高 2.1、通高 9、火眼直径 7.2、灶门高 3.9、烟孔直径 1.5 厘米（图三一九，3；彩版三三，3；图版一一六，1）。

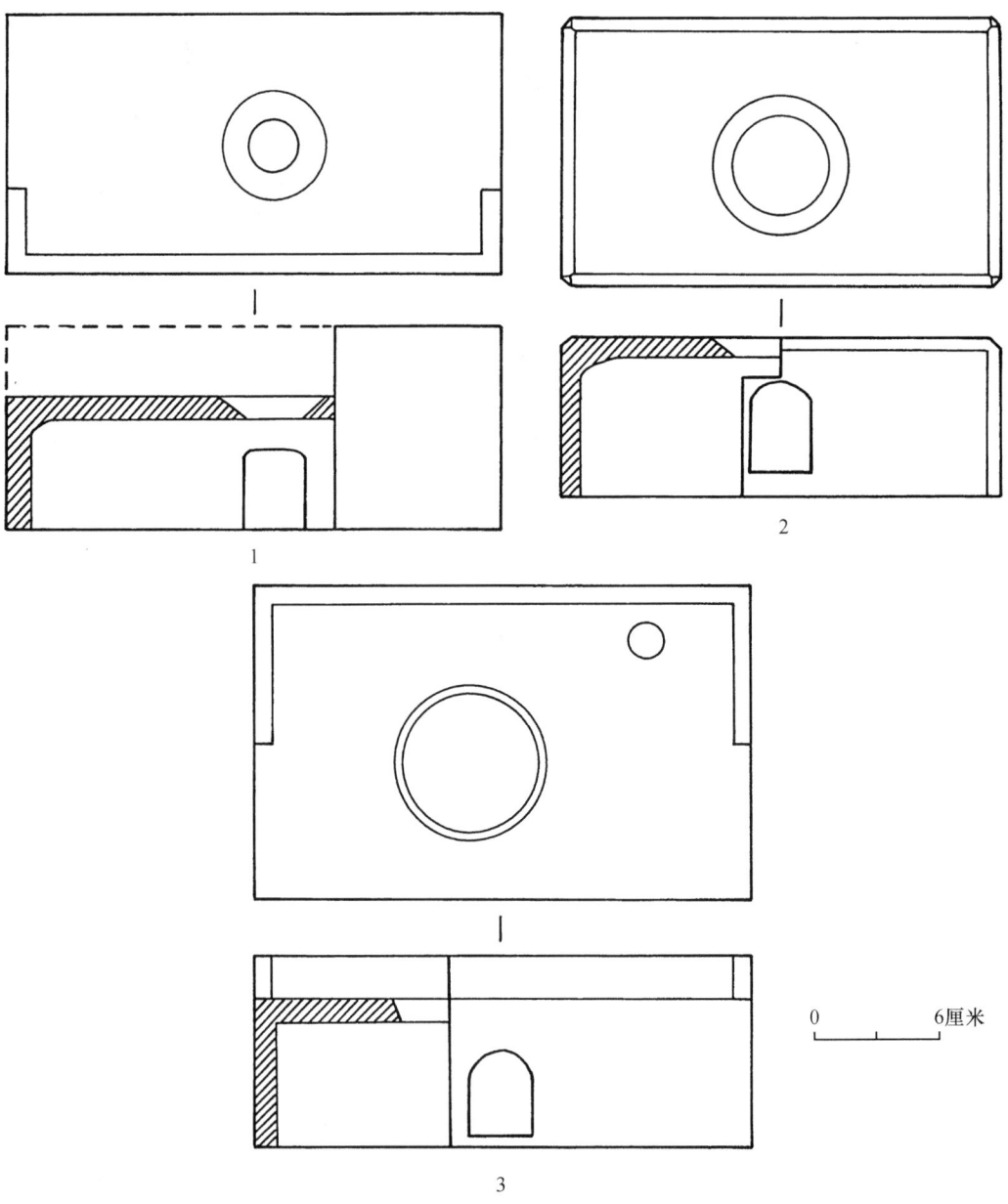

图三一九　D1 区 M39 出土陶灶

1. M39∶48　2. M39∶6　3. M39∶1

陶鼎　2件。均复原完整。皆泥质灰陶。标本 M39:46，器身略呈扁圆形，子口内敛，圆唇，腹内收，平底，弧形盖，曲尺形附耳外撇，足呈圆锥状略外撇。口径 13.8、底径 7.5、足高 7.8、耳长 4.4、通高 6.8 厘米（图三二〇，1）。标本 M39:57，器身略呈扁圆形，子口内敛，圆唇，弧壁内收，平底，鼎足呈圆锥状，弧形盖，盖上有三个略呈方形的环钮。口径 12、底径 8.2、足高 7.8、通高 17.2 厘米（图三二〇，2；彩版二三，6；图版一二九，3）。

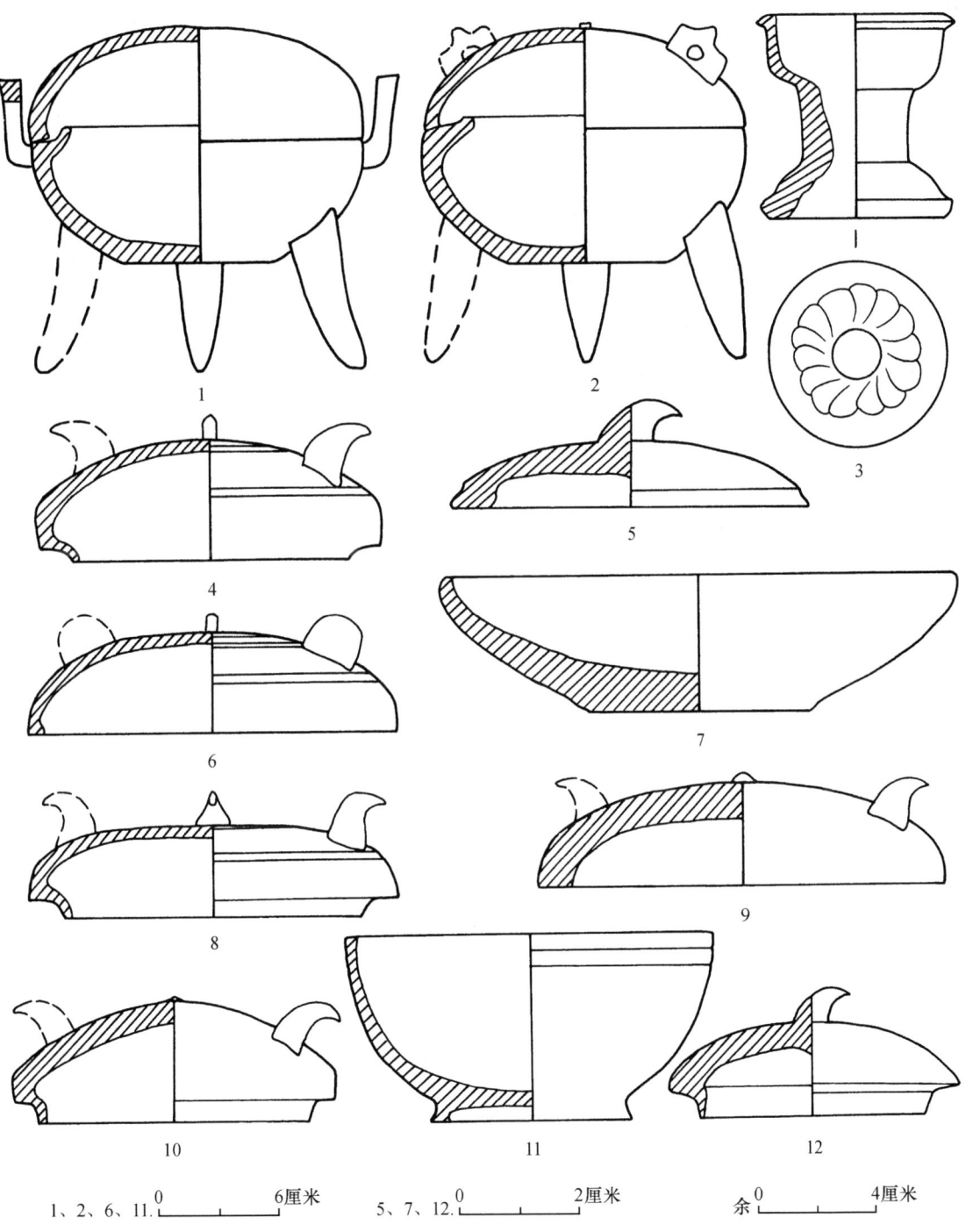

图三二〇　D1 区 M39 出土陶器

1、2. 鼎（M39:46、M39:57）　3. 豆形器（M39:8）　4～6、8～10、12. 盖（M39:43、M39:17、M39:5、M39:44、
M39:58、M39:56、M39:7）　7. 碟（M39:12）　11. 碗（M39:11）

陶豆形器 1件（M39：8）。完整。泥质灰陶。口略侈，斜沿，尖唇，盘折腹，粗柄，喇叭形座，座根外凸，座内壁有刮痕，柄胎与豆座胎较厚重，豆盘与豆座内空相通。口径9、柄粗径5.4、座径9、高9.9厘米（图三二〇，3；彩版三四，2；图版一〇五，3）。

陶盖 7件。均完整。皆泥质灰陶。标本M39：43，圆形弧面盖，盖口内敛，盖上有三个鸟首形钮。盖面饰三道凹弦纹。直径12、通高4.8厘米（图三二〇，4；图版一一七，3）。标本M39：17，圆形弧面盖，宽方口，盖上有一个鸟首形钮。直径6、通高1.7厘米（图三二〇，5）。标本M39：5，圆形弧面，口略内敛，方唇，盖面三个半圆形钮。直径18.6、通高5.7厘米（图三二〇，6）。标本M39：44，子口内敛，圆唇，盖面较平，盖上附三个鸟首形钮，并饰两道凹弦纹。直径12.4、通高6厘米（图三二〇，8；图版一一七，1）。标本M39：58，胎较厚，圆形弧面，方唇，盖上附三个鸟首形钮。直径13.6、通高3.6厘米（图三二〇，9）。标本M39：56，子口内敛，方唇，盖面上鼓，并附三个鸟首形钮。直径11.8、通高4.2厘米（图三二〇，10）。标本M39：7，圆形弧面盖，子口内敛，尖唇，盖上附一个鸟首形钮。直径5、通高2.1厘米（图三二〇，12）。

陶碟 1件（M39：12）。完整。泥质黑陶。敞口略内敛，圆唇，弧壁，平底，胎较厚。口径8.6、底径3.5、高2.2厘米（图三二〇，7；图版一二一，5）。

陶碗 1件（M39：11）。完整。泥质灰陶。敞口微敛，方唇，弧壁内收，圜底，矮圈足略外撇。口外饰两道凹弦纹。口径18.6、圈足径10、高9厘米（图三一八，5；图三二〇，11；图版一二一，2）。

铜带钩 1件（M39：18）。完整。侧面略呈"S"形，钩端呈鸭首回视状，圆饼形钮。长5.7、钮直径1厘米（图三二一，9；图版一四六，2）。

铜印章 1件（M39：40）。完整。方形，圆弧形环钮。印面无字，但有一条"I"字刻道，有可能是符号性徽章。边长1.5、厚0.5、高1.1厘米（图三一八，6；图三二一，7；图版一四四，4）。

铜戒指 2件。均完整。标本M39：59，圆形，横剖面略呈长方形。直径2.4、粗径0.1厘米×0.2厘米（图三二一，3；图版一一五，1）。标本M39：41，圆形，横剖面呈椭圆形。直径2.2、粗径0.15厘米×0.25厘米（图三二一，13；图版一一五，3）。

铜饰 1件（M39：110）。器体较薄，略呈鸡形，饰有羽毛状纹。长2.3、宽1.5、厚0.2厘米（图三二一，4）。

铁臿 1件（M39：67）。完整，略锈蚀。方口，弧刃。长8.4、宽11、刃宽11.2厘米（图三二一，5；图版一三五，5）。

铁钩 3件。标本M39：13，完整。一段呈扁锥状，另一段回钩，横剖面呈长方形。长8.5厘米，钩长3.8厘米（图三二一，1；图版一二三，4）。标本M39：29，已残。呈曲尺形，横剖面呈长方形。残长5.7、钩残长2.1厘米（图三二一，2）。标本M39：23，完整。呈曲尺形，一段有钩，另一段呈扁锥状。长8.9、钩长3.2厘米（图三二一，6）。

铁棺钉 3件。多锈蚀。标本M39：14，尖段略残，弧形，横剖面呈长方形。长11.2、顶端宽1.1、厚0.4厘米（图三二一，10）。标本M39：27，完整。呈扁锥状。长10.2、顶端宽1.2、厚0.5厘米（图三二一，11）。标本M39：15，完整。呈扁锥状，顶段较宽而厚。长10.1、中段宽1、厚0.6、顶端宽1.9、厚1.2厘米（图三二一，12；图版一四八，1）。

铁棺扣 20件。均锈蚀，大多不完整。标本M39：61，完整。呈"S"形，背部较厚，另一边及两端有刃。长5.5、宽2厘米（图三二二，1）。标本M39：62，完整。呈"S"形，背部厚，另一边薄。长4.9、宽1.8厘米（图三二二，6）。标本M39：38，完整。呈"S"形，背部厚，另一边及两端有刃。长5.4、宽1.7厘米（图三二二，7；图版一二三，2）。标本M39：32，已残。弧形，背部厚，另一边有刃。残长7.6、宽3.8厘米（图三二二，2）。标本M39：25，完整。呈"3"字形，背部厚，另一边有刃。长8.9、宽3厘米（图三二二，3）。标本M39:37，刃部残。呈长条形，背部厚。长9、残宽2.5~3.6厘米（图三二二，4）。标本M39:28，尖段略残。平面呈三角形，背部厚，斜刃。残长6.5、顶端宽4.5厘米（图三二二，5）。

贝币　3枚。标本M39:68，其中1枚残。灰白色。长2、宽1.4~1.5厘米（图三二一，8；彩版五六，2；图版一四四，5）。

钱币　176枚。均为铜质钱币。有五铢和半两两种。

五铢　28枚。分A、B、C三型。

A型　7枚。面、背郭有宽窄、深浅之异，穿有大小之别，有穿上横、穿下半星。直径2.5~2.6厘米。面文"五"字中间两笔较斜直，"朱"字头方折（图三二三，1）。为西汉早期钱币。

B型　14枚。面、背郭有宽窄之异，穿有大小之分，有穿上横、穿下半星，铸造工艺欠精。直

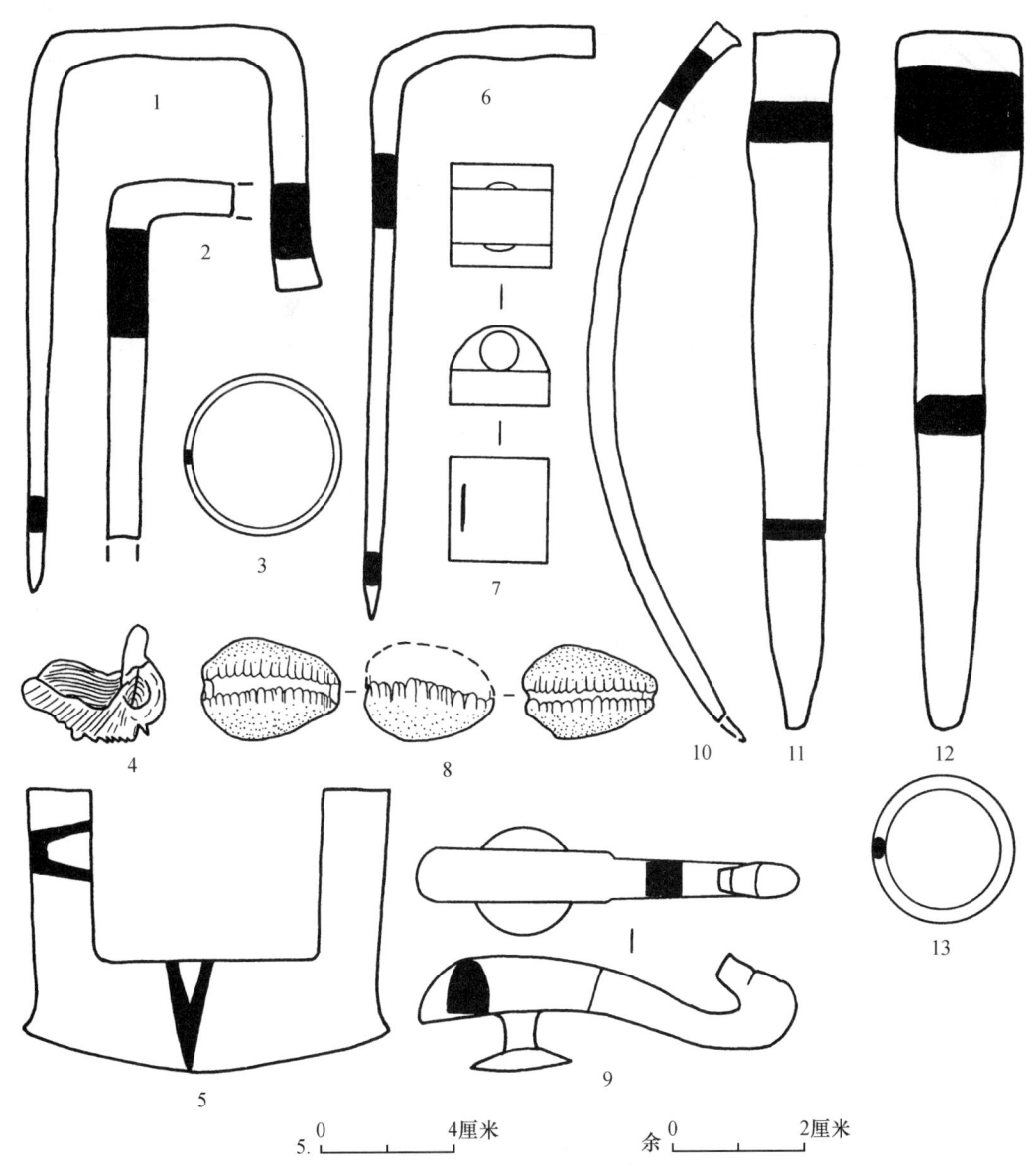

图三二一　D1区 M39 出土器物

1、2、6. 铁钩（M39:13、M39:29、M39:23）　　3、13. 铜戒指（M39:59、M39:41）　　4. 铜饰（M39:110）　　5. 铁臿（M39:67）

7. 铜印章（M39:40）　　8. 贝币（M39:68）　　9. 铜带钩（M39:18）　　10~12. 铁棺钉（M39:14、M39:27、M39:15）

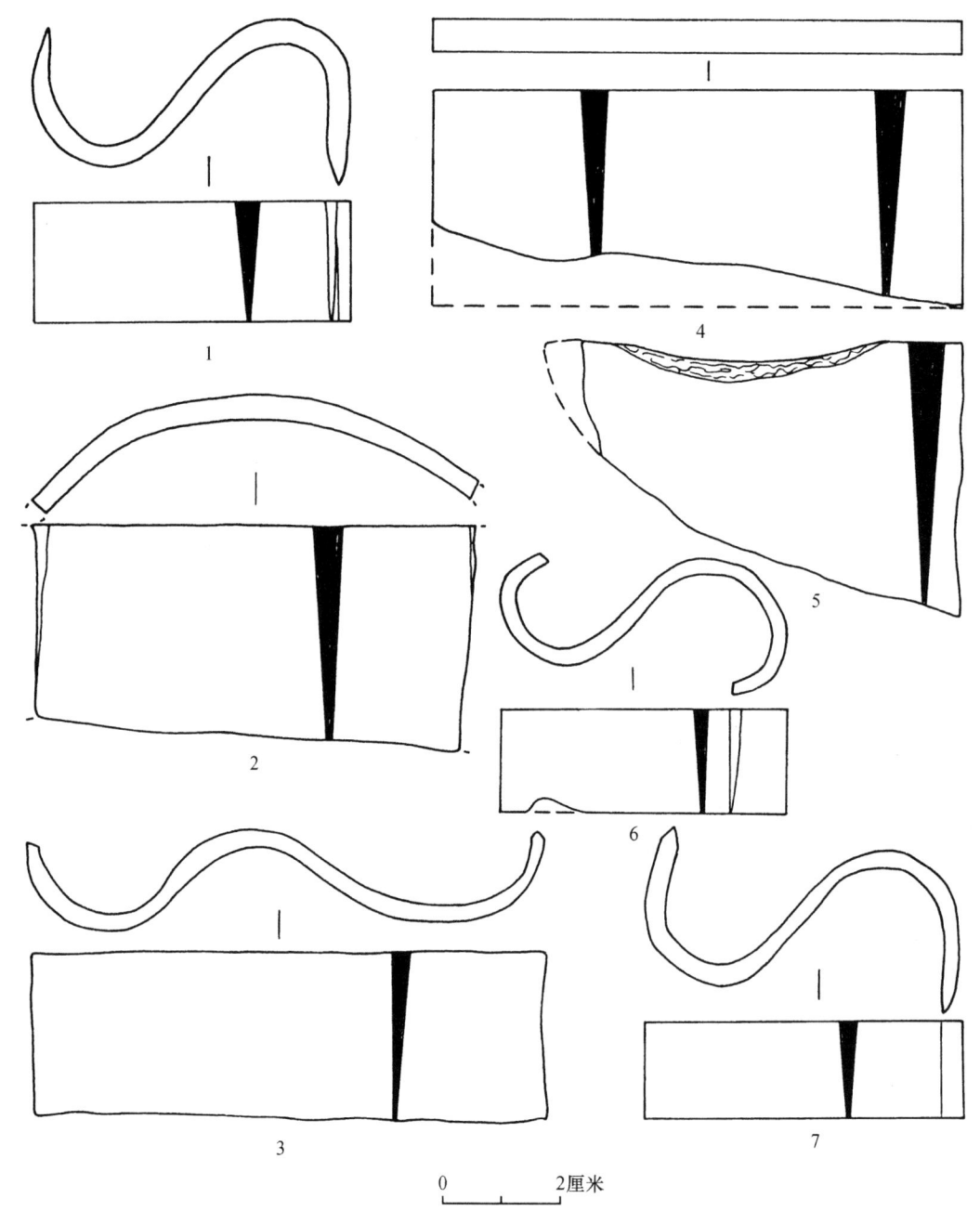

图三二二　D1 区 M39 铁棺扣
1. M39∶61　2. M39∶32　3. M39∶25　4. M39∶37　5. M39∶28　6. M39∶62　7. M39∶38

径2.4～2.5厘米。面文"五"字像两炮弹相对，"铢"字金旁的头小，呈箭头状（图三二三，2～4）。为西汉晚期钱币。

　　C型　7枚。面、背郭有宽窄之异，穿有大小之别，有穿上半星。铸造工艺有粗精之异。直径2.5～2.6厘米。面文"五"字较宽大，"铢"字金旁的头较大，呈三角形（图三二三，5～7）。为东汉早中期钱币。

　　半两　148枚。面分有郭和无郭及面文有粗犷矮隐和工整显现之异，均为平背，穿有大小之别，铸造工艺有精劣之分。直径2.1～2.5厘米（图三二三，9～15；图三二四）。标本 M39∶65，面、背无郭，面较凸起，面底边薄，背平，"半"比"两"小，"半"下横、"两"上横短。直径2.7厘米（图三二三，8）。均为西汉时期半两钱币。

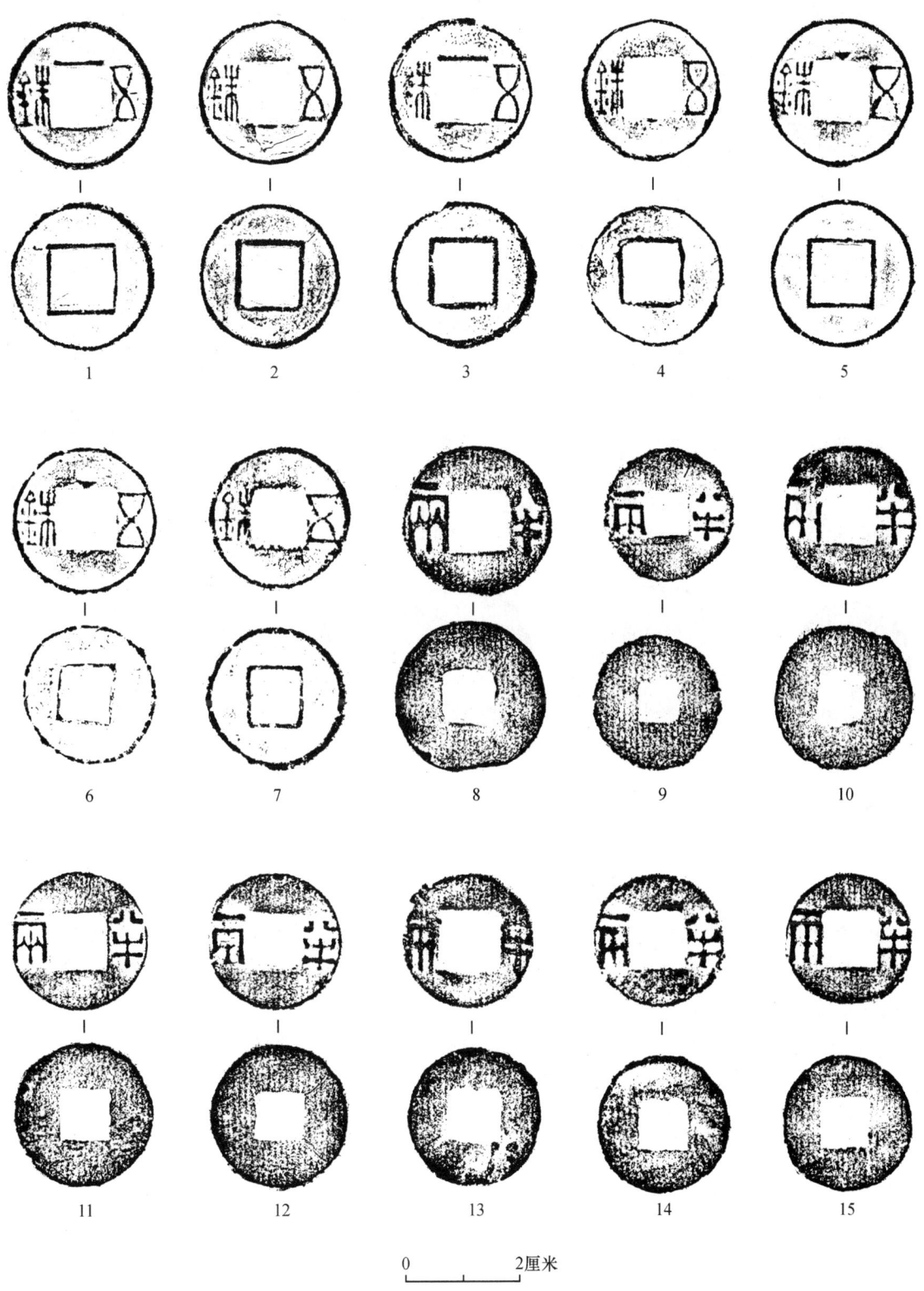

0   2厘米

图三二三　D1 区 M39 钱币拓片

1. A 型五铢（M39：3）　　2～4. B 型五铢（M39：10、M39：19、M39：22）　　5～7. C 型五铢（M39：36、M39：55、M39：64）　8～15. 半两（M39：65、M39：66、M39：111、M39：112、M39：83、M39：84、M39：85、M39：86）

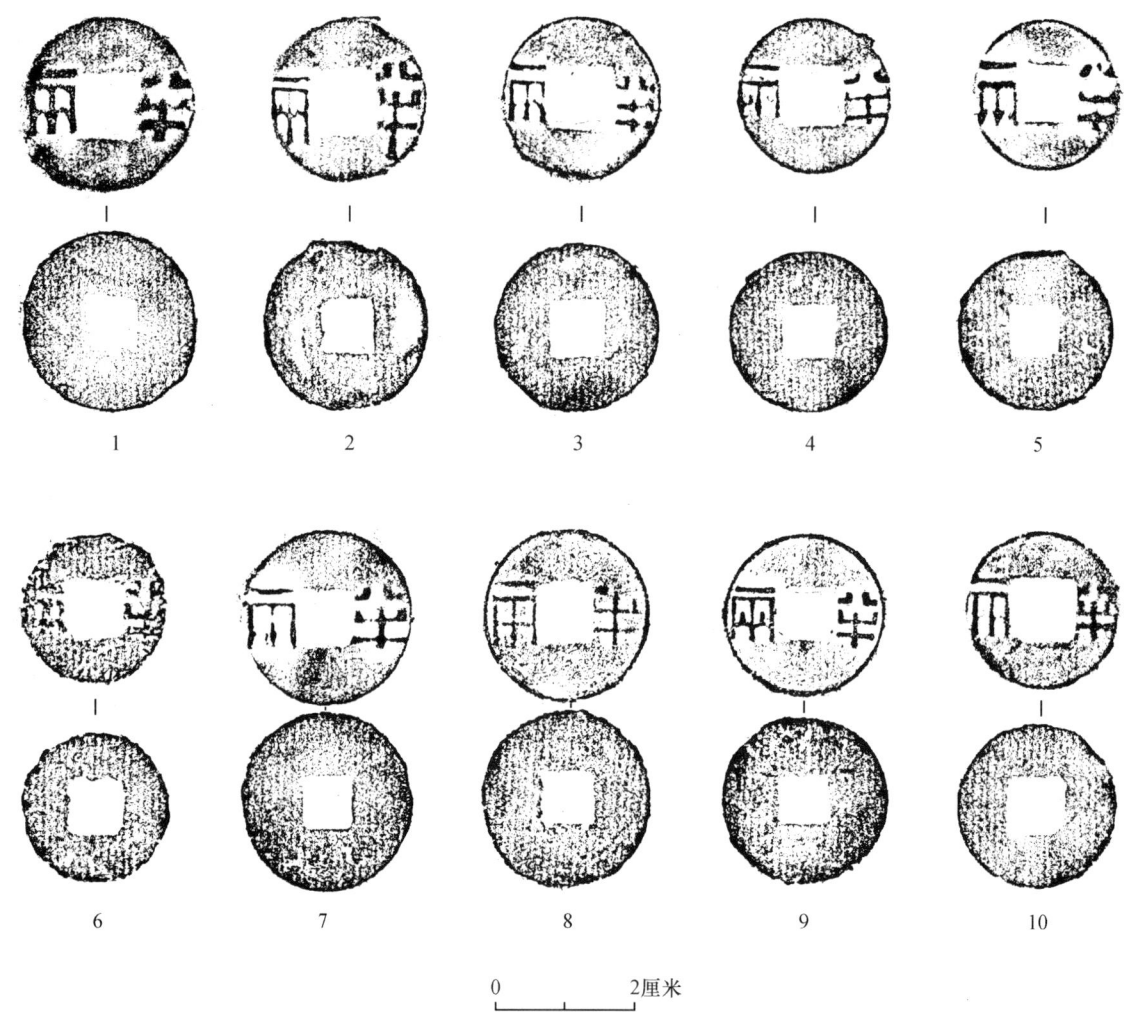

0   2厘米

图三二四　D1 区 M39 半两钱币拓片

1. M39：87　2. M39：88　3. M39：89　4. M39：90　5. M39：91　6. M39：92　7. M39：93　8. M39：94　9. M39：95　10. M39：96

　　M39 填土中出土不少周代陶片。共 49 片。多为粗泥陶，少量夹砂陶。陶片颜色有红陶、黑陶、灰褐陶、黑褐陶等。绳纹是最主要的纹饰，部分绳纹之上又施旋抹弦纹。器类有陶鬲、陶罐、陶豆、陶鬲足等。另发现 1 件铜箭镞。

　　陶鬲　2 件。标本 M39：099，粗泥红陶。鼓肩，敛口，卷沿，尖唇，沿内略凹，沿外有一道凸棱。外表饰直绳纹，其上饰旋抹弦纹三道，颈部绳纹抹光。口径 19.2、残高 7.9 厘米（图三二五，1；图三二六，3）。标本 M39：098，粗泥灰褐陶。广肩，敛口，折沿，圆唇，沿内略凹，沿外有一道略呈三角形凸棱。肩部饰绳纹，颈部绳纹抹光。口径 19.8、残高 7.2 厘米（图三二五，2）。

　　陶罐　3 件。标本 M39：0103，夹砂黑褐陶。溜肩，敛口，卷沿，尖唇，陶胎较厚。口径 18、残高 8 厘米（图三二五，3）。标本 M39：0102，泥质黑陶。鼓肩，敛口，折沿，斜唇。肩部饰斜绳纹。口径 10.8、残高 6 厘米（图三二五，4）。标本 M39：0101，泥质黑陶。溜肩，敛口卷沿，圆唇。口径 12、残高 5.5 厘米（图三二五，7）。

　　陶器耳　1 件（M39：0106）。泥质红褐陶。附在器物肩部，呈半圆形环耳。长 3、宽 2.3 厘米（图三二五，5）。

　　陶鬲足　5 件。形制略相同。标本 M39：0100，夹砂红陶。略呈圆柱状，平足根，内空较浅。外表饰粗直绳纹。残高 10、足根径 2.1 厘米（图三二五，6）。

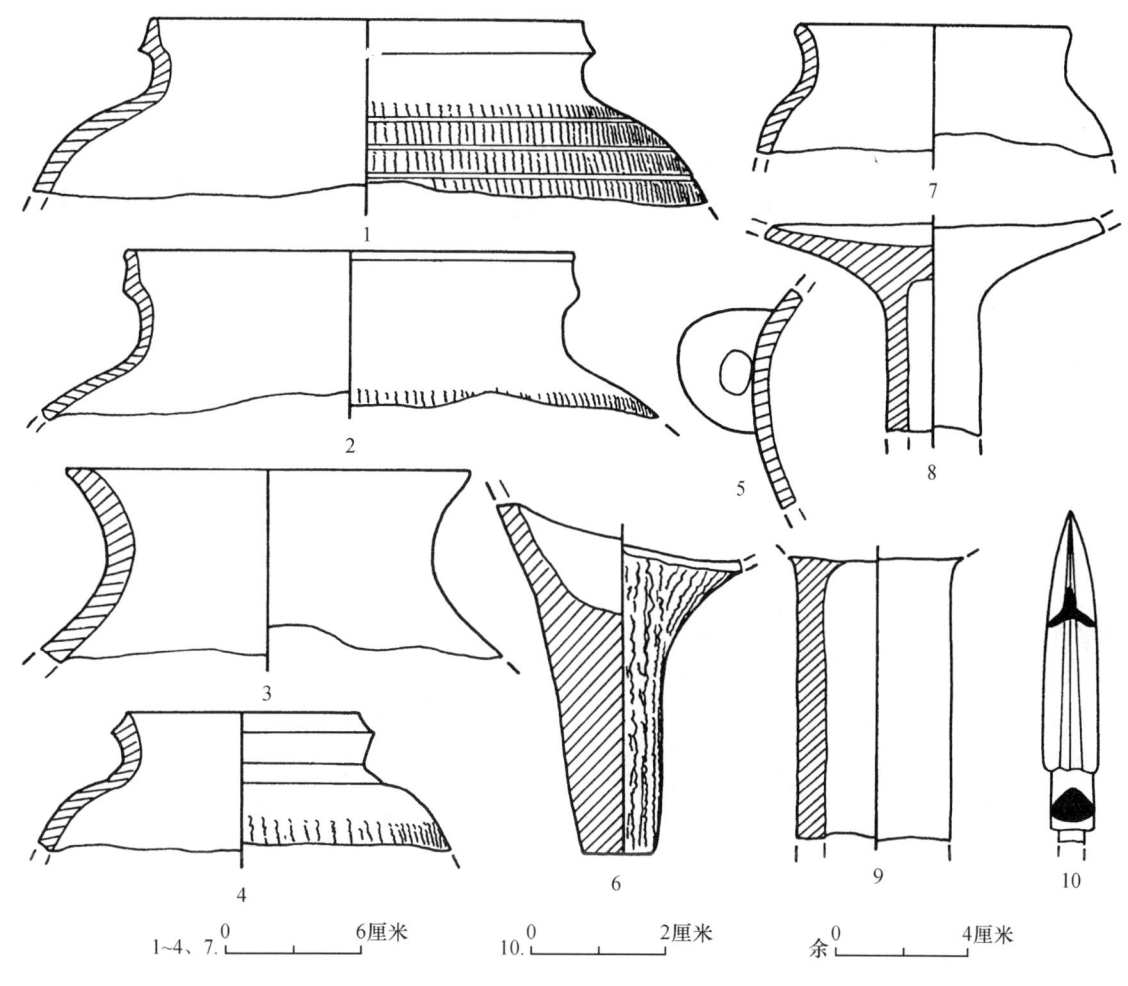

图三二五　D1区M39填土出土器物

1、2. 陶鬲（M39：099、M39：098）　　3、4、7. 陶罐（M39：0103、M39：0102、M39：0101）　　5. 陶器耳（M39：0106）

6. 陶鬲足（M39：0100）　　8、9. 陶豆柄（M39：0104、M39：0105）　　10. 铜箭镞（M39：097）

陶豆柄　2件。标本M39：0104，泥质黑褐陶。柄较细，内空。残长5.1、粗径3厘米（图三二五，8）。标本M39：0105，泥质黑陶。柄较粗壮，内空，胎较厚。残长8、粗径4.6厘米（图三二五，9）。

铜箭镞　1件（M39：097）。铤已残。呈三棱形，刃、锋甚利。残长4.8厘米（图三二五，10）。

⑩ M40

M40位于D1区D1T3探方中部。开口在①层下，打破生土。距地表深0.35米。方向55°。M40所处地势南高北低，北壁因修公路而被破坏。呈长方形竖穴土坑墓，墓壁较斜直而光滑，墓底较平。墓口长2.6、残宽1~1.6、深1.1米，墓底长2.3、残宽0.9~1.4米（图三二七；图版一一八，1）。墓坑内填红褐色五花土，特别板结，包含有周代绳纹陶片。

葬具腐烂无存，墓底仅存两道椁室枕木槽，残长1~1.5、宽0.25、深0.1米。人骨架均腐烂无存。葬式、性别和年龄均不详。

随葬器物置于墓坑东南角，根据位置观察，可能当时放置在椁室头箱内。器类有陶罐，共2件。

陶罐　2件。均复原完整。皆为泥质灰陶。标本M40：1，斜肩，矮领，直口微敛，宽平沿，方唇，鼓腹，弧壁内收，圜底。肩部饰一道细凹弦纹。口径13.2、最大腹径21.6、高15.9厘米（图三二八，1；彩版三〇，3；图版一〇六，4）。标本M40：2，鼓肩，直口，宽平沿，方唇下垂，

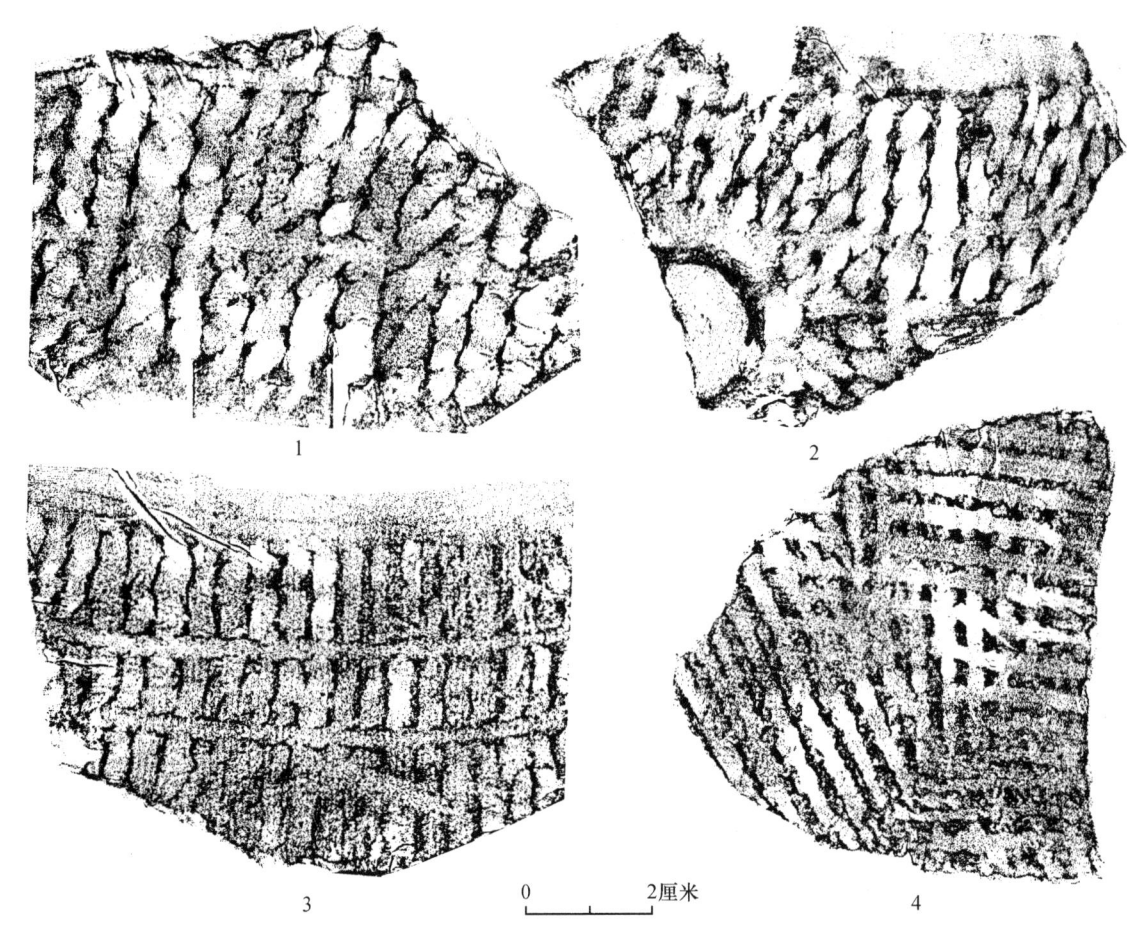

图三二六　D1 区 M39 填土陶片纹饰拓片
1、2. 粗绳纹（M39:0107、M39:0109）　　3、4. 绳纹（M39:099、M39:0108）

鼓腹，弧壁内收，圜底。腹部饰一道细凹弦纹。口径 13、腹径 20、高 16.2 厘米（图三二八，2；彩版三〇，5；图版一〇六，3）。

⑪ M45

M45 位于 D1 区 D1T8 探方中部。开口在①层下，打破生土。距地表深 0.25～0.4 米。方向 245°。墓坑形制规整，平面呈长方形，墓壁较陡直而光滑，底较平，北壁距墓底 0.3 米处有一方形壁龛。墓口长 2.08、宽 0.75、深 0.6 米，壁龛长 0.24、宽 0.15、高 0.2 米（图三二九；图版一一九，1）。墓坑内填土为红褐色夹黑褐色斑点五花土，土质较疏松，其中还夹杂有少量钙质结核块（当地人称鸡骨石）和少许木炭及部分红褐色陶片。

葬具腐烂无存，根据墓坑尺寸比例推测，葬具为单棺。

人骨架保存情况较差，仅存零星的骨骼腐烂痕迹和部分牙齿，头向东，足朝西。据腐烂痕迹观察，葬式为仰身直肢。墓主人性别不详，从采集的牙齿鉴定，墓主人年龄为 50 岁左右。

壁龛内放置陶罐 1 件。

陶罐　1 件（M45:1）。口残。泥质灰陶。广肩，鼓腹，弧壁内收，平底。肩部和腹部饰三道凹弦纹。腹径 20、底径 6.8、残高 13.5 厘米（图三三〇；图版一二〇，5）。

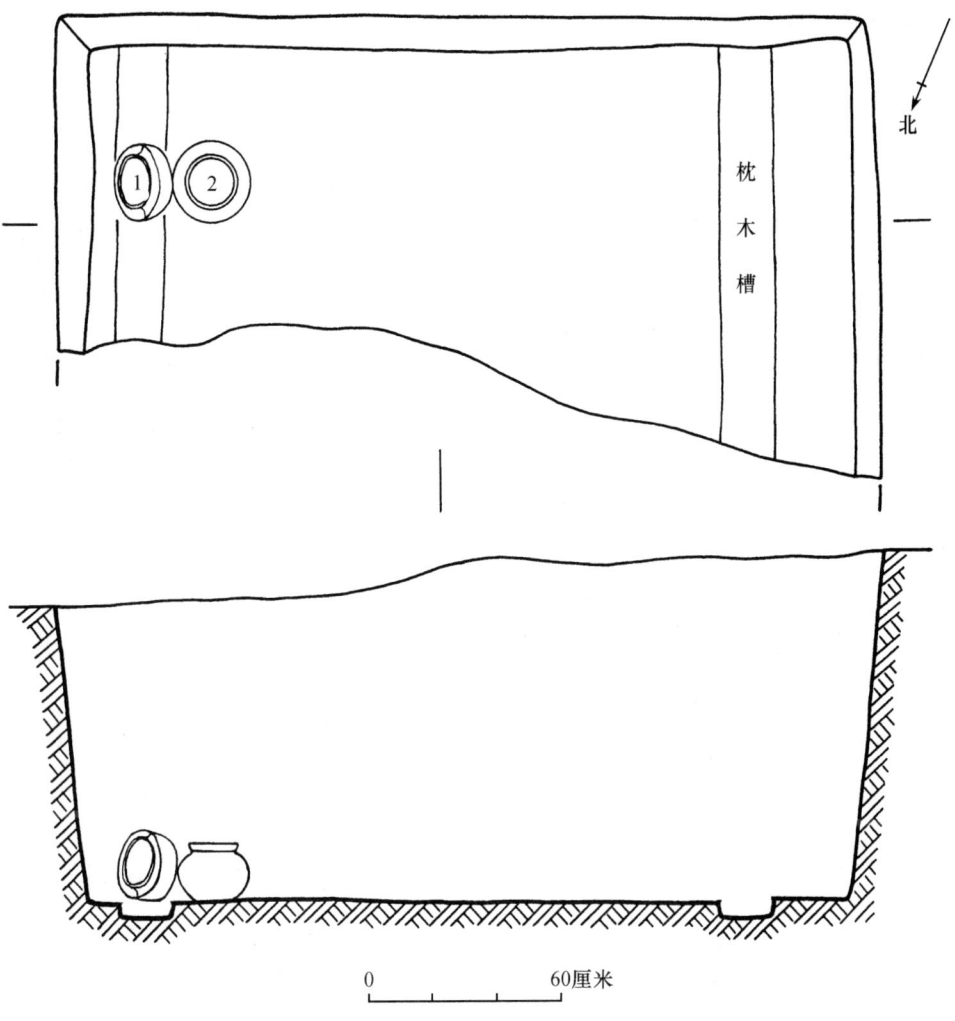

图三二七　D1 区 M40 平、剖面图

1、2. 陶罐

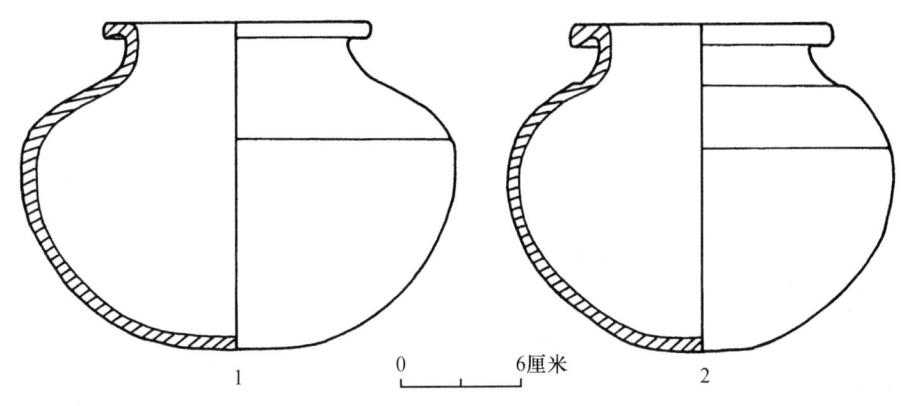

图三二八　D1 区 M40 出土陶罐

1. M40∶1　2. M40∶2

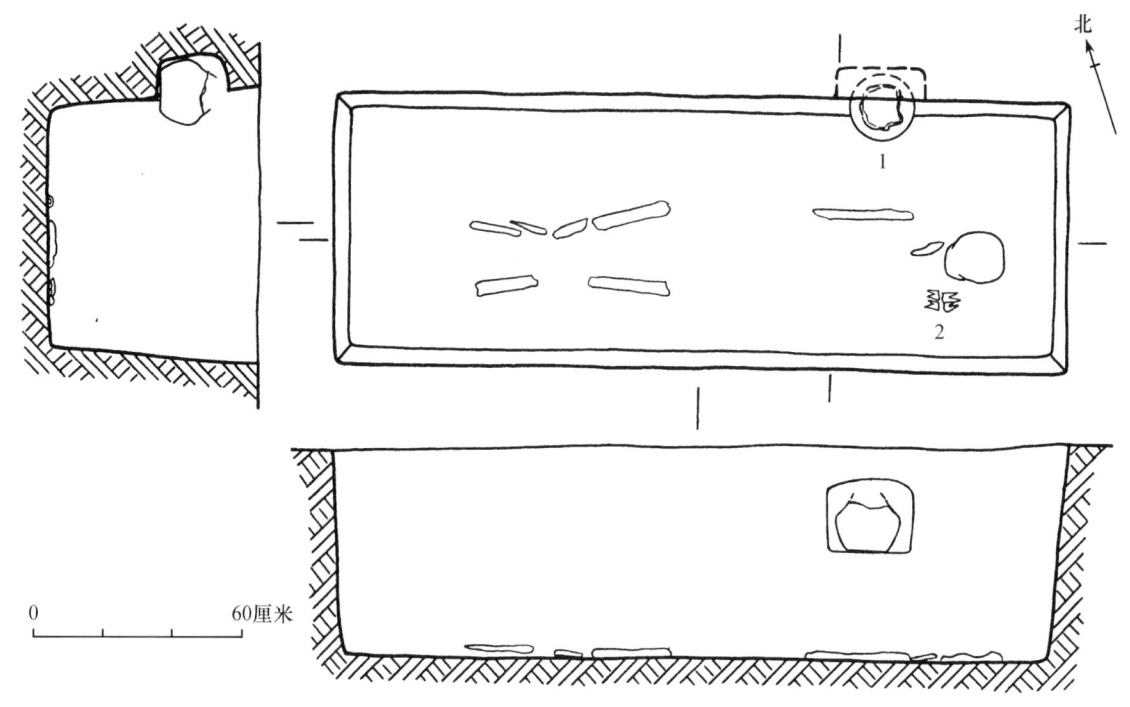

图三二九　D1 区 M45 平、剖面图
1. 陶罐　2. 人牙

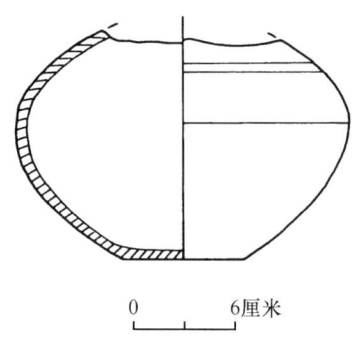

图三三○　D1 区 M45 陶罐（M45：1）

⑫ M47

M47 位于 D1 区 D1T84 探方东南角，D1T85 探方西南角，D1T96 探方东北角和 D1T97 探方西北角。开口在①层下，打破生土。距地表深 0.3～0.45 米。方向 263°。墓圹保存较好。形制规整，平面呈长方形，墓壁斜度较大，底较平。墓口长 2.2、宽 1.3、深 0.9 米，墓底长 1.8、宽 0.9 米（图三三一）。墓内填土为灰褐色夹黄褐色斑点的五花土，黏性较强且松软，包含有木炭和碎小烧土块。

葬具和人骨架因腐烂无存。葬具、葬式及墓主人性别、年龄均不详。

随葬器物放置于墓坑中部，由东南向西北方向排列。共 4 件。器类有陶罐、陶钵、陶甑。

陶罐　2 件。完整。均为泥质灰陶。标本 M47：4，器形规整，火候较高。高领，直口，斜沿外凸，尖唇，扁圆形腹，腹壁外鼓，下腹内收，小平底。口径 6、领高 2.5、腹径 9.6、底径 3.6、高 8.6 厘米（图三三二，2；彩版三一，6）。标本 M47：2，器身扁圆，广肩，直口，方唇，鼓腹，下腹内收，平底，肩部有两个对称的乳头形耳。口径 6.8、腹径 10.4、底径 6.4、高 7 厘米（图三三二，3；彩版三四，3；图版一二〇，3）。

陶钵　1 件（M47：3）。完整。泥质深灰色陶。敞口，斜沿外凸，尖唇，平底，上腹壁较薄，下腹壁突厚。下腹外表有刮削痕迹。口径 12.5、底径 7.4、高 5.2 厘米（图三三二，1；图版一二一，3）。

陶甑　1 件（M47：1）。完整。泥质褐色陶。直口略敛，宽平沿外凸，方唇，折腹内收，平底，底部有一个圆形箅孔。内壁不光滑，有凹凸不平的手制痕迹。口径 12.8、腹径 12、底径 4.8、高

图三三一　D1 区 M47 平、剖面图

1. 陶甑　2、4. 陶罐　3. 陶钵

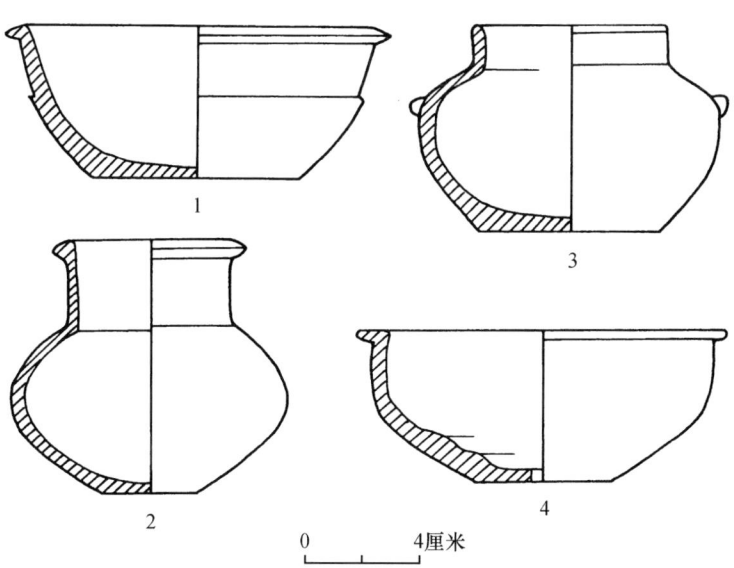

图三三二　D1 区 M47 出土陶器

1. 钵（M47：3）　2、3. 罐（M47：4、M47：2）　4. 甑（M47：1）

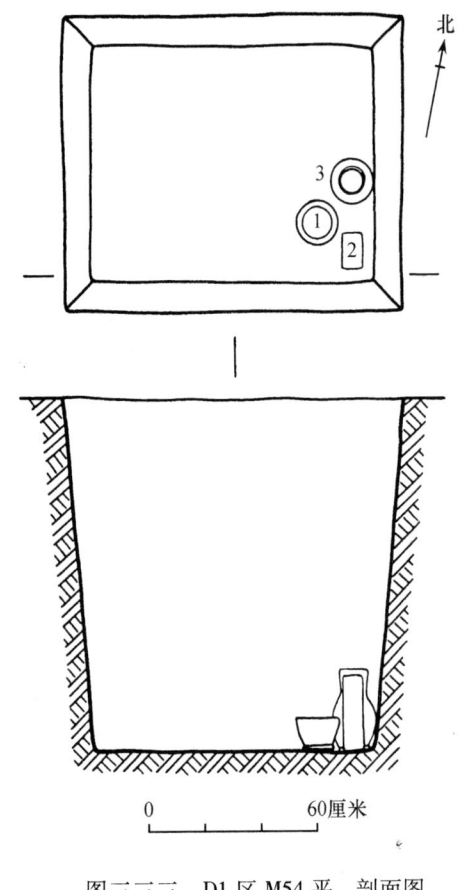

图三三三　D1区M54平、剖面图
1. 陶仓　2. 陶灶　3. 陶壶

5.2、箅孔直径0.8厘米（图三三二，4；图版一二一，1）。

⑬ M54

M54位于D1区D1T96探方东部。开口在①层下，打破生土。距地表深0.25～0.32厘米。方向263°。墓圹保存较好，形制规整。平面略呈方形，墓壁较陡直而光滑，平底。墓口东西长1.2、南北宽1、深1.2米，墓底长1、宽0.8米（图三三三）。墓内填土为红褐色、灰褐色夹黄褐色斑点的五花土，较松软，包含有少量木炭、草木灰及零星的红烧土块。

葬具和人骨架腐烂痕迹。葬具、葬式及墓主人性别、年龄均不详。

随葬器物放置于墓坑的东南角。共3件。呈三角形排列。器类有陶仓、陶灶、陶罐。

陶仓　1件（M54:1）。完整。泥质灰陶。仓体呈圆桶状，直壁略外敞，圆唇，平底，方座，方座下有四个方形足，正面有长方形仓门，门下方有六级台阶。腹部饰两道凹弦纹。口径20、底径17、仓体高12、足高3.3、通高15.3、仓门高3.6、宽3、台阶高3.5厘米（图三三四，1；图版一四二，2）。

陶灶　1件（M54:2）。完整。泥质灰陶。平面呈长方形，内空，四壁略外斜，面上有两个火眼，左边火眼上置一陶甑，右边火眼上置一陶钵，灶面后缘左右角上各有一个圆形小烟孔，正面有两个拱形灶门。灶面长24.6、宽10.2、灶底长27、宽12.6、灶门高4.8、宽3.6、甑口径12、钵口径11.8厘米（图三三四，2；图版一二七，1）。

陶罐　1件（M54:3）。完整。泥质深灰色陶。高领，直口略侈，斜沿外凸，尖唇，广肩，鼓腹，弧壁内收，圜底。下腹壁较粗糙，残留有手制痕迹。口径5.1、领高2.8、腹径8.8、高8厘米（图三三四，3）。

⑭ M56

M56位于D1区D1T45探方西北角，部分延伸到D1T44探方东北角。开口在①层下，打破生土。距地表深0.35米。方向270°。形制规整，平面呈长方形，墓壁斜度较大而光滑，墓底较平整。墓口长3.2、宽2.2、深1.25米，墓底长2.75、宽1.8米（图三三五；图版一一八，2）。墓内填土为黄褐色夹杂黑褐色斑点的五花土，包含有周代绳纹红褐色陶片。墓坑中部有一椭圆形盗洞，直径约1.1米，土质较软，颜色较深，呈灰褐色。

葬具和人骨架因腐烂和人为扰动无存，仅存1件铁钩和1件铁棺扣，为棺材上的附件，据此推测，葬具应有棺材。其葬式和墓主人性别、年龄均不详。

随葬器物全部被盗窃，仅存部分钱币和棺椁上的铁棺扣及铁钩。

铁棺扣　1件（M56:4）。完整，但锈蚀严重。呈"S"形，背部较厚，一侧有刃。长7.8、宽3、背部厚0.5厘米（图三三六，1；图版一二三，5）。

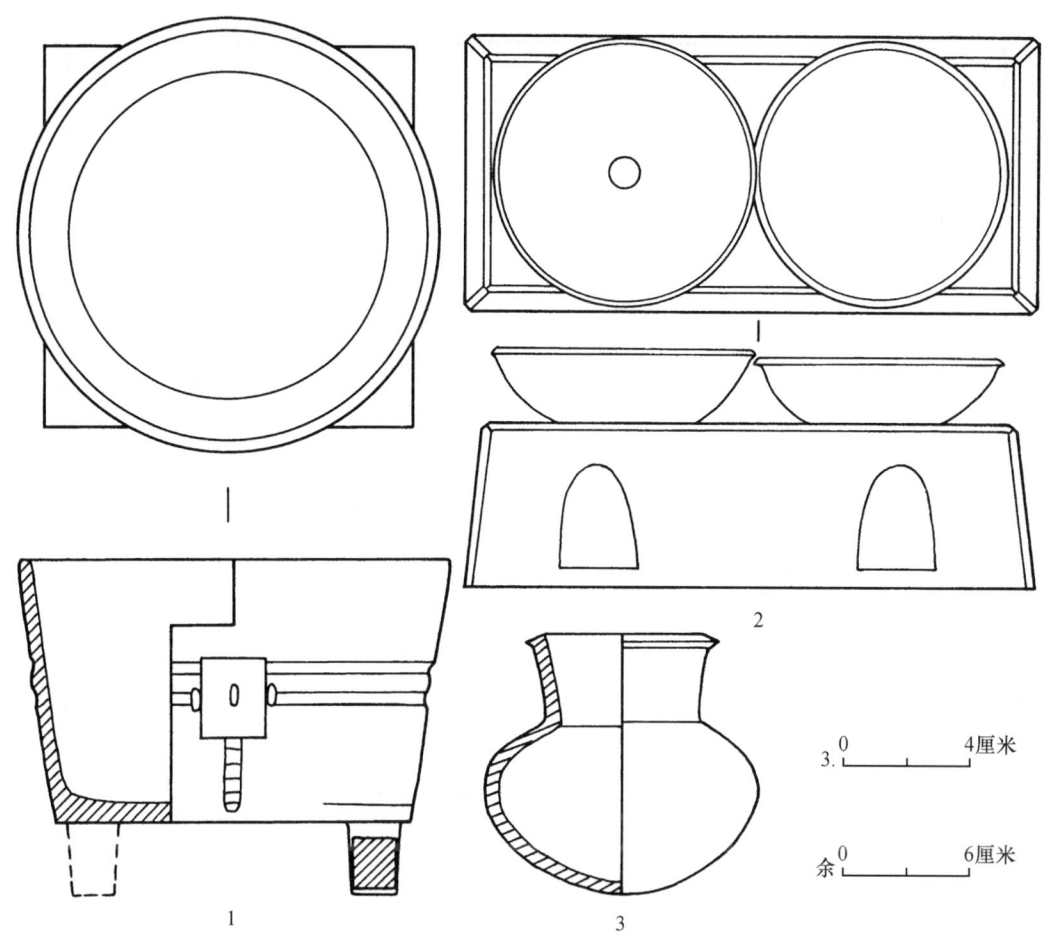

图三三四　D1 区 M54 出土陶器

1. 仓（M54∶1）　　2. 灶（M54∶2）　　3. 罐（M54∶3）

铁钩　1 件（M56∶3）。完整，略锈蚀。呈 "2" 字形，横剖面呈长方形。长 5.5、宽 1.4、厚 0.5 厘米（图三三六，2；图版一二三，3）。

钱币　140 枚。有铜半两和铁币两种。

铜半两　130 枚。面、背平，均无郭，穿有大小之异，面文有高挺粗犷和平缓纤细之分，面底边缘又分薄边、平边两种，铸造工艺有精劣之别。直径 2.1～2.4 厘米（图三三七）。为西汉半两钱币。

铁币　10 枚。有穿，因锈蚀无法辨别其特征和钱文。

⑮ M57

M57 位于 D1 区 D1T68 探方北部。开口在①层下，打破生土。距地表深 0.3 米。方向 75°。墓圹平面呈长方形，保存较好。形制规整，墓壁较陡直而光滑，底较平整，墓底有两道枕木槽，墓口长 3.3、宽 2.3、深 2.43 米，墓底长 2.93、宽 1.92 米（图三三八）。墓内填土为黄褐色五花土，比较硬，黏性较大，尤其是上半部分不仅硬，而且紧密，不易发掘。在其中间解剖一个剖面，从剖面观察，应经层层夯打过，夯层厚 10～25 厘米。包含有少量周代绳纹红陶片，器类有鬲、鼎足等。

葬具腐烂无存，但墓底两头各有一条南北方向的枕木槽，墓坑较宽，葬具为单棺单椁。人骨架因严重腐烂，仅存部分肢骨痕迹，故葬式及墓主人性别、年龄均不清楚。

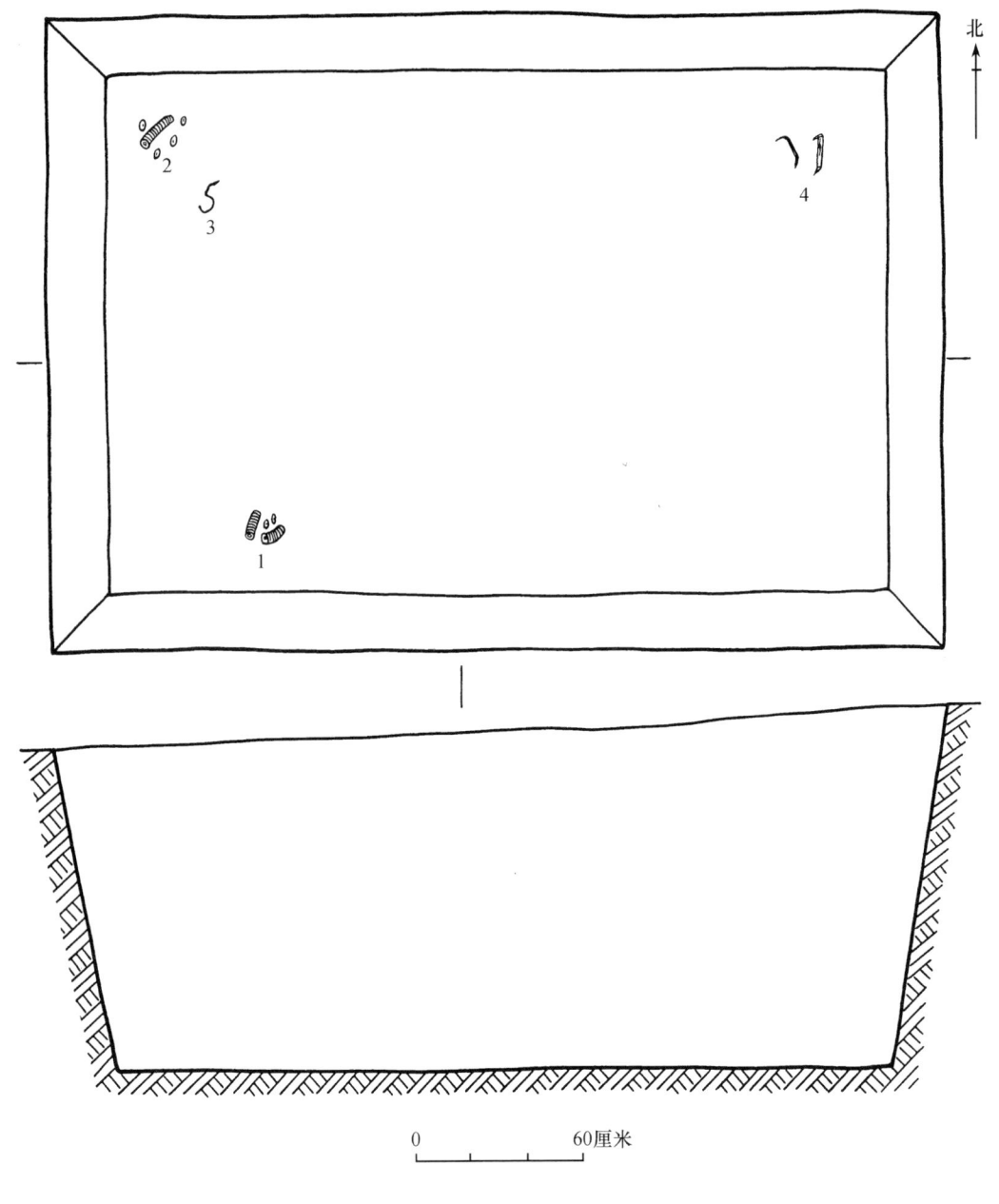

图三三五   D1 区 M56 平、剖面图
1、2. 铜钱   3. 铁钩   4. 铁棺扣

　　随葬器物均放置于墓坑南边，呈东西向直线排列，应为椁室边箱位置，由此推测，随葬器物放置在边箱内。共 7 件。器类有陶鼎、陶盒、陶壶、铁臿等。

　　陶鼎   2 件。均复原完整。皆泥质灰陶。标本 M57：3，器身扁圆，子口内敛，尖圆唇，弧壁，底较平，曲尺形耳外撇，矮兽蹄形足，圆弧形盖。腹部饰一道凸弦纹。口径 16、腹径 20、耳长 5.7、足高 5.7、通高 14.8 厘米（图三三九，1；图版一二二，2）。标本 M57：4，器身扁圆，子口内敛，腹壁内收，圜底，曲尺形耳外撇，矮兽蹄形足，盖略呈半圆形。腹部一道凸弦纹。口径 16、腹径 19.2、耳长 5.3、足高 6.4、通高 14.1 厘米（图三三九，6；彩版二三，5；图版一二二,1）。

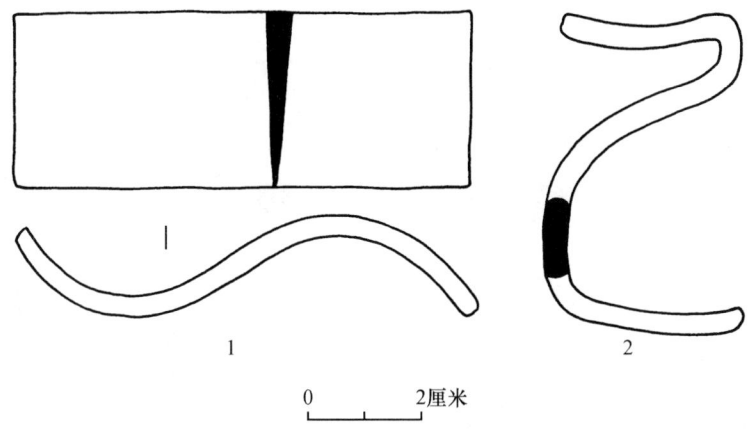

图三三六　D1 区 M56 出土铁器
1. 棺扣（M56:4）　2. 钩（M56:3）

陶钫壶　2 件。均复原完整。皆泥质灰陶。标本 M57:5，方口略侈，方唇，方腹外鼓，方圈足外撇，肩部有两个对称的示意性铺首，覆斗形盖。盖面和器身外表涂有朱红色彩纹，因脱落不清楚。口径 12.2、腹径 20、圈足径 13.8、圈足高 6.8、通高 39.6 厘米（图三三九，2；图版一一〇，4）。标本 M57:6，方口略侈，方唇，颈部较细，方腹外鼓，方圈足外撇，上腹部附两个对称的铺首，覆斗形盖。口径 12、腹径 20.8、圈足径 13.2、通高 39.6 厘米（图三三九，7；彩版二七，3；图版一一〇，3）。

陶盒　2 件。均复原完整。皆泥质灰陶。标本 M57:1，器身扁圆，子口内敛，圆唇，腹略折向内收，平底，覆碗形盖，矮圈足形钮。盖和腹部共饰五道细凹弦纹。口径 16、腹径 18.4、底径 8、高 13.6 厘米（图三三九，3；图版一二四，2）。标本 M57:2，子口内敛，圆唇，弧壁内收，平底略内凹，覆碗形盖，矮圈足形钮。盖和器物腹部饰五道细凹弦纹。口径 16、腹径 18.4、底径 7.8、通高 15.5 厘米（图三三九，4）。

铁臿　1 件（M57:7）。完整。略锈蚀。平面呈"凹"字形，大弧刃。长 10.9、宽 15.6 厘米（图三三九，5；彩版三五，4；图版一三五，6）。

⑯ M58

M58 位于 D1 区 D1T76 探方内及 D1T77 探方西北角、D1T65 探方西南角，墓道延伸到 D1T75 探方南部。开口在①层下，打破生土。距地表深 0.3 ~ 0.45 米。方向 255°。平面呈凸字形。规模大，保存较好。由墓室、墓道和土坑三部分组成（图三四〇；图版一二五，1）。

墓室平面略呈方形，墓室壁较陡直而光滑，墓底较平整。墓底四周有熟土二层台。该墓通长 13.12 米，由墓室、墓道和土坑三部分组成。墓室口长 3.56、宽 3.24、墓室底长 3.2、宽 2.95 米，熟土二层台宽 0.2 ~ 0.65、高 0.7 米。墓道在墓室西边，西高东低，呈 15°缓坡状斜向墓室底部，墓道壁较陡直而光滑，墓道底面亦较光滑。墓道长 6.18、宽 1.96 ~ 2.11、高 0.91 ~ 1.53 米。墓道口两侧有方形石头，应为墓道门础石，门础石长 0.32 ~ 0.45、宽 0.22 ~ 0.4、厚 0.15 米。墓道两侧均有圆形和椭圆形柱洞，每侧 10 个，共 20 个柱洞（图版一二六，1、2），由墓道口垂直向下，柱洞低于墓道底面 0.1 ~ 0.62 米，柱洞间距 0.5 ~ 0.65 米，每个柱洞内均有柱础石，柱础石有方形、长方形和不规则形三种（图版一二六，3）。其中 1 号和 7 号柱础石被压破。墓道口西边有一个椭圆形坑，并与墓道口对齐而连成一体，斜壁，圜底。长径 3.38、短径 2.33 米。

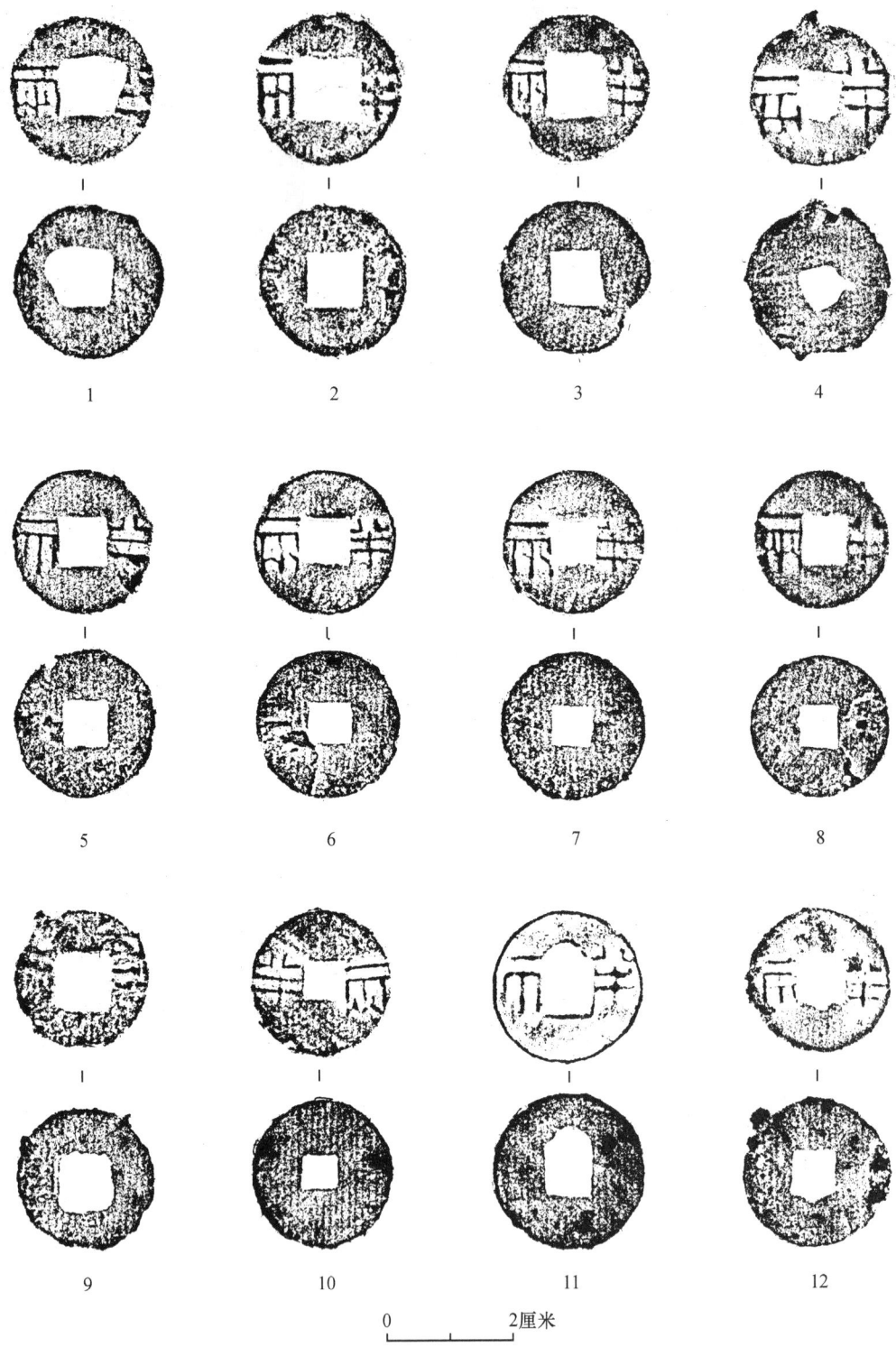

图三三七　D1 区 M56 半两钱币拓片

1. M56：2　2. M56：5　3. M56：6　4. M56：7　5. M56：8　6. M56：9　7. M56：10　8. M56：11

9. M56：12　10. M56：13　11. M56：14　12. M56：15

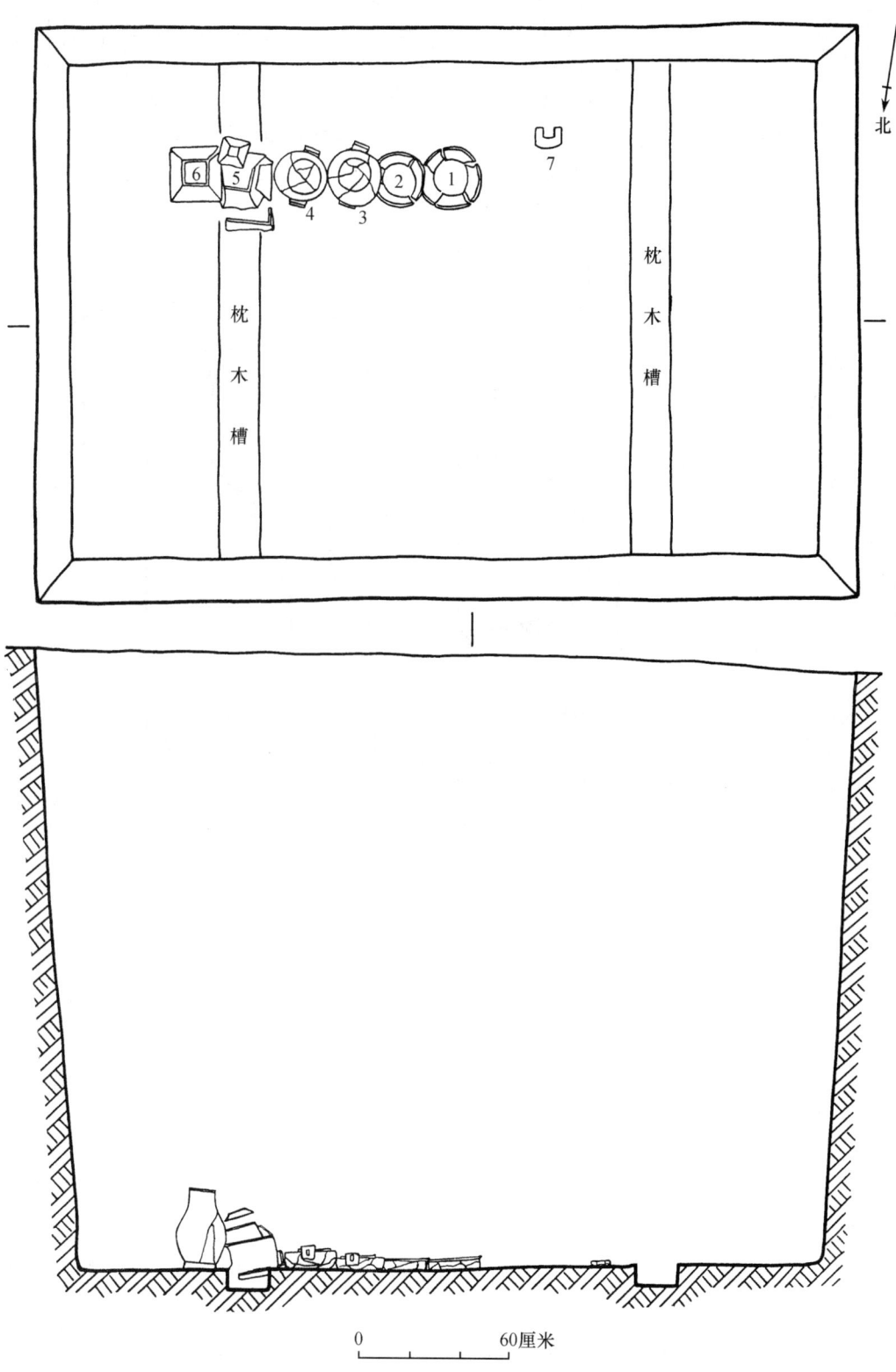

图三三八　D1 区 M57 平、剖面图

1、2. 陶盒　3、4. 陶鼎　5、6. 陶壶　7. 铁甾

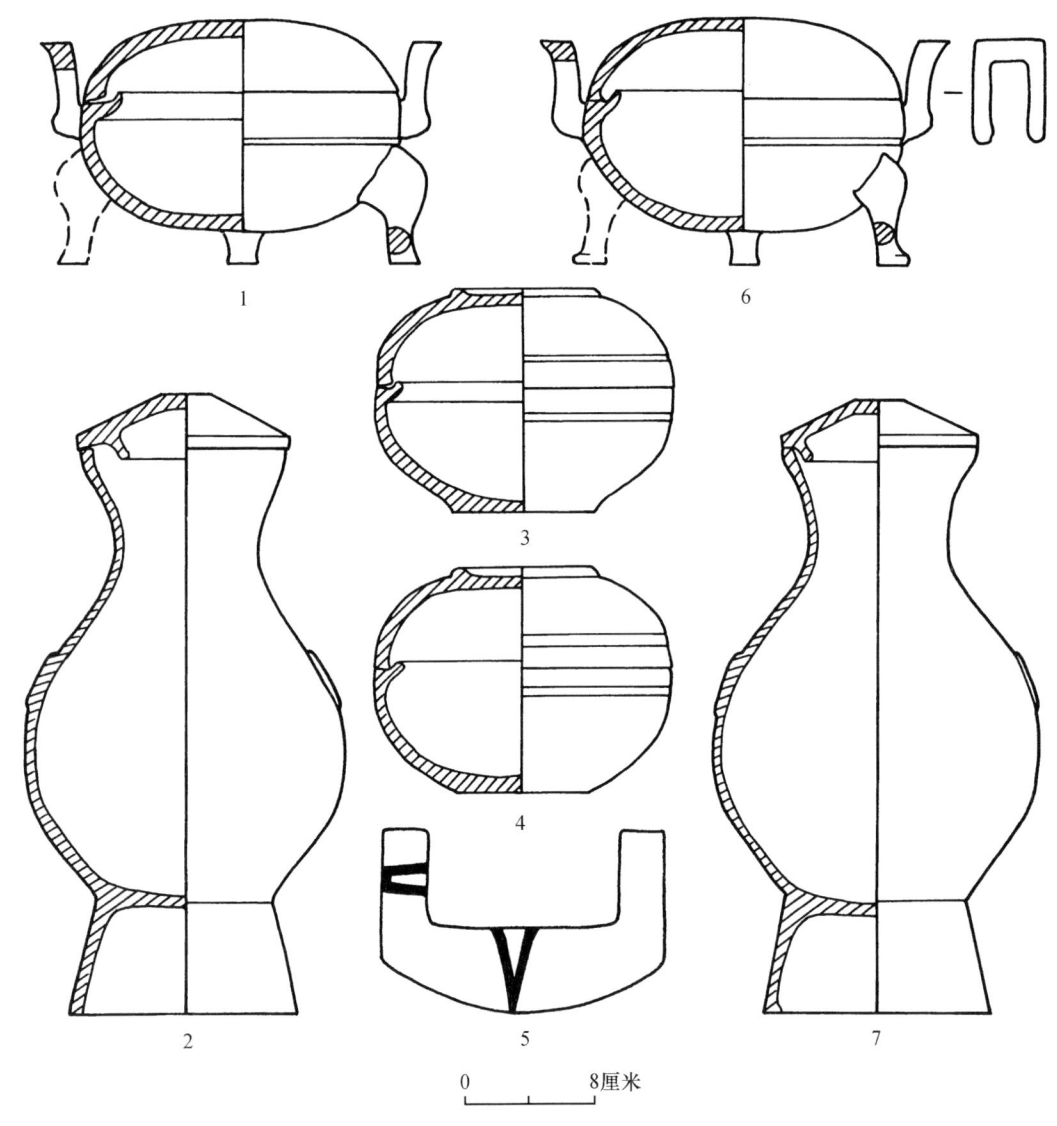

图三三九　D1 区 M57 出土器物

1、6. 陶鼎（M57∶3、M57∶4）　2、7. 陶钫壶（M57∶5、M57∶6）　3、4. 陶盆（M57∶1、M57∶2）　5. 铁舀（M57∶7）

墓室填土上半部分为黄褐色黏土，夹杂部分红褐色和灰褐色土块，较坚硬，近墓道口处有一椭圆形盗洞，直径约 0.8 米左右，下半部分填土为黄褐色沙土，较松软（近墓道口处的盗洞内的土色较杂，土块较碎小）。这种填土方式应是有意识的。墓道填土情况较复杂，与墓室填土截然不同，不仅颜色杂乱，没有规律，而且夹杂有石块、黄褐色沙、红褐色黏土块、红色烧土块、木炭等。一般较松软。显然是墓顶倒塌下来的堆积层。墓道外面土坑内填土较杂乱，有黄褐色土块、红褐色土块、石头、黄褐色细沙，堆积不成层，有的地方较紧密，有的地方特别松软，并包含有周代绳纹红陶片，器类有鬲足、陶罐、陶豆等。

墓室内有方形椁室腐烂痕迹，椁室位置偏向墓室西南角，距北壁 0.62 米，距西壁 0.25 米，距南壁 0.2 米，距东壁 0.65 米。椁室痕迹长 2.3、宽 2.13、高 0.68、厚 0.05 米。椁痕下面有厚 0.05～0.06 米的黑褐色黏土层，很硬，似经夯打过。椁室内有两具棺痕，分别编号为 GC1、GC2，东西方向，南北向排列，GC1 棺痕靠近椁室南壁，GC2 棺痕靠近椁室北壁。GC1 棺痕长 2.1、宽 0.38 米；GC2 棺痕长 1.78、宽 0.45 米。葬具为单椁单棺。

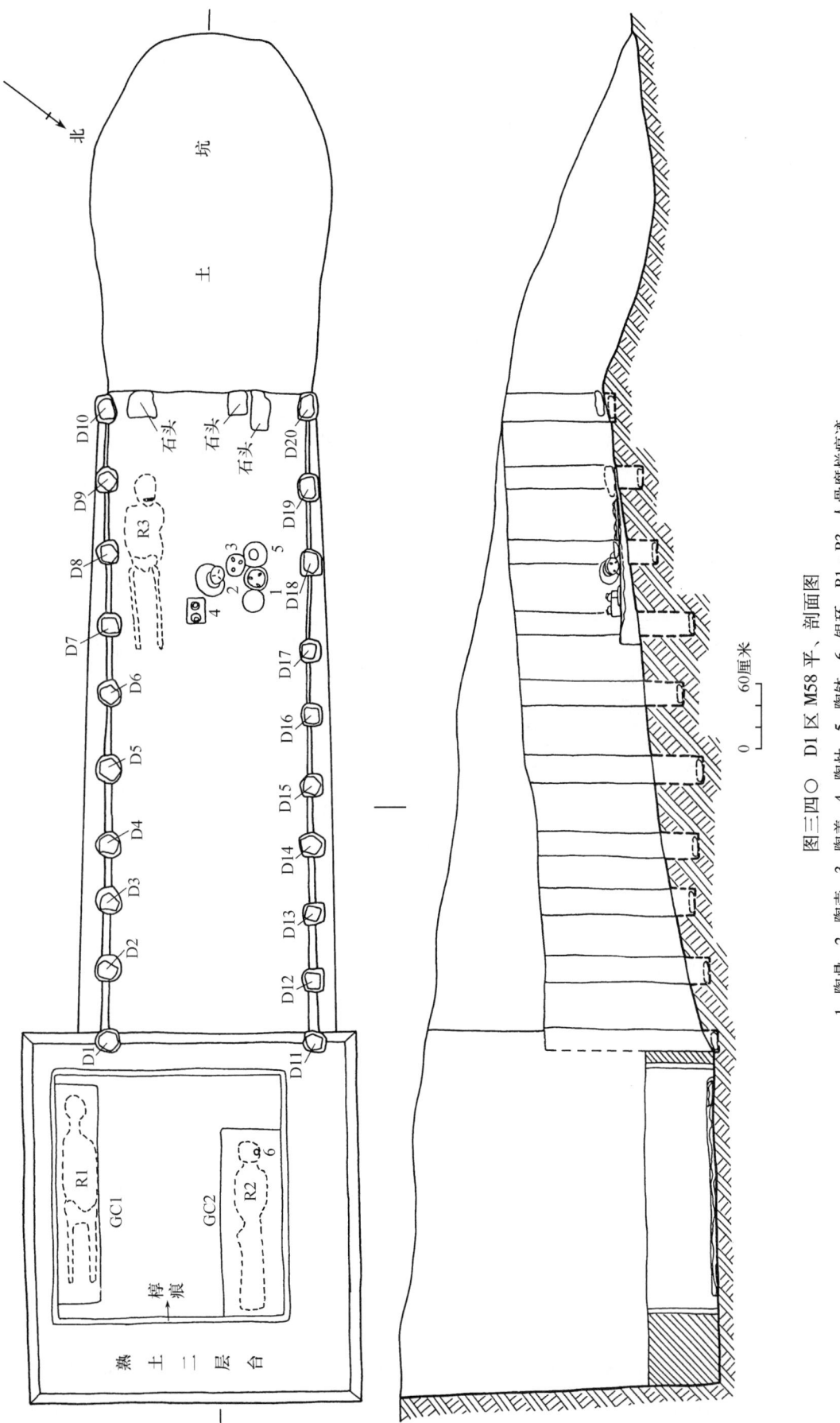

图三四〇 D1 区 M58 平、剖面图

1. 陶鼎 2. 陶壶 3. 陶盖 4. 陶灶 5. 陶钵 6. 陶钵 银环 R1～R3. 人骨腐烂痕迹

　　GC1 和 GC2 内分别有一具人骨腐烂痕迹，编号为 R1、R2。其中 R1 头向西，长 1.8 米，仰身直肢，其性别、年龄均不详。R2 头向西，长 1.6 米，侧身向南，直肢。其性别、年龄不详。墓道西部靠南边有一具人骨架，编号为 R3。葬具不详。头向西，足向东，面向北，仰身直肢，残存有牙齿和部分肢骨，经鉴定为男性，年龄 20～25 岁。

　　随葬器物共 6 件。主要集中放置在墓道内，即 R3 人骨痕迹北边，器类有陶鼎、陶壶、陶灶、陶钵及陶盖。R2 头骨左侧出土 1 件银环。

　　陶灶　1 件（M58:4）。复原完整。泥质深灰陶。平面呈长方形，面上有两个大小不等的火眼及一个烟孔，左火眼上置一陶罐，正面有两个拱形灶门。灶长 21.6、宽 13.5、高 7.9、左火眼直径 9.8、右火眼直径 8.2、陶罐口径 6、腹径 9.6、高 6、灶门高 4.2、宽 3.3 厘米（图三四一，1；彩版三三，5；图版一二七，2）。

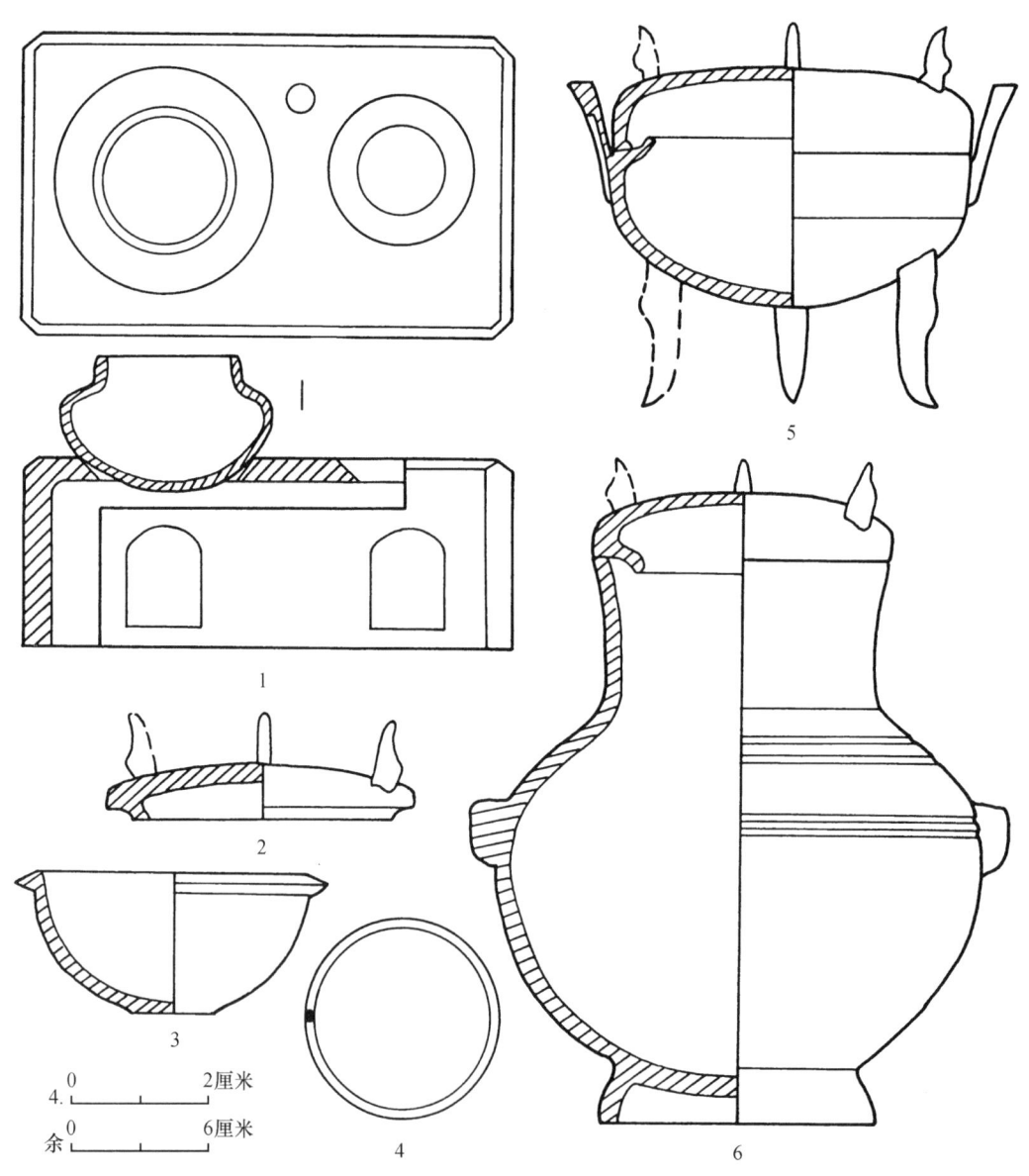

图三四一　D1 区 M58 出土器物

1. 陶灶（M58:4）　2. 陶盖（M58:3）　3. 陶钵（M58:5）　4. 银环（M58:6）　5. 陶鼎（M58:1）
6. 陶壶（M58:2）

　　陶鼎　1件（M58:1）。复原完整。泥质灰陶。子口内敛，方唇，腹壁较直而内收，圜底，圆锥形足外撇，足上段外侧有泥突外鼓，弧形耳外撇，覆盘形盖，盖上有三个扁锥形钮。下腹部饰一道细凹弦纹。口径12、腹径15.8、耳长5.1、足高6.7、通高16.2厘米（图三四一，5；图版一二九，2）。

　　陶壶　1件（M58:2）。复原完整。泥质灰陶。广肩，颈较粗，直口微侈，方唇，鼓腹，圜底，矮圆圈足外撇，腹部有两个对称的长条状附耳，盖面较平，盖上有三个扁锥形钮。肩部和上腹部各饰两道宽凹弦纹。口径13.2、颈长6.5、腹径21.2、圈足径12、高28.5厘米（图三四一，6；图版一三九,4）。

　　陶盖　1件（M58:3）。完整，泥质灰陶。较浅，盖面较平，盖上有三个扁锥形钮。直径13.6、高4.5厘米（图三四一，2；图版一一七，2）。

　　陶钵　1件（M58:5）。完整。泥质灰褐色陶。敞口，斜沿外凸，尖唇，弧壁，小平底。口径12、底径3.4、高6厘米（图三四一，3；图版一二一，4）。

　　银环　1件（M58:6）。完整。圆形，横剖面呈圆形。直径2.8厘米（图三四一，4）。

⑰ M60

　　M60位于D1区D1T84探方西南角及D1T83探方东南角。开口在①层下，打破生土。距地表深0.25~0.5米。方向80°。墓圹保存较好。形制较规整，平面呈长方形，墓壁较陡直，墓底略凹凸不平。墓口长2.18、宽1.26、深0.7米，墓底长2、宽1.06米（图三四二）。墓内填土为灰褐色夹黄褐色斑点的五花土，土质较松软而潮湿。

　　葬具及人骨架均腐烂无存。葬具、葬式及墓主人性别、年龄均不详。

　　随葬器物仅两件，放置于墓室东部，器类有陶罐、陶鼎。

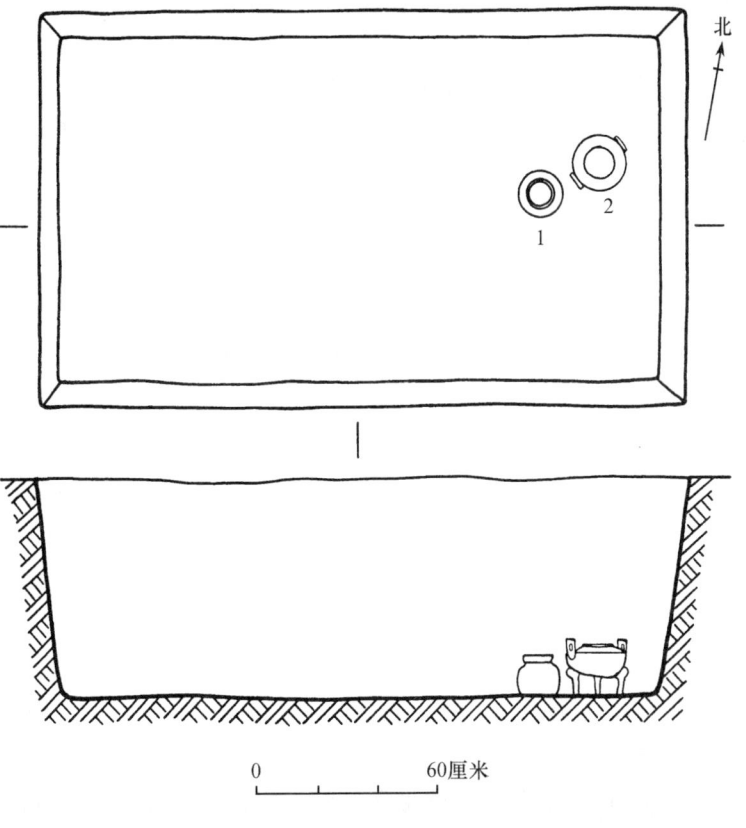

图三四二　D1区M60平、剖面图
1. 陶罐　2. 陶鼎

陶鼎　1件（M60:2）。复原完整。泥质灰褐陶。子口内敛，圆唇，腹壁较直，下腹内收，圜底，曲尺形耳外撇，矮兽蹄形足，盖面呈圆弧形。腹部饰两道细凹弦纹。口径12.2、腹径16.2、耳长4.5、足高6.9、通高14.1厘米（图三四三，1）。

陶罐　1件（M60:1）。复原完整。泥质灰褐色陶。鼓腹，弇口，粗圆唇，下腹内收，平底。口径9、腹径17.8、底径9、高11.4厘米（图三四三，2；彩版三一，3；图版一三一，1）。

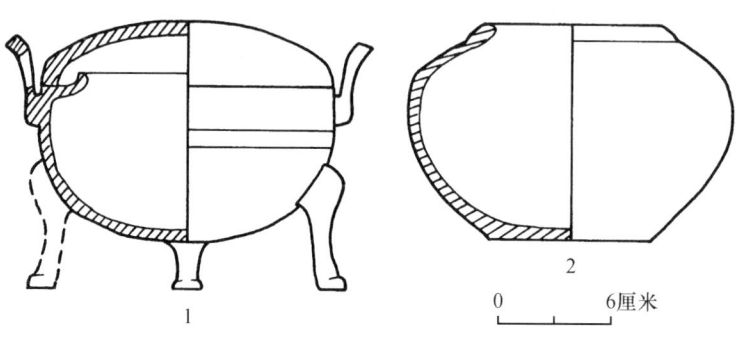

图三四三　D1区M60出土陶器
1. 鼎（M60:2）　　2. 罐（M60:1）

⑱ M61

M61位于D1区D1T95探方北部。开口在①层下，打破生土。距地表深0.3～0.41米。方向263°。墓圹保存较差，形制结构较特殊。平面呈长方形，东壁和西壁斜度较大，墓壁不甚光滑，南壁向外鼓，略呈壁龛状，因此墓口与墓底错位0.1～0.38米，墓底较平整，南边有东西向台阶，台阶南边呈弧形。现存墓口长2.2、宽0.8～1、深0.75～0.95米，墓底长1.85、宽0.8～0.9米，台阶长1.85、宽0.4～0.5米（图三四四；图版一二八，1）。墓内填土为灰褐色夹黄褐色斑点的五花土，比较松软而细腻，包含有草木灰和少量绳纹红褐色陶片，器类有鬲、豆等。

葬具腐烂无存，人骨架下面有极少量腐烂漆皮和草木灰，范围不大，无法辨别其形状，故葬具不清楚。

人骨架一具，放置于台阶之上，保存状况较差，头骨已变成粉末状，头向西，右上肢向外弯曲，下肢及其他骨骼均呈腐烂痕迹，从其骨架腐烂痕迹观察，葬式为仰身，下肢伸直，右上肢弯曲，左上肢不清楚。

随葬器物放置于人骨架左侧，呈东西向直线排列，共3件。器类有陶鼎、陶盒、陶钫壶，另有2件漆器腐烂痕迹，器类不明（图版一二八，2）。

陶鼎　1件（M61:3）。复原完整。泥质灰褐陶。器身扁圆，子口内敛，圆唇，上腹壁较直，下腹壁内收，底略呈圜形，曲尺形附耳外撇，矮兽蹄形足，盖呈弧形。腹部饰一道凸弦纹。口径13.2、腹径16.2、耳长5.1、足高8.2、通高13.5厘米（图三四五，2；图版一二九，1）。

陶盒　1件（M61:1）。复原完整。泥质灰褐陶。由上下两半扣合而成。器身扁圆，子口内敛，弧壁内收，平底，覆碗形盖，矮圈足形钮。盖口沿外饰两道细凹弦纹。口径15.8、腹径19.2、底径9、钮径8.5、高14.4厘米（图三四五，3；图版一二四，1）。

陶钫壶　1件（M61:2）。复原完整。泥质灰陶。器形较规整而瘦高，方口略侈，方唇，方腹外鼓，方圈足外撇，肩部有两个对称的铺首，覆斗形盖。外表饰朱红色彩绘，因脱落，隐隐约约不甚清楚。口径12、腹径20.5、圈足径14.4、圈足高6.7、通高33厘米（图三四五，1；彩版二七，2；图版一一四，4）。

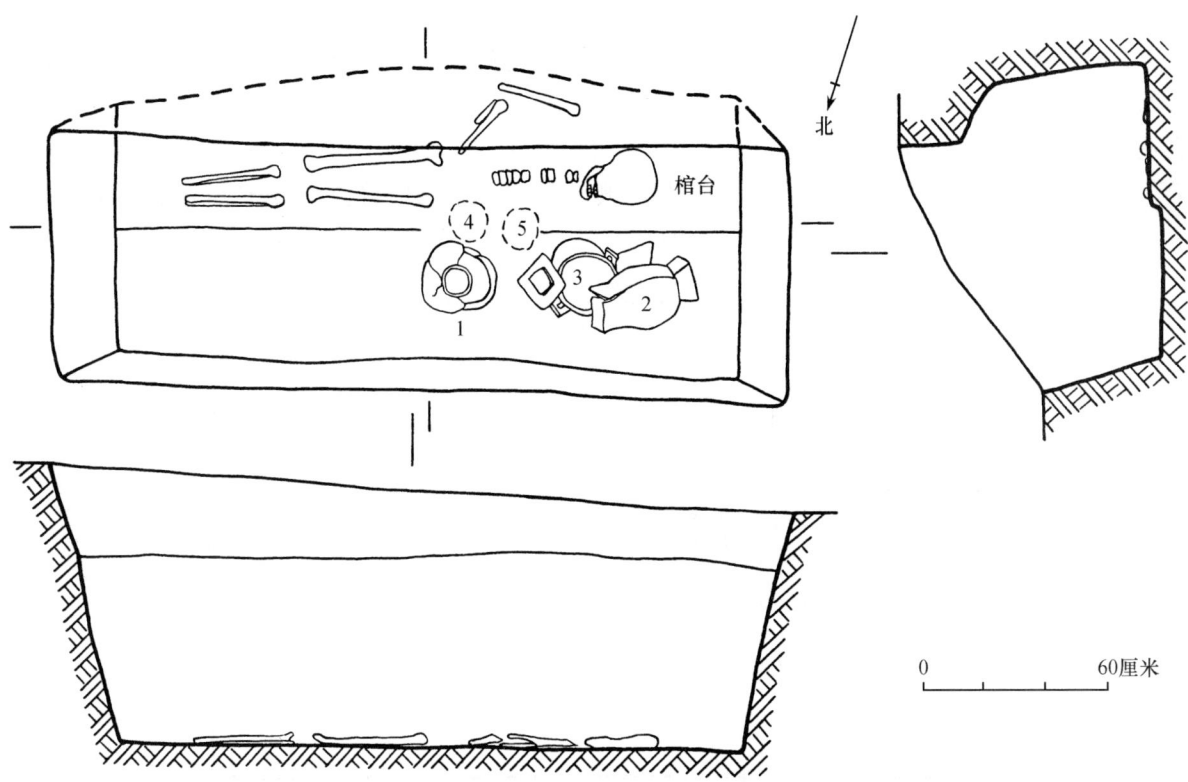

图三四四　D1 区 M61 平、剖面图

1. 陶盒　2. 陶钫壶　3. 陶鼎　4、5. 漆器腐烂痕迹

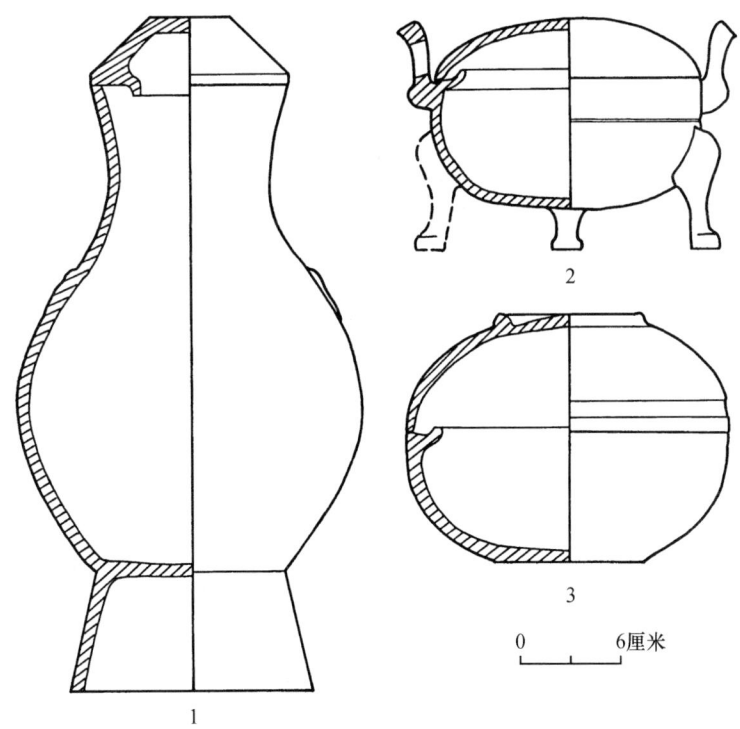

图三四五　D1 区 M61 出土陶器

1. 钫壶（M61:2）　2. 鼎（M61:3）　3. 盒（M61:1）

⑲ M62

M62 位于 D1 区 D1T95 探方东北角和 D1T96 探方西北角。开口在①层下，打破生土。距地表深 0.25 ~ 0.47 米。方向 278°。平面呈长方形，所处地势为东南面高，西北面低。墓坑北壁，尤其是西北角破坏严重。墓壁较陡直，底较平整。墓口残高 2.4、宽 1.5、深 0.4 ~ 0.8 米，墓底长 2.25、宽 1.35 米（图三四六；图版一三〇，1）。墓内填土为灰褐色夹红褐色及黑褐色斑块的五花土，较松软，包含有少许红色烧土及红褐色绳纹陶片，器类有陶罐、陶鬲、陶鼎等。

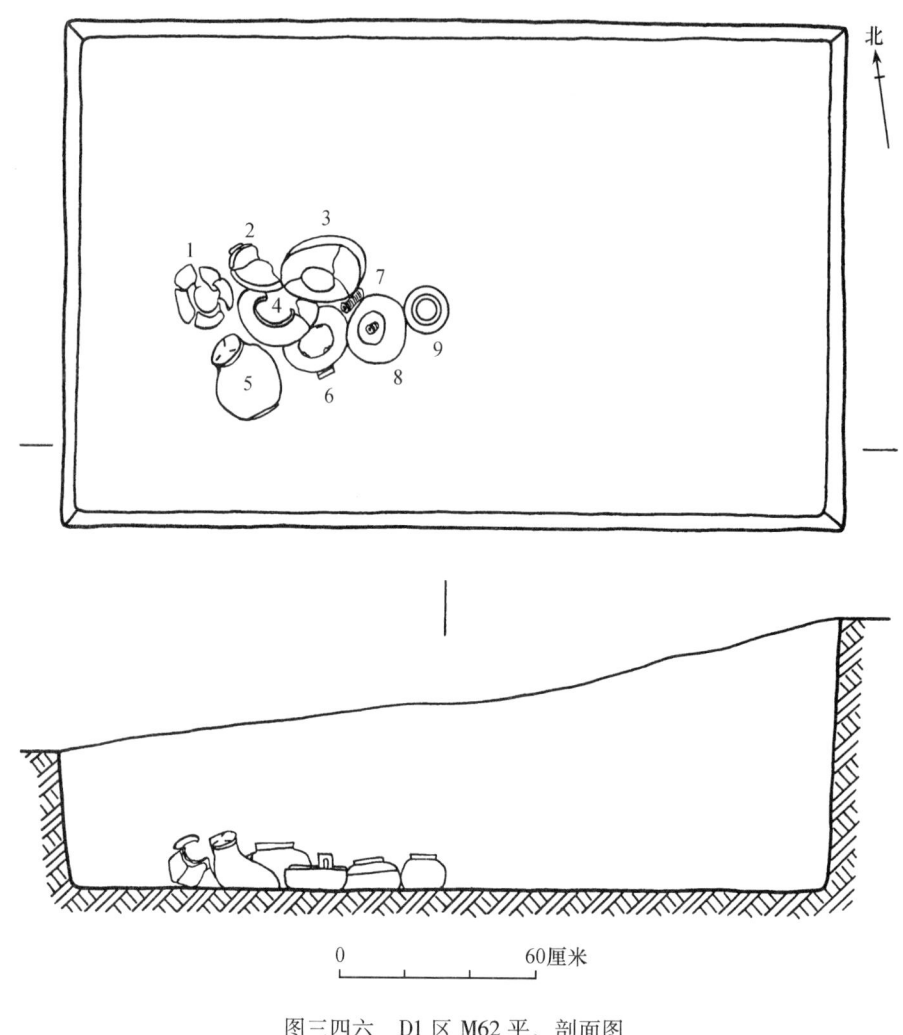

图三四六　D1 区 M62 平、剖面图

1、5. 陶壶　2、6. 陶鼎　3、8. 陶盒　4、9. 陶罐　7. 铜钱

葬具及人骨架均腐烂无存。葬式、葬式及墓主人性别、年龄均不详。

随葬器物均放置于墓坑的西南部，比较集中，但看不出摆放规律。共 8 件陶器和 78 枚钱币。器类有陶鼎、陶盒、陶罐、陶壶及五铢、货泉钱币。随葬器物组合形式为鼎、盒、壶、罐两套。

陶鼎　2 件。标本 M62:2，完整，缺盖。子口内敛，尖圆唇，上腹壁略外斜，下腹弧壁内收，最大腹径偏下，底略呈弧形，圆锥形足，足上段较粗，曲尺形耳外撇。下腹饰一道凸弦纹。口径 15、最大腹径 19.5、耳长 4.8、足高 5.8、通高 13.5 厘米（图三四七，1；图三四八，3；图版一二九，4）。标本 M62:6，复原完整。泥质灰陶。器身略呈方形，子口内敛，上腹壁略外斜，下腹壁略内折，最大腹径偏下，底呈弧形，附耳外凸，圆锥形足，足上段较粗壮，覆盘形盖，盖上有三个宽扁形钮。盖面饰五道凹弦纹，腹部饰一道凸弦纹。口径 12.5、最大腹径 16、耳长 4.8、足高 4.5、通高 15.4 厘米（图三四七，3；图三四八，1；图版一二九，5）。

陶盒 2 件。均复原完整。皆泥质灰陶。标本 M62:3，器身扁圆形，子口内敛，圆唇，弧壁，底较平，矮圆圈足，覆碗形盖，矮圈足形钮。口径 15.2、腹径 18.6、圈足径 12、盖钮径 9.3、高 13.5 厘米（图三四七，2；图版一一二，4）。标本 M62:8，器形略呈方圆形，子口内敛，圆唇，腹壁较直，下腹内折，平底，矮圆圈足外撇，覆碗形盖，粗矮圆圈足形钮。口径 16、腹径 18.6、圈足径 12、盖钮径 11.3、高 14.4 厘米（图三四七，5；图版一一二，3）。

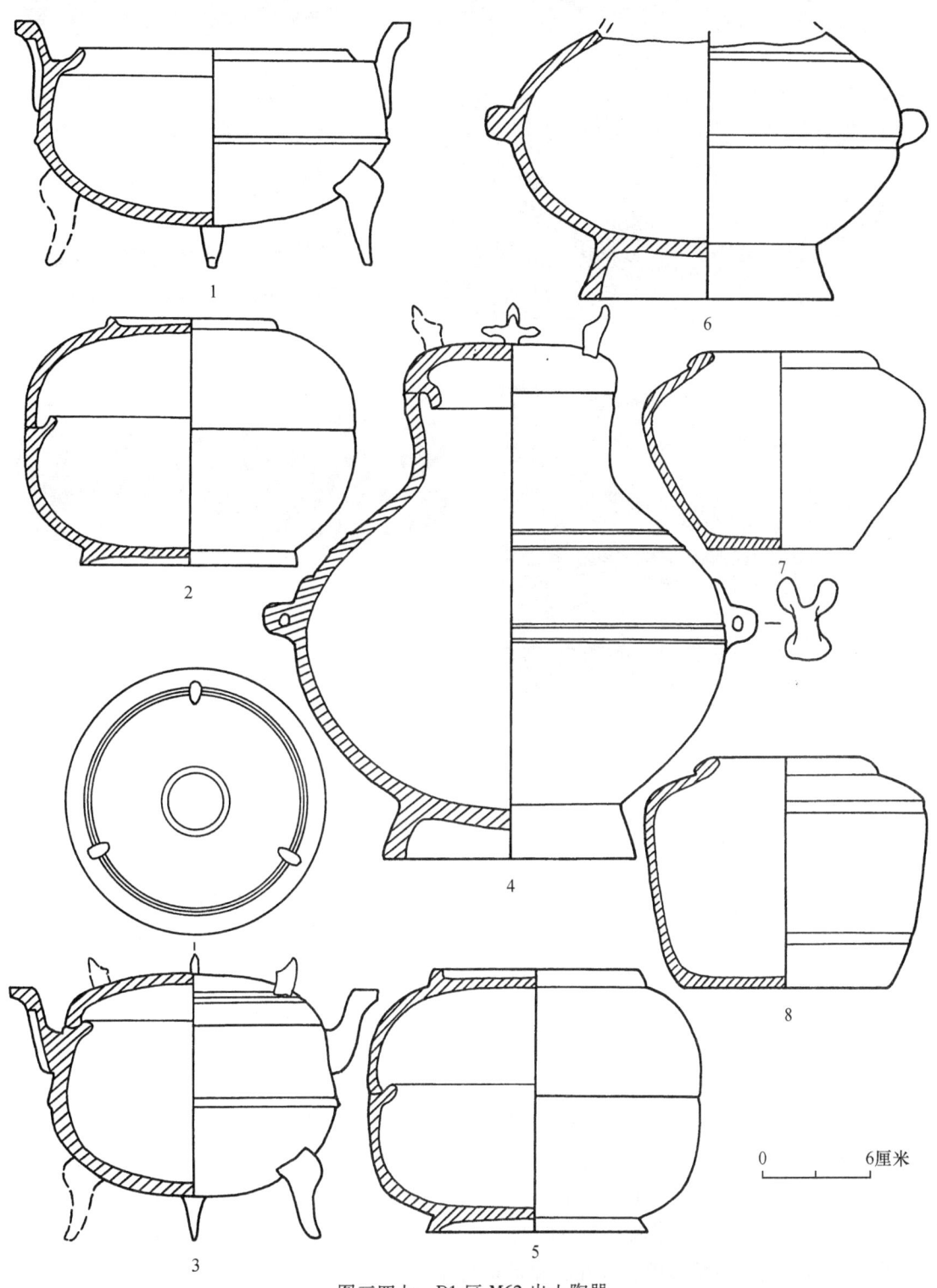

0 6厘米

图三四七 D1 区 M62 出土陶器

1、3. 鼎（M62:2、M62:6） 2、5. 盒（M62:3、M62:8） 4、6. 壶（M62:5、M62:1） 7、8. 罐（M62:4、M62:9）

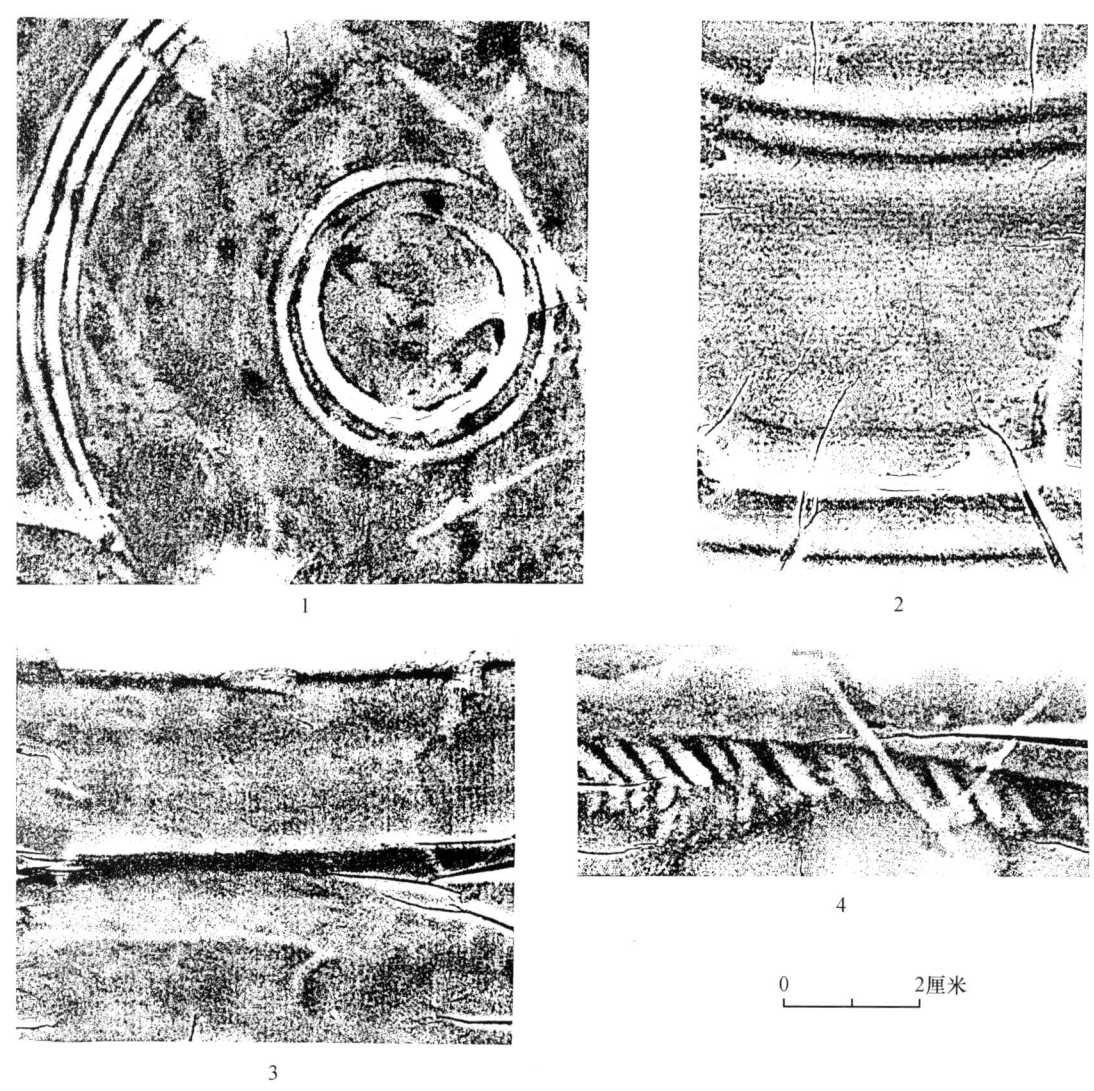

图三四八　D1 区 M62 陶器纹饰拓片

1、2. 凹弦纹（M62:6、M62:5）　3. 凸弦纹（M62:2）　4. 附加堆纹（M62:9）

陶壶　2 件。均为泥质灰陶。标本 M62:5，复原完整。器身矮胖。广肩、矮颈、直口、方唇、大鼓腹，腹部有两个对称的铺首形耳，圜底，圆圈足外撇，弧形盖，盖上有三个鸟首形钮，中间一个"十"字形钮。肩部和腹部各饰两道细凹弦纹。口径 12、腹径 24、圈足径 14.1、高 30.3 厘米（图三四七，4，图三四八，2；彩版二五，4；图版一三九，3）。标本 M62:1，残。腹部扁圆，圆圈足外撇，腹部有两个对称的半圆形耳。肩部和腹部各饰两道细凹弦纹。腹径 22、圈足径 14.4、残高 14.6 厘米（图三四七，6）。

陶罐　2 件。均复原完整。皆为泥质灰褐陶。标本 M62:4，鼓肩，弇口，宽圆唇，腹内收，平底。口径 8.8、肩径 15.6、底径 8.6、高 10.8 厘米（图三四七，7；图版一三一，2）。标本 M62:9，折肩，弇口，宽圆唇，腹壁较直略向内斜，大平底。肩部和下腹部各饰一道附加堆纹。口径 8.4、肩径 15.8、底径 12、高 12.6 厘米（图三四七，8；图三四八，4；图版一三一，3）。

钱币　78 枚。均为铜质钱币。有五铢和货泉两种。

五铢　76 枚。分 A、B、C 三型。

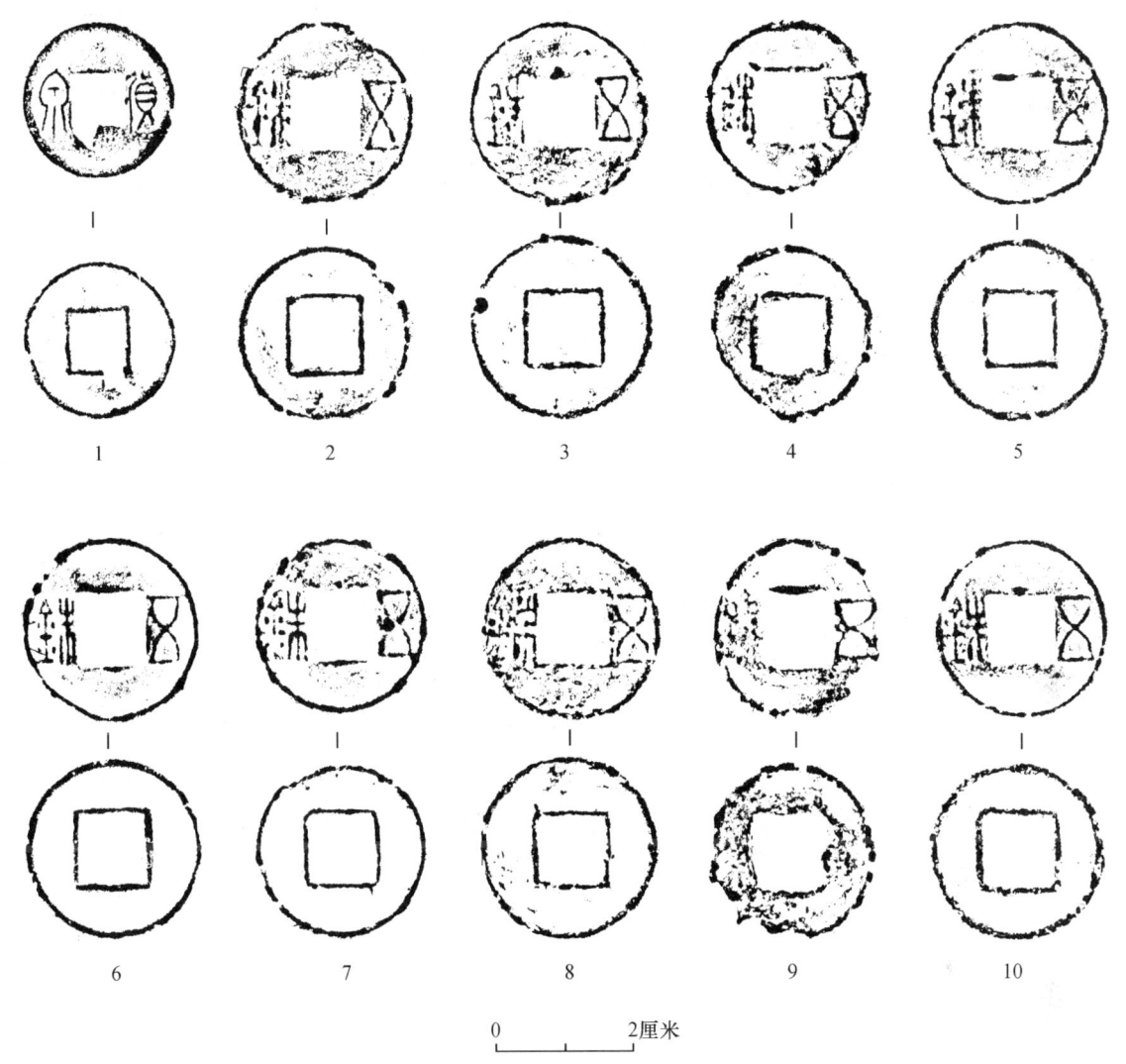

图三四九　D1 区 M62 钱币拓片

1. 货泉（M62：7）　　2～5. A 型五铢（M62：10、M62：11、M62：12、M62：13）　　6～8. B 型五铢（M62：14、M62：16、
M62：17）　　9、10. C 型五铢（M62：18、M62：19）

A 型　29 枚。面、背郭较窄，穿有大小之异，有穿上三角星、穿下半星和背面圆星。铸造工艺欠精。直径 2.4～2.6 厘米。面文"五"字两笔较斜直，"朱"字头方折（图三四九，2～5）。为西汉早中期钱币。

B 型　27 枚。面、背郭较窄，穿有大小之异，有穿上星、穿下半星。铸造工艺欠精。直径 2.5 厘米。面文"五"字像两炮弹相对，"铢"字金旁的头小，呈箭头状（图三四九，6～8）。为西汉晚期钱币。

C 型　20 枚。面、背郭较窄，穿有大小之异，有穿上横、穿上半星。铸造工艺欠精。直径 2.4～2.5 厘米。面文"五"字较宽大，"铢"字金旁的头较大，呈三角形，"朱"旁上部转角处圆折（图三四九，9、10）。为东汉早中期钱币。

货泉　2 枚。面、背郭较宽，面无内郭，面文笔画纤细秀丽。铸造工艺较精。直径 2.2 厘米（图三四九，1）。为王莽时期铸造的钱币。

⑳ M63

M63 位于 D1 区 D1T106 探方东北角及 D1T96 探方东南角。开口在①层下，打破生土。距地表深0.28～0.46米。方向264°。该墓破坏严重，上半部全部破坏掉，平面呈长方形，墓壁较斜直，平底。墓口残长2.2、残宽1.3、残深0.3米，墓底长1.9、宽1米（图三五〇）。墓内填土为灰褐色夹黑褐色斑块的五花土，比较松软，包含有少量红褐色绳纹陶片，器类有陶鬲、陶罐等。

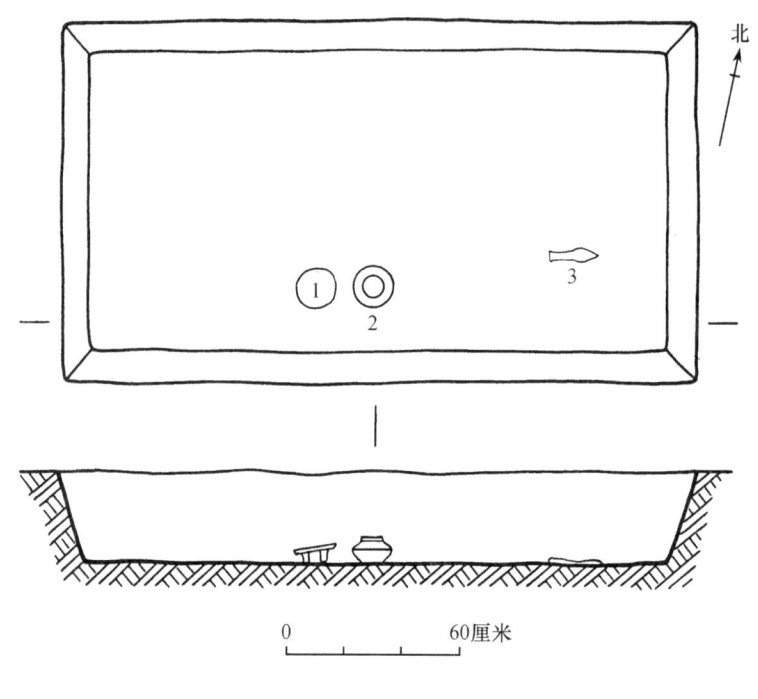

图三五〇　　D1 区 M63 平、剖面图
1. 陶仓　2. 陶罐　3. 铁矛

葬具及人骨架均腐烂无存。葬具、葬式及墓主人性别、年龄均不详。

随葬器物仅3件，有陶罐、陶仓和铁矛。放置于墓室南边，基本呈东西向直线排列。

陶罐　1件（M63:2）。完整。泥质灰褐陶。器身扁圆，鼓腹，直口，方唇，圜底，腹部有两个对称的乳头状耳。口径6.8、腹径12、高7.2厘米（图三五一，3；图版一二〇，4）。

陶仓　1件（M63:1）。残，仅存仓底部和足。泥质灰陶。斜壁，平底，仓底下有三个方柱形足。底径11.5、足高3.8、残高6厘米（图三五一，2）。

铁矛　1件（M63:3）。锋略残，已锈蚀。矛身呈柳叶形，中间厚，两侧较薄，柄呈方形，内空。长20、宽3.7、柄宽4.2、厚2.6厘米（图三五一，1；图版一二三，6）。

㉑ M65

M65 位于 D1 区 D1T103 探方内。开口在①层下，打破生土。距地表深0.28～0.34米。方向67°。墓圹较大而深，保存较好。形制规整，平面呈长方形。墓壁较陡直而光滑，墓底较平。墓底四周有熟土二层台，东、西、北三面较窄，南面较宽。墓口长3.1、宽2.25、深2.4米，墓底长2.76、宽1.96米，熟土二层台宽0.14～0.36、高0.3米（图三五二；图版一三〇，2）。墓内填土为黑褐色五花土，土质较硬，经层层夯实，发现有夯面。填土中包含有红褐色绳纹陶片，器类有陶鬲口沿、鬲足等。

葬具腐烂无存，仅存椁室腐烂痕迹，长2.6、宽1.45、厚0.05、高0.5米。椁室南边放置有随葬器物，北边空位较大，应为放置棺的位置，虽然没有发现棺痕，但发现一些呈带状的漆皮痕迹，应为棺腐烂后留下的痕迹。葬具为单椁单棺。

人骨架腐烂无存，葬式和墓主人性别、年龄均不清楚。

随葬器物共 7 件。皆为陶器。均放置于椁室南边，呈东西向直线排列，据椁室整体情况观察，随葬器物应放置在椁室的边箱内。因随葬的是冥器，陶器火候极低，用手稍触摸即成粉末状，无法起取，故采用现场绘图复原法，将器物绘制成图。器类有陶鼎、陶盒、陶壶和铜鍪。

陶鼎　2 件。形制相同。标本 M65：3，图上复原，耳残。泥质红褐陶。火候特别低。器身扁圆，子口内敛，圆唇，上腹壁较直，下腹向内圆折，底较平，覆盘形盖，盖面较平，矮兽蹄形足。口径 14.6、腹径 16.6、足高 7.6、通高 14.3 厘米（图三五三，2）。

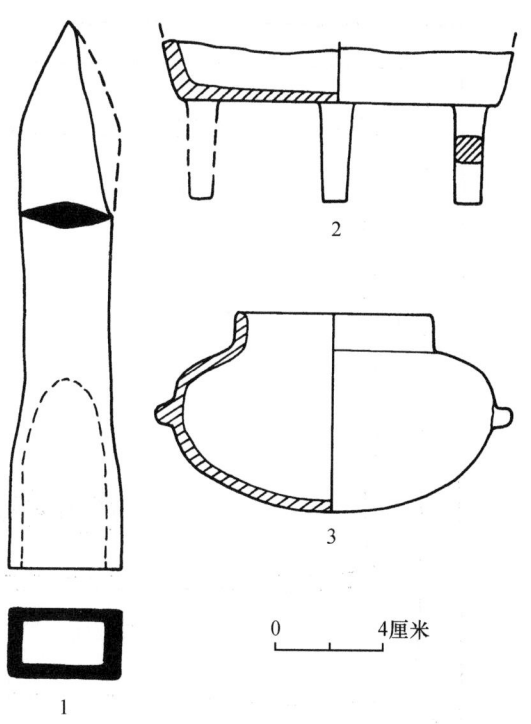

图三五一　D1 区 M63 出土器物

1. 铁矛（M63：3）　2. 陶仓（M63：1）　3. 陶罐（M63：2）

陶盒　2 件。形制相同。标本 M65：5，图上复原完整。泥质红褐陶。火候特别低。器体扁圆，子口内敛，圆唇，上腹较直，下腹向内圆折，底较平，矮圆圈足，覆碗形盖，盖上有圆圈足钮。口径 16、腹径 19、圈足径 7.5、盖钮径 8.2、高 14 厘米（图三五三，4）。

陶壶　2 件。形制略同。标本 M65：7，图上复原完整。泥质红褐色陶。火候特别低。细颈，口略侈，方唇，广肩，鼓腹，腹壁内收，平底，圆圈足略外撇，弧形盖，盖上有三个鸟首形钮。口径 10.4、颈长 8.2、腹径 18.5、圈足径 10、高 26.8 厘米（图三五三，3）。

铜鍪　1 件（M65：1）。完整。器体矮胖，折肩，颈内收，口略外侈，尖唇，鼓腹，圜底，肩部有两个对称的一大一小的环耳。大环耳上饰多股绳索状纹。口径 13.2、肩径 18.5、腹径 19.2、高 15.5 厘米（图三五三，1；彩版二六，2；图版一三八，4）。

㉒ M66

M66 位于 D1 区 D1T110 探方西南部。开口在①层下，打破生土。距地表深 0.35 米。方向 75°。墓坑形制结构较特殊，平面呈长方形，较规整。东、西两壁垂直较光滑，南、北两壁斜度较大，底较平。墓口长 3.15、宽 2.3、深 1.6～2.9 米，墓底长 3.15、宽 1.85 米（图三五四；图版一三二，1）。墓底四周有熟土二层台，宽 0.32～0.34、高 0.3 米。墓内填土为灰褐色黏土，较板结，似经夯实，包含有红色绳纹陶片。

葬具腐烂无存，但残存有椁室腐烂痕迹，长 2.46、宽 1.3、高 0.3 米。随葬器物放置于椁室南边，北边空位较大，可能是放置棺的位置，据此痕迹观察和推测，葬具为单棺单椁。

人骨架已腐烂，残存有部分腐烂痕迹和骨渣。头向东，足向西，面向上。葬式为仰身直肢，双手交叉于下腹部。其性别和年龄不详。

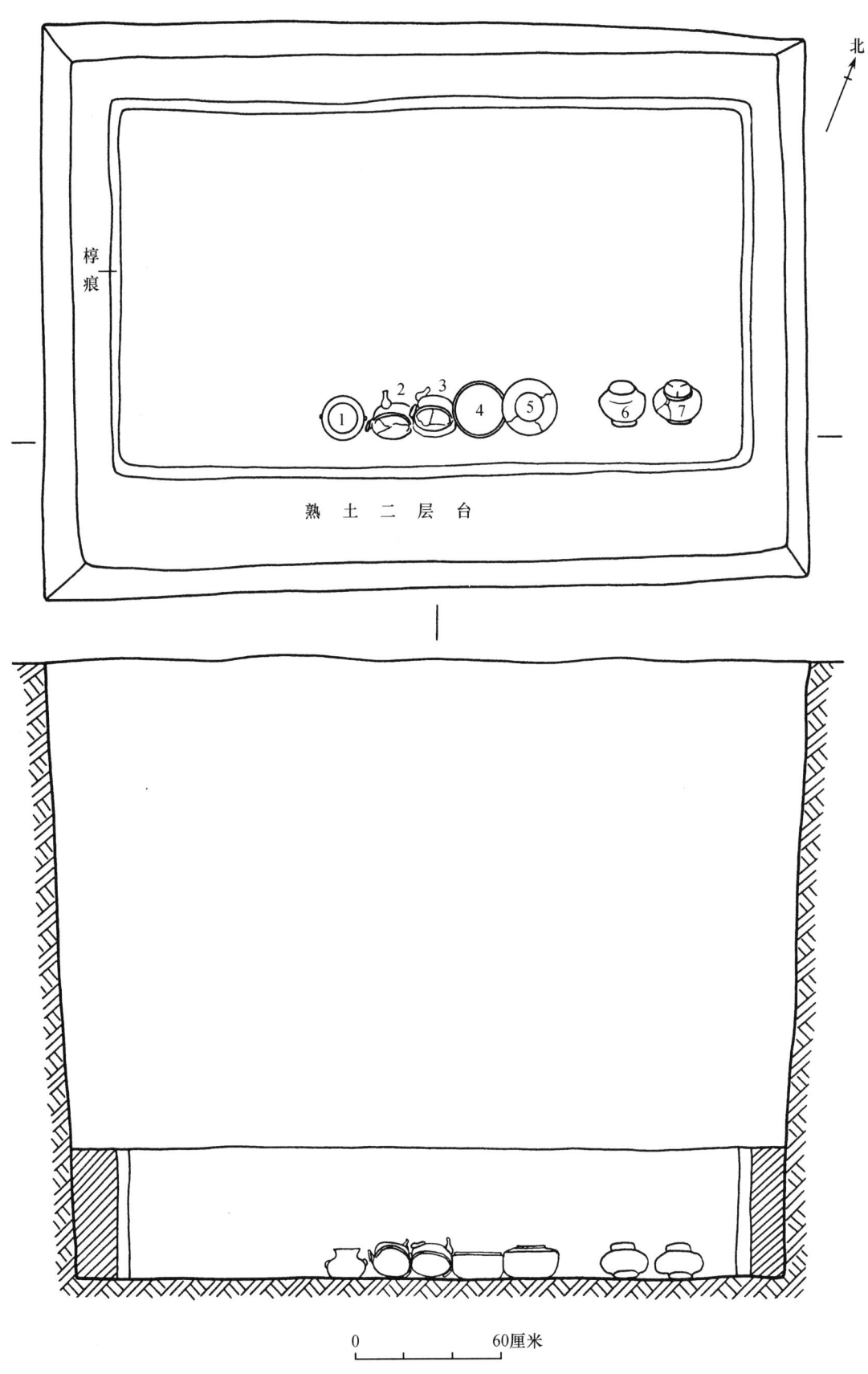

北

榫痕

熟 土 二 层 台

0   60厘米

图三五二　D1区M65平、剖面图

1. 铜鍪　2、3. 陶鼎　4、5. 陶盒　6、7. 陶壶

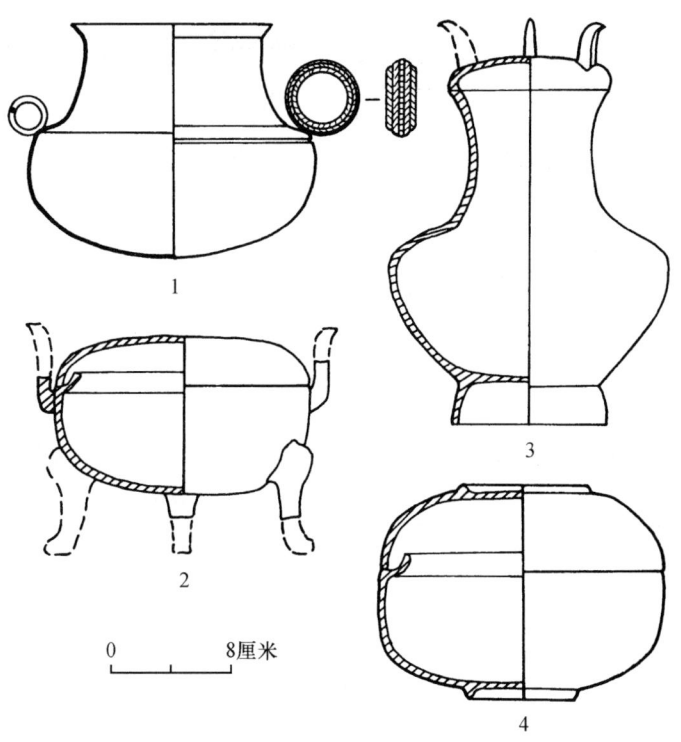

图三五三　D1 区 M65 出土器物

1. 铜鍪（M65：1）　2. 陶鼎（M65：3）　3. 陶壶（M65：7）　4. 陶盒（M65：5）

随葬器物放置于椁室南边，呈东西向直线排列。共 7 件器物，有铜鍪、陶罐、铜奁足，另有 3 件漆木器和 1 件骨笄均腐烂，仅存漆皮痕迹，无法起取（图版一三二，2）。

陶罐　1 件（M66：2）。完整。泥质灰陶。广肩，高领，直口微侈，斜沿外凸，尖唇，鼓腹，弧壁内收，小平底。下腹部至底部饰交错绳纹。口径 11.8、领高 4.2、腹径 20.5、底径 6、高 17.4 厘米（图三五五，1；彩版三〇，6；图版一〇六，2）。

铜鍪　1 件（M66：1）。完整。器体矮胖。折肩，颈内收，直口，斜沿，尖唇，扁腹外鼓，圜底，肩部有两个对称的一大一小的圆形环耳。大环耳刻有多股绳索纹，肩下饰一道细凹弦纹。口径 10.5、肩径 15.2、高 11.4 厘米（图三五五，2；彩版二六，1；图版一三八，3）。

铜奁足　1 件（M66：3）。完整。漆奁已腐烂，仅存奁足。呈圆圈形，下附三个蹄形足。直径 11.2、足高 1.8、通高 2.2 厘米（图三五五，3）。

㉓ M73

M73 位于 D2 区 D2T44 探方东南角。开口在①层下，打破生土。距地表深 0.39 米。方向 360°。该墓已残，墓北部因修公路被破坏掉，仅存南部一小部分。为长方形竖穴土坑墓。墓壁较斜，底较平整。墓口残长 1.3、宽 1.82、深 0.15 米，墓底长 1.25、宽 1.78 米（图三五六；图版一三四）。墓内填土为青膏泥和黄黏土混合在一起，值得说明的是青膏泥是当地的青膏泥地层，不是有意识填入墓葬作密封层用的，而是作为回填土填入墓中的。

葬具和人骨架均腐烂无存。葬具、葬式及墓主人性别、年龄不详。

随葬器物共 6 件和 2 枚钱币。器物排列因扰乱看不出规律，而且破碎较严重。器类有陶鼎、陶壶、陶盒、铁臿、铁镰、铁片。钱币为铜半两。

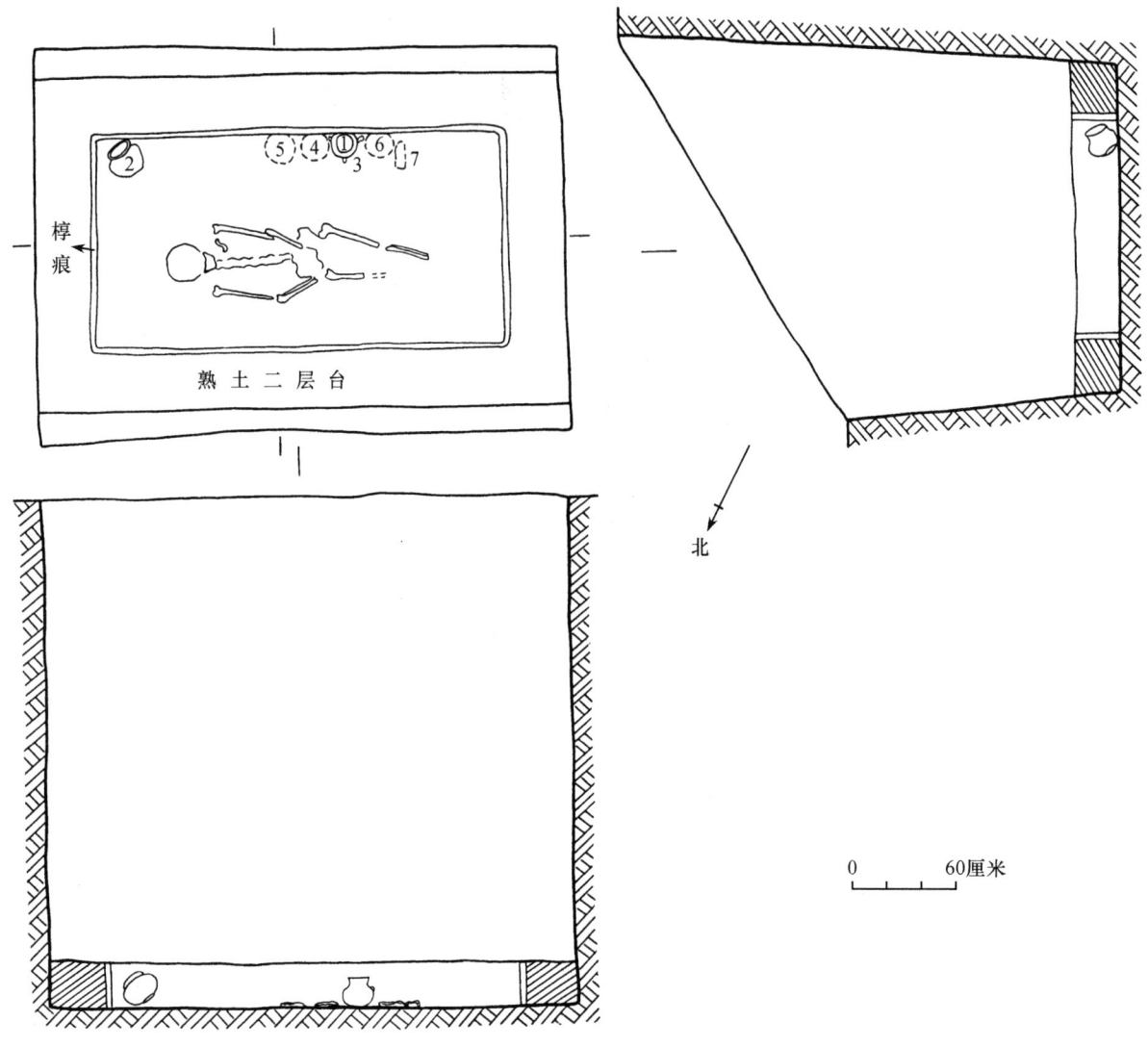

图三五四　D1 区 M66 平、剖面图
1. 铜鍪　2. 陶罐　3. 铜銙足　4~6. 漆器腐烂痕迹　7. 骨笏腐烂痕迹

陶鼎　1 件（M73:2）。复原完整。泥质灰陶。子口内敛，圆唇，上腹微弧，下腹圆弧，圜底，附耳略外撇，圆锥状足外撇，足上段较粗，盖面较平，盖上有三个三角形钮。上腹部饰一道细凹弦纹。口径 12、腹径 14.6、耳长 4.8、足高 6.2、通高 12.9 厘米（图三五七，2）。

陶盒　1 件（M73:8）。复原完整。泥质灰陶。器体扁圆。子口内敛，圆唇，腹内收，圜底，矮圆圈足外撇，覆盘形盖，圆圈足形钮。盖面饰两道细凹弦纹。口径 15.6、腹径 18.6、圈足径 9、盖钮径 11.4、高 13.2 厘米（图三五七，1）。

陶壶　1 件（M73:1）。耳以上均残。泥质灰陶。火候甚低。弧壁内收，圆圈足略外撇，肩部有两个对称的半圆形环耳。腹径 16.8、圈足径 11.4、残高 15 厘米（图三五七，6）。

铁舌　1 件（M73:3）。残。锈蚀严重。大弧刃。残长 5.1、刃部宽 12 厘米（图三五七，3）。

铁镰　1 件（M73:4）。残。锈蚀严重。弧背，背部较厚，镰尖端呈圆角，刃部有使用缺痕。残长 8.1、宽 2.8、背厚 0.4 厘米（图三五七，4；图版一三五，1）。

铁片　1 件（M73:5）。残。一段略弯曲。长 5.8、宽 2.5、厚 0.3 厘米（图三五七，5）。

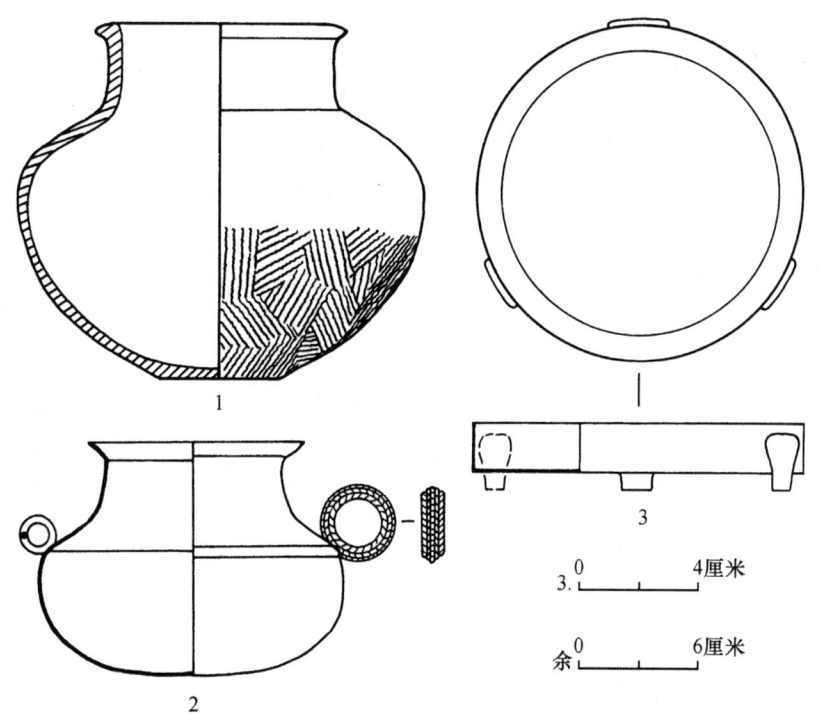

图三五五　D1 区 M66 出土器物

1. 陶罐（M66:2）　2. 铜鍪（M66:1）　3. 铜盉足（M66:3）

钱币　2 枚。均为铜质钱币。皆为"半两"。均残。面、背均无郭，平背，穿有大小之异，面文隐约。直径2.3 厘米（图三五八）。为西汉时期钱币。

㉔ M139

M139 位于 D1 区东北部，北距 D1TG2 探沟 1.5 米。开口在①层下，打破生土。距地表深 0.45 米。方向 90°。平面呈长方形，斜壁，平底，西边有生土二层台，二层台面较平，斜壁，且规整。墓口长 4.1、宽 2.1、深 1.6 米，墓底长 3.29、宽 1.75 米。生土二层台长 1.9、宽 0.52、高 0.61 米（图三五九）。墓内填土为黄褐色五花土，夹杂有分化的页岩石片及红褐色碎土块。

葬具及人骨架均腐烂无存。葬具、葬式和墓主人性别、年龄均不详。

随葬器物仅 2 件和 1 枚钱币。放置于墓坑西部。器类有陶盖、陶盒及铜半两钱币。

陶盖　1 件（M139:1）。复原完整。泥质红褐陶。呈覆盘形盖，面较平，圆弧壁，方口，盖上有三个半圆形钮。盖面饰三道凸弦纹。口径 20.4、高 5.1 厘米（图三六〇，2；图版一一七，4）。

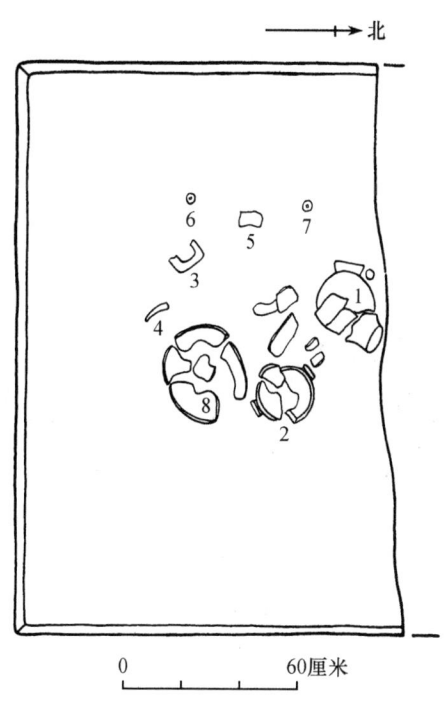

图三五六　D2 区 M73 平面图

1. 陶壶　2. 陶鼎　3. 铁舌　4. 铁镰　5. 铁片
6、7. 铜钱　8. 陶盒

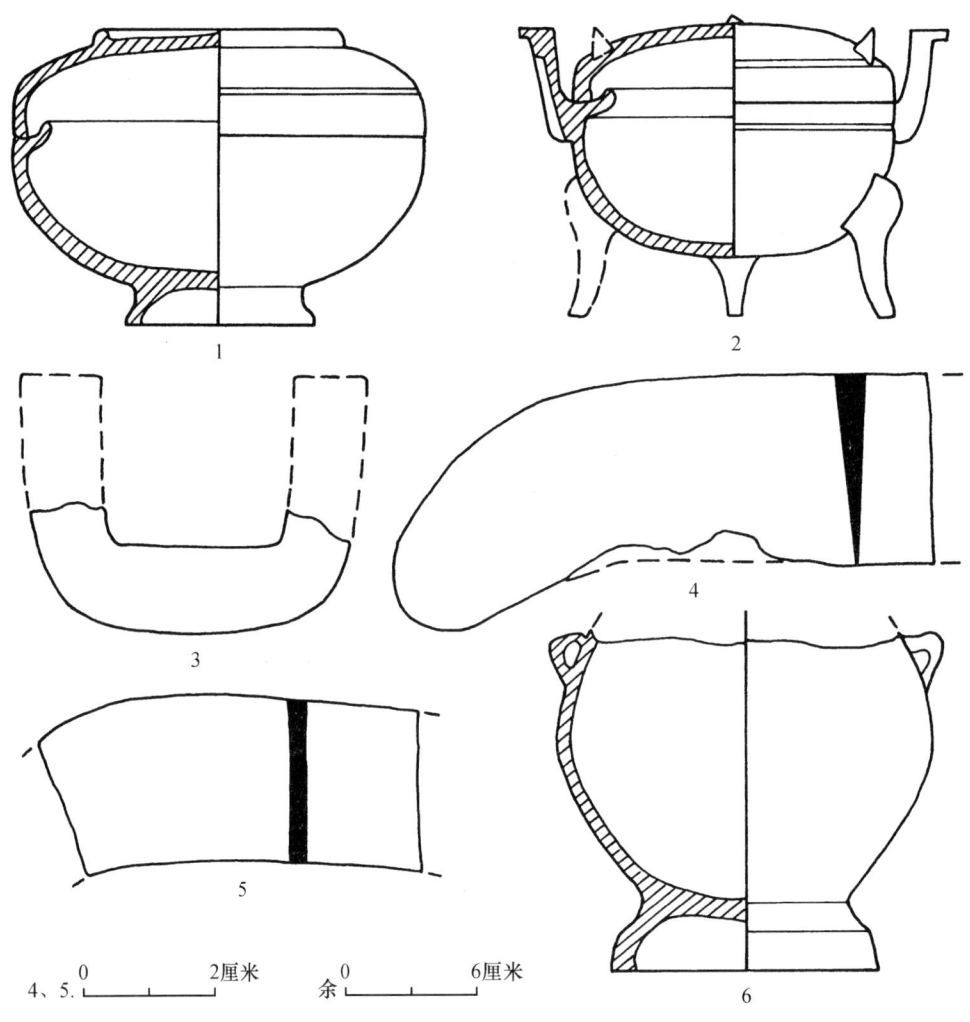

图三五七　D2 区 M73 出土器物

1. 陶盒（M73:8）　2. 陶鼎（M73:2）　3. 铁盂（M73:3）　4. 铁镰（M73:4）　5. 铁片（M73:5）

6. 陶壶（M73:1）

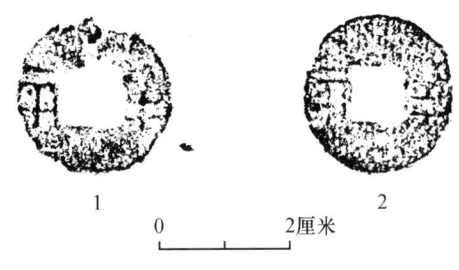

图三五八　D2 区 M73 半两钱币拓片

1. M73:6　2. M73:7

陶盒　1 件（M139:2）。泥质黑陶。缺盖。子口内敛，尖圆唇，腹微鼓，弧壁内收，底较平，矮圆圈足外撇。口径 17.1、腹径 21、圈足径 11.1、高 11.4 厘米（图三六〇，1）。

钱币　1 枚（M139:3）。半两。面、背均无郭，面底边薄，背平，面文矮隐。铸造工艺较粗劣。直径 2.3 厘米（图三六一）。为西汉时期钱币。

㉕ M151

M151 位于 D2 区 D2TG6 探沟中部。开口在①层下。打破生土。距地表深 0.2 ~ 0.35 米。方向 90°。平面呈长方形。该墓处于斜坡地带，南高北低，因耕种和水土严重流失等原因，墓葬遭到严重破坏，北壁几乎全部被破坏掉，墓壁不整齐，南壁较高，最高处为 1.3 米。因受山体挤压，南壁向内倾斜。墓口长 2.4 ~ 2.5、宽 1.22 ~ 1.55、深 0.1 ~ 1.3 米（图三六二）。墓内填土为黄褐色黏土，夹杂有部分风化的页岩石片和黑褐色黏土块，包含有两片灰色绳纹陶片。

葬具和人骨架因腐烂和遭破坏，不见痕迹，故葬具和葬式及墓主人性别、年龄均不清楚。

残存随葬器物仅 1 件陶罐和 1 件铜奁耳。

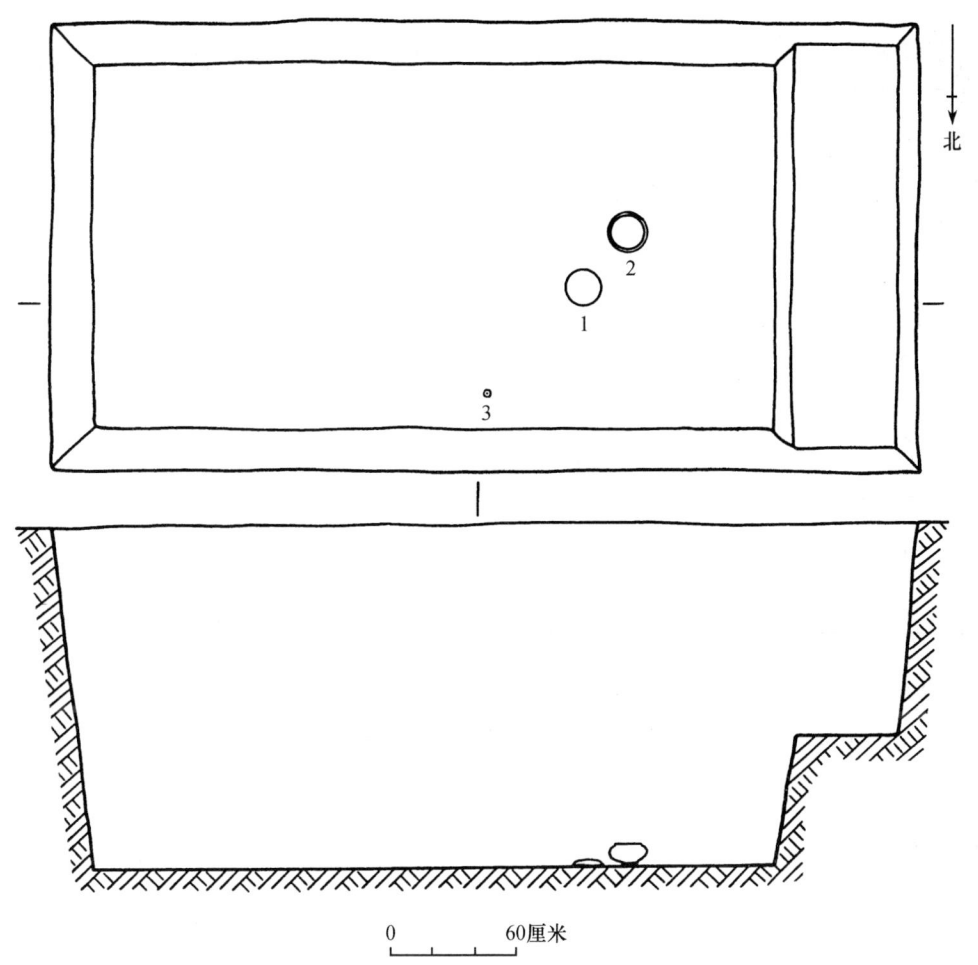

图三五九　D1 区 M139 平、剖面图
1. 陶盖　2. 陶盒　3. 铜钱

陶罐　1 件（M151:1）。复原完整。泥质灰陶。鼓肩，矮领，直口略外侈，斜沿外凸，尖唇，弧壁内收，小平底内凹。下腹及底部饰斜绳纹。口径 13.2、领高 3.9、最大腹径 23.1、底径 7.5、高 18 厘米（图三六三，1；图版一二〇，2）。

铜奁耳　1 件（M151:2）。完整。系漆奁上的附耳。器身圆形，一侧有柄，另一侧有扣环。长 4.6、宽 2.4 厘米（图三六三，2；图版一四四，6）。

㉖ M157

M157 位于 D1 区 D1T145 探方北部。开口在①层下，打破生土。距地表深 0.2～0.6 米。方向 95°。平面呈长方形。墓壁较斜而光滑，底较平。由于受山体挤压，墓南壁和北壁向北不同程度倾斜，西壁因耕种破坏较甚。墓底东部有一个长条形石条，长 0.5、宽 0.15、厚 0.37 米，用途不明。墓口残长 3.15、宽 1.86、深 0.6～1.1 米，墓底长 2.96、宽 1.7 米（图三六四）。墓内填土呈黑褐色，夹杂有灰褐色和红褐色黏土块，包含有少量泥质红陶片。

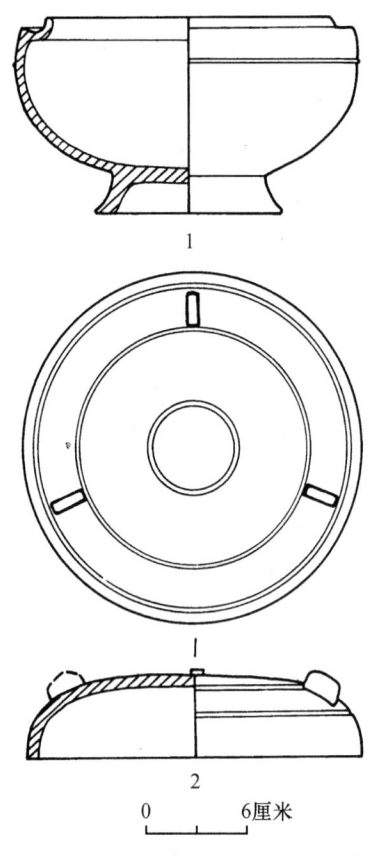

图三六〇　D1 区 M139 出土陶器
1. 盒（M139：2）　2. 盖（M139：1）

墓室中间有直径约 0.8 米的圆形盗洞，洞内土质颜色呈灰褐色，较细且松软。

葬具和人骨架均腐烂无存。葬具、葬式和墓主人性别、年龄均不详。

因严重被盗，随葬器物仅存 1 件铁斧。位于墓西南部位，刃部朝西北方向。

铁斧　1 件（M157：1）。完整，略有红褐色斑锈。平面呈长方形，刃部略窄，直刃，内空，顶端横剖面呈方形。长 10.2、顶宽 5.6、厚 2.8、刃宽 5 厘米（图三六五；彩版三五，2；图版一三五，4）。

墓坑填土中出土 23 片泥质陶片，纹饰有绳纹、刻划纹、方格纹、附加堆纹等（图三六六）。器类均为陶罐。

陶罐　4 件。均为粗泥陶。标本 M157：03，灰褐陶。广肩，敛口，折沿外侈，粗圆唇。肩部饰斜绳纹，颈部绳纹抹光。口径 21、残高 6 厘米（图三六七，1）。标本 M157：04，红陶。火候较低。广肩，折沿外侈，沿较厚，沿面微鼓，尖唇。口径 15、残高 5.5 厘米（图三六七，2）。标本 M157：02，红褐陶。肩略鼓，折沿外侈，尖圆唇。肩部饰刻划纹，颈部刻划纹抹光。口径 19.2、残高 5.8 厘米（图三六七，4）。标本 M157：05，灰陶。鼓肩，矮领，直口，宽平沿外凸，圆唇。口径 17、残高 4.6 厘米（图三六七，3）。

2. 岩坑墓

① M29

M29 位于 D1 区 D1T201 探方内。开口在①层下，打破生土。距地表深 0.15～0.51 米。方向 27°。因砖厂取土墓口及墓道被挖去大部分。墓南边高，北部低，平面呈凸字形。在砂岩上挖掘墓坑，形制规整。由墓室和墓道两部分组成。墓室较深，壁较斜，底较平，底周围有生土二层台。墓道在墓室北边中部，呈北高南低向墓室内倾斜，坡度约 5°。壁和墓道底较光滑，墓道底口部较宽，越往下越窄。墓口残

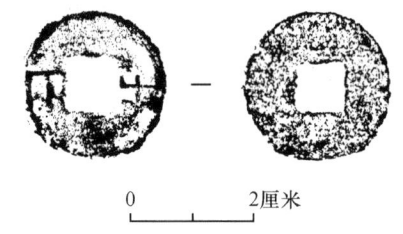

图三六一　D1 区 M139 半两钱币拓片
（M139：3）

长 4.1、宽 2.9、深 3.5～5.1 米，墓底长 3、宽 1.9 米。墓道口长 4.2、宽 2、深 0～2.14 米，墓道底长 4.4、宽 1.13～2 米。生土二层台宽 0.32～0.4、高 0.48 米（图三六八；图版一三六，1）。墓内填土为五花土，包括黄褐色黏土，红褐色黏土块，夹杂有大量的页岩石头，少数石头较大，重者 100 公斤左右，均为回填土。土质较硬，似经夯打过。包含有少量周代绳纹陶片。

葬具仅存椁室腐烂痕迹，边缘紧贴生土二层台，长 2.5、宽 1.24、高 0.48 米。随葬器物位于椁室西边，椁室东边空位较大，应是置棺的位置。葬具为单棺单椁。

人骨架腐烂无存。葬式及墓主人性别、年龄不详。

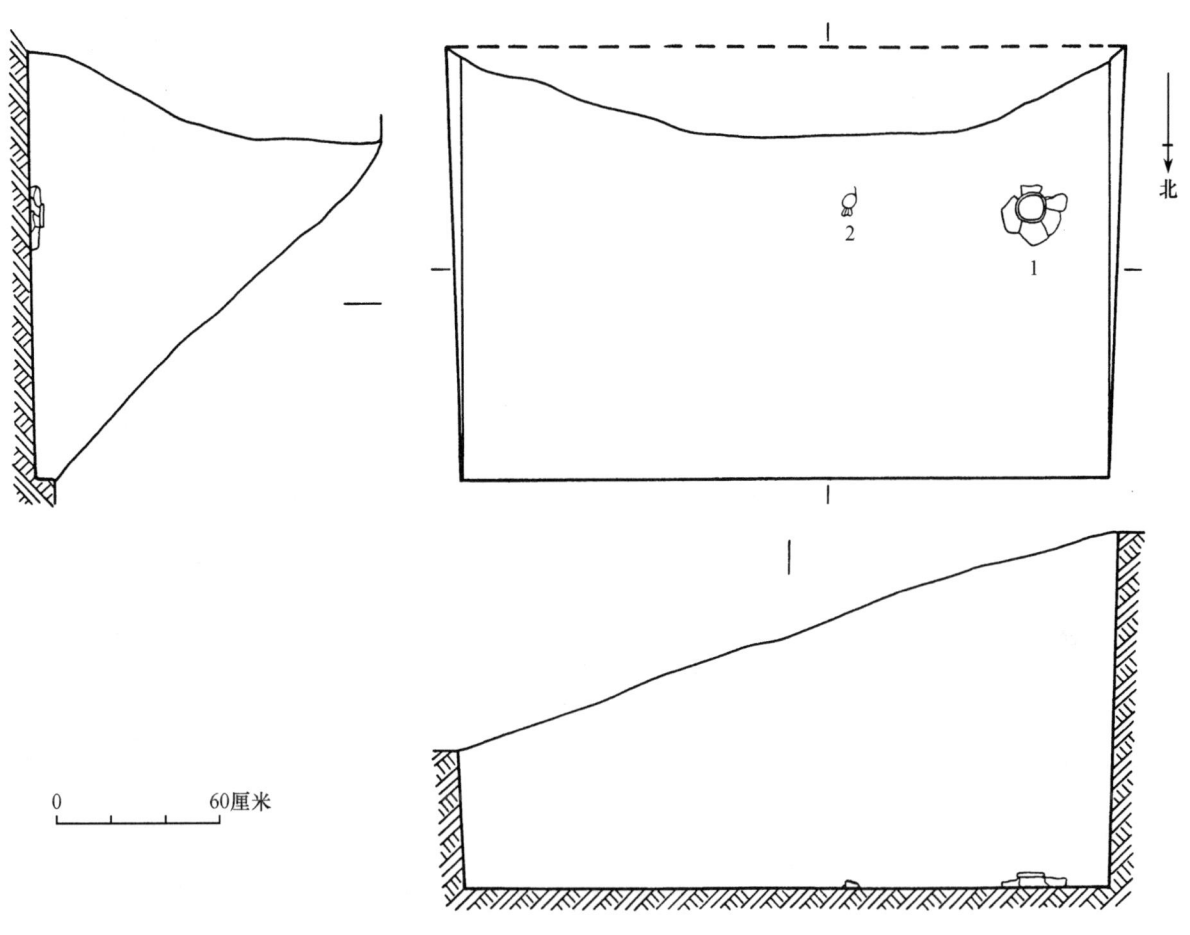

图三六二　D2 区 M151 平、剖面图
1. 陶罐　2. 铜盉耳

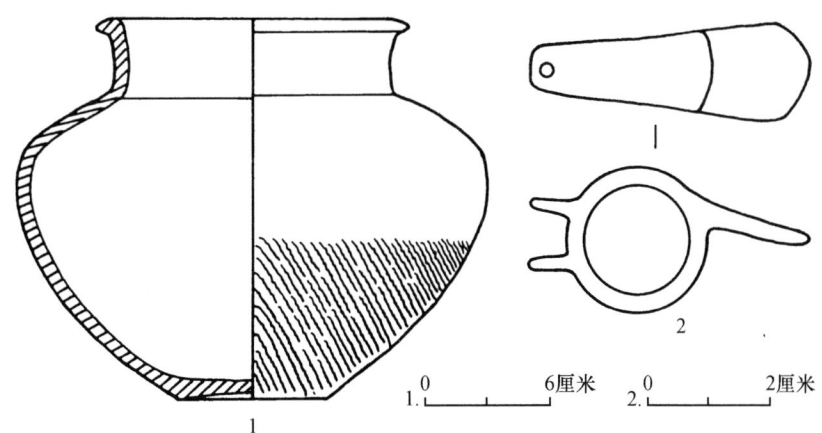

图三六三　D2 区 M151 出土器物
1. 陶罐（M151∶1）　2. 铜盉耳（M151∶2）

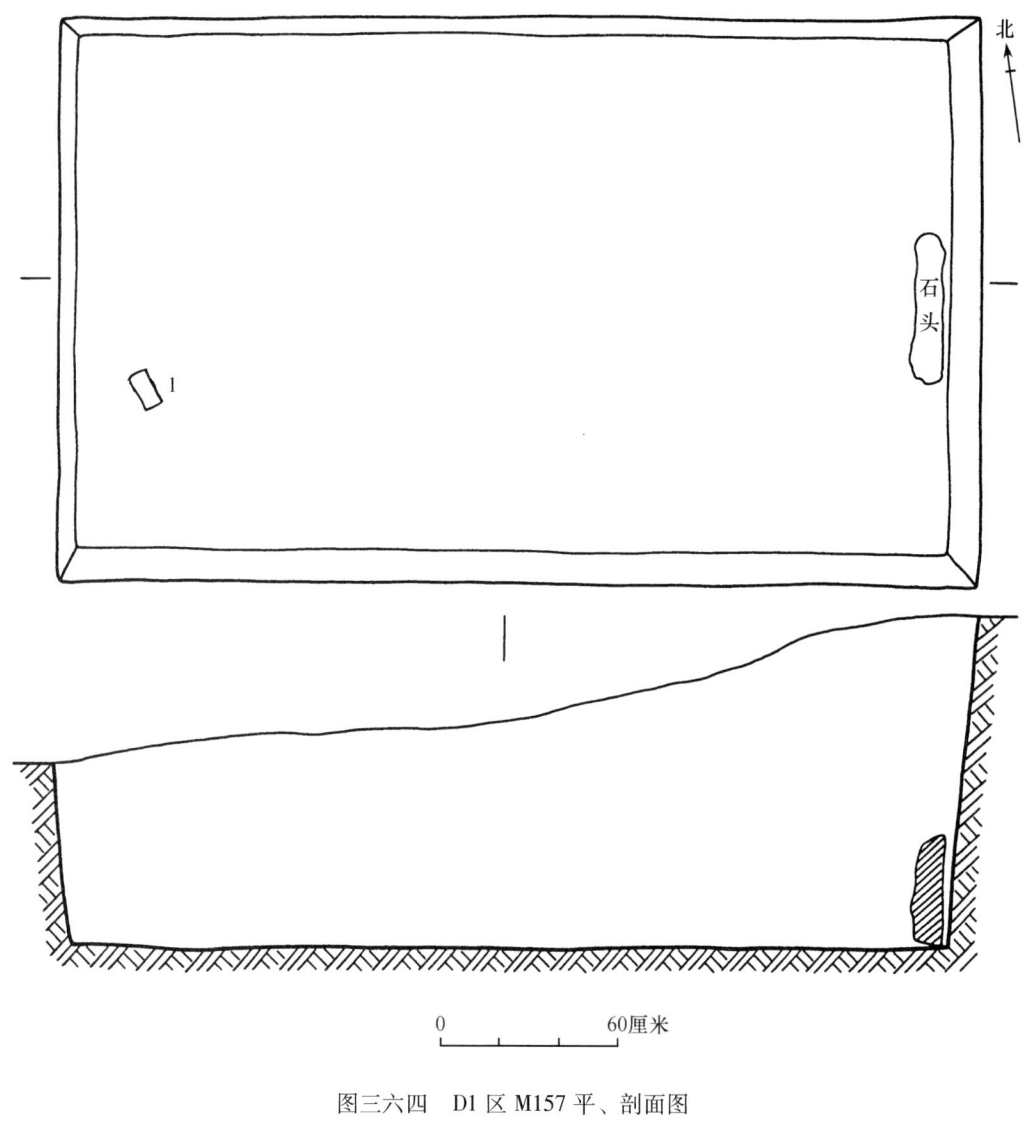

图三六四　D1 区 M157 平、剖面图
1. 铁斧

　　随葬器物均放置于椁室西边，即椁室边箱之内，呈南北向直线排列，北边器物分布较密集（图版一三六，2）。有铜器和陶器两类，摆放有规律，分类放置，而且器物成对出土。铜器放置于边箱的南部，陶器放置于边箱的北部，基本上相同器物安放在一起，如陶壶和陶壶在一块，陶鼎和陶鼎在一块。器类有铜鼎、铜壶、铜车軎、铜环、铜鱼钩、陶鼎、陶盒、陶壶等。保存较好，少数陶器破碎，但均复原完整。

　　铜鼎　1件（M29:8）。完整。保存特别好，基本上没有锈蚀。器身略呈扁圆形，子口内敛，弧壁内收，圜底，附曲尺形耳略外撇，矮兽蹄形足，盖呈弧面，盖上有三个轭形钮。腹部饰一道凸弦纹。口径15、腹径17.8、腹深9.9、耳长5.9、足高8.1、通高16.2厘米（图三六九，2；彩版二四；图版一三八，1）。经鉴定为国家一级文物。

　　铜壶　1件（M29:9）。复原完整。器形规整，花纹细密。铸造工艺较精。长颈，口略外侈，方唇，鼓腹，下腹内收，平底，圆圈足外撇，盖面圆弧，盖上有三个兽形钮，腹部有两个对称的铺首衔环。颈部饰蕉叶纹，腹部和圈足饰四组蟠虺纹纹带，腹部蟠虺纹带之间饰三组弦纹，每组弦纹由两道宽凹弦纹组成。口径9、颈长7.5、腹径15.6、圈足径13.8、圈足高4.2、通高30厘米

（图三六九，1；图三七〇，6~8；彩版二二；图版一三七，1）。

铜车軎　1件（M29:10）。完整。軎体呈圆形，首端折沿，沿面较平，内空。素面。直径4、沿径6.8、通长3.5厘米（图三六九，3；图版一四〇，2）。

铜勺　1件（M29:7）。完整。圆首箕形，后端有铜柄。出土时位于铜鼎旁边，木柄已腐烂，根据痕迹复原其长度。首箕长5.9、宽6.2、口宽6.5、柄长20厘米（图三六九，4；彩版三二，2；图版一四〇，1）。

铜环　1件（M29:11）。完整。圆形，横剖面呈圆形。直径1.8厘米（图三六九，5；图版一一五，4）。

铜鱼钩　1件（M29:12）。完整，钩尖甚利并有倒钩，尾段有系线用的凹槽，横剖面呈长方形。长2.5、钩长0.9厘米（图三六九，6；图版一一五，5）。

陶鼎　2件。均复原完整。皆泥质灰陶。标本M29:2，子口内敛，圆唇，上腹较直，下腹突厚并内收，圜底，附曲尺形耳外侈，矮锥状足，足根略平，足上部外凸，半球形盖，盖上有三个鸟首形钮。口径13.8、腹径17.4、耳长5.2、足高7.5、通高18.1厘米（图三七一，1；彩版二三，3；图版一二二，3）。标本M29:4，器身扁圆，

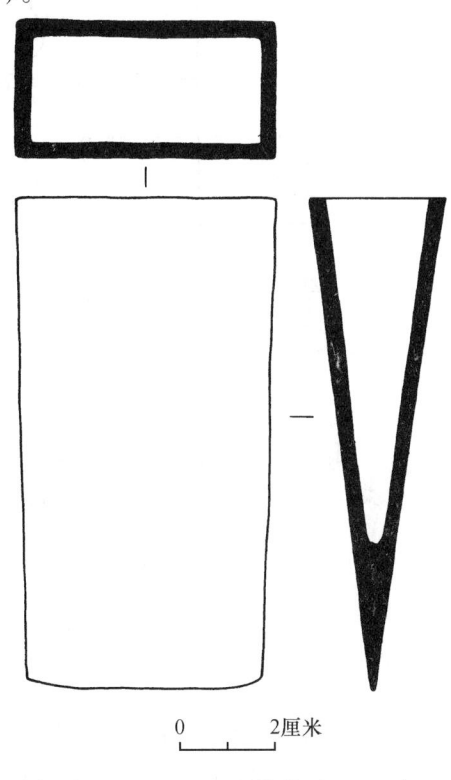

0　　　2厘米

图三六五　D1区 M157 铁斧（M157:1）

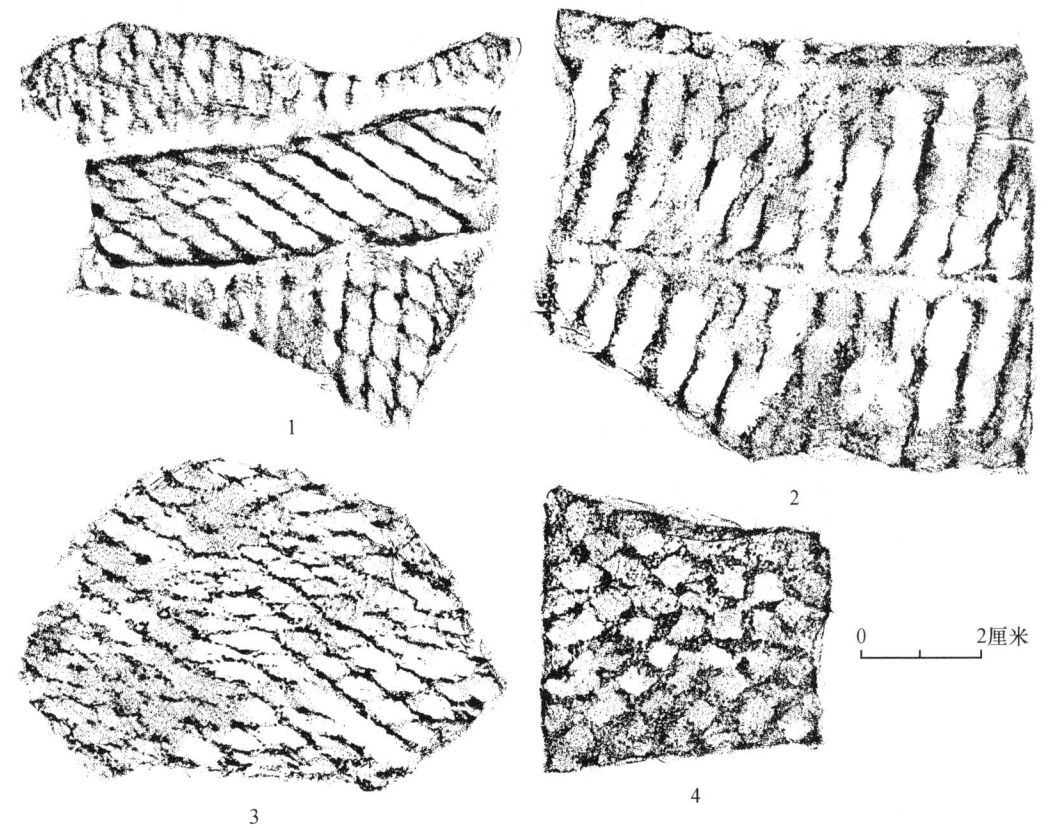

0　　　2厘米

图三六六　D1区 M157 填土陶片纹饰拓片
1. 附加堆纹（M157:06）　2. 粗绳纹（M157:08）　3. 细绳纹（M157:09）　4. 方格纹（M157:07）

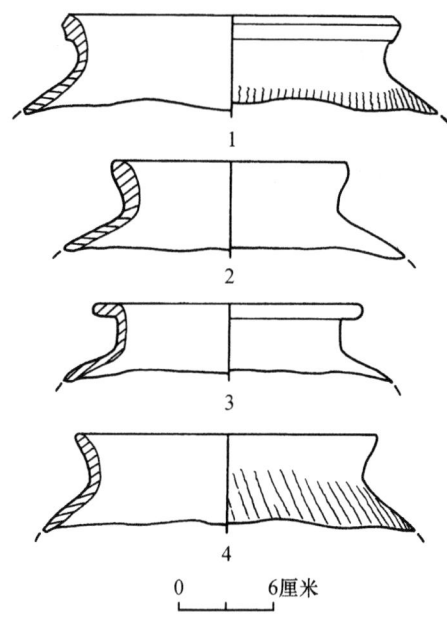

图三六七　D1 区 M157 填土出土陶罐
1. M157:03　2. M157:04　3. M157:05　4. M157:02

子口内敛，上腹略弧，下腹突厚内收，圜底，附曲形耳略外侈，圜底，矮圆锥状足，平足根，足上部外凸，半球形盖，盖上饰三个鸟首形钮。下腹部饰交错绳纹。口径 14.4、腹径 17.4、耳长 5.1、足高 7.5、通高 19 厘米（图三七○，1；图三七一，4；彩版二三，4；图版一二二，4）。

陶盒　2 件。均复原完整。标本 M29:5，泥质灰陶。器身略呈扁圆，子口内敛，弧壁内收，底较平，矮圆圈足稍外撇，覆碗形盖，矮圆圈形钮。腹部饰两道宽瓦棱纹。口径 13.2、腹径 15.6、圈足径 9、钮径 10、高 12 厘米（图三七○，2；图三七一，2；彩版二八，1；图版一一二，6）。标本 M29:6，泥质深灰陶。器身稍高，子口内敛，壁内收，底较平，矮圆圈足稍外撇，覆碗形盖，矮圈足形钮。口外饰两道瓦棱纹。口径 13.3、腹径 15.3、圈足径 9.2、高 12.8 厘米（图三七○，3；图三七一，3；彩版二八，2；图版一一二，5）。

陶壶　2 件。均复原完整。皆泥质深灰陶。火候较高。标本 M29:3，长颈较粗，口略侈，方唇，溜肩，腹略鼓，下腹内收，底近平，矮圆圈足外撇，腹部有两个对称的泥饼形耳，弧形盖，盖上有三个轭形环钮。腹部饰一道细凹弦纹。口径 9.6、腹径 17、圈足径 11、高 30.6 厘米（图三七一，5；彩版二五，2；图版一三九，2）。标本 M29:1，长颈略细，口外侈，宽方唇，鼓腹，底近平，矮粗圈足稍外撇，腹部有两个对称的泥饼形耳，弧形盖，盖上有三个轭形环钮。腹部两道细凹弦纹。口径 7.6、腹径 17.5、圈足径 12、高 28.2 厘米（图三七○，4；图三七一，6；彩版二五，1；图版一三九，1）。

② M150

M150 位于 D2 区 D2TG9 探沟西部，开口在①层下，打破生土。距地表深 0.2～0.6 厘米。方向 90°。平面呈凸字形，由墓室和墓道两部分组成。墓室被 M149 打破，墓道被人行小路打破，仅存一小部分。墓壁斜直，底较平，底部有两道枕木槽，墓道与墓底平行向外上斜，但墓道不陡，约 4°左右。墓室口长 3.1、宽 1.62、残深 0.9 米，墓底长 2.9、宽 1.4 米，墓道口残长 0.88、宽 0.85～1.05 米，墓道底长 1、墓道底宽 0.8 米（图三七二）。墓内填土为五花土，颜色较杂，有黄褐色和红褐色黏土块及黑褐土块，夹杂有页岩石片、鹅卵石。

葬具腐烂无存，仅存两道椁室枕木槽，东西向排列，长 1.06、宽 0.1、深 0.06 米。据此推测，葬具应为单椁，是否有棺，因无任何痕迹，无从推测。

人骨架腐烂无存，葬式及墓主人性别、年龄均不详。

随葬器物仅 1 件陶瓮，出土于墓室东北角。

陶瓮　1 件（M150:1）。腹部残。泥质灰陶。呈圆桶状，直腹，折肩，敞口，宽唇，底近平。陶胎较薄。火候较高。上腹部饰直绳纹，绳纹上又施旋抹弦纹。口径 24、腹径 48、高约 55 厘米（图三七三）。

3. 土圹石室墓

① M1

M1 位于 D1 区东边。开口在①层下，打破生土。距地表深 0.3～0.48 米。方向 320°。因砖瓦厂修防洪排水沟和运土通道，将该墓严重破坏，墓室北壁被挖掉，墓顶大部分已塌，仅后壁保存稍好。平面呈长方形。墓土圹壁较斜，底较平，墓室壁均用石条垒砌而成，并用黄黏土错缝（图版一四一，2），石条皆为人工打制，墓底为生土面，无任何铺垫设施。墓土圹残长7.5、宽3.6、深0.6～2.5米，墓室残长7、宽2.6、残高0.2～2.4米（图三七四；图版一四一，1）。墓室内填土呈黄褐色黏土，夹杂有许多页岩石片及紫红色沙粒。

葬具和人骨架均腐烂无存。其葬具、葬式及墓主人性别、年龄均不清楚。

随葬器物摆放无一定规律，以钱币为主，而且多成串联在一起，最多者达700多枚，次为陶仓、陶罐、陶灶、铜带钩、玻璃耳坠、玉饰等。随葬器物共7件及1200枚钱币。

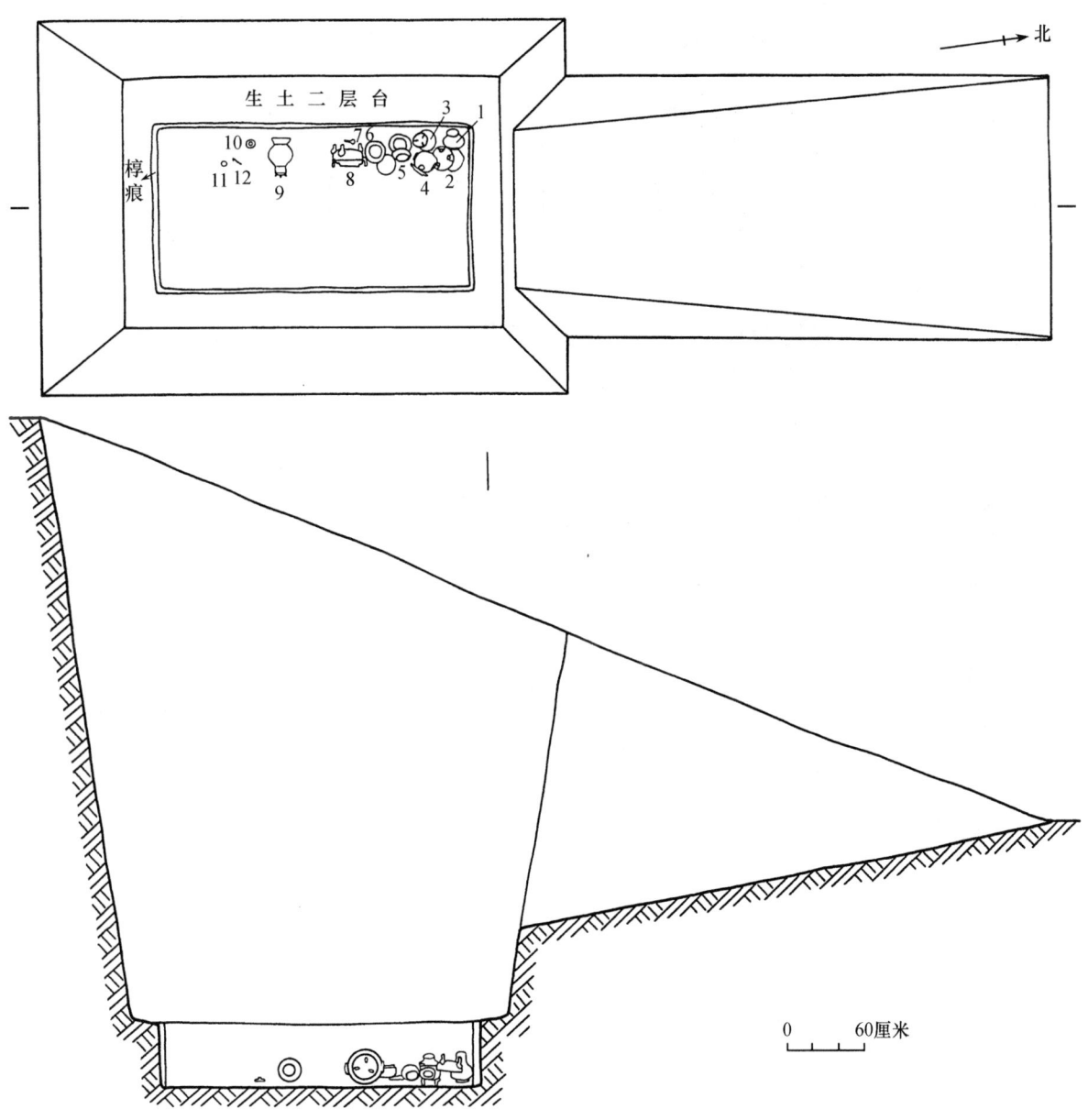

图三六八　D1区M29平、剖面图

1、3. 陶壶　2、4. 陶鼎　5、6. 陶盒　7. 铜勺　8. 铜鼎　9. 铜壶　10. 铜车軎　11. 铜环　12. 铜鱼钩

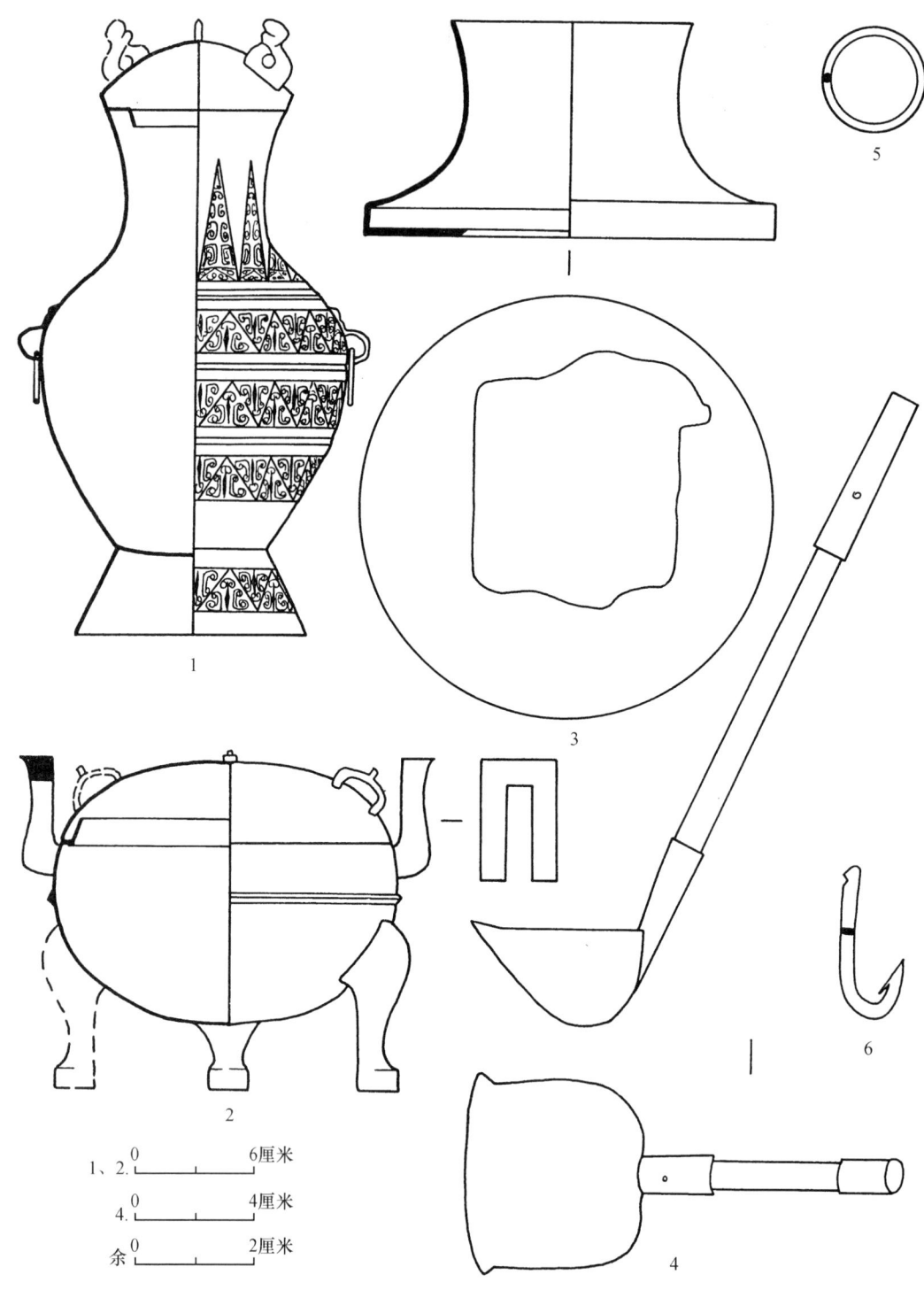

1、2. 0 ____ 6厘米

4. 0 __ 4厘米

余 0 __ 2厘米

图三六九　D1 区 M29 出土铜器

1. 壶（M29∶9）　2. 鼎（M29∶8）　3. 车軎（M29∶10）　4. 勺（M29∶7）　5. 环（M29∶11）

6. 鱼钩（M29∶12）

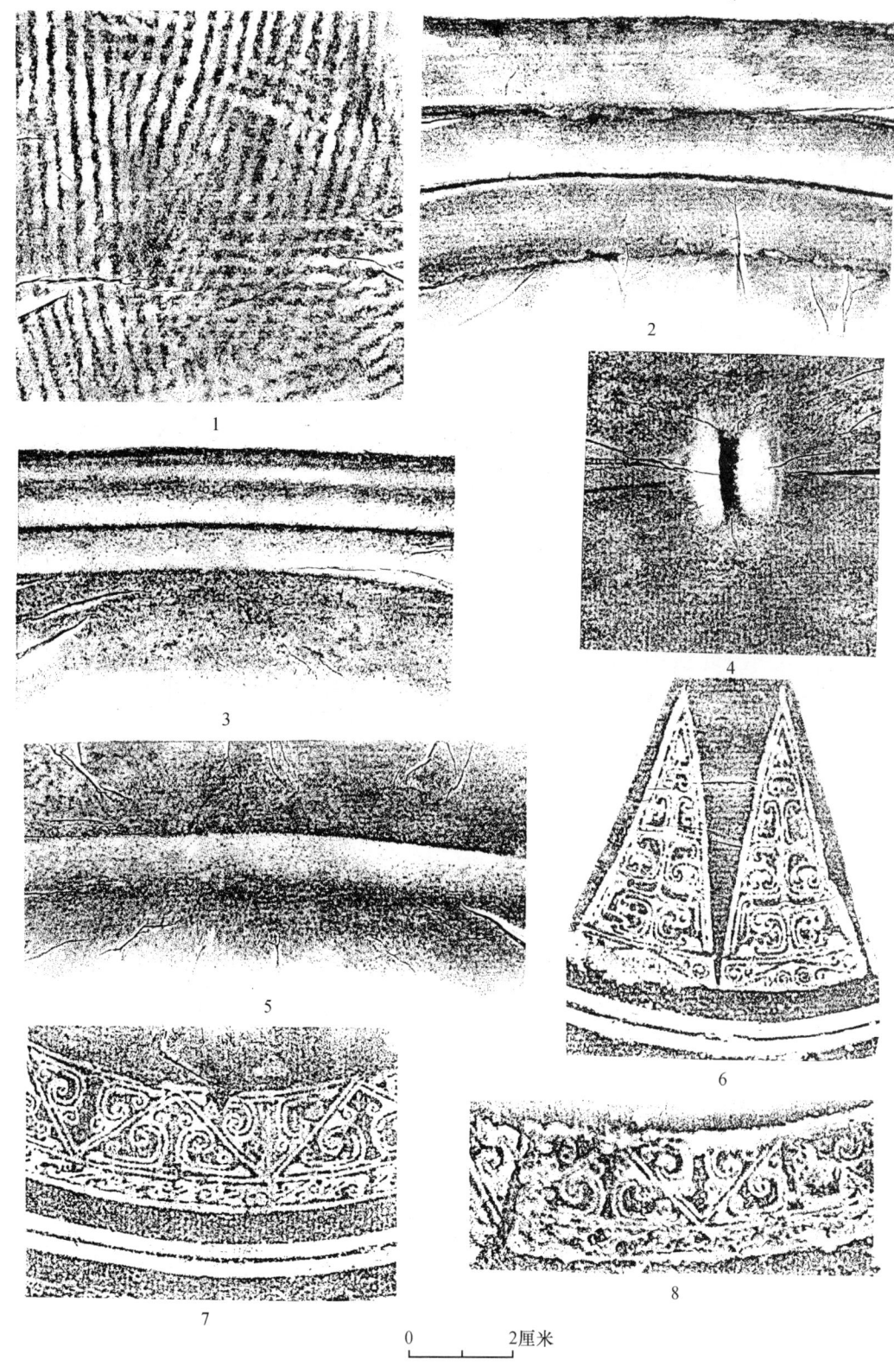

图三七〇　D1 区 M29 器物纹饰拓片

1. 绳纹（M29:4）　　2、3、5. 瓦棱纹（M29:5、M29:6、M29:3）　　4. 陶壶耳（M29:1）　　6~8. 铜壶

纹饰（M29:9 颈部、M29:9 肩部、M29:9 圈足部）

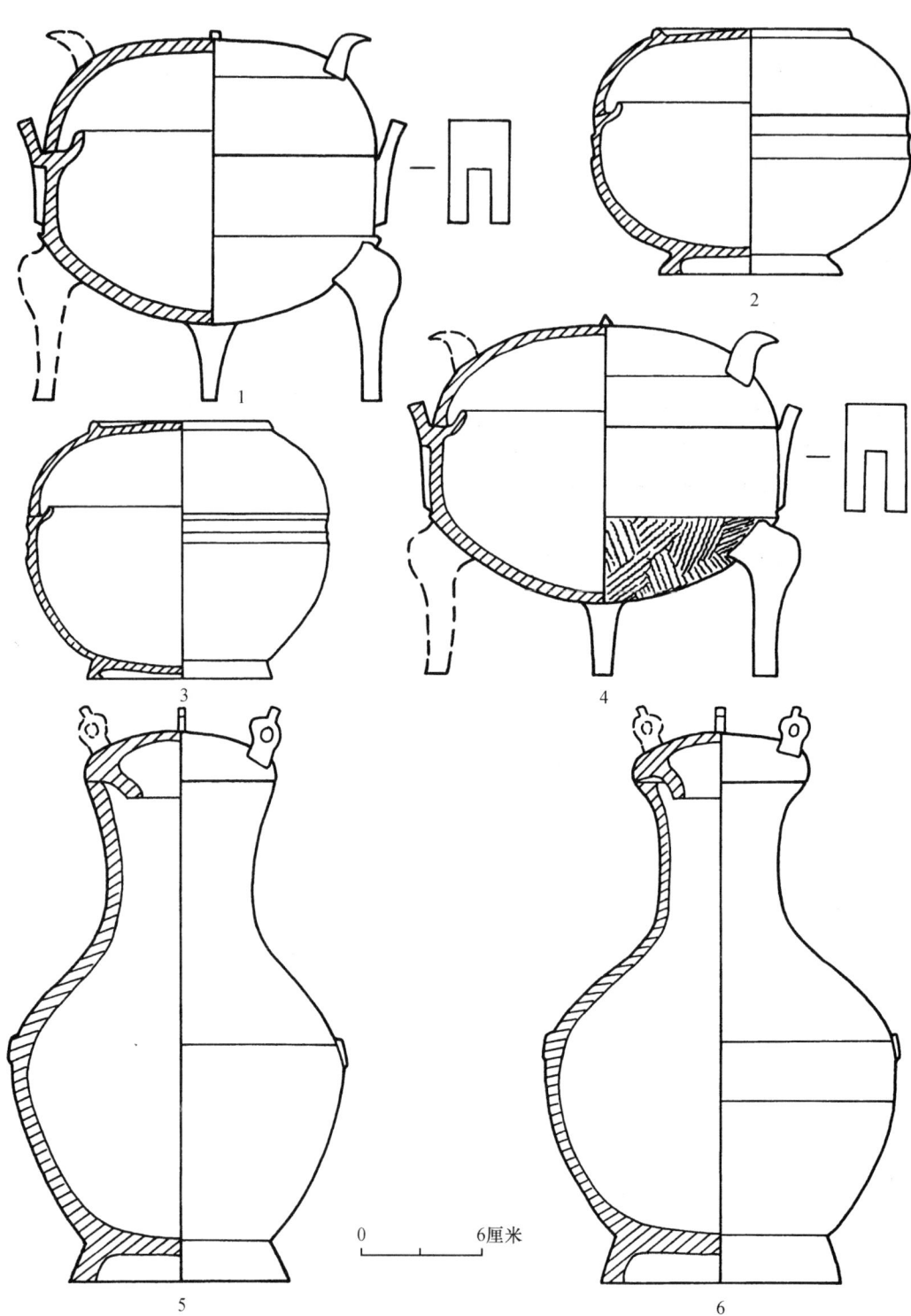

图三七一　D1 区 M29 出土陶器

1、4. 鼎（M29:2、M29:4）　　2、3. 盒（M29:5、M29:6）　　5、6. 壶（M29:3、M29:1）

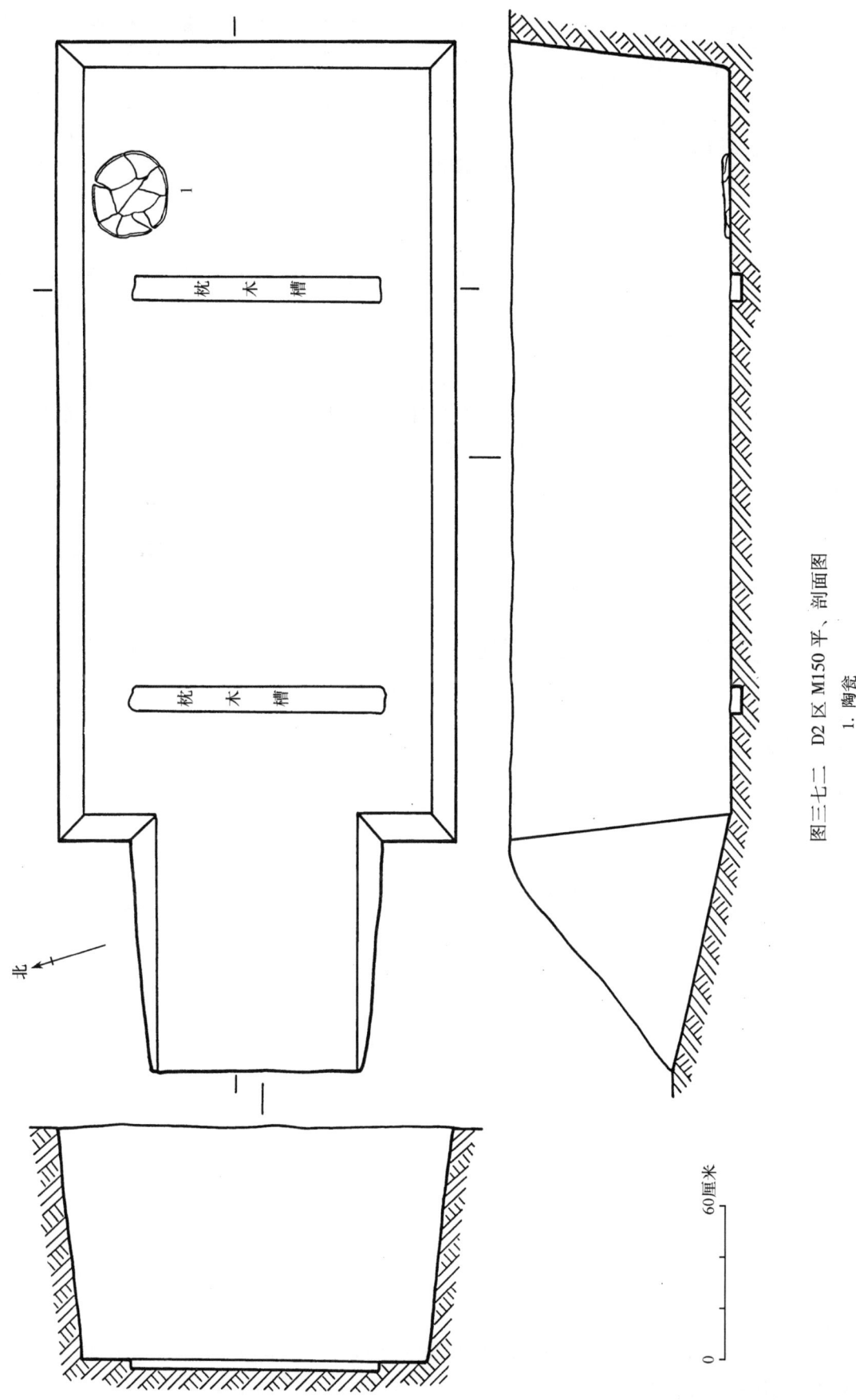

图三七三　D2 区 M150 平、剖面图

1. 陶瓮

枕　木　槽

枕　木　槽

北

60厘米

0

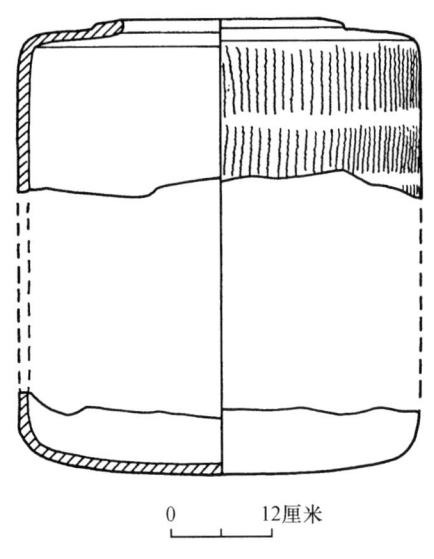

图三七三　D2区M150陶瓮（M150：1）

铜带钩　2件。标本M1：5，完整。呈虎形，作奔跑状，张嘴竖耳，尾回卷作钩头，圆形扣钮，器身上饰有较细密的块状纹饰。长9.8、宽5.5厘米（图三七五，1；彩版三二，3；图版一四六，3）。标本M1：11，完整。造型简单，呈长条形，横剖面略呈三角形，钩头作蛇首状，圆形扣钮。长9.3厘米（图三七五，2；图版一四六，5）。

陶罐　1件（M1：2）。完整。泥质黑褐色陶。胎心呈红褐色。形体矮胖，广肩，直口，方唇，鼓腹，下腹内收，平底。口径13.2、腹径24.8、底径13.2、高21厘米（图三七五，3）。

陶仓　1件（M1：13）。完整。缺盖。夹砂灰褐陶。呈圆筒状，敞口，方唇，腹壁略内收，平底，底部附四个圆柱状足，并略向外撇。仓腹部刻划一个呈"田"字形的格窗。口径20、底径18.4、足高2.8、通高20厘米（图三七五，4；图版一四二，1）。

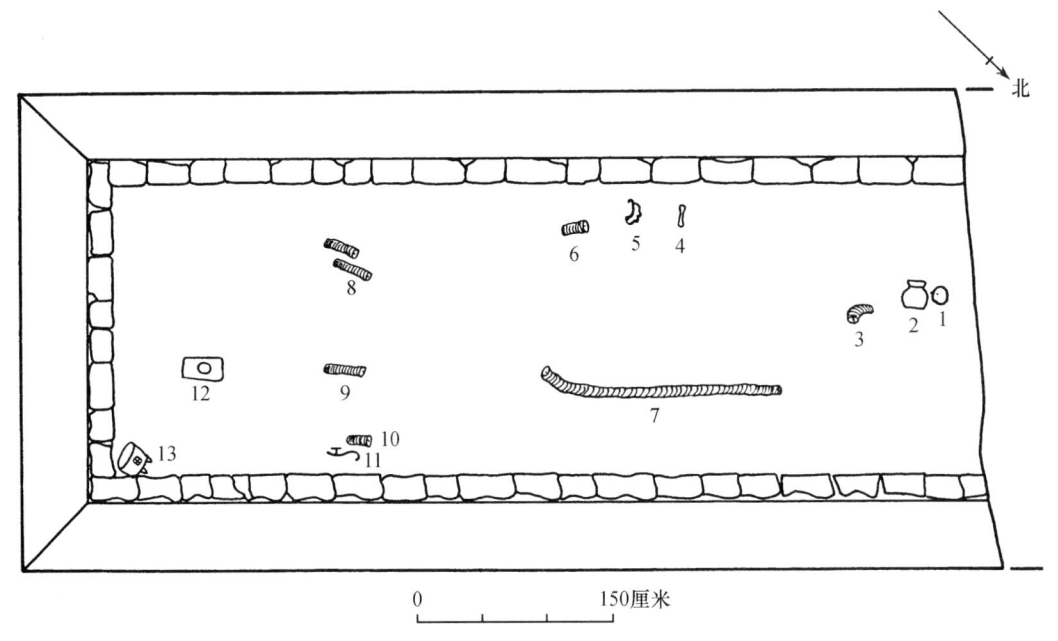

图三七四　D1区M1平面图
1. 玉饼　2. 陶罐　3、6~10. 铜钱　4. 玻璃耳坠　5、11. 铜带钩　12. 陶灶　13. 陶仓

陶灶　1件（M1：12）。完整。夹细沙灰陶。平面呈长方形，灶面中部有一个火眼，火眼上置一陶钵，右后角有一烟孔，正侧面有一圆形灶门，陶钵口略侈，斜沿，腹壁内收，圜底。长24、宽12、高5.6厘米（图三七五，7；彩版三三，2；图版一二七，3）。

玻璃耳坠　2件。形制相同。标本M1：4，完整。淡蓝色并有透明感，硬度6°~7°。中段细，顶面较小，底面较大并内凹，中间有圆孔相通。长2.7、顶面直径0.8、底面直径1.7、孔径0.2厘米（图三七五，5）。

玉饼　1件（M1：1）。乳白色，斜长石英岩，硬度5°~6°。圆饼状，横剖面呈梯形。直径2.9、厚0.5厘米（图三七五，6）。

钱币　1200枚。均为铜质钱币。有五铢、货泉、大泉五十三种。

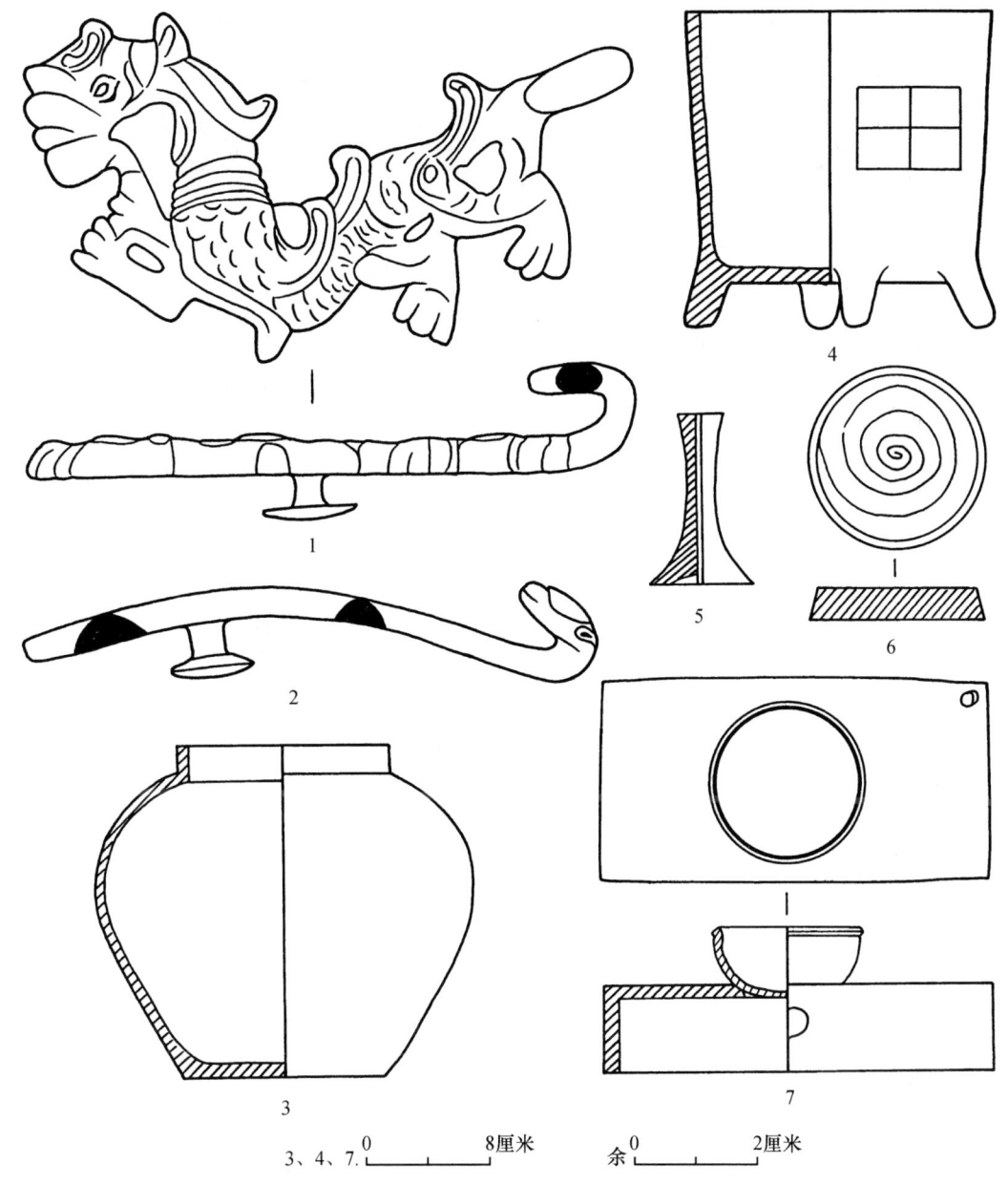

图三七五　D1 区 M1 出土器物

1、2. 铜带钩（M1：5，M1：11）　3. 陶罐（M1：2）　4. 陶仓（M1：13）　5. 玻璃耳坠（M1：4）

6. 玉饼（M1：1）　7. 陶灶（M1：12）

五铢　1143 枚。分 A、B、C 三型。

A 型　562 枚。面、背郭较窄，穿大小有异，铸造工艺较粗糙。直径 2.4 厘米。面文"五"字中间两笔较斜直，"朱"字头方折（图三七六，1）。为西汉早中期钱币。

B 型　321 枚。面、背郭有宽窄之异，穿有大小之别。直径 2.5 ~ 2.6 厘米。面文"五"字像两炮弹相对，"铢"字金旁的头较小，呈箭头状（图三七六，2）。为西汉晚期钱币。

C 型　260 枚。面、背郭有宽窄之别，穿有大小之分，有穿下横。铸造工艺较精。直径 2.5 厘米。面文"五"字较宽大，"铢"字金旁的头较大，呈三角形，"朱"旁上部转角处圆折（图三七六，3）。为东汉早中期钱币。

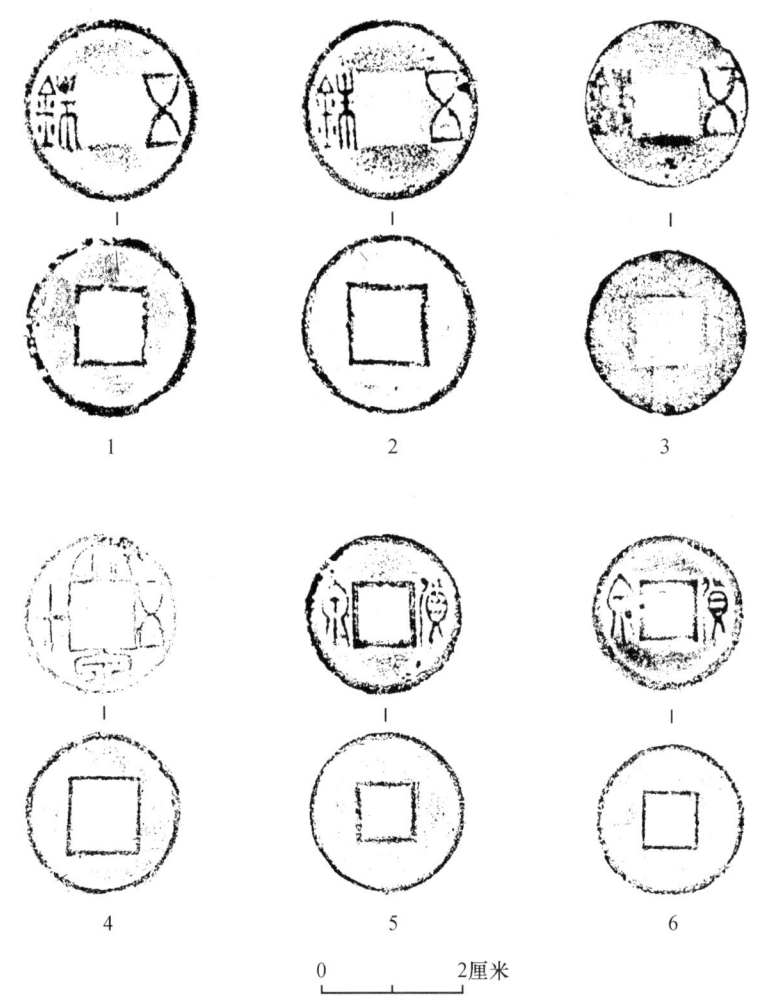

图三七六　D1 区 M1 钱币拓片

.A 型五铢（M1:3）　2.B 型五铢（M1:6）　3.C 型五铢（M1:7）　4.大泉五十（M1:8）　5、6.货泉（M1:9、M1:10）

货泉　56 枚。有内、外郭，"货泉"二字作悬针篆，"泉"字竖笔断开。直径 2.3 厘米（图三七六，5、6）。为王莽时期所铸钱币。

大泉五十　1 枚（M1:8）。内外郭清晰，"大泉五十"四字作悬针篆。直径 2.3 厘米（图三七六，4）。属于王莽时期所铸钱币。

② M41

M41 位于 D1 区 D1T4 探方内。开口在①层下，打破生土。距地表深 0.3 米。方向 353°。因修公路墓室北部被破坏掉，墓壁大部分及墓顶倒塌。南壁因山体挤压向内倾斜。平面呈长方形。墓土圹壁较斜而整齐，墓圹底较平直。墓室为条石垒砌而成，用黄黏土错缝，墓底为生土，没有任何铺垫设施。条石为石灰岩，大小及厚薄均不一致，系人工打制，条石长 0.1～0.4、厚 0.05～0.15、宽 0.16～0.23 米。墓土圹残长 2.6、宽 2.9、残深 0.5～1.6 米，墓室残长 1.6～2.4、宽 2.7 米（图三七七；图版一四三,1）。墓内填土较杂，有黄褐色黏土及页岩石片等物，包含有极少量绳纹红褐色陶片。

葬具腐烂无存。但西南角有一段长约 0.45 米呈南北向的腐烂痕迹，应为椁痕。其余部位为火烧过的红色烧土及黑色灰烬，似为人为所致。

墓内经人为破坏和焚烧，有不少零碎骨骼存在，但葬式不明，其性别、年龄均不详。

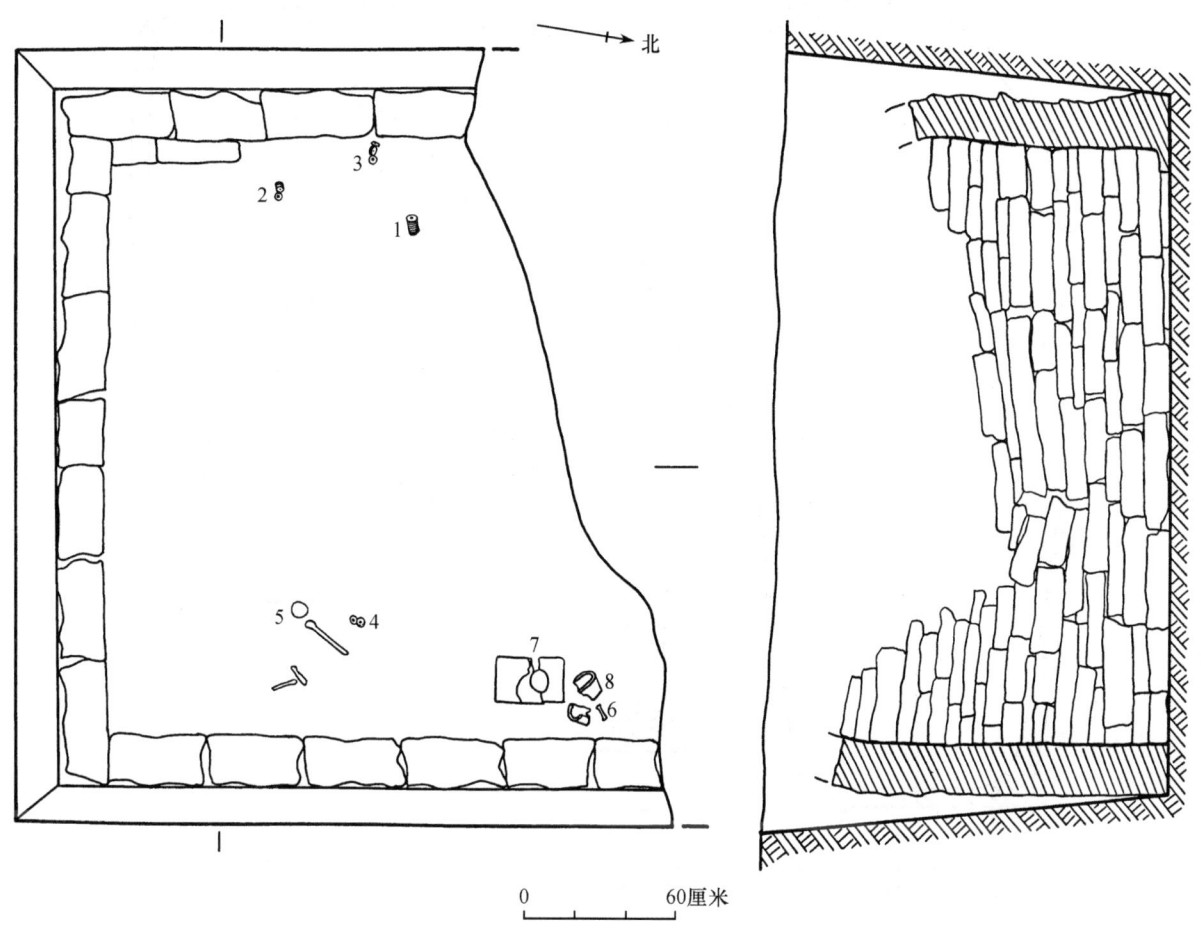

图三七七　D1 区 M41 平、剖面图
1~4. 铜钱　5. 银环　6. 玻璃耳坠　7. 陶灶　8. 陶仓

随葬器物较少，有陶灶、陶仓、银环、玻璃耳坠和钱币（图版一四三，2）。器物摆放规律不明确，部分钱币因火烧和锈蚀而粘连在一起。

陶仓　1 件（M41:8）。复原完整。泥质灰陶。呈圆筒状，直口略侈，方唇，平底，底下面附三个圆形柱足，上腹部有一方形刻划纹（应为门或窗）。口径 15、底径 11.3、器身高 13.7、通高 18 厘米（图三七八，2；图版一四二，3）。

陶灶　1 件（M41:7）。复原完整。泥质灰陶。平面呈方形，中部有一圆形火眼，内空，正面略呈梯形，中部有长方形灶门。面长 18、宽 17、底长 20.1、宽 18、火眼直径 10.8、灶门高 3.3、宽 6、灶通高 7.8 厘米（图三七八，4；彩版三三，4；图版一一六，4）。

银环　1 件（M41:5）。圆形，横剖面略呈长方形。直径 6.9 厘米（图三七八，1；图版一一五，6）。

玻璃耳坠　1 件（M41:6）。深绿色。硬度 6°~7°。中段较细，顶面略粗，底面较宽并内凹，中间有圆形小孔相通。高 2.6、顶面径 0.8、底面径 1.4 厘米（图三七八，3；图版一四四，1）。

钱币　21 枚。均为铜质钱币。皆为五铢。分 B、C 二型。

B 型　11 枚。面、背郭宽窄有异，穿有大小之分，铸造工艺较精。直径 2.6 厘米。面文"五"字像两炮弹相对，"铢"字金旁的头小，呈箭头状（图三七九，1）。为西汉晚期钱币。

C 型　10 枚。面、背郭有宽窄之异，穿有大小之分，铸造工艺较精。直径 2.5 厘米。面文

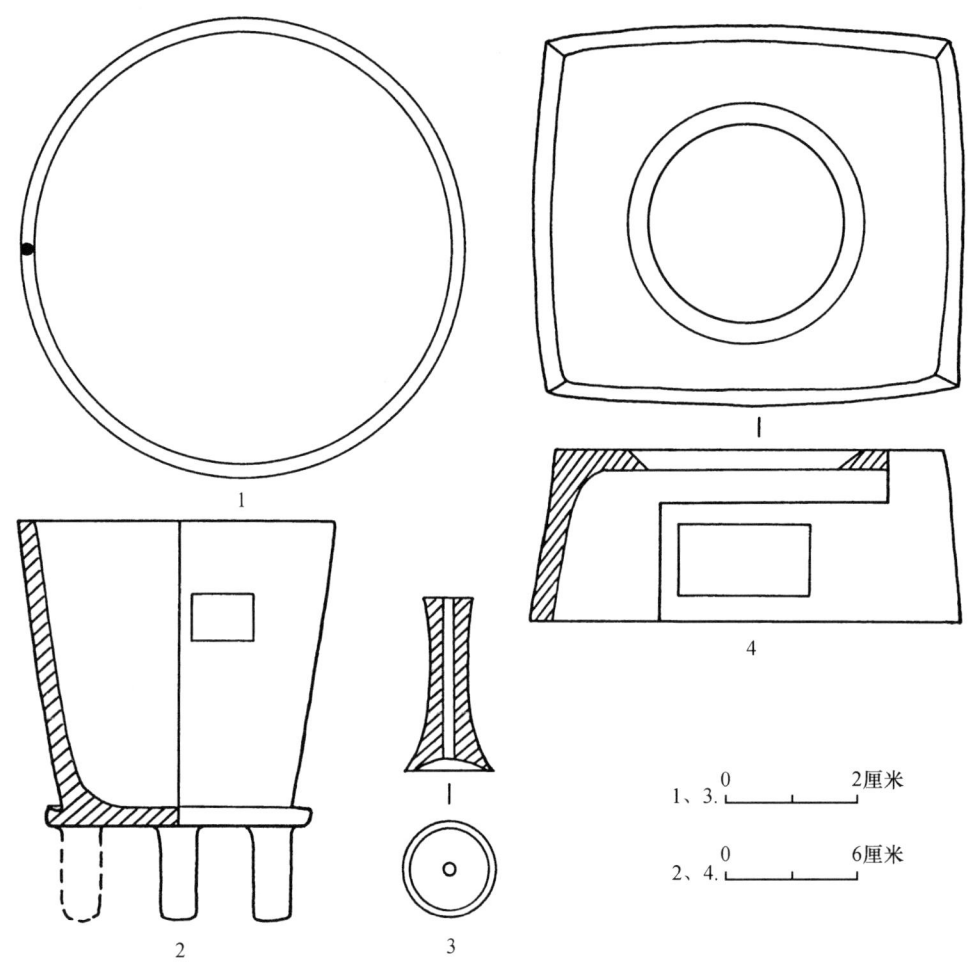

图三七八　D1 区 M41 出土器物

1. 银环（M41:5）　2. 陶仓（M41:8）　3. 玻璃耳坠（M41:6）　4. 陶灶（M41:7）

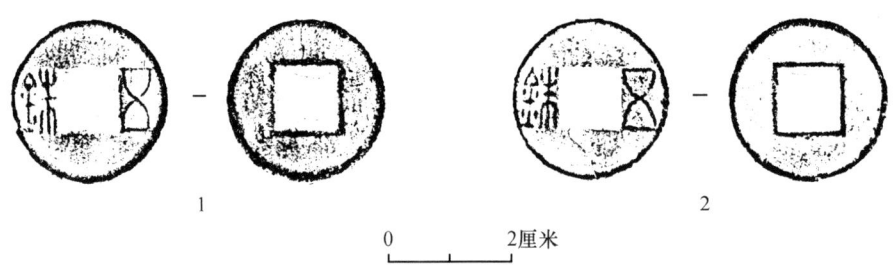

图三七九　D1 区 M41 五铢钱币拓片

1. B 型（M41:1）　2. C 型（M41:2）

"五"字较宽大，"铢"字金旁的头较大，呈三角形，"朱"旁上部转角处圆折（图三七九，2）。为东汉早中期铸造的钱币。

③ M51

M51 位于 D1 区 D1T20 探方内及 D1T26 探方东北部。开口在①层下，打破生土，但又被 M46 打破。距地表深 0.34~0.51 米。方向 170°。M51 所处地势南高北低，由于长期水土流失和耕种等原因，致使墓葬遭到严重破坏，墓室北部被破坏掉，墓壁大部分及券顶倒塌，东壁被 M46 打破。墓土圹壁较直，底较平，南部有一台阶。墓室由石条垒砌而成，并用黄黏土错缝。南部有一台阶，台阶与墓室底部砌有一道石坎，石坎与台阶平齐。墓室底部没有任何铺垫设施。土圹残长 5.2 ~ 6.2、宽 2.5、深 0 ~ 1.6 米，墓底残长 5 ~ 6、宽 2.1 米。墓室残长 5 ~ 6、宽 2.1、残高 0.15 ~ 1.4 米，台阶长 2.3、宽 1.69、高 0.3 米（图三八〇；图版一四七，1）。墓内填土为灰褐色及黄褐色五花土，夹杂有墓券顶和墓壁倒塌的石条，并包含有少量的泥质绳纹红陶片。

墓室中部发现有火烧的灰烬和木炭，墓底局部被火烧成红烧土，较硬。在灰烬中有被火烧过的骨骼。墓室西边和台阶上发现有人的肢骨，比较零乱。从整个情况观察，该墓显然被盗扰乱过，而且还用火将墓内葬具及有关设施焚烧。由此，葬具、葬式及墓主人性别、年龄不清楚。

随葬文物基本上被盗窃一空，仅存 36 枚钱币。钱币放置于墓室台阶之上。

钱币　36 枚。均为铜质钱币。有五铢、大泉五十、货泉三种。

五铢　23 枚。分 A、B、C 三型。

A 型　4 枚。面、背郭较窄，穿较大，铸造工艺较粗糙。直径 2.4 厘米，钱文"五"字两笔较斜直，"朱"字头方折（图三八一，8、10）。为西汉早中期钱币。

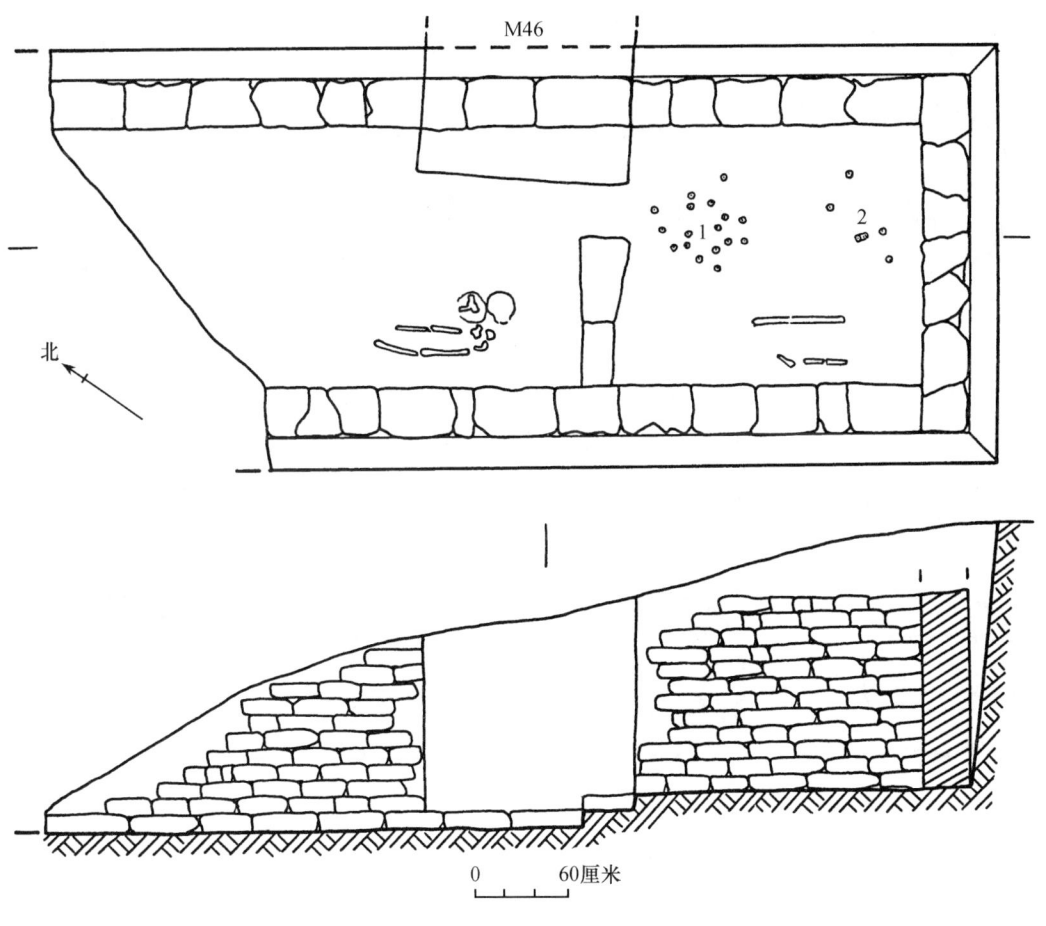

图三八〇　D1 区 M51 平、剖面图

1、2. 铜钱

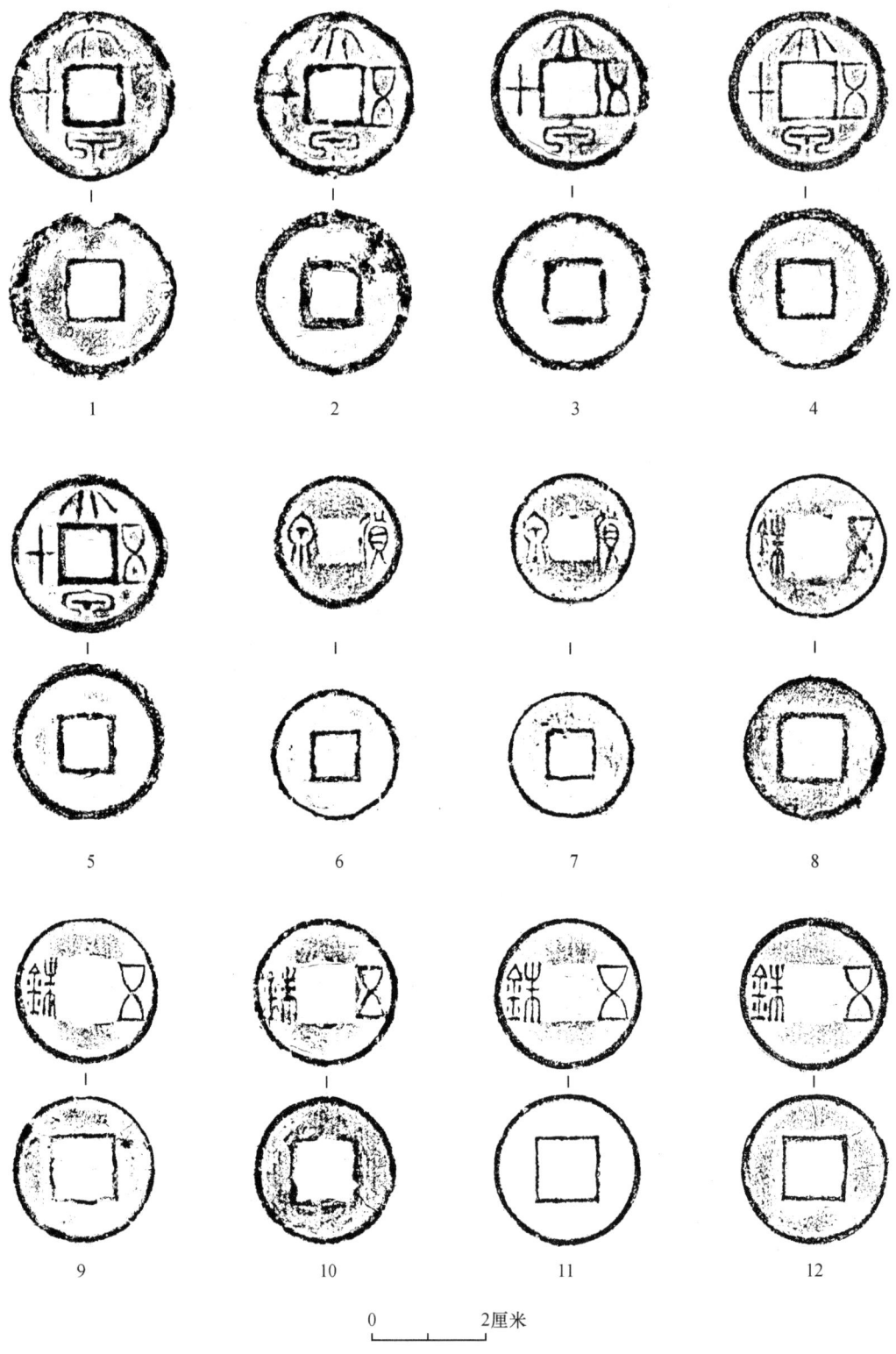

0 ────── 2厘米

图三八一　D1 区 M51 钱币拓片

1～5. 大泉五十（M51:1、M51:2、M51:3、M51:4、M51:5）　6、7. 货泉（M51:6、M51:7）　8、
10. A 型五铢（M51:8、M51:10）　9. B 型五铢（M51:9）　11、12. C 型五铢（M51:11、M51:12）

B 型　11 枚。面、背郭有宽窄之异，穿有大小之分，有穿下半星。铸造工艺有精劣之别。直径 2.5～2.6 厘米。钱文"五"字像两炮弹相对，"铢"字金旁的头小，呈箭头状（图三八一，9）。为西汉晚期所铸钱币。

C 型　8 枚。面、背郭有宽窄之分，穿有大小之别，铸造工艺较精。直径 2.6 厘米。钱文"五"字较宽大，"铢"字金旁的头较大，呈三角形，"朱"旁上部转角处圆折（图三八一，11、12）。属东汉早中期钱币。

货泉　7 枚。面、背郭有宽窄、深浅之异，均无面内郭，面文笔画有粗犷纤秀之分。直径 2.2～2.4 厘米（图三八一，6、7）。为西汉王莽时期所铸钱币。

大泉五十　6 枚。面、背郭均宽，郭有深浅、体有厚薄之异。铸造工艺较粗糙。直径 2.7～2.9 厘米（图三八一，1～5）。为王莽时期所铸钱币。

④ M55

M55 位于 D1 区 D1T50 探方内及 D1T51 探方西南角、D1T58 探方东北角、D1T59 探方西北角。开口在①层下，打破生土。距地表深 0.2～0.4 米。方向 150°。该墓因长期山洪雨水冲刷和耕种等原因，遭到严重破坏，北壁早已破坏掉，墓壁大部分及券顶均倒塌。平面略呈长方形，墓土圹壁较直，墓底较平整，墓室南部有一台阶，东壁南部向墓室后壁伸出 0.6 米。墓室由条石垒砌而成，并用黄黏土错缝。墓室南部有台阶。墓底及台阶上没有任何铺垫设施，直接利用生土地面使用。墓土圹口残长 6.4、宽 3、残深 0.15～1.8 米，土圹底长 6.2、宽 2.6 米。墓室口长 6.2、宽 2.6、深 0.15～1.75 米，墓室底长 6、宽 2.4 米，台阶长 2.8、宽 2、高 0.25 米（图三八二；图版一四七，2）。条石均为人工打制，未经仔细加工，一般长约 0.3～0.45、宽 0.2～0.25、厚约 0.12 米。填土为黄褐色和灰褐色五花土，上部较硬，下部较松软，而且黏性特别强。填土中夹杂有墓壁和墓券顶倒塌的石条，包含物有部分动物骨骼和周代绳纹红陶片，器类有鬲、罐等。

因腐烂和被盗扰乱等原因，葬具不存。在接近墓底的淤土中，发现一片漆皮痕迹，长 1.8、残宽约 0.20～0.25、痕迹距南壁 0.4、距西壁 0.55 米。漆皮为黑漆皮，其上绘红色彩纹。推测应为棺材腐烂后的漆皮。人骨架腐烂无存，其葬式及墓主人性别、年龄均不详。

因严重被盗和扰乱破坏，随葬器物大部分被盗，仅存少部分小件器物，较集中分布在墓室中部，其中铁刀和削的尖锋均朝向北面。共 10 件器物和 229 枚钱币。器类有铜带钩、铜圈、铁刀、铁削、铁棺钉、铁棺扣、玻璃耳坠等。

铜带钩　1 件（M55:9）。完整。长条形，横剖面呈半圆形，器身略弧，钩头呈蛇首状，圆饼形钮，通体饰飞鸟、奔跑状动物及云纹等花纹。长 13.7、宽 1.3、钮径 2.2 厘米（图三八三，4；图版一四六，1）。

铜圈　1 件（M55:7）。完整。圆形，横剖面呈"V"字形，应为漆奁口沿上的装饰件。直径 14.5 厘米（图三八三，6）。

铁刀　1 件（M55:3）。完整。保存较好，外表略有黑褐色斑锈。直背，刃略弧，椭圆形环首。刃部有缺痕。长 45.6、宽 2.5、背厚 0.9、环首长径 5.7 厘米（图三八三，5；图版一四八，4）。

铁削刀　1 件（M55:4）。较完整，尖锋略残，稍锈蚀。直背，弧刃，扁圆形环首，环首焊接在器身上。刃部有使用缺痕。残长 23.5、宽 1.8、背厚 0.6 厘米（图三八三，9；图版一四八，5）。

铁棺扣　3 件。标本 M55:8，完整。略锈蚀。呈"S"形，一边较厚，另一边有刃。长 9.6、宽 3、背厚 0.4 厘米（图三八三，1；图版一二三，1）。标本 M55:10，完整。略锈蚀。器形较小而薄，呈"S"形。一边较厚，一边有刃。长 8.7、宽 1.3、背厚 0.25 厘米（图三八三，7）。

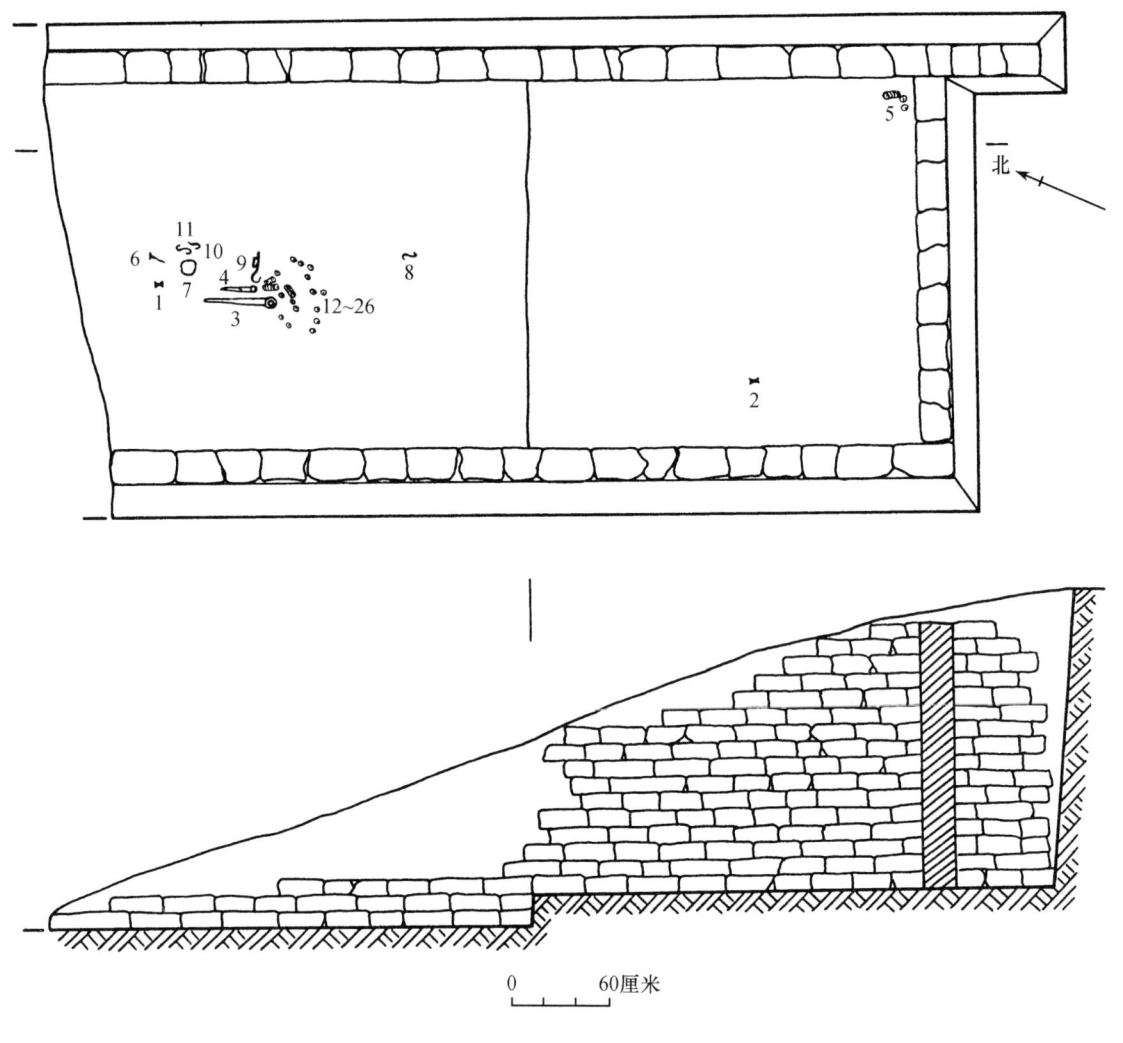

图三八二　D1 区 M55 平、剖面图

1、2. 玻璃耳坠　3. 铁刀　4. 铁削刀　5、12～26. 铜钱　6. 铁棺钉　7. 铜圈　8、10、11. 铁棺扣　9. 铜带钩

铁棺钉　1 件（M55:6）。略残。方锥状，顶端有圆弧形帽。残长 6.5、帽径 1.7 厘米（图三八三，8；图版一四八，3）。

玻璃耳坠　2 件。形制基本相同。皆完整。标本 M55:2，深绿色。中部细，顶面和底面较粗，底面内凹较深，中间穿孔。顶面径 0.9、底面径 1.2、孔径 0.15、高 1.85 厘米（图三八三，2）。标本 M55:1，器形较大，顶面较小，底面大，中间圆孔相通而较粗。顶面径 0.9、底面径 1.6、高 2.6、孔径 0.2 厘米（图三八三，3；图版一四四，2）。

钱币　229 枚。均为铜质钱币。有货泉、五铢、大泉五十三种。

五铢　226 枚。分 A、B、C 三型。

A 型　11 枚。其中剪轮 2 枚。面、背郭有宽窄之异，穿有大小之别，铸造工艺有精劣之分。直径 2.3～2.6 厘米。面文"五"字中间两笔较斜直，"朱"字头方折（图三八四，3、4）。为西汉早中期钱币。

B 型　85 枚。其中剪轮 15 枚。面、背郭宽窄之异，穿有大小之分。铸造工艺有精劣之别。直径 2.4～2.5 厘米。面文"五"字像两炮弹相对，"铢"字金旁的头小，呈箭头状（图三八四，5～9）。属西汉晚期钱币。

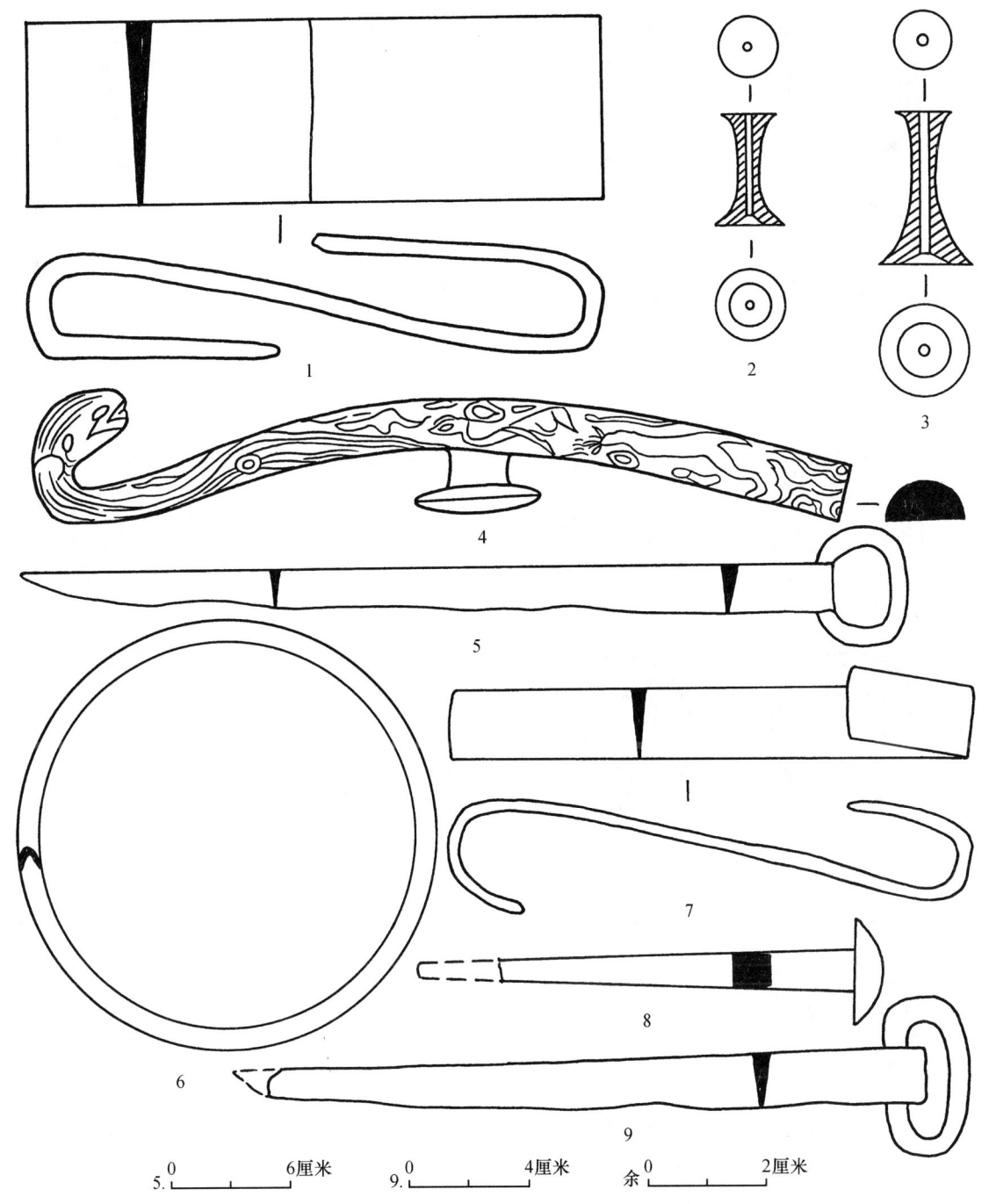

图三八三　D1区M55出土器物

1、7. 铁棺扣（M55:8、M55:10）　2、3. 玻璃耳坠（M55:2、M55:1）　4. 铜带钩（M55:9）　5. 铁刀（M55:3）

6. 铜圈（M55:7）　8. 铁棺钉（M55:6）　9. 铁削刀（M55:4）

C型　130枚。其中剪轮26枚。面、背郭有宽窄之分，穿有大小之异，铸造工艺有精劣之别。直径2.3～2.6厘米。面文"五"字较宽大，"铢"字金旁的头较大，呈三角形，"朱"旁上部转角处圆折（图三八四，10～12）。属东汉早中期钱币。

大泉五十　1枚（M55:25）。面、背均为窄郭，体薄，穿较大，面文笔画纤秀。铸造工艺较精。直径2.3厘米（图三八四，2）。为王莽时期铸造的钱币。

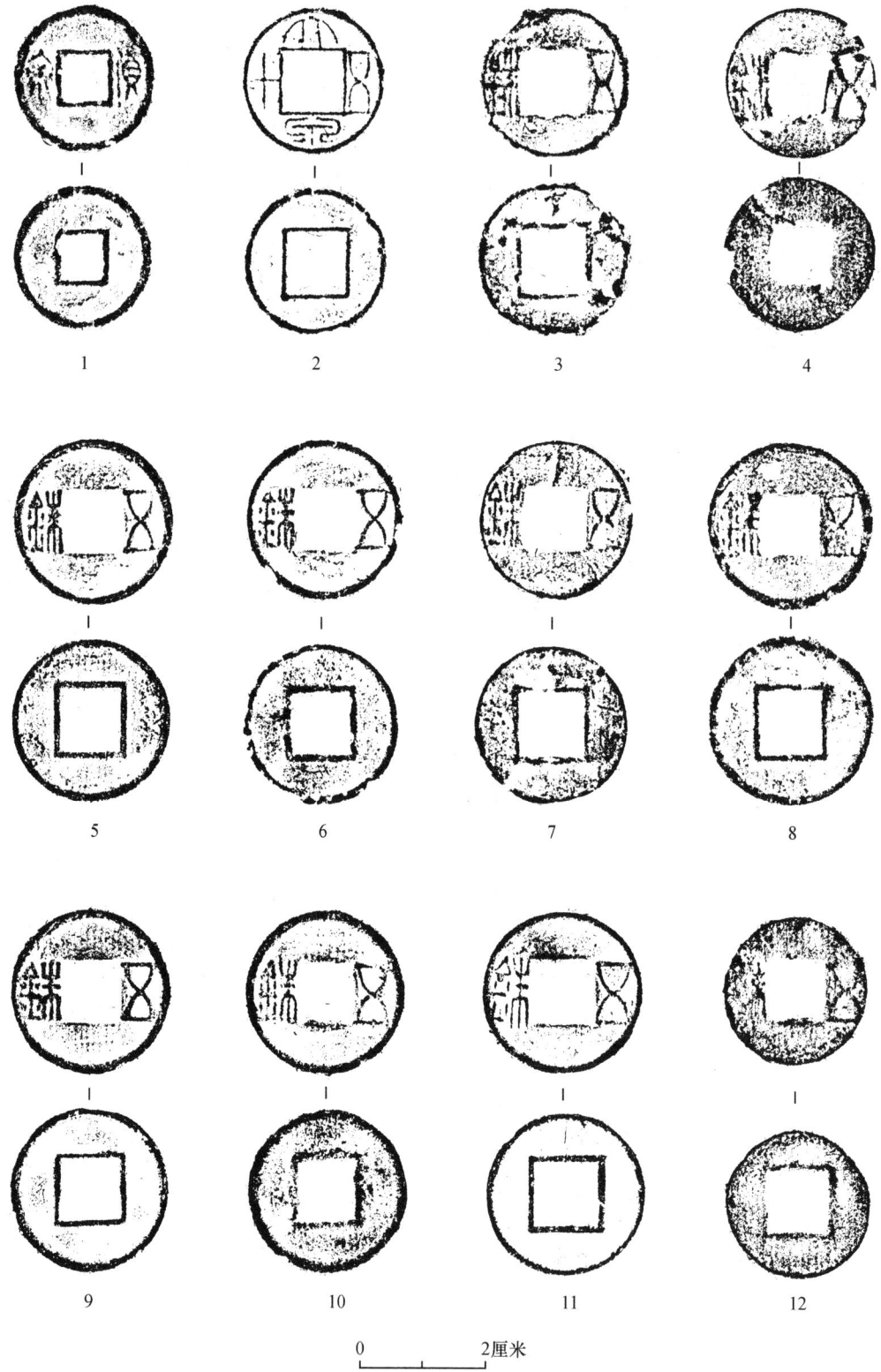

图三八四　D1 区 M55 钱币拓片

1. 货泉（M55:5）　2. 大泉五十（M55:25）　3、4. A 型五铢（M55:12、M55:13）　5～9. B 型五铢（M55:11、
M55:15、M55:16、M55:18、M55:19）　10～12. C 型五铢（M55:20、M55:21、M55:23）

货泉　2 枚。面、背部较宽。铸造工艺粗糙。直径 2.3 厘米（图三八四，1）。为西汉王莽时期所铸钱币。

⑤ M71

M71 位于 D2 区北边。南距 D2T73 探方约 2 米。该墓系砖厂放炮取土发现。2001 年 9 月 14 日晚 7 时许，村民袁学友到考古队住地，反映砖厂取土放炮时发现铜刀。次日，考古队到现场勘查，发现断崖上残存一些比较规整的石头，随后进行抢救性清理，该墓仅剩西南角，应为券顶石室墓。残长 0.4、宽 0.5 米。没有发现其他遗物。

因被破坏，其墓葬形制结构、墓葬方向、葬具、葬式等情况均不详。

铜刀　1 件（M71:1）。完整。基本上没有锈蚀。器体较长，直背，直刃，宽扁形柄，柄后端有略呈椭圆形环。器身长 105.2、柄长 20、通长 125.2、柄宽 3、刀身宽 4、背厚 0.75 厘米（图三八五；图版一三三，1）。此铜刀经鉴定属国家二级文物。

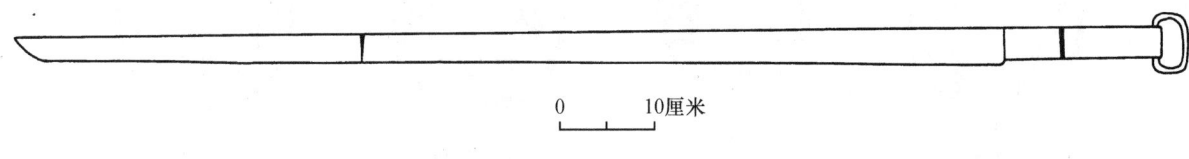

0　　　10厘米

图三八五　D2 区 M71 铜刀（M71:1）

⑥ M72

M72 位于 D2 区 D2TG4 探沟西部。开口在①层下，打破生土。距地表深 0.4～0.6 米。方向 190°。该墓因修公路将其大部分破坏掉，仅存南边一小部分，墓室仅存 7 个条石。墓土圹壁较斜，底较平整，墓室系长条石垒砌而成，仅存的 7 个墓石，唯东南角三个墓石未动，其余条石位置都有不同程度移动过。残土圹口长 0.6～1.3、宽 3.48、深 0.38 米，底长 0.34～1.1、宽 3.15 米，墓室口残长 0.3～1.1、残宽 3.1、残高 0.3 米（图三八六）。墓壁条石长 0.3～0.38、宽 0.18～0.21、厚 0.2 米。墓内填土较杂乱，主要是黄褐色五花土，夹杂有页岩石片和墓壁倒塌的条石。墓底西南角有一片红色烧土面，较硬，其火烧原因和时间不清楚。

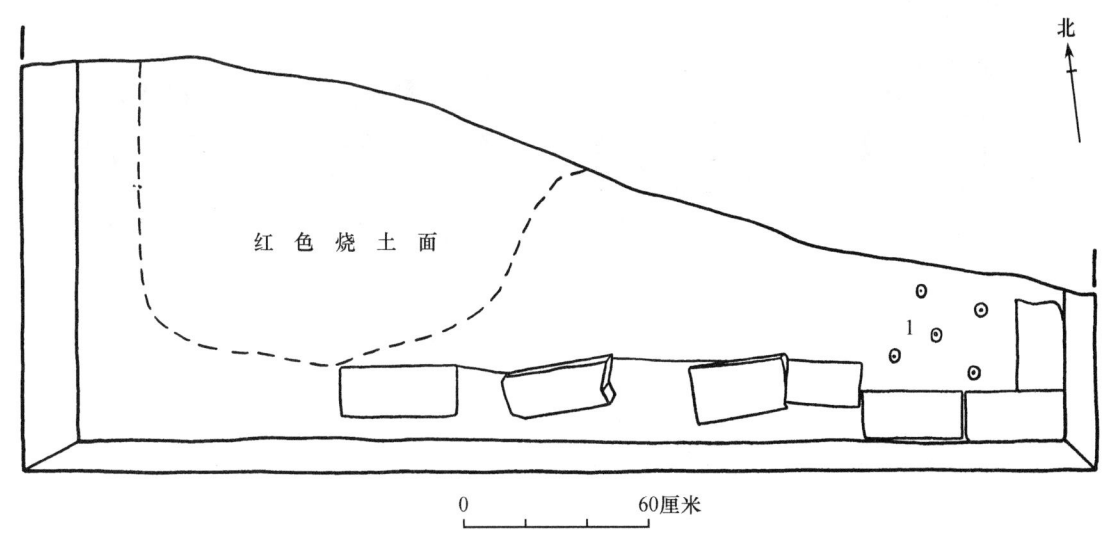

红色烧土面

北

0　　　60厘米

图三八六　D2 区 M72 平面图

1. 铜钱

因严重破坏和腐烂，其葬具、葬式以及墓主人性别、年龄均不详。

随葬器物仅发现 22 枚钱币，均置于墓室东南角。

钱币　22 枚。均为铜质钱币。皆为五铢。分 B、C 二型。

B 型　3 枚。其中剪轮 1 枚。面、背郭有宽窄之异，穿有大小之分。铸造工艺较粗糙。直径 2.2 ~ 2.6 厘米。钱文"五"字像两炮弹相对，"铢"字金旁的头较小，呈箭头状（图三八七，1 ~ 3、5）。属西汉晚期钱币。

C 型　19 枚。其中剪轮 11 枚。面、背郭有宽窄之异，穿有大小之分。铸造工艺有精粗之别。直径 2.2 ~ 2.6 厘米。钱文"五"字较宽大，"铢"字金旁的头较大，呈三角形。"朱"旁上部转角处圆折（图三八七，4、6 ~ 8）。为东汉早中期钱币。

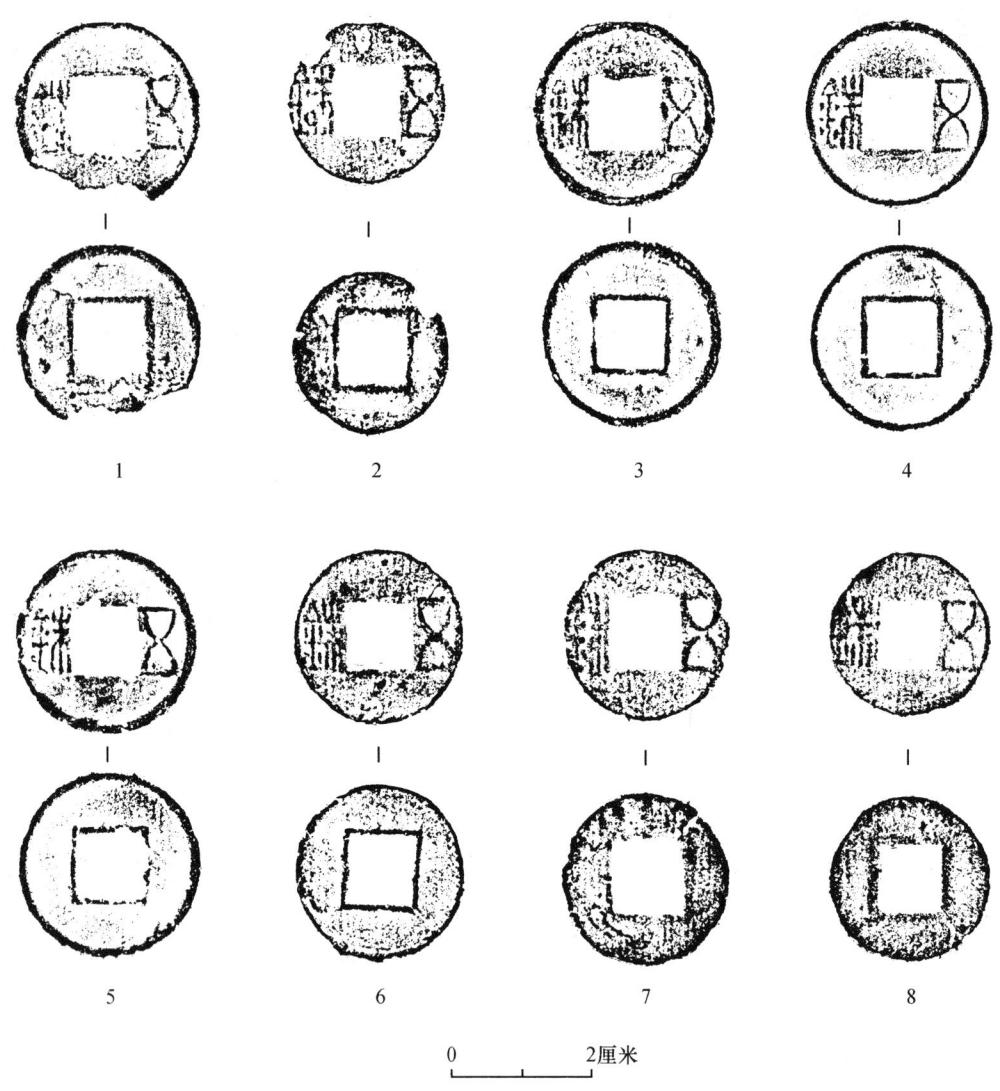

0　　　　2厘米

图三八七　D2 区 M72 五铢钱币拓片

1 ~ 3、5. B 型（M72：1、M72：2、M72：3、M72：5）　　4、6 ~ 8. C 型（M72：4、M72：6、M72：7、M72：8）

⑦ M148

M148 位于 D2 区 D2TG1 探沟中部。开口在①层下，打破生土。距地表深 0.2 ~ 0.42 米。方向 230°。该墓位于山岗脊梁上，因长期水土流失和耕种及山体滑坡，致使墓葬遭到严重毁坏，

仅存墓室南边一少部分。平面呈长方形。墓土圹壁较直，底较平整。墓室系石条垒砌而成，并用
黄黏土错缝。墓壁条石为人工打制，不甚规整，一般长约 0.5、宽约 0.3、厚约 0.15 米。墓室南
壁有一部分向内倾斜，东、西、北三壁全被破坏。墓底均用石板平铺而成，但大部分被破坏掉。
土圹长 6.75、残宽 0.7 ~ 1.5、残深 0 ~ 1.05 米，底长 6.7、残宽 0.65 ~ 1.45 米，墓室长 6.7、
残宽 0.4 ~ 1.45 米（图三八八）。墓内填土为黄褐色五花土，夹杂有大量的页岩石碴及红褐色黏
土块，比较坚硬。

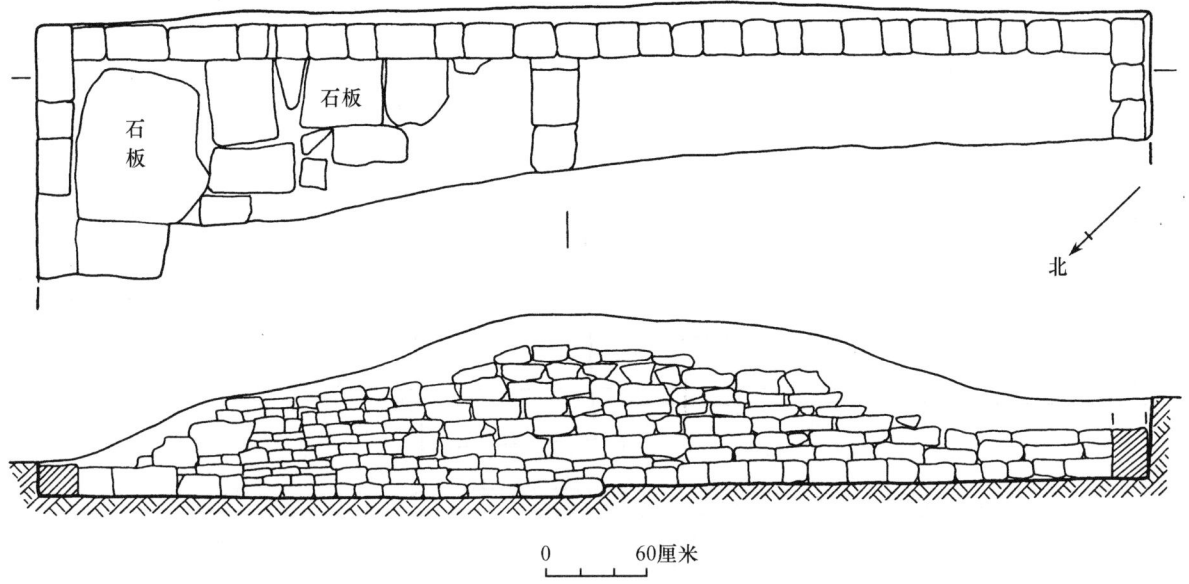

图三八八　D2 区 M148 平、剖面图

因遭严重破坏，葬具和人骨架均无存，故葬具、葬式及墓主人性别、年龄均不详。亦未发现任
何随葬器物。

⑧ M149

M149 位于 D2 区 D2TG10 探沟西部。西边距 D2T21 探方 0.3 米。开口在①层下，打破 M150 及
生土。距地表深 0.38 米。方向 270°。该墓所处地理位置在山冈脊梁上，水土自然流失严重，加上
长期耕种，致使墓葬遭破坏较重，尤其是 2001 年当地山体大面积滑坡，该墓东部随山体一起滑入
长江中，现存部分又被一近代墓打破。土圹壁较斜直，底部不是很平整。墓室为大型条石垒砌而
成，并用黄黏土错缝。条石系人工精心打制，较规整，一般长 0.4 ~ 0.62、宽 0.3、厚约 0.32 米。
墓室底为黄褐色生土和基岩。没有任何铺垫设施。墓土圹口残长 4.1、宽 2.6、残深 0.2 ~ 0.7 米，
底残长 4、宽 2.4、墓室残长 4、宽 2.38 米（图三八九）。墓内填土较杂乱，有黄褐色黏土、石灰岩
石块、页岩石片等。

因破坏和腐烂，葬具和人骨架均无存，故葬具、葬式和墓主人性别、年龄均不详。

随葬器物仅存 4 件。器类有陶罐、陶壶、铜环及铜钱币。均放置于墓室东南部，钱币成串联在一起。

陶罐　1 件（M149:3）。复原完整。泥质黑陶。鼓肩，矮领，直口，宽平沿，厚唇，鼓腹，下
腹内收，平底。肩部和上腹部饰四道凹弦纹。口径 11.4、最大腹径 23.2、底径 11.4、高 17.4 厘米
（图三九〇，1；图版一三一，4）。

陶壶　1 件（M149:2）。残，仅存口沿。泥质灰陶。广肩，颈部较粗，盘形口微侈，方唇。口
径 15.6、残高 7.5 厘米（图三九〇，2）。

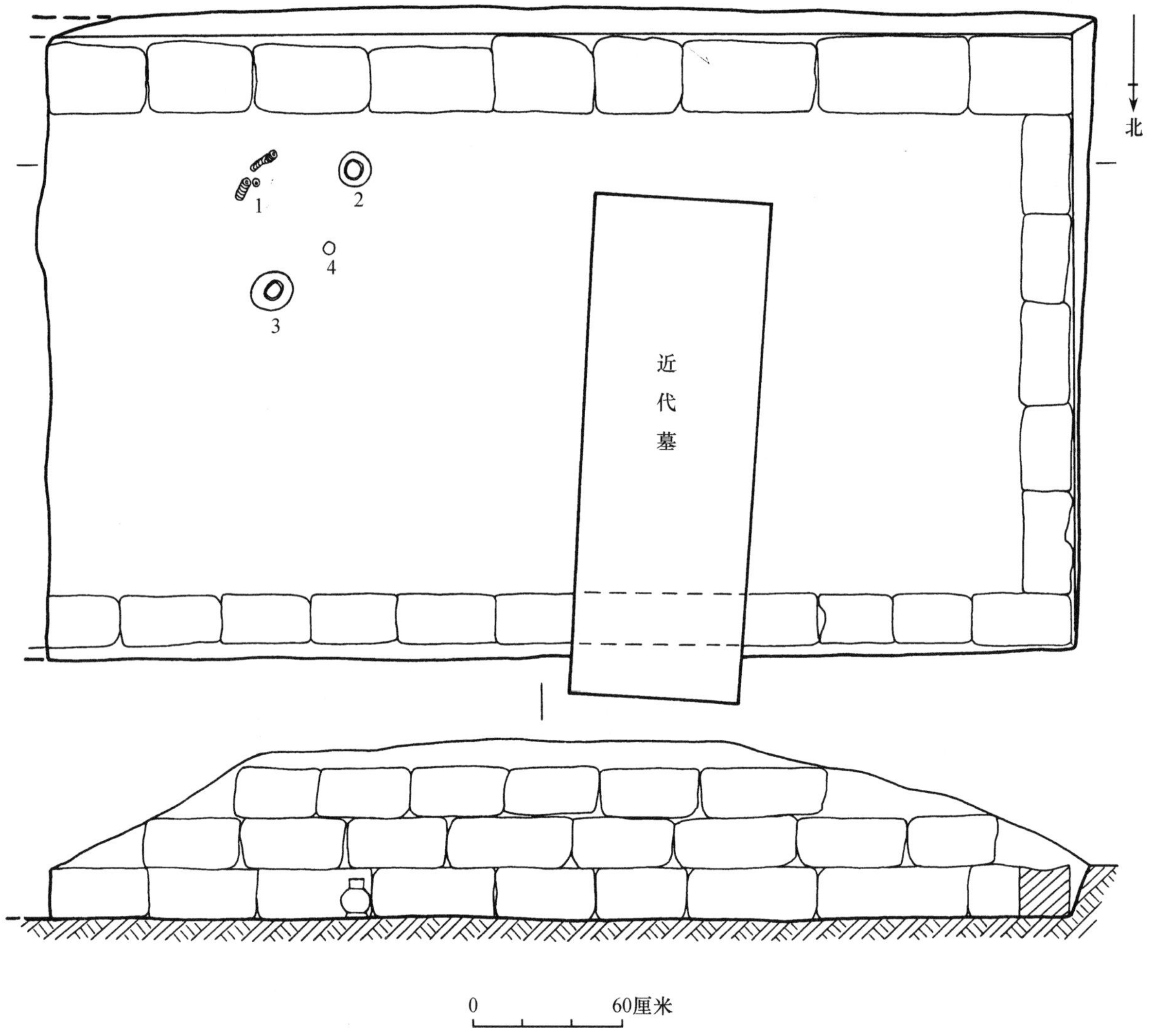

北
1
2
3
4
近代墓
0
60厘米

图三八九　D2 区 M149 平、剖面图

1. 铜钱　2. 陶壶　3. 陶罐　4. 铜环

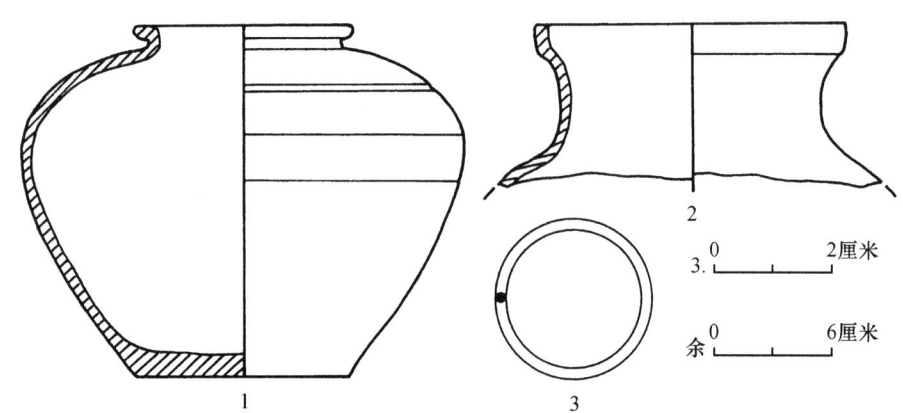

1
2
3
3. 0
2厘米
余 0
6厘米

图三九〇　D2 区 M149 出土器物

1. 陶罐（M149:3）　2. 陶壶（M149:2）　3. 铜环（M149:4）

铜环 1件（M149∶4）。完整。圆形，横剖面亦呈圆形。直径2.7厘米（图三九〇，3；图版一一五，2）。

钱币 39枚。均为铜质钱币。有五铢、货泉两种。

五铢 20枚。分A、B、C三型。

A型 4枚。面、背郭较宽，穿较小。铸造工艺较粗糙。直径2.6厘米。面文"五"字中间两笔较斜直，"朱"字头方折（图三九一，1）。属西汉早中期钱币。

B型 12枚。面、背郭较宽，穿有大小之异。铸造工艺较精。直径2.5厘米。面文"五"字像两炮弹相对，"铢"字金旁的头较小，呈箭头状（图三九一，2）。为西汉晚期钱币。

C型 4枚。面、背郭较宽，穿较小。铸造工艺较精。直径2.5厘米。面文币"五"字较宽大，"铢"字金旁的头较大，呈三角形，"朱"旁上部转角处圆折（图三九一，3）。为东汉早中期钱币。

货泉 19枚。面、背内外郭有宽窄、深浅及有无面内郭之异，面文笔画有粗犷纤秀之别。直径1.9~2.2厘米（图三九一，4~8）。为西汉王莽时期铸造的钱币。

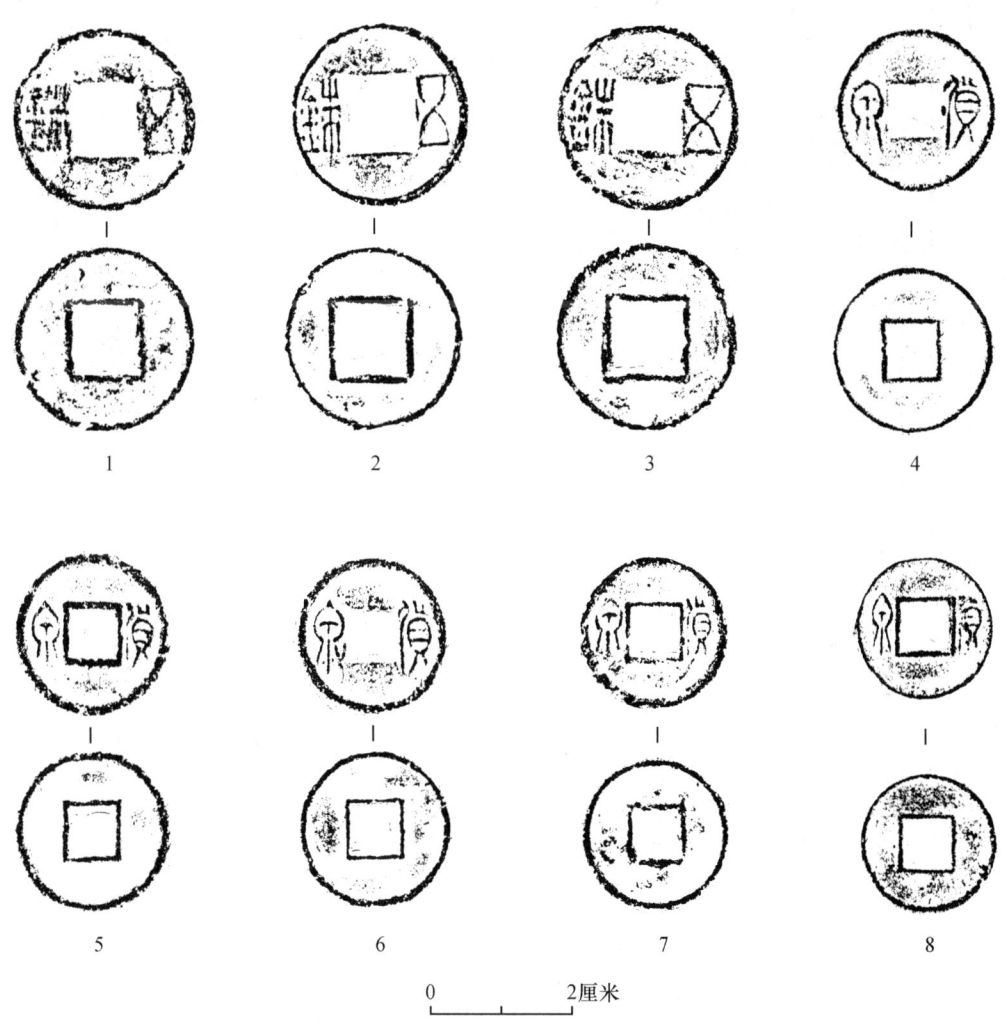

图三九一 D2区 M149 钱币拓片

1. A型五铢（M149∶9） 2. B型五铢（M149∶10） 3. C型五铢（M149∶11） 4~8. 货泉（M149∶1、M149∶5、M149∶6、M149∶7、M149∶8）

4. 岩圹石室墓

　　M44 位于 D1 区 D1T10 探方及 D1T5 探方东南部。开口在①层下，打破生土。距地表深 0.2 ～ 0.5 米。方向 170°。该墓所处位置在陡岩边，南高北低，北面因砖厂取土将其破坏。平面呈长方形。虽然被盗和人为破坏，大部分墓壁及券顶均倒塌，出土文物不多，但墓室营造十分讲究。墓岩圹壁特别光滑而陡直，底较平整。墓室由人工精心打制的条石垒砌而成，较平而整齐（图版一四五，2）。墓底均采用薄石片平铺而成。墓岩圹残长 6.95、宽 4.5、残深 0.55 ~ 2.5 米；墓室残长 6.65、宽 4.1、残高 0.5 ~ 1.8 米（图三九二；图版一四五，1）。条石一般长约 1.1、宽 0.25、厚 0.26 米，铺底石片不规则，厚一般 0.08 米左右。墓内填土多为黄褐色黏土，次为红褐色黏土块及页岩石片，包含有周代红陶绳纹陶片及墓壁和墓券顶倒塌的条石。

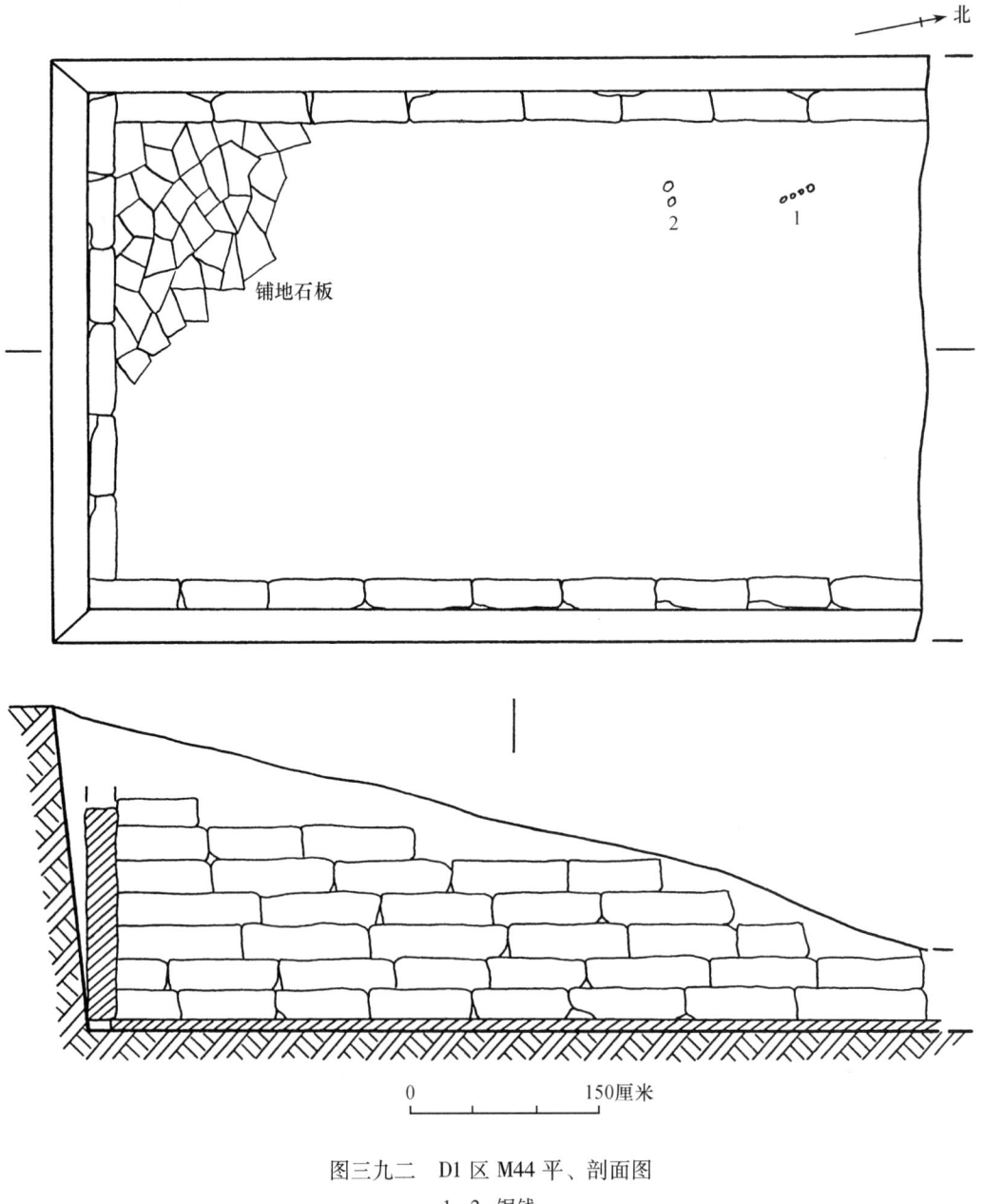

图三九二　D1 区 M44 平、剖面图

1、2. 铜钱

　　该墓因严重被盗和破坏，其葬具和人骨架均不存，故葬具、葬式及墓主人性别、年龄均不详。

　　因严重被盗，随葬器物仅存 6 枚钱币。

　　钱币　共 6 枚。均为铜质五铢钱币。皆为 B 型。其中剪轮 4 枚。面、背郭有宽窄之异，穿有大小之分。直径 1.8~2.6 厘米，面文"五"字像两炮弹相对，"铢"字金旁的头较小，呈箭头状，"朱"旁上部转角处圆折（图三九三）。为西汉晚期钱币。

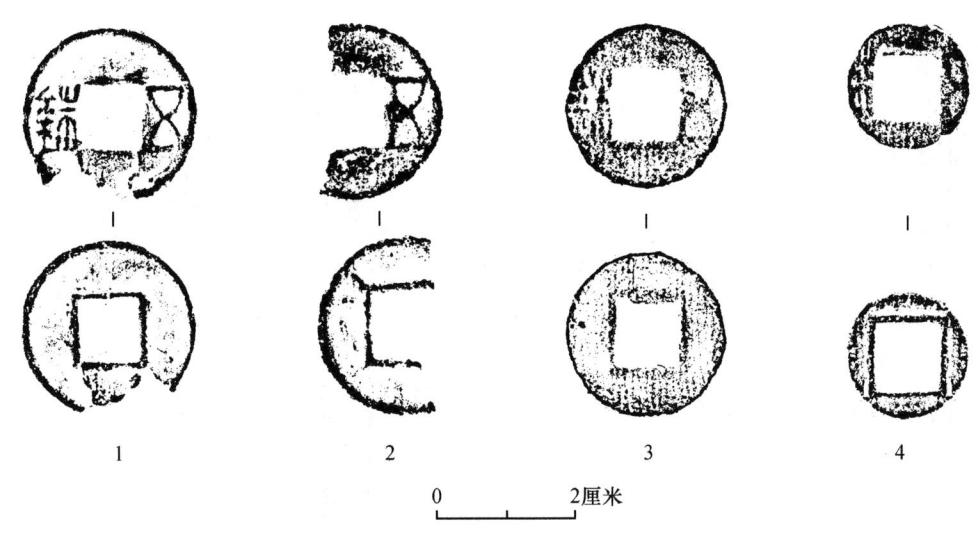

1　　　　　　2　　　　　　3　　　　　　4

0　　　　　2厘米

图三九三　D1 区 M44 五铢钱币拓片
1. M44:1　2. M44:2　3. M44:3　4. M44:4

（四）文化层

　　D 区汉代文化堆积层主要分布在 D1 区 D1T2、D1T133 探方内。文化层位为②层，堆积层特别薄，而且都是零星堆积。依地势南高北低倾斜堆积。

　　① D1T2②层

　　出土陶片共 8 片。均为泥质浅灰陶。特别破碎。陶胎厚 0.7~1.2 厘米。外表饰粗绳纹，内面饰有布纹。器类均为陶板瓦。

　　② D1T133②层

　　出土陶片共 21 片。均为泥质陶。陶片颜色有灰陶，橙黄陶，分别占陶片总数的 87%、13%。陶片纹饰均为绳纹，但有粗细之别，其中粗绳纹占 75%，细绳纹占 25%。而绳纹又有斜绳纹、直绳纹和交错绳纹之分，其中交错绳纹是最主要的纹饰。

　　器类有陶罐、陶钵、陶垫及罐底等。

　　陶罐　1 件（D1T133②:1）。粗泥灰陶。鼓肩，矮领，直口略侈，圆唇。口径 15.4、残高 3.6 厘米（图三九四，1）。

　　陶钵　1 件（D1T133②:2）。粗泥灰陶。口微敛，平沿外凸，尖唇，腹壁略弧，下腹突厚内收。

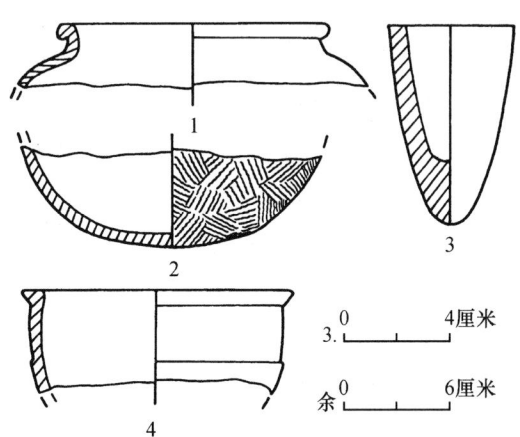

3.　0　　　　　4厘米

余　0　　　　　6厘米

图三九四　D1 区 T133②层出土陶器
1. 罐（D1T133②:1）　2. 罐底（D1T133②:4）
3. 垫（D1T133②:3）　4. 钵（D1T133②:2）

口径15.3、残高5.3厘米（图三九四，4）。

陶垫　1件（D1T133②:3）。完整。粗泥橙黄陶。略呈圆锥状，上段粗，下段尖圆，内空。胎较厚。顶面径4.8、高7.5厘米（图三九四，3）。

陶罐底　1件（D1T133②:4）。粗泥灰陶。圜形底。外表饰交错绳纹。残高4.7厘米（图三九四，2）。

（五）分期与年代

1. 分期

D区汉代遗存包括墓葬、灰坑和文化层。其中墓葬占大宗，共37座。灰坑和文化层出土遗物极少，与墓葬都无直接叠压打破关系。墓葬基本上都开口在①层下，打破生土。打破关系仅一组：

D2TG10组：M149→M150。

M149和M150均为汉代墓葬，从考古层位学上讲具有分期价值和意义，但这2座墓葬均早期被盗，所剩文物无几，M150仅存1件残破陶瓮，M149剩1件陶壶和1件陶罐及部分五铢、货泉钱币。这对分期断代意义也不是很大。但有一个关系值得注意，37座墓葬中有28座墓（尤其是土坑墓）的填土中，均出土周代以绳纹为主的红（褐）色陶片。器类有鼎、鬲、罐、豆等。这说明这批墓葬的时代上限只能是晚于周代。

据上述情况分析，唯一的分期依据是利用考古类型学对残存的具有代表性的器物进行分析，并参照周边地区以往发掘资料对器物进行逻辑排序。这批墓葬资料被盗和破坏情况极为严重，漆木器均腐烂，仅存的陶器大部分都破碎，出土铜器甚少，墓葬器物组合形式不是很全面，可资比较的典型陶器也不多，所以只能粗略地分期。器物逻辑排序如下：

铜鼎　器身扁圆，矮兽蹄形足。M2:3、M2:6、M3:8、M3:7、M29:8、M30:3、M30:4。

铜甗　由甑、釜扣合而成。M3:5。

铜壶　长颈，弧腹，圆圈足。M29:9。

铜钫壶　方口，方腹外鼓，方圈足。M2:4、M2:5、M3:2、M3:3、M30:1、M30:2。

铜鍪　束颈，敛口，折沿，折肩，圜底。M65:1、M66:1。

铜勺　箕形首。M3:9、M29:7。

铜洗　折沿，弧腹，平底。M2:8、M3:4。

铜刀　器身较长，宽扁形柄。M71:1。

铜车軎　圆形，首端斜沿，内空。M29:10、M30:8。

铜带钩　分A、B、C三型。

A型　弧型，横剖面呈半圆形。分a、b二亚型。

Aa型　蛇首形钩头。M1:11、M55:9。

Ab型　钩头短而粗壮。M37:1。

B型　虎形。M1:5。

C型　长弧形，鸭嘴形钩头。M39:18。

陶鼎　分A、B二型。

A型　锥状足略外撇，盖上有鸟形钮，附耳。分a、b二亚型。

Aa型　下腹突厚。M29:2、M29:4、M58:1、M73:2。

Ab 型　下腹内收呈圜底。M39:46、M39:57、M62:2、M62:6。

B 型　器身扁圆，矮兽蹄形足，盖无钮。M36:2、M36:3、M57:3、M57:4、M60:2、M61:3、M65:3。

陶壶　分 A、B 二型。

A 型　长颈，矮圆圈足，盖上附三个轭形钮。M29:1、M29:3、M73:1。

B 型　粗颈。分 a、b 二亚型。

Ba 型　口略侈，盖上有三个鸟形钮。M39:45、M39:50、M58:2、M65:7、M62:1、M62:2。

Bb 型　盘形口。M149:2。

陶钫壶　分 A、B 二型。

A 型　圈足较矮，绘朱红色彩纹。M36:6、M36:7、M57:4、M57:5。

B 型　圈足较高，无彩绘。M61:2。

陶瓮　圆筒形，敛口，底较平。M150:1。

陶罐　分 A、B、C、D、E 五型。

A 型　直口，方唇，鼓肩。分 a、b 二亚型。

Aa 型　平底。M1:2。

Ab 型　尖底。M39:16。

B 型　高领，鼓肩。分 a、b 二亚型。

Ba 型　小平底内凹。M5:2、M39:4、M39:47、M47:1、M66:2、M151:1。

Bb 型　圜底。M54:3。

C 型　鼓肩（或折肩），双耳。分 a、b 二亚型。

Ca 型　高领。M34:2。

Cb 型　矮领。M47:2、M63:2。

D 型　矮领，圆唇。分 a、b、c 三亚型。

Da 型　腹较圆，略呈球形。M35:1、M39:5、M40:2、M45:1。

Db 型　扁圆腹。M30:5、M30:6、M30:7、M40:1、D1T133②:1。

Dc 型　下腹内收，上腹外鼓。M149:3。

E 型　敛口，平底。分 a、b 二亚型。

Ea 型　鼓腹。M60:1、M62:4。

Eb 型　斜直腹。M62:9。

陶灶　分 A、B 二型。

A 型　平面呈长方形。分 a、b、c 三亚型。

Aa 型　单灶门，单火眼。M1:12、M39:6。

Ab 型　有档墙，单火眼，单灶门。M39:1、M39:48。

Ac 型　又火眼，双灶门。M54:2、M58:4。

B 型　平面呈正方形。M41:7。

陶仓　分 A、B 二型。

A 型　筒状。分 a、b 二亚型。

Aa 型　底部有四个柱足。M1:13。

Ab 型　底部有三个柱足。M41:8。

B 型　器形较矮，四足，腹部有灶门及台阶。M54：1、M63：1。

陶盒　分 A、B、C、D 四型。

A 型　腹壁较直，器身略近方形。M5：1、M29：6、M36：4、M36：5、M57：1、M57：2、M61：1、M65：5。

B 型　器身扁圆。分 a、b 二亚型。

Ba 型　盖钮呈矮圆圈足形。M62：3、M62：8。

Bb 型　盖钮呈算珠形。M39：52、M39：54。

C 型　下腹内收，圈足小，盖面较平。M73：8、M139：2。

D 型　器身较矮，呈圆饼形。M30：9。

陶钵　分 A、B 二型。

A 型　斜沿下腹突厚。M47：3、D1T133②：2。

B 型　沿外凸，弧壁，平底。M58：5。

陶杯　敞口，斜壁，平底外凸。M2：7、M2：9、M3：11、M3：12、M3：13。

陶熏　豆形，深腹，盖上有镂孔。M3：6。

玻璃耳坠　束腰形，中间穿孔。M1：4、M41：6、M55：1、M55：2。

铁棺扣　分 A、B、C、D 四型。

A 型　"S"形。M39：38、M39：61、M39：62、M55：8、M55：10、M56：4。

B 型　"3"字形。M39：25。

C 型　长条形。M39：37。

D 型　弧形。M39：32。

铁削刀　直背，弧刃，环首。M3：14、M55：4。

铁舌　分 A、B 二型。

A 型　侧面呈弧形，弧刃外凸。M39：67。

B 型　侧面较直，弧刃。M57：3、M73：3。

铁斧　平面呈长方形。M2：2、M157：1。

五铢钱币　分 A、B、C 三型。

A 型　"五"字中间两笔斜直。M1、M39、M51、M55、M62、M149 均有此型。

B 型　"五"字像两炮弹相对。M1、M39、M41、M44、M51、M55、M62、M72、M149 均有此型。

C 型　"五"字较宽大。M1、M39、M41、M51、M55、M62、M72、M149 均有此型。

另有铜奁足、铜奁耳、陶甑、陶盆、铁矛、铁刀、铁镰、银环、铁钉、陶盖、铜印章、陶垫、货泉及大泉五十、半两钱币等不宜分型。

以上主要器物型式组合关系见表三一。

表三一　D区汉代典型单位主要器物型式组合关系表

单位	铜鼎	铜甗	铜钫壶	铜鉴	铜洗	铜勺	铜车軎	刀	带钩Aa	带钩Ab	带钩B	带钩C	陶鼎Aa	陶鼎Ab	陶鼎B	陶壶A	陶壶Ba	陶壶Bb	陶钫壶A	陶钫壶B	陶瓿瓮	陶罐Aa	陶罐Ab	陶罐Ba	陶罐Bb	陶罐Ca	陶罐Cb	陶罐Da	陶罐Db	陶罐Dc	陶罐Ea	陶罐Eb	陶灶Aa	陶灶Ab	陶灶Ac	陶灶B	陶仓Aa	陶仓Ab	陶仓B	陶盒A	陶盒Ba	陶盒Bb	陶盒C	陶钵A	陶钵B	陶杯	陶熏	玻璃耳坠	铁棺扣A	铁棺扣B	铁棺扣C	铁棺扣D	铁削刀	铁臿A	铁臿B	铁斧	五铢A	五铢B	五铢C
M1									✓		✓											✓											✓						✓									✓	✓									✓	✓
M55										✓																							✓															✓					✓				✓	✓	✓
M56																																																✓		✓									
M57															✓	✓			✓				✓																																✓				
M58													✓				✓																	✓										✓														
M60														✓	✓			✓																	✓																								
M61															✓			✓		✓				✓																	✓																		
M62													✓			✓						✓									✓																										✓	✓	✓
M63																							✓															✓							✓													
M65				✓											✓	✓						✓																																					
M66					✓																																																						
M71							✓	✓																																																			✓
M72																															✓												✓											✓				
M73																															✓												✓															
M139																		✓												✓					✓																							
M149																					✓																																			✓	✓	✓
M150																																																											
M151																																																							✓			
M157																													✓																														
D1T133②																													✓														✓														

表三一显示三种情况，一是以 M2、M3、M29、M30 为代表，不出五铢钱，而他们的器物组合有两套，铜器组合是鼎、壶、勺、洗、车軎；陶器组合是 Aa 型鼎、A 型盒、A 型壶、杯，配合有铜鉴、陶熏、B 型陶鼎、A 型陶钫壶、A 型陶钵、铁斧等；二是以 M39 为代表，不出铜礼器，出土 A、B、C 型五铢钱币，器物组合是 Ab 型陶鼎、Ba 型陶壶，Ba 型陶盒，Ab 型陶罐（或 Ba 型陶罐、Da 型陶罐），配合有 Cb 型陶罐、B 型陶钵、C 型陶盒；三是以 M1、M55、M41 为代表，出土 A、B、C 型五铢钱币，器物组合为 B 型陶灶、Ab 型陶仓、Bb 型陶壶和玻璃耳坠，配合有 Aa 型陶罐、虎形铜带钩。M157 出土 1 件铁斧，与 M2 出土铁斧相同。M150 仅出土 1 件陶瓮，但被 M149 打破，显然时代应早于 M149，M139 仅出 1 件 C 型陶盆，与 M73C 型陶盆相同，但不出 Ab 型陶鼎及 A 型陶壶，所以时代应晚于 M73。M72 虽然不出器物，但出土有 C 型钱币，时代应较晚。M44 出 B 型钱币，其时代应略早于 M72。

据上述比较，可将 D 区汉代遗存分为三期（表三二）。

表三二　D 区汉代主要器物分期表

分期＼器类型式	铜鼎	铜壶	铜钫壶	铜鉴	铜洗	铜车軎	铜带钩		陶鼎			陶盒		陶壶			陶罐		陶灶	陶仓	玻璃耳坠	五铢钱			陶钫壶	陶杯
							Aa	B	Aa	Ab	B	A	Ba	A	Ba	Bb	Ab	Ba	B	Ab		A	B	C	A	
一期	√	√	√	√	√	√				√	√	√		√											√	√
二期							√			√			√		√		√	√					√			
三期								√								√			√	√	√	√	√	√		

一期：以 M2、M3、M29、M30、M36 为代表，包括 M5、M34、M35、M45、M47、M54、M57、M60、M61、M65、M66、M139、M151、M157、D1T2②层、D1T133②层。H3、H5 所出遗物与文化层中出土同类器差不多，也应归为一期。一期代表性器物是矮兽蹄形足铜鼎、通体饰蟠虺纹和蕉叶纹铜壶、铜钫壶、铜鉴、铜洗、铜车軎、Ab 型和 B 型陶鼎、A 型陶壶、A 型陶盒、A 型陶钫壶、斜壁陶杯等（图三九五）。

二期：以 M39 为代表，包括 M37、M40、M44、M56、M58、M62、M63、M73、M150。代表性器物是 Ab 型陶鼎、Ab 型和 Ba 型陶罐、Ba 型陶壶、Ab 型陶灶、Ba 型陶盒、Aa 型铜带钩等（图三九六）。

三期：以 M1、M55、M149 为代表，包括 M41、M51、M71、M72。M148 未出土任何器物，为土圹石室墓，其形制结构与 M149 相同，而且这两个墓又相距很近，暂归为三期。三期代表性器物是 Bb 型陶壶、B 型陶灶、Ab 型陶仓、B 型铜带钩、玻璃耳坠等（图三九七）。

2. 年代

D 区汉代遗存没有纪年材料和测年数据。现参考三峡及其周边地区所发掘的相关材料，推断卜庄河遗址 D 区汉代遗存的年代。

一期出土器物主要是铜器和陶器。其中铜器类 M29:8 铜鼎、M2:8 铜洗、M65:1 铜鉴、M3:2 铜钫壶、M29:9 铜壶，分别与宜昌前坪 M105:6[①]、M105:9[②]、M104:3[③]、M108:2[④]、M12:1[⑤] 相同；

① 宜昌地区博物馆：《1978 年宜昌前坪汉墓发掘》，《三峡考古之发现》，湖北科学技术出版社，1998 年。
② 宜昌地区博物馆：《1978 年宜昌前坪汉墓发掘》，《三峡考古之发现》，湖北科学技术出版社，1998 年。
③ 宜昌地区博物馆：《1978 年宜昌前坪汉墓发掘》，《三峡考古之发现》，湖北科学技术出版社，1998 年。
④ 宜昌地区博物馆：《1978 年宜昌前坪汉墓发掘》，《三峡考古之发现》，湖北科学技术出版社，1998 年。
⑤ 湖北省博物馆：《宜昌前坪战国两汉墓》，《三峡考古之发现》，湖北科学技术出版社，1998 年。

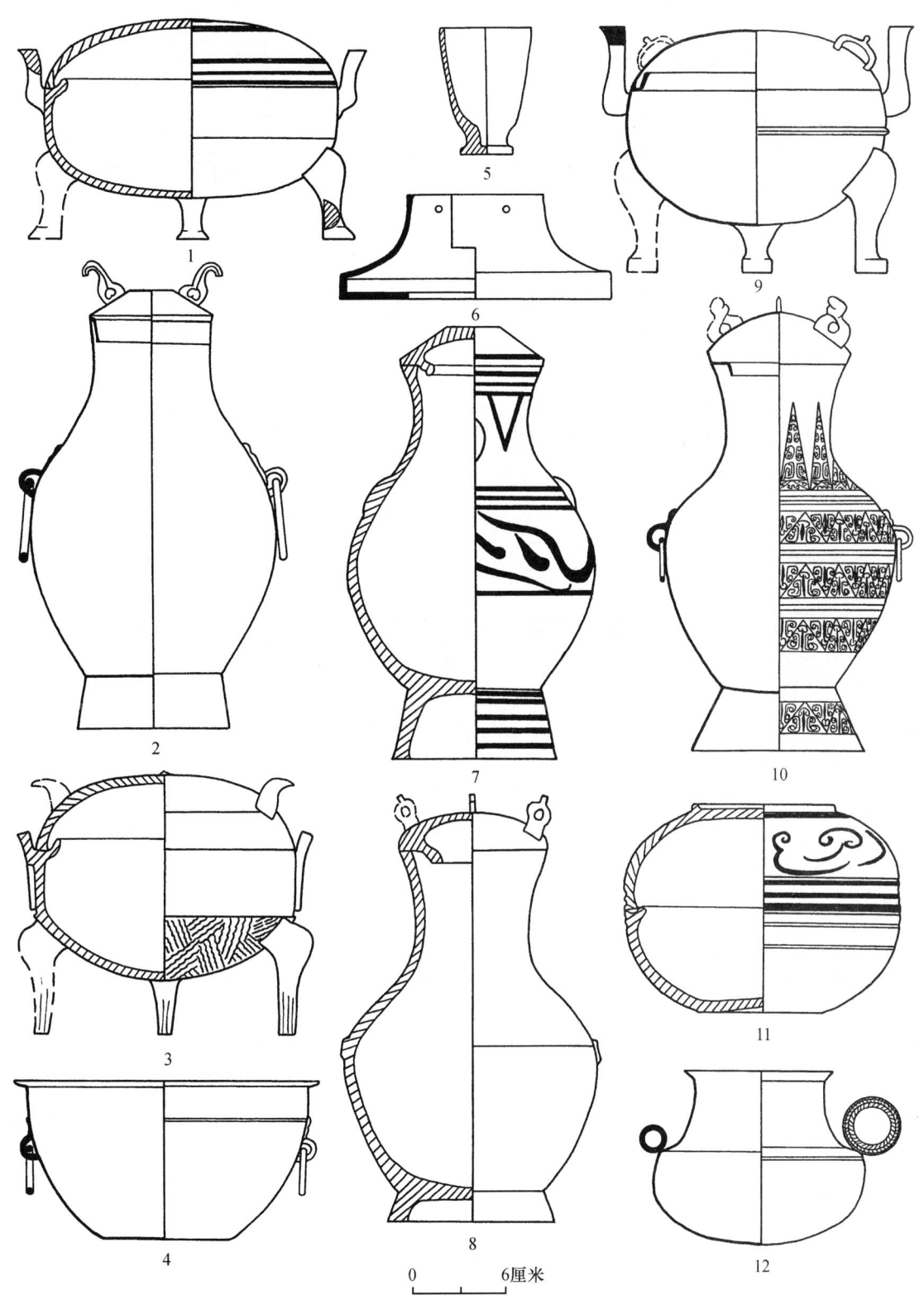

图三九五　D区汉代遗存一期典型器物图

1. B型陶鼎（M36:2）　　2. 铜钫壶（M3:2）　　3. Aa型陶鼎（M29:4）　　4. 铜洗（M2:8）　　5. 陶杯（M3:13）

6. 铜车軎（M30:8）　　7. A型陶钫壶（M36:7）　　8. A型陶壶（M29:3）　　9. 铜鼎（M29:8）　　10. 铜壶（M29:9）

11. A型陶盒（M36:5）　　12. 铜鍪（M65:1）

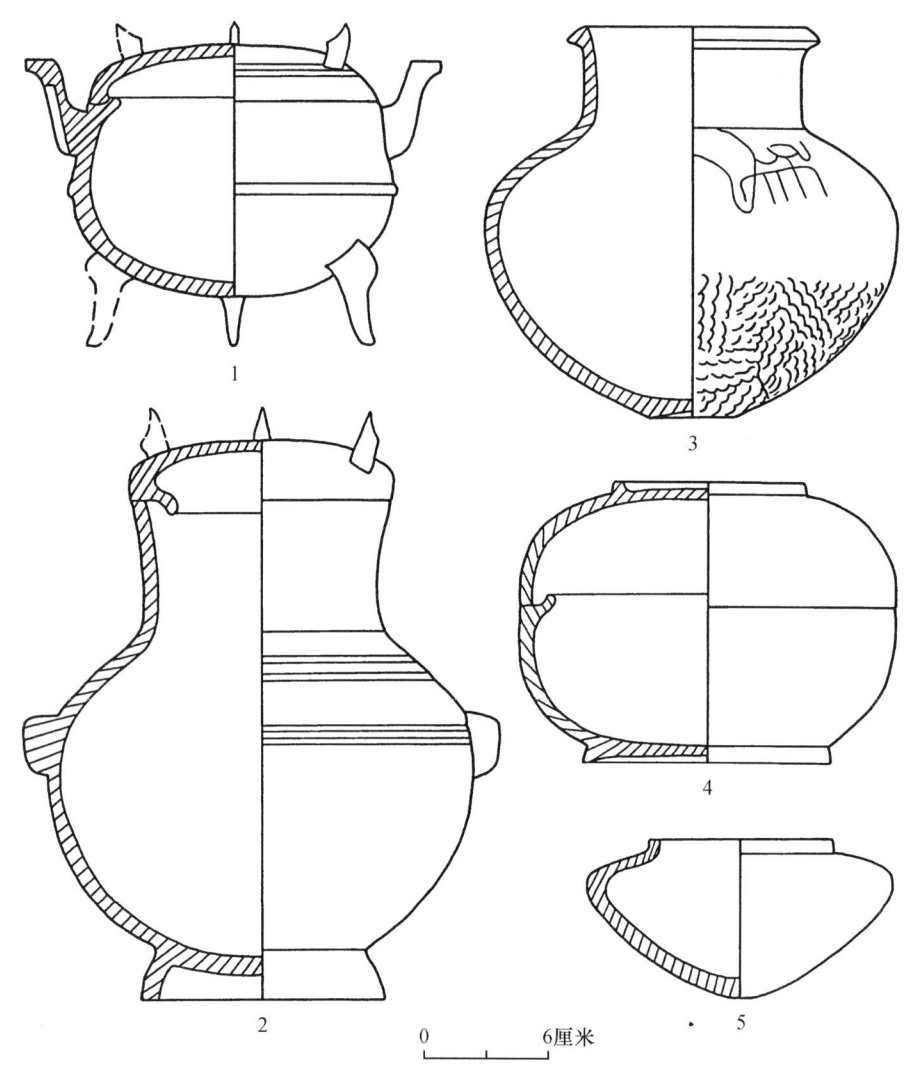

图三九六　D 区汉代遗存二期典型器物图

1. Ab 型陶鼎（M62：6）　2. Ba 型陶壶（M58：2）　3. Ba 型陶罐（M39：47）　4. Ba 型陶盒（M62：3）　5. Ab 型陶罐（M39：16）

陶器类 M29：4Aa 型鼎、M36：2B 型鼎、M29：3A 型陶壶、M36：5A 型陶盒、M36：7A 型陶钫壶、M3：13陶杯、M3：6 陶熏炉，分别与宜昌前坪 M37：7 Ⅱ式陶鼎[①]、M38：9 陶鼎[②]、荆州高台 M1：29 Ⅰ式陶壶[③]、宜昌前坪 M43：3 陶盒[④]、M93：1 陶钫壶[⑤]、荆州高台 M18：14 Ⅱ式杯[⑥]、M30：80 陶熏炉[⑦]相似。墓坑均为土坑墓，其形制结构具有战国晚期到西汉早期的一般特征。鼎、盒、壶和鼎、盒、罐的器物组合型式是西汉早期常见的随葬器物组合型式，并出土青铜礼器，如鼎、壶、勺，同出车

<hr />

① 湖北省博物馆：《宜昌前坪战国两汉墓》，《三峡考古之发现》，湖北科学技术出版社，1998 年。

② 湖北省博物馆：《宜昌前坪战国两汉墓》，《三峡考古之发现》，湖北科学技术出版社，1998 年。

③ 湖北省博荆州博物馆：《荆州高台秦汉墓》，科学出版社，2000 年。

④ 长江流域第二期文物考古工作人员培训班《1973 年宜昌前坪古墓的清理》，《三峡考古之发现》，湖北科学技术出版社，1998 年。

⑤ 宜昌地区博物馆：《1978 年宜昌汉墓发掘》，《三峡考古之发现》，湖北科学技术出版社，1998 年。

⑥ 湖北省荆州博物馆：《荆州高台秦汉墓》，科学出版社，2000 年。

⑦ 湖北省荆州博物馆：《荆州高台秦汉墓》，科学出版社，2000 年。

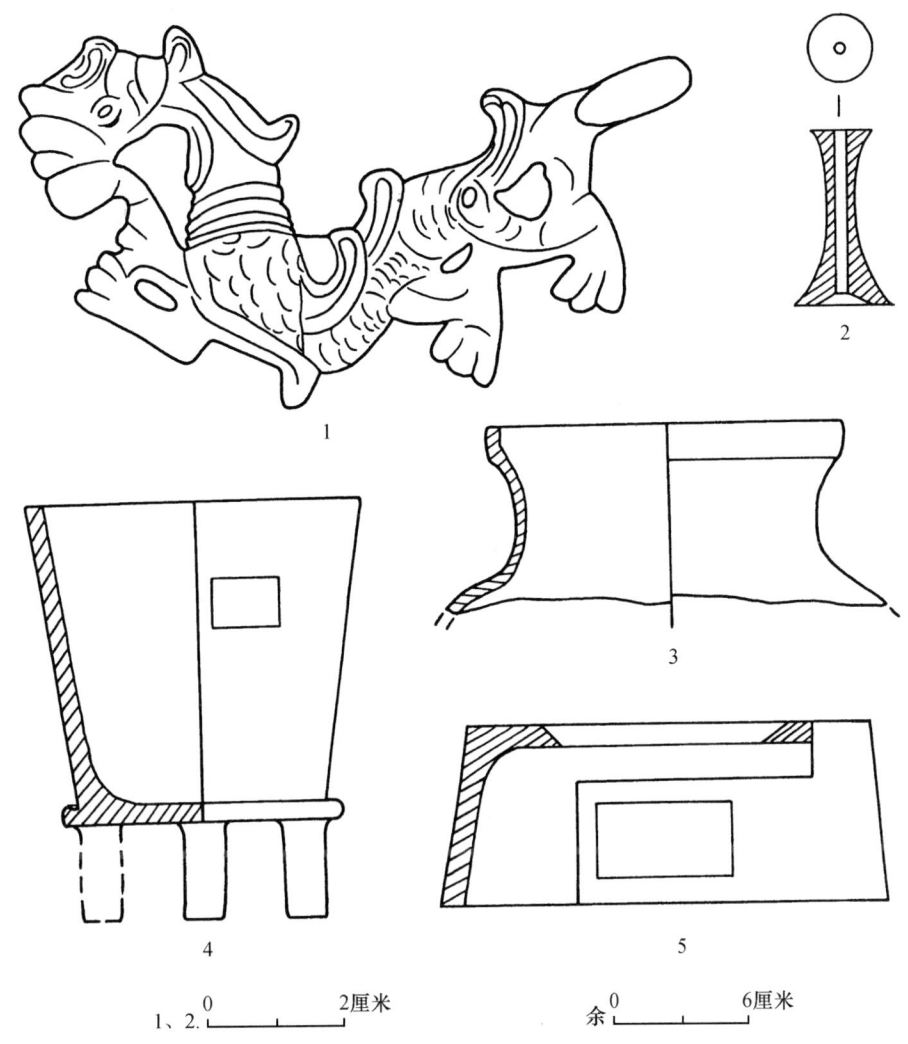

图三九七　D区汉代遗存三期典型器物图

1. B 型铜带钩（M1:5）　　2. 玻璃耳坠（M55:1）　　3. Bb 型陶壶（M149:2）　　4. Ab 型陶仓（M41:8）

5. B 型陶灶（M41:7）

马器如车軎，不出钱币。在鄂西及三峡地区陶仓、陶灶是西汉中期以后才大量出现的，而一期只出B 型陶仓。故一期年代应为西汉前期至西汉中期偏早。

　　二期墓葬不出青铜礼器，铜器仅出 1 件铜刀。随葬有较多的陶器，陶灶、陶钫壶、陶仓开始大量使用。棺、椁开始使用铁棺扣、铁钉等铁质附件。这是鄂西、三峡地区西汉中期至东汉前期墓葬的一般规律。出土器物 M62:2Ab 型陶鼎、M39:47Ba 型陶罐、M62:3Ba 型陶盒等器物形态与宜昌前坪 M37:7Ⅱ式陶鼎[①]、M109:1Ⅱ式陶罐[②]、M11:5 陶盒[③]的器物形态相同。故二期年代应为西汉晚期至东汉早期略偏晚。

　　三期出土遗物不多。M1:2Aa 型陶罐、M149:3Dc 型陶罐分别与宜昌前坪东汉晚期 M32:18、

---

① 　湖北省博物馆：《宜昌前坪战国两汉墓》，《三峡考古之发现》，湖北科学技术出版社，1998 年。

② 　宜昌地区博物馆：《1978 年宜昌前坪汉墓发掘》，《三峡考古之发现》，湖北科学技术出版社，1998 年。

③ 　湖北省博物馆：《宜昌前坪战国两汉墓》，《三峡考古之发现》，湖北科学技术出版社，1998 年。

M18:29 陶罐相同①。Aa 型和 B 型铜带钩及玻璃耳坠在鄂西、三峡地区多出土于东汉墓。另外，根据现有资料显示，土圹石室墓在三峡地区始于东汉中期，三期均为土圹石室墓，而且多出土 C 型五铢钱币。据此比较，三期年代可定为东汉中、晚期为宜。

（六）小结

D 区汉代墓葬分布、形制结构、墓葬方向都比较有规律，由土坑墓到土圹石室墓；土坑墓多分布在 D1 区，土圹石室墓多分布在 D2 区；出土铜器墓葬均分布在 D1 区东南部位，出土陶器墓葬多分布在 D1 区的中部及南部；土坑墓大多是长方形竖穴土坑，方向均为东西向，土圹石室墓基本上都是凸字形墓，方向都是依山势，呈南北方向；土坑墓多随葬铜礼器和陶礼器，其中铜器墓多出土铜车马器，如铜车軎，土圹石室墓多出铁器，如铁削刀、铁剑、铁棺扣等，同时还随葬玻璃耳坠及钱币。这些现象和规律为认识和研究三峡地区汉代墓葬形制结构的变化等方面提供了考古学依据，特别是对探讨三峡地区汉代埋葬习俗具有重要价值。

M58 为单墓道，墓道两边均有圆形、长方形、正方形和椭圆形柱洞，多达 20 个。柱洞内有圆形、方形、椭圆形和不规则形石柱础，其中 1 号和 5 号石柱础被压破。M39 规模较大，有东、南、西三个墓道，因破坏较甚，残存墓道较短而浅，没有发现柱洞，推测也应该有柱洞。这种有柱洞的墓道，显然当时是空的，可以直接通向墓室。结合墓内有多椁多棺和多具人骨架（其中 M39 有 16 具人骨架，M58 有 3 具人骨架）综合分析推测，应该是墓主人生前造好茔墓，死后拆开墓道口封门设施，把死人送进去安厝，然后封好墓门，以此循环。这具有家族合葬墓的性质，应是当时社会、经济、文化在埋葬习俗上的反映。

M30:4 铜鼎内随葬有家鸡骨骼，为两只鸡腿骨骼。把动物屠宰后放到鼎内随葬，这不仅是研究三峡地区汉代饮食文化很好的考古证据，而且在我国动物考古学上也具有重要的意义。

M39 出土 3 枚贝币，就目前发现资料而言，三峡地区汉墓中还是首次发现，不仅为研究三峡地区汉代经济发展具有重要意义，而且为我国钱币考古提供了新的资料。

六　六朝遗存

（一）墓葬介绍

D 区六朝墓葬 1 座，编号为 M156。

M156 位于 D2 区 D2TG11 探沟西部。开口在①层下，打破生土。距地表深 0.2 ~ 0.52 米。方向 130°。为土圹石室墓。平面呈凸字形。因山体滑坡和早年被盗，墓葬遭到严重破坏，墓甬道已残，墓壁和券顶均倒塌，墓室西部因地势下陷 0.3 ~ 0.4 米，故西壁全部倒塌。

墓土圹壁较直而光滑，墓底较平。由墓室和甬道两部分组成，均用人工打制的条石垒砌而成，并用黄黏土错缝。墓室底和甬道底为生土和基岩，没有任何铺垫设施。墓土圹残长 7.5、宽 1.65 ~ 3、残深 0.3 ~ 1 米。墓室长 6.5、宽 2.8、残高 1 米，甬道残长 1、残宽 1 ~ 1.5、残高 0.2 ~ 0.6 米（图三九八）。墓石长 0.2 ~ 0.5、宽 0.22、厚约 0.14 米。墓内填土较杂，有褐色、灰褐色和黄褐色土块。夹杂有墓壁倒塌的石条。填土上部较紧密，近底部较松软。

---

①　湖北省博物馆：《宜昌前坪战国两汉墓》，《三峡考古之发现》，湖北科学技术出版社，1998 年。

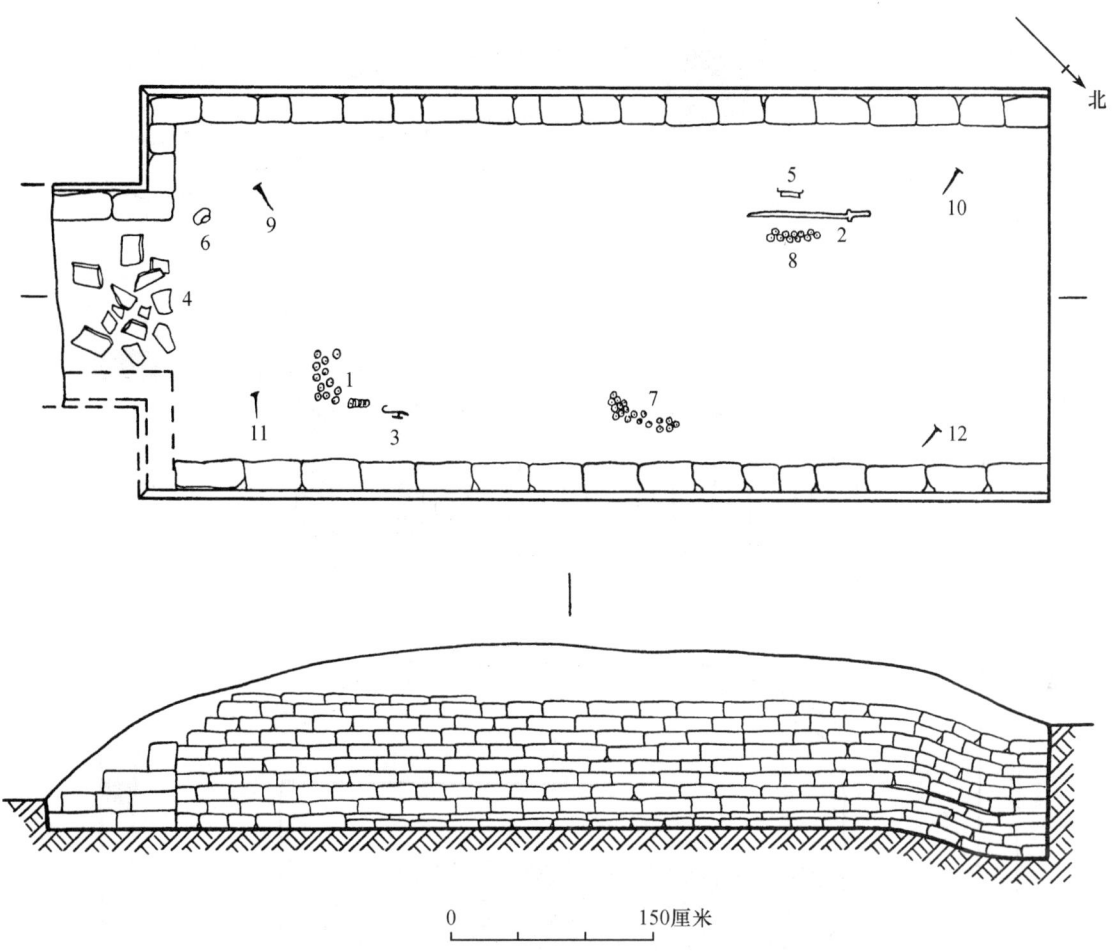

图三九八　D2 区 M156 平、剖面图

1、7、8. 钱币　2. 铁剑　3. 铜带钩　4. 陶板瓦　5. 陶筒瓦　6. 瓷罐　9～12. 铁棺钉

　　葬具腐烂无存。仅发现4件铁钉，分布于墓室四角，究竟是椁上的还是棺上的不清楚。另在墓室中间部位发现一些漆皮痕迹，呈长条状，有可能是棺腐烂后的漆皮。

　　人骨架严重腐烂，故葬式和墓主人性别、年龄均不详。

　　随葬器物有铁剑、铜带钩、瓷罐、陶板瓦、陶筒瓦及钱币，另出土4件铁棺钉。陶板瓦、筒瓦分布于甬道内，铁剑保存较好，位于墓室西南部位。

　　瓷罐　1件（M156:6）。已残。火候甚高。泥质灰褐色陶。鼓腹。外表饰斜方格纹。残高8厘米（图三九九，5；图四○○，2）。

　　陶筒瓦　4件。标本 M156:5，残。泥质灰陶。瓦嘴较长。外表饰粗直绳纹。瓦嘴长4.2、宽10.3、瓦面宽14、残长8.5、胎厚1.2厘米（图三九九，3）。

　　陶板瓦　5件。标本 M156:4。残。泥质灰陶。面弧较小，胎较薄。外表饰斜绳纹。宽51.2、残长30、胎厚1.7厘米（图三九九，4；图四○○，1、3）。

　　铜带钩　1件（M156:3）。完整，基本上没有锈蚀。略呈长条形，圆饼形钮。素面。横剖面呈圆形。长13、钮径2.2厘米（图三九九，2；图版一四九，1）。

　　铁剑　1件（M156:2）。刃部略残，局部锈蚀严重。剑身较长，宽扁形柄，焊接有弧形铜格。剑身长96、宽3.7、柄长24、宽1.2～1.5、通长120厘米（图三九九，1；图版一四九，2）。

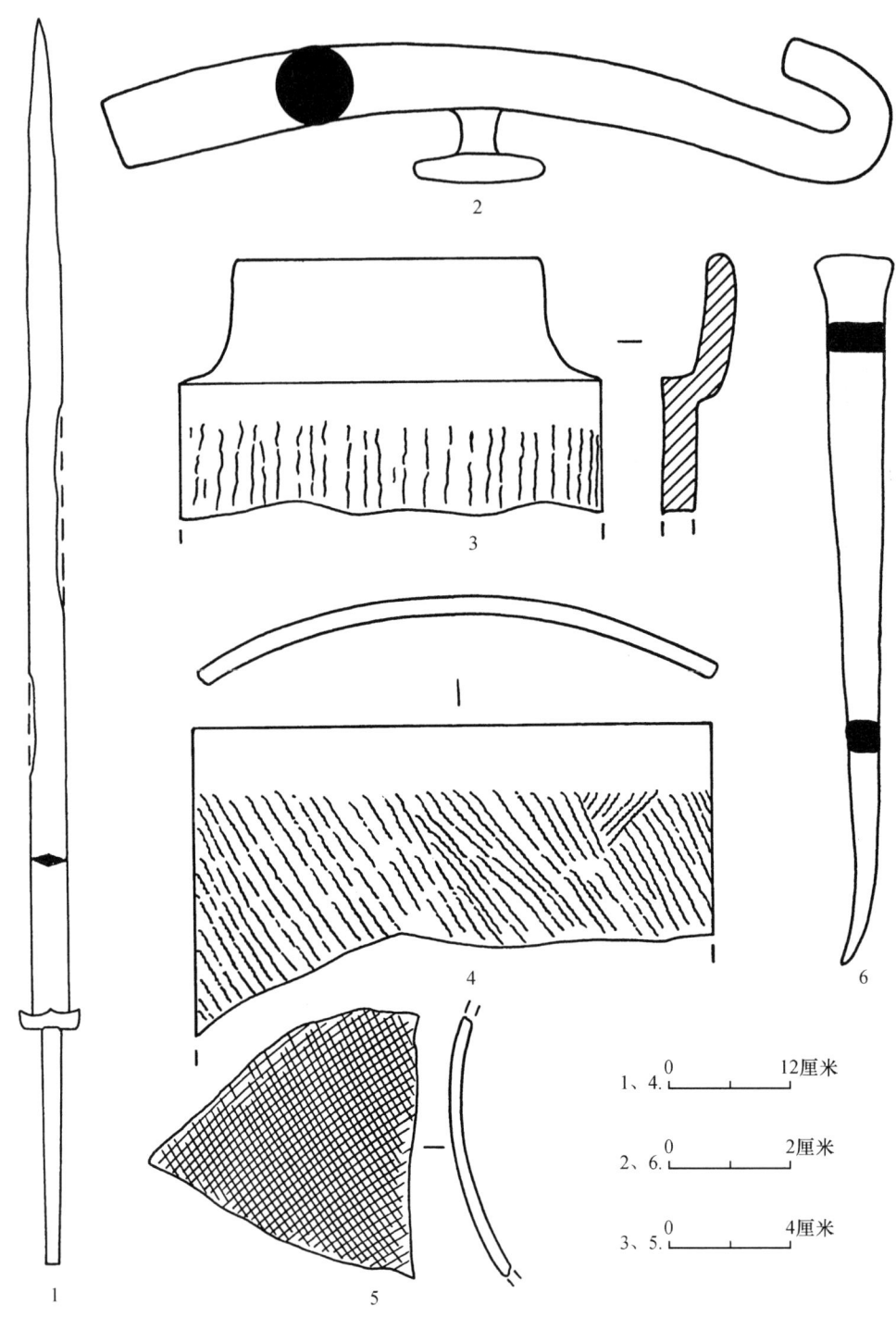

图三九九　D2 区 M156 出土器物

1. 铁剑（M156：2）　2. 铜带钩（M156：3）　3. 陶筒瓦（M156：5）　4. 陶板瓦（M156：4）

5. 瓷罐（M156：6）　6. 铁棺钉（M156：9）

　　铁棺钉　4 件。形制相同。标本 M156：9，完整。扁锥形，顶端有方形钉帽，尖段略弯曲。顶段宽 0.9、厚 0.5、通长 11.6 厘米（图三九九，6）。

　　钱币　462 枚。有铜质和铁质两类。种类有五铢、半两、货泉。

　　铜五铢　432 枚。分 B、C 二型。

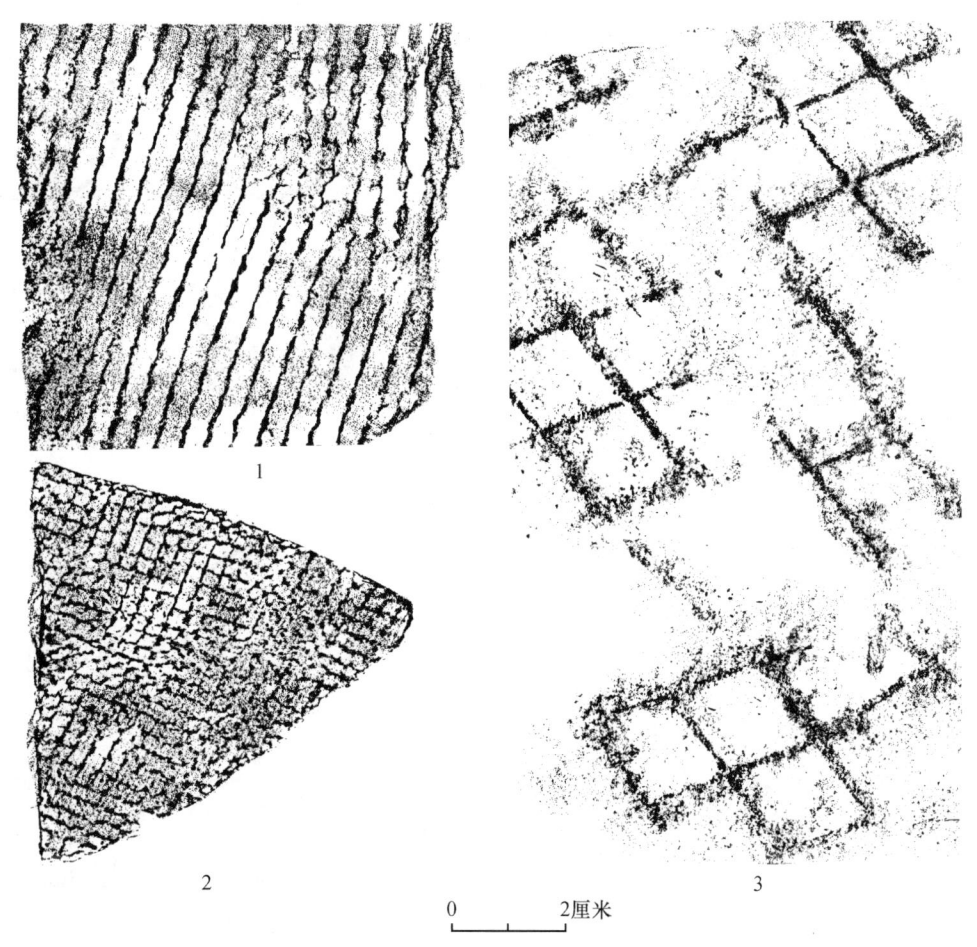

0 _____ 2厘米

图四〇〇　D2 区 M156 陶片纹饰拓片

1. 绳纹（M156:4）　2. 方格纹（M156:6）　3. 菱形纹（M156:4 板瓦内面）

B 型　230 枚。其中剪轮 15 枚。面、背郭有宽窄之异，穿有大小之别，有穿上星。铸造工艺较精。直径 2.1～2.5 厘米。钱文"五"字像两炮弹相对，"铢"字金旁的头小，呈箭头状（图四〇一，5～7）。为西汉晚期钱币。

C 型　202 枚。其中剪轮 13 枚。面、背郭有宽窄之异，穿有大小之别。铸造工艺较精。直径 2.4～2.6 厘米。钱文"五"字较宽大，"铢"字金旁的头加大，呈三角形。"朱"旁上部转折处圆折（图四〇一，8～10）。为东汉早中期钱币。

铜半两　1 枚（M156:10）。面、背均无郭，面底边薄，面文凸隐显著，穿小背平。铸造工艺较粗劣。直径 2.3 厘米（图四〇一，4）。为西汉前期半两钱币。

铜货泉　7 枚。面、背郭有宽窄及有无面内郭之异，穿有大小之别。铸造工艺有精劣之分。直径 2.2～2.4 厘米（图四〇一，1～3）。为王莽时期所铸钱币。

铁币　22 枚。有穿。因严重锈蚀，无法辨别其特征。

（二）小结

M156 因被盗破坏，出土遗物不多。但墓葬形制结构为土圹石室墓，平面呈凸字形，由甬道和墓室两部分组成，沿袭了三峡地区东汉墓的形制结构和建筑风格，说明三峡汉代至六朝文化继承关系比较浓厚。

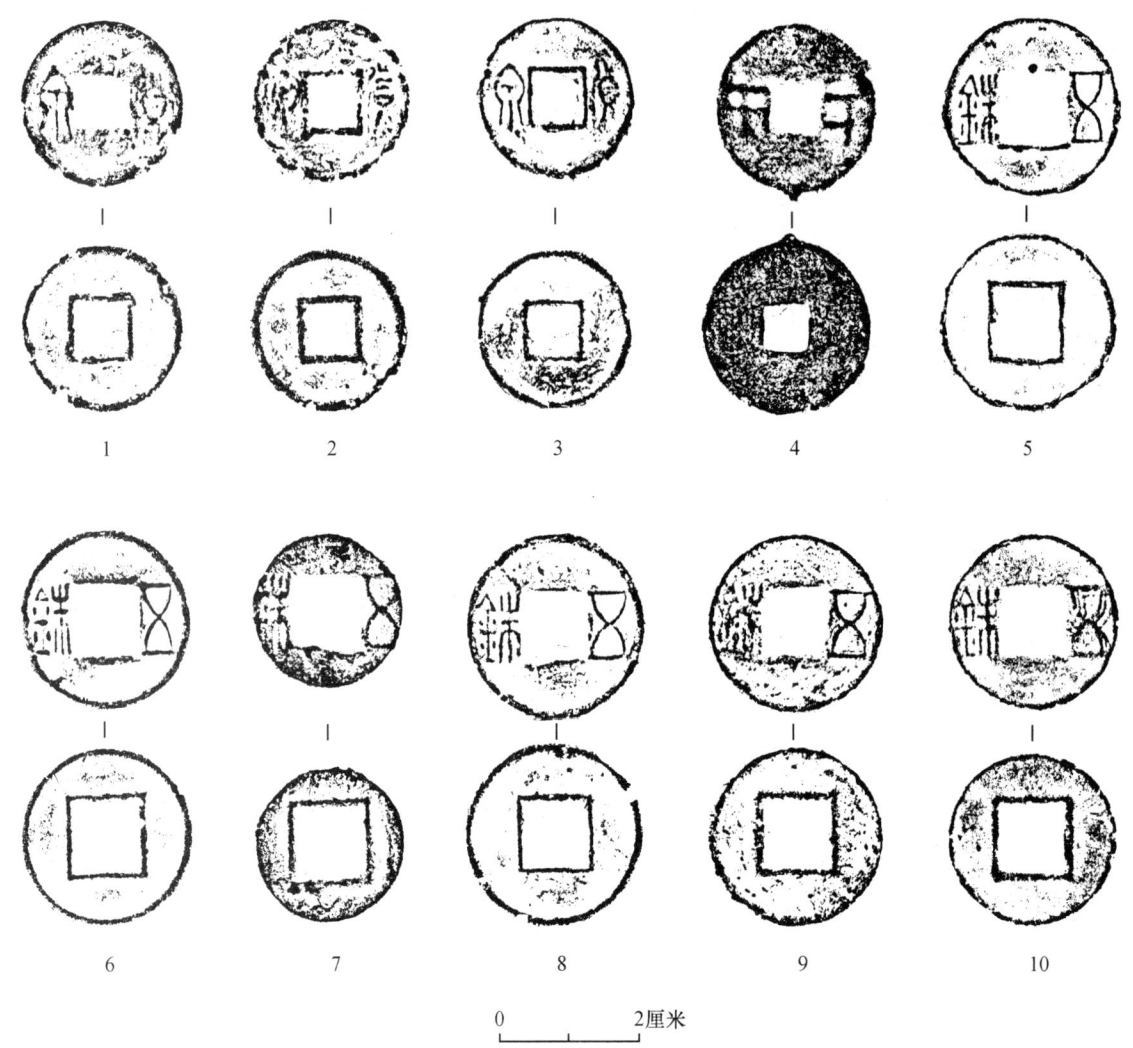

图四〇一　D2 区 M156 钱币拓片

1 ~ 3. 货泉（M156:7、M156:8、M156:9）　4. 半两（M156:10）　5 ~ 7. B 型五铢（M156:12、M156:13、M156:14）
8 ~ 10. C 型五铢（M156:15、M156:16、M156:17）

M156:2 铁剑，长 120 厘米，而且至今保存较好，并焊接有铜格，说明六朝时期冶铁业比较发达，已较多使用铁器，铸造工艺技术已达到较高的水平。

在 M156 甬道内发现许多陶板瓦和陶筒瓦，而且都破碎。推测是甬道上面的地面建筑，有可能是祭祀或守墓所用的建筑物。

七　宋　代　遗　存

（一）概述

D 区宋代遗存仅墓葬一种，共 4 座。包括 M48、M52、M64、M158。均为长方形竖穴土坑墓。墓圹较小，一般长 2.1 ~ 2.4、宽 0.75 ~ 1 米，深度均残，一般 0.6 米左右。墓葬方向没有规律，多依地势而葬。除 2 座墓因遭破坏葬式不明外，余为仰身直肢。葬具均为单棺，并使用铁棺钉。随葬器物有瓷罐、瓷碗、瓷壶、瓷碟、铜簪、铜钱币等。随葬器物组合型式如下：

　　瓷罐、瓷碗、铜钱币组合：1 座；

　　瓷壶、瓷碗、瓷碟、铜钱币组合：1 座；

　　瓷罐、瓷碗组合：1 座；

　　瓷壶组合：1 座。

从以上随葬器物组合型式看，瓷罐、瓷碗、瓷壶、铜钱币是最基本的组合形式。

（二）墓葬介绍

① M48

M48 位于 D1 区 D1T13 探方东南角和 D1T14 探方西南部位。开口在①层下，打破 M49 和生土。距地表深 0.4 米。方向 52°。为长方形竖穴土坑墓。因早年改梯田，将其破坏大部分，北壁几乎全部被挖掉，南壁因山体挤压，向内倾斜约 0.15 米。墓圹壁较陡直，底较平整。墓口残长 2.4、宽 0.88~1、残深 0.1~1.2 米，墓底长 2.34、宽 0.88 米（图四〇二；图版一五〇，1）。墓坑内填土为灰黑色土，较松软。

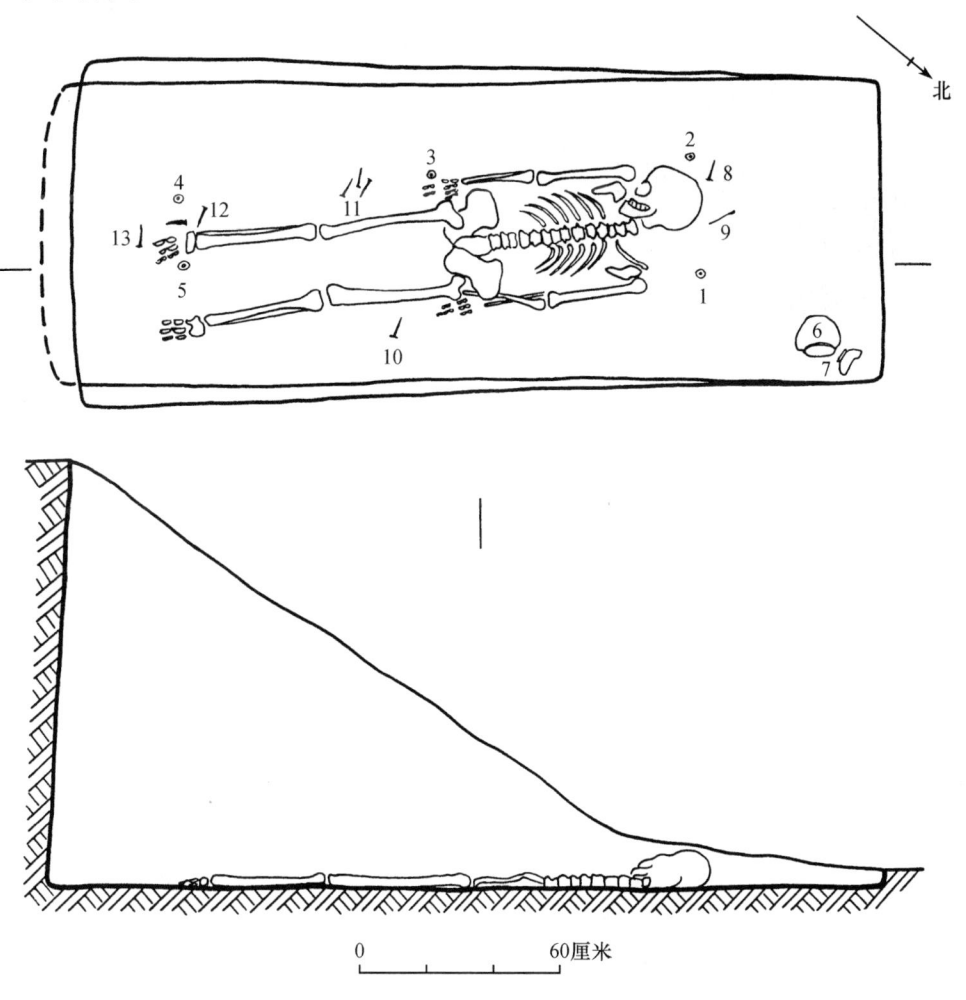

图四〇二　D1 区 M48 平、剖面图

1~5. 铜钱　6. 瓷罐　7. 瓷碗　8、10~13. 铁棺钉　9. 铜簪

葬具全部腐烂，仅存8件铁棺钉，棺钉在人骨架周围，推测应为单棺葬具。

人骨架保存较好，葬式为仰身直肢。头骨略向右侧，上肢伸直放于人体两边，下肢分开伸直，手、脚趾亦伸直，整个骨架上身偏向西，下肢偏向东，呈扭曲状。经鉴定，墓主人为男性，年龄40岁左右。

随葬器物有瓷罐、瓷碗、铜簪、钱币等。出土位置有规律。瓷罐和瓷碗放置于墓室东北角，铜簪位于头骨顶部，钱币均分开放置，即头骨两侧各1枚，右侧中部1枚，右脚两侧各1枚。

瓷罐 1件（M48:6）。完整。灰白色瓷胎。敛口，宽斜沿，圆唇外凸，腹壁略弧，平底，底胎厚重。口沿上施酱色釉，腹部饰酱色菊花枝蔓纹。口径11.5、腹径12.4、底径9.5、高11.2厘米（图四〇三，1；彩版三六，1；图版一五一）。

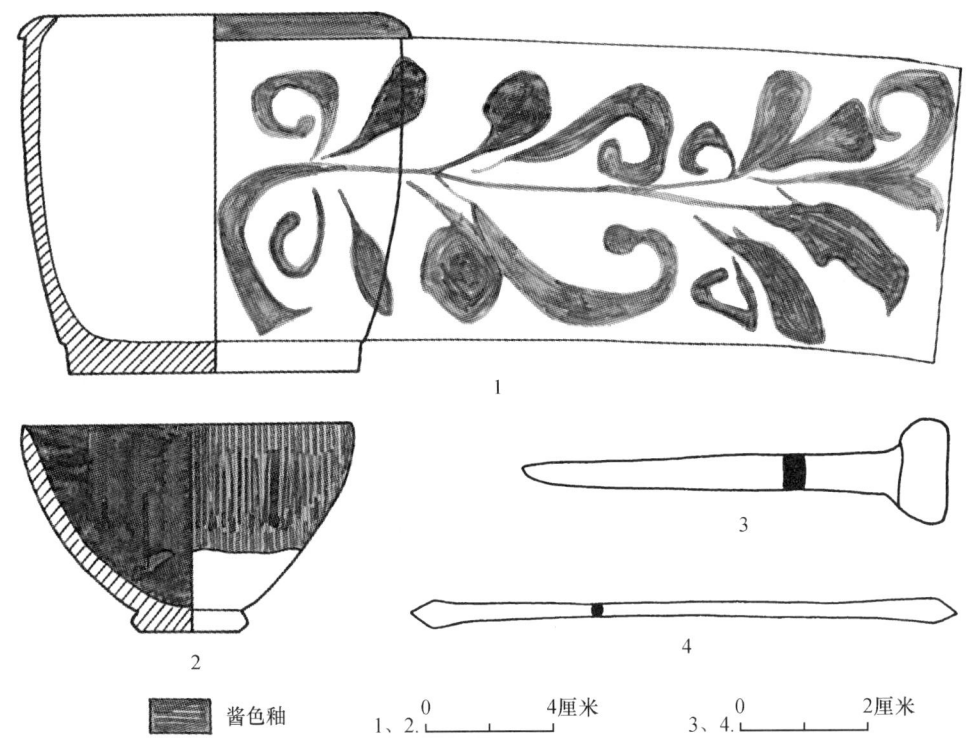

图四〇三 D1区M48出土器物

1. 瓷罐（M48:6） 2. 瓷碗（M48:7） 3. 铁棺钉（M48:8） 4. 铜簪（M48:9）

瓷碗 1件（M48:7）。完整。灰白色瓷胎。敞口，尖唇，弧壁，圈底，饼形足。外表施酱色半釉，内面施酱色全釉。口径10.8、腹深5.7、足径3.2、高6.7厘米（图四〇三，2；图版一五三，3）。

铜簪 1件（M48:9）。完整。长条形，中段横剖面呈圆形，两端略呈三角形。长8.6厘米（图四〇三，4）。

铁棺钉 8件。均完整。略锈蚀。标本M48:8，扁锥状，顶端有钉帽。长7、钉帽直径1.7厘米（图四〇三，3）。

钱币 5枚。均为铜质钱币。种类有皇宋通宝、元符通宝、熙宁元宝、元丰通宝。

皇宋通宝 1枚（M48:1）。面、背内外郭均浅，外郭很宽，面文对读。直径2.4厘米（图四〇四，1；图版一五二，2）。

元符通宝 1枚（M48:2）。面、背内外郭，面深背浅，外宽内窄，面文旋读。直径2.4厘米（图四〇四，2；图版一五二，1）。

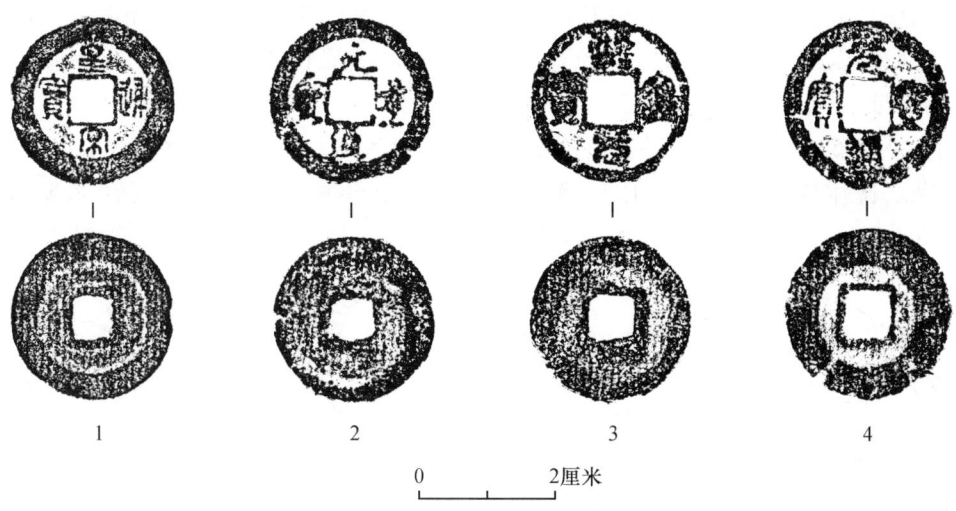

图四〇四　D1 区 M48 钱币拓片

1. 皇宋通宝（M48：1）　2. 元符通宝（M48：2）　3. 熙宁元宝（M48：3）　4. 元丰通宝（M48：4）

熙宁元宝　1 枚（M48：3）。面、背内外郭，面深背浅，外宽内窄，面文旋读。直径 2.3 厘米（图四〇四，3）。

元丰通宝　2 枚。形制相同。标本 M48：4，面、背内外郭，面深背浅，外宽内窄，面文旋读。直径 2.5 厘米（图四〇四，4）。

② M52

M52 位于 D1 区 D1T23 探方内。开口在①层下，打破生土。距地表深 0.4～0.5 米。方向 230°。该墓因耕种和自然水土流失破坏极为严重，仅存西南角一小部分。据现场观察和与 M48 比较，该墓应为长方形竖穴土坑墓。墓壁较斜而光滑，底较平。墓口残长 1.1、残宽 1、残深 0.1～0.6 米（图四〇五；图版一五〇，2）。墓内填土为黄褐色五花土，夹杂有大量的碎石块。

因腐烂和严重破坏，葬具和人骨架均无存，仅有 4 件铁棺钉，应为单棺葬具，葬式和墓主人性别、年龄均不详。

随葬器物均放置于墓坑西南部位。器类有瓷壶、瓷碗、瓷碟、铜钱币等。碗及碟在两个壶之间，壶流均朝向东面，钱币散落一大片。

瓷壶　2 件。均复原完整。标本 M52：1，褐色瓷胎。溜肩，束颈，杯形口，宽斜沿，尖唇，鼓腹略下垂，下腹内收，平底略内凹，略呈"7"字形柄，弧形长流，两侧有两个对称的半圆形附耳。底部有拉坯痕迹，柄上饰有两直线纹。腹部以上施淡青色釉。口径 7.6、腹径 13.2、底径 6.8、高 15、流长 6、柄高 6.2 厘米（图四〇六，2；彩版三六，6；图版一五五，4）。标本 M52：3，灰色瓷胎。器形瘦高，

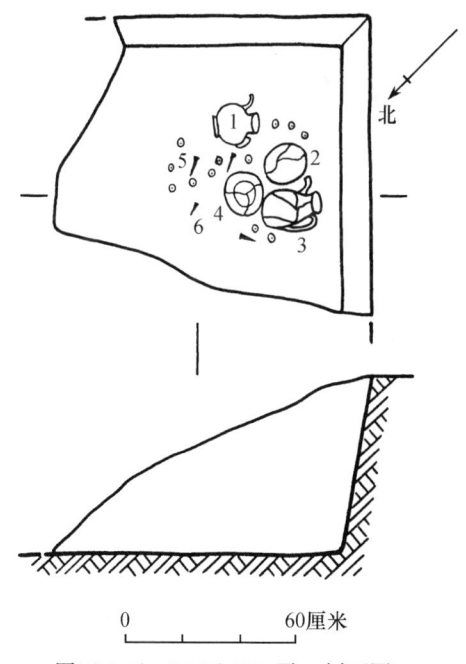

图四〇五　D1 区 M52 平、剖面图

1、3. 瓷壶　2. 瓷碗　4. 瓷碟
5. 铜钱　6. 铁棺钉

长颈，直口微侈，圆唇外鼓，溜肩，弧腹内收，平底，长流，流上细下粗，环形柄。颈部和肩部饰四道弦纹。腹部以上施淡青色釉。口径6.4、腹径14.5、底径8.4、高19.8、流长8.2、柄长11.4厘米（图四〇六，4；图版一五五，3）。

瓷碗　1件（M52:2）。复原完整。白色瓷胎，器胎特别薄，略有透明感。敞口，尖唇，斜壁，假圆圈足形底。通体施豆青色釉，并有隐隐约约的碎小开片。口径13、底径2.5、高5厘米（图四〇六，3；彩版三六，4；图版一五三，2）。

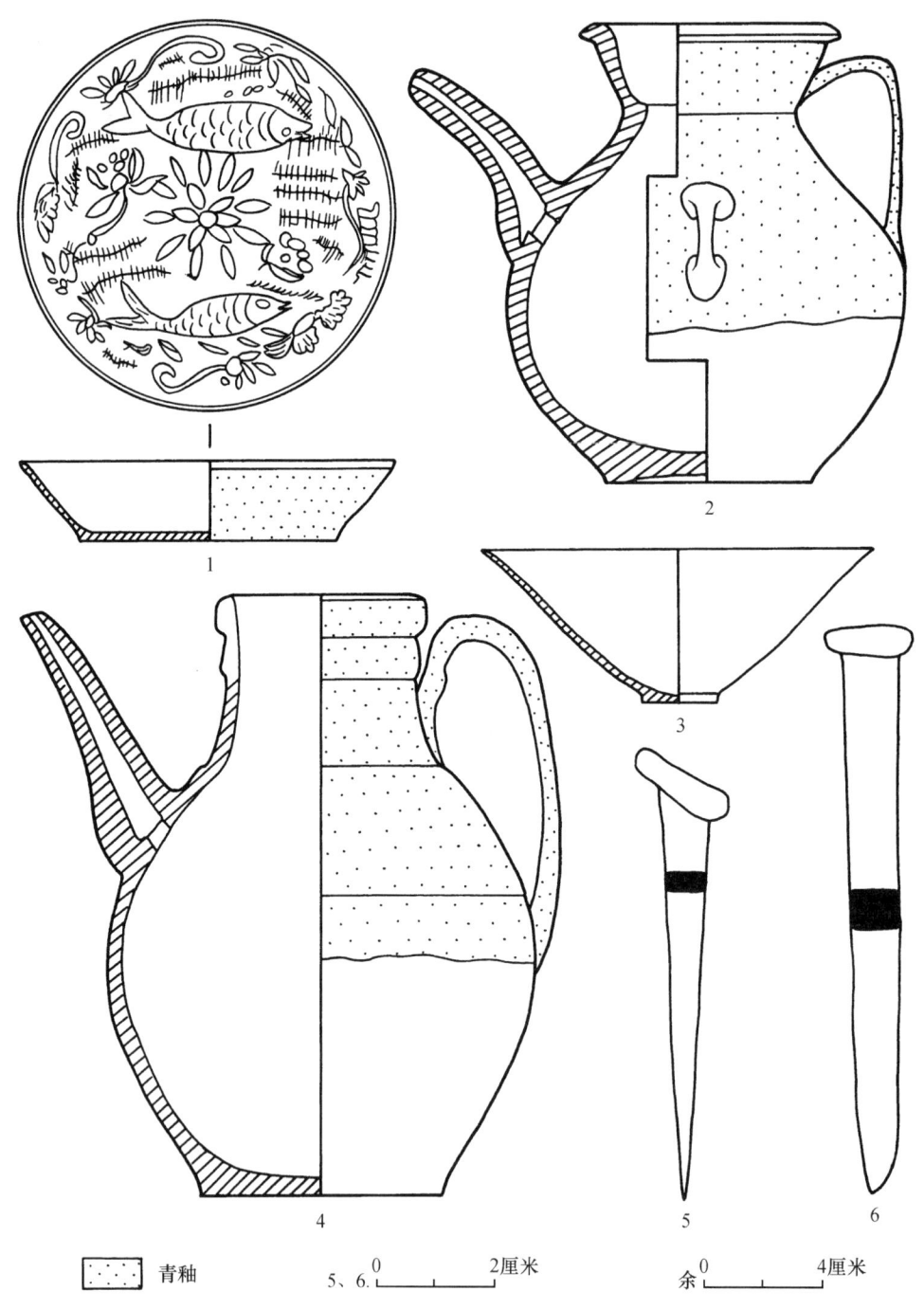

图四〇六　D1区M52出土器物

1. 瓷碟（M52:4）　2、4. 瓷壶（M52:1、M52:3）　3. 瓷碗（M52:2）　5、6. 铁棺钉（M52:6、M52:24）

瓷碟 1件（M52∶4）。修补完整。白色瓷胎，胎特别薄，略有透明感。敞口，尖唇，斜壁，平底。碟内有荷花、鱼及水草暗纹。芒口。内外壁施青白色釉，釉显得较厚重。口径13.7、底径8.8、高2.6厘米（图四〇六，1；彩版三六，3；图版一五三，1）。

铁棺钉 4件。锈蚀较严重。标本M52∶6，扁锥形，顶端有斜形钉帽。长7.4厘米（图四〇六，5）。标本M52∶24，方锥形，顶端有圆形钉帽。长9.5厘米（图四〇六，6）。

钱币 18枚。均为铜质钱币。种类有政和通宝、元祐通宝、开元通宝、明道元宝、天圣元宝、至道元宝、祥符通宝、乾元重宝、天禧通宝、景祐元宝、淳祐元宝、元口通宝、庆历重宝。面、背内外郭均外宽内窄，面深背浅。

政和通宝 2枚。穿有大小之异，面文对读，钱文笔画有粗细之别。标本M52∶5，直径2.4厘米（图四〇七，1；图版一五二，4）。标本M52∶7，直径2.5厘米（图四〇七，2）。

元祐通宝 2枚。面文旋读。标本M52∶8，直径2.4厘米（图四〇七，3）。标本M52∶9，直径2.5厘米（图四〇七，4；图版一五四，5）。

开元通宝 2枚。面文对读。标本M52∶10，直径2.4厘米（图四〇七，5）。标本M52∶11，直径2.4厘米（图四〇七，6）。

明道元宝 2枚。面文旋读。标本M52∶12，直径2.5厘米（图四〇七，7；彩版五七，3；图版一五二，3）。标本M52∶13，直径2.5厘米（图四〇七，8）。

天圣元宝 2枚。面文旋读。标本M52∶14，直径2.4厘米（图四〇七，9；图版一五四，1）。标本M52∶15，直径2.5厘米（图四〇七，10）。

至道元宝 1枚（M52∶16）。面文旋读。直径2.5厘米（图四〇七，11；彩版五七，5；图版一五二，5）。

祥符通宝 1枚（M52∶17）。面文旋读。直径2.5厘米（图四〇七，12；图版一五四，6）。

乾元重宝 1枚（M52∶18）。面文对读。直径2.4厘米（图四〇八，1；彩版五七，2；图版一五四,3）。

天禧通宝 1枚（M52∶19）。面文旋读。直径2.4厘米（图四〇八，2；图版一五二，6）。

景祐元宝 1枚（M52∶20）。面文旋读。直径2.5厘米（图四〇八，3；图版一五四，2）。

淳祐元宝 1枚（M52∶21）。面文旋读。直径2.5厘米（图四〇八，4；图版一五四，4）。

元口通宝 1枚（M52∶22）。面文对读。直径2.4厘米（图四〇八，5）。

庆历重宝 1枚（M52∶23）。面文对读。直径2.5厘米（图四〇八，6）。

③ M64

M64位于D1区D1T87探方中部。开口在①层下，打破生土。距地表深0.45米。方向190°。墓室北部被改建梯田破坏掉，仅存南部一小部分。据残存墓坑形制观察，应为长方形竖穴土坑墓。墓壁斜度较大，墓底较平。墓口残长0.6、宽0.75、残深0.4米，墓底残长0.48、宽0.6米（图四〇九）。墓内填土为灰褐色五花土，较松软。

因遭破坏和腐烂，葬具和人骨架均无存，故葬具、葬式及墓主人性别、年龄均不详。

随葬器物仅存2件。器类有瓷罐、瓷碗。放置于墓室南边，口面朝上。

瓷罐 1件（M64∶1）。完整。褐色瓷胎。鼓肩，直口，方唇，腹内收，底近平，假圆圈足。腹以上施酱褐色釉，内面施酱褐色全釉。口径12、腹径16.5、圈足径7.2、高12.8厘米（图四一〇，2；彩版三六，2；图版一五五，2）。

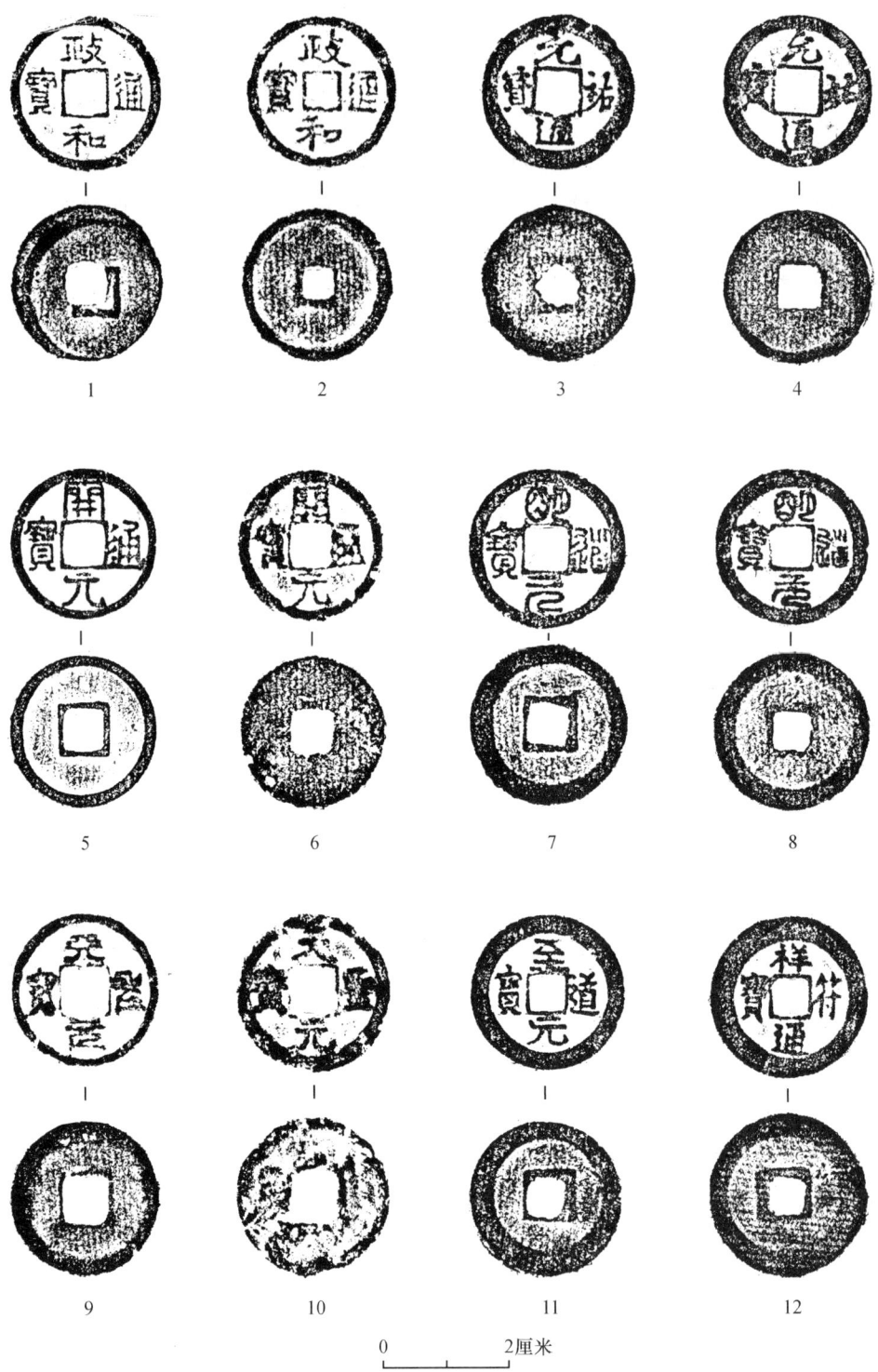

0 ———— 2厘米

图四〇七　D1 区 M52 钱币拓片

1、2. 政和通宝（M52∶5、M52∶7）　　3、4. 元祐通宝（M52∶8、M52∶9）　　5、6. 开元通宝（M52∶10、M52∶11）

7、8. 明道元宝（M52∶12、M52∶13）　　9、10. 天圣元宝（M52∶14、M52∶15）

11. 至道元宝（M52∶16）　　12. 祥符通宝（M52∶17）

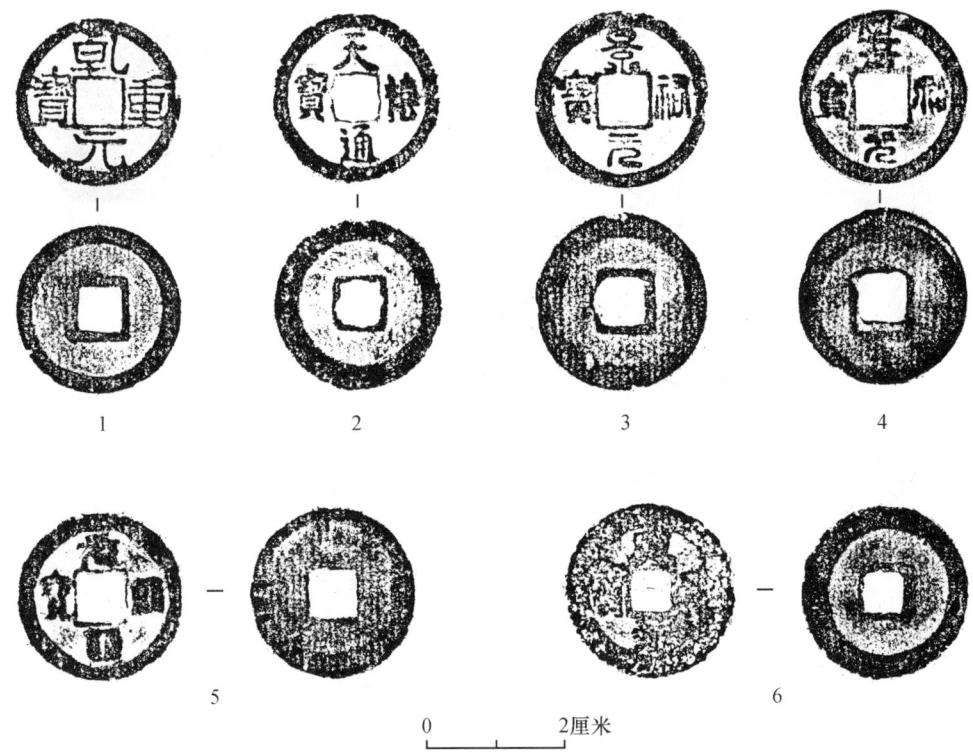

图四〇八　D1 区 M52 钱币拓片

1. 乾元重宝（M52:18）　　2. 天禧通宝（M52:19）　　3. 景祐元宝（M52:20）　　4. 淳祐元宝（M52:21）

5. 元口通宝（M52:22）　　6. 庆历重宝（M52:23）

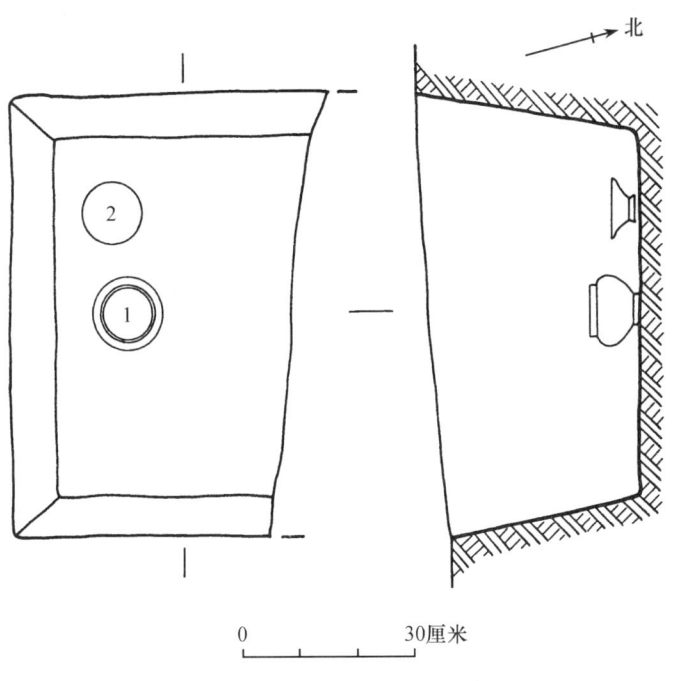

图四〇九　D1 区 M64 平、剖面图

1. 瓷罐　2. 瓷碗

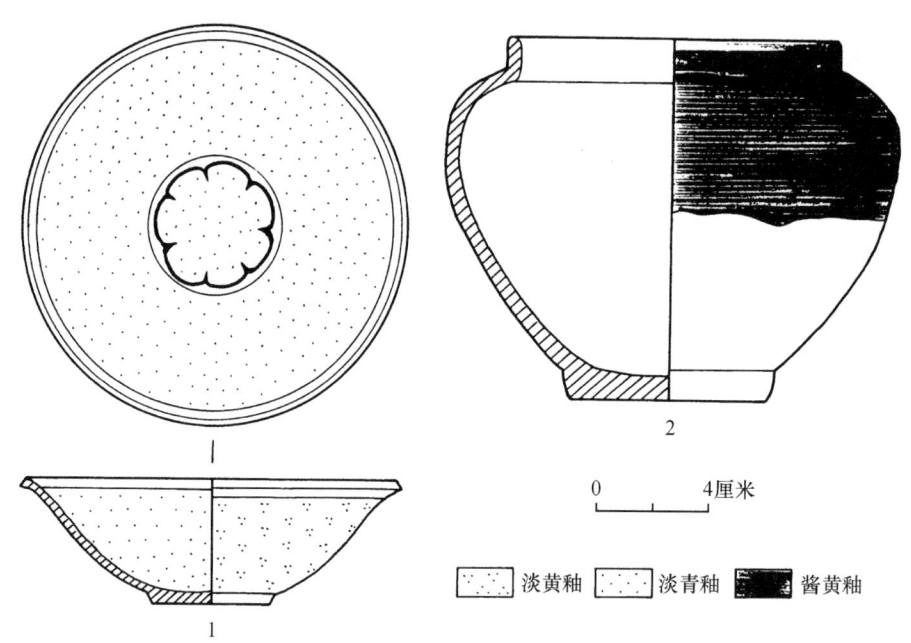

图四一〇　D1 区 M64 出土瓷器

1. 碗（M64∶2）　2. 罐（M64∶1）

瓷碗　1件（M64∶2）。完整。青灰色瓷胎。胎甚薄。敞口外撇，斜唇略外凸，腹壁微弧，假圆圈足，芒口。内壁施弧形暗纹和淡青色釉，外壁施淡黄色釉。口径13.6、底径4.4、高4.4厘米（图四一〇，1；图版一五三，4）。

④ M158

M158 位于 D1 区东北角，西边距 M39 墓 0.5 米，东面和北面 5 米为砖厂取土而形成的悬崖。开口在①层下，打破生土。距地表深 0.3～0.6 米。方向 90°。因数年耕种墓圹被破坏。为长方形竖穴土坑墓。墓口有些弯曲现象，墓壁较斜，墓底面不平整。墓口长 2.1、宽 0.88、残深 0.6 米（图四一一）。墓内填土为灰褐色五花土，较松软。

葬具因腐烂无存，按其墓坑形制结构推测葬具为单棺。

人骨架保存较差，仅存头骨和部分肢骨，而且部分肢骨明显被扰动过，头向东，足向西，从整体观察，葬式应为仰身直肢。性别不详，根据头骨和牙齿鉴定墓主人属成年人。

随葬器物仅 1 件瓷壶，放置于墓室西部正中部位。

瓷壶　1件（M158∶1）。完整。灰褐色瓷胎。火候较高。广肩，长颈，盘形口略侈，方唇，鼓腹，下腹内收，平底，肩部有两个对称的半圆形环耳。腹部和肩部饰六道细凹弦纹，颈部饰两道细凹弦纹，其间饰波浪纹，腹中部以下饰拍印布纹。腹中部以上及口沿内施深褐色釉。口径12.6、颈长8、腹径23、底径13、高28.5厘米（图四一二、图四一三；彩版三六，5；图版一五五，1）。

（三）小结

D 区宋代 4 座墓葬的随葬器物组合以罐、壶、碗、钱币为基本组合形式，但器物型式各不相同，没有 1 件是类似的，也就是说没有可资类比器物。尽管这样，仍可找到一些特点性的东西，如碗敞口，底较尖，流行假圈足，盛行施酱褐色釉和淡青色釉，还盛行用钱币作为随葬品等。下面试从这些方面分析墓葬年代。

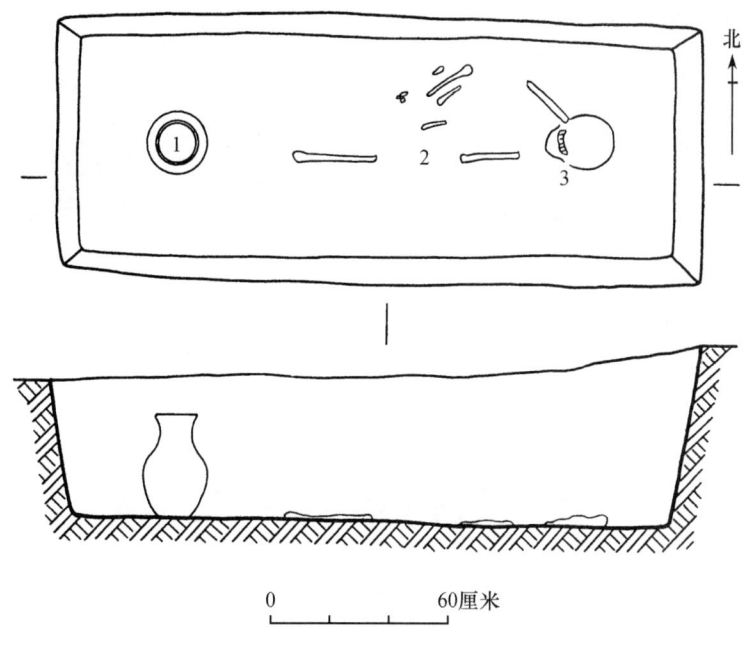

图四——　D1 区 M158 平、剖面图

1. 瓷壶　2. 人骨　3. 人牙

M48 出土代表性器物有瓷罐、瓷碗和钱币，其中钱币最晚是北宋晚期的"元符通宝"（公元 1098 年），但瓷罐、瓷碗施酱色釉，特别是瓷碗敞口、斜壁、假圈足底、施半釉是南宋时期典型的重庆涂山窑产品。其时代应为南宋时期。M64 出土的代表性器物是瓷碗和瓷罐，未出钱币，而这 2 件器物与 M48 所出器物形态均不相同，但瓷罐施酱色半釉，瓷碗为假圈足，这种酱色釉和施半釉假圈足风格与 M48 相同，所以 M64 年代大体上应与 M48 相当，属南宋早期。M52 也流行施半釉和假圈足风格。如瓷壶均施半釉，碗为假圈足。出土最晚钱币为南宋晚期"淳祐元宝"（公元 1241 年），所以将 M52 年代界定到南宋晚期也是较合适的。M158 只出土 1 件瓷壶，但其墓葬形制结构、尺寸比例略同于 M48，而且瓷壶也是半釉装饰，由此，M158 年代应为南宋晚期略偏晚。

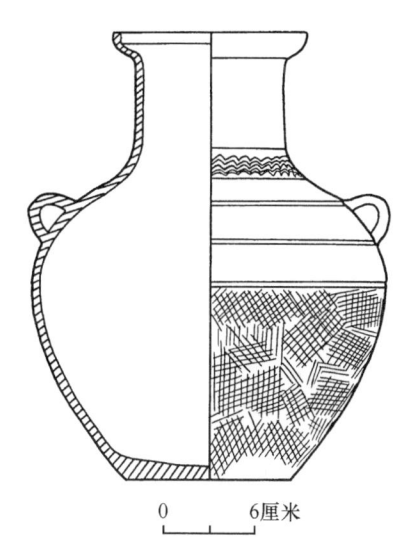

图四一二　D1 区 M158 瓷壶（M158∶1）

D 区宋代墓葬均为土坑墓，墓圹较小，基本上只有容一棺的空间，这种墓葬形制结构与汉代、六朝时期的墓葬形制结构大不一样，说明到宋代墓葬形制结构已有很大改变。据现有资料显示，这种墓葬形制结构在三峡地区发现较多，有可能是三峡地区宋代墓葬的地方特点。

瓷器是 D 区宋代墓葬的主要随葬器物，器形有碗、碟、罐、壶等。多施淡青色釉，次为酱色釉。M52∶2 白瓷碗，胎质洁白细腻，薄胎，造型小巧玲珑，釉色莹润如玉，可能为宋代官窑产品。M48∶7 瓷碗，敞口，斜壁，假圈足底，施酱色釉（有人称为黑釉），这类产品当来自三峡以西的重庆涂山窑。M52∶4 瓷碟，造型小巧精致，釉色莹润，与武昌青山窑产品相似。众多外地窑口瓷器集于一地，表明宋代三峡地区经济有了很大的发展，与周边地区的经济文化交流已很频繁。

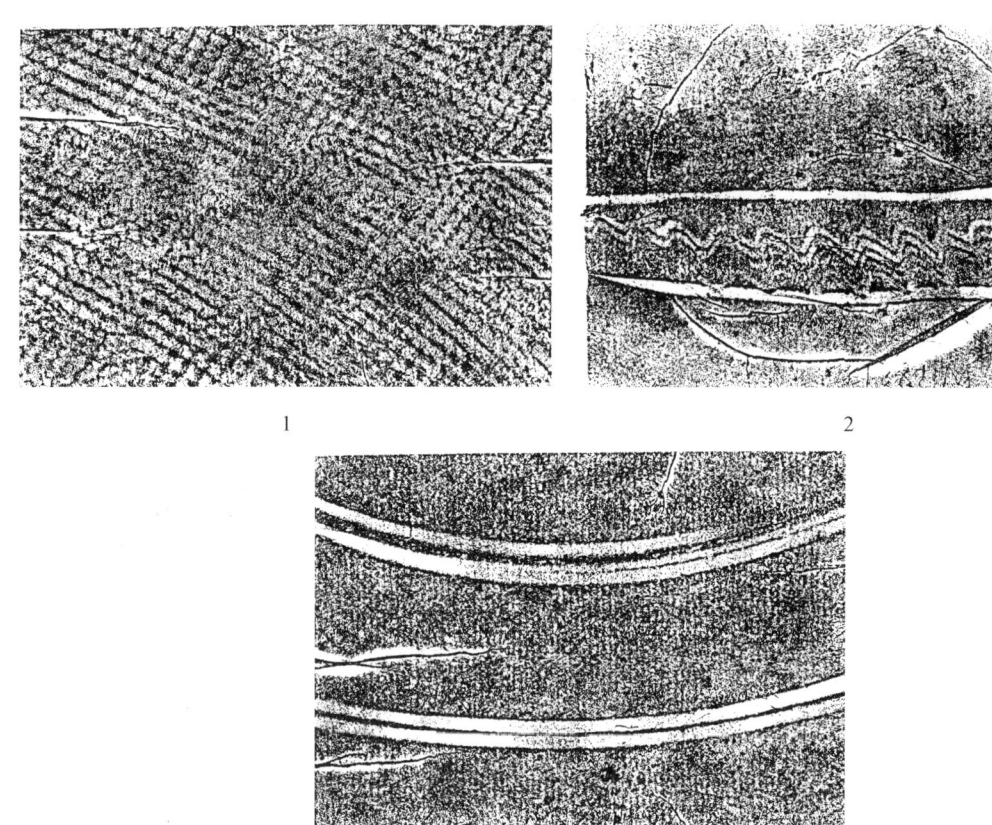

图四一三　D1 区 M158 瓷壶纹饰拓片（M158∶1）

1. 腹部布纹　2. 颈部凹弦纹及波浪纹　3. 肩部双凹弦纹

八　明代遗存

（一）概述

D1 区明代遗存仅墓葬一种，共 2 座。编号为 M42、M69。土坑和岩坑墓各 1 座。墓圹较小，平面呈长方形，有头龛。墓葬方向为 160°～170°，人骨架头向均朝向南面。葬具均为单棺，并使用铁抓钉和铁钉。葬式为仰身直肢。随葬器物主要为墓志砖等。

（二）墓葬介绍

墓葬 2 座。可分为土坑墓和岩坑墓两类。

1. 土坑墓

M69 位于 D1 区 D1T27 探方西北部。开口在①层下，打破生土。距地表深 0.45 米。方向 160°。因数年耕种和自然水土流失，墓坑被破坏，尤其是墓坑北部破坏为甚。平面呈长方形。墓壁较直，底较平。墓口残长 2、宽 0.7、残深 0.2～0.6 米，墓底长 1.9、宽 0.6 米（图四一四；图版一五七，2）。墓坑内填土为灰褐色黏土，较紧密，似经夯打过。

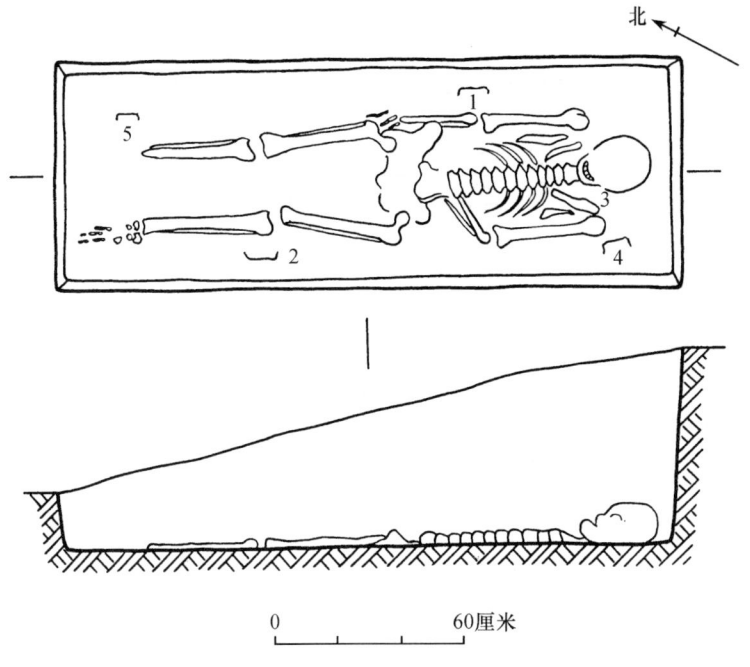

图四一四 D1 区 M69 平、剖面图
1、2、4、5. 铁抓钉 3. 人头骨

因腐烂葬具无存，仅存 4 件铁抓钉。因墓坑较窄，只有置一棺的空间，故推测该墓葬具应为单棺。

人骨架保存较好，头向南，仰身，面向上，右上肢及下肢伸直，左上肢弯曲，手放置于下腹部。不见右脚骨骼和其腐烂痕迹。经鉴定墓主人性别不详，年龄为 25～30 岁。

不见随葬器物，仅存铁抓钉。

铁抓钉　4 件。形制基本相同。保存较好。标本 M69:1，两端向内弯曲，中部较宽，横剖面呈宽扁形。长 9.2、中部宽 1.2 厘米（图四一五，1）。标本 M69:2，器形较小，两端向内弯曲，横剖面略呈方形（图四一五，2）。

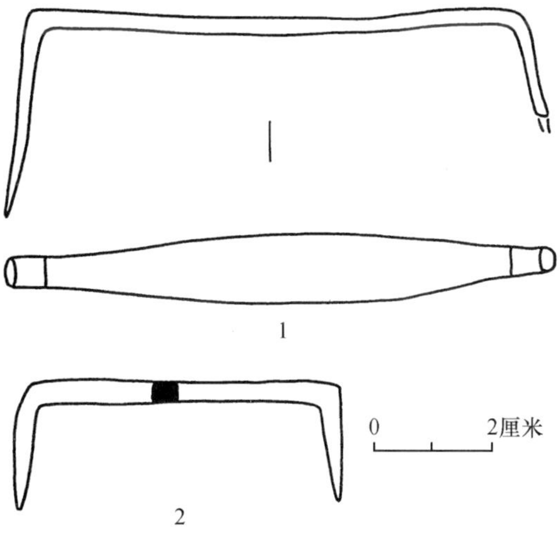

2. 岩坑墓

M42 位于 D1 区 D1T4 探方东北角，即 D1 区最

图四一五　D1 区 M69 出土铁抓钉
1. M69:1　2. M69:2

北边。开口在①层下，打破生土。距地表深 0.2～0.35 米。方向 170°。因修公路破坏，仅存南边一小部分，发掘前暴露在断崖之上。平面呈长方形，墓四壁均为砂岩，因岩石风化，错落成层叠压在一起，故墓壁不甚整齐，墓底亦不平整。南壁有一壁龛，内嵌一块方形墓志砖，墓底中部嵌有一块方形砖。墓口残长 1.65、宽 1.04、残深 0～0.95 米，墓底残长 1.6、宽 0.88 米（图四一六；图版一五六，1）。墓坑内填土为黄褐色五花土，夹杂有页岩石片，较松软。

葬具为单棺，因腐烂残缺。残存的棺木已变形。残长 1.2、宽 0.56、残高 0.3 米。另发现有 3 件固定棺身和棺盖的铁抓钉。

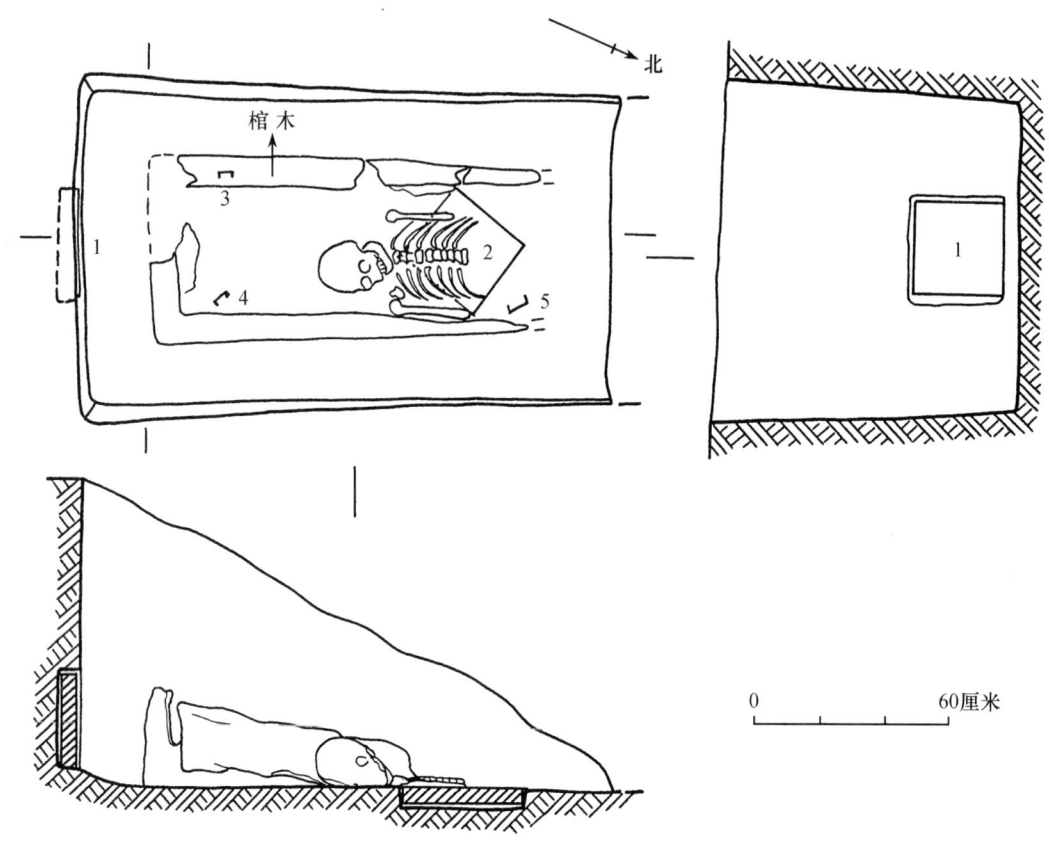

图四一六　D1 区 M42 平、剖面图
1. 墓志砖　2. 方砖　3~5. 铁抓钉

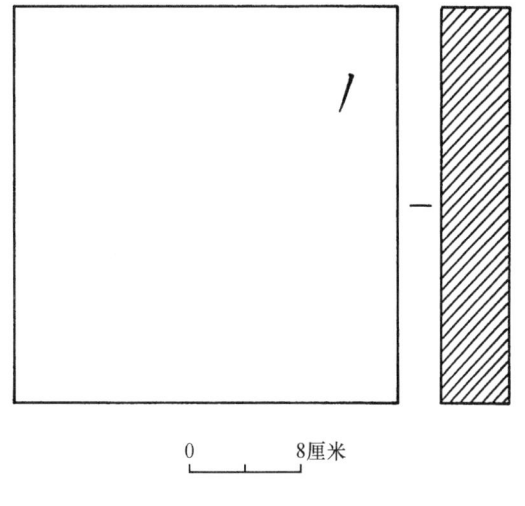

0　　　　　　8厘米

图四一七　D1 区 M42 墓志砖（M42:1）

　　人骨架因遭破坏仅有上半身。残存骨架保存较好，仰身，头侧向东面，上臂伸直，推测葬式应为仰身直肢。经鉴定墓主人为男性，年龄为 45 岁左右。

　　随葬器物仅发现 2 块墓志砖及 3 件铁抓钉。

　　墓志砖　2 块。形制相同。泥质灰陶。正方形。边长 28、厚 4.8 厘米。正面有朱红色字迹，因脱落，字迹无法辨认。标本 M42:1，完整。嵌在南壁中部小壁龛内。右上角有一笔未完全脱落的字迹（图四一七）。标本 M42:2，完整。嵌在墓底中部，即人骨架腰部。正面有因脱落呈星星点点的朱红字迹。

　　铁抓钉　3 件。形制相同。两端向内弯曲，横剖面略呈方形。

（三）小结

　　D 区明代墓葬均为长方形窄坑，单棺，铁抓钉固定棺身与棺盖，用朱红书写墓志，这些正是三峡地区明代小型墓葬的典型特征。三峡地区以往发掘资料显示，中型以上墓都是砖室墓或石室墓，并随葬有瓷碗、陶楼等随葬品，而这 2 座墓除墓志外不见任何随葬品，说明墓主人身份较低，有可能是穷人墓葬。从而表明明代三峡地区贫富分化和等级差别还是很大的。

M69 人骨架保存较好，唯缺少右脚骨骼，也不见脚骨腐烂痕迹。推测有可能生前残疾或是受到刖刑处罚。总之，这种奇特现象很值得重视。

九 清代遗存

（一）概述

D 区清代遗存均为墓葬，共 5 座，包括 M43、M46、M50、M67、M68。均分布在 D1 区。皆为长方形竖穴土坑墓，墓坑较浅而特别窄小，其空间仅容一棺。葬具为单棺，棺材使用铁钉。葬式为仰身直肢。墓葬方向多南北向，头向南，方向在 123°~190°。不见任何随葬器物。

（二）墓葬介绍

① M43

M43 位于 D1 区北边，D1T5 探方东北部。开口在①层下，打破生土及 M44。距地表深 0.3 ~ 0.46 米。方向 190°。长方形竖穴土坑墓。因长期耕种和自然水土流失等原因，墓坑北边被破坏掉。墓壁较斜直，底较平。墓口残长 2.2、宽 1.2、残深 0 ~ 0.8 米，墓底残长 2.1、宽 1 米（图四一八；图版一五六，2）。墓内填土为灰褐色五花土，软松软。

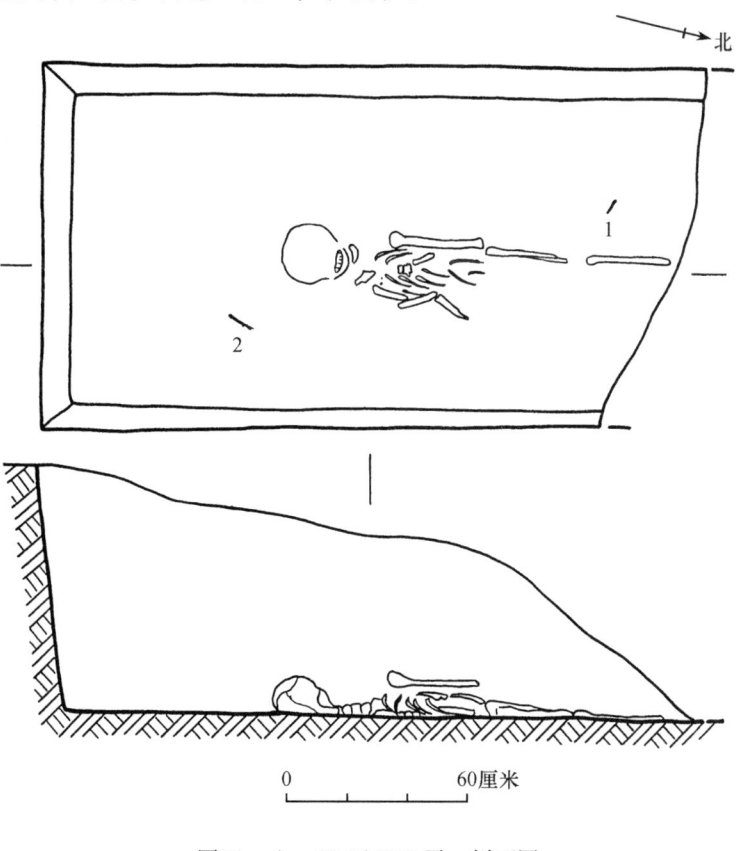

图四一八　D1 区 M43 平、剖面图

1、2. 铁棺钉

葬具腐烂无存，仅存 2 件铁棺钉，推测葬具为单棺。

人骨架保存较差，大部分骨骼已腐烂。葬式为仰身直肢。经鉴定墓主人为男性，年龄 25 岁左右。

没有随葬品。残留铁棺钉 2 件。已锈蚀。呈方锥形。长 7～8 厘米。

② M46

M46 位于 D1 区 D1T20 探方东南角。开口在①层下，打破生土及 M51（图版一五八，2）。距地表深 0.3～0.48 米。方向 125°。墓坑上部均不同程度受到耕种和自然水土流失破坏。为长方形竖穴土坑墓。墓壁斜度较大，底较平整。墓口长 2.85、宽 1.4、残深 1.2 米（图四一九；图版一五八，1）。墓内填土为灰褐色五花土，夹杂有页岩石片和粗沙。

葬具因腐烂无存，仅存 4 件铁棺钉。均锈蚀。根据墓坑形制和出土的棺钉及其位置推测，葬具为单棺。

人骨架保存较好。葬式为仰身直肢。头向南，面向上，张嘴，双手放于下腹部。经鉴定墓主人性别为男性，年龄 30 岁左右。

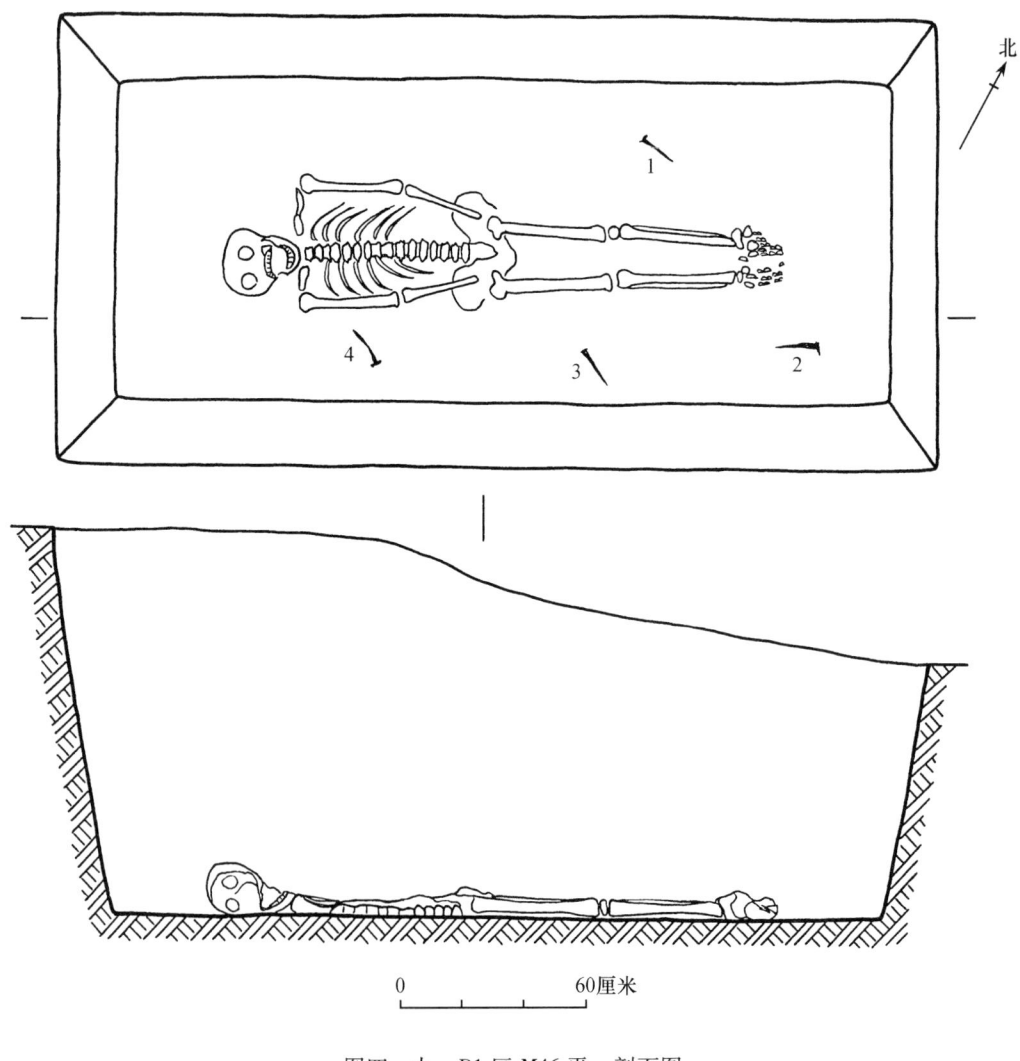

图四一九　D1 区 M46 平、剖面图

1～4. 铁棺钉

没有随葬器物，仅残留 4 件铁棺钉。

铁棺钉 4 件。保存较好。标本 M46：1，方锥形。顶端有圆饼形钉帽。长 10.3、宽 1、厚 0.8 厘米（图四二〇，1）。标本 M46：3，圆锥形，顶端较平。长 8.8、粗径 0.8 厘米（图四二〇，2）。标本 M46：2，扁锥形，尖端斜刃，顶端有弯钩形帽。长 9.6、弯钩长 1.7 厘米（图四二〇，3）。

③ M50

M50 位于 D1 区 D1T19 探方中部。开口在①层下，打破生土。距地表深 0.42 厘米。方向 125°。因长期耕种和水土流失，墓坑上部受到严重破坏，南部高北部低。平面呈长方形，但南边宽北边窄，略呈梯形。墓壁陡直，没有收分，底甚平。墓口长 2.4、宽 0.7～0.9、深 0.6～1.4 米（图四二一；图版一一九，2）。墓内填土为黄褐色五花土，下部较松软，夹杂有大量风化的页岩碎石块。

葬具腐烂无存，残留有大量的铁棺钉，铁棺钉均分布在人骨架周围，根据墓坑形制结构、尺寸比例和铁棺钉分布范围推测，葬具应为单棺。

人骨架保存较好。葬式为仰身直肢。头向南，面向上。出土时头骨明显与颈椎骨错位，侧向右边，双脚尖向内倾斜，双臂紧贴下肢股骨。经鉴定墓主人为男性，年龄为 50 岁左右。

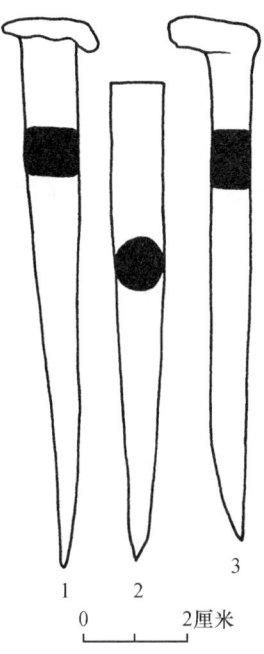

图四二〇 D1 区 M46 出土铁棺钉
1. M46：1 2. M46：3 3. M46：2

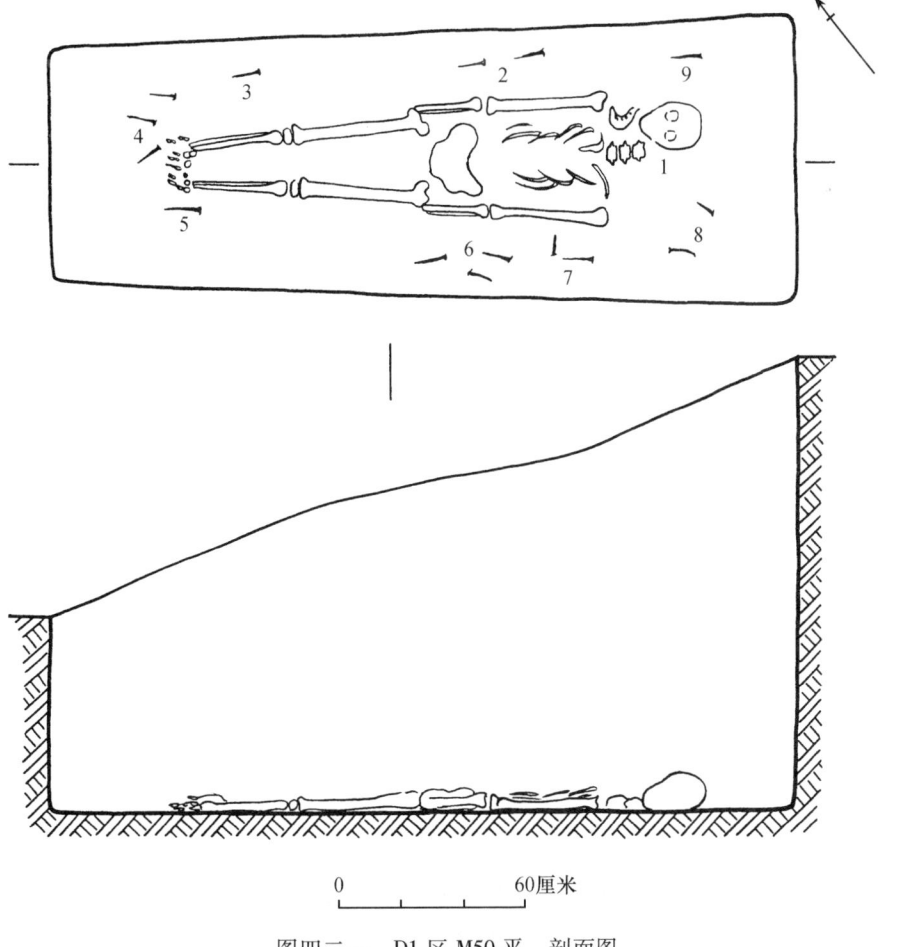

图四二一 D1 区 M50 平、剖面图
1. 人头骨 2～9. 铁棺钉

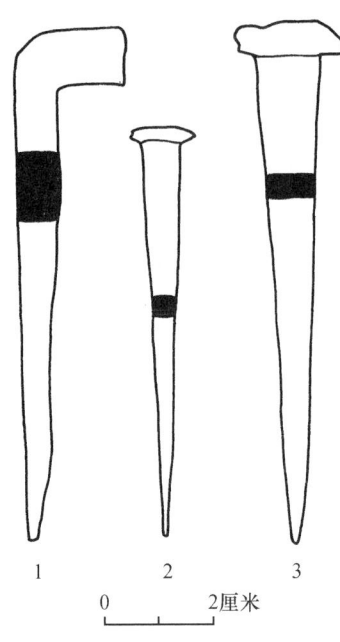

图四二二　D1区 M50 出土铁棺钉
1. M50∶4　2. M50∶2　3. M50∶3

没有任何随葬器物，残留有铁棺钉。

铁棺钉　15 件。保存较好。标本 M50∶4，扁锥状，顶端有一弯钩呈曲尺形。长 9.5、上端宽 1.3、厚 0.7 厘米（图四二二，1）。标本 M50∶2，方锥状，顶端有圆饼形帽。长 7.5、帽径 1.2 厘米（图四二二，2）。标本 M50∶3，扁锥状，顶端有椭圆形帽。长 9.3、上段宽 1.2、厚 0.5 厘米（图四二二,3）。

④ M67

M67 位于 D1 区 D1T2 探方中部。开口在①层下，打破生土。距地表深 0.2~0.5 米。方向 158°。平面呈长方形竖穴土坑墓。残存墓圹南高北低，墓壁略斜，不太光滑，底较平整。墓口长 2.3、宽 0.8、南边深 1.2、北边深 0.4 米，墓底长 2.12、宽 0.65 米（图四二三；图版一五七，1）。墓坑内填土为灰褐色五花土，夹杂有较多页岩石块，比较疏松。

葬具因腐烂，仅存两块棺木板和铁棺钉，棺木板在人骨架两侧，长 2、厚 0.06 米，棺盖板、底板及两头挡板已腐烂。葬具为单棺，棺长 2、宽 0.4、残高 0.13 米。木质为杉木。

人骨架保存较好，葬式为仰身直肢。骨骼较小而细，头颅较大，面向上。骨架长 1.2 米。经鉴定墓主人性别不详，年龄 10 岁。

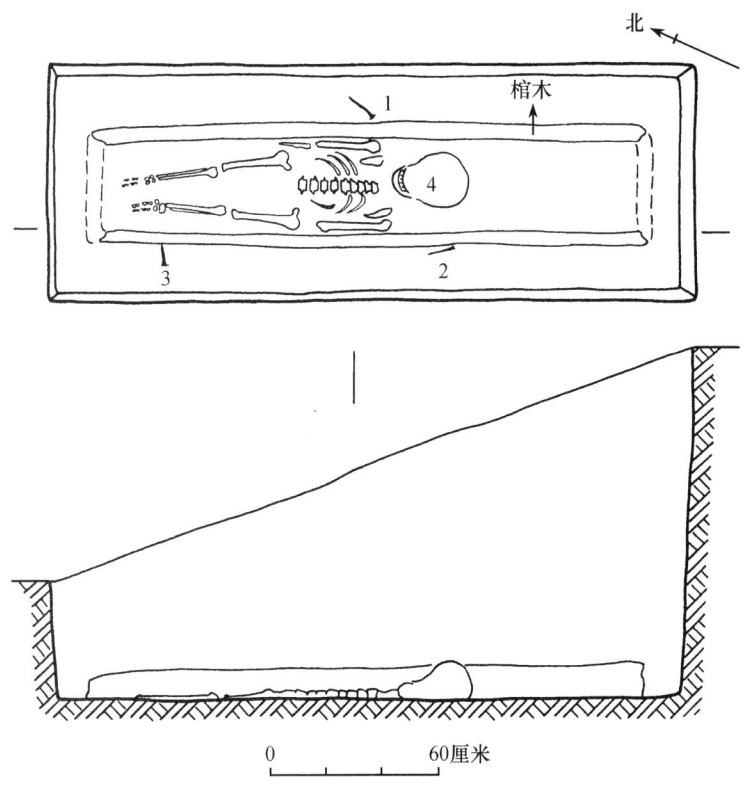

图四二三　D1 区 M67 平、剖面图
1~3. 铁棺钉　4. 人头骨

没有随葬器物。仅出土 3 件铁棺钉。

铁棺钉 3 件。保存较好。标本 M67：1，器形较长，方锥状，顶端呈曲尺状弯曲，并有饼形帽。长 11.2、上段粗径 0.5 厘米（图四二四，1）。标本 M67：2，方锥形，顶端有饼形帽。长 8、上段粗径 0.5 厘米（图四二四，2）。标本 M67：3，器形较长而粗。方锥状，顶面较斜。长 13.5、上段粗径 0.9 厘米（图四二四，3）。

⑤ M68

M68 位于 D1 区 D1T12 探方西南部位。开口在①层下，打破生土。距地表深 0.38 ~ 0.55 米。方向 123°。因长期耕种和水土流失等原因，墓葬遭到严重破坏，北壁基本上全部被破坏掉。为长方形竖穴土坑墓。墓壁较斜而不光滑，底较平整。墓口残长 1.95、宽 0.62、残深 0.02 ~ 0.4 米，墓底长 1.9、宽 0.57 米（图四二五）。墓坑填土为黑褐色五花土，比较松软。

葬具因腐烂无存，仅存部分铁棺钉，分布于人骨架周围。从墓葬形制结构和墓坑尺寸比例以及棺钉所分布位置看，葬具应为单棺。

人骨架保存较好。葬式为仰身直肢。面向东，下颌骨错位到头骨左侧，双手指骨和双脚趾骨未存，亦不见腐烂痕迹。其性别和年龄不详。

不见随葬器物。残留铁棺钉 7 件。

铁棺钉 7 件。保存较好。标本 M68：1，方锥状，顶端有扁形帽，下段弯曲，显然是在使用过程中弯曲的。长 10.5、上端粗径 0.7、扁形帽宽 1.4、厚 0.4 厘米（图四二六，1）。标本 M68：2，方锥状，顶端有薄饼形帽。长 8.8、上段粗径 1 厘米（图四二六，2）。标本 M68：3，方锥状，顶端有弯形帽。长 11.5、上段粗径 0.7、弯形帽长 1.4 厘米（图四二六，3）。

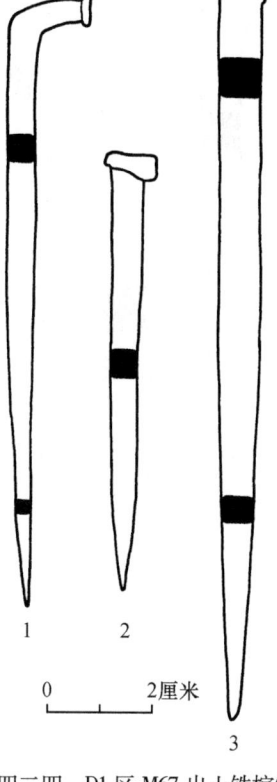

图四二四　D1 区 M67 出土铁棺钉
1. M67：1　2. M67：2　3. M67：3

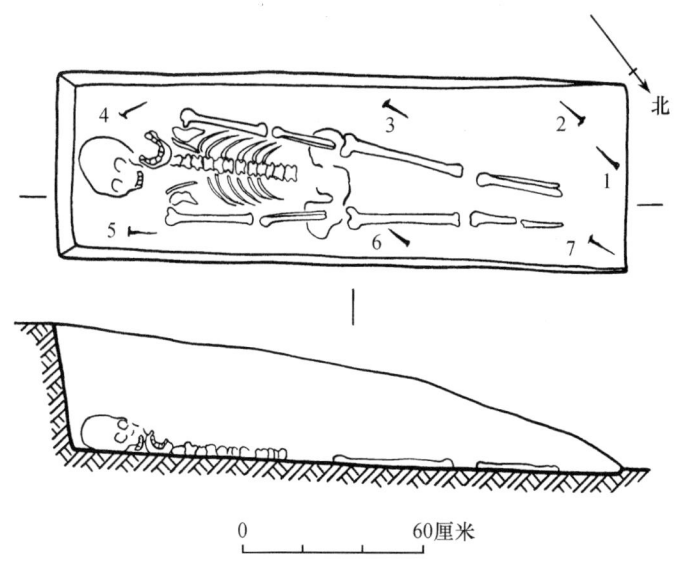

图四二五　D1 区 M68 平、剖面图
1 ~ 7. 铁棺钉

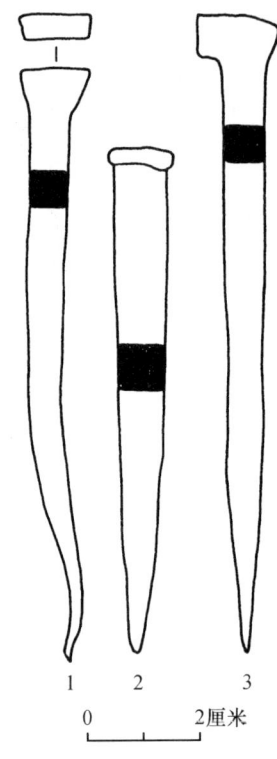

图四二六　D1 区 M68 出土铁棺钉
1. M68:1　2. M68:2　3. M68:3

（三）小结

D 区清代墓葬均为长方形竖穴土坑墓，墓坑较窄而浅，单棺葬具，不用器物随葬，这是三峡地区清代墓葬的典型特征。棺材均使用了铁棺钉，这是三峡地区从明代到清代早期小型土坑墓的特点，清代中期以后一直到现在，避讳"钉子"，认为钉子有"钉子孙"之寓，棺材都不用铁棺钉。所以我们认为 D 区清代墓葬时代应属于清代早期。

M67 用木板做棺材，长 2、宽 0.4、内空宽 0.3、残高 0.13 米，棺内放置有 10 岁小孩骨骼。这种长而狭窄的木板棺在三峡地区还是第一次发现，有可能是小孩不能享受成人埋葬待遇而制作的特殊棺材。这对研究三峡地区棺材使用制度和埋葬习俗增添了新的佐证资料。

M50 墓圹一端宽，另一端窄，略呈梯形，墓壁垂直。这种形制的墓圹少见，是偶然现象还是另外一种墓葬形制，尚有待更多发现和进一步关注。

陆　E　区

一　位置与地貌

E 区位于卜庄河遗址中部，小地名叫窑湾。海拔 100～175 米。东面是山冈悬崖，南面为大山，西面有一山坡，叫牛脑壳包，北面为一陡坡，往下是原卜庄河街道和长江。

E 区地形地貌较复杂，两座山坡相连，中间有一小溪沟将 E 区分为两个发掘区，即东边山坡为 E1 区，西边山坡为 E2 区。E1 区多为石山，黏土地层少，南高北低呈斜坡状，坡度约 15～25°。发掘前种植有高大的柏树、柑橘、花椒等树木和蔬菜及粮食作物。E2 区全属黄褐色黏土地层，西南面高，东北面低，坡度更大，尤其是西边部分区域，坡度达到 30 多度。因为黏土地带是种植农作物和果树的良地，所以发掘前地面种植有十分密集的柑橘树和农作物。

二　工　作　情　况

E 区考古发掘工作时间较长，前后发掘 8 个年头。首先是 1999 年 11 月～2000 年 1 月发掘 E1 区，2001 年 8 月～12 月开始发掘 E2 区。之后，2002 年～2006 年 6 月间，先后 6 次在 E1 区和 E2 区发掘。每次发掘都分作两道程序进行，首先是调查、勘探，选择合适的布方地点，赔偿青苗，再布方发掘。E1 区发掘 5 米×5 米探方 115 个，长 24～45、宽 1 米探沟 4 条，加上在周围调查发掘的墓葬面积共 3150 平方米（图版一五九）。E2 区发掘 5 米×5 米探方 168 个，10 米×10 米探方 2 个，长 12～30、宽 1 米探沟 8 条，加上在其周边调查发掘的墓葬面积，共 4660 平方米（图版一六〇）。整个 E 区实际发掘面积为 7810 平方米（图四二七）。值得说明的是 1999 年开始发掘 E1 区时，将 E1 区称为 C 区，E2 区称为 E 区。之后考虑到卜庄河遗址分区较多，而且 E1 区与 E2 区相隔甚近，为了从东往西依序编制发掘区号方便起见，故将原 C 区改为 E1 区，原 E 区改 E2 区。E2 区地势西南面高，向东北面倾斜。为发掘方便，探方未按正方向布方，偏西 26°。所有地层堆积都进行了统一编层。

三　文化堆积与分期

（一）文化堆积

E1 区没有文化堆积层，①层下即为生土。E2 区由于地势情况复杂，坡度较大，长期山洪、雨水冲刷，加上历代垦殖等多种原因，文化层遭破坏极为严重，所剩文化堆积层不多。其时代为周代、六朝时期和清代。受地势影响，文化层呈西南面高东北面低倾斜堆积。这些文化堆积不成片，都是零星的残破不全的堆积，而且探方缺层现象较多，多数探方①层下为生土。

周代文化层堆积主要分布在 E2 区的 E2T72、E2T74、E2T75、E2T85、E2T88～E2T91、E2T130

探方内。六朝时期文化层堆积主要分布在 E2 区的 E2T51、E2T72、E2T85、E2T88、E2T89、E2T94 探方内。清代文化堆积主要分布在 E2 区的 E2T52、E2T71、E2T72、E2T80、E2T88、E2T91、E2T134 探方内。下面选择几个典型探方地层剖面为例，介绍 E2 区文化层堆积情况。

1. E2T72 四壁剖面

E2T72 探方共分为五层，编号为①～⑤层。北壁只有①、③、⑤层（图四二八）。

第①层：夹细沙黑褐色土，土质较疏松。厚 0.15～0.4 米。分布于全探方。包含有近现代瓦片、瓷片、铁钉、红色烧土、砖块等。属现代农耕层。此层下叠压有 2 个现代树坑。

第②层：夹细沙灰褐色土，并含有较多的黄色黏土块。距地表深 0.2～0.45、厚 0.05～0.45 米。西北部没有此层。包含物有青花瓷片、瓷碗、素面灰陶板瓦、"乾隆通宝"钱币等。为清代堆积层。

第③层：夹沙黑褐色黏土层，土质略板结。距地表深 0.28～0.6、厚 0.1～0.51 米。分布于全探方，南部薄北部厚。主要包含物有绳纹板瓦、筒瓦、陶罐、几何形陶砖等。属六朝时期堆积。此层下叠压 M146。

第④层：黄褐色黏土，并夹杂有少量风化的页岩石片。距地表深 0.5～0.75、厚 0.03～0.46 米。分布于探方的南边。主要包含物有陶罐、陶釜、陶鬲、陶豆、铁镞等。属周代堆积层。

第⑤层：浅褐色黏土，较板结。距地表深 0.13～0.65、厚 0.03～0.27 米。分布于探方东南部。包含物有陶鬲、陶罐、陶鼎足等。属周代堆积。此层下为生土层。

2. E2T88～E2T90 北壁剖面

这三个探方东西向排列，地表西高东低，东、西高差约 5.3 米。包含四个地层，其中 E2T89 北壁缺②层，E2T90 北壁只有①层和④层（图四二九）。

第①层：夹粗沙黑褐色土，土质疏松。厚 0.2～0.3 米。分布于各探方。包含有近现代瓷片、瓦片、石灰块、农作物根茎等。属现代农耕层。

第②层：夹细沙灰褐色土，局部含有黄色黏土块。距地表深 0.22～0.31、厚 0.03～0.2 米。仅 T88 北部和西南角有此层堆积。包含有青花瓷片等物。属清代堆积层。

第③层：夹沙黑褐色黏土层，土质较板结。距地表深 0.2～0.5、厚 0.03～0.27 米。分布于 E2T88、E2T89 探方北部及 E2T90 探方西部。包含物有粗绳纹灰陶板瓦和灰褐色绳纹陶罐残片。属六朝时堆积层。

第④层：黄褐色黏土，夹杂少量碎小的页岩石块。距地表深 0.19～0.6、厚 0.05～0.3 米。三个探方均有此层堆积。包含有陶鬲足、陶鼎足、陶甗、陶罐等器物。属周代堆积层。此层下为生土层。

（二）分期

E1 区没有地层堆积，E2 区地层堆积虽然简单，有文化堆积层探方也不多，但根据堆积层的土质土色，出土遗物的特点和层位关系，可列出各探方文化层时代对应关系（表三三）。再根据遗迹单位出土的遗物特征，参照三峡地区过去发掘资料和研究成果，可将 E 区所出遗存的年代分为六期（表三四）。

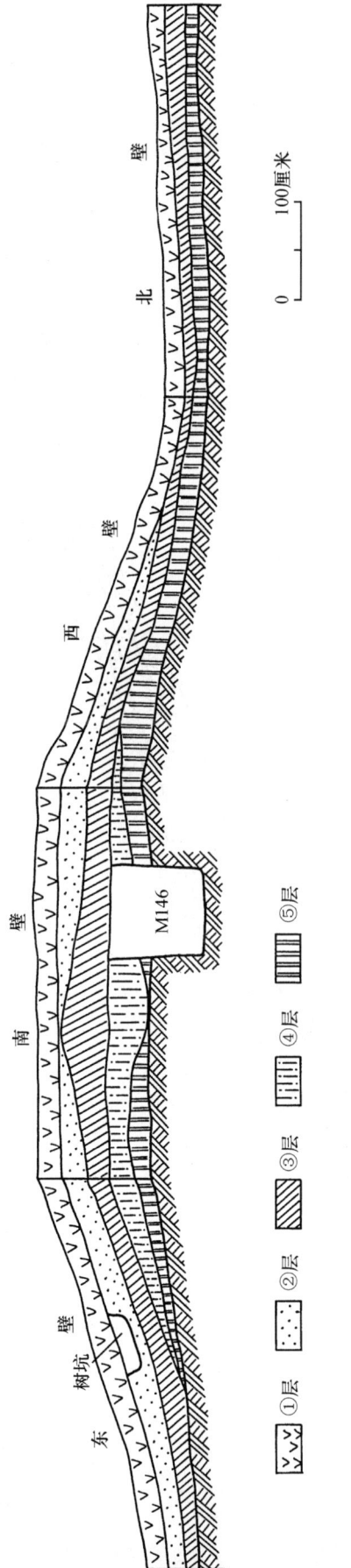

图四二八 E2区 T72 四壁剖面图

东 壁 树坑 南 壁 西 壁 北 壁

M146

$\boxed{\mathsf{V}\mathsf{V}}$①层 $\boxed{\cdot\cdot}$②层 $\boxed{\diagdown}$③层 $\boxed{\mathop{\rm III}}$④层 $\boxed{\mathbb{I}}$⑤层

0 100厘米

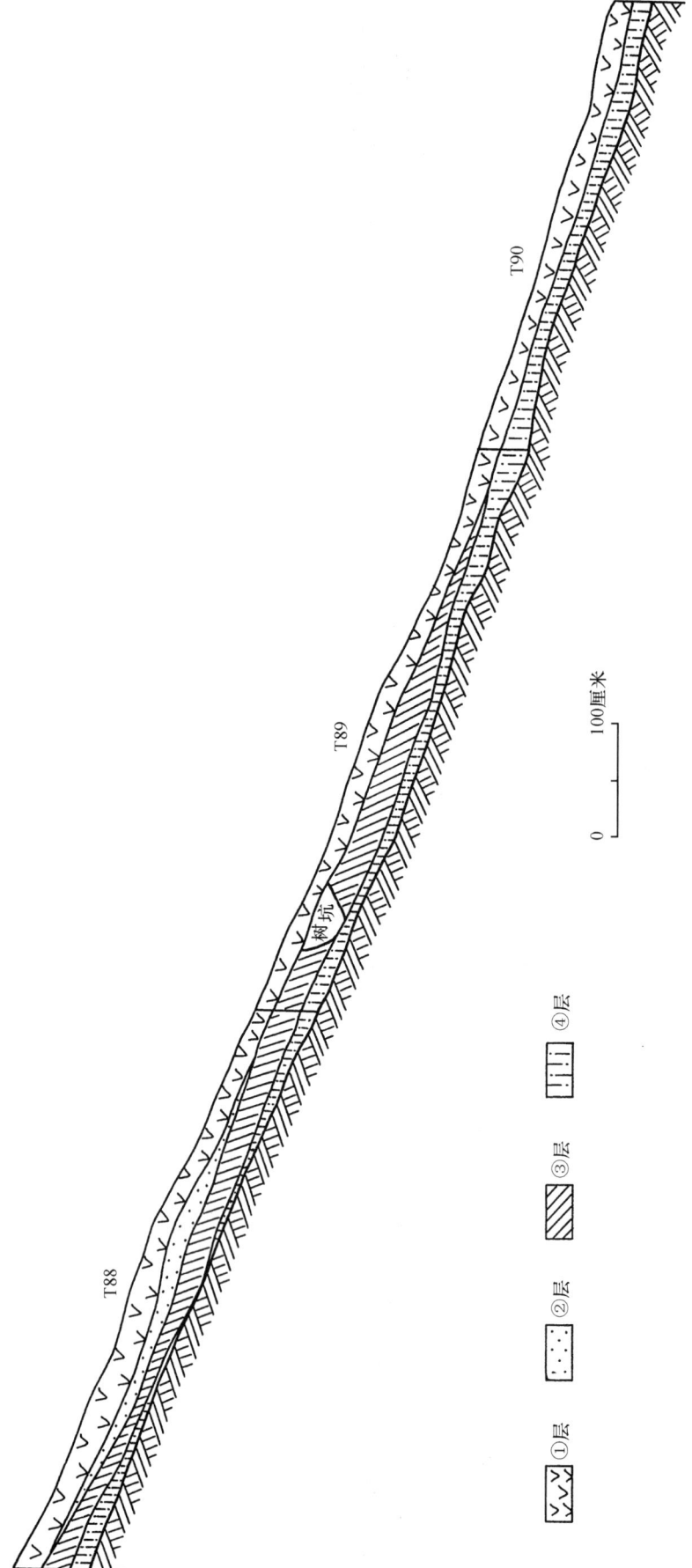

图四二九　E2 区 T88 ~ T90 北壁剖面图

表三三　E 区探方、文化层、时代对应关系表

文化层＼时代＼探方	清代	六朝	周代	文化层＼时代＼探方	清代	六朝	周代
E2T51		③		E2T88	②	③	④
E2T52	②			E2T89		③	④
E2T71	②			E2T90			④
E2T72	②	③	④⑤	E2T91	②		⑤
E2T74			④⑤	E2T94		③	
E2T75			⑤	E2T130			④
E2T80	②			E2T134	②		
E2T85		③	④⑤				

表三四　E 区地层、探方、遗迹、墓葬分期对应表

分期	文化时代	地层	探方、遗迹、墓葬
一期	周代	④⑤	探方 9 个（E2 区：E2T72、E2T74、E2T75、E2T85、E2T88 ~ E2T91、E2T130） 灰坑 3 个（E2 区：E2H1 ~ E2H3）
二期	汉代		墓葬 19 座（E1 区：M8、M32、M33、M74、M78、M80、M81、M95、M104、M115、M126 E2 区：M76、M82、M102、M103、M105、M120、M121、M146）
三期	六朝	③	探方 6 个（E2 区：E2T51、E2T72、E2T85、E2T88、E2T89、E2T94） 灰沟 1 条（E2 区：E2G1） 瓦场 1 个（E2 区：E2W1） 取土场 1 个（E2 区：E2Q1） 墓葬 5 座（E1 区：M75 E2 区：M31、M77、M96、M142）
四期	宋代		墓葬 2 座（E1 区：M125 E2 区：M106）
五期	明代		房基 6 间（E2 区：E2F1 ~ E2F6） 灶坑 2 个（E2 区：E2Z1、E2Z2） 墓葬 2 座（E2 区：M124、M143）
六期	清代	②	探方 7 个（E2 区：E2T52、E2T71、E2T72、E2T80、E2T88、E2T91、E2T134） 墓葬 3 座（E2 区：M144、M145、M147）

一期：周代。包括 5 个探方中的第⑤层和 7 个探方中的④层（E2 区：E2T72④、E2T72⑤、E2T74④、E2T74⑤、E2T75⑤、E2T85④、E2T85⑤、E2T88④、E2T89④、E2T90④、E2T91⑤、E2T130④）。灰坑 3 个（E2H1 ~ E2H3）。以陶鬲、陶鼎、陶豆、陶瓿、陶罐为代表性器物。

二期：汉代。是 E 区的主要文化遗存。全部是墓葬，共 19 座（E1 区：M8、M32、M33、M74、M78、M80、M81、M95、M104、M115、M126；E2 区：M76、M82、M102、M103、M105、M120、M121、M146）。随葬器物以陶鼎、陶盒、陶壶、陶灶为组合形式，以陶鼎、陶壶、陶仓、陶灶、陶盒、陶钵为代表性器物。

三期：六朝时期。包括探方 6 个（E2 区：E2T51、E2T52、E2T85、E2T88、E2T89、E2T94），

灰沟 1 条（E2 区：E2G1），瓦场 1 处（E2 区：E2W1），取土场 1 处（E2 区：E2Q1），墓葬 5 座（E1 区：M75；E2 区；M31、M77、M96、M142）。代表性器物是绳纹灰色陶板瓦、陶筒瓦、陶云纹瓦当、四灵纹铜镜。

四期：宋代。仅墓葬 2 座（E1 区：M125；E2 区：M106）。代表性器物有薄胎斜壁白瓷碗、淡青釉瓷碟。

五期：明代。包括房基 6 间（E2 区：E2F1～E2F6），灶坑 2 个（E2 区：E2Z1、E2Z2），墓葬 2 座（E2 区：M124、M143）。这些遗迹和墓葬都有清楚的相互叠压关系和具有时代特征的出土遗物，如瓷罐、长条形弧线四角纹砖、方形砖、银发钗、玻璃纽扣、釉陶罐等。

六期：清代（主要是清代早期）。包括探方 7 个（E2 区：E2T52、E2T71、E2T72、E2T80、E2T88、E2T91、E2T134），墓葬 3 座（E2 区：M144、M145、M147）。代表性器物有陶罐、青花瓷碗、细颈陶壶等及墓葬中大量使用的铁棺钉。

四　周　代　遗　存

（一）概述

E 区周代遗存均为遗址文化层堆积，主要分布在 E2 区 E2T72、E2T74、E2T75、E2T85、E2T88、E2T89、E2T90、E2T91、E2T130 等 9 个探方内。地层为④层、⑤层，厚 0.03～0.46 米。残留遗迹有 3 个灰坑，编号分别为 E2H1～E2H3。

灰坑平面有圆形和椭圆形两种，坑壁分直壁、弧壁、斜壁，坑底有平底和圜底。

除鱼骨和兽骨外，共出土陶、石、铜等不同质地的遗物 98 件。

陶器共 96 件。多破碎。泥质陶占绝大多数，夹砂陶较少。陶色以褐色（包括红褐、灰褐、黑褐、褐黄等色）为主，次为红陶、黑陶、灰陶（包括浅灰色）、橙黄陶。泥质陶又分粗泥和细泥，多为褐色、红褐色，次为红陶、灰褐和黑褐。夹砂陶多为夹细砂陶，陶色多为红褐色陶。

陶片纹饰以绳纹为主，占纹饰总数的 92.30%。另有凹弦纹、方格纹、附加堆纹、篮纹、压印纹、戳印纹，分别占纹饰总数的 2.78%、2.36%、1.71%、0.43%、0.21%、0.21%（图四三〇、图四三一；表三五）。其中，绳纹又有粗绳纹和细绳纹之分，绳纹样式有直绳纹、交错绳纹和斜绳纹，主要饰于罐、鬲的腹部；方格纹多饰于鼎腹部；附加堆纹多饰于罐、甗等器物腰部；压印纹、戳印纹多饰于细泥陶器物，如豆、盂等器物；凹弦纹使用范围较广，但多数饰于器物腹部和肩部。

陶器器类有鬲、鼎、罐、瓮、甗、豆、盂、纺轮、缸等。其中鬲 25 件、鼎 6 件、豆 4 件、釜 2 件、罐 47 件、瓮 6 件、甗 2 件、盂 1 件、纺轮 2 件、缸 1 件。分别占陶器总数的 26.05%、6.25%、4.17%、2.08%、48.96%、6.25%、2.08%、1.04%、2.08%、1.04%（表三六）。

表三五　E2 区周代陶片纹饰统计表

名称	绳纹	凹弦纹	压印纹	篮纹	附加堆纹	戳印纹	方格纹	合计
数量	431	13	1	2	8	1	11	467
比例（%）	92.30	2.78	0.21	0.43	1.71	0.21	2.36	100

表三六　　E2 区周代陶器器形统计表

器名	鬲	鼎	釜	罐	瓮	豆	甗	盂	缸	纺轮	合计
数量	25	6	2	47	6	4	2	1	1	2	96
比例（%）	26.05	6.25	2.08	48.96	6.25	4.17	2.08	1.04	1.04	2.08	100

图四三〇　　E2 区⑤层陶片纹饰拓片

1、4、7. 绳纹（E2T74⑤：11、E2T85⑤：16、E2T72⑤：10）　2. 圆圈纹（E2T85⑤：15）　3、5. 附加堆纹（E2T85⑤：14、
E2T72⑤：8）　6. 压印纹（E2T74⑤：10）

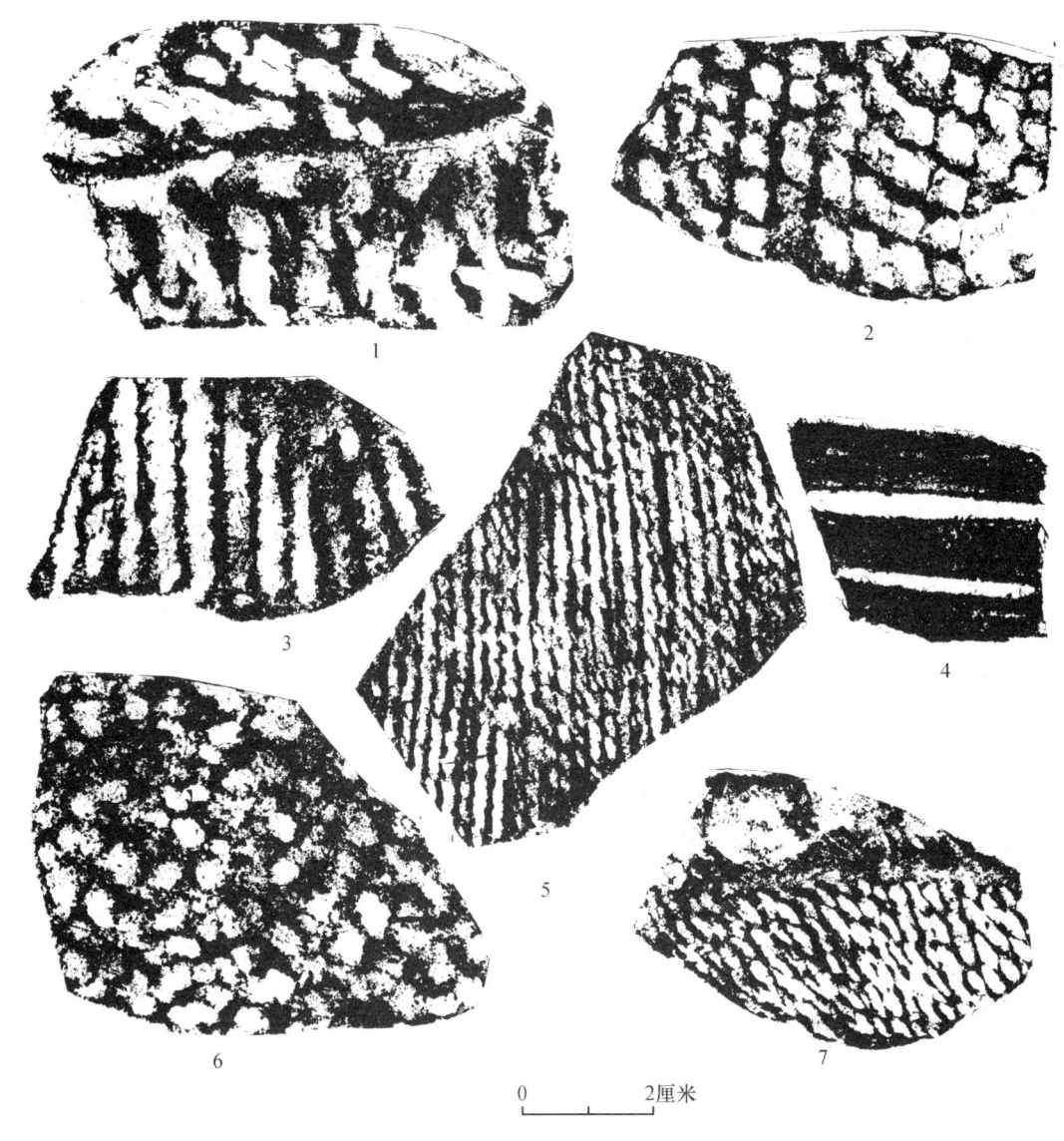

0 _____ 2厘米

图四三一　E2 区④层陶片纹饰拓片

1. 附加堆纹（E2T72④:21）　　2. 菱形纹（E2T130④:8）　　3、5、7. 绳纹（E2T85④:28、E2T74④:22、E2T130④:10）

4. 凹弦纹（E2T74④:20）　　6. 方格纹（E2T72④:24）

　　陶器制作比较粗糙，多为手制，泥条盘筑，少数捏制。陶器颈部和器胎内面多留有指压痕。泥质陶多轮制，夹砂陶口沿部位多用慢轮修整。器物口沿和圈足、鬲足、鼎足等部件均分别制作后再与器身粘接。

　　另有石斧和铜镞各 1 件。

（二）遗存介绍

1. 灰坑

① E2H1

E2H1 位于 E2 区 E2T23 探方中部。开口在①层下，打破生土。距地表深 0.36 米。平面呈椭圆形，斜壁，底近平。坑口长径 2.58、短径 1.38、深 0.4 米（图四三二）。坑内堆积黑褐色黏土，较硬。

出土陶片共 48 片。其中，泥质陶 37 片，占陶片总数的 77.08%；夹砂陶 11 片，占陶片总数的 22.92%。陶色有红陶、红褐陶、灰褐陶和黑陶，分别占陶片总数的 29.17%、47.92%、8.33%、14.58%。

陶片纹饰均为绳纹，占陶片总数的 54.17%，有粗绳纹和细绳纹之分，其中粗绳纹占陶片总数的 29.17%，细绳纹占陶片总数的 25.00%。绳纹多见于器物腹片。

器类有陶鬲、陶罐、陶釜及鬲足、鼎足等器物附件。

陶鬲　2 件。标本 E2H1:1，粗泥红褐陶。广肩，敛口，折沿，圆唇，沿内略凹，沿外有一道凸棱。口径 18、残高 4.5 厘米（图四三三，1）。

陶罐　3 件。标本 E2H1:7，粗泥红陶。鼓肩，敛口，卷沿，尖圆唇，沿面略弧。口径 16.6、残高 4.3 厘米（图四三三，2）。标本 E2H1:5，粗泥灰褐陶。鼓肩，敛口，卷沿，圆唇。口径 15、残高 3.9 厘米（图四三三，5）。标本 E2H1:6，粗泥红褐陶。广肩，直口，圆唇。口径 16.5、残高 4.4 厘米（图四三三，6）。

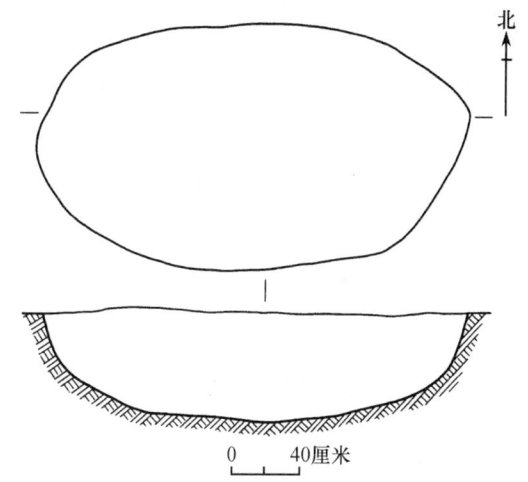

图四三二　E2 区 H1 平、剖面图

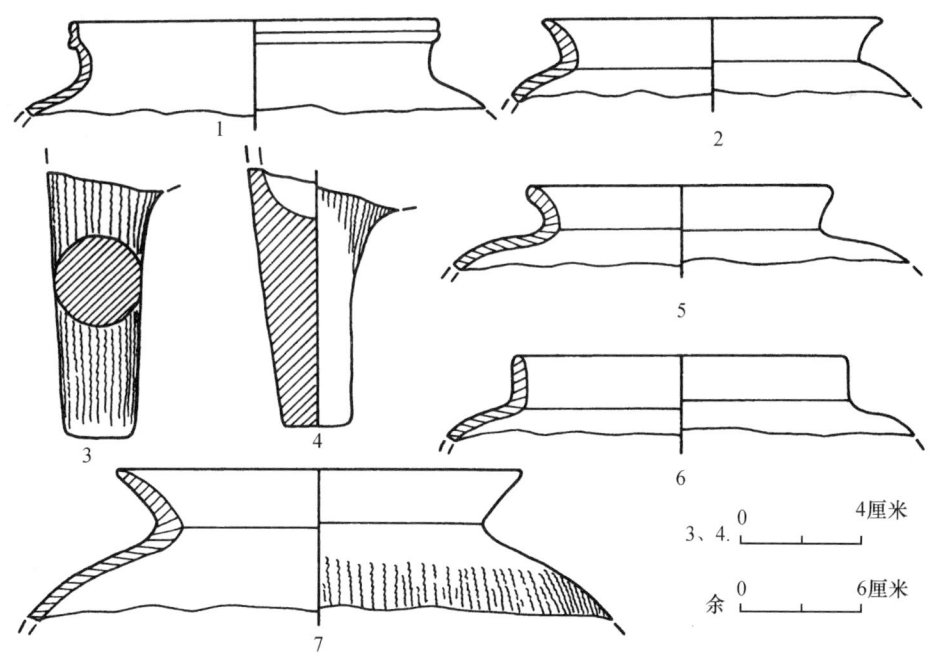

图四三三　E2 区 H1 出土陶器

1. 鬲（E2H1:1）　　2、5、6. 罐（E2H1:7、E2H1:5、E2H1:6）　　3. 鼎足（E2H1:3）　　4. 鬲足（E2H1:2）　　7. 釜（E2H1:4）

陶釜 1件（E2H1:4）。粗泥红褐陶。广肩，敛口，折沿外侈，尖圆唇，沿面较宽而略弧。肩部饰直绳纹，颈部绳纹抹光。口径19.7、残高7.6厘米（图四三三，7）。

陶鬲足 2件。标本E2H1:2，夹砂红褐陶。呈圆柱状，足根较平，内空较浅。内侧饰直绳纹。残高8.2、上段粗径3.4、足根径2.3厘米（图四三三，4）。

陶鼎足 3件。标本E2H1:3，圆柱状，足根较平。外表饰直绳纹。残高8.5、足根径2.2厘米（图四三三，3）。

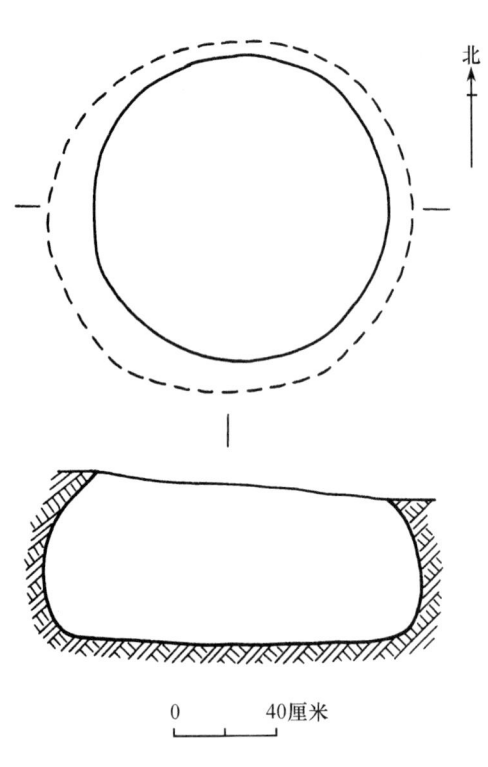

图四三四 E2区H2平、剖面图

② E2H2

E2H2位于E2区E2T75探方中部。开口在⑤层下，打破生土。距地表深0.8米。口小底大，袋状灰坑。形制甚规整。平面呈圆形，弧壁，甚光滑，平底。口径1.18、腹径1.36、底径1.25米（图四三四）。坑内堆积黑褐色黏土，较松软，底部有厚4厘米的草木灰和木炭（图版一六一，1）。包含有大量陶片及家山羊、青鱼等动物骨骼。陶片块状较大，90%陶片饰有绳纹。

出土陶片共133片。其中泥质陶104片，占陶片总数的78.19%，但又有粗泥和细泥之分，粗泥占陶片总数的41.36%，细泥占陶片总数的36.83%；夹砂陶占陶片总数的21.81%。陶片颜色有红陶、红褐陶、灰褐陶、浅灰陶、黑褐陶、褐陶、黑陶，分别占陶片总数的18.80%、29.33%、19.55%、0.75%、11.28%、4.51%、15.78%。陶片纹饰种类较多，有绳纹、凹弦纹、压印纹、篮纹等（图四三五），分别占陶片总数的33.83%、3.01%、0.75%、1.50%。其中绳纹又有粗细之分，粗绳纹占陶片总数的24.06%，细绳纹占陶片总数的9.77%。

陶器器类较多，共24件。有陶罐、陶瓮、陶鬲、陶鼎、陶豆、陶甗等，另出土有鼎足、鬲足、豆座等器物附件。其中陶罐和陶瓮数量较多，占器物总数的54.17%。

陶罐 7件。标本E2H2:28，细泥灰陶。溜肩，矮领，口略侈，斜沿外凸，尖唇。口径19.5、残高4.4厘米（图四三六，1）。标本E2H2:7，粗泥褐陶。鼓肩，敛口，折沿，圆唇。口径17.4、残高5.2厘米（图四三六，2）。标本E2H2:16，夹沙黑陶。广肩，敛口，卷沿，尖圆唇。颈部和肩部饰直绳纹。口径14.5、残高4.6厘米（图四三六，3）。标本E2H2:2，复原完整。粗泥红褐陶。器身略呈球形，广肩，敛口，折沿外侈，尖圆唇，鼓腹，圜底。颈部以下饰直绳纹，腹部以上在绳纹上又饰四道旋抹弦纹，口沿外绳纹抹光，但残留有明显的抹痕迹。口径11.6、腹径18、高15.1厘米（图四三六，8；图版一六二，2）。

陶鬲 1件（E2H2:1）。粗泥褐陶。鼓肩，敛口，折沿外侈，双唇，沿面较平。肩部饰斜绳纹。口径15.6、残高6.7厘米（图四三六，4）。

陶甗腰 1件（E2H2:3）。夹砂红褐陶。束腰形，腰部胎特别厚重。内壁残留有明显的粘接和手捏痕迹。外表饰有直绳纹，束腰处绳纹被抹光。腰径12.2、残高8.4厘米（图四三六，9）。

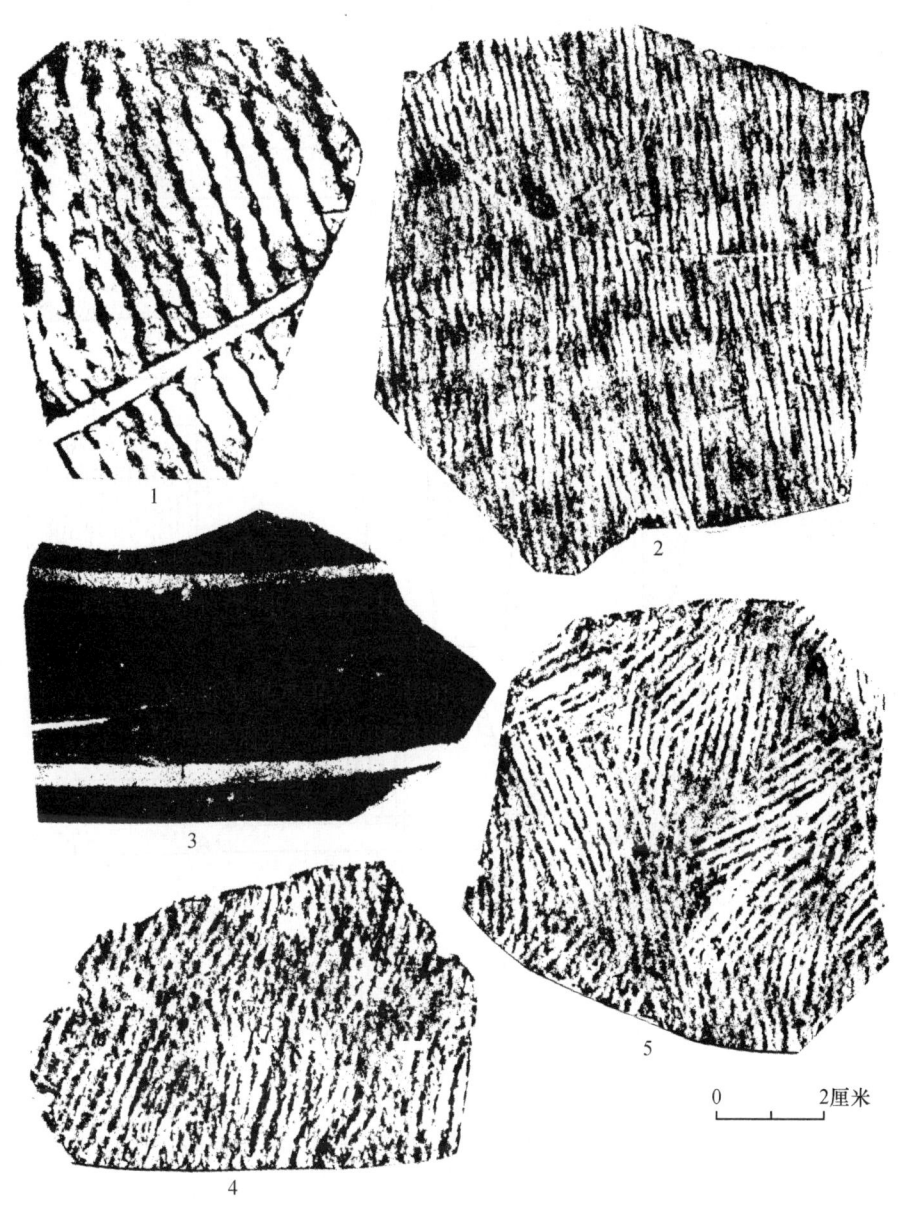

图四三五　E2 区 H2 陶片纹饰拓片

1、4、5. 绳纹（E2H2:23、E2H2:24、E2H2:25）　2. 线纹（E2H2:26）　3. 凹弦纹（E2H2:22）

陶豆座　1件（E2H2:21）。细泥红陶。呈喇叭形，座根略内敛，胎较薄。内壁一道凸弦纹，外表饰竖道暗纹，边沿饰两周压印纹。座径 19.8、残高 8.2 厘米（图四三六，10）。

陶鬲足　2件。标本 E2H2:4，夹砂灰褐陶。上段粗壮，下段较细，略呈圆锥形，平足根，内空较浅。外表饰竖绳纹。足根径 1.7、残高 10 厘米（图四三六，6）。

陶鼎足　3件。标本 E2H2:15，夹砂灰褐陶。呈圆柱形。略向内弯曲，平足根。外表饰直绳纹，近足根处绳纹抹光。足根径 1.8、高 9 厘米（图四三六，5）。标本 E2H2:5，夹砂红褐陶。呈圆柱形，平足根。素面。足根径 2.3、高 11 厘米（图四三六，7）。

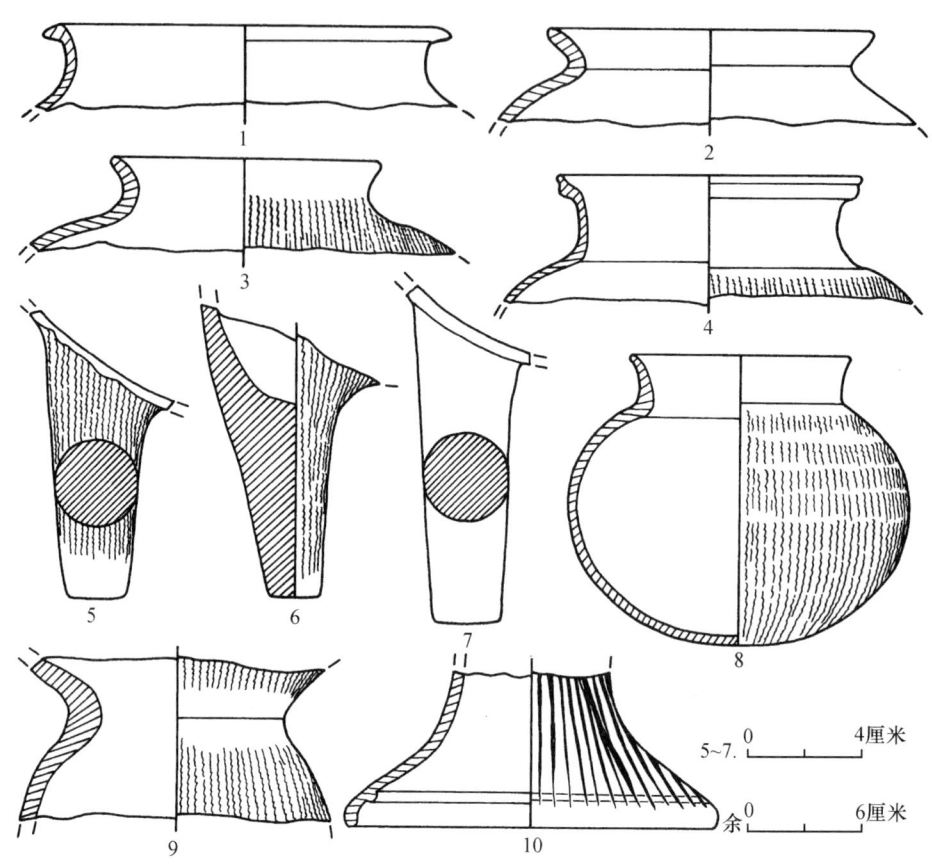

图四三六　E2 区 H2 出土陶器

1～3、8. 罐（E2H2∶28、E2H2∶7、E2H2∶16、E2H2∶2）　4. 鬲（E2H2∶1）　5、7. 鼎足（E2H2∶15、E2H2∶5）
6. 鬲足（E2H2∶4）　9. 甗腰（E2H2∶3）　10. 豆座（E2H2∶21）

　　陶瓮　6 件。均为小口，深腹。标本 E2H2∶19，器形较大。粗泥褐陶。鼓肩，矮领，直口略侈，圆沿圆唇。口径 15、领高 3.2、残高 7.7 厘米（图四三七，1）。标本 E2H2∶18，细泥红褐陶。广肩，矮领，直口，沿外侈，圆唇。肩部饰两道凹弦纹。口径 15.2、领高 3.6、残高 9.3 厘米（图四三七，2）。标本 E2H2∶17，粗泥红褐陶。鼓肩，敛口宽折沿，方唇。肩部饰竖绳纹。口径 14.5、残高 5.4 厘米（图四三七，3）。标本 E2H2∶20，粗泥红褐陶。矮领，直口宽斜沿，圆唇。肩部饰三道凹弦纹，其间饰斜道刻划纹，肩部以下饰绳纹。口径 13.5、领高 3.1、残高 6.6 厘米（图四三七，4）。标本 E2H2∶8，复原完整。粗泥红褐陶。鼓肩，敛口，折沿外侈，圆唇，沿面微弧，上腹外鼓，下腹内收，小平底内凹。除口沿外，通体饰交错绳纹。口径 25.4、腹径 43、底径 10.8、高 45 厘米（图四三七，5；彩版三七；图版一六二，1）。

　　白灰面烧土　5 块。标本 E2H2∶27，红色烧土，一面较平，涂有白色粉料，应为石灰粉，厚0.5 厘米，整体观察似为灶台烧土。烧土块大者直径 25、小者 10、厚 5～8 厘米（图版一六三，1）。

　　动物骨骼　动物种类有家山羊和青鱼。标本 E2H2∶12，家山羊掌骨。标本 E2H2∶13，家山羊胫骨。标本 E2H2∶11，青鱼下咽骨。

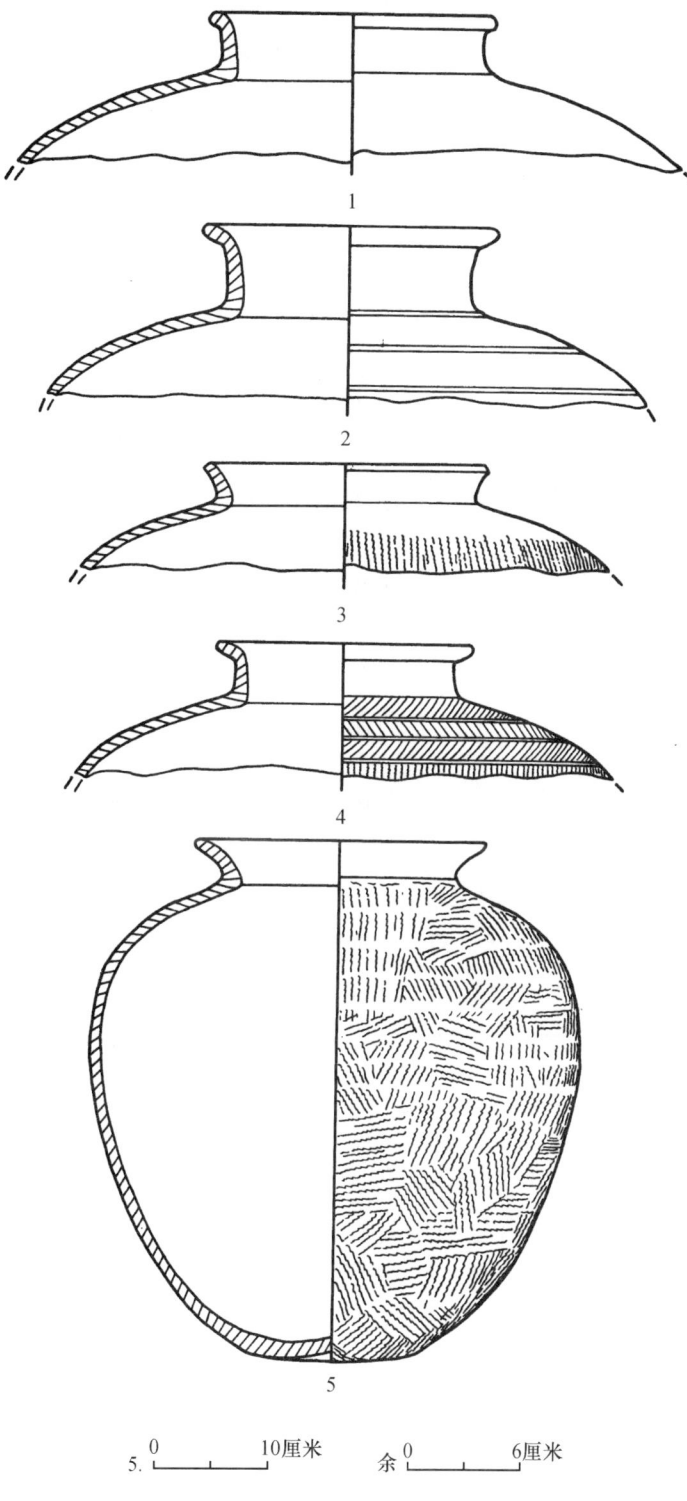

图四三七　E2 区 H2 出土陶瓷

1. E2H2:19　2. E2H2:18　3. E2H2:17　4. E2H2:20　5. E2H2:8

③ E2H3

E2H3 位于 E2 区 E2T124 探方中部。开口在①层下，打破生土。距地表深 0.38～0.45 米。坑口呈圆形，斜壁，圜底，壁较光滑。坑口直径 1.5、深 0.92 米（图四三八）。坑内堆积为红褐色黏土

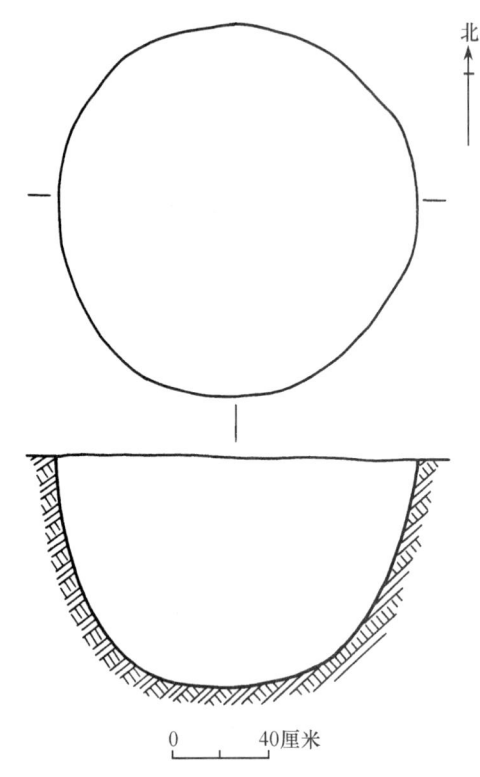

图四三八　E2 区 H3 平、剖面图

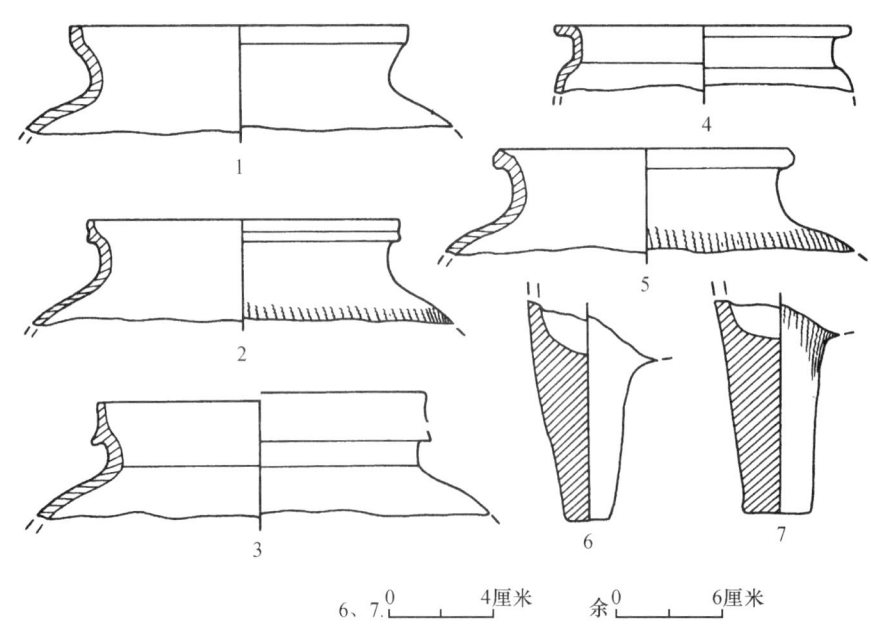

夹灰白色黏土块。

坑内出土陶片 3 片，较碎小，均为器物腹片。粗泥红褐陶。外表饰绳纹。器类不明。

2. 文化层

主要分布在 E2 区的 E2T72、E2T74、E2T75、E2T85、E2T88、E2T89、E2T90、E2T91、E2T130 探方内。文化层堆积较薄，由西南向东北倾斜。出土遗物比较丰富。

① E2T72⑤层

出土陶片共 119 片。其中，泥质陶 102 片，占陶片总数的 85.71%；夹砂陶 17 片，占陶片总数的 14.29%。泥质陶又有粗细之分。陶片颜色有红陶、红褐陶、灰褐陶、灰陶几种，分别占陶片总数的 33.62%、42.86%、21.84%、1.68%。

陶片纹饰主要为绳纹，占陶片总数的 68.07%，次为附加堆纹，占陶片总数的 2.52%。绳纹有竖绳纹、斜绳纹之分。

陶器器类有陶鬲、陶罐、陶盂。鬲为粗泥陶，盂为泥质陶，罐以粗泥陶为主。

陶罐　3 件。标本 E2T72⑤:6，细泥红褐陶。广肩，敛口，折沿内凹，方唇。口径 19.5、残高 6 厘米（图四三九，1）。标本 E2T72⑤:5，粗泥红褐陶。广肩，矮领，口略外侈，粗圆唇。肩部饰竖绳纹，领部绳纹抹光。口径 16.5、领高 2.8、残高 6 厘米（图四三九，5）。

图四三九　E2 区 T72⑤层出土陶器

1、5. 罐（E2T72⑤:6、E2T72⑤:5）　2、3. 鬲（E2T72⑤:1、E2T72⑤:2）　4. 盂（E2T72⑤:7）　6、7. 鬲足（E2T72⑤:4、E2T72⑤:3）

陶鬲 3件。标本 E2T72⑤:1,粗泥红褐陶。溜肩,折沿,沿面内凹,尖圆唇,沿外一道凸棱。肩部饰斜绳纹,颈部绳纹抹光。口径18、残高5.4厘米(图四三九,2)。标本 E2T72⑤:2,粗泥红褐陶。广肩,折沿,沿面内凹,尖圆唇,沿外有一道特别突出的凸棱。口径18.6、残高6.5厘米(图四三九,3)。

陶盂 1件(E2T72⑤:7)。细泥红陶。肩部圆折,矮领,直口,宽平沿,方唇。口径17、残高3.9厘米(图四三九,4)。

陶鬲足 3件。标本 E2T72⑤:4,夹砂红褐陶。较矮胖,上段略粗,足根较平,内空较浅。足根径1.6、残高8厘米(图四三九,6)。标本 E2T72⑤:3,粗泥红陶。呈圆柱形,足根平略外凸,内空较浅。内侧饰绳纹。足根径2.6、残高8.2厘米(图四三九,7)。

② E2T74⑤层

出土陶片127片。其中,粗泥陶117片,占陶片总数的92.13%;夹砂陶10片,占陶片总数的7.87%。陶片颜色有红陶、褐陶、红褐陶、灰褐陶、灰陶、黑陶,分别占陶片总数的11.81%、8.66%、51.19%、14.17%、3.15%、11.02%。不见细泥陶,夹砂陶均为夹细砂陶。

陶片纹饰有绳纹,占陶片总数的31.49%,另有凹弦纹、戳印纹、方格纹,各占陶片总数的0.79%。绳纹有粗细之分,多饰于器物腹部和肩部。

陶器器类有陶罐、陶豆、陶鼎等。石器仅1件石斧。

陶罐 4件。标本 E2T74⑤:6,粗泥褐陶。鼓肩,敛口,折沿较直略外侈,圆唇。口径14.9、残高4.2厘米(图四四〇,1)。标本 E2T74⑤:4,粗泥灰褐陶。鼓肩,敛口,卷沿,尖唇,沿面微弧,卷沿处胎较厚重。肩部饰斜绳纹,颈部绳纹抹光。口径16.4、残高4.8厘米(图四四〇,2)。标本 E2T74⑤:5,粗泥灰褐陶。溜肩,敛口,折沿外撇,圆唇,沿面略弧。肩部饰斜绳纹。口径14.1、残高6厘米(图四四〇,3)。

陶豆座 1件(E2T74⑤:9)。粗泥红陶。呈喇叭形,座根外鼓,方唇。饰两道细凹弦纹,外表饰紫红色陶衣。足根径10、残高4.8厘米(图四四〇,8)。

陶豆柄 2件。标本 E2T74⑤:7,粗泥灰褐陶。上细下粗。粗径6、残高5.5厘米(图四四〇,7)。标本 E2T74⑤:8,粗泥褐陶。柄较粗壮矮胖。粗径6、残高5.7厘米(图四四〇,9)。

陶鼎足 3件。标本 E2T74⑤:23,夹砂红褐陶。圆柱状,足根较平。素面。上段粗径3.8、残高8.2厘米(图四四〇,4)。标本 E2T74⑤:2,夹砂红褐陶。圆柱状,较瘦长,足根较平略外凸。内侧饰竖绳纹。足根径2.3、高9.2厘米(图四四〇,6)。

石斧 1件(E2T74⑤:1)。完整。辉橄岩。青绿色。硬度6°~7°。原材料产于三峡太平溪。琢、磨兼制。平面略呈梯形,中部厚,周边较薄,刃略斜。顶端宽4.2、刃端宽7.2、中部厚3.2、长12.6厘米(图四四〇,10;图版一六三,4)。

③ E2T75⑤层

出土陶片共63片。其中,粗泥陶56片,占陶片总数的88.89%;夹砂陶仅7片,占陶片总数的11.11%。陶片颜色有红陶、红褐陶、灰褐陶、褐黄陶、黑陶,分别占陶片总数的3.17%、71.44%、9.52%、6.35%、9.52%。

陶片纹饰主要是绳纹,占陶片总数的31.74%,次为凹弦纹,占陶片总数的1.59%。绳纹有粗细之分,其中粗绳纹占陶片总数的22.22%,多饰于器物肩部和腹部。

陶器器类有陶鼎、陶豆、陶罐,罐类器最多。

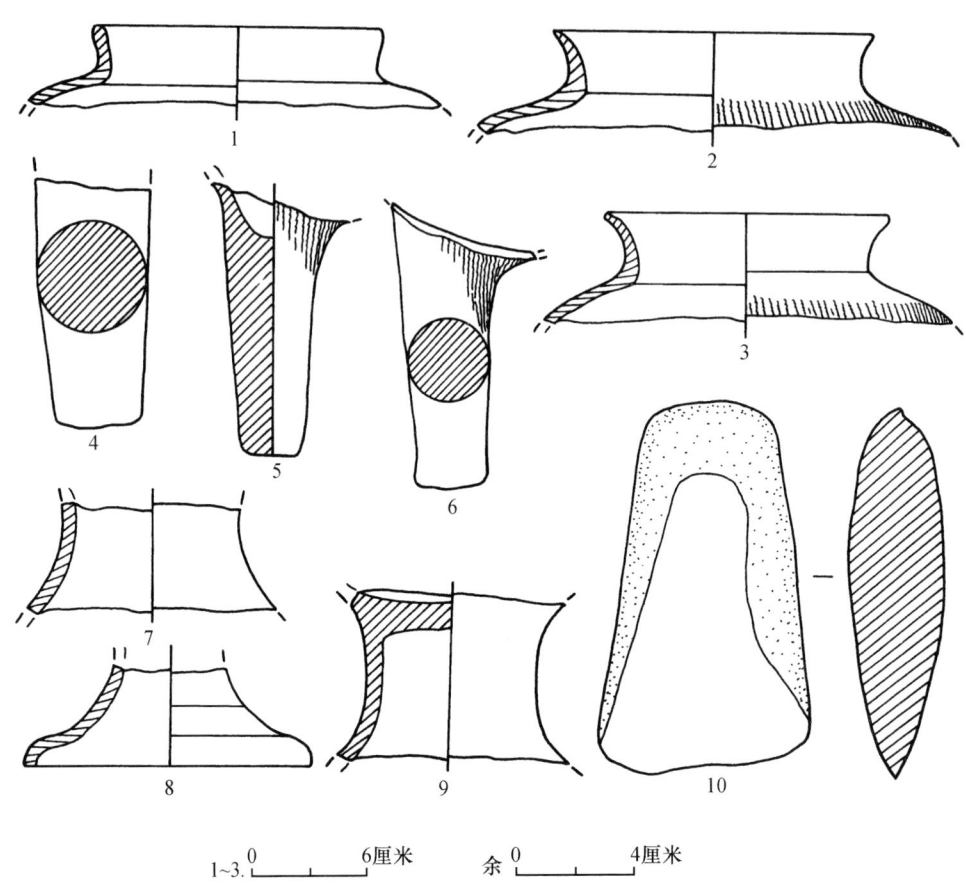

图四〇　E2 区 T74⑤层出土器物

1～3. 陶罐（E2T74⑤:6、E2T74⑤:4、E2T74⑤:5）　4、6. 陶鼎足（E2T74⑤:23、E2T74⑤:2）　5. 陶鬲足
（E2T74⑤:3）　7、9. 陶豆柄（E2T74⑤:7、E2T74⑤:8）　8. 陶豆座（E2T74⑤:9）　10. 石斧（E2T74⑤:1）

　　陶罐　4件。标本 E2T75⑤:3，粗泥红褐陶。广肩，敛口，折沿，圆唇，沿面略弧，胎特厚。口径16.8、残高5.6厘米（图四四一，1）。标本 E2T75⑤:4，粗泥红褐陶。鼓肩，敛口，卷沿，尖唇，沿面弧度较大。口径15、残高4.5厘米（图四四一，2）。标本 E2T75⑤:5，粗泥灰褐陶。阔肩，直口略侈，圆唇。口径16.2、残高5.6厘米（图四四一，5）。

　　陶豆柄　1件（E2T75⑤:1）。粗泥灰褐陶。上段较细，喇叭形器座，座根略内敛，外表饰四道细凹弦纹。上段粗径5.4、座径15、高12厘米（图四四一，4；图版一六三，3）。

　　陶鼎足　1件（E2T75⑤:2）。夹砂红褐陶。圆柱状，足根较平。足根径1.7、残高5厘米（图四四一，3）。

　　④ E2T85⑤层

　　出土陶片共97片。其中，泥质陶79片，占陶片总数的81.45%；夹砂陶18片，占陶片总数的18.55%。泥质陶又有粗泥和细泥之分。陶片颜色有红陶、褐陶、红褐陶、灰褐陶，分别占陶片总数的4.12%、10.31%、81.45%、4.12%。

　　陶片纹饰主要是绳纹，占陶片总数的35.05%，次为附加堆纹，仅占陶片总数的2.02%。绳纹有粗绳纹和细绳纹之分，粗绳纹多为直绳纹，饰于器物（如鬲）的肩部和腹部，细绳纹多饰于陶罐外表。

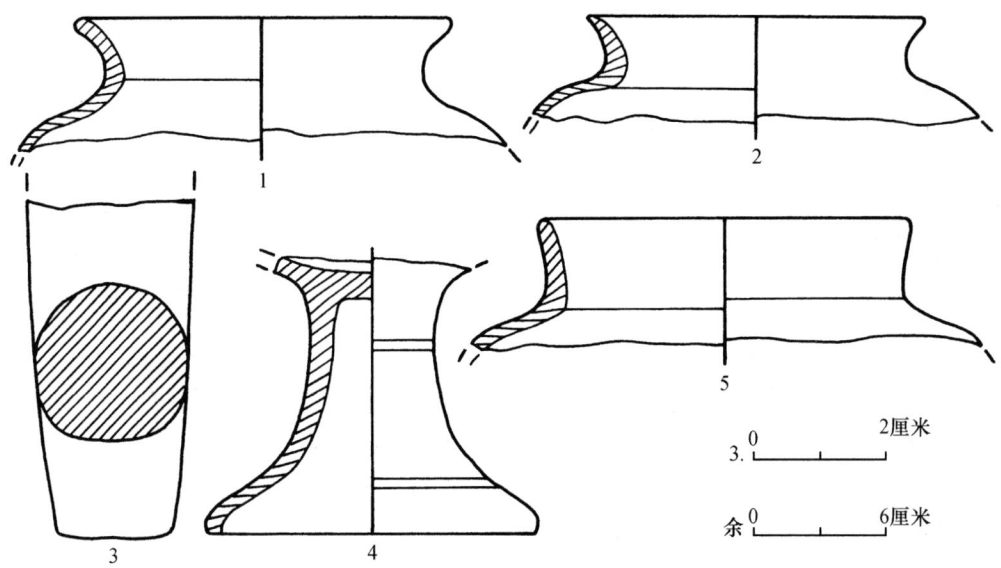

图四四一　E2 区 T75⑤层出土陶器

1、2、5. 罐（E2T75⑤：3、E2T75⑤：4、E2T75⑤：5）　3. 鼎足（E2T75⑤：2）　4. 豆柄（E2T75⑤：1）

陶器器类有陶罐、陶鬲、陶豆等。

陶罐　7 件。标本 E2T85⑤：3，粗泥红褐陶。斜肩，折沿略侈，圆唇略外凸，沿面微弧。口径 14.4、残高 5.1 厘米（图四四二，2）。标本 E2T85⑤：2，细泥红褐陶。鼓肩，敛口，折沿微侈，尖圆唇。肩部饰细绳纹。口径 15.4、残高 3.6 厘米（图四四二，4）。标本 E2T85 ⑤：4，粗泥灰褐陶。广肩，高领，直口，宽平沿外凸。口径 16.2、领高 3.6、残高 5.1 厘米（图四四二，5）。

陶鬲　4 件。标本 E2T85⑤：5，粗泥灰褐陶。溜肩，敛口，折沿略侈，方唇，沿内面有一凹槽，沿外有一凸棱。肩部饰粗绳纹，颈部绳纹抹光。口径 18.9、残高 6.7 厘米（图四四二，1）。标本 E2T85⑤：6，粗泥红褐陶。胎较薄，溜肩，折沿外侈，尖唇，沿内面略凹，沿外略突。口径 18、残高 6.3 厘米（图四四二，3）。

陶鬲足　4 件。标本 E2T85⑤：8，夹砂红陶。圆柱状，足根较平，内空较浅。内侧饰竖绳纹。足根径 2.4、残高 7.2 厘米（图四四二，6）。标本 E2T85⑤：7，夹砂红褐陶。略呈圆锥形，上段粗，足根较平而小，内空浅。内侧饰斜绳纹。足根径 1.3、残长 8.8 厘米（图四四二，9）。

陶豆柄　3 件。标本 E2T85⑤：10，细泥褐陶。柄较直，内空，外壁和内壁留有手制痕迹。粗径 4.8、残长 7 厘米（图四四二，7）。标本 E2T85⑤：11，粗泥红褐陶。较细，内壁有手捏痕迹。粗径 3.6、残长 6.2 厘米（图四四二，11）。

陶豆座　3 件。标本 E2T85⑤：12，细泥红褐陶。呈喇叭形，座根外凸，内壁有一道凸棱，外表甚光滑。座径 15、残高 5.8 厘米（图四四二，10）。

陶纺轮　1 件（E2T85⑤：1）。细泥灰褐陶。圆饼状，弧形边，中穿孔。直径 3.2、厚 0.9、孔径 0.4 厘米（图四四二，8）。

⑤ E2T91⑤层

出土陶片共 28 片。有粗泥陶和夹砂陶两种，其中粗泥陶占陶片总数的 85.71%，夹砂陶占陶片总数的 14.29%。陶片颜色有红陶、红褐陶、灰褐陶、灰陶和黑陶，分别占陶片总数的 32.14%、21.43%、32.15%、7.14%、7.14%。

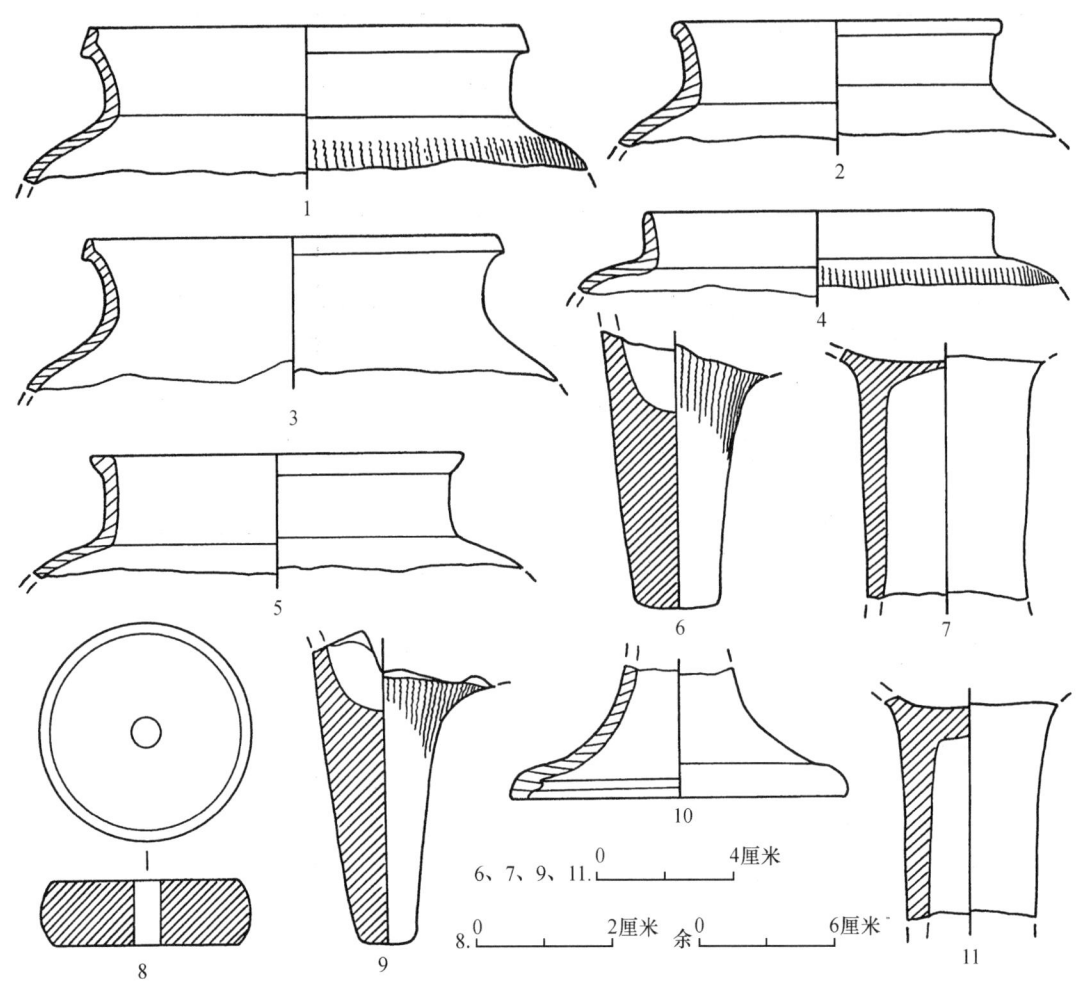

图四四二　E2 区 T85⑤层出土陶器

1、3. 鬲（E2T85⑤:5、E2T85⑤:6）　2、4、5. 罐（E2T85⑤:3、E2T85⑤:2、E2T85⑤:4）　6、9. 鬲足（E2T85⑤:8、
E2T85⑤:7）　7、11. 豆柄（E2T85⑤:10、E2T85⑤:11）　8. 纺轮（E2T85⑤:1）　10. 豆座（E2T85⑤:12）

陶片纹饰主要为绳纹，占陶片总数的 46.43%，次为方格纹，仅占陶片总数的 3.57%。绳纹有粗细之分，其中粗绳纹占陶片总数的 25.00%，细绳纹占陶片总数的 21.43%。

陶器器类有陶罐、陶鬲、陶鼎等。

陶罐　2 件。标本 E2T91⑤:5，粗泥红褐陶。折肩，敛口，卷沿外侈，尖圆唇，沿面微鼓。口径 18、残高 4.5 厘米（图四四三，3）。标本 E2T91⑤:6，粗泥黑陶。溜肩，高领，直口，窄沿外卷，圆唇。口径 15、残高 5.1 厘米（图四四三，5）。

陶鬲　2 件。标本 E2T91⑤:2，粗泥红褐陶。广肩，折沿外侈，尖唇，沿内略凹，沿外有一道凸棱。颈部绳纹抹光。口径 16.1、残高 5.2 厘米（图四四三，4）。标本 E2T91⑤:3，粗泥灰褐陶。广肩，折沿略外侈，方唇，沿内略凹，沿外有一道三角形凸棱。肩部饰绳纹，颈部绳纹抹光。口径 17.1、残高 5.4 厘米（图四四三，6）。

陶鼎足　1 件（E2T91⑤:4）。粗泥灰褐陶。圆柱状，足根较平。足根径 2.4、残长 7.8 厘米（图四四三，1）。

陶鬲足　2 件。标本 E2T91⑤:1，夹砂红褐陶。呈圆柱形，略向内变曲，平足根，内空较浅。足根径 2、残长 8.5 厘米（图四四三，2）。

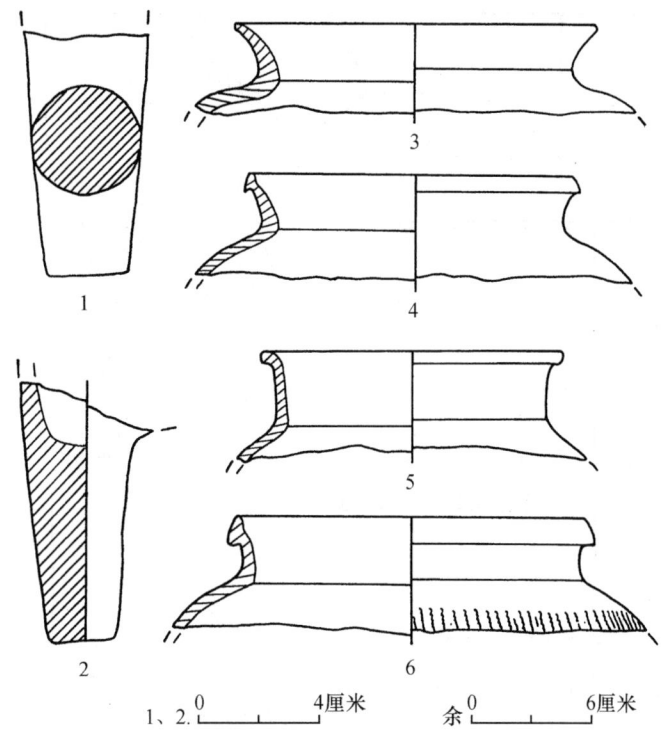

图四四三 E2 区 T91⑤层出土陶器

1. 鼎足（E2T91⑤：4） 2. 鬲足（E2T91⑤：1） 3、5. 罐（E2T91
⑤：5、E2T91⑤：6） 4、6. 鬲（E2T91⑤：2、E2T91⑤：3）

红烧土 5块。形状呈不规则形，多数一面较平，有木棍、木板和竹子痕迹。估计为泥巴墙建筑遗迹。标本 E2T91⑤：7，略呈方形，一面较平，其上有竹子痕迹。长 16.5、竹子痕迹直径 4.2 厘米。

⑥ E2T72④层

出土陶片共 114 片。其中，泥质陶 107 片，占陶片总数的 93.86%；夹砂陶 7 片，占陶片总数的 6.14%。泥质陶有粗泥和细泥之分。陶器颜色有红陶、褐陶、红褐陶、灰褐陶、黑陶、灰陶和橙黄陶。分别占陶片总数的 2.63%、12.28%、38.6%、26.32%、14.04%、1.75%、4.39%。

陶片纹饰有绳纹、方格纹、附加堆纹，分别占陶片总数的 35.08%、0.88%、2.63%。其中绳纹有粗绳纹、细绳纹和交错绳纹之分，但粗绳纹为大宗，占陶片总数的 29.83%。绳纹主要饰于鬲、罐、釜等器物。

陶器器类有陶鬲、陶鼎、陶豆、陶罐、陶釜等。另出土 1 件铜箭镞及部分动物骨骼。

陶釜 1 件（E2T72④：20）。粗泥褐陶。广肩，折沿外侈，尖圆唇，沿面微弧，折沿处胎厚重。肩部饰竖绳纹，颈部绳纹抹光。口径 21、残高 6.9 厘米（图四四四，1）。

陶罐 4 件。标本 E2T72④：17，粗泥红褐陶。肩较平，高领，直口，宽沿，尖唇。口径 17.6、残高 5.1 厘米（图四四四，2）。标本 E2T72④：19，粗泥红褐陶。广肩，敛口，卷沿，尖圆唇，沿面微鼓。肩部饰绳纹，颈部绳纹被抹光。口径 18、残高 5.4 厘米（图四四四，3）。标本 E2T72 ④：18，细泥灰褐陶。斜肩，矮领，直口，宽沿外凸，圆唇。口径 15.6、残高 4.5 厘米（图四四四，6）。标本 E2T72④：16，细泥灰褐陶。广肩，敛口，宽卷沿，尖圆唇，胎较薄。口径 18、残高 6.6 厘米（图四四四，10）。

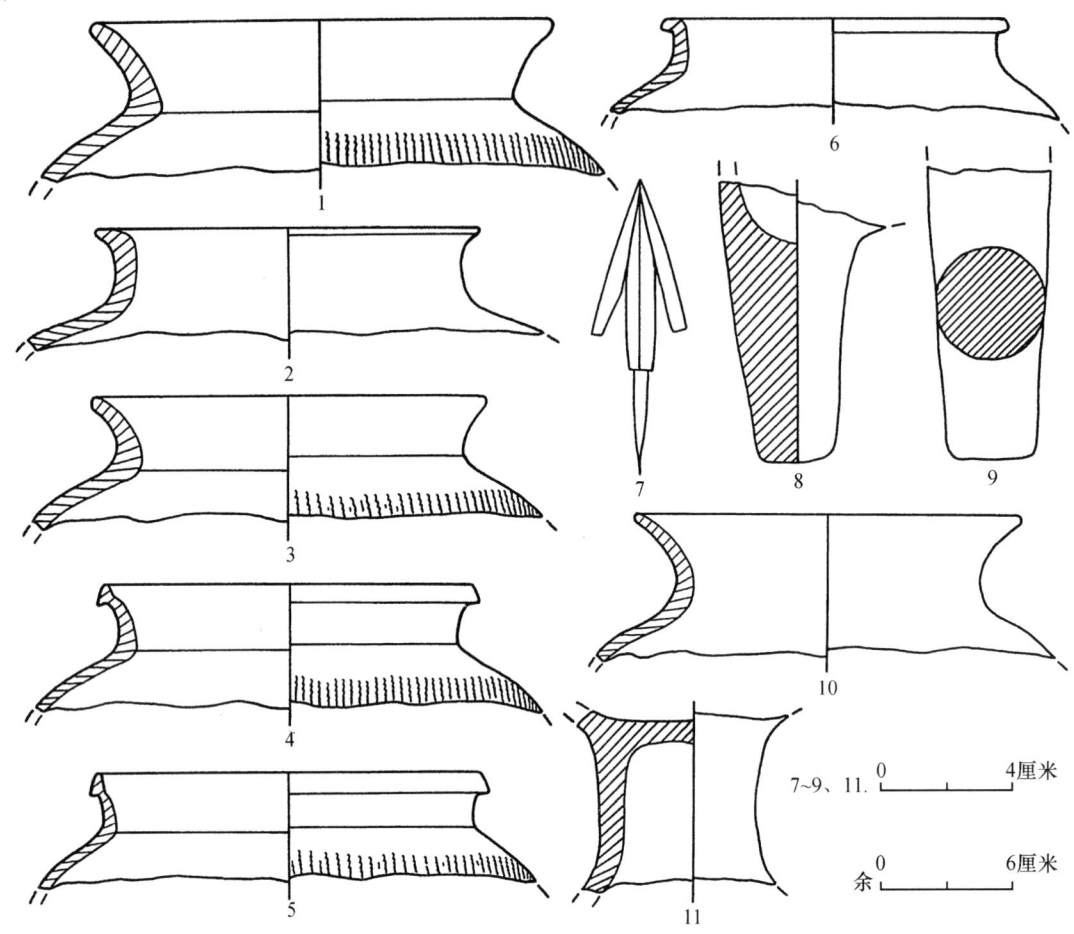

图四四四　E2区T72④层出土器物

1. 陶釜（E2T72④：20）　　2、3、6、10. 陶罐（E2T72④：17、E2T72④：19、E2T72④：18、E2T72④：16）　　4、5. 陶鬲（E2T72

④：12、E2T72④：11）　7. 铜镞（E2T72④：25）　8. 陶鬲足（E2T72④：13）　9. 陶鼎足（E2T72④：14）　　11. 陶豆柄

（E2T72④：15）

陶鬲　4件。标本 E2T72④：12，粗泥红褐陶。广肩，折沿略侈，尖唇，沿面略凹，沿外有一道凸棱。肩部饰直绳纹，颈部绳纹抹光。口径18、残高6厘米（图四四四，4）。标本 E2T72④：11，粗泥红褐陶。广肩，折沿外侈，尖圆唇，沿面略凹，沿外饰一道三角形凸棱。肩部饰绳纹，颈部绳纹被抹光。口径18.2、残高5.5厘米（图四四四，5）。

陶鬲足　5件。标本 E2T72④：13，粗泥红褐陶。圆柱状，足根略平，上段较粗，内空较浅。足根径2.1、残高8.5厘米（图四四四，8）。

陶鼎足　1件（E2T72④：14）。夹砂红褐陶。呈圆柱形，平足根。足根径2.3、残高9厘米（图四四四，9）。

陶豆柄　1件（E2T72④：15）。细泥红陶。较矮而粗。粗径4.4、残高5.3厘米（图四四四，11）。

铜镞　1件（E2T72④：25）。完整。双翼形，尖锋利，铤呈圆锥状。长8.9厘米（图四四四，7）。

动物骨骼　种类有草鱼。标本 E2T72④：2，草鱼左鳃盖骨。标本 E2T72④：4，草鱼右鳃盖骨。

⑦ E2T74④层

出土陶片共 181 片。其中粗泥陶 166 片，夹砂陶 15 片，分别占陶片总数的 91.71% 、8.29% 。陶片颜色有红陶、红褐陶、灰褐陶、褐陶、黑陶、灰陶，分别占陶片总数的 18.78% 、54.70% 、8.29% 、2.76% 、4.42% 、11.05% 。粗泥陶多为陶罐，夹砂陶多为鼎足和鬲足。

陶片纹饰主要是绳纹，少数凹弦纹，分别占陶片总数的 30.38% 、3.31% 。绳纹又可分为粗绳纹和细绳纹，粗绳纹最多，占陶片总数的 23.20% 。

陶器器类有陶罐、陶豆、陶鼎、陶鬲等。

陶罐　5 件。标本 E2T74④:19，粗泥褐陶。溜肩，高领，直口外侈，圆唇略外凸。口径 19.2、残高 5.5 厘米（图四四五，1）。标本 E2T74④:17，粗泥红褐陶。广肩，敛口折沿外撇，尖唇，沿面微弧。口径 17.4、残高 5.7 厘米（图四四五，2）。标本 E2T74④:18，粗泥灰褐陶。肩部略折，高领，直口，斜沿，尖圆唇。口径 13.8、残高 4.8 厘米（图四四五，4）。标本 E2T74④:16，粗泥灰褐陶。鼓肩，矮领，直口，斜唇。肩部饰斜绳纹，颈部绳纹抹光。口径 17、残高 3.9 厘米（图四四五，8）。

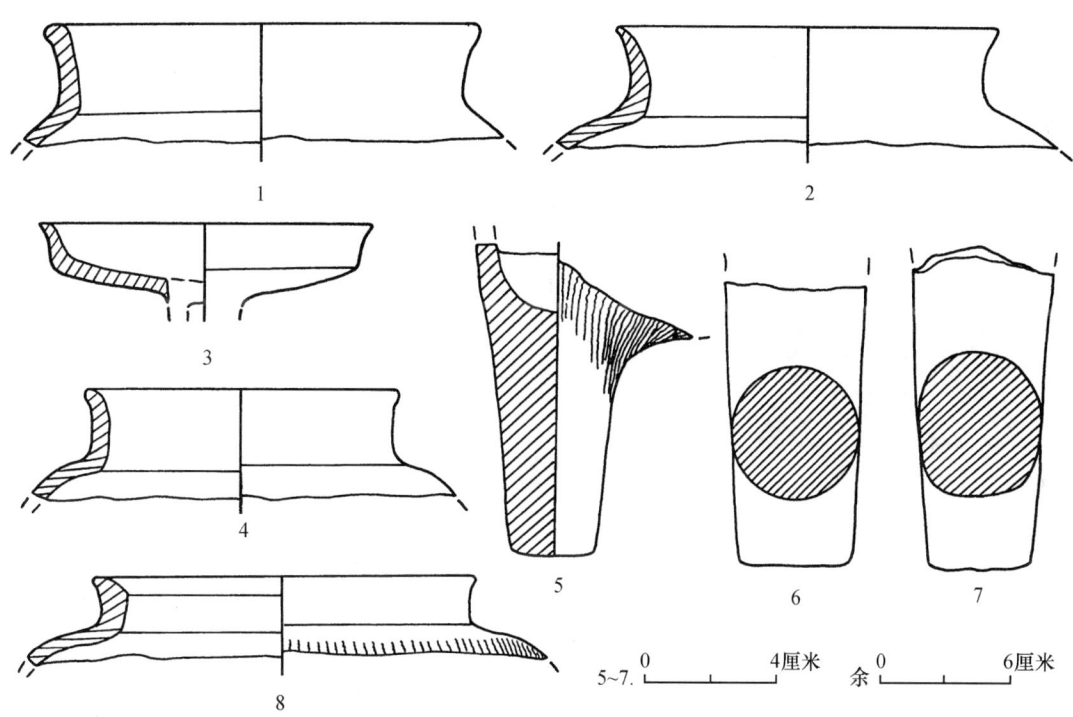

图四四五　E2 区 T74④层出土陶器

1、2、4、8. 罐（E2T74④:19、E2T74④:17、E2T74④:18、E2T74④:16）　3. 豆（E2T74④:15）　5. 鬲足（E2T74④:14）　6、7. 鼎足（E2T74④:12、E2T74④:13）

陶豆　1 件（E2T74④:15）。仅存豆盘。粗泥红陶。浅盘，折壁，口略侈，斜沿，尖圆唇，底近平。口径 15、盘深 2.4、残高 3.3 厘米（图四四五，3）。

陶鬲足　2 件。标本 E2T74④:14，粗泥褐陶。器形矮胖，略呈圆柱形，足根较平，上段较粗，内空较浅。内侧饰斜绳纹。足根径 2.4、残高 9 厘米（图四四五，5）。

陶鼎足　5 件。多为夹砂红褐陶。标本 E2T74④:12，粗泥红褐陶。圆柱状，足根较平。素面。足根径 3.4、残高 8.4 厘米（图四四五，6）。标本 E2T74④:13，夹砂红褐陶。柱状，横剖面呈椭圆形，足根较平。素面。足根径 3.2、残高 9.6 厘米（图四四五，7）。

动物骨骼　动物种类均为草鱼。标本 E2T74④：2，草鱼左鳃盖骨。标本 E2T74④：4，草鱼右鳃盖骨。

⑧ E2T85④层

出土陶片共86片。有泥质陶和夹砂陶两种，其中泥质陶75片，夹砂陶11片，分别占陶片总数的87.21%、12.79%。泥质陶又有粗泥和细泥之分，粗泥陶最多。陶片颜色有红陶、褐陶、红褐陶和灰陶，分别占陶片总数的11.63%、47.68%、39.53%、1.16%。

陶片纹饰有绳纹、方格纹和凹弦纹，分别占陶片总数的30.23%、8.14%、1.16%。

陶器器类有陶鼎、陶鬲、陶罐、陶纺轮。

陶罐　1件（E2T85④：22）。粗泥红陶。溜肩，矮领，口略侈，方唇。口径21、残高6.9厘米（图四四六，3）。

陶鬲　2件。标本 E2T85④：20，粗泥褐陶。广肩，敛口，折沿略侈，尖圆唇，沿面略凹，沿外有一道凸棱。颈部和肩部绳纹抹光。口径18、残高7.5厘米（图四四六，4）。

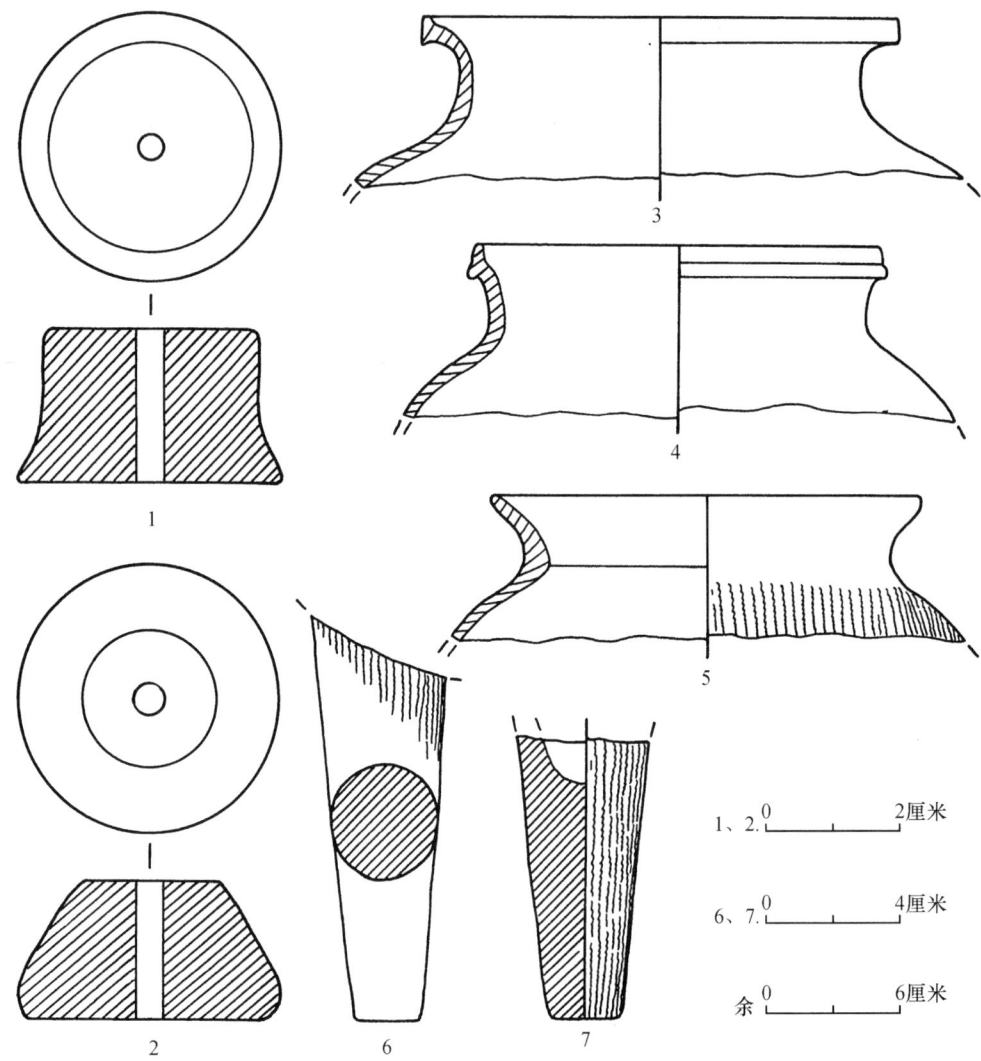

图四四六　E2区T85④层出土陶器

1、2. 纺轮（E2T85④：23、E2T85④：24）　3. 罐（E2T85④：22）　4. 鬲（E2T85④：20）

5. 鼎（E2T85④：18）　6. 鼎足（E2T85④：19）　7. 鬲足（E2T85④：21）

陶鼎 3件。标本E2T85④:18,粗泥褐陶。广肩,敛口,折沿外侈,尖圆唇,沿面微弧,折沿处胎较厚。肩部饰绳纹,颈部绳纹被抹光。口径19.8、残高6.6厘米(图四四六,5)。

陶鼎足 3件。标本E2T85④:19,夹砂红褐陶。器身较长,略呈圆锥状,足根较平。上段内侧饰竖绳纹。足根径1.8、长11.5厘米(图四四六,6)。

陶鬲足 2件。标本E2T85④:21,夹砂红褐陶。体较高,略呈圆柱状,足根较平,内空较浅。外表饰直绳纹。足根径2、残高8厘米(图四四六,7)。

陶纺轮 2件。标本E2T85④:23,粗泥红褐陶。束腰圆饼状,底面略外凸,中间穿孔。顶面直径3、底面径3.8、厚2.2厘米(图四四六,1)。标本E2T85④:24,粗泥红褐陶。圆饼形,上细下粗,横剖面略呈梯形,中间穿孔。顶面直径2、中部直径3.8、底面直径3.4、厚2厘米(图四四六,2;图版一六三,2)。

⑨ E2T88④层

出土陶片共26片。有泥质和夹砂两种,其中泥质陶21片,夹砂陶5片,分别占陶片总数的80.77%、19.23%。泥质陶又有粗泥和细泥之分,但以粗泥为主。陶片颜色有红陶、黑陶、红褐陶、灰褐陶、黑褐陶和灰陶,分别占陶片总数的15.38%、7.70%、42.30%、19.21%、11.54%、3.85%。

陶器器类有陶罐、陶鬲、陶鼎三种。

陶罐 1件(E2T88④:5)。粗泥灰褐陶。鼓肩,敛口,折沿略外侈,方唇。口径17.4、残高4.6厘米(图四四七,4)。

陶鬲 2件。标本E2T88④:4,夹砂红褐陶。广肩,敛口,沿圆折略外侈,尖圆唇,沿面内凹,沿外有一道凸棱。肩部饰绳纹,颈部绳纹抹光。口径18、残高7.2厘米(图四四七,2)。

陶鼎足 3件。标本E2T88④:3,细泥红褐陶。器身较矮。宽扁足,足根较平,横剖面呈长方形。高5.4、宽3.1、厚1.6厘米(图四四七,7)。标本E2T88④:2,夹砂红褐陶。圆柱状,足根平。外表饰直绳纹。足根径3.2、残长8厘米(图四四七,8)。

陶鬲足 1件(E2T88④:1)。粗泥灰褐陶。足较高,略呈圆柱状,上段较粗,下段略细,足根较平,内空较浅。外表饰竖绳纹。足根径2.6、残高10.2厘米(图四四七,9)。

⑩ E2T89④层

出土陶片共21片。其中泥质陶15片,夹砂陶6片,分别占陶片总数的71.43%、28.57%。泥质陶又有粗泥和细泥之分。陶片颜色有红陶、红褐陶和灰褐陶,分别占陶片总数的9.53%、57.14%、33.33%。

陶片纹饰均为绳纹,有粗绳纹和细绳纹之分,分别占陶片总数的33.33%、4.76%。多饰于陶罐和陶鬲肩部及腹部。

陶器器类主要是陶罐、陶鬲、陶鼎。

陶罐 1件(E2T89④:5)。粗泥灰褐陶。广肩,敛口,卷沿,尖圆唇,沿较宽,沿面微弧。肩部饰斜绳纹,颈部绳纹抹光。口径18、残高6.3厘米(图四四七,3)。

陶鬲 2件。标本E2T89④:2,粗泥红褐陶。溜肩,敛口,折沿外侈,尖唇,沿面略内凹,沿外略呈三角形。肩部和颈部绳纹抹光。口径17.5、残高7.5厘米(图四四七,1)。

陶鼎足 1件(E2T89④:1)。夹砂红褐陶。圆柱状,足根平。外表饰竖绳纹。足根径2.6、残高8.5厘米(图四四七,10)。

陶鬲足 4件。标本E2T89④:4,夹砂红褐陶。上段较粗,下段较细,内空较浅,平足根。上段饰斜绳纹。足根径2.4、残高10厘米(图四四七,5)。标本E2T89④:3,粗泥灰褐陶。略呈圆锥状,足根较平,上段较粗,内空较浅。外表饰竖绳纹。足根径1.9、残长8.7厘米(图四

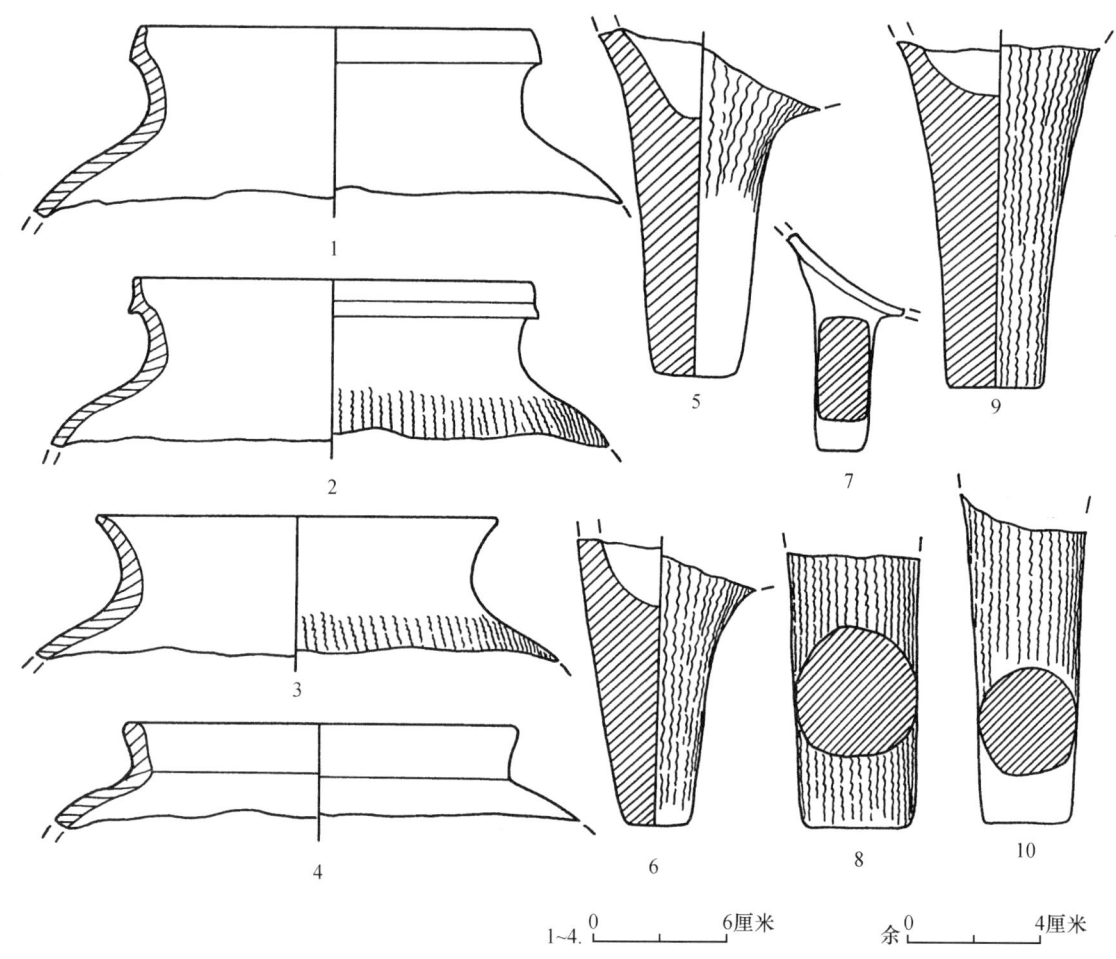

1~4. 0 ____ 6厘米

余 0 ____ 4厘米

图四四七　E2 区 T88④层、T89④层出土陶器

1、2. 鬲（E2T89④：2、E2T88④：4）　3、4. 罐（E2T89④：5、E2T88④：5）　5、6、9. 鬲足（E2T89④：4、E2T89④：3、E2T88④：1）　7、8、10. 鼎足（E2T88④：3、E2T88④：2、E2T89④：1）

四七，6）。

⑪ E2T90④层

出土陶片共 14 片。有粗泥陶和夹砂陶两种，其中粗泥陶 10 片，夹砂陶 4 片，分别占陶片总数的 71.43%、28.57%。陶片颜色有红陶、褐色陶、红褐陶。分别占陶片总数的 14.29%、21.43%、64.28%。

陶片纹饰均为绳纹，有粗绳纹和细绳纹两种，分别占陶片总数的 28.57%、42.86%。

陶器器类有陶罐、陶甗、陶鬲等。

陶罐　1 件（E2T90④：2）。粗泥褐陶。广肩，敛口，折沿微侈，尖唇，沿面略弧，折沿处胎较厚。口径 15、残高 4.5 厘米（图四四八，2）。

陶甗腰　1 件（E2T90④：3），粗泥红褐陶。束腰状，上部和下部之间有明显的接头痕迹，而且接头处胎较厚。器表饰斜绳纹，腰部绳纹抹光。腰部直径 13.5、残高 6.5 厘米（图四四八，5）。

陶鬲足　2 件。标本 E2T90④：1，夹砂红褐陶。略呈圆锥状，上段较粗，下段较细，足根较平，内空较浅。上段饰竖绳纹。足根径 2、残高 8.7 厘米（图四四八，7）。

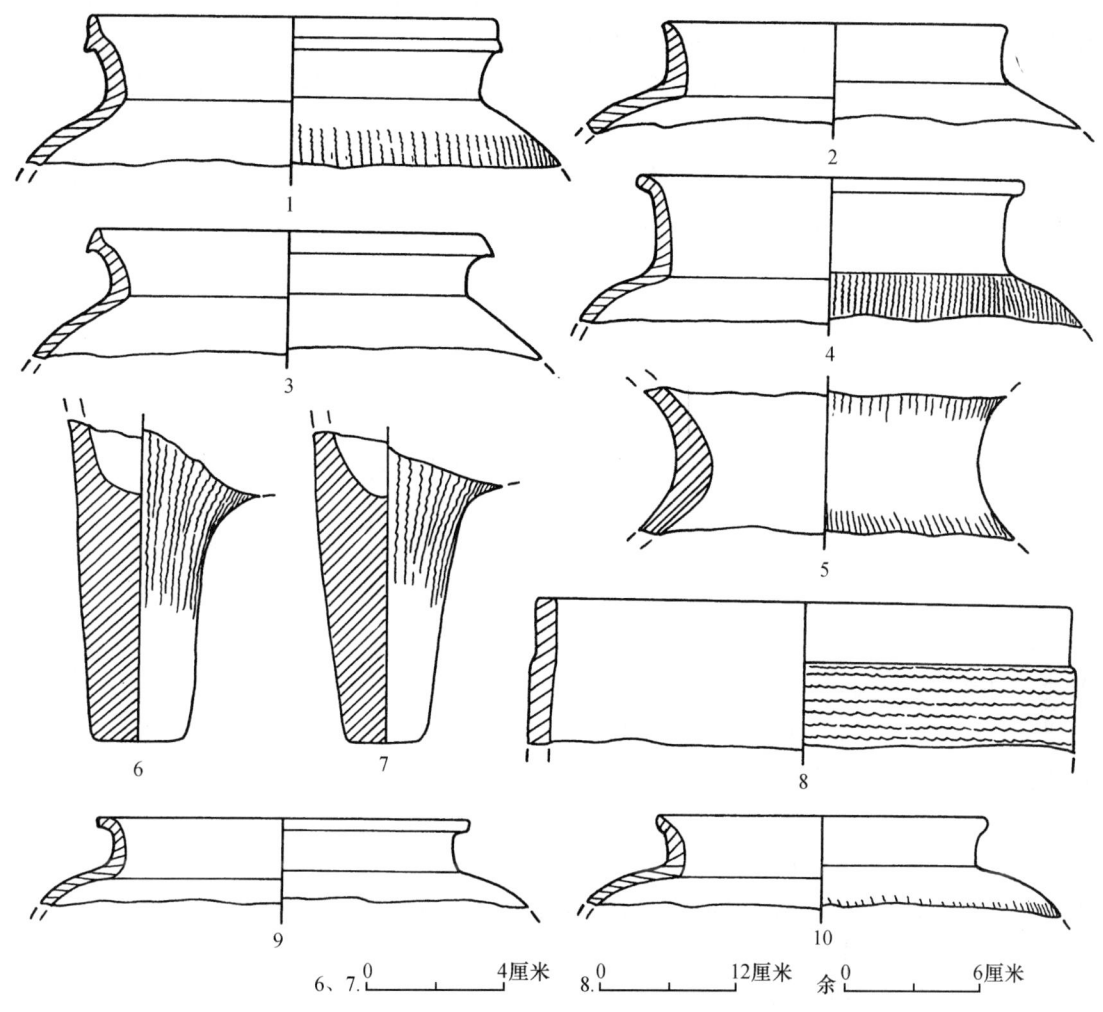

图四四八　E2 区 T90④层、T130④层出土陶器

1、3. 鬲（E2T130④：1、E2T130④：2）　2、4、9、10. 罐（E2T90④：2、E2T130④：4、E2T130④：5、E2T130④：6）
5. 甗腰（E2T90④：3）　6、7. 鬲足（E2T130④：3、E2T90④：1）　8. 缸（E2T130④：7）

⑫ E2T130④层

出土陶片共 25 片。其中泥质陶 21 片，夹砂陶 4 片，分别占陶片总数的 84.00%、16.00%。泥质陶有粗泥和细泥之分。

陶片纹饰有绳纹和方格纹，分别占陶片总数的 64.00%、4.00%。绳纹又有粗泥和细泥之分，分别占陶片总数的 40.00%、24.00%。

陶器器类有陶鬲、陶罐、陶缸等。

陶罐　4 件。标本 E2T130④：4，粗泥灰褐陶。鼓肩，高领，直口略外侈，斜沿，圆唇。肩部饰竖绳纹。口径 17.4、残高 6.4 厘米（图四四八，4）。标本 E2T130④：5，细泥红陶。广肩，矮领，直口略侈，斜沿，方唇。口径 16.8、残高 3.9 厘米（图四四八，9）。标本 E2T130④：6，粗泥红褐陶。鼓肩，敛口，折沿外侈，圆唇，沿面略鼓。肩部饰绳纹。口径 15、残高 4.2 厘米（图四四八，10）。

陶鬲　3 件。标本 E2T130④：1，粗泥红褐陶。广肩，敛口，折沿外侈，尖圆唇，沿面内凹，沿外有一道三角形凸棱。肩部饰粗绳纹，颈部绳纹抹光。口径 18、残高 6.6 厘米（图四四八，1）。标本 E2T130④：2，细泥红褐陶。斜肩，敛口，折沿外撇，尖唇。沿内略凹，沿外有一道三角形凸棱。肩部绳纹抹光。口径 17.5、残高 5.1 厘米（图四四八，3）。

陶缸　1 件（E2T130④：7）。粗泥灰褐陶。直口，方唇，口沿下胎较厚。口沿外饰粗横绳纹。口径 48、残高 6.7 厘米（图四四八，8）。

陶鬲足　2 件。标本 E2T130④：3，夹砂红褐陶。略呈圆柱状，足根平。上段饰直绳纹，内空较浅。足根径 2.6、残高 9.3 厘米（图四四八，6）。

（三）分期与年代

1. 分期

E 区周代遗址出土遗物以陶器为主，器物型式排序作如下表述。

陶罐　分 A、B、C 三型。

A 型　分 Aa、Ab 二亚型。

Aa 型　矮领。分四式。

Ⅰ式：斜沿外凸。E2H2：28。

Ⅱ式：口略侈，粗圆唇。E2T72⑤：5。

Ⅲ式：直口宽沿，圆唇。E2T72④：18、E2T74④：16。

Ⅳ式：口略侈，方唇。E2T85④：22、E2T130④：5。

Ab 型　高领。分三式。

Ⅰ式：宽平沿外凸。E2T91⑤：6。

Ⅱ式：直口，圆沿外凸。E2T74④：19、E2T74④：18、E2T130④：4、E2T85④：5。

Ⅲ式：宽沿，尖唇。E2T72④：17。

B 型　折沿。分 Ba、Bb、Bc 三亚型。

Ba 型　沿外侈。分二式。

Ⅰ式：鼓肩，圆唇。E2H2：7、E2T74⑤：5、E2T75⑤：3、E2T85⑤：3。

Ⅱ式：广肩，尖圆唇。E2H2：2、E2T74⑤：4、E2T130④：6。

Bb 型　沿内凹，方唇。E2T72⑤：6。

Bc 型　沿较直。分二式。

Ⅰ式：圆唇。E2T74⑤：6、E2T75⑤：5、E2H1：6、E2T88④：5。

Ⅱ式：尖圆唇，沿面微弧。E2T85⑤：2、E2T90④：2。

C 型　卷沿。分三式。

Ⅰ式：广肩，尖圆唇。E2H2：16、E2T75⑤：4、E2T91⑤：5。

Ⅱ式：鼓肩，圆唇。E2H1：5、E2H1：7、E2T72④：19、E2T89④：5。

Ⅲ式：宽卷沿，尖唇。E2T72④：16、E2T74④：17。

陶鬲　折沿外侈。分三式。

Ⅰ式：沿较直，双唇。E2H2：1、E2T91⑤：3。

Ⅱ式：沿面内凹，尖圆唇。E2T72⑤：1、E2T72⑤：2、E2T85⑤：5、E2T85⑤：6、E2T91⑤：2。

Ⅲ式：沿外凸，圆唇。E2H1：1、E2T85④：20、E2T88④：4、E2T130④：1、E2T72④：11、E2T72④：12、E2T89④：2、E2T130④：2。

陶瓮　分 A、B 二型。

A 型　矮领，直口。分二式。

Ⅰ式：宽斜沿。E2H2：18、E2H2：20。

Ⅱ式：圆沿。E2H2：19。

B 型　折沿。分二式。

Ⅰ式：方唇。E2H2：17。

Ⅱ式：圆唇。E2H2：8。

陶豆座　喇叭形。E2H2：21、E2T74⑤：9、E2T75⑤：1、E2T85⑤：12。

陶盂　矮领、直口，宽平沿。E2T72⑤：7。

陶釜　折沿外侈，尖圆唇。E2H1：4、E2T72④：20。

陶鼎　折沿外侈，沿面微弧，尖圆唇。E2T85④：18。

陶缸　直口，方唇。E2T130④：7。

陶鼎足　分 A、B、C 三型。

A 型　柱状。分三式。

Ⅰ式：略向内弯曲。E2H2：15、E2H2：5、E2T74⑤：2。

Ⅱ式：圆柱状。E2T74⑤：23、E2T75⑤：2、E2T91⑤：4。

Ⅲ式：器体瘦长。E2H1：3、E2T72④：14、E2T74④：12、E2T74④：13、E2T88④：2、E2T89④：1。

B 型　圆锥状。E2T85④：19。

C 型　宽扁形。E2T88④：3。

陶鬲足　分 A、B 二型。

A 型　圆锥形。分二式。

Ⅰ式：体较直。E2H2：4、E2T72⑤：4、E2T85⑤：7。

Ⅱ式：略向内弯曲。E2T91⑤：1、E2T89④：3、E2T90④：1。

B 型　圆柱状。分三式。

Ⅰ式：体较直。E2T72⑤：3、E2T74⑤：3、E2T85⑤：8。

Ⅱ式：略向内弯曲。E2H1：2、E2T74④：14、E2T85④：21、E2T72④：13、E2T130④：3。

Ⅲ式：体瘦高。E2T88④：1、E2T89④：4。

陶甗腰　束腰形。E2H2：3、E2T90④：3。

陶纺轮　分 A、B、C 三型。

A 型　圆饼形。E2T85⑤：1。

B 型　束腰形。E2T85④：23。

C 型　梯形。E2T85④：24。

上述器物型式排序共涉及 14 个单位，这些单位中的 E2H1、E2H2 均开口在①层下，直接打破生土，与探方地层没有直接的相互叠压打破关系。因此，分期只能根据考古类型学，对陶器型式进行比较作为主要依据。其陶器型式组合关系经归纳后详见表三七。

表三七显示，可资比较的陶器型式排序与它们实际存在的层位基本无矛盾。从陶器器类、型式与组合关系看，④层和⑤层存在明显差异。首先是器类，⑤层 Bb 型陶罐，陶盂，A 型陶纺轮，陶豆（座）和 A 型、B 型陶瓮，在④层不见，而④层中新出现陶鼎，陶釜，陶缸，B、C 型陶纺轮和B、C 型陶鼎足；二是器物型式上的发展变化，如⑤层中的 Aa 型Ⅰ式、Ⅱ式罐，Ab 型Ⅰ式、C 型Ⅰ式罐，Ⅰ式、Ⅱ式鬲，A 型Ⅰ式鼎足，B 型Ⅰ式鬲足，A 型Ⅰ式、Ⅱ式鼎足，发展到④层分别为

Aa 型Ⅲ式、Ⅳ式罐，Ab 型Ⅱ式、Ⅲ式罐，C 型Ⅱ式、Ⅲ式罐，Ⅲ式鬲，A 型Ⅱ式鬲足，B 型Ⅱ式、Ⅲ式鬲足，A 型Ⅲ式鼎足。⑤层中的 Ba 型Ⅰ式、Ⅱ式罐，到④层仅Ⅱ式罐继续沿用，但没出现新的式别；三是从陶器组合关系看，⑤层以罐、鬲、瓮、豆、盂为主要器物群，④层以罐、鬲、鼎、釜、缸、纺轮为主要器物群。由此证明⑤层年代相对早于④层年代。E2H1 出土 C 型Ⅱ式罐、Ⅲ式鬲、釜、B 型Ⅱ式鬲足、A 型Ⅲ式鼎足，接近于④层的陶器型式组合。E2H2 出土 Aa 型Ⅰ式罐，Ba 型Ⅰ式、Ⅱ式罐，C 型Ⅰ式罐，Ⅰ式鬲，A 型Ⅰ式、Ⅱ式和 B 型Ⅰ式、Ⅱ式瓮，陶豆（座），A 型Ⅰ式鬲足，A 型Ⅰ式鼎足，接近于⑤层的陶器型式组合。E2H3 开口在①层下，直接打破生土层，仅出土 3 片绳纹陶片，器类不明，没有参加器物逻辑排序，但从陶质、陶色和粗绳纹等特征观察，其时代应晚于⑤层，可归入以④层为代表的年代中。

表三七　E 区周代典型单位陶器型式组合关系表

单位 \ 型式 \ 器类	陶罐 Aa	Ab	Ba	Bb	Bc	C	陶鬲	陶鼎	陶瓮 A	B	陶釜	陶盂	陶纺轮 A	B	C	陶缸	陶豆	陶鬲足 A	B	陶鼎足 A	B	C	陶瓿腰
E2H1			Ⅰ		Ⅱ	Ⅲ					√									Ⅱ	Ⅲ		
E2H2	Ⅰ		Ⅱ Ⅰ			Ⅰ	Ⅰ		Ⅱ Ⅰ	Ⅱ Ⅰ							√	Ⅰ		Ⅰ			√
E2T72⑤	Ⅱ		Ⅱ	√		Ⅱ						√						Ⅰ	Ⅰ				
E2T74⑤			Ⅰ		Ⅰ												√	Ⅰ	Ⅲ Ⅰ				
E2T75⑤			Ⅰ		Ⅰ	Ⅰ											√		Ⅱ				
E2T85⑤			Ⅰ		Ⅱ	Ⅱ							√				√	Ⅰ	Ⅰ				
E2T91⑤		Ⅰ			Ⅰ	Ⅱ Ⅰ												Ⅱ		Ⅱ			
E2T72④	Ⅲ	Ⅲ			Ⅲ Ⅱ	Ⅲ			√									Ⅱ	Ⅱ				
E2T74④	Ⅲ	Ⅱ			Ⅲ													Ⅱ					
E2T85④	Ⅳ	Ⅱ				Ⅲ	√						√	√				Ⅱ	Ⅱ				
E2T88④				Ⅰ		Ⅲ												Ⅲ	Ⅲ	√			
E2T89④				Ⅱ	Ⅲ													Ⅱ	Ⅱ				
E2T90④			Ⅱ															Ⅱ					√
E2T130④	Ⅳ	Ⅱ	Ⅱ			Ⅲ										√		Ⅱ					

由上述分析比较，可将 E 区周代遗存分为有相对早晚关系的一、二两期（表三八）。

表三八　E 区周代主要陶器分期表

分期 \ 型式 \ 器类	陶罐 Aa	Ab	Ba	Bb	C	陶鬲	陶鼎	陶瓮 A	B	陶釜	陶盂
一	Ⅱ Ⅰ	Ⅰ	Ⅱ Ⅰ	√	Ⅰ	Ⅱ Ⅰ		Ⅱ Ⅰ	Ⅱ Ⅰ		√
二	Ⅳ Ⅲ	Ⅲ Ⅱ	Ⅱ		Ⅲ Ⅱ	Ⅲ	√			√	

分期 \ 型式 \ 器类	陶纺轮 A	B	C	陶缸	陶豆	陶鬲足 A	B	陶鼎足 A	B	C
一	√				√	Ⅰ	Ⅰ	Ⅱ Ⅰ		
二		√	√	√		Ⅱ	Ⅲ Ⅱ	Ⅲ	√	√

一期：以⑤层为代表，包括 E2H2；

二期：以④层为代表，包括 E2H1、E2H3。

一、二期的主要陶器型式特征详见图四四九。

2. 年代

　　E 区周代遗存内没有发现明确的纪年材料，只能参照周围已往发掘的同类材料和研究成果判断其大致年代。

　　目前三峡地区发掘的周代遗址较多，有秭归庙坪①、秭归官庄坪②、秭归柳林溪③、巴东黎家沱④、秭归沙湾⑤、秭归渡口⑥、秭归台丘⑦、宜昌上磨垴⑧、秭归河坎上⑨、秭归乔家坝⑩、秭归张家坪⑪等数十处遗址。但这些遗址由于受三峡地区地理环境影响，大多保存不好，文化堆积层不厚，出土遗物多零碎，所以进行器物类型学比较难度较大。当阳赵家湖发掘的两周时期墓葬较多，但没有较确切的层位关系。

　　目前湖北地区发掘的周代资料中，荆州纪南城遗址⑫、襄樊真武山遗址⑬、宜城郭家岗遗址⑭资料较全面，发展序列较清楚，试将卜庄河遗址 E 区周代遗存与这三处遗址资料作如下比较。

　　这三处遗址中的陶鬲总体变化趋势是：口沿由敛口卷沿到敛口折沿再到敛口，沿面内凹及沿外有凸棱，腹部由深变浅，鬲足由锥状到柱状。一期陶鬲，广肩，敛口，折沿略外侈，方唇，沿内略凹，沿外有一道三角形凸棱，鬲足多呈圆锥状，与真武山 H36：6、H36：22 陶鬲接近，同时与当阳磨盘山遗址所出同类器相同⑮。二期陶鬲沿圆折略外侈，尖圆唇，沿面有特别明显的凹槽，沿外有一道十分突出的凸棱，鬲足多为圆柱状。一期的陶豆柄较粗，豆座呈喇叭形，具有纪南城遗址的早期风格。由上述比较，E 区周代遗存一期早于二期，年代可定为西周末期或略晚。二期与一期有较大共性，年代大致相当于春秋早期。其文化性质都属于楚文化范畴。

（四）小结

　　E 区周代遗存与 A 区、C 区、D 区周代遗存一样，所出器类简单，其中罐类器特别发达，型式

①　湖北省文物事业管理局、湖北省三峡工程移民局：《秭归庙坪》，科学出版社，2003 年。

②　国务院三峡工程建设委员会办公室、国家文物局：《秭归官庄坪》，科学出版社，2005 年。

③　国务院三峡工程建设委员会办公室、国家文物局：《秭归柳林溪》，科学出版社，2003 年。

④　山东大学考古系：《巴东黎家沱遗址发掘简报》，《湖北库区考古报告集》（一），科学出版社，2003 年。

⑤　宜昌博物馆：《秭归沙湾遗址发掘简报》，《湖北库区考古报告集》（一），科学出版社，2003 年。

⑥　宜昌博物馆：《秭归渡口遗址发掘简报》，《湖北库区考古报告集》（一），科学出版社，2003 年。

⑦　天津市历史博物馆考古部：《秭归台丘遗址发掘报告》，《湖北库区考古报告集》（一），科学出版社，2003 年。

⑧　湖北省文物考古研究所：《宜昌上磨垴周代遗址发掘简报》，《湖北库区考古报告集》（二），科学出版社，2003 年。

⑨　湖北省文物考古研究所：《秭归河坎上遗址发掘简报》，《湖北库区考古报告集》（二），科学出版社，2005 年。

⑩　湖北省文物考古研究所：《秭归乔家坝遗址发掘简报》，《湖北库区考古报告集》（二），科学出版社，2005 年。

⑪　湖北省宜昌博物馆：《秭归张家坪遗址发掘简报》，《湖北库区考古报告集》（二），科学出版社，2005 年。

⑫　湖北省博物馆：《楚都纪南城考古资料汇编》，1980 年。

⑬　湖北省文物考古研究所、襄樊市博物馆：《湖北襄樊真武山周代遗址》，《考古学集刊》第 9 集，科学出版社，1995 年。

⑭　武汉大学历史系考古教研室、湖北省宜城市博物馆：《湖北宜城郭家岗遗址发掘》，《考古学报》1997 年 4 期。

⑮　宜昌地区博物馆：《当阳磨盘山西周遗址试掘简报》，《江汉考古》1984 年 2 期。

多样，次为陶鬲和陶豆。陶豆均为粗柄，喇叭形座，不见细柄豆，这可能是周代三峡地区的地方特点，或者是楚文化的一个新的区域类型。

陶器普遍手制，部分器物内壁，如豆座、罐底部、鬲足等留有手捏痕迹，大部分器物胎厚薄不均，尤其是陶瓮、陶鬲，胎厚者达1.2厘米，胎薄者仅0.4厘米。器物颈部多将绳纹抹光。口沿转角处胎特别厚重。绳纹是最基本的纹饰，次为凹弦纹，极少戳印纹、方格纹、附加堆纹。红陶和红褐陶为主要陶系。细泥陶特别少，粗泥陶占主导地位，这可能与三峡地区自然土质有关系。

E区周代文化堆积层虽然零星、分散，地层较薄，但多分布在海拔120米以上，这与A区、C区、D区分布情况一致，说明楚文化向西扩展，楚人进入三峡以后，对三峡江水已有了新的认识，为避免江水猛涨淹没的危险，他们远离江水，一般多居住在海拔120米以上的山坡上，这无疑是当时人们认识三峡、熟悉自然环境在意识中的反映。

五 汉代遗存

（一）概述

E区汉代遗存仅墓葬一种，共19座，编号为M8、M32、M33、M74、M76、M78、M80、M81、M82、M95、M102、M103、M104、M105、M115、M120、M121、M126、M146。

19座墓葬分布零散，其中E1区11座，E2区8座。根据墓葬的形制、结构可分为土坑墓、土圹石室墓和土圹砖室墓三种。

土坑墓共10座，包括M32、M33、M78、M80、M104、M105、M115、M121、M126、M146。

土坑墓多残缺，如M104、M115仅残存一个墓角，约1.5平方米。只有M32、M33、M121、M146保存比较完整。均为长方形竖穴土坑墓，斜壁、平底。一般长2.8~2.9、宽1.7~1.9、深0.6~2.42米。最大者（M80）残长1.8、宽3.6、残深达4.1米。M105墓底两端有熟土二层台。保存较好的人骨架腐烂痕迹均为单人仰身直肢。葬具多朽烂，多数墓存棺、椁痕迹和铁棺扣及枕木槽。墓葬方向多为东西向，但似乎没有规律，多依山势横向埋葬。墓内填土多为黑褐色、灰褐色及黄褐色黏土，多数较紧密且硬，似经夯打过。

随葬品多放置于人骨架右边及头骨上边，应为椁室的边箱或头箱内。随葬器物主要是陶器，次为铜器和铁器。陶器多破碎，种类较多，铜器多为小件器，如铜带钩及铜奁足、铜泡钉等，铁器数量较少。少数大型土坑墓（如M80）随葬有钱币。器物种类有陶罐、陶鼎、陶壶、陶灶、陶仓、陶盒、陶豆、陶钵、陶钫壶、陶拍、铜环、铜带钩、铜奁足、铜钱币、铁裾、铁片等。有8座墓葬随葬有器物，常见器物有陶鼎、陶罐、陶壶，组合形式较杂，主要为鼎、罐、壶、钱币和鼎、盒、壶。其具体组合形式为：

陶鼎、陶罐、陶壶、钱币组合：2座；

陶鼎、陶盒、陶壶、陶钵、陶灶组合：1座；

陶罐、陶壶、陶灶、陶钵组合：1座；

陶罐、陶豆、铜带钩、漆奁组合：1座；

陶壶组合：1座；

陶罐组合：1座；

铜环组合：1座。

土圹石室墓共 8 座，包括 M74、M76、M81、M82、M95、M102、M103、M120。均早期被盗和遭人为及自然水土流失等因素不同程度的破坏。

土圹石室墓均为长方形石室券顶结构，多数由墓室和甬道两部分组成。有的残存墓室。墓壁及券顶由人工打制的石条错缝垒砌而成。墓底均无铺地材料。墓室规模一般较大，大者如 M82 残长 12.6、宽 4.25、残高 0.2~5 米，由墓道、甬道和三个墓室组成。墓葬方向无规律，均依山势方向而葬。葬具多腐烂，仅存腐烂痕迹，其中 M95 有三具棺痕 M102 有两具棺痕。人骨架保存不好，特别零乱，有的朽烂仅存骨渣，M81 有 6 具人骨个体，均被火烧过。因破坏扰乱，随葬品放置无规律可循，其数量甚少，主要有陶罐、陶灶、陶钵、陶甑、陶杯、陶盖、陶板瓦、陶筒瓦、瓷杯、瓷钵、铜带钩、铜剑、铜削刀、铜挖子、铜环、铜簪、铜钵、银簪、银发钗、银环、玻璃耳坠等。除 M74 未发现随葬器物外，其余墓残存有多寡不等的器物。因盗窃扰乱，器物残破不全，其组合形式不够全面，但有随葬器物的 7 座墓中都随葬有钱币。残存的组合形式情况如下：

铁镢、玻璃耳坠、钱币组合：1 座；

陶灶、铜带钩、钱币组合：1 座；

瓷杯、瓷钵、钱币组合：1 座；

陶罐、铜削刀、钱币组合：1 座；

陶罐、陶灶、陶杯、铜剑、钱币组合：1 座；

陶罐、陶灶、陶壶、陶钵、钱币组合：1 座；

钱币组合：1 座。

土圹砖室墓 1 座，编号为 M8。墓室规模较大。因被盗破坏，残存器物甚少，有陶罐、玉环、钱币等。

19 座墓共出土各类随葬品 123 件，其中陶器 70 件、铜器 21 件、铁器 17 件、银器 4 件、瓷器 4 件、玉器 3 件、骨器 1 件、玻璃器 1 件、石器 1 件、角器 1 件。另出土铜钱币 1353 枚。

（二）墓葬介绍

墓葬 19 座。可分为土坑墓、土圹石室墓和土圹砖室墓三类。

1. 土坑墓

① M32

M32 位于 E1 区东南部，即 E1TG32 探沟内。开口在①层下，打破生土。距地表深 0.5 米。方向 205°。因自然水土流失，墓坑大部分被破坏。为长方形竖穴土坑墓，墓壁较陡直，底较平，墓底有两道椁室枕木槽。墓口长 2.8、宽 1.8、残深 0.6 米，墓底长 2.7、宽 1.7 米。枕木槽长 1.7、宽 0.15、深 0.06 米（图四五〇）。墓内填土为黄褐色五花土，较坚硬，似经夯打。

葬具因腐烂无存，仅存两道椁室枕木槽，据枕木槽和墓坑形制及尺寸比例推测，葬具应为单椁单棺。

未发现人骨架，亦不见腐烂痕迹，葬式及墓主人性别、年龄均不详。

该墓北边有一圆形盗洞，呈垂直状，直径 0.75 米。随葬器物基本上被盗一空，仅存 1 件铜环，应为铜器铺首上的衔环。

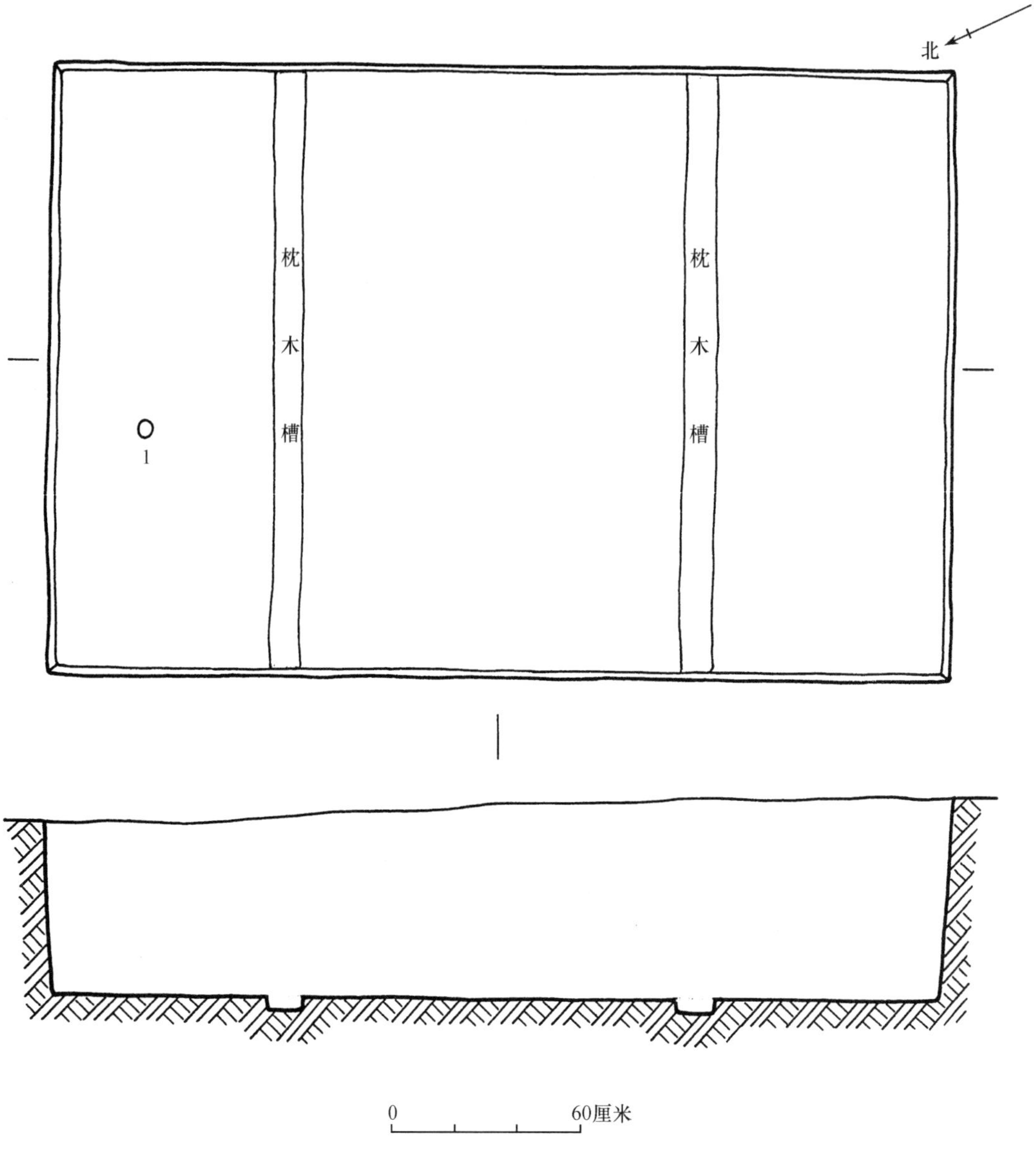

北

枕木槽

枕木槽

○
1

0 　　　　　　　60厘米

图四五〇　E1区M32平、剖面图
1. 铜环

0 　　　　2厘米

图四五一　E1区M32
铜环（M32:1）

铜环　1件（M32:1）。完整。略锈蚀。呈绳索状，较薄，横剖面呈扁形。直径4.5、横剖面宽0.6、厚0.3厘米（图四五一；图四五二，3；图版一六四，4）。

② M33

M33位于E1区东南部，西北部距E1T115探方5.2米。开口在①层下，打破生土。距地表深0.38~0.47米。方向250°。平面呈长方形竖穴土坑墓，墓壁收分较大，尤其是南壁和北壁收分达3°，墓底较平整。墓口长2.84、宽1.9、深1.23米，墓底长2.6、宽1.48米（图四五三）。墓内填土为黄褐色五花土，较湿润而松软。

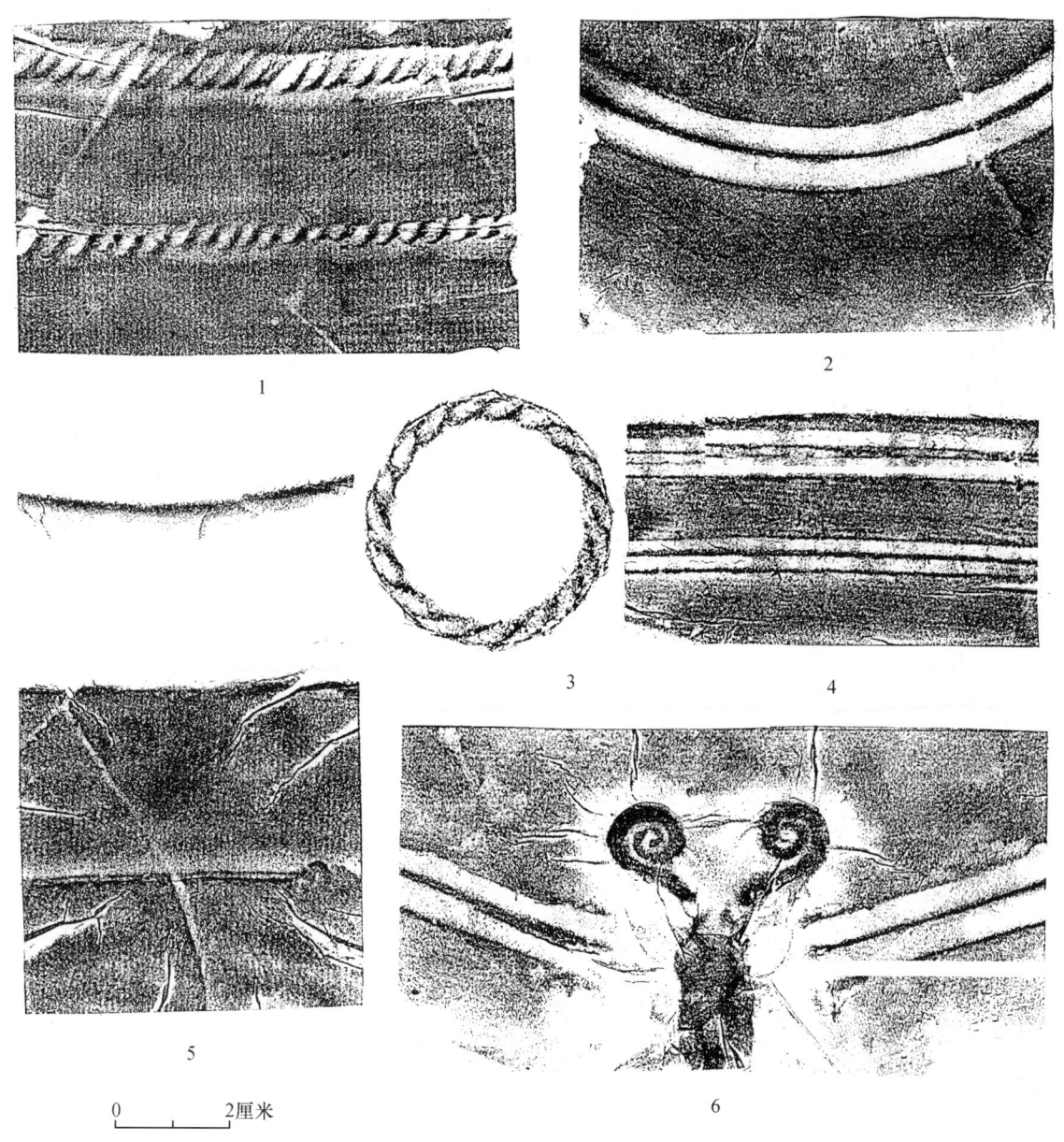

图四五二　E1 区 M32、M78 器物纹饰拓片

1. 陶罐压印纹（M78:7）　　2、4. 凹弦纹（M78:10、M78:4）　　3. 绳索纹（M32:1 铜环）　　5. 附加堆纹（M78:5）

6. 壶铺首环耳（M78:10）

葬具因腐烂，仅存椁痕和棺痕。椁痕为长方形，长2.4、宽1.24、高0.25~0.38米。棺痕比较模糊，长约2.1米，夹杂有零星红色漆皮。据棺椁腐烂痕迹和墓坑形制结构及长、宽尺寸比例推测，葬具应为单棺单椁。

人骨架保存情况欠佳，因腐烂仅存痕迹和部分骨渣，葬式应为仰身直肢，头向西，面向上。墓主人性别及年龄不详。

随葬器物放置于人骨架的右边，即椁室边箱内。器类有陶罐、陶豆、陶盖、铜带钩、铜奁足、铜奁耳。边箱内还有不少漆木器腐烂痕迹。

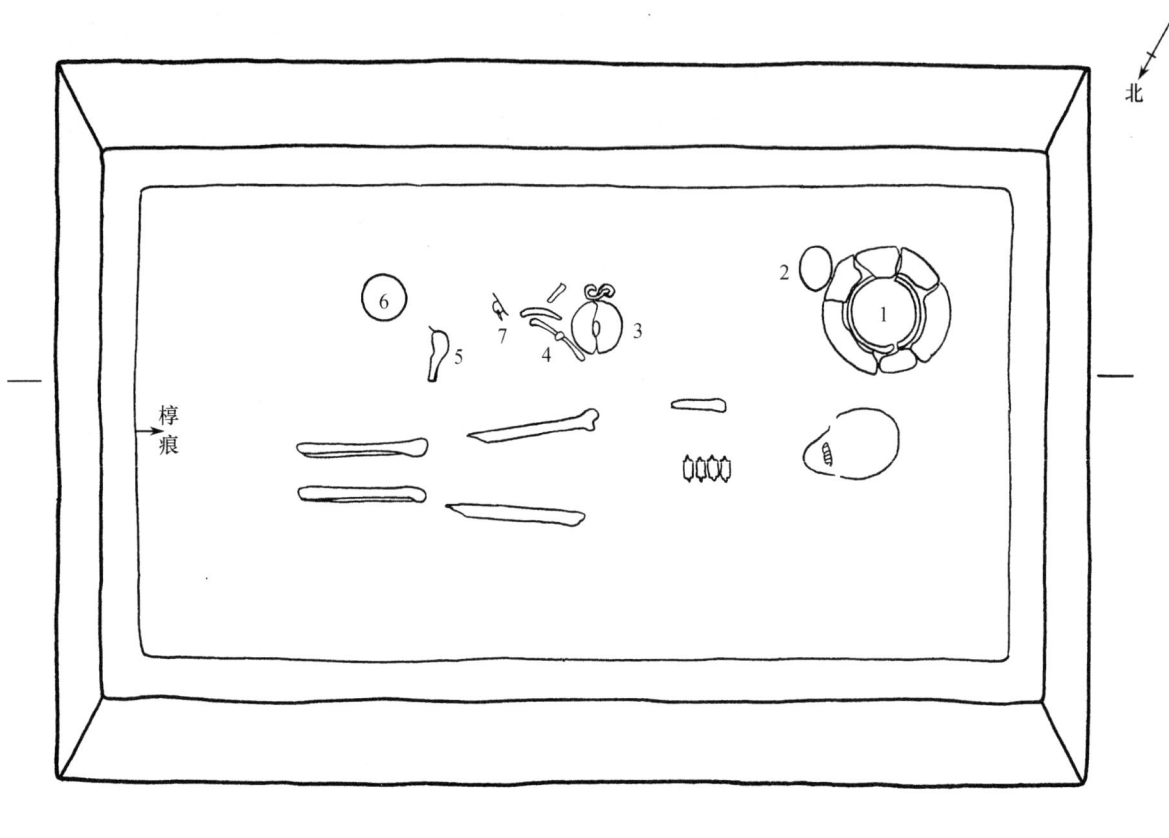

0   60厘米

图四五三　E1 区 M33 平、剖面图

1. 陶罐　2、6. 陶豆　3. 陶盖　4. 铜带钩　5. 铜奁足　7. 铜奁耳陶罐　1件（M33:1）。修复完整。泥质黑陶。器体矮胖，鼓肩，敛口，沿圆折，圆唇，弧壁内收，大平底。口径14.1、最大腹径22.6、底径15.5、高16.2厘米（图四五四，2；彩版四〇，2；图版一六七，2）。

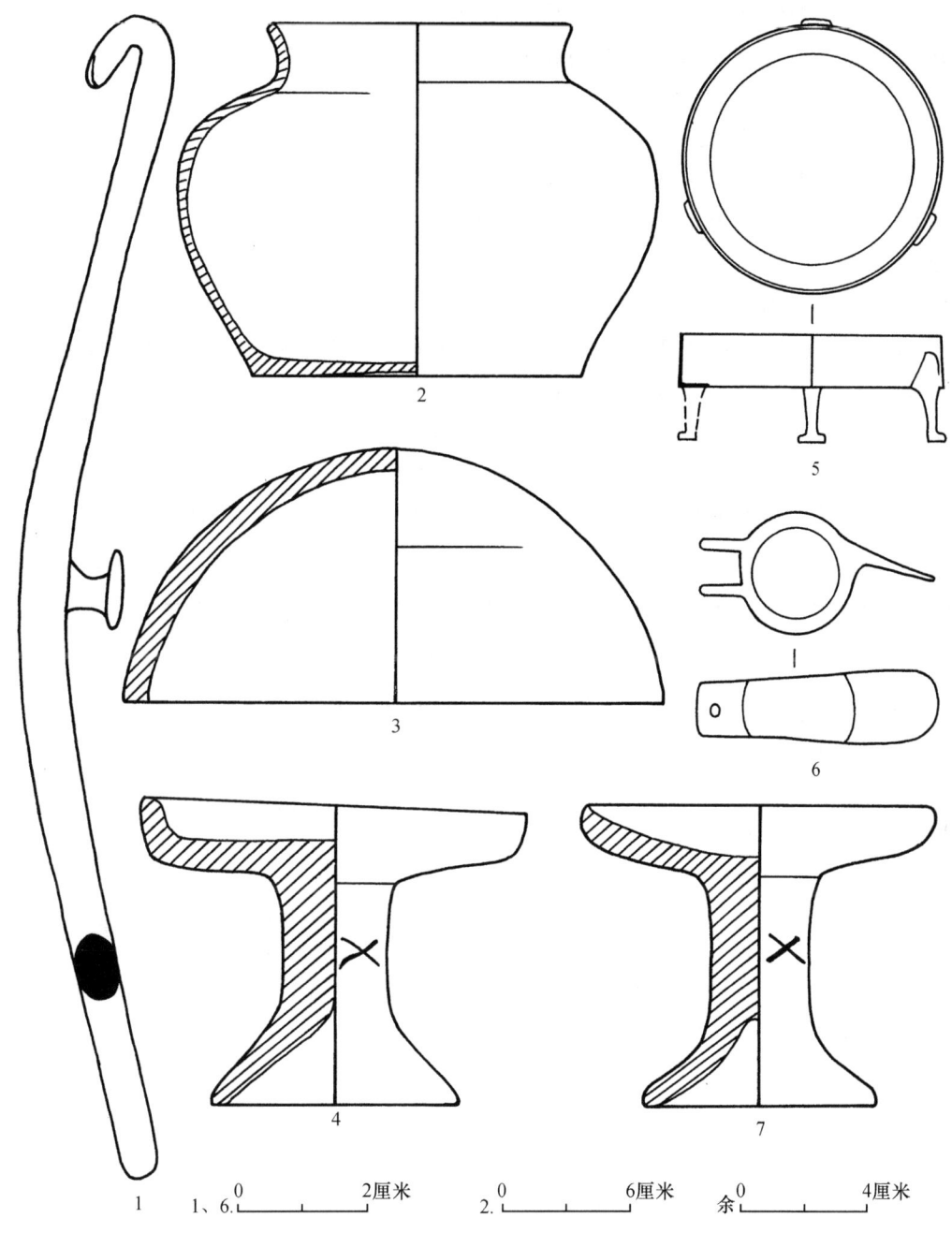

图四五四　E1区M33出土器物

1. 铜带钩（M33:4）　2. 陶罐（M33:1）　3. 陶盖（M33:3）　4、7. 陶豆（M33:6、M33:2）

5. 铜奁足（M33:5）　6. 铜奁耳（M33:7）

陶豆　2件。完整。均为泥质灰陶。标本M33:6，浅盘，折壁，圆唇，豆盘一边深一边较浅。豆柄较粗，柄内实心，豆座呈喇叭形。胎厚重。豆柄上有一个"X"形刻划符号。口径12、柄径3.2、座径7.6、高9.4厘米（图四五四，4）。标本M33:2，浅盘，弧壁，尖圆唇，豆柄略细，柄内实心，豆座呈小喇叭形。胎较厚重。豆柄上刻有一个"X"形符号。口径10.8、柄径3、座径6.8、高9.2厘米（图四五四，7；图版一六五，1）。

陶盖　1件（M33：3）。复原完整。泥质灰陶。弧壁，略呈半球形，方唇。胎较厚重。口径25.2、高11.8厘米（图四五四，3）。

铜带钩　1件（M33：4）。完整。长弧形，钩头略呈蛇首状，扣钮较小，呈圆饼状，器身横剖面呈椭圆形。长17.7、钮径1.2厘米（图四五四，1；图版一六六，4）。

铜奁足　1件（M33：5）。完整。略锈蚀。平面呈圆形，胎较薄，下面附三个兽蹄形足。直径8.5、足高2.8、通高3.3厘米（图四五四，5；图版一六六，3）。

铜奁耳　1件（M33：7）。完整。侧面呈圆环形，一侧有柄，另一侧有两个小钮，钮上有小圆孔。环径1.9、通长3.7厘米（图四五四，6；图版一六六，2）。

③ M78

M78位于E1区东南部，北面距E1T114探方2.5米，东面距M104墓0.3米。开口在①层下，打破生土，同时打破M80。距地表深0.5～0.9米。方向50°。该墓因修公路遭破坏特别严重，墓室西北角及墓室东部被破坏，墓壁仅存南壁大部分及北壁小部分。为长方形竖穴土坑墓。墓葬规模较大。墓壁较陡直，底较平，墓底两端有椁室枕木槽。墓口残长1.1～3.6、残宽0.4～2.7、深4.2～5.1米，墓底残长1.35～3.5、残宽0.4～2.32米（图四五五）。墓内填土为黄褐色夹块状红褐色五花土，包含有灰绿色略经风化的岩石块。填土经夯打，特别坚硬。夯窝平面呈圆形，圜底，直径5厘米。

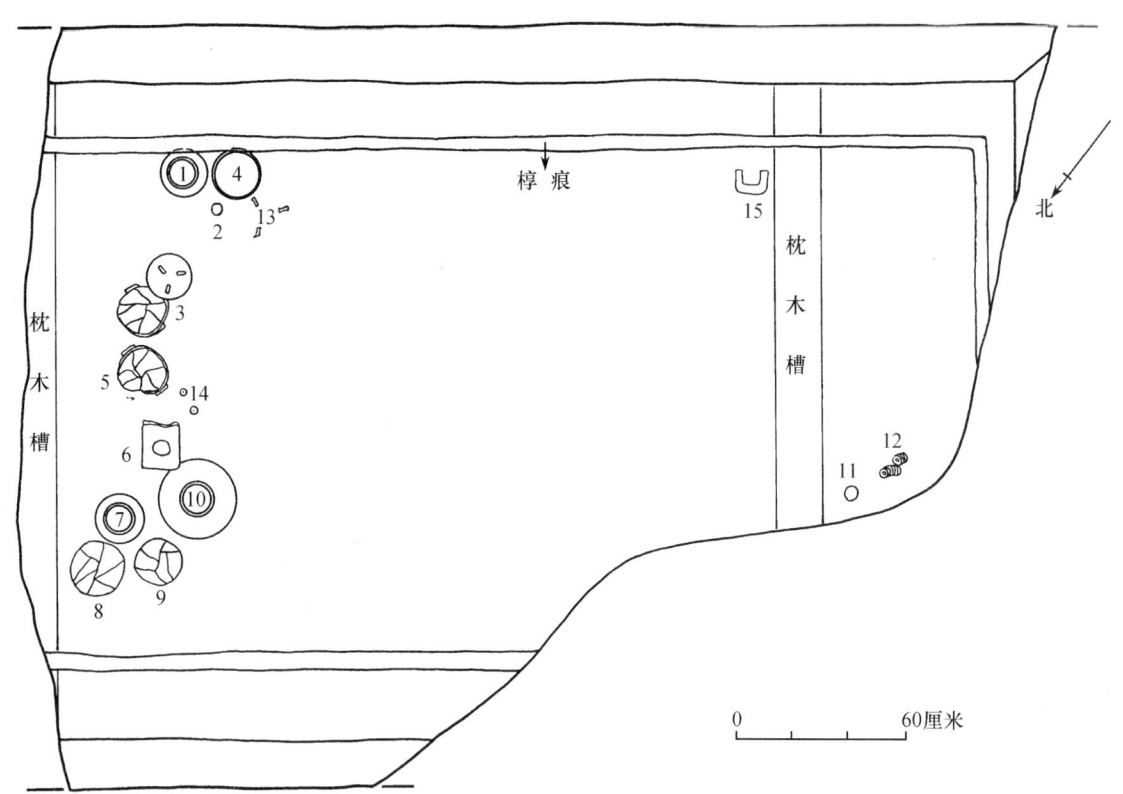

图四五五　E1区M78平面图

1、7. 陶罐　2、11. 陶垫　3、5. 陶鼎　4. 陶盒　6. 陶灶　8、9. 陶仓　10. 陶壶　12. 铜钱　13. 铜奁足　14. 铜泡钉
15. 铁舀

墓具均腐烂无存，仅存椁室腐烂痕迹和枕木槽，椁痕残长 3.4、宽 1.9、高 0.2～0.41、厚 0.05 米。枕木槽残长 1.52～2.32、宽 0.18、深 0.07 米。据此推测葬具应有椁，至于几重椁和多少个椁室尚不清楚。棺的腐烂痕迹比较模糊，因与许多漆木器腐烂痕迹混在一起，难以看出棺的大小尺寸和数量。

人骨架深度腐烂，仅在墓底偏北处发现一具粉末状的人骨架，长 1.72 米，头向朝东。葬式为仰身直肢。其性别、年龄均不详。

随葬器物较多，多数放置于墓室东边，呈南北向排列，1 件铁祔放置于墓室西南部，钱币和 1 件陶拍位于墓室西边。这些器物均在椁室范围内，共 14 件及 15 枚钱币。器类有陶罐、陶鼎、陶盒、陶灶、陶壶、陶仓、陶拍、铁舌、钢夋足、铜泡钉及钱币等。

陶鼎　2 件。标本 M78:5，缺盖。泥质灰陶。腹较浅，子口内敛，圆唇，上腹壁较直，下腹内折，弧壁内收，圜底，曲尺形附耳外凸，矮兽蹄形足，足根略外撇。折腹处饰附加堆纹。口径 15、腹径 17.7、腹深 7.2、耳长 3.3、足高 5.1、通高 10.8 厘米（图四五二，5；图四五六，2；图版一七三，1）。标本 M78:3，复原完整。泥质灰陶。器身扁圆，子口内敛，尖圆唇，上腹较直，下腹内折，弧壁内收，圜底，附耳略外撇，矮兽蹄形足，弧形盖，方唇，盖上有三个鸟首形钮。口径 14.6、腹径 17.5、耳长 3.6、足高 3.9、通高 15.1 厘米（图四五六，3；彩版三九，5；图版一七三，2）。

陶盒　1 件（M78:4）。复原完整。泥质黑陶。器身扁圆，由上下两半扣合而成。子口内敛，圆唇，弧壁内收，底较平，矮圈足外撇，覆碗形盖，斜唇，矮圈足形钮。腹部饰三道细凹弦纹，盖上饰六道细凹弦纹。口径 15、腹径 17.4、圈足径 10.8、高 14.7 厘米（图四五二，4；图四五六，1；彩版三八，2；图版一七七，2）。

陶壶　1 件（M78:10）。复原完整。泥质黑陶。广肩，长颈，盘形口，内斜唇，鼓腹，下腹内收，底近平，圆圈足微外撇，腹部有两个对称的半圆形铺首环耳。肩部饰两道细凹弦纹，腹部饰四道凹弦纹。口径 12、颈高 4.5、腹径 21.6、圈足径 12.4、高 24 厘米（图四五二，2、6；图四五六，6；彩版三八，3；图版一六八，1）。

陶罐　2 件。标本 M78:7，复原完整。器身泥质褐陶，盖泥质黑陶。鼓肩，夸口，粗圆唇，腹壁略弧内收，平底，弧形盖。腹部饰三道竖道压印纹。口径 11.3、肩径 17.5、底径 11.4、高 13.8 厘米（图四五二，1；图四五六，13；彩版三八，5；图版一六七，6）。标本 M78:1，复原完整。泥质黑陶。折肩，夸口，粗圆唇，腹壁较直略外斜，下腹圆折内收，平底，弧形盖。腹部饰三道压印纹。口径 10.8、肩径 16.8、下腹径 17.4、底径 10.8、高 14.5 厘米（图四五六，14；彩版三八，6；图版一六七，5）。

陶灶　1 件（M78:6）。复原完整。泥质黑陶。平面呈长方形，所有棱角削平，上面有一圆形火眼，正面有一拱形灶门。长 16.2、宽 9.7、火眼径 7.2、灶门高 3、通高 6 厘米（图四五六，10；图版一六九，2）。

陶仓　2 件。标本 M78:8，修复完整。泥质灰陶。口略敛，方唇，直腹微外斜，平底，底下有四个圆柱形足，上腹部有方形门一个，门右边有一个锁形图案，斗笠形盖，盖顶有一小鸟。盖面饰两道细凹弦纹，腹部饰一道附加堆纹，堆纹上又饰斜道压印纹。口径 17.6、腹径 17.9、腹深 11.6、底径 17.5、足高 2.7、盖口径 22.2、通高 21 厘米（图四五六，4；彩版三九，1；图版一七七，3）。标本 M78:9，残，仅存腹以下部分。泥质灰陶。直腹略内收，平底，底下有四个圆柱形足。腹部饰一道附加堆纹，堆纹上又饰斜道压印纹。腹径 17.2、底径 18.2、足高 3.2、残高 12 厘米（图四五六，5）。

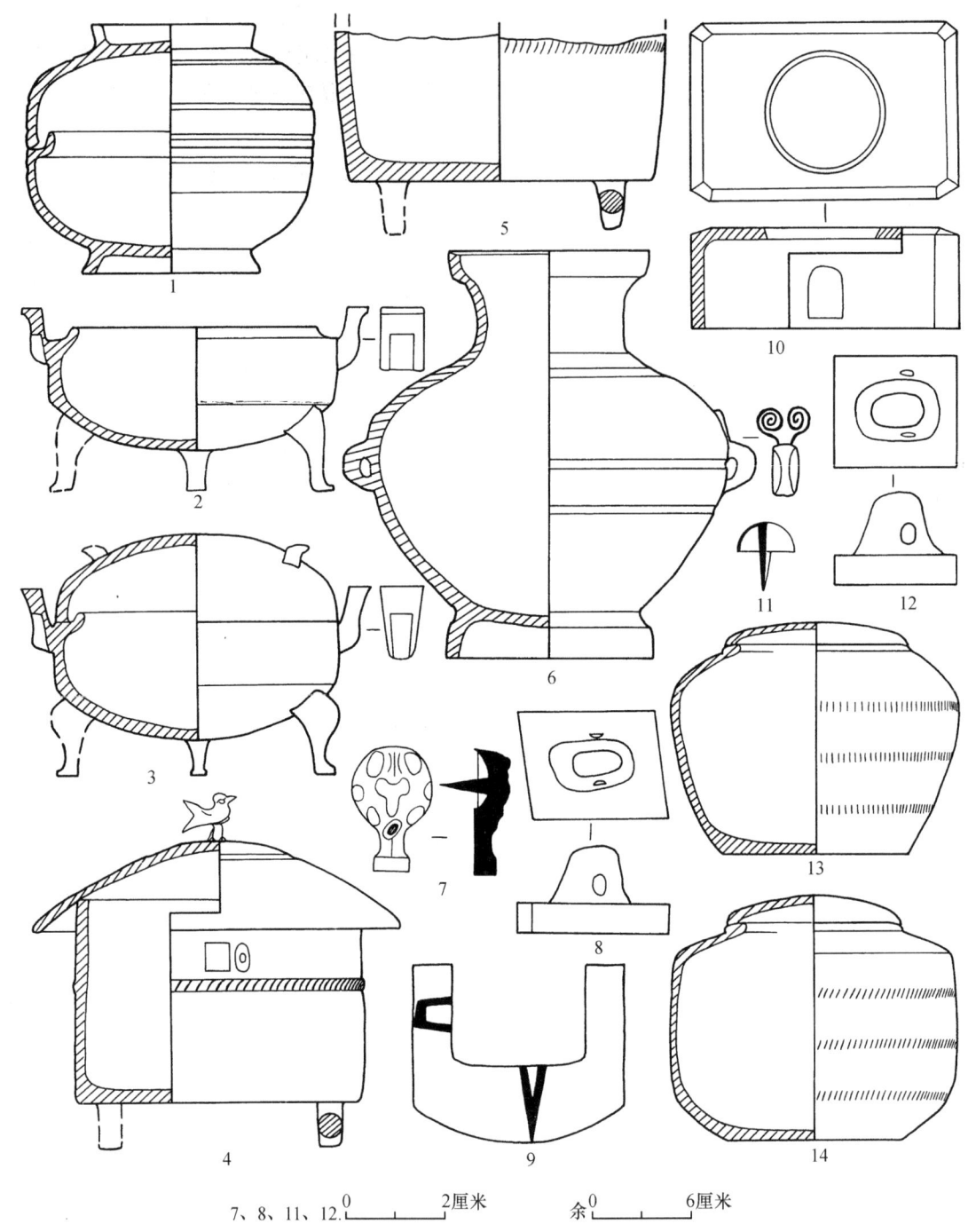

7、8、11、12. 0 ———— 2厘米   余 0 ———— 6厘米

图四五六　E1 区 M78 出土器物

1. 陶盒（M78:4）　　2、3. 陶鼎（M78:5、M78:3）　　4、5. 陶仓（M78:8、M78:9）　　6. 陶壶（M78:10）

7. 铜奁足（M78:13）　　8、12. 陶垫（M78:11、M78:2）　　9. 铁臿（M78:15）　　10. 陶灶（M78:6）　　11. 铜泡钉

（M78:14）　　13、14. 陶罐（M78:7、M78:1）

陶垫　2 件。标本 M78:11，完整。泥质灰陶。平面呈菱形，正中有一个突起的环钮，钮上穿孔，底面较平。长 3、宽 2.2、厚 0.6、高 1.7 厘米（图四五六，8）。标本 M78:2，完整。泥质灰陶。平面略呈方形，中间有一个突起的钮，钮上穿孔，底面较平。长 2.5、宽 2.2、厚 0.6、高 1.8厘米（图四五六，12）。

铁镈 1件（M78：15）。完整。表面有红褐色斑块铁锈。呈"凹"字形，两侧较直，弧形刃。长10.5、宽11.1厘米（图四五六，9；图版一八三，2）。

铜夋足 3件。形制相同。标本M78：13，完整。器表鎏金。器形较小，呈兽蹄形，内面有一圆锥形钉。正面施兽面形纹。宽1.6、高2.5厘米（图四五六，7；图版一六四，1）。

铜泡钉 1件（M78：14）。完整。呈方锥状，弧形钉帽，帽上鎏金。帽径1.2、长1.4厘米（图四五六，11；图版一六四，6）。

钱币 15枚。其中9枚残破。均为铜质钱币。皆为半两。

半两 15枚。面、背均无郭，面底边薄，背平，面文凸起，穿有大小之异。直径2～2.3厘米（图四五七）。为西汉半两钱币。

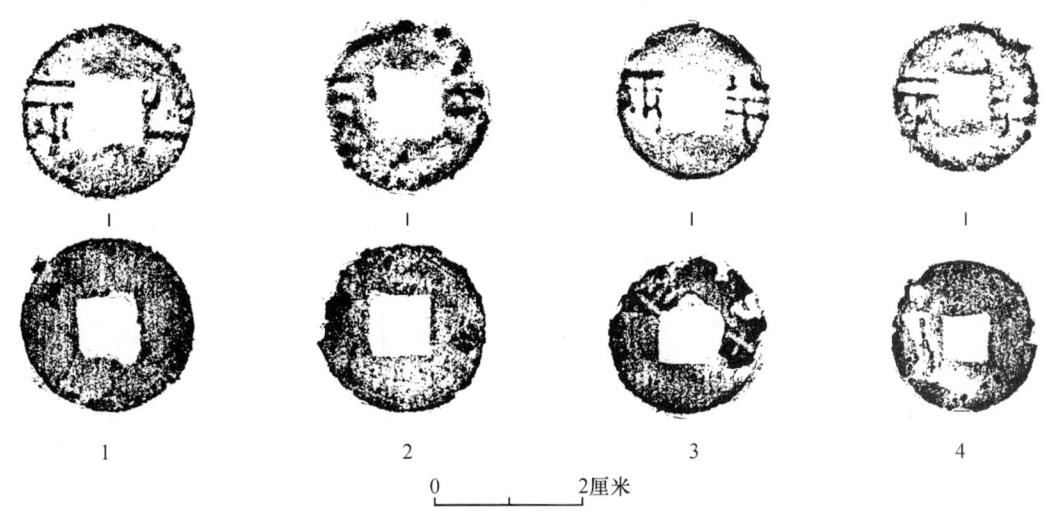

1   2   3   4

0 _____ 2厘米

图四五七 E1区 M78 半两钱币拓片
1. M78：12 2. M78：16 3. M78：17 4. M78：18

④ M80

M80位于E1区东南部，北面距E1T114探方4.9米。开口在①层下，打破生土，墓室东部被M78打破。距地表深0.4～0.52米。方向58°。为长方形竖穴土坑墓，墓室大部分被修公路破坏，仅存东部小部分。墓壁陡直，底部较平整，有一道椁室枕木凹槽。墓口残长1.6～1.8、宽3.6、深4.1米，墓底残长1.4～1.65、宽3.2米，枕木槽长3.2、宽0.23、深0.08米（图四五八）。墓内填土为黄褐色五花土，较板结，似经夯打过。

葬具腐烂无存，仅存椁室枕木槽，据此推测葬具应为木椁，虽然没有发现棺痕，但据椁室枕木槽及墓室结构和其规模估计，应该有棺材作为殓尸葬具。

在墓底发现一些粉末状人骨碎渣，故无法辨别其头向和葬式，墓主人性别和年龄亦不清楚。

由于遭破坏极其严重，所剩随葬器物甚少，仅5种。均为残片。器类有陶罐、陶鼎、陶盖、铁片及12枚钱币等。

陶鼎 1件（M80：2）。底和盖残。泥质黑陶。器身扁圆，子口内敛，方唇，弧腹内收，附耳外撇，矮兽蹄形足，弧形盖。口径15、腹径19.8、耳长5.8、足高5.7、通高12.9厘米（图四五九，3）。

陶罐 1件（M80：6）。残。泥质黑陶。阔肩，矮领，直口，宽平沿外折，斜唇。肩部绘有红色彩纹，但全部脱落，仅存隐约可见的痕迹。口径21、领高3.9、残高6.5厘米（图四五九，1）。

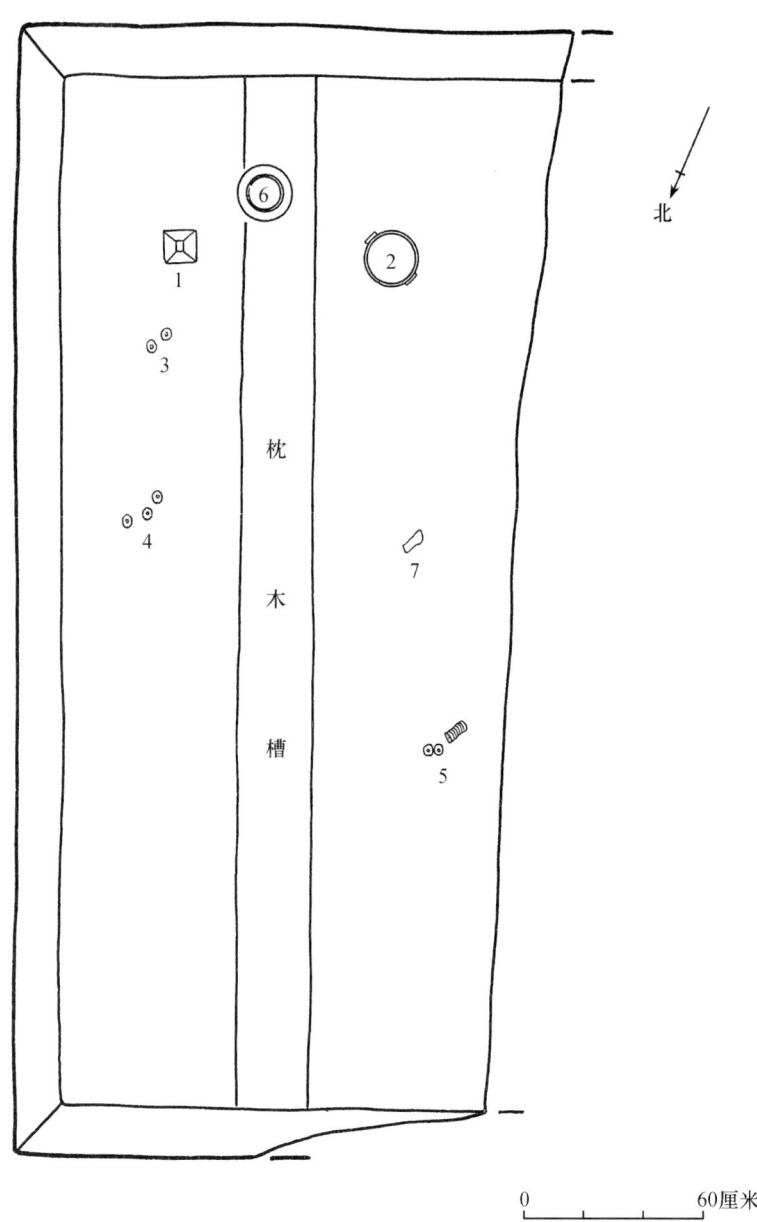

枕
木
槽

北

0　　　　　　　60厘米

图四五八　E1区M80平面图
1. 陶盖　2. 陶鼎　3~5. 铜钱　6. 陶罐　7. 铁片

陶盖　1件（M80:1）。残。泥质黑陶。略呈覆斗形，盖上有两个对称的三角形钮。宽13.6、残高7.2厘米（图四五九，4）。

铁片　1件（M80:7）。残。一侧厚，另一侧有刃。应为棺扣残片。残长4.7、宽2.3厘米（图四五九，2）。

钱币　12枚。均为铜质钱币。皆为半两。分A、B二型。

A型　6枚。形制较大。面、背均无郭，面文凸起，体甚薄。铸造工艺较精。直径3.1厘米（图四六〇，3）。属秦半两钱币。

B型　6枚。形制较小。面、背均无郭，面底边薄，背平，穿有大小之异，面文隐约难辨。直径1.9~2厘米（图四六〇，1、2）。属西汉半两钱币。

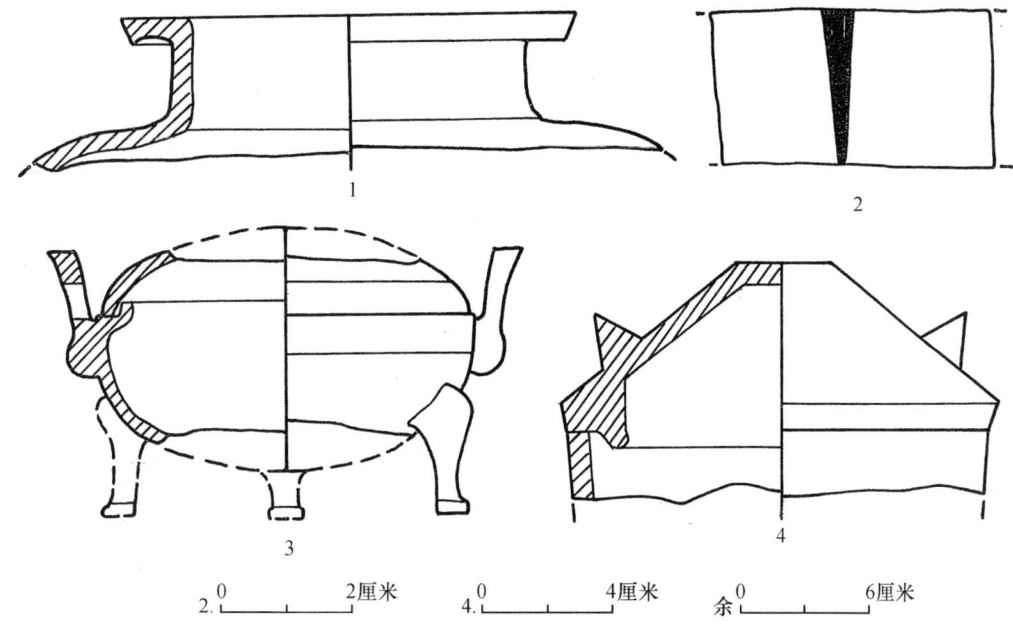

图四五九　E1 区 M80 出土器物

1. 陶罐（M80:6）　2. 铁片（M80:7）　3. 陶鼎（M80:2）　4. 陶盖（M80:1）

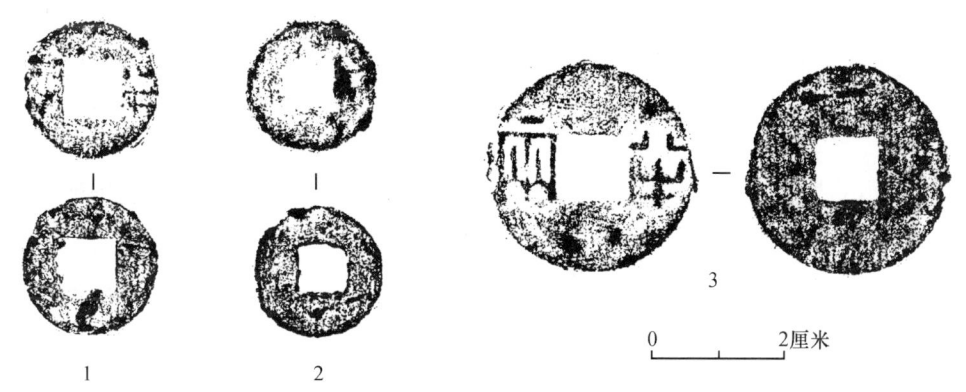

图四六〇　E1 区 M80 半两钱币拓片

1、2. B 型半两（M80:4、M80:5）　3. A 型半两（M80:3）

⑤ M104

M104 位于 E1 区东南部，西距 M78 墓 0.3 米，东距 E1T115 探方 4 米。开口在①层下，打破生土。距地表深 0.45 米。方向 270°。该墓大部分被公路打破，仅存墓室东南角。据残存部分观察应为长方形竖穴土坑墓。墓壁收分较大，底较平。墓口残长 1.6、残宽 1.4、残深 0.1 ~ 0.4 米，墓底残长 1.5、残宽 1.33 米（图四六一）。墓内填土为红褐色夹灰褐色块状的五花土，较松软。

葬具因腐烂和破坏，不见痕迹，故葬具不清楚。

人骨架保存情况欠佳，仅见一条长 0.3、宽 0.1 米的粉末骨渣痕迹。其葬式及墓主人性别、年龄均不详。

随葬器物仅见 1 件陶壶及 4 件铁棺扣。

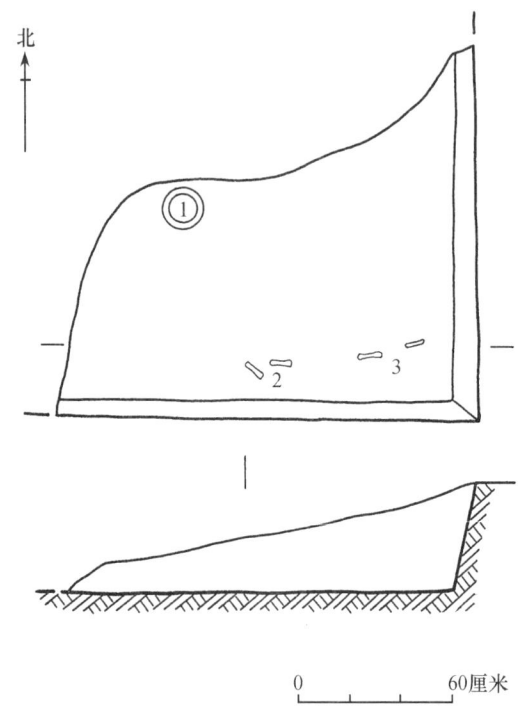

图四六一　E1 区 M104 平、剖面图
1. 陶壶　2、3. 铁棺扣

砂岩石块，特别坚硬，似经夯打。

陶壶　1 件（M104：1）。复原完整。形制规整。泥质褐陶。鼓肩，长颈，盘形口，方唇，鼓腹，下腹内收，底近平，矮圈足外撇，上腹部有两个对称的半圆形环耳。肩部和腹部饰七道细凹弦纹。口径9、颈高4.5、最大腹径20.4、圈足径12.4、高24.6厘米（图四六二，1；彩版三八，4；图版一六八，2）。

铁棺扣　4 件。形制相同。标本 M104：2，残。略锈蚀。呈"S"形，一边较厚，另一边有刃。残长7.5、宽3、背部厚0.5厘米（图四六二，2）。

⑥ M105

M105 位于 E2 区北部，西面距 E2T12 探方9米。开口在①层下，打破生土。距地表深0.45米。方向130°。该墓被公路打破一大半，仅存北部一小部分。平面为长方形竖穴土坑墓，墓壁斜直，收分较大，底较平。墓底两端有熟土二层台。墓口长3.2、残宽0.9、残深0.9米，墓底长2.8、残宽0.8米，熟土二层台两端残长分别为0.7、0.8、宽0.11、高0.12米（图四六三）。墓内填土为红褐色五花土，夹杂有

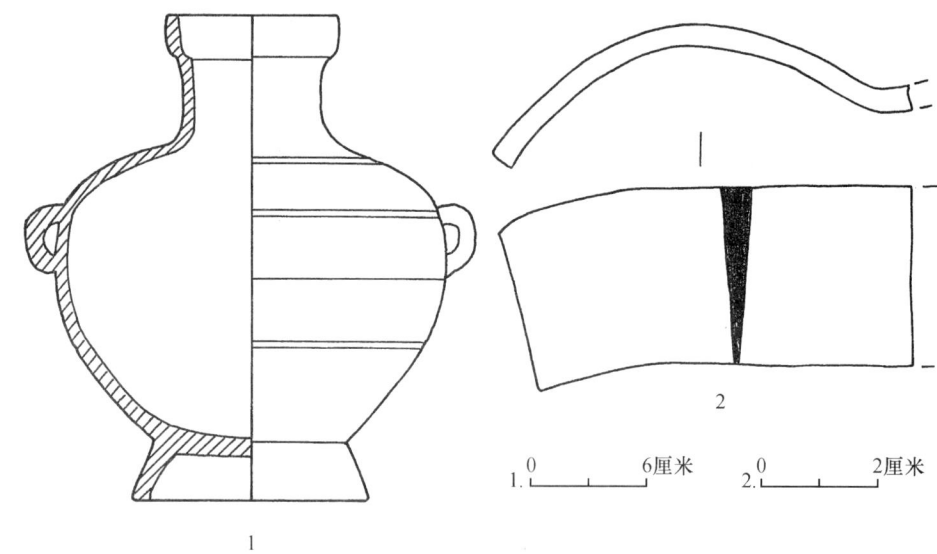

图四六二　E1 区 M104 出土器物
1. 陶壶（M104：1）　2. 铁棺扣（M104：2）

葬具因腐烂和破坏，不见任何痕迹，根据两端有二层台和铁棺扣推测，葬具应为单椁单棺。

人骨架因破坏和腐烂无存，葬式及墓主人性别、年龄不详。

不见任何随葬品。出土有4件铁棺扣。

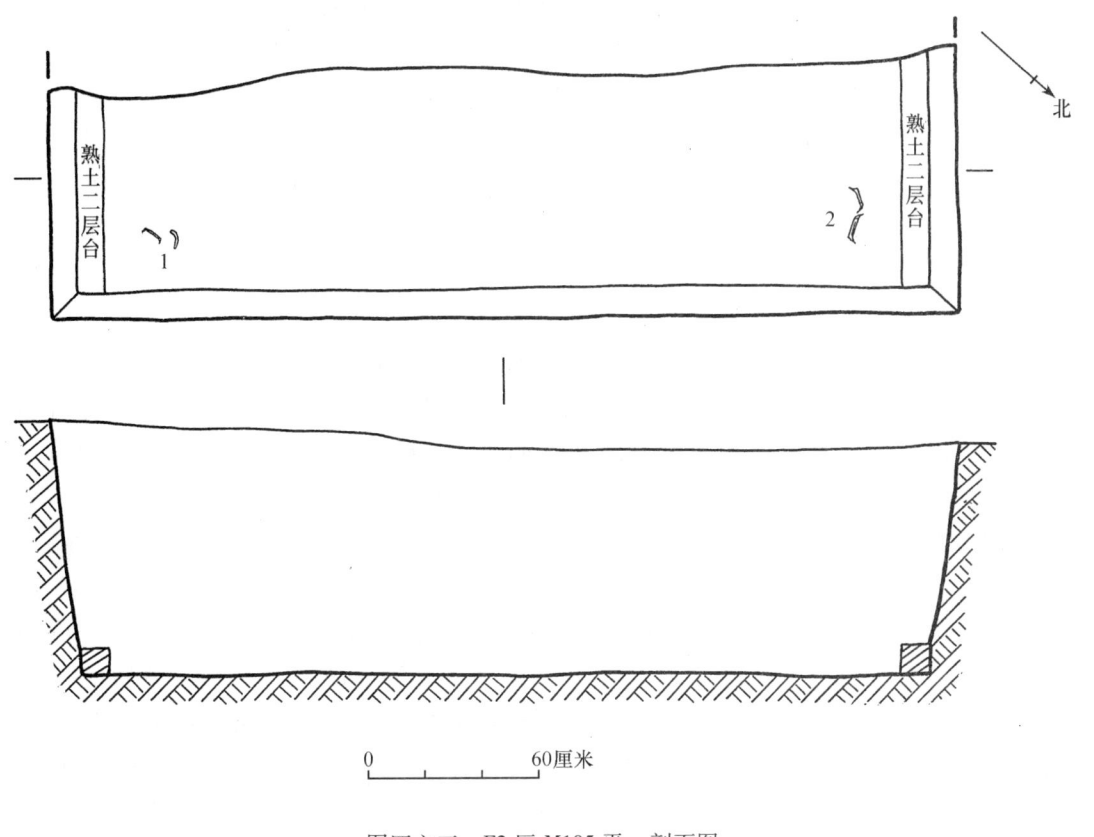

图四六三　E2 区 M105 平、剖面图
1、2. 铁棺扣

铁棺扣　4 件。不同程度锈蚀。标本 M105∶1，略残。略呈"3"字形，背部厚，一边有刃。残长 14.5、宽 4、背部厚 0.5 厘米（图四六四，1）。标本 M105∶2，完整。"S"形，背部厚，一边有刃。长 14.6、宽 3.5、背部厚 0.5 厘米（图四六四，2）。

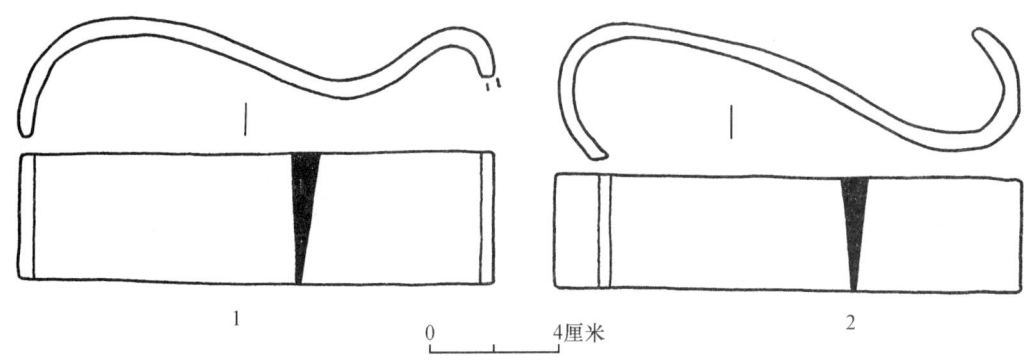

图四六四　E2 区 M105 出土铁棺扣
1. M105∶1　2. M105∶2

⑦ M115

M115 位于 E1 区 E1T27 探方中部。开口在①层下，打破生土。距地表深 0.4～0.55 米。方向 74°。该墓被民房打破，仅存东南角。该墓应为长方形竖穴土坑墓，墓壁较斜直，底较平整。墓口东西残长 0.9、南北残宽 0.5～1.6、残深 0.5 米，墓底残长 0.83、残宽 0.05～1.52 米（图四六

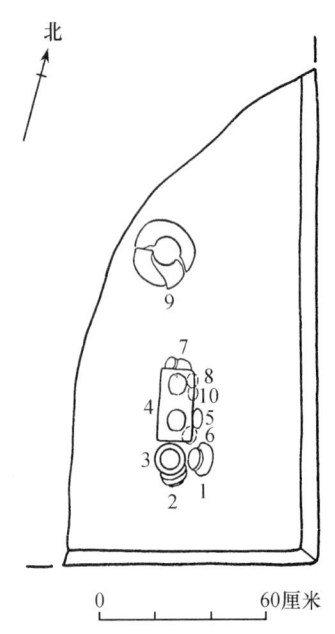

图四六五　E1 区 M115 平面图
1、3、7. 陶罐　2、8. 陶钵　4. 陶灶
5. 陶豆形器　6、10. 陶甑
9. 陶壶

五）。墓内填土为灰褐色黏土，比较松软。

葬具因破坏和深度腐烂无存，故葬具不详。但墓底面有 1 ~ 3 厘米厚的五花土，呈黑褐色且细腻，比较坚硬，应是垫葬具的土层。

人骨架腐烂无存，葬式及墓主人性别、年龄均不详。

随葬器物放置于墓室东南部，分布较集中，呈南北向直线排列。共 10 件。器类有陶罐、陶壶、陶灶、陶钵、陶豆形器等。

陶罐　3 件。标本 M115：1，完整。泥质灰陶。器身扁圆。鼓肩，直口，方唇，上腹外鼓，下腹弧壁内收，小平底，上腹部有两个对称的乳头形钮。上腹部饰三道细凹弦纹。口径 6、腹径 9.4、底径 4.8、高 6 厘米（图四六六，2；图四六七，2；彩版四一，2；图版一七四，4）。标本 M115：3，完整。泥质灰陶。器身扁圆，广肩，直口，方唇，腹外鼓，下腹弧壁内收成小平底，肩部有两个对称的乳头形钮。腹部饰三道细凹弦纹。口径 5.8、腹径 10、底径 2、高 5.8 厘米（图四六六，4；彩版四一，1；图版一七四，2）。标本 M115：7，完整。泥质灰陶。广肩，高领，直口，斜沿外凸，尖圆唇，鼓腹，弧壁内收成小平底。口径 4.2、领高 2.4、腹径 7.5、底径 1.7、高 7.4 厘米（图四六六，5；图版一七四，6）。

陶壶　1 件（M115：9）。复原完整。泥质灰陶。广肩，长颈，盘形口，圆鼓腹，下腹弧壁内收，平底，矮圆圈足外撇，肩部有两个对称的示意性铺首。肩部和腹部各饰两道细凹弦纹。口径 11.4、颈长 4.5、腹径 18、圈足径 11.4、高 22.8 厘米（图四六六，7；图四六七，1）。

陶灶　1 件（M115：4）。复原完整。泥质灰陶。平面呈长方形，所有棱角抹平，内空，上面有两个圆形火眼，后缘有两个三角形烟孔，正面有两个拱形灶门。长 24、宽 12、高 6、火眼直径 7.5、灶门高 2.4、宽 1.8 厘米（图四六六，1；彩版三九，2；图版一六九，1）。

陶钵　2 件。标本 M115：2，复原完整。泥质灰陶。直口，宽沿外凸，尖唇，沿面微鼓，圆折腹内收，平底。口径 8.8、腹径 8.2、底径 3.2、高 5.2 厘米（图四六六，9；图版一七〇，2）。标本 M115：8，复原完整。泥质灰陶。直口略侈，斜沿外凸，尖圆唇，腹内收，平底。腹部饰一道凸弦纹。口径 9.8、底径 3.5、高 5.6 厘米（图四六六，10；图版一七〇，1）。

陶甑　2 件。标本 M115：6，复原完整。直口微敛，斜沿外凸，尖唇，弧壁内收，平底，底部有五个圆形箅孔。腹部饰一道细凹弦纹。口径 10、底径 3.6、高 5、箅孔径 0.6 厘米（图四六六，6；彩版三九，3；图版一七一，2）。标本 M115：10，复原完整。直口，斜沿略外凸，沿外有一道凹槽，弧壁内收，平底，底部有五个圆形箅孔。口径 9.7、底径 2.6、高 5、孔径 0.6 厘米（图四六六，8；图四六七，3；图版一七一，1）。

陶豆形器　1 件（M115：5）。完整。泥质黑陶。器形较小。敞口，宽平沿外凸，圆唇，柄较粗，座呈喇叭状，座根较平，上下内空相通。口径 7.2、柄粗径 2.8、座径 6.8、高 6.2 厘米（图四六六，3；彩版四一，6；图版一六五，2）。

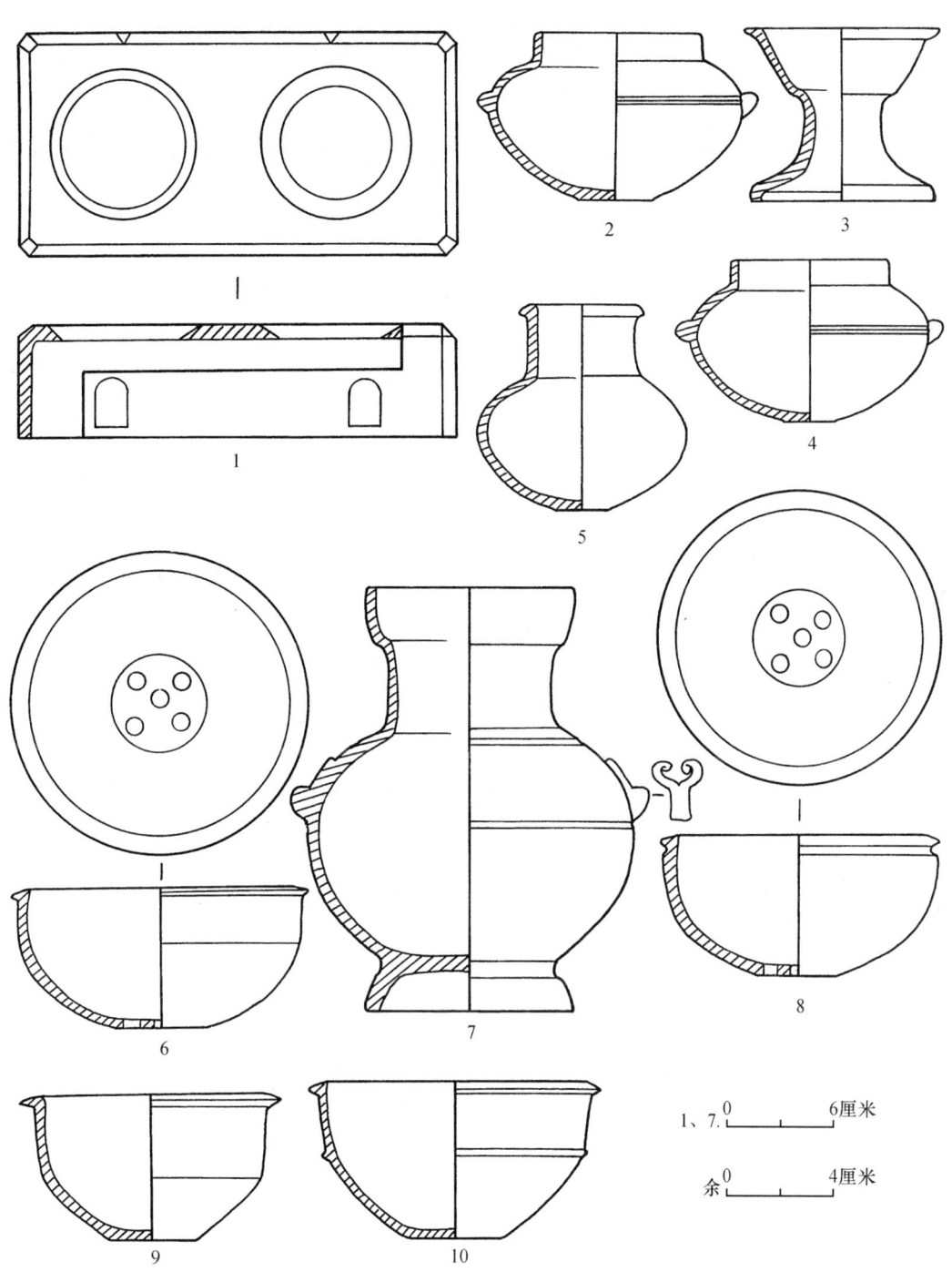

图四六六 E1 区 M115 出土陶器

1. 灶（M115:4）　2、4、5. 罐（M115:1、M115:3、M115:7）　3. 豆形器（M115:5）　6、8. 甑（M115:6、M115:10）　7. 壶（M115:9）　9、10. 钵（M115:2、M115:8）

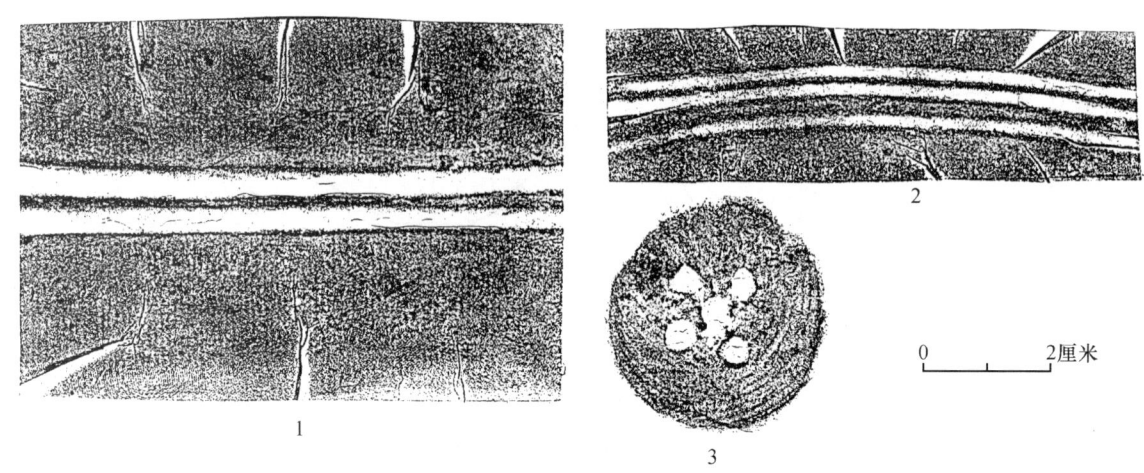

图四六七　E1 区 M115 陶器纹饰拓片

1、2. 凹弦纹（M115:9、M115:1）　3. 箅孔（M115:10）

⑧ M121

M121 位于 E2 区 E2T74 探方西北部。开口在①层下，打破生土。距地表深 0.3～0.58 米。方向 55°。墓土圹保存较好，形制规整，为长方形竖穴土坑墓。墓壁较陡直，底甚平。墓口长 2.95、宽 1.7、深 2.42 米，墓底长 2.85、宽 1.5 米（图四六八；图版一七二，1）。墓内填土为黄褐色五花土，夹杂有较多的页岩石片，比较硬，似经夯打。

墓坑中间有棺腐烂痕迹，长 1.35、宽 0.5、厚 0.2～0.4 米。棺甚小，是卜庄河遗址墓葬中发现最小的棺材。未发现椁室腐烂痕迹，但根据墓葬土圹形制结构和长、宽尺寸比例推测，葬具应该有椁。

棺内有人骨架一具，因深度腐烂仅存腐烂痕迹和骨渣。葬式为仰身直肢，头向东，面向上。骨架长 1.25 米。其性别、年龄不详。

随葬器物仅 1 件陶罐，放置于墓室中部，即人骨架右边。

陶罐　1 件（M121:1）。修补完整。泥质灰陶。火候较高。肩部略凹，斜领，领较粗，直口略敛，宽平沿外凸，窄圆唇，圆鼓腹，下腹内收，小平底内凹。腹中部饰一道凹弦纹，其下饰交错绳纹。口径 11.6、领高 6.6、最大腹径 18、底径 4.5、高 19 厘米（图四六九；彩版四○，3；图版一七四，3）。

⑨ M126

M126 位于 E1 区东部，南距 E1T30 探方 0.2 米。开口在②层下，打破生土，并被 M125 打破。距地表深 0.6～0.7 米。方向 65°。该墓所处位置在比较陡的斜坡上，因长期耕种和自然水土流失等原因遭破坏特别严重。为长方形竖穴土坑墓，墓壁较直，底较平整，墓室两端有椁室枕木槽。墓口残长 3.4、残宽 1.8～2.4、残深 0.15 米，墓底长 3.3、宽 2.3 米（图四七○）。墓内填土为黄褐色五花土，夹杂一些页岩石片和陶片，较松软。填土中部有一圆形盗洞，为黑褐色土。

葬具腐烂无存，仅发现两条椁室枕木槽，呈南北向，分别为残长 1.95、2.3、宽 0.2、深 0.05 米。葬具应有椁室。虽然没有发现棺腐烂痕迹，但根据墓坑形制结构推测，应有棺材殓尸埋葬。

人骨架腐烂无存，葬式及墓主人性别、年龄均不详。

因被盗，没有发现任何随葬器物。

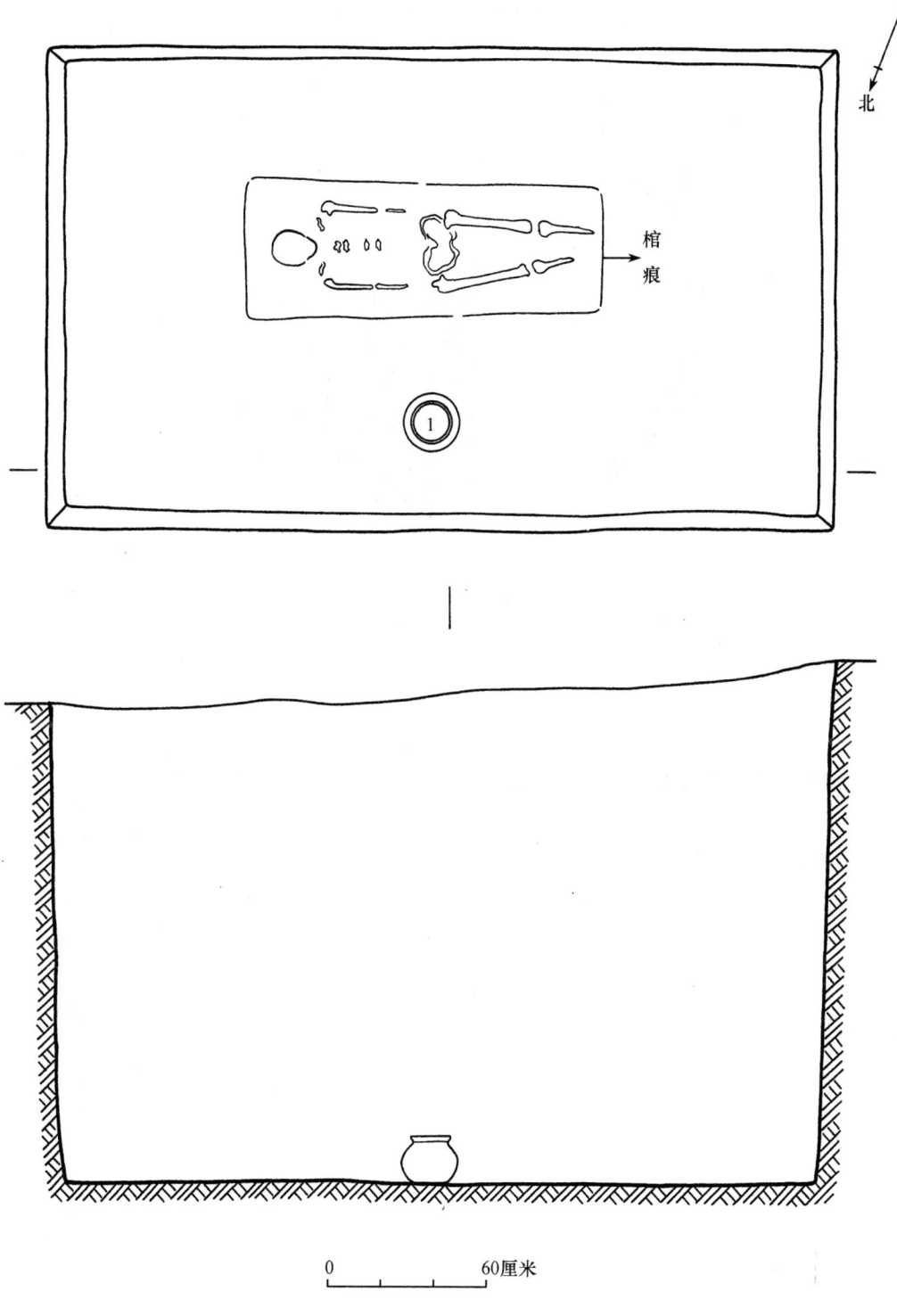

北

棺痕

0   60厘米

图四六八 E2 区 M121 平、剖面图
1. 陶罐

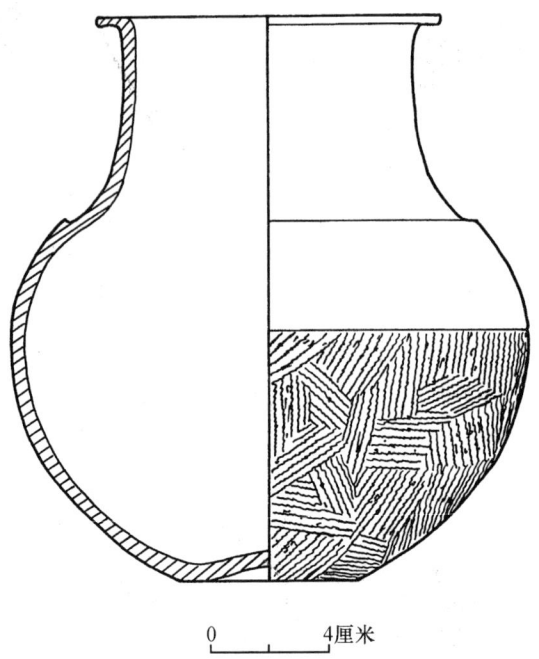

0　　　4厘米

图四六九　E2 区 M121 陶罐（M121：1）

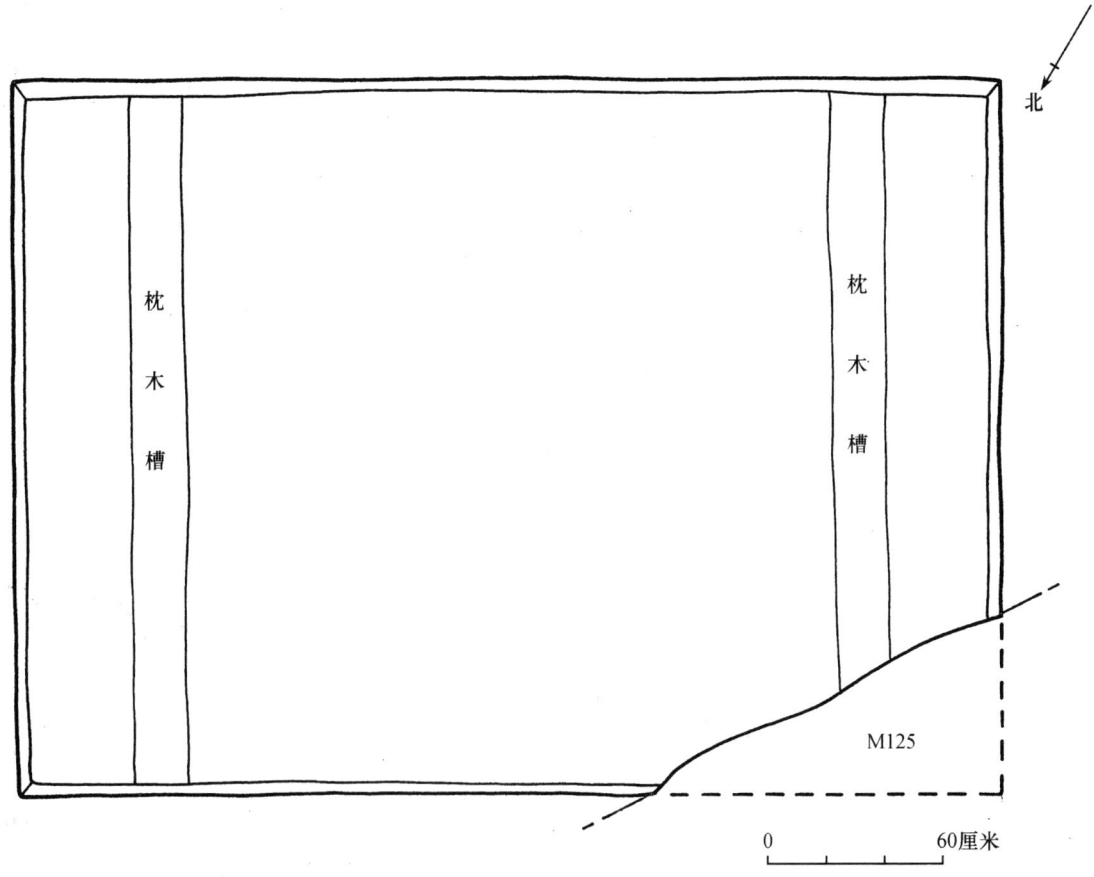

北

枕木槽

枕木槽

M125

0　　　60厘米

图四七〇　E1 区 M126 平面图

　　墓葬填土中出土 13 片陶片，多为粗泥陶，次为夹细砂陶。主要为黑褐陶和黑陶。陶片纹饰有方格纹、绳纹、线纹、几何形纹、叶脉纹等（图四七一）。可识器类均为陶罐。时代属商代。

图四七一　E1 区 M126 填土陶片纹饰拓片

1. 方格纹（M126:07）　　2. 三角几何纹及叶脉纹（M126:05）　　3. 线纹及叶脉纹（M126:09）　　4. 线纹（M126:01）

5. 拍印方格纹及叶脉纹（M126:06）　　6. 绳纹（M126:08）

　　陶罐　4 件。标本 M126:04，泥质黑陶。广肩，敛口，折沿外侈，尖唇。折沿处胎较厚。口径 18、残高 8.6 厘米（图四七二，1）。标本 M126:01，泥质黑陶。溜肩，敛口，卷沿，尖唇，沿面略鼓。肩部饰线纹，颈部线纹抹光，并残留有手抹痕迹。口径 13.2、残高 6.2 厘米（图四七一，4；图四七二，2）。标本 M126:02，夹细砂黑陶。鼓肩，高领，直口，折沿外侈，尖圆唇。口径 13.2、残高 6.4 厘米（图四七二，3）。标本 M126:03，夹细砂黑褐陶。斜肩，敛口，卷沿，圆唇，沿面略鼓。口径 15.8、残高 8.5 厘米（图四七二，4）。

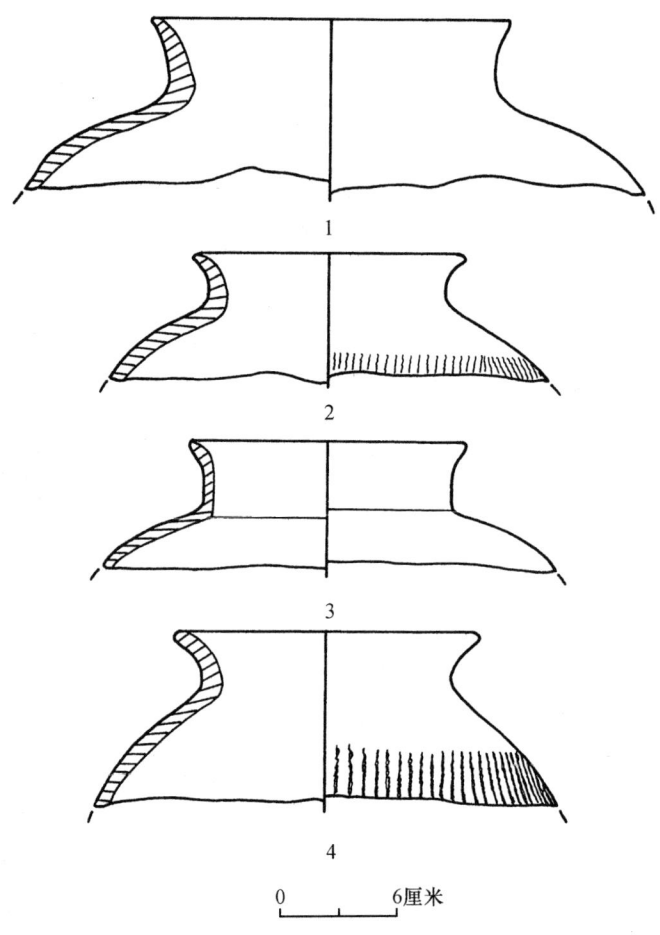

1
2
3
4

0　　　　　6厘米

图四七二　E1 区 M126 填土出土陶罐
1. M126:04　2. M126:01　3. M126:02　4. M126:03

⑩ M146

M146 位于 E2 区 E2T72 探方内，开口在①层下，打破生土。距地表深 0.4 ~ 0.58 米。方向 270°。形制规整。为长方形竖穴土坑墓。墓壁较陡直，底甚平整。墓口长 2.8、宽 1.8、深 1 米，墓底长 2.64、宽 1.65 米（图四七三；图版一七二，2）。墓内填土呈黄褐色五花土，夹杂有较多的页岩碎石片。三峡库区第二期蓄水至海拔 135 米，江水直接渗入该墓内，故发掘时墓内有积水。

葬具腐烂无存，因江水渗进墓内，积水较多，无法辨别葬具腐烂痕迹。葬具不详。

人骨架腐烂无存。其葬式及墓主人性别、年龄均不详。

随葬器物放置于墓室西北角，分布较集中。共 8 件。器类有陶鼎、陶盒、陶罐、陶灶、陶钵、陶盖和铁棺扣等。

陶鼎　2 件。标本 M146:1，缺盖。子口内敛，圆唇，浅腹，腹壁外鼓，底近平，附耳较直，兽蹄形足，足根外撇。腹部饰一道凸弦纹。口径 12.9、腹径 15.9、耳长 4.2、足高 6.6、通高 13.5 厘米（图四七四，1；彩版三九，6；图版一七三，3）。标本 M146:8，复原完整。泥质黑陶。器身较圆，子口内敛，圆唇，腹壁内收，圜底，附耳外撇，足较瘦高，呈兽蹄形，弧形盖，盖上有三个鸟首形钮。盖面饰四道凹弦纹，腹部饰二道凹弦纹。口径 12.5、最大腹径 15、耳长 4.5、足高 8.4、通高 16.5 厘米（图四七四，2；图四七五，2；图版一七三，4）。

图四七三　E2 区 M146 平、剖面图

1、8. 陶鼎　2. 陶钵　3. 陶灶　4. 铁棺扣　5. 陶罐　6. 陶盒　7. 陶盖

陶盒　1 件（M146:6）。完整。泥质黑陶。器体略呈椭圆形，子口内敛，圆唇，腹壁较直，下腹圆弧内收，底近平，圆圈足略外撇，覆碗形盖，盖上有矮圈足形钮。盖外表饰两道细凹弦纹，腹部饰四道细凹弦纹。口径 13.2、腹径 16.2、圈足径 9.5、钮径 9.5、高 13.5 厘米（图四七四，4；图四七五，1、3；彩版三八，1；图版一七七，1）。

陶灶　1 件（M146:3）。复原完整。泥质灰褐陶。平面呈长方形，内空，上面有一个圆形火眼，正面有一个呈拱形的灶门。胎较厚。长 14、宽 9.2、高 7.4、火眼直径 4.8、灶门高 2.3 厘米（图四七四，5；图版一六九，6）。

陶钵　1 件（M146:2）。复原完整。泥质灰褐陶。直口，斜沿，尖唇，腹内收，平底。胎较厚，口径 12、底径 4.5、高 6 厘米（图四七四，7）。

陶罐　1 件（M146:5）。完整。泥质黑陶。扁腹，高领，直口，斜沿，三角形尖唇，平底。腹部饰两道细凹弦纹。口径 6、领高 3.2、腹径 12、底径 6、通高 9.2 厘米（图四七四，8；彩版四〇，

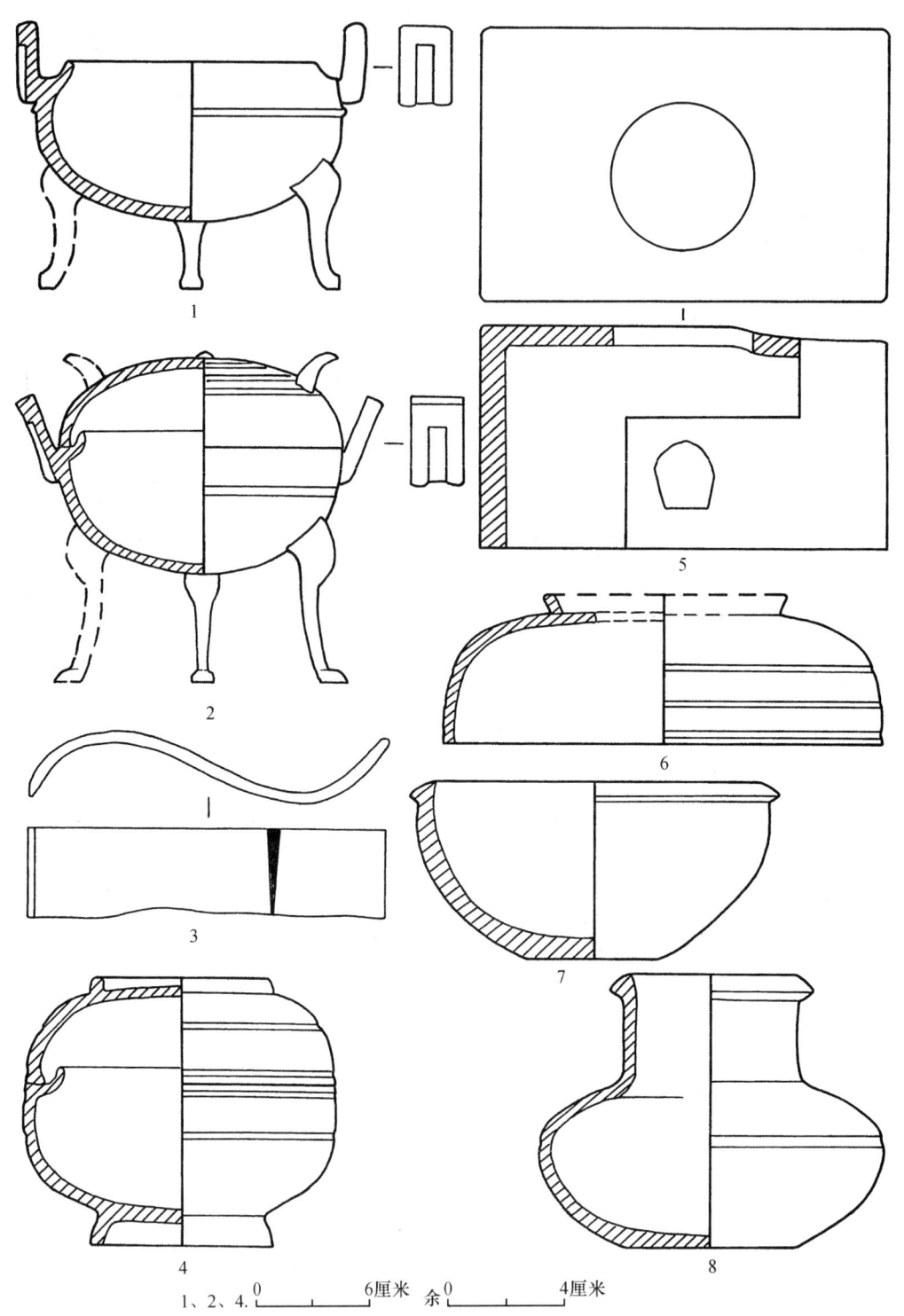

图四七四　E2 区 M146 出土器物

1、2. 陶鼎（M146:1、M146:8）　3. 铁棺扣（M146:4）　4. 陶盒（M146:6）　5. 陶灶（M146:3）

6. 陶盖（M146:7）　7. 陶钵（M146:2）　8. 陶罐（M146:5）

6；图版一七四，5）。

　　陶盖　1件（M146:7）。钮残。盖壁圆折，方唇略内敛，盖面较平。外表饰六道细凹弦纹。口径14.8、残高4.4厘米（图四七四，6）。

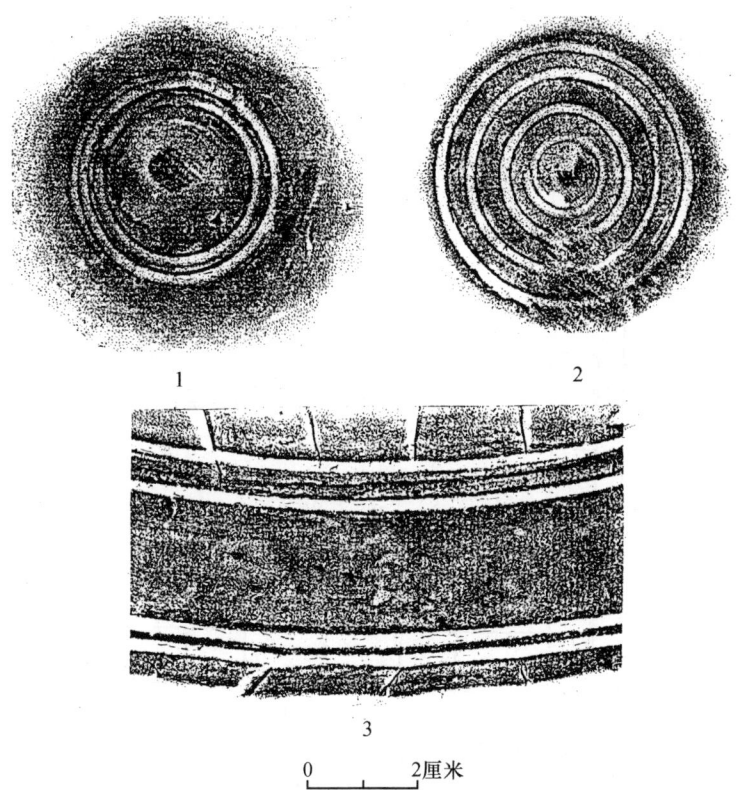

图四七五　E2 区 M146 陶器凹弦纹拓片

1. M146:6 盒盖面　2. M146:8 鼎盖面　3. M146:6 盒盖

铁棺扣　1 件（M146:4）。完整。略锈蚀。"S"形，一边厚，一边有刃。长 12.6、宽 3、背厚 0.5 厘米（图四七四，3）。

2. 土圹石室墓

① M74

M74 位于 E1 区东北角，南距 E1T20 探方 2.5 米。开口在①层下，打破生土。距地表深 0.3～0.6 米。方向 326°。该墓所处位置在斜坡上，因历代耕种和自然水土流失等原因，墓葬遭到严重破坏，仅存墓室北边一小部分，券顶及墓壁大部分已倒塌。墓土圹壁较斜，收分较大，墓底较平，有一台阶，底面为生土，没有任何铺垫设施。墓由前室和后室两部分组成，均用人工打制的条石垒砌而成。墓土圹口残长 3.9、宽 3.15、残深 0.1～1.1 米，底残长 3.72、宽 2.96 米。墓室残长 3.7、宽 2.9、残高 0.2～1 米，其中台阶长 2.1、宽 2.45、高 0.45 米（图四七六；图版一八二，2）。墓壁条石为石灰石，大小不一，厚薄不均，长 0.11～0.42、宽 0.18～0.23、厚 0.4～0.12 米。墓室内填土较杂，有黄褐色、灰褐色和黑褐色五花土，下半部分多夹杂墓券顶和墓壁倒塌的条石。

葬具全部被焚烧，仅存黑色灰烬，灰烬位于台阶中部，呈南北向，长 2、宽 0.6、厚 0.03～0.05 米。据其形状推测葬具应为木棺。

人骨架随葬具一同被烧毁，灰烬中发现数块经火烧过的遗骨和牙齿，在台阶与墓室的交界处有数块肢骨和颅骨。其葬式和墓主人性别、年龄均不详。

因自然破坏和被盗扰乱等多种原因，没有发现随葬器物。

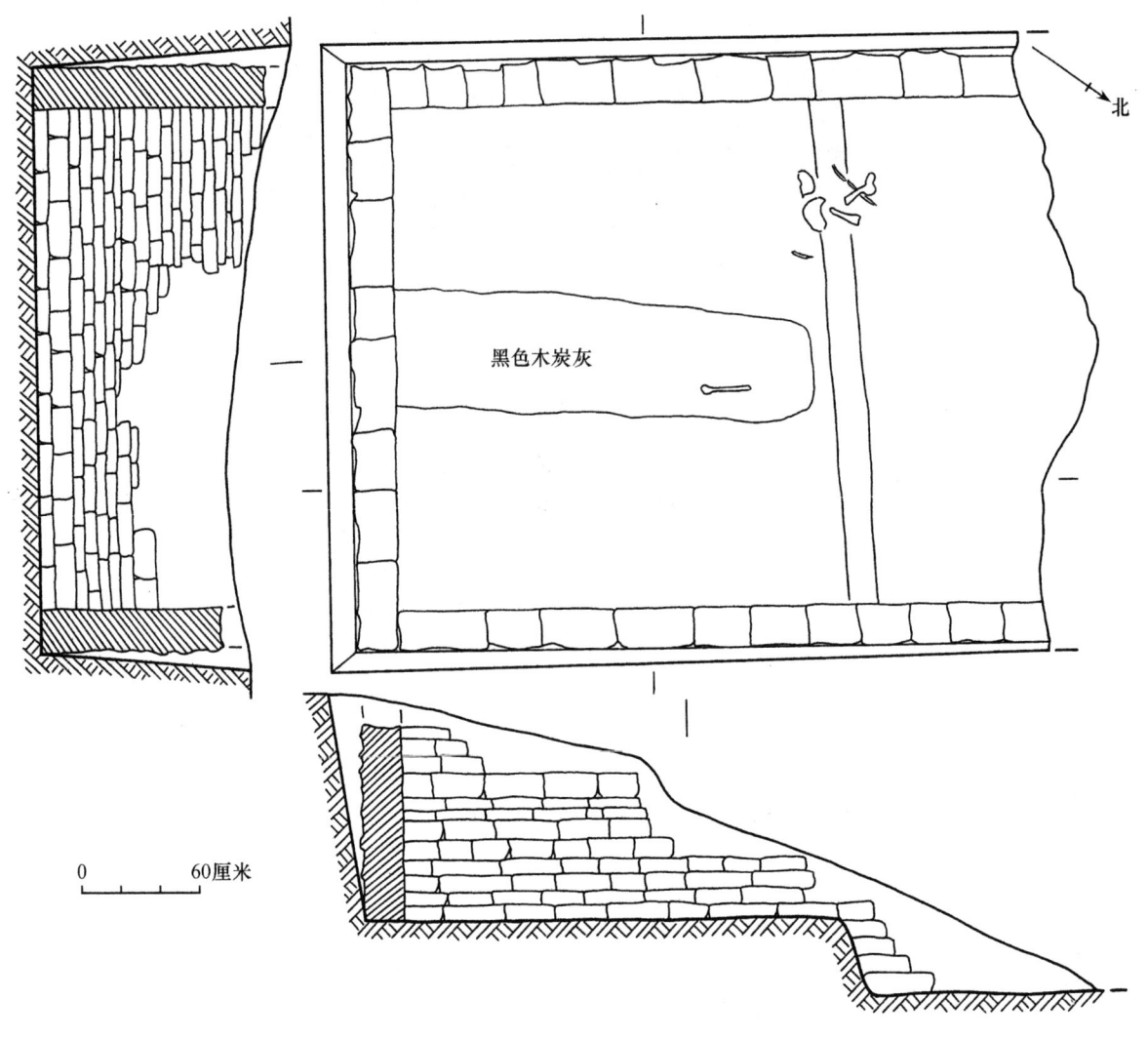

黑色木炭灰

0　　　　60厘米

图四七六　E1区M74平、剖面图

　　该墓葬具及人骨架全部被焚烧，分析其焚烧原因有两种，一是下葬时，烧冥钱（纸）火未完全熄灭，遇上带生漆的木棺等易燃物，自然起火燃烧；其次是盗墓所致。

　　② M76

　　M76位于E2区东南部，西距E2T128探方1米。开口在①层下，打破生土。距地表深0.2～0.51米。方向355°。规模较大，平面呈凸字形。因被盗破坏，墓券顶及墓壁大部分倒塌，甬道门全被毁掉。墓土圹壁较陡直，底较平，中部有一台阶。墓室由甬道、前室、后室（即台阶）三部分组成，均用人工打制的条石垒砌而成。台阶边缘亦用条石垒砌。均用黄黏土错缝。墓底面为生土，没有任何铺垫设施。墓土圹长8.74、宽3.56、残深0.6～2.6米，甬道长2.2、宽1.88、残高0.55～0.8米，前室长3.2、宽2.8、残高0.8～1.5米，台阶长2.4、宽2.8、残高1.5米（图四七七；图版一七五，1）。墓壁条石长短不一，厚薄不均，长0.25～0.5、宽约0.2、厚0.12～0.25米，均为石灰岩石。墓内填土为五花土，以黄褐色黏土居多，近墓底处多夹杂券顶和墓壁倒塌的条石，整个填土比较坚硬，尤其是上半部分特别硬，似经夯打，但没有发现夯窝。

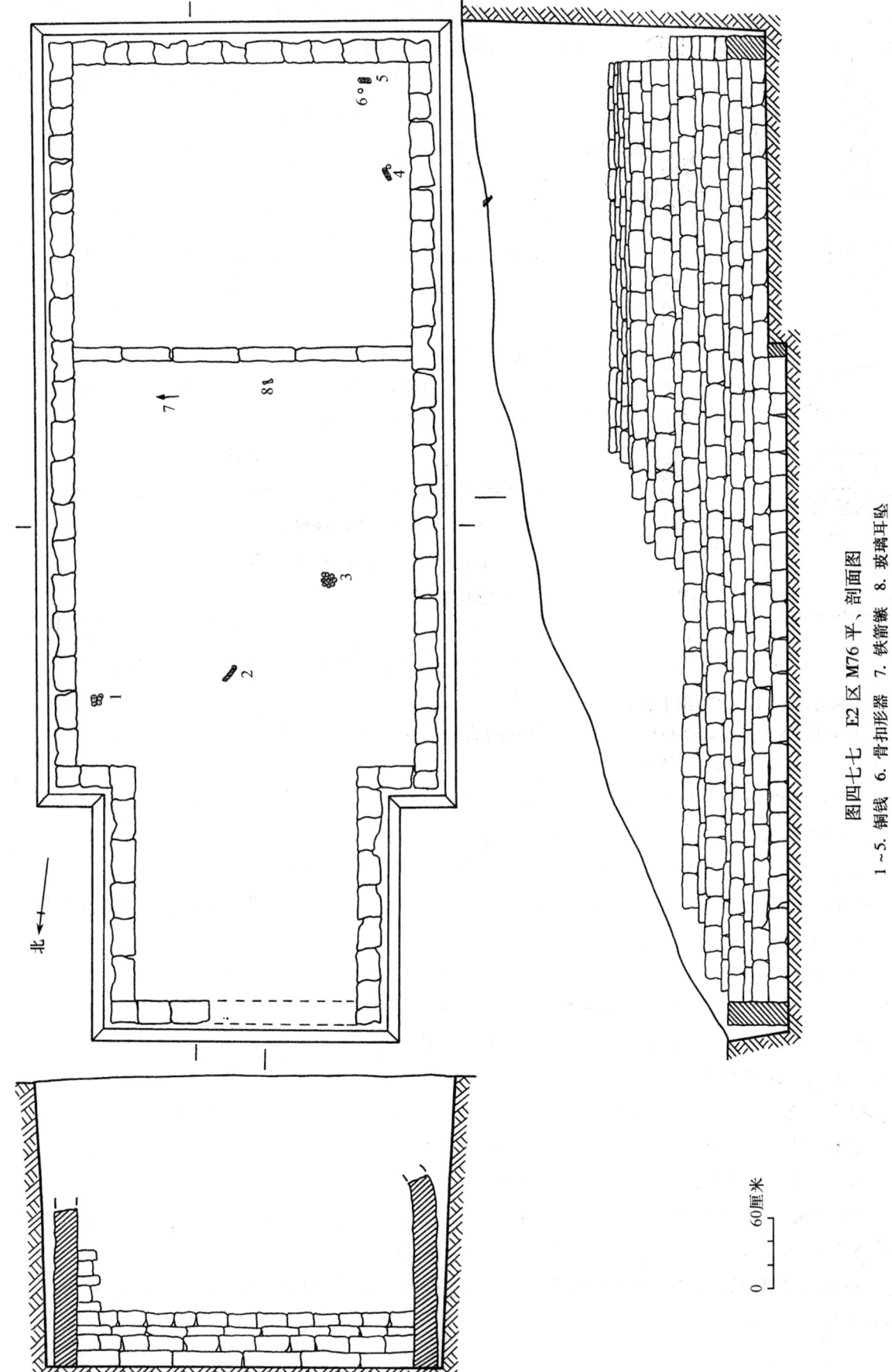

图四七七 E2区 M76 平、剖面图

1～5. 铜钱 6. 骨扣形器 7. 铁箭镞 8. 玻璃耳坠

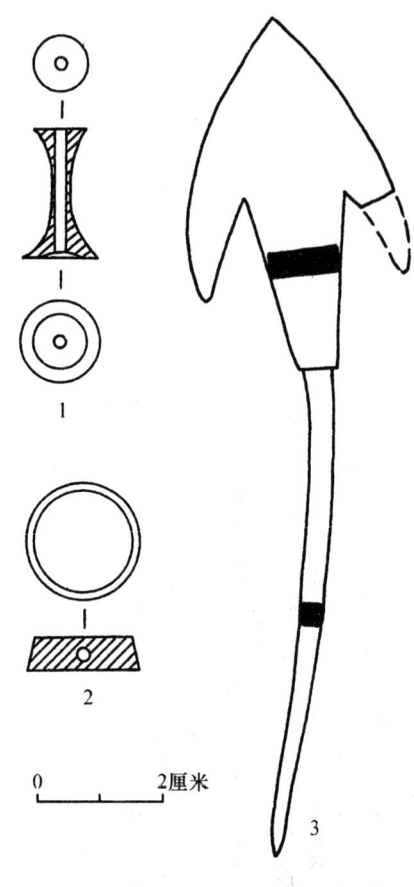

图四七八　E2 区 M76 出土器物

1. 耳坠（M76:8）　2. 骨扣形器

（M76:6）　3. 铁箭镞（M76:7）

因腐烂没有发现葬具，但在人骨架周围发现一些红色漆皮，可能为葬具漆棺腐烂后的漆痕。

因盗窃扰乱破坏，人骨架分布零乱，而且均朽烂。其葬式、头向及墓主人性别、年龄均不详。

随葬器物所剩无几，仅存 3 件及 160 枚钱币。器类有铁箭镞、玻璃耳坠、骨扣形器等。

铁箭镞　1 件（M76:7）。较完整。略锈蚀。双翼形，一翼略残，铤呈方形略弯曲，箭头横剖面呈扁形。铤长 7.5、箭头长 5.5、通长 13 厘米（图四七八，3；图版一八三，3）。

玻璃耳坠　1 件（M76:8）。完整。蓝色玻璃，已氧化，硬度 6.5°。束腰形，中间穿孔，底面略内凹。顶面径 0.9、底面径 1.3、高 2 厘米（图四七八，1；图版一八三，4）。

骨扣形器　1 件（M76:6）。完整。圆饼形，横剖面呈梯形，侧面穿孔。顶面径 1.5、底面径 1.85、厚 0.55、孔径 0.15 厘米（图四七八，2；图版一八一，5）。

钱币　160 枚。均为铜质钱币。有五铢、货泉。

五铢　158 枚。分 B、C 二型。

B 型　51 枚。其中剪轮五铢 9 枚。面、背郭较宽，穿有大小之异，其中一枚有穿上、下郭。铸造工艺较精湛。直径 2.2～2.6 厘米。面文“五”字像两炮弹相对，“铢”字金旁的头小，呈箭头状（图四七九，1～4）。属西汉晚期钱币。

C 型　107 枚。其中剪轮五铢 12 枚。面、背郭较宽，穿有大小之异。铸造工艺较精湛。直径 2.4～2.6 厘米。面文“五”字较宽大，“铢”字金旁的头加大，呈三角形，“朱”旁上部转角处圆折（图四七九，5～7）。属东汉早中期钱币。

货泉　2 枚。面、背外郭较宽，面无内郭，面文显现。铸造工艺较精湛。直径 2.3 厘米（图四七九，8）。为王莽时期钱币。

③ M81

M81 位于 E1 区东南角，北距 E1TG4 探沟 11.2 米，东南边 1.2 米处为悬崖。开口在①层下，打破生土。距地表深 0.3～0.55 米。方向 340°。因修客运码头，将甬道门破坏，券顶及墓壁大部分已倒塌，南壁因山体滑坡挤压全部倒塌。平面略呈曲尺形（即甬道偏向一侧）。墓土圹壁较斜直，收分较大，底面较平整，由墓室和甬道两部分组成，墓壁系方形石垒砌。墓底面为生土和页岩石面，没有任何铺垫设施。土圹口残长 3.5、宽 2.75、深 1.1 米，底残长 3.3、宽 2.45 米。墓室长 2.8、宽 2.1、残高 1 米。甬道长 0.5、宽 1.9 米（图四八○；图版一七八，1）。墓壁均用人工精心打制的方形石垒砌，比较整齐，条石一般长 0.4～0.5、宽 0.22、厚 0.23 米。墓内填土为黄褐色五花土，土质坚硬，夹杂有许多页岩石片和墓券顶及墓壁倒塌的条石。

该墓被火焚烧过，墓室及甬道底面全部为黑色灰烬，灰烬厚 0.01～0.03 米（图版一七八，2），葬具不详。

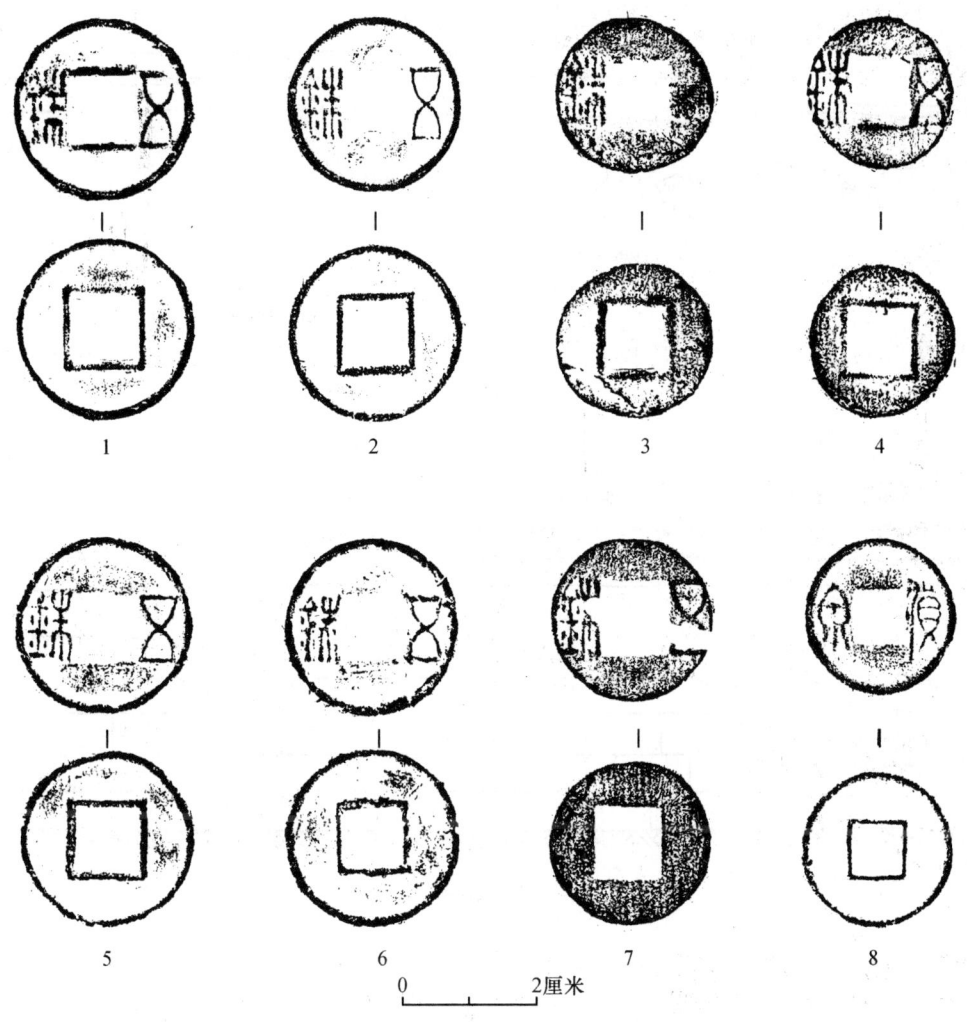

图四七九　E2 区 M76 钱币拓片

1~4. B 型五铢（M76：1、M76：2、M76：3、M76：4）　　5~7. C 型五铢（M76：5、M76：9、M76：10）

8. 货泉（M76：12）

墓底面共有 6 具人骨架个体，分别编号为 R1~R6。基本呈两排南北向排列，因火烧过，多数骨骼已炭化变色，人骨架具体情况如下。

R1：位于墓室西边南部。因火烧呈黑色，特别疏松。头向南，面向上，肢骨分布零乱。葬式应为仰身直肢。性别、年龄均不详。

R2：位于墓室西边中部。因火烧呈深黑色。人为扰动，不见头颅，肢骨分布零乱，但都是呈南北方向。从肢骨观察，头向应是朝向南面。葬式及性别、年龄均不详。

R3：位于墓室西边北部。因火烧呈黑色。不见头骨，肢骨呈南北方向排列，据肢骨观察，头向应是朝向南面。葬式应为仰身直肢。性别、年龄不详。

R4：位于墓室东边南部。因火烧，现存骨骼不多且呈黑色，头向南，面向东，肢骨分布零乱。葬式、性别及年龄不详。

R5：位于墓室东边中部。因火烧呈黑色。残存骨骼甚少而零乱，头颅在骨骼的中间，头向北，面向西，显然人为扰动过。埋葬形式为二次葬。性别及年龄不详。

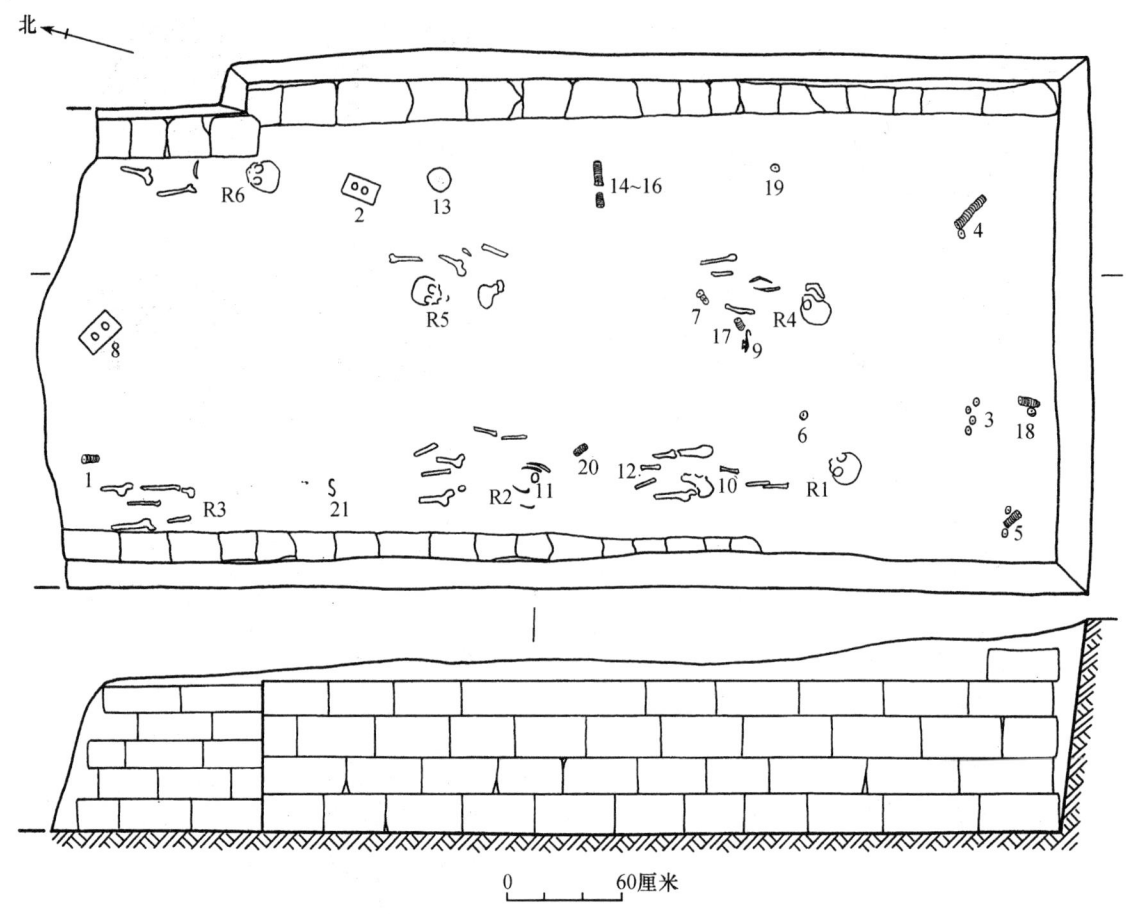

图四八〇　E1 区 M81 平、剖面图

1、3~7、14~16~20. 铜钱　2、8. 陶灶　9. 铜带钩　10、12、21. 铁棺扣　11. 铜环　13. 陶盖　R1~R6. 人骨

　　R6：位于墓室东边，即东边甬道口处。因火烧呈黑色，头骨局部尚未烧透。头向南，面向上，两节肢骨及部分肋骨在头的北边，呈南北向排列。葬式为仰身直肢。性别、年龄均不详。

　　因被盗和严重破坏，残存随葬器物不多，仅 8 件及 83 枚钱币。器类主要有陶灶、陶盖、铜带钩、铜环及铁棺扣等。

　　陶灶　2 件。标本 M81:8，复原完整。泥质灰陶。内空。平面呈曲尺形，并有三个圆形火眼，后缘有挡墙，火眼后面刻有两道刻划烟道纹连接至挡墙上，平面边缘刻划一周菱形几何形纹，正面有一拱形灶门。长 26.1、宽 13.8~23.1、高 12、挡墙高 6.6、火眼直径 6.6、灶门高 4.2 厘米（图四八一，1；图版一六九，5）。标本 M81:2，完整。泥质灰陶。内空。平面呈长方形，并有一圆形火眼，边缘棱角削平，正面有长方形灶门。长 15、宽 9.9、高 5.4、火眼直径 6、灶门高 2.2、宽 1.8 厘米（图四八一，8；图版一六九，4）。

　　陶盖　1 件（M81:13）。残。泥质红褐色硬陶。半笠形，中部凸起，边缘较平，斜唇。盖面饰一道凸弦纹。外表饰黄褐色釉。口径 24、残高 3.6 厘米（图四八一，6）。

　　铜带钩　1 件（M81:9）。完整。略锈蚀。弧形，钩头呈鸭首状，其眼、嘴巴较生动逼真，椭圆形扣钮，横剖面略呈三角形。长 9.2、钮径 1.4 厘米（图四八一，2；图版一六六，6）。

　　铜环　1 件（M81:11）。完整。略锈蚀。圆形，横剖面亦呈圆形。直径 4.3、肉径 0.45 厘米（图四八一，4；图版一六四，3）。

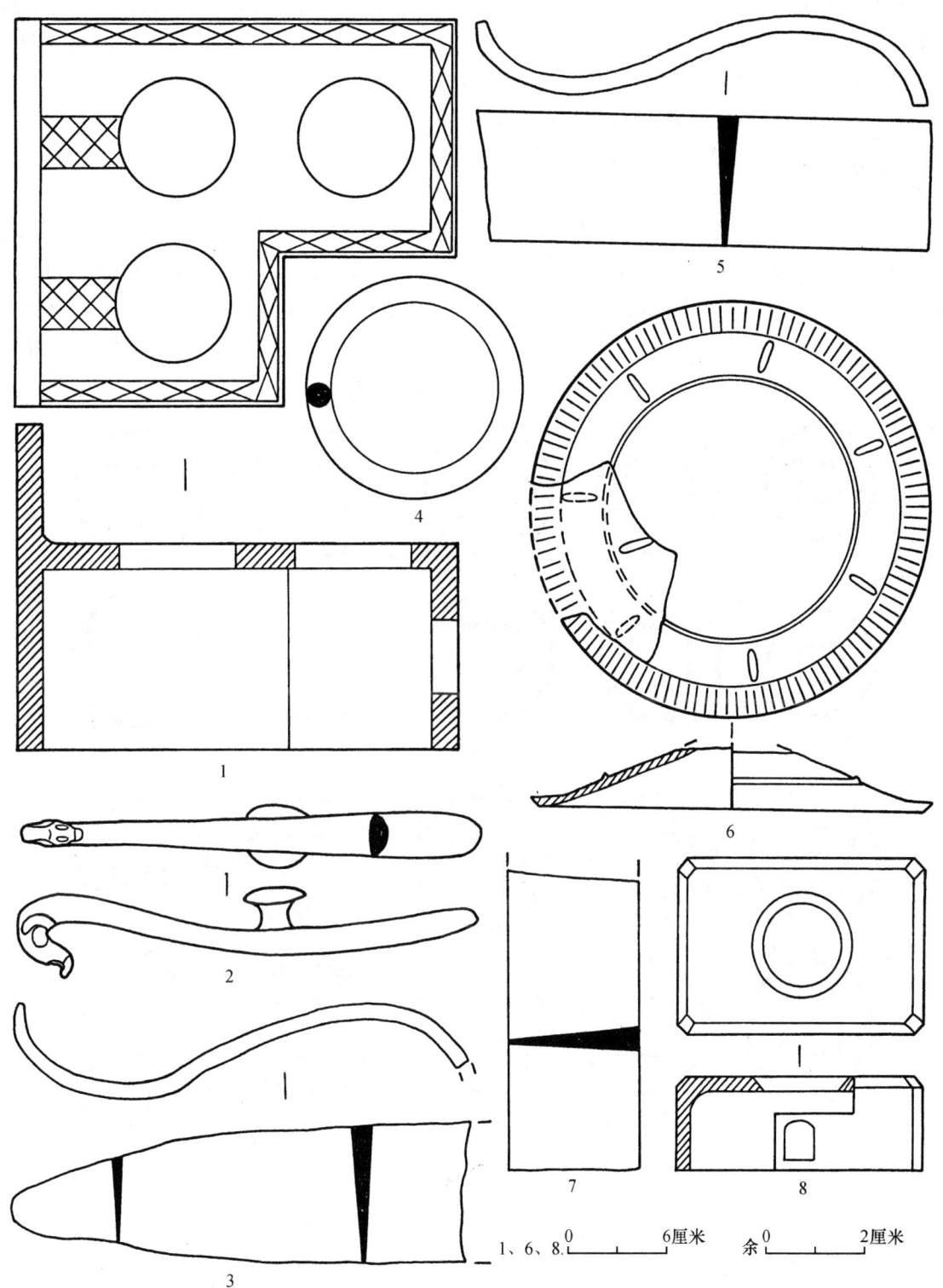

图四八一　E1 区 M81 出土器物

1、8. 陶灶（M81:8、M81:2）　2. 铜带钩（M81:9）　3、5、7. 铁棺扣（M81:21、M81:10、M81:12）

4. 铜环（M81:11）　6. 陶盖（M81:13）

铁棺扣　3 件。均锈蚀。标本 M81：21，残。呈 "S" 形，一段较宽，另一段较尖，背部较厚，刃部略斜。残长 9、宽 0.8 ~ 2.7、背厚 0.4 厘米（图四八一，3；图版一八三，6）。标本 M81：10，完整。呈 "S" 形。长 9.2、宽 2.5、背厚 0.5 厘米（图四八一，5）。标本 M81：12，残。长方形。残长 5.8、宽 2.6、背厚 0.5 厘米（图四八一，7）。

钱币　83 枚。均为铜质钱币。种类有五铢、大泉五十、货泉。

五铢　71 枚。分 A、B 二型。

A 型　7 枚。面、背郭较宽，面郭较深，穿有大小之异。铸造工艺较粗劣。直径 2.5 厘米。面文 "五" 字中间两笔较斜直，"朱" 字头方折（图四八二，2；图版一七九，4）。为西汉早中期钱币。

B 型　64 枚。面、郭有宽窄之异，穿有大小之分，有穿上横和穿下半星。铸造工艺有精粗之别。直径 2.5 ~ 2.6 厘米。面文 "五" 字像两炮弹相对，"铢" 字金旁的头小，呈箭头状（图四八二，3 ~ 6；图版一七九，3、5）。为西汉早中期钱币。

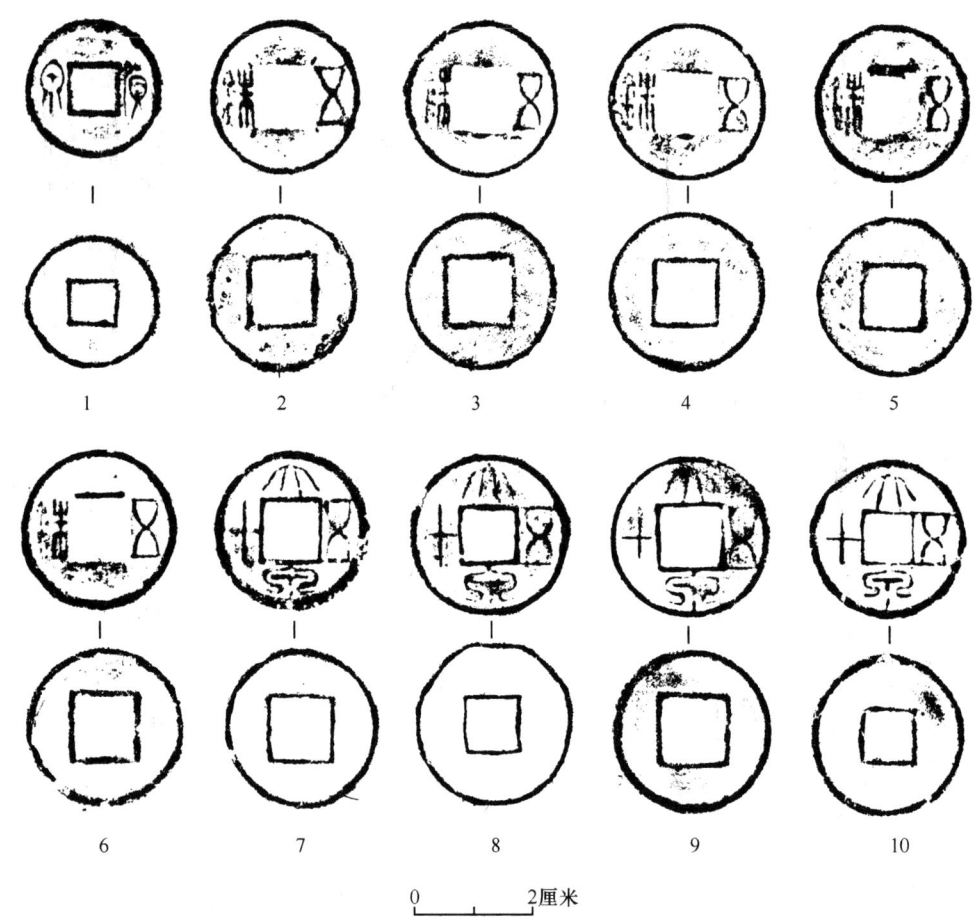

图四八二　E1 区 M81 钱币拓片

1. 货泉（M81：20）　2. A 型五铢（M81：1）　3 ~ 6. B 型五铢（M81：3、M81：4、M81：5、M81：6）
7 ~ 10. 大泉五十（M81：16、M81：17、M81：18、M81：19）

大泉五十　9 枚。面、背郭有宽窄、深浅之异，穿有大小之分。铸造工艺有精粗之别。直径 2.6 厘米（图四八二，7 ~ 10；图版一七九，1、2）。为西汉王莽时期钱币。

货泉　3 枚。面、背内外郭较宽且深，面文显现。铸造工艺较精湛。直径 2.3 厘米（图四八二，1；图版一七九，6）。为西汉王莽时期钱币。

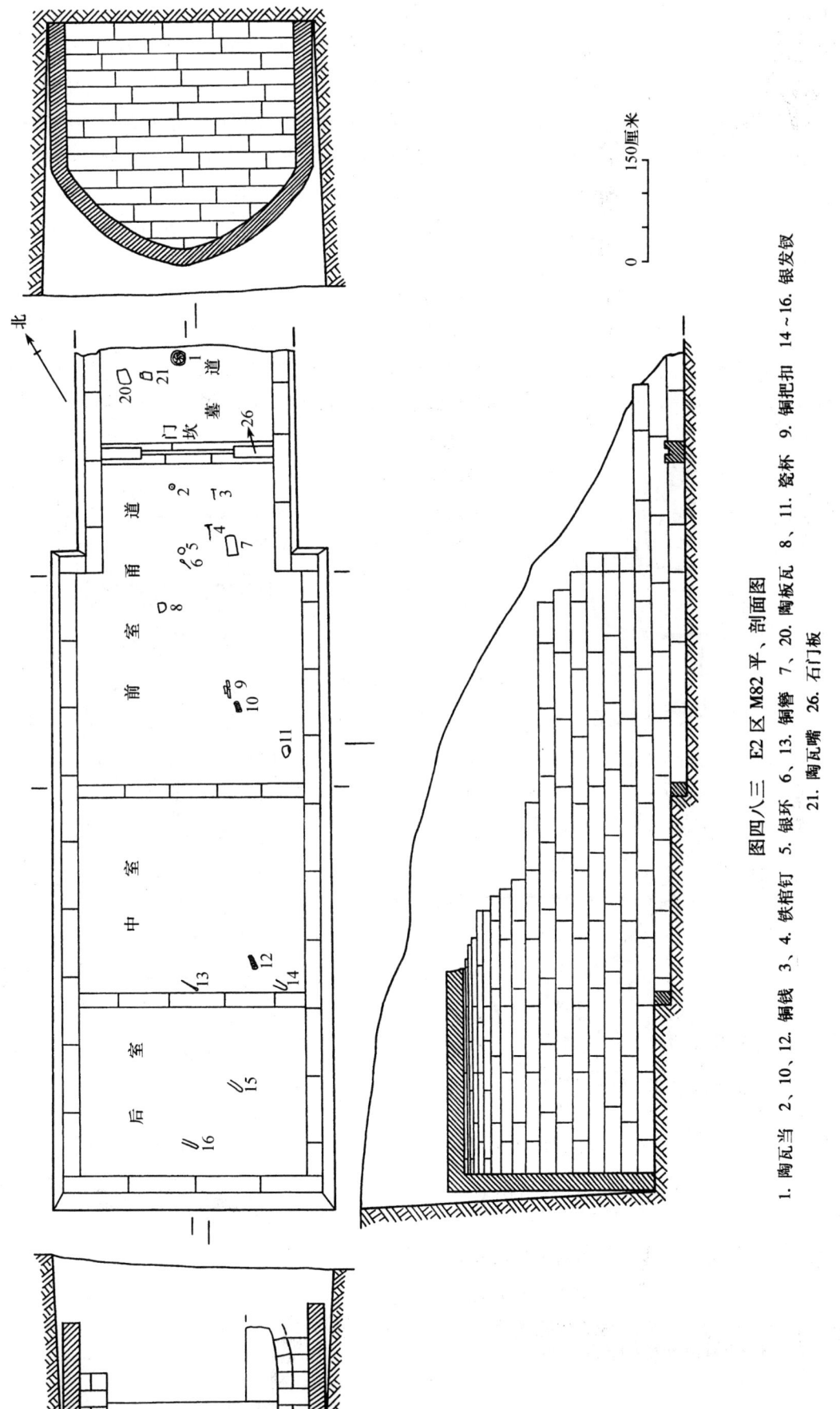

图四八三 E2区 M82平、剖面图

1. 陶瓦当 2、10、12. 铜钱 3、4. 铁棺钉 5. 银环 6、13. 铜簪 7、20. 陶板瓦 8、11. 瓷杯 9. 铜把扣 14～16. 银发钗 21. 陶瓦嘴 26. 石门板

④ M82

M82 位于 E2 区 E2T107 探方西部，北距 E2T98 探方 1 米。开口在①层下，打破生土。距地表深 0.5～1.2 米。方向 65°。规模较大，是卜庄河古墓群中最大的土圹石室墓。该墓所处位置在很陡的半坡上，因历代深度垦殖和自然水土流失等原因，墓道被破坏，发掘前墓道的部分条石直接暴露在外面。因被盗破坏和山体挤压等原因，墓券顶大部分及部分墓壁已倒塌，后室券顶保存较好。墓室上面填土为黄褐色五花土，夹杂有颗粒状的小石子，特别坚硬，应为人工夯打过。墓室内填土主要为上面塌下的土，较松软，湿度较大，夹杂有墓券顶及墓壁倒塌的条石。填土中包含有绳纹陶片、陶球、石刀等。

墓土圹壁较陡直，底较平整。整个墓由墓道、墓门、甬道、前室、中室、后室共六部分组成。墓壁及券项均采用人工打制的十分规整的长方形条石和楔形条石交错垒砌。墓道、甬道和前室的底面平齐，中室底面高出前室底面 0.3 米，后室底面又高出中室底面 0.3 米。室与室之间均用条石垒砌一道石坎。墓室底面均为生土和基岩，没有任何铺垫设施。土圹口残长 12.6、宽 4.52、残深

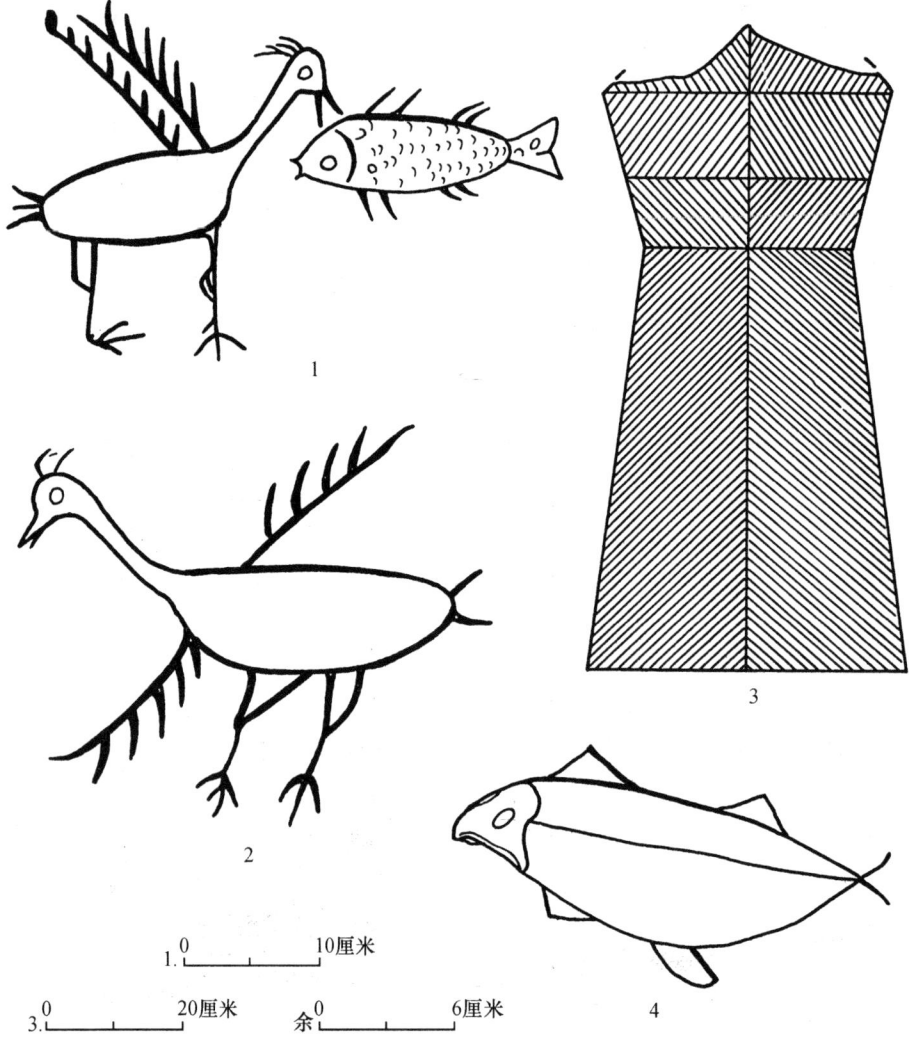

图四八四　E2 区 M82 画像石刻

1. 鸟捕鱼图案（M82：19）　　2. 飞鸟图案（M82：18）　　3. 门阙图案（M82：26）　　4. 鱼形图案（M82：17）

0.2~5 米，底残长 12.3、宽 4.22 米。墓道残长 1.1、宽 2.53、残高 1 米；甬道长 1.25、宽 2.53、残高 1~1.5 米；前室长 3.3、宽 3.72、残高 2.1 米；中室长 3.3、宽 3.72、残高 2.2~3 米；后室长 2.65、宽 3.72、高 3 米（图四八三；图版一八〇，2）。

墓门槛高 0.3、厚 0.35 米，门槛中间有凹槽，凹槽内安装有两块石门板。门板上雕刻有阙形图案（图版一八〇，1）。

墓壁条石较整齐，长 1~1.1、宽 0.25、厚 0.3 米。条石内面有斜形钻痕，所有条石上的钻痕方向均一致，显得特别整齐，应为特意雕凿的。部分墓壁条石内面雕刻有画像图案。主要画像图案有鱼、阙、飞鸟、鸟捕鱼等。

葬具因腐烂无存，但前、中、后三个墓室中均有成片的黑色漆皮和朱红痕迹，长 0.8~2、宽 0.2~0.65 米。其方向同于墓室方向，部分漆皮上绘有弧形花纹。应为木棺腐烂后留下的痕迹。

人骨架均腐烂无存，其葬式及墓主人性别、年龄均不详。

因被盗窃，出土随葬器物不多。器类主要有铜簪、铜把扣、瓷杯、银环、银发钗、陶筒瓦、陶板瓦、铁棺钉及钱币等。瓦类器物均见于墓道和甬道口。

鱼形图案　2 件。雕刻于墓道两侧内壁上。标本 M82:17，线条较粗犷，作游动状。长 19.5、腹部宽 5.8 厘米（图四八四，4；图四八五）。

门阙图案　2 件。雕刻于石门板上，线条纤细整齐。标本 M82:26，顶部残。上部宽 43、中间宽 30、底宽 46、残高 93 厘米（图四八四，3；图四八六）。

飞鸟图案　1 件（M82:18）。雕刻于后室的南壁上。呈飞翔状，头上昂，双翅伸展，双腿略向前弯曲。翅长 9.6、身长 13、脖子长 5.5、腿长 6、通长 21.3 厘米（图四八四，2；图四八七）。

鸟捕鱼图案　1 件（M82:19）。雕刻于中室东壁上。双脚站立，头上昂，嘴中叼一条鱼，双翅上展，做起飞状。鸟身长 15、翅长 14.5、腿长 10、脖长 7.5、鸟身通长 25.6、鱼长 12 厘米（图四八四，1；图四八八）。

陶瓦当　1 件（M82:1）。完整。泥质灰陶。当面中心为一圆钮，钮外饰一周凸弦纹，外区以八道短线条划分为四格，以界格线为中轴饰四组对称的羊角形云纹，并用圆点纹点缀其间，外区边缘饰一道弦纹，边轮内缘饰一周锯齿形纹。外表饰斜绳纹。直径 16.2、厚 1.5、边轮厚 1.5 厘米（图四八九，1；图四九〇；彩版四一，5；图版一六五，3）。

陶板瓦　5 件。标本 M82:20，残。泥质灰陶。弧度较小，瓦缘略上翘，圆唇。外表饰细绳纹，内面饰布纹。残长 11.2、残宽 22、胎厚 1.2 厘米（图四八九，2；图四九一，1）。标本 M82:22，残。泥质灰陶。形制与 M82:20 相同。外表饰粗绳纹，内面饰布纹和菱形方格纹。残长 15、残宽 16、胎厚 1.5 厘米（图四八九，7；图四九一，3）。标本 M82:7，残。板瓦腹片。外表饰粗绳纹，内面饰菱形纹。胎厚 1.6 厘米（图四九一，2）。

陶筒瓦　3 件。标本 M82:21，残。泥质灰陶。瓦嘴较长，圆唇。外表饰直绳纹，内面饰布纹。瓦嘴长 3.9、宽 10.8、瓦宽 13.8、残长 12.5 厘米（图四八九，6）。

瓷杯　1 件（M82:11）。完整。青瓷。口略侈，尖圆唇，上腹弧壁，下腹圆折内收，平底微外凸，底面有拉坯痕迹。釉为淡青色，内壁施全釉，外表施半釉。口径 6、底径 3.2、高 2.2 厘米（图四八九，3；图版一六五，5）。

瓷钵　1 件（M82:8）。完整。青瓷。器体较矮，腹略鼓，口微敛，尖圆唇，下腹内收，平底，底面有拉坯痕迹。内外壁均施淡青色釉，釉色显得较厚重。口径 8.3、腹径 8.8、底径 4.5、高 2.8 厘米（图四八九，5；图版一六五，6）。

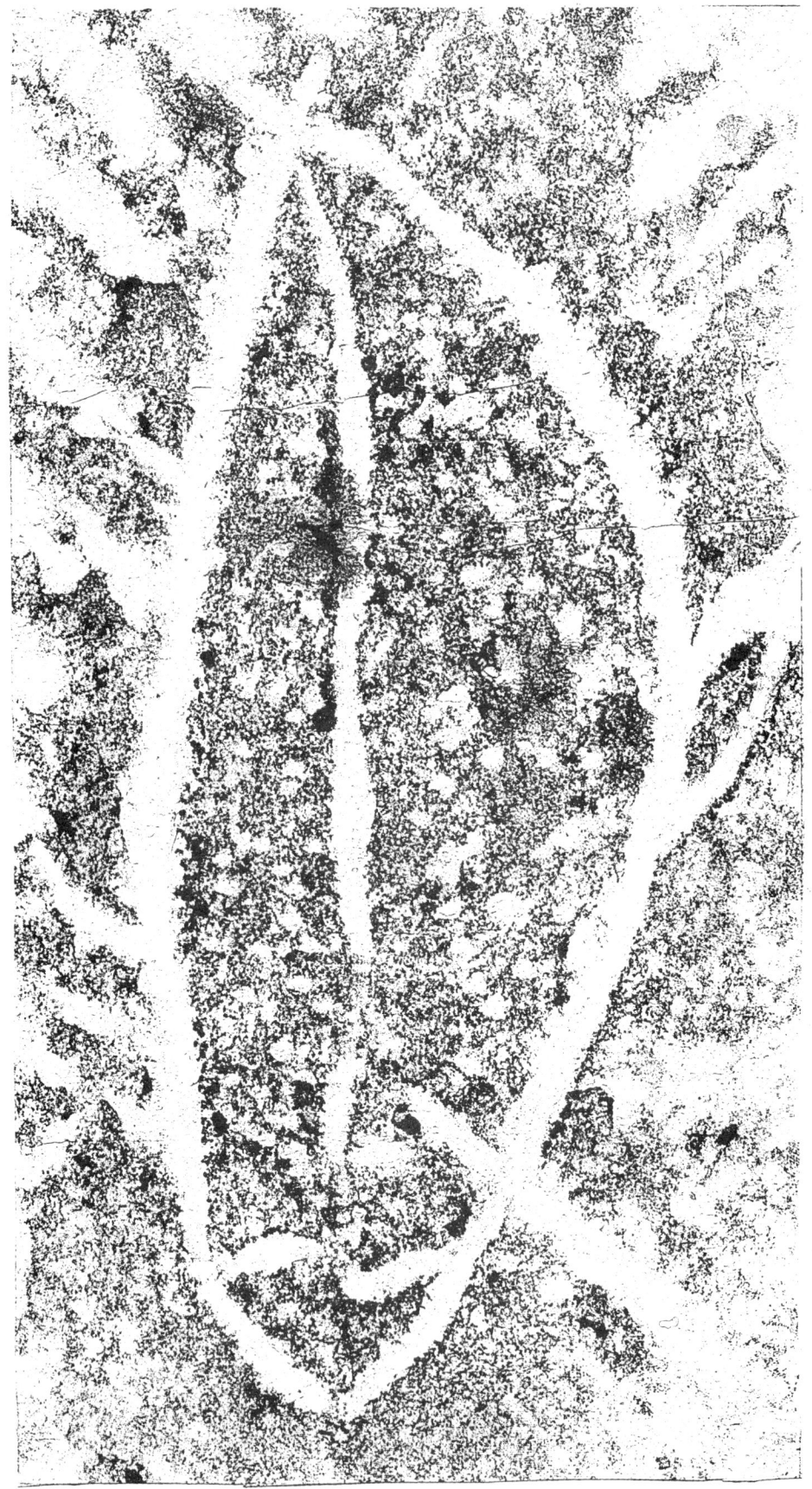

图四八五　E2 区 M82 鱼形图案拓片（M82：17）

0 ⊢⊢⊢⊢⊢⊣ 2厘米

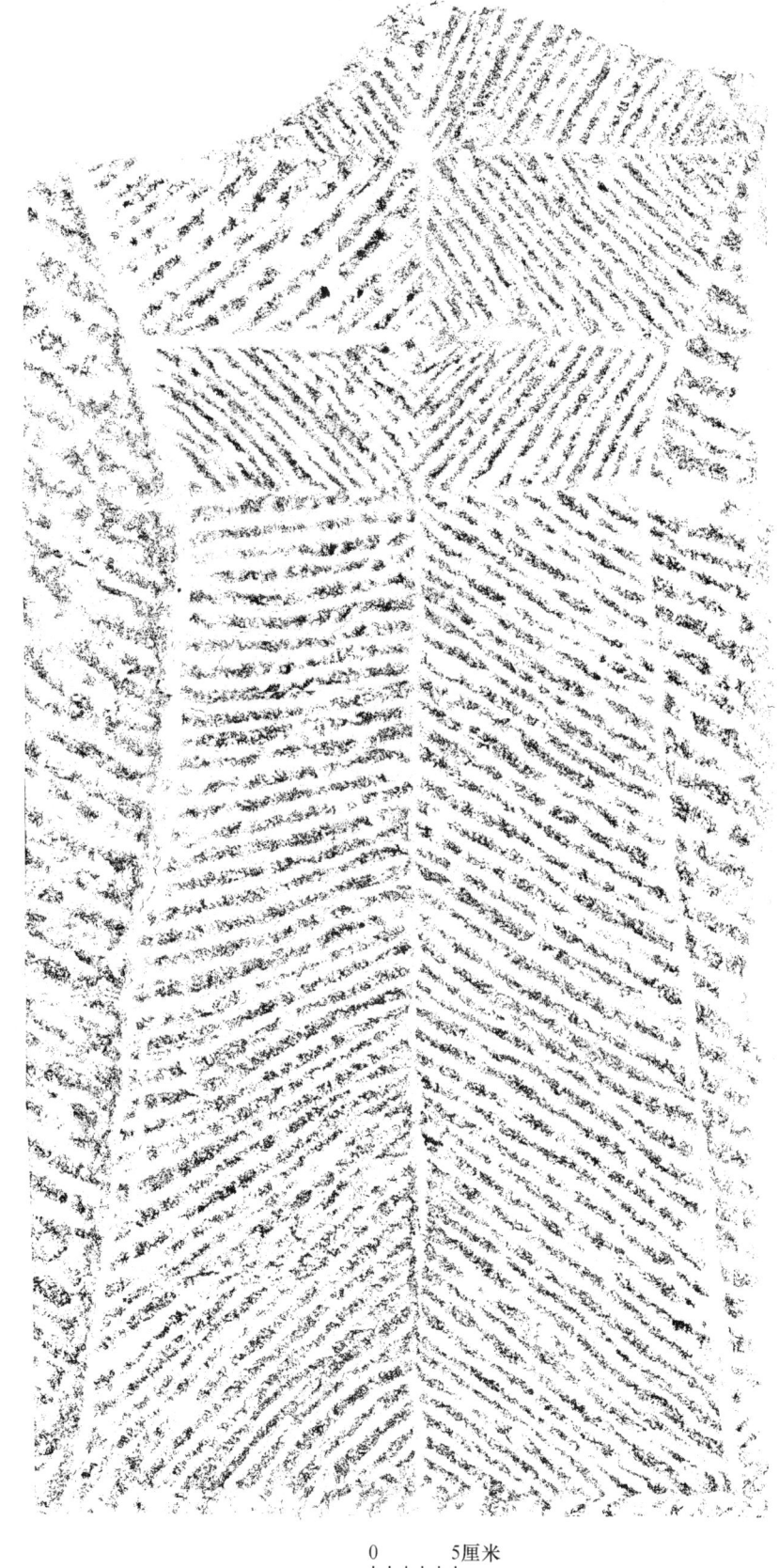

0 —————— 5厘米

图四八六 E2 区 M82 门阙图案拓片 (M82:26)

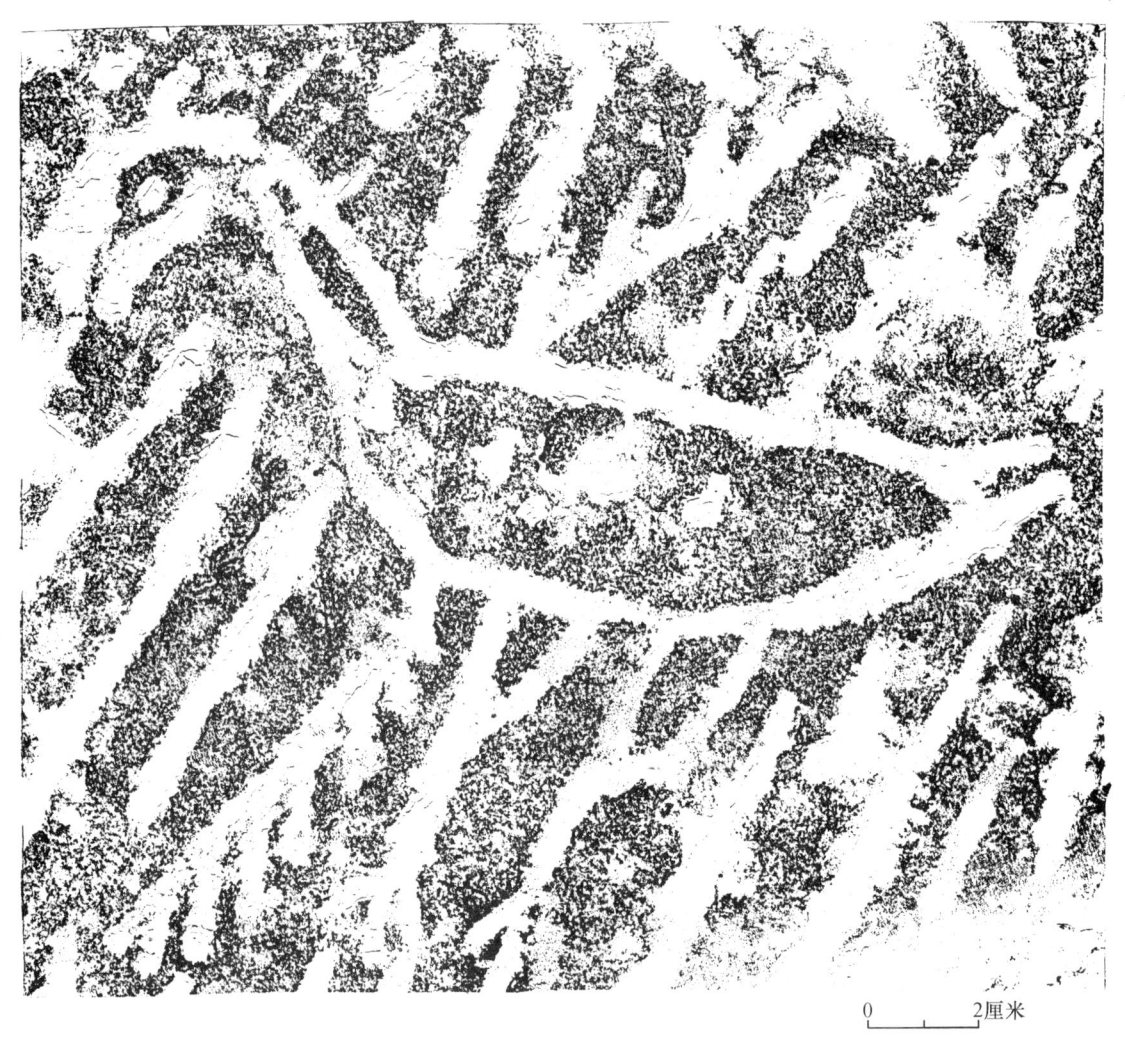

0　　　　2厘米

图四八七　E2区M82飞鸟图案拓片（M82：18）

　　银环　1件（M82：5）。完整。保存较好。圆形，横剖面亦呈圆形。直径2.8厘米（图四八九，4；图版一八一，1）。

　　银簪　1件（M82：13）。完整。保存较好。略呈"7"字形，上段弯曲，较宽，胎薄，呈凹形，下段呈圆锥状。长13.5厘米（图四九二，1；图版一八一，2）。

　　银发钗　3件。形制相同，呈摄夹状，较细。标本M82：14，完整。保存较好。长9.8、宽0.85厘米（图四九二，5；图版一八一，3）。

　　铜簪　1件（M82：6）。尖段略残。呈"7"字形，上段弯曲，略宽，横剖面呈凹形，下段呈圆锥状。残长7.5厘米（图四九二，2；图版一六四，5）。

　　铜把扣　3件。分A、B二型。

　　A型　2件。通体鎏金。标本M82：9，中部呈桥形拱起，两段略呈火炬状，上面饰镂孔和小圆点组成的花纹。胎较薄。长8.2厘米（图四九二，6上、下；图版一六四，2）。

　　B型　1件（M82：9），完整。通体鎏金。器形较小，两段有镂孔和小圆点组成的花瓣形纹饰。长5.2厘米（图四九二，6中）。

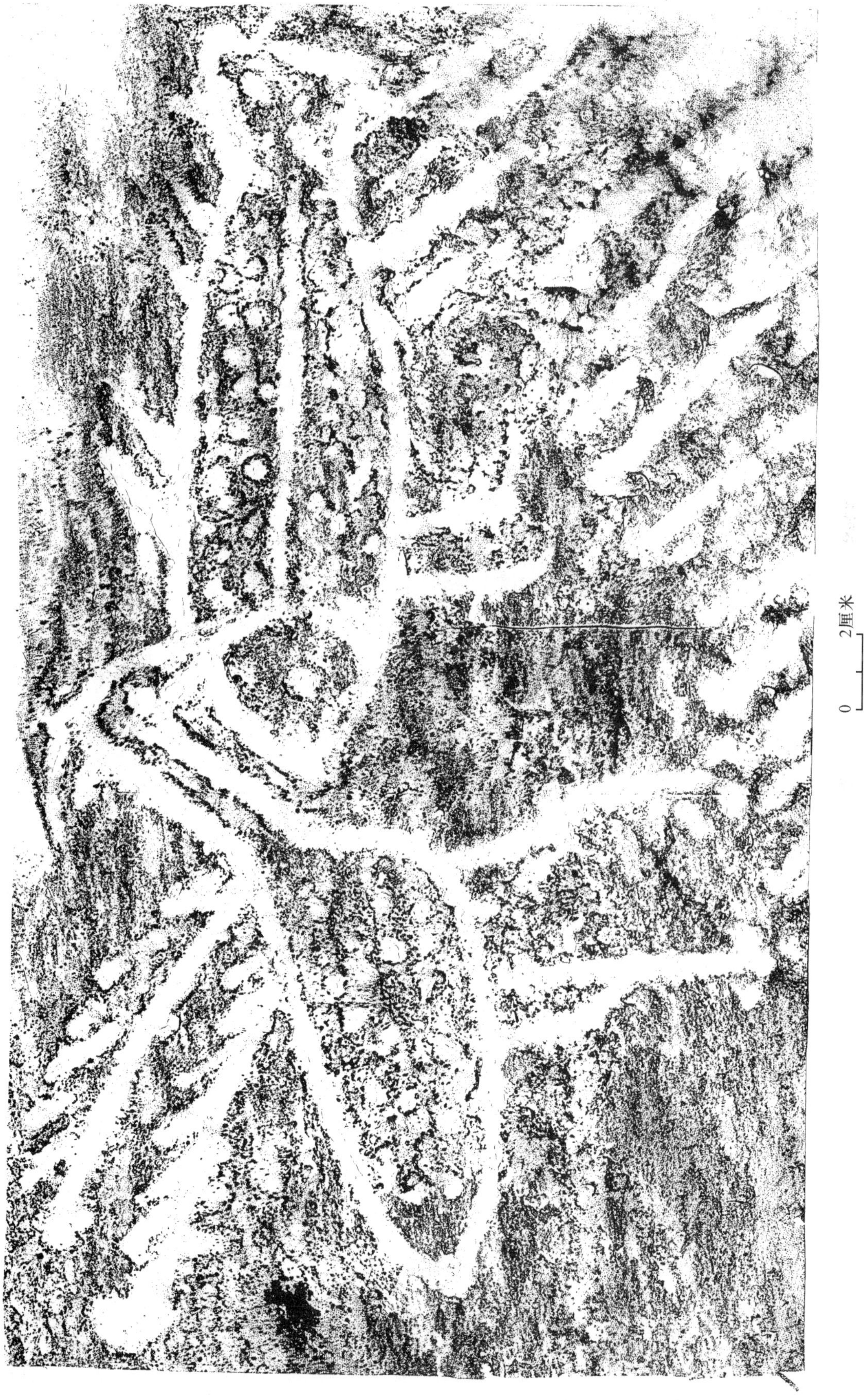

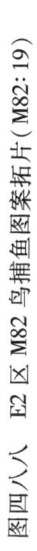

图四八八 E2 区 M82 鸟捕鱼图案拓片（M82:19）

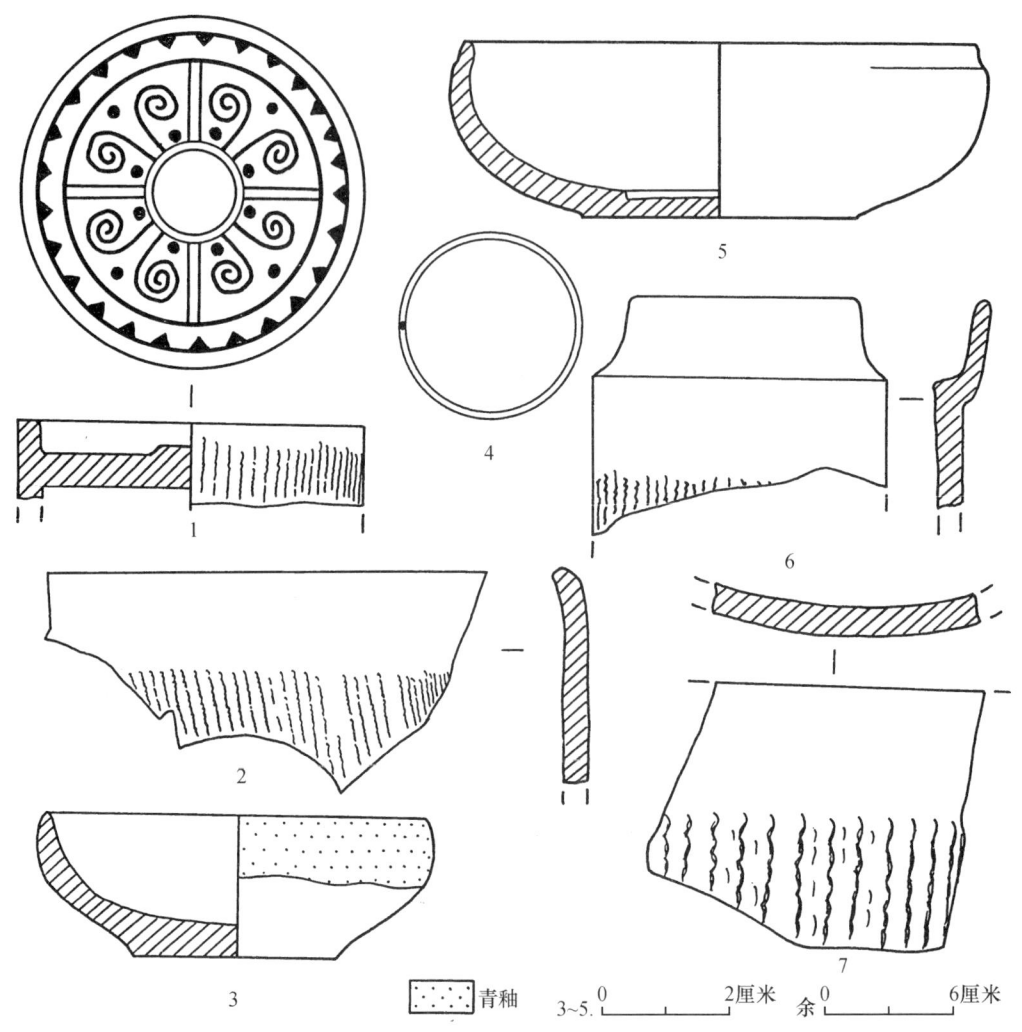

图四八九　E2 区 M82 出土器物

1. 陶瓦当（M82∶1）　2、7. 陶板瓦（M82∶20、M82∶22）　3. 瓷杯（M82∶11）　4. 银环（M82∶5）

5. 瓷钵（M82∶8）　6. 陶筒瓦（M82∶21）

铁棺钉　2 件。标本 M82∶3，完整。方锥形，顶端有圆饼形钉帽。上端粗径 1.1 厘米（图四九二，4）。标本 M82∶4，完整。圆锥状，顶面较平。长 6.5、顶面直径 0.8 厘米（图四九二，3）。

钱币　共 18 枚。均为铜质钱币。皆为五铢。

五铢　分 A、B、C 三型。

A 型　1 枚。面、背内外郭较宽，面文隐约难辨，有穿上横。铸造工艺较粗劣。直径 2.3 厘米。面文"五"字中间两笔较斜直，"铢"字头方折（图四九三，1）。为西汉早中期钱币。

B 型　3 枚。其中剪轮五铢 1 枚。面、背郭较宽，穿有大小之异。铸造工艺较粗糙。直径 2.5 厘米。面文"五"字像两炮弹相对，"铢"字金旁的头小，呈箭头状（图四九三，2、3）。属西汉晚期钱币。

C 型　14 枚。其中剪轮五铢 1 枚。面、背郭较宽，穿有大小之异。铸造工艺较精湛。直径 2.4～2.5 厘米。面文"五"字较宽大，"铢"字金旁的头加大，呈三角形，"朱"旁上部转角处圆折（图四九三，4、5）。为东汉早中期钱币。

0 _____ 2厘米

图四九〇　E2 区 M82 陶瓦当纹饰拓片（M82:1）

墓室填土中出土部分陶片和石器。陶片上多饰绳纹，以粗泥红陶为主。可辨器类有石刀、陶罐、陶球等。

石刀　1 件（M82:025）。残。磨制。器体较薄，呈半圆形，弧形背，直刃，刃向一侧斜，背部两面有对称的磨蚀凹槽，凹槽中部有一圆形孔。残长 6～7.1、残宽 3.7～5.3、厚 0.7、孔径 0.4 厘米（图四九四，1）。

陶罐　2 件。标本 M82:023，泥质黑陶。溜肩，敛口，卷沿，尖圆唇，沿面微鼓，卷沿处胎较厚。口径 8、残高 4.4 厘米（图四九四，2）。

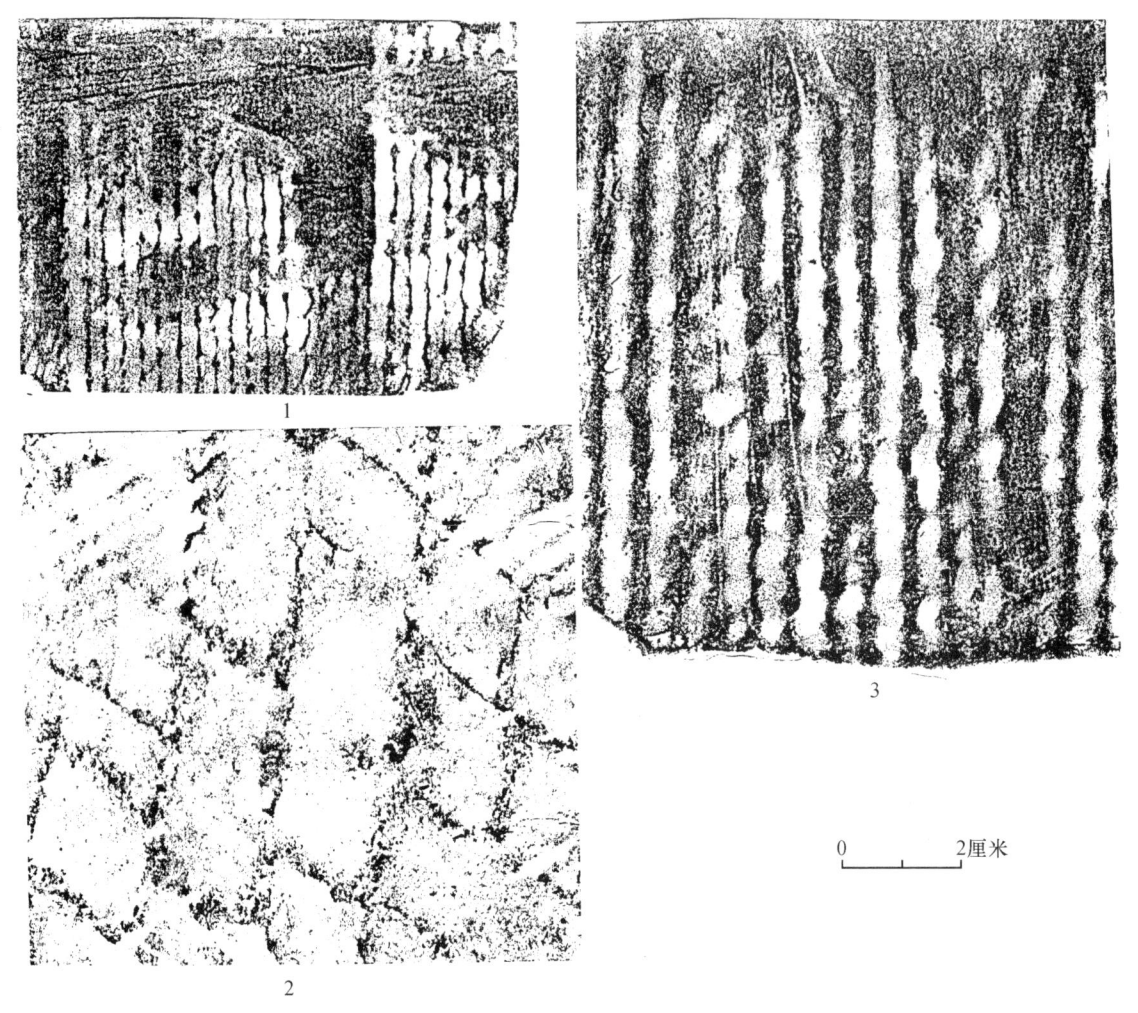

图四九一　E2 区 M82 陶板瓦纹饰拓片
1. 细绳纹（M82：20）　　2. 菱形纹（M82：7）　　3. 粗绳纹（M82：22）

　　陶网坠　1 件（M82：024）。完整。泥质红褐陶。器身略呈椭圆形，中间穿孔。器表有明显的手捏痕迹。长径 3、短径 2.9、孔径 0.4 厘米（图四九四，3）。

　　⑤ M95

　　M95 位于 E1 区东南角，西南距 M81 墓 15 米。开口在①层下，打破生土。距地表深 0.4～0.65 米。方向 245°。平面呈凸字形。较规整。因数年耕种和自然水土流失等原因，墓土圹和墓室被破坏严重，墓室券顶及墓壁大部分倒塌。墓土圹壁斜直，收分较大，底较平整。由墓室和甬道两部分组成，墓壁系人工打制的条石错缝垒砌。甬道西壁不见条石。墓底为生土和基岩。墓土圹口长 7.2、宽 3.1、残深 0.45～1.2 米，底长 6.9、宽 2.8 米。墓室长 5.25、宽 2.6 米，甬道长 1.45、宽 1.4 米（图四九五）。墓壁条石长 0.3～0.4、宽 0.25～0.28、厚 0.15 米。墓内填土为黑褐色土，较紧密，夹杂有不少的页岩石块，近墓底部分夹杂较多的墓室券顶和墓壁倒塌的条石。

　　葬具有三具棺，编号为 GC1～GC3 号。均成腐烂痕迹，痕迹呈黑褐色，平面为长方形，呈南北向排列于墓室中部，中间棺痕较长，两边棺痕较短。据棺痕迹观察，均为单层棺。GC1 痕长 1.7、宽 0.45、厚 0.05 米；GC2 痕长 1.95、宽 0.47、厚 0.06 米；GC3 痕长 1.69、宽 0.4～0.44、厚 0.05 米。棺腐烂痕迹中夹杂有红色和黑色漆皮。

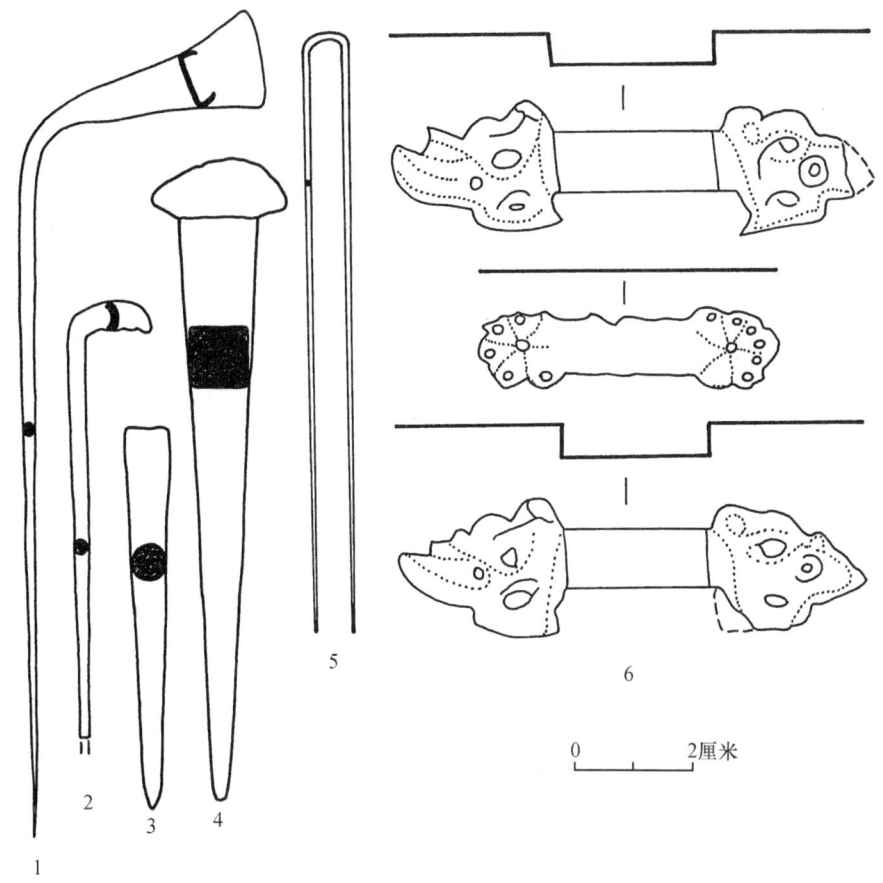

图四九二　E2 区 M82 出土器物
1. 银簪（M82：13）　2. 铜簪（M82：6）　3、4. 铁棺钉（M82：4、M82：3）　5. 银发钗
（M82：14）　6. 铜把扣（M82：9）

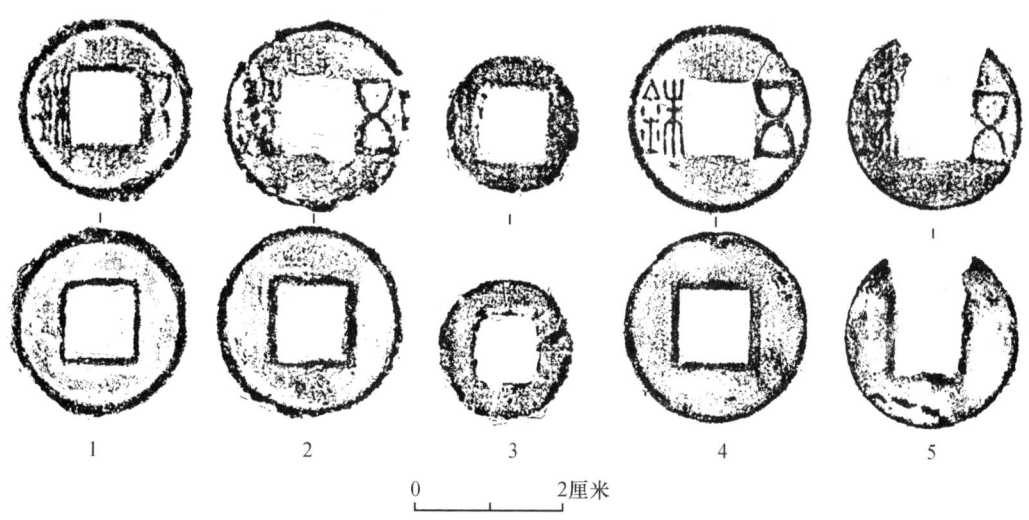

图四九三　E2 区 M82 五铢钱币拓片
1. A 型五铢（M82：2）　2、3. B 型五铢（M82：10、M82：12）　4、5. C 型五铢（M82：26、M82：27）

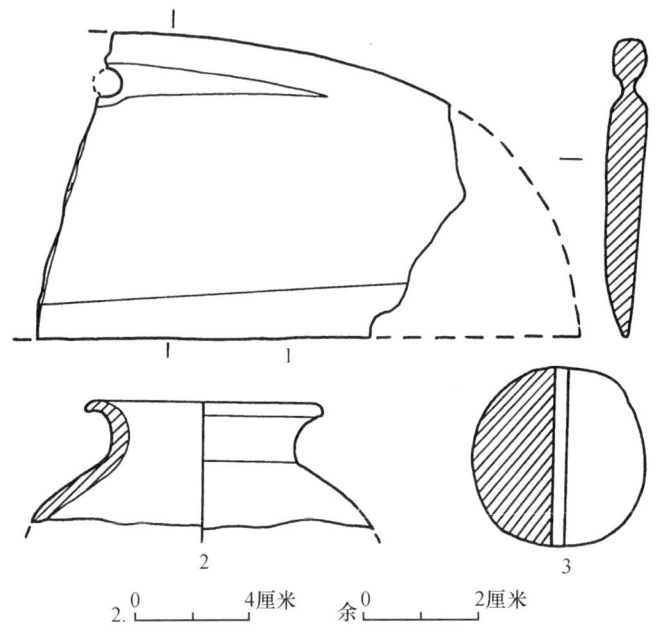

2. $\underbrace{}_{\text{0}}^{\text{4厘米}}$ 余 $\underbrace{}_{\text{0}}^{\text{2厘米}}$

图四九四　E2 区 M82 填土出土器物

1. 石刀（M82:025）　2. 陶罐（M82:023）　3. 陶网坠（M82:024）

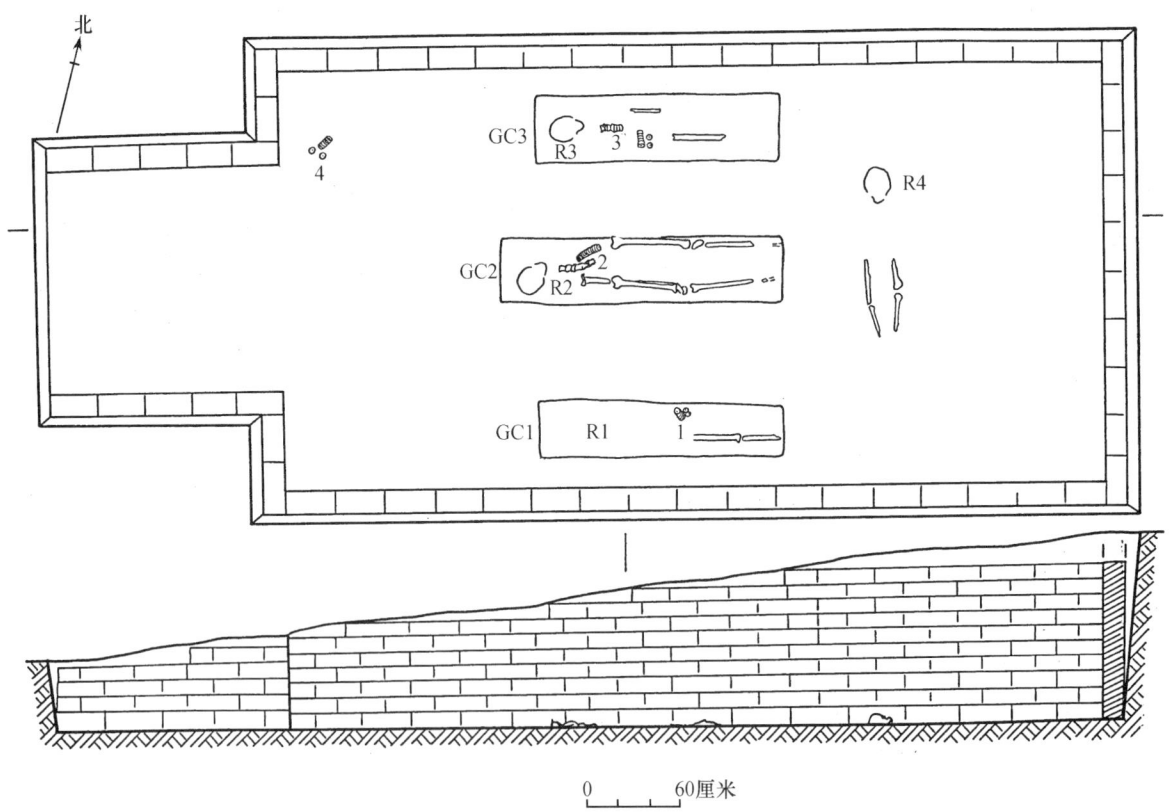

0 ————— 60厘米

图四九五　E1 区 M95 平、剖面图

1~4. 铜钱　R1~R4. 人骨架　GC1~GC3. 棺材

人骨架共 4 具，分别编号为 R1～R4。其中棺内各放置一具人骨架，墓室东部有一具人骨架，均为腐烂痕迹。人骨架具体情况如下：

R1：仅存右下肢骨（两段），其余骨骼腐烂无存。葬式为仰身直肢，头向朝西。性别、年龄不详。

R2：头朝西并向左边扭曲，面向左边，下肢伸直，但位置偏上，胸椎和腰椎弯曲，似为驼背。葬式为仰身直肢。性别、年龄不详。

R3：仅存头骨、部分左上肢骨和右下肢骨。头向西，面向上。葬式应为仰身直肢。性别、年龄不详。

R4：呈南北方向。仅存头骨和部分下肢骨，头向西，面向上。葬式为仰身直肢。性别、年龄不详。该骨骼较小，为小孩骨骼。不见葬具痕迹。

因严重被盗，随葬器物仅有钱币，除墓室西北角有部分钱币外，其余分别放置于三具棺内，位置均在人骨架腰部以上。

钱币 61 枚。均为铜质钱币。有五铢和货泉两种。

五铢 59 枚。其中剪轮五铢 5 枚。皆为 B 型。

B 型 59 枚。面、背内外郭有宽窄之异，穿有大小之分，铸造工艺有精粗之别。直径 2.4～2.6 厘米。面文"五"字像两炮弹相对，"铢"字金旁的头小，呈箭头状（图四九六，1～6）。属西汉晚期钱币。

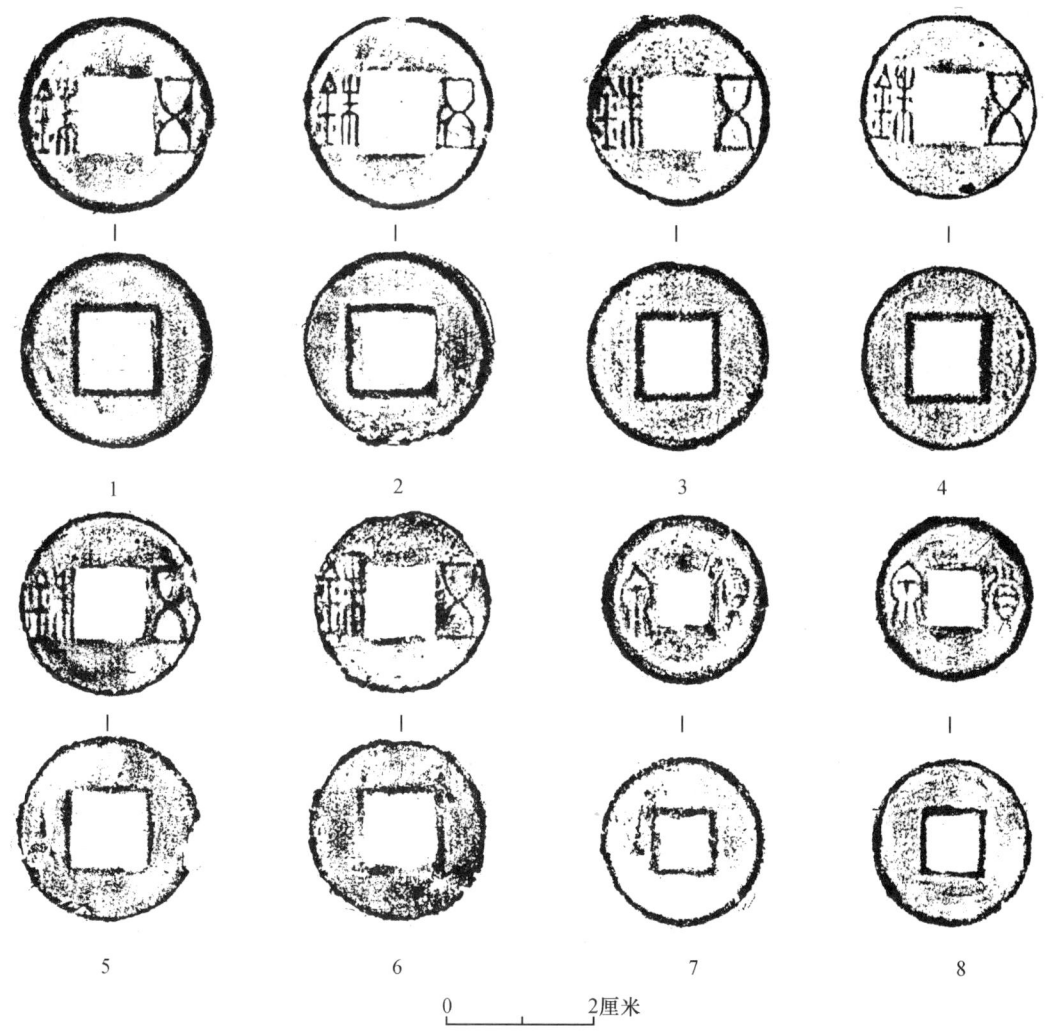

0 ____ 2厘米

图四九六　E1 区 M95 钱币拓片

1～6. B 型五铢（M95：3、M95：4、M95：5、M95：6、M95：7、M95：8）　7、8. 货泉（M95：1、M95：2）

货泉 2 枚。面、背郭较宽，无面内郭，面文有显现和隐约之异。直径 2.1 ~ 2.3 厘米（图四九六，7、8）。为王莽时期钱币。

⑥ M102

M102 位于 E2 区 E2T13 探方内，东边距 M103 墓 3.7 米。开口在①层下，打破生土。距地表深 0.5 ~ 0.55 米。方向 360°。该墓地处较陡的斜坡地带，因历代垦殖和自然水土流失，加上被盗等原因，墓葬遭到极为严重的破坏，墓室北部被毁掉，券顶及墓壁大部分倒塌。土圹壁较斜直，收分较大，底较平，南部有一台阶。墓室壁系人工打制的条石错缝垒砌。墓壁条石不规则，大小不一，厚薄不均，显得有些粗糙。墓土圹口残长 4.6、宽 3.2、残深 0.4 ~ 1.6 米，底长 4.4、宽 2.75 米。墓室残长 4.4、宽 2.55 米（图四九七；图版一七五，2）。墓内填土为灰褐色五花土，比较干燥，特别坚硬，包含有页岩风化的颗粒状石块和紫红色小石子。

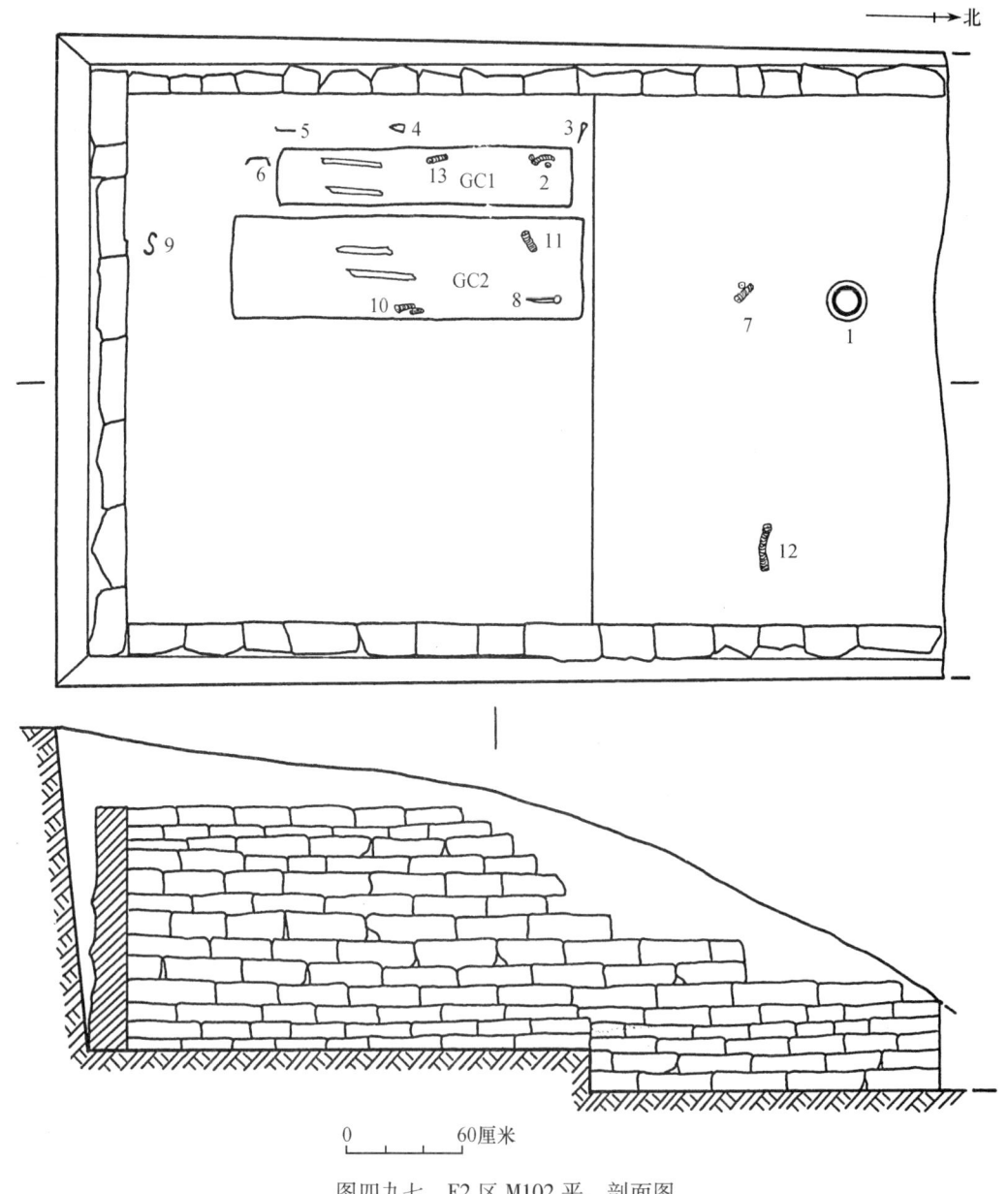

图四九七　E2 区 M102 平、剖面图

1. 陶罐　2、7、10 ~ 13. 铜钱　3. 角锥　4、8. 铜削刀　5. 铜挖子　6. 铁抓钉　9. 铁棺扣　GC1、GC2. 棺腐烂痕迹

　　葬具仅见两具一大一小的棺腐烂痕迹，呈长方形，黑褐色，编号为 GC1、GC2。呈南北方向并排置于墓室台阶的西边。其中 GC1 号棺痕长 1.55、宽 0.28 米；GC2 号棺痕长 1.8、宽 0.51 米。棺腐烂痕迹中夹杂有红色和黑色漆皮。

　　棺内均置有人骨架，因腐烂仅存部分下肢骨。据肢骨摆放位置观察，葬式为仰身直肢，头向北面。其性别、年龄不详。

　　该墓因被盗，残存随葬器物不多，仅 7 件和 946 枚钱币。主要器类有陶罐、铜削刀、铜削尖、铜挖子、角锥、铁棺扣、铁抓钉等。

　　陶罐　1 件（M102:1）。复原完整。泥质灰陶。溜肩，矮领，侈口，宽沿，方唇，沿面略凹，深腹，弧壁略内收，大平底，领以下分段饰压印（或模印）线纹。口径 14.8、腹径 20.6、底径 12、高 20.8 厘米（图四九八，2；彩版四〇，4；图版一六七，3）。

　　铜削刀　2 件。标本 M102:8，残破。器体特别薄，椭圆形环首，直背，直刃，斜锋。刃锋利。长 35.4、宽 2.1、环首径 5.2、背部厚 0.3 厘米（图四九八，7；图版一六六，1）。标本 M102:4，残。直背，直刃，斜锋。残长 3.8、宽 1.6、背部厚 0.4 厘米（图四九八，3）。

　　铜挖子　1 件（M102:5）。完整。一端有弯钩，横剖面呈宽扁形。长 7.7、宽 0.6、厚 0.15 厘米（图四九八，6；图版一八一，4）。

　　角锥　1 件（M102:3）。残。磨制。内空。尖端有明显使用痕迹。残长 8.5 厘米（图四九八，1）。

　　铁抓钉　1 件（M102:6）。尖段残。两端弯曲，横剖面呈宽扁形。长 13、中部宽 1.8、厚 0.4 厘米（图四九八，4）。

　　铁棺扣　1 件（M102:9）。完整。略锈蚀。呈"S"形，一边有刃，一边较厚。长 17、宽 3.6、背厚 0.6 厘米（图四九八，5；图版一八三，5）。

　　钱币　946 枚。有铜质和铁质两类。铜质钱币种类有五铢、半两、大泉五十、货泉，铁质钱币因锈蚀，无法辨别其特征。

　　铜五铢　904 枚。分 A、B、C 三型。

　　A 型　23 枚。其中剪轮五铢 6 枚。面、背郭有宽窄之异，穿有大小之分，穿上有"十"字形符号。铸造工艺有精劣之别。直径 2.3～2.6 厘米。面文"五"字中间两笔斜直，朱字头方折（图四九九，1～4；图版一七六，4）。属西汉早中期钱币。

　　B 型　383 枚。其中剪轮五铢 89 枚。面、背郭有宽窄之异，穿有大小之分。铸造工艺较精湛。直径 2.3～2.6 厘米。面文"五"字像两炮弹相对，"铢"字金旁的头较小，呈箭头状（图四九九，5～12）。为西汉晚期钱币。

　　C 型　498 枚。其中剪轮五铢 194 枚。面、背郭有宽窄之异，穿有大小之分，有穿上星、穿下星，有"五"字上部有"一"和"五"字下部空隙中星等符号。直径 2.2～2.6 厘米。面文"五"字较宽大，"铢"字金旁的头加大，呈三角形，"朱"旁上部转角处圆折（图五〇〇，1～9；彩版五六，1；图版一七六，1、2、5）。属东汉早中期钱币。

　　铜半两　1 枚（M102:18）。面、背均无郭，面文凸起，面底边薄，背平。铸造工艺较精湛。直径 2.2 厘米（图五〇〇，10；图版一七六，6）。为西汉半两钱币。

　　铜大泉五十　4 枚。面背郭有宽窄之异，穿有大小之分，体有厚薄之别。铸造工艺有精劣之差。直径 2.7～2.8 厘米（图五〇一，5～7）。为西汉王莽时期钱币。

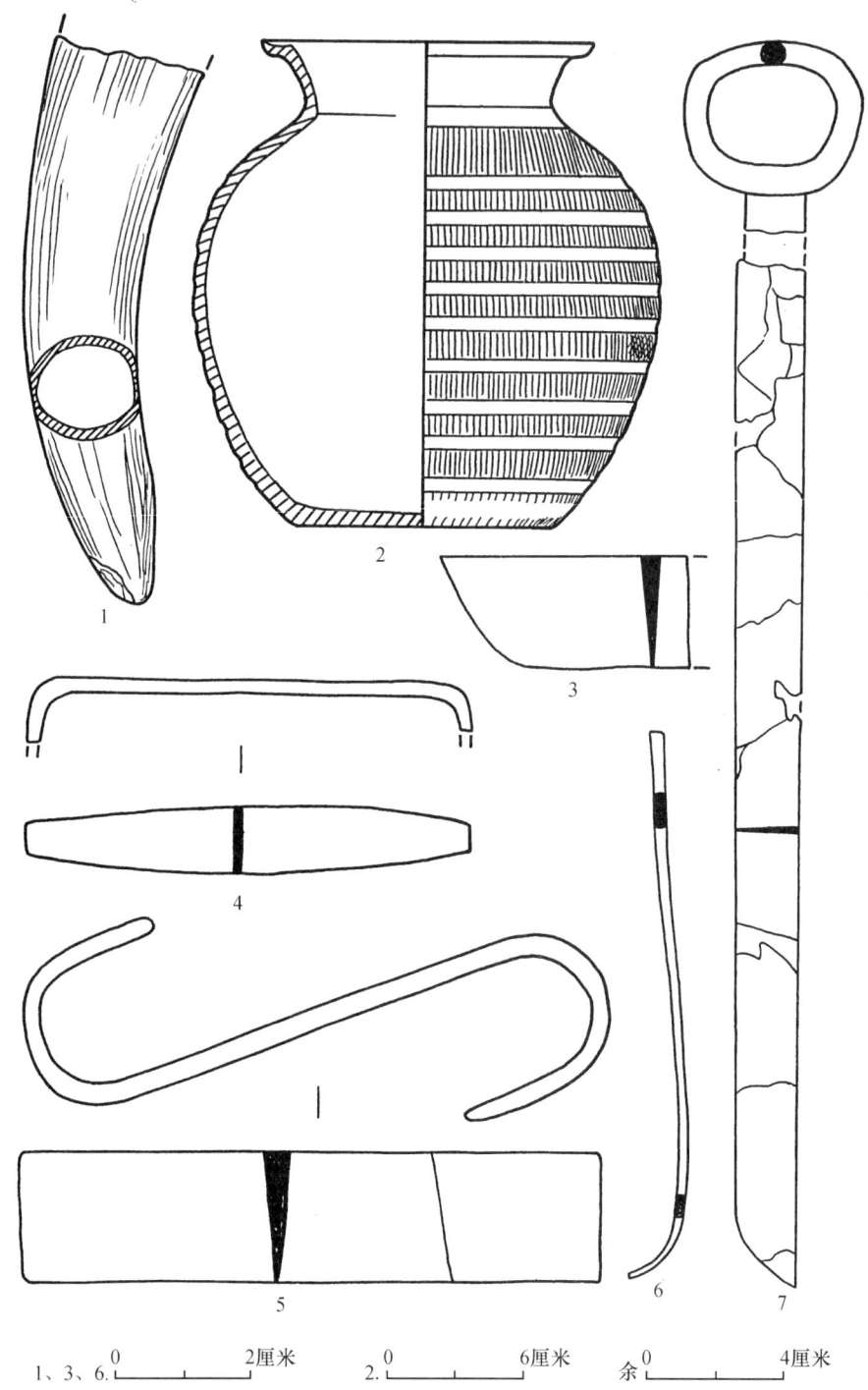

1、3、6. 0 ┣━━━━┫ 2厘米　　　2. 0 ┣━━━━┫ 6厘米　　　余 0 ┣━━━━┫ 4厘米

图四九八　E2 区 M102 出土器物

1. 角锥（M102：3）　2. 陶罐（M102：1）　3、7. 铜削刀（M102：4、M102：8）　4. 铁抓钉

（M102：6）　5. 铁棺扣（M102：9）　6. 铜挖子（M102：5）

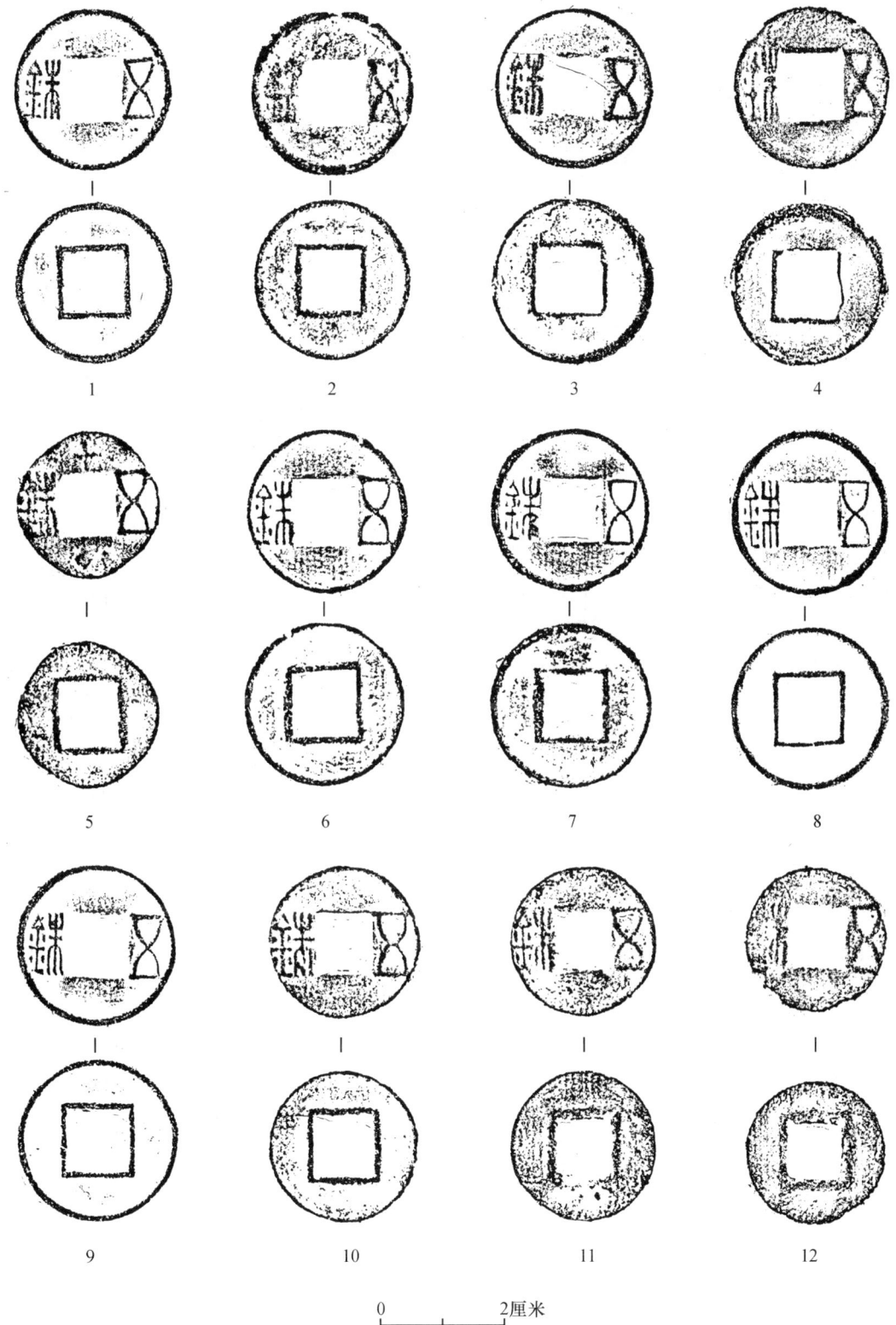

图四九九　E2 区 M102 五铢钱币拓片

1～4. A 型五铢（M102：19、M102：20、M102：21、M102：22）　　5～12. B 型五铢（M102：23、M102：24、M102：25、
M102：26、M102：27、M102：28、M102：29、M102：30）

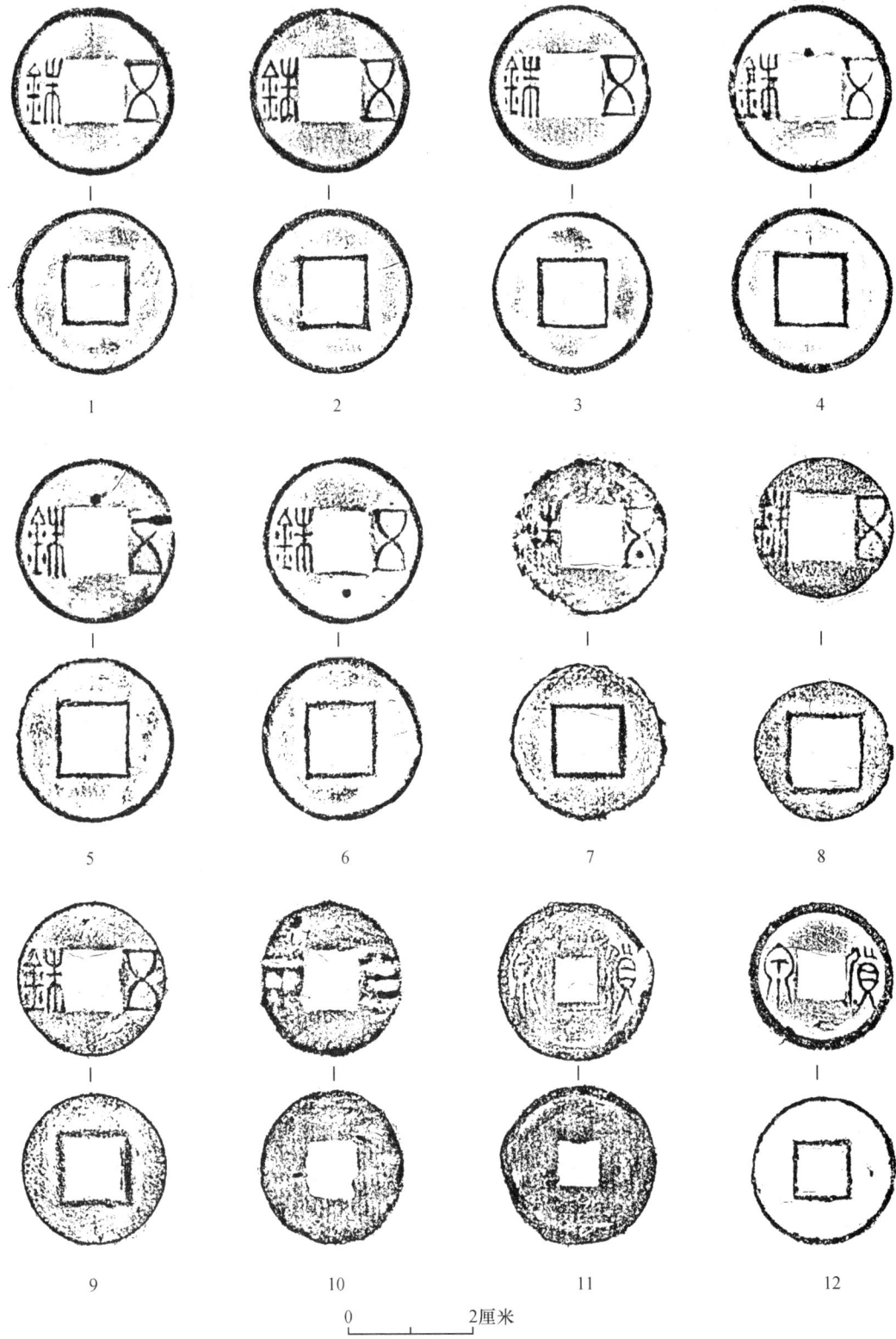

图五〇〇　E2 区 M102 钱币拓片

1~9. C 型五铢（M102：31、M102：32、M102：33、M102：34、M102：35、M102：36、M102：37、M102：38、M102：39）

10. 半两（M102：18）　　11、12. 货泉（M102：7、M102：10）

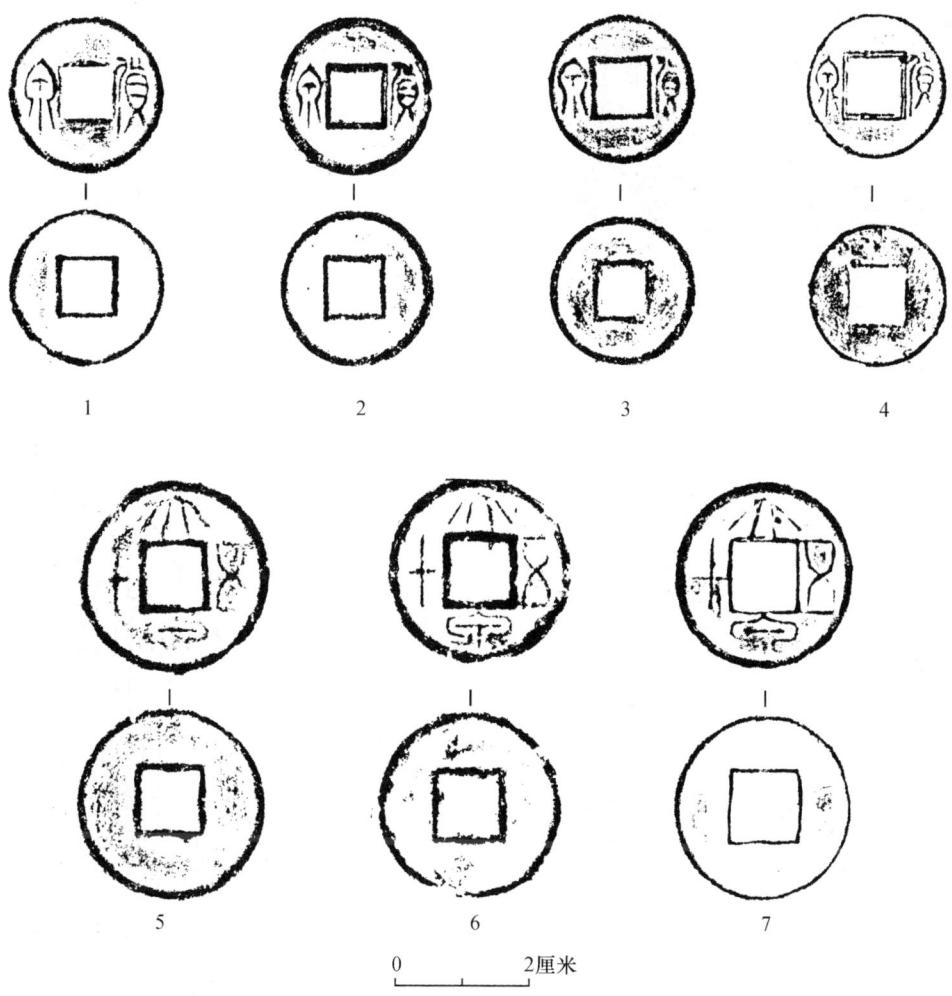

图五〇一 E2 区 M102 钱币拓片

1～4. 货泉（M102：11、M102：12、M102：13、M102：14） 5～7. 大泉五十（M102：15、
M102：16、M102：17）

铜货泉 35 枚。面、背郭有宽、窄及有无面内郭和面内单、双郭之异，面文有显现和隐约之分，铸造工艺有精劣之别。直径 2.1～2.5 厘米（图五〇〇，11、12；图五〇一，1～4；彩版五七，6；图版一七六，3）。为西汉王莽时期钱币。

铁币 2 枚。有穿。因锈蚀无法辨别其特征。

⑦ M103

M103 位于 E2 区 E2T14 探方东部，部分延伸至东壁外。开口在①层下，打破生土。距地表深 0.4～0.53 米。方向 10°。该墓位于较陡的斜坡上，地势南高北低，因耕种和自然水土流失等原因，墓葬破坏严重，甬道北壁残，墓室券顶及墓壁大部分倒塌。平面呈凸字形，土圹壁较陡直，底较平。墓内由墓室和甬道两部分组成，墓室南部有台阶。墓壁系人工打制的条石错缝垒砌。南壁因山势滑坡挤压向内鼓出约 0.3 米。墓土圹口残长 10.4、宽 3.6、残深 0.6～4.4 米，底残长 10.2、宽 3.2 米。墓室长 8、宽 2.8、高 1.3～2.6 米，甬道残长 2、宽 1.6、残高 0.2～1 米。台阶长 2.2、宽 2.8、高 0.2 米（图五〇二）。墓壁条石大小不一，厚薄不均，打制工艺较粗糙，一般长约 0.35、宽约 0.25、厚 0.1～0.21 米。墓内填土为黄褐色五花土，夹杂有较多的页岩石块和部分紫红色黏土块，比较坚硬，近墓底部分夹杂有墓室券顶及墓壁倒塌的条石。

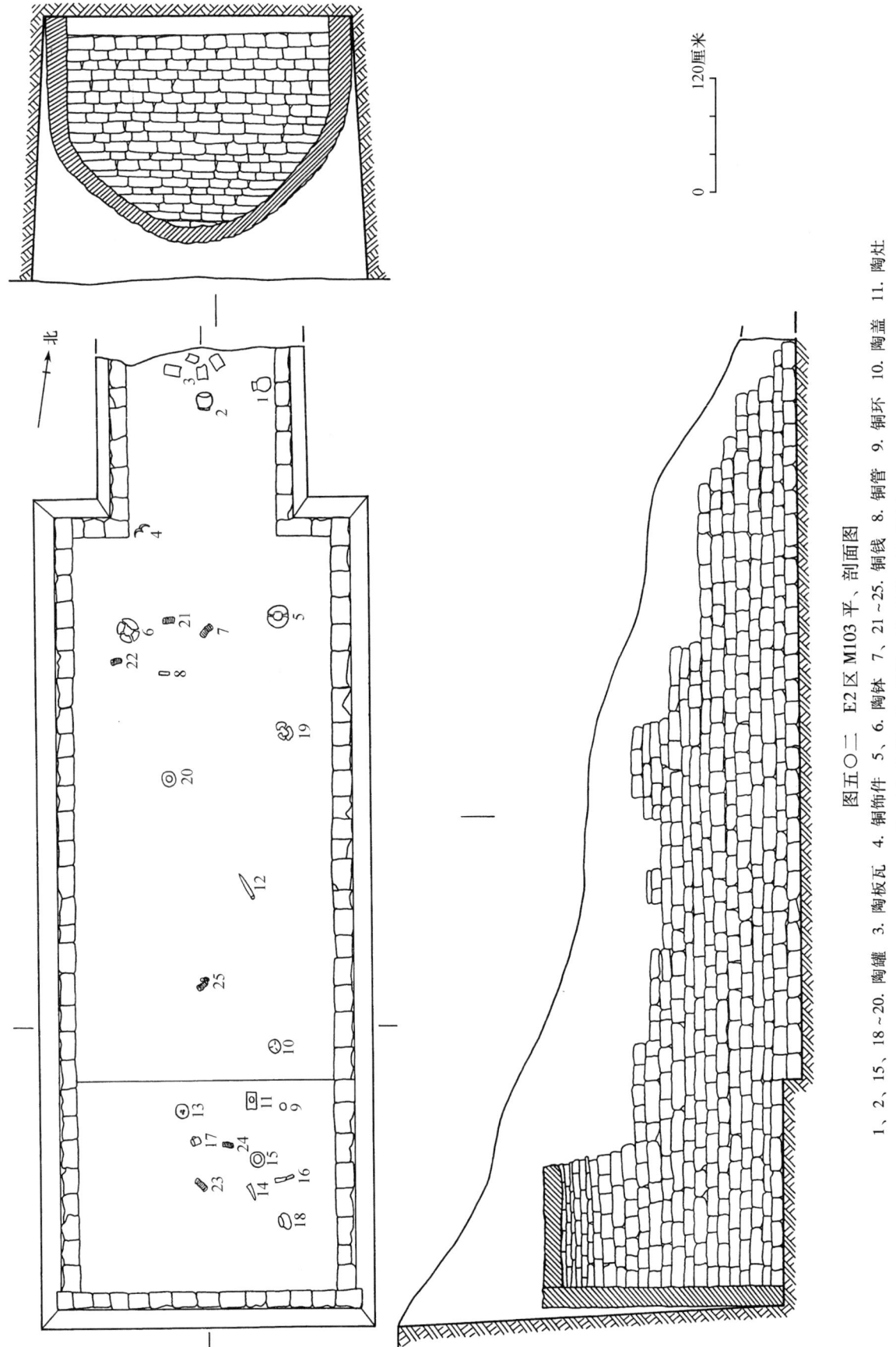

图五〇二　E2区 M103 平、剖面图

1、2、15、18～20. 陶罐　3. 陶板瓦　4. 铜饰件　5、6. 陶钵　7、21～25. 铜钱　8. 铜管　9. 铜环　10. 陶盖　11. 陶灶
12、14. 铜剑　13. 陶甑　16. 铜块　17. 陶杯

墓底有火烧痕迹，并有厚0.05~0.15米的木炭等灰烬，墓底面和近底面的墓壁条石都烧成红色、青灰色和黑色，陶器被烧破，铜剑、钱币因火烧严重变形，有些器物（尤其是部分钱币）熔成一团。

因墓内严重焚烧，葬具不存，亦未发现葬具痕迹。

人骨架腐烂无存，葬式及墓主人性别、年龄均不详。

随葬器物不多，大多残破和变形。主要有陶罐、陶钵、陶甑、陶盖、陶板瓦、陶杯、铜环、铜剑等18件器物及96枚钱币。随葬器物放置无规律，但板瓦均出土于甬道内。

陶罐　6件。标本M103:1，复原完整。泥质灰陶。鼓肩，矮领，直口略侈，宽平沿，方唇，沿面略凹，深腹，腹较鼓，下腹内收，平底。上腹饰双层压印纹，即第一层为竖道压印线纹，第二层为在线纹上又饰压印菱形纹，下腹饰间断压印线纹，颈部有隐约可见的线纹。口径13.8、领高4.1、腹径19.2、底径8.7、高19.5厘米（图五〇三，1；图五〇四，5；图版一六七，4）。标本M103:18，复原完整。泥质红陶。器身扁圆，鼓肩，高领，直口，圆唇，腹内收，小平底。肩部饰一道细凹弦纹。口径9.6、肩径13.2、底径5.4、高8.4厘米（图五〇三，3；彩版四〇，5；图版一七七，4）。标本M103:2，肩部以上残。泥质灰陶。鼓腹，平底内凹。上腹饰间断绳纹，下腹饰交错绳纹，腹中部饰一道细凹弦纹。腹径19.8、底径8.8、残高10.6厘米（图五〇三，4；图五〇四，7）。标本M103:15，复原完整。泥质灰陶。折肩，直口略敛，圆唇，腹内收，平底。口径7.2、肩径12、底径5、高6.9厘米（图五〇三，8；彩版四一，3；图版一七四，1）。标本M103:20，口、底均残，仅存腹部。泥质褐陶。鼓腹。腹部饰两道凹弦纹。腹径19.6厘米（图五〇三，11）。标本M103:19，口、底均残，仅存腹部。泥质灰陶。鼓腹。腹中部饰二道细凹弦纹，肩部有数道旋抹弦纹。腹径17.5厘米（图五〇三，12；图五〇四，4）。

陶灶　1件（M103:11）。复原完整。泥质红陶。平面呈弧边方形，上细下粗，侧面略呈梯形，面上有一圆形火眼，侧面一个横长方形灶门。面长16.5、宽13.8、底长21、宽17、高9.9、火眼直径8.4厘米（图五〇三，13；图版一六九，3）。

陶钵　2件。标本M103:5，复原完整。泥质红陶。弧壁内收，直口微侈，窄平沿，方唇，平底。上腹部饰一道细凹弦纹。口径16.2、底径6、高6厘米（图五〇三，7）。标本M103:6，复原完整。泥质红褐陶。火候较高。斜腹，敞口，折沿外侈，方唇，下腹内收，平底。内面施褐黄色釉，外表腹以上施褐黄色釉，下腹无釉。口径15.6、底径6、高6.1厘米（图五〇三，10；图版一七〇，3）。

陶甑　1件（M103:13）。完整。泥质红褐陶。火候较高。敞口，折平沿，方唇，沿下有一道凹槽，弧壁内收，小平底，底部有六个圆形箅孔。口径14.2、底径5.5、孔径0.5、高6.3厘米（图五〇三，5；图五〇四，6；图版一七一，5）。

陶杯　1件（M103:17）。完整。泥质红褐陶。火候较高。直壁，直口，圆唇，下腹圆折，底近平，矮假圈足，上腹部有一个乳头形把。外表饰两道粗凹弦纹。表面施黄褐色釉。口径7.2、底径3.6、把长1.7、高7.4厘米（图五〇三，6；彩版四一，4；图版一六五，4）。

陶盖　1件（M103:10）。复原完整。泥质红褐陶。略呈半圆形，方唇，唇外有一道凹槽，盖顶面有一个乳头状钮。直径24、高8厘米（图五〇三，9；图版一七七，6）。

陶板瓦　4件。均残。标本M103:3，泥质灰陶。弧度较小。胎较厚。外表饰粗直绳纹，内面饰菱形纹。残长14.5、残宽13.5、胎厚0.9厘米（图五〇三，2；图五〇四，2、3）。标本M103:26，残。泥质灰陶。外表饰绳纹，内面饰布纹。残长15、残宽12.5厘米（图五〇四，1）。

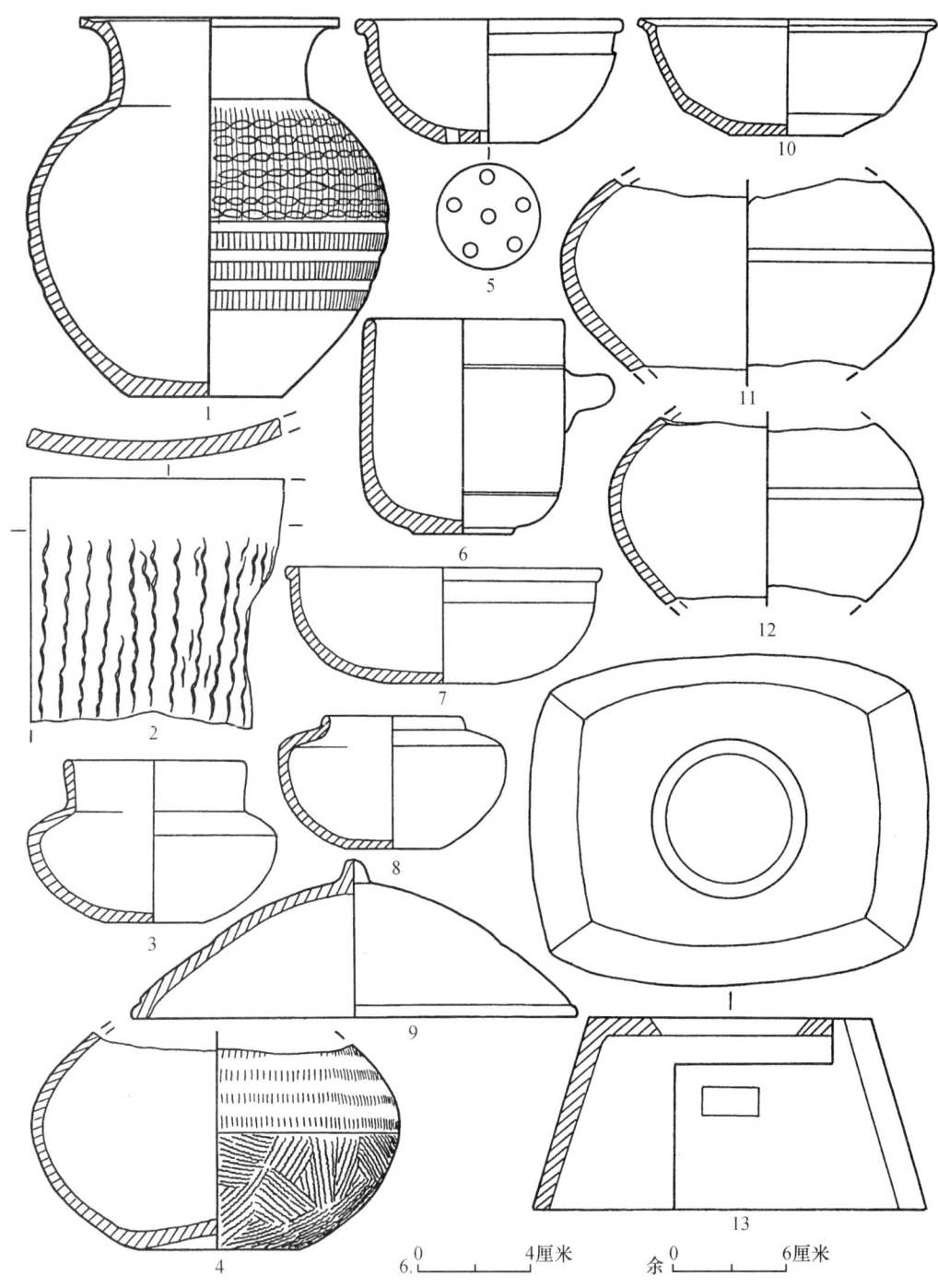

图五○三　E2 区 M103 出土陶器

1、3、4、8、11、12. 罐（M103∶1、M103∶18、M103∶2、M103∶15、M103∶20、M103∶19）　2. 板瓦（M103∶

3）　5. 甑（M103∶13）　6. 杯（M103∶17）　7、10. 钵（M103∶5、M103∶6）　9. 盖（M103∶10）

13. 灶（M103∶11）

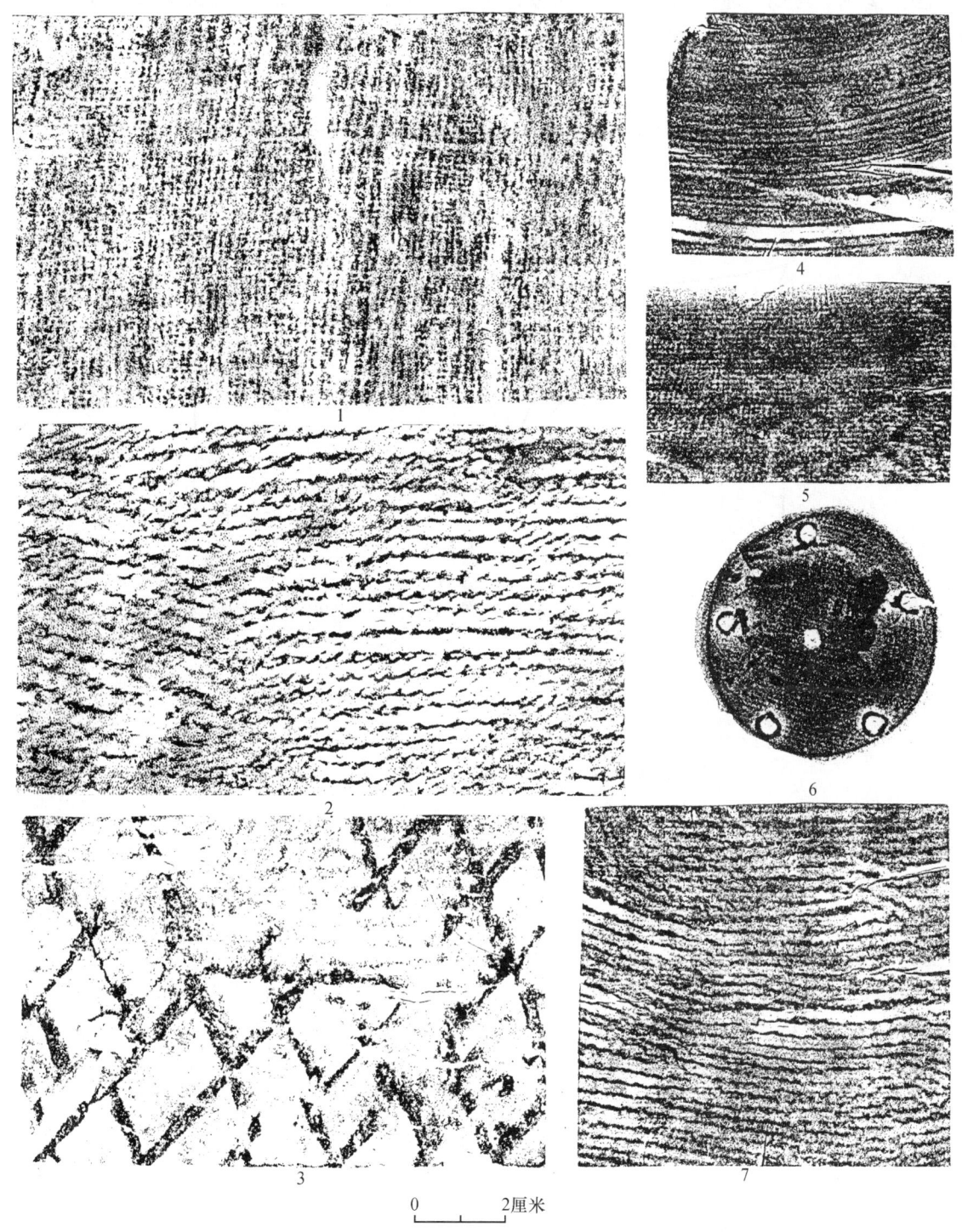

图五〇四　E2 区 M103 陶器纹饰拓片

1. 布纹（M103：26）　　2. 绳纹（M103：3）　　3. 菱形纹（M103：3 板瓦内面）　　4. 旋抹弦纹（M103：19）　　5. 线纹
（M103：1）　　6. 算孔（M103：13）　　7. 交错绳纹（M103：2）

铜剑 2件。均残。标本 M103：12，仅存剑中段。因火烧严重变形。残长 24.2、宽 3.3 厘米（图五〇五，1；图版一六六，5）。标本 M103：14，残。有明显的火烧痕迹。残长 12、宽 3.4 厘米（图五〇五，5）。

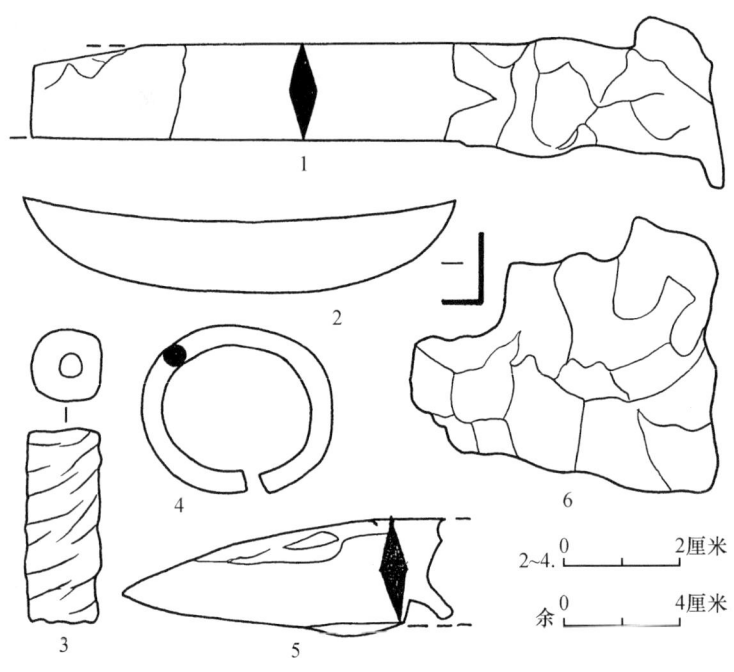

图五〇五 E2 区 M103 出土铜器

1、5. 铜剑（M103：12、M103：14） 2. 铜饰件（M103：4） 3. 铜管
（M103：8） 4. 铜环（M103：9） 6. 铜块（M103：16）

铜环 1件（M103：9）。完整。略呈椭圆形，有一缺口，横剖面呈圆形。长径 3.4、短径 2.8 厘米（图五〇五，4）。

铜饰件 1件（M103：4）。完整。平面呈半月形，横剖面呈曲尺形。胎甚薄。长 7.6、中段宽 1.2 厘米（图五〇五，2）。

铜管 1件（M103：8）。圆筒状，内空，外表有不太整齐的凹槽。长 3.3、粗径 1.2、孔径 0.3 厘米（图五〇五，3）。

铜块 5件。均为火烧而熔化成团，器类不明。标本 M103：16，略呈三角形，凹凸不平。长 10.5、厚 5.2 厘米，重约 1 公斤（图五〇五，6）。

钱币 96枚。均为铜质钱币。种类有五铢、大泉五十两种。

五铢 95枚。分 B、C 二型。

B 型 46枚。其中剪轮五铢 8 枚。面、背郭宽、窄均有，穿有大小之分。铸造工艺较粗劣。直径 2.5 厘米。面文"五"字像两炮弹相对，"铢"字金旁的头小，呈箭头状（图五〇六，2、3）。为西汉晚期钱币。

C 型 49枚。其中剪轮五铢 9 枚。面、背郭有宽窄之异，穿有大小之分。铸造工艺有精粗之别。直径 2.5～2.6 厘米。面文"五"字较宽大，"铢"字金旁的头较大，呈三角形，"朱"旁上部转角处圆折（图五〇六，4～6）。属东汉早中期钱币。

大泉五十 1枚（M103：7）。面、背郭较深，面文显现劲秀。直径 2.6 厘米（图五〇六，1）。为西汉王莽时期钱币。

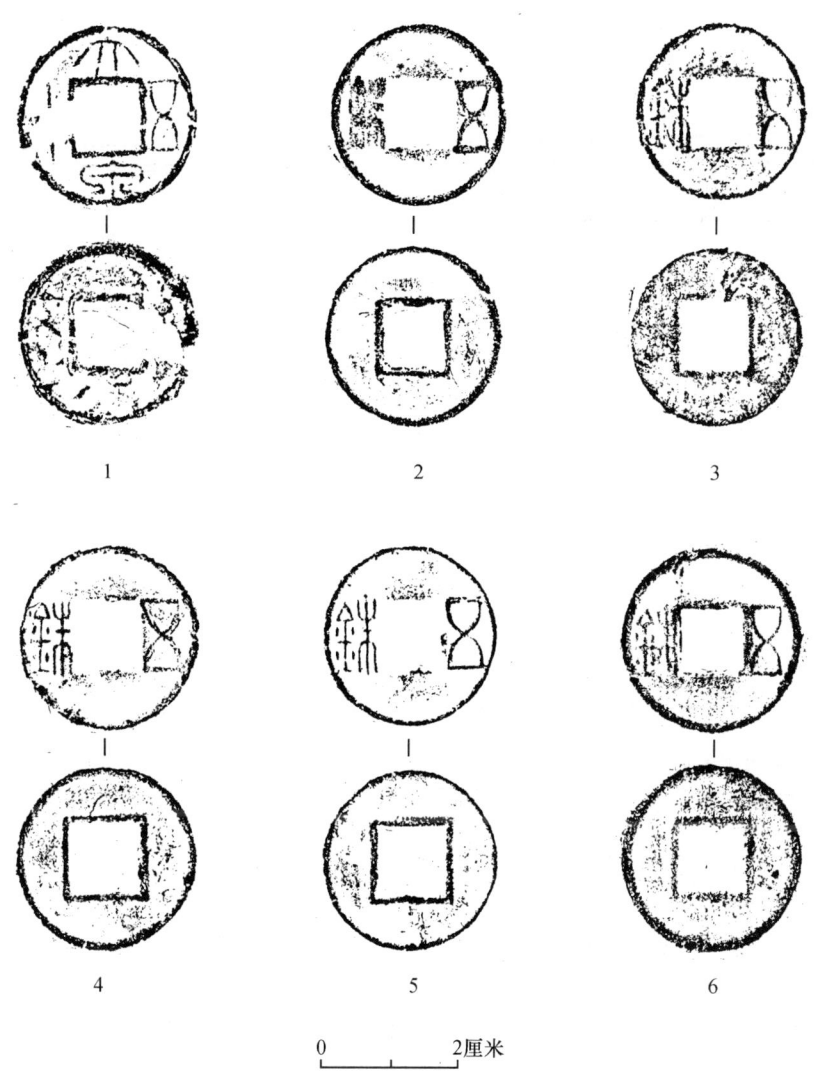

1　　　　　　　　　　　2　　　　　　　　　　　3

4　　　　　　　　　　　5　　　　　　　　　　　6

0　　　　　2厘米

图五〇六　E2 区 M103 钱币拓片

1. 大泉五十（M103：7）　　2、3. B 型五铢（M103：21、M103：22）　　4 ~ 6. C 型五铢
（M103：23、M103：24、M103：25）

⑧ M120

M120 位于 E2 区西边，E2T44 探方西北部。开口在①层下，打破生土。距地表深 0.3 ~ 0.4 米。方向 45°。该墓所处地势较陡，滑坡和水土流失较严重，加上历代耕种等原因，墓葬遭到严重破坏。墓室北部被破坏掉，券顶及墓壁大部分倒塌，现存部分平面呈长方形（与周围同类墓比较应为凸字形墓）。土圹壁较斜直，收分较大，底较平整。墓室系人工打制的条石错缝垒砌，底面为基岩和生土，没有铺垫设施。土圹口长 3.6、宽 2.2、残深 0.5 ~ 1.45 米，底长 3.2、宽 1.8 米。墓室残长 3.2、宽 1.6、高 0.5 ~ 1.2 米（图五〇七）。墓内填土为灰褐色和黑褐色块状黏土，较板结。包含物有周代粗绳纹和方格纹陶片。器类有陶鬲等。

葬具腐烂无存，虽然发现一些漆皮痕迹，有的成片分布，究竟是葬具还是漆木器腐烂所致尚不清楚，故葬具不详。

人骨架深度腐烂，不存任何痕迹，其葬式和墓主人性别、年龄均不详。

随葬器物共 8 件陶器和 6 枚钱币。陶器位于墓室西北部，基本上呈南北方向排列，分布比较

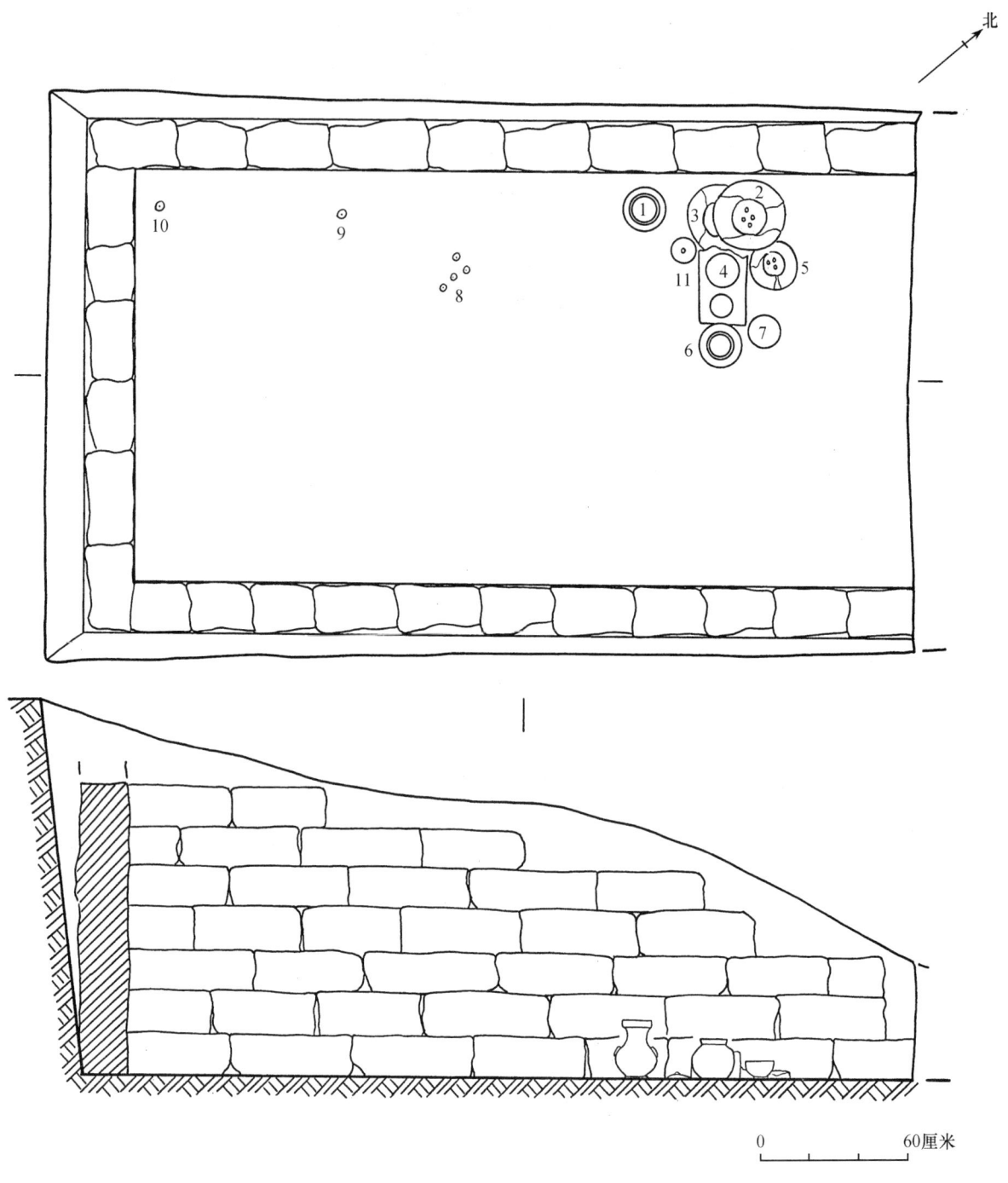

图五〇七　E2 区 M120 平、剖面图

1. 陶壶　2、5. 陶甑　3、6. 陶罐　4. 陶灶　7. 陶钵　8~10. 铜钱　11. 陶盖

密集，钱币位于墓室西南边，分开放置。陶器主要器类有陶罐、陶壶、陶灶、陶钵、陶甑、陶盖等。

　　陶罐　2 件。标本 M120:3，残，仅存口沿。泥质黑陶。溜肩，直口，圆唇。口径 12、残高 7 厘米（图五〇八，5）。标本 M120:6，残，仅存陶罐上半部分，因火候极低，破碎严重，无法复原。泥质褐陶。直口，方唇，壁略弧内收。上腹部饰三道凸弦纹。口径 21、残高 12 厘米（图五〇八，7）。

陶壶 1件（M120:1）。复原完整。泥质灰陶。器形规整，阔肩，弧形长颈，盘形口，方唇，鼓腹，下腹弧壁内收，底近平，矮圆圈足略外撇，上腹部有两个对称的乳头形耳。肩部和腹部各饰两道凹弦纹。口径12.4、最大腹径23.5、圈足径13.2、高25.5厘米（图五〇八，8；图版一六八，3）。

陶钵 1件（M120:7）。复原完整。泥质褐陶。火候较低。口略内敛，宽平沿，斜唇，弧壁内收，平底。口径11.4、底径6、高3.2厘米（图五〇八，6；图版一七〇，4）。

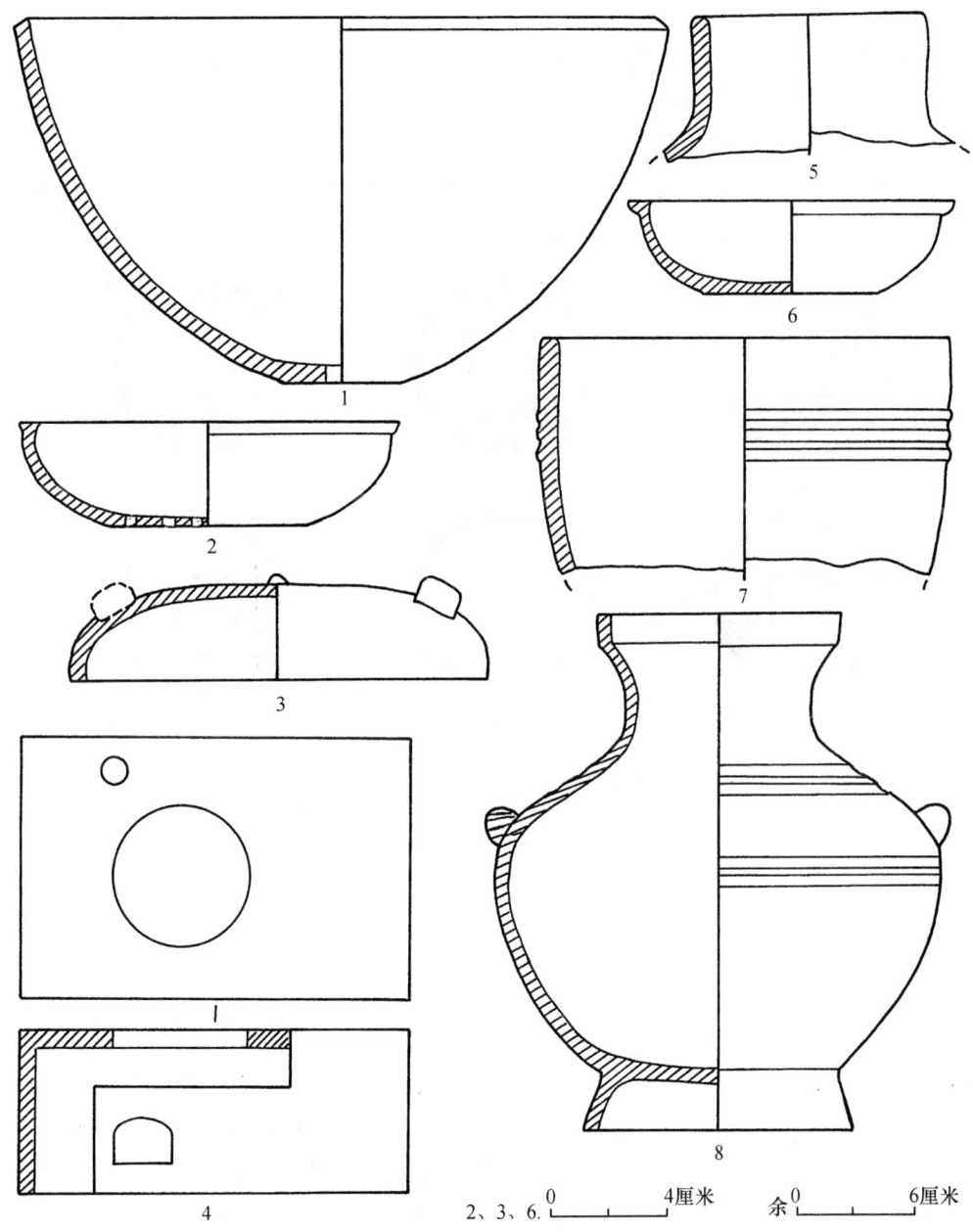

2、3、6.　0 —— 4厘米　　余 0 —— 6厘米

图五〇八 E2区M120出土陶器

1、2. 甑（M120:2、M120:5） 3. 盖（M120:11） 4. 灶（M120:4） 5、7. 罐（M120:3、M120:6） 6. 钵（M120:7）
8. 壶（M120:1）

陶甑　2 件。标本 M120:2，复原完整。泥质灰陶。火候较高。器形较大，敞口，方唇，弧壁内收，小平底，底部有一个圆形箅孔。口径 32、底径 6、孔径 1.5、高 18.2 厘米（图五○八，1；彩版三九，4；图版一七一，3）。该甑为实用器物。标本 M120:5，复原完整。泥质褐陶。火候较低。器身较矮，浅腹，大口内敛，宽平沿，尖唇，弧壁内收，平底，底部有 14 个圆形箅孔。口径 12.5、底径 6.8、孔径 0.3、高 3.4 厘米（图五○八，2；图版一七一，4）。

陶灶　1 件（M120:4）。复原完整。泥质灰陶。火候较高。平面呈长方形，面上一圆形火眼，后缘有一个小圆形烟孔，正面有一个拱形灶门。长 19.8、宽 12.9、高 8.1、火眼径 6.6、灶门高 2.4、宽 3、烟孔径 1.2 厘米（图五○八，4）。

陶盖　1 件（M120:11）。复原完整。泥质灰褐色陶。火候较低。呈覆盘形，方唇，盖面较平，盖上有三个长方形钮。口径 14、高 3.2 厘米（图五○八，3；图版一七七，5）。

钱币　均为铜质钱币。皆为大泉五十。

大泉五十　6 枚。面、背郭有宽窄、深浅之异，穿有大小之分，面文笔画有纤秀和粗犷之别。直径 2.7~2.8 厘米（图五○九）。为西汉王莽时期钱币。

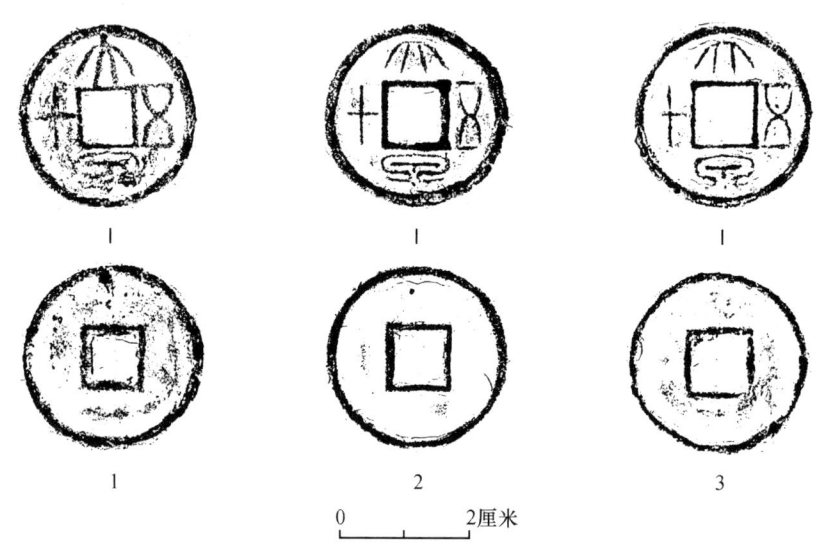

图五○九　E2 区 M120 大泉五十钱币拓片
1. M120:8　2. M120:9　3. M120:10

3. 土圹砖室墓

M8 位于 E1 区 E1TG3 探沟东部。开口在①层下，打破生土。距地表深 0.5~0.9 米。方向 90°。该墓规模较大，形制特殊，营造讲究。该墓处于斜坡地带，西南面高，东北面低。平面呈凸字形。由于数年耕种和自然水土流失等各种原因破坏，仅存后室。前室及甬道砖直接暴露于地表，土圹壁较陡直，底较平，南部有台阶。墓室系长方形砖错缝垒砌而成，墓壁从高 1.3 米处开始券顶，顶为楔形砖错缝券砌。前、后室之间的两边有隔墙，隔墙中间有通往前后室的过门，墓室西边有台阶。墓底用砖平铺而成。土圹口残长 7.75、宽 3.5、残高 2.8~3.6 米。墓室残长 5.75、宽 3、残高 2~3米。台阶长 2.3、宽 3、高 0.25 米（图五一○；图版一八二，1）。砖室以上填土为黄褐色五花土，夹杂有碎石块及风化的页岩石片，比较坚硬。墓室内填土比较杂，主要为墓室上面的五花土，较松软，包含有券顶及墓壁倒塌的砖块。

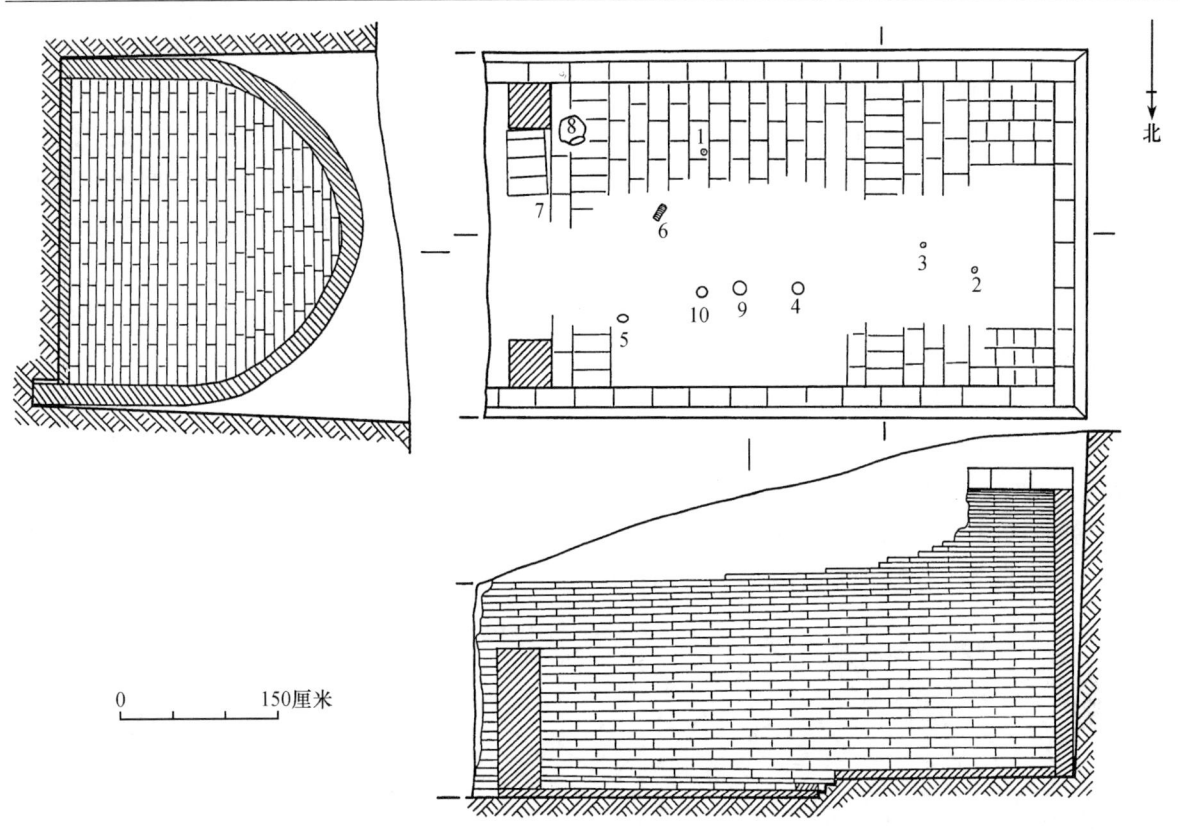

图五一〇　E1 区 M8 平、剖面图

1~3、6. 铜钱　4、9、10. 玉环　5. 陶饼　7. 墓砖　8. 陶罐

墓砖尺寸长 36、宽 18、厚 6 厘米，均饰花纹，其中以菱形纹为主体花纹。标本 M8:7，完整。泥质灰褐陶。楔形。两面为素面。当面饰菱形几何纹，内侧面饰"田"字形、长方形、菱形等几何形纹。长 36、宽 18、外侧厚 6、内侧厚 4.8 厘米（图五一一，3；图五一二，2、5）。标本 M8:11，

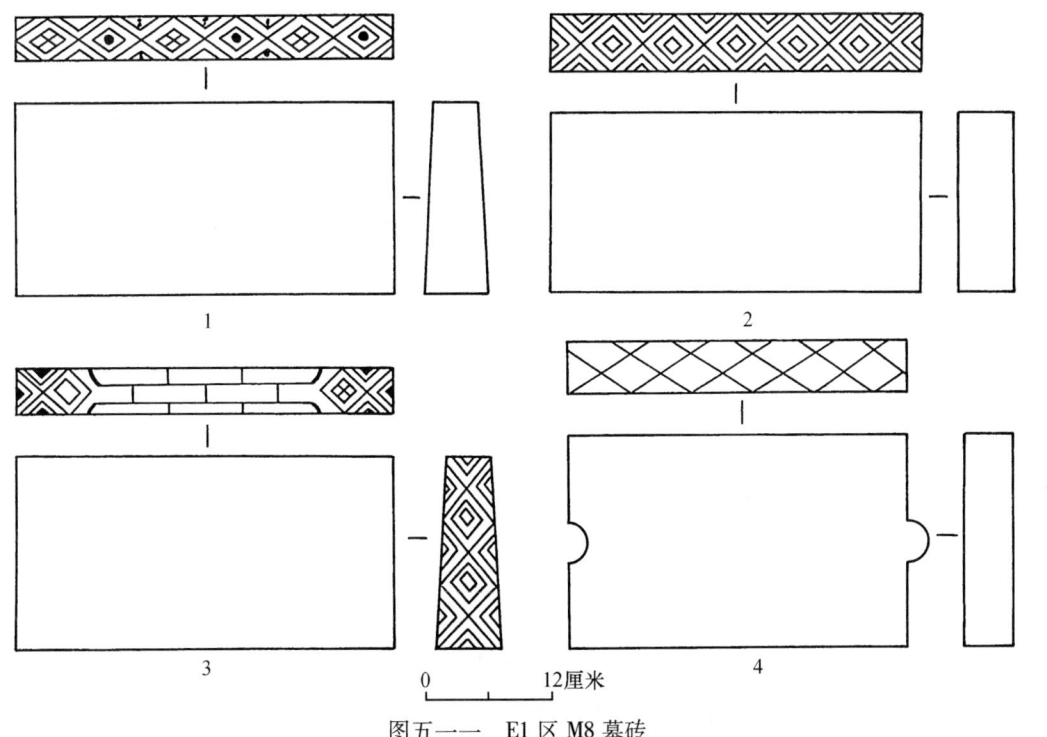

图五一一　E1 区 M8 墓砖

1. M8:11　2. M8:12　3. M8:7　4. M8:13

完整。泥质灰陶。楔形。面饰斜绳纹，内侧饰"田"字形、圆点、菱形等图案及纹饰。长36、宽18、外侧厚6、内侧厚4.2厘米（图五一一，1；图五一二，3）。标本M8:12，完整。泥质灰陶。长方形。一面饰斜绳纹，一侧面饰菱形几何纹。长36、宽16.8、厚5.4厘米（图五一一，2；图五一二，1）。标本M8:13，完整。泥质灰陶。长方形，一当面有半圆形凸榫，另一当面有半圆形凹卯。一侧面饰菱形纹。长31.8、宽19.8、厚4.8、凸榫长1.8、宽3.5、凹卯深1.9、宽3.6厘米（图五一一，4；图五一二，4）。

葬具腐烂无存，仅在墓室后部发现一些黑灰色土和黑色漆皮，漆皮上绘有红色彩纹，彩纹多呈弧形勾连纹，为棺腐烂后剩下的漆皮。

未见人骨架及人骨架腐烂痕迹，葬式及墓主人性别、年龄均不详。

因被盗，随葬器物所剩无几，仅存5件器物和7枚钱币。器类有陶罐、玉环、陶饼等。

陶罐　1件（M8:8）。完整。泥质黑褐硬陶。火候较高。鼓肩，敛口，折沿，方唇，沿面内凹呈圆弧状，弧腹内收，平底略凹。外表饰方格纹。肩部有一"∈"形刻划符号。口径12.6、肩径2.2、腹径23、底径12.6、高22厘米（图五一二，6；图五一三，1；彩版四〇，1；图版一六七，1）。

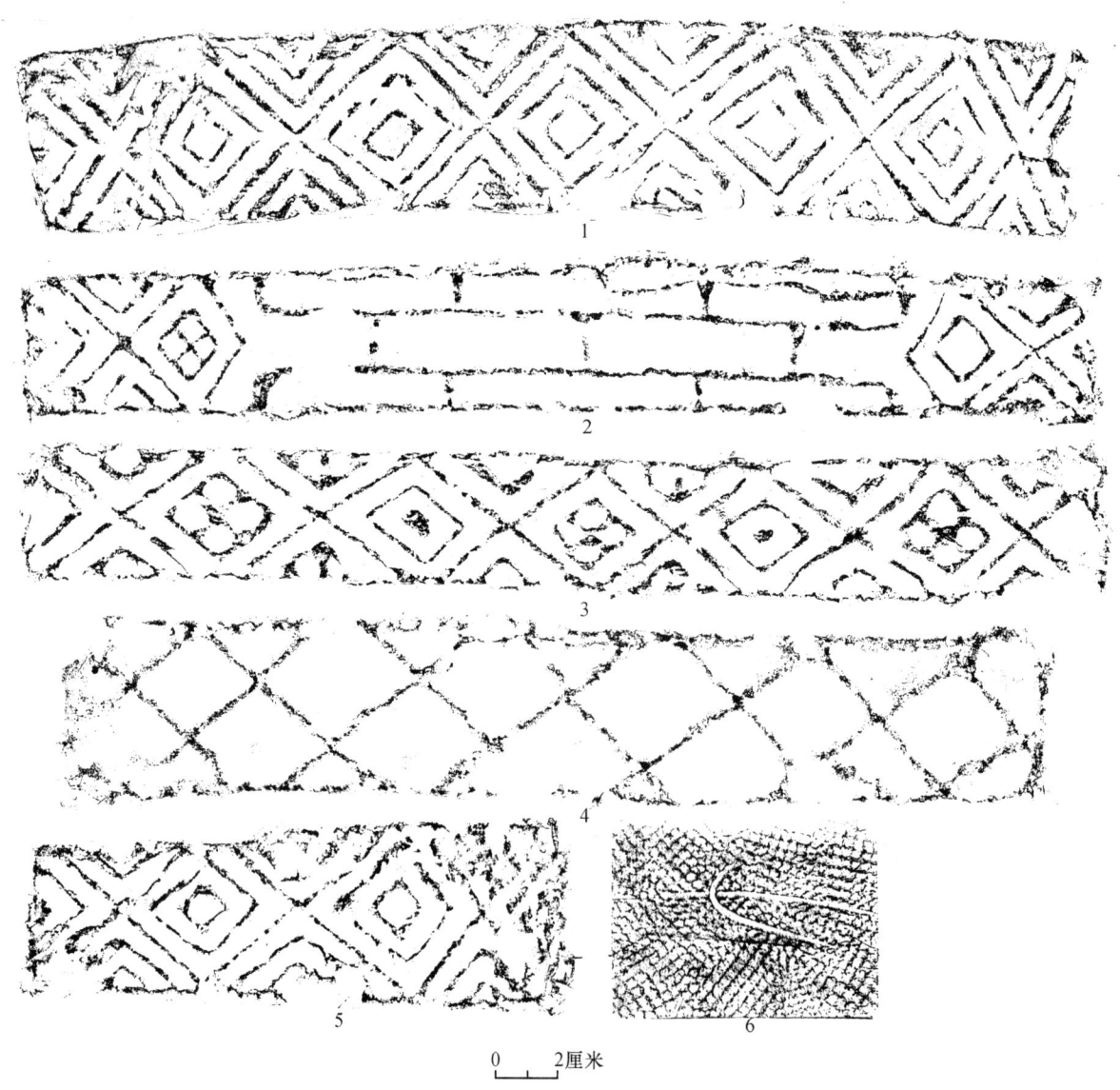

图五一二　E1区M8墓砖及陶罐纹饰拓片

1~5. 菱形几何纹（M8:12、M8:7、M8:11、M8:13、M8:7）　6. 方格纹及刻划符号（M8:8）

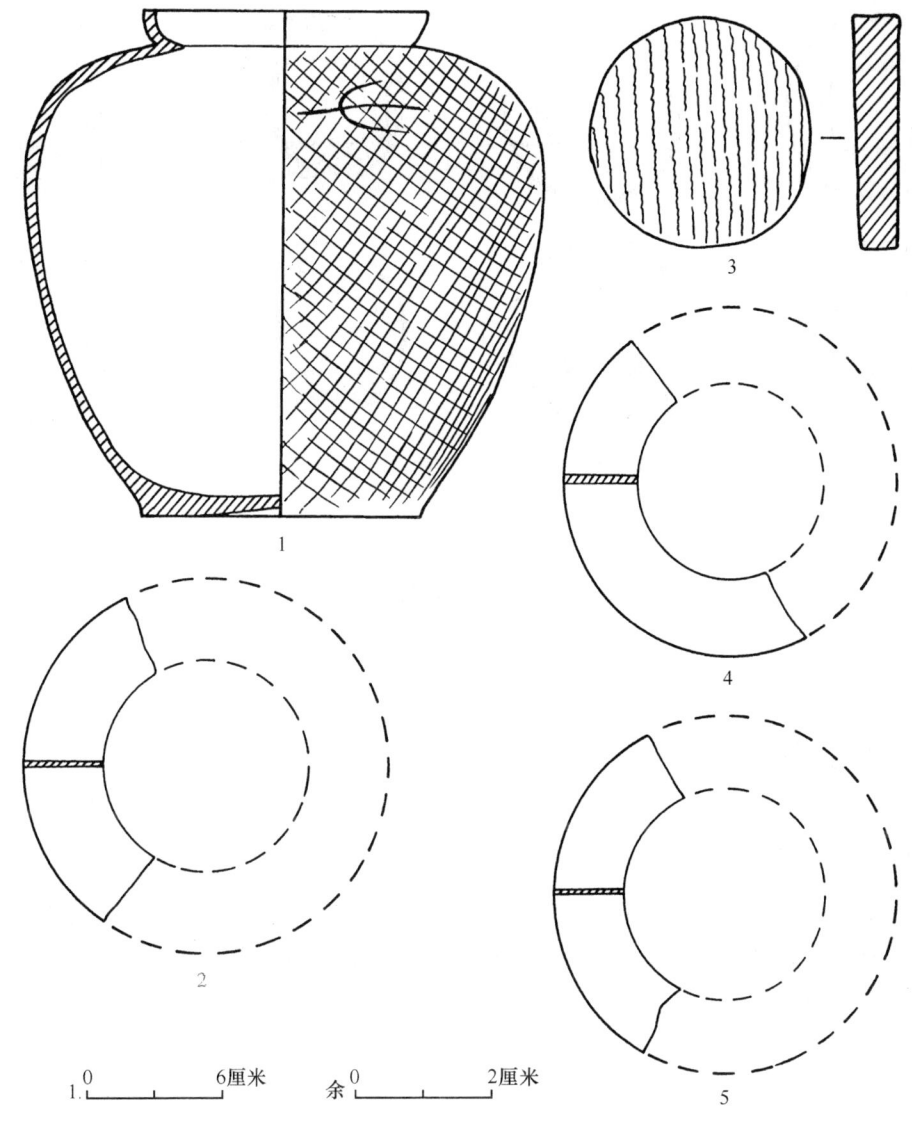

图五一三 E1 区 M8 出土器物

1. 陶罐（M8：8） 2、4、5. 玉环（M8：4、M8：9、M8：10） 3. 陶饼（M8：5）

陶饼 1件（M8：5）。完整。泥质红陶。圆形。系陶片加工而成。一边厚一边较薄。一面有粗绳纹。直径3.3、厚0.6～0.7厘米（图五一三，3）。

玉环 3件。均残。青白玉。淡灰色。硬度6°～7°。皆为磨制。产于天山地区。标本M8：4，器体甚薄，有透明感。直径5.4、模剖面宽1.2、厚0.12厘米（图五一三，2；图版一八三，1）。标本M8：9，器体较薄，略有透明感。直径3、横剖面宽1.1、厚0.2厘米（图五一三，4）。标本M8：10，器体特别薄，有较强的透明感。直径5.2、横剖面宽1.1、厚0.1厘米（图五一三，5）。

钱币 7枚。均为铜质钱币。皆为五铢，均为B型，其中剪轮五铢2枚。

五铢 7枚。面、背郭有宽窄之异，穿有大小之分，有穿上凹竖、凸起的箭头和穿下"心"字等符号。直径2.3～2.5厘米（图五一四）。为西汉晚期钱币。

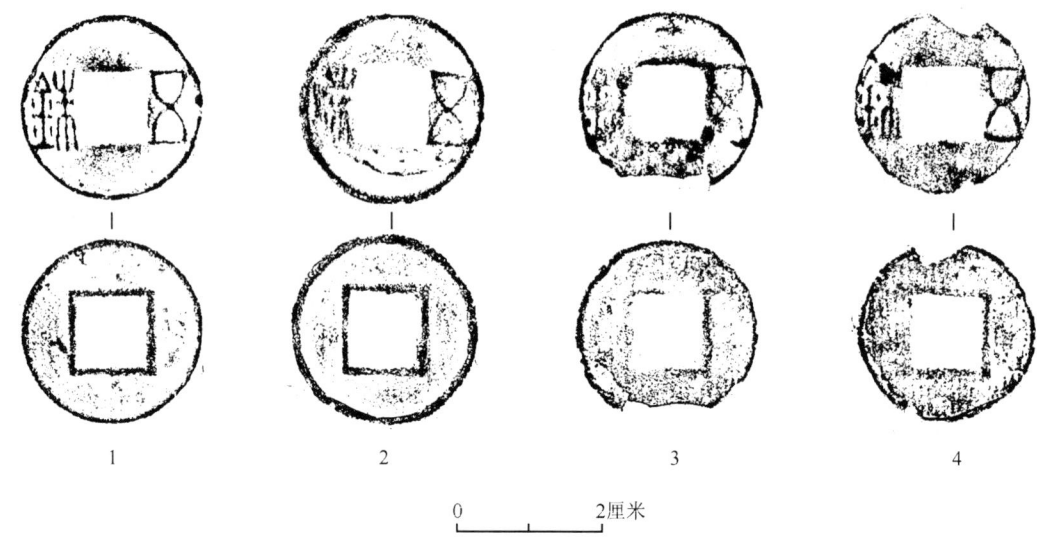

图五一四　E1 区 M8 五铢钱币拓片

1. M8：1　2. M8：2　3. M8：3　4. M8：6

（三）分期与年代

1. 分期

　　E 区汉代墓葬大多数（尤其是土圹石室墓和土圹砖室墓）严重被盗，随葬器物组合不全面，只能选择现存的典型陶器进行分期比较。可资比较的典型陶器有罐、壶、灶、鼎、甑、钵、盒七种和铜五铢钱币。其逻辑排序为：

　　陶罐　分 A、B、C、D、E、F、G、H 八型。

　　A 型　鼓肩，折沿，弧壁，大平底。M33：1。

　　B 型　弇口，平底。分 Ba、Bb 二亚型。

　　Ba 型　鼓肩，腹壁略弧内收。M78：7。

　　Bb 型　折肩，腹直壁略外斜。M78：1。

　　C 型　矮领，直口，宽平沿，斜唇。M80：6。

　　D 型　直口，方唇。分三式。

　　Ⅰ式　鼓肩，肩部有两个乳头状耳。M115：1、M115：3。

　　Ⅱ式　折肩，腹内收。M103：15、M120：3。

　　Ⅲ式　鼓肩，器身扁圆。M103：18。

　　E 型　高领，直口。分 Ea、Eb 二亚型。

　　Ea 型　鼓腹。M115：7。

　　Eb 型　器身扁圆。M146：5。

　　F 型　鼓腹，肩略内凹，斜颈，宽平沿。M121：1。

　　G 型　矮领，侈口，宽平沿，深腹。分 Ga、Gb 二亚型。

　　Ga 型　溜肩，大平底。M102：1。

　　Gb 型　鼓肩，平底。M103：1。

H 型　鼓肩，敛口，折沿，弧壁内收。M8:8。

陶壶　鼓腹，长颈，盘形口。分二式。

Ⅰ式　鼓肩，腹部两个环形耳。M78:10、M104:1、M115:9。

Ⅱ式　阔肩，腹部两个乳头形耳。M120:1。

陶灶　分 A、B 二型。

A 型　平面呈长方形。分 Aa、Ab 二亚型。

Aa 型　单火眼。分二式。

Ⅰ式　四壁较直，侧面呈方形。M78:6、M164:3、M81:2、M120:4。

Ⅱ式　四壁上窄下宽，侧面呈梯形。M103:11。

Ab 型　双火眼。M115:4。

B 型　平面呈曲尺形，三个火眼。M81:8。

陶鼎　分 A、B 二型。

A 型　腹较浅，折壁。M78:5、M78:3、M146:1。

B 型　器身扁圆，弧腹内收。M80:2、M146:9。

陶瓿　分 A、B、C 三型。

A 型　直口，斜沿。分 Aa、Ab 二亚型。

Aa 型　沿外较直，弧壁内收。M115:6。

Ab 型　沿外有一道凹槽，腹圆折内收。M115:10、M103:13。

B 型　敞口，弧壁内收。M120:2。

C 型　浅腹，口略内敛，宽平沿。M120:5。

陶钵　分 A、B、C 三型。

A 型　直口。分二式。

Ⅰ式　宽沿外凸。M115:2、M115:8、M146:2。

Ⅱ式　窄沿。M103:5。

B 型　敞口，折沿外侈。M103:6。

C 型　口内敛，宽平沿，浅腹。M120:7。

陶盒　器身扁圆。M78:4、M146:6。

铜五铢　分 A、B、C 三型。

A 型　"五"字中间两笔较斜直。M81、M102。

B 型　"五"字像两炮弹相对。M8、M81、M102、M103。

C 型　"五"字较宽大。M102、M103。

以上典型器物共涉及 12 座墓葬，经归纳后详见表三九。

表三九　E区汉代典型墓葬结构及随葬器物型式组合关系表

| 墓号 \ 器类型式 | 陶 罐 | | | | | | | | | | | 陶壶 | 陶 灶 | | | 陶鼎 | | 陶盒 |
	A	Ba	Bb	C	D	Ea	Eb	F	Ga	Gb	H		Aa	Ab	B	A	B	
M8											√							
M33	√																	
M78		√	√										Ⅰ	Ⅰ			√	√
M80				√												√		

续表

墓号	陶罐 A	Ba	Bb	C	D	Ea	Eb	F	Ga	Gb	H	陶壶	陶灶 Aa	Ab	B	陶鼎 A	B	陶盒
M81													Ⅰ		√			
M102						√												
M103					Ⅲ Ⅱ				√					Ⅱ				
M104												Ⅰ						
M115					Ⅰ	√						Ⅰ		√				
M120					Ⅱ								Ⅱ	Ⅰ				
M121								√										
M146							√						Ⅰ			√	√	√

墓号	陶甗 Aa	Bb	B	C	陶钵 A	B	C	五铢钱币 A	B	C	其他	墓葬类别	墓葬形制
M8									√		陶饼、玉环	土圹砖室	凸字形
M33											铜带钩、铜奁足、铜奁耳、陶豆、陶盖	土坑	长方形
M78											铜奁足、铜泡钉、铁舀、陶拍、陶仓、半两钱	土坑	长方形
M80											铁片、陶盖、半两	土坑	长方形
M81								√	√		铜带钩、铜环、铁棺扣、陶盖、大泉五十、货泉钱币	土圹石室	曲尺形
M102								√	√	√	铜削刀、铜挖子、铁抓钉、铁棺扣、角锥、半两、大泉五十、货泉、铁币	土圹石室	凸字形
M103		√			Ⅱ	√			√	√	铜饰、铜管、铜环、铜剑、铜块、板瓦、陶盖、陶环、大泉五十	土圹石室	凸字形
M104											铁棺扣	土坑	长方形
M115	√	√			Ⅰ						陶豆形器	土坑	长方形
M120			√	√					√		陶盖、罐残片、大泉五十钱币	土圹石室	凸字形
M121												土坑	长方形
M146					Ⅰ						铁棺、扣陶盖	土坑	长方形

　　上述单位中，仅一组打破关系，即 M78 打破 M80。

　　表三九显示，M78 与 M80 之间除共存铜半两钱币及墓葬形制结构相同外，其他器物没有直接可比的型式，说明存在分期的可能。M80 显然早于 M78。

　　M78 与 M146 共存 Aa 型Ⅰ式陶灶、A 型陶鼎及陶盒，说明他们的文化性质和时代相同。同时 M78 与 M104、M115 共存Ⅰ式陶壶，表明他们时代是相当的。M146 与 M80 共存 A 型陶鼎，表明 M80 与 M146 存在内在联系。M78 又和 M104、M115 同出Ⅰ式陶壶，可见它们的时代也是比较接近的。M121 没有器物型式可以比较，但墓坑形制结构与 M78 相同，为长方形竖穴土坑墓，与之类比，证明它们的时代相差不远。

　　M78 与 M81、M120 共存 Aa 型陶灶，但墓葬形制结构全然不一样，M81 和 M120 墓葬形制为凸字形和曲尺形土圹石室墓，表明它们在时代上尚有一定差距。M120、M103 分别出土 D 型Ⅱ式和Ⅲ

式陶罐、Ⅱ式陶壶、Aa 型Ⅱ式陶灶、A 型Ⅱ式陶钵及 B 型、C 型五铢钱币，而且墓葬形制结构均为凸字形土圹石室墓，说明他们不同时期。M8 为土圹砖室墓，出 H 型陶罐和 B 型五铢钱币及玉环等器物，不见 C 型五铢，H 型陶罐为硬陶，外表饰方格纹，显然时代不会太早，应与 M81、M102、M103、M120 的时代相当。

综合上述墓葬的形制结构、层位关系及随葬品型式与组合的变化，所涉及的 12 座墓葬可分为两期三段（表四〇）。

表四〇　E 区汉代墓葬主要器物分期表

分期\分段\型式\器类	陶罐											陶壶	陶鼎	
	A	Ba	Bb	C	D	Ea	Eb	F	Ga	Gb	H		A	B
一期 一段				√									√	
一期 二段	√	√	√		I	√	√	√		√		I	√	√
二期 三段					Ⅲ Ⅱ				√	√	√	Ⅱ		

分期\分段\型式\器类	陶灶			陶甑				陶钵			陶盒	五铢钱币		
	Aa	Ab	B	Aa	Ab	B	C	A	B	C		A	B	C
一期 一段														
一期 二段	I	√		√	√			I			√			
二期 三段	Ⅱ I		√		√	√	√	Ⅱ	√	√		√	√	√

一期一段：以 M80 为代表；

一期二段：以 M78、M146 为代表，包括 M33、M104、M115、M121；

二期三段：以 M103、M120 为代表，包括 M8、M81、M102。

另外，M105 因被盗，未出随葬品，但出土两件铁棺扣，呈"S"形和"3"字形，其形制与 M104、M146 所出棺扣相同，而且也为长方形土坑墓，所以应归为一期二段。M126 不见随葬品，其墓葬形制结构为长方形土坑墓，与 M78、M146 相同，亦应为一期二段。M32 虽然只出土 1 件铜环，M74、M95 未出随葬品，但它们的墓室形制结构与 M103、M120 相同，亦可归入二期三段。M76 出土铁箭镞、玻璃耳坠、骨扣形器各 1 件，没有可比性，但出土 B 型和 C 型五铢及货泉钱币，为土圹石室墓，其时代也应相当于二期三段。M82 因被盗，出土器物与其他墓没有类比性，但出土的钱币均为 A、B、C 型五铢，与 M102、M103 相同，亦应归为二期三段。

2. 年代

一期一段的 A 型鼎与秭归庙坪 M13：2、M13：3[①]、宜昌前坪 M37：7[②]、湖北光化五座坟 M4：1[③]的同类器相似，并出土 A 型秦半两和 B 型西汉早期半两钱币，年代相当于西汉早期。一期二段 Ba 型、Bb 型、Ea 型陶罐分别与宜昌前坪 M106：17[④]、M97：21[⑤]、M54：3[⑥]的同类器相似，Ⅰ式陶壶、

① 湖北省文物事业管理局、湖北省三峡工程移民局：《秭归庙坪》，科学出版社，2003 年。

② 湖北省博物馆：《宜昌前坪战国两汉墓》，《考古学报》1976 年 2 期。

③ 湖北省博物馆：《光化五座坟西汉墓》，《考古学报》1976 年 2 期。

④ 湖北省博物馆：《宜昌前坪战国两汉墓》，《考古学报》1976 年 2 期。

⑤ 宜昌地区博物馆：《1978 年宜昌前坪汉墓发掘》，《三峡考古之发现》，湖北科学技术出版社，1998 年。

⑥ 长江流域第二期文物考古工作人员训练班：《1973 年宜昌前坪古墓清理》，《三峡考古之发现》，湖北科学技术出版社，1998 年。

陶盒分别与宜昌前坪 M15：2[①]、M11：5[②] 基本相同，所出半两钱币直径较小，面文略高挺，制作较粗糙，为西汉早期钱币，年代相当于西汉中期偏早。二期三段 Gb 型陶罐、H 型陶罐、B 型陶灶、Aa 型陶甑分别与秭归庙坪 M47：2[③]、宜昌前坪 M30：1[④]、M109：33[⑤]、M34：12[⑥]、秭归庙坪 M77：7[⑦] 的同类器相似。出土的货泉、大泉五十为西汉晚期王莽时期所铸造的钱币，五铢钱币有 A 型、B 型、C 型，其中 C 型钱文"五"字较宽大，"铢"字金旁的头较 B 型大，呈三角形，"朱"旁上部转角处圆折，为东汉早中期钱币，并出现剪轮五铢钱，结合流行土圹石室墓和土圹砖室墓的特点，年代定为东汉中期偏晚比较合适。

（四）小结

19 座墓葬分布零散，无一定规律，保存状况较差，多残破不全，尤其是土坑石室墓和土圹砖室墓，百分之百被盗，随葬品也较少，但仍然提供了有价值的资料。

（1）E 区汉墓的形制结构呈现出从土坑墓到土圹石室墓，再到土圹砖室墓的发展演变规律，具体情况为西汉时期都是土坑墓，东汉早期出现土圹石室墓，东汉中期均为土圹石室墓，东汉晚期出现土圹砖室墓，这与枝江、当阳、江汉平原及中原等地区迥然不同，可能是三峡地区的地方特点，从而为认识三峡地区汉墓形制结构提供了考古学依据。

（2）以 M82 为代表的大型土圹石室墓，由墓道、甬道、前室、中室、后室五个部分组成，墓室均系人工打制较整齐的条石垒砌，营造工艺讲究，壁上雕刻有阙、鱼、鸟等题材的画像图案，随葬有鎏金铜把扣、瓷钵、瓷碗、银发钗、铜簪、钱币等，墓道及墓道外有地面建筑（发现有较多的筒瓦、板瓦、瓦当）与以 M120 为代表的小墓相比，悬殊较大。可见墓主人生前地位和身份比较高，这应是当时社会制度等级差别的真实反映，无疑对探讨汉代政治、经济、文化等方面具有重要价值。

（3）发现有多人合葬性质的墓葬，如 M81 有 6 具人骨架，分一次和二次埋葬。M95 有三具人骨架，葬具均为单棺，而且并排排列，中间棺较大，有可能为一夫多妻墓葬，这些为研究汉代埋葬习俗、婚姻制度提供了新的资料。

（4）M74、M81 等墓中被火焚烧，葬具、随葬器物及人骨架均被烧毁，其焚烧原因尚不清楚，这一现象值得进一步探讨。

（5）墓葬中出土玉器，如 M8：4、M8：9、M8：10 玉环，经鉴定产于天山地区，表明三峡地区早在汉代就与新疆等地有着文化交往和经济贸易关系。

六　六朝遗存

（一）概述

六朝遗存包括遗址和墓葬两部分。

① 湖北省博物馆：《宜昌前坪战国两汉墓》，《考古学报》1976 年 2 期。
② 湖北省博物馆：《宜昌前坪战国两汉墓》，《考古学报》1976 年 2 期。
③ 湖北省文物事业管理局、湖北省三峡工程移民局：《秭归庙坪》，科学出版社，2003 年。
④ 湖北省博物馆：《宜昌前坪战国两汉墓》，《考古学报》1976 年 2 期。
⑤ 宜昌地区博物馆：《1978 年宜昌前坪汉墓发掘》，《三峡考古之发现》，湖北科学技术出版社，1998 年。
⑥ 湖北省博物馆：《宜昌前坪战国两汉墓》，《考古学报》1976 年 2 期。
⑦ 湖北省文物事业管理局、湖北省三峡工程移民局：《秭归庙坪》，科学出版社，2003 年。

遗址文化层堆积均分布在 E2 区的 E2T51、E2T72、E2T85、E2T88、E2T89、E2T94 等探方内，层位为③层。厚0.03～0.51米。残留遗迹有灰沟1条、瓦场1个和1个取土场，分别编号为 E2G1、E2W1、E2Q1。

灰沟平面呈长方形，依地势呈斜坡状。瓦场平面略呈椭圆形。取土场平面略呈三角形，依地势呈倾斜状。

出土器物共21件。器类较简单，主要是陶罐、陶筒瓦、陶板瓦和陶器底等，其中陶筒瓦、陶板瓦占大宗（表四一），另有陶砖1件。

表四一　E2 区六朝时期陶器器类统计表

器　名	板　瓦	筒　瓦	罐	器　底	合　计
数量	9	9	2	1	21
比例（%）	42.86	42.86	9.52	4.76	100

陶罐多为粗泥灰陶和细泥褐陶，陶筒瓦、陶板瓦均为粗泥灰陶，陶器底为红褐陶。

陶片纹饰有绳纹和凹弦纹两种（图五一五）。其中绳纹44片，占纹饰陶片总数的91.67%；凹弦纹仅4片，占纹饰陶片总数的8.33%（表四二）。另外陶筒瓦和陶板瓦内面均饰布纹。绳纹均为直绳纹，但有粗细之分，主要饰于陶筒瓦和陶板瓦的外表，凹弦纹饰于陶罐肩部。

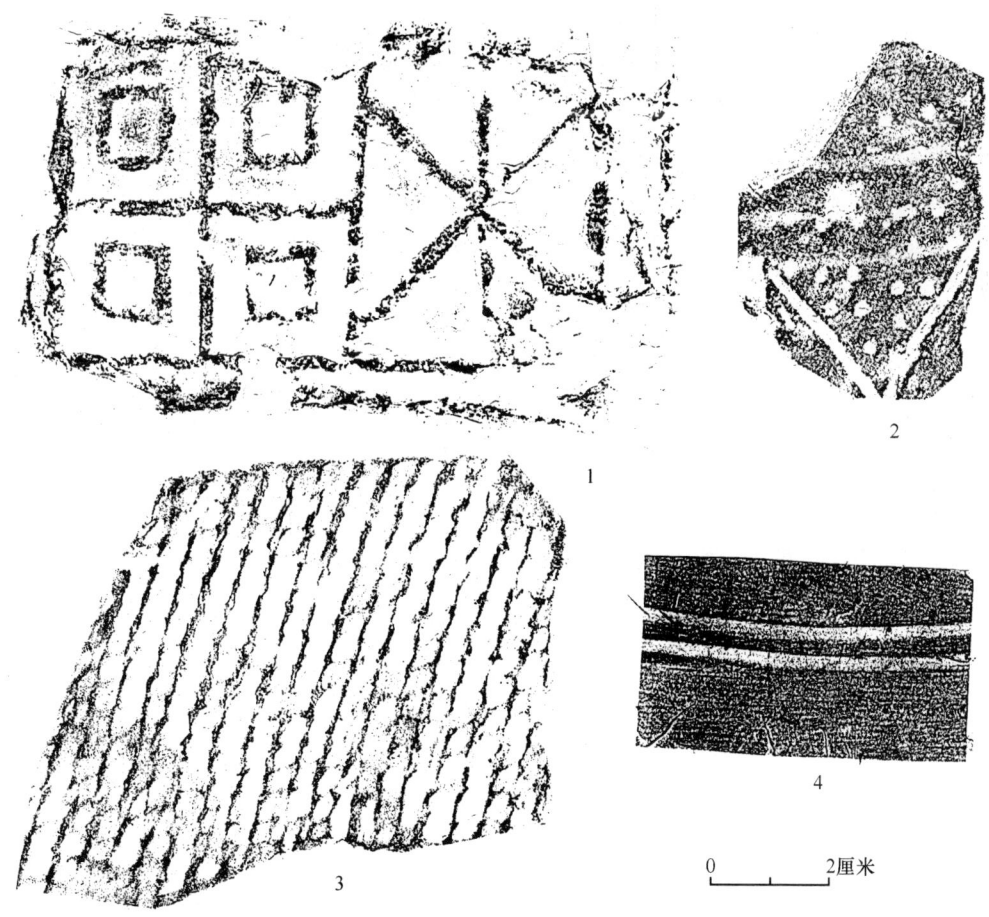

图五一五　E2 区③层陶片纹饰拓片

1. 砖当面纹饰（E2T88③:6）　2. 戳印纹（E2T72③:33）　3. 绳纹（E2T72③:32）　4. 弦纹（E2T51③:1）

表四二　E2 区六朝时期陶片纹饰统计表

名　称	绳　纹	凹弦纹	合　计
数量	44	4	48
比例（％）	91.67	8.33	100

陶器制作比较粗糙，多为手制和模制。陶筒瓦的瓦嘴与器身分件制作，然后粘接到一起，接头处内面凹凸不平，陶罐颈部及器壁内侧多留有指压纹。

墓葬共 5 座。E1 区和 E2 区均有分布。编号分别为 M31、M75、M77、M96、M142。

墓葬形制结构有土圹石室墓和土圹砖室墓两种。土圹石室墓形制因残缺不清楚，残存部分平面为长方形，残长 2.2～3.2、宽约 2.1、残深 0.4～2.2 米。土圹砖室墓平面呈凸字形，一般长约 9、宽约 3.6、深约 2 米。墓砖纹饰有菱形几何形纹及鸟、鱼、龟等图案。墓葬方向无一定规律，均依山势埋葬。

葬具均腐烂，多残存棺漆皮及灰痕。

人骨架深度腐烂，葬式及墓主人性别、年龄均不详。

墓葬均被盗。除 2 座墓葬无随葬品外，其余残存有少量随葬品。除瓦类器物在墓道和甬道外，其余随葬器物放置位置因扰动无规律可循。共 28 件器物及 17 枚钱币。种类有铜镜、铜饰件、银发钗、陶罐、瓷钵、陶瓦当、陶筒瓦、陶板瓦、玻璃珠等。其组合形式如下：

铜饰件、陶罐、陶瓦当、陶筒瓦、陶板瓦、玻璃珠、钱币组合：1 座；

银发钗、瓷钵、陶筒瓦、陶板瓦、钱币组合：1 座；

铜镜、陶筒瓦、陶板瓦、陶瓦嘴组合：1 座。

其中，陶筒瓦、陶板瓦均为粗泥灰陶，外表饰绳纹，内壁饰布纹或菱形方格纹，瓦当饰卷云纹。铜器、银器多锈蚀。漆木器均腐烂。

（二）灰沟

G1 位于 E2 区 E2T46 探方中部。开口在③层下，打破生土。距地表深 0.7～1.2 米。方向 30°。所处位置属斜坡地带，地势南高北低。平面呈长方形倾斜状。北部被现代墓葬打破。沟壁较斜，不甚整齐，底凹凸不平，南端浅，中间较深。长 2.72、宽 0.46～0.58、深 0.03～0.32 米（图五一六）。沟内填土为黑褐色黏土，夹杂有大小不一的石块，大者重约 25、轻者重约 1 公斤，土质较硬。包含有粗绳纹陶片、铜镞、玉镯等。

出土陶片共 34 片。均为泥质陶，但有粗细之分，其中粗泥陶 33 片，细泥陶 1 片，分别占陶片总数的 97.06％、2.94％。陶片颜色有红陶、红褐陶、灰陶和灰褐陶，分别占陶片总数的 2.94％、2.94％、91.18％、2.94％。陶片纹饰均为绳纹，有粗绳纹和细绳纹两种，分别占陶片总数的 47.06％、11.76％。

陶器共 8 件。种类有筒瓦和板瓦，各占陶器总数的 50.00％。

陶筒瓦　4 件。标本 E2G1:6，残。粗泥灰陶。腹较厚，瓦嘴略上翘。瓦嘴与器体分件制作，然后粘接，粘接处内壁凹凸不平，并有手捏痕迹。外表饰粗直绳纹，内面饰布纹。瓦嘴长 3.3、宽 9.8、残长 15.5、宽 14.3、胎厚 1～1.5 厘米（图五一七，3）。标本 E2G1:5，残。粗泥灰陶。瓦较窄，弧度较大，横剖面呈半圆形。外表饰粗直绳纹，内面饰布纹。残长 12.5、宽 11.6、胎厚 0.9 厘米（图五一七，5）。

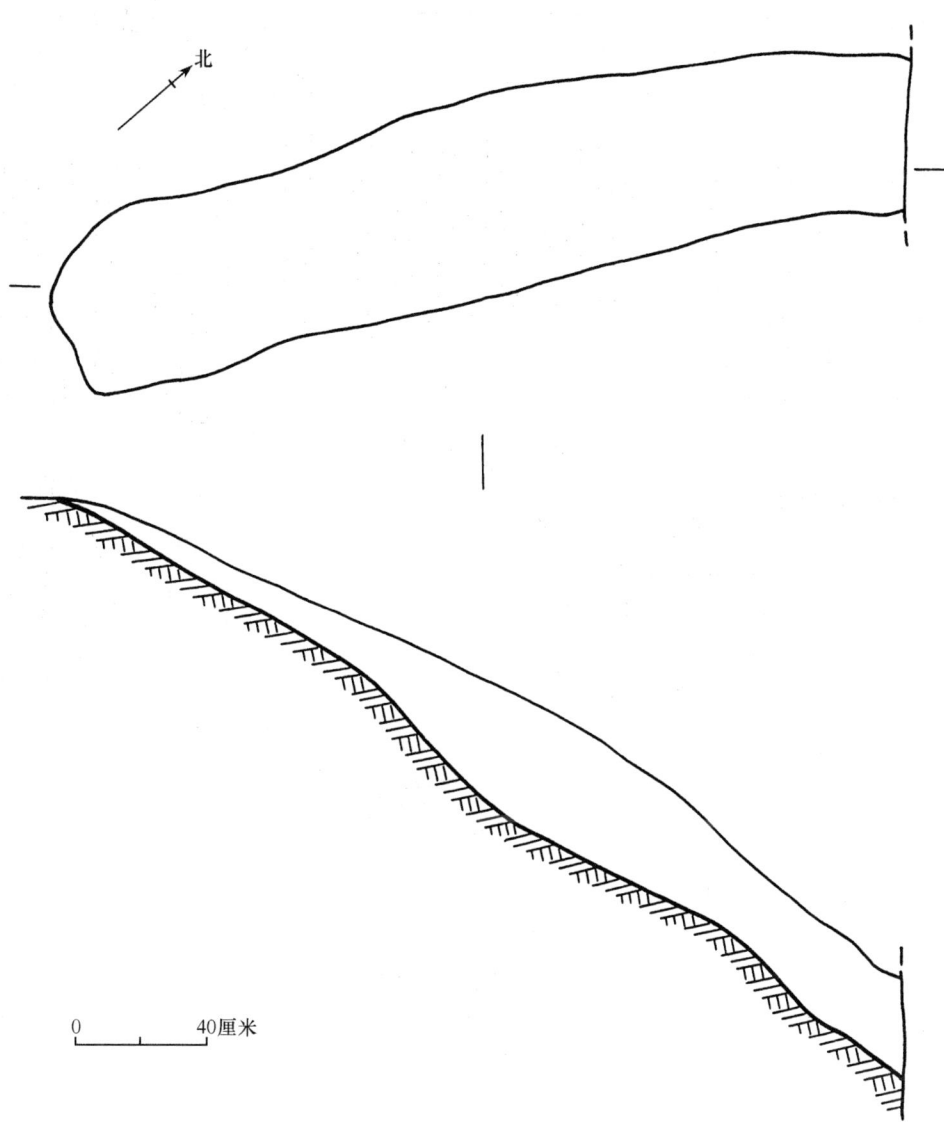

图五一六　E2 区 G1 平、剖面图

陶板瓦　4 件。标本 E2G1:4，残。粗泥灰陶。火候较高。瓦面弧度较小。外表饰粗斜绳纹，内面饰布纹和方格纹。残长 18、残宽 15.5、腹厚 1 厘米（图五一七，1）。标本 E2G1:3，残。粗泥灰陶。胎较薄，一端较宽，另一端较窄。外表饰间断绳纹，内面无纹饰。残长 12、残宽 14.8、胎厚 0.7 厘米（图五一七，2）。

铜镞　1 件（E2G1:1）。完整。双翼形。铤较短，呈圆锥形。翼长 3.8、铤长 2.3、通长 5.5 厘米（图五一七，6）。

玉镯　1 件（E2G1:2）。残。青白玉。呈青灰色。硬度 6°~7°。产于天山地区。横剖面呈圆形。直径 7.5、肉径 1 厘米（图五一七，4）。

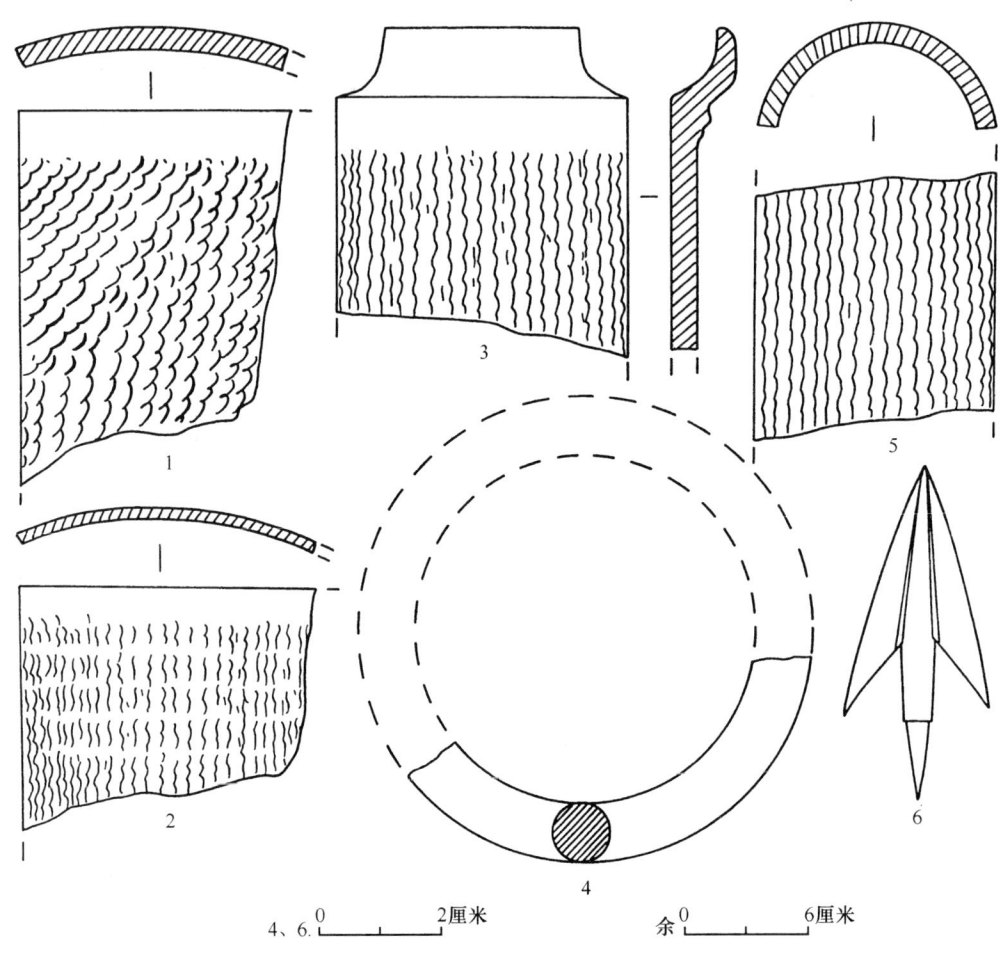

图五一七　E2 区 G1 出土器物

1、2. 陶板瓦（E2G1:4、E2G1:3）　3、5. 陶筒瓦（E2G1:6、E2G1:5）　4. 玉镯（E2G1:2）　6. 铜镞

（E2G1:1）

（三）瓦场

E2W1 位于 E2 区 E2T1 探方内。开口在①层下，打破生土。距地表深 0.4~0.6 米。方向 330°。为堆瓦的场所，故称为瓦场。平面略呈椭圆形，底面较平整。长径 5.5、短径 3.5 米（图五一八；图版一六一，2）。系在平地上直接堆放陶瓦，现存的瓦砾是剩余的陶瓦和废弃的残陶瓦。这些陶瓦有的三至四块叠压在一起，有的破碎在一处，堆积最厚处达 0.35、最薄处仅 0.02 米。陶瓦片共 1000 多片，均为粗泥灰陶。外表饰粗直绳纹和细斜绳纹，内面饰布纹和方格纹①。陶瓦种类有板瓦和筒瓦两种，其中板瓦占总数的 96%，筒瓦仅占总数的 4%。

陶瓦制法均为模制，筒瓦的瓦身和瓦嘴分别制作，然后粘接。部分陶瓦局部有手修整痕迹。制瓦模具有三种（套），即陶筒瓦一套，陶板瓦有大小各一套。

陶板瓦　约 970 多片，其中复原完整 3 块。标本 E2W1:1，复原完整。粗泥灰陶。上端较窄，下端较宽。上段饰粗绳纹，下段饰细斜绳纹，内面饰布纹。上端宽 36、下端宽 39.2、长 56、胎厚 2

---

① E2W1 出土的板瓦与 E2 区 M31、M37、M142 所出板瓦基本相同。

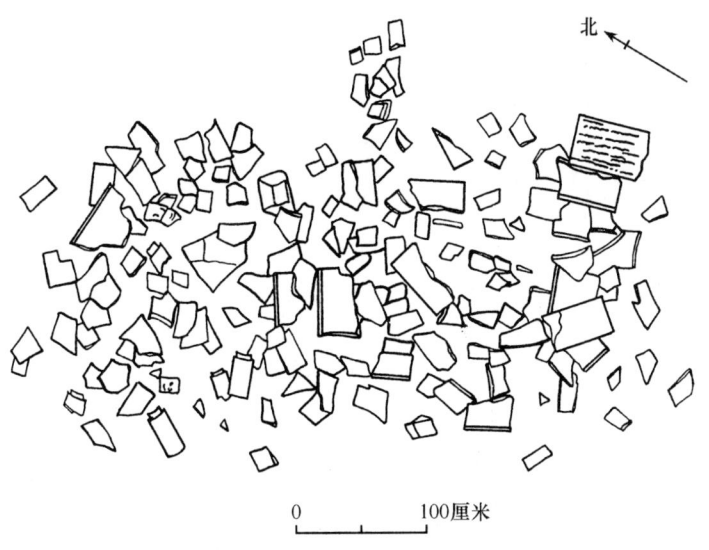

图五一八 E2 区 W1 平面图

厘米（图五一九，1；图五二〇，1、2；图版一八四）。标本 E2W1:2，复原完整。粗泥灰陶。较 E2W1:1 略小。上段较窄，下段较宽，瓦弧度较 E2W1:1 大。上段饰粗绳纹，下段饰细斜绳纹，内面饰布纹和菱形方格纹。上端宽 33.6、下端宽 35.8、长 53、胎厚 1.9 厘米（图五一九，2；图五二〇，3）。

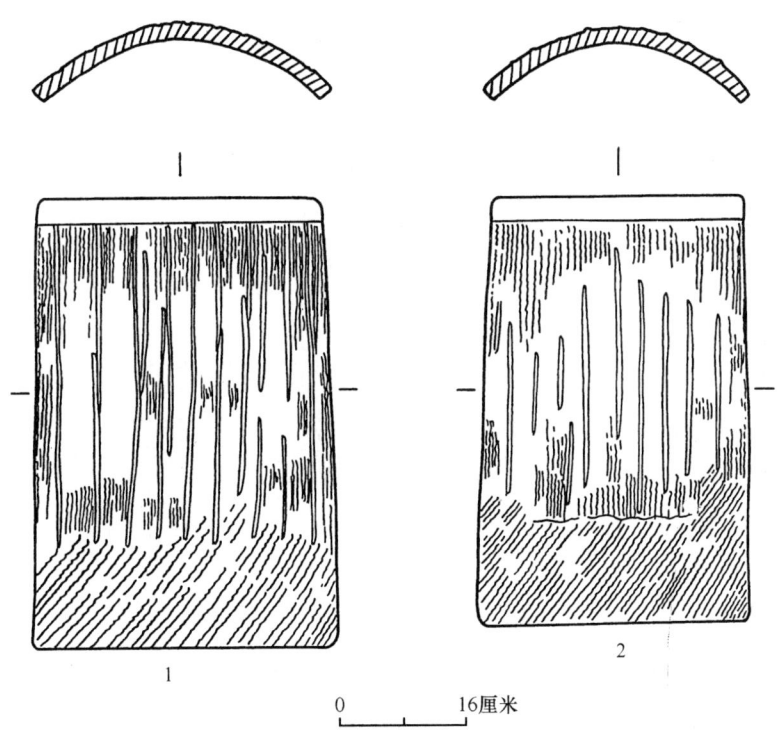

图五一九 E2 区 W1 出土陶板瓦

1. E2W1:1　2. E2W1:2

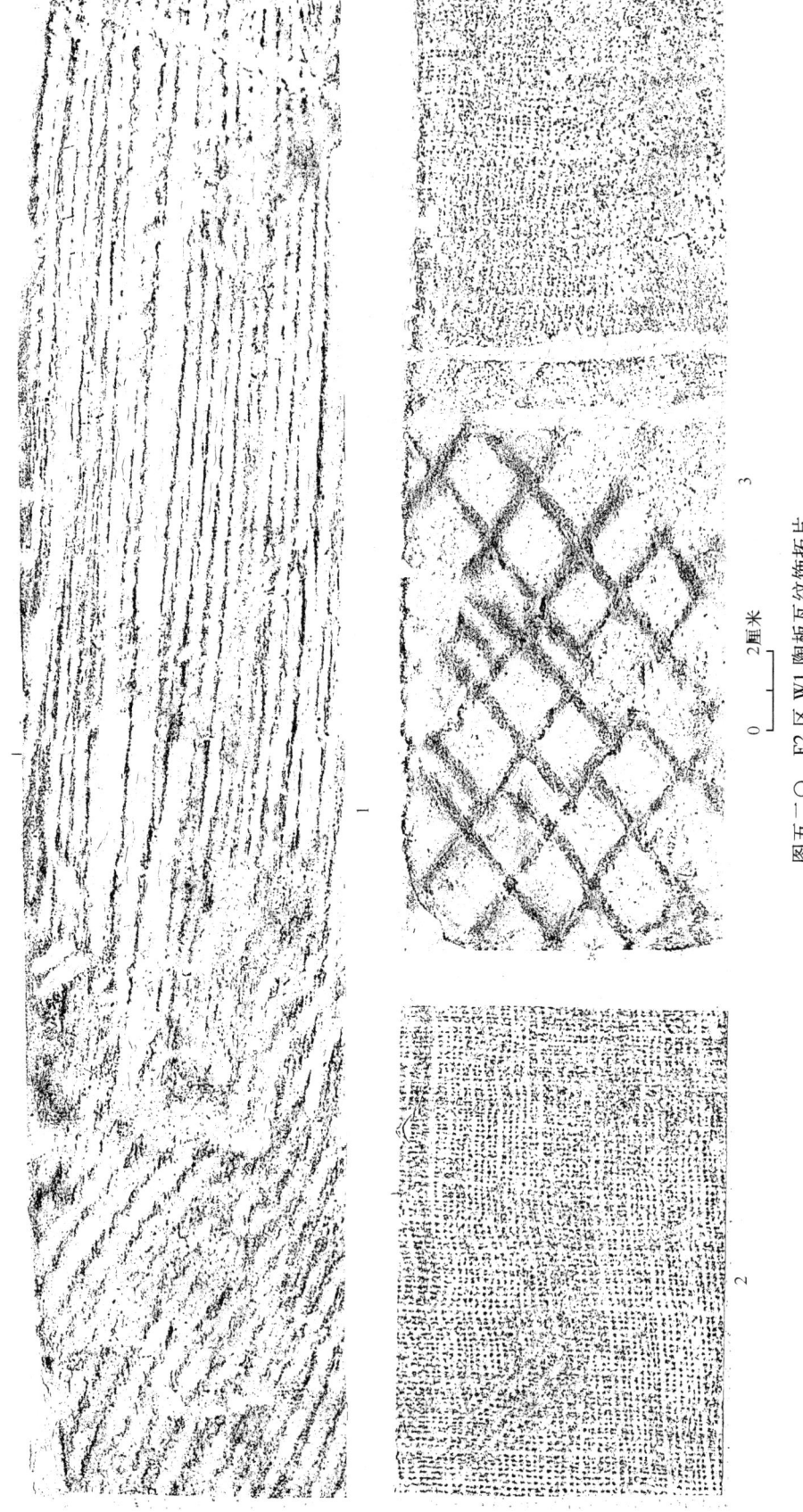

图五二〇　E2 区 W1 陶板瓦纹饰拓片

1. 绳纹（E2W1：1 外面）　2. 布纹（E2W1：1 内面）　3. 菱形纹及布纹（E2W1：2）

0　　　2厘米

陶筒瓦　共40多片。标本E2W1:3，残。粗泥灰陶。弧度较大横剖面呈半圆形。外表饰直绳纹，内面饰布纹。残长25、宽14.3厘米。

（四）取土场

Q1位于E2区中部，即E2T54～E2T56、E2T61～E2T64、E2T69～E2T71、E2T80～E2T82、E2T91～E2T93、E2T102～E2T104、E2T110～E2T112、E2T117探方内。开口在①层下，打破生土。距地表深0.35～0.53米。方向30°。北面被明代F1～F6房屋建筑群打破。

E2Q1平面略呈三角形，依地势呈斜坡状，边缘及底面不整齐，尤其是南壁凹凸不平，局部呈台阶状。周边均为黄褐色黏土，底部多为砂岩。南北残长28～32、东西宽1～16.5、深1～5米（图五二一）。

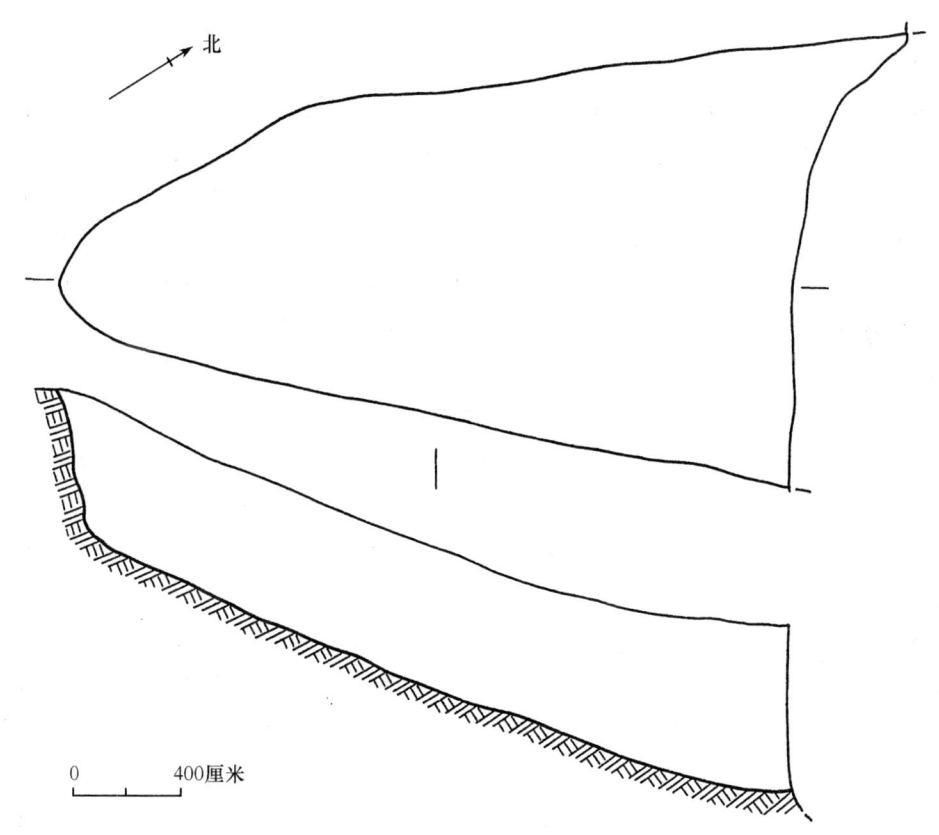

0 400厘米

图五二一　E2区Q1平、剖面图

取土场内填土较杂，有黄褐色黏土和黑褐色及灰褐色块状土。夹杂有大量的石头、几何形花纹灰陶砖、绳纹灰陶板瓦、灰陶筒瓦、红色烧土块、木炭、草木灰以及少量动物骨骼等遗物。堆积零乱，毫无规律。同时在这些遗物中还包含有极少量的周代鬲足、罐等陶片。

（五）墓葬

墓葬共5座。可分为土圹石室墓和土圹砖室墓两类。

1. 土圹石室墓

① M96

M96 位于 E2 区东北角。开口在①层下，打破生土。距地表深 0.48～0.69 米。方向 25°。被民房打破，仅存小部分，发掘前部分墓室后壁已暴露在外。平面呈长方形，土圹壁较陡直，底较平整。墓室由条石和薄石片相间垒砌而成，墓底为基岩，没有铺垫设施。土圹口残长 2.2、宽 2.6、深 2.2 米，底残长 2.12、宽 2.38 米。墓室残长 2、宽 2.1、高 1.8 米（图五二二）。墓壁条石和薄石片仅内侧打制较整齐，其他面打制后未经仔细加工，比较粗糙。大者长约 0.5、宽 0.3、厚 0.22米，小者长 0.18、宽 0.2、厚 0.05 米。石墓室上部填土为灰褐色五花土，比较硬，墓内为黑褐色淤土，夹杂有墓壁倒塌的条石和绳纹瓦片等器物。

因遭破坏和腐烂，没有发现葬具、人骨架及随葬品。故葬具、葬式及墓主人性别、年龄均不详。

② M142

M142 位于 E2 区南部，E2T130 探方内。开口在①层下，打破生土。距地表深 0.8～1.5米。方向 360°。因深度开垦种植，墓室北部被破坏，并形成一道陡壁，发掘前墓室直接暴露在陡壁上。平面呈长方形。土圹壁较陡直，底较平，墓室内为较整齐的条石交错垒砌而成。土圹口残长 3.2、宽 2.05、残深 0.4～1.4 米，底残长 3、宽 1.7 米。墓室残长 2.8、宽 1.45、残高 0.25～0.7 米（图五二三）。墓壁条石均为人工打制，较整齐，长 0.5、宽 0.22、厚 0.12米。墓内填土为黄褐色五花土及红褐色、黑褐色斑点土块，比较坚硬，夹杂有墓室倒塌的条石及板瓦陶片。

因墓室倒塌挤压和腐烂，未发现葬具及腐烂痕迹，故葬具不清楚。

人骨架腐烂严重，仅存头骨及牙齿，葬式不详。人头骨及牙齿经鉴定性别为男性，年龄 35 岁左右。

残存随葬器物较少，主要是铜镜及陶筒瓦、陶板瓦和陶瓦嘴等。铜镜位于墓室西边中部，其余随葬器物分布于墓室北边。

铜镜　1 件（M142:1）。残。四灵纹铜镜。未锈蚀。胎较厚。外表有一层黑漆钻，圆形，宽边，中间有圆形钮，钮穿孔，其外饰两道凸弦纹和斜形纹，凸弦纹之间饰四灵纹，并用四个乳钉纹将四灵隔开。直径 11.9、边宽 1.55、钮径 1.8 厘米（图五二四；图五二五，3；图版一八五，4）。

陶瓦嘴　2 件。标本 M142:7，残。粗泥灰褐陶。瓦嘴较长，略上翘，瓦嘴与瓦体接头处胎较厚。外表饰粗直绳纹，内面饰布纹。瓦嘴长 4.6、宽 10.2、瓦残长 13.8、宽 13.8、胎厚 1.45～2.1厘米（图五二六，1）。标本 M142:6，残。粗泥灰陶。瓦嘴较短，瓦嘴与瓦体粘接处内壁胎突厚，并有手抹痕迹。外表饰粗直绳纹，内面饰布纹。瓦嘴长 3.9、宽 10.2、瓦残长 12.6、宽 12.5、胎厚1.2～2.6 厘米（图五二六，4）。

陶板瓦　3 件。标本 M142:2，完整。粗泥灰陶。一端较宽，另一端较窄，平面略呈梯形。外表饰斜绳纹，部分绳纹抹光，内面饰方格纹。长 48、宽 30～33.6、胎厚 1.8～1.9 厘米（图五二五，1、2；图五二六，2；图版一八五，1）。

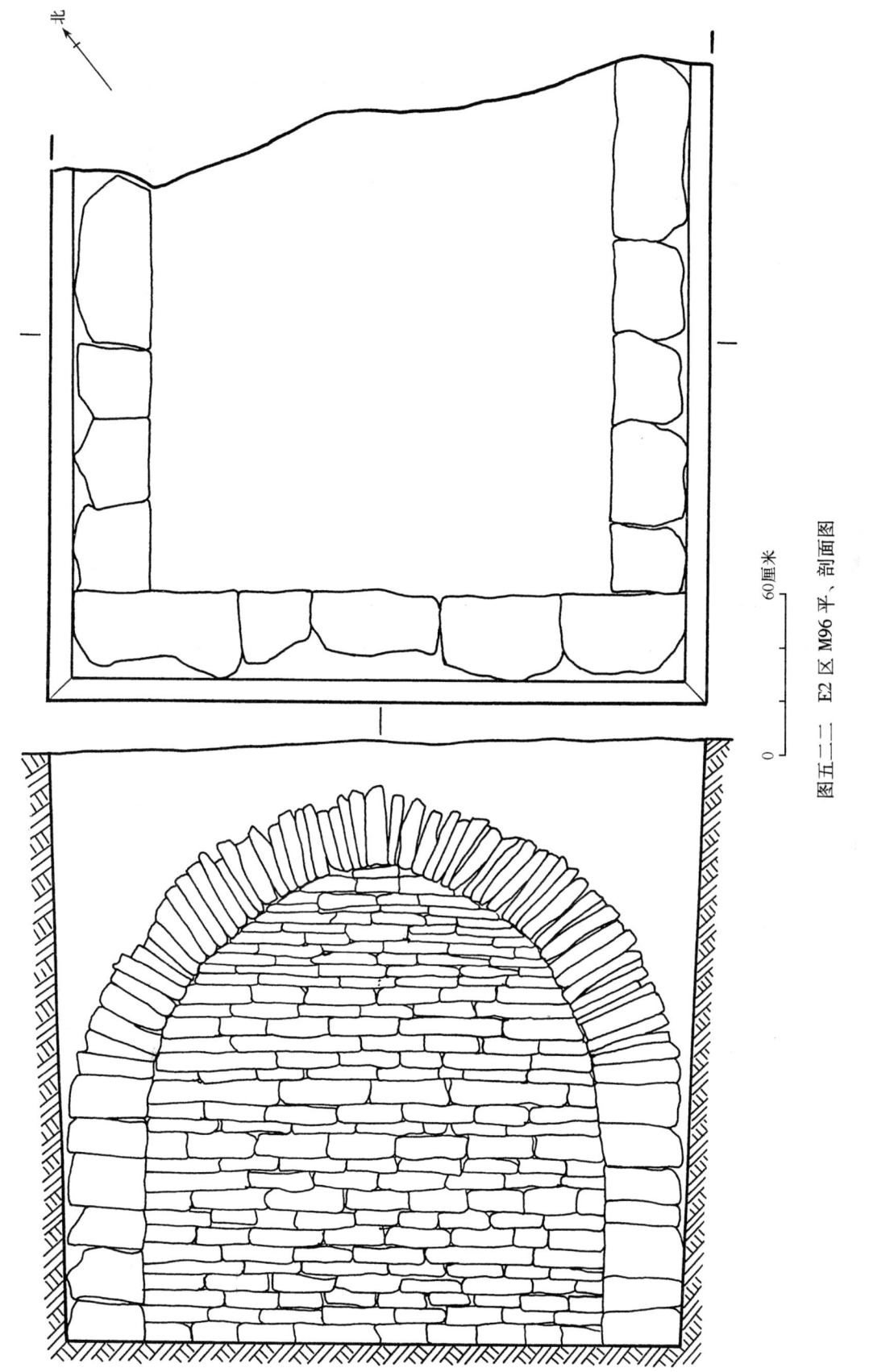

北

60厘米

0

图五二二　E2 区 M96 平、剖面图

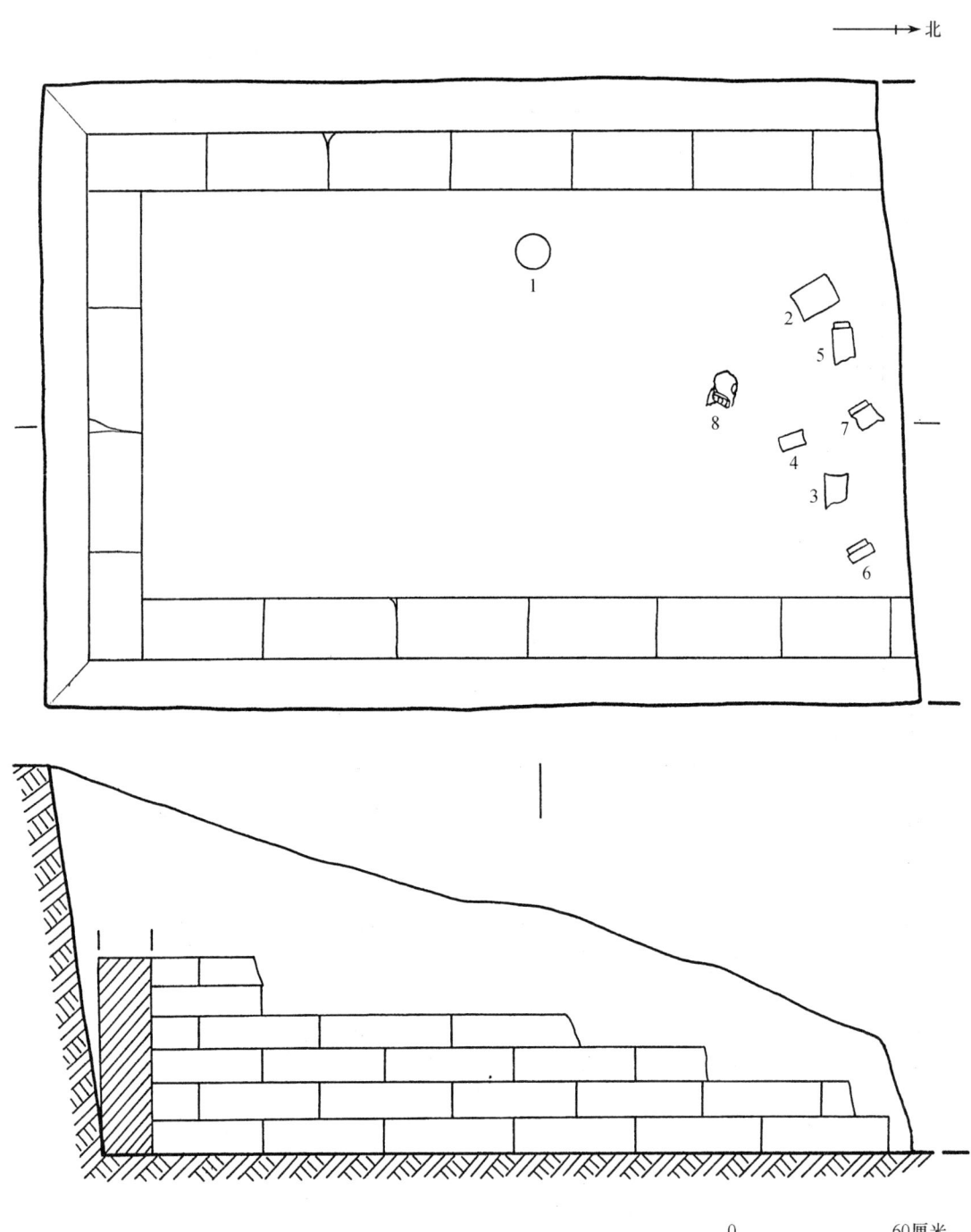

图五二三　E2 区 M142 平、剖面图

1. 铜镜　2~4. 陶板瓦　5. 陶筒瓦　6、7. 陶瓦嘴　8. 人头骨

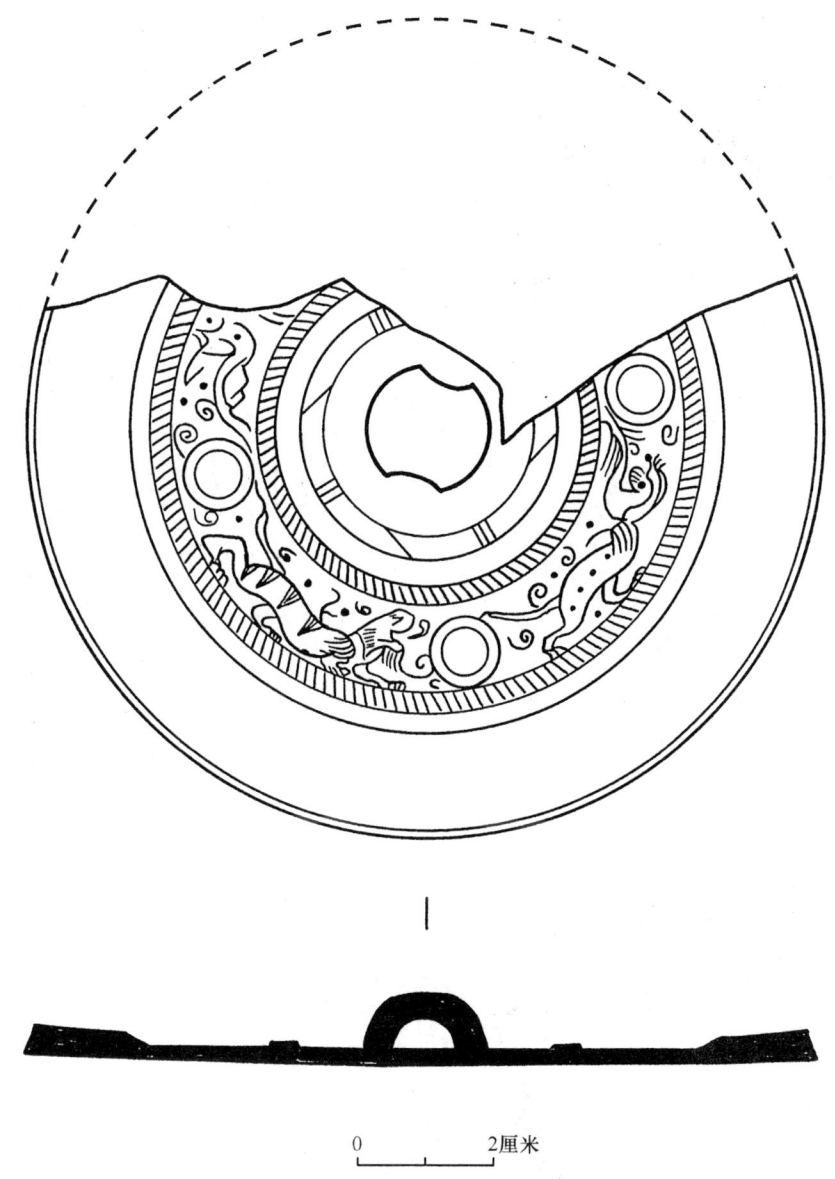

图五二四　E2 区 M142 铜镜（M142∶1）

陶筒瓦　1 件（M142∶5）。残。粗泥青灰陶。瓦面较窄，弧度大，横剖面呈半圆形。外表饰粗直绳纹，内面饰布纹。残长 24.8、宽 15、胎厚 1.46 厘米（图五二六，3）。

2. 土圹砖室墓

① M31

M31 位于 E2 区南部，E2T154 探方东边。开口在①层下，打破生土，但又被 M147 打破。距地表深 0.27~0.9 米。方向 40°。因深度开垦种植和自然水土流失，墓室券顶大部分及甬道券顶被破坏，墓前形成一道陡坎。甬道券顶左侧有一盗洞。

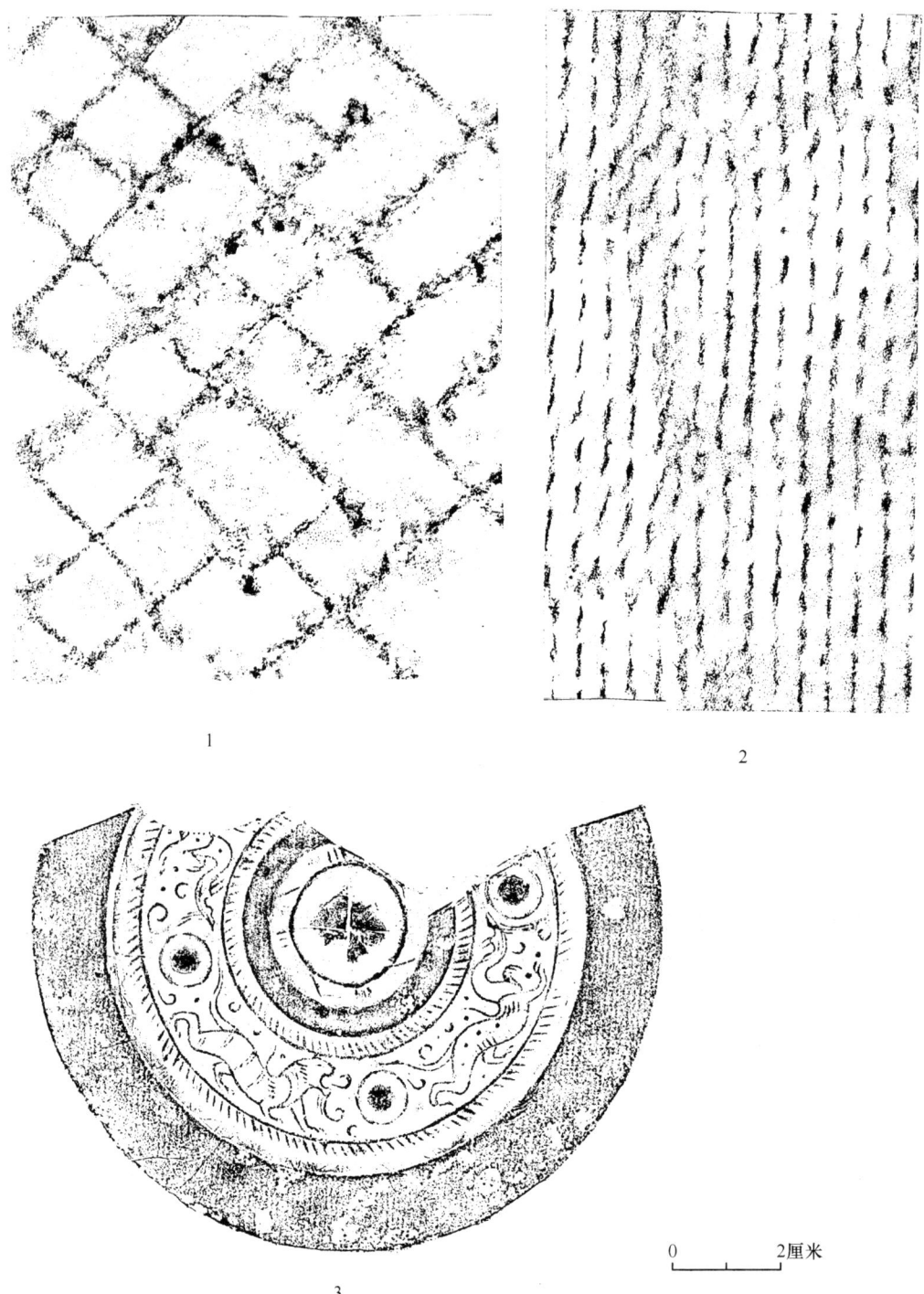

图五二五　E2 区 M124、M142 器物纹饰拓片

1. 方格纹（M142:2 板瓦内面）　2. 绳纹（M142:2 板瓦外面）　3. 铜镜（M142:1）

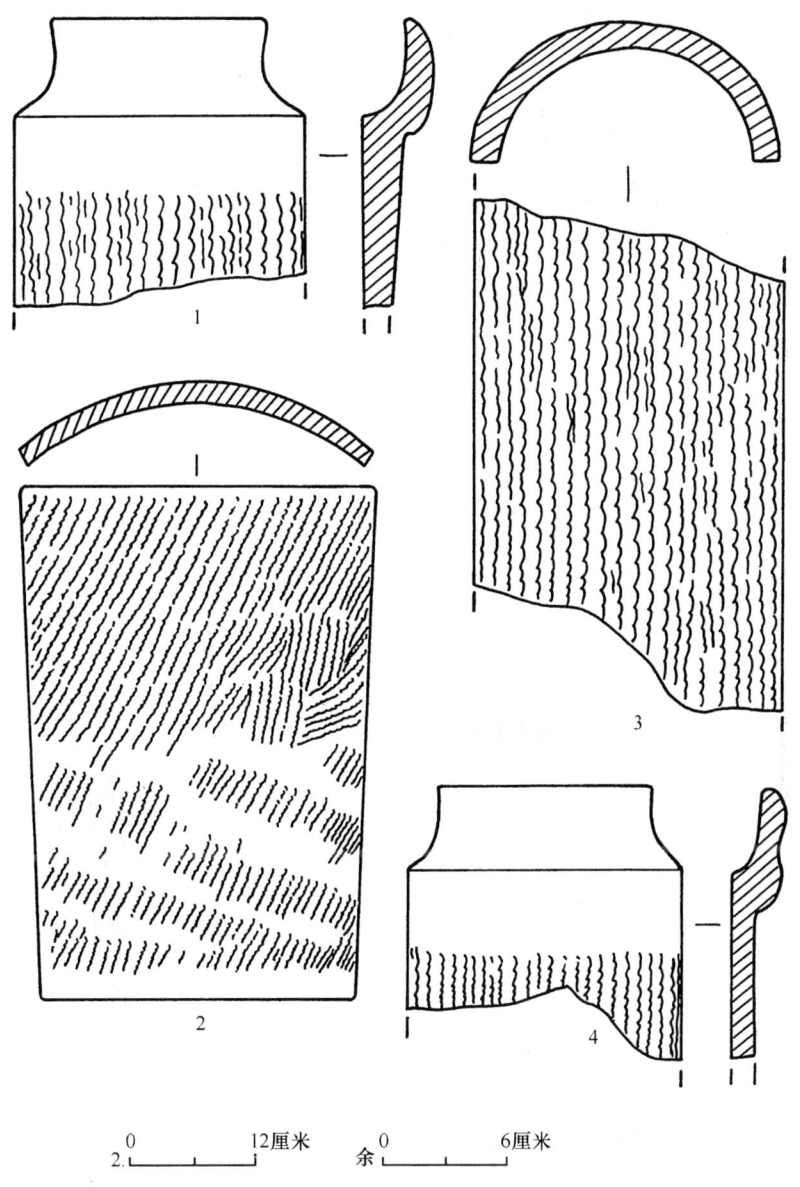

图五二六　E2 区 M142 出土陶瓦
1、4. 瓦嘴（M142:7、M142:6）　2. 板瓦（M142:2）　3. 筒瓦（M142:5）

　　该墓平面呈凸字形，由墓室和甬道两部分组成。墓室中部有高 0.3 米的简易隔墙。甬道口有三道封门砖。甬道底和墓室底均没有铺垫设施。土圹壁较陡直，底较平整。墓室及甬道壁均用砖错缝顺砖垒砌而成，墓室从高 1.1 米处开始券顶，甬道从高 0.9 米处开始券顶，券顶用长方形砖和楔形砖相间券砌。土圹口长 9.4、宽 3.6、残深 1.4～4.2 米，底长 9.2、宽 3.3 米。墓室长 6、宽 3、高 2.6 米。甬道长 3、宽 1.65、残高 1.25 米（图五二七）。墓室券顶上面的填土为黄褐色五花土，经夯打特别坚硬。墓内有大量的淤土，分为上、下两层，下层和最里面（即南部）为灰褐色淤泥，较潮湿、松软，上层为券顶上塌下去的五花土，呈黄褐色，比较松软，夹杂有墓券顶及墓壁倒塌的砖块。

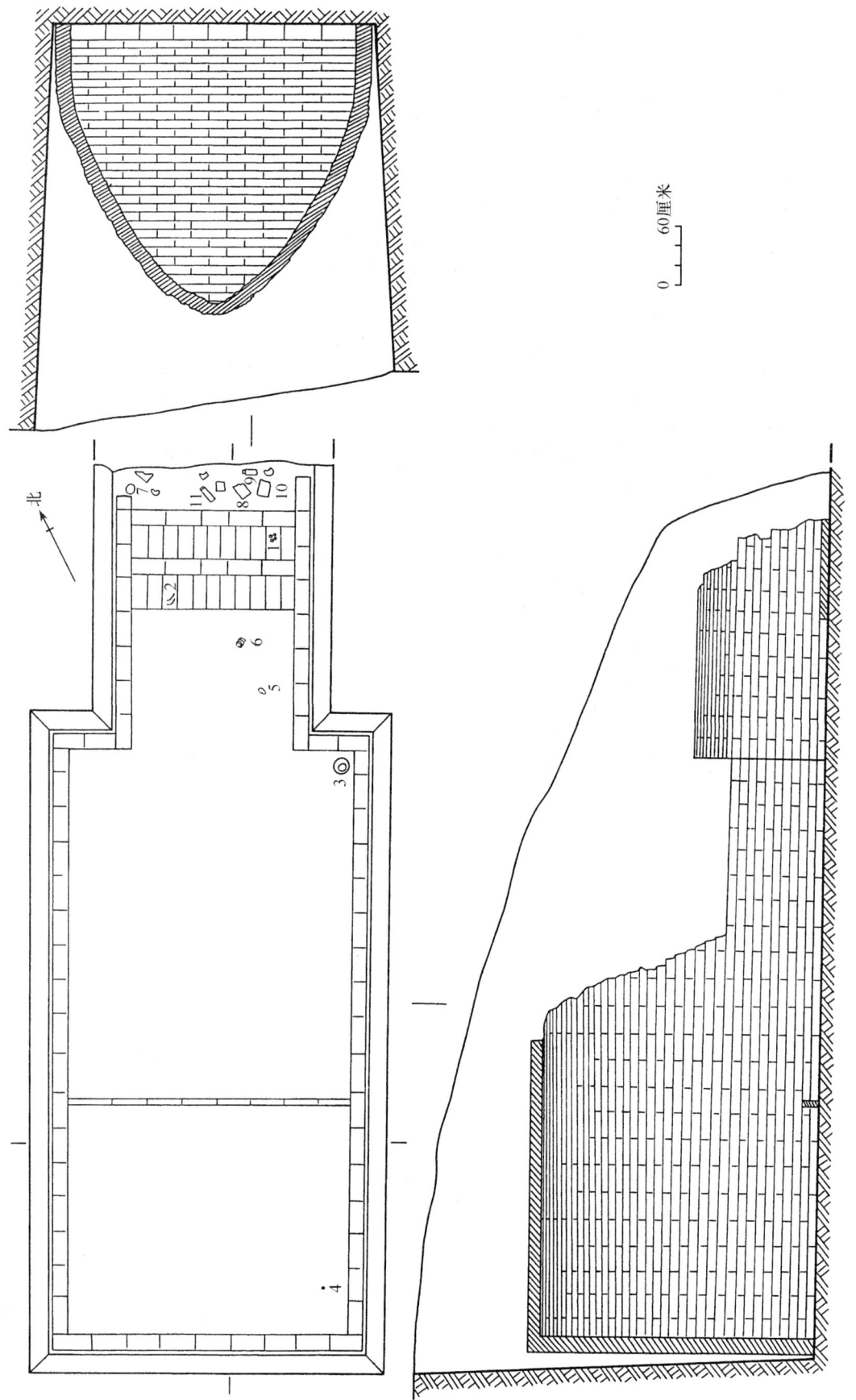

图五二七　E2 区 M31 平、剖面图

1、5、6. 铜钱　2. 铜饰件　3. 陶罐　4. 料珠　7. 陶瓦当　8、10. 陶板瓦　9、11. 陶筒瓦

北

0　60厘米

墓砖均为泥质青灰色。火候较高。一面饰斜绳纹，一侧面和一当面饰菱形几何形纹及鱼、龟、鸟等纹饰图案及 "+"、"△" 形符号（图版一八六，2）。部分楔形砖侧面饰菱形几何纹和凸起的 "永元" 年号文字（图版一八六，1）。砖尺寸一般长36、宽18~19.2厘米，厚度不等。标本M31:16，完整。楔形。一面饰斜绳纹，内侧面饰三角形等几何纹。长36、宽18、外侧面厚6、内侧面厚3.6厘米（图五二八，1）。标本 M31:14，完整。火候较高。楔形。一面饰斜绳纹，内侧面饰三角、窗棂等几何形纹。长36、宽18、外侧面厚4.8、内侧面厚3.6厘米（图五二八，2；图五二九，3）。标本 M31:13，完整。火候较高。长方形。一面饰斜绳纹，一侧面饰鱼、龟、鸟等动物图案，两当面分别有凸起的 "+"、"△" 形符号。长36、宽19.2、厚6厘米（图五二八，3；图五二九，1、5、6）。标本 M31:15，完整。长方形。胎较薄。一面饰交错绳纹，一侧面饰菱形几何纹及凸起的 "永元" 年号文字。长3.6、宽18、厚36厘米（图五二八，4；图五二九，4）。标本M31:12，完整。火候较高。长方形。一面饰斜绳纹，另一侧面和一当面饰多重菱形几何纹及圆点纹，另一当面有凸起的 "×" 形符号。长36、宽18、厚5.4厘米（图五二八，5；图五二九，2）。

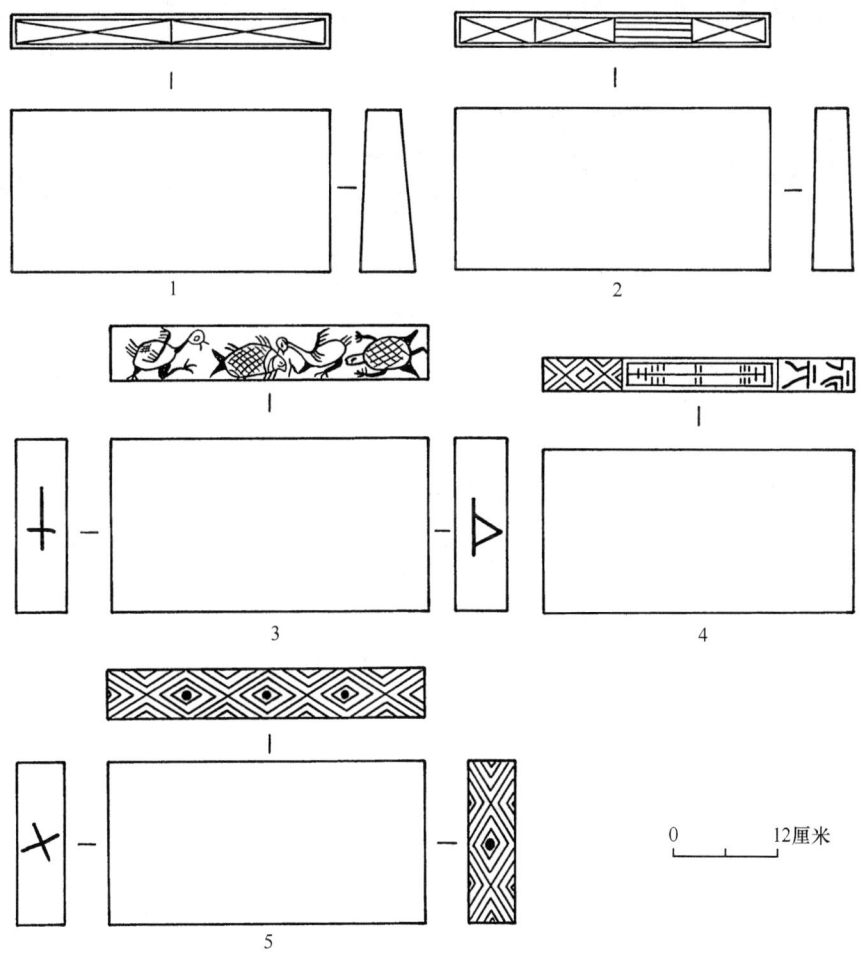

图五二八　E2 区 M31 墓砖
1. M31:16　2. M31:14　3. M31:13　4. M31:15　5. M31:12

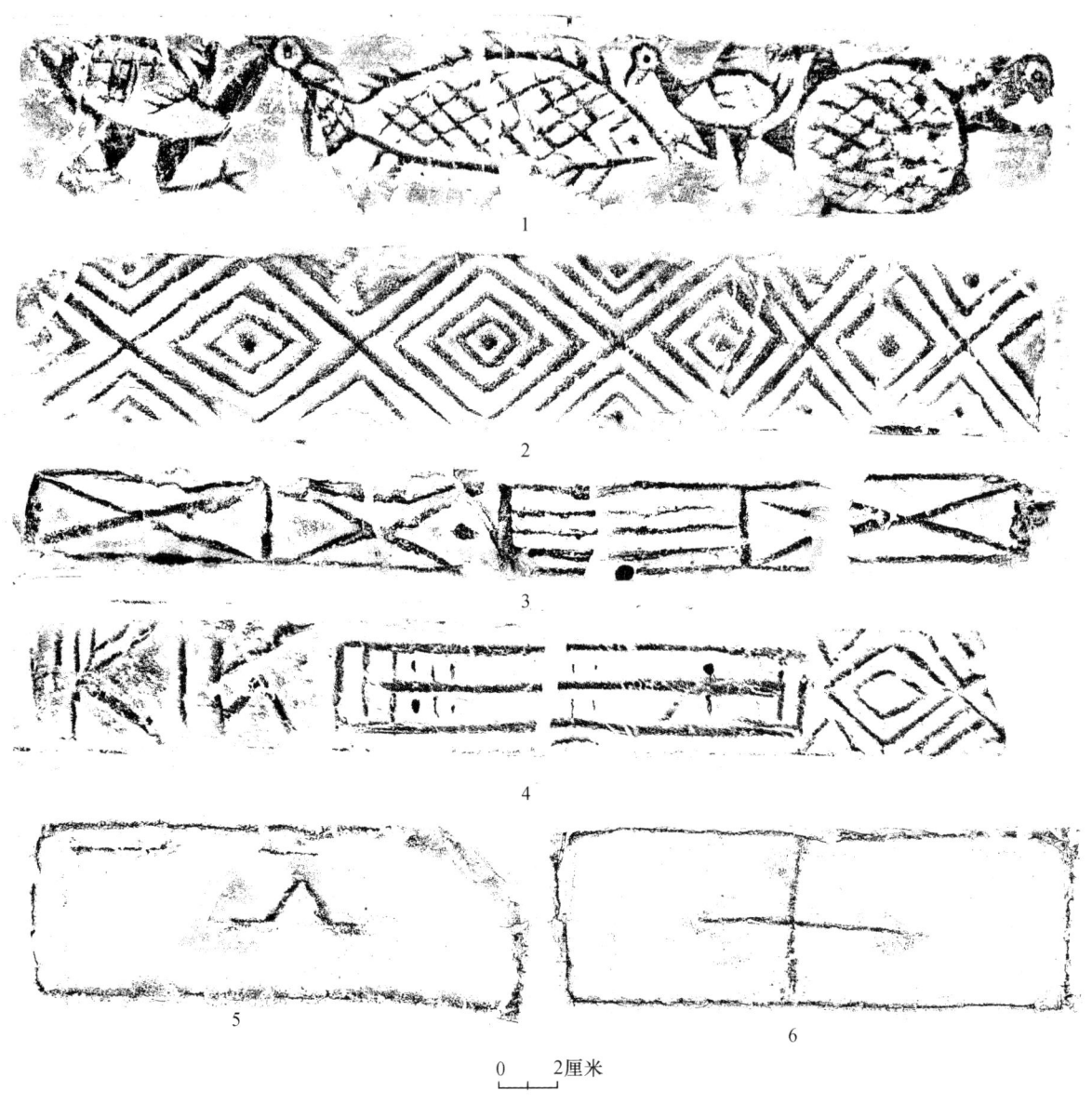

0 ⊢——⊢ 2厘米

图五二九　E2区M31墓砖纹饰拓片

1. 动物纹（M31:13）　　2、3. 菱形纹（M31:12、M31:14）　　4. "永元"砖纹（M31:15）　　5. "△"符号（M31:13）

6. "＋"字形符号（M31:13）

葬具腐烂无存，仅在墓室南部，即隔墙南面发现部分漆皮痕迹，漆皮为黑底红彩，彩纹多为云纹和圆圈纹，范围约2平方米。应为棺腐烂后的漆皮。

人骨架腐烂无存。葬式及墓主人性别、年龄均不详。

因严重被盗，残存随葬器物不多，仅7件器物及7枚钱币。器物种类有陶罐、铜饰件、料珠、陶瓦当、陶板瓦、陶筒瓦等。料珠见于墓室东南角，陶罐位于墓室东北角，铜饰件和钱币出土于甬道南部，陶瓦当、陶板瓦、陶筒瓦均位于甬道北部（即甬道口处）。陶瓦类器物外表均饰绳纹，内壁饰方格纹（图五三〇）。

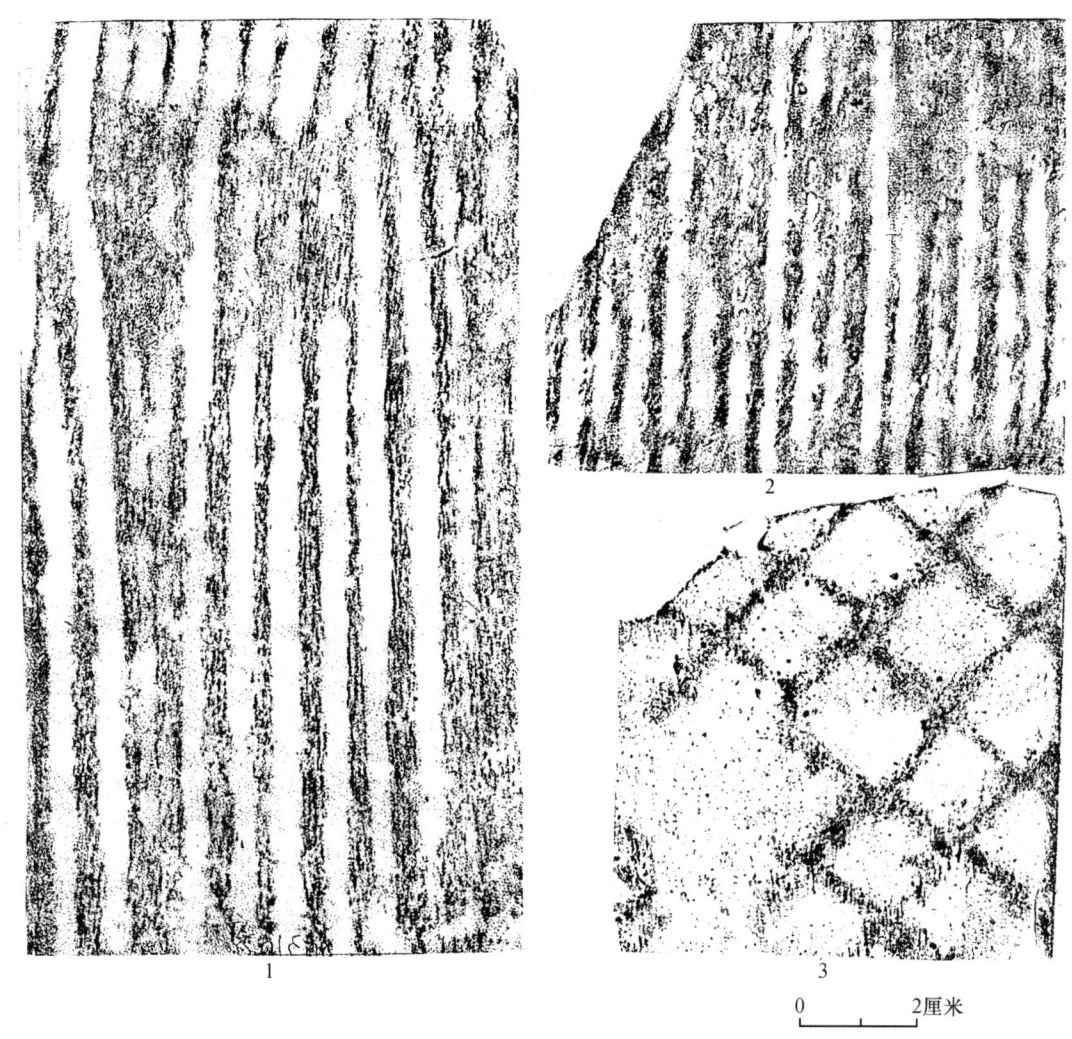

图五三〇 E2 区 M31 陶瓦纹饰拓片
1、2. 粗绳纹（M31:8、M31:11） 3. 方格纹（M31:10）

陶罐 1 件（M31:3）。完整。泥质红胎硬陶。火候较高。敛口，折沿，圆唇，腹略鼓，下腹内弧，大平底，肩部有四个对称的桥形附耳。下腹以上和口沿内施黄褐色釉，唇面、下腹部及底部无釉。口径 13.3、腹径 19.2、底径 12.6、耳长 2.7、器高 16.9 厘米（图五三一，1；图版一八七，1）。

铜饰件 2 件。均完整。标本 M31:2，略锈蚀。呈半月形，横剖面呈曲尺状。长 6、中部宽 0.9 厘米（图五三一，6）。

料珠 1 件（M31:4）。琉璃。绿色。硬度 6.5°~6.8°。器形甚小，两面平，边缘外鼓，略呈算珠形。顶面直径 0.6、中部直径 0.8、高 0.4 厘米（图五三一，4；图版一八五，3）。

陶瓦当 2 件。标本 M31:7，完整。泥质灰陶。圆形。周边凸起，当心为一大圆钮，钮外有一周弦纹，外区有对称四组蘑菇状云纹图案，每两组云纹间夹杂有两个小乳钉纹。图案线条流畅圆润。瓦身外表饰斜绳纹。直径 14.6、钮径 3.2、胎厚 2~3.2 厘米（图五三一，5；图五三二；图版一八七，2）。

陶筒瓦 4 件。标本 M31:9，残。泥质灰陶。瓦嘴较直，圆唇，胎厚较均匀。外表饰直绳纹，内面饰布纹。瓦嘴长 3.9、宽 10.5、胎厚 1.2、瓦宽 13.8、残长 19.8 厘米（图五三一，2）。

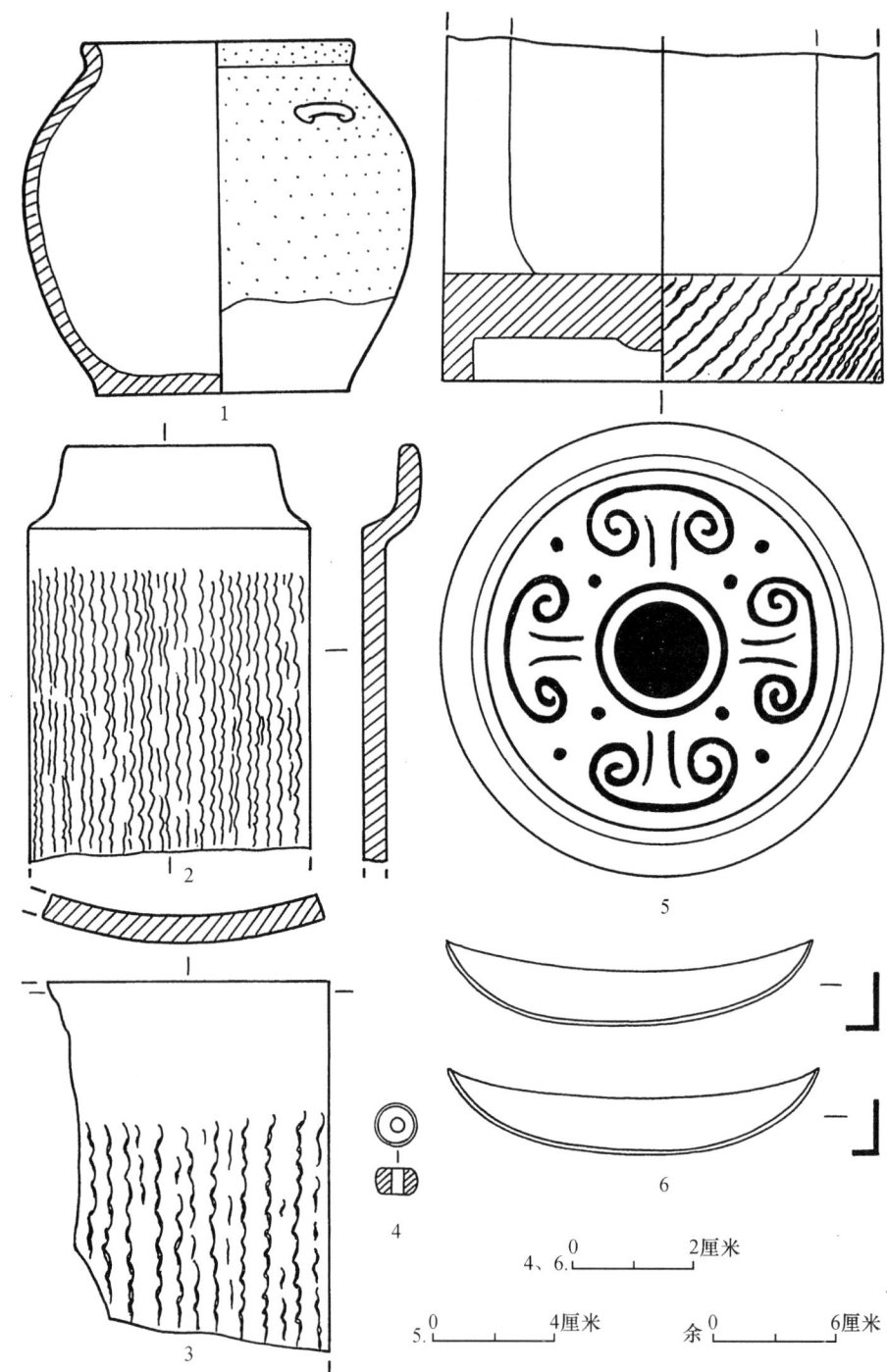

图五三一　E2 区 M31 出土器物

1. 陶罐（M31:3）　2. 陶筒瓦（M31:9）　3. 陶板瓦（M31:8）　4. 料珠（M31:4）　5. 陶瓦

当（M31:7）　6. 铜饰件（M31:2）

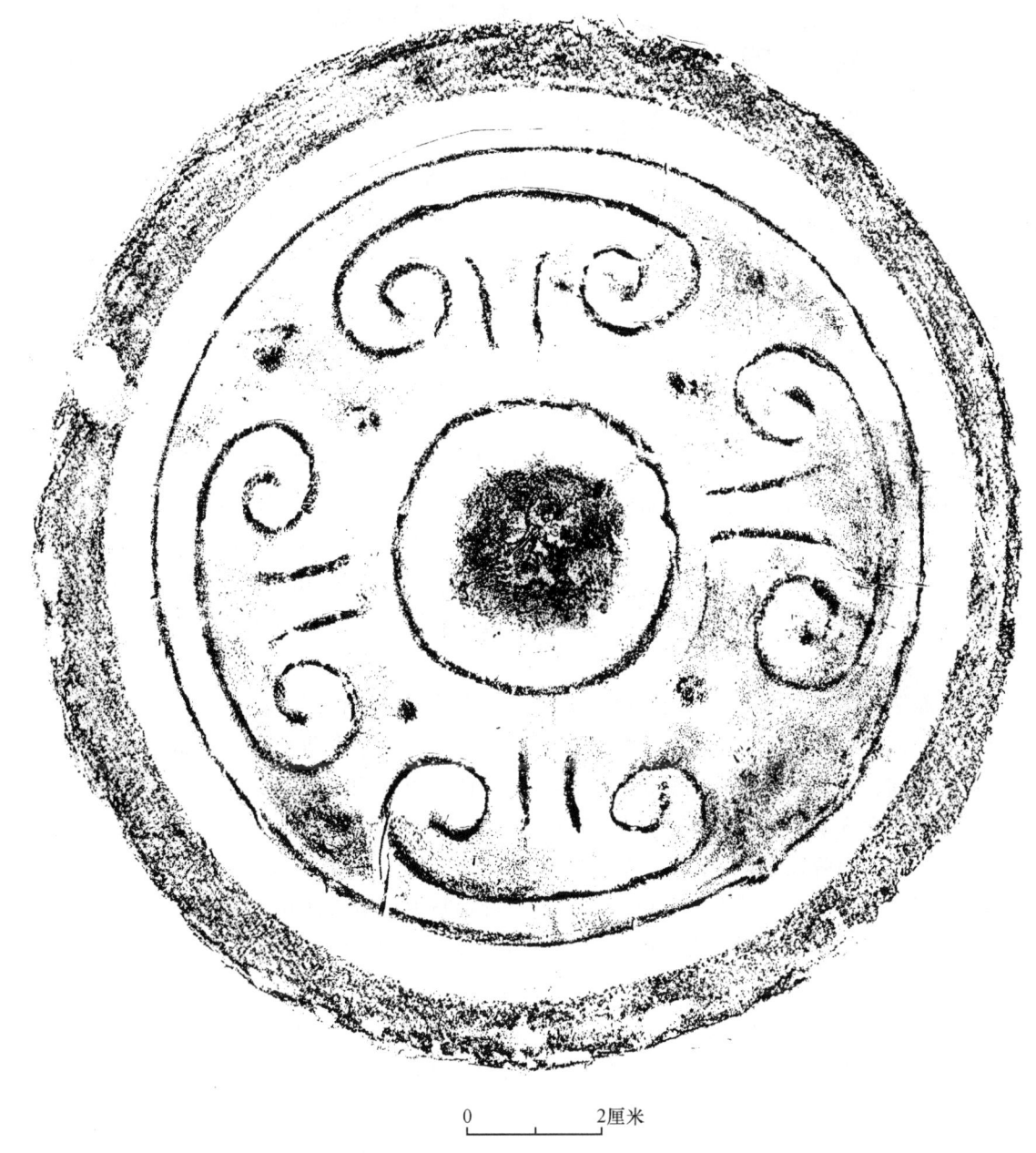

0 　　　　2厘米

图五三二　E2 区瓦当纹饰拓片（M31∶7）

陶板瓦　6 件。标本 M31∶8，残。泥质灰陶。瓦弧度较小，胎较厚。外表饰直绳纹，内面饰方格纹。残长 18、残宽 14.6、胎厚 1.5 厘米（图五三〇，1；图五三一，3）。

钱币　7 枚。均为铜质，皆为 C 型五铢。其中剪轮五铢 6 枚。

五铢　7 枚。体较薄，面文多模糊不清。直径 1.9～2.5 厘米。面文"五"字较宽大，"铢"字金旁的头较大，呈三角形，"朱"旁上部转角处圆折（图五三三）。属东汉早中期钱币。

② M75

M75 位于 E1 区西北角，东距 E1T1 探方 14 米。开口在①层下，打破生土。距地表深 0.5～0.7米。方向 19°。该墓所处具体位置在小溪沟边，因溪水长期冲刷和山体滑坡挤压，墓葬遭到严重破坏，仅存墓室东壁和部分墓底。券顶、东壁、南壁全部倒塌，东壁底砖向上隆起。墓土圹、墓室随

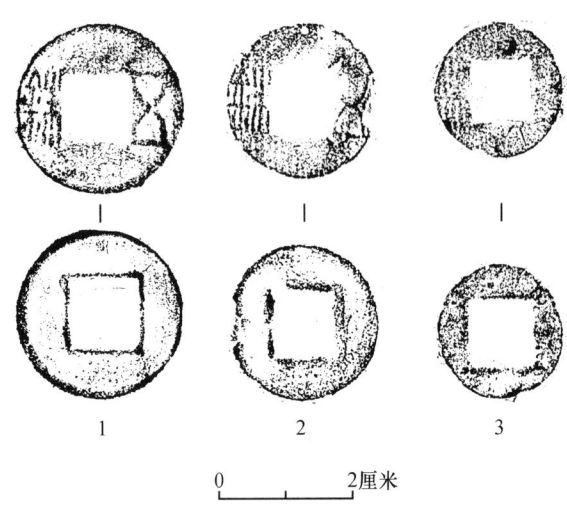

图五三三　E2 区 M31C 型五铢钱币拓片
1. M31:1　2. M31:5　3. M31:6

山体滑坡挤压向北严重倾斜。

墓葬平面呈凸字形，由甬道和墓室两部分组成，墓壁系长方形砖错缝顺砖垒砌，墓底呈人字形平铺。土圹口长 7.05、残宽 0.5 ~ 1.4、残深 0.95 ~ 1.8 米。墓室长 4.8、残宽 0.7 ~ 0.98、残深 0.05 ~ 0.7 米，甬道长 1.5、残宽 0.25 米（图五三四）。

因遭破坏和腐烂没有发现葬具和人骨架。葬具、葬式及墓主人性别、年龄均不详。

没有发现随葬器物。

③ M77

M77 位于 E2 区南边，西边距 M31 约 3 米，东边距 T163 探方 1.2 米。开口在①层下，打破生土，墓土圹西壁又被 M147 打破。距地表深 0.8 ~ 1.2 米。方向 38°。该墓所处位置为较陡的斜坡地带，因自然水土流失和长期开垦，墓葬遭到破坏，甬道券顶全部倒塌。墓室与甬道转拐处有一盗洞。

墓葬平面呈凸字形，由墓室和甬道两部分组成。土圹壁较陡直，底较平整。墓室系长方形砖错缝顺砖垒砌而成，从高 1.2 米处开始用长方形砖和楔形砖相间券顶。墓室后部有一台阶。甬道砌法与墓室相同，从 0.9 米处开始券顶，有三道封门砖。墓底没有铺垫设施。土圹口长 8.7、宽 3.6、残高 2.2 ~ 3.3 米，底长 8.6、宽 3.35 米，墓室长 6、宽 3、高 2.95 米，甬道长 2.45、宽 1.77、残高 1 米，台阶长 2.4、宽 3、高 0.15 米（图五三五；图版一八八，1、2）。墓室上面填土为黄褐色五花土，夹杂少量页岩石块，经夯打，特别坚硬。甬道内和墓室内北部填土均为甬道顶和盗洞塌下去的五花土，夹杂有甬道券顶倒塌的砖块。墓室内南部全为较细腻的淤泥，湿度较大，甚松软。

墓砖均为粗泥青灰色。火候较高。一面饰斜绳纹，一侧面和一当面饰菱形几何纹及鱼、鸟、龟等图案，长方形砖当面有凸起的 " + "、" × "、" △ "形符号。部分楔形砖侧面饰菱形几何纹及"永元"年号文字。墓砖长 36、宽 15 ~ 19.2 厘米，厚度不等。标本 M77:13，完整。楔形砖。一面饰斜绳纹，内侧面饰三角形和窗棂形几何纹。长 36、宽 18、外侧面厚 4.8、内侧面厚 3.6 厘米（图五三六，1；图五三七，3）。标本 M77:14，楔形砖。一面饰斜绳纹，内侧面饰菱形几何纹及"永元"年号文字。长 36、宽 18、外侧面厚 4.8、内侧面厚 3.6 厘米（图五三六，2；图五三七，2）。标本 M77:11，长方形。一面饰绳纹，一侧面和一当面饰多重菱形几何纹，另一当面饰 " × "形符号。长 36、宽 18、厚 5.4 厘米（图五三六，3；图五三七，1；图五三八，4）。标本 M77:12，长方形。较薄。一面饰斜绳纹，一侧面饰三角几何纹。长 36、宽 18、厚 3.6 厘米（图五三六，4；图五三七，4）。标本 M77:10，长方形。一面饰斜绳纹，一侧面饰鱼、龟、鸟动物图案。两当面分别有凸起的 " + "、" △ "形符号。长 36、宽 19.2、厚 6 厘米（图五三六，5；图五三八，1、5）。标本 M77:5，长方形。较窄。一面饰斜绳纹，一侧面饰龟、鱼动物图案。长 32.4、宽 15、厚 6.6 厘米（图五三六，6；图五三八，6）。

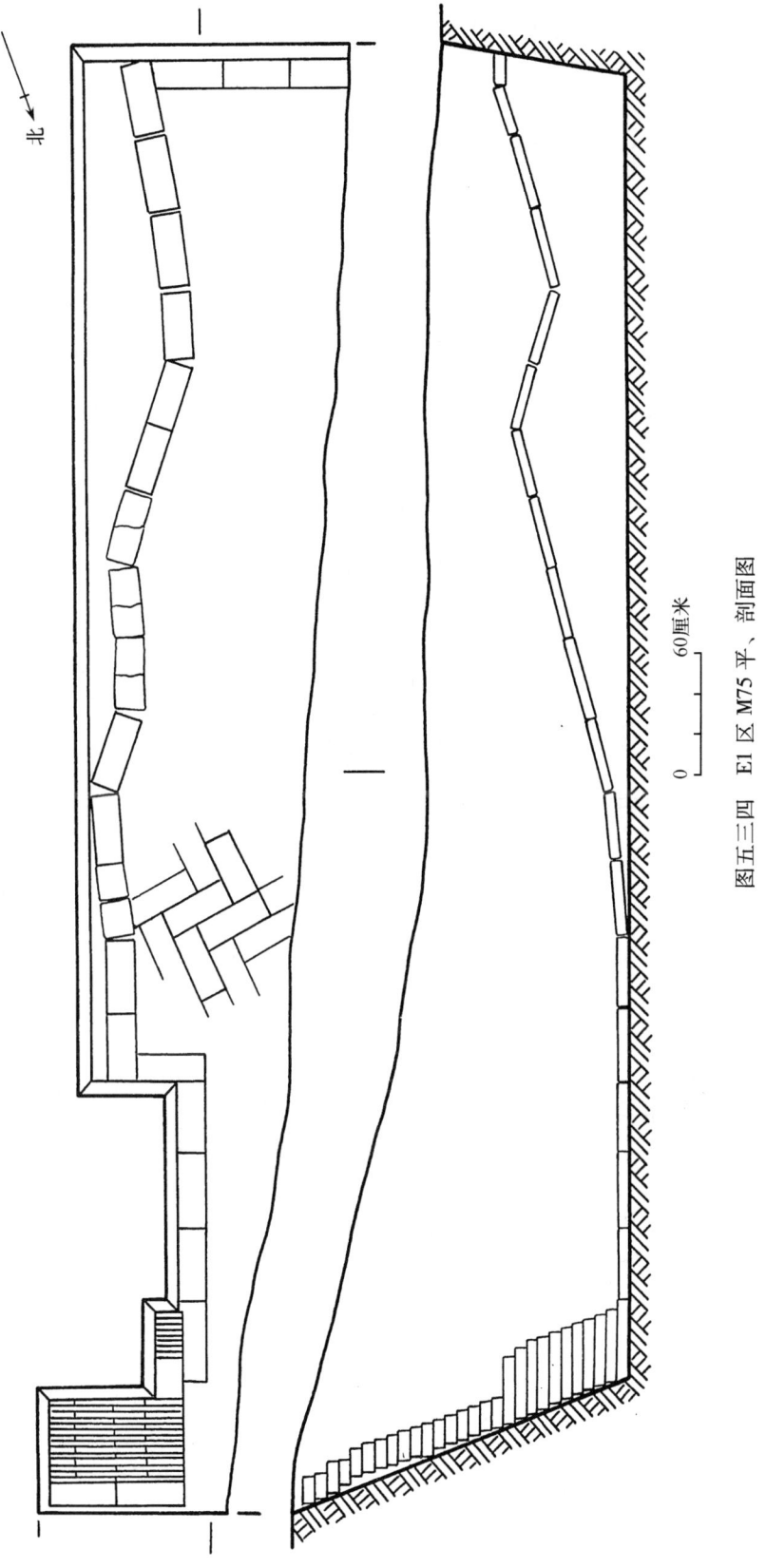

图五三四 E1 区 M75 平、剖面图

0   60厘米

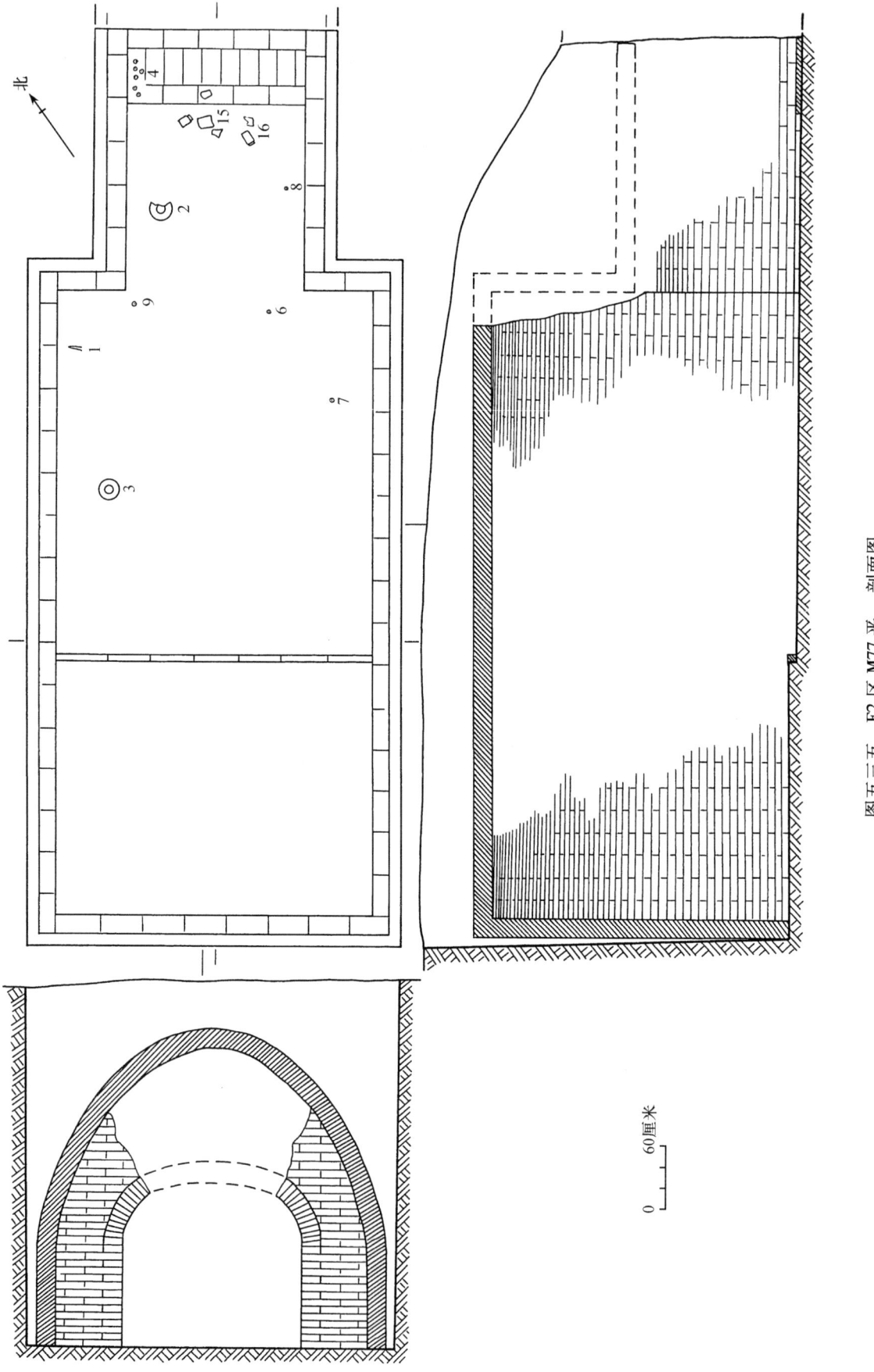

图五三五　E2区 M77 平、剖面图

1. 银发叉　2、3. 瓷钵　4、6～9. 铜钱　15. 陶板瓦　16. 陶瓦嘴

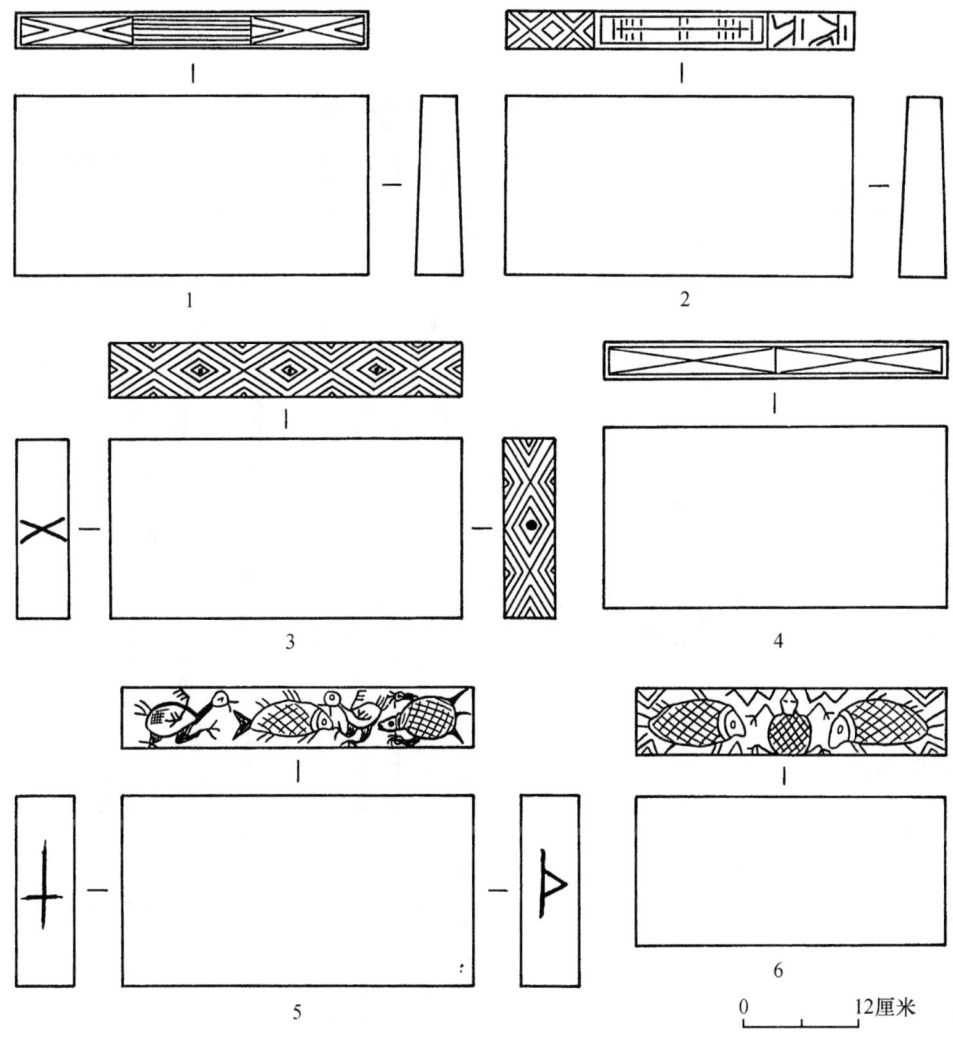

图五三六　E2 区 M77 墓砖

1. M77：13　2. M77：14　3. M77：11　4. M77：12　5. M77：10　6. M77：5

葬具腐烂无存，墓室台阶上分布有零星的漆皮痕迹，黑底红彩，以台阶中部最多，为棺腐烂后残留的漆皮。

在甬道和墓室及台阶上发现多处零碎的骨骼，系多具人体骨骼。但都无法清理出成形的骨架，故葬式及性别、年龄均不详。

因墓葬被盗，残存随葬器物甚少，仅 5 件器物及 10 枚钱币。器类有银发钗、瓷钵、陶瓦嘴、陶板瓦等。

瓷钵　2 件。标本 M77：2，完整。器身矮胖，大口微敛，尖圆唇，腹略外鼓，下腹圆折，平底内凹，内壁近底部有一道凸棱。唇外饰一道宽凹弦纹。口径 16、腹径 16.5、底径 10、高 6 厘米（图五三九，1；图版一八七，4）。标本 M77：3，完整。大口略敛，圆唇，上腹微鼓，下腹内收，假矮圈足。施淡青色半釉。唇外饰两道凹弦纹。口径 16.4、腹径 16.6、底径 10.4、高 6.2 厘米（图五三九，2；图版一八七，3）。

银发钗　1 件（M77：1）。完整。弯曲呈摄夹形，横剖面呈圆形。长 11.8、宽 1.7 厘米（图五三九，3；图版一八五，2）。

图五三七　E2 区 M77 墓砖纹饰拓片

1、3、4. 菱形纹（M77∶11、M77∶13、M77∶12）　2. "永元"砖纹（M77∶14）

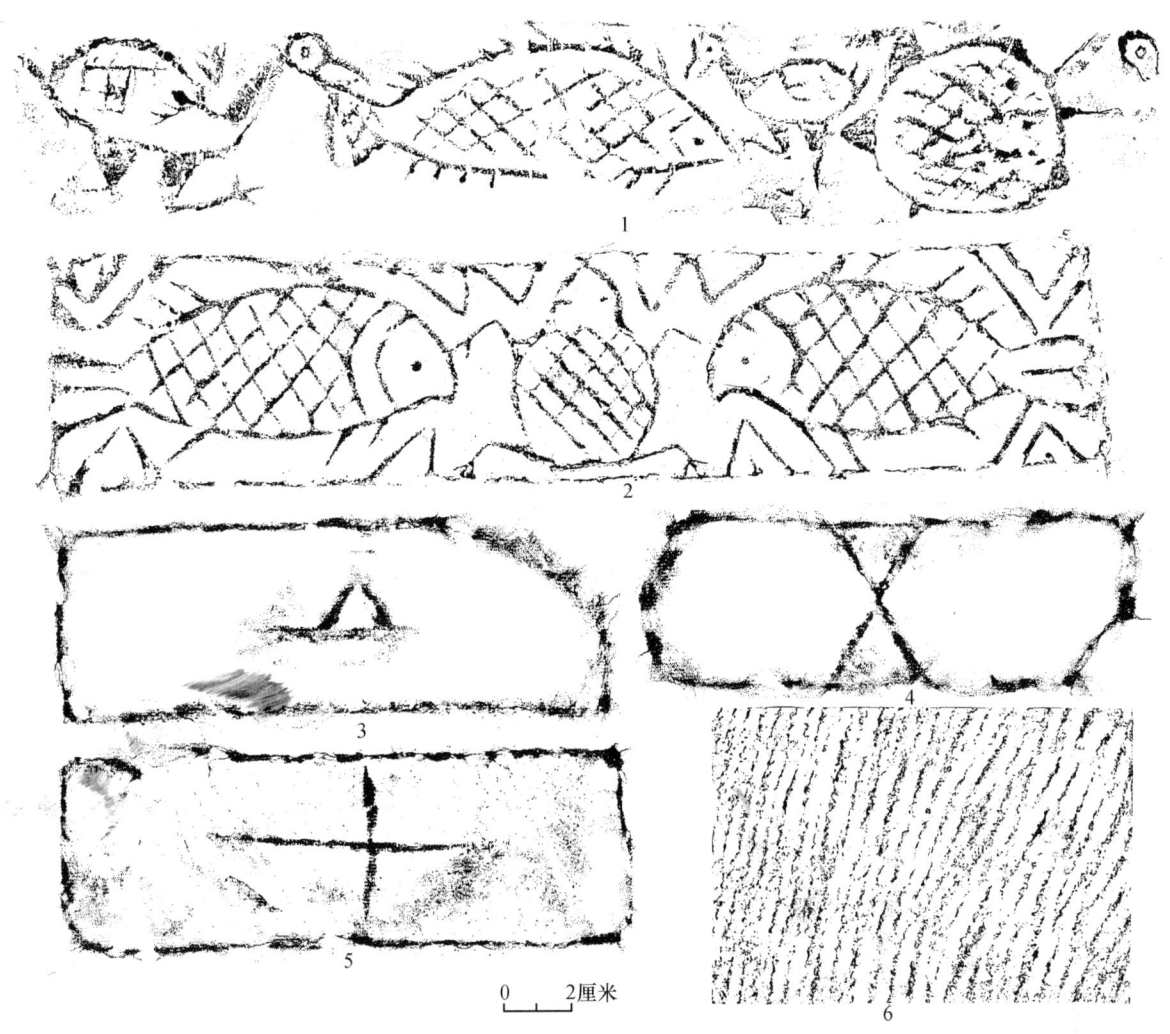

图五三八 E2 区 M77 墓砖纹饰拓片

1、2. 动物纹（M77：10 侧面、M77：5 侧面） 3、4. "△"符号（M77：10 当面、M77：11） 5. "＋"字形符号（M77：10 当面）
6. 斜绳纹（M77：5 正面）

陶瓦嘴 2 件。标本 M77：16，残。粗泥灰陶。瓦嘴较长，圆唇，腹较厚。外表饰粗绳纹，内面饰布纹。瓦嘴长 4.6、宽 10、瓦残长 9.5、宽 14、胎厚 1.2～1.9 厘米（图五三九，4）。

陶板瓦 4 件。标本 M77：15，残。粗泥青灰陶。弧度较小。胎较厚。外表素面，内面饰布纹。残长 8.5、残宽 9.8、胎厚 1.3 厘米（图五三九，5）。

钱币 10 枚。均为铜质钱币。种类有五铢、货泉。

五铢 9 枚。分 B、C 二型。

B 型 3 枚。面、背郭较宽，体较薄。铸造工艺较粗糙。直径 2.6 厘米。面文"五"字像两炮弹相对，"铢"字金旁的头小，呈箭头状（图五四〇，1）。属西汉晚期钱币。

C 型 6 枚。其中剪轮五铢 2 枚。剪轮程度差异很大。直径 2.1～2.5 厘米。面文"五"字较宽大，"铢"字金旁的头较大，呈三角形，"朱"旁上部转角处圆折（图五四〇，2～4）。属东汉早中期钱币。

货泉 1 枚（M77：9）。残。面、背外郭较宽，内郭较窄，面文纤秀。直径 2.1 厘米（图五四〇，5）。为王莽时期所铸钱币。

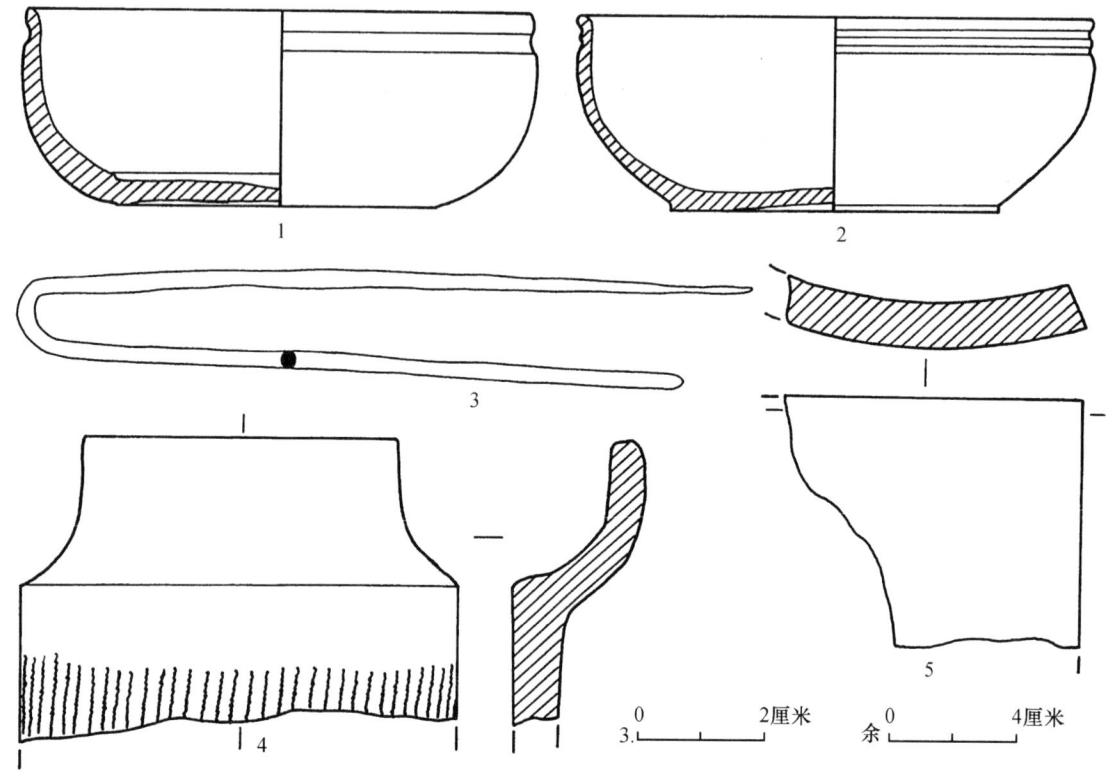

图五三九　E2 区 M77 出土器物

1、2. 青瓷钵（M77:2、M77:3）　3. 银发钗（M77:1）　4. 陶瓦嘴（M77:16）　5. 陶板瓦（M77:15）

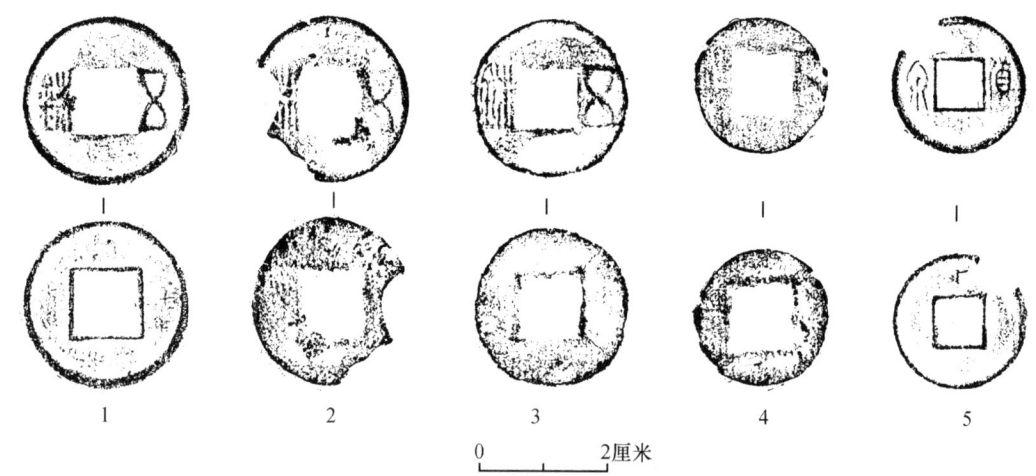

图五四〇　E2 区 M77 钱币拓片

1. B 型五铢（M77:4）　2~4. C 型五铢（M77:6、M77:7、M77:8）　5. 货泉（M77:9）

（六）文化层

主要分布在 E2T51、E2T72、E2T85、E2T88、E2T89、E2T94 探方内，文化堆积层甚薄且零星分布，依地势南高北低，呈斜坡状堆积。出土遗物较少。

① E2T51③层

出土陶片较少，仅12片，均为泥质陶。陶片颜色有褐陶和灰陶两种，但主要为灰陶，占陶片总数的80%左右。

陶片纹饰均为凹弦纹。

可识器类仅陶罐一种。

陶罐 1件（E2T51③:1）。完整。细泥褐陶。鼓肩，弇口，粗圆唇，上腹略外鼓，下腹弧壁内收，内壁近底处下凹，平底，底呈圆圈足状，略外撇，并有一道凸棱，肩部有两个对称的环形耳，耳已残。肩部与腹部交接处饰两道凹弦纹。口径11.5、腹径16.2、底径12、高11.1厘米（图五一五，4；图五四一，6）。

② E2T72③层

出土陶片共53片。均为泥质陶，但有粗泥和细泥之分，其中，粗泥34片，占陶片总数的64.15%；细泥陶19片，占陶片总数的35.85%。陶片颜色有红陶、红褐陶、褐陶、灰陶、灰褐陶、浅灰陶等几种，分别占陶片总数的1.89%、3.77%、15.09%、49.06%、3.77%、26.42%。

陶片纹饰均为绳纹，但有粗绳纹和细绳纹之分，其中粗绳纹16片，细绳纹4片，分别占陶片总数的47.06%、11.76%。另外，瓦类器陶片内面饰布纹。

器物共13件，种类有陶板瓦、陶筒瓦、陶罐、陶器底等。

陶罐 2件。标本E2T72③:29，残。细泥灰陶。广肩，高领，口略侈，沿外斜，圆唇，沿面有一道凹槽。肩部绳纹抹光。口径15、领高4.2、残高6.6厘米（图五四一，7）。标本E2T72③:30，残。粗泥灰褐陶。鼓肩，敛口，折沿略外侈，尖圆唇。口径15、残高4.6厘米（图五四一，9）。

陶板瓦 5件。均残。标本E2T72③:35，粗泥灰陶。外表饰绳纹，内面饰布纹。残长9.2、残宽5.5厘米。

陶筒瓦 5件。均残。标本E2T72③:26，粗泥灰陶。弧度较大。外表素面，内面饰布纹。残长15.5、宽11.7厘米（图五四一，3）。标本E2T72③:27，粗泥灰陶。瓦嘴较短，圆唇，瓦嘴与器身接头处胎较厚。外表饰直绳纹，内面饰粗布纹。瓦嘴长2.7、宽10、瓦残长15.4、宽13.2厘米（图五四一，5）。

陶器底 1件（E2T72③:31）。粗泥红褐陶。斜壁，平底，底胎较厚。底径12、残高4.3厘米（图五四一，10）。

③ E2T85③层

出土陶片共11片。均为粗泥陶。陶片颜色皆为灰色。

器物种类有陶筒瓦和陶板瓦两类。

器物外表饰粗绳纹，内面饰布纹。

陶筒瓦 3件。标本E2T85③:31，残。粗泥灰陶。瓦弧度较大，瓦面较窄。外表饰粗直绳纹，内面饰布纹。残长12.1、宽12、胎厚0.8厘米（图五四一，4）。

陶板瓦 4件。标本E2T85③:30，残。粗泥灰陶。瓦弧度较小。外表饰粗直绳纹，内面饰粗布纹。残长14.8、残宽13.2厘米（图五四一，2）。

④ E2T88③层

出土陶片共9片。均为粗泥陶。陶片颜色皆为灰色。火候较高。

陶片纹饰有粗绳纹、三角和方形几何纹，但以绳纹为主，占陶片总数的88.89%。

图五四一　E2 区③层出土陶器

1、3~5. 筒瓦（E2T89③:7、E2T72③:26、E2T85③:31、E2T72③:27）　2. 板瓦（E2T85③:30）　6、7、9. 罐（E2T51③:1、
E2T72③:29、E2T72③:30）　8. 砖（E2T88③:6）　10. 器底（E2T72③:31）

可识器类仅 1 件陶砖，其余均为器物腹片且碎小，无法辨别器类。

陶砖　1 件（E2T88③:6）。仅存砖的一角。粗泥灰陶。一面饰交错粗绳纹，另一面为素面，一
当面饰方形、三角几何纹。残长 21、残宽 15、厚 8.8 厘米（图五一五，1；图五四一，8）。

⑤ E2T89③层

出土陶片 15 片。均为粗泥灰陶。陶片颜色有灰色和红褐色两种，其中灰陶 11 片，红褐陶 4
片，分别占陶片总数的 73.33%、26.67%。灰陶片火候较高，红褐陶片火候略低。

陶片纹饰有粗绳纹和凹弦纹。粗绳纹多为直绳纹，所占比例较大，绳纹占陶片总数的75%。另外，极少数粗绳纹陶片内面饰有布纹。

可识器类仅陶筒瓦一种。

陶筒瓦 2件。标本E2T89③：7，粗泥灰陶。器形较规整，胎较薄，瓦嘴与器身粘接处内壁有泥突，并有手捏痕迹。外表饰有较整齐的粗直绳纹，内面饰布纹，但布纹比较模糊。瓦嘴长3.6、宽9.2、瓦残长18.5、宽13.2、胎厚0.9~1.5厘米（图五四一，1）。

⑥ E2T94③层

出土陶片甚少，仅5块碎小的粗泥灰陶片，外表饰绳纹。器类不明。

（七）分期与年代

E区六朝时期的5座墓葬及灰沟、瓦场、取土场等遗迹，均开口在①层下，打破生土，相互间无叠压打破关系。文化层与墓葬、遗迹之间也没有叠压打破关系，因此不能从层位上判别它们的相对年代。

从墓葬的形制结构和随葬器物分析，5座墓葬中有3座是土圹砖室墓，平面均为凸字形，2座土圹石室墓均被破坏，仅存墓室后半部分，但与卜庄河遗址其他发掘区的土圹石室墓比较，应为凸字形土圹石室墓。5座墓葬均严重被盗，除M75、M96不见随葬器物外，其余3座墓葬虽然出土随葬器物不多，但都出土有陶板瓦和陶筒瓦，瓦的形制相同，而且出土位置都是在墓道内或是甬道的前半部分。这表明它们所处时代比较接近。

遗址中（包括灰沟和瓦场），出土有与墓葬相似的陶板瓦和陶筒瓦，取土场填土中也夹杂有与墓葬同类型的陶板瓦和陶筒瓦。说明遗址和墓葬大体上属于同一个时期。

M31与M77的墓葬形制结构，墓砖尺寸、颜色、花纹以及墓室营造特点都相同，墓葬方向基本一致，其时代应相同。M31出土2件弯月形铜饰件，这种器形在三峡地区多见于东汉墓中，云纹瓦当也有些与汉代瓦当类似，这说明还存在有汉代文化因素。E2T88③：6陶砖，比较宽而厚，侧面饰方形、三角几何纹饰，这在M31、M77墓中又不见。E2W1出土陶板瓦与M31、M77陶板瓦完全相同。这些表明M31、M77、E2W1与遗址及E区其他墓葬在时代上尚存在两个不同的时间段。

综合上述，可将E区六朝遗存分为一、二两期。

一期：以M31为代表，包括M77、W1；

二期：以M142、E2G1为代表，包括E2T51、E2T72、E2T85、E2T88、E2T89、E2T94、E2Q1。

一期的两座墓葬均出土有C型东汉五铢钱币，表明其年代不会早于东汉。M31：3陶罐，大口，深腹，大平底，肩部有四个桥形耳，与秭归柳林溪M12：27[1]罐类似，M77：2、M77：3青瓷钵，分别与秭归庙坪M89：21、M104：1[2]同类器相同。同时这两个墓均出"永元"年号纪年砖。东汉和帝刘肇、东晋十六国前凉张茂、南朝齐东昏侯萧宝卷皆使用了此年号，结合出土的随葬器物组合推测应为东晋初年的"永元"年号。因此一期的年代下限约相当于东晋早期。

二期与一期相比较，陶筒瓦较窄，纹饰较细，胎略薄。出现素面瓦。素面瓦在三峡地区主要见于六朝中期。据此我们认为，二期的年代略晚于一期，约相当于东晋中期。

---

① 国务院三峡工程建设委员会办公室、国家文物局：《秭归柳林溪》，科学出版社，2003年。

② 湖北省文物事业管理局、湖北省三峡工程移民局：《秭归庙坪》，科学出版社，2003年。

（八）小结

E区瓦场、取土场在三峡地区考古中是第一次发现，为六朝考古学文化研究提供了新的资料。瓦场内出土的陶板瓦、陶筒瓦与E区六朝时期文化层及其他遗迹中（尤其是M31、M77）所出同类瓦相同，表明这些瓦就是在当地烧制的。E区目前尚未发现与陶板瓦、陶筒瓦同时期的陶窑，可能被破坏，推测陶窑距堆瓦场距离不会很远。E区今地名仍叫"窑湾"，说明"窑湾"名称已流传近两千年。

墓葬的形制特点与其他地区同时期墓葬大体相仿，但墓壁的砌法，即错缝平砌与湖北、湖南地区流行的"三平一竖"和"三顺一丁"等砌法不同。墓底因为岩石和黏土比较坚硬，大多没有铺垫设施。多数墓的墓道和甬道内发现有陶板瓦、陶筒瓦和陶瓦当，应为墓道或甬道或其地面祭祀或守墓的附属（临时）建筑物。这些应是三峡地区的地方特点。

E区六朝墓葬较多，分布密集，规模大，但是保存不好，全部被盗。地层堆积较薄，遗迹中包含物也不多，所出器形较单调，不见居住房址，可能也遭到破坏。

M31和M77均为凸字形土圹砖室墓，规模较大，形制结构相同，方向一致，墓砖尺寸、颜色、花纹相仿，营造方法类似，且两墓距离较近，应为夫妻墓葬。

七　宋代遗存

E区宋代遗存仅墓葬一种。共2座。编号为M125、M106。均为长方形竖穴土坑墓。

（一）墓葬介绍

① M106

M106位于E2区中部，西面距M103墓13.6米。南面距E2TG8探沟7.5米。开口在①层下，打破基岩。距地表深0.5～0.65米。方向30°。

墓室大部分被公路打破，仅存北部小部分。为长方形竖穴土坑墓。墓壁较斜直，收分较大，底较平。墓口残长0.85～1.15、宽2.28、残深0～1米，墓底残长0.6～0.92、宽1.75米（图五四二）。墓内填土为黑褐色五花土，夹杂有石头和残砖块，比较硬，经夯打。

葬具腐烂无存，墓底有0.01～0.02米厚的

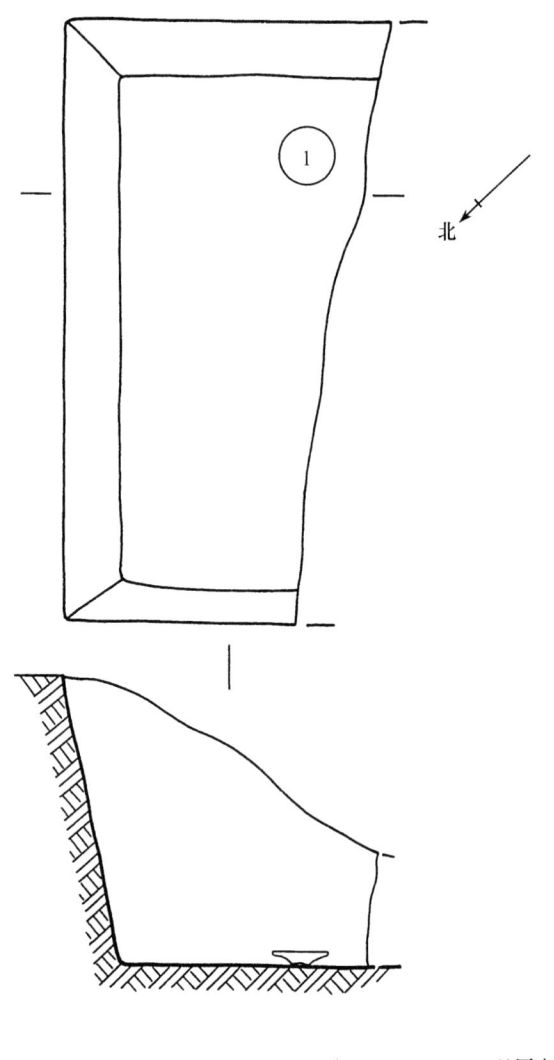

0　　　　　　　　　60厘米

图五四二　E2区M106平、剖面图

1. 瓷碟

草木灰及少量石灰层，呈南北方向分布，宽 0.43 米，应是棺内垫尸体用的铺垫层①。葬具为单棺。

人骨架腐烂无存。葬式及墓主人性别、年龄不详。

随葬器物仅存 1 件瓷碟，放置于墓室东南角。

瓷碟　1 件（M106:1）。完整。灰白色瓷胎。敞口，宽平沿，圆唇，弧壁，平底，圆圈足。外表施豆青色釉，内壁底面无釉，底外表有拉坯痕迹。釉面开片（即有细小的裂纹）。口径 12.2、碟深 2.2、圈足径 7.2、高 3 厘米（图五四三；图版一八九，1）。

② M125

M125 位于 E1 区 E1T30 探方北部，大部分延伸至北壁外。开口在①层下，打破 M126。距地表深 0.46～0.7 米。方向 340°。被现代民房打破，仅存墓室东南部。

该墓为长方形竖穴土坑墓，墓坑壁较斜直，收分较大，南壁因山体滑坡挤压略向内鼓出，底较平整。墓口残长 0.1～0.8、残宽 0.1～0.65、残深 0.5 米，墓底残长 0.1～0.74、残宽 0.1～0.59 米（图五四四）。墓内填土为灰褐色五花土，较松软。

葬具因深度腐烂无存。人骨架周围及骨架下面有一些黑色腐烂灰痕。

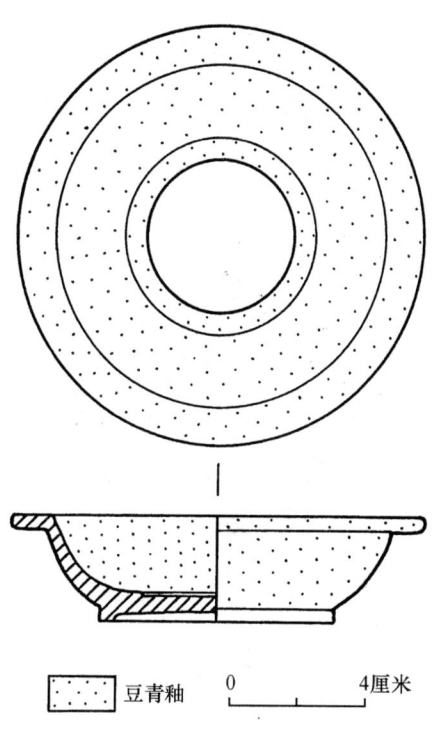

$\boxed{\cdot\,\cdot\,\cdot}$ 豆青釉　　0　　　　4厘米

图五四三　E2 区 M106 瓷碟（M106:1）

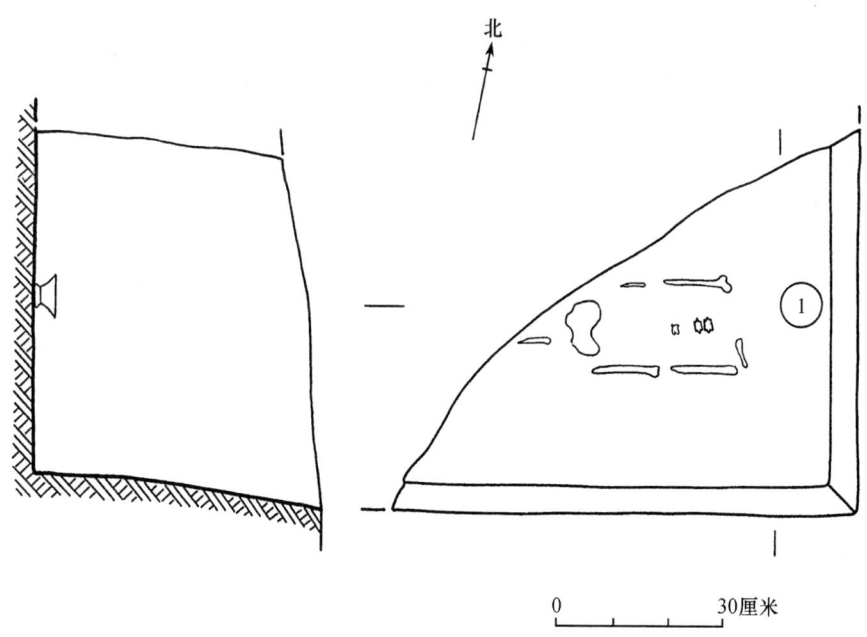

北

0　　　　30厘米

图五四四　E1 区 M125 平、剖面图

1. 瓷碗

---

① 三峡地区至今仍沿用这种葬俗。

人骨架保存情况较差，仅存部分骨骼腐烂痕迹和碎骨渣，不见头骨，下肢被破坏掉，上身仰身直肢。墓主人性别、年龄不详。

随葬器物仅 1 件瓷碗。出土于墓室东壁处，即人骨架上方。

瓷碗　1 件（M125:1）。完整。白瓷。覆斗笠形，敞口，口沿略外撇，尖唇，斜壁内收，圜底，小矮圈足，足根略内敛。内、外两面施乳青色釉，开片，底露胎。瓷胎甚薄。内壁底部饰羽状暗纹，上腹部外表饰一周弧形暗纹。口径 12、腹深 5.3、圈足径 3.2、高 6.3 厘米（图五四五；图版一八九，2）。

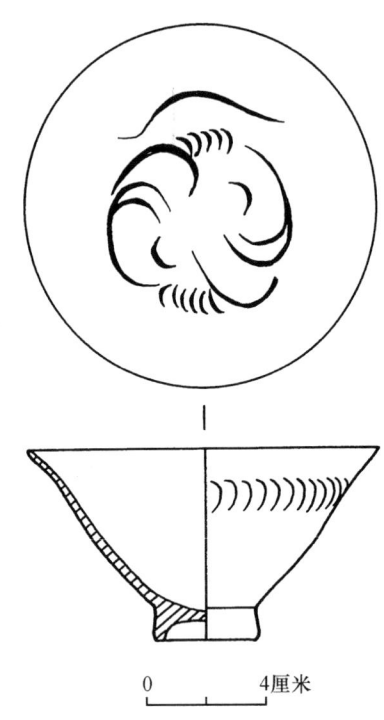

图五四五　E1 区 M125 瓷碗（M125:1）

（二）分期与年代

E 区宋代墓葬均被破坏，出土随葬器物不多，且没有明确的纪年材料，只能根据出土的器物形态判别墓葬时代。

M125 出土 1 件瓷碗，白瓷胎，胎甚薄。敞口，尖唇，矮圈足，施乳白釉，底露胎。M106 出土 1 件瓷碟，灰白瓷胎，胎较厚。敞口，宽平沿，圆唇，矮圈足，施豆青色釉，釉面开片，底面有拉坯痕迹。两件器物相比较，显然有很大的差别，故将这批墓葬分为一、二两期。

一期：以 M125 为代表。出土的 M125:1 瓷碗形态与秭归庙坪 M101:5[1] 瓷碗相同，但内面底部刻划的羽状暗纹又于秭归庙坪 M82:2[2] 同类器类似，其年代相当于北宋中期偏晚。

二期：以 M106 为代表，出土的 M106:1 瓷碟形态多具南宋时期特点，尤其是豆青色釉、宽平状口沿较为典型，故二期年代当为南宋时期。

（三）小结

E 区宋代墓葬均为小型长方形竖穴土坑墓，不同于秭归庙坪[3]宋代土坑洞室墓，可能是卜庄河遗址宋墓的墓葬特点。

宋墓中出土的瓷器均为长江中下游地区民窑产品，可见宋代三峡地区与长江中下游地区已建立了较密切的文化交往和经济贸易关系。

八　明代遗存

（一）概述

E 区明代遗存均分布在 E2 区。包括房基 6 间，编号为 E2F1、E2F2、E2F3、E2F4、E2F5、E2F6；灶坑 2 个，编号为 E2Z1、E2Z2；墓葬 2 座，编号为 M124、M143。

① 湖北省文物事业管理局、湖北省三峡工程移民局：《秭归庙坪》，科学出版社，2003 年。
② 湖北省文物事业管理局、湖北省三峡工程移民局：《秭归庙坪》，科学出版社，2003 年。
③ 湖北省文物事业管理局、湖北省三峡工程移民局：《秭归庙坪》，科学出版社，2003 年。

房基6间连成一体，为完整的建筑群，均系人工打制的条石错缝垒砌而成。出土有瓷罐和陶瓦。

灶坑均为长方形，系在地面挖坑，并在坑内用长条形砖和薄形砖相扣而成。灶坑内均出土有铁钉。

墓葬均为长方形竖穴土坑墓，一般长约1.7、宽约0.75米。葬具为单棺，均使用铁抓钉和铁棺钉。人骨架保存情况欠佳，葬式为仰身直肢。随葬器物有陶罐、铜发钗、料珠等。随葬器物组合形式如下：

釉陶罐、料珠组合：1座；

陶罐、铜发钗组合：1座。

M143墓主人葬服上使用了玻璃纽扣和铜纽扣。

（二）遗存介绍

1. 房基

E2F1~E2F6位于E2区中部，E2TG6、E2TG7探沟内，开口在①层下，打破生土及E2Q1取土场。距地表深0.3~0.6米。方向30°。E2F1~E2F6连成一体，属于一组完整的房屋建筑群。总平面略呈方形，东西长13.2、南北宽10.4米，总面积137.28平方米。分为前后两排，每排各三间，前排三间进深较后排深。前排中间的一间面阔较宽，面积较大，北面中间有千脚石①，编号为E2F2，其左右两间面阔较窄，面积稍小，由左向右分别编号为E2F1、E2F3。后排三间面阔、进深一样，面积相等，由左向右分别编号为E2F4、E2F5、E2F6（图五四六）。房基具体尺寸及面积如下：

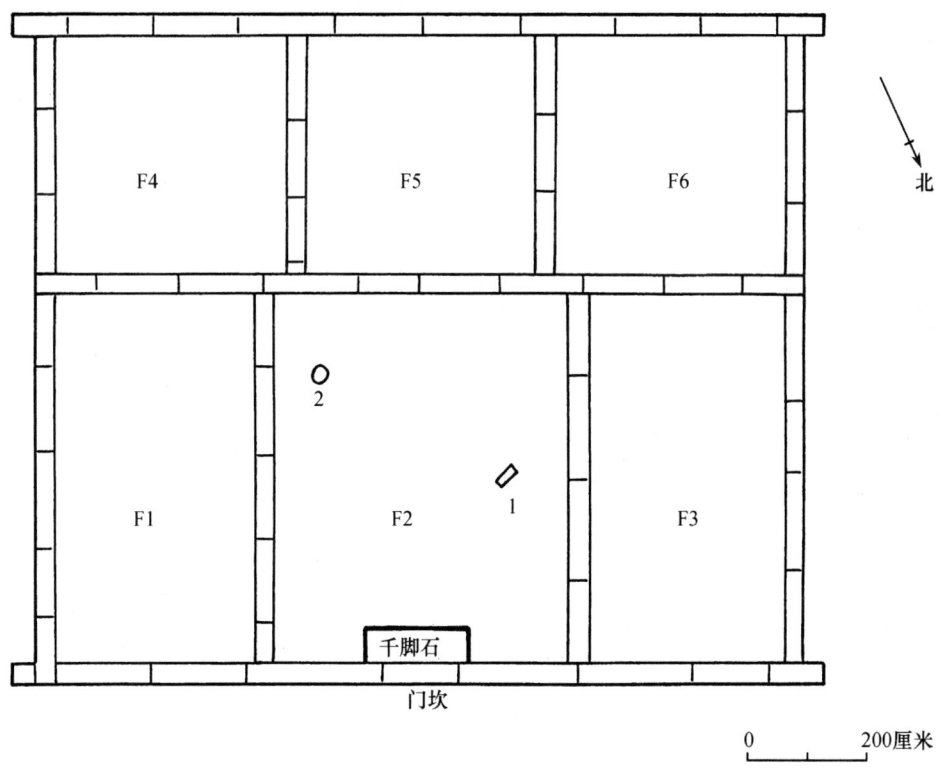

图五四六　E2区F1~F6平面图

1. 陶板瓦　2. 陶罐

① 千脚石即垫在门槛下面的大石板。

E2F1：进深5.6、面阔3.2米，面积17.92平方米；

E2F2：进深5.6、面阔4.7米，面积26.32平方米；

E2F3：进深5.6、面阔3.2米，面积17.92平方米；

E2F4：进深3.6、面阔3.7米，面积13.32平方米；

E2F5：进深3.6、面阔3.7米，面积13.32平方米；

E2F6：进深3.6、面阔3.7米，面积13.32平方米。

房基均为人工打制较整齐的条石错缝垒砌而成。北面地势低，垒砌的房基较高，由五层条石垒砌，高1.25米，东面和西面越向南条石层数越少，南面仅1~2层条石。条石一般长1.3米。最大者长1.9米，最小者长0.3米，宽度基本一致，为0.3米，厚度0.25米。

房基内地面为煤渣和石灰混合层，比较坚硬，且平整，厚0.05~0.12米，其下为黄褐色黏土层，夹杂有较多的沙石块和素面瓦片。

E2F2出土1件陶罐和1件陶板瓦。陶罐位于E2F2东南部位，陶板瓦位于E2F2西边中部。

陶罐　1件（E2F2：2）。完整。釉陶，胎呈灰褐色。器形较高，腹较深，溜肩，口略敛，外斜沿，尖唇，弧壁内收，平底，肩部有两个对称的半圆形耳。内壁凹凸不平，残留有指纹痕迹。肩部饰一道细凹弦纹。口部至腹中部施黄褐色釉。口径9.3、腹径13.2、底径6.6、高15厘米（图五四七，3；图版一九〇，1）。

陶板瓦　1件（E2F2：1）。修复完整。泥质灰陶。上端略窄，下端稍宽，弧度较小，胎较薄。外表素面，内壁饰布纹。上端宽14.1、下端宽14.8、长21、胎厚0.8厘米（图五四七，7）。

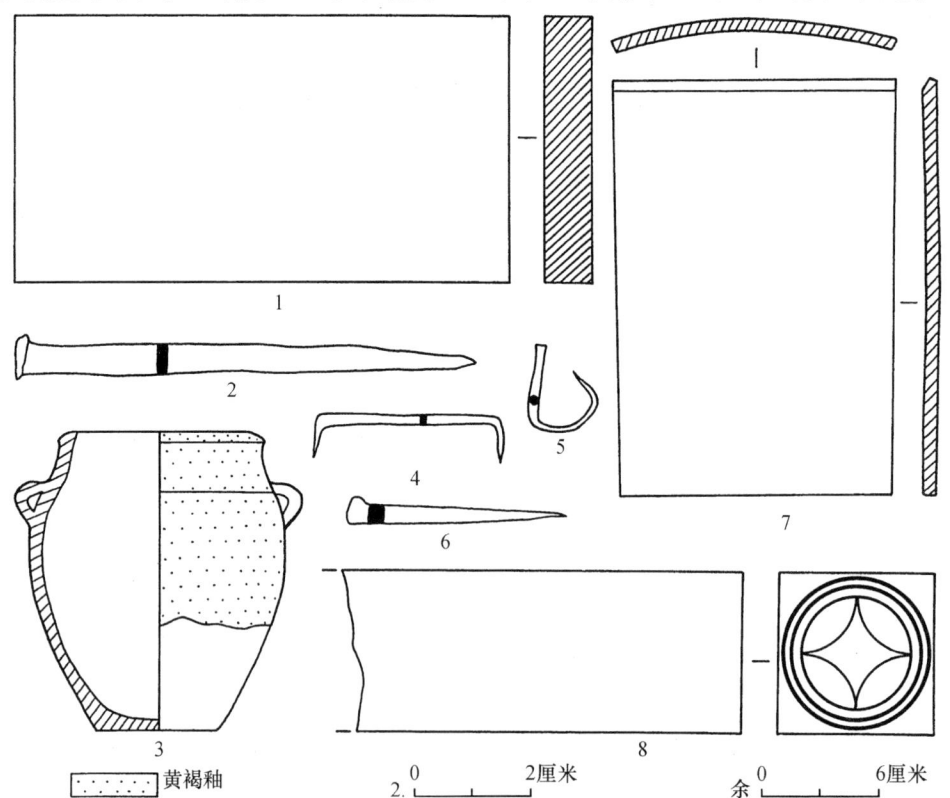

图五四七　E2区F2、Z1、Z2出土器物

1、8. 陶砖（E2Z1：1、E2Z2：3）　2、5、6. 铁钉（E2Z2：2、E2Z1：3、E2Z2：1）　3. 陶罐（E2F2：2）

4. 铁抓钉（E2Z1：2）　7. 陶板瓦（E2F2：1）

2. 灶坑

①E2Z1

E2Z1 位于 E2 区 E2T75 探方东南部。西距 E2Z2 灶坑 2 米。开口在②层下，打破④层。距地表深0.6~0.88 米。方向360°。系在地面挖坑，然后在坑内用砖拼合而成。

灶坑口略呈长方形，南壁较直而深，中部略内收，北部较浅略呈尖圆形，平底。坑内西边侧立四块薄型长方形砖，中间呈东西向横置一块长方形砖，东面侧立一块薄型长方形砖。灶坑长0.45、宽0.24、深0.22 米（图五四八；图版一九一，1）。

灶坑内堆积黑褐色土，较松软。底部有厚0.05 米的草木灰，夹杂有碎小的红色烧土块、木炭。包含物有铁钉1件、铁抓钉1件。

铁钉 1 件（E2Z1:3）。完整。弯曲，略呈鱼钩状，横剖面呈圆形。长 10.2 厘米（图五四七，5）。

铁抓钉 1 件（E2Z1:2）。完整。略锈蚀。两段弯曲呈方锥状，中段横剖面呈方形。通长10.1 厘米（图五四七，4）。

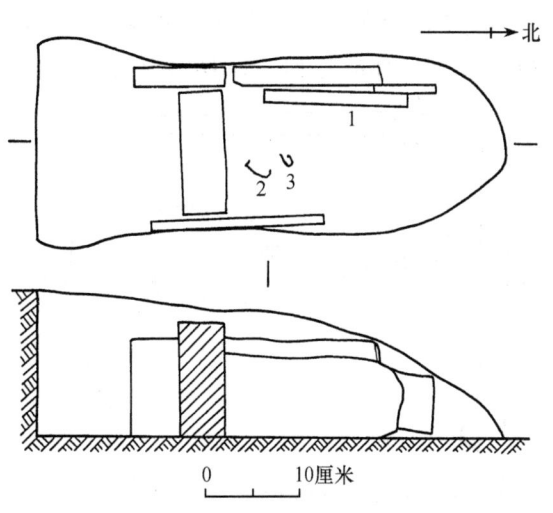

图五四八 E2 区 Z1 平、剖面图
1. 陶砖 2. 铁抓钉 3. 铁钉

陶砖 6 件。标本 E2Z1:1，完整。粗泥灰陶。胎较薄。长25.8、宽15.5、厚2.4 厘米（图五四七，1）。

② E2Z2

E2Z2 位于 E2 区 E2T75 探方西南部，东距 E2Z1 灶坑 2 米。开口在②层下，打破生土。距地表深 0.6~0.85 米。方向 110°。系在地面挖坑，然后在坑内用砖拼合而成。

灶坑口略呈梯形，西壁、南壁和北壁较陡直且深，东壁较浅，呈斜坡状。灶坑内南面、西面和北面各侧立一块砖，中间为火膛，灶坑北壁外有一块长条形砖。灶坑东西长0.4、南北宽0.17~0.21、深0.05~0.25 米（图五四九；图版一九一，2）。

灶坑内堆积呈灰褐色黏土，较松软。灶坑底部有草木灰及木炭，厚0.02~0.08 米。夹杂有红色和灰色烧土块，包含物有铁钉2件。

铁钉 2 件。标本 E2Z2:1，完整。略锈蚀。方锥形，顶端有方形钉帽。长 11.5 厘米（图五四七，6）。标本E2Z2:2，完整。略锈蚀。扁锥形，顶端有圆饼状钉帽。长8.3 厘米（图五四七，2）。

陶砖 4 件。标本 E2Z2:3，残。粗泥灰陶。火候较高。

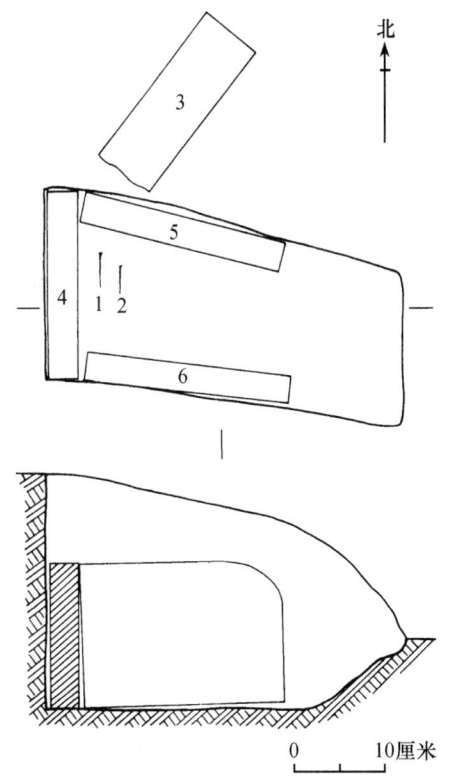

图五四九 E2 区 Z2 平、剖面图
1、2. 铁钉 3. 长条型陶砖 4~6. 薄型陶砖

长条形，横剖面呈方形。当面饰圆圈纹和内弧四边形纹。残长21、宽8.1厘米（图五四七，8；图版一九〇，2）。

3. 墓葬

① M124

M124位于E2区E2T73探方西南角。开口在①层下，打破生土。距地表深0.3~0.44米。方向190°。墓室北部被E2F1~E2F6房屋建筑群打破。

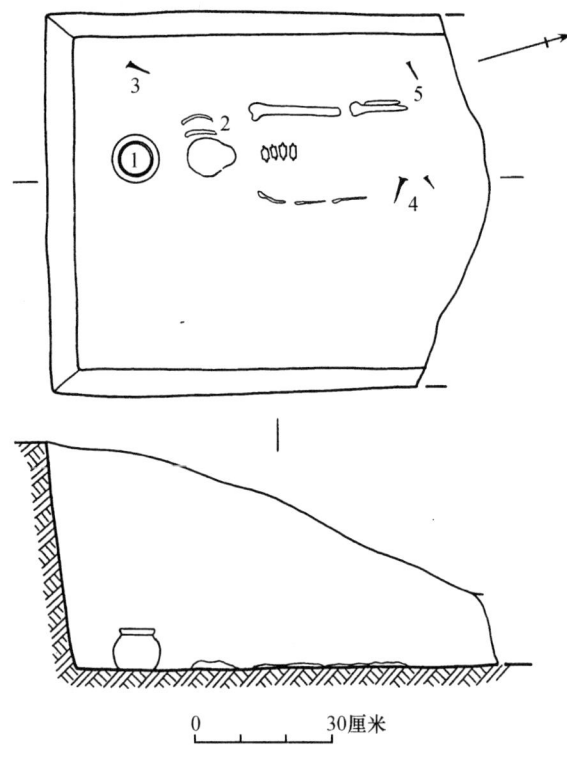

图五五〇　E2区M124平、剖面图
1. 陶罐　2. 铜发钗　3~5. 铁棺钉

M124为长方形竖穴土坑墓，墓壁较斜直，收分较大，底甚平整。墓口残长0.95、宽0.8、残深0.15~0.48米，墓底残长0.87、宽0.67米（图五五〇；图版一九二，1）。墓内填土为黄褐色五花土，夹杂有木炭和小石块，比较松软。

葬具腐烂无存，仅存4件铁棺钉。铁棺钉位置均在人骨架周围。铁棺钉东西距离0.32、南北相距0.65米，平面呈长方形分布。据此推测，葬具为单棺。

人骨架保存状况较差，仅存头骨、四个胸椎骨及部分上肢骨，其余部分均无存。头向南，面向上。葬式为仰身直肢。性别、年龄不详。

随葬器物有陶罐和铜发钗，共2件。陶罐位于人头骨上方，铜发钗位于人头骨左侧。

陶罐　1件（M124:1）。完整。泥质灰陶。火候较高。呈扁圆形，子口内敛，圆唇，腹外壁较直，内壁略弧，平底，底下有4个矮圆柱足。胎较厚。腹部饰两周圆圈纹，中间饰菱形纹。口径8.8、腹深4.8、足高1、通高6.4厘米（图五五一，2；图五五二；图版一九三，3）。

铜发钗　2件。均残。形制相同。标本M124:2，呈摄夹形，中段弯曲，顶段较细。长10.5、后端宽1.3厘米（图五五一，1；图版一九三，5）。

铁棺钉　4件。均完整。略锈蚀。标本M124:3，方锥形，顶段较粗。长9.5、粗径0.5

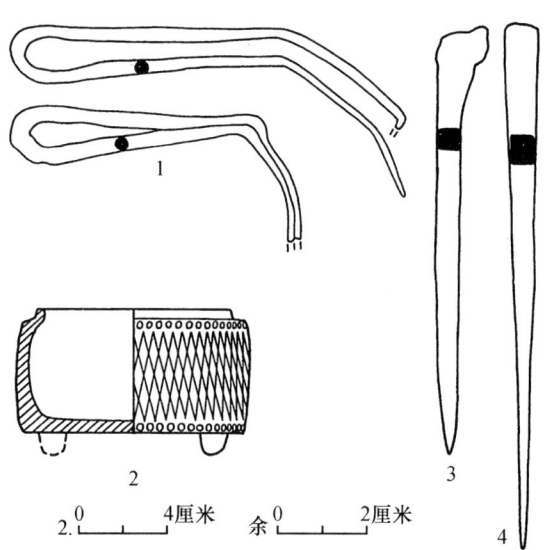

图五五一　E2区M124出土器物
1. 铜发钗（M124:2）　2. 陶罐（M124:1）
3、4. 铁棺钉（M124:3、M124:4）

厘米（图五五一，3）。标本 M124:4，方锥状。长
11.6、顶端粗径 0.8 厘米（图五五一，4）。

　② M143

　　M143 位于 E2 区 E2T85 探方中部。开口在①
层下，打破③层。距地表深 0.45~0.52 米。方向
180°。因改造农田，墓圹遭到严重破坏。

　　该墓为长方形竖穴土坑墓，墓壁较陡直，底
较平整。墓口长 1.7、宽 0.7、残深 0.15 米，墓
底长 1.63、宽 0.64 米（图五五三）。墓内填土为
灰褐色五花土，湿度较大，比较松软，包含物有
素面瓦片和白瓷片。

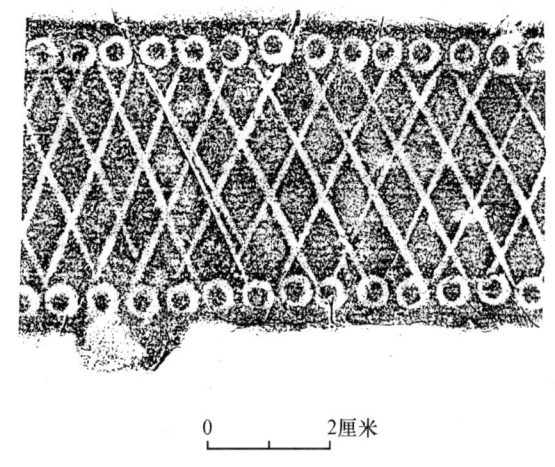

0　　　　　　2厘米

图五五二　E2 区 M124 陶罐纹饰拓片（M124:1）

————→ 北

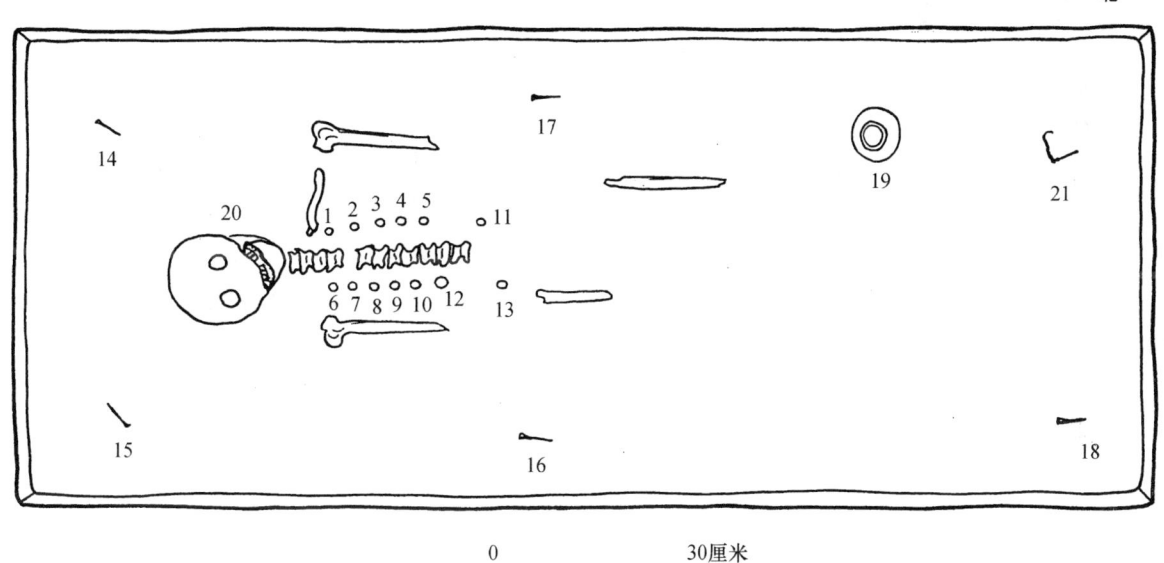

0　　　　　　　　30厘米

图五五三　E2 区 M143 平面图
1~11. 纽扣　12. 料珠　13. 铜扣　14~18. 铁棺钉　19. 釉陶罐　20. 人牙　21. 铁抓钉

　　葬具腐烂无存，仅存铁棺钉 5 件、铁抓钉 1 件。铁抓钉在墓室西北角，铁棺钉散落在人骨架周
围，呈直线排列，铁棺钉分布范围南北长 1.5、东西宽 0.51 米。据此推测，葬具为单棺。

　　人骨架保存状况较差，仅存头骨、颈椎、胸椎及部分肢骨。唯头骨保存稍好。头向南，侧向右
边，面向东，葬式为仰身直肢。经鉴定，墓主人性别为女性，年龄 20~25 岁。

　　随葬器物仅存釉陶罐 1 件、料珠 1 件，及纽扣和铁棺钉。陶罐置于墓室西北部，料珠在胸部右
侧，纽扣位于胸部呈南北向直线排列。

　　釉陶罐　1 件（M143:19）。口、底均残。胎呈红褐色。火候较高。鼓肩，弧腹内收。外表施黄
褐色釉。最大腹径 20.6、残高 12.6 厘米（图五五四，1）。

　　料珠　1 件（M143:12）。完整。质地为玻璃，蓝色，硬度 6.5°~6.8°。略呈圆形。两面较平，
中部略外鼓，中间穿孔，孔两边粗中部细。直径 1、厚 0.85、孔径 0.15~0.3 厘米（图五五四，6；
图版一九三，2）。

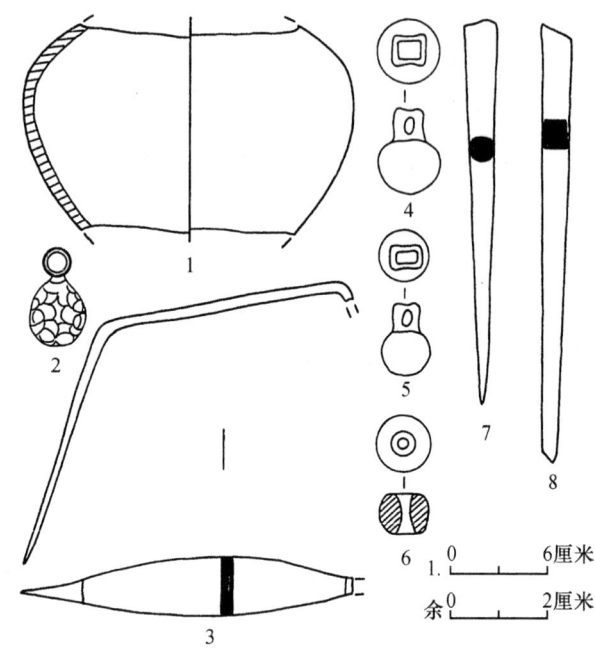

图五五四　E2 区 M143 出土器物

1. 釉陶罐（M143:19）　2. 铜扣（M143:13）　3. 铁抓钉（M143:21）

4、5. 玻璃纽扣（M143:10、M143:11）　6. 料珠（M143:12）

7、8. 铁棺钉（M143:14、M143:15）

铜扣　1 件（M143:13）。完整。略锈蚀。呈椭圆形，环形扣钮，外表饰凹凸形花纹。长 2、直径 1.3 厘米（图五五四，2；图版一九三，4）。

玻璃纽扣　11 件。均完整。标本 M143:10，质地为玻璃。硬度 6.5°。半透明。略呈桃形，方形扣钮，扣钮穿孔。通长 1.7、扣径 1.3 厘米（图五五四，4；图版一九三，1）。标本 M143:11，质地为玻璃。硬度 6.5°。略呈圆形，长方形扣钮，扣钮穿孔。通长 1.5、扣径 1.1 厘米（图五五四；5）。

铁抓钉　1 件（M143:21）。残。中部呈宽扁形，两端弯曲，且呈扁锥形。残长 7.6、中部宽 1.2、厚 0.3 厘米（图五五四，3）。

铁棺钉　5 件。标本 M143:14，完整。略锈蚀。呈圆锥状。长 7.8、顶端粗径 0.75 厘米（图五五四，7）。标本

M143:15，完整。略锈蚀。呈方锥形。顶面较斜，斜刃。长 8.8、粗径 0.6 厘米（图五五四，8）。

（三）分期与年代

E 区明代遗存简单，均为遗迹和墓葬。有一组叠压打破关系，即 E2F1 ~ E2F6 房屋建筑群打破 M124。从图上看，E2F1 ~ E2F6 房基没有直接打破 M124，实际上是在建房基之前，平整地基时将 M124 打破。发掘之前 E2F1 ~ E2F6 房基后面有一道高坎，这道高坎就是平整房基时形成的，M124 正好挂在高坎的壁上。由此说明 E2F1 ~ E2F6 房屋建筑群与 M124 有早晚关系，并存在分期的可能。

M124 与 M143 墓坑形制及大小比例相似，棺材都使用铁棺钉，表明它们在时代上比较接近。

综合上述，可将 E 区明代遗存分为一、二两期。

一期：以 M124、M143 为代表；

二期：以 E2F1、E2F2、E2F3、E2F4、E2F5、E2F6 房基为代表。

E2Z1、E2Z2 遗存较少，从层位关系及器物形态上都难以找出分期依据，不予分期。

一期墓中均出土铁棺钉，铁棺钉在三峡地区明代中晚期墓中使用较多，到清代初期逐步减少，清代中期基本上不见铁棺钉，而一期 M124 被二期房基打破，显然要早于二期，故将一期时代界定在明代中期或偏晚。二期的 E2F2:2 陶罐，深腹，平底，施半釉，与秭归庙坪 M17:1[1]、秭归狮子包

---

① 湖北省文物事业管理局、湖北省三峡工程移民局：《秭归庙坪》，科学出版社，2003 年。

M1:3[①]同类器接近，陶瓦外表素面，长 20 厘米左右，正是三峡地区明代晚期典型陶瓦形式，故将二期年代定在明代晚期比较合适。

（四）小结

明代房基在三峡地区过去发现不多，比较零星，卜庄河遗址 E 区发现的 E2F1～E2F6 房基，为一组完整的明代房屋建筑群，这是三峡地区过去考古中少见的，其布局极具地方特色，为研究三峡地区古代房屋建筑不无价值。

墓葬中出土较多的玻璃纽扣、玻璃料珠，证明当时三峡地区已广泛使用了玻璃器皿，同时也是与外地文化、经济密切交往的产物。

E2Z1、E2Z2 灶坑灰烬内都发现有铁钉，有的完整，有的弯曲，显然是钉在木质物体上，经火烧后残留下来的。E2Z1、E2Z2 海拔高程不过 130 米，离长江甚近，有可能是修造木船时，将钉有铁钉子的薄木板就地作为燃料使用。可视为临时性灶坑。

九 清代遗存

（一）概述

清代遗存包括遗址和墓葬两部分。

遗址文化堆积主要分布在 E2 区的 E2T52、E2T71、E2T72、E2T80、E2T88、E2T91、E2T134 探方内，文化堆积层为②层。由于耕种、植树、改造农田等多种因素扰乱破坏，文化堆积层不完整，多为零星分布。厚度 0.05～0.3 米，多依地势呈倾斜状堆积。

出土遗物多为灰陶瓦片、青花瓷片、釉陶片等。火候一般较高。器类有陶罐、陶壶、陶灯盏、陶钵、陶器底、陶碗、瓷碗等，共计 13 件。其中碗、罐为主要器类。

墓葬 3 座。分布在 E2 区。编号为 M144、M145、M147。均为长方形竖穴土坑墓，墓坑较小而浅，个别墓有墓门、围石封土堆等地面建筑。

葬具均为单棺。葬式为仰身直肢。不见随葬器物。

（二）遗存介绍

1. 墓葬

① M144

M144 位于 E2 区 E2T124 探方西北角。开口在①层下，打破生土。距地表深 0.33～0.45 米。方向 180°。长方形竖穴土坑墓。墓坑较小，墓壁较陡直，底较平。墓口长 2.15、宽 0.95、深 1.5 米，墓底长 1.97、宽 0.77 米（图五五五）。墓内填土为黑褐色五花土，比较板结。墓底有厚 0.02 米的草木灰，比较纯净而松软。

葬具腐烂无存，根据墓坑形制与周边同时期墓葬比较，其葬具为单棺。

人骨架均腐烂，墓坑北部残存 5 枚人牙，经鉴定为 7 岁小孩，性别不详。

---

① 宜昌博物馆、秭县屈原纪念馆：《秭归狮子包明墓清理简报》，《湖北库区考古报告集》（一），科学出版社，2003 年。

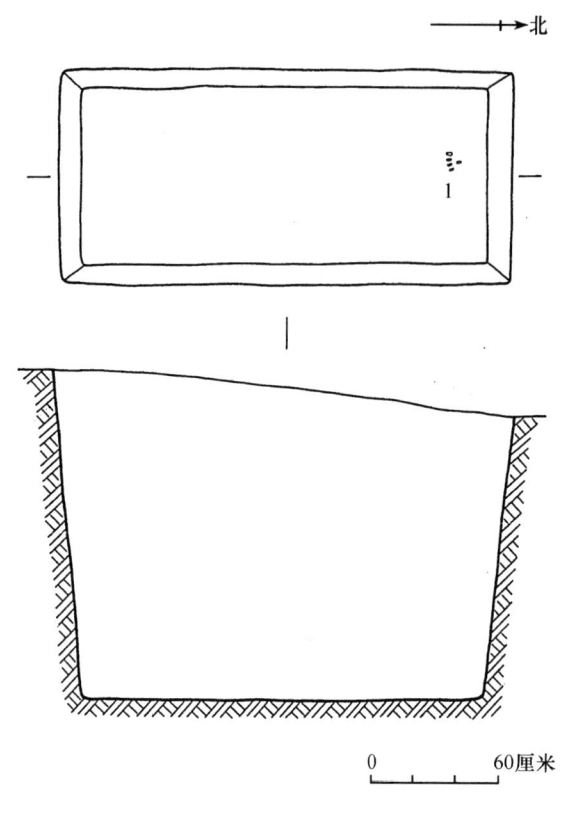

图五五五　E2 区 M144 平、剖面图

1. 人牙

没有随葬器物。

② M145

M145 位于 E2 区 E2T106 探方西北角。开口在①层下。打破生土。距地表深 0.25～0.42 米。方向 180°。因耕种和自然水土流失，墓土圹遭破坏较严重。墓坑较小而窄，为长方形竖穴土坑墓，墓壁较斜直，收分较大，底甚平整。墓口长 2.24、宽 0.88、残深 0.25 米，墓底长 2.04、宽 0.68 米（图五五六；图版一九二，2）。墓内填土为黑褐色五花土，比较松软，墓底有一层草木灰，厚 0.01～0.03 米，较松软。

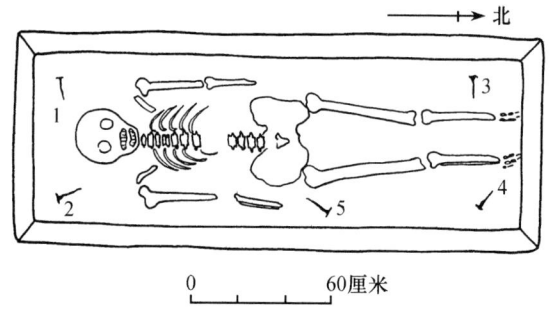

图五五六　E2 区 M145 平面图

1～5. 铁棺钉

葬具腐烂无存，仅存 5 件铁棺钉，分布在人骨架周围，据墓坑形制结构和棺钉分布情况分析，葬具为单棺。墓底草木灰层应是棺内垫置尸体的铺垫物。

人骨架保存较好，只是部分细小的骨骼已腐烂。葬式为仰身直肢，头向南，面向上。经鉴定为成年女性。

无随葬器物。

铁棺钉　5 件。均完整，略锈蚀。形制相同，呈方锥形，顶端有圆饼形帽。长 8～10.5 厘米。

③ M147

M147 位于 E2 区南部，M31 和 M77 之间。开口在①层下，打破生土，并打破 M31 墓土圹东壁和 M77 墓土圹西壁。距地表深 0.1～0.9 米。方向 180°。地面建筑被淤土覆盖，盖瓦石、碑帽被破坏。

该墓由墓坑和地面建筑（墓门、围石、封土）两部分组成。墓坑为长方形竖穴土坑，南高北低，坑壁较直，底较平，长 1.78、宽 0.5、深 0.6 米。地面建筑平面略呈桃形，南北长 3、东西宽 2.82 米，分为三部分，即墓门、围石、封土堆（图五五七；图版一九四，1）。墓门在北面，由门槛、门框、墓碑，均由榫卯扣合而成。门槛长 1.12、宽 0.3、厚 0.21 米，门框高 1.04、宽 0.3、厚 0.2 米，墓碑高 1.04、宽 0.62、厚 0.1 米。围石墙高 0.26～1.17 米，系人工打制的弧形条石错缝垒砌而成，条石一般长 0.5、宽 0.3、厚约 0.26 米。围石墙内填土顶面呈弧形，填土比较硬，为黄褐色五花土，包含有素面瓦片及周代绳纹瓦片。

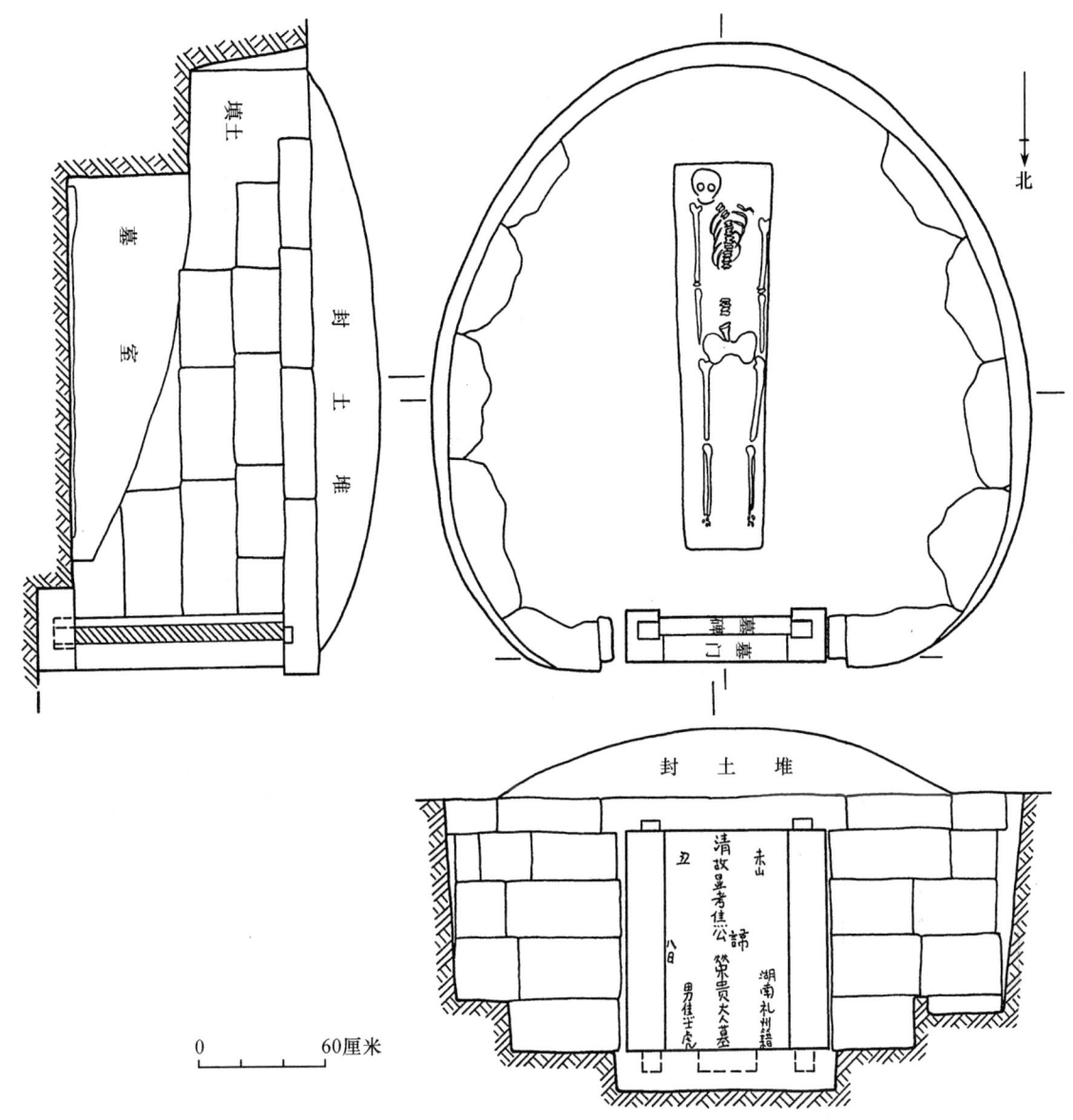

图五五七　E2 区 M147 平、剖面图

墓碑正面阴刻有碑文，但部分字迹因风化而剥落（图五五八）。据碑文所载，墓主人为男性，姓焦，名荣贵，湖南礼州（今湖南礼县）人，碑为焦士虎为父亲焦荣贵所立。

葬具为单棺，因腐烂仅存痕迹和残渣。墓坑底部有厚 0.03～0.05 米的草木灰及石灰混合层，应为棺内垫置尸体的铺垫物。

人骨架保存较好，长 1.7 米，头向南，葬式为仰身直肢。胸椎及颈椎向右弯曲，头骨位于右上方，左上肢下垂，右上肢偏上（图版一九四，2）。从整体观察，墓主人似为驼背残疾人。经鉴定，性别为男性，年龄 30 岁左右。

无随葬器物。

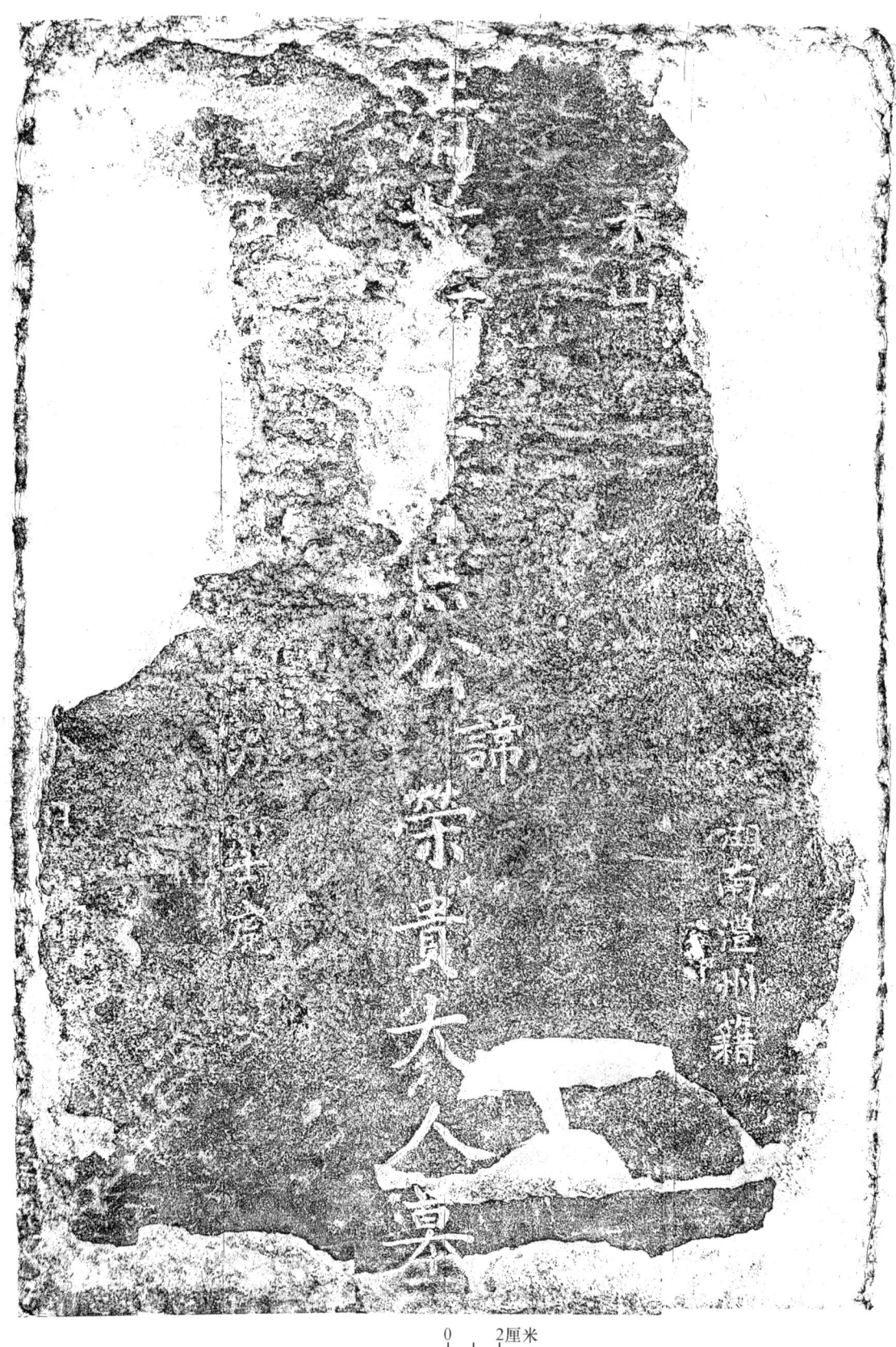

0 ┗━━┛ 2厘米

图五五八　E2 区 M147 碑文拓片（M147∶1）

2. 文化层

文化堆积层中出土遗物甚少，选择代表性器物介绍如下。

陶罐　3件。标本 E2T71②∶1，复原完整。夹细砂灰褐陶。颈略内收，口略侈，方唇，敞口，尖圆形流，腹略鼓，下腹内收，平底内凹，与流相对的上腹部有一环形把，横剖面呈宽扁状。口径15.5、腹径18.4、底径11.6、把长8.7、高19.2厘米（图五五九，1；图版一九五，4）。标本 E2T72②∶34，复原完整。粗泥红褐色硬陶。火候较高。溜肩，小口略侈，圆唇，鼓腹，下腹内收，平底。腹部以上施酱褐色釉。腹中部饰七道凹弦纹。口径9.4、腹径19.8、底径12、高24厘米（图五五九，7；彩版四二，1；图版一九五，1）。标本 E2T80②∶1，完整。粗泥褐色硬陶。火候较高。鼓肩，矮领，直口，双唇外凸，鼓腹，下腹内收，平底。腹以上施酱褐色釉。肩部及领部饰三道凹弦纹。口径9、领高3、腹径17.6、底径9.4、高18.6厘米（图五五九，8；彩版四二，3）。

陶壶　2件。标本 E2T52②∶2，修复完整。粗泥灰褐色硬陶。火候高。斜肩，细颈，直口略侈，尖圆形流，鼓腹，小平底，肩部有一环形把。腹部以上施酱褐色釉。口径6.3、腹径18、底径8、高21.6厘米（图五五九，2；彩版四二，2；图版一九五，2）。标本 E2T52②∶3，口部及把已残。粗泥红陶。火候较高。细颈，溜肩，上腹略外鼓，下腹内收，平底。下腹饰四道凹弦纹。残口径3.8、腹径8.5、底径6、残高14.4厘米（图五五九，10；图版一九五，3）。

陶灯盏　2件。标本 E2T91②∶9，柄残，仅存盏盘。粗泥黑陶。敞口，圆唇，盘弧壁，底近平，细柄。盘口径8、盘深1.8、柄粗径1.6、残高3.2厘米（图五五九，3）。标本 E2T91②∶8，柄残，仅存盏盘。粗泥黑陶。斜壁，敞口，尖圆唇，底较斜，细柄。盘口径13.3、柄粗径2、残高2.8厘米（图五五九，13）。

陶钵　1件（E2T52②∶1）。粗泥褐陶。火候较高。完整。斜壁，敞口，圆唇，平底。口径17.6、底径11.4、高6.8厘米（图五五九，6；图版一九六，4）。

陶碗　1件（E2T134②∶1）。完整。粗泥灰色硬陶。火候较高。双折腹，敞口略敛，尖唇，假圈足。口沿外施酱褐色釉。口径14.8、圈足径7.2、高6.5厘米（图五五九，9；图版一九六，3）。

陶器底　2件。标本 E2T91②∶11，残。粗泥灰褐陶。火候较高。斜壁，平底，底略内凹。外表饰三道凹弦纹。底径12.2、残高4.6厘米（图五五九，4）。标本 E2T91②∶10，残。细泥灰白陶。火候高。斜壁，底近平，圆圈足略外撇。外表施酱褐色釉，内壁施黑褐色半釉，圈足及底面无釉。圈足径12、残高4.3厘米（图五五九，5）。

瓷碗　2件。标本 E2T91②∶12，残。白瓷。火候甚高。斜壁，底近平，圆圈足，足根较窄略内敛。外表施透明釉。腹部饰青花勾连纹，圈足外表饰青花宽带纹，圈足底内有一青色"吉"字款式。圈足径4.4、残高2.6厘米（图五五九，11；图版一九六，2）。标本 E2T88②∶7，完整。灰色瓷胎。火候高。敞口，尖唇，弧壁内收，圜底，圆圈足。外表施灰白色釉，其上饰二道蓝色弦纹和蓝色鸟翅形纹，内壁饰四道蓝色弦纹及弧形纹。口径10.4、圈足径5、高5.6厘米（图五五九，12；彩版四二，4；图版一九六，1）。

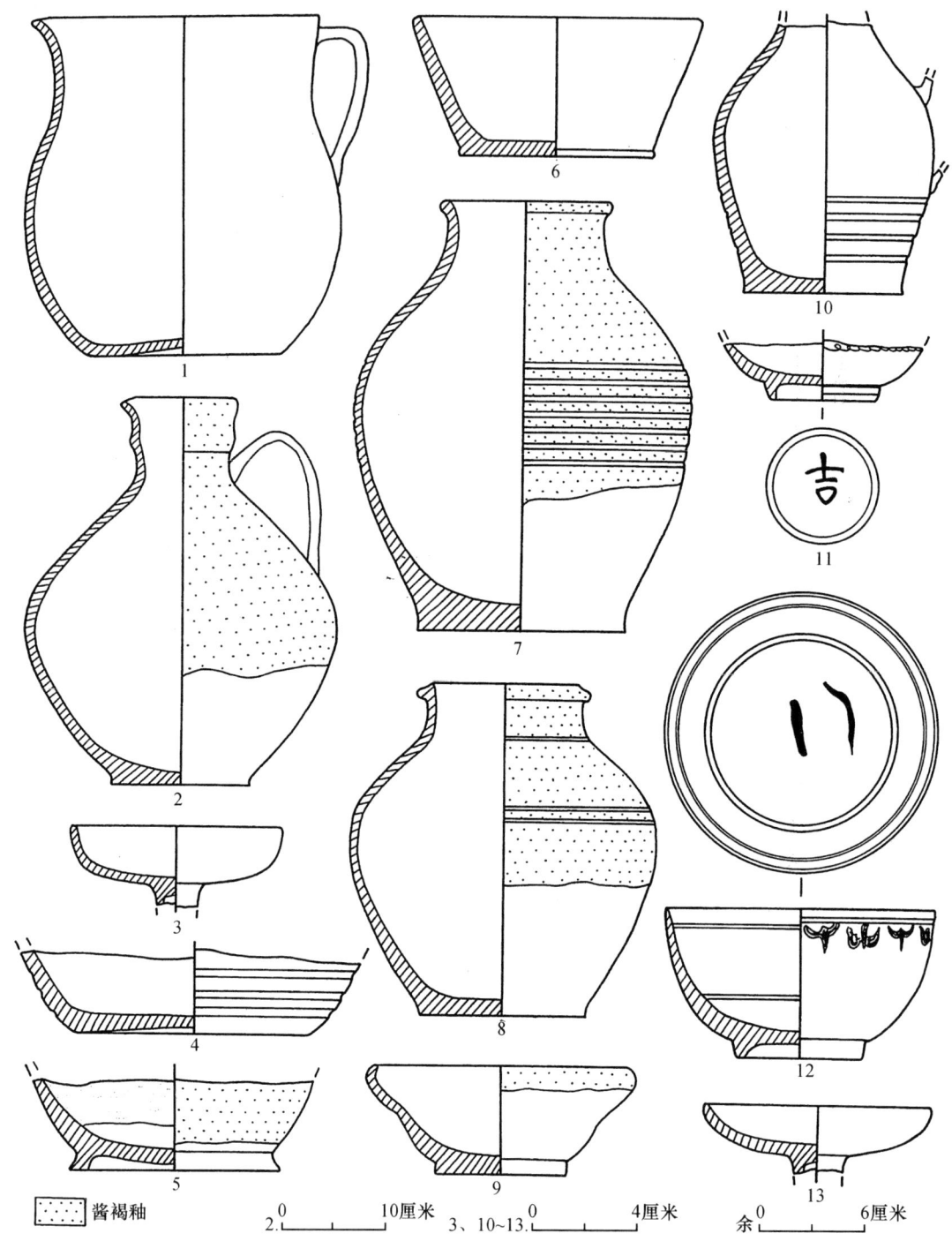

图五五九　E2 区②层出土器物

1、7、8. 陶罐（E2T71②：1、E2T72②：34、E2T80②：1）　2、10. 陶壶（E2T52②：2、E2T52②：3）　3、13. 陶灯盏
（E2T91②：9、E2T91②：8）　4、5. 陶器底（E2T91②：11、E2T91②：10）　6. 陶钵（E2T52②：1）　9. 陶碗
（E2T134②：1）　11、12. 瓷碗（E2T91②：12、E2T88②：7）

（三）分期与年代

E 区清代遗存没有发现纪年资料和地层叠压打破关系，只能根据类型学判别它们的相对年代。

M144 与 M147 均为长方形竖穴土坑墓，墓坑小而窄，葬具为单棺，不见随葬品和铁棺钉，M145 虽然墓坑形制结构及葬具与其相同，但出土有较多的铁棺钉。存在这种差异，表明有分期的可能。故将 E 区清代遗存分为一、二两期。

一期：以 M145 为代表；

二期：以 M144、M147 为代表。

遗址中出土的青花和蓝花瓷器以及 E2T71②:1 陶罐、E2T52②:2 陶壶、E2T88②:7 瓷碗的形态与民国年间和现代所用同类器相近，可归为二期。

在三峡地区清代中期以前棺材使用铁钉，清代晚期至今棺材不使用铁钉。二期的 M147 墓有墓门、墓碑、围石等形制结构在三峡地区至今仍沿用，而且棺材没有铁钉，其时代属于清代晚期。一期墓葬棺材使用铁钉，其时代应早于二期，约相当于清代中期。

（四）小结

清代墓葬规模小，单棺葬具，没有随葬器物，说明墓主人身份不高，属于平民阶层。

M147 地面建筑有墓门、墓碑、围石、封土堆等设施，在三峡地区比较多见，而且沿用至今，应是三峡地区清代墓葬的特点，从而对研究三峡地区埋葬习俗和墓葬建筑形式具有一定的意义。

M147 墓主人焦荣贵，湖南礼县人，为何葬于三峡卜庄河？尚待考证。

(K - 1210.0101)

ISBN 978-7-03-022002-8

长江三峡工程
文物保护项目 报告

乙种第十一号

TGCR

秭归卜庄河 下

国务院三峡工程建设委员会办公室　国家文物局　编著

科学出版社

Reports on the Cultural Relics Conservation
in the Three Gorges Dam Project
B(site report) Vol.11

The Buzhuanghe Site
in Zigui, Hubei

II

State Council Three Gorges Project Construction Committee Executive Office
&
State Administration of Cultural Heritage People's Republic of China

Science Press

柒 F 区

一 位置与地貌

F区位于卜庄河遗址中部杜家岭半山腰，东面为高约30~50米的悬崖，北面是高15米的陡坎，西距童庄河约70米，南面为一山包，当地称"牛脑壳包"。海拔128~160米。

F区是卜庄河遗址地势最陡的区域，由东南向西北倾斜，坡度为25°~41°。杜家岭基本上是岩石构成的山包，唯中部地表有一层厚约1~8米褐黄色黏土层。遗址文化堆积就分布在这片褐黄色黏土层之上。

遗址FT3~FT9探方北面有一高约2~5米因建民房而挖成的陡坎。民房北面有一道高约4米的石碴坎，碴坎下又有部分文化堆积层。这里除小部分农田外，大部分为荒地，生长有槐树、松树及杂草等。除此而外，还有一百多座现代坟墓，成排地分布在遗址中。因此，遗址文化层遭到严重破坏。

二 工作情况

F区因地势影响和周边环境限制，发掘工作难度较大，首先是修筑通往F发掘区的便路，再砍树割草，赔偿青苗，确定发掘位置，然后布方发掘。发掘工作分为2001年8~12月、2002年8~12月、2003年2~4月、2003年9~11月、2004年8~12月、2005年4~6月共6次发掘。发掘5米×5米探方42个、10米×10米探方8个（图版一九七），加上扩方，实际发掘面积1895平方米。探方为正方向（图五六〇）。因为是多次发掘，探方编号与位置有些不成顺序。发掘期间，对地层堆积都进行了统一编层。

三 文化堆积与分期

（一）文化堆积

F区遗址因受地势环境影响，加上长期雨水、山洪冲刷和历代耕种及现代坟墓打破，而受到严重破坏。文化层所剩不多，而且分布零散不能连成一片。保存稍好的地层堆积主要有两处，一处是FT6~FT8探方，这三个探方位于小台地上，台地北边有一道高坎，断面上暴露有较多的文化遗物；其次是遗址的东南部，即FT34探方以南部分区域。文化遗存时代为商代、周代和汉代。因地势影响，文化层堆积呈南高北低倾斜堆积。

周代地层主要分布在FT2、FT3、FT6~FT8、FT26~FT29、FT31、FT34、FT37~FT43、FT45、FT46等20个探方内，出土遗物较多。汉代地层主要分布在FT6~FT8、FT37、FT38、FT42等6个探方，但出土遗物甚少（表四三）。下面选择代表F区南北向和地层保存较全的典型地层剖面为例，介绍F区文化层堆积情况。

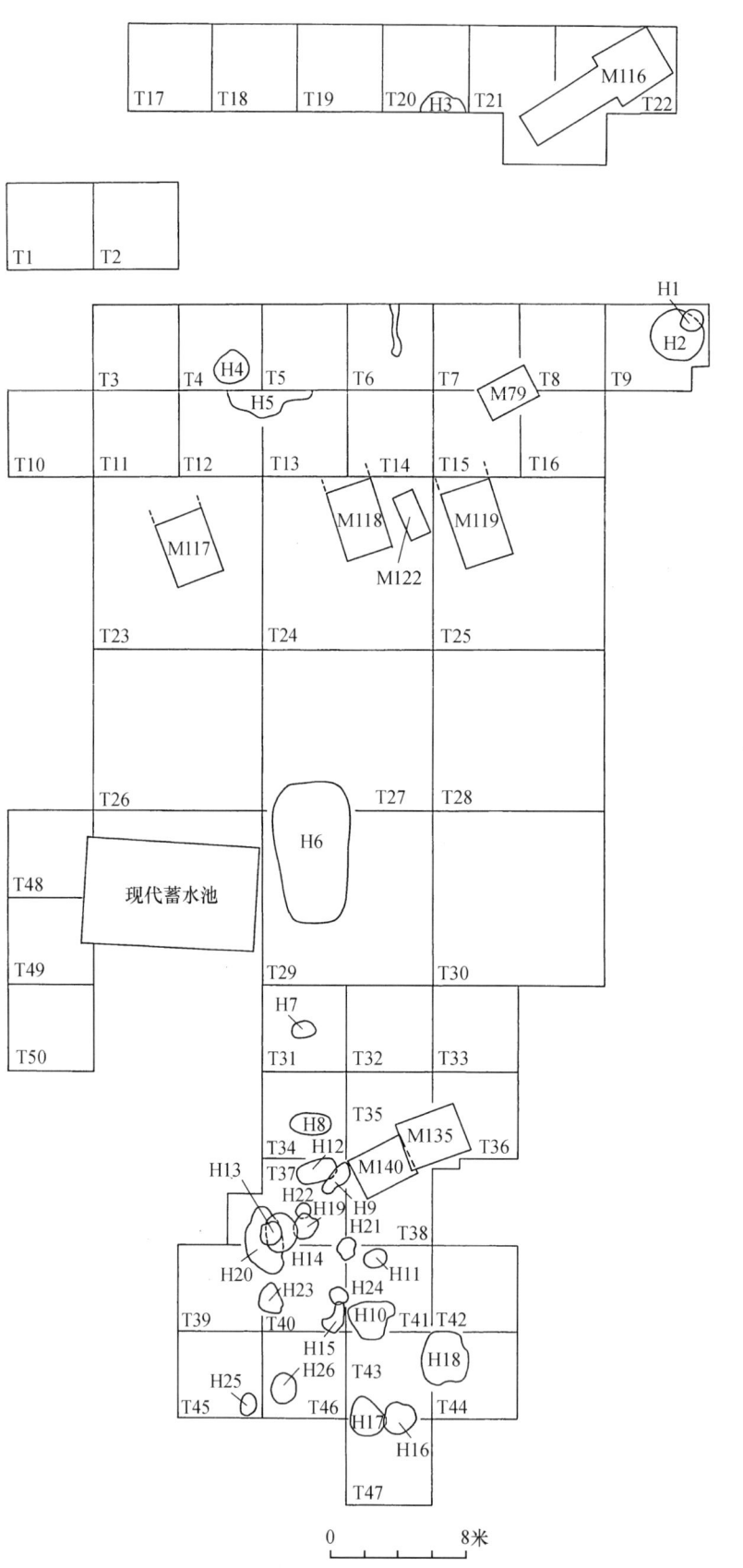

北

图五六〇 F区探方、墓葬、遗迹分布图

表四三　F区探方、文化层、时代对应关系表

探方＼文化层／时代	汉代	周代	探方＼文化层／时代	汉代	周代
FT2		③	FT34		③
FT3		③	FT37	②	③
FT6	②	④	FT38	②	③
FT7	②	③④	FT39		③
FT8	②	③	FT40		③④
FT12		③	FT41		③
FT26		③	FT42	②	③
FT27		③	FT43		④
FT28		③	FT45		③
FT29		③	FT46		③④
FT31		③			

1. FT31、FT34、FT37、FT40 西壁剖面

这四个探方分布在遗址南部的斜坡上，南高北低，地表南北高差12.9米，海拔151.5～164.4米。包含四个大的地层，FT31、FT34、FT37西壁只有3层（图五六一）。

第①层：黑褐色黏土。厚0.2～0.48米。四个探方均有分布。包含有现代瓷片、红烧土块、树根等物。属近现代堆积层。此层下叠压有4个现代坑。

第②层：灰褐色黏土。深0.2～0.5、厚0.1～0.27米。四个探方均有分布。包含有陶鼎耳、绳纹瓦片、陶盆、陶盖、铁片等。属汉代堆积层。

第③层：黄褐色黏土。深0.4～0.65、厚0.05～0.4米。分布于FT31、FT34、FT40探方及FT37探方南部。包含有陶鬲、陶鼎足、陶纺轮、陶豆等器物以及木炭、红色烧土等。属周代堆积层。此层下叠压有FH13、FH15、FH23等10个灰坑，开口FH13下的FH14及开口在FH14下的FH20的部分坑口面也压在此层之下。

第④层：浅褐色黏土。深0.8～0.85、厚0.05～0.5米。主要分布于FT40探方南部，其他探方均不见此层。包含物有陶鬲、陶罐、陶瓮、陶豆等陶片以及少量木炭和碎块红色烧土。属周代堆积层。此层下为生土。

2. FT7 东壁、南壁、西壁剖面

FT7探方位于F区东南部的窄台地上，因为在台地边缘，所以没有北壁，只有东壁、南壁和西壁，而且东、西两壁还不全，长度只有2.7米。包括四个大的地层，均分布于全探方（图五六二；图版一九八，1）。

第①层：黑褐色黏土。厚0.05～0.55米。包含有青花瓷片、素面瓦片、光绪通宝钱币、铁钉及桃树根、柚树蔸、竹根等。属近现代堆积层。此层下叠压有近代小孩墓葬。

第②层：灰褐色黏土。深0.05～0.55、厚0.1～0.8米。包含物较少，只有一些碎小的绳纹灰陶片，可辨器形有板瓦。属汉代堆积层。此层下东南角叠压一座汉代墓（编号为FM79）。

第③层：黄褐色黏土。深0.5～1.6、厚0.18～0.98米。包含物有红褐色绳纹鬲、罐、灰陶

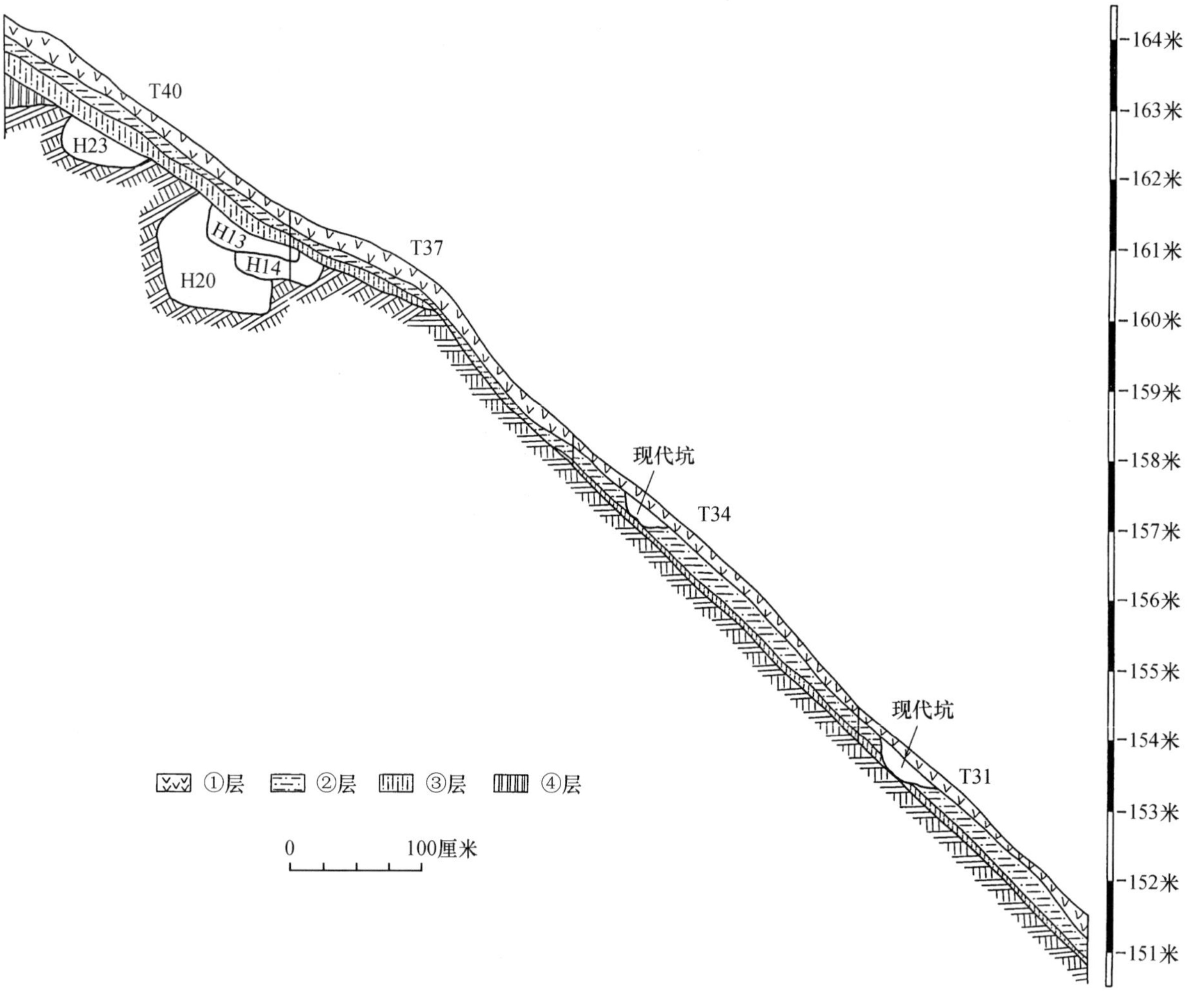

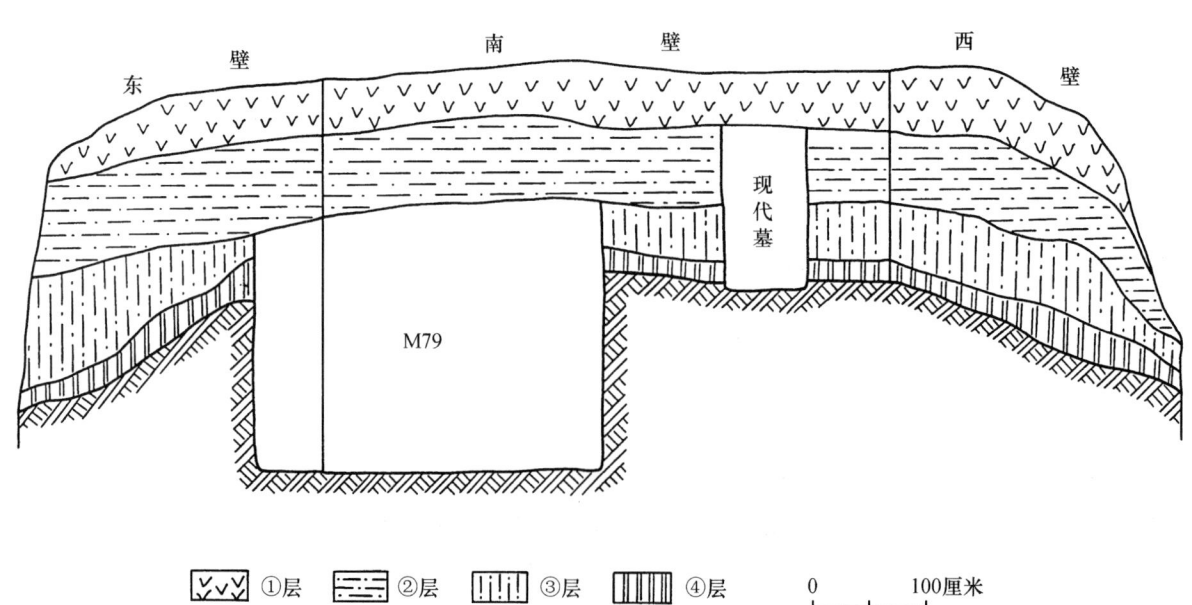

图五六一　F区 T31、T34、T37、T40 西壁剖面图

图五六二　F区 T7 东壁、南壁、西壁剖面图

豆柄等。属周代堆积层。

第④层：浅褐色黏土。深 0.7 ~ 1.8、厚 0.15 ~ 0.4 米。包含物有夹砂红陶鼎、鬲、灰褐色陶罐、石斧。另出土一些动物骨骼，种类有青鱼尾椎骨、家水牛右髋骨。属周代堆积层。此层下为生土层。

（二）分期

F 区文化堆积层比较简单，只有 3 层，但出土遗迹（灰坑）较多。根据各文化层的土质土色、包含物的特点、层位关系及相互叠压、打破遗迹单位的排序比较，可将 F 区所出遗存的年代分为三个大的时期（表四四）。

表四四 F区地层、探方、遗迹、墓葬分期对应表

分期	文化时代	地层	探方、遗迹、墓葬
一期	商代		灰坑 2 个（FH11、FH21）
二期	周代	③④	探方 21 个（④层：FT6、FT7、FT40、FT43、FT46 ③层：FT2、FT3、FT7、FT8、FT12、FT26 ~ FT29、FT31、FT34、FT37 ~ FT42、FT45、FT46） 灰坑 21 个（FH1、FH2、FH4、FH5、FH7 ~ FH10、FH12 ~ FH20、FH22 ~ FH24、FH26）
三期	汉代	②	探方 6 个（FT6 ~ FT8、FT37、FT38、FT42） 灰坑 3 个（FH3、FH6、FH25） 灰沟 1 条（FG1） 墓葬 8 座（M79、M116 ~ M119、M122、M135、M140）

一期：商代。仅 2 个灰坑（FH11、FH21）。出土代表性器物有夹砂灰陶花边罐、黑褐陶卷沿罐、红褐陶方格纹罐等。

二期：周代。是 F 区主要文化遗存。地层包括③层和④层，探方有 21 个（④层：FT6、FT7、FT40、FT43、FT46；③层：FT2、FT3、FT7、FT8、FT12、FT26 ~ FT29、FT31、FT34、FT37 ~ FT42、FT45、FT46），灰坑 21 个（FH1、FH2、FH4、FH5、FH7 ~ FH10、FH12 ~ FH20、FH22 ~ FH24、FH26）。代表性器物有陶鬲、陶鼎、陶盂、陶豆、陶罐、陶纺轮、陶网坠等，其中陶鬲、陶鼎占大宗。代表性纹饰有粗绳纹、弦纹等。

三期：汉代。包括探方 6 个（FT6 ~ FT8、FT37、FT38、FT42），灰坑 3 个（FH3、FH6、FH25），灰沟 1 条（FG1），墓葬 8 座（M79、M116 ~ M119、M122、M135、M140）。代表性器物有绳纹灰陶板瓦、筒瓦、灰陶双耳陶壶、陶钫壶、陶鼎、陶盒、粗泥黑陶盆及五铢钱币等。

四 商代遗存

（一）概述

商代遗存仅灰坑一种。共 2 个。编号为 FH11、FH21。坑较小，平面有椭圆形和近圆形两种，均为斜壁，底为平底和圜底，填土均为红褐色黏土。

出土陶片较多，共222片。有细泥、粗泥、夹细砂、夹粗砂几种，其中夹砂陶最多。陶色有红陶、红褐陶、灰褐陶、黑陶、黑褐陶，其中以黑褐陶和灰褐陶为主要陶色。

陶片纹饰有凹弦纹、绳纹、方格纹、附加堆纹，分别占陶片纹饰总数的19.55%、78.77%、1.12%、0.56%（图五六三；表四五）。

陶器种类有陶罐、陶鬲、陶豆、陶器盖等。陶罐最多，占总数的84.85%（表四六）。陶器多为手制，次为轮制，器物内壁和颈部多留有指纹痕迹，口沿、器身、足是分件制作，然后与器身粘接。

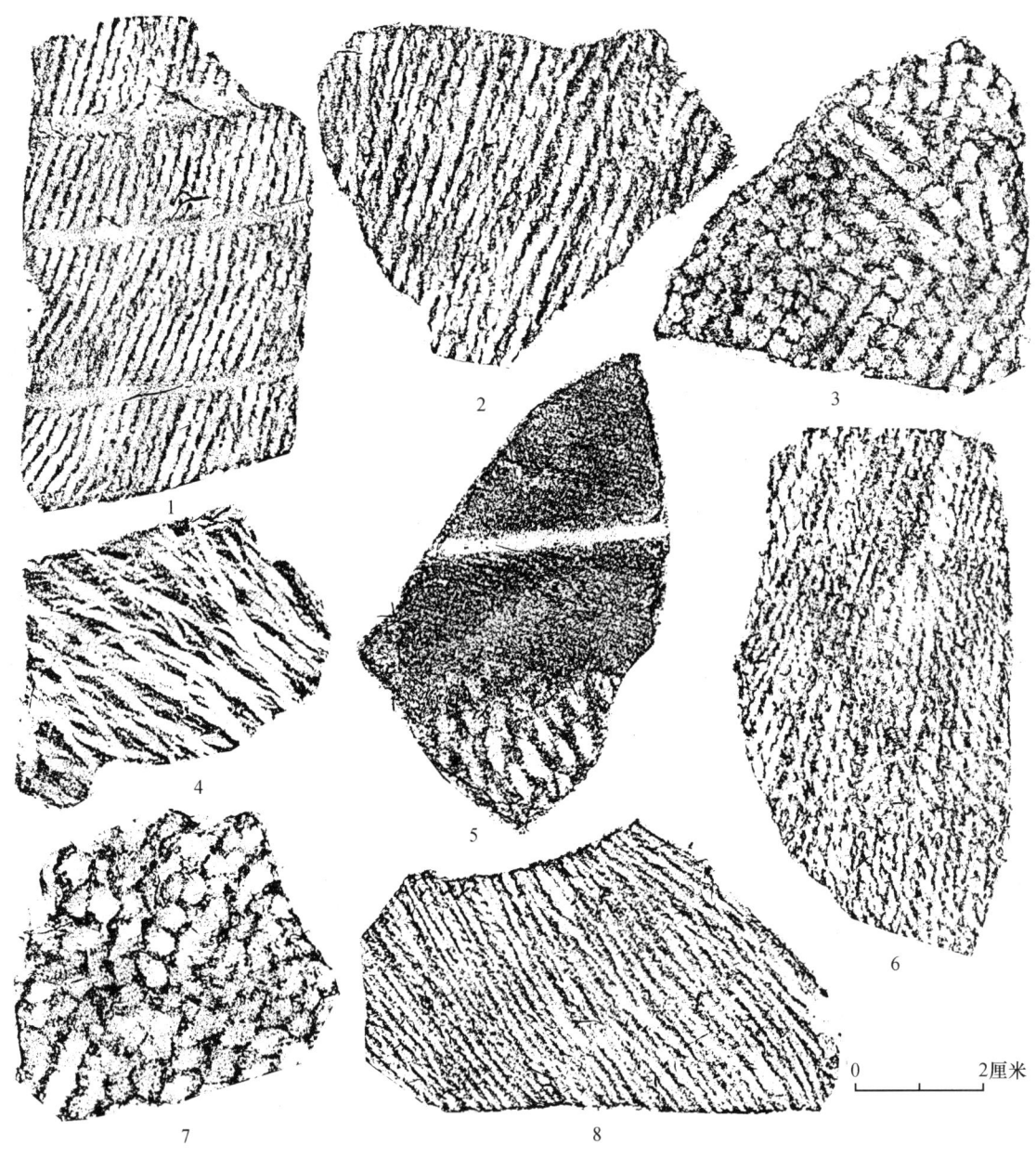

图五六三   F区H11、H21陶片纹饰拓片

1、2、4. 绳纹（FH11∶19、FH21∶14、FH21∶13）   3、7. 方格纹（FH21∶12、FH21∶15）   5. 凹弦纹（FH11∶20）

6、8. 线纹（FH11∶17、FH11∶18）

表四五　F区商代陶片纹饰统计表

名　称	凹弦纹	绳纹	附加堆纹	方格纹	合计
数量	35	141	1	2	179
比例（%）	19.55	78.77	0.56	1.12	100

表四六　F区商代陶器器类统计表

器名	罐	鬲	盖	器底	豆	圈足	合计
数量	28	1	1	1	1	1	33
比例（%）	84.85	3.03	3.03	3.03	3.03	3.03	100

表四七　F区周代陶片纹饰统计表

名称	绳纹	方格纹	凹弦纹	压印纹	几何形暗纹	划纹	菱形纹	附加堆纹	戳印纹	菱形暗纹	合计
数量	2546	30	66	1	2	1	1	2	1	1	2650
比例（%）	96.06	1.12	2.48	0.04	0.07	0.04	0.04	0.07	0.04	0.04	100

（二）灰坑介绍

① FH11

FH11 位于F区南部，FT41探方西北部。开口在③层下，打破生土。距地表深0.49米。坑口平面呈椭圆形，斜壁，平底。东西长径1.2、南北短径0.69、深0.24米（图五六四）。坑内堆积为红褐色黏土，比较松软。

出土陶片共170片。有泥质陶和夹砂陶两种，其中，泥质陶又分为细泥陶和粗泥陶，夹砂陶又分为夹细砂和夹粗砂，分别占陶片总数的2.35%、44.71%、26.47%、26.47%。陶片颜色有红陶、红褐陶、灰褐陶、黑陶、黑褐陶，分别占陶片总数的2.35%、12.94%、33.53%、12.94%、38.24%。

陶片纹饰有凹弦纹、绳纹、附加堆纹，分别占陶片总数的2.35%、82.94%、0.59%，其中绳纹又分为粗绳纹和细绳纹两种。

陶器器类有罐、鬲、盖等。其中罐最多，占80.00%。另出土1件铜片，器类不明。

陶罐　16件。标本FH11:1，残。夹粗砂灰褐陶。折沿外侈，尖圆唇。口沿外饰一周按窝花边纹。口径21、残高4.5厘米（图五六五，1）。标本FH11:6，残。粗泥黑褐陶。溜肩，卷沿略侈，尖唇。肩部饰交错细绳纹。口径19.2、残高4.3厘米（图五六五，2）。标本FH11:2，残。夹细砂黑褐陶。肩部饰斜绳纹，颈部绳纹抹光。口径22.8、残高4.6厘米（图五六五，3）。标本FH11:4，残。粗泥灰褐陶。胎较厚。鼓肩，卷沿，尖圆唇，沿较

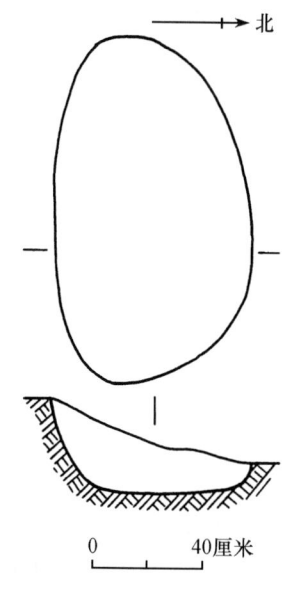

图五六四　F区H11平、剖面图

宽，沿面略鼓。颈部绳纹抹光。口径21、残高7.5厘米（图五六五，7）。标本FH11:3，残。粗泥黑褐陶。广肩，卷沿，圆唇，沿面略鼓，沿外略凹。肩部饰斜绳纹。口径19.8、残高4.5厘米（图五六五，8）。标本FH11:7，残。粗泥黑陶。溜肩，侈口，尖圆唇。口径18.6、残高4.6厘米（图五六五，9）。标本FH11:9，残。粗泥黑陶。溜肩，口略侈，方唇。颈部绳纹抹平，但有痕迹隐约可见。口径18、残高4.7厘米（图五六五，11）。

陶鬲　1件（FH11:12）。残。粗泥红褐陶。鼓肩，敛口，折沿，尖唇，沿面略凹，沿外有三角形凸棱。颈部绳纹抹光。口径18、残高6厘米（图五六五，12）。

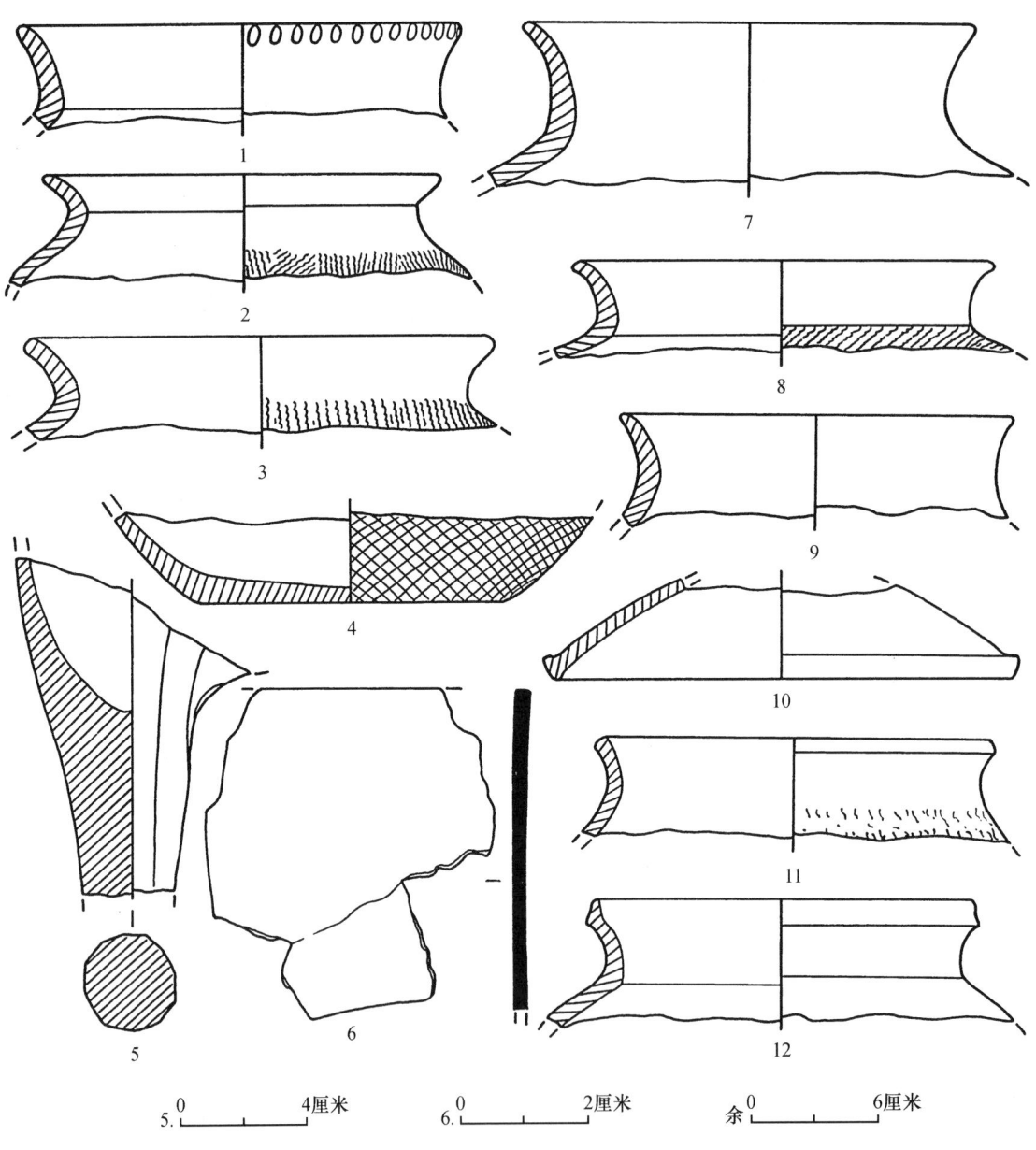

图五六五　F区 H11 出土器物

1~3、7~9、11. 陶罐（FH11:1、FH11:6、FH11:2、FH11:4、FH11:3、FH11:7、FH11:9）　4. 陶器底（FH11:14）

5. 陶鬲足（FH11:11）　6. 铜片（FH11:16）　10. 陶盖（FH11:13）　12. 陶鬲（FH11:12）

陶盖 1件（FH11：13）。残。粗泥红褐陶。盖面呈弧形，方唇外凸。口径21.5、残高4.5厘米（图五六五，10）。

陶器底 1件（FH11：14）。残。夹细砂红褐陶。斜壁，平底，底转折处胎较厚。外表饰菱形方格纹。底径15、残高4.8厘米（图五六五，4）。

陶鬲足 1件（FH11：11）。残。夹细砂红褐陶。略呈圆锥状，上段甚粗，内空较深，外表有刀削痕迹。内空深5、残高10.2厘米（图五六五，5）。

铜片 1件（FH11：16）。锈蚀较严重。呈不规则形，上部为口沿，圆唇，其余边缘为断口面。残长10.5、宽8厘米（图五六五，6）。

②FH21

FH21位于F区FT40关键柱内，开口在④层下，打破生土。距地表深0.51米。坑较小，平面近圆形，斜壁，圜底，坑口不甚整齐。直径0.78、深0.28米（图五六六）。坑内堆积呈红褐色黏土，较松软。

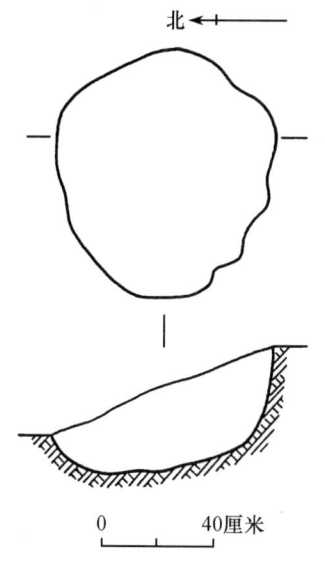

图五六六 F区H21平、剖面图

出土陶片共52片。有细泥陶、粗泥陶、夹细砂陶、夹粗砂陶四种陶系，分别占陶片总数的15.39%、23.08%、38.46%、23.07%。陶片颜色有黑陶、黑褐陶、灰陶、灰褐陶、红褐陶，分别占陶片总数的13.46%、26.93%、3.85%、28.84%、26.92%。

陶片纹饰主要有绳纹和方格纹，分别占陶片总数的59.62%、3.85%。其中绳纹又有粗绳纹和细绳纹之分。

陶器器类有陶罐、陶豆。其中陶罐占大宗，约占器物总数的85.72%。

陶罐 12件。标本FH21：6，残。粗泥红褐陶。溜肩，侈口，圆唇，胎较厚。口径21、残高4.8厘米（图五六七，1）。标本FH21：8，残。粗泥灰褐陶。鼓肩，敛口，卷沿，圆唇。肩部饰直绳纹。口径18、残高4.7厘米（图五六七，2）。标本FH21：5，残。粗泥红褐陶。溜肩，口略敛，折沿，尖唇，沿面较窄，折沿外胎较厚。肩部饰交错方格纹，颈部方格纹抹平。口径18、残高4.6厘米（图五六七，3）。标本FH21：9，残。粗泥黑陶。鼓肩，直口，圆唇。肩部饰直绳纹。口径17.4、残高3.1厘米（图五六七，4）。标本FH21：3，残。夹细砂黑褐陶。鼓肩，敛口，折沿外侈，圆唇，沿较宽，沿面略鼓，沿外略凹。口径19.5、残高4.3厘米（图五七八，5）。标本FH21：1，残。夹砂黑褐陶。广肩，敛口，折沿外侈，尖唇。肩部饰交错绳纹，颈部绳纹抹光。口径18.2、残高6.3厘米（图五六七，6）。标本FH21：7，残。粗泥灰褐陶。广肩。敛口，卷沿外翻，尖圆唇，沿较宽，卷沿处胎较厚重。肩部饰斜绳纹。口径19.8、残高5.1厘米（图五六七，7）。标本FH21：2，残。粗泥。陶胎外表呈黑褐色，内壁呈红褐色。鼓肩，矮领，直口，斜折沿，尖圆唇，沿胎较厚。口径17.7、残高4.4厘米（图五六七，8）。

陶豆 1件（FH21：10）。仅存豆盘。粗泥黑褐陶。斜壁，敞口，圆唇，圜底。口径13.8、残高3.8厘米（图五六七，10）。

陶圈足 1件（FH21：11）。残。夹细砂黑褐陶。呈喇叭状，方足根略上翘。圈足径12、上端粗径5、残高6.9厘米（图五六七，9）。

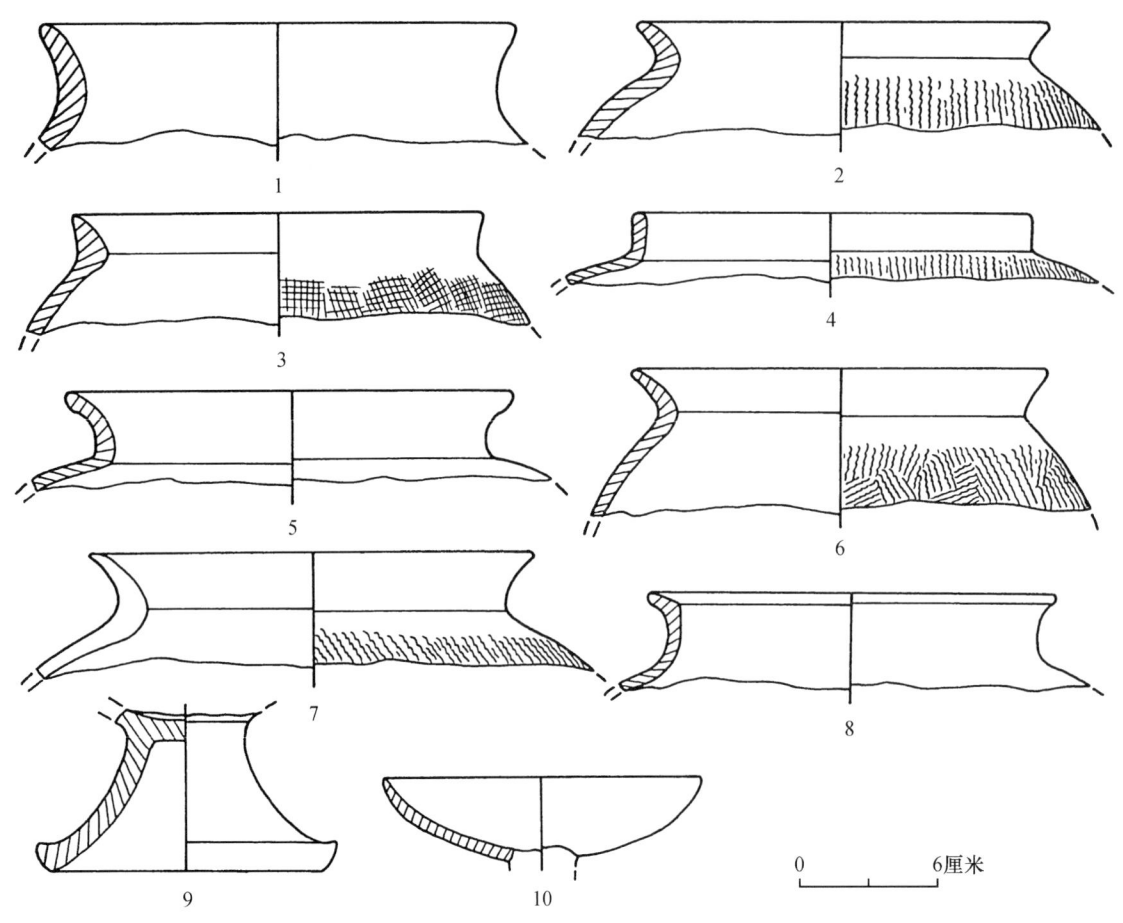

图五六七　F 区 H21 出土陶器

1 ~ 8. 罐（FH21：6、FH21：8、FH21：5、FH21：9、FH21：3、FH21：1、FH21：7、FH21：2）　9. 圈足（FH21：11）

10. 豆（FH21：10）

（三）小结

F 区商代遗存不多，仅残存两个灰坑，不见文化堆积层，可能遭到严重破坏。

出土遗物虽然甚少，其文化特征以夹砂陶为主，泥质陶特别少。黑褐陶和灰褐陶为主要陶色，次为黑陶、红褐陶和极少量红陶片。绳纹居多，次为弦纹、方格纹和附加堆纹。陶罐不仅为主要器类，而且型式多样，其中卷沿花边口沿罐最具特色。陶器多为手制，陶胎普遍厚薄不均。

FH11：16 铜片，虽然锈蚀严重，器类不明，但表明当时已使用了青铜器物，所处时代应进入青铜时代。

综合上述分析，F 区商代遗存特点比较鲜明，与秭归长府沱商代遗址文化面貌较接近①，其相应年代应为商代晚期。

①　宜昌博物馆：《三峡库区秭归长府沱商代遗址发掘》；《三峡库区秭归长府沱遗址试掘简报》，《三峡考古之发现》（二），湖北科学技术出版社，2000 年。

五 周 代 遗 存

（一）概述

F区周代遗存均为遗址，是卜庄河遗址周代最丰富的遗存。

文化层堆积主要分布在FT2、FT3、FT6～FT8、FT12、FT26～FT29、FT31、FT34、FT37～FT46等探方内，地层为④层和③层。文化层厚0.15～0.72米。残留遗迹有21个灰坑，编号为FH1、FH2、FH4、FH5、FH7～FH10、FH12～FH20、FH22～FH24、FH26。

灰坑形状有圆形、椭圆形、圆角长方形和不规则形四种。坑壁有直壁、斜壁和弧壁。坑底多为圜底和平底，次为不规则形底。

出土陶、石、铜等不同质地的遗物共476件。

陶器共468件。多破碎。泥质陶较少，夹砂陶占绝大多数，夹砂陶中又以夹细砂居多，极少量夹粗砂。陶色以红褐陶为主，次为红陶，极少数灰陶、灰褐陶、黑陶、黑褐陶及橙红陶。绳纹占大宗，另有方格纹、凹弦纹、压印纹、几何形暗纹、划纹、菱形纹、附加堆纹、戳印纹、菱形暗纹，分别占陶片纹饰总数的96.08%、1.12%、2.48%、0.04%、0.07%、0.04%、0.04%、0.07%、0.04%、0.04%。其中绳纹又有直绳纹、斜绳纹、交错绳纹几种，主要饰于鬲、罐、鼎、瓮的肩部和腹部，方格纹主要饰于罐，凹弦纹主要饰于豆柄和钵、盖等器物的腹部，暗纹主要饰于豆座的外表，压印纹、戳印纹、划纹等纹饰多见于泥质陶器物。

陶器制作比较粗糙，多为手制，系泥条盘筑，少数捏制。器壁内侧和颈部，尤其是器物的粘接处多留有指压痕。口沿、鬲足、鼎足、盖钮等部件均分别制作后再与器身粘接。

器类主要为罐、鬲、豆、瓮、钵、盂、盖、网坠、纺轮等。其中，罐169件、鬲58件、豆25件，分别占陶器总数的49.70%、17.06%、7.35%（表四八）。

表四八　F区周代陶器器类统计表

器名	罐	鬲	豆	瓮	鼎	钵	盂	圈足	器底	盖	网坠	纺轮	饼	拍	合计
数量	169	58	25	13	25	16	8	1	10	4	3	5	2	1	340
比例（%）	49.70	17.06	7.35	3.82	7.35	4.71	2.35	0.30	2.94	1.18	0.88	1.47	0.59	0.30	100

石器共6件。以磨制为主，也有部分打制石器。器类有斧、锛、杵、饼。其中，石斧3件，占石器总数的50.00%。

另有铜器口沿和铜条各1件。

出土动物骨骼较多，共74件。种类有家猪、狗、水鹿、家水牛、家山羊、兔、青鱼、草鱼、鲸鱼、中华鲟、鲤鱼、白鲢等。

（二）遗存介绍

1. 灰坑

① FH1

FH1位于FT9探方东北角。开口在①层下，打破FH2。距地表深0.4米。平面呈圆形，斜壁，圜底。坑口直径1.2、深0.33米（图五六八）。坑内堆积为黑褐色黏土，较松软。包含物有陶片及

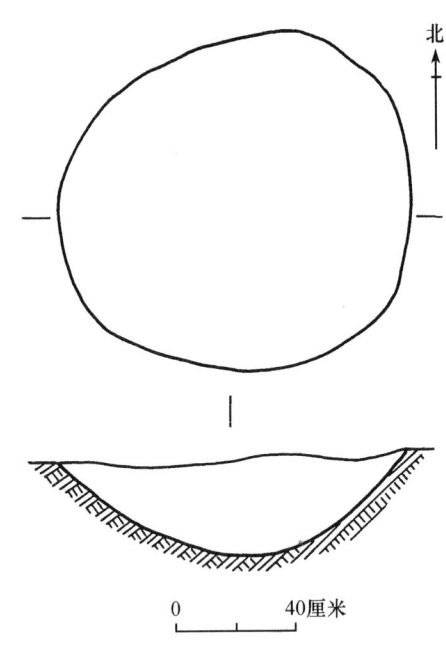

图五六八　F区H1平、剖面图

零星木炭块和红色烧土块。

出土陶片共50片。有粗泥和夹细砂两类，分别占陶片总数的76.00%、24.00%。陶片颜色有红陶、红褐陶、橙红陶、灰陶、黑陶，分别占陶片总数的16.00%、40.00%、14.00%、22.00%、8.00%。

陶片纹饰均为绳纹，有粗细两种，分别占陶片总数的26.00%、14.00%。

陶器器类简单，仅罐和鬲两种，共8件。分别占器形总数的87.50%、12.50%。

陶罐　7件。标本FH1:5，粗泥红陶。广肩，敛口，折沿，尖圆唇，唇下胎厚重。口径15、残高4.5厘米（图五六九，2）。标本FH1:6，粗泥红褐陶。鼓肩，高领，直口，方唇。口径17.1、残高4.3厘米（图五六九，3）。标本FH1:4，粗泥红陶。广肩，高领，直口，斜沿外侈，尖唇。口径19.5、残高5.8厘米（图五六九，4）。标本FH1:3，粗泥红褐陶。斜肩，敛口，卷沿，尖圆唇，沿面略鼓。口径18、残高6.1厘米（图五六九，5）。

陶鬲　1件（FH1:7）。粗泥红褐陶。广肩，敛口，折沿，尖唇，沿面内凹，唇下有一道凸棱。口径21、残高4.7厘米（图五六九，1）。

② FH2

FH2位于FT9探方东北角。开口在①层下，打破生土，坑口东北部被FH1打破。形制较规整，平面为圆形，口小底大，呈袋状，斜壁，平底。口径2.4、深1.3米（图五七〇；图版一九八，2）。坑内堆积分上、下两层，上层为红褐色黏土，较软，下层为黄褐色黏土，较板结。上、下层包含物没有明显区别，主要有陶片和铜条、石杵等以及红色烧土块、动物骨骼。

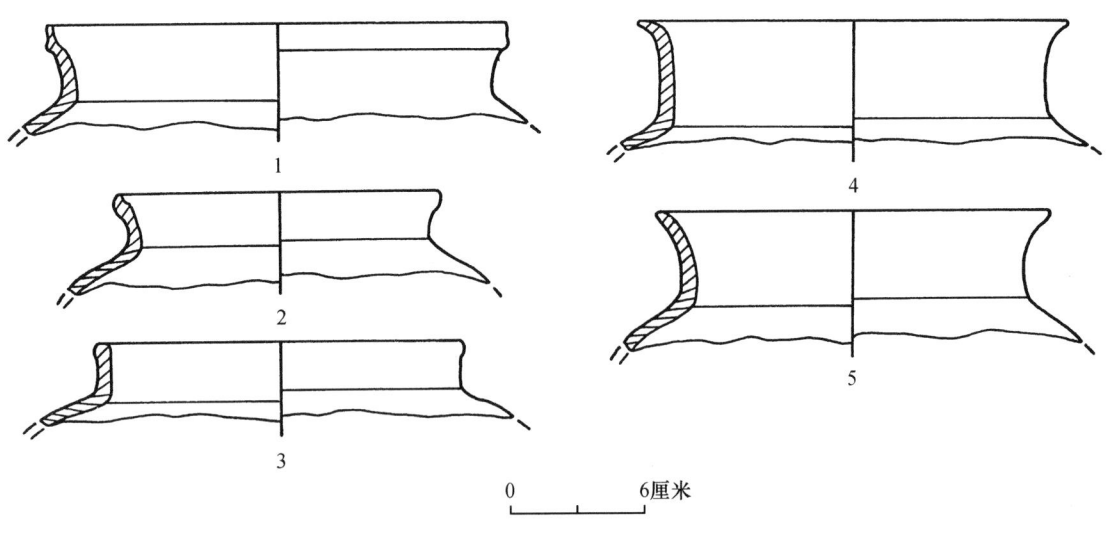

图五六九　FH1出土陶器

1. 鬲（FH1:7）　　2~5. 罐（FH1:5、FH1:6、FH1:4、FH1:3）

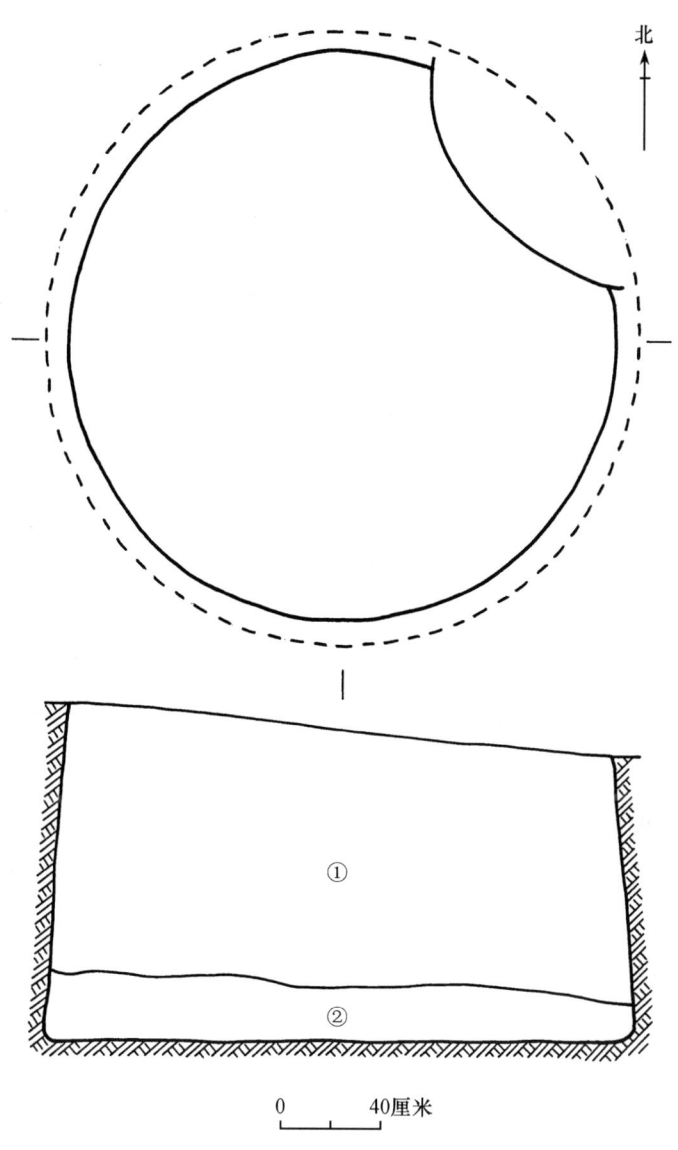

北

0 ___ 40厘米

图五七○　F区 H2 平、剖面图

出土陶片较多，共 782 片。有粗泥陶和夹细砂陶两类，分别占陶片总数的 85.16% 、14.84% 。陶片颜色有红陶、红褐陶、黑陶、黑褐陶、灰陶、灰褐陶，分别占陶片总数的 19.31% 、28.77% 、41.82% 、1.41% 、5.88% 、2.81% 。

陶片纹饰种类较多，有绳纹、方格纹、凹弦纹、压印纹、几何形暗纹等，分别占陶片总数的 5.63% 、0.64% 、0.77% 、0.13% 、0.26% 。其中，绳纹又有粗细之分（图五七一，3、8）。

陶器器类有罐、豆、瓮、鬲、鼎等，共 29 件。

陶罐　10 件。标本 FH2:8，夹细砂红褐陶。溜肩，敛口，折沿，圆唇。口径25.2、残高6.3厘米（图五七二，1）。标本 FH2:12，夹细砂红褐陶。鼓肩，高领，直口，圆唇。口径15、残高4.2厘米（图五七二，4）。标本 FH2:10，粗泥红陶。广肩，卷沿，尖圆唇，唇下有一道凸棱。口径16.5、残高4.5厘米（图五七二，5）。标本 FH2:11，粗泥灰褐陶。鼓肩，敛口，卷沿，尖唇。肩

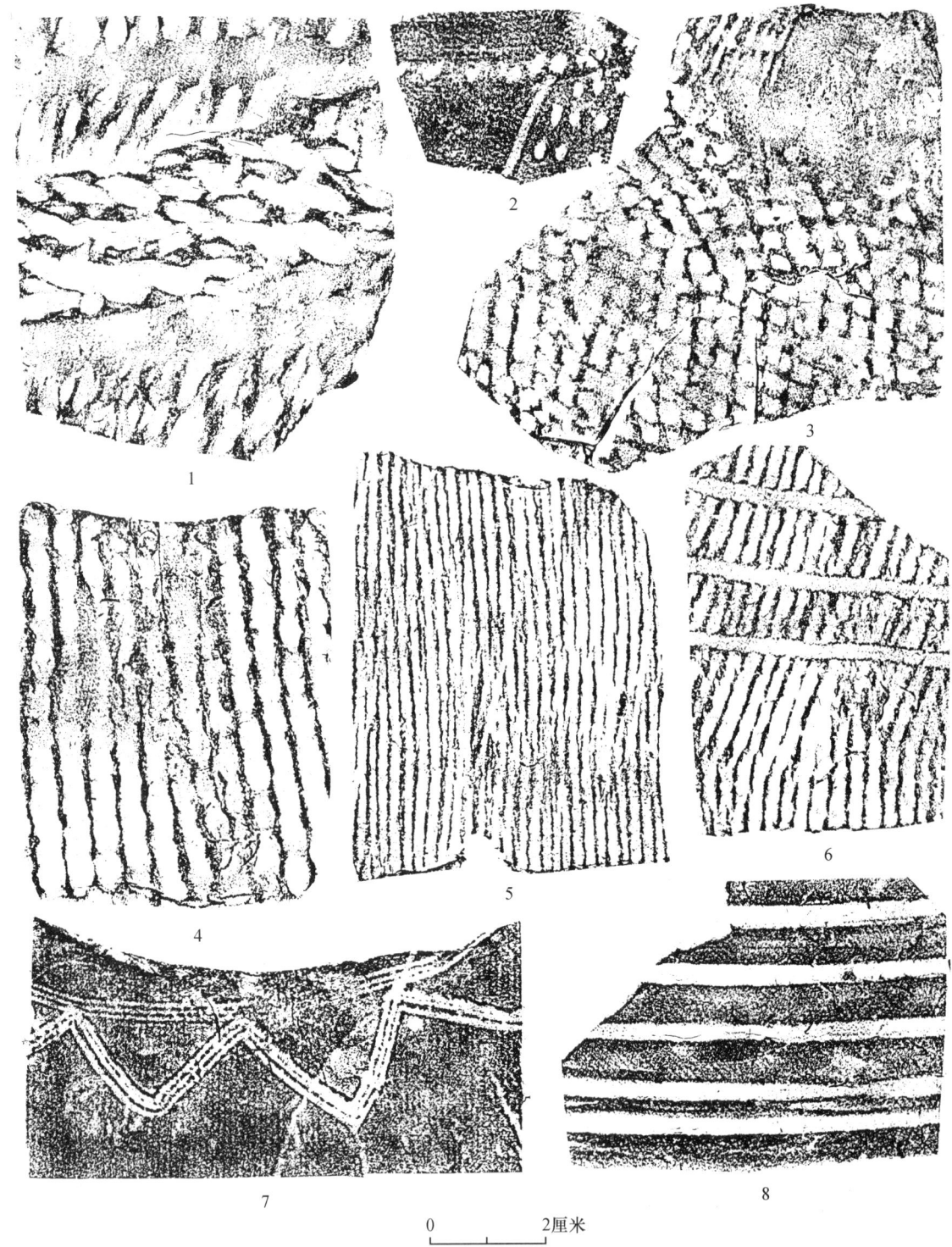

0　　　　2厘米

图五七一　F区 H2、H26 陶片纹饰拓片

1. 附加堆纹（FH26：16）　　2、7. 戳印纹（FH26：19、FH2：61）　　3. 方格纹（FH2：57）　　4～6. 绳纹（FH2：59、
FH2：62、FH2：60）　　8. 凹弦纹（FH2：56）

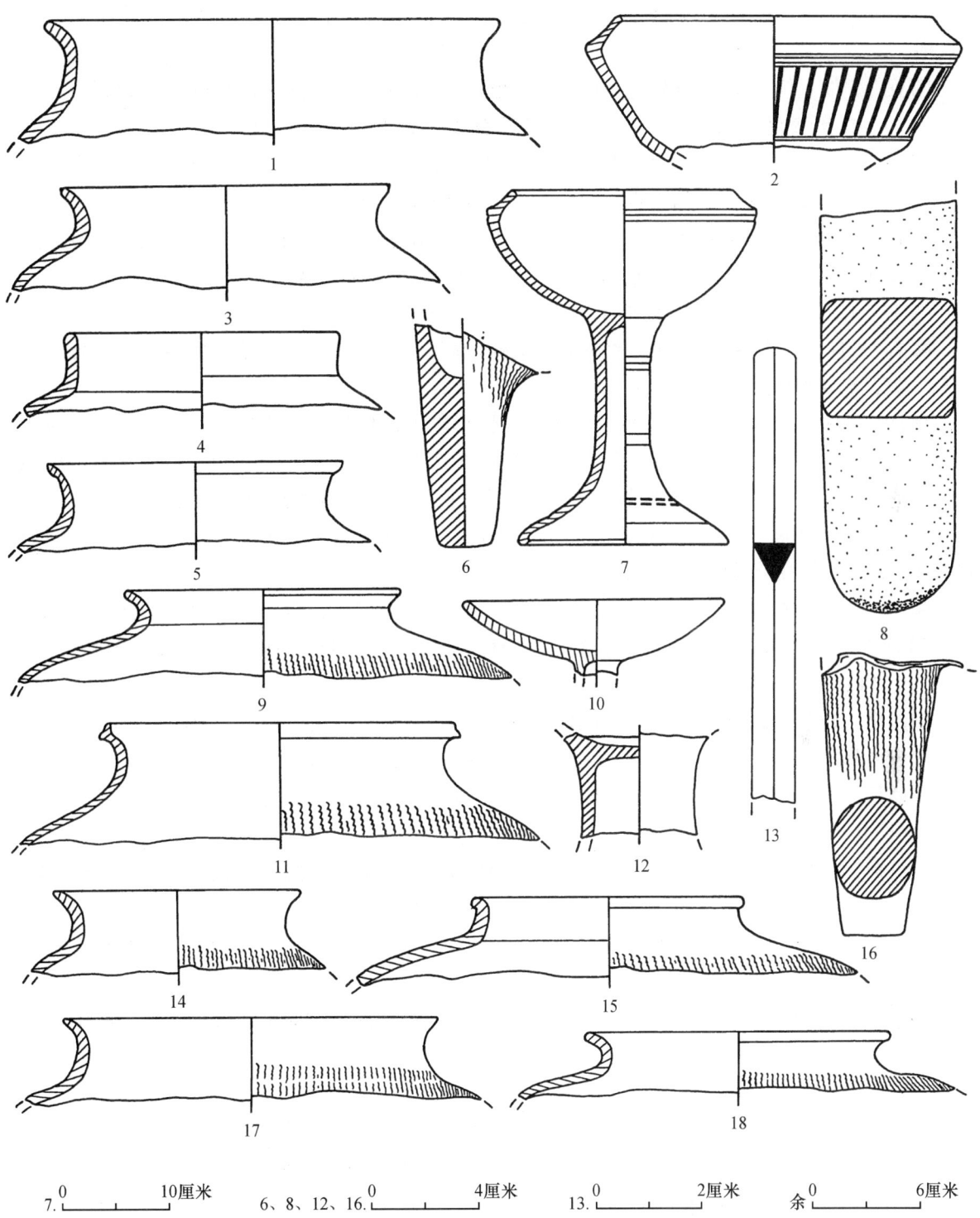

图五七二　F区 H2 出土器物

1、4、5、14、17. 陶罐（FH2:8、FH2:12、FH2:10、FH2:11、FH2:9）　2、7、10. 陶豆（FH2:48、FH2:3、FH2:46）　3. 陶鼎（FH2:54）　6. 陶鬲足（FH2:53）　8. 石杵（FH2:2）9、15、18. 陶瓮（FH2:51、FH2:50、FH2:49）11. 陶鬲（FH2:52）12. 陶豆柄（FH2:4）13. 铜条（FH2:1）　16. 陶鼎足（FH2:6）

部饰细绳纹。口径 13.8、残高 4.6 厘米（图五七二，14）。标本 FH2∶9，粗泥红陶。鼓肩，敛口，卷沿，尖唇。肩部饰粗绳纹，绳纹上又饰一道旋抹弦纹，颈部绳纹抹光。口径 21、残高 4.5 厘米（图五七二，17）。

陶豆　5 件。标本 FH2∶48，仅存豆盘。粗泥灰褐陶。豆盘较深，斜壁，内折沿，敛口，圆唇。外表施黑褐色陶衣，折沿处饰三道细凹弦纹，其下饰直道暗纹。口径 17.5、残高 7.2 厘米（图五七二，2；图版一九九，4）。标本 FH2∶3，复原完整。粗泥红褐陶。盘较深，内折沿，圆唇，弧壁，圜底，细柄，喇叭形豆座。折沿处饰三道细凹弦纹，柄部饰五道细凹弦纹，豆座上饰两周虚线压印纹。盘口径 20、盘腹径 25、盘深 11.5、柄粗径 5、座径 19、通高 32 厘米（图五七二，7；图版一九九，1）。标本 FH2∶46，仅存豆盘。夹细砂黑褐陶。弧壁，敞口，尖唇。口径 14.2、残高 3.8 厘米（图五七二，10）。

陶鼎　1 件（FH2∶54）。夹细砂红褐陶。火候较高。广肩，敛口，卷沿，尖唇，沿面微鼓。口径 18、残高 5.4 厘米（图五七二，3）。

陶瓮　3 件。标本 FH2∶51，粗泥红褐陶。器形较大，口较小，广肩，敛口，卷沿，圆唇。肩部饰细绳纹，颈部绳纹抹光。口径 15.4、残高 5.2 厘米（图五七二，9）。标本 FH2∶50，粗泥灰褐陶。广肩，矮领，直口略敛，窄斜沿外凸，圆唇。肩部饰细绳纹，颈部绳纹抹光。口径 15、领高 1.6、残高 4.4 厘米（图五七二，15）。标本 FH2∶49，鼓肩，敛口，卷沿，圆唇。口径 17.2、残高 3.8 厘米（图五七二，18）。

陶鬲　2 件。标本 FH2∶52，粗泥红褐陶。胎较薄。溜肩，敛口，折沿，尖唇，沿面内凹，沿外有一道弧形凸棱。肩部饰粗绳纹，颈部绳纹抹光。口径 19.8、残高 6.6 厘米（图五七二，11）。

陶鬲足　2 件。标本 FH2∶53，夹细砂红褐陶。略呈圆柱状，足根较平，微向内弯曲，内空较深。内侧上部饰粗绳纹。足根径 1.85、残长 8.2 厘米（图五七二，6）。

陶鼎足　3 件。标本 FH2∶6，夹细砂红褐陶。略呈扁柱状，平足根，上段饰细绳纹。足根径 2.2、残长 10.5 厘米（图五七二，16）。

陶豆柄　3 件。标本 FH2∶4，粗泥红褐陶。较粗壮，下端略外撇。粗径 4.4、残长 3.7 厘米（图五七二，12）。

烧土竹子痕迹　3 件。标本 FH2∶55，粗泥红色烧土。竹子痕迹直径 3.2、烧土长 7.5 厘米（图版一九九，2）。

铜条　1 件（FH2∶1）。残，略锈蚀。器形较规整，横剖面呈三角形。残长 8.2、横剖面边长 0.8 厘米（图五七二，13；图版二〇五，4）。

石杵　1 件（FH2∶2）。残，细砂岩。棕红色。硬度 5°~6°。原材料产于三峡地区。长条形，横剖面呈方形，一端呈圆弧状，并有使用痕迹。直径 4.5、残长 14.8 厘米（图五七二，8）。

动物骨骼　21 件。动物种类家猪、兔、狗、水鹿、鲸鱼、鳡鱼、青鱼、草鱼、中华鲟等。标本 FH2∶16，家猪左上颌骨。标本 FH2∶21，家猪左肱骨。标本 FH2∶26，家猪肋骨。标本 FH2∶17，狗左 M1 齿。标本 FH2∶19，狗左胫骨（图五七三，1；图版二〇八，5）。标本 FH2∶20，水鹿左胫骨。标本 FH2∶37，兔左尺骨（图版二〇八，8）。标本 FH2∶41，中华鲟鳞甲片。标本 FH2∶42，草鱼椎骨（图版二〇九，7）。标本 FH2∶45-1，青鱼椎骨。标本 FH2∶14，鲸鱼左下咽骨（图版二〇九，4）。标本 FH2∶15，鳡鱼左下咽骨（彩版五二，5；图版二〇九，5）。

③ FH4

FH4 位于 FT4 东南部。开口在①层下，打破生土。距地表深 0.45 米。形制比较规整，平面呈

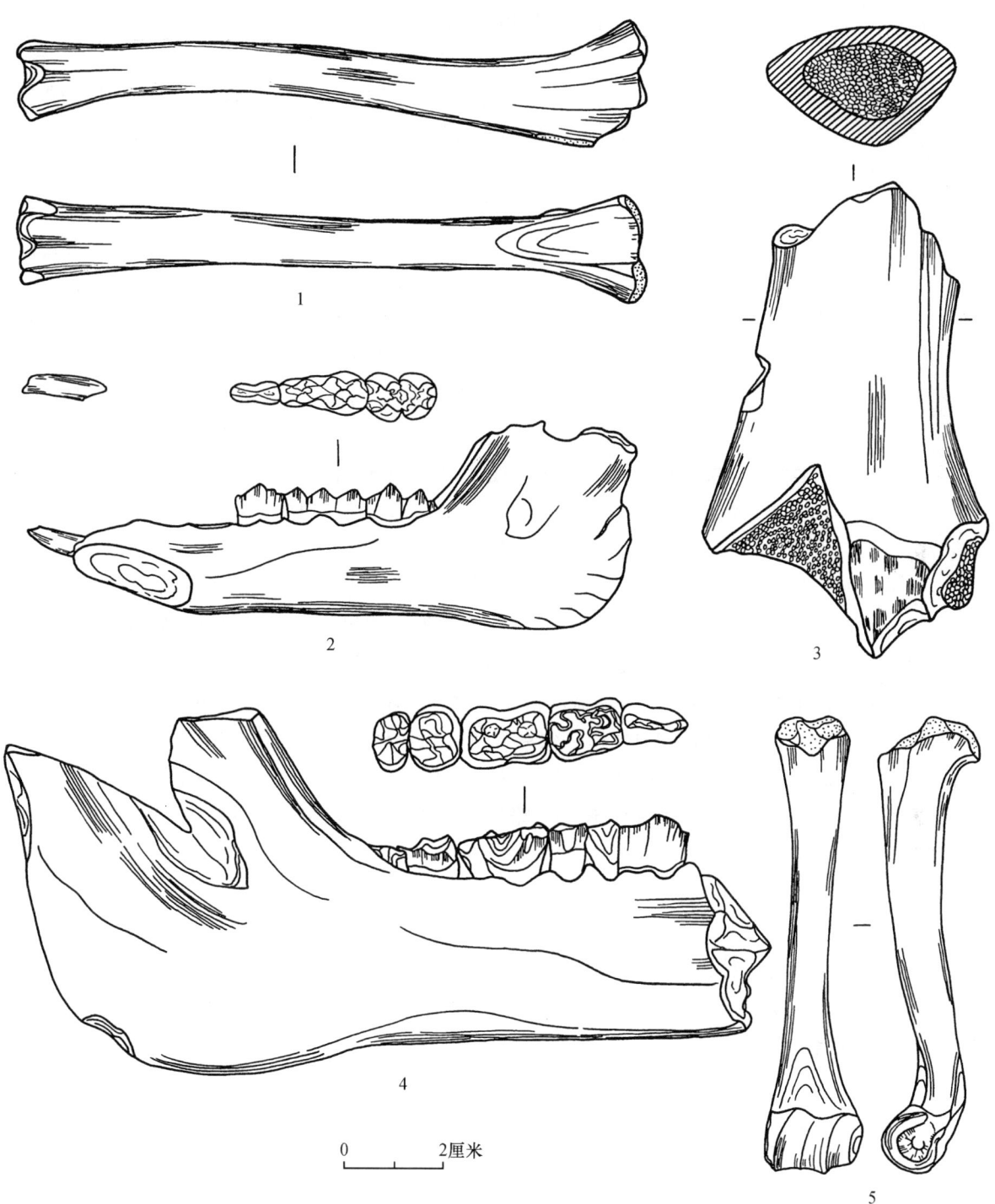

图五七三　F区周代动物骨骼

1. 狗左胫骨（FH2∶19）　2. 家猪右下颌骨（FT46③∶4）　3. 家水牛右髋骨（FT7④∶2）　4. 家猪左下颌骨（FH20∶9）
5. 家山羊右肱骨（FH26∶3）

椭圆形，直壁，平底。坑口长径1.6、短径1.35、深0.5米（图五七四）。坑内堆积为黑褐色黏土，比较松软，包含物有绳纹陶片及动物骨骼。

出土陶片共56片。有粗泥陶和夹细砂陶两类，分别占陶片总数的64.28%、35.72%。陶片颜色有红陶、红褐陶、灰陶、灰褐陶、黑陶、黑褐陶，分别占陶片总数的1.79%、26.79%、5.35%、

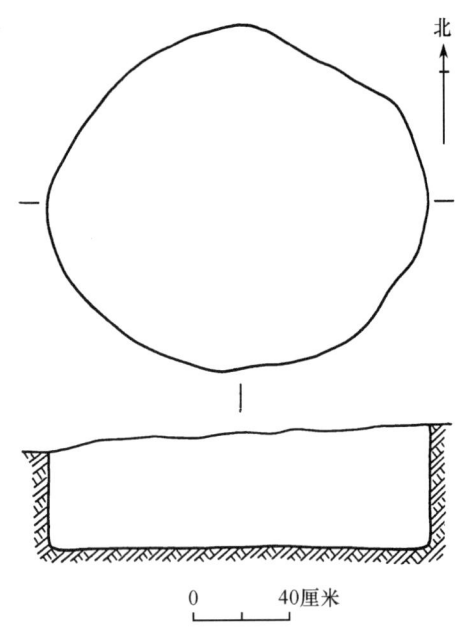

北

0   40厘米

图五七四　F区H4平、剖面图

21.43%、23.21%、21.43%。

陶片纹饰均为绳纹，但有粗细之分，其中，粗绳纹占陶片总数的28.58%，细绳纹占陶片总数的10.71%（图五七五，6）。

陶器器类有罐、鬲、瓮、豆等。共10件。

陶鬲　2件。标本FH4:8，粗泥灰褐陶。胎较薄。溜肩，敛口，折沿，尖唇，沿内有一道凹槽，沿外有一道三角形凸棱。肩部饰粗绳纹，绳纹上又饰一周旋抹弦纹，颈部绳纹抹光。口径23.8、残高7.3厘米（图五七六，1；图版二〇二，5）。

陶罐　2件。标本FH4:7，粗泥红陶。鼓肩，敛口，宽折沿，圆唇，沿面微鼓。口径24.6、残高5.9厘米（图五七六，2）。标本FH4:6，粗泥灰褐陶。广肩，高领，口略侈，圆唇。口径17.8、残高6厘米（图五七六，6）。

陶瓮　1件（FH4:10）。粗泥红褐陶。器形较大，口较小，鼓肩，敛口，卷沿，圆唇。肩部饰绳纹，颈部绳纹抹光。口径18、肩径30.5、残高5.4厘米（图五七六，3）。

陶豆　2件。标本FH4:11，仅存豆盘。粗泥黑陶。浅盘，弧壁，敞口，圆唇。口径19.1、残高4厘米（图五七六，4）。标本FH4:12，仅存豆盘。粗泥红褐陶。浅盘，敞口，尖唇，底近平。口径18、残高3.1厘米（图五七六，5）。

陶鬲足　1件（FH4:9）。夹细砂红褐陶。略呈圆锥状，足根较平，内空较浅。足根径1.9、残长7厘米（图五七六，7）。

陶鼎足　2件。标本FH4:13，粗泥灰褐陶。略呈圆柱状，足根较平。足根径1.3、残长4.8厘米（图五七六，8）。

动物骨骼　共5件。种类有家水牛、草鱼、青鱼、中华鲟等。标本FH4:3，青鱼右前鳃盖骨。标本FH4:5-2，草鱼寰椎骨。标本FH4:5-1，草鱼尾椎骨。标本FH4:4，中华鲟侧鳞板。标本FH4:1，家水牛肋骨。

④ FH5

FH5位于FT12探方和FT13探方的北部。开口在③层下，打破生土。因库区蓄水、江水上涨未发掘完。平面呈不规则形，斜壁，圜底。长4.6、残宽1.2、深0.5米（图五七七）。坑内堆积为灰褐色黏土，较松软，包含物有绳纹红褐陶片和细泥灰褐陶片及零星烧土块。另包含有较多的动物骨骼。

出土陶片共90片。有泥质陶和夹细砂陶两类，分别占陶片总数的83.34%、16.66%，其中泥质陶又分粗泥和细泥。陶片颜色有红陶、红褐陶、黑陶、黑褐陶、灰褐陶，分别占陶片总数的13.33%、44.45%、11.11%、4.44%、26.67%。

陶片纹饰主要是绳纹，次为凹弦纹（图五七五，1、4），分别占陶片总数的76.67%、1.11%。绳纹又有粗细之分，粗绳纹占陶片总数的46.67%，细绳纹占陶片总数的30.00%。

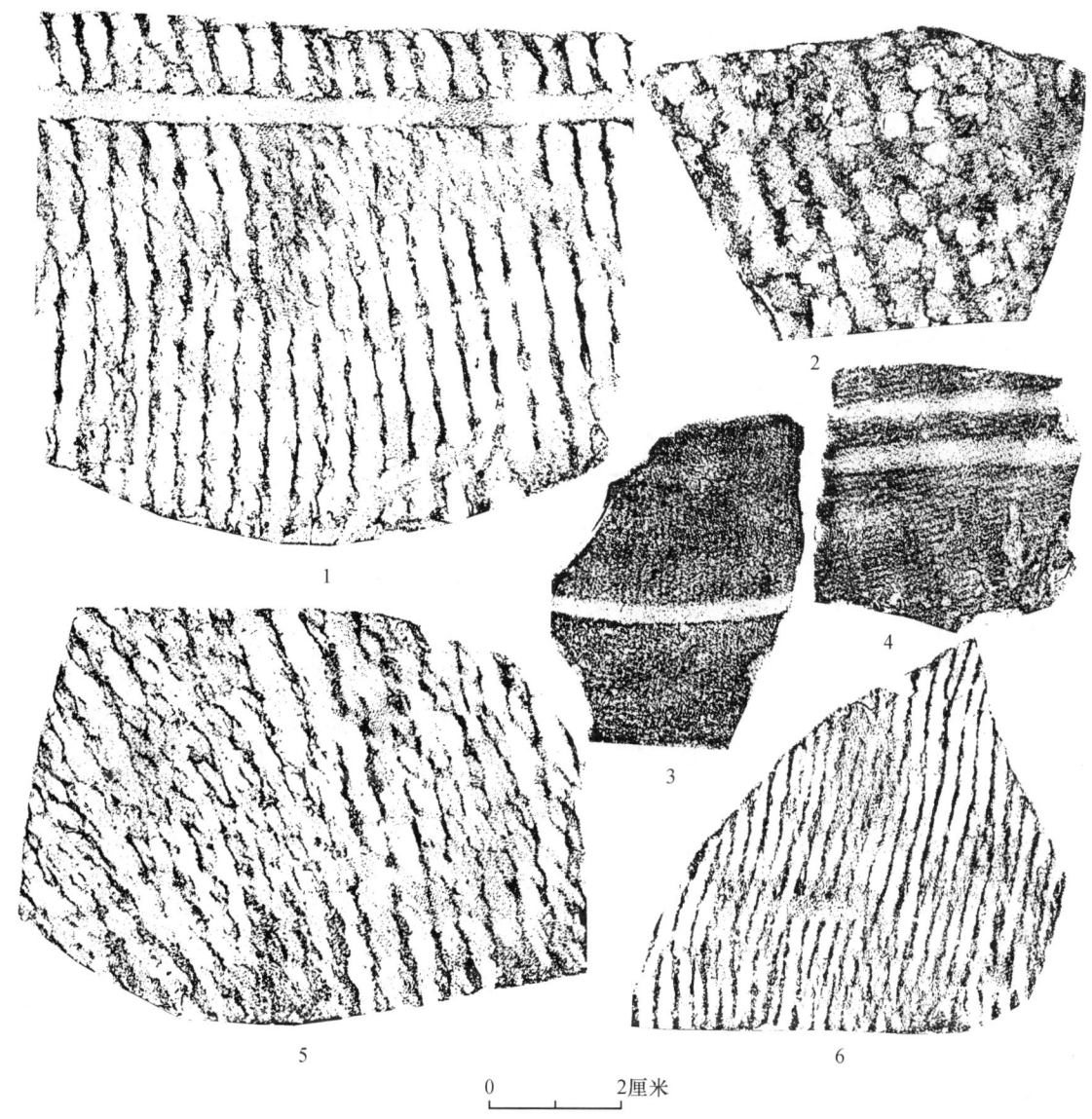

图五七五　F 区 H4、H5、H9、H10、H23 陶片纹饰拓片

1、5、6. 绳纹（FH5：30、FH9：7、FH4：15）　2. 方格纹（FH10：3）　3、4. 凹弦纹（FH23：9、FH5：28）

陶器器类主要有罐、鬲、鼎、豆、钵等。共 18 件。

陶鼎　2 件。标本 FH5：21，粗泥灰褐陶。广肩，敛口，折沿略外侈，尖圆唇。肩部饰细绳纹。口径 23.7、残高 5.6 厘米（图五七八，1）。

陶罐　5 件。标本 FH5：17，粗泥黑陶。鼓肩，敛口，卷沿，圆唇，卷沿处胎较厚重。口径 18.8、残高 4.2 厘米（图五七八，3）。标本 FH5：1，粗泥红褐陶。鼓肩，敛口，折沿，圆唇。肩部饰细绳纹。口径 17.6、残高 4.2 厘米（图五七八，4）。标本 FH5：16，粗泥灰褐陶。广肩，矮领，直口，圆唇外凸。口径 19.2、残高 3.9 厘米（图五七八，10）。

陶钵　1 件（FH5：27）。细泥灰褐陶。弧腹，敛口，方唇。口径 17.4、残高 4.3 厘米（图五七八，2）。

陶鬲　1 件（FH5：19）。粗泥灰褐陶。陶胎较薄。溜肩，敛口，折沿，尖唇，沿面有凹槽，沿外有一道三角形凸棱。肩部和颈部绳纹抹光。口径 18.6、残高 4.6 厘米（图五七八，5）。

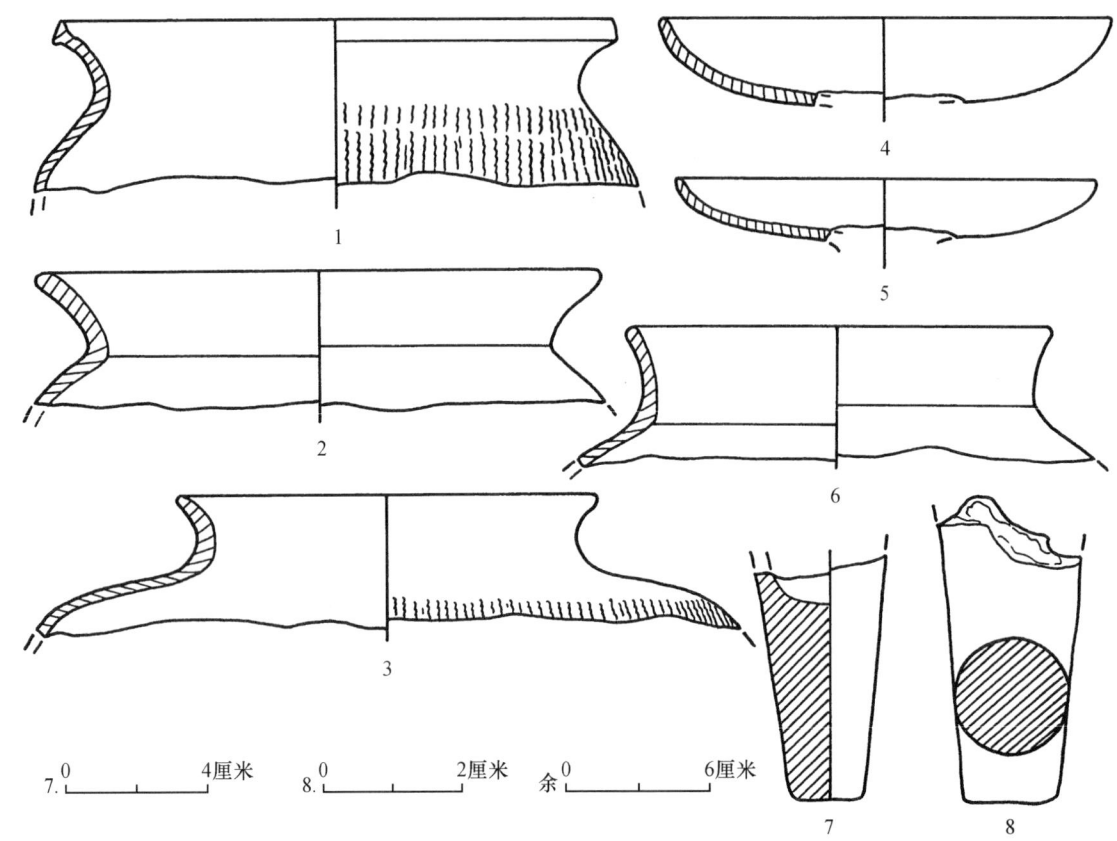

7. 0 ————— 4厘米　　8. 0 ————— 2厘米　　余 0 ————— 6厘米

图五七六　F区H4出土陶器

1. 鬲（FH4:8）　2、6. 罐（FH4:7、FH4:6）　3. 瓮（FH4:10）　4、5. 豆（FH4:11、FH4:12）

7. 鬲足（FH4:9）　8. 鼎足（FH4:13）

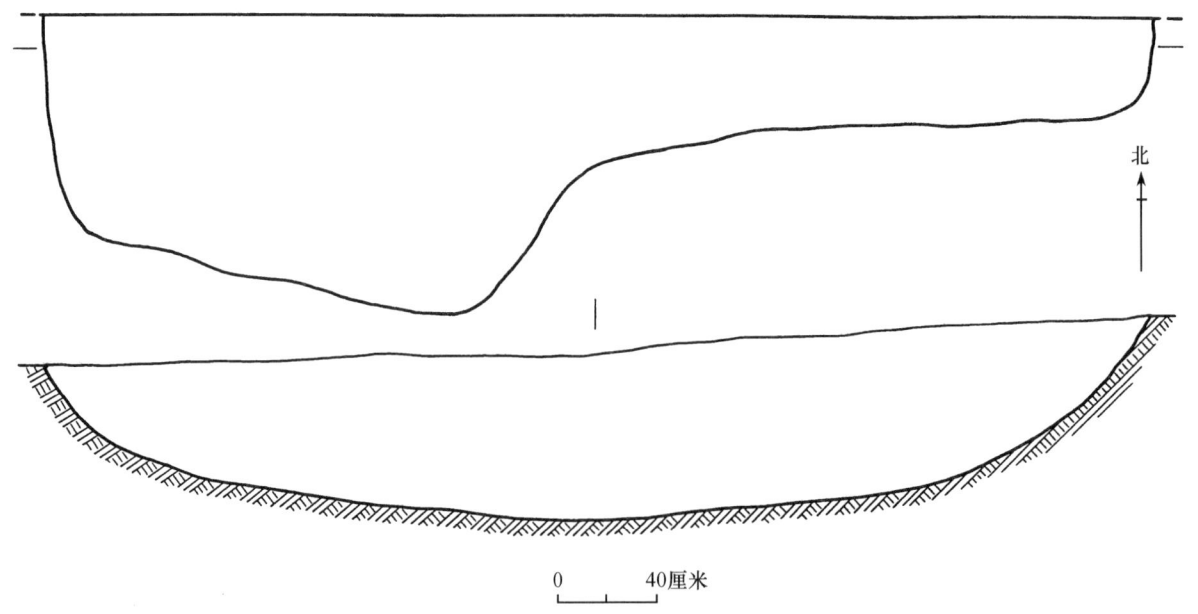

0 ————— 40厘米

图五七七　F区H5平、剖面图

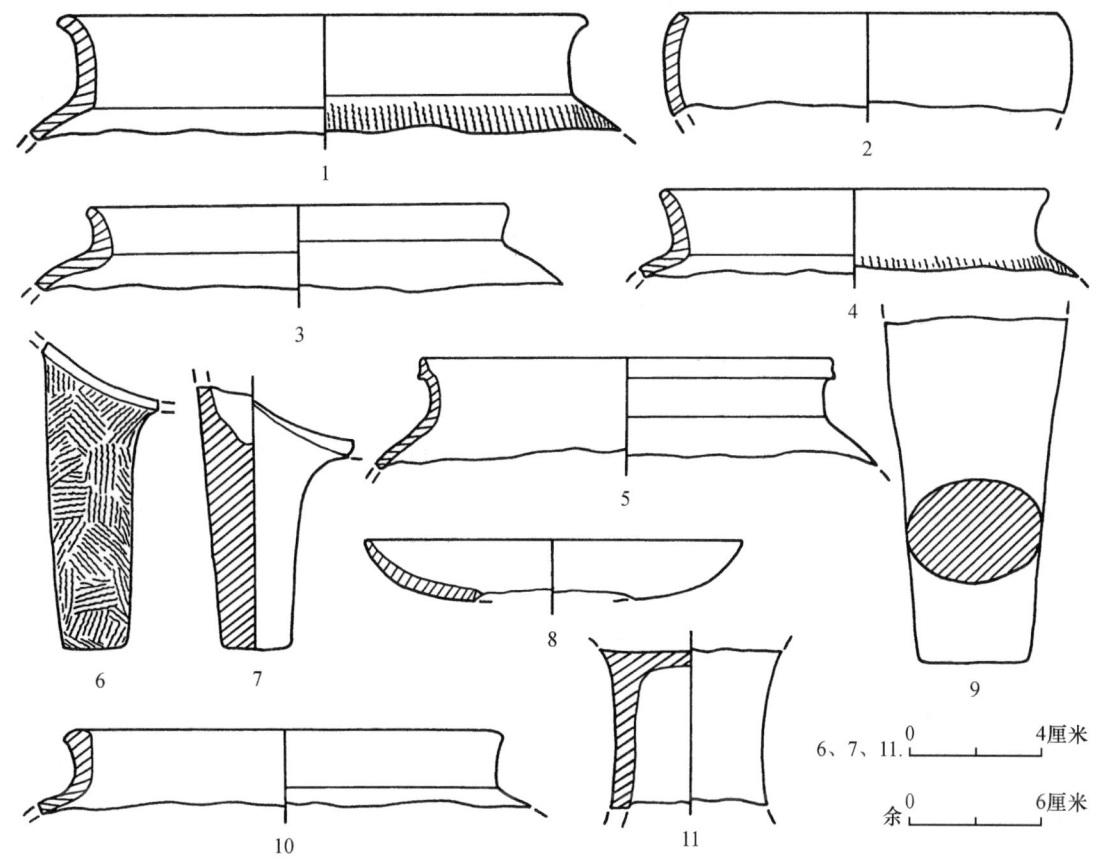

图五七八　F 区 H5 出土陶器

1. 鼎（FH5：21）　　2. 钵（FH5：27）　　3、4、10. 罐（FH5：17、FH5：1、FH5：16）　　5. 鬲（FH5：19）　　6、9. 鼎足
（FH5：22、FH5：24）　　7. 鬲足（FH5：20）　　8. 豆（FH5：26）　　11. 豆柄（FH5：25）

　　陶豆　2 件。标本 FH5：26，仅存豆盘。细泥灰陶。浅盘，弧壁，敞口，圆唇。口径 17.2、残高 3 厘米（图五七八，8）。

　　陶鼎足　4 件。标本 FH5：22，夹细砂红褐陶。器身较长，呈圆柱状，略向内侧弯曲，足根较平。外表饰交错细绳纹。足根径 2、长 8.9 厘米（图五七八，6）。标本 FH5：24，夹细砂红褐陶。略呈扁圆状，上段较粗，下段较细，平足根。足根长径 3.2、残长 10.3 厘米（图五七八，9）。

　　陶鬲足　1 件（FH5：20）。粗泥黑褐陶。上粗下细，略呈圆锥状，足根较平，内空较浅。足根径 1.9、残长 8 厘米（图五七八，7）。

　　陶豆柄　2 件。标本 FH5：25，细泥红陶。火候较低。柄较粗壮。粗径 4.5、残高 4.8 厘米（图五七八，11）。

　　动物骨骼　11 件。种类有家猪、家水牛、狗、中华鲟、鲤鱼、青鱼、草鱼等。标本 FH5：11，青鱼左前鳃盖骨。标本 FH5：7，青鱼左下咽骨。标本 FH5：13，草鱼左鳃盖骨。标本 FH5：6，鲤鱼右下咽骨。标本 FH5：14，中华鲟背鳞板（图版二〇九，3）。标本 FH5：5，家猪右上颌骨。标本 FH5：4，狗枢椎（图版二〇八，7）。标本 FH5：3，家水牛腰椎（图版二〇八，2）。

　　⑤ FH7

　　FH7 位于 FT31 探方中部。开口在③层下，打破生土。距地表深 0.46 米。平面呈椭圆形，直

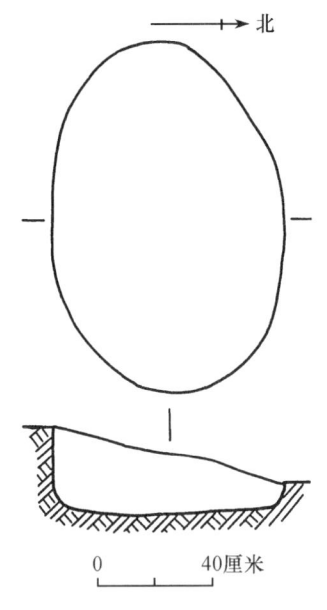

图五七九　F区H7平、剖面图

壁，平底。坑口东西长径 1.2、南北短径 0.8、深 0.28 米（图五七九）。坑内堆积为红褐色黏土，较松软。包含有零星的周代陶片，共 8 片。陶片外表饰有粗绳纹，均为器物腹片，器类不明。

⑥ FH8

FH8 位于 FT34 探方中部。开口在③层下，打破生土。距地表深 0.47 米。平面呈椭圆形，斜壁，因山体滑坡挤压，南壁严重变形，尤其是南面口沿向内倾斜 0.18 米，坑底较平。坑口东西长径 1.8、南北短径 0.97、深 0.45 米（图五八〇；图版二〇〇，1）。坑内堆积为红褐色黏土。

出土陶片共 17 片。其中，粗泥陶 16 片，夹细砂陶仅 1 片，分别占陶片总数的 94.12%、5.88%。陶片颜色有褐陶、红褐陶、灰陶、灰褐陶，分别占陶片总数的 5.88%、11.76%、35.30%、47.06%。

陶片纹饰主要为绳纹，次为凹弦纹，分别占陶片总数的 41.18%、5.88%。

陶器器类有罐和鼎足。

陶罐　1 件（FH8:2）。粗泥灰褐陶。溜肩，矮领，直口，方唇。口径 17.4、残高 5.2 厘米（图五八一，1）。

陶鼎足　1 件（FH8:1）。粗泥灰褐陶。呈圆柱状，上段稍粗，下段略细，足根微弧。外表饰交错细绳纹。足根径 2.4、残长 7.2 厘米（图五八一，6）。

⑦ FH9

FH9 位于 FT37 探方东北角。开口在③层下，打破 FH12 及生土。距地表深 0.42 米。平面呈不规则形，斜壁，底凹凸不平，南壁因山体滑坡挤压向内严重倾斜。坑口东西长径 2.3、南北短径 1.1、深 0.81 米（图五八二；图版二〇〇，2）。坑内堆积分为三层。第①层为深灰褐色黏土，厚 0.36~0.5 米，土质板结；第②层为浅红褐色黏土，厚 0.2 米，土质较板结；第③层为深红褐色黏土，厚 0.26 米，土质较硬。这三层的包含物基本相同，均为绳纹陶片及零星木炭和烧土块。

出土陶片共 56 片。有粗泥和夹细砂两类，分别占陶片总数的 83.92%、16.08%。陶片颜色有红陶、红褐陶、黑陶、灰陶、灰褐陶，分别占陶片总数的 28.57%、7.15%、14.29%、14.29%、35.70%。

陶片纹饰均为绳纹，但有粗细两种，其中，粗绳纹 8 片，细绳纹 5 片，分别占陶片总数的 14.29%、8.93%（图五七五，5）。

陶器器类有罐、鬲、豆等，共 5 件。

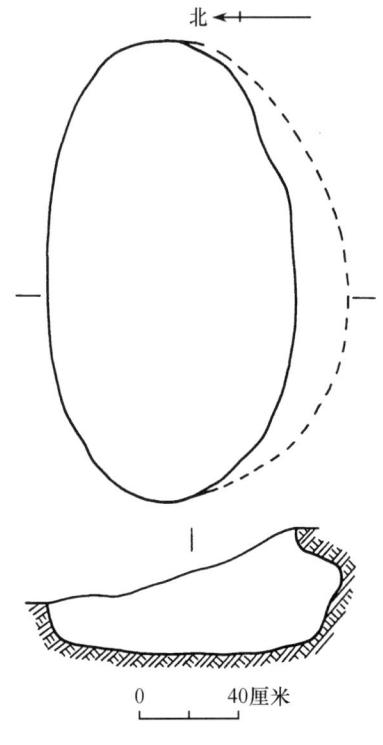

图五八〇　F区H8平、剖面图

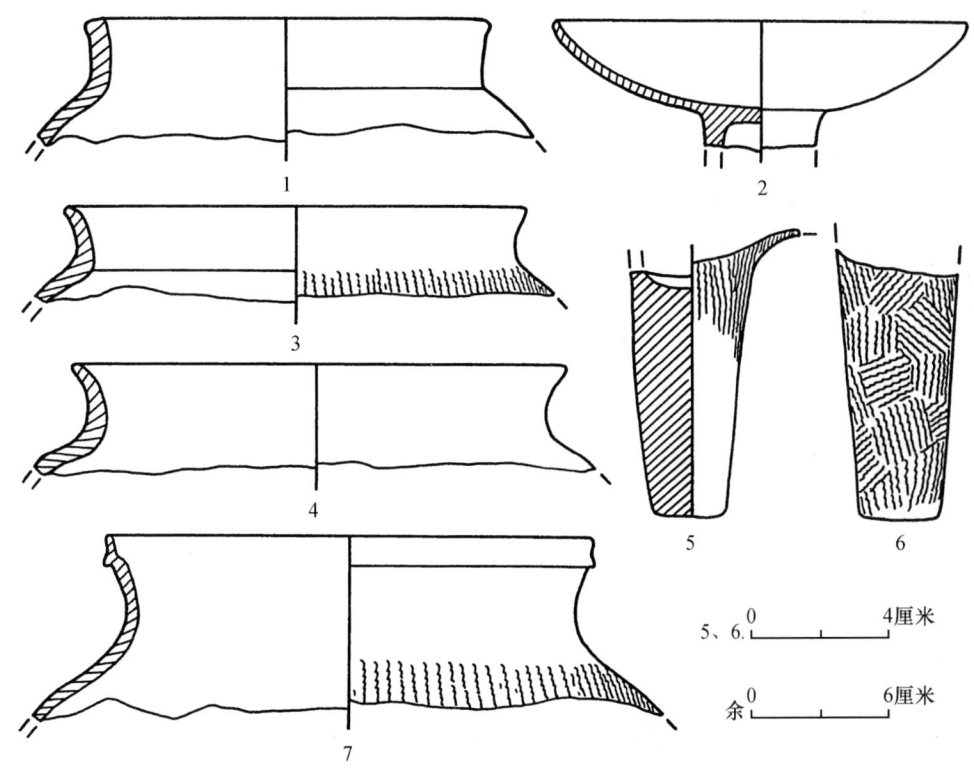

图五八一　F 区 H8、H9 出土陶器

1、3、4. 罐（FH8:2、FH9:4、FH9:3）　2. 豆（FH9:2）　5. 鬲足（FH9:1）　6. 鼎足（FH8:1）　7. 鬲（FH9:5）

陶罐　2 件。标本 FH9:4，粗泥灰褐陶。广肩，敛口，折沿，尖圆唇，沿面略鼓。肩部饰绳纹，颈部绳纹抹光。口径 19.8、残高 4.2 厘米（图五八一，3）。标本 FH9:3，粗泥红褐陶。鼓肩，敛口，卷沿，圆唇，沿面略鼓。口径 21、残高 5.1 厘米（图五八一，4）。

陶鬲　1 件（FH9:5）。粗泥黑陶。胎较薄。广肩，敛口，卷沿，尖圆唇，沿面有一道凹槽，唇下有一道三角形凸棱。肩部饰粗绳纹，颈部绳纹抹光。口径 20.5、残高 7.6 厘米（图五八一，7）。

陶豆　1 件（FH9:2）。粗泥红褐陶。仅存豆盘。盘较浅，弧壁，圆唇。外表施深褐陶衣。口径 17.8、残高 6 厘米（图五八一，2）。

陶鬲足　1 件（FH9:1）。夹细砂红褐陶。呈圆柱状，内空较浅，足根较平。上段内侧饰绳纹。足根径 2、残长 7.5 厘米（图五八一，5）。

⑧ FH10

FH10 位于 FT41 探方西南部。开口在③层下，打破生土。距地表深 0.47 米。平面呈不规则形，斜壁，平底。东西长 2.2、南北宽 1.7、深 0.3 米（图五八三）。坑内堆积为红褐色黏土，比较松软，包含有绳纹陶片和零星木炭及碎小的红色烧土块。

出土陶片共 63 片。其中粗泥陶 45 片，夹细砂陶 18 片，分别占陶片总数的 71.43%、28.57%。陶片颜色有红陶、红褐陶、灰褐陶、黑褐陶，分别占陶片总数的 15.87%、53.97%、23.81%、6.35%。

陶片纹饰主要是绳纹，次为方格纹（图五七五，2），分别占陶片总数的 88.89%、1.59%。绳纹有粗细之分，分别占陶片总数的 52.38%、36.51%。

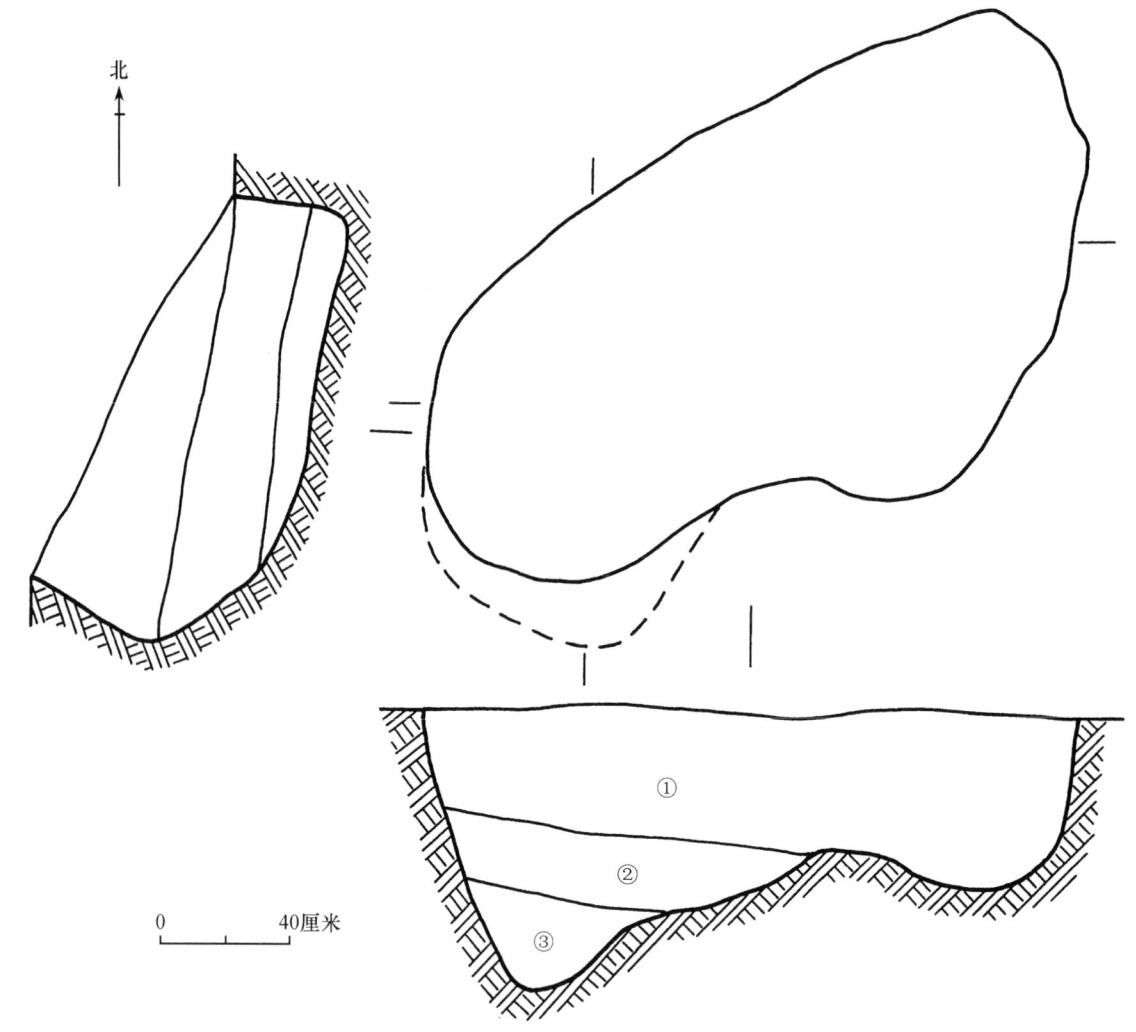

图五八二　F区H9平、剖面图

陶器器类较少，主要有鬲、罐等。共3件。

陶鬲　1件（FH10:1）。粗泥红褐陶。胎较薄。溜肩，敛口，折沿，尖唇，沿内有一道凹槽，沿外有一道三角形凸棱。肩部饰粗绳纹，绳纹上又饰一道旋抹弦纹，颈部绳纹抹光，但残留有绳纹痕迹。口径21、残高6.1厘米（图五八四，3）。

陶罐　1件（FH10:4）。粗泥灰褐陶。鼓肩，直口，圆唇。口径18、残高3.7厘米（图五八四，5）。

陶鬲足　1件（FH10:2）。夹细砂红褐陶。略呈圆锥状，足根较平，内空较深。上端内侧饰细绳纹。足根径1.8、残长7.3厘米（图五八四，12）。

⑨ FH12

FH12位于FT37探方北部。开口在③层下，打破生土，但被FH9打破。距地表深0.62米。平面呈不规则形，斜壁，圜底。因耕种和自然水土流失，该坑遭到严重破坏，北壁基本上被破坏掉，南壁因山体滑坡挤压，坑口向内严重倾斜。坑口东西长2.1、南北宽1.36、深0.71，坑底东西长2.05、南北宽1.8米（图五八五；图版二〇一，1）。坑内堆积为黑褐色黏土，土质较板结，包含有较多的绳纹陶片和零星而碎小的红色及青灰色烧土块。

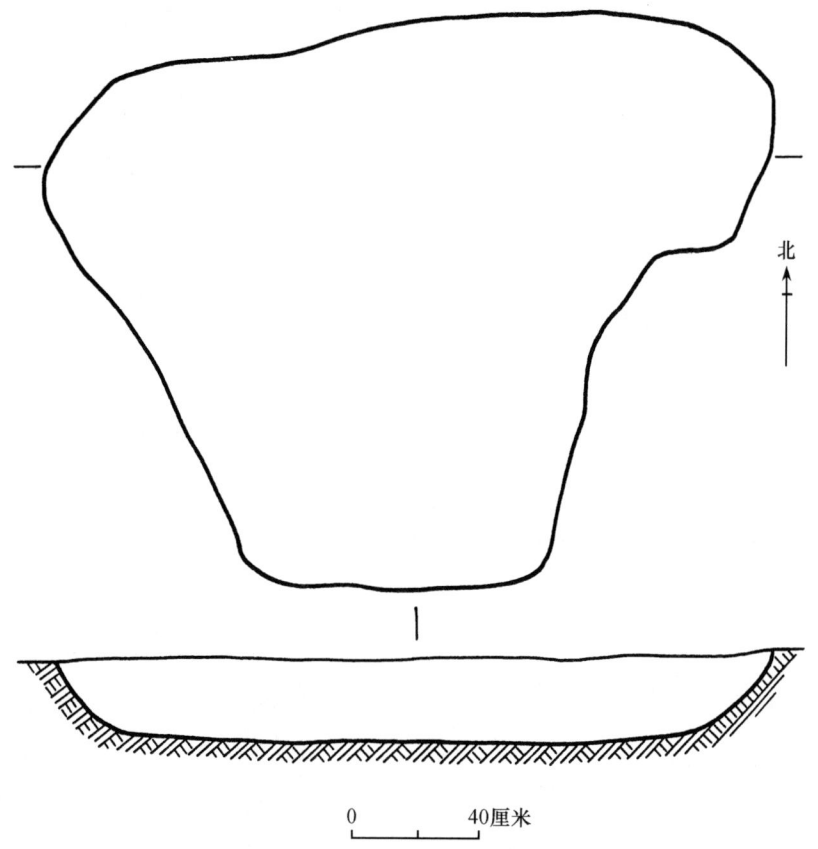

图五八三　F 区 H10 平、剖面图

出土陶片共 102 片。有泥质和夹砂两类，分别占陶片总数的 67.64%、32.36%。泥质陶有粗细之分，分别占陶片总数的 63.72%、3.92%。陶片颜色有红陶、红褐陶、褐陶、灰褐陶、黑陶，分别占陶片总数的 20.58%、52.95%、2.94%、16.67%、6.86%。

陶片纹饰有绳纹，次为凹弦纹，分别占陶片总数的 73.53%、0.98%，绳纹有粗细之分，分别占陶片总数的 48.04%、25.49%。绳纹多饰于罐、鬲的外表，凹弦纹饰于泥质陶器物，如豆、盂等。

因陶片甚破碎，可识器类不多，主要有罐、鬲、盂、豆等。共 6 件。

陶罐　3 件。标本 FH12:1，夹细砂黑陶。溜肩，直口，斜沿，方唇。口径 18、残高 3 厘米（图五八六，3）。标本 FH12:2，粗泥灰褐陶。广肩，敛口，折沿，尖唇，沿面微弧。口径 19.5、残高 4.3 厘米（图五八六，5）。

陶鬲　1 件（FH12:3）。粗泥红褐陶。胎较薄。鼓肩，敛口，折沿，尖唇，沿面有一道凹槽，沿外有一道弧形凸棱。肩部饰粗斜绳纹，颈部绳纹抹光。口径 22.7、残高 5.8 厘米（图五八六，4）。

陶豆　1 件（FH12:5）。仅存豆盘。细泥褐陶。浅盘，弧壁，圆唇。口径 17.5、残高 4.2 厘米（图五八六，2）。

陶盂　1 件（FH12:4）。粗泥黑陶。折肩，直口微侈，宽平沿，方唇。口径 16.2、残高 3.5 厘米（图五八六，1）。

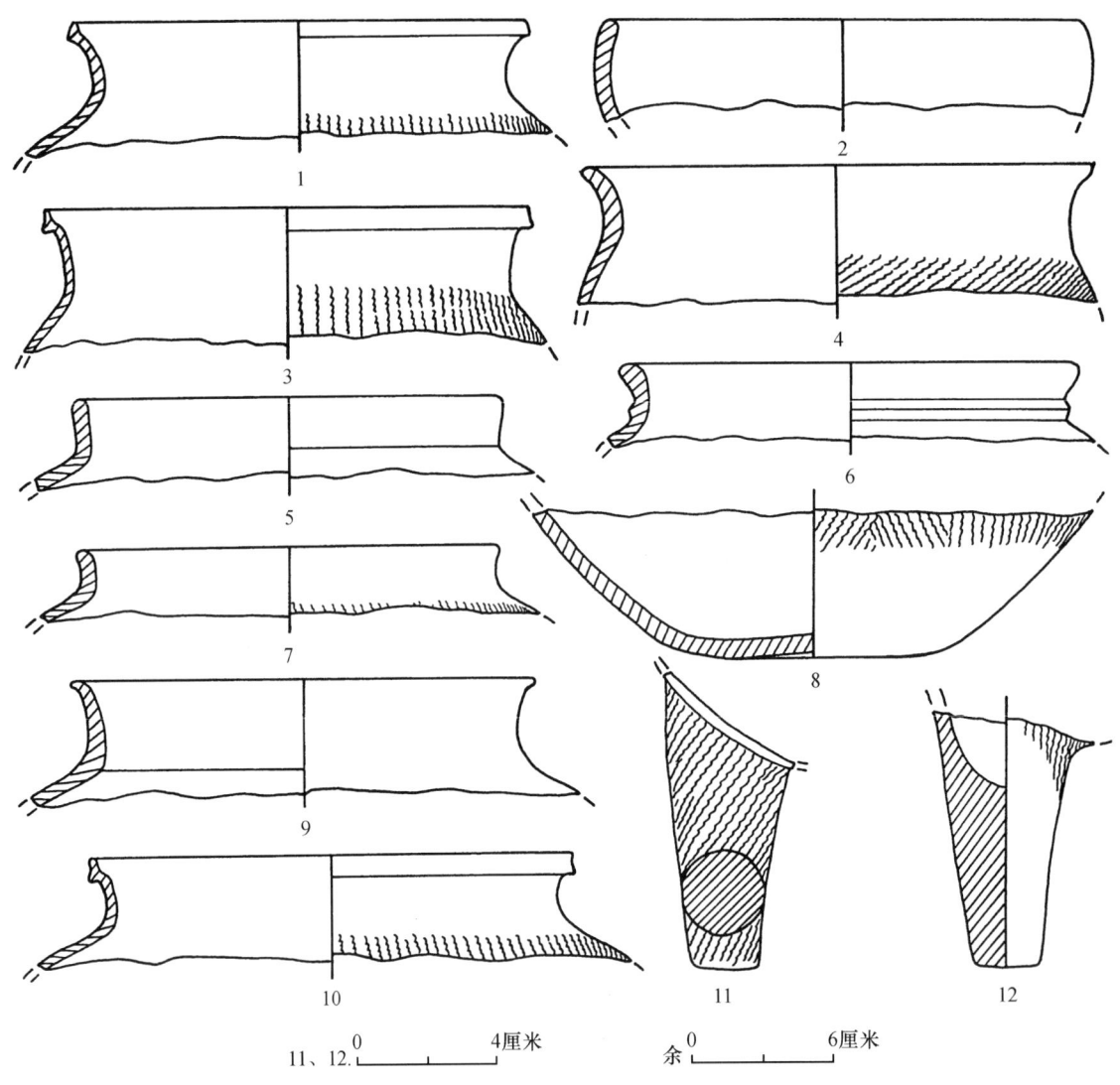

图五八四　F区H10、H13、H15出土陶器

1、3、10. 鬲（FH15:4、FH10:1、FH13:2）　2. 钵（FH15:6）　4～7、9. 罐（FH15:1、FH10:4、FH13:1、

FH15:2、FH15:3）　8. 器底（FH13:3）　11. 鼎足（FH15:5）　12. 鬲足（FH10:2）

⑩ FH13

FH13位于FT37探方西南角。开口在③层下，打破FH14。距地表深0.51米。平面呈圆形，斜壁，平底，因山体滑坡挤压，坑口严重变形，坑底较规整。坑口直径1.4、深0.6、坑底直径1.15米（图五八七；图版二〇一，2）。坑内堆积为黄褐色黏土，土质较硬。包含物有绳纹陶片及零星木炭块。

出土陶片共44片。均为粗泥陶。陶片颜色有红陶、红褐陶、灰褐陶、黑陶，分别占陶片总数的22.73%、27.27%、36.36%、13.64%。

陶片纹饰均为绳纹，有粗绳纹和细绳纹之分，分别占陶片总数的18.18%、11.36%。多饰于陶罐、陶鬲的外表。

陶器器类有罐、鬲等。共3件。

陶罐　1件（FH13:1）。粗泥灰褐陶。广肩，矮领，直口略外侈，粗圆唇。领部有一道凸棱。口径19、残高3.4厘米（图五八四，6）。

陶鬲 1件（FH13：2）。粗泥黑陶。广肩，敛口，窄折沿，尖圆唇，沿内有一道凹槽，沿外有一道凸棱。肩部饰粗斜绳纹，颈部绳纹抹光。口径21、残高4.5厘米（图五八四，10）。

陶器底 1件（FH13：3）。粗泥灰褐陶。胎较薄。弧壁内收，平底内凹，腹部饰斜绳纹。底径8.2、残高6.3厘米（图五八四，8）。

⑪ FH14

FH14位于FT37探方西南部。开口在③层下，打破FH19、FH20，但又被H13打破。距地表深0.62米。坑口平面近圆形，斜壁，平底。因地势较陡，坡度大，水土流失严重，加上历代耕种等各种原因，致使该坑遭到严重破坏，北壁及部分坑底被破坏掉，南壁因山体滑坡挤压严重变形，坑口向内倾斜。坑口东西直径1.9、深0.8米（图五八八）。坑内堆积为灰褐色黏土，土质比较硬，包含有大量绳纹陶片以及零星的木炭和碎小的烧土块。另出土有部分动物骨骼。

出土陶片共103片。其中泥质陶76片，夹细砂陶27片，分别占陶片总数的73.79%、26.21%。泥质陶又有粗泥和细泥之分，分别占陶片总数的61.17%、12.62%。陶片颜色有红陶、红褐陶、灰陶、灰褐陶、褐陶和黑陶，分别占陶片总数的24.28%、54.37%、1.94%、14.56%、3.88%、0.97%。

陶片纹饰有绳纹、凹弦纹、方格纹（图五八九，2、4、7、10），分别占陶片总数的70.88%、

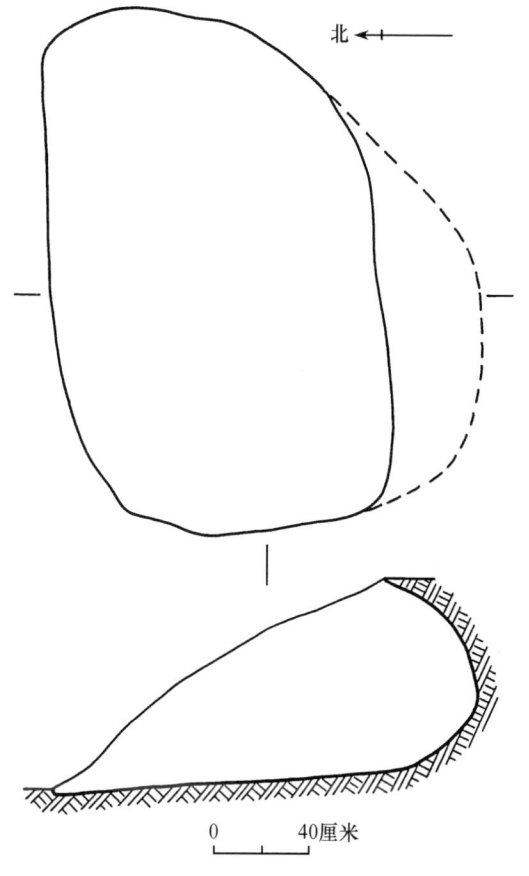

图五八五 F区H12平、剖面图

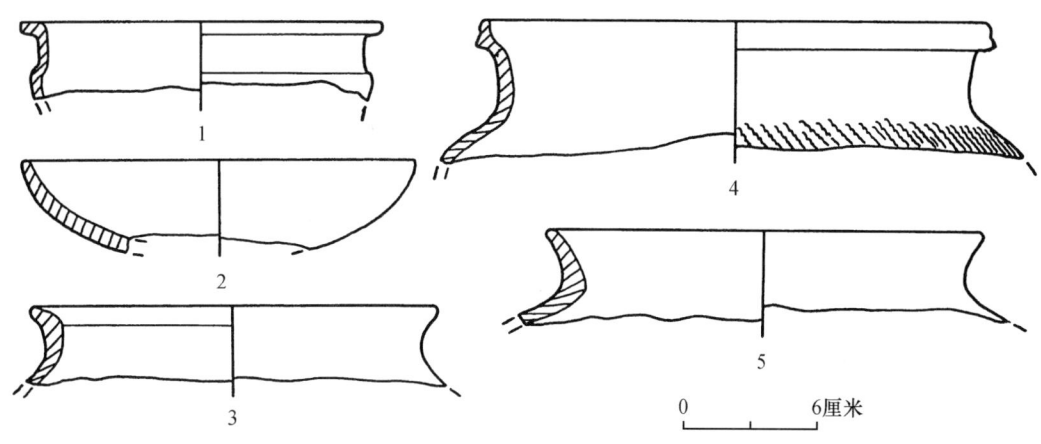

图五八六 F区H12出土陶器

1. 盂（FH12：4） 2. 豆（FH12：5） 3、5. 罐（FH12：1、FH12：2） 4. 鬲（FH12：3）

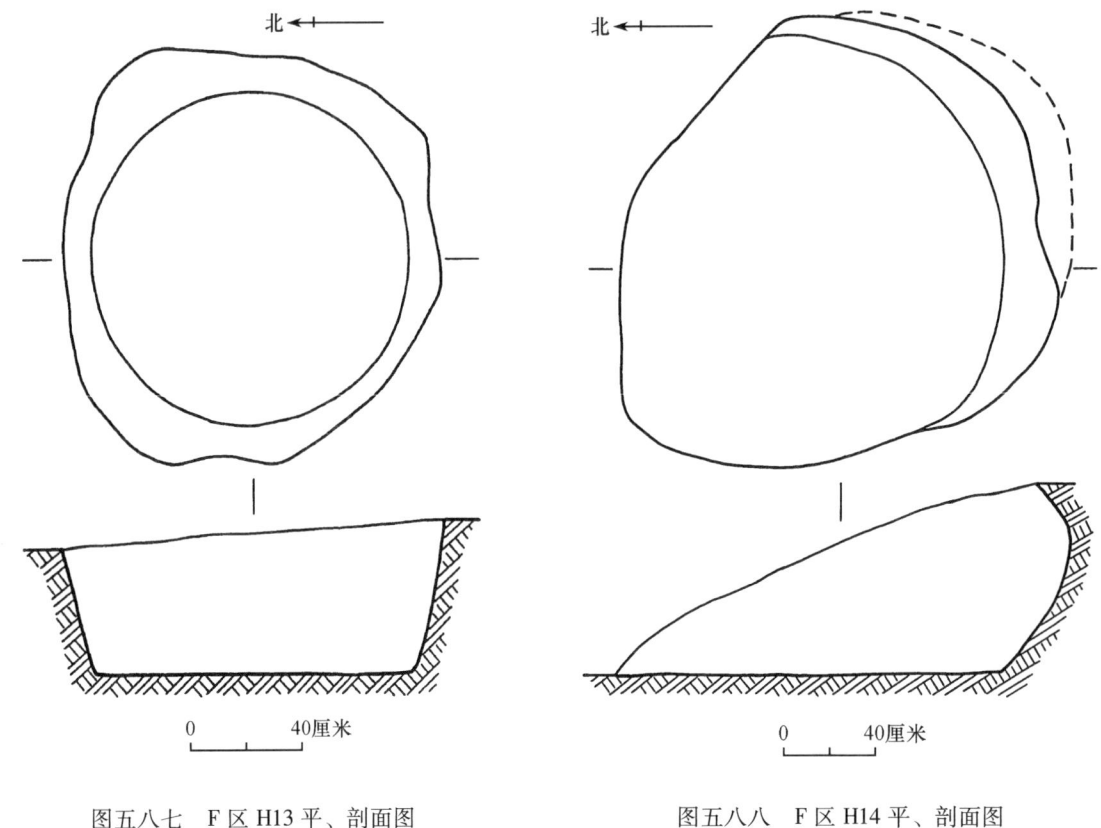

北 ←

北 ←

0   40厘米

0   40厘米

图五八七   F 区 H13 平、剖面图   图五八八   F 区 H14 平、剖面图

3.88%、0.97%。绳纹多饰于罐、瓮、鬲的外表，凹弦纹饰于盂等泥质陶器物，方格纹主要饰于罐的肩部。

陶器器类有罐、鬲、瓮、豆、盂等。共 16 件。

陶罐   6 件。标本 FH14:7，粗泥红褐陶。溜肩，敛口，窄卷沿，圆唇。肩部饰直绳纹，颈部绳纹抹光。口径 19.9、残高 6 厘米（图五九〇，3）。标本 FH14:1，细泥灰陶。鼓肩，高领，直口略侈，卷沿，尖唇。口径 17、残高 6.3 厘米（图五九〇，4）。标本 FH14:9，细泥褐陶。鼓肩，敛口，宽卷沿，尖唇，沿内微凹。口径 15.5、残高 3.3 厘米（图五九〇，5）。标本 FH14:8，粗泥灰褐陶。广肩，敛口，窄卷沿，圆唇。肩部饰斜绳纹，颈部绳纹抹光。口径 18、残高 4.6 厘米（图五九〇，9）。

陶鬲   4 件。标本 FH14:10，粗泥红褐陶。鼓肩，敛口，卷沿，尖圆唇，沿内有一道凹槽，沿外有一道弧形凸棱。肩部饰粗斜绳纹，颈部绳纹抹光。口径 21.6、残高 6.7 厘米（图五九〇，1）。标本 FH14:11，粗泥灰褐陶。鼓肩，敛口，折沿，尖圆唇，沿内略凹，沿上有一道弧形凸棱。肩部饰绳纹，颈部绳纹抹光。口径 20.2、残高 4.9 厘米（图五九〇，6）。

陶盂   1 件（FH14:6）。细泥褐陶。圆折肩，直口，宽平沿，圆唇。肩部饰一道细凹弦纹。口径 18、残高 6.1 厘米（图五九〇，2）。

陶瓮   1 件（FH14:15）。粗泥红陶。器形较大，口较小，鼓肩，敛口，卷沿，尖唇。口径 18、肩径 27.8、残高 6 厘米（图五九〇，11）

陶鬲足   3 件。标本 FH14:13，夹细砂红褐陶。略呈圆柱状，足根呈弧形，内空较浅。上段内侧饰直绳纹。足根径 1.6、残长 7.8 厘米（图五九〇，7）。标本 FH14:14，夹细砂灰褐陶。略呈圆锥状，足根较平，上段较粗，内空较深。内侧饰绳纹。足根径 2、残长 8.8 厘米（图五九〇，8）。

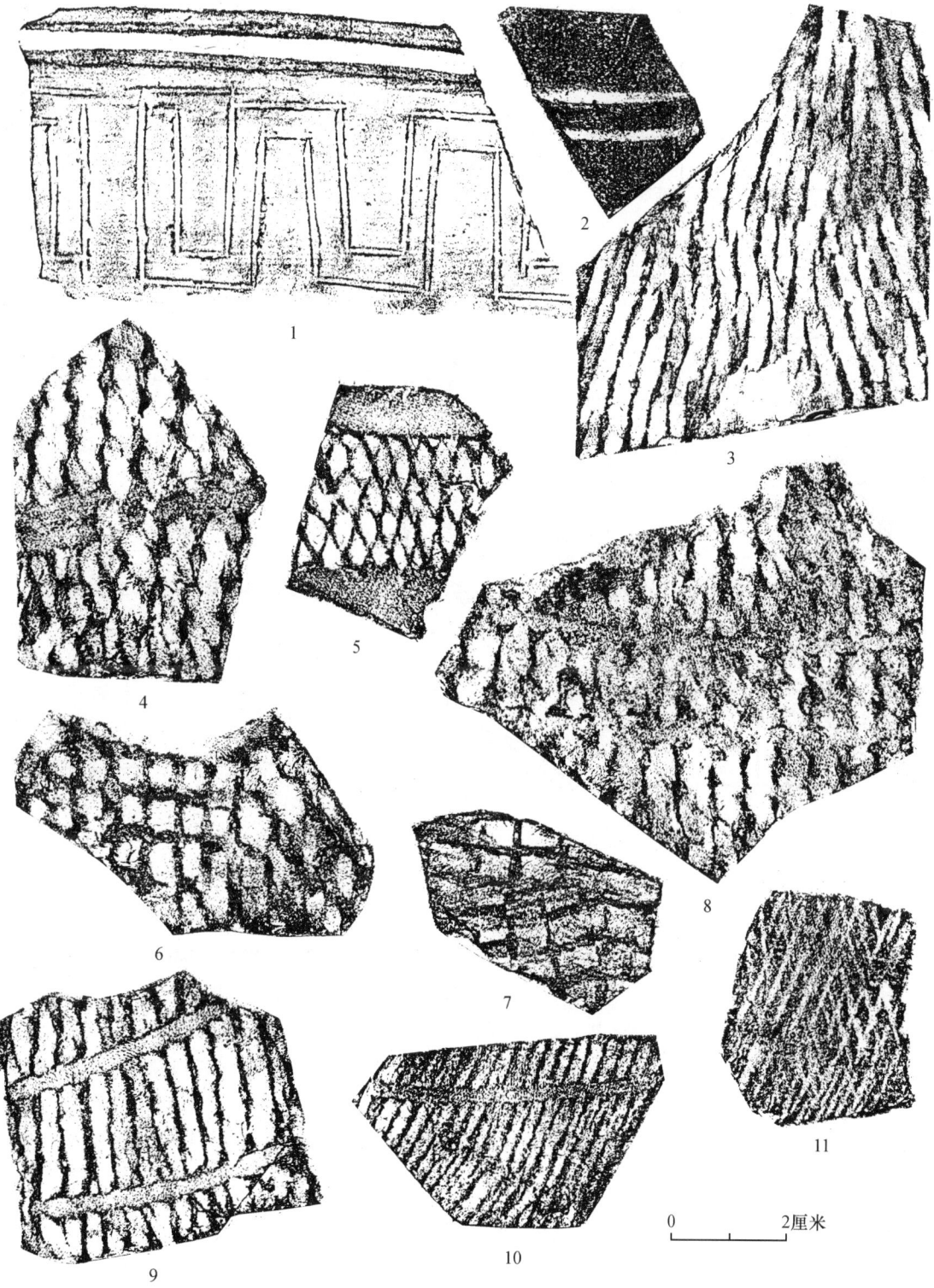

图五八九　F 区 H14、H17、H19、H20 陶片纹饰拓片

1. 窃曲纹（FH20：4）　　2. 凹弦纹（FH14：20）　　3、4、8～10. 绳纹（FH20：33、FH14：23、FH20：34、FH19：12、

FH14：21）　　5. 菱形纹（FH17：13）　　6、7. 方格纹（FH17：15、FH14：19）　　11. 划纹（FH17：12）

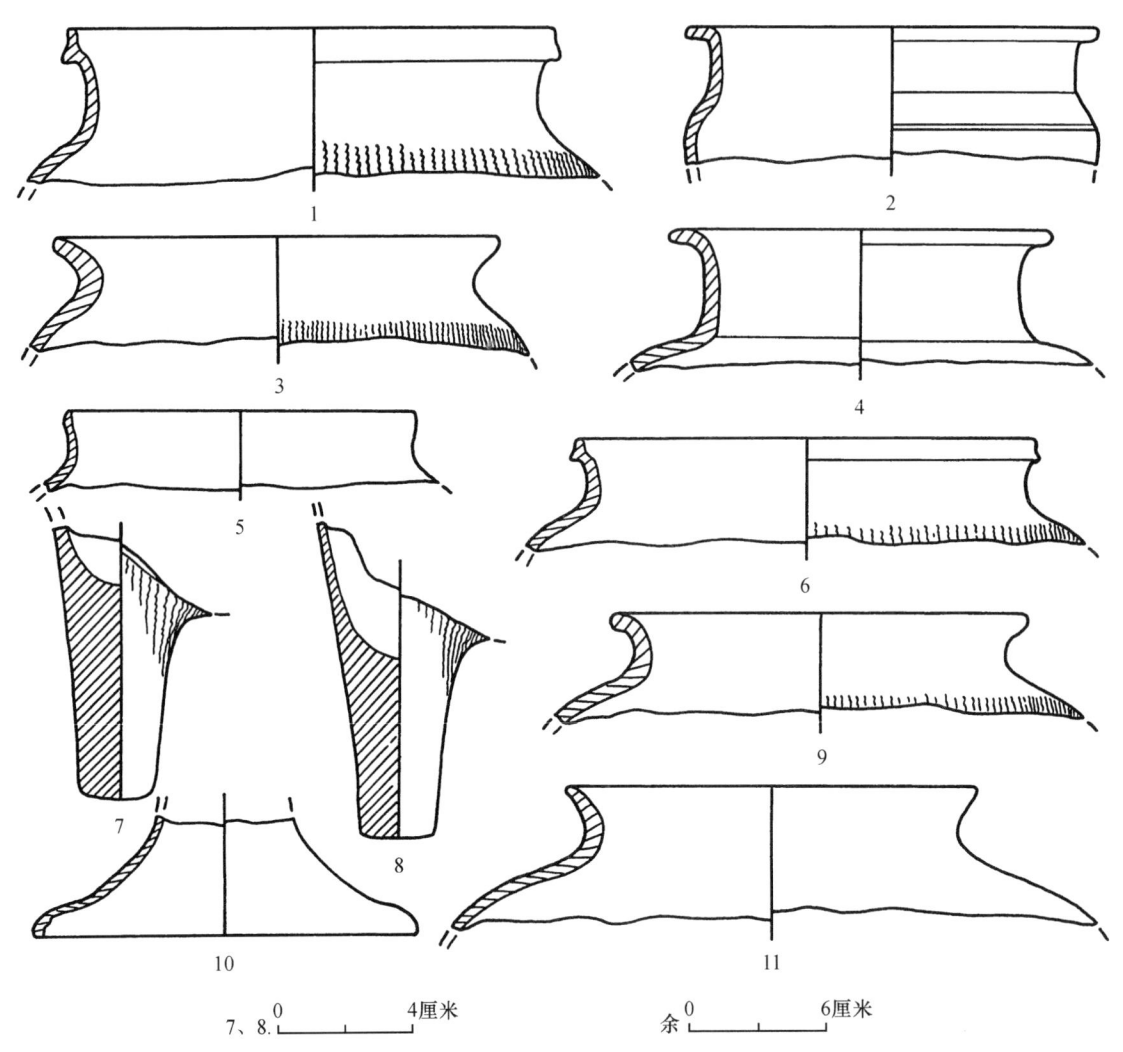

图五九〇　F区H14出土陶器

1、6. 鬲（FH14:10、FH14:11）　2. 盂（FH14:6）　3~5、9. 罐（FH14:7、FH14:1、FH14:9、FH14:8）
7、8. 鬲足（FH14:13、FH14:14）　10. 豆座（FH14:16）　11. 瓮（FH14:15）

　　陶豆座　1件（FH14:16）。细泥褐陶。胎较薄。呈喇叭状，座口沿略内敛。座径17.3、残高5.1厘米（图五九〇，10）。

　　烧土竹子痕迹　2件。标本FH14:18，红褐色。长8.5、竹子痕迹直径4.4厘米（图版二〇二，1）。

　　动物骨骼　3件。种类有家猪、狗、草鱼等。标本FH14:4，家猪左上颌骨。标本FH14:3，狗右下颌骨（图版二〇九，6）。标本FH14:5，草鱼右鳃盖骨。

　　⑫ FH15

　　FH15位于FT40探方东南角。开口在③层下，打破FH24。距地表深0.39米。平面呈不规则形，弧壁，底近平。东西长1.8、南北宽0.75~1.45、深0.47米（图五九一；图版二〇三，1）。坑内堆积为黑褐色黏土，较松软，包含有绳纹陶片及碎小的红烧土块。

　　出土陶片共62片。有粗泥陶和夹细砂陶两类，分别占陶片总数的67.74%、32.26%。陶片颜色有红褐陶、灰褐陶、灰陶、黑陶，分别占陶片总数的20.97%、33.87%、16.13%、29.03%。

陶片纹饰均为绳纹，占陶片总数的27.42%。绳纹有粗细之分，分别占陶片总数22.58%、4.84%。

陶器器类有罐、鬲、钵等。共7件。

陶罐　4件。标本FH15:1，夹细砂红褐陶。溜肩，大口略敛，卷沿，尖唇。肩部饰粗斜绳纹，颈部绳纹抹光。口径21.6、残高6.2厘米（图五八四，4）。标本FH15:2，粗泥红褐陶。鼓肩，直口，圆唇。肩部饰斜绳纹。口径18、残高2.8厘米（图五八四，7）。标本FH15:3，夹细砂灰褐陶。广肩，敛口，折沿，圆唇。口径19.8、残高5.2厘米（图五八四，9）。

陶鬲　1件（FH15:4）。粗泥灰褐陶。器胎较薄。溜肩，敛口，折沿，尖唇，沿内略凹，沿外有一道三角形凸棱。肩部饰绳纹，颈部绳纹抹光。口径19.5、残高5.5厘米（图五八四，1）。

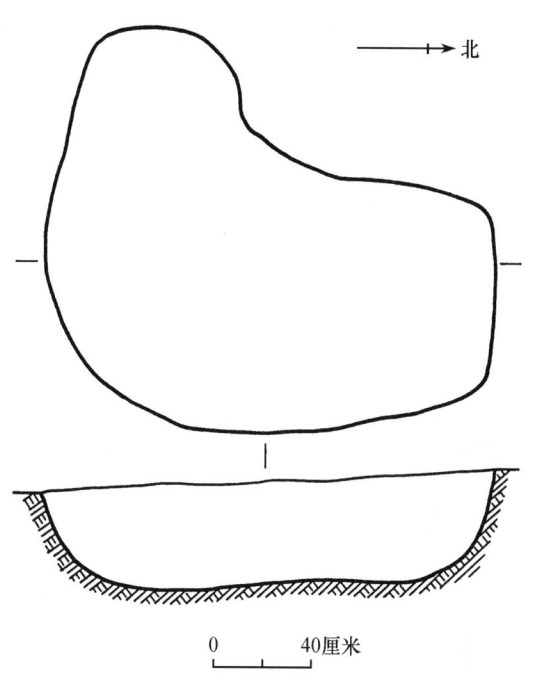

图五九一　F区H15平、剖面图

陶钵　1件（FH15:6）。粗泥灰陶。弧壁，大口略敛，圆唇。口径20.2、残高4.3厘米（图五八四，2）。

陶鼎足　1件（FH15:5）。夹细砂灰褐陶。上粗下细，略呈圆柱状，足根较平。外表饰细斜绳纹。足根径1.9、长8.2厘米（图五八四，11）。

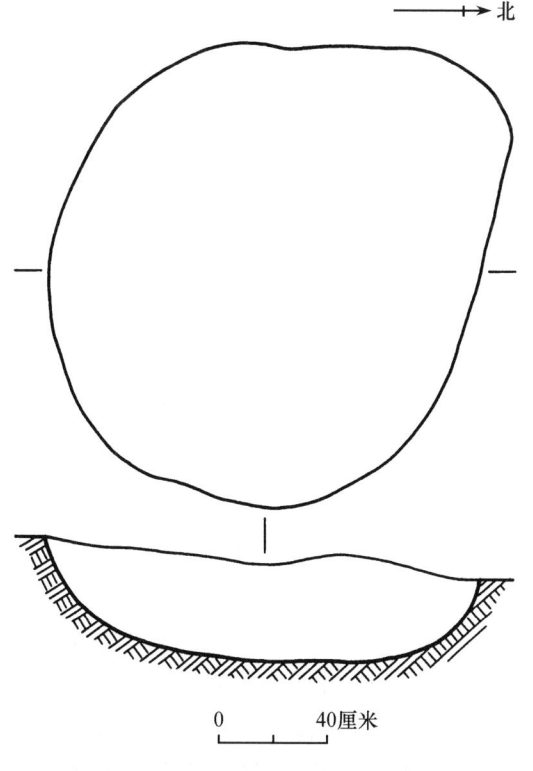

图五九二　F区H16平、剖面图

⑬ FH16

FH16位于FT43探方南部和FT47探方北部。开口在③层下，打破FH17及生土。距地表深0.47米。平面呈椭圆形，弧壁，底近平。坑口东西长径1.65、南北短径1.6、深0.38米（图五九二）。坑内堆积为灰褐色黏土，较松软。包含物有绳纹陶片及零星木炭块。

出土陶片共62片。其中，粗泥陶51片，夹细砂陶11片，分别占陶片总数的82.26%、17.74%。陶片颜色有灰陶、灰褐陶、红褐陶、黑陶，分别占陶片总数的16.13%、32.26%、24.19%、27.42%。

陶片纹饰有绳纹、方格纹、凹弦纹，分别占陶片总数的24.19%、1.61%、1.61%。绳纹多饰于陶罐，凹弦纹多饰于泥质陶器物，如豆、钵，方格纹多见于罐腹部。

陶器器类有罐、豆、钵等。共4件。

陶罐　2件。标本FH16:2，夹细砂黑陶。鼓

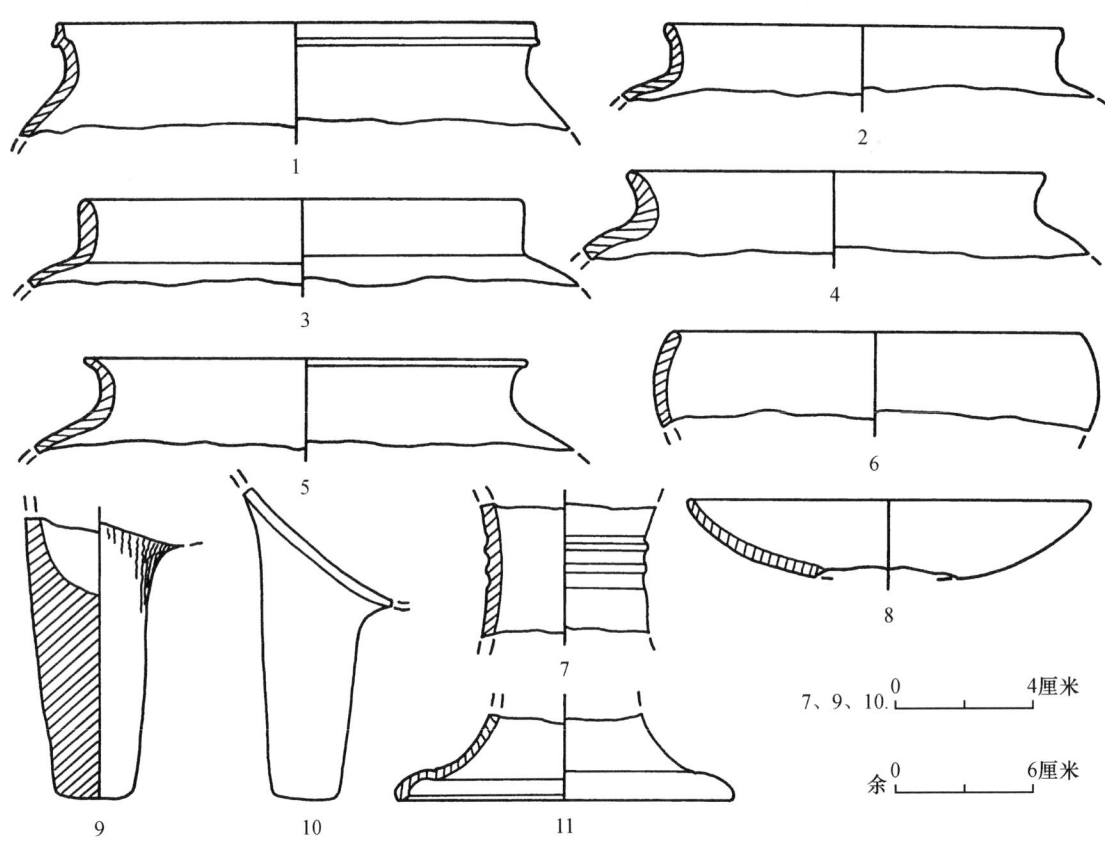

图五九三　F区 H16、H23 出土陶器

1. 鬲（FH23：3）　2～5. 罐（FH16：2、FH23：2、FH16：1、FH23：1）　6. 钵（FH16：4）　7. 豆柄（FH16：3）

8. 豆（FH23：7）　9. 鬲足（FH23：5）　10. 鼎足（FH23：6）　11. 豆座（FH23：8）

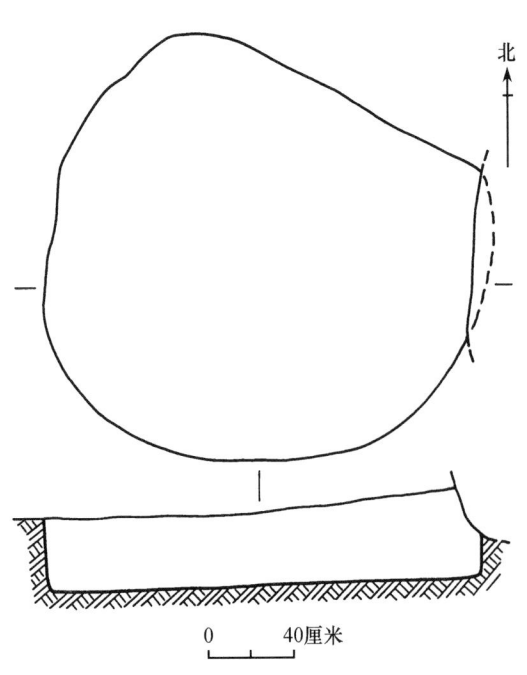

图五九四　F区 H17 平、剖面图

肩，敛口，折沿略侈，圆唇略外凸。口径 17.4、残高 3.3 厘米（图五九三，2）。标本 FH16：1，粗泥灰褐陶。鼓肩，敛口，卷沿，尖唇，卷沿处胎较厚重。口径 18、残高 4.3 厘米（图五九三，4）。

陶钵　1 件（FH16：4）。粗泥灰陶。弧腹，大口略敛，圆唇。口径 18、残高 3.9 厘米（图五九三，6）。

陶豆柄　1 件（FH16：3）。粗泥黑陶。较粗壮，略呈束腰形，内空。中段饰两道凹弦纹。粗径 4.8、残高 6.2 厘米（图五九三，7）。

⑭ FH17

FH17 位于 FT43 探方西南角和 FT47 探方西北部。开口在③层下，打破④层及生土，坑口东边被 FH16 打破。距地表深 0.59 米。形制较规整。平面略呈椭圆形，直壁，平底，壁面和底面较光滑。东西长径 1.98、南北短径 1.75、深 0.34 米（图五九四）。坑内堆积为灰褐色黏土，土质较板结。包含物有绳纹红陶片、铜器口沿及红色和青灰色烧土块。另出土部分动物骨骼。

出土陶片共82片。有泥质和夹细砂两类，分别占陶片总数的79.27%、20.73%。泥质陶有粗泥和细泥之分，分别占陶片总数的73.17%、6.10%。陶片颜色有红陶、红褐陶、灰陶、灰褐陶、黑陶，分别占陶片总数的21.95%、62.19%、1.22%、7.32%、7.32%。

陶片纹饰种类多，有绳纹、方格纹、划纹、菱形纹（图五八九，5、6、11）。绳纹最多，占陶片总数的70.73%，多饰于罐、鼎、鬲的外表。方格纹、划纹、菱形纹甚少，各占陶片总数的1.22%，多饰于细泥陶器物。

陶器器类有罐、鬲、鼎、钵等。共15件。

陶罐　5件。标本FH17:5，粗泥红褐陶。鼓肩，敛口，窄卷沿，圆唇，沿面略凹，沿外有一道凸棱。口径18、残高4.2厘米（图五九五，2）。标本FH17:1，粗泥红褐陶。领部胎较厚。广肩，高领，直口，斜沿外凸，尖圆唇。肩部饰绳纹，颈部绳纹抹光。口径19.9、残高5.6厘米（图五九五，3）。标本FH17:7，粗泥黑陶。鼓肩，敛口，窄卷沿，圆唇，沿外有一道尖棱。口径19.5、残高3.7厘米（图五九五，4）。标本FH17:6，粗泥红陶。鼓肩，高领，直口，斜沿，尖唇。口径17.3、残高4.3厘米（图五九五，5）。标本FH17:4，粗泥灰褐陶。鼓肩，高领，直口略侈，窄折沿，圆唇。肩部饰斜绳纹，颈部绳纹抹光。口径18.6、残高4.6厘米（图五九五，8）。

陶鬲　2件。标本FH17:9，粗泥灰褐陶。鼓肩，敛口，窄折沿，尖唇，沿内略凹，沿外有一道凸棱。口径19.5、残高4.4厘米（图五九五，1）。

陶钵　1件（FH17:11）。细泥黑陶。弧腹，大口略敛，方唇，下腹内收。口径16.4、残高4.7

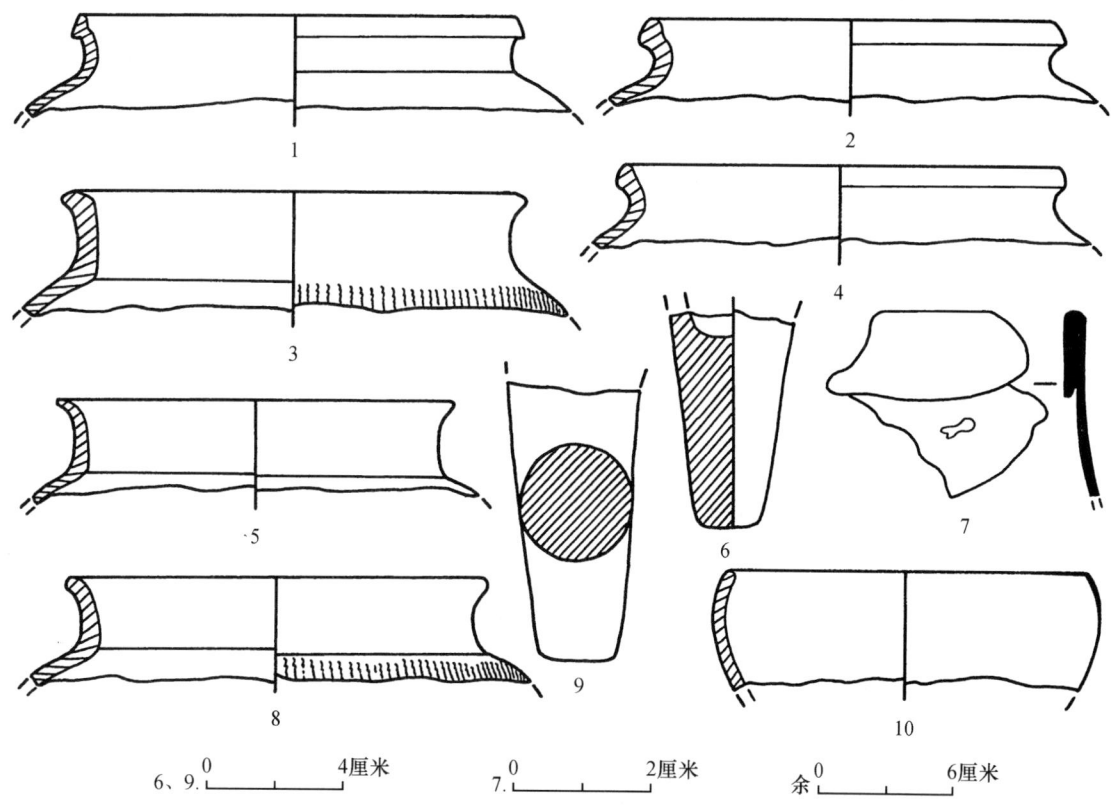

6、9. [0　　4厘米]　　7. [0　　2厘米]　　余 [0　　6厘米]

图五九五　F区 H17 出土器物

1. 陶鬲（FH17:9）　2~5、8. 陶罐（FH17:5、FH17:1、FH17:7、FH17:6、FH17:4）　6. 陶鬲足（FH17:10）

7. 铜器口沿（FH17:16）　9. 陶鼎足（FH17:8）　10. 陶钵（FH17:11）

厘米（图五九五，10）。

陶鬲足　2件。标本FH17：10，粗泥红褐陶。略呈圆锥状，足根微弧，内空较深。足根径1.4、长6.2厘米（图五九五，6）。

陶鼎足　4件。标本FH17：8，夹砂红褐陶。略呈圆柱状，足根微弧。足根径1.8、残长8.1厘米（图五九五，9）。

铜器口沿　1件（FH17：16），残。略锈蚀。器壁略内弧，口沿外折，圆唇。残高2.7厘米（图五九五，7）。

动物骨骼　2件。种类有草鱼和青鱼。标本FH17：2，青鱼寰椎。标本FH17：3，草鱼寰椎。

⑮ FH18

FH18位于FT43探方东部和FT44探方西部。开口在③层下，打破④层。距地表深0.48米。平面呈椭圆形，斜壁，圜底。因上部被破坏，仅存底部。南北长径3、东西短径2.5、深0.6米（图五九六）。坑内堆积为红褐色黏土，土质比较松软，包含物有较多的红色和红褐陶片。

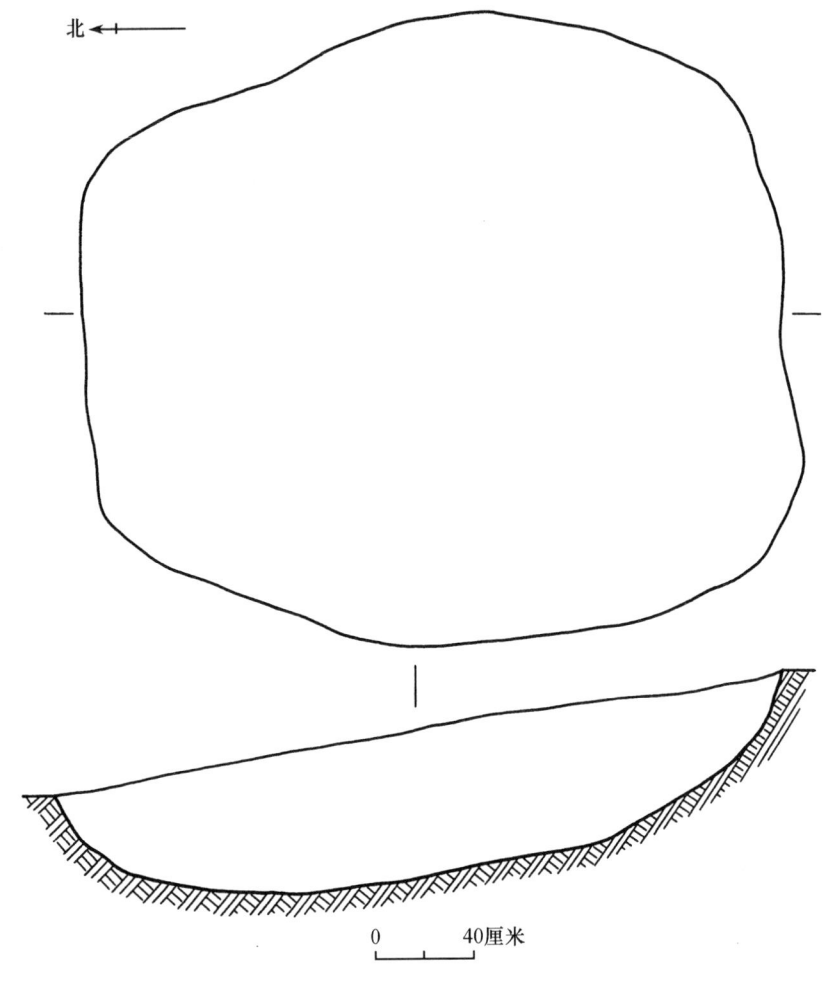

图五九六　F区H18平、剖面图

出土陶片共155片。有泥质陶和夹细砂陶两类，分别占陶片总数的97.42%、2.58%。泥质陶又有细泥和粗泥之分，分别占陶片总数的58.06%、39.36%。陶片颜色有红陶、红褐陶、灰陶、灰褐陶、褐陶、黑陶、黑褐陶，分别占陶片总数的20.00%、15.48%、5.16%、5.16%、19.35%、

34.2%、0.65%。

陶片纹饰有绳纹、凹弦纹、方格纹，分别占陶片总数的19.35%、1.94%、0.65%。绳纹有粗绳纹和细绳纹之分，分别占陶片总数的16.77%、2.58%。

陶器器类有罐、瓮、鼎、鬲、豆、钵、盖等。共13件。

陶罐　3件。标本FH18：21，粗泥红褐陶。鼓肩，高领，直口略侈，圆唇。肩部饰绳纹，领部绳纹抹光。口径18.7、残高4.5厘米（图五九七，2）。标本FH18：22，粗泥红陶。鼓肩，敛口，折沿，方唇。口径17.6、残高4.2厘米（图五九七，3）。标本FH18：23，粗泥灰褐陶。广肩，敛口，

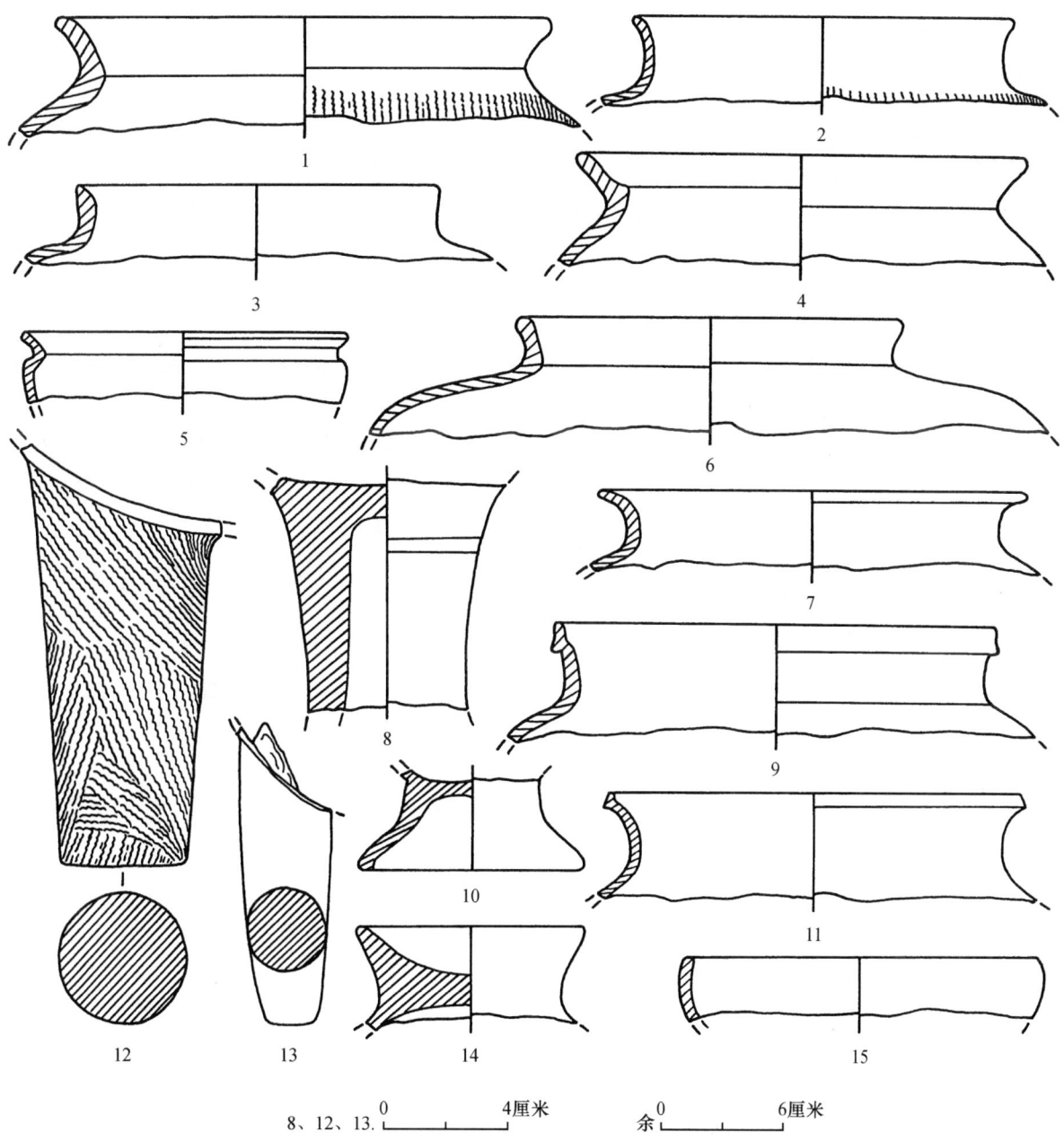

图五九七　F区H18出土陶器

1、4. 鼎（FH18：28、FH18：29）　2、3、7. 罐（FH18：21、FH18：22、FH18：23）　5、15. 钵（FH18：31、FH18：27）　6. 瓮（FH18：26）　8. 豆柄（FH18：2）　9、11. 鬲（FH18：25、FH18：24）　10. 圈足（FH18：33）　12、13. 鼎足（FH18：1、FH18：30）

14. 盖钮（FH18：32）

卷沿，圆唇。口径21、残高4.1厘米（图五九七，7）。

陶鼎　2件。标本FH18：28，夹细砂红褐陶。广肩，敛口，折沿，圆唇，沿面微凹，折沿处胎较厚。肩部饰绳纹，颈部绳纹抹光。口径24、残高6厘米（图五九七，1）。标本FH18：29，粗泥红褐陶。斜肩，敛口，折沿，圆唇，沿面略凹，折沿处胎较厚，内面形成一道凸棱。口径21.6、残高5.8厘米（图五九七，4）。

陶瓮　1件（FH18：26），粗泥灰褐陶。器形较大，口较小，胎较薄。鼓肩，矮领，口略侈，圆唇略外凸。口径18.6、肩径33.5、残高5.5厘米（图五九七，6）。

陶鬲　2件。标本FH18：25，夹细砂红褐陶。广肩，敛口，折沿，方唇，沿内略内凹，沿外有一道三角形凸棱。口径21.6、残高5.4厘米（图五九七，9）。标本FH18：24，粗泥红褐陶。广肩，敛口，卷沿，尖唇，沿内略凹，沿外有一道三角形凸棱。口径20.4、残高5.5厘米（图五九七，11）。

陶钵　2件。标本FH18：31，细泥黑陶。折肩，敛口，折沿，方唇，下腹内收。口径17、残高3.5厘米（图五九七，5）。标本FH18：27，细泥黑陶。弧腹，大口略敛，圆唇。口径17.5、残高2.7厘米（图五九七，15）。

陶豆柄　2件。标本FH18：2，细泥红陶。胎较厚，器形较粗壮，上端较粗，下端较细。外表饰两道细凹弦纹。粗径5.2、残长7.4厘米（图五九七，8）。

陶圈足　1件（FH18：33）。细泥红陶。较矮，略呈喇叭状形，足根略内敛。圈足径10.8、残高4.5厘米（图五九七，10）。

陶鼎足　2件。标本FH18：1，粗泥红褐陶。器形较大。圆柱状，足根较平。外表饰交错粗绳纹。足根径4.2、长13厘米（图五九七，12）。标本FH18：30，粗泥灰褐陶。略呈圆柱状，足根微弧，稍向内弯曲。顶端附有与器身粘接的乳头状榫。足根径1.3、长9.2厘米（图五九七，13）。

陶盖钮　1件（FH18：32）。细泥黑褐陶。胎较厚。略呈矮圈足状。直径9.1、高4.3厘米（图五九七，14）。

⑯ FH19

FH19位于FT37探方南部。开口在③层下，打破FH22及生土，但又被FH14打破。距地表深0.55米。平面呈椭圆形，弧壁，平底。因被FH14打破和山体滑坡挤压等原因，致使该坑遭破坏严重，北部被破坏掉，南壁向内倾斜。东西长径2.2、南北短径1.68、深0.84米（图五九八；图版二〇三，2）。坑内堆积为灰褐色黏土，较松软，包含有较多的绳纹陶片和红色烧土块。

出土陶片共203片。甚破碎。有泥质和夹细砂两类，分别占陶片总数的67.99%、32.01%。泥质陶又有粗泥和细泥之分，分别占陶片总数的62.57%、5.42%。陶片颜色有红陶、红褐陶、灰褐陶、黑褐陶、褐黄陶，分别占陶片总数的19.22%、57.63%、

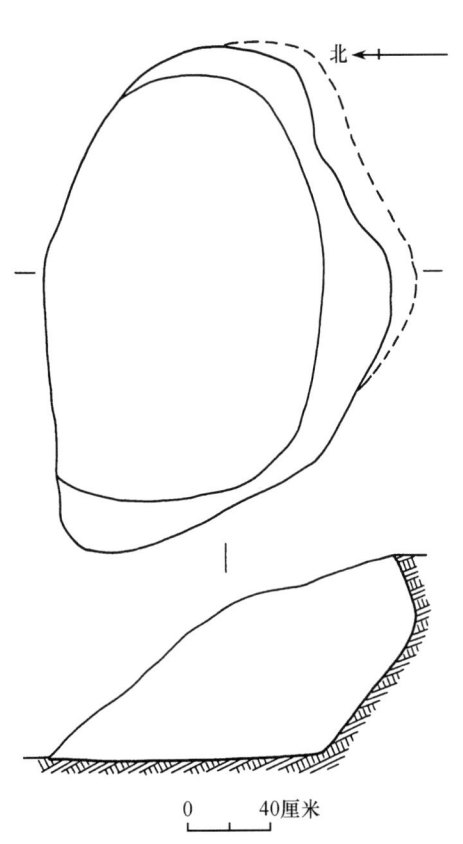

北

0　　40厘米

图五九八　F区H19平、剖面图

14.29% 、8.37% 、0.49% 。

　　陶片纹饰均为绳纹（图五八九，9），可分为粗绳纹和细绳纹两种，分别占陶片总数的45.32% 、34.48% 。

　　陶器器类有罐、鬲、豆、鼎等。共11件。

　　陶罐　6件。标本 FH19:2，粗泥灰褐陶。广肩，敛口，卷沿，圆唇。沿胎较厚。口径18.6、残高4.4厘米（图五九九，1）。标本 FH19:4，粗泥红褐陶。广肩，敛口，宽卷沿，尖唇。卷沿处胎较厚。肩部饰直绳纹，颈部绳纹抹光。口径16.8、残高3.3厘米（图五九九，2）。标本 FH19:3，粗泥红褐陶。鼓肩，敛口，窄卷沿，圆唇，沿面微弧。口径19.9、残高5.2厘米（图五九九，3）。标本 FH19:5，夹细砂红褐陶。广肩，敛口，折沿，尖唇。口径18、残高3.4厘米（图五九九，7）。

　　陶鼎足　2件。标本 FH19:7，粗泥红褐陶。略呈圆柱状，足根较平，上段略粗。足根径2、残长6.6厘米（图五九九，4）。标本 FH19:6，夹细砂红褐陶。横剖面略呈椭圆形，微向内弯曲。上端内侧饰直绳纹。粗径2.8、残长7.8厘米（图五九九，5）。

　　陶鬲足　1件（FH19:1）。夹细砂红褐陶。略呈圆柱状，微向内弯曲，足根内侧稍鼓，内空较浅。上段内侧饰斜绳纹。足根径2.5、残长8.4厘米（图五九九，6）。

　　陶豆柄　1件（FH19:8）。细泥褐黄陶。较粗壮，内空。中段饰一道凹弦纹。粗径4.7、残长3.6厘米（图五九九，8）。

　　陶器底　1件（FH19:9）。粗泥灰褐陶。斜壁内收，小平底内凹。底径7.5、残高4.8厘米（图五九九，9）。

　　烧土竹子痕迹　2件。标本 FH19:13，红褐色。烧土块长7.3、宽3.8、竹子痕迹直径2.7、长6.7厘米。

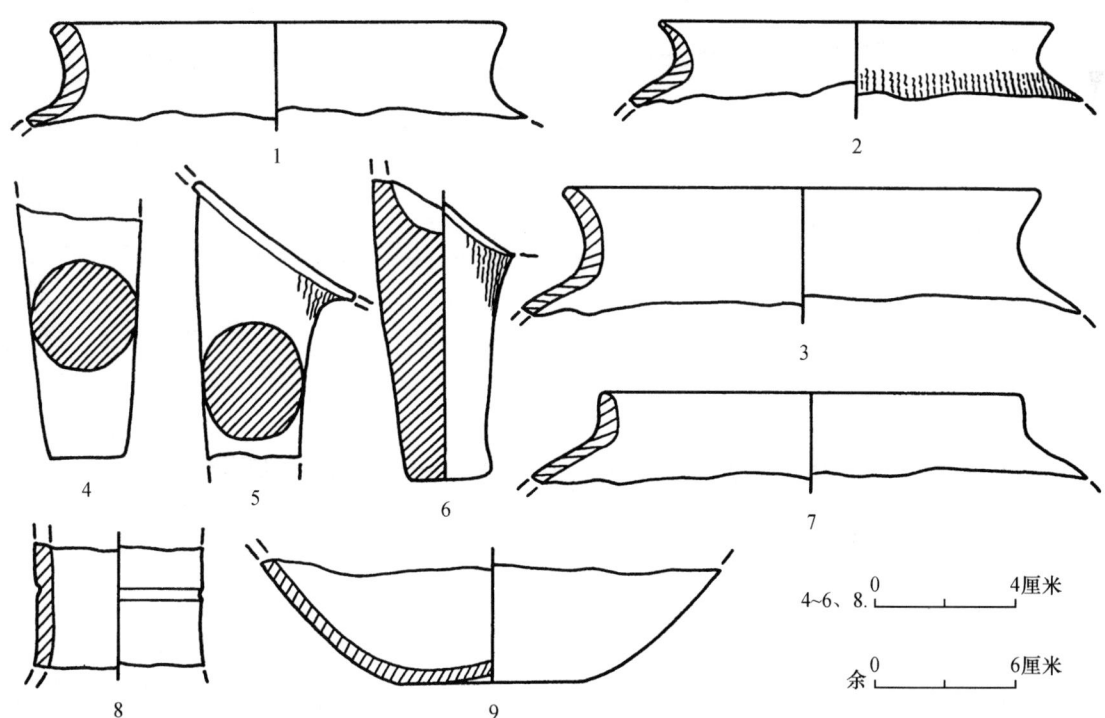

图五九九　F 区 H19 出土陶器

1~3、7. 罐（FH19:2、FH19:4、FH19:3、FH19:5）　　4、5. 鼎足（FH19:7、FH19:6）　　6. 鬲足（FH19:1）

8. 豆柄（FH19:8）　　9. 器底（FH19:9）

⑰ FH20

FH20 位于 FT37 探方西南部，FT39 探方东北部和 FT40 探方西北部。开口在③层下，打破生土，但又被 FH14 打破。距地表深 0.65 米。FH20 为圆形灰坑，斜壁，平底。因被 FH14 打破和山体滑坡挤压，残存部分欠规整，尤其是南壁向内倾斜极为严重。现存部分南北长 3.1、东西残宽 1.2 ~ 1.7、深 0.2 ~ 1.48 米（图六〇〇；图版二〇四，1）。坑内堆积分为①、②两层。①层为黑褐色黏土，厚 0.2 ~ 0.66 米，土质较硬；②层为灰褐色黏土，厚 0.24 ~ 0.76 米，夹杂有黄褐色土块。两层中包含物基本相同，有绳纹陶片、石锛及木炭和红色烧土块。另出土部分动物骨骼。

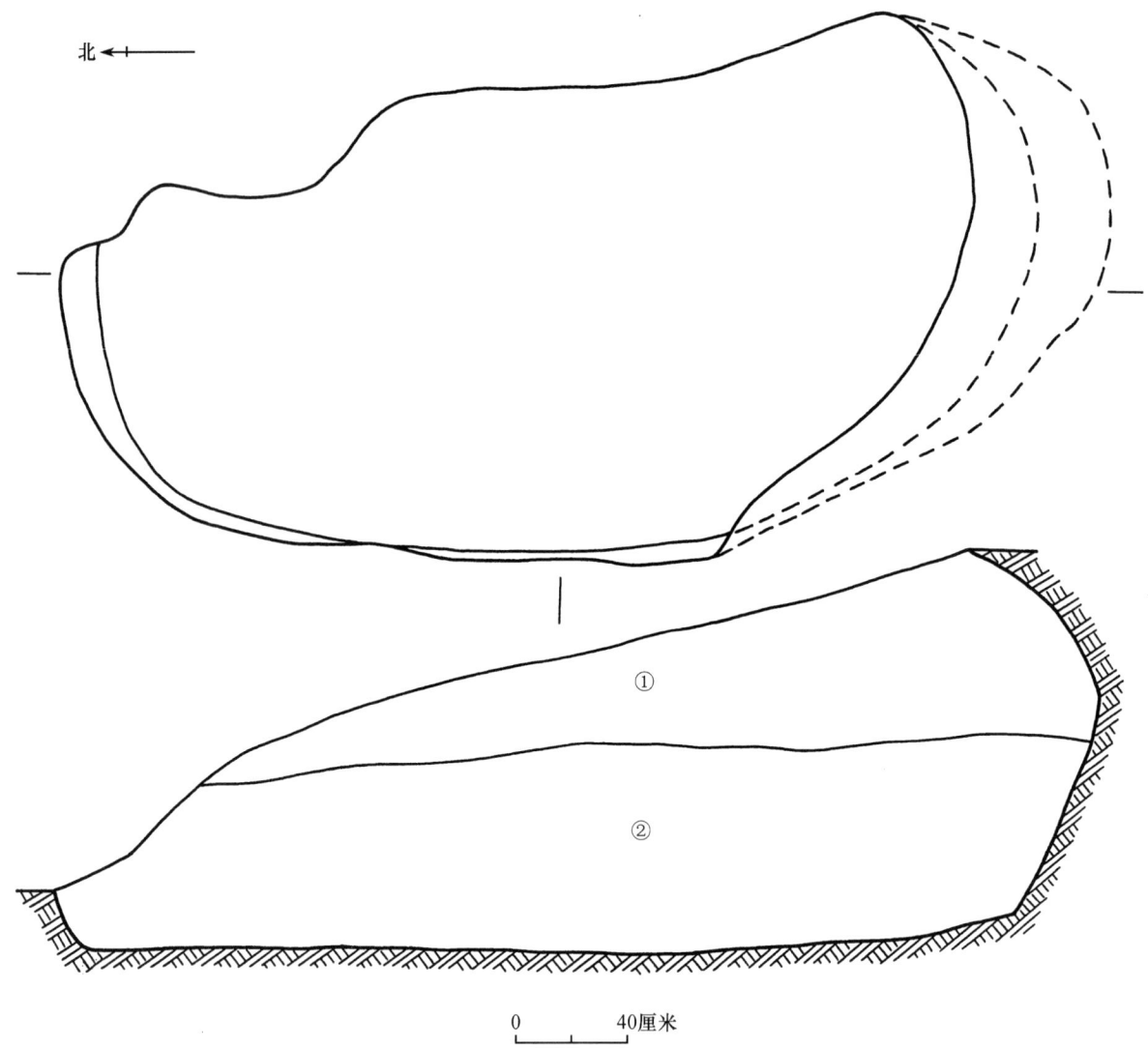

图六〇〇　F 区 H20 平、剖面图

出土陶片共 144 片。有泥质和夹细砂两类，分别占陶片总数的 65.97%、34.03%。泥质陶又有粗泥和细泥之分，分别占陶片总数的 65.25%、9.72%。陶片颜色较多，有红陶、红褐陶、灰陶、灰褐陶、黑陶、黑褐陶，分别占陶片总数的 20.83%、50.70%、1.39%、19.44%、5.56%、2.08%。

陶片纹饰主要为绳纹，共 104 片，次为窃曲纹，共 2 片（图五八九，1、3、8），分别占陶片总数的 72.22% 、1.39% 。绳纹有粗绳纹和细绳纹之分，分别占陶片总数的 42.36% 、29.86% 。

陶器器类较多，有罐、鬲、豆、鼎、瓮、盆、盖、网坠等。共 38 件。其中陶罐最多，占器物总数的 26.33% 。

陶罐　10 件。标本 FH20:17，夹细砂灰褐陶。陶胎较厚。广肩，敛口，窄卷沿，圆唇，沿面略弧。口径 21、残高 5.6 厘米（图六〇一，1）。标本 FH20:13，粗泥红褐陶。斜肩，大口略敛，折沿，尖唇。腹部饰交错绳纹，肩部绳纹抹光。口径 19.8、残高 7.2 厘米（图六〇一，2）。标本 FH20:24，粗泥红褐陶。广肩，直口，方唇。口径 14.8、残高 3.3 厘米（图六〇一，3）。标本 FH20:39，细泥灰陶。斜肩，敛口，折沿，尖唇。口径 18、沿胎厚 2.1、残高 5.2 厘米（图六〇一，4）。标本 FH20:20，粗泥红褐陶。鼓肩，敛口，卷沿，粗圆唇。肩部饰斜绳纹。口径 18.6、残高 4.5 厘米（图六〇一，5）。标本 FH20:14，细泥黑陶。广肩，矮领，直口略敛，斜沿，方唇。口径 16.5、残高 2.7 厘米（图六〇一，6）。标本 FH20:19，细泥灰陶。鼓肩，高领，直口略敛，宽沿，尖圆唇。颈部饰一周按窝纹。口径 16.4、残高 6 厘米（图六〇一，7）。标本 FH20:18，粗泥黑褐陶。溜肩，直口尖唇。口径 15、残高 5.1 厘米（图六〇一，9）。

陶簋　1 件（FH20:4）。细泥灰褐陶。折腹，大口略敛，宽平沿外凸，方唇。外表施酱褐陶衣，折腹处饰两道细凹弦纹，上腹饰刻划窃曲纹。口径 21、最大腹径 21.7、残高 5.9 厘米（图五八九，1；图六〇一，8；图版一九九，5）。

陶鬲　4 件。标本 FH20:25，粗泥灰褐陶。溜肩，敛口，窄折沿，尖唇，沿内有一道凹槽，沿外有一道凸棱。肩部饰粗绳纹，颈部绳纹抹光。口径 21、残高 5.4 厘米（图六〇一，12）。标本 FH20:12，粗泥黑褐陶。广肩，敛口，折沿，尖圆唇，沿内略凹，沿外有一道凸棱。肩部饰粗斜绳纹，颈部绳纹抹光。口径 20、残高 5.4 厘米（图六〇一，13）。

陶盖　1 件（FH20:3）。复原完整。夹细砂红褐陶。弧形盖盘，圆唇，圆形钮中间内凹。盘径 12、钮径 1.6、高 6.3 厘米（图六〇一，14）。

陶豆座　1 件（FH20:28）。细泥红陶。略呈喇叭状，口略内敛，柄较粗。外表打磨光滑，并饰两道凹弦纹，凹弦纹之间绘竖道暗纹。座口径 17.4、残高 5.8 厘米（图六〇一，11）。

陶器底　1 件（FH20:37）。夹细砂灰褐陶。斜壁内收，平底内凹。底径 11.5、残高 3.5 厘米（图六〇一，10）。

陶瓮　2 件。标本 FH20:11，细泥灰褐陶。器胎甚薄。器形较大，口较小，阔肩，直口，方唇。肩部饰交错绳纹。口径 19.5、肩径 33、残高 4.4 厘米（图六〇二，1）。标本 FH20:31，粗泥红褐陶。广肩，敛口，高领，折沿，圆唇。口径 18、残高 6.6 厘米（图六〇二，3）。

陶盖钮　2 件。标本 FH20:2，细泥黑陶。扁圆形，内空。胎较厚。钮径 10、高 3.5 厘米（图六〇二，2）。标本 FH20:16，粗泥黑褐陶。略呈圈足状，尖圆唇。胎较厚。钮径 3.4、高 3.3 厘米（图六〇二，9）。

陶鼎　2 件。标本 FH20:29，粗泥红褐陶。广肩，敛口，宽折沿外侈，圆唇，沿面微鼓。肩部饰斜绳纹，颈部绳纹抹光。口径 22.2、残高 6.1 厘米（图六〇二，4）。

陶豆　2 件。标本 FH20:10，口、柄均残。粗泥灰褐陶。浅盘，细柄。残高 5.2 厘米（图六〇二，14）。

陶鬲足　5 件。标本 FH20:26，夹细砂红褐陶。略呈圆锥状，足根较平，微向内弯曲，内空较浅。上段内侧饰斜绳纹。足根径 1.9、残长 9 厘米（图六〇二，6）。标本 FH20:8，粗泥灰褐陶。较矮，上端粗，下端较细，略呈圆锥状，内空较深。上段内侧饰斜绳纹。足根径 1.9、残长 8 厘米（图六〇二，11）。

14. └─0────4厘米┘ 余 └─0────6厘米┘

图六〇一　F区H20出土陶器

1~7、9. 罐（FH20:17、FH20:13、FH20:24、FH20:39、FH20:20、FH20:14、FH20:19、FH20:18）　8. 簋（FH20:4）

10. 器底（FH20:37）　11. 豆座（FH20:28）　12、13. 鬲（FH20:25、FH20:12）　14. 盖（FH20:3）

陶鼎足　4件。标本FH20:7，粗泥灰褐陶。器身瘦长，足根较平略外凸，横剖面略呈椭圆形。足根径2、长9.4厘米（图六〇二，7）。标本FH20:6，夹细砂红褐陶。器体较大。呈圆柱状，足根呈弧形。上段内侧饰竖绳纹。足根径2.6、长12.2厘米（图六〇二，10）。标本FH20:30，夹细砂红褐陶。较粗壮，呈圆锥形，略向内弯曲，足根内侧外凸。粗径4、残长8.5厘米（图六〇二，12）。

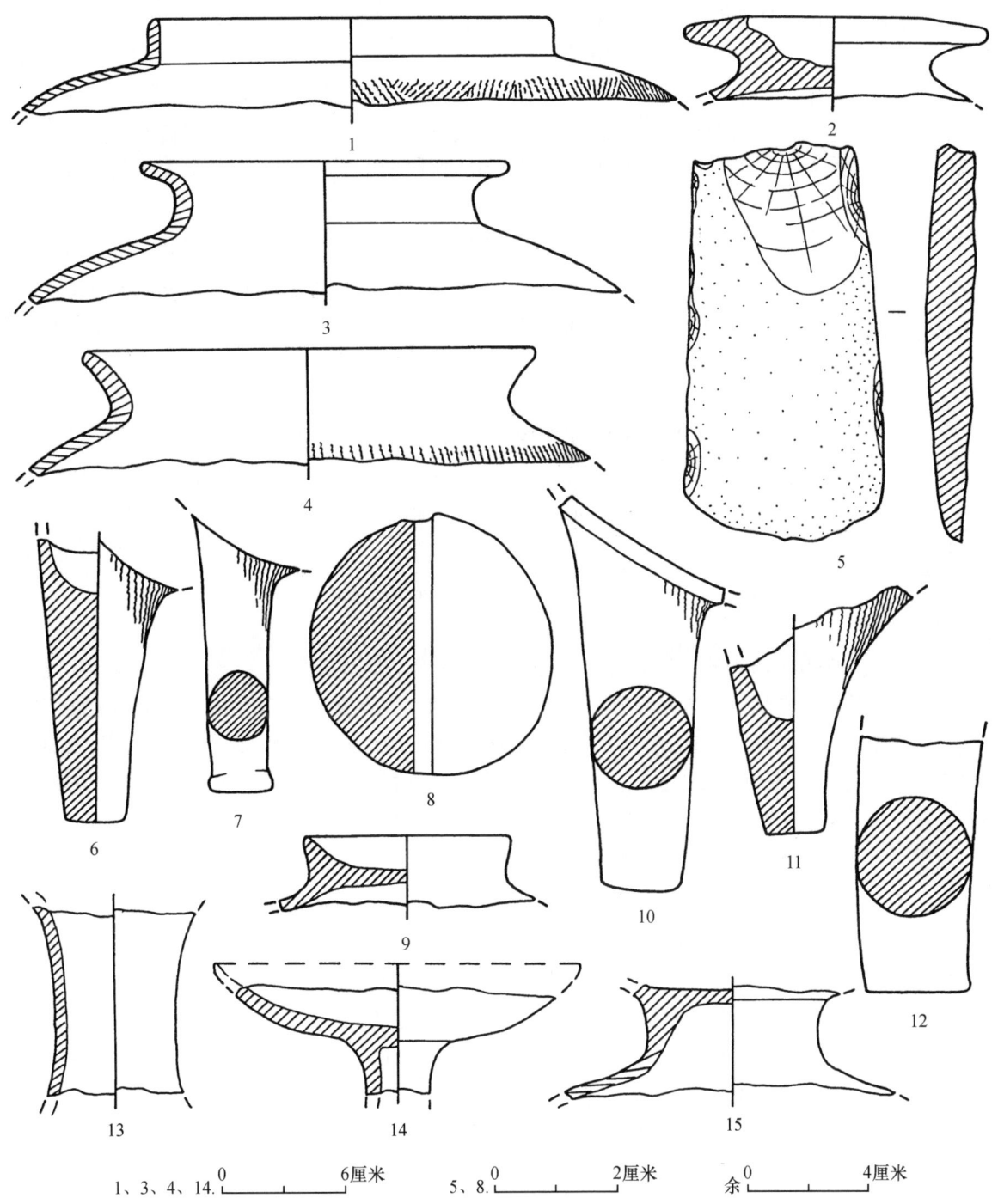

图六〇二　F 区 H20 出土器物

1、3. 陶瓮（FH20:11、FH20:31）　2、9. 陶盖钮（FH20:2、FH20:16）　4. 陶鼎（FH20:29）　5. 石铲（FH20:1）

6、11. 陶鬲足（FH20:26、FH20:8）　7、10、12. 陶鼎足（FH20:7、FH20:6、FH20:30）　8. 陶网坠（FH20:5）

13、15. 陶豆柄（FH20:27、FH20:15）　14. 陶豆（FH20:10）

陶网坠　1 件（FH20:5）。粗泥灰褐陶。略呈椭圆形，中间穿孔。直径 4.2、孔径 0.6 厘米（图六〇二，8；图版二〇二，2）。

陶豆柄　2 件。标本 FH20:27，细泥灰陶。器体较粗壮，胎较薄。呈束腰状。粗径 6、残长 8.7 厘米（图六〇二，13）。标本 FH20:15，细泥灰陶。器体矮胖。粗径 5.7、残长 3.5 厘米

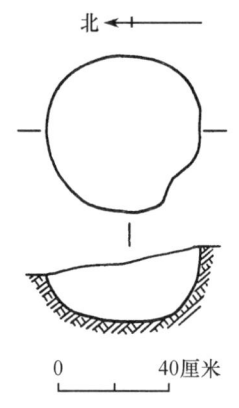

图六〇三　F区H22平、剖面图

（图六〇二，15）。

烧土竹子痕迹　1件（FH20:38）。红褐陶。长7.4、粗径3.1厘米。

石锛　1件（FH20:1）。完整。长石斑岩。青灰色。硬度5°~6°。原材料产于三峡地区。打制。呈长条形，弧刃，一面保留自然石皮面，两侧及顶端有打击痕迹。长6.4、顶宽2.8、刃部宽3.3、中部厚0.8厘米（图六〇二，5；图版二〇五，2）。

动物骨骼　4件。种类家猪、水鹿、草鱼。标本FH20:9，家猪左下颌骨（图五七三，4；图版二〇九，8）。标本FH20:23，草鱼左下咽骨。标本FH20:21，水鹿左胫骨（图版二〇八，1）。标本FH20:22，水鹿掌骨第二指骨（图版二〇八，6）。

⑱ FH22

FH22位于FT37探方中部。开口在③层下，打破生土，但又被FH19打破。距地表深0.44米。坑较小，平面呈圆形，斜壁，圜底。坑口直径0.52、深0.22米（图六〇三；图版二〇四，2）。坑内堆积为黑褐色黏土，较松软，包含有1片绳纹陶片和碎小的木炭末。

陶鬲裆　1件（FH22:1）。粗泥红褐陶。胎较薄。外表饰粗绳纹。

⑲ FH23

FH23位于FT40探方西部。开口在③层下，打破生土。距地表深0.4米。应为圆形灰坑，弧壁，平底。因耕种和自然水土流失等原因，致使该坑大部分被破坏掉，现存部分因山体滑坡挤压严重变形，南壁严重向内倾斜。现存坑口平面略呈椭圆形，南北长径1.4、东西短径1.3、深0.2~0.54米（图六〇四；图版二〇六，1）。坑内堆积为灰褐色黏土，较松软，包含物有绳纹陶片和碎小的青灰色烧土块。

出土陶片共33片。有泥质和夹细砂两类，分别占陶片总数的90.91%、9.09%。泥质陶有粗泥和细泥之分，分别占陶片总数的39.4%、51.51%。陶片颜色有红陶、红褐陶、灰陶、黑陶、黑褐陶、橙红陶，分别占陶片总数的33.33%、33.34%、6.06%、3.03%、9.09%、15.15%。

陶片纹饰主要为绳纹，次为凹弦纹（图五七五，3）。绳纹有粗绳纹和细绳纹之分，分别占陶片总数的30.30%、9.09%。

陶器器类有罐、鬲、鼎、豆等。共7件。

陶罐　2件。标本FH23:2，粗泥红褐陶。广肩，直口略侈，圆唇。口径19.8、残高3.8厘米（图五九三，3）。标本FH23:1，粗泥红陶。广肩，敛口，卷沿，尖唇。口径19.7、残高4.5厘米（图五九三，5）。

陶鬲　1件（FH23:3）。夹细砂红褐陶。溜肩，敛口，折沿，尖圆唇，沿内略凹，沿外有一道三角形凸棱。口径21、残高4.6厘米（图五九三，1）。

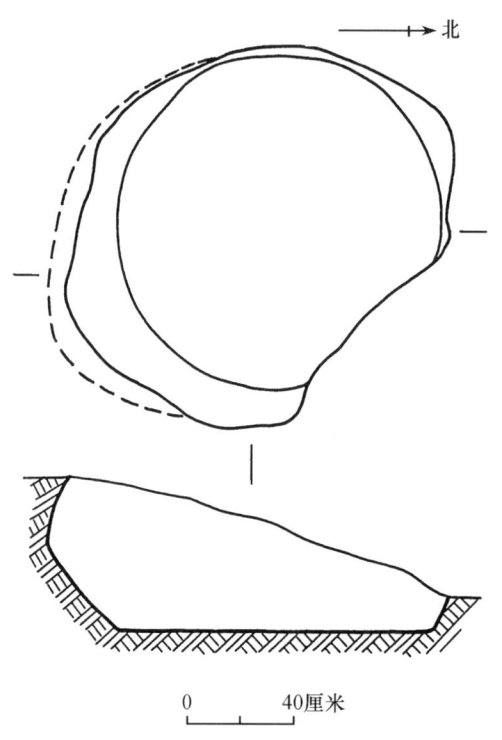

图六〇四　F区H23平、剖面图

陶豆 1件（FH23：7）。仅存豆盘。粗泥黑褐陶。浅盘，弧壁，敞口，尖圆唇。口径18、残高3.6厘米（图五九三，8）。

陶鬲足 1件（FH23：5）。夹细砂红褐陶。略呈圆柱状，足根微弧，内空较浅。上段内侧饰斜绳纹。足根径2、残长7.6厘米（图五九三，9）。

陶鼎足 1件（FH23：6）。粗泥红褐陶。略呈圆柱状，足根微弧。足根径2、长8.2厘米（图五九三，10）。

陶豆座 1件（FH23：8）。细泥橙红陶。略呈喇叭状，座口沿内敛。座径14.4、残高3.7厘米（图五九三，11）。

⑳ FH24

FH24位于FT40探方东部。开口在③层下，打破生土，但被FH15打破。距地表深0.5米。平面呈不规则形，斜壁，底较平。FH24位于斜坡地带，因山洪雨水冲刷和数年耕种等原因，该坑遭到严重破坏，北壁全部被毁。残存部分东西长1.4、南北宽1.3、深0.54米（图六〇五；图版二〇六，2）。坑

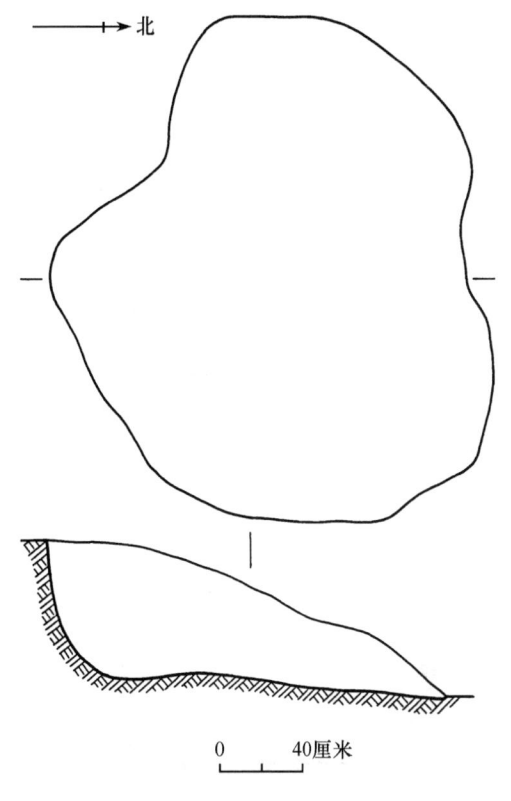

图六〇五 F区H24平、剖面图

内堆积为红褐色黏土，较松软，包含物有绳纹陶片及木炭等。

出土陶片共46片。有粗泥和夹细砂两类，分别占陶片总数的54.35%、45.65%。陶片颜色有红陶、红褐陶、褐陶、黑陶和黑褐陶，分别占陶片总数的13.04%、21.74%、26.09%、30.43%、8.70%。

陶片纹饰主要为绳纹，次为凹弦纹，分别占陶片总数的28.26%、6.52%。绳纹有粗绳纹和细绳纹之分，分别占陶片总数的23.91%、4.35%。

陶器器类有鬲、鼎、罐、豆等。共7件。

陶罐 1件（FH24：6）。粗泥黑陶。鼓肩，高领，直口，粗圆唇外凸。肩部饰粗斜绳纹，领部绳纹抹光。口径15.9、残高4厘米（图六〇六，2）。

陶鼎 1件（FH24：4）。粗泥红褐陶。广肩，敛口，宽卷沿，尖唇。口径21、残高7.8厘米（图六〇六，1）。

陶鼎足 2件。标本FH24：1，完整。夹细砂

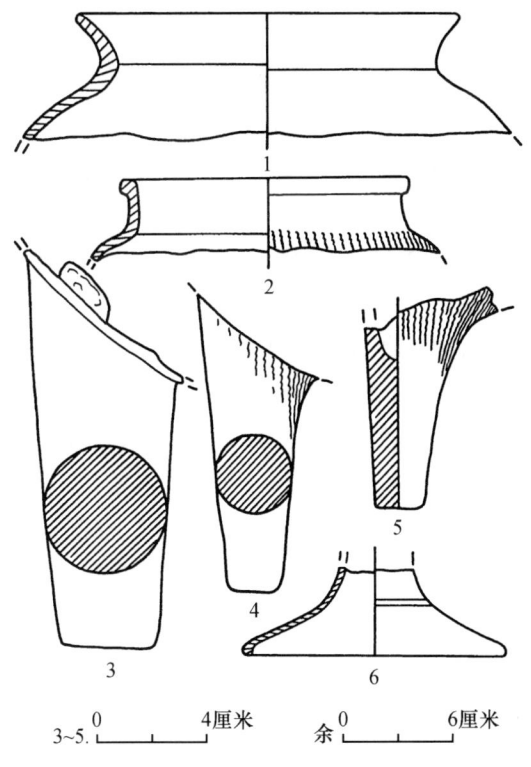

图六〇六 F区H24出土陶器

1. 鼎（FH24：4） 2. 罐（FH24：6） 3、4. 鼎足（FH24：1、
FH24：2） 5. 鬲足（FH24：3） 6. 豆座（FH24：5）

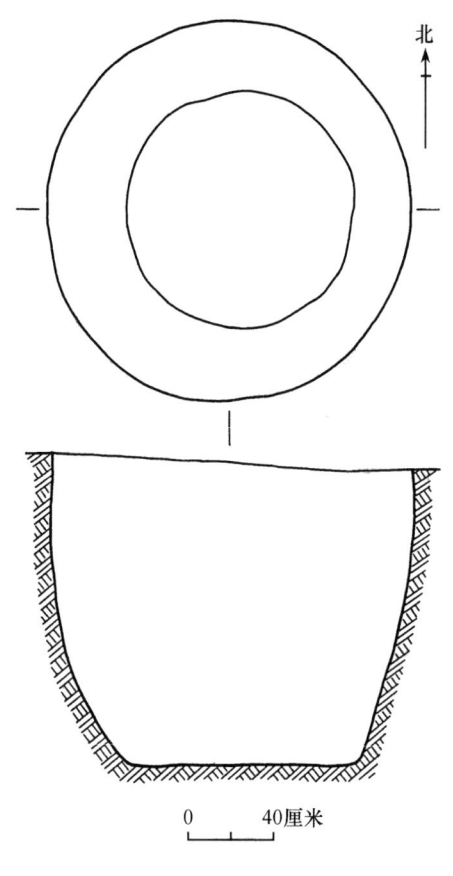

图六〇七　F区H26平、剖面图

红褐陶。器体较大，呈圆柱状，足根较平，顶面附有粘接的泥突。足根径3.6、长14厘米（图六〇六，3）。标本FH24：2，夹细砂红褐陶。器身瘦长，呈圆柱状，足根微弧。上段内侧饰有竖绳纹。足根径1.6、长10.8厘米（图六〇六，4）。

陶鬲足　2件。标本FH24：3，夹细砂红褐陶。上端较粗，下端较细，略呈圆锥状，足根较平，内空较深。上部饰斜绳纹。足根径1.5、残长7.8厘米（图六〇六，5）。

陶豆座　1件（FH24：5）。粗泥褐陶。胎较薄。略呈喇叭状，座口沿内敛。外表饰两道细凹弦纹。座径13.8、残高4.6厘米（图六〇六，6）。

㉑ FH26

FH26位于FT46探方西南部。开口在④层下，打破生土。距地表深0.55米。形制较规整，平面呈圆形，弧壁，壁面光滑，平底。坑口直径1.7、深1.5、坑底直径1.08米（图六〇七）。坑内堆积为灰褐色黏土，较松软，包含物有绳纹陶片和青灰色烧土块及碎小的木炭块。另出土有部分动物骨骼。

出土陶片共109片。有粗泥陶和夹细砂陶两类，分别占陶片总数的77.06%、22.94%，陶片颜色有红陶、红褐陶、褐陶、灰褐陶、黑陶，分别占陶片总数的28.44%、33.95%、12.84%、2.75%、22.02%。

陶片纹饰主要为绳纹，占陶片总数的16.51%，次为凹弦纹、附加堆纹、戳印纹，各占陶片总数的0.92%（图五七一，1、2）。

陶器器类有罐、鬲、鼎、盂、钵、网坠、豆等。共15件。其中，罐最多，占器物总数的33.32%。

陶鬲　3件。标本FH26：9，粗泥灰褐陶。斜肩，敛口，窄折沿，尖圆唇，沿内略凹，沿外有一道凸棱。肩部饰粗直绳纹，颈部绳纹抹光。口径20.4、残高5.8厘米（图六〇八，1）。标本FH26：10，粗泥红褐陶。广肩，敛口，折沿，方唇，沿内略凹，沿外有一道凸棱。肩部饰粗斜绳纹，颈部绳纹抹光。口径21、残高6.5厘米（图六〇八，4）。

陶罐　5件。标本FH26：6，夹细砂红褐陶。鼓肩，敛口，折沿，尖圆唇。肩部饰斜绳纹。口径18、残高4.5厘米，（图六〇八，2）。标本FH26：8，粗泥灰褐陶。溜肩，敛口，卷沿，圆唇。口径16.8、残高5.8厘米（图六〇八，5）。标本FH26：7，粗泥褐陶。鼓肩，敛口，窄卷沿，圆唇。肩部饰细绳纹，颈部绳纹局部抹光。口径13.2、残高4.2厘米（图六〇八，8）。标本FH26：5，粗泥红褐陶。鼓肩，颈部略凹，直口，方唇。肩部饰粗直绳纹。口径12、残高3.9厘米（图六〇八，10）。

陶鼎　1件（FH26：11）。粗泥红褐陶。鼓肩，敛口，折沿，圆唇，沿面微弧。口径21、残高4.4厘米（图六〇八，3）。

陶盂　1件（FH26：14）。粗泥黑陶。折肩，直口，宽平沿，方唇。口径21、残高3厘米（图

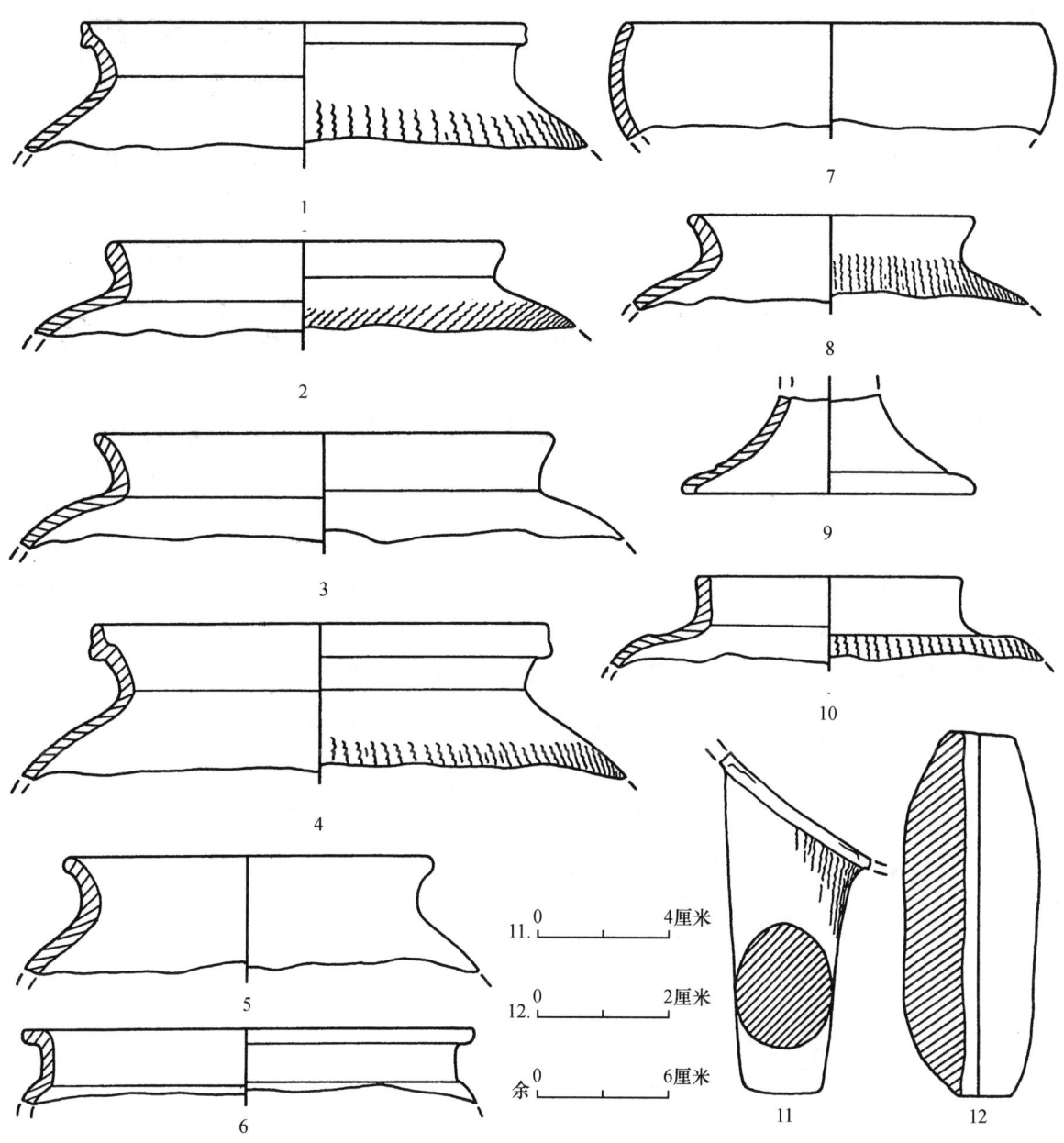

图六〇八　F 区 H26 出土陶器

1、4. 鬲（FH26：9、FH26：10）　2、5、8、10. 罐（FH26：6、FH26：8、FH26：7、FH26：5）　3. 鼎（FH26：11）
6. 盂（FH26：14）　7. 钵（FH26：15）　9. 豆座（FH26：13）　11. 鼎足（FH26：12）　12. 网坠（FH26：1）

六〇八，6）。

　　陶钵　1件（FH26：15）。粗泥黑陶。弧壁，大口略敛，方唇，下腹内收。口径17.2、残高4.8
厘米（图六〇八，7）。

　　陶豆座　1件（FH26：13）。粗泥灰褐陶。略呈喇叭状，座口沿略内敛。外表饰一道细凹弦纹。
座径13.6、残高4.5厘米（图六〇八，9）。

　　陶鼎足　2件。标本FH26：12，粗泥褐陶。上段略粗，下段稍细，略呈柱状，足根微弧，横剖
面略呈椭圆形。上段内侧饰直绳纹。足根径2.2、长9.7厘米（图六〇八，11）。

　　陶网坠　1件（FH26：1）。粗泥褐陶。手制。略呈圆柱形，两端略细，中间穿孔，外表有指纹

痕迹。长5.5、粗径1.8、孔径0.4厘米（图六〇八，12）。

动物骨骼 3件。种类有家猪、家水牛、家山羊。标本FH26:2，家猪右下颌骨。标本FH26:4，家水牛肋骨。标本FH26:3，家山羊右肱骨（图五七三，5；图版二〇八，3）。

2. 文化层

① FT6④层

出土陶片共101片。其中，粗泥陶81片，夹细砂陶20片，分别占陶片总数的80.20%、19.80%。陶片颜色有红陶、红褐陶、灰褐陶三种，分别占陶片总数的26.73%、44.56%、28.71%。

陶片纹饰均为绳纹，有粗绳纹和细绳纹两种，分别占陶片总数的39.61%、38.61%。

陶器器类有罐和鬲两种。另出土1件石斧。

陶罐 4件。标本FT6④:7，粗泥红褐陶。广肩，直口，方唇。口径16.8、残高5.1厘米（图六〇九，3）。标本FT6④:8，粗泥红陶。折肩，敛口，折沿，尖圆唇，折沿处胎较厚。肩部饰斜绳纹，颈部绳纹抹光。口径16.9、残高4.5厘米（图六〇九，4）。标本FT6④:13，粗泥红褐陶。广肩，直口略敛，方唇。口径15.6、残高4.2厘米（图六〇九，5）。

陶鬲足 3件。标本FT6④:10，夹细砂红褐陶。上粗下细，略呈圆锥状，内空较浅。上段内侧饰斜绳纹。足根径2、残长8.2厘米（图六〇九，1）。标本FT6④:9，夹细砂灰褐陶。器体矮胖，足根微弧，内空较深。上段内侧饰竖绳纹。足根径2.2、残长11厘米（图六〇九，2）。

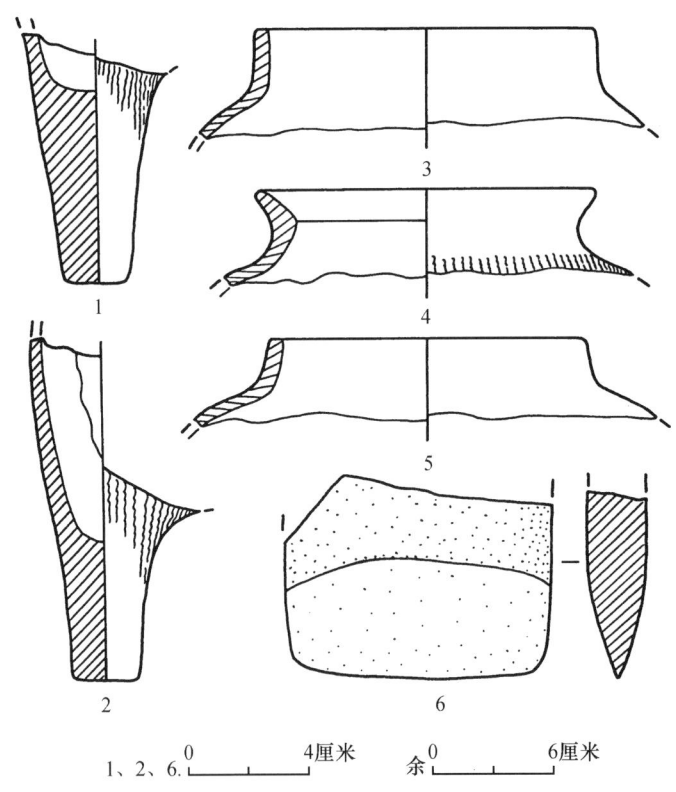

图六〇九　F区T6④层出土器物

1、2. 陶鬲足（FT6④:10、FT6④:9）　3～5. 陶罐（FT6④:7、FT6④:8、FT6④:13）　6. 石斧（FT6④:6）

　　石斧　1件（FT6④：6）。残。辉橄岩。灰绿色。硬度5°～6°。原材料产于三峡地区。磨制。刃较锋利。残长6、宽9、中部厚2厘米（图六〇九，6）。

　　② FT7④层

　　出土陶片共105片。其中，粗泥陶62片，夹细砂陶43片，分别占陶片总数的59.04%、40.96%。陶片颜色有红陶、红褐陶、灰褐陶、黑陶，分别占陶片总数的11.43%、54.29%、33.33%、0.95%。

　　陶片纹饰以绳纹为主，次为凹弦纹，分别占陶片总数的80.95%、0.95%。绳纹有粗绳纹和细绳纹之分。陶鬲多饰粗绳纹，陶罐多饰细绳纹，凹弦纹多饰于器物肩部（图六一〇，5、8）。

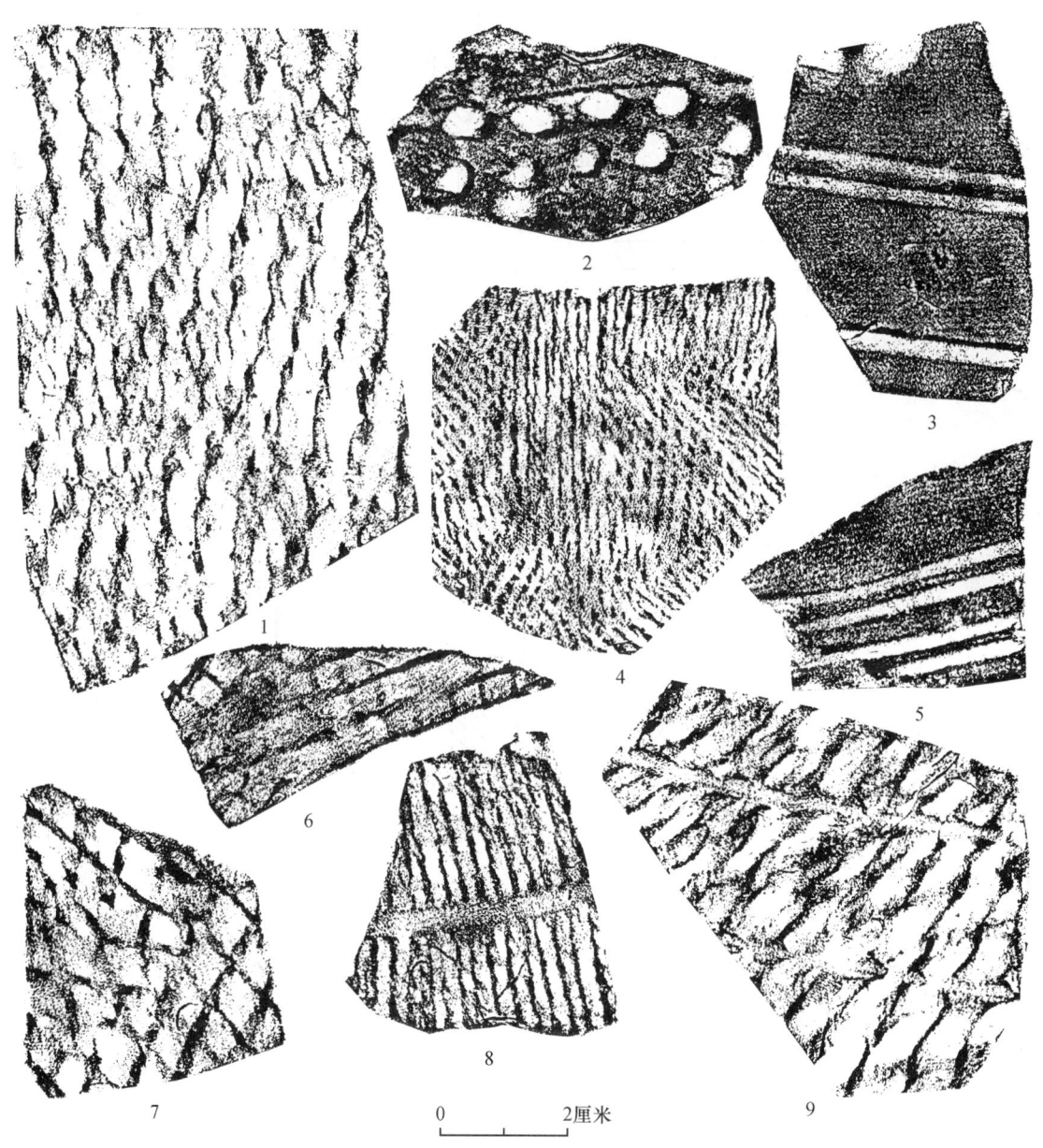

0　　　　2厘米

图六一〇　F区④层陶片纹饰拓片

1、4、8、9. 绳纹（FT43④：10、FT46④：39、FT7④：8、FT46④：9）　2. 戳印纹（FT43④：9）　3、5. 凹弦纹（FT46④：38、FT7④：16）　6. 方格纹（FT40④：15）　7. 菱形纹（FT46④：40）

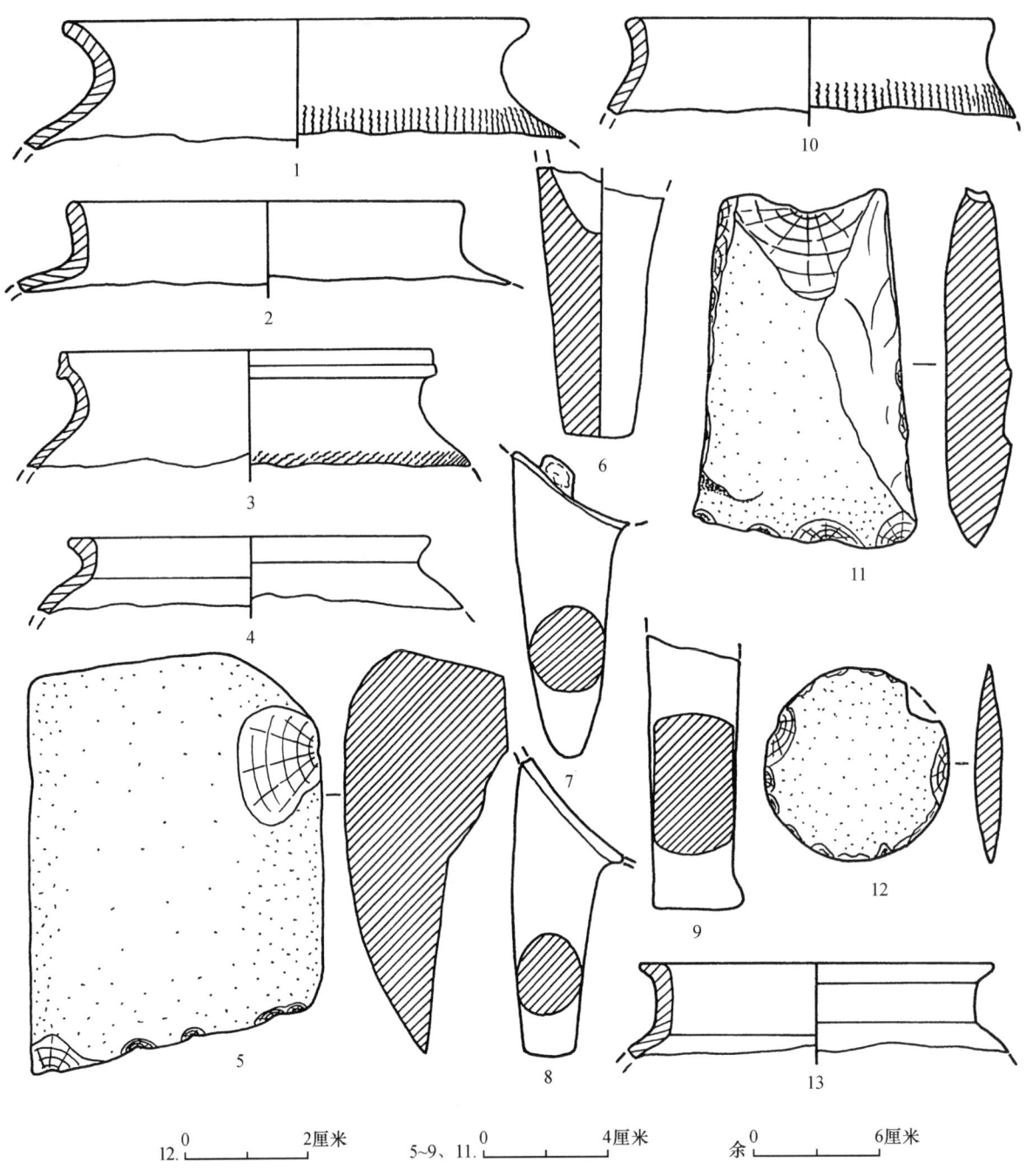

图六一一　F区T7④层出土器物

1. 陶鼎（FT7④:12）　　2、4、10、13. 陶罐（FT7④:8、FT7④:7、FT7④:6、FT7④:9）　　3. 陶鬲（FT7④:10）　　5、11. 石斧
（FT7④:4、FT7④:1）　　6. 陶鬲足（FT7④:11）　　7～9. 陶鼎足（FT7④:14、FT7④:13、FT7④:15）　　12. 石饼（FT7④:5）

　　陶器器类有罐、鬲、鼎等。共15件。其中陶罐最多，占器物总数的40.00%。另出土2件石斧和1件石饼及部分动物骨骼。

　　陶鼎　2件。标本FT7④:12，夹细砂红褐陶。斜肩，敛口，宽折沿，圆唇。肩部饰细绳纹，颈部绳纹抹光。口径22.2、残高5.4厘米（图六一一，1）。

　　陶罐　6件。标本FT7④:8，粗泥红陶。鼓肩，敛口，折沿，圆唇。口径18.8、残高3.9厘米（图六一一，2）。标本FT7④:7，粗泥红褐陶。鼓肩，矮领，直口略敛，宽沿外凸，圆唇。口径17、残高3.3厘米（图六一一，4）。标本FT7④：6，粗泥灰褐陶。溜肩，大口略侈，圆唇。肩部饰绳纹，颈部绳纹抹光。口径16.8、残高4.6厘米（图六一一，10）。标本FT7④：9，夹细砂红褐陶。溜肩，高领，直口微侈，宽沿外凸，尖唇。口径16.8、残高4.4厘米（图六一一，13）。

陶鬲　2件。标本FT7④：10，粗泥灰褐陶。溜肩，敛口，折沿，方唇，沿内略凹，沿外有一道凸棱。肩部饰斜绳纹，颈部绳纹抹光。口径18、残高5.7厘米（图六一一，3）。

陶鬲足　1件（FT7④：11）。夹细砂灰褐陶。略呈圆柱状，内空较浅，足根略弧，外表有刮削痕迹。足根径2.1、残长8.5厘米（图六一一，6）。

陶鼎足　4件。标本FT7④：14，夹细砂红褐陶。手捏制。呈圆锥状，上端附有与器身粘接的泥突。粗径3、长9.4厘米（图六一一，7）。标本FT7④：13，夹细砂灰褐陶。器体瘦长，柱状，略向内侧弯曲，足根较平，横剖面呈椭圆形。足根径1.6、长9厘米（图六一一，8）。标本FT7④：15，粗泥红褐陶。宽扁状，足根外凸，横剖面略呈长方形。残长8.6、宽4.3、厚2.5厘米（图六一一，9）。

石斧　2件。标本FT7④：4，完整。长石斑岩。棕红色。硬度5°~6°。原材料产于三峡地区。打制。平面近方形，斜刃，顶端较厚。长13.1、宽9.5、顶端厚5厘米（图六一一，5）。标本FT7④：1，完整。石英砂岩。灰绿色。硬度6°~7°。原材料产于三峡地区。打制。上窄下宽，平面略呈梯形，斜刃，一面保留有石皮，两侧及顶面有明显的打击痕迹，刃部有使用缺痕。长11、刃部宽7.1、顶端宽5.2、中部厚2厘米（图六一一，11；图版二〇五，3）。

石饼　1件（FT7④：5）。完整。石英砂岩。灰绿色。硬度5°~6°。原材料产于三峡地区。系薄石片打制而成。中部较厚，边缘较薄，并有许多细少的打击痕迹。直径2.9、中间厚0.4厘米（图六一一，12）。

动物骨骼　2件。种类家水牛和青鱼。标本FT7④：2，家水牛右髋骨，有明显的刀砍痕迹（图五七三，3；图版二〇八，9）。标本FT7④：3，青鱼尾椎骨。

③ FT40④层

出土陶片共177片。其中，泥质陶104片，夹细砂陶73片，分别占陶片总数的58.75%、41.25%。泥质陶又有粗泥和细泥之分，分别占陶片总数的56.49%、2.26%。陶片颜色有红陶，红褐陶、灰陶、灰褐陶、黑陶，分别占陶片总数的19.21%、49.16%、1.13%、29.37%、1.13%。

陶器纹饰有绳纹、方格纹、凹弦纹（图六一〇，6），分别占陶片总数的85.88%、0.56%、1.13%。其中，绳纹又有粗绳纹和细绳纹之分，分别占陶片总数的51.42%、34.46%。

陶器器类有罐、瓮、鼎、豆等。共13件。其中，陶罐居多，占器物总数的46.15%。

陶罐　6件。标本FT40④：4，粗泥红陶。阔肩，高领，直口略侈，窄折沿，圆唇。肩部饰绳纹，颈部绳纹抹光。口径20.3、残高4.8厘米（图六一二，1）。标本FT40④：8，粗泥灰褐陶。鼓肩，敛口，宽折沿，尖圆唇。肩部及颈部绳纹抹光。口径9.2、残高5厘米（图六一二，2）。标本FT40④：6，粗泥红褐陶。溜肩，敛口，窄卷沿，圆唇，沿胎较厚。口径18、残高4.5厘米（图六一二，5）。标本FT40④：7，粗泥红褐陶。广肩，直口，方唇。口径18、残高3.8厘米（图六一二，6）。

陶鼎　2件。标本FT40④：11，粗泥红褐陶。广肩，敛口，宽折沿，尖圆唇，沿面微弧。肩部饰斜绳纹，颈部绳纹抹光。口径21、残高6.7厘米（图六一二，3）。

陶瓮　2件。标本FT40④：9，粗泥红陶。广肩，敛口，卷沿，尖唇，沿胎较厚重。口径19.2、残高5.7厘米（图六一二，4）。

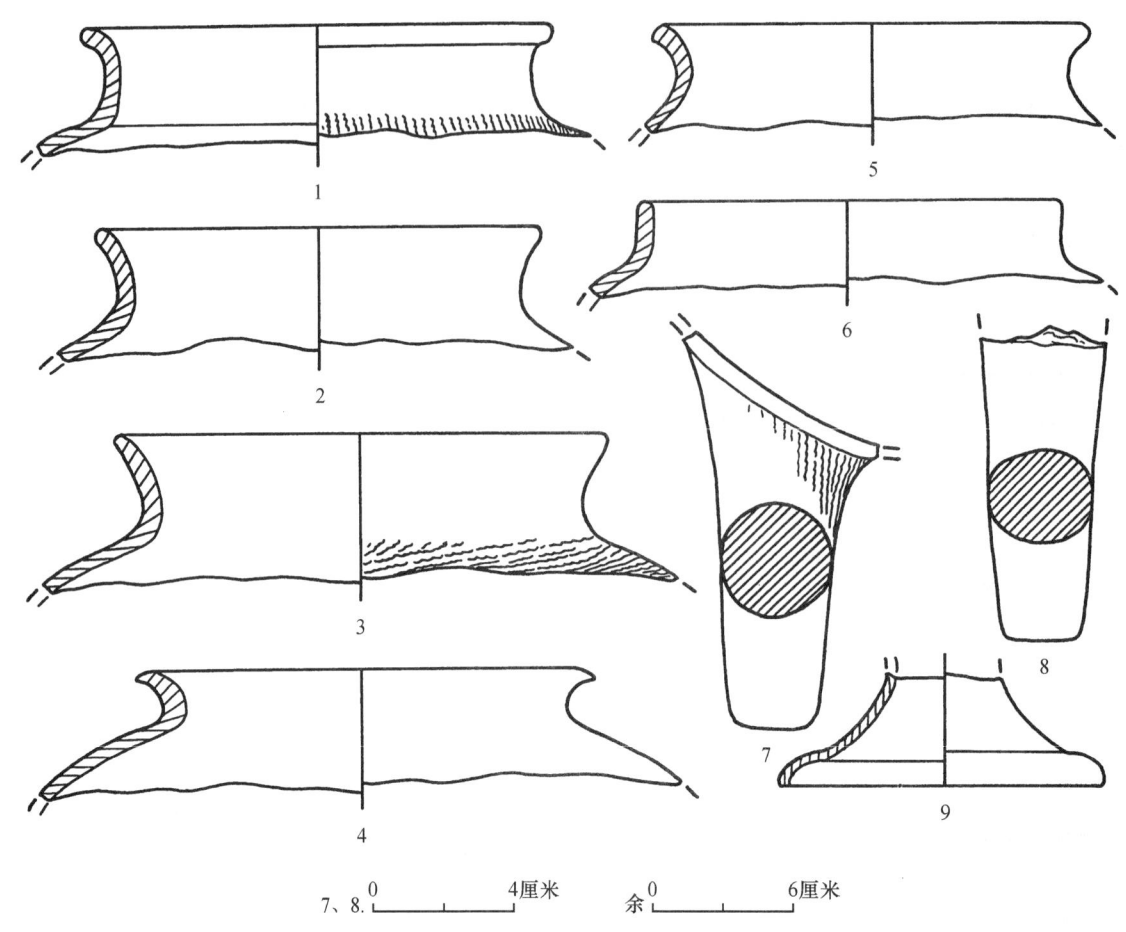

图六一二　F 区 T40④层出土陶器

1、2、5、6. 罐（FT40④:4、FT40④:8、FT40④:6、FT40④:7）　3. 鼎（FT40④:11）　4. 瓮（FT40④:9）

7、8. 鼎足（FT40④:12、FT40④:13）　9. 豆座（FT40④:14）

陶鼎足　2 件。标本 FT40④:12，夹细砂灰褐陶。器体较瘦高，略呈圆柱状，足根微弧。上段内侧饰绳纹。足根径 2.2、长 10.5 厘米（图六一二，7）。标本 FT40④:13，夹细砂灰褐陶。圆柱状，足根较平。足根径 2、长 8.6 厘米（图六一二，8）。

陶豆座　1 件（FT40④:14）。细泥黑陶。胎较薄。略呈喇叭状，座口沿内敛。座径 13.5、残高 4.7 厘米（图六一二，9）。

④ FT43④层

出土陶片共 135 片。有泥质陶和夹细砂陶两类，分别占陶片总数的 89.63%、10.37%。泥质陶有粗泥和细泥之分，分别占陶片总数的 86.67%、2.96%。陶片颜色有红陶、红褐陶、灰陶、灰褐陶、黑陶，分别占陶片总数的 38.52%、46.67%、1.48%、11.85%、1.48%。

陶片纹饰主要为绳纹，次为戳印纹和凹弦纹（图六一〇，1、2），分别占陶片总数的 84.45%、0.74%、1.48%。绳纹有粗绳纹和细绳纹之分，分别占陶片总数的 45.93%、38.52%。

陶器器类有罐、瓮、钵、豆等。共 9 件。其中罐最多，占器物总数的 55.56%。

陶罐　5 件。标本 FT43④:2，粗泥红褐陶。广肩，高领，直口，窄沿外凸，圆唇。口径 18.6、残高 4.8 厘米（图六一三，1）。标本 FT43④:3，粗泥红褐陶。广肩，敛口，卷沿，尖圆唇。口径

18.7、残高 4.3 厘米（图六一三，4）。标本 FT43④:1，粗泥灰褐陶。斜肩，敛口，斜折沿，尖唇。肩部饰斜绳纹。口径 18、残高 3.7 厘米（图六一三，5）。

陶钵　1 件（FT43④:7）。细泥黑陶。弧壁，大口微敛，方唇略外凸。口径 18、残高 4.4 厘米（图六一三，2）。

陶瓮　2 件。标本 FT43④:4，粗泥红陶。器形较大，口较小。鼓肩，高领，敛口，宽折沿，圆唇。肩部饰斜绳纹，颈部绳纹抹光。口径 18、残高 6 厘米（图六一三，3）。

陶豆柄　1 件（FT43④:6）。夹细砂红陶。器体较粗壮，上细下粗，胎较厚。上端粗径 5.5、残长 6.8 厘米（图六一三，6）。

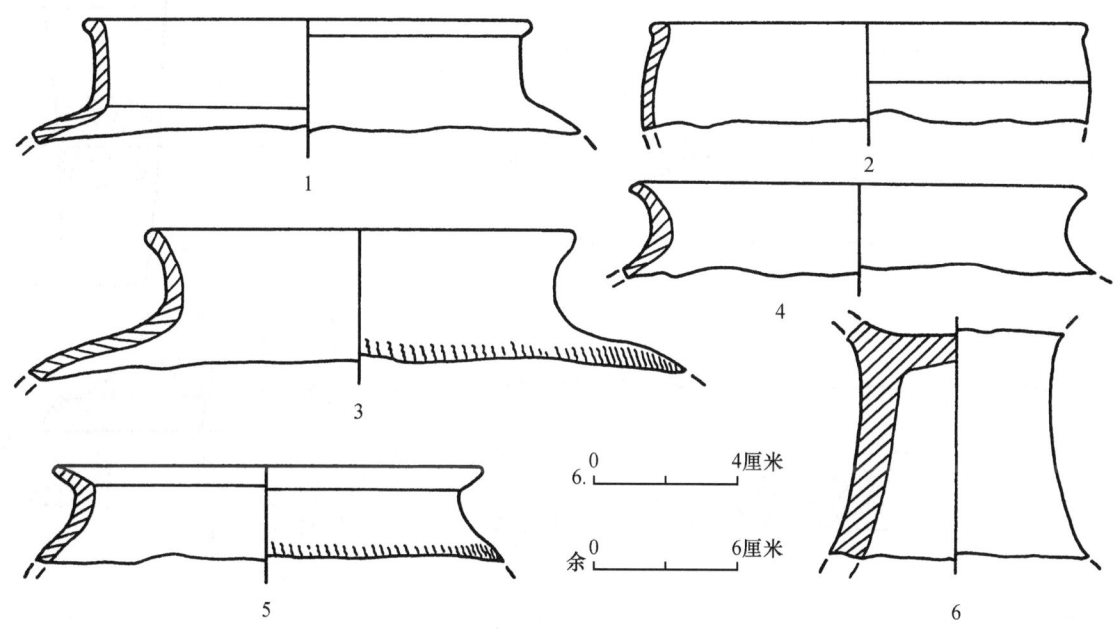

图六一三　F 区 T43④层出土陶器

1、4、5. 罐（FT43④:2、FT43④:3、FT43④:1）　2. 钵（FT43④:7）　3. 瓮（FT43④:4）　6. 豆柄（FT43④:6）

⑤ FT46④层

出土陶片共 96 片。其中泥质陶 61 片，夹细砂陶 35 片，分别占陶片总数的 63.54%、36.46%。泥质陶有粗泥和细泥之分，分别占陶片总数的 48.95%、14.59%。陶片颜色有红陶、红褐陶、灰陶、灰褐陶、黑陶，分别占陶片总数的 18.75%、44.79%、3.13%、16.66%、16.67%。

陶片纹饰主要有绳纹，次为凹弦纹、方格纹和菱形暗纹（图六一〇，3、4、7、9），分别占陶片总数的 61.46%、6.25%、2.08%、1.04%。绳纹有粗绳纹和细绳纹之分，分别占陶片总数的 41.67%、19.79%。

陶器器类有罐、鬲、鼎、钵、盂、纺轮等。共 24 件。其中，陶鬲最多，次为陶罐、陶钵，分别占陶器总数的 33.34%、20.83%、12.50%。另出土部分动物骨骼。

陶罐　8 件。标本 FT46④:24，夹细砂灰褐陶。鼓肩，矮领，直口略侈，宽沿，方唇。肩部饰两道细凹弦纹，其下饰斜绳纹。口径 21、残高 4.6 厘米（图六一四，1）。标本 FT46④:27，粗泥红褐陶。溜肩，高领直口略侈，粗圆唇。口径 15.6、残高 4.5 厘米（图六一四，2）。标本 FT46④:26，粗泥红陶。鼓肩，敛口，宽卷沿，尖圆唇。口径 21.8、残高 5.7 厘米（图六一四，3）。标本 FT46④:25，粗泥灰褐陶。广肩，敛口，窄卷沿，圆唇，沿胎较厚重。口径 18.8、残高 4.2 厘米

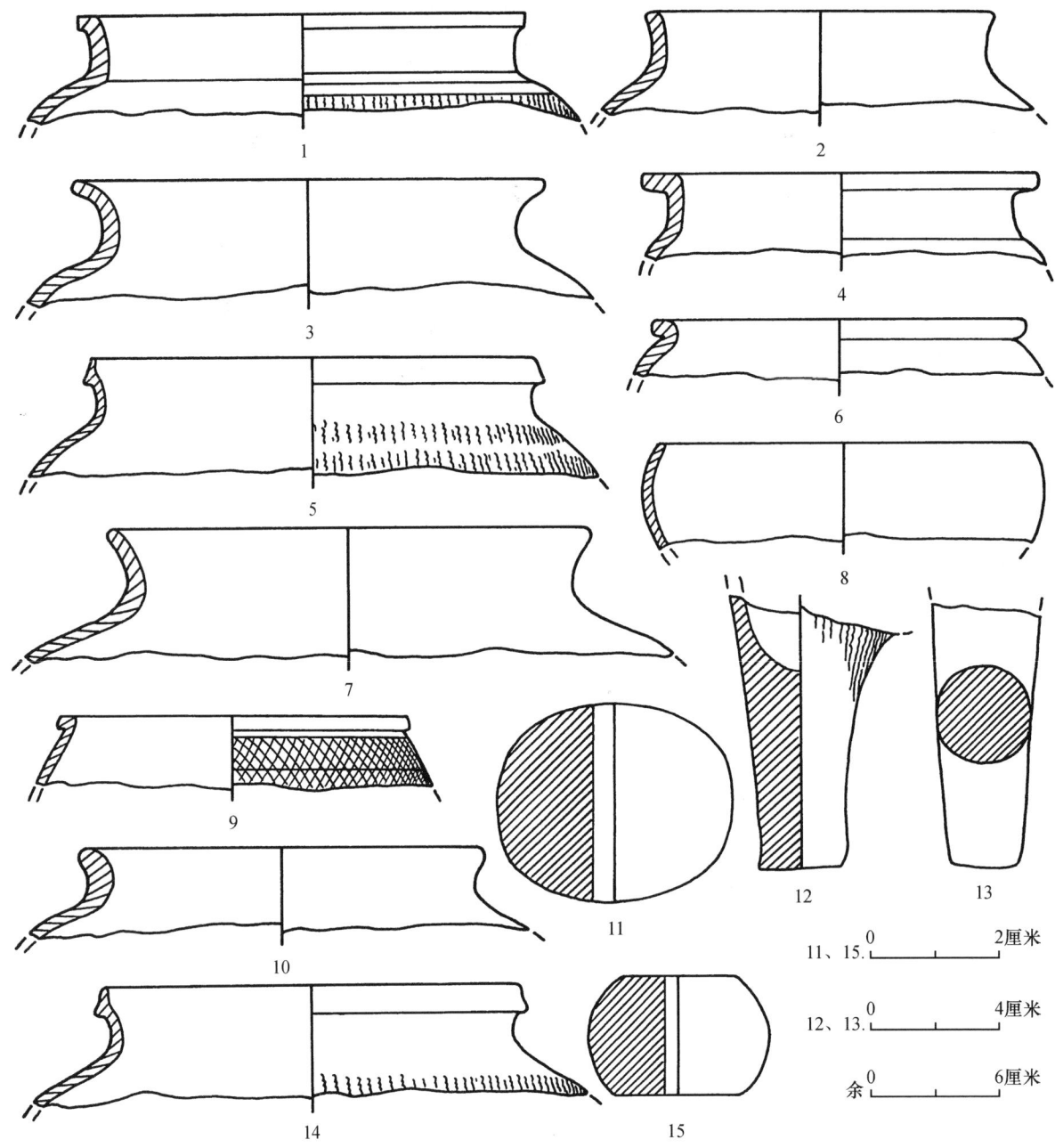

图六一四 FT46④层出土陶器

1~3、10. 罐（FT46④:24、FT46④:27、FT46④:26、FT46④:25） 4. 盂（FT46④:34） 5、14. 鬲（FT46④:28、FT46④:29） 6、8、9. 钵（FT46④:35、FT46④:37、FT46④:36） 7. 鼎（FT46④:32） 11、15. 纺轮（FT46④:1、FT46④:2）
12. 鬲足（FT46④:31） 13. 鼎足（FT46④:33）

（图六一四，10）。

陶鬲 8件。标本FT46④:28，粗泥红褐陶。广肩，敛口，折沿，尖唇，沿内略凹，沿外有一道凸棱。肩部饰粗绳纹，其上饰一道旋抹弦纹，颈部绳纹抹光。口径21、残高5.4厘米（图六一四，5）。标本FT46④:29，粗泥灰褐陶。广肩，敛口，窄折沿，方唇，沿内略凹，沿外有一道三角形凸棱。肩部饰粗斜绳纹，颈部绳纹抹光。口径20、残高6.1厘米（图六一四，14）。

陶钵 3件。标本FT46④:35，细泥红陶。鼓腹，敛口，窄沿外凸，圆唇。口径17.2、残高

2.8厘米（图六一四，6）。标本FT46④:37，细泥灰陶。鼓腹，大口内敛，尖圆唇，下腹内收。口径17.2、残高4.5厘米（图六一四，8）。标本FT46④:36，细泥黑陶。弧壁，鼓腹，大口略内敛，窄沿外凸，方唇。肩部饰两道细凹弦纹和菱形暗纹。口径15.6、残高3.2厘米（图六一四，9）。

陶鼎 2件。标本FT46④:32，粗泥红褐陶。广肩，敛口，宽折沿，圆唇，沿面微弧。口径22.2、残高6厘米（图六一四，7）。

陶鬲足 2件。标本FT46④:31，上段较粗，下段较细，略呈柱状，足根较平略外凸，内空较浅。上端内侧饰斜绳纹。足根径2.6、残长8.1厘米（图六一四，12）。

陶鼎足 1件（FT46④:33）。夹细砂红褐陶。略呈圆柱状，足根略弧。足根径2、残长8厘米（图六一四，13）。

陶盂 1件（FT46④:34）。细泥黑陶。圆折肩，直口，宽平沿，方唇。肩部饰一道细凹弦纹。口径18、残高3.7厘米（图六一四，4）。

陶纺轮 2件。标本FT46④:1，粗泥红褐陶。手制。外表留有指纹痕迹。椭圆形，中间穿孔。直径3.8、孔径0.5厘米（图六一四，11；图版二〇七，4）。标本FT46④:2，粗泥灰褐陶。略呈算珠形，顶面和底面较平，边缘外鼓，中间穿孔。顶面径1.8、底面径2、中部直径2.8、高1.8、孔径0.4厘米（图六一四，15；图版二〇七，3）。

动物骨骼 4件。种类有青鱼、草鱼和家猪。标本FT46④:23，草鱼寰椎。标本FT46④:22，草鱼尾椎骨。标本FT46④:21，青鱼左下咽骨（图版二〇九，1）。标本FT46④，20，家猪右股骨。

⑥ FT2③层

出土陶片共104片。破碎严重。有泥质和夹细砂两类，分别占陶片总数和63.46%、36.54%。泥质陶有粗泥和细泥之分，分别占陶片总数的60.58%、2.88%。陶片颜色有红陶、红褐陶、灰陶、灰褐陶、黑陶，分别占陶片总数的22.12%、55.77%、0.96%、19.23%、1.92%。

陶片纹饰主要为绳纹，共82片，次为凹弦纹，仅1片（图六一五，2），分别占陶片总数的78.85%、0.96%。绳纹有粗绳纹和细绳纹之分，分别占陶片总数和45.20%、33.65%。

陶器器类有罐、鬲、鼎、豆等。共7件。

陶罐 2件。标本FT2③:2，粗泥红褐陶。鼓肩，敛口，卷沿，圆唇。肩部饰斜绳纹，颈部绳纹抹光。口径20.5、残高3.6厘米（图六一六，2）。

陶鼎 1件（FT2③:4）。粗泥红褐陶。溜肩，敛口，折沿，圆唇，沿面略凹，折沿处胎较厚。口径21、残高4.8厘米（图六一六，1）。

陶鬲足 1件（FT2③:3）。夹细砂红褐陶。略呈圆柱状，足根微弧，内空较深。外表有刮削痕。足根径2.2、残长7.6厘米（图六一六，3）。

陶鼎足 1件（FT2③:5）。夹细砂红褐陶。器体较长，略呈圆柱状，足根较平。足根径2.6、残长9.2厘米（图六一六，4）。

陶豆柄 1件（FT2③:6）。细泥黑陶。器体较短，且粗。胎较厚。粗径4.6、残长5厘米（图六一六，5）。

陶器底 1件（FT2③:7）。粗泥红陶。弧壁、圜底。外表饰交错绳纹。残高3.9厘米（图六一六，6）。

⑦ FT3③层

出土陶片共105片。其中，泥质陶69片，夹细砂陶36片，分别占陶片总数的65.72%、

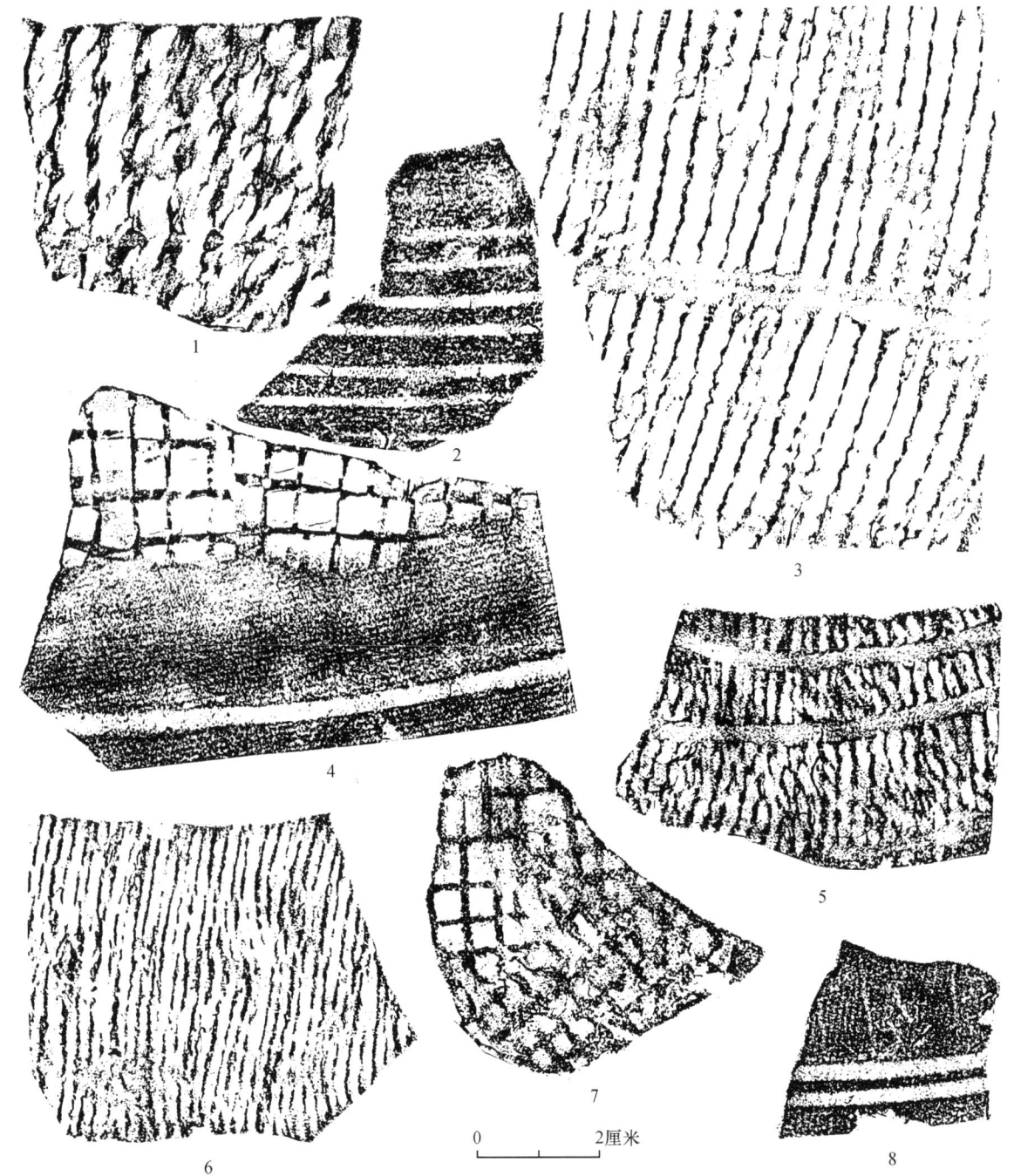

图六一五　F区③层陶片纹饰拓片

1、3、5、6. 绳纹（FT46③:69、FT27③:6、FT41③:11、FT40③:27）　2、8. 凹弦纹（FT2③:8、FT37③:11）

4、7. 方格纹（FT46③:43、FT37③:10）

34.28%，泥质陶有粗泥和细泥之分，分别占陶片总数的63.82%、1.90%。陶片颜色有红陶、红褐陶、褐陶、灰褐陶，分别占陶片总数的20.95%、58.09%、15.25%、5.71%。

陶片纹饰以绳纹为主，共77片，凹弦纹仅1片，分别占陶片总数的73.34%、0.95%。绳纹有粗细之分，分别占陶片总数的35.24%、38.10%。

陶器器类有罐、鬲、豆、鼎等。共12件。其中陶罐较多，占器物总数的41.67%。

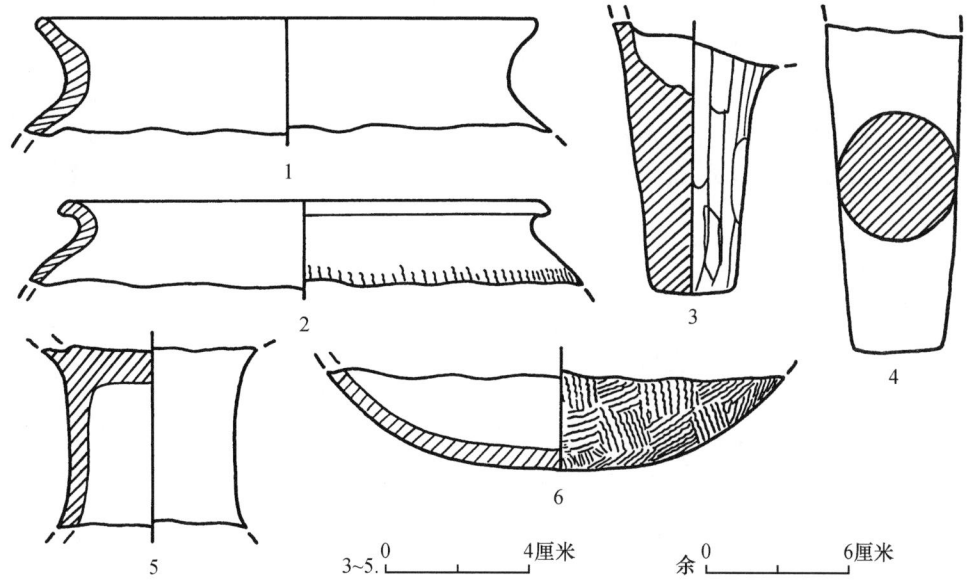

图六一六 F区T2③层出土陶器
1. 鼎（FT2③：4） 2. 罐（FT2③：2） 3. 鬲足（FT2③：3） 4. 鼎足（FT2③：5） 5. 豆柄（FT2③：6）
6. 器底（FT2③：7）

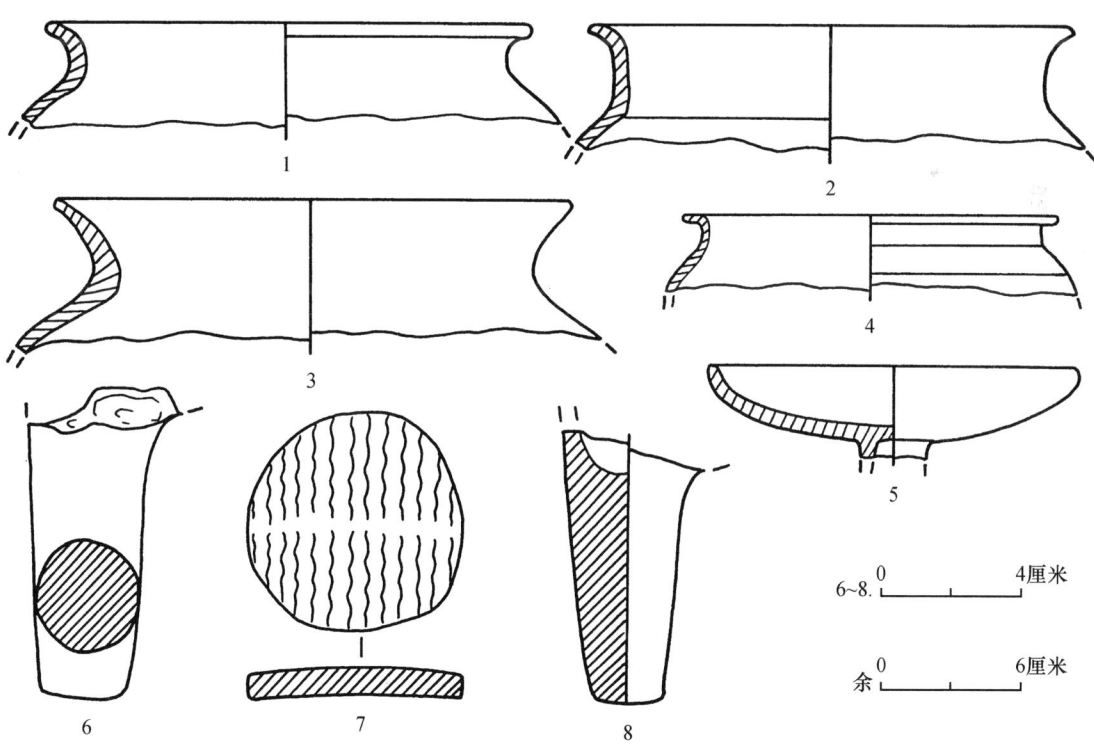

图六一七 F区T3③层出土陶器
1、2、4. 罐（FT3③：1、FT3③：2、FT3③：4） 3. 鼎（FT3③：8） 5. 豆（FT3③：6） 6. 鼎足（FT3③：9）
7. 饼（FT3③：7） 8. 鬲足（FT3③：5）

陶罐　5件。标本FT3③:1,粗泥红陶。广肩,敛口,卷沿,圆唇。口径20.5、残高4厘米(图六一七,1)。标本FT3③:2,粗泥红褐陶。鼓肩,高领,直口略侈,斜折沿,圆唇。口径21、残高5.1厘米(图六一七,2)。标本FT3③:4,细泥红陶。斜肩,矮领,口略敛,宽平沿外凸,方唇。肩部饰两道细凹弦纹。口径15.6、残高3.1厘米(图六一七,4)。

陶鼎　2件。标本FT3③:8,夹细砂红褐陶。阔肩,敛口,宽折沿,圆唇,沿面略凹,折沿处胎较厚。口径21.6、残高6厘米(图六一七,3)。

陶豆　1件(FT3③:6)。仅存豆盘。细泥红褐陶。浅盘,敞口,尖唇,细柄。口径15.5、残高3.6厘米(图六一七,5)。

陶鼎足　1件(FT3③:9)。夹细砂红褐陶。圆柱状,足根较平。足根径2.4、残长8.6厘米(图六一七,6)。

陶鬲足　2件。标本FT3③:5,夹细砂红褐陶。呈圆柱状,略向内弯曲,足根微弧。足根径1.9、残长7.2厘米(图六一七,8)。

陶饼　1件(FT3③:7)。夹细砂灰褐陶。系陶片加工而成。略呈圆饼形,横剖面微弧,一面有粗绳纹,绳纹上有一道旋抹弦纹。直径3、厚0.3厘米(图六一七,7)。

⑧ FT7③层

出土陶片共89片。其中,细泥陶2片,粗泥陶53片,夹细砂陶34片,分别占陶片总数的2.24%、59.56%、38.20%。陶片颜色有红陶、红褐陶、灰褐陶和黑陶,分别占陶片总数的20.23%、56.18%、22.47%、1.12%。

陶片纹饰均为绳纹,有粗细两种,分别占陶片总数的47.19%、32.58%。

陶器器类有罐、鬲、豆等。共11件。其中,陶罐较多,占器物总数的45.46%。

陶罐　5件。标本FT7③:18,粗泥红褐陶。鼓肩,敛口,宽折沿,圆唇。口径18.8、残高3.8厘米(图六一八,1)。标本FT7③:19,粗泥红陶。广肩,高领,直口略侈,宽折沿,圆唇。肩部饰绳纹,颈部绳纹抹光。口径19.2、残高5.4厘米(图六一八,2)。标本FT7③:20,粗泥灰褐陶。鼓肩,敛口,折沿,圆唇,沿胎甚厚。肩部饰斜绳纹,颈部绳纹抹光。口径18、残高4.5厘米(图六一八,3)。标本FT7③:21,粗泥红褐陶。鼓肩,敛口,宽折沿,圆唇。肩部饰绳纹,颈部绳纹抹光。口径18.6、残高4.6厘米(图六一八,4)。

陶鬲　2件。标本FT7③:22,粗泥红褐陶。鼓肩,敛口,折沿,尖唇,沿面略凹,沿外有一道三角形凸棱。口径19.8、残高4.8厘米(图六一八,5)。

陶鬲足　2件。标本FT7③:23,夹细砂灰褐陶。器体较大,圆柱状,略向内弯曲,足根较平,内空较浅。上段内侧饰绳纹。足根径2.9、残长9.3厘米(图六一八,7)。

陶豆柄　1件(FT7③:24)。粗泥红褐陶。较粗壮。粗径5.1、残长3.7厘米(图六一八,8)。

陶器底　1件(FT7③:25)。粗泥红褐陶。弧壁,平底。底径9、残高4.2厘米(图六一八,6)。

⑨ FT8③层

出土陶片共150片。其中,细泥陶5片,粗泥陶88片,夹细砂陶57片,分别占陶片总数的3.33%、58.67%、38.00%。陶片颜色有红陶、红褐陶、灰陶、灰褐陶、黑陶,分别占陶片总数的15.99%、50.01%、0.67%、19.33%、14.00%。

陶片纹饰以绳纹为主,共112片,占陶片总数的74.66%,次为凹弦纹,仅1片,占陶片总数

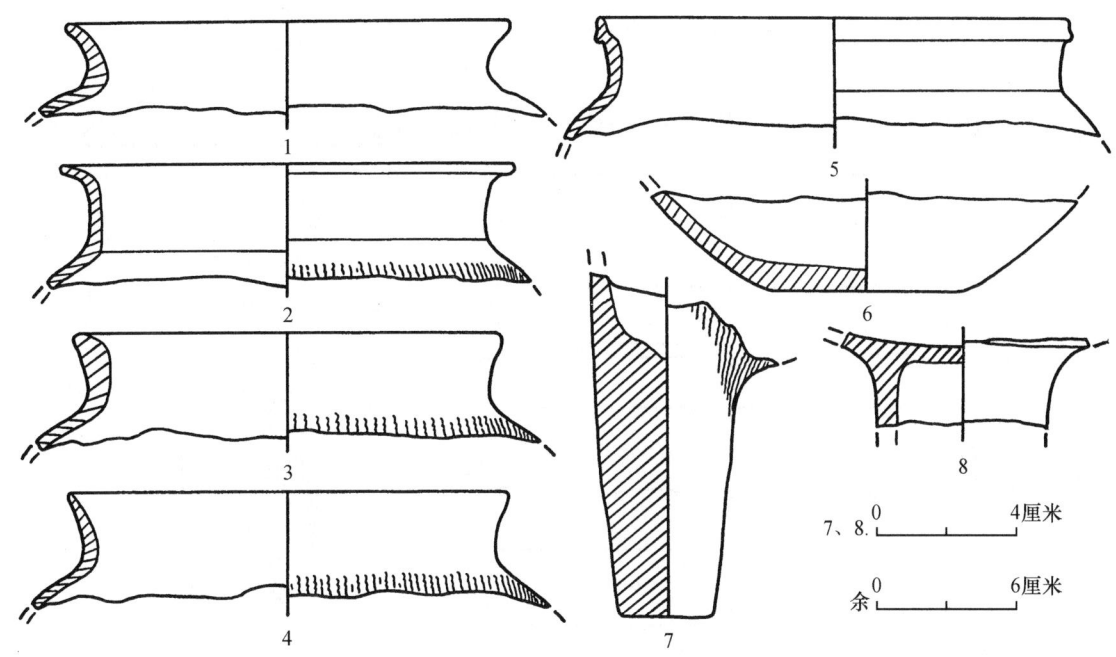

图六一八　F 区 T7③层出土陶器

1~4. 罐（FT7③:18、FT7③:19、FT7③:20、FT7③:21）　5. 鬲（FT7③:22）　6. 器底（FT7③:25）

7. 鬲足（FT7③:23）　8. 豆柄（FT7③:24）

的 0.67%。

陶器器类有罐、鬲、豆、拍等。共 12 件。其中，陶罐为主要器类，占器物总数的 50.00%。

陶罐　6 件。标本 FT8③:1，粗泥红褐陶。鼓肩，敛口，宽折沿，圆唇，沿面微弧。肩部饰斜绳纹，颈部绳纹抹光。口径 18.9、残高 3.9 厘米（图六一九，1）。标本 FT8③:2，粗泥红陶。鼓肩，直口内敛，方唇。口径 15.6、残高 2.4 厘米（图六一九，2）。标本 FT8③:3，粗泥灰褐陶。鼓肩，矮领，直口，窄沿，厚唇外凸。口径 19.7、残高 3 厘米（图六一九，3）。标本 FT8③:4，粗泥黑陶。广肩，矮领，直口略外侈，窄沿，圆唇。口径 21、残高 3.9 厘米（图六一九，4）。标本 FT8③:5，粗泥灰褐陶。广肩，高领，直口略侈，窄沿，圆唇。口径 19.5、残高 4.8 厘米（图六一九，5）。

陶鬲　2 件。标本 FT8③:6，粗泥红褐陶。鼓肩，敛口，折沿，圆唇，沿内略凹，沿外有一道三角形凸棱。颈部绳纹抹光。口径 21、残高 4.2 厘米（图六一九，6）。

陶鬲足　2 件。标本 FT8③:7，夹细砂红陶。呈圆锥状，略向内弯曲，足根略弧，内空较浅。足根径 1.7、残长 8.8 厘米（图六一九，9）。

陶豆座　1 件（FT8③:8）。细泥黑陶。略呈喇叭状，内壁有凹槽。座径 13、残高 4.5 厘米（图六一九，7）。

陶拍　1 件（FT8③:9）。夹细砂红褐陶。残。圆筒形，内空，底面较平。底面直径 8.5、残高 3.2 厘米（图六一九，8）。

⑩ FT12③层

出土陶片共 71 片。破碎较严重。有细泥、粗泥和夹细砂三类陶系。分别占陶片总数的 2.82%、76.05%、21.13%。陶片颜色有红陶、红褐陶和灰褐陶，分别占陶片总数的 32.4%、

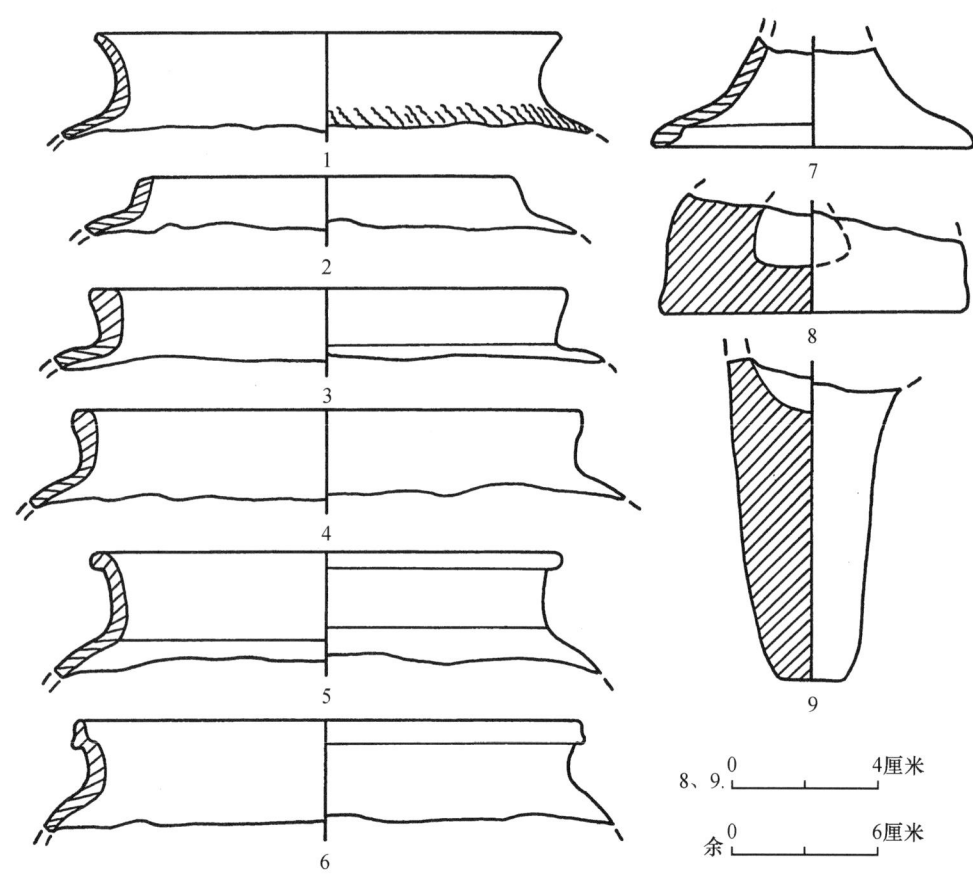

图六一九　F区T8③层出土陶器

1～5. 罐（FT8③:1、FT8③:2、FT8③:3、FT8③:4、FT8③:5）　6. 鬲（FT8③:6）　7. 豆座（FT8③:8）

8. 拍（FT8③:9）　9. 鬲足（FT8③:7）

57.74%、9.86%。

陶片纹饰均为绳纹，有粗绳纹和细绳纹两种，分别占陶片总数的45.07%、38.03%。

因陶片破碎严重，可识器类较少，有罐等，共2件。

陶罐　1件（FT12③:1）。粗泥红陶。广肩，高领，直口微敛，宽沿外侈，圆唇。肩部饰粗绳纹。口径18、残长4.5厘米（图六二〇，4）。

陶器底　1件（FT12③:2）。粗泥红褐陶。斜壁，平底，底胎较厚。底径12、残高4.5厘米（图六二〇，8）。

⑪ FT26 ③层

出土陶片共78片。其中，细泥陶2片，粗泥陶56片，夹细砂陶20片，分别占陶片总数的2.56%、71.80%、25.64%。陶片颜色有红陶、红褐陶、灰褐陶和黑陶，分别占陶片总数的15.38%、66.68%、15.38%、2.56%。

陶片纹饰均为绳纹，有粗绳纹和细绳纹两种，分别占陶片总数的46.16%、33.33%。

陶器器类有罐、鬲、豆等。共4件。

陶罐　2件。标本FT26③:1，粗泥红褐陶。广肩，敛口，宽折沿，圆唇，沿面略弧。肩部饰斜绳纹，颈部绳纹抹光。口径18.2、残高4.6厘米（图六二〇，3）。标本FT26③:2，夹细砂红褐陶。

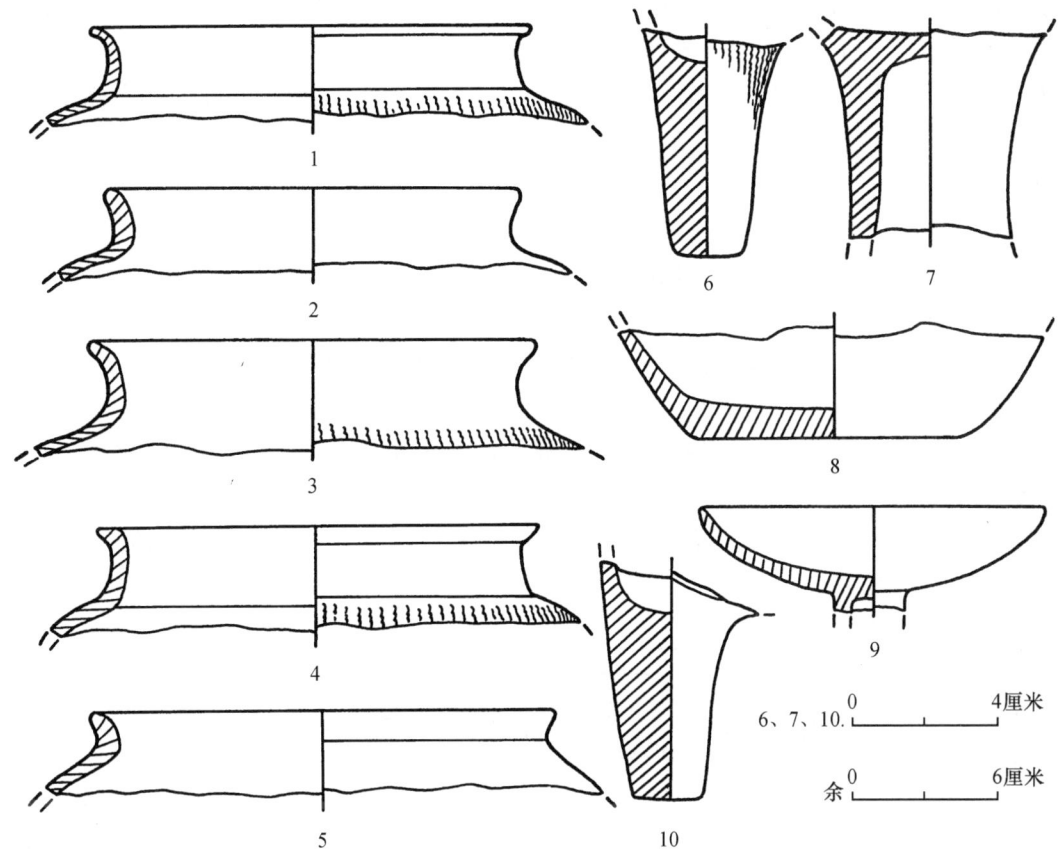

图六二〇　F区T12③层、T26③层、T27③层出土陶器
1~5. 罐（FT27③:1、FT27③:2、FT26③:1、FT12③:1、FT26③:2）　6、10. 鬲足（FT27③:3、FT26③:3）
7. 豆柄（FT27③:4）　8. 器底（FT12③:2）　9. 豆（FT26③:4）

溜肩，敛口，窄卷沿，尖唇。口径18.8、残高3.5厘米（图六二〇，5）。

陶鬲足　1件（FT26③:3）。夹细砂红褐陶。器体较矮，上段略粗，下段稍细，足根较平，内空较浅。足根径1.6、残长6.2厘米（图六二〇，10）。

陶豆　1件（FT26③:4）。细泥黑陶。浅盘，弧壁，敞口，尖圆唇，细柄。口径15、残高4厘米（图六二〇，9）。

⑫ FT27③层

出土陶片共30片。其中，细泥陶2片，粗泥陶16片，夹细砂陶12片，分别占陶片总数的6.66%、53.34%、40.00%。陶片颜色有红陶、红褐陶、灰陶、灰褐陶、黑陶，分别占陶片总数的13.33%、63.34%、3.33%、10.00%、10.00%。

陶片纹饰以绳纹为主，共20片（图六一五，3），次为方格纹，仅1片，分别占陶片总数的66.67%、3.33%。绳纹有粗绳纹和细绳纹两种，分别占陶片总数的43.34%、23.33%。

陶器器类有罐、鬲、豆等。共4件。

陶罐　2件。标本FT27③:1，粗泥红褐陶。鼓肩，高领，直口略侈，宽沿，圆唇。肩部饰斜绳纹。口径18、残高4厘米（图六二〇，1）。标本FT27③:2，粗泥灰褐陶。鼓肩，敛口，宽卷沿，圆唇。口径16.8、残高3.7厘米（图六二〇，2）。

陶鬲足 1件（FT27③:3）。夹细砂红褐陶。足根微弧，上段略粗，下段较细，内空较浅。上端内侧饰斜绳纹。足根径1.8、残长6厘米（图六二〇，6）。

陶豆柄 1件（FT27③:4）。细泥灰陶。胎较厚。上粗下细，内空。粗径4.6、残长5.8厘米（图六二〇，7）。

⑬ FT28③层

出土陶片共22片。其中，细泥陶2片，粗泥陶15片，夹细砂陶5片，分别占陶片总数的9.10%、68.17%、22.73%。陶片颜色有红陶、红褐陶、灰陶，分别占陶片总数的18.19%、68.17%、13.64%。

陶片纹饰均为绳纹，有粗绳纹和细绳纹两种，分别占陶片总数的36.36%、18.18%。

陶器种类有鼎足、盂等。共2件。

陶盂 1件（FT28③:1）。粗泥灰陶。圆折肩，直口略敛，斜折沿，圆唇。口径17.8、残高4厘米（图六二一，4）。

陶鼎足 1件（FT28③:2）。夹细砂红褐陶。圆柱状，足根较平。上段饰斜绳纹。足根径2.5、残长7.4厘米（图六二一，6）。

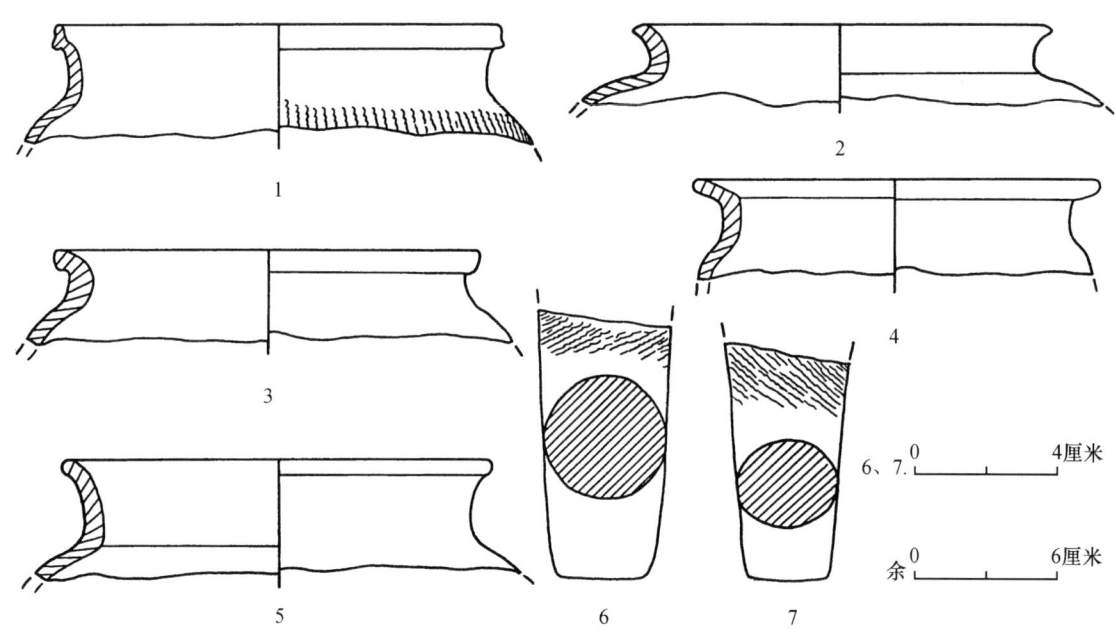

图六二一 F区 T28③层、T29③层出土陶器

1. 鬲（FT29③:4）　2、3、5. 罐（FT29③:1、FT29③:2、FT29③:3）　4. 盂（FT28③:1）　6、7. 鼎足
（FT28③:2、FT29③:5）

⑭ FT29③层

出土陶片共54片。其中，细泥陶3片，粗泥陶39片，夹细砂陶12片，分别占陶片总数的5.55%、72.23%、22.22%。陶片颜色有红陶、红褐陶、灰陶、灰褐陶，分别占陶片总数和20.37%、53.71%、1.85%、24.07%。

陶片纹饰均为绳纹，有粗绳纹和细绳纹两种，分别占陶片总数的51.85%、25.93%。

陶器器类有罐、鬲、鼎等。共6件。其中，陶罐4件，占陶器总数的66.66%。

陶罐 4件。标本FT29③:1，粗泥红褐陶。鼓肩，敛口，宽卷沿，圆唇，沿面略鼓。口径18、残高3.7厘米（图六二一，2）。标本FT29③:2，粗泥灰褐陶。溜肩，敛口，宽卷沿，圆唇。口径18.2、残高4.2厘米（图六二一，3）。标本FT29③:3，粗泥灰褐陶。广肩，敛口，宽折沿，圆唇。沿面略弧。口径18.4、残高5.2厘米（图六二一，5）。

陶鬲 1件（FT29③:4）。粗泥红褐陶。广肩，敛口，折沿，尖圆唇，沿内略凹，沿外有一道三角形凸棱。肩部饰粗绳纹，颈部绳纹抹光。口径19.5、残高5.3厘米（图六二一，1）。

陶鼎足 1件（FT29③:5）。粗泥红褐陶。圆柱状，足根较平。上段饰斜绳纹。足根径2.4、残长6.7厘米（图六二一，7）。

⑮ FT31③层

出土陶片共52片。其中，细泥陶3片，粗泥陶35片，夹细砂陶14片，分别占陶片总数的5.77%、67.31%、26.92%。陶片颜色有红陶、红褐陶、灰陶、灰褐陶、黑陶，分别占陶片总数的25.00%、51.92%、5.77%、5.77%、11.54%。

陶片纹饰均为绳纹，有粗绳纹和细绳纹两种，分别占陶片总数的42.31%、26.92%。

陶器器类有罐、鼎、豆、盂等。共11件。其中陶罐占陶器总数的54.55%。

陶罐 6件。标本FT31③:1，粗泥黑陶。鼓肩，敛口，折沿外侈，圆唇，折沿处胎较厚。口径18.3、残高4.1厘米（图六二二，1）。标本FT31③:2，粗泥灰褐陶。广肩，敛口，窄卷沿，尖唇。肩部饰斜绳纹。口径19.8、残高3.6厘米（图六二二，2）。标本FT31③:3，粗泥黑陶。广肩，直口，圆唇。口径18.8、残高3.1厘米（图六二二，3）。标本FT31③:4，粗泥红褐陶。广肩，直口，圆唇。沿胎较厚重。口径20.6、残高3.3厘米（图六二二，4）。

陶鼎 1件（FT31③:6）。粗泥红褐陶。广肩，宽折沿，尖唇，沿面微凹。肩部饰斜绳纹，颈部绳纹抹光。口径21、残高4.2厘米（图六二二，5）。

陶豆 1件（FT31③:8）。细泥黑陶。浅盘，斜壁，敞口，圆唇，细柄。口径16.8、残高3.7厘米（图六二二，6）。

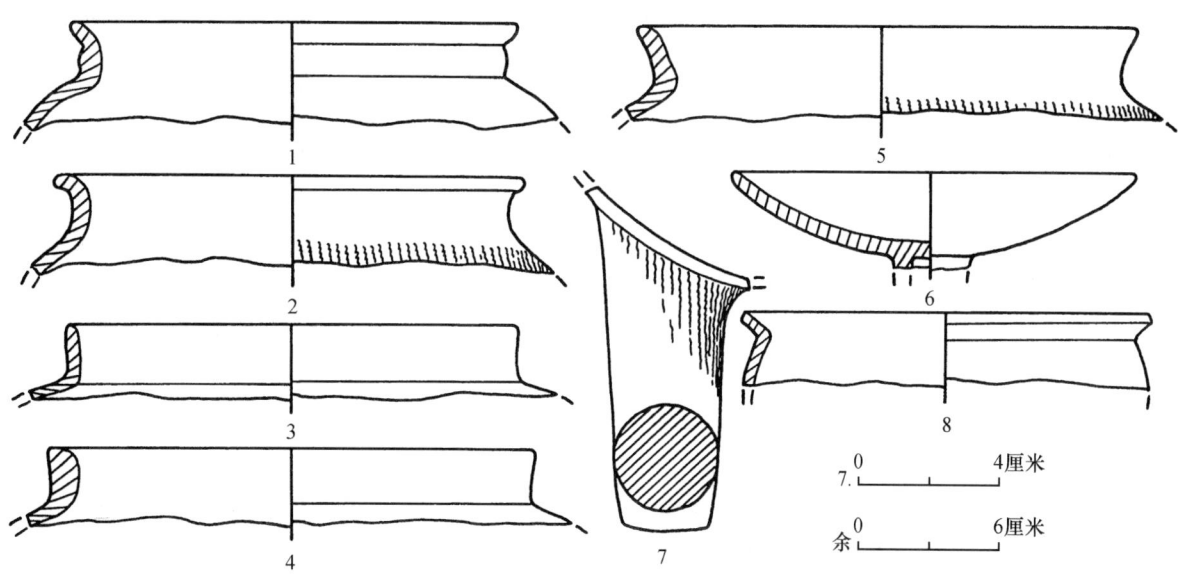

图六二二 F区T31③层出土陶器

1~4. 罐（FT31③:1、FT31③:2、FT31③:3、FT31③:4） 5. 鼎（FT31③:6） 6. 豆（FT31③:8）

7. 鼎足（FT31③:7） 8. 盂（FT31③:5）

陶盂 1件（FT31③：5）。细泥灰陶。鼓腹，敛口，斜折沿，方唇。口径17.4厘米（图六二二，8）。

陶鼎足 2件。标本FT31③：7，夹细砂红褐陶。圆柱状，足根微弧。上段内侧饰直绳纹。足根径2.4、长8.6厘米（图六二二，7）。

⑯ FT34③层

出土陶片共27片。其中，细泥陶1片，粗泥陶13片，夹细砂陶13片，分别占陶片总数的3.70%、48.15%、48.15%。陶片颜色有红陶、红褐陶和黑褐，分别占陶片总数的14.81%、77.78%、7.41%。

陶片纹饰均为绳纹，有粗绳纹和细绳纹两种，分别占陶片总数的44.45%、22.22%。

陶器器类有罐、鬲等。共4件。

陶罐 1件（FT34③：1）。夹细砂黑褐陶。广肩，直口，圆唇。口径19.8、残高3.2厘米（图六二三，5）。

陶鬲 2件。标本FT34③：2，粗泥红褐陶。溜肩，敛口，窄折沿，圆唇，沿内略凹，沿外有一道三角形凸棱。肩部和颈部绳纹抹光。口径18.2、残高4.5厘米（图六二三，3）。

陶鬲足 1件（FT34③：3）。夹细砂红褐陶。器体较矮，柱状，足根较平，内空较浅。上段饰竖绳纹。足根径2.1、残长6厘米（图六二三，7）。

⑰ FT37③层

出土陶片共51片。其中，细泥陶2片，粗泥陶41片，夹细砂陶8片，分别占陶片总数的3.92%、80.39%、15.69%。陶片颜色有红陶、红褐陶、灰褐陶和黑陶，分别占陶片总数的11.76%、52.95%、23.53%、11.76%。

陶片纹饰主要为绳纹，次为凹弦纹、方格纹和附加堆纹（图六一五，7、8），分别占陶片总数的52.94%、1.96%、3.92%、1.96%。

陶器器类有罐、鬲、鼎、纺轮等。共9件。其中陶罐较多，占器物总数的33.34%。

陶罐 3件。标本FT37③：3，粗泥灰褐陶。广肩，敛口，宽卷沿，圆唇。口径18.6、残高4.3厘米（图六二三，2）。标本FT37③：2，粗泥黑陶。斜肩，敛口，宽卷沿，圆唇。口径18、残高4.2厘米（图六二三，4）。

陶鬲 1件（FT37③：4）。粗泥灰褐陶。溜肩，宽折沿，方唇，沿内略凹，沿外有一道三角形凸棱。口径20.5、残高5.2厘米（图六二三，1）。

陶鬲足 1件（FT37③：5）。夹细砂红褐陶。柱状，足根较平，内空较浅。上段内侧饰竖绳纹。足根径2.2、残长8厘米（图六二三，10）。

陶鼎 1件（FT37③：6）。粗泥灰褐陶。广肩，敛口，宽折沿，圆唇，沿面微凹。肩部饰粗斜绳纹，颈部绳纹抹光。口径20、残高5.5厘米（图六二三，6）。

陶鼎足 1件（FT37③：7）。粗泥红褐陶。略呈圆柱状，足根较平，上段内侧饰斜绳纹。足根径1.8、残长7.8厘米（图六二三，8）。

陶器底 1件（FT37③：8）。粗泥红陶。弧壁内收，平底微外凸，底胎中部薄边缘厚。底径10.5、残高4.7厘米（图六二三，11）。

陶纺轮 1件（FT37③：1）。粗泥红陶。完整。顶面细，底面较粗，横剖面呈梯形，中间穿孔。周边有五道凹弦纹。顶面直径1.2、底面直径3.3、高1.9、孔径0.4厘米（图六二三，9；图版二〇七，2）。

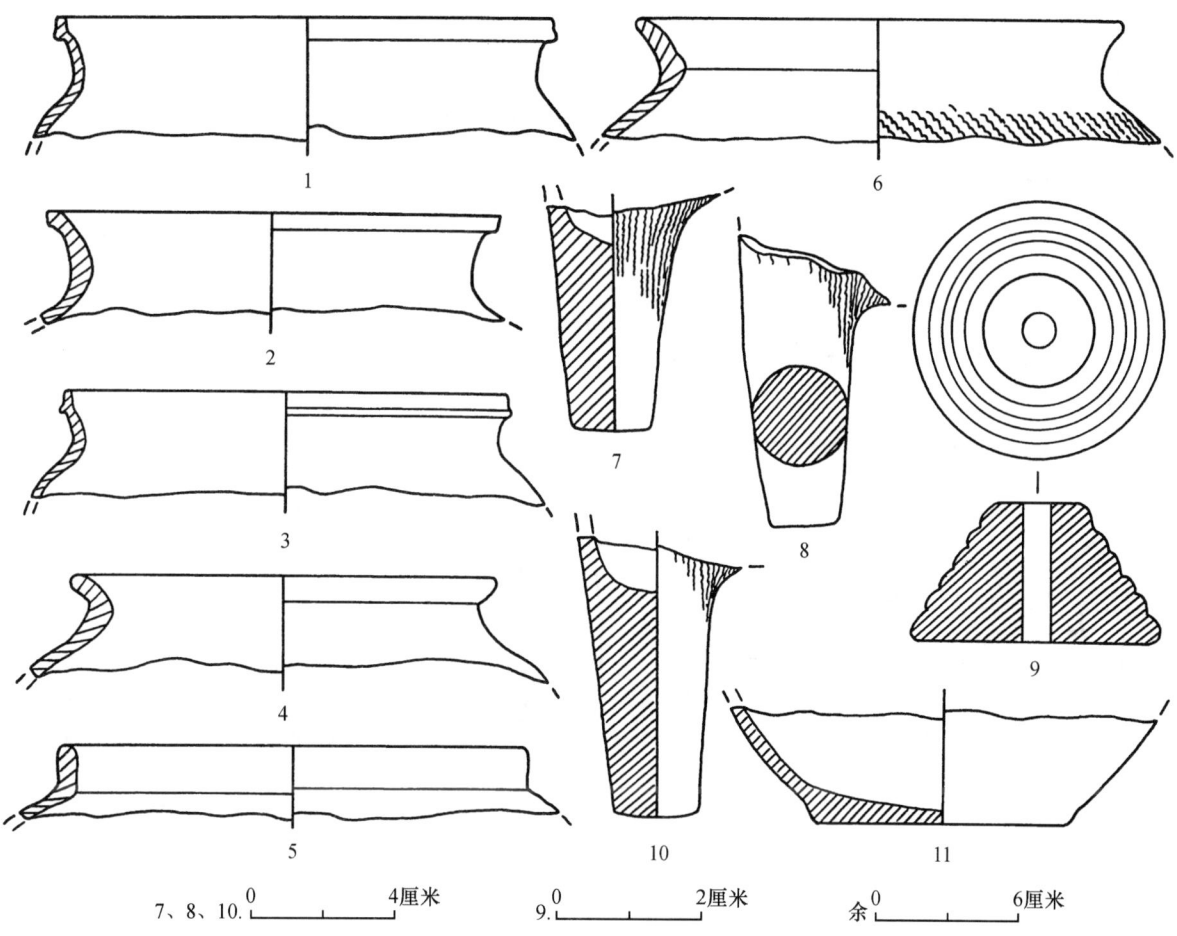

图六二三　F区T34③层、T37③层出土陶器

1、3. 鬲（FT37③：4、FT34③：2）　2、4、5. 罐（FT37③：3、FT37③：2、FT34③：1）　6. 鼎（FT37③：6）　7、10. 鬲足
（FT34③：3、FT37③：5）　8. 鼎足（FT37③：7）　9. 纺轮（FT37③：1）　11. 器底（FT37③：8）

⑱ FT38③层

出土陶片共37片。其中，细泥陶2片，粗泥陶29片，夹细砂陶6片，分别占陶片总数的
5.40%、78.38%、16.22%。陶片颜色有红陶、红褐陶、灰陶、灰褐陶、黑陶、黑褐陶，分别占陶
片总数的27.02%、45.95%、2.70%、10.81%、5.41%、8.11%。

陶片纹饰主要有绳纹，次为方格纹，分别占陶片总数的54.06%、2.70%。其中，绳纹有粗绳
纹和细绳纹两种，各占陶片总数的27.03%。

陶器器类有罐、鬲、鼎等。共8件。

陶罐　5件。标本FT38③：3，粗泥灰褐陶。广肩，敛口，宽卷沿略侈，圆唇。口径20.6、残高
4.2厘米（图六二四，10）。标本FT38③：2，粗泥红陶。广肩，敛口，折沿，圆唇。口径18.8、残
高3.1厘米（图六二四，11）。标本FT38③：4，粗泥黑陶。鼓肩，矮领，直口略侈，粗圆唇。口径
19.6、残高3厘米（图六二四，12）。标本FT38③：1，粗泥红陶。鼓肩，敛口，宽卷沿，圆唇。口
径24、残高3.8厘米（图六二四，13）。

陶鬲　2件。标本FT38③：5，粗泥红褐陶。鼓肩，敛口，宽折沿，尖唇，沿内略凹，沿外有一
道三角形凸棱。颈部绳纹抹光。口径23、残高4.5厘米（图六二四，8）。

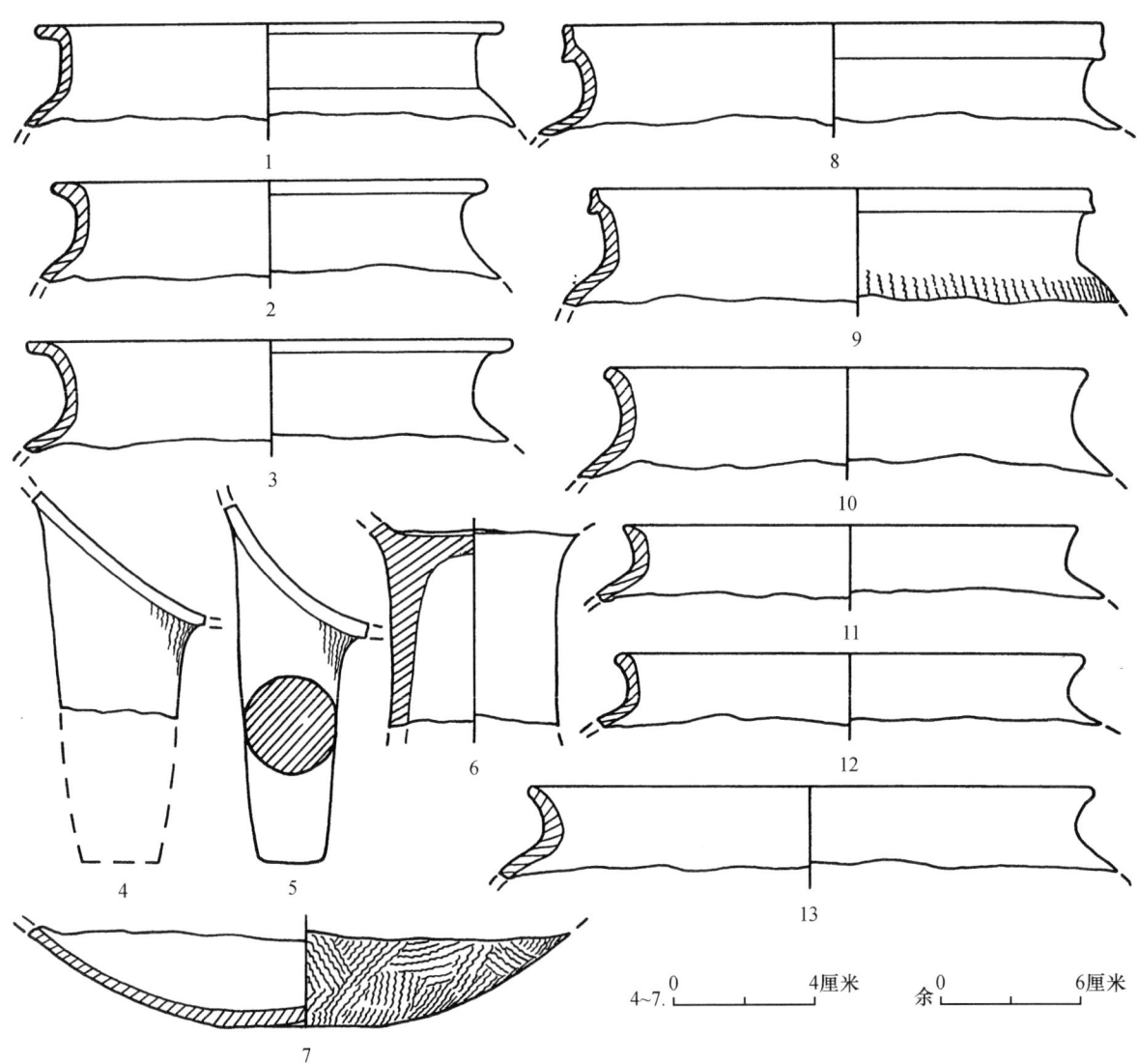

图六二四 F区 T38③层、T39③层出土陶器

1~3、10~13. 罐（FT39③:1、FT39③:2、FT39③:3、FT38③:3、FT38③:2、FT38③:4、FT38③:1） 4、5. 鼎足（FT38③:6、
FT39③:6） 6. 豆柄（FT39③:4） 7. 器底（FT39③:7） 8、9. 鬲（FT38③:5、FT39③:5）

陶鼎足 1件（FT38③:6）。夹砂红褐陶。残。略呈圆柱状。上段内侧饰斜绳纹。粗径3.6、残长6厘米（图六二四，4）。

⑲ FT39③层

出土陶片共59片。其中，细泥陶4片，粗泥陶30片，夹细砂陶25片，分别占陶片总数的6.77%、50.85%、42.38%。陶片颜色有红陶、红褐陶、灰陶、灰褐陶、黑陶、黑褐陶，分别占陶片总数的13.56%、49.17%、5.08%、8.47%、5.08%、18.64%。

陶片纹饰有绳纹、方格纹，分别占陶片总数的62.72%、1.69%。

陶器器类有罐、鬲、豆、鼎等。共9件。其中罐最多，占陶器总数的44.45%。

陶罐 4件。标本FT39③:1，粗泥灰褐陶。溜肩，高领，直口，宽平沿外凸，圆唇。口径18.9、残高4.3厘米（图六二四，1）。标本FT39③:2，夹细砂黑褐陶。斜肩，高领，直口略侈，宽沿外凸，圆唇。口径18.5、残高4.2厘米（图六二四，2）。标本FT39③:3，细泥灰陶。鼓肩，高领，直口略外侈，宽平沿，圆唇。口径21、残高4.3厘米（图六二四，3）。

陶鬲　1件（FT39③：5）。粗泥红褐陶。鼓肩，敛口，窄折沿，尖唇，沿内略凹，沿外有一道三角形凸棱。肩部饰粗斜绳纹，颈部绳纹抹光。口径22.2、残高4.8厘米（图六二四，9）。

陶豆柄　1件（FT39③：4）。细泥灰陶。较粗壮，内空。粗径4.8、残长5.8厘米（图六二四，6）。

陶鼎足　2件。标本FT39③：6，夹细砂红褐陶。较瘦长，圆柱状，略向内侧弯曲，足根微弧。上段内侧饰斜绳纹。足根径1.9、长10厘米（图六二四，5）。

陶器底　1件（FT39③：7）。粗泥红陶。弧壁内收，小平底略内凹。外表及底部饰细密的交错绳纹。底径6.2、残高4.2厘米（图六二四，7）。

⑳ FT40③层

出土陶片较多，共265片。其中细泥陶12片，粗泥陶213片，夹细砂陶40片，分别占陶片总数的4.52%、80.39%、15.09%。陶片颜色有红陶、红褐陶、灰陶、灰褐陶和黑陶，分别占陶片总数的26.43%、33.58%、2.26%、21.51%、16.22%。

陶片纹饰以绳纹为主（图六一五，6），次为方格纹、凹弦纹，分别占陶片总数的74.72%、1.51%、0.75%。绳纹有粗绳纹和细绳纹两种，分别占陶片总数的47.93%、26.79%。

陶器器类有罐、鬲、鼎、豆、饼、纺轮等。共20件。罐和鬲最多，分别占陶器总数的30.00%、20.00%。

陶罐　6件。标本FT40③：30，粗泥灰褐陶。溜肩，敛口，宽卷沿，圆唇。口径18、残高4.2厘米（图六二五，2）。标本FT40③：18，粗泥灰褐陶。斜肩，敛口，窄卷沿，尖唇，沿胎较厚重。口径18.5、残高4.2厘米（图六二五，4）。标本FT40③：19，粗泥红陶。广肩，敛口，宽卷沿，圆唇。口径16.2、残高3.9厘米（图六二五，7）。标本FT40③：29，粗泥红褐陶。鼓肩，敛口，宽卷沿，圆唇。口径19.5、残高5.4厘米（图六二五，12）。

陶鬲　4件。标本FT40③：20，粗泥红褐陶。广肩，敛口，宽折沿，圆唇，沿面略凹，沿外有一道三角形凸棱。颈部绳纹抹光。口径24、残高6.2厘米（图六二五，1）。标本FT40③：21，粗泥灰褐陶。鼓肩，敛口，窄折沿，尖唇，沿面略凹，沿外有一道三角形凸棱。口径22.2、残高6.2厘米（图六二五，3）。

陶鬲足　2件。标本FT40③：22，夹细砂红褐陶。略呈圆柱状，足根较平，内空较浅。足根径1.8、残长7.8厘米（图六二五，10）。

陶鼎　2件。标本FT40③：23，夹细砂红褐陶。广肩，敛口，宽折沿，尖圆唇，沿面微凹。肩部饰粗斜绳纹，颈部绳纹抹光。口径24、沿宽5.3、残高5.4厘米（图六二五，5）。

陶鼎足　2件。标本FT40③：25，夹细砂红褐陶。圆柱状，足根较平，上段内侧饰竖绳纹。足根径2.2、残长7.8厘米（图六二五，9）。

陶豆　2件。标本FT40③：5，细泥灰陶。残。浅盘，弧壁，细柄，柄与盘粘接处有较深的螺旋纹痕迹。柄粗径2.4、残高2.9厘米（图六二五，11；图版二〇二，6）。

陶饼　1件（FT40③：26）。粗泥黑陶。系陶片加工而成。圆形，一面微凹，另一面微鼓，并刻划有菱形纹。直径2.9、厚0.6厘米（图六二五，6）。

陶纺轮　1件（FT40③：1）。粗泥灰褐陶。平面圆形，上段细，下段外凸，横剖面略呈束腰形，中间穿孔。顶面直径1.6、底面直径3、厚1.8厘米（图六二五，8；图版二〇七，1）。

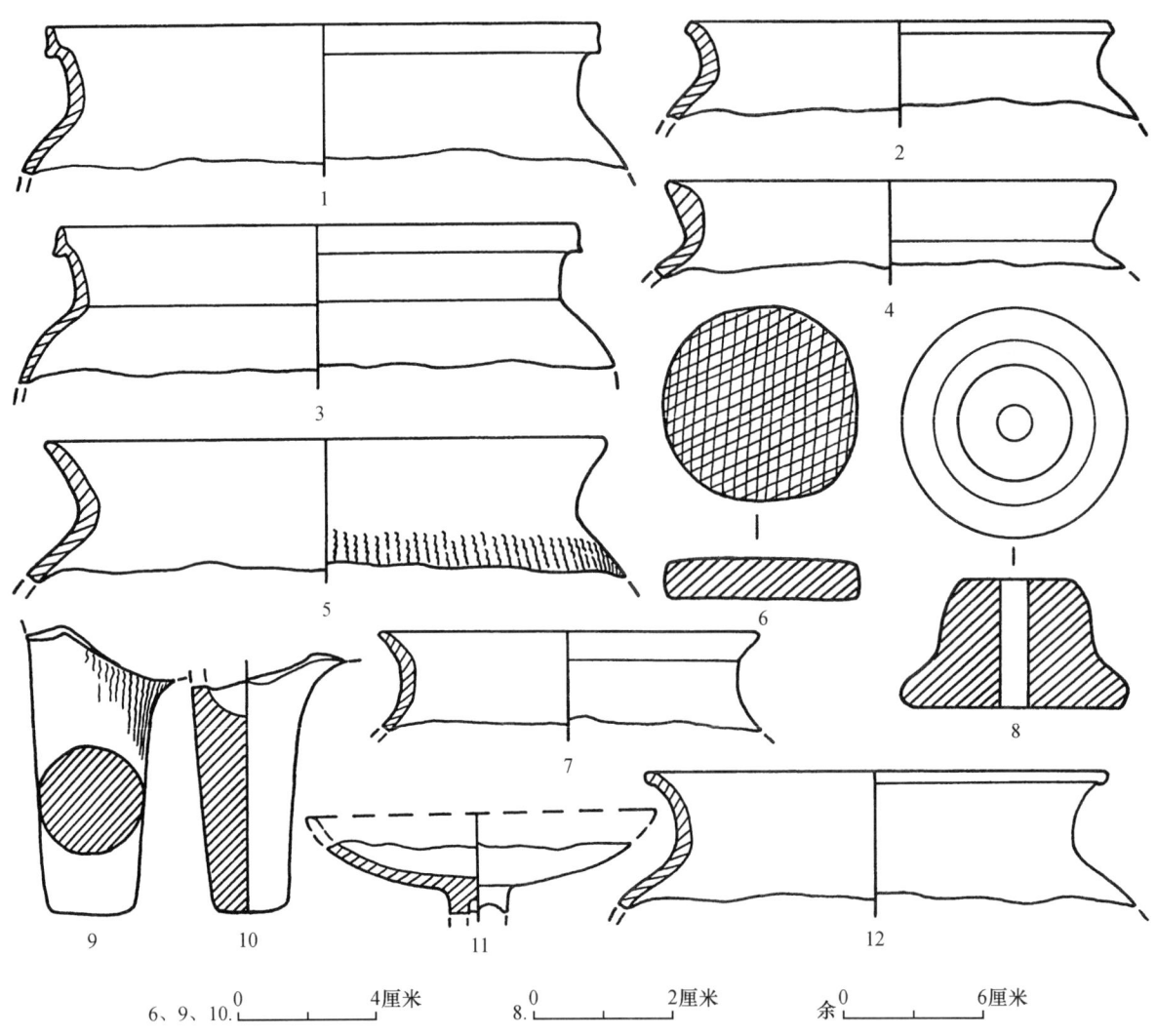

图六二五 F区 T40③层出土陶器

1、3. 鬲（FT40③：20、FT40③：21） 2、4、7、12. 罐（FT40③：30、FT40③：18、FT40③：19、FT40③：29） 5. 鼎（FT40③：23）

6. 饼（FT40③：26） 8. 纺轮（FT40③：1） 9. 鼎足（FT40③：25） 10. 鬲足（FT40③：22） 11. 豆（FT40③：5）

红色烧土 2件。标本 FT40③：2，红褐色。呈不规则形。中间夹有一块粗泥绳纹红褐陶片。重约650克（图版二〇二，4）。

㉑ FT41③层

出土陶片共100片。其中，细泥陶4片，粗泥陶64片，夹细砂陶32片，分别占陶片总数的4.00%、64.00%、32.00%。陶片颜色有红陶、红褐陶、灰陶、灰褐陶和黑陶，分别占陶片总数的18.00%、48.00%、8.00%、11.00%、15.00%。

陶片纹饰主要为绳纹（图六一五，5），次为凹弦纹，分别占陶片总数的74.00%、1.00%。绳纹有粗绳纹和细绳纹两种，分别占陶片总数的48.00%、26.00%。

陶器器类有罐、鬲、鼎、钵等。共9件。另出土部分动物骨骼。

陶罐 2件。标本 FT41③：4，粗泥灰褐陶。鼓肩，颈部略凹，敛口，窄卷沿，尖唇，沿面微鼓，胎较厚。肩部饰粗斜绳纹。口径16、残高3.3厘米（图六二六，1）。标本 FT41③：5，粗泥灰褐陶。鼓肩，敛口，折沿，圆唇。肩部饰粗斜绳纹。口径17.6、残高3.7厘米（图

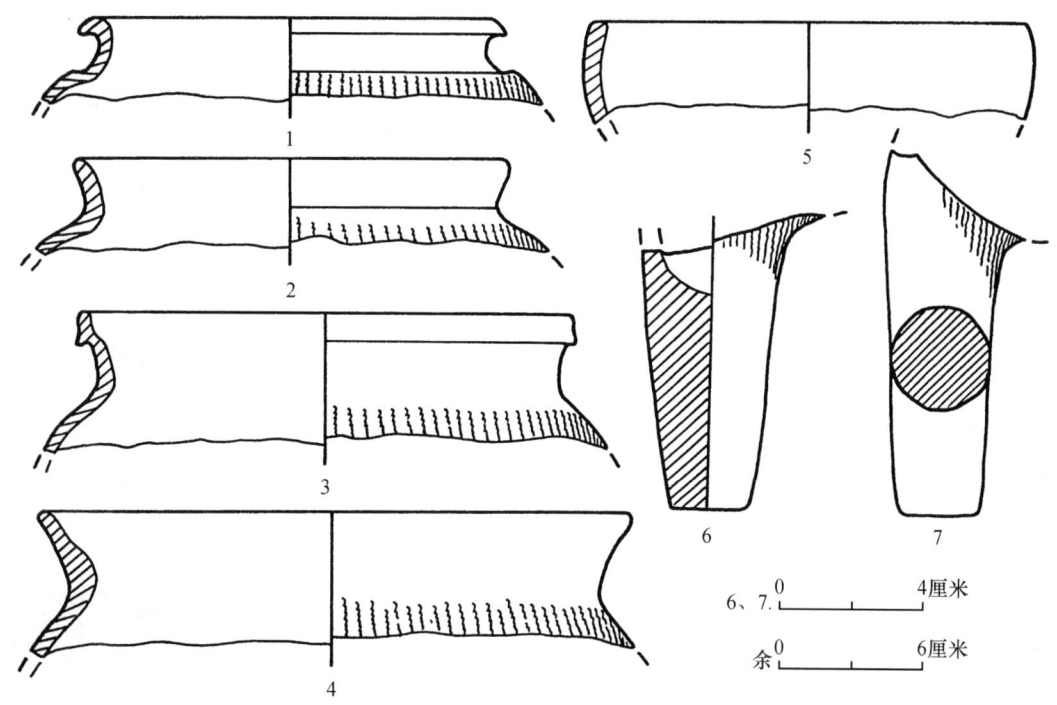

图六二六　F区T41③层出土陶器

1、2. 罐（FT41③：4、FT41③：5）　3. 鬲（FT41③：6）　4. 鼎（FT41③：8）　5. 钵（FT41③：10）

6. 鬲足（FT41③：7）　7. 鼎足（FT41③：9）

六二六，2）。

陶鬲　2件。标本FT41③：6，粗泥红褐陶。广肩，敛口，窄折沿，方唇，沿面略凹，沿外有一道三角形凸棱。肩部饰粗斜绳纹，颈部绳纹抹光。口径20.4、残高5.4厘米（图六二六，3）。

陶鬲足　1件（FT41③：7）。夹细砂红褐陶。圆柱状，足根微弧，内空较浅。上段内侧饰斜绳纹。足根径2、残长8厘米（图六二六，6）。

陶鼎　1件（FT41③：8）。粗泥灰褐陶。敛口，宽折沿，圆唇，沿面略凹，折沿处胎较厚。肩部饰粗竖绳纹，颈部绳纹抹光。口径24.9、残高5.5厘米（图六二六，4）。

陶鼎足　2件。标本FT41③：9，夹细砂红褐陶。略呈圆柱状，足根较平，微向内侧弯曲。上段内侧饰斜绳纹。足根径2.3、长9.6厘米（图六二六，7）。

陶钵　1件（FT41③：10）。鼓腹，大口略敛，方唇。口径18、残高3.4厘米（图六二六，5）。

动物骨骼　1件（FT41③：2）。青鱼尾椎骨。

㉒ FT42③层

出土陶片共84片。比较破碎。其中细泥陶2片，粗泥陶57片，夹细砂陶25片，分别占陶片总数的2.38%、67.86%、29.76%。陶片颜色有红陶、红褐陶、灰陶、灰褐陶，分别占陶片总数的20.24%、48.81%、3.57%、27.38%。

陶片纹饰均为绳纹，有粗绳纹和细绳纹两种，分别占陶片总数的48.81%、27.38%。

陶器器类有罐、鬲、鼎、纺轮等。共8件。

陶罐　1件（FT42③：1）。粗泥灰褐陶。广肩，敛口，窄卷沿，尖唇，折沿处胎较厚。口径20.6、残高3.9厘米（图六二七，3）。

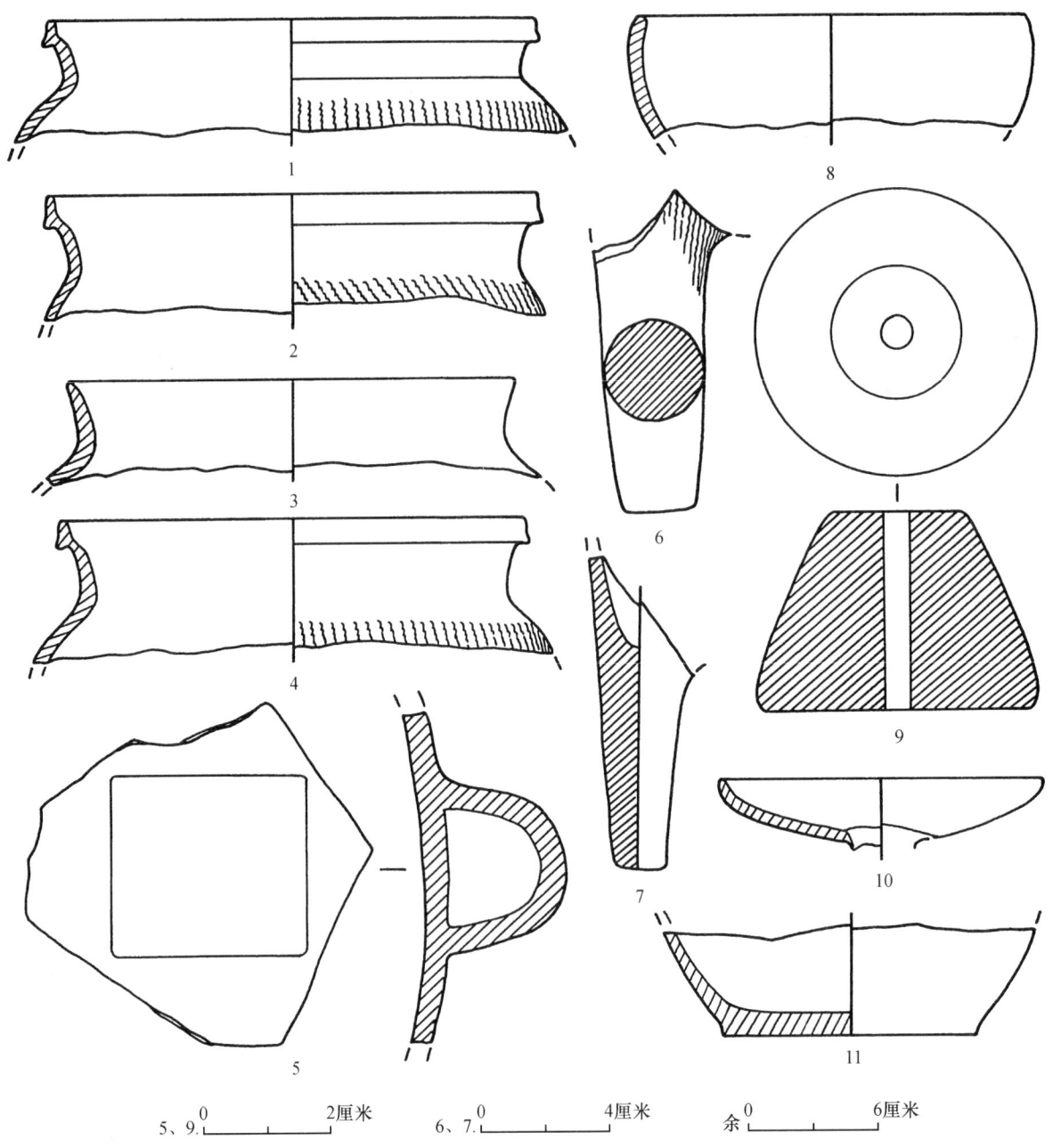

图六二七　F区T42③层、T45③层出土陶器

1、2、4. 鬲（FT45③:1、FT45③:2、FT42③:2）　3. 罐（FT42③:1）　5. 器耳（FT45③:5）　6. 鼎足（FT42③:4）

7. 鬲足（FT42③:3）　8. 钵（FT45③:4）　9. 纺轮（FT42③:5）　10. 豆（FT45③:3）　11. 器底（FT42③:6）

陶鬲　2件。标本FT42③:2，粗泥灰褐陶。溜肩，敛口，宽折沿，尖圆唇，沿面略凹，沿外有一道三角形凸棱。肩部饰粗斜绳纹，颈部绳纹抹光。口径21.6、残高6.2厘米（图六二七，4）。

陶鬲足　2件。标本FT42③:3，夹细砂灰褐陶。器身瘦长，略呈圆锥形，足根微弧，内空较浅，表面有刮削痕迹。足根径1.4、残长9.8厘米（图六二七，7）。

陶鼎足　1件（FT42③:4）。夹细砂红褐陶。圆柱状，足根微弧。上段内侧饰有竖绳纹。足根径2.2、残长9.6厘米（图六二七，6）。

陶器底　1件（FT42③:6）。粗泥灰陶。弧壁内收，平底略外凸，底胎较厚。底径12、残高

5.1 厘米（图六二七，11）。

陶纺轮　1 件（FT42③：5）。粗泥红褐陶。圆形，顶面细，底面粗，横剖面呈梯形。顶面径 2、底面径 4.2、厚 3 厘米（图六二七，9）。

㉓ FT45③层

出土陶片共 91 片。均为泥质陶，其中，细泥陶 4 片，粗泥陶 87 片，分别占陶片总数的 4.40%、95.60%。陶片颜色有红陶、红褐陶、灰陶、灰褐陶、黑陶，分别占陶片总数的 29.67%、52.75%、1.10%、14.28%、2.20%。

陶片纹饰均为绳纹，有粗绳纹和细绳纹两种，分别占陶片总数的 40.66%、27.47%。

陶器器类有鬲、豆、钵等。共 7 件。

陶鬲　2 件。标本 FT45③：1，粗泥红褐陶。鼓肩，敛口，宽折沿，圆唇，沿面内凹，沿外有一道三角形凸棱。肩部饰粗竖绳纹，颈部绳纹抹光。口径 22.3、残高 5.3 厘米（图六二七，1）。标本 FT45③：2，粗泥灰褐陶。溜肩，宽折沿，尖圆唇，沿面略凹，沿外有一道三角形凸棱。肩部饰粗斜绳纹，颈部绳纹抹光。口径 21.8、残高 5.4 厘米（图六二七，2）。

陶豆　2 件。标本 FT45③：3，仅存豆盘。细泥灰褐陶。浅盘，弧壁，敞口，尖唇。口径 15、残高 2.9 厘米（图六二七，10）。

陶钵　2 件。标本 FT45③：4，粗泥红褐陶。弧腹，大口略敛，圆唇，下腹内收。口径 18、残高 5.5 厘米（图六二七，8）。

陶器耳　1 件（FT45③：5）。细泥黑陶。附耳。较宽，横剖面呈半圆形。长 2.7、宽 3 厘米（图六二七，5）。

㉔ FT46③层

出土陶片较多，共 256 片。其中，细泥陶 38 片，粗泥陶 179 片，夹细砂陶 39 片，分别占陶片总数的 14.84%、69.92%、15.24%。陶片颜色有红陶、红褐陶、灰陶、灰褐陶、黑陶、黑褐陶，分别占陶片总数的 19.92%、46.88%、1.95%、19.92%、7.42%、3.91%。

陶片纹饰有绳纹 162 片，凹弦纹 25 片，方格纹 5 片（图六一五，1、4），分别占陶片总数的 63.28%、9.77%、1.95%。绳纹有粗绳纹和细绳纹两种，分别占陶片总数的 35.55%、27.73%。

陶器器类较多，有罐、瓮、盂、豆、鬲、鼎、钵、网坠等。共 38 件。其中，罐最多，占陶器总数的 28.96%。另出土有较多的动物骨骼。

陶罐　11 件。标本 FT46③：47，粗泥灰褐陶。广肩，高领，直口略侈，粗圆唇。口径 18.8、残高 5.5 厘米（图六二八，1）。标本 FT46③：48，粗泥灰褐陶。广肩，敛口，折沿，圆唇，沿面略弧。口径 16.8、残高 3.9 厘米（图六二八，2）。标本 FT46③：49，粗泥红褐陶。鼓肩，敛口，折沿略外侈，尖唇。口径 19.8、残高 5.4 厘米（图六二八，3）。标本 FT46③：50，粗泥红褐陶。溜肩，直口，圆唇。肩部饰粗竖绳纹，领部绳纹抹光。口径 19.3、残高 4.8 厘米（图六二八，4）。标本 FT46③：51，粗泥红陶。鼓肩，高领，直口略侈，宽沿，圆唇。肩部饰斜绳纹，颈部绳纹抹光。口径 18.8、残高 6 厘米（图六二八，5）。标本 FT46③：43，细泥黑陶。鼓腹，折肩，直口，宽平沿外凸，方唇，下腹内收。颈部饰一周锯齿形暗纹，肩部饰一道凹弦纹，下腹饰拍印方格纹。口径 24、残高 7.6 厘米（图六二八，6）。标本 FT46③：44，细泥黑陶。鼓腹，敛口，平沿外凸，方唇。肩部饰一道细凹弦纹。口径 16.7、残高 3.9 厘米（图六二八，7）。标本 FT46③：45，细泥灰陶。鼓腹，敛口，平沿外凸，圆唇。口径 17.3、残高 3.2 厘米（图六二八，8）。

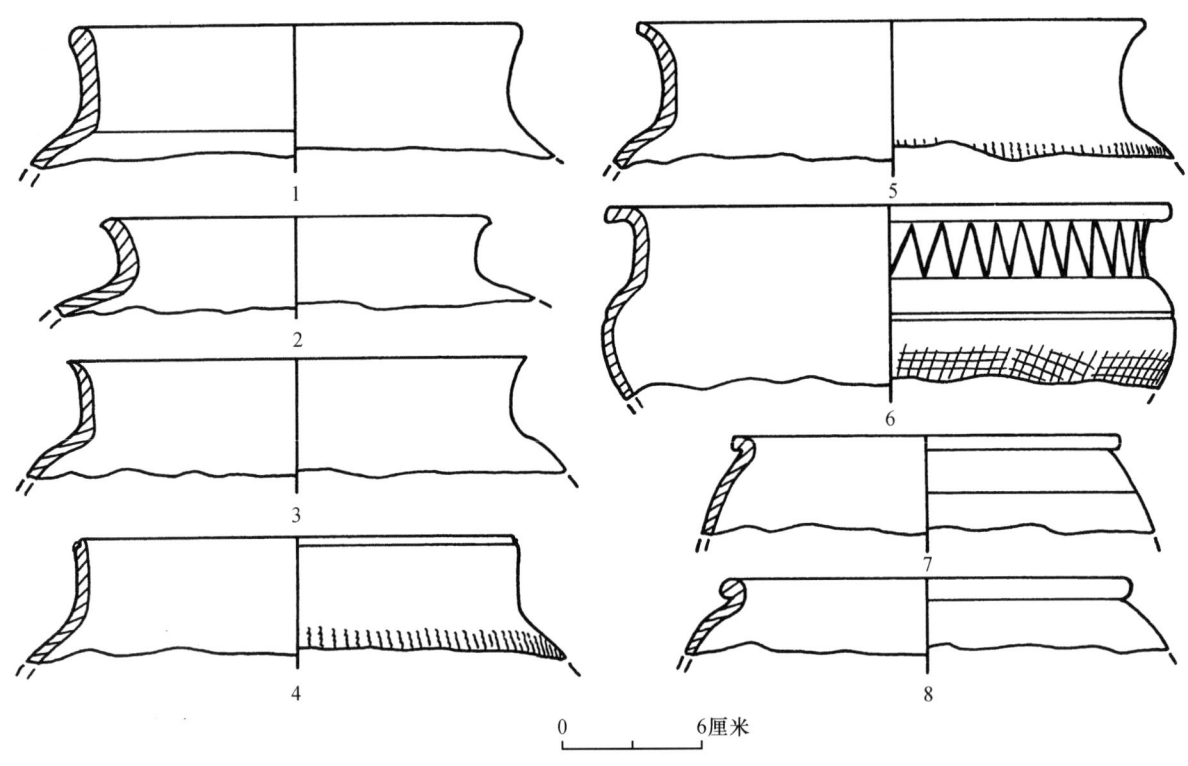

图六二八　F区T46③层出土陶罐

1. FT46③:47　2. FT46③:48　3. FT46③:49　4. FT46③:50　5. FT46③:51　6. FT46③:43　7. FT46③:44　8. FT46③:45

陶瓮　1件（FT46③:52）。粗泥灰褐陶。器形较大，口较小。鼓肩，高领，小口略侈，宽沿外折，圆唇。口径18、领高3、残高5.8厘米（图六二九，17）。

陶鬲　5件。标本FT46③:60，粗泥红褐陶。溜肩，敛口，宽折沿，尖唇，沿面略凹，沿外有一道三角形凸棱。肩部饰粗斜绳纹，颈部绳纹抹光。口径24、残高5.7厘米（图六二九，1）。标本FT46③:59，粗泥红陶。广肩，敛口，窄折沿，尖唇，沿面微凹，沿外有一道三角形凸棱。肩部饰细斜绳纹，颈部绳纹抹光。口径21.5、残高4.3厘米（图六二九，3）。

陶钵　3件。标本FT46③:67，细泥黑陶。鼓腹，敛口，圆唇，唇下略凹。口径16.2、残高3.8厘米（图六二九，2）。标本FT46③:66，粗泥黑褐陶。鼓腹，敛口，圆唇。口径15、残高4.5厘米（图六二九，4）。

陶鼎　1件（FT46③:63）。粗泥红褐陶。鼓肩，敛口，宽折沿，尖圆唇。肩部饰细斜绳纹，颈部绳纹抹光。口径22、残高4.8厘米（图六二九，5）。

陶豆　3件。标本FT46③:56，仅存豆盘。细泥灰陶。浅盘，弧壁，尖唇，细柄。盘与柄粘接处有螺旋纹痕迹。口径18.8、柄径3、残高5.1厘米（图六二九，6）。标本FT46③:55，仅存豆盘。细泥黑陶。浅盘，弧壁，尖唇，盘内壁饰有放射状直线暗纹。口径16.5、残高3.2厘米（图六二九，10）。

陶盂　2件。标本FT46③:53，细泥黑陶。腹略鼓，直口微敛，斜沿，方唇。口径18、残高3.7厘米（图六二九，7）。标本FT46③:54，细泥灰陶。大口略敛，斜沿圆唇。口径19、残高3.5厘米（图六二九，9）。

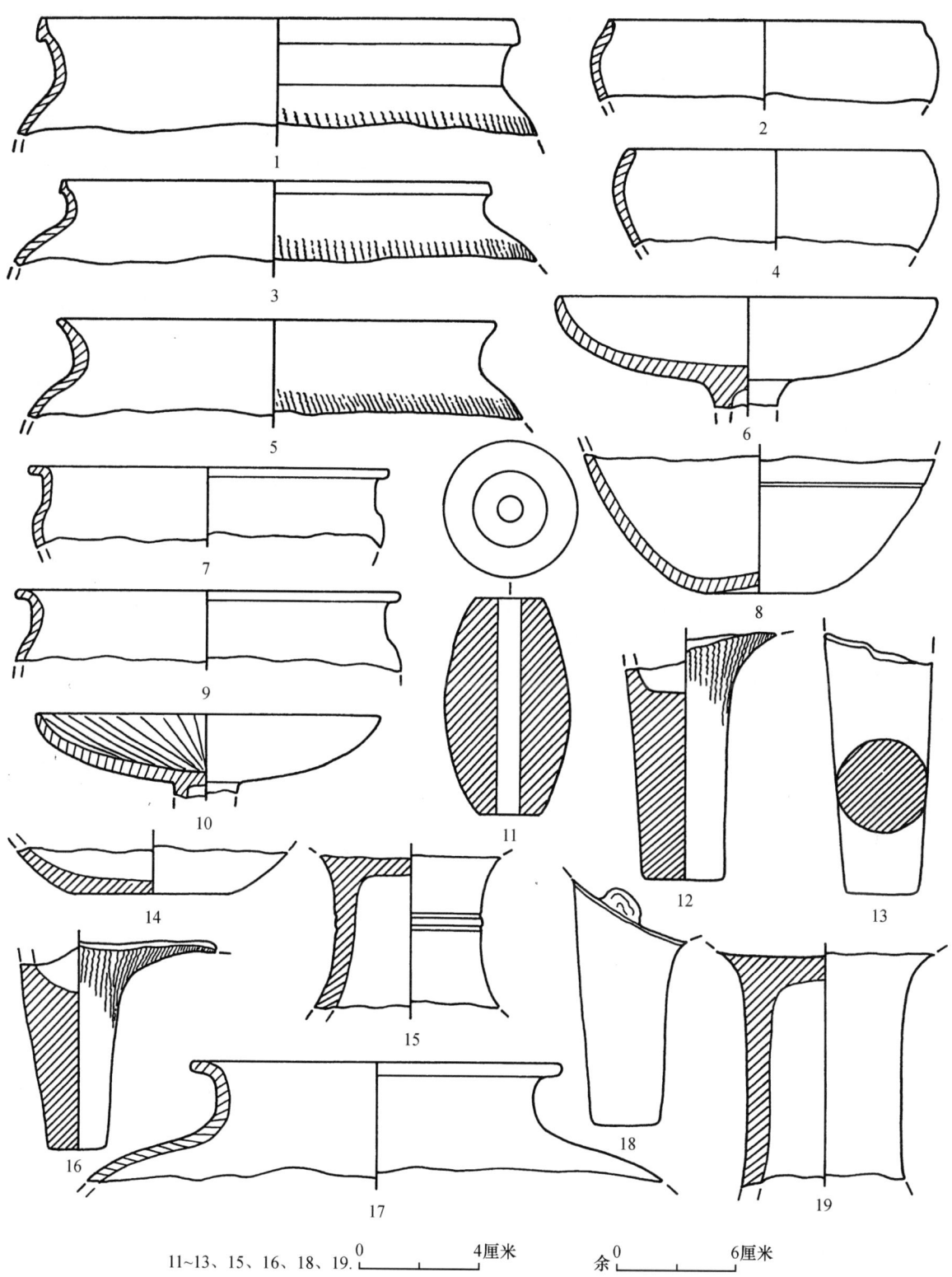

图六二九 F区T46③层出土陶器

1、3. 鬲（FT46③：60、FT46③：59）   2、4. 钵（FT46③：67、FT46③：66）   5. 鼎（FT46③：63）   6、10. 豆（FT46③：56、FT46③：55）   7、9. 盂（FT46③：53、FT46③：54）   8、14. 器底（FT46③：71、FT46③：70）   11. 网坠（FT46③：3）   12、16. 鬲足（FT46③：62、FT46③：61）   13、18. 鼎足（FT46③：64、FT46③：65）   15、19. 豆柄（FT46③：58、FT46③：57）   17. 瓮（FT46③：52）

陶器底　2件。标本 FT46③:71，粗泥灰褐陶。弧壁内收，小平底略内凹。下腹饰一道凹弦纹。底径6、残高6.8厘米（图六二九，8）。标本 FT46③:70，夹细砂灰褐陶。弧壁内收，平底。底径8、残高2.8厘米（图六二九，14）。

网坠　1件（FT46③:3）。粗泥灰褐陶。略呈圆柱状，两端细，中段外鼓，中间穿孔。两端直径各2、中段粗径4.1、孔径0.8、长7.2厘米（图六二九，11；图版二〇二，3）。

陶鬲足　4件。标本 FT46③:62，夹细砂灰褐陶，圆柱状，足根较平，内空较浅。上段内侧饰斜绳纹。足根径2.7、残长8厘米（图六二九，12）。标本 FT46③:61，夹细砂红褐陶。略呈圆锥状，足根较平，内空较浅。上段内侧饰斜绳纹。足根径1.9、残长6.8厘米（图六二九，16）。

陶鼎足　2件。标本 FT46③:64，夹细砂红褐陶。圆柱状，足根较平，外表有刮削痕迹。足根径2.4、残长8.7厘米（图六二九，13）。标本 FT46③:65，夹细砂灰褐陶。器体较矮，略呈圆柱状，微向内侧弯曲，足根较平。顶面有一与器身粘接的泥凸。足根径2.1、长8厘米（图六二九，18）。

陶豆柄　3件。标本 FT46③:58，粗泥灰褐陶。较粗壮，内空。中段有两道凹弦纹。粗径4.8、残长5厘米（图六二九，15）。标本 FT46③:57，细泥灰陶。较长，胎较厚，内空。粗径5.2、残长7.2厘米（图六二九，19）。

动物骨骼　14件。种类有家猪、狗、青鱼、草鱼、白鲢等。标本 FT46③:4，家猪右下颌骨（图五七三，2；图版二〇九，2）。标本 FT46③:8，家猪距骨。标本 FT46③:7，家猪第二指节骨。标本 FT46③:9，家猪右胫骨。标本 FT46③:6，狗右下颌骨。标本 FT46③:10，狗左前足第二主指第二指骨。标本 FT46③:11，狗左前足第三主指第二指骨。标本 FT46③:13，青鱼左下咽骨。标本 FT46③:16，草鱼右下咽骨。标本 FT46③:19，白鲢左下咽骨（图版二〇八，11）。

（三）分期与年代

1. 分期

F区周代遗存中出土的遗物主要是陶器，可资比较的陶器有罐、鬲、鼎、豆、瓮、钵、盂。它们的型式逻辑排序如下。

陶罐　分A、B、C、D、E、F、G七型。

A型　高领。分a、b二亚型。

Aa型　窄沿。分二式。

Ⅰ式：直口。FH17:4、FH24:6、FT40④:4、FT43④:2、FT46④:27、FT8③:5。

Ⅱ式：口外侈。FT46③:47。

Ab型　宽沿。分二式。

Ⅰ式：尖唇。FH1:4、FH2:11、FH2:17、FH12:2、FH14:1、FH17:1、FH20:19、FT7④:9。

Ⅱ式：圆唇。FH4:6、FH18:21、FT3③:2、FT7③:19、FT12③:1、FT27③:1、FT39③:1、FT39③:2、FT39③:3、FT46③:51。

B型　卷沿。分a、b二亚型。

Ba型　宽沿。分二式。

Ⅰ式：尖唇。FH1:3、FH14:9、FH19:4、FT43④:3、FT46④:26。

Ⅱ式：圆唇。FH9:3、FH18:23、FT2③:2、FT3③:1、FT27③:2、FT29③:2、FT29③:1、FT37③:3、FT37③:2、FT38③:3、FT38③:1、FT40③:19、FT40③:30、FT40③:29。

Bb 型　窄沿。分二式。

Ⅰ式：圆唇。FH2：10、FH14：7、FH14：8、FH17：5、FH17：7、FH19：2、FH19：3、FH20：17、FH20：20、FH26：8、FH26：7、FT40④：6、FT46④：25。

Ⅱ式：尖唇。FH5：17、FH16：1、FH23：1、FT26③：2、FT31③：2、FT40③：18、FT41③：4、FT42③：1。

C 型　折沿。分二式。

Ⅰ式：尖唇。FH1：5、FH2：8、FH19：5、FH20：39、FH26：6、FT6④：8、FT7④：8、FT40④：8、FT43④：1、FT46③：49。

Ⅱ式：圆唇。FH4：7、FH5：1、FH9：4、FH15：3、FH16：2、FH18：22、FT7③：18、FT7③：20、FT7③：21、FT8③：1、FT26③：1、FT29③：3、FT31③：1、FT38③：2、FT41③：5、FT46③：48。

D 型　矮领。分二式。

Ⅰ式：宽沿。FH20：14、FT7④：7、FT46④：24、FT3③：4。

Ⅱ式：窄沿。FH5：16、FH8：2、FH13：1、FT8③：3、FT8③：4、FT38③：4。

E 型　直口。分二式。

Ⅰ式：方唇。FH1：6、FH2：12、FH12：1、FH20：24、FH20：18、FH26：5、FT6④：7、FT6④：13、FT40④：7。

Ⅱ式：圆唇。FH10：4、FH15：2、FH23：2、FT8③：2、FT31③：3、FT31③：4、FT34③：1、FT46③：50。

F 型　大口。分 a、b 二亚型。

Fa 型　折沿。分二式。

Ⅰ式：沿较斜，尖唇。FH20：13。

Ⅱ式：平沿，圆唇。FT46③：43。

Fb 型　卷沿。分二式。

Ⅰ式：圆唇。FT7④：6。

Ⅱ式：尖唇。FH15：1。

G 型　敛口，平沿。FT46③：44、FT46③：45。

陶鬲　分 A、B 二型。

A 型　宽折沿。分 a、b 二亚型。

Aa 型　沿外有凸棱。分二式。

Ⅰ式：弧型凸棱。FH2：52、FH12：3、FH14：10、FH14：11。

Ⅱ式：三角形凸棱。FH4：8、FH5：19、FH9：5、FH10：1、FH15：4、FH18：24、FT7③：22、FT29③：4、FT37③：4、FT38③：5、FT40③：20、FT42③：2、FT45③：2、FT46③：60。

Ab 型　沿外略鼓，沿内略凹。FH1：7。

B 型　窄折沿。分二式。

Ⅰ式：沿外有弧形凸棱。FH13：2、FH17：9、FH20：25、FH20：12、FH26：9、FH26：10、FT7④：10、FT46④：28、FT46④：29。

Ⅱ式：沿外有三角形凸棱。FH18：25、FH23：3、FT8③：6、FT34③：2、FT39③：5、FT40③：21、FT41③：6、FT45③：1、FT46③：59。

陶鼎　分 A、B 二型。

A 型　卷沿。分二式。

Ⅰ式：尖唇。FH2：54、FH24：4。

Ⅱ式：圆唇。FT46③：63。

B 型　折沿。分二式。

Ⅰ式：沿面略鼓。FH5：21、FH20：29、FH26：11、FT7④：12、FT40④：11、FT46④：32。

Ⅱ式：沿面略凹。FH18：29、FH18：28、FT2③：4、FT3③：8、FT31③：6、FT37③：6、FT40③：23、FT41③：8。

陶豆　分 A、B 二型。

A 型　浅盘。分 a、b 二亚型。

Aa 型　斜壁。分二式。

Ⅰ式：尖唇。FH2：46、FH20：10。

Ⅱ式：圆唇。FH9：2、FT31③：8。

Ab 型　弧壁。分二式。

Ⅰ式：圆唇。FH12：5。

Ⅱ式：尖唇。FH4：11、FH4：12、FH5：26、FH23：7、FT3③：6、FT26③：4、FT40③：5、FT45③：3、FT46③：55、FT46③：56。

B 型　敛口，深盘。分 a、b 二亚型。

Ba 型　弧壁。FH2：3。

Bb 型　斜壁。FH2：48。

陶瓮　分 A、B、C 三型。

A 型　卷沿。分二式。

Ⅰ式：尖唇。FH2：51、FH2：49、FH14：15、FT40④：9。

Ⅱ式：圆唇。FH4：10。

B 型　高领。FH20：31、FT43④：4、FT46③：52。

C 型　矮领。分二式。

Ⅰ式：直口，方唇。FH2：50、FH20：11。

Ⅱ式：侈口，圆唇。FH18：26。

陶钵　分 A、B、C 三型。

A 型　弧腹。分二式。

Ⅰ式：方唇。FH17：11、FH26：15、FT43④：7、FT46④：37。

Ⅱ式：圆唇。FH5：27、FH15：6、FH16：4、FH18：27、FT41③：10、FT45③：4、FT46③：67、FT46③：66。

B 型　折沿，方唇。FH18：31。

C 型　窄沿外凸。FT46④：36、FT46③：35。

陶盂　鼓腹，直口。分二式。

Ⅰ式：宽平沿。FH12：4、FH14：6、FH26：14、FT46④：34。

Ⅱ式：斜沿。FT28③：1、FT46③：53、FT46③：54。

上述分类遗物共涉及 43 个单位。这些单位之间存在 5 组叠压打破关系。即：

FT9 组：FH1→FH2

FT37 组（1）：③—FH9→FH12

FT37 组（2）：③—FH13→FH14 → ┌─FH19 → FH22
　　　　　　　　　　　　　　　　└─FH20

FT40 组：③—FH15→FH24

FT43 组：③—FH16→FH17→④

上述单位中陶器型式组合经归纳后详见表四九。

表四九　F区周代典型单位陶器型式组合关系表

单位 \ 器类型式	陶罐										陶鬲			陶鼎		陶豆				陶瓮			陶钵			陶盂
	Aa	Ab	Ba	Bb	C	D	E	Fa	Fb	G	Aa	Ab	B	A	B	Aa	Ab	Ba	Bb	A	B	C	A	B	C	
FH1		I	I		I		I					√														
FH2		I	I	I			I				I			I		I		√	√	I			I			
FH4		II		II							II						II			II						
FH5			II	II	II						II				I		II							II		
FH8					II																					
FH9			II		II						II						II									
FH10							II				II															
FH12		I					I				I						I									I
FH13						II							I													
FH14		I	I	I							I										I					I
FH15				II		II		II			II													II		
FH16			II		II																			II		
FH17	I	I			I								I											I		
FH18		II	II		II						II			II		II							II	II	√	
FH19			I	I	I																					
FH20		I		I	I	I	I	I			I			I	I						√	I				
FH23			II				II				II						II									
FH24	I														I											
FH26		II / I		I			I				I			I									I			I
FT2③				II													II									
FT3③		II	II			I											II	II								
FT7③		II		II							II															
FT8③	I			II	II	II							II													
FT12③		II																								
FT26③					II												II									
FT27③		II	II																							
FT28③																										II
FT29③			II			II					II															
FT31③			II	II			II									II	II									
FT34③							II						II													
FT37③			II								II						II									
FT38③			II			II	II				II															
FT39③		II									II															

续表

器类 型式 单位	陶罐										陶鬲			陶鼎		陶豆				陶瓮			陶钵			陶盂
	Aa	Ab	Ba	Bb	C	D	E	Fa	Fb	G	Aa	Ab	B	A	B	Aa	Ab	Ba	Bb	A	B	C	A	B	C	
FT40③			Ⅱ	Ⅱ							Ⅱ		Ⅱ	Ⅱ		Ⅱ										
FT41③			Ⅱ	Ⅱ									Ⅱ	Ⅱ										Ⅱ		
FT42③				Ⅱ							Ⅱ															
FT45③													Ⅱ	Ⅱ			Ⅱ							Ⅱ		
FT46③	Ⅱ	Ⅱ			Ⅱ			Ⅱ	Ⅱ	√	Ⅱ			Ⅱ	Ⅱ	Ⅱ					√			Ⅱ		Ⅱ
FT6④				Ⅰ		Ⅰ																				
FT7④		Ⅰ			Ⅰ	Ⅰ		Ⅰ					Ⅰ		Ⅰ											
FT40④	Ⅰ			Ⅰ	Ⅰ		Ⅰ									Ⅰ				Ⅰ						
FT43④	Ⅰ		Ⅰ		Ⅰ																√		Ⅰ			
FT46④			Ⅰ	Ⅰ	Ⅰ	Ⅰ							Ⅰ		Ⅰ						√		Ⅰ		√	Ⅰ

　　表四九显示，可资比较的陶器型式组合与它们实际存在的层位基本无矛盾。从陶器型式组合与层位关系比较，③层与④层的器类组合有明显的区别，显然存在④层早于③层的年代关系。FT37组（1）中FH9的Ba型Ⅱ式、C型Ⅱ式罐，Aa型Ⅱ式鬲，Aa型豆与③层所出同类器相同。FH12的Ab型Ⅰ式、E型Ⅰ式罐，Aa型Ⅰ式鬲，Ab型Ⅰ式豆，Ⅰ式盂与④层所出同类器相同。FT37组（2）中FH13的D型Ⅱ式罐与F③层所出同类器相同，FH14的Ab型Ⅰ式、Ba型Ⅰ式、Bb型Ⅰ式罐，Aa型Ⅰ式鬲，A型瓮，盂和FH19的Ba型Ⅰ式、Bb型Ⅰ式、C型Ⅰ式罐，FH20的Ab型Ⅰ式、Bb型Ⅰ式、C型Ⅰ式、D型Ⅰ式、E型Ⅰ式、Fa型Ⅰ式罐，B型Ⅰ式鬲，B型Ⅰ式鼎，Aa型Ⅰ式豆，B型、C型Ⅰ式瓮均与④层所出同类器相同。FT40组中FH15的C型Ⅱ式、E型Ⅱ式、Fb型Ⅱ式罐，Aa型Ⅱ式鬲，A型Ⅱ式钵与③层所出同类器相同。FH24的Aa型Ⅰ式罐，A型鼎与④层所出同类器相同。FT43组中FH16的Bb型Ⅱ式、C型Ⅱ式罐，A型Ⅱ式钵与③层所出同类器相同。FH17的Aa型Ⅰ式、AB型Ⅰ式、Bb型Ⅰ式罐，B型Ⅰ式鬲，A型Ⅰ式钵与④层所出同类器相同。FT9组中FH1的Ab型Ⅰ式、Ba型Ⅰ式、C型Ⅰ式、E型Ⅰ式罐，Ab型鬲和FH2的Ab型Ⅰ式、Bb型Ⅰ式、C型Ⅰ式、E型Ⅰ式罐，Aa型Ⅰ式鬲，A型Ⅰ式鼎，Aa型Ⅰ式、Ba型、Bb型豆，A型Ⅰ式、C型Ⅰ式瓮均与④层所出同类器相同。

　　据上述比较，并结合其他单位中陶器型式组合关系，可将F区周代遗存分为有相对早晚关系的两期（表五〇）。

表五〇　F区周代主要陶器分期表

器类 型式 分期	陶罐										陶鬲			陶鼎		陶豆				陶瓮			陶钵			陶盂
	Aa	Ab	Ba	Bb	C	D	E	Fa	Fb	G	Aa	Ab	B	A	B	Aa	Ab	Ba	Bb	A	B	C	A	B	C	
一期	Ⅰ	Ⅰ	Ⅰ	Ⅰ	Ⅰ	Ⅰ	Ⅰ	Ⅰ	Ⅰ		Ⅰ	√	Ⅰ	Ⅰ	Ⅰ	Ⅰ	Ⅰ	√	√	Ⅰ	√	Ⅰ	Ⅰ		√	Ⅰ
二期	Ⅱ Ⅰ	Ⅱ	Ⅱ	Ⅱ	Ⅱ	Ⅱ	Ⅱ	Ⅱ	Ⅱ	√	Ⅱ Ⅰ		Ⅱ	Ⅱ		Ⅱ	Ⅱ	Ⅱ	Ⅱ		√	Ⅱ	Ⅱ	√		Ⅱ

　　一期：以FH1、FH2、FH12、FH14、FH17、FH19、FH20、FH24及④层为代表，包括FH26和FT6④层、FT7④层、FT40④层、FT43④层、FT46④层。

二期：以 FH9、FH13、FH15、FH16 及 ③层为代表，包括 FH4、FH5、FH8、FH10、FH18、FH23 和 FT2③层、FT3③层、FT7③层、FT8③层、FT12③层、FT26③层、FT27③层、FT28③层、FT29③层、FT31③层、FT34③层、FT37③层、FT38③层、FT39③层、FT40③层、FT41③层、FT42③层、FT45③层、FT46③层。

FH22 出土零碎陶片，虽然没有可资比较的器物，但被一期的 FH19 打破，而 FH22 又直接打破生土，其年代应略早于 FH19，故归为一期。FH7 仅出土少量碎陶片，器类不明，亦没有可资比较的器物，但开口在 FT31③层下，打破生土，故一并归入二期。

一、二期的陶器型式特征详见图六三〇。

2. 年代

F 区周代遗存没有发现纪年材料。只能参考其他同类材料的研究成果做些年代比较。

这里着重与三峡及其附近的当阳等地同类材料比较。一期的 Aa 型 I 式、Ab 型 I 式陶罐，Aa 型 I 式陶豆，I 式陶盂，B 型 I 式陶鬲，A 型 I 式陶钵，分别与当阳赵家湖楚墓[①]，C 型 I 式陶罐 M13：1，C 型 II 式陶罐 M87：2，B 型 I 式陶豆 M13：2、M18：5，B 型 I 式陶盂 M18：2，C 型 I 式陶鬲 M6：2 和秭归庙坪周代遗址二期 Da 型 I 式陶钵 FT25⑥：65[②]类似；其年代相当于西周晚期或两周之际。二期的 Ba 型 II 式、Aa 型 II 式陶罐，B 型 II 式陶罐，II 式陶盂，分别与当阳赵家湖楚墓[③]的 C 型 III 式陶罐 M206：3、M164：3，C 型 III 式陶豆 M164：1，B 型 II 式陶盂 M87：1 基本相同。同时二期的 A 型 II 式陶钵、陶簋，分别与秭归庙坪周代遗址三期的 Da 型 II 式陶钵、A 型 III 式陶簋相似。其年代应相当于春秋早期。

（四）小结

F 区周代遗存是 F 区发现最多的遗存，也是卜庄河遗址周代遗存堆积最厚、分布范围最广的。文化层包括④层和③层，灰坑 21 个，灰沟 1 条。其文化性质属楚文化范畴，时代为西周晚期至春秋早期，是三峡地区年代偏早的周代遗存之一。为研究楚文化西边疆界及文化影响具有一定的参考价值。

出土遗物主要为陶器，其演变特征比较清楚，如高领窄沿罐由直口向侈口演变，高领宽沿罐、折沿罐和宽卷沿罐由尖唇向圆唇演变，矮领罐由宽沿向窄沿演变，直口罐由方唇向圆唇（或尖唇）演变，大口折沿罐由斜沿向平沿演变，大口卷沿罐由圆唇向尖唇演变，鬲口沿外由弧形凸棱向三角形凸棱演变，卷沿鼎由尖唇向圆唇发展，折沿鼎由沿面微鼓向沿面内凹演变，斜壁浅盘豆由尖唇向圆唇演变，弧壁浅盘豆由圆唇向尖唇演变，卷沿瓮由尖唇向圆唇发展，矮领瓮由直口向侈口演变，弧腹钵由方唇向圆唇演变，盂由宽平沿向斜沿演变。

粗泥陶为主要陶系，细泥陶和夹细砂陶较少。红陶和红褐陶居多。绳纹自始至终占据主导地位。陶器火候一般不高，多数陶片破碎较甚，且脱色现象严重。手制陶器占多数。

上述陶器演变规律及特点，对今后进一步认识和研究楚文化有一定的帮助，但必定是初步认识，尚需进一步更深层次地探寻和摸索其特点和规律。

FH20：4 陶簋腹部饰窃曲纹，较清晰而规整，应为仿青铜礼器纹饰，这是三峡地区其他遗址少

---

① 宜昌地区博物馆、北京大学考古系：《当阳赵家湖楚墓》，文物出版社，1992 年。

② 湖北省文物事业管理局、湖北省三峡工程移民局编：《秭归庙坪》，科学出版社，2003 年。

③ 宜昌地区博物馆、北京大学考古系：《当阳赵家湖楚墓》，文物出版社，1992 年。

见的。

F区周代遗址还有一个重要现象，就是分布在海拔110～170米陡坡上，越往坡上遗迹越多，文化层保存越好，相反越往山下文化层越薄，甚至没有文化层，仅存残破的遗迹。经仔细观察分析，我们认为，造成这种现象的原因主要有两方面，一是人为破坏，二是（也是更重要的原因）自然水土流失所致。当时的地势并没有现在这样陡峭，也就是说当时楚人在较平坦（或是呈缓坡状的）F区居住生活，若干年后，靠近江边的部分，经江水不断侵蚀和山体自然滑坡，而山上洪水又不断往山下冲刷，再加上越往下雨水聚积越多，冲击面就越大，冲击力也越强。久而久之，原来的缓坡就变成了陡坡，而文化层就形成了越往坡上就保存越好，越往坡下保存越差的现存状况，并不是文化的特点和规律。这种现象在三峡地区有很多。弄清了这个道理，对进一步认识三峡地区的坡地遗址是有一定帮助的。

F区的一、二期（无论是文化层还是灰坑中），出土有较丰富的动物骨骼，尤其是FH2、FH5和FT46③层出土动物骨骼最多，可分为水生动物和陆生动物两类。水生动物有青鱼、草鱼、中华鲟、鲸鱼、鳡鱼、鲢鱼、鲤鱼、白鲢等。陆生动物有家猪、狗、兔、水鹿、家水牛、家山羊等。这种情况在卜庄河遗址其他发掘区以及三峡地区诸多遗址中均如此，说明渔猎经济是当时人们生活的主要经济来源之一。

六　汉代遗存

（一）概述

汉代遗存包括遗址和墓葬两部分。

遗址文化堆积主要分布在FT6～FT8、FT37、FT38、FT42等探方内。地层为②层，厚0.1～0.8米。残留遗迹有3个灰坑、1条灰沟，编号分别为FH3、FH6、FH25、FG1。

灰坑有圆形、圆角方形和不规则形三种。多斜壁圜底，灰沟略呈长条形，底凹凸不平。

出土陶器共28件。器类有罐、钵、豆、盆、盖、筒瓦、板瓦等，其中罐、板瓦、筒瓦最多，分别占陶器总数的23.08%、23.08%、19.22%（表五一）。陶质均为泥质陶，其中以粗泥为主，极少量细泥陶。陶器颜色以灰陶和灰褐陶居多，次为灰黑陶、黑陶和褐陶。

表五一　F区汉代陶器器类统计表

器类	筒瓦	罐	板瓦	豆	盖	盆	钵	合计
数量	5	6	6	1	4	3	1	26
比例（%）	19.22	23.08	23.08	3.85	15.38	11.54	3.85	100

陶器纹饰主要为绳纹，次为凹弦纹，分别占纹饰总数的97.05%、1.18%，菱形纹、戳印纹、彩绘纹最少，各占纹饰总数的0.59%（表五二）。

表五二　F区汉代陶片纹饰统计表

名称	绳纹	凹弦纹	菱形纹	彩绘纹	戳印纹	合计
数量	164	2	1	1	1	169
比例（%）	97.05	1.18	0.59	0.59	0.59	100

陶器制作比较粗糙，多手制，筒瓦和板瓦多采用手制、模制相结合的方法制作。

墓葬共8座。编号为FM79、FM116～FM119、FM122、FM135、FM140。有竖穴土坑墓和土圹石室墓两类。

土坑墓共4座（FM79、FM116、FM135、FM140）。有长方形和凸字形两种。墓坑普遍较深，一般长3.34、宽2～2.3米，最大者（FM116）长9.95（含墓道）、宽3.6米。

土圹石室墓共4座（FM117～FM119、FM122）。墓圹均残，除FM122因库区蓄水未发掘完，墓口尺寸不明外，其余墓残长2.6～4.1、宽3.12～3.4米。

土坑墓葬具均有棺、椁腐烂痕迹。皆为仰身直肢。双人合葬墓1座，单人葬墓3座。性别、年龄不详。土圹石室墓，因腐烂和被破坏，葬具、葬式及墓主人性别、年龄均不详。

土坑墓除FM79无随葬器物外，其余均有随葬器物。土圹石室墓，只有2座墓残存有钱币，其余墓全部被盗一空。随葬器物共28件及22枚钱币。器类有陶鼎6件、陶盒4件、陶罐1件、陶壶10件、陶器盖1件、铜带钩1件、铜环2件、铁錾1件、铁斧1件、玉片1件及铜钱币8枚。共36件。器物组合形式如下。

陶鼎、陶盒、陶壶、陶罐、钱币组合：1座；

陶鼎、陶盒、陶壶、铁斧组合：1座；

陶壶、铁錾、铜带钩组合：1座；

钱币组合：2座。

（二）灰坑

① FH3

FH3位于FT20探方东南部。开口在①层下，打破生土。距地表深0.38米。平面呈不规则形，弧壁，底近平。东面被近代水沟打破。南北长1.9、东西残宽0.7、深0.7米（图六三一；图版二一〇，2）。坑内堆积全部为红色烧土，比较纯净，且坚硬。

坑内出土1件陶罐，置于坑的西北部，罐口向上。

陶罐 1件（FH3：1）。完整。粗泥灰陶。广肩，高领，盘形口，方唇，鼓腹，下腹内收，圜底，矮圈足略外撇。肩部有两个对称的环形耳。颈部和上腹部饰四道凹弦纹，肩部饰菱形暗纹。口径14.8、领高4.8、最大腹径24.6、圈足径12.8、高25.5厘米（图六三二，3；彩版四六，1）。

② FH6

FH6位于FT29探方西北部和FT27探方西南部。开口在①层下，打破③层。距地表深0.4米。依地势南高北低，平面呈圆角长方形，斜壁，斜底且凹凸不平。坑口南北长3.18、东西宽2.05、深0.3米（图六三三）。坑内堆积为黑褐色黏土，比较松软，包含物有绳纹灰陶片和零星烧土块。

出土陶片共17片。均为泥质陶。有粗泥和细泥两种，分别占陶片总数的88.24%、11.76%。陶片

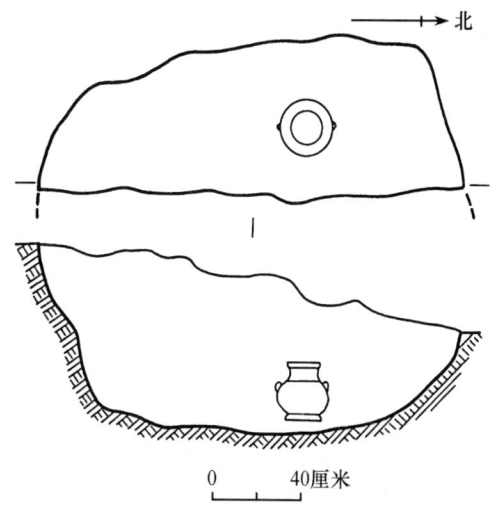

图六三一 F区H3平、剖面图

颜色有灰陶、灰褐陶和灰黑陶，分别占陶片总数的35.29%、5.88%、58.83%。

陶片纹饰主要为绳纹，次为凹弦纹，分别占陶片总数的70.59%、5.88%。

陶器器类有罐、筒瓦。共2件。

陶罐　1件（FH6:2）。细泥灰黑陶。折肩，直口，尖唇，腹略弧，折肩处胎较厚。腹部饰两道宽凹弦纹。口径14.4、腹径19.8、残高7.2厘米（图六三二，1）。

陶筒瓦　1件（FH6:1）。粗泥灰褐陶。瓦嘴较短，略上翘，胎较薄，瓦身弧度较大。瓦嘴长3、宽12、瓦身宽14.4、残长9.9厘米（图六三二，2）。

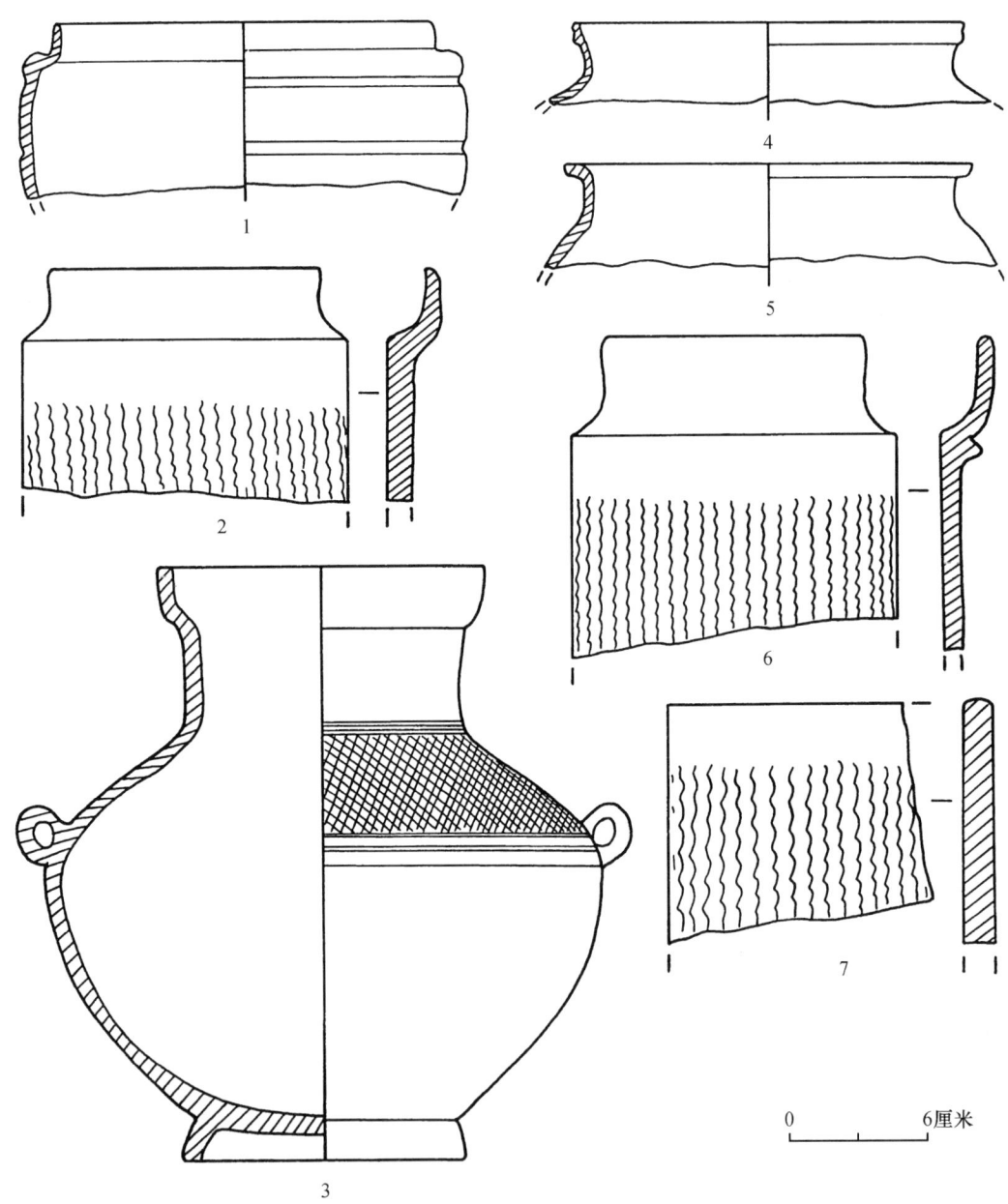

0   6厘米

图六三二　F区H3、H6、G1出土陶器

1、3～5. 罐（FH6:2、FH3:1、FG1:5、FG1:6）　2、6. 筒瓦（FH6:1、FG1:4）　7. 板瓦（FG1:3）

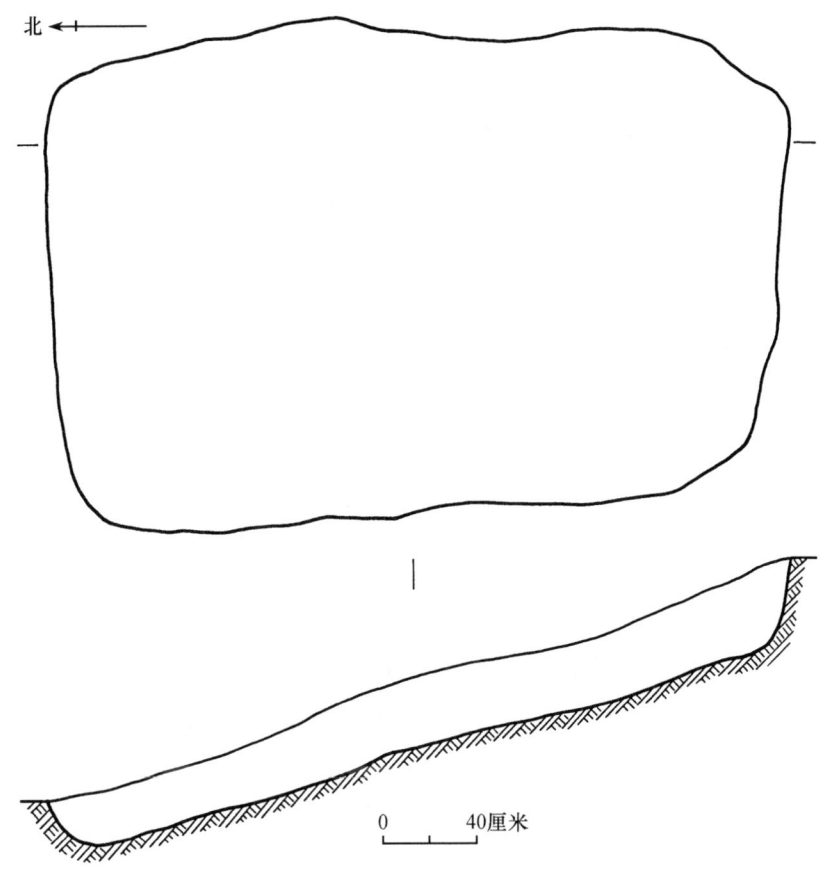

图六三三　F 区 H6 平、剖面图

③ FH25

FH25 位于 FT45 探方东南角。开口在①层下，打破③层。距地表深 0.35 米。该坑较小，平面呈圆形，斜壁，圜底。坑口直径 0.6、深 0.3 米（图六三四）。坑内堆积为黄褐色黏土，较松软，包含物有碎小的绳纹陶片，共 9 块。均为腹片，外表饰绳纹。器类不明。

（三）灰沟

FG1 位于 FT6 探方中部。开口在②层下，打破④层。距地表深 0.5 米。依地势南高北低，平面呈长条形，斜壁，斜底且凹凸不平。南北残长 1.5、宽 0.25～0.65、深 0.2～0.9 米（图六三五）。沟内堆积为黄褐色黏土，较硬。包含物有灰陶片、木炭块及红色和青灰色烧土块。

出土陶片共 24 片。均为泥质陶，其中，细泥陶 3 片，粗泥陶 21 片，分别占陶片总数的 12.54%、87.46%。陶片颜色有灰陶、灰褐陶、黑陶和灰黑陶，分别占陶片总数的 37.50%、41.67%、8.33%、12.50%。

陶片纹饰均为粗绳纹，占陶片总数的 87.50%。

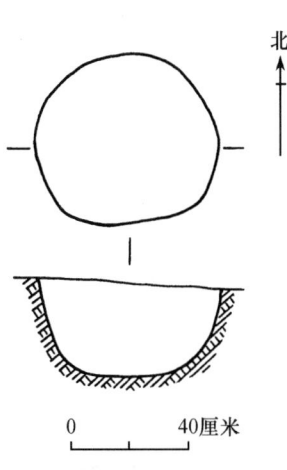

图六三四　F 区 H25 平、剖面图

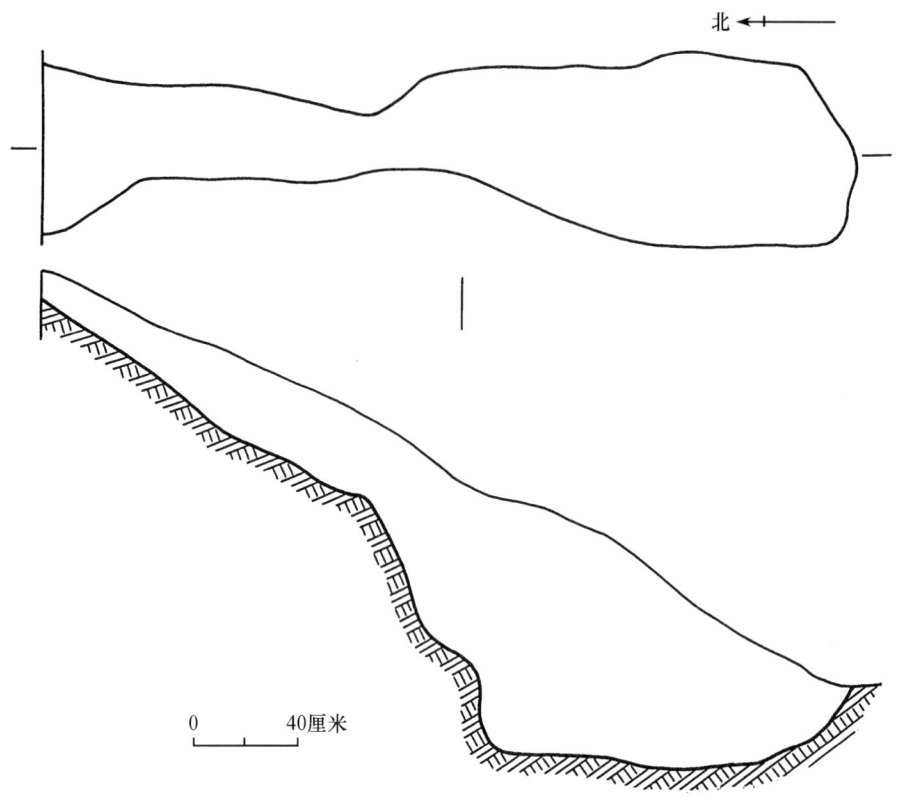

北 ←

0 ___ 40厘米

图六三五　F区G1平、剖面图

陶器器类有罐、筒瓦、板瓦等。共9件。

陶罐　2件。标本FG1:5，粗泥灰陶。广肩，卷沿，圆唇，沿外有一道凸棱。颈部绳纹抹光。口径17、残高3.3厘米（图六三二，4）。标本FG1:6，细泥黑陶。溜肩，直口微侈，宽斜沿，圆唇。口径17.8、残高4.5厘米（图六三二，5）。

陶板瓦　4件。标本FG1:3，粗泥灰褐陶。弧度较小，圆唇。外表饰粗绳纹，内面饰方格纹。残长12、残宽11.5、胎厚1.5厘米（图六三二，7）。

陶筒瓦　3件。标本FG1:4，粗泥灰陶。瓦嘴较长，圆唇。瓦嘴与瓦身接头处内面有泥钉鼓起。外表饰粗绳纹，内面饰布纹。瓦嘴长4.3、宽11.4、瓦身宽14.4、残长15厘米（图六三二，6）。

（四）墓葬

墓葬共8座。可分为土坑墓和土圹石室墓两类。

1. 土坑墓

① M79

M79位于FT7探方东南角，FT8探方西南角，FT15探方东北角及FT16探方西北角。开口在②层下，打破③层。距地表深0.8米。方向50°。为长方形竖穴土坑墓，形制规整，墓壁较陡直而光滑，墓底较平，底面两端有椁室枕木凹槽，墓室四周有熟土二层台。墓口长3、宽2、深1.53米，墓底长 2.75、宽 1.7 米, 熟土二层台宽 0.17 ~ 0.2、高 0.72 米 (图六三六; 图版二一〇, 1)。墓内填土为黄褐色五花土, 较硬, 包含有绳纹陶片和零星红色烧土块。

葬具仅存椁室腐烂痕迹和椁室枕木槽。椁室腐烂痕迹紧连熟土二层台, 长 2.4、宽 0.73、厚 0.03 ~ 0.07、高 0.72 米。椁室枕木槽长 1.7、宽 0.12 ~ 0.16、深 0.07 米。因严重腐烂, 未发现棺痕。

人骨架仅存腐烂痕迹和部分牙齿, 据痕迹观察, 葬式为仰身直肢。墓主人性别、年龄均不详。

该墓未出土随葬器物。

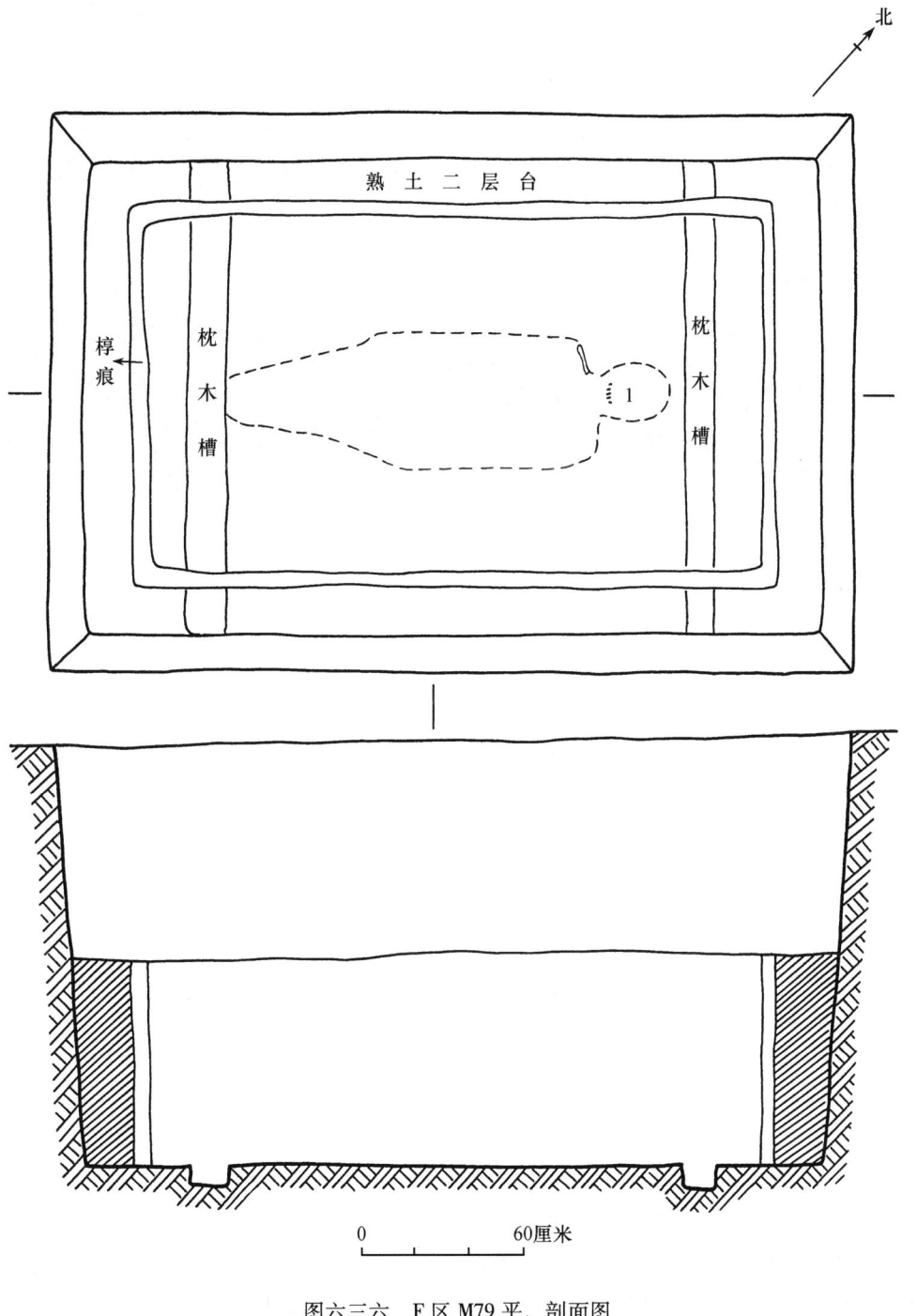

图六三六　F 区 M79 平、剖面图

1. 人牙

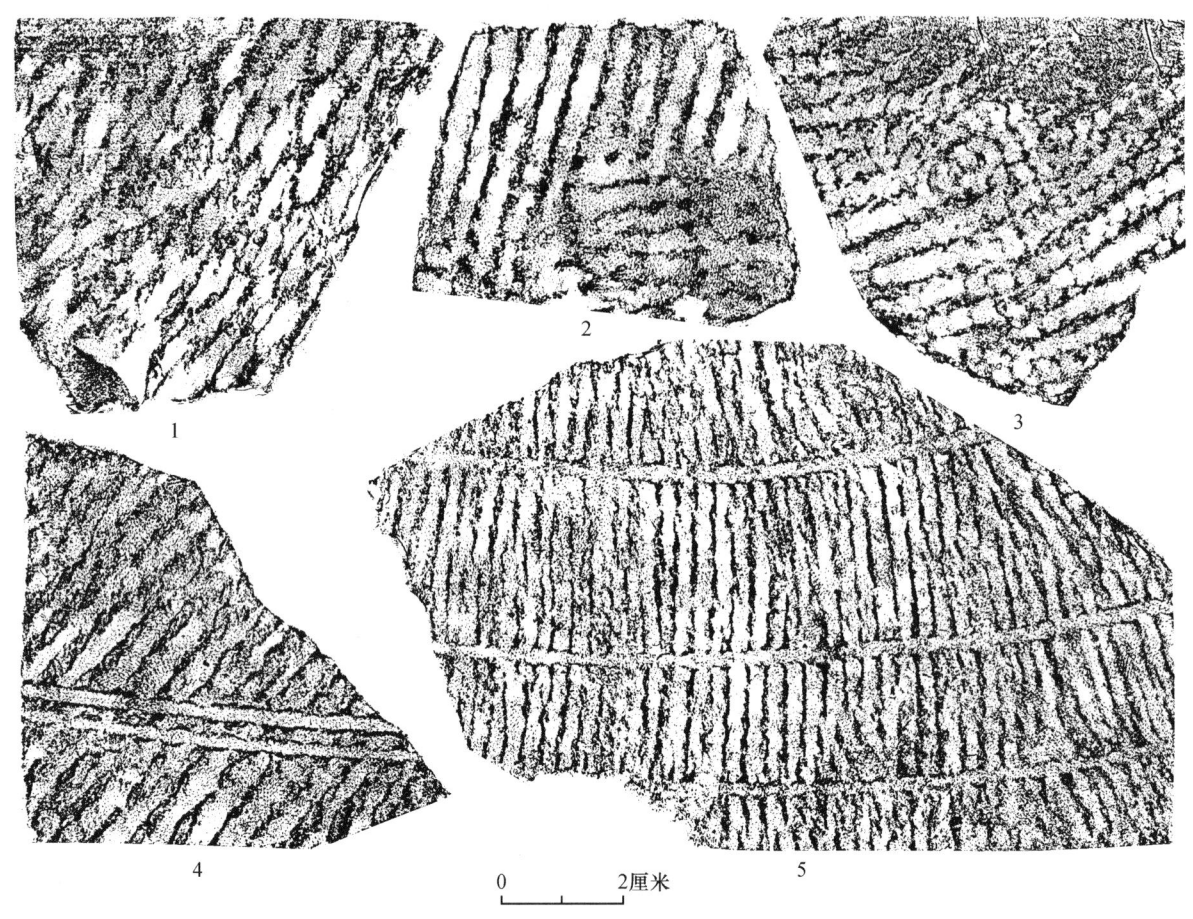

图六三七　F区M79填土陶片纹饰拓片

1. 绳纹（M79:06）　2. 交错绳纹（M79:018）　3. 方格纹（M79:014）　4、5. 绳纹及凹弦纹（M79:017、M79:010）

墓内填土中出土许多陶片，共109片。以粗泥陶为主，次为夹细砂陶和极少量的细泥陶。陶片颜色有红陶、红褐陶、灰陶，分别占陶片总数的25.20%、71.80%、2.97%。

陶片纹饰有绳纹、凹弦纹和方格纹三种（图六三七，2、4、5），分别占陶片总数的95.40%、2.30%、2.30%。绳纹有粗绳纹和细绳纹两种。

陶器器类有鼎、罐、鬲、豆、纺轮等，共31件。另出土铜箭镞和玉环各1件。

陶鼎　3件。标本M79:012，粗泥灰陶。胎较厚。广肩，折沿，圆唇。肩部饰粗绳纹。口径16.2、残高5.6厘米（图六三八，1）。

陶罐　11件。标本M79:014，粗泥灰褐陶。鼓肩，敛口，卷沿，圆唇。肩部饰方格纹，颈部绳纹抹光。口径12、残高5.4厘米（图六三七，3；图六三八，2）。标本M79:015，细泥灰陶。火候较高。广肩，矮领，口略侈，宽折沿，圆唇。口径12.2、残高4.5厘米（图六三八，7）。标本M79:016，粗泥灰陶。广肩，敛口，卷沿，斜唇。口径13.8、残高4.3厘米（图六三八，10）。

陶鼎足　4件。标本M79:08，夹细砂红褐陶。柱状，足根较平，足下段略向内侧弯曲，横剖面呈椭圆形，外表有削痕。足根径2.6、长11厘米（图六三八，3）。标本M79:013，夹细砂红褐陶。略呈柱状，上段内侧饰斜绳纹。粗径3、残长8厘米（图六三八，14）。

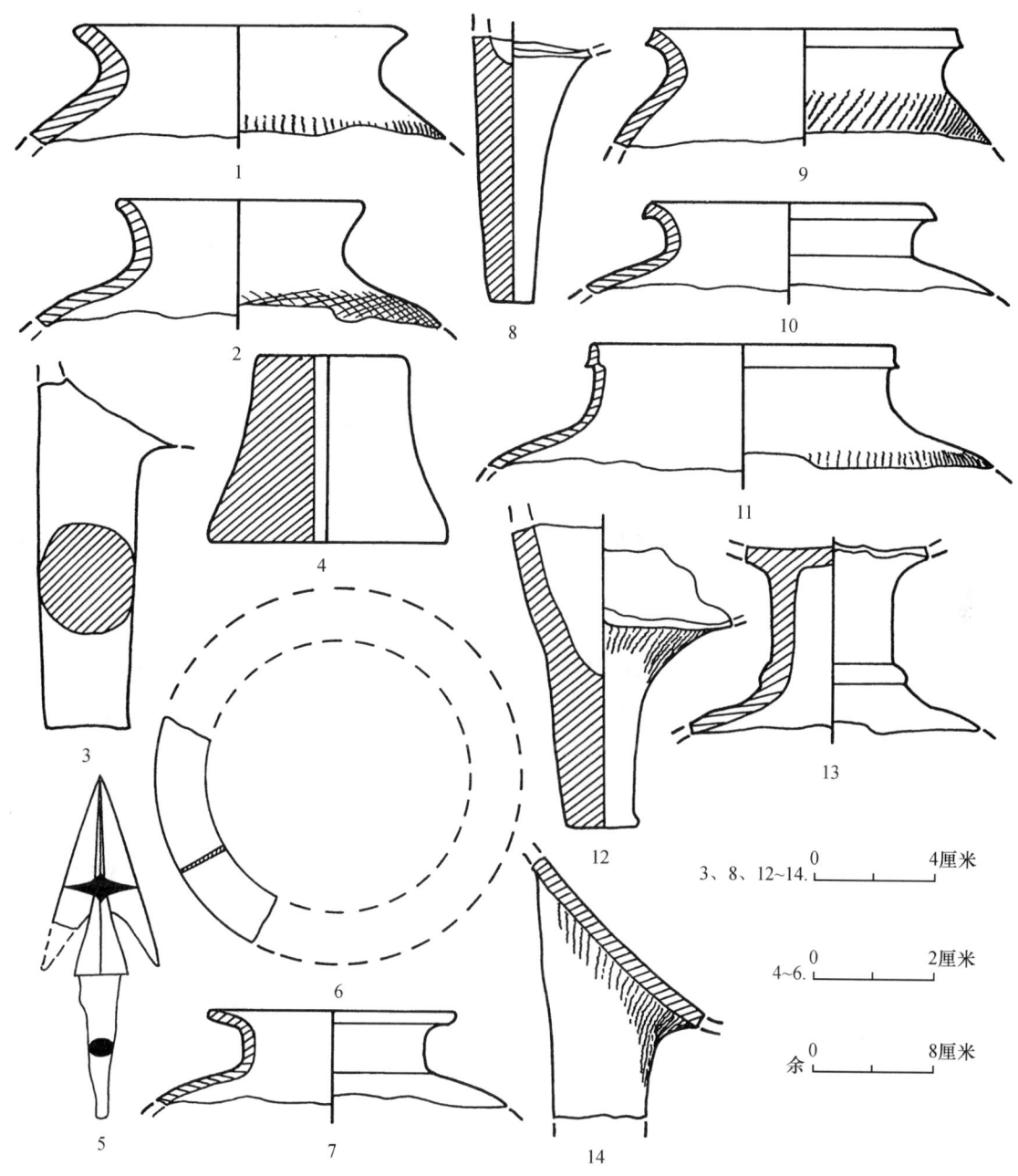

图六三八　F区M79填土出土器物

1. 陶鼎（M79∶012）　　2、7、10. 陶罐（M79∶014、M79∶015、M79∶016）　　3、14. 陶鼎足（M79∶08、M79∶013）　　4. 陶纺轮（M79∶03）　　5. 铜箭镞（M79∶01）　　6. 玉环（M79∶02）　　8、12. 陶鬲足（M79∶011、M79∶09）　　9、11. 陶鬲（M79∶06、M79∶07）　　13. 陶豆柄（M79∶019）

　　陶纺轮　1件（M79∶03）。粗泥红褐陶。束腰形，上细下粗，中间穿孔。顶面径2.5、底面径3.8、厚3、孔径0.5厘米（图六三八，4）。

　　陶鬲　7件。标本M79∶06，粗泥红褐陶。溜肩，敛口，折沿、方唇。肩部饰斜绳纹，颈部绳纹抹光。口径15.2、残高6厘米（图六三七，1；图六三八，9）。标本M79∶07，粗泥灰褐陶。广肩，敛口，宽折沿，尖唇，沿内略凹，沿外有一道三角形凸棱。肩部饰绳纹，颈部绳纹抹光。口径15.1、残高6.3厘米（图六三八，11）。

陶鬲足　3件。标本 M79:011，夹细砂红褐陶。略呈圆锥状，器体较瘦长，足根较平，内空较浅。足根径1.2、残长8.7厘米（图六三八，8）。标本 M79:09，夹细砂红褐陶。微呈柱状，平足根略外凸，上段较粗，内空较深。上段内侧饰斜绳纹。足根径2.2、残长10厘米（图六三八，12）。

陶豆柄　2件。标本 M79:019，细泥黑陶。较矮。下段饰粗凸弦纹一道。粗径4、残高8厘米（图六三八，13）。

铜箭镞　1件（M79:01）。镞翼略残。双翼形，圆铤。长5.6厘米（图六三八，5）。

玉环　1件（M79:02）。残。青白玉。青灰色。硬度6°~7°。产于天山地区。胎较薄，有透明感。断面直径0.9厘米（图六三八，6）。

② M116

M116 位于 FT22 探方内，墓道跨入 FT21 探方东南角，东壁和墓道部分并延伸至探方外。开口在②层下，打破生土。距地表深0.4~0.6米。方向238°。该墓规模较大，为土坑墓。平面呈凸字形，由墓室和墓道两部分组成（图六三九；图版二一一，1）。墓室在东边，平面略呈方形，东西两壁收分较大，局部凹凸不平，并用草拌泥修整过，南北两壁保存较好，收分小，较陡直，墓底较平。墓底四周有熟土二层台。墓口东西长3.7、南北宽3.55、深2.5~2.98，墓底东西长3.04、南北宽3米。熟土二层台宽0.22~0.28、高0.44~0.46米。

墓道在墓室西边，墓道西端被近代坑打破。西高东低，呈斜坡状，近墓室处底面较平。墓道两侧收分较小，墓道口长5.8、宽1.76、深0.7~2.56米。

墓道两侧有对称的柱洞，共12个，编号为 D1~D12（图版二一二，1）柱洞有圆形、椭圆形、长方形、正方形和不规则形几种，直径一般0.27米左右，其深度相应深于所在墓道壁的深度，为0.54~2.2米。每个柱洞内均有石柱础，呈圆形、方形、椭圆形、长方形和多边形几种，部分石础被压破。柱洞具体情况如下：

D1：略呈圆形，口径0.25、深2.2米，圆形石础（图版二一二，2）；

D2：椭圆形，口径0.35×0.27、深2.12米，方形石础，石础被压破（图版二一三，1）；

D3：略呈圆形，口径0.28、深1.45米，不规则形石础；

D4：略呈正方形，口径0.25、深1.25米，方形石础；

D5：略呈正方形，口径0.24、深1.02米，椭圆形石础；

D6：长方形，口径0.28×0.19、深0.74米，长方形石础；

D7：长方形，口径0.27×0.22、深2米，长方形石础，石础被压破（图版二一三，2）；

D8：长方形，口径0.29×0.21、深1.92米，长方形石础；

D9：长方形，口径0.3×0.2、深1.25米，长方形石础；

D10：椭圆形，口径0.27×0.2、深1.05米，多边形石础；

D11：不规则形，口径0.26、深0.82米，方形石础；

D12：长方形，口径0.28×0.19、深0.54米，椭圆形石础。

墓道壁上均抹有0.05~0.15米厚的草拌泥。草茎为长0.02~0.1米的稻草。草拌泥呈灰白色，特别细腻且硬，壁面平整而光滑（图版二一四，1）。草拌泥表面涂有红色生漆，出土时颜色鲜红（图版二一四，2）。

墓内填土为灰褐色和黄褐色五花土，比较疏松。填土中包含有较丰富的周代绳纹陶片，另出土铜箭镞、石环各1件。

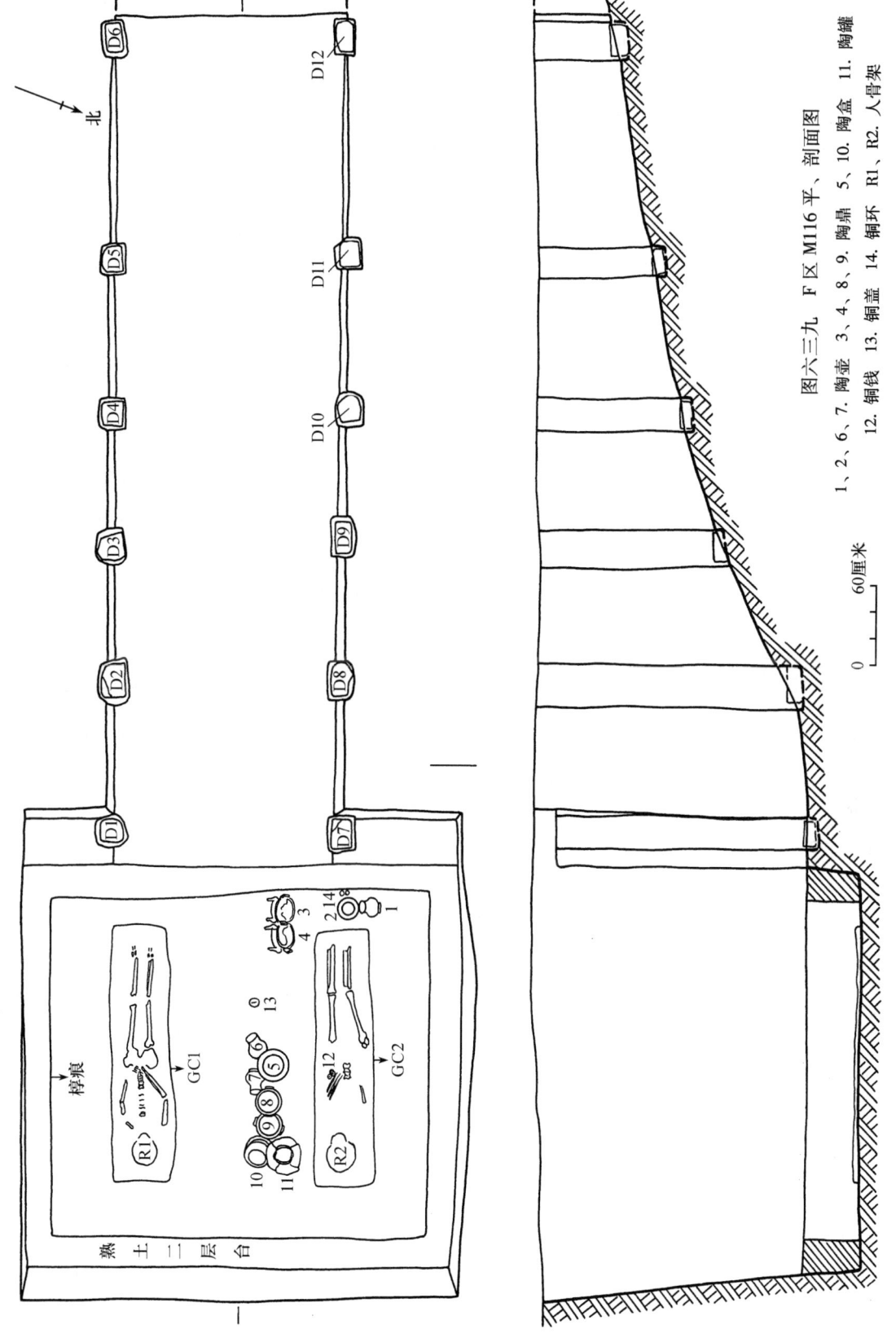

图六三九　F 区 M116 平、剖面图

1、2、6、7. 陶壶　3、4、8、9. 陶鼎　5、10. 陶盒　11. 陶罐　12. 铜钱　13. 铜盖　14. 铜环　R1、R2. 人骨架

　　葬具腐烂无存，仅存棺椁腐烂痕迹，椁痕紧连熟土二层台，东西长 2.66、南北宽 3、高 0.45 米。椁痕内有两具棺痕，呈南北向排列，由南向北编号，分别为 GC1、GC2。GC1 棺痕长 2.04、宽 0.5～0.56、厚 0.1 米；GC2 棺痕长 2.1、宽 0.51～0.55、厚 0.08 米。葬具应为单椁双棺。

　　棺内各有一具腐烂成粉末状的人骨架痕迹。由南向北编号，分别为 R1、R2（图版二一一，2）。R1 葬式为仰身，头向东，面向上，下肢伸直，上肢略向内弯曲，双手交叉于下腹部；R2 葬式为仰身，头向东，面向上，下肢伸直，上肢因腐烂不清。其性别、年龄均不详。

　　随葬器物多数放置于椁的中部，即两棺之间，少数放置于椁室西北角。R2 人骨架腰部左侧置 8 枚钱币。器类有陶鼎、陶罐、陶壶、陶盒、铜盖、铜环等，共 14 件及 8 枚钱币。

　　陶鼎　4 件。均复原完整。标本 M116：9，泥质灰陶。子口内敛，方唇，上腹较直，下腹呈弧形内收，圜底，上、下腹交界处有一道三角形凸棱，曲尺形附耳略外撇，矮足外撇，足根呈尖圆形，足上段较粗而外凸，弧形盖，盖上有三个轭形耳，正中有一环钮。外表施有红色彩绘花纹，均脱落。口径 14.6、腹径 17.6、足高 6.6、通高 15.6 厘米（图六四〇，1；彩版四四，3；图版二一八，5）。标本 M116：8，泥质灰陶。器身较扁，子口内敛，圆唇，上腹较直，下腹胎较厚，弧形内收，圜底，上、下腹交界处有一凸棱，曲尺形附耳外撇，矮兽蹄形足稍外撇，足上段较粗而外凸，覆盘形盖，盖上有三个轭形耳，中间有一个环形钮。口外饰一道细凹弦纹。腹部和盖面施有红色彩绘，均脱落不清楚。口径 13.8、腹径 18、足高 6、通高 15 厘米（图六四〇，2；彩版四四，4；图版二一八，6）。标本 M116：3，泥质黑陶。器身扁圆。子口内敛，圆唇，上腹微鼓，下腹呈弧形内收，圜底，曲尺形附耳外撇，

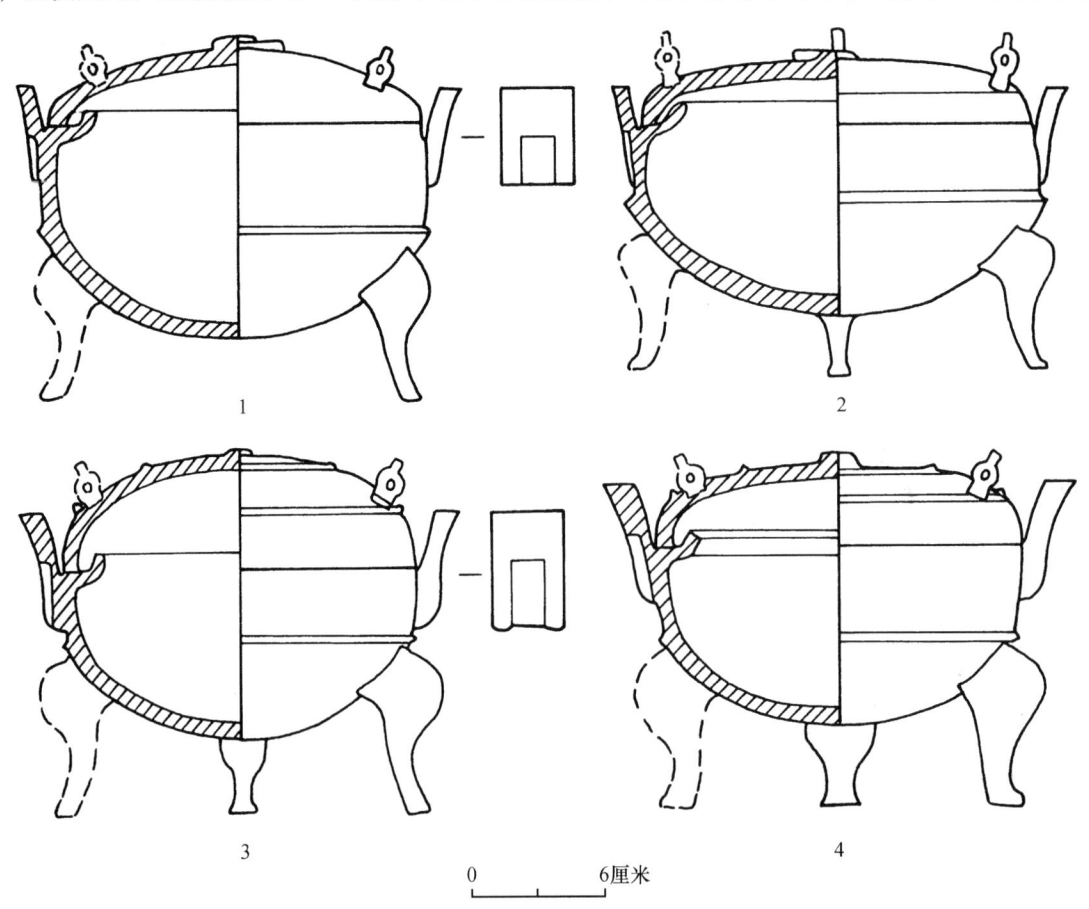

图六四〇　F 区 M116 出土陶鼎
1. M116：9　2. M116：8　3. M116：3　4. M116：4

矮足略外撇，足上段较粗壮，并向外鼓，半圆器盖，盖上有三个轭形耳，盖中间有一乳头形钮。盖面饰两道凸弦纹。下腹饰一道凸弦纹。器身外表施红色彩绘花纹，均脱落。口径 13.2、腹径 15.9、足高 5.2、耳长 3.4、通高 16 厘米（图六四〇，3；图版二一八，3）。标本 M116：4，泥质黑陶。子口内敛，方唇，弧腹，圜底，耳较长，外撇，矮兽蹄形足，覆盘形盖，盖面有三个轭形耳，中间有一个饼形钮。盖面饰两道凸弦纹。下腹饰一道凸弦纹。外表饰红色彩绘花纹，均脱落。口径 13.4、腹径 16.3、耳长 3.4、足高 4.7、通高 15.6 厘米（图六四〇，4；图版二一八，4）。

陶壶　4 件。均复原完整。标本 M116：1，泥质黑陶。扁圆腹，长颈，盘形口，方唇，高圈足外撇，腹中部有两个对称的饼形耳，盖面较平，盖上有三个轭形耳，但已残，中间有一个三角形钮。腹部和盖面各饰一道凹弦纹。口沿外及颈部饰红色圆点及三角形兽面彩绘花纹，腹部和圈足上共饰三道红色彩绘宽带纹。口径 10.2、颈长 7.7、腹径 15、圈足径 12、高 23.2 厘米（图六四一，1；彩版四七，2；图版二一五，2）。标本 M116：7，泥质黑褐陶。球腹，长颈，领上粗下细，盘形口，方唇，矮圈足，腹部有两个对称的乳头形耳，弧形盖，盖上三个轭形耳已残，中间有一个凸形钮。颈部和腹部饰两道细凹弦纹。器表饰红色彩绘花纹，但全部脱落。口径 9.6、颈长 6.3、腹径 13.5、圈足径 9.2、高 22.5 厘米（图六四一，2）。标本 M116：6，泥质灰褐陶。球腹，细长颈，盘形口，方唇，矮圈足，腹部有两个对称的乳头形耳。弧形盖，盖上三个轭形耳已残，中间有一个凸形钮。肩部和上腹部饰两道细凹弦纹。器体外表饰红色彩绘花纹，均脱落而不清楚。口径 9、颈长 6.9、腹径 13.2、圈足径 9.6、高 23.6 厘米（图六四一，3；彩版四七，1；图版二一五，1）。标本 M116：2，泥质黑陶。腹略扁圆，长颈较直，盘形口，方唇。高圈足外撇，弧形盖，盖上有三个轭形耳，中间一个三角形钮。盖上饰一道凹弦纹，腹部饰一道凸弦纹。口沿外及颈部饰红色圆点、三角形兽面彩绘花纹，肩部、腹部、圈足上各饰一道宽带状红色彩绘花纹。口径 9、颈长 7.5、腹径 15、圈足径 11.1、高 24.9 厘米（图六四一，4；彩版四七，3；图版二一五，3）。

陶盒　2 件。均复原完整。标本 M116：5，泥质灰褐陶。器身扁圆，子口内敛，尖圆唇，弧壁，底近平。矮圆圈足略外撇，弧形盖，盖上有矮圈足形钮。腹部饰两道凹弦纹。外表饰红色彩绘花纹，但全部脱落而不清楚。口径 15、腹径 18、圈足径 10.2、钮径 10.2、高 11.5 厘米（图六四二，1；彩版四八，4；图版二一九，4）。标本 M116：10，泥质灰陶。器身扁圆，子口内敛，尖圆唇，腹壁较直，下腹圆折，底近平，矮圆圈足略外凸，覆盘形盖，盖上有矮圈足钮。腹部饰两道凹弦纹。器体外表饰红色彩绘花纹，均脱落而不清楚。口径 14、腹径 17.3、圈足径 10.2、钮径 10.2、高 10.2 厘米（图六四二，2；彩版四八，3；图版二一九，3）。

陶罐　1 件（M116：11）。完整。泥质黑陶。火候较高。器形规整，广肩，鼓腹，高领，直口，斜沿，尖唇，下腹内收，小平底。下腹饰交错绳纹，口径 12.1、领高 3.6、腹径 24、底径 13.8、高 21 厘米（图六四二，3；彩版四六，4；图版二二二，2）。

铜盖　1 件（M116：13）。钮残。略呈圆弧形，胎较厚，厚方唇，盖面有一环钮。口径 5、高 4.4 厘米（图六四二，4；图版二二〇，1）。

铜环　2 件。形制相同。标本 M116：14，略锈蚀。椭圆形，横断面亦呈椭圆形。长径 3.2、短径 3 厘米（图六四二，5；图版二二〇，4）。

钱币　8 枚。均为铜质半两钱币。面、背均无郭，面底边薄，背平，面文有高挺和矮隐之异，穿有大小之别。直径 2.7～3.3 厘米。应为秦代和西汉早期半两钱币。

填土中出土较多的绳纹陶片，器形有鬲、罐、鼎、豆等（未采集），只采集 1 件铜箭镞和 1 件石环。

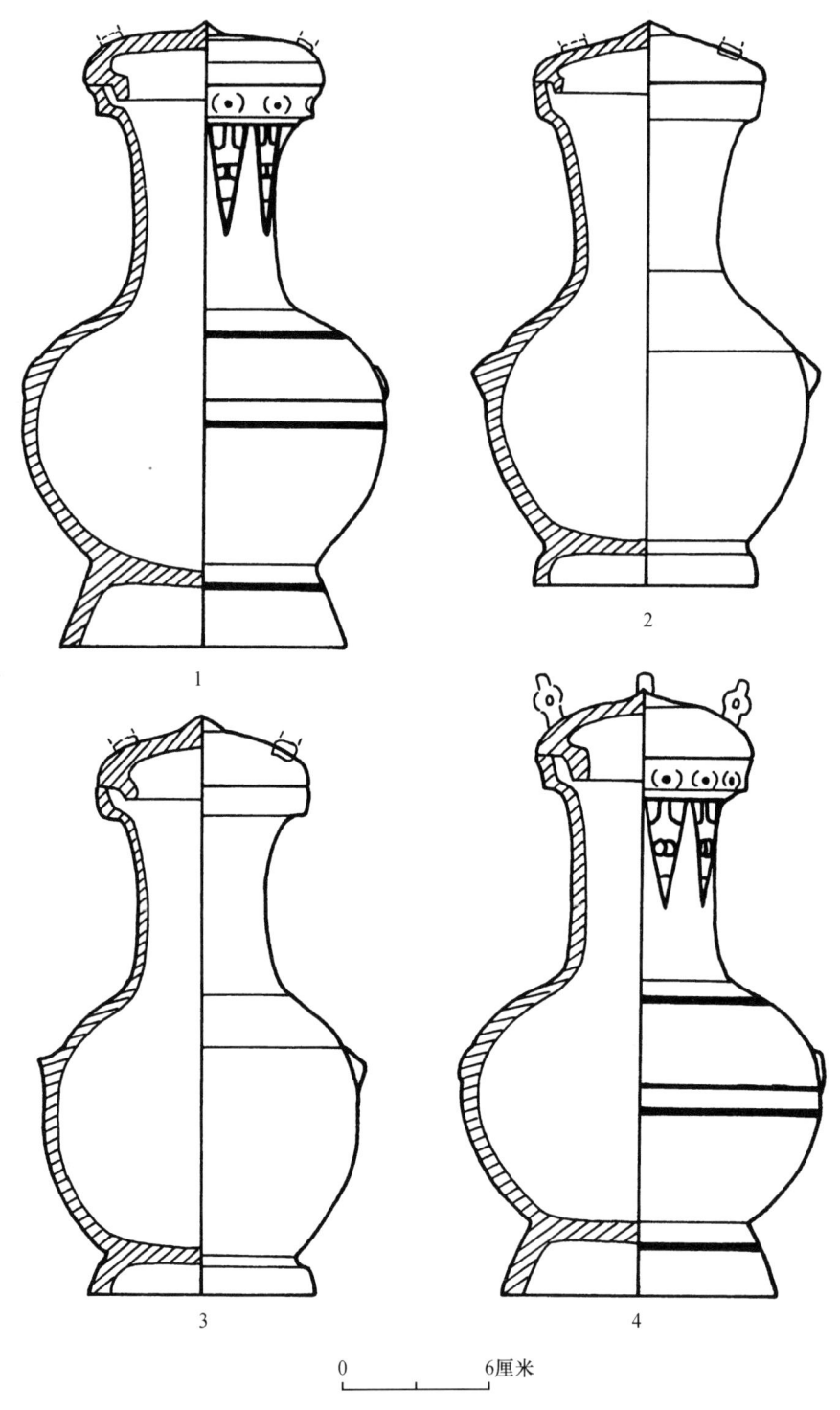

图六四一　F区 M116 出土陶壶
1. M116:1　2. M116:7　3. M116:6　4. M116:2

　　铜箭镞　1件（M116:018）。保存较好。双翼形，甚锋利。长7、翼长4.8、铤长2.5厘米（图六四四，1）。

　　石环　1件（M116:019）。残。斜长斑岩。灰绿色，硬度5°~6°。原材料产于三峡地区。体较薄，尤其是环的边缘更薄。直径5.2、胎厚0.15厘米（图六四四，2）。

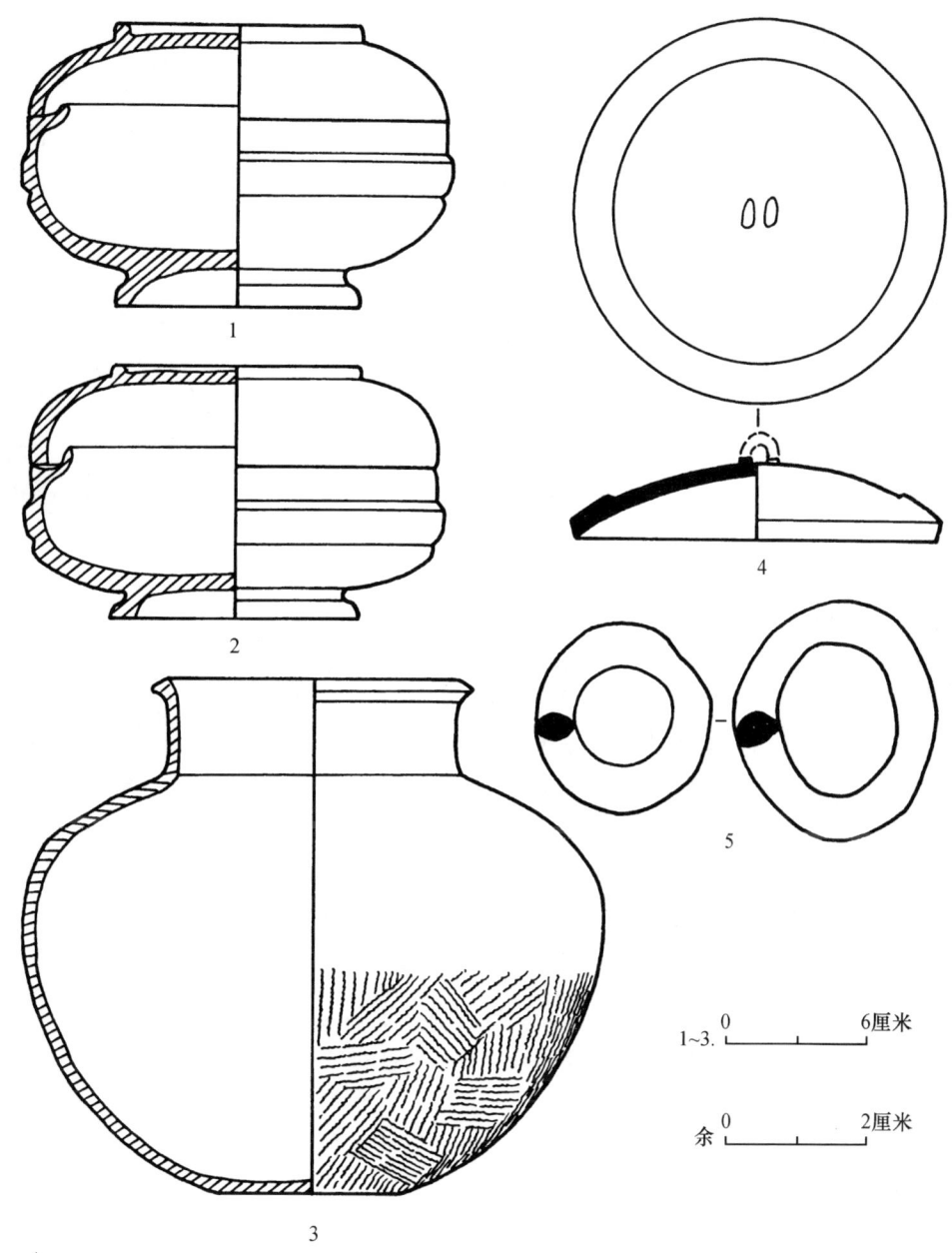

图六四二　F区M116出土器物

1、2. 陶盒（M116:5、M116:10）　3. 陶罐（M116:11）　4. 铜盖（M116:13）　5. 铜环（M116:14）

③ M135

M135 位于 FT35 探方东南部和 FT36 探方西南部及 FT38 探方东北角。开口在②层下，打破 M140 及生土。距地表深 0.36 ~ 0.7 米。方向 70°。为长方形竖穴土坑墓。因位于陡坡之上，故墓坑南面较深，北面较浅。墓壁收分较小，四壁较陡而整齐，底甚平。墓口长 3.4、宽 2.34、南壁深 3.4、北壁深 2.95、墓底长 3.17、宽 2.17 米（图六四五；图版二一六，1）。墓内填土为黄褐色五花土，经过夯打，土质特别坚硬。填土中包含有较多的绳纹陶片及碎小的红色烧土块和动物骨骼。

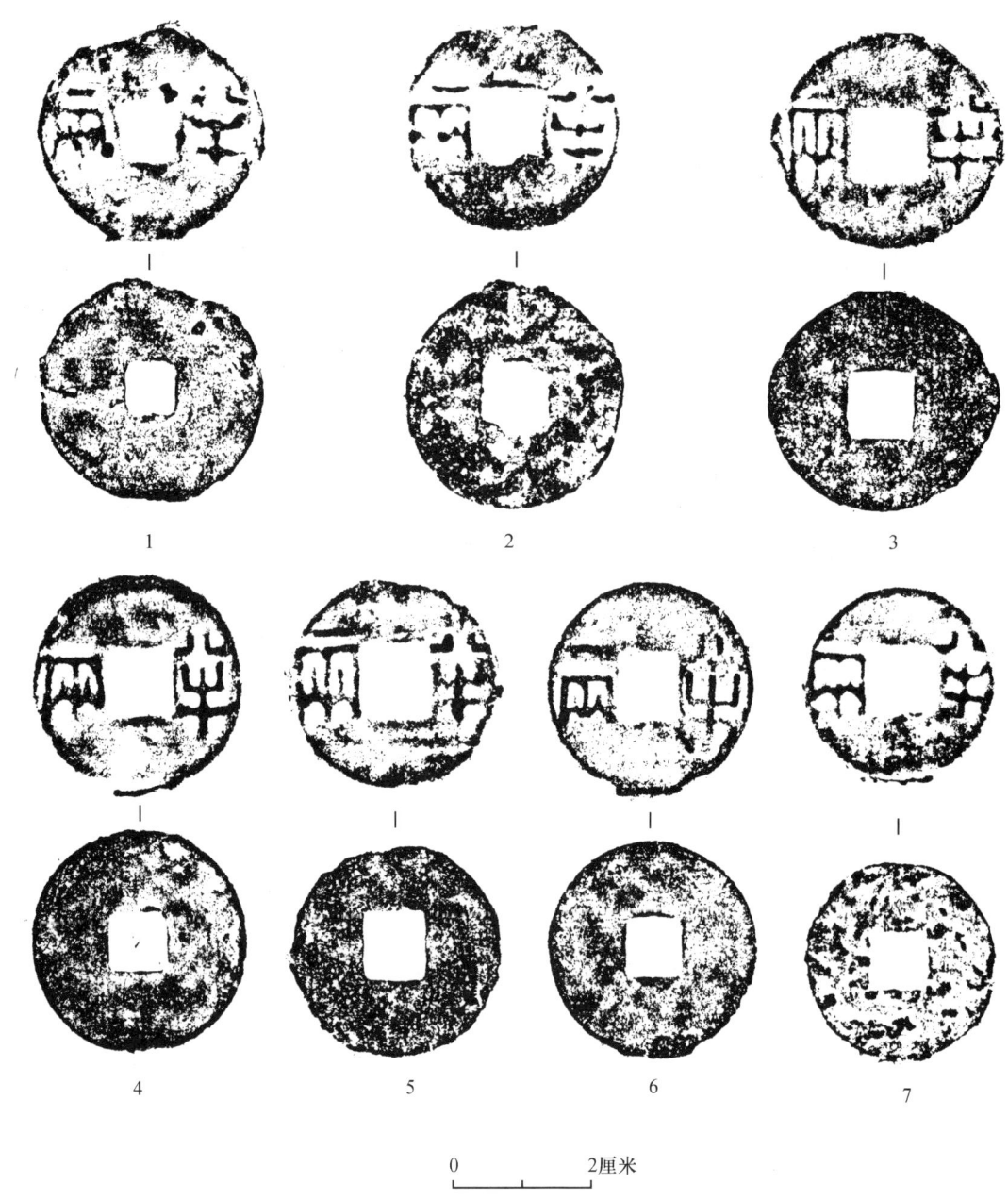

图六四三　F区M116半两钱币拓片

1. M116：12　　2. M116：21　　3. M116：22　　4. M116：23　　5. M116：24　　6. M116：25　　7. M116：26

　　葬具因腐烂无存，亦未发现腐烂痕迹，但根据墓坑形制较宽，四壁较陡，埋葬较深，随葬器物呈东西向直线排列于墓室南边，人骨腐烂痕迹位于墓室中部等情况分析，葬具应为单棺单椁。

　　人骨架仅存腐烂痕迹，位于墓室中间，头向东，葬式为仰身直肢（图版二一六，2）。因全部腐烂，其墓主人性别、年龄均不详。

　　随葬器物大部分置于墓坑南边，即人骨腐烂痕迹左边，呈东西向直线排列，应放在椁室边箱内，铁斧置于墓坑东北部位，南北方向，刃部朝北面。随葬器物种类有陶鼎、陶壶、陶盒、铁斧、玉片等，共10件。其中4、5号陶鼎内随葬有动物（仅存骨骼）。

　　陶鼎　2件。均修复完整。标本M135：4，泥质灰陶。器身扁圆，子口内敛，圆唇，弧腹，圈底，长方形附耳外撇，矮兽蹄形足，足上段较粗壮，下段横剖面呈三角形，弧形盖。盖面饰四道红色宽带彩绘花纹，腹部饰一道凹弦纹和饰两道红色宽带彩绘花纹。口径17、腹径18.6、耳长5.4、足高6.9、通高16.8厘米（图六四六，1；彩版四四，2；图版二一八，1）。鼎内置有动物骨骼。标本M135:5，泥质灰陶。器身扁圆，子口内敛，方唇，弧腹内收，圜底，方形附耳略外撇，矮兽蹄形足，足上段较粗壮，盖面较平。盖上饰有四道红色宽带彩绘花纹，腹部饰三道红色宽带彩绘花纹，并饰一道细凹弦纹。口径15.8、腹径18.6、耳长4.9、足高6.6、通高16.2厘米（图六四六，4；彩版四四，1；图版二一八，2）。鼎内置有动物骨骼。

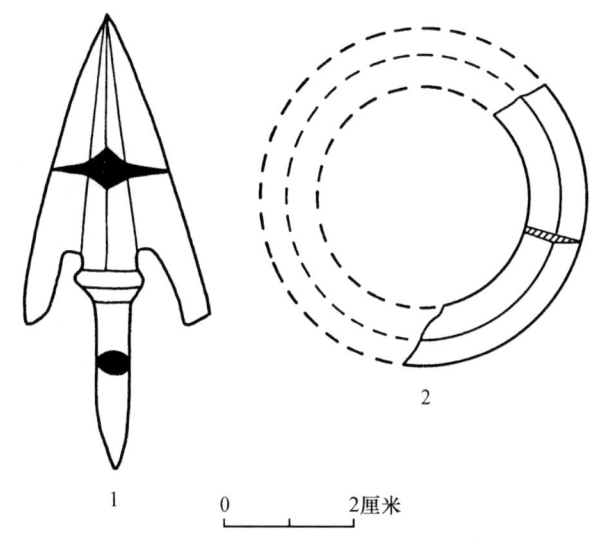

图六四四　F区M116填土中出土器物
1. 铜箭镞（M116:018）　2. 石环（M116:019）

陶壶　4件。均完整。标本M135:2，泥质灰陶。火候较高。球腹，长颈，口略内敛，方唇，下腹内收，圜底，高圈足外撇，肩部有两个铺首衔环（图六四七），弧形盖。盖内有一道凸棱。肩部和腹部各饰二道凹弦纹。盖上饰三道宽带红色彩绘纹和一道波浪形红色彩绘纹，口沿外饰三道宽带及三角形红色彩绘纹，肩部、腹部及圈足上共饰十道宽带红色彩绘纹。口径13.5、腹径18、圈足径12.9、高30厘米（图六四六，2；彩版四五，1；图版二一七，1）。标本M135:3，泥质灰陶。火候较高。腹较深、外鼓，长颈，口略内敛，方唇，下腹内收，底近平，矮圆圈足略外撇，肩部有两个对称的铺首衔环，弧形盖，盖内有一道凸棱。肩部和颈部饰四道凹弦纹。盖面饰三道宽带及一道波浪形红色彩绘纹，口沿外饰三道宽带及一周三角形红色彩绘纹，颈部、腹部及圈足上共饰九道宽带状红色彩绘纹。口径11.5、腹径18、圈足径12.5、高30厘米（图六四六，3；彩版四五，2；图版二一七，2）。标本M135:7，火候较高。鼓腹，长颈，略侈，平沿外凸，尖圆唇，底内下凹，假圈足略外凸。口径4.6、腹径8.4、假圈足径4.8、高9厘米（图六四八，5）。标本M135:8，火候较高。鼓腹，颈略细，口略侈，平沿外凸，尖唇，底内下凹，假圈足外凸。口径4.8、腹径128、假圈足径4.4、高9.4厘米（图六四八，6；彩版四七，4；图版二一五，4）。

陶盒　2件。标本M135:9，修复完整。泥质灰陶。由上下两半，即器身与盖扣合而成。子口内敛，方唇，弧腹，下腹内收，小平底，盖面弧度较大、方唇，矮圈足形钮。腹部和盖各饰两道细凹弦纹和五道红色宽带形彩绘纹。口径17.6、腹径19.2、底径7.2、钮径9、高16.8厘米（图六四八，1；彩版四八，1；图版二一九，2）。标本M135:6，泥质灰陶。器身略呈球形，子口内敛，圆唇，弧腹，下腹内收，小平底，底胎较厚，圆弧形盖，方唇，矮圈足形钮。盖上饰二道细凹弦纹，腹部饰一道细凹弦纹。盖面饰四道红色宽带状彩绘纹，腹部饰三道红色宽带状彩绘纹。口径16.5、腹径19.8、底径6、钮径7.8、高16.8厘米（图六四八，2；彩版四八，2；图版二一九，1）。

铁斧　1件（M135:10）。完整。略锈蚀。平面呈长方形，刃部略窄，弧形刃，方形銎。长13、顶宽6.2、刃部宽5.8、顶端厚3.2厘米（图六四八，4；图版二二〇，2）。

玉片　1件（M135:1）。残。青白玉。青灰色。原材料产于天山地区。长条形，胎较薄，有透明感。宽2.6、残长5、厚0.4厘米（图六四八，3）。

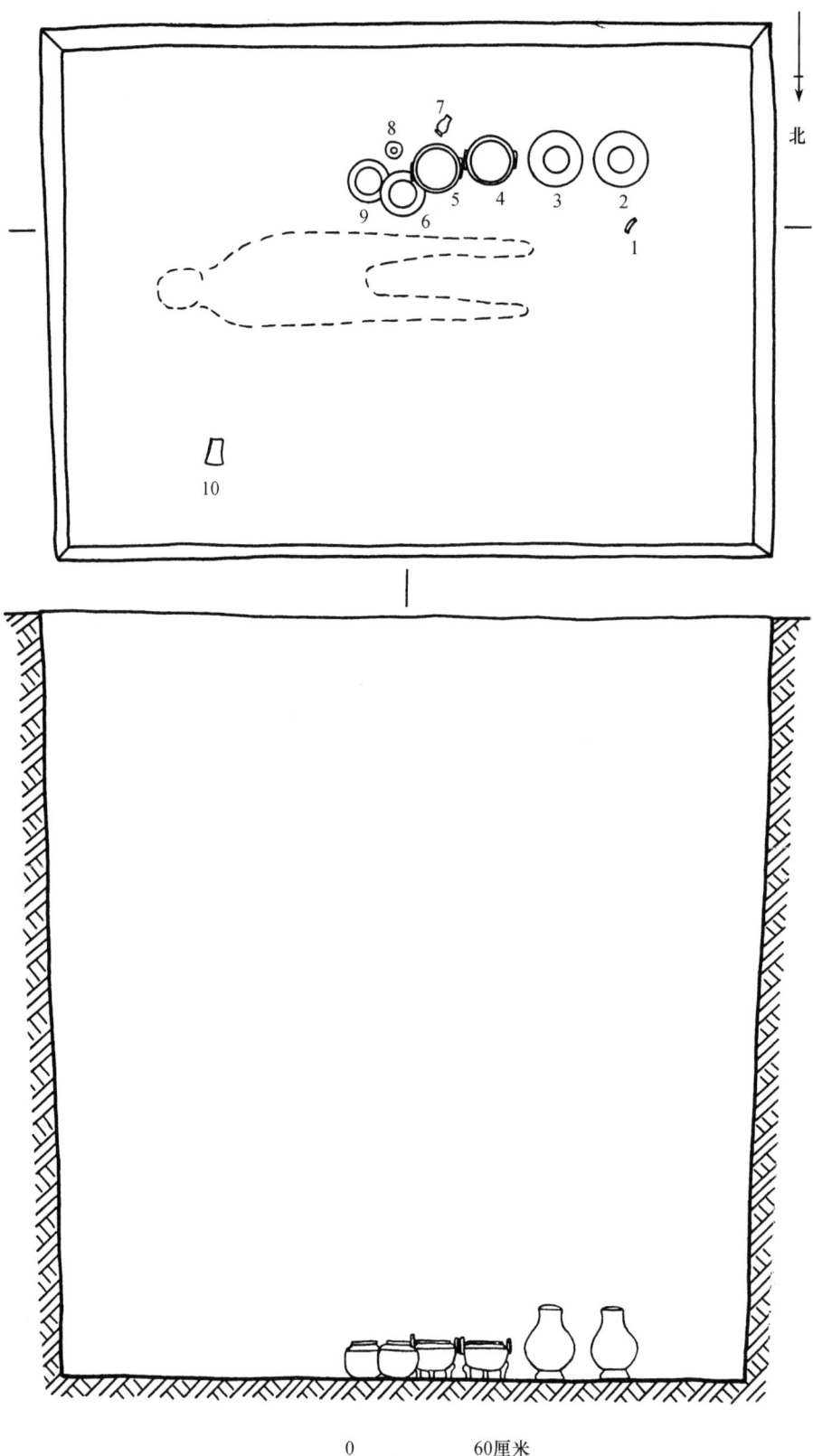

图六四五　F 区 M135 平、剖面图
1. 玉片　2、3、7、8. 陶壶　4、5. 陶鼎　6、9. 陶盒　10. 铁斧

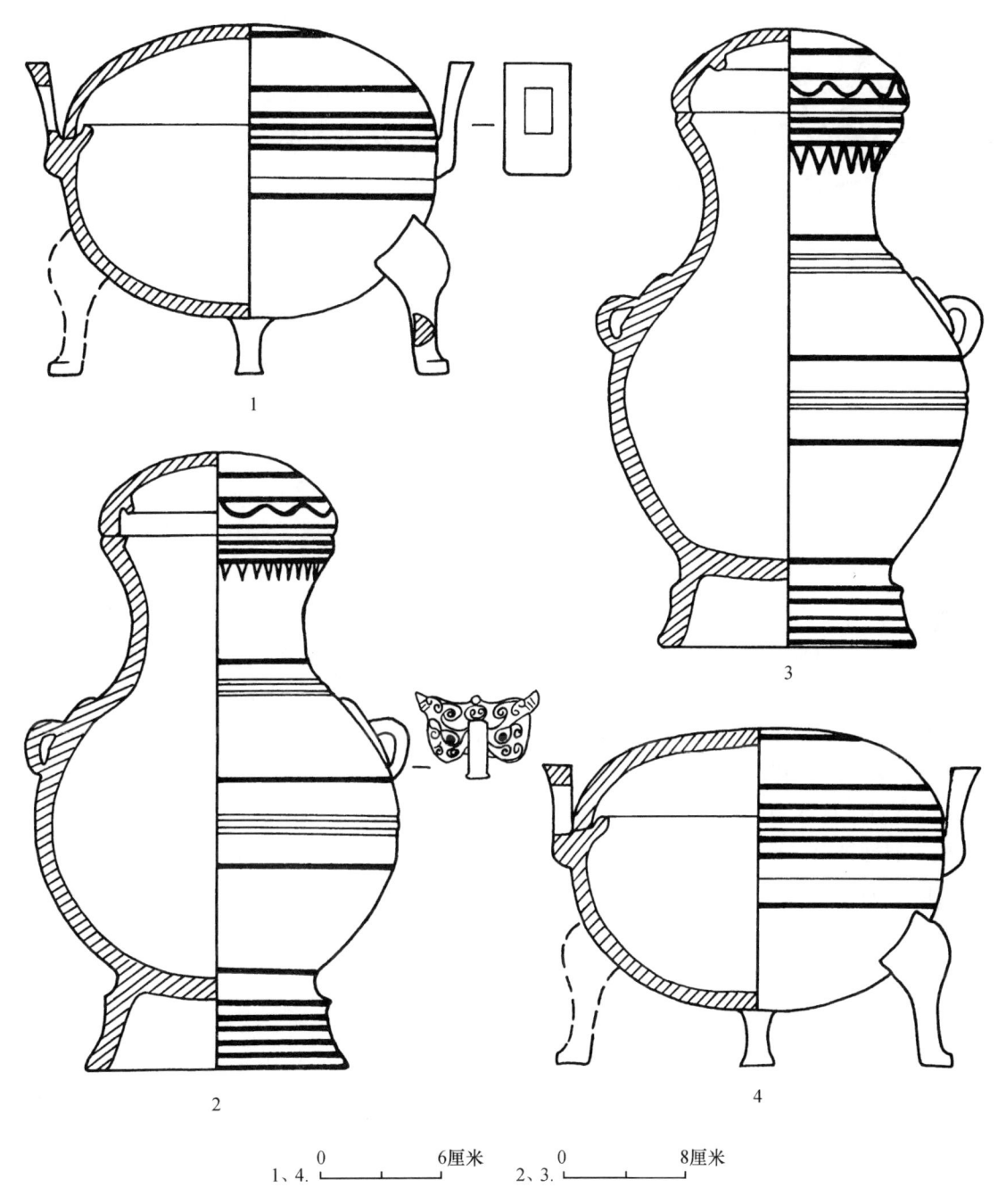

1、4. ⌐────┐0   6厘米
2、3. ⌐────┐0   8厘米

图六四六　F区M135出土彩绘陶壶、陶鼎
1、4. 陶鼎（M135：4、M135：5）　　2、3. 陶壶（M135：2、M135：3）

　　动物骨骼　17件。种类家猪、家鸡、草鱼等。大部分出土于4号和5号陶鼎内。标本M135：015，家猪左肱骨。标本M135：017，家猪管状骨骨片。标本M135：4-8，家猪肋骨。有明显刀砍痕。砍痕长2.1、宽0.01～0.4厘米。标本M135：4-2，家鸡肱骨。标本M135：4-3，家鸡喙骨。标本M135：4-6，家鸡股骨。标本M135：4-7，家鸡颈椎。标本M135：5-3，家鸡桡骨。标本M135：5-2，家鸡股骨。标本M135：5-7，家猪肋骨。标本M135：014，家猪第一趾节骨。标本M135：013，草鱼椎骨。

　　填土中出土陶片共98片，有粗泥和夹细砂两种。陶色多为红褐陶、灰褐陶，次为黑陶、红陶

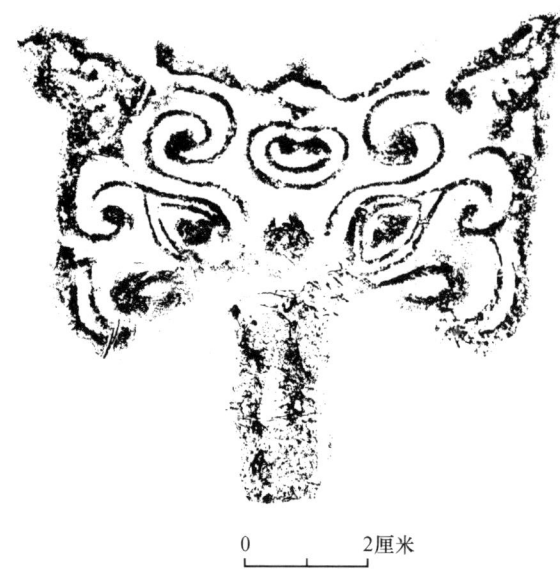

图六四七　F区M135陶壶铺首拓片（M135：2）

等。纹饰以绳纹为主，占纹饰总数的95%，次为方格纹（图六四九）。器类有陶鼎、陶罐、陶鬲、陶鼎足、陶鬲足、陶纺轮及1件铜带钩，共30件。

陶鼎　3件。标本M135：018，夹细砂红褐陶。广肩，敛口，折沿，尖唇，沿面微凹，折沿处胎较厚。肩部饰细绳纹。口径19.5、残高6.4厘米（图六五〇，1）。

陶罐　10件。标本M135：025，粗泥黑陶。广肩，矮领，折沿，尖唇，沿内略凹，沿外有一道凸棱。肩部饰粗绳纹，颈部绳纹抹光。口径16.5、残高6.9厘米（图六五〇，2）。标本M135：027，泥质灰褐陶。斜肩，敛口，卷沿，尖圆唇。口径15、残高6.8厘米（图六五〇，4）。标本M135：026，夹细砂黑陶。鼓肩，敛口，折沿，圆唇。口径15.9、残高6.3厘米（图六五〇，5）。标本M135：028，泥质灰陶。溜肩，敛口，外卷沿，圆唇。肩部饰一道细凹弦纹。口径13.5、残高5.6厘米（图六五〇，6）。标本M135：024，粗泥红陶。鼓肩，敛口，折沿，方唇。肩部饰细绳纹，颈部绳纹抹光。口径15、残高5.1厘米（图六五〇，13）。

陶鬲　5件。标本M135：020，泥质褐陶。广肩，敛口，折沿，方唇，沿内略凹，沿外有一道三角形凸棱。肩部饰粗绳纹，颈部绳纹抹光。口径15.2、残高6.3厘米（图六五〇，3）。标本M135：021，泥质红褐陶。广肩，敛口，矮折沿，尖唇，沿内略凹，沿外有一道三角形凸棱。肩部饰细绳纹。口径16、残高4.6厘米（图六五〇，7）。

陶鼎足　4件。标本M135：019，残。夹细砂红褐陶。圆柱状。粗径4.2、残长9.4厘米（图六五〇，10）。

陶鬲足　6件。标本M135：022，夹细砂红褐陶。略呈圆柱状，足根较平，下段向内弯曲，内空较浅。足根径2.2、残长7厘米（图六五〇，11）。标本M135：023，夹细砂红褐陶。略呈圆锥状，足根微弧，内空较深，横剖面呈椭圆形。足根径1.2、残长7.4厘米（图六五〇，12）。

陶纺轮　1件（M135：011）。粗泥褐陶。略呈半圆形，底面略弧，中间穿孔。直径3.8、孔径0.5、厚3.1厘米（图六五〇，9）。

铜带钩　1件（M135：012）。残。呈鸟首形，横剖面呈圆形。残长1.8厘米（图六五〇，8）。

④ M140

M140位于FT38探方北部和FT35探方南部。开口在②层下，被M135打破。距地表深0.3～0.4米。方向250°。为长方形竖穴土坑墓。所处位置是斜坡地带，南高北低，故墓口也是南高北低。尤其是南壁因山体滑坡挤压严重变形，向内倾斜约0.3米。东、北、西三壁较陡直，收分较小，底较平整，墓底东西两端各有一道椁室枕木槽。墓口东西长3.4、南北宽2～2.3、深2.6米，墓底长3.22、宽2.25米，枕木槽长2、宽0.1、深0.05米（图六五一；图版二二一，1）。墓内填土为黄褐色夹块状灰褐色五花土，经夯打，特别坚硬。包含物有红色、红褐色等绳纹陶片，并出土有较多的动物骨骼和1件卜骨。

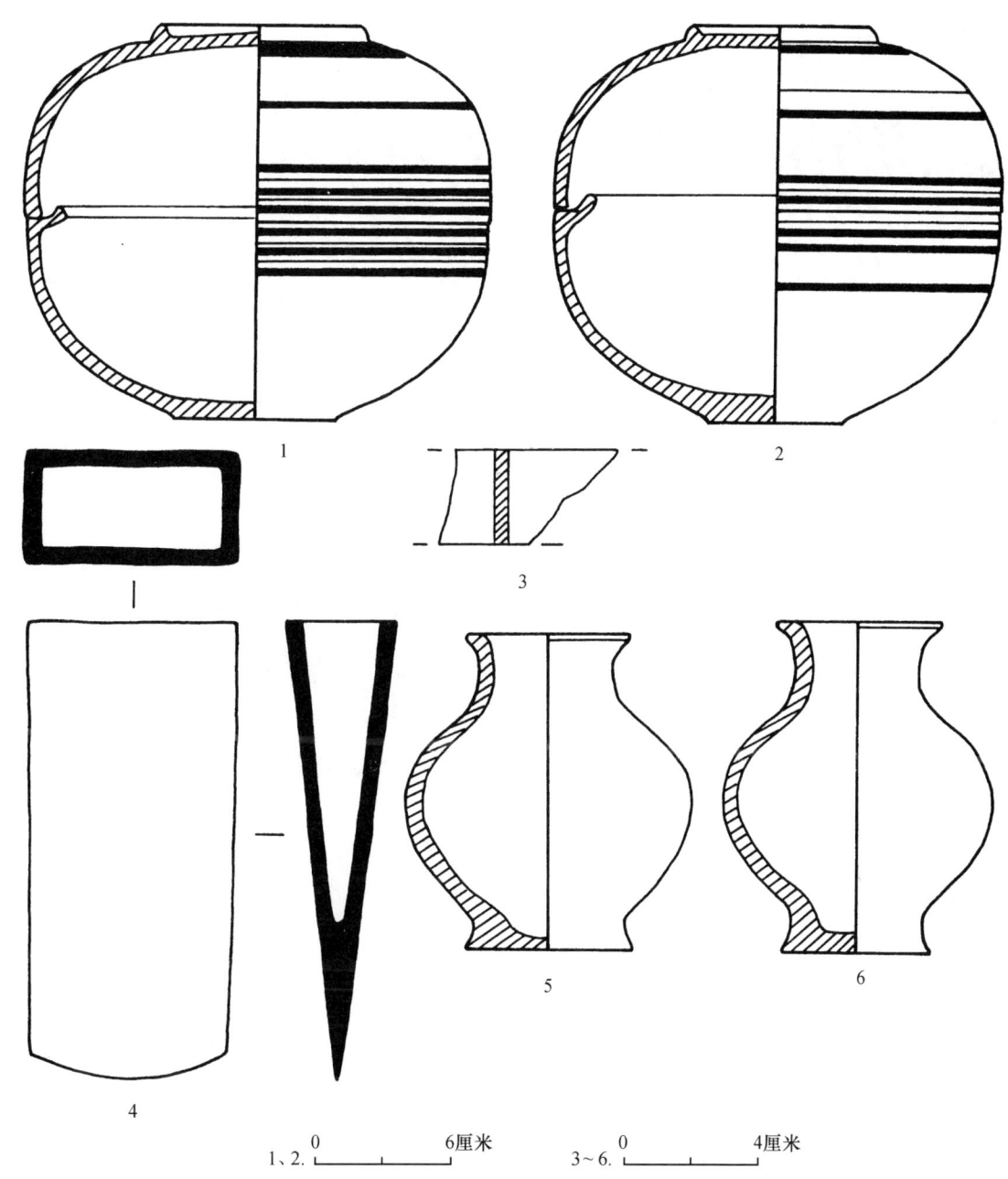

图六四八　F 区 M135 出土器物

1、2. 陶盒（M135：9、M135：6）　3. 玉片（M135：1）　4. 铁斧（M135：10）　5、6. 陶壶（M135：7、M135：8）

葬具腐烂无存，仅存椁室枕木槽，根据人骨架位置以及随葬器物摆放情况观察，葬具应为单棺单椁。

人骨架位于墓坑中部，头向西，因深度腐烂，上身仅存腐烂痕迹，下肢存四节肢骨（图版二二一，2）。葬式为仰身直肢。墓主人性别、年龄均不详。

随葬器物放置于墓坑南边，即人骨架右边，应为椁室边箱位置。器类有陶壶、铁鍪、铜带钩，共4件。

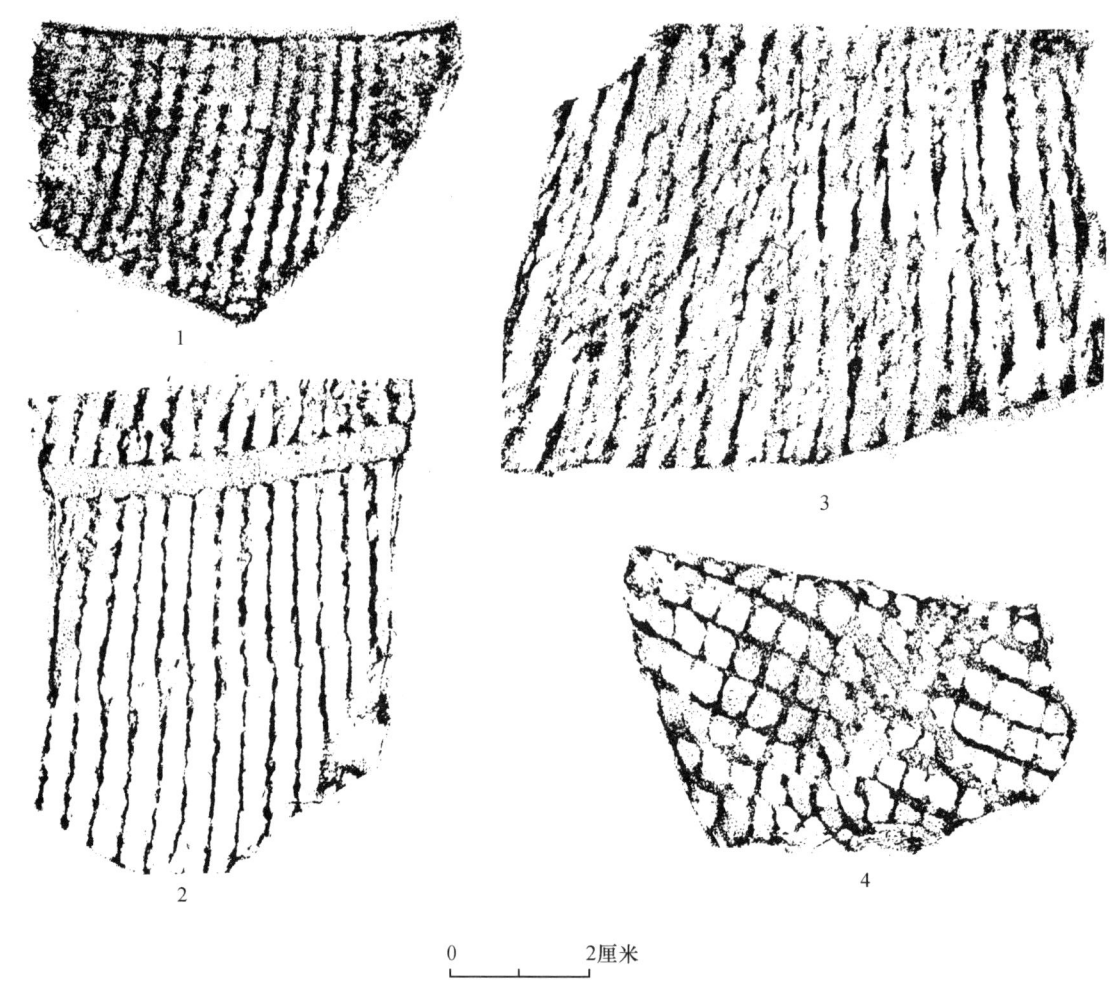

0   2厘米

图六四九　F区M135填土陶片纹饰拓片

1~3. 绳纹（M135∶029、M135∶030、M135∶031）　4. 方格纹（M135∶032）

陶壶　2件。标本M140∶3，完整。粗泥黑褐陶。火候较高。鼓腹，广肩，长颈，口略侈，方唇，下腹内收，圜底，圆圈足外撇，圈足根内敛。腹部饰两道细凹弦纹。口径9.6、腹径16.2、圈足径10.8、高21厘米（图六五二，3；彩版四六，2；图版二二二，4）。标本M140∶2，完整。粗泥黑褐陶。火候较高。鼓腹，溜肩，颈较矮，侈口，圆唇，下腹内收，底近平，圆圈足外撇。颈部和腹部各饰一道细凹弦纹。口径9.6、腹径15.8、圈足径10.2、高21厘米（图六五二，4；彩版四六，3；图版二二二，3）。

铁鍪　1件（M140∶1）。完整。保存较好，略锈蚀。器胎较厚。球形腹，敛口，卷沿，尖唇，圜底，腹部有两个对称的一大一小的环形耳。口径12、腹径16.8、高15厘米（图六五二，1；彩版四三；图版二二○，3）。

铜带钩　1件（M140∶4）。完整。保存较好。器形较小。器身和钩头均呈兽面状，圆饼形扣钮。长3.8、扣钮直径2厘米（图六五二，2；图版二二○，5）。

填土中出土陶片共55片。有泥质和夹细砂两类，其中泥质陶最多，约占陶片总数的80%以上，陶片颜色以红陶和红褐陶为主，次为灰陶和灰褐陶等。绳纹居多，约占陶片总数的80%左右（图六五三）。陶器器类有鬲、罐、鼎、杯、豆等，共21件。另有骨锥和石条形器各1件。

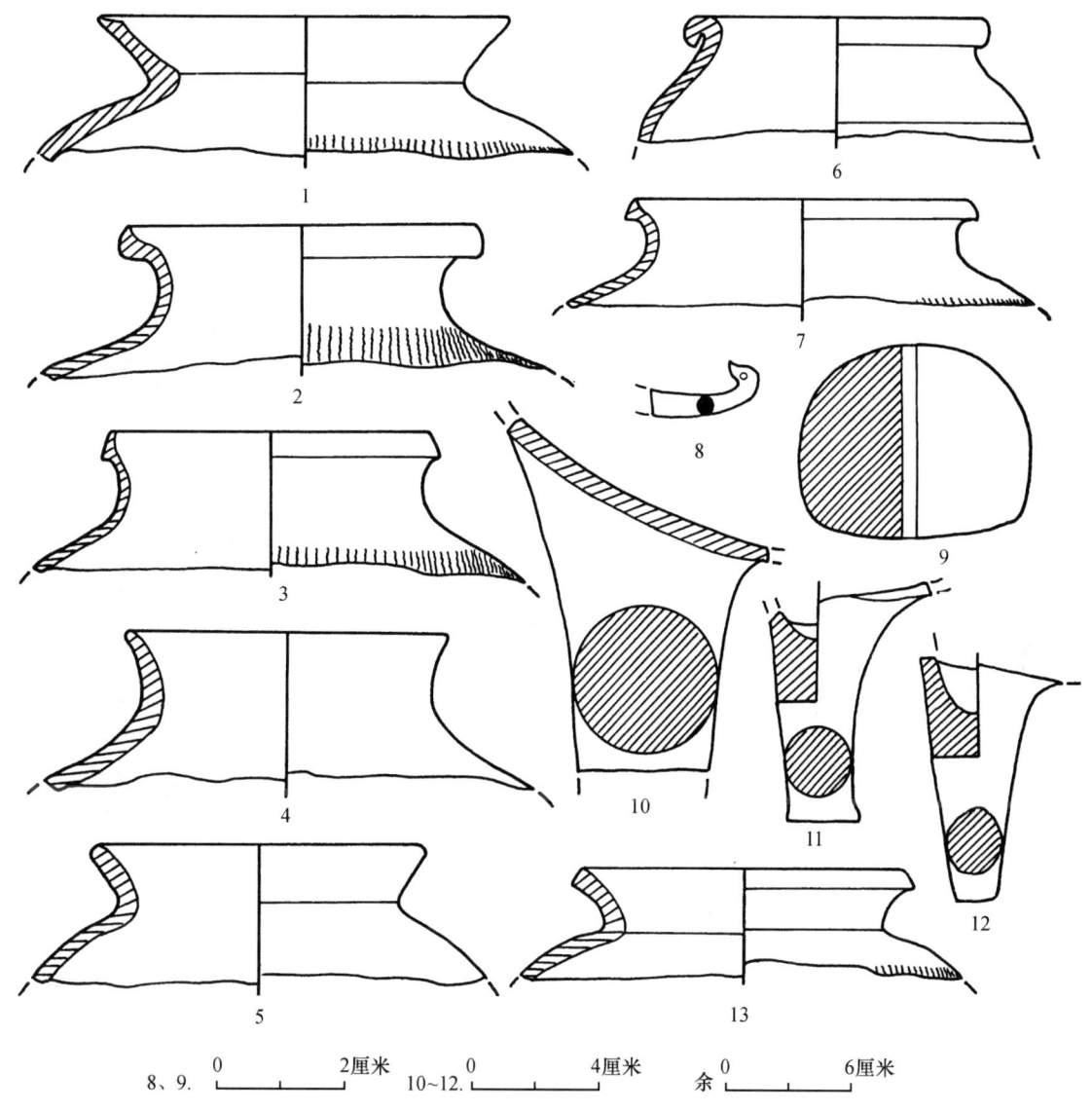

图六五〇　F区 M135 填土出土器物

1. 陶鼎（M135：018）　　2、4～6、13. 陶罐（M135：025、M135：027、M135：026、M135：028、M135：024）　　3、7. 陶鬲
（M135：020、M135：021）　　8. 铜带钩（M135：012）　　9. 陶纺轮（M135：011）　　10. 陶鼎足（M135：019）　　11、12. 陶鬲
足（M135：022、M135：023）

　　陶鬲　3件。标本 M140：021，夹细砂红褐陶。鼓肩，敛口，矮折沿，方唇，沿内略凹，沿外有一道三角形凸棱。肩部饰粗绳纹。口径16.8、残高5.3厘米（图六五四，1）。

　　陶罐　6件。标本 M140：024，泥质灰陶。折肩，矮领，直口略侈，斜折沿，圆唇。口径16.5、残高4.5厘米（图六五四，2）。标本 M140：023，泥质褐陶。广肩，敛口，折沿，粗圆唇，沿面微鼓。肩部和颈部饰横绳纹。口径18、残高4.1厘米（图六五四，3）。标本 M140：028，泥质褐陶。阔肩，敛口，折沿，尖唇。口径16.2、残高3.8厘米（图六五四，4）。标本 M140：025，细泥黑陶。广肩，敛口，卷沿，尖唇，沿胎较厚。口径12、残高3.9厘米（图六五四，5）。标本 M140：022，粗泥红褐陶。广肩，高领，直口略侈，折沿，尖唇，沿内略凹。肩部饰粗绳纹，颈部绳纹抹光。口径16.6、残高10.5厘米（图六五四，7）。

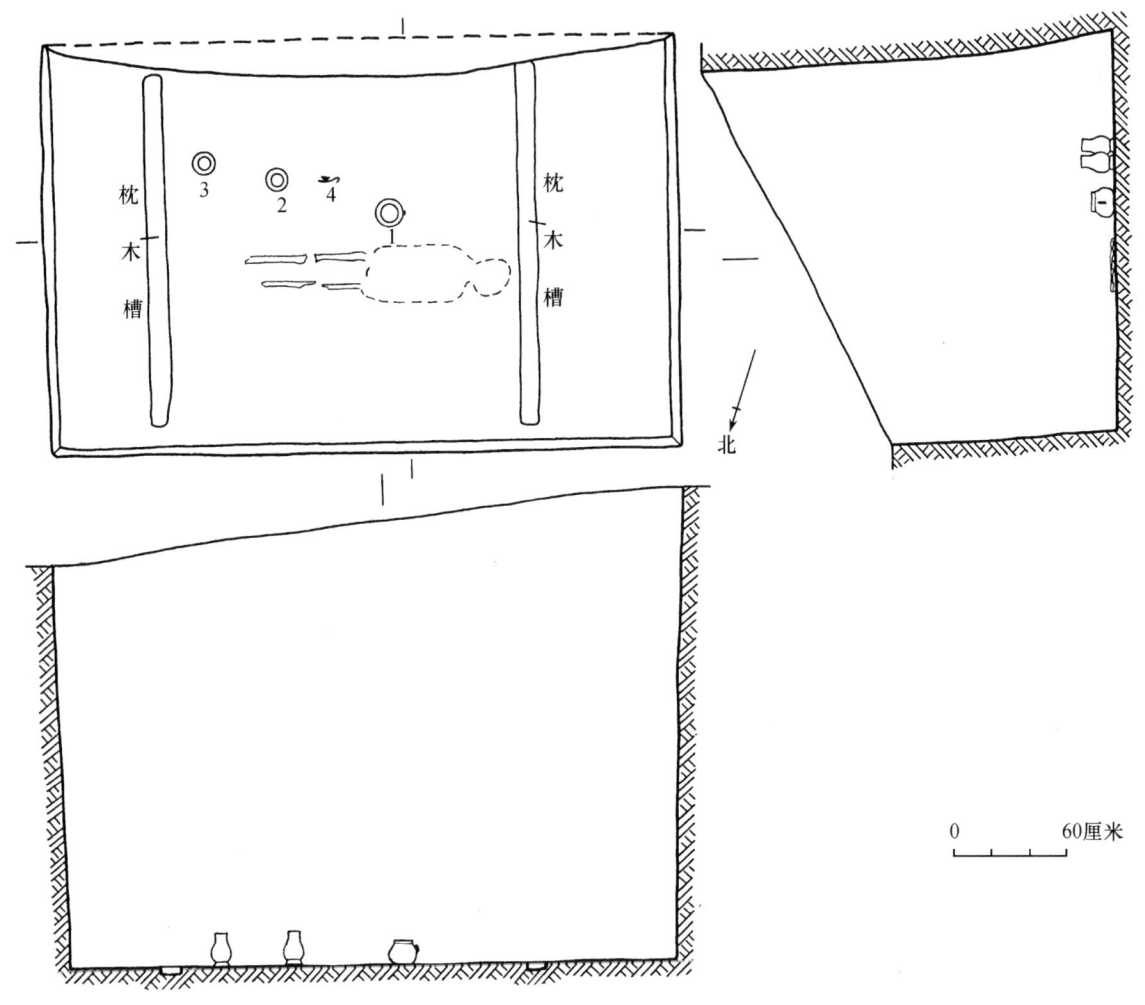

图六五一 F 区 M140 平、剖面图
1. 铁鍪 2、3. 陶壶 4. 铜带钩

　　陶杯 1 件（M140:038）。完整。泥质红陶。手捏制。器形不太规整，胎较厚，圆唇。口径 8、高 6.6 厘米（图六五四，12）。

　　陶豆柄 1 件（M140:027）。泥质红褐陶。较规整，器表较光滑。器身较直而粗壮，内空，中部有三道凸弦纹连成一体，形如竹节。粗径 5.6、残长 5.6 厘米（图六五四，14）。

　　陶罐底 1 件（M140:026）。泥质黑陶，斜壁，平底。底径 12、残高 4.4 厘米（图六五四，6）。

　　陶鼎足 2 件。标本 M140:019，夹细砂褐陶。器体较长，略呈圆锥状，足根略弧。通体饰细绳纹。足根径 2、长 14 厘米（图六五三，6；图六五四，9）。

　　陶鬲足 2 件。标本 M140:020，夹细砂褐陶。器体瘦长，略呈圆柱状，足根较平，内空较浅。上段内侧饰斜绳纹，下段有削痕。足根径 2、残长 10.4 厘米（图六五四，13）。

　　陶杯底 1 件（M140:031）。泥质黑陶。斜壁，平底。底径 3.2、残高 3.3 厘米（图六五四，15）。

　　陶锥 1 件（M140:037）。泥质红陶。火候较高。圆锥状，锥尖较锋利。长 5.3、粗径 1 厘米（图六五四，10）。

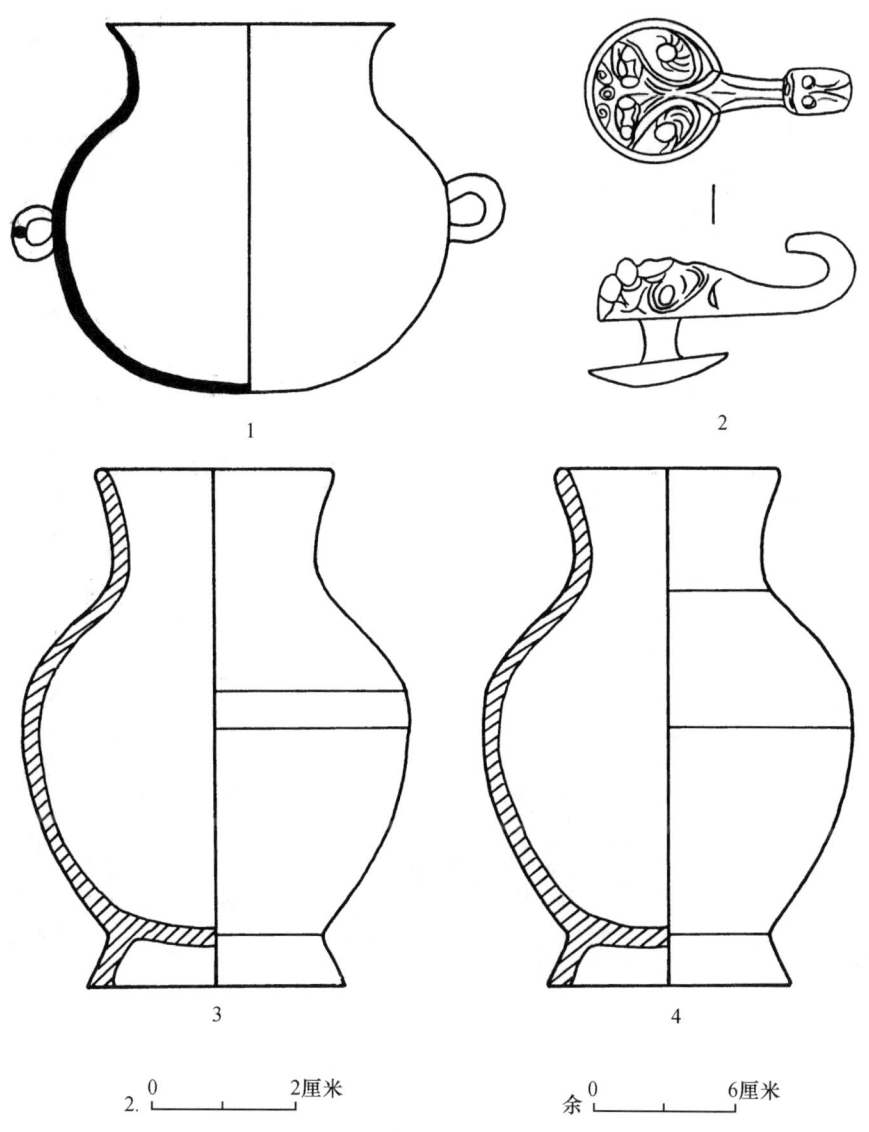

0 ‖‖‖‖ 2厘米
2.

0 ‖‖‖ 6厘米
余

图六五二　F 区 M140 出土器物

1. 铁錾（M140：1）　2. 铜带钩（M140：4）　3、4. 陶壶（M140：3、M140：2）

　　陶饼　1 件（M140：029）。泥质红褐陶。系陶片加工而成。直径 3.5、厚 0.3 厘米（图六五四，16）。

　　石条形器　1 件（M140：030）。完整。变质灰岩。灰色。硬度 3.5°~4°。原材料产于三峡地区。略呈长方形，一端较圆。长 11.1、宽 3.6、厚 1 厘米（图六五四，8）。

　　骨锥　1 件（M140：05）。完整。系动物角磨制而成。骨质较细腻。呈弯锥形，尖端有使用磨痕，后端较粗，横剖面呈圆形，截断面上有刀砍痕迹。长 18、后端粗径 3.3 厘米（图六五四，11）。

　　卜骨　1 件（M140：016）。系草鱼右鳃盖骨，有五个钻孔。

　　动物骨骼　11 件。种类有家猪、家水牛、家山羊、水鹿、兔、青鱼、草鱼等。标本 M140：012，家猪左肱骨。标本 M140：011，家水牛左桡骨。标本 M140：014，家山羊右肩胛骨。标本 M140：08，水鹿右角（图一○九，7；彩版五二，1；图版三七，5）。标本 M140：018，兔右肱骨。标本 M140：017-1，草鱼尾椎骨。标本 M140：09，家猪右上颌骨（彩版五二，2；图版三七，1）。

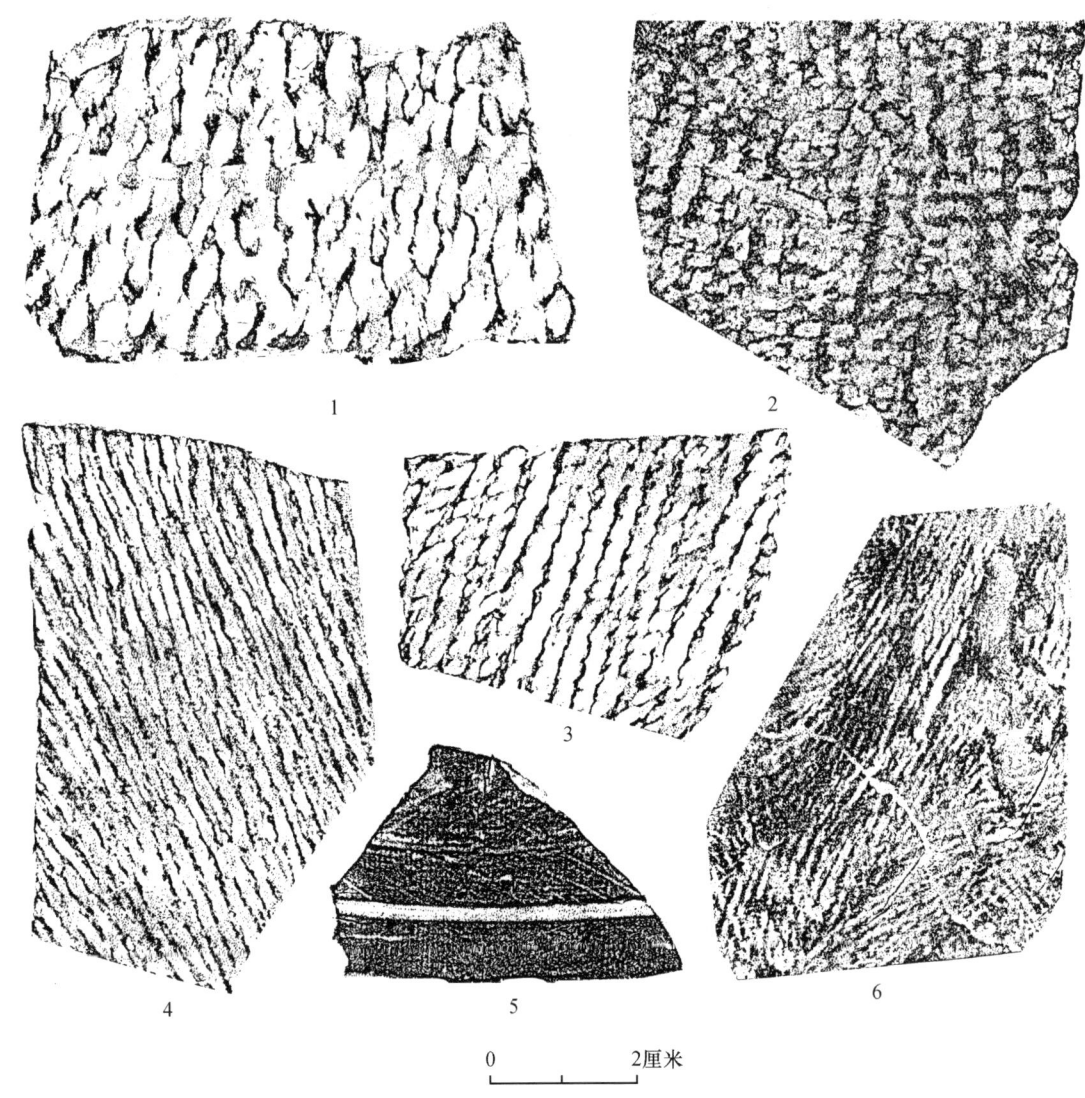

图六五三 F区 M140 填土陶片纹饰拓片

1、3、4. 绳纹（M140:032、M140:034、M140:036） 2. 方格纹（M140:033） 5. 凹弦纹（M140:035）

6. 细绳纹（M140:019）

2. 土圹石室墓

① M117

M117 位于 FT23 探方中部。开口在①层下，打破生土。距地表深 0.4 米。方向 340°。为长方形土圹石室墓。该墓所处位置在较陡的斜坡上，因耕种和长期水土流失，墓室北部被破坏掉，墓券顶和部分墓壁均倒塌。墓土圹较整齐，壁较光滑，墓室系长方形石条错缝垒砌。墓土圹口残长 3.4、宽 3.4、深 2.9 米，墓室残长 3.2、宽 3、残高 0.5 ~ 2.65 米（图六五五）。墓内填土为灰褐色五花土，夹杂有许多墓券顶及墓壁倒塌的石条，包含物有周代陶片和石斧及部分动物骨骼。

因被破坏和腐烂，葬具、人骨架均无存，故葬具、葬式及墓主人性别、年龄均不详。

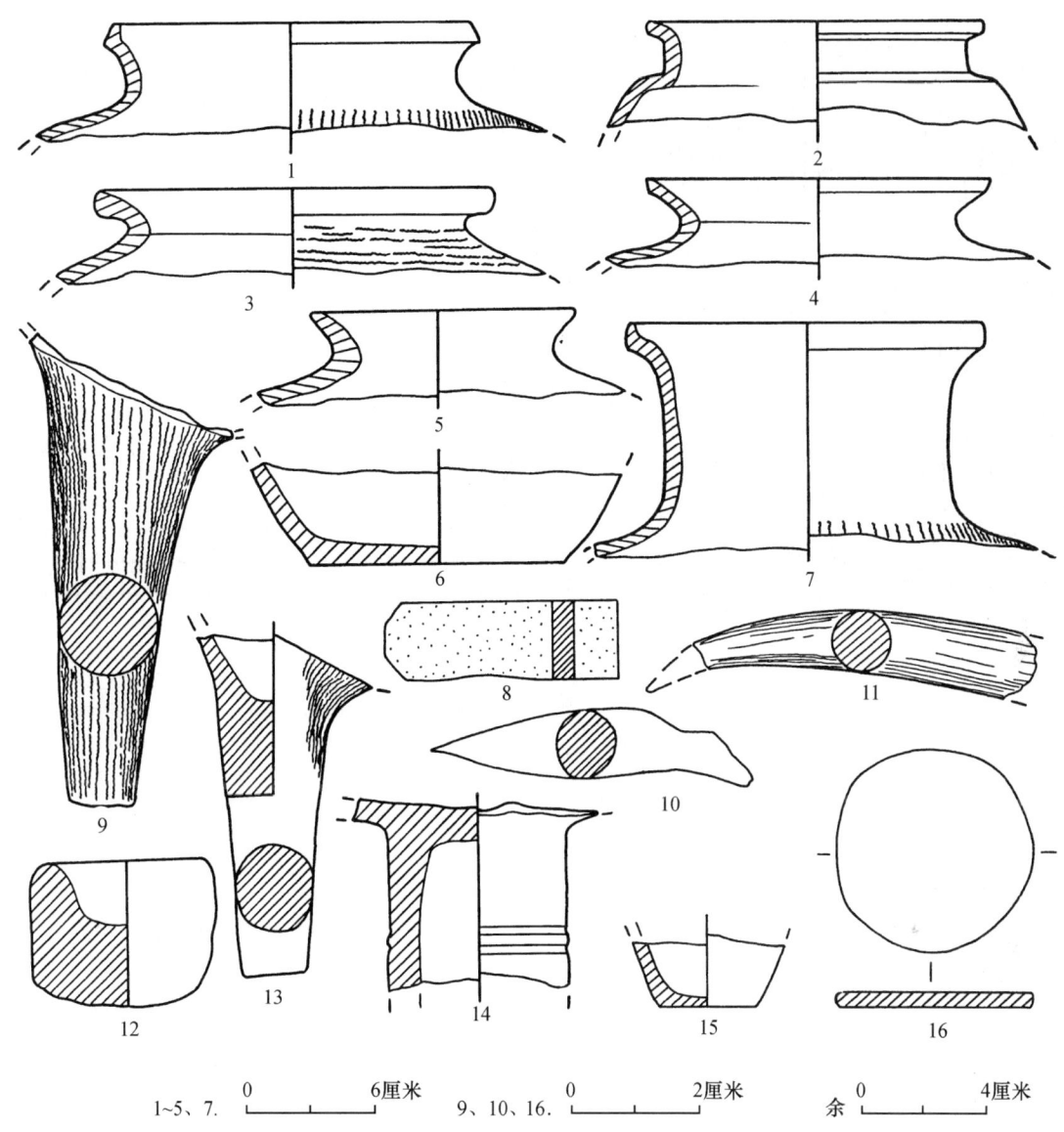

1~5、7. 0 ___ 6厘米 9、10、16. 0 ___ 2厘米 余 0 ___ 4厘米

图六五四 F区 M140 填土出土器物

1. 陶鬲（M140:021） 2~5、7. 陶罐口沿（M140:024、M140:023、M140:028、M140:025、M140:022） 6. 陶罐底（M140:026）

8. 石条形器（M140:030） 9. 陶鼎足（M140:019） 10. 陶锥（M140:037） 11、骨锥（M140:05） 12. 陶杯（M140:038）

13. 陶鬲足（M140:020） 14. 陶豆柄（M140:027） 15. 陶杯底（M140:031） 16. 陶饼（M140:029）

没有发现随葬器物。

填土中出土陶片共 21 片。有粗泥和夹细砂两种，分别占陶片总数的 69%、31%。陶片颜色有红陶、红褐陶、灰陶和黑褐陶，其中以红褐陶为主，占陶片总数的 47.52%。

陶片纹饰均为绳纹，有粗绳纹和细绳纹两种，分别占陶片总数的 47.30%、32.70%，（图六五六）。

陶器器类有罐、鬲、鼎、豆等，共 12 件。另出土石斧 1 件和 6 件动物骨骼。

陶罐 3 件。标本 M117:017，夹细砂黑褐陶。广肩，敛口，折沿，圆唇。口径 16.8、残高 5.2 厘米（图六五七，1）。标本 M117:016，粗泥红褐陶。广肩，高领，直口，斜沿，尖圆唇。口

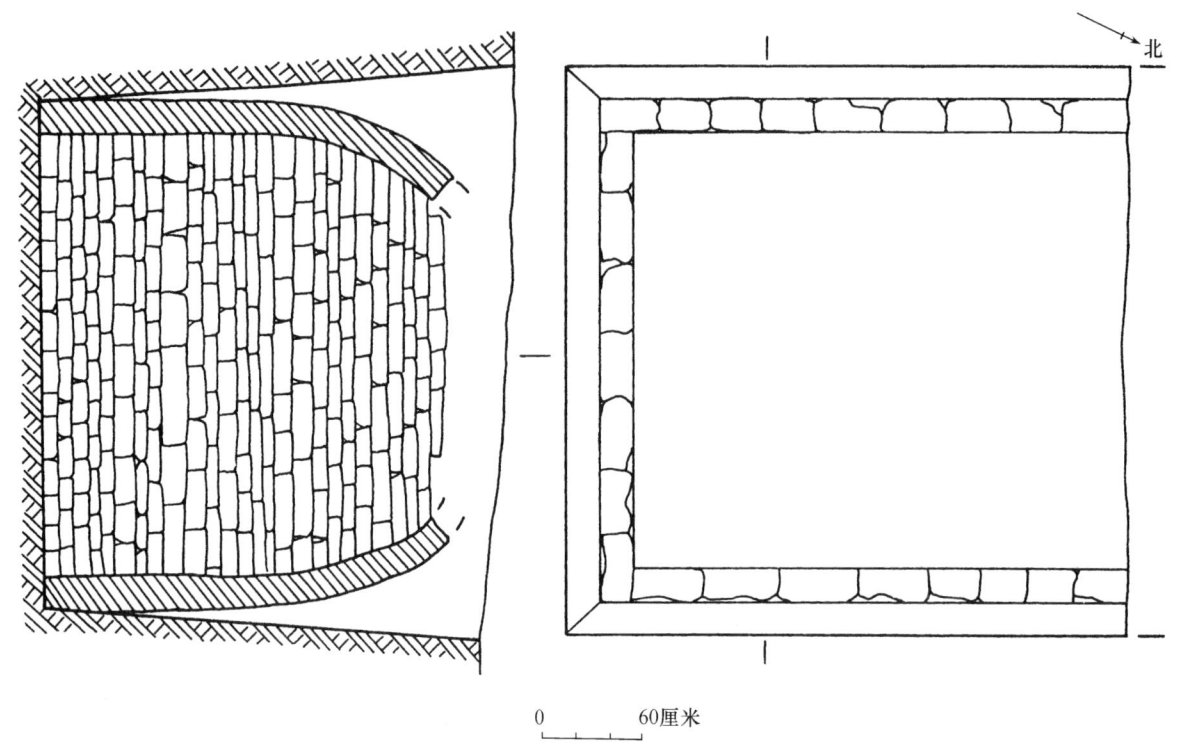

0　　　　　60厘米

图六五五　　F区 M117 平、剖面图

径 12、残高 5.4 厘米（图六五七，2）。

陶豆　　1 件（M117：015）。泥质灰陶。浅盘，弧壁，尖圆唇，细柄。盘口径 12、残高 6.4、柄粗径 3 厘米（图六五七，3）。

陶鬲　　3 件。标本 M117：011，粗泥红褐陶。鼓肩，敛口，卷沿，方唇。肩部饰粗绳纹，颈部绳纹抹光。口径 17.3、残高 5.8 厘米（图六五七，9）。

陶鼎　　1 件（M117：010）。夹细砂红褐陶。广肩，敛口，折沿，尖唇，沿内微凹，折沿处胎较厚。肩部饰细绳纹，颈部绳纹抹光。口径 15、残高 4.5 厘米（图六五六，3；图六五七，8）。

陶鼎足　　2 个。标本 M117：09，夹细砂红褐陶。柱状，横剖面略呈椭圆形。外表饰交错绳纹。粗径 3.6、残长 12 厘米（图六五六，4；图六五七，5）。

陶鬲足　　4 件。标本 M117：012，夹细砂褐陶。略呈圆柱状，向内侧弯曲，内空较深，足根较平。足根径 2.5、残长 12.2 厘米（图六五七，4）。标本 M117：014，夹细砂红褐陶。器体瘦长，略呈圆锥状，足根较平，内空较浅。上段内侧饰斜绳纹。足根径 1.5、残长 13.3 厘米（图六五七，6）。

石斧　　1 件（M117：013）。辉橄岩。青灰色。硬度 6°~7°。原材料产于三峡太平溪。打制。窄刃，两侧有打击痕迹，刃部有使用缺痕。残长 10、刃宽 5、上端宽 10 厘米（图六五七，7）。

动物骨骼　　6 件。种类有野猪、狗、青鱼等。标本 M117：04，狗左下颌骨（图二四一，7；彩版五五，6；图版八六，9）。标本 M117：08，青鱼左胸鳍。标本 M117：07-1，青鱼尾椎骨。标本 M117：02，野猪左上犬齿（图二四一，5；图版八七，1）。标本 M117：03，野猪右上犬齿（图二四一，3；彩版五五，7；图版八七，4）。

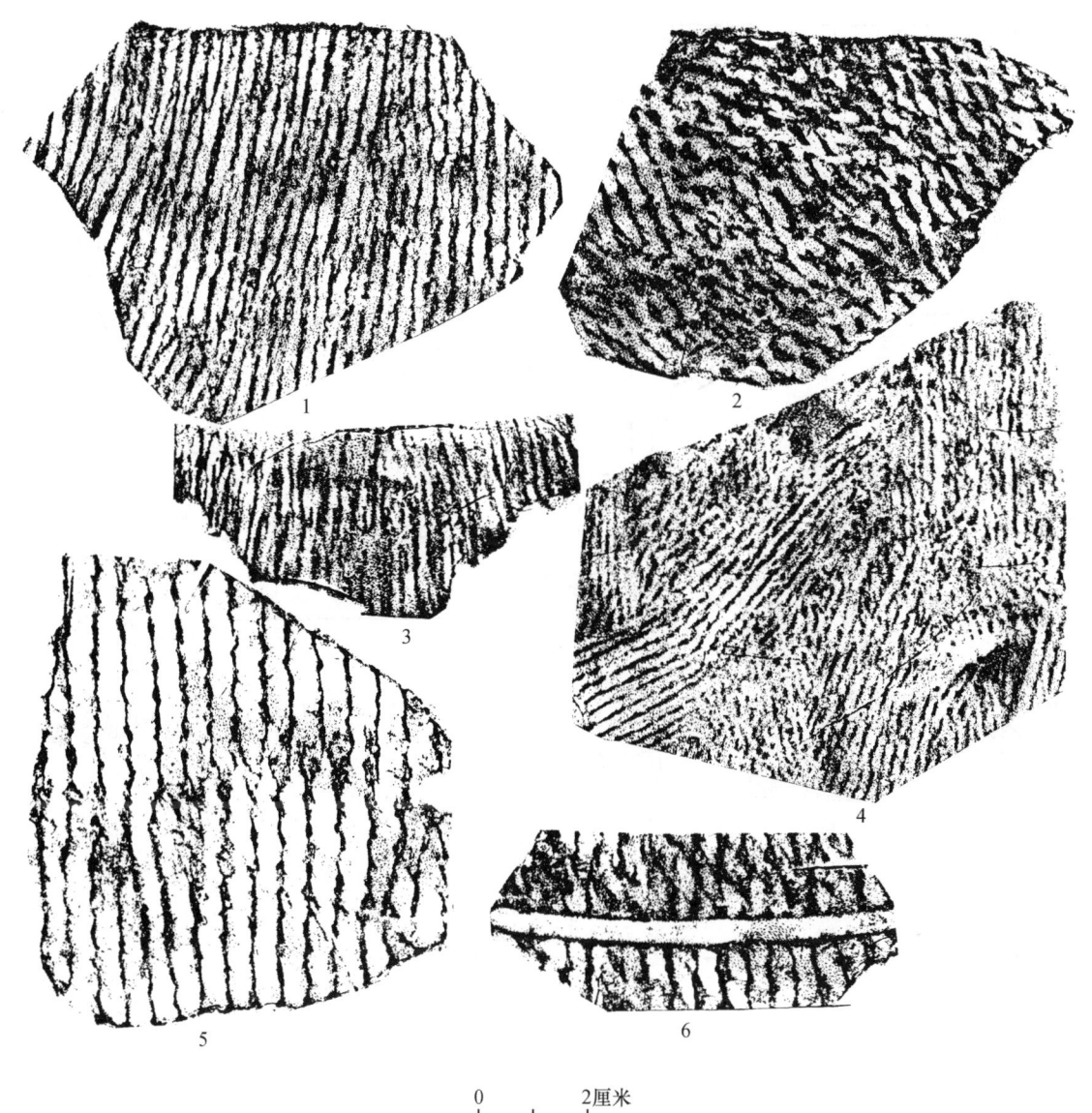

0 ____ 2厘米

图六五六　F 区 M117 填土陶片纹饰拓片

1、2、3. 绳纹（M117:018、M117:020、M117:010）　4. 交错绳纹（M117:09）　5. 粗绳纹（M117:019）

6. 绳纹及凹弦纹（M117:021）

② M118

M118 位于 FT24 探方北部，开口在①层下，打破生土。并被现代墓打破，距地表深 0.38 米。方向 340°。该墓北部被破坏掉，仅存南部一小部分，墓券顶及大部分墓壁已倒塌。墓土圹收分较大，墓室由长石条错缝垒砌。土圹残长 2.6、宽 3.4、残高 0.4 ~ 2.2 米，墓室残长 2.4、宽 3、残高 0.4 ~ 1.8 米（图六五八；图版二二三，1）。墓内填土为灰褐色五花土，较松软，夹杂有少量周代陶片及石斧。

葬具及人骨架均腐烂无存。故葬具、葬式和墓主人性别、年龄均不详。

随葬器物仅 1 件陶罐及 10 枚钱币。

陶罐　1 件（M118:6）。泥质黑陶。复原完整。器身不太规整，略向一边歪斜。弧腹，圆折肩，矮领，直口略侈，折沿，方唇，小平底内凹，肩部有两个对称的牛鼻形耳。耳上有两道直划纹，上

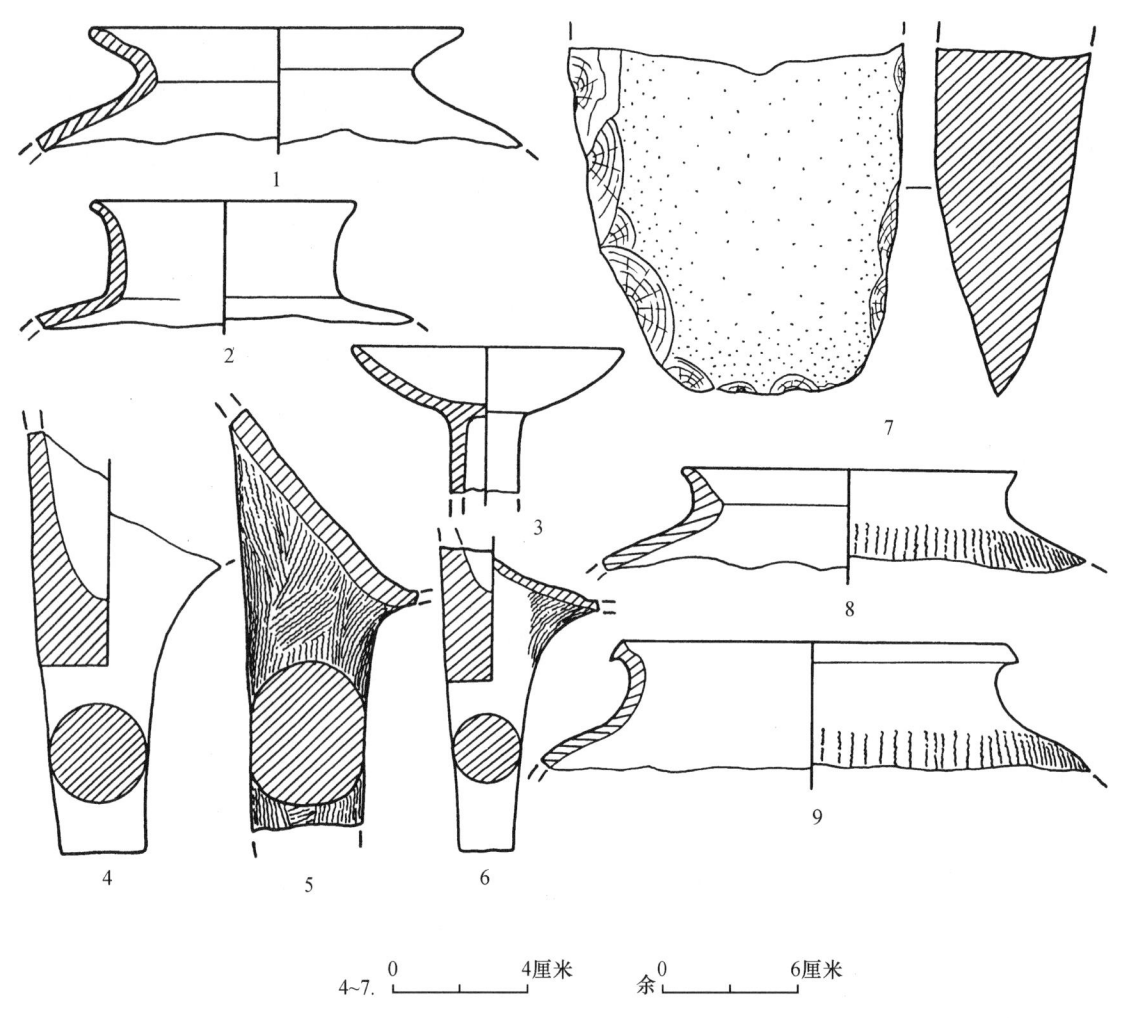

4~7. 0　　　4厘米

余 0　　　6厘米

图六五七　F区M117填土出土器物

1、2. 陶罐（M117∶017、M117∶016）　3. 陶豆（M117∶015）　4、6. 陶鬲足（M117∶012、M117∶014）　5. 陶鼎足（M117∶09）
7. 石斧（M117∶013）　8. 陶鼎（M117∶010）　9. 陶鬲（M117∶011）

腹部及肩部饰划纹，划纹上饰旋抹弦纹，下腹及底部饰横绳纹。口径15、腹径20.2、高21厘米（图六五九；图六六〇，3；图版二二二，1）。

钱币　10枚。均为铜质钱币。种类有半两和五铢两种。

半两　1枚（M118∶1）。面、背均无郭，面底边和背近平，面文凸起。铸造工艺较粗糙。直径2.4厘米（图六六一，1）。为西汉半两钱币。

五铢　9枚。分B、C二型。

B型　3枚。面、背郭较窄，穿有大小之异。铸造工艺较粗糙。直径2.6厘米。面文"五"字像两炮弹相对，"铢"字金旁头小，呈剪头状（图六六一，2、3）。为西汉晚期钱币。

C型　6枚。其中剪轮五铢1枚。面、背郭较窄，穿有大小之分。铸造工艺有精湛和粗糙之别。直径2.5厘米。面文"五"字较宽大，"铢"字金旁的头加大，呈三角形，"朱"旁上部转角处圆折（图六六一，4）。为东汉早中期钱币。

填土中出土陶片共3片。有粗泥和夹细砂两种。陶片颜色有褐陶和红褐陶，纹饰主要为绳纹。

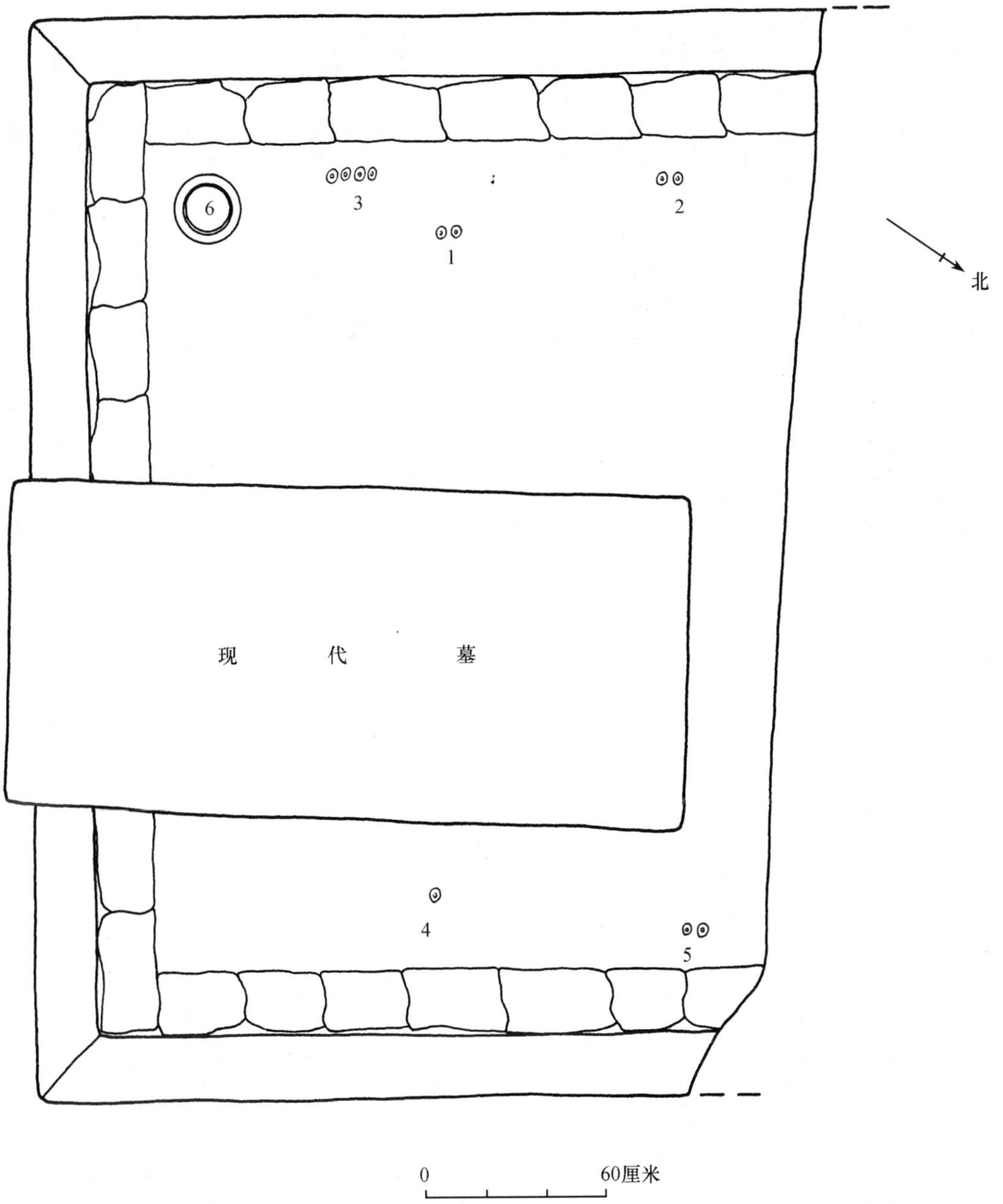

图六五八　F 区 M118 平面图

1~5. 铜钱　6. 陶罐

0 ——————— 60厘米

器类有陶鬲、陶盖钮。另出土1件石斧。

陶鬲足　1件（M118:08）。夹细砂红褐陶。略呈圆柱状，足根较平，内空较浅。外表饰直绳纹。足根径2、残高10厘米（图六六二，1）。

陶盖钮　1件（M118:07）。泥质褐陶。钮口略侈，方唇，胎较厚。钮径6.6、残高3厘米（图六六二，2）。

石斧　1件（M118:013）。残。斜长斑岩。灰绿色。硬度5°~6°。原材料产于三峡地区。刃较窄，体较厚重，刃

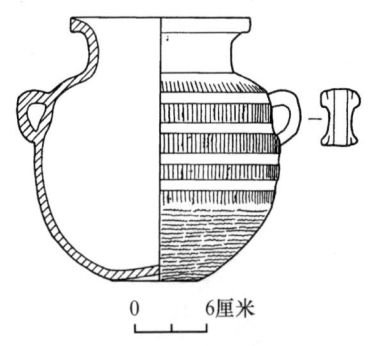

0 ——— 6厘米

图六五九　F 区 M118 陶罐（M118:6）

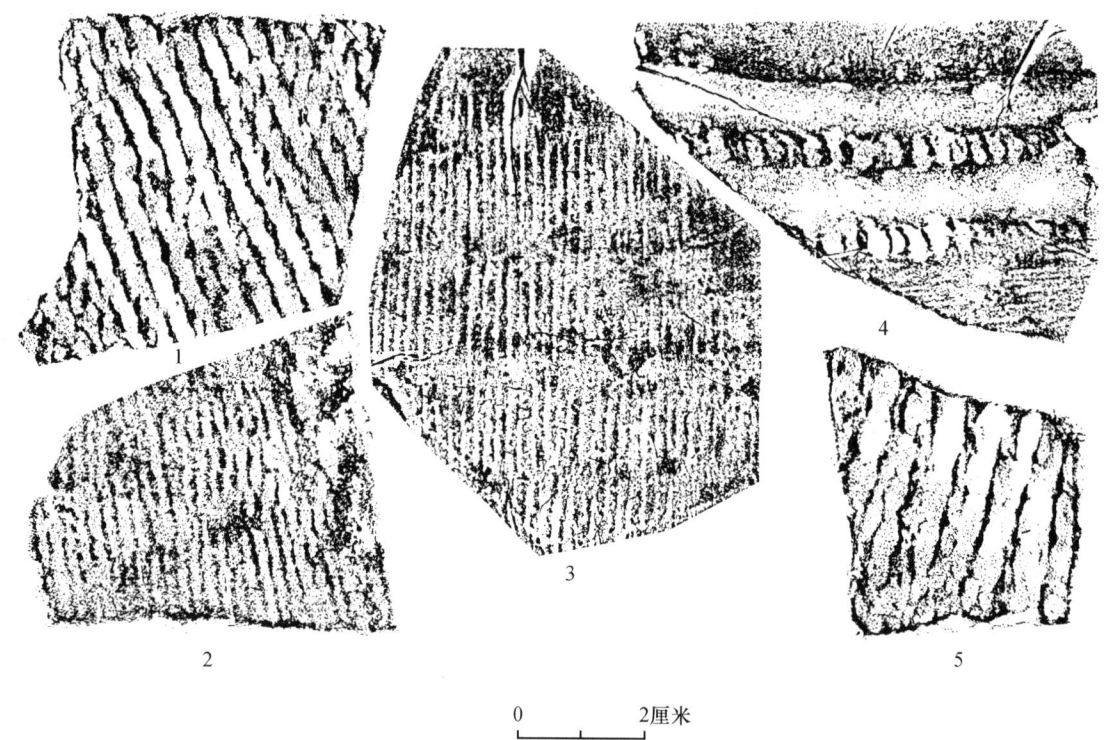

0   2厘米

图六六〇　F 区 M118 陶罐及填土陶片纹饰拓片

1、2、5. 绳纹（M118∶012、M118∶010、M118∶011）　3. 划纹（M118∶6）　4. 带状压印纹（M118∶09）

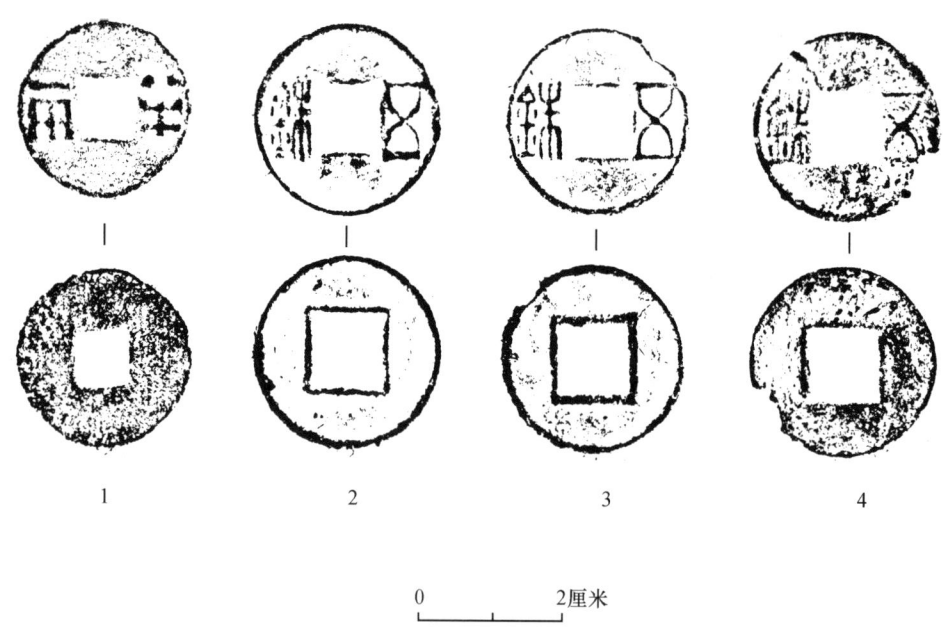

0   2厘米

图六六一　F 区 M118 钱币拓片

1. 半两（M118∶1）　2、3. B 型五铢（M118∶3、M118∶4）　4. C 型五铢（M118∶5）

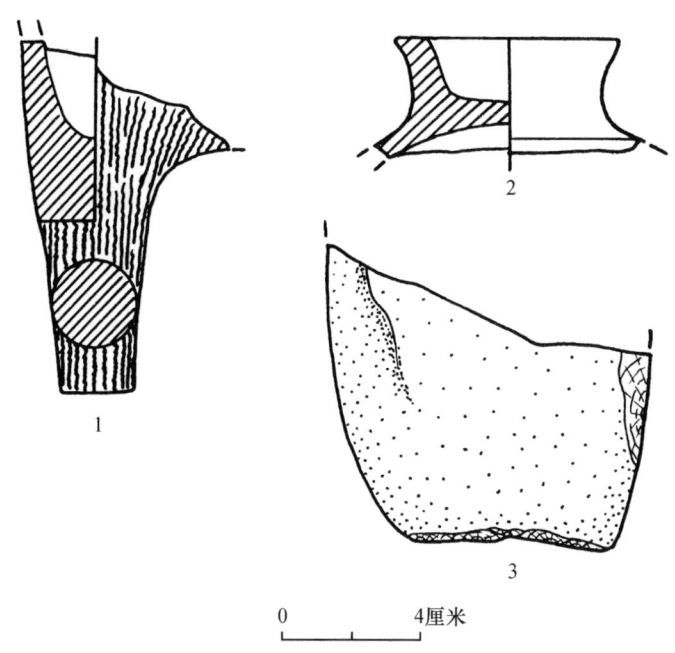

图六六二　F区M118填土出土器物

1. 陶鬲足（M118:08）　2. 陶盖钮（M118:07）　3. 石斧（M118:013）

部有使用缺痕。刃宽6、残长8.5厘米（图六六二，3）。

③ M119

M119位于FT25探方西北角。开口在①层下，打破生土。距地表深0.2~0.5米。方向340°。该墓所处位置在较陡的斜坡上，因数年耕种和自然水土流失等原因，墓葬北部被破坏掉，仅存墓室南部，墓券顶及墓壁大部分倒塌。现存墓土圹口残长4.1、宽3.12、残深1.7米，底残长3.9、宽2.85米。墓室残长3.9、宽2.85、高1.05~1.65米（图六六三；图版二二三，2）。墓内填土为灰褐色五花土，较硬，夹杂有墓券顶和墓壁倒塌的石条，包含物有周代绳纹陶片、骨锥等和部分动物骨骼。

因被破坏和深度腐烂，葬具及人骨架均无存。故葬具、葬式及墓主人性别、年龄均不详。

随葬器物仅残存4枚钱币。

钱币　4枚。均为铜质钱币。种类五铢、货泉。

五铢　3枚。均为B型。面、背郭较宽，穿有大小之异，有穿上半星。铸造工艺较精湛。直径2.6厘米。面文"五"字像两炮弹相对，"铢"字金旁头小，呈剪头状。（图六六四，1）。为王莽时期铸造的钱币。

货泉　1枚（M119:13）。残。面、背郭较窄，面无内郭。铸造工艺较精湛。直径2.2厘米（图六六四，2）。

填土中出土陶片共29片。有粗泥和夹细砂陶两种，其中，粗泥陶较多，占陶片总数的89.90%，夹细砂陶10.10%，陶片颜色有灰褐陶、灰陶、红褐陶、浅灰陶、褐陶等。陶片纹饰均为绳纹、三角形纹等（图六六五）。器类有罐、鼎、鬲、豆等，共13件。另发现1件骨锥形器。

陶罐　6件。标本M119:019，泥质灰褐陶。广肩，敛口，卷沿，尖唇。口径18、残高4.5厘米（图六六六，1）。标本M119:020，泥质灰陶。鼓肩，矮领，直口，宽沿，圆唇。口径15、残高3.6厘米（图六六六，2）。标本M119:018，泥质灰褐陶。溜肩，敛口，折沿，尖唇。口径12.8、残高

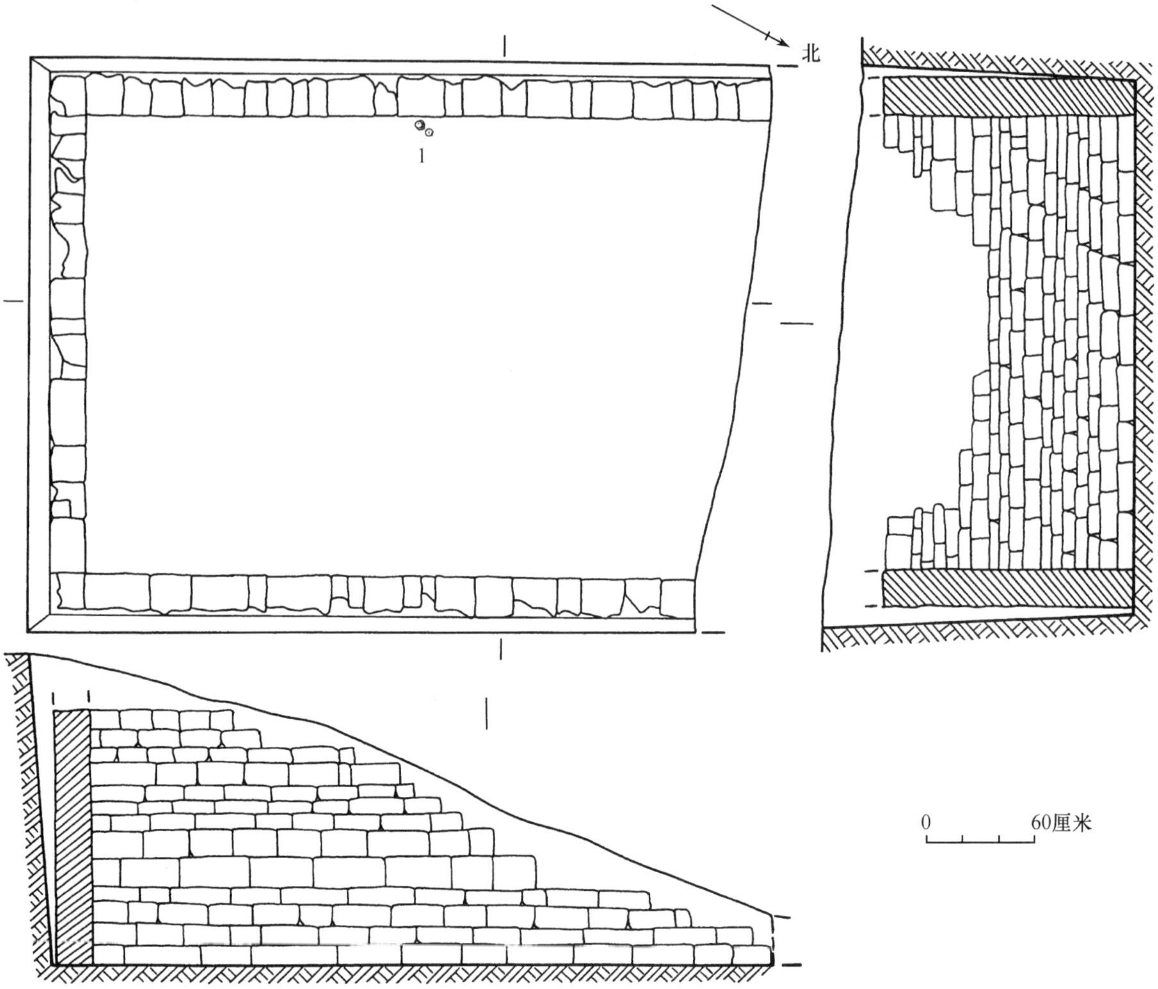

图六六三　F 区 M119 平、剖面图

1. 铜钱

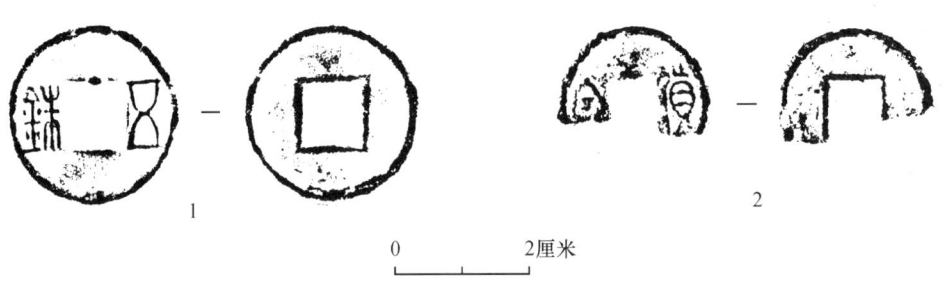

图六六四　F 区 M119 钱币拓片

1. B 型五铢（M119:1）　2. 货泉（M119:13）

4.3 厘米（图六六六，3）。标本 M119:021，泥质灰陶。折肩，直口略敛，圆唇。口径 15、残高 5.7 厘米（图六六六，7）。标本 M119:014，夹细砂红褐陶。广肩，敛口，折沿，尖唇，沿面微鼓。肩部饰拍印绳纹。口径 15.6、残高 5.7 厘米（图六六六，8）。

陶豆　1 件（M119:017）。仅存豆盘。泥质褐陶。浅盘，折腹，敞口，斜唇，细柄。盘口径

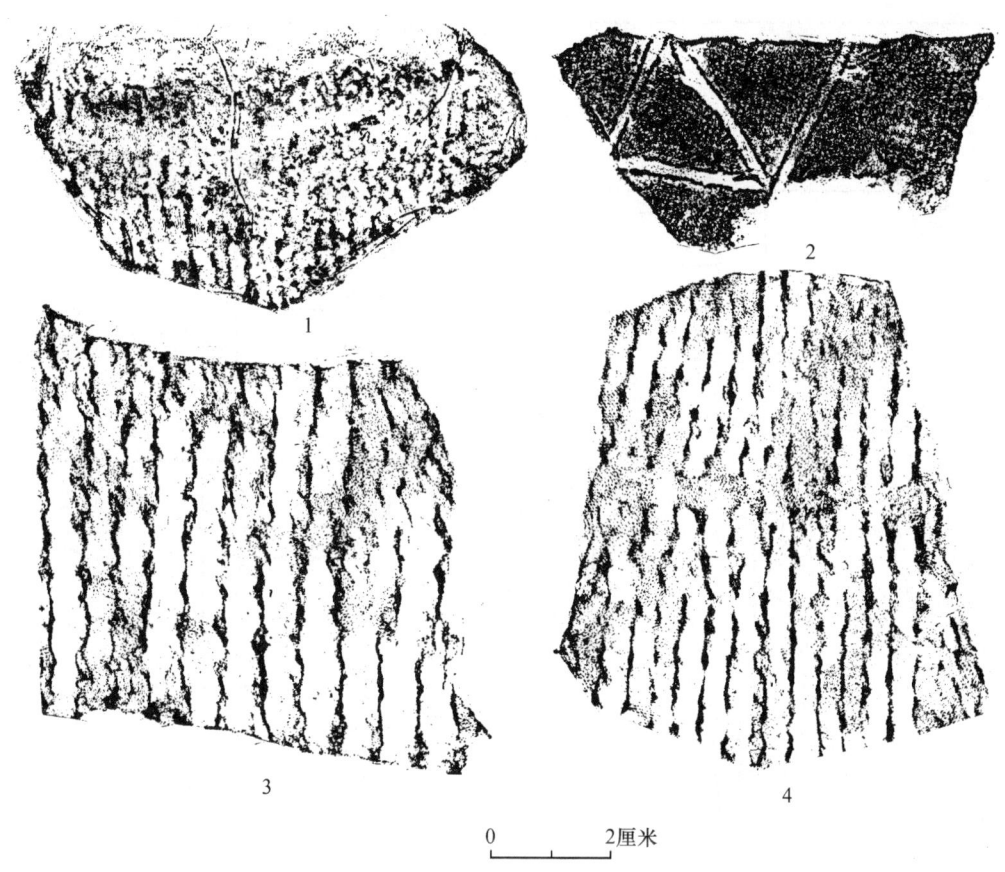

图六六五　F区 M119 填土陶片纹饰拓片

1、3、4. 绳纹（M119:025、M119:023、M119:024）　2. 三角形纹（M119:026）

18、残高4.7厘米（图六六六，9）。

陶鬲足　2件。标本 M119:016，夹细砂红褐陶。略呈圆柱状，足根较平，内空较浅。足根径2.2、残长8.7厘米（图六六六，5）。

陶鼎足　1件（M119:015）。夹细砂红褐陶。略呈圆柱状，顶端附有一个与器身粘接的泥突。上段饰绳纹。粗径3、残长6厘米（图六六六，4）。

陶罐底　1件（M119:022）。泥质浅灰陶。斜壁，平底，底微外凸。底径13.3、残高5.8厘米（图六六六，10）。

骨锥形器　1件（M119:03）。完整。系动物肢骨磨制而成。呈扁锥状，前端较尖，后端平齐，有一圆形穿孔。长4.8、后端长径1.3、短径0.6、孔径0.5厘米（图六六六，6）。

动物骨骼　7件。种类有豪猪、家猪、野猪、狗、水鹿等。标本 M119:05，豪猪下颌骨（图二四一，9；彩版五四，3；图版八六，5）。标本 M119:09，家猪右下颌骨（彩版五四，4；图版八二，1）。标本 M119:012，野猪左 M2 齿。标本 M119:011，野猪右 M3 齿（彩版五四，1；图版八二，5）。标本 M119:08，狗右下颌骨（彩版五四，5；图版八二，6）。标本 M119:04，水鹿听骨（图版八六，7）。标本 M119:06，水鹿右上颌骨（彩版五五，1；图版八二，2）。

④ M122

M122 位于 FT24 探方东北角。开口在①层下，打破生土。距地表深0.45米。该墓为土圹石室墓，海拔135米。因三峡库区二期蓄水至135米，墓内严重积水，未发掘完，故墓室结构、尺寸、

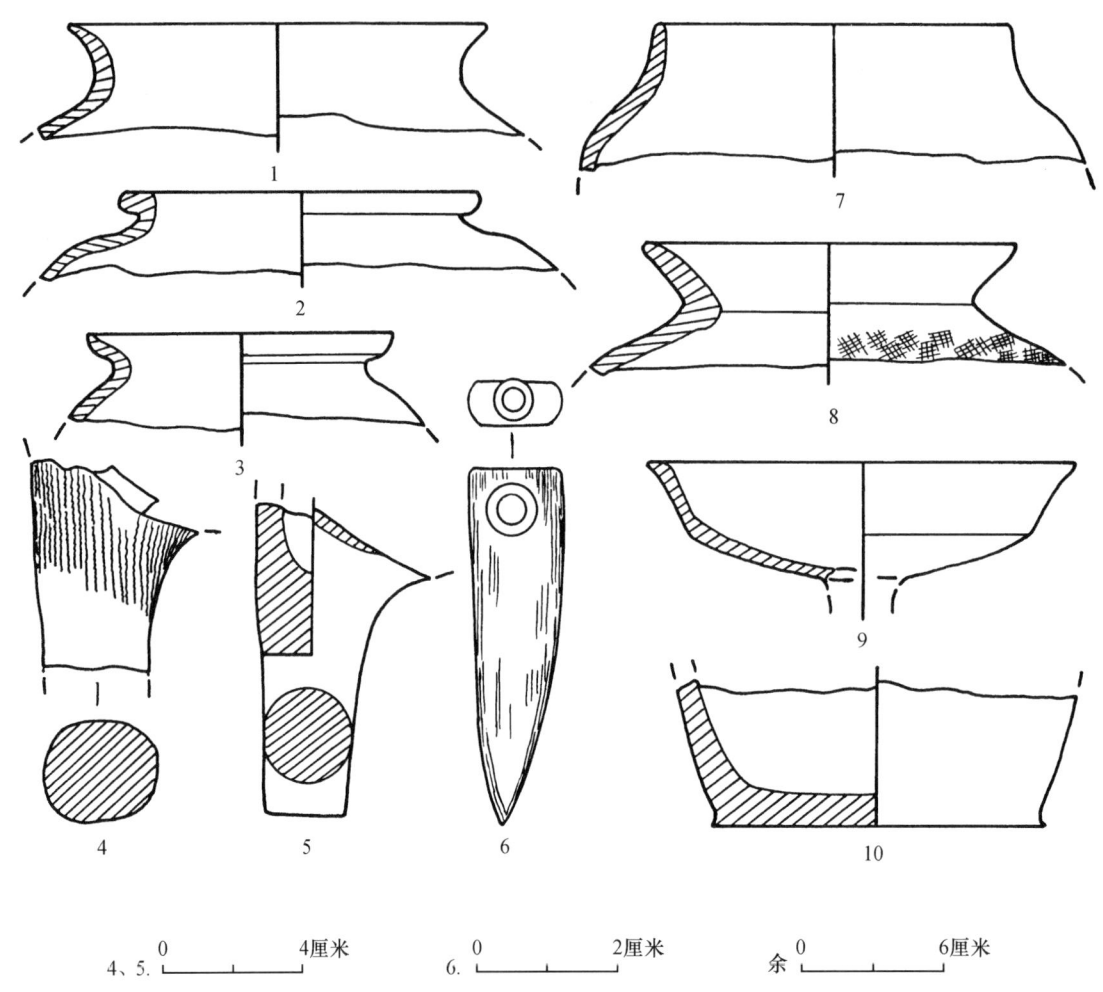

4、5. ├─0──┴──┴──┤4厘米　　6. ├─0──┴──┤2厘米　　余 ├─0──┴──┤6厘米

图六六六　F 区 M119 填土出土器物

1~3、7、8. 陶罐（M119：019、M119：020、M119：018、M119：021、M119：014）　4. 陶鼎足（M119：015）　5. 陶鬲足
（M119：016）　6. 骨锥形器（M119：03）　9. 陶豆（M119：017）　10. 罐底（M119：022）

葬具等资料不全。墓内填土为灰褐色和黄褐色五花土，包含物有周代绳纹陶片及动物骨骼。

填土中出土陶片共 15 片。有粗泥、夹细砂和夹蚌陶三种，陶片颜色有红陶、红褐陶、黑陶、灰褐陶、褐陶。陶片纹饰均为绳纹，但有粗绳纹和细绳纹之分（图六六七）。

陶器器类有罐、鬲、鼎、盂等，共 8 件。

陶罐　4 件。标本 M122：010，夹细砂和夹蚌黑陶。阔肩，敛口，卷沿，尖唇。口径 13.2、残高 4.6 厘米（图六六八，1）。标本 M122：09，粗泥红陶。斜肩，敛口，宽折沿，尖圆唇。肩部饰细绳纹，颈部绳纹抹光。口径 12.8、残高 6.6 厘米（图六六八，5）。标本 M122：08，夹细砂黑陶。阔肩，敛口，折沿，圆唇。肩部饰直绳纹，颈部绳纹抹光。口径 15.6、残高 5.1 厘米（图六六八，6）。

陶鼎　1 件（M122：05）。夹细砂褐陶。广肩，敛口，折沿，圆唇，沿面内凹，折沿处胎较厚。肩部饰直绳纹，颈部绳纹抹光。口径 18.5、残高 5.7 厘米（图六六八，7）。

陶盂　1 件（M122：014）。粗泥黑陶。弧壁，大口略敛，宽平沿，方唇。口径 18、残高 3.7 厘米（图六六八，4）。

陶鼎足　1 件（M122：06）。夹细砂红褐陶。圆柱状，上段略向内弯曲。外表饰绳纹。粗径 3.1、残长 8 厘米（图六六八，2）。

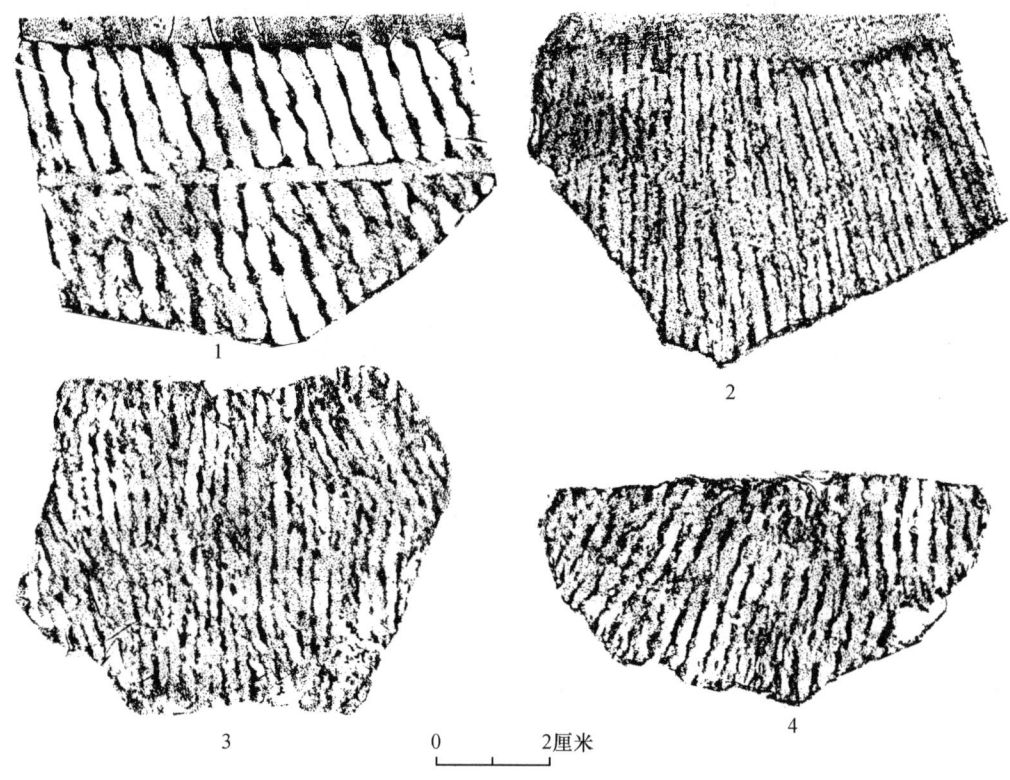

图六六七　F 区 M122 填土陶片纹饰拓片

1. 绳纹及旋抹弦纹（M122：011）　　2、4. 绳纹（M122：05、M122：013）　　3. 交错绳纹（M122：012）

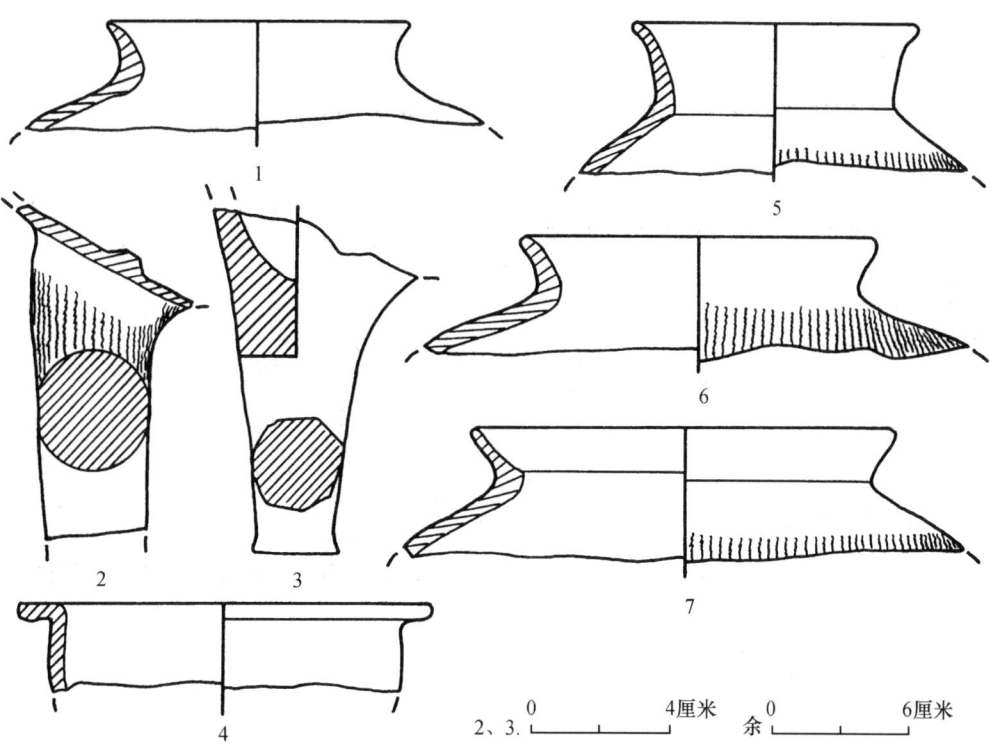

图六六八　F 区 M122 填土出土陶器

1、5、6. 罐（M122：010、M122：09、M122：08）　2. 鼎足（M122：06）　3. 鬲足（M122：07）　4. 盂（M122：014）　7. 鼎（M122：05）

陶鬲足　1件（M122：07）。粗泥灰褐陶。略呈圆锥状，足根较平略外凸，上段较粗，内空较浅。外表有刀削痕迹。足根径2.3、残长9.6厘米（图六六八，3）。

（五）文化层

文化堆积层甚薄，仅在FT6～FT8、FT37、FT38、FT42等探方内出土少量遗物。

① FT6②层

出土陶片共12片。均为泥质陶，有粗泥和细泥之分，分别占陶片总数的83.33%、16.67%。陶片颜色有灰陶、灰黑陶、灰褐陶和黑陶，分别占陶片总数的25.00%、25.00%、33.33%、16.67%。

陶片纹饰主要为绳纹，占陶片总数的41.67%，次为菱形纹。陶器器类有豆、器盖、筒瓦、板瓦等，共4件。

陶豆柄　1件（FT6②：14）。粗泥灰褐陶。较细，上粗下细，内空。制作较粗糙。残长6.8、粗径3.6厘米（图六六九，7）。

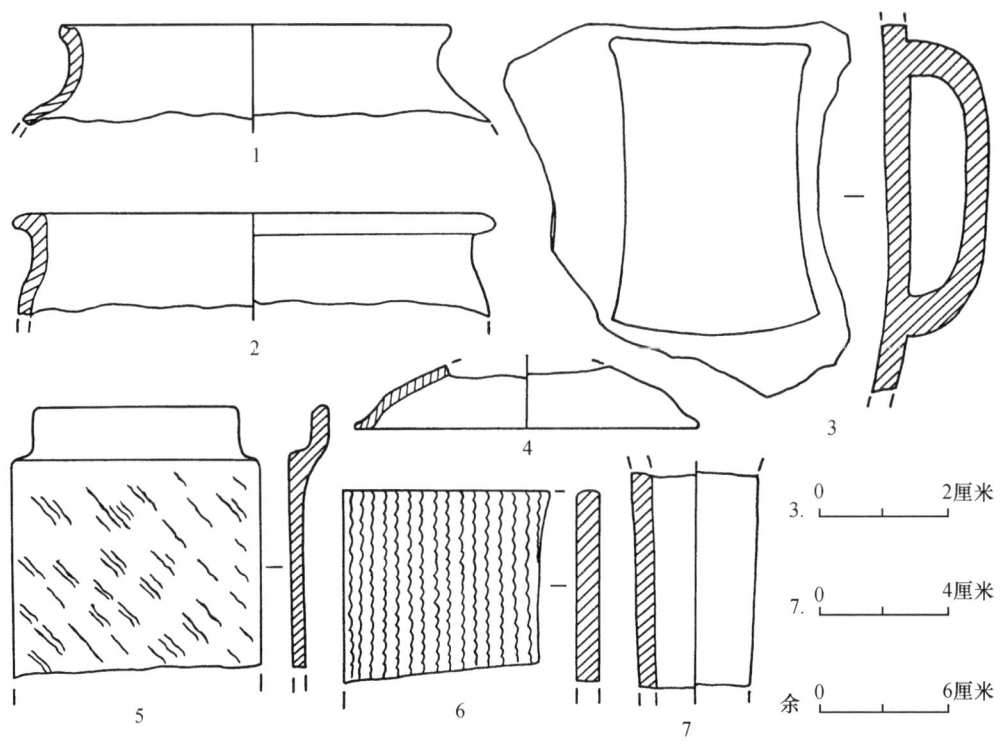

图六六九　F区T6②层、T8②层出土陶器
1. 罐（FT8②：11）　2. 盆（FT8②：12）　3. 器耳（FT8②：13）　4. 器盖（FT6②：17）　5. 筒瓦（FT6②：15）
6. 板瓦（FT6②：16）　7. 豆柄（FT6②：14）

陶器盖　1件（FT6②：17）。细泥黑陶。仅存盖盘。弧壁，方唇外凸，盖面有一道折棱。口径16.8、残高2.7厘米（图六六九，4）。

陶筒瓦　1件（FT6②：15）。粗泥灰褐陶。瓦嘴较短，弧度较小。内面和外表均饰绳纹，但外表大部分绳纹被抹掉。瓦嘴长2.5、宽9.9、瓦身宽12.6、残长13厘米（图六六九，5）。

陶板瓦　1件（FT6②：16）。粗泥灰陶。弧度较小。外表饰粗直绳纹，内面饰菱形纹。残长

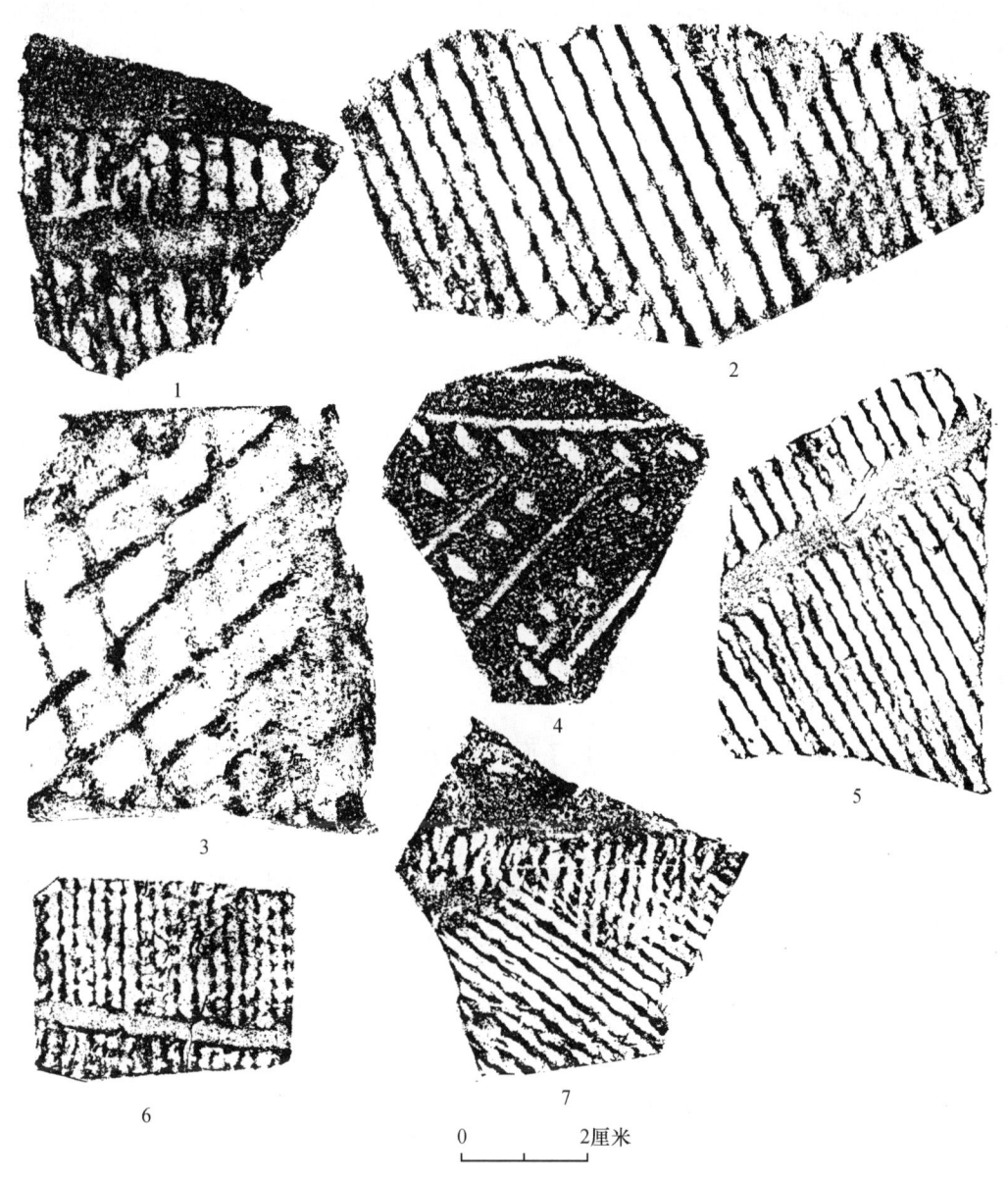

图六七〇　F区②层陶片纹饰拓片

1、2、5～7. 绳纹（FT8②：16、FT6②：16 外表、FT37②：14、FT42②：10、FT38②：15）　3. 菱形纹（FT6②：16 内面）

4. 戳印纹（FT42②：9）

9.9、残宽 9.5、胎厚 1.1 厘米（图六六九，6；图六七〇，2、3）。

② FT7②层

出土陶片共 9 片。有粗泥和细泥两种，分别占陶片总数的 73.33%、26.67%。陶片颜色均为浅灰陶。

陶片纹饰有绳纹和布纹，分别占陶片总数的 64.44%、11.11%。

因严重破碎，器类不明。

③ FT8②层

出土陶片共 29 片。有粗泥和细泥两种，分别占陶片总数的 93.10%、6.90%。陶片颜色有灰陶、灰褐陶和褐陶，分别占陶片总数的 48.28%、37.93%、13.79%。

陶片纹饰有绳纹和凹弦纹，分别占陶片总数的62.07%、3.45%，绳纹有粗绳纹和细绳纹之分，分别占陶片总数的41.38%、20.69%（图六七○，1）。

陶器器类有盆、罐等，共3件。

陶罐 1件（FT8②:11）。粗泥灰褐陶。鼓肩，敛口，卷沿，方唇。口径19.2、残高4.8厘米（图六六九，1）。

陶盆 1件（FT8②:12）。粗泥灰陶。腹壁微鼓，肩略圆折，大口微侈，宽沿外凸，圆唇。口径31.5、残高4.8厘米（图六六九，2）。

陶器耳 1件（FT8②:13）。粗泥灰陶。耳较宽，横剖面略呈半圆形。长4.7、宽2.8～3.3厘米（图六六九，3）。

④ FT37②层

出土陶片共10片。均为泥质陶，有粗泥和细泥两种，分别占陶片总数的90.00%、10.00%。陶片颜色有灰陶、灰褐陶和黑陶，分别占陶片总数的60.00%、30.00%、10.00%。

陶器纹饰有绳纹和菱形纹，分别占陶片总数的70.00%、10.00%。其中，绳纹又有粗细之分，分别占陶片总数的40.00%、30.00%。

可识陶器器类仅盆1种。另出土1件铁片。

陶盆 1件（FT37②:12）。细泥黑陶。肩圆折，大口微侈，宽平沿，方唇。口径21.6、残高5.5厘米（图六七一，1）。

铁片 1件（FT37②:15）。生铁片。长条形。应为器物残口沿，圆唇。残长7、宽3、胎厚0.25厘米（图六七一，10）。

⑤ FT38②层

出土陶片共19片。均为泥质陶，有粗泥和细泥两种，分别占陶片总数的84.21%、15.79%。陶片颜色有灰陶、灰褐陶、黑陶、黑褐陶，分别占陶片总数的36.84%、42.11%、15.79%、5.26%。黑陶均为细泥陶。

陶片纹饰有绳纹和彩绘纹（图六七○，7），分别占陶片总数的73.69%、5.26%。绳纹有粗绳纹和细绳纹两种，分别占陶片总数的47.37%、26.32%。彩绘纹为红色条纹，易脱落。

陶器器类有盆、钵、器盖、板瓦等，共7件。

陶盆 1件（FT38②:8）。粗泥灰陶。弧腹，肩略折，大口微敛，宽斜沿外凸，尖圆唇。口径21.2、残高3.9厘米（图六七一，3）。

陶盖 3件。标本FT38②:10，细泥黑陶。大口，宽沿外凸，弧壁略折。口径15.6、残高3.7厘米（图六七一，5）。标本FT38②:11，细泥黑陶。大口，圆唇，弧壁。口径17.5、残高3.8厘米（图六七一，7）。

陶板瓦 1件（FT38②:14）。粗泥灰陶。弧度较小，方唇。外表饰粗直绳纹，内面饰菱形纹。残长12、残宽8.8、胎厚1.2厘米（图六七一，8）。

陶钵 1件（FT38②:13）。粗泥灰陶。弧腹，敛口，宽平沿，圆唇。口径18.6、残高4.4厘米（图六七一，11）。

陶盖钮 1件（FT38②:9）。粗泥黑褐陶。钮较小，略呈杯口状。胎较厚。口径2、残高1.3厘米（图六七一，9）。

陶鼎耳 1件（FT38②:12）。细泥黑陶。火候较高，平面呈长方形，中间有一道凹槽。长4.5、宽2.7、厚0.8厘米（图六七一，6）。

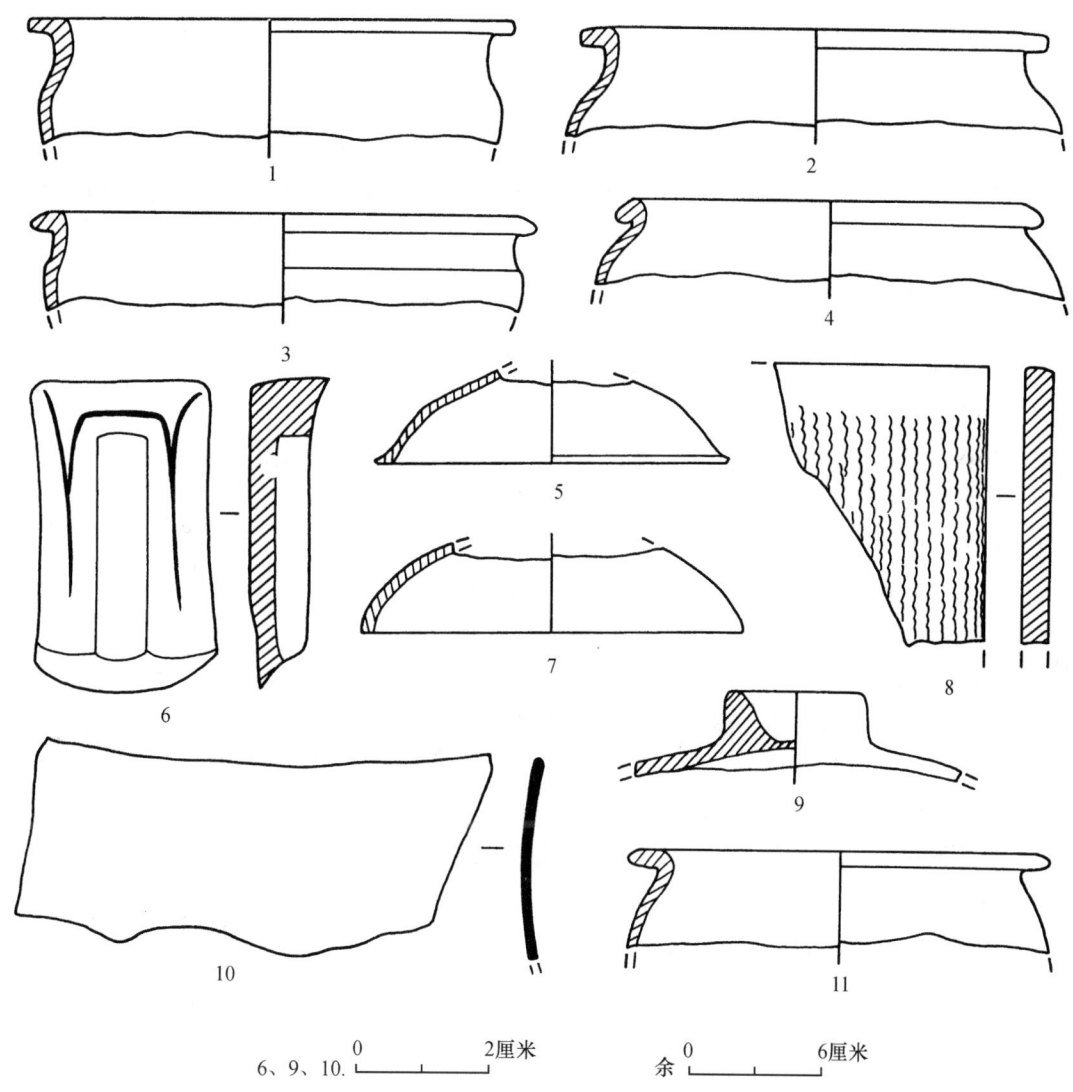

图六七一　F 区 T37②层、T38②层、T42②层出土器物

1、3. 陶盆（FT37②：12、FT38②：8）　2、4. 陶罐（FT42②：7、FT42②：8）　5、7. 陶盖（FT38②：10、FT38②：11）　6. 陶
鼎耳（FT38②：12）　8. 陶板瓦（FT38②：14）　9. 陶盖钮（FT38②：9）　10. 铁片（FT37②：15）　11. 陶钵（FT38②：13）

⑥ FT42②层

出土陶片共 24 片。均为泥质陶。有粗泥和细泥两种，分别占陶片总数的 87.50% 、
12.50% 。陶片颜色有灰陶、灰褐陶、黑陶和黑灰陶，分别占陶片总数的 62.50% 、8.33% 、
4.17% 、25.00% 。

陶片纹饰主要为绳纹，次为戳印纹（图六七〇，4、6），分别占陶片总数的 70.83% 、4.17% 。
绳纹有粗绳纹和细绳纹两种，分别占陶片总数的 33.33% 、37.50% 。

可识陶器器类仅罐一种。

陶罐　2 件。标本 FT42②：7。细泥灰褐陶。溜肩，矮领，口略内敛，宽平沿，方唇。口径 21、
残高 4.4 厘米（图六七一，2）。标本 FT42②：8，细泥黑陶。弧壁，敛口，卷沿，方唇。口径 17.6、
残高 3.7 厘米（图六七一，4）。

（六）分期与年代

1. 分期

F区汉代遗存可资比较的器类有陶壶、陶鼎、陶盆、陶罐、铁鍪。器物型式排序作如下表述。

陶壶　分A、B、C、D四型。

A 型　矮领，矮圆圈足。M140:2、M140:3。

B 型　长颈，盘形口，腹部有乳头形耳，盖上有轭形耳。分a、b二亚型。

Ba 型　矮圈足，深腹。M116:1、M116:6。

Bb 型　高圈足，扁圆腹。M116:2、M116:7。

C 型　高圈足，深腹，矮领，腹部有铺首衔环，弧形盖。M135:2、M135:3。

D 型　鼓腹，矮领，方唇，假圈足。M135:7、M135:8。

陶鼎　分A、B二型。

A 型　上腹壁较直，圜底，曲尺形附耳。分a、b二亚型。

Aa 型　盖面呈弧形，足较尖圆。M116:3、M116:9。

Ab 型　盖面较平，兽蹄形足。M116:4、M116:8。

B 型　器身扁圆，方形附耳，兽蹄形足。M135:4、M135:5。

陶盒　分A、B二型。

A 型　器体扁圆，圆圈足，盖较浅。M116:5、M116:10。

B 型　器体近圆形，小平底，盖较浅。M135:4、M135:5。

陶罐　分A、B、C、D、E五型。

A 型　扁圆腹，高领，斜沿，小平底。M116:3。

B 型　鼓腹，高领，盘形口，方唇，矮圈足。FH3:1。

C 型　敛口，卷沿。FT8②:11、FT42②:8、FG1:5。

D 型　敛口，宽平沿，方唇。FT42②:7、FG1:6。

E 型　折肩，直口，尖唇。FH6:2。

陶盆　大口，宽沿。FT8②:12、FT37②:12、FT38②:8。

陶钵　敛口，宽平沿。FT38②:13。

铁鍪　球形腹，圜底，敛口，卷沿。M140:1。

以上分类器物共涉及10个单位。这些单位之间仅存一组叠压打破关系。即：②—M135→M140。

上述单位中器物型式组合经归纳后详见表五三。

表五三　F区汉代典型单位器物型式组合关系表

器类型式 单位	陶壶					陶鼎			陶盒		陶罐					陶盆	陶钵	铁鍪
	A	Ba	Bb	C	D	Aa	Ab	B	A	B	A	B	C	D	E			
M116		√	√			√	√		√		√							
M135			√	√				√		√								
M140	√																	√

续表

器类 型式 单位	陶 壶					陶 鼎			陶 盒		陶 罐					陶盆	陶钵	铁鍪
	A	Ba	Bb	C	D	Aa	Ab	B	A	B	A	B	C	D	E			
FH3												√						
FH6															√			
FG1													√	√				
FT8②													√			√		
FT37②																√		
FT38②																√	√	
FT42②														√	√			

表五三显示，M135 出土 C 型陶壶、D 型陶壶、B 型陶鼎和 B 型陶盒，与其他单位比较没有类似器物，显然代表了一个时期。M140 出土 A 型陶壶和铁鍪等器物，与其他单位比较也没有类似器物，显然也代表了一个时期，而且被 M135 打破，说明时代早于 M135。M116 出土 Ba 型和 Bb 型陶壶、Aa 型和 Ab 型陶鼎、A 型陶盒、A 型陶罐，与其他单位比较，同样也没有类似的器物，而且墓坑形制为凸字形墓，与其他墓都不相同，故也代表了一个独立的时间段。M117、M118、M119、M122 均为石室墓，形制结构相同，出土五铢钱币，与其他墓比较显然不同。②层及 FG1 都有相互共存关系，如 C 型、D 型罐，陶盆等。FH3 出土 B 型陶罐，FH6 出土 E 型陶罐，虽然与其他单位没有类比器物，但陶质、陶色和纹饰应与②层所出特点相近，故这些单位应属于同一个时期。

M116、M135、M140 都开口在②层下，说明它们的时代下限早于②层。而这三座墓葬填土中都出土有大量的周代绳纹陶片，说明它们的时代上限晚于周代。M135 打破 M140，出土器物差别较大，如所出陶系以泥质灰陶系为主，M140 出土陶器均为泥质黑褐陶，表明它们之间存在有较长的时间距离。M116 与 M135 有些接近之处，如都饰有宽带状、三角形彩绘图案，陶壶虽然型式不一样，但都有圆圈足和盖，器物组合虽然型式不一样，但组合规律一样，都是鼎、盒、壶。另外 M116 与 M140 也有接近之处，如二者陶壶都为黑褐陶，圈足的形制及高矮都基本相同。这些特征都体现出 M116 的时代应介于 M135 与 M140 之间。

M117、M118、M119、M122 均开口在①层下，填土中均出土周代陶片，说明它们的年代晚于周代，早于①层。

综合上述分析，可将 F 区汉代遗存分为四期五段：

一期一段：以 M140 为代表；

一期二段：以 M116 为代表；

二期三段：以 M135 为代表；

三期四段：以 FG1、FT8②层、FT38②层、FT42②层为代表，包括 FH3、FH6、FT37②层；

四期五段：以 M118 为代表，包括 M117、M119、M122。

M79 未出土随葬器物，但墓葬填土中出土有大量的周代绳纹陶片，其时代应晚于周代，墓葬形制结构和椁室枕木槽与 M140 相同，可归为一期一段。FH25 和 FT7②层，出土陶片碎小，器类不明，但陶质、陶色和陶片纹饰与 FG1、FT8②层、FT38②层所出陶片陶系及纹饰相同，应归为二期四段。M117、M119、M122 均为土圹石室墓，其形制结构与 M118 相同，可归为四期五段。

2. 年代

一期一段的陶壶无盖，铁鍪器体较圆，铜带钩较小，饰圆形兽面纹。葬式为单人仰身直肢。这些具有秦至西汉初期的一般特点，年代下限应为西汉初期偏早。一期二段随葬器物组合是鼎、盒、壶。其中，Aa 型、Ab 型鼎鼎足呈兽蹄状，器体矮胖，盖面较平，与宜昌前坪 M37：7[①]、M38：9[②] 同类器相似，A 型陶盒器体接近方圆形，与宜昌前坪 M11：1[③] 相同，并出土秦和西汉早期半两钱币，其年代为西汉初期偏晚。二期三段 B 型陶鼎，器体扁圆，盖上无钮，为典型的矮兽蹄形足，C 型陶壶与宜昌前坪 M135：6[④] 相同，鼎盖无钮，鼎足横剖面呈三角形，陶壶、陶鼎、陶盒均饰红色宽带状、三角形、波浪形彩绘图案，具有西汉中期特征，年代当为西汉中期偏早。三期四段普遍出土青灰色筒瓦和板瓦及宽沿陶盆，火候较高，H3 出土的 B 型陶罐与秭归庙坪 M103：1[⑤] 同类器相仿，其年代相当于东汉初期。四期五段出土 C 型五铢钱币，年代相当于东汉中期（表五四）。

表五四　F 区汉代主要器物分期表

分期	分段	陶壶					陶鼎			陶盒		陶罐					陶盆	陶钵	铁鍪	五铢
		A	Ba	Bb	C	D	Aa	Ab	B	A	B	A	B	C	D	E				C
一	一	√																	√	
	二		√	√			√	√		√	√									
二	三				√	√			√		√									
三	四												√	√	√	√	√	√	√	
四	五																			√

（七）小结

F 区汉代墓葬均为竖穴土坑墓，形制较规整，墓坑较深。所出随葬器物较多而完整。以鼎、盒、壶为基本组合形式。墓壁抹草拌泥并涂红漆，这些是三峡地区以往少见的。

M116 墓室内有两具人骨架，呈南北向并列，虽然骨骼已腐烂，呈粉末状，其性别、年龄无法鉴别，但推测应为夫妻合葬墓。对研究古代婚姻关系具有一定的意义和价值。

M116 墓道两边有成排的柱洞柱础，推测应是用木柱在墓道内构成通道，直接通往墓室，待夫妻埋葬完后，再移去（或保存）木柱，并用土填实，或用土封闭墓道口。这是土坑墓向土圹石室墓和土圹砖室墓过渡阶段的埋葬形式和特点。从而为研究三峡地区汉代墓葬形制特点及埋葬方式提供了新的资料。

M117、M118、M119、M122，呈东西向直线排列，均为土圹石室墓，形制结构相同，且墓葬方向一致，有可能是同一家族的墓葬。

遗址中出土有较多的筒瓦和板瓦，形式多样，说明瓦类器物是当时的重要房屋建筑构件。这无疑对探讨我国古代房屋建筑史，尤其是研究三峡地区古代民居的发展演变关系又提供了新的实物资料。

---

① 湖北省博物馆：《宜昌前坪战国两汉墓》，《三峡考古之发现》（一），湖北科学技术出版社，1998 年。

② 湖北省博物馆：《宜昌前坪战国两汉墓》，《三峡考古之发现》（一），湖北科学技术出版社，1998 年。

③ 湖北省博物馆：《宜昌前坪战国两汉墓》，《三峡考古之发现》（一），湖北科学技术出版社，1998 年。

④ 湖北省博物馆：《宜昌前坪战国两汉墓》，《三峡考古之发现》（一），湖北科学技术出版社，1998 年。

⑤ 国家文物事业管理局、湖北省三峡工程移民局：《秭归庙坪》，科学出版社，2003 年。

捌 G 区

一 位置与地貌

G区位于卜庄河遗址最西边的罗家湾，北临长江，东距童庄河700米，南200米为东门头村，西面与罗家湾冲沟相连。海拔135～156米。

G区地势为东南面高，西北面低，呈斜坡状，地表高低不平，有不少洼地。中部有一道条石垒砌的宋代古城墙呈南北向横穿其中。这里属黄黏土地带，是三峡地区耕作和埋葬墓葬的良好场地。发掘前地面种植有密密麻麻的柑橘树，边缘空地种植有玉米和蔬菜。

二 工 作 情 况

G区考古发掘工作，自2001年10月第一次发掘M26、M123开始，历经2002年8月～2003年1月、2004年8～12月、2005年4～6月，前后共四次发掘。发掘期间，工作难度较大，尤其是第三、四次发掘，时处三峡工程第三期大江截流，移民大搬迁，水位上涨，道路淹没，食宿不利，交通不便，给发掘工作带来重重困难，天天只好乘坐摇摇晃晃的小船上下班。队员们在荒无人烟的环境中风餐露宿，奋力拼搏，终于完成了发掘任务。共开5米×5米探方8个，加上勘探调查发掘的墓葬，实际发掘面积为207平方米（图六七二）。地层堆积均统一编层。

三 文化堆积与分期

（一）文化堆积

G区因为是黏土地带，适宜农作物种植和经济林木栽培，经历代垦荒种植，加上雨水、山洪冲刷及江水长期侵蚀，致使该遗址破坏严重，所剩文化堆积层简单，出土遗存不多，仅4个探方有文化堆积层。受地势影响，文化层南高北低，呈倾斜状堆积。其时代为周代和六朝两个时代。周代文化层堆积分布在GT2、GT4、GT5探方内；六朝时期文化层堆积仅GT2探方内有此层堆积，而且极为简单，出土遗物甚少。下面以GT2探方南壁剖面为例，介绍G区文化堆积情况。

G区GT2探方共分为三层，北壁上只见①层，东、西、南三壁均有①、②、③层（图六七三）。

第①层：灰褐色黏土，土质疏松。厚0.23～0.39米。分布于全探方。包含物有白瓷片、素面瓦片、灰色砖块及树根草茎等物。属近现代堆积层。此层下叠压有三个现代树坑。

第②层：黑褐色黏土层，土质较硬。距地表深0.23～0.4、厚0.2～0.4米。主要分布于探方南部，探方北部有零星的堆积。包含物有黄褐色四系瓷罐等瓷片。属六朝时期堆积。此层下叠压有M128、M129。

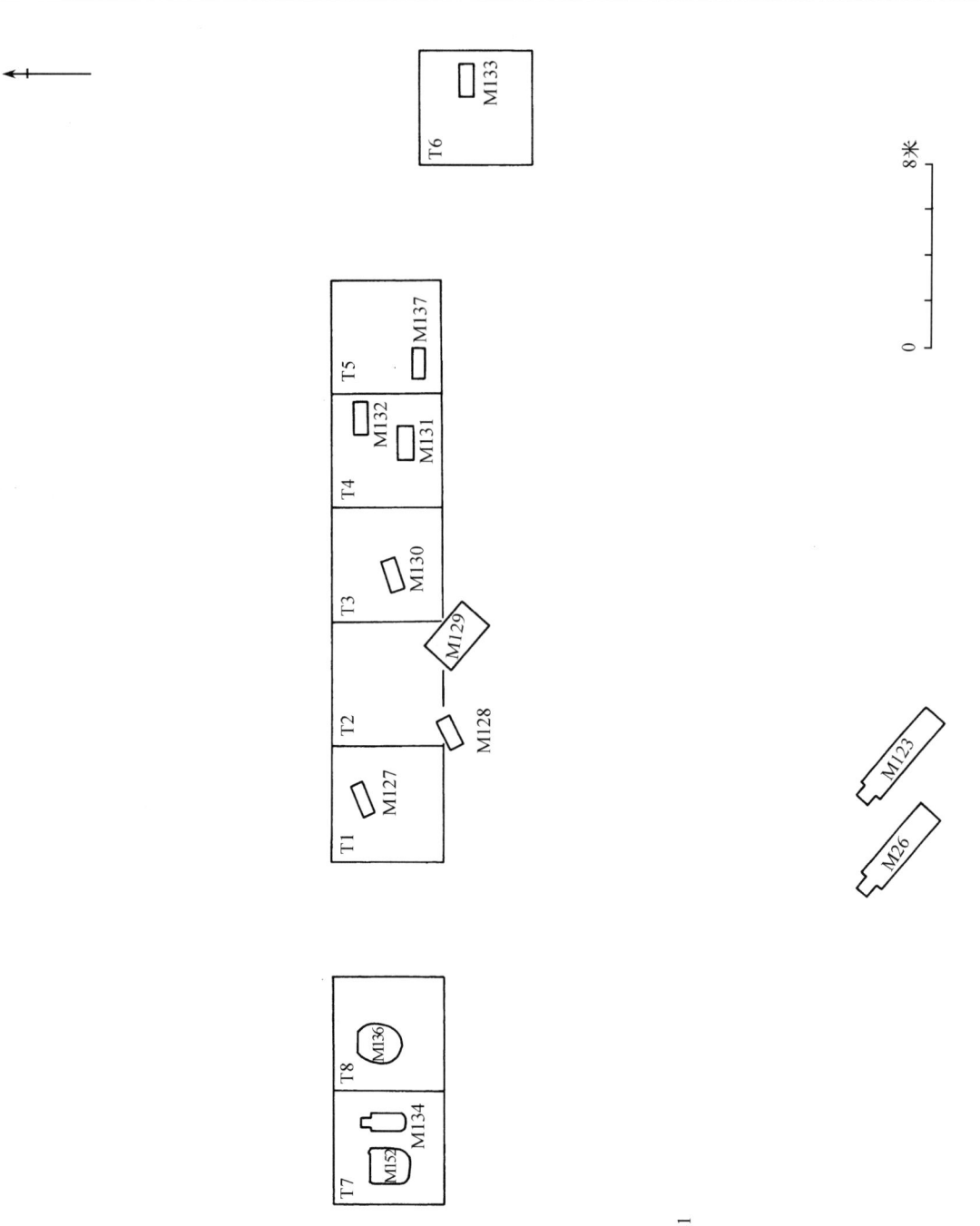

北

0 8米

图六七二　G区探方及墓葬分布图

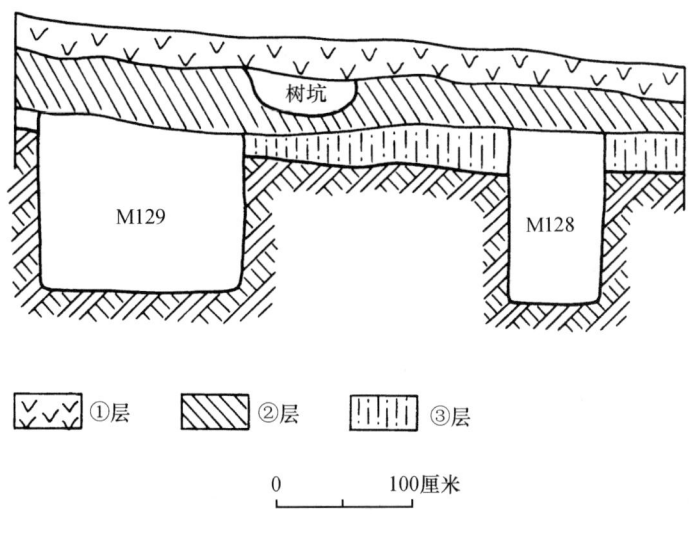

①层　②层　③层

0　　　　100厘米

图六七三　G区T2南壁剖面图

第③层：黄褐色黏土，土质较板结。距地表深 0.45～0.7、厚 0.15～0.35 米，分布于探方南部。此层较薄，分布范围较小，而且被 M128、M129 打破，但出土遗物较丰富，有罐、瓮、鼎、豆等陶片。属周代文化堆积。此层下为生土层。

（二）分期

G区地层堆积虽然简单，出土遗物不多，但发掘出 15 座墓葬。据文化层土质土色、包含物特点、层位关系，结合墓葬形制特征和出土遗物形态组合规律综合分析，可将 G 区所出遗存的年代分为四期（表五五）。

表五五　G区地层、探方、墓葬分期对应表

分期	文化时代	地层	探方、墓葬
一期	周代	③	探方 3 个（GT2、GT4、GT5）
二期	汉代		墓葬 8 座（M127～M133、M137）
三期	六朝	②	探方 1 个（GT2） 墓葬 3 座（M26、M123、M141）
四期	明代		墓葬 4 座（M134、M136、M138、M152）

一期：周代。包括探方 3 个（GT2、GT4、GT5）。探方地层为③层。代表性器物为红陶绳纹鼎、细泥黑陶豆、红褐陶绳纹罐。

二期：汉代。仅墓葬一种，共 8 个（M127～M133、M137）。代表性器物有灰陶罐、灰陶钵、铁镰等。

三期：六朝时期。包括探方 1 个（GT2），墓葬 3 座（M26、M123、M141）。探方地层为②层。代表性器物有青瓷盘口鸡首壶、青瓷盘、青瓷钵、几何纹陶砖、四系瓷罐等。

四期：明代。仅墓葬 4 座（M134、M136、M138、M152）。代表性器物有瓷碗、瓷罐、墓志砖、地契砖、八卦砖等。

四　周代遗存

（一）概述

G 区周代遗存仅遗址一种，主要分布在 GT2、GT4、GT5 探方内。

出土陶器共 22 件。器类有罐、瓮等，另有部分鼎足、豆柄、豆座等残件。其中罐最多，占陶器总数的 45.83%。

陶片多为粗泥陶，占陶片总数的 80%，次为细泥和夹细砂陶，分别占陶片总数的 10%。

陶片纹饰有绳纹和暗纹，分别占纹饰总数的 95%、5%。绳纹多饰于器物腹部，如罐、瓮等，暗纹饰于豆座外表。

陶器制作普遍较粗糙，附件如鼎足、鼎耳均为手制，多分件制作，然后与器身粘接，陶豆外表多打磨光滑。

（二）文化层介绍

① GT2③层

出土陶片共 27 片。有粗泥陶和夹细砂陶两种，分别占陶片总数的 72.50%、27.50%。陶片颜色有红陶、红褐陶、灰褐陶，分别占陶片总数的 14.82%、70.36%、18.82%。

陶片纹饰均为绳纹，占陶片总数的 85.30%，有粗绳纹和细绳纹两种，分别占陶片总数的 60.17%、25.13%（图六七四，3）。

陶器器类有罐、鼎等。共 7 件。

陶罐　4 件。标本 GT2③：5，粗泥红褐陶。鼓肩，敛口，折沿，尖唇。肩部饰粗绳纹。口径 16.2、残高 6 厘米（图六七五，4）。标本 GT2③：4，粗泥红陶。广肩，敛口，折沿，尖唇。肩部饰斜绳纹，颈部绳纹抹光。口径 16.5、残高 5.2 厘米（图六七五，8）。标本 GT2③：6，粗泥灰褐陶。广肩，敛口，折沿外侈，圆唇。口径 13.8、残高 4.8 厘米（图六七五，9）。

陶鼎　1 件（GT2③：1）。夹细砂红褐陶。胎较薄，鼓肩，敛口，折沿，圆唇。口径 21.2、残高 6.3 厘米（图六七五，2）。

陶鼎足　2 件。标本 GT2③：2，夹细砂红陶。器体较长，略呈圆锥状，足根微弧。足根径 1.9、长 11.2 厘米（图六七五，10）。标本 GT2③：3，粗泥红陶。略呈柱状，足根较平，横剖面呈椭圆形。上段外表饰细绳纹，下段外表有刀削痕迹。足根径 2.4、残长 11.1 厘米（图六七五，13）。

② GT4③层

出土陶片共 41 片。有粗泥和夹细砂两种，分别占陶片总数的 85.37%、14.63%。陶片颜色有红陶、红褐陶、灰褐陶，分别占陶片总数的 36.59%、60.97%、2.44%。

陶片纹饰皆为绳纹，有粗绳纹和细绳纹两种，分别占陶片总数的 60.98%、24.39%（图六七四，1、2）。

陶器器类有罐、瓮、鼎等，另有部分豆柄、鼎足等残件。共 12 件。

陶罐　6 件。标本 GT4③：4，粗泥红褐陶。鼓肩，敛口，宽折沿，圆唇。口径 16.6、残高 6.3 厘米（图六七五，1）。标本 GT4③：7，粗泥灰褐陶。鼓肩、敛口，卷沿，尖圆唇。肩部饰粗绳纹，

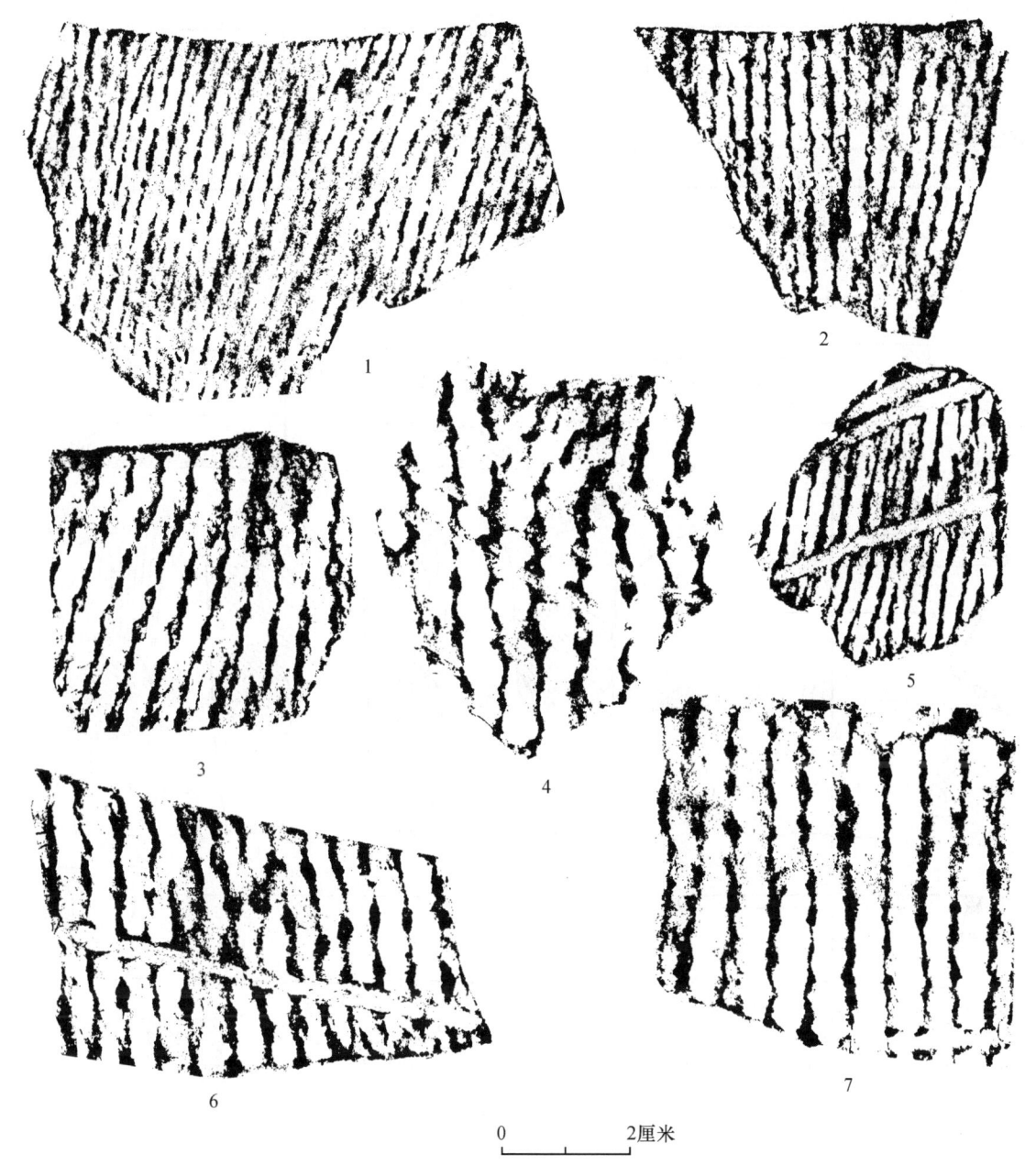

0 　　　　 2厘米

图六七四　G 区③层陶片纹饰拓片

1～7. 绳纹（GT4③：12、GT4③：14、GT2③：8、GT5③：5、GT5③：3、GT4③：13、GT2③：7）

颈部绳纹抹光。口径 16.7、残高 6.4 厘米（图六七五，6）。标本 GT4③：5，粗泥褐陶。鼓肩，高领，直口，斜沿外凸，尖唇。口径 15、残高 5.2 厘米（图六七五，7）。标本 GT4③：9，粗泥红陶。斜肩，直口略侈，圆唇。口径 16.8、残高 5.9 厘米（图六七五，16）。

陶瓮　1 件（GT4③：8）。粗泥灰陶。阔肩，矮领，直口略侈，折沿，双唇。口径 15、残高 4.2 厘米（图六七五，5）。

陶鼎　2 件。标本 GT4③：1，夹细砂红褐陶。广肩，敛口，宽卷沿，圆唇，卷沿处胎较厚。口径 18、残高 6 厘米（图六七五，3）。标本 GT4③：10，粗泥红褐陶。子口内敛，圆唇，弧腹。口径 19.2、残高 4.5 厘米（图六七五，15）。

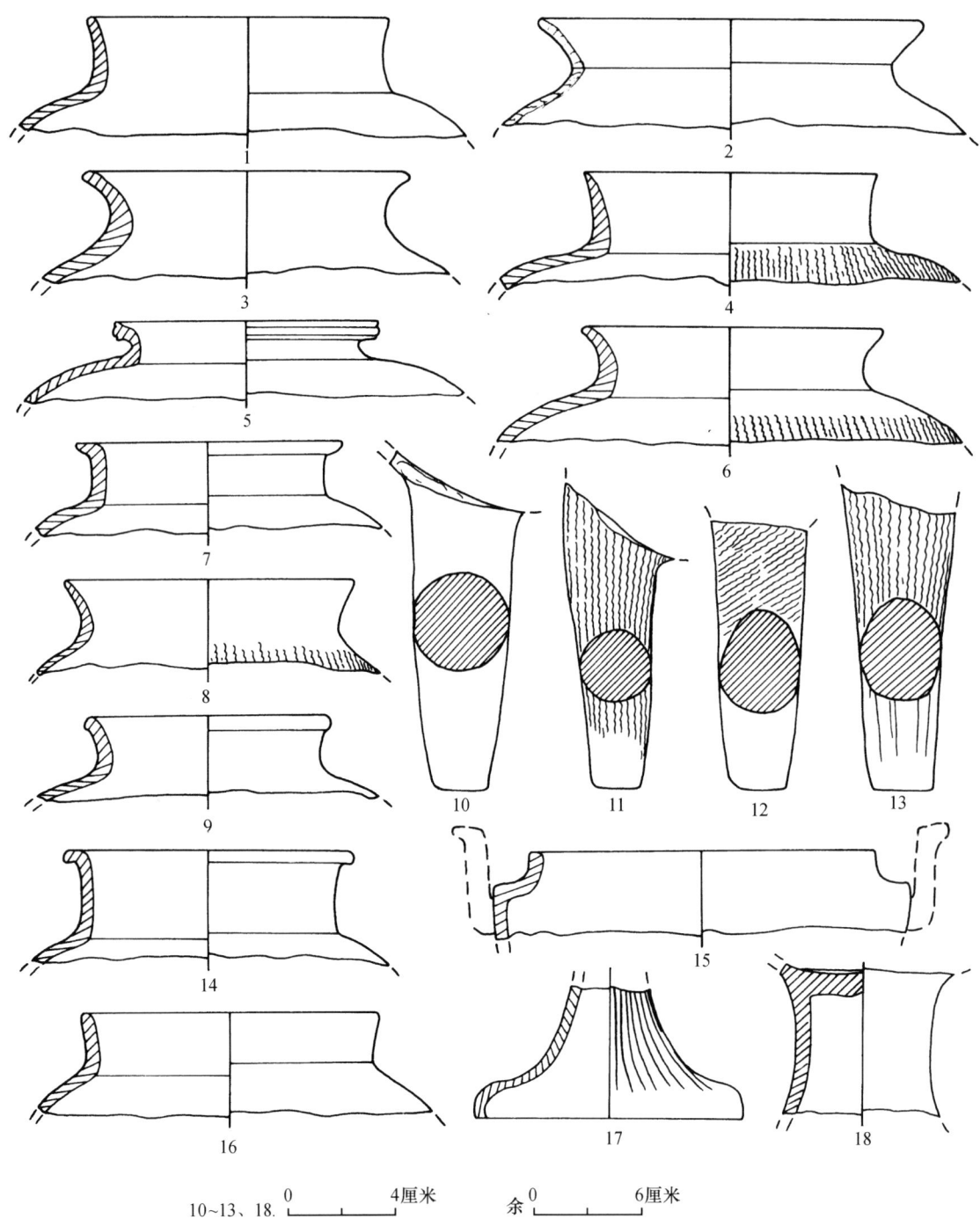

10~13、18. 0　　4厘米　　　余 0　　6厘米

图六七五　G区③层出土陶器

1、4、6~9、14、16. 罐（GT4③：4、GT2③：5、GT4③：7、GT4③：5、GT2③：4、GT2③：6、GT5③：1、GT4③：9）　2、3、
15. 鼎（GT2③：1、GT4③：1、GT4③：10）　5. 瓮（GT4③：8）　10~13. 鼎足（GT2③：2、GT4③：2、GT4③：3、GT2③：3）
17. 豆座（GT5③：2）　18. 豆柄（GT4③：11）

　　陶豆柄　1件（GT4③：11）。粗泥黑陶。器体较粗壮，呈弧形，内空。粗径5.2、残高5.8厘米（图六七五，18）。

　　陶鼎足　2件。标本GT4③：2，夹细砂红褐陶。器体瘦长，略呈圆柱状，足根较平。外表饰粗绳纹。足根径 1.7、长 11.2 厘米（图六七五，11）。标本 GT4③：3，粗泥红陶。略呈扁柱状，足根微弧，横剖面呈椭圆形。上段外表饰斜绳纹。足根径 1.6、残长 9.8 厘米（图六七五，12）。

③ GT5③层

出土陶片共 8 片。有泥质陶和夹细砂陶两种，分别占陶片总数的 37.50%、62.50%。泥质陶又有粗细之分，分别占陶片总数的 25.00%、12.50%。陶片颜色有红陶、红褐陶、黑陶，分别占陶片总数的 25.00%、62.50%、12.50%。

陶片纹饰有绳纹和直道暗纹，分别占陶片总数的 62.50%、12.50%（图六七四，4、5）。绳纹主要饰于罐类器物，暗纹饰于陶豆座的外表。

陶器器类有罐、豆等。共 3 件。

陶罐　2 件。标本 GT5③：1，粗泥红褐陶。广肩，高领，直口，窄卷沿，圆唇。肩部和颈部绳纹抹光。口径 16.7、残高 6 厘米（图六七五，14）。

陶豆座　1 件（GT5③：2）。细泥黑陶。器形规整，略呈喇叭状，座根外凸。外表打磨光滑，并饰竖道暗纹。座径 15、残高 7.8 厘米（图六七五，17）。

（三）小结

G 区周代遗存虽然发现不多，但特征鲜明，与卜庄河遗址其他发掘区同时期遗存相比，有以下特点：一是陶色以红褐陶和灰褐陶为主，细绳纹增多，粗绳纹相对减少；二是器类以罐为主，不见陶鬲，新出现附耳子口内敛的带盖陶鼎及喇叭形绳纹陶豆；三是鼎足均呈柱状，足体瘦高；四是陶器火候普遍较高。总体看来，与其他发掘区同时期遗存差别较大，这种差别应是时代早晚不同所致。其文化性质属于楚文化系列。

GT4③：2 陶鼎足、GT2③：6 陶罐、GT4③：1 陶鼎分别与秭归柳林溪 F1①：65、H15：11、G2：25 同类器相似[1]，GT5③：1 陶罐与当阳赵家湖 JM85：3 陶罐较接近[2]，另外暗纹陶器多出现在春秋时期。据此比较，G 区周代遗存年代应为春秋中晚期或战国早期。

五　汉　代　遗　存

（一）概述

G 区汉代遗存仅墓葬一种。共 8 座。编号为 M127～M133、M137。根据墓葬形制、结构可分为土坑墓和土圹石室墓两种。

土坑墓共 7 座（包括 M127、M128、M130～M133、M137）。均为长方形竖穴土坑墓。最大者如 M132，长 3.1、宽 1.7、深 1.7 米，最小者如 M133，长 2.2、宽 0.95、深 1.22 米。葬具多腐烂，少数墓有椁痕和棺痕，M130、M131 墓底有椁室枕木凹槽。人骨架均腐烂成痕迹。葬式除 M128 不明外，其余为仰身直肢。墓内填土松软，多呈黄褐色和灰褐色五花土。随葬器物较少，多为 1～2 件随葬品。随葬品放置无一定规律，或置头部，或置身侧，或置脚部。随葬器类有陶罐、陶钵、铜

---

① 国务院三峡工程建设委员会办公室、国家文物局：《秭归柳林溪》，科学出版社，2003 年。

② 宜昌地区博物馆、北京大学考古系：《当阳赵家湖楚墓》，文物出版社，1992 年。

环、铁镰、料珠、钱币，共 8 件。组合形式为：

陶罐、铜币组合：1 座；

铜环、料珠组合：1 座；

陶钵组合：1 座；

陶罐组合：1 座；

陶罐、铁镰组合：1 座。

M128、M132 无随葬品。

土圹石室墓 1 座（M129）。北部被破坏。残长 5.7、宽 3.4 米。出土随葬器物有铜环和钱币。

（二）墓葬介绍

墓葬共 8 座。可分为土坑墓和土圹石室墓两类。

1. 土坑墓

① M127

M127 位于 GT1 探方北部，开口在①层下，打破生土。距地表深 0.45 米。方向 250°。为长方形竖穴土坑墓，形制规整。墓圹壁较陡直，底较平，墓底四周有熟土二层台。墓口长 2.9、宽 1.6、深 1.62 米，墓底长 2.6、宽 1.35 米，熟土二层台宽 0.2～0.25、高 0.36 米（图六七六；图版二二四，1）。墓内填土为黄褐色五花土，较硬，经夯打过，夯层较平，一般厚 0.2 米。

葬具腐烂无存，仅存椁室腐烂痕迹，呈长方形，长 2.36、宽 1～1.05、高 0.35 米。据椁室空间和人骨腐烂痕迹位置观察应有单棺作殓尸葬具。

人骨架均腐烂，仅存腐烂痕迹，据痕迹观察，头向西。葬式为仰身直肢。其性别、年龄均不详。

随葬器物仅 1 件陶罐和 1 枚钱币，位于墓室北边，即人骨架左侧。

陶罐　1 件（M127:2）。完整。泥质灰陶。鼓腹，广肩，高领，盘形口，尖唇，唇下有一道凸棱，下腹内收，大平底。腹部饰一道凸弦纹。口径 10.2、领高 4、腹径 22.2、底径 13.2、通高 21.6 厘米（图六七七；彩版四九，4；图版二二五，2）。

钱币　1 枚（M127:1）。剪轮铜五铢，属 C 型。剪郭程度较重。直径 2.3 厘米。钱币"五"字较宽大，"铢"字金旁的头较大，呈三角形，"朱"旁上部转角处圆折（图六七八）。为东汉早中期钱币。

② M128

M128 位于 GT2 探方西南角，部分墓圹延伸至南壁外。开口在②层下，打破生土。距地表深 0.5 米。方向 70°。为长方形竖穴土坑墓，墓壁斜直，收分较大，底较平整。墓口长 3、宽 1.8、深 1.5 米，墓底长 2.4、宽 1.18 米（图六七九；图版二二四，2）。墓内填土为黄褐色五花土。经夯打，比较板结，夹杂有少许碎小的绳纹红陶片。

因深度腐烂，葬具和人骨架均无存，故葬具、葬式及墓主人性别、年龄均不详。

未出土随葬器物，但在墓坑东北角发现有少量漆皮痕迹，应为漆木器腐烂后所留下的漆皮痕迹。

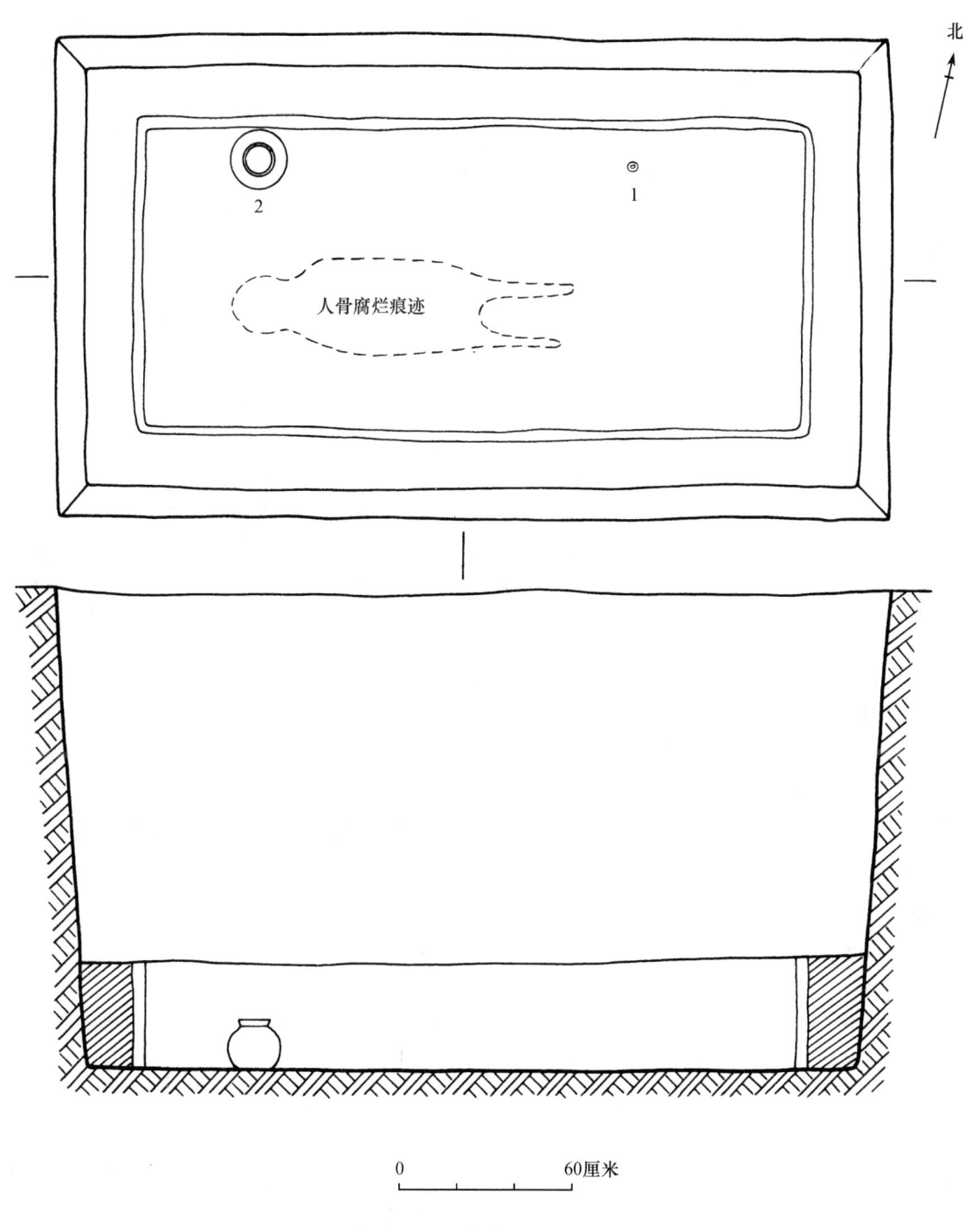

图六七六　G 区 M127 平、剖面图
1. 铜钱　2. 陶罐

③ M130

　　M130 位于 GT3 探方中部。开口在①层下，打破生土。距地表深 0.45 米。方向 70°。为长方形竖穴土坑墓。因耕种和自然水土流失等原因，墓坑上部被破坏掉。墓壁较斜直，收分较大，底甚平，墓底有两道椁室枕木凹槽。墓口残长 2.7、残宽 1.6、残深 0.8 米。墓底长 2.5、宽 1.4 米，枕木槽长 1.4、宽 0.12、深 0.06 米（图六八〇；图版二二六，1）。墓内填土为黄褐色夹灰褐色五花

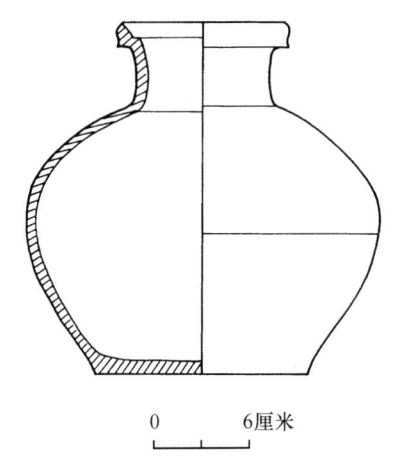

图六七七　G区M127陶罐（M127:2）

④ M131

M131位于GT4探方中部，开口在①层下，打破③层。距地表深0.52米。方向90°。为长方形竖穴土坑墓。墓坑较窄而长，墓壁斜直，收分较大，墓底较平整，底部有两道椁室枕木凹槽。墓口长3.1、宽1.6、深1.3米，墓底长2.5、宽1.3米，椁室枕木槽长1.25、宽0.18～0.22、深0.04米（图六八二；图版二二六，2）。墓内填土为黄褐色和灰褐色斑点的五花土，因夯打土质甚硬。

葬具因腐烂无存，仅存两道椁室枕木凹槽，人骨架位于墓室南侧，北侧空位较大，应有棺作殓尸葬具。推测葬具应为单棺单椁。

人骨架因腐烂，仅存部分肢骨和头骨，位于墓室南侧中部，仰身直肢，头向东，面向上，双手交叉于下腹部，下肢仅存股骨。其性别、年龄不详。

随葬器物仅1件陶钵，位于墓室西北角。

陶钵　1件（M131:1）。复原完整。泥质灰陶。鼓腹，敛口，圆唇，下腹内收，小平底。上腹至口沿饰四道瓦棱纹，下腹饰交错绳纹，局部将绳纹抹光。口径18.4、腹径21.6、底径9、高12厘米（图六八三；彩版四九，3；图版二二五，6）。

⑤ M132

M132位于GT4探方东北部。开口在①层下，打破③层。距地表深0.47米。方向90°。因耕种和自然水土流失等原因，墓坑上部被破坏。为长方形竖穴土坑墓，西端较宽，东端略窄。西壁及墓坑东段的北、东、南三壁收分较大，墓底平面略呈梯形，且较平整。墓口长3.1、宽1.7、深1.7米，墓底长2.5、西端宽1.6、东端宽1.42米（图六八四）。墓内填土为黄褐色五花土，较硬，中部有一盗洞，呈黑褐色土，较松软。

葬具及人骨架均腐烂无存，亦未见腐烂痕迹，故葬具、葬式及墓主人性别、年龄均不详。

随葬器物全部被盗。

土，土质比较硬。

葬具因腐烂，仅存椁室枕木凹槽，人骨架位于墓室中部，推测葬具为单棺单椁。

人骨架因腐烂，仅存腐烂痕迹，据痕迹观察，头向东。葬式为仰身直肢。墓主人性别、年龄均不详。

随葬器物有铜环和料珠，共2件。其中，铜环置于人骨架痕迹右侧腰部，料珠置于人头骨左侧。

铜环　1件（M130:1）。完整。保存较好。圆形，横断面呈长方形。直径3.2厘米（图六八一，1；图版二二五，4）。

料珠　1件（M130:2）。完整。釉陶，八棱形，内空。饰小圆窝纹及圆点纹。直径0.9、高1厘米（图六八一，2；图版二二五，3）。

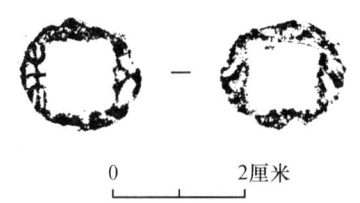

图六七八　G区M127五铢钱币拓片（M127:1）

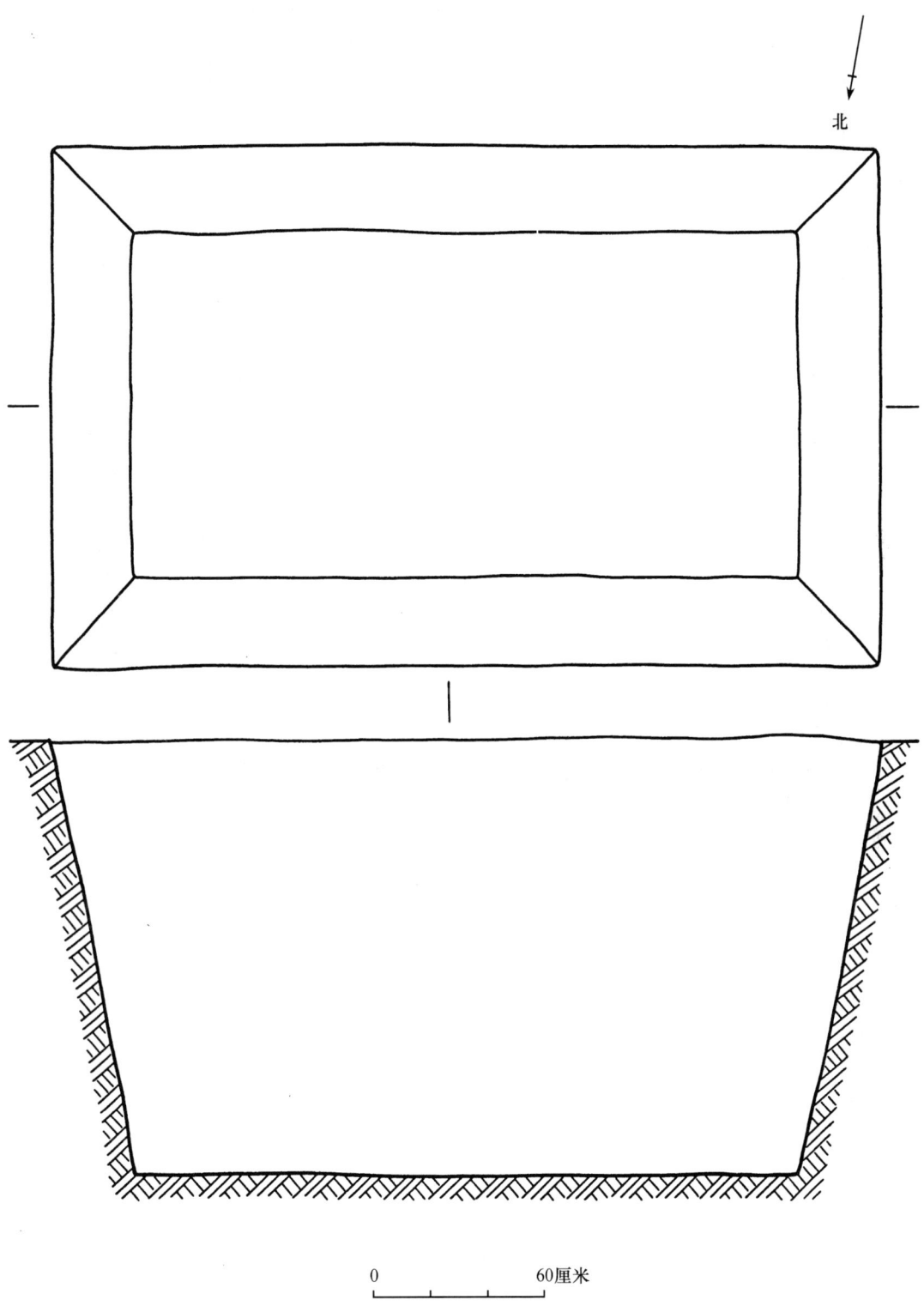

北

0   60厘米

图六七九 G 区 M128 平、剖面图

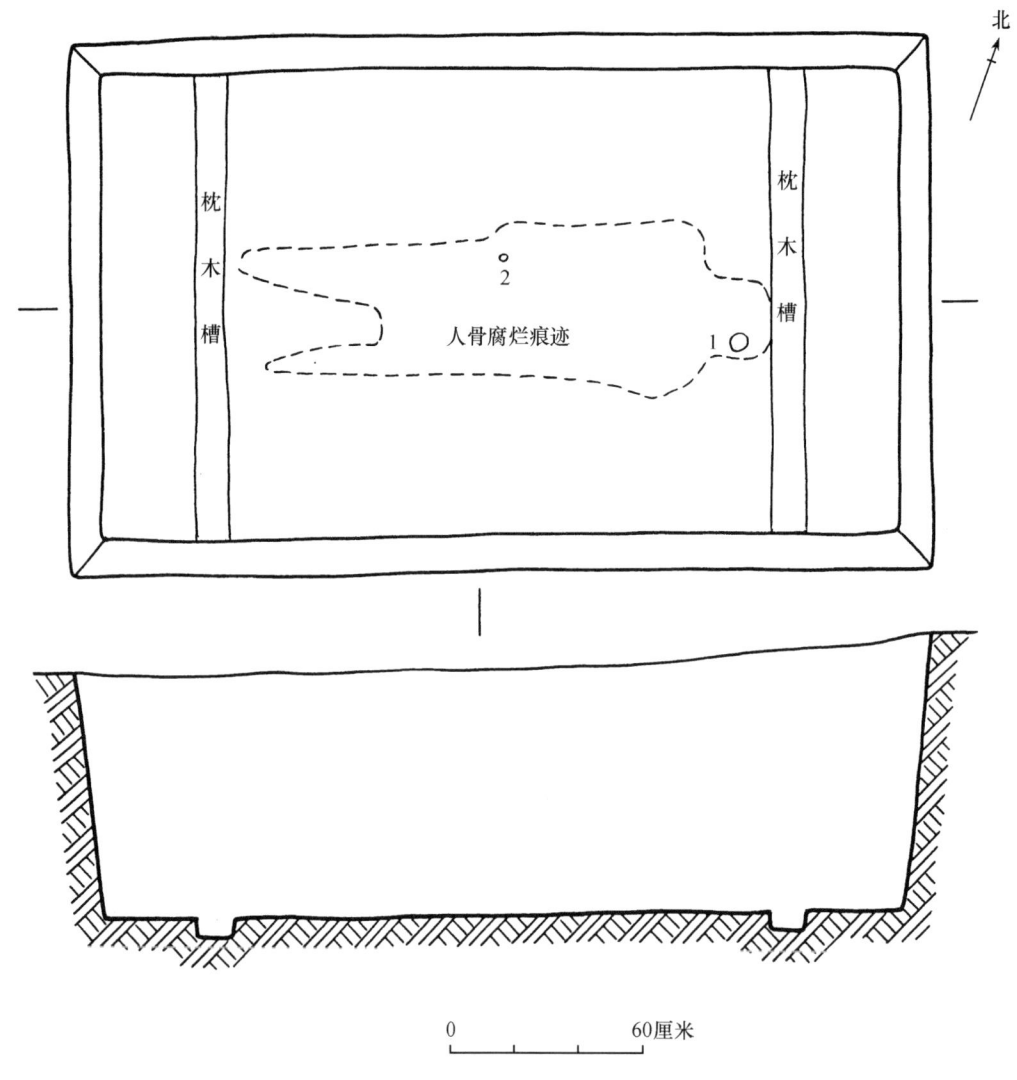

图六八〇　G区M130平、剖面图

1. 铜环　2. 料珠

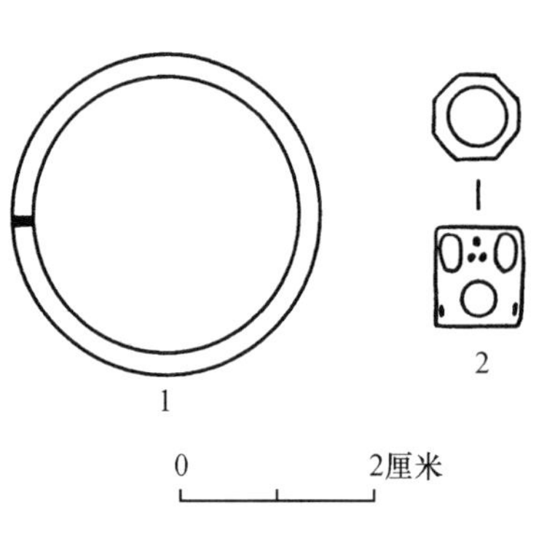

⑥M133

M133位于GT6探方东部。开口在①层下，打破生土。距地表深0.2米。方向270°。该墓较小，为长方形竖穴土坑墓。墓壁较陡直，收分较小，底较平整。墓口长2.2、宽0.95、深1.22米，墓底长2.05、宽0.8米（图六八五）。墓内填土为灰褐色五花土，比较松软。

葬具因深度腐烂无存，根据墓坑形制较窄而小的特点推测，葬具应为单棺。

人骨架因腐烂，仅存部分腐烂痕迹，且成粉末状。据痕迹观察，人骨架头向西，面向上，葬式为仰身直肢。

随葬器物仅1件陶罐，放置于墓坑东北角。

图六八一　G区M130出土器物

1. 铜环（M130：1）　2. 料珠（M130：2）

北

枕木槽

枕木槽

0　　　　　　60厘米

图六八二　G区M131平、剖面图

1. 陶钵

　　陶罐　1件（M133:1）。完整。泥质褐陶。器身扁圆，鼓腹，鼓肩，高领，直口略侈，宽平沿外凸，圆唇，下腹弧壁内收，小平底内凹。下腹外表饰交错绳纹。口径14.5、腹径21.8、底径3.8、高18厘米（图六八六；彩版四九，2；图版二二五，5）。

　　⑦ M137

　　M137位于GT5探方西南部。开口在①层下，打破③层。

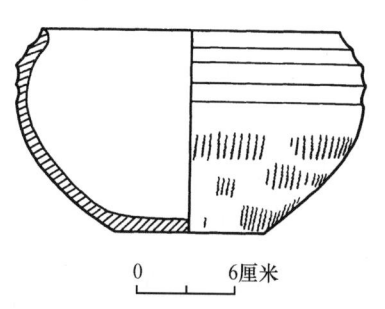

0　　　　6厘米

图六八三　G区M131陶钵（M131:1）

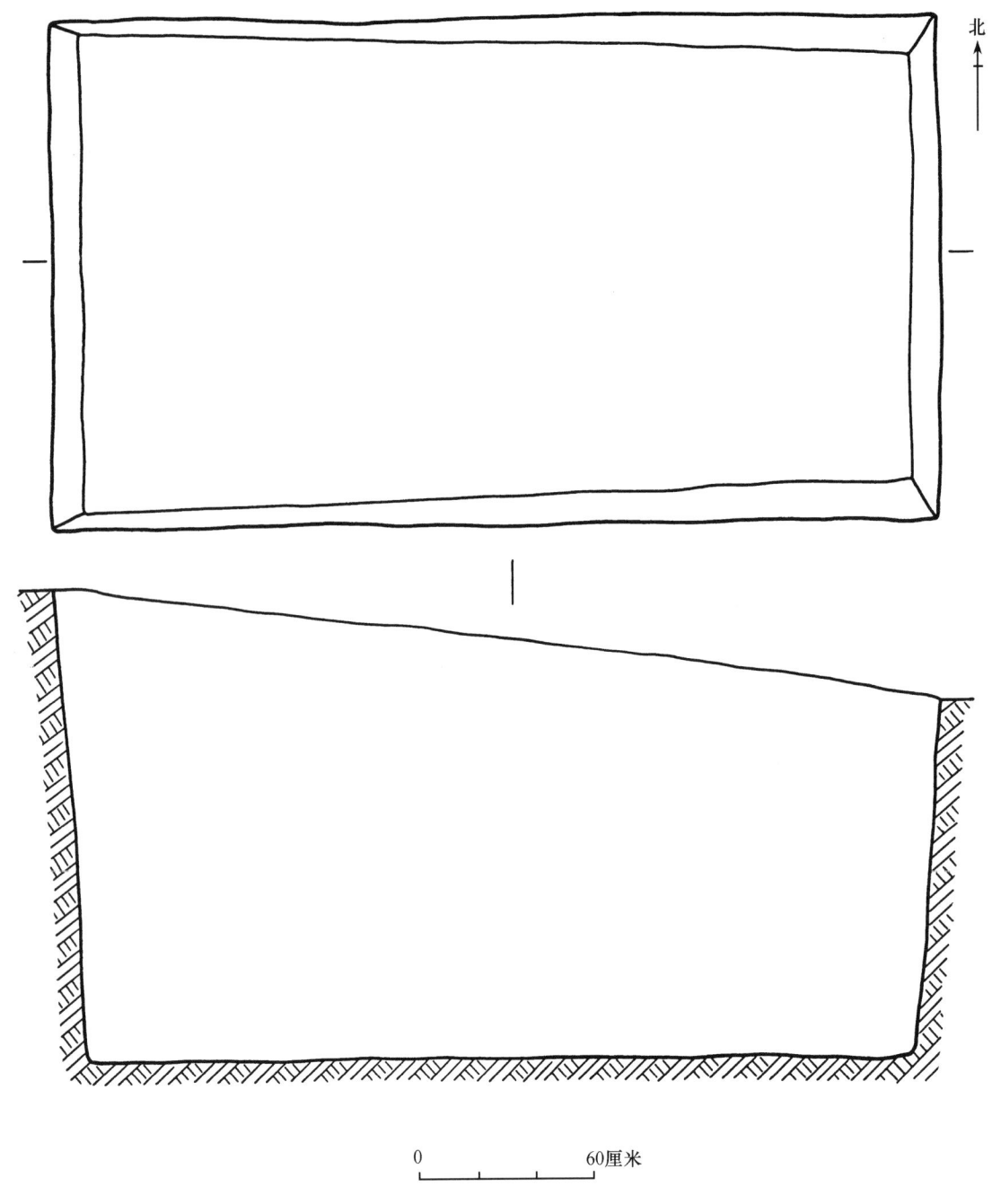

0   60厘米

图六八四　G区M132平、剖面图

距地表深 0.38 米。方向 90°。为长方形竖穴土坑墓，墓壁较陡直，收分较小，墓底较平整。墓口长 2.9、宽 1.16、深 1.2 米，墓底长 2.6、宽 0.95 米（图六八七）。墓内填土为黄褐色夹灰褐色五花土，较松软。

葬具因腐烂无存，亦未见腐烂痕迹。据墓坑形制结构观察，葬具应为单棺。

人骨架保存不好，仅存头骨和部分肢骨腐烂痕迹。据痕迹观察，头向东，面向上，葬式为仰身直肢。

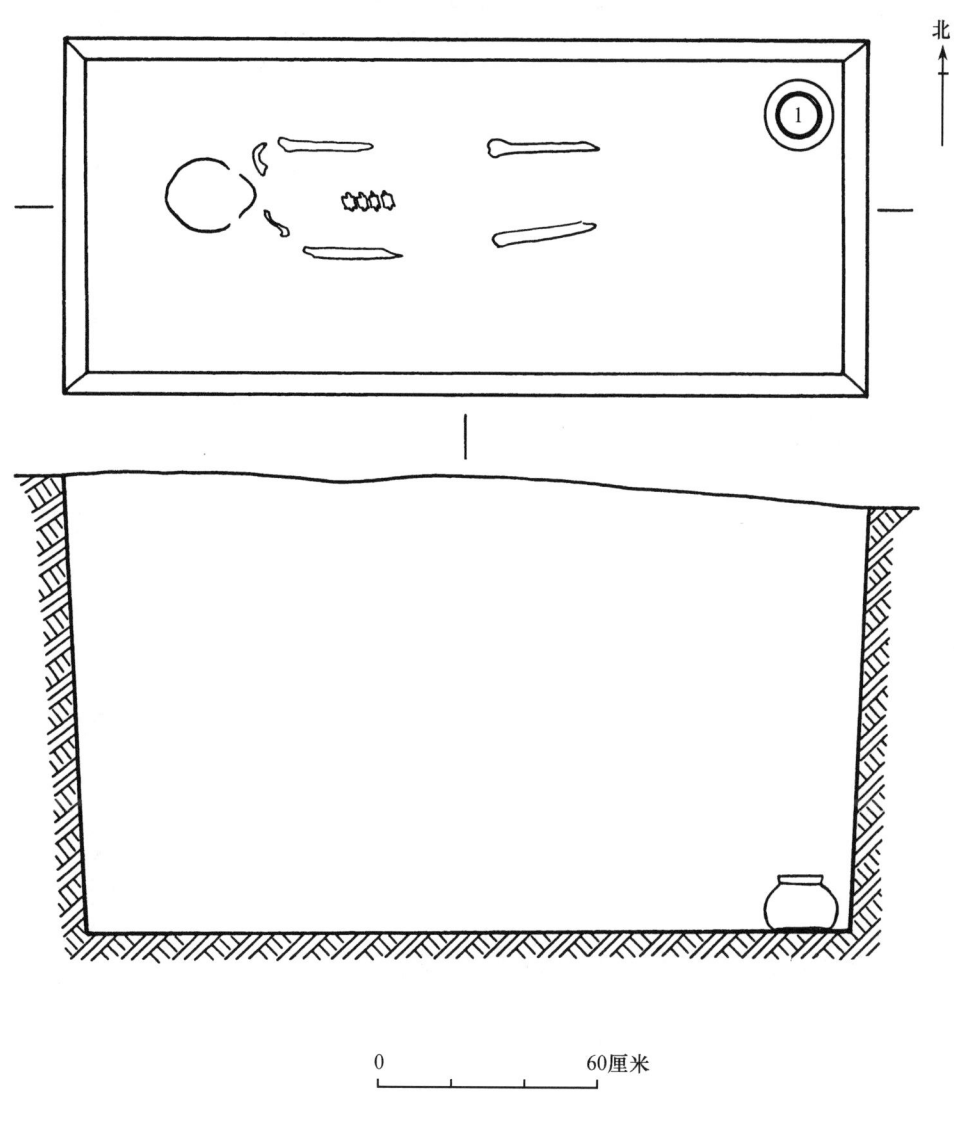

图六八五 G 区 M133 平、剖面图
1. 陶罐

随葬器物共 2 件。陶罐置于墓坑南边中部，铁镰置于墓坑北侧。

陶罐 1 件（M137：1）。完整。泥质灰陶。火候较高。溜肩，鼓腹，高领，直口略侈，斜沿，尖唇，下腹弧壁内收，小平底。下腹外表饰交错绳纹。口径 10.4、领高 4.1、腹径 18.6、底径 3.1、通高 19.2 厘米（图六八八，1；彩版四九，1；图版二二五，1）。

铁镰 1 件（M137：2）。残。略锈蚀。呈弧形，背部较厚，内面有刃。残长 8.5、宽 2.5、背部厚 0.5 厘米（图六八八，2）。

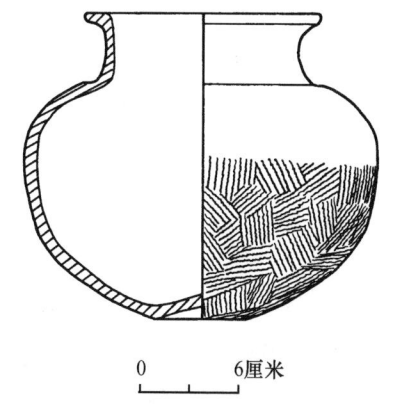

图六八六 G 区 M133 陶罐（M133：1）

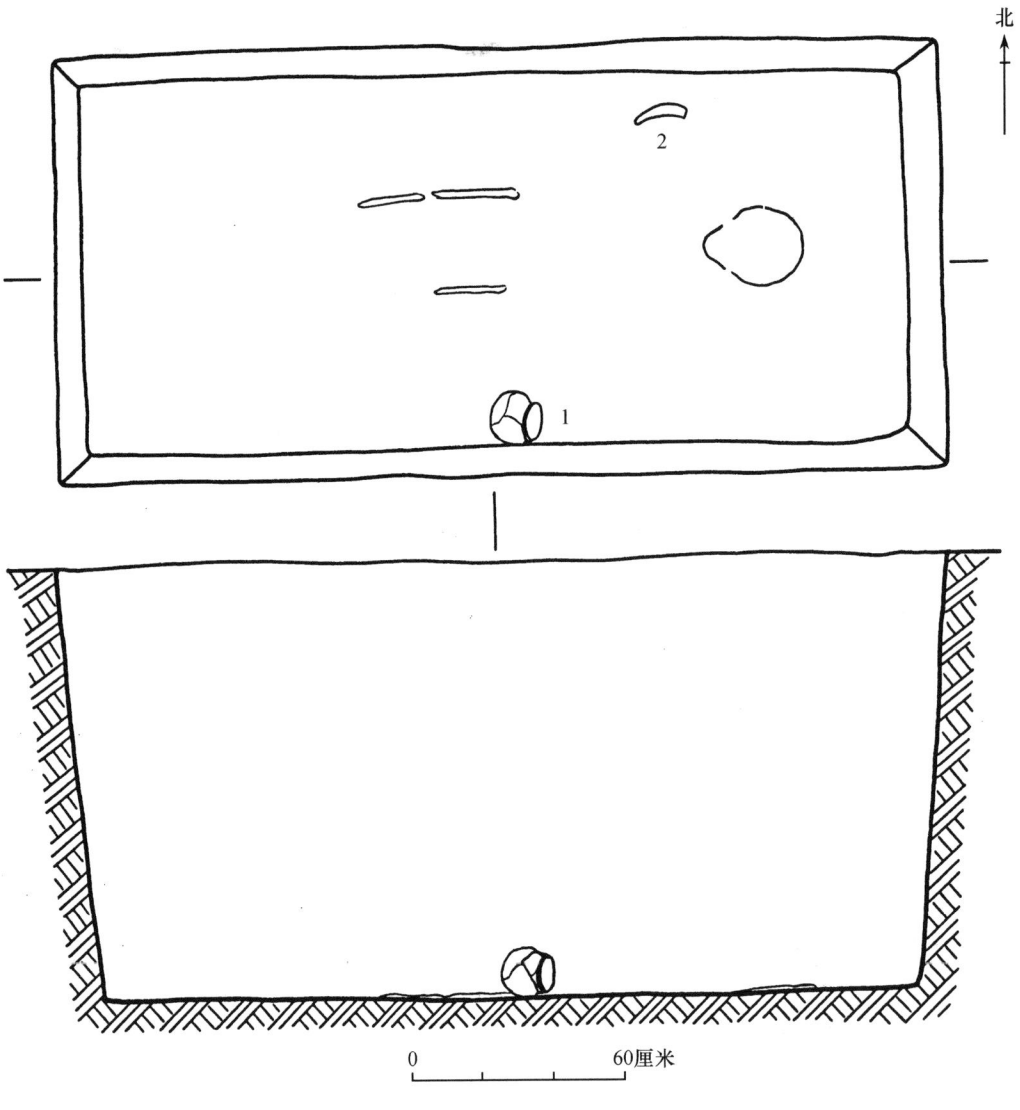

北

0   60厘米

图六八七　G区M137平、剖面图

1. 陶罐　2. 铁镰

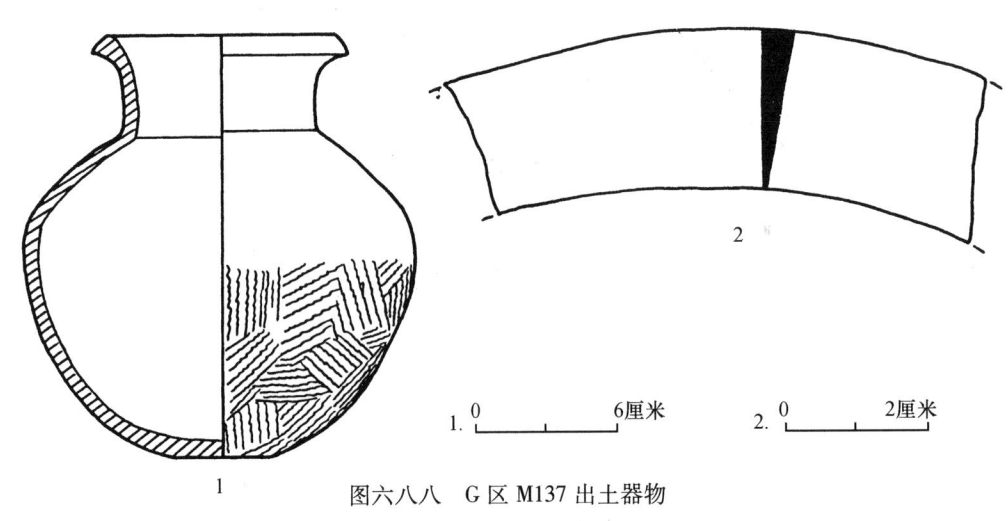

1. 0   6厘米　　2. 0   2厘米

图六八八　G区M137出土器物

1. 陶罐（M137:1）　2. 铁镰（M137:2）

2. 土圹石室墓

M129 位于 GT2 探方东南角，部分延伸至南壁外。开口在②层下，打破③层。距地表深 0.55 米。方向 350°。该墓所处位置在较陡的斜坡上，因耕种和水土流失等原因，墓葬遭到严重破坏，墓室北部被破坏掉，券顶及墓壁大部分倒塌。墓土圹壁较斜直，收分较大，底较平整。墓室系长条形石条错缝垒砌。土圹口残长 5.7、宽 3.4、残深 0.5 ~ 1.3 米，底残长 5.45、宽 3.1 米。墓室残长 5.45、宽 3、高 0.4 ~ 1.2 米（图六八九）。墓壁条石系人工打制而成，一般长 0.5 米左右，宽 0.4 米，厚 0.2 米。墓内填土较杂，有黄褐色五花土，夹杂部分灰黑色土块及券顶和墓壁倒塌的石条，包含物有少量周代绳纹红陶瓦片。

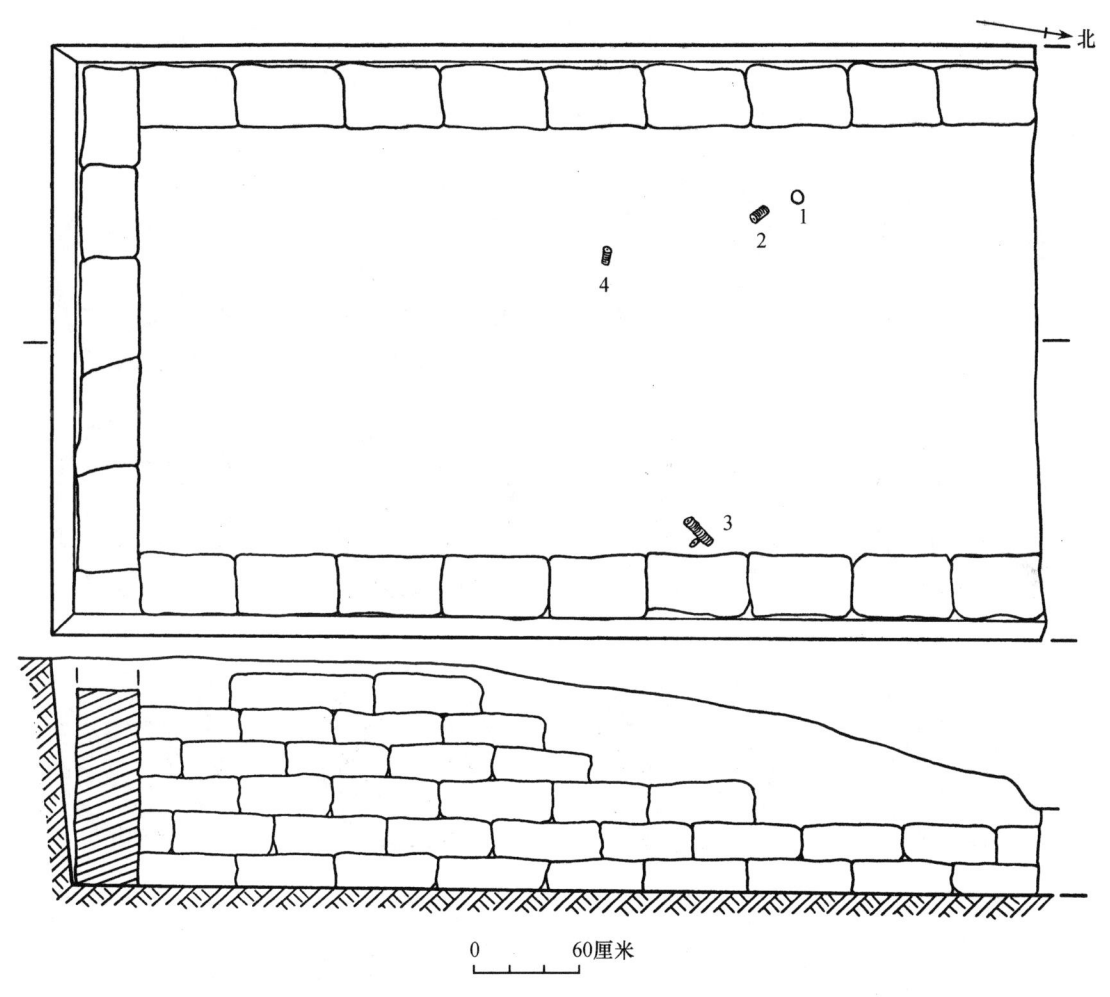

图六八九　G 区 M129 平、剖面图
1. 铜环　2 ~ 4. 铜钱

葬具及人骨架均腐烂无存，亦未见腐烂痕迹，故葬具、葬式及墓主人性别、年龄均不详。

该墓因被盗，所剩随葬器物无几，仅存 1 件铜环及部分钱币。

铜环　1 件（M129：1）。完整。呈圆形，横剖面亦呈圆形，且细。直径 4.5 厘米（图六九〇）。

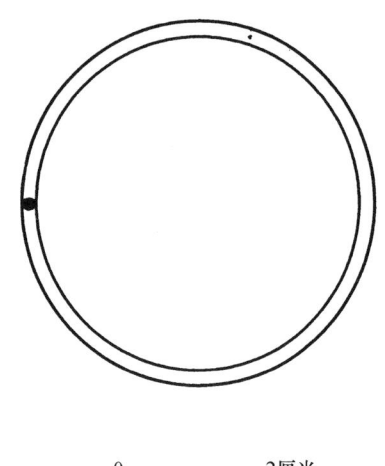

图六九〇　G区M129铜环（M129:1）

钱币　83枚。均为铜质钱币。有五铢和货泉两种。

五铢　82枚。分A、B、C三型。

A型　17枚。面、背郭较窄，穿有大小之异。铸造工艺较精湛。直径2.5厘米。面文"五"字中间两笔较斜直，"朱"字头方折（图六九一，1）。属西汉早中期钱币。

B型　12枚。面、背郭较宽，穿有大小之别。铸造工艺较精湛。直径2.5～2.6厘米。面文"五"字像两炮弹相对，"铢"字金旁的头小，呈箭头状（图六九一，2、3）。属西汉晚期钱币。

C型　53枚。面、背郭有宽窄之异，穿有大小之分，有穿上星、穿下半星。铸造工艺有精、劣之别。直径2.5～2.6厘米。面文"五"字较宽大，"铢"字金旁的头加大，呈三角形，"朱"旁上部转角处圆折（图六九一，4～7）。

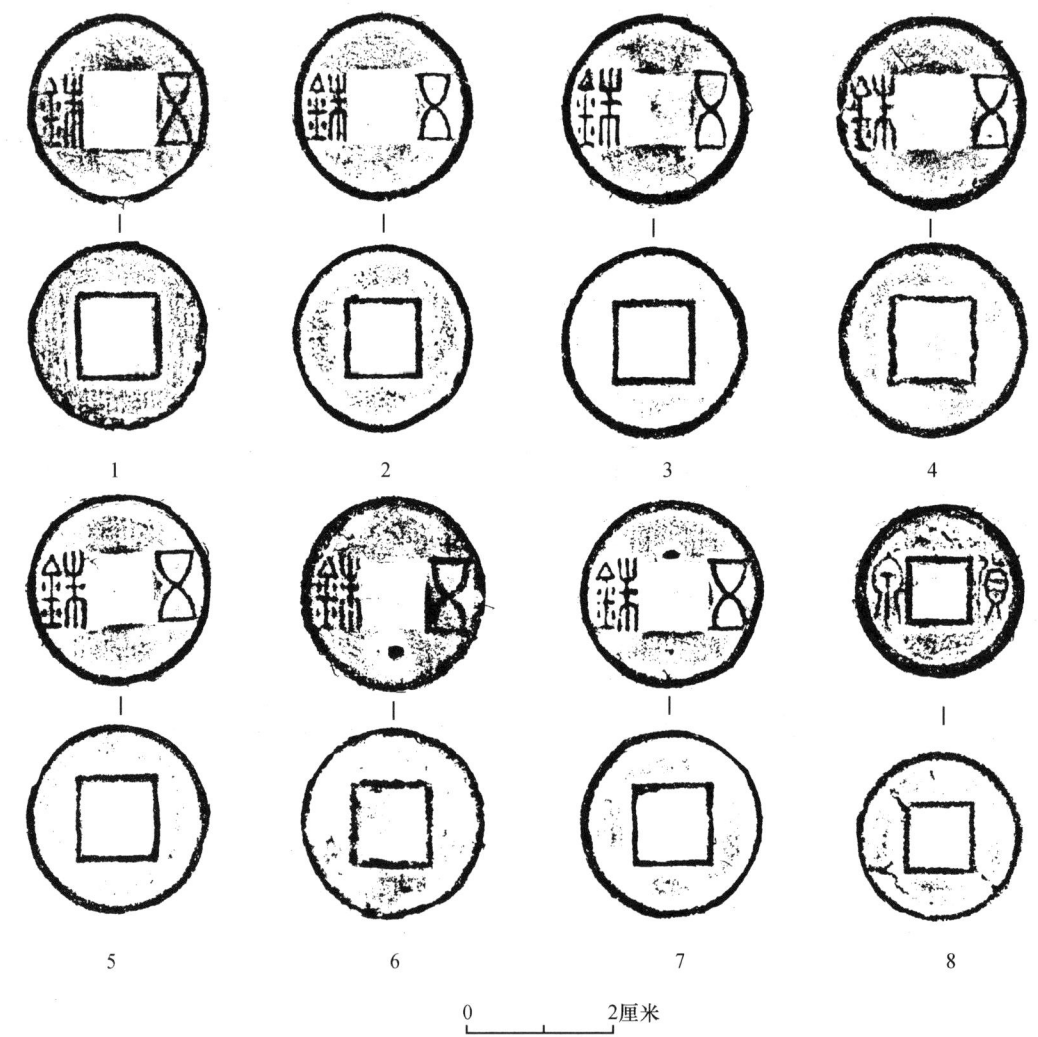

图六九一　G区M129钱币拓片

1. A型五铢（M129:9）　2、3. B型五铢（M129:7、M129:8）　4～7. C型五铢（M129:2、M129:3、M129:4、M129:5）

8. 货泉（M129:10）

属东汉早中期钱币。

货泉 1 枚（M129：10）。面、背郭较窄，面文笔划纤细。铸造工艺较精湛。直径 2.3 厘米（图六九一，8）。

（三）分期与年代

1. 分期

G 区汉代墓葬可资比较器物仅陶罐和五铢钱币两种。逻辑排序如下。

罐　分 A、B 二型。

A 型　高领，小平底。分 a、b 二亚型。

Aa 型　球形腹，斜沿，尖唇。M137：1。

Ab 型　扁圆腹，宽平沿，圆唇。M133：1。

B 型　鼓腹，大平底，直口，双唇。M127：2。

钱币　均为 C 型。"五"字较宽大（M127、M129 均有 C 型钱币）。

以上排序共涉及 4 个单位。它们之间没有叠压、打破关系。只能根据所出器物及墓葬形制、结构结合器物逻辑排序情况进行分期比较。

M133 和 M137 同出 A 型陶罐，墓葬形制结构，均为长方形竖穴土坑墓，表明时代比较接近，应为同一时期墓葬。M127 出土 B 型陶罐，并出土 C 型五铢钱币，与 M133、M137 明显不同，区别较大，显然代表了另一个时间段。

由此比较，可将 G 区汉代墓葬分为一、二两期。

一期：以 M133、M137 为代表；

二期：以 M127 为代表。

M130 和 M131 虽然没有可资比较的器物，但墓葬形制结构与 M133、M137 基本相同，只是墓底有椁室枕木槽。M128 和 M132 未出随葬器物，但墓葬形制结构与 M133、M137 相同。故这四个墓可归入一期。M129 墓葬结构为土圹石室墓，石室墓的时代一般比土坑墓晚一些，但出土有 C 型五铢钱币，钱币时代与二期相同，由此 M129 可归为二期。

2. 年代

一期 Ab 型陶罐、Aa 型陶罐，分别与宜昌前坪 M97：17[①]、M54：3[②] 同类器相似，其年代相当于西汉早期偏晚。二期 B 形罐为大平底，直口，双唇，多见于湖北地区东汉墓葬中，并同出东汉早、中期的 C 型五铢钱币，其年代为东汉中期或偏晚。

（四）小结

G 区汉代墓葬以土坑墓为主，占墓葬总数的 87.8%，墓坑较深，墓壁较陡直，墓葬方向多为

---

① 宜昌地区博物馆：《1978 年宜昌前坪汉墓发掘》，《三峡考古之发现》，湖北科学技术出版社，1998 年。
② 宜昌地区博物馆：《1978 年宜昌前坪汉墓发掘》，《三峡考古之发现》，湖北科学技术出版社，1998 年。

70°~90°。这些与卜庄河遗址其他发掘区不同，可能是 G 区的区域特点。

墓葬规模较小，随葬器物不多，最多者仅 2 件，少数墓没有随葬器物。说明墓主人身份不高，地位较低。应属于贫民墓葬。

六　六 朝 遗 存

（一）概述

G 区六朝遗存包括遗址和墓葬两部分。

遗址文化层堆积主要分布在 GT2 探方内，厚 0.05~0.23 米。出土遗物较少。

墓葬共 3 座，编号为 M26、M123、M141。均为土圹砖室墓。其中，有 2 座（M26、M123）为凸字形墓，1 座为长方形墓（M141）。人骨架保存不好，仅 M123 存有头骨及牙齿，经鉴定性别不详，年龄 25 岁左右。

M141 因被盗，未出随葬器物。其余墓出土有青瓷盘口壶、青瓷盘、青瓷碗等，共 3 件，另有 5 件铁棺钉。器物组合形式为：

青瓷盘口壶组合：1 座；

青瓷盘、青瓷碗组合：1 座。

（二）遗存介绍

1. 墓葬

① M26

M26 位于 G 区南部，东边 2.5 米为 M123。修卜（庄河）旧（州河）公路而发现，随即进行了发掘。开口在表土层下，打破生土。距地表深 0.3~0.8 米。方向 316°。为土圹砖室墓，由墓室和甬道两部分组成，甬道在墓室西边。发掘前大部分墓壁和券顶被挖掘机挖掉。经发掘确认，该墓已早期被盗。

墓土圹壁较陡直，底较平。墓室系长方形砖错缝垒砌而成，高 1.2 米处开始券顶，墓底呈"人"字形平铺一层砖。土圹口长 5.3、宽 2.1、残深 0.55~2.4 米，墓底长 5、宽 1.7 米。墓室长 4、宽 1.43、高 0.5~1.98 米。甬道长 0.9、宽 0.97、高 0.5 米（图六九二；图版二二七，1）。砖墓砖长 0.42、宽 0.17、厚 0.07 米，两侧面及一当面饰菱形纹，一面饰绳纹。墓室内堆积均为墓壁及券顶倒塌的砖和黄褐色五花土。砖墓室上面填土为黄褐色五花土，夹杂有圆形小石头。墓内被焚烧过，有一层厚 0.01~0.02 米的木炭及灰烬。

因被火焚烧，不见葬具，只发现 3 件铁棺钉，葬具应有棺，是否有椁室尚不清楚。

人骨架因火焚烧，仅存头骨局部，位于甬道内。另有数枚牙齿散落于墓室。葬式及性别、年龄均不详。

随葬器物仅存 1 件青瓷盘口壶，放置于墓室与甬道之间。

青瓷盘口壶　1 件（M26∶1）。复原完整。胎呈灰白色。火候较高。鼓腹，高领，盘形口，蛇首形柄，鸡首形流，桥形耳，下腹弧壁略收，大平底。下腹以上及口沿内施青色釉，口部饰一道凹弦纹。口径 8.3、颈高 4.2、腹径 17.5、底径 11.4、流高 4.5、通高 17.1 厘米（图六九三；图版二二八，3）。

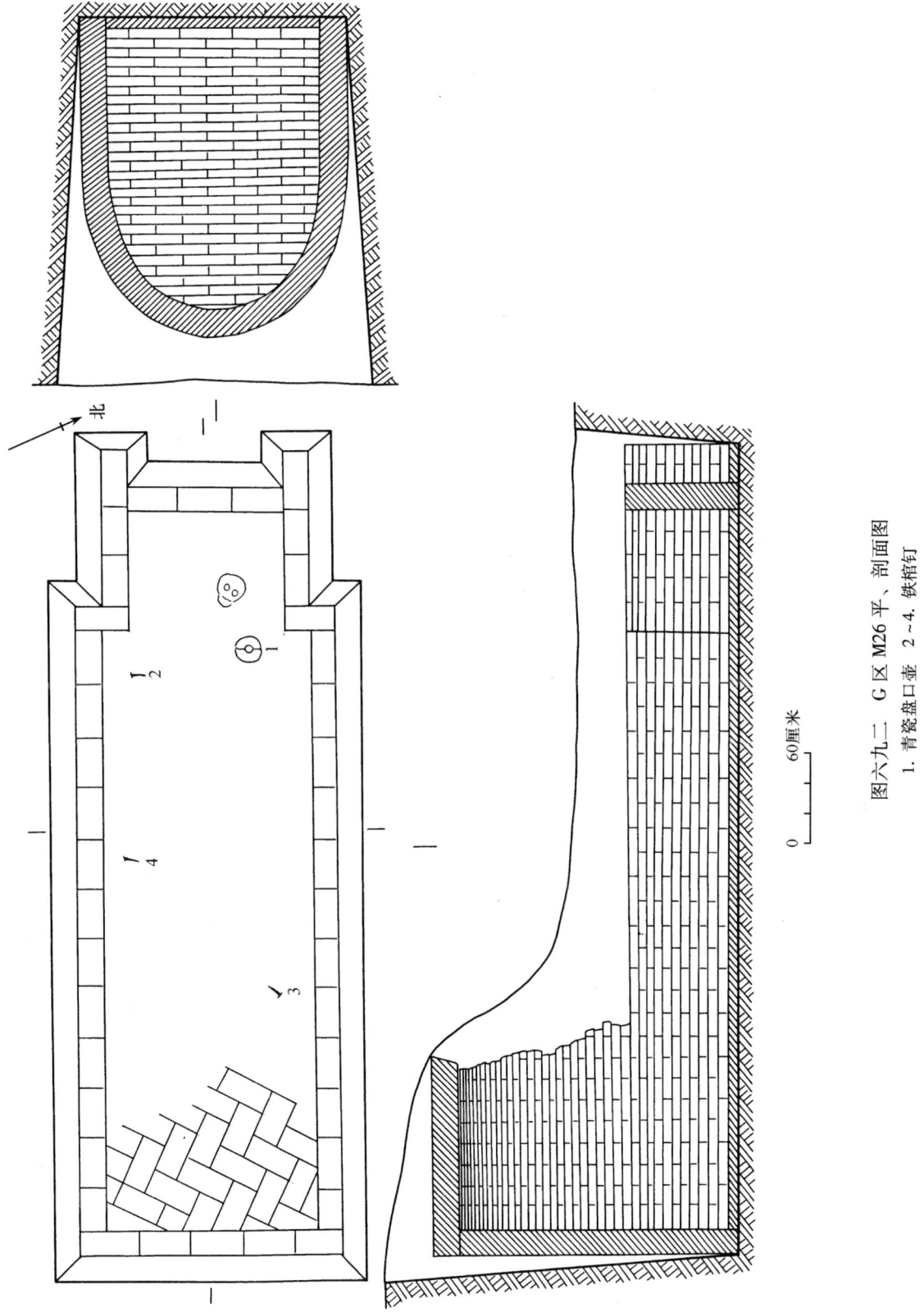

图六九二 G 区 M26 平、剖面图
1. 青瓷盘口壶 2~4. 铁棺钉

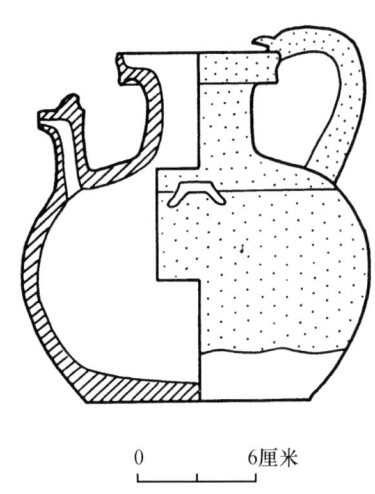

图六九三　G区M26青瓷盘口壶
（M26：1）

② M123

M123 位于 G 区南部，西距 M26 墓 2.5 米。开口在表土层下，打破生土。距地表深 0.4~0.7 米。方向 314°。修卜（庄河）旧（州河）公路时发现，并及时进行了清理。该墓为土圹砖室墓，由墓室和甬道两部分组成，甬道在墓室西边。发掘前墓室大部分被破坏掉。

墓土圹壁较陡直，收分较小，底较平。墓室和甬道系长方形砖错缝垒砌而成。墓室壁高 1.2 米处开始券顶，墓底呈"人"字形平铺一层砖。墓土圹长 5.4、宽 2、残深 1.25~1.73 米，底长 5.1、宽 1.78 米。墓室长 4.1、宽 1.43、残高 1~1.62 米。甬道长 0.9、宽 0.97、残高 1 米（图六九四；图版二二七，2）。墓砖长 0.42、宽 0.17、厚 0.07 米，两侧面及一当面饰菱形几何纹，一面饰斜绳纹。墓室上面填土为黄褐色五花土。墓内堆积中夹杂有券顶及墓壁倒塌的砖，五花土和碎石头。墓室被火焚烧过，底面有一层厚 0.02 米左右的木炭灰烬，其焚烧原因不详。

墓内因被火焚烧，葬具无存，只发现 2 件铁棺钉，据铁棺钉分析，应有棺材作葬具。

人骨架因火焚烧，仅存 5 枚牙齿。其葬式及墓主人性别不详，据牙齿鉴定，墓主人年龄为 25 岁左右。

随葬器物仅存青瓷碗、青瓷盘。共 2 件。均放置于墓室中部。

青瓷盘　1 件（M123：1）。完整。胎呈乳白色。浅盘，斜壁，敞口，圆唇，平底，矮圆圈足，底胎甚厚。底面饰两道凹弦纹，通体施青釉。口径 14.8、圈足径 13.2、高 3.4 厘米（图六九五，1；图版二二八，1）。

青瓷碗　1 件（M123：2）。完整。胎呈乳白色。腹较深，弧壁，敞口，尖唇，假圆圈足。通体施青色釉。口径 8、腹径 8、圈足径 4.6、高 5 厘米（图六九五，2；图版二二八，2）。

铁棺钉　2 件。均锈蚀。标本 M123：3，长条形，横剖面呈方形。长 11.4、中段粗径 0.8 厘米（图六九五，3）。标本 M123：14，长扁形，横剖面呈长方形。长 11.2、顶端宽 1.4、厚 0.6 厘米（图六九五，4）。

③ M141

M141 位于 G 区西南部。开口在表土层下，打破生土。方向 20°。调查发现，并及时进行了发掘。发掘前墓室北端直接暴露在断崖上。为长方形土圹砖室墓。土圹壁陡直，底甚平整。墓室系长方形砖错缝垒砌而成，墓壁高 1 米处开始券顶，顶用楔形砖券砌，墓底平铺一层砖。土圹口长 4.3、宽 1.85、深 2.6 米，底长 4.2、宽 1.76 米。墓室长 3.8、宽 1.36、高 2 米（图六九六）。墓室上面填土为黄褐色五花土，墓内堆积厚 0.5 米的淤土，淤土的形成主要是从北壁盗洞内流进去的杂土。

因被盗破坏和腐烂，没有发现葬具，亦未发现腐烂痕迹，故葬具不清楚。

人骨架均无存，其葬式及墓主人性别、年龄均不详。

该墓墓砖保存较好，火候较高。形制有三种。标本 M141：1，完整。泥质灰陶。楔形。一面饰绳纹，正侧面饰菱形几何纹，一当面模印有隶体文字"大吉年富贵昌"。长 34、宽 15.6、正侧面厚 3.6、背面厚 5.6 厘米（图六九七，1；图六九八，2、4；图版二二九，3、4）。标本 M141：3，残。

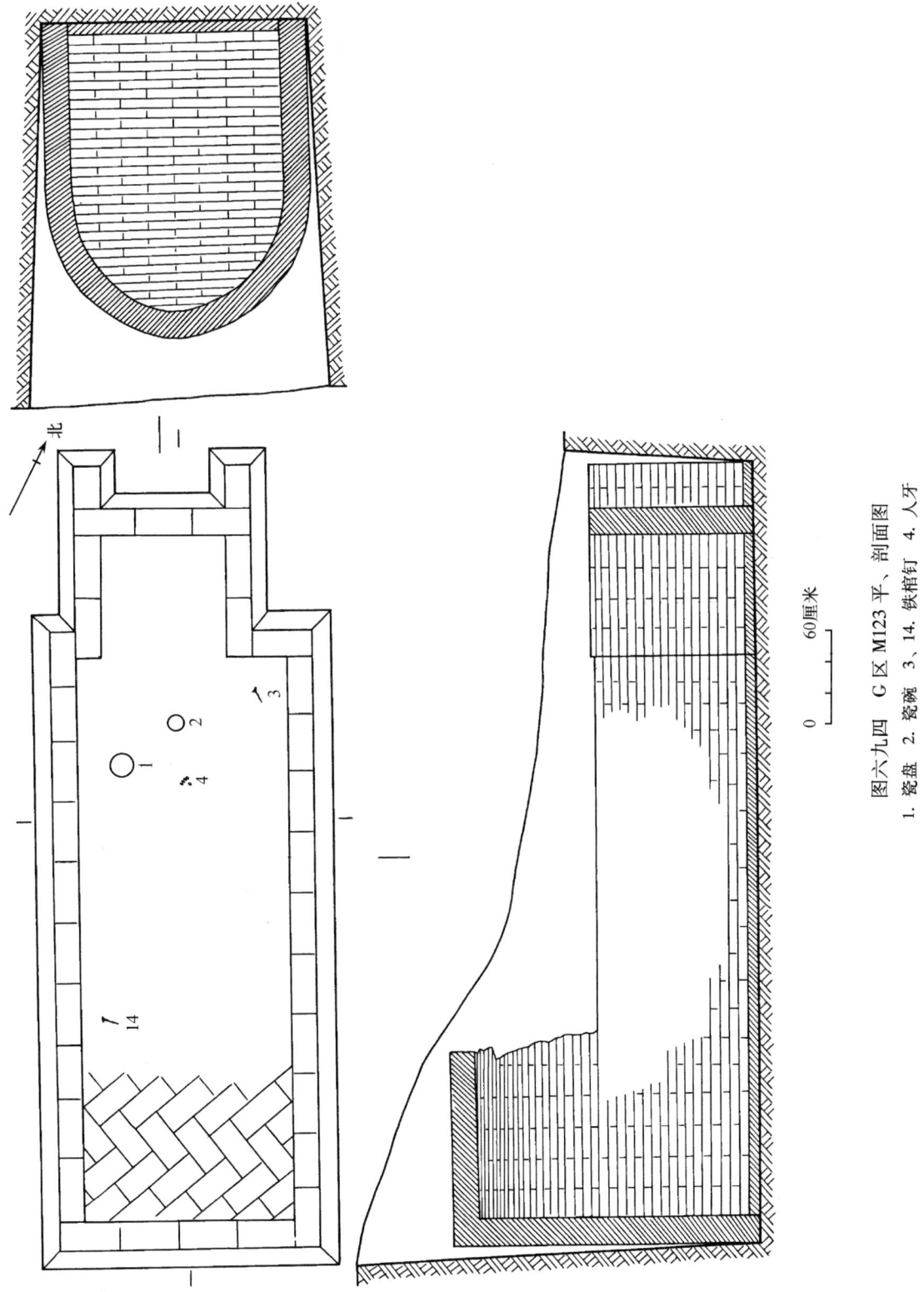

图六九四　G 区 M123 平、剖面图
1. 瓷盘　2. 瓷碗　3、14. 铁棺钉　4. 人牙

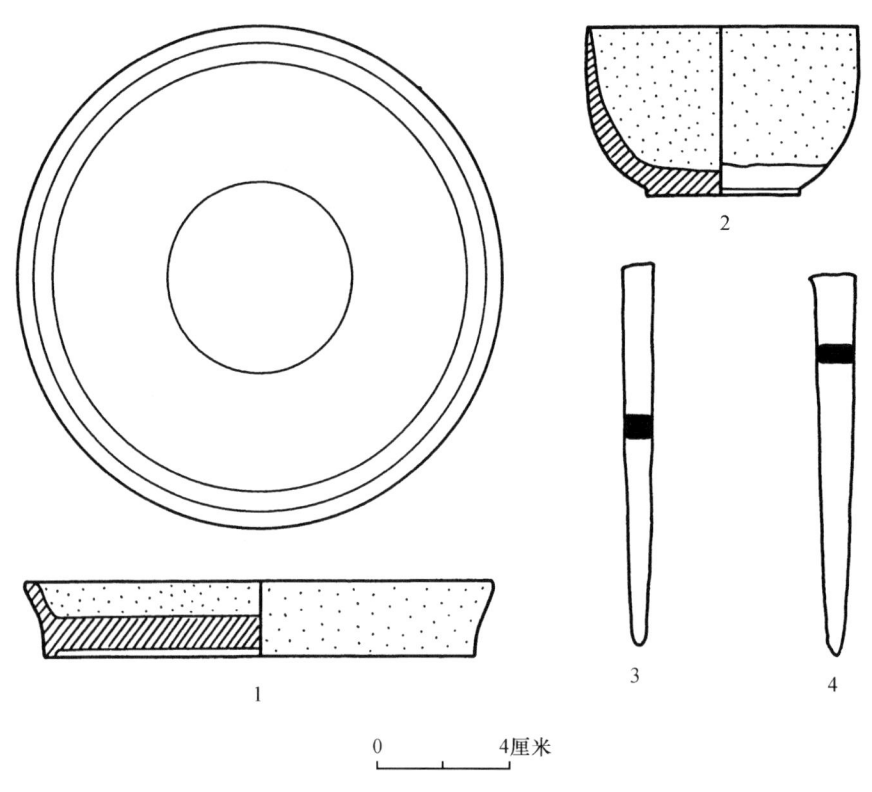

0　　　　　4厘米

图六九五　G 区 M123 出土器物

1. 青瓷盘（M123：1）　2. 青瓷碗（M123：2）　3、4. 铁棺钉（M123：3、M123：14）

泥质灰陶。长方形。一面饰斜绳纹，一侧面饰圜形钱纹、多重菱形纹和模印"吉"字，一当面模印有"大吉利宜子孙"六字，字体为隶书。残长24.5、宽15.6、厚5.6厘米（图六九七，2；图六九八，3、6；图版二二九，2、5）。标本 M141：2，完整。泥质灰陶。楔形。一面饰斜绳纹，正侧面饰菱形几何纹，中部饰柿蒂纹，一当面饰菊花纹和模印"□"字。长34、宽16.8、正侧面厚5.2、背面厚6.1厘米（图六九七，3；图六九八，1、5；图版二二九，1、6）。

2. 文化层

文化层单位仅有 GT2②层。

出土砖块 2 件、瓷罐口沿 1 件、铜扣饰 1 件、陶片 3 片。陶片为素面，均为粗泥陶。

瓷罐　1 件（GT2②：1）。残。青瓷。鼓肩，直口略侈，尖圆唇，肩部有四个对称的拱形耳。沿外饰一道凸弦纹。器表施黄褐色釉。口径10.8、残高4.7厘米（图六九九，3）。

陶砖　2 件。标本 GT2②：3，复原完整。粗泥灰陶。火候较高。长方形。一面饰斜绳纹，一侧面饰菱形几何纹，一当面饰变形花朵纹。长32.5、宽16.5、厚6.5厘米（图六九九，2；图七○○）。

铜扣饰　1 件（GT2②：2）。完整。略锈蚀。器体呈圆饼状，中间有一圆形环钮。正面饰菊花状纹。直径3、厚0.4、钮高1.2厘米（图六九九，1）。

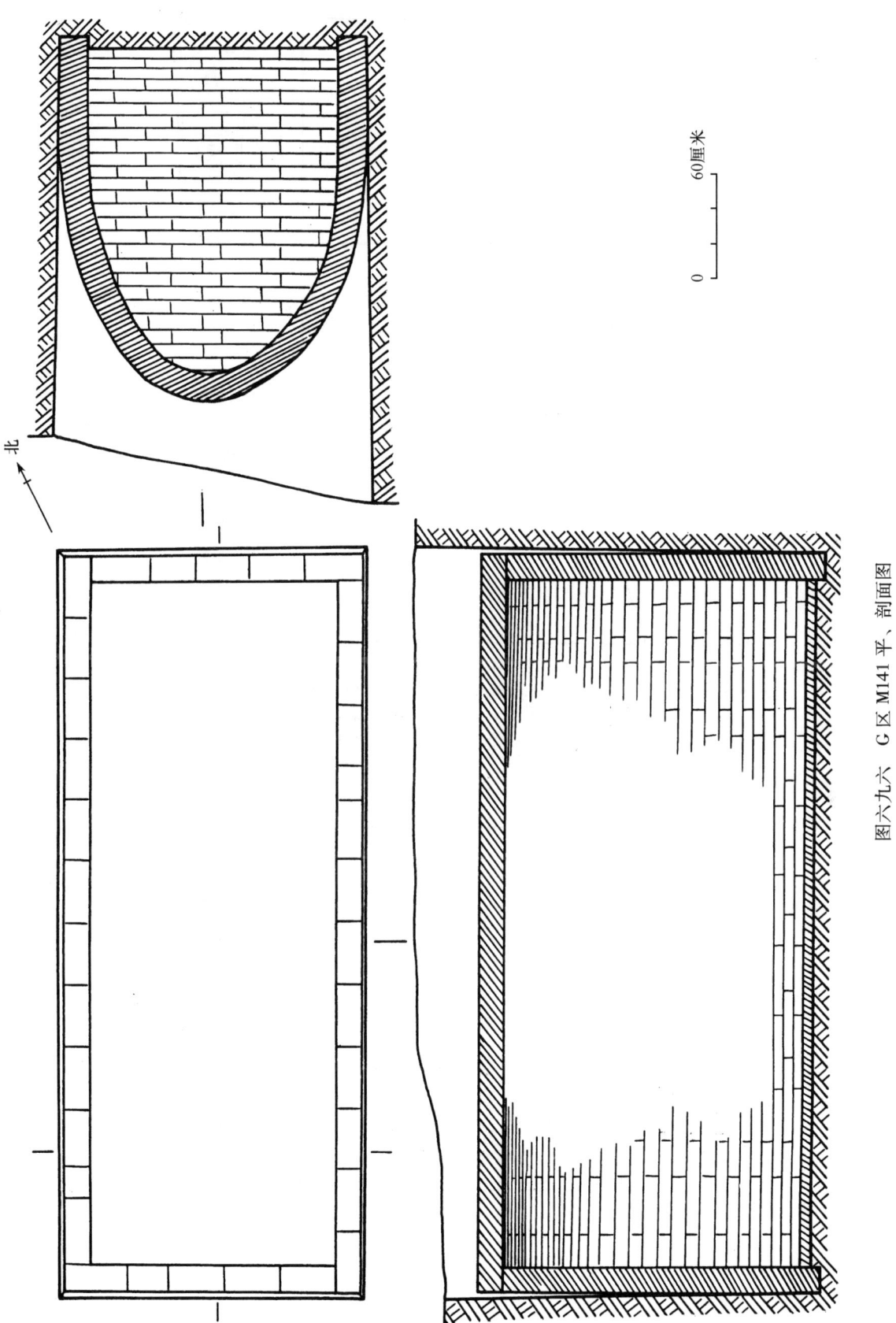

图六九六　G区 M141 平、剖面图

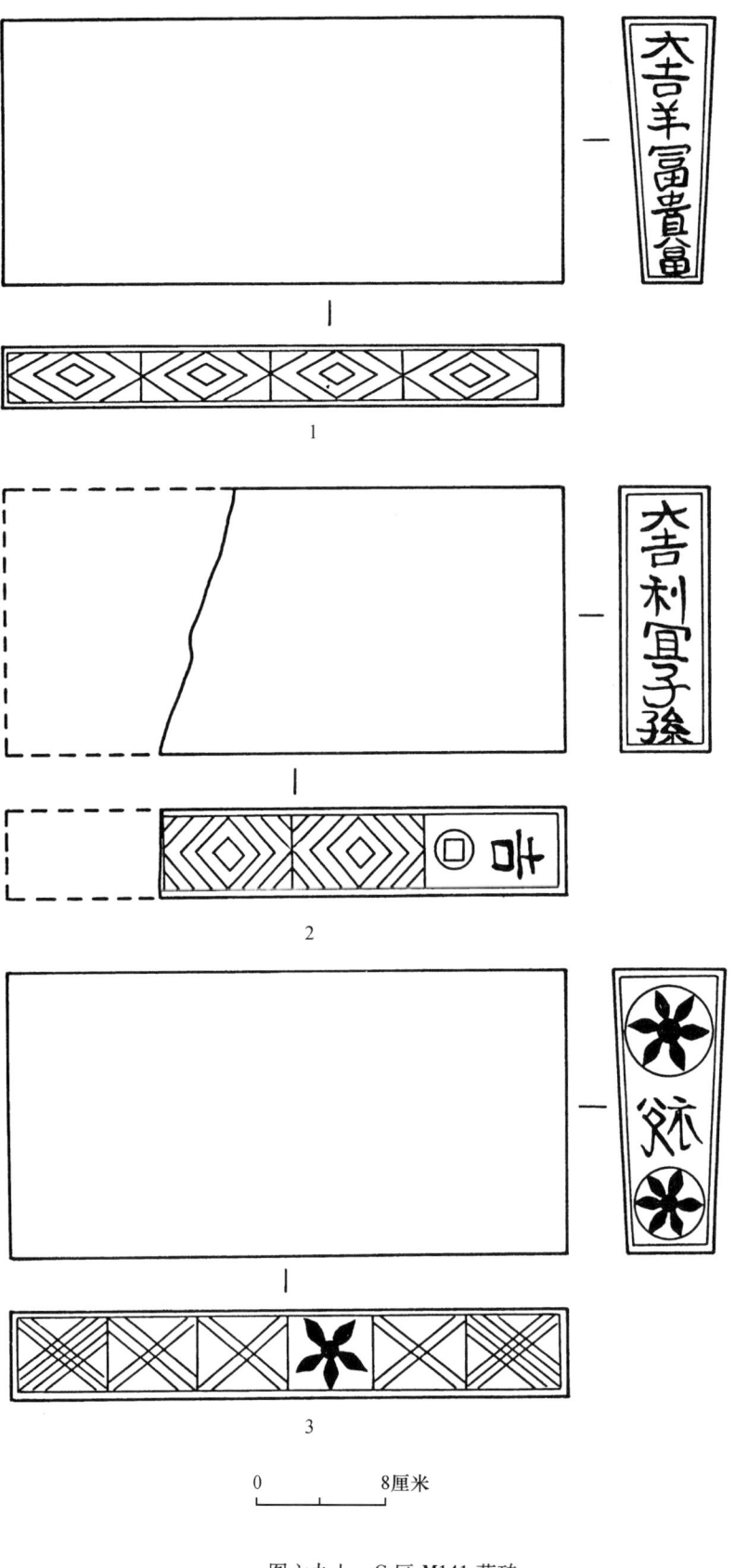

图六九七　G 区 M141 墓砖
1. M141：1　2. M141：3　3. M141：2

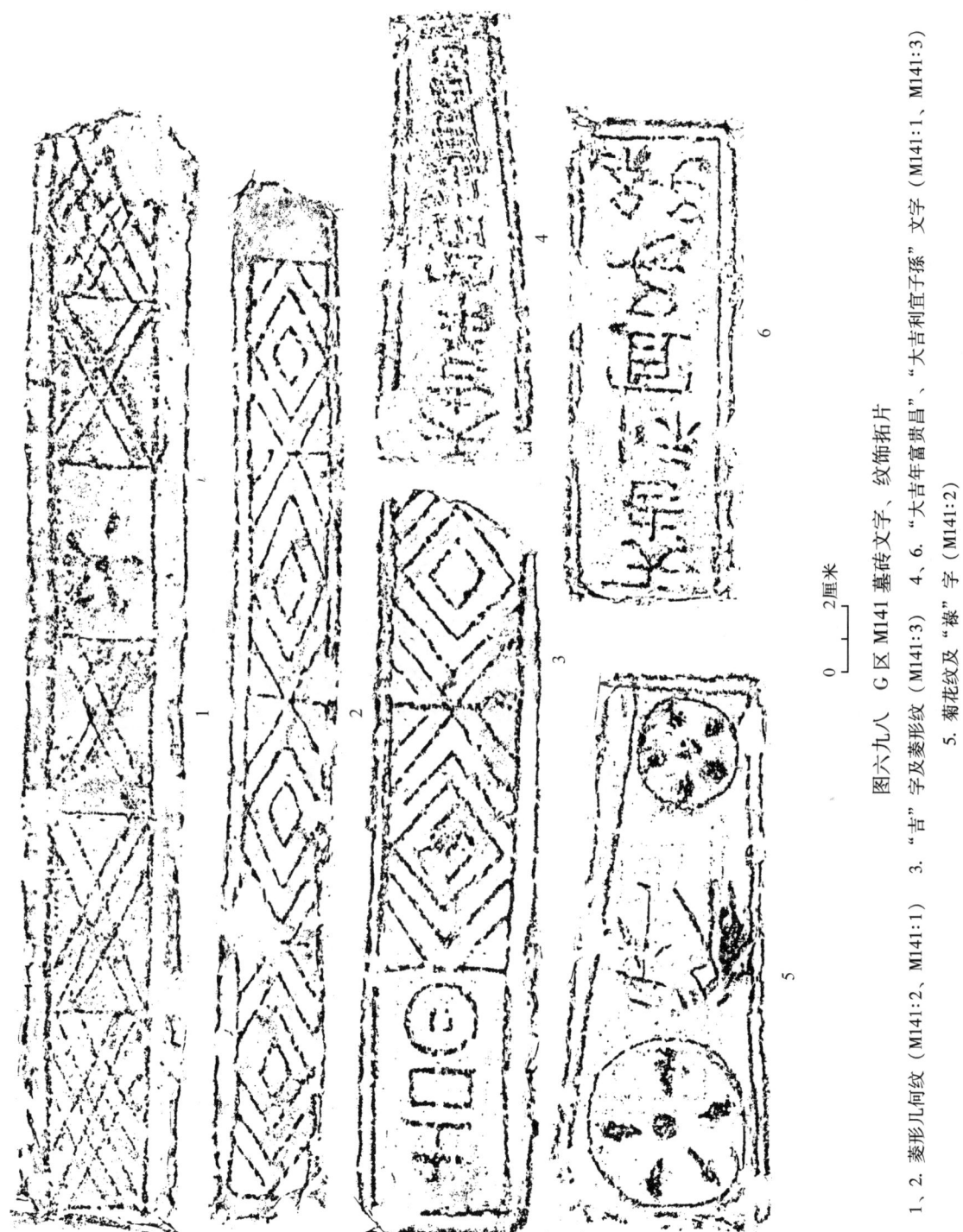

图六九八　G区 M141 墓砖文字、纹饰拓片

0 ⎯⎯ 2厘米

1、2. 菱形几何纹（M141:2、M141:1）　3. "吉" 字及菱形纹（M141:3）　4、6. "大吉年富贵昌"、"大吉利宜子孙" 文字（M141:1、M141:3）　5. 菊花纹及 "禄" 字（M141:2）

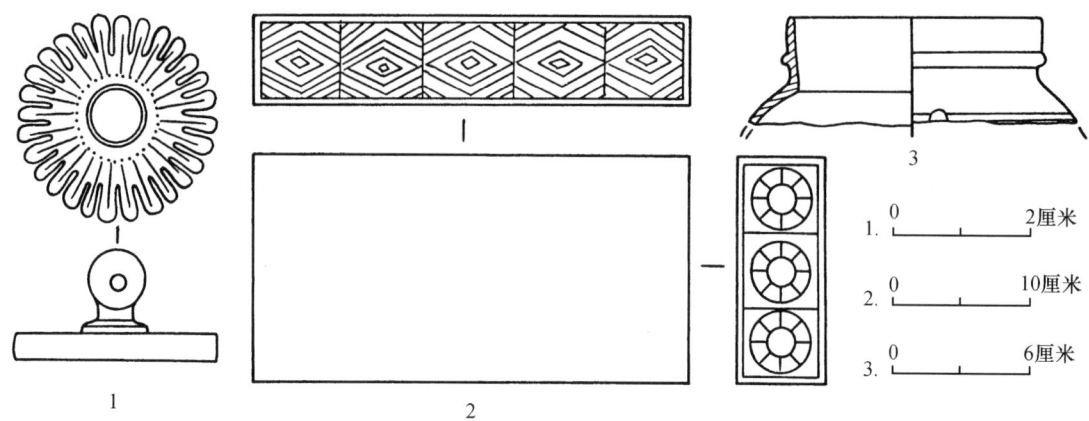

图六九九　G区T2②层出土器物
1. 铜扣饰（GT2②:2）　2. 陶砖（GT2②:3）　3. 瓷罐（GT2②:1）

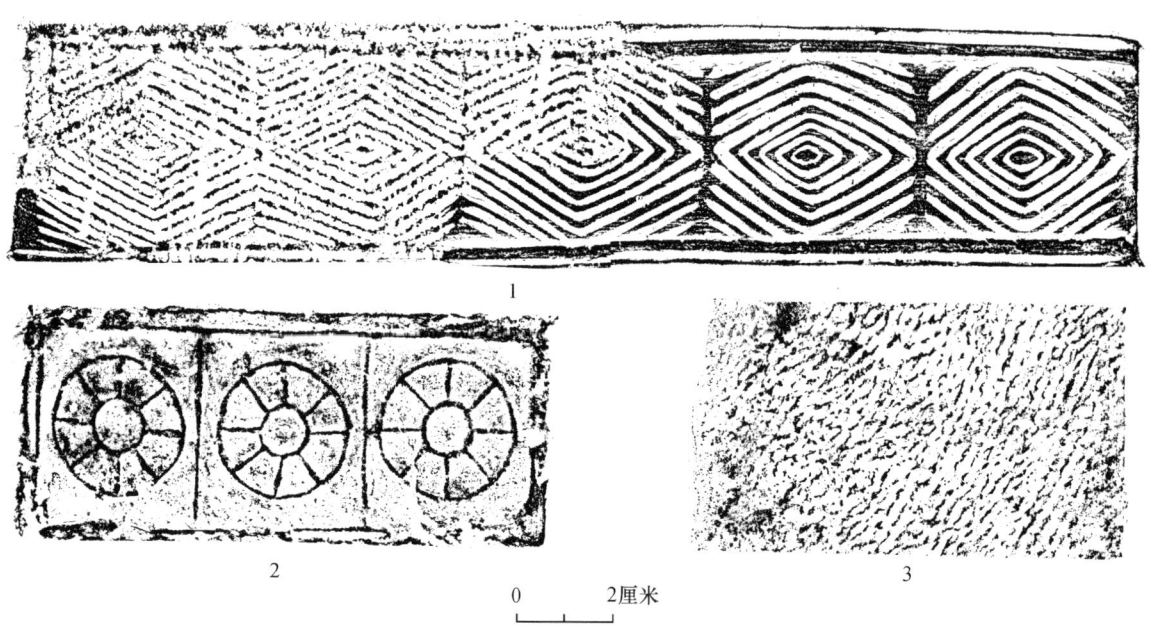

图七〇〇　G区T2②层陶砖纹饰拓片（GT2②:3）
1. 侧面菱形几何纹　2. 当面花朵纹　3. 正面绳纹

（三）分期与年代

　　G区六朝时期的三座墓葬均开口在表土层下，打破生土，相互间无叠压、打破关系，不能从层位上判别它们的相对年代。

　　从墓葬形制结构与随葬品分析，M26与M123均为凸字形土圹砖室墓，墓葬方向基本一致，均出土青瓷器物，它们的年代应大体相近。M26:1青瓷盘口壶、M123:2青瓷碗分别与湖北枝江巫回台 M1 东晋墓所出青瓷盘口壶①、秭归庙坪 M104:1 瓷碗②相同，年代大约相当于东晋早期。

M141 为长方形土圹砖室墓，墓室较小，墓砖花纹以菊花纹较为典型。GT2②:2 铜扣件的花纹亦为菊花形纹，GT2②:3 陶砖当面饰花朵纹。这些与 M141 墓砖花纹相似。其时代也应相当于同一个时期。它们与 M26、M123 相比，显然时代要晚一些。菊花形纹砖在湖北、湖南地区多见地南朝时期，"大吉年富贵昌"、"大吉利宜子孙"等吉祥语，多流行于两晋至南北朝时期，据此，可推测以 M141 为代表的遗存年代相当于东晋晚期至南朝中期。

（四）小结

G 区六朝时期三座砖室墓的砌法均为错缝平砌，与江南及湖北其他地区流行的"三顺一丁"和"三平一竖"等砌法不同，可能是三峡地区的区域特点。

M26、M123 两墓形制结构相同，方向一致，相距甚近，墓砖花纹及尺寸均相同，皆出土青瓷器，应为夫妻墓葬。

七　明代遗存

（一）概述

明代遗存仅墓葬一种，共 4 座。包括 M134、M136、M138、M152。可分为土坑墓和土圹石室墓两种。

土坑墓 3 座（M134、M136、M152）。地面有石围墙、封土堆等建筑设施。葬具为石椁木棺。随葬器物有瓷碗、墓志砖、八卦砖等。

土圹石室墓 1 座（M138）。石室内又用砖隔成三个小室，并有券顶。地面有石围墙、墓门、墓碑等建筑设施。葬具为木棺。随葬器物有瓷碗、瓷罐、钱币、八卦砖、地契砖等。

出土随葬器物共 17 件及 5 枚钱币。有瓷碗、瓷罐、铜环、墓志砖、八卦砖、地契砖、钱币等。

（二）墓葬介绍

墓葬共 4 座。可分为土坑墓和土圹石室墓两类。

1. 土坑墓

① M134

M134 位于 GT7 探方东部。开口在①层下，打破生土。距地表深 0.5~0.65 米。方向 360°。该墓为长方形竖穴土坑墓，墓壁较陡直，底较平。地面砌有石围墙，围墙系条石垒砌而成，略呈长方形，东、西、北三面较直，南面呈弧形。墓口长 2.3、宽 0.6、深 1 米，墓底长 2.2、宽 0.55 米。围墙长 3.42、宽 2.08、残高 0.4~0.62 米（图七〇一）。石围墙内及墓坑内填土均为黄褐色和灰黑

---

① 宜昌地区博物馆：《湖北枝江巫回台东晋墓的发掘》，《江汉考古》1983 年 1 期。
② 国家文物事业管理局、湖北省三峡工程移民局：《秭归庙坪》，科学出版社，2003 年。

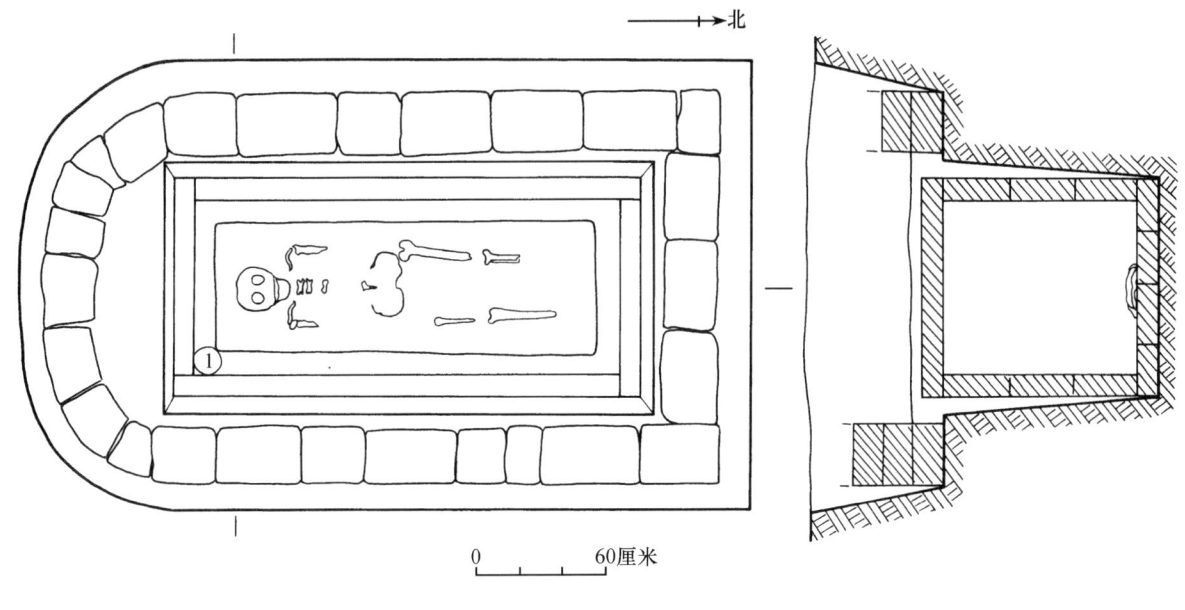

图七〇一　G 区 M134 平、剖面图
1. 瓷碗

色五花土，较松软。

葬具为石椁和木棺，木棺置于石椁内。石椁为人工精细雕凿的石板扣合而成，石板长 1.02、宽 0.22～0.3、厚 0.1 米。椁盖为长 1.02、宽 0.5、厚 0.1 米的长石条平铺而成。石椁长 2.05、宽 1.02、高 1.1 米。椁内空为仅容一棺的空间，长 1.85、宽 0.82、高 0.9 米。棺为木棺，已腐烂成朽木渣。

人骨架已腐烂，仅存部分呈粉末状的腐烂痕迹。葬式为仰身直肢。其性别、年龄均不详。

随葬器物仅 1 件瓷碗，放置于椁室的西南角。

瓷碗　1 件（M134:1）。完整。灰白色瓷胎。弧壁，敞口，圆唇，唇外有一道凹槽，圜底，圆圈足，圈足根较平，底和圆足胎甚厚。外表及碗内面施淡黄色釉，圈足内无釉。口径 14.3、圈足径 7.2、高 6.6 厘米（图七〇二；彩版五〇，1；图版二三三，1）。

② M136

M136 位于 GT8 探方中部。开口在①层下，打破生土。距地表深 0.4～0.5 米。方向 360°。该墓为长方形竖穴土坑墓，墓壁斜直，收分较大，底较平整。地面有石围墙，围墙系弧形条石错缝垒砌，呈椭圆形，但围墙大部分已破坏掉，仅存基础部分。墓口长 2.7、宽 1.32、深 0.86 米。石围墙长 3.7、宽 3.4、残高 0.5 米（图七〇三）。墓室及围墙内填土均为黄褐色五花土。较松软。

葬具为木棺，均腐烂，仅存 3 件铁棺钉，分布于墓室东南角、东北角和西北角。

人骨架腐烂无存，其葬式及墓主人性别、年龄均不详。

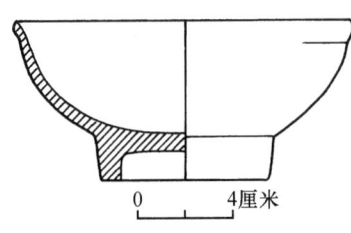

图七〇二　G 区 M134 瓷碗
（M134:1）

随葬器物仅存 1 件墓志砖和 1 件方砖。墓志砖镶嵌在墓室南壁，方砖镶嵌在墓底中部。

陶墓志砖　1 件（M136:1）。完整。泥质灰黑陶。正方形，右上角有朱红色"明儿"两字，左下角有朱红色"日"一字，其余字迹全部脱落，仅存星星点点的朱红颜色。边长 30、厚 5 厘米（图七〇四，1）。

铁棺钉　3 件。标本 M136:3，完整。呈方锥形，尖段略

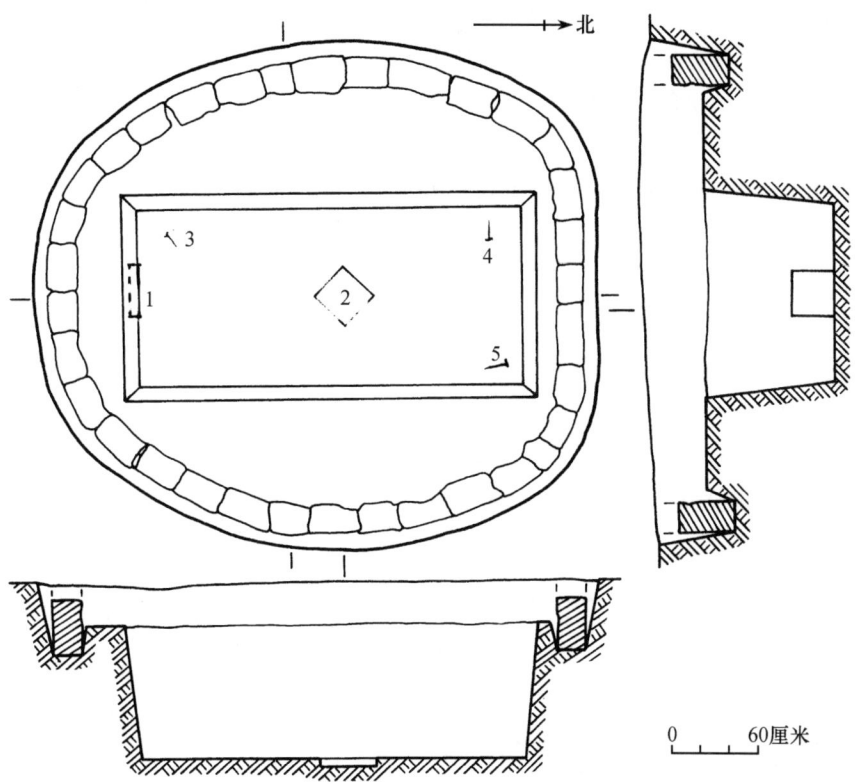

图七〇三　G 区 M136 平、剖面图
1. 墓志砖　2. 陶方砖　3～5. 铁棺钉

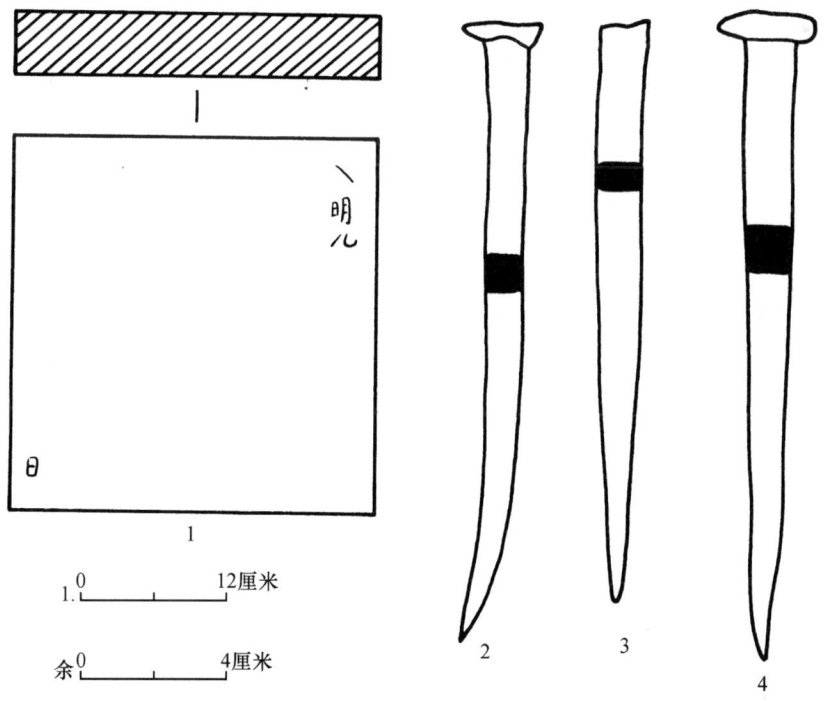

图七〇四　G 区 M136 出土器物
1. 陶墓志砖（M136：1）　　2～4. 铁棺钉（M136：3、M136：4、M136：5）

弯曲，顶端有椭圆形帽。长16.5、中段粗径0.5厘米（图七〇四，2）。标本M136：4，略锈蚀。呈扁锥形，顶端无帽。长15.4、中段宽0.7、厚0.4厘米（图七〇四，3）。标本M136：5，完整。呈方锥形，顶端有圆形帽，尖端略弯曲。长17.6、中段粗径0.7厘米（图七〇四，4）。

③ M152

M152位于GT7探方西部。开口在①层下，打破生土。距地表深0.45米。方向360°。为长方形竖穴土坑墓，墓壁较陡直，收分较小，墓底较平。地面有石围墙及封土堆等建筑设施，北面有"八"字形台阶。石围墙略呈椭圆形，系弧形条石垒砌。墓室长2.89、宽2.82、深1.52米。围墙长5.1、宽4.75、残高0.4米（图七〇五；图版二三四，2）。墓室及围墙内填土为黄褐色五花土，土质比较硬。

葬具为石椁、木棺。椁分为左、右两个室，均系人工打制的石板扣合而成。石板较规整，一般长1、宽0.32、厚0.1米。椁底没有石板，椁盖为大石条平铺，石条长1.22～1.25、宽0.55～0.61、厚0.12米（图七〇六；图版二三四，1）。椁长2.85、宽2.4、高1.06米。椁室内空长2.6、宽1、高0.84米。椁左室无棺，右室置有一具木棺，棺为弧棺，棺外填有石灰、草木灰和桐油搅拌而成的混合

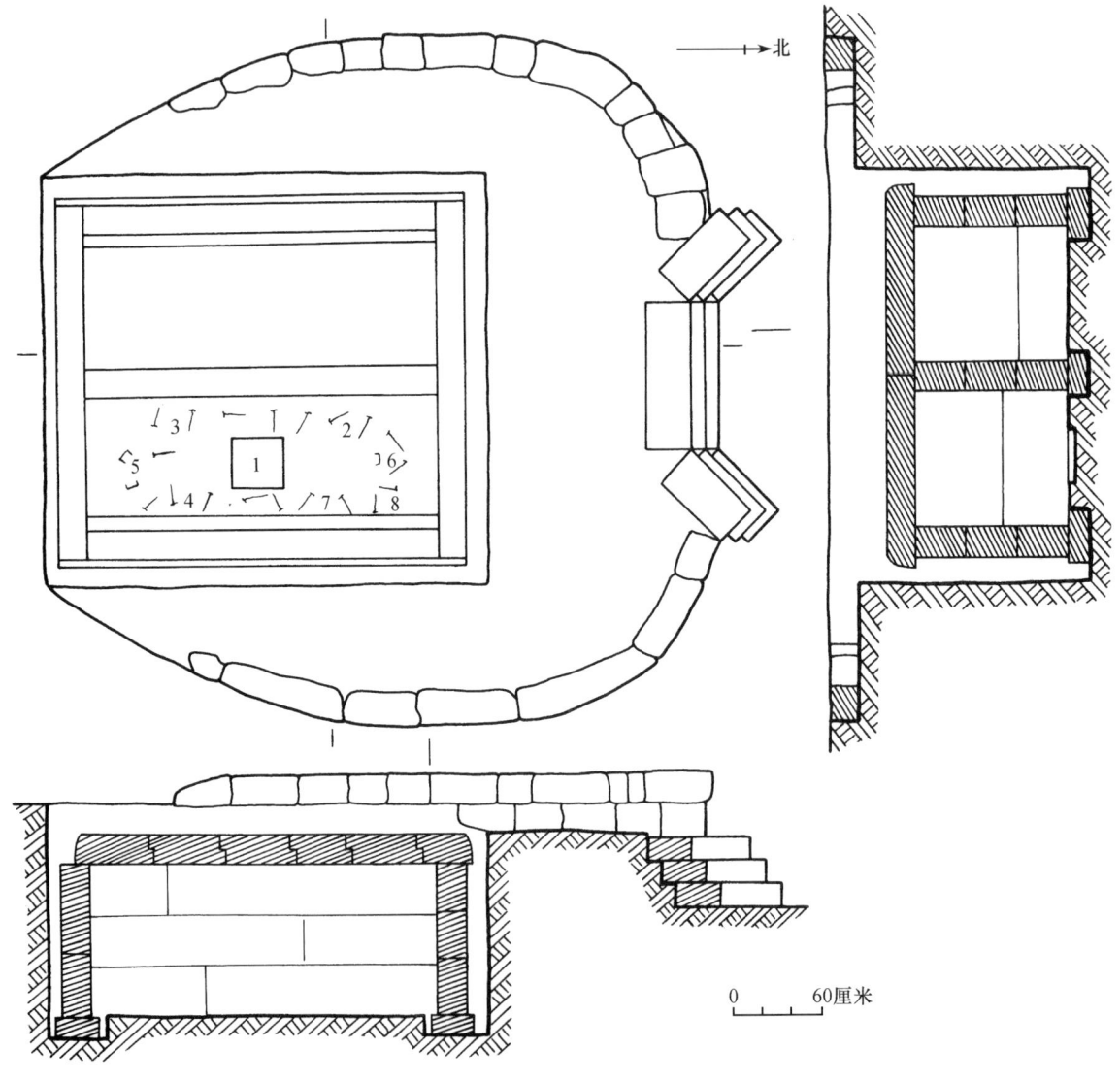

图七〇五　G区M152平、剖面图

1. 八卦砖　2～4、7、8. 铁棺钉　5、6. 铁抓钉

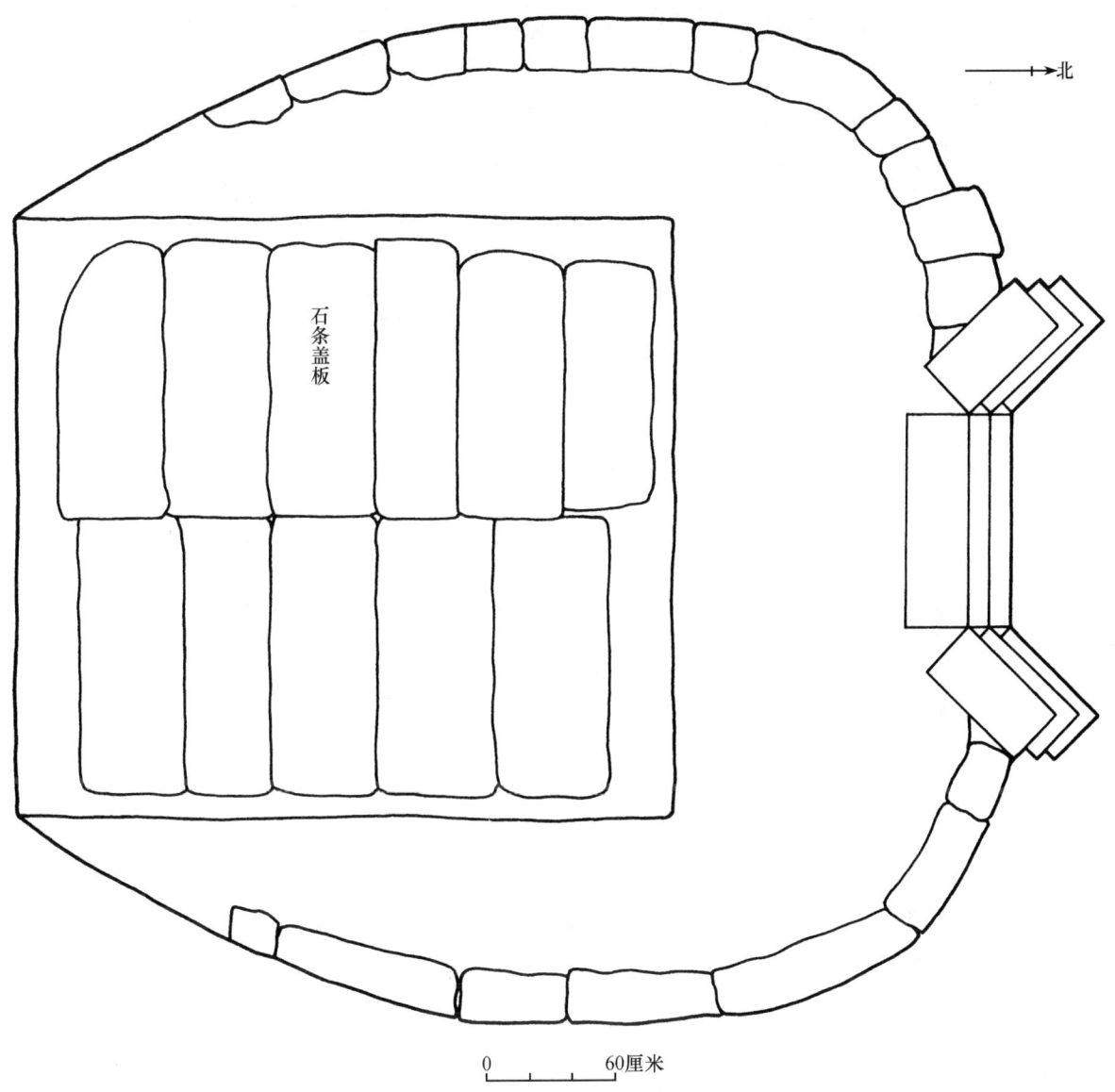

图七〇六　G 区 M152 石盖板及围墙平面图

泥，比较坚硬，故木棺腐烂后，形成一个空洞。空洞内残存有 18 件铁棺钉及 4 件铁抓钉。

　　人骨架大部分已腐烂，仅存部分肢骨及头骨。葬式为仰身直肢。其性别、年龄不详。

　　随葬器物有八卦砖，镶嵌于椁右室底面正中间。

　　八卦砖　1 件（M152:1）。完整。泥质黑陶。正方形，周边有朱红色八卦图案，中部有朱红色字迹，因脱落而看不清楚。砖周边长 36、厚 7.2 厘米（图七〇七，1）。

　　铁棺钉　18 件。标本 M152:2，完整。略锈蚀。呈方锥形，顶端略弯曲。长 24.2、中段粗径 1.2 厘米（图七〇七，3；图版二三五，4 左）。标本 M152:3，完整。保存较好。呈方锥形。长 24、中段粗径 1.1 厘米（图七〇七，4；图版二三五，4 中）。标本 M152:4，完整。呈方锥状，体较细而长，顶端有圆饼形帽。长 26、中段粗径 1 厘米（图七〇七，5；图版二三五，4 右）。

　　铁抓钉　4 件。标本 M152:5，完整。呈宽扁形，中段略弧，两端弯曲。长 10.8、宽 1.9、厚 0.5 厘米（图七〇七，2；图版二三五，2）。

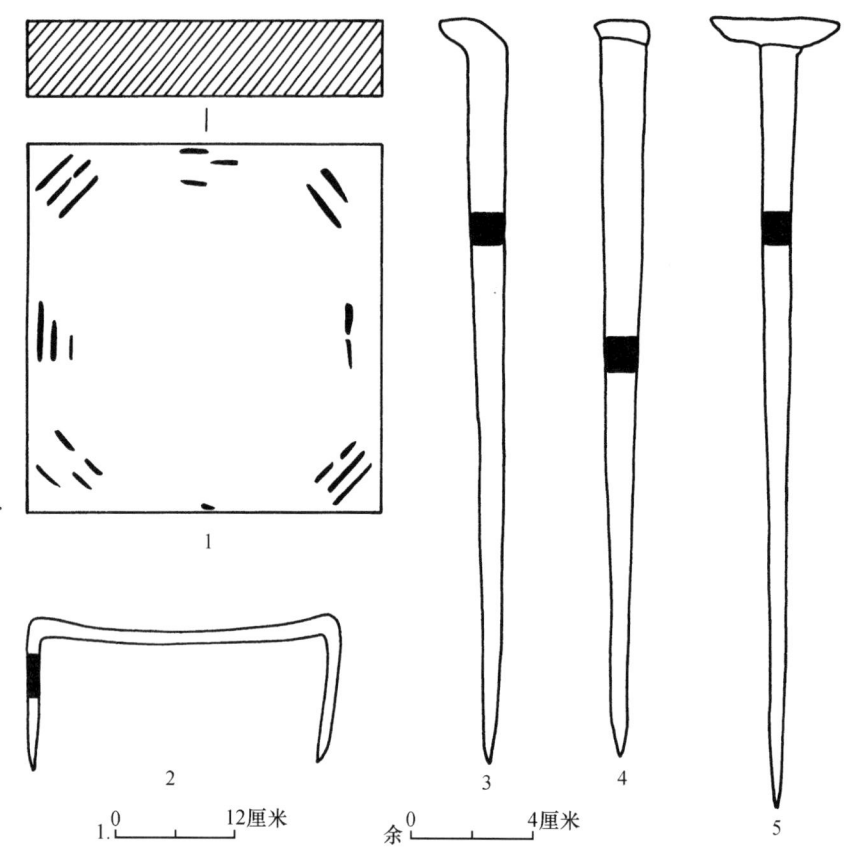

图七〇七　G 区 M152 出土器物

1. 八卦砖（M152:1）　　2. 铁抓钉（M152:5）　　3~5. 铁棺钉（M152:2、M152:3、M152:4）

2. 土圹石室墓

土圹石室墓仅 1 座（M138）。

M138 位于 G 区东北角。开口在表土层下，打破生土。距地表深 0.2~1 米。方向 360°。

M138 海拔为 135.5 米。三峡库区第三期蓄水至 135 米时，该墓因江水侵蚀而崩塌。时隔不久，水位跌落，被人私自挖掘。之后，考古队进行了抢救性清理。

该墓为土圹石室墓，由土圹、石室、砖室、石围墙等部分组成（图七〇八）。

墓土圹略呈长方形，壁较陡直，底较平。东西长 5.25、南北宽 4.45、深 2.2 米。

石室为人工打制的条石垒砌而成，北壁为双排条石垒砌。东西长 5.04、南北宽 3.8、高 2 米。条石一般长 0.68~1.55、宽 0.28~0.4、厚 0.5 米。石室顶部结构因倒塌不清楚。石室北壁外立有墓碑座、墓碑。条石上刻有许多"天三"、"地三"、"天二"、"地二"等字样，可能为工匠们造墓时所作的记号。在石室北面江水中打捞出部分石室前面的建筑构件，如石门板、石门楣、盖瓦石、挑石等。

石室内又用砖垒砌成三个呈东西向排列的小砖室。砖室长 2.36、宽 1.08、高 1.32 米。砖为黑褐色，长 0.3、宽 0.16、厚 0.07 米。地面用弧形条石砌成椭圆形石围墙。东西长 7.95、南北残宽 4.9、残高 0.4~1.5 米。

墓内及石围墙内填土均为红褐色黏土，但大部分被江水冲刷掉。葬具及人骨架均腐烂无存，故葬具、葬式及墓主人性别、年龄均不详。

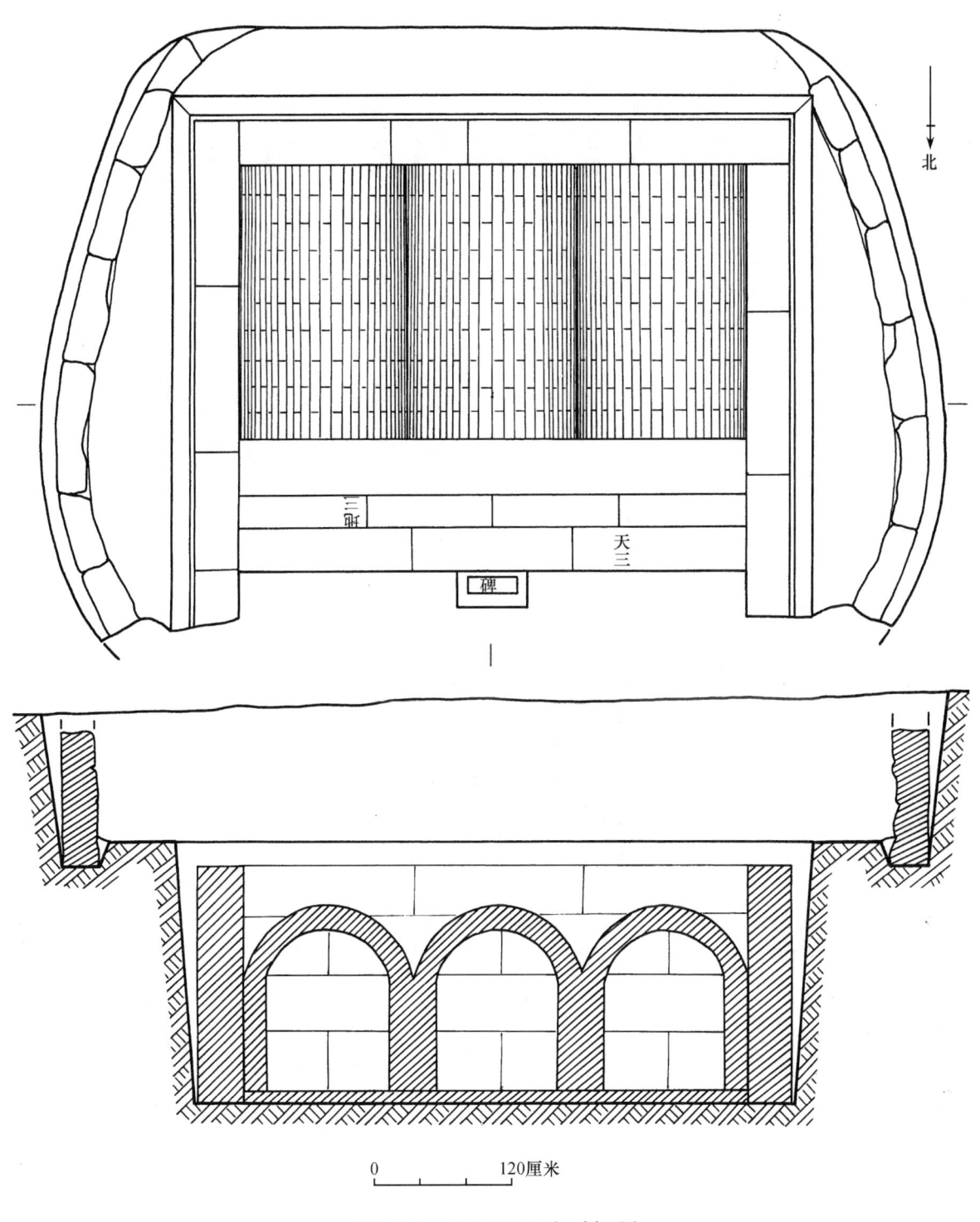

北

0   120厘米

图七〇八　G区 M138 平、剖面图

　　该墓为多人同穴异室合葬墓，据碑文和地契记载，男主人姓屈，名鹏程，其妻姓颜。分别埋葬于砖室内。

　　随葬器物有瓷碗、瓷罐、铜环、地契砖、"永镇山岗"八卦砖、"积玉堆金"八卦砖等，共16件器物及5枚钱币。

　　碑座　1件（M138:25）。完整。雕刻有波浪形花纹。长60、宽22、厚22厘米（图七〇九，2）。

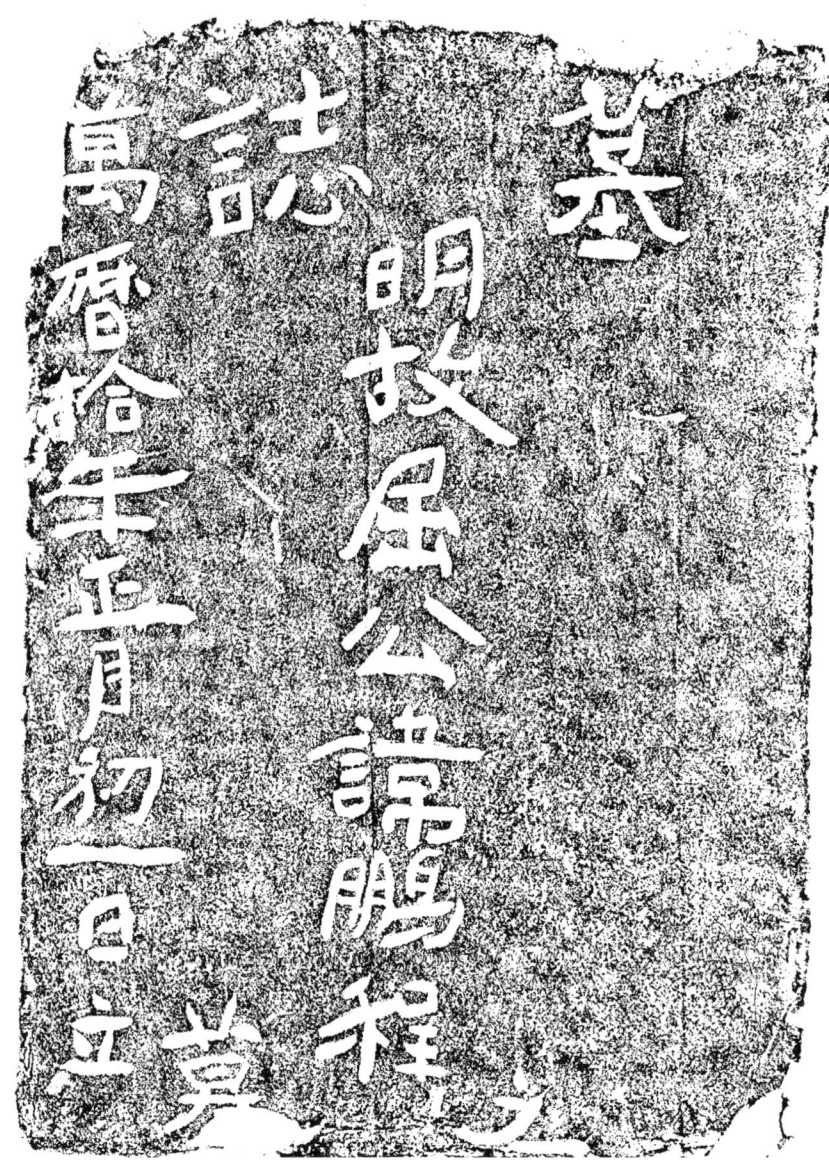

1

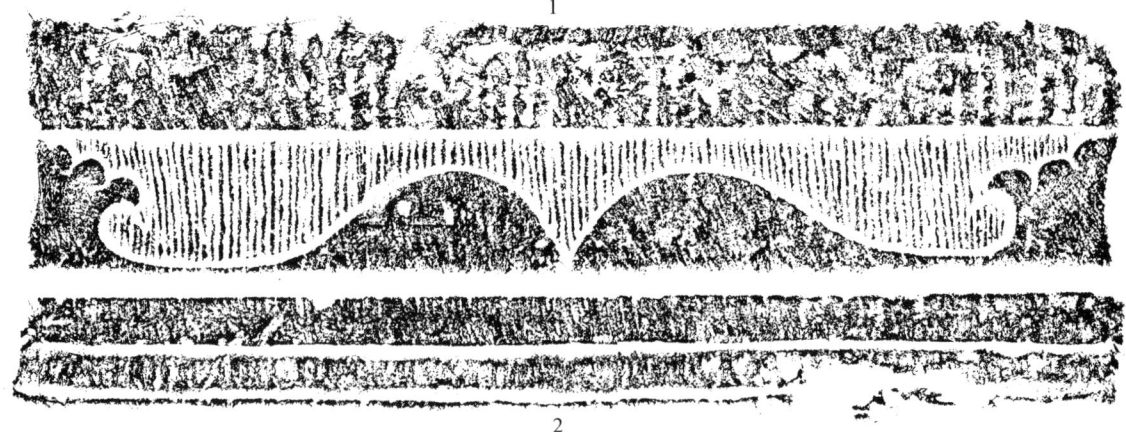

2

0　　2厘米

图七○九　G 区 M138 碑文及碑座纹饰拓片

1. 墓碑文（M138:19）　　2. 碑座纹饰（M138:25）

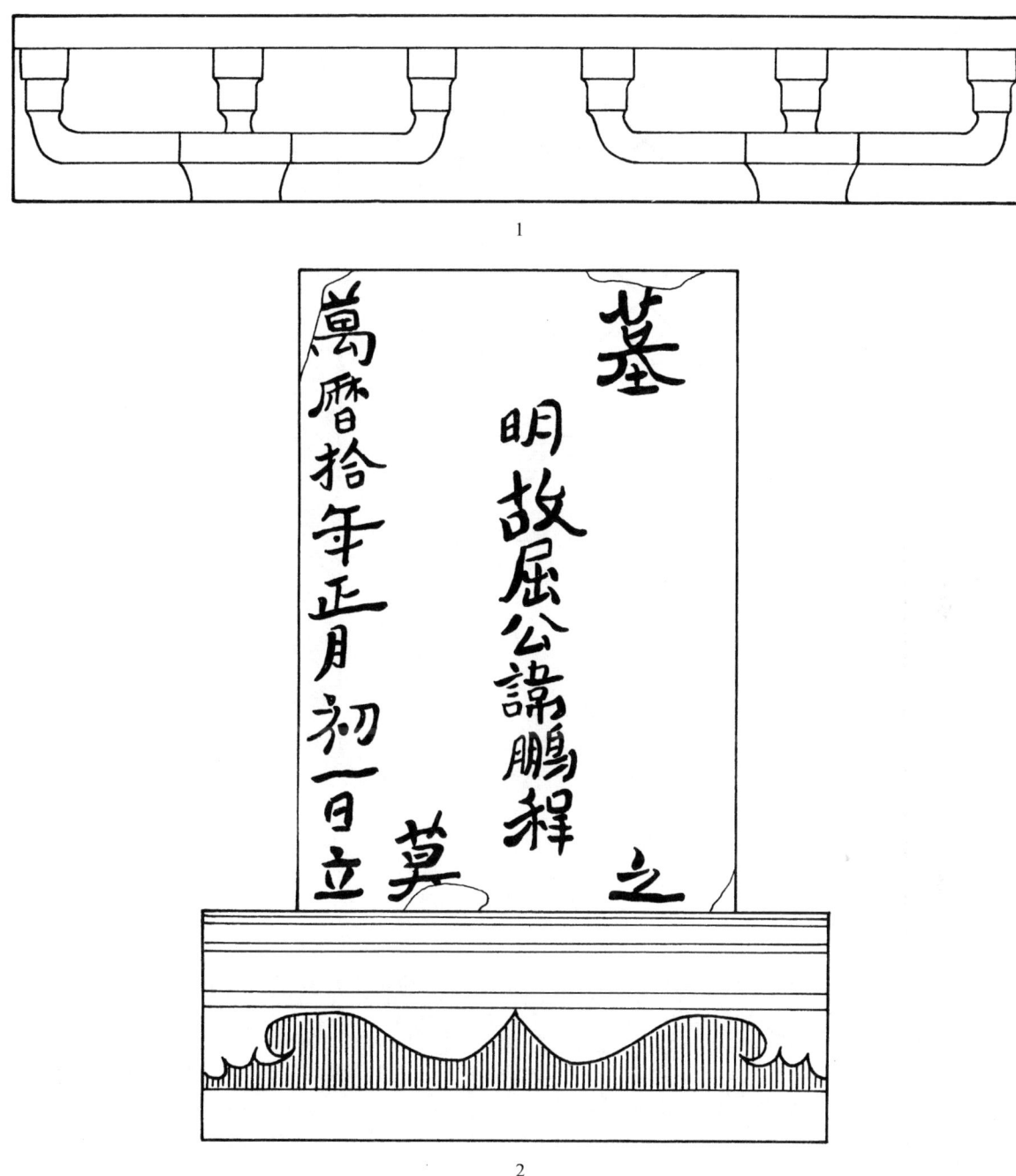

图七一〇　G 区 M138 门楣斗拱、墓碑及碑座
1. 门楣上的石斗拱（M138：21）　2. 墓碑及碑座（M138：19）

墓碑　1 件（M138：19）。完整。呈长方形，局部因风化浅层剥落。碑文为"明故屈公讳鹏程之墓。万历拾年正月初一日立"。高 60、宽 42、厚 8 厘米（图七〇九，1；图七一〇，2）。

石门板　2 件。标本 M138：26，完整。正面雕刻菱形等几何形纹饰。高 95、宽 45、厚 8 厘米（图七一一、图七一二）。

石门楣　1 件（M138：21）。完整。正面雕刻有两朵斗拱纹饰。长 130、宽 30、厚 23 厘米（图七一〇，1；图七一三，2）。

0 ⌐ 10厘米

图七一一　G区 M138 石门板（M138：26）

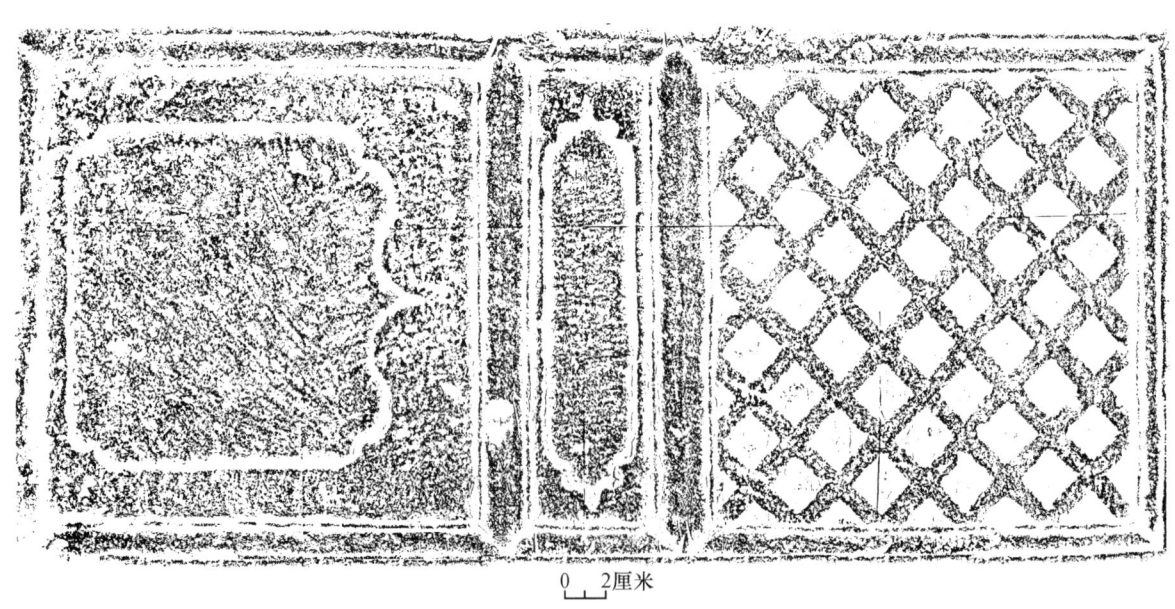

0 ⌐ 2厘米

图七一二　G区 M138 石门板纹饰拓片（M138：26）

盖瓦石 1件（M138:20）。稍残。一边厚一边薄。雕刻有瓦及瓦当和滴水。瓦当纹13个，饰有圆圈纹和柿蒂纹，滴水由弧边三角形构成。残长148、宽52、厚5~22厘米（图七一三，1）。

石门挑 1件（M138:22）。完整。用于二层门楣之上，横剖面近方形，两端雕刻有鱼头蛇尾图案，作盘曲状，张口龇牙。长162、宽18厘米（图七一四，1）。

文字石刻 6件。均刻在墓室条石上，皆为楷体。标本M138:23，字迹为"地三"。字体直径约7厘米（图七一四，2）。标本M138:24，字迹为"天三"。字体直径6厘米（图七一四，3）。

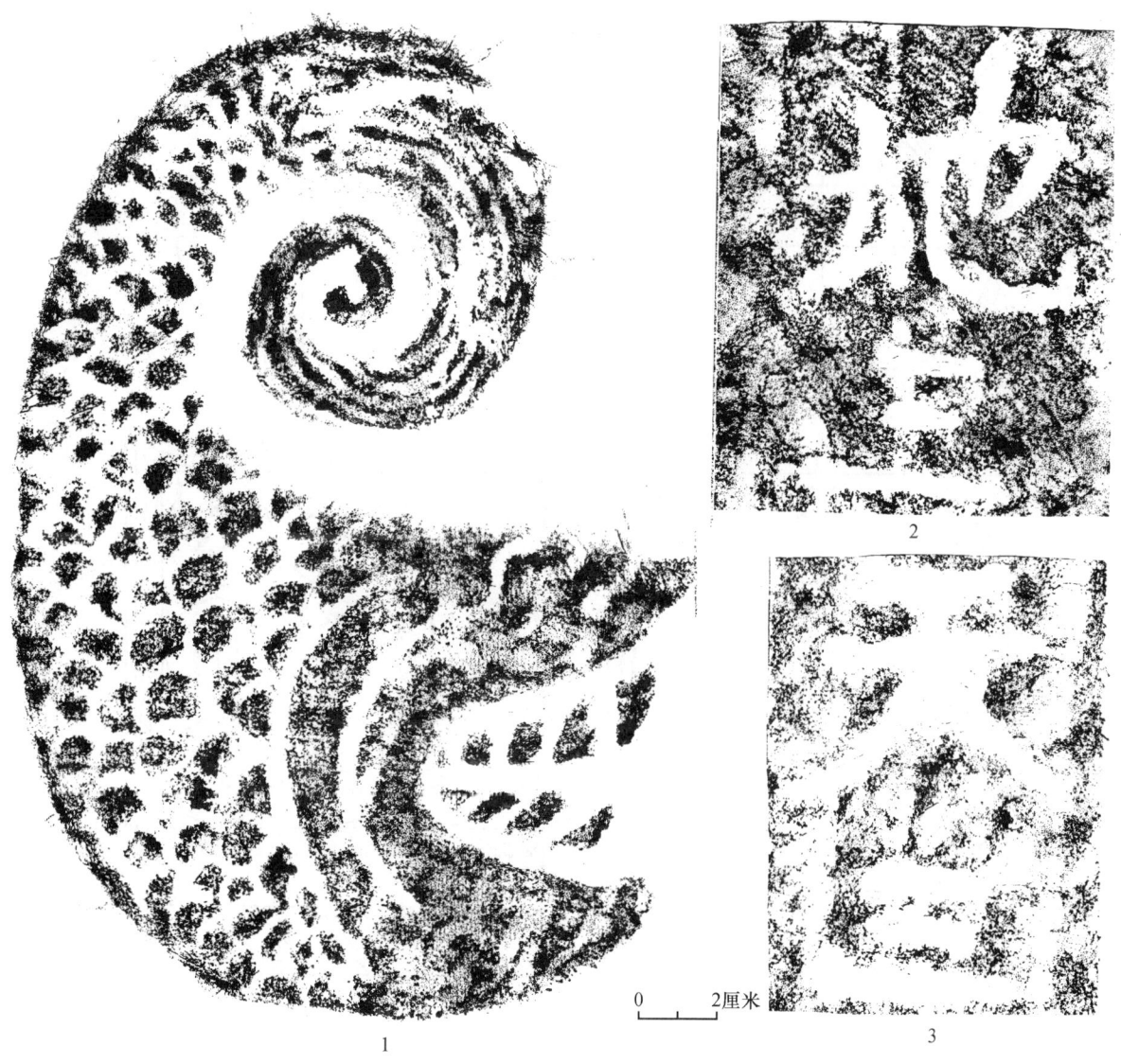

图七一四 G区M138鱼纹石刻及文字拓片

1. 墓门挑石上鱼纹石刻（M138:22） 2. "地三"文字（M138:23） 3. "天三"文字（M138:24）

"永镇山岗"八卦砖 1件（M138:2）。完整。细泥灰黑陶。平面呈正方形，横剖面呈梯形。正面周边阴刻方形边框，其间阴刻波浪纹，中间阴刻圆圈纹，其内阴刻"永镇山岗"四字，"永镇山岗"外围刻8个圆圈，圆圈内分别刻上八卦符号。纹饰、八卦符号和圆圈纹均涂抹朱红色颜料。正面边长35、背面边长33、厚5.5厘米（图七一五，8；图七一六，2；彩版五一，2；图版二三二，1）。

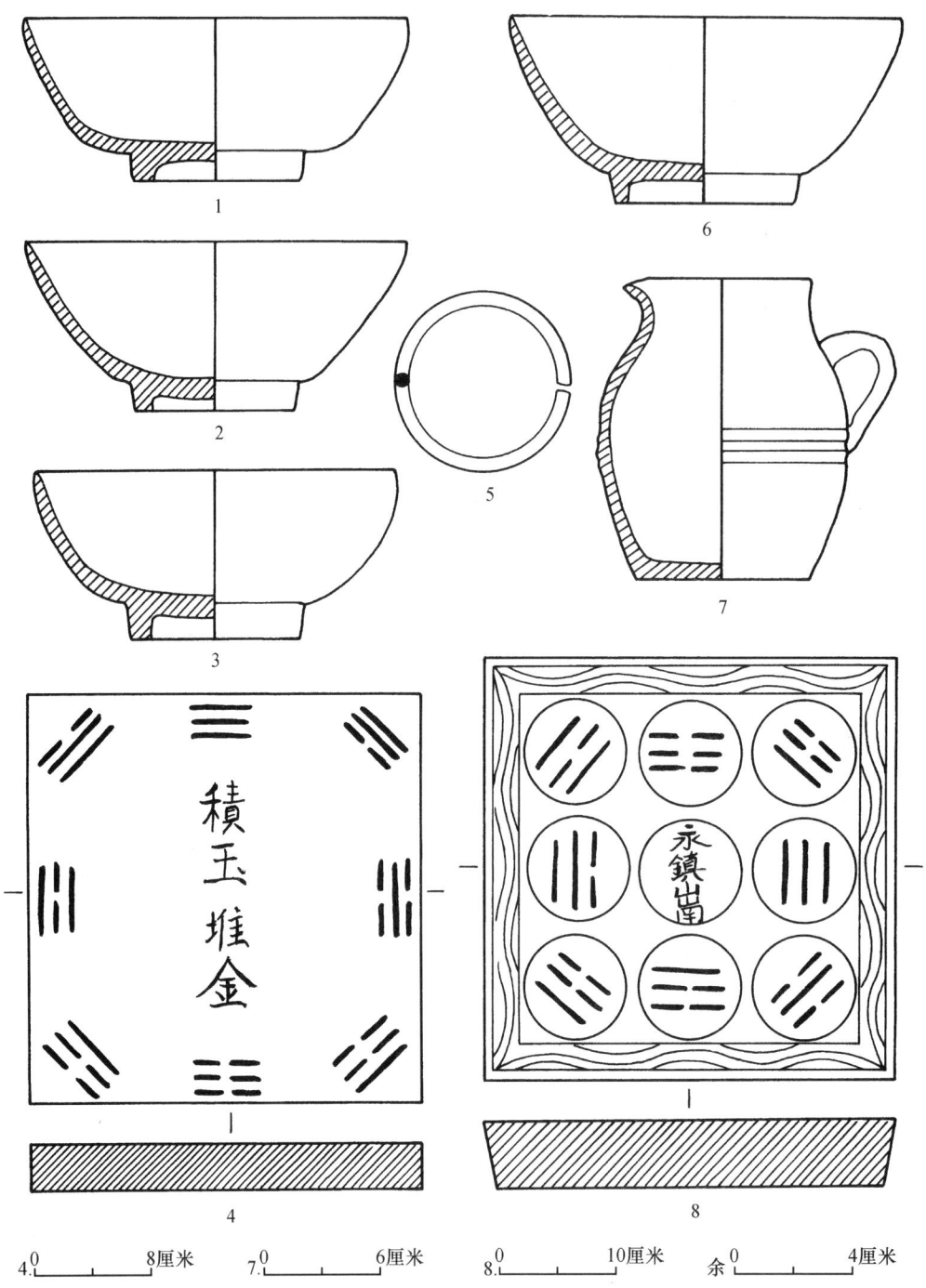

图七一五　G 区 M138 出土器物

1~3、6. 瓷碗（M138：6、M138：7、M138：5、M138：8）　4. "积玉堆金" 八卦砖（M138：3）　5. 铜环（M138：16）

7. 瓷罐（M138：18）　8. "永镇山岗" 八卦砖（M138：2）

　　"积玉堆金" 八卦砖　1 件（M138：3）。完整。泥质灰黑陶。火候较高。呈正方形，表面不太光滑，中间有 "积玉堆金" 四字，周边有八卦图案，均用朱红颜料直接书写。边长 27.6、厚 3.2 厘米（图七一五，4；图版二三二，2）。

1

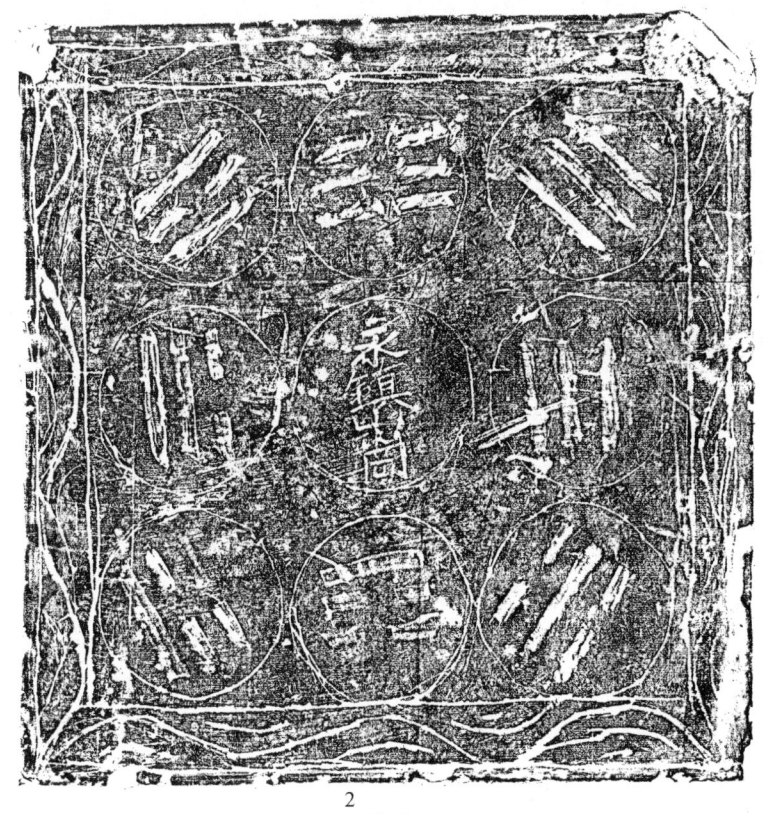

2

0___2厘米

图七一六　G区M138地契及"永镇山岗"八卦砖拓片

1. 地契砖（M138∶1）　2. "永镇山岗"八卦砖（M138∶2）

地契砖　1件（M138:1）。完整。泥质青灰陶。火候较高。呈正方形，横剖面呈梯形。首先在正面涂上黑色物质，再在周边阴刻双线边框，边框之间阴刻波浪纹饰，然后在中间阴刻地契文字，最后再在文字及边框和花纹上，涂上朱红颜料，出土时朱红颜色鲜艳，但大多脱落。正面边长36、背面边长34、厚6厘米（图七一六，1；彩版五一，1；图版二三一，1）。地契原文如下：

维大明隆庆元年岁次丁卯十月初一日壬午朔越十六日丁酉艮利□

湖广等处承宣布政使司荆州府归州巡检司洪山嘴五马桥

今立卖地人后土阴君之神所属吉地一穴卖与亡人颜氏创立茔兆一撕凤夜忧

思不逞所厝择此今日小此住居祖地五马桥迁作未山丑向墓丁□分肖纳左街

右武曲迴塘巨门水湖迎廉真水放去地属祖地之□堪为二兆地契已备银

钱九万九千百文卖到墓地一畝其地东西长八步南北阔七步四周有五十

一步东至青龙西至白虎南至朱雀北至玄武内外构成四域丘丞墓北□□步界

畔道路将军齐整阡陌致使千秋万载永无殃若有干怃并令山川神祇缚

付河伯酒脯彩帛钱巽为信券财地相交名已分付工匠修茔安厝此后子

孙永为吉兆知见岁□□建月□□明代保今日直符功曹故气邪精不得

□怃先有为者越万里地府土吏自当其咎

五帝使者女青律令券立一本已付墓中亡人千秋万载永远兴旺

右给付亡人颜氏收执

隆庆元年岁次丁卯十月十六日丁酉　立券卖地后土之神

故券伏尸永不侵争　代保人

瓷罐　1件（M138:18）。完整。灰褐胎。深腹略鼓，束颈，口略侈，圆唇，三角形流，下腹微收，平底，半环形把。腹部饰两道凹弦纹，腹以上施酱色釉。口径9、腹径12.8、底径8.6、高15厘米（图七一五，7；图版二三五，1）。

瓷碗　8件。标本M138:6，完整。灰白色瓷胎。斜壁，敞口，尖唇，下腹圆折，底近平，圆圈足，底和圈足胎较厚。外表施淡青色釉，底和圈足无釉。口径13.3、圈足径5.8、高5.4厘米（图七一五，1；彩版五〇，2）。标本M138:7，完整。褐色瓷胎。斜壁，敞口，尖唇，圜底，圆圈足。外表施青灰色釉，碗内施半釉，圈足内无釉。口径13.6、圈足径2.6、高5.6厘米（图七一五，2；彩版五〇，5；图版二三三，4）。标本M138:5，完整。褐色瓷胎。弧壁，敞口，尖唇，圆圈足略高。外表施淡青色釉，底和圈足无釉。口径12.5、圈足径6、高5.6厘米（图七一五，3；彩版五〇，4；图版二三三，2）。标本M138:8，完整。灰白色瓷胎。腹较深，弧壁，尖唇，底近平，圆圈足。外表施淡青色釉，碗内施半釉，圈足内无釉。口径13.2、圈足径6、高6.3厘米（图七一五，6；图版二三三，3）。标本M138:9，修复完整。褐色瓷胎。腹较深，弧壁，圜底，圆圈足。外表有五道瓦棱纹，并施淡青色釉，圈足内无釉。口径13.3、圈足径5.9、高6.4厘米（彩版五〇，3；图版二三三，5）。标本M138:10，修复完整。灰白色瓷胎。弧壁，圆圈足。内、外壁均施淡青色半釉，底内无釉。口径13.1、圈足径6、高6.2厘米（彩版五〇、6；图版二三三，6）。

铜环　1件（M138:16）。完整。圆形，有一小缺口，横断面亦呈圆形。直径3厘米（图七一五，5；图版二三五，3）。

钱币　5枚。均为铜质钱币。种类有崇宁重宝、崇宁通宝、景定元宝、开元通宝。

崇宁重宝　2枚。保存较好。面、背郭外宽内窄，面深背浅，背郭还有显现、隐约近平之异，面文对读。直径3.2～3.4厘米（图七一七，1、2；彩版五七，4；图版二三〇，1、4）。北宋崇宁年间铸造。

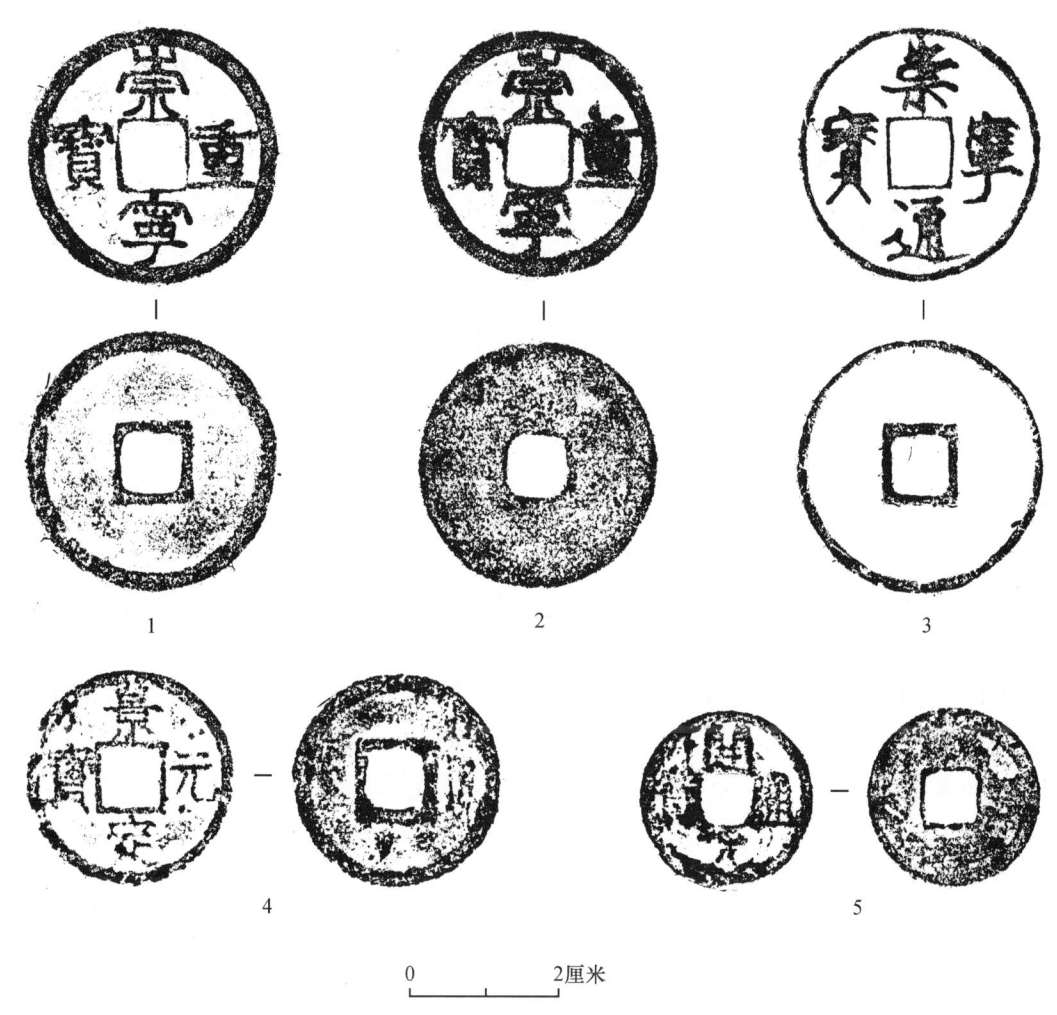

图七一七　G区M138钱币拓片

1、2. 崇宁重宝（M138：17、M138：13）　　3. 崇宁通宝（M138：14）　　4. 景定元宝（M138：15）　　5. 开元通宝（M138：4）

崇宁通宝　1枚（M138：14）。保存较好。面、背郭均较窄、较深，面文旋读。直径3.3厘米（图七一七，3；图版二三〇，2）。北宋崇宁年间铸造。

景定元宝　1枚（M138：15）。完整。面、背郭外宽内窄，均较浅，面文上下、右左对读。直径2.8厘米（图七一七，4；图版二三〇，3）。南宋景定年间铸造。

开元通宝　1枚（M138：4）。完整。面、背郭外宽内窄，均较浅，面文上下、右左对读。直径2.4厘米（图七一七，5）。唐代初期铸造。

（三）分期与年代

G区明代遗存主要是4座墓葬，它们之间无叠压、打破关系。判别其年代只能依据器物类别和形态进行比较。

M138 出土有明确纪年资料，即地契砖上记载"明代隆庆元年十月十六日"（即公元 1567 年 10 月 16 日），墓碑记载"明万历拾年正月初一"（即公元 1582 年正月初一），显然 M138 墓葬时代是很清楚的，属于明代中期偏晚。该墓出土的瓷碗、八卦砖等器物便成为这批墓葬断代的标准性器物。

M134：1 瓷碗与 M138 所出瓷碗完全相同，说明它们的时代相同。M136 出土有墓志砖，其右上角有"明"字，显然时代为明代。M152 出土的八卦砖与 M138 八卦砖形制相同。表明它们所处时代相近。另外 M134、M138、M152 三座墓都为土圹石室墓，除此而外，包括 M136 在内，都有石围墙、封土堆等地面建筑设施。这些共性应是文化性质相同、时代比较接近的反映。

综上所述，M134、M138、M152 时代相当，属于明代晚期，相对年代的上限不会早于明代隆庆元年，即公元 1567 年，下限不会晚于明代万历十年，即公元 1582 年。M136 与其他墓不同之处是墓室结构为竖穴土坑墓，可能时代略早一些，大约相当于明代晚期偏早。

（四）小结

G 区明代遗存仅 4 座墓葬，保存情况较差，出土遗物不多，但对研究三峡地区明代历史文化具有一定的参考价值。

（1）M134、M152 石椁葬具，仅容一棺，制作工艺十分讲究，是三峡地区以往少见的，为研究三峡地区明代葬俗增添了新的资料。

（2）M152 为土圹石椁墓，椁分左右两个室，左室置有木棺和人骨架，并用石灰等混合层密封，而右室是空的，也没有发现任何器皿，其原因尚待进一步探讨。

（3）这批墓葬的方向一致，均为 360°。而且 70% 以上的墓出土有八卦图案的砖，尤其是 M138 地契砖文载"……已付墓中亡人千秋万载永远兴旺"等，企盼死者安乐富贵，从一个侧面反映了道教对当时人们思想影响是很深的。

（4）M138 石室内又营造三个券顶小砖室，系一夫（屈鹏程）二妻（颜氏等）同穴异室合葬墓。这是中国传统夫权制社会男女关系在葬制上的又一反映，说明三峡地区当时受夫权制社会影响很深。

（5）M138 墓主人姓屈，其墓葬规模较大，娶有二妻，是当地富贵者。M134、M136、M152 的墓葬形制、葬俗与 M138 几乎一致，而且相距不远，年代接近，应为屈姓家族墓群，而屈鹏程在这个家族中占据有重要地位。

玖 采集遗物

一 概　述

自中华人民共和国成立以来，卜庄河随着国家繁荣发达，各项建设不断兴起，如农田基本建设、兴建码头、道路、桥梁、街道、砖厂、煤矿等，发现不少文物，其中部分文物得到了有效保护。尤其是1982年《中华人民共和国文物保护法》颁布以后，大大增强了广大人民群众的文物保护意识。从此，县文物部门经常派人到卜庄河等地宣传《文物保护法》，到废品收购部门和群众中收集和征集文物，也有不少群众主动提供文物线索和捐献文物。

目前，卜庄河采集的入藏文物共35件。其中，铜器22件、铁器2件、瓷器3件、陶器4件、玉器3件、角器1件。另有钱币201枚。这些文物现收藏于秭归县文物局。

这些采集文物大多保存较好而完整，有些器物是正式发掘中尚未见到过的，如铜钺、铜戈、铜巴式剑、瓷香炉等。这些文物资料的收集，增加了文物器类，并进一步丰富了卜庄河遗址的文化内涵。

二 遗物介绍

（一）铜器

铜镜　4件。标本ZB00198，完整。镜面微弧，背面微凹，斜边，半圆形钮。直径14.6、钮径2、胎厚0.6厘米（图七一八，1）。标本ZB0078，蟠螭纹镜，钮残。器胎较薄。镜面较平，边缘呈三角形，钮外有两道绳索状纹饰，其间饰蟠螭纹。直径8.8厘米（图七一八，2；图七一九，1；图版二三六，1）。标本ZB0081，乳丁纹镜，中部略残。镜面微弧，斜边，宽沿，半圆形钮，其外饰乳丁纹及莲弧纹和绳索状纹。直径11.3、钮径1.8、边厚0.65厘米（图七一八，3；图七二〇，1；图二三六，2）。标本ZB00193，六棱纹铜镜，完整。胎较薄，拱形钮。素面。直径13、钮径1.6厘米（图七一八，4；图七二〇，2；彩版五九，4；图版二三六，3）。

铜剑　1件（ZB0029），基本完整。呈柳叶形，斜肩，肩茎无格，脊略呈圆弧形，茎上有两个小圆孔。剑身长56、柄长7.5、通长73.5厘米（图七二一，3；彩版五九，1；图版二三八，3）。

铜钺　3件。标本ZB00160，完整。窄斜肩，刃略弧，扁圆形銎，直通至钺身。刃部有使用缺痕。刃部宽7.6、长16、銎内空深13厘米（图七二二，1；彩版五八，1；图版二三七，5）。标本ZB00161，完整。器身较小，銎较短，窄斜肩，刃呈弧形，銎略呈圆形。刃部宽6.4、长10.6、銎直径4、銎内空深6.7厘米（图七二二，2；彩版五八，3；图版二三七，2）。标本ZB00159，完整。束颈，窄弧形肩，宽弧形刃，椭圆形銎。刃部宽7.2、长13.2、銎长径3.6厘米（图七二二，4；彩版五八，4；图版二三七，4）。

铜矛　1件（ZB00217）。完整。形体较宽，呈柳叶形，尖锋，末端平齐，弧形脊。长11.4厘米（图七二二，3；彩版五八，2；图版二三八，1）。

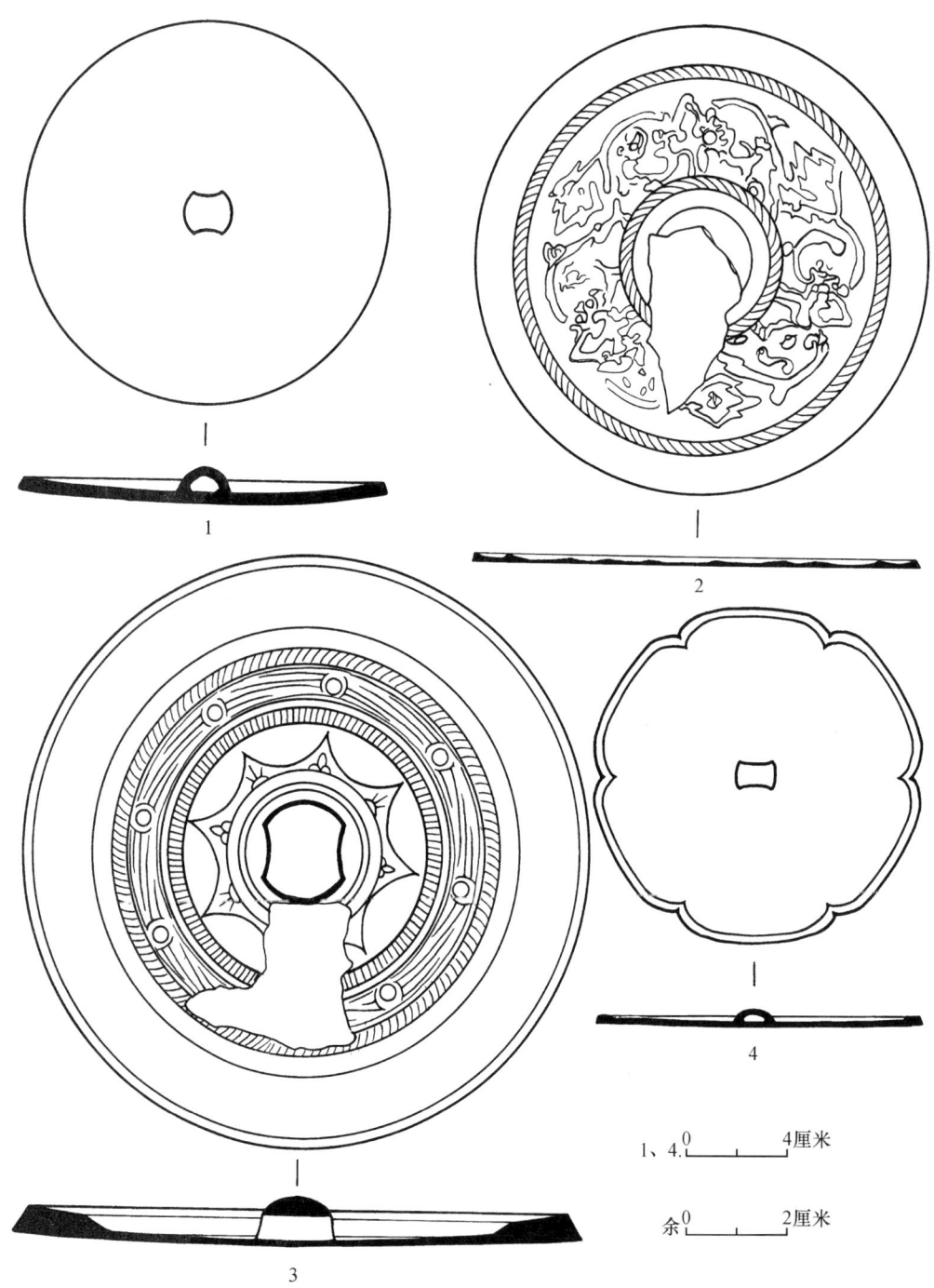

图七一八　卜庄河遗址采集铜镜
1. ZB00198　2. ZB0078　3. ZB0081　4. ZB00193

　　铜斧　1件（ZB0047）。完整。斜肩，大弧刃，长方形銎、正面有凸起的三角形符号。刃部宽6.7、长6.1、銎长4.2、銎宽2.1厘米（图七二二，5；图七一九，2；彩版五九，5；图版二三七，1）。

　　铜戈　1件（ZB00213）。完整。援狭长，锋呈三角形，长胡，短内，内中部有一圆形孔，援、胡均为双面刃，窄形血槽，援、胡近栏处的一侧铸有变形夔龙纹。栏长11.2、内长4.2、内宽4、援宽4.1、通长18.8厘米（图七二二，6；彩版五九，2；图版二三八，2）。

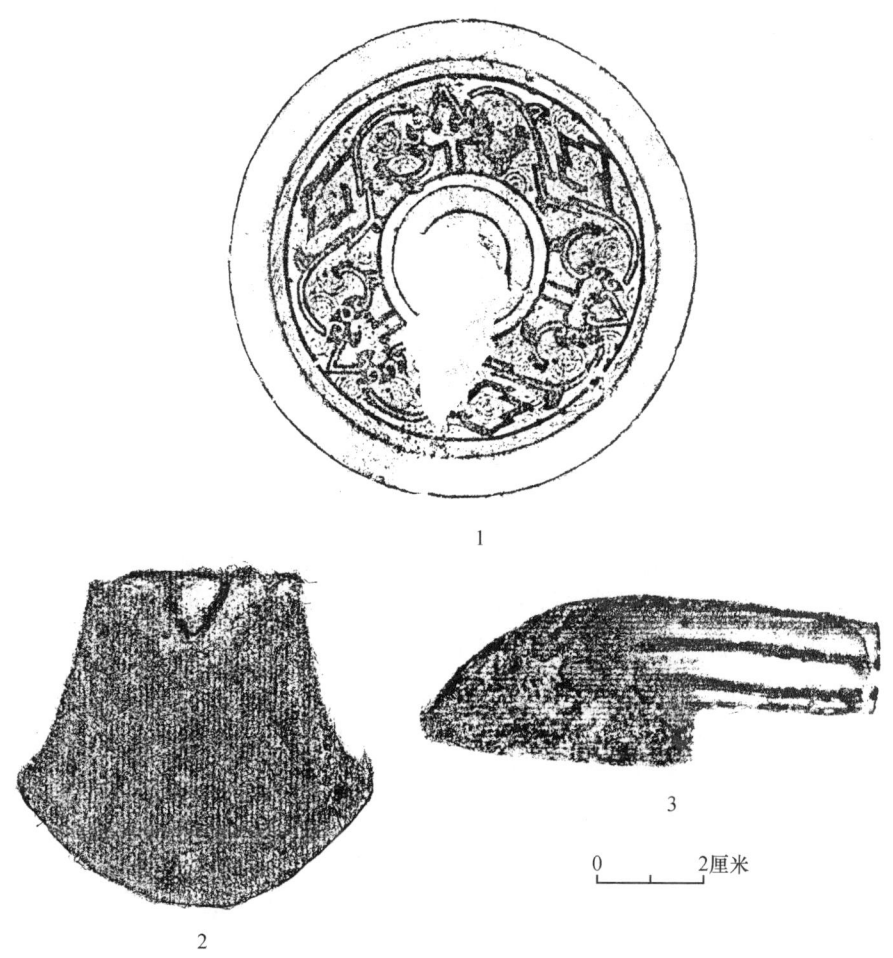

图七一九　卜庄河遗址采集铜器拓片

1. 铜镜（ZB0078）　2. 铜斧（ZB0047）　3. 铜刀（ZB0039）

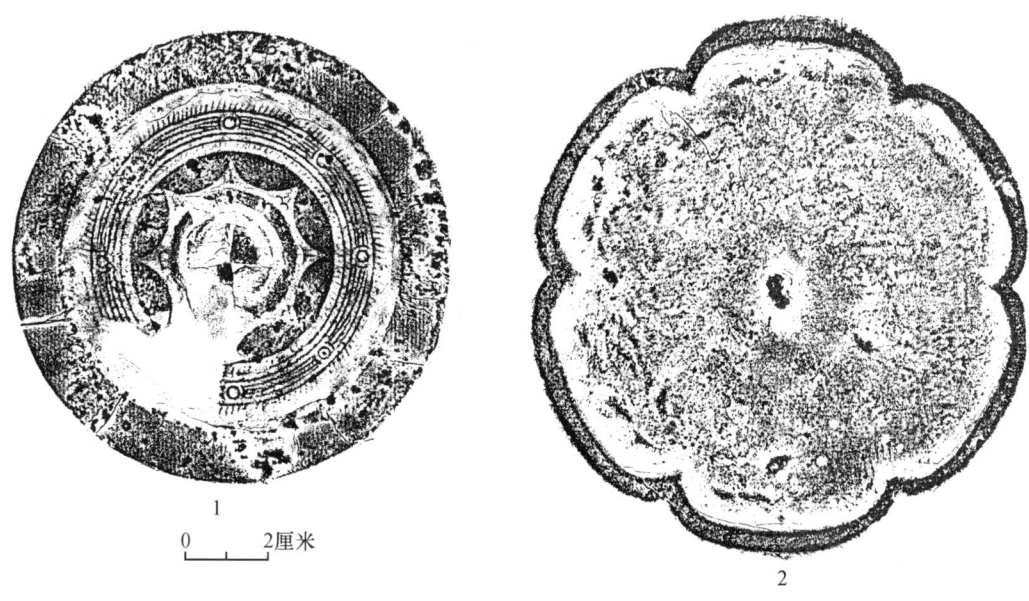

图七二〇　卜庄河遗址采集铜镜拓片

1. ZB0081　2. ZB00193

铜刀　2件。标本ZB0040，完整。胎较厚。直刃，弧背，宽扁形柄，柄一面有两道凸棱，刃部有缺痕，背边缘呈斜形。通长9.1、宽3.7、柄宽2.3厘米（图七二三，5；图版二三七，6）。标本ZB0039，完整。胎较薄。直刃，弧背，背边缘略斜，宽扁形柄，柄一面有两道凸棱。通长8.7、宽3.2、柄长3.3、柄宽1.9厘米（图七一九，3；图七二三，6；彩版五九，3；图版二三七，3）。

铜壶　1件（ZB0094）。腹部残破。鼓腹，溜肩，长颈，口略侈，方唇，下腹内收，平底，圆圈足略外撇，弧形盖，盖上有三个鸟首形钮。口径8、腹径15.5、圈足径10、高25厘米（图七二三，1）。

铜环　2件。标本ZB0059，完整。圆形，横剖面呈圆形。直径4.3厘米（图七二三，4）。标本ZB00196，完整。圆形，横剖面呈圆形。直径5厘米（图七二三，8）。

铜泡钉　1件（ZB0097）。完整。保存较好。钢盆形帽，圆锥形钉。帽直径1.8、钉长1.5厘米（图七二三，10）。

铜带钩　5件。标本ZB0050，完整。弧形，鸭首形钩头，束腰形扣钮。长5.8、钮径1.3厘米（图七二三，2；图版二三九，5）。标本ZB00103，残。仅存后半段，锈蚀严重，圆饼形钮。残长3.2厘米（图七二三，3）。标本ZB00121，钩端残。略呈螳螂形，扣钮较细。正面饰有弧形花纹。长7.2、宽1.5、钮径1.2厘米（图七二三，7；图版二三九，3）。标本ZB00101，残。已氧化，呈黑褐色。横剖呈弧面三角形。残长3.3、钮径0.9厘米（图七二三，9）。标本ZB00102，完整。器体特小。鸭首形钩头，束腰形钮。长4、宽0.8、钮径0.9厘米（图七二三，11）。

（二）铁器

铁刀　1件（ZB0013）。残。器身较长，直背，刃微弧，环首已残。长84、宽2.9、背部厚0.9厘米（图七二一，1；图二三八，4）。

铁剑　1件（ZB0012）。残。器身较长，三角形锋，脊呈棱形，宽扁形首。敛身长70.8、宽2.8、剑首残长1.6、通体残长72.4厘米（图七二一，2；图版二三八，5）。

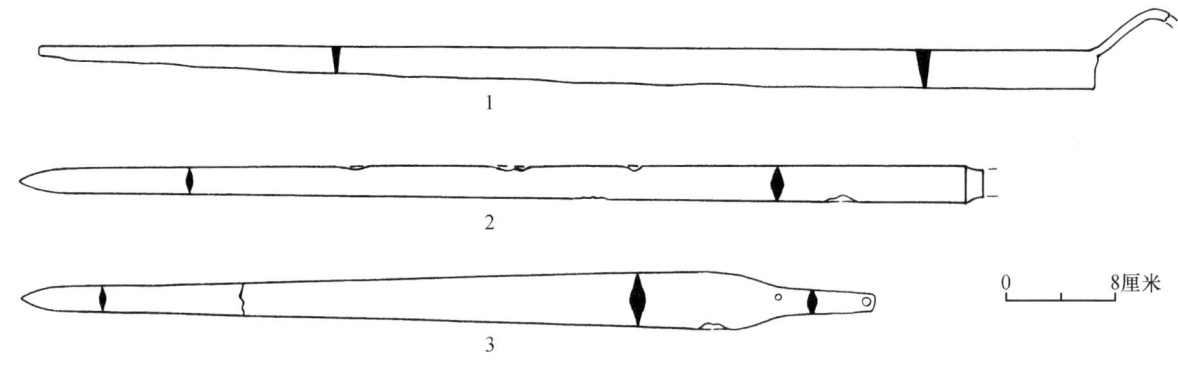

图七二一　卜庄河遗址采集兵器
1. 铁刀（ZB0013）　2. 铁剑（ZB0012）　3. 铜剑（ZB0029）

（三）陶器

陶罐　3件。标本ZB00158。完整。泥质灰褐陶。火候较高。深腹，腹略弧，口略敛，斜沿，

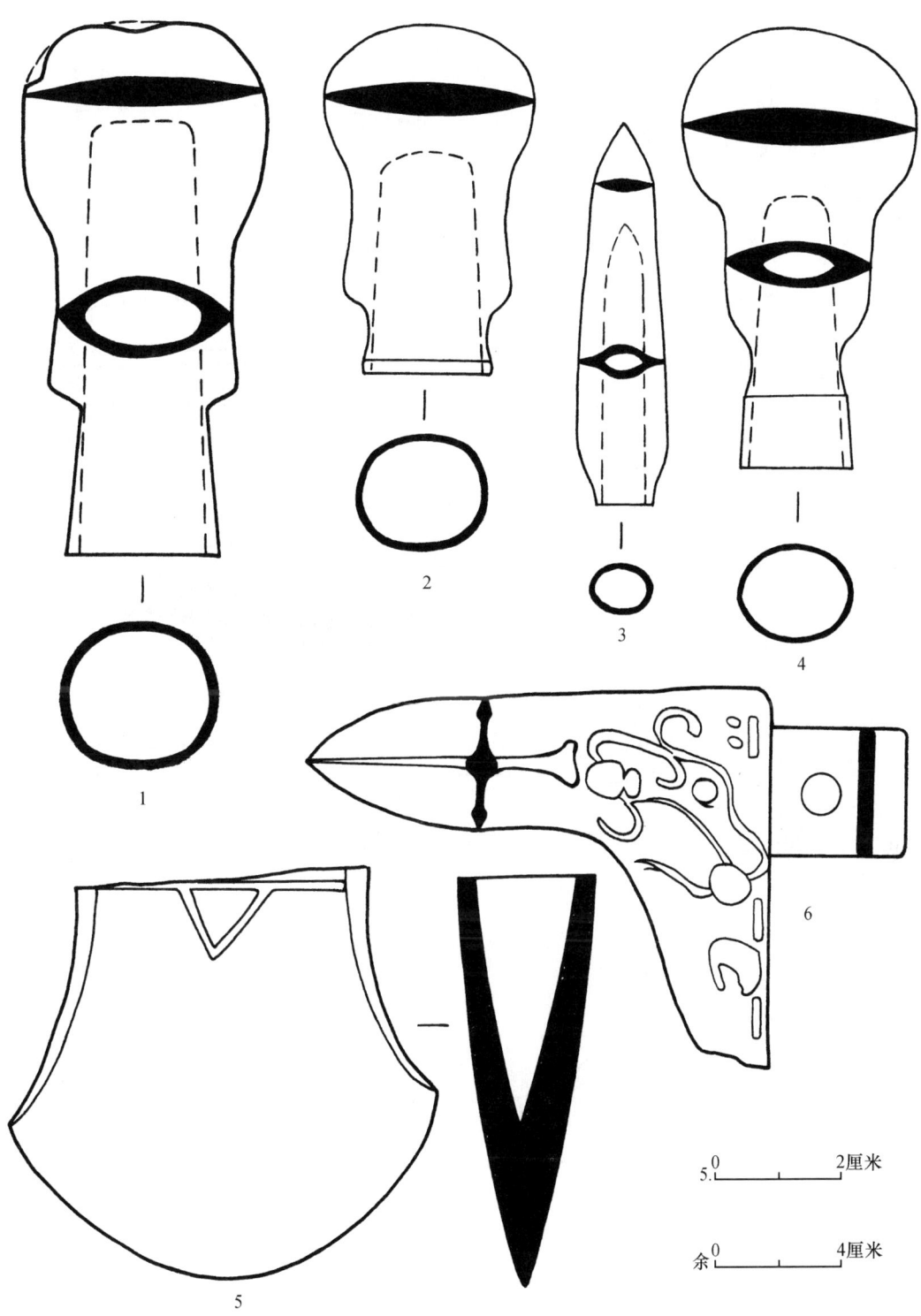

图七二二　卜庄河遗址采集铜兵器

1、2、4. 钺（ZB00160、ZB00161、ZB00159）　3. 矛（ZB00217）　5. 斧（ZB0047）　6. 戈（ZB00213）

尖唇，平底内凹。肩部和上腹部各饰一道细凹弦纹。上腹及口沿内施淡黄色釉。口径 7.5、腹径 10、底径 5、高 13 厘米（图七二四，1；彩版六〇，4；图版二四〇，5）。标本 ZB00202，完整。泥

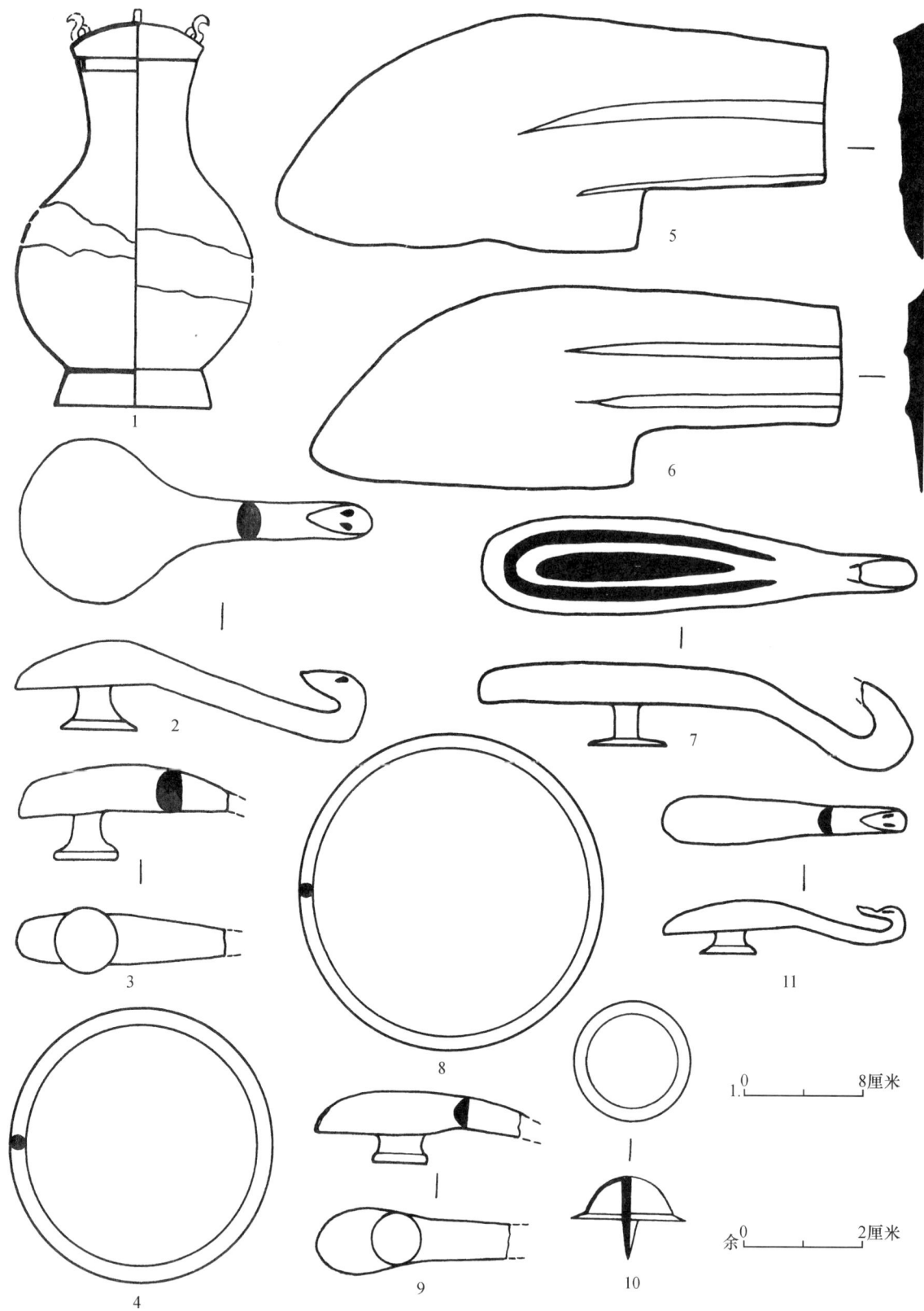

图七二三 卜庄河遗址采集铜器

1. 壶（ZB0094）   2、3、7、9、11. 带钩（ZB0050、ZB00103、ZB00121、ZB00101、ZB00102）   4、8. 环（ZB0059、ZB00196）

5、6. 刀（ZB0040、ZB0039）   10. 泡钉（ZB0097）

质灰褐陶。火候较高。器身较矮，折腹，敛口，斜沿，尖唇，平底内凹，底面凸起，并有拉坯痕迹。腹以上饰淡黄色釉。口径8、腹径10.1、底径5.6、高8厘米（图七二四，2；图版二四〇，4）。标本ZB00201，完整。器形甚规整。泥质灰陶。火候偏高。鼓肩，敛口，折沿，方唇，上腹外鼓，下腹内收，小平底。腹部饰两道细凹弦纹。口径12、腹径16.5、底径7.4、高9.6厘米（图七二四，8；彩版六〇，5；图版二四〇，6）。

陶钵 1件（ZB00169）。完整。粗泥褐陶。火候较高。斜壁，大口略敛，宽圆唇，小平底略内凹。胎较厚。外表施黄褐色釉。口径24、底径10、高8厘米（图七二四，6；图版二四〇，3）。

（四）瓷器

瓷香炉 1件（ZB00259）。完整。灰白色胎。火候甚高。深腹，束颈，口微敛，折沿，方唇，沿面略凹，最大腹径偏下，下腹圆折，底近平，底下有三个矮兽蹄形足，沿外有两个对称的衔环耳。通体施青灰色釉，釉面有细小的裂纹。口径9、最大腹径8.6、深7、通高8.6厘米（图七二四，4；图版二四〇，1）。

瓷碗 1件（ZB00163）。完整。细泥白瓷。火候甚高。器形规整。弧壁，敞口，尖唇，圜底，小圆圈足。腹部及内面饰刻划暗纹。通体施淡青色釉。口径12厘米，圈足径3.2厘米，高6厘米（图七二四，10；图版二四〇，2）。

瓷碟 1件（ZB00162）。完整。红褐色胎。火候较高。胎厚重。斜壁，敞口，尖唇，平底。内面施酱褐色釉。口径8、底径3.4、高2厘米（图七二四，7）。

（五）玉器

玉镯 2件。标本ZB0014，完整。青白玉。乳白色。硬度6°~7°。圆形，横剖面亦呈圆形，局部泛绿。直径7.6、粗径1.15厘米（图七二四，3；彩版六〇，2；图版二三九，2）。标本ZB004，完整。青白玉。硬度6°~7°。圆形，局部呈桃红色，横剖面呈圆形。直径8.3、粗径1.2厘米（图七二四，5；彩版六〇，1；图版二三九，1）。

玉簪 1件（ZB0060）。完整。青白玉。淡青色。硬度6°~7°。平面呈束腰形。长6.7、两端宽1、中段宽0.5厘米（图七二四，9；彩版六〇，6；图版二三九，6）。

（六）角器

角锥 1件（ZB00203）。略残。G区采集。系麂角磨制而成。尖段有明显的磨蚀痕迹。残长10.5、后端直径1.3厘米（图七二四，11）。

（七）钱币

采集钱币共201枚。均为铜质钱币。种类有五铢、半两、货泉、乾隆通宝、道光通宝、光绪通宝。

五铢 170枚。可分为B、C二型。

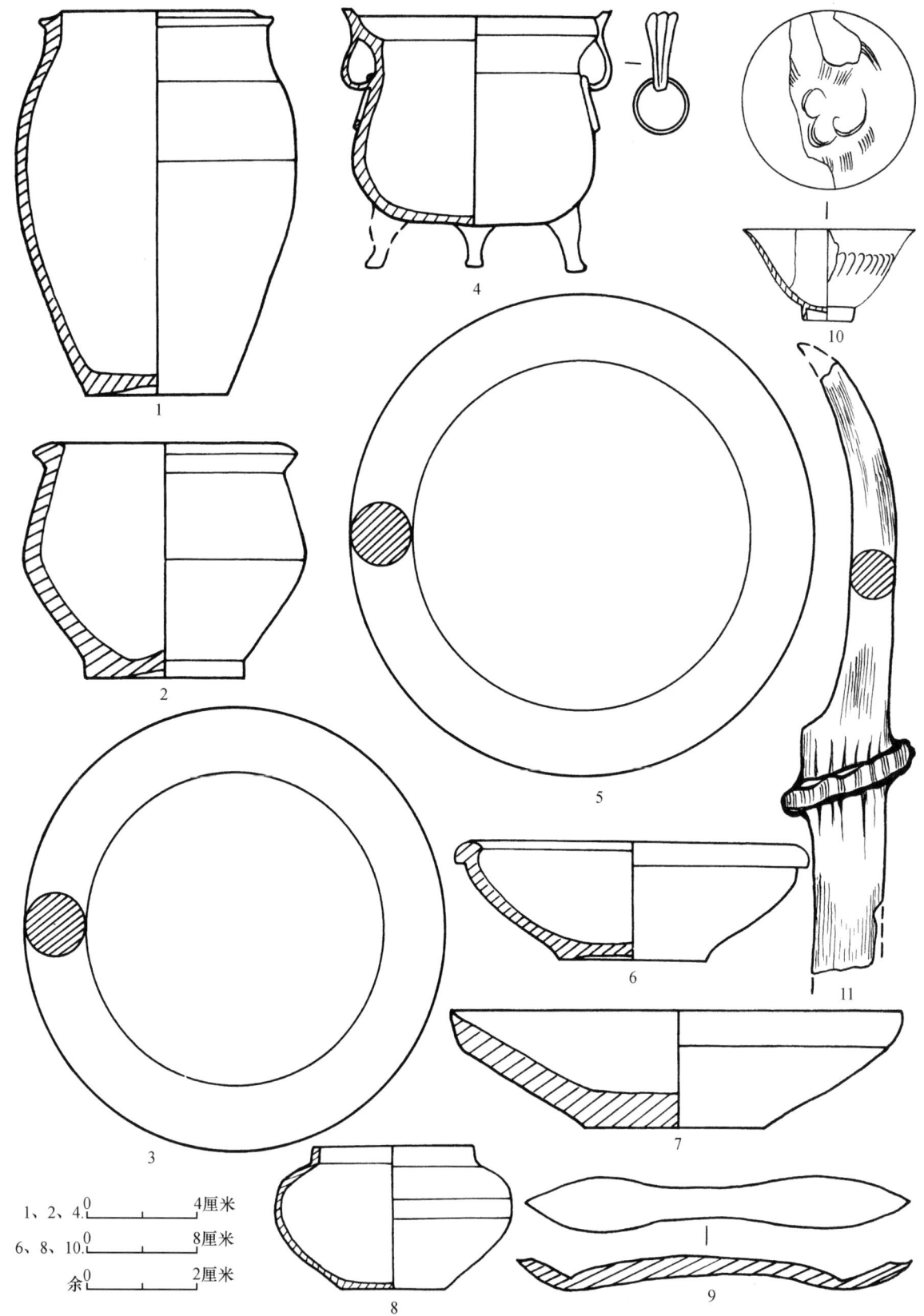

1、2、4.　0 ⊢——⊢——⊣ 4厘米

6、8、10.　0 ⊢——⊢——⊣ 8厘米

余　0 ⊢——⊢——⊣ 2厘米

图七二四　卜庄河遗址采集器物

1、2、8. 陶罐（ZB00158、ZB00202、ZB00201）　3、5. 玉镯（ZB0014、ZB004）　4. 瓷香炉（ZB00259）　6. 陶钵
（ZB00169）　7. 瓷碟（ZB00162）　9. 玉簪（ZB0060）　10. 瓷碗（ZB00163）　11. 角锥（ZB00203）

B 型　95 枚。面、背郭有宽窄之异，穿有大小之分，有穿上星。铸造工艺有精、劣之别。直径 2.5~2.6 厘米。面文"五"字像两炮弹相对，"铢"字金旁的头小，呈箭头状（图七二五，1、2、5、7）。属于西汉晚期钱币。

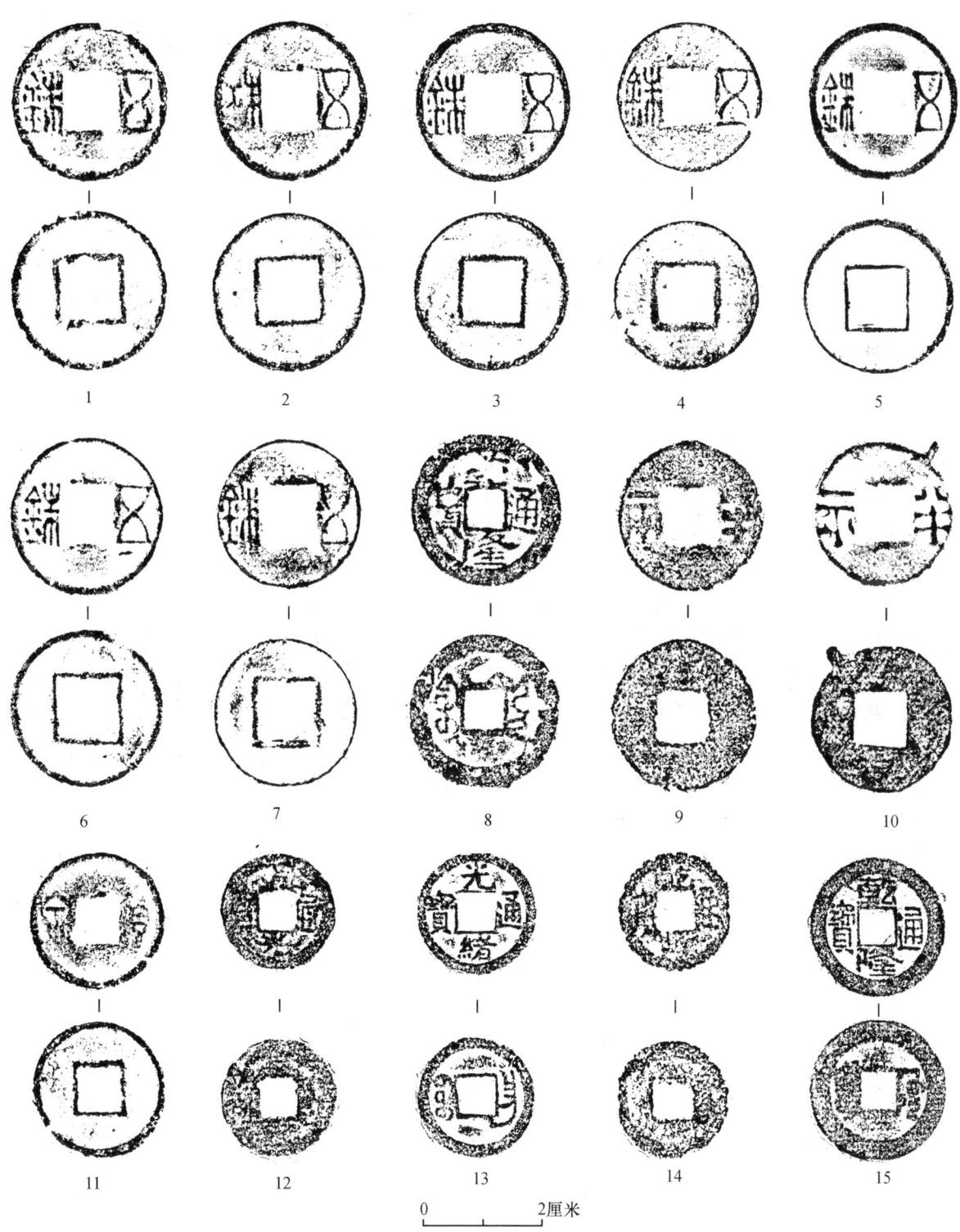

图七二五　卜庄河遗址采集钱币拓片

1、2、5、7. B 型五铢（C001、C002、E2001、E2003）　3、4、6. C 型五铢（C003、C004、E2002）　8、14、15. 乾隆通宝（E2004、E2007、E2009）　9、10. 半两（G0013、G005）　11. 货泉（G006）　12. 道光通宝（G007）　13. 光绪通宝（E2006）

C 型　75 枚。面、背郭有宽窄之别，穿有大小之分。铸造工艺较精湛。直径 2.5 ~ 2.6 厘米。面文"五"字较宽大，"铢"字金旁的头加大，呈三角形，"朱"旁上部转角处圆折（图七二五，3、4、6）。属东汉早中期钱币。

半两　6 枚。面部分有、无郭及面文有粗犷矮隐和显现之异，背较平。铸造工艺有精、粗之分。直径 2.3 ~ 2.4 厘米（图七二五，9、10）。属西汉时期半两钱币。

货泉　8 枚。面、背郭有宽窄、深浅之异，穿有大小之分。铸造工艺较差。直径 2.2 ~ 2.4 厘米（图七二五，11）。属王莽时期铸造的钱币。

乾隆通宝　9 枚。面、背外郭较宽，内郭较窄。面文对读，铸造工艺较精湛。直径 1.8 ~ 2.5 厘米（图七二五，8、14、15）。为清代乾隆年间铸造。

道光通宝　5 枚。钱形较小。面、背郭较宽，面文对读。铸造工艺较粗劣。直径 1.9 厘米（图七二五，12）。为清代道光年间铸造。

光绪通宝　3 枚。保存较好。面、背外郭略宽，内郭较窄。面文对读。铸造工艺较精。直径 1.9 厘米（图七二五，13）。为清代晚期光绪年间铸造。

三　小　结

卜庄河遗址采集文物较多，说明文物流失很少。但是应该看到采集文物中，绝大部分是完整器物，占采集文物总数的 94.3%，那么也就是说还有相当一部分被破坏的文物没有采集回来，或者说破坏了还没有被人们所认识。可见卜庄河遗址，历年来文物破坏情况还是相当严重的。

采集文物多，有铜、铁、陶、瓷等七大类，器类有铜戈、铜剑、陶罐、玉镯等多达 27 种。文物延续时间也较长，最早有战国时期文物，如铜钺、铜矛、铜带钩、铜刀等，汉代文物有鼓肩敛口陶罐、铜壶、铁剑、铁刀、蟠螭纹铜镜等，六朝时期文物有折腹敛口陶罐、陶钵等，宋代文物有白瓷斜壁碗、六棱纹铜镜等，明代文物有瓷碟、瓷香炉等，清代文物有玉镯、玉簪等。由此说明，卜庄河遗址地下文物是相当丰富的。

采集的 ZB00160、ZB00161、ZB00159 铜钺，ZB00217 铜矛，ZB00213 铜戈，ZB0029 铜剑，ZB0047 铜斧等，显系典型的巴文化遗物，约占采集文物总数的 23%。由此表明，卜庄河遗址一度曾是巴人活动的重要区域。收集和发表这批资料，对于进一步揭示巴文化内涵和促进巴文化的深入研究，有着一定的价值和意义。

拾 结 语

卜庄河遗址是三峡库区保存面积大、分布范围广、延续时间长、遗存较为丰富、历史文化底蕴悠久的遗址之一，也是三峡库区湖北段最大的考古发掘项目。自 20 世纪 50 年代调查发现，90 年代初期第一次配合砖厂取土工程发掘之后，随着三峡工程的进行，从 1997 年 9 月至 2006 年 6 月，历时 10 年，共 14 次发掘。发掘总面积为 36216 平方米，出土文物达 4000 余件。发掘表明，卜庄河遗址从大溪文化开始，历经石家河文化、二里头文化、商代、周代、汉代、六朝、宋代、明代、清代、近代至今，共 6000 多年，蕴含有丰富灿烂的古今文化。这些古今文化遗存加深了我们对三峡地区历史文化的认识和理解，以及进一步深入研究三峡地区古文化发展序列，提供了有力而可靠的证据。

卜庄河遗址虽然出土遗物较多，收获大，但应该指出的是，卜庄河遗址属于长江边的斜坡地带，现存部分基本上没有平地，所谓台地也是呈倾斜状，由东往西有 7 个呈南北向（即南高北低）的山冈分布于遗址之中，由于历年洪水泛滥，暴雨、山洪冲刷，江水侵蚀，山体滑坡挤压和深度垦殖，以及修建码头、筑路、兴建集镇等破坏极为严重。部分发掘区保存下来的遗存不丰富，且多数不完整，出土遗物较为破碎，尤其是遗址部分修补成形器物不多。发掘墓葬虽然较多，但大部分墓葬（尤其是东汉及其以后各时期的石室墓、砖室墓）被破坏和早期被盗，所剩文物无几。所发掘的汉墓（主要是西汉墓）填土中，多包含有周代陶片，说明周代及其他各时期遗址遭受破坏也是极其严重的。这些给研究工作带来一定困难。

卜庄河遗址分为七个发掘区域，各有其特点，所包含文化内涵也是有区别的。A 区所处位置较低，靠近江水边，以石家河文化、二里头文化及商代遗存为主，文化堆积层厚，遗迹、遗物较丰富，另有少量周代和汉代墓葬。B 区因位于江水边，因遭受严重破坏，仅出土有少量的大溪文化遗存及汉代墓葬和六朝时期的陶窑。C 区海拔 100～140 米，分布有较多的东汉石室墓，少数六朝砖室墓和陶窑，极少量的西汉土坑墓和周代遗址。D 区以西汉土坑墓为多，出土有较多的铜器，如铜鼎、铜蒜头壶、铜鍪、铜壶、铜车軎等，次为周代遗址、东汉石室墓及明、清时期的土坑墓。E 区以六朝砖室墓为主，多位于半山腰，海拔 120～170 米。次为周代遗址和宋代土坑墓，新发现有六朝取土场、堆瓦场及明代房室建筑群遗迹。F 区所处位置较高，均在海拔 110～175 米，以周代遗址较典型，分为两期，出土遗迹（灰坑）、遗物较多，文化内涵较丰富。次为西汉土坑墓和东汉石室墓，分布范围较集中。G 区海拔多在 123～145 米，以西汉土坑墓和明代石室墓为主要遗存，次为周代遗址。

据各发掘区的特点、文化内涵及文化性质综合观察，各时期文化遗存分布范围也有所不同。新石器时代文化遗存（包括大溪文化、石家河文化）及二里头文化遗存均分布在遗址的东边，而且靠近长江水边。商代遗存分布范围与新石器时代遗存及二里头文化遗存范围相同，它们之间并存在相互叠压和打破关系。周代遗存属楚文化范畴，主要是文化遗址，墓葬较少，分布范围较广，除 B 区外，其余区域均有分布，但遗址东边的周代遗存偏早，以锥足鬲为代表性器物，越往西时代越晚，以柱足鬲为代表性器物，其文化应是由东向西发展，这正是楚文化由江汉平原向西逐步扩展的真实反映。汉代遗存主要是墓葬，各区均有分布，其中，D 区分布最多，次为 C 区、E 区，分别占汉墓总数的34.58%、23.36%、17.76%，A区、F区、G区相同，各占汉墓总数的7.48%，B区最少，仅占汉墓总数的1.86%。D区不仅汉代墓葬数量多，而且西汉墓所占比例较大，且保存较好，出土遗物较多，墓葬位置相对较高。汉代遗址发现少，主要分布在C区、D区、F区。六朝遗存主要是墓葬，多埋葬在半山坡上。分布于A区、C区、D区、E区和G区，分别占六朝墓葬总数的11.76%、35.3%、5.88%、29.41%、17.65%。六朝遗址发现少，主要分布在E区，次为A区、C区和G区，出土遗物特别少。另有陶窑、堆瓦场和取土场，陶窑分布在B区和C区，堆瓦场和取土场位于E区。宋代遗存有遗址和墓葬两部分，遗址分布在A区，墓葬分布在C区、D区和E区，分别占宋代墓葬总数的14.29%、57.14%、28.57%。明代遗存主要是墓葬，分布在D区、E区、G区，分别占明代墓葬总数的25%、25%、50%。另外E区还出土房基6间，灶坑2个。清代遗存主要是墓葬，多分布在D区、C区和E区，遗址分布在E区。近代遗存分布在C区，发现有瓷钵、瓷碗和铜勺柄等遗物。

　　遗址中各文化遗存特点比较清楚，大溪文化遗存甚少，但出土陶片最具特色，外红内黑，外表饰橘红色陶衣。这是卜庄河遗址中时代最早的文化遗存，距今约6000多年。石家河文化遗存以细泥灰陶、黑陶和粗泥褐陶为主要陶系，花边口沿罐、小口广肩罐、粗圈足盘为代表性器物，特征性花纹是篮纹、方格纹和戳印纹。二里头文化流行灰陶（或叫灰白陶），尤其是粗圈足盘多为灰陶。代表性器物有侈口圆唇罐、大口花边口沿罐、中口方唇罐、小口鼓肩罐、粗圈足盘、敛口钵等。罐口沿外多有一道凸棱，并普遍饰压印纹，肩部和腹部多饰绳纹。纹饰有篮纹、绳纹、菱形方格纹、"S"形纹。商代遗存较复杂，就整体文化面貌而言，陶器有泥质和夹砂两大类，其中夹砂陶占55%以上。陶器颜色较多，有黑陶、黑褐陶、灰褐陶等，其中黑褐陶数量最多。陶器纹饰普遍使用绳纹，次为弦纹，另有圆圈纹、"S"形纹、叶脉纹、云雷纹尤具特色。陶器器类有罐、钵、杯、壶、豆、鬲、缸、纺轮等，其中罐类器物特别发达，型式多样，是当时人们生活中使用的主要器皿。另外，还出现青铜器物，如铜饰等。就文化因素分析，既继承了本地史前时期石家河文化遗存（如C型陶纺轮）特点，又具有巴文化的遗存（如Aa型卷沿罐、高柄豆形器、B型纺轮等）特点，同时，还包含有中原地区商代文化遗存（如红褐色陶方格纹A型和B型陶缸等）特征。这些不同文化因素及特点，表明卜庄河遗址商代不仅与三峡地区同时期的文化遗存有着十分密切的联系和文化交往，而且还吸收了周边地区的先进文化，尤其是受中原地区商代文化的影响很深。周代遗址分为几个时期，就遗存而言，文化堆积层厚，陶器以红陶和红褐陶为主，多为粗泥陶，次为夹细砂陶和泥质陶。陶器火候一般不高。手制陶器占多数。粗绳纹自始至终占主导地位，少数弦纹、方格纹和窃曲纹。器类相对单调，主要是陶罐、陶鬲和陶鼎，陶豆、陶钵、陶盂少见。汉代遗址文化堆积层普遍较薄，以绳纹灰陶为主，器形主要为筒瓦和板瓦。六朝及以后各个时期的遗址文化堆积层较少而薄，分布较零星，出土遗物极少。

　　墓葬共158座。其中，周代墓葬6座，汉代墓葬107座，六朝墓葬17座，宋代墓葬7座，明代墓葬8座，清代墓葬13座，分别占墓葬总数的3.80%、67.72%、10.76%、4.43%、5.06%、8.23%（表五六）。

表五六　卜庄河遗址古墓葬统计表

发掘区	数量及比例	周代	汉代	六朝	宋代	明代	清代	小计
A	数量	2	8	2			1	13
	百分比（%）	15.38	61.54	15.38			7.70	100
B	数量		2				1	3
	百分比（%）		66.67				33.33	100

发掘区	数量及比例	周代	汉代	六朝	宋代	明代	清代	小计
C	数量	1	25	6	1		3	36
	百分比（%）	2.78	69.44	16.67	2.78		8.33	100
D	数量	3	37	1	4	2	5	52
	百分比（%）	5.77	71.15	1.92	7.69	3.85	9.62	100
E	数量		19	5	2	2	3	31
	百分比（%）		61.29	16.13	6.45	6.45	9.68	100
F	数量		8					8
	百分比（%）		100					100
G	数量		8	3		4		15
	百分比（%）		53.33	20		26.67		100
合计	数量	6	107	17	7	8	13	158
	百分比（%）	3.80	67.72	10.76	4.43	5.06	8.23	100

墓葬方向具有时代性。周代墓葬和西汉墓葬均为东西方向，多数墓头向朝西，极少数墓头向朝东。东汉及东汉以后各时期的墓葬方向无规律，均依山势埋葬，卜庄河遗址山势多由南向北倾斜，所以南北向墓葬较多，墓葬头向多朝南面（即山势高的一面），少数山体由东南向西北倾斜，故墓葬方向为坐东南朝西北，死者头向亦朝东南方向。

墓葬形制结构具有较强的时代特征。周代墓葬均为长方形竖穴土坑墓，西汉墓除少数为“凸”字形、“中”字形或“丁”字形（即单墓道、双墓道和三个墓道）外，均为长方形竖穴土坑墓。东汉墓和六朝墓，除少数因残破形制不明外，均为“凸”字形土圹石室墓和“凸”字形土圹砖室墓，但东汉以土圹石室墓为主，土圹砖室墓少见，而六朝墓则相反，多为土圹砖室墓，土圹石室墓少。宋代均为长方形竖穴土坑墓，墓坑较小而窄。明代墓一般为长方形竖穴土坑墓，但多数立有墓碑和砌有围石等地面建筑设施。个别墓为土圹石室墓，地面亦有墓碑、围石等建筑物。清代均为较小而窄的长方形竖穴土坑墓，地面有围石或有墓碑等建筑设施。

从上面墓葬形制结构，可清楚地看出其发展变化规律及特点，即由长方形竖穴土坑墓发展为土圹石室墓，再发展为土圹砖室墓，然后又演变成小而窄的长方形竖穴土坑墓，最后由小而窄的长方形竖穴土坑墓附地面建筑设施。也就是说由重视地面以下的埋葬形式，逐步转向重视地面以上建筑，如立墓碑，砌围石等。这是人们随着社会发展变化，思想认识也在不断提高的具体表现。

葬具也是比较讲究的，周代葬具多为椁和棺。西汉时期葬具仍为椁和棺，但开始使用铁棺扣。东汉时期葬具亦有椁和棺，已大量使用铁棺扣，并出现铁棺钉。六朝时期葬具以棺为主，椁较少，铁棺扣和铁棺钉已不多使用。宋代葬具为单棺，仅使用小型铁棺钉。明代葬具仍为单棺，新出现石椁，棺较多使用铁钉，新出现固定棺身与棺盖的铁抓钉。清代葬具仍为单棺，但清代中期以后棺为凹凸榫结构，不见使用铁钉和铁抓钉等金属附件。这种葬俗一直沿袭至今（二次迁葬所用的简易棺材例外）。

不同时期所随葬的器物也有所区别。周代随葬器物组合形式为鼎、敦、壶，鼎、盒、壶，有一套组合或两套组合之区别。西汉墓多为鼎、钫壶、盒，鼎、罐、灶、壶，鼎、壶、洗，次为鼎、盒、壶、鋞等。有两套陶器组合，或一套陶器加一套铜器组合，或一套或两套铜器组合。凡是出土铜器组合的墓葬均出土铜车書。东汉墓以仓、灶、壶、钱币组合，或仓、灶、钱币，或罐、钵、瓿、钱币组合形式为主，但多数墓出土有玻璃耳坠。六朝墓因遭破坏和被盗，出土器物甚少，其组合形式不清楚，一般出土有青瓷盘口壶、滑石猪、玻璃珠、钱币等。宋墓随葬器物组合形式为瓷碗、瓷壶，一般数量较少，但多数有银簪、银发钗等佩带饰品。明代随葬器物组合以瓷碗、八卦陶砖和墓志砖较多。清代墓葬一般不随葬器物，但多出土有玻璃纽扣。这些不同时期的随葬器物组合规律，为进一步研究三峡地区古代葬俗及墓葬断代有一定帮助。

用动物随葬是一种特殊的随葬方式，是当时人们思想意识（如葬俗、宗教文化、生死观、善恶观）的一种反映。因此是不可忽视的重要考古内容。关于三峡地区用动物随葬的资料，却是一直很少，而且材料报道也不够全面。卜庄河遗址中发现一批，如 M10、M123、M30、M83、M97、M107、M135、M153 等墓葬，用动物作为随葬品。随葬方式有三种：一是对动物进行屠宰、加工为熟食后，或块状或整体（如鸡）放在器具（如陶鼎、铜鼎、铜鍪）内随葬；二是将动物材料加工成大块状（如猪腿、狗腿、排骨等）或整体（如鱼），直接放入墓底或壁龛内随葬；三是把动物屠宰（食用）后，用动物的单个牙齿随葬墓主。随葬动物种类较多，周代有家猪、家山羊，汉代有家猪、家狗、家鸡、家鸬鹚、鱼等，六朝有家水牛、家猪、家山羊、家猫、家狗和赤鹿等。随葬动物的材料中，有许多刀砍痕迹，骨骼块状有大有小，亦存在有整体骨架。这些资料不仅在我国动物考古学上具有重要意义，而且对探讨古代屠宰技术、饮食习俗都具有一定的研究价值。

六朝时期的 M21、M23、M27，分别建在陶窑内，而陶窑又是专门烧制该墓墓砖的陶窑。墓室营建在陶窑内，既防潮又坚固，这种墓葬营造方式在我国考古中还是少见的。这一发现为研究我国（尤其是三峡地区）埋葬习俗又提供了新的实物资料。

卜庄河遗址动物遗骸中，发现不少以前动物考古中所没有发现的动物种，如鲸鱼、中华倒刺鲅、黄喉水龟、密齿獛、须鲫、鸬鹚等，填补了动物考古中的空白。同时，还发现一些特殊动物标本，如目前考古中所见到的最大草鱼椎骨（FH2∶42），上下径4.4厘米，左右径5.1厘米，前后径2.6厘米。这些新发现的动物种和特殊动物标本，对于进一步了解三峡地区动物群种类、动物生态，研究人类活动能力及肉食生产和探讨古代气候变化等方面，都具有比较重要的意义。

卜庄河遗址出土的动物遗骸显示，家畜家禽动物在卜庄河遗址动物群中所占比例较大。自二里头文化时期到秦汉时期，家畜家禽所占比例一直呈上升趋势。如二里头文化时期，家畜全部为大型哺乳动物，有家猪和家狗，约占动物群总数的14.3%，约占哺乳动物总数的50%。商代家畜也全部为大型哺乳动物，有家猪、家狗、家山羊，占遗址动物群总数的6%，占哺乳动物总数的60%。其中家山羊是我国动物考古中目前发现最早饲养的家山羊标本之一。周代新出现了家禽，如家鸡，家畜家禽总数占遗址动物群总数的38.71%。秦汉时期，家畜家禽量及其种类进一步增加（如密齿獛、鸬鹚等），占卜庄河动物群总数的83.33%。六朝时期家畜中新出现了家水牛和家猫，家畜量占遗址动物群总数的46.66%，从比例上看，呈现出跌降现象，其原因有待进一步探讨，但发现的家猫骨骸，是我国重要的家畜饲养资料。总之，这些大量的家畜家禽动物骨骸的发现，说明三峡地区自二里头文化时期以来，家畜家禽饲养业不断发展，由家畜到家禽，所饲养的动物种类由少到多，随着时代进步和社会不断发展，逐渐成为人们生活中不可缺少的重要生活来源和经济产业。

遗址中发现4件卜甲和卜骨。其中，卜甲2件，为黄喉水龟腹甲，卜骨有羊肩胛骨1件、鱼鳃盖骨1件。钻孔均为圆形。除鱼鳃卜骨灼痕不明外，其余均有灼痕。鱼鳃卜骨时代为周代，其余卜骨均为商代。龟甲和鱼鳃卜骨卜筮标本，分别是三峡地区利用龟甲和鱼鳃盖骨进行卜筮时代较早的标本之一。卜甲、卜骨在卜庄河周围遗址，如秭归县大梁尾①、石门嘴②、宜昌县路家河③、朱家台④、巴东县杨家棚⑤等遗址中都有发现。这些卜筮活动遗物（卜甲、卜骨），在三峡地区较多的发现，应是三峡地区早在商、周时期受中原地区文化影响，或是三峡地区与中原地区文化交流的结果。通常认为卜甲、卜骨等重要遗物是社会上层人物在政治或社会生活活动中的遗留物。卜庄河遗址卜甲、卜骨的发现，反映了卜庄河遗址在商、周时期居住有政治身份比较高的上层人物，或者说卜庄河遗址在商、周时期是一个相对的政治中心区域。

卜庄河遗址和墓葬中（尤其是东汉、六朝墓葬），出土有较多的兵器，如铜剑、铜刀、铜矛、铜戈、铜钺、铜镞、铁剑、铁刀、铁斧等，其中铁剑长者达 118.2 厘米，铁刀长者达 112.5 厘米，铜刀长者达 125.2 厘米，铜剑长者达 73.5 厘米。以卜庄河遗址最东边的 C 区发现最多，都是较典型的兵器。与周边地区官庄坪⑥、庙坪⑦、柳林溪⑧等遗址和墓葬中所出同类兵器相比较，数量显然较多，而且保存较好。加上卜庄河遗址所处独特的地理位置和地理环境，北面为通往兴山、神农架的重要水路交通香溪河，西面为较宽阔的长江，可溯江而上直接进入重庆、四川，东面紧连长江西陵峡峡口，两岸绝壁险要，由此，我们认为卜庄河遗址既是古代政治、经济、文化比较发达的聚集地，同时也是不可忽视的重要的古代军事要塞。

卜庄河遗址从不同角度和侧面，展示了三峡地区悠久的历史文化，但仍有许多问题需要进一步探索和研究，如东汉和六朝时期有一部分土圹石室墓和土圹砖室墓内，被大火焚烧过，如 M26、M74、M81、M91、M103、M123 等，墓底有厚 1～3 厘米的炭灰，椁、棺、人骨架被烧成黑炭，陶器烧破，铜器如铜剑、铜钱烧化熔成一团，其焚烧原因尚待进一步研究；西汉时期的 M39、M100 等为大型土坑墓，均有两个或三个墓道，墓内有多具棺和多具椁，其中 M39 有 16 具人骨架，M100 有 11 具人骨架。初步推测为家族性质的合葬墓，但尚需进一步考证；西汉时期 M45、M107 为长方形竖穴土坑壁龛墓，壁龛内放置有单耳陶罐及动物，这种形制及结构的埋葬方式不同于本地葬俗，可能墓主人另有来源，那么又是从何地而来？还是受其他文化影响等一些未知数，目前因发掘材料甚少，尚不清楚，亦有待更多的与之相关的考古资料予以解答。

① 宜昌博物馆：《秭归大梁尾遗址发掘简报》，《湖北库区考古报告集》（一），科学出版社，2003 年。
② 吉林大学边疆考古研究中心等：《湖北秭归石门嘴遗址发掘》，《考古学报》2004 年 4 期。
③ 长江水利委员会编著：《宜昌路家河》，科学出版社，2002 年。
④ 湖北省博物馆：《宜昌县朱家台遗址试掘》，《三峡考古之发现》，湖北科学技术出版社，1994 年。
⑤ 湖北省文物考古研究所：《巴东杨家棚汉代遗址发掘报告》，《湖北库区考古报告集》（二），科学出版社，2005 年。
⑥ 国务院三峡工程建设委员会办公室、国家文物局编著：《秭归官庄坪》，科学出版社，2005 年。
⑦ 湖北省文物事业管理局、湖北省三峡工程移民局编：《秭归庙坪》，科学出版社，2003 年。
⑧ 国务院三峡工程建设委员会办公室、国家文物局编著：《秭归柳林溪》，科学出版社，2003 年。

附　　表

附表一　卜庄河遗址 A 区石家河文化陶片统计表

(1) 单位：AT6⑧层

陶质		细　泥						粗　泥			夹细砂	夹粗砂	合　计（件）	百分比（%）
陶色		红	褐	灰	橙红	黑	灰褐	黑	灰	褐	褐	灰		
纹饰	戳印纹					1					1	1	3	4.29
	凹弦纹		2	1	4	5		1	5			1	19	27.14
	方格纹										1		1	1.43
	篮　纹									2	1		3	4.29
	素　面	7	5	3	1	3	15	3	3	1	3		44	62.85
数　量		7	7	4	1	8	20	4	8	3	6	2	70	100
百分比（%）		10.00	10.00	5.71	1.43	11.43	28.57	5.71	11.43	4.29	8.57	2.86	100	
器类	杯		1										1	7.69
	圈足盘			1									1	7.69
	盘圈足				1								1	7.69
	器　底	1											1	7.69
	罐	1		1		2				1	1		6	46.16
	钵			1					1				2	15.39
	瓮							1					1	7.69
合计（件）		2	1	3	1	2		1	1	1	1		13	100

(2) 单位：AT7⑧层

陶　质		细　泥							粗　泥	合计（件）	百分比（%）
陶　色		红	红褐	褐	橙红	黑	黑灰	灰	褐		
纹饰	镂孔纹	1								1	1.32
	凹弦纹		2			2				4	5.26
	方格纹		2	1						3	3.95
	戳印纹			5						5	6.58
	交错绳纹			1	1					2	2.63
	篮　纹					1	2			3	3.95
	素　面	5	22	17		2	6	4	2	58	76.31
数　量		6	26	24	1	3	10	4	2	76	100
百分比（%）		7.89	34.21	31.58	1.32	3.95	13.16	5.26	2.63	100	
器类	罐		3	2					1	6	54.55
	圈足盘						1			1	9.09
	钵			2						2	18.18
	盖		1							1	9.09
	器底		1							1	9.09
合计（件）			5	4			1		1	11	100

（3）单位：AT5⑦层

陶质		细泥						合计（件）	百分比（%）
陶色		红	红褐	褐	黑褐	灰	黑		
纹饰	绳纹	1		2	2			5	25.00
	方格纹	1						1	5.00
	素面	1	2	2	2	4	3	14	70.00
数量		3	2	4	4	4	3	20	100
百分比（%）		15.00	10.00	20.00	20.00	20.00	15.00		100
器类	罐			1				1	100
合计（件）				1				1	100

（4）单位：AT6⑦层

陶质		细泥					粗泥				合计（件）	百分比（%）
陶色		红	橙红	黑	黑灰	浅灰	红	红褐	褐	黑		
纹饰	弦纹	1	1	1				2			5	3.25
	方格纹			2			3	2	1	3	11	7.14
	交错绳纹		1						2	2	5	3.25
	镂孔纹			1	2						3	1.95
	绳纹			5		1			2	5	13	8.44
	篮纹								2		2	1.30
	素面	9	16	16	20		6	23	4	21	115	74.67
数量		10	18	25	22	1	9	29	11	29	154	100
百分比（%）		6.49	11.69	16.24	14.29	0.65	5.84	18.83	7.14	18.83		100
器类	罐			2	1			5			8	42.12
	圈足盘		1								1	5.26
	盘圈足		2		2						4	21.05
	碗				1						1	5.26
	器底			1			1	1		1	4	21.05
	钵					1					1	5.26
合计（件）			3	3	4	1	1	6		1	19	100

（5）单位：AT7⑦层

陶质		细泥			粗泥				合计（件）	百分比（%）
陶色		橙红	黑	灰	红褐	褐	黑褐	黑		
纹饰	凹弦纹	1		6	1				8	6.40
	绳纹					1	1	3	5	3.96
	方格纹				8			1	9	7.10
	戳印纹					1			1	0.79
	附加堆纹	1							1	0.79
	素面	4	11	12	22	9	31	13	102	80.96
数量		6	11	18	30	12	32	17	126	100
百分比（%）		4.76	8.73	14.29	23.81	9.52	25.40	13.49		100

陶质	细泥			粗泥				合计（件）	百分比（%）
陶色	橙红	黑	灰	红褐	褐	黑褐	黑		
器类　罐		1		2	5		1	9	47.37
器底					1	3		4	21.05
圈足	1							1	5.26
圈足盘		1	1					2	10.53
盘圈足			1					1	5.26
钵			1			1		2	10.53
合计（件）	1	2	3	2	6	4	1	19	100

（6）单位：AT8⑦层

陶质	粗泥						合计（件）	百分比（%）
陶色	红	橙黄	红褐	褐	黑灰	黑		
纹饰　绳纹	1	3			1	2	7	17.50
方格纹		1	2	2	1		6	15.00
交错绳纹		1					1	2.50
戳印纹					1		1	2.50
素面			5	10	5	5	25	62.50
数量	1	5	7	12	8	7	40	100
百分比（%）	2.50	12.50	17.50	30.00	20.00	17.50	100	
器类　罐			1				1	50.00
钵						1	1	50.00
合计（件）			1			1	2	100

附表二　卜庄河遗址出土动物骨骼标本登记表

序　号	骨骼编号	骨骼名称	发掘区号	时　代
1	AT6⑧：40	青鱼右鳃盖骨	A	石家河文化时期
2	AT6⑧：39	青鱼椎骨	A	石家河文化时期
3	AT6⑧：38	家猪左下颌骨	A	石家河文化时期
4	AT6⑦：7	青鱼右鳃盖骨	A	石家河文化时期
5	AT6⑦：6	家猪左上颌骨	A	石家河文化时期
6	AT5⑦：2	草鱼左下咽骨	A	石家河文化时期
7	AT5⑦：3	草鱼右鳃盖骨	A	石家河文化时期
8	AT5⑦：1	中华鲟鳞甲片	A	石家河文化时期
9	AT8⑦：1	青鱼右下咽骨	A	石家河文化时期
10	AT8⑦：2	草鱼下咽齿	A	石家河文化时期
11	AH2：8	家山羊左 M2 齿	A	二里头文化时期
12	AH2：4	须鲫左下咽骨	A	二里头文化时期
13	AH2：7	青鱼下咽骨	A	二里头文化时期
14	AH2：6	草鱼寰椎骨	A	二里头文化时期
15	AH2：5	狗右 M1 齿	A	二里头文化时期
16	AT6⑥：36	草鱼左下咽骨	A	二里头文化时期
17	AT6⑥：35	中华鲟鳞甲片	A	二里头文化时期
18	AT6⑥：37	獐髋骨	A	二里头文化时期

序　号	骨骼编号	骨骼名称	发掘区号	时　代
19	AT7⑥:22	青鱼左鳃盖骨	A	二里头文化时期
20	AT19⑥:11	青鱼左下咽骨	A	二里头文化时期
21	AT19⑥:12	青鱼左下咽骨	A	二里头文化时期
22	AT19⑥:13	青鱼左下咽骨	A	二里头文化时期
23	AT19⑥:10	中华鲟鳞甲片	A	二里头文化时期
24	AT19⑥:7	家猪右下颌骨	A	二里头文化时期
25	AT19⑥:8	家猪右门齿	A	二里头文化时期
26	AT19⑥:9	家猪胸椎	A	二里头文化时期
27	AT32⑥:4	青鱼椎骨	A	二里头文化时期
28	AT32⑥:2	白鲢右下咽骨	A	二里头文化时期
29	AT32⑥:3	白鲢右下咽骨	A	二里头文化时期
30	AT43⑥:8	青鱼左下咽骨	A	二里头文化时期
31	AT43⑥:9	青鱼左下咽骨	A	二里头文化时期
32	AT43⑥:11	青鱼下咽骨	A	二里头文化时期
33	AT43⑥:14	青鱼椎骨	A	二里头文化时期
34	AT43⑥:13	草鱼椎骨	A	二里头文化时期
35	AH6:6	青鱼椎骨	A	商代
36	AH6:8	家猪指骨	A	商代
37	AH13:3	鳡鱼左下咽骨	A	商代
38	AH14:8	草鱼左下咽骨	A	商代
39	AH14:3	中华鲟背鳞片	A	商代
40	AH14:4	中华鲟侧鳞片	A	商代
41	AH14:7	病变瘤状骨	A	商代
42	AH14:6	家山羊左肩甲骨	A	商代
43	AH15:8	草鱼左下咽骨	A	商代
44	AH15:7	草鱼椎骨	A	商代
45	AH21:7	草鱼左胸鳍	A	商代
46	AT27⑤:38	草鱼左下咽骨	A	商代
47	AT27⑤:30	中华鲟背鳞板	A	商代
48	AT27⑤:29	黄喉水龟腹甲	A	商代
49	AT27⑤:27	家猪右肱骨	A	商代
50	AT27⑤:24	狗左下颌骨	A	商代
51	AT27⑤:25	家山羊左肩甲骨	A	商代
52	AT27⑤:23	密齿獴左下颌骨	A	商代
53	AT43⑤:6	草鱼左下咽骨	A	商代
54	AH4:5	家猪左下颌骨	A	商代
55	AH4:7	家猪左下颌骨	A	商代
56	AH4:8	家猪右下颌骨	A	商代
57	AH5:18	草鱼左下咽骨	A	商代
58	AH5:20	中华鲟侧鳞板	A	商代
59	AH5:21	中华鲟侧鳞板	A	商代
60	AH5:3	家猪下颌骨	A	商代
61	AH5:8	家猪左下犬齿	A	商代
62	AH5:6	家山羊右髋骨	A	商代
63	AH5:5	水鹿左下颌骨	A	商代
64	AH5:10	青鱼下咽骨	A	商代
65	AH11:10-1	鳡鱼肋骨	A	商代
66	AH11:10-2	鳡鱼肋骨	A	商代

秭归卜庄河

序　号	骨骼编号	骨骼名称	发掘区号	时　代
67	AH11:4	狗左下颌骨	A	商代
68	AH11:5	家山羊右桡骨	A	商代
69	AH11:6	猪獾左下颌骨	A	商代
70	AH17:17-1	中华倒刺鲅右下咽骨	A	商代
71	AH17:17-2	中华倒刺鲅椎骨	A	商代
72	AH17:17-3	中华倒刺鲅椎骨	A	商代
73	AH17:19-1	青鱼头骨的左右额骨和顶骨	A	商代
74	AH17:19-2	青鱼右额骨	A	商代
75	AH17:23-1	青鱼左下咽骨	A	商代
76	AH17:23-6	青鱼下咽骨	A	商代
77	AH17:23-7	青鱼下咽骨	A	商代
78	AH17:23-12	青鱼左前鳃骨	A	商代
79	AH17:23-10	青鱼左鳃盖骨	A	商代
80	AH17:23-11	青鱼右鳃盖骨	A	商代
81	AH17:20-2	青鱼左胸鳍	A	商代
82	AH17:20-7	青鱼右胸鳍	A	商代
83	AH17:20-8	青鱼右胸鳍	A	商代
84	AH17:23-14	青鱼椎骨	A	商代
85	AH17:23-19	青鱼尾椎骨	A	商代
86	AH17:22-9	草鱼左鳃盖骨	A	商代
87	AH17:22-11	草鱼右鳃盖骨	A	商代
88	AH17:22-14	草鱼右鳃盖骨	A	商代
89	AH17:22-15	草鱼右下咽骨	A	商代
90	AH17:22-16	草鱼右下咽骨	A	商代
91	AH17:22-21	草鱼左下咽骨	A	商代
92	AH17:22-20	草鱼下咽齿	A	商代
93	AH17:22-1	草鱼椎骨	A	商代
94	AH17:18-1	黄颡鱼胸鳍	A	商代
95	AH17:18-2	黄颡鱼胸鳍	A	商代
96	AH17:21-6	中华鲟背甲	A	商代
97	AH17:21-10	中华鲟侧甲	A	商代
98	AH17:24-1	病变瘤状骨	A	商代
99	AH17:21-1	南方大口鲶下颌骨	A	商代
100	AH17:25-1	矛蚌左壳	A	商代
101	AH17:26-1	黄喉水龟腹甲	A	商代
102	AH17:26-2	黄喉水龟腹甲	A	商代
103	AH17:27-1	狗头骨	A	商代
104	AH17:28	狗头骨	A	商代
105	AH17:29	狗右胫骨	A	商代
106	AH17:30	家山羊左肱骨	A	商代
107	AH17:32	家山羊右胫骨	A	商代
108	AH17:34	家山羊左胫骨	A	商代
109	AH17:33	家山羊左股骨	A	商代
110	AH7:15	家山羊左尺骨	A	商代
111	AH3:18	青鱼左前鳃盖骨	A	周代
112	AH3:13	青鱼左下咽骨	A	周代
113	AH3:16	青鱼右下咽骨	A	周代
114	AH3:9	家猪下颌骨	A	周代

序　号	骨骼编号	骨骼名称	发掘区号	时　代
115	AH3：10	家猪右下颌骨	A	周代
116	AH3：11	家猪右下颌骨	A	周代
117	AH3：7	家猪左尺骨	A	周代
118	AH3：8	家猪第一趾节骨	A	周代
119	AH3：12	家猪 M3 齿	A	周代
120	AT28④：4	家猪左肩胛骨	A	周代
121	AT28④：2	家猪左肱骨	A	周代
122	AT28④：5	家猪胸椎	A	周代
123	AT28④：6	家猪胸椎	A	周代
124	AT28④：3	鸡右股骨	A	周代
125	D1H1：3	鳙下咽齿	D1	周代
126	D1H1：4	中华鲟侧鳞板	D1	周代
127	D1H4：2	家鸡右肱骨	D1	周代
128	E2H2：11	青鱼下咽骨	E2	周代
129	E2H2：13	家山羊胫骨	E2	周代
130	E2H2：12	家山羊掌骨	E2	周代
131	E2T74④：2	草鱼左鳃盖骨	E2	周代
132	E2T74④：4	草鱼右鳃盖骨	E2	周代
133	FH2：14	鲸鱼左下咽骨	F	周代
134	FH2：15	鳡鱼左下咽骨	F	周代
135	FH2：30	青鱼右下咽骨	F	周代
136	FH2：31	青鱼右下咽骨	F	周代
137	FH2：45 – 1	青鱼椎骨	F	周代
138	FH2：35 – 1	草鱼下咽齿	F	周代
139	FH2：42	草鱼椎骨	F	周代
140	FH2：41	中华鲟鳞甲片	F	周代
141	FH2：37	兔左尺骨	F	周代
142	FH2：16	家猪左上颌骨	F	周代
143	FH2：18	家猪右上颌骨	F	周代
144	FH2：21	家猪左肱骨	F	周代
145	FH2：22	家猪右尺骨	F	周代
146	FH2：24	家猪右胫骨	F	周代
147	FH2：25	家猪左胫骨	F	周代
148	FH2：26	家猪肋骨	F	周代
149	FH2：17	狗左 M1 齿	F	周代
150	FH2：27	狗左尺骨	F	周代
151	FH2：19	狗左胫骨	F	周代
152	FH2：20	水鹿左胫骨	F	周代
153	FH2：28	水鹿左跟骨	F	周代
154	FH26：2	家猪右下颌骨	F	周代
155	FH26：4	家水牛肋骨骨片	F	周代
156	FH26：3	家山羊右肱骨	F	周代
157	FT7④：3	青鱼尾椎骨	F	周代
158	FT7④：2	家水牛右髋骨	F	周代
159	FT46④：21	青鱼左下咽骨	F	周代
160	FT46④：23	草鱼寰椎	F	周代
161	FT46④：22	草鱼尾椎骨	F	周代
162	FT46④：20	家猪右股骨	F	周代

序　号	骨骼编号	骨骼名称	发掘区号	时　代
163	FH14：5	草鱼右鳃盖骨	F	周代
164	FH14：4	家猪左上颌骨	F	周代
165	FH14：3	狗右下颌骨	F	周代
166	FH17：2	青鱼寰椎	F	周代
167	FH17：3	草鱼寰椎	F	周代
168	FH20：23	草鱼左下咽骨	F	周代
169	FH20：9	家猪左下颌骨	F	周代
170	FH20：21	水鹿左胫骨	F	周代
171	FH20：22	水鹿掌骨第二指骨	F	周代
172	FH4：3	青鱼右前鳃盖骨	F	周代
173	FH4：5－2	草鱼寰椎	F	周代
174	FH4：5－1	草鱼尾椎骨	F	周代
175	FH4：4	中华鲟侧鳞板	F	周代
176	FH4：1	家水牛肋骨骨片	F	周代
177	FH5：11	青鱼左前鳃盖骨	F	周代
178	FH5：12	青鱼左前鳃盖骨	F	周代
179	FH5：7	青鱼左下咽骨	F	周代
180	FH5：8	青鱼右下咽骨	F	周代
181	FH5：13	草鱼左鳃盖骨	F	周代
182	FH5：6	鲤鱼右下咽骨	F	周代
183	FH5：14	中华鲟背鳞板	F	周代
184	FH5：15	中华鲟侧鳞板	F	周代
185	FH5：5	家猪右上颌骨	F	周代
186	FH5：4	狗枢椎	F	周代
187	FH5：3	家水牛腰椎	F	周代
188	FH13：5	青鱼尾椎骨	F	周代
189	FH13：2	家猪右股骨	F	周代
190	FH13：3	家猪右胫骨	F	周代
191	FH13：4	家山羊右肱骨	F	周代
192	FT41③：2	青鱼尾椎骨	F	周代
193	FT46③：13	青鱼左下咽骨	F	周代
194	FT46③：14	青鱼右下咽骨	F	周代
195	FT46③：16	草鱼右下咽骨	F	周代
196	FT46③：17	草鱼右下咽骨	F	周代
197	FT46③：18	草鱼右下咽骨	F	周代
198	FT46③：19	白鲢左下咽骨	F	周代
199	FT46③：4	家猪右下颌骨	F	周代
200	FT46③：5	家猪右下颌骨	F	周代
201	FT46③：6	狗右下颌骨	F	周代
202	FT46③：8	家猪距骨	F	周代
203	FT46③：7	家猪第二指节骨	F	周代
204	FT46③：9	家猪右胫骨	F	周代
205	FT46③：10	狗左前足第二主指第二指骨	F	周代
206	FT46③：11	狗左前足第三主指第二指骨	F	周代
207	D1M30：4－2	家鸡肱骨	D1	汉代
208	D1M30：4－3	家鸡尺骨	D1	汉代
209	D1M30：4－4	家鸡喙骨	D1	汉代
210	D1M30：4－5	家鸡股骨	D1	汉代

续表

序 号	骨骼编号	骨骼名称	发掘区号	时 代
211	D1M30:4-7	家鸡胫骨	D1	汉代
212	D1M30:4-8	家鸡胫骨	D1	汉代
213	D1M30:4-9	家鸡跖骨	D1	汉代
214	D1M30:4-10	家鸡跖骨	D1	汉代
215	D1M30:4-11	家鸡腓骨	D1	汉代
216	D1M30:4-12	家鸡腰骶骨	D1	汉代
217	D1M30:4-13	家鸡桡骨	D1	汉代
218	D1M30:4-14	家鸡颈椎	D1	汉代
219	D1M30:4-6	家鸡股骨	D1	汉代
220	FM135:13	草鱼尾椎骨	F	汉代
221	FM135:15	家猪左肱骨	F	汉代
222	FM135:14	家猪第一趾节骨	F	汉代
223	FM135:17	家猪管状骨骨片	F	汉代
224	FM135:16	家猪管状骨骨片	F	汉代
225	FM135:4-2	家鸡肱骨	F	汉代
226	FM135:4-3	家鸡喙骨	F	汉代
227	FM135:4-4	家鸡股骨	F	汉代
228	FM135:4-5	家鸡腰骶骨	F	汉代
229	FM135:4-6	家鸡颈椎	F	汉代
230	FM135:4-8	家猪肋骨	F	汉代
231	FM135:5-1	家鸡喙骨	F	汉代
232	FM135:5-3	家鸡桡骨	F	汉代
233	FM135:5-2	家鸡股骨	F	汉代
234	FM135:5-6	家猪肋骨	F	汉代
235	FM135:5-7	家猪肋骨	F	汉代
236	FM135:5-8	家猪肋骨	F	汉代
237	FM140:16	草鱼右鳃盖骨（有钻孔）	F	汉代
238	FM140:17-1	草鱼尾椎骨	F	汉代
239	FM140:10	家猪额骨	F	汉代
240	FM140:9	家猪右上颌骨	F	汉代
241	FM140:12	家猪左肱骨	F	汉代
242	FM140:13	家猪左肱骨	F	汉代
243	FM140:11	家水牛左桡骨	F	汉代
244	FM140:14	家山羊右肩胛骨	F	汉代
245	FM140:15	家山羊枢椎	F	汉代
246	FM140:8	水鹿右角	F	汉代
247	FM140:18	兔右肱骨	F	汉代
248	AM107:8	白鲢零星下咽骨	A	汉代
249	AM107:9-1	家猪左肩胛骨	A	汉代
250	AM107:9-2	家猪右肩胛骨	A	汉代
251	AM107:9-3	家猪左肱骨	A	汉代
252	AM107:9-4	家猪右肱骨	A	汉代
253	AM107:9-5	家猪左尺骨	A	汉代
254	AM107:9-6	家猪右尺骨	A	汉代
255	AM107:10-1	狗左胫骨	A	汉代
256	AM107:10-2	狗右腓骨	A	汉代
257	AM107:10-3	狗腰椎	A	汉代
258	AM107:10-4	狗肋骨	A	汉代

序　号	骨骼编号	骨骼名称	发掘区号	时　代
259	AM107：4 - 1	家鸡右肱骨	A	汉代
260	AM107：6 - 1	家鸡右股骨	A	汉代
261	AM107：4 - 2	家鸡右胫骨	A	汉代
262	AM107：6 - 2	家鸡右胫骨	A	汉代
263	AM107：4 - 3	家鸡右趾骨	A	汉代
264	AM107：7 - 1	鸬鹚右股骨	A	汉代
265	AM107：7 - 2	鸬鹚右胫骨	A	汉代
266	CM153：3 - 1	家猪右胫骨	C	汉代
267	CM153：3	家猪左胫骨	C	汉代
268	CM153：2 - 2	家鸡左肱骨	C	汉代
269	CM153：2 - 3	家鸡右肱骨	C	汉代
270	CM153：2 - 5	家鸡左尺骨	C	汉代
271	CM153：2 - 6	家鸡右尺骨	C	汉代
272	CM153：3 - 9	家鸡右股骨	C	汉代
273	CM153：2 - 8	家鸡左胫骨	C	汉代
274	CM153：2 - 9	家鸡左掌骨	C	汉代
275	CM153：2 - 13	家鸡右桡骨	C	汉代
276	CM10：40	家水牛右 M3 齿	C	六朝
277	CM10：36	水鹿右 P4 齿	C	六朝
278	CM10：37	水鹿左 M3 齿	C	六朝
279	CM10：38	家猪右 M2 齿	C	六朝
280	CM23：20 - 3	家猪左上犬齿	C	六朝
281	CM23：18	家猪左下颌骨	C	六朝
282	CM23：22 - 1	家猪左下颌骨（左 M1）	C	六朝
283	CM23：22 - 2	家猪右下颌骨（右 M2）	C	六朝
284	CM23：19 - 1	家猪左下犬齿	C	六朝
285	CM23：19 - 2	家猪右下犬齿	C	六朝
286	CM23：22 - 3	家猪右 P4 齿	C	六朝
287	CM23：28	家猪右 P4 齿	C	六朝
288	CM23：31	家猪左 M1 齿	C	六朝
289	CM23：21	家猪左 M2 齿	C	六朝
290	CM23：14	狗左 P4 齿	C	六朝
291	CM23：16	狗左 M1 齿	C	六朝
292	CM23：15	狗右 M1 齿	C	六朝
293	CM23：25 - 2	家山羊左上齿骨	C	六朝
294	CM23：25 - 1	家山羊右上齿	C	六朝
295	CM23：24	家山羊左 P3 齿	C	六朝
296	CM23：17	家猫左 M1 齿	C	六朝
297	CM23：5 - 1	家水牛左 I1 齿	C	六朝
298	CM23：5 - 2	家水牛右 DP4 齿	C	六朝
299	CM23：29	家水牛左 M1 齿	C	六朝
300	CM23：13	赤鹿左 C 齿	C	六朝
301	CM23：12	赤鹿右 P3 齿	C	六朝
302	CM23：11	赤鹿左掌骨	C	六朝
303	CM23：27	赤鹿第 3 节指骨	C	六朝
304	FM117：7 - 1	青鱼尾椎骨	F	六朝
305	FM117：7 - 2	青鱼尾椎骨	F	六朝
306	FM117：8	青鱼胸鳍	F	六朝

序 号	骨骼编号	骨骼名称	发掘区号	时 代
307	FM117:2	野猪左上犬齿	F	六朝
308	FM117:3	野猪右上犬齿	F	六朝
309	FM117:4	狗左下颌骨	F	六朝
310	FM119:5	豪猪下颌骨	F	六朝
311	FM119:9	家猪右下颌骨	F	六朝
312	FM119:12	野猪左 M2 齿	F	六朝
313	FM119:11	野猪右 M3 齿	F	六朝
314	FM119:8	狗右下颌骨	F	六朝
315	FM119:4	水鹿听骨	F	六朝
316	FM119:6	水鹿右上颌骨	F	六朝
317	FM122:1	青鱼右鳃盖骨	F	六朝
318	FM122:3	家猪右 M2 齿	F	六朝

附表三　卜庄河遗址 A 区二里头文化陶片统计表

（1）单位：AH1

陶 质		细 泥			合计	百分比
陶 色		黑	褐	灰	（件）	（%）
纹饰	凹弦纹	4			4	20.00
	绳 纹	3	2		5	25.00
	素 面	4	2	5	11	55.00
数 量		11	4	5	20	100
百分比（%）		55.00	20.00	25.00	100	
器类	罐	3	1		4	80.00
	豆 柄		1		1	20.00
合计（件）		3	2		5	100

（2）单位：AH2

陶 质		细 泥						合计	百分比
陶 色		红	橙红	红褐	黑褐	黑	灰	（件）	（%）
纹饰	绳 纹	1	2	1	2	3		9	20.93
	泡泡纹			1				1	2.33
	方格纹				1	2		3	6.98
	凹弦纹						4	4	9.30
	素 面	5		1	6	9	5	26	60.46
数 量		6	2	3	9	14	9	43	100
百分比（%）		13.95	4.65	6.98	20.93	32.56	20.93	100	
器类	罐	1		4	2		1	8	88.89
	钵						1	1	11.11
合计（件）		1		4	2		2	9	100

（3）单位：AT6⑥层

陶质		细泥		粗泥							合计（件）	百分比（%）
陶色		灰	褐	红	黑	灰	橙红	红褐	褐	黑褐		
纹饰	方格纹			2	2			2	4	1	11	6.88
	菱形纹			1							1	0.63
	凹弦纹				2	2					4	2.50
	镂孔纹					2					2	1.25
	绳纹	1			9			1	2		13	8.13
	戳印纹		1						3		4	2.50
	交错绳纹				1					12	13	8.13
	素面	1	1	5	8	18	12	20	19	28	112	69.98
数量		2	2	8	22	22	12	23	28	41	160	100
百分比（%）		1.25	1.25	5.00	13.75	13.75	7.50	14.38	17.50	25.62	100	
器类	罐				1			1	6	4	12	41.38
	盖				1						1	3.45
	圈足盘					5					5	17.24
	盘圈足				1	2	1				4	13.79
	钵									1	1	3.45
	纺轮								1		1	3.45
	器底		1						3		4	13.79
	釜								1		1	3.45
合计（件）			1		3	7	1	1	11	5	29	100

（4）单位：AT7⑥层

陶质		细泥							粗泥		合计（件）	百分比（%）
陶色		灰	橙黄	黑	黑褐	红	红褐	橙红	褐	黑		
纹饰	凹弦纹	2		3							5	2.79
	方格纹	1				1	1	1			4	2.24
	菱形纹	1	2								3	1.68
	绳纹				4		1	1			6	3.35
	交错绳纹		3	3	6						12	6.70
	压印纹			4		1					5	2.79
	素面	27	7	23	38	5	32	5	4	3	144	80.45
数量		31	12	33	48	6	34	7	5	3	179	100
百分比（%）		17.32	6.70	18.44	26.82	3.35	18.99	3.91	2.79	1.68	100	
器类	罐				4		5		2	1	12	54.53
	钵	2									2	9.09
	杯						1				1	4.55
	圈足盘	1									1	4.55
	盘圈足	1									1	4.55
	圈足						1				1	4.55
	纺轮		1								1	4.55
	器底				1				2		3	13.63
合计（件）		4	1		5		6		5	1	22	100

（5）单位：AT19⑥层

陶质	细泥		粗泥							合计（件）	百分比（%）
陶色	灰	橙红	橙红	红	红褐	黑	黑灰	黑褐	灰		
纹饰 绳纹			2		6	13		4		25	19.23
凹弦纹		2		2		4	7			15	11.54
方格纹							1	1		2	1.54
菱形纹						1				1	0.77
交错绳纹						1				1	0.77
素面	3		2	13	6	41	7	11	3	86	66.15
数量	3	2	4	15	12	60	15	16	3	130	100
百分比（%）	2.31	1.54	3.08	11.54	9.23	46.16	11.54	12.30	2.30	100	
器类 罐		1			5		3	6		15	93.75
圈足盘	1									1	6.25
合计（件）	1	1			5		3	6		16	100

（6）单位：AT27⑥层

陶质	细泥					粗泥		合计（件）	百分比（%）
陶色	红	橙红	黑	灰	褐	灰	褐		
纹饰 绳纹			3		1	1	2	7	12.73
凹弦纹		1	4	1			1	7	12.73
凸弦纹				1				1	1.82
素面	2	2	4	15	8	4	5	40	72.72
数量	2	3	11	17	9	5	8	55	100
百分比（%）	3.64	5.45	20.00	30.92	16.36	9.09	14.55	100	
器类 罐		1	1	2			2	6	100
合计（件）		1	1	2			2	6	100

（7）单位：AT28⑥层

陶质	细泥				粗泥		夹细砂	合计（件）	百分比（%）
陶色	橙红	黑	灰	黑褐	黑	褐	黑褐		
纹饰 绳纹		7		3	3		2	15	27.78
凹弦纹	1		1	1				3	5.56
压印纹				1				1	1.85
素面		16	4	11		1	3	35	64.81
数量	1	23	5	16	3	1	5	54	100
百分比（%）	1.85	42.59	9.26	29.63	5.56	1.85	9.26	100	
器类 罐		1	1		1		2	5	100
合计（件）		1	1		1		2	5	100

（8）单位：AT32⑥层

陶质	细泥					粗泥	夹细砂	合计	百分比
陶色	红	橙红	黑	褐	灰	灰褐	灰褐	（件）	（%）
纹饰　凹弦纹	1							1	2.63
方格纹		1	1					2	5.26
绳纹			4	1				5	13.16
交错绳纹			1	1				2	5.26
"S"形纹				1				1	2.63
戳印纹						2		2	5.26
素面	1	1	11	8	1	2	1	25	65.80
数量	2	2	17	11	1	4	1	38	100
百分比（%）	5.26	5.26	44.74	28.95	2.63	10.53	2.63	100	
器类　罐	1					2	1	4	80.00
钵				1				1	20.00
合计（件）	1			1		2	1	5	100

（9）单位：AT33⑥层

陶质	细泥				粗泥		合计	百分比
陶色	黑	灰黑	红	褐	灰	褐	（件）	（%）
纹饰　附加堆纹	1						1	2.78
绳纹	4		2	2	1		9	25.00
凹弦纹		1					1	2.78
方格纹				1			1	2.78
交错绳纹					1		1	2.78
素面	14	3	1	3		2	23	63.88
数量	19	4	3	6	2	2	36	100
百分比（%）	52.78	11.11	8.33	16.66	5.56	5.56	100	
器类　罐	1	1				1	3	100
合计（件）	1	1				1	3	100

（10）单位：AT43⑥层

陶质	细泥				粗泥			夹细砂		合计	百分比
陶色	黑褐	黑	红	橙红	灰	黑褐	褐	红	黑	（件）	（%）
纹饰　菱形纹			1		1	2			1	5	3.40
凹弦纹	3	1			6	2				12	8.16
云雷纹		1								1	0.68
"S"形纹		1				1				2	1.36
绳纹		6	2		4	3				15	10.20
方格纹					1					1	0.68
素面		47	7	1	29	14	5	1	7	111	75.52
数量	3	56	10	1	40	21	7	1	8	147	100
百分比（%）	2.04	38.10	6.80	0.68	27.21	14.29	4.76	0.68	5.44	100	
器类　陶拍							1			1	5.88
罐		2			2	6	2		1	13	76.48
缸							1			1	5.88
盘圈足					1					1	5.88
纺轮		1								1	5.88
合计（件）		3			3	6	3	1	1	17	100

附表四　卜庄河遗址 A 区灰坑登记表

灰坑号	位置	层位关系		形制与结构			尺寸（厘米）长×宽（直径）-深	主要遗物	坑内堆积	时代	分期	备注
		上	下	平面	壁	底						
1	T7东北角	③	⑥	圆形	斜壁	圜底	残径40-60	罐、豆柄、石锛	灰褐色黏土	二里头		
2	T11东部	①	生土	椭圆形	斜壁	平底	280×220-155	罐、钵	灰黄色土	二里头		底中一沟
3	T19中部	①	H4	不规则形	斜壁	凹凸不平	300×195-64	罐、高口沿、高足、鼎口沿、鼎足、豆柄2、器底	浅灰色土	周代		冲积形成
4	T19西南部	H3	⑤	不规则形	斜壁	凹凸不平	残300×残150-220	罐、器耳、壶、器底	灰褐色土	商代	二	
5	T27西部	④	⑤	不规则形	斜壁	圜底	残50×132-90	罐、杯、圈足、器底、钵	①层黑褐黏土 ②层黄褐色沙土	商代	二	两层堆积
6	T29东部	①	⑥	长方形	直壁	平底	160×105-12	罐、石锛	红褐色沙土	商代	一	
7	T27东部	②	H11	椭圆形	斜壁	平底	118×104-51	罐、杯、器底、石片石器	黑褐色土	商代	二	
8	T27东部	②	H7	椭圆形	斜壁	平底	120×96-38	瓷盘	灰褐色土夹砖块	宋代		
9	T28中部	④	⑤	圆形	直壁	平底	155-18	罐、杯、器底、钵、豆柄	黑褐色黏土	商代	二	
10	T31东部	M97	生土	椭圆形	斜壁	平底	80-46	红烧土块	黑褐色黏土	商代	二	
11	T27东北角	H7	⑤	长方形	斜壁	近平底	残280×270-47	器底、鬶	①层灰褐色土夹炭 ②层黄褐色沙土	商代	二	
12	T32东南角	②	⑥	略呈圆形	斜壁	近平底	175-88	红烧土块、石片	深褐色黏土	宋代		
13	T31东南角	①	生土	不规则形	斜壁	斜底	120-18	罐、缸、豆柄、器底	灰褐色黏土	商代	一	
14	T41东北部	①	生土	不规则形	斜壁	斜底	160-30	罐、器底、石锛	红褐色夹细沙土	商代	一	
15	T41东北部 T42西北角	①	生土	不规则形	直壁	斜底	残250-48	罐、杯、钵、壶、纺轮、石斧、石片石器	红褐色夹细沙土	商代	一	
16	T31西南角	①	生土	近圆形	直壁	平底	220-160	红烧土块、碎石片	浅灰色黏土	宋代		
17	T37中部	①	生土	椭圆形	斜壁	平底	130-73	罐、钵、杯、祖形器、勺、器底、圈足、纺轮、石斧、石镰、石刮削器、灯座形器	①层黄褐色黏土 ②层黑褐色沙土	商代	二	
18	T34西部	⑤	⑥	椭圆形	直壁	斜底	180-172	罐、盖钮、壶、石锛、铜饰	灰黑色夹沙土	商代	一	
19	T52西南部	①	生土	长方形	斜壁	平底	292×128-40	板瓦、筒瓦、钵	黑褐色黏土	六朝		
20	T48西南部	①	生土	不规则形	斜壁	平底	残308×残190-120	板瓦2、筒瓦3、罐7、盆7、瓿、瓷6、器底、拍	灰黑色土	六朝		
21	T43东部和T44西部	⑤	⑥	椭圆形	斜壁	弧底	230×177-25	罐15、缸、杯2、圈足	灰褐色土	商代	一	

附表五　卜庄河遗址 A 区商代陶片统计表

（1）单位：AH4

陶质		细泥						粗泥				夹细砂			夹粗砂	合计（件）	百分比（%）
陶色		黑	灰	褐	灰褐	红	红褐	红褐	灰	黑褐	黑	褐	灰褐	红褐	灰褐		
纹饰	方格纹				4	3	2			2	3	1		1	2	18	7.53
	绳纹	1			21		7	1		15	13		2	1		61	25.52
	戳印纹								1		2					3	1.26
	凹弦纹		1	2	4				3		6					16	6.69
	叶脉纹										1					1	0.42
	线纹										1					1	0.42
	菱形纹										2					2	0.84
	"S"形纹										2					2	0.84
	素面		2	4	29	4	15	3	1	15	58		4			135	56.48
数量		1	3	6	58	7	24	4	5	32	88	1	6	2	2	239	100
百分比（%）		0.42	1.26	2.51	24.27	2.93	10.04	1.67	2.09	13.39	36.81	0.42	2.51	0.84	0.84	100	
器类	罐		1	2	3	1	4	2	2	2	5	1	2	1	1	26	89.65
	器耳												1			1	3.45
	壶									1						1	3.45
	器底		1													1	3.45
合计（件）			2	2	3	1	4	2	2	2	5	1	3	1	1	29	100

（2）单位：AH5

陶质		细泥			粗泥					夹细砂		合计（件）	百分比（%）
陶色		红褐	灰	灰褐	红褐	黑	灰褐	灰	黑褐	褐	灰褐		
纹饰	细绳纹				1	1	1		3			6	4.72
	粗绳纹	1			1		4	2	4	3	1	16	12.60
	凹弦纹	2	1	1			7		4			15	11.81
	方格纹						1					1	0.79
	压印纹								1			1	0.79
	素面			3	5	2	7	2	67	1	1	88	69.29
数量		3	4	1	7	3	20	4	79	4	2	127	100
百分比（%）		2.36	3.15	0.79	5.51	2.36	15.75	3.15	62.21	3.15	1.57	100	
器类	罐				2	1		1	4	2	1	11	73.32
	杯		1									1	6.67
	圈足								1			1	6.67
	器底							1				1	6.67
	钵							1				1	6.67
合计（件）			1		2	1		3	5	2	1	15	100

（3）单位：AH6

陶　质	细　泥	粗　泥						夹细砂	合计（件）	百分比（%）
陶　色	褐	红	灰	灰褐	红褐	褐	黑	灰褐		
纹饰 粗绳纹		1			2		10	4	17	15.32
压印纹			4						4	3.60
"S"形纹				1	1				2	1.80
戳印纹				1					1	0.90
凹弦纹				2	1	1	1		5	4.50
方格纹						1			1	0.90
细绳纹							2		2	1.80
素面	1		1	6	12	12	39	8	79	71.18
数　量	1	1	5	10	16	14	52	12	111	100
百分比（%）	0.90	0.90	4.50	9.01	14.41	12.61	46.86	10.81	100	
器类 罐				1	2		1		4	100
合计（件）				1	2		1		4	100

（4）单位：AH7

陶　质	细泥	粗　泥				夹细砂		合计（件）	百分比（%）
陶　色	灰	红	灰	黑褐	黑	红褐	黑褐		
纹饰 方格纹		1				1		2	2.22
凹弦纹			2	3	1			6	6.67
粗绳纹				3		2	2	7	7.78
细绳纹				8	3	3	1	15	16.67
叶脉纹						1		1	1.11
素面	2		2	31	10	14		59	65.55
数　量	2	1	4	45	15	20	3	90	100
百分比（%）	2.22	1.11	4.44	50.00	16.68	22.22	3.33	100	
器类 罐			1	3	2	1	2	9	81.82
杯	1							1	9.09
器底						1		1	9.09
合计（件）	1		1	3	2	2	2	11	100

（5）单位：AH9

陶　质	细　泥		粗　泥							夹细砂		合计（件）	百分比（%）
陶　色	灰	灰褐	红	灰	红褐	褐	黑褐	黑	灰褐	灰褐	黑褐		
纹饰 方格纹		1	1						2			4	1.11
粗绳纹					4	2	2	9	5	4	5	31	8.64
细绳纹								3	1			4	1.11
压印纹	1					2	1	2				6	1.67
凹弦纹	2			2		4		2	11			21	5.85
交错绳纹		2				1				2	1	6	1.67
戳印纹								2				2	0.56
圆圈纹			1					1				2	0.56
素面		4	2	6	20	40	28	141	41		1	283	78.83

陶质	细泥		粗泥						夹细砂		合计	百分比
陶色	灰	灰褐	红	灰	红褐	褐	黑褐	黑	灰褐	灰褐	黑褐	（件）	（%）
数量	3	7	3	9	24	49	31	160	60	6	7	359	100
百分比（%）	0.84	1.95	0.84	2.51	6.69	13.65	8.64	44.55	16.71	1.67	1.95		100
器类 罐				1	2	4	6	8	7	2	4	34	75.55
器类 杯	1			2								3	6.67
器类 器底	1			3								4	8.89
器类 钵				1								1	2.22
器类 豆柄									3			3	6.67
合计（件）	2			7	2	4	6	8	10	2	4	45	100

（6）单位：AH11

陶质	细泥		粗泥				夹细砂		合计	百分比
陶色	灰	黑	灰	红褐	黑	灰褐	灰褐	黑褐	（件）	（%）
纹饰 绳纹			2	3	8	2	3	1	19	30.65
纹饰 方格纹					3				3	4.84
纹饰 交错绳纹					1		4	3	8	12.90
纹饰 凹弦纹		1			2				3	4.84
纹饰 素面	2		1	5	20		1		29	46.77
数量	2	1	3	8	31	5	8	4	62	100
百分比（%）	3.23	1.61	4.84	12.90	50.00	8.06	12.90	6.45		100
器类 罐				2	3	2	2	1	10	83.33
器类 器底	1								1	8.33
器类 鬶					1				1	8.33
合计（件）	1			2	4	2	2	1	12	100

（7）单位：AH13

陶质	细泥		粗泥		夹细砂		夹粗砂	合计	百分比
陶色	灰	黑	褐	灰	黑褐	褐黄	黄褐	（件）	（%）
纹饰 绳纹		2	2		5	1		10	23.26
纹饰 凹弦纹	2	2						4	9.30
纹饰 菱形纹		1			1		1	3	6.98
纹饰 素面	1	15	4	5	1			26	60.47
数量	3	20	6	5	7	1	1	43	100
百分比（%）	6.98	46.51	13.95	11.63	16.29	2.33	2.33		100
器类 罐		2	1		3			6	60.00
器类 器底				1	1		1	3	30.00
器类 豆柄		1						1	10.00
合计（件）		3	1	1	4		1	10	100

（8）单位：AH14

陶质		细泥	粗泥					夹细砂		合计（件）	百分比（%）
陶色		灰	红	灰	橙红	红褐	黑	灰褐	红褐	（件）	（%）
纹饰	凹弦纹	2								2	6.25
	绳纹					1	4	4		9	28.13
	压印纹						1		1	2	6.25
	素面	1	1	2	3	1	11			19	59.38
数量		3	1	2	3	3	15	4	1	32	100
百分比（%）		9.38	3.13	6.25	9.38	9.38	46.88	12.50	3.13	100	
器类	罐						1	2	1	4	80.00
	器底			1						1	20.00
合计（件）				1			1	2	1	5	100

（9）单位：AH15

陶质		细泥			粗泥					夹细砂			合计（件）	百分比（%）
陶色		深灰	灰	黑	红	灰	红褐	褐	黑	灰褐	褐	灰	（件）	（%）
器类	交错绳纹									4	1		5	2.63
	凹弦纹	9	1			2	1		4				17	8.95
	凸弦纹	1											1	0.53
	粗绳纹				1		2	2	6				11	5.79
	细绳纹						4	2	6	8			20	10.53
	方格纹						2			1			3	1.58
	叶脉纹	1							2				3	1.58
	"S"形纹		4						2				6	3.16
类	菱形纹								8				8	4.21
	戳印纹	1											1	0.53
	素面	17		3	1		31	14	41	5	1	2	115	60.51
数量		29	5	3	2	2	40	18	69	18	2	2	190	100
百分比（%）		15.26	2.63	1.58	1.05	1.05	21.06	9.47	36.33	9.47	1.05	1.05	100	
器类	罐		1	1			4		2	6	3		17	65.38
	杯	1		1				1					3	11.54
	钵	1											1	3.85
类	壶	1	1		1								3	11.54
	纺轮		1		1								2	7.69
合计（件）		3	3	2	2		4	1	2	6	3		26	100

（10）单位：AH17

陶质		细泥		粗泥				夹细砂	合计（件）	百分比（%）
陶色		灰	灰褐	灰褐	红褐	黑	灰	黑褐	（件）	（%）
纹饰	凹弦纹	5	2	2		3	1	3	16	14.29
	细绳纹				2	11	1		14	12.50
	粗绳纹			3		1	2	1	7	6.25
	方格纹			1		1			2	1.79
饰	叶脉纹			1					1	0.89
	泡泡纹							1	1	0.89
	素面	3	3	17	32	12	4		71	63.39

续表

陶质	细泥		粗泥				夹细砂	合计（件）	百分比（%）
陶色	灰	灰褐	灰褐	红褐	黑	灰	黑褐		
数量	8	9	20	36	28	6	5	112	100
百分比（%）	7.14	8.04	17.86	32.14	25.00	5.36	4.46	100	
器类 罐			4	4	2		2	12	44.45
钵	1			2		2		5	18.53
杯	1					2		3	11.12
祖形器	1							1	3.70
勺	1							1	3.70
器底				1				1	3.70
圈足				2				2	7.40
纺轮				2				2	7.40
合计（件）	4		4	11	2	4	2	27	100

（11）单位：AH18

陶质	细泥		粗泥					夹细砂	合计（件）	百分比（%）
陶色	灰	红褐	橙黄	红	灰褐	黑	灰	灰褐		
纹饰 粗绳纹				1				1	2	6.67
压印纹					1		1	1	3	10.00
细绳纹				·		4			4	13.33
凹弦纹		1				1			2	6.67
素面	2		2	3	5	3	4		19	63.33
数量	2	1	2	4	6	8	5	2	30	100
百分比（%）	6.67	3.33	6.67	13.33	20.00	26.67	16.66	6.67	100	
器类 罐			1		2			1	4	66.68
盖钮	1								1	16.66
壶		1							1	16.66
合计（件）	1	1	1		2			1	6	100

（12）单位：AH21

陶质	细泥			粗泥		夹细砂			合计（件）	百分比（%）
陶色	黑	灰褐	黑褐	黑褐	红褐	红	黑	黑褐		
纹饰 "S"形纹	1			1					2	2.74
凹弦纹	2		1						3	4.11
凸弦纹	1								1	1.37
交错绳纹		2				1		3	6	8.22
绳纹				22			3	3	28	38.35
方格纹				1				2	3	4.11
素面		5	4	18	1			2	30	41.10
数量	4	7	5	42	1	1	5	8	73	100
百分比（%）	5.48	9.59	6.85	57.53	1.37	1.37	6.85	10.96	100	
器类 罐	1	1	2	6			2	3	15	78.95
缸片						1			1	5.26
杯				1	1				2	10.53
圈足			1						1	5.26
合计（件）	1	1	3	7	1	1	2	3	19	100

（13）单位：AT19⑤层

陶　质		粗　泥			夹细砂	合计（件）	百分比（%）
陶　色		黑褐	红褐	灰	黑褐		
纹饰	细绳纹	3			3	6	46.15
	叶脉纹			3		3	23.08
	素　面	1	1	2		4	30.77
数　量		4	1	5	3	13	100
百分比（%）		30.77	7.69	38.46	23.08	100	
器类	罐	1	1		2	4	100
合计（件）		1	1		2	4	100

（14）单位：AT20⑤层

陶　质		细　泥		粗　泥			夹细砂	合计（件）	百分比（%）
陶　色		灰	灰褐	灰褐	红褐	黑	灰褐		
纹饰	"S"形纹		1					1	4.76
	绳　纹			2	3	4	2	11	52.38
	凹弦纹				1	1		2	9.52
	素　面	1	1	1	1	3		7	33.34
数　量		1	2	3	5	8	2	21	100
百分比（%）		4.76	9.52	14.29	23.81	38.10	9.52	100	
器类	罐	1	1	1	3		1	7	100
合计（件）		1	1	1	3		1	7	100

（15）单位：AT27⑤层

陶　质		细　泥			粗　泥						夹细砂			合计（件）	百分比（%）
陶　色		黑褐	灰	红	红	红褐	灰褐	黑褐	黑	浅灰	黑褐	灰褐	红褐		
纹饰	"S"形纹		2					1	1					4	1.33
	压印纹		2					5	3					10	3.31
	凹弦纹				1		1	6	11					19	6.29
	方格纹	1			1	2	4	6		1				15	4.97
	细绳纹				1	1			14					16	5.30
	粗绳纹	1				5	6		22		5	3		42	13.91
	戳印纹		3						1					4	1.33
	篮　纹								1					1	0.33
	圆圈纹						1	1						2	0.66
	叶脉纹		1					1						2	0.66
	素　面	3	1	1	3	17	28	37	92		1	1	3	187	61.91
数　量		5	9	1	6	25	40	51	151	1	6	4	3	302	100
百分比（%）		1.66	2.98	0.33	1.99	8.28	13.25	16.87	50.00	0.33	1.99	1.33	0.99	100	

续表

陶质	细泥			粗泥						夹细砂			合计（件）	百分比（%）
陶色	黑褐	灰	红	红	红褐	灰褐	黑褐	黑	浅灰	黑褐	灰褐	红褐		
器类 罐		2		1	7	11	8			4		1	34	79.05
钵		1											1	2.33
壶		1											1	2.33
鬶					1								1	2.33
杯		1											1	2.33
豆盘		1			1								2	4.65
豆柄	1				1								2	4.65
器底					1								1	2.33
合计（件）	1	6		3	9	11	8			4		1	43	100

（16）单位：AT28⑤层

陶质	细泥	粗泥					夹细砂		合计（件）	百分比（%）
陶色	灰	红	红褐	灰褐	黑褐	灰	灰褐	黑		
纹饰 细绳纹		1		4			1		6	7.69
粗绳纹				3	4	2			9	11.54
凹弦纹					1	1			2	2.56
压印纹		1	1	1					3	3.85
方格纹			1						1	1.28
素面	1	3		36	7	7	2	1	57	73.08
数量	1	5	2	45	11	10	3	1	78	100
百分比（%）	1.28	6.41	2.56	57.70	14.10	12.82	3.85	1.28	100	
器类 罐				3	2		3		8	80.00
豆柄	1								1	10.00
圈足								1	1	10.00
合计（件）	1			3	2		3	1	10	100

（17）单位：AT30⑤层

陶质	细泥	粗泥					夹细砂		合计（件）	百分比（%）
陶色	黑褐	红	黑	褐	黑褐	灰	红褐	灰		
纹饰 绳纹		1		1	1		3	1	7	38.89
方格纹			1						1	5.56
素面	1	1	3		1	2	1	1	10	55.55
数量	1	2	4	1	2	2	4	2	18	100
百分比（%）	5.56	11.11	22.22	5.56	11.11	11.11	22.22	11.11	100	
器类 罐			1	1	1			1	4	100
合计（件）			1	1	1			1	4	100

（18）单位：AT34⑤层

陶质	细泥			粗泥				夹粗砂	合计（件）	百分比（%）
陶色	红褐	黑褐	灰	红	灰褐	灰	黑褐	灰褐		
纹饰　戳印纹					1				1	2.78
粗绳纹	1	2			2		4	4	13	36.11
凹弦纹			1				2		3	8.33
篮纹		1							1	2.78
素面	1	1	1	2	3	1	9		18	50.00
数量	2	4	2	2	6	1	15	4	36	100
百分比（%）	5.56	11.11	5.56	5.56	16.67	2.78	41.65	11.11	100	
器类　罐	1	1	1	1	1		2		7	87.77
壶			1						1	12.23
合计（件）	1	1	2	1	1		2		8	100

（19）单位：AT43⑤层

陶质	细泥		粗泥						夹细砂			合计（件）	百分比（%）
陶色	灰	灰褐	黑	黑褐	红褐	褐	灰	深灰	黑	灰褐	褐		
纹饰　凹弦纹	2		2				2	1				7	9.46
"S"形纹	3		2									5	6.76
压印纹			1									1	1.35
附加堆纹											1	1	1.35
绳纹		1		16		4		1	2	4		28	37.84
方格纹					1	1				2		4	5.41
叶脉纹				1								1	1.35
素面	2	1	3	15	3	1		1		1		27	36.48
数量	7	2	8	32	3	6	3	3	3	6	1	74	100
百分比（%）	9.46	2.70	10.81	43.24	4.05	8.10	4.05	4.05	4.05	8.10	1.35	100	
器类　罐	1		2	8	2		1		1	3		18	72.00
缸											1	1	4.00
豆柄	2						1					3	12.00
杯	2							1				3	12.00
合计（件）	5		2	8	2		2	1	1	3	1	25	100

（20）单位：AT44⑤层

陶质	细泥					粗泥			夹细砂		合计（件）	百分比（%）
陶色	黑褐	灰	红褐	褐	黑	红褐	黑	灰褐	灰褐	红褐		
纹饰　粗绳纹	1		1	1	5		1		4	2	15	15.00
方格纹	3			4	4						11	11.00
"S"形纹	2	2									4	4.00
细绳纹	1				1	1	1		1	1	6	6.00
压印纹		1									1	1.00
凹弦纹		5			4						9	9.00
篮纹				1							1	1.00
素面	8	10		5	26	1		2		1	53	53.00

续表

陶质	细泥					粗泥			夹细砂		合计（件）	百分比（%）
陶色	黑褐	灰	红褐	褐	黑	红褐	黑	灰褐	灰褐	红褐		
数量	15	16	1	11	40	1	4	1	6	3	100	100
百分比（%）	15.00	18.00	1.00	11.00	40.00	1.00	4.00	1.00	6.00	3.00	100	
器类 罐	4	1			2	3			3	1	14	70.00
豆柄					1						1	5.00
壶		1			1						2	10.00
杯		1		1							2	10.00
器底							1				1	5.00
合计（件）	4	3		1	4	1	3		3	1	20	100

附表六　卜庄河遗址 A 区周代陶片统计表

（1）单位：AH3

陶质	细泥	粗泥					夹细砂	合计（件）	百分比（%）
陶色	红	红	黑	红褐	褐	黑褐	红		
纹饰 粗绳纹		5		3		1	2	11	12.50
方格纹	3							3	3.41
交错绳纹				1				1	1.14
细绳纹				1	2	2		5	5.68
凹弦纹						3		3	3.41
素面	7	13	3	27	8	5	2	65	73.86
数量	10	18	3	32	10	11	4	88	100
百分比（%）	11.36	20.45	3.41	36.36	11.36	12.50	4.55	100	
器类 罐		2		5		2	1	10	50.00
鬲				1		1		2	10.00
鬲足							1	1	5.00
鼎		1		2				3	15.00
鼎足							1	1	5.00
豆柄				2				2	10.00
器底				1				1	5.00
合计（件）		3		11		3	3	20	100

（2）单位：AT28④层

陶质	粗泥		夹细砂	夹粗砂	合计（件）	百分比（%）
陶色	红	红褐	红	红		
纹饰 粗绳纹	5	3	1	1	10	40.00
细绳纹	2				2	8.00
素面	3	4	2	4	13	52.00
数量	10	7	3	5	25	100
百分比（%）	40.00	28.00	12.00	20.00	100	
器类 鬲足			1		1	12.50
鬲	1	2			3	37.50
鼎足			1	2	3	37.50
罐	1				1	12.50
合计（件）	2	2	2	2	8	100

（3）单位：AT30④层

陶 质		细泥	粗　泥			夹细砂	合计（件）	百分比（%）
陶 色		灰褐	红	红褐	灰褐	红		
纹饰	粗绳纹		4	5	2	2	13	43.33
	细绳纹		2	3	3		8	26.67
	素面	2	3		1	3	9	30.00
数　量		2	9	8	6	5	30	100
百分比（%）		6.67	30.00	26.66	20.00	16.67	100	
器类	罐			1	1		2	40.00
	鼎　足					1	1	20.00
	鬲　足					1	1	20.00
	豆　座	1					1	20.00
合计（件）		1		1	1	2	5	100

（4）单位：AT33④层

陶 质		细　泥		粗　泥				夹细砂	合计（件）	百分比（%）
陶 色		红	黑	红	褐	灰褐	黑	褐		
纹饰	粗绳纹			5	3	2	2	1	13	35.14
	细绳纹			1	2	1	1		5	13.51
	素面	2	4	3	4	2	3	1	19	51.35
数　量		2	4	9	9	5	6	2	37	100
百分比（%）		5.41	10.81	24.32	24.32	13.51	16.22	5.41	100	
器类	罐		1	1	2	1	1	1	7	38.88
	鬲	1		2					3	16.66
	鼎				1				1	5.56
	鼎　足				1			2	3	16.66
	豆　柄		1						1	5.56
	豆　盘					1			1	5.56
	钵					1			1	5.56
	盂				1				1	5.56
合计（件）		1	2	3	5	3	1	3	18	100

（5）单位：AT61④层

陶 质		粗　泥			夹细砂		合计（件）	百分比（%）
陶 色		红	红褐	灰褐	黑褐	红褐		
纹饰	粗绳纹	3	5	4	1	1	14	35.90
	细绳纹	2	1	1			4	10.26
	方格纹			5			5	12.82
	弦纹	2					2	5.13
	素面	2	3	6	1	2	14	35.89
数　量		9	9	16	2	3	39	100
百分比（%）		23.08	23.08	41.02	5.13	7.69	100	
器类	鬲		1	2			3	30.00
	鬲　足	1	1	1		1	4	40.00
	罐	1	1		1		3	30.00
合计（件）		2	3	3	1	1	10	100

附表七　卜庄河遗址 A 区墓葬登记表

墓号	方向 (°)	墓口尺寸 长×宽-深(米)	层位关系 开口(下)	层位关系 打破	形制结构	葬具	随葬品	葬式	性别	年龄	时代	备注
4	2	残1×2.3-1.7	①	生土	长方形岩坑		陶敦、陶壶、陶豆	不详	不详	不详	周代	
86	185	1.90×(0.6~0.85)-(0.15~0.58)	①	⑥	长方形土坑			仰身上肢曲下肢伸直	男	60	清代	
87	330	残10.5×6.3-1.6	①	生土	丁字形土圹石室		铜泡钉2、铜饰件3、玻璃耳坠、钱币89	不详	不详	不详	六朝	有耳室
90	205	残1.8×残1-0.28	①	生土	土坑		陶罐5、陶壶2、陶灶、陶鼎、陶甑、陶器盖2	不详	不详	不详	汉代	因破坏、平面只存四分之一
97	70	3.3×2.4-2.0	④	AH10	长方形土坑		陶鼎2	仰身直肢	男	不详	周代	鼎中随葬动物
98	360	残3×2.55-1.1	②	M100	土圹石室		钱币12	不详	不详	不详	六朝	
99	250	3×3.1-1.5	②	M113	方形土坑	椁痕枕木槽 铁棺扣	铜铃耳、铁棺扣4、陶灶、陶盖2、陶盆、陶甑、陶钵2、钱币41	不详	不详	不详	汉代	熟土二层台
100	90	12.25×4.5-1.8	③	④	中字形土坑	椁痕铁棺扣 铁棺钉	铜柄形器、铜片、铜削刀、铁棺扣12、铁棺钉2、陶罐2、陶盖2、钱币22	多仰身直肢	不详	不详	汉代	11具人骨架
101	360	1.55×0.62-0.3	②	M100	长方形土坑			乱葬	女	25~30	汉代	二次葬，6具残破不全个体，R1为女性25~30岁
107	260	2.7×(1.4~1.67)-1.95	①	生土	长方形土坑	棺痕	陶罐3	仰身直肢	女	未成年	汉代	壁龛中随葬陶器、动物
108	273	3.56×2.5-2	①	生土	长方形土坑	椁痕 棺痕	铜手杖、铜镜、铜刀、铁剑、玉璧、玻璃耳坠2	仰身直肢	不详	不详	汉代	
110	45	10.76×3.23-3.04	③	⑤	凸字形土圹石室	棺痕铁棺钉 铁棺扣	铜饰件2、铁棺扣3、铁棺钉3、耳坠2、钱币91	不详	不详	不详	汉代	有墓道甬道
113	260	3.3×2.3-(0.8~1)	③	④	长方形土坑	椁痕	陶罐	不详	不详	不详	汉代	熟土二层台

注：未注明件数者均为1件。下同。

附表八　卜庄河遗址古墓葬出土钱币统计表

（单位：枚）

墓号	区号	钱名及型式	特　征	数量	合计	直径（厘米）	备注
87	A	大泉五十	面、背郭较窄，面文秀丽	1	89	2.5	残
		货泉	面、背郭有宽窄及有无面内郭之异，穿有大小之别	3		2.1~2.2	
		半两	面、背无郭，面文高挺，面底边薄，背平	2		2.3~2.7	均残
		五铢A	面、背郭有宽窄之异，面文笔画欠规则，铸工多较粗劣	25		2.2~2.4	剪轮4，公式女钱2
		五铢B	面、背郭有宽窄之异，有穿上半星或"＋"符号，铸工多较精致	27		2.2~2.6	剪轮5，公式女钱2
		五铢C	面、背郭较宽，穿有大小之异，铸工多精致	31		2.2~2.6	剪轮5
98	A	货泉	面、背均有外郭，内郭分有无及凸隐之异，穿有大小之分，无面内郭者有穿上半星	12	12	2.1~2.4	
99	A	半两	正面分有无外郭，面底分薄边和平边，皆为平背，穿有大小之异，面文有凸隐之异，有的留有铸口或符号	40	41	2.1~2.6	
		铁半两	有穿，因锈蚀严重，其特征无法辨别	1		2.2	
100	A	五铢A	面、背郭不宽，面文较隐，穿上短横，铸工欠精	1	22	2.6	
		五铢B	面、背郭有宽窄之分，穿有大小之分，穿上有半三角星或短横	2		2.5	
		半两	面、背均无郭、平背，面底分薄边和平边，穿有大小之别，面文有高挺和隐约之异	19		2.2~3.1	
110	A	五铢A	面、背多中郭，穿有大小之分，有穿上横或背面有大圆星符号	12	91	2.5	
		五铢B	面、背多为中郭，穿有大小之别，其中一枚有五个小圆孔	47		2.4~2.6	剪轮12
		五铢C	面、背郭多数较宽，穿有大小之异，铸工多较精	32		2.4~2.6	剪轮10
9	C	五铢B	面、背郭多较宽，穿有大小之异，铸工较精	61	92	2.5	
		五铢C	面、背郭多较宽，穿有大小之异，铸工较精	30		2.6	
		货泉	面、背内外郭均浅，较宽，穿较大，面文笔画较粗	1		2.3	
10	C	五铢B	面、背郭有宽窄之异，穿有大小之分，有穿上横或穿下半星，少数铸工粗劣	100	160	2.5~2.6	
		五铢C	面、背郭多较宽，有大小穿之分，有一枚"五铢"传形，"铢"字传形，并有穿下符号	54		2.2~2.6	剪轮26
		货泉	面、背郭较宽，面无内郭，穿有大小之分，有穿上短横	4		2.2~2.3	
		大泉五十	面、背均有内外郭，面文端庄工整，笔画较粗，体薄	1		2.3	
		半两	面、背均无郭，面文较高，面底边薄，背平	1		2.3	
13	C	五铢B	面、背郭有宽窄之异，穿有大小之别，铸工有精劣之分	561	1016	2.1~2.6	剪轮6
		五铢C	面、背郭较宽，穿有大小之分，有穿上星、穿下星、穿下横及背星	377		2.3~2.6	剪轮24，公式女钱2
		五铢D	面、背郭规整，背面有四条决纹，并有削刀、带钩、天文星辰等图案	1		2.58	
		小泉直一	面、背均有内外郭，铸工精致	1		1.5	残
		铁币	因锈蚀，其特征无法辨别	55			
		半两	面、背均无郭，面文高挺，面底边薄，背平	3		2.3	

墓号	区号	钱名及型式	特　征	数量	合计	直径（厘米）	备注
13	C	大泉五十	面、背均有内外郭，直径大者穿小，体厚，铸工粗劣；直径小者穿大，体薄，铸工精湛	3	1016	2.4~2.8	
		货泉	面、背郭有宽窄及有无面内郭之分，直径大的体厚穿小，直径小的体薄穿大	15		2.2~2.4	
14	C	五铢C	均有郭，体薄，铸工欠精	2		2.4~2.6	
16	C	五铢A	穿大，郭窄，有穿上横、下半星	75	204	2.2~2.4	公式女钱2
		五铢B	面、背郭有宽窄之分，有穿下半星	58		2.4~2.6	
		大泉五十	面、背均有郭，郭有宽窄、深浅之别，穿有大小之异，铸工欠精	69		2.6~2.8	
		小泉直一	面、背均有郭，铸工精湛，面文清晰	2		1.4	
17	C	五铢B	面、背均有郭，穿有大小之异，有穿下星	35	95	2.5~2.6	
		五铢C	面、背郭有深有浅，面文字体有窄长和宽短之异	32		2.5~2.6	
		货泉	面、背郭有宽窄、深浅之异，直径大者较直径小者穿小	26		2.1~2.3	
		大泉五十	面、背均有郭，面郭及面文均较浅	2		2.5	
		五铢B	面、背郭较宽，穿有大小之异，有穿上星	107	212	2~2.6	剪郭17
		五铢C	面、背郭较宽，穿有大小之异，铸工较精	103		2~2.5	剪郭14
		货泉	面、背郭较宽，铸工较精	2		2.3	
19	C	五铢A	面、背郭有宽窄之异，穿有大小之异，有穿上横、穿下星	82	392	2.4~2.6	剪郭6
		五铢B	面、背郭多较宽，穿有大小之异，铸工有精粗之异，有穿上星，穿下半星	146		2.4~2.6	剪郭9
		五铢C	面、背郭多较宽，穿有大小之异，铸工较精	154		2.3~2.6	剪郭16
		半两	面、背均无郭，面文较高，面底边薄，背平	1		2.4	
		大泉五十	郭较宽，面浅背深，面文较凸	1		2.7	
		货泉	面、背郭有宽窄及有无面内郭之异，穿有大小之异	3		2.1~2.3	
		铁币	有穿，因锈蚀无法辨别其特征	5			
20	C	五铢A	面、背中郭，面郭深，背郭浅，有穿上半横	1	316	2.6	
		五铢B	面、背郭有宽窄之异，穿有大小之异，铸工多较精	146		2.1~2.6	剪郭6
		五铢C	面、背郭多较宽，穿有大小之异，铸工多较精	160		2.3~2.6	剪郭10
		货泉	面、背郭有宽窄之异，面内郭分有无之异，穿有大小之异，有穿上星	5		2.1~2.3	
		半两	面、背均无郭，面文高挺，面底边薄，背平	1		2.3	
		铁币	有穿，因锈蚀无法辨别其特征	3			
22	C	五铢B	面、背郭多较宽，穿有大小之异，铸工较精	25	60	2.5~2.6	剪郭5
		五铢C	面、背郭多较宽，穿有大小之异，铸工较精	34		2.4~2.5	剪郭9
		货泉	面、背郭较宽，面无内郭，面文笔画较粗	1		2.3	残
27	C	五铢A	面郭较宽较深，背内外郭宽近平，铸工欠精	2	229	2.5	
		五铢B	面、背郭有宽窄之异，穿有大小之异，有穿上横、穿下半星	99		2.4~2.6	剪郭12
		五铢C	面、背郭较宽，穿有大小之异，铸工较精	128		2.4~2.6	剪郭7
28	C	皇宋通宝	面、背均有内外郭，背郭较浅近平，外郭较宽	1	1	2.5	

墓号	区号	钱名及型式	特　征	数量	合计	直径（厘米）	备注
89	C	大泉五十	面、背内外郭有宽窄、深浅之异，穿有大小之异，面文笔画有纤秀粗犷之别	2	154	2.3~2.5	均残
		货泉	面、背郭有宽窄、深浅及有无面内郭之异，穿有大小、铸工有精劣之异	11		2.2~2.5	
		五铢B	面、背郭宽窄、深浅有异，穿大小有异，有穿上横	60		2.3~2.6	剪郭11
		五铢C	面、背郭多较宽，穿有大小之异	81		2.3~2.6	剪郭8
91	C	五铢B	面、背郭多较窄，穿有大小之异，铸工较精	104	209	2.5~2.6	剪郭14
		五铢C	面、背郭多较宽，穿有大小之异，铸工较精	105		2.5~2.6	剪郭9
92	C	货泉	面、背郭有宽窄、深浅及有无面内郭之异，穿有大小之异，有上半星	7	283	2.3~2.4	
		五铢A	面、背郭有宽窄之异，穿有大小之异，铸工欠精	71		2.3~2.6	剪郭14
		五铢B	面、背郭较宽，穿有大小之异，铸工较精	105		2.5~2.6	剪郭17
		五铢C	面、背郭较宽，穿有大小之异，铸工较精	100		2.5~2.6	剪郭15
111	C	五铢A	面、背郭有宽窄之异，穿有大小之异，铸工欠精	16	359	1.8~2.5	剪郭4
		五铢B	面、背郭有宽窄之异，穿有大小之异，铸工欠精，有穿上星	192		2.1~2.5	剪郭65
		五铢C	面、背郭有宽窄之异，穿有大小之异，铸工较精	144		1.8~2.6	剪郭34
		五铢E	面、背外郭较宽，左右分别留有"五"字半边及"铢"字"金"旁	1		2.6	
		货泉	面、背郭有宽窄、深浅之异，面文笔画较粗	3		2.1~2.3	
		鸡目钱	有穿，因锈蚀字迹不能辨认，该钱特小，形如鸡目	1		1.6	
		铁币	有穿，因锈蚀不能辨别其特征	2			
112	C	五铢B	面、背郭有宽窄之异，穿有大小之异，铸工较精，有穿上横	41	63	2.4~2.6	剪郭3
		五铢C	面、背郭有宽窄之异，穿有大小之异，铸工较精	19		2.5~2.6	
		货泉	面、背郭有宽窄、深浅及有无面内郭、大小穿之异，铸工较劣	3		2.1~2.2	
114	C	五铢A	面、背郭有宽窄之异，穿有大小之异，有穿上横	25	282	2~2.5	剪郭8
		五铢B	面、背郭有宽窄之异，穿有大小之异，铸工有精劣之异，有穿上星、穿上符号	146		2~2.6	剪郭18
		五铢C	面、背郭有宽窄之异，穿有大小之异，铸工较精	98		2.4~2.5	剪郭12
		半两	面、背无郭，面文高挺，币体等厚，背平	2		2.4	
		大泉五十	面、背郭有宽窄、深浅之异，穿有大小之异，面文有纤秀粗犷之异	3		2.4~2.6	
		货泉	面、背郭有宽窄、深浅之异，均无面内郭，面文有纤秀粗犷、矮隐高挺之异	5		2.1~2.3	
		铁币	有穿，因锈蚀无法辨别其特征	3			
154	C	五铢C	面、背郭较宽，穿有大小之异，铸工欠精	6	8	2.5~2.6	
		货泉	面、背郭较宽，铸工较精	2		2.3	

墓号	区号	钱名及型式	特　　征	数量	合计	直径（厘米）	备注
1	D1	五铢 A	面、背郭较窄，穿有大小之分，铸工欠精	562	1200	2.4	
		五铢 B	面、背郭有宽窄之异，穿有大小之分	321		2.5～2.6	
		五铢 C	面、背郭有宽窄之别，穿有大小之分，有穿下横，铸工欠精	260		2.5	
		货泉	有内外郭，"货泉"二字作悬针篆	56		2.3	
		大泉五十	内、外郭清晰，"大泉五十"四字作悬针篆	1		2.3	
39	D1	五铢 A	面、背郭有宽窄、深浅之异，穿有大小之异，有穿上横，穿下半星	7	176	2.5～2.6	
		五铢 B	面、背郭有宽窄之异，穿有大小之异，有穿上横、穿下半星，铸工欠精	14		2.4～2.5	
		五铢 C	面、背郭有宽窄之异，穿有大小之异，有上半星，铸工精粗有异	7		2.5～2.6	
		半两	面、背无郭，面文较凸起，面底边薄，背平，"半"比"两"小，"半"下横及"两"上横短	1		2.7	
		半两	面部分有无郭及面文有粗犷矮隐和显现且工整之异，均为平背，穿有大小之别，铸工有精劣之分	147		2.1～2.5	
41	D1	五铢 B	面、背郭宽窄有异，穿大小有异，铸工较精	11	21	2.6	
		五铢 C	面、背郭宽窄有异，穿大小有异，铸工较精	10		2.5	
44	D1	五铢 B	面、背郭有宽窄之异，穿有大小之异	6	6	1.8～2.6	剪轮 4
48	D1	皇宋通宝	面、背内外郭均浅，外郭很宽，面文对读	1	5	2.4	
		元符通宝	面、背内外郭，面深背浅，外宽内窄，面文旋读	1		2.4	
		熙宁元宝	面、背内外郭，面深背浅，外宽内窄，面文旋读	1		2.3	
		元丰通宝	面、背内外郭，面深背浅，外宽内窄，面文旋读	2		2.5	
51	D1	五铢 A	面、背郭较窄，穿大，铸工欠精	4	36	2.4	
		五铢 B	面、背郭有宽窄之异，穿有大小之异，有穿下半星，铸工有精劣之异	11		2.5～2.6	
		五铢 C	面、背郭较宽，穿有大小之异，铸工精致	8		2.6	
		货泉	面、背郭有宽窄、深浅之异，均无面内郭，面文笔画有粗犷纤秀之异	7		2.2～2.4	
		大泉五十	面、背郭均宽，郭有深浅、体有厚薄之异，厚度有超 3 毫米者，铸工较粗	6		2.7～2.9	
52	D1	政和通宝	面、背内外郭外宽内窄，面深背浅，穿有大小、笔画有粗细之异，面文对读	2	18	2.4～2.5	
		元祐通宝	面、背内外郭外宽内窄，面深背浅，面文旋读	2		2.4～2.5	
		开元通宝	面、背内外郭，外宽内窄，面深背浅，面文对读	2		2.4	
		明道元宝	面、背内外郭外宽内窄，面深背浅，面文旋读	2		2.5	
		天圣元宝	面、背内外郭外宽内窄，面深背浅，面文旋读	2		2.4～2.5	
		至道元宝	面、背内外郭外宽内窄，面深背浅，面文旋读	1		2.5	
		祥符通宝	面、背内外郭外宽内窄，面深背浅，面文旋读	1		2.5	
		乾元重宝	面、背内外郭外宽内窄，面深背浅，面文对读	1		2.4	

墓号	区号	钱名及型式	特 征	数量	合计	直径（厘米）	备注
52	D1	天禧通宝	面、背内外郭外宽内窄，面深背浅，面文旋读	1		2.4	
		景祐元宝	面、背内外郭外宽内窄，面深背浅，面文旋读	1		2.5	
		淳祐元宝	面、背内外郭外宽内窄，面深背浅，面文旋读	1		2.5	
		元口通宝	面、背内外郭外宽内窄，面深背浅，面文对读	1		2.4	
		庆历重宝	面、背内外郭外宽内窄，面深背浅，面文对读	1		2.5	
55	D1	五铢 A	面、背郭有宽窄之异，穿有大小之异，铸工有精劣之异	11	229	2.3~2.6	剪轮 2 枚
		五铢 B	面、背郭有宽窄之异，穿有大小之异，铸工有精劣之异	85		2.4~2.5	剪轮 15
		五铢 C	面、背郭有宽窄之异，穿有大小之异，铸工有精劣之异	130		2.3~2.6	剪轮 26
		大泉五十	面、背均为窄郭，体薄，穿较大，面文笔画纤秀，铸工精湛	1		2.3	
		货泉	面、背郭较宽，铸工欠精	2		2.3	
56	D1	半两	面、背平，均无郭，面文有高挺粗犷、平缓纤细之异，面底边缘有薄边、平边之异，穿有大小之异，铸工有精劣之异	130		2.1~2.4	
		铁币	有穿，因锈蚀无法辨别其特征	10			
62	D1	五铢 A	面、背郭较窄，穿有大小之异，有穿上三角星、穿下半星、背面圆星，铸工欠精	29	78	2.4~2.6	
		五铢 B	面、背郭较窄，穿有大小之异，有穿上星、穿下半星，铸工欠精	27		2.5	
		五铢 C	面、背郭较窄，穿有大小之异，有穿上横、穿上半星，铸工欠精	20		2.4~2.5	
		货泉	面、背郭较宽，面无内郭，面文笔画纤细秀丽，铸工较精	2		2.2	
139	D1	半两	面、背均无郭，面底边薄，背平，面文矮隐，铸工粗劣	1	1	2.3	
72	D2	五铢 B	面、背郭有宽窄之异，穿有大小之异，铸工欠精	3	22	2.2~2.6	剪轮 1
		五铢 C	面、背郭有宽窄之异，穿有大小之异，铸工精粗有异	19		2.2~2.6	剪轮 11
73	D2	半两	面、背均无郭，平背，穿有大小之异，面文隐约	2	2	2.3	均残
149	D2	五铢 A	面、背郭较窄，穿不大，铸工欠精	4	39	2.6	
		五铢 B	面、背郭宽，穿大小有异，铸工较精	12		2.5	
		五铢 C	面、背郭宽，穿不大，铸工较精	4		2.5	
		货泉	面、背内外郭有宽窄、深浅及有无面内郭之异，面文笔画有粗犷纤秀之异	19		1.9~2.2	
156	D2	五铢 B	面、背郭有宽窄之异，穿有大小之异，有穿上星，铸工较精	230	462	2.1~2.5	剪轮 15
		五铢 C	面、背郭有宽窄之异，穿有大小之异，铸工较精	202		2.4~2.6	剪轮 13
		半两	面、背均无郭，面底边薄，面文凸隐显著，穿小背平，铸工较劣	1		2.3	
		货泉	面、背郭有宽窄及有无面内郭之异，穿有大小之异，铸工精劣有异	7		2.2~2.4	
		铁币	有穿，因锈蚀严重，无法辨别其特征	22			
8	E1	五铢 B	面、背郭有宽窄之异，穿有大小之异，有穿上凹竖、凸箭头，穿下有"心"字底等符号	7	7	2.3~2.5	剪轮 2
78	E1	半两	面、背均无郭，面底边薄，背平，面文凸起，穿有大小之异	15	15	2~2.3	残破 9 枚

墓号	区号	钱名及型式	特　征	数量	合计	直径（厘米）	备注
80	E1	半两A	面、背均无郭，面背皆平，唯面文凸起，体薄，铸工较精	6	12	3.1	
		半两B	面、背均无郭，面底边薄，背平，穿有大小之异，面文隐约难辨	6		1.9~2	
81	E1	五铢A	面、背郭较宽，且面部较深，穿大小有异，铸工欠精	7	83	2.5	
		五铢B	面、背郭有宽窄之异，穿有大小之异，有穿上横、穿下半星，铸工精粗有异	64		2.5~2.6	
		大泉五十	面、背郭有宽窄、深浅之异，穿有大小之异，铸工有精粗之异	9		2.6	
		货泉	面、背内外郭较宽较深，面文显现，铸工较精	3		2.3	
95	E1	五铢B	面、背内外郭有宽窄之异，穿有大小之分，铸工有精粗之别	59	61	2.4~2.6	剪轮5
		货泉	面、背郭较宽，无面内郭，面文有显现和隐约之异	2		2.1~2.3	
31	E2	五铢C	面文能辨度差异较大，剪轮程度差异也较大	7	7	1.9~2.5	剪轮6
76	E2	五铢B	面、背郭较宽，穿有大小之异，其中一枚有穿上、穿下郭，铸工较精	51	160	2.2~2.6	剪轮9
		五铢C	面、背郭较宽，穿有大小之异，铸工较精	107		2.4~2.6	剪轮12
		货泉	面、背外郭较宽，面无内郭，面文显现，铸工较精	2		2.3	
77	E2	五铢B	面、背郭较宽，体薄，铸工欠精	3	10	2.6	剪轮2，未剪轮的全残
		五铢C	剪轮程度差异很大	6		2.1~2.5	
		货泉	面、背外郭较宽，内郭较窄，面文纤秀	1		2.1	残
82	E2	五铢A	面、背内外郭较宽，面文隐约难辨，穿上横，铸工较劣	1	18	2.3	
		五铢B	面、背郭较宽，穿大小有异，铸工欠精	3		2.5	剪轮1
		五铢C	面、背郭较宽，穿大小有异，铸工较精	14		2.4~2.5	剪轮1
102	E2	五铢A	面、背郭有宽窄之异，穿有大小之异，铸工有精劣之异，有穿上"+"符号	23	946	2.3~2.6	剪轮6
		五铢B	面、背郭有宽窄之异，穿有大小之异，铸工较精	383		2.3~2.6	剪轮89
		五铢C	面、背郭有宽窄之异，穿有大小之异，有穿上星、穿下星，"五"字上"一"和"五"字下隙中星等符号	498		2.2~2.6	剪轮194
		半两	面、背均无郭，面文凸起，面底边薄，背平，铸工欠精	1		2.2	
		大泉五十	面、背郭有宽窄、深浅之异，穿有大小之异，体有厚薄之异，铸工有精劣之异	4		2.7~2.8	
		货泉	面、背郭有宽窄、深浅及有无面内郭和面内单双郭之异，面文有显现和隐约之异，铸工有精劣之异	35		2.1~2.5	
		铁币	有穿，因夹在铜币中间不能分离，无法辨别其特征	2			
103	E2	五铢B	面、背郭宽窄、穿大小皆有，铸工欠精	46	96	2.5	剪轮8
		五铢C	面、背郭宽窄、穿大小皆有，铸工精劣皆有	49		2.5~2.6	剪轮9
		大泉五十	面、背郭较深，面文显现劲秀	1		2.6	
120	E2	大泉五十	面、背郭有宽窄、深浅之异，穿有大小之异，面文笔画有纤秀粗犷之异	6	6	2.7~2.8	
116	F	半两	面、背均无郭，面底边薄，背平，面文有高挺和矮隐之异，穿有大小之异，铸工粗劣	8	8	2.7~3.3	

墓号	区号	钱名及型式	特 征	数量	合计	直径（厘米）	备注
118	F	半两	面、背均无郭，面底边近平，背平，面文凸起，铸工欠精	1	10	2.4	
		五铢B	面、背郭较窄，穿有大小之异，铸工欠精	3		2.6	
		五铢C	面、背郭较窄，穿有大小之异，铸工精劣兼有	6		2.5	剪轮1
119	F	五铢B	面、背郭较宽，穿有大小之异，有穿上半星，铸工较精	3	4	2.6	
		货泉	面、背郭不宽，面无内郭，铸工较精	1		2.2	残
127	G	五铢C	剪郭程度较重	1	1	1.8	剪轮
129	G	五铢A	面、背郭较窄，穿大小兼有，铸工较精	17	83	2.5	
		五铢B	面、背郭较宽，穿大小兼有，铸工较精	12		2.5 ~ 2.6	
		五铢C	面、背郭有宽窄之异，穿有大小之异，有穿上星，穿下半星，铸工精劣有异	53		2.5 ~ 2.6	
		货泉	面、背郭较宽，面文笔画纤细，铸工较精	1		2.3	
138	G	崇宁重宝	面、背轮郭外宽内窄，面深背浅，背郭还有显现、隐约近平之异，面文对读	2	5	3.2 ~ 3.4	
		崇宁通宝	面、背郭均较窄较深，面文旋读	1		3.3	
		景定元宝	面、背郭外宽内窄，均较浅，面文对读	1		2.8	
		开元通宝	面、背郭外宽内窄，均较浅，面文对读	1		2.4	

注：未注明质地者均为铜钱。

附表九 卜庄河遗址A区M100柱洞登记表

（单位：厘米）

柱洞号	形 状	尺 寸		柱 础	备 注
		口径（长×宽）	深		
1	圆形	30	10	饼形石础	
2	椭圆形	35×30	55	饼形石础	
3	椭圆形	30×25	62	饼形石础	
4	圆 形	35	105	饼形石础	
5	圆 形	32	155	饼形石础	
6	圆 形	26	135	饼形石础	石础被压破
7	椭圆形	27×24	136	饼形石础	
8	圆 形	26	125	凸字形石础	
9	圆 形	25	90	饼形石础	
10	椭圆形	35×26	42	饼形石础	
11	圆 形	27	76	饼形石础	
12	圆 形	28	90	饼形石础	
13	圆 形	24	135	饼形石础	
14	圆 形	30	135	饼形石础	
15	椭圆形	28×25	126	饼形石础	
16	圆 形	25	102	饼形石础	
17	圆 形	31	81	饼形石础	石础被压破
18	圆 形	32	55	饼形石础	石础被压破

附表一○　卜庄河遗址 A 区六朝时期陶片统计表

（1）单位：AH20

陶　质	细　泥	粗　泥			合计（件）	百分比（%）
陶　色	灰	灰	灰褐	红褐		
纹饰　粗绳纹		6	5	1	12	22.22
细绳纹	1	4	12		17	31.48
弦　纹		2			2	3.70
素　面	1	8	7	7	23	42.60
数　量	2	20	24	8	54	100
百分比（%）	3.70	37.04	44.44	14.82	100	
器类　板　瓦		2			2	7.14
筒　瓦	1	1	1		3	10.72
罐		2	3	2	7	25.00
盆		2	5		7	25.00
甑		1			1	3.57
瓮		2	3	1	6	21.43
器　底		1			1	3.57
拍		1			1	3.57
合计（件）	1	12	12	3	28	100

（2）单位：AT50③层

陶　质	细　泥		粗　泥			合计（件）	百分比（%）
陶　色	黑	灰	黑	灰	灰褐		
纹饰　绳　纹	1		1	9	2	13	41.94
附加堆纹				1		1	3.22
素　面	4	1	3	4	5	17	54.84
数　量	5	1	4	14	7	31	100
百分比（%）	16.13	3.22	12.90	45.15	22.60	100	
器类　罐	1					1	8.33
盆				3	4	7	58.34
瓮			2	1		3	25.00
甑				1		1	8.33
合计（件）	1		2	5	4	12	100

（3）单位：AT51③层

陶　质	细　泥		粗　泥			合计（件）	百分比（%）
陶　色	灰	褐	灰	褐	灰褐		
纹饰　粗绳纹			6	9	3	18	43.90
素　面	4	2	4	8	5	23	56.10
数　量	4	2	10	17	8	41	100
百分比（%）	9.76	4.90	24.39	41.46	19.51	100	
器类　罐	1	2				3	15.00
瓦当			4			4	20.00
板　瓦				3	1	4	20.00
筒　瓦			2			2	10.00
盆				2	4	6	30.00
瓮					1	1	5.00
合计（件）	1	2	6	5	6	20	100

附表一一　卜庄河遗址 B 区墓葬登记表

墓号	方向（°）	墓口尺寸 长×宽－深（米）	层位关系 开口（下）	层位关系 打破	形制结构	随葬品	葬式	性别	年龄	时代	备注
83	260	2.8×1.15－0.5	②	生土	长方形土坑	铜钫壶、铜鍪、铜车軎	不详	不详	不详	汉代	铜鍪中随葬动物
84	140	2.2×残1－0.4	②	生土	长方形土坑	铜簪、陶罐	不详	不详	不详	汉代	
85	260	2×1－0.45	②	M83	长方形土坑		仰身直肢	不详	不详	清代	

附表一二　卜庄河遗址 C 区周代陶片统计表

（1）单位：CT1③层

陶质		细泥			粗泥			夹细砂	合计（件）	百分比（%）
陶色		红	红褐	灰褐	红	红褐	灰褐	黑	黑褐		
纹饰	粗绳纹	1	6	2	1	3	1		1	15	42.86
	细绳纹				1	1		1	2	5	14.28
	素面	1	6	1		1		5	1	15	42.86
数量		2	12	3	2	5	1	6	4	35	100
百分比（%）		5.71	34.29	8.57	5.71	14.29	2.86	17.14	11.43	100	
器类	鼎足			1					1	3	27.27
	鬲					1				2	18.18
	鬲足					1			1	2	18.18
	罐	1	1				1			3	27.27
	豆柄							1		1	9.1
合计（件）		1	1	1	1	2	2	1	2	11	100

（2）单位：CT2③层

陶质		粗泥			合计（件）	百分比（%）
陶色		红	红褐	灰褐		
纹饰	粗绳纹	3		3	6	35.29
	细绳纹		1		1	5.88
	素面	3	2	5	10	58.83
数量		6	3	8	17	100
百分比（%）		35.29	17.65	47.06	100	
器类	罐	1			1	20.00
	鬲足		2	1	3	60.00
	豆柄	1			1	20.00
合计（件）		2	2	1	5	100

（3）单位：CT5③层

陶质		粗泥				合计（件）	百分比（%）
陶色		红	红褐	灰褐	黑		
纹饰	粗绳纹	1		1		2	9.52
	细绳纹	2	4	3	2	11	52.38
	素面		4	3	1	8	38.10
数量		3	8	7	3	21	100
百分比（%）		14.29	38.09	33.33	14.29	100	
器类	罐	1	2	1		4	66.66
	鬲		1			1	16.67
	鬲足			1		1	16.67
合计（件）		1	3	2		6	100

附表一三　卜庄河遗址C区墓葬登记表

墓号	方向(°)	墓口尺寸 长×宽-深（米）	层位关系 开口（下）	层位关系 打破	形制结构	葬具	随葬品	葬式	性别	年龄	时代	备注
6	不明	不明					铜鼎、铜鎜、铜蒜头盖壶2	不详	不详	不详	汉代	修轮渡码头挖出
7	不明	不明					陶仓、陶罐	不详	不详	不详	汉代	修轮渡码头挖出
9	345	残5.2×2.5-(0.1~2.05)	①	生土	土圹石室		铁刀、陶罐3、玻璃耳坠2、钱币92	不详	不详	不详	汉代	
10	340	8.1×3.5-(1~3.5)	①	生土	凸字形土圹砖室	铁棺钉	铜带钩2、铜饰件3、铜钮、铜构件15、铜环、铁棺钉2、铁刀、陶罐、青瓷三足砚、青瓷四系盘口壶、瓷钮、滑石猪2、滑石璧2、钱币160	不详	不详	20±	六朝	随葬动物
11	352	残1.2×2.5-1.25	①	生土	土圹砖室			不详	不详	不详	汉代	
12	5	残2.1×3.4-1.9	①	生土	土圹石室			不详	不详	不详	汉代	
13	350	残3.05×3.6-(0.1~3.3)	①	生土	土圹石室		银环2、铜环、铜带钩、铜印章、铁削柄、陶饼、玻璃饰、角簪2、钱币1016	不详	不详	不详	汉代	其中铁币55
14	356	残4.7×3.3-(0.2~2.3)	①	生土	土圹砖室		钱币2	不详	不详	30~35	六朝	
15	155	残2.1×1.2-0.38	①	M24	土圹砖室			不详	不详	不详	六朝	
16	343	残9.6×3.5-(0.1~2.75)	①	生土	凸字形土圹石室	铁棺钉 铁抓钉	银环3、铜环、铁棺扣、铁抓钉3、陶罐、料珠7、钱币204	不详	女	18±	汉代	
17	167	6×2.75-(0.15~2.4)	①	生土	土圹石室		铜带钩、铁削刀、铁刀、玻璃耳坠2、钱币95	仰身直肢	不详	11±	汉代	
18	170	残6.2×3.6-(0.4~1.46)	①	生土	土圹石室		铁甬、钱币212	不详	不详	不详	汉代	
19	175	残4.2×3.4-(0.5~2.8)	①	生土	土圹石室		钱币392	不详	不详	不详	汉代	其中铁币55
20	160	残6.9×3.5-(0.5~3.4)	①	生土	土圹石室		铁削刀、钱币316、削鞘	不详	不详	不详	汉代	其中铁币3
21	360	7.05×2.14-(0.8~2.5)	①	BY4	凸字形土圹砖室		瓷罐	不详	不详	30±	六朝	
22	334	6.8×3.6-(1.1~1.9)	①	生土	凸字形土圹石室		瓷碗2、铜环、铜饰件2、陶盖、陶罐、陶纺轮、玻璃耳坠2、钱币60	不详	不详	不详	汉代	有排水沟
23	360	6.2×0.5~2.1-(0.8~3.2)	①	CY2	刀形土圹室	铁棺钉	铜饼形饰、铁棺钉2、石砚、滑石猪	不详	不详	20±	六朝	随葬动物，有排水沟
24	75	3.65×2.3-1.2	①	生土	长方形土坑		陶敦2、陶壶、陶鼎2	仰身直肢	不详	不详	周代	

墓号	方向(°)	墓口尺寸 长×宽-深(米)	层位关系 开口(下)	层位关系 打破	形制结构	葬具	随葬品	葬式	性别	年龄	时代	备注
25	260	残2.6×1.6-1.3	①	生土	长方形土坑		铜圈、铜铃饰、料珠、石斧、石锛2、双刃石器、钱币229	仰身直肢	不详	不详	汉代	
27	360	残1.6×3.2-(0.5~3)	①	生土	凸字形土坑砖室			不详	不详	不详	六朝	
28	360	2.5×1.04-(0.4~0.8)	①	M27	长方形土坑	铁棺钉	银环、铁棺钉4、瓷碗2、釉陶壶2、釉陶罐、釉陶钵、钱币1	上身仰身直肢下身不明	不详	不详	宋代	
38	360	残4.4×3.7-(0.5~2.2)	①	生土	土圹石室			不详	不详	不详	汉代	
70	90	2.6×残(1~1.2)-(0.6~1)	①	生土	长方形土坑		铁斧、陶鼎2、陶壶2	不详	不详	不详	汉代	
88	335	1.2×0.6-0.18	①	M89	长方形土坑			仰身直肢	不详	4	清代	小孩墓
89	339	残7.6×(3.15~3.54)-(1.2~2.2)	①	生土	土圹石室		铁削刀2、玻璃耳坠、钱币160	仰身直肢	不详	不详	汉代	
91	350	残11.5×3.5-(0.3~3.8)	①	生土	凸字形土圹石室		铜削刀、铜柄、铜构件、钱币209	不详	不详	不详	汉代	甬道下有沙坑
92	350	7.5×3.05-(0.3~2.7)	①	生土	凸字形土圹石室		陶壶、钱币283	不详	不详	不详	清代	
93	140	残2.1×0.8-(0~0.6)	①	生土	长方形土坑			仰身直肢	不详	不详	清代	
94	140	2.4×0.8-0.5	①	生土	长方形土坑		纽扣2	仰身直肢	不详	不详	清代	
109	230	3×2.2-0.6	①	生土	长方形土坑		陶罐2	不详	不详	不详	汉代	
111	不明	不明	①	生土	土圹石室		钱币359	不详	不详	不详	汉代	因库区第三期蓄水淹没未挖完，铁币2。
112	350	残4.8×2.75-2.5	①	生土	土圹石室		钱币63	不详	不详	不详	汉代	
114	10	残7×4-(0.6~4.3)	①	生土	土圹石室	铁棺扣棺痕	铁刀、铁棺扣、料珠、瓷碗3、瓷钵2、瓷罐底、陶罐2、钱币282	不详	不详	不详	汉代	其中铁币3
153	250	2.7×2.04-(1.4~2.9)	①	生土	长方形土坑		铜鼎2、铜蒜头壶2、玉璧	不详	不详	不详	汉代	铜鼎内和墓底随葬动物
154	250	残4.8×残(0.1~1.6)-0.6	①	生土	土圹石室		陶罐、钱币8	不详	不详	不详	汉代	
155	320	8.45×3.62-1.7	①	生土	凸字形土坑		陶钫壶2	不详	不详	不详	汉代	

附表一四　卜庄河遗址 D1 区灰坑登记表

灰坑号	位 置	层位关系		形制与结构			尺寸（厘米）长×宽（直径）-深	主要遗物	坑内堆积	时代	备注
		上	下	平面	壁	底					
1	D1T123 东南部 和 D1T124 西南角	D1H5	生土	不规则形	斜壁	圜底	残 360×420 - 76	罐、鬲足、豆盘	深灰褐色黏土	周代	
2	D1T122 东南部 和 D1T123 西南部	②	生土	椭圆形	斜壁	平底	200×168 - 58	鬲足、鼎足、石刀	灰褐色黏土	周代	
3	D1T126 东南角	①	③	不规则形	斜壁	圜底	残 290×残 205 - 80	板瓦、筒瓦	黑褐色黏土	汉代	
4	D1T145 东部	①	生土	椭圆形	斜壁	圜底	120×100 - 30	罐、鬲、鬲足、钵、豆盘、鼎足、陶垫	灰褐色黏土	周代	
5	D1T123 东北部	②	D1H1	长方形	斜壁	平底	418×130 - 80	筒瓦、板瓦	黄褐色黏土	汉代	较规整

附表一五　卜庄河遗址 D 区墓葬登记表

墓号	方向（°）	墓口尺寸 长×宽-深（米）	层位关系 开口（下）	层位关系 打破	形制结构	葬具	随葬品	葬式	性别	年龄	时代	发掘区	备注
1	320	残7.5×3.6-（0.6~2.5）	①	生土	土圹石室		铜带钩2、陶罐、陶灶、陶仓、玉饼、玻璃耳坠2、钱币1200	不详	不详	不详	汉代	D1	
2	110	残（0.8~2.9）×2.5-（0.4~1.95）	①	生土	长方形土坑	铁棺钉	铜鼎2、铜钫壶2、铁锄、铁斧、铁棺钉、陶杯2	不详	不详	不详	汉代	D1	
3	110	4.8×3-6	①	生土	长方形土坑	枕木槽	铜钫壶2、铜洗、铜瓶、铜鼎2、铜勺、铁削刀、陶熏、陶杯4	不详	不详	不详	汉代	D1	
5	350	（0.3~2.6）×（残0.2~1.2）-（0~1.7）	①	生土	长方形土坑		陶盒、陶罐	不详	不详	不详	汉代	D1	
29	27	8.3×（2~2.9）-（0~5.1）	①	生土	凸字形岩坑	樟痕	铜勺、铜鼎、铜壶、铜车軎、铜环、铜鱼钩、陶鼎2、陶壶2	不详	不详	不详	汉代	D1	生土二层台
30	165	3.9×残2.2-（0.5~2.4）	①	生土	长方形土坑	樟痕	铜钫壶2、铜鼎2、铜车軎、陶罐3、陶盒	不详	不详	不详	汉代	D1	生土二层台，4号铜鼎随葬动物。
34	252	3.2×3.1-（2.5~3.7）	①	生土	方形土坑	樟痕	铜印章、陶罐	仰身直肢	不详	不详	汉代	D1	
35	254	2.9×（1.7~1.95）-2	①	生土	长方形土坑	棺痕	陶罐	仰身直肢	不详	不详	汉代	D1	
36	90	3.45×（1.8~2.2）-3.1	①	生土	长方形土坑	樟痕、枕木槽	铜针5、陶鼎2、陶钫壶2、陶盒2	仰身直肢	不详	不详	汉代	D1	生土二层台
37	260	3.9×2.4-2.4	①	生土	长方形土坑	樟痕、棺痕	铜带钩	仰身直肢	不详	不详	汉代	D1	熟土二层台
39	90	残11.4×（2.4~8.2）-（0.15~1.7）	①	生土	丁字形土坑	樟痕、棺痕、铁棺钉、铁棺扣	铜带钩、铜印章、铜戒指2、铜饰、铁棺扣20、铁钩3、铁棺钉3、铁舌、陶灶5、陶罐3、陶盖、陶壶2、陶豆形器、陶碗、陶碟、陶盒2、陶鼎2、陶盒2、俑3、钱币176	多为仰身直肢，次为侧身屈肢，二次葬等	1号 不详；2号 不详；3号 男（?）；4号 男；5号 男；6号 不详；7号 不详；8号 不详；9号 男；10号 男；11号 不详	不详；儿童；30~35；45±；35±；10；12；40±；成年；25±；50~55	汉代	D1	16具人骨架

续表

墓号	方向(°)	墓口尺寸 长×宽-深(米)	开口(下)	打破	形制结构	葬具	随葬品	葬式	性别	年龄	时代	发掘区	备注
40	55	2.6×残(1~1.6)－1.1	①	生土	长方形土坑	枕木槽	陶罐2	不详	不详	不详	汉代	D1	
41	353	残2.6×2.9－残(0.5~1.6)	①	生土	土圹石室		银环、陶灶、陶仓、玻璃耳坠、钱币21	不详	不详	不详	汉代	D1	
42	170	残1.65×1.04－(0~0.95)	①	生土	长方形岩坑	棺痕	墓志砖2	仰身，下肢残	男	45±	明代	D1	
43	190	残2.2×1.2－(0~0.8)	①	M44	长方形土坑			仰身直肢	男	25±	清代	D1	
44	17	残6.95×4.5－(0.55~2.5)	M43	生土	长方形岩坑石室		钱币6	不详	不详	不详	汉代	D1	壁龛
45	245	2.08×0.75－0.6	①	生土	长方形土坑		陶罐	仰身直肢	不详	50±	汉代	D1	
46	125	2.85×1.4－1.2	①	M51	长方形土坑	铁棺钉	铁棺钉4	仰身直肢	男	30±	清代	D1	
47	263	2.2×1.3－0.9	①	生土	长方形土坑		陶甗、陶罐2、陶钵	不详	不详	不详	汉代	D1	
48	52	2.4×(0.88~1)－残(0.1~1.2)	①	M49	长方形土坑	铁棺钉	铜簪、铁棺钉8、钱币5	仰身直肢	不详	不详	宋代	D1	
49	325	残2.7×0.88－0.7	①	生土	长方形土坑		陶罐	不详	不详	不详	周代	D1	
50	125	2.4×(0.7~0.9)－(0.6~1.4)	①	生土	长方形土坑	铁棺钉	铁棺钉15	仰身直肢	男	50±	清代	D1	
51	170	残(5.2~6.2)×2.5－(0~1.6)	①	生土	土圹石室	铁棺钉	钱币36	不详	不详	不详	汉代	D1	
52	230	残1.1×1－残(0.1~0.6)	①	生土	长方形土坑	铁棺钉	铁棺钉4、瓷壶2、瓷碗、瓷碟、钱币18	不详	不详	不详	宋代	D1	
53	90	3.4×残2.22－1.8	①	生土	长方形土坑	棺痕	陶鼎2、陶敦2、陶壶2	不详	不详	不详	周代	D1	熟土二层台
54	263	1.2×1－1.2	①	生土	方形土坑		陶仓、陶灶、陶壶	不详	不详	不详	汉代	D1	
55	150	残6.4×3－(0.15~1.8)	①	生土	土圹石室	铁棺钉、铁棺扣	铜圈、铜带钩、铁刀、铁削刀、铁棺钉、铁棺扣3、玻璃耳坠2、钱币229	不详	不详	不详	汉代	D1	
56	270	3.2×2.2－1.25	①	生土	长方形土坑	铁棺扣	铁钩、铁棺扣、钱币140	不详	不详	不详	汉代	D1	其中铁币10
57	75	3.3×2.3－2.43	①	生土	长方形土坑	枕木槽	铁盾、陶鼎2、陶盒2、陶纺轮2	不详	不详	不详	汉代	D1	
58	255	13.12×3.24－(0~3)	①	生土	凸字形土坑	棺痕、椁痕	银环、陶甑、陶鼎、陶壶、陶盖、陶灶、陶钵	仰身直肢	男	R3:20~25	汉代	D1	墓道边有柱洞，3具人骨架

续表

墓号	方向(°)	墓口尺寸 长×宽-深(米)	层位关系 开口(下)	层位关系 打破	形制结构	葬具	随葬品	葬式	性别	年龄	时代	发掘区	备注
59	90	3.2×2-(1.15~1.6)	①	生土	长方形土坑		陶鼎2、陶壶2、陶盒2	不详	不详	不详	周代	D1	
60	80	2.18×1.26-0.7	①	生土	长方形土坑		陶鼎、陶罐	不详	不详	不详	汉代	D1	
61	263	2.2×(0.8~1)-(0.75~0.95)	①	生土	长方形土坑		陶鼎、陶钫壶、陶盒、漆木器痕2	仰身，下肢伸直，右上肢弯曲，左上肢不详	不详	不详	汉代	D1	
62	278	2.4×1.5-(0.4~0.8)	①	生土	长方形土坑		陶壶2、陶鼎2、陶盒2、陶罐2、钱币78	不详	不详	不详	汉代	D1	
63	264	2.2×1.3-0.3	①	生土	长方形土坑		陶矛、陶仓	不详	不详	不详	汉代	D1	
64	190	残0.6×0.75-0.4	①	生土	长方形土坑		瓷罐、瓷碗	不详	不详	不详	宋代	D1	
65	67	3.1×2.25-2.4	①	生土	长方形土坑	棺痕	铜鍪	不详	不详	不详	汉代	D1	熟土二层台
66	75	3.15×2.3-(1.6~2.9)	①	生土	长方形土坑	棺痕	铜鍪、铜径足、陶罐	仰身直肢	不详	不详	汉代	D1	熟土二层台
67	158	2.3×0.8-(0.4~1.2)	①	②	长方形土坑	棺木、铁棺钉	铁棺钉3	仰身直肢	不详	10	清代	D1	
68	123	1.95×0.62-(0.02~0.4)	①	生土	长方形土坑	铁棺钉	铁棺钉7	仰身直肢	不详	不详	清代	D1	
69	160	2×0.7-(0.2~0.6)	①	生土	长方形土坑	铁抓钉	铁抓钉4	仰身直肢	不详	25~30	明代	D1	
71	不明	不明	②	生土	土圹石室		铜刀	不详	不详	不详	汉代	D2	砖厂取土破坏
72	190	(0.6~1.3)×3.48-0.38	①	生土	土圹石室		钱币22	不详	不详	不详	汉代	D2	
73	360	残1.3×1.82-0.15	①	生土	长方形土坑		铁雨、铁镰、铁片、陶壶、陶鼎、陶盒、钱币2	不详	不详	不详	汉代	D2	
139	90	4.1×2.1-1.6	①	生土	长方形土坑		陶盖、陶罐、钱币	不详	不详	不详	汉代	D1	生土二层台
148	230	6.75×残(0.7~1.5)-(0~1.05)	①	生土	土圹石室			不详	不详	不详	汉代	D2	
149	270	残4.1×2.6-残(0.2~0.7)	M150		土圹石室		铜环、陶壶、陶罐、钱币39	不详	不详	不详	汉代	D2	
150	90	3.98×(0.85~1.62)-0.9	M149		凸字形岩坑		陶瓮	不详	不详	不详	汉代	D2	
151	90	(2.4~2.5)×(1.22~1.55)-(0.1~1.3)	①	生土	长方形土坑		铜径耳、陶罐	不详	不详	不详	汉代	D2	
156	130	残7.5×(1.65~3)-残(0.3~1)	①	生土	凸字形土圹石室	铁棺钉	铜带钩、铁剑、铁棺钉4、陶板瓦5、陶筒瓦4、瓷罐、钱币462	不详	不详	不详	六朝	D2	其中铁币22
157	95	3.15×1.86-(0.6~1.1)	①	生土	长方形土坑		铁斧	不详	不详	不详	汉代	D1	
158	90	2.1×0.88-0.6	①	生土	长方形土坑		瓷罐	仰身直肢	不详	成年	宋代	D1	

附表一六　卜庄河遗址 D1 区周代陶片统计表

（1）单位：D1H1

陶 质		粗 泥				夹细砂	合计	百分比
陶 色		红褐	红	黑褐	黑	红褐	（件）	（%）
纹饰	细绳纹	3					3	6.00
	粗绳纹	29	2	4		1	36	72.00
	凹弦纹			2			2	4.00
	附加堆纹		1				1	2.00
	素 面	2			6		8	16.00
数 量		34	3	6	6	1	50	100
百分比（%）		68.00	6.00	12.00	12.00	2.00	100	
器类	鬲 足					1	1	33.33
	罐	1					1	33.33
	豆				1		1	33.33
合计（件）		1			1	1	3	100

（2）单位：D1H4

陶 质		粗 泥							合计	百分比
陶 色		红	红褐	褐	灰褐	浅灰	灰	黑	（件）	（%）
纹饰	细绳纹	4	2	2	4	1		2	15	10.07
	粗绳纹	2	5	2					9	6.04
	方格纹				1				1	0.67
	素 面	12	29	27	39	1	2	14	124	83.22
数 量		18	36	31	44	2	2	16	149	100
百分比（%）		12.08	24.16	20.81	29.53	1.34	1.34	10.74	100	
器类	鬲		1	1					2	18.18
	鬲 足		2						2	18.18
	罐		1	1			1		3	27.28
	钵			1					1	9.09
	豆						1		1	9.09
	鼎 足				1				1	9.09
	垫				1				1	9.09
合计（件）			3	2	2	2	1	1	11	100

（3）单位：D1T136③层

陶 质		粗 泥			合计	百分比
陶 色		红	褐	灰褐	（件）	（%）
纹饰	方格纹		2		2	12.50
	粗绳纹	3	2	3	8	50.00
	素 面	2	2	2	6	37.50

陶　质		粗　泥			合计（件）	百分比（%）
陶　色		红	褐	灰褐		
数　量		5	6	5	16	100
百分比（%）		31.25	37.50	31.25	100	
器类	鬲　足	1	1		2	40.00
	鼎　足			1	1	20.00
	鼎		1		1	20.00
	罐		1		1	20.00
合计（件）		1	3	1	5	100

（4）单位：D1T137③层

陶　质		细　泥		粗　泥				合计（件）	百分比（%）
陶　色		黑	红褐	黑褐	红	灰褐	红褐		
纹饰	细绳纹		1		1	1	2	5	45.46
	粗绳纹			1		1		2	18.18
	素　面	2				1	1	4	36.36
数　量		2	1	1	1	3	3	11	100
百分比（%）		18.19	9.09	9.09	9.09	27.27	27.27	100	
器类	鼎						1	1	25.00
	鼎　足					1		1	25.00
	鬲　足			1				1	25.00
	罐	1						1	25.00
合计（件）		1		1		1	1	4	100

附表一七　卜庄河遗址 D1 区 M58 柱洞登记表

（单位：厘米）

柱洞号	形　状	尺　寸		柱　础	备　注
		口径（长×宽）	深		
1	圆　形	22	162	圆形石础	石础被压破
2	圆　形	24	152	不规则形石础	
3	圆　形	25	146	不规则形石础	
4	圆　形	23	150	不规则形石础	
5	圆　形	26	174	不规则形石础	
6	圆　形	25	153	椭圆形石础	
7	略呈正方形	20	164	不规则形石础	石础被压破
8	略呈正方形	21	138	不规则形石础	
9	略呈正方形	22	128	不规则形石础	
10	椭圆形	27×20	102	不规则形石础	
11	圆　形	20	132	不规则形石础	
12	略呈正方形	22	122	近方形石础	
13	略呈正方形	21	115	方形石础	
14	略呈圆形	22	121	不规则形石础	
15	略呈圆形	20	103	不规则形石础	
16	略呈正方形	20	85	方形石础	
17	略呈正方形	21	68	梯形石础	
18	略呈正方形	23	51	不规则形石础	
19	椭圆形	25×19	38	梯形石础	
20	长方形	26×18	27	长条形石础	

附表一八　卜庄河遗址 E2 区灰坑登记表

灰坑号	位置	层位关系 上	层位关系 下	形制与结构 平面	形制与结构 壁	形制与结构 底	尺寸（厘米）长×宽（直径）-深	主要遗物	坑内堆积	时代	分期	备注
1	T23 中部	①	生土	椭圆形	斜壁	近平	258×138－40	罐、鬲、鬲足、鼎足、釜	黑褐色黏土	周代	二	
2	T75 中部	⑤	生土	圆形	弧壁	平底	口径：118 腹径：136 底径：125	罐、瓮、鬲、鬲足、鼎足、豆座、甗腰	黑褐色黏土	周代	一	口小底大袋形灰坑
3	T124 中部	①	生土	圆形	斜壁	圜底	150－92	绳纹陶片	红褐色黏土 夹灰白色黏土	周代	二	

附表一九　卜庄河遗址 E2 区周代陶片统计表

（1）单位：E2H1

陶质		粗 泥				夹细砂	合计（件）	百分比（%）
陶色		红	红褐	灰褐	黑	红褐		
纹饰	粗绳纹	3	3	1		7	14	29.17
	细绳纹	6		1	3	2	12	25.00
	素 面	5	9	2	4	2	22	45.83
数 量		14	12	4	7	11	48	100
百分比（%）		29.17	25.00	8.33	14.58	22.92	100	
器类	鬲		2				2	18.18
	鬲 足					2	2	18.18
	鼎 足		1	1		1	3	27.27
	釜		1				1	9.1
	罐	1	1	1			3	27.27
合计（件）		1	5	2		3	11	100

（2）单位：E2H2

陶质		细 泥					粗 泥				夹细砂		合计（件）	百分比（%）
陶色		红	红褐	灰褐	浅灰	黑褐	红	红褐	褐	黑	灰褐	红褐		
纹饰	粗绳纹	5	2	2		4	4	3	3	2	2	5	32	24.06
	凹弦纹	2	1			1							4	3.01
	压印纹		1										1	0.75
	细绳纹							5		2	2	4	13	9.77
	篮 纹						2						2	1.50
	素 面	10	6	4	1	10	2	12	3	17	16		81	60.91
数 量		17	10	6	1	15	8	20	6	21	20	9	133	100
百分比（%）		12.78	7.52	4.51	0.75	11.28	6.02	15.04	4.51	15.78	15.04	6.77	100	
器类	罐		1				1	2	2	1			7	29.16
	瓮	1	1				3	1					6	25.00
	鬲									1			1	4.17
	鬲 足										1	1	2	8.33
	鼎								1	1			2	8.33
	鼎 足										1	2	3	12.50
	豆 座	1											1	4.17
	豆 柄			1									1	4.17
	甗 腰										1		1	4.17
合计（件）		2	1	2			1	5	5	2	2	4	24	100

（3）单位：E2T72⑤层

陶 质		细 泥				粗 泥			夹细砂	合计	百分比
陶 色		红	红褐	灰褐	灰	红	红褐	灰褐	红褐	（件）	（%）
纹饰	细绳纹	4	7	3		7	3	3	6	33	27.73
	粗绳纹	6	12	8		10	4	1	7	48	40.34
	附加堆纹		2					1		3	2.52
	素 面	5	4	9	2	8	2	1	4	35	29.41
数 量		15	25	20	2	25	9	6	17	119	100
百分比（%）		12.61	21.01	16.80	1.68	21.01	7.56	5.04	14.29	100	
器类	鬲						2	1		3	30.00
	鬲 足						1		2	3	30.00
	罐		1				1	1		3	30.00
	盂	1								1	10.00
合计（件）		1	1				4	2	2	10	100

（4）单位：E2T74⑤层

陶 质		粗 泥						夹细砂	合计	百分比
陶 色		红	红褐	褐	灰褐	灰	黑	红褐	（件）	（%）
纹饰	细绳纹	2	1		2	2	3	4	14	11.02
	粗绳纹	2	11	3	4		2	4	26	20.47
	凹弦纹	1							1	0.79
	戳印纹				1				1	0.79
	方格纹				1				1	0.79
	素 面	10	43	8	10	2	9	2	84	66.14
数 量		15	55	11	18	4	14	10	127	100
百分比（%）		11.81	43.32	8.66	14.17	3.15	11.02	7.87	100	
器类	鼎 足				1			2	3	25.00
	鬲 足		2						2	16.67
	罐			1	2			1	4	33.33
	豆 柄	1			1				2	16.67
	豆 座	1							1	8.33
合计（件）		2	2	1	4			3	12	100

（5）单位：E2T75⑤层

陶 质		粗 泥					夹细砂	合计	百分比
陶 色		红	红褐	褐黄	黑	灰褐	红褐	（件）	（%）
纹饰	粗绳纹	2	6		2		4	14	22.22
	细绳纹		2		2		2	6	9.52
	凹弦纹		1					1	1.59
	素 面		29	4	4	4	1	42	66.67
数 量		2	38	4	6	6	7	63	100
百分比（%）		3.17	60.33	6.35	9.52	9.52	11.11	100	
器类	鼎 足						1	1	16.67
	豆 柄				1			1	16.67
	罐		2			1	1	4	66.66
合计（件）			2		2	2		6	100

（6）单位：E2T85⑤层

陶质		细泥			粗泥		夹细砂		合计（件）	百分比（%）
陶色		红	红褐	褐	红褐	灰褐	红褐	红		
纹饰	细绳纹	1	2		5	1	10		19	19.59
	粗绳纹		7	4		2		2	15	15.46
	附加堆纹		1	1					2	2.06
	素面	1	45	5	3	1	6		61	62.89
数量		2	55	10	8	4	16	2	97	100
百分比（%）		2.06	56.71	10.31	8.25	4.12	16.49	2.06	100	
器类	罐		2	1	3	1			7	36.85
	鬲				2	2			4	21.05
	鬲足						3	1	4	21.05
	豆柄	1		1	1				3	15.79
	豆座		1						1	5.26
合计（件）		1	3	2	6	3	3	1	19	100

（7）单位：E2T91⑤层

陶质		粗泥					夹细砂	合计（件）	百分比（%）
陶色		红	灰褐	红褐	灰	黑	红褐		
纹饰	细绳纹	4	2	1				7	25.00
	粗绳纹		1	2			3	6	21.43
	方格纹				1			1	3.57
	素面	5	3	2	1	2	1	14	50.00
数量		9	6	5	2	2	4	28	100
百分比（%）		32.14	21.43	17.86	7.14	7.14	14.29	100	
器类	鬲足						2	2	28.57
	鬲		1	1				2	28.57
	鼎足		1					1	14.29
	罐			1		1		2	28.57
合计（件）			2	2		1	2	7	100

（8）单位：E2T72④层

陶质		细泥					粗泥			夹细砂	合计（件）	百分比（%）
陶色		红	红褐	黑	灰褐	灰	红褐	橙黄	褐	红褐		
纹饰	粗绳纹	1	5	1	5	1	11	2	3	5	34	29.83
	方格纹						1				1	0.88
	细绳纹						2			2	4	3.51
	附加堆纹			1	1				1		3	2.63
	交错绳纹						2				2	1.75
	素面	2	6	14	24	1	10	3	10		70	61.40
数量		3	11	16	30	2	26	5	14	7	114	100
百分比（%）		2.63	9.65	14.04	26.32	1.75	22.81	4.39	12.28	6.14	100	
器类	鬲				2		2				4	25.00
	鬲足						2		1	2	5	31.25
	鼎足								1		1	6.25
	豆柄	1									1	6.25
	罐				2		2				4	25.00
	釜								1		1	6.25
合计（件）		1			4		6		2	3	16	100

（9）单位：E2T74④层

陶质		粗泥						夹细砂	合计（件）	百分比（%）
陶色		红	红褐	褐	灰褐	黑	灰	红褐		
纹饰	粗绳纹	8	14		3	4	5	8	42	23.20
	凹弦纹		3			1		2	6	3.31
	细绳纹	4	5		1			3	13	7.18
	素面	22	62	5	11	3	15	2	120	66.31
数量		34	84	5	15	8	20	15	181	100
百分比（%）		18.78	46.41	2.76	8.29	4.42	11.05	8.29	100	
器类	鼎足		3					2	5	38.46
	鬲足			1				1	2	15.39
	豆盘	1							1	7.69
	罐		2	1	2				5	38.46
合计（件）		1	5	2	2			3	13	100

（10）单位：E2T85④层

陶质		细泥		粗泥				夹细砂		合计（件）	百分比（%）
陶色		红	红褐	红	红褐	褐	灰	红褐	红		
纹饰	细绳纹	2	1	2	3	10	1		2	21	24.42
	方格纹				1			6		7	8.14
	粗绳纹		1		4					5	5.81
	凹弦纹					1				1	1.16
	素面	1	1	2	15	30		2	1	52	60.47
数量		3	3	4	23	41	1	8	3	86	100
百分比（%）		3.49	3.49	4.65	26.74	47.68	1.16	9.30	3.49	100	
器类	鼎		1			2				3	21.43
	鼎足					1		2		3	21.43
	鬲				1	1				2	14.29
	鬲足		1					2		3	21.43
	罐			1						1	7.13
	纺轮				2					2	14.29
合计（件）			2	1	3	4		4		14	100

（11）单位：E2T88④层

陶质		细泥			粗泥					夹细砂		合计（件）	百分比（%）
陶色		黑褐	红	黑	黑	红褐	红	灰褐	灰	红褐	灰褐		
纹饰	绳纹	2	1	1	1	3	2	2	1	2	2	17	65.38
	素面	1	1			5		1			1	9	34.62
数量		3	2	1	1	8	2	3	1	3	2	26	100
百分比（%）		11.54	7.69	3.85	3.85	30.76	7.69	11.54	3.85	11.54	7.69	100	
器类	鼎足					1	1				1	3	42.85
	鬲					2						2	28.57
	罐							1				1	14.29
	鬲足										1	1	14.29
合计（件）						3	1	1			1	7	100

（12）单位：E2T89④层

陶质		细泥		粗泥		夹细砂	合计（件）	百分比（%）
陶色		红	红褐	红褐	灰褐	红褐		
纹饰	细绳纹	1					1	4.76
	粗绳纹		1		4	2	7	33.33
	素面	1	2	3	3	4	13	61.91
数量		2	3	3	7	6	21	100
百分比（%）		9.53	14.29	14.29	33.33	28.56	100	
器类	鼎足					1	1	12.50
	鬲			2			2	25.00
	鬲足			1	1	2	4	50.00
	罐				1		1	12.50
合计（件）				3	2	3	8	100

（13）单位：E2T90④层

陶质		粗泥			夹细砂	合计（件）	百分比（%）
陶色		红	红褐	褐	红褐		
纹饰	细绳纹	2	2	1	1	6	42.86
	粗绳纹		2		2	4	28.57
	素面		1	2	1	4	28.57
数量		2	5	3	4	14	100
百分比（%）		14.29	35.71	21.43	28.57	100	
器类	鬲足				2	2	50.00
	瓶腰		1			1	25.00
	罐			1		1	25.00
合计（件）		1	1	2	4	100	

（14）单位：E2T130④层

陶质		细泥		粗泥			夹细砂	合计（件）	百分比（%）
陶色		红	灰	红	红褐	灰褐	红褐		
纹饰	细绳纹	4			2	2	2	10	40.00
	方格纹					1		1	4.00
	粗绳纹			2	3		1	6	24.00
	素面	2	2	2	1		1	8	32.00
数量		6	2	4	6	3	4	25	100
百分比（%）		24.00	8.00	16.00	24.00	12.00	16.00	100	
器类	鬲	1		2				3	30.00
	鬲足				1		1	2	20.00
	罐	1		2	1			4	40.00
	缸					1		1	10.00
合计（件）		2		5	2	1		10	100

附表二〇　卜庄河遗址 E 区墓葬登记表

墓号	方向(°)	墓口尺寸 长×宽-深(米)	层位关系 开口	层位关系 打破(下)	形制结构	葬具	随葬品	葬式	性别	年龄	时代	发掘区	备注
8	90	残7.75×3.5-(2.8~3.6)	①	生土	土圹砖室		陶饼、陶罐、玉环3、钱币7	不详	不详	不详	汉代	E1	
31	40	9.4×3.6-残(1.4~4.2)	①	生土	凸字形砖室		铜饰件2、陶罐、瓦当2、板瓦6、筒瓦4、料珠、钱币7	不详	不详	不详	六朝	E2	
32	205	2.8×1.8-0.6	①	生土	长方形土坑	枕木槽	铜环	不详	不详	不详	汉代	E1	
33	250	2.84×1.9-1.23	①	生土	长方形土坑	榫痕	铜带钩、铜铨足、陶罐、铜铨耳、陶豆2、陶盖	仰身直肢	不详	不详	汉代	E1	
74	326	残3.9×3.15-残(0.1~1.1)	①	生土	土圹石室			不详	不详	不详	汉代	E1	
75	19	7.05×残(0.5~1.4)-残(0.95~1.8)	①	生土	土圹砖室			不详	不详	不详	六朝	E1	
76	355	8.74×3.56-残(0.6~2.6)	①	生土	凸字形砖室		铁箭镞、玻璃耳坠、骨扣形器、钱币160	不详	不详	不详	汉代	E2	
77	38	8.7×3.6-残(2.2~3.3)	①	生土	凸字形砖室		银发钗、板瓦4、瓦嘴2、瓷钵2、钱币10	不详	不详	不详	六朝	E2	
78	50	残(1.1~3.6)-(4.2~5.1)-(0.4~2.7)	①	M80	长方形土坑		铜铨足3、铜泡钉、铁钉2、陶罐、陶盒2、陶鼎2、陶仓2、陶壶、陶垫、钱币15	不详	不详	不详	汉代	E1	
80	58	残(1.6~1.8)×3.6~4.1	①	生土	长方形土坑	枕木槽	铁片、陶盖、陶鼎、陶罐、钱币12	不详	不详	不详	汉代	E1	
81	340	残3.5×2.75-1.1	①	生土	土圹石室	铁棺扣	铜带钩、铜环、铁棺扣3、陶灶2、陶盖、钱币83	不详	不详	不详	汉代	E1	6具人骨架均被火烧
82	65	12.6×4.52-残(0.2~5)	①	生土	凸字形石室	铁棺钉	银环、银发钗3、铜簪、银簪铜把扣3、铁棺钉2、筒瓦5、瓦当2、板瓦图案2、鱼形图案3、门阙图案2、飞鸟图案、鸟捕鱼图案、瓷钵、钱币18	不详	不详	不详	汉代	E2	
95	245	7.2×3.1-残(0.45~1.2)	①	生土	凸字形土圹石室	棺痕	钱币61	仰身直肢	不详	不详	汉代	E1	3具人骨架
96	25	残2.2×2.6-2.2	①	生土	土圹石室			不详	不详	不详	六朝	E2	

续表

墓号	方向(°)	墓口尺寸 长×宽~深(米)	层位关系 开口	层位关系 打破(下)	形制结构	葬具	随葬品	葬式	性别	年龄	时代	发掘区	备注
102	360	残4.6×3.2-残(0.4~1.6)	①	生土	土圹石室	铁抓钉、铁棺扣	铜削刀2、铜挖子、铁抓钉、铁棺扣、角锥、陶罐、钱币946	不详	不详	不详	汉代	E2	其中铁币2，2具人骨架
103	10	残10.4×3.6-残(0.6~4.4)	①	生土	凸字形土坑石室		铜饰件、铜管、铜环、铜剑饰5、陶罐6、陶钵2、铜块2、陶盖、陶灶、陶甑、陶杯、陶板瓦4、钱币96	不详	不详	不详	汉代	E2	
104	270	残1.6×残1.4-残(0.1~0.4)	①	生土	长方形土坑	铁棺扣	陶壶、铁棺扣4	不详	不详	不详	汉代	E1	
105	130	3.2×残0.9-0.9	①	生土	长方形土坑	铁棺扣	铁棺扣4	不详	不详	不详	汉代	E2	熟土二层台
106	30	残(0.85~1.15)×2.28-残(0~1)	①	生土	长方形土坑		瓷碟	不详	不详	不详	宋代	E2	
115	74	残0.9×残(0.5~1.6)-残0.5	①	生土	长方形土坑		陶罐3、陶钵2、陶灶、陶壶、陶瓶2、豆形器	不详	不详	不详	汉代	E1	
120	45	残3.6×2.2-残(0.5~1.45)	①	生土	土圹石室		陶壶、陶罐2、陶灶、陶钵、陶盖、钱币6	不详	不详	不详	汉代	E2	
121	55	2.95×1.7-2.42	①	生土	长方形土坑	棺痕	陶罐	仰身直肢	不详	不详	汉代	E2	
124	190	残0.95×0.8-残(0.15~0.48)	①	生土	长方形土坑	铁棺钉	铜发钗2、铁棺钉4、陶罐	仰身直肢	不详	不详	明代	E2	
125	340	残(0.1~0.8)×残(0.65)-0.5	②	M126	长方形土坑	枕木槽	瓷碗	仰身直肢	不详	不详	宋代	E1	
126	65	3.4×(1.8~2.4)-0.15	②	生土	长方形土坑		铜镜、板瓦3、筒瓦、瓦嘴2	不详	男	不详	汉代	E1	
142	360	残3.2×2.05-残(0.4~1.4)	①	生土	土圹石室	铁棺钉		不详	男	35±	六朝	E2	
143	180	1.7×0.7-残0.15	①	生土	长方形土坑	铁抓钉	铜扣、铁棺钉5、铁抓钉、玻璃纽扣11、料珠、釉陶罐	仰身直肢	女	20~25	明代	E2	
144	180	2.15×0.95-1.5	①	生土	长方形土坑		铁棺钉5	不详	不详	7	清代	E2	
145	180	2.24×0.88-0.25	①	生土	长方形土坑	铁棺钉	铁棺扣、陶鼎2、陶盖、陶钵	仰身直肢	女	成年	清代	E2	
146	270	2.8×1.8-1	①	生土	长方形土坑	铁棺扣	铁棺扣、陶罐、陶盒、陶钵	不详	不详	不详	汉代	E2	
147	180	1.78×0.5-0.6	①	M77、M31	椭圆形土圹石室	棺痕		仰身直肢	男	30±	清代	E2	墓碑一块

附表二一　卜庄河遗址 E2 区六朝时期陶片统计表

（1）单位：E2G1

陶质		细泥	粗泥			合计（件）	百分比（%）
陶色		红褐	灰褐	红	灰		
纹饰	细绳纹	1	1	1	1	4	11.76
	粗绳纹				16	16	47.06
	素面				14	14	41.18
数量		1	1	1	31	34	100
百分比（%）		2.94	2.94	2.94	91.18	100	
器类	板瓦		1		3	4	50.00
	筒瓦				4	4	50.00
合计（件）			1		7	8	100

（2）单位：E2T72③层

陶质		细泥			粗泥				合计（件）	百分比（%）
陶色		红	褐	灰	灰褐	浅灰	灰	红褐		
纹饰	绳纹		3	1		8	6		18	33.96
	凹弦纹		1	2				1	4	7.55
	粗绳纹		1		2	1	2		6	11.32
	素面	1	3	7		5	8	1	25	47.17
数量		1	8	10	2	14	16	2	53	100
百分比（%）		1.89	15.09	18.87	3.77	26.42	30.19	3.77	100	
器类	筒瓦					3	2		5	38.46
	板瓦					2	3		5	38.46
	罐		1	1					2	15.39
	器底							1	1	7.69
合计（件）			1	1		5	5	1	13	100

附表二一　卜庄河遗址 F 区灰坑登记表

灰坑号	位置	层位关系 上	层位关系 下	形制与结构 平面	形制与结构 壁	形制与结构 底	尺寸（厘米）长×宽（直径）-深	主要遗物	坑内堆积	时代	分期	备注
1	FT9 东北角	①	H2	圆形	斜壁	圜底	120-33	罐、鬲	黑褐色黏土	周代	一	
2	FT9 东北部	①	生土	圆形	斜壁	平底	240-130	铜条、石杵、罐、豆、豆柄、瓮、高口沿、高足、鼎口沿、鼎足	上层为红褐色黏土 下层为黄褐色黏土	周代	一	袋形坑
3	FT20 东南部	①	生土	不规则形	弧壁	近平底	190×残70-70	罐	红色坑土	汉代		填土较纯净
4	FT14 东南部	①	生土	椭圆形	直壁	平底	160×135-50	罐、高口沿、瓮、鼎足、豆盘	黑褐色黏土	周代	二	
5	FT12 和 FT13 的北部	③	生土	不规则形	斜壁	圜底	460×残120-残50	罐、高足、鼎口沿、鼎足、豆柄、豆盘、钵	灰褐色黏土	周代	二	江水上涨未发掘完
6	FT29 西北部和 FT27 西南部	①	③	圆角长方形	斜壁	斜底	318×205-30	罐、筒瓦	黑褐色黏土	汉代	·	
7	FT31 中部	③	生土	椭圆形	直壁	平底	120×80-28	绳纹陶片	红褐色黏土	周代	二	
8	FT34 中部	③	生土	椭圆形	斜壁	近平底	180×97-45	鼎足、罐	红褐色黏土	周代	二	南部因山体滑坡挤压变形
9	FT37 东北角	③	H12	不规则形	斜壁	不规则形	230×110-81	罐、高口沿、豆盘	深灰褐色黏土	周代	二	南部因山体滑坡挤压变形
10	FT41 西南部	③	生土	不规则形	斜壁	平底	220×170-30	罐、高口沿、高足	红褐色黏土	周代	二	
11	FT41 东北部	③	生土	椭圆形	斜壁	平底	120×69-24	罐、高口沿、盖、器底、铜片	红褐色黏土	商代	二	南部因山体滑坡挤压变形
12	FT37 北部	③	生土	不规则形	斜壁	圜底	210×136-71	罐、高口沿、盂、豆盘	黑褐色黏土	周代	一	
13	FT37 西南角	③	H14	近圆形	斜壁	平底	140-60	罐、高口沿、罐底	黄褐色黏土	周代	二	

续表

灰坑号	位置	层位关系		形制与结构			尺寸（厘米）长×宽（直径）-深	主要遗物	坑内堆积	时代	分期	备注
		上	下	平面	壁	底						
14	FT37 西南部	③	H19、H20	近圆形	斜壁	平底	190-80	罐、鬲口沿、鬲足、豆座、盂	灰褐色黏土	周代	一	南部因山体滑坡挤压严重变形
15	FT40 东南角	③	H24	不规则形	弧壁	近平底	180×(75~145)-47	罐、鬲口沿、鬲足、钵	黑褐色黏土	周代	二	
16	FT43 南部和 FT47 北部	③	H17	椭圆形	弧壁	近平底	165×160-38	罐、豆柄、钵	灰褐色黏土	周代	二	
17	FT43 西南角和 FT47 西北部	③	④	椭圆形	直壁	斜平底	198×175-34	铜器口沿、罐、鬲口沿、鼎足、鼎口沿、鬲足、钵	灰褐色黏土	周代	一	
18	FT43 东北角和 FT44 西部	③	④	椭圆形	斜壁	圆底	300×250-60	罐、鬲口沿、瓮、豆柄、鼎足、钵、盖纽、圈足	红褐色黏土	周代	二	
19	FT37 南部	③	H22	椭圆形	弧壁	平底	220×168-84	罐、鬲足、鼎足、豆柄、器底	灰褐色黏土	周代	一	南部因山体挤压严重变形
20	FT37 西南部、FT39 东北部和 FT40 西北部	③	生土	圆形	斜壁	平底	310×残(120~170)-(20~148)	罐、鬲口沿、鬲足、豆座、鼎口沿、鼎足、网坠、盖、瓮、石铢、器底、簋、豆柄	①层为黑褐色黏土，②层为灰褐色黏土夹黄褐色土块	周代	一	南部因山体挤压严重变形
21	FT40 关键柱内	④	生土	近圆形	斜壁	圆底	78-28	罐、豆、圈足	红褐色黏土	商代		
22	FT37 中部	③	生土	圆形	斜壁	圆底	52-22	绳纹高档陶片	黑褐色黏土	周代	一	
23	FT40 西部	③	生土	圆形	弧壁	平底	140×130-(20~54)	罐、鬲口沿、鬲足、鼎足、豆盘、豆座	灰褐色黏土	周代	二	
24	FT40 东部	③	生土	不规则形	斜壁	平底	140×130-54	罐、鼎口沿、鬲口沿、鼎足、鬲足、豆座	红褐色黏土	周代	一	
25	FT45 东南角	①	③	圆形	斜壁	圆底	60-30	绳纹陶片	黄褐色黏土	汉代	一	
26	FT46 西南部	④	生土	圆形	弧壁	平底	170-150	罐、鬲、鼎口沿、鼎足、盂、钵、网坠、豆座	灰褐色黏土	周代	一	口部因山体挤压略变形

附表二三　卜庄河遗址 F 区商代陶片统计表

（1）单位：FH11

陶质		细泥		粗泥				夹细砂			夹粗砂		合计（件）	百分比（%）
陶色		红	黑	红褐	灰褐	黑褐	黑	灰褐	黑褐	红褐	灰褐	黑褐		
纹饰	凹弦纹	2		2									4	2.35
	粗绳纹			6	4	1		7	5		9	7	39	22.94
	细绳纹			5	8	18	20	13	12		11	15	102	60.00
	附加堆纹					1							1	0.59
	素面	2		4	2	3	2	1	2	5	2	1	24	14.12
数量		4		17	14	23	22	21	19	5	22	23	170	100
百分比（%）		2.35		10.00	8.24	13.53	12.94	12.35	11.18	2.94	12.94	13.53	100	
器类	罐		1	1	2	2	1	1	2		4	2	16	80.00
	鬲足											1	1	5.00
	鬲			1									1	5.00
	盖			1									1	5.00
	器底										1		1	5.00
合计（件）			1	3	2	2	1	1	2	2	4	2	20	100

（2）单位：FH21

陶质		细泥		粗泥				夹细砂		夹粗砂		合计（件）	百分比（%）
陶色		黑	灰	黑褐	红褐	黑	灰褐	黑褐	灰褐	红褐	灰褐		
纹饰	粗绳纹	2						1	4	5	3	15	28.85
	方格纹				1					1		2	3.85
	细绳纹	2			3		1	7	2		1	16	30.77
	素面	2	2	2	2	1	2	4	2	2		19	36.53
数量		6	2	2	6	1	3	12	8	8	4	52	100
百分比（%）		11.54	3.85	3.85	11.54	1.92	5.77	23.08	15.38	15.38	7.69	100	
器类	罐				2		1	2	1	3	2	12	85.72
	豆盘			1								1	7.14
	圈足								1			1	7.14
合计（件）				1	2		1	2	3	3	2	14	100

附表二四　卜庄河遗址 F 区周代陶片统计表

（1）单位：FH1

陶质		粗泥					夹细砂		合计（件）	百分比（%）
陶色		红	橙红	红褐	灰	黑	红褐	灰		
纹饰	粗绳纹	2	1	2	2	1	4	1	13	26.00
	细绳纹	2	1	2			2		7	14.00
	素面	4	5	6	7	3	4	1	30	60.00
数量		8	7	10	9	4	10	2	50	100
百分比（%）		16.00	14.00	20.00	18.00	8.00	20.00	4.00	100	
器类	罐	1	1	4			1		7	87.50
	鬲			1					1	12.50
合计（件）		1	1	5			1		8	100

（2）单位：FH2

陶质		粗　泥					夹细砂			合计（件）	百分比（%）
陶色		红	红褐	黑	灰褐	灰	黑	红褐	黑褐		
纹饰	粗绳纹	4	3	3				5	6	21	2.69
	细绳纹	6	2		2	2	8	3		23	2.94
	方格纹				2		3			5	0.64
	凹弦纹	2		4						6	0.77
	压印纹		1							1	0.13
	几何形暗纹		1		1					2	0.26
	素　面	139	180	253	17	44	55	31	5	724	92.57
数　量		151	186	261	22	46	66	39	11	782	100
百分比（%）		19.31	23.79	33.37	2.81	5.88	8.44	4.99	1.41	100	
器类	罐	2	4		1			2	1	10	34.49
	豆		2	1	2					5	17.24
	豆柄		1					2		3	10.34
	瓮		2	1						3	10.34
	鬲		2							2	6.90
	鬲足							2		2	6.90
	鼎							1		1	3.45
	鼎足							2	1	3	10.34
合计（件）		2	11	1	4			9	2	29	100

（3）单位：FH4

陶质		粗　泥					夹细砂		合计（件）	百分比（%）
陶色		红	红褐	黑褐	黑	灰	红褐	灰褐		
纹饰	细绳纹		1		1	1		3	6	10.71
	粗绳纹		3	3	4	1	3	2	16	28.58
	素　面	1	3	9	8	1	5	7	34	60.71
数　量		1	7	12	13	3	8	12	56	100
百分比（%）		1.79	12.50	21.43	23.21	5.35	14.29	21.43	100	
器类	罐	1	1						2	20.00
	鬲			1				1	2	20.00
	鬲足						1		1	10.00
	瓮		1						1	10.00
	豆盘			1	1				2	20.00
	鼎足						1	1	2	20.00
合计（件）		1	2	2	1		2	2	10	100

（4）单位：FH5

陶质		细　泥			粗　泥					夹细砂		合计（件）	百分比（%）
陶色		红	黑褐	灰褐	红	红褐	灰褐	黑	黑褐	红褐	黑		
纹饰	粗绳纹				4	15	13	2		7	1	42	46.67
	细绳纹				4	9	7	3		4		27	30.00
	凹弦纹						1					1	1.11
	素　面	2	2	2	2	3	2	2	2	1	2	20	22.22
数　量		2	2	2	10	28	22	7	2	12	3	90	100
百分比（%）		2.22	2.22	2.22	11.11	31.12	24.45	7.78	2.22	13.33	3.33	100	
器类	罐					2	1	1			1	5	27.77
	鬲						1					1	5.56
	鬲　足								1			1	5.56
	鼎					1	1					2	11.11
	鼎　足						2			2		4	22.22
	豆　柄	1	1									2	11.11
	豆　盘		1	1								2	11.11
	钵			1								1	5.56
合计（件）		1	2	2		4	4	1	1	2	1	18	100

（5）单位：FH8

陶　质		粗　泥			夹细砂	合计（件）	百分比（%）
陶　色		红褐	灰褐	灰	褐		
纹饰	绳纹	1	5	1		7	41.18
	凹弦纹			1		1	5.88
	素　面	1	3	4	1	9	52.94
数　量		2	8	6	1	17	100
百分比（%）		11.76	47.06	35.30	5.88	100	
器类	鼎　足				1	1	50.00
	罐	1				1	50.00
合计（件）		1			1	2	100

（6）单位：FH9

陶　质		粗　泥				夹细砂		合计（件）	百分比（%）
陶　色		红	红褐	黑	灰褐	红褐	灰		
纹饰	细绳纹	2		1			2	5	8.93
	粗绳纹	4			3	1		8	14.29
	素　面	10	3	7	17		6	43	76.78
数　量		16	3	8	20	1	8	56	100
百分比（%）		28.57	5.36	14.29	35.70	1.79	14.29	100	
器类	罐		1		1			2	40.00
	鬲			1				1	20.00
	鬲　足					1		1	20.00
	豆　盘		1					1	20.00
合计（件）			2	1	1	1		5	100

（7）单位：FH10

陶质		粗　泥				夹细砂		合计（件）	百分比（%）
陶色		红	红褐	灰褐	黑褐	红褐	灰褐		
纹饰	粗绳纹	5	10	4	2	9	3	33	52.38
	细绳纹	2	8	7		5	1	23	36.51
	方格纹				1			1	1.59
	素　面	3	2		1			6	9.52
数　量		10	20	11	4	14	4	63	100
百分比（%）		15.87	31.75	17.46	6.35	22.22	6.35	100	
器类	鬲		1					1	33.34
	鬲　足					1		1	33.33
	罐			1				1	33.33
合计（件）			1	1		1		3	100

（8）单位：FH12

陶质		细　泥		粗　泥				夹细砂		合计（件）	百分比（%）
陶色		红	褐	红	红褐	黑	灰褐	红褐	黑		
纹饰	粗绳纹		1	10	13		8	14	3	49	48.04
	细绳纹			6	6		5	9		26	25.49
	凹弦纹					1				1	0.98
	素　面	1	2	4	7	1	4	5	2	26	25.49
数　量		1	3	20	26	2	17	28	5	102	100
百分比（%）		0.98	2.94	19.60	25.49	1.96	16.67	27.46	4.90	100	
器类	罐				1		1	1		3	49.99
	鬲				1					1	16.67
	盂						1			1	16.67
	豆　盘		1							1	16.67
合计（件）			1		2	1	1	1		6	100

（9）单位：FH13

陶质		粗　泥				合计（件）	百分比（%）
陶色		红	红褐	灰褐	黑		
纹饰	细绳纹	2	1	1	1	5	11.36
	粗绳纹	2	2	2	2	8	18.18
	素　面	6	9	13	3	31	70.46
数　量		10	12	16	6	44	100
百分比（%）		22.73	27.27	36.36	13.64	100	
器类	罐			1		1	33.34
	鬲				1	1	33.33
	器　底			1		1	33.33
合计（件）				2	1	3	100

（10）单位：FH14

陶质		细 泥			粗 泥				夹细砂		合计	百分比
陶色		红	灰	褐	红	红褐	灰褐	黑	红褐	灰褐	（件）	（%）
纹饰	细绳纹	1			5	11	2		7	1	27	26.21
	粗绳纹	1			8	18	6		12	1	46	44.67
	凹弦纹	2		1	1						4	3.88
	方格纹			1							1	0.97
	素 面	3	2	2	4	5	2	1	3	3	25	24.27
数 量		7	2	4	18	34	10	1	22	5	103	100
百分比（%）		6.80	1.94	3.88	17.48	33.01	9.71	0.97	21.36	4.85	100	
器类	罐		1	1	1	2	1				6	37.50
	鬲					2	1	1			4	25.00
	鬲足								2	1	3	18.75
	瓮				1						1	6.25
	豆座			1							1	6.25
	盂			1							1	6.25
合计（件）			1	3	2	4	2	1	2	1	16	100

（11）单位：FH15

陶质		粗 泥				夹细砂			合计	百分比
陶色		红褐	灰褐	黑	灰	红褐	黑	灰褐	（件）	（%）
纹饰	粗绳纹	3	4		2	2	2	1	14	22.58
	细绳纹	2						1	3	4.84
	素 面	5	15	3	8	1	13		45	72.58
数 量		10	19	3	10	3	15	2	62	100
百分比（%）		16.13	30.64	4.84	16.13	4.84	24.19	3.23	100	
器类	罐	1				1		2	4	57.13
	鬲		1						1	14.29
	鼎足						1		1	14.29
	钵				1				1	14.29
合计（件）		1	1		1	1		3	7	100

（12）单位：FH16

陶质		粗 泥				夹细砂	合计	百分比
陶色		灰褐	红褐	灰	黑	黑	（件）	（%）
纹饰	绳 纹	8	3			4	15	24.19
	方格纹		1				1	1.61
	凹弦纹				1		1	1.61
	素 面	12	11	10	5	7	45	72.59
数 量		20	15	10	6	11	62	100
百分比（%）		32.26	24.19	16.13	9.68	17.74	100	
器类	罐	1				1	2	50.00
	豆柄				1		1	25.00
	钵			1			1	25.00
合计（件）		1		1	1	1	4	100

（13）单位：FH17

陶质	细 泥			粗 泥				夹细砂		合计	百分比
陶色	红	灰	黑	红	红褐	灰褐	黑	红褐	灰褐	（件）	（%）
纹饰 粗绳纹				8	21	1		9	2	41	50.00
细绳纹				4	10			3		17	20.73
方格纹				1						1	1.22
划纹					1					1	1.22
菱形纹		1								1	1.22
素面	2		2	3	5	2	4	2	1	21	25.61
数量	2	1	2	16	37	3	4	14	3	82	100
百分比（%）	2.44	1.22	2.44	19.51	45.12	3.66	4.88	17.07	3.66	100	
器类 罐				1	2	1	1			5	33.33
鼎				1						1	6.67
鼎足					2			2		4	26.67
鬲					1	1				2	13.33
钵		1								1	6.67
鬲足					1			1		2	13.33
合计（件）		1		2	6	2	1	3		15	100

（14）单位：FH18

陶质	细 泥					粗 泥				夹细砂	合计	百分比
陶色	红	黑褐	黑	灰	褐	红褐	红	黑	灰褐	红褐	（件）	（%）
纹饰 粗绳纹	5		2		6	2	1	6	2	2	26	16.77
凹弦纹	2				1						3	1.94
细绳纹						2			2		4	2.58
方格纹				1							1	0.65
素面	23	1	19	7	23	16		26	4	2	121	78.06
数量	30	1	21	8	30	20	1	32	8	4	155	100
百分比（%）	19.35	0.65	13.55	5.16	19.35	12.90	0.65	20.65	5.16	2.58	100	
器类 罐						1	1		1		3	23.1
瓮								1			1	7.69
豆柄	1			1							2	15.38
鼎						1			1		2	15.38
鼎足						1			1		2	15.38
钵			1								1	7.69
盖钮		1									1	7.69
圈足	1										1	7.69
合计（件）	2	1	1	1		3	1		2	2	13	100

（15）单位：FH19

陶质		细泥		粗泥			夹细砂		合计（件）	百分比（%）
陶色		褐黄	红	红	红褐	灰褐	红褐	黑褐		
纹饰	粗绳纹		7	12	30	13	21	9	92	45.32
	细绳纹		1	11	25	11	17	5	70	34.48
	素面	1	2	6	14	5	10	3	41	20.20
数量		1	10	29	69	29	48	17	203	100
百分比（%）		0.49	4.93	14.29	33.99	14.29	23.64	8.37	100	
器类	罐				2	2	1	1	6	54.55
	鬲足						1		1	9.09
	鼎足					1	1		2	18.18
	豆柄	1							1	9.09
	器底				1				1	9.09
合计（件）		1			3	3	3	1	11	100

（16）单位：FH20

陶质		细泥				粗泥					夹细砂		合计（件）	百分比（%）
陶色		红	黑	灰	灰褐	红	红褐	灰褐	黑	黑褐	红褐	灰褐		
纹饰	粗绳纹	5				10	19	6	2	2	9	8	61	42.36
	细绳纹					8	11	4	1		14	5	43	29.86
	窃曲纹			1	1								2	1.39
	素面	2	2	1	2	5	7	2	3	1	13		38	26.39
数量		7	2	2	3	23	37	12	6	3	36	13	144	100
百分比（%）		4.86	1.39	1.39	2.08	15.97	25.70	8.33	4.17	2.08	25.00	9.03	100	
器类	罐		1	1			3	3		1	1		10	26.33
	鬲						2	1	1				4	10.53
	鬲足						2	1			2		5	13.16
	豆盘				1		1						2	5.26
	豆柄		1	1									2	5.26
	豆座	1											1	2.63
	鼎							2					2	5.26
	鼎足							1			2	1	4	10.53
	瓮				1		1						2	5.26
	盖		1							1		1	3	7.89
	网坠						1						1	2.63
	器底											1	1	2.63
	簋				1								1	2.63
合计（件）		1	3	2	3		10	8	1	2	5	3	38	100

（17）单位：FH23

陶 质		细 泥			粗 泥			夹细砂		合计（件）	百分比（%）
陶 色		红	橙红	灰	红褐	红	黑褐	红褐	黑		
纹饰	粗绳纹	3	1		2	1	2	1		10	30.30
	细绳纹		1		2					3	9.09
	素 面	7	3	2	5		1	1	1	20	60.61
数 量		10	5	2	9	1	3	2	1	33	100
百分比（%）		30.30	15.15	6.06	27.28	3.03	9.09	6.06	3.03	100	
器类	罐				1	1				2	28.55
	鬲							1		1	14.29
	鬲 足							1		1	14.29
	鼎 足				1					1	14.29
	豆 盘							1		1	14.29
	豆 座		1							1	14.29
合计（件）		1			2	1	1	2		7	100

（18）单位：FH24

陶 质		粗 泥					夹细砂			合计（件）	百分比（%）
陶 色		红	红褐	褐	黑褐	黑	红	红褐	黑		
纹饰	粗绳纹	2		2	3		1	2	1	11	23.91
	凹弦纹		1					2		3	6.52
	细绳纹					1			1	2	4.35
	素 面	3	2	10	1			3	11	30	65.22
数 量		5	3	12	4	1	1	7	13	46	100
百分比（%）		10.87	6.52	26.09	8.70	2.17	2.17	15.22	28.26	100	
器类	鼎		1							1	14.29
	鼎 足							2		2	28.56
	鬲 足							2		2	28.57
	豆 座			1						1	14.29
	罐				1					1	14.29
合计（件）			1	1		1		4		7	100

（19）单位：FH26

陶 质		粗 泥					夹细砂		合计（件）	百分比（%）
陶 色		红	红褐	灰褐	褐	黑	黑	红褐		
纹饰	绳 纹	5	3	1	4	1	1	3	18	16.51
	凹弦纹			1					1	0.92
	附加堆纹				1				1	0.92
	戳印纹					1			1	0.92
	素 面	26	12	1	9	19	2	19	88	80.73
数 量		31	15	3	14	21	3	22	109	100
百分比（%）		28.44	13.76	2.75	12.84	19.27	2.75	20.19	100	

陶质		粗泥					夹细砂		合计（件）	百分比（%）
陶色		红	红褐	灰褐	褐	黑	黑	红褐		
器类	罐		2	1	1			1	5	33.32
	鬲	1	2						3	20.00
	鼎		1						1	6.67
	鼎足				1			1	2	13.33
	盂				1				1	6.67
	钵				1				1	6.67
	网坠			1					1	6.67
	豆座			1					1	6.67
合计（件）		1	5	2	3	2		2	15	100

（20）单位：FT6④层

陶质		粗泥			夹细砂		合计（件）	百分比（%）
陶色		红	红褐	灰褐	红褐	灰褐		
纹饰	细绳纹	12	8	10	5	5	40	39.61
	粗绳纹	10	15	9	4	1	39	38.61
	素面	5	10	2	3	2	22	21.78
数量		27	33	21	12	8	101	100
百分比（%）		26.73	32.68	20.79	11.88	7.92	100	
器类	罐	1	2		1		4	57.14
	鬲足		1		1	1	3	42.86
合计（件）		1	3		2	1	7	100

（21）单位：FT7④层

陶质		粗泥				夹细砂		合计（件）	百分比（%）
陶色		红	红褐	灰褐	黑	红褐	灰褐		
纹饰	粗绳纹	7	12	14		17	6	56	53.33
	细绳纹	3	5	9		10	2	29	27.62
	凹弦纹				1			1	0.95
	素面	2	6	3		7	1	19	18.10
数量		12	23	26	1	34	9	105	100
百分比（%）		11.43	21.90	24.76	0.95	32.39	8.57	100	
器类	罐	1	2	1		2		6	40.00
	鬲		1			1		2	13.33
	鬲足						1	1	6.67
	鼎		1			1		2	13.33
	鼎足			1		2	1	4	26.67
合计（件）		1	4	2		6	2	15	100

（22）单位：FT40④层

陶质	细泥		粗泥			夹细砂		合计	百分比
陶色	黑	灰	红	红褐	灰褐	红褐	灰褐	（件）	（%）
纹饰 粗绳纹			15	20	18	27	11	91	51.42
细绳纹			7	15	12	20	7	61	34.46
方格纹		1						1	0.56
凹弦纹			2					2	1.13
素面	2	1	10		1	5	3	22	12.43
数量	2	2	34	35	31	52	21	177	100
百分比（%）	1.13	1.13	19.21	19.77	17.51	29.39	11.86	100	
器类 罐			2	2	1	1		6	46.15
瓮			1		1			2	15.38
豆座	1							1	6.69
鼎				1		1		2	15.39
鼎足						1	1	2	15.39
合计（件）	1		3	3	2	3	1	13	100

（23）单位：FT43④层

陶质	细泥		粗泥			夹细砂		合计	百分比
陶色	黑	灰	红	红褐	灰褐	红褐	红	（件）	（%）
纹饰 粗绳纹			20	26	9	7		62	45.93
细绳纹			25	22	2	3		52	38.52
戳印纹	1							1	0.74
凹弦纹					2			2	1.48
素面	1	2	5	3	3	2	2	18	13.33
数量	2	2	50	51	16	12	2	135	100
百分比（%）	1.48	1.48	37.04	37.78	11.85	8.89	1.48	100	
器类 罐			1	2	1	1		5	55.56
瓮			1	1				2	22.22
钵	1							1	11.11
豆柄							1	1	11.11
合计（件）	1		2	3	1	1	1	9	100

（24）单位：FT46④层

陶质	细泥			粗泥			夹细砂			合计	百分比
陶色	红	黑	灰	红	红褐	灰褐	黑	红褐	灰褐	（件）	（%）
纹饰 粗绳纹				7	11	3	5	12	2	40	41.67
细绳纹	2			4	6	2	1	3	1	19	19.79
凹弦纹		1			2		3			6	6.25
方格纹				1	1					2	2.08
菱形暗纹		1								1	1.04
素面	3	4	3	1	6	3	1	2	5	28	29.17

续表

陶质	细泥			粗泥			夹细砂			合计（件）	百分比（%）
陶色	红	黑	灰	红	红褐	灰褐	黑	红褐	灰褐		
数量	5	6	3	13	26	8	10	17	8	96	100
百分比（%）	5.21	6.25	3.13	13.54	27.08	8.33	10.42	17.71	8.33	100	
器类　纺轮				1	1					2	8.33
罐				2		1		1	1	5	20.83
鬲				3	4	1				8	33.34
鬲足				1	1					2	8.33
鼎				1				1		2	8.33
鼎足								1		1	4.17
盂		1								1	4.17
钵	1	1	1							3	12.50
合计（件）	1	2	1	8	6	2		3	1	24	100

（25）单位：FT2③层

陶质	细泥		粗泥			夹细砂		合计（件）	百分比（%）
陶色	黑	灰	红	红褐	灰褐	红褐	灰褐		
纹饰　粗绳纹			10	10	7	17	3	47	45.20
凹弦纹				1				1	0.96
细绳纹			8	9	4	13	1	35	33.65
素面	2	1	5	6	3	2	2	21	20.19
数量	2	1	23	26	14	32	6	104	100
百分比（%）	1.92	0.96	22.12	25.00	13.46	30.77	5.77	100	
器类　罐				1		1		2	28.55
鬲足						1		1	14.29
鼎				1				1	14.29
鼎足						1		1	14.29
豆柄	1							1	14.29
器底			1					1	14.29
合计（件）	1		1	2		3		7	100

（26）单位：FT3③层

陶质	细泥		粗泥			夹细砂		合计（件）	百分比（%）
陶色	红	红褐	红	红褐	褐	红褐	灰褐		
纹饰　凹弦纹		1						1	0.95
细绳纹			7	13	7	13		40	38.10
粗绳纹			9	9	4	11	4	37	35.24
素面	1		5	8	5	6	2	27	25.71
数量	1	1	21	30	16	30	6	105	100
百分比（%）	0.95	0.95	20.00	28.57	15.25	28.57	5.71	100	

续表

陶质	细泥		粗泥			夹细砂		合计(件)	百分比(%)
陶色	红	红褐	红	红褐	褐	红褐	灰褐		
器类 罐	1		1	2	1			5	41.67
高足					1	1		2	16.67
豆盘		1						1	8.33
陶饼							1	1	8.33
鼎				1		1		2	16.67
鼎足						1		1	8.33
合计(件)	1	1	1	3	2	3	1	12	100

（27）单位：FT7③层

陶质	细泥		粗泥			夹细砂		合计(件)	百分比(%)
陶色	红	黑	红	红褐	灰褐	红褐	灰褐		
纹饰 粗绳纹			8	14	5	10	5	42	47.19
细绳纹			5	8	4	9	3	29	32.58
素面	1	1	4	3	2	6	1	18	20.23
数量	1	1	17	25	11	25	9	89	100
百分比(%)	1.12	1.12	19.11	28.09	12.36	28.09	10.11	100	
器类 罐			1	3	1			5	45.46
鬲				2				2	18.18
鬲足						1	1	2	18.18
豆柄				1				1	9.09
器底				1				1	9.09
合计(件)			1	7	1	1	1	11	100

（28）单位：FT8③层

陶质	细泥			粗泥				夹细砂			合计(件)	百分比(%)
陶色	灰	红	黑	红	红褐	灰褐	黑	红褐	灰褐	红		
纹饰 粗绳纹				7	15	6	9	16	2		55	36.67
细绳纹				5	15	8	8	13	5	3	57	37.99
凹弦纹	1										1	0.67
素面		2	2	2	7	4	2	9	4	5	37	24.67
数量	1	2	2	14	37	18	19	38	11	8	150	100
百分比(%)	0.67	1.33	1.33	9.33	24.67	12.00	12.67	25.34	7.33	5.33	100	
器类 罐				1	1	2	2				6	50.00
鬲				1	1						2	16.67
鬲足								1		1	2	16.67
豆座			1								1	8.33
拍								1			1	8.33
合计(件)		1	2	2	2	2	2	2		1	12	100

（29）单位：FT12③层

陶质		细泥	粗泥			夹细砂	合计（件）	百分比（%）
陶色		红	红	红褐	灰褐	红褐		
纹饰	粗绳纹		9	11	4	8	32	45.07
	细绳纹		7	12	3	5	27	38.03
	素面	2	5	3		2	12	16.90
数量		2	21	26	7	15	71	100
百分比（%）		2.82	29.58	36.61	9.86	21.13	100	
器类	罐		1				1	50.00
	器底			1			1	50.00
合计（件）			1	1			2	100

（30）单位：FT26③层

陶质		细泥	粗泥			夹细砂	合计（件）	百分比（%）
陶色		黑	红	红褐	灰褐	红褐		
纹饰	粗绳纹		5	17	7	7	36	46.16
	细绳纹		4	10	3	9	26	33.33
	素面	2	3	5	2	4	16	20.51
数量		2	12	32	12	20	78	100
百分比（%）		2.56	15.38	41.04	15.38	25.64	100	
器类	罐			1		1	2	50.00
	鬲足					1	1	25.00
	豆盘	1					1	25.00
合计（件）		1		1		2	4	100

（31）单位：FT27③层

陶质		细泥		粗泥				夹细砂	合计（件）	百分比（%）
陶色		红	灰	红	红褐	黑	灰褐	红褐		
纹饰	粗绳纹				4	2	1	6	13	43.34
	细绳纹			1		1	1	4	7	23.33
	方格纹				1				1	3.33
	素面	1	1	2	2		1	2	9	30.00
数量		1	1	3	7	3	3	12	30	100
百分比（%）		3.33	3.33	10.00	23.34	10.00	10.00	40.00	100	
器类	罐				1		1		2	50.00
	鬲足							1	1	25.00
	豆柄		1						1	25.00
合计（件）			1		1		1	1	4	100

（32）单位：FT28③层

陶质		细　泥		粗　泥			夹细砂	合计	百分比
陶色		红	灰	红	红褐	灰	红褐	（件）	（%）
纹	粗绳纹			1	5		2	8	36.36
	细绳纹			1	2	1		4	18.18
饰	素　面	1	1	1	3	1	3	10	45.46
	数　量	1	1	3	10	2	5	22	100
百分比（%）		4.55	4.55	13.64	45.44	9.09	22.73	100	
器	盂					1		1	50.00
类	鼎足						1	1	50.00
合计（件）						1	1	2	100

（33）单位：FT29③层

陶质		细　泥		粗　泥			夹细砂	合计	百分比
陶色		红	灰	红	红褐	灰褐	红褐	（件）	（%）
纹	粗绳纹			5	9	7	7	28	51.85
	细绳纹			3	5	4	2	14	25.93
饰	素　面	2	1	1	3	2	3	12	22.22
	数　量	2	1	9	17	13	12	54	100
百分比（%）		3.70	1.85	16.67	31.49	24.07	22.22	100	
器	罐				1	3		4	66.66
	鬲				1			1	16.67
类	鼎足						1	1	16.67
合计（件）					2	3	1	6	100

（34）单位：FT31③层

陶质		细　泥		粗　泥					夹细砂	合计	百分比
陶色		黑	灰	红	红褐	灰褐	灰	黑	红褐	（件）	（%）
纹	粗绳纹			6	7	1		2	6	22	42.31
	细绳纹			5	4	1			4	14	26.92
饰	素　面	2	1	2	2	1	2	2	4	16	30.77
	数　量	2	1	13	13	3	2	4	14	52	100
百分比（%）		3.85	1.92	25.00	25.00	5.77	3.85	7.69	26.92	100	
	罐				2	1	1	2		6	54.55
器	鼎				1					1	9.09
	鼎足								2	2	18.18
类	豆盘	1								1	9.09
	盂		1							1	9.09
合计（件）		1	1		3	1	1	2	2	11	100

（35）单位：FT34③层

陶质	细泥	粗泥		夹细砂		合计（件）	百分比（%）
陶色	红	红	红褐	红褐	黑褐		
纹饰 粗绳纹		2	5	5		12	44.45
纹饰 细绳纹		1	3	2		6	22.22
纹饰 素面	1		2	4	2	9	33.33
数量	1	3	10	11	2	27	100
百分比（%）	3.70	11.11	37.04	40.74	7.41	100	
器类 罐					1	1	25.00
器类 鬲足				1		1	25.00
器类 鬲			2			2	50.00
合计（件）			2	1	1	4	100

（36）单位：FT37③层

陶质	细泥		粗泥				夹细砂	合计（件）	百分比（%）
陶色	红	黑	红	红褐	灰褐	黑	红褐		
纹饰 粗绳纹			3	5	6	2	1	17	33.33
纹饰 细绳纹				5	3		2	10	19.61
纹饰 凹弦纹		1						1	1.96
纹饰 方格纹				1	1			2	3.92
纹饰 附加堆纹				1				1	1.96
纹饰 素面	1		2	7	2	3	5	20	39.22
数量	1	1	5	19	12	5	8	51	100
百分比（%）	1.96	1.96	9.80	37.26	23.53	9.80	15.69	100	
器类 罐					1	2		3	33.34
器类 鬲					1			1	11.11
器类 鬲足							1	1	11.11
器类 鼎					1			1	11.11
器类 鼎足				1				1	11.11
器类 纺轮			1					1	11.11
器类 器底			1					1	11.11
合计（件）			2	1	3	2	1	9	100

（37）单位：FT38③层

陶质	细泥		粗泥					夹细砂	合计（件）	百分比（%）
陶色	红	灰	红	红褐	灰褐	黑褐	黑	红褐		
纹饰 细绳纹			4	2	1	1		2	10	27.03
纹饰 粗绳纹			2	4	3			1	10	27.03
纹饰 方格纹		1							1	2.70
纹饰 素面	1		3	5		2	2	3	16	43.24
数量	1	1	9	11	4	3	2	6	37	100
百分比（%）	2.70	2.70	24.32	29.73	10.81	8.11	5.41	16.22	100	
器类 罐			2	1	1		1		5	62.50
器类 鬲				1		1			2	25.00
器类 鼎足								1	1	12.50
合计（件）			2	2	1	1	1	1	8	100

（38）单位：FT39③层

陶质		细泥		粗泥				夹细砂		合计（件）	百分比（%）
陶色		黑	灰	红	红褐	灰褐	黑	红褐	黑褐		
纹饰	绳纹			4	10	4	1	11	7	37	62.72
	方格纹		1							1	1.69
	素面	1	2	4	5	1	1	3	4	21	35.59
数量		1	3	8	15	5	2	14	11	59	100
百分比（%）		1.69	5.08	13.56	25.43	8.47	3.39	23.74	18.64	100	
器类	罐		1			1	1		1	4	44.45
	豆柄		1							1	11.11
	鬲				1					1	11.11
	鼎足					1		1		2	22.22
	器底			1						1	11.11
合计（件）			2	1	1	2	1	1	1	9	100

（39）单位：FT40③层

陶质		细泥		粗泥				夹细砂		合计（件）	百分比（%）
陶色		黑	灰	红	红褐	灰褐	黑	红褐	灰褐		
纹饰	粗绳纹			35	28	22	21	14	7	127	47.93
	细绳纹			20	19	9	11	7	5	71	26.79
	方格纹		1			3				4	1.51
	凹弦纹	1	1							2	0.75
	素面	5	4	15	17	8	5	4	3	61	23.02
数量		6	6	70	64	42	37	25	15	265	100
百分比（%）		2.26	2.26	26.43	24.15	15.85	13.96	9.43	5.66	100	
器类	罐			1	3	2				6	30.00
	鬲			1	2	1				4	20.00
	鬲足							2		2	10.00
	鼎							1	1	2	10.00
	鼎足				1			1		2	10.00
	豆盘	1	1							2	10.00
	饼						1			1	5.00
	纺轮								1	1	5.00
合计（件）		1	1	2	6	4	1	4	1	20	100

（40）单位：FT41③层

陶质		细泥		粗泥				夹细砂		合计（件）	百分比（%）
陶色		红	灰	红	红褐	灰	灰褐	黑	红褐		
纹饰	细绳纹			4	7	1	4	3	7	26	26.00
	粗绳纹			8	15	2	5	8	10	48	48.00
	凹弦纹		1							1	1.00
饰	素面	2	1	4	9	3	2	4		25	25.00

续表

陶质	细泥		粗泥				夹细砂		合计(件)	百分比(%)
陶色	红	灰	红	红褐	灰	灰褐	黑	红褐		
数量	2	2	16	31	6	11	15	17	100	100
百分比(%)	2.00	2.00	16.00	31.00	6.00	11.00	15.00	17.00	100	
器类 罐						2			2	22.23
器类 鬲			1	1					2	22.22
器类 鬲足								1	1	11.11
器类 鼎						1			1	11.11
器类 鼎足								2	2	22.22
器类 钵	1								1	11.11
合计(件)	1		1	1		3		3	9	100

（41）单位：FT42③层

陶质	细泥		粗泥				夹细砂		合计(件)	百分比(%)
陶色	灰	红	红	红褐	灰褐	灰	红褐	灰褐		
纹饰 粗绳纹			9	11	9		8	4	41	48.81
纹饰 细绳纹			5	7	5		6		23	27.38
纹饰 素面	1	1	2	5	2	2	4	3	20	23.81
数量	1	1	16	23	16	2	18	7	84	100
百分比(%)	1.19	1.19	19.05	27.38	19.05	2.38	21.43	8.33	100	
器类 罐					1				1	12.50
器类 鬲				1	1				2	25.00
器类 鬲足							1	1	2	25.00
器类 鼎足							1		1	12.50
器类 纺轮			1						1	12.50
器类 器底						1			1	12.50
合计(件)			1	1	2	1	2	1	8	100

（42）单位：FT45③层

陶质	细泥			粗泥			合计(件)	百分比(%)
陶色	黑	灰	灰褐	红	红褐	灰褐		
纹饰 粗绳纹				12	19	6	37	40.66
纹饰 细绳纹				6	17	2	25	27.47
纹饰 素面	2	1	1	9	12	4	29	31.87
数量	2	1	1	27	48	12	91	100
百分比(%)	2.20	1.10	1.10	29.67	52.75	13.18	100	
器类 鬲					1	1	2	28.57
器类 豆盘			1		1		2	28.57
器类 钵				1	1		2	28.57
器类 器耳	1						1	14.29
合计(件)	1		1	1	2	2	7	100

（43）单位：FT46③层

陶质		细泥			粗泥				夹细砂		合计（件）	百分比（%）
陶色		红	黑	灰	红	黑褐	红褐	灰褐	红褐	灰褐		
纹饰	细绳纹	2	2		14	1	27	14	7	4	71	27.73
	粗绳纹	4			18	4	35	16	9	5	91	35.55
	凹弦纹	3	4	2		2	10		4		25	9.77
	方格纹		5								5	1.95
	素　面	5	8	3	5	3	21	9	7	3	64	25.00
数　量		14	19	5	37	10	93	39	27	12	256	100
百分比（%）		5.47	7.42	1.95	14.45	3.91	36.33	15.23	10.55	4.69	100	
器类	罐		3	1		2	3	2			11	28.96
	瓮							1			1	2.63
	盂		1	1							2	5.26
	豆盘		1	2							3	7.89
	豆柄		1					2			3	7.89
	鬲					1	2	2			5	13.17
	鬲足						2		1	1	4	10.53
	鼎						1				1	2.63
	鼎足								1	1	2	5.26
	钵		2			1					3	7.89
	网坠							1			1	2.63
	器底									1	2	5.26
合计（件）			7	5		4	8	9	2	3	38	100

附表二五　卜庄河遗址 F 区墓葬登记表

墓号	方向（°）	墓口尺寸长×宽－深（米）	层位关系		形制结构	葬具	随葬品	葬式	性别	年龄	时代	备注
			开口（下）	打破								
79	50	3×2－1.53	②	③	长方形土坑	樟痕、枕木槽		仰身直肢			汉代	熟土二层台
116	238	9.5×3.55－（0.7～2.98）	②	生土	凸字形土坑	樟痕、棺痕	铜环2、陶壶4、陶鼎2、陶盒2、陶罐、铜盖、钱币8	仰身直肢	不详	不详	汉代	墓道边有柱洞，2具人骨架
117	340	残3.4×3.4－2.9	①	生土	土圹石室			不详	不详	不详	汉代	
118	340	残2.6×3.4－（0.4～2.2）	①	生土	土圹石室		陶罐、钱币10	不详	不详	不详	汉代	
119	340	残4.1×3.12－残1.7	①	生土	土圹石室		钱币4	不详	不详	不详	汉代	
122			①	生土	土圹石室			不详	不详	不详	汉代	因库区二期蓄水淹没未挖完
135	70	3.4×2.34－（2.95～3.4）	②	M140	长方形土坑		铁斧、玉片、陶壶4、陶鼎2、陶盒2	仰身直肢	不详	不详	汉代	陶鼎内随葬有动物
140	250	3.4×（2～2.3）－2.6	②	③	长方形土坑	枕木槽	铜带钩、铁鐾、陶壶2	仰身直肢	不详	不详	汉代	

附表二六　卜庄河遗址 F 区汉代陶片统计表

（1）单位：FH6

陶　质		细泥	粗　泥			合计	百分比
陶　色		灰黑	灰	灰褐	灰黑	（件）	（%）
纹饰	粗绳纹		2	1	4	7	41.18
	凹弦纹	1				1	5.88
	细绳纹		3		2	5	29.41
	素　面	1	1		2	4	23.53
数　量		2	6	1	8	17	100
百分比（%）		11.76	35.29	5.88	47.07	100	
器类	筒　瓦		1			1	50.00
	罐	1				1	50.00
合　计（件）		1	1			2	100

（2）单位：FG1

陶　质		细　泥		粗　泥			合计	百分比
陶　色		黑	灰	灰	灰褐	灰黑	（件）	（%）
纹饰	粗绳纹			8	10	3	21	87.50
	素　面	2	1				3	12.50
数　量		2	1	8	10	3	24	100
百分比（%）		8.33	4.17	33.33	41.67	12.50	100	
器类	罐	1		1			2	22.22
	板　瓦			2	2		4	44.45
	筒　瓦			1	2		3	33.33
合　计（件）		1		4	4		9	100

（3）单位：FT6②层

陶　质		细泥	粗　泥			合计	百分比
陶　色		黑	灰	灰褐	灰黑	（件）	（%）
纹饰	粗绳纹		2	1	2	5	41.67
	素　面	2	1	3	1	7	58.33
数　量		2	3	4	3	12	100
百分比（%）		16.67	25.00	33.33	25.00	100	
器类	豆　柄			1		1	25.00
	板　瓦		1			1	25.00
	筒　瓦			1		1	25.00
	器　盖	1				1	25.00
合　计（件）		1	1	2		4	100

（4）单位：FT8②层

陶 质		细泥	粗 泥			合计	百分比
陶 色		灰	灰	灰褐	褐	（件）	（％）
纹饰	粗绳纹		4	6	2	12	41.38
	细绳纹		3	3		6	20.69
	凹弦纹	1				1	3.45
	素 面	1	5	2	2	10	34.48
数 量		2	12	11	4	29	100
百分比（％）		6.90	41.38	37.93	13.79	100	
器类	盆		1			1	33.34
	器 耳		1			1	33.33
	罐			1		1	33.33
合计（件）			2	1		3	100

（5）单位：FT37②层

陶 质		细 泥	粗 泥		合计	百分比
陶 色		黑	灰	灰褐	（件）	（％）
纹饰	粗绳纹		2	2	4	40.00
	细绳纹		3		3	30.00
	菱形纹			1	1	10.00
	素 面	1	1		2	20.00
数 量		1	6	3	10	100
百分比（％）		10.00	60.00	30.00	100	
器类	盆	1				100
合计（件）		1				100

（6）单位：FT38②层

陶 质		细泥	粗 泥			合计	百分比
陶 色		黑	灰	黑褐	灰褐	（件）	（％）
纹饰	粗绳纹		4		5	9	47.37
	细绳纹		3		2	5	26.32
	彩绘纹	1				1	5.26
	素 面	2		1	1	4	21.05
数 量		3	7	1	8	19	100
百分比（％）		15.79	36.84	5.26	42.11	100	
器类	盆		1			1	14.29
	鼎 耳	1				1	14.29
	盖	2		1		3	42.84
	钵		1			1	14.29
	板 瓦		1			1	14.29
合计（件）		3	3	1		7	100

（7）单位：FT42②层

陶 质		细 泥		粗 泥		合计	百分比
陶 色		黑	灰褐	灰	黑灰	（件）	（%）
纹饰	粗绳纹			7	1	8	33.33
	细绳纹			5	4	9	37.50
	戳印纹			1		1	4.17
	素 面	1	2	2	1	6	25.00
数 量		1	2	15	6	24	100
百分比（%）		4.17	8.33	62.50	25.00	100	
器类	罐	1	1			2	100
合计（件）		1	1			2	100

附表二七　卜庄河遗址 F 区 M116 柱洞登记表

（单位：厘米）

柱洞号	形 状	尺 寸		柱 础	备 注
		口径（长×宽）	深		
1	略呈圆形	25	220	圆形石础	
2	椭圆形	35×27	212	方形石础	石础被压破
3	略呈圆形	28	145	不规则形石础	
4	略呈正方形	25	125	方形石础	
5	略呈正方形	24	102	椭圆形石础	
6	长方形	28×19	74	长方形石础	
7	长方形	27×22	200	长方形石础	石础被压破
8	长方形	29×21	192	长方形石础	
9	长方形	30×20	125	长方形石础	
10	椭圆形	27×20	105	多边形石础	
11	不规则形	26	82	方形石础	
12	长方形	28×19	54	椭圆形石础	

附　表　　　　　　　　　　　　　　　　　　　　　　　　　　　　　　　　·835·

附表二八　卜庄河遗址 G 区墓葬登记表

墓号	方向(°)	墓口尺寸长×宽-深(米)	开口(下)	打破	形制结构	葬具	随葬品	葬式	性别	年龄	时代	备注
26	316	5.3×2.1-残(0.55~2.4)	①	生土	凸字形土坑砖室	铁棺钉	铁棺钉3、青瓷盘口壶	不详	不详	不详	六朝	
123	314	5.4×2-残(1.25~1.73)	①	生土	凸字形土坑砖室	铁棺钉	铁棺钉2、青瓷盘、青瓷碗	不详	不详	25±	六朝	
127	250	2.9×1.6-1.62	①	生土	长方形土坑	榫痕	陶罐、钱币	不详	不详	不详	汉代	熟土二层台
128	70	3×1.8-1.5	②	生土	长方形土坑			不详	不详	不详	汉代	
129	350	残5.7×3.4-残(0.5~1.3)	②	③	土圹石室		铜环、钱币83	不详	不详	不详	汉代	
130	70	2.7×1.6-0.8	①	生土	长方形土坑	枕木槽	铜环、料珠	仰身直肢	不详	不详	汉代	
131	90	3.1×1.6-1.3	①	③	长方形土坑	枕木槽	陶钵	仰身，上肢交叉于腹部，下肢伸直	不详	不详	汉代	
132	90	3.1×1.7-1.7	①	③	长方形土坑			不详	不详	不详	汉代	
133	270	2.2×0.95-1.22	①	生土	长方形土坑		陶罐	仰身直肢	不详	不详	汉代	
134	360	2.3×0.6-1	①	生土	长方形土坑	石椁、木棺痕	瓷碗	仰身直肢	不详	不详	明代	石椁
136	360	2.7×1.32-0.86	①	生土	长方形土坑	铁棺钉	铁棺钉3、墓志砖、方砖	不详	不详	不详	明代	
137	90	2.9×1.16-1.2	①	③	长方形土坑		铁镰、陶罐	仰身直肢	不详	不详	汉代	
138	360	残4.9×7.95-3.2	①	生土	土圹石室		铜环、瓷罐、瓷碗8、地契砖"水镇山岗"砖"积玉堆金"砖、钱币5	不详	不详	不详	明代	石室内三个券顶墓室有墓碑
141	20	4.3×1.85-2.6	①	生土	土圹砖室			不详	不详	不详	六朝	
152	360	2.89×2.82-1.52	①	生土	长方形土坑	铁棺钉、铁抓钉	铁抓钉4、铁棺钉18、八卦砖	仰身直肢	不详	不详	明代	石椁

附录一 卜庄河遗址动物群研究报告

武仙竹 卢德佩

（湖北省文物考古研究所）（宜昌博物馆）

　　卜庄河遗址位于西陵峡香溪宽谷内，北部隔江与香溪河入江口相对，东扼兵书宝剑峡峡口。在三峡工程建设中，宜昌博物馆从 1997～2006 年，对该地点进行了连续发掘。遗址文化遗存从新石器时代晚期延续至明清。其中出土的动物遗存主要包括石家河文化时期、先秦、秦汉、六朝等几个阶段。该遗址动物遗存量比较大，动物种类、埋藏性质等具有一定的代表意义。2006 年春，应宜昌博物馆邀请，我们对这批动物遗骸进行了初步研究。研究工作中，我们除做动物群种类、最小个体数、人工痕迹等研究外，还特别注意到特殊遗迹单位埋藏现象的考古学意义。如对墓葬中出土的动物骨骼，我们把墓葬填土和墓葬随葬的骨骼分开进行观察。因此，卜庄河遗址动物群材料，还可以讨论随葬动物等更多考古学命题。

一　动物遗骸鉴定

（一）石家河文化时期

青鱼 *Mylopharyngodon piceus*

　　左下咽骨 1 件。AT8⑦:1，下咽骨残损较重，下咽齿全脱落。鳃盖骨 2 件。AT6⑦:7，远端略残。AT6⑧:40，残。零散椎骨 5 件。其中第一节椎骨 1 件，编号为 AT6⑧:39，保存比较完整。尾部椎骨 4 件，保存也比较好。椎骨前后面均略内凹，表面有近似圆形的同心纹。尾部椎骨测量数据见统计表一。

表一　卜庄河遗址石家河文化时期青鱼椎骨统计表（mm）

标本号	椎骨上下径（高）	椎骨左右径（宽）	椎骨前后径（长）
AT6⑧:39	18.5	25.1	25.2
AT6⑧:39-1	15.2	22.1	22.3
AT6⑧:39-2	18.9	20.1	9
AT6⑧:39-3	35.6	34.1	21
AT6⑧:39-4	17.1	22.7	23.3

　　青鱼、草鱼等均属于鲤科，鲤科的椎骨一般为 34～36 节。除第 1 节至第 4 节椎骨外，其他部分的椎骨又可分为胸部脊椎和尾部脊椎。第 1 节至第 4 节椎骨都比较特化。第一节椎骨形态小而简单，是鱼的寰椎（Atlas of First vertebra），主要有椎体和椎体横突两部分组成（图一，1）。第 2 节至第 4 节椎骨一般呈愈合状，紧密镶嵌在一体，呈不规则的多面体（图一，2）。第 5 节至第 20 节椎骨主要为鱼体的胸部（也有至 21 或 22 节的），这部分椎骨比较发达，除椎体、横突之外，还有较为长大的神经棘和肋骨（图一，4）。第 21 节以后的椎骨，没有肋骨和横突，但有较为发育的神经棘和血管棘（呈上下对称状；图一，3）。

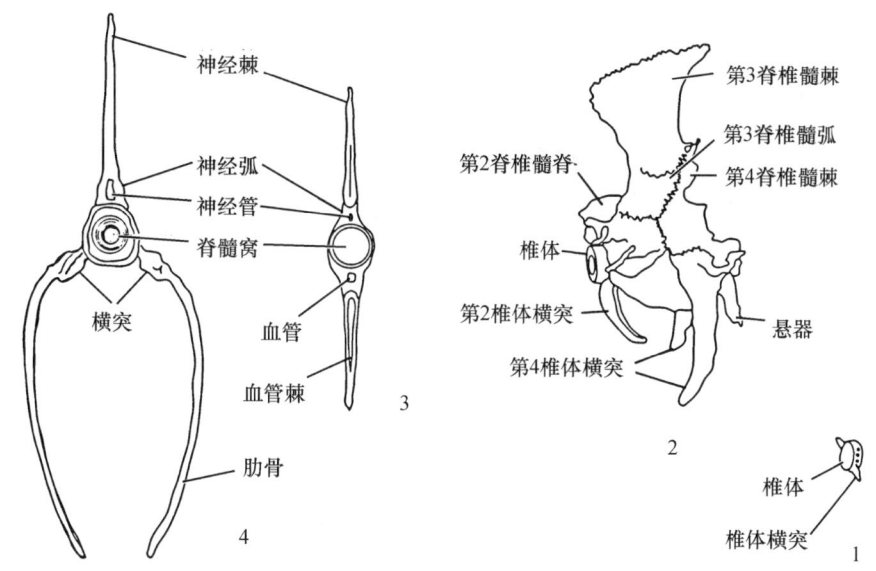

图一　鲤科鱼椎骨生长形态简图

1. 第 1 椎骨　2. 第 2～4 节椎骨　3. 第 21 节以后的椎骨（不代表尾椎骨）　4. 第 5～20 节椎骨

准确鉴定鱼的椎骨，对判明鱼龄、鱼体体长、人类对鱼的加工和食用习惯等有重要意义。如鱼的第 1 椎骨（寰椎），其长度与鱼体全长一般是有规律性比例关系的。有第一椎骨的长度，则基本可推算出鱼的活体全长。以青鱼为例，人们已知青鱼第 1 椎骨与活体全长的比例约为 1∶166.5。青鱼类骨骼研究中，人们用此规律对鱼体体长进行过测算①。卜庄河遗址夏代青鱼椎骨中，较完整的第一椎骨 AT6⑧：39 号标本，长 9.7 毫米，则其活体全长约为 1.61 米。该青鱼第一椎骨标本，在我国考古工作中，其大小及所代表的活体体长均是比较显著的。该遗址附近（上游）的秭归何光嘴商代动物遗骸中，有一件较完整的青鱼骨架，鱼体全长约 1.2 米，据图测量，其第 1 椎骨长约 7.8 毫米，小于卜庄河遗址的标本。更新世时期三门峡青鱼第 1 椎骨化石、中科院古脊椎动物与古人类研究所现生青鱼标本第 1 椎骨等，均比卜庄河遗址石家河文化时期的青鱼第一椎骨标本小。青鱼第 1 椎骨所反映的鱼体全长比较见图二，第 1 椎骨测量与对比见图三。

青鱼最小个体数为 5。

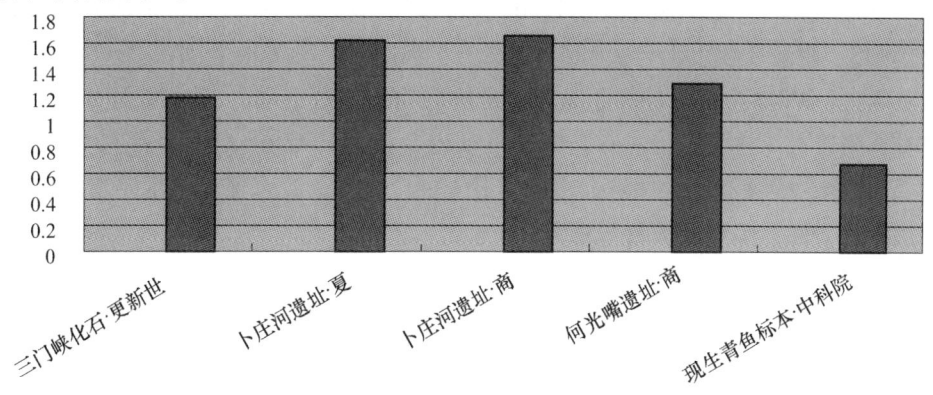

图二　青鱼第 1 椎骨所反映的鱼体全长比较图（m）

---

①　黄为龙：《河南三门峡附近第四纪鱼化石》，《古脊椎动物学报》1957 年 1 卷 4 期。

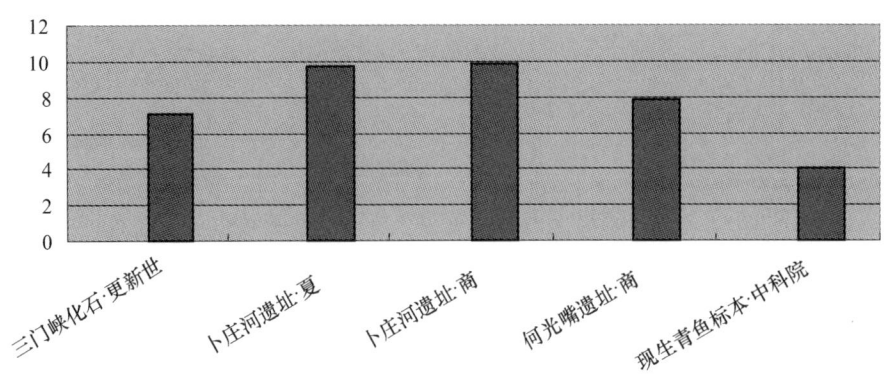

图三　青鱼第 1 椎骨长度比较图（mm）

草鱼 *Ctenopharyngodon*

左下咽骨 1 件，AT5⑦：2，仅保存有下咽骨，无下咽齿。右鳃盖骨 2 件，编号分别为 AT8⑦：22、AT5⑦：3，两件标本略残。

草鱼最小个体数为 2。

家猪 *Sus domestica*

左上颌骨 1 件，AT6⑦：6，附着有 P2～M3，其中 P4、M1 磨蚀使用痕较重，M3 尚在萌出中。P2 齿冠长 9、宽 4 毫米。P3 齿冠长 11.5、宽 6 毫米。P4 齿冠长 14、宽 10 毫米。M1 齿冠长 14.8、宽 12.8 毫米。M2 齿冠长 20、宽 14.8 毫米。M3 齿冠长 21、宽 18 毫米（第 3 叶尚在萌出中）。AT6⑧：38，左下颌骨，残损较重，未保存颊齿。

家猪最小个体数为 1。

（二）二里头文化时期

二里头时期动物遗存，主要包括在遗址第⑥层地层堆积和有些灰坑堆积中。

青鱼 *Mylopharyngodon piceus*

材料　夏代青鱼左下咽骨 8 件，AH2：31（A：A 区；H：灰坑。下文表示意义相同），附着有 4 枚下咽齿；AH2：32，附着有 3 枚下咽齿。AT19⑥：11，附着有 5 枚下咽齿；AT19⑥：12，附着 3 枚下咽齿；AT19⑥：13，附着 3 枚下咽齿。AT43⑥：9，下咽骨残，附 3 枚下咽齿。AT43⑥：10，下咽骨残，附 2 枚下咽齿。AT43⑥：8，下咽骨残，附 3 枚下咽齿。右下咽骨标本发现 1 件，AH2：30，下咽骨基本完整，附着有 3 枚下咽齿。青鱼零散下咽齿 2 枚，AT43⑥：11，保存完整。AH2：7，齿冠高 17、横径 22 毫米，表面有磨蚀凹坑。右鳃盖骨 1 件，AT7⑥：22，保存基本完整。长 90、宽 93 毫米。青鱼零散椎骨 2 件，编号及测量数据见表二。

表二　卜庄河遗址二里头文化时期青鱼椎骨统计表（mm）

标本号	椎骨上下径（高）	椎骨左右径（宽）	椎骨前后径（长）
AT43⑥：14	36.6	38.1	24
AT32⑥：4	19.1	25.7	25.3

草鱼 *Ctenopharyngodon*

材料　残左下咽骨 2 件，AT6⑥：36，标本的下咽齿全部残、缺；右下咽骨 1 件，草鱼椎骨 6

件，保存完整，均为第 1 椎骨或第 21 节以后的椎骨，统计尺寸见表三。A 区 H2 中出土草鱼左腮盖骨 3 件，均有不同程度的残损。编号分别为 AH2：12，AH2：11，AH2：13。草鱼右腮盖骨 2 件，均残。编号分别为 AT43⑥：16，AT43⑥：17。

本遗址夏时期发现的草鱼椎骨中，没有发现胸部椎骨，均为第 1 椎骨或尾部椎骨。其中 AT43⑥：13 为第 1 椎骨，椎骨长度为 10.5 毫米。草鱼体型与青鱼体型相近。我们根据现生草鱼第 1 椎骨与草鱼全长的比例推算，其比例关系为 1：165。根据 AT43⑥：13 与草鱼全长的比例关系，该椎骨所反映的草鱼全长约 1.733 米。

表三　卜庄河遗址二里头文化时期草鱼椎骨统计表（mm）

标本号	椎骨上下径（高）	椎骨左右径（直径）	椎骨前后径（长）
AT43⑥：13	20.3	22	10.5
AT43⑥：13-1	41	46.1	23
AT43⑥：13-2	40.5	46.8	23.2
AT43⑥：13-3	39.5	42.1	23.1
AT43⑥：13-4	38.9	44.5	24.8
AT43⑥：13-5	38.9	45.9	24.9

鲤鱼 *Cyprinus carpio haematopterus*

左下咽骨 1 件，AT32⑥：5 略残。但附着有 2 枚完整的下咽齿。前一枚齿齿冠面比较光滑，椭圆形，齿冠中部略内凹，中心部位有蚀凹点。齿冠长 10、宽 9.5 毫米。后一枚齿齿冠扁圆形，齿冠表面有横沟纹。齿冠长 7.5、宽 11 毫米。

鲤鱼属水体底层鱼类，适应性强，善在底层松软的水草丛地生活。杂食性，以螺、蚌、蚬和水生昆虫的幼体等底栖动物为主要食料，但也食相当数量的高等植物和丝状藻类。因此，鲤鱼的下咽骨和下咽齿都比较发达，并有再行次级分化的生态适应性特征。鲤鱼下咽骨稍短宽，前臂比后臂显得宽、直，腹面肌肉附着窝呈洞状。下咽齿 3 行，但主要使用主行齿。主行齿一般为 3 枚下咽齿，另两行齿各为一枚弱小的尖形齿。主行第 1 枚齿粗壮，略呈光滑的圆锥形。第 2、3 枚齿略呈臼齿状，但齿冠面上有 2~3 道横沟纹。鲤鱼分布广泛，又能适应不同水体，因此。鲤鱼产卵场一般在河湾湖滩中水草丛生的地方，古三峡水清流急，河床一般为沙砾质，因此，三峡的鲤鱼可能不一定是来产卵的亲鱼。但三峡发现的鲤鱼也比较大，这反映了古代鲤鱼的分布和种群生态（大小）情况。由于鲤鱼有分布广泛、水体适应性强的特点，所以以前在我国南北方的古文化遗址中，均曾有发现。南方的如河姆渡遗址[①]，北方的如姜寨遗址等[②]。由于三峡并不是鲤鱼的适宜产卵场，所以以前在三峡众多的遗址中均发现了大量的鱼类遗骸，但鲤鱼相对发现的较少。较肯定的地点只有秭归何光嘴遗址和忠县瓦渣地遗址[③]两处。卜庄河鲤鱼的发现，与何光嘴遗址等发现一起，反映古三峡也是鲤鱼生活的自然水体。

鲤鱼最小个体数为 1。

白鲢 *Hypophthalmichthys molitrix*

AT32⑥：2，右下咽骨，已残。附着有一枚下咽齿，下咽齿完整，形态高大。高 15、前后径

---

①　魏丰、吴维棠、张明华等：《浙江余姚河姆渡新石器时代遗址动物群》，海洋出版社，1989 年。

②　祁国琴：《姜寨新石器时代遗址动物群的分析》，《姜寨——新石器时代遗址发掘报告·附录三》，文物出版社，1988 年。

③　黄蕴平、朱萍：《忠县瓦渣地遗址 T363 动物遗骸初步研究》，《重庆·2001 三峡文物保护学术研讨会论文集》，科学出版社，2003 年。

6.6、左右径 7 毫米。AT32⑥:3,一枚零散的下咽齿,保存完整,形态高大。下咽齿高 19、前后径 7.8、左右径 8.1 毫米。

白鲢最小个体数为 1。

中华鲟

鲟鱼标本主要发现有 4 件鳞甲片,均有不同程度的破损。其中 AH2:41 为弯曲的长条形,非背鳞甲或侧鳞甲,可能为身体其他部位的鳞甲。AT19⑥:10 为背鳞甲,中部有突起较高的纵脊,纵脊两侧为斜坡形。其他鳞甲为较平坦的片状,可能为侧鳞甲。鳞甲背面为凸凹相间的窝坑状,腹面则比较平坦光滑。测量尺寸见表四。

中华鲟最小个体数为 1。

表四 卜庄河遗址二里头文化时期鲟鱼鳞甲测量表 (mm)

标本号	长	宽	厚
AH2:41	58.5	13.3	6.7
AT6⑥:35	81.5	51.2	6
AT19⑥:10	78.2	63	8
AT5⑦:1	75.3	55.2	5.5

矛蚌 *Lanceolaeria gladiola*

仅有碎小的蚌壳残片 3 件,不排除属于同一个体的可能,编号 AH2:46。三峡地区古文化遗址中,很多地点发现有蚌壳。包括有圆顶珠蚌、三角帆蚌等。但发现矛蚌的地点,仅有何光嘴商代文化层中出现过。矛蚌是生活在水质较清、水流较急、水势较大环境中的蚌类。按三峡地区的古环境,矛蚌应该是三峡地区的优势蚌类。卜庄河遗址二里头时期的矛蚌,对我们认识当时的古环境具有较重要的意义。

矛蚌最小个体数为 1。

家猪 *Sus domestica*

材料 AT19⑥:7,猪右下颌骨,下颌骨上升支残缺,门齿齐全,颊齿尚在乳齿与恒齿交换中,出露较高的颊齿有 dp3、dp4、m1。AT19⑥:8,右 i2。齿冠、齿根均保存较好。AT19⑥:9,猪胸椎骨,略残。

家猪最小个体数为 1。

狗 *Canis familiaris*

狗左下颌骨 1 件,编号 AT19⑥:13。标本略残,附着有 3 枚颊齿。

狗最小个体数为 1。

水鹿 *Cervus unicolor*

表五 水鹿骨骼测量数据表 (mm)

测项 地点	跟 骨	
	长	宽
卜庄河遗址	78	26
香炉石遗址 [1]	117~135	37~43

[1] 陈全家、王善才:《清江流域古动物遗存研究》,科学出版社,2004 年,1~191 页。

AH2:28,左跟骨,保存完整,全长 45 毫米。跟骨体较细长、前突高而尖细。载距突上的前关节面比较宽大。载距突与前突垂轴相交角基本为直角(羊亚科动物载距突与前突垂轴相交角一般大于 90°),跟骨体在载距突之上的部位明显收缩、变细(羊亚科动物在此处不收缩)。因此,这件跟骨可以确定不属于羊亚科动物。这件跟骨形态也比较小,可能是属于幼年个体(表五)。

水鹿最小个体数为 1。

獐　*Hydropotes inermis*

髋骨 1 件，编号 AT6⑥：37，略残。

獐最小个体数为 1。

（三）商代

中华倒刺鲃 *Barbodes sinensis*

AH17：17，可能为同一个体的中华倒刺鲃 4 件标本。AH17：17-1，右下咽骨，保存基本完整，下咽骨形态为宽"U"字形，前臂比较长、直，向外侧倾斜较大。后臂比较短、宽。前后臂之间的张距为 20 毫米。下咽骨上有很发育的下咽齿，齿式为 5·3·2。其中外行齿为主行齿，保存较好。第一枚齿较为弱小，其余几枚齿都比较粗壮。中行齿也保存较好，但被钙质胶结物包裹。内行齿有一定残缺，该行齿是 3 行下咽齿中最为弱小的。下咽齿测量数据见表六。另 3 件均为椎骨，横截面均为近圆形。AH17：17-2，横截径 5.5、长 5 毫米。AH17：17-3，横截径 5.7、长 5.5 毫米。AH17：17-4，横截径 5、长 4.2 毫米。

表六　卜庄河遗址商代中华倒刺鲃下咽齿测量表 （mm）

齿序 行序	第 1 枚齿			第 2 枚齿			第 3 枚齿			第 4 枚齿			第 5 枚齿		
	高	长	宽	高	长	宽	高	长	宽	高	长	宽	高	长	宽
外行齿	3.6	1.1	1.3	5.8	1.8	1.9	6.4	2.3	2.3	6.3	2.2	2.3	6	1.9	1.9
中行齿	2.8	0.9	0.9	3.3	0.8	0.7	2.0	0.6	0.8						
内行齿	0.6	0.5	0.4	0.7	0.6	0.5									

中华倒刺鲃主要分布于长江中上游及其附属水体，其中长江三峡一带是该鱼的优势分布区。它属于底层鱼类，喜流水生活。杂食性，以高等植物碎片、藻类、水生昆虫幼虫等为食。产卵时需在水质澄清、卵石底的急流滩下。中华倒刺鲃作为三峡地区的优势地方鱼种，但在三峡考古中一直未见其踪迹。卜庄河遗址中的中华倒刺鲃标本，是我国考古工作中该鱼种的首次发现。以现生资料观察，中华倒刺鲃最大体长约 30 厘米[①]。但根据中华倒刺鲃下咽骨（齿）、椎骨与活体体长的比例推测，卜庄河遗址发现的中华倒刺鲃活体体长可能达到 50 厘米。该遗址的中华倒刺鲃标本，增添了我们对该鱼种生态的新认识。

中华倒刺鲃最小个体数为 1。

青鱼 *Mylopharyngodon piceus*

青鱼头骨标本 2 件，均残损较重 AH17：19-1，保留有头骨的左、右额骨和顶骨，残长 85、宽 40 毫米。AH17：19-2，标本为青鱼头骨的右额骨，残长 10、宽 26 毫米。左下咽骨 4 件：AH17：23-1，保存完整，附下咽齿 4 枚。第一枚下咽齿椭圆形，齿冠长 14、宽 12 毫米。其余三枚均为扁圆形（比首枚形状更显窄扁），齿冠尺寸分别为长 19、宽 13 毫米；长 21、宽 14 毫米；长 12、宽 8 毫米。该标本是青鱼下咽骨中保存较为完整、但形态较小的一件。AH17：23-2，下咽骨前、后臂均受到一定程度的残损，附有两枚下咽齿。AH17：23-3，下咽骨前、后臂残，附下咽齿两枚。AH17：23-4，下咽骨前、后臂残，下咽齿全部脱落。右下咽骨 8 件，AH17：23-5，下咽骨保存较为完整，附有五枚下咽齿。下咽骨及下咽齿在本遗址青鱼标本中属中等大小。AH17：23-6，下咽骨前、后臂残，但

---

① 伍献文等：《中国鲤科鱼类志》（下卷），上海人民出版社，1977 年。

附有 2 枚下咽齿。该下咽齿是本遗址中比较大的标本。一枚下咽齿齿冠长 25、宽 21 毫米。另一枚下咽齿齿冠长 27.5、宽 20.3 毫米。AH17：23-7，下咽骨保存完整，附有 4 枚下咽齿。AH17：23-8，下咽骨完整，附有下咽齿 1 枚。AH17：23-9，下咽骨前、后臂受到一定程度的残损，附有下咽齿 2 枚。AH17：23-22、AH17：23-23、AH17：23-24，均为残损程度较严重的下咽骨，无下咽齿。左前鳃盖骨 2 件，保存均比较完整。AH17：23-12，上下高 115、前后长 78 毫米；AH17：23-13，上下高 135、前后长 79 毫米。青鱼左鳃盖骨 36 件，均有不同程度的残损。较完整的一件编号为 AH17：23-10，该标本仅在远缘有些残缺。但仍可看出其青鱼鳃盖骨的特点。鳃盖骨关节窝比较突出，关节窝颈比较细。前上角形态明显，略呈三角状向上突起，前下角略有延伸，位置比较靠前。后上角、后下角均不太突出，后上角与后下角相距位置很近。前下角与后上角之间连接成弧形。鳃盖骨前后残长 74、上下残高 75 毫米。青鱼右鳃盖骨 58 件，均有残缺。AH17：23-11，保存较完整，后、下缘有些残缺，但关节窝和主要形态保存较好。前后残长 95、上下残高 98 毫米。鳃盖骨内面比较光滑，外表面比较粗糙。AH14：10，鳃盖骨后、下缘略有残缺，前后残长 66、上下残高 84 毫米。青鱼左胸鳍 5 件，胸鳍鳍担骨、软棘前的假棘都保存较好。AH17：20-1，残存有一根假棘和 8 根软棘，软棘远端有些残缺，第 8 根软棘后缘呈破损状，因此可知软棘数大于 8 枚。保存部分长 116、宽 33 毫米。AH17：20-2，保存有一根假棘和 8 根软棘，软棘远缘、后缘有些残缺，现存标本长 105、宽 43 毫米。AH17：20-5，保存有一根假棘和 7 根软棘，软棘远缘、后缘残，现存标本长 48、宽 40 毫米。青鱼右胸鳍 6 件，保存有假棘与软棘的较好组合形态。AH17：20-3，保存一根假棘和 7 根软棘，残长 112、残宽 39 毫米。AH17：20-4，保存一根假棘和 7 根软棘。残长 85、残宽 30 毫米。AH17：20-6，保存一根假棘和 5 根软棘。残长 40、残宽 36 毫米。AH17：20-6，保存有一根假棘和 5 根软棘。残长 40、残宽 36 毫米。AH17：20-7，保存一根假棘和 6 根软棘。残长 106、残宽 38 毫米。AH17：20-8，保存一根假棘和 8 根软棘。残长 41、残宽 38 毫米。青鱼椎骨发现有 175 件，根据其形态特征，除有 5 件第一节椎骨外，其他均为尾部椎骨。未发现既有横突、又有神经管的胸部椎骨。AH17：23-14，是该时期青鱼第 1 节椎骨中较大的一件。前后长 9.9、上下高 19.2、左右径（直径）22 毫米。AH6：6，是青鱼第 1 节椎骨中较小的一件，前后长 9、上下高 18.1、左右径 21 毫米。AH17：23-19，尾部椎骨。前后径 20、上下径 25、左右径 26 毫米。其他青鱼椎骨统计尺寸见图四。

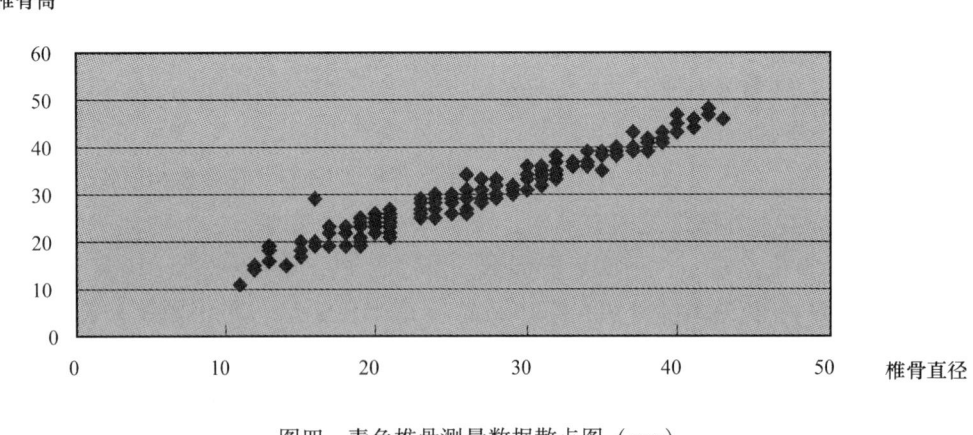

图四　青鱼椎骨测量数据散点图（mm）

　　硬骨鱼鲤科头骨，一般随鱼龄的增长，其额骨、顶骨之间的骨缝逐渐愈合，使各骨骼之间镶嵌较紧。而前腭骨之前、枕骨和基枕骨等较难愈合（图五）。考古通常所发现的硬骨鱼头骨中，额骨、顶骨发现较多，这两块骨骼一般较厚。鱼头骨其他部分骨骼发现较少。AH17:19-1 标本额骨、顶骨已呈愈合状态，所以额骨、顶骨紧密镶嵌，未散落。而 AH17:19-2 标本仅保留有右额骨，其他部分骨骼均散落。显示 AH17:19-2 标本比 AH17:19-1 标本鱼龄较小。

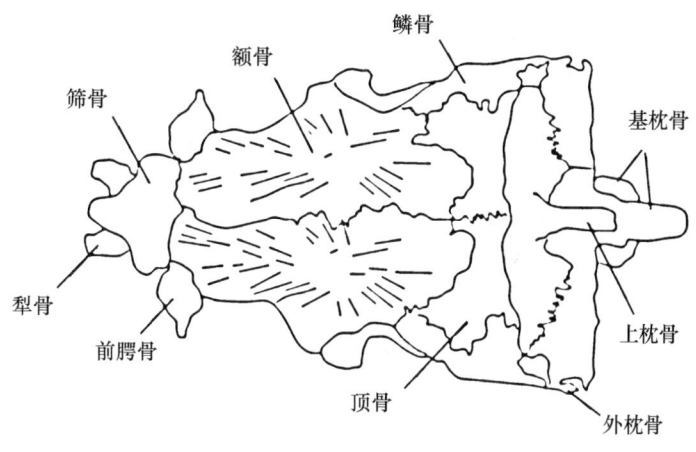

图五　硬骨鱼头骨背面模式图

认识硬骨鱼的鳍骨，需要对鱼鳍的类别和生长结构、生长形态做一个了解。鱼鳍有软棘、假棘、真棘之分（图六）。鱼鳍由鳍担（骨）和鳍条组成，外覆鳍膜（图七）。鱼鳍是由鳞片衍生而成的鳞质鳍条（骨质鳍条），是硬骨鱼所特有。鱼鳍的类别和生长形态、数量等，是判别鱼种的重要根据之一。软棘又名鳍条，柔软分节，且为左右对称的两根所组成。假棘是由分支鳍条硬化而成，其特点是有分节现象，并可分左右两条。真棘是坚硬不分节的，并由单根所组成。卜庄河遗址的青鱼鳍，基本上保存较好，一般都是由前面的假棘与后面的软棘成组出现。鱼鳍组合规律基本都是前面1根软棘，后面排列多根软棘（由于保存完整程度不相同的关系，软棘常见有 8～16 根）。这种鱼鳍组合关系，首先排除了它们是背鳍或臀鳍的可能。因为青鱼背鳍和臀鳍，都是软棘前面排列有 3 根假棘。青鱼的胸鳍和腹鳍，都是在软棘前面生长有 1 根假棘。但此二者的生长形态和软棘数是不一样的。青鱼胸鳍比腹鳍长、直，胸鳍前面的假棘也较腹鳍假棘长、直。二者在鳍担骨形态上，也差别很明显。胸鳍的鳍担骨很发育，长而弯曲。腹鳍的鳍担骨发育程度中等，与胸鳍相比，形态比较短、直。此外胸鳍的软棘条为 16 根，而腹鳍的软棘条最多为 8 根。由鳍担骨、假棘形态、软棘形态和鳍条数量等，我们可以肯定卜庄河遗址发现的青鱼鳍都为胸鳍。

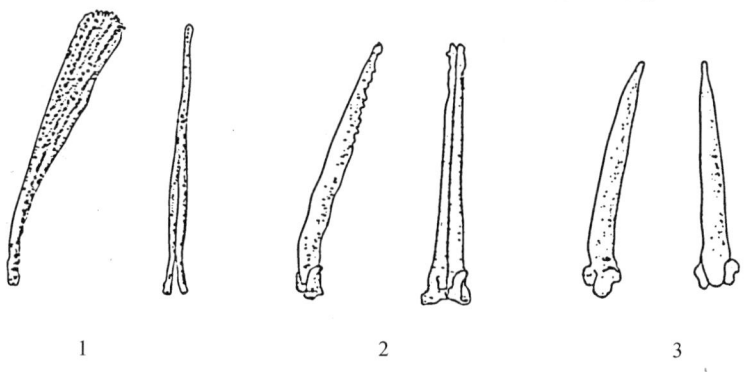

图六　硬骨鱼鱼鳍类别图

1. 软棘　2. 假棘　3. 真棘

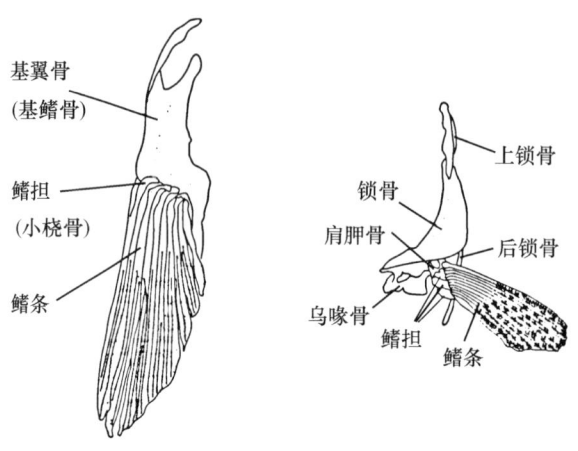

图七　青鱼胸鳍与腹鳍生长形态图
左：胸鳍　右：腹鳍

　　青鱼前鳃盖骨（Preopercular）比较发达，主要由下臂（向前）和后臂（向上）组成，形状近似于弯月形，但下臂与后臂垂轴相交线为直角。草鱼的前鳃盖骨也比较粗壮，但它的生长形态与青鱼有所区别。如青鱼的下臂、后臂都比较平直，下臂略长于后臂。而草鱼下、后臂都较明显的内弧，后臂中部向后突出，后臂略长于下臂。青鱼鳃盖骨（Opercular）与草鱼鳃盖骨都比较大而粗壮，厚薄程度相似，形态也有一定的可比性，但仔细甄别，二者仍有可区分的标志。如青鱼的关节窝向前突出较多，关节窝颈比较长、细；而草鱼的关节窝很短。草鱼鳃盖骨前上角比青鱼更突出，显得更高而尖锐。草鱼后下角位置更高、后上角不明显，因此，草鱼鳃盖骨后缘呈尖舌形。青鱼鳃盖骨后缘呈宽舌形。青鱼椎骨由于其主要为第一节椎骨和尾部椎骨，椎骨均为零散分布，所以虽然数量较多，但对计算鱼的最小个体数并无帮助。但是椎骨的统计、测量，对于积累动物考古学资料仍然是有用的。尤其从椎骨生长位置的规律上，可以较清楚的反映出一定的考古学文化现象（后文讨论），对当时遗址所获青鱼的体长也有一定意义。从 5 件青鱼第 1 节椎骨显示，该遗址青鱼可能都比较大，鱼全长一般为 1.5～1.64 米。

　　青鱼标本以右鳃盖骨较多，其最小个体数为 58。

　　草鱼 Ctenopharyngodon idellus

　　材料　基枕骨 1 件，长 108、宽 60 毫米。左鳃盖骨 14 件。AH17：22-9，鳃盖骨周缘略有残损，关节窝部分保存完整。长 98、宽 80 毫米。AH17：22-9，标本边缘有写残损，关节窝部分保存完整。长 100、宽 80 毫米。右鳃盖骨 20 件，标本周缘均有程度不等的残损。AH17：22-11，长 85、宽 90 毫米。AH17：22-12，长 100、宽 102 毫米。AH17：22-13，长 113、宽 107 毫米。AH17：22-14，长 108、宽 106 毫米。右下咽骨 7 件。AH17：22-15，下咽骨两端残，附有中部的 2 枚下咽齿。AH17：22-16，下咽骨两端残，附有 1 枚下咽齿。AH17：22-17、AH17：22-18、AH17：22-19，下咽骨均残，均附有 2 枚不太完整的下咽齿。AT43：⑤：6，下咽骨已残，无下咽齿。左下咽骨 9 件，标本两端均有残损。AH17：22-21、AH17：22-22，均附有 1 枚下咽齿。AH17：22-23，仅有残下咽骨，无下咽齿。AH15：8，下咽骨基本完整，附着有 3 枚下咽齿。AH14：8，下咽骨后臂残缺，无下咽齿。AH5：18，下咽骨略残，无下咽齿。AT27⑤：38，下咽骨残，附 1 枚下咽齿。AT27⑤：39，残下咽骨，无下咽齿。AT43⑤：6，下咽骨残，无下咽齿。另有草鱼下咽齿 6 枚，保存基本完整。零散的草鱼下咽齿 2 枚。AH17：22-20 标本，是草鱼下咽齿中比较大的。高 23、宽 13、长 5 毫米。鱼椎骨主要发现有尾部椎骨。AH17：22-1，是一件 5 节尾部椎骨连接在一起的标本。整体长 100、椎骨直径（宽）分别为 39～33

毫米。AH17：22-2，是一件 2 节尾部椎骨连接在一起的标本。整体长 38、直径分别为 38、28 毫米。AH17：22-3，2 节尾部椎骨连接在一起。总长度 40、椎骨直径分别 39、33 毫米。AH17：22-4，3 节尾部椎骨连接在一起。总长度 47、椎骨直径分别为 25～22 毫米。AH15：7，保存完整。椎骨直径 26、长 20 毫米。另有零散椎骨 35 件（椎骨测量数据见图八）。草鱼胸鳍 5 件，其中左胸鳍 3 件，右胸鳍 2 件。AH21：7，是一件较为完整的左胸鳍，可见有较完整的 16 根软鳍条。

草鱼最小个体数为 20。

椎骨高

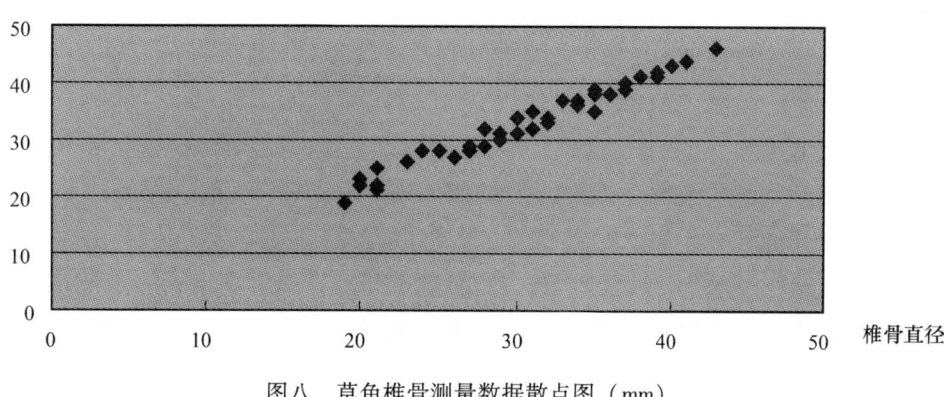

图八　草鱼椎骨测量数据散点图（mm）

鳡鱼 *Elopichthys bambusa*

AH13：3，左下咽骨 1 件，外行下咽齿保存有 4 枚，内行下咽齿保存有 1 枚。鳡鱼肋骨 2 件。AH11：10-1，长 93 毫米。AH11：10-2，长 50 毫米。

鳡鱼最小个体数为 1。

黄颡鱼 *Pseudobagrus fulvidraco*

发现有 2 件胸鳍棘。AH17：18-1，标本远端已残缺，但形态比较大，胸鳍关节面完整。残长 85、底部横截径 10 毫米。AH17：18-2，标本为胸鳍的中段。残长 57 毫米。

黄颡鱼胸鳍棘属于真棘，胸棘表面有细沟纹，形态为扁圆形，近端有关节面。胸棘前后缘均有棘突，但区别较大。前缘有细密的锯齿状小棘突，棘突向真棘尖端倾斜排列。后缘棘突则比前缘明显粗壮，棘突排列方向与前缘相反。黄颡鱼与鲇鱼的胸鳍棘都为真棘，胸棘形态相近，但胸棘前后缘的棘突有一定差别。黄颡鱼胸棘前后棘突大小悬殊，排列方向规律明显（前后棘突反向排列）。鲇鱼胸棘前后棘突大小相近，排列方向无明显规律。在我国旧石器时代、新石器时代、先秦动物考古中，均发现有黄颡鱼胸鳍棘标本。以前，我国发现的最大的黄颡鱼胸鳍棘标本，是在三峡何光嘴遗址商代遗存中。但根据测量数据对比，此次卜庄河遗址的 AH17：18-1 号标本，实是黄颡鱼胸鳍棘中最大者，可惜这件标本略有残缺（表七）。

遗址中两件黄颡鱼胸鳍棘不属于同一个体。黄颡鱼最小个体数为 2。

表七　黄颡鱼胸鳍棘测量表（mm）

地　点	卜庄河遗址	丁村遗址 [1]	河姆渡遗址 [2]	楠木园遗址 [3]	何光嘴遗址 [4]
胸鳍棘长	残长 85	40.2	34.2	21	68

[1] 中国脊椎动物化石编写组：《中国脊椎动物化石手册》，科学出版社，1979 年，1～665 页。

[2] 魏丰、吴维棠、张明华等：《浙江余姚河姆渡新石器时代遗址动物群》，海洋出版社，1989 年，1～121 页。

[3] 苏瑞凤：《鱼类专题研究》，《巴东楠木园》，科学出版社，2006 年，1～499 页。

[4] 武仙竹：《动物群》，《秭归何光嘴》，科学出版社，2003 年，118～131 页。

中华鲟 *Acipenser sinensis*

材料 中华鲟标本，发现有一些鳞板和病变瘤状骨。鳞片均有一定程度的残损。AH17：21-4，背甲。长35、宽42毫米。AH17：21-5，背甲。长43、宽35毫米。AH17：21-6，背甲。长36、宽40毫米。AH17：21-7，背甲。长38、宽35毫米。AH14：3，中华鲟背鳞板，已破碎为碎块。AT27⑤：30，鲟背鳞板。保存程度稍完整，中部的纵棱脊突起较高，鳞片从纵脊向两侧倾覆。鳞片前后长70、左右宽56毫米。AH17：21-14，背甲。长28、宽39毫米。AH17：21-9，侧甲。长65、宽60毫米。AH17：21-10，侧甲。长66、宽58毫米。AH17：21-11，侧甲。长60、宽51毫米。AH17：21-12，侧甲。长62、宽58毫米。AH17：21-13，侧甲。长56、宽50毫米。AH14：4、AH14：5、AH5：20、AH5：21，均为破碎的侧鳞板。病变瘤状骨形态基本相近，保存都比较完整。均为两头尖、中部鼓的枣核状。AH17：24-1，长45、宽22毫米。AH24-2，长41、宽20毫米。AH14：7，长61、宽18毫米。

中华鲟鳞板在三峡已发现较多，在这里需要讨论的是鲟瘤状病变骨。瘤状病变骨标本，在三峡以前的考古工作中也比较常见，但人们对它的认识尚不清楚。以前一般人们称之为"枣核状"骨器①或"果核状"鱼骨②。近年随着国外动物考古资料的传入，人们才认识到这种异形骨骼，是鲑鱼、石首鱼、鲟鱼躯体内的病变骨③。另据我国学者最新研究，白鲢的体内也有这种病变骨④。鲑鱼是冷水性大、中型经济鱼类，在中国主要分布在黑龙江流域，三峡考古中尚未发现鲑鱼。石首鱼主要为海产，三峡无石首鱼。白鲢体内可能也有这种病变瘤状骨，但卜庄河遗址商代遗存尚没有发现较肯定的白鲢种类。因此，根据目前的认识，卜庄河遗址的瘤状病变骨可能为中华鲟体内的。

三峡地区曾经是中华鲟和白鲟（*P. slaius*）都比较多的地区，但中华鲟是有鳞板的，白鲟体裸露无鳞板。因此可知该遗址的磷板应归中华鲟。中华鲟体披5行鳞板，其中背鳞板10~16节，单行侧鳞板24~37节，单行腹鳞板8~15节。卜庄河遗址商遗存中背鳞板7件，侧鳞板5件。根据鳞板来确定鲟个体数是无法办到的，但遗址中发现有3件瘤状病变骨。目前，尚没有发现同一个体有多个瘤状病变骨的，因此，我们据瘤状骨推断，商遗存中华鲟最小个体数为3。

南方大口鲶 *Silurus soldatovi meridiondlis*

材料 右下颌骨2件。AH17：21-1，残长140、宽22毫米。形态略细长而弯曲，表面有许多衍生细齿的孔槽，后部有保存较好的颌关节。AH17：21-3，残长75、宽18毫米。前部缺损较多，后部颌关节破损。

南方大口鲶属于鲶科鲶属，头部扁平，体侧扁，无鳞，口阔大、上位。无咽喉齿，但上、下颌及犁骨上有密集的绒毛状细齿。因此，其颌骨表面有很多衍生细齿的间隔孔。这种鱼属于水体中、下层的大型鱼类，肉食，性凶猛。其产卵场为急流的砂石质水域，因此，三峡也是该鱼的重要产卵场区域。南方大口鲶以前在清江流域香炉石遗址商代遗存中有所发现⑤，在长江中游沙市周梁玉桥遗址商代遗存中也有发现⑥。长江下游的安徽睢溪县石山子遗址中，曾出土有胡子鲶（*Clarias fus-*

① 吉林大学考古学系：《四川奉节老油坊遗址试掘报告》，《三峡考古之发现》（二），湖北科学技术出版社，2000年。

② Rowan Kimon Flad, 2004. Specialized Salt Production and Changing Social Structure at the Prehistoric Site of Zhongba in the Eastern Sichuan Basin, China, A dissertation submitted in partial satisfaction of the requirements for the degree Doctor of Philosophy in Archaeology, University of California, Los Angeles.

③ Elizabeth J. Reitz and Elizabeth S. Wing. 1999. Zooarchaeology. Cambridge University Press.

④ 袁靖、杨梦菲、陶洋等：《动物研究》，《巴东楠木园》，科学出版社，2006年。

⑤ 王善才：《清江考古》，科学出版社，2004年。

⑥ 彭锦华：《湖北沙市周梁玉桥遗址动物骨骼的鉴定与研究》，《考古与文物》1990年1期。

cus)①。胡子鲶与南方大口鲶分属于不同的科（胡子鲶科和鲶科），胡子鲶科口下位、尾圆扇形，鲶科口上位、尾截形。三峡地区以前鲶鱼材料的发现较少，但包括有鲶科的南方大口鲶（Silurus sol-datovi meridiondlis）和土鲶（Silurus asotus）两种。前者发现于巴东店子头遗址新石器时代遗存中，后者发现于忠县瓦渣地遗址新石器时代晚期、先秦和近现代遗存中②。南方大口鲶和土鲶虽然同属于一科，但二者的生态不同。南方大口鲶成鱼体型较大，主要生活于江河中下层水体（流水）。土鲶体型较小，主要生活于池塘水体中下层（静水）。长江中游与清江流域遗址商代遗存中均发现有南方大口鲶，此次三峡商代遗存中再次发现南方大口鲶。这些现象反映，长江中、上游及其支流古居民，已经掌握了捕获南方大口鲶的技术。

南方大口鲶最小个体数为 2。

矛蚌 Lanceolaria sp.

材料　左壳 1 件。AH17：25-1，蚌壳近顶端的部分，有咬合齿。属假异齿型（Pseudohetero-odont），铰齿成片状，向壳背缘平行延伸。铰合齿最厚处 9、标本残长 27、残宽 48 毫米。

矛蚌最小个体数为 1。

丽蚌 Lamprotula sp.

材料　右壳 2 件，AH17：25-2，蚌前缘顶端短而圆，向后缘逐渐变狭。壳面中等膨突。壳嘴向前内转。壳顶有略似三角形的前假主齿，前假主齿后有三角形齿窝。后片状齿呈板状，表面有细沟棱。标本最厚处 8、残长 23、残宽 46 毫米。AH17：25-3，右壳，残。左壳 1 件。AH17：25-4，均蚌壳残片。壳外表面有粗瘤节，并且同心线宽而清晰。壳内表面有水管区，水管区有粗强的斜射脊。

根据 3 件蚌壳生长位置判断，丽蚌最小个体数为 2。

黄喉水龟 Mauremys mutica

发现有黄喉水龟的腹甲 3 件。两件较大的腹甲均为近中心区的部位，周缘残缺较重。比较厚，在甲腹面遗留有较密集的卜筮钻孔。钻孔皆为圆形（或近圆形）。AH17：26-1，厚约 3.5、长 40、宽 28 毫米。根据形态特征观察，可能为龟的下腹甲（hypoplastron）。腹甲内面可见有 8 个钻孔，中部有 4 个完整的钻孔，周围几个钻孔有不同程度残缺。钻孔排列为横向对齐成行，纵向各钻孔错开。钻孔形状为圆形，孔壁较直，孔底较平。钻孔直径一般约 6 毫米，大小比较均匀。均未钻透。钻孔之间的孔距 4.6 毫米。AH17：26-2，该标本形态比较大，一边的边缘可见甲壳缘，外表面可见较直的联合缝。因此，可能是一件龟的剑形腹甲（Xiphiplastron）。厚约 3.5、长 45、宽 32 毫米。在腹甲内表面可见约有 15 个钻孔，孔距约 4 毫米。钻孔形状也为横向对齐排列，但纵向各钻孔位置错开。钻孔大小和制法与前一件标本基本一致。AT27⑤：29，是一件较大、窄长的龟背甲，背甲周缘也有较明显的残损。该背甲形态，是较明显的肋板。肋板表面无明显人工加工痕迹。长约 70、宽 26 毫米。龟背、腹甲的生长形态忽然位置参见图九。

我国龟科动物中，有乌龟、黄缘闭壳龟、黄喉水龟等。黄缘闭壳龟（Cuora flavomarginata）为陆生，背甲隆起较高。腹甲前后叶（舌腹甲与下腹甲）之间以韧带相连，腹甲可向上与背甲闭合，故名。该动物主要分布华中、华东等地。乌龟（Chinemys reevesii）、黄喉水龟（Mauremys mutida）均为水生，可生活于江河、湖泊、池塘。乌龟在我国南北分布广泛，黄喉水龟则仅分布长江流域及其以南。二者相比，它们的背甲形态相似，黄喉水龟腹甲则略显平整一些。根据龟甲大小与形态特征分析，卜庄河遗址的龟应为黄喉水龟。龟背甲、腹甲，均在我国先秦时期被作为卜筮材料，但以

①　安徽省文物考古研究所：《安徽省睢溪县石山子遗址动物骨骼鉴定与研究》，《考古》1992 年 3 期。

②　黄蕴平、朱萍：《忠县瓦渣地遗址 T363 动物遗骸初步研究》，《重庆·2001 三峡文物保护学术研讨会论文集》，科学出版社，2003 年。

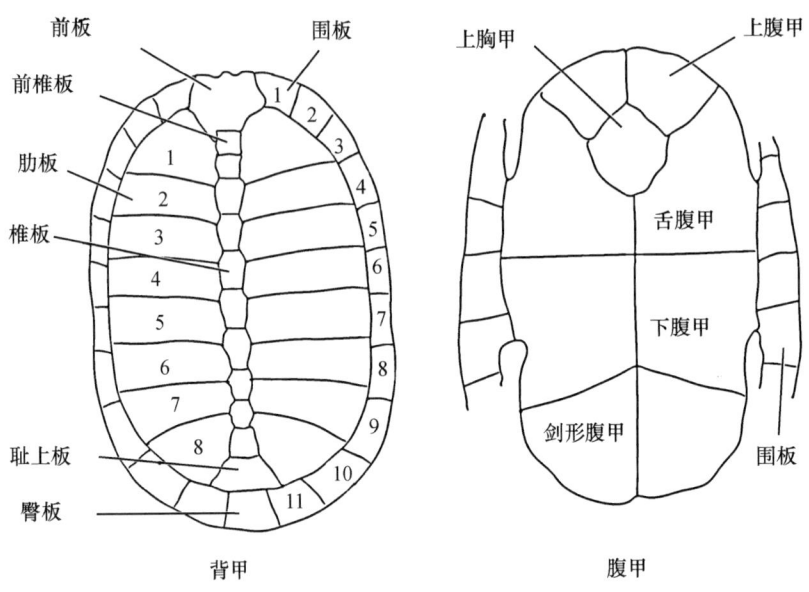

图九 龟甲生长结构图

腹甲似乎比较多一些。因为腹甲甲片比较大而平整，背甲甲片比较小、隆起较大。当然，由于先秦卜筮材料并不是很容易得到，所以，龟背甲被作为卜甲也是常见的。在以前的三峡考古中，以龟甲为卜筮材料已经发现了一些地点（表八）。卜庄河遗址发现的龟甲卜筮标本，是三峡地区利用龟甲进行卜筮时代较早的标本之一。

表八 三峡卜甲、卜骨统计表

遗 址	时代	龟 甲		鱼鳃盖骨	羊肩胛骨	钻孔特征	灼痕
		背甲	腹甲				
秭归卜庄河遗址	商		2		1	圆形	有
宜昌路家河遗址［1］	商		3			圆形	有
秭归大梁尾遗址［2］	商	1	2			圆形	有
秭归卜庄河遗址	周			1		圆形	不明
秭归石门嘴遗址［3］	周		6	15		长方形为主，兼有圆、方	有
宜昌县朱家台遗址［4］	周			2		长方形	无
忠县甘井沟遗址［5］	周				3	不明	不明
巴东杨家棚遗址［6］	六朝		7			圆形	不明
云阳县明月坝遗址［7］	唐		3			圆形	有

［1］长江水利委员会：《宜昌路家河》，科学出版社，2002年，1～149页。

［2］宜昌博物馆：《秭归大梁尾遗址发掘简报》，《湖北库区考古报告集》（一），科学出版社，2003年，563～578页。

［3］吉林大学边疆考古研究中心等：《湖北秭归石门嘴遗址发掘》，《考古学报》2004年4期。

［4］湖北省博物馆三峡考古队第三组：《宜昌县朱家台遗址试掘》，《三峡考古之发现》，湖北科学技术出版社，1994年，304～310页。

［5］四川省长江流域文物保护委员会文物工作队：《四川忠县甘井沟遗址的试掘》，《考古》1962年8期。

［6］湖北省文物考古研究所：《巴东杨家棚汉代遗址发掘报告》，《湖北库区考古报告集》（二），科学出版社，2005年，281～293页。

［7］四川大学历史系考古专业：《云阳县明月坝遗址试掘简报》，《三峡考古之发现》（二），湖北科学技术出版社，2000年，124～141页。

由于遗址中几件龟甲的生长位置未见肯定重复者，因此，黄喉水龟最小个体数为1。

家猪 *Sus domestica*

材料　头骨残片一件，AH6∶9，标本为猪额骨的左半边。鼻额部（Pars nasofrontalis）有些残损，眶部（Pars orbitalis）和颞部（Pars temporalis）基本完好。下颌骨一件，AH5∶3，左下颌后段残缺，其余骨骼部分基本完整。附着有4枚门齿，右齿列保存有 c～m2。左颊齿未保存。右齿列：p1，6.8×3.8 毫米，磨蚀痕微。P2，8.5×3.5 毫米，磨蚀痕微。p3，10×4 毫米，磨蚀使用痕中等。dp4，17.6×7.8 毫米，磨蚀使用痕较重。m1，16×9.6 毫米，磨蚀使用痕轻。m2，19.8×12.8 毫米，磨蚀使用痕微。左下颌骨 2 件，AH4∶5，下颌骨已残，附着有 dp4、m1、m3 等，其中 m3 尚在萌出中。AH4∶7，下颌骨已残，附着有 p2～m2。左下犬齿 1 件，AH5∶8，形态比较弱小，齿根尖端残。右下颌骨 1 件，AH4∶8，下颌骨已残，下咽齿脱落。右肱骨 1 件，AT27⑤∶27，右肱骨形态很小，可能为幼年个体。两端略残，残长 100 毫米。指骨 1 节，AH6∶8，系第Ⅳ主指的第二指节骨（又名冠骨）。长 33 毫米，指节骨近侧端大于远侧端。近端关节面凹入，并由一矢状沟分隔为左右两个关节窝，远轴窝较大。远端关节面由矢状沟分隔为两个凸面，也是远轴的凸面较大。

家猪材料的骨骼部位比较多，包括颅骨、下颌骨、肢骨、椎骨、指骨等。其中有一下颌骨上带有左犬齿，另有一枚零散的左犬齿。所以，以犬齿材料记，家猪最小个体数为3。

狗 *Canis familiaris*

头骨 2 件，AH17∶27，保存较为完整，左上齿列均保存有 DI2、DC、DP3、DP4、DM1 等，同时，齿槽中的 I2、I3、P4、M1 也均在萌生中，其中门齿及 M1 已萌出齿槽。乳门齿、乳犬齿生长形态均很细弱，齿根伸出齿槽较高。乳上裂齿形态比较小，但齿尖发育程度及结构与恒齿一致。右上齿列的犬齿在萌生中，P2 萌出，DP3、DP4、DM1 保存，但 M1 已萌出。齿列上的乳齿一般为黄褐色，恒齿为乳白色。AH17∶28，标本为头骨的右半边（主要为右上颌），保存有 P3（残）、P4、M1、M2。头骨标本的齿列测量数据见表九。左下颌骨 2 件，编号 AH11∶4。下颌骨形态较小，保存较好，附有 p2～m2。AT27⑤∶23，下颌骨前后端略残，水平支完整，附带有 p3、p4、m2。下颊齿磨蚀均为中等。右胫骨 1 件，AH17∶29，保存有胫骨的上半段，残长 58 毫米。近关节面保存完好，关节面前后径 28、左右径 28.5 毫米。

狗最小个体数为2。

表九　卜庄河遗址狗上颊齿测量数据表（mm）

标本号	DP2		DP3		DP4		P4		DM1		M1		M2	
	长	宽	长	宽	长	宽			长	宽	长	宽		
AH17∶27（左）			5	2	9.9	4			8.5	9	12	13.8		
AH17∶27（右）	4.4	2	4.6	2.2	9.6	4.1			8.7	9.1	12.1	13.6		
AH17∶28							16	8			11.6	13.8	6	8

家山羊 *Capra hircus*

材料　左肱骨 2 件：AH17∶30，保存有肱骨上半段，残长 80 毫米。近关节面保存完整，关节面前后径，左右径。AH17∶31，标本为肱骨上半段，残长 59 毫米。近关节面前后径，左右径。右胫骨 1 件，AH17∶32，标本为胫骨下半段，残长 55 毫米。远关节面前后径 15、左右径 19 毫米。羊左胫骨 1 件，AH17∶34，标本为胫骨下半段，残长 50 毫米。远关节面前后径 15.7、左右径 19.3 毫米。羊左股骨 1 件，AH17∶33，标本为股骨下半段，残长 66 毫米。远关节面前后径 20、左右径 32 毫米。羊右桡骨 1 件，AH11∶5。标本保存完整，全长 102 毫米。羊左尺骨 1 件，AH7∶15，标本为尺骨近段。残长 85 毫米。尺骨冠状突缺失，但关节面较为完整。羊左肩胛骨 2 件，其中有一件被加工为卜骨。AH14：6，该标本为肩胛骨后上部较宽平的部位，已被加工为卜骨的材料。肩胛骨的肩胛冈被利器削平，肩胛骨颈至关节盂部位无。从肩胛冈位置及方向观察，该标本属于左肩胛骨。肩胛骨腹面遗留有卜筮钻孔痕迹，可见有 2 个近圆形的钻孔。均为从腹面钻，未钻透。AT27⑤：25，标本保存基本完整，仅肩胛骨近端的脊侧缘略有残缺。该形态很小，从脊侧缘至关节盂长约 12 厘米，从颈侧缘至胸侧缘宽 6.8 厘米。羊右髋骨 1 件，AH5：6，髂骨、坐骨等部分残缺，髋臼关节窝保存完好。髋臼切迹张距程度中等，但切迹口圆而光滑。髋臼口缘比较低，但口缘边缘起伏比较大。

表一〇　羊亚科（Caprinae）胫骨远关节面测量数据比较表（mm）

标本来源		前后径	左右径
卜庄河遗址	山羊 *Capra* sp.，FH2：20	14.7	18
	家山羊 *Capra hircus*，H17：34	15.7	19.3
	家山羊 *Capra hircus*，H17：32	15	19
巴东罗坪遗址，绵羊 *ovis* sp.［1］		19.6	26.2
内蒙古朱开沟遗址，家绵羊 *ovis* sp.［2］		19~25.7	25.8~33.2
现生家绵羊 *ovis aries*［2］		21.3~24.2	28.2~30.2

［1］武仙竹、杨定爱：《巴东罗坪遗址动物遗骸研究报告》，《巴东罗坪·附录》，科学出版社，2006 年，409~418 页。
［2］黄蕴平：《内蒙古朱开沟遗址兽骨的鉴定与研究》，《考古学报》1996 年 4 期。

羊属（山羊，*Capra*）和盘羊属（绵羊 *Ovis*），都属于羊亚科（Caprinae）的动物。关于家山羊与家绵羊的起源，学术界一般认为都起源亚洲。家绵羊目前比较早的材料是在中亚伊拉克北部若瓦舍密遗址和沙尼打山洞遗址，二遗址距今时代约为 9000 年。家山羊则被认为是起源于西亚距今约 9000 年前。① 中国的家绵羊被认为是在距今约 4000 年左右的内蒙古朱开沟遗址出现。② 而家山羊也被认为是在距今约 4000 年左右的甘肃永靖县大何庄遗址③和相邻的秦魏家遗址④。较准确的资料，还有山西天马曲村遗址西周早期的动物遗存（距今约 3100 年左右）。⑤ 卜庄河遗址的羊骨骼，我们首先认为它属于山羊。山羊的性成熟期较绵羊为早，大部分种类的个体也较绵羊偏小。卜庄河遗址的羊骨骼形态都比较小，从其胫骨关节面测量数据上看，其测量数据远远小于目前所见的绵羊种类（表一〇）。我们认为，这些羊骨骼可能属于家山羊。甘肃永靖大何庄遗址、秦魏家遗址中，关于家山羊的判断，即是遗址中除发现有羊骨骼外，还发现有用羊肩胛骨做的卜骨。稍晚的天马曲村遗址中，家山羊的发现也是伴随着羊卜骨发现的。卜庄河遗址中家山羊的骨骼，也是伴随羊卜骨发现。此外，卜庄河遗址家山羊的发现，我们还可从三峡地区的动物考古的整体材料上做辅助判断。随着三峡工程的建设，三峡地区的动物考古学资料，已是我国动物考古资料最丰富的地区。但在三峡已做的众多动物考古工作中，目前还未见到三峡商代以前的羊亚科动物（包括绵羊和山羊）。少数已见羊亚科动物，都是属于商代或商以后的。如秭归何光嘴遗址中，出土有一件羊右股骨（*Ovis* sp.），该标本属于商代遗存⑥。巴东黎家沱遗址发现有商周时期山羊的牙齿⑦。巴东罗坪遗址中，

① Elizabeth J. Reitz and Elizabeth S. Wing：《Zooarchaeology》，Cambridge：The University Press，1999，pp. 282~283.
② 袁靖：《中国新石器时代家畜起源的问题》，《文物》2001 年 5 期。
③ 中国科学院考古研究所甘肃工作队：《甘肃永靖何家庄遗址发掘报告》，《考古学报》1974 年 2 期。
④ 中国科学院考古研究所甘肃工作队：《甘肃永靖秦魏家齐家文化墓地》，《考古学报》1975 年 2 期。
⑤ 黄蕴平：《天马—曲村遗址兽骨的鉴定和研究》，《天马—曲村（1980—1989）·附录二》，科学出版社，2000 年。
⑥ 武仙竹：《动物群》，《秭归何光嘴》，科学出版社，2003 年。
⑦ 张镇洪：《巴东黎家沱遗址出土动物骨骼鉴定》，《湖北库区考古报告集》（一），科学出版社，2003 年。

出土有羊肩胛骨、胫骨各一件，均属于汉代遗存①。三峡地区商以前未发现任何羊遗骸（无论家羊或野生羊），而在商代突然出现了羊，我们也认为是引进型家畜动物的证据之一。

卜庄河遗址中的羊，是三峡地区最早的家山羊。也是我国目前最早的家山羊材料之一，它与甘肃永靖何家庄遗址、秦魏家遗址中的材料一样，都属于距今约 4000 年的家山羊。

家山羊最小个体数为 2。

密獾 *Melondon melinus*

材料 较完整的左下颌骨一件，编号 AT27⑤：23。除门齿和 p2、m2 脱落外，其他牙齿保存完好。整个下颌骨的形态短而矮小，齿式为 3·1·3·2。犬齿与 p2 之间无齿缺，犬齿、前臼齿、臼齿之间均排列紧密。前臼齿齿冠有横向生长的态势，尤其在 p3 上比较明显。p4 无后小尖。m1 三角座比较宽，跟座宽、短，呈中凹状，边缘围绕有 6 个脊形小齿尖。下颌联合部至髁突后缘长 55 毫米，水平支在 p4 前高 9.9 毫米；在 m1 前高 9.2 毫米，m1 后高 9 毫米。髁突横关节轴左右径 11 毫米。水平支底缘至冠状突顶缘高度为 25 毫米。犬齿高 8、长 6、宽 3.8 毫米。p3 高 5、长 4、宽 3.2 毫米。p4 高 6.5、长 6.2、宽 4.8 毫米。m1 高 7、长 13、宽 8.1 毫米。下颌联合部比较短。上升支颊侧的咬肌窝深大，咬肌窝在水平支上，向前延伸到 m2 之前。上升支突起较高，冠状突微向前倾。髁突与角突位置都比较低，角突比较发育，角突与髁突之间的间距比较大。水平支在 m1 处高度最低，p2 处的水平支高度，高于 m1 处的水平支。

密齿獾（*Melondon melinus*）属于獾亚科（Melinae）密齿獾属（*Melodon*），它是獾亚科中的古老种类（化石种）。它与现生种真獾类的狗獾属（*Meles*）和猪獾属（*Arctonyx*）相比差别是明显的。獾亚科区别于其他鼬类亚科的重要特点，是它有很特化的 m1 。獾亚科 m1 特发育，跟座很大，并且都是跟座边缘生长许多小齿尖，跟座中部内凹呈盆状。密齿獾 m1 的跟座，已经具备獾亚科（Melinae）的特征，即跟座很发育、向后延长，跟座中部内凹呈盆状，跟座边缘围绕生长有脊形小齿尖等。但与真獾类狗獾属（*Meles*）和猪獾属（*Arctonyx*）相比，密齿獾的跟座比较短、宽，远没有象真獾类那样向后延长很多。在下颌骨的整个形态上，密齿獾属与真獾类也有很大区别。如真獾类下颌联合部比较长、矮，密齿獾属则比较短、高；真獾类下颌骨水平支为很明显的前部矮、后部高，似密齿獾属则为中部矮、前部高；真獾类上升支和冠状突向后倾斜，密齿獾属则是前倾；真獾类颌关节突和角突位置都比较高，角突不发育，密齿獾属颌关节突和角突位置都很低，角突比较发育。此外，密齿獾与真獾类在下齿列分布特点上也区别很大。密齿獾属下齿列排列紧密，犬齿之后无齿隙；真獾类下齿列稍微松散，在犬齿后有齿隙，前臼齿之间也有齿隙。同时，在某些真獾类标本上，由于犬齿之后的齿隙较大，还常见生长有很弱小的 p1（即衍生为 4 个前臼齿）。而在密齿獾属上，犬齿之后即紧密生长有 p2，未见有产生 p1 的现象。

表一一 獾亚科下颌骨测量与比较表（mm）

种类 测项	吻端至角突后缘长	下齿列长	m1 长	m1 宽
密齿獾 *Melondon melinus*	55.00	33.2	13.00	8.1
猪獾 *Arctonyx collaris* [1]	90.70	59.50	15.60	4.00
狗獾 *Meles meles* [1]	74.50	48.00	15.90	7.00

注：祁国琴：《姜寨新时期时代遗址动物群的分析》，《姜寨——新石器时代遗址发掘报告·附录三》，文物出版社，1988 年。

---

① 武仙竹、杨定爱：《巴东罗坪遗址动物遗骸研究报告》，《巴东罗坪·附录》，科学出版社，2006 年。

　　从下颌骨的测量数据上，我们可以观察到密齿獾下颌骨比猪獾和狗獾都短小。密齿獾的下齿列长度也远远小于后二者。在 m1 的长度上，密齿獾比猪獾和狗獾小，但在宽度上，密齿獾却比后二者大（表一一）。这些特点，明确表现出獾亚科化石种和现生种之间的区别。现生密齿獾在南非、西亚、中亚等地还有少数分布。卜庄河遗址蜜齿獾下颌骨吻部较短，与南非、西亚等地的现生密齿獾相似，而与其他现生真獾相区别。现生密齿獾主要是地栖，但也能爬树，居于岩缝、空心倒木或树洞中。杂食，但食肉性较强。它不仅捕食小哺乳动物和爬行动物，大型哺乳动物的幼崽也喜捕食。还特别喜欢捕食鸟类、爬行类和节肢动物，对蜂蜜和植物果实有嗜好。密齿獾的居穴选择和食性特点等，都与猪獾、狗獾等有些区别。

　　密齿獾最小个体数为 1。

猪獾 Arctonyx collaris

　　材料　左下颌骨 1 件，AH11：6，下颌骨前段残，保存有后半段和上升支，附着有完整的 m1。右尺骨 1 件，尺骨远半段缺失，近段和上关节面都保存完整，残长 68 毫米。

　　猪獾与狗獾都是现生种，二者在下颌骨、下齿列及 m1 上，被认为是可以区别的。如狗獾咬肌窝比猪獾大而深，角突位置比较靠下；狗獾下齿列较猪獾短；狗獾 m1 跟座更呈明显的三角形和跟座更呈盆状等[1]。卜庄河遗址的猪獾测量数据，是包含在我国古文化遗址发现的猪獾测量值变异范围之内的（表一二）。在三峡新石器时代以后已发表的资料中，猪獾的材料发现较少。猪獾又名沙獾，生境较广（森林、灌丛、荒野均可生存），有冬眠习性。但猪獾多单独活动，昼伏夜出，洞穴浅者 2 米，深则达 8 米，性情凶猛，可与猎狗匹敌[2]。因此是较难狩获的动物。

　　猪獾最小个体数为 1。

表一二　猪獾 m1 测量表（mm）

测项＼地点	卜庄河遗址	姜寨遗址[1]	河姆渡遗址[2]	半坡遗址[3]	路家河遗址
m1 长	15.8	15.6	14.9 ~ 16.7	14.0	16.0
m1 宽	4.3	4.0	5.2 ~ 6.9	7.6	6.0

①　祁国琴：《姜寨新时期时代遗址动物群的分析》，《姜寨——新石器时代遗址发掘报告·附录三》，文物出版社，1988 年。

②　魏丰、吴维棠、张明华等：《浙江余姚河姆渡新石器时代遗址动物群》，海洋出版社，1990 年。

③　李有恒、韩德芬：《陕西西安半坡新石器时代遗址中之兽类骨骼》，《古脊椎动物与古人类》1959 年 1 卷 4 期。

小麂 Muntiacus reevesi

　　材料　左下颌骨 1 件，AH5：5，保存基本完整，并附有 p2 ~ m3。下颌骨及颊齿形态比较小（表一三），颊齿磨蚀使用痕比较轻。小麂颊齿齿尖比较高而锐，p4 颊侧有齿柱，下后尖与下前尖分离。臼齿齿冠比较直，均有齿柱。小麂是麂类中体型最小的种类，该动物以前在三峡的秭归何光嘴遗址、巴东罗坪遗址中均有发现。其现生种主要在长江流域以南及珠江流域，喜活动于森林边缘和高草丛中，以青草、嫩叶、嫩芽

表一三　小麂下颌骨测量表（mm）

测量项目		左下颌骨（H5：5）
p2 前下颌骨	高	11.1
	厚	5.0
m1 前下颌骨	高	12.8
	厚	6.9
p2	长	4.8
	宽	3.1
P3	长	6.8
	宽	4.2

①　祁国琴：《姜寨新时期时代遗址动物群的分析》，《姜寨——新石器时代遗址发掘报告·附录三》，文物出版社，1988 年。

②　盛和林等：《毛皮动物手册》，上海辞书出版社，1994 年。

为食。

小麂最小个体数为1。

测量项目		左下颌骨（H5：5）
P4	长	6
	宽	5.2
m1	长	8
	宽	6.5
m2	长	9
	宽	7
m3	长	13.5
	宽	7
p2～m3 长		48.1

（四）周代

须鲫 *Carassioides cantonensis*

材料　发现有较完整的左下咽骨一件，并有5节胸椎，有的胸椎上附带有残肋骨，编号AH2：4。

鲤科鱼类中，下咽齿以3行者较常见（鲤属、鳡属、白鱼属、飘属、鲂属、鲴属、铲颌鱼属、白甲鱼属、鲈鲤属等），单行者也较多（如青鱼属、鲫属、鳙属、鲢属、铜鱼属等），2行下咽齿的种类则较少（主要有草鱼属和须鲫属等，这两属都是独属独种）。在2行下咽齿的鱼类中，齿式为4・1～1・4者，又唯有须鲫常见。须鲫又名黄鲫、江鲫，现生标本全长一般在192～285毫米，主要分布在珠江水系和海南岛。属于南亚热带和北热带鱼种。须鲫下咽骨呈弓状，下咽骨凹面窄小，前臂与后臂长度近似。下咽齿主行（内侧）第一枚齿为光滑的长圆锥形；第二至第四枚齿侧扁，齿端有一道纵贯的沟纹。须鲫为鲤科中中独属独种（须鲫属 *Carassioides*，须鲫 *Carassioides cantonensis*），须鲫属与鲫属（*Carassius*）在形态与生态上均有区别。须鲫属体侧扁，背鳍点突起，口亚下位，须2对。鲫属体侧扁，背鳍点圆滑，口端位，无须。从生态上讲，一般鲫属主要生长在缓流或静水水体内，喜栖水草丛生的浅水湾或湖沼中，食底栖无脊椎动物、植物碎屑和藻类等。但须鲫则是常见于河流干流中，以藻类、浮游动物、水生昆虫和幼鱼等为食。此外，二者分布区域也有所不同。鲫属广布于亚热带、温带等，须鲫属则主要分布在南亚热带和北热带[1]。二者的这种分布区域的不同，反映它们对水体水温的不同要求。

卜庄河遗址中，周代须鲫的发现，提供了认识周代三峡自然环境的重要实物资料。须鲫是仅生活在南亚热带以南的水生鱼类，须鲫的出现，反映三峡地区在周代时也有南亚热带的气候特征。三峡地区现在属于中亚热带，中亚热带与南亚热带，在许多气候指标上是有差别的。如中亚热带每年在≥10℃的天数为239～285天，而南亚热带每年≥10℃的天数为286～365天；中亚热带每年1月平均气温为5～10℃，南亚热带每年1月平均气温为10～15℃[2]。

须鲫最小个体数为1。

青鱼 *Mylopharyngodon piceus*

材料　右前鳃盖骨1件，AH4：3，形态若弯月形，基本完整。左鳃盖骨1件，E2H5：11，鳃盖骨周缘略残。右鳃盖骨3件，其中FH4：2号标本形态较大，长78、宽115毫米。AH3：18，鳃盖骨周缘略残。FH5：12，鳃盖骨后缘残。左下咽骨7件，FT34③：1，下咽骨基本完整，但下咽齿全部脱落。FT46③：13，下咽骨已残，附着有2枚下咽齿。FT46④：21，下咽骨基本完整，附着有4枚下咽齿。AH3：13，下咽骨两端残，附着有4枚下咽齿。AH3：14，下咽骨略残，无下咽齿。AH3：15，下咽骨略残，附着有3枚下咽齿。FH5：7，下咽骨完整，附着有4枚下咽齿。右下咽骨6件，FT46③：14，下咽骨残，无下咽齿。AH3：16，下咽骨残，无下咽齿。FH5：8，下咽骨后臂残，无下

---

① 广东省水产学校：《鱼类学》，农业出版社，1981年。

② 张荣祖：《中国动物地理》，科学出版社，2004年。

咽齿。零散下咽齿 3 枚，AH3：17-1，长 18、宽 18 毫米。AH3：17-2，长 18、宽 15 毫米。寰椎 2 件，FT6④：5，保存基本完整。长 16、直径 31 毫米。FH17：2，长 13、直径 27 毫米。尾部椎骨 28 件，AH13：5，保存完整。其他尾部椎骨保存均基本完整，编号 FT7④：3、FT41③：2、FT41③：3、EH2：11 等。

青鱼最小个体数为 7。

草鱼 *Ctenopharyngodon*

材料　左鳃盖骨 6 件，ET74④：2、ET74④：3，两件鳃盖骨均周缘略残。FH5：13，鳃盖骨后缘残。右鳃盖骨 3 件，ET74④：4，残。FH14：5，鳃盖骨长 82、残宽 68 毫米。左下咽骨 2 件，FT46③：15，下咽骨残，无下咽齿。FH20：23，下咽骨残损较重，无下咽齿。右下咽骨 3 件，编号分别为 FT46③：16、FT46③：17、FT46③：18，三件下咽骨均残，无下咽齿。有零散下咽齿 5 件，编号及测量尺寸见表一四。寰椎 4 件，FT46④：23，长 13、直径 26 毫米。FH2：6，长 12.5、直径 22.6毫米。FH4：5-2，长 12、直径 26 毫米。FH17：3，长 11、直径 25 毫米。另有部分胸椎，见表一五。尾部椎骨 28 件，均保存基本完整。FT46④：22，椎骨长 20、直径 29.5 毫米。FH4：5-1，长 18、宽26 毫米。在草鱼椎骨中，编号 FH2：42 的尾部椎骨，是考古工作中目前所见最大的草鱼椎骨（图一○）。该标本是目前已知世界上最大的草鱼椎骨。并且还可能是目前考古中已知的最大的淡水鱼椎骨。该椎骨左右直径 51、上下径 44、前后长 26 毫米。椎体前后两面凹入，呈双凹形。椎体腹面也有很明显的内凹，是为显著的血管凹道。椎体背侧有椎间孔，并有对称性的神经弧，神经弧之间的神经管很显著。背侧的神经棘和腹侧的血管棘残（无）。椎体前后凹面，有年轮环。根据年轮环的数量，该标本鱼龄约 17 龄。据目前的资料，草鱼为 3～4 龄性成熟，但草鱼的最大龄是多少？目前尚不能肯定。这件标本的意义，不仅表现它是目前已知最大的草鱼标本，而且对我们认识草鱼古生态、草鱼演化等方面，都是十分珍贵的材料。

草鱼最小个体数为 6。

表一四　卜庄河遗址周代草鱼下咽齿统计表（mm）

标本号	下咽齿长	下咽齿宽	下咽齿高
FH2：35-1	14	6.8	33
FH2：35-2	12.6	5.1	18
FH2：35-3	13.3	6.1	30
FH2：35-4	13.2	6.1	30.3
FH2：35-5	12.1	5.0	17.8

表一五　卜庄河遗址周代草鱼寰椎、胸椎椎骨统计表（mm）

标本号	椎骨上下径（高）	椎骨左右径（直径）	椎骨前后径（长）
FT43④：13	20.3	22	10.5
FH2：42	44	51	26
FH2：46-1	41.5	47.8	25.2
FH2：46-2	40.2	45.1	25.1
FH2：46-3	38	44.1	24.3

续表

标本号	椎骨上下径（高）	椎骨左右径（直径）	椎骨前后径（长）
FH2：46-4	36.6	44.1	24.3
FH2：46-5	36	44.0	20.8
FH2：46-6	31.8	40.9	16.6
FH2：46-7	32.3	40.1	16.7
FH2：46-8	34.3	41	18.2
FH2：46-9	35.7	43.3	21
FH2：46-10	38.9	45.2	24.9
FH2：46-11	39.7	48	23.7
FH2：46-12	42.3	49.1	26.1
FT46④：23	23.8	26	13
FH2：6	22.1	22.6	12.5
FH4：5-2	25.0	26	12
FH17：3	23.8	25	11

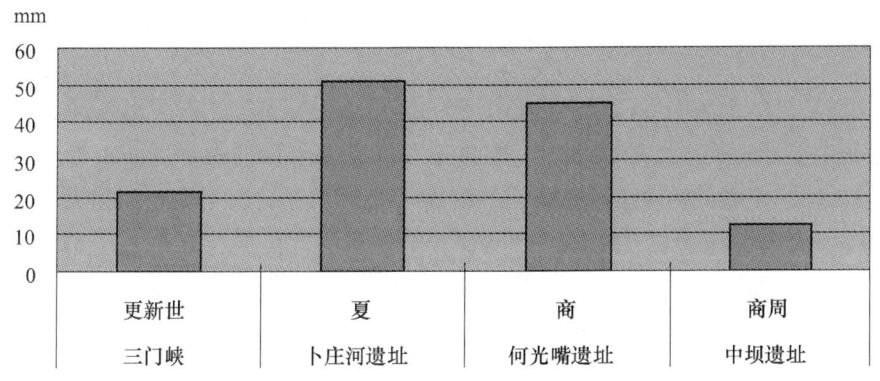

图一〇　草鱼椎骨直径比较图

白鲢 *Hypophthalmichthys molitrix*

材料　左下咽骨 1 件，FT46③：19，下咽骨保存基本完好，但无下咽齿。右下咽骨一件，E2H2：10，下咽骨残，无下咽齿。下咽骨均有 2 个穿孔，齿式为单行、4 齿。下咽骨镂孔，是鲢亚科鱼类的特征。

白鲢最小个体数为 1。

鳙 *Aristichthys nobilis*

材料　下咽齿 1 枚，D1H1：3，基本完整，齿冠形态阔大、平扁，咀嚼面光滑，齿颈短、呈圆柱状。鲢属（*Hypophthalmichthys*）与鳙属（*Aristichthys*）都属于鲢亚科，是我国特有的经济鱼类（主要分布于我国东部）。鲢属、鳙属都是生活于水体上层的鱼，但鲢属主要以浮游植物为食，兼食浮游动物，并且活动迅速，善跳跃。而鳙属则行动迟缓，主要以浮游动物为食。过去在长江三峡中，发现鲢鱼的较多一些，而发现鳙鱼的仅有巴东楠木园遗址。我国自然水体分布中，鳙的数量要比鲢少一些。鲢分布于北至黑龙江、南至云南元江流域中，而鳙则主要分布在长江流域及其以南。

鳙最小个体数为 1。

鲤鱼 *Cyprinus carpio haematopterus*

材料　鲤鱼右下咽骨 1 件，FH5:6，下咽骨很完整，附着有中部的 2 枚下咽齿。齿冠为臼齿型，表面均有 3 道横齿纹，表面磨蚀使用痕比较重。下咽骨比较短、宽，长度约为宽度的 3 倍左右。下咽骨腹面有空洞，前臂长于后臂。齿式为 3·1·1。鲤鱼是在欧亚两洲分布较广泛的种类，属底栖鱼类，静水、流水均适应生存，主食底栖动物和水草。其产卵场多在河湾湖滩水草丛生的地方，属黏性卵（黏附水生植物上发育）。长江三峡水流较急，水质清澈，水草罕生。因此，三峡的鲤鱼不是在产卵时期（6 月）捕获的。

鲤鱼最小个体数为 1。

鳡鱼 *Elopichthys bambusa*

左下咽骨 1 件，E2H2:15，下咽骨后臂残，但下咽齿基本保存完整。外行主齿比较强壮，内行副齿列较弱小。外行主齿 4 枚，第一枚最小，第二、第四枚中等大小，第三枚最为高大。其尺寸见表一六。

表一六　卜庄河遗址周代鳡鱼下咽齿测量表（mm）

测项 标本号	第一枚齿			第二枚齿			第三枚齿			第四枚齿		
	高	长	宽	高	长	宽	高	长	宽	高	长	宽
E2H2:15	12.2	7.2	4.2	14.3	9.3	6.3	21.3	7.6	6.2	17	9.2	5.3

鳡鱼与鳤鱼都是自然水域中专门以其他鱼为食的凶猛、大型鱼类，但二者不同属（分别属于鳡属和鳤属）。鳡鱼主要活动在水体的中上层，鳤鱼主要活动在水体的中下层。二者下咽骨形态基本相似，都属于细长型，但鳡鱼相对于鳤鱼要明显的宽一些。二者的齿式也差别很大。鳡鱼下咽齿为 3 行，鳤鱼下咽齿为单行。鳡鱼在自然界的产量要较鳤鱼多，这可能与鳡鱼的产卵场所的要求不高有关系。鳡鱼在江河、湖泊或水库中均可产卵。三峡地区以前发现鳡鱼的遗址有秭归何光嘴遗址[①]、秭归东门头遗址、巴东店子头遗址等。

鳡鱼最小个体数为 1。

鳤鱼 *Luciobrama macrocephalus*

标本为一件较为完整的左下咽骨，编号 E2H2:14。下咽骨较为发育，前臂、后臂相连呈宽弧形。前臂保存完整，后臂有些残缺。单行齿，第一枚齿较为弱小。后四枚齿均呈比较高的扁圆锥状。标本上的第三、第四枚齿齿冠略残（从齿根、残余齿冠观察，第四枚下咽齿最为高大），第二、第五枚下咽齿保存完整，齿冠顶端尖而微弯。下咽骨内面（颊面）光滑，外面（舌面）有细密的横沟纹。整个下咽骨与下咽齿形态与鳡鱼相近，所不同者鳡鱼下咽骨比此标本更显宽而粗壮一些，并且二者齿式不同（鳡鱼 3 行下咽齿，鳤鱼为单行下咽齿）。下咽骨及下咽齿测量数据见表一七。

---

①　武仙竹：《动物群》，《秭归何光嘴》，科学出版社，2003 年。

表一七　卜庄河遗址鲸鱼下咽骨、下咽齿测量表（mm）

	下咽骨长	第1枚齿	第2枚齿	第3枚齿	第4枚齿	第5枚齿
长	36（残）	3.5	3.9（残）	3.4（残）	1.9	1.3
宽	21	2.5	2.9（残）	2.3（残）	1.5	1.1
高	17	7.1	6.6（残）	6.9（残）	4.8	2.3

鲸鱼又名"马头鲸"、"鸭嘴鲸"、"长（尖）头鲸"等。其身体形态呈长圆柱状，头前部细长呈管形，吻平扁略似鸭嘴，下颌长于上颌，鳞细小，分布于长江、珠江等流域干、支流和湖泊中。性情凶猛，游泳力强，以其他鱼类为食。现生成鱼记录有达50公斤、体长1.16米的。根据卜庄河遗址E2H2:14标本推测，其活体体长约1.2米左右。鲤科鱼类中，下咽齿和下咽骨都比较发育并且特化，其下咽齿有尖形、臼齿形、钩形、铲状或梳状等，下咽骨有细长形、宽短形等①。鲸鱼下咽骨细长，下咽骨腹面有明显的肌肉附着窝。下咽齿属于尖钩形。鲸鱼在南方江、湖中虽然分布比较广，但种群不是太密集，因此以前我国考古中尚未发现。鲸鱼5龄性成熟，4~7月产卵，成熟亲鱼需上溯到江河上游急流中产卵。古长江三峡位长江上游，滩多流急，是我国最大的淡水鱼产卵场。鲸鱼标本在考古中首次在三峡发现，可能与这里的自然环境是相关的。

鲸鱼最小个体数为1。

中华鲟 *Acipenser sinensis*

材料　背鳞板1件，FH5:14，长85、宽110毫米。侧鳞板5件，FH5:15，略残，长55、宽50毫米。另有3件统一编号D1H1:4，均残。H4:4号标本，则是侧鳞板中比较大的一件，长70、宽118、厚9毫米。

中华鲟最小个体数为1。

兔 *Lepus* sp.

E2H2:37，左尺骨。保存有近端，残长34毫米。

我国兔科中，仅有一属（兔属）。但在兔属中，却有8个种。在长江三峡地区，至少有华南兔（*Lepus sinensis*）和草兔（*Lepus capensis*）两个种共存②。但我们关于这两个种在尺骨特征的区别上还未知，所以卜庄河遗址的兔暂作未定种处理。

兔最小个体数为1。

家猪 *Sus domestica*

材料　左上颌骨2件，FH14:4，颊齿仅保存有P3~M1，M2在萌出中。E2H2:16，已残，附DP4、DM1，两枚齿冠均有微量磨蚀使用痕。DP4齿冠长12、宽7.5毫米。DM1齿冠长13.8、宽11毫米。猪右上颌骨2件，FH5:5，标本为上颌骨的前段，附着有犬齿和P2、P3。犬齿比较弱小，但使用痕迹比较重。犬齿长12、宽6毫米。E2H2:18，附着有M1、M2，两枚臼齿均有较轻的磨蚀使用痕。M1齿冠长14、宽11.2毫米。M2齿冠长17.2、宽14毫米。猪下颌骨1件，AH3:9，主要为左、右下颌骨的前半段（下颌联合部），附着有右犬齿。犬齿形态比较细小。左下颌骨1件，FH20:9，下颌骨两端略残，附着有p4~m3，m3尚在萌出中。右下颌骨7件，FT46③:4，下颌骨基本完整，幼年个体。附着有i2、dp3、dp4、m1萌出中。dp4轻度磨蚀，dp3微量磨蚀。FT46③:5，标本为下颌骨的后半段，附着有m1、m2，m1略残，m2尚在萌出中。FT46③:6，标本为下颌骨的

①　何舜平、乐佩琦、陈宜瑜：《鲤形目鱼类咽齿形态及发育的比较研究》，《动物学报》1997年43卷3期。

②　王应祥：《中国哺乳动物种和亚种分类名录与分布大全》，中国林业出版社，2003年。

前半段，附着有 p2 ~ p4，均微量磨蚀。AH3：10，略残，附着有 m1、m2。AH3：11，下颌骨略残，附着有 m1。FH26：2，下颌骨形态较小，下颊齿全部脱落。猪右 m3 一件，AH3：12，齿冠完整，磨蚀程度较轻，长 38、宽 14 毫米。左肩胛骨 1 件，AT28④：4，仅肩胛骨远缘残，其他部分完整。左肱骨 3 件，AT28④：2，保存基本完整，长 143 毫米。FH2：21，猪左肱骨，保存有肱骨远端（段），残长 60 毫米。骨骼形态较小，远关节尺寸为 8.5×21.5 毫米。猪右肱骨 1 件，AT30④：3，标本为肱骨中部的残段。猪左尺骨 1 件，AH3：7，尺骨两端略残，近端的尺骨结节（tuber olecrani）和远端的尺骨头（capitulum ulnae）均沿骨骺脱落。但近端的半月形切迹（incisura semilunaris）保存较好，鹰嘴结节（tuber olecrani）基本没有损伤。FH2：22，猪右尺骨，保存有近端（段）部分。骨骼形态很小，残长 60 毫米。FH2：24，猪右胫骨，保存有胫骨远段，残长 50 厘米。FH2：25，猪左胫骨，保存有远段，残长 46 毫米。FH2：26，肋骨残段，保存肋骨近段。残长 83 毫米，在肋骨中段的断痕很整齐，断口两面有对称的砍切痕。砍痕细、直而深，横断面呈 "V" 字形。猪右股骨 2 件，FT46④：20，标本仅保存有股骨头。股骨头形态特征完整，是沿骨骺与股骨颈（neck of femur）自然脱落的标本。股骨头表面还分布有许多切割痕迹。股骨头凹陷（fovea of femoral head）小而圆，深约 1 毫米。FH13：2，标本为股骨的下半段，形态比较粗大。远关节面前后径 43、左右径 55 毫米。（胫骨棘：intercondylar eminence）、外侧髁（lateral codyle）、内侧髁（medial condyle）等特征清晰。右胫骨 1 件，FH13：3，标本为胫骨的下半段，残长 65 毫米，远关节面前后径 20、左右径 28 毫米。猪距骨 1 件，FT46③：8，保存完整。猪第 2 指节骨（冠骨）1 件，FT46③：7，形态较小，保存完整。猪第 1 趾节骨（系骨）1 件，AH3：8，长 58、宽 24、高 27 毫米。猪第 1、2 指节骨前掌与后掌的区别是后掌比较长大[①]。猪胸椎 2 件，AT28④：5 保存基本完整，AT28④：6 号椎体有些缺损。猪腰椎 8 件，M97：1-1，M97：1-2，M97：1-3，M97：1-4，M97：2-1，M97：2-2，M97：2-3，M97：2-4，这 8 件椎骨分别出自墓葬同一墓葬的 2 件随葬器物中（陶鼎内），椎体、肋横突、棘突等部位都基本完整。猪右胫骨上关节面 1 件，FT46③：9，属自然脱落的一件完整标本。关节面上的髁间隆起。

家猪材料较多，以最小个体数统计，有一个左右下颌骨相连的下颌，另加 7 个右下颌骨，其最小个体数 8。

狗 *Canis familiaris*

材料　右下颌骨 1 件，FH14：3，下颌骨底缘和后段残，附着有 p4 ~ m1。颊齿磨蚀程度中等。右 M1 一件，FH2：5，标本保存完整，磨蚀程度轻微。FH2：17，左 m1，齿冠保存完整，磨蚀使用痕轻微。齿冠长 17、宽 6.7 毫米。FH2：23，左尺骨，仅保存有近段，残长 59 毫米。近端关节面比较完整。FH2：27，左尺骨，远端关节已缺失，近端关节略残。残长 123 毫米。形态较小，可能为幼年标本。FH2：19，狗左胫骨，保存基本完整，全长 126 毫米。近端关节面前后径 27.5、左右径 22 毫米。远端关节面前后径 15.5、左右径 18 毫米。枢椎 1 件，FH5：4，保存完整。齿突（odontoid）尖细而长，关节面呈倾斜状。棘突高度中等，但前后方向很长。棘突上缘略呈外弧形。前突关节面很光滑，并向后倾斜。椎体下外侧有椎动脉管。狗的枢椎与狼相比，在棘突上看略有些区别。狼的棘突上缘中部略微内凹，不呈较规整的弧形，并且后部的横突略微向后突出。而狗的棘突上缘呈轮廓较清楚的外弧形，后部的横突平齐[②]。比较左前足第 Ⅱ 主指第 2 指骨 1 节，FT46③：10，保存完整。左前足第 Ⅲ 主指第 2 指骨 1 节，FT46③：11，保存完整。

---

① 张立教等：《猪的解剖》，科学出版社，1965 年。
② W．H．Flower 著，李玉清译：《哺乳动物骨骼》，甘肃文化出版社，2004 年。

狗最小个体数为 1。

家水牛 *Bubalus bubalis*

材料　右髋骨 1 件，FT7④∶2，已残，保存的部分主要为髂骨（ilium）和坐骨（ischium），没有保存耻骨（pubis）部分。在髋骨中部，即髋臼缘（acetabular border）和髂骨坐缘（ischial border of ilium）、坐骨棘（ischial spine）等部位，均遗留有比较清楚的砍切痕迹。砍痕呈"V"形，最长的砍痕长 28、口部宽 1.3、深 6 毫米。腰椎 1 件，FH5∶3，标本椎体、横突等部分都比较完整。牛肋骨骨片 2 件，FH4∶1，残长 133、宽 21 毫米。FH26∶4，标本为肋骨中段，残长 72、宽 36、厚 6.5毫米。

家水牛最小个体数为 1。

家山羊 *Capra hircus*

材料　左 M2 一件 E2H2∶8，齿冠完整，齿根破损，磨蚀使用痕中等。齿冠长 19、宽 13 毫米。右肱骨 2 件，FH26∶3，肱骨上关节面脱落，残长 89 毫米。下关节面前后径 18、左右径 19 毫米。FH13∶4，标本为肱骨的下半段，残长 49 毫米。远关节面前后径 17、左右径 23 毫米。左股骨 1 件，FM97∶2-5，标本为股骨的近端，出土于墓葬随葬器物中（陶鼎内），股骨头、大转子、转子窝等特征保存完好。羊胫骨 1 件，E2H2∶13，标本为胫骨的远端，残长 66 毫米。羊掌骨 1 件，E2H2∶12，保存有掌骨远端。

家山羊最小个体数为 2。

水鹿 *Cervus unicolor*

材料　FH2∶20，左胫骨。保存有远段，残长 67 毫米。远关节完整，前后径 14.7、左右径 18 毫米。标本形态比较小，可能为幼年个体（表一八）。左胫骨 1 件，FH20∶21，标本为胫骨远段，残长 123 毫米。远关节面前后径 43、左右径 51 毫米。水鹿掌部第 2 指骨 1 件，FH20∶22，保存完整。

水鹿最小个体数为 2。

表一八　水鹿骨骼测量数据表（mm）

地点 \ 测项	胫骨远端关节面	
	长	宽
卜庄河遗址	14.7	18
官庄坪遗址 [1]	14	49.8
香炉石遗址 [2]		45

　　[1] 武仙竹、周国平：《湖北官庄坪遗址动物遗骸研究报告》，《人类学学报》2005 年 24 卷 3 期。

　　[2] 陈全家、王善才：《清江流域古动物遗存研究》，科学出版社，2004 年，1～191 页。

鸡 *Gallus gallus*

材料　FH4∶2，该标本是一完整的右肱骨。右股骨 1 件，AT28④∶3，保存完整，长 83 毫米。

鸡最小个体数为 1。

（五）秦汉时期

青鱼 *Mylopharyngodon piceus*

材料　左鳃盖骨 1 件，FT6②∶4，鳃盖骨远缘残，长 80、宽 92 毫米。左下咽骨 1 件，M79∶5，下咽骨前臂略残，附着有 3 枚下咽齿。齿冠尺寸分别为 15×14 毫米、19×15 毫米、19×14 毫米。右下咽骨 1 件，FT6②∶1，下咽骨两端略残，附有 3 枚下咽齿。三枚下咽齿尺寸分别为 24×16 毫米、23.8×15.2 毫米、10×9 毫米。青鱼零散下咽齿 4 枚，M140∶17-1，长 35、直径 39 毫米。M140∶17-2，长 24、直径 27 毫米。M140∶17-3，长 19、直径 23 毫米。M135∶13，长 34、宽 34 毫米。FT6②∶2，齿冠长 16、宽 18 毫米。FT6②∶3，齿冠长 16×12 毫米。

青鱼最小个体数为 1。

草鱼 *Ctenopharyngodon*

右鳃盖骨 1 件，M140：16，鳃盖骨后缘残，在鳃盖骨中部，留有卜筮钻孔遗迹。其钻孔方法为从内向外钻，钻孔圆形，三孔相连（三连钻）。

草鱼最小个体数为 1。

白鲢 *Hypophthalmichthys molitrix*

材料　零散下咽齿 1 枚，M107：8，标本完整。

白鲢最小个体数为 1。

家猪 *Sus domestica*

材料　猪额骨 1 件，M140：10，标本为额骨残片。左上颌骨 1 件，M140：9，上颊齿保存有 P4～M3。左肩胛骨 1 件，M107：9-1，标本远缘残。右肩胛骨 1 件，M107：9-2，标本远端缺损。左肱骨 2 件，M107：9-3，标本远端缺损。M140：12，肱骨上端关节沿骨骺脱落，其余部分完整。右肱骨 2 件，M107：9-4，标本远端无。M140：13，标本为肱骨下段，远关节面沿骨骺脱落。左尺骨 1 件，M107：9-5，尺骨远端无。右尺骨 1 件，M107：9-6，尺骨远端缺损。猪左股骨 1 件，M135：15，标本为股骨近段。猪右胫骨 2 件，M153：3-1，标本为胫骨近段，其断口为金属刀砍切造成的劈裂面。残长 70、近关节面前后径 26、左右径 18 毫米。M153：3-5，标本为胫骨近段，但近关节面已残。残长 30 毫米。左胫骨 2 件，均残损较重，主要保存了胫骨的中段。M153：3-3，残长 55 毫米。M153：3-4，残长 65 毫米。M153：3-2，猪胫骨骨片。长 30、宽 28、厚 12 毫米。M153：3-3，猪胫骨骨片。长 35、宽 18、厚 15 毫米。M153：3-4，猪胫骨骨片。长 34、宽 18、厚 16 毫米。猪第 1 趾节骨（系骨）2 件，M135：14，形态比较长大。长 55、宽 20、高 22 毫米。猪管状骨骨片 2 件，编号 M135：17。猪枢椎 1 件，M135：16，基本完整。齿突比较粗大，关节面略微倾斜。棘突窄而高，顶端薄锐，后部向后上方伸展。椎骨横孔两边，有贯穿的椎间孔（牛科、鹿科椎间孔不发育）。

家猪最小个体数为 2。

狗 *Canis familiaris*

材料　左胫骨 1 件，M107：10-1，保存完整。左腓骨 1 件，M107：10-2，标本基本完整。腰椎 1 件，M107：10-3，标本基本完整。肋骨 1 件，M107：10-4，标本为肋骨中部的残片，表面有很清晰的金属刀具切割痕迹。

狗最小个体数为 1。

家山羊 *Capra hircus*

材料　右肩胛骨 1 件，M140：14，基本完整，形态较小。枢椎 1 件，M140：15，基本完整。前关节突近圆形，棘突高度中等，尖端圆钝。齿突小而直后关节突宽而低矮。羊髌骨 1 件，M107：9-7。标本完整，形态比较细小，若菱角状。髌骨凹关节面呈锐角三角形，髌骨尖长而尖细。

家山羊最小个体数为 1。

家水牛 *Bubalus bubalis*

牛左桡骨 1 件，M140：11，标本为桡骨远半段。桡骨骨体比较宽、扁，桡骨茎突（proc. Styloideus radii）特别突出，远关节面被两个锐脊分隔为与桡骨中轴斜交的凹关节窝。

家水牛最小个体数为 1。

水鹿 *Cervus unicolor*

右角 1 件，M140：8，三尖式，角环下有与角柄自然脱落的痕迹，眉支断缺。水鹿角尖 2 件，M140：5，角尖断口处有一圈砍切痕迹。该标本的断口痕迹，表明它不可能是同单位出土的另一标本上的眉支。M102：3，角尖断口平齐，系围绕砍切后并对断口进行过加工。

水鹿最小个体数为 2。

兔 *Lepus* sp.

材料 右肱骨 1 件，M140：18。近端关节面沿骨骺脱落，远端关节面略残。远端关节部可见有髁上孔（foranen epicondyloideum）的遗迹。残长 50 毫米。在三峡地区，分布有草兔（*Lepus canpensis*）、华南兔（*Lepus sinensis*）等同属中的几种兔。出土标本仅为一件骨骼，不能鉴定出属于哪种兔，暂作兔属未定种。

兔最小个体数为 1。

家鸡 *Gallus gallus*

材料 左肱骨 2 件，编号 M153：2-1、M153：2-2，两件肱骨均比较完整。右肱骨 2 件，编号 M153：2-3、M153：2-4，标本均比较完整。左尺骨 2 件，M153：2-5、M153：2-6，均比较完整。右尺骨 1 件，M153：2-14，标本完整。左股骨 2 件，M153：3-7，标本为股骨近段，残长 26 毫米。M153：3-8，标本为股骨远段，残长 29 毫米。右股骨 3 件，M153：3-9，标本为股骨近段，残长 28 毫米。M107：4-1，完整标本，长 57 毫米。上关节面前后径 11、左右径 7 毫米。下关节面前后径 12、左右径 9 毫米。M107：6-1，完整标本，长 65.5 毫米。左胫骨 2 件，M153：2-8，近端关节面残。M153：3-10，标本为胫骨近段，残长 40 毫米。右胫骨 5 件，M153：3-5，标本为胫骨的近段，残长 60 毫米。M153：3-6，标本为胫骨的远段，残长 47 毫米。M153：3-9，标本为胫骨近段，残长 29 毫米。M107：4-2，完整标本。长 83、上关节面前后径 12、左右径 10.2 毫米。M107：6-2，完整标本。长 91、上关节面前后径 16、左右径 11.2 毫米。右跖骨 1 件，M107：4-3，完整标本。左掌骨 1 件，M153：2-9，标本完整，掌骨粗隆、腕关节等保存较好。左桡骨 2 件，M153：2-11、M153：2-12，保存完好。右桡骨 1 件，M153：2-13，保存完整。桡骨中部直，两端向相反方向略有弯曲。近端关节面小而圆，略内凹。远端关节面略呈三角形，平滑、外凸。喙骨（coracoid）2 件，M153：2-7、M153：2-10，两件喙骨基本完整，喙骨上的喙头和胸骨关节脊等特征都比较清晰。喙骨是鸟类的特征性骨骼，哺乳动物中没有喙骨。

家鸡最小个体数为 5。

家鸬鹚 *Phalacrocorax domesticus*

材料 右股骨 1 件，M107：7-1，股骨保存完整，长 76.5 毫米。右胫骨 1 件，M107：7-2，标本完整，长 111.7 毫米。

家鸬鹚最小个体数为 1。

（六）六朝时期

青鱼 *Mylopharyngodon piceus*

材料 右鳃盖骨 2 件，M117：5，标本后缘残。M122：1，鳃盖骨远缘残。左下咽骨 1 件，M117：6，下咽骨基本完整，无下咽齿。青鱼尾部椎骨二件，M117：7，直径 23 毫米。M117：7-2，椎骨直径 22 毫米。胸鳍一件，M117：8，标本略残。

青鱼最小个体数为 2。

华南豪猪 *Hystrix brachyuran subcristata*

材料　下颌骨一件，M119：5，标本包括左右下颌骨（结合在一起），门齿保存，臼齿全部脱落。我国豪猪可动物有帚尾豪猪属（*Atherurus*）和豪猪属（*Hystrix*）两属。前者有 2 个种，主要分布在我国西南、华南和长江中游。后者体型稍大，有 4 个亚种，除上述地域范围外，在长江下游亦有分布。根据标本特征对比，所出土的标本应属于后者中的华南亚种。

豪猪最小个体数为 1。

家猪 *Sus domestica*

材料　左上颌骨一件，M23：20-2，附有 P4、M1，颊齿磨蚀较重。M23：20-1，右上颌骨一件，M23：20-1，基本完整，附有 P4、M1。两枚颊齿均磨蚀较重。P4 齿冠长 13、宽 7.5 毫米。M1 齿冠长 14.2、宽 11 毫米。左上犬齿一件，M23：20-3，犬齿齿冠、齿根完整。右 M2 二件，M10：38，齿冠齿尖完整，磨蚀使用痕中等。M122：3，齿冠齿尖完整，磨蚀使用痕中等。齿冠长 14、宽 15 毫米。左下颌骨二件，M23：18，下颌骨基本完整，附有 dp4、m1。下颌骨形态很小，两枚颊齿均磨蚀很轻。可能为猪的幼年个体。dp4 齿冠长 17、宽 6 毫米。m1 齿冠长 14、宽 8.5 毫米。M23：22-1，下颌骨残，颊齿仅保存有 m1。m1 磨蚀痕中等，齿冠长 18.8、宽 14 毫米。右下颌骨二件，M23：22-2，下颌骨残，颊齿保存有 m2。M2 磨蚀使用痕中等，齿冠长 22.2、宽 15 毫米。M119：9，下颌骨基本完整，附着有 m1、m2。两枚颊齿磨蚀使用痕均比较轻。右 i1 一件，M23：22-4，齿冠完整，齿根无。左下犬齿一件，M23：19-1，齿冠完整，齿根无。左下犬齿一件，M119：10，犬齿完整，形态细弱。右下犬齿一件，M23：19-2，齿冠完整，齿根无。右 p4 二件，M23：22-3，齿冠齿根完整，齿冠长 15.5、宽 9 毫米。M23：28，标本完整，磨蚀使用痕轻。左 m1 二件，编号分别为 M23：30、M23：31，两枚 m1 均中等程度磨蚀。齿冠完整，齿根略残。左 m2 一件，M23：21，齿冠齿根完整，磨蚀使用痕重。齿冠长 17.2、宽 10.5 毫米。右 m3 一件，标本完整，齿冠长 36、宽 13 毫米。听骨二件，编号分别为 M23：26-1、M23：26-2，两件标本均完整。左掌骨一件，M23：23，掌骨保存完整。

家猪最小个体数为 3。

野猪 *Sus scrofa*

材料　左上犬齿一件，M117：2，标本为齿冠中部，两端残。其形态粗大，截面呈三棱状。右下犬齿一件，M117：3，齿冠完整，齿根残。齿冠长 16、宽 13、厚 12 毫米。左 M2 一件，M119：12，齿冠完整，齿根有啮齿动物啃咬痕。磨蚀使用痕比较轻。齿冠长 26、宽 18 毫米。右 M3 一件，M119：11，齿冠齿根基本完整，磨蚀使用痕很重，形态粗大。齿冠长 45、宽 18 毫米。

野猪颊齿有一枚磨蚀使用痕比较轻的左 M2，但有一枚磨蚀使用痕很重的右 M3。这两件标本显然不属于同一个体。因此，野猪最小个体数为 2。

狗 *Canis familiaris*

材料　左 P4 一件，M23：14，齿冠齿根完整，并附带有部分颌骨。齿冠长 15、宽 8 毫米。左 M1 一件，M23：16，齿冠齿根完整，齿冠长 12、宽 12.6 毫米。右 M1 一件，M23：15，齿冠齿根完整，齿冠长 11.5、宽 12 毫米。左下颌骨一件，M117：4，下颌骨两端均残，附有 p2、m2、m3。右下颌骨一件，M119：8，下颌骨两端残，附着有 m2、m3，两枚颊齿磨蚀使用痕中等。

狗最小个体数为 1。

家山羊 *Capra hircus*

材料　左上颌骨一件，M23：25-2，上颌骨残，颊齿仅附有 M2。右上颌骨一件，M23：25-1，上颌骨残，颊齿附有 M2、M3，M3 尚在齿槽萌生中。左 p3 一件，M23：24，齿冠完整，齿根略残。齿冠长 10、宽 6 毫米。羊听骨一件，M23:26-3，标本完整。

家山羊最小个体数为 1。

家猫 *Felis catus*

材料　左 M1 一件，M23:17，齿冠齿根完整，齿冠长 6.8、宽 8 毫米。

猫在世界上的家畜化，被认为最早在 8000 年前的塞浦路斯首先完成[①]。中国历史上关于家猫的文献记载比较多，但家猫的遗骸却发现很少。被认为中国家猫的遗骸，在距今 4000 多年前的河南汤阴白营遗址中曾发现[②]。但自此以后，无论在史前、先秦或晚期历史时期，再没有发现家猫。卜庄河遗址六朝时期家猫的发现，是中国动物考古中的重要材料。

猫最小个体数为 1。

家水牛 *Bubalus bubalis*

材料　左 I1 一枚，M23:5-1，牙冠和齿根均完整。齿冠长 11、宽 21.7 毫米。右 dp4 一枚，M23:5-2，齿冠、齿根完整。齿冠磨蚀使用痕较重，长 28.5、宽 14.5 毫米。右 m1 一件，M23:29，齿冠完整，齿根略残。齿冠长 28、宽 13 毫米。右 m2 一件，M10:39，齿冠齿根完整，磨蚀使用痕微弱。右 m3 一件，M10:40，齿冠齿根完整，磨蚀使用痕微弱。

水牛最小个体数为 1。

水鹿 *Cervus unicolor*

材料　右上颌骨一件，M119:6，上颌骨略有残损，附着有 P4~M2。颊齿磨蚀使用痕中等。右 p4 一件，M10:36，齿冠完整，齿根尖端被动物啃咬。磨蚀使用痕中等。右 m2 一枚，齿冠完整，磨蚀使用痕中等。齿根尖端被啮齿动物啃咬。左 m3 一件，M10:37，齿冠齿尖完整，磨蚀使用痕轻。听骨一件，M119:4，标本保存完整。

水鹿最小个体数为 2。

赤麂 *Muntiacus vaginalis*

材料　左 c 一件，M23:13，齿冠仅保存有半边，齿根完整。右 p3 一件，M23:12。齿冠、齿根完整。左掌骨 1 件，M23:11，标本完整。长 111、上关节面前后径 12.7、左右 12.8 毫米。下关节面前后径 11、左右径 16 毫米。第 3 节指骨一件，M23:27，标本完整。长 18、宽 7 毫米。

赤麂最小个体数为 1。

二　动物考古学文化现象

动物考古学文化现象很多，它是考古学研究中的组成部分。在本文的研究中，我们从随葬动物、卜筮遗物以及遗址古居民的肉食资源等方面进行讨论。

（一）随葬动物的种类和处理现象

三峡地区动物考古中，目前已报道出较多研究资料。但是，关于三峡地区的随葬动物，却是一直很少。并且，在以往的三峡随葬动物研究中，通常只是将它们和其他遗迹单位出土的遗骸归并在一起，仅是用来做一些种属鉴定等方面的研究。而实际上，随葬动物是一种特殊的遗存现象，它至

---

① 同号文：《从动物驯养谈进化问题》，《化石》2004 年 2 期.

② 周本雄：《河南汤阴白营河南龙山文化遗址的动物遗骸》，《考古学集刊》(3)，中国社会科学出版社，1983 年。

少与一般动物遗骸具有下列意义的区别。第一,从共出遗存的时间关系上讲,墓葬动物遗存的共时性最为准确。古文化遗址中,由于遗址堆积的时代连续性和人类活动的连续关系,早期的动物遗存,也有可能被翻动到晚期的地层中和晚期动物遗存堆积到一起(如周代地层中,有可能堆积有商代的动物遗存)。而墓葬中随葬的动物遗存,它们应属于当时人共同处理的和墓主人同时期的动物遗骸,这一点是毋庸置疑的。第二,随葬动物,反映着与墓主人生活环境更为紧密的动物种类,并折射着墓主人的思想意识(善恶观、生死观、葬俗、宗教文化等)。古文化遗址中,一般动物遗存都反映着与当时人的关系比较密切,如它们或可能是家畜,或可能是当时人生活环境中经常可出现的动物。但也会有些动物,它们与当时人生活在同时代,但它们与当时人的关系比较疏远,它们是当时人偶获的动物。但墓葬中的随葬动物,一般是与当时人关系比较密切的,甚至在一定程度上,它们可以反映着当时人的喜好或宗教意识等内容。第三,随葬动物的考古学文化现象,可以帮助人们研究家畜驯养。在史前甚或先秦时期,要判断某些动物是否被人类驯养,人们现在已总结出有些比较通行的研究方法。其中之一即是某些动物被较普遍地随葬在人的墓葬中。动物被普遍地随葬,反映当时这类动物与人的关系密切,人类对它的掌控数量较多。人们在需要的时候,可以随时得到它、并进行处理。第四,随葬动物,可较准确地反映当时人的屠宰技术和饮食习俗等内容。遗址古居民喜欢吃哪些动物、它们是把动物分开食用还是把哪些动物放在一起加工食用、古居民有哪些肉食加工方式等,在墓葬随葬动物中,可以有些直接的反映。因为在随葬动物中,人们除了会把一些动物整体或分割随葬外,还经常把有些经过加工过的动物用来随葬(如随葬器物中遗留的肉食遗骸)。分割过的肉食,反映屠宰技术。加工过的肉食,反映当时人的食谱。第五,随葬动物遗骸,在一定程度上可帮助人们现在对古器物的使用方式的认定。在装盛动物遗骸的古器物中,这种装盛遗骸的器物,直接向人们展示出它们的用途。第六,墓葬随葬动物,一定程度上也反映特殊的考古学文化现象和当时的社会关系。如在有的遗址中,墓葬中较多随葬鱼类,而有的遗址墓葬中,则较多随葬猪下颌骨。这些不同随葬动物及其随葬动物部位,都属于不同考古学文化的表现。随葬动物的多寡、种类等,对当时社会观念、等级分化等也是有所反映的。最后,需要说明的是,墓葬填土中动物遗骸不等于随葬动物的遗骸。因为墓葬填土,也可以把早期的动物残骸裹挟其中。当然,如果是填土中出现较完整的动物遗骸,则可能是随葬或其他葬俗的另一方式。

关于随葬动物的研究,我们认为首先需要按各个单位,分别进行动物考古鉴定。在单个墓葬为单位的鉴定研究中,才能进行墓葬与墓葬之间的比较,才能对随葬动物这一特殊考古学文化现象进行全面和多方位的研究。

卜庄河遗址的随葬动物,主要发现在东周、秦汉、六朝等几个时期各个墓葬中。各墓葬随葬情况见表一九~表二九。

表一九　M97 随葬动物骨骼登记表

地　点	卜庄河遗址	单位	M97	时代	战国晚期
随葬方式	屠宰、加工为熟食后,放在陶鼎内在墓底随葬			附属葬具	陶鼎
随葬最小个体及种类	家猪 1、家山羊 1			随葬种数	2
鉴定情况	M97:1(陶鼎) M97:1-1,猪腰椎椎骨,基本完整;M97:1-2,猪腰椎椎骨,基本完整;M97:1-3,猪腰椎椎骨,基本完整;M97:1-4,猪腰椎椎骨,基本完整 M97:2(陶鼎) M97:2-1,猪腰椎椎骨,基本完整;M97:2-2,猪腰椎椎骨,基本完整;M97:2-3,猪腰椎椎骨,基本完整;M97:2-4,猪腰椎椎骨,基本完整;M97:2-5,羊左股骨,标本为股骨近端,股骨头等特征保存较好,在股骨中段处的断口比较平齐,残长 118 毫米				

表二〇　M102 随葬动物骨骼登记表

地　点	卜庄河遗址	单位	M102	时代	战国晚期
随葬方式	屠宰、加工为可使用的器物，放在墓底随葬			附属葬具	无
随葬最小个体及种类	水鹿 1			随葬种数	1
鉴定情况	M102：3，水鹿角尖，长约 102 毫米，角尖与鹿角之间的断痕比较平齐，断口为砍切后并简单磨光，角尖尖锐，类似角锥				

表二一　M107 随葬动物骨骼登记表

地　点	卜庄河遗址	单位	M107	时代	秦汉
随葬方式	屠宰后，放在侧壁龛内随葬，是否加工为熟食不明			附属葬具	不明
随葬最小个体及种类	家猪 1、狗 1、家鸡 2、鸬鹚 1、鳡鱼 1			随葬种数	5
鉴定情况	M107：4 M107：4-1，鸡右股骨，基本完整；M107：4-2，鸡右胫骨，基本完整；M1077：4-3，鸡右跗骨，基本完整 M107：6 M107：6-1，鸡右股骨，基本完整；M107：6-2，鸡右胫骨，基本完整 M107：7 M107：7-1，鸬鹚右股骨，基本完整；M107：7-2，鸬鹚右胫骨，基本完整 M107：8 M107：8-1，江鳡下咽齿 2 件，胸椎 6 件 M107：9 M107：9-1，猪左肩胛骨，基本完整；M107：9-2，猪右肩胛骨，基本完整；M107：9-3，猪左肱骨，基本完整；M107：9-4，猪右肱骨，基本完整；M107：9-5，猪左尺骨，基本完整；M107：9-6，猪右尺骨，基本完整；M107：9-7，猪左桡骨，基本完整；M107：9-8，猪右桡骨，基本完整 M107：10 M107：10-1，狗左胫骨，基本完整；M107：10-2，狗左腓骨，残；M107：10-3，狗趾骨，基本完整；M107：10-4，狗腰椎 4 件，基本完整；M107：10-5，肋骨残片 2 件				

表二二　M135 随葬动物骨骼登记表

地　点	卜庄河遗址	单位	M135	时代	汉
随葬方式	屠宰后，放在墓底随葬。是否加工为熟食不明			附属葬具	不明
随葬最小个体及种类	青鱼 1、家猪 1			随葬种数	2
鉴定情况	M135：13，青鱼下咽齿 1 M135：15，家猪左肱骨 1 M135：14，家猪趾骨 1 M135：17，家猪管状骨骨片 1 M135：16，家猪枢椎 1				

表二三　M140 随葬动物骨骼登记表

地　点	卜庄河遗址	单位	M140	时代	汉
随葬方式	屠宰后，放在墓底随葬。是否加工为熟食不明			附属葬具	不明
随葬最小个体及种类	青鱼 1、草鱼 1、家猪 1、家山羊 1、家水牛 1、水鹿 2、华南兔 1			随葬种数	7

鉴定情况	M140：17-1～3，青鱼下咽齿3枚 M140：16，草鱼鳃盖骨卜骨1 M140：10，家猪额骨1 M140：9，家猪左上颌骨1 M140：12，家猪左肱骨1 M140：13，家猪右肱骨1 M140：14，家山羊右肩胛骨1 M140：15，家山羊枢椎1 M140：11，家水牛左桡骨1 M140：8，水鹿右角1 M140：5，水鹿右角尖2 M140：18，兔右肱骨1

表二四　M153 随葬动物骨骼登记表

地　点	卜庄河遗址	单位	M153	时代	汉
随葬方式	屠宰、加工为熟食后，放在铜鼎内随葬			附属葬具	铜鼎
随葬最小个体及种类	家猪1、家鸡2			随葬种数	2

鉴定情况	M153：2（铜鼎） M153：2-1，鸡左肱骨，基本完整；M153：2-2，鸡左肱骨，基本完整；M97：1-3，鸡右肱骨，基本完整；M153：2-4，鸡右肱骨，基本完整；M153：2-5，鸡左尺骨，基本完整；M153：2-6，鸡左肱骨，基本完整；M153：2-7，鸡喙骨，基本完整；M153：2-8，鸡左胫骨，近端关节面残（屠宰加工造成）；M153：2-9，鸡左掌骨，基本完整；M153：2-10，鸡喙骨，基本完整；M153：2-11，鸡左桡骨，基本完整；M153：2-12，鸡左桡骨，基本完整；M153：2-13，鸡右桡骨，基本完整；M153：2-14，鸡右尺骨，基本完整 M153：3（铜鼎） M153：3-1，猪右胫骨近段，近端关节面完整，胫骨中段的断口为一锐器砍劈的劈裂面；M153：3-2，猪胫骨骨片，长30、宽28、厚12毫米；M153：3-3，猪胫骨骨片，长35、宽18、厚15毫米；M153：3-4，猪胫骨骨片，长34、宽18、厚16毫米；M153：3-5，鸡右胫骨近段，远端为茬状断口，残长60毫米；M153：3-6，鸡右胫骨远段，近端为茬状断口，残长35毫米；M153：3-7，鸡左股骨近段，残长25毫米；M153：3-8，鸡左股骨近段，残长26毫米；M153：3-9，鸡右股骨近段，远段为茬状断口，残长28毫米；M153：10，鸡左胫骨近端，远端为茬状断口，残长40毫米

表二五　M79 随葬动物骨骼登记表

地　点	卜庄河遗址	单位	M79	时代	汉
随葬方式	屠宰，是否加工不明，放在墓底随葬			附属葬具	不明
随葬最小个体及种类	青鱼1			随葬种数	1
鉴定情况	M79：5，仅发现有一件青鱼左下咽骨，下咽骨前臂残，附着有3枚下咽齿。根据发现标本保存情况推测，随葬物可能是经过加工后的半边鱼头（但不能肯定）				

表二六 M23 随葬动物骨骼登记表

地 点	卜庄河遗址	单位	M23	时代	六朝
随葬方式	屠宰、加工为熟食后，放在墓底随葬			附属葬具	不明
随葬最小个体及种类	家猫1、家猪2、狗1、家山羊1、家水牛1、赤麂1			随葬种数	7

<table>
<tr><td rowspan="30">鉴定情况</td><td>
M23:17，家猫左 M1，完整
M23:14，狗左 P4，基本完整
M23:15，狗右 M1，完整
M23:16，狗左 M1，完整
M23:28，家猪右 p4，完整
M23:18，家猪左下颌骨，略残
M23:19
M23:19-1，家猪左下犬齿，基本完整；M23:19-2，家猪右下犬齿
M23:20
M23:20-1，家猪右上颌骨，残；M23:20-2，家猪左上颌骨，略残；M23:20-3，家猪左上颌骨，略残
M23:21，家猪左 m2，完整
M23:22
M23:22-1，家猪左下颌骨，残；M23:22-2，家猪右 m2，完整；M23:22-3，家猪右 p4，完整
M23:22-4，家猪右 i1，齿根无
M23:23，家猪掌骨，基本完整
M23:31，家猪右 m1，完整
M23:26-1，家猪听骨 2 件，基本完整
M23:24，家山羊左 p3，基本完整
M23:25
M23:25-1，家山羊右上颌骨，基本完整；M23:25-2，家山羊左上颌骨，略残
M23:5-1，家水牛左 I1，基本完整；M23:5-2，家水牛右 dp4，基本完整
M23:29，家水牛右 m1，基本完整
M23:5
M23:11，麂左掌骨，完整
M23:12，麂右 p3，基本完整
M23:13，麂左 c1，基本完整
M23:27，麂趾骨，完整
M23:30，豪猪下颌骨，略残；豪猪可能是后期侵入动物（有啃咬严重的骨管、骨珠、骨片等），不属于随葬动物
M23:7，被啮齿动物严重啃咬后的骨管、骨珠、骨片等 14 件
</td></tr>
</table>

表二七 M10 随葬动物骨骼登记表

地 点	卜庄河遗址	单位	M10	时代	六朝
随葬方式	屠宰后，用动物单个牙齿放在墓底随葬			附属葬具	无
随葬最小个体及种类	家猪1、家水牛1、水鹿1			随葬种数	3

<table>
<tr><td rowspan="5">鉴定情况</td><td>
M10:36，水鹿右 p4，基本完整
M10:37，水鹿左 m3，完整
M10:38，家猪右 m2，基本完整
M10:39，水牛右 m2，完整
M10:40，水牛右 m3，基本完整
</td></tr>
</table>

表二八　M123 随葬动物骨骼登记表

地点	卜庄河遗址	单位	M123	时代	六朝
随葬方式	屠宰后，用上、下颌骨或单个牙齿放在墓底随葬			附属葬具	不明
随葬最小个体及种类	家猪1、家山羊1			随葬种数	2
鉴定情况	M123：5，家山羊左 M3，略残 M123：6，家山羊右 m1，略残 M123：7，家山羊右 m1，略残 M123：8，家猪右上颌骨，基本完整 M123：9，家猪右下颌骨，基本完整 M123：10，家猪左 c，基本完整 M123：11，家猪右 c，基本完整 M123：12，家猪右 c，基本完整 M123：13，家猪右 i3，基本完整				

表二九　卜庄河遗址随葬动物观察统计表

时代	战国晚期		秦汉			六朝		
单位	M97	M102	M107	M153	M79	M23	M10	M123
随葬方式	屠宰、加工为熟食后，放在陶鼎内在墓底随葬	屠宰、加工为可使用的器物，放在墓底随葬	屠宰后，放在侧壁龛内随葬。是否加工为熟食不明	屠宰、加工为熟食后，放在铜鼎内随葬	屠宰，是否加工不明，放在墓底随葬	屠宰、加工为熟食后，放在墓底随葬	屠宰后，用动物单个牙齿放在墓底随葬	屠宰后，用上、下颌骨或单个牙齿放在墓底随葬
附属葬具	陶鼎	无	不明	铜鼎	不明	不明	无	不明
随葬最小个体数及种类	家猪1、家山羊1	水鹿1	家猪1、狗1、家鸡2、鸬鹚1、鲢鱼1	家猪1、家鸡2	青鱼1	家猫1、家猪2、狗1、家山羊1、家水牛1、赤鹿1	家猪1、家水牛1、水鹿1	家猪1、家山羊1
随葬种数	2	1	5	2	1	6	3	2

　　通过卜庄河遗址随葬动物观察统计表的总结，我们可以发现，该遗址在战国时期大约有两种随葬方式，一是对动物屠宰、加工为熟食后，放在食具内随葬；二是对动物材料加工为使用性工具后，直接放在墓底随葬墓主。其随葬动物种类主要是家畜和野生哺乳动物，其中家畜比例较大。在秦汉时期，随葬方式一般是屠宰加工后放在食具内直接在墓底随葬，随葬种类主要为家畜和鱼类。六朝时期，随葬方式有两种，一是把动物屠宰加工为熟食后放在食具内随葬，另一种是把动物屠宰（食用）后，用动物的单个牙齿来随葬墓主。后者的随葬方式，是我国新石器时代古老葬俗的一种遗留，在进入有文献记载的历史时期，在其他地区较为少见。六朝时期，随葬位置也发生了变化，秦汉以前，动物随葬都是发生在墓底，六朝时期出现专为随葬开凿壁龛的考古学文化现象。从战国至秦汉，随葬动物种类有逐步增加的趋势，其中家畜一直在随葬动物中占有比较大的位置。从随葬动物中，发现秦汉时期的家畜化鸬鹚和六朝时期的家猫，这都是动物考古学中的重要发现。

　　我们也对三峡地区目前已公开发表的所有随葬动物遗骸情况进行了统计研究，发现三峡地区从新石器时代早期至历史时期，使用动物进行随葬的考古学文化现象中存在一些规律。在大溪文化时期，随葬动物全部为野生动物，对哺乳动物均是屠宰后用它们的牙齿作随葬品，对龟类屠宰后用其甲壳作随葬品，对鱼类则是用整体随葬。这种现象反映，动物和龟类都是在死者生前屠宰、甚至是屠宰较长时间之后保留的骨骼，而鱼类则是死者入葬时带有肉质的躯体。它们的放置位置也有区别，动物牙齿和甲壳一般是放于墓主体侧，个别枕于头下（如象门齿），而鱼类则除了放于墓主体侧外，还较多放置于墓主口内。大溪文化时期，随葬动物反映出哺乳动物与水生动物个体出现率差别不大的情况。如统计表明，随葬哺乳动物个体数为58%，随葬水生动物个体数为42%。这种随葬水生动物个体出现率较大的情况，在我国史前文化中比较少见。石家河文化时期，随葬动物全部是野生动物，并且全部是大型野生哺乳动物下颌骨或上颌骨（这种现象可能与发现的材料较少有关）。其随葬方式是不用附属葬具，直接把动物骨骼放置在墓主体侧。在整个新石器时代，三峡地区随葬动物都没有使用附属葬具，没有发现性别之间的差异性规律，也没有发现把动物遗骸握在墓主手内入葬的现象。战国时期，随葬动物主要把动物屠宰或屠宰加工为熟食后，放在附属葬具内进行随葬。其中随葬动物主要以家畜为主，包括家猪、家山羊等。随葬的动物是肢解后带有肉类的残躯。也有利用动物遗骸直接做使用工具进行随葬的情况。秦汉时期，随葬动物的加工处理方式与战国时期相似，但随葬方式发生了一些变化，如出现把随葬品放置于专门开凿的壁龛内的现象。随葬动物也是以家畜为主，包括一定量的鱼类。家畜动物除了家猪、狗和家鸡外，较重要的现象是出现了家畜鸬鹚。六朝时期，动物随葬方式比较多，一种是把动物屠宰或屠宰加工为熟食后，放置于墓底随葬；另一种可能是把宠物放在墓内随葬；还有一种是新石器时代已出现的古老葬俗，即用生前屠宰保留的单个大型哺乳动物牙齿随葬。随葬动物种类也是以家畜为主，也有野生哺乳动物。其中家猫的出现，是动物考古中的重要材料。六朝时期随葬方式多样及古老随葬方式的遗留，在一定程度上反映出当地的"蛮俗巫风"。三峡地区随葬动物，从新石器时代早期至六朝，随葬动物的方式有继承性，也有发展性。继承性如保留有用生前屠宰、保存的单个动物牙齿随葬。发展性如由新石器时代早期放在墓底或墓主口内随葬，战国以后发展出放在食具或壁龛内随葬。新石器时代全部随葬野生动物，战国以后逐渐发展为以随葬家畜为主。新石器时代早期一般随葬1种动物，少数随葬2种动物。新石器时代晚期发展到随葬有4种动物，秦汉时期随葬有5种动物，六朝时期出现随葬6种动物。三峡地区至六朝，用动物随葬的习俗绵延不绝。其中较多随葬现象和随葬动物种类，在我国动物考古学上具有重要的意义（表三〇）。

表三〇　三峡地区随葬动物情况观察、统计表

观察类别 时代、墓号		随葬方式	墓主性别	附属葬具	随葬最小个体数及种类	随葬种数	资料来源
大溪文化时期	不明	象门齿，枕于墓主头下	不明	无	象1	1	[1]
	M3	鱼，尾部置于墓主口中	不明	无	鱼1	1	[1]
	M78	鱼，置于墓主口中	男	无	鱼1	1	[2]
	M81	龟腹甲，平置墓主体侧	不明	无	龟1	1	[2]
	M85	兽牙2，置于墓底	女	无	野生哺乳动物1	1	[2]
	M93	鱼，置于墓主口中	女	无	鱼1	1	[2]

时代、墓号	观察类别	随葬方式	墓主性别	附属葬具	随葬最小个体数及种类	随葬种数	资料来源
大溪文化时期	M100	兽牙2，置于墓底	男	无	野生哺乳动物1	1	[2]
	M102	兽牙2，鱼1，置于墓底	女	无	野生哺乳动物1、鱼1	2	[2]
	M103	兽牙1，置于墓底	女	无	野生哺乳动物1	1	[2]
	M106	鱼2，置于墓底	女	无	鱼2	1	[2]
	M110	鱼1，置于墓底	男	无	鱼1	1	[2]
	M119	兽牙2，置于墓底	女	无	野生哺乳动物1	1	[2]
	M121	兽牙1，置于墓底	女	无	野生哺乳动物1	1	[2]
	M122	野猪犬齿2，置于墓底	男	无	野猪1	1	[2]
	M124	兽牙2，置于墓底	不明	无	野生哺乳动物1	1	[2]
	M138	野猪犬齿1，鱼1，置于墓底	男	无	野猪1，鱼1	2	[2]
	M151	兽牙1，置于墓底	男	无	野生哺乳动物1	1	[2]
	M156	鱼1，置于墓底	不明	无	鱼1	1	[2]
	M161	野猪犬齿1，置于墓底	男	无	野猪1	1	[2]
	M171	兽牙1，置于墓底	女	无	野生哺乳动物1	1	[2]
	M183	兽牙1，置于墓底	女	无	野生哺乳动物1	1	[2]
	M199	龟甲1，置于墓底	不明	无	龟1	1	[2]
	M204	龟甲1，置于墓底	不明	无	龟1	1	[2]
	M205	兽牙1，置于墓底	男	无	野生哺乳动物1	1	[2]
	M208	兽牙1，置于墓底	男	无	野生哺乳动物1	1	[2]
	M3	龟板1，置于墓底	男	无	龟1	1	[3]
石家河文化时期	M77	大熊猫下颌骨1副、大苏门羚下颌骨1副、獐下颌骨1副、水鹿左下颌骨1件，均为平置于墓底	不明	无	大熊猫1、大苏门羚1、獐1、水鹿1	4	[4]
春秋时期	M2	狗骨架位于墓底，活体殉葬	男	捆绑	狗1	1	[5]
	M23	猪下颌骨随葬	?	无	家猪2	1	[6]
战国时期	M97	屠宰、加工为熟食后，放在陶鼎内在墓底随葬	?	陶鼎	家猪1、家山羊1	2	本文
	M102	屠宰、取材后，作自然使用的工具，放在墓底随葬	?	无	水鹿1	1	本文

续表

时代、墓号	观察类别	随葬方式	墓主性别	附属葬具	随葬最小个体数及种类	随葬种数	资料来源
秦汉时期	M107	屠宰后，放在侧壁龛内随葬 是否加工为熟食不明	?	不明	家猪1、狗1、家鸡2、家鸬鹚1、鲢鱼1	5	本文
	M153	屠宰、加工为熟食后，放在铜鼎内随葬	?	铜鼎	家猪1、家鸡2	2	本文
	M79	屠宰，是否加工不明，放在墓底随葬	?	不明	青鱼1	1	本文
	M44	偶蹄目动物肩胛骨1，平置于墓底	不明	无	大型偶蹄目1	1	[7]
	M3	水鹿左上颌骨1，平置墓底	不明	无	水鹿1	1	[8]
六朝时期	M23	屠宰、加工为熟食后，放在墓底随葬	?	不明	家猫1、家猪2、狗1、家山羊1、家水牛1、赤鹿1	6	本文
	M10	屠宰后，用动物单个牙齿放在墓底随葬	?	无	家猪1、家水牛1、水鹿1	3	本文
	M123	屠宰后，用上、下颌骨或单个牙齿放在墓底随葬	?	不明	家猪1、家山羊1	2	本文
北宋	M38	活马殉葬	男	捆绑	家马1	1	[6]

[1] 四川省长江流域文物保护委员会文物考古队：《四川巫山大溪新石器时代遗址发掘记略》，《文物》1961年11期。

[2] 四川省博物馆：《巫山大溪遗址第三次发掘》，《考古》1981年4期.

[3] 国家文物局三峡考古队：《朝天嘴与中堡岛》，文物出版社，2001年。

[4] 武仙竹、周国平：《湖北官庄坪遗址动物遗骸研究报告》，《人类学学报》2005年24卷3期。

[5] 四川联合大学历史考古专业：《1994～1995年云阳李家坝遗址的发掘》，《三峡考古之发现》（二），湖北科学技术出版社，2000年。

[6] 湖北省文物事业管理局、湖北省三峡工程移民局：《秭归庙坪》，科学出版社，2003年。

[7] 长江流域第二期文物考古工作人员训练班：《1973年宜昌前坪古墓的清理》，《葛洲坝工程文物考古成果汇编》，武汉大学出版社，1990年。

[8] 武仙竹、杨定爱：《巴东罗坪遗址动物遗骸研究报告》，《巴东罗坪·附录》，科学出版社，2006年。

（二）屠宰技术与饮食习俗

遗址古居民的饮食习俗，根据墓葬中的随葬现象和加工处理方式，可以使我们从实物资料上得到某些较为肯定的认识。在三峡地区目前的考古工作中，以前尚没有从实物资料上对该地区有较深的认识。以前三峡地区饮食习俗方面的考古证据比较少，也没有做这方面的专门研究。卜庄河墓葬中随葬的一批材料，提供了我们专门做这方面研究的基础。

通过对随葬材料的专门研究，大体上可见到下列饮食现象。

1. 战国时期

该遗址居民以陶鼎为食具。对猪、羊等家畜进行屠宰分解后，把不同部位的肉体分别进行加工为熟食。当时人知道把同一种动物同一解剖部位的肉体单独加工为菜肴（如M97：1号陶鼎内发现有4件家猪的腰椎），也知道把不同动物不同部位的肉体放在一起加工为美食（如M97：2号鼎内发现有4件家猪腰椎，另有1件家羊的股骨）。

2. 秦汉时期

（1）遗址居民屠宰技术娴熟，他们对动物肉食可能存在较大、较完整的解剖和保存方式。如 M107：9 号骨骼标本，保存着基本完整的猪左、右肩胛骨，基本完整的猪左、右肱骨，基本完整的猪左、右尺骨，基本完整的猪左、右桡骨。这种现象反映，这是两件基本完整的连接在一起的猪前肢。这种屠宰解剖方法，是把猪前肢从肩胛骨处完整解剖，同时也把猪爪完整卸掉，而大块、完整地保存着肉体丰厚的前肢。这种按肢体部位大块、完整解剖并保存肉体的方法，见于猪、狗等大型家畜，也见于家鸡、家鸬鹚等家禽。如 M107：6 号有基本完整的鸡右股骨和右胫骨。M107：7 有基本完整的鸬鹚右股骨和右胫骨。

（2）遗址居民可能知道把动物肢体较瘦的部分单独分割，然后用特殊方法进行加工为熟食。如 M107：10 号标本为较完整的狗左胫骨和左腓骨、趾骨等。这种解剖、保存方法，是把狗较瘦的后腿下半部（包括爪部）单独放置，其食用方法可能是需添加其他食物加工，或用特殊方法进行加工（如炖食等）。

（3）遗址居民饮食时，除用陶、金属等食具外，可能还使用木类或竹类食具。如 M107：4 号，为单独的狗腰椎 4 件。M107：10-5，为单独的动物肋骨残片 2 件。这些动物肉体，显然是随同可使用的食具放在一起的。但在发掘工作中，却仅保留有这些肉体骨骸，没有食具遗留。这说明当初放置这些肉体的食具，已经腐朽无存了。

（4）汉代时，三峡地区贵族有以铜鼎为食具的食俗。如随葬的 M153：2 号铜鼎、M153：3 号铜鼎内，均为装盛有较多加工过的动物肉食。

（5）汉代时，对鸡的食用存在把多肉的肢骨与鸡架（头骨、胸骨、椎骨、盆骨、腰骶骨等）分开实用的食俗（这种实用方式现在也存在）。如 M153：2 号铜鼎内，发现有代表两只鸡个体的肢骨，却没有发现鸡架部位的骨骼。汉代存在把猪胫骨和鸡胫骨放在一起加工食用的食俗。如 M153：3 号铜鼎内，发现有猪胫骨残段和胫骨骨片，还发现有代表 2 只鸡的胫骨和股骨。

（6）汉代时，遗址居民可能会把鱼头和躯体放在一起加工为食，但也可能知道把鱼头和鱼躯体分开进行加工食用。如 M107：8-1 号标本，为江鲢下咽齿 2 件和胸椎 6 件。这种骨骼材料，可能反映当时人把鱼头和鱼体放在一起加工的食俗。而 M79：5 号标本，却是仅发现有一件青鱼左下咽骨。这种骨骼材料，可能反映当时把鱼头和鱼体分开进行加工食用的现象。

3. 六朝时期

（1）遗址中存在把猪、羊等家畜头部和脚作为单独食物加工对象的食俗。如 M23 中，发现有代表猪头骨的上、下颌骨和听骨，发现有代表猪脚的猪掌骨等，却没有发现猪其他体位的骨骼。M23 中发现有代表羊头骨的上颌骨、下臼齿等，也没有发现羊其他部位的体骨。

（2）遗址中对捕获的野生动物，可能也采用和家畜相同的屠宰、加工方式进行食用。如 M23 中，发现有代表麋头部的犬齿、臼齿等，发现有代表麋脚的掌骨等，却没有发现麋其他部位的体骨。这种饮食习惯，可能是和当时的部分家畜一样，也采用了把头部、脚和其他体位分割，分开作为单独加工对象进行食用的食俗。

（三）家畜动物与遗址经济地位、文化交流之间的关系

1. 家畜比例"跌降"与遗址经济地位

卜庄河遗址动物群，与三峡地区其他古文化遗址相比，家畜动物比例比较大是其显著特点。根据动物最小个体数统计计算，夏代时期，卜庄河遗址家畜全部为大型哺乳动物，家畜约占动物群总数的14.3%，约占哺乳动物的50%。商代时期，家畜也全部为大型哺乳动物，家畜占动物群总数的6%，却占哺乳动物总数的60%。周代时，家畜中出现了家禽。家畜总数达到38.71%。秦汉时期，家畜量及家畜种类进一步增多，家畜个体达到动物群总数的83.33%。六朝时期，家畜占动物群总数的46.66%。在我国传统饲养经济的六畜中，该遗址在夏代已出现家猪和狗，在商代时出现了家山羊，在周代时出现了家鸡，在六朝时期出现了家水牛。没有发现家马。但与中原、北方和其他地区家畜驯养品种不同的是，在秦汉时期该遗址出现了家鸬鹚。此外，卜庄河遗址六朝时期的家畜猫，也是我国重要的家畜饲养资料。总体上说，卜庄河遗址的家畜，其种类是随着时代进步呈逐渐增多的趋势；其家畜经济在肉食资源比例中，在较长历史时期呈逐步增大趋势，但同时也存在跌降现象（后文讨论）。

卜庄河遗址家畜动物在整个遗址动物群中所占的比例，与三峡同时期其他遗址相比，显示出一直远远高于其他遗址的状态。如商代时期，秭归何光嘴遗址家畜比例为2.78%，卜庄河遗址为6%。周代时秭归官庄坪遗址家畜占25%，卜庄河遗址占38.71%。秦汉时期巴东罗坪遗址家畜占44.44%，卜庄河遗址占83.33%（表三一）。卜庄河遗址秦汉时期家畜比例达83.33%，这个比例，在整个长江流域各个时期的遗址动物群中，都是属于比较突出（高）的。卜庄河遗址家畜动物的自身比例关系显示，商、周、秦汉时期，家畜所占比例一直呈上升趋势。但至六朝时期，其家畜动物比例又有呈现明显跌降现象（由83.33%突然变为46.66%）。为什么会出现这种现象呢？这种"跌降"现象，以前在其他地区也有发现过，不过当时研究者还不明白这种现象的原因是什么。如上海市马桥遗址，该遗址良渚文化层里的动物遗骸反映，良渚时期的肉食资源是以家畜为主，而到了较晚的马桥文化层里，肉食来源又变为以野生动物为主[①]。人们以前认识存在这种家畜经济逆转的"跌降"现象，但尚不明白其中的原因为何。此次，我们在卜庄河遗址里也发现这种"跌降"现象，并参考其他考古学文化现象得到启示。

从动物最小个体数统计反映，卜庄河遗址在商代时期其家畜比例明显高于三峡地区其他同期遗址。伴随这种现象出现的，是在商代同时出现在其他一般遗址所没有的重要文化遗物——卜骨、卜甲。卜骨、卜甲等遗物，一般被认为是社会上层人物在政治或社会生活活动中的遗留物。它们的出现，反映卜庄河遗址在商代时居住有政治身份比较高的居民。与这种现象相伴的，是该时期家畜比例开始远远大于同期其他遗址。因此我们分析，这二者之间的共存现象，可能均与该遗址古居民的特殊社会地位有关。家畜是早期历史时期是财富的象征，它不仅是"恒产"（家畜是稳定的肉食储备，肉食狩猎活动则有较大的不可预见性），而且其肉食价值还比较高。古人肉食是以家畜为贵。家畜肉类一般比较鲜嫩，脂肪含量高，可提供给人类比较多的脂肪（油质）。而野生动物一般肉质较粗糙，脂肪含量少。在历史经济不发达的时期，人类肉食的第一摄取对象是脂肪。动物脂肪在历史时期是宝贵的营养品。家畜脂肪比野生动物脂肪多，家畜动物中也有脂肪多寡之分。如猪的脂肪比狗多，古人肉食的选择也同样会以猪为贵。《国语·越语上》记，勾践复国的第一计划，是"率

---

① 袁靖、宋建：《上海市马桥遗址出土动物骨骼的初步研究》，《考古学报》1977年2期。

二三子夫妇，以蕃"。因此，若国民生一女子（女子又可生子），奖一头猪；生一男子，奖一只狗。卜庄河遗址从商代至秦汉，其家畜比例远远高于同期其他遗址，并且在商代时是伴随着三峡最早的家畜羊同时出现的，伴随着卜筮活动同时出现，因此我们认为，从商代至秦汉，卜庄河遗址的原居民可能在三峡有着特殊的社会地位，该时期遗址居民的政治地位和经济势力均高于三峡附近的同期其他遗址。至于六朝时期，遗址家畜比例又突然大比例下降了，我们认为这种现象可能与该遗址特殊社会地位的丧失或衰落有关。一个遗址，它在历史上各个不同时期内，其居民的社会地位、经济生活等，也会由于某种原因而发生变化，譬如外来文化（社会势力）的侵袭、自然灾害等，当因某种原因致使遗址经济条件、政治力量发生变革时，本来比较强盛的古遗址经济可能会受到较大改变。这种较大改变，可以使古遗址政治、经济从各个方面产生变化，其中古遗址居民的肉食来源这一比较敏感的问题，也同样可以随同变化。譬如本来以家畜为主要肉食来源的遗址居民，其家畜资源可能会锐减，甚至有可能重新回到以野生动物为主要肉食对象的原始肉食资源模式。这就是我们对某些遗址家畜比例突然"跌降"现象的解释。这种利用遗址动物遗骸家畜种类、家畜比例和相关特殊文化活动遗物，来综合分析古遗址的社会地位和发展变化，分析古遗址考古学文化现象的动态现象等，是我们从动物考古学中新提出来的重要研究线索（方向）。

表三一　三峡地区历史时期家畜遗骸种类统计表

时　代	地　点	家畜动物最小个体数百分比	家畜动物种类
夏	卜庄河遗址	14.29	家猪、狗
商	何光嘴遗址［1］	2.78	家猪、狗、家羊、家水牛、家鸡
	卜庄河遗址	6.00	家猪、狗、家山羊
周	官庄坪遗址［2］	25.00	家猪、狗
	卜庄河遗址	38.71	家猪、狗、家山羊、家鸡
秦汉	罗坪遗址［3］	44.44	家猪、狗、家山羊、家水牛、家马
	卜庄河遗址	83.33	家猪、狗、家山羊、家鸡、家鸬鹚
六朝	卜庄河遗址	46.66	家猪、狗、家山羊、家水牛、家猫

［1］武仙竹：《动物群》，《秭归何光嘴》，科学出版社，2003年。

［2］武仙竹、周国平：《湖北官庄坪遗址动物遗骸研究报告》，《人类学学报》2005年24卷3期。

［3］武仙竹、杨定爱：《巴东罗坪遗址动物遗骸研究报告》，《巴东罗坪·附录》，科学出版社，2006年。

2. 家畜动物与文化交流

　　三峡地区内，遗址动物遗骸中发现卜骨、卜甲的地点不多（约8个遗址）。卜骨、卜甲在三峡地区的发现，是伴随着家畜羊在三峡商代遗存中同时期出现的。目前的考古资料证明，三峡地区在晚更新世、全新世早期（新石器时代）、全新世中期早段（夏代）都没有发现羊的材料。但在商代，三峡地区的一批遗址里突然出现了羊（虽然这些地点羊的材料仍然比较零碎，但这正是早期出现、较少的现象），如秭归何光嘴遗址①、巴东黎家沱遗址②及本文的卜庄河遗址等。这种现象反映，在商代时期，三峡文化可能与外地文化有一次较重要的交流，并且很可能是北方文化的影响。因为从我国目前的发现材料看，较早的家畜羊主要是发现与北方，如距今4000年左右的内蒙古朱

① 武仙竹：《动物群》，《秭归何光嘴》，科学出版社，2003年。

② 张镇洪：《巴东黎家沱遗址出土动物骨骼鉴定》，《湖北库区考古报告集》（一），科学出版社，2003年。

开沟遗址[①]和甘肃永靖何家庄遗址[②]等。南方的家畜羊一般时代都比较晚，如巴东罗坪遗址发现的汉代的家畜羊等[③]。因此，商代时家畜羊突然在三峡的一批遗址里出现，我们认为可能是三峡与外地文化交流的结果。结合商代时三峡突然也发现一批卜筮活动遗物（卜骨、卜甲），我们认为商代时三峡文化曾受到北方文化的较大影响，北方文化可能给三峡传来了卜筮活动和家畜羊蓄养技术等。

三　讨　论

（一）卜庄河遗址动物群的地理分区

在我国动物考古中，关于历史时期遗址动物群的材料已有一定量的积累。但关于该时期动物群的分区及其与遗址古居民之间的不同关系、不同区域动物群的特点、不同动物群对人类的不同作用等，却一直没有进行专门的研究。中国地域辽阔，地形变化多样，地理位置比较特殊，因此，把中国历史时期典型遗址动物群用动物群分区的视野来进行研究，能够得到动物群与遗址文化之间更深的认识。

中国处东亚地区，在世界动物地理区划上占有古北界和东洋界。古北界是地理区划中比较大的一个区域，包括整个欧洲大陆、北回归线以北的非洲、喜马拉雅山脉以北的亚洲等。东洋界包括喜马拉雅山脉以南的中国南部、印度半岛、斯里兰卡半岛、马来半岛、菲律宾群岛等。在中国中部和东部，基本是以秦岭—淮河为分界线，秦岭淮河以北为古北界，以南为东洋界（图一一）。古北界显示着我国黄河流域及其以北动物群与欧洲大陆、北非等区域的动物群具有共性特点。东洋界区系则显示我国长江流域及其以南动物群与印度半岛、中南半岛、苏门答腊等海岛动物群比较一致，存在动物群的复杂性和多样性特点。东洋界虽然是世界动物地理区划中最小的一个区，但由于其气候温暖湿润、植被丰盛茂密，所以其动物群种类繁多并有特色。如哺乳动物中的长臂猿科、眼睛猴科、树鼩科、爬行类中的平胸龟科和食鱼鳄科等都是属于本界所特有。东洋界中的大型食草动物比一般区域繁盛，如有印度象、马来貘、犀牛、多种鹿类和羚羊等[④]。现在，在我国动物考古中通过资料的积累，已经发现了一个规律，即：黄河流域遗址古居民早在距今7000多年前即开始，逐步把获取肉食资源的重点放在饲养家畜上，渔猎逐步降到次要地位。并随着时间推移，家畜经济占有越来越重要的地位[⑤]。而在长江流域及其以南，遗址古居民肉食资源一般是以渔猎为主，家畜肉食来源通常位居比较次要的地位（主要指新石器时代和先秦时期）[⑥]。其实，这种明显区别的不同肉食取给模式，显然与和自然区域相关的动物群区系有关。在不同动物群区系里，动物种类的多寡、动物群丰满度等，决定着遗址古居民可能采取的肉食生产方式。

卜庄河遗址位于长江三峡峡谷中，在动物群区划上，它明显属于东洋界。但是，长江三峡地区具备立体气候自然景观。三峡峡谷内气候湿热，而三峡高山峰顶区域气候温凉，并且在三峡高山峰

---

① 黄蕴平：《内蒙古朱开沟遗址兽骨的鉴定与研究》，《考古学报》1996年4期。

② 中国科学院考古研究所甘肃工作队：《甘肃永靖何家庄遗址发掘报告》，《考古学报》1974年2期。

③ 武仙竹、杨定爱：《巴东罗坪遗址动物遗骸研究报告》，《巴东罗坪·附录》，科学出版社，2006年。

④ 周天福：《森林动物》，中国林业出版社，2005年。

⑤ Yuan Jing and Rowan Flad, Pig domestication in anciend China, *Antiquity*, Vol. 76, No. 293.

⑥ 袁靖、杨梦菲：《水陆生动物遗存的研究》，《桂林甑皮岩》，文物出版社，2003年。

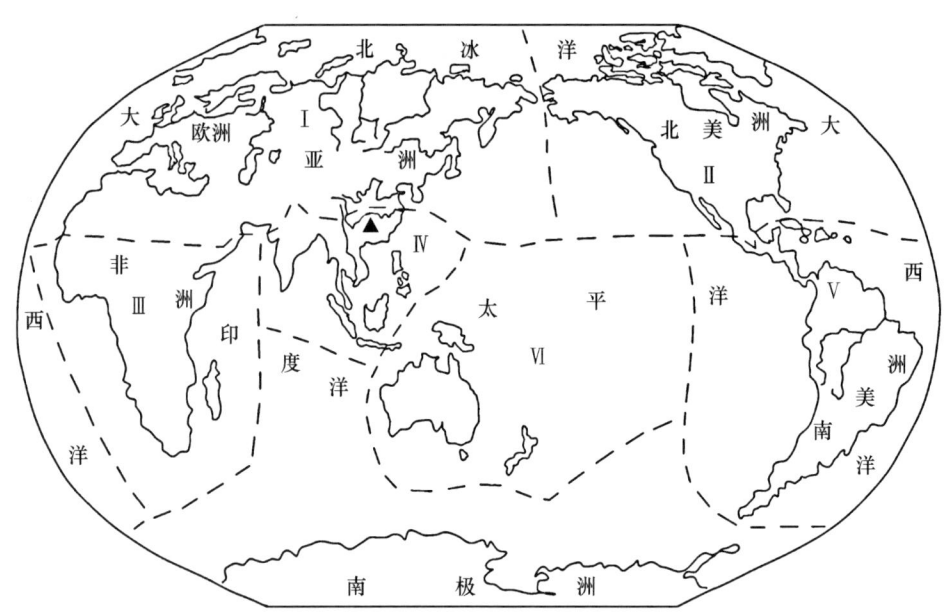

图一一　卜庄河遗址动物群在世界陆地动物地理分区中的位置
▲：卜庄河遗址　Ⅰ：古北界　Ⅱ：新北界　Ⅲ：旧热带界　Ⅳ：东洋界
Ⅴ：新热带界　Ⅵ：大洋洲界

顶区域保留有晚更新世的某些古北界动物①。因此，我们可以理解三峡总体上是属于东洋界动物群区，但在峡区某些特殊区域，也仍然生存有一定量的古北界动物。

（二）卜庄河遗址动物考古中新发现的动物种和特殊动物标本

卜庄河遗址动物遗骸中，发现了一些以前动物考古中所没有发现的动物种，也发现有以前所没有认识到的特殊动物标本。这些遗址中新出现的动物种和特殊骨骼标本，对了解动物群种类、动物鉴定对比材料、动物生态、人类活动能力和肉食生产等都有比较重要的意义。新发现的动物种包括夏朝时期的鳡鱼（*Luciobrama macrocephalus*）、商代的中华倒刺鲃（*Barbodes sinensis*）、黄喉水龟（*Mauremys mutica*）和似密齿獾（*Melondon melinus*）、周代的须鲫（*Carassioides cantonensis*）、秦汉的鸬鹚（*Phalacrocorax*）等。特殊动物标本包括夏代遗骸里发现的目前考古工作中所见到的最大草鱼椎骨（FH2：42号标本）。

（三）卜庄河遗址动物群与古气候

长江三峡地区在中国现在的气候区划中属于中亚热带。三峡比东邻的江汉平原和北缘的武当山、秦岭南坡等地区气候湿热、降水量大，因此三峡属于中亚热带，而其东邻、北邻区域为北亚热带②。以前，我们在做三峡其他遗址动物群研究中，认识到古代的三峡可能气候比现在三峡积温更高，降水量相对更加丰沛③。但古三峡气候特点相当于现在的哪个气候区划带呢？三峡古气候存在

①　武仙竹、周国平：《湖北官庄坪遗址动物遗骸研究报告》，《人类学学报》2005年24卷3期。

②　《中国自然地理图集》，中国地图出版社，2000年。

③　武仙竹：《湖北秭归柳林溪遗址动物群研究报告》，《秭归柳林溪·附录一》，科学出版社，2003年。

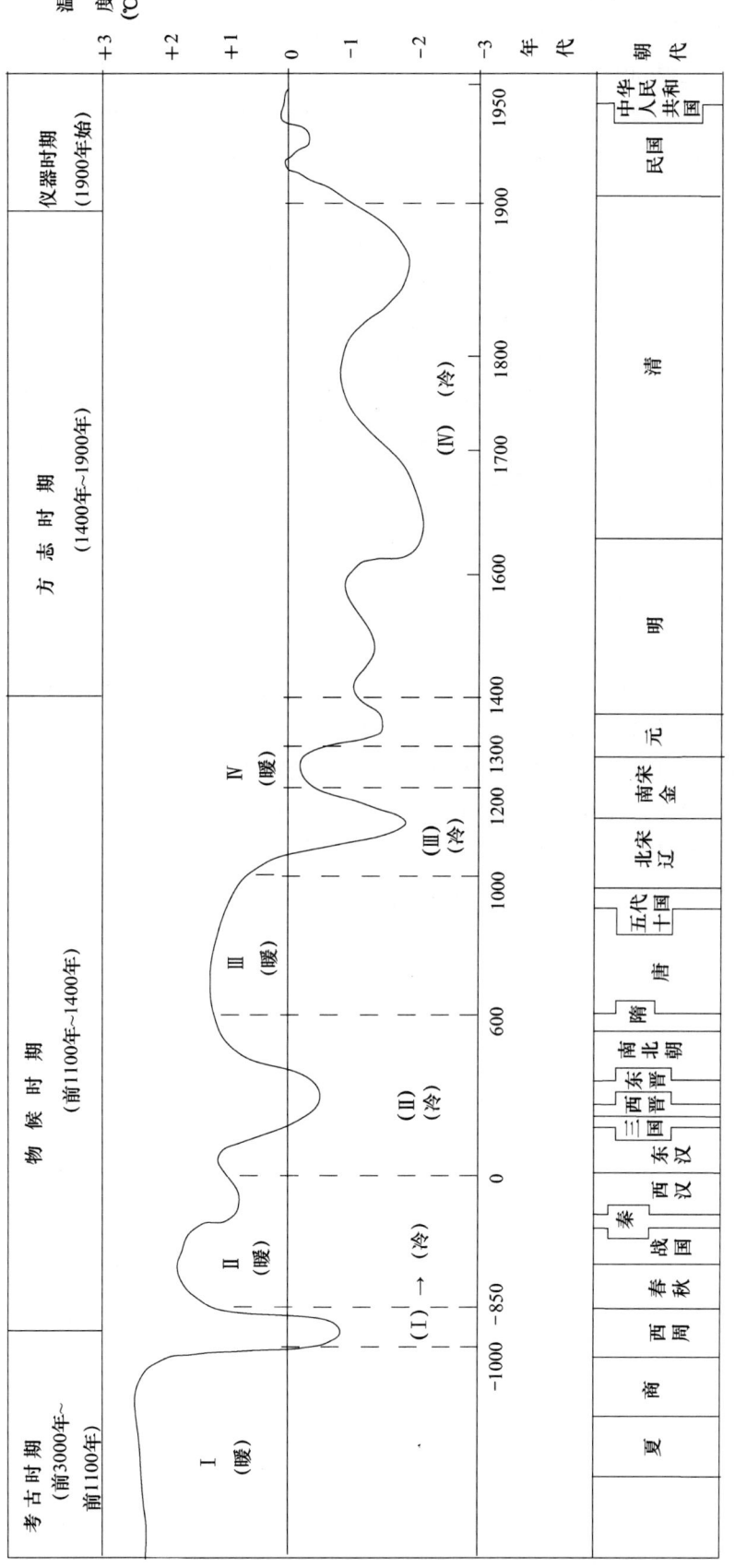

图一二　中国近 5000 年气候变化曲线比较图

（资料来源：王会昌：《中国文化地理》，华中师范大学出版社，1992 年；蓝勇：《中国历史地理学》，高等教育出版社，2002 年。）

什么样的变化过程？对此我们并没有一个较为肯定的认识。这次，我们在做卜庄河遗址动物群研究时，认识到在周代动物遗骸中发现有须鲫（*Carassioides cantonensis*）。须鲫是现在主要生活在岭南珠江流域的淡水鱼类，是地理隔绝现象比较显著的水生动物，其生活区域在气候区划中是仅存于南亚热带。根据须鲫这一南亚热带的指示性动物，我们再结合以前认识到的三峡史前、先秦气候积温比现今高、降水量更多的特点，我们认为，在史前、先秦时期，三峡的古气候约相当于现今的南亚热带（珠江流域）。

从动物考古中我们认识到三峡地区史前、先秦古气候为南亚热带特点，那么该结果与其他学科的研究结论是否一致呢？回答是肯定的。我国气候学通过与环境考古的多年结合研究，现今对我国近5000年来的气候变化已经有了比较清楚的认识。中国古气候变化是比较显著的，总体上说，在唐、五代十国以前气候比现今高，北宋至明清气候比现在低。其变化曲线从史前至明清呈逐步降低的态势（图一二）。先秦以前，古气候虽然在西周时期有一个很短暂的冷谷波动，但其总体态势是比现今显著的高。因此，三峡现今气候属于中亚热带，但在我国先秦古气候普遍较高的大气候环境背景下，三峡属于南亚热带是可能的。我们现今从卜庄河遗址周代动物遗骸中发现属于南亚热带指示性动物须鲫，是从动物考古学上找到了三峡先秦南亚热带气候特征的证据。

（四）卜庄河遗址古居民肉食资源分析

我国黄河流域大部分区域的古文化遗址，从新石器时代早期即逐步把肉食资源重点放在家畜蓄养上。而长江流域从新石器时代至较晚的历史时期，人们的肉食来源一直主要依靠渔猎。在这个不同动物界（黄河流域：古北界；长江流域：东洋界）、不同肉食来源规律上，卜庄河遗址表现得比较一致。即卜庄河遗址处于东洋界，所以卜庄河遗址在绝大部分时期，其肉食来源都是野生动物比较多。这一现象，反映遗址所处动物界对人们肉食来源性质的巨大影响。但同时，把卜庄河遗址与周围时代相近的遗址相比，可以发现卜庄河遗址一直远远高于其他遗址。卜庄河遗址这种肉食资源野生多于家畜的现象，符合所处动物界的肉食资源规律。而其家畜比例高于同界同期古文化遗址的现象，我们认为与该遗址居民较为特殊的社会地位有关。

附录二　卜庄河遗址人骨性别年龄鉴定报告

魏　东　张敬雷

（吉林大学边疆考古研究中心）

湖北省宜昌博物馆卢德佩于 2006 年 10 月 18 日送来三峡库区卜庄河墓葬人骨标本，现鉴定人骨性别、年龄如下：

男性：♂　女性：♀

原始单位	人骨编号	性别	年龄	备注
M10：23	M10	不详	20 ±	
M14：3、4	M14	不详	30-35	
M17：12	M17	不详	11 ±	
M21：2	M21	不详	30 ±	
M23：4、6	M23	不详	20 ±	
M24：6	M24	不详	不详	
M39：69	M39：R1	不详	不详	
M39：70	M39：R2	不详	儿童	
M39：71	M39：R3	♂（?）	30-35	
M39：73	M39：R4	不详	45 ±	
M39：74	M39：R5	♂	35 ±	
M39：72	M39：R6	不详	10	
M39：75	M39：R7	不详	12	
M39：76	M39：R8	不详	40 ±	
M39：78	M39：R9	不详	成年	
M39：77	M39：R10	♂	25 ±	牙齿有邻面龋，右侧股骨有两处愈合的穿孔伤
M39：79	M39：R11	不详	50-55	
M43：1	M43	♂	25 ±	
M42：1	M42	不详	45 ±	
M45：2	M45	不详	50 ±	
M46	M46	♂	30 ±	
M48	M48	♂	40 ±	
M50：1	M50	♂	50 ±	标本牙齿有邻面龋
M58：7	M58	♂	20-25	牙齿有邻龋
M88	M88	不详	4	
M67：4	M67	不详	10	
M69：3	M69	不详	25-30	
M81：15	M81	不详	不详	有火烧痕迹

续表

原始单位	人骨编号	性别	年龄	备注
M97: 3	M97	♂	不详	颅内膜有病变可能为致死原因
M16: R1	M16: R1	♀	18 ±	
M101: R1	M101: R1	♀	25-30	
M107: 5	M107	♀	未成年	
M123: 4	M123	不详	25 ±	牙齿有邻面龋
M142: 8	M142	♂	35 ±	
M143: 20	M143	♀	20-25	
M144: 1	M144	不详	7	
M145: 6	M145	♀	成年	
M147: 1	M147	♂	30 ±	
M158: 2	M158	不详	成年	
FH10	FH10	♀（？）	成年	
M86	M86	♂	60 ±	

注：以上标本现存吉林大学边疆考古研究中心人类学实验室

2006 年 10 月 20 日

附录三　卜庄河遗址陶片、土样半定量分析报告

国土资源部中南矿产资源监督检测中心实验室

序号	标本名称	标本号	时代	碳（%）	氮（%）	硫（%）	氮（%）	氟（%）	磷（%）	钪（%）	钛（%）	钒（%）	铬（%）	锰（%）	钴（%）
1	泥质红陶片	AT6⑧:43	石家河文化时期	0.070	38.4	103.3	181.5	620.3	1588.2	13.6	4267.5	87.4	69.8	596.7	14.1
2	泥质灰陶片	AT6⑦:42	石家河文化时期	1.334	29.3	113.8	-267.1	358.6	746.0	16.4	5704.7	131.6	118.7	1053.1	21.2
3	泥质黑陶片	AT6⑦:41	石家河文化时期	0.364	22.8	133.6	478.0	703.6	3391.1	13.0	4865.1	101.7	99.6	329.2	10.5
4	夹细砂褐陶片	AT6⑥:44	二里头文化时期	1.274	33.3	137.4	717.6	706.6	2057.1	17.1	3924.8	98.3	97.2	515.6	16.2
5	夹粗砂黑褐陶片	AH15:10	商代	1.082	31.9	180.6	569.3	737.3	1827.8	13.3	4765.6	113.5	85.5	651.1	19.4
6	夹砂红陶两足	FH19:4	周代	0.219	101.0	165.4	119.7	791.4	1050.2	9.2	4643.9	95.6	76.1	875.5	17.7
7	泥质灰陶瓦片	FG1:2	汉代	0.948	52.1	143.5	-364.0	203.4	653.5	17.2	4855.9	98.5	82.4	777.5	18.6
8	烧土白灰面	E2H2:14	周代	1.672	65.0	181.8	343.4	478.6	1067.6	9.4	4401.5	70.4	68.9	644.8	16.0
9	草拌泥及红漆	M116:20	汉代	2.183	44.3	146.9	234.9	475.3	798.7	13.3	3870.4	71.8	61.1	623.6	13.5
10	鱼骨上硬块砌泥土	AH17:36	商代	5.419	41.9	397.6	349.9	374.0	3268.1	4.8	2995.0	67.4	52.2	543.6	8.8
11	土样	D1T36 南壁③:1	周代	1.788	31.7	185.1	523.9	738.3	466.3	10.5	4240.3	90.0	71.5	662.4	16.5
12	土样	FT47 东壁④:1	周代	1.650	23.7	160.0	1091.2	581.0	4859.5	6.3	4281.5	89.8	72.8	702.5	15.8
13	土样	E2T137 南壁④:1	周代	0.352	16.1	102.4	1181.8	642.3	1375.3	14.7	5381.5	131.3	88.0	739.6	19.1
14	土样	M153 东壁:1	汉代	0.207	31.3	63.1	910.2	768.4	249.3	13.8	5193.5	108.4	83.1	970.6	13.7

序号	镍(%)	铜(%)	锌(%)	镓(%)	锗(%)	砷(%)	溴(%)	铷(%)	锶(%)	钇(%)	锆(%)	铌(%)	钼(%)	锡(%)	锑(%)	铯(%)	钡(%)	镧(%)	铈(%)	钕(%)
1	31.4	35.4	88.7	18.0	1.3	13.4	2.0	87.9	184.7	22.6	232.9	14.4	0.4	3.9	1.2	20.5	898.0	31.3	76.4	32.5
2	45.9	40.2	111.2	22.8	2.6	8.4	1.8	137.6	98.5	26.8	183.5	16.9	3.2	6.0	170.9	21.9	654.2	42.2	72.5	38.3
3	37.2	83.5	103.1	19.8	2.0	14.0	2.3	92.8	273.4	26.8	226.0	16.0	2.7	4.5	1.3	5.8	1023.6	22.9	66.1	38.1
4	39.4	45.9	90.9	19.2	1.9	16.4	3.6	87.2	282.2	25.1	191.2	12.7	1.6	9.5	2.1	2.8	974.9	43.4	73.3	34.7
5	41.0	47.0	101.9	17.1	1.3	17.5	2.9	97.9	142.7	24.2	232.8	15.6	1.9	9.0	-3.5	2.2	925.9	22.0	76.2	45.2
6	42.4	57.6	112.4	17.8	1.3	9.9	2.2	113.8	154.8	28.0	228.6	17.8	1.9	3.8	-3.4	3.3	870.6	17.7	71.3	42.1
7	35.5	25.9	88.6	21.1	1.8	6.9	2.2	91.9	114.5	27.2	233.3	15.6	2.2	2.4	3.0	17.5	610.3	39.4	76.2	35.5
8	39.6	68.0	98.1	15.3	0.7	4.9	1.9	76.3	220.0	25.1	273.2	15.9	2.6	8.2	-1.4	6.9	808.1	24.9	63.3	31.5
9	29.0	27.7	59.5	14.0	1.1	8.4	2.3	78.3	207.3	23.4	272.6	15.1	0.8	3.8	-0.9	0.9	416.6	24.4	59.0	24.7
10	24.2	30.1	60.3	9.1	0.5	3.9	3.3	59.3	160.4	17.9	204.3	12.1	1.3	2.4	153.0	-2.6	372.7	7.9	50.5	22.2
11	34.5	29.3	72.1	15.2	1.6	12.9	1.7	92.3	143.8	25.2	255.9	15.3	1.1	5.6	0.4	-3.2	480.4	31.3	72.7	31.6
12	32.5	61.9	98.4	13.9	1.5	12.4	3.2	87.9	143.2	25.2	252.5	16.6	1.7	9.3	-4.0	1.0	484.9	27.1	63.3	36.0
13	39.8	47.5	107.3	19.2	1.2	5.5	2.7	121.7	85.7	28.9	259.9	18.3	2.1	9.1	-0.5	1.1	685.7	38.0	80.6	31.0
14	37.3	33.3	84.6	17.2	1.6	13.5	2.3	105.7	109.8	28.6	314.0	16.6	2.1	10.0	-4.3	17.0	502.7	34.8	83.0	39.6

序号	铪(%)	钽(%)	钨(%)	铊(%)	铅(%)	铋(%)	铊(%)	钍(%)	铀(%)	硅(%)	铝(%)	铁(%)	氧化镁(%)	氧化钙(%)	钠(%)	钾(%)	碳酸根(%)
1	6.8	0.2	1.2	0.7	58.6	-0.1	13.4	2.4	2.3	67.354	14.741	5.826	1.280	1.521	1.180	2.368	2.333
2	5.8	2.0	4.7	0.5	45.4	-0.1	14.6	3.0	1.4	61.557	15.526	8.490	1.765	0.879	0.881	3.070	2.565
3	6.7	1.1	-0.2	0.5	53.4	-0.1	13.1	2.8	1.0	66.754	14.880	5.618	1.006	1.935	1.095	2.082	2.238
4	5.7	-0.2	0.4	0.4	45.5	-1.1	12.4	2.4	1.1	58.995	14.322	6.752	1.480	6.620	1.136	1.965	4.045
5	6.8	1.2	1.7	0.7	44.9	0.3	13.3	2.4	1.1	60.222	13.910	6.976	1.497	6.056	0.651	2.193	3.903
6	6.7	1.3	5.0	1.2	40.2	0.7	14.1	2.9	2.8	64.144	14.172	6.519	1.544	3.742	0.596	3.497	1.691
7	6.9	-0.2	2.7	0.4	97.8	-0.3	12.7	2.8	3.0	64.458	15.242	7.387	1.304	1.074	1.125	2.198	2.602
8	7.3	2.9	0.9	0.6	19.5	1.3	11.5	2.8	0.6	56.755	11.495	5.416	1.539	9.827	0.722	3.303	5.530
9	6.8	1.1	2.0	0.7	21.4	-0.5	12.6	2.3	0.8	60.494	9.839	5.267	1.932	10.271	1.589	1.876	3.486
10	5.0	0.3	-0.5	1.1	25.3	0.5	10.0	1.6	2.8	43.316	7.356	4.287	1.515	23.385	1.298	1.421	9.424
11	7.0	0.6	0.9	0.7	22.9	-1.4	13.4	2.5	2.6	59.361	12.025	5.406	1.688	8.509	1.162	2.063	4.704
12	6.6	1.8	3.5	0.7	22.8	2.7	8.4	2.6	2.1	57.451	12.328	5.261	1.683	8.094	0.976	2.044	6.551
13	7.5	3.2	-0.3	0.6	29.6	1.1	12.5	3.2	2.9	65.743	15.397	6.940	1.563	0.888	0.576	2.592	1.651
14	8.8	0.9	0.4	0.6	26.7	2.2	13.0	3.0	2.4	65.083	15.247	6.171	1.708	1.012	0.550	2.447	3.584

附录四　卜庄河遗址（墓葬）石器岩性鉴定报告

武仙竹

（湖北省文物考古研究所）

卜庄河遗址（墓葬）考古发掘中出土的石器，我们全部做了岩性鉴定方面的观察、统计（参见后文石器岩性鉴定表）。观察结果反映，这些石器岩性至少具有以下特点。

（1）关于石料来源。卜庄河遗址石器石料来源，绝大部分是出产于三峡地区本地。但也有少量石器原料，可能是来自于湖北省西北部的竹山县，甚至来源于更为边远的新疆天山地区。其中作为生产性劳动工具的石料，主要是采自于三峡地区本地。种类包括石斧、石锛、石凿、石网坠、石杵、石刮削器等。而产自于天山地区的石料，主要是用来制作较为珍贵的装饰品——青白玉玉环。这些玉环的出土单位，主要是出自于墓葬（随葬品）。而产自于竹山县的石料，则主要是用来制作礼品（玉璧）和装饰品（玉镯）。竹山县的石料，主要是具有斜长石化特点的白云岩和细晶白云岩。这种特点的白云岩，在湖北竹山县有较为典型的蕴藏。

（2）石器原料利用。卜庄河遗址出土石器工具的原料，沉积岩、火成岩、变质岩三大岩石体系均有。沉积岩类包括石英砂岩、长石砂岩、粉砂岩等。火成岩包括辉绿岩、辉橄岩、花岗岩、流纹斑岩、斜长斑岩等。变质岩包括燧石、硅质泥岩、变质灰岩、硅质灰岩等。三大类岩石的利用程度，以火成岩的利用率最高，其次为沉积岩，再次为变质岩。

（3）石器硬度特点。遗址出土石质工具的硬度，一般都比较大。绝大部分石器硬度为摩氏5°～7°，4°以下的较为少见。其中硬度为6°～7°的较多。出土的滑石猪硬度为1°，是遗址中出土硬度最小的石质原料。该原料的利用仅见于制作工艺品或随葬品（滑石猪）。

卜庄河遗址（墓葬）石器岩性鉴定表

器物名称	器物号	岩石种类	颜色	硬度（°）	产地
玉璧	M108:4	白云岩	乳白色	3.5～6.5	产于竹山县
石斧	AT6⑧:1	燧石	黑色	7	产于三峡地区
石斧	AT6⑧:33	流纹斑岩	棕黄色	5～6	产于三峡地区
石锛	AT6⑥:4	辉绿岩	青绿色	5～6	产于三峡地区
石网坠	AT7⑦:23	石英砂岩	青绿色	6～7	产于三峡地区
石斧	AT7⑦:24	斜长岩	灰黄色	6～7	产于三峡地区
石斧	AT19⑥:1	辉绿岩	黄绿色	5～6	产于三峡地区
石锛	AT27⑤:1	辉绿岩	青绿色	5～6	产于三峡地区
石杵	AT27⑤:40	角岩	灰褐色	6～7	产于三峡地区
石斧	AT29⑥:1	石英砂岩	黄绿色	6～7	产于三峡地区
石斧	AT32⑥:2	长石砂岩	青绿色	5～6	产于三峡地区
石斧	AT33⑦:1	石英斑岩	黄绿色	6～7	产于三峡地区
石凿	AT47⑧:1	粉砂岩	浅黄色	5～6	产于三峡地区

器物名称	器物号	岩石种类	颜色	硬度（°）	产 地
石锛	AT43⑤:1	斜长斑岩	绿色	5~6	产于三峡地区
石斧	AT43⑥:4	辉绿岩	青绿色	5~6	产于三峡地区
石杵	AT44⑤:4	硅质泥岩	青绿色	6~7	产于三峡地区
石片石器	AH7:16	长石斑岩	棕褐色	6~7	产于三峡地区
石斧	AH9:3	石英砂岩	灰褐色	6~7	产于三峡地区
石锛	AH14:14	长石砂岩	棕褐色	5~6	产于三峡地区
石片石器	AH15:12	花岗岩	棕红色	5~6	产于三峡地区
石斧	AH15:11	斜长斑岩	青绿色	5~6	产于三峡地区
石折	AH17:14	硅质灰岩	青灰色	5~7	产于三峡地区
石斧	AH17:37	硅质泥岩	棕黄色	6.5	产于三峡地区
石镰	AH17:38	辉绿岩	灰绿色	5~6	产于三峡地区
石锛	AH18:3	斜长斑岩	绿色	5~6	产于三峡地区
石片石器	AH18:2	斜长斑岩	绿色	5~6	产于三峡地区
石杵	AT6⑦:5	流纹斑岩	浅黄色	5~6	产于三峡地区
石锛	AH1:12	辉橄岩	青绿色	5~6	产于三峡地区
石锛	AT6⑥:101	石英砂岩	灰绿色	6~7	产于三峡地区
石锛	AT7⑥:4	长石斑岩	青灰色	5~6	产于三峡地区
石锛	AT33⑥:5	粉砂岩	灰绿色	5~6	产于三峡地区
石斧	AH6:13	燧石	黄褐色	7	产于三峡地区
石锛	AH14:1	长石斑岩	青灰色	6~7	产于三峡地区
玉饼	AH17:10	青玉	青灰色	6.5~7	产于三峡地区
石片石器	AT20⑤:9	燧石	黑色	5~6	产于三峡地区
石斧	BT9③:1	辉橄岩	青绿色	4	产于三峡太平溪
玉璧	M153:5	白云岩	乳白色	4	产于竹山县
石猪	M10:26	滑石	灰黄色	1	产于三峡地区
石猪	M10:27	滑石	灰黄色	1	产于三峡地区
石猪	M23:9	滑石	灰黄色	1	产于三峡地区
石斧	CT2③:1	长石斑岩	棕色	5~6	产于三峡地区
石斧	CT2③:2	斜长岩	浅黄色	5~6	产于三峡地区
石锛	M27:1	硅质泥岩	浅绿色	6~7	产于三峡地区
双刃石器	M27:2	变质灰岩	灰色	3.5~4	产于三峡地区
石斧	M27:5	变质灰岩	灰色	3.5~4	产于三峡地区
石锛	M27:10	粉砂岩	灰绿色	5~6	产于三峡地区
石刀	D1H2:3	斜长斑岩	黄褐色	5~6	产于三峡地区
玉镯	D1T142②:1	白云岩	乳白色	4~6	产于竹山县
玉环	M8:4	青白玉	青灰色	6~7	产于天山地区
玉环	M8:9	青白玉	青灰色	6~7	产于天山地区
玉环	M8:10	青白玉	青灰色	6~7	产于天山地区
玉镯	E2G1:2	青白玉	青灰色	6~7	产于天山地区

续表

器物名称	器 物 号	岩石种类	颜色	硬度（°）	产 地
石 斧	E2T74⑤:1	辉橄岩	青绿色	6~7	产于三峡太平溪
石 斧	FT6④:6	辉橄岩	灰绿色	5~6	产于三峡太平溪
石 环	M116:019	斜长斑岩	灰绿色	5~6	产于三峡地区
石 斧	FT7④:4	长石斑岩	棕红色	5~6	产于三峡地区
石 斧	FT7④:1	石英砂岩	灰绿色	6~7	产于三峡地区
石 饼	FT7④:5	石英砂岩	灰绿色	5~6	产于三峡地区
石 锛	FH20:1	长石斑岩	青灰色	5~6	产于三峡地区
石 杵	FH2:2	细砂岩	棕红色	5~6	产于三峡地区
玉 环	M79:2	青白玉	青灰色	6~7	产于三峡地区
石 砚	M23:3	辉绿岩	青绿色	5~6	产于三峡地区

2007 年 2 月 4 日·

后　记

　　秭归卜庄河遗址是三峡库区重要考古发掘项目之一。在国务院三峡建设委员会办公室、国家文物局和湖北省移民局、湖北省文物事业管理局的领导、支持下，通过文物考古工作者历经10年的辛勤劳动，值三峡大坝即将胜利竣工之际，《秭归卜庄河》考古报告终于能与广大读者见面了。至此，我们由衷地感到高兴和欣慰。

　　十年沧桑，十年辛劳。为配合三峡工程建设，卜庄河遗址于1997年6月开始发掘，至2006年6月田野发掘结束。累计发掘面积36000多平方米。发现了从新石器时代大溪文化到近代等时期的大量遗迹、遗物，从而丰富了三峡地区各个时期的文化内涵。从2006年3月开始边发掘边整理，2006年7月，正式转入室内资料整理，2007年10月，全面完成了资料整理和报告编写工作。

　　卜庄河遗址的发掘得到了国务院三峡建设委员会办公室、国家文物局、湖北省移民局、湖北省文化厅、湖北省文物事业管理局、湖北省文物考古研究所、宜昌市文化局等单位领导的大力支持。很多领导亲临现场指导工作，特别是国务院三峡建设委员会办公室规划司副司长汪晓东，国家文物局文物保护司副司长关强，湖北省移民局副局长杨德菊，湖北省文化厅副厅长沈海宁，湖北省文物事业管理局副局长吴宏堂，湖北省文物事业管理局三峡办公室主任王风竹，湖北省文物考古研究所所长王红星、副所长孟华平以及原湖北省文化厅副厅长胡美洲，原湖北省文物考古研究所所长陈振裕等领导多次深入考古发掘现场检查、指导。考古界老前辈、著名考古学家张忠培先生、徐光冀先生也多次到工地考察遗迹和出土文物，给我们提出了许多宝贵建议。北京大学考古文博学院教授孙华先生，中国文物研究所研究员乔梁先生，武汉大学考古系教授余西云先生、陈冰白先生，湖北省文物考古研究所研究员周国平先生等专家也曾亲临工地关心和了解发掘情况，并提出了不少建议。湖北省文物事业管理局办公室余萍女士及李雁女士也为发掘工作提供了很多帮助。为使资料整理和报告编写工作顺利进行，湖北省文物事业管理局专门提供了整理场地。在资料整理和报告编写期间，湖北省文物事业管理局副局长吴宏堂、三峡办公室主任王风竹等领导和专家多次到现场查看、指导，对资料整理和报告编写工作倾注了极大的热情和心血，并提出了时间安排和具体要求等指导性意见。湖北省文物考古研究所研究员杨权喜先生对报告进行全面审核，提出了一些修改意见。在此，向各位领导和专家对卜庄河遗址考古发掘和考古报告编写工作所给予的支持、关心和指导，表示衷心感谢。

　　卜庄河遗址发掘和资料整理期间，宜昌博物馆、秭归县文化旅游局、秭归县文物局、原秭归县屈原纪念馆、秭归县郭家坝镇政府及卜庄河居民委员会等单位给予了大量帮助，特别是宜昌博物馆考古部、办公室、财务科、保管部、保卫科等部门大力协助。杨家湾老屋古民居管理部门为资料整理和报告编写工作提供了很多便利条件。特别值得一提的是，宜昌博物馆馆长王志琦先生自始至终把卜庄河遗址考古发掘和资料整理作为全馆重要工作，经常深入现场检查、指导，为此工作付出了不少心血。宜昌博物馆副馆长夏倪刚、傅先荣等领导，秭归县文物局副局长余波、望青松，党支部书记谭传旺，原秭归县文物局局长梅云来，原秭归县屈原纪念馆副馆长刘祖惠等先生常到发掘工地慰问，了解发掘情况，并做了大量的协调工作。秦始皇兵马俑博物馆考古队队长、研究员刘占成先生也给予了很大支持。在此，谨向帮助和协助这一工作的所有单位、部门和领导，致以诚挚的谢意。

　　吉林大学边疆考古研究中心主任、教授朱弘先生及魏东先生、张敬雷先生，湖北省文物考古研究所研究员武仙竹先生及国土资源部中南矿产资源监督检测中心实验室，分别对卜庄河遗址和墓葬中出土的人骨年龄、性别，动物骨骼，石器岩性进行了鉴定和陶片、土样半定量分析。科学出版社闫向东、王光明先生对报告的编辑和出版花费了大量精力，并给予不少帮助和支持。在此，谨向他们表示深切的谢意。

　　卜庄河遗址考古发掘和资料整理及发掘报告编写工作，是一项非常艰巨而繁重的工作。先后参加田野发掘、资料整理和报告编写的工作人员达 20 余人，正是他们的共同努力和脚踏实地的工作，本报告才得以顺利完成，亦在此表示感谢。

　　囿于编者水平有限，加上时间仓促，本报告难免有不少错误和不当之处，诚望学术界老前辈和同仁及广大读者批评指正。

编　者

2007 年 10 月

图　版

1. 卜庄河遗址远景（2003 年，西北—东南）

2. D1 区发掘探方（2000 年，西北—东南）

卜庄河遗址远景及发掘探方

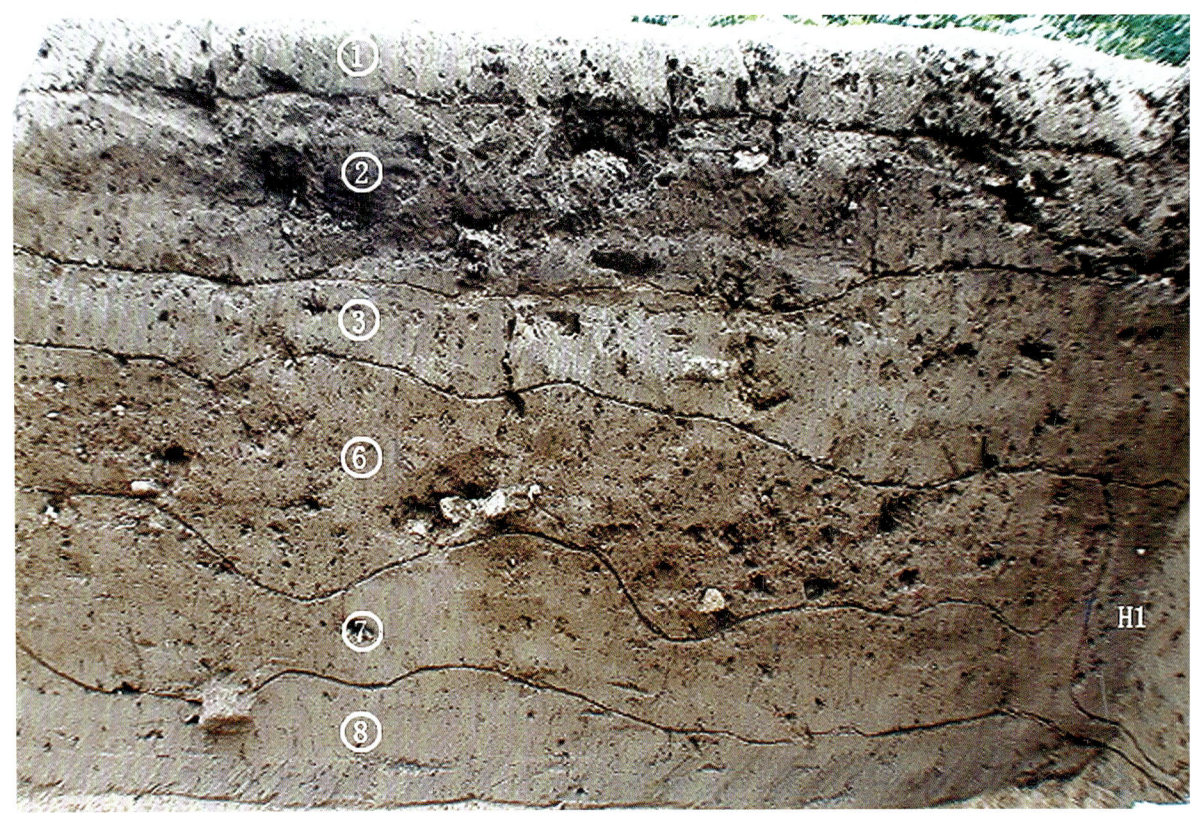

1. A区 T7 北壁剖面

2. B区发掘探方（1999年，西—东）

卜庄河遗址发掘探方及地层剖面

1. 斧（A T33 ⑦：1）

2. 网坠（AT7 ⑦：23）

3. 凿（AT47 ⑧：1）

4. 斧（AT6 ⑧：1）

A区石家河文化石器

1. 石斧（AT29⑥：1）

2. 石斧（AT19⑥：1）

3. 陶拍（AT43⑥：2）

4. 石锛（AT6⑥：4）

A区二里头文化器物

1. 罐（AH14：2）

2. 罐（AH17：15）

3. 罐（AH17：6）

4. 纺轮（AH17：1）

5. 鬶（AT27⑤：5）

6. 豆柄（AT51⑤：1）

A区商代陶器

1. M97：2

2. M97：1

A区周代陶鼎

1. M107：3

2. M90：5

3. M107：2

4. M107：1

5. M90：2

6. M113：1

A区汉代陶罐

1. 鼎（M90：11）

2. 罐（M90：9）

3. 罐（M90：4）

4. 罐（M100：19）

5. 盖（M100：20）

6. 甑（M99：8）

A区汉代陶器

1. 铜杖首（M108：1）

2. 铜刀（M108：4）

3. 铁棺扣（M110：28）

4. 铜镦（M108：2）

A区汉代器物

1. 鍪（M83：2）

2. 鍪内鸡骨（M83：2）

B区汉代铜鍪

1. 铜钫壶（M83∶1）

2. 陶罐（M84∶1）

B 区汉代器物

1. 鼎（M24：5）

2. 敦（M24：2）

3. 敦（M24：1）

4. 鼎（M24：4）

C区周代陶器

1. M153：4

2. M153：1

3. M6：1

4. M6：2

C区汉代铜蒜头壶

1. 罐（M16：1）

2. 罐（M109：1）

3. 仓（M7：1）

4. 罐（M9：7）

5. 罐（M9：4）

6. 罐（M109：2）

C区汉代陶器

1. 带钩（M13：7）

2. 鼎（M153：2）

3. 鏊（M6：4）

C区汉代铜器

1. 鼎（M70：2）

2. 鼎（M70：1）

3. 壶（M70：3）

4. 钫壶（M155：1）

C区汉代陶器

C区汉代玉璧 (M153：5)

1. 铜羊形饰（M10：31）

2. 青瓷四系盘口壶（M10：7）

3. 铜簪（CT10 ②：1）

4. 青瓷三足砚（M10：1）

5. 滑石猪（M10：26、M10：27）

C区六朝器物

1. 釉陶钵（M28：1）

2. 釉陶罐（M28：2）

3. 瓷碗（M28：3）

4. 瓷碗（M28：4）

C区宋代器物

1. 正面

2. 背面

C区墓葬出土钱币 (M13 : 29)

1. 鼎（M59：2）

2. 盒（M59：6）

3. 壶（M59：3）

4. 壶（M53：5）

D区周代陶器

D区汉代铜壶 (M29∶9)

1. M36：2

2. M36：3

3. M29：2

4. M29：4

5. M57：4

6. M39：57

D区汉代陶鼎

D区汉代铜鼎 (M29:8)

1. M29：1

2. M29：3

3. M39：50

4. M62：5

D区汉代陶壶

1. M66 : 1

2. M65 : 1

D区汉代铜鍪

1. M36 : 6

2. M61 : 2

3. M57 : 6

4. M36 : 7

D区汉代陶钫壶

1. M29：5

2. M29：6

3. M36：4

4. M36：5

5. M39：52

6. M39：54

D区汉代陶盒

D区汉代铜钫壶（M3∶2）

1. M5：2

2. M39：47

3. M40：1

4. M35：1

5. M40：2

6. M66：2

D区汉代陶罐

1. M30：7

2. M34：2

3. M60：1

4. M39：2

5. M30：5

6. M47：4

D区汉代陶罐

1. 釜 (M3：5)

2. 勺 (M29：7)

3. 带钩 (M1：5)

D 区汉代铜器

1. M39：6

2. M1：12

3. M39：1

4. M41：7

5. M58：4

6. M39：48

D区汉代陶灶

1. 杯（M3：13）

2. 豆形器（M39：8）

3. 罐（M47：2）

4. 盒（M30：9）

5. 熏（M3：6）

6. 罐（M39：16）

D区汉代陶器

1. 斧（M2：2）

2. 斧（M157：1）

3. 锄（M2：1）

4. 甾（M57：7）

D区汉代铁器

1. 罐（M48：6）

2. 罐（M64：1）

3. 碟（M52：4）

4. 碗（M52：2）

5. 壶（M158：1）

6. 壶（M52：1）

D区宋代瓷器

E区周代陶瓮 (E2H2：8)

1. 盒（M146：6）

2. 盒（M78：4）

3. 壶（M78：10）

4. 壶（M104：1）

5. 罐（M78：7）

6. 罐（M78：1）

E区汉代陶器

1. 仓 （M78：8）

2. 灶 （M115：4）

3. 甑 （M115：6）

4. 甑 （M120：2）

5. 鼎 （M78：3）

6. 鼎 （M146：1）

E区汉代陶器

1. M8 : 8

2. M33 : 1

3. M121 : 1

4. M102 : 1

5. M103 : 18

6. M146 : 5

E区汉代陶罐

1. 罐（M115：3）

2. 罐（M115：1）

3. 罐（M103：15）

4. 杯（M103：17）

5. 瓦当（M82：1）

6. 豆形器（M115：5）

E区汉代陶器

1. 陶罐（E2T72 ② : 34）

2. 陶壶（E2T52 ② : 2）

3. 陶罐（E2T80 ② : 1）

4. 瓷碗（E2T88 ② : 7）

E区清代器物

F区汉代铁鍪（M140∶1）

1. M135：5

2. M135：4

3. M116：9

4. M116：8

F区汉代陶鼎

1. M135：2

2. M135：3

F区汉代陶壶

1. 罐（FH3：1）

2. 壶（M140：3）

3. 壶（M140：2）

4. 罐（M116：11）

F区汉代陶器

1. M116：6

2. M116：1

3. M116：2

4. M135：8

F区汉代陶壶

1. M135：9

2. M135：6

3. M116：10

4. M116：5

F区汉代陶盒

1. 罐（M137：1）

2. 罐（M133：1）

3. 钵（M131：1）

4. 罐（M127：2）

G区汉代陶器

1. M134：1

2. M138：6

3. M138：9

4. M138：5

5. M138：7

6. M138：10

G区明代瓷碗

1. 地契砖（M138∶1）

2. "永镇山岗"八卦砖（M138∶2）

G区明代陶砖

1. 水鹿右角（M140：08）

2. 家猪右上颌骨（M140：09）

3. 家猪左上颌骨（AT6 ⑦：6）

4. 中华鲟鳞甲片（AT19 ⑥：10）

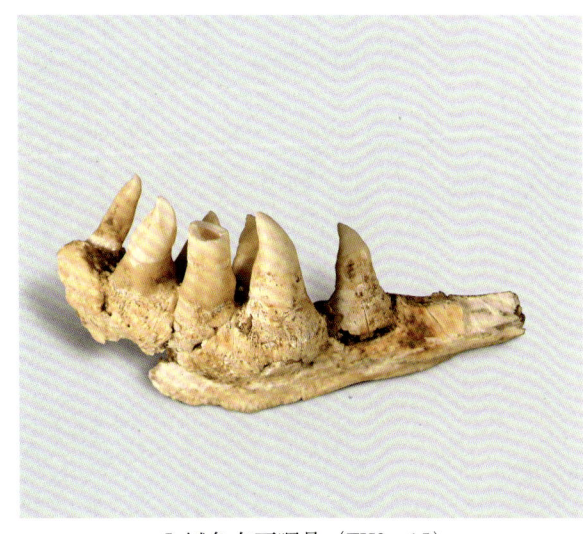

5. 鳡鱼左下咽骨（FH2：15）

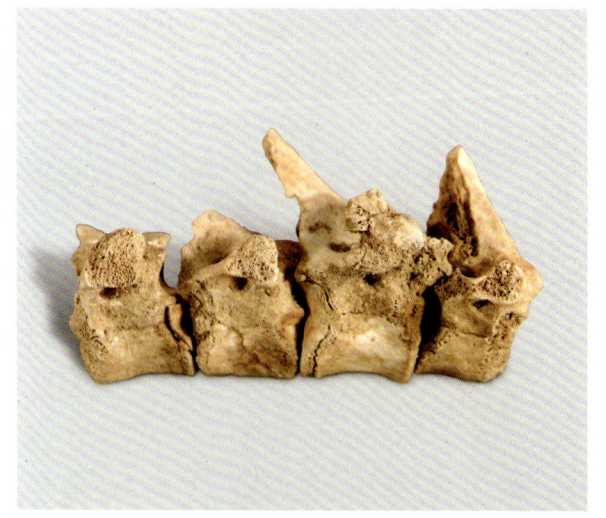

6. 狗腰椎（M107：10-3）

石家河文化、二里头文化、周代、汉代动物骨骼

1. 青鱼左胸鳍（AH17：20-2）

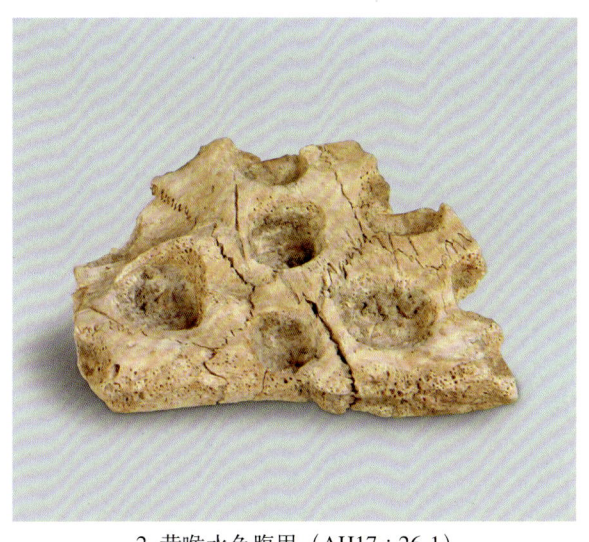

2. 黄喉水龟腹甲（AH17：26-1）

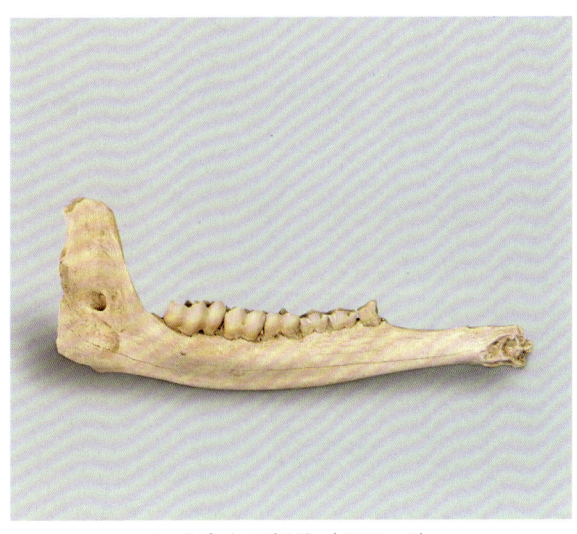

3. 水鹿左下颌骨（AH5：5）

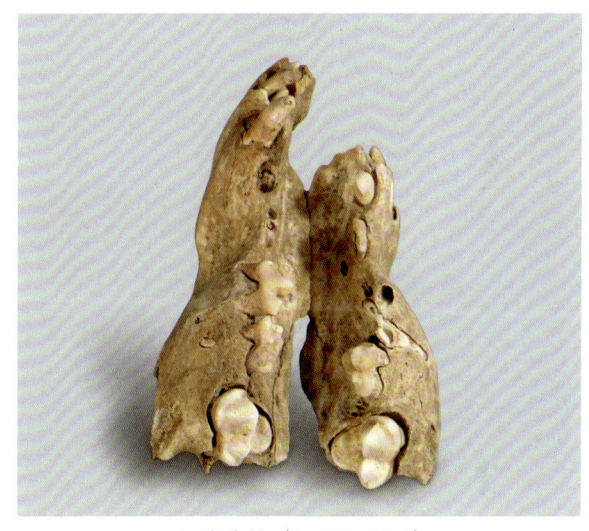

4. 狗头骨（AH17：27-1）

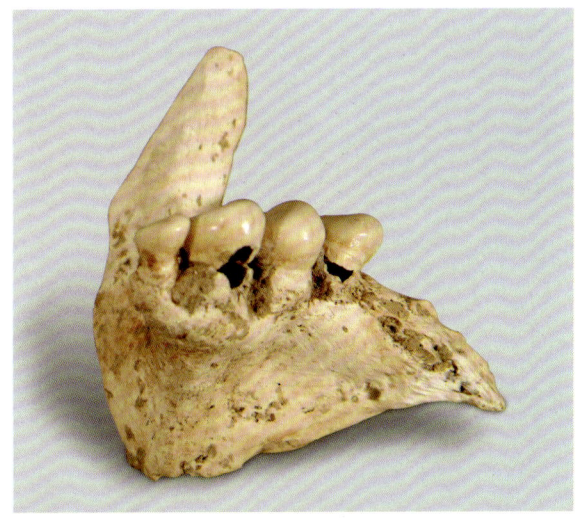

5. 青鱼左下咽骨（AH17：23-1）

6. 草鱼左鳃盖骨（AH17：22-9）

卜庄河遗址商代动物骨骼

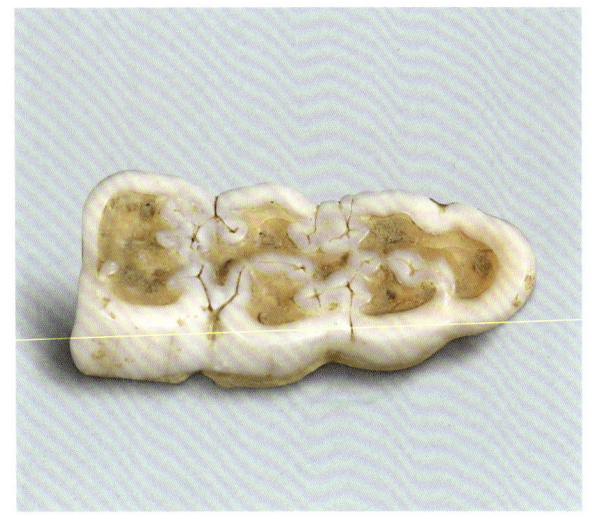

1. 野猪右 M3 齿（M119：011）

2. 家水牛左 M1 齿（M23：29）

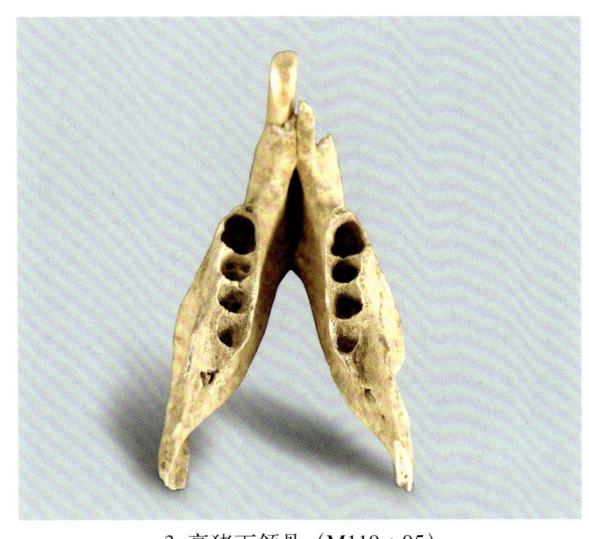

3. 豪猪下颌骨（M119：05）

4. 家猪右下颌骨（M119：09）

5. 狗右下颌骨（M119：08）

6. 家水牛右 M3 齿（M10：40）

卜庄河遗址动物骨骼

1. 水鹿右上颌骨（M119：06）

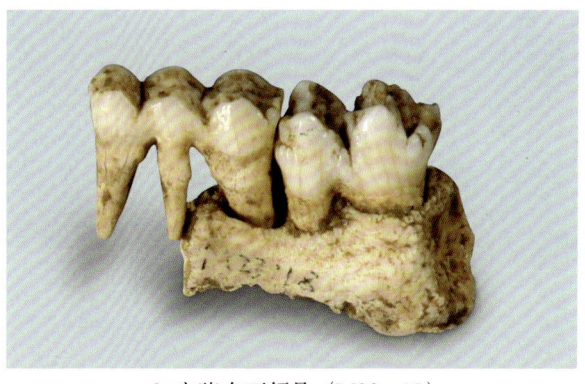

2. 家猪右下颌骨（M23：18）

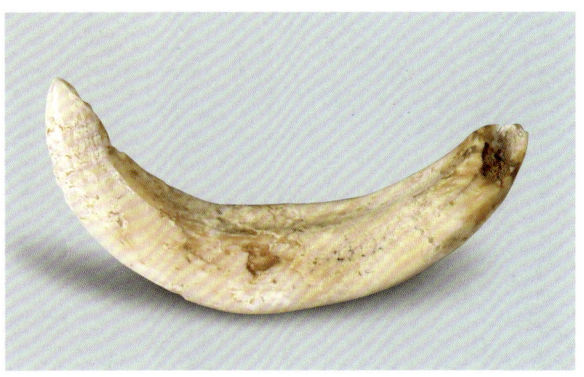

3. 家猪左上犬齿（M23：20-3）

4. 家山羊右上齿（M23：25-1）

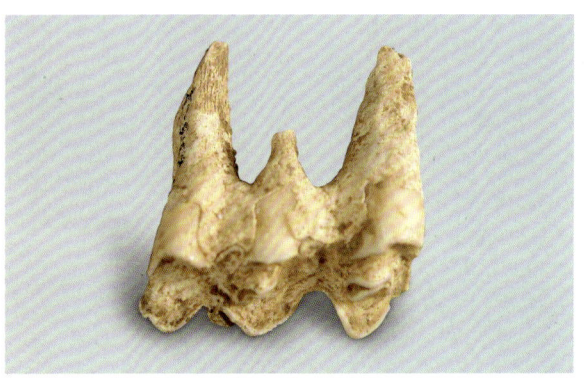

5. 家山羊左上齿（M23：25-2）

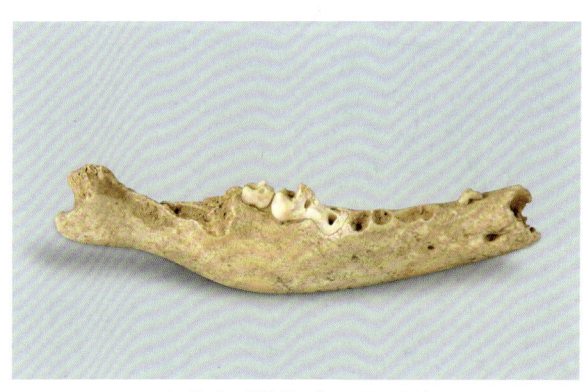

6. 狗左下颌骨（M117：04）

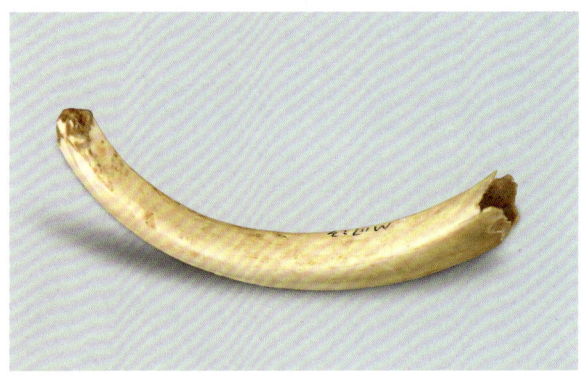

7. 野猪右上犬齿（M117：03）

8. 水鹿右P4齿（M10：36）

卜庄河遗址动物骨骼

1. C型五铢（M102：32）

2. 贝币（M39：68）

3. B型五铢（M110：3）

4. A型五铢（M110：1）

5. C型五铢（M13：24）

6. 半两（M100：48）

卜庄河墓葬出土钱币

1. 大泉五十（M13：8）

2. 乾元重宝（M52：18）

3. 明道元宝（M52：12）

4. 崇宁重宝（M138：17）

5. 至道元宝（M52：16）

6. 货泉（M102：12）

卜庄河墓葬出土钱币

1. 钺（ZB00160）

2. 矛（ZB00217）

3. 钺（ZB00161）

4. 钺（ZB00159）

卜庄河遗址采集铜器

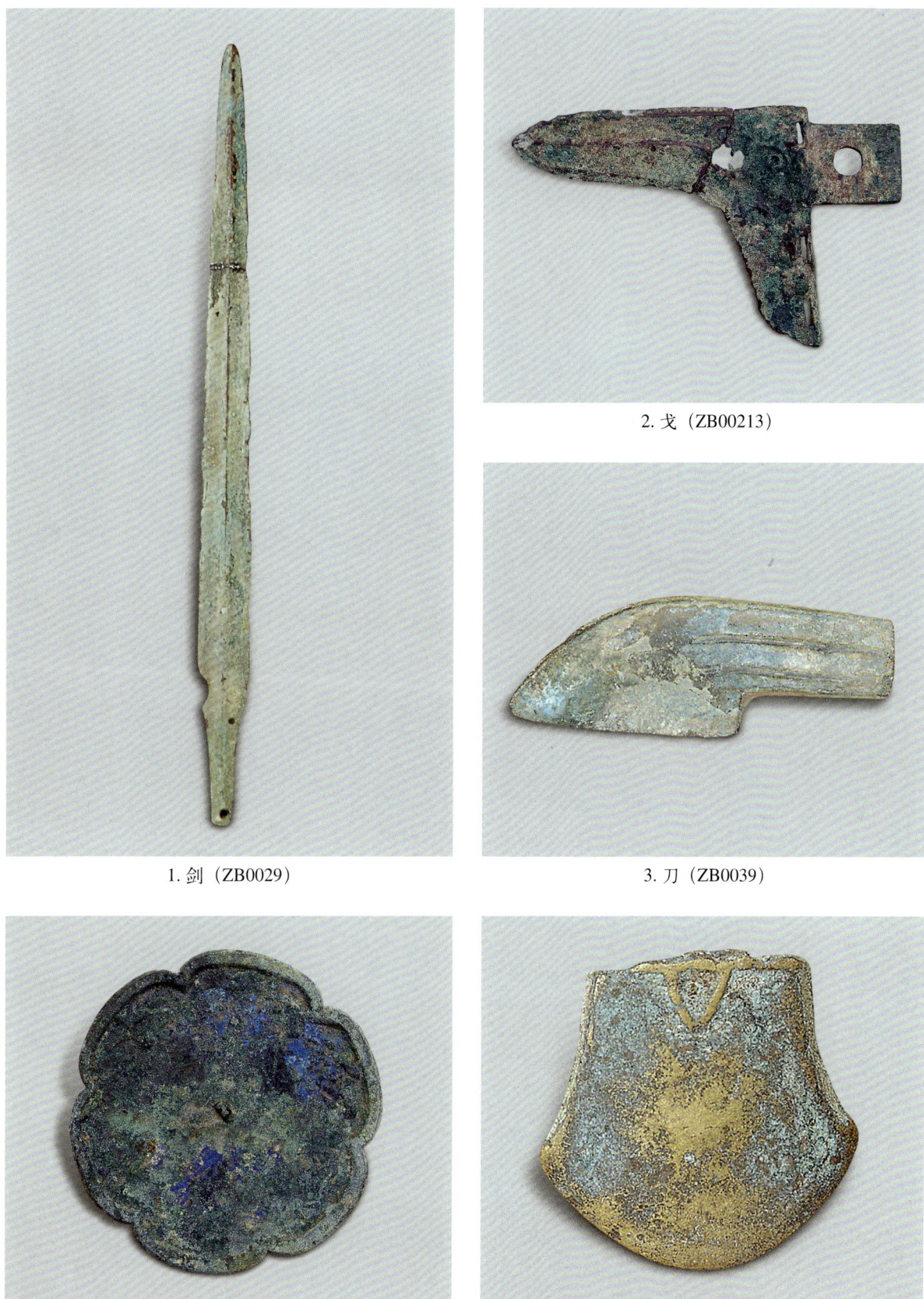

1. 剑 (ZB0029)

2. 戈 (ZB00213)

3. 刀 (ZB0039)

4. 镜 (ZB00193)

5. 斧 (ZB0047)

卜庄河遗址采集铜器

1. 玉镯（ZB004）

2. 玉镯（ZB0014）

3. 瓷香炉（ZB00159）

4. 陶罐（ZB00158）

5. 陶罐（ZB00201）

6. 玉簪（ZB0060）

卜庄河遗址采集器物

1.卜庄河遗址远景（2003 年，西北—东南）

2.卜庄河遗址发掘前地貌（局部）

卜庄河遗址

图版 二

A区 T7 北壁剖面

1. 罐（AT6 ⑦：15）

2. 罐（AT7 ⑧：53）

3. 镂孔纹（AT6 ⑦：55）

4. 篮纹（AT7 ⑧：59）

5. 篮纹（AT6 ⑦：10）

6. 戳印纹（AT6 ⑧：70）

A区石家河文化陶器

1. 斧（AT33 ⑦：1）

2. 斧（AT7 ⑦：24）

3. 网坠（AT7 ⑦：23）

4. 凿（AT47 ⑧：1）

5. 斧（AT6 ⑧：33）

6. 斧（AT6 ⑧：1）

A区石家河文化石器

1. 中华鲟鳞甲片（AT5 ⑦：1）

2. 青鱼右鳃盖骨（AT6 ⑧：40）

3. 草鱼下咽齿（AT8 ⑦：2）

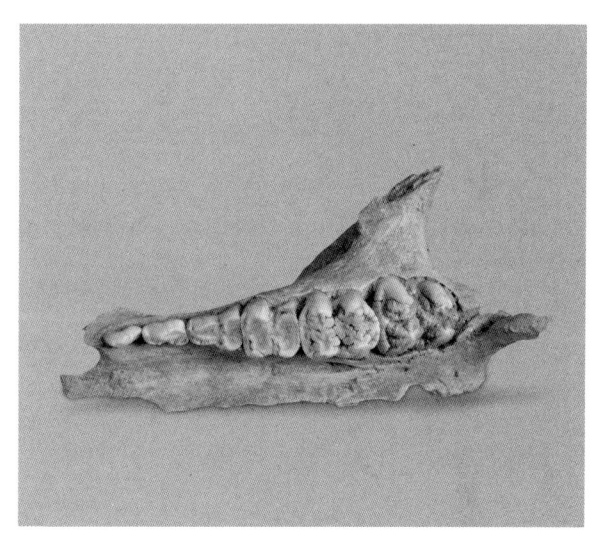

4. 家猪左上颌骨（AT6 ⑦：6）

5. 青鱼左鳃盖骨（AT6 ⑦：7）

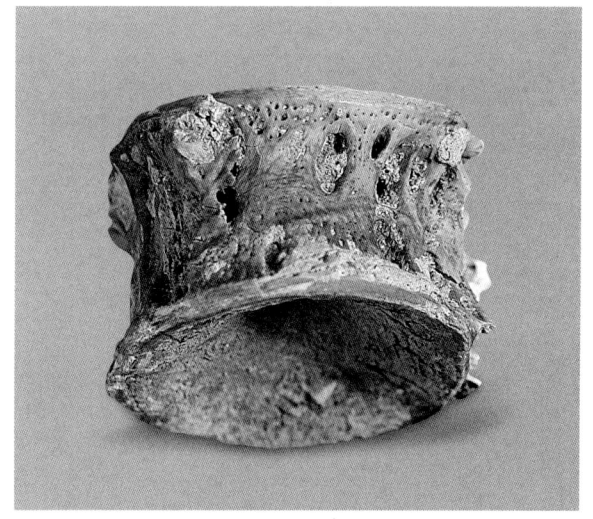

6. 青鱼椎骨（AT6 ⑧：39）

A区石家河文化动物骨骼

1. AH2（北—南）

2. AH17（北—南）

A 区 H2、H17

1. 拍（AT43 ⑥：2）

2. 罐（AT7 ⑥：3）

3. 罐（AT43 ⑥：22）

4. 罐（AT7 ⑥：6）

5. 方格纹（AT43 ⑥：30）

6. 菱形纹（AT19 ⑥：28）

A区二里头文化陶器及纹饰

1. 锛（AT6 ⑥：4）

2. 斧（AT19 ⑥：1）

3. 斧（AT43 ⑥：4）

4. 斧（AT29 ⑥：1）

5. 锛（AT7 ⑥：4）

6. 锛（AT32 ⑥：2）

A区二里头文化石器

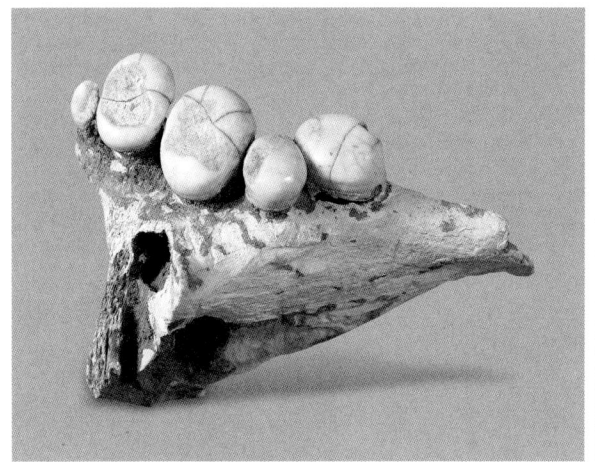

1. 青鱼左下咽骨（AT19⑥：11）

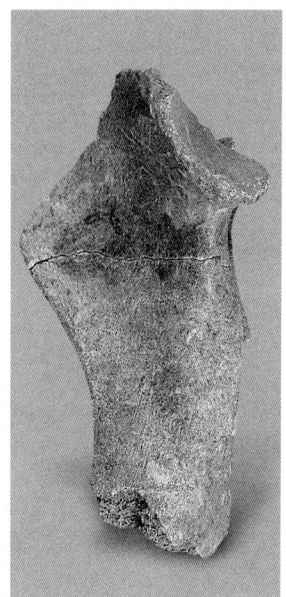

2. 獐髋骨（AT6⑥：37）　3. 家山羊左M2齿（AH2：8）

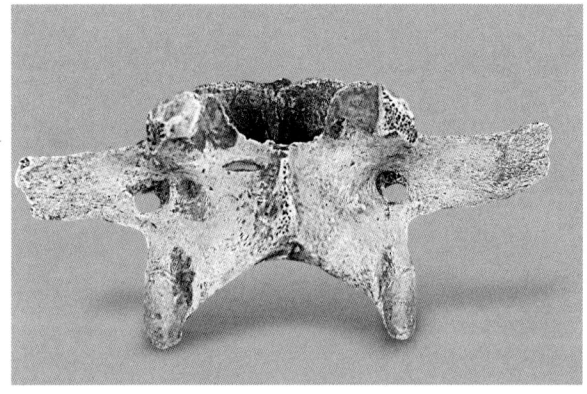

4. 家猪胸椎（AT19⑥：9）

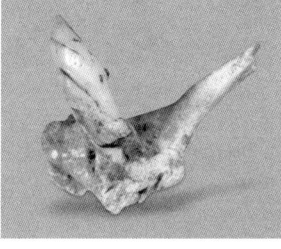

6. 狗右M1齿（AH2：5）　7. 白鲢右下咽骨
（AT32⑥：2）

5. 中华鲟鳞甲片（AT6⑥：35）

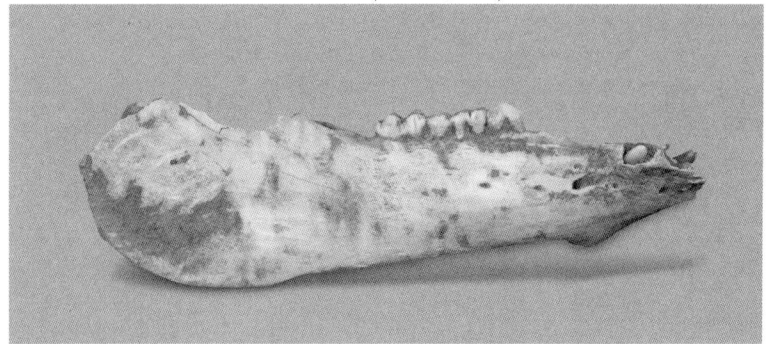

8. 家猪右下颌骨（AT19⑥：7）

9. 中华鲟鳞甲片（AT19⑥：10）

A区二里头文化动物骨骼

1. AH17：15

2. AH17：6

3. AH14：2

4. AH21：8

5. AH4：10

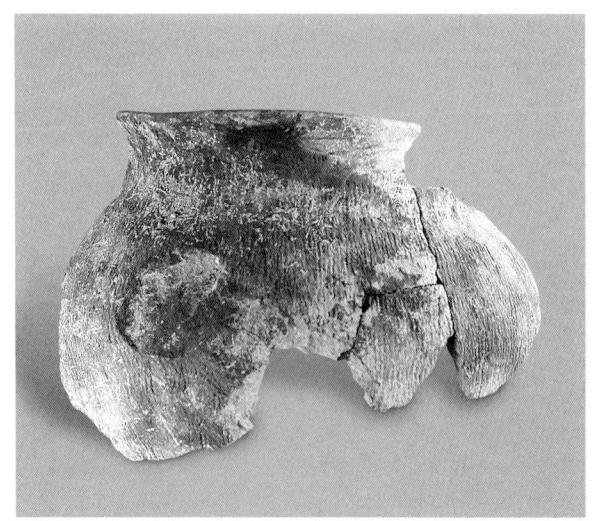

6. AH15：13

A区商代陶罐

1. 鬶(AT27 ⑤ : 5)

2. 圈足（AH17 : 13）

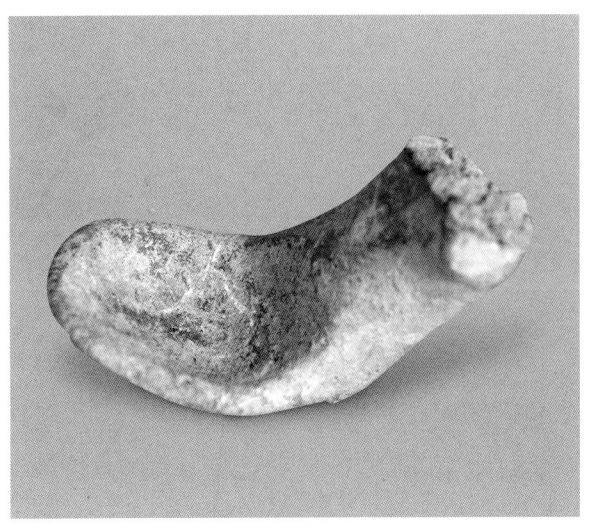

3. 勺（AH17 : 12）

4. 祖形器（AH17 : 2）

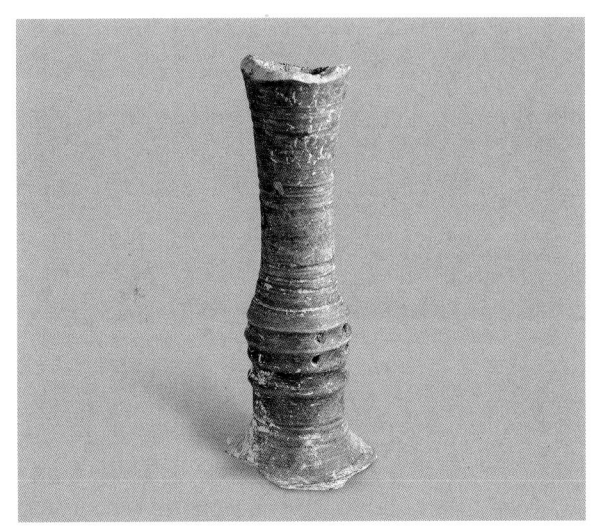

5. 豆柄（AT51 ⑤ : 1）

6. 鬶足（AH11 : 18）

A区商代陶器

1. 陶纺轮（AH15：1）

2. 陶纺轮（AH17：1）

3. 陶纺轮（AH17：9）

4. 石镰（AH17：38）

5. 石拍（AH17：14）

6. 石杵（AT44⑤：4）

A区商代器物

1. 锛（AT27 ⑤：1）

2. 锛（AT43 ⑤：1）

3. 石片石器（AT20 ⑤：9）

4. 石片石器（AH15：12）

5. 锛（AH14：14）

6. 斧（AH9：3）

A区商代石器

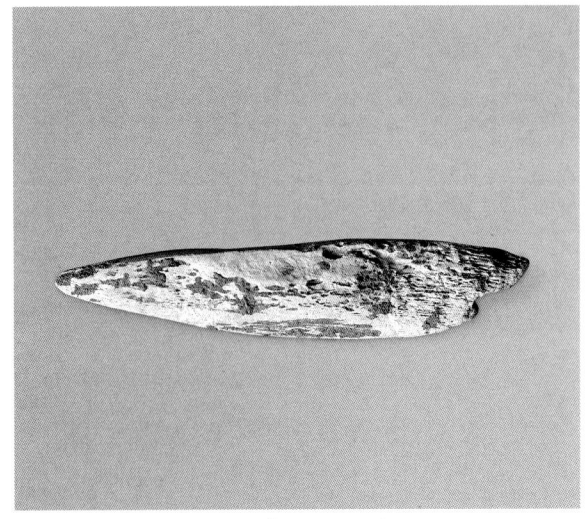

1. 锥（AH17：48）

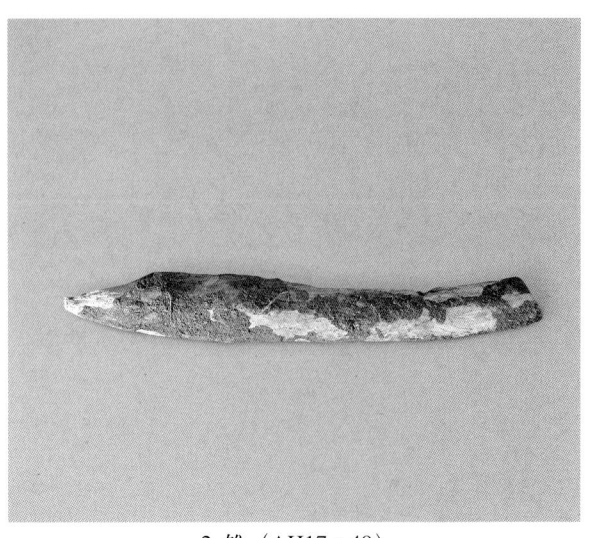

2. 锥（AH17：49）

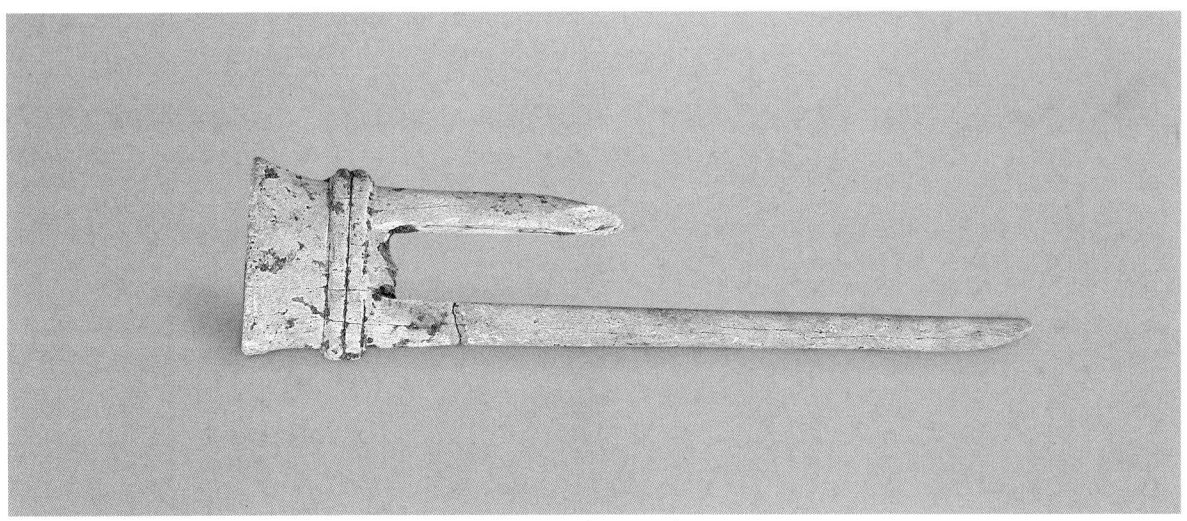

3. 发钗（AH5：1）

4. 锥（AH17：51）

5. 锥（AH17：50）

A区商代骨器

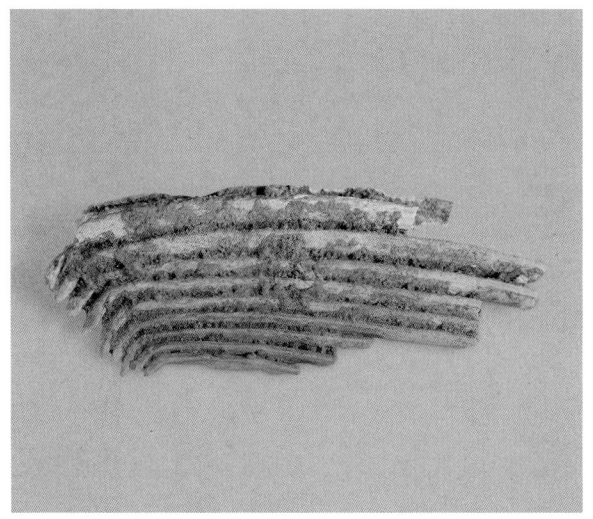

1. 青鱼左胸鳍 (AH17：20-2)

2. 黄喉水龟腹甲 (AH17：26-1)

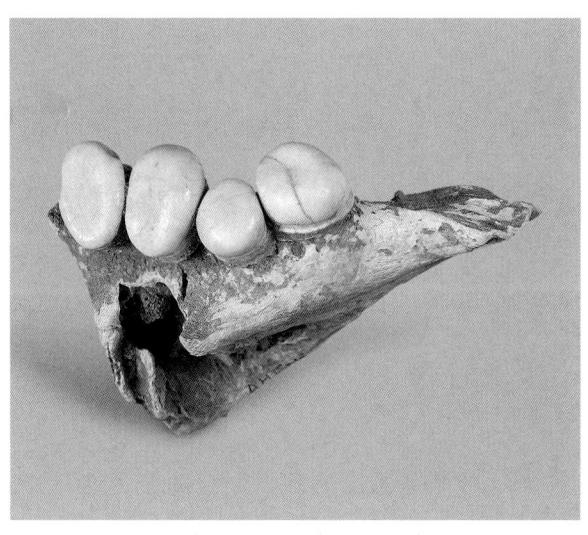

3. 青鱼下咽骨 (AH5：10)

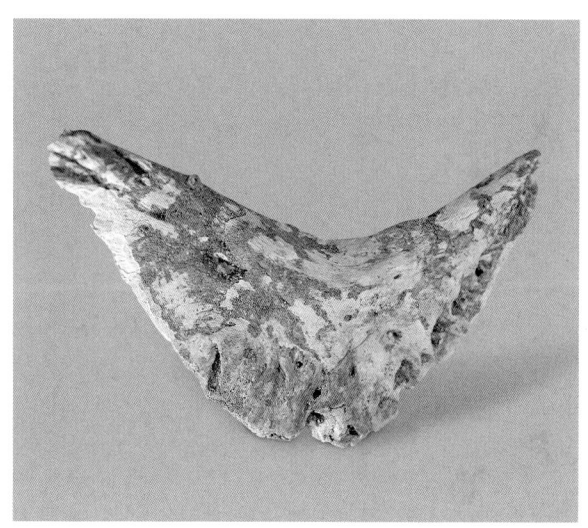

4. 青鱼左前鳃盖骨 (AH17：23-12)

5. 草鱼左鳃盖骨 (AH17：22-9)

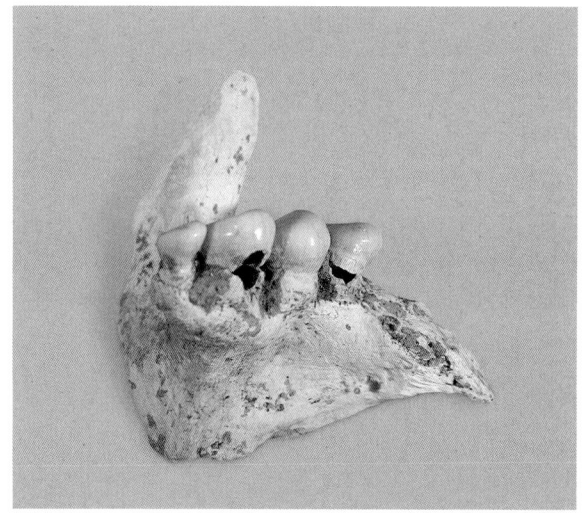

6. 青鱼左下咽骨 (AH17：23-1)

A区商代动物骨骼

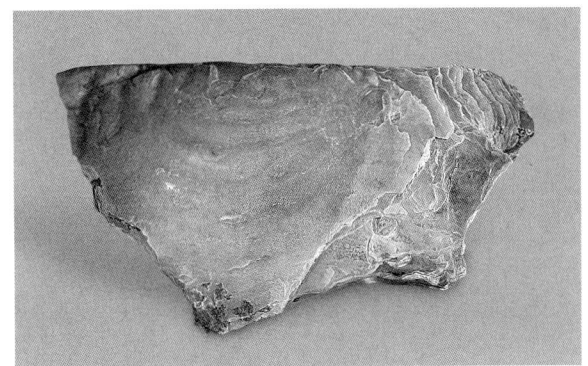

1. 矛蚌左壳（AH17：25）

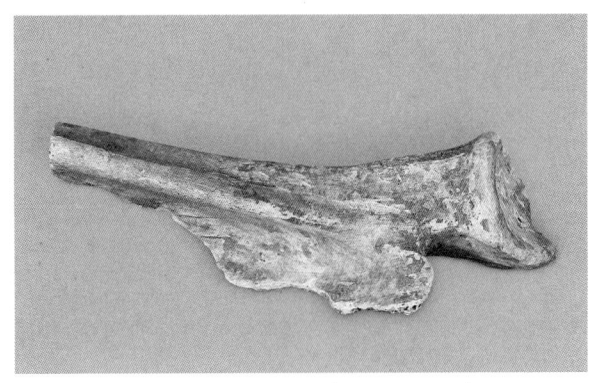

2. 家山羊左肩胛骨（AT27⑤：25）

3. 水鹿左下颌骨（AH5：5）

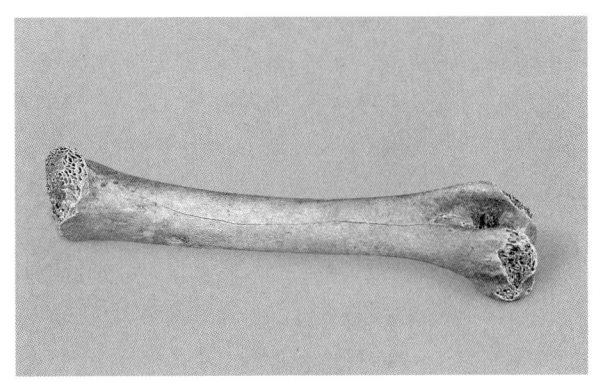

4. 家猪右肱骨（AT27⑤：27）

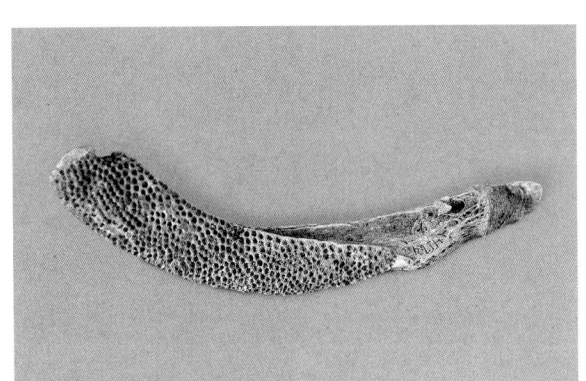

5. 南方大口鲶下颌骨（AH17：21-1）

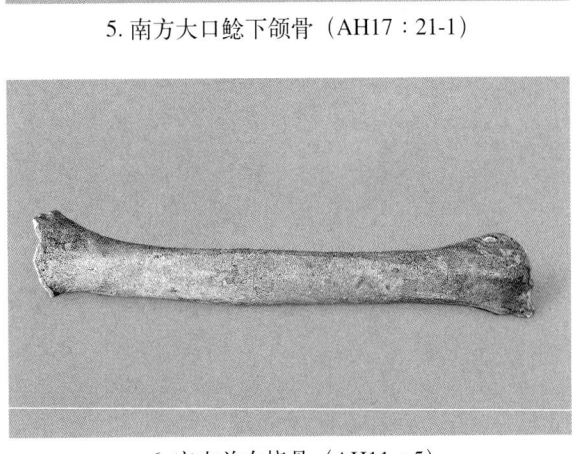

6. 家山羊右桡骨（AH11：5）

7. 草鱼椎骨（AH17：22-1）

A 区商代动物骨骼

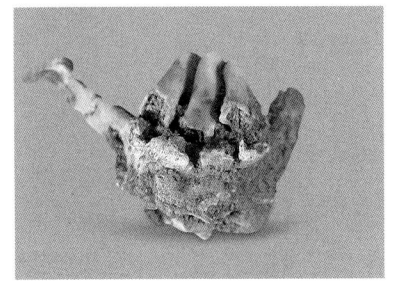

1. 中华倒刺鲃右下咽骨
（AH17：17-1）

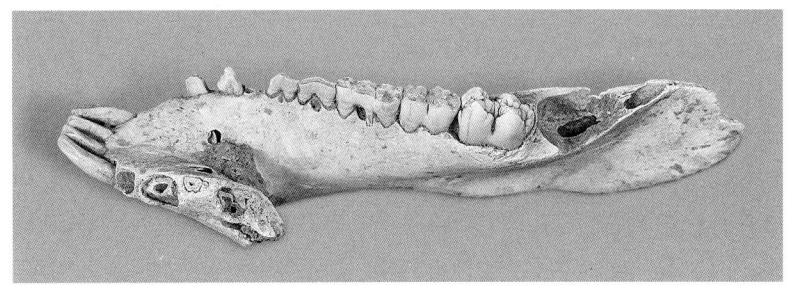

2. 家猪下颌骨（AH5：3）

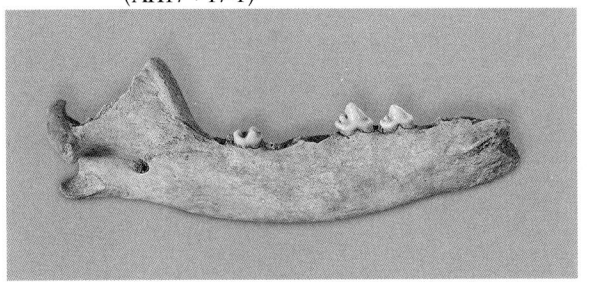

3. 狗左下颌骨（AT27 ⑤：24）

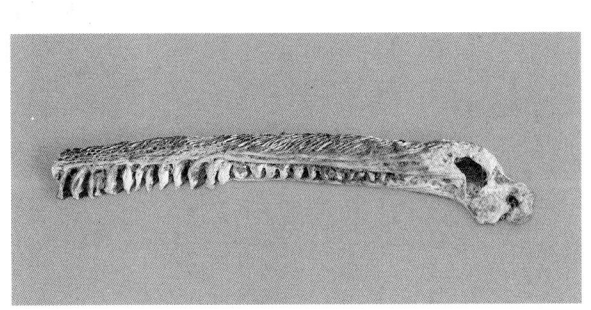

4. 黄颡鱼胸鳍（AH17：18-1）

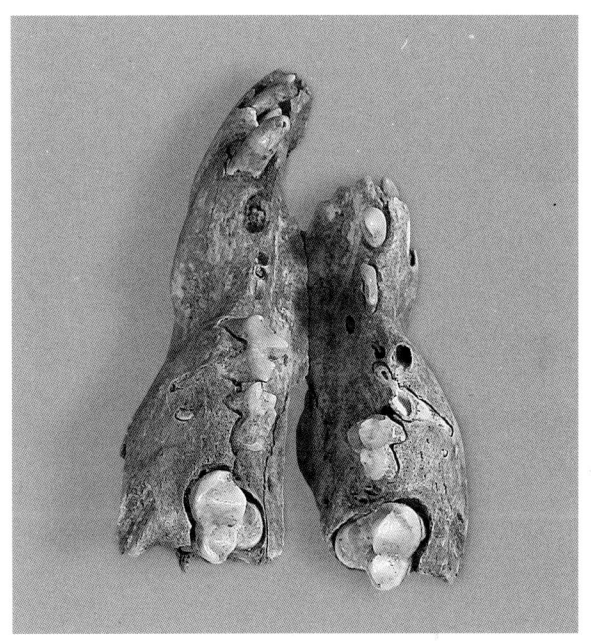

5. 狗头骨（AH17：27-1）

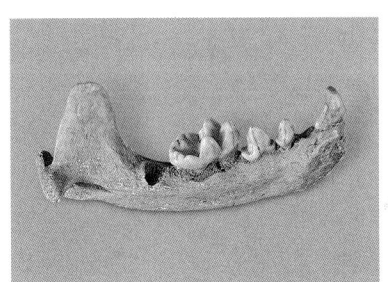

6. 密齿獾左下颌骨（AT27 ⑤：23）

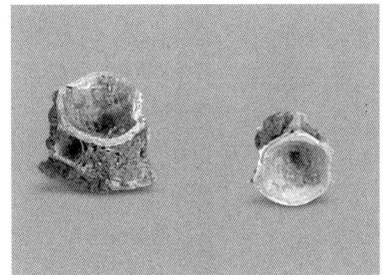

7. 中华倒刺鲃椎骨
（AH17：17-2、AH17：17-3）

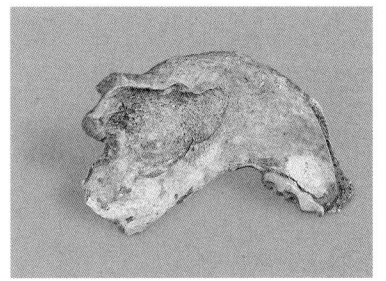

8. 猪獾左下颌骨（AH11：6）

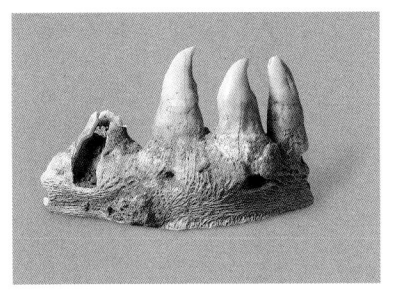

9. 鳡鱼左下咽骨（AH13：3）

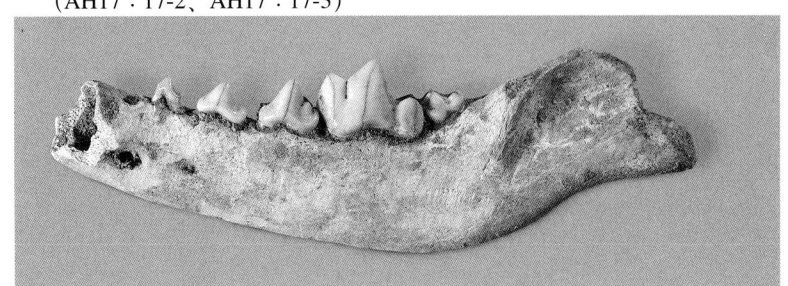

10. 狗左下颌骨（AH11：4）

A区商代动物骨骼

1. M97（西—东）

2. M98（北—南）

A 区 M97、M98

1. M97 : 1

2. M97 : 2

A区周代陶鼎

1. M90 器物出土情况

2. M100 棺椁腐烂痕迹

A区 M90、M100

1. M113：1

2. M90：4

3. M107：3

4. M90：5

5. M90：2

A区汉代陶罐

1. M100：18

2. M107：1

3. M100：19

4. M107：2

5. M90：9

6. M90：1

A区汉代陶罐

1. M99（东—西）

2. M99随葬器物出土情况

A 区 M99

1. 壶（M90：8）

2. 鼎（M90：11）

3. 灶（M90：12）

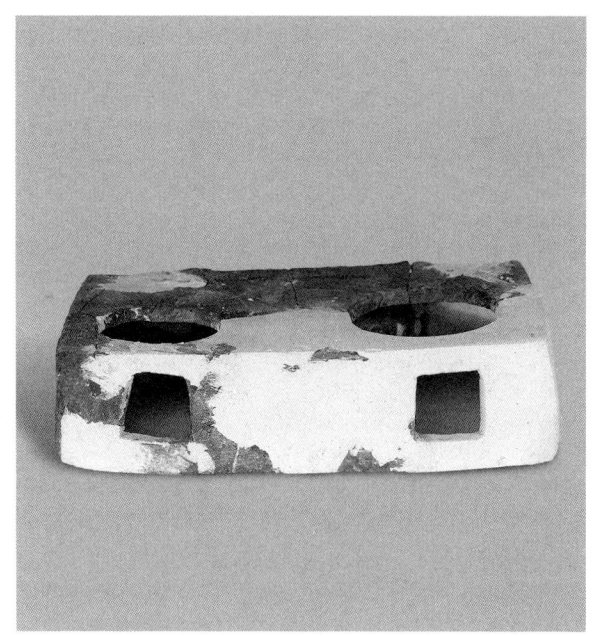

4. 灶（M99：5）

A区汉代陶器

2. M100（东—西）

1. M100 发掘现场（西—东）

A 区 M100

1. M100∶D1

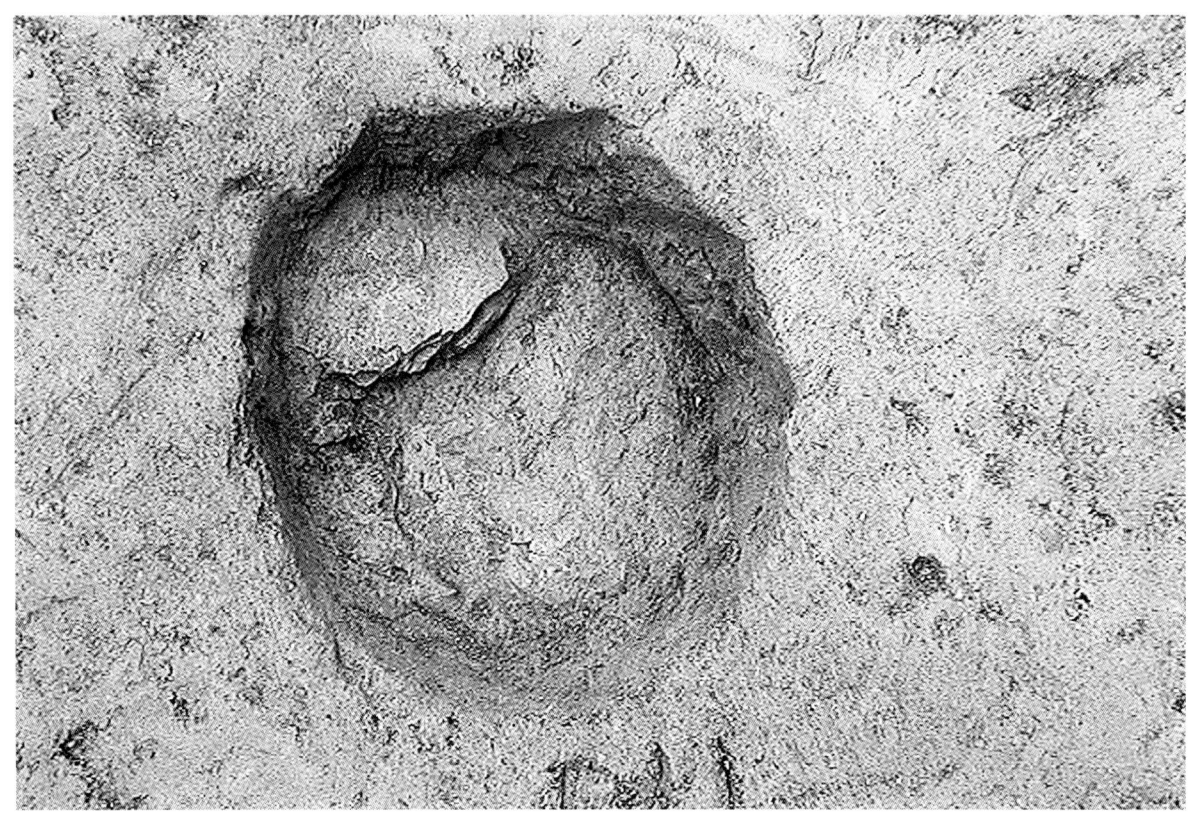

2. M100∶D2

A区M100柱洞及柱础

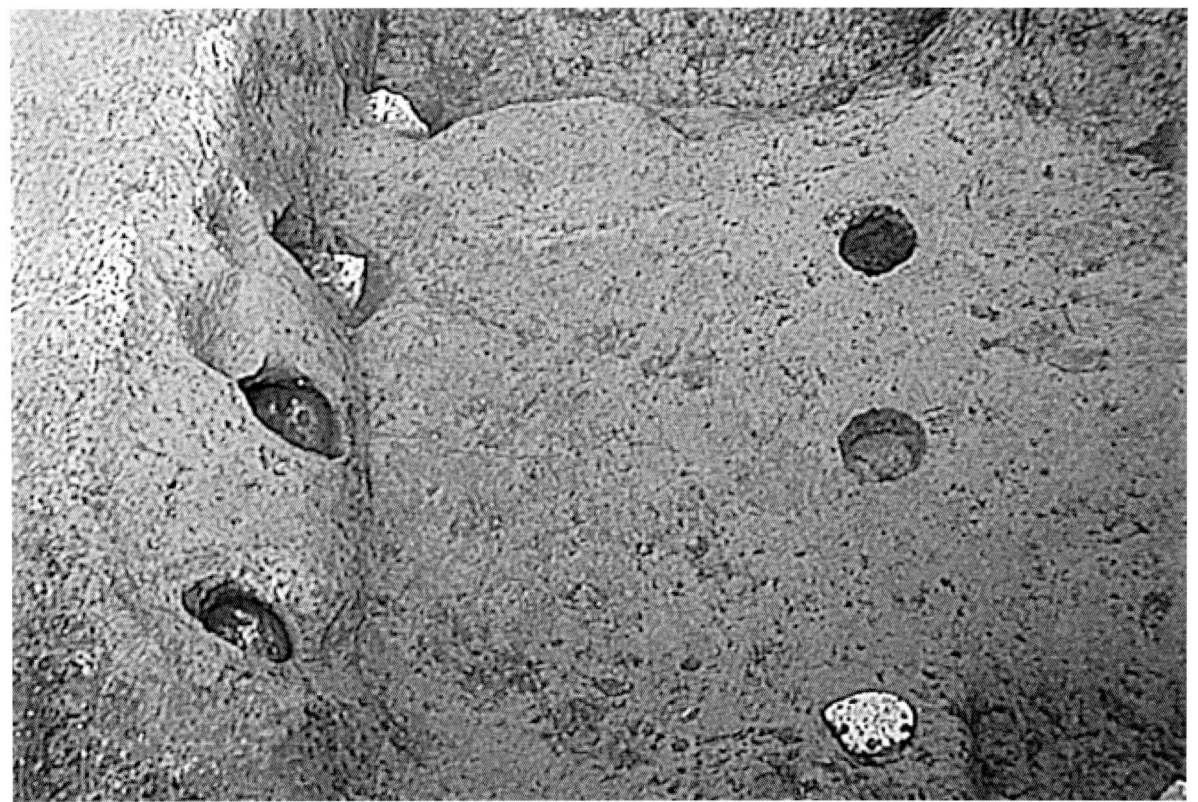

1. M100 西墓道（西—东）

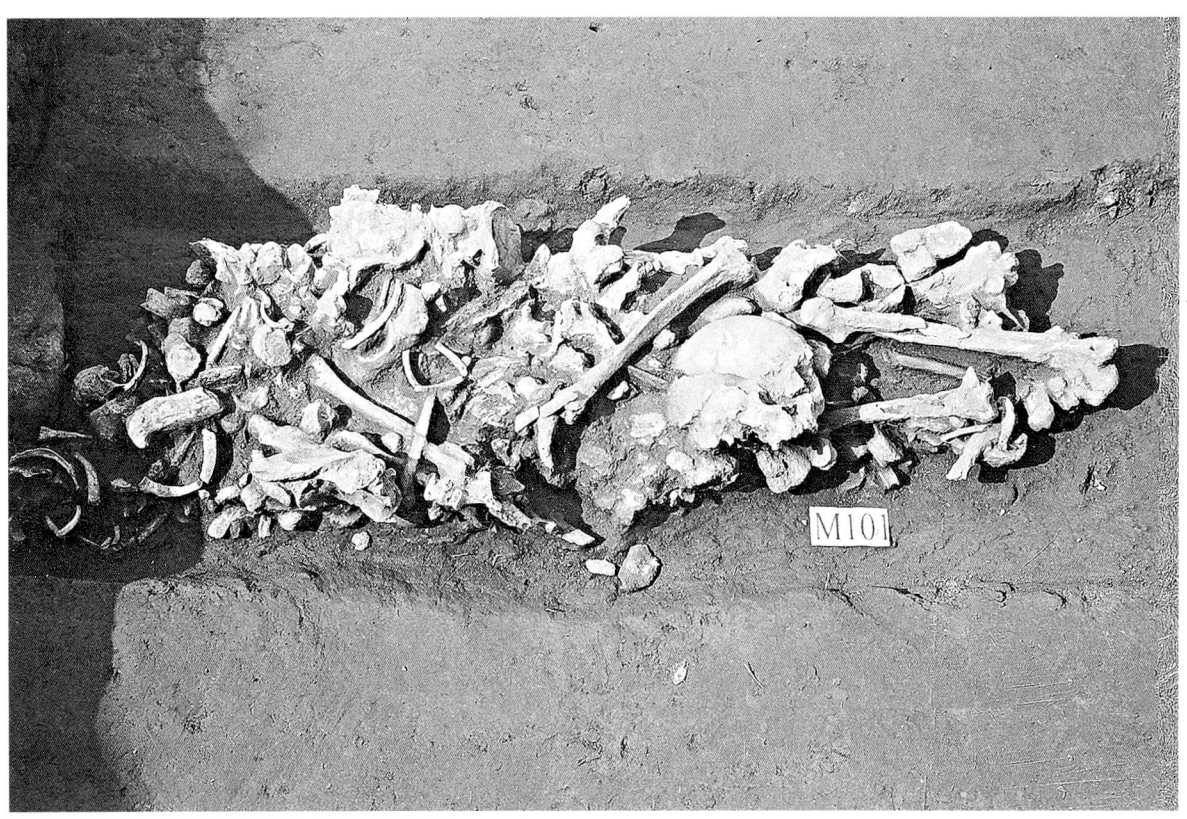

2. M101 二次葬（西—东）

A区 M100 墓道及 M101 二次葬

1. 盖（M100：20）

2. 盖（M99：6）

3. 盖（M99：11）

4. 瓿（M99：8）

A区汉代陶器

1. 钵 (M99：10)

2. 钵 (M99：9)

3. 盒盖 (M90：7)

4. 盒 (M99：7)

A区汉代陶器

1. M107（东—西）

2. M107 壁龛

A 区 M107

1. M108 墓底（西—东）

2. M108 熟土二层台

A 区 M108

1. 侧视（M108：1）

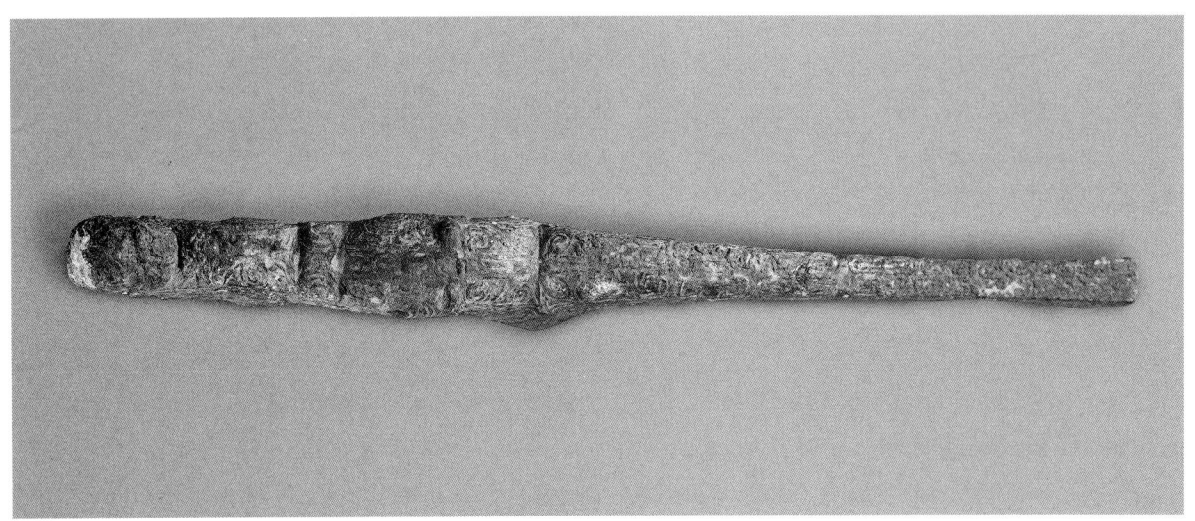

2. 俯视（M108：1）

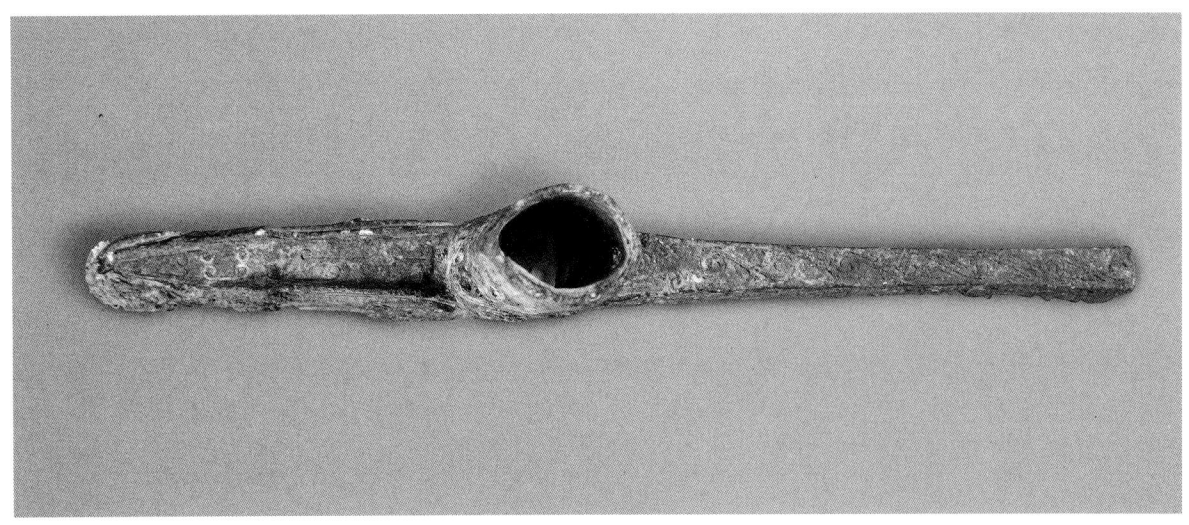

3. 仰视（M108：1）

A区汉代铜杖首

1. 刀（M108：4）

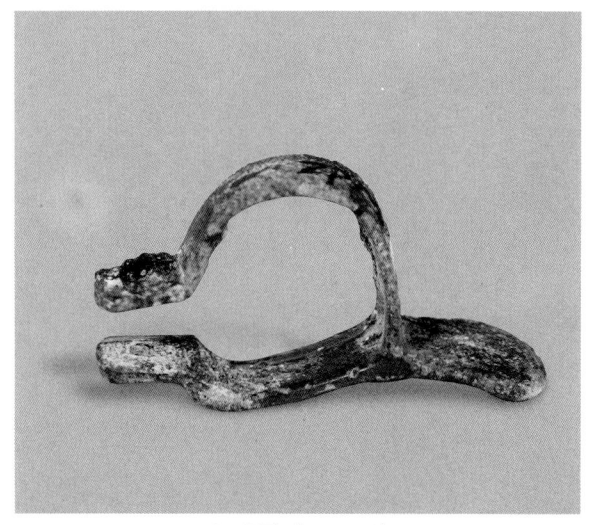

2. 衾耳（M99：3）

3. 镈（M108：2）

4. 柄形器（M100：13）

5. 饰件（M110：6）

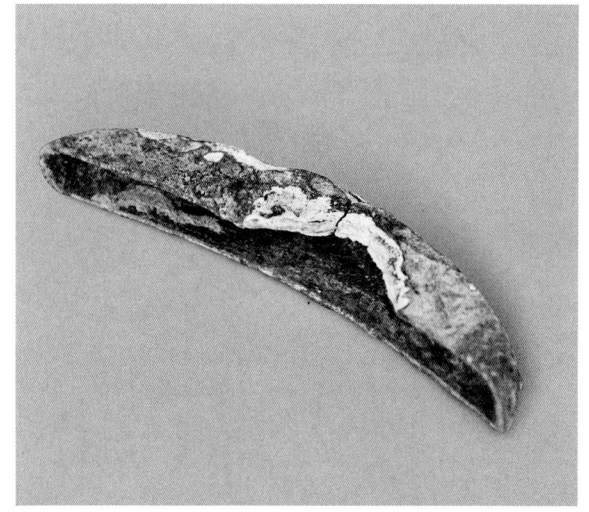

6. 饰件（M110：14）

A区汉代铜器

2. M110墓室（东北—西南）

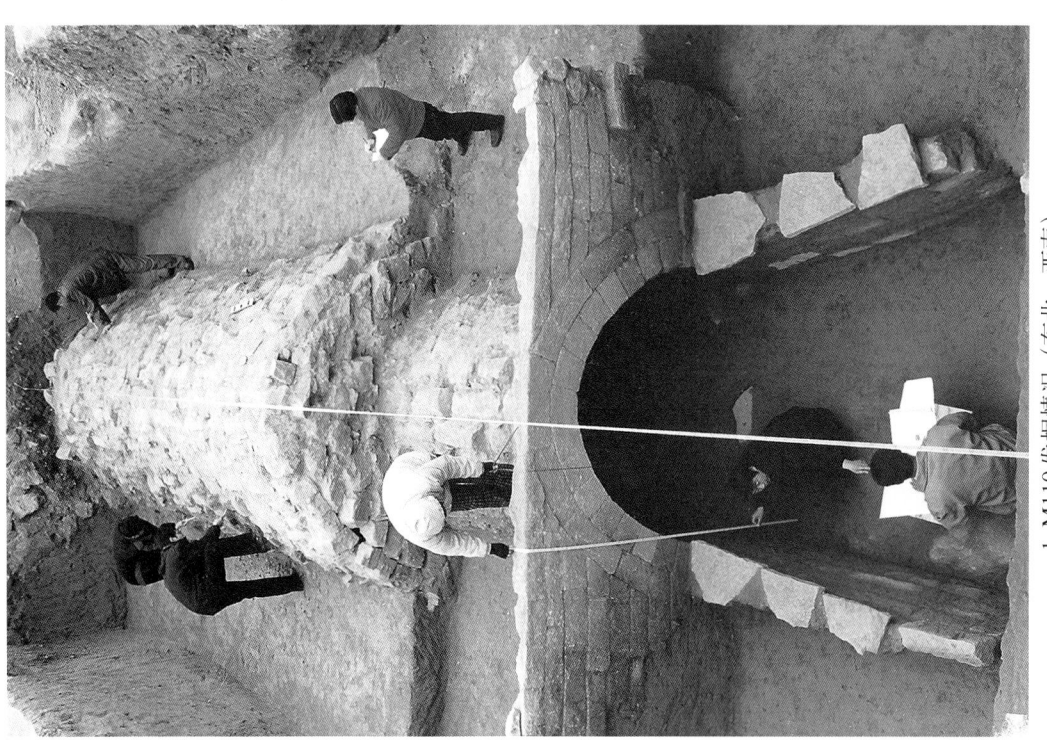

1. M110发掘情况（东北—西南）

A区 M110

1. C 型五铢 （M110：10）

2. B 型五铢 （M110：3）

3. A 型五铢 （M110：1）

4. 半两（M100：48）

5. 半两（M99：21）

6. 半两（M99：13）

A 区墓葬出土钱币

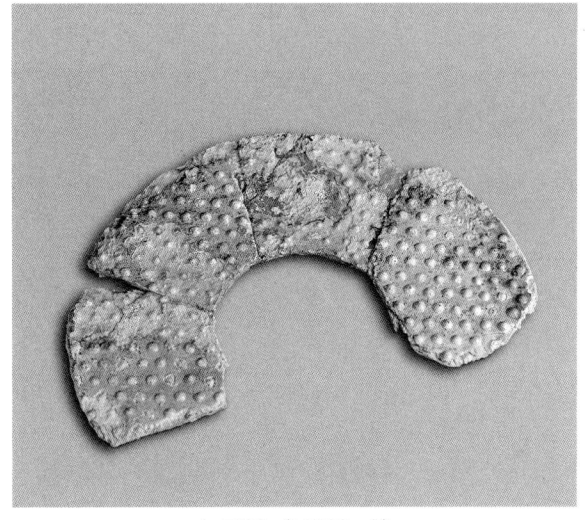

1. 玉璧 (M108：3)

2. 玻璃耳坠 (M110：11)

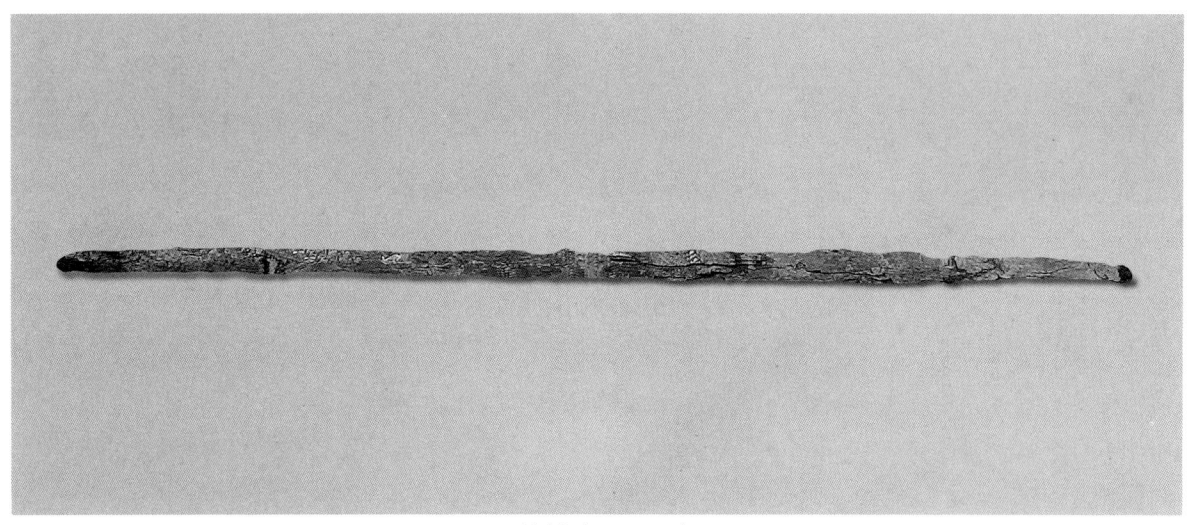

3. 铁剑 (M110：7)

4. 铁棺扣 (M110：28)

5. 铁棺扣 (M99：4)

A区汉代器物

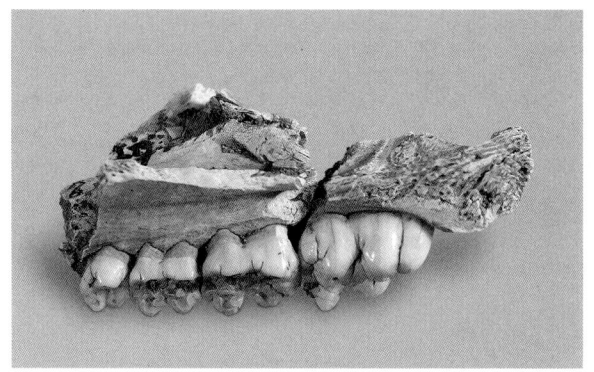

1. 家猪右上颌骨（M140：09）

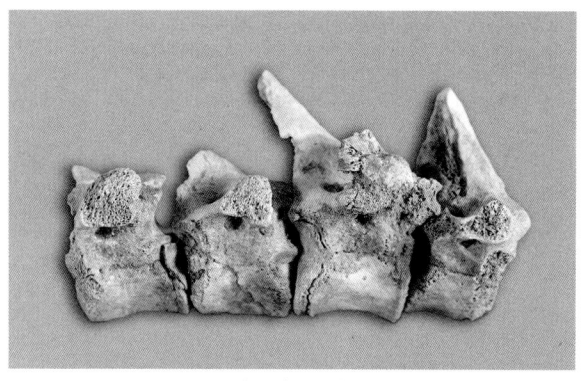

2. 狗腰椎（M107：10-3）

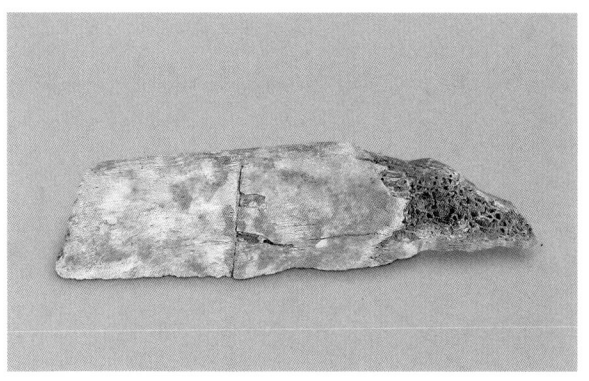

3. 狗肋骨（M107：10-4）

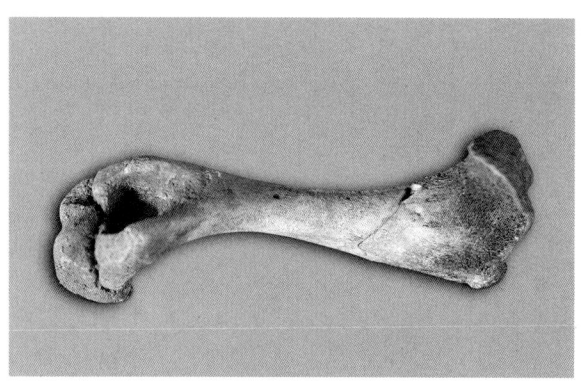

4. 家猪左肱骨（M107：9-3）

5. 水鹿右角（M140：8）

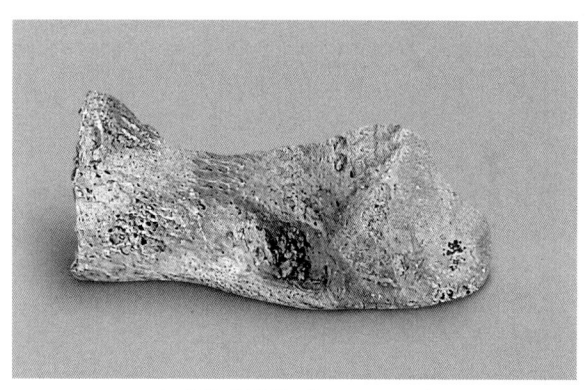

6. 家猪右胫骨（M153：3-1）

7. 家猪左肩胛骨（M107：9-1）

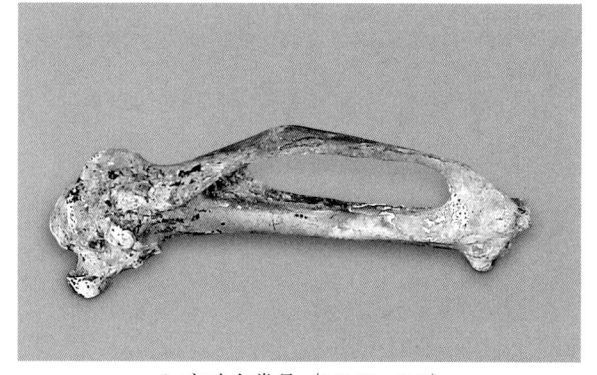

8. 家鸡左掌骨（M153：2-9）

卜庄河汉代动物骨骼

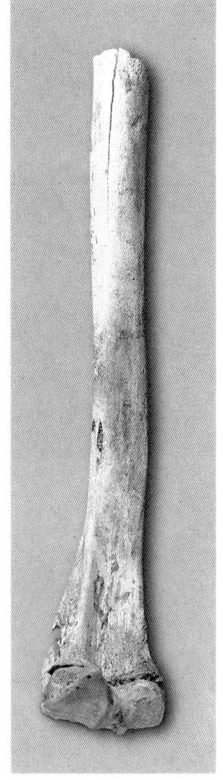

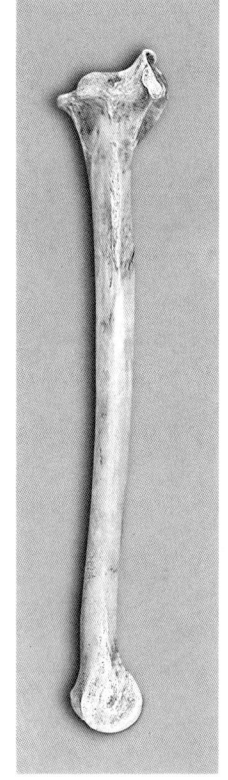

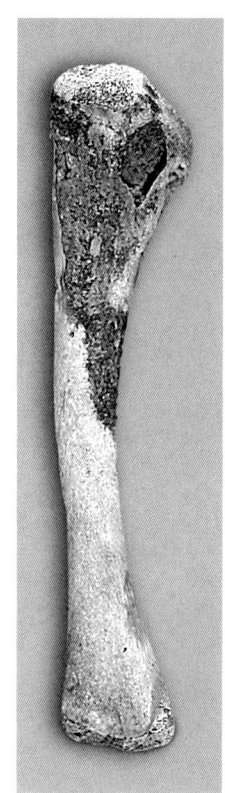

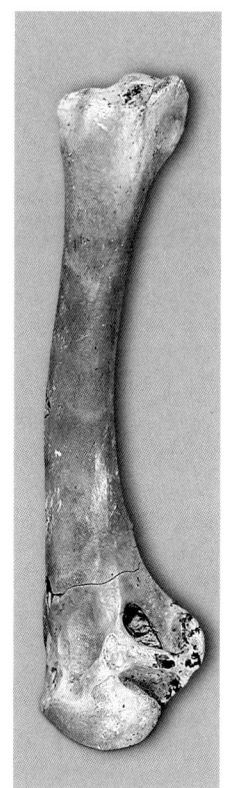

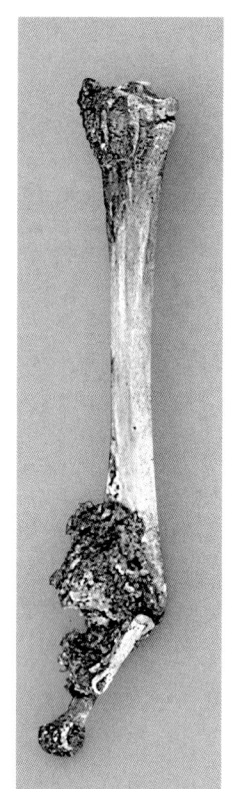

1. 狗左胫骨
（M107：10-1）

2. 鸻鹬右胫骨
（M107：7-2）

3. 家鸡肱骨
（M30：4-2）

4. 家鸡右肱骨
（M153：2-3）

5. 家鸡趾骨
（M30：4-9）

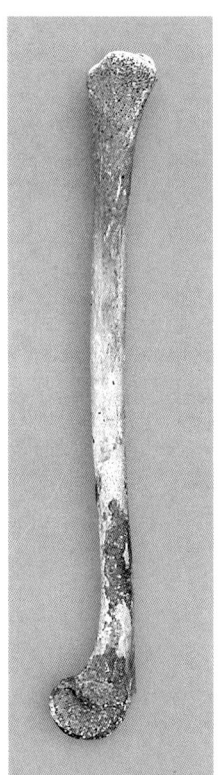

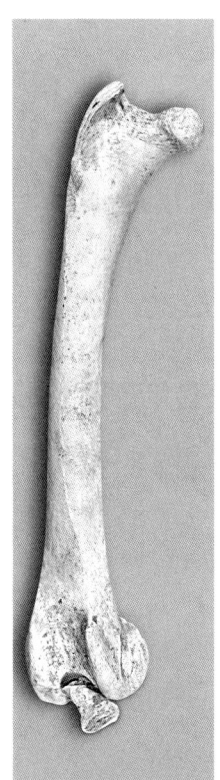

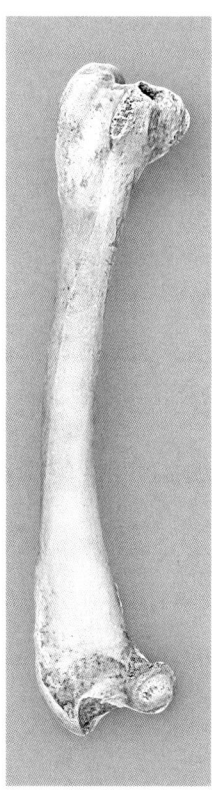

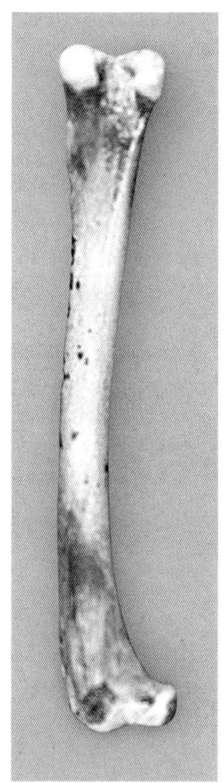

6. 家鸡胫骨
（M30：4-8）

7. 鸻鹬右股骨
（M107：7-1）

8. 家鸡右股骨
（M107：6-1）

9. 家鸡股骨
（M30：4-6）

10. 家鸡右胫骨
（M107：4-2）

卜庄河汉代动物骨骼

1. M87（西北—东南）

2. M87 东耳室

A 区 M87

1. 铜饰件（M87：4）

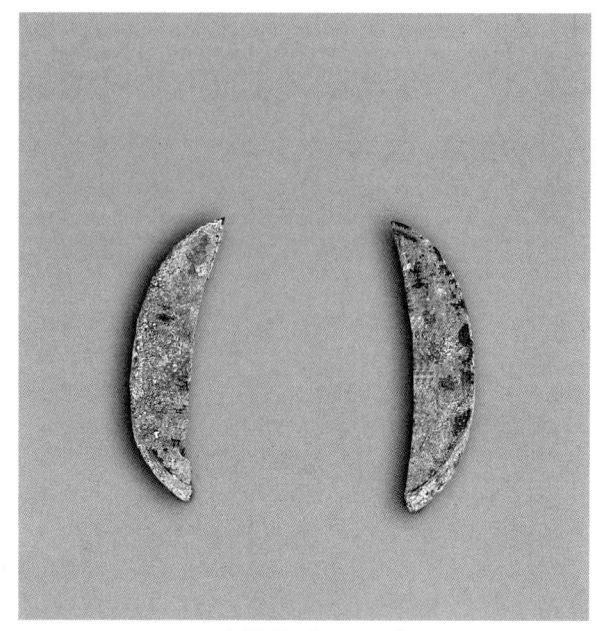

2. 铜饰件（M87：5）

3. 铜泡钉（M87：1）

4. 玻璃耳坠（M87：2）

A区六朝器物

1. 瓷盘（AH8：1）

2. 瓷碟（AT28②：1）

3. 瓷灯盏（AT30②：1）

4. 陶擂钵（AT32②：1）

A区宋代器物

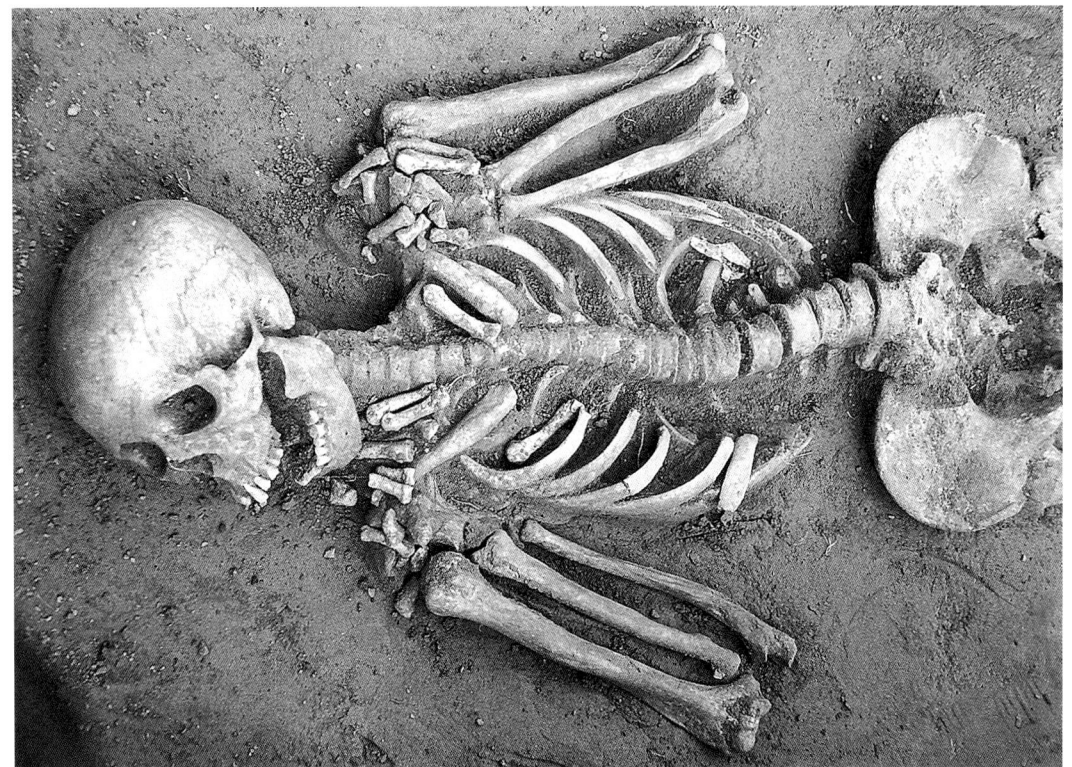

2. M86 人骨架屈肢

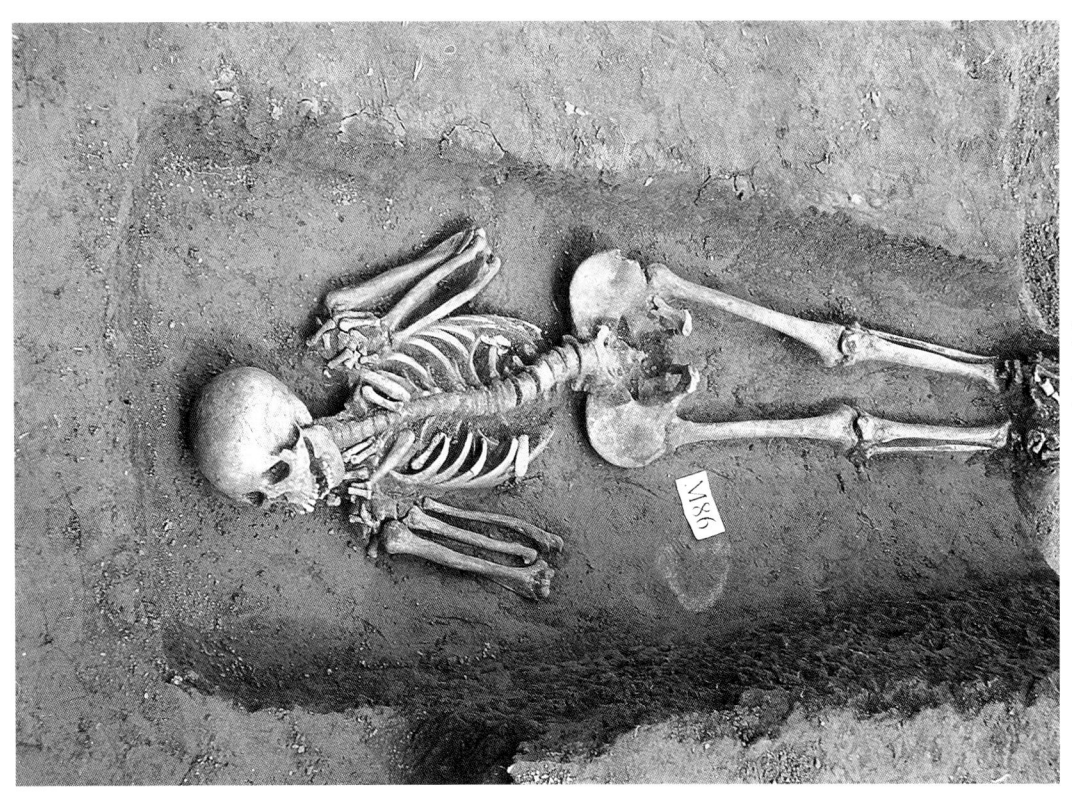

1. M86（西—东）

A 区 M86

B 区发掘探方（1999 年，西—东）

B区新石器时代石斧 (BT9③:1)

2. M84（东北—西南）

1. M83（东—西）

B区 M83，M84

1. 鍪（M83∶2）

2. 鍪内鸡骨（M83∶2）

B区汉代铜鍪

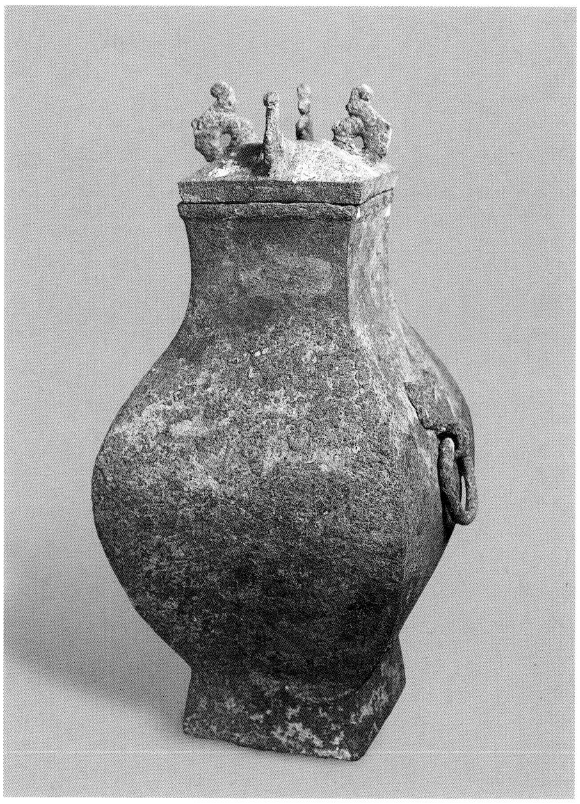

1. 铜钫壶（M83：1）

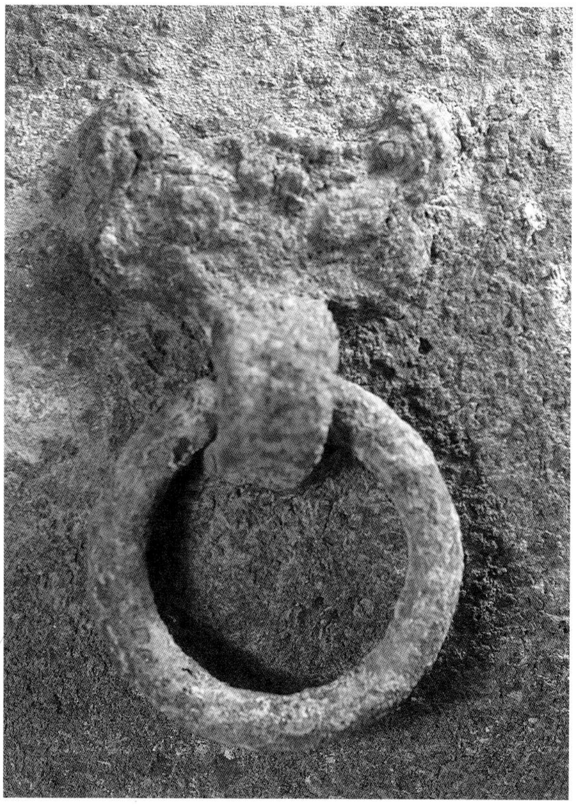

2. 铜钫壶铺首（M83：1）

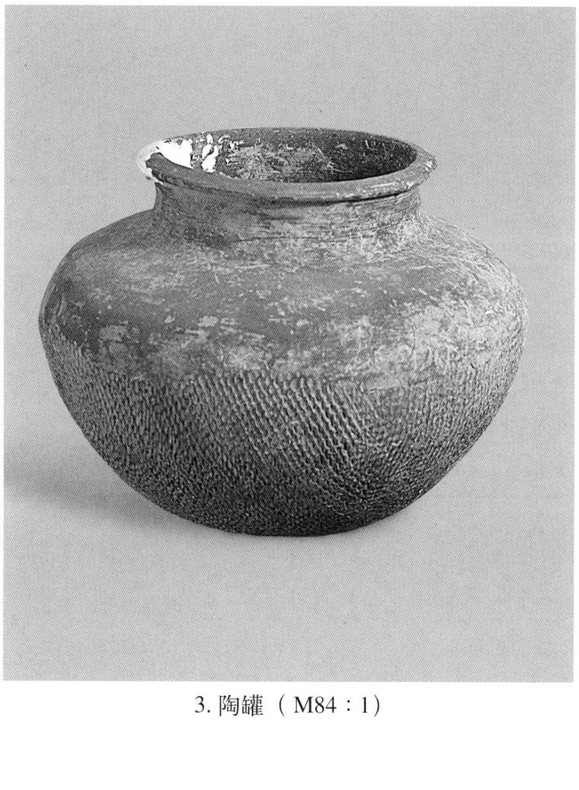

3. 陶罐（M84：1）

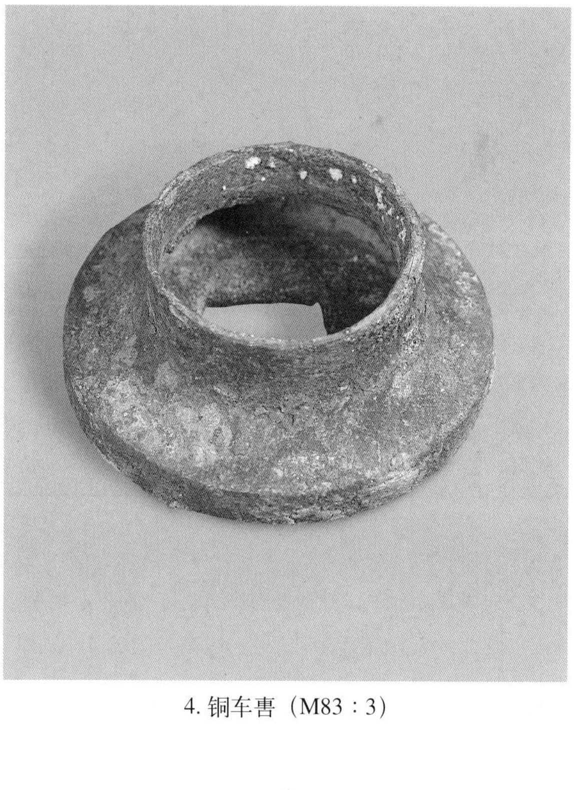

4. 铜车軎（M83：3）

B区汉代器物

1. BM85（东—西）

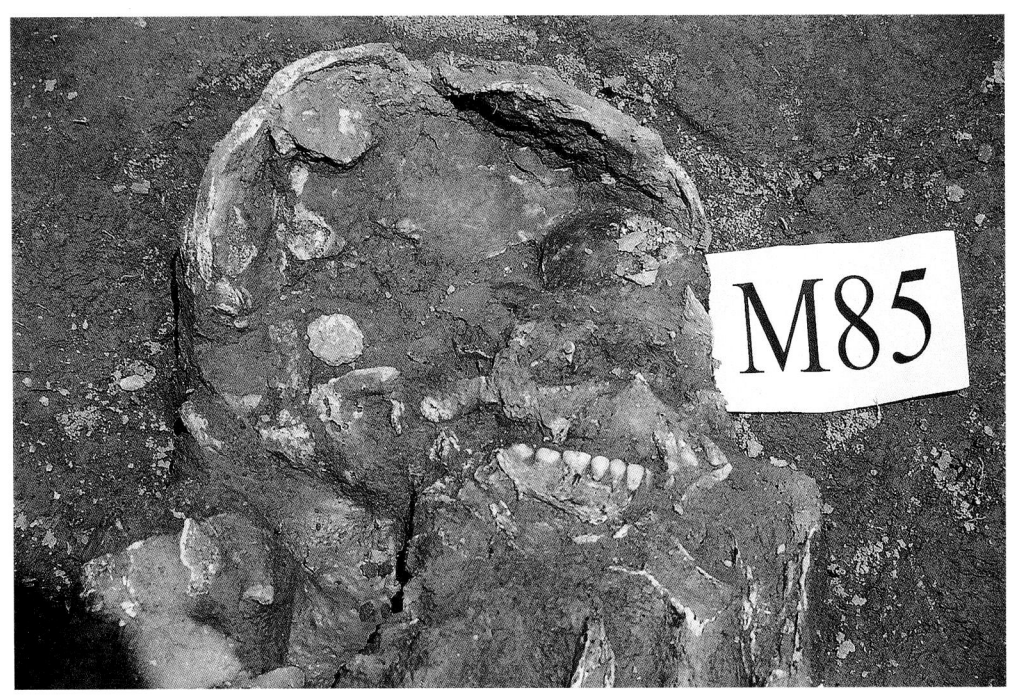

2. BM85 人头骨

B 区 M85

1. BY4（北—南）

2. BY4 烟孔

B 区 Y4

1. C区位置（西—东）

2. 探沟发掘现场（东南—西北）

C区位置及发掘探沟

1. M24（西—东）

2. M24 人骨架

C 区 M24

1. 鼎（M24：4）

2. 鼎（M24：5）

3. 敦（M24：2）

4. 敦（M24：1）

5. 壶（M24：3）

6. 纺轮（M24：07）

C区周代陶器

1. M153：4

2. M153：1

3. M6：1

4. M6：2

C区汉代铜蒜头壶

1. M70（西北—东南）

2. M109（西—东）

C 区 M70、M109

1. 壶（M70：3）

2. 壶（M70：4）

3. 钫壶（M155：1）

4. 钫壶（M155：2）

C区汉代陶器

1. 鼎（M70：1）

2. 鼎（M70：2）

3. 仓（M7：1）

4. 罐（M9：4）

C区汉代陶器

1. M109：1

2. M16：1

3. M109：2

4. M7：2

5. M9：7

6. M154：1

C区汉代陶罐

1. M153（东北—西南）

2. M153 器物出土情况

C 区 M153

1. 鼎（M153：2）

2. 鼎（M6：3）

3. 鍪（M6：4）

4. 鼎内鸡骨（M153：2）

C区汉代铜器

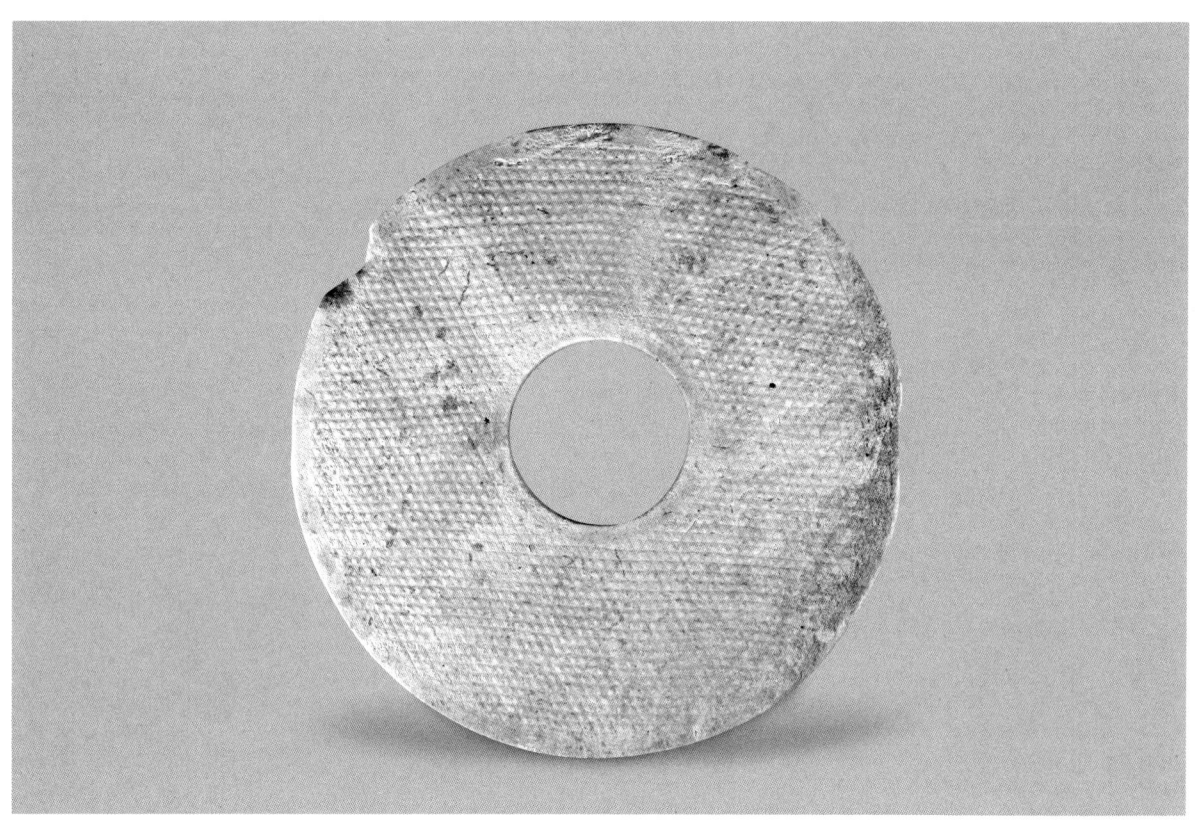

1. 玉璧（M153：5）

2. 铁斧（M70：5）

C区汉代器物

1. M16（西北—东南）

2. M16 墓底铺地砖

C 区 M16

1. 五铢（M13：29 正面）

2. 五铢（M13：29 背面）

3. C 型五铢（M13：24）

4. 大泉五十（M13：8）

5. 大泉五十（M16：24）

6. 小泉直一（M16：25）

C 区墓葬出土钱币

1. M9（西北—东南）

2. M9 石条墓壁

C 区 M9

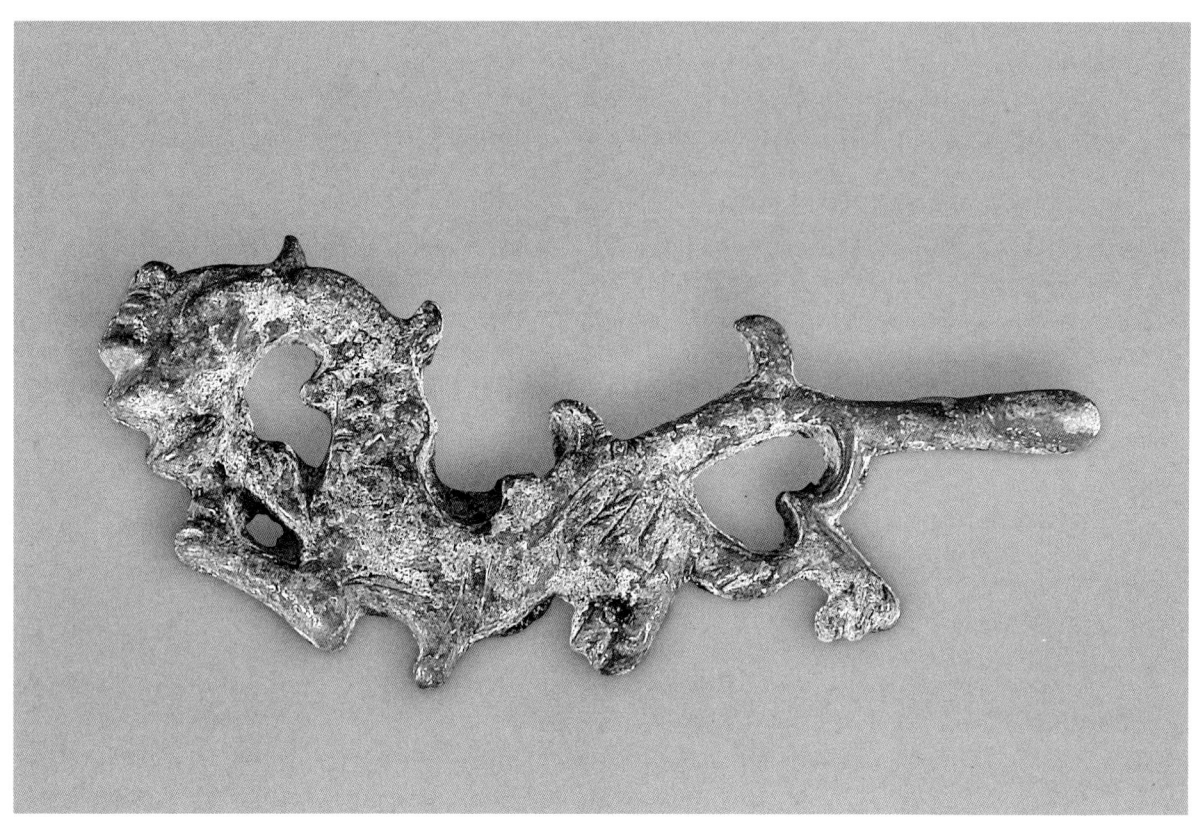

1. 带钩 (M13:7)

2. 带钩铭文 (M13:7)

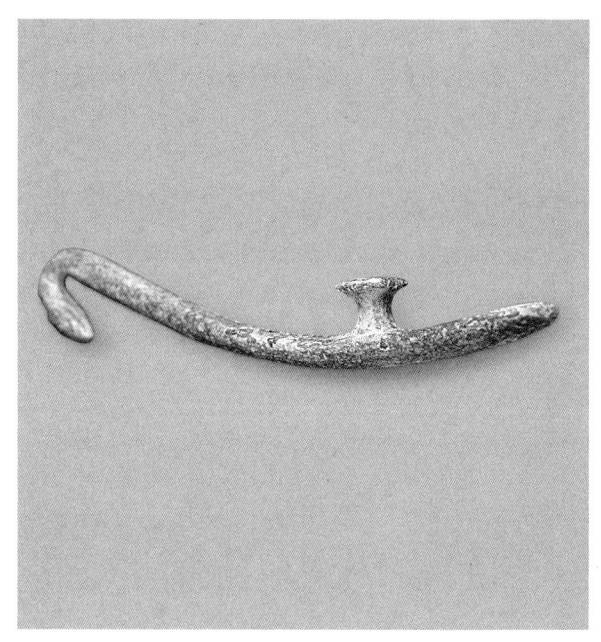

3. 带钩 (M17:9)

C区汉代铜带钩

1. M13（西北—东南）

2. M13墓壁

C 区 M13

1. 耳坠（M17：3）

2. 耳坠（M89：2）

3. 料珠（M114：3）

4. 耳坠（M13：3）

5. 耳坠（M9：1）

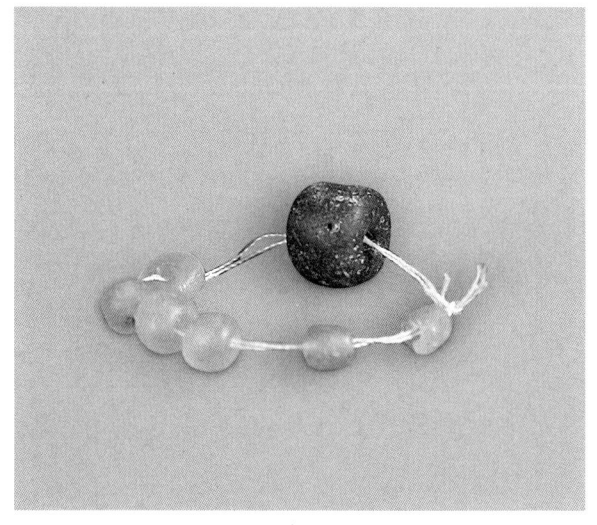

6. 料珠（M16：19）

C区汉代玻璃器

2. M17（西南—东北）

1. M17 墓室顶部结构（西南—东北）

C区 M17

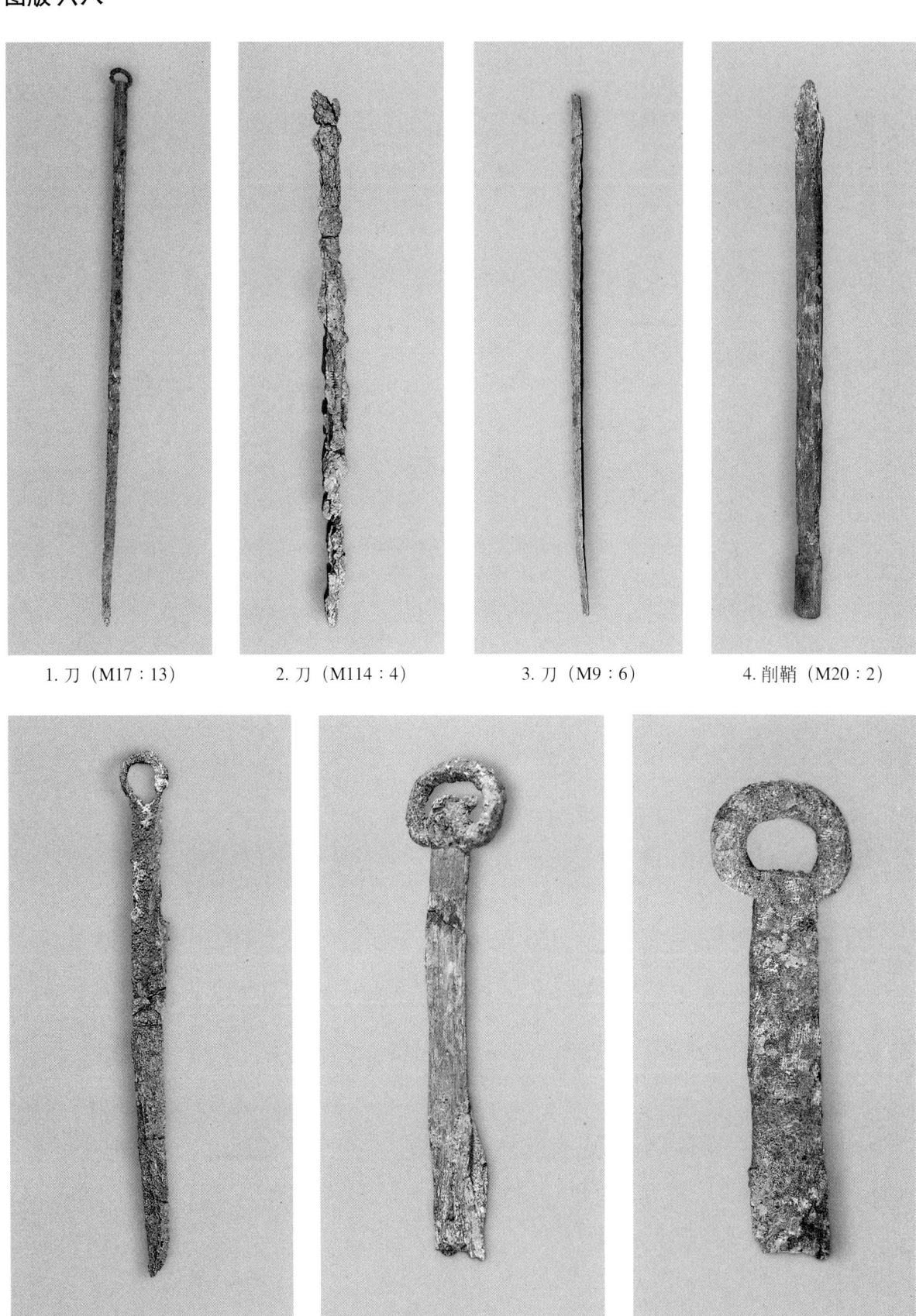

1. 刀（M17：13） 2. 刀（M114：4） 3. 刀（M9：6） 4. 削鞘（M20：2）

5. 削刀（M17：1） 6. 削刀（M89：3） 7. 削刀（M13：6）

C区汉代铁器

1. M15（西北—东南）

2. M18（北—南）

C区 M15、M18

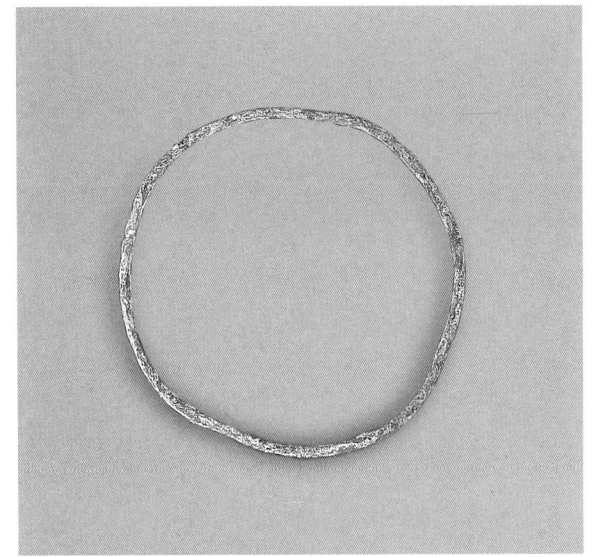

1. 铜环（M22∶4）

2. 铜环（M13∶1）

3. 银环（M16∶10）

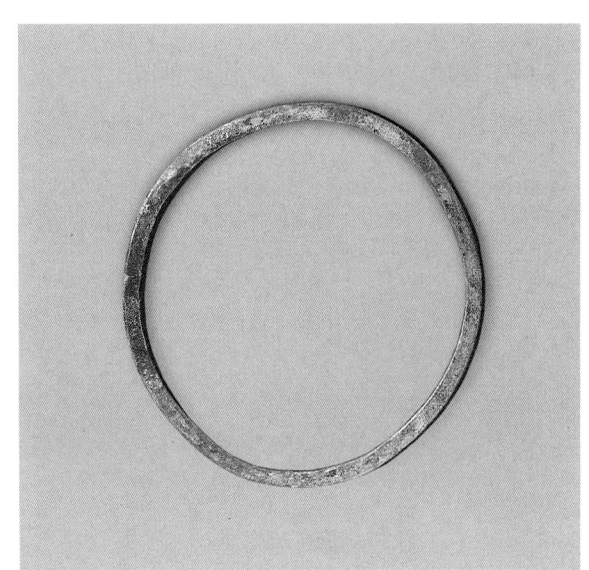

4. 银环（M13∶4）

C区汉代铜、银器

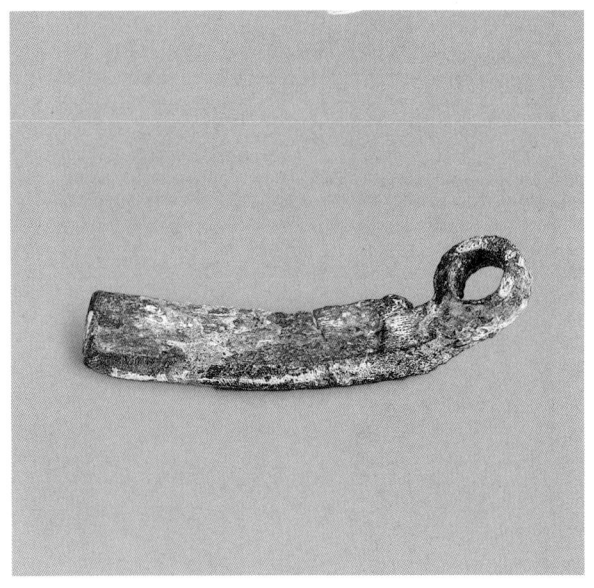

1. 柄（M91：6）

2. 构件（M91：7）

3. 饰件（M22：5）

4. 印章（M13：15）

C区汉代铜器

1. M20（北—南）

2. M91（南—北）

C 区 M20、M91

1. M22（东南—西北）

2. M22 石条墓壁

C 区 M22

1. 碗（M22：8）

2. 碗（M22：7）

3. 碗（M114：10）

4. 碗（M114：1）

5. 钵（M114：11）

6. 碗（M114：9）

C区汉代瓷器

1. 钵（M22：9）

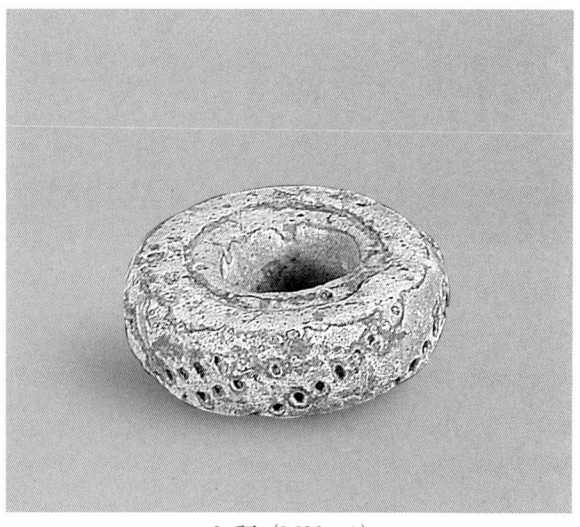

2. 环（M22：1）

3. 纺轮（M22：10）

4. 壶（M92：1）

C区汉代陶器

1. M89（东南—西北）

2. M89漆器腐烂痕迹

C 区 M89

1. M92（北—南）

2. M114（北—南）

C 区 M92、M114

1. CY1（东南—西北）

2. CY1 窑壁上工具痕迹

C区 Y1

1. CY2（西北—东南）

2. CY2 火膛

C区 Y2

1. M10（西北—东南）

2. M10墓壁砖

C区 M10

1. 羊形饰（M10：31）

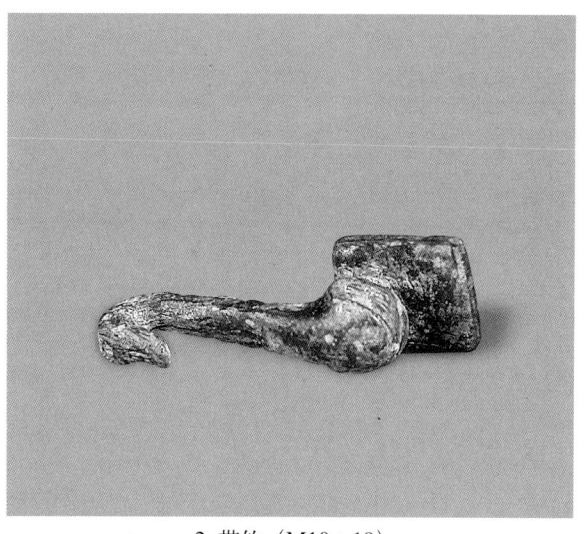

2. 带钩（M10：18）

3. 带钩（M10：11）

4. C 型构件（M10：17）

5. B 型构件（M10：24）

C 区六朝铜器

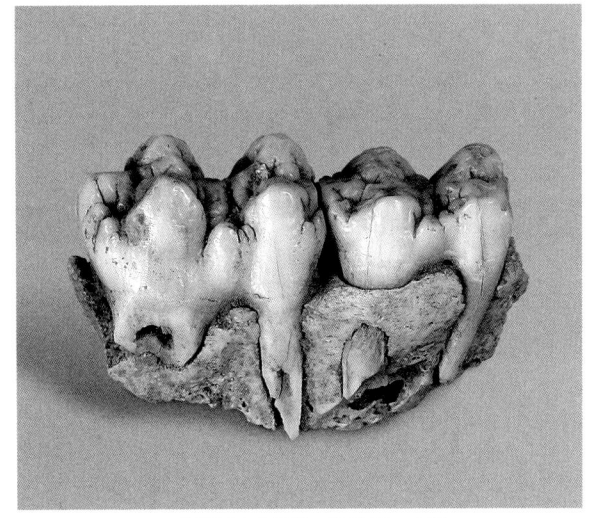

1. 家猪右下颌骨（M119：09）

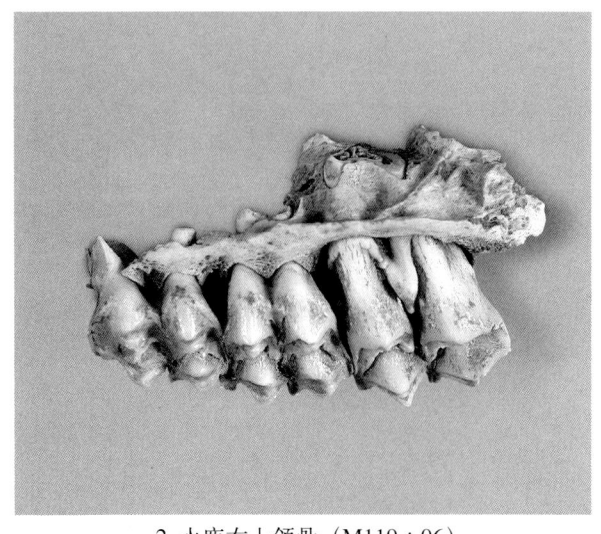

2. 水鹿右上颌骨（M119：06）

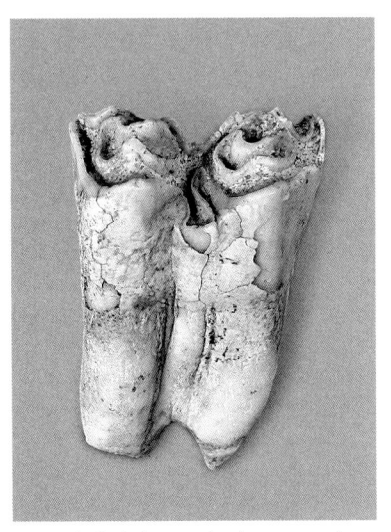

3. 家水牛左 M1 齿（M23：29）

4. 家水牛右 M3 齿（M10：40）

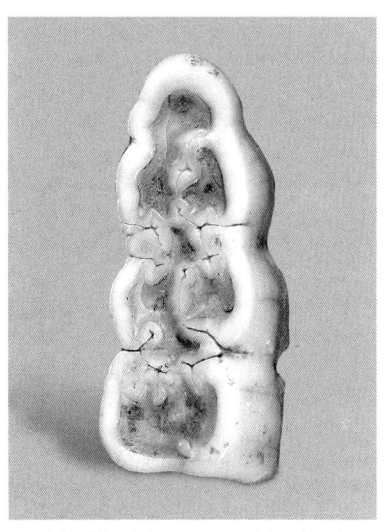

5. 野猪右 M3 齿（M119：011）

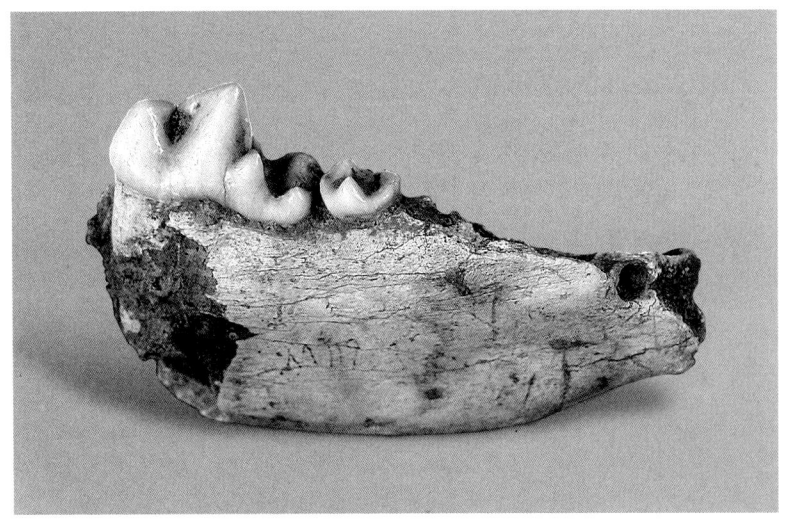

6. 狗右下颌骨（M119：08）

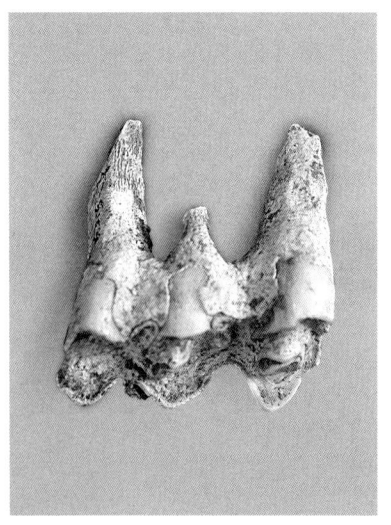

7. 家山羊左上齿（M23：25-2）

卜庄河遗址六朝动物骨骼

1. 青瓷四系盘口壶（M10：7）

2. 青瓷三足砚（M10：1）

3. 料珠（M27：3）

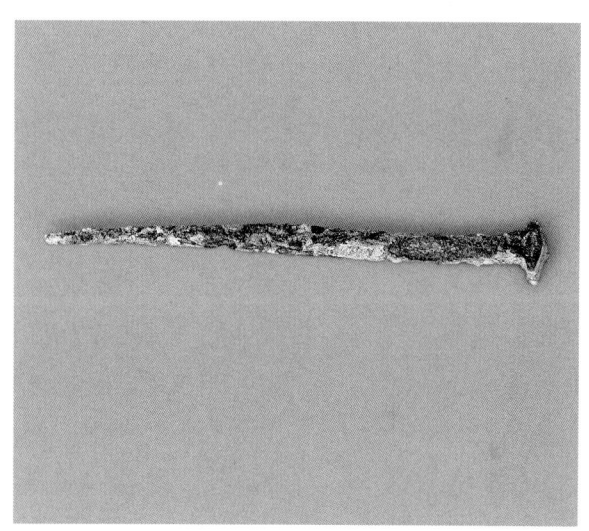

4. 铁棺钉（M23：2）

5. 瓷钮（M10：19）

6. 铁刀（M10：30）

C区六朝器物

2. M23（北—南）

1. M14（北—南）

C区 M14、M23

1. 滑石猪（M10：26、M10：27）

2. 滑石猪（M23：9）

3. 石砚（M23：3）

C区六朝石器

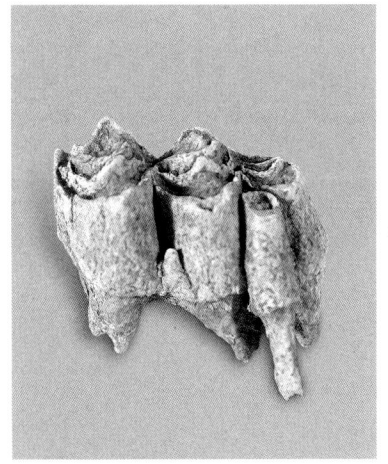

1. 水鹿左 M3 齿 （M10：37）

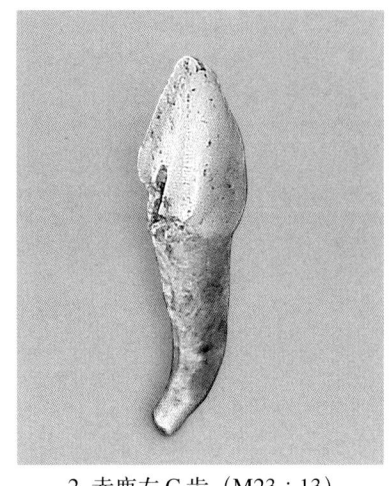

2. 赤鹿左 C 齿 （M23：13）

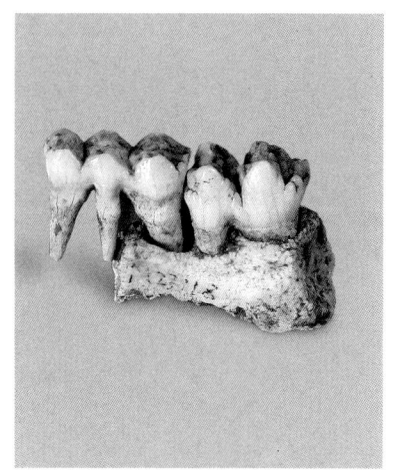

3. 家猪右下颌骨 （M23：18）

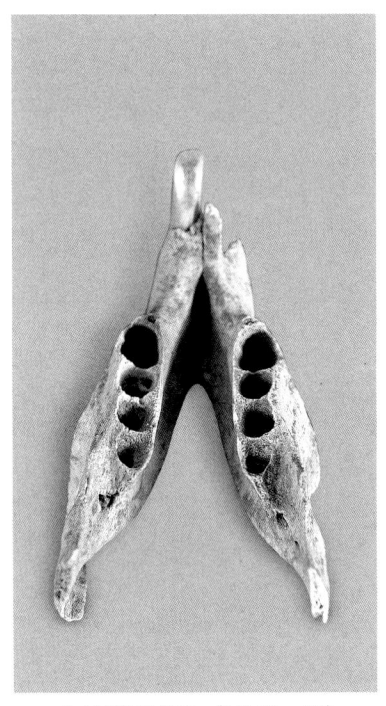

5. 豪猪下颌骨 （M119：05）

6. 家山羊右上齿 （M23：25-1）

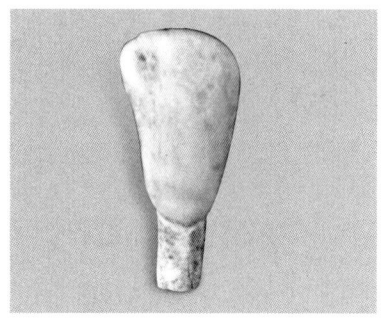

4. 家水牛左 I1 齿 （M23：5-1）

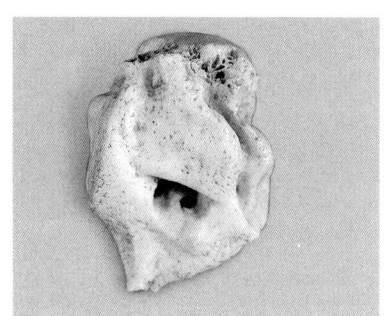

7. 水鹿听骨 （M119：04）

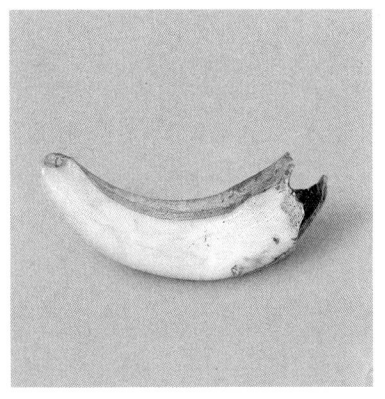

8. 家猪左下犬齿 （M23：19-1）

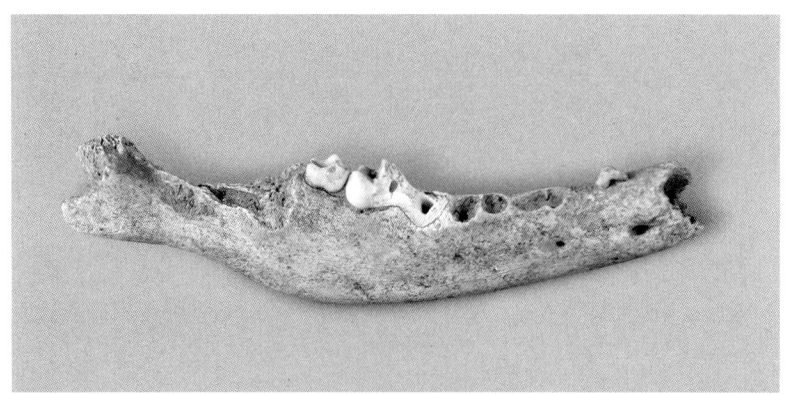

9. 狗左下颌骨 （M117：04）

卜庄河遗址六朝动物骨骼

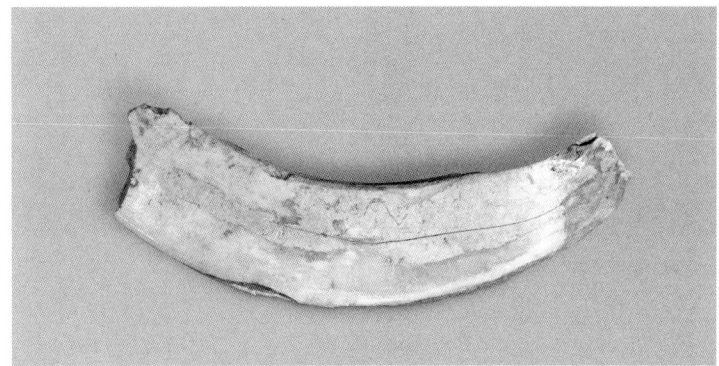

1. 野猪左上犬齿（M117：02）

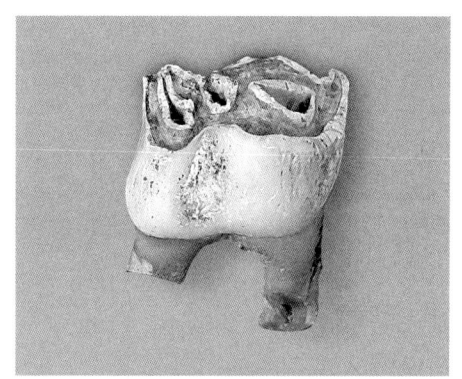

2. 水鹿右 P4 齿（M10：36）

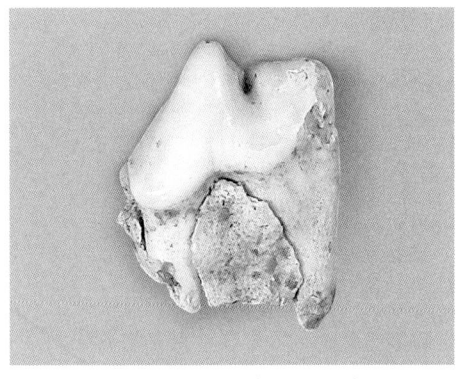

3. 狗左 P4 齿（M23：14）

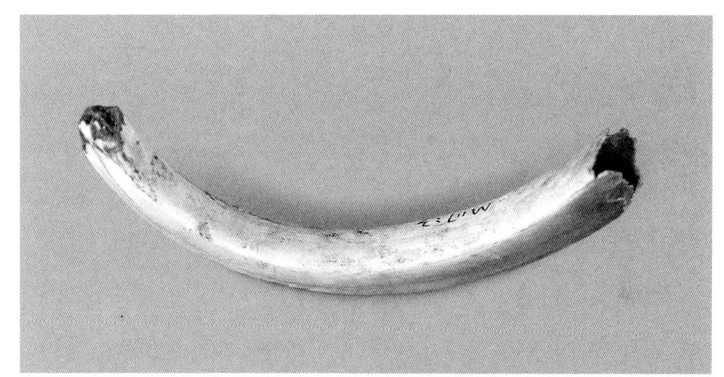

4. 野猪右上犬齿（M117：03）

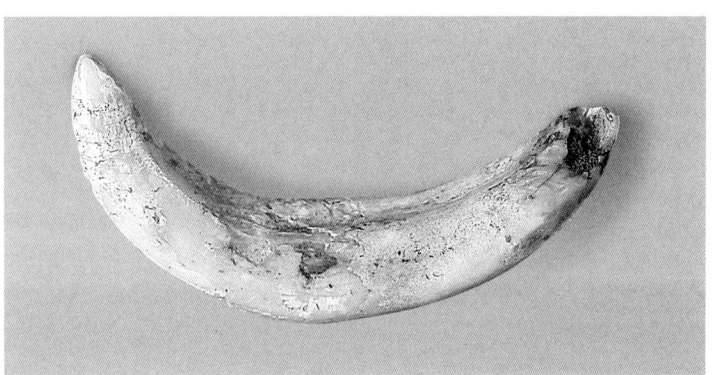

5. 家猪左上犬齿（M23：20-3）

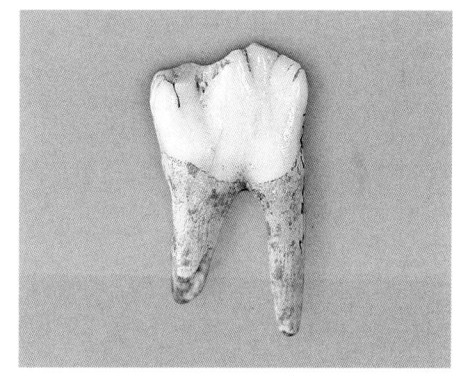

6. 家猪右 P4 齿（M23：22-3）

7. 狗右 M1 齿（M23：15）

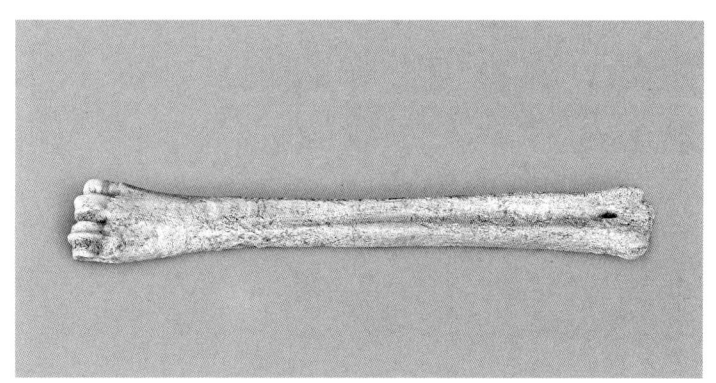

8. 赤鹿左掌骨（M23：11）

卜庄河遗址六朝动物骨骼

1. M21（北—南）

2. M21 后壁

C 区 M21

1. "大阳吉利" 砖 （M21：4）

2. "富贵宜官吉利" 砖 （M21：5）

3. 菱形几何纹砖 （M27：21）

4. "文中兵神墓" 砖 （M21：4）

5. 半圆形几何纹砖 （M27：22）

6. 双线菱形几何纹砖 （M21：3）

C区六朝墓砖

1. M27（北—南）

2. M27 后壁券顶

C 区 M27

1. 双刃石器（M27∶2）

2. 石斧（M27∶5）

3. 石锛（M27∶10）

4. 石锛（M27∶1）

C区六朝石器

1. 环（M10∶33）

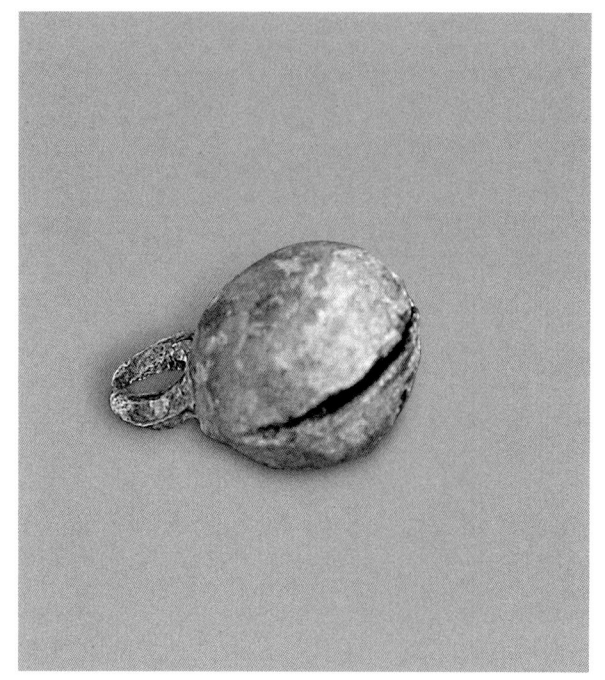

2. 铃饰（M27∶9）

3. 圈（M27∶4）

4. 饼形器（M23∶1）

C区六朝铜器

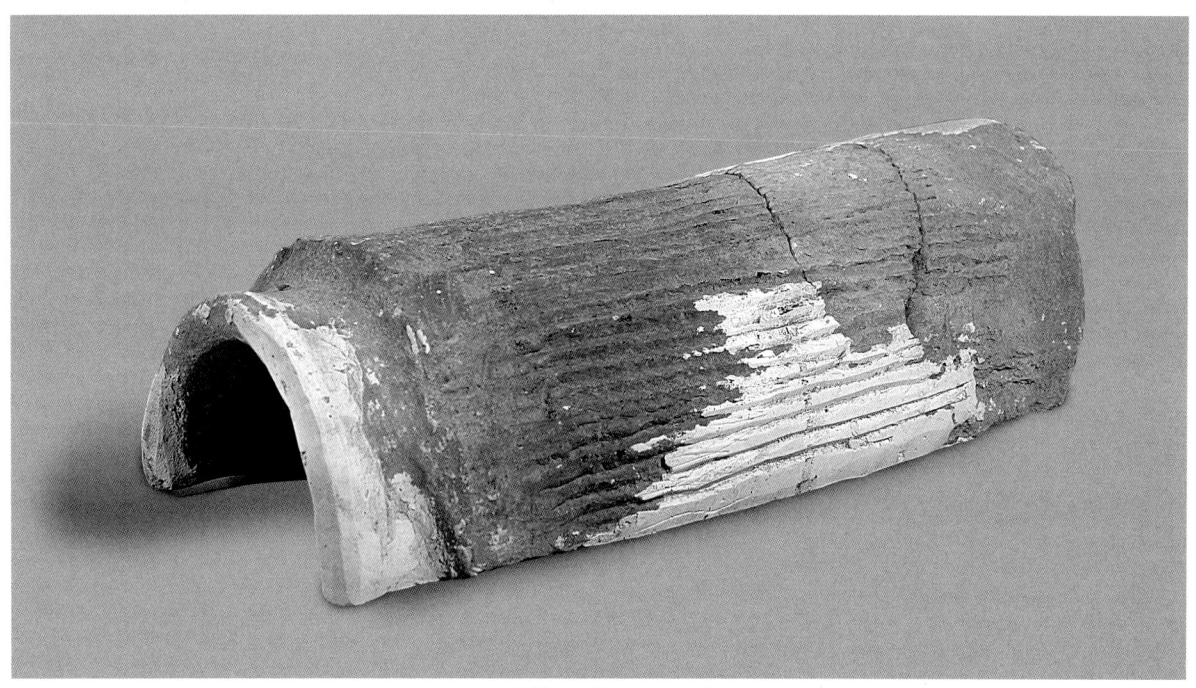

1. 陶筒瓦（CT1 ② : 1）

2. 铜簪（CT10 ② : 1）

C区六朝器物

1. M28（南—北）

2. M28 器物出土情况

C 区 M28

1. 瓷碗（M28：4）

2. 釉陶罐（M28：2）

3. 瓷碗（M28：3）

4. 釉陶钵（M28：1）

5. 釉陶壶（M28：5）

C区宋代器物

1. 瓷钵 （CTG6 ① : 1）

2. 瓷碗 （CTG6 ① : 2）

3. 铜勺柄 （CT68 ① : 1）

C 区近代器物

D1 区发掘位置（西北—东南）

1. 发掘探方（2000 年，西北—东南）

2. 发掘现场（2000 年，东南—西北）

D1 区发掘探方

2. M59（东—西）

1. M53（东—西）

D1 区 M53、M59

1. 鼎（M59：2）

2. 鼎（M59：1）

3. 鼎（M53：1）

4. 罐（M49：1）

D区周代陶器

1. M59：4

2. M59：3

3. M53：5

4. M53：6

D区周代陶壶

1. 盒（M59：5）

2. 盒（M59：6）

3. 敦（M53：3）

4. 敦（M53：4）

D区周代陶器

1. M2（东南—西北）

2. M2 器物出土情况

D1 区 M2

1. M3：2

2. M2：5

D区汉代铜钫壶

1. 熏（M3：6）

2. 熏盖（M3：6）

3. 豆形器（M39：8）

4. 杯（M3：13）

D区汉代陶器

1. 罐（M5∶2）

2. 罐（M66∶2）

3. 罐（M40∶2）

4. 罐（M40∶1）

5. 罐（M39∶47）

6. 陶文"张"字（M39∶47）

D区汉代陶罐

1. M30（西北—东南）

2. M30 器物出土情况

D1 区 M30

1. M30：5

2. M30：7

3. M30：6

4. M34：2

5. M47：4

6. M39：16

D区汉代陶罐

1. M36（东—西）

2. M36 器物出土情况

D I 区 M36

1. M36 : 6

2. M36 : 7

3. M57 : 6

4. M57 : 5

D区汉代陶钫壶

1. M36：3

2. M36：2

D区汉代陶鼎

1. M36：5

2. M36：4

3. M62：8

4. M62：3

5. M29：6

6. M29：5

D区汉代陶盒

1. M39（南—北）

2. 考古工作人员拍摄资料

D1 区 M39

1. 壶（M39：50）

2. 壶（M39：45）

3. 罐（M39：4）

4. 钫壶（M61：2）

D区汉代陶器

1. 铜戒指（M39：59）

2. 铜环（M149：4）

3. 铜戒指（M39：41）

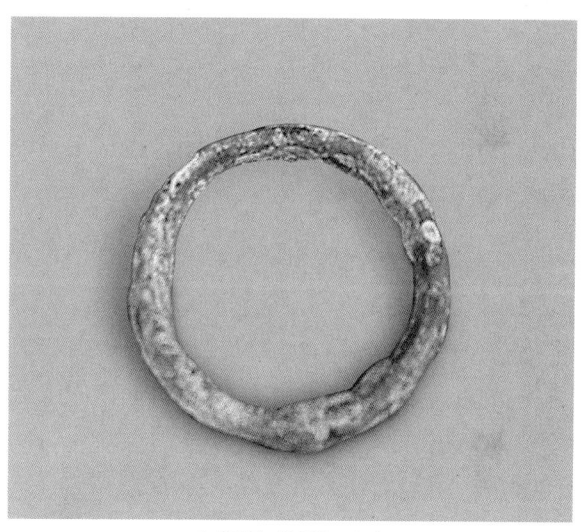

4. 铜环（M29：11）

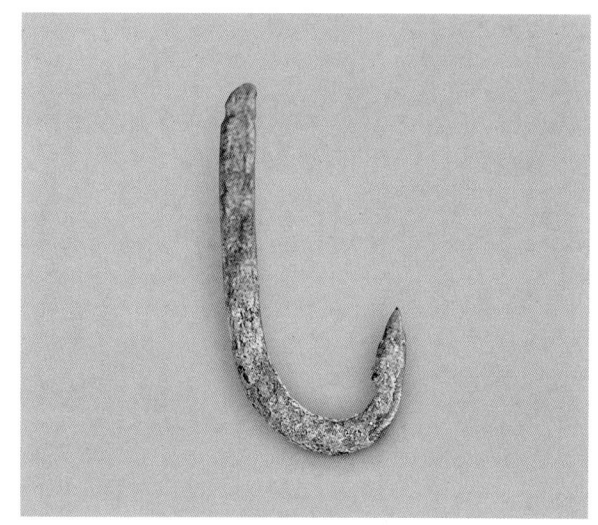

5. 铜鱼钩（M29：12）

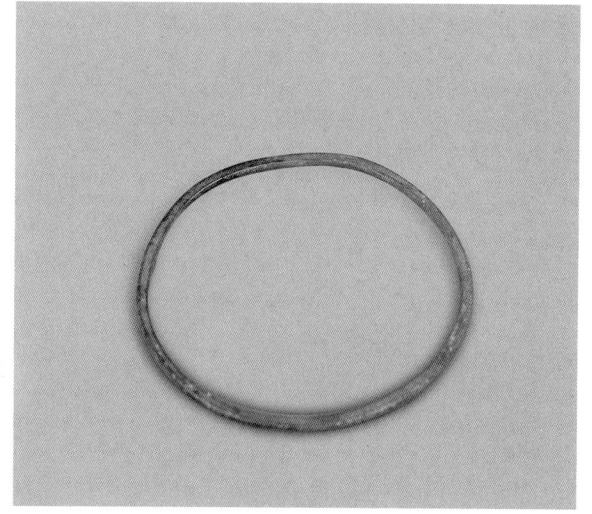

6. 银环（M41：5）

D区汉代器物

1. M39：1

2. M39：6

3. M39：48

4. M41：7

D区汉代陶灶

1. M39：44

2. M58：3

3. M39：43

4. M139：1

D区汉代陶器盖

1. M40（西北—东南）

2. M56（北—南）

D1 区 M40、M56

2. M50（西北—东南）

1. M45（西北—东南）

D1 区 M45、M50

1. M35：1

2. M151：1

3. M47：2

4. M63：2

5. M45：1

6. M39：2

D区汉代陶罐

1. 甌（M47：1）

2. 碗（M39：11）

3. 钵（M47：3）

4. 钵（M58：5）

5. 碟（M39：12）

D区汉代陶器

1. M57：4

2. M57：3

3. M29：2

4. M29：4

D 区汉代陶鼎

1. 棺扣（M55：8）

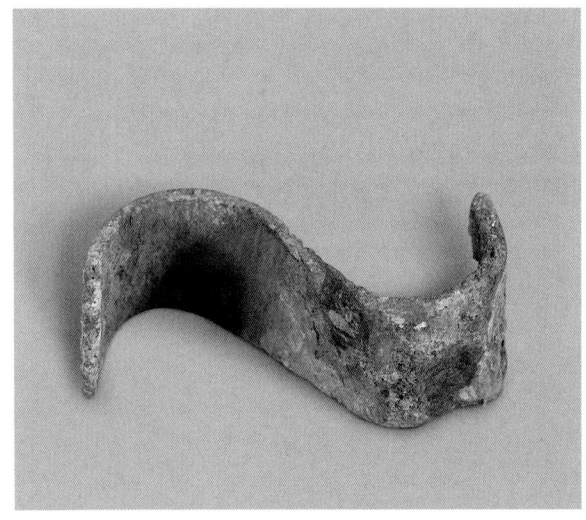

2. 棺扣（M39：38）

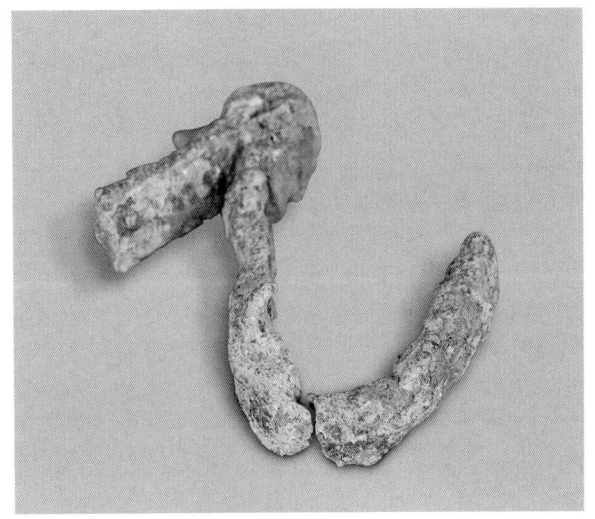

3. 钩（M56：3）

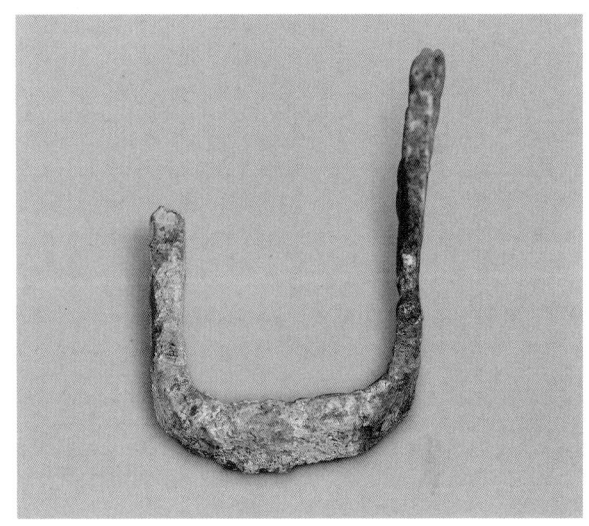

4. 钩（M39：13）

5. 棺扣（M56：4）

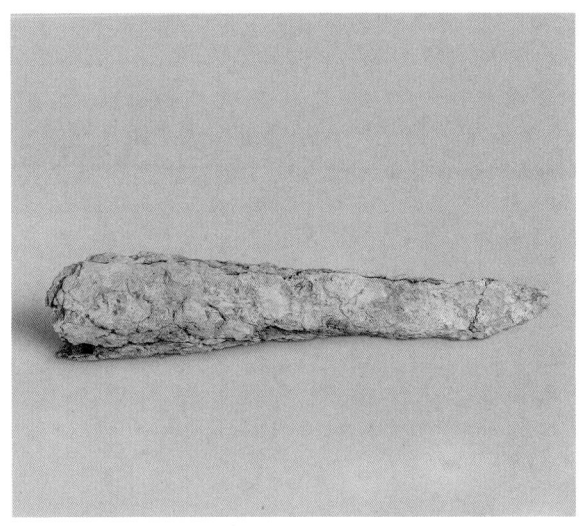

6. 矛（M63：3）

D区汉代铁器

1. M61：1

2. M57：1

3. M39：54

4. M39：52

5. M30：9

6. M5：1

D区汉代陶盒

1. M58 墓室结构（东北—西南）

2. M58 器物出土情况

D1 区 M58

1. 墓道右边柱洞

2. 墓道左边柱洞

3. 8号柱洞及石柱础

D1区 M58柱洞及柱础

1. M54 : 2

2. M58 : 4

3. M1 : 12

D区汉代陶灶

2. M61 器物出土情况

1. M61（东—西）

D1 区 M61

1. M61：3

2. M58：1

3. M39：57

4. M62：2

5. M62：6

D区汉代陶鼎

1. M62（南—北）

2. M65（东北—西南）

D1 区 M62、M65

1. M60 : 1

2. M62 : 4

3. M62 : 9

4. M149 : 3

D区汉代陶罐

1. M66（西南—东北）

2. M66漆木器腐烂痕迹

D1 区 M66

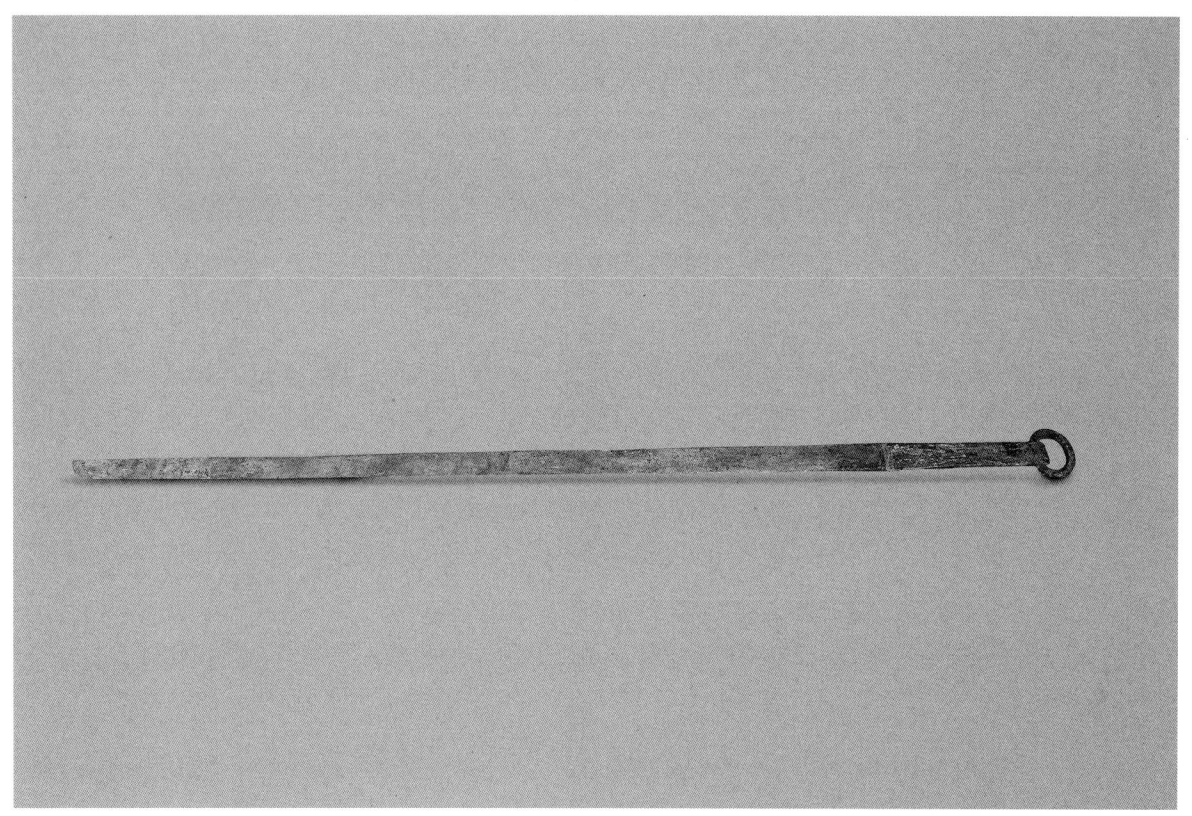

1. 铜刀 (M71：1)

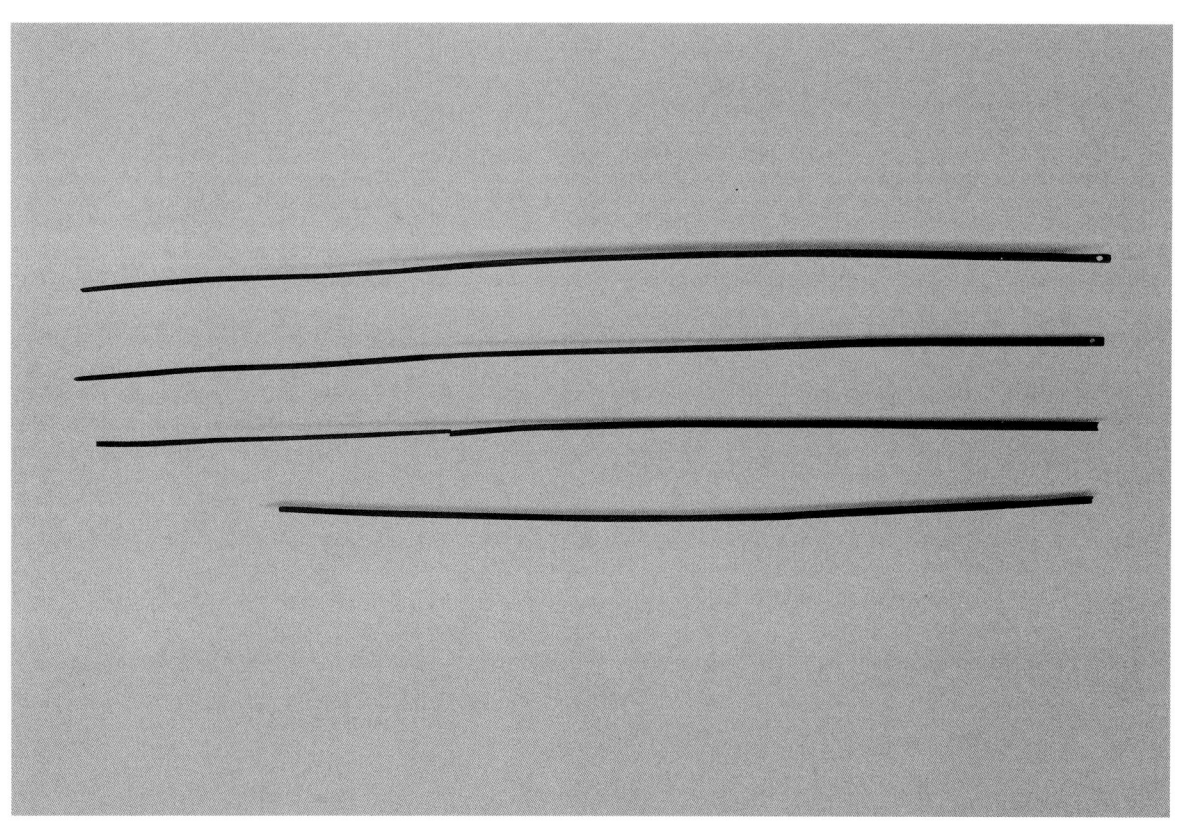

2. 钢针 (M36：1)

D区汉代器物

D2 区 M73（东—西）

1. 镰（M73：4）

2. 锄（M2：1）

3. 斧（M2：2）

4. 斧（M157：1）

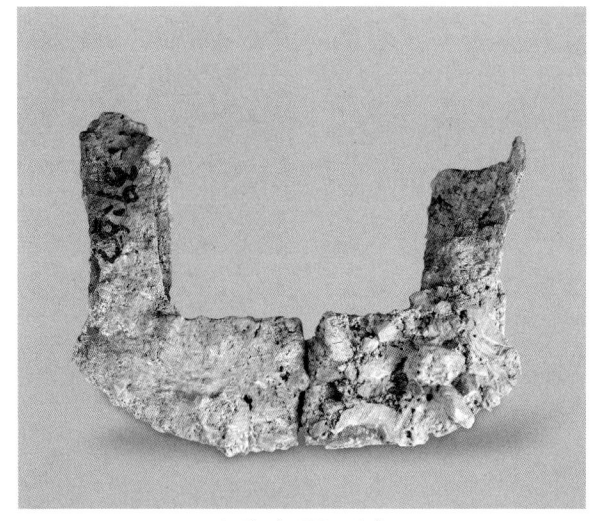

5. 舀（M39：67）

6. 舀（M57：7）

D区汉代铁器

1. M29（南—北）

2. M29 器物出土情况

D1 区 M29

1. 壶（M29：9）

2. 釜（M3：5）

D区汉代铜器

1. 鼎（M29∶8）

2. 鼎（M3∶8）

3. 鍪（M66∶1）

4. 鍪（M65∶1）

D区汉代铜器

1. M29：1

2. M29：3

3. M62：5

4. M58：2

D区汉代陶壶

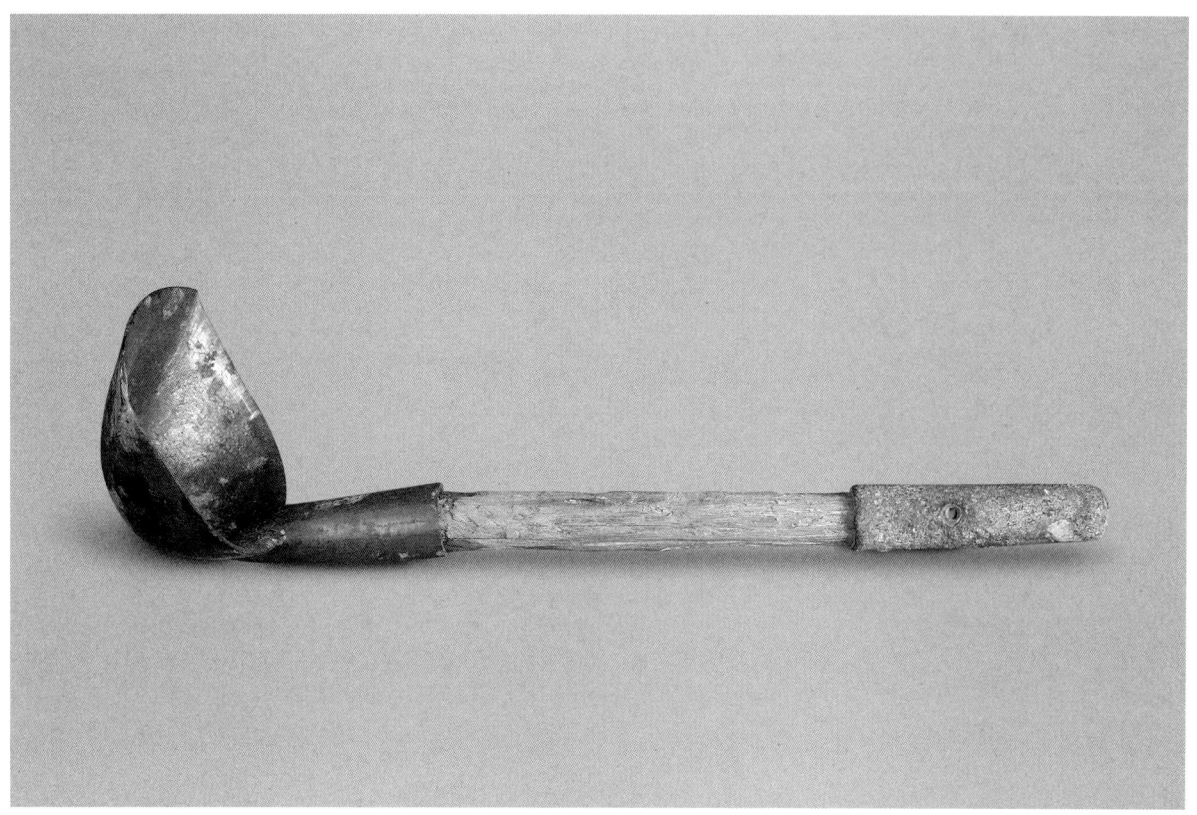

1. 勺（M29：7）

2. 车軎（M29：10）

3. 车軎（M30：8）

D区汉代铜器

1. M1 墓室券顶（西北—东南）

2. M1 墓壁

D1 区 M1

1. M1：13

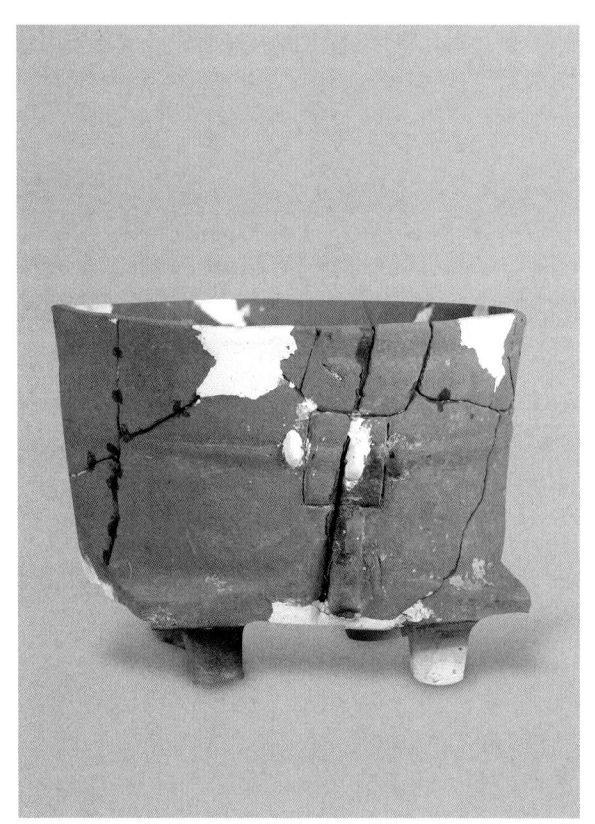

2. M54：1

3. M41：8

D区汉代陶仓

1. M41（西—东）

2. M41 器物出土情况

D1 区 M41

1. 玻璃耳坠（M41：6）

2. 玻璃耳坠（M55：1）

3. 铜印章（M34：1）

4. 铜印章（M39：40）

5. 贝币（M39：68）

6. 铜銮耳（M151：2）

D区汉代器物

1. M44（南—北）

2. M44 墓壁

D1 区 M44

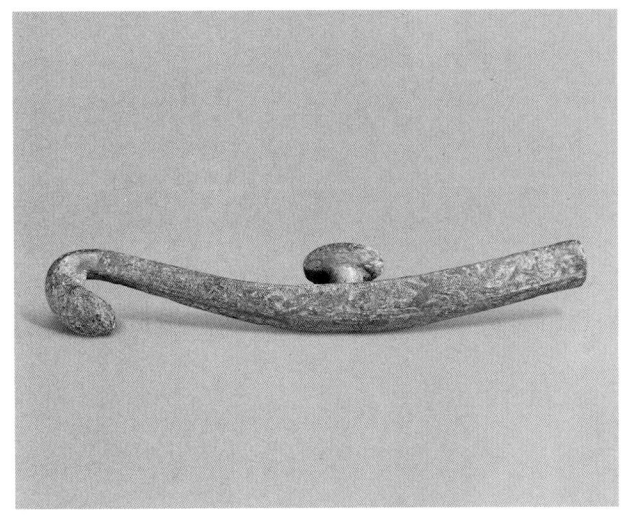

1. M55 : 9

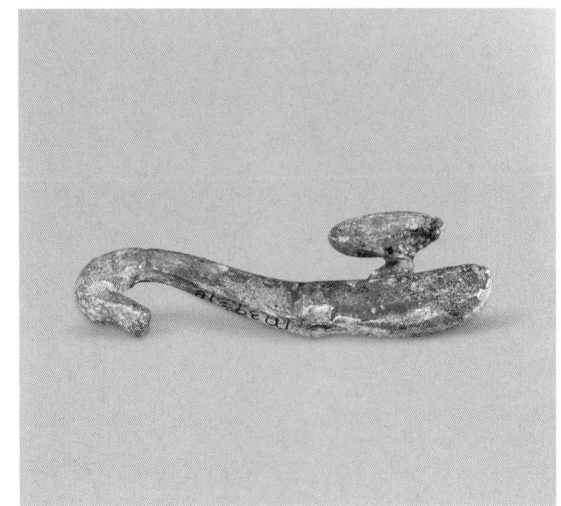

2. M39 : 18

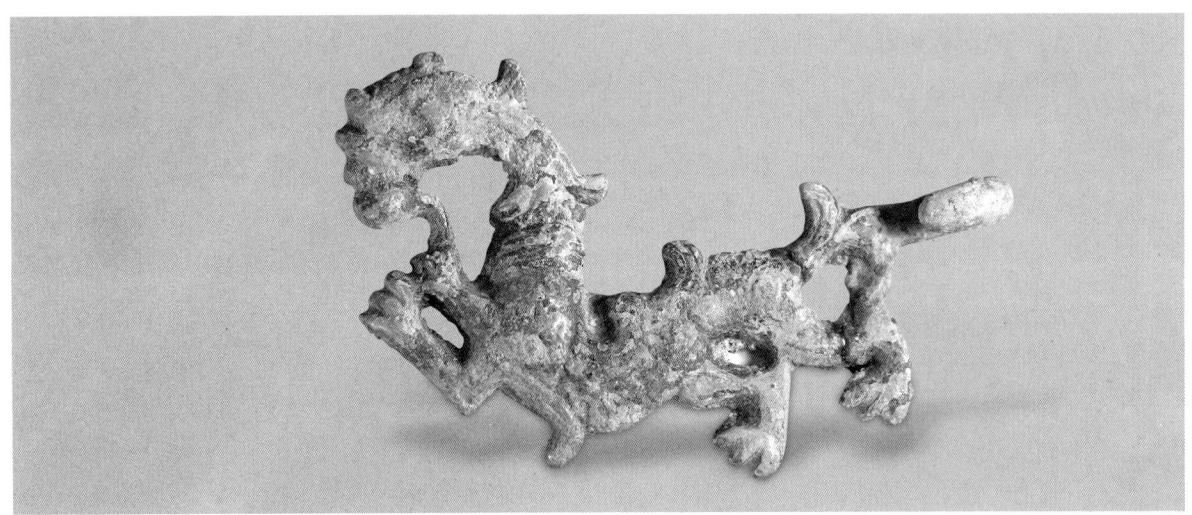

3. M1 : 5

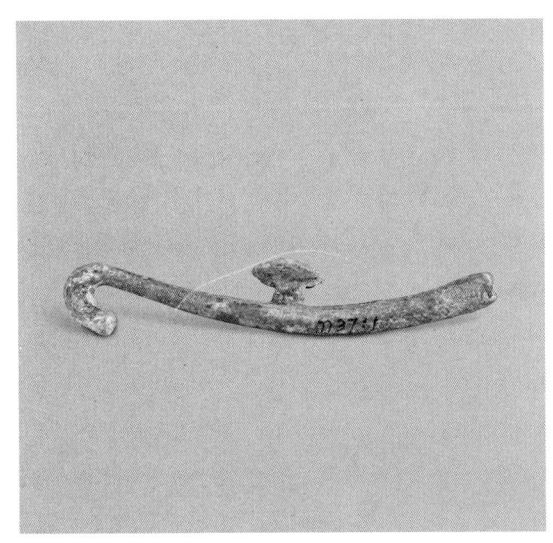

4. M37 : 1

5. M1 : 11

D区汉代铜带钩

1. M51（西北—东南）

2. M55（西北—东南）

D1 区 M51、M55

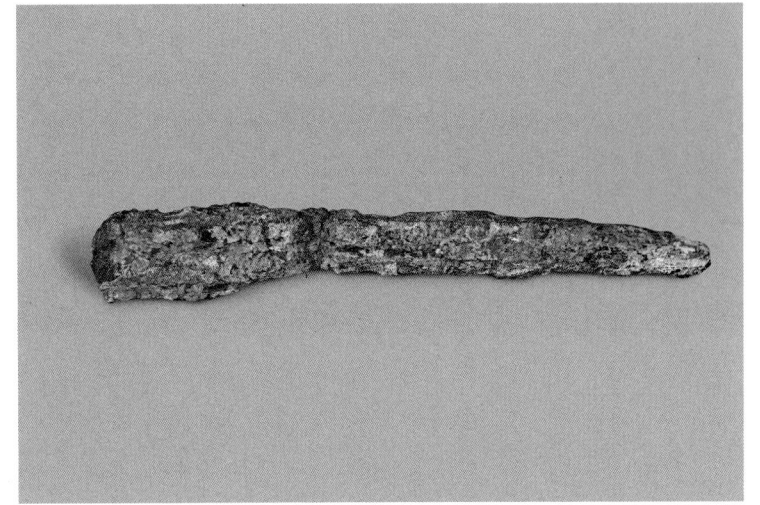

1. 棺钉（M39：15）

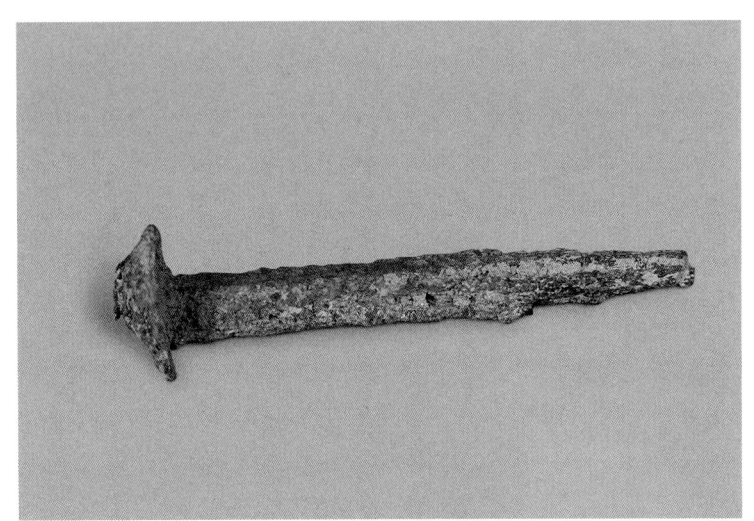

2. 棺钉（M52：24）

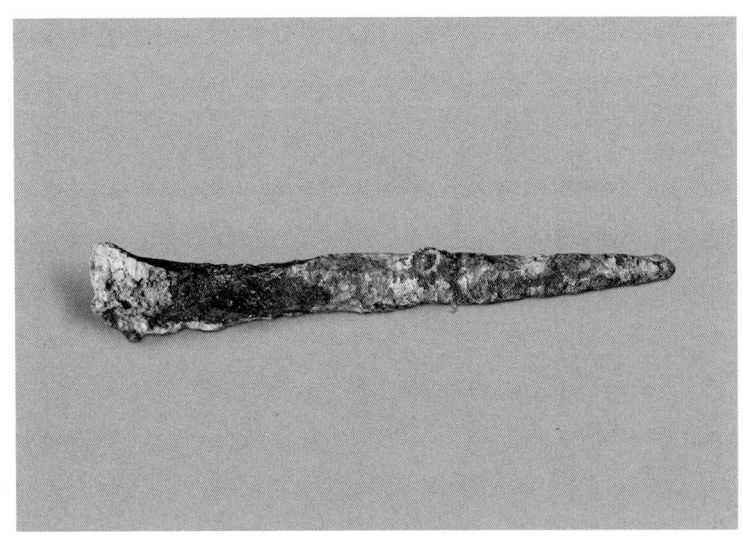

3. 棺钉（M55：6）

4. 铁刀（M55：3）

5. 铁削刀（M55：4）

D区汉代铁器

1. 铜带钩（M156：3）

2. 铁剑（M156：2）

D区六朝器物

1. M48（西北—东南）

2. M52（西北—东南）

D1 区 M48、M52

D区宋代瓷罐 (M48：6)

1. 元符通宝（M48：2）

2. 皇宋通宝（M48：1）

3. 明道元宝（M52：12）

4. 政和通宝（M52：5）

5. 至道元宝（M52：16）

6. 天禧通宝（M52：19）

D区宋代钱币

1. 碟 (M52 : 4)

2. 碗 (M52 : 2)

3. 碗 (M48 : 7)

4. 碗 (M64 : 2)

D区宋代瓷器

1. 天圣元宝（M52：14）

2. 景祐元宝（M52：20）

3. 乾元重宝（M52：18）

4. 淳祐元宝（M52：21）

5. 元祐通宝（M52：9）

6. 祥符通宝（M52：17）

D区宋代钱币

1. 壶（M158：1）

2. 罐（M64：1）

3. 壶（M52：3）

4. 壶（M52：1）

D区宋代瓷器

2. M43 (南—北)

1. M42 (西北—东南)

D1 区 M42, M43

2. M69（西北—东南）

1. M67（西北—东南）

D1区 M67, M69

1. M46（东北—西南）

2. M46 与 M51 打破关系

D1 区 M46

1. 发掘探方局部（2001年，西—东）

2. 发掘现场（2003年，西—东）

E1区发掘探方

1. 发掘现场（2003年，东—西）

2. 发掘探方局部（2004年，东南—西北）

E2区发掘探方

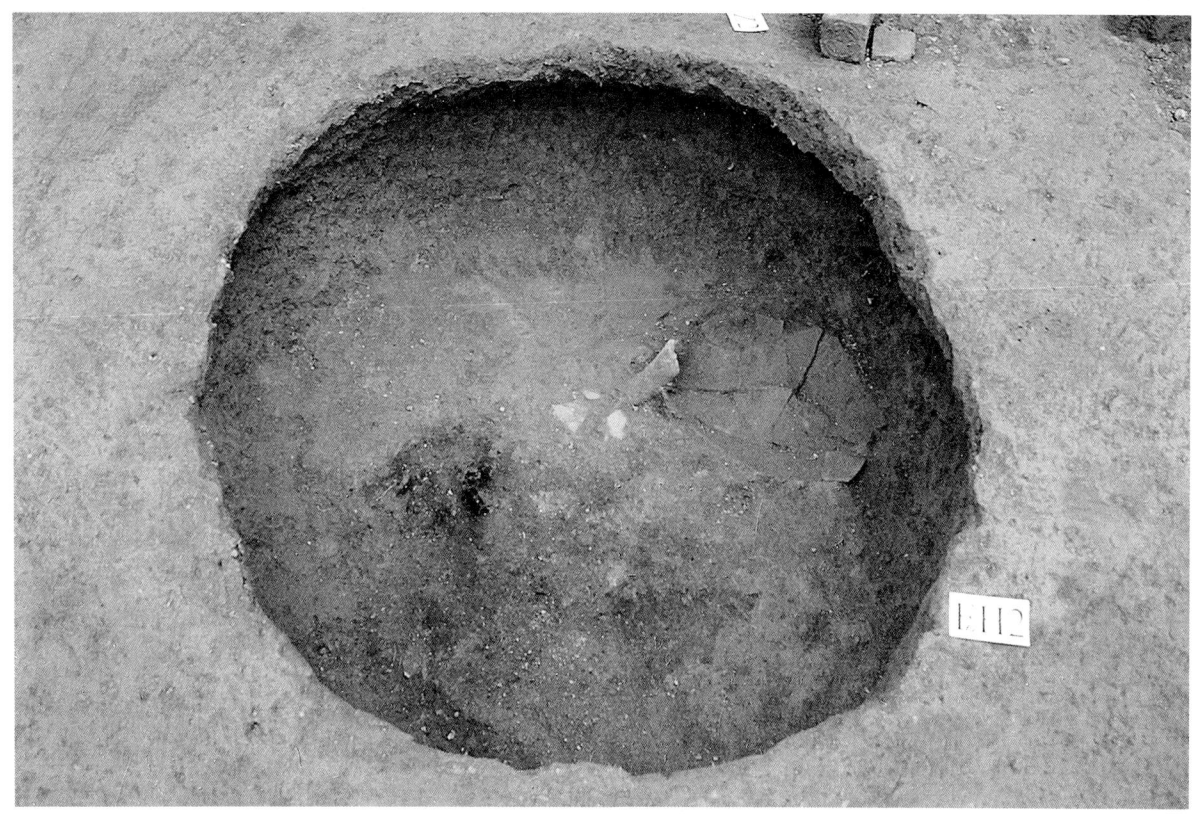

1. E2H2（北—南）

2. E2W1（东南—西北）

E2 区 H2、W1

1. 瓮（E2H2：8）

2. 罐（E2H2：2）

E2区周代陶器

1. 白灰面烧土（E2H2：27）

2. 陶纺轮（E2T85 ④：24）

3. 陶豆柄（E2 T75 ⑤：1）

4. 石斧（E2 T74 ⑤：1）

E2 区周代器物

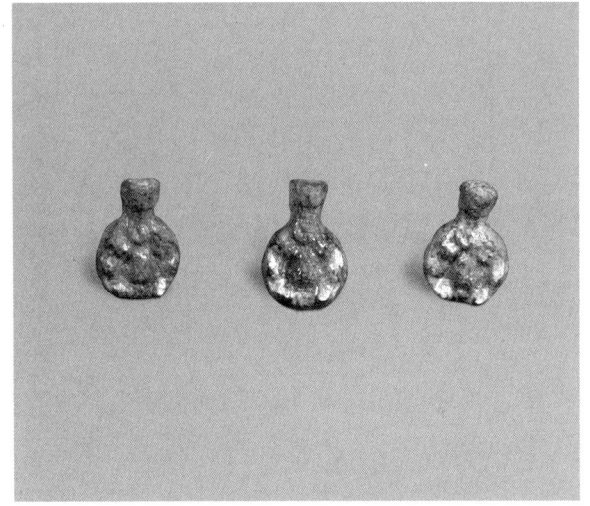

1. 鎏金奁足（M78：13）

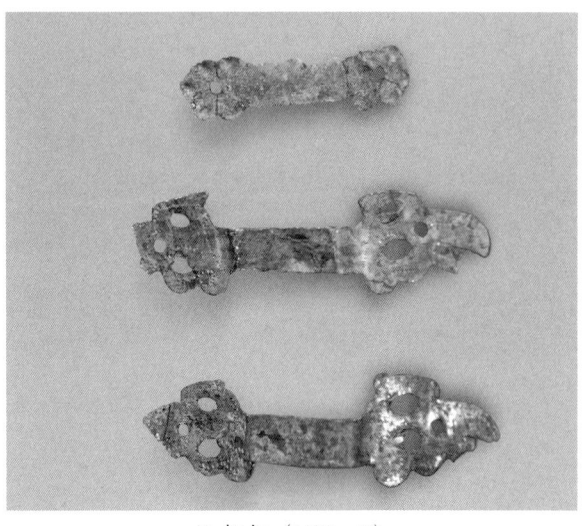

2. 把扣（M82：9）

3. 环（M81：11）

4. 环（M32：1）

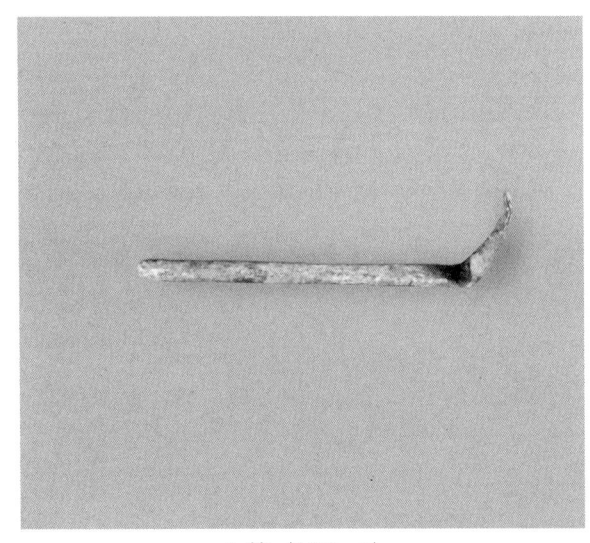

5. 簪（M82：6）

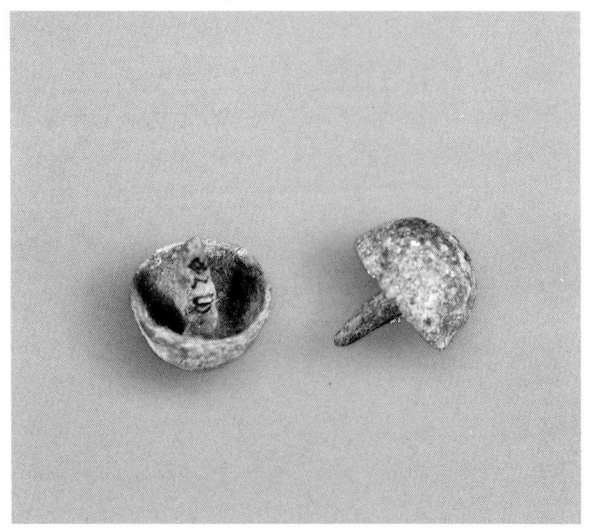

6. 泡钉（M78：14）

E区汉代铜器

1. 陶豆（M33：2）

2. 陶豆形器（M115：5）

3. 陶瓦当（M82：1）

4. 陶杯（M103：17）

5. 瓷杯（M82：11）

6. 瓷钵（M82：8）

E区汉代器物

2. 奁耳（M33：7）

3. 奁足（M33：5）

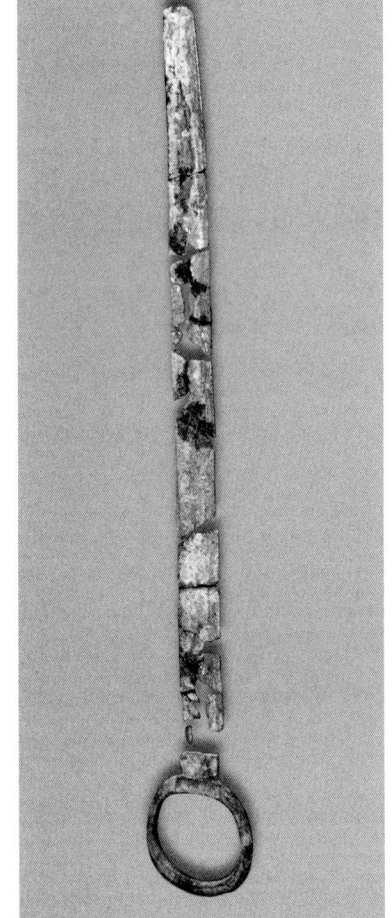

1. 削刀（M102：8）

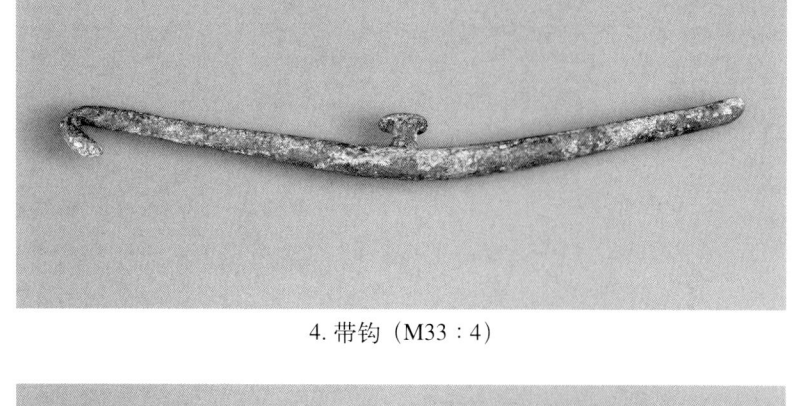

4. 带钩（M33：4）

5. 剑（M103：12）

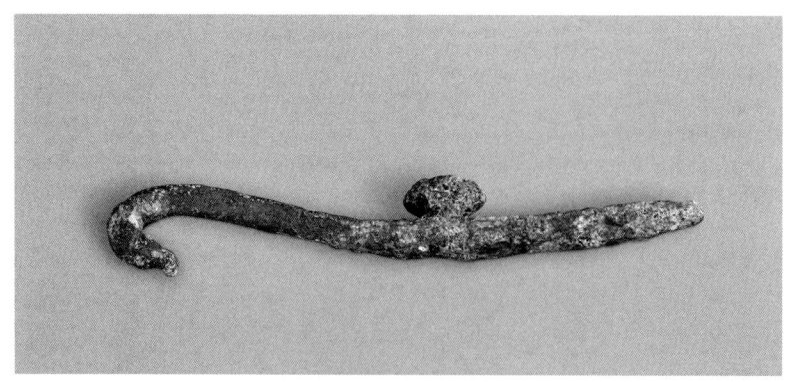

6. 带钩（M81：9）

E 区汉代铜器

1. M8：8

2. M33：1

3. M102：1

4. M103：1

5. M78：1

6. M78：7

E区汉代陶罐

1. M78：10

2. M104：1

3. M120：1

E区汉代陶壶

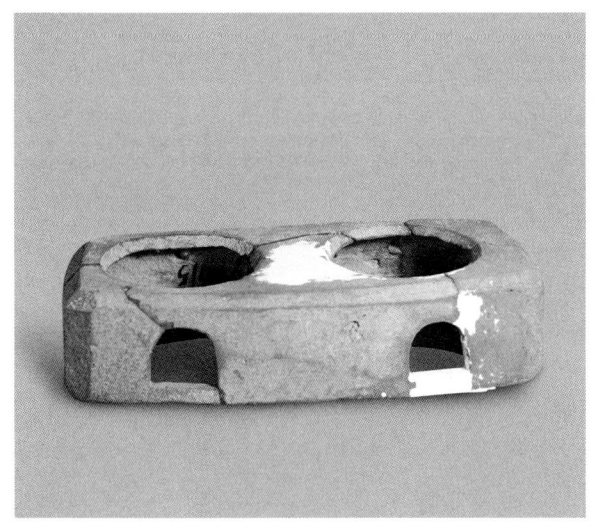

1. M115 : 4

2. M78 : 6

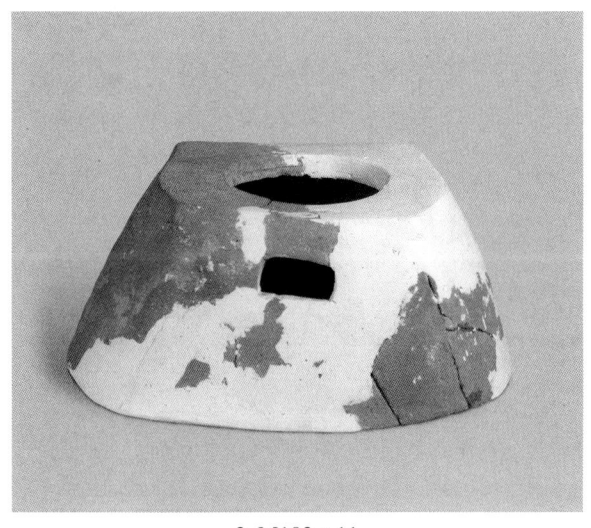

3. M103 : 11

4. M81 : 2

5. M81 : 8

6. M146 : 3

E区汉代陶灶

1. M115 : 8

2. M115 : 2

3. M103 : 6

4. M120 : 7

E区汉代陶钵

1. M115∶10

2. M115∶6

3. M120∶2

4. M120∶5

5. M103∶13

E区汉代陶甑

1. M121 (北—南)

2. M146 (东—西)

E2 区 M121、M146

1. M78 : 5

2. M78 : 3

3. M146 : 1

4. M146 : 8

E区汉代陶鼎

1. M103：15

2. M115：3

3. M121：1

4. M115：1

5. M146：5

6. M115：7

E区汉代陶罐

2. M102（南—北）

1. M76（南—北）

E2 区 M76、M102

1. C 型五铢 (M102：32)

2. C 型五铢 (M102：35)

3. 货泉 (M102：12)

4. A 型五铢 (M102：19)

5. C 型五铢 (M102：34)

6. 半两 (M102：18)

E 区墓葬出土钱币

1. 盒（M146：6）

2. 盒（M78：4）

3. 仓（M78：8）

4. 罐（M103：18）

5. 盖（M120：11）

6. 盖（M103：10）

E区汉代陶器

1. M81（东南—西北）

2. M81墓室内火烧痕迹

E1 区 M81

1. 大泉五十（M81：16）

2. 大泉五十（M81：19）

3. B 型五铢（M81：4）

4. A 型五铢（M81：1）

5. B 型五铢（M81：7）

6. 货泉（M81：20）

E区墓葬出土钱币

1. M82门阙图案

2. M82（东北—西南）

E2 区 M82

1. 银环 (M82：5)

2. 银簪 (M82：13)

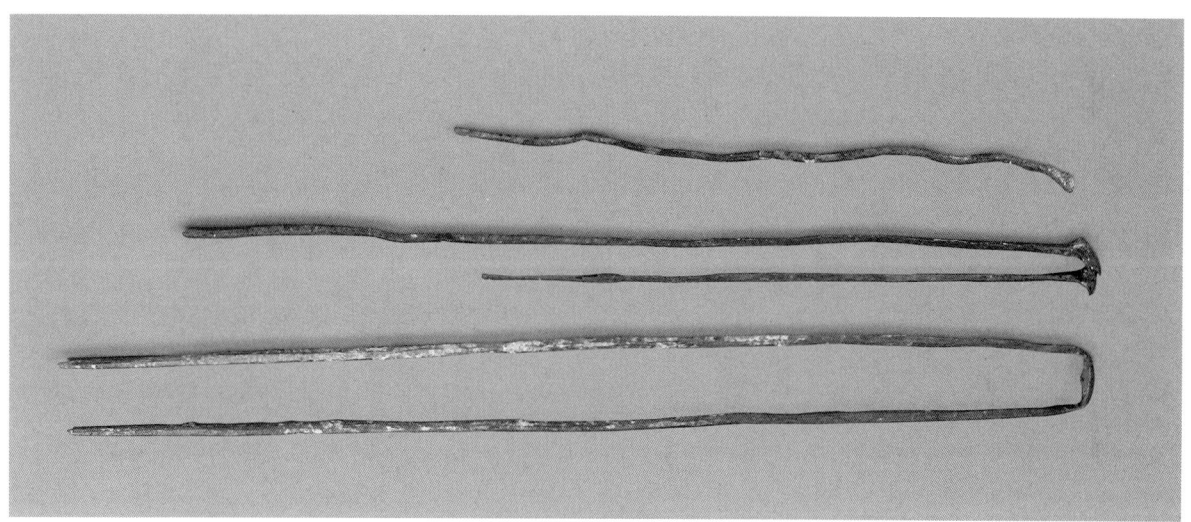

3. 银发钗 (M82：14)

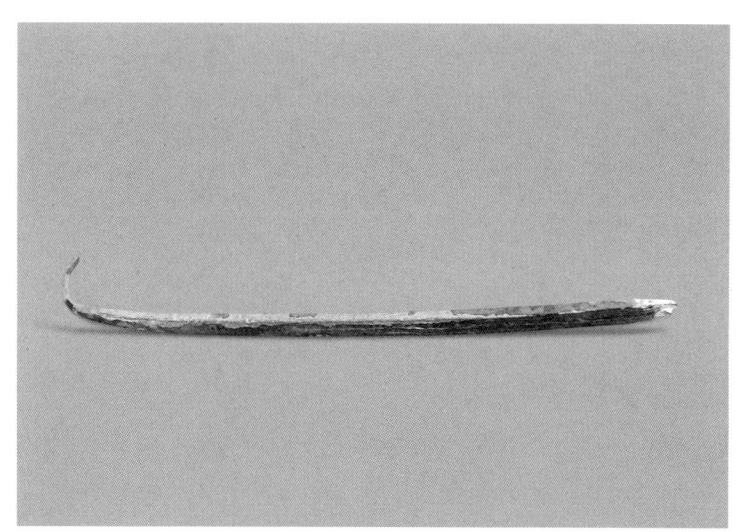

4. 铜挖子 (M102：5)

5. 骨扣形器 (M76：6)

E区汉代器物

1. M8（东—西）

2. M74（西北—东南）

E1区 M8、M74

1. 玉环（M8：4）

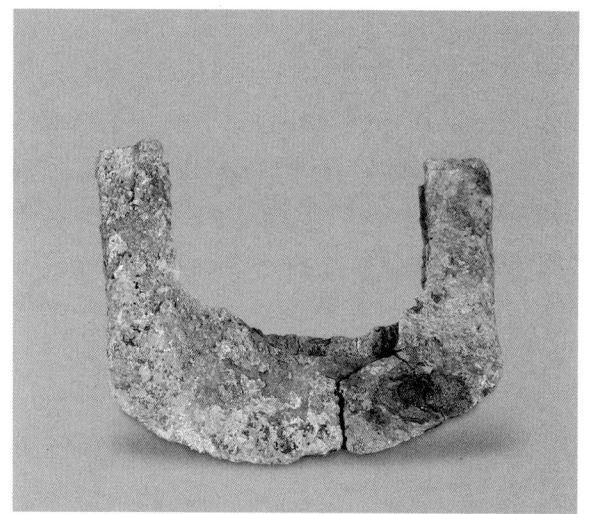

2. 铁盂(M78：15)

3. 铁箭镞（M76：7）

4. 玻璃耳坠（M76：8）

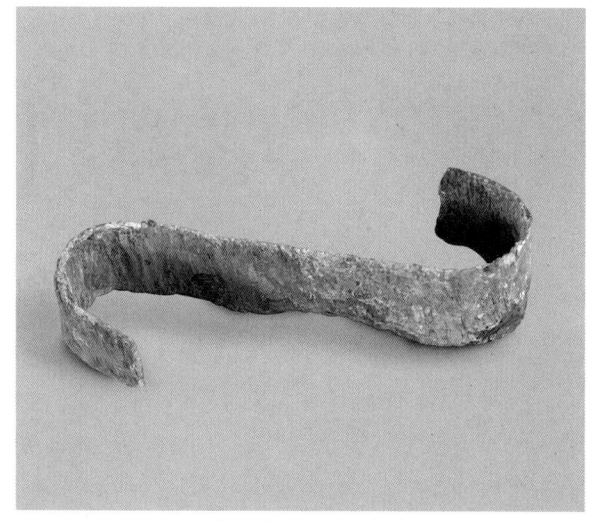

5. 铁棺扣（M102：9）

6. 铁棺扣（M81：21）

E区汉代器物

1. 正面（E2 W1：1）

2. 内面（E2W1：1）

E区六朝陶板瓦

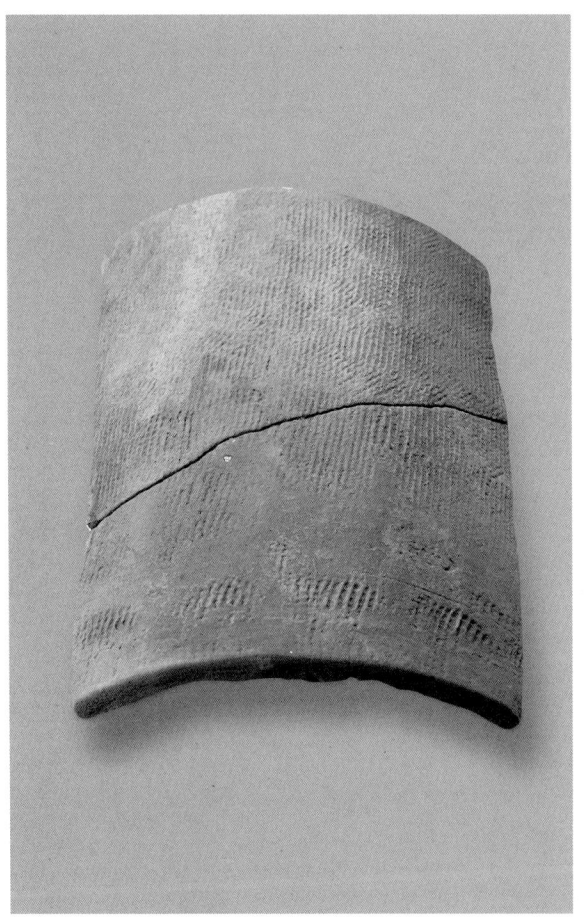

1. 陶板瓦（M142：2）

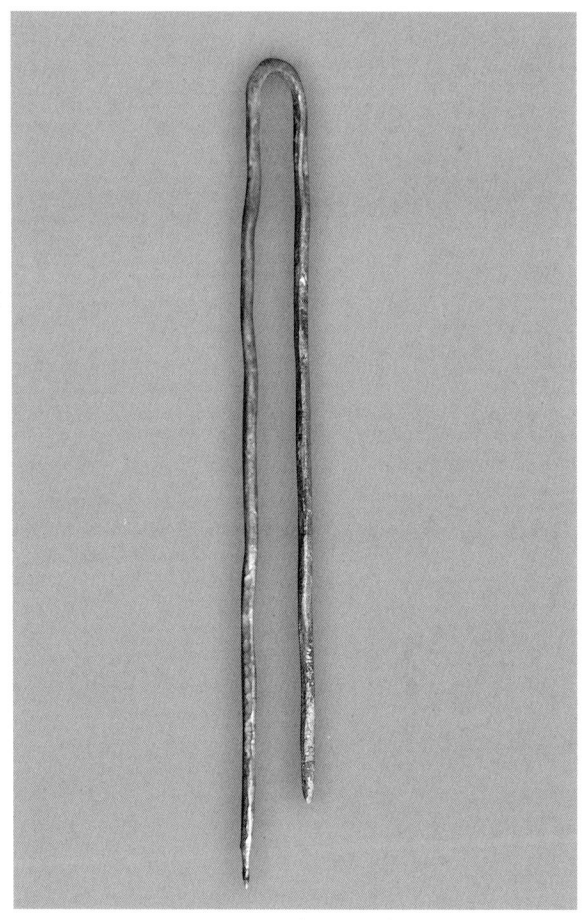

2. 银发钗（M77：1）

3. 料珠（M31：4）

4. 铜镜（M142：1）

E区六朝器物

1. M31 "永元" 纪年砖

2. M31 动物图案及几何形纹砖

E2 区 M31 墓壁砖

1. 陶罐（M31：3）

2. 陶瓦当（M31：7）

3. 瓷钵（M77：3）

4. 瓷钵（M77：2）

E区六朝器物

2. M77 券顶

1. M77 (东北—西南)

E2 区 M77

1. 瓷碟（M106∶1）

2. 瓷碗（M125∶1）

E区宋代瓷器

1. 陶罐（E2F2∶2）

2. 陶砖（E2Z2∶3）

E区明代器物

1. E2Z1（北—南）

2. E2Z2（东—西）

E2 区 Z1、Z2

2. M145 (北—南)

1. M124 (北—南)

E2 区 M124、M145

1. 玻璃纽扣 (M143：10)

2. 料珠 (M143：12)

3. 陶罐 (M124：1)

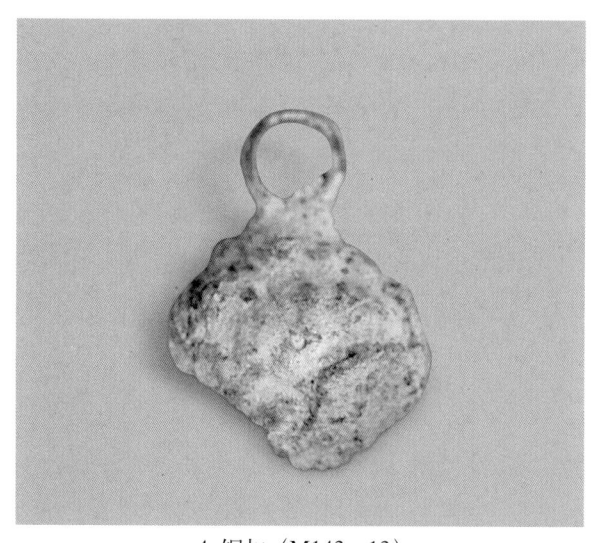

4. 铜扣 (M143：13)

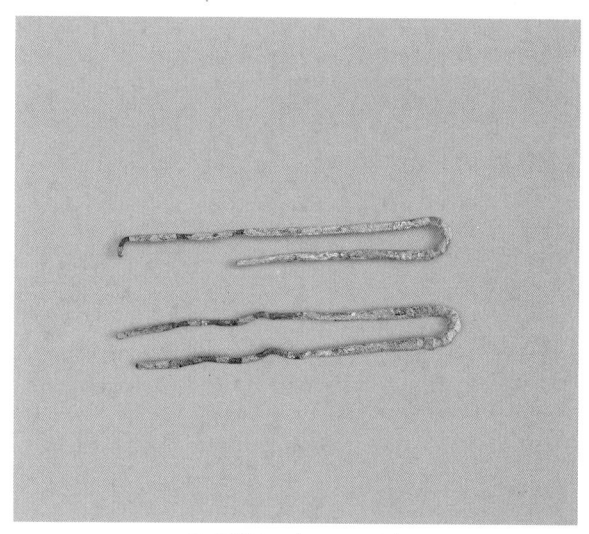

5. 铜发钗 (M124：2)

E区明代器物

1. M147 地面建筑（北—南）

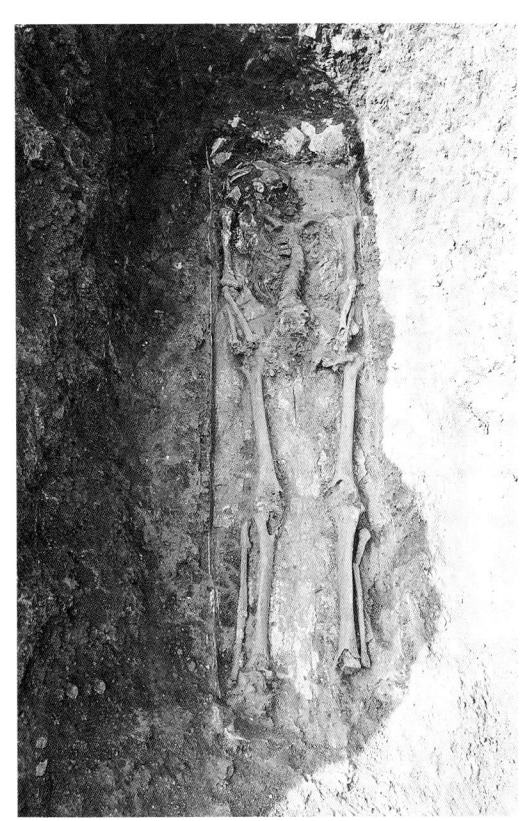

2. M147 人骨架（西—东）

E2 区 M147

1. 罐（E2T72 ② : 34）

2. 壶（E2T52 ② : 2）

3. 壶（E2T52 ② : 3）

4. 罐（E2T71 ② : 1）

E区清代陶器

1. 瓷碗（E2T88 ② : 7）

2. 瓷碗（E2T91 ② : 12）

3. 陶碗（E2T134 ② : 1）

4. 陶钵（E2T52 ② : 1）

E区清代器物

1. 发掘探方局部（2005年，西北—东南）

2. 发掘现场（2005年，西北—东南）

F区发掘探方

1. FT7 西壁剖面

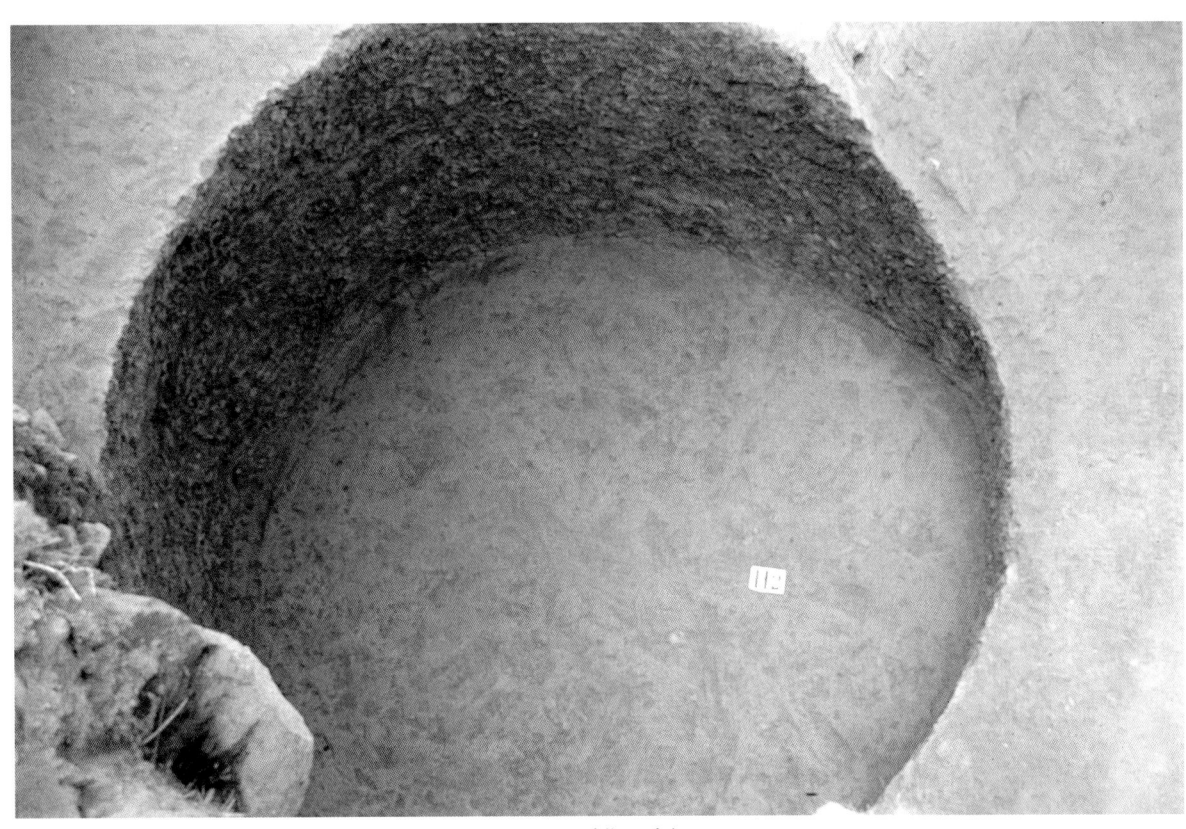

2. FH2 （北—南）

F区 T7 西壁、H2

1. 豆（FH2：3）

3. 附加堆纹（H26：16）

4. 陶豆暗纹（FH2：48）

2. 烧土竹子痕迹（FH2：55）

5. 陶簋窃曲纹（FH20：4）

F区周代陶器

1. FH8（东—西）

2. FH9（东北—西南）

F 区 H8、H9

1. FH12（东北—西南）

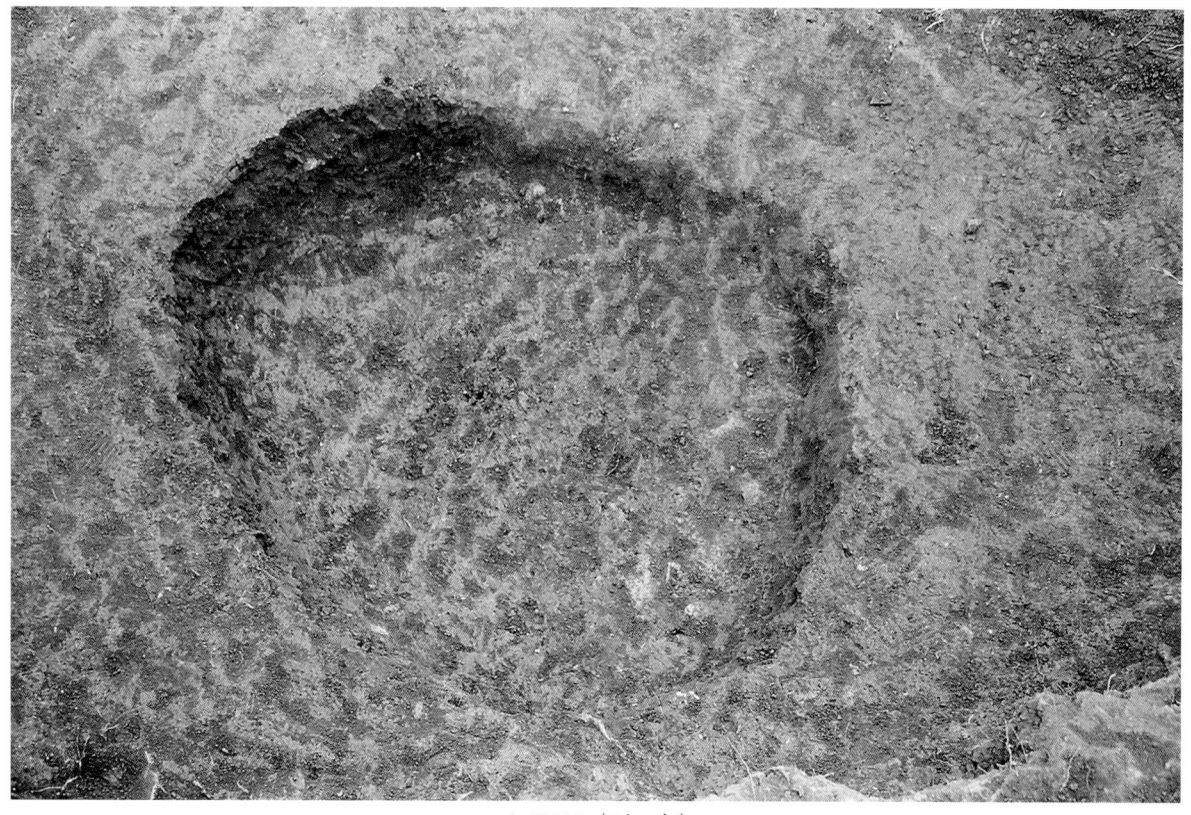

2. FH13（西—东）

F 区 H12、H13

1. 烧土竹子痕迹（FH14：18）

2. 陶网坠（FH20：5）

3. 网坠（FT46③：3）

4. 夹陶片红烧土（FT40③：2）

5. 陶鬲（FH4：8）

6. 豆盘柄接头处螺旋纹（FT40③：5）

F区周代器物

1. FH15（西—东）

2. FH19（北—南）

F区 H15、H19

1. FH20（东—西）

2. FH22（西南—东北）

F 区 H20、H22

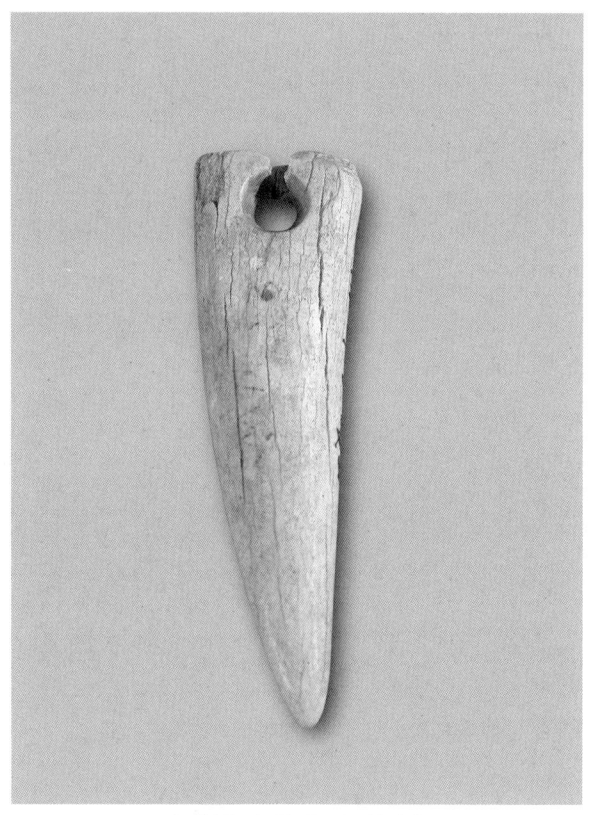

1. 骨锥（M119：03 填土）

2. 石锛（FH20：1）

3. 石斧（FT7④：1）

4. 铜条（FH2：1）

F区周代器物

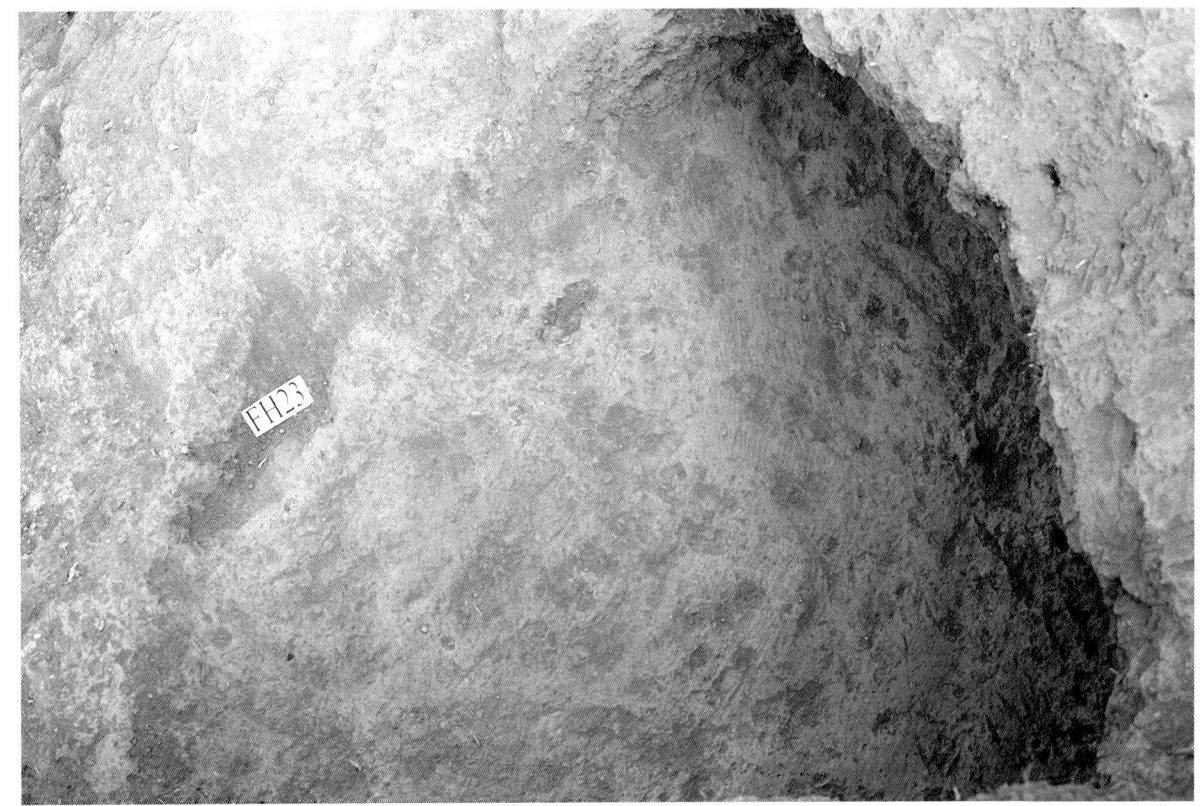

1. FH23（东北—西南）

2. FH24（东南—西北）

F区 H23、H24

1. FT40 ③ : 1

2. FT37 ③ : 1

3. FT46 ④ : 2

4. FT46 ④ : 1

F区周代陶纺轮

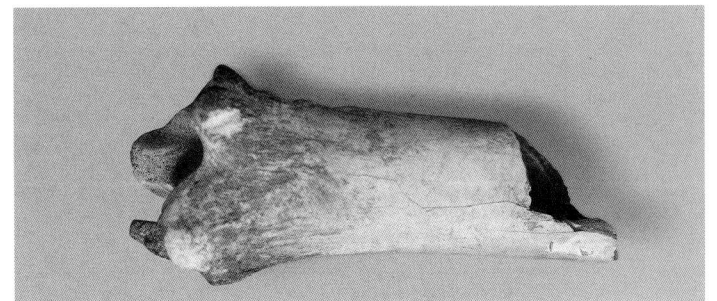

1. 水鹿左胫骨（FH20：21）

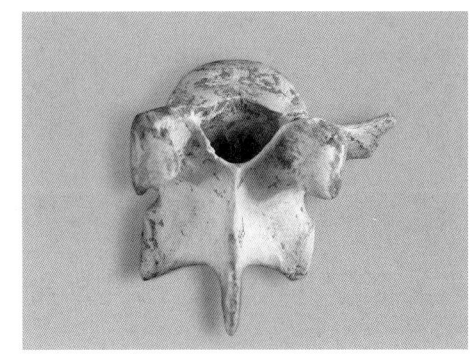

2. 家水牛腰椎（FH5：3）

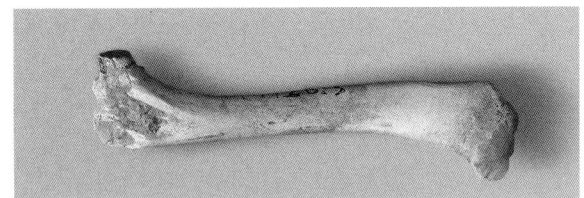

3. 家山羊右肱骨（FH26：3）

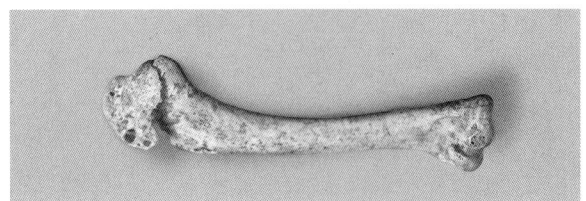

4. 家鸡右肱骨（D1H4：2）

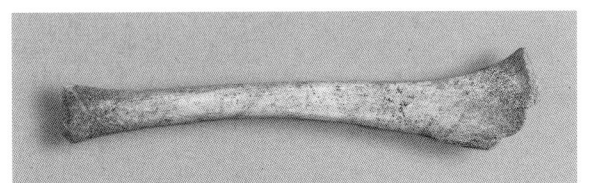

5. 狗左胫骨（FH2：19）

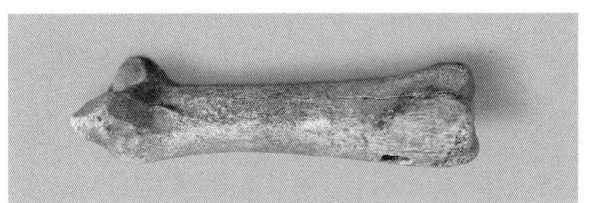

6. 水鹿掌骨第二指骨（FH20：22）

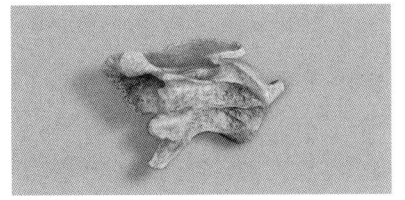

7. 狗枢椎（FH5：4）

9. 家水牛右髋骨（FT7④：2）

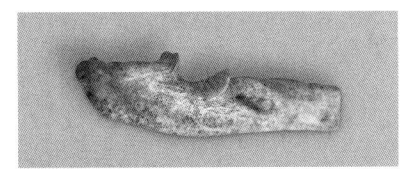

8. 兔左尺骨（FH2：37）

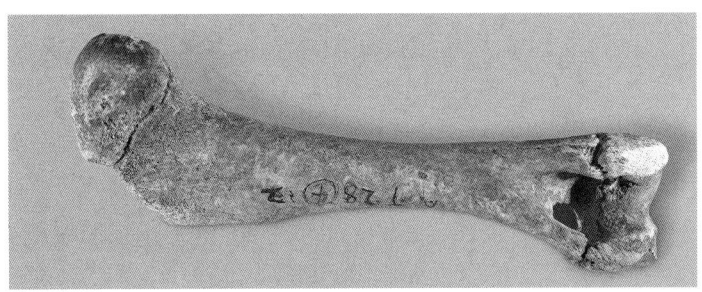

10. 家猪左肱骨（AT28④：2）

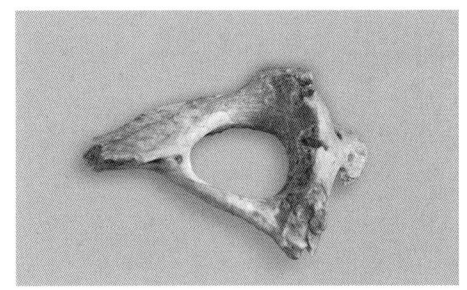

11. 白鲢左下咽骨（FT46③：19）

卜庄河遗址周代动物骨骼

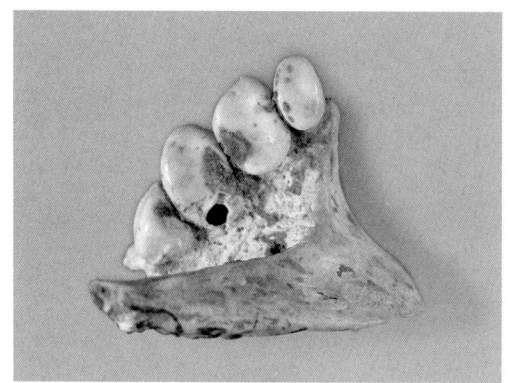

1. 青鱼左下咽骨（FT46 ④：21）

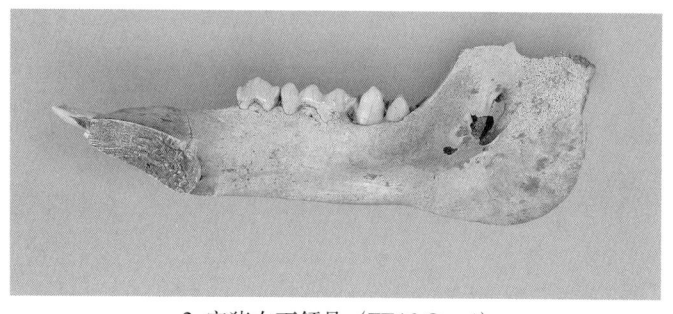

2. 家猪右下颌骨（FT46 ③：4）

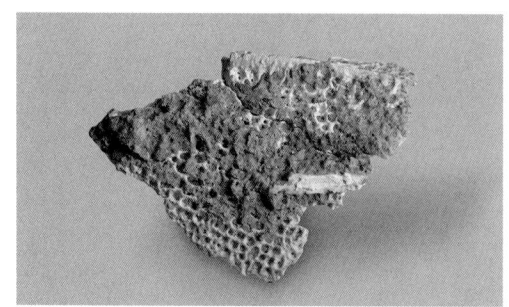

3. 中华鲟背鳞板（FH5：14）

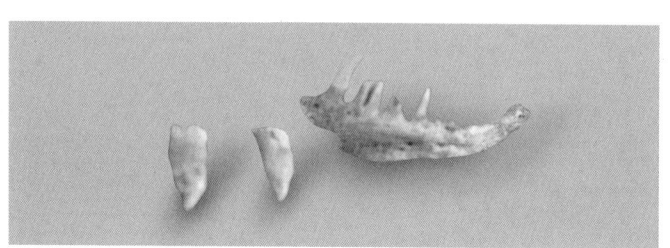

4. 鲩鱼左下咽骨（FH2：14）

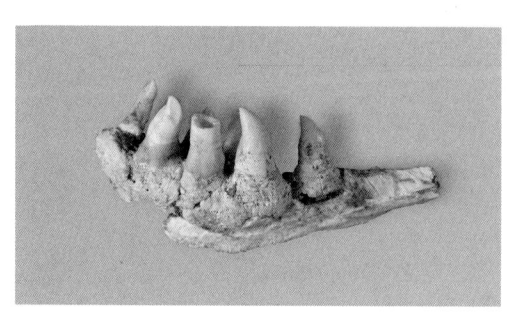

5. 鳡鱼左下咽骨（FH2：15）

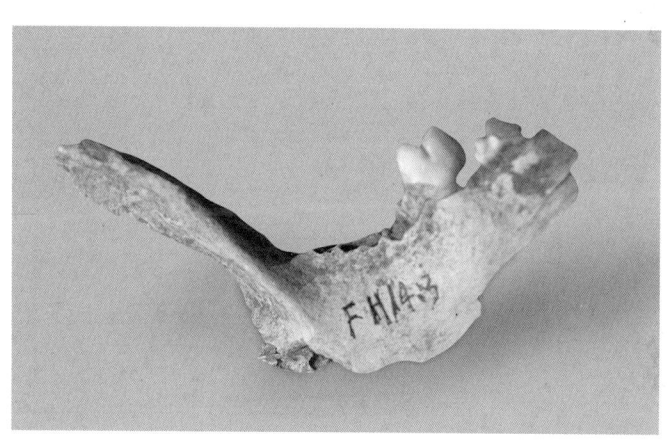

6. 狗右下颌骨（FH14：3）

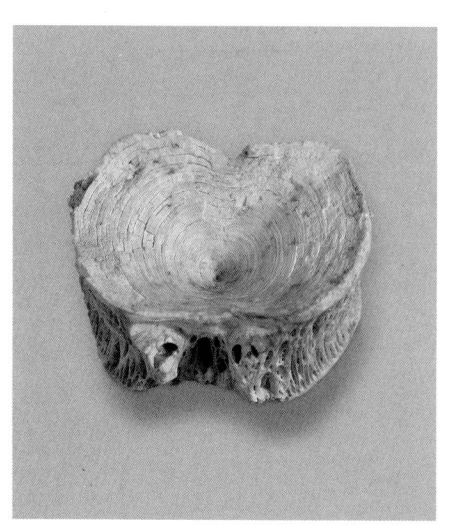

7. 草鱼椎骨（FH2：42）

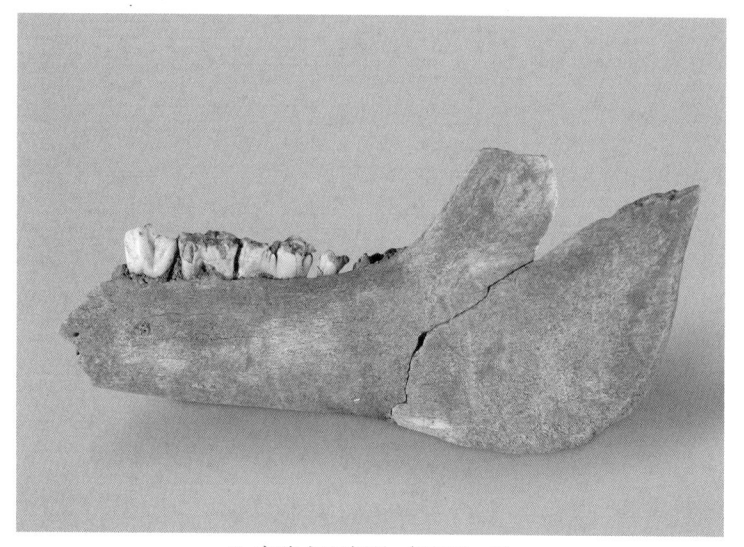

8. 家猪左下颌骨（FH20：9）

卜庄河遗址周代动物骨骼

1. M79（西南—东北）

2. FH3（东—西）

F 区 M79、H3

1. M116（西南—东北）

2. M116 器物及人骨架腐烂痕迹

F 区 M116

1. M116墓道左边柱洞

2. M116 1号柱洞

F区 M116柱洞

1. M116 2 号柱洞

2. M116 7 号柱洞及墓壁上红漆

F 区 M116柱洞

1. M116 墓壁上的草拌泥

2. M116 墓壁上的红漆

F 区 M116 墓壁草拌泥及红漆

1. M116 : 6

2. M116 : 1

3. M116 : 2

4. M135 : 8

F区汉代陶壶

1. M135（西—东）

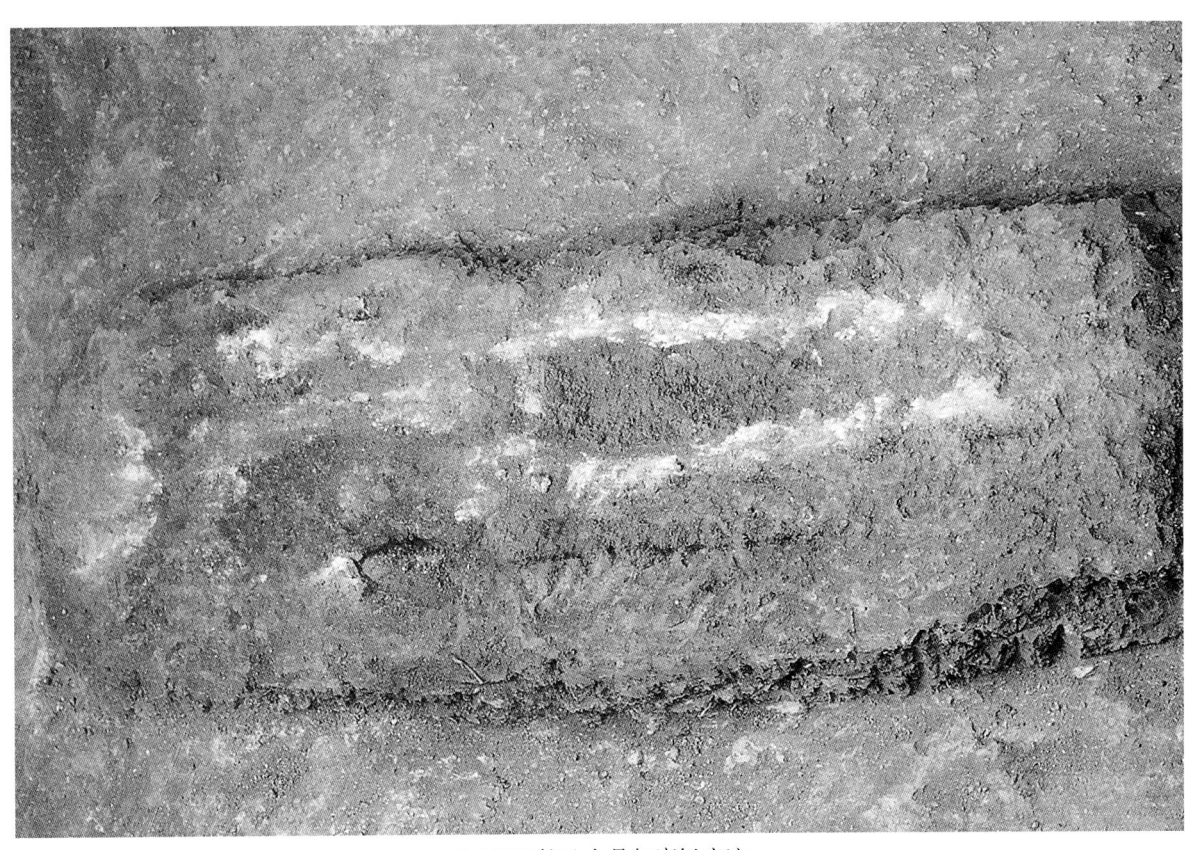

2. M135 棺及人骨架腐烂痕迹

F 区 M135

1. M135：2

2. M135：3

F区汉代陶壶

1. M135：4

2. M135：5

3. M116：3

4. M116：4

5. M116：9

6. M116：8

F区汉代陶鼎

1. M135：6

2. M135：9

3. M116：10

4. M116：5

F区汉代陶盒

1. 铜盖（M116：13）

2. 铁斧（M135：10）

3. 铁鍪（M140：1）

4. 铜环（M116：14）

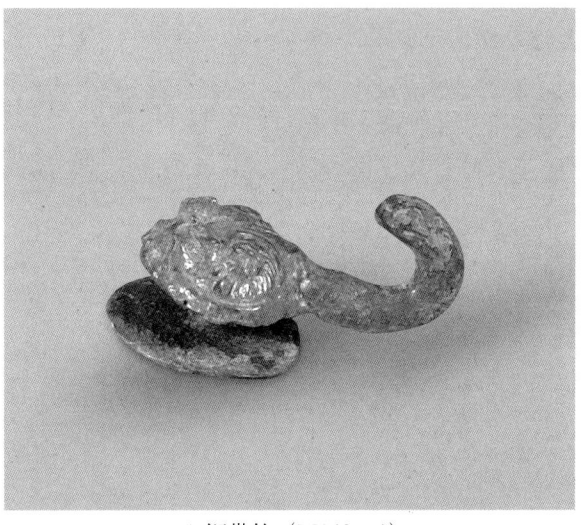

5. 铜带钩（M140：4）

F区汉代器物

1. M140（西南—东北）

2. M140器物出土情况及人骨腐烂痕迹

F区 M140

1. 罐（M118：6）

2. 罐（M116：11）

3. 壶（M140：2）

4. 壶（M140：3）

F区汉代陶器

1. M118（西北—东南）

2. M119（西北—东南）

F区 M118、M119

2. M128（东—南）

1. M127（东北—西南）

G区 M127, M128

1. 陶罐（M137：1）

2. 陶罐（M127：2）

3. 料珠（M130：2）

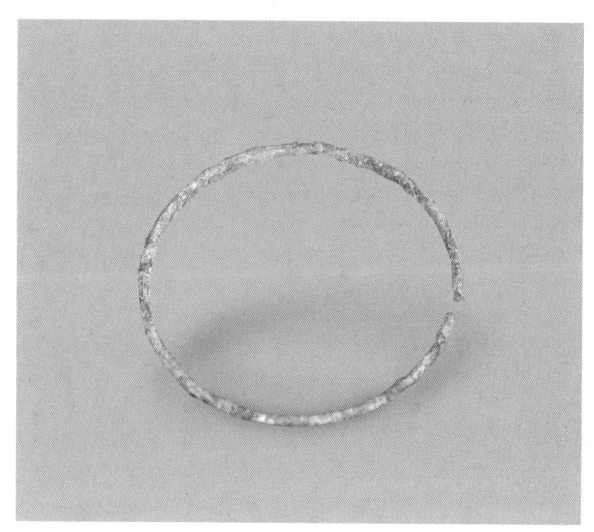

4. 铜环（M130：1）

5. 陶罐（M133：1）

6. 陶钵（M131：1）

G区汉代器物

1. M130（西—东）

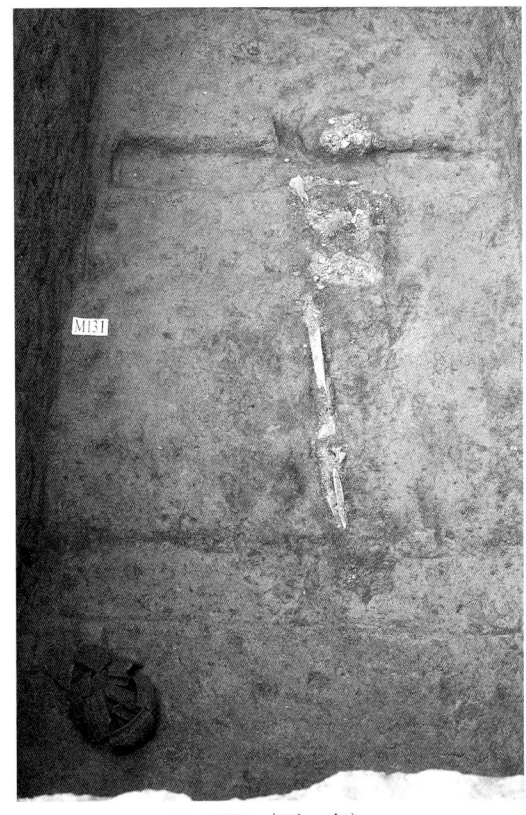

2. M131（西—东）

G 区 M130、M131

2. M123 (西北—东南)

1. M26 (西北—东南)

G区 M26、M123

1. 盘（M123：1）

2. 碗（M123：2）

3. 盘口壶（M26：1）

G区六朝青瓷器

1. 菊花纹砖（M141：2）

2. "大吉利宜子孙"（M141：3）

3. 几何形纹砖（M141：1）

4. "大吉年富贵昌"（M141：1 当面）

5. "吉"（M141：3）

6. 菱形几何形纹砖（M141：2）

G 区六朝墓砖

1. 崇宁重宝（M138∶17）

2. 崇宁通宝（M138∶14）

3. 景定元宝（M138∶15）

4. 崇宁重宝（M138∶13）

G区明代地契砖（M138：1）

1. "永镇山岗" 砖 (M138：2)

2. "积玉堆金" 砖 (M138：3)

G区明代八卦砖

1. M134：1

2. M138：5

3. M138：8

4. M138：7

5. M138：9

6. M138：10

G区明代瓷碗

1. M152 围石及盖板石（南—北）

2. M152 墓室（南—北）

G 区 M152

1. 瓷罐（M138：18）

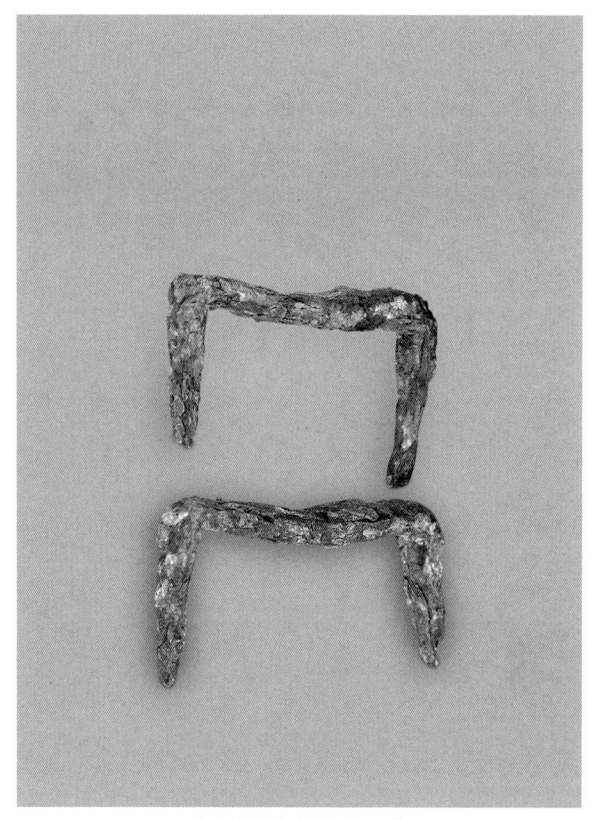

2. 铁抓钉（M152：5）

3. 铜环（M138：16）

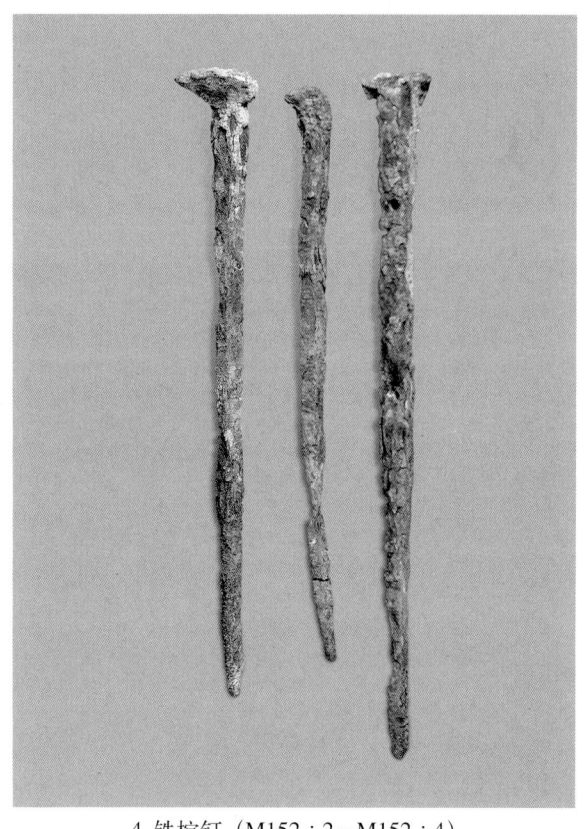

4. 铁棺钉（M152：2~M152：4）

G区明代器物

1. ZB0078

2. ZB0081

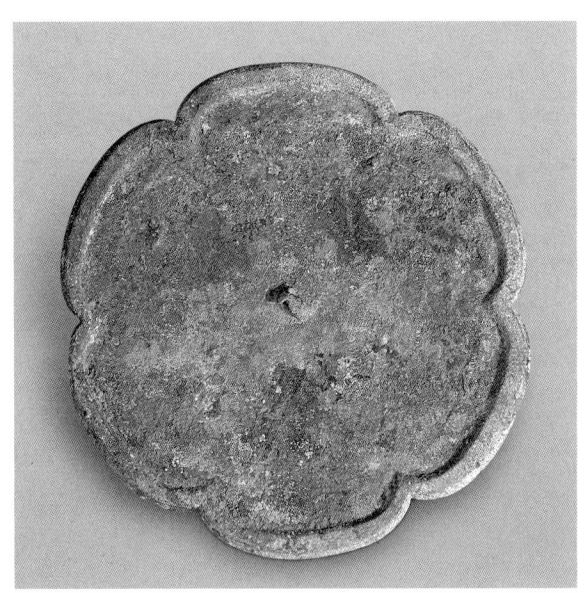

3. ZB00193

卜庄河遗址采集铜镜

1. 铜斧（ZB0047）

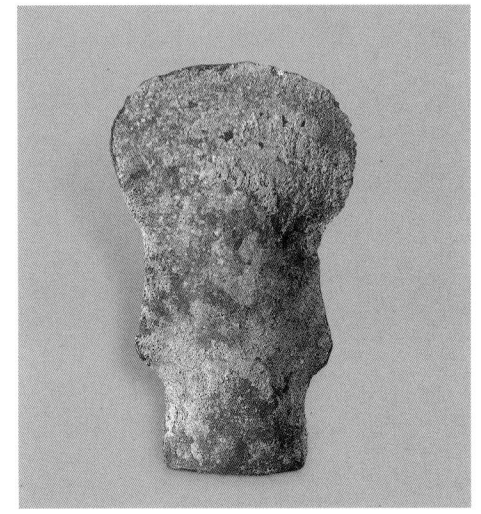

2. 铜钺（ZB00161）

3. 铜刀（ZB0039）

4. 铜钺（ZB00159）

5. 铜钺（ZB00160）

6. 铜刀（ZB0040）

卜庄河遗址采集铜器

1. 铜矛（ZB00217）

2. 铜戈（ZB00213）

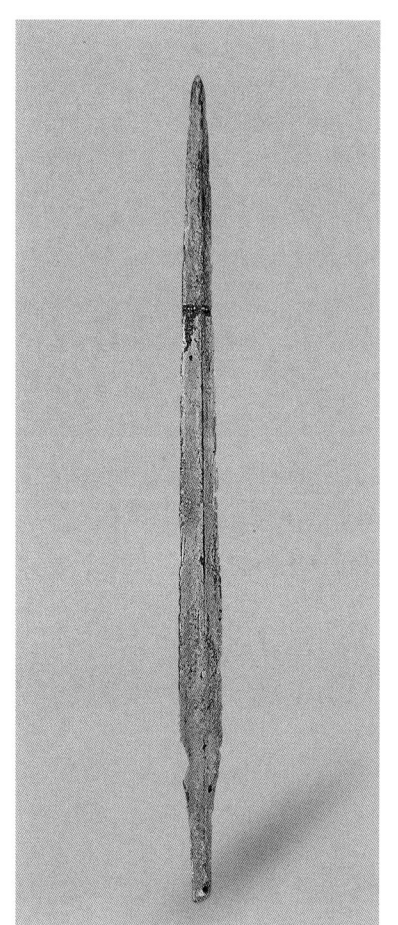

3. 铜剑（ZB0029）

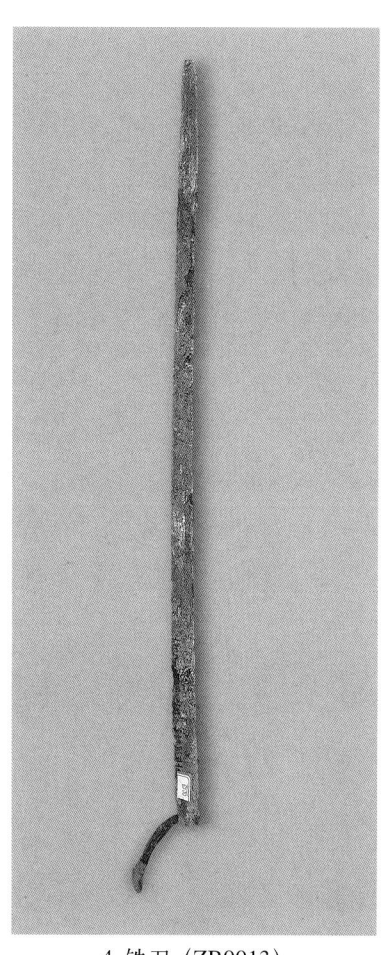

4. 铁刀（ZB0013）

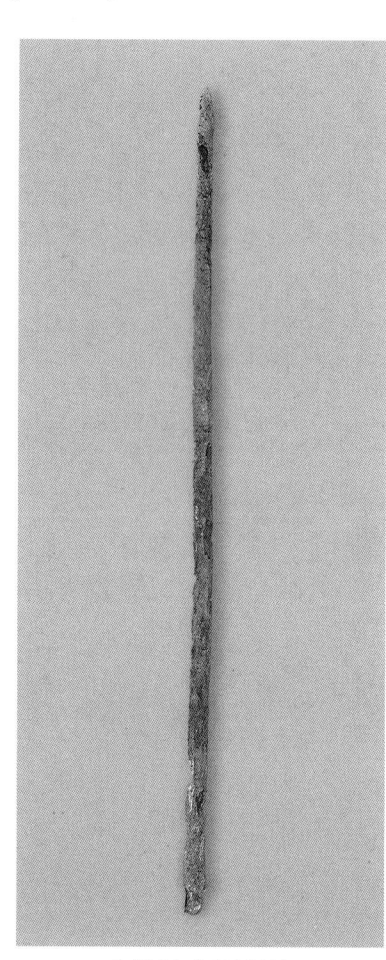

5. 铁剑（ZB0012）

卜庄河遗址采集兵器

1. 玉镯（ZB004）

2. 玉镯（ZB0014）

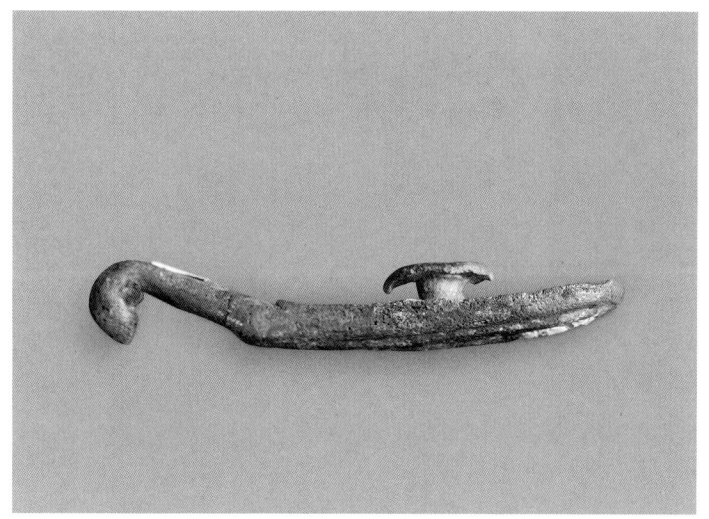

3. 铜带钩（ZB00121）

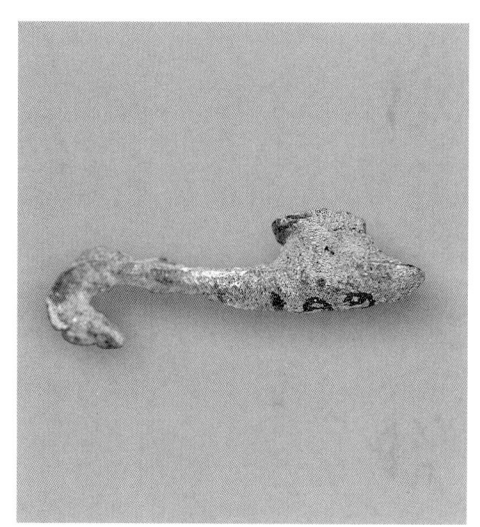

4. 铜带钩（ZB00199）

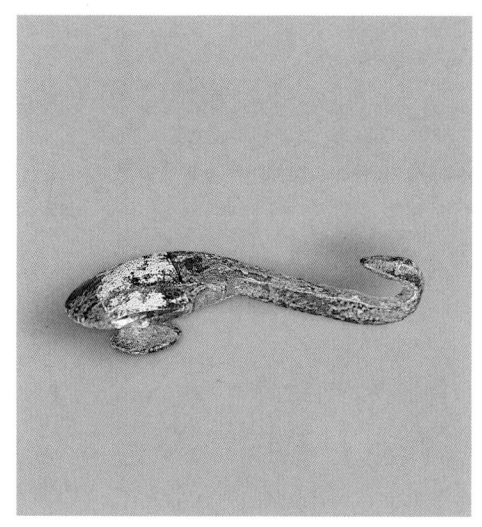

5. 铜带钩（ZB0050）

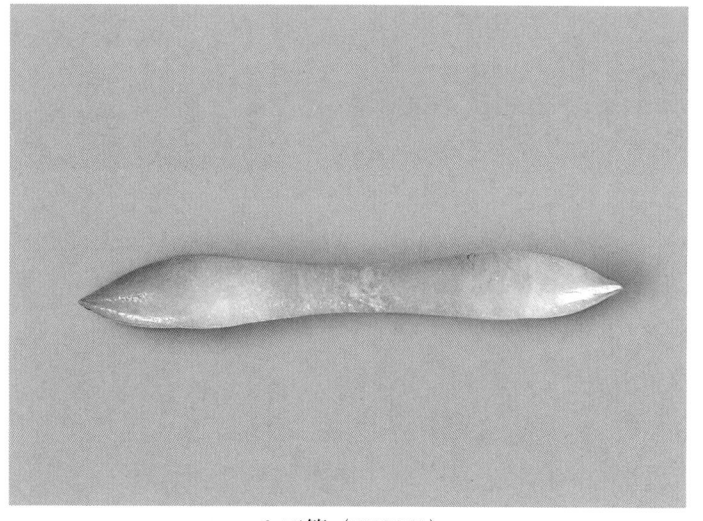

6. 玉簪（ZB0060）

卜庄河遗址采集器物

1. 瓷香炉（ZB00259）

2. 瓷碗（ZB00163）

3. 陶钵（ZB00169）

4. 陶罐（ZB00202）

5. 陶罐（ZB00158）

6. 陶罐（ZB00201）

卜庄河遗址采集器物